Peter Salje   Energiewirtschaftsgesetz (EnWG)

Heymanns Taschenkommentare

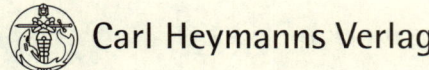

Energiewirtschaftsgesetz

Gesetz über die Elektrizitäts- und Gasversorgung
vom 7. Juli 2005 (BGBl. I S. 1970)

Kommentar

Von

Univ.-Prof. Dr. iur. Dr. rer. pol. Peter Salje

Carl Heymanns Verlag

Bibliografische Information der Deutschen Bibliothek

Die Deutsche Bibliothek verzeichnet diese Publikation in der Deutschen Nationalbibliografie; detaillierte Daten sind im Internet über http://dnb.ddb.de abrufbar.

Das Werk ist urheberrechtlich geschützt. Die dadurch begründeten Rechte, insbesondere die der Übersetzung, des Nachdrucks, der Funksendung, der Wiedergabe auf photomechanischem oder ähnlichem Wege und der Speicherung in Datenverarbeitungsanlagen, bleiben vorbehalten.

Verlag und Autor übernehmen keine Haftung für inhaltliche oder drucktechnische Fehler.

© Carl Heymanns Verlag KG · Köln · Berlin · München 2006
50926 Köln
E-Mail: service@heymanns.com
http://www.heymanns.com

ISBN-13: 978-3-452-24267-9
ISBN-10: 3-452-24267-6

Satz: John + John, Köln
Druck und Weiterverarbeitung: Bercker Graphischer Betrieb GmbH & Co. KG, Kevelaer

Gedruckt auf säurefreiem und alterungsbeständigem Papier

Vorwort

Am 13. Juli 2005 ist das neue Energiewirtschaftsgesetz als Art. 1 des Zweiten Gesetzes zur Neuregelung des Rechts der Energiewirtschaft in Kraft getreten. Damit hat sich die Kernmaterie des Energiewirtschaftsrechts bereits quantitativ fast verzehnfacht. Auf diese Weise ist mit Verspätung eine Umsetzung der Europäischen Richtlinien zur Beschleunigung der Gemeinsamen Binnenmärkte für Elektrizität und Erdgas abgeschlossen worden.

Obwohl es bisher an Gerichtsentscheidungen nach neuem Recht fehlt und viele Literaturbeiträge sich noch auf die Entwürfe zum neuen Recht beziehen, wird hier der Versuch gewagt, eine erste Kommentierung der Begrifflichkeiten und Systemzusammenhänge vorzulegen.

Dank schulde ich allen, die diesen Versuch unterstützt haben, insbesondere Frau *Brigitte Werner* für die überaus geduldige Arbeit am Manuskript.

Hannover, im März 2006 *Peter Salje*

Inhaltsübersicht

Vorwort V

Abkürzungen XIII

Literatur XIX

Einführung 1

Zweites Gesetz zur Neuregelung des Energiewirtschaftsrechts vom 7. Juli 2005 121

Teil 1	**Allgemeine Vorschriften**	121
§ 1	Zweck des Gesetzes	125
§ 2	Aufgaben der Energieversorgungsunternehmen	163
§ 3	Begriffsbestimmungen	169
§ 3a	Verhältnis zum Eisenbahnrecht	263
§ 4	Genehmigung des Netzbetriebs	269
§ 5	Anzeige der Energiebelieferung	307
Teil 2	**Entflechtung**	319
§ 6	Anwendungsbereich und Ziel der Entflechtung	323
§ 7	Rechtliche Entflechtung	337
§ 8	Operationelle Entflechtung	347
§ 9	Verwendung von Informationen	375
§ 10	Rechnungslegung und interne Buchführung	385
Teil 3	**Regulierung des Netzbetriebs**	431
Abschnitt 1	Aufgaben der Netzbetreiber	431
§ 11	Betrieb von Energieversorgungsnetzen	433
§ 12	Aufgaben der Betreiber von Übertragungsnetzen	449
§ 13	Systemverantwortung der Betreiber von Übertragungsnetzen	461
§ 14	Aufgaben der Betreiber von Elektrizitätsverteilernetzen ..	477
§ 15	Aufgaben der Betreiber von Fernleitungsnetzen	485

Inhaltsübersicht

§ 16	Systemverantwortung der Betreiber von Fernleitungsnetzen	491
§ 16a	Aufgaben der Betreiber von Gasverteilernetzen	495

Abschnitt 2 Netzanschluss 499

§ 17	Netzanschluss	503
§ 18	Allgemeine Anschlusspflicht	529
§ 19	Technische Vorschriften	575

Abschnitt 3 Netzzugang 583

§ 20	Zugang zu den Energieversorgungsnetzen	589
§ 21	Bedingungen und Entgelte für den Netzzugang	609
§ 21a	Regulierungsvorgaben für Anreize für eine effiziente Leistungserbringung	625
§ 21b	Messeinrichtungen	637
§ 22	Beschaffung der Energie zur Erbringung von Ausgleichsleistungen	645
§ 23	Erbringung von Ausgleichsleistungen	651
§ 23a	Genehmigung der Entgelte für den Netzzugang	655
§ 24	Regelungen zu den Netzzugangsbedingungen, Entgelten für den Netzzugang sowie zur Erbringung und Beschaffung von Ausgleichsleistungen	665
§ 25	Ausnahmen vom Zugang zu den Gasversorgungsnetzen im Zusammenhang mit unbedingten Zahlungsverpflichtungen	671
§ 26	Zugang zu den vorgelagerten Rohrleitungsnetzen und zu Speicheranlagen im Bereich der leitungsgebundenen Versorgung mit Erdgas	679
§ 27	Zugang zu den vorgelagerten Rohrleitungsnetzen	681
§ 28	Zugang zu Speicheranlagen	693
§ 28a	Neue Infrastrukturen	699

Abschnitt 4 Befugnisse der Regulierungsbehörde, Sanktionen 705

§ 29	Verfahren zur Festlegung und Genehmigung	711
§ 30	Missbräuchliches Verhalten eines Netzbetreibers	721
§ 31	Besondere Missbrauchsverfahren der Regulierungsbehörde	739
§ 32	Unterlassungsanspruch, Schadensersatzpflicht	747

§ 33	Vorteilsabschöpfung durch die Regulierungsbehörde	759
§ 34	(aufgehoben)	765
§ 35	Monitoring	765
Teil 4	**Energielieferung an Letztverbraucher**	**769**
§ 36	Grundversorgungspflicht	773
§ 37	Ausnahmen von der Grundversorgungspflicht	789
§ 38	Ersatzversorgung mit Energie	799
§ 39	Allgemeine Preise und Versorgungsbedingungen	809
§ 40	(aufgehoben)	845
§ 41	Energielieferverträge mit Haushaltskunden	845
§ 42	Stromkennzeichnung, Transparenz der Stromrechnungen	855
Teil 5	**Planfeststellung, Wegenutzung**	**867**
§ 43	Planfeststellungsverfahren für Energieanlagen	869
§ 44	Vorarbeiten	883
§ 45	Enteignung	893
§ 46	Wegenutzungsverträge	921
§ 47	(aufgehoben)	1001
§ 48	Konzessionsabgaben	1001
Teil 6	**Sicherheit und Zuverlässigkeit der Energieversorgung**	**1039**
§ 49	Anforderungen an Energieanlagen	1041
§ 50	Vorratshaltung zur Sicherung der Energieversorgung	1079
§ 51	Monitoring der Versorgungssicherheit	1087
§ 52	Meldepflichten bei Versorgungsstörungen	1095
§ 53	Ausschreibung neuer Erzeugungskapazitäten im Elektrizitätsbereich	1103
§ 53a	Sicherstellung der Versorgung von Haushaltskunden mit Erdgas	1109
Teil 7	**Behörden**	**1115**
Abschnitt 1	Allgemeine Vorschriften	1115
§ 54	Allgemeine Zuständigkeit	1117
§ 55	Bundesnetzagentur, Landesregulierungsbehörde und nach Landesrecht zuständige Behörde	1133

Inhaltsübersicht

§ 56	Tätigwerden der Bundesnetzagentur beim Vollzug des europäischen Rechts	1139
§ 57	Zusammenarbeit mit Regulierungsbehörden anderer Mitgliedstaaten und der Europäischen Kommission	1143
§ 58	Zusammenarbeit mit den Kartellbehörden	1151

Abschnitt 2 Bundesbehörden 1163

§ 59	Organisation	1165
§ 60	Aufgaben des Beirates	1171
§ 60a	Aufgaben des Länderausschusses	1173
§ 61	Veröffentlichung allgemeiner Weisungen des Bundesministeriums für Wirtschaft und Arbeit	1177
§ 62	Gutachten der Monopolkommission	1181
§ 63	Berichterstattung	1185
§ 64	Wissenschaftliche Beratung	1191
§ 64a	Zusammenarbeit zwischen den Regulierungsbehörden ...	1195

Teil 8 Verfahren 1199

Abschnitt 1 Behördliches Verfahren 1199

§ 65	Aufsichtsmaßnahmen	1203
§ 66	Einleitung des Verfahrens, Beteiligte	1217
§ 67	Anhörung, mündliche Verhandlung	1227
§ 68	Ermittlungen	1237
§ 69	Auskunftsverlangen, Betretungsrecht	1241
§ 70	Beschlagnahme	1253
§ 71	Betriebs- oder Geschäftsgeheimnisse	1259
§ 71a	Netzentgelte vorgelagerter Netzebenen	1265
§ 72	Vorläufige Anordnungen	1271
§ 73	Verfahrensabschluss, Begründung der Entscheidung, Zustellung	1275
§ 74	Veröffentlichung von Verfahrenseinleitungen und Entscheidungen	1281

Abschnitt 2 Beschwerde 1285

§ 75	Zulässigkeit, Zuständigkeit	1289
§ 76	Aufschiebende Wirkung	1301

§ 77	Anordnung der sofortigen Vollziehung und der aufschiebenden Wirkung	1307
§ 78	Frist und Form	1317
§ 79	Beteiligte am Beschwerdeverfahren	1321
§ 80	Anwaltszwang	1325
§ 81	Mündliche Verhandlung	1327
§ 82	Untersuchungsgrundsatz	1331
§ 83	Beschwerdeentscheidung	1337
§ 84	Akteneinsicht	1345
§ 85	Geltung von Vorschriften des Gerichtsverfassungsgesetzes und der Zivilprozessordnung	1353

Abschnitt 3 Rechtsbeschwerde 1357

§ 86	Rechtsbeschwerdegründe	1357
§ 87	Nichtzulassungsbeschwerde	1365
§ 88	Beschwerdeberechtigte, Form und Frist	1371

Abschnitt 4 Gemeinsame Bestimmungen 1377

§ 89	Beteiligtenfähigkeit	1377
§ 90	Kostentragung und -festsetzung	1381
§ 91	Gebührenpflichtige Handlungen	1387
§ 92	Beitrag	1399
§ 93	Mitteilung der Bundesnetzagentur	1411

Abschnitt 5 Sanktionen, Bußgeldverfahren 1415

§ 94	Zwangsgeld	1417
§ 95	Bußgeldvorschriften	1421
§ 96	Zuständigkeit für Verfahren wegen der Festsetzung einer Geldbuße gegen eine juristische Person oder Personenvereinigung	1433
§ 97	Zuständigkeiten im gerichtlichen Bußgeldverfahren	1439
§ 98	Zuständigkeit des Oberlandesgerichts im gerichtlichen Verfahren	1443
§ 99	Rechtsbeschwerde zum Bundesgerichtshof	1447
§ 100	Wiederaufnahmeverfahren gegen Bußgeldbescheid	1449
§ 101	Gerichtliche Entscheidungen bei der Vollstreckung	1449

Inhaltsübersicht

Abschnitt 6	Bürgerliche Rechtsstreitigkeiten	1451
§ 102	Ausschließliche Zuständigkeit der Landgerichte	1451
§ 103	Zuständigkeit eines Landgerichts für mehrere Gerichtsbezirke	1457
§ 104	Benachrichtigung und Beteiligung der Regulierungsbehörde	1459
§ 105	Streitwertanpassung	1463
Abschnitt 7	Gemeinsame Bestimmungen für das gerichtliche Verfahren	1471
§ 106	Zuständiger Senat beim Oberlandesgericht	1471
§ 107	Zuständiger Senat beim Bundesgerichtshof	1475
§ 108	Ausschließliche Zuständigkeit	1479
Teil 9	**Sonstige Vorschriften**	1481
§ 109	Unternehmen der öffentlichen Hand, Geltungsbereich	1483
§ 110	Objektnetze	1489
§ 111	Verhältnis zum Gesetz gegen Wettbewerbsbeschränkungen	1517
Teil 10	**Evaluierung, Schlussvorschriften**	1529
§ 112	Evaluierungsbericht	1531
§ 112a	Bericht der Bundesnetzagentur zur Einführung einer Anreizregulierung	1535
§ 113	Laufende Wegenutzungsverträge	1541
§ 114	Wirksamwerden der Entflechtungsbestimmungen	1545
§ 115	Bestehende Verträge	1547
§ 116	Bisherige Tarifkundenverträge	1563
§ 117	Konzessionsabgaben für die Wasserversorgung	1569
§ 118	Übergangsregelungen	1571
Artikel 5	Inkrafttreten, Außerkrafttreten	1577
Sachregister		1579

Abkürzungen

aA	anderer Ansicht
a. a. O.	am angegebenen Ort
Abl.EG	Amtsblatt der Europäischen Gemeinschaften
Abl.EU	Amtsblatt der Europäischen Union
Abs.	Absatz
Abschn.	Abschnitt
AcP	Archiv für die civilistische Praxis
a. E.	am Ende
a. F.	alte Fassung
AG	Amtsgericht
AG	Aktiengesellschaft oder Zeitschrift »Die Aktiengesellschaft«
AgrarR	Agrarrecht
Alt.	Alternative
AktG	Aktiengesetz
Anh.	Anhang
Anm.	Anmerkung
AO	Abgabenordnung
AöR	Archiv des öffentlichen Rechts
ArbGG	Arbeitsgerichtsgesetz
Art.	Artikel
Aufl.	Auflage
AVBEltV	Verordnung über allgemeine Bedingungen für die Elektrizitätsversorgung von Tarifkunden
AVBGasV	Verordnung über allgemeine Bedingungen für die Gasversorgung von Tarifkunden
Az.	Aktenzeichen
BA	Belastungsausgleich
BAG	Bundesarbeitsgericht
BAnz.	Bundesanzeiger
BB	Betriebs-Berater
Bd.	Band
BDI	Bundesverband der Deutschen Industrie
BGB	Bürgerliches Gesetzbuch
BGBl.	Bundesgesetzblatt
BGH	Bundesgerichtshof
BGHZ	Entscheidungen des BGH in Zivilsachen

Abkürzungen

BGW	Bundesverband der Deutschen Gas- und Wasserwirtschaft e.v.
BHKW	Blockheizkraftwerk
BImSchG	Bundesimmissionsschutzgesetz
BKartA	Bundeskartellamt
BKartA TB	Tätigkeitsbericht des Bundeskartellamtes
BK	Beschlusskammer
BMFT	Bundesminister(ium) für Forschung und Technologie
BMWA	Bundesminister(ium) für Wirtschaft und Arbeit
BMWi	Bundesminister(ium) für Wirtschaft
BMWT	Bundesminister(ium) für Wirtschaft und Technologie
BNetzA	Bundesnetzagentur
BR-DrS	Drucksachen des Deutschen Bundesrates
BremEG	Bremisches Energiegesetz
BT-DrS	Drucksachen des Deutschen Bundestages
BTOElt	Bundestarifordnung Elektrizität
BVerfG	Bundesverfassungsgericht
BVerfGE	(amtliche Sammlung der) Entscheidungen des Bundesverfassungsgerichts
BVerfGG	Bundesverfassungsgerichtsgesetz
BverwGE	(amtliche Sammlung der) Entscheidungen des Bundesverwaltungsgerichts
bzgl.	bezüglich
bzw.	beziehungsweise
C	Cent
CO_2	Kohlendioxid
dass.	dasselbe
DB	Der Betrieb
ders.	derselbe
d. h.	das heißt
dies.	dieselbe
Diss. jur.	juristische Dissertation
DÖV	Die öffentliche Verwaltung
DVBl.	Deutsches Verwaltungsblatt
DVG	Deutsche Verbundgesellschaft (Heidelberg)
ebd.	ebenda
EEG	Erneuerbare-Energien-Gesetz
EG	Vertrag zur Gründung der Europäischen Gemeinschaft (i. d.F. des Vertrages von Amsterdam vom 2.10.1997 = n. F.; früher: EGV)
EGV	Vertrag über die Europäischen Gemeinschaften (= a. F.; früher: EWGV)

Abkürzungen

EltU	Elektrizitätsunternehmen
EltVU	Elektrizitätsversorgungsunternehmen
EnWG 1998	Gesetz über die Elektrizitäts- und Gasversorgung (Energiewirtschaftsgesetz) vom 24.4.1998, BGBl. I S. 730
EnWG 2003	Gesetz über die Elektrizitäts- und Gasversorgung (Energiewirtschaftsgesetz) vom 24.4.1998, BGBl. I S. 730, geändert durch Gesetz vom 20.5.2003, BGBl. I S. 686
EnWG 2005	Gesetz über die Elektrizitäts- und Gasversorgung (Energiewirtschaftsgesetz) vom 12.7.2005, BGBl. I S. 1970
ET	Energiewirtschaftliche Tagesfragen
EU	Europäische Union
EuGH	Europäischer Gerichtshof
EUV	Vertrag über die Europäische Union
EVU	Energieversorgungsunternehmen
EW	Elektrizitätswirtschaft
EWiR	Entscheidungen zum Wirtschaftsrecht
EWR	(Verträge über den) Europäischen Wirtschaftsraum
f.	folgende Seite
ff.	folgende Seiten
FIW	Forschungsinstitut für Wirtschaft und Wettbewerb e. V.
FKVO	Fusionskontrollverordnung
FN	Fußnote
FNB	Fernleitungsnetzbetreiber
FS	Festschrift
GasNEV	Gasnetzentgeltverordnung
GasNZV	Gasnetzzugangsverordnung
GasVU	Gasversorgungsunternehmen
GBl.	Gesetzblatt
GD	Generaldirektion (der EG-Kommission)
gem.	gemäß
GG	Grundgesetz
GewArch	Gewerbearchiv
GmbHG	Gesetz über die Gesellschaften mit beschränkter Haftung
GRUR	Gewerblicher Rechtsschutz und Urheberrecht
GVBl.	Gesetz- und Verordnungsblatt
GVU	Gasversorgungsunternehmen
GWB	Gesetz gegen Wettbewerbsbeschränkungen
GWh	Gigawatt-Stunden

Abkürzungen

HGB	Handelsgesetzbuch
Hrsg.	Herausgeber (in)
HS	Halbsatz
i. d. F	in der Fassung
i. d. R.	in der Regel
IPP	Independent Power Producer (= unabhängiger Stromerzeuger)
IR	Infrastruktur Recht
i. S. v.	im Sinne von
i. V. m.	in Verbindung mit
JA	Juristische Arbeitsblätter
JuS	Juristische Schulung
JZ	Juristenzeitung
Kap.	Kapitel
KG	Kammergericht
KrW-/AbfG	Kreislaufwirtschafts- und Abfallgesetz
kW	Kilowatt
kWh	Kilowattstunde(n)
kWh/a	Kilowattstunden pro Jahr
KWK	Kraft-Wärme-Kopplung
KWK-G 2000	Kraft-Wärme-Kopplungsgesetz 2000
KWK-G 2002	Kraft-Wärme-Kopplungsgesetz 2002
LG	Landgericht
LNG	Flüssiggas (liquid natural gas)
LRB	Landesregulierungsbehörde
LV	Letztverbraucher
MDR	Monatsschrift für Deutsches Recht
m. E.	meines Erachtens
Mill.	Millionen
mind.	mindestens
m. Nachw.	mit Nachweisen
MW	Megawatt
Mrd.	Milliarden
MVA	Müllverbrennungsanlage
m. w. N.	mit weiteren Nachweisen
n. F.	neue Fassung
NJW	Neue Juristische Wochenschrift
NJW-RR	NJW-Rechtsprechungsreport Zivilrecht
Nr.	Nummer

Abkürzungen

NVwZ	Neue Zeitschrift für Verwaltungsrecht
NZE	Netzzugangsentgelte
o. a.	oben angeführt (e)
OHG	Offene Handelsgesellschaft
OLG	Oberlandesgericht
OVG	Oberverwaltungsgericht
OWiG	Gesetz über Ordnungswidrigkeiten
rd.	rund
RdE	Recht der Energiewirtschaft
RegTP	Regulierungsbehörde für Telekommunikation und Post
RGBl.	Reichsgesetzblatt
RG	Reichsgericht
RGZ	(amtliche Sammlung der) Entscheidungen des Reichsgericht in Zivilsachen
RIW	Recht der Internationalen Wirtschaft
RL-Elt	Binnenmarktrichtlinie Elektrizität
RL-Gas	Binnenmarktrichtlinie Erdgas
Rspr.	Rechtsprechung
RTW	Schriftenreihe »Recht – Technik – Wirtschaft«
RWE	Rheinisch-Westfälische-Electrizitätswerke AG
Rz.	Randziffer
S.	Seite
Slg.	Sammlung der Entscheidungen des Europäischen Gerichtshofs
sog.	so genannt (e)
StGB	Strafgesetzbuch
StrEinspG	Stromeinspeisungsgesetz v. 24.4.1998, Art. 3 Nr. 2 des Gesetzes zur Neuregelung des Energiewirtschaftsrechts, BGBl. I S. 730, 734 ff.
StromNEV	Stromnetzentgeltverordnung
StromNZV	Stromnetzzugangsverordnung
Tab.	Tabelle
TBK	Tegethoff/Büdenbender/Klinger, Öffentliche Energieversorgung (Kommentar zum Energiewirtschaftsrecht)
TKG	Telekommunikationsgesetz
TWh	Terawattstunde(n)
u. a.	und andere; unter anderem
ÜNB	Übertragungsnetzbetreiber
UmwG	Umwandlungsgesetz

Abkürzungen

UmweltHG	Umwelthaftungsgesetz
UmwstG	Umwandlungssteuergesetz
UPR	Umwelt- und Planungsrecht
u. s. w.	und so weiter
UWG	Gesetz zur Bekämpfung des unlauteren Wettbewerbs
v.	von/vom
VEAG	Vereinigte Elektrizitätswerke AG
VDI	Verband Deutscher Ingenieure e. V.
VDEW	Vereinigung Deutscher Elektrizitätswerke e. V.
VDN	Verband der Netzbetreiber
VEnergR	Veröffentlichungen des Instituts für Energierecht an der Universität zu Köln
VersW	(Zeitschrift für) Versorgungswirtschaft
VGH	Verwaltungsgerichtshof
vgl.	vergleiche
VIK	Verband der Industriellen Energie- u. Kraftwirtschaft e. V.
VIK-Mitt.	VIK-Mitteilungen
VKU	Verband kommunaler Unternehmen e. V.
VNB	Verteilernetzbetreiber
Vorbem.	Vorbemerkung (en)
VV II plus	Verbändevereinbarung Strom (v. 13.12.2001)
VW	Versorgungswirtschaft
VwGO	Verwaltungsgerichtsordnung
VwVfG	Verwaltungsverfahrensgesetz (des Bundes)
WHG	Wasserhaushaltsgesetz
WM	Wertpapier-Mitteilungen
WRP	Wettbewerb in Recht und Praxis
WuW	Wirtschaft und Wettbewerb
WuW/E	WuW-Entscheidungssammlung zum Kartellrecht
z. B.	zum Beispiel
ZfW	Zeitschrift für Energiewirtschaft
ZfK	Zeitschrift für kommunale Wirtschaft
Ziff.	Ziffer
ZIP	Zeitschrift für Wirtschaftsrecht
ZNER	Zeitschrift für Neues Energierecht
ZPO	Zivilprozessordnung
ZRP	Zeitschrift für Rechtspolitik
ZUR	Zeitschrift für Umweltrecht
ZZP	Zeitschrift für Zivilprozessrecht

Literatur

Ackermann, Thomas	Energieeinsparverordnung. Kommentar – Anforderungsnachweise – Berechnungsbeispiele – Sonderprobleme – einschließlich der Änderungen bis April 2003, Stuttgart 2003
Ahlmann-Otto, Ines	»Ringen um Luft« – Kampf um Kompromisse bei der Ausgestaltung eines Handels mit Treibhausgasen in der Europäischen Gemeinschaft, RdE 2002, S. 303–310
Altmeppen, Holger	Die Einflussrechte der Gemeindeorgane in einer kommunalen GmbH, NJW 2003, S. 2561–2167
Altrock, Martin	»Subventionierende« Preisregelungen – Die Förderung erneuerbarer Energieträger durch das EEG, München 2002
Amend, Guido	Beschädigung von Versorgungsleitungen bei Bauarbeiten – Pflichten der Bauunternehmen vor Beginn der Arbeiten, RdE 2004, S. 253–257
Apfelstedt, Gert	Ökoenergie-Pflichtbenutzung und Warenverkehrsrecht: Zur warenverkehrsrechtlichen Bewertung des StrEG, des EEG und anderer Pflichtkaufmodelle für Öko(energie)dienstleistungen (ÖDL), ZNER 2001, S. 2–11
Arzt, Clemens	Grundlagen und Unterschiede der Strompreisaufsicht nach deutschem und US-amerikanischem Recht, RdE 1993, S. 97–103
Assies, Paul	Duldungs- und Verkehrssicherungspflichten bei Energieversorgungsleitungen im (Fort-)Gestaltungsbereich der DDR-Energieverordnung, DtZ 1994, S. 396–399
Attig, Dieter/ Hemmers, Rosa/ Wußing, Eva	Kommunales Netzwerk versus Anteilsverkauf von Stadtwerken, ZNER 2002, S. 10–14

Literatur

Bachert, Patric	Die Aufsicht über Energieversorgungsunternehmen zwischen Wettbewerb und Regulierung, Frankfurt/Main (u.a.) 2004
Bachert, Patric	Lieferbeziehungen, Vergütungsansprüche und Belastungsausgleich nach dem KWKG, RdE 2004, S. 98–105
Badura, Peter	Netzzugang oder Mitwirkungsrecht Dritter bei der Energieversorgung mit Gas? – Verfassungsrechtliche Grenzen des regulierten Netzzugangs, DVBl. 2004, S. 1189–1198
Ballwieser, Wolfgang	Ertragswert örtlicher Stromnetze – Anmerkungen zur aktuellen BGH-Rechtsprechung, BB 2001, S. 1519–1562
Bartsch, Michael/ Kästner, Thomas	Der Tarifkunde auf dem Weg in die neue Grundversorgung, ET 2004, S. 837–842
Bartsch, Michael/ Röhling, Andreas/ Salje, Peter/ Scholz, Ulrich (Hrsg.)	Stromwirtschaft – Ein Praxis-Handbuch, Köln 2002
Basedow, Jürgen	Die Ministererlaubnis muss bleiben, EuZW 2002, S. 417
Basedow, Jürgen	Gemeinschaftsrechtliche Grenzen der Ministererlaubnis in der Fusionskontrolle, EuZW 2003, S. 44–50
Baur, Jürgen (Hrsg.)	Die Energiewirtschaft in der Regulierung – Die neuen rechtlichen Herausforderungen, VEnergR Bd. 114, Baden-Baden 2004
Baur, Jürgen (Hrsg.)	Fortscheitende Regulierung der Energiewirtschaft – Eine kritische Stellungnahme zu den Kommissionsvorschlägen zur Änderung der Binnenmarktrichtlinie Erdgas (98/30/EG), VEnergR Bd. 105, Baden-Baden 2002
Baur, Jürgen (Hrsg.)	Energierecht und Energiepolitik heute, VEnergR Bd. 78, Baden-Baden 1996
Baur, Jürgen (Hrsg.)	Aktuelle Probleme des Energierechts, VEnergR Bd. 75, Baden-Baden 1995

Baur, Jürgen (Hrsg.)	Die Europäische Gemeinschaft und das Recht der leitungsgebundenen Energie, VEnergR Bd. 69, Baden-Baden 1993
Baur, Jürgen (Hrsg.)	Ablauf von Konzessionsverträgen – Versorgungssicherheit und Wettbewerb, VEnergR Bd. 67, Baden-Baden 1992
Baur, Jürgen (Hrsg.)	Reform des Energiewirtschaftsgesetzes. Eine Analyse der Änderungsvorschläge, VEnergR Bd. 64, Baden-Baden 1991
Baur, Jürgen (Hrsg.)	Vergütung für Strom aus Eigenerzeugungsanlagen. Eine energierechtliche Untersuchung, VEnergR Bd. 62, Baden-Baden 1990
Baur, Jürgen (Hrsg.)	Leitungsgebundene Energie und der Gemeinsame Markt. Eine Analyse der Vorschläge der Kommission der EG, VEnergR Bd. 61, Baden-Baden 1990
Baur, Jürgen	Der Regulator, Befugnisse, Kontrollen – Einige Überlegungen zum künftigen Regulierungsrecht, ZNER 2004, S. 318–325
Baur, Jürgen	Die Beschleunigungsrichtlinien – Auswirkungen auf das deutsche Energierecht, ET 2003, S. 670–675
Baur, Jürgen	Die Elektrizitätsbinnenmarkt-Richtlinie. Gestaltungsmöglichkeiten von Mitgliedstaaten mit Auswirkungen auf die Stromunternehmen, ET 1997, S. 624–629
Baur, Jürgen	Energielieferverträge unter europäischem Kartellrecht, RdE 2001, S. 81–88
Baur, Jürgen	Schicksal der Lieferverträge nach Wegfall der Ausschließlichkeitsabrede, RdE 1997, S. 41–46
Baur, Jürgen	Sinn und Unsinn einer Energierechtsreform, in: FS Lukes, Köln/Berlin/Bonn/München 1989, S. 253–272
Baur, Jürgen	Zur künftigen Rolle der Kartellbehörden in der Energiewirtschaft, RdE 2004, S. 277–284
Baur, Jürgen/ Blask, Holger	Regelungszuständigkeiten der EG im Bereich Energie, ET 2002, S. 636–641

Literatur

Baur, Jürgen/ Henk-Merten, Katrin	Entgeltfindung unter Kontrahierungszwang, VEnergR Bd. 107, Baden-Baden 2003
Baur, Jürgen/ Henk-Merten, Katrin	Kartellbehördliche Preisaufsicht über den Netzzugang, VEnergR Bd. 104, Baden-Baden 2002
Baur, Jürgen/ Henk-Merten, Katrin	Preisaufsicht über Netznutzungsentgelte, RdE 2002, S. 193–200
Baur, Jürgen/ Moraing, Markus	Rechtliche Probleme einer Deregulierung der Elektrizitätswirtschaft, VEnergR Bd. 72, Baden-Baden 1994
Bausch, Camilla	Entflechtungsregeln im Stromsektor, Die Vorgaben des Gesetzesentwurfes zum Energiewirtschaftsrecht, ZNER 2004, S. 332–342
Bausch, Camilla	Netznutzungsregeln im liberalisierten Strommarkt der Europäischen Union – Eine rechtsvergleichende Untersuchung der europäischen Vorgaben sowie der Regime in Deutschland, Frankreich und England, EWeRK-Schriftenreihe, Bd. 13, Baden-Baden 2004
Bechtold, Rainer	Die Stellung der Beigeladenen im Kartellverfahren, BB 2003, S. 1021–1025
Bechtold, Rainer	Grundlegende Umgestaltung des Kartellrechts: Zum Referentenentwurf der 7. GWB-Novelle, DB 2004, S.235–241
Becker, Carsten	Kartellrecht und Konzessionsverträge, IR 2004, S. 151–154
Becker, Peter	Aktuelle Probleme des Konzessionsabgabenrechts, RdE 1996, S. 225–233
Becker, Peter	Anmerkung zu OLG Dresden, Urt. vom 8.2.2001, Az. U 2978/00 (Kart.) (Durchleitungsanspruch aus § 6 Abs. 1 S. 1 EnWG), ZNER 2001, S. 172–173
Becker, Peter	Nochmals: Zur Netzüberlassungspflicht nach dem Energiewirtschaftsgesetz, ZNER 2002, S. 118–120
Becker, Peter	Zu den Aussichten des Energiewirtschaftsgesetzes nach der Anhörung im Wirtschaftsausschuss, ZNER 2004, S. 325–328

Becker, Peter	Zum Rechtsweg gegen die Entscheidungen der REGTP: Ab ins Desaster?, ZNER 2004, S. 130–133
Becker, Peter	Zur Lage der Stadtwerke im vierten Jahr der Marktöffnung – Regulierung Ja oder Nein?, ZNER 2001, S. 122–129
Becker, Peter/ Riedel, Martin	Europarechtliche Mindestvorgaben für die Regulierung und die Schaffung nationaler Regulierungsbehörden mit Überlegungen zu einer möglichen Umsetzung in nationales Recht, ZNER 2003, S. 170–176
Beering, Stephan/ Wehner, Ulrich	Neue Anforderungen an die IT-Architektur von Energieversorgungsunternehmen durch das Unbundling, in: Klees/Langerfeldt (Hrsg.), Entflechtung in der deutschen Energiewirtschaft, Wiesbaden 2005, S. 167–182
Begemann, Arndt/ Lustermann, Henning	Emissionshandel: Probleme des Anwendungsbereichs und Auslegungsfragen zu Härtefallregelungen des ZuG 2007, NVwZ 2004, S. 1292–1297
Beisheim, Carsten E.	Europarechtliche Vorgaben zur Entflechtung von EVU – Überlegungen zur praktischen Umsetzung der Unbundling-Vorschriften, EW 2003 (21), S. 26–29
Berkner, Ursula/ Hermann, Hans Peter/ Schmitz, Erich	Die neue Bundestarifordnung Elektrizität (BTO Elt), RdE 1990, S. 2–17
Bernhardt, Jochen	Emissionsrechte: Eine Chance für Unternehmen und die Umwelt?, Clausthal-Zellerfeld 2004
Berschin, Felix	Zur Trennung von Netz- und Betrieb der Deutschen Bahn AG aufgrund des europäischen Eisenbahnpakets, DVBl. 2002, S. 1079–1086
BGW und DVGW (Hrsg.)	Jahrbuch Gas und Wasser 2002 – Mit Verzeichnis der Versorgungsunternehmen, Firmen mit DVG-Bescheinigungen und DVGW-Sachverständigen, 88. Auflage München 2003

Literatur

Bier, Christoph	Regulierter oder Verhandelter Zugang zum Stromnetz? Eine ökonomische Analyse unter Berücksichtigung imperfekter Aufsichtsbehörden, Hamburg 2002
Billig, Uta-Sophie	Die Novellierung des sächsischen Gemeindewirtschaftsrechts unter besonderer Berücksichtigung der Auswirkungen auf kommunale Beteiligungsgesellschaften, ZNER 2003, S. 100–108
Birkner, Peter/ Staschus, Konstantin	Vergleichsmarktprinzip der VV II plus und das paneuropäische Benchmarking-Projekt, ET 2004, S. 430–435
Bischof, Ralf/ Lackmann, Johannes/ Reeder, Lennart	Die Abrechnung von mehreren Windenergieanlagen über eine gemeinsame Messeinrichtung gemäß § 9 Abs. 2 EEG, ZNER 2003, S. 26–28
Bleckmann, Albert	Europarecht, 6. Aufl. Köln/Berlin/Bonn/München 1997
BMF (Hrsg.)	Verfügung vom 30.5.1997 betr. Leitungsanlagen als selbständige Wirtschaftsgüter innerhalb der Versorgungsanlage, DB 1997, S. 1252
Boerner, Achim-Rüdiger	Langfristige Gasverträge nicht kartellrechtswidrig – Eine kritische Stellungnahme zu den »Kartellrechtlichen Beurteilungsgrundsätzen zu langfristigen Gasverträgen« des Bundeskartellamts vom 25.1.2005, VW 2005, S. 101–103
Boesche, Katharina Vera,	Die zivilrechtsdogmatische Struktur des Anspruchs auf Zugang zu Energieversorgungsnetzen, Baden-Baden 2002
Boesche, Katharina Vera	Keine Verpflichtung zum Abschluss von Netznutzungsverträgen, ZNER 2003, S. 33–36
Böge, Ulf	Das Netzwerk der EU-Wettbewerbsbehörden nimmt Gestalt an: Anforderungen an das Bundeskartellamt und Änderungsbedarf im deutschen Kartellrecht, EWS 2003, S. 441–445
Böge, Ulf	Die leitungsgebundene Energiewirtschaft zwischen klassischer Wettbewerbsaufsicht und Regulierung, in: Büdenbender/Kühne (Hrsg.), Das neue Energierecht in der Bewährung, FS Baur, Baden-Baden 2002, S. 399–414

Böge, Ulf	Kartellrechtliche Aufsicht über die Netzmonopole im leitungsgebundenen Energiebereich, ET 2003, S. 652–655
Böge, Ulf/ Jakobi, Wolfgang	Die Berücksichtigung von Effizienzen in der Fusionskontrolle, BB 2005, S. 113–119
Böge, Ulf/ Lange, Markus	Die zukünftige Energiemarkt-Regulierung im Lichte der Erfahrungen der europarechtlichen Vorgaben, WuW 2003, S. 870–880
Bohne, Eberhard (Hrsg.)	Neubestimmung ordnungspolitischer Aufgaben des Staates im Strommarkt, Münster 2003
Böhnel, Gisela	Netzzugang nach Energiewirtschaftsgesetz und Verbändevereinbarung, ET 2001, S. 293–297
Böhringer, Walter	Problemfälle bei der Grundbuchbereinigung in den neuen Bundesländern, DtZ 1994, S. 194–199
Bolsenkötter, Heinz/ Poullie, Michael	Rechnerisches Unbundling in der Strom- und Gasversorgung – Rechnungslegung nach dem neuen Energiewirtschaftsgesetz (Kommunalwirtschaftliche Forschung und Praxis Bd. 2), 3. Aufl. Frankfurt/M., Berlin, Bern, Bruxelles, New York, Oxford, Wien 2003
Bönker, Christian	Windenergieanlagen auf hoher See – Rechtssicherheit für Umwelt und Investoren?, NVwZ 2004, S. 537–543
Bönning, Christina	Netzanschluss-/Netzausbaukosten – Überblick über die Rechtsprechung, ZNER 2003, S. 296–300
Boos, Philipp	Bußgeld wegen überhöhter Netzentgelte?, RdE 2004, S. 189–194
Boos, Philipp	Der »unfreiwillige« und der »verhinderte« Grundversorger, IR 2005, S. 101–104
Börger, Reik H.	Erweiterung eines Strompreismodells um GARCH-Prozesse, Ulm 2004
Börner, Achim-Rüdiger (Hrsg.)	Probleme des § 12a BTOElt, VEnergR Bd. 51, Baden-Baden 1983

Literatur

Börner, Achim-Rüdiger	Kein Zurück in den Kindergarten – nicht nur die Einschränkung der Freiheit spricht gegen die Regulierung der Energiemärkte, ZfK 11/2001, S. 4
Börner, Achim-Rüdiger	Rechtliches, Volkswirtschaftliches und Politisches zu heutigen Perspektiven der Durchleitungswirtschaft, ZögU 2003, S.395–410
Börner, Achim-Rüdiger	Rekommunalisierung durch vergaberechtliche In-house-Geschäfte, Kölner Miszellen zum Energierecht Bd. 13, Baden-Baden 2004
Börner, Achim-Rüdiger	Vorgaben im EG-Recht zur Öffnung des »Gasbinnenmarktes«, in: Büdenbender/Kühne (Hrsg.), Das neue Energierecht in der Bewährung, FS Baur, Baden-Baden 2002, S. 71–98
Börner, Achim-Rüdiger/ Börner, Bodo	Die energierechtliche Genehmigung restituierter Stadtwerke, Köln 1991
Böwing, Andreas	Rechtliche Grenzen bei der Bemessung des Kaufpreises für Stromnetze, RdE 1995, S. 225; 1996, 15–22
Böwing, Andreas/ Nissen, Joachim	Die Energierechtsnovelle – ein schlüssiges Konzept zur Kontrolle von Netznutzungsentgelten, ET 2004, S. 712 ff.
Brand, Edmund/ Witthohn, Alexander	Die energiepolitischen Handlungsmöglichkeiten der EG, ET 2002, S. 253–257
Brattig, Boris/ Kahle, Christian	Die Entwicklung des Energierechts 2003 bis 2004, NVwZ 2005, S. 642–648
Bräutigam, Benedikt/ Reichert-Clauß, Andrea	Voraussetzungen einer Vergütungspflicht im Dritten Förderweg des KWKG – zugleich eine kritische Betrachtung der Urteile des OLG München (18 U 2002/02) und OLG Naumburg (7 U [Hs] 59/01), RdE 2003, S. 210–214
Breuer, Rüdiger	Umsetzung von EG-Richtlinien im neuen Energiewirtschaftsrecht, NVwZ 2004, S. 520–530
Britz, Gabriele	Energiewirtschaftsgesetz (EnWG), Kommentar, München 2003

Literatur

Britz, Gabriele	Erweiterung des Instrumentariums administrativer Normsetzung zur Realisierung gemeinschaftsrechtlicher Regulierungsaufträge, EuZW 2004, S. 462–464
Britz, Gabriele	Öffnung der Europäischen Strommärkte durch die Elektrizitätsbinnenmarktrichtinie?, RdE 1997, S. 85–93
Britz, Gabriele	Zur Entwicklung des Rechts der unilateralen Handelsmaßnahmen im GATT: Der welthandelsrechtliche Rahmen für die Regulierung von Stromimporten, in: Büdenbender/Kühne (Hrsg.), Das neue Energierecht in der Bewährung, FS Baur, Baden-Baden 2002, S. 17–32
Britz, Gabriele/ Herzmann, Karsten	Individuelle Netzentgelte für Großverbraucher? Zur rechtlichen Zulässigkeit von Netzentgeltrabatten, IR 2005, S. 98–101
Britz, Gabriele/ Müller, Felix	Die Kostenabwälzung auf Letztverbraucher im Rahmen der »subventionierten Preisregelungen« nach KWKG und EEG, RdE 2003, S. 163–171
Broch, Uwe/ Krutisch, Dominic	Das neue Erneuerbare-Energien-Gesetz (EEG), Kommunalwirtschaft 2004 (Sonderausgabe Oktober 2004), S. 32–35
Broch, Uwe/ Krutisch, Dominic	Die Novellierung des Erneuerbare-Energien-Gesetzes (EEG), Kommunalwirtschaft 2004, S. 649–651
Brunekreeft, Gert/ Twelemann, Sven	Institutionelle Reformen und Versorgungssicherheit: Status Quo und Perspektiven der deutschen Stromwirtschaft, ZfE 2004, S. 163–171
Brüning, Christoph	Mittelbare Beteiligungen der Kommunen im grenzüberschreitenden Wettbewerb, DVBl. 2004, S. 1451–1458
Brunner, Uli/ Riechmann, Christoph	Wettbewerbsgerechte Preisbildung in der Wasserwirtschaft – Vergleichsmarktkonzepte, -methoden und Erfahrungen aus England & Wales, ZögU 2004, S. 115–130
Büchner, Jens/ Nick, Wolfgang	Strukturklassen zum sachgerechten Vergleich von Verteilnetzbetreibern, ET 2004, S. 816–820

Büdenbender, Ulrich	Kartellrechtliche Beurteilung von Personalübernahmeverpflichtungen in Konzessionsverträgen, RdE 1989, S. 262–264
Büdenbender, Ulrich	Anmerkung zu OLG Dresden, Urt. v. 8.2.2001- U 2978/00 (Kart.), RdE 2001, S. 149–152
Büdenbender, Ulrich	Die Abwälzung der Subventionslasten für erneuerbare Energien und Kraft-Wärme-Kopplung auf den Stromverbraucher, NVwZ 2004, S. 823–826
Büdenbender, Ulrich	Die Ausgestaltung des Regulierungskonzeptes für die Elektrizitäts- und Gaswirtschaft – Überlegungen zum gegenwärtigen Stand der Diskussion, RdE 2004, S. 284–300
Büdenbender, Ulrich	Die Bedeutung von Wirtschaftsklauseln in Energielieferungsverträgen für den Preiswettbewerb, in: Büdenbender/Kühne (Hrsg.), Das neue Energierecht in der Bewährung, FS Baur, Baden-Baden 2002, S. 415–440
Büdenbender, Ulrich	Die Entwicklung des Energierechts seit In-Kraft-Treten der Energierechtsreform von 1998, DVBl. 2001, S. 952–968
Büdenbender, Ulrich	Die Kartellaufsicht über die Energiewirtschaft, VEnergR Bd. 76, Baden-Baden 1995
Büdenbender, Ulrich	Die preisrechtliche Behandlung von Netznutzungsentgelten, ZIP 2003, S. 931–940
Büdenbender, Ulrich	Die Weitergabe politischer Mehrbelastungen an endverbrauchende Kunden, ET 2001, S. 298–306, 308–316, 318–322
Büdenbender, Ulrich	Durchleitung elektrischer Energie nach der Energierechtsreform, RdE 1999, S. 1–11
Büdenbender, Ulrich	Energierecht nach der Energierechtsreform, JZ 1999, S. 62–72
Büdenbender, Ulrich	Energiekartellrecht, Essen 1994
Büdenbender, Ulrich	Generelle und energierechtliche Konflikte zwischen Wettbewerb und Umweltschutz, DVBl. 2002, S. 800–809

Literatur

Büdenbender, Ulrich	Kartellrechtliche Kontrolle der Netznutzungsentgelte nach dem Vergleichsmarktprinzip, Köln 2004
Büdenbender, Ulrich	Möglichkeiten und Grenzen einer Deregulierung in der leitungsgebundenen Energiewirtschaft, DÖV 2002, S. 375–383
Büdenbender, Ulrich	Nationalrechtliche Regulierung des Netzzugangs in der leitungsgebundenen Energiewirtschaft, ET 2003 (9) Special, S. 2–16
Büdenbender, Ulrich	Rechtsfragen anlässlich der Durchleitung elektrischer Energie, in: Baur (Hrsg.), Energiewirtschaft – Der neue energie- und kartellrechtliche Rahmen, VEnergR Bd. 91, S. 73–132
Büdenbender, Ulrich/ Rosin, Peter (Hrsg.)	Gesetz für die Erhaltung, die Modernisierung und den Ausbau der Kraft-Wärme-Kopplung (KWK-AusbauG). Kommentar, Köln 2003
Büdenbender, Ulrich/ Rosin, Peter	Gesetzentwurf für eine Umsetzung der Beschleunigungsrichtlinien Strom und Gas in eine EnWG-Novelle 2004, ET 2003, S. 746–748, 750–757
Bundeskartellamt	Marktöffnung und Gewährleistung von Wettbewerb in der leitungsgebundenen Energiewirtschaft – Tagungsbericht des Bundeskartellamts, WuW 2003, S.497–501
Bundesregierung (Hrsg.)	Entwurf eines Gesetzes zur Neuregelung des Energiewirtschaftsrechts vom 8.11.1996, BT-DrS 13/7274 = BR-DrS 806/96
Bund-Länder-Ausschuß »Energiepreise« (Hrsg.)	Hinweise zur Auslegung der neuen Konzessionsabgabenverordnung, RdE 1993, S. 35–38
Bunte, Hermann-Josef	Langfristige Gaslieferverträge nach nationalem und europäischem Kartellrecht, FIW-Schriftenreihe, Köln 2003
Bunte, Hermann-Josef	Nochmals: Rechtsfragen zur Ministererlaubnis nach § 42 GWB, BB 2002, S. 2393–2402
Bunte, Klaus/ Heintz, Dominique	Zugang zu Netzen in der französischen Rechtsprechung, WuW 2003, S. 598–610

Literatur

Burgi, Martin	Die Rechtsstellung der Unternehmen im Emissionshandelssystem, NJW 2003, S. 2486–2492
Burgi, Martin	Emissionszertifikate als Eigentum im Sinne von Art. 14 GG, RdE 2004, S. 29–35
Burgi, Martin	Ersatzanlagen im Emissionshandelssystem, Stuttgart 2004
Burgi, Martin	Grundprobleme des deutschen Emissionshandelssystems: Zuteilungskonzept und Rechtsschutz, NVwZ 2004, S. 1162–1168
Burkhardt, Andre	Liberalisierung des Erdgasmarktes in den USA und in Deutschland – Unterschiede, ET 2001, S. 212–216
Burmeister, Thomas	Die Anspruchsberechtigten nach den KWK-Gesetzen, ET 2003, S. 845–850
Busche, Jan	Vom Energieversorger zum Dienstleister und Stromhändler – Energieversorgung im Zeitalter des Wettbewerbs, in: Büdenbender/Kühne (Hrsg.), Das neue Energierecht in der Bewährung, FS Baur, Baden-Baden 2002, S. 99–116
Büttner, Wolf/ Däuper, Olaf	Die Preisbildung in Gaslieferverträgen aus rechtlicher Sicht – Teil 2, ZNER 2003, S. 18–24
Büttner, Wolf/ Däuper, Olaf	Weitere typische Klauseln in Gaslieferungsverträgen – Teil 3, ZNER 2003, S. 205–210
Caspar, Johannes	Die EU-Wasserrahmenrichtlinie: Neue Herausforderungen an einen europäischen Gewässerschutz, DÖV 2001, S. 529–538
Cord, Matthias/ Hannes, Berthold/ Hartmann, Bernhard/ Kellerhoff, Jens/ Weber-Rey, Daniela	Konsequenzen der Unbundling-Vorgaben für die deutsche Energiewirtschaft – Skizze möglicher Umsetzungsmodelle und Hypothesen zum Marktauftritt, ZfE 2003, S. 251–257
Corino, Carsten	Energy Law in Germany, München 2003
Courivaud, Henri	Aktuelle Tendenzen der Strommarktregulierung in Frankreich, RdE 2002, S. 205–212

Crass, Normen	Der öffentliche Auftraggeber – Eine Untersuchung am Beispiel der öffentlich-rechtlichen Rechtsinstitute und Energieversorgungsunternehmen, Schriftenreihe Energie- und Infrastrukturrecht Bd. 5, München 2004
Cremer, Wolfram	Gewinnstreben als öffentliche Unternehmen legitimierender Zweck: Die Antwort des Grundgesetzes, DÖV 2003, S. 921–932
Cronenberg Martin	Energierechtsreform – Stand der Überlegungen aus der Sicht der Bundesregierung, RdE 1991, S. 78–84
Cronenberg, Martin	Veränderungen des Energierechtsrahmens – Elektrizitätsbinnenmarktrichtlinie und Energierechtsgesetz, in: Baur (Hrsg.), Energiewirtschaft zwischen Wettbewerb und öffentlichen Aufgaben, VEnergR Bd. 81, Baden-Baden 1997, S. 19–29
Cronenberg, Martin	Ziele und Wirkungsweise des neuen Energiewirtschaftsrechts, Manuskript Bonn v. 2.12.1997
Dannecker, Marcus/ Corino, Carsten	Noch einmal: Grundstücksverträge der Gemeinden mit der Verpflichtung zum Erdgasbezug, VBlBW 2002, S. 114–117
Danner, Wolfgang	Energiewirtschaftsrecht – Energiewirtschaftsgesetz mit den Durchführungsbestimmungen, Nebengesetzen, Verordnungen und Erlassen sowie den energiewirtschaftlich relevanten Rechtsregelungen anderer Bereiche. Loseblattsammlung, 47. Ergänzungslieferung München 2004
Danner, Wolfgang/ Theobald, Christian	Energierecht. Kommentar, Loseblattsammlung, 51. Ergänzungslieferung München 2005
Dannischewski, Johannes	Die Verordnung über die Erzeugung von Strom aus Biomasse (Biomasse-Verordnung). Ein Überblick über die am 28. Juni 2001 in Kraft getretene Regelung, ZNER 2001, S. 70–74
Dannischewski, Johannes	Unbundling im Energierecht – Konzept und Funktion von Entflechtungsmaßnahmen, Schriftenreihe des Instituts für Energie- und Wettbewerbsrecht in der Kommunalen Wirtschaft e.V. Bd. 6, Baden-Baden 2003

Literatur

Danwitz, Thomas v.	Die Einrichtung von Stilllegungsfonds für kerntechnische Anlagen – ein Kompetenzproblem für die EURATOM, ET 2003, S. 600–605
Danwitz, Thomas v.	Was ist eigentlich Regulierung?, DÖV 2004, S. 977–985
Däuper, Olaf	Gaspreisbildung und europäisches Kartellrecht, Schriftenreihe Energie- und Infrastrukturrecht Bd. 3, München 2003
Däuper, Olaf	Mehr Wettbewerb im Gasnetz? Eine Bestandsaufnahme zur Ausgestaltung der Regulierung des Gasnetzzugangs, ET 2004, S. 204–208
Däuper, Olaf	Neue Anforderungen an die Fusionskontrolle in der Energiewirtschaft – Auswirkungen der aktuellen kartellrechtlichen Entscheidungspraxis des BKartA, WuW 2002, S. 458–470
Däuper, Olaf	Optimierung des Gasbezugs durch Zugang zu Speicheranlagen – rechtliche Rahmenbedingungen, ZNER 2003, S. 306–310
Dazert, Andreas/ Mahlberg, Dirk	Betrieb eines kommunalen Windparks – Voraussetzungen und Grenzen nach dem Gemeindewirtschaftsrecht, NVwZ 2004, S. 158–161
De Angelis, Loredana/ Galo, Emanuela	Aktuelle Entwicklungen im italienischen Energierecht, RdE 2004, S. 247–253
de Wyl, Christian/ Neveling, Stefanie	Regulierung der Zugangsbedingungen zu den Strom- und Gasnetzen, ZNER 2003, S. 182–189
Degenhart, Christoph	Wirtschafts-, Energie- und Strukturpolitik durch Raumordnungsziele im Recht der Braunkohlenplanung, SächsVBl. 2002, S. 129–132
Depenbrock, Michael	VV II – Alternativen nicht in Sicht, ZfK 2001, S. 16
Diebitz, Manfred	Was bei der Umsetzung des Unbundling zu beachten ist – Die Anforderungen mit Hilfe von Softwaresystemen pragmatisch abbilden, in: Klees/Langerfeldt (Hrsg.), Entflechtung in der deutschen Energiewirtschaft, Wiesbaden 2005, S. 159–166

Diederichsen, Lars/
Erling, Uwe M.
Der Nationale Allokationsplan – Rechtsform und Rechtsschutz, ET 2004, S. 200–204

Diedrich, Ralf
Die Eigenkapitalkosten von Gasnetzbetreibern, Frankfurt/Main 2005

Diedrich, Ralf
Die Eigenkapitalkosten von Gasnetzbetreibern, N&R 2005, S. 16–23

Dlouhy, Alexander/
Ungemach, Manfred
Liberalisierung der Energiemärkte – Umsetzung der Entflechtungsvorgaben in deutsches Recht und praktische Fragen der Umsetzung durch vertikal integrierte Energieversorger, in: Klees/Langerfeldt (Hrsg.), Entflechtung in der deutschen Energiewirtschaft, Wiesbaden 2005, S. 61–88

Drautz, Götz/
Schnichels, Dominik
Die Reform des europäischen Kartellrechts – Auswirkungen auf die Energieindustrie, ZNER 2005, S. 2–9

Dreher, Meinrad
Anmerkung zu OLG Stuttgart, Urt. v. 21.3.2002 – 2 U 136/01 (Vor der Energiewirtschaftsreform abgeschlossener, langfristiger Energielieferungsvertrag mit Gesamtbedarfsdeckungsklausel verstößt gegen § 1 GWB und Art. 81 EG), EWiR 2002, S. 625–626

Dreher, Meinrad
Deutsche Ministererlaubnis in der Zusammenschlusskontrolle und europäisches Kartellrecht – Zugleich ein Beitrag zur Abgrenzung von Art. 81, 82 EG und FKVO, WuW 2002, S. 828–841

Dreher, Meinrad
Die beihilfenrechtliche PPP-Ausschreibung, ZWeR 2005, S. 121–138

Dreher, Meinrad
Die Ministererlaubnis muss bleiben!, WuW 2002, S. 665

Dreher, Meinrad
Langfristige Verträge marktbeherrschender und marktmächtiger Unternehmen im Energiebereich, ZWeR 2003, S. 3–36

Düsterdiek, Bernd
Kommunale Versorgungsunternehmen und Vergaberecht. Zur Ausschreibungspflicht von »Stadtwerken«, ZNER 2002, S. 24–29

Literatur

DVG/ARE (Hrsg.)	Gemeinsame Stellungnahme zum Ergebnis der Erörterung der Kartellbehörden des Bundes und der Länder am 22./23. Okt. in Wiesbaden (RdE 1993, S. 80f.), RdE 1993, S. 208–212
Ebel, Hans-Rudolf	Entwicklung der kartellrechtlichen Missbrauchsaufsicht über die Strompreise, BB 1993, S. 375–378
Ebel, Hans-Rudolf	Rechtliche Anforderungen an die neuen Preisgleitklauseln in Stromlieferungsverträgen für Industriekunden, DB 1995, S. 2356–2358
Ebrecht, Caspar	Netzzugang in der Gaswirtschaft, Baden-Baden 2004
Ebsen, Peter	Emissionshandel in Deutschland – Ein Leitfaden für die Praxis, Köln 2004
Eder, Jost/ de Wyl, Christian/ Becker, Peter	Der Entwurf eines neuen EnWG. Ein großer Schritt, der viele Fragen aufwirft, ZNER 2004, S. 3–10
Ehlers, Dirk	Die Anstalt öffentlichen Rechts als neue Unternehmensform der kommunalen Wirtschaft, ZHR 2003, S. 546–579
Ehmer, Jörg	Das Tarifwesen der Elektrizitätswirtschaft und sein (grund)rechtlicher Rahmen, VEnergR Bd. 77, Baden-Baden 1995
Ehricke, Ulrich	Anmerkungen zum Vorschlag für eine Richtlinie zur Endenergieeffizienz und zu Energiedienstleistungen aus der Sicht des Kartell- und Wettbewerbsrechts, IR 2005, S. 2–5
Ehricke, Ulrich	Der europäische Regelungsansatz zur Versorgungssicherheit in Bezug auf Stromnetze – zum Richtlinienvorschlag für die Sicherung der Elektrizitätsversorgung – ZNER 2004, S. 211–217
Ehricke, Ulrich	Die Regulierungsbehörde für Strom und Gas – Eine Abhandlung zu den Vorgaben der Vorschläge für die Richtlinien 2003/54/EG und 2003/55/EG, VEnergR Bd. 112, Baden-Baden 2004

Ehricke, Ulrich	Quellen der Reserven für Zertifikate im Emissionshandel nach der Richtlinie 2003/87/EG, EWS 2004, S. 155–160
Ehricke, Ulrich	Staatliche Maßnahmen zur Förderung umweltfreundlicher Energien und europäisches Wettbewerbsrecht, RdE 2003, S. 57–65
Ehricke, Ulrich	Vermerke der Kommission zur Umsetzung von Richtlinien, EuZW 2004, S. 359–364
Ehricke, Ulrich	Zur Vereinbarkeit der Gesellschaftsform einer GmbH für die Netzgesellschaft mit den Vorgaben des Legal Unbundling, IR 2004, S. 170–173
Eiber, Adolf/ Fuchs, Manfred	Überlegungen zur Bestimmung des Sachzeitwertes von Versorgungsnetzen, BB 1994, S. 1175–1179
Eichele, Christiane/ Krisch, Helga	Neuregelung der Finanzierung der Regulierungsbehörde im Energie- und Telekommunikationsbereich, IR 2004, S. 220–223
Eiß, Harald/ Lukes, Rudolf (Hrsg.)	Die Ordnung des Elektrizitätsmarktes in der Europäischen Gemeinschaft, München 1990 (Besprechung von Hermann, RdE 1991, S. 50–51)
Elberfeld, Walter/ Weizsäcker, Christian v.	Ist der Subtraktionstest ein geeignetes Verfahren zur Ermittlung missbräuchlich überhöhter Netznutzungsentgelte?, N&R 2004, S. 93–98
Elicker, Michael	Aufsichtsrechtliche Fragen des Kommunalleasings, DÖV 2004, S. 875–878
Ellinghaus, Ulrich/ Erbsen, Peter	Das Treibhausgas-Emissionshandelsgesetz, ET 2004, S. 277–280
Elspas, Maximilian	Fördermechanismus des KWK-AusbauG und seine Auswirkung auf die Umsatzsteuer, Euroheat & Power 2002, Heft 12, S. 26–29
Elspas, Maximilian	Sind Messgeräte zur Bestimmung der abgegebenen Nutzwärme eichpflichtig?, Euroheat & Power 2003, Heft 1/2, S. 62–64
Emmerich, Volker	Besprechung von «Büdenbender, Energiekartellrecht, Essen 1994", NJW 1996, S. 242–243

Literatur

Enaux, Christoph/ König, Michael	Missbrauchs- und Sanktionsnormen nach dem GWB-E, TKG und EnWG-E, N&R 2005, S. 2–12
Ende, Lothar/ Kaiser, Jan	Die Verbändevereinbarung Strom II im Spannungsfeld zwischen dem TEAG-Beschluss des Bundeskartellamts und der EnWG-Novelle, ZNER 2003, S. 118–124
Engelsing, Felix	Konzepte der Preismissbrauchsaufsicht im Energiesektor, ZNER 2003, S. 111–118
Engelsing, Felix	Kostenkontrolle und Erlösvergleich bei Netzentgelten, RdE 2003, S. 249–255
Epiney, Astrid	Emissionshandel in der EU – Der Richtlinienvorschlag der Kommission über einen Rahmen für den Handel mit Treibhausgasemissionen in der EG – KOM (2001) 581, DVBl. 2002, S. 579–584
Erbguth, Wilfried/ Mahlburg, Stefan	Steuerung von Offshore-Windenergieanlagen in der Ausschließlichen Wirtschaftszone – Raumordnerische Handlungsmöglichkeiten des Bundes und der Länder, DÖV 2003, S. 665–672
Erman, Rolf	Zur Abwicklung von alten Konzessionsverträgen nach § 13 II EnWG, RdE 2003, S. 171–180
Eßlinger, Frank/ Dreibus, Alexandra	Zur Frage der Erlaubnispflicht für Stromhandelsgeschäfte nach dem Gesetz über das Kreditwesen, RdE 2004, S. 10–19
Faber, Angela	Aktuelle Entwicklung des Drittschutzes gegen die kommunale wirtschaftliche Betätigung, DVBl. 2003, S. 761–768
Faßbender, Karl-Josef	Rechtsschutz privater Konkurrenten gegen kommunale Wirtschaftsbetätigung, DÖV 2005, S. 89–100
Felbert, Dirk v.	Eignung unterschiedlicher Verfahren zur Berechnung von Durchleitungsentgelten in deregulierten Elektrizitätsmärkten, ZfE 2004, S. 83–92
Feuerborn, Alfred/ Riechmann, Volkhard	Verordnung über Konzessionsabgaben für Strom und Gas, Bielefeld 1994

Finanzministerium Brandenburg	Erlaß v. 21.8.1995 betr. die Investitionszulage bei Energieversorgungsunternehmen, DB 1995, S. 1786
Finger, Werner	Europäische Zertifikatmärkte und Gemeinschaftsrecht – Rechtsfragen zur Europarechtskonformität von Zertifikatmärkten am Beispiel eines Zertifikatmarkts im Straßengüterverkehr, Schriften zur Rechtswissenschaft Bd. 28, Berlin 2004
Fischer, Jochen/ Lorenzen, Olde	Risiken des Vergütungsrechts bei der Planung von Fotovoltaik-Großanlagen, RdE 2004, S. 209–212
Fischer, Kristian	Vergabefremde Zwecke im öffentlichen Auftragswesen: Zulässigkeit nach Europäischem Gemeinschaftsrecht, EuZW 2004, S. 492–496
Fleischmann, Oliver	Verbändevereinbarungen im Energiemarkt – Kein Verstoß gegen das Kartellverbot des GWB und des EGV, GewArch 2003, S. 462–472
Fouquet, Dörte v./ Uexküll, Ole	Der Beihilfecharakter der steuerlichen Freistellung von Rückstellungen der deutschen Atomindustrie, ZNER 2003, S. 310–319
Fouquet, Dörte	»Energie kompakt« – zum Angriff der großen Elektrizitätsversorgungsunternehmen auf die Einspeisemodelle und insbesondere das EEG, ZNER 2004, S. 31–32
Fouquet, Dörte	Zusammenfassung der rechtlichen Bewertung des Referentenentwurfs zum EEG mit Bezug auf die Verschlechterung der Situation der Kleinwasserkraft, ZNER 2003, S. 328–329
Frank, Oliver/ Lahme, Andreas	Entwurf eines Gesetzes zur Anpassung des Baugesetzbuchs an EU-Richtlinien (Europarechtsanpassungsgesetz Bau – EAG Bau): Bewertung und Vorschläge des Bundesverbandes Windenergie (BWE), ZNER 2003, S. 319–322
Franke, Peter	Zur Tarifgenehmigung auf liberalisierten Strommärkten, ZNER 2003, S. 195–200

Literatur

Franßen, Gregor	Zum Anspruch des industriellen KWK-Anlagenbetreibers auf Mindestvergütung nach dem KWKG 2000, RdE 2004, S. 212–218
Frenz, Walter	Emissionshandelsrecht. Kommentar zum TEHG und ZuG, Berlin 2004
Frenz, Walter	Emissionszertifikathandel und Immissionsschutzrecht, RdE 2003, S. 32–35
Frenz, Walter	Energiebeihilfen bei Abnahmegarantien zu Mindestpreisen und Selbstverpflichtungen, RdE 2002, S. 201–205
Frenz, Walter	Klimaschutz und Instrumentenwahl – zum Stand nach der Konferenz von Den Haag und vor der Konferenz in Bonn, NuR 2001, S. 301–311
Frenz, Walter	Quoten, Zertifikate und Gemeinschaftsrecht – am Beispiel einer Förderung der Kraft-Wärme-Kopplung, DVBl. 2001, S. 673–685
Frenz, Walter	Völkerrechtliche Vorgaben für eine nachhaltige Energiewirtschaft, ET 2002, S. 788–791
Frenz, Walter	Zertifikathandel und Beihilfenverbot, ZHR 2003, S. 459–472
Frenzel, Sabine	Stromhandel und staatliche Ordnungspolitik – Neubestimmung der Aufgabenbereiche von Staat und Wirtschaft. Speyerer Energieforum am 24. und 25 Juni 2002, ZNER 2002, S. 304–306
Freye, Thomas/ Beimes, Anke	Zur Frage der Kündbarkeit von Lieferanten-Rahmen- bzw. Beistellungsverträgen trotz § 112 InsO, ZNER 2003, S. 108–110
Friauf, Karl-Heinrich	Kommunale Energieversorgung und Energierechtsreform, ET 1997, S. 765–772
Fritz, Wolfgang/ Zimmer, Christian	Bedeutung von Struktureinflüssen beim Netzbenchmarking, ET 2004, S. 320–323
Gabler, Andreas	Schaffung und Erhaltung von Wettbewerb auf Energiemärkten durch die kartellrechtliche Netzzugangskontrolle gemäß § 19 Abs. 4 Nr. 4 GWB, Frankfurt/Main 2005

Galahn, Gunbritt	Die Anschluss- und Versorgungspflicht gemäß § 10 EnWG, RdE 2004, S. 35–41
Gamm, Otto-Friedrich v.	Der kartellrechtliche Ausnahmebereich für die Versorgungswirtschaft in der Rechtsprechung, in: Baur (Hrsg.), Deregulierung und Regulierung durch nationales und europäisches Kartellrecht, VEnergR Bd. 71, Baden-Baden 1994, S. 11–26
Gamm, Otto-Friedrich v.	Sachzeitwertklauseln in Endschaftsbestimmungen von Konzessionsverträgen, WuW 1997, S. 404–413
Ganske, Matthias	Corporate Governance im öffentlichen Unternehmen, Kommunalwirtschaftliche Forschung und Praxis Bd. 10, Frankfurt am Main/Berlin/Bern/Bruxelles/New York/Oxford/Wien 2005
Gaßner, Hartmut/ Fischer, Jochen	Pflichtanteil Erneuerbarer Energien zur Wärmeerzeugung in Gebäuden, ZNER 2005, S. 21–26
Geberding, Matthias	Das Energierecht der DDR, RdE 1990, S. 70–78
Geiger, Andreas/ Freund, Andrea	Europäische Liberalisierung des Wassermarktes, EuZW 2003, S. 490–493
Gent, Kai	Anmerkung zu LG Koblenz, Urt. v. 31.1.2002 – 1 HO 92/01 (Energieversorgungsunternehmen kann belastende Kosten nach EEG und KWKG nicht auf Gewerbekunden abwälzen), BB 2002, S. 1445–1446
Gent, Kai	Preiserhöhungen in laufenden Sonderkundenverträgen auf Grund des EEG und KWKG, RdE 2001, S. 50–59
Gent, Kai/ Maring, Dieter G.	Anschluss- und Abnahmeverweigerung im Rahmen des § 3 EEG, ZNER 2003, S. 289–295
Genten, Alexandra	Schuldrechtsmodernisierung und Stromlieferung: Auswirkungen des neuen Verjährungs- und Verzugsrechts, ET 2002, S. 864–870
Genten, Alexandra/ Rossel, Mirjam	Das Schicksal des Doppelvertragsmodells nach der VV II plus, ET 2003, S. 419–423

Literatur

Geppert, Martin/ Ruhle, Ernst-Olaf/ Schuster, Fabian	Handbuch Recht und Praxis der Telekommunikation, EU, Deutschland, Österreich, Schweiz – Länderteil Schweiz von Peter R. Fischer, 2. Auflage Baden-Baden 2002
Geppert, Martin/ Ruhle, Ernst-Olav	Durchleitungsentgelte von Stadtnetzbetreibern im Blickfeld der Regulierung, N&R 2005, S. 13–16
Gern, Alfons	Wirtschaftliche Betätigung der Gemeinden außerhalb des Gemeindegebiets, NJW 2002, S. 2593–2599
Gerstner, Stephan	Die Regulierung der EEG-Einspeisung durch die Bundesnetzagentur, RdE 2005, S. 135–140
Giesberts, Ludger/ Hilf, Juliane	Handel mit Emissionszertifikaten – Regelungsrahmen für einen künftigen Markt, Köln 2002
Giesberts, Ludger/ Schmuck, Dodo	Privatisierung kommunaler Unternehmen und kalkulatorische Kosten in der Gebührenrechnung, DÖV 2003, S. 701–707
Goodarzi, Ramin	Inhouse: Zweifel bei Zweckverbänden – Vergabe an kommunale Gemeinschaftsunternehmen nicht immer ohne Ausschreibung, ZfK 5/2002, S. 14.
Gottschalk, Wolf	Praktische Erfahrungen und Probleme mit Private-Public-Partnership (PPP) in der Versorgungswirtschaft, RdE 1996, S. 125–130
Grabosch, Volker	Die Investitionskontrolle nach § 4 Abs. 2 EnergG, Stuttgart/München/Hannover 1988
Grave, Carsten	Zusammenschlusskontrolle in der Wasserversorgung, RdE 2004, S. 92–97
Grawe, Joachim	Umweltschutz und Energiepolitik, RdE 1993, S. 85–91
Grewe, Joachim/ Flandrich, Dirk/ Elwanger, Niels (Hrsg.)	Energiewirtschaft im Wandel, FS D. Schmitt, Münster 2004
Grill, Kurt-Dieter	Unbundling aus energiepolitischer Sicht, in: Klees/Langerfeldt (Hrsg.), Entflechtung in der deutschen Energiewirtschaft, Wiesbaden 2005, S. 1–8

Gronau Wolfgang/ Topp, Adolf	Darf man KWK fördern? Europa- und verfassungsrechtliche Möglichkeiten und Grenzen für Sicherung und Ausbau von Kraft-Wärme-Kopplung, ZNER 2001, S. 141–150
Gründel, Mirko	Zur Frage der kartellrechtlichen Zulässigkeit sogenannter »Wechselgebühren« im Stromhandel, RdE 2001, S. 129–133
Gundel, Jörg	Neue Grenzlinien für die Direktwirkung nicht umgesetzter EG-Richtlinien unter Privaten, EuZW 2001, S. 143–149
Haas, Gabriele	Die energiewirtschaftliche und kartellrechtliche Aufsicht über die Elektrizitätswirtschaft – Am Beispiel der Durchleitungsaufsicht, München 2004
Hailbronner, Kay	Private Töchter öffentlicher Auftraggeber und die Anwendung des EG-Vergaberechts, DÖV 2003, S. 534–542
Hampel, Christian	Von der Tarifkundenversorgung zur Grundversorgung, ZNER 2004, S. 117–128
Handorf, Matthias	Die Verordnung (EG) Nr. 1228/2003 über die Netzzugangsbedingungen für den grenzüberschreitenden Stromhandel, IR 2004, S. 245–248
Hannes, Berthold/ Haag, Wolfgang/ Tenge, Stephan/ Hillebrand, Sandra	Auswirkungen der VV Gas II in der Praxis, ET 2002, S. 614–615
Hanten, Mathias/ Laves, Benjamin	Aufsichtsrechtliche Implikationen des Energiehandels, ET 2002, S. 258–262
Hantke, Heike	Bundesstaatliche Fragen des Energierechts unter besonderer Berücksichtigung des hessischen Energiespargesetzes, Stuttgart/München/Hannover 1989 (Besprechung von Hermann, RdE 1990, S. 199–200)
Hantke, Heike	Landesenergiegesetzgebung – Grenze und Möglichkeiten (I und II), RdE 1992, S. 105–108, 139–145

Literatur

Härle, Philipp/
Sürig, Carsten
Die Regulierung der deutschen Netznutzungsentgelte in europäischer Perspektive, ET 2004, S. 506–509

Harms, Wolfgang (Hrsg.)
Ost-West-Zusammenarbeit in der Energiewirtschaft, Köln/Berlin/Bonn/München 1990

Haubrich, Hans-Jürgen (u.a.)
Zur Ableitung der Kosten von Mittelspannungsnetzen aus Strukturmerkmalen, ET 2004, S. 439–441

Haubrich, Hans-Jürgen
Markt und Netze – Rechtsrahmen, Effizienz und Qualität der Stromversorgung: FGE-Tagung 2003, Aachener Beiträge zur Energieversorgung, Bd. 96, Aachen 2003

Haus, Florian C.
Zugang zu Netzen und Infrastruktureinrichtungen, Köln 2002

Heilmann, Joachim/
Langerfeldt, Michael
Arbeitsrechtliche Aspekte der energiewirtschaftlichen Entflechtung, in: Klees/Langerfeldt (Hrsg.), Entflechtung in der deutschen Energiewirtschaft, Wiesbaden 2005, S. 221–260

Heilshorn, Thomas
Sollte die überörtliche kommunale Wirtschaftstätigkeit durch die Gemeindeordnungen zugelassen werden?, VerwArch 2005, S. 88–99

Heinloth, Klaus
Die Energiefrage – Bedarf und Potentiale, Nutzen, Risiken und Kosten; 2. Auflage Wiesbaden 2003

Heintschel von Heinegg, Wolff
Gemeinschaftsrechtliche Implikationen der Förderung der Stromerzeugung aus erneuerbaren Energien, in: Büdenbender/Kühne (Hrsg.), Das neue Energierecht in der Bewährung, FS Baur, Baden-Baden 2002, S. 117–134

Heitling, Tim
Förderung der Kraft-Wärme-Kopplung zwischen Umweltpolitik und Bestandsschutzinteressen – Anwendungsprobleme des Gesetzes für die Erhaltung, die Modernisierung und den Ausbau der KWK im Wirtschaftsstandort Deutschland, Frankfurt am Main/Berlin/Bern/Bruxelles/New York/Oxford/Wien 2004

Held, Christian/ Prat, Joan	Die Bedeutung des Madrider Gasforums für den europäischen Gasmarktregulierungsverbund, IR 2004, S. 194–196
Held, Joachim	Rechtliche Aspekte des Kundenwechselmanagements im Erdgas- und Fernwärmemarkt, ZNER 2004, S. 231–240
Hellermann, Johannes	Das Schicksal der Energieversorgungsverhältnisse beim Wechsel des Verteilungsnetzbetreibers und allgemeinen Versorgers, ZNER 2002, S. 70–77
Hellermann, Johannes	Probleme des Kundenübergangs in Zeiten des »Grundversorgers«, ZNER 2004, S. 329–332
Hellermann, Johannes	Von der allgemeinen Versorgung zur Grundversorgung: Rechtsgrundlagen der Gebietsversorgungspflicht und Folgen für den Versorgerwechsel, IR 2004, S. 266–268
Helm, Thorsten	Rechtliche und steuerliche Aspekte des Energie-Contractings, VW 2004, S. 29–33
Hempel, Dietmar	Die Rechtsbeziehungen des Verteilnetzbetreibers bei der »Durchleitung« elektrischer Energie – Zur Notwendigkeit von Netznutzungs- und Anschlussnutzungsverträgen, ZNER 2004, S. 140–148
Hempel, Dietmar	Gesetzliche und obligatorische Schuldverhältnisse in der Energieversorgung von Letztverbrauchern – Eine Beitrag über ein normatives Defizit des Energiewirtschaftsgesetzes 1998, in: Büdenbender/Kühne (Hrsg.), Das neue Energierecht in der Bewährung, FS Baur, Baden-Baden 2002, S. 135–152
Hempel, Dietmar	Versorgungsrechtliche Überlegungen der Gemeinden nach Ablauf von Konzessionsverträgen, RdE 1993, S. 55–63
Hempel, Rolf	Privater Rechtsschutz im deutschen Kartellrecht nach der 7. GWB-Novelle, WuW 2004, S. 362–374
Henckel, Konrad	Die Staatsaufsicht nach dem Energiewirtschaftsgesetz, VEnergR Bd. 25/26, Düsseldorf 1970

Literatur

Hendler, Reinhard/ Marburger, Peter/ Reinhardt, Michael (Hrsg.)	Energierecht zwischen Umweltschutz und Wettbewerb – 17. Trierer Kolloquium zum Umwelt- und Technikrecht vom 9. bis 11. September 2001, Berlin 2002
Hermann, Peter	Binnenmarkt-Richtlinien für Strom und Gas – Gestaltungsspielraum und Tendenzen bei einer Umsetzung in den EU-Mitgliedstaaten, in: Kühne (Hrsg.), Wettbewerb – Bestandsschutz – Umweltschutz, VEnergR Bd. 83, Baden-Baden 1997, S. 25–50
Hermes, Georg	Die Regulierung der Energiewirtschaft zwischen öffentlichem und privatem Recht – Zugleich ein Beitrag zum Kontrahierungszwang, ZHR 2002, S. 433–463
Hermes, Georg/ Wieland, Joachim	Die Ministererlaubnis nach § 42 GWB – Europarechtliche Fragen und Probleme der gerichtlichen Kontrolle, ZNER 2002, S. 158–170
Hermes, Georg/ Wieland, Joachim	Die Ministererlaubnis nach § 42 GWB als persönlich zu verantwortende Entscheidung, ZNER 2002, S. 267–275
Herrmann, Bodo J.	Das Recht der Stromeinspeisung in Deutschland, in: Büdenbender/Kühne (Hrsg.), Das neue Energierecht in der Bewährung, FS Baur, Baden-Baden 2002, S. 153–174
Herrmann, Bodo J./ Schweers, Elmar	Rechtsgrundlagen der Energiewirtschaft – Sammlung wichtiger Gesetze und Vorschriften zum novellierten Energiewirtschaftsrecht, 4. Aufl. Baden-Baden 2003
Herrmann, Bodo J./ Schweers, Elmar	Rechtsgrundlagen der Energiewirtschaft? Sammlung wichtiger Gesetze und Vorschriften zum novellierten Energiewirtschaftsrecht, 3. Aufl. Baden-Baden 2002
Heye, Hendrik	Rechtliche Instrumente zur Reduktion der Treibhausgasemissionen – Ein Beitrag zu den rechtlichen Umsetzungsmöglichkeiten nationalen Klimaschutzes, München 2004
Hildebrand, Manfred	Selbstverpflichtung versus Emissionszertifikatehandel, EW 2002 (14), S. 38–41

Literatur

Hillebrand, Bernhard/ Smajgl, Alexander/ Ströbele, Wolfgang/ Heins, Bernd (Hrsg.)	Zertifikatehandel für CO_2-Emissionen auf dem Prüfstand – Ausgestaltungsprobleme des Vorschlags der EU für eine »Richtlinie zum Emissionshandel«, Münster 2002
Hillmann, Reinhard	Neue Bundesländer: Ansprüche anlässlich des Ausscheidens aus Gesellschafts- und gemeinschaftsähnlichen Kooperationen – Die Rechtsprechung des II. Zivilsenats des Bundesgerichtshofs, DB 1995, S. 1215–1222
Himmer, Richard-E.	Energiezertifikate in den Mitgliedstaaten der Europäischen Union. Eine rechtsvergleichende und europarechtliche Analyse quotengestützter Zertifikatshandelssysteme zur Förderung erneuerbarer Energien, EWeRK-Schriftenreihe, Bd. 14, Baden-Baden 2004
Hinsch, Andreas/ Meier, Klaus	Netzanschluss und -kosten für Strom aus erneuerbaren Energien. Änderungsbedarf des Erneuerbare-Energien-Gesetzes, ZNER 2002, S. 290–294
Hobe, Stephan	Zur europäischen Kompetenzdiskussion nach dem Urteil des EuGH zur Tabakwerbeverbotsrichtlinie, in: Büdenbender/Kühne (Hrsg.), Das neue Energierecht in der Bewährung, FS Baur, Baden-Baden 2002, S. 661–672
Höfler, Felix	Ramsey-Boiteux-Preise und Monopolpreise – zu einigen verbreiteten Missverständnissen, N&R 2005, S. 46–50
Hohmann, Harald	Geregelter Netzzugang und Unbundling: notwendig und verhältnismäßig? ET 2003, S. 337–342
Hölscher, Christoph	Die künftige Regulierung des Emissionshandels auf Bundes- und Landesebene – Der Versuch einer ersten Bewertung des TEHG, DÖV 2004, S. 834–838
Holtorf, Marc L./ Horstmann, Karl-Peter	Aktuelle Entscheidungspraxis über prozessuale und materiell-rechtliche Aspekte des Netzzugangs in der Energiewirtschaft, RdE 2002, S. 264–274

Literatur

Holznagel, Bernd/ Göge, Marc-Stefan	Die Befugnisse der REGTP zur Regulierung des Netzzugangs nach dem EnWG-KE 2004, ZNER 2004, S. 218–224
Holznagel, Bernd/ Werthmann, Christoph	Rechtswegfragen im Rahmen der Reform des Energiewirtschaftsrechts, ZNER 2004, S. 17–20
Horn, Norbert	Regulierung und Wettbewerb am Beispiel des Strommarktes, RdE 2003, S. 85–90
Horn, Norbert	Vertragliche Aspekte der Liberalisierung des Strommarktes – Anmerkung zur Verbändevereinbarung vom 13.12.2001, in: Büdenbender/Kühne (Hrsg.), Das neue Energierecht in der Bewährung, FS Baur, Baden-Baden 2002, S. 175–186
Horstmann, Karl-Peter	Netzzugang in der Energiewirtschaft, Köln 2001
Hosius, Tillmann	Netzzugang und Reziprozität bei grenzüberschreitenden Erdgaslieferungen in Europa, Göttinger Studien zum Völker- und Europarecht Bd. 2, Köln 2004
Hossenfelder, Silke/ Lutz, Martin	Die neue Durchführungsverordnung zu den Artikeln 81 und 82 EG-Vertrag, WuW 2003, S. 118–129
Huber, Peter	Rechtssicherheit und neues Atomrecht, RdE 2003, S. 230–238
Hübner, Ulrich	Die versicherungsrechtliche Deckung der Risiken der friedlichen Nutzung der Kernenergie, in: Büdenbender/Kühne (Hrsg.), Das neue Energierecht in der Bewährung, FS Baur, Baden-Baden 2002, S. 593–610
Hübschle Wolfgang	Die kartellrechtliche Missbrauchsaufsicht über Strompreisdifferenzierungen nach der Energiewirtschaftsrechtsnovelle, WuW 1998, S. 146–155
Hüffer, Uwe	Der Übernahmepreis in konzessionsvertraglichen Endschaftsklauseln, RdE 1992, S. 205–214
Hüffer, Uwe	Die Transitrichtlinien für Gas und Elektrizität. Eine Studie zu den rechtlichen Schranken bei der Verwirklichung des Binnenmarktes für Energie, Stuttgart/München/Hannover 1991

Hüffer, Uwe/ Ipsen, Knut/ Tettinger, Peter	Die Transitrichtlinien für Gas und Elektrizität. Eine Studie zu den rechtlichen Schranken bei der Verwirklichung des Binnenmarkts für Energie, Stuttgart/München/Hannover 1991
Hüffer, Uwe/ Tettinger, Peter	Konzessionsvertrag, Endschaftsklausel und Übernahmepreis – Eine Fallstudie zur Stromversorgung Dortmund, Stuttgart/München/Hannover 1990
Hüffer, Uwe/ Tettinger, Peter	Rechtsfragen beim Versorgerwechsel nach Ablauf von Konzessionsverträgen, Stuttgart/München/Hannover/Berlin/Weimar 1992
Hummel, Konrad	Zurückbehaltungsrechte bei Netzübernahmen, ZNER 2004, S. 20–23
Hummel, Konrad/ Theobald, Christian	Fusionskontrolle beim Wechsel des Allgemeinen Strom- oder Gasversorgers, WuW 2003, S. 1021–1034
Hunger, Markus	Fusionskontrolle nach »Aggerstrom« und «Garbsen". Beteiligungen von Vorlieferanten an lokalen Versorgern, ET 1997, S. 76–79
Immenga, Ulrich	Die Beurteilung von Mengenabsenkungsklauseln in Gaslieferungsverträgen nach europäischem Wettbewerbsrecht, in: Büdenbender/Kühne (Hrsg.), Das neue Energierecht in der Bewährung, FS Baur, Baden-Baden 2002, S. 441–454
Immenga, Ulrich	Preisaufsicht bei der Einspeisung regenerativer Energien, BB 1994, S. 295–299
Immenga, Ulrich	Vertikale Verflechtungen – Strategische Allianzen auf deutschen Energiemärkten – Konsequenzen für die Fusionskontrolle, ZNER 2002, S. 152–158
Immesberger, Helmut	Das Recht der Konzessionsabgaben, Loseblattsammlung, Stand: April 1997, Neuwied/Kriftel/Berlin
Iro, Stephan	Öffentliche Interessen bei den Genehmigungen von Stromerzeugungsanlagen, VEnergR Bd. 82, Baden-Baden 1997

Literatur

Jackel, Günther	Einspeisevergütung und Auslaufen der Konzessionsverträge – Eine kritische Studie zu neueren Rechtsentwicklungen, in: Baur (Hrsg.), Deregulierung und Regulierung durch nationales und europäisches Kartellrecht, VEnergR Bd. 71, Baden-Baden 1994, S. 31–56
Jacob, Martin	Auslegungsprobleme und rechtliche Konsequenzen der 5. GWB-Novelle (§§ 103, 103a GWB), RdE 1991, S. 55–66
Jacob, Martin	Zum Umfang der Anmeldung nach § 103 Abs. 3 GWB, RdE 1989, S. 22–33
Jacobi, Klaus-Otto	Die kommunale Versorgungswirtschaft in der heutigen Diskussion, RdE 1994, S. 125–129
Jaeger, Wolfgang	Kommentar: Schluss mit der Ölpreisbindung bei den Erdgaspreisen?, WuW 2004, S. 1241–1242
Jaeger, Wolfgang	Verträge kommunaler Körperschaften sowie ihrer eigenen und gemischtwirtschaftlicher Gesellschaften über Energiebezug und Kartellvergaberecht, in: Büdenbender/Kühne (Hrsg.), Das neue Energierecht in der Bewährung, FS Baur, Baden-Baden 2002, S. 455–474
Jaeschke, Lars	Zum »Kompetenz-Kann« des § 19 AtomG, ZNER 2003, S. 322–323
Jahn, Susanne	Inkrafttreten des novellierten EEG: Was ändert sich für den Netzbetreiber? IR 2004, S. 199–202
Jahn, Susanne	Rechtliche Rahmenbedingungen für den Start des Emissionshandels, IR 2004, S. 173–176
Jarass, Hans D.	Kommunale Wirtschaftsunternehmen und Verfassungsrecht, DÖV 2002, S. 489–500
Jasper, Maren	Der Verfassungsentwurf des europäischen Konvents und mögliche Konsequenzen für das Energie- bzw. Atomrecht, ZNER 2003, S. 210–213
Jungtäubl, Helmuth	Preishöhen- und Preisstrukturkontrolle bei der leitungsgebundenen Stromversorgung, Köln/Berlin/Bonn/München 1994
Just, Christoph	Aktuelle wettbewerbsrechtliche Problemfelder in der Energiewirtschaft, RdE 2004, S. 65–75

Just, Christoph	Unmittelbare oder mittelbare Übertragung staatlicher Mittel als Tatbestandsmerkmal einer Beihilfe (Preussen Elektra/Schleswag), Kurzkommentar zum EuGH-Urt. vom 13.3.2001, EWiR 2001, S. 423–424
Just, Christoph/ Lober, Andreas	Wer ist zum Unbundling verpflichtet? Entflechtung von Problemen um die Entflechtung, ET 2005, S. 98–100
Kahlert, Dirk	Gestaltung und Steuerung einer liberalisierten Versorgungswirtschaft aus der Sicht des Modells Lebensfähiger Systeme von S. Beer, in: Klees/Langerfeldt (Hrsg.), Entflechtung in der deutschen Energiewirtschaft, Wiesbaden 2005, S. 139–158
Karakaya, Ilkin/ Apfel, Henner	Die unterlassene Selbstablesung als Grundlage für eine Verbrauchsschätzung nach § 20 Abs. 2 AVB?, RdE 2002, S. 274–277
Karpenstein, Ulrich/ Schneller, Christian	Die Stromeinspeisungsgesetze im Energiebinnenmarkt, RdE 2005, S. 6–13
Karst, Thomas	Die Garantie kommunaler Selbstverwaltung im Spannungsfeld zwischen konservativer Verfassungslehre und faktischen Marktzwängen, DÖV 2002, S. 809–816
Kartellreferenten/Nds. Wirtschaftsministerium (Hrsg.)	Kartellrechtlicher Rahmen für sogenannte Endschaftsbestimmungen in Konzessionsverträgen über die Elektrizitäts- oder Gasversorgung, RdE 1993, S. 80–81
Kellner, Martin	Ministerielle Fusionskontrolle im Energiesektor, ZNER 2002, S. 275–282
Kerth, Yvonne	Emissionshandel im Gemeinschaftsrecht – Die EG-Emissionsschutzrichtlinie als neues Instrument europäischer Klimaschutzpolitik, Baden-Baden 2004
Kettler, Rolf/ Köster, Kristina/ Wegner, Lutz	Neue Akteure im liberalisierten Strommarkt – Haftung und Versicherung, ET 2002, S. 502–511

Kirchhof, Ferdinand/ Kemmler, Iris	Einstimmigkeitserfordernis im Rat bei der Beschlussfassung über eine europäische Richtlinie zum Handel mit Treibhausemissionsberechtigungen, EWS 2003, S. 217–223
Kissich, Susanne	Internationales Atomhaftungsrecht: Anwendungsbereich und Haftungsprinzipien, Baden-Baden 2004
Klafke, Peter/ Hinz, Hans-Jörg/ Zander, Wolfgang/ Ritzau, Michael/ Held, Christian	Netzzugangsverordnung für elektrische Netze, ET 1998, S. 35–41
Klag, Nadja Daniela	Die Liberalisierung des Gasmarktes in Deutschland, Marburg 2003
Klaue, Siegfried	Wettbewerb durch Regulierung. Einige Bemerkungen über Reformen in der europäischen und deutschen Gaswirtschaft, BB-Beilage 18/1993, S. 1–20
Klaue, Siegfried	Zum kartellrechtlichen Anspruch auf Zahlung eines angemessenen Einspeisungsentgelts aus KWK-Anlagen auf der Verteilerebene, BB 1997, S. 2288–2292
Klaue, Siegfried	Zum sogenannten Netzzugang Dritter in der Gas- und Elektrizitätswirtschaft, BB 1992, S. 1936–1940
Klaue, Siegfried	Zum sogenannten Netzzugang Dritter, BB 1993, S. 740–743
Klaue, Siegfried	Zur Wertberechnung von Netzanlagen beim Neuabschluss von Konzessionsverträgen, ZNER 2004, S. 349–352
Klaue, Siegfried/ Schwintowski, Hans-Peter	Kartellrechtliche und gesellschaftsrechtliche Konsequenzen des Systems der Legalausnahme für die Kooperationspraxis der Unternehmen – Zugleich: Anforderungen an Vorstandshaftung und Corporate Governance, ZNER 2004, S. 342–349

Klaue, Siegfried/ Schwintowski, Hans-Peter	Strategische Minderheitsbeteiligungen in der deutschen Energiewirtschaft im Spannungsfeld zwischen Fusionskontrolle und Kartellverbot, EWeRK-Schriftenreihe Bd. 12, Baden-Baden 2004
Klees, Andreas	Legal Unbundling und deutsches Gesellschaftsrecht – Die europäischen Vorgaben zur rechtlichen und organisatorischen Entflechtung vertikal integrierter Unternehmen und gesellschaftsrechtliche Konstruktionen zu ihrer Umsetzung, VW 2003, S. 245–252
Klees, Andreas/ Spreckelmeyer, Johannes	Zur GmbH als geeignete Rechtsform für den Netzbetrieb oder: »Geht nicht« gibt's nicht?, in: Klees/Langerfeldt (Hrsg.), Entflechtung in der deutschen Energiewirtschaft, Wiesbaden 2005, S. 45–60
Klein, Andreas	Der Einfluss kartellrechtlich begründeter Einwendungen im Prozess auf die Zuständigkeit des Gerichts, NJW 2003, S. 16–18
Klein, Wolfgang	Die Haftung von Versorgungsunternehmen nach dem Produkthaftungsgesetz, BB 1991, S. 917–924
Klemm, Andreas	Das Photovoltaik-Vorschaltgesetz, VW 2004, S. 53–58
Klemme Harald	Ablauf von Konzessionsverträgen – Versorgungssicherheit und Wettbewerb, RdE 1992, S. 82–83
Kleveman, Gerd	Steuerliche Aspekte der Umsetzung des Legal Unbundling, in: Klees/Langerfeldt (Hrsg.), Entflechtung in der deutschen Energiewirtschaft, Wiesbaden 2005, S. 101–106
Klinkhardt, Katja	Der Netzverbund und der europäische Binnenmarkt – Untersuchung des rechtlichen Rahmens der europäischen Übertragungsnetzbetreiber, EWeRK-Schriftenreihe Bd. 9, Baden-Baden 2003
Klocker, Peter	Verrechtlichung der Verbändevereinbarungen gem. § 6 EnWG in der Rechtsprechung des OLG Düsseldorf, WuW 2003, S. 880–885

Literatur

Knieps, Günter	Entgeltregulierung aus der Sicht des disaggregierten Regulierungsansatzes, N&R 2004, S. 7–12
Knieps, Günter/ Brunekreeft, Gert (Hrsg.)	Zwischen Regulierung und Wettbewerb? Netzsektoren in Deutschland, 2. Aufl. Heidelberg 2003
Knöchel, Harald	Die Funktion der Tarifgenehmigung nach § 12 BTOElt, RdE 1992, S. 63–67
Knöchel, Harald	Die Preisaufsicht nach dem Energiewirtschaftsgesetz. Verfassungsrechtliche Vorgaben und verwaltungsrechtliche Probleme, Stuttgart/ München/Hannover 1989
Knopp, Günther-Michael	Die Umsetzung der Wasserrahmenrichtlinie im deutschen Wasserrecht, ZUR 2001, S. 368–380
Knopp, Lothar/ Heinze, Anke	Erneuerbare-Energien-Gesetz und Biomasseverordnung: Nutzung des energetischen Potenzials organischer Restabfälle?, NVwZ 2002, S. 691–693
Knopp, Lothar/ Hoffmann, Jan	EU-Emissionsrechtehandel und deutsches Treibhausgas-Emissionshandelsgesetz, EWS 2004, S. 201–207
Koch, Hans-Joachim/ Wieneke, Annette	Klimaschutz durch Emissionshandel, DVBl. 2001, S. 1085–1095
Koenig, Christian	Wider wettbewerbswidrige Quersubventionierungen in vertikal integrierten Unternehmen!, EuZW 2002, S. 289
Koenig, Christian/Braun, Jens-Daniel/Psomm, René	Beihilfenrechtliche Probleme des Emissionsrechtehandels, ZWeR 2003, S. 152–186
Koenig, Christian/ Haratsch, Andreas	Die Ausschreibung von Versorgungsgebieten in der Wasserwirtschaft, DVBl. 2004, S.1387–1392
Koenig, Christian/ Haratsch, Andreas/ Rasbach, Winfried	Neues aus Brüssel zum Unbundling: »Interpreting Note« zu den Beschleunigungsrichtlinien für Strom und Gas, ZNER 2004, S. 10–16
Koenig, Christian/ Kühling, Jürgen	Das energierechtliche Unbundling-Regime, RdE 2003, S. 221–229

Koenig, Christian/ *Kühling, Jürgen*	Das PreussenElektra-Urteil des EuGH: Freibrief für Abnahme- und Vergütungspflichten in der Energiewirtschaft, NVwZ 2001, S. 768–770
Koenig, Christian/ *Kühling, Jürgen*	EG-beihilfenrechtliche Beurteilung mitgliedstaatlicher Infrastrukturförderung im Zeichen zunehmender Privatisierung, DÖV 2001, S. 881–890
Koenig, Christian/ *Kühling, Jürgen/* *Rasbach, Winfried*	Versorgungssicherheit im Wettbewerb – Ein Vergleich der gemeinschaftsrechtlichen, französischen und deutschen Energierechtsordnungen, ZNER 2003, S. 3–12
Koenig, Christian/ *Kühling, Jürgen/* *Theobald, Christian*	Recht der Infrastrukturförderung – Ein Leitfaden für die Praxis, Frankfurt/Main 2004
Koenig, Christian/ *Kühling, Jürgen/* *Winkler, Kay E.*	Pflichten zur Veränderung von Netzinfrastrukturen? Eine Analyse der telekommunikations- und energierechtlichen Netzzugangsrechte, WuW 2003, S. 228–241
Koenig, Christian/ *Rasbach, Winfried*	Grundkoordinaten der energiewirtschaftlichen Netznutzungsentgeltregulierung, IR 2004, S. 26–28
Koenig, Christian/ *Rasbach, Winfried*	Methodenregulierung in der Energiewirtschaft – Die REGTP auf der Reservebank?, ET 2004, S. 702–704
Koenig, Christian/ *Rasbach, Winfried*	Netzeigentumsübergreifendes Regelzonenmodell auf dem verfassungsrechtlichen Prüfstand, N&R 2004, S. 53–58
Koenig, Christian/ *Rasbach, Winfried*	Trilogie komplementärer Regulierungsinstrumente: Netzzugang, Unbundling, Sofortvollzug, DÖV 2004, S. 733–739
Koenig, Christian/ *Rasbach, Winfried*	Wer ist Ansprechpartner der REGTP in Fragen des Gleichbehandlungsprogramms? Zum Verpflichteten in § 8 V EnWG-RE, IR 2004, S. 197–199
Koenig, Christian/ *Rasbach, Winfried/* *Schreiber, Kristina*	Substanzerhaltende Entgeltregulierung im Gassektor, N&R 2005, S. 56–62

Literatur

Koenig, Christian/ Schellberg, Margret	Elektrizitätswirtschaftliche Methodenregulierung – ein Entwurf der Netzentgeltverordnung Strom auf dem Prüfstand, RdE 2005, S. 1–6
Koenig, Christian/ Scholz, Michael	Die Förderung transeuropäischer Netzinfrastrukturen, EWS 2003, S. 223–229
Köhler, Helmut	Wertreklame und Wechselentgelt als Maßnahmen im Wettbewerb der Energieversorger um Privatkunden, in: Büdenbender/Kühne (Hrsg.), Das neue Energierecht in der Bewährung, FS Baur, Baden-Baden 2002, S. 475–486
Köhler, Markus/ Bien, Florian	Die konzessionsabgabenrechtliche Behandlung der Beistellung elektrischer Energie, RdE 2003, S. 135–142
Köhn, Kai	Zweckkonforme Auslegung und Rechtsfortbildung im Energierecht, ZNER 2005, S. 16–20
Koopmann, Hans-Martin/ Zenke, Ines	Investment Services Directive und Handel mit Energiederivaten, RdE 2004, S. 1–9
Koppensteiner, Hans-Georg	Zur Grundrechtsfähigkeit gemischtwirtschaftlicher Unternehmungen, NJW 1990, S. 3105–3114
Körner, Raimund/ Vierhaus, Hans-Peter	Treibhaus-Emissionshandelsgesetz (TEHG), München 2005
Kramer, Urs	Liberalisierung und Diskriminierung bei monopolträchtiger Infrastruktur oder Umkehr zum »Leitungsstaat«?, N&R 2004, S. 134–143
Kramm, Dietrich	Kontrolle der Preisgestaltung marktbeherrschender Fernwärmeversorgungsunternehmen, BB 1990, S. 436–440
Krebs, Harald	Analyse der Biomasse-Verstromung nach dem Erneuerbare-Energien-Gesetz (EEG), ET 2004, S. 538–540
Krebs, Harald/ Plesch, Marion	Mittelbare Behinderung von Überschusseinspeisungen wegen unangemessener Vergütung, RdE 1997, S. 214–218
Kreis, Constanze	Deregulierung und Liberalisierung der europäischen Elektrizitätswirtschaft – Theoretische und empirische Befunde, Schriften des Instituts für Wirtschaftsforschung Bd. 17, Baden-Baden 2004

Kresse, Bernhard	Ausnahmen von der Zulässigkeit der Weitergabe von Belastungen aus dem EEG auf Letztverbraucher, VEnergR Bd. 111, Baden-Baden 2004
Kreuter-Kirchhof, Charlotte	Die europäische Emissionshandelsrichtlinie und ihre Umsetzung in Deutschland, EuZW 2004, S. 711–716
Krieger, Stephan	Die Anwendbarkeit des Stromeinspeisungsgesetzes auf Erzeugnisse der Land- und Forstwirtschaft, RdE 1993, S. 218–222
Krieglstein, Felix	Die staatliche Aufsicht über die Elektrizitätswirtschaft nach dem Energiewirtschaftsgesetz, Berlin 2002
Kriete, Thomas/ Padberg, Thomas	Risiken und Risikoberichterstattung in der Versorgungsindustrie, VW 2004, S. 153–158
Kubiciel, Michael	Verhaltensbeschränkungen marktbeherrschender Unternehmen durch § 19 GWB unter Berücksichtigung von Besonderheiten gasversorgender Unternehmen, Berlin 2003
Kühling, Jürgen	Eckpunkte der Entgeltregulierung in einem künftigen Energiewirtschaftsgesetz, N&R 2004, S. 12–18
Kühling, Jürgen	Sektorspezifische Regulierung in den Netzwirtschaften. Typologie – Wirtschaftsverwaltungsrecht – Wirtschaftsverfassungsrecht, Schriftenreihe Energie- und Infrastrukturrecht Bd. 4, München 2004
Kühne, Gunther (Hrsg.)	Berg- und Energierecht im Zugriff europäischer Regulierungstendenzen, Baden-Baden 2004
Kühne, Gunther	Anschlusskonzessionsverträge und Kartellrecht, RdE 1993, S. 129–134
Kühne, Gunther	Das Verhältnis von Kreis- und Gemeindekonzessionsverträgen, Heidelberg 1991 (Besprechung von Hempel, RdE 1993, S. 38f.)

Kühne, Gunther	Der Grundsatz der Preisgleichheit im Strompreisrecht. Räumliche Differenzierung der Stromtarife im Versorgungsgebiet?, BB-Beilage 14/1996, S. 1–11
Kühne, Gunther	Die Neuordnung des Konzessionsabgabenrechts, RdE 1992, S. 132–139
Kühne, Gunther	Die sogenannte Verrechtlichung der Verbändevereinbarungen und ihre Bedeutung für das Verhältnis zwischen Energie- und Kartellrecht, BB 2003, S. 383–386
Kühne, Gunther	Die Verfassungswidrigkeit des Verbots der Neueinführung von Konzessionsabgaben, BB 1987, S. 2032–2039
Kühne, Gunther	Gemeinschaftsrechtlicher Ordnungsrahmen der Energiewirtschaft zwischen Wettbewerb und Gemeinwohl, RdE 2002, S. 257–264
Kühne, Gunther	Netzüberlassung bei Auslaufen insbesondere alter Konzessionsverträge – Ein Beitrag zum intertemporalen Energiekonzessionsvertragsrecht, in: Büdenbender/Kühne (Hrsg.), Das neue Energierecht in der Bewährung, FS Baur, Baden-Baden 2002, S. 187–198
Kühne, Gunther	Schicksal langfristiger Lieferverträge zwischen Energieversorgungsunternehmen (EVU) bei Aufhebung der §§ 103, 103a GWB, BB-Beilage 19/1997, S. 1–16
Kühne, Gunther/ Brodowski, Christian	Die Reform des Energiewirtschaftsrechts nach der Novelle 2003, NVwZ 2003, S. 769–775
Kühne, Gunther/ Ehricke, Ulrich (Hrsg.)	Öffentlichkeitsbeteiligung und Eigentumsschutz im Bergrecht, VEnergR Bd. 118, Baden-Baden 2005
Kuhnt, Dietmar	Die Versorgung Europas mit sicherer und preisgünstiger Energie, RdE 1994, S. 41–47
Kuhnt, Dietmar	Aktuelle Rechtsfragen der Energiewirtschaft, RdE 1992, S. 125–132

Kunth, Bernd/ Posser, Herbert	Die Zukunft der Kernenergie nach der Novellierung des Atomgesetzes, in: Büdenbender/Kühne (Hrsg.), Das neue Energierecht in der Bewährung, FS Baur, Baden-Baden 2002, S. 611–622
Kunth, Bernd/ Slabschi, Peter	Zu den Folgen nichtiger Gebietsschutzabreden in Energielieferverträgen, RdE 1997, S. 174–183
Kutschke, Georg (u.a.)	Anreizregulierung für den Zugang zu den deutschen Stromnetzen?, ET 2004, S.139–143
Kuxenko, Michael	Umweltverträgliche Energieversorgung – Analyse eines neuen Gesetzeszwecks im Energiewirtschaftsrecht, Forum Energierecht Bd. 6, Baden-Baden 2004
Lambsdorff, Otto v.	Anforderungen an den Energiestandort Deutschland – Der Energiemarkt Deutschland vor dem Beginn einer Ära, RdE 1997, S. 125–127
Lamprecht, Franz	Strom und Gas – Entwicklungen in zwei konvergierenden Märkten, ET 2001, S. 463–465
Langerfeldt, Michael	Das neue Berichtswesen (Compliance Reporting) vertikal integrierter Energieversorger unter dem energiewirtschaftlichen Entflechtungsregime, in: Klees/Langerfeldt (Hrsg.), Entflechtung in der deutschen Energiewirtschaft, Wiesbaden 2005, S. 183–220
Lattmann, Jens	Herausforderungen an kommunale Dienstleistungen, IR 2004, S. 31–34
Lecheler, Helmut	Enteignung zu Gunsten Privater beim Bau von Elektrizitätsfernleitungen, RdE 2005, S. 125–130
Lecheler, Helmut	Erneuerbare Energie – weiterhin ein Störfaktor für den Elektrizitätsbinnenmarkt?, in: Büdenbender/Kühne (Hrsg.), Das neue Energierecht in der Bewährung, FS Baur, Baden-Baden 2002, S. 199–208
Lecheler, Helmut/ Gundel, Jörg	Ein weiterer Schritt zur Vollendung des Energie-Binnenmarktes: Die Beschleunigungs-Rechtsakte für den Binnenmarkt für Strom und Gas, EuZW 2003, S. 621–628

Literatur

Lecheler, Helmut/ Gundel, Jörg	Staatliche Regulierung des Energiemarktes?, EWS 2001, S. 249–256
Lecheler, Helmut/ Herrmann, Joachim	Energierechtliches Unbundling und EG-Wettbewerbsrecht, WuW 2005, S. 482–493
Lecheler, Helmut/ Püstow, Moritz	Die Liberalisierung des französischen Gasmarktes, RdE 2003, S. 129–134
Lederer, Klaus	Strukturwandel bei kommunalen Wasserdienstleistungen – Eine Untersuchung aus verwaltungswissenschaftlicher Perspektive, Berlin 2004
Lenz, Carl-Otto	EG-Vertrag, 2. Aufl. Köln 1999
Lenz, Christofer	Wer ist Minister bei der Ministererlaubnis nach § 42 GWB?, NJW 2002, S. 2370–2371
Leprich, Uwe (Hrsg.)	Strommarktliberalisierung durch Netzregulierung, Berlin 2004
Lindemann, Hans-Heinrich/ Köster, Kristina	Energiewirtschaft auf dem Weg zu mehr Wettbewerb, DVBl. 1997, S. 527–534
Lippert, Michael	Energiewirtschaftsrecht, Köln 2002
Litpher, Markus	Die kartellrechtliche Missbrauchsaufsicht über Gaspreise, RdE 1996, S. 57–63
Loos, Jan H.	Die Entflechtung der Rechnungslegung als Instrument zur Durchsetzung des Netzzugangs in der Energiewirtschaft, Berlin 2004
Löwer, Wolfgang	Energieversorgung zwischen Staat, Gemeinde und Wirtschaft, RTW Bd. 53, Köln/Berlin/Bonn/München 1990
Löwer, Wolfgang	Wegerecht in einem liberalisierten Energiemarkt, ET 1997, S. 304–312
Löwer, Wolfgang	Energieversorgung und gemeindliche Selbstverwaltung, RdE 1992, S. 85–92
Lührmann, Harald/ Sigel, Ulrich	Stadtwerke – die Zukunft liegt im Verteilungsgeschäft, ET 2001, S. 441–444

Lukes, Rudolf	Branchentypische Konditionen in Gasliefervertägen, insbes. Langzeit- und Ölpreisbindung, als Besonderheiten des Gasmarktes und Hindernisse bei der Liberalisierung, in: Büdenbender/Kühne (Hrsg.), Das neue Energierecht in der Bewährung, FS Baur, Baden-Baden 2002, S. 487–506
Lutz, Helmut	»Angemessenheit« von Nutzungsentgelten für Stromnetze nach § 19 Abs. 4 Nr. 4 GWB und Kosten des Netzbetriebs, in: Büdenbender/Kühne (Hrsg.), Das neue Energierecht in der Bewährung, FS Baur, Baden-Baden 2002, S. 507–526
Lutz, Helmut	Durchleitung von Gas nach Inkrafttreten des Gesetzes zur Neuregelung des Energiewirtschaftsrechts und der Sechsten GWB-Novelle, RdE 1999, S. 102–112
Lutz, Helmut/ Stadler, Ulrike	Gruppenbildung als Voraussetzung für ein funktionsfähiges Regulierungsmodell der Verteilernetze, ZNER 2004, S. 225–230
Maatz, Svenja/ Michaels, Sascha	Zum Übergang von Tarifkundenverträgen auf den neuen Konzessionsnehmer kraft Gesetzes, RdE 2003, S. 65–74
Mader, Oliver	Das neue EG-Vergaberecht, EuZW 2004, S. 425–429
Magerl, Horst	Abkehr vom Gebietsschutz?, RdE 1989, S. 154–158
Malmendier, Bertrand/ Uebe, Max	Handbuch des Energiewirtschaftsrechts, Köln 2002
Männel, Wolfgang	Kalkulationsmethodik des künftigen stromverteilungsspezifischen Regulierungskonzeptes, Frankfurt/Main 2004
Männel, Wolfgang	Risikoadäquate Verzinsung des Eigenkapitals in der Stromverteilung nach der Verbändevereinbarung VV II plus, EW 2003 (21), S. 18–25
Männel, Wolfgang	Risikoadjustierte Kalkulation von Netznutzungsentgelten in der Stromverteilungswirtschaft, ET 2004, S. 256–263

Marinos, Michail Theodoros	Einige Bemerkungen zum Netzzugang im griechischen Energierecht, in: Büdenbender/Kühne (Hrsg.), Das neue Energierecht in der Bewährung, FS Baur, Baden-Baden 2002, S. 33–48
Markert, Kurt	Aktuelle Fragen des Energiekartellrechts im Jahre 1993 aus der Sicht des Bundeskartellamtes, RdE 1993, S. 134–137
Markert, Kurt	Die Wettbewerbspolitik des Bundeskartellamts gegenüber der Versorgungswirtschaft, in: Baur (Hrsg.), Deregulierung und Regulierung durch nationales und europäisches Kartellrecht, VEnergR Bd. 71, Baden-Baden 1994, S. 57–68
Markert, Kurt	Konzessionsverträge und Kartellrecht, RdE 1989, S. 94–98
Markert, Kurt	Aktuelle Fragen der Preismissbrauchsaufsicht im Strombereich, RdE 1996, S. 205–212
Markert, Kurt	Aktuelle Probleme der Anwendung der GWB-Vorschriften auf Strom- und Gasversorgungsunternehmen aus der Sicht des Bundeskartellamtes, RdE 1992, S. 49–55
Markert, Kurt	Anmerkung zu OLG Dresden, Urt. v. 20.12.2001, U 553/01 Kart. (Wirksamkeit eines Energiebezugsvertrages mit einer Verpflichtung zu einer 70%igen Bedarfsdeckung und einer Laufzeit von 20 Jahren), ZNER 2002, S. 59–63
Markert, Kurt	Die Anwendung der deutschen Fusionskontrolle auf Beteiligungen von Verbund- und regionalen Energieversorgungsunternehmen an lokalen Versorgungsunternehmen, RdE 1996, S. 45–51
Markert, Kurt	Die Missbrauchskontrolle nach dem Referentenentwurf für ein neues EnWG, ZNER 2004, S. 113–117
Markert, Kurt	Durchleitung von Strom und Gas nach geltendem deutschen Kartellrecht, BB 1994, S. 1645–1650
Markert, Kurt	Durchleitung von Strom und Gas: Allgemeines Kartellrecht oder Sonderregelung?, BB 1997, S. 1421–1426

Markert, Kurt	Preisaufsicht und Kartellrecht nach der neuen BTO Elt, RdE 1990, S. 82–85
Markert, Kurt	Treuerabatte und »predatory selling« in der Strom- und Gasversorgung aus kartellrechtlicher Sicht, WRP 2003, S. 1320–1327
Markert, Kurt	Zur Frage der kartellrechtlichen Unbilligkeit der Verweigerung wettbewerbsbegründender Durchleitungen, BB 1993, S. 1023–1025
Marquis, Günter	Die Regionalen gestalten den Wettbewerb, ET 2001, S. 348–352
Maslaton, Martin	Grundlagen des Rechts der erneuerbaren Energien: Biomasse, Photovoltaik, Wasserkraft, Windkraft, Leipzig 2005
Maslaton, Martin	Das »Windschöpfungsrecht« nach § 3 EEG als Antragsbefugnis im Sinne von § 47 Abs. 1 Nr. 2 VwGO, ZNER 2002, S. 108–112
Maslaton, Martin	Grundlagen des Rechts der erneuerbaren Energien, Diss. jur. Leipzig 2004
Maslaton, Martin	Neue (?) Probleme – Windenergieanlagen in der Genehmigungsphase, ZNER 2003, S. 18–25
Maurer, Christoph/ Wolffram, Peter/ Sengbusch, Klaus v.	Netzvergleich mit Referenznetzverfahren, ET 2004, S. 436–438
May, Rüdiger	Kooperative Gesetzeskonkretisierung am Beispiel der Verbändevereinbarung Strom. Kartell-, verfassungs- und europarechtliche Aspekte der Verbändevereinbarung Strom II plus, Forum Energierecht Bd. 9, Baden-Baden 2004
Mayer, Ute	Das europäische System für den Handel mit Treibhausgas-Emissionszertifikaten und sein Verhältnis zum Anlagenordnungsrecht, DÖV 2004, S. 561–566
Meckies, Alexander	Die persönliche Haftung von Geschäftsleitern in Kapitalgesellschaften der öffentlichen Hand, Frankfurt/Main 2003
Meessen, Karl	Kommentar: E.ON und kein Ende, WuW 2002, S. 927

Literatur

Mehrbrey, Kim Lars	Verfassungsrechtliche Grenzen eines Marktes handelbarer Emissionsrechte – Untersuchung eines sog. marktwirtschaftlichen Umweltschutzinstruments, dargestellt am Beispiel der Luftreinhaltung, Berlin 2003
Mehrbrey, Kim Lars/ Reuter, Alexander	Europäischer Emissionshandel – Der EU-Richtlinienvorschlag auf dem rechtlichen Prüfstand, Baden-Baden 2003
Menges, Heino	Zweites Kieler Forum zum Energierecht am 7. und 8. März 1990, RdE 1991, S. 140–141
Meßerschmidt, Klaus	Energieabgaben und Klimaschutz – Bestandsaufnahme, Gestaltungsmöglichkeiten, Verfassungs- und Gemeinschaftsrechtliche Vorgaben (I und II), RdE 1992, S. 182–188, 226–231
Metzenthin, Andreas	Wettbewerb durch EG-Stromimporte. Zum Fortbestand geschlossener Versorgungsgebiete nach deutschem und europäischem Recht, Köln/Berlin/Bonn/München 1992
Mevert, Heiko/ Hobbeling, Florian	Praxis: Arealnetze, EMW 2004 (6), S. 42–46
Michaelis, Hans	Energiepolitik auf neuen Wegen, RdE 1992, S. 17–23
Möller, Stephanie	Leitungsrechte in den neuen Bundesländern nach § 9 Grundbuchbereinigungsgesetz, RdE 1997, S. 101–106
Mombaur, Peter M.	Aktuelle Entwicklungen des Europäischen Energierechts, RdE 2001, S. 88–92
Mombaur, Peter M.	Vertikale Beteiligungen bei Strom- und Gasfirmen: Abwehr von Wettbewerb? Oder: Wie könnte der Wettbewerb/der Verbraucher geschützt werden?, RdE 2003, S. 29–31
Mombaur, Peter M./ Balke, Joachim	EU-Binnenmarkt für Strom und Gas: Ursprung und wirklicher Inhalt des jetzt verabschiedeten neuen Gemeinschaftsrechts, RdE 2003, S. 161–163

Moojer, Donald	Nutzungsrecht an privaten Grundstücken für Versorgungsanlagen in den neuen Bundesländern, DtZ 1996, S. 362–366
Moraing, Markus	Energiepolitik durch Landesenergiegesetze?, RdE 1992, S. 39–40
Möschel, Wernhard	Das Verhältnis zwischen Kartellbehörde und Sonderaufsichtsbehörden, WuW 2002, S. 683–688
Möschel, Wernhard	Fusionskontrolle in der Elektrizitätswirtschaft, in: Büdenbender/Kühne (Hrsg.), Das neue Energierecht in der Bewährung, FS Baur, Baden-Baden 2002, S. 527–534
Möschel, Wernhard	Großfusionen im engen Oligopol – Fusionskontrolle am Beispiel der deutschen Stromwirtschaft, ZNER 2002, S. 2–5
Möschel, Wernhard	Neue Rechtsfragen bei der Ministererlaubnis in der Fusionskontrolle, BB 2002, S. 2077–2085
Möstl, Markus	Der Vorrang erneuerbarer Energien – Ein Prinzip des Energiewirtschaftsrechts nimmt Gestalt an, RdE 2003, S. 90–98
Müller, Thorsten	Das novellierte Erneuerbare-Energien-Gesetz, RdE 2004, S. 237–247
Müller-Kirchenbauer, Joachim/ Thomale, Hans-Christoph	Der Entwurf der Netzentgeltverordnung Strom vom April 2004, IR 2004, S. 148–151
Müller-Kirchenbauer, Joachim/ Zenke, Ines	Wettbewerbsmarkt für Regel- und Ausgleichsenergie, ET 2001, S. 696–702
Mutschler, Ulrich/ Lang, Matthias	Das System des Emissionshandels und seine Auswirkungen auf die Rechtsstellung der Unternehmen, DB 2004, S. 1711–1718
Nagel, Bernhard	Mitbestimmung in öffentlichen Unternehmen mit privater Rechtsform und Demokratieprinzip, ZNER 2002, S. 78–87
Nagel, Bernhard	Sind Stromeinspeisung nach dem EEG und Emissionshandel kompatibel? ZNER 2004, S. 162–163

Literatur

Nagel, Bernhard	Stadtwerke und Verkehrsbetriebe unter dem Beihilfenrecht des EG-Vertrages, ZNER 2004, S. 353–355
Nettesheim, Wolfgang	Anmerkung zu OLG München, Urt. vom 26.7.2001, Az. 29 U 1534/01 (»100 % Strom aus Wasserkraft-Aquapower«), BB 2001, S. 2343
Neveling, Stefanie	Der neue Verordnungsentwurf zum Gasnetzzugang – Grundlage für ein neues Netzzugangssystem in Deutschland?, ET 2004, S. 611–616
Neveling, Stefanie/ Däuper, Olaf	Verfassungsrechtliche Kartenhäuser in der Diskussion um ein netzeigentumsübergreifendes Entry-Exit-Gasnetzzugangsmodell, IR 2004, S. 126–133
Neveling, Stefanie/ Theobald, Christian	Der Gesetzesentwurf der Bundesregierung zur Änderung des EnWG – Eine erste kritische Bewertung der gaswirtschaftlichen Regelungen, ZNER 2001, S. 64–70
Niedergesäß, Ursula/ Hemmers, Rosa	Kommunale Energieversorger gelten als zuverlässig, ET 2001, S. 256–258
Niehörster, Klaus	Die Neuordnung als Chance, ET 1997, S. 207–211
o. V.	EEG-Novelle macht Anpassung des IDW-Prüfungshinweises »Prüfungen nach dem Kraft-Wärme-Kopplungsgesetz und dem Erneuerbare-Energien-Gesetz« erforderlich, VW 2004, S. 252–256
o. V.	Zur Eintragung kommunaler Unternehmen in das Handelsregister, VW 2004, S. 257
Oberender, Peter (Hrsg.)	Wettbewerb in der Versorgungswirtschaft, Berlin 2003
Odendahl, Kerstin	Die Berücksichtigung vergabefremder Kriterien im öffentlichen Auftragswesen, EuZW 2004, S. 647–652
OFD Frankfurt/Main (Hrsg.)	Verfügung v. 27.7.1995 betr. die Zusammenfassung von Betrieben der Öffentlichen Hand bei Zwischenschaltung eines Blockheizkraftwerks (BHKW), DB 1995, S. 2094

Ohms, Martin J.	Immissionsschutz bei Windkraftanlagen, DVBl. 2003, S. 958–966
Opitz, Marc	Marktabgrenzung und Vergabeverfahren – Bildet die Ausschreibung einen relevanten Markt?, WuW 2003, S. 37–45
Ortlieb, Birgit	Inhouse-Geschäfte als Ausnahme zur Ausschreibungspflicht – zugleich eine Besprechung der Entscheidung des Bundesgerichtshofes vom 12. Juni 2001, ZNER 2002, S. 29–33
Ortlieb, Birgit	Inhouse-Geschäfte als Ausnahme zur Ausschreibungspflicht im Spannungsfeld zunehmender Privatisierung, WuW 2003, S. 146–154
Oschmann, Volker	Die Novelle des Erneuerbare-Energien-Gesetzes, NVwZ 2004, S. 910–915
Oschmann, Volker	Scheitert die europäische Richtlinie für Erneuerbare Energien an der Rechtsgrundlage? Ein Beitrag zur Abgrenzung von Art. 95 EGV und Art. 175 EGV, ZNER 2001, S. 84–89
Oschmann, Volker	Vergütung von Solarstrom nach dem EEG – aktuelle Rechtsfragen aus der Praxis, ZNER 2002, S. 201–204
Oschmann, Volker/ Müller, Thorsten	Neues Recht für erneuerbare Energien – Grundzüge der EEG-Novelle, ZNER 2004, S. 24–30
Ossenbühl, Fritz	Energierechtsreform und kommunale Selbstverwaltung, ET 1997, S. 773–777
Ott, Richard	Zur Mitbenutzung von Grundstücken und Bauwerken für Energiefortleitungsanlagen im Gebiet der ehemaligen DDR, RdE 1991, S. 150–154
Palm, Matthias	Errichtung und Betrieb von Anlagen des Bergbaus und der Energiewirtschaft im Gebiet der ehemaligen DDR, BB-Beilage 38/1990, S. 11–18
Palm, Matthias	Errichtung und Betrieb von Anlagen des Bergbaus und der Energiewirtschaft in den neuen Bundesländern nach dem 3.10.1990, RdE 1990, S. 222–225

Palm, Matthias	Errichtung und Betrieb von Anlagen des Bergbaus und der Energiewirtschaft in der DDR nach Inkrafttreten des Staatsvertrags vom 18.5.1990, RdE 1990, S. 183–189
Palme, Christoph	Offshore-Windparks in der AWZ – Investitionssicherheit durch Zuständigkeitskonzentration, ZNER 2004, S. 156–161
Papier, Hans-Jürgen	Durchleitungen und Eigentum, BB 1997, S. 1213–1220
Papier, Hans-Jürgen	Kommunale Daseinsvorsorge im Spannungsfeld zwischen nationalem Recht und Gemeinschaftsrecht, DVBl. 2003, S. 686–697
Papier, Hans-Jürgen	Verfassungsfragen der Durchleitung, in: Büdenbender/Kühne (Hrsg.), Das neue Energierecht in der Bewährung, FS Baur, Baden-Baden 2002, S. 209–224
Pathe, Ilmo/ Mussaeus, Peter	Steuerneutralität der rechtlichen Entflechtung von Energieversorgungsunternehmen – mögliche Problemfelder bei der Anwendung des § 6 EnWG-Regierungsentwurf, N&R 2004, S. 147–154
Pauly, Heike	Der Handel mit Emissionszertifikaten: Eine Betrachtung aus völkerrechtlicher, europäischer und mitgliedstaatlicher Sicht, ZNER 2005, S. 42–53
Pechstein, Matthias	Elektrizitätsbinnenmarkt und Beihilfenkontrolle im Anwendungsbereich des Euratom-Vertrags, EuZW 2001, S. 307–311
Perner, Jens	Die langfristige Erdgasversorgung Europas – Analysen und Simulationen mit dem Angebotsmodell EUGAS – Herausgegeben vom Energiewirtschaftlichen Institut an der Universität Köln, München 2002
Pernice, Ingolf	Umweltschutz und Energiepolitik, RdE 1993, S. 45–55
Pfeiffer, Herbert	Die kartellrechtliche Wirksamkeit energiewirtschaftlicher Konzessionsverträge, VEnergR Bd. 53, Baden-Baden 1985

Pflüglmayer, Barbara	Vom Kyoto-Protokoll zum Emissionshandel – Entwicklung und ausgewählte Rechtsfragen, Linz 2004
Piltz, Harald	Netznutzungsentgelte für Stromlieferungen in der Kritik – Ist jetzt auch in Deutschland eine Regulierungsbehörde erforderlich?, WuW 2001, S. 552–560
Pohlmann, Mario	Kartellrechtliche Missbrauchsaufsicht über die Durchleitungsentgelte, in: Büdenbender/Kühne (Hrsg.), Das neue Energierecht in der Bewährung, FS Baur, Baden-Baden 2002, S. 535–548
Posser, Herbert/ Reitz, Björn	Die Heilung von Verfahrensfehlern im Kartellverwaltungsverfahren – Anmerkung zu OLG Düsseldorf, Beschluss vom 16.12.2002 – Kart 25/02 (V), RdE 2003, S. 255–261
Posser, Herbert/ Schmans, Malte/ Müller-Dehn, Christian	Atomgesetz-Kommentar zur Novelle 2002, Köln 2002
Prall, Ursula	Offshore-Windparks in FFH-Gebieten: Der Konflikt zwischen Klima- und Naturschutz am Beispiel des Entzugs der Vergütungsprivilegierung in § 10 Abs. 7 EEG, ZNER 2005, S. 26–35
Püttner, Günter	Energieversorgung als kommunale Aufgabe, RdE 1992, S. 92–96
Raabe, Marius	Kommunale Nahwärmeversorgung im Blickpunkt des Wettbewerbs- und Kartellrechts – zum »Börnsen-Urteil« des BGH, ZNER 2002, S. 283–290
Rapp-Jung, Barbara	Die EU Richtlinie für Elektrizität im Spannungsfeld zwischen den Wettbewerbsregeln des Vertrags und den verbliebenen energiepolitischen Befugnissen der Mitgliedstaaten, RdE 1997, S. 133–137
Rapp-Jung, Barbara	Zur Tragweite von Art. 90 Abs. 2 EGV für Energiewirtschaft, RdE 1994, S. 165–170

Literatur

Rathert, Peter/ Hegner, Hans-Dieter (Bearb.)	Energieeinsparverordnung – EnEV, Textausgabe mit erläuternder Einführung, AVV Energiebedarfsausweis, Rechenbeispiel und den wichtigsten Fragen und Antworten zur EnEV, Köln 2001
Rebentisch, Manfred	Immissionsschutzrechtliche und energiewirtschaftsrechtliche Anforderungen an die Wahl der Anlagentechnik, RdE 1991, S. 174–180
Rebentisch, Manfred	Rechtliche Zweifelsfragen der gesetzlichen Beendigung der Kernenergienutzung durch Strommengenregelung, in: Büdenbender/Kühne (Hrsg.), Das neue Energierecht in der Bewährung, FS Baur, Baden-Baden 2002, S. 623–632
Recknagel, Henning	Aspekte des Datenschutzes beim Entflechten integrierter Energieversorgungsunternehmen, in: Klees/Langerfeldt (Hrsg.), Entflechtung in der deutschen Energiewirtschaft, Wiesbaden 2005, S.89–100
Recknagel, Henning	Die zivilrechtliche Bestimmung von Netznutzungsentgelten nach § 6 Energiewirtschaftsgesetz, in: Büdenbender/Kühne (Hrsg.), Das neue Energierecht in der Bewährung, FS Baur, Baden-Baden 2002, S. 225–240
Recknagel, Henning	Zum historischen und heutigen Sachzeitwertbegriff, RdE 1996, S. 218–225
Recknagel, Henning	Zur Entwicklung der Fusionskontrolle über Elektrizitätsversorgungsunternehmen, in: Niederleithinger/Werner/Wiedemann (Hrsg.), FS Lieberknecht, München 1997, S. 451–473
Redaktion ET (Hrsg.)	Aktueller Stand der Energierechtsreform – Gesetzentwürfe zur Reform des Energiewirtschaftsrechts, ET 1997, S. 550–552
Reiblinger, Peter	Durchleitungsrecht in Eigentümerwegen für Versorgungsunternehmen, RdE 1993, S. 222–227
Reichert-Clauß, Andrea	Durchleitung von Strom: Regulierungsansätze im deutsch- englischen Vergleich – Reformpotentiale und Überlegungen zu einer einheitlichen Regulierungstheorie, Heidelberg 2002

Reimann, Carsten	Wettbewerbsrechtliche Aspekte des Handels mit Emissionszertifikaten, EWS 2004, S. 160–165
Reinhardt, Frank	Powerline – Verfassungs-, verwaltungs- und telekommunikationsrechtliche Probleme, Frankfurt/Main 2003
Rengeling, Hans-Werner (Hrsg.)	Klimaschutz durch Emissionshandel – Achte Osnabrücker Gespräche zum deutschen und europäischen Umweltrecht, Köln 2002
Rengeling, Hans-Werner	Energieanlagen und Handel mit Emissionsrechten, in: Büdenbender/Kühne (Hrsg.), Das neue Energierecht in der Bewährung, FS Baur, Baden-Baden 2002, S. 633–648
Reshöft, Jan/ Steiner, Sascha/ Dreher, Jörg	EEG Erneuerbare-Energien-Gesetz – Handkommentar, 2. Aufl., Baden-Baden 2005
Ressing, Werner	Wirtschaftliche und rechtliche Probleme einer EG-weiten CO_2-Energiesteuer, RdE 1993, S. 175–181
Reuter, Alexander	Grund- und Grundrechtsmängel des CO_2-Emissionshandels in der EU, RdE 2003, S. 262–268
Reuter, Alexander/ Busch, Ralph	Einführung eines EU-weiten Emissionshandels – Die Richtlinie 2003/87/EG, EuZW 2004, S. 39–43
Reuter, Alexander/ Kindereit, Kai	EG-Emissionshandelsrichtlinie und Beihilfenrecht am Beispiel prozessbedingter Emissionen, DVBl. 2004, S. 537–543
Richmann, Alfred	Die Position der deutschen Wirtschaft zur geplanten CO_2-Energiesteuer, RdE 1993, S. 181–185
Richmann, Alfred	Dynamische Anreizregulierung für Strom- und Erdgasnetzbetreiber, ET 2004, S. 134–138
Riechmann, Volkhard	Die Gleichpreisigkeit als preis- und kartellrechtliches Problem, RdE 1995, S. 97–104

Literatur

Riechmann, Volkhard/ Franke, Peter	Zur künftigen Entwicklung der staatlichen Aufsicht über die Strompreise im liberalisierten Energiemarkt, in: Büdenbender/Kühne (Hrsg.), Das neue Energierecht in der Bewährung, FS Baur, Baden-Baden 2002, S. 241–258
Rieg, Robert	Kalkulation von Durchleitungsaufträgen, ET 1998, S. 160–162
Ritter, Lennart	Langfristige Liefer- und Bezugsverträge im Energierecht und ihre Beurteilung nach den EG-Wettbewerbsregeln, RdE 1995, S. 50–57
Röder, Peter	Zielkonflikte bei der Preisbildung in der Elektrizitätsversorgung, Baden-Baden 1991
Röger, Ralf	Die Regulierungsbehörde für Telekommunikation und Post als zukünftiger Energiemarktregulierer – Eine regulierungsrechtliche Bestandsaufnahme, DÖV 2004, S. 1025–1035
Rosin, Peter (u.a.)	Entwurf eines Gesetzes über den Nationalen Zuteilungsplan (NZPG), ET 2004, S. 189–199
Rosin, Peter	Die Verbändevereinbarung für Strom und Gas: Rechtsnatur, Inhalte und Vergleich, in: Büdenbender/Kühne (Hrsg.), Das neue Energierecht in der Bewährung, FS Baur, Baden-Baden 2002, S. 259–292
Rosin, Peter	Vertragsgestaltung bei der Stromdurchleitung – Gegenwart und Zukunft, ET 2001, S. 390–398
Rosin, Peter/ Elspas, Maximilian	Das neue Kraft-Wärme-Kopplungsgesetz, RdE 2002, S. 174–182
Rosin, Peter/ Heinlein, Björn	Die Verbändevereinbarung zum Netzzugang bei Erdgas – Teil 1, ET 2002, S. 350–354
Rosin, Peter/ Heinlein, Björn	Die Verbändevereinbarung zum Netzzugang bei Erdgas – Teil 3, ET 2002, S. 499–501
Rosin, Peter/ Heinlein, Björn	Vertragsmanagement bei Kraftwerksprojekten unter besonderer Berücksichtigung der »Netzverträge«, RdE 2005, S. 29–39
Rosin, Peter/ Heinlein, Björn	Von der VV Erdgas II zur III – oder zur Regulierungsbehörde?, ET 2003, S. 262–267

Rosin, Peter/ Krause, Markus	Vorgaben der Beschleunigungsrichtlinie Elektrizität an eine ex-ante-Regulierung, ET 2003 (9) Special, S. 17–24
Rossel, Albert	Stromlieferungsverträge in der Kundeninsolvenz, ET 2002, S. 711–716
Rossel, Mirjam/ Koch, Ralf	Die Umsetzung des Netznutzungskonzeptes der VV II plus in die vertragliche Praxis, ET 2002, S. 860–863
Rott, Ulrich (Leitung)/ Forschungs- und Entwicklungsinstitut für Industrie- und Siedlungswasserwirtschaft sowie Abfallwirtschaft e. V. (FEI) (Hrsg.)	Nachhaltigkeit und Effizienz-Herausforderung für die deutsche und die weltweite Wasserversorgung – 17. Trinkwasserkolloquium am 20.02.2003, München 2003
Rottenburg, Eberhard v.	Importbeschränkungen für »schmutzigen Strom« nach dem Welthandelsrecht – Eine Beobachtung produktionsbezogener Handelsregulierungen unter besonderer Berücksichtigung des internationalen Elektrizitätshandels, VEnergR Bd. 110, Baden-Baden 2003
Ruhland, Frank	Eine Wegbeschreibung zum Aufbau einer stabilen Kooperationspartnerschaft, ZNER 2001, S. 18–23
Ruhle, Ernst-Olav/ Heger, Heiko	Spielräume und offene Punkte bei der Regelung zu Durchleitungsentgelten in der EnWG-Novelle, WuW 2004, S. 474–484
Rupp, Jürgen	Umweltrechtliche Grundlagen des Betriebs elektrischer Betriebsmittel, RdE 1990, S. 26–34
Säcker, Franz Jürgen (Hrsg.)	Neues Energierecht – Gesetzestexte und Materialien mit Beiträgen zum Energiewirtschaftsrecht, Energiewettbewerbsrecht, Energieverfahrensrecht und Kartellverwaltungsrecht, 2. Auflage, Heidelberg 2003
Säcker, Franz Jürgen	Aktuelle Rechtsfragen des Unbundling in der Energiewirtschaft, RdE 2005, S. 85–93
Säcker, Franz Jürgen	Berliner Kommentar zum Energierecht, München 2004

Literatur

Säcker, Franz Jürgen	Das Telekommunikationsrecht als Leitbild für die Regulierung der Energieversorgungsnetze? Zum Zusammenhang von normativer Regulierungsstruktur und institutioneller Behördenorganisation, ZNER 2003, S. 214–220
Säcker, Franz Jürgen	Der Referentenentwurf zum EnWG – ordnungspolitische und rechtsdogmatische Grundsatzbemerkungen, N&R 2004, S. 46–53
Säcker, Franz Jürgen	Die konkludente Netzverbundgesellschaft als Irrweg oder Ausweg zu mehr Wettbewerb auf den Märkten für Energie? – Ein Plädoyer für BGB-konforme Lösungen, ZNER 2002, S. 5–10
Säcker, Franz Jürgen	Entflechtung von Netzgeschäft und Vertrieb bei den Energieversorgungsunternehmen: Gesellschaftsrechtliche Möglichkeiten zur Umsetzung des Legal Unbundling, DB 2004, S. 691–695
Säcker, Franz Jürgen	Ex-Ante-Methodenregulierung und Ex-Post-Beschwerderecht – Zum Monitoring-Bericht des Bundesministers für Wirtschaft und Arbeit, RdE 2003, S. 300–307
Säcker, Franz Jürgen	Freiheit durch Wettbewerb, Wettbewerb durch Regulierung, ZNER 2004, S. 98–113
Säcker, Franz Jürgen	Reform des Energierechts, Heidelberg 2003
Säcker, Franz Jürgen	Vorauszahlungen auf Konzessionsabgaben, ET 2004, S. 349–353
Säcker, Franz Jürgen/ Boesche, Katharina Vera	Drittschutz im Kartellverwaltungsprozess. Erkenntnisse aus dem Verfahren »E.ON/Ruhrgas« für die Novellierung des GWB, ZNER 2003, S. 76–90
Säcker, Franz Jürgen/ Boesche, Katharina Vera	Vertikale Fusionen im Energiesektor gefährden den Wettbewerb, BB 2001, S. 2329–2337
Säcker, Franz Jürgen/ Busche, Jan	Umsetzung der Elektrizitätsbinnenmarkt-Richtlinie, ET 1998, S. 18–24
Säcker, Franz Jürgen/ Dörmer, Thomas	Übergang der Energieversorgungsverträge auf den neuen Verteilungsnetzbetreiber bei Auslaufen des alten Konzessionsvertrages?, RdE 2002, S. 161–174

Säcker, Franz Jürgen/ Jaecks, Jörg	Langfristige Energielieferverträge und Wettbewerbsrecht: Zur Leitbildfunktion der Schirm-GFVO für das deutsche Kartellverbot, Berlin 2002
Salje, Peter	Äquivalenzprinzip und Wettbewerbsneutralität am Beispiel des neuen Kraft-Wärme-Kopplungsgesetzes, in: Büdenbender/Kühne (Hrsg.), Das neue Energierecht in der Bewährung, FS Baur, Baden-Baden 2002, S. 293–308
Salje, Peter	Bindung der Kartellbehörden nach Implementierung der VV II plus im Rahmen der EnWG-Novelle, ET 2003, S. 413–418
Salje, Peter	Das Gesetz zur Neuregelung des Energiewirtschaftsrechts, NVwZ 1998, S. 916–922
Salje, Peter	Die Kalkulation von Netznutzungsentgelten seit dem 1.1.2004 – Nachwirkungen der Vermutungsregelung des § 6 Abs 1 Satz 5 EnWG, ET 2004, S. 109–112
Salje, Peter	Die Transformation der Binnenmarktrichtlinie Erdgas in Deutsches Recht – Gasnovelle 2003, RdE 2003, S. 205–209
Salje, Peter	Die Unbundling-Vorgaben nach den EG-Beschleunigungsrichtlinien Strom und Gas und die Vorschläge zur Umsetzung im Energiewirtschaftsrecht, in: Klees/Langerfeldt (Hrsg.), Entflechtung in der deutschen Energiewirtschaft, Wiesbaden 2005, S. 9–26
Salje, Peter	EEG – Erneuerbare-Energien-Gesetz, 3. Aufl., Köln/Berlin/München 2005
Salje, Peter	Energiepreisaufsicht und Preismißbrauchsaufsicht nach Inkrafttreten von § 11 Abs. 2 BTOElt 1989, RdE 1991, S. 26–32
Salje, Peter	Transformationsdefizite des Gesetzes zur Neuregelung des Rechts der Energiewirtschaft im Verhältnis zur Binnenmarktrichtlinie Elektrizität, in: Vieweg/Haarman (Hrsg.), Beiträge zum Wirtschafts-, Europa- und Technikrecht. Festgabe für Rudolf Lukes zum 75. Geburtstag, Köln/Berlin/München 2000, S. 105–142

Literatur

Salje, Peter	Zur Abrechnung von EEG-Strom aus Windparks im Lichte des § 9 Abs. 2 EEG, ZNER 2003, S. 12–16
Sanden, Joachim	Die Europäische Fusionskontrolle im liberalisierten Energiemarkt, EuZW 2004, S. 620–624
Schäfer, Gert	Versorgerwechsel in der Stromwirtschaft: Die Problematik der Netzübernahme zum Sachzeitwert vor dem Hintergrund der Preisaufsicht nach § 12 Bundestarifordnung Elektrizität, RdE 1993, S. 185–193
Schäfer, Gert	Räumliche Differenzierung von Allgemeinen Tarifpreisen für elektrische Energie innerhalb des Versorgungsgebietes eines Elektrizitätsversorgungsunternehmens, RdE 1990, S. 167–169
Schafhausen, Franzjosef	Kohlendioxid zu verkaufen! Zum Stand der Umsetzung der Richtlinie zur Einführung eines EU-weiten Handels mit Treibhausgasemissionen, ZfE 2003, S. 171–179
Schalast, Christoph	Energiewirtschaftsreform. Auswirkungen auf ausländische Investitionen, ET 1997, S. 29–33
Schalast, Christoph	Der fortdauernde Zielkonflikt zwischen Umweltschutz und Wettbewerb im deutschen Energierecht, RdE 2001, S. 121–128
Schalast, Christoph	Energiebinnenmarkt ohne umweltpolitische Steuerung durch die EU?, ET 2001, S. 684–687
Schalast, Christoph	Wettbewerb und Umweltschutz als Regelungsziele des reformierten EU-Strombinnenmarktes, ZNER 2004, S. 133–138
Schanda, Reinhard	Strom aus erneuerbaren Energieträgern in Österreich, Wien 2001
Schardt, Ramona	Öffentliche Aufträge und das Beihilferegime des Gemeinschaftsrechts, Stuttgart 2003
Scharpf, Christian	Der Einfluss des Europarechts auf die Daseinsvorsorge, EuZW 2005, S. 295–299
Schebstadt, Arne	Sektorspezifische Regulierung – Im Grenzgebiet zwischen Marktaufsicht und Marktgestaltung, WuW 2005, S. 6–15

Schebstadt, Arne	Deregulierung als Daueraufgabe! Wider eine Vereinheitlichung der Regulierung, IR 2004, S. 223–226
Schebstadt, Arne	Die Aufsicht über Netznutzungsentgelte zwischen Kartellrecht und sektorspezifischer Regulierung, RdE 2004, S. 181–189
Scheer, Hermann	Entwicklungskrise als atomar-fossile Energiekrise, Solarzeitalter 1/2002, S. 2–5
Schendel, Frank Andreas	Selbstverpflichtungen der Industrie als Steuerungsinstrument im Umweltschutz, NVwZ 2001, S. 494–450
Schiller, Katja	Der Verbotsbegriff des § 134 BGB am Beispiel der Mindestvergütungsregelungen der §§ 5 bis 12 EEG, Göttingen 2005
Schlack, Ulrich	Arealnetze – ein Wettbewerbsmarkt?, VW 2004, S. 101–106
Schlack, Ulrich	Kartellbehörden in heiliger Mission: Netznutzungsentgelte und Wettbewerb – eine rechtskritische Analyse, ZfK 7/2001, S. 1–2
Schmalholz, Michael	Die EU-Wasserrahmenrichtlinie – Der »Schweizer Käse« im europäischen Gewässerschutz, ZfW 2001, S. 69–102
Schmauser, Marion	Aktuelle Entwicklungen im deutschen und europäischen Energiewirtschaftsrecht – Problemfelder und Lösungsansätze, EW 2003 (1/2), S. 24–27
Schmidhuber, Peter/ Schneider, Hans/ Baur, Jürgen/ Tibaldi, Ariberto	Der EG-Binnenmarkt für Energie und Wettbewerb, VEnergR Bd. 65, Baden-Baden 1991
Schmidt, Andreas	Stadtwerke auf neuen Märkten – Gemeinderechtliche Chancen umweltschonender Energiedienstleistungen, Kommunalwirtschaftliche Forschung und Praxis Bd. 6, Frankfurt/Main 2002

Literatur

Schmidt-Preuß, Matthias   Gemeinschaftskompetenz oder nationale Gestaltungsautonomie – Strukturfragen im Kontext der Energiepolitik, in: Büdenbender/Kühne (Hrsg.), Das neue Energierecht in der Bewährung, FS Baur, Baden-Baden 2002, S. 309–326

Schmidt-Preuß, Matthias   Der verfassungsrechtliche Schutz der Unternehmenssubstanz – Kernfragen der staatlichen Festsetzung von Netznutzungsentgelten im Stromsektor, ET 2003, S. 758–764

Schmidt-Preuß, Matthias   Die Gewährleistung des Privateigentums durch Art. 14 GG im Lichte aktueller Probleme, AG 1996, S. 1–11

Schmidt-Preuß, Matthias   Kalkulation und Investition in der Entgeltregulierung, N&R 2005, S. 51–56

Schmidt-Preuß, Matthias   Kommentar: Sektorspezifische Regulierung bei Strom und Gas, WuW 2004, S. 1113–1115

Schmidt-Preuß, Matthias   Liberalisierung – nur im Rahmen des Rechts: eine kritische Analyse der jüngsten Richtlinien-Vorschläge der Energie-Kommissarin Loyola de Palacio, ZfK 6/2001, S. 32

Schmidt-Preuß, Matthias   Netz, Preis und Regulierung im Energiesektor, N&R 2004, S. 90–93

Schmidt-Preuß, Matthias   Regulierung im neuen »Energiepaket«: »Philosophie« und Netznutzungsentgelte, IR 2004, S. 146–148

Schmidt-Preuß, Matthias   Selbstregulative Verantwortung oder staatliche Steuerung – Zur Verrechtlichung der Verbändevereinbarung, ZNER 2002, S. 262–266

Schmidt-Preuß, Matthias   Substanzerhaltung und Eigentum? Verfassungsrechtliche Anforderungen an die Bestimmung von Netznutzungsentgelten im Stromsektor, VEnergR Bd. 109, Baden-Baden 2003

Schmidt-Preuß, Matthias   Verfassungskonflikt um die Durchleitung? Zum Streitstand nach dem VNG-Beschluß des BGH, RdE 1996, S. 1–9

Schmidt-Preuß, Matthias	Zur Zulässigkeit sog. Selbstversorgungsgemeinschaften als Alternative zum dualen System, DB 2002, S. 775–780
Schmidt-Räntsch, Jürgen	Energieleitungsrechte in den neuen Bundesländern, RdE 1994, S. 214–217
Schmidt-Schläger, Michaela/ Zinow, Bernd-Michael (Hrsg.)	Grundlagen des Energierechts, Frankfurt/Main 2004
Schmitz, Erich	Die Anwendung der Wettbewerbsregeln des EWG-Vertrags auf die Elektrizitätswirtschaft, RdE 1991, S. 142–148
Schmitz, Erich	Die Nichtgewährung von Einspeisevergütungen in Höhe der Vorlieferantenpreise – Eine unbillige Behinderung i. S. d. GWB?, RdE 1990, S. 110–121
Schmitz, Stefan	Durchsetzung der Verbändevereinbarung durch die Hintertür der Zusammenschlusskontrolle?, ET 2001, S. 688–691
Schneider, Jens-Peter	EG-Vergaberecht zwischen Ökonomisierung und umweltpolitischer Instrumentalisierung, DVBl. 2003, S. 1186–1191
Schneider, Jens-Peter	Kooperative Netzzugangsregulierung und europäische Verbundverwaltung im Elektrizitätsbinnenmarkt, ZWeR 2003, S. 381–410
Schneider, Jens-Peter	Technologiespezifische Fördermaßnahmen im Energiebinnenmarkt am Beispiel der Kraft-Wärme-Kopplung, in: Büdenbender/Kühne (Hrsg.), Das neue Energierecht in der Bewährung, FS Baur, Baden-Baden 2002, S. 327–338
Schneider, Jens-Peter	Verfassungs- und europarechtliche Risiken einer Privilegierung stromintensiver Industrien im Rahmen des Belastungsausgleichs nach dem Erneuerbaren-Energien-Gesetz, ZNER 2003, S. 93–99
Schneider, Jens-Peter/ Prater, Janine	Das europäische Energierecht im Wandel, RdE 2004, S. 57–64

Literatur

Schneider, Jens-Peter/ Theobald, Christian	Handbuch zum Recht der Energiewirtschaft, München 2003
Schnichels, Dominik	Marktabschottung durch langfristige Gaslieferungsverträge, EuZW 2003, S. 171–175
Schoening, Manfred	Zur kartellrechtlichen Missbräuchlichkeit unrentabler Energiepreise, BB 1993, S. 1463–1466
Schöler, Meike	Verfassungsrechtliche Anforderungen an die Regulierung der Energiewirtschaft durch eine privatrechtliche Stelle, ZNER 2003, S. 201–204
Scholten, Christoph	Die Energiecharta – Bedeutung, aktuelle Herausforderungen und gemeinsame Handlungsoptionen mit ihren Partnern, RdE 2004, S. 85–92
Scholtka, Boris/ Baumbach, Antje	Die Entwicklung des Energierechts in den Jahren 2002 und 2003, NJW 2004, S. 723–727
Scholz, Rupert	Freiheitlicher Binnenmarkt oder diktierte Marktstruktur, ET 2001, S. 678–682
Scholz, Rupert	Gasbinnenmarktrichtlinie – Einigung des Ministerrates vom 8.12.1997, ET 1998, S. 113–114
Scholz, Ulrich	Die Bewertung ausschließlicher Strombezugspflichten nach europäischem Kartellrecht, in: Büdenbender/Kühne (Hrsg.), Das neue Energierecht in der Bewährung, FS Baur, Baden-Baden 2002, S. 549–566
Scholz, Ulrich	Kontrahierungszwang in der Versorgungswirtschaft, VEnergR Bd. 79, Baden-Baden 1997
Scholz, Ulrich/ Krohs, Christian	KWK-Förderung in Deutschland und EG-rechtliche Warenverkehrsfreiheit, RdE 2003, S. 1–9
Scholz, Ulrich/ Strohe, Dirk	Unbundling – aktueller Rechtsrahmen und neuer Richtlinienentwurf der Kommission, ET 2003, S. 80–84
Schöne, Thomas	Minderungsrecht des Erwerbers bei Lieferung von »schlechtem Strom«? Ein Beitrag zum Gewährleistungsrecht nach der Schuldrechtsmodernisierung, ET 2004, S. 113–115

Schöne, Thomas	Weitergabe der EEG-/KWK-G-Belastungen in »Altverträgen« – eine unendliche Geschichte?, ET 2004, S. 843–849
Schöne, Thomas/ Becker, Uta	Zur Auslegung des § 12 Abs. 2 KWKG 2002, RdE 2002, S. 297–303
Schoon, Heike	Operationelles Unbundling: Auswirkungen auf den Netzbetrieb, ET 2004, S. 606–610
Schötz, Dirk/ Wortmann, Klaus/ Krieg, Oliver (Hrsg.)	Werbung für Energieeffizienz? Evaluierung einer Energieeffizienzkampagne am Beispiel der Stand-by-Kampagne »Aus. Wirklich aus?«, Berlin 2003
Schrader, Knut/ Hartmann, Marc/ Krzikalla, Norbert	Praxishandbuch Kraft-Wärme-Kopplung – Markt und Wettbewerb, Rahmenbedingungen, Wirtschaftliche Optionen, Vorschriften, Musterformulare. Mit Vertragsmodellen u. Antragsformularen, Köln 2003
Schrader, Knut/ Krzikalla, Norbert/Müller-Kirchenbauer, Joachim	Netznutzungsentgelte und Lastprofile im Erneuerbare Energien Gesetz, ZNER 2001, S. 89–94
Schrader, Knut/ Riedel, Martin	Kraft-Wärme-Kopplungsgesetz – Funktionsweise und rechtliche Bewertung, ZNER 2001, S. 134–140
Schröder, Holger	Die vergaberechtliche Problematik der interkommunalen Zusammenarbeit am Beispiel der Bildung von Zweckverbänden – Zugleich ein Beitrag zur Auslegung des öffentlichen Auftrages i.S. des § 99 GWB, NVwZ 2005, S. 25–29
Schröder, Meinhard	Kompetenz- und eigentumsrechtliche Fragen bei Verwirklichung des Elektrizitätsbinnenmarktes, VEnergR Bd. 70, Baden-Baden 1993
Schröder, Meinhard	Überlegungen zur Anwendung des Vorsorgeprinzips im Klimaschutz, in: Büdenbender/ Kühne (Hrsg.), Das neue Energierecht in der Bewährung, FS Baur, Baden-Baden 2002, S. 649–660

Literatur

Schroeder, Dirk	Fusionskontrolle als Marktöffnungsinstrument in Energiemärkten, in: Büdenbender/Kühne (Hrsg.), Das neue Energierecht in der Bewährung, FS Baur, Baden-Baden 2002, S. 567–576
Schubert, Jörg	Privatisierungen und öffentliches Vergaberecht, WuW 2001, S. 254–261
Schuler, Benedikt/ Hammerstein, Christian v.	Vorschlag eines Netzzugangsmodells für die deutsche Gaswirtschaft, ZfE 2004, S. 93–101
Schultz, Klaus-Peter	Die Entwicklung der Fusionskontrolle im Bereich der Energieversorgung, in: Büdenbender/Kühne (Hrsg.), Das neue Energierecht in der Bewährung, FS Baur, Baden-Baden 2002, S. 577–592
Schultz, Klaus-Peter	Die Task Force Netzzugang, ET 2002, S. 216–219
Schulz, Jürgen	Vertragsrecht für kooperativ genutzte Energieanlagen, VIK-Mitteilungen 1997, S. 6-13
Schulze zur Wiesche, Jens	Eckpfeiler der Regulierung von Netznutzungsentgelten – Ein kritischer Blick auf den Status quo, ET 2004, S. 708–711
Schulze, Olaf	Der Abzug »neu für alt« bei der Beschädigung der Versorgungsanlagen von Energie- und Wasserversorgungsunternehmen, RdE 2005, S. 100–103
Schulze, Olaf	Die Auskunftspflicht der Versorgungsnetzbetreiber über Netznutzungsentgelte, ET 2001, S. 399–403
Schulz-Gardyan, Olaf	Gerichtliche Billigkeitskontrolle von Netznutzungsentgelten nach § 315 Abs. 3 BGB?, RdE 2003, S. 9–15
Schütte, Matthias	Kartellrechtliche Grenzen für Sonderabnehmerpreise, Köln/Berlin/München 1991
Schütz, Raimund/ Tüngler, Stefan	Die geplante Novelle des EU-Energierechts – Inhalt und Umsetzungsbedarf, RdE 2003, S. 98–106

Schwabe, Petra	Die deutsche Stromversorgungsstruktur und der EWG-Vertrag. Zur Vereinbarkeit des deutschen Systems geschlossener Stromversorgungsgebiete mit dem EWG-Vertrag, Baden-Baden 1993
Schwarze, Reimund	Yardstick-Regulierung oder kartellrechtliches Vergleichsmarktkonzept – ein Vergleich am Beispiel der Wasserwirtschaft, WuW 2003, S. 241–246
Schweer, Carl-Stephan	Verfahren und Form der Umsetzung der EU-Richtlinie über ein System für den Handel mit Treibhausgasemissionszertifikaten, ZNER 2004, S. 148–156
Schweer, Carl-Stephan/ Hammerstein, Christian v.	Treibhausgas-Emissionshandelsgesetz (TEHG). Kommentar, Köln 2004
Schweer, Carl-Stephan/ Ludwig, Bernhard	Der erste nationale Zuteilungsplan für handelbare Emissionszertifikate, DVBl. 2004, S. 932–940
Schweer, Carl-Stephan/ Ludwig, Bernhard	Emissionshandel und EG-Beihilfenrecht – Der Schutz vor wettbewerbsverfälschenden nationalen Allokationsplänen, RdE 2004, S. 153–164
Schwintowski, Hans-Peter (Hrsg.)	Strategische Allianzen – Netznutzung – Vergaberecht auf Energiemärkten, Baden-Baden 2003
Schwintowski, Hans-Peter	Corporate Governance im öffentlichen Unternehmen, NVwZ 2001, S. 607–612
Schwintowski, Hans-Peter	Der Netzverbundvertrag, WuW 2001, S. 1042–1050
Schwintowski, Hans-Peter	Gemeinwohl, öffentliche Daseinsvorsorge und Funktionen öffentlicher Unternehmen im europäischen Binnenmarkt, ZögU 2003, S. 283–310
Schwintowski, Hans-Peter	Konkurrenz der öffentlichen Hand für privatwirtschaftliche Unternehmen aus der Perspektive des Vergaberechts, ZögU 2004, S. 360–376
Schwintowski, Hans-Peter	Konzept der Monopolpreiskontrolle am Beispiel eines Energieversorgungsunternehmens, BB 1996, S. 1673–1678
Schwintowski, Hans-Peter	Risk Management im Energiehandel, ZNER 2002, S. 171–175

Literatur

Schwintowski, Hans-Peter	Überwindung des Örtlichkeitsprinzips auf Energiemärkten, in: Büdenbender/Kühne (Hrsg.), Das neue Energierecht in der Bewährung, FS Baur, Baden-Baden 2002, S. 339–350
Schwintowski, Hans-Peter	Umweltschutz und Wettbewerb – zwei Seiten derselben Medaille. Eine Erwiderung auf Paul Kirchhof, ZNER 2001, S. 82–84
Schwintowski, Hans-Peter	Wettbewerb und Ordnung auf Energiemärkten nach Wegfall der §§ 103, 103a GWB, WuW 1997, S. 769–781
Schwintowski, Hans-Peter/ Dannischewski, Johannes (Hrsg.)	Deutsches und europäisches Energie- und Netzrecht. Textsammlung mit Nebengesetzen, Schriftenreihe des Instituts für Energie- und Wettbewerbsrecht in der Kommunalen Wirtschaft e.V. Bd. 7, Baden-Baden 2003
Seeliger, Per	Die Mitbenutzung von öffentlichen Verkehrswegen durch Versorgungsleitungen in den neuen Bundesländern, RdE 1993, S. 103–109
Seeliger, Per	Benutzung fremder Grundstücke durch Leitungen der öffentlichen Versorgung in den neuen Bundesländern, DtZ 1995, S. 34–37
Senatsverwaltung für Wirtschaft und Technologie des Landes Berlin (Hrsg.)	Kartellbehörden überprüfen Gaspreise, RdE 1992, S. 83
Sieben, Günter/ Maltry, Helmut	Kostenbasierte Kalkulation von Netznutzungsentgelten am Beispiel der Stromindustrie, DB 2003, S. 729–735
Siems, Thomas	Ausgleichspflichten nach der EEG-Novelle: Neue Gefahr für Contracting-Modelle?, RdE 2005, S. 130–134
Sievert, Jürgen/ Behnes, Stephan	Das Unbundling in der Energiewirtschaft aus steuerlicher Sicht, RdE 2005, S. 93–99
Smeddinck, Ulrich	Die Evaluierungsklausel in § 8 EnWG – Innovationssteuerung durch Energierecht, ZNER 2002, S. 295–300
Sohn, Gerhard	Der neue Beihilfenkodex der Europäischen Union für die Steinkohle, ET 2002, S. 455–457

Sohre, Annika	Europäische Handlungsalternativen bei der Förderung Erneuerbarer Energien im Lichte des Subsidiaritätsprinzips, ZNER 2003, S. 300–303
Sommer, Uta	Sind Emissionszertifikate Wertpapiere im Sinne des Kreditwesengesetzes?, ET 2003, S. 186–190
Spannowsky, Willy	Die Stellung der Kommunen im Wettbewerb der Energieversorgungsträger, RdE 1995, S. 135–140
Spauschus, Philipp	Die wettbewerbliche Öffnung von Märkten mit Netzstrukturen am Beispiel von Telekommunikation und Elektrizitätswirtschaft? Netzzugangsregelungen im Spannungsfeld zwischen staatlicher Regulierung und Privatautonomie, Frankfurt/Main 2004
Specht, Heinrich	Gasbeschaffung im liberalisierten Energiemarkt – Vertragsgestaltung und Preisfindung für Sondervertragskunden, Köln 2001
Spreer, Frithjof	Regulierung des Netzzugangs bei Strom und Gas: Die Ländersicht, ZNER 2003, S. 190–195
Staebe, Erik	Zur Novelle des Energiewirtschaftsgesetzes (EnWG), DVBl. 2004, S. 853–862
Steckert, Uwe	Kommunalwirtschaft im Wettbewerb – Durch Liberalisierung zur Sinnkrise?, VEnergR Bd. 106, Baden-Baden 2002
Steckert, Uwe	Rekommunalisierung der Energieversorgung?, RdE 1996, S. 94–99
Steeg, Helga	Risiken in der Energieversorgungssicherheit – Ursachen und Strategien zu ihrer Minderung, RdE 2002, S. 235–242
Stegh, Ralph	Regulierung und bisherige Erfahrungen der Rechtsprechung, IR 2004, S. 242–245
Stein, Jürgen vom/ Weber, Markus	Vereinbarkeit von Richteramt und Mitwirkung in Gesellschaftsorganen kommunaler Unternehmen, DÖV 2003, S. 278–286
Steinberg, Philipp	Die »Wienstrom«-Entscheidung des EuGH, EuZW 2004, S. 76–78

Literatur

Steinberg, Rudolf/ Britz, Gabriele/ Schaub, Andrea	Die Bedeutung des Rechts der Europäischen Gemeinschaft für eine umweltorientierte Energiepolitik und Energierechtsetzung – insbes. für eine Dezentralisierung der Energieversorgung, RdE 1996, S. 165–173
Stern, Klaus	Energierecht im Widerstreit zwischen Bundes- und Landeskompetenz, in: Tettinger, (Hrsg.), Energierecht im Widerstreit, Stuttgart/München/Hannover 1988, S. 17–30
Stern, Klaus	Energiewirtschaftsrecht und kommunale Selbstverwaltung, in: Büdenbender/Kühne (Hrsg.), Das neue Energierecht in der Bewährung, FS Baur, Baden-Baden 2002, S. 351–366
Stern, Selma	Ausländische Direktinvestitionen in Russlands Öl- und Gasindustrie, ZNER 2002, S. 301–303
Stern, Selma	Produktionsteilungsverträge: Motor für Auslandsinvestitionen in Russlands Öl- und Gasindustrie, ET 2003, S. 485–487
Stevens, Berthold	Das neue Kraft-Wärme-Kopplungsgesetz, ET 2002, S. 355–359
Stewing, Clemens	Die Entflechtungsregelungen in den Beschleunigungsrichtlinien – Einige offene Fragen aus europarechtlicher Sicht, in: Klees/Langerfeldt (Hrsg.), Entflechtung in der deutschen Energiewirtschaft, Wiesbaden 2005, S. 27–44
Stewing, Clemens	Emissionshandel in der Europäischen Gemeinschaft, Köln 2005
Stewing, Clemens	Gasdurchleitung nach deutschem Recht; BB 1995, S. 1968–1972
Stiller, Dirk	Erneuerbare Energien drängen an den Kapitalmarkt – Projektfinanzierungsanleihen und Asset-Backed Securities Transaktionen mit erneuerbaren Energien, ZNER 2005, S. 35–41
Stockmann, Kurt	Die Integration von Vergaberecht und Kartellrecht, ZWeR 2003, S. 37–57

Strobel, Brigitte	Weisungsfreiheit oder Weisungsgebundenheit kommunaler Vertreter in Eigen- und Beteiligungsgesellschaften?, DVBl. 2005, S. 77–81
Strohe, Dirk	Langfristige Gaslieferverträge im Wettbewerb, ET 2005, S. 359–361
Stückemann, Wolfgang	Kraftwerksbau in Ostdeutschland. Energie-Investitionen für Kommunen durch private Investoren, BB 1992, S. 2306–2308
Stüer, Bernhard/ Hömig, Dietmar	Energiepartnerschaften zwischen privaten Versorgungsunternehmen, Stadtwerken und Kommunen – Fachtagung des Instituts für Berg- und Energierecht der Ruhr-Universität Bochum, DVBl. 2002, S. 753–755
Stuible-Treder, Jutta	Zur Abgrenzung von Herstellungskosten und Erhaltungsaufwand bei Ortsnetzen der Versorgungswirtschaft, BB 1993, S. 1628–1630
Tautscher, Katja	Österreichische Energieaufsicht, ET 2003 (9) Special, S. 29–30
Tettau, Philipp v.	Haftungsklauseln in Netzanschluss- und Einspeiseverträgen, ZNER 2003, S. 29–32
Tettinger, Peter (Hrsg.)	Strukturen der Versorgungswirtschaft in Europa, Stuttgart/München/Hannover/Berlin/Weimar/Dresden 1996
Tettinger, Peter	Energierecht – nur mehr ein Anhängsel zum Wettbewerbsrecht?, RdE 2001, S. 41–46
Tettinger, Peter	Kommunales Wegeeigentum und Energieversorgungsanlagen, RdE 1992, S. 2–10
Tettinger, Peter	Öffentliche Wirtschaft in den neuen Bundesländern. Im Einigungsprozess formulierte Vorgaben und ihre Umsetzung, BB 1992, S. 2–8
Tettinger, Peter	Rechtliche Markierungen für kommunale Energiepolitik, RdE 1989, S. 214–220
Tettinger, Peter	Umfang der Befugnisse des staatlichen Lastverteilers im Krisenfalle, Stuttgart/München/Hannover/Berlin/Weimar/Dresden 1996

Literatur

Tettinger, Peter	Zum Thema »Sicherheit« im Energierecht, RdE 2002, S. 225–235
Tettinger, Peter/ Pielow, Johann-Christian	Zum neuen Regulator für den Netzzugang in der Energiewirtschaft aus Sicht des öffentlichen Rechts, RdE 2003, S. 289–299
Theobald, Christian	Der künftige, regulierte Netzzugang – EnWG, NZEltV und NEEltV, IR 2004, S. 123–126
Theobald, Christian	Gleichbehandlungsprogramm und Regulierungsmanagement, IR 2004, S. 218–226
Theobald, Christian	Neues EnWG: 10 Eckpunkte zum Reformentwurf vom Februar 2004, IR 2004, S. 50–52
Theobald, Christian/ de Wyl, Christian/ Deschler, Sebastian	Der Netznutzungsvertrag, ZNER 2001, S. 24–32
Theobald, Christian/ de Wyl, Christian/ Eder, Jost	Der Wechsel des Stromlieferanten – Wege zum preiswerten und sicheren Strombezug, München 2004
Theobald, Christian/ Hummel, Konrad	Entgeltregulierung im künftigen Energiewirtschaftsrecht, ZNER 2003, S. 176–182
Theobald, Christian/ Hummel, Konrad	Entgeltregulierung in Netzwirtschaften, N&R 2004, S. 2–7
Theobald, Christian/ Koszalka, Dorota	Der rechtliche Rahmen der polnischen Energiewirtschaft, ET 2002, S. 532–535
Theobald, Christian/ Nill-Theobald, Christiane	Grundzüge des Energiewirtschaftsrechts – Die Liberalisierung der Strom- und Gaswirtschaft, München 2001
Theobald, Christian/ Zenke, Ines	Grundlagen der Strom- und Gasdurchleitung: die aktuellen Rechtsprobleme, München 2001
Thiemann, Urte	Die Allgemeinen Versorgungsbedingungen der Niederlande und ihre Grundlagen, RdE 2004, S. 133–137
Thiemann, Urte	Netzanschlussbedingungen für Tarifkunden im Vergleich, Berlin 2005

Thyri, Peter	Der Kommissionsvorschlag zur Behandlung von Ausgleichsbeihilfen in der Daseinsvorsorge, EWS 2004, S. 444–449
Tigges, Franz-Josef	Rechtsprechungsreport »Erneuerbare Energien«, ZNER 2004, S. 40
Tigges, Franz-Josef	Zur Anwendbarkeit der 4. BImSchV bei Windenergieanlagen – Umgehung des Verordnungszwecks durch Bauherrenwechsel? – (zugleich eine Anmerkung zu OVG Koblenz, U. vom 07.08.2003 – 1 A 11186/02), ZNER 2004, S. 32–36
Tomala, Sebastian	Vertragliche Vereinbarungen über den Zugang zu Elektrizitätsversorgungsnetzen am Beispiel des Netznutzungsvertrages mit Endkunden nach der Konzeption der VV Strom II, Regensburg 2004
Topp, Adolf	Die Energiedienstleistungsrichtlinie der EU: Chancen oder Risiken für Contracting?, CuR 2004, S. 86–88
Treffer, Christian	Über den Braunkohlepfennig, BB 1997, S. 2014–2016
Troost, Georg	Zur Auswirkung der Abnahme- und Vergütungspflichten aus EEG und KWKG auf bereits bestehende Stromlieferungsverträge: Preiserhöhung als Folge zusätzlicher Abgaben oder der Verpflichtung zu Anpassungsverhandlungen?, RdE 2001, S. 205–213
Trzeciak, Ralph	Rechtsform und Grenzen kommunalen Handelns bei der Energieversorgung, Köln 1990
Tüngler, Stefan	Die Novelle des Erneuerbare-Energien-Gesetzes, ET 2005, S. 101–105
Tünnemann, Margit	Verjährungs- und Ausschlussfristen der Ansprüche aus dem alten KWK-Vorschaltgesetz – Anmerkungen zu § 12 Abs. 2 KWKModG, ZNER 2002, S. 307–310
van Ysendyck, Anne/ Zühlke, Susanne	Staatliche Beihilfen und Ausgleich für Leistungen der Daseinsvorsorge, EWS 2004, S. 16–19

Literatur

VDEW (Hrsg.)	Stellungnahme der Vereinigung Deutscher Elektrizitätswerke, RdE 1989, S. 114–126
Vierhaus, Hans-Peter/ Körner, Raimund	Handel mit Treibhausgasemissionsrechten: EU-Richtlinienentwurf, Umsetzung und Problemschwerpunkte, DB 2003, S. 2587-2589
Vieth, Reinhard	Die Entwicklung der Fusionskontrolle im Energiewirtschaftsbereich in den letzten zwei Jahren, ZNER 2003, S. 90–92
Vogt, Stefan	Die Entwicklung des Wettbewerbsrechts in den Jahren 2001 bis 2003, NJW 2003, S. 3306–3315
Stein, Jürgen vom/ Weber, Markus	Vereinbarkeit von Richteramt und Mitwirkung in Gesellschaftsorganen kommunaler Unternehmen, DÖV 2003, S. 278–286
Wachinger, Lorenz	Finanzierung öffentlicher Dienstleistungen und Europäisches Wettbewerbsrecht – Der beihilfenrechtliche Prüfungsmaßstab nach dem EuGH-Urteil in der Rechtssache »Altmark Trans«, ZögU 2004, S. 56–77
Wagner, Volkmar/ Steinkemper, Ursula	Öffentliche Auftragsvergabe – Legale Möglichkeiten der Vergabe ohne Ausschreibung und Rechtsfolgen fehlerhafter oder unterbliebener Ausschreibungen, BB 2004, S. 1577–1585
Wallat, Rita	Beaufsichtigung des organisierten Emissionshandels. KWG-rechtliche Erlaubnispflicht bei der professionellen Vermittlung, Verwaltung oder dem Handel mit Emissionszertifikaten, ET 2003, S. 180–184
Wehser, Sven	Langfristige Maßnahmen der Investitionsvorsorge im liberalisierten Strommarkt am Beispiel der USA, Forum Energierecht Bd. 10, Baden-Baden 2004
Weidemann, Clemens	Emissionserlaubnis zwischen Markt und Plan – Rechtsstaatsrelevante Probleme des Emissionshandels, DVBl. 2004, S. 727–736
Weigt, Norbert	Anschluss- und Versorgungspflicht auf liberalisierten Märkten, in: Büdenbender/Kühne (Hrsg.), Das neue Energierecht in der Bewährung, FS Baur, Baden-Baden 2002, S. 367–382

Weiß, Nicole	Die Liberalisierung der Wasserversorgung – Gestaltungsspielräume und Grenzen einer Reform der Wasserversorgung unter besonderer Berücksichtigung der Rechtslage in Bayern, Kommunalwirtschaftliche Forschung und Praxis Bd. 9, Frankfurt/Main 2004
Weiß, Wolfgang	Kommunale Energieversorger und EG-Recht: Fordert das EG-Recht die Beseitigung der Beschränkungen für die kommunale Wirtschaft?, DVBl. 2003, S. 564–574
Weißferdt, Peter	Positionspapier: Ausführung der Abrechnungsmessung bei Windenergieanlagen unter Anwendung des EEG § 7 in Verbindung mit § 9, ZNER 2003, S. 18–25
Wense, Olrik von der/ Eder, Jost	Rechtsprobleme der vertraglichen Gestaltung des Netzzugangs als Grundlage der zukünftigen Regulierung – eine Rechtsprechungsübersicht, ZNER 2003, S. 303–306
Wenzel, Tim/ Cord, Matthias	Wie durchschlägt man den gordischen Knoten? Ausgestaltungsalternativen des Unbundling in der Praxis, in: Klees/Langerfeldt (Hrsg.), Entflechtung in der deutschen Energiewirtschaft, Wiesbaden 2005, S. 125–138
Wenzl, Heinz/ Winckler-Ruß, Barbara	Der deutsche Strommarkt nach der Deregulierung. Szenarien zur Elektrizitätswirtschaft 2010, ET 1998, S. 150–153
Werner, Michael Jürgen/ Köster, Thomas	Zweiter Benchmarkingbericht über die Vollendung des Elektrizitäts- und Erdgasbinnenmarktes, ZNER 2002, S. 303–304
Werner, Thomas/ Kriete, Thomas	Die Auswirkungen der neuen EU-Strom- und Gasbinnenmarkt-Richtlinien und des Entwurfs zum zweiten EnWG auf das rechnerische Unbundling der EVU, VW 2004, S. 225 ff.
Wetzel, Uwe	WTO und Energie, in: Büdenbender/Kühne (Hrsg.), Das neue Energierecht in der Bewährung, FS Baur, Baden-Baden 2002, S. 59–70
Wetzel, Uwe/ Litpher, Markus	Handbuch des Europäischen Energierechts, CD-ROM, München 2002

Literatur

Weyer, Hartmut	Salvatorische Klauseln und geltungserhaltende Reduktion, in: Büdenbender/Kühne (Hrsg.), Das neue Energierecht in der Bewährung, FS Baur, Baden-Baden 2002, S. 681–700
Wiedmann, Klaus-Peter/ Böcker, Clemens	Unbundling und strategische Planung – Skizzen zentraler Fragestellungen und Lösungsansätze aus strategischer Managementsicht, in: Klees/Langerfeldt (Hrsg.), Entflechtung in der deutschen Energiewirtschaft, Wiesbaden 2005, S. 107–124
Wieland, Joachim	Die Konzessionsabgaben. Zur Belastung wirtschaftsverwaltungsrechtlicher Erlaubnisse mit Abgaben, Berlin 1992
Wieland, Joachim	Die örtliche Energieversorgung als Aufgabe der kommunalen Daseinsvorsorge, in: Büdenbender/Kühne (Hrsg.), Das neue Energierecht in der Bewährung, FS Baur, Baden-Baden 2002, S. 383–398
Wilkens, Winfried	Zukunftsperspektiven der kommunalen Energieversorgung, RdE 1992, S. 122–124
Wirtschaftsminister der Bundesländer (Hrsg.)	Bestandsaufnahme und Vollzugsprobleme des Konzessionsabgabewesens, Beschluss vom 16./17.3.1989, RdE 1989, S. 278–285
Wirtschaftsminister der Bundesländer (Hrsg.)	Eckpunkte einer Neuregelung des Konzessionsabgabewesens. Beschlüsse der Konferenz vom 20./21.3.1991, RdE 1991, S. 117–119
Wirtschaftsminister der Bundesländer (Hrsg.)	Zur Energieversorgung der neuen Bundesländer – Entwicklungen im Sommer 1990, Beschlüsse der Konferenz vom 3./4. April 1990, RdE 1990, S. 215–219
Wirtschaftsministerkonferenz (Hrsg.)	Bericht des Arbeitskreises »Energiepolitik« über die Aufsichtspraxis zu §§ 4 und 11 EnWG (a. F., d. Verf.), insbes. bei Wettbewerbsleitungen, RdE 1997, S. 122–124
Wissmann, Martin	Zugangs- und Entgeltregulierung im Telekommunikationssektor – ein Modell für die Energiewirtschaft?, ET 2003 (9) Special, S. 25 ff.

Wittek, Alexander Nicolas	Das In-House-Geschäft im EG-Vergaberecht – Die mitgliedstaatliche Bedarfsdeckung im Lichte des EG-Vergaberechts unter besonderer Berücksichtigung der In-House-Vergabe, Frankfurt/Main 2004
Witthohn, Alexander/ Smeddink, Ulrich	Die EuGH-Rechtsprechung zum Stromeinspeisungsgesetz – ein Beitrag zum Umweltschutz?, ET 2001, S. 466–470
Witzmann, Kerstin	Umsetzung des novellierten EnWG unter besonderer Berücksichtigung des Entwurfs der Strom-Netzzugangsverordnung – eine kritische Bewertung aus Lieferantensicht, ZNER 2005, S. 54–56
Wolf, Andreas	Rekommunalisierung aus der Sicht der energie- und kartellrechtlichen Preisprüfung, RdE 1994, S. 98–105
Wolf, Rainer (Hrsg.)	Energierecht im Wandel – Freiberger Energierechtstage 2004, Tagungsband, Leipzig 2004
Wolffram, Peter/ Haubrich, Hans-Jürgen	Ermittlung und Quantifizierung kostenrelevanter Strukturgrößen auf 110-kV-Netze, ET 2004, S. 512–514.
Wollmann, Hellmut/ Ruyter, Axel	Die Berücksichtigung von Umweltbelangen im Verfahren nach § 4 Energiewirtschaftsgesetz bei der Errichtung von Freileitungen, RdE 1991, S. 99–104
Worm	Kostenrechnung und Preisbildung, EW 1983, S. 628–633
Wurzbacher, Christian	Die Versorgungssicherheit im deutschen Erdgasmarkt aus verfassungsrechtlicher Sicht, Berlin 2004
Zander, Wolfgang/ Kraus, Michael/ Riedel, Martin	Praxishandbuch Energiebeschaffung wirtschaftlicher Strom- und Gaseinkauf. Strategien – Konzepte – Lösungen, Köln 2001
Zenke, Ines/ Brocke, Holger	Der Emissionshandel: Gute Luft für alle?, IR 2004, S. 28–31
Zenke, Ines/ Ellwanger, Niels (Hrsg.)	Handel mit Energiederivaten. Recht – Wirtschaft – Praxis, München 2003

Literatur

Zenke, Ines/ Fuhr, Thomas	Rating und Kreditsicherheiten in der Energiewirtschaft, ET 2003, S. 112–117
Zenke, Ines/ Fuhr, Thomas	Widerspruch gegen die Kostenbescheide betreffend die Zuteilung von Treibhausgas-Emissionsberechtigungen, IR 2005, S. 133–136
Zenke, Ines/ Neveling, Stefanie/ Lokau, Bernhard	Konzentration in der Energiewirtschaft. Politische und rechtliche Fusionskontrolle, München 2004
Zenke, Ines/ Pisani, Christian	Netting in der Energiewirtschaft, ET 2002, S. 851–858
Zenke, Ines/ Thomale, Hans-Christoph	Die Kalkulation von Netznutzungsentgelten sowie Mess- und Verrechnungspreisen, WuW 2005, S. 28–43
Ziesak, Sonja	Regulierung oder Selbstregulierung – Ein Vergleich der deutschen und U.S.-amerikanischen Rechtsgrundlagen für die Stromdurchleitung, Stuttgart 2003
Zietsch, Dietmar	Herausforderung Windenergie, Karlsruhe 2004
Zimmer, Tilman	CO_2-Emissionsrechtehandel in der EU – Ökonomische Grundlagen und EG-rechtliche Probleme, Berlin 2004
Zimmermann, Andreas	Rechtliche Probleme bei der Errichtung seegestützter Windenergieanlagen, DÖV 2003, S. 133–140
Zimmermann, Felix	Die Rolle der kommunalen Unternehmen in der Energieversorgung, RdE 1994, S. 47–51

Einführung

Überblick	Seite	Rz.
Einführung	1	
I. Ansätze zur Reform der Europäischen Märkte für Energie	4	1
1. Leitsätze zur Reform der Elektrizitätsmärkte.........	4	4
2. Wirtschaftsorganisationsrecht und Schuldrecht	7	10
3. Auswirkungen der Energierechtsreform auf Allgemeine Versorgungsbedingungen........................	9	15
a) Einheit von Anschluss und Versorgung...........	9	16
b) Deckung des gesamten Energiebedarfs	10	19
c) Eigentum am Hausanschluss	11	22
d) Zähler- und Messeinrichtungen	12	25
4. Leistungsfähigkeit und Grenzen des energiebezogenen Schuldrechts – ein Fazit.........................	13	27
a) Grobsteuerung und Feinsteuerung	13	28
b) Überbau vs. Unterbau	15	31
c) Rahmenregelung vs. technische Durchführung.....	16	34
5. Anpassung von Stromlieferverträgen................	16	35
a) Arten von Anpassungsklauseln	16	36
b) Anpassungsverlangen und Kundengruppen........	17	38
aa) Weiterverteiler	17	39
bb) Sonstige Sonderabnehmer	18	41
cc) Sondersituationen	20	46
c) Vertragsanpassung durch Vertragskündigung?	20	48
II. Das Erste Neuregelungsgesetz (1998)................	22	52
1. Einleitung......................................	22	53
2. Gesetzeszwecke und begriffliche Grundlagen.........	24	58
3. Betriebs- und Versorgungspflicht sowie Mindestbevorratung............................	26	63
a) Mindestbevorratung...........................	26	64
b) Betriebspflicht................................	27	65
c) Versorgungspflicht	27	69
4. Aufsicht und Genehmigung........................	30	76
a) Betriebsaufnahmegenehmigung	30	77
b) Aufsichtsmaßnahmen..........................	32	80

		c)	Mindestanforderungen	32	81
	5.	Wettbewerb und Netzzugang		32	82
		a)	Verhandelter Netzzugang	33	84
		b)	Verfahren und Alternativen	34	87
		c)	Alternativer Netzzugang	34	89
		d)	Ablehnung des Netzzugangs	36	93
		e)	Erfahrungsbericht	36	95
	6.	Rechnungslegung und Preisrecht		37	96
	7.	Eigentumsrecht und Enteignung		38	99
III.	**Transformationsdefizite des Gesetzes zur Neuregelung des Rechts der Energiewirtschaft im Verhältnis zur Binnenmarktrichtlinie Elektrizität**			39	103
	1.	Definitionsnormen		44	111
	2.	Allgemeine Organisation des Elektrizitätssektors		46	116
		a)	Grundprinzipien	46	117
		b)	Gemeinwohlverpflichtungen	49	123
		c)	Nichtanwendungsoption	50	129
	3.	Erzeugung		51	130
		a)	Genehmigungsverfahren	51	131
		b)	Ausschreibungsverfahren	54	142
	4.	Netzbereiche Übertragung und Verteilung		55	143
		a)	Grundpflichten	55	144
		b)	Besondere Pflichten	58	153
		c)	Besondere Ziele des Netzbetriebs	61	158
	5.	Unbundling		61	159
		a)	Einsichtsrecht	62	162
		b)	Rechnungslegung nach Kapitalgesellschaftsrecht	63	163
		c)	Rechnungslegung nach Unternehmensfunktionen	64	164
		d)	Angaben im Anhang	65	165
		e)	Organisatorische und informatorische Trennung	65	166
	6.	Organisation des Netzzugangs		66	167
	7.	Priorität für Umweltschutz		70	180
		a)	Objektivität, Transparenz, Diskriminierungsfreiheit	70	181
		b)	Zuverlässigkeit und Sicherheit	72	187
		c)	Umweltschutz	73	188
	8.	Übergangsvorschriften		73	189
	9.	Gesamtwertung zum EnWG 1998		74	191
IV.	**Die Transformation der Binnenmarktrichtlinie Erdgas in deutsche Recht – Gasnovelle 2003**			75	193
	1.	Gasversorgungsnetz		76	194
	2.	Betrieb des Gasversorgungsnetzes		77	196
	3.	Netzzugang		78	200
	4.	Rechnungslegung der Gasversorgungsunternehmen		82	210

Einführung

	5. Reziprozitätsklausel	83	212
V.	**Preismissbrauch durch Elektrizitätsversorgungsunternehmen**	85	216
	1. Energierechtsreform und Preismissbrauchsaufsicht	86	219
	2. Missbrauchsaufsicht über Strompreise nach altem Recht	89	224
	3. Anwendung der allgemeinen Missbrauchsaufsicht auf EVU	92	229
	a) Abgrenzung des relevanten Marktes	93	232
	b) Marktbeherrschung	96	238
	aa) Erzeugung von Elektrizität	96	239
	bb) Verteilung	97	241
	cc) Übertragung von Elektrizität	98	243
	dd) Stromversorgung	98	244
	c) Missbrauch	99	246
	aa) Beeinträchtigung von Wettbewerbsmöglichkeiten anderer Unternehmen	99	248
	bb) Abweichen von wettbewerblichen Netznutzungsentgelten	100	249
	cc) Ungerechtfertigte Preisspaltung	101	253
	dd) Netzzugang und unangemessenes Entgelt	104	261
	d) Diskriminierung (iwS)	105	262
	aa) Verhältnis zu anderen Vorschriften	105	263
	bb) Normadressaten	106	266
	cc) Üblicherweise zugänglicher Geschäftsverkehr	107	268
	dd) Unbillige Behinderung	108	271
	ee) Diskriminierung (ieS)	108	272
	e) Preismissbrauch gemäß § 30 Abs. 1 Satz 2 EnWG?	109	274
	4. Spezielle Missbrauchssituationen	110	276
	a) Wechselentgelte	110	277
	b) Preisgestaltung für Regelenergiebedarf	111	279
	c) Zuschlag für Lastabweichungen	112	283
	d) Diskriminierung bei Netznutzungsentgelten für Wärmestromlieferungen	113	285
	e) Verrechnung der Konzessionsabgabe in Netzzugangsentgelten	113	286
	f) Entgeltniveau bei KWK-Strom-Belastungen	115	289
	5. Sanktionen	116	292
	a) Sanktionen der Regulierungsbehörde	117	293
	b) Zivilrechtsweg	117	295
	aa) Rückforderung überzahlter Netzzugangsentgelte	118	296
	bb) Schadensersatz	119	300
	6. Europäisches Recht	119	302

Einführung

I. Ansätze zur Reform der Europäischen Märkte für Energie

1 Seit Anfang der neunziger Jahre bemüht sich die EG-Kommission um Ansätze, einen einheitlichen europäischen Binnenmarkt für Energie zu schaffen.

2 Wer sich in die Rechtswissenschaften einarbeitet, lernt nach der Unterscheidung zwischen Zivilrecht, Strafrecht und (sonstigem) Öffentlichem Recht die besondere Bedeutung des Bürgerlichen Rechts kennen. Gerade weil mit dem Vertragsrecht und seinen Ausformungen im Schuldrecht in einem frühen Stadium der juristischen Ausbildung begonnen wird, verhält es sich wohl hier so wie mit der Prägung der Graugänse: Was man zuerst erblickt, erhält einen hohen Stellenwert zugewiesen. Wenn ich junge Juristinnen und Juristen fragen würde, den gesellschaftlichen Rang des Bürgerlichen Rechts im Verhältnis zum Wettbewerbs- und Kartellrecht zu bestimmen, würden sich die meisten wegen der Jedermann betreffenden Materie des Bürgerlichen Rechts eindeutig in diese Richtung entscheiden.

3 Trotz der hohen Bedeutung des Schuldvertragsrechts mag die Frage dennoch erlaubt sein: Sind Regelungen zum Zustandekommen von Verträgen, über Mängelgewährleistung und deren Verjährung, über die Transparenz von AGB und Kreditkonditionen sowie die Haftung für fehlerhafte Produkte und den Widerruf unüberlegt abgeschlossener Verträge jedenfalls, wenn man sich aus der quasi mikroökonomischen Froschperspektive des Verbrauchers löst, tatsächlich von so hoher Bedeutung? Bieten die Zielsetzungen der Europäischen Union, so wie sie beispielsweise im Binnenmarktziel und in den vier Grundfreiheiten des EG-Vertrages niedergelegt sind, nicht vielmehr einen weit bedeutsameren Ansatzpunkt für Europäische Rechtsharmonisierung und Verbraucherschutz? Nützt dem Bürger die »kleine Münze des Verbraucherrechts« wirklich etwas, wenn er mächtigen Unternehmen gegenübersteht, die Preise und Mengen von Bedarfs- und Investitionsgütern bestimmen und vielleicht sogar manipulieren?

1. Leitsätze zur Reform der Elektrizitätsmärkte

4 Der europäische Gesetzgeber hat es sich zum Ziel gesetzt, die leitungsgebundene Energiewirtschaft schrittweise dem Wettbewerb auszusetzen. Dies erschien noch vor Jahren undenkbar, hielt man doch aufgrund der Besonderheiten dieser Wirtschaftszweige eine Liberali-

I. Reform der Europäischen Märkte für Energie

sierung für praktisch unmöglich[1]. Dies wurde mit den »Besonderheiten« der Energiewirtschaft begründet, die mit der Leitungsgebundenheit zusammenhängen: Weil es zu teuer sei, Parallelleitungen zwecks Versorgung von Tarifkunden zu verlegen, müsse die Versorgung mit Elektrizität und Gas notwendig im Wege eines Gebietsmonopols erfolgen. Der Konkurrenzmechanismus bildet gleichwohl die **Fortsetzung des Gewaltenteilungsgrundsatzes** für den Bereich der Wirtschaft. Dazu ein **Beispiel:**

Früher hat in Deutschland der Betreiber eines Verteilungsnetzes das 5
Recht gehabt, die Kunden in seinem Gebiet allein und ausschließlich mit Gas oder Elektrizität zu versorgen. Das Leitungsmonopol wurde in ein Versorgungsmonopol transformiert. Der Kunde hatte wegen dieses Rechts des Gebietsmonopolisten, mit Gestattung der Gemeinde alleiniger Eigentümer von Leitungen zu sein, keine Wahlmöglichkeit. Selbst große Nachfrager nach Energie (Industrieunternehmen) konnten dem Angebotsmonopol nicht ausweichen, weil ihnen die Gemeinden die Verlegung eigener Versorgungsleitungen nicht gestatteten. Nur wer in der Lage war, nach Erstattung der damals in Deutschland noch erforderlichen Anzeige eine eigene Erzeugungsanlage für Elektrizität zu bauen und zu betreiben, konnte dem Monopol entgehen.

Die Benutzung fremder Versorgungsnetze schien zunächst deshalb 6
unmöglich durchzusetzen zu sein, weil sie ja in fremdem Eigentum stehen. Zur Überwindung dieses Hindernisses hat der EU-Gesetzgeber das Eigentumsrecht an Infrastruktureinrichtungen wie Leitungsnetzen in seine Bestandteile zerlegt: Während der Bestand des Eigentums zugunsten des Netzbetreibers gewährleistet bleibt, wird die Ausübung der Netzbenutzungsfreiheit beschränkt, indem der Netzeigentümer verpflichtet wird, Einspeisungen und Einleitungen in sein Netz gegen Entgelt zu dulden. Dies beruht auf der aus dem US-amerikanischen Recht stammenden »essential facilities-Doktrin«[2], wonach der Eigentümer einem Konkurrenten die Mitbenutzung der zur Herstellung von Wettbewerb notwendigen Infrastruktureinrichtung gestatten muss. Der durch *Rockefeller* vor mehr als hundert Jahren auf den US-amerikanischen Ölmärkten ausgelöste Verknappungs-

---

1 Anders bereits frühzeitig *Gröner*, Die Ordnung der deutschen Elektrizitätswirtschaft, Baden-Baden 1975, insbes. S. 121 ff.
2 Überblick bei *Klimisch/Lange*, Zugang zu den Netzen und anderen wesentlichen Einrichtungen, WuW 1998, S. 15 ff.

schock sitzt nach wie vor tief: Damals hatte *Rockefeller* als Inhaber von Standard Oil (heute Exxon) die unerwünschte Konkurrenz dadurch in die Knie gezwungen, dass er die Transportkapazitäten für Rohöl aufkaufte und dann die Konkurrenz von der Nutzung dieser Transportmöglichkeiten ausschloss.

7 Zwar ist der Begriff der Infrastruktureinsichtung bzw. der »wesentlichen Einrichtung« nach wie vor nicht vollständig geklärt, aber es können darunter jedenfalls Flugreservierungssysteme, Liniendienste, See- und Flughäfen sowie Rohr- und Elektrizitätsleitungen fallen. Dabei wird die »Enteignung« des Inhabers der Infrastruktureinrichtung, die mit der Duldung der Mitbenutzung durch Konkurrenten verbunden ist, unter Zahlung eines angemessenen Entgelts entschädigt; man könnte von einer »privatnützigen Enteignung« sprechen, wenn es nicht lediglich um die Ausübung der Eigentümerbefugnisse ginge.

8 Außerdem hat der europäische Gesetzgeber die frühere nationale Investitionskontrolle im Hinblick auf Erzeugungsanlagen und Netze für die Energieversorgung aufgehoben. Im Rahmen der allgemeinen Bau- und Umweltschutzvorschriften kann nun Jedermann Kraftwerke bauen und Leitungen verlegen. Die Gemeinden sind verpflichtet, ihre Straßen und Wege für den Leitungsbau zur Verfügung zu stellen. Fälle wie die des **Industrieunternehmens**, das – an beiden Seiten einer Durchgangsstraße gelegen – mit der eigenen Elektrizitätserzeugungsanlage zwar den links von der Straße gelegenen Fabrikteil versorgen konnte, aber an der Durchquerung der Straße durch gültige Absprachen zwischen Versorger und Gemeinde[3] gehindert wurde, gehören endgültig der Vergangenheit an. Dies ermöglicht es jedem Energiebenutzer, die für ihn günstigste Versorgungsmöglichkeit zu wählen.

9 Nach Inkrafttreten des neuen deutschen Energiewirtschaftsrechts (1998), das zunächst nur die Elektrizitätswirtschaft umfassend liberalisierte, sind die Strompreise für Großverbraucher und dann auch für mittlere Verbraucher stark gefallen. Seit Mitte des Jahres 1999 konnten auch Tarifkunden und damit auch Haushalte Preisvorteile bis zu 25 Prozent realisieren. Einen Zusammenbruch der Elektrizitätsnetze wegen der vielen neuen Angebote, die – nach Durchleitung durch

---

3 Ausschließlichkeitsrecht in Konzessionsverträgen, vgl. aber Art. 4 § 1 des (Ersten) Neuregelungsgesetzes vom 24.4.1998, BGBl. I S. 730.

fremde Versorgungsnetze – von den Kunden teilweise bereits wahrgenommen worden sind, hat es nicht gegeben.

2. Wirtschaftsorganisationsrecht und Schuldrecht

Die Juristen sind es gewöhnt, rechtliche Anknüpfungspunkte für den Schutz von Verbrauchern auf der Ebene des Schuldvertrages anzusiedeln. Gegen unangemessene Allgemeine Geschäftsbedingungen des Anbieters hilft die richterliche Inhaltskontrolle. Überraschungen beim Vertragsschluss können kompensiert werden, wenn ein gesetzliches Widerrufsrecht angeordnet wird. Die Transparenz der Vertragskonditionen wird erhöht, wenn der Anbieter wie bei Kreditverträgen verpflichtet wird, vergleichbare Einzelheiten des Angebotes schriftlich niederzulegen, und der Vertrag nur bindend wird, wenn dieser schriftlich zustandekommt.

Der Schutz des Verbrauchers ist aber am meisten gefährdet, wenn er entweder die erwünschte Leistung gar nicht oder nur zu einem Preis erhält, der z. B. im Vergleich zu ausländischen Märkten als unangemessen überhöht erscheint. Ist der Verbraucher auf die Ware oder Dienstleistung angewiesen, helfen ihm hier weder das Gesetz über die Allgemeinen Geschäftsbedingungen noch Widerrufs- und Rücktrittsmöglichkeiten. Preishöhe und »ob« der Leistungserbringung betreffen eine »übervertragliche« Ebene und damit das Wirtschaftsorganisationsrecht.

Der Gesetzgeber kann versuchen, das Funktionieren eines Wirtschaftszweiges durch dirigistische Maßnahmen zu erzwingen. Möglich ist es, durch Einführung von Kontrahierungszwang sicherzustellen, dass der Anbieter die Erbringung der Leistung nicht mehr verweigern kann[4]. Diese Regulierung wird aber im Regelfall zu weiteren bindenden Festlegungen führen; weil der Inhalt der zu erbringenden Leistung sowie der Preis dann ebenfalls festzulegen sind, soll das Institut des Kontrahierungszwangs nicht leerlaufen. Im deutschen

---

4 Zu Begriff und Arten vgl.: *Nipperdey*, Kontrahierungszwang und diktierter Vertrag, Jena 1920, S. 7; *Bydlinski*, Zu den dogmatischen Grundfragen des Kontrahierungszwanges, AcP 180 (1980), S. 1, 16 m. Nachw.; *Kilian*, Kontrahierungszwang und Zivilrechtssystem, AcP 180 (1980), S. 47, 82; *Schulte*, Anmerkung zum Beschluss des OLG Karlsruhe vom 31.3.1976, NJW 1976, S. 1210; *Herrmann*, Anwendungsprobleme des Stromeinspeisungsgesetzes, VEnergR Bd. 80, Baden-Baden 1996, S. 101 f.

Einführung

Recht sind es die sog. Allgemeinen Versorgungsbedingungen (AVB), die als Rechtsverordnung erlassen worden sind und Allgemeine Geschäftsbedingungen für die Bereiche Elektrizität, Gas, Wasser und Fernwärme bindend festlegen. Zusätzlich gibt es in der Elektrizitätswirtschaft die Pflicht, Tarifkundenpreise vorab genehmigen zu lassen (§ 12 BTOElt).

13 Neben die allgemeine Marktkontrolle des Gesetzes gegen Wettbewerbsbeschränkungen und der Art. 81 ff. EG hat der deutsche Gesetzgeber branchenspezifisches Wirtschaftsorganisationsrecht gestellt. Darunter ist eine Regulierung zu verstehen, die den Aktionsrahmen eines Wirtschaftszweiges festlegt und Regelungen über die Marktzulassung, Mindestvoraussetzungen für Inhaber und Betriebsleiter, Mindestausstattungen des Unternehmens sowie Mechanismen zum Schutze der Kunden enthält. Beispiele in Deutschland sind das Banken und Sparkassen betreffende Kreditwesengesetz, das Telekommunikationsgesetz sowie das Energiewirtschaftsgesetz. In viel umfassenderer Form als das Schuldrecht ist das Wirtschaftorganisationsrecht in der Lage, das Funktionieren der branchenspezifischen Märkte zu beeinflussen.

14 Die Energiewirtschaft bildet ein Schulbeispiel für die Vorzugswürdigkeit wettbewerblicher Marktbedingungen. Mit Hilfe einer drastischen Regulierung (Kontrahierungszwang kombiniert mit strikter Preisgenehmigung) schien der Verbraucher von Elektrizität in der Vergangenheit gut vor Übervorteilungen geschützt. Jede Preiserhöhung musste von der Energieaufsichtsbehörde (Wirtschaftsministerium) genehmigt werden. Diese Genehmigungspflicht besteht nach wie vor, war aber zwischenzeitlich faktisch unbedeutend geworden, weil dieselben Verbraucher Sondertarifangebote erhielten, die sie um bis zu 20 % besser als in der Vergangenheit stellen. Obwohl sich die Marktbedingungen bei der Erzeugung und Verteilung von Elektrizität nicht verändert hatten, insbesondere kaum ausländische Konkurrenz auf den deutschen Elektrizitätsmärkten für Tarifkunden wirksam geworden war, boten die Unternehmen dieselbe Leistung im Wettbewerb untereinander weit günstiger an als dies bisher möglich schien. Man konnte fast meinen, die energieaufsichtsbehördliche Preiskontrolle habe dazu geführt, die Preise künstlich überhöht zu halten; erst der Wettbewerb hatte »die Luft herausgelassen«.

3. Auswirkungen der Energierechtsreform auf Allgemeine Versorgungsbedingungen

Das nationale deutsche Recht kennt seit 1979 eine abschließende und zwingende Regelung der Allgemeinen Geschäftsbedingungen für Tarifkunden-Lieferverträge **durch Rechtsverordnung**[5]. In fast 40 Paragraphen sind die Rechte und Pflichten der Parteien des Energieliefervertrages festgelegt. Für Großkunden gibt es darüber hinaus individuelle Lieferverträge, die in der Vergangenheit teilweise standardisiert gewesen sind[6]. Zwischen zwingendem Recht der Tarifkundenverträge und den individuell ausgehandelten Sonderkundenverträgen verwenden die EVU für den mittleren Sonderkundenbereich vorformulierte Lieferverträge, bei denen die AVB inhaltlicher Bestandteil werden. Dies hebt die besondere Bedeutung dieser Rechtsverordnungen hervor, weil vermutlich weit mehr als 50 % der Energielieferungen nach diesen AVB abgewickelt werden.

a) Einheit von Anschluss und Versorgung

Diese AVB gehen wie selbstverständlich davon aus, dass Anschluss des Tarifkunden und dessen Versorgung in einer Hand liegen. § 2 AVB spricht allein vom »Versorgungsvertrag«, der offenbar den Anschluss mitumfassen soll. Ein besonderer Anschlussvertrag ist nicht vorgesehen.

Dies widerspricht der neuen Rechtslage: Da gem. § 20 Abs. 1 EnWG Versorgung auch im Wege des (regulierten) Netzzugangs zulässig ist, können Anschluss (durch den örtlichen Netzbetreiber) und Versorgung (durch ein drittes Unternehmen im Wege der Durchleitung) auseinander fallen. Da der Tarifkunde es dann mit zwei Unternehmen zu tun hat, müssen auch mindestens zwei Verträge (Anschlussvertrag und Versorgungsvertrag) abgeschlossen werden. Darauf sind die AVB noch immer nicht eingestellt.

Die fehlende Unterscheidung hat bereits zu Irritationen im Unternehmen-Kunden-Verhältnis geführt. Aus einem Ort in den neuen

---

[5] Verordnung über Allgemeine Bedingungen für die Elektrizitätsversorgung von Tarifkunden (AVB EltV) v. 21.6.1979, BGBl. I S. 684; Verordnung über Allgemeine Bedingungen für die Gasversorgung von Tarifkunden (AVB GasV) v. 21.6.1979, BGBl. I S. 676.
[6] Vgl. dazu *Malzer*, Das Recht der Energielieferungsverträge, Heidelberg 1976; *Ebel*, Energielieferverträge, 2. Aufl. Heidelberg 1992.

Bundesländern, ist bekannt geworden, dass der Kunde nach dem Wechsel zu einem neuen Stromanbieter vom bisherigen Versorger »abgeklemmt« wurde. Dies ist aber selbstverständlich nicht zulässig, denn Haushaltskunden haben nach § 18 Abs. 1 in Verbindung mit § 36 EnWG sowohl Anspruch auf Anschluss als auch auf Versorgung; es besteht **doppelter** Kontrahierungszwang. Der bisherige Versorger war deshalb bereits nach der Gesetzeslage verpflichtet, den Kunden sofort wieder anzuschließen. Die fehlende Differenzierung in den AVB hatte offenbar zu diesem Missverständnis geführt: Weil das EVU die Kündigung des Liefervertrages mit der Kündigung des Anschlussverhältnisses gleichsetzte (§ 32 AVBEltV/GasV unterscheidet insofern nicht), hat sich das Unternehmen zu Unrecht zur Unterbrechung der Versorgung für berechtigt gehalten.

b) Deckung des gesamten Energiebedarfs

19 Nach § 3 Abs. 1 AVBEltV/GasV ist der Kunde verpflichtet, seinen gesamten Energiebedarf »aus dem Verteilungsnetz des EltVU« bzw. seinen gesamten Gasbedarf »aus dem Versorgungsnetz des GasVU zu decken«. Dass versorgendes Unternehmen und den Anschluss unterhaltendes Unternehmen nicht personenidentisch sein müssen, wird von dieser Bestimmung noch nicht erfasst. Die darüber hinaus angeordnete »Gesamtbedarfsdeckung« schließt es aus, dass der Kunde Elektrizität oder Gas von mehreren EVU – quasi tranchenweise – bezieht. Sowohl europäisches als auch deutsches Kartellrecht behandeln derartige Gesamtbedarfsdeckungsklauseln als Wettbewerbsbeschränkung, die nicht in jedem Fall erlaubt ist[7].

20 Die ausschließliche Bindung an ein bestimmtes EVU war im Zeitalter der Gebietsversorgung selbstverständlich; der Kunde hatte ohnehin keine Auswahl. Nach Freigabe des Netzzugangs wirkt die Verpflichtung, die sich zusätzlich auf § 36 Abs. 1 EnWG berufen kann, jedenfalls anachronistisch: Kein Heizölbezieher ist verpflichtet, jahrein jahraus Heizöl immer bei demselben Händler zu beziehen. Für Kleinverbrauchsmengen mag (aus Kostengründen) die Verpflichtung zur Gesamtbedarfsdeckung bei nur einem Unternehmen noch seine

---

[7] Sog. Ausschließlichkeitsbindung im Vertikalverhältnis, Art. 81 EG und § 1 GWB. Aus der Rechtsprechung zur Zulässigkeit von Gesamtbedarfsdeckungsklauseln: OLG Schleswig WuW/E OLG 3042; OLG Hamburg WuW/E OLG 3195; vgl. auch Art. 5 lit. a) der VO EG Nr. 2790/1999 ABl. EG Nr. L 336/21.

Berechtigung haben; da ein Tarifkundenverbrauch aber bis zu 30.000 kWh betragen kann[8], können Kostengründe für eine solche Regelung nicht mehr angeführt werden.

Die Regelung steht auch mit einer neuen Entwicklung nicht in Einklang, die sich in Großbritannien im Erprobungsstadium befindet. Dort werden in Tankstellen und Supermärkten »**Stromkarten**« gekauft, die in der Art einer Geldkarte in einen beim Kunden vorhandenen Zähler gelegt werden können und die Energieentnahme solange ermöglichen, bis der gekaufte »Vorrat« aufgebraucht ist. Bei standardisierten Zähleinrichtungen wird es zukünftig möglich sein, die Strom- oder Gaskarte von beliebigen Anbietern zu kaufen. Das intelligente Zählgerät meldet dem Netzbetreiber zurück, welche Karte von welchem Anbieter gerade eingelegt und »aufgebraucht« wird. Dies führt zwangsläufig dazu, dass sich der Kunde während einer Abrechnungsperiode (z. B. Kalenderjahr) von mehreren Anbietern versorgen lässt. Dieses kundenfreundliche und wettbewerbsorientierte Abrechnungsverfahren ist aber wegen der in Deutschland damit nicht zu vereinbarenden Gesetzes- und Verordnungslage derzeit rechtlich bedenklich. 21

c) Eigentum am Hausanschluss

Das Monopol des örtlichen Verteilernetzbetreibers wird zusätzlich durch die Regelungen zum Hausanschluss abgesichert. Hausanschluss ist nach § 10 Abs. 1 AVBEltV die Verbindung des Verteilungsnetzes mit der Kundenanlage und umfasst den Abzweig vom Netz bis zum Übergabepunkt (Hausanschlusssicherung, Zähler). Dies bedeutet, dass der Hausanschluss ganz überwiegend über das Grundstück des Kunden verläuft. Dennoch stehen Hausanschlüsse nach § 10 Abs. 4 Satz 1 AVBEltV im Eigentum des Versorgungsunternehmens, müssen aber nach § 10 Abs. 5 AVBEltV gleichwohl vom Kunden bezahlt werden. 22

In einer wettbewerbsorientierten Energieversorgung wird der Kunde durch diese Regelung stark behindert: Selbst wenn es ihm gelingen sollte, preisgünstige Energie z. B. von einem benachbarten Windenergiebetreiber einzukaufen, dürfte er die Hausanschlussleitung nicht benutzen, weil sie im Eigentum des EVU steht, obwohl der Kunde sie bezahlen musste. Damit wirkt sich § 10 AVBEltV wettbewerbsbe- 23

---

8 Vgl. § 2 Ziff. 22 EnWG und § 2 Abs. 7 KAV.

Einführung

schränkend aus und muss angesichts der Liberalisierung der Energiemärkte gestrichen werden. Zukünftig sollte es der Verhandlung zwischen EVU und Kunden obliegen, wer entsprechend den technischen Spezifikationen den Hausanschluss baut und wem er gehört. Der Kunde wird dann entsprechende Angebote einholen und sich für die eine oder andere Lösung entscheiden. Weil der Kunde in seinen Wahlmöglichkeiten im liberalisierten Energiemarkt viel zu sehr eingeschränkt wird, wenn ihm zwingend der EVU-seitige Bau des Hausanschlusses auferlegt wird, ist diese Regelung nicht mehr mit den veränderten Rahmenbedingungen vereinbar.

24 Wahrscheinlich wird es noch Streit bei Entscheidung der Frage geben, ob EVU verpflichtet sind, den auf dem Grundstück des Kunden verlaufenden Teil des Hausanschlusses diesem zu Eigentum und zu eigener Nutzung zu überlassen, wenn er dies wünscht. Für eine kostenlose Überlassungspflicht spricht, dass der Kunde diesen Anschluss meist voll bezahlen musste, § 10 Abs. 5 AVBEltV. Hat der Anschluss dann über längere Zeit bestanden und hat das EVU deshalb seinen Nutzen aus dieser Geschäftsbeziehung in ausreichendem Umfange gezogen, kommt eigentlich nur eine kostenlose Überlassung an den Kunden in Betracht. Jedenfalls kann und darf das EVU Arbeiten auf dem Grundstück des Kunden nicht behindern, die mit dem Ziel durchgeführt werden, einen neuen Hausanschluss zu einem anderen Anbieter zu bauen und anzuschließen (vgl. aber § 10 Abs. 4 AVBEltV). Zwar ermöglichen schon die Art. 21 bzw. 20 der Ersten Richtlinien Elektrizität/Gas den Bau von Direktleitungen, aber nicht über Privatgrundstücke (vgl. auch § 46 Abs. 1 EnWG). Ein Hausanschluss ist aber nichts anderes als eine Direktleitung zwecks Netzerweiterung, die noch dazu im fremden Eigentum steht.

d) Zähler- und Messeinrichtungen

25 Wechselwillige Energiebezieher wurden in der Vergangenheit häufig damit erschreckt, man müsse für den Austausch der Zählereinrichtungen mit Forderungen des Netzbetreibers in Höhe von bis zu Euro 100,– rechnen. Die Mess- und Steuereinrichtungen, die nach § 18 Abs. 3 Satz 3 AVBEltV dem EVU gehören, sind seit wohl mehreren Jahrzehnten in ihrer technischen Beschaffenheit im wesentlichen unverändert geblieben. Heute gibt es aber moderne Messsysteme, die auf einer elektronischen Basis arbeiten und zudem in der Lage sind, den Elektrizitätsfluss abhängig von Tarif- und Zeitzonen zu steuern. So kann etwa besonderer Nachtstrom aktiviert werden, der dann günsti-

I. Reform der Europäischen Märkte für Energie

ger abgerechnet wird, wenn die Waschmaschine nachts läuft oder der Nachtspeicherofen in Betrieb gesetzt wird. Durch sog. Rundsteueranlagen ist es zudem möglich, zu vordefinierten und vereinbarten Zeiten mit dem Ziel, teure Vorhaltekapazitäten zu vermeiden, die Stromlieferung wie vereinbart kurzfristig zu vermeiden, um Lastspitzen (z. B. mittags) auszuschließen. Die bereits erwähnten Stromkarten sind nur bei Inbetriebnahme neuartiger Zählereinrichtungen möglich, und auch § 21b EnWG trägt den neueren Entwicklungen nicht voll Rechnung.

Die Bindung des Kunden an Endgeräte, die vom Netzbetreiber gestellt werden und in dessen Eigentum bleiben (also gemietet werden müssen), ist aus der Fernsprechbranche bekannt. Zu den Zeiten der Deutschen Bundespost musste der Haushaltskunde sein Telefon von der Post kaufen oder mieten. Die Monopolsituation des Telefonanbieters wurde auf den Endgerätemarkt übertragen. Es ist absehbar, dass bei der Energieversorgung trotz nicht zu verkennender Unterschiede eine ähnliche Entwicklung zu verzeichnen sein wird. Der Kunde wird dann Mess- und Steuergeräte nach eigenem Bedarf in Betrieb nehmen dürfen, wenn diese die technischen Vorschriften einhalten. Der unerlaubte Eingriff in die Messeinrichtung kann mit technischen Mitteln leicht verhindert werden. Es ist nicht einzusehen, dass der Wettbewerb auf den Energiemärkten durch unangemessen wettbewerbsbeschränkende und noch dazu zwingende Vorgaben in Rechtsverordnungen behindert wird. Auch eine weitere Liberalisierung des Mess- und Zählerwesens ist daher unumgänglich. **26**

4. Leistungsfähigkeit und Grenzen des energiebezogenen Schuldrechts – ein Fazit

Am Beispiel des Energiewirtschaftsrechts können jetzt Leistungsfähigkeit und Grenzen des Zivilrechts im Verhältnis zum Wirtschaftsorganisationsrecht aufgezeigt werden. Obwohl sich beide Normfelder nicht trennscharf voneinander unterscheiden, lässt sich doch eine Aufgabenteilung zwischen Schuldrecht und Wirtschaftsorganisationsrecht feststellen. **27**

a) Grobsteuerung und Feinsteuerung

Da das Wirtschaftsorganisationsrecht (Wettbewerbs- und Kartellrecht) der Marktschaffung, Marktneuerung durch ständige Innovation, Senkung von Marktzutrittsschranken sowie der Markterhaltung **28** dient, kommt ihm eine Art Grobsteuerungsfunktion zu. Nur sehr global kann mit den Mitteln der kartellbehördlichen Aufsicht gewährleistet werden, Vermachtungstendenzen von Märkten sowie wettbewerbsbeschränkenden Verhaltensweisen einzelner Marktteilnehmer effizient entgegenzuwirken.

29 So herrscht immer noch große Unsicherheit bei der Bewertung von horizontalen Wettbewerbsbeschränkungen auf der Anbieterseite im Vergleich zu solchen auf der Nachfragerseite. Während ein Anbieterkartell dem Hochhalten der Preise dient, stellt ein Nachfragekartell (sog. Einkaufskooperation) eine im Grunde ähnlich zu bewertende Veranstaltung auf der Marktgegenseite dar. Der Unterschied besteht nur darin, dass das Nachfragekartell auch zur Begrenzung des Preisspielraums der Anbieter führt, also tendenziell niedrige Preise bewirkt. Wenn man davon ausgeht, das diese teilweise an die Letztverbraucher weitergegeben werden, müssen Nachfragekartelle eigentlich positiver als Angebotskartelle beurteilt werden. Auf den Energiemärkten scheint es tatsächlich so zu sein, dass in weitgehendem Umfang Stromeinkaufskooperationen zugelassen werden[9]. Das Kartellrecht ist im Vergleich zum Schuldrecht ein viel stärker wertendes, wirtschaftspolitisch geprägtes Recht.

30 Demgegenüber kommt dem Vertragsrecht die Feinsteuerungsfunktion zu. Existiert der Markt und kommt der Vertrag zustande, so können die einzelnen Rechte und Pflichten (Konditionen des Vertrages) bindend festgelegt und dafür Sanktionsmechanismen bereitgestellt werden. Letztlich beschränkt sich diese Feinsteuerung aber auf die Nebenbedingungen, während die Hauptleistungspflichten nach dem

---

9 Dazu einschränkend *Herrmann/Dick*, Einkaufskooperationen zum Zwecke des gemeinsamen Einkaufs von Strom?, WuW 1999, S. 1071, 1077f. (Beschränkung von Einkaufskooperationen i. S. von § 2 Abs. 1 GWB auf Nachfrager, die miteinander im Absatzwettbewerb stehen). Überblick bei *Kühne*, Rechtsfragen der Kooperation in der Energiewirtschaft, RdE 1998, S. 41 ff. = VEnergR Bd. 85, Die Energiewirtschaft im Gemeinsamen Markt, hrsg. von *J. F. Baur*, Baden-Baden 1998, S. 79 ff.; *Salje*, Kartellrechtliche Grenzen der Kooperation, ET 1999, S. 625 ff. Allgemein zu den Kooperationsmöglichkeiten auf der Basis der alten Fassung des GWB: *Lutz*, Kartellverbot und zwischenbetriebliche Kooperation im deutschen Wettbewerbsrecht, Gewerbearchiv 1997, S. 265 ff.; *Wiedemann/Schultz*, Grenzen der Bindung bei langfristigen Kooperationen, ZIP 1999, S. 1 ff.; *Salje*, Die mittelständische Kooperation zwischen Wettbewerbspolitik und Kartellrecht, Tübingen 1981.

Alles oder Nichts-Prinzip behandelt werden (Rechtsfolgen bei Unmöglichkeit, Verzug, Gesetzes- und Sittenwidrigkeit). Gerade Wucher- und allgemeiner Sittenwidrigkeitstatbestand sind viel zu grob konzipiert als dass sie in der Lage wären, eine Feinsteuerung des Äquivalenzverhältnisses zu übernehmen. Deshalb muss der Marktmechanismus in der Lage sein, für die Äquivalenz von Leistung und Gegenleistung feinsteuernd zu sorgen.

b) Überbau vs. Unterbau

Nach der sog. materialistischen Geschichtsauffassung von *Karl Marx* 31
sind die gesellschaftlichen Phänomene in Überbau und Unterbau zu teilen. Diese beiden konstituierenden Teile der Gesellschaft wirken wechselseitig aufeinander ein. Während der Unterbau durch das ökonomische System (z. B. Kapitalismus, Marktwirtschaft) gebildet wird, rechnen zum Überbau die Kulturerscheinungen wie Politik, Kunst, Wissenschaft, Recht usw.

Wendet man diese – isoliert betrachtet natürlich völlig unzureichende 32
– Unterscheidung auf Wirtschaftsordnung und Zivilrecht an, so bildet das klassische Schuldvertragsrecht mit seinen Rechtsinstitutionen den Überbau, der das Marktgeschehen aber nur teilweise zu beeinflussen vermag. Viel stärker sind nämlich die Einflüsse von seiten des strikt ökonomisch geprägten Unterbaus, wobei das ökonomische System durch das Wettbewerbs- und Kartellrecht zu bändigen versucht wird. Zwar wird der klassische Zivilrechtler möglicherweise immer noch glauben, dass er mit seinen Mitteln das Wirtschaftsgeschehen zu beeinflussen und zu kontrollieren vermag; in Wirklichkeit gehen aber die entscheidenden Einflüsse von Marktstruktur, Marktverhalten und Marktergebnissen aus.

Entwickelt man diesen selbstverständlich überspitzten Ansatz konse- 33
quent zu Ende, muss das Recht (als Wirtschaftsorganisationsrecht) unmittelbar bei den Märkten ansetzen und darf sich nicht (vornehm) auf das klassische zivilrechtliche Instrumentarium zurückziehen. Falsch war es deshalb, dass das Reichsgericht im Jahre 1897 gegen die die Marktbedingungen verändernden Kartelle unter Berufung auf die Vertragsfreiheit nicht einschritt[10]. Vielmehr hätte unter Berücksichtigung der Abhängigkeit des Überbaus vom Unterbau primär versucht werden müssen, über strikte Wettbewerbs- und Kartellrechtsregeln

---

10 RGZ 38, 155, 158 ff. – Sächsisches Holzstoffkartell.

die Märkte offen und innovationsfähig zu halten. Das klassische Zivilrechtsinstrumentarium kann erst funktionieren, wenn das Marktrecht die Möglichkeit zum Vertragsschluss sowie das Äquivalenzverhältnis von Leistung und Gegenleistung bereits abgesichert hat.

c) Rahmenregelung vs. technische Durchführung

34 Das Wirtschaftsorganisationsrecht bildet die Rahmenregelung für das Funktionieren von Märkten. Dabei steht das allgemeine Kartellrecht (GWB und Art. 81 ff. EG) neben speziellem Branchenorganisationsrecht (KWG, TKG, EnWG). Dem Zivilrecht, insbesondere Schuldrecht und Sachenrecht, ist die technische Durchführung der marktförmigen Aktivitäten von Anbietern und Nachfragern überlassen. Weil im Vorfeld des Vertrages kaum Einflussmöglichkeiten des Zivilrechts bestehen und das Äquivalenzverhältnis der Hauptleistungen im Grunde nicht kontrolliert werden kann, stößt das Zivilrecht schnell an die Grenzen seiner Leistungsfähigkeit. Außer im Recht der AGB herrscht das Alles- oder Nichts-Prinzip vor, und Nichtigkeit sowie Schadensersatz als typische Sanktionsmechanismen bieten einem Nachfrager wenig Hilfestellung, wenn er auf Leistung zu angemessenen Preisen und damit den Abschluss des Vertrages angewiesen ist.

5. Anpassung von Stromlieferverträgen

35 Eines der die Diskussion immer wieder beherrschenden Themen ist die Frage, ob als Folge des Inkrafttretens einer EnWG-Reform bestehende Stromlieferverträge verändert werden müssen, wenn ein Vertragspartner dies verlangt. Weil allgemein ein sinkendes Preisniveau erwartet wird, bemühen sich mittlere und große Sonderabnehmer, Weiterverteiler einschl. kommunaler Stadtwerke sowie Großstrombezieher wie die Deutsche Bahn AG um Senkung der Preise für Elektrizität. Abhängig von den Einzelregelungen der Verträge sowie den betroffenen Vertragspartnern wird man zu differenzierten Lösungen kommen müssen.

a) Arten von Anpassungsklauseln

36 Versorgungsverträge enthalten über die üblichen salvatorischen Klauseln hinaus üblicherweise Preisanpassungsklauseln, Kostenänderungsklauseln sowie allgemeine Wirtschaftsklauseln. Weil Preisanpassungsklauseln bestimmte Preisfindungsdetails wie Arbeitslohn und Brennstoffkosten berücksichtigen, vermag sich eine grundlegende Reform

des Energiewirtschaftsrechts insofern nicht auszuwirken. Dies ist bei Kostenänderungsklauseln anders: Immer wenn »Eingriffe von hoher Hand« einschl. der Änderung von Gesetzen stattfinden, sind diese Klauseln anwendbar. Ändern sich deshalb für ein Unternehmen der Weiterverteilung die Bezugskosten, so kann dies selbst dann einen Einfluss auf die Weiterverteilerabgabepreise haben, wenn sich insofern die Energierechtsreform nur mittelbar auswirkt. Entscheidend ist aber der Wortlaut der Klausel im Einzelfall sowie die Abgrenzung zur Preisänderungsklausel unter Berücksichtigung des im Vertrag zum Ausdruck gekommenen Parteiwillens; wenn die Kostenänderungsklausel ausschließlich dazu gedacht ist, Änderungen der Mehrwertsteuer oder der Umweltschutzvorschriften aufzufangen, vermag sie für eine Änderung der Bezugspreissituation nicht instrumentalisiert zu werden.

Für ein Eingreifen der allgemeinen Wirtschaftlichkeitsklausel muss die Bezugspreisänderung einen hohen Schwellenwert erreichen, um die erforderliche »unbillige Härte« zu begründen. Selbst wenn dem Abnehmer, der durch den laufenden Versorgungsvertrag gebunden ist, von dritter Seite Verträge mit einem bis zu 35 % abgesenkten Preisniveau angeboten werden, muss in der Verpflichtung zur Fortführung des alten Vertrages noch keine unbillige Härte liegen. Bei Schwellenwerten ab 60 % und jedenfalls bei 100 %, um die das Preisniveau des alten Vertrages die neuen Angebote übersteigt, ist aber wohl doch von einer unbilligen Härte auszugehen. 37

b) Anpassungsverlangen und Kundengruppen

Für die Berechtigung des Preisanpassungsverlangens ist deshalb nach Kundengruppen zu differenzieren. 38

aa) Weiterverteiler

Je nach Art der vereinbarten Vertragsklauseln vermag die Veränderung der Bezugspreissituation des Weiterverteilers noch am ehesten zur Berechtigung eines Anpassungsverlangens zu führen. Die Beurteilung wird aber häufig schwierig sein, wenn der Weiterverteiler z. B. mit einer Senkung der Arbeitspreise zugleich eine Erhöhung der Leistungspreise in Kauf nehmen muss. Wenn aber der Weiterverteiler eine Senkung seiner Bezugspreise nicht zu erreichen vermag, besteht insofern auch kein Ansatzpunkt für Verhandlungen mit seinen Abnehmern. 39

40 Für die Weiterverteiler in ihrem Verhältnis zum Erzeugungsunternehmen bzw. Verbundunternehmen bedeutet dies: Da die Energiewirtschaftsreform auf die Erzeugungspreise naturgemäß keinen Einfluss haben kann, besteht mangels Kostenänderung auch kein Anspruch auf Vertragsanpassung. Allerdings sind Bestrebungen der großen Stromlieferunternehmen mit dem Ziel denkbar, die Preissysteme an zukünftige (potentielle) Konkurrenzsituationen anzupassen. Dabei ist insbesondere eine Senkung der Arbeitspreise im Gespräch. Denkbar ist es, dass die Arbeitspreise bis fast herab auf das Niveau der reinen Brennstoffkosten gesenkt werden, die als Hauptbestandteil der variablen Kosten quasi die langfristige Preisuntergrenze bilden. Wenn die Leistungspreise nicht entsprechend angehoben werden, ergibt sich insofern für die Abnehmer der Weiterverteiler ein Verhandlungspotential.

bb) Sonstige Sonderabnehmer

41 In der besten Verhandlungsposition sind typischerweise die großen Sonderabnehmer wie z. B. Industrieunternehmen. Aus dem norddeutschen Bereich ist das Beispiel eines großen Stahlunternehmens bekannt, das zu einem Drittel am Stromabsatz des großen Stadtwerkes beteiligt ist. Weil gleichzeitig »Rücklieferungen« von Gichtgas erfolgen, das vom Stadtwerk zur Verstromung angenommen und bezahlt wird, ergibt sich eine relativ komplizierte Vertragslage. Obwohl das Vertragsverhältnis des großen Stadtwerkes mit dem Stahlunternehmen noch nicht beendet gewesen ist, die alten Konditionen also noch galten, verlangte der Abnehmer unter Hinweis auf andere günstigere Bezugsmöglichkeiten sowie die ins Auge gefasste Errichtung eines eigenen GuD-Kraftwerkes eine Senkung der Strompreise.

42 Fasst man in dieser Situation Verhandlungslösungen ins Auge, die für alle Beteiligten erfahrungsgemäß gegenüber vor Gericht ausgetragenen Konflikten als vorzugswürdig erscheinen, so muss das EltVU die Belastbarkeit seiner rechtlichen Situation kennen. Ist diese Position stark und kann dies dem Vertragspartner vermittelt werden, so wird der Bereich möglicher Verhandlungslösungen schmaler und damit für den Versorger günstiger ausfallen als wenn unter Rückgriff auf eine Vertragsklausel eine unmittelbare Anpassung oder gar eine Kündigung des Vertrages nicht als ausgeschlossen erscheint.

43 Bezieht das weiterverteilende Stadtwerk seine Elektrizität ausschließlich fremd, so ist es von den Elektrizitätspreisänderungen des Vorlieferanten abhängig. Wiederum wirkt sich die Reform auf den Stromliefervertrag nicht unmittelbar aus. Damit ist weder die Kostenänderungsklausel noch die allgemeine Wirtschaftlichkeitsklausel anwendbar. Der Weiterverteiler ist in dieser Situation auf Bezugspreisänderungen angewiesen, die dann in relativem Umfang weitergereicht werden können. Steht das Vertragsende in naher Zukunft bevor, so wird es zweckmäßig sein, zunächst den neuen Vertrag auszuhandeln und für das noch nicht abgelaufene Vertragsverhältnis eine (kompromissweise) Zwischenlösung zu finden.

Erzeugt das EltVU seinen Strom ausschließlich oder überwiegend selbst, sind Kostenersparnisse nur auf der Ebene von Rationalisierungsmaßnahmen möglich. Weder die Energierechtsreform noch die Versorgungsverträge verpflichten das Energie liefernde EltVU, alle Rationalisierungsmöglichkeiten auszuschöpfen[11]. Da die Preisänderungsklauseln, soweit sie an Lohnsteigerungen gekoppelt sind, meist ein starres Verhältnis des Lohnanteils zugrunde legen, würden sich Rationalisierungsmaßnahmen z. B. in der Verwaltung und beim Kraftwerkspersonal gar nicht auf den Leistungs- bzw. Arbeitspreis auswirken, weil nur der Werteinsatz des Faktors Arbeit, nicht aber der Mengeneinsatz für die Preisfindung relevant ist. Im Gegenteil besteht für das EltVU die Gefahr, dass unter Rückgriff auf eine Revisionsklausel die Änderung einer möglicherweise komfortablen Preisänderungsklausel verlangt wird, wenn strikte Rationalisierungsmaßnahmen dazu geführt haben, dass der Faktor Arbeit in der Änderungsklausel als (mengenmäßig) überbewertet erscheint. 44

Auch für die Situation des teilweisen Fremdbezuges und der teilweisen Eigenerzeugung gelten diese Regeln. Da die Energierechtsreform auf die Erzeugungspreise keinen unmittelbaren Einfluss hat, sind hier Änderungen nur zukünftig und über den Konkurrenzdruck zu erwarten. Bezugspreisänderungen dagegen werden sinnvollerweise an den Abnehmer weiterzugeben sein, weil die Energierechtsreform als Eingriff »von hoher Hand« jedenfalls mittelbare Auswirkungen gezeigt hat, so dass die Verringerung der Bezugskosten als durch die Kostenänderungsklausel erfassbar erscheint. 45

---

11 Anders für Netzbetreiber, vgl. § 21a EnWG (Anreizregulierung).

cc) Sondersituationen

46 Nicht eben selten kommt es vor, dass für einen großen Abnehmer ein Kraftwerk speziell errichtet oder eine sog. Kraftwerksscheibe reserviert wird. Die Bemessung des Strompreises orientiert sich dann meist an den Kosten der Errichtungsphase (Leistungspreis I) und den fixen Kosten der Betriebsphase (Leistungspreis II) sowie den variablen Kosten der Betriebsphase (Brennstoffkosten: Arbeitspreis). Dabei wird die Mindestvertragslaufdauer (z. B. 25 Jahre) meist mit der Art und Weise der Finanzierung verkoppelt, so dass z. B. der Kapitaldienst im Beispiel ebenfalls auf 25 Jahre berechnet wird.

47 In dieser besonderen Situation hat die Energierechtsreform keinerlei Einfluss. Die Lieferkosten sind von den Parteien auf der Basis einer konkreten Investition (Kraftwerk oder Kraftwerksscheibe) ausgehandelt worden, und im Zuge der Energierechtsreform auftretende günstigere Bezugsmöglichkeiten beruhen auf anderen, den konkreten Vertrag nicht berührenden Investitions- und Betriebsdaten. Weder Revisionsklauseln noch Preisänderungs- oder Kostenänderungsklauseln vermögen diesen Sachverhalt zu erfassen, und für die allgemeine Wirtschaftlichkeitsklausel wird im Regelfall die Schwelle der unbilligen Härte nicht erreicht werden, zumal ein Preissenkungsverlangen seinerseits den Lieferanten unbillig hart treffen kann, wenn dieser die Kosten nicht mehr zu erwirtschaften vermag.

c) Vertragsanpassung durch Vertragskündigung?

48 Mit Hilfe des Rechtsinstituts vom Wegfall der Geschäftsgrundlage ist ebenfalls eine Anpassung von Verträgen möglich. Dabei wird unter Geschäftsgrundlage nach § 313 BGB in Verbindung mit der ständiger Rechtsprechung die bei Abschluss des Vertrages zutage getretenen, dem anderen Teil erkennbar gewordenen und von ihm nicht beanstandeten Vorstellungen der einen Partei oder die gemeinsamen Vorstellungen beider Parteien von dem Vorhandensein oder dem künftigen Eintreten bestimmter Umstände verstanden, sofern der Geschäftswille der Parteien auf diesen Vorstellungen aufbaut[12]. Hat sich die Geschäftsgrundlage so verändert, dass das Festhalten am Vertrag zumindest einer Partei nicht mehr zumutbar ist, so ist der Vertrag anzupassen oder – im Wege der Kündigung – sogar zu beenden.

---

12 RGZ 103, 329, 332; BGHZ 25, 390, 392; BGHZ 40, 334, 335; BGHZ 121, 378, 391; vgl. auch BAG NJW 1991, 1562, 1563.

I. Reform der Europäischen Märkte für Energie

Regelmäßig werden die Parteien den rechtlichen Datenkranz als Fundament ihres Vertrages betrachten. Wenn sich, wie etwa durch die Energierechtsreform 1998 geschehen, dieses Fundament gravierend ändert, so kann dies soweit gehen, dass von einem »Wegfall« dieser Geschäftsgrundlage gesprochen werden muss. Dies gilt allerdings nicht, wenn mit der bevorstehenden Veränderung zu rechnen war; weil seit den 70er Jahren über eine Energierechtsreform diskutiert worden ist[13], die SPD-Fraktion im Deutschen Bundestag im Jahre 1990 einen Reformentwurf vorgelegt hat[14] und die EG-Kommission seit Anfang der 90er Jahre mehrere Richtlinien mit dem Ziel erlassen hat, den Gemeinsamen Binnenmarkt für Elektrizität zu schaffen, kann den beteiligten Verkehrskreisen die bevorstehende Reform nicht verborgen geblieben sein. Dies bedeutet für die ab 1990 abgeschlossenen Verträge, dass sich die Vertragspartner jedenfalls im Hinblick auf die mittelbaren Auswirkungen der Reform (Preisänderung) nicht auf den Wegfall der Geschäftsgrundlage berufen können. Allenfalls auf die Verträge der EltVU untereinander, die wegen des Wegfalls der Demarkations- sowie der ausschließlichen Konzessionsverträge durch jene Reform unmittelbar berührt gewesen sind, erscheinen deshalb die Grundsätze über den Wegfall der Geschäftsgrundlage als anwendbar.

49

Hiervon abgesehen wäre eine Preisänderung im Stromliefervertrag aber auch nur dann im Wege der Anpassung erzielbar, wenn das weitere Festhalten am Vertrag als schlechthin unzumutbar erschiene. Die Rechtsprechung hat im Hinblick auf Veränderungsprozentsätze bisher eine einheitliche Linie nicht gefunden[15]; sinkt das Preisniveau aber um lediglich 20 bis 30 %, so folgt daraus noch kein Anpassungsbedarf in diesem Sinne. Bei Bezugspreissteigerungen von mehr als 100 % bzw. bei Sinken des allgemeinen Preisniveaus auf 50 % des vertraglich vereinbarten Preises wird man allerdings eine unbillige Härte annehmen müssen.

50

Liegen die Voraussetzungen im Übrigen vor, kommt auch eine Anpassung eines langfristigen Liefervertrages in zeitlicher Hinsicht in

51

---

13 Vgl. *Obernolte*, DB 1975, S. 2165 ff.; *Klinger*, RdE 1985, S. 138 ff.
14 Vom 29.5.1990, Gesetzentwurf für die 11. Legislaturperiode; vgl. auch den SPD-Gesetzentwurf vom 15.4.1997, BT-DrS 13/7425 und den Referentenentwurf vom 15.2.1994 – III B1 – 105108.
15 Vgl. etwa die Nachweise bei *Würzberg*, Vertragsrecht und Energiewirtschaftsrecht in: *Bartsch/Röhling/Salje/Scholz* (Hrsg.), Stromwirtschaft, aaO Kap. 71, S. 663 Fn. 2.

Betracht. Dies gilt allerdings nur für die normalen Verträge, nicht hingegen für die Sondersituationen des speziell für einen Abnehmer gebauten Kraftwerkes bzw. für die reservierte Kraftwerksscheibe. Da die EG-Kommission für Elektrizitäts-Lieferverträge im Hinblick auf Art. 85 EGV die zeitliche Grenze bei 15 Jahren gezogen hatte[16], wird man nach Ablauf dieses Zeitraumes im Regelfall – von den geschilderten Sondersituationen abgesehen – neu zu verhandeln haben. Mit Rücksicht auf die Rechtsprechung des BGH zu langfristigen Bezugsverträgen[17], die allerdings früher von bis zu 20-jährigen Bindungen ausgegangen ist[18], erscheint es nicht als von vornherein undenkbar, dass mit Rücksicht auf die §§ 134, 138, 139 BGB alle den 15-jährigen Zeitraum überschreitenden Liefervereinbarungen als partiell unwirksam angesehen werden müssen.

II. Das Erste Neuregelungsgesetz (1998)

52 Nach mehr als 60 Jahren hatte der Gesetzgeber im Jahre 1998 das Recht der leitungsgebundenen Energiewirtschaft reformiert. An die Stelle des Konzepts gegeneinander abgeschotteter Versorgungsgebiete war ein Wettbewerbskonzept getreten. Der Wegfall von Genehmigungserfordernissen, Ansprüche auf Netzzugang bzw. Durchleitung sowie auf Nutzung öffentlicher Wege für die Leitungsverlegung kennzeichneten diese fast revolutionär zu nennende Reform.

1. Einleitung

53 Am 29.4.1998 ist das (Erste) Gesetz zur Neuregelung des Energiewirtschaftsrechts in Kraft getreten[19]. Es bestand aus fünf Artikeln:

– Art. 1: Energiewirtschaftsgesetz (im Folgenden: EnWG)

– Art. 2: Änderung des GWB

– Art. 3: Änderung des StrEinspG

– Art. 4: Übergangsvorschriften

---

16 Vgl. auch *Schwintowski/Klaue*, BB 2000, S. 1901, 1903 ff.
17 Vgl. die Nachweise bei *Palandt/Heinrichs*, BGB, 65. Aufl. München 2006, § 138 Rz. 81 f.
18 Vgl. BGHZ 74, 293, 295; NJW 1992, 2145.
19 Vom 24.4.1998, BGBl. I S. 730.

– Art. 5: Inkrafttreten und Außerkrafttreten

Mit der Reform des Energiewirtschaftsrechts wurde das EnWG von 1935[20] einschließlich seiner Durchführungsverordnungen abgelöst. Während die Bundestarifordnung Elektrizität in Kraft blieb, trat die BTO Gas außer Kraft[21].

Gesetzesvorschläge der SPD[22] und der Grünen[23] hatten sich nicht durchsetzen können, und der Bundespräsident hatte sich bei der Prüfung anlässlich der Ausfertigung des Gesetzes der Auffassung der SPD-Fraktion sowie der Mehrheit des Bundesrates nicht angeschlossen und die Zustimmungsbedürftigkeit des Gesetzes verneint[24].

Seit mehr als 30 Jahren hatte es immer wieder Versuche gegeben, das Recht der Energiewirtschaft zu reformieren. Zwar war die überwiegende Auffassung wohl dahin gegangen, dass es sich bei diesem Gesetz nicht um ein durch typische Marktordnungsvorschriften der Nationalsozialisten geprägtes sektorspezifisches Recht gehandelt hat[25]; eher sprach vieles dafür, dass schon damals Kommunalinteressen einerseits und Interessen des Zentralstaates andererseits miteinander koordiniert werden mussten[26]. Während für die Kommunen insofern nach wie vor eigene Wirtschaftsinteressen betroffen waren, weil seit jeher Konzessionsabgaben, Eigenbetriebe und Eigengesellschaften in hohem Maße zur Konsolidierung kommunaler Haushalte beitragen, standen aus bundesrechtlicher Sicht Beachtung von EG-Vorgaben[27], ordnungspolitisches Denken (Deregulierung) und wohl auch Verbraucherschutz im Vordergrund.

---

20 In der Fassung von Art. 3 des Gesetzes vom 19.12.1977, BGBl. I S. 2750.
21 Art. 5 Abs. 2 Ziff. 4 des Neuregelungsgesetzes.
22 BT-DrS 13/7425 vom 15.4.1997.
23 BT-DrS 13/5352 vom 25.7.1996.
24 Vgl. dazu Art. 77 Abs. 2a und Abs. 3 GG.
25 Vgl. *Danner*, in: *Obernolte/Danner*, Energiewirtschaftsrecht. Kommentar, Bd. I, Loseblattsammlung: Stand November 1996, I 34 ff.; *Tegethoff*, in: *Tegethoff/Büdenbender/Klinger*, Das Recht der öffentlichen Energieversorgung, Bd. 1, Loseblattsammlung: Stand: Juli 1996, Präambel EnergG I 3, 16 ff.
26 Vgl. dazu *Tegethoff*, in: *Tegethoff/Büdenbender/Klinger*, Öffentliche Energieversorgung, I 33 ff. Rz. 2 und 3; *Heesemann*, EW 1964, 62 ff.
27 Vgl. dazu die Erste Richtlinie 96/92/EG des Europäischen Parlaments und des Rates vom 19.12.1996 betreffend gemeinsame Vorschriften für den Elektrizitäts-Binnenmarkt, ABl. Nr. L 27/20, sog. Binnenmarkt-Richtlinie Strom.

57 Das EnWG 1998 beschränkte sich auf 19 Paragraphen und enthielt keine weitere Gesetzesuntergliederung. Seine verschiedenen Regelungsebenen betrafen sowohl Vertragsrecht (insbes. Verträge der EVU mit anderen Unternehmen oder Kunden) als auch Öffentliches Recht, insbes. Aufsichtsrecht (Mindestbevorratung, Enteignung). Da sich öffentlich-rechtliche und auf die Beeinflussung privatrechtlicher Verhältnisse zielende Regelungsebenen nicht sauber unterscheiden lassen, fasst die folgende Darstellung die Einzelregelungen wie folgt zusammen:

– Zweck und Begriffe des Gesetzes (§§ 1 und 2 EnWG)

– Betriebs- und Versorgungspflicht sowie Mindestbevorratung (§§ 4, 10, 11, 17 EnWG)

– Aufsicht und Genehmigung (§§ 3, 16, 18, 19 EnWG)

– Wettbewerb und Netzzugang (§§ 5–8 EnWG sowie § 103b GWB n. F.)

– Rechnungslegung und Preisrecht (§§ 9, 14, 15 EnWG)

– Eigentumsrechte (§§ 12–14 EnWG)

2. Gesetzeszwecke und begriffliche Grundlagen

58 In der Präambel des Gesetzes von 1935 stand die sichere und preisgünstige Versorgung mit Elektrizität und Gas im Vordergrund. Das neue Gesetz ergänzte in § 1 diese bewährten Gesetzeszwecke im Einklang mit Art. 20a GG um das Gesetzesziel der **Umweltverträglichkeit**.

59 § 2 Abs. 4 EnWG definierte den Begriff der Umweltverträglichkeit in einem eher umschreibenden Sinne. Kriterien der Umweltverträglichkeit waren und sind rationeller und sparsamer Umgang mit Energie auf Erzeugungs- und Verteilungsebene, schonende und dauerhafte Nutzung von Ressourcen und eine möglichst geringe Belastung der Umwelt durch die Versorgung. Gleichzeitig betonte § 2 Abs. 4 Satz 2 die besondere Bedeutung der Kraft-Wärme-Kopplung sowie der erneuerbaren Energien.

60 § 2 EnWG 1998 definierte grundlegende Begriffe. Der **Anwendungsbereich** des Gesetzes wurde durch § 2 Abs. 1 maßgeblich geprägt. Danach waren Elektrizität und Gas nur dann »Energie« i. S. d. Gesetzes, soweit sie zur leitungsgebundenen Energieversorgung verwendet werden. Die hauseigene Energieversorgung durch ein Blockheizkraftwerk oder durch dezentral aufgestellte Gastanks fielen daher nicht unter das Gesetz, soweit die Energie nicht über Leitungen an Dritte abgegeben wurde. Unter »leitungsgebundener Energieversorgung« war deshalb wie bisher schon die Versorgung von Dritten zu verstehen[28]. Andere Energiearten (z. B. Fernwärme) fielen nach wie vor nicht unter das EnWG.

Energieversorgungsunternehmen (EVU) wurden in § 2 EnWG neu 61 definiert. Früher waren darunter nur solche Unternehmen und Betriebe zu verstehen, die andere (Dritte) mit Energie versorgten; die Eigenversorgung fiel unmittelbar nicht unter das Gesetz. Weil aber zukünftig feste Versorgungsgebiete mit Ausschließlichkeitscharakter nicht mehr bestehen würden[29], andererseits aber Versorgungspflichten gegenüber Tarifabnehmern (Grundversorgung) aufrechterhalten werden sollten, musste der Gesetzgeber die Adressaten der Betriebs- und Versorgungspflicht genauer fassen. Dies ist in § 2 Abs. 3 EnWG 1998 geschehen. Danach waren EVU auch solche Unternehmen und Betriebe, die »ein Netz für die allgemeine Versorgung betreiben«. Damit knüpfte der Gesetzgeber an eine aus den USA stammende Rechtsentwicklung an, die sog. essential facilities – insbes. Netzen – eine besondere Bedeutung einräumt[30] und Zugangsrechte zu Lasten von Betreibern solcher Netze vorsieht. Das Telekommunikationsrecht trug dem beispielsweise in den §§ 33 ff. TKG 1996 Rechnung und sah neben allgemeinem und besonderem Netzzugang sogar eine Pflicht zur Zusammenschaltung von Netzen vor (§ 37 TKG). Schon früher war der Netzzugang in § 103 Abs. 1 Satz 2 Ziff. 4 GWB a.F. als sog. Durchleitung unter bestimmten Voraussetzungen verpflichtend.

Nachdem Demarkationsverträge mit Inkrafttreten des Gesetzes man- 62 gels Freistellung unmittelbar § 1 GWB unterfielen und deshalb nicht mehr praktiziert werden durften, war die Bestimmung eines festen Versorgungsgebietes nicht mehr zulässig. Allgemeine Versorgung betrieb nur noch derjenige, dessen Geschäftsbetrieb auf die Abgabe von Angeboten zum Abschluss von Energieversorgungsverträgen an grundsätzlich Jedermann gerichtet ist, vgl. § 10 Abs. 1 EnWG 1998.

---

28 Vgl. zu dieser Begriffsbestimmung *Tegethoff*, in: *Tegethoff/Büdenbender/Klinger*, Öffentliche Energieversorgung, I 88 ff., § 2.
29 Vgl. aber § 7 EnWG.
30 Vgl. dazu *Klimisch/Lange*, WuW 1998, 15 ff.

Spezialversorger, die nur bestimmte große Unternehmen mit Energie versorgen, oder aber Verbundunternehmen, die nur Verbindungsnetze, nicht aber ein Versorgungsnetz unterhalten, fielen nicht unter § 2 Abs. 3 EnWG 1998.

3. Betriebs- und Versorgungspflicht sowie Mindestbevorratung

63 Jedes Deregulierungsvorhaben, ob bei der Versorgung mit Telekommunikations-Dienstleistungen, bei Rundfunk- und Fernsehprogrammen oder bei der Energieversorgung, sieht sich mit dem Problem konfrontiert, die sog. Grundversorgung sicherzustellen[31]. Dem trugen Rundfunkstaatsvertrag und Landesrundfunkgesetze, § 17 TKG 1996 und § 10 EnWG 1998 Rechnung. Bliebe die Grundversorgung ungeregelt, würden Anbieter versuchen, sich strikt am ökonomischen Prinzip zu orientieren und den Abschluss solcher Versorgungsverträge zu verweigern, die nur unzureichende Deckungsbeiträge zu liefern vermögen.

a) Mindestbevorratung

64 Die Verpflichtung zur Mindestbevorratung, ohne die eine Grundversorgung nicht sicherzustellen ist, hat sich seit der Entscheidung des Bundesverfassungsgerichts zur Mineralölbevorratung[32] durchgesetzt. Mit dem Energiesicherungsgesetz hatte schon bisher ein Normenbestand zur Sicherstellung der Energieversorgung existiert. Dieses Gesetz[33] wurde in § 17 EnWG durch drei Verordnungsermächtigungen ergänzt, die die Bereiche Gas und Elektrizität betrafen (Bevorratung fossiler Brennstoffe im Mindestumfang einer 30-tägigen Versorgung Dritter bzw. eigener Anlagen, Freistellung von der Bevorratungspflicht, Erweiterung der Vorratspflicht zum Zwecke der Anpassung an Rechtsvorschriften der EG).

---

31 Zum Verfassungrang der Grundversorgung im Rundfunkbereich vgl. BVerfGE 73, 118 (157); 74, 297 (326).
32 Vgl. BVerfGE 30, 292 – Mineralölbevorratung.
33 Vom 20.12. 1974, BGBl. I S. 3681, zuletzt geändert durch Gesetz vom 19.12.1979 BGBl. I S. 2305.

b) Betriebspflicht

Besondere Betriebspflichten ordnete § 4 EnWG 1998 nur für EltVU 65
an. Gasversorger waren erst seit der Novelle[34] 2003 verpflichtet, ihren
Betrieb auf absehbare Zeit aufrechtzuerhalten.

§ 4 Abs. 1 EnWG 1998 stellte die Grundbetriebspflicht im Einklang 66
mit den Zielen des § 1 EnWG (Preiswürdigkeit, Sicherheit, Umweltverträglichkeit) fest. Demgegenüber wendete sich § 4 Abs. 2–4 EnWG
1998 an die Betreiber von Übertragungsnetzen. Im Einklang mit der
sog. Transparenzrichtlinie[35] wurde die Veröffentlichung technischer
Mindestanforderungen sichergestellt, um damit Netzanschluss und
Netzzugang zu ermöglichen. Diese Mindestanforderungen waren zusätzlich der zuständigen Landesbehörde sowie der EG-Kommission
mitzuteilen.

Darüber hinaus mussten **objektive Kriterien** für Einspeisungszwecke 67
sowie Benutzung der Verbindungsleitungen festgelegt, veröffentlicht
und diskriminierungsfrei angewendet werden. Dies diente dem freien
Netzzugang für Erzeugerunternehmen.

Durch § 4 Abs. 4 EnWG 1998 wurde sichergestellt, dass die Kosten 68
der Benutzung des Übertragungsnetzes ermittelt werden konnten.
Dazu wurden die EltVU verpflichtet, Übertragungsnetze als eigene
Betriebsabteilungen zu führen, was von anderen EltVU-Tätigkeiten
wie z. B. Erzeugung und Verteilung abgetrennt erfolgen musste. Da
die für Übertragungswege zuständige Betriebsabteilung dann mit einer eigenen Kostenrechnung auszustatten war, sollte eine möglichst
verursachungsgetreue Berechnung von Nutzungsentgelten ermöglicht
werden.

c) Versorgungspflicht

Früher war die nur Tarifabnehmern gegenüber bestehende Anschluss- 69
und Versorgungspflicht in § 6 EnWG 1935 festgelegt. Durch §§ 10
und 11 EnWG 1998 wurden Versorgungspflicht sowie Allgemeine

---

[34] Sog. Gasnovelle vom 20.5.2003, BGBl. I S. 686, vgl. § 4a.
[35] Richtlinie des Rates vom 29.6.1990 zur Einführung eines gemeinschaftlichen Verfahrens zur Gewährleistung der Transparenz der vom industriellen Endverbraucher zu zahlenden Gas- und Strompreise 90/377/EWG, ABl. EG Nr. L 185/16 v. 17.7.1990.

Tarife und Versorgungsbedingungen nunmehr teilweise abweichend geregelt.

70 Die Anschluss- und Versorgungspflicht bestand für EVU, die die allgemeine Versorgung von Endverbrauchern in Gemeindegebieten durchführen. Sie umfasste die Veröffentlichung Allgemeiner Versorgungsbedingungen und Allgemeiner Tarife (Niederspannung bzw. Niederdruck) sowie die Verpflichtung zu Anschluss und Versorgung zu diesen Bedingungen und Tarifen. Die strikte Trennung von Netzbetreibern und Energielieferanten sah das EnWG 1998 noch nicht vor. Unter »Gemeindegebieten« waren Teilgebiete von gemeindlichen Gebietskörperschaften zu verstehen, so dass es ausreichte, wenn die öffentliche Versorgung für nur wenige Häuserzeilen wahrgenommen wurde. Dies dürfte in Gebieten, in denen wegen der Randlage mehrere »Gebietsversorger« versorgen konnten, gleichwohl keine Wahlalternativen für Tarifkunden ermöglicht haben, solange die Versorgungsleitungen im Bereich des konkreten Hausanschlusses einem bestimmten EVU gehören. Denn damit war dieses Gemeindegebiet eindeutig zugeordnet, und nur gegenüber dem betreffenden Netzeigentümer bestand ein Versorgungsanspruch nach § 10 Abs. 1 EnWG 1998.

71 Wie früher ordnete § 10 Abs. 1 Satz 2 EnWG 1998 eine Ausnahme von der Versorgungspflicht bei wirtschaftlicher Unzumutbarkeit an; insofern konnte auf die bisherige Rechtsprechung Bezug genommen werden[36]. Ausdrücklich ordnete Satz 3 des § 10 Abs. 1 EnWG die »Gleichpreisigkeit« innerhalb derselben Gemeinde, nicht aber zwischen Nachbargemeinden an. Eine Ausnahme war danach nur bei sachlich rechtfertigendem Grund, bei Beibehaltung des bisherigen Niveaus sowie Zumutbarkeit der Preisunterschiede möglich. Damit beabsichtigte der Gesetzgeber zur Vereinheitlichung der Lebensbedingungen beizutragen. Eine interkommunale Vergleichmäßigung von Preisniveau und Preisstrukturen in bestimmten Regionen war aber wohl weder möglich noch wurde dies vom Gesetzgeber angestrebt.

72 Das Verlangen nach Reserve- und Zusatzversorgung der Eigenanlagenbetreiber konnte nicht auf die allgemeine Anschluss- und Versorgungspflicht gestützt werden (§ 10 Abs. 2 Satz 1 EnWG). Die insofern wirtschaftlich zumutbaren besonderen Bedingungen mussten

---

36 Vgl. die Nachweise bei *Straßburg*, in: *Tegethoff/Büdenbender/Klinger*, Öffentliche Energieversorgung, § 6, I 287 ff.

insofern wie schon bisher[37] speziell vereinbart werden. Ausdrücklich war aber jetzt festgelegt, dass Tarifabnehmer, die Kraft-Wärme-Kopplungsanlagen bis 30 Kilowatt betreiben bzw. Energie aus erneuerbaren Energieträgern gewinnen, sich auf die allgemeine Anschluss- und Versorgungspflicht nach § 10 Abs. 1 EnWG uneingeschränkt berufen konnten. Sie waren daher zu Allgemeinen Tarifen anzuschließen und zu versorgen. Die Bedingungen von Reserve- und Zusatzversorgung (§ 10 Abs. 2 Satz 2 EnWG) waren durch Rechtsverordnung des Bundesministers für Wirtschaft festzulegen, § 10 Abs. 3 EnWG 1998.

Die Ermächtigungsgrundlage für Änderungen der weiter in Kraft bleibenden Bundestarifordnung Elektrizität (BTOElt) ergab sich aus § 11 Abs. 1 EnWG. Das Ziel der Umweltverträglichkeit war schon bisher in dieser Rechtsverordnung enthalten, so dass insofern eine Änderung nicht erforderlich war. Die Verordnungsermächtigung, die früher in § 7 EnWG 1935 enthalten war, umfasste die Tarifgenehmigung, Bestimmungen über Inhalt und Aufbau der Tarife sowie Rechte und Pflichten bei der Tarifwahl usw. 73

Um die bisher streitige Frage zu entscheiden, ob Aufwendungen eines EltVU für Maßnahmen zur sparsamen und rationellen Verwendung von Elektrizität bei der Feststellung der Kosten- und Erlöslage des Unternehmens anzuerkennen sind, sah § 11 Abs. 1 Satz 3 EnWG 1998 nunmehr vor, dass diese Aufwendungen dann in die Berechnung eingingen, wenn die Maßnahmen elektrizitätswirtschaftlich rationeller Betriebsführung entsprachen und den Wettbewerb nicht verzerrten. 74

Art. 80 GG entsprechende Vorgaben für die Verordnungsermächtigung im Hinblick auf Allgemeine Versorgungsbedingungen für Elektrizität und Gas befanden sich in § 11 Abs. 2 EnWG[38]. Diese Vorgaben entsprachen im wesentlichen § 7 Abs. 2 EnWG 1935[39]. Stärker als bisher wollte der Gesetzgeber den Aspekt »kostengünstiger Lösungen« berücksichtigt wissen, § 11 Abs. 2 Satz 3 EnWG. Satz 4 des § 11 Abs. 2 EnWG 1998 ordnete die entsprechende Anwendung dieser 75

---

37 Vgl. dazu Zweite und Dritte Verordnung zur Durchführung des EnWG (a. F.) in den Fassungen der Bekanntmachungen vom 14.1.1987 (BGBl. I S. 146) bzw. vom 12.12.1985 (BGBl. I S. 225), aufgehoben gem. Art. 5 Abs. 2 Ziff. 2 und 3 des Reformgesetzes.
38 Vgl. auch § 27 AGBG, der Fernwärme und Wasser umfasst.
39 Vertragsschluss, Gegenstand und Beendigung des Vertrages, Rechte und Pflichten der Vertragspartner unter angemessener Berücksichtigung der beiderseitigen Interessen.

Einführung

Vorschriften im Hinblick auf öffentlich-rechtlich ausgestaltete Versorgungsverhältnisse an.

4. Aufsicht und Genehmigung

76 Nach altem Recht des EnWG 1935 bestanden vielfältige Genehmigungserfordernisse im Hinblick auf Errichtung, Betrieb und Stilllegung von Erzeugungs- und Verteilungsanlagen[40]. Da die Verlegung von Leitungstrassen ohnehin den allgemeinen Gesetzen unterlag und dem Ziel der Deregulierung Rechnung zu tragen war, unterfiel nunmehr nur noch die »Aufnahme der Energieversorgung anderer« dem Genehmigungserfordernis (§ 3 Abs. 1 Satz 1 EnWG 1998). Satz 2 nahm Einspeisungen in Elektrizitäts- oder Gasversorgungsnetze, die Versorgung von Sonderkunden aus förderungswürdigen Anlagen[41] sowie die Versorgung verbundener Unternehmen[42] vom Genehmigungserfordernis aus.

a) Betriebsaufnahmegenehmigung

77 Bei der »Versorgung anderer« ging es wie schon nach altem Recht um die Belieferung Dritter mit Elektrizität und Gas. Dritte in diesem Sinne waren wie bisher juristische oder natürliche Personen, die mit dem EVU nicht personengleich (juristisch selbständig) waren[43]. Stand ein zu versorgender Abnehmer zu 100 % im Anteilsbesitz des versorgenden Unternehmens, so handelte es sich insofern um einen »anderen« i. S. d. § 3 Abs. 1 Satz 2. Da jedoch insofern ein verbundenes Unternehmen nach § 3 Abs. 1 Satz 2 Ziff. 3 EnWG 1998 vorlag, bestand eine Genehmigungspflicht nicht. Einer Genehmigung zur Energieversorgung bedurfte also im Grundsatz unterschiedslos sowohl die Versorgung von Sonderkunden als auch die Versorgung von Tarifkunden. Die bloße Errichtung von Erzeugungs- und/oder Verteilungskapazitäten erforderte demgegenüber keine Genehmigung nach dem EnWG.

---

40 Vgl. §§ 4 und 5 EnWG a. F.
41 Erneuerbare Energien als Primärenergieträger, Kraft-Wärme-Kopplung, Eigenbedarf der Industrie.
42 § 15 AktG: Anteilsbesitz von mindestens 50,1 %.
43 Zur Rechtsprechung und Literatur vgl. m. w. N.: *Danner*, in: *Obernolte/Danner*, Energiewirtschaftsrecht, I 72 ff.; *Tegethoff*, in: *Tegethoff/Büdenbender/Klinger*, Öffentliche Energieversorgung, I 90 ff.

II. Das Erste Neuregelungsgesetz (1998)

§ 3 Abs. 2 EnWG 1 998 enthielt eine abschließende Aufzählung von Versagungsgründen, so dass die Genehmigung als gebundene Entscheidung ausgestaltet war. Als erster Versagungsgrund kam mangelnde Leistungsfähigkeit nach § 3 Abs. 2 Ziff. 1 EnWG in Betracht. Die Behörde prüfte die Leistungsfähigkeit im Einklang mit den Zielen des EnWG auch im Hinblick auf die zukünftige Aufrechterhaltung der Versorgung (Prognoseentscheidung) unter personellen, technischen und wirtschaftlichen Gesichtspunkten. Eine Ausgestaltung durch Rechtsverordnung war nicht vorgesehen, und anders als nach den Vorschriften anderer Wirtschaftsgesetze[44] galt weder das Vier-Augen-Prinzip noch die Verpflichtung zur Aufbringung eines bestimmten Mindestkapitals.

78

Nach Ziff. 2 des § 3 Abs. 2 EnWG 1998 konnte die Genehmigung zur Energieversorgung anderer – allerdings beschränkt auf die Versorgung mit Elektrizität – auch dann versagt werden, wenn sich durch die Aufnahme der Versorgung Nachteile für Abnehmer im verbleibenden Gebiet des bisherigen Versorgers ergeben würden. Offenbar sollte das sog. »Rosinenpicken« vermieden werden: Da die EltVU auf eine möglichst gesunde Durchmischung ihrer Abnehmerstrukturen zu achten haben, versuchen sie das »Herausbrechen« lukrativ zu versorgender Abnehmer möglichst zu vermeiden. Zwar diente dieser zweite Versagungsgrund jedenfalls auch den Zielen von Abnehmern und insbes. Tarifkunden, jedoch um den Preis der Vermeidung von Wettbewerb um Kunden und Kundengruppen. Das bisher gebietszuständige EltVU konnte daher unter Hinweis auf den zweiten Versagungsgrund jeder Versorgungsgenehmigung nach § 3 Abs. 1 Satz 1 EnWG 1998 widersprechen, wobei es entscheidend darauf ankam, die befürchteten Nachteile nachzuweisen. Wie stets im öffentlichen Recht existierte grundsätzlich keine dem Zivilrecht vergleichbare Beweislastverteilung, weil die Behörde alle Tatsachen von Amts wegen ermitteln und in den Entscheidungsprozess einbringen musste. Um das Ziel eines funktionsfähigen Wettbewerbs um Abnehmer nicht zu gefährden, waren allerdings hohe Anforderungen an die Erheblichkeit der Nachteile sowie das Entstehen ungünstigerer Versorgungsstrukturen zu stellen. Auch war es dem bisherigen Allgemeinversorger zuzumuten, bisher nicht ausgeschöpfte Rationalisierungsmöglichkeiten wahrzunehmen.

79

---

44 Vgl. §§ 44 ff. KWG.

Einführung

b) Aufsichtsmaßnahmen

80 Die §§ 18 und 19 EnWG enthielten Ermächtigungsgrundlagen für belastende Verwaltungsakte der überwachenden Behörde. Neben Bußgeldvorschriften nach § 19 EnWG im Falle genehmigungsloser Versorgung, Nichtbefolgung von behördlichen Anordnungen und Zuwiderhandlung gegen Mindestbevorratungsvorschriften ordnete § 18 Abs. 2 eine Auskunftsverpflichtung der EVU an, soweit sich die einzuholenden Auskünfte auf Pflichten aus dem EnWG bezogen. Auch durften Einrichtungen, Betriebsgrundstücke und Geschäftsräume zum Zwecke der Vornahme von Prüfungen und der Einsichtnahme in Unterlagen betreten werden, § 18 Abs. 3 EnWG 1998. Die General-Eingriffsermächtigung enthielt § 18 Abs. 1 betreffend die Anordnung der im Einzelfall erforderlichen Maßnahmen zur Gesetzesdurchführung.

c) Mindestanforderungen

81 Zur Entlastung des damaligen Gerätesicherheitsgesetzes[45] sah § 16 EnWG Mindestanforderungen an Energieanlagen vor. Diese mussten technische Sicherheit gewährleisten und die allgemein anerkannten Regeln der Technik beachten (Abs. 1), wobei deren Einhaltung vermutet wurde, wenn die (VDE- bzw. GWF-)Verbandsregeln eingehalten worden waren. Betreiber von Anlagen aus anderen Mitgliedstaaten der EU waren den dort geltenden Vorschriften unterworfen und unterliegen lediglich einem Vergleichbarkeitserfordernis, das auf Verlangen nachzuweisen war (§ 16 Abs. 3 EnWG 1998). Eine Verordnungsermächtigung für den Bundesminister für Wirtschaft zum Erlass von Vorschriften betreffend die Technische Sicherheit von Energieanlagen enthielt § 16 Abs. 4 EnWG[46].

5. Wettbewerb und Netzzugang

82 Das Kernstück der Deregulierung bildeten die §§ 5–8 EnWG über den Netzzugang. Über die sog. Binnenmarktrichtlinie für Elektrizität der EG-Kommission hinaus[47] beabsichtigte der Gesetzgeber nämlich,

---

45 Vgl. die Aufhebung des § 18 Gerätesicherheitsgesetz gem. Art. 3 Ziff. 1 des Gesetzes zur Neuregelung des Energiewirtschaftsrechts.
46 Bei Fragen des Arbeitsschutzes muss das Einvernehmen mit dem Bundesminister für Arbeit- und Sozialordnung hergestellt werden.
47 Vom 19.12.1996, ABl. EG Nr. L 27/20, Art. 16 ff.

den Wettbewerb um alle Abnehmer sicherzustellen. Allerdings betrafen die §§ 5–8 EnWG nur die Betreiber von Elektrizitätsversorgungsnetzen, nicht dagegen die Gasnetzbetreiber.

Mit Inkrafttreten des Gesetzes nur Neuregelung des Energiewirtschaftsrechts wurden zugleich die §§ 103, 103a GWB a.F. für Elektrizität und Gas außer Kraft gesetzt, indem Art. 2 dieses Gesetzes einen neuen § 103b GWB einfügte, der die Anwendung der §§ 103, 103a GWB nur noch für Wasser vorsah. Mangels Freistellung verstießen Demarkationsverträge zwischen EVU nunmehr gegen § 1 GWB und ausschließliche Nutzungsrechte gewährende Konzessionsverträge zwischen EVU und Gebietskörperschaften gegen § 1 GWB oder § 18 GWB a.F. Daher durften diese Verträge nicht mehr praktiziert werden. Einer förmlichen Aufhebung bedurfte es jedenfalls im Anwendungsbereich des § 1 GWB nicht, weil diese Vorschrift die unmittelbare Unwirksamkeit derartiger Verträge oder Vertragsklauseln anordnet. 83

a) Verhandelter Netzzugang

Die früher nur im Wege der Missbrauchsaufsicht durchsetzbare Durchleitung[48] ist in § 6 Abs. 1 EnWG quasi als Normalfall vorgesehen gewesen. Dritte Anbieter konnten mit im Gemeindegebiet des Netzbetreibers Elektrizität nachfragenden Unternehmen Versorgungsverträge abschließen und das (fremde) Versorgungsnetz als bloßen »carrier« gegen Entgelt nutzen. Die auszuhandelnden Durchleitungsentgelte mussten denen für vergleichbare Leistungen an verbundene oder assoziierte Unternehmen (tatsächlich oder kalkulatorisch) entsprechen, § 6 Abs. 1 Satz 1 a. E. Die Pflicht zu getrennter Betriebsführung nach § 4 Abs. 4 EnWG wirkte sich hier aus. 84

Eine Durchleitung konnte betriebsbedingt oder aus sonstigen Gründen als unmöglich oder unzumutbar abgelehnt werden, § 6 Abs. 1 Satz 2 EnWG. Das Zumutbarkeitskriterium wurde in § 6 Abs. 3 EnWG näher ausgestaltet, wobei die folgenden Kriterien zu berücksichtigen waren: 85

– Verdrängung von Elektrizität aus Kraft-Wärme-Kopplungsanlagen **oder**

---

48 Vgl. § 103 Abs. 5 Satz 2 Ziff. 4 GWB a.F.

- Verdrängung von Elektrizität aus Anlagen zur Nutzung erneuerbarer Energien **und**
- Verhinderung eines wirtschaftlichen Betriebs dieser Anlagen

86 Wirkte sich der Verdrängungseffekt negativ auf KWK-Anlagen oder Anlagen i. S. v. § 1 StrEinspG aus, musste Netzzugang wegen Unzumutbarkeit nicht gewährt werden. Eine Rückausnahme bestand nach § 6 Abs. 3 EnWG 1998 a. E., wenn die verdrängte Erzeugungskapazität an Dritte verkauft werden konnte.

b) Verfahren und Alternativen

87 Um Rechtssicherheit in Bezug auf die Berechnung von Durchleitungsentgelten herzustellen, wurden die Betreiber von Elektrizitätsversorgungsnetzen zur Veröffentlichung von für die vergangenen zwölf Monate vereinbarten Durchleitungsentgelten ab dem Jahre 2000 verpflichtet. Dabei waren zunächst Richtwerte zur Spanne der Durchleitungsentgelte, in den folgenden Jahren dann die Durchschnitte der ausgehandelten Entgelte zu veröffentlichen.

88 § 6 Abs. 2 EnWG enthielt eine Verordnungsermächtigung für Vorgaben zur Ausgestaltung von Durchleitungsverträgen sowie Kriterien zur Bestimmung von Durchleitungsentgelten zugunsten des Bundesministers für Wirtschaft. Es war allerdings zu erwarten, dass zunächst eine Orientierung an der in Arbeit befindlichen Verbändevereinbarung über Durchleitungsentgelte erfolgen und der Minister erst subsidiär tätig werden würde[49]. § 6 Abs. 1 Satz 3 EnWG stellte klar, dass eine Durchleitung nach kartellrechtlichen Grundsätzen verlangt werden konnte (§ 22 Abs. 4 und § 26 Abs. 2 GWB a.F.: Kartellbehörde oder Zivilrechtsweg).

c) Alternativer Netzzugang

89 Bei den Bemühungen um Harmonisierung der europäischen Strommärkte ist die Wahl zwischen zwei Netzzugangsalternativen lange umstritten gewesen. Die Befürworter »direkten Wettbewerbs« hatten sich dafür ausgesprochen, diesen unmittelbar über die Gewährung von Netzzugang (Durchleitung) herzustellen, sog. third party access (TPA). § 6 EnWG 1998 verwirklichte dieses Prinzip, indem eine Ver-

---

49 Zur Verbandsübereinkunft und ihren Inhalten vgl. VIK-Mitt. 1997, 48, 115 und 145 ff.

II. Das Erste Neuregelungsgesetz (1998)

pflichtung des Netzbetreibers (mit Ausnahmen) statuiert und lediglich die Bedingungen zur Aushandlung den Parteien überantwortet wurden.

Dem standen die Befürworter »indirekten Wettbewerbs« gegenüber, denen es darum ging, den Vorteil geschlossener Versorgungsgebiete nicht aufzugeben. Diese zweite Alternative ist unter der Bezeichnung »single buyer« bekannt und mit § 7 EnWG 1998 Gesetz geworden. 90

Nach dieser Vorschrift konnte der Netzbetreiber nach wie vor die Versorgung aller seiner Abnehmer selbst durchführen, indem – ohne Gewährung von Durchleitung – dem anbietenden EltVU lediglich die Einspeisung gegen Entgelt gestattet wurde. Der Netzbetreiber benötigte zur Verwirklichung dieser Netzzugangsalternative allerdings eine Bewilligung der zuständigen Behörde, im Rahmen derer die Vergleichbarkeit dieses alternativen Netzzugangs mit dem Normalfall des § 6 EnWG überprüft wurde. 91

Die Sicherung der Gleichwertigkeit des Netzzugangs »single buyer« im wirtschaftlichen Ergebnis und als direkt vergleichbare Marktöffnung wurde durch § 7 Abs. 2–5 EnWG 1998 sichergestellt. Dabei waren folgende Grundsätze einzuhalten: 92

- Der Letztverbraucher schloss einen Versorgungsvertrag mit dem dritten EltVU (§ 7 Abs. 2 EnWG), was nur bei Zumutbarkeit des Zugangs zum Netz i. S. d. § 6 EnWG 1998 zulässig war.

- Bestand ein solcher Versorgungsvertrag, musste der Netzbetreiber die vom Letztverbraucher benötigte Elektrizität vom dritten EltVU zu in § 7 Abs. 3 EnWG 1998 konkretisierten Bedingungen abnehmen.

- Maßgeblich für diese Vergütung war der im Versorgungsvertrag des dritten EltVU mit dem Letztverbraucher ausgehandelte Preis abzüglich des Durchleitungsentgelts gem. § 6 Abs. 1 Satz 1 EnWG. Anders als bei der Durchleitung im engeren Sinne (TPA) musste der Tarif des Durchleitungsentgelts allerdings genehmigt und öffentlich bekannt gemacht werden.

- Um bei aus Geschäftstätigkeiten als »single buyer« erlangten Informationen über Preise und Kosten keine Vorteile für andere Geschäftsbereiche des Netzbetreibers zu ziehen, verbot § 7 Abs. 4 EnWG 1998 die Übermittlung von Informationen, die aus dieser

Geschäftstätigkeit erlangt wurden, an andere Geschäftsbereiche bzw. Betriebsabteilungen des Betreibers[50].

d) Ablehnung des Netzzugangs

93 Ursprünglich befristet bis zum 31.12.2006 konnten EltVU den Zugang zu ihrem Netz ablehnen, soweit es sich um aus dem Ausland gelieferte Elektrizität handelte. Unter »Ausland« i. S. dieser Bestimmung durften jedenfalls solche Länder zu verstehen sein, die nicht Mitglied der EU sind. Diese Ausnahme galt nicht, wenn das Gegenseitigkeitsprinzip gewahrt war und dort ebenfalls Netzzugang gewährt werden würde[51].

94 Auch für EltVU in den neuen Bundesländern war die Gewährung von Netzzugang vorerst nicht bindend. Sowohl im Hinblick auf §§ 6 und 7 EnWG 1998 als auch bei der Beurteilung von Missbrauch/Diskriminierung i. S. v. §§ 22 und 26 Abs. 2 GWB a.F. musste nämlich nach Art. 4 § 3 des Reformgesetzes die Notwendigkeit einer ausreichend hohen Verstromung von Braunkohle aus diesen Ländern besonders berücksichtigt werden. Wenn also »Braunkohle-Strom« durch Gewährung von Netzzugang verdrängt werden würde, konnte weder mit den Mitteln das Kartellrechts noch nach §§ 6, 7 EnWG Netzzugang beansprucht werden. Diese Regelung galt einstweilen bis zum 31.12.2003 und sollte ursprünglich bis zum 31.12.2005 verlängert werden können[52].

e) Erfahrungsbericht

95 Nach § 8 EnWG 1998 hatte der Bundesminister für Wirtschaft im Deutschen Bundestag im Jahre 2003 über die Erfahrungen mit beiden Formen des Netzzugangs zu berichten. Erst danach sollte entschieden werden, ob Änderungen der Netzzugangsregelung erforderlich waren, wobei als Vergleichsmaßstab eine direkte Marktöffnung bzw. direkter Zugang zu den Elektrizitätsmärkten verbindlich vorgeschrieben wurden. Wenn unter Berücksichtigung dieser Erfahrungen keine

---

50 Eine Ausnahme galt für solche Informationen, die zur Aufgabenerfüllung als »single buyer« erforderlich waren. § 7 Abs. 5 enthielt eine entsprechende Verordnungsermächtigung zur Festlegung von Einzelheiten, die für die Durchführung der Regelung benötigt werden.
51 Vgl. Art. 4 § 2 des Reformgesetzes.
52 Art. 4 § 3 Abs. 2 des Reformgesetzes.

andere Regelung getroffen wurde, sollte die Zugangsalternative »single buyer« (§ 7 EnWG) am 31.12.2005 außer Kraft treten.

6. Rechnungslegung und Preisrecht

EltVU der allgemeinen Versorgung wurden mit § 9 EnWG 1998 zu einer Rechnungslegung verpflichtet, wie sie für Kapitalgesellschaften bindend ist. Diese musste offen gelegt werden. Bei der Buchführung waren getrennte Konten für folgende Bereiche zu führen: **96**

– Erzeugung

– Übertragung und Verteilung

– Aktivitäten außerhalb des Elektrizitätsbereichs

Zusammen mit den zusätzlich getroffenen Vorkehrungen sollte auf diese Weise sichergestellt werden, dass Aufwand und Ertrag den einzelnen Aktivitäten direkt zugeordnet werden konnten und die Aufschlüsselung der Kosten intersubjektiv nachprüfbar (nachvollziehbar) ausgestaltet wurde (§ 9 Abs. 2 EnWG 1998). Die dafür maßgeblichen Zuordnungsregeln waren im Anhang zum Jahresabschluss ebenso wie erfolgende Änderungen zu erläutern und zu begründen, und Geschäfte größeren Umfangs mit verbundenen oder assoziierten Unternehmen oder mit Unternehmen derselben Aktionäre mussten gesondert dargestellt werden. **97**

Im Einklang mit dem bisherigen Recht[53] traf § 14 EnWG 1998 eine Regelung über Konzessionsabgaben. Diese Entgelte sind für die Benutzung öffentlicher Verkehrswege (Verlegung und Betrieb von Leitungen) sowie für die Bewilligung des Rechts zur unmittelbaren Versorgung von Letztverbrauchern im Gemeindegebiet zu zahlen. Die Verordnungsermächtigung enthielt § 14 Abs. 2 EnWG, und die Zahlungsverpflichtung erfasste auch durchgeleitete Energiemengen. Eine frühere Streitfrage[54] wurde gesetzlich geregelt: Nach § 14 Abs. 4 EnWG 1998 waren auch nach Auslaufen von Konzessionsverträgen Konzessionsabgaben – vorbehaltlich anderweitiger vertraglicher Regelung – weiterzuzahlen, allerdings nur für ein Jahr. Da der BGH die Anwendung des Bereicherungsrechts auf »konzessionsvertragslose **98**

---

53 Vgl. dazu die Konzessionsabgabenverordnung vom 9.1. 1992, BGBl. I S. 12.
54 Vgl. BGH RdE 1991, 104 f. – Borkum (Absenkungspflicht).

Zuständer« nicht ausgeschlossen hatte[55], sind nach Ablauf der Jahresfrist Nutzungsentgelte zu zahlen, über deren Höhe noch nicht abschließend entschieden wurde. Obwohl das EnWG 1998 die Wasserversorgung nicht erfasste, galt die Konzessionsabgabenregelung für die öffentliche Wasserversorgung entsprechend, vgl. § 15 EnWG.

7. Eigentumsrecht und Enteignung

99 Die Verwirklichung der leitungsgebundenen Energieversorgung erfordert die Nutzung von Grundstücken. § 12 EnWG 1998 sah die Möglichkeit vor, Grundeigentum zu entziehen oder die Ausübung des Eigentums zu beschränken. Wegen des Enteignungsverfahrens wurde auf das Landesrecht verwiesen, § 12 Abs. 3 EnWG.

100 Umgekehrt müssen die Gemeinden ihre öffentlichen Verkehrswege für Versorgungsleitungen zur Verfügung stellen. Anders als früher war allerdings die Gewährung ausschließlicher Nutzungsrechte nicht mehr möglich; vielmehr muss auch in Bezug auf das Wegeeigentum ein diskriminierungsfreier Zugang eröffnet werden, soweit Zumutbarkeitsaspekte dem nicht entgegenstanden (§ 6 Abs. 3 EnWG analog)[56]. Im Übrigen konnte der Abschluss des Konzessionsvertrages von der Gemeinde nur abgelehnt werden, wenn die Zahlung von Konzessionsabgaben nach § 14 Abs. 2 EnWG verweigert oder eine Einigung darüber noch nicht erzielt worden war, § 13 Abs. 1 Satz 3 EnWG 1998.

101 § 13 Abs. 2 EnWG 1998 enthielt eine Laufzeitbeschränkung auf 20 Jahre entsprechend § 103a GWB a.F. Im Falle einer Nichtverlängerung des Konzessionsvertrages war der bisherige Netzbetreiber verpflichtet, seine Verteilungsanlagen dem neuen Konzessionsinhaber »gegen Zahlung einer wirtschaftlich angemessenen Vergütung« zu übertragen (§ 13 Abs. 2 Satz 3 EnWG1998). Zwar hatte der Gesetzgeber damit die Andienungspflicht im Gesetz festgeschrieben, die heftig umstrittene Höhe der Vergütung jedoch den Gerichten überlassen, die die Angemessenheit der geforderten Entgelte zu überprüfen hatten.

102 Eine Ausschreibung von Versorgungsgebieten – etwa nach den für die Vergabe öffentlicher Aufträge geltenden Rechtsvorschriften[57] – sah

---

55 BGH RdE 1996, 191 – Wegenutzung ohne Entgelt.
56 Die Zumutbarkeitsregelung gilt mit der Befristung des § 8 EnWG (31.12.2005).
57 Vgl. §§ 57a ff. Haushaltsgrundsätzegesetz und jetzt §§ 97 ff. GWB.

das Gesetz nicht bindend vor. Allerdings mussten die Gemeinden nach § 13 Abs. 3 ein in zwei Jahren bevorstehendes Auslaufen eines Konzessionsvertrages bekanntmachen. Sofern eine Auswahl unter mehreren Konzessionsbewerbern erfolgen musste, hatte die Gemeinde die Entscheidung selbst und die maßgeblichen Gründe öffentlich bekanntzumachen. Für gemeindliche Eigenbetriebe waren Ausnahmen nicht vorgesehen, § 13 Abs. 4 EnWG. Dass das EnWG insofern eine abschließende Regelung nicht getroffen hatte und somit die Kartellbehörden im Rahmen ihrer Befugnisse weiterhin tätig werden konnten (Missbrauchsaufsicht), stellte § 13 Abs. 5 EnWG 1998 fest.

III. Transformationsdefizite des Gesetzes zur Neuregelung des Rechts der Energiewirtschaft im Verhältnis zur Binnenmarktrichtlinie Elektrizität

Am 29.4.1998 ist das Gesetz zur Neuregelung des Rechts der Energiewirtschaft in Kraft getreten[58], das u. a. die Zielsetzung verfolgte, die Binnenmarktrichtlinie Elektrizität[59] in nationales Recht umzusetzen[60]. *Rudolf Lukes* hat sich intensiv mit dem neuen Recht auseinandergesetzt[61]. Dabei ist es ihm auch gerade um die Frage gegangen, ob die Binnenmarktrichtlinie Elektrizität (im Folgenden: RL-Elt) zutreffende in deutsches Recht transformiert wurde und dies für die Regelung des Netzzugangs (§§ 5–8 EnWG) cum grano salis bejaht[62]. Was

103

---

58 Vom 24.4.1998, BGBl. I S. 730.
59 Richtlinie 96/92/EG des Europäischen Parlaments und des Rates v. 19.12.1996 betr. Gemeinsame Vorschriften für den Elektrizitätsbinnenmarkt, Abl.EG v. 30.1.1997, Nr. L 27, S. 20.
60 Bundesregierung, Gesetz zur Neuregelung des Rechts der Energiewirtschaft, BT-DrS 13/7274, Anl. 3, Gegenäußerung der Bundesregierung zur Stellungnahme des Bundesrates, S. 30 und S. 33 ff.
61 Vgl. *Lukes*, Beseitigung der kartellrechtlichen Freistellung für die leitungsgebundene Energieversorgung und die Auswirkungen auf Netznutzungen, RdE 1998, S. 49 ff.; *ders.*, Alleinabnehmerstatus für Letztverbraucher versorgende EVU, ET 1998, S. 26 ff.; *ders.*, Liberalisierung des Strommarktes – Realität oder Utopie, Beilage 12 zu Heft 48 des BB 1998, S.1; *ders.*, Richtlinienkonformität der Netzzugangsregelung im Neuregelungsgesetz, ET 1999, S. 80 ff.; *ders.*, Durchleitungsproblematik in der Energiewirtschaft nach deutschem und europäischem Kartellrecht. Vortragsreihe Universität Hohenheim, Heft 4/1995, Stuttgart 1995, S. 19 ff.
62 *Lukes*, Richtlinienkonformität der Netzzugangsregelung im Neuregelungsgesetz, ET 1999, S. 80 ff.

Einführung

lag da näher als diese Fragestellung aufzugreifen und auch die übrigen europäischen Vorgaben für die deutsche Elektrizitätswirtschaft mit der gleichen Zielsetzung zu untersuchen[63]. Dazu wäre eigentlich eine Vorstudie erforderlich um zu ermitteln, welche Freiheitsgrade einem nationalen Gesetzgeber bei der Umsetzung zugebilligt werden können, um nicht gegen Europäisches Recht zu verstoßen[64]. In Anlehnung an die zutreffende Konkretisierung durch *Lukes* und die Rechtsprechung[65] soll deshalb im folgenden auf das Regelungsprogramm, Regelungsziel (résultat) sowie den erstrebten Gesamtzustand des Gemeinsamen Binnenmarktes für Elektrizität als Messlatte abgehoben werden.

104 Die Äußerungen im Zusammenhang mit dem nationalen Gesetzgebungsverfahren lassen nicht erkennen, dass nur eine partielle Umsetzung der Richtlinie gewollt war; die Ergänzungen des ursprünglichen Gesetzesentwurfs durch Einfügung der §§ 3a und 3f E-EnWG[66], die als »Gesetzesänderung zur vollständigen Umsetzung der Binnenmarkt-Richtlinie Strom« bezeichnet wurden, sind jedenfalls zusammen mit den Ergänzungen, die das Gesetz im Wirtschaftsausschuss des Deutschen Bundestages erfahren hat[67], als Antwort des deutschen Gesetzgebers in Befolgung des Richtlinienbefehls gedacht (Art. 27 Abs. 1 der Ersten Binnenmarkt-Richtlinie Elektrizität, im folgenden: RL-Elt).

---

63 Ausgeklammert wird einstweilen die Binnenmarktrichtlinie Gas (RL 98/30/EG vom 22. 6. 1998, ABl. EG vom 21.7.1998, Nr. 204, S. 1), deren Umsetzung erst im Jahre 2003 erfolgte (unten Rz. 193 ff.).
64 Dazu könnte die Rechtsprechung zur Auslegung des Art. 189 Abs. 3 EGV a. F. (= Art. 249 Abs. 3 EG n. F.) herangezogen werden, wonach der Mitgliedstaat zwar Form und Mittel der Umsetzung einer Richtlinie wählen darf, aber auf die Zielsetzung bindend verpflichtet ist: vgl. *Grabitz/Hilf/ Grabitz*, Das Recht der Europäischen Union, Band 2, München, Loseblattsammlung, Stand: Mai 1999, Art. 189 EGV a. F. Rz. 57 ff. sowie ebd. *Karpenstein*, Art. 169 EGV a.F. Rz. 12 ff. und Rz. 68 f. (Vertragsverletzung und Erfolg der Kommission im Vertragsverletzungsverfahren).
65 *Lukes*, Richtlinienkonformität, ET 1999, S. 80 m. Nachw. zur Rspr. in FN 4 (S. 86).
66 Ebd. S. 33 f.
67 BT-DrS 13/9211, S. 7 bis 10.

III. Transformationsdefizite des Gesetzes

Zweifellos ist das im Jahre 1998 in Kraft getretene EnWG[68] insbesondere im Hinblick auf Netzzugang und Durchleitung tatsächlich und rechtlich über das Mindestniveau hinausgegangen, das die Art. 16 ff. RL-Elt vorgeschrieben hatten. Obwohl es sich dabei um das Kernstück des Gemeinsamen Europäischen Binnenmarktes für Elektrizität handelt und andere Länder offenbar insofern bei weitem nicht ähnlichen Mut wie der deutsche Gesetzgeber bewiesen haben[69], muss dies nicht automatisch bedeuten, dass Deutschland im Hinblick auf die Liberalisierung der Energiemärkte quasi als »Musterknabe Europas« einzustufen ist.

105

---

[68] Überblick bei: *Büdenbender*, Energierecht nach der Energierechtsreform, JZ 1999, S. 62 ff., *ders.*, Durchleitung elektrischer Energie nach der Energierechtsreform, RdE 1999, S. 1 ff.; *Cronenberg*, Das neue Energiewirtschaftsrecht, RdE 1998, S. 85 ff.; *ders.*, Das neue Energiewirtschaftsrecht, VIK-Mitteilungen 1998, S. 50 ff., *Kühne/Scholtka,* Das neue Energiewirtschaftsrecht, NJW 1998, S. 1902 ff.; *Lukes*, Alleinabnehmerstatus für Letztverbraucher versorgende EVU, ET 1998, S. 26 ff.; *ders.*, Beseitigung der kartellrechtlichen Freistellung für die leitungsgebundene Energieversorgung und die Auswirkungen auf Netzbenutzungen, RdE 1998, S. 49 ff.; *ders.*, Liberalisierung des Strommarktes – Realität oder Utopie, Beilage 12 zu Heft 48 des BB 1998, S. 1; *ders.*, Richtlinienkonformität der Netzzugangsregelung im Neuregelungsgesetz, ET 1999, S. 80 ff.; *Salje*, Das Gesetz zur Neuregelung des Rechts der Energiewirtschaft, NVwZ 1998, S. 916 ff.; *ders.*, Umweltaspekte der Reform des Energiewirtschaftsrechts, UPR 1998, S. 201 ff.

[69] Zur Umsetzung in den anderen EU-Staaten vgl.: *Klemm*, Das niederländische Elektrizitätsgesetz 1998, ET 1999, S. 700 ff.; *Kowal*, Zugang zum EDF-Übertragungsnetz, ET 1999, S. 676 ff.; *Redaktion ET*, Frankreich: Weichenstellung bei der Liberalisierung, ET 1999, S. 109; *Schulz/Krieger,* Die nordischen Elektrizitätswirtschaften im Wettbewerb – Ergebnisse, EW 9/1998, S. 11 ff.; *Menges*, Elektrizitätswirtschaftliche Reformen in Finnland, ET 1999, S. 241 ff.; *Menges/Barzantny*, Die Liberalisierung der Strommärkte in Norwegen und Schweden, EW 1997, S. 39 ff.; *Fritz/Haubrich/Swoboda*, Ein Systemnutzungstarif für die österreichischen Elektrizitätsnetze, ET 1999, S. 33 ff.; *Redaktion ET*, Österreich: Auftakt für Wettbewerb im Strommarkt, ET 1999, S. 284; *Heinemann*, Wettbewerb in England wird teurer, EW 1997, S. 1489 f.; *Redaktion VIK*, Stromübertragung in England und Wales, VIK-Mitteilungen 1997, S. 62 f.; *Drillisch/Riechmann*, Umweltpolitische Instrumente in einem liberalisierten Strommarkt – Das Beispiel von England und Wales, ZfE 1997, S. 137 ff. Zum abgelösten Recht: *Tettinger* (Hrsg.), Strukturen der Versorgungswirtschaft, Stuttgart/Hannover 1996.

Einführung

106 Nachdem bis Mitte August 2000 die Binnenmarktrichtlinie Gas in deutsches Recht umzusetzen war[70], stellte sich das Problem, Binnenmarktrichtlinie Elektrizität und Erstes Neuregelungsgesetz kritisch mit dem Ziel miteinander zu vergleichen, möglicherweise bestehende Regelungsdefizite aufzuspüren[71] und den Gesetzgeber ggf. um Abhilfe zu bitten. Eine Übererfüllung der Richtlinie im Bereich des Netzzugangs muss nicht notwendig zur Kompensation von Defiziten führen, die möglicherweise in anderen Regelungsbereichen aufgetreten sind.

107 Wie immer hatte der Gesetzgeber mehrere **Möglichkeiten zur Transformation** Europäischen Rechts in nationales Recht. Nicht von vornherein ausgeschlossen wäre es gewesen, die Binnenmarktrichtlinie Elektrizität im Wesentlichen wortlautgetreu zu übernehmen und an die Stelle des EnWG 1935 zu setzen. Dafür hat sich der Gesetzgeber wohl zu Recht nicht entschieden, zumal zum Zeitpunkt der endgültigen Verabschiedung der Richtlinie und ihrer Inkraftsetzung die Arbeiten an der schon seit vielen Jahrzehnten geplanten Reform des Energiewirtschaftsrechts bereits weit fortgeschritten waren. Die Bundesregierung hat deshalb erst in einem recht späten Stadium des Gesetzgebungsverfahrens Schritte zur Ergänzung des bisherigen Entwurfs ergriffen[72], wobei zwischen Inkrafttreten der Richtlinie Anfang 1998 und Ergänzung des ursprünglichen Gesetzesentwurfs vom März 1997 ca. neun Monate lagen. Insbesondere diesen Vorarbeiten ist es zu verdanken, dass das Gesetz bereits drei Monate nach Inkrafttreten der Richtlinie deutsches Recht geworden ist, so dass die Binnenmarktrichtlinie Elektrizität etwa zehn Monate vor Ablauf der Umsetzungsfrist[73] in deutsches Recht transformiert wurde. Hierfür ist den am Gesetzgebungsverfahren beteiligten Instanzen besonders zu danken, weil

---

70 Richtlinie 98/30/EG des Europäischen Parlaments und des Rates v. 22.6.1998 betr. Gemeinsame Vorschriften für den Erdgasbinnenmarkt, ABl. EG Nr.L 204, S. 1. Überlegungen zur Umsetzung: *Seidel/Weyand*, Netzzugang auf dem deutschen Erdgasmarkt, ET 1999, S. 603 ff.
71 So bereits *Lukes*, Richtlinienkonformität der Netzzugangsregelung im Neuregelungsgesetz, ET 1999, S. 80 ff.
72 Mit der BT-DrS 13/7274 v. 23.3.1997, vgl. Gegenäußerung der Bundesregierung zur Stellungnahme des Bundesrates, S. 30 ff.
73 Vgl. Art. 27 Abs. 1 RL-Elt: 19.2.1999.

III. Transformationsdefizite des Gesetzes

verspätete Umsetzungen gerade angesichts knapper Fristvorgaben seitens der EG zunehmend häufiger zu beobachten sind[74].

Der Gesetzgeber kann sich auch für eine **näherungsweise Umsetzung** entscheiden, die vom Ausgangswortlaut einer Richtlinie mehr oder weniger großen Abstand hält, sich – vielleicht auf der Basis früheren Rechts – einem eigenständigen nationalen Begriffsvokabular verpflichtet fühlt und im übrigen darauf baut, dass möglichen Lücken und Widersprüchen zum Europäischen Recht mit Hilfe einer europarechtskonformen Auslegung[75] begegnet werden kann. Im Rahmen dieser »Näherungslösung« bei der Transformation, für die sich offenbar der deutsche Gesetzgeber unter weitgehender Beibehaltung der Begriffsbildung des EnWG 1935 entschieden hat, muss dann geklärt werden, bei welchen Normen eine solche europarechtskonforme Auslegung noch möglich erscheint und wo das Gesetz mehr oder weniger deutlich gegen Europäisches Recht verstößt, also letztlich Gefahr läuft, von der Kommission beanstandet zu werden. Die Transformationsmittel darf der nationale Gesetzgeber eigenständig bei Bindung an die Zielerreichung auswählen. 108

Im Rahmen der Gesamtrechtsmaterie Energiewirtschaftsrecht ist es nicht von vornherein ausgeschlossen, dass bestimmte Regelungsbereiche gar nicht transformiert worden sind. Eine (partiell) fehlende Umsetzung muss nicht notwendig zur Vertragswidrigkeit nationalen Rechts führen. Vielmehr hängt es von der Art der betroffenen Normen, den schon bisher vorhandenen nationalen Regelungen in anderen Gesetzen und der Qualität des europäischen Normbefehls (zwingend/Option) ab, ob eine fehlende Umsetzung für den Mitgliedstaat die Gefahr in sich birgt, mit einem Vertragsverletzungsverfahren der Kommission überzogen zu werden (vgl. Art. 226 EG). 109

Um mögliche Transformationsdefizite aufzuspüren, soll im Folgenden abschnittsweise und dem Aufbau der Richtlinie folgend vorgegangen werden. Zunächst ist auf die Definitionsnormen einzugehen, die nicht in deutsches Recht umgesetzt wurden. Danach folgen allgemeine Organisation des Elektrizitätssektors, Erzeugung, die Regelun- 110

---

74 Die Gesamtstatistik umgesetzter Richtlinien (ca. 95 Prozent) lässt Defizite und Einzelproblemfälle nicht erkennen.
75 Vgl. dazu *Bleckmann*, Europarecht, 6. Aufl. Köln/Berlin/Bonn/München 1997, Rz. 537 ff. (zur Auslegung primären und sekundären Gemeinschaftsrechts).

gen zu den Netzbereichen Übertragung und Verteilung sowie zum Unbundling und zur Netzorganisation. Danach soll überprüft werden, inwieweit der nationale Gesetzgeber von in der Richtlinie eingeräumten Prioritätsoptionen für den Umweltschutz Gebrauch gemacht hat. Zum Schluss ist noch von den Auswirkungen der Übergangsvorschriften auf deutsches Recht zu handeln.

1. Definitionsnormen

111 Gesetze kommen ohne konsistent verwendete Begriffe nicht aus[76]. Man mag den Europäischen Gesetzgeber gelegentlich schelten, weil er manche Materien übermäßig geregelt und sich in anderen auf bloße Formelkompromisse zurückgezogen hat; löblich ist jedenfalls das Bemühen, jeweils zu Beginn des Gesetzes die verwendeten Begriffe zu definieren. Dies ist auch schon deshalb erforderlich, um in einer vielsprachigen Europäischen Union wenigstens nachverfolgen zu können, welches Schicksal der doch in der Ausgangssprache (englisch, französisch) einheitlich definierte Begriff im Laufe der jeweiligen nationalen Transformationsverfahren genommen hat.

112 Deshalb bilden Begriffsbildungen wie in Art. 2 RL-Elt den unverzichtbaren Kern einer an die Mitgliedstaaten gerichteten Richtlinie. Immerhin hatte der Europäische Gesetzgeber 23 Begriffe liebevoll, teils auch recht präzise definiert; deshalb ist es bedauerlich, wenn der deutsche Gesetzgeber keinen einzigen dieser Begriffe in das deutsche Energiewirtschaftsrecht übernommen hat.

113 Diese Nichttransformation hat auch System. Das nationale Recht der leitungsgebundenen Energieversorgung ist traditionsgemäß einer **eigenen Begriffswelt** verhaftet. An Stelle des europäischen Begriffs Elektrizitätsunternehmen, der übrigens direkt nicht definiert, aber im Gesetz immer wieder benutzt wird[77], verwendete der deutsche Gesetzgeber des EnWG 1998 weiterhin den Begriff Energieversorgungsunternehmen« mit den Unterarten Elektrizitätsversorgungs- und

---

76 Zur Bedeutung der Begriffsbildung in Gesetzesnormen vgl. *Larenz*, Methodenlehre der Rechtswissenschaft, 6. Aufl. Berlin/Heidelberg/New York 1991, S. 437 ff.
77 Vgl. dazu die indirekten Definitionen in Art. 2 Ziff. 17 bis 19 RL-Elt (integriertes Elektrizitätsunternehmen).

III. Transformationsdefizite des Gesetzes

Gasversorgungsunternehmen[78]. Nach deutschem Recht liegt ein EVU vor, wenn andere mit Energie versorgt werden oder ein Netz für die allgemeine Versorgung betrieben wird, vgl. § 2 Abs. 3 EnWG[79]. Der europäische Begriff des Elektrizitätsunternehmens ist aber offenbar viel weiter gefasst, weil sich ein solches Unternehmen zumindest mit einer der drei typischen elektrizitätswirtschaftlichen Funktionen, nämlich Erzeugung, Übertragung oder Verteilung von Elektrizität, beschäftigen muss. Deshalb fallen auch Eigenerzeuger (vgl. Art. 2 Ziff. 3 RL-Elt) sowie selbstverständlich auch unabhängige Erzeuger (vgl. Art. 2 Ziff. 4 RL-Elt) unter den Begriff des Elektrizitätsunternehmens, während der Eigenerzeuger kein EVU i. S. des deutschen Rechts ist. Deshalb zeigt es sich bereits bei dem Ausgangsbegriff und damit den maßgeblichen Trägern der Elektrizitätsversorgung, dass substanzielle Abweichungen exstieren.

Die Verwendung eines eigenen nationalen Begriffssystems, das allenfalls zufällig mit den europäischen Vorgaben übereinstimmt und wo bei jedem Begriff einzeln geklärt werden muss, ob er noch europäischem Recht entspricht oder wenigstens europarechtskonform ausgelegt werden kann, kann nicht dem typischen Verhalten eines »europäischen Musterknaben« zugeordnet werden. Bei allem Verständnis für liebgewonnene Gewohnheiten auch begrifflicher Art hätte es zumindest die Rechtssicherheit in Europa erhöht, wenn sich der Gesetzgeber den europäischen Vorgaben angeschlossen hätte. Es mag im Ergebnis richtig sein, dass Eigenerzeuger anders behandelt werden als Elektrizitätsunternehmen, die EVU-Qualität im deutschen Sinne haben, also Fremdversorgung betreiben; die deutsche »Begriffsverweigerungshaltung«, die allenfalls dann gerechtfertigt wäre, wenn das europäische Begriffssystem als inkonsistent, schwammig und unverlässlich bezeichnet werden müsste, nötigte den Rechtsanwender seinerzeit, auf die Binnenmarktrichtlinie Elektrizität zurückzugreifen und die Verwendung des deutschen Begriffs auf Europarechtskonformität zu überprüfen. Anstatt selbst die notwendige Arbeit zu leisten, hatte der Gesetzgeber sie zur dezentralen Bearbeitung vergeben, an Rechtsanwälte, Richter, Verwaltungsbeamte, Justitiare und Universitätslehrer.

114

---

78 Vgl. §§ 2 Abs. 3; 3 Abs. 1 Ziff. 1; 4 Abs. 1; 7; 9; 10; 11; 13 Abs. 1 Satz 3 und Abs. 2; 14 Abs. 1; 17; 18 EnWG.
79 Zur Auslegung vgl. *Schneider*, EnWG 1998, Frankfurt/Main 1999, § 2 Anm. 4.

115 Dies könnte man noch als folgerichtiges Verhalten bezeichnen, wenn der Gesetzgeber auf die Verwendung europäischer Begriffe ganz verzichtet hätte. Dies ist aber mitnichten der Fall; insbesondere in den §§ 5 bis 7 sowie in § 9 EnWG wurde ohne zu zögern auf die Begriffe des Art. 2 RL-Elt zurückgegriffen, ohne dass auf sie verwiesen wird. Hier hätte es die Rechtsklarheit i. S. von Rechtstransparenz und Verbraucherschutz geboten, wenigstens diese offenbar dem Europäischen Recht entlehnten Begriffe zu definieren, in den Anhang zum Gesetz aufzunehmen oder wenigstens auf die Richtlinie – pauschal oder besser konkret aus der betreffenden Regelung des deutschen Rechts heraus – zu verweisen. Dies betrifft etwa die Begriffe Erzeugung (Ziff. 1), Übertragung (Ziff. 5), Verteilung (Ziff. 6), Versorgung (Ziff. 16) sowie die verschiedenen Netzbegriffe. Offenbar ging der deutsche Gesetzgeber davon aus, dass sich das nationale Energiewirtschaftsrecht ausschließlich an ständig damit befasste Fachleute wendet, die die Richtlinien ohnehin gut kennen und daher ohne weiteres in der Lage sind, die im deutschen Recht fehlenden Begriffe einfach abzurufen und einzufügen. Erst das EnWG 2005 hat mit § 3 einen nahezu vollständigen Begriffskatalog vorgelegt, dessen sich wechselseitig durchdringende Regelungsschichten aber noch gut erkennbar sind.

2. Allgemeine Organisation des Elektrizitätssektors

116 Vorschriften für die Organisation des Elektrizitätssektors finden sich in der Art eines allgemeinen Teiles in Art. 3 RL-Elt. Diese besonders wichtige Regelung, die aus drei Teilregelungen besteht, soll im folgenden auf ihre Umsetzung in nationales Recht (EnWG 1998) überprüft werden.

a) Grundprinzipien

117 Art. 3 RL-Elt enthält fast in der Art einer Zielsetzung bestimmte Grundprinzipien, die die Mitgliedstaaten bei der Transformation der Richtlinie in nationales Recht leiten sollen. Zunächst wird in Art. 3 Abs. 1 der **Subsidiaritätsgrundsatz** herausgestellt[80]. Dieser besagt, dass die Gemeinschaft außerhalb ihrer ausschließlichen Zuständigkeit nur tätig wird, sofern und soweit die Ziele der in Betracht gezogenen Maßnahmen auf Ebene der Mitgliedstaaten nicht ausreichend erfüllt und daher wegen ihres Umfangs oder ihrer Wirkungen besser auf

---

80 Zum Subsidiaritätsgrundsatz vgl. *Lenz/Langguth*, EG-Vertrag, 2. Aufl. Köln 1999, Art. 5 Rz. 9 ff.

Gemeinschaftsebene erreicht werden können. Dieses Prinzip hat große Bedeutung im Rahmen der Rechtsharmonisierung, weil zentrale Harmonisierung, die sich notwendig auf wenige Betätigungsfelder beschränken muss, letztlich geringere europäische Gemeinsamkeiten hervorbringen könnte als klug konzipierte Anreize zu nationaler Selbstverwirklichung der Rechtsharmonisierung. Angesichts der Kompetenz der Gemeinschaft für die Industriepolitik (Art. 157 EG) sowie für die transeuropäischen Netze (Art. 154 ff. EG), den Verbraucherschutz (Art. 153 EG) und die Umwelt (Art. 174 EG), kann jedenfalls aus der Zusammenfassung dieser Zuständigkeiten doch eine Art »Kernkompetenz« auf dem Gebiet der Energiepolitik festgestellt werden. Dies gilt jedenfalls, soweit die Dienstleistungsfreiheit (Art. 49 ff. EG) und die Warenverkehrsfreiheit (Art. 23 ff. EG) andernfalls berührt würden. Die Betonung des Subsidiaritätsprinzips in Art. 3 Abs. 1 RL-Elt ermöglichst deshalb den Mitgliedstaaten keinen zusätzlichen Umsetzungsspielraum.

In Art. 3 Abs. 1 wird darüber hinaus die **Wettbewerbsorientierung** 118
des Elektrizitätsmarktes betont. Dies entspricht den Art. 81 ff. EG i. V. mit Art. 2 EG (Errichtung eines Gemeinsamen Marktes). Interessant ist, dass in Art. 3 Abs. 1 (lit. u) EG die Energie neben Katastrophenschutz und Fremdenverkehr angesprochen wird. Die Orientierung am Grundsatz der offenen Marktwirtschaft mit freiem Wettbewerb enthält auch Art. 4 Abs. 1 EG. Nimmt man diese Vorgabe ernst, so muss der Gesetzgeber jeden einzelnen Bereich daraufhin überprüfen, ob er bereits genügend dem Wettbewerb geöffnet ist. Dies betrifft nicht nur den Netzzugang, die Benutzung öffentlicher Straßen und Wege für Versorgungsleitungen sowie Direktleitungen (§ 13 EnWG 1998), sondern auch die Verwirklichung der Grundversorgung (§ 10 EnWG 1998), die ebenfalls im Wettbewerb stattfinden muss.

Weiter ist Art. 3 Abs. 1 durch das Grundprinzip der **Nichtdiskriminierung** 119
(Gleichbehandlung) gekennzeichnet. Alle Elektrizitätsunternehmen (also einschließlich der Eigenerzeuger) müssen hinsichtlich ihres Betätigungsfeldes nicht nur wettbewerbsorientiert handeln, sondern unterliegen ebenso wie die Unternehmen auf der anderen Seite des Marktes dem Verbot einer willkürlichen Ungleichbehandlung. Das früher in Art. 7 EGV a. F. enthaltene Diskriminierungsverbot findet sich nunmehr in Art. 12 EG, kennzeichnet aber den EG-Vertrag und den Aufbau Gemeinsamer Binnenmärkte insgesamt. Es durchzieht die Richtlinie wie ein roter Faden. Der nationale Gesetz-

geber muss daher jede Norm auf (offene oder versteckte) Diskriminierung hin überprüfen. Beispielsweise darf die Zulässigkeit einer Durchleitung auch an Tarifkunden (§ 6 Abs. 1 EnWG 1998) nicht dazu führen, dass die örtlichen Betreiber von Verteilernetzen, die dem Grundversorgungsanspruch des § 10 Abs. 1 Satz 1 EnWG 1998 unterliegen (Kontrahierungszwang), im Wettbewerb um den Tarifkunden deshalb diskriminiert werden, weil ihnen die »schlechten Risiken« verbleiben, sofern die Durchleitungsversorger zur Durchführung dieser Grundversorgung möglicherweise nicht verpflichtet sein sollten[81].

120 Der Grundsatz der Diskriminierungsfreiheit, der als quasi formal ausgerichtetes Ziel in § 1 EnWG keine Aufnahme gefunden hat, aber möglicherweise über Art. 3 Abs. 1 GG deutlich hinausgeht, muss daher bei Auslegung einer jeden nationalen Energierechtsvorschrift beachtet werden. Dies erfordert es, die Wirkungen der Normen im Einzelfall zu untersuchen und durch entsprechende Auslegung eine diskriminierungsfreie Beteiligung aller auf dem Elektrizitätsmarkt Agierenden (EVU und Kunden) sicherzustellen.

121 Art. 3 Abs. 1 Satz 2 betonte die Gleichwertigkeit des wirtschaftlichen Ergebnisses der beiden Netzzugangskonzepte (verhandelter Netzzugang, Alleinabnehmerkonzept, Art. 17 und 18 RL-Elt). Diese Vorschrift ist in § 7 Abs. 1 Satz 2 sowie § 8 Satz 2 EnWG 1998 wörtlich umgesetzt worden. Ein Transformationsdefizit ist jedenfalls insofern nicht erkennbar.

122 Ob dies auch für die zweite Alternative des Art. 3 Abs. 1 Satz 2 gilt, die einen »direkt vergleichbaren Zugang zu den Elektrizitätsmärkten« postuliert, ist zweifelhaft. Denn Elektrizitätsmärkte können nicht nur im Wege des Netzzugangs, sondern auch durch Direktleitungsbau[82], durch die Ausgestaltung der Grundversorgung und im Wege der Ausschreibung von Konzessionsgebieten wettbewerbsoffen gestellt werden. Zwar hat der Gesetzgeber sich bemüht, in den §§ 5 ff. sowie § 13 Abs. 1 und Abs. 2 EnWG 1998 die Zugangsgewährleistung durch Einführung von Kontrahierungszwang abzusichern, wobei zu Gunsten von Tarifkunden Kontrahierungszwang weiter bestand (vgl. § 10

---

81 So wohl *Hempel*, EnWG 1998, § 10 Anm. 7; wägend *Börner*, Aspekte zum Wettbewerb um Tarifkunden in der Stromwirtschaft, Versorgungswirtschaft 1999, S. 225, 230 mit Fn. 44 (Gefahr der Erstickung des Wettbewerbs).
82 Dazu unten Abschn. 6 Netzorganisation, Rz. 167 ff.

Abs. 1 Satz 1 EnWG 1998). Hier sollte aber erst die Erfahrung zeigen, ob der Zugang auch wirklich »direkt vergleichbar« und effektiv geregelt worden ist. Insgesamt kann für diesen Abschnitt festgestellt werden, dass der deutsche Gesetzgeber nicht konkret gegen die europäischen Grundprinzipien zur Ordnung der Elektrizitätsmärkte verstoßen hat, vielmehr ein Bemühen um Umsetzung erkennbar ist, aber abzuwarten war, ob eine effektivere Regulierung erforderlich werden würde. Diese Erfahrungen sind dann mit der weitaus tiefergehenden Regelung im EnWG 2005 (vgl. §§ 17 ff.) berücksichtigt worden.

b) Gemeinwohlverpflichtungen

Art. 3 Abs. 2 RL-Elt enthält Ausnahmen vom Prinzip der Wettbewerbsorientierung der Elektrizitätsmärkte. Diese Ausnahmen können die Mitgliedstaaten bei Umsetzung in das nationale Recht vorsehen, ohne dass hierzu eine Verpflichtung besteht (Option). Art. 3 Abs. 2 RL-Elt enthält damit eine Konkretisierung des Art. 86 Abs. 2 EG (Art. 90 Abs. 2 EG). Die Erfüllung von Aufgaben im allgemeinen wirtschaftlichen Interesse, die öffentlichen Unternehmen besonders übertragen worden sind, können damit in bestimmten Grenzen (Verhältnismäßigkeitsprinzip, Gemeinschaftsinteresse) als Ausnahmen vom funktionsfähigen Wettbewerb (Art. 81 ff. EGV) gerechtfertigt werden. 123

Art. 3 Abs. 2 RL-Elt nannte konkret folgende Verpflichtungen im Allgemeininteresse: 124

– Sicherheit/Versorgungssicherheit

– Regelmäßigkeit und Qualität der Lieferungen

– Lieferpreise

– Umweltschutz

Um die Marktbeteiligten zu schützen, verlangt der Europäische Gesetzgeber zugleich eine klar definierte, transparente, nichtdiskriminierende und intersubjektiv nachprüfbare Eingrenzung dieser Verpflichtungen, die wegen des Ausnahmecharakters veröffentlicht und der Kommission unverzüglich mitgeteilt werden müssen (einschl. der Änderungen). Insbesondere im Hinblick auf Besonderheiten im französischen Rechtskreis wird auch die Umsetzung durch »langfristige Planung« (planification) zugelassen. 125

126 Der nationale Gesetzgeber hat von dieser Option teilweise Gebrauch gemacht und im Übrigen die dort aufgeführten gemeinwirtschaftlichen Verpflichtungen als Ziele des EnWG übernommen (§ 1 EnWG) und damit für alle Marktbeteiligten, jedenfalls für EVU, verbindlich gemacht. Allerdings konnte § 1 EnWG 1998 schon deshalb nicht als Transformation des Art. 3 Abs. 2 RL-Elt interpretiert werden, weil es an klaren und verbindlichen Vorgaben fehlte, die nicht nur das Ziel der auferlegten Verpflichtung, sondern auch deren Ausmaß regeln müssten. Wegen des Optionscharakters bestand aber kein Umsetzungsdefizit.

127 Obwohl die Norm bereits im früheren Recht vorhanden war (vgl. § 6 Abs. 1 EnWG 1935), stellte sich die Nachfolgevorschrift des § 10 Abs. 1 Satz 1 EnWG 1998 in gewisser Weise gleichwohl als Transformation des Art. 3 Abs. 2 RL-Elt dar. Zusammen mit den Regelungen in BTOElt und AVBEltV bildet der Anschluss- und Versorgungszwang in der Elektrizitätswirtschaft auch eine Regelung, die klar genug definiert ist, im wesentlichen transparent ausgestaltet und jedenfalls dann nicht diskriminierend wirksam wird, wenn alle EltVU in gleicher Lage durch § 10 Abs. 1 Satz 1 EnWG 1998 erfasst werden. Art. 10 Abs. 1 RL-Elt konkretisierte diese Verpflichtung weiter; auch mit dieser Vorschrift stand das deutsche Recht in Einklang.

128 Art. 3 Abs. 2 RL-Elt ermöglicht auch die Auferlegung besonderer Verpflichtungen im Umweltschutz. Davon hat der deutsche Gesetzgeber in besonderem Maße Gebrauch gemacht, vgl. dazu im Einzelnen unten Abschnitt 7 (Rz. 180 ff.).

c) Nichtanwendungsoption

129 Weil einige Mitgliedstaaten offenbar sehr weitreichende gemeinwirtschaftliche Verpflichtungen von Elektrizitätsunternehmen kennen, enthält Art. 3 Abs. 3 RL-Elt eine weitere Option, die die Nichtanwendung der Art. 5, 6 RL-Elt (Bau und Genehmigung von Erzeugungsanlagen) sowie die Art. 17, 18 RL-Elt (Netzzugang) und Art. 21 RL-Elt (Bau und Genehmigung von Direktleitungen) betrifft. Der nationale Gesetzgeber hat von der Nichtanwendungsoption nur in sehr bescheidenem Umfang Gebrauch gemacht. Die dazu notwendigen Ausführungen folgen im Abschn. 3 (Erzeugung, Rz. 130 ff.) und im Abschn. 6 (Netzorganisation, Rz. 167 ff.).

3. Erzeugung

Die Art. 4 bis 6 RL-Elt behandeln Bau und Genehmigung von Erzeugungsanlagen. Dabei konnten die Mitliedstaaten zwischen einem Genehmigungsverfahren (Art. 5) und einem Ausschreibungsverfahren (Art. 6) wählen, Art. 4 RL-Elt. Für alle Verfahrensschritte gelten wieder die Grundsätze von Objektivität, Transparenz sowie der Nichtdiskriminierungsgrundsatz. 130

a) Genehmigungsverfahren

Art. 5 RL-Elt ermächtigte die Mitgliedstaaten, innerhalb eines vorgegebenen Rahmens Kriterien für die Durchführung eines Genehmigungsverfahrens zum Bau von Erzeugungsanlagen festzulegen. Diese Kriterien umfassen – zusätzlich zu einem Pauschalverweis auf Art. 3 RL-Elt – die Aspekte Anlagensicherheit und Systemsicherung, Umweltschutz, Flächennutzung und Standortwahl, Gebrauch von öffentlichem Grund und Boden, Energieeffizienz, Art der Primärenergieträger sowie Antragstellermerkmale (Leistungsfähigkeit in technischer, wirtschaftlicher und finanzieller Hinsicht). Es besteht Veröffentlichungspflicht für die ausgearbeiteten (ausführlichen) Kriterien sowie die Durchführung des Genehmigungsverfahrens, Art. 5 Abs. 2 RL-Elt. Gleichzeitig muss es sich um ein rechtsförmliches Verfahren handeln, in dem Rechtsmittel eingelegt werden können, Art. 5 Abs. 3 Satz 2 RL-Elt. Die Verweigerung einer Genehmigung muss begründet mitgeteilt werden, insbesondere dem Antragsteller, aber auch der EG-Kommission. Wiederum wird auf Objektivität und Nichtdiskriminierung als den wesentlichen Verfahrensgründen verwiesen. 131

Offenbar bezieht sich Art. 5 RL-Elt nicht auf Immissionsrecht, also die Anlagengenehmigung nach § 4 BImSchG, obwohl Umweltschutz als eines der Genehmigungskriterien genannt wird. Vielmehr handelt es sich um ein besonderes (energiewirtschaftsrechtliches) Genehmigungsverfahren, wie es früher in § 4 EnWG 1935 vorgesehen und später in § 3 EnWG 1998 geregelt war. 132

Deutscher Tradition entsprechend hat der Gesetzgeber des EnWG 1998 die Genehmigungskriterien unmittelbar in das Gesetz aufgenommen, was dem Veröffentlichungserfordernis entspricht. Bestimmte Anlagen unterlagen gem. § 3 Abs. 1 Satz 2 EnWG 1998 überhaupt keiner Genehmigung (Einspeisung, Versorgung von Abnehmern mit 133 umweltverträglichen Anlagen außerhalb der allgemeinen Versorgung, Versorgung verbundener Unternehmen). Außerdem bezog sich dieses Genehmigungsverfahren nicht auf die Erzeugung, sondern auf die **Aufnahme der Energieversorgung anderer**, § 3 Abs. 1 Satz 1 EnWG 1998. Da Genehmigungsverfahren für den Bau von Elektrizitätserzeugungsanlagen und Genehmigungserfordernis für die Versorgung anderer mit Elektrizität voneinander zu unterscheidende Vorgänge darstellen, ist zu fragen, welche Verbindung zwischen Art. 5 RL-Elt und § 3 EnWG 1998 besteht.

134 Nach § 4 Abs. 1 EnWG 1935 bestand zwar kein Genehmigungs-, wohl aber ein Mitteilungserfordernis u. a. im Hinblick auf die Errichtung einer Elektrizitätserzeugungsanlage. Die Energieaufsichtsbehörde hatte dann ein Beanstandungsrecht sowie ein Untersagungsrecht, § 4 Abs. 2 EnWG 1935 (Investitionskontrolle). Das EnWG 1998 kannte ein solches besonderes energiewirtschaftliches Verfahren gar nicht mehr; es ist noch nicht einmal eine Mitteilung an die zuständige Behörde erforderlich. Unberührt blieben die immissionsschutzrechtlichen sowie baurechtlichen Genehmigungserfordernisse außerhalb des Energiewirtschaftsrechts.

135 Um die Versorgung anderer mit Elektrizität durchführen zu können, muss aber entweder Elektrizität angekauft oder eine Erzeugungsanlage errichtet werden. Die Errichtung ist damit notwendige Vorstufe zur Durchführung des Gewerbezweigs Elektrizitätsversorgung. Damit wirkte sich die Genehmigungspflicht gem. § 3 Abs. 1 Satz 1 EnWG 1998 auf die Errichtung einer Versorgungsanlage in dem Sinne aus, dass sich der potenzielle Betreiber bereits vor der geplanten Errichtung um eine solche Genehmigung bemühen musste. Anderenfalls wäre die Investition sinnlos. Daraus war zu schließen, dass die Genehmigungskriterien gem. Art. 5 RL-Elt entsprechend auf das Verfahren der »Betriebsaufnahmegenehmigung« anzuwenden waren. § 3 EnWG musste daher den Kriterien des Art. 5 RL-Elt genügen.

136 Der nationale Gesetzgeber hat § 3 EnWG 1998 in der Art eines subjektiv-öffentlichen Rechts formuliert. Denn nach § 3 Abs. 2 EnWG 1998 durfte die Genehmigung nur versagt werden, wenn bestimmte Hinderungsgründe vorlagen. Diese Gründe mussten den in Art. 5 RL-Elt genannten Kriterien entsprechen, um eine ordnungsgemäße Transformation sicherzustellen.

Gem. § 3 Abs. 2 Ziff. 1 EnWG 1998 hatte der Antragsteller die **perso-** 137
nelle, technische und wirtschaftliche Leistungsfähigkeit für eine
Versorgung auf Dauer zu gewährleisten. Dies entspricht Art. 5 Abs. 1
lit. g) RL-Elt. Die Transformation war damit geglückt. Als weiterer
Versagungsgrund kam (alternativ) gem. § 3 Abs. 2 Ziff. 2 EnWG 1998
eine **Benachteiligung betroffener Abnehmer oder des bisherigen**
Versorgers in Betracht. Der Gesetzgeber wollte auf diese Weise verhindern, dass EltVU bestimmte lukrative Teile des Versorgungsgebietes übernahmen, also Teilgebiete »herausbrechen« und damit letztlich
Abnehmer benachteiligen[83]. Ob solche Kriterien praktikabel und sicher genug verifizierbar sind, ist allerdings fraglich. In einer wettbewerbsorientierten Elektrizitätswirtschaft erscheinen die Bestimmungen als Fremdkörper, weil sich nicht sicher vorhersagen lässt, welche
Teil- oder Gesamtauswirkungen eine neue Versorgungsgenehmigung
haben wird. Die Wettbewerbsverhältnisse können sich unter Berücksichtigung von Durchleitungsmengen sehr schnell ändern. § 3 Abs. 2
Ziff. 2 EnWG 1998 durfte nicht dazu benutzt werden, unwirtschaftlich arbeitenden Altversorgern ihr Versorgungs- und Betätigungsgebiet zu erhalten.

Der Versagungsgrund der Ziff. 2 ließ sich aus Art. 5 RL-Elt nicht her- 138
leiten. Er war ähnlich wie das Gleichpreisigkeitserfordernis des § 10
Abs. 1 Satz 3 EnWG 1998 möglicherweise auf den Schutz von Gemeinden und deren Versorgungsunternehmen zugeschnitten. In der
Gesetzesbegründung heißt es[84] dazu im Beispiel, dass eine Stadtwerksgründung zu versagen sei, wenn sich für die verbleibenden Gebiete des Regionalversorgers besondere Nachteile – z. B. durch den
ungünstigen Zuschnitt seines Versorgungsgebietes – ergeben und die
dadurch bedingte Verschlechterung der Versorgungsstruktur die Versorgungskosten insgesamt verteuert. Angesichts der seinerzeitigen
Angebote für Tarifkunden durch große EltVU oder ihre Tochtergesellschaften waren derartige Nachteile für Tarifkunden kaum zu befürchten.

Zudem barg die Genehmigung die Gefahr einer willkürlichen Un- 139
gleichbehandlung in sich: Wer schon bisher als EltVU tätig gewesen
war und daher eine Betriebsaufnahmegenehmigung hatte, konnte
auch außerhalb seines bisher angestammten Versorgungsgebietes die

---

83 Vgl. Gesetzesbegründung BT-DrS 13/7274, S. 15 f. (zu § 3 Entwurfsfassung).
84 BT-DrS 13/7274, S. 16, linke Spalte.

Einführung

Elektrizitätsversorgung aufnehmen, ohne eine erneute Genehmigung nach § 3 zu beantragen. Das Genehmigungserfordernis traf daher einseitig neugegründete Unternehmen, also neue Wettbewerber. Nur diese mussten sich im Genehmigungsverfahren ggf. entgegenhalten lassen, ihre Angebote würden die Versorgungsstruktur verschlechtern und Abnehmer ggf. benachteiligen. Deshalb war § 3 Abs. 2 Ziff. 2 EnWG 1998 mit der wettbewerbsorientierten Elektrizitätsversorgung i. S. von Art. 3 RL-Elt nicht vereinbar. Da dieser Versagungsgrund auch nicht als Umsetzung (im weitesten Sinne) des Art. 5 RL-Elt anzusehen war, handelte es sich um einen europarechtswidrigen Verweigerungsgrund.

140 Bedenken gegen § 3 EnWG konnten auch deshalb bestehen, weil anders als für die Errichtung von Erzeugungsanlagen die Binnenmarktrichtlinie Elektrizität im Hinblick auf den Betrieb von Verteilernetzen und damit die Versorgung von Kunden in bestimmten Gebieten gerade kein Genehmigungsverfahren vorsieht (vgl. Art. 10 bis 12 RL-Elt). Daraus könnte geschlossen werden, dass eine Betriebsaufnahmegenehmigung überhaupt nicht verlangt werden darf, was § 3 EnWG 1998 insgesamt als europarechtswidrig erscheinen ließe.

141 Eine solche Rechtsauffassung geht aber möglicherweise zu weit, zumal die Art. 10 ff. RL-Elt ein objektives, transparentes und nicht diskriminierendes Genehmigungsverfahren in Bezug auf die Verteilung von Elektrizität auch nicht ausschließen. Die Fassung der Richtlinie zeigt aber, dass in Bezug auf die Wirksamkeit des § 3 EnWG insgesamt erhebliche Bedenken bestanden haben.

b) Ausschreibungsverfahren

142 Da der deutsche Gesetzgeber wie gezeigt die Errichtung von Elektrizitätserzeugungsanlagen keinerlei Genehmigungserfordernissen unterworfen hat, ist das Ausschreibungsverfahren des Art. 6 RL-Elt nicht anwendbar gewesen. Mangels entsprechender Ausgestaltung des § 3 EnWG 1998 (Option zugunsten eines **Genehmigungs**verfahrens) gibt es auch keine mittelbare Anwendung des Art. 6 RL-Elt. Da eine Verpflichtung zur Transformation in deutsches Recht ausweislich des Art. 4 RL-Elt von vornherein nicht bestand, kann auch kein Transformationsdefizit bestehen. Festzustellen ist nochmals, dass auch keine Verpflichtung des Gesetzgebers existierte, entweder das eine oder das andere Verfahren zu wählen. Die freie Errichtung von Elektrizitätserzeugungsanlagen – mit nur einer mittelbaren Auswirkung auf-

grund der Betriebsaufnahmegenehmigung – war und ist damit als solche auf jeden Fall mit Europäischem Recht vereinbar.

4. Netzbereiche Übertragung und Verteilung

143 Die Binnenmarktrichtlinie Elektrizität trennt zwischen den Regelungsbereichen »Betrieb des Übertragungsnetzes« (Art. 7 bis 9 RL-Elt) und »Betrieb des Verteilernetzes« (Art. 10 bis 12 RL-Elt). Trotz gewisser Unterschiede in den Detailregelungen besteht zwischen diesen Regelungsbereichen weitgehende Parallelität, die eine gemeinsame Erörterung im Hinblick auf mögliche Transformationsdefizite im deutschen Recht rechtfertigen. Dabei ist zwischen Grundpflichten und besonderen Pflichten der Mitgliedstaaten zu unterscheiden und zusätzlich auf die Ziele der Rechtsharmonisierung einzugehen.

a) Grundpflichten

144 Während Übertragung den Transport von Elektrizität über ein Hochspannungsverbundnetz zum Zwecke der Stromversorgung von Endverbrauchern oder Verteilern umfasst (vgl. Art. 2 Ziff. 5 RL-Elt), betrifft das Verteilernetz den Transport von Elektrizität mit mittlerer oder niedriger Spannung zum Zwecke der Stromversorgung von Kunden (Art. 2 Ziff. 6 RL-Elt). Art. 7 Abs. 1 sowie Art. 10 Abs. 2 RL-Elt ordneten übereinstimmend an, dass die Mitgliedstaaten (oder von ihnen beauftragte Unternehmen: Eigentümer von Übertragungs- und Verteilernetzen) einen Netzbetreiber (Netzoperator) **benennen**. Dieser war und ist dann für Betrieb, Wartung und Ausbau des jeweiligen Netzes einschließlich seiner Verbindung zu anderen Netzen verantwortlich. Diese Benennungspflicht bezieht sich immer auf ein bestimmtes (räumlich abgegrenztes) Gebiet. Es wurde nicht vorgeschrieben, dass dieser Netzbetreiber eine selbständige natürliche oder juristische Person sein musste, die das Netz unabhängig von sonstigen elektrizitätswirtschaftlichen Aktivitäten betreibt.

145 Diese Benennungspflicht ist nicht in deutsches Recht umgesetzt worden. Weder hat der Gesetzgeber eine zuständige Stelle benannt, die das Benennungsverfahren organisiert oder jedenfalls von den Unternehmen eingehende Meldungen sammelt, noch sind Sanktionen für den Fall einer verzögerten oder nicht erfolgenden Benennung vorgesehen. Offenbar ging der deutsche Gesetzgeber davon aus, dass Eigentum am Netz ausreicht, um sicheren Betrieb und Ausbau zu gewährleisten. Dabei wurde aber nicht bedacht, dass die Benennung des lokal

zuständigen Netzbetreibers ein wichtiges wettbewerbsförderndes Element darstellen kann: Nur wer weiß oder sich informieren kann, wer in bestimmten räumlichen Bereichen, in denen potentielle oder aktuelle Kunden des Interessenten ihren Verbrauchsstandort haben, als Netzbetreiber aktiv ist, kann mit diesen Netzbetreibern wegen einer Durchleitung in Verhandlung treten. Immerhin gibt es in der Bundesrepublik Deutschland ca. 1.000 Stadtwerke, die häufig Eigentümer ihres Netzes sein werden. Die Benennungspflicht ist insbesondere erforderlich, um außenstehenden Wettbewerbern (aus anderen Mitgliedstaaten oder solche Wettbewerber, die nicht bereits seit längerem in der Elektrizitätswirtschaft tätig sind) einen schnellen Zugang zu den Durchleitungsmärkten zu ermöglichen. Die Nichtregelung der Benennung von Netzbetreibern beeinträchtigt also unmittelbar die Funktionsfähigkeit des Gemeinsamen Binnenmarktes für Elektrizität. Es handelte sich um ein gravierendes Transformationsdefizit.

146 Allerdings hat der Europäische Gesetzgeber es versäumt, die Benennungspflicht mit einer **Veröffentlichungspflicht** zu kombinieren. Es reicht für funktionsfähigen Wettbewerb grundsätzlich noch nicht aus, wenn z. B. die Landesenergieaufsichtsbehörden (vgl. § 18 EnWG 1998) Listen der in ihrem Land tätigen Netzbetreiber unter Angabe der räumlichen Ausdehnung der Netze zusammenstellen. Vielmehr muss auch sichergestellt werden, dass Jedermann in diese Listen Einsicht nehmen kann. Ein Register, möglichst in einem europaweit leicht zugänglichen Medium veröffentlicht (z. B. Internet), würde die Intensität des Wettbewerbs erheblich fördern. Der nationale Gesetzgeber sollte deshalb zugleich mit der Regelung der Benennungspflicht einschließlich des Benennungsverfahrens auch den Zugang von Privaten und Unternehmen zum **Betreiberregister** sicherstellen. Mangels Regelungspflicht besteht allerdings insofern von vornherein kein Transformationsdefizit.

147 Hinsichtlich des Übertragungsnetzes legt Art. 7 Abs. 2 RL-Elt fest, dass **technische Vorschriften mit Mindestanforderungen** betreffend Auslegung und Betrieb nicht nur ausgearbeitet, sondern auch **veröffentlicht** werden müssen. Regelungsziel ist die Interoperabilität der Übertragungsnetze, so dass diese Anforderungen objektiv und nicht diskriminierend auszugestalten waren. Gleichzeitig wurde ein Mitteilungserfordernis im Verhältnis zur Kommission (Norm und technische Vorschriften) festgelegt.

III. Transformationsdefizite des Gesetzes

Im Kapitel über den Betrieb des Verteilernetzes fehlt eine entsprechende Verpflichtung der Mitgliedstaaten. Gleichwohl kann nicht davon ausgegangen werden, dass für den Zugang zu diesen Netzen Mindestanforderungen nicht existieren oder gar unnötig sind. Obwohl auch Erwägungsgrund 26 der Binnenmarktrichtlinie Elektrizität lediglich auf technische Vorschriften für den Betrieb der Übertragungsnetze (und zusätzlich Direktleitungen) abhebt[85], erfordert es ein konsistentes Zuendedenken der gesetzgeberischen Zielsetzung, dass diese Mindestanforderungen des Übertragungsnetzes jedenfalls auch für das Verteilernetz gelten müssen, weil anderenfalls Interoperabilität nicht gewährleistet wäre. Im Folgenden wird deshalb davon ausgegangen, dass die für das Übertragungsnetz aufzustellenden technischen Mindestanforderungen entsprechend auf das Verteilernetz angewendet werden. 148

Der nationale Gesetzgeber hat die Vorgabe des Art. 7 Abs. 2 RL-Elt durch § 4 Abs. 2 EnWG äußerst knapp in deutsches Recht umgesetzt (Festlegungs-, Veröffentlichungs- und Mitteilungspflicht gegenüber der Kommission). Der Kreis potenziell anzuschließender Anlagen, der in Art. 7 Abs. 2 RL-Elt beispielhaft oder abschließend aufgezählt wird, wurde allerdings in § 4 Abs. 2 EnWG 1998 nicht benannt. Dies mag insbesondere im Hinblick auf Mindestanforderungen für Direktleitungen ein gewisses Defizit darstellen, kann jedoch durch Rückgriff auf den Richtlinientext im Rahmen der Auslegung leicht behoben werden. Auch der deutsche Gesetzgeber beschränkt sich auf Mindestanforderungen im Hinblick auf das Übertragungsnetz. 149

Die Absätze 3 bis 5 des Art. 7 RL-Elt betreffen weitere Grundpflichten des Netzbetreibers, insbesondere Aufstellung von Energieübertragungsregeln, Sicherstellung der Unterhaltspflicht, Bereitstellung unentbehrlicher Hilfsdienste, Zurverfügungstellung ausreichender Informationen im Hinblick auf die Interoperabilität des Verbundsystems, Verpflichtung zur Nichtdiskriminierung gegenüber Netzbenutzern. Unterhaltspflicht im Hinblick auf ein sicheres, zuverlässiges und leistungsfähiges Netz sowie Nichtdiskriminierungspflicht galten auch für den Betreiber des Verteilernetzes, Art. 11 Abs. 1 und 2 RL-Elt. Der deutsche Gesetzgeber hat dies im Hinblick auf das Übertragungsnetz in § 4 Abs. 3 EnWG 1998 umgesetzt und sogar eine Veröffentlichungspflicht der objektiven Einspeisungs- und Benutzungskriterien vorgeschrieben, was – anders als hinsichtlich der technischen 150

---

85 Richtlinie, ABl. EG v. 30.1.1997, Nr. L 27, S. 20, 21 (rechte Spalte).

Mindestanforderungen – von der Richtlinie gar nicht gefordert wird. Eine Umsetzung des Art. 11 Abs. 1 RL-Elt (zuverlässiges Verteilernetz) fehlte jedenfalls in expliziter Form; insofern konnte allenfalls auf die (allerdings nicht konkretisierten) Ziele des § 1 EnWG verwiesen werden (Versorgungssicherheit bedingt zuverlässiges Verteilungsnetz). Art. 11 Abs. 2 RL-Elt (Diskriminierungsverbot) konnte als durch § 6 Abs. 1 Satz 1 EnWG 1998 umgesetzt angesehen werden, wonach beim verhandelten Netzzugang die Durchleitungsbedingungen nicht ungünstiger als solche Bedingungen ausfallen dürfen, die mit verbundenen oder assoziierten Unternehmen vereinbart werden oder innerhalb des eigenen Unternehmens gelten.

151 Zu den Grundpflichten gehört auch die **organisatorische Unabhängigkeit** des Übertragungsnetzbetriebs, Art. 7 Abs. 6 RL-Elt. Dies war durch § 4 Abs. 4 EnWG 1998 in wohl ausreichendem Maße umgesetzt worden (Übertragungsnetz als eigene Betriebsabteilung). Dabei dachte der Gesetzgeber offenbar an integrierte EltVU als Regelungsleitbild; selbstverständlich kann der Netzbetrieb auch einer selbständigen juristischen Person übertragen werden. Es bereitete auch später noch viel Kopfzerbrechen, das Maß der erforderlichen Selbständigkeit in organisatorischer und personeller Hinsicht sowie den Zugang zu den erforderlichen Betriebs- und Investitionsmitteln sicherzustellen. Die Kommission stellte sich beispielsweise vor, dass der Leiter des Netzbetriebs keinen Zugang zu Leitungsorganen der Geschäftstätigkeiten Verteilung und Erzeugung haben durfte.

152 Art. 10 Abs. 1 RL-Elt enthielt die an die Mitgliedschaften gerichtete Option, die Sicherstellung der Grundversorgung über das Verteilernetz im nationalen Recht festzulegen (Kontrahierungszwang). Davon ist in § 10 EnWG 1998 Gebrauch gemacht worden. Insgesamt haben bis auf die Nichtumsetzung der Benennungspflicht gravierende Transformationsdefizite nicht vorgelegen.

b) Besondere Pflichten

153 Art. 8 RL-Elt enthält eine Rahmenregelung für Einspeisungsbedingungen sowie die Nutzung von Verbindungsleitungen, die zur Verbundschaltung von Elektrizitätsnetzen dienen (Art. 2 Ziff. 10 RL-Elt). Zunächst wird der Betreiber des Übertragungsnetzes zur verantwortlichen Stelle erklärt, die die lokalen Erzeugungsanlagen beschäftigen muss. Obwohl dies im Wortlaut der Vorschrift nicht deutlich zum Ausdruck kam, konnte man aus systematischer Stellung und

III. Transformationsdefizite des Gesetzes

besonderer Erwähnung der »Erzeugungsanlagen in seinem Gebiet« eine Art Prioritätsverpflichtung herleiten (Vermeidung von Leitungsverlusten). Einen expliziten Vorrang, der sowohl Übertragungs- als auch Verteilungsnetzbetreiber betrifft, enthielten Art. 8 Abs. 3 und Art. 11 Abs. 3 RL-Elt. Danach konnte den Betreibern vom Mitgliedstaat zur Auflage gemacht werden, umweltverträglichen Erzeugungsanlagen einen Vorrang bei der Einspeisung einzuräumen. Explizit wurden und werden als Energieträger regenerative Energiequellen, Abfälle sowie Kraft-Wärme-Kopplungsanlagen genannt. Dies hatte der nationale Gesetzgeber durch § 6 Abs. 3 EnWG 1998 mittelbar umgesetzt, wonach die Durchleitung verweigert werden konnte, wenn umweltverträglich erzeugte Energie dadurch aus dem Netz verdrängt werden würde. Auch die Ausnahme vom Genehmigungserfordernis des § 3 Abs. 1 Ziff. 2 EnWG 1998 ist an dieser Stelle zu nennen. Da die Art. 8 Abs. 3 sowie 11 Abs. 3 RL-Elt nur eine Vorrangoption, nicht aber eine Verpflichtung zu bevorzugen beinhalteten, war auch eine weitergehende deutsche Regelung nicht erforderlich.

Demgegenüber war eine Umsetzung des Art. 8 Abs. 2 RL-Elt nicht **154** erkennbar. Weder bestand damals für die Übertragungsnetzbetreiber eine Pflicht zur Aufstellung objektiver und nicht diskriminierender Einspeisungsbedingungen noch ist ein Veröffentlichungserfordernis vorgesehen gewesen. Es gab auch keine Genehmigung entsprechender Bedingungen (nur Option). Es fehlte auch eine Vorrangregelung für Strom aus verfügbaren Erzeugungsanlagen oder aus dem Transfer aus Verbindungsleitungen einschl. der sich für das Netz ergebenden technischen Beschränkungen, Art. 8 Abs. 2 Satz 2 RL-Elt. Die aus § 6 Abs. 4 EnWG 1998 folgende Verpflichtung, erstmals ab dem Jahre 2000 Richtwerte zur Spanne von Durchleitungsentgelten zu veröffentlichen, beinhaltete als reine Preisinformation allenfalls einen kleinen Ausschnitt aus den mit Art. 8 Abs. 2 RL-Elt verbundenen mitgliedstaatlichen Verpflichtungen.

Der nationale Gesetzgeber hat – ohne Unterscheidung zwischen **155** Übertragungs- und Verteilernetzen – nur mit Hilfe der Begriffe **Möglichkeit** und **Zumutbarkeit** versucht (vgl. § 6 Abs. 1 Satz 2 EnWG), zu einer Art Selbstfindungsprozess im Hinblick auf diese objektiven Kriterien beizutragen. Wie die BEWAG-Entscheidung des Bundeskartellamtes gezeigt hat[86], musste die jeweils zuständige Behörde den

---

86 BKartA vom 30.8.1999 WuW/E DE-V 149 ff. = WuW 1999, 1129 – Berliner Stromdurchleitung. Bericht ET 1999, S. 781 ff.

wegen Fehlens objektiver und nichtdiskriminierender Kriterien unausweichlichen Streit zwischen Netzbetreibern und Durchleitungsinteressenten im Einzelfall entscheiden, wobei wegen der zu erwartenden Rechtsmittel längere Wartezeiten für die Beteiligten einschl. der Kunden unumgänglich waren. Art. 8 Abs. 2 RL-Elt konnte daher als praktisch nicht umgesetzt bewertet werden.

156 Eine weitere besondere Pflicht von Netzbetreibern kommt in Art. 9 (für das Übertragungsnetz) und in Art. 12 RL-Elt (für das Verteilernetz) praktisch übereinstimmend zum Ausdruck. Dort wurde eine **Verschwiegenheitspflicht** postuliert, wonach wirtschaftlich sensible, in Ausübung der Netzbetreibertätigkeit erlangte Informationen vertraulich zu behandeln sind. Diese Regelung ist erforderlich, um Vorteile integrierter Unternehmen auszuschließen und damit Diskriminierungsfreiheit der Netzbenutzung zu sichern. Dem Netzbetreiber werden nämlich zumindest Durchleitungsmengen einschl. gewisser Kundendaten bekannt, die zu (unlauterem) Wettbewerb der Verkaufsabteilung des integrierten EltVU genutzt werden könnten. Für die Abschottung reicht es nicht aus, den Betrieb des Übertragungsnetzes als eigene Abteilung vorzusehen, § 4 Abs. 4 EnWG 1998. Die Verschwiegenheitspflicht hätte in diesem Zusammenhang mitgeregelt werden müssen. Allenfalls im Wege der Auslegung konnte versucht werden, die reine Organisationsvorschrift des § 4 Abs. 4 EnWG entsprechend weit auszudehnen.

157 In Art. 8 Abs. 4 RL-Elt ist eine **Vorrangoption** für heimische Primärenergieträger (Höchstmenge von 15 % des Gesamtverbrauchs des Mitgliedstaates) vorgesehen gewesen (jetzt: Art. 11 Abs. 4 RL-Elt 2003). Von dieser Option hat der deutsche Gesetzgeber versucht Gebrauch zu machen, indem in Art. 4 § 3 Abs. 1 des Ersten Neuregelungsgesetzes die **Notwendigkeit einer ausreichend hohen Verstromung von Braunkohle** in den neuen Bundesländern als Ausnahme von der Verpflichtung zur Nichtdiskriminierung vorgesehen worden ist. Die Kommission hatte diese Regelung allerdings als Umsetzung von Art. 8 Abs. 4 RL-Elt nicht akzeptiert, sondern die entsprechende Notifizierung als Antrag auf Erlass einer Übergangsregelung i. S. von Art. 24 RL-Elt gewertet. Die entsprechende Genehmigung ist (unter enger zeitlicher Begrenzung: bis Ende 2003) der Bundesregierung auch erteilt worden[87]. Ob unter »einheimischen Primärenergieträgern« i. S. von Art. 8 Abs. 4 RL-Elt auch regenerative Energieträger

---

87 Kommissionsentscheidung vom 8.7.1999, abgedruckt ET 1999, S. 634 f.

zu verstehen sind, die ja häufig in allen Mitgliedstaaten der EG ähnlich, wenn auch in quantitativ unterschiedlichem Umfang verfügbar sind, kann dem Wortlaut der Richtlinie nicht sicher entnommen werden. Lässt man eine solche Auslegung des Art. 8 Abs. 4 RL-Elt zu, so kann mit Hilfe der 15 Prozent-Grenze versucht werden, Kraft-Wärme-Kopplungsanlagen (einheimische Steinkohle und Braunkohle) sowie Anlagen i. S. von § 1 StrEinspG als vorrangig einzuspeisender Erzeugungsanlagen – möglicherweise verbunden mit bestimmten Vergütungspflichten – vorzusehen.

c) Besondere Ziele des Netzbetriebs

Allen erwähnten Normen der Richtlinie liegt – nicht immer wörtlich – der Gedanke des sicheren Betriebs der Netze zugrunde, was durch die Wortwahl »sicher«, »zuverlässig«, »leistungsfähig« ausgedrückt wird. In Art. 7 Abs. 1 RL-Elt a. E. ist die Versorgungssicherheit ausdrücklich erwähnt. Diese wichtige Zielsetzung hatte der nationale Gesetzgeber nicht nur in § 1 EnWG, sondern auch in § 4 Abs. 1 EnWG 1998 festgeschrieben. Die Vorschrift bezieht sich ausdrücklich auf das »Versorgungsnetz« und damit zugleich auf Übertragungs- und Verteilungsnetze. Durch Inbezugnahme von § 1 EnWG ist auch die Einhaltung des Grundsatzes der Versorgungssicherheit festgelegt. Dies konnte als ausreichende Transformation dieses wichtigen Grundgedankens im Hinblick auf die Netzorganisationsregelung der Richtlinie angesehen werden.

158

5. Unbundling

Beim Unbundling handelt es sich um ein Wettbewerbskonzept, jedenfalls ein Mittel zur Durchsetzung von Wettbewerb[88], bei dem es mit oder ohne das Eingriffsmittel der Entflechtung ermöglicht wird, internen Wettbewerb in ein und demselben Unternehmen sowie Wettbewerb im Verhältnis zu aktuellen und potentiellen Mitbewerbern dadurch zu organisieren, dass man ein integriertes Unternehmen in seine Einzelfunktionen organisatorisch und rechnerisch (virtuell) aufspaltet und dritten Unternehmen den Zugang zu den von diesen Unternehmen benötigten Ressourcen des integrierten Unternehmens ermöglicht. Während eine Entflechtung rechtliche (spaltende) Aus-

159

---

[88] Funktionalkriterium, vgl. zur Unterscheidung *Salje*, Preismißbrauch durch Elektrizitätsversorgungsunternehmen, Köln/Berlin/Bonn/München 1978, S. 70 ff.

Einführung

wirkungen auf das integrierte Unternehmen hat, bleibt bei diesem Unbundling die von den Anteilseignern gewählte Rechtsform intakt. Die Separierung hat allerdings erhebliche organisatorische Auswirkungen. Zudem muss festgelegt werden, dass für alle Marktbeteiligten (unternehmensinterne Abteilungen, dritte Unternehmen) gleiche Wettbewerbsbedingungen herrschen müssen (Zugang aufgrund transparenter, objektiver und diskriminierungsfreier Kriterien). Ziel ist es immer, ein Agieren der integrierten Unternehmen zu erreichen, als ob es sich dabei um separate Firmen handelte. Zusammenfassend kann man sagen, dass beim Unbundling die Grundideen »organisatorische Trennung« und »diskriminierungsfreier Ressourcenzugang« miteinander kombiniert werden.

160 Die Kommission der Europäischen Gemeinschaft fand in den einzelnen Mitgliedstaaten sehr unterschiedliche Wettbewerbsbedingungen der Elektrizitätswirtschaft vor. Diese reichten und reichen vom landesweit agierenden Monopolunternehmen (Frankreich) über Gebietsmonopole stark unterschiedlicher Größenordnungen (Deutschland) bis hin zu bereits vollzogenen Separierungen unter Berücksichtigung der Bereiche Erzeugung und Netzbetrieb (Übertragung und Verteilung[89]). Es war deshalb Aufgabe der Kommission, diese Bedingungen auf einen »gemeinsamen Nenner« zu bringen und zugleich die bereits erzielten Vorteile bei der Anwendung des Wettbewerbs als Verfahren nicht zu konterkarieren.

161 Neben den Art. 16 ff. RL-Elt (Netzzugang) sind es insbesondere die in den Art. 13 bis 15 RL-Elt vorgesehenen Instrumentarien Entflechtung und Transparenz der Buchführung, die (im weiteren Sinne) ein sog. Unbundling ermöglichen. Im Folgenden soll es zunächst um die Entbündelung eines integrierten Unternehmens mit Hilfe des Rechts der Rechnungslegung gehen.

a)   Einsichtsrecht

162 Art. 13 RL-Elt sieht ein Einsichtsrecht in die Buchführung der Bereiche Erzeugung, Übertragung und Verteilung durch EltVU vor. Einsichtsberechtigte sind Mitgliedstaaten, von ihnen benannte zuständige Behörden (in Deutschland: Energieaufsichtsbehörde, § 18 Abs. 1 EnWG 1998) sowie Gerichte/Schiedsgerichte i. S. von Art. 20 Abs. 3

---

89 Überblick bei *Tettinger* (Hrsg.), Strukturen der Versorgungswirtschaft, Stuttgart/Hannover 1996.

RL-Elt. Es ist nicht erkennbar, dass dieses Einsichtsrecht seinerzeit in deutsches Recht umgesetzt wurde. Zwar erwähnte § 18 Abs. 2 EnWG 1998 die Auskunftspflicht über technische und wirtschaftliche Verhältnisse zugunsten der Energieaufsichtsbehörde mit dem Ziel, die Überwachung von nach dem Gesetz zu erfüllenden Pflichten zu ermöglichen. Es fehlte aber jede Konkretisierung im Hinblick auf Art. 13 RL-Elt. Selbst wenn man davon ausgeht, dass Schiedsgerichte bzw. staatliche Gerichte ohnehin berechtigt sind, Buchführungsunterlagen einzusehen, falls Streitigkeiten z. B. im Hinblick auf die Höhe von Durchleitungsentgelten entstehen, es also einer gesonderten Umsetzung möglicherweise nicht bedarf, lässt § 18 Abs. 2 EnWG nicht erkennen, dass auch ein Einsichtsrecht (anstelle einer Auskunftspflicht) gerade im Hinblick auf Buchführungsunterlagen besteht. Betrachtet man das Einsichtsrecht als Teil der Auskunftspflicht, was allerdings nur mit Hilfe einer quasi gewaltsamen Auslegung möglich wäre[90], hätte Art. 13 RL-Elt quasi in § 18 EnWG 1998 hinein interpretiert werden müssen, um ein solches Recht zu begründen. Allenfalls die Hinzunahme von § 18 Abs. 3 EnWG, der ein Einsichtsrecht in Bezug auf »geschäftliche und betriebliche Unterlagen« vorsieht, soweit diese zur Überwachung erforderlich sind, vermochte in etwa der Zielsetzung des Art. 13 RL genügen. Sinnvoller wäre eine Regelung in § 9 EnWG 1998 gewesen, wo es nur um Rechnungslegung ging.

b) Rechnungslegung nach Kapitalgesellschaftsrecht

Art. 14 Abs. 2 RL-Elt ist durch § 9 Abs. 1 EnWG 1998 in deutsches **163** Recht umgesetzt worden. Die Unternehmen wurden unabhängig von ihrer Rechtsform (z. B. Eigenbetrieb, Personenhandelsgesellschaft usw.) zur Rechnungslegung **nach den für Kapitalgesellschaften geltenden Grundsätzen** verpflichtet. Damit soll eine bessere Vergleichbarkeit der Jahresabschlüsse ermöglicht werden. Der deutsche Gesetzgeber hat die Umsetzung weitgehend wörtlich vorgenommen, allerdings den in der Richtlinie verwendeten Begriff des »Elektrizitätsunternehmens« durch den deutschen Begriff »Elektrizitätsversorgungsunternehmen« ersetzt. Beide Begriffe sind trotz ihrer äußeren Ähnlichkeit keineswegs gleich lautend; insbesondere Eigenerzeuger

---

90 Ein Einsichtsrecht ist ein schwerwiegenderer Eingriff in die unternehmerische Sphäre als ein bloßes Auskunftsrecht; vgl. *Salje*, StrEinspG, Köln/Berlin/Bonn/München 1998, Einl. Rz. 183 ff.

werden vom deutschen Begriff nicht erfasst, fallen aber unter den Richtlinienbegriff[91]. Zwar mögen Sinn und Zweck der Richtlinie insbesondere darauf gerichtet gewesen sein, die öffentliche Elektrizitätsversorgung den speziellen Rechnungslegungsanforderungen zu unterwerfen; der dabei zu treibende Mehraufwand erforderte es m. E. aber aus Gründen des Gleichbehandlungsgrundsatzes, auch Eigenerzeuger der Regelung korrekt zu unterwerfen. Betreibt der Eigenerzeuger ein interessantes Verteilernetz oder Direktleitungen, so kann zwecks Eröffnung von Wettbewerb im Einzelfall ein möglicher Anspruch auf Durchleitung nicht von vornherein ausgeschlossen werden. Gerade für diesen Fall dient aber die besondere Rechnungslegungstransparenz i. S. von Art. 14 Abs. 2 RL-Elt. Das Vorliegen eines Transformationsdefizites im Hinblick auf Art. 14 Abs. 2 RL-Elt ist daher zu bejahen.

c) Rechnungslegung nach Unternehmensfunktionen

164 Auch Art. 14 Abs. 3 RL-Elt scheint auf den ersten Blick vom nationalen Gesetzgeber fast wörtlich umgesetzt worden zu sein, vgl. § 9 Abs. 2 EnWG 1998. Wiederum ist der Adressatenkreis jedoch auf »EltVU der allgemeinen Versorgung« unzulässig beschränkt worden. Überraschend und im Grunde sinnwidrig war es auch, dass der Gesetzgeber es versäumt hat, auf »integrierte Elektrizitätsunternehmen« als Regelungsadressaten zu verweisen. Nur solche Unternehmen, die entweder vertikal und/oder horizontal integriert sind, also zumindest eine der drei elektrizitätswirtschaftlichen Geschäftsbereiche betreiben und/oder darüber hinaus einen Bereich außerhalb der Elektrizitätswirtschaft (z. B. Gasversorgung, Telekommunikation und Abfallentsorgung), wurden von der Regelung zur Funktionstrennung bei der Rechnungslegung erfasst[92]. Dies lässt der deutsche Gesetzestext nicht erkennen, so dass es als eher zufällig erscheint, wenn Adressatenkreis der Richtlinie und Adressatenkreis des deutschen Rechts übereinstimmten. Gerade in den Randbereichen der Norm konnte es zu Regelungsdefiziten kommen, so dass die Transformation nicht vollständig geglückt war. Man mag auch rätseln, warum der nationale Gesetzgeber nicht nur auf dem eingeführten deutschen Begriff des Elektrizitätsversorgungsunternehmens, sondern zusätzlich auf der

---

91 Vgl. dazu oben Rz. 111 ff.: Definitionsnormen.
92 Zur Definition der integrierten Elektrizitätsunternehmen vgl. Art. 2 Ziff. 17 bis 19 RL-Elt.

Einengung »allgemeine Versorgung« bestanden hat, wo doch gerade letzterer Begriff angesichts seiner sehr unterschiedlichen Verwendung im EnWG keinesfalls als rechtssicher bezeichnet werden kann[93]. Jedenfalls hat der Gesetzgeber offenbar Eigenerzeuger bevorzugen und von der Regelung ausnehmen wollen. Unternehmen mit eigener Energieversorgung können daher auch rechnungslegungsmäßig »unter sich« bleiben, der Wettbewerb wird nur schwerlich zu ihnen vordringen. Damit soll hier weder für noch gegen eine mögliche Verpflichtung solcher Elektrizitätsunternehmen votiert werden, Fremdstrom zur Eigenversorgung aufzunehmen. Die Umsetzung der Richtlinie hat sich an eher formalen Kriterien zu orientieren, um in Europa wenn auch nicht Rechtsharmonisierung, dann doch wenigstens eine Art Rechtsannäherung zu erreichen.

d) Angaben im Anhang

§ 9 Abs. 3 und 4 EnWG 1998 als eher technische Durchführungsregeln wendeten sich an den identischen Adressatenkreis, so wie er in § 9 Abs. 2 EnWG festgelegt ist. Umgesetzt wurden Art. 14 Abs. 4 und 5 RL-Elt. Damit ergaben sich die gleichen Probleme bei der Bestimmung des Adressatenkreises wie sie bereits zuvor beschrieben wurden. **165**

e) Organisatorische und informatorische Trennung

Art. 15 RL-Elt verpflichtete die Mitgliedstaaten, speziell für den Fall des Alleinabnehmersystems (Art. 18 RL-Elt = § 7 EnWG) eine strikte organisatorische und informatorische Trennung dieses Unternehmensteils des integrierten Elektrizitätsunternehmens von dessen sonstigen Aktivitäten (Erzeugung, Verteilung) zu gewährleisten. Damit sollte Fairness im Wettbewerb mit dritten Versorgern gewährleistet werden. Der deutsche Gesetzgeber hatte dies in § 7 Abs. 4 EnWG 1998 korrekt umgesetzt, wobei an dieser Stelle zu Recht der Begriff »Elektrizitätsversorgungsunternehmen« verwendet wurde, weil ein Alleinabnehmersystem bei Eigenerzeugern nicht denkbar ist. Diese Regelung steht im Zusammenhang mit § 4 Abs. 4 EnWG 1998 (Führung des Übertragungsnetzes als eigenständige Betriebsabteilung). **166**

---

93 Vgl. nunmehr *Salje*, EnWG, Köln/Berlin/München 2006, § 3 Rz. 98 ff.

6. Organisation des Netzzugangs

167 Die Art. 16 bis 22 RL-Elt bilden das eigentliche Kernstück der Ersten Binnenmarktrichtlinie Elektrizität 1996 und betreffen die Organisation des Netzzugangs. Die deutsche Regelung galt als perfekte, weit über die Harmonisierungsziele (im positiven Sinne) hinausschießende Umsetzung europäischen Rechts[94]. Diese Auffassung dürfte im Wesentlichen zutreffend gewesen sein, zumal der nationale Gesetzgeber von der Möglichkeit des Art. 19 RL-Elt, mit Hilfe des Instruments der nationalen Marktquote stufenweise den freien Wettbewerb einzuführen, keinen Gebrauch gemacht hatte und dies auch nicht musste[95].

168 Art. 16 erlaubte den Mitgliedstaaten die Wahl zwischen »Netzzugang auf Vertragsbasis« (Art. 17 RL-Elt) und »Alleinabnehmersystem« (Art. 18 RL-Elt). Der deutsche Gesetzgeber hat beide Systeme zugleich eingeführt, vgl. §§ 6 und 7 EnWG. Dies mochte vielleicht nicht wörtlich Art. 16 RL-Elt entsprechen; andererseits kann die Wahlmöglichkeit wohl auch nicht ohne weiteres als »Wahlpflicht« gedeutet werden[96].

169 Der deutsche Gesetzgeber hatte den Zugang zum Übertragungsnetz einerseits und zum Verteilernetz andererseits im Begriff »Versorgungsnetz« zusammengefasst und an die Stelle des Begriffs »Netzzugang« den in Deutschland eingeführten und vielleicht auch plastischeren Begriff der »Durchleitung« gesetzt (§ 6 Abs. 1 EnWG). Wiederum wurde der Zumutbarkeitsbegriff verwendet, um den Erfordernissen eines objektiven, transparenten und nicht diskriminierenden Systems (vgl. Art. 16 RL-Elt) zu genügen. Dies dürfte jedenfalls für eine Übergangszeit genügt haben, sofern alle Marktteilnehmer auf einen fairen Interessenausgleich zu einigen vermochten. Dazu haben die zweite und dritte Verbändevereinbarung gedient, nachdem die erste Verbändevereinbarung zwar rechtzeitig in Kraft gesetzt worden war, aber nicht zu allseitiger Zustimmung und optimalen Netzzugangsergebnissen geführt hatte[97]. Außerdem wurde versucht, zusätzlich den

---

94 Vgl. die Überblicksaufsätze oben Fn. 61.
95 Art. 19 Abs. 1 RL-Elt ist ausweislich seines Wortlauts eine »Zumindest-Regelung«.
96 Wortlaut des Art. 16 RL-Elt: » ... können die Mitgliedstaaten ... wählen.«
97 Verbändevereinbarung über Kriterien zur Bestimmung von Durchleitungsentgelten v. 22.5.1998 zwischen BDI, VDEW und VIK, vgl. den Abdruck im Anhang zu *Böwing* (u. a.), EnWG 1998, o. S. (am Ende des Bandes).

Verband kommunaler Unternehmen (VKU) in die Vereinbarung einzubinden.

Der Gesetzgeber hatte gem. § 6 Abs. 2 EnWG 1998 jedenfalls die Möglichkeit, die gem. Art. 16 RL-Elt geforderten Kriterien im nachhinein doch noch festzusetzen[98]. Wünschenswert sind insofern Bedingungen und Tarife, die für jeden Marktbeteiligten (einschl. der Unternehmen im börsenmäßigen Handel) leicht anwendbar sind und die es ermöglichen, ohne Abschluss eines besonderen Durchleitungsvertrages freie Leitungskapazitäten quasi ad hoc in Anspruch zu nehmen. Das vom Gesetzgeber ursprünglich angedachte »Durchleitungsvertragsmanagement« ist im Hinblick auf die Erfordernisse des Handels von »Spotmengen« nicht praktikabel und quasi EDV-widrig. Eine Verweigerung des Zugangs aus Kapazitätsgründen ließ Art. 17 Abs. 5 RL-Elt ausdrücklich zu.

Es hatte schon damals den Anschein, als ob das deutsche System des § 6 EnWG 1998 in Richtung auf ein geregeltes Netzzugangssystem i. S. von Art. 17 Abs. 4 RL-Elt weiterentwickelt werden musste. Dem Veröffentlichungserfordernis (Art. 17 Abs. 3 RL-Elt) genügte § 6 Abs. 4 EnWG. Ein (relativer) Vorrang für umweltverträglich erzeugte Elektrizität (§ 6 Abs. 3 EnWG, Abwägung im Rahmen des Zumutbarkeitskriteriums) beruhte auf Art. 8 Abs. 3, Art. 11 Abs. 3 sowie Art. 3 Abs. 2 RL-Elt und erschien als angemessen umgesetzt.

Rudolf Lukes hat sich intensiv mit den Regeln des Netzzugangs beschäftigt[99]. Dabei hat er sich u. a. mit der umstrittenen Frage auseinandergesetzt, ob nach § 6 Abs. 1 EnWG 1998 ein unmittelbarer Anspruch auf Netzzugang besteht und damit die Frage angesprochen, ob die Binnenmarktrichtlinie Strom insofern korrekt umgesetzt wurde.

---

98 Die Ermächtigungsgrundlage für eine Rechtsverordnung betrifft die Gestaltung von Durchleitungsverträgen sowie die Kriterien zur Bestimmung von Durchleitungsentgelten.
99 Vgl. *Lukes*, Beseitigung der kartellrechtlichen Freistellung für die leitungsgebundene Energieversorgung und die Auswirkungen auf Netznutzungen, RdE 1998, S. 49 ff.; *ders.*, Alleinabnehmerstatus für Letztverbraucher versorgende EVU, ET 1998, S. 26 ff.; *ders.*, Liberalisierung des Strommarktes – Realität oder Utopie, Beilage 12 zu Heft 48 des BB 1998, S. 1; *ders.*, Richtlinienkonformität der Netzzugangsregelung im Neuregelungsgesetz, ET 1999, S. 80 ff.; *ders.*, Durchleitungsproblematik in der Energiewirtschaft nach deutschem und europäischem Kartellrecht. Vortragsreihe Universität Hohenheim, Heft 4/1995, Stuttgart 1995, S. 19 ff.

Einführung

Vergleicht man § 6 Abs. 1 EnWG 1998 mit Art. 17 Abs. 1 RL-Elt, so sahen beide den Netzzugang auf Vertragsbasis vor; § 6 Abs. 2 sprach den dazu erforderlichen »Durchleitungsvertrag« explizit an[100]. Richtlinienvorgabe und deutsches Recht stimmten damit überein.

173 Art und Intensität der Zumutbarkeitsregelungen (vgl. § 6 Abs. 1 Satz 2 bis 4 sowie Abs. 3 EnWG) konnten aber tatsächlich Zweifel erwecken, ob der durch § 6 Abs. 1 Satz 1 begründete (mittelbare) Kontrahierungszwang[101] tatsächlich ein effektives Zugangsrecht beinhaltet. Selbst wenn ein EltVU die Zugangsverweigerungsgründe nachweisen muss, wird sich ein schneller Netzzugang jedenfalls dann nicht realisieren lassen, wenn das EltVU sich beharrlich verweigert. Nur über § 19 Abs. 4 Ziff. 4 GWB und die Möglichkeiten der Kartellbehörde, die Durchleitungsanordnung für sofort vollziehbar zu erklären, konnte dann ein effektiver Netzzugang erreicht werden. Keinesfalls ist die damalige Regelung dazu geeignet gewesen, kurzfristig Strommengen auf den Weg zu einem Abnehmer zu schicken, selbst wenn eine entsprechende Netzkapazität vorhanden gewesen sein sollte. Der »freie Fluss von Elektrizität« ist daher mit Hilfe dieses Systems nicht sicher zu erreichen gewesen.

174 Man konnte daher im Streit zwischen den Verfechtern einer »Theorie des unmittelbaren Netzzugangs« und denen, die dieses Recht durch § 6 EnWG 1998 als nicht verwirklicht ansehen, wie folgt vermitteln: Das Recht auf Netzzugang wird »immer unmittelbarer«, je standardisierter Durchleitungsentgelte und Durchleitungsnebenbestimmungen in der Bundesrepublik Deutschland allgemeinverbindlich wurden. Nach Ablauf einer Übergangszeit hat dann kein Zweifel mehr bestanden, dass § 6 Abs. 1 EnWG 1998 in der Tat einen unmittelbaren Netzzugang sicherstellte.

---

100 Zur Rechtsnatur und Ausgestaltung vgl. *Salje*, Der Durchleitungsvertrag, RdE 1998, S. 169 ff. Auf der Basis der alten Verbändevereinbarung sind von der VDEW auch »Hinweise zur Gestaltung von Durchleitungsverträgen« erarbeitet worden (Materialien 17/98).
101 Zur Terminologie vgl. *Nipperdey*, Kontrahierungszwang und diktierter Vertrag, Jena 1920, S. 7; *Bydlinski*, Zu den dogmatischen Grundfragen des Kontrahierungszwanges, AcP 180 (1980), S. 1, 16 m. Nachw.; *Kilian*, Kontrahierungszwang und Zivilrechtssystem, AcP 180 (1980), S. 47, 82; *Schulte*, Anmerkung zum Beschluss des OLG Karlsruhe vom 31.3.1976, NJW 1976, S. 1210; *Herrmann*, Anwendungsprobleme des Stromeinspeisungsgesetzes; VEnergR Bd. 80, Baden-Baden 1996, S. 101 f.

III. Transformationsdefizite des Gesetzes

Art. 20 RL-Elt regelte den **freien Netzzugang für unabhängige Erzeuger (IPP) und Eigenerzeuger sowie gebietsfremde Erzeuger**. Dazu sollten die Mitgliedstaaten Vorkehrungen treffen, damit eine missbräuchliche Zugangsverweigerung verhindert wurde. Eine unabhängige zuständige Stelle war gem. Art. 20 Abs. 3 bis 5 RL-Elt für die Beilegung von Streitigkeiten – auch grenzüberschreitender Art – für zuständig zu erklären.

175

Alle diese Verpflichtungen hat der nationale Gesetzgeber nicht in das Erste Gesetz zur Neuregelung des Energiewirtschaftsrechts übernommen. Offenbar ging der deutsche Gesetzgeber davon aus, dass die Möglichkeiten gem. § 6 Abs. 1 EnWG 1998 sowie §§ 19, 20 GWB ausreichten, um mögliche Missbräuche der Netzbetreiber im Hinblick auf diesen besonderen Netzzugang von Unternehmen außerhalb der öffentlichen Versorgung zu verhindern. Eine Stelle zur Streitschlichtung und Entscheidung ist nicht eingerichtet worden; möglicherweise wurden die Kartellbehörden bzw. die entscheidenden Gerichte als insofern berufen angesehen. Ein Transformationsdefizit konnte deshalb insofern konstatiert werden, als es an einer besonderen **energiewirtschaftsrechtlichen** Regelung tatsächlich gefehlt hat.

176

Art. 21 RL-Elt betraf den **Bau von Direktleitungen**. Begünstigt wurden Elektrizitätserzeuger und EltVU sowie alle Kunden, also Großhändler oder Endverbraucher von Elektrizität sowie Verteilerunternehmen (Art. 2 Ziff. 7 RL-Elt). Dazu konnten die Mitgliedstaaten gem. Art. 3 Abs. 3 RL-Elt entscheiden, ob sie diese Vorschrift anwenden wollten. Der deutsche Gesetzgeber hatte aber mit § 13 Abs. 1 EnWG 1998 von der Option im positiven Sinne Gebrauch gemacht.

177

Allerdings war mit § 13 Abs. 1 EnWG 1998 die Umsetzung des Art. 21 RL-Elt nicht vollständig gelungen. Adressaten des Kontrahierungszwanges gem. § 13 Abs. 1 EnWG waren Gemeinden, die ihre Verkehrswege für Verlegung und Betrieb von Leitungen durch Vertrag zur Verfügung stellen müssen. Wenn man unter »Gemeinden« auch Kreise versteht, so fehlt doch ein entsprechender Anspruch gegen Länder, Bund und andere öffentliche Wegeeigentümer. Selbst wenn in der Vergangenheit im Verhältnis zu Unternehmen der öffentlichen Energieversorgung die Üblichkeit bestand, dass jene Eigentümer ihre Straßen und Wege für den Leitungsbau unentgeltlich zur Verfügung stellen (vgl. aber den Verweis auf das Bürgerliche Recht in § 8 Abs. 10 Bundesfernstraßengesetz), so ist dies für die Zukunft jedenfalls dann nicht sicher gewährleistet, wenn auch Privatunterneh-

178

men wie in Art. 21 RL-Elt vorgesehen die Wegenutzung zum Zwecke des Baus von Direktleitungen beanspruchen.

179 Auch auf der Aktivseite des Kontrahierungszwangs – Anspruchsberechtigte – fehlte es an einer vollständigen Umsetzung. Während nach Art. 21 alle Erzeuger und alle EltVU sowie jedem Kunden[102] der Leitungsbau ermöglicht werden musste, sind aus § 13 Abs. 1 EnWG 1998 nur diejenigen begünstigt gewesen, die unmittelbar Letztverbraucher im Gemeindegebiet versorgen. Gemeindegrenzen überschreitende Versorgung sowie Ansprüche von Nichtversorgern, also insbesondere Kunden, die Letztverbraucher sind und eine eigene Leitung zu bauen wünschen, wurden durch § 13 Abs. 1 EnWG nicht erfasst. Dies stellt in der Tat ein gravierendes Transformationsdefizit dar.

7. Priorität für Umweltschutz

180 Die Förderung des Betriebs umweltverträglicher Erzeugungsanlagen bildete eine Querschnittsmaterie der Richtlinie, so dass sich in praktisch allen ihren Teilbereichen entsprechende Regelungen fanden. Daneben gibt es weitere Querschnittsmaterien, die in der Art eines allgemeinen Teils die Binnenmarktrichtlinie Elektrizität insgesamt betreffen und für praktisch alle Unterabschnitte/Regelungsbereiche Gültigkeit haben.

a) Objektivität, Transparenz, Diskriminierungsfreiheit

181 Wettbewerb ist nur möglich bei Chancengleichheit aller Interessenten. Versteckte Bevorzugungen und Einflussnahmen, Behinderungen und jede Art willkürlicher unterschiedlicher Behandlung können den Wettbewerbsprozess ganz empfindlich stören. Dabei können sowohl der Staat (durch Gesetze, Verordnungen und deren Ausführung durch Behörden) als auch Private oder Unternehmen Urheber der störenden Einflussnahmen sein. Im deutschen Recht ist es § 20 GWB, der Diskriminierungen und unbillige Behinderungen untersagt.

182 Konsequent hat der Europäische Gesetzgeber die Grundsätze Objektivität, Transparenz und Nichtdiskriminierung sowohl auf den Wettbewerb als Verfahren, auf das Verhalten der Beteiligten untereinander

---

102 In Deutschland sind alle Tarif- und Sonderkunden zugelassene Kunden i. S. von Art. 17 ff. RL-Elt, weil nationale Marktquoten nicht festgesetzt worden sind.

und auf Eingriffe des Staates (durch Genehmigung, Ausschreibung usw.) bezogen. Art. 3 RL-Elt hob den Grundsatz der Gleichbehandlung aller Unternehmen (als Verpflichtung der Mitgliedstaaten) hervor. Im Hinblick auf die Definition gemeinwirtschaftlicher Verpflichtungen ordnete Art. 3 Abs. 2 RL-Elt an, dass diese den Grundsätzen der Klarheit, Transparenz, Nichtdiskriminierung und Überprüfbarkeit genügen müssen.

In den Art. 4 ff. RL-Elt finden sich die Grundsätze Objektivität, Transparenz und Nichtdiskriminierung mehrfach in Bezug auf die bei Genehmigungs- oder Ausschreibungsverfahren anzuwendenden Kriterien. Auch die für den Betrieb des Übertragungsnetzes zu veröffentlichenden Mindestanforderungen mussten objektiv und nichtdiskriminierend ausgestaltet werden. Dies galt auch hinsichtlich Ausschreibungsbedingungen für die Einspeisung aus Produktionsanlagen sowie die Nutzung von Verbindungsleitungen, Art. 8 Abs. 2 RL-Elt. **183**

Während die genannten Grundsätze in den Abschnitten über den Betrieb des Verteilungsnetzes sowie über Entflechtung und Transparenz der Buchführung nicht verwendet wurden, sind sie wiederum maßgebliche Leitlinie für die Organisation des Netzzugangs (vgl. Art. 16 RL-Elt) gewesen. Damit bestimmten sie auch die Art. 17 bis 19 RL-Elt. Für den Bau von Direktleitungen griff Art. 21 wegen der anzulegenden Genehmigungskriterien auf die Begriffe Objektivität und Nichtdiskriminierung zurück. Das Transparenzprinzip fand sich auch in Art. 22 RL-Elt (Verhinderung des Missbrauchs marktbeherrschender Stellungen). **184**

Der nationale Gesetzgeber hat die Begeisterung für die drei genannten Begriffe offenbar nicht geteilt. Soweit ersichtlich, wurden die Begriffe Objektivität und Transparenz gar nicht verwendet. Das Gebot der Diskriminierungsfreiheit kam allerdings in § 4 Abs. 2 Satz 1 EnWG 1998 als Verpflichtung der Betreiber des Übertragungsnetzes hinsichtlich Einspeisung und Benutzung von Verbindungsleitungen vor; diese Kriterien mussten auch objektiv sein. In § 6 Abs. 1 wurde der Grundsatz der Diskriminierungsfreiheit durch die Formel »nicht ungünstiger ... als ... in vergleichbaren Fällen ...« umschrieben. **185**

Im Übrigen ist für die Verweigerung des Zugangs auf den Begriff der Zumutbarkeit zurückgegriffen worden (vgl. § 6 Abs. 1 Satz 2 und Abs. 3 EnWG; ebenso § 10 Abs. 1 Satz 2 und Abs. 2 sowie § 13 Abs. 1 EnWG). Ob der deutsche Begriff der Zumutbarkeit einen weiteren **186**

Spielraum eröffnet als die Kriterien Objektivität, Transparenz und Nichtdiskriminierung, kann allenfalls nach einer Spezialuntersuchung und wahrscheinlich auch erst dann festgestellt werden, wenn es erste Rechtsanwendungsbeispiele gibt. Die Rechtsanwender würden aber gut daran tun, zur Konkretisierung des Begriffs der Zumutbarkeit auf die drei genannten Kriterien der Richtlinie zurückzugreifen. Bei jeder Interessenabwägung, die durch den Zumutbarkeitsbegriff nahe gelegt wird, besteht immer die Gefahr, dass dem Rechtsanwender ein zu weiter Beurteilungsspielraum eröffnet wird. Dieser muss durch die drei genannten »europäischen Kriterien« begrenzt werden. Es entspricht im Übrigen der deutschen Rechtsprechung zum Missbrauchs- und Diskriminierungsverbot, dass im Zweifel für die Freiheit des Wettbewerbs zu entscheiden ist[103].

b) Zuverlässigkeit und Sicherheit

187 Nicht ganz so häufig wie die zuvor genannten drei Begriffe verwendete der Europäische Gesetzgeber auch die Begriffe Zuverlässigkeit und Leistungsfähigkeit mehrfach, teilweise konkretisiert als Versorgungssicherheit. Beispiele boten Art. 3 Abs. 2, Art. 5 Abs. 1, 7 Abs. 3 sowie Abs. 4 und Art. 11 Abs. 1 RL-Elt. Für Marktkrisen hob Art. 23 RL-Elt den Sicherheitsaspekt und die Unversehrtheit des Netzes als Auslösungstatbestand für Schutzmaßnahmen hervor. Im deutschen Recht war es insbesondere § 3 Abs. 2 Ziff. 1 EnWG 1998, der für die Betriebsaufnahmegenehmigung die personelle, technische und wirtschaftliche Leistungsfähigkeit postuliert hat. Schließlich gehört die Versorgungssicherheit (als spezielle Ausprägung des Sicherheitsprinzips) zu den Zielen des EnWG (vgl. § 1), auf die beispielsweise § 4 Abs. 1 und § 10 Abs. 1 Satz 1 EnWG 1998 verwiesen. Entsprechend thematisierte § 16 EnWG (Anforderungen an Energieanlagen) die technische Sicherheit, § 17 EnWG (Vorratshaltung) die Sicherung der Energieversorgung.

---

103 Vgl. die Nachweise bei *Immenga/Mestmäcker/Markert*, GWB, 2. Aufl. München 1992, § 26 Rz. 196 m. Nachw. zur Rechtsprechung; *v. Gamm*, Kartellrecht, 2. Aufl. Köln/Berlin/Bonn/München 1990, § 26 Rz. 40 und 54 (Rspr.-Nachweise: ebd. FN 178 zu § 26 GWB); *Bechthold*, GWB, 2. Aufl. München 1999, § 20 Rz. 36.

c) Umweltschutz

Immanenter Bestandteil der Binnenmarktrichtlinie Elektrizität ist auch schon immer der Umweltschutz gewesen, was Art. 174 ff. EG entspricht. Meist handelt es sich um Optionen oder Vorrangregelungen, die die Mitgliedstaaten vorsehen können, um Kraft-Wärme-Kopplungsanlagen und regenerative Energieträger zu fördern. Art. 3 Abs. 2 RL-Elt spricht den Umweltschutz als Ansatzpunkt für die Auferlegung gemeinwirtschaftlicher Verpflichtungen an. Bei den Kriterien bezüglich Genehmigungs- bzw. Ausschreibungsverfahren für Elektrizitätserzeugungsanlagen fand sich diese Thematik in Art. 5 Abs. 1 Satz 2 lit. b), e) und f) RL-Elt. Den Netzbetreibern konnten in Art. 8 Abs. 3 sowie 11 Abs. 3 RL-Elt durch die Mitgliedstaaten Einspeise-Vorrangregelungen für umweltverträgliche Elektrizitätserzeugung zur Auflage gemacht werden. Während die Organisation des Netzzugangs vom europäischen Gesetzgeber nicht unter den Vorbehalt oder Vorrang anderweitiger umweltverträglicher Elektrizitätserzeugung gestellt wurde, hatte der nationale Gesetzgeber mit § 6 Abs. 3 EnWG 1998 einen solchen Vorbehalt ausdrücklich angeordnet. Auf diesen Vorbehalt wurde in § 13 Abs. 1 Satz 2 EnWG (Zugang zum Gemeindewegenetz für Direktleitungen) verwiesen. Nur wenn diese Vorrangregeln objektiv und transparent ausgestaltet und nichtdiskriminierend gehandhabt wurden, entsprachen sie den europarechtlichen Verpflichtungen der Mitgliedstaaten.

188

8. Übergangsvorschriften

Der deutsche Gesetzgeber hat mustergültig den von der Richtlinie gesetzten Zeitrahmen (vgl. Art. 27 Abs. 1 RL-Elt: 19.2.1999) mit mehr als neun Monaten »Verfrühung« umgesetzt. Weil von der Option hinsichtlich nationaler Marktquoten (vgl. Art. 19 RL-Elt) nicht Gebrauch gemacht worden war, wurden die am hiesigen Elektrizitätsmarkt agierenden Unternehmen früher für den Binnenmarkt für Elektrizität ertüchtigt als ihre Konkurrentinnen und Konkurrenten in den anderen Mitgliedstaaten, wenn man vielleicht von Großbritannien als dem Vorreiter der Liberalisierung absieht[104]. Mit der Braunkohle-

189

---

104 Zum britischen Recht vgl. *Wälde*, Die Regelung der britischen Energiewirtschaft nach der Privatisierung, in: *Tettinger* (Hrsg.), Strukturen der Versorgungswirtschaft, Stuttgart/Hannover 1996, S. 59 ff.

Einführung

klausel[105] hatte der Gesetzgeber in inzwischen genehmigter Weise eine Übergangsregelung i. S. von Art. 24 RL-Elt in Kraft gesetzt[106].

190 Von den Regelungen zu Marktkrisen (Art. 23 RL-Elt) und den Übergangsregelungen für bestimmte Mitgliedstaaten (Art. 27 Abs. 2 RL-Elt) war die Bundesrepublik Deutschland nicht betroffen. Einen zweiten Harmonisierungsbericht i. S. von Art. 25, 26 RL-Elt hat die Kommission vorgelegt[107]. Inzwischen waren mehrere (teilweise aber möglicherweise schon wieder veraltete) Berichte zum Stand der Umsetzungsarbeiten in den anderen Mitgliedstaaten erschienen[108]. Erkenntnisse, dass die deutsche Regelung von der EG-Kommission als ungenügende Umsetzung beanstandet worden ist, liegen nicht vor[109].

191 Nicht alle nationalen Regelungen des EnWG 1998 haben sich als unmittelbar europarechtskonform herausgestellt. Andererseits hat es aber auch keine systematischen und schwerwiegenden Transformationsdefizite gegeben, die die EU-Kommission notwendig herausfordern müssten. Im Folgenden sollen die bedenklichen Regelungen nochmals zusammengestellt werden.

9. Gesamtwertung zum EnWG 1998

192 Insgesamt betrachtet hat der nationale Gesetzgeber des EnWG 1998 die Binnenmarktrichtlinie Elektrizität frühzeitig und liberalem europäischem Gedankengut verpflichtet umgesetzt. In manchen Einzelregelungen wurde jedoch das Binnenmarktziel verfehlt. Man merkt es dem deutschen EnWG ganz deutlich an, wie sich drei voneinander isolierbare Schichten übereinandergeschoben haben und in der Art von tektonischen Platten aneinander rieben und zu Verwerfungen

---

105 Vgl. Art. 4 § 3 Neuregelungsgesetz.
106 Zur Genehmigungsentscheidung vgl. EG-Kommission v. 8.7.1999, abgedruckt ET 1999, S. 634f.
107 Vom 16.4.1999, abgedruckt ET 1999, S. 487.
108 Vgl. Klemm, Das niederländische Elektrizitätsgesetz 1998, ET 1999, S. 700 ff.; vgl. auch die Nachweise oben Fn. 69. Zum Stand vor der Richtlinie vgl. die Beiträge in Tettinger (Hrsg.), Strukturen der Versorgungswirtschaft in Europa, Bd. 23 der Bochumer Beiträge, Stuttgart/München/Hannover/Berlin 1996.
109 Zur Ankündigung eines Kontrollverfahrens betr. die Vereinbarkeit des StrEinspG mit dem EG-Vertrag vgl. aber das Schreiben der EU-Kommission v. 17.8.1999, ET 1999, S. 705 ff. (Einfluss der Stromsteuer auf die Vergütung i. S. von §§ 2, 3 StrEinspG).

führten. Dabei bildete das EnWG 1935, das dem Gebietsversorgerdenken verpflichtet war, die eine Schicht. Diese wurde überlagert durch liberales Gedankengut, das bereits im Referentenentwurf von 1994 enthalten war. Die dritte Schicht ist durch die Umsetzung der Binnenmarktrichtlinie Elektrizität formiert worden. Weil Leitziele und Begriffswelten dieser Schichten an vielen Stellen miteinander kollidierten, hinterließ das EnWG 1998 insgesamt einen zerrissenen und in seinen Einzelregelungen wenig aufeinander abgestimmten Gesamteindruck.

IV. Die Transformation der Binnenmarktrichtlinie Erdgas in deutsche Recht – Gasnovelle 2003

Im Mai 2003 ist das »Erste Gesetz zur Änderung des Gesetzes zur Neuregelung des Energiewirtschaftsrechts« in Kraft treten[110]. Obwohl die Richtlinie 98/30/EG des Europäischen Parlaments und des Rates[111] betreffend gemeinsame Vorschriften für den Ergasbinnenmarkt (im Folgenden: Gas-RL) bis zum 10.8.2000 hätte umgesetzt werden müssen, war dieser Termin ohne ernsthafte Initiativen verstrichen. Dieses beklagenswerte Defizit stand im krassen Gegensatz zur überpünktlichen Umsetzung der Binnenmarktrichtlinie Elt[112]. Nach drei Diskussionsentwürfen vom 23.2., 17.8. und 27.10 2000 hatte das Kabinett[113] am 20.12.2000 die sog. Gasnovelle beraten und dem Bundesrat am 5.1.2001 zugeleitet[114]. Kerninhalte der Gasnovelle sind die Definition des Gasversorgungsnetzes, die Betriebspflicht, der Netz-

193

---

110 Vom 20.5.2003, BGBl. I S. 686.
111 Vom 22.6.1998, ABl. EG L 204, S. 1 ff. Vgl. dazu *Seidel/Weyand*, Netzzugang auf dem deutschen Erdgasmarkt, ET 1999, S. 603 ff.
112 Zu den nicht sehr gravierenden Umsetzungsdefiziten vgl. *Salje*, Transformationsdefizite des Gesetzes zur Neuregelung des Rechts der Energiewirtschaft im Verhältnis zur Binnenmarktrichtlinie Elektrizität, in: *Vieweg/Haarmann* (Hrsg.), Festschrift für Rudolf Lukes, Köln/Berlin/Bonn/München 2000, S. 105 ff. Grundlegend *Vollmer*, Durchleitungsprobleme in der europäischen Energiewirtschaft, Jahrbuch f. Neue Polit. Ökonomie 16 (1997), S. 147 ff.
113 Südd. Zeitung vom 21.12.2000, S. 6 »Bundeskabinett verabschiedet Energiewirtschaftsgesetz«.
114 Bundesregierung, Entwurf eines Ersten Gesetzes zur Änderung des Gesetzes zur Neuregelung des Energiewirtschaftsrecht, BR-DrS 20/01 vom 5.1.2001; erneute Einbringung am 17.12.2002, BT-DrS 15/197.

zugang[115] und die Rechnungslegung für Gasversorgungsunternehmen (im Folgenden: GasVU) gewesen. Neuwahlen und Streit um die »Verrechtlichung der Verbändevereinbarungen« haben die Transformation stark verzögert.

1. Gasversorgungsnetz

194 Die neue Definition des Gasversorgungsnetzes (§ 2 Abs. 3 EnWG 2003) umfasste »Fernleitungs- und Verteilernetze, Direktleitungen, Anlagen für verflüssigtes Erdgas (LNG-Anlagen) und alle sonstigen Anlagen, die für die Fernleitung und Verteilung erforderlich sind, einschließlich der Anlagen für Wärmeausgleich und Mischung. Ferner zählen hierzu Anlagen zur Speicherung, soweit sie in technischer Hinsicht für den wirksamen Netzzugang erforderlich sind. Ausgenommen sind solche Netzteile oder Teile von Einrichtungen, die für örtliche Produktionstätigkeiten verwendet werden.«

195 Die Begriffe »vorgelagerte Rohrnetze« sowie »Speicheranlage« sind in den Sätzen 4 und 5 entsprechend der RL-Gas definiert worden. In der Gesetzesbegründung[116] wurde die Übereinstimmung der Netzdefinition mit Art. 2 Ziff. 12 und den beiden dazu ergangenen Protokollerklärungen 80/98 und 81/98 (Ratsdokument 9335/98) betont. Die für die Abgrenzung des vorgelagerten Netzes von Fernleitungs- und Verteilnetzen genannte Übergabestation sei in der Regel eine Aufbereitungsanlage, in der marktfähiges Gas hergestellt werde. Zum Begriff des GasVU (»natürliche oder juristische Personen, die von den Funktionen Gewinnung, Fernleitung, Verteilung, Lieferung, Kauf oder Speicherung von Erdgas, einschließlich verflüssigtem Erdgas (LNG) mindestens eine wahrnehmen«) wurde auf Art. 2 Ziffer 1 RL-Gas verwiesen[117], was Friktionen zum traditionellen EVU-Begriffs nahe legt, der ja auch GasVU umfasst.

---

115 Zum Umsetzungsschritt »Verbändevereinbarung Erdgas« vom 4.7.2000 vgl. ET 2000, S. 712; *Zander/Borowka/Wußing*, VV Gas – nur ein kleiner Schritt in Richtung Marktöffnung, ET 2000, S. 712 ff.
116 BT-DrS 15/197, S. 6, Einzelbegründung zu Art. 1 § 2 Abs. 3 (Netzdefinition).
117 BR-DrS 20/01, S. 9 = BT-DrS 15/197, S. 6.

2. Betrieb des Gasversorgungsnetzes

§ 4 EnWG 1998 regelte den Betrieb des Elektrizitätsversorgungsnetzes, § 4a EnWG 2003 den des Gasversorgungsnetzes. Die Regelung umfasste:

— Zielkonforme Betriebspflicht

— Pflicht zur Veröffentlichung von (objektiven und nicht diskriminierenden) Mindestanforderungen für die »Zusammenschaltung« der Gasversorgungsnetze (»Interoperabilität«)

— Einbeziehung von Gas aus Biomasse

— Verordnungsermächtigung hinsichtlich Mindestanforderungen

196

Die Betriebspflicht schloss ausweislich der Gesetzesbegründung[118] »ein zuverlässiges und leistungsfähiges Netz« einschl. dessen »technischer Ertüchtigung« ein; eine Netzausbaupflicht wurde nicht angeordnet[119]. Zu Absatz 2 hieß es in der Begründung[120]:

197

»Durch Abs. 2 werden Art. 5 sowie die Erwägungsgründe in Ziff. 8 und 19 der Gasrichtlinie hinsichtlich der für den Netzanschluss und den Netzzugang maßgeblichen technischen Mindestanforderungen für die Auslegung und den Betrieb von Gasversorgungsnetzen umgesetzt. Angesichts der verschiedenen Erdgassysteme ist die Aufstellung und Veröffentlichung von betriebstechnischen Mindestanforderungen unverzichtbar, damit für den Netzzugang Begehrenden erkennbar ist, unter welchen technischen Maßgaben der Netzzugang, der Anschluss des Netzes oder der unter die Netzdefinition fallenden Anlagen an das Gasversorgungsnetz eines anderen Gasnetzbetreibers hergestellt werden kann ... Entsprechend Art. 5 der Gasrichtlinie ist die Interoperabilität der Netze sicherzustellen. Der Netzbetreiber wird verpflichtet, technische Vorschriften für den Netzbetrieb objektiv und diskriminierungsfrei zu gestalten. Neben netztechnischen Kooperationsregeln sind Angaben auch über die jeweiligen netzkompatiblen Gasbeschaffenheiten zu machen ... Eine darüber hin-

---

118 BR-DrS 20/01, S. 10 f. = BT-DrS 15/197, S. 6 f., Einzelbegründung zu Art. 1 § 4a (Betrieb des Gasversorgungsnetzes).
119 Anders noch § 6a Abs. 5 E-EnWG i. d. F. des Entwurfs vom Februar 2000 in Fällen der Zugangsverweigerung (Engpassbehebung).
120 BT-DrS 15/197, S. 7.

Einführung

aus gehende Pflicht, eine Einheitsqualität für Gas herzustellen, besteht nicht.«

198 § 4 Abs. 1 EnWG 1998 und § 4a Abs. 1 EnWG 2003 führten – anders als Art. 7 Abs. 1 RL-Gas – neben der Betriebspflicht die Pflichten zur Wartung und zum Ausbau nicht ausdrücklich auf. Mochte man noch die Wartungspflicht als notwendigen Teil der Betriebspflicht ansehen – insofern wäre der deutsche Betriebsbegriff dann weiter als der des europäischen Rechts zu ziehen –, so blieb doch das Fehlen der Ausbauverpflichtung zu konstatieren. Insofern wies die Neuregelung selbst dann ein klares Defizit auf, wenn man eine solche Pflicht als kaum durchsetzbar einstufen sollte.

199 Begünstigte des § 4a Abs. 2 EnWG 2003 waren die Betreiber »anderer Gasversorgungsnetze«. Damit wurde auf die neue Definition des § 2 Abs. 3 EnWG 2003 zurückverwiesen. Da insofern sämtliche Arten von Leitungen einschließlich der Direktleitungen der vorgelagerten Netze (außer vorgelagerten Rohrnetzen) in den Netzbegriff einbezogen wurden, ging Abs. 2 auch insofern über Art. 5 RL-Gas hinaus. Die Umsetzung konnte also insgesamt als ordnungsgemäß beurteilt werden.

3. Netzzugang

200 Mit § 6a EnWG 2003 war in acht Absätzen eine neue Vorschrift zum »Zugang zu den Gasversorgungsnetzen« geschaffen worden, deren erste zwei Absätze lauteten:

»(1) Der Zugang zu den Gasversorgungsnetzen erfolgt nach dem System des verhandelten Netzzugangs.

(2) Betreiber von Gasversorgungsnetzen haben anderen Unternehmen das Versorgungsnetz für Durchleitungen zu Bedingungen zur Verfügung zu stellen, die guter fachlicher Praxis entsprechen und nicht ungünstiger sind, als sie von ihnen in vergleichbaren Fällen für Leistungen innerhalb ihrer Unternehmens oder gegenüber verbundenen oder assoziierten Unternehmen tatsächlich oder kalkulatorisch in Rechnung gestellt werden. Dies gilt nicht, soweit der Betreiber nachweist, dass ihm die Durchleitung aus betriebsbedingten oder sonstigen Gründen unter Berücksichtigung der Ziele des § 1 nicht möglich oder nicht zumutbar ist. Die Ablehnung ist schriftlich zu begründen. Die Bedingungen guter fachlicher Praxis im Sinne des Satzes 1 dienen der Erreichung der Ziele

IV. Transformation Binnenmarktrichtlinie Erdgas

des § 1 und der Gewährleistung wirksamen Wettbewerbs. Bei Einhaltung der Verbändevereinbarung zum Netzzugang bei Erdgas vom 3. Mai 2002 (BAnz Nr. 87b vom 14. Mai 2002) wird bis zum 31. Dezember 2003 die Erfüllung der Bedingungen guter fachlicher Praxis vermutet, es sei denn, dass die Anwendung der Vereinbarung insgesamt oder die Anwendung einzelner Regelungen der Vereinbarung nicht geeignet ist, wirksamen Wettbewerb zu gewährleisten. § 19 Abs. 4 und § 20 Abs. 1 und 2 des Gesetzes gegen Wettbewerbsbeschränkungen bleiben unberührt. Zur Klärung von Streitigkeiten im Zusammenhang mit Netzzugangsverhandlungen und Zugangsverweigerungen wird eine Streitschlichtungsstelle bei dem Bundesministerium für Wirtschaft und Arbeit eingerichtet.«

Weitere Regelungsbestandteile des neuen § 6a EnWG waren: **201**

– Unzumutbarkeit des Zugangs bei ernsthaften wirtschaftlichen und finanziellen Schwierigkeiten aus »take or pay-Verträgen« (Abs. 3 i. Verb. mit Art. 25 RL-Gas)

– Verfahrensregelung und Zuständigkeit hierzu (Abs. 4 i. Verb. mit Art. 25 RL-Gas)

– Zugangsverweigerung hinsichtlich vorgelagerter Rohrnetze (Abs. 5 i. Verb. mit Art. 23 RL-Gas)

– Veröffentlichungspflicht für geschäftliche Netzzugangsbedingungen einschl. der Entgelte (Abs. 6)

– Geheimhaltungspflicht für im Rahmen des Netzzugangs dem Betreiber zugängliche (»wirtschaftlich sensible«) Informationen (Abs. 7)

– Ermächtigung zum Erlass einer Netzzugangsverordnung (Abs. 8)

Mit § 6a EnWG 2003 sollte erfreulicherweise ein weitgehender **202** »Gleichklang« zwischen beiden Arten von Energie-Netzen hergestellt werden. Auf diese Weise wurden die Diskriminierungsverbote der Art. 7 Abs. 2 und 10 Abs. 2 RL-Gas umgesetzt und von den Verweigerungsgründen des Art. 17 Abs. 1 RL-Gas (teilweise) Gebrauch gemacht. Allerdings begünstigten § 6 Abs. 1 und § 6a Abs. 2 lediglich »andere Unternehmen«, während die Art. 7 und 10 RL-Gas »Netzbenutzer« sowie »Kategorien von Netzbenutzern« als Interessenten nennen. Da Netzbenutzer im Sinne von Art. 2 Ziff. 19 RL-Gas jede natürliche oder juristische Person ist, die in das Netz einspeist und daraus versorgt wird, musste auch für Privatpersonen eine diskriminierungsfreie Behandlung durch Netzbetreiber rechtlich gesichert werden. Schon der Kundenbegriff der Art. 14 ff. RL-Gas (Netzzugang) umfasste nicht nur Erdgasgroßhändler und Erdgasunternehmen, sondern alle Arten von Endverbrauchern von Erdgas (Sonderabnehmer und Tarifabnehmer im Sinne der deutschen Terminologie), vgl. Art. 2 Ziff. 20 RL-Gas. § 6a EnWG 2003 war deshalb ebenso wie § 6 EnWG 1998 zu eng formuliert.

203 § 6a Abs. 3 i. Verb. mit Abs. 2 Satz 2 EnWG 2003 präzisierte die Verweigerungsgründe (»Unzumutbarkeit«) im Hinblick auf den Ausnahmegrund (Art. 17 Abs. 1 RL-Gas) der ernsthaften wirtschaftlichen und finanziellen Schwierigkeiten unter Berücksichtigung der sog. take-or-pay-Verträge. Diese in der Gaswirtschaft üblichen Arten von Lieferverträgen führten nicht zur per se-Unzumutbarkeit, sondern waren nur dann im Hinblick auf den Netzzugang relevant, wenn der Nachweis der ernsthaften Schwierigkeiten aufgrund der unbedingt eingegangenen Zahlungsverpflichtungen gelang. An den Nachweis dürften hohe Anforderungen zu stellen gewesen sein (»ernsthaft«)[121]; die bloße Existenz solcher unbedingter Zahlungsverpflichtungen reichte keinesfalls aus, um die Gewährung des Netzzugangs auszuschließen.

204 Mit dieser Verweigerung hing die Möglichkeit des § 6a Abs. 3 bis 5 EnWG 2003 zusammen, der auf der Basis des Art. 25 RL-Gas die Möglichkeit für Ausnahmeanträge in das deutsche Recht übernommen hatte. Als zuständige Behörde im Sinne von Art. 25 Abs. 1 RL-Gas ist das Bundeswirtschaftsministerium vorgesehen gewesen, das seine Zuständigkeit auf das Bundeskartellamt übertragen konnte, soweit wettbewerbliche Kriterien relevant wurden. Durch Inbezugnahme sollten die die Entscheidung leitenden Kriterien des Art. 25 Abs. 3 RL-Gas in das deutsche Recht inkorporiert werden, § 6a Abs. 4 EnWG 2003. Das in Art. 15 Abs. 2 RL-Gas vorgesehene Recht der Kommission, eine Rücknahme der Entscheidung binnen vier Wochen nach Eingang der Mitteilung zu verlangen, kam im deutschen Gesetzestext nicht explizit zum Ausdruck.

---

121 Vgl. die ähnlich hohe Hürde (»bloße Unternehmensbestandsgarantie«), die das LG Berlin im Hinblick auf das Eingreifen der Braunkohleschutzklausel zugunsten der VEAG und deren Durchleitungsverweigerung errichtet hat, RdE 2000, 237, 241 ff. m. Anm. *Klemm* S. 246, 247 f.

Die Absätze 7 und 8 des § 6a EnWG 2003, die im Entwurf vom August 2000 in anderer Fassung Bestandteil der Netzbetreiberpflichten aus § 4a Abs. 3 und 4 EnWG 2003, waren, waren mit § 6a EnWG 2003 an den früheren Ort »zurückgekehrt«. Dabei regelte Abs. 6 die Veröffentlichungspflicht in Bezug auf die wesentlichen geschäftlichen Netzzugangsbedingungen: 205

– Entgelte für die Netznutzung
– Verfahren bei Netzzugangsanfragen
– auf Anfrage: Kapazitätsangaben
– auf Anfrage: Absehbare Engpässe

An Stelle eines allgemeinen Diskriminierungsverbotes sah § 6a Abs. 2 Satz 1 EnWG 2003 die Verpflichtung vor, Dritte beim Netzzugang nicht schlechter zu stellen als Unternehmen, denen »konzernintern« (verbunden oder assoziiert) Netzzugang gewährt wurde. Wörtlich bedeutete dies, dass der Wettbewerb um günstige Netzzugangsbedingungen damit nicht ausgeschlossen wurde, weil (andere) Dritte beim Netzzugang durchaus besser gestellt werden durften. Eine allgemeine Meistbegünstigung beim Netzzugang war daher nicht vorgesehen. In der Gesetzesbegründung wurden zusätzlich zu den wesentlichen geschäftlichen Bedingungen noch die Tarifstrukturen für die Netznutzung sowie die Überlassung aktueller Netzkarten, nicht aber die Mitteilung von Ein- und Ausspeisepunkten genannt[122]. 206

Mit dem Ziel einer auch rechtlich wirksamen Implementierung der sog. Verbändevereinbarungen Gas und Elektrizität ist nicht nur § 6 Abs. 1, sondern auch § 6a Abs. 2 (Sätze 4 und 5) EnWG 2003 jeweils um eine sog. Vermutungsklausel ergänzt worden. Danach soll bis zu ihrer Widerlegung vermutet werden, dass bei Praktizieren der von den Verbänden erarbeiteten Netzzugangsbestimmungen einschließlich der Entgeltregelungen ein diskriminierungsfreier Netzzugang gewährleistet wird. Schlüsselbegriff dazu ist die »gute fachliche Praxis«[123]. 207

---

122 BR-DrS 20/01, S. 12 = BT-DrS 15/197, S. 8, Einzelbegründung zu Art. 1 § 6a Absatz 6.
123 Zu diesem Begriff in den verschiedenen Feldern der Rechtswissenschaften vgl. *Brandt/Smeddinck* (Hrsg.), Gute fachliche Praxis – Zur Standardisierung von Verhalten, Berlin 2005, mit Beiträgen von *Smeddinck* (S. 19 ff.), *Frenz* (S. 47 ff.), *Gerling* (S. 63 ff.) und anderen.

208 Die sachliche und insbesondere auch die zeitliche Reichweite der Vermutung[124] sind in Rechtsprechung und Literatur besonders umstritten gewesen[125]. Zuletzt hat der Bundesgerichtshof in der Entscheidung »Stadtwerke Mainz« die strikte Bindung an die Grundsätze wirksamen Wettbewerbs betont und die zeitliche Erstreckung der Vermutungswirkung über den gesetzlichen Terminierungszeitpunkt hinaus abgelehnt[126]. Aus der ex post-Perspektive ist jedenfalls zu konstatieren, dass insbesondere die Verbändevereinbarungen Elektrizität zwar bedeutsame faktische Wirkungen entfaltet haben, sich aber letztlich rechtlich nicht sicher zu etablieren vermochten.

209 Abs. 8 enthielt eine Verordnungsermächtigung für die Regelung des Netzzugangs, die möglicherweise Inhalt, Zweck und Ausmaß nicht in einer dem Art. 80 GG entsprechenden Regelungstiefe vorgesehen hatte. Vorbild war § 6 Abs. 2 EnWG 1998; an die Stelle des impliziten Durchleitungsbegriffs war der Begriff »Netzzugang« getreten. Unter Einbeziehung der Richtlinienziele hätte diese Ermächtigungsgrundlage noch besser fundiert werden können; Art. 16 RL-Gas stellte nur auf die technische Seite des Netzzugangsrechts ab. Jedenfalls die Grundsätze der Nichtdiskriminierung, der Objektivität sowie der Transparenz und die Beachtung des Grundsatzes von Treu und Glauben hätten eigentlich – möglichst näher ausgearbeitet – Bestandteil der damaligen Ermächtigungsgrundlage sein müssen.

4. Rechnungslegung der Gasversorgungsunternehmen

210 Die Binnenmarktrichtlinie Erdgas regelte in den Art. 12 und 13 das bereits aus der Binnenmarktrichtlinie Elektrizität (vgl. Art. 13 bis 15 RL-Elt 1997) bekannte »unbundling« der Rechnungslegung, das für die Elektrizitätswirtschaft durch § 9 Abs. 2 EnWG 1998 umgesetzt worden war. Allerdings ergaben sich wesentliche Unterschiede, was einerseits die Arten von Segmenten, andererseits die Frage der Veröffentlichungspflicht betraf.

---

124 Vgl. dazu *Salje*, ET 2004, S. 109 ff.
125 Vgl. dazu *Salje*, Rechtliche Grundlagen und Reichweite der Bindung an die der Verbändevereinbarung II plus zugrunde liegenden Preisfindungsprinzipien, Frankfurt-Main/Heidelberg 2003, insbesondere S. 24 ff.; *Salje*, Die gute fachliche Praxis – Rückblick auf einen energiewirtschaftsrechtlichen Begriff, in: *Brandt/Smeddinck* (Hrsg.), Gute fachliche Praxis, aaO S. 111 ff.
126 RdE 2005, 222.

Dass für GasVU ebenso wie für EltVU das Buchführungs- und Bilanzierungsrecht der Kapitalgesellschaften anzuwenden war, wurde mit dieser Novelle für beide Arten von EVU im Wesentlichen übereinstimmend geregelt. Unterschiede ergaben sich aber – in getreuer Befolgung der Richtlinie – bei der segmentierten Berichterstattung. Während für EltVU lediglich bzgl. der Bereiche Erzeugung, Übertragung und Verteilung – getrennt von externen Aktivitäten – separat Buch zu führen war, mussten nach § 9a Abs. 2 EnWG 2003 i. Verb. mit Art. 13 Abs. 3 RL-Gas für die Bereiche Fernleitung, Verteilung und Speicherung (und daneben für sonstige Aktivitäten) gesonderte Bilanzen sowie Gewinn- und Verlustrechnungen aufgestellt werden. Im Einklang mit Art. 13 Abs. 3 und 4 Gas-RL blieb die segmentierte Buchführung und Bilanzierung **intern**; eine Veröffentlichungspflicht wie bei EltVU war nicht vorgeschrieben worden. Dies entsprach der unterschiedlichen europarechtlichen Lage. Eine solche Ungleichbehandlung erschien, zumal der Gasvertrieb (über die Richtlinie hinaus) nicht Bestandteil der Segmentierung geworden war[127], als wenig befriedigend oder gar willkürlich, wenn man nicht bereits die europarechtlich unterschiedliche Regelung als sachlich rechtfertigenden Grund im Sinne von Art. 3 Abs. 1 GG ansehen mochte. Hatte man den Gasvertrieb nämlich herausgenommen, war es entgegen der Begründung des Entwurfs (»Vertraulichkeit«)[128] nicht erkennbar, wieso sich die Netzaktivitäten Fernleitung, Verteilung und Speicherung von Erdgas derart von der Übertragung und Verteilung von Elektrizität unterschieden, dass hier Vertraulichkeit und dort Veröffentlichung geboten wurde. Erfreulich war es, dass das Gesetz als Adressaten der segmentierten Rechnungslegung nunmehr zutreffend »integrierte GasVU« und nicht »EVU der allgemeinen Versorgung« nannte, wie dies in § 9 Abs. 2 EnWG 1998 fälschlich erfolgt war[129].

211

5. Reziprozitätsklausel

Mit der Gasnovelle ist die **Schutzklausel** für Elektrizitäts- und Gasimporte völlig neu gefasst worden und war seitdem für alle Arten von EVU anwendbar. Art. 4 § 2 erlaubte in der Neufassung[130] die Verwei-

212

---

127 Anders noch der Diskussionsentwurf vom August 2000.
128 BT-DrS 15/197, S. 8 (Einzelbegründung zu Art. 1 § 9a Abs. 1 a. E.).
129 Vgl. dazu *Salje*, Transformationsdefizite, aaO S. 105, 128 f.
130 Durch Art. 2 des Ersten Gesetzes zur Änderung zur Neuregelung des Energiewirtschaftsgesetzes, Fundstellennachweis Fn. 110.

gerung des Netzzugangs gegenüber Lieferanten, »soweit der zu beliefernde Abnehmer dort nicht ebenfalls durch Dritte beliefert werden könnte.« Den Herkunftsnachweis hatte der Lieferant zu erbringen (§ 2 Abs. 1), und das Bundesministerium für Wirtschaft und Arbeit kannte »zur Vermeidung von Ungleichgewichten bei der Öffnung der jeweiligen nationalen Energiemärkte« eine regulierende Rechtsverordnung (einschl. Genehmigungserfordernis) mit Zustimmung des Bundesrates erlassen (Abs. 2); ein entsprechendes Vorgehen ist unter Beachtung völkerrechtlicher Verpflichtungen auch in Bezug auf Elektrizitäts- und Erdgasimporte aus Drittstaaten vorgesehen gewesen (Abs. 3).

213 Die Reziprozität erscheint als ein für begrenzte Zeit einsetzbares Druckmittel mit dem Ziel, die Marktöffnung in den anderen Mitgliedstaaten zu beschleunigen, durchaus geeignet; Ermächtigungsgrundlage für die Einschränkung der Freiheit auf den europäischen Energiemärkten bildeten Art. 19 Abs. 5 RL-Elt sowie Art. 19 Abs. 1 RL-Gas. Wegen der recht schwierigen Liberalisierung der Elektrizitätsversorgungsmärkte in manchen Mitgliedstaaten hatte sich die Bundesregierung auch in Bezug auf die Erdgasmärkte zu einer »schärferen Gangart« entschlossen. Es erschien allerdings als problematisch, einem Mitgliedstaat die nicht vollständig erreichte Marktöffnung »vorzuwerfen«, der »nur« den Netzzugang in zeitlichen Mindestschritten – wie in der Richtlinie vorgesehen – umgesetzt hatte. Es war und ist schließlich Sache eines jeden Mitgliedstaates, Mittel und Instrumente der Umsetzung selbst zu wählen. Solange sich die anderen Mitgliedstaaten an die Vorgaben der Richtlinie halten, darf ihnen ein liberaleres Vorgehen anderer Mitgliedstaaten nicht entgegengehalten werden. Deshalb sprach schon damals alles dafür, unabhängig von der Art des Netzzugangs (geregelt oder verhandelt oder single buyer) ausschließlich konkret auf den jeweiligen Einzelfall abzustellen und zu fragen, ob dieser Kunde mit seinen Lieferdaten, wäre er im anderen Mitgliedstaat ansässig, dort beliefert werden könnte. Nicht die abstraktrechtliche Kongruenz, sondern die konkret-tatsächliche Kongruenz musste also den Auslegungsmaßstab für die Reziprozitätsklausel bilden.

214 Mit der Gasnovelle ist weiterhin § 64 Abs. 1 GWB um die Einführung des Sofortvollzugs für Missbrauchsverfügungen gegenüber Strom- und Gasnetzbetreibern ergänzt worden. Als Vorbild dienten § 80 TKG 1996 = §§ 126, 137 Abs. 1 TKG 2004. Bei Entscheidungen der

Kartellbehörden sollte eine Verzögerung des Netzzugangs durch Einlegung von Rechtsmitteln ausgeschlossen werden.

Die Gasnovelle 2003 hatte die Umsetzungsdefizite des EnWG 1998 zwar nicht korrigiert, aber über eine nahezu »1:1-Umsetzung« den europäischen Terminologien den Weg in das deutsche Energiewirtschaftsrecht geebnet. Daraus resultierten allerdings begriffliche »Querstände« zwischen beiden Formen der leitungsgebundenen Energieversorgung. Eine Verpflichtung zum Netzausbau war nicht in das nationale Recht übernommen worden. 215

V. Preismissbrauch durch Elektrizitätsversorgungsunternehmen

Seit den siebziger Jahren ist der Preismissbrauch durch Monopolunternehmen ein beliebtes Thema wiss. Abhandlungen gewesen, wobei häufig Energieversorgungsunternehmen (EVU) als Anschauungsobjekte herangezogen wurden[131]. 216

Der »Preismissbrauch« ist ein offener Rechtsbegriff, der sich einer exakten Definition entzieht[132], aber einer systematisierenden Erfassung insbesondere durch Fallgruppenbildung durch die Rechtsprechung, zugänglich ist. Hier soll darunter zwecks Eingrenzung des Themas ein zweckwidriges unternehmerisches Verhalten verstanden werden, das in Ausnutzung einer marktbeherrschenden Stellung Preise festlegt oder fordert, die sich bei funktionsgerechtem Wettbewerb nicht hätten durchsetzen lassen. Dabei kann der Preismissbrauch sowohl als Preisniveaumissbrauch als auch als missbräuchliche Handhabung eines Preissystems (Preisstrukturmissbrauch) auftreten; sowohl Tarifkunden als auch Sonderkunden können von einem preismissbräuchlichen Verhalten betroffen werden. Im Folgenden werden unter **Preis** sämtliche Entgelte verstanden, die gegenüber Abnehmern, Weiterverteilern, Händlern, Vermittlern usw. im Hinblick auf die Elektrizitätsversorgung berechnet werden. Umfasst sind also Einkaufs- sowie Verkaufspreise, Bezugspreise für Elektrizität ab Kraft- 217

---

131 Aus der älteren Spezialliteratur: *Ebel*, BB 1993, S. 375 ff.; *Jungtäubl*, Preishöhenkontrolle; *Klaue*, in FS für Lieberknecht, S. 369 ff.; *ders.*, RdE 1994, S. 88 ff., *Kramm*, BB 1990, S. 436 ff.; *ders.*, in Baur, VEnergR Bd. 85, S. 43 ff.; *Krebs/Plesch*, RdE 1997, S. 214 ff.; *Litpher*, RdE 1996, S. 57 ff.; *Markert*, RdE 1996, S. 205 ff.; *ders.*, RdE 1992, S. 49 ff.; *Schwintowski*, BB 1996, S. 1673 ff.; *Schoening*, BB 1993, S. 1463 ff.
132 *Salje*, Preismissbrauch, S. 20 ff.

werk, Netznutzungs- sowie Netzanschlussentgelte, Zuschläge für besondere Lasten, z.B. Abnahme von Elektrizität aus regenerativen Energieträgern bzw. von in Kraft-Wärme-Kopplung erzeugtem Strom, sowie Entgelte für das Messen von elektrischer Arbeit bzw. Leistung. Der Preismissbrauch kann sowohl auf der Nachfrageseite als auch auf der Anbieterseite auftreten[133].

218 Die Darstellung umfasst zunächst die Veränderungen, die bei Heranziehung der älteren Literatur und Rechtsprechung aufgrund der Reform des Kartellrechts und des Rechts der Energiewirtschaft zu berücksichtigen sind. Darauf folgt ein kurzer Überblick über die Entscheidungspraxis zum Preismissbrauch durch EltVU, die noch auf dem alten Recht beruht. Es schließt sich ein Überblick über das Sanktionensystem an, wobei zu erwägen sein wird, ob § 20 Abs. 1 Satz 1 EnWG, der die Netzzugangsentgelte u. a. an die von internen Kunden geforderten Konditionen bindet, ebenfalls eine Preismissbrauchsnorm darstellt (vgl. aber jetzt § 30 EnWG). Schließlich wird es dann im Hauptteil um die Kriterien gehen, die allgemein und dann speziell in Bezug auf bestimmte Preisbemessungsfaktoren für Energiedienstleistungen die moderne Missbrauchsaufsicht über Stromentgelte (iwS) prägen. Nach einem kurzen Hinweis auf die europäische Rechtslage schließt die Untersuchung mit einem Bericht zu den Überlegungen ab, die die »Arbeitsgruppe Netznutzung Strom« der Kartellbehörden des Bundes und der Länder zu Preismissbrauch und Diskriminierung im Zusammenhang mit der Netznutzung im April 2001 vorgelegt hatte.

1. Energierechtsreform und Preismissbrauchsaufsicht

219 Schon mit Inkrafttreten des Ersten Gesetzes zur Neuregelung des Rechts der Energiewirtschaft im Jahre 1998[134] ist einerseits die bis dahin mögliche Absicherung fester Versorgungsgebiete durch Demarkations- und ausschließliche Konzessionsverträge aufgehoben worden[135], andererseits das Recht zur Nutzung öffentlicher Verkehrswege der Gemeinden für die Leitungsverlegung (§ 13 Abs. 1 EnWG 1998)

---

133 Vgl. dazu den Systematisierungsversuch bei *Salje*, Preismissbrauch, Tabelle 1, S. 32.
134 Vom 24.4.1998, BGBl. I S. 730.
135 Art. 2 des Neuregelungsgesetzes: Einfügung von § 103b GWB a.F.: Nichtanwendung der §§ 103, 103a GWB a.F. sowie Art. 4 § 1 (Verbot ausschließlicher Konzessionsverträge).

und das Recht zur Durchleitung von Strom durch fremde Elektrizitätsversorgungsnetze (§ 6 Abs. 1 EnWG 1998) eingeführt worden. Etwa ein Jahr später einsetzend hat sich dann ein recht intensiver Wettbewerb auch um Tarifkunden entwickelt, so dass die Kartellbehörden die frühere Betrachtungsweise – Konzept des Bestehens regionaler Gebietsversorgungsmonopole – zugunsten einer bundesweiten Betrachtung der Elektrizitätsmärkte jedenfalls zwischenzeitlich aufgaben[136]. Sofern der Anspruch auf Durchleitung nach § 6 Abs. 1 Satz 1 EnWG 1998 realisiert werden konnte, war es grundsätzlich möglich, jeden Stromabnehmer in der Bundesrepublik Deutschland von jedem Punkt aus zu erreichen (Prinzip der Eröffnung umfassenden Wettbewerbs). Da das Eigentum an den Stromversorgungsnetzen nicht angetastet wurde, also sowohl die Übertragungs- als auch die Verteilungsnetze in der Hand der bisherigen EltVU verblieben sind, war letztlich von Fall zu Fall zu prüfen, ob noch regionale Monopolstellungen bestanden oder ob es – etwa im Übertragungsbereich – bereits konkurrierende Netzangebote gab. Sofern der Weg zum Kunden über Leitungen nur ohne Auswahl zwischen den Betreibern möglich gewesen ist, konnte wie schon früher vom Bestehen einer marktbeherrschenden Stellung gemäß § 19 Abs. 1 GWB n.F. = § 22 GWB a. F. ausgegangen werden.

Die Abschaffung der §§ 103, 103a GWB a.F. zum 29.4.1998 durch das »Neuregelungsgesetz« hat die spezielle Missbrauchsaufsicht über EVU zugunsten der allgemeinen Missbrauchsaufsicht (§§ 22 ff. GWB a.F.) beseitigt. Mit der Kartellrechtsreform zum 1.1.1999 sind dann sowohl das Missbrauchsverbot (§ 19 GWB n.F.) als auch das Diskriminierungsverbot (§ 20 Abs. 1 und Abs. 2 GWB n.F.) neu gefasst worden[137]. Die bisherigen Fallgruppen des Missbrauchs sind dabei durch § 19 Abs. 4 GWB n.F. umgestaltet worden. Nach wie vor regelt Ziff. 2 des § 19 Abs. 4 GWB den Missbrauch durch Fordern von Entgelten oder sonstigen Geschäftsbedingungen, die von im funktionsfähigem Wettbewerb mit hoher Wahrscheinlichkeit erzielbaren Entgelten abweichen, wobei die Verhaltensweisen von Unternehmen auf

220

---

[136] Vgl. BKartA WuW/E DE-V 301, 305 ff. – RWE/VEW; anders noch für die Gasmärkte: BKartA, WuW/DE-V 325, 326 ff. – Stadtwerke Neuss – unter Hinweis auf die frühere Rechtsprechung zu den früheren Gebietsversorgermärkten für Strom: BGH WuW/E DE-R 24, 27 – Aggertal; BGH WuW/E DE-R 32, 33 – Garbsen.
[137] GWB in der Fassung der Bekanntmachung vom 26.8.1998, BGBl. I, S. 2546.

Einführung

vergleichbaren Märkten mit wirksamem Wettbewerb berücksichtigt werden müssen. Nach Ziff. 3 ist es verboten, ungünstigere Entgelte oder sonstige Geschäftsbedingungen zu fordern als sie das marktbeherrschende Unternehmen selbst auf vergleichbaren Märkten von gleichnamigen Abnehmern fordert, sofern der Unterschied sachlich nicht gerechtfertigt ist.

221 Ganz neu ist zum 1.1.1999 die Vorschrift des § 19 **Abs. 4 Ziff. 4 GWB** (Zugang zu Netzen oder Infrastruktureinrichtungen) in Kraft getreten; da diese Vorschrift zwar die Zugangsverweigerung als Missbrauch in den Vordergrund rückt, aber von der Kartellbehörde zugleich die Angemessenheit des geforderten Entgelts zu überprüfen ist, kann sich auch insofern ein Preismissbrauchsfall (iwS) ergeben, wenn zwar der Zugang nicht grundsätzlich verweigert, jedoch ein überhöhtes Entgelt gefordert wird.

222 § 20 Abs. 1 GWB (Verbot der unbilligen Behinderung bzw. Unterschiedlichbehandlung) entspricht im Wesentlichen § 26 Abs. 2 GWB a.F. und steht neben dem Missbrauchstatbestand, verdrängt diesen also nicht[138]. Über die Erweiterung des Missbrauchstatbestandes auf die Verweigerung des Zugangs zu Netzen oder Infrastruktureinrichtungen hinaus ist es insbesondere die Fassung des § 19 Abs. 1 GWB n.F. als **Verbotsnorm** gewesen, die den Charakter der Neufassung besonders geprägt hat. Das Diskriminierungsverbot war schon bisher als Verbot ausgestaltet. Dies ermöglicht eine erhebliche Erweiterung der Rechtsfolgen und Sanktionen; während bisher eine bestandskräftige Missbrauchsverfügung der Kartellbehörde abgewartet werden musste, ist der Missbrauch nun per se verboten, so dass entsprechende Preisforderungen nach § 134 BGB nichtig sind und ein derart verbotswidriges Verhalten auch Schadensersatzfolgen auslöst, vgl. § 33 GWB sowie § 823 Abs. 2 BGB.

223 Wichtigstes Ergebnis dieser Rechtsänderungen ist es, dass die Kartellbehörde anders als bisher nicht quasi automatisch zur Missbrauchskontrolle bei Strompreisentgelten berufen ist. Vielmehr ist von Fall zu Fall zu untersuchen, ob das Aufgreifkriterium der Marktbeherr-

---

138 *Bechtold*, Kartellgesetz § 20 Rz. 2 a.E., der wegen der Rechtsfolgenverschiebung beim allgemeinen Missbrauchsverbot das Verhältnis beider Normen als noch nicht völlig geklärt ansieht.

schung überhaupt noch besteht[139]. Vermutlich wird sich die Aufsicht zukünftig stärker auf Entgeltsysteme (bei Strukturmissbrauch unter dem Gesichtspunkt der Diskriminierung) sowie die Überprüfung einzelner Teilentgelte des Strompreises konzentrieren. Insbesondere die Höhe der Netzzugangsentgelte – Durchleitungsentgelte – dürfte wegen der insofern typischerweise fortbestehenden marktbeherrschenden Stellungen in den Vordergrund der Betrachtung rücken[140], wobei § 30 EnWG als Spezialgesetz die §§ 19, 20 GWB seit dem 13.7.2005 (Inkrafttreten des Zweiten Neuregelungsgesetzes) verdrängt, vgl. § 111 EnWG.

2. Missbrauchsaufsicht über Strompreise nach altem Recht

Nachdem der BGH in den sechziger Jahren mit der Entscheidung »Zeitgleiche Summenmessung« noch Unsicherheiten in Bezug auf das zugrunde zu legende Prüfkonzept gezeigt hatte[141], hat das Gericht im Jahre 1972 mit der sog. **Stromtarifentscheidung** die Grundlagen der jedenfalls bis 1998 gültigen Missbrauchsprüfung bei Strompreisen gelegt[142]. Kern dieses Urteils ist die Unterscheidung zwischen betriebsindividuellen und strukturellen Kosten der Elektrizitätsversorgung[143]. Dieses Konzept ist in der Literatur als Monopolpreisvergleich bezeichnet worden[144].

224

Zur praktischen Durchführung dieses Vergleichs wurden zunächst Stromentgelte vergleichbarer Kunden oder Kundengruppen gegenübergestellt, die von verschiedenen EVU zeitgleich gefordert wurden; typischerweise handelte es sich dabei um die Belieferung von Letzt-

225

---

139 Aus der neueren Literatur: *Baur*, VEnergR Bd. 95, S. 51, 56 ff.; *Börner*, ZögU 1999, S. 231 ff.; *Decker* WuW 1999, S. 967 ff.; *Hamacher*, RdE 1998, S. 225 ff.; *Hübschle*, WuW 1998, S. 146 ff., *Lutz*, RdE 2000, S. 62 ff., *Möschel*, WuW 1999, S. 5 ff.; *Pohlmann*, RdE 1998, S. 57 ff., ders., ET 1998, S. 536 ff.; *Theobald*, WuW 2000, S. 231 ff.
140 Vgl. dazu die Untersuchung und Stellungnahme der Kartellbehörden des Bundes und der Länder vom 19.4.2001, Bericht der Arbeitsgruppe Netznutzung Strom.
141 BGH WuW/E BGH 655 ff.
142 BGHZ 59, 42 = NJW 1972, 1369 = WuW/E BGH 1221 – Stromtarif.
143 BGHZ 59, 42, 47 ff. – Stromtarif; vgl. auch BGHZ 135, 323, 330 = NJW 1997, 3173 = RdE 1998, 24 – HuK-Erdgaspreise München (std. Rspr.).
144 Vgl. *Büdenbender*, VEnergR Bd. 76, S. 136 ff.; ders., Schwerpunkte, Rz. 607; *Knöpfle*, BB 1974, S. 862 ff.; zu einem Überblick über die möglichen Konzepte vgl. *Salje*, Preismissbrauch, S. 83 ff.

verbrauchern[145]. Im Jahr 1995 hat der BGH dann präzisiert, dass insofern ein Gesamterlösvergleich vorzunehmen sei[146]. Im Rahmen dieser vergleichenden Betrachtungsweise wurden weder Zuschläge und Abschläge noch eine Erheblichkeits- oder Spürbarkeitsschwelle anerkannt[147] (Ausnahme: Zum Ausgleich der bei derartigen Vergleichen allgemein anzuerkennenden Unsicherheit ist ein Zuschlag erwogen, im konkreten Fall aber nicht angewendet worden)[148]. Die Preismissbrauchsaufsicht über Tarifabnehmerpreise wurde dabei trotz der existierenden Konkurrenzlage zur Energiepreisaufsicht mit ihren genehmigten Tarifen nicht anders behandelt als die Aufsicht über Sonderabnehmer-Strompreisentgelte[149].

226 Verblieben nach Durchführung des Strompreisvergleichs unter Berücksichtigung des Unsicherheitszuschlages relevante Abweichungen, so hatte das EVU diese zu rechtfertigen. Dabei konnte es zwar nicht auf betriebsindividuelle Gründe, wohl aber auf besonders ungünstige Kostensituationen verweisen, die sich seiner Beeinflussung entzogen[150]. In der Literatur sind insofern Faktoren wie die Besiedlungsdichte (Einwohner/qm), die Art und Länge der Leitung (z.B. Kabel oder Freileitung), die Durchmischung auf Seiten der Energieverbraucher, die Gleichmäßigkeit oder Ungleichmäßigkeit der Inanspruchnahme von Energiedienstleistungen, die Geländestruktur sowie besondere Schwierigkeiten bei der Erzeugung oder Fortleitung von Elektrizität berücksichtigt worden[151]. Aufwendungen, die auf individuellen Entscheidungen des EVU beruhten, konnten die Preisabweichungen nicht rechtfertigen[152]. Der Preismissbrauch – sei es im vertikalen, sei es im horizontalen Vergleich – stand fest, wenn ein nicht zu rechtfertigender Rest an Preisnachteil für den Kunden verblieb.

---

145 Vgl. BGH RdE 1995, 193, 195 = WuW/E BGH 2967 – Strompreis Schwäbisch-Hall.
146 BGH ebd. S. 195; vgl. BGHZ 135, 323, 329 ff. – HuK-Erdgaspreise München.
147 BGH RdE 1995, 193, 196 – Strompreis Schwäbisch-Hall.
148 BGH ebd.
149 BGHZ 59, 42, 46 ff. – Stromtarif; für Gas-Tarifabnehmerpreise (vgl. BGHZ 135, 323, 327 ff.) bestand dieses Konkurrenzproblem ohnehin nicht, weil die Gastarife seit 1959 freigegeben sind.
150 BGHZ 59, 42, 49 ff. – Stromtarif.
151 Vgl. *Lukes*, Preisvergleich, insbesondere S. 43 ff.; *Büdenbender*, Schwerpunkte, Rz. 612; *Salje*, Preismissbrauch, S. 212 ff. (Korrelationsanalyse von Kennzahlen).
152 BGHZ 135, 323, 330 ff. = RdE 1998, 24 – HuK-Erdgaspreise München.

Im Jahre 1975 hatte der BGH im Rahmen der Entscheidung »Mehrpreis von 11 %« im Rahmen eines Vergleichs von Sonderabnehmerpreisen die Anwendung von § 138 Abs. 1 BGB neben den kartellrechtlichen Vorschriften bejaht[153]. Ein Missbrauch ist auch zu bejahen, wenn ein Baukostenzuschuss ohne besondere Rechtfertigung nicht nach üblichen Pauschalentgelten, sondern ausnahmsweise nach Aufwand vom EVU gefordert wird[154]. Für Fernwärmepreise soll eine Gesamtmarktbetrachtung angestellt werden, § 22 Abs. 4 GWB a.F.[155] Unangemessen niedrige Vergütungen für Stromeinspeisungen aus Laufwasserkraftwerken verstießen gegen § 26 Abs. 2 GWB a.F., so dass diese Vorschrift neben § 103 Abs. 5 GWB a.F. anzuwenden war[156]. Die Verweigerung einer Gasdurchleitung verstieß unter Zugrundelegung desselben Maßstabs sowohl gegen § 103 Abs. 3 Ziff. 4 GWB als auch § 26 Abs. 2 GWB a.F., wird jedoch mit Änderung der Versorgungsbedingungen des missbräuchlich handelnden Unternehmens im Verhältnis zum Zielkunden des Netzzugangs auch mit Wirkung gegenüber dem Zugangspetenten obsolet[157]. Bezieht ein Stromverteiler Elektrizität von einem Vorlieferanten, so muss er prinzipiell dessen Preisgestaltung gegenüber Abnehmern auch für die von den eigenen Abnehmern[158] geforderten Preise zugrunde legen. Gaspreisermäßigungen des Vorlieferanten müssen dann nicht in vollem Umfang an die eigenen Kunden weitergegeben werden, wenn ein Anstieg eigener Kosten des EVU aufzufangen ist[159]. Ein Preismissbrauch konnte nach altem Recht bereits dann vorliegen, wenn nur bei einzelnen Tarifabnahmeverhältnissen ungünstigere Preise als vom gleichartigen EVU gefordert wurden[160]. Auch die Vereinbarung eines prohibitiven Übernahmepreises für die Stromversorgungsanlagen in einem

---

153 BGH NJW 1976, 710, 711 = WuW/E BGH 1413 – Mehrpreis von 11%.
154 BGHZ 74, 327, 336 ff. = WuW/E BGH 1648 – Wohnanlage.
155 BGH NJW 1986, 846 – Fernwärmepreismissbrauch.
156 BGHZ 119, 335, 337 = NJW 1993, 396 – Stromeinspeisung.
157 BGHZ 128, 17, 30 ff. = NJW 1995, 2718 – Gasdurchleitung/wingas.
158 BGH RdE 1995, 193, 194 ff. = NJW 1995, 1894 = BB 1996, 102 = ET 1995, 468, 471 ff. – Strompreis Schwäbisch-Hall.
159 BGH RdE 1996, 70, 71 ff. = NJW 1996, 193 = WM 1995, 2205 = ET 1996, 105 = WuW/E BGH, 3009 – Stadtgaspreis Potsdam.
160 BGHZ 135, 323, 329 ff. = RdE 1998, 24 = BB 1997, 2016 – HuK-Erdgaspreise München.

Einführung

Gemeindegebiet durch konzessionsvertragliche Regelung verstieß gegen die §§ 1, 103a GWB a.F.[161]

228 Die auf dieses Konzept gestützte Preismissbrauchsaufsicht ist – verglichen mit der allgemeinen Preismissbrauchsaufsicht[162] – überaus erfolgreich gewesen und hat zu zahlreichen Missbrauchsverfügungen der Kartellbehörden geführt[163]. Da die Elektrizitätsversorgung ein Massenphänomen darstellt, standen auch genügend Vergleichsparameter zur Verfügung. Günstig hat sich bei dieser Art der Missbrauchsaufsicht insbesondere ausgewirkt, dass das bei der allgemeinen Preismissbrauchsaufsicht charakteristische Erfordernis von Zuschlägen und Abschlägen grundsätzlich nicht berücksichtigt wurde[164]. Die Praktikabilität dieses Instruments beruhte allerdings auf der Sondervorschrift des § 103 Abs. 3 GWB a.F., der diese Form der Aufsicht – gerade auch unter Hinweis auf Versorgungssicherheit und Preisgünstigkeit der Energieversorgung – ohne Rücksicht auf die individuelle Marktstellung des EVU im Einzelfall anordnete. Die Ausdifferenzierung der Versorgungs- und Marktverhältnisse im Zuge der Energierechtsreform 1998 hat dazu geführt, dass die Pauschalität dieses Preismissbrauchskonzepts zugunsten einer differenzierten Betrachtungsweise aufgegeben werden musste.

3. Anwendung der allgemeinen Missbrauchsaufsicht auf EVU

229 Mit Inkrafttreten der Energierechtsnovelle am 29.4.1998 sind die §§ 100, 103a GWB a.F. (früherer Ausnahmebereich Energieversorgung) und mit ihnen die bereichsspezifische Preismissbrauchsaufsicht aufgehoben worden[165]. Im Jahre 1998 waren demgemäß die §§ 22, 26 Abs. 2 GWB a.F. auch auf die Preise von Elektrizitäts- und Gasversorgungsunternehmen anzuwenden. Mit Inkrafttreten der §§ 19, 20

---

161 BGH WuW/E DE-R 409, 414 ff. – Endschaftsbestimmung/Sachzeitwert.
162 Vgl. dazu *v. Gamm*, Kartellrecht, § 22 Rz. 45.
163 Vgl. dazu die Nachweise bei *Emmerich*, Kartellrecht, § 32, 4; vgl. auch Monopolkommission, Die Missbrauchsaufsicht über Gas- und Fernwärmeunternehmen, Sondergutachten 21, Baden-Baden 1991.
164 Vgl. dazu die Nachweise zur Rechtsprechung zur allgemeinen Preismissbrauchsaufsicht bei *v. Gamm*, Kartellrecht, § 22 Rz. 44 ff.
165 Art. 2 des Neuregelungsgesetzes vom 24.4.1998, BGBl. I S. 730, 734; für die Versorgung mit Wasser gelten sie fort, § 103b GWB a.F.

GWB n.F. im Rahmen der Sechsten GWB-Novelle[166] hat sich das System nicht grundsätzlich verändert. Die allgemeine Preismissbrauchsaufsicht war zwar auch in der Vergangenheit grundsätzlich auf EVU anwendbar und wurde nicht etwa durch die bereichsspezifische Preismissbrauchsaufsicht gemäß § 103 Abs. 5 Satz 2 Nr. 2 GWB a.F. verdrängt[167], konnte aber – wegen der deutlich höheren Toleranzschwellen beim allgemeinen Preismissbrauch – letztlich kaum materielle Bedeutung im Bereich der Energieversorgung erlangen.

Nachdem **Energielieferpreise** weiterhin der allgemeinen Kartell- und Wettbewerbsaufsicht unterliegen (vgl. §§ 111, 20 ff. EnWG), sind zur Ermittlung eines Preismissbrauchs drei Elemente durch die Kartellbehörden bzw. die Gerichte festzustellen: Abgrenzung des relevanten Marktes, Vorliegen einer marktbeherrschenden Stellung, Missbrauchsprüfung. 230

An die Stelle des letzten Kontrollelements tritt beim Diskriminierungsverbot des § 20 Abs. 1 GWB n.F. die Prüfung, ob ein anderes Unternehmen – im üblicherweise zugänglichen Geschäftsverkehr – entweder **unbillig behindert** (erste Alternative) oder **ungerechtfertigt diskriminiert** wird (zweite Alternative). Obwohl man das Verhältnis des § 20 Abs. 1 GWB zu § 19 GWB dem Spezialitätsgrundsatz unterstellen könnte, besteht in Rechtsprechung und Literatur doch Einigkeit, dass beide Normen nebeneinander anwendbar sind; es gilt das Prinzip der »engsten Schranke«[168]. 231

a) Abgrenzung des relevanten Marktes

Während im Zeichen der Demarkations- und ausschließlichen Konzessionsverträge das jeweils abgeschottete Versorgungsgebiet den örtlich relevanten Markt bildete, muss nach der Liberalisierung der Energiemärkte in jedem Einzelfall der relevante Markt in sachlicher, räumlicher, zeitlicher und persönlicher Hinsicht abgegrenzt werden. Dabei ist das sog. **Bedarfsmarktkonzept** zugrunde zu legen, um die vorhandenen Substitutionsbeziehungen konkurrierender Anbieter 232

---

166 Vom 26.8.1998, BGBl. I S. 2546. In der Novelle sind auch die Vorschriften über den Preismissbrauch und die Preisdiskriminierung neu gefasst worden und am 1.1.1999 in Kraft getreten.
167 Vgl. insofern *Büdenbender*, Schwerpunkte, Rz. 615 ff. mit weiteren Nachweisen zur Rechtsprechung.
168 Vgl. dazu *Bechtold*, Kartellgesetz § 20 Rz. 2 (früher: Anwendungsvorrang des § 26 Abs. 2 GWB a.F.).

und Nachfrager bei der Lieferung von Energie herausarbeiten zu können. Insofern ist sowohl aktueller als auch potenzieller Wettbewerb zu berücksichtigen.

233 Die sachliche Relevanz des Marktes ist nach dem Bedarfsmarktkonzept über die funktionelle Austauschbarkeit der Ware oder gewerblichen Leistung aus der Sicht der Marktgegenseite zu bestimmen. Dabei sind sämtliche Erzeugnisse, die sich nach ihren Eigenschaften, ihrem wirtschaftlichen Verwendungszweck und ihrer Preislage so nahe stehen, dass der verständige Verbraucher sie als für die Deckung eines bestimmten Bedarfs geeignet in berechtigter Weise abwägend miteinander vergleicht und als gegeneinander austauschbar ansieht, dem gleichen relevanten Markt zuzurechnen[169]. Während bei Gas unter Berücksichtigung des Verwendungszwecks (z.B. Wärmeerzeugung) Substitutionsenergien wie Heizöl und auch Strom mitberücksichtigt werden müssen, ist in Bezug auf Elektrizität im Regelfall keine Differenzierung nach dem Verwendungszweck (Kraft, Licht, Warmwasserbereitung) erforderlich, da der Elektrizitätsverbraucher Strom »multifunktional« nutzt und angesichts seiner »Anlagendisposition« (z. B. Warmwasserbereiter mit Stromanschluss) kurzfristig nicht die Wahl hat, sich z. B. für Erdgas zu entscheiden. Dies wird für den Tarifkunden typischerweise zur mangelnden Substituierbarkeit von Elektrizität führen, während Sonderkunden für ihre gewerblichen Zwecke (z. B. Krafterzeugung) durchaus auf andere Energieträger (z. B. Dampf) auch kurz- bis mittelfristig zurückzugreifen vermögen.

234 Den **räumlich relevanten Markt** bilden aus der Sicht eines Sonder- oder Tarifkunden alle Elektrizität liefernden EVU, die für diesen Kunden tatsächlich und rechtlich erreichbar sind. Soweit der Netzzugang am Sitz des Kunden für alle Netzebenen gewährleistet ist, kann er Elektrizität aus der gesamten Bundesrepublik Deutschland – und teilweise auch benachbarten EG-Mitgliedstaaten – beziehen. Dies ist dann der räumlich relevante Markt.

235 In **persönlicher Hinsicht** wird man zwischen Haushalts- und Tarifkunden (im materiellen Sinne, vgl. § 2 Abs. 7 Konzessionsabgaben-

---

169 Nachweise bei *Emmerich*, Kartellrecht, § 18, 4a. Aus der Rspr.: BGH WuW/E BGH 3058, 3062 – Pay-TV-Durchleitung; BGH WuW/E BGH 2150, 2153 – Rheinmetall/WMF.

Verordnung)[170], gewerblichen Tarifkunden, Kunden mit Standard (sonder)verträgen und Großkunden mit Individualliefervertragen unterscheiden müssen; sie werden angesichts unterschiedlichen Leistungsbedarfs und unterschiedlicher Abnahmemengen auf verschiedenen Märkten nachfragen. Dabei könnte es nahe liegen, die tatsächlich nach der BTOElt versorgten Kunden – Privatkunden und Gewerbekunden – zu einem persönlich relevanten Markt zusammenzufassen, wenn sie tatsächlich zu genehmigten Tarifpreisen beziehen. Da diese Differenzierung jedoch künstlich ist und nicht mehr den tatsächlichen Marktverhältnissen entspricht, weil fast alle Tarifkunden (im formellen Sinne) in der Lage sind, in Sondervertragsverhältnisse zu wechseln, darf der persönlich relevante Markt nicht auf ein derzeit geübtes Marktverhalten (Beharren in den alten Tarifstrukturen) beschränkt werden. Da auch diese Kunden potenzielle Nachfrager auf ihrem persönlich relevanten Gesamtmarkt (z. B. Haushaltskunden) sind, sind sie ohne weitere Differenzierung nur diesem Markt zuzurechnen. Ob die daraus resultierende Preisspaltung innerhalb eines solchen Marktes – Tarifkundenpreise versus im Wettbewerb angebotene Preise – eine Diskriminierung darstellt, wird noch zu untersuchen sein[171].

236 Die Abgrenzung **in zeitlicher Hinsicht** wird durch den jeweiligen Nachfragevorgang festgelegt. Diese Abgrenzung stellt sicher, dass eventuell erforderliche Marktvergleiche zu einem identischen Zeitpunkt bzw. innerhalb eines gleichen Zeitraums erfolgen. Da die Elektrizitätsnachfrage typischerweise kontinuierlich auftritt, bereitet die zeitliche Marktabgrenzung im Regelfall keine besonderen Schwierigkeiten.

237 **Zusammenfassend** ist also festzustellen, dass aus der Sicht der Elektrizitätsnachfrage mit Bezug auf die Bundesrepublik Deutschland insgesamt zumindest vier relevante Elektrizitätsmärkte existieren, nämlich der Privattarifkundenmarkt, der gewerbliche Tarifkundenmarkt, der Markt für Kunden mit Standardverträgen und der Markt für Großkunden. Es ist nicht von vornherein ausgeschlossen, dass diese Märkte im Einzelfall weiter differenziert werden müssen, um das tatsächliche Nachfrageverhalten genauer abbilden zu können. Auch wenn die §§ 36 ff. EnWG unter dem Begriff des Haushaltskunden (vgl. § 3 Ziff. 22 EnWG) Gewerbe- und Privatkunden zusammenfas-

---

170 KAV v. 9.1.1992 (BGBl.I S.1992) in der Fassung vom 7.7.2005, BGBl. I S. 1970, 2015. Vgl. auch § 3 Ziff. 22 EnWG 2005.
171 Vgl. *Bartsch/Röhling/Salje/Scholz*, Stromwirtschaft, Kap. 72 Rz. 51 ff.

sen, zeigt der Vergleich zwischen § 36 und § 41 EnWG, dass bereits aus der Sicht des Gesetzgebers unterschiedliches Nachfrageverhalten auch unterschiedlichen Märkten zuzurechnen ist.

b) Marktbeherrschung

238 Nach dem Verbot der ausschließlichen Konzessions- und der Demarkationsverträge ist das Bestehen einer marktbeherrschenden Stellung des »örtlich zuständigen« Gebietsversorgers mit Strom keineswegs mehr selbstverständlich. Vielmehr ist die marktbeherrschende Stellung auf dem jeweils relevanten Markt im Einzelfall besonders festzustellen. Wegen der Öffnung der Elektrizitätsmärkte auch für Kleinverbraucher spricht zunächst vieles dafür, dass jedenfalls in Bezug auf die Zurverfügungstellung von Elektrizität (Stromhandel, Stromvertrieb: eigentliche Versorgung) eine marktbeherrschende Stellung typischerweise nicht mehr bestehen wird. Die §§ 19, 20 Abs. 1 GWB sind dann von vornherein nicht anwendbar. In Anlehnung an § 10 EnWG (Unbundling der Rechnungslegung) ist im Hinblick auf die persönliche und sachliche Marktrelevanz vielmehr zwischen den einzelnen Aktivitäten von EVU zu unterscheiden.

aa) Erzeugung von Elektrizität

239 Typischerweise werden nur wenige Großkunden sowie Weiterverteiler Zugang zum Erzeugermarkt haben. Dabei sind prinzipiell die Primärenergieträger funktionell austauschbar, so dass zwischen Atomstrom, Kohlestrom, Strom aus regenerativen Energien usw. nicht differenziert werden muss. Allerdings sind diese Erzeugungsformen in Bezug auf ihre Verfügbarkeit in zeitlicher Hinsicht nicht immer austauschbar; außerdem ist zwischen Grundlast-, Mittellast- und Spitzenlast-Kraftwerken zu unterscheiden. Trotz dieser – nachfragespezifisch notwendigen – Differenzierungen dürften Elektrizitätserzeuger (Kraftwerksbetreiber) typischerweise nicht marktbeherrschend sein. Allenfalls könnte man im Hinblick auf privilegierte Energieträger – im Förderbereich von EEG und KWK-G – an das Bestehen einer marktbeherrschenden Stellung in Bezug auf jede einzelne dieser Anlagen denken, weil insofern Abnahmepflicht besteht (§ 4 Abs. 1 EEG bzw. KWK-G). Weil die Abnahme dieses Stroms relativ – in Bezug auf den jeweils abnahmepflichtigen Netzbetreiber – reglementiert ist und außerhalb des Wettbewerbs stattfindet, dürfen diese Anlagen den relevanten Erzeugungsmärkten möglicherweise gar nicht zugerechnet werden. Da jedoch zugleich mit der Abnahmepflicht auch die Vergütungspflicht für Strom aus diesen Anlagen gesetzlich festgelegt ist, ist für eine Untersuchung zum Preismissbrauch von vornherein kein Raum.

Wenn große Netzbetreiber Elektrizität (z. B. für Regelenergiezwecke) nachfragen, kommt noch am ehesten das Bestehen einer marktbeherrschenden Stellung als Nachfrager (z.B. in Bezug auf Independent Power Producer) in Betracht. Ist der Kraftwerksbetreiber etwa im Netz eines großen EVU »gefangen« und bestehen faktisch keine Durchleitungsmöglichkeiten zu außerhalb gelegenen Abnehmern, weil beispielsweise die Erzeugungsmengen zu klein sind, so kommt das Bestehen einer marktbeherrschenden Stellung in Betracht. Insbesondere in Bezug auf solche Erzeuger, die aus dem sachlichen Förderumfang von EEG und KWK-G herausfallen, aber nicht groß genug sind oder zu unstetig Energie erzeugen, um eigene Abnehmer für ihren Strom zu interessieren, ist eine solche Konstellation nicht von vornherein ausgeschlossen. 240

bb) Verteilung

Eine typische EVU-Aktivität ist die Verteilung von Elektrizität über Niederspannungs- und Mittelspannungsnetze, vgl. Art. 2 Ziff. 5 RL-Elt[172]. Soweit parallele Verteilernetze nicht existieren, ist der örtliche Betreiber des Verteilernetzes (z.B. Regional-EVU oder Stadtwerk) mit einem Marktanteil von 100 % in Bezug auf die Aktivität Verteilung Monopolist und damit Marktbeherrscher im Sinne von § 19 Abs. 2 Ziff. 1 GWB, weil er ohne Wettbewerber ist. Diese marktbeherrschende Stellung wirkt sich jedoch nur in Bezug auf die gewerbliche Leistung »Verteilung von Elektrizität« aus; die möglicherweise integriert ausgeübte Funktion »Stromversorgung« wird gleichwohl im Wettbewerb mit anderen Anbietern betrieben, solange die Durchleitung an sich gewährleistet ist. Die im Netzbereich existierende marktbeherrschende Stellung kann gleichwohl bedeutsam sein, sofern es um die Höhe des Entgelts für die Verteil-Dienstleistung geht. Hierfür ist dann nicht die Kartellbehörde, sondern die Regulierungsbehörde zuständig, vgl. §§ 30, 65, 111 EnWG. 241

---

[172] Danach ist »Verteilung« der Transport von Elektrizität mit mittlerer und niedriger Spannung über Verteilernetze zum Zwecke der Belieferung von Kunden, vgl. auch § 3 Ziff. 37 EnWG 2005.

242 Als Marktgegenseite des Verteilnetzbetreibers kommen einerseits Stromabnehmer, andererseits EVU in Betracht. Diese können als Stromhändler, Weiterverteiler, Übertragungsnetzbetreiber und Erzeugerunternehmen tätig sein und auf die Zusammenarbeit mit dem Verteilnetzbetreiber deshalb angewiesen sein, weil sie den Netzzugang benötigen, um ihre Kunden zu versorgen. Soweit der zu versorgende Kunde »im Netz gefangen« ist und keine alternative Netzbenutzungsmöglichkeit besteht, ist der Verteilnetzbetreiber auch ihnen gegenüber Monopolist und Marktbeherrscher.

cc) Übertragung von Elektrizität

243 Übertragung ist der Transport von Elektrizität über ein Hochspannungsverbundnetz zum Zwecke der Belieferung von Endkunden oder Verteilern, vgl. Art. 2 Ziff. 5 RL-Elt i.V. mit § 3 Ziff. 32 EnWG 2005. Dieser »Ferntransport« von Strom wird typischerweise ebenfalls nicht im Wettbewerb ausgeübt. Zwar mögen »parallele Übertragungsleitungen« – räumlich betrachtet – bestehen; da sich Strom aber – den Weg des geringsten Widerstandes suchend – im gesamten vermaschten Netz ausbreitet, ist es jedenfalls physikalisch unmöglich, den Weg der Elektrizität etwa von Süd nach Nord auf eine »Westschiene« oder eine »Ostschiene« zu begrenzen. Wenn also ein Erzeugungsunternehmen Übertragungsnetzkapazität nachfragt oder ein Weiterverteiler Strom aus dem Übertragungsnetz bezieht, steht er typischerweise ebenfalls einem marktbeherrschenden Unternehmen gegenüber. Zusammenfassend kann deshalb festgestellt werden, dass Netzaktivitäten typischerweise von marktbeherrschenden Unternehmen unabhängig davon ausgeübt werden, ob es sich um Übertragungsnetz- oder Verteilnetzbetreiber handelt; gleichwohl ist die Anwendung des GWB über § 111 EnWG »gesperrt«.

dd) Stromversorgung

244 § 20 Abs. 1 EnWG ermöglicht den anderen Unternehmen den Netzzugang. Dies führt alle EVU im Wettbewerb zusammen, wobei noch zum alten Recht vertreten wurde, dass private Stromverbraucher mangels Unternehmenseigenschaft nicht als Durchleitungspetenten in Betracht kommen[173]. Für diese Kunden besteht jedoch mittelbar Wettbewerb insoweit, wie sie alternative Stromversorgungsangebote

---

173 *Britz*, in: L/O, EGW-Versorgung, § 6 Rz. 8; anders zum neuen Recht *Salje*, EnWG 2005, § 20 Rz. 8 f. (Jedermann).

wahrnehmen können. Gewerbliche Kunden sowie Großkunden sind ohnehin Unternehmen und haben eine große Auswahl an Angebotsmöglichkeiten, solange in dem örtlichen Bereich die Durchleitung nicht verweigert wird.

Deshalb ist im Hinblick auf die Stromversorgung und damit die tatsächliche Lieferung sowie den Verkauf von Elektrizität an Kunden[174] das Bestehen einer marktbeherrschenden Stellung typischerweise ausgeschlossen. Dies bedeutet zugleich, dass Strompreisentgelte – Abnehmer- und Endkundenentgelte – **als solche** nicht der Missbrauchs- und Diskriminierungsaufsicht der §§ 19, 20 Abs. 1 GWB unterliegen: Wer im Hinblick auf die von ihm im Verhältnis zur Nachfrage ausgeübten Aktivität schon nicht marktbeherrschendes Unternehmen ist, fällt aus dem Anwendungsbereich dieser Vorschriften heraus. 245

c) Missbrauch

§ 30 Abs. 1 Satz 2 EnWG enthält Regelbeispiele des Netzbetreibermissbrauchs (»Ein Missbrauch liegt insbesondere vor, wenn ...«). Allgemein ist Missbrauch das übermäßige Ausnutzen der marktbeherrschenden Stellung, das von wettbewerblichem Verhalten so stark abweicht, dass es von der Rechtsordnung nicht mehr hingenommen werden kann. Dabei werden die Preismissbrauchsfälle regelmäßig der Kategorie »Ausbeutungsmissbrauch« zugeordnet[175]. 246

Die folgenden Ausführungen werden auf die wichtigsten vier Fallgruppen des § 30 Abs. 1 Satz 2 EnWG beschränkt, wobei diese Regelbeispiele ausschließlich auf die Frage der missbräuchlichen Überhöhung von Netzzugangsentgelten (früher: Durchleitungsentgelten) angewendet werden[176], weil nur insofern von einer marktbeherrschenden Stellung sicher ausgegangen werden kann. 247

aa) Beeinträchtigung von Wettbewerbsmöglichkeiten anderer Unternehmen

Im Bereich der Netznutzung sind die EVU typischerweise Monopolisten, so dass Wettbewerbsmöglichkeiten konkurrierender Netz- 248

---

174 Vgl. Art. 2 Ziff. 16 RL-Elt 1996.
175 Vgl. *Baur*, Missbrauch, S. 226 ff.
176 Zu den eher theoretischen Fragen der verschiedenen Konzepte und ihrer Anwendbarkeit auf die Energiewirtschaft vgl. *Büdenbender*, Schwerpunkte, Rz. 622 ff.

betreiber a priori nicht beeinträchtigt werden können. Gleichwohl können dritte Netzbetreiber beeinträchtigt werden, wenn etwa ein Netzzugang deshalb nicht zustande kommt, weil ein Betreiber der für den »Transport« erforderlichen Netze dies verweigert oder unangemessene Entgelte beansprucht. Auch die Wettbewerbschancen von Nicht-Netzbetreibern können auf diese Weise leiden. Da es in all diesen Fällen letztlich aber wieder um die Frage geht, ob das geforderte Netzentgelt gerechtfertigt werden kann (§ 30 Abs. 1 Satz 2 Ziff. 2 EnWG: »ohne sachlich gerechtfertigten Grund erheblich beeinträchtigt«), kann insofern auf die folgenden Fallgruppen verwiesen werden, in denen es primär um die Höhe des angemessenen Nutzungsentgeltes geht.

bb) Abweichen von wettbewerblichen Netznutzungsentgelten

249 Gemäß § 30 Abs. 1 Satz 2 Ziff. 5 EnWG liegt ein Missbrauch auch dann vor, wenn geforderte Entgelte von denjenigen abweichen, die sich bei wirksamem Wettbewerb mit hoher Wahrscheinlichkeit ergeben würden, wobei die Verhaltensweisen von Unternehmen auf vergleichbaren Märkten mit wirksamem Wettbewerb berücksichtigt werden müssen. Dies kann am Beispiel der kartellbehördlichen Untersuchung der Netznutzungsentgelte eines ostdeutschen Netzbetreibers gezeigt werden, der im Mittelspannungsnetz ein Entgelt fordert, das verglichen mit dem der EWE (Oldenburg) fast doppelt so hoch ist[177].

250 Die Regulierungsbehörde untersucht insofern, ob es sich um vergleichbare Versorgungsgebiete handelt (geologische Struktur, Verhältnis von Kabel und Freileitungen, Abnehmerdichte, benötigte Spannungsebenen usw.). Sind die Versorgungsgebiete insofern vergleichbar, spricht dies prima facie dafür, dass sich im Falle wirksamen Wettbewerbs die von EWE geforderten Preise auch im Versorgungsgebiet jenes ostdeutschen Versorgers einstellen würden.

251 Das von der Untersuchung betroffene Unternehmen wird jetzt vortragen, welche strukturellen Besonderheiten sein Versorgungsgebiet prägen[178]. Handelt es sich etwa in diesem Gebiet um neu verlegte Lei-

---

177 Vgl. dazu Südd. Zeitung vom 6.8.2001, S. 21 unter Hinweis auf den VEA-Preisvergleich.
178 Vgl. BGHZ 52, 42, 49 ff. – Stromtarif; BGHZ 135 323, 330 ff. – HuK-Erdgaspreise München.

tungen, für die Kapitaldienst zu leisten ist und die schon in den Gestehungskosten höher zu Buche schlugen als die möglicherweise teilweise älteren Leitungen der EWE, ist dies berücksichtigungsfähig, weil diese Unterschiede zwar nicht auf der Gebietsstruktur, wohl aber auf dem Zeitpunkt der Investitionsentscheidung beruhen. Wurde diese Entscheidung nicht willkürlich, sondern sachlich angemessen und den Entscheidungsspielraum des EVU berücksichtigend getroffen, etwa weil Erneuerungsbedarf bestand, so gehört dies zu den strukturellen und damit hinzunehmenden Faktoren. Alle mit dieser Entscheidung zusammenhängenden Kostenfaktoren sind daher zu berücksichtigen; die Netzzugangsentgelte von EWE und dem betroffenen Versorger sind dann nicht mehr vergleichbar. Die Regulierungsbehörde wird dann versuchen, durch Vergleich der in beiden Gebieten wirksamen Kostenfaktoren die strukturelle Besonderheit – mittels eines prozentualen Zuschlages auf das Netzzugangsentgelt der EWE – zu berücksichtigen.

Hat der Netzbetreiber das neue Netz zu teuer beschafft, weil nicht genügend Angebote eingeholt wurden, oder nutzt er ein fremdes Netz zu unangemessen überhöhten Entgelten, sind dies nicht berücksichtigungsfähige betriebsindividuelle Besonderheiten, die einen Zuschlag nicht zu begründen vermögen. Da bei Durchführung des Vergleichs eine »hohe Wahrscheinlichkeit« ausreicht, dass das von der Untersuchung betroffene EVU diese Preise im wirksamen Wettbewerb nicht hätte durchsetzen können, muss die Regulierungsbehörde nicht alle letzten Zweifel ausräumen. Auch die Darlegungs- und Beweislast des betroffenen EVU wirkt sich in ähnlicher Richtung aus. Mit Hilfe der Preismissbrauchsverfügung wird die Behörde festlegen, dass höhere Preise als ... Cent/kWh als Netznutzungsentgelt nicht gefordert werden dürfen. 252

cc) Ungerechtfertigte Preisspaltung

Während das der Ziff. 5 des § 30 Abs. 1 Satz 2 EnWG zugrunde liegende Vergleichsmarktkonzept zeitgleich Entgelte auf verschiedenen Märkten betrachtet, geht es bei der Ziff. 6 um das eigene Preissystem des marktbeherrschenden Unternehmens. Danach ist es missbräuchlich, im Vergleich zu eigenen Entgelten auf vergleichbaren Märkten ungünstigere Entgelte zu fordern; ungerechtfertigte Preisdifferenzierungen sind verboten[179]. Diese Fallgruppe kann auch als Preisstruk- 253

---

179 Vgl. Monopolkommission, Sondergutachten 1, Baden-Baden 1975, S. 140 ff.

turmissbrauch bezeichnet werden. Liegt eine Preisspaltung vor, muss sie vom Netzbetreiber gerechtfertigt werden[180].

254 Dass der Netzbetreiber von vergleichbaren Abnehmern unterschiedliche Netzzugangsentgelte einfordert, ist insbesondere in Bezug auf integrierte Versorger-Netzbetreiber nicht ausgeschlossen. Zur Ermittlung eines solchen Missbrauchsfalls ist allerdings aus dem Gesamtentgelt (Versorgungsentgelt, Nutzungsentgelt, andere Entgeltbemessungsfaktoren wie Steuern, Konzessionsabgaben usw.) zurückzuschließen. Gelingt es dem Netzbetreiber beispielsweise nicht nachzuweisen, dass unter Berücksichtigung der im Aufgreiffall geforderten Netzzugangsentgelte im verglichenen Fall noch die Kosten für die Erzeugung und die anderen Bemessungsfaktoren erwirtschaftet werden können, denen das Unternehmen nicht ausweichen kann, so ist die unzulässige Preisspaltung nachgewiesen. In der Flugpreisentscheidung des BGH[181] ist die Berücksichtigung von Kosten des Vergleichsfalls zugelassen worden.

255 Die Verpflichtung des Netzbetreibers, die Netzbenutzer nicht zu diskriminieren, folgte bereits aus Art. 7 Abs. 5 und 11 Abs. 2 RL-Elt 1996 sowie § 6 Abs. 1 Satz 1 EnWG 1998. Der Netzbetreiber wird daher von vornherein von gespaltenen Preisen absehen. Dies schließt es nicht aus, dass die Netzzugangsentgelte eines Tarifkunden im Verhältnis zu denen eines Großkunden unter Berücksichtigung der jeweiligen Lastprofile – synthetisch oder real – unterschiedlich ausfallen können. Der Netzbetreiber muss dann die Schlüssigkeit der Entgeltberechnung unter Berücksichtigung des jeweiligen Abnehmervorteils nachweisen. Für die Missbrauchsfälle des § 30 Abs. 1 Satz 2 Ziff. 5 und 6 EnWG kann dabei folgende Konstellation eintreten: Das Netzzugangsentgelt wird nicht dem Abnehmer, sondern seinem Lieferanten in Rechnung gestellt, der es als angemessen hinnimmt und dem Kunden im Lieferentgelt weiterbelastet. Nimmt der Versorgungsvorgang sämtliche Spannungsebenen in Anspruch, werden die veranschlagten Netzzugangsentgelte jeweils von Spannungsebene zu Spannungsebene weitergewälzt und erreichen dann den Netznutzer (EVU oder Abnehmer) als Kostenblock. In all diesen Fällen ist die Nachprüfung der Angemessenheit des Entgelts deutlich erschwert, zumal wenn das Entgelt nicht auf individuellen Verhandlungen, sondern auf

---

180 Vgl. BGH WuW/E DE-R 375, 378 ff. – Flugpreis Berlin-Frankfurt; Vorinstanz KG WuW/E DE-R 124, 127.
181 Siehe oben.

Pauschalierungen und Kostenwälzung über Bilanzkreise beruht. Liegt eine Entgeltgenehmigung vor, kommt eine Missbrauchsprüfung nicht mehr in Betracht, vgl. § 111 Abs. 3 EnWG.

Für die Missbrauchsprüfung ist es irrelevant, dass die möglicherweise missbräuchlich handelnden Netzbetreiber nicht selbst Vertragspartner des betroffenen Abnehmers sind. Regt der Abnehmer eine Preismissbrauchsprüfung bei der zuständigen Regulierungsbehörde an, muss er lediglich nachweisen, dass und in welcher Höhe die Netzzugangsentgelte in den Strompreis einfließen. Zwar kann fraglich sein, ob das liefernde EVU auf Anfordern des Kunden verpflichtet ist, seine Strompreiskalkulation und damit das weiterbelastete Netzzugangsentgelt offen zu legen; jedenfalls gegenüber der Regulierungsbehörde besteht eine solche Verpflichtung (vgl. § 69 EnWG). Für diesen Fall muss jeder einzelne Netzbetreiber nachweisen, in welcher Höhe die von ihm vorgehaltene Spannungsebene zum Gesamtzugangsentgelt beiträgt und welche Gründe dafür maßgeblich sind. Der Abnehmer kann also auch in diesen Fällen des »mittelbaren Preismissbrauchs« eine Überprüfung durchsetzen. 256

Fraglich ist, ob der folgende Fall eine verbotene Preisspaltung darstellt: Früher wurden viele Tarifkunden (im materiellen Sinne) zu unterschiedlichen Entgelten versorgt, obwohl sie vergleichbare Abnahmeverhältnisse aufwiesen. Dies beruhte letztlich auf Entscheidungen dieser Kunden selbst: Während nämlich die eine Gruppe in den genehmigten Stromtarifen verblieben ist, haben sich andere Mitglieder der Gruppe dazu entschlossen, besondere Vereinbarungen (Sonderverträge) abzuschließen, für die aber häufig die AVBEltV gleichwohl unmittelbar oder aber qua Vereinbarung galten, so dass eine solche Preisspaltung auch nicht unter Hinweis auf günstigere Konditionen der verbliebenen Tarifabnehmer gerechtfertigt werden konnte. 257

Besonderheit dieser Fallgruppe ist es, dass es auch den verbliebenen Tarifkunden (im formellen Sinne) durchaus möglich wäre, in die ungenehmigten »Tarife« zu wechseln. Selbst wenn der Versorger zugleich das örtliche Netz betreibt (vgl. § 7 Abs. 2 EnWG), ist er im Hinblick auf die Aktivität »Versorgung mit Strom« nicht marktbeherrschend. Lediglich wenn man aus dem Integriertsein dieses EVU schließen müsste, dass sich die marktbeherrschende Stellung aus dem Netzbetrieb auch auf die Aktivität der Versorgung erstreckt, wäre das Bestehen einer marktbeherrschenden Stellung zu bejahen. Anderenfalls kann dieser Fall schon deshalb nicht aufgegriffen werden, weil 258 das Eingreifkriterium des Missbrauchs die marktbeherrschende Stellung zwingend voraussetzt.

259 Teilweise ist in der Literatur vorgeschlagen worden, aus dem Bestehen eines Missbrauchs, wie er hier wohl kaum geleugnet werden kann, auf das Bestehen der marktbeherrschenden Stellung zurückzuschließen[182]. Die marktbeherrschende Stellung würde also quasi vermutet, weil – so wird unterstellt – ein Missbrauch sonst nicht denkbar wäre. Die Problematik dieser Argumentation liegt auf der Hand, weil letztlich auf das Vorliegen eines wichtigen Tatbestandsmerkmales des § 19 GWB verzichtet wird. Die Vermutungskriterien des § 19 Abs. 4 GWB sind auch möglicherweise abschließend, so dass für weitere Vermutungen – aus dem Missbrauch selbst heraus – wohl kein Raum ist. Allerdings ist gerade im Hinblick auf integrierte Versorger-Netzbetreiber denkbar, dass diese wegen der (nachwirkenden) marktbeherrschenden Stellung in der Vergangenheit im Verhältnis zu ihren Wettbewerbern nach wie vor eine überragende Marktstellung im Sinne von § 19 Abs. 2 Ziff. 2 GWB auf den Liefermärkten gerade im Verhältnis zu den Haushaltskunden haben, weil sie mit dem Zugang zu den Transportmärkten (als Netzbetreiber) auch den Zugang zu den Absatzmärkten hatten und haben, was durch hohe Marktanteile bei den Haushaltskunden (oberhalb von 90 %, bezogen auf das Netzgebiet) bestätigt wird. Kommen noch enge Verflechtungen zu großen EVU hinzu, erscheint es nicht als von vornherein ausgeschlossen, dass diese häufig praktizierte Form der Preisspaltung innerhalb der Gruppe der Haushalts- und Tarifabnehmer als Missbrauch verfolgt werden kann.

260 Obwohl die Aufteilung der Zuständigkeit zur Entscheidung über durchaus vergleichbare Fälle einer missbräuchlichen Preisspaltung auf zwei verschiedene Behörden rechtstechnisch nicht zu befriedigen vermag, musste die Entscheidung des Gesetzgebers respektiert werden.

dd) Netzzugang und unangemessenes Entgelt

261 Der zum 1.1.1999 neu geschaffene Missbrauchstatbestand des § 19 Abs. 4 Ziff. 4 GWB betrifft die Zugangsverweigerung des Betreibers

---

[182] In die Gesamtbewertung zur Ermittlung der Marktbeherrschung fließen auch Verhaltenskriterien und damit das missbräuchliche Verhalten selbst ein.

von eigenen Netzen oder anderen Infrastruktureinrichtungen und setzt voraus, dass insofern marktbeherrschende Unternehmen auch auf dem vor- oder nachgelagerten Markt als Wettbewerber des Netzzugangspetenten auftreten. Diese Fallkonstellation ist bei EVU typisch, soweit sie neben dem Netz auch noch Stromabnehmer versorgen. Für die Energieversorgung ist aber nunmehr die spezialgesetzliche Regelung des § 30 Abs. 1 Satz 2 Ziff. 1 i. V. mit §§ 20 ff. EnWG zu beachten, die wegen § 111 EnWG den allgemeinen GWB-Zugangsanspruch verdrängt. Dies betrifft auch Diskriminierungsfälle des § 20 Abs. 1 EnWG unter Verdrängung von § 20 Abs. 1 GWB, soweit es um die Höhe des Zugangsentgelts und der Zugangsbedingungen geht.

d) Diskriminierung (iwS)

§ 19 Abs. 1 GWB begründet **kein allgemeines Diskriminierungsverbot**[183], so dass Differenzierungen insbesondere dann zulässig bleiben, wenn sie sich im Laufe der Marktprozesse historisch bedingt einstellen. Das EVU muss also grundsätzlich nicht jeden Preisnachlass automatisch – Meistbegünstigung – an alle vergleichbaren Abnehmer zeitgleich weitergeben. Das Diskriminierungsverbot wirkt sich vielmehr so aus, dass bei Nachprüfung im Einzelfall ein nicht diskriminierendes Verhalten beansprucht werden kann.

262

aa) Verhältnis zu anderen Vorschriften

§ 20 Abs. 1 GWB steht neben den Missbrauchstatbeständen des § 19 Abs. 4 GWB; überwiegend wird man wohl inhaltsgleiche Maßstäbe für Missbrauchs- und Diskriminierungsverbot anwenden müssen. Wegen des veränderten Rechtsraums in der Energiewirtschaft wird man allerdings nicht vorbehaltlos auf die alte Rechtsprechung zu § 26 Abs. 2 GWB a.F. zurückgreifen können[184].

263

Während § 20 Abs. 1 GWB Märkte und damit die Außenverhältnisse des EVU (Preise und Geschäftsbedingungen) betrifft, erstreckt sich das besondere Diskriminierungsverbot des § 20 Abs. 1 Satz 1 EnWG auf die »inneren Märkte« des EVU (Netzentgelte im Verhältnis zu

264

---

183 Allgemeine Auffassung: Vgl. *Bechtold*, Kartellgesetz, § 20 Rz. 3 und 4 (Gleichbehandlung ist kein Wettbewerbsprinzip).
184 Anderer Auffassung möglicherweise *Büdenbender*, Schwerpunkte der Energierechtsreform 1998, Rz. 677.

internen Kunden). Das EnWG-Diskriminierungsverbot enthält damit einen diametral abweichenden Maßstab, der grundsätzlich nicht zur Auslegung des § 20 Abs. 1 GWB herangezogen werden kann. Allerdings kann geprüft werden, ob über das Tatbestandsmerkmal »üblicherweise zugänglicher Geschäftsverkehr« eine Einbeziehung des § 20 Abs. 1 Satz 1 EnWG in die Wertungen des § 20 Abs. 1 GWB ermöglicht wird (dazu sogleich).

265 Auch die Einbeziehung der Wertungen der Binnenmarktrichtlinie Elektrizität ist nicht von vornherein ausgeschlossen. Sollten die Netzbetreiber nämlich insofern einem allgemeinen Diskriminierungsverbot unterworfen seien (vgl. Art. 20 RL-Elt), ist dieses möglicherweise im Rahmen einer europarechtskonformen Auslegung auch bei Anwendung des § 20 Abs. 1 GWB zu berücksichtigen; andernfalls sähen sich nämlich Gesetzgeber und Rechtsanwender dem Vorwurf ausgesetzt, eine nicht vollständig umgesetzte Richtliniennorm trotz ihrer unmittelbaren Geltung im deutschen Recht nicht anzuwenden.

bb) Normadressaten

266 Normadressaten sind gemäß § 20 Abs. 1 GWB insbesondere marktbeherrschende Unternehmen[185]. Über § 19 GWB hinaus richtet sich das Diskriminierungsverbot aber auch an EVU, die Kooperationserleichterungen gemäß §§ 2 und 3 GWB in Anspruch nehmen (z. B. Kooperations- oder Rationalisierungskartelle bilden), während mangels Zulässigkeit einer Preisbindung bzw. Vorhandenseins eines Ausnahmebereichs die übrigen Alternativen des § 20 Abs. 1 GWB für die Energiewirtschaft unanwendbar sind.

267 Darüber hinaus gilt das Diskriminierungsverbot (iwS) auch für relativ marktmächtige EVU, von denen kleinere und mittlere Unternehmen mangels Ausweichmöglichkeit abhängig sind, § 20 Abs. 2 Satz 1 GWB. Dies kann die Anwendbarkeit der Vorschrift über große Stromlieferanten hinaus erweitern, da jedes kleine und mittlere Unternehmen auf die Stromversorgung angewiesen ist. Dem versorgenden EVU steht aber der Nachweis offen, dass weder in Bezug auf eine Spitzengruppe von Anbietern noch in Bezug auf ein einzelnes Unternehmen eine derartige relative Abhängigkeit besteht. Im Falle einer vollständig gewährleisteten Durchleitung wird deshalb § 20 Abs. 1 Satz 1 GWB typischerweise nicht eingreifen.

185 Vgl. dazu oben Rz. 238 ff.

cc) Üblicherweise zugänglicher Geschäftsverkehr

Das Merkmal des »üblicherweise zugänglichen Geschäftsverkehrs« 268
dient dem Zweck, eine »verhältnismäßig grobe Sichtung« der unter
§ 20 Abs. 1 fallenden Konstellationen vorzunehmen[186]. Die Teilnahme
am Geschäftsverkehr mit dem marktbeherrschenden Unternehmen
muss branchenüblich sein, wobei eine scharfe Trennung in Bezug auf
die Gleichartigkeit der sich um Teilnahme am Geschäftsverkehr
bemühenden Unternehmen nicht vorgenommen werden kann[187]. Regelmäßig wird dieses Merkmal deshalb bereits bejaht, wenn die diskriminierten Unternehmen dieselbe Grundfunktion (z. B. Großhandel) wie diejenigen Unternehmen wahrnehmen, die bereits Geschäftsverkehr zum Marktbeherrscher pflegen; insofern ist auch der
relevante Markt zu ermitteln[188]. Wegen der Durchleitungsverpflichtung gemäß § 20 Abs. 1 EnWG sind jedenfalls alle »Unternehmen«
berechtigt, mit Netzbetreibern Netzzugangsverträge abzuschließen.
Darüber hinaus ermöglichte bereits der Kontrahierungszwang des
§ 10 Abs. 1 EnWG 1998 im Verhältnis von Tarifkunden und EVU die
Anbahnung des Geschäftsverkehrs.

Im Verhältnis zu marktstarken Lieferanten mit eigener Erzeugungsba- 269
sis kann das Merkmal »üblicherweise zulässiger Geschäftsverkehr«
die Erstreckung des Diskriminierungsverbotes des § 20 Abs. 1 GWB
auf die »inneren Märkte« dieser EVU ermöglichen. Wer bereits
Grundversorger ist (§ 36 EnWG), hat auch im Verhältnis zu anderen
Kunden im »Versorgungsgebiet« eine herausgehobene Marktstellung.
Daraus kann eigentlich nur geschlossen werden, dass § 36 Abs. 1
EnWG den Vergleichsmaßstab auf die internen Märkte erweitert; die
Kartellbehörde hat dann bei ihrer Prüfung nicht nur die »äußeren«
Marktpreise, sondern auch die Verrechnungspreise des Lieferanten im
Verhältnis zu eigenen Betriebsabteilungen sowie verbundenen und
assoziierten Unternehmen mitzuüberprüfen.

Hiergegen könnte wiederum eingewendet werden, dass der Vorbehalt 270
des Gesetzes eigentlich die Zuständigkeit zur Exekution des § 36
Abs. 1 Satz 1 EnWG der Energieaufsichtsbehörde zuweist, während

---

186 BGH WuW/E 1829, 1833 – Original-VW-Ersatzteile II; BGH WuW/E
3058, 3063 – Pay-TV-Durchleitung; weitere Nachweise bei *Immenga/
Mestmäcker/Markert*, GWB, 2. Aufl., § 26 Abs. 2 Rz. 153.
187 *Bechtold*, Kartellgesetz, § 20 Rz. 29.
188 *Bechtold* ebd. Rz. 30.

die Kartellbehörden gemäß § 33 GWB auf dieses Gesetz beschränkt sind. Da diese Arbeitsteilung – Zuständigkeit der Kartellbehörde für die Außenmärkte, Zuständigkeit der Energieaufsichtbehörde für die internen Märkte – jedoch umständliche Doppelprüfungen erforderte und § 36 Abs. 1 Satz 1 hinreichend deutlich als (erweitertes) Diskriminierungsverbot formuliert ist, kann mit Hilfe des Prinzips vom Vorbehalt des Gesetzes die Maßstabserweiterung zugunsten der Kartellbehörde wohl toleriert werden.

dd) Unbillige Behinderung

271 Eine unbillige Behinderung ist anzunehmen, wenn sich die für das Wettbewerbsverhalten des betroffenen Unternehmens nachteilige Maßnahme[189] nach Abwägung der Interessen aller Beteiligter und unter Berücksichtigung der auf die Freiheit des Wettbewerbs gerichteten Zielsetzung des Gesetzes[190] als wettbewerbsschädlich erweist. Dabei kann sich die Behinderung sowohl auf dem beherrschten als auch außerhalb dieses Marktes auswirken[191]. In den Zeiten vor der Liberalisierung hat die Rechtsprechung auch das Zahlen einer unzureichenden Vergütung für in das Netz einzuspeisenden Strom als unbillige Behinderung gewertet[192]. Wurde einem Unternehmen entgegen § 19 Abs. 4 Ziff. 4 GWB der Netzzugang gänzlich verweigert, lag darin per se eine unbillige Behinderung im Sinne der ersten Alternative des § 20 Abs. 1 GWB. Deshalb konnten sowohl das Geltendmachen ungerechtfertigter Durchleitungsverweigerungsgründe als auch das Fordern unangemessener Netznutzungsentgelte diesen Verbotstatbestand begründen (vgl. heute § 30 Abs. 1 Satz 2 Ziff. 1 und 4 EnWG).

ee) Diskriminierung (ieS)

272 Auch die **Diskriminierung ohne sachliche Rechtfertigung** (2. Alternative des § 20 Abs. 1 GWB) ist lediglich aufgrund einer Interessen-

---

189 Aus der Rechtsprechung vgl.: BGHZ 116, 47, 57 – Amtsanzeigen; BGH BB 1998, 2334 = WuW/E DE-R 201, 203 – Schilderpräger im Landratsamt; BGHZ 81, 322, 327 – Original-VW-Ersatzteile II.
190 BGH WuW/E 3058, 3063 – Pay-TV-Durchleitung; WuW/E 2479, 2482 – Reparaturbetrieb; WuW/E BGH 2683, 2686 – Zuckerrübenanlieferungsrecht.
191 BGHZ 33, 259, 263 ff. – Molkerei-Genossenschaft.
192 BGHZ 59, 42 = WuW/E 2805, 2807 – Stromeinspeisung: Maßstab der »vermiedenen Kosten«.

abwägung feststellbar[193]; eine Verpflichtung, unterschiedliche Sachverhalte unterschiedlich zu behandeln, folgt daraus nicht. Allerdings wird man die allgemeine Rechtsprechung des BGH zum Diskriminierungsverbot, wonach Tochtergesellschaften des marktbeherrschenden Unternehmens einerseits und dritte Unternehmen andererseits grundsätzlich nicht gleichartig sind[194], wegen der Spezialnorm des § 20 Abs. 1 Satz 1 EnWG in Bezug auf Energienetzbetreiber nicht heranziehen können.

Wiederum kann diese Alternative sowohl die Preisgestaltung bei Lieferentgelten als auch den Preisstrukturmissbrauch betreffen. Als rechtfertigende Gründe kommen alle Argumente in Betracht, die bereits im Rahmen der Missbrauchstatbestände des § 19 Abs. 4 GWB dargestellt worden sind. Die Inbezugnahme der Konditionen auf den »internen Märkten« des Lieferanten wird man den Kartellbehörden wiederum nicht verweigern können, vgl. vorstehend Rz. 268 ff. Nachdem nunmehr auch der Missbrauchstatbestand des § 19 GWB als gesetzliches Verbot ausgestaltet ist, sind beide Vorschriften in ihren Rechtsfolgen eng zusammengerückt, so dass sowohl bei den Voraussetzungen als bei den Rechtsfolgen gravierende Unterschiede nicht mehr zu erkennen sind. 273

e) Preismissbrauch gemäß § 30 Abs. 1 Satz 2 EnWG?

Das Verbot des § 20 Abs. 1 Satz 1 EnWG, Netzbenutzer bei den Netzzugangsbedingungen im Verhältnis zu den auf internen Märkten geforderten Konditionen zu benachteiligen, ist keine GWB-Norm und kann daher im Ausgangspunkt nur von den Regulierungsbehörden durchgesetzt werden, § 65 in Verbindung mit § 30 Abs. 1 EnWG. Ein »isolierter« Preismissbrauchstatbestand folgt aus dieser Norm nur, wenn der Netzbetreiber den Zugang nicht grundsätzlich verweigert, aber unangemessene Entgelte fordert. Insofern kann die Vorschrift der Korrektur ungünstiger Netzzugangsverträge dienen, vgl. unten Rz. 277 ff. 274

Obwohl es der Kartellbehörde wegen der Wortlautbeschränkung ihrer Ermächtigungsvorschrift (§ 33 GWB in Verbindung mit § 111 275

---

193 *Bechtold*, Kartellgesetz, § 20 Rz. 42 f. mit Nachweisen zur ständigen Rechtsprechung.
194 BGH WuW/E BGH 2360, 2365 – Freundschaftswerbung; BGH WuW/E BGH 1947, 1949 – Stuttgarter Wochenblatt.

EnWG) versagt ist, EnWG-Diskriminierungsverbote durchzusetzen, haben die vorstehenden Untersuchungen gezeigt, dass über das »Angemessenheits«-Postulat des § 19 Abs. 4 Ziff. 4 GWB sowie über das Merkmal des »üblicherweise zugänglichen Geschäftsverkehrs« in § 20 Abs. 1 GWB der Maßstab des § 30 Abs. 1 Satz 1 und 2 EnWG – nicht aber die Norm selbst – von den Kartellbehörden bei Lieferpreismissbräuchen herangezogen werden darf. Nur insofern handelt es sich bei dieser Vorschrift auch um einen Preismissbrauchstatbestand des allgemeinen Wettbewerbsrechts.

4. Spezielle Missbrauchssituationen

276 Die »Arbeitsgruppe Netznutzung Strom« der Kartellbehörden des Bundes und der Länder hat in ihrem Bericht vom 19.4.2001 spezielle Missbrauchssituationen untersucht, die hier kommentierend wiedergegeben werden sollen[195].

a) Wechselentgelte

277 Einige Netzbetreiber verlangen von ihren ehemaligen Kunden, die zu den neuen Anbietern wechseln wollen, sog. Wechselentgelte, um den zusätzlich entstehenden Verwaltungsaufwand, das Ablesen der Zähler usw. auszugleichen. Während die Landeskartellbehörde Bayern solche Entgelte als diskriminierend beanstandet hat[196], hat das LG Hamburg das Einfordern eines solchen Wechselentgelts als zulässig beurteilt[197].

278 Im Bericht der Arbeitsgruppe Netznutzung wird das Wechselentgelt insbesondere am Behinderungsverbot überprüft, § 20 Abs. 1 Alt. 1 GWB[198]. Im Rahmen der Frage, ob die Mehrkosten, wenn sie nicht überhaupt dem Vertriebsbereich zuzurechnen sein sollten, entweder allen wechselnden Kunden oder aber der Gesamtheit der Kunden zuzurechnen sind, sind von der Arbeitsgruppe die Interessen der nicht wechselnden Kunden gegenüber den Interessen der Allgemeinheit sowie den Interessen der wechselnden Kunden abgewogen worden[199]. Dabei ist dem Interesse der Allgemeinheit sowie dem Interesse der wechselnden Kunden das größere Gewicht beigemessen worden, weil

---

195 Bericht aaO S. 49 ff.
196 LKartB Bayern, ZfK 2000, S. 1.
197 LG Hamburg RdE 2001, 157; vgl. auch *Gründel*, RdE 2001, S. 129 ff.
198 AaO S. 49.
199 Bericht aaO S. 52.

auch die nicht wechselnden Kunden von dem durch den Wettbewerb ausgelösten Druck auf die Lieferantenpreise profitieren, etwaige Mehrbelastungen im Verhältnis zum Gesamtstrompreis für diese Kunden sehr gering seien (fünf Prozent Wechselvorgänge und 50 Euro Wechselentgelt: 0,05 Cent/kWh) und der Grundsatz der verursachungsgerechten Zuordnung auch in anderen Bereichen nicht durchgängig praktiziert werde, so dass ein quasi zum subjektiven Recht verdichteter Anspruch Einzelner nicht bestehe. Einzubeziehen sind darüber hinaus die Interessen der »neuen Anbieter«, deren Wettbewerbslage erschwert würde; das Wechselentgelt stellt eine Marktzutrittsbarriere dar (vgl. auch lit. e) des Anhangs A der RL-Elt/Gas).

b) Preisgestaltung für Regelenergiebedarf

Regelenergiebedarf tritt auf, wenn die vom Kunden tatsächlich abgenommene Strommenge bzw. -leistung den vorausgesetzten und deshalb vom Lieferanten in das Netz eingespeisten Bedarf überschreitet. Hierfür wird dem Stromhändler die sog. Minutenreserve in Rechnung gestellt (Ausgleichsenergie), während Unterschreitungen der prognostizierten Kundenentnahme im Verhältnis zur Einspeisung gutgeschrieben werden. 279

Mögliche Missbrauchsfälle betreffen zum einen die Preisgestaltung: Unterdeckungen bei der Einspeisung werden zu höheren Preisen berechnet als Überdeckungen gutgeschrieben werden. Teilweise wird für die bezogene Ausgleichsenergie ein fester Leistungspreis gefordert und nicht nur ein Arbeitspreis in Rechnung gestellt. Besonders belastet können solche Händler sein, die nur wenige Kunden im Netzgebiet haben; innerhalb ihres Bilanzkreises wird dann der sog. Bilanzausgleich (periodengenauer Ausgleich zwischen Entnahme und Einspeisung) aufgrund der fehlenden Abnahmemengen weniger gut gelingen als bei einer Vielzahl von Kunden. Im Rahmen der Fusion RWE-VEW ist deshalb die Auflage durchgesetzt worden, dass eine Saldierung aller im Regelgebiet bestehenden Bilanzkreise zwingend vorgenommen werden muss, was zu einer Verringerung der Ausgleichsdifferenzen führt. 280

In einigen dieser Fälle kann sich nach Auffassung der Arbeitsgruppe Netznutzung Strom[200] das Fordern besonderer Leistungspreise für Ausgleichsenergie grundsätzlich behindernd auf die Stromhändler 281

---

200 AaO S. 57 ff.

Einführung

auswirken, zumal aufgrund der VV II Elt bei Standardabweichungen von +/– fünf Prozent vom Bezugswert lediglich ein Arbeitspreis zu verrechnen war.

282 Bei der asymmetrischen Preisgestaltung, die sich aus der höheren Berechnung (im Verhältnis zum Marktpreis) von Fehlmengen des Bilanzausgleiches im Verhältnis zu Überschussmengen ergibt, hat der Arbeitskreis die Argumentation der ÜNB, man müsse einer gezielten Ausnutzung der Preisunterschiede unter Berücksichtigung der Spotpreise für Elektrizität entgegenwirken, als grundsätzlich plausibel beurteilt. Wegen der schwierigen Vorabbestimmung der Spottmarkt-Referenzpreise bestünden allerdings praktische Schwierigkeiten, hier wirksam vorzugehen; allenfalls gegenüber extrem hohen Arbeitspreisen für Ausgleichenergie – weit oberhalb der Spotmarkt-Referenzpreise – solle ein gesondertes Preismissbrauchsverfahren eingeleitet werden. Im Übrigen vertraut man auf zukünftig zu schaffende »Märkte für Regelenergie«.

c) Zuschlag für Lastabweichungen

283 Allenfalls bei Kunden mit einem Jahresverbrauch oberhalb des der Tarifabnehmer (vgl. § 2 Abs. 7 KAV: 30.000 kW/h) ist es üblich und kostenmäßig vertretbar, spezifische Lastprofile dieser Kunden zu berechnen, um dann aus der Zusammenfassung aller Lastprofile den »Fahrplan« für die Kraftwerke zu ermitteln. Kunden ohne Leistungsmessung werden unter Berücksichtigung synthetischer Lastprofile zusammengefasst und Abweichungen des Abnahmeverhaltens der Gruppe vom erwarteten Abnahmeverhalten nicht individuell in Rechnung gestellt[201]. Um bei Anwendung synthetischer Lastprofile mögliche Abweichungen im Netzentgelt (zusätzlicher Bedarf von Regelenergie) zu berücksichtigen, wird beim Netzentgelt ein Zuschlag einkalkuliert; mit dem zusätzlichen Aufwand müsse die sog. Kältezusatzlast abgedeckt werden, die entsteht, wenn infolge einer nur in mehrjährigem Abstand auftretenden längeren Kälteperiode die Leistungsanforderungen dieser Kundengruppe die der synthetischen Lastkurve zugrunde gelegten Werte deutlich überschreiten[202]. Dieser nur kalkulierte, nicht aber offen ausgewiesene Zuschlag beträgt ca. 0,25 Cent/kWh. Für den Zuschlag wird weiter angeführt, er solle die

---

201 Beim sog. analytischen Verfahren erfolgt im Nachhinein eine konkrete Ermittlung der Abweichungen, was zu Nachforderungen führen kann.
202 Bericht Arbeitsgruppe Netznutzung Strom, aaO S. 61.

Gleichbehandlung mit den leistungsgemessenen Kunden sicherstellen, weil diese jede erhöhte Inanspruchnahme von elektrischer Leistung bezahlen müssten.

Die Arbeitsgruppe befürchtet, dass das Einrechnen solcher Zuschläge in das Netznutzungsentgelt »dritte Netznutzer« benachteiligen könne; jedenfalls müsse dieser Zusatzaufwand konkret nachgewiesen werden, zumal er nicht während der gesamten Regeldauer anfalle. Hiergegen kann möglicherweise eingewendet werden, dass selbstverständlich auch eigene Vertriebsabteilungen des Netzbetreibers (bzw. verbundene oder assoziierte Unternehmen) diesen Zuschlag bezahlten müssen, so dass ein Diskriminierungsproblem eigentlich nicht entstehen kann. Lediglich wenn die »Kundendurchmischung« (Verhältnis von leistungsgemessenen zu nicht leistungsgemessenen Kunden) zwischen internen und externen Kunden des Netzbetreibers extrem unterschiedlich ist, können Nachteile externer Netzbenutzer in der Tat nicht ausgeschlossen werden. 284

d) Diskriminierung bei Netznutzungsentgelten für Wärmestromlieferungen

Wärmestromlieferungen betreffen Elektrizität für Nachtstromspeicherheizungen und sorgen für die Auslastung des Netzes in nachfrageschwachen Zeiten. Die den internen Kunden zugerechneten Netzzugangsentgelte werden dann nicht nach Vollkosten gebildet, sondern aufgrund der Deckungsbeitragsrechnung ermittelt (bloße Zurechnung von Teilkosten)[203]. Wegen Fehlens synthetischer Lastprofile für diese Kundengruppen wurden externen Netzkunden (dritten Stromanbietern) die Netzzugangsentgelte in Vollkostenberechnung für alle Arten von Stromlieferungen – also auch für Wärmestrom – unterschiedslos in Rechnung gestellt. Damit kamen für diese externen Nutzer die ermäßigten Netznutzungsentgelte für Nachtspeicherstrom (deckungsbeitragsorientiert) nicht zur Anwendung. Darin lag zweifellos ein Verstoß gegen §§ 20 Abs. 1, 19 Abs. 4 Ziff. 1 und 4 GWB i. V. mit § 6 Abs. 1 Satz 1 EnWG 1998. 285

e) Verrechnung der Konzessionsabgabe in Netzzugangsentgelten

Die Konzessionsabgaben, die je kWh Strom für Tarifkunden zwischen 1,32 und 2,39 Cent/kWh abhängig von der Gemeinde- bzw. 286

---

203 Bericht Arbeitsgruppe Netznutzung Strom, aaO S. 63.

Stadtgröße zu zahlen sind, werden bei Netzbetreibern, die Kunden in Kommunen unterschiedlicher Größenordnung haben, im Netzzugangsentgelt »gemittelt«. Dies bedeutet eine gewisse Benachteiligung der Kunden in kleinen Gemeinden (mit geringer Konzessionsabgabenbelastung) und eine Bevorzugung der Kunden in größeren Gemeinden. Ob dies bereits zu Lasten des Stromkunden einen Preismissbrauch darstellt, weil die Konzessionsabgaben im Stromentgelt nicht offen und differenziert ausgewiesen werden, ist aber fraglich, weil es dem liefernden EVU möglicherweise gestattet sein muss, einheitliche Preise für alle seine Kunden zu berechnen. Zudem dürfte im Absatzbereich regelmäßig auch die erforderliche Marktbeherrschung fehlen; der Kunde kann dem »Einheitspreis« durch Wechsel zu einem günstigeren Betreiber ausweichen.

287 Manche EVU berechnen diese »vergleichmäßigten« Konzessions-Abgabensätze nur ihren internen Kunden, während die externen Kunden trennscharf nach Versorgungsgebieten (Abnahmestelle im konkreten Gemeinde- oder Stadtgebiet) abgerechnet werden. Daraus folgt eine Bevorzugung dieser externen Kunden (in Bezug auf Landgemeinden), die jedenfalls nicht gegen § 20 Abs. 1 Satz 1 EnWG verstößt. Im Hinblick auf Großstädte werden die externen Netznutzer dagegen benachteiligt, weil sie höhere Netzzugangsentgelte zahlen müssen. Dies kann wiederum gegen § 30 Abs. 1 Satz 1 und 2 Ziff. 1, 5 und 6 i.V. mit § 20 Abs. 1 Satz 1 EnWG verstoßen. Eine Behinderung der externen Netznutzer kann deshalb nicht ausgeschlossen werden; die Arbeitsgruppe erkannte zu Recht, dass die Verwerfungen nur dann zu beseitigen sind, wenn die Konzessionsabgabe im Stromlieferentgelt offen ausgewiesen wird, sich also außerhalb des Netznutzungsentgeltes bildet[204]. Mit Hilfe von kartellbehördlichen Verfügungen sei jedoch eine Änderung des Preisbildungs- und Preisausweissystems nicht herbeizuführen.

288 Allerdings könnte über § 30 Abs. 1 i.V. mit § 20 Abs. 1 Satz 1 EnWG eine Gleichbehandlung der externen Kunden im Verhältnis zu den internen Kunden des Netzbetreibers durchgesetzt werden, so dass die »Mittlung« der Entgelte auch externen Netznutzern zugute kommen müsse. Die im Bericht[205] umgekehrt erhobene Forderung, die Dritten gegenüber erfolgende »gemeindescharfe Abrechnung« müsse auch

---

204 Bericht aaO S. 65.
205 AaO S. 65 ff.

intern so erfolgen, ist weder mit § 20 Abs. 1 Satz 1 EnWG noch mit den §§ 19, 20 GWB zu vereinbaren.

f) Entgeltniveau bei KWK-Strom-Belastungen

Die ÜNB haben nach § 5 KWKG die Förderbeträge für KWK-Strom mit 3 Pfg./kWh im Jahr 2000 bezuschusst und die daraus entstehenden Belastungen nach dem Maßstab der über ihr eigenes Netz abgegebenen Kilowattstunden untereinander aufgeteilt, vgl. § 5 Abs. 1 bis 5 KWK-G 2000. Daraus hatte sich ein Betrag von 0,53 Pfg./kWh für über das Übertragungsnetz bezogenen Strom ergeben, der – anders als nach § 14 Abs. 3 EEG – nicht auf Letztverbraucher versorgende Elt-VU zurückbelastet werden konnte. Insofern handelt es sich um Netzaufwand der ÜNB. In das Netzzugangsentgelt darf ein höherer Betrag für die Position »Belastung aus KWK-Förderung« nicht eingestellt werden. Im Bereich der VNB wurden teilweise mehrere Cent/kWh unter Hinweis darauf im Netzentgelt berücksichtigt, dass trotz des Zuschusses gemäß § 5 Abs. 1 KWK-G nicht vermeidbare Mehraufwendungen gemäß § 3 Abs. 1 Satz 4 KWK-G 2000 vorlägen. Darunter wurden nicht nur Verwaltungsaufwand usw. aus dem KWK-G, sondern alle Aufwendungen verstanden, die der Netzbetreiber ohne das KWK-G nicht hätte tragen müssen. **289**

So ist beispielsweise der Gesetzgeber des ersten KWK-G[206] davon ausgegangen, dass Strom für ca. 6 Pfg./kWh beschafft werden könne. Hätte dieser Netzbetreiber Energie günstiger beschaffen können (z. B. für 4,5 Pfg./kWh), so könnte bereits die Differenz von 1,5 Pfg./kWh eine Mehraufwendung darstellen, die dann als KWK-Aufwand in das Netznutzungsentgelt eingerechnet würde[207]. **290**

Ohne hier die Diskussion zum Begriff der »Mehraufwendung« zu wiederholen[208], muss jedenfalls zwischen Anlagenbetreibern und Nicht-Anlagenbetreibern unterschieden werden. Wenn sich der KWK-Anlagenbetreiber dafür entscheidet, die Anlage nicht stillzulegen, sondern auf der Basis der Förderung des KWK-G weiterzubetreiben, so hat er auf die sonst denkbare Alternative »Bezug von **291**

---

206 BT DrS. 14/2765, § 4.
207 Zu weiteren Konstellationen vgl. *Salje*, KWKG, Köln/Berlin/Bonn/München 2001, § 3 Rz. 86 ff.
208 Vgl. dazu *Salje* ebenda: »Differenztheorie«; *Herrmann*, KWK-Gesetz, RdE 2000, S. 184, 192 (Unterschied zwischen »Aufwendungen« und »Mehraufwendungen«).

billigem Fremdstrom« verzichtet und kann diesen auch nicht im Rahmen des Begriffs der Mehraufwendung wieder berücksichtigen lassen. Denn dieser »Mehraufwand« wird durch seine Entscheidung verursacht, solche Anlagen zu errichten und weiter zu betreiben. Wer dagegen KWK-Anlagen nicht betreibt, kann folgende Differenzrechnung aufmachen: Unter Geltung der KWK-Förderung muss er Strom aufgrund gesetzlicher Verpflichtung abnehmen, obwohl er den entsprechenden Liefervertrag sonst hätte kündigen können, um den Strom billiger anderswo zu beziehen. Erst ab dem Zeitpunkt des (potentiellen) erstmöglichen Wirksamwerdens der Kündigung bestehen dann echte Mehraufwendungen, nämlich die Differenz zwischen dem (nachzuweisenden), sonst zu zahlendem Stromentgelt und dem nach dem KWK-G (unter Berücksichtigung des Ausgleichsentgelts nach § 5 Abs. 1) tatsächlich zu zahlenden Entgelts. Nur insofern handelt es sich um einspeisungsbedingte Mehraufwendungen im Sinne von § 3 Abs. 1 Satz 4 KWKG[209]. Auch die Verluste aus dem Verkauf von KWK-Strom stellen Mehraufwendungen dar. Soweit solche Mittelaufwendungen vorliegen, sind die entsprechenden Netznutzungsentgelte gerechtfertigt und können nicht unter Hinweis auf die §§ 19, 20 GWB angegriffen werden. Wegen der zwischenzeitlichen angestiegenen Strombeschaffungskosten sah die Arbeitsgruppe seinerzeit keinen Eingreifbedarf[210].

5. Sanktionen

292 Praktische Bedeutung werden Untersuchungen wegen Preismissbrauchs nur noch im Bereich der Netznutzung und ihrer Konditionen haben, weil nur insofern typischerweise marktbeherrschende Stellungen weiterbestehen werden. Existiert ein genehmigtes Netzzugangsentgelt (§ 23a EnWG), wird dieses insofern bei All-Inclusive-Preisen ein Indiz für Missbrauchs- und Diskriminierungsfreiheit bilden[211]; die Rechtsprechung hatte in der Vergangenheit nicht zwischen ungenehmigten Sonderkunden- und genehmigten Tarifentgelten differen-

---

209 Anderer Ansicht wohl Arbeitsgruppe Netznutzung Strom, aaO S. 77 f: Hinweis auf die Schwankungen des Marktpreises für Stromlieferungen; nur zusätzliche Kosten für Netzanschluss und Netzverstärkung sollen berücksichtigt werden.
210 Bericht aaO S. 69.
211 Vgl. zur parallelen Diskussion um die Preismissbrauchsaufsicht bei genehmigten Tarifkundenpreise *Büdenbender*, Schwerpunkte der Energierechts-Reform 1998, Rz. 611 mit Nachweisen.

ziert[212]. Zu unterscheiden ist zwischen regulierungsbehördlichen und zivilrechtlich durchzusetzenden Sanktionen.

a) Sanktionen der Regulierungsbehörde

Die Verbote der §§ 17, 20 EnWG in Verbindung mit § 30 Abs. 1 Satz 2 EnWG, werden im Untersagungsverfahren gemäß § 30 Abs. 2 EnWG durchgesetzt. Dabei kann die Regulierungsbehörde sowohl dem Netzbetreiber aufgeben, den Netzzugang zu Entgelten oberhalb von x Cent/kWh nicht zu verweigern, als auch Preisüberschreitungen von x Cent/kWh zu verbieten. Gebotsverfügungen sind über die GWB-Rechtslage hinaus möglich, wo es an einer gesetzlichen Ermächtigung fehlt[213]. Die Untersagungsverfügung muss bestimmt genug sein, § 37 VwVfG, so dass der Adressat erkennen kann, was von ihm verlangt wird[214]. Die Beschwerde gegen eine regulierungsbehördliche Verfügung hat grundsätzlich keine aufschiebende Wirkung, § 76 Abs. 1 EnWG. Die Wiederherstellung der aufschiebenden Wirkung ist nach § 77 Abs. 3 EnWG durch das Beschwerdegericht möglich.

293

Bei schuldhaftem Handeln kann ein Verstoß gegen § 30 Abs. 1 oder 2 EnWG als Ordnungswidrigkeit geahndet werden, vgl. § 95 Abs. 1 Ziff. 4 und Ziff. 3b) EnWG[215]. Das Bußgeld kann gemäß § 95 Abs. 2 GWB bis zu einer Million Euro betragen, wobei darüber hinaus erzielte Mehrerlöse verdreifacht zu einer Erhöhung führen können. Eine besondere Vorteilsabschöpfung ist nach § 33 EnWG vorgesehen.

294

b) Zivilrechtsweg

Die §§ 17 und 20 ff. EnWG sind Verbotstatbestände und damit relevant im Sinne von § 134 BGB. Neben Rückforderungsklagen aus

295

---

212 Vgl. BGHZ 59, 42 ff. = WuW/E BGH 1221 ff. – Stromtarif.
213 BGH WuW/E BGH 1345 – Polyester-Grundstoffe.
214 BGH WuW/E BGH 2953, 2957 – Gasdurchleitung; WuW/E BGH 3009, 3012 – Stadtgaspreis Potsdam; WuW/E BGH 2967, 2968f. – Strompreis Schwäbisch Hall; WuW/E DE-R 195, 196 – Beanstandung durch Apothekerkammer.
215 Durch den Verweis auf § 30 Abs. 1 Satz 1 EnWG (allgemeines Missbrauchsverbot) sind auch die Missbrauchstatbestände des § 30 Abs. 1 Satz 2 EnWG einbezogen (Regelbeispiele). Möglicherweise ist allerdings eine Beweislastumkehr (z. B. Zugangsverweigerungsgründe) wegen des Strafcharakters des Ordnungswidrigkeitsverfahrens nicht möglich, vgl. *Bechthold*, GWB, § 19 Rz. 87 a.E.

ungerechtfertigter Bereicherung kommen diese Vorschriften als Schutzgesetze in Betracht und können insofern Gegenstand von Schadensersatzklagen sein.

aa) Rückforderung überzahlter Netzzugangsentgelte

296 Bis zum Inkrafttreten der Sechsten GWB-Novelle war nur § 26 Abs. 2 GWB a.F. als Verbotsgesetz im Sinne von § 34 GWB anerkannt gewesen[216]. Seit der Gleichstellung von Missbrauchs- und Diskriminierungsverbot mit dieser Novelle musste beiden Normen Verbotscharakter im Sinne von 134 BGB zugebilligt werden, obwohl sich diese Normen nur (einseitig) an diejenigen EVU wenden, die Lieferpreise überhöht festsetzen[217]. Die Nichtigkeitsfolge ist unabhängig von einer Verbotsverfügung der Kartellbehörde. Würde man die missbräuchlich, also durch Ausnutzung der marktbeherrschenden Stellung zustande gekommenen Rechtsgeschäfte als gleichwohl wirksam beurteilen, würden die §§ 19, 20 GWB eines Großteils ihrer Wirksamkeit beraubt. § 30 EnWG knüpft an diese Sanktionslage an.

297 Sind Netzzugangsentgelte insofern verbotswidrig überzahlt worden, sind die entsprechenden Entgeltvereinbarungen auch ohne Entscheidung der Regulierungsbehörde nichtig. Ob daraus Gesamtnichtigkeit des Vertrages zu folgern ist, ist auf der Grundlage des § 139 BGB zu beurteilen. Im Zweifel wird man Teilunwirksamkeit der Entgeltregelung in der missbräuchlichen bzw. diskriminierenden Höhe anzunehmen haben.

298 Weil insofern das Netzzugangsentgelt ohne Rechtsgrund geleistet worden ist, kann es gemäß § 812 Abs. 1 Satz 1 Alt. 1 BGB zurückgefordert werden. Zurückgehaltene Zahlungen können endgültig verweigert werden. Diese Sanktionen zeigen, dass es dem Netzbetreiber nichts nützt, wenn er das überhöhte Entgelt über eine vertragliche Vereinbarung fixiert.

299 Hat der Zugangspetent von vornherein Zweifel, ob das Netzzugangsentgelt mit Recht und Gesetz vereinbar ist, wird er typischerweise zur Vermeidung der Rechtsfolge des § 814 BGB den Netzzugangsvertrag

---

216 Vgl. MünchKomm/*Mayer-Maly*, BGB, 4. Aufl. München 2001, § 134 Rz. 56; *van Veenroy*, BB 1979, S. 555 ff.
217 Zu den Kriterien des Verbotsgesetzes, insbesondere der Unterscheidung nach der Adressatenzahl, vgl. MünchKomm/*Mayer-Maly*, BGB, § 134 Rz. 44 f.

unter Vorbehalt schließen. Verweigert der Netzbetreiber einen derartigen Vertragsschluss unter Vorbehalt, handelt er per se missbräuchlich, weil er auf diese Weise versucht, die Nachprüfung der Entgelthöhe zu verhindern. Gerät der Netzbenutzer in diesen Fällen in eine Zwangssituation, wird man ihm auch einen vorbehaltlosen Vertragsschluss zubilligen müssen; dem Netzbetreiber ist eine Berufung auf § 814 BGB wegen Treueverstoßes dann verboten.

bb) Schadensersatz

Da die §§ 17 und 20 ff. EnWG dem Schutz von Marktteilnehmern im Verhältnis zum marktbeherrschenden Unternehmen dienen, bilden sie Schutzgesetze im Sinne von § 32 EnWG[218]. Beide Normen haben auch Schutzgesetzcharakter im Sinne von § 823 Abs. 2 BGB, weil sie nicht nur dem Institutionsschutz (Freiheit des Wettbewerbs), sondern auch dem Individualschutz der Marktteilnehmer dienen. 300

Soweit die Diskriminierung bzw. der Missbrauch reichen, hat ein schuldhaft überhöhte Entgelte fordernder Netzbetreiber diese als Schadensersatz zurückzuzahlen und zugleich Folgeschäden auszugleichen. Wenn gegen GWB-Normen verstoßen wird, wird auch bei sorgfältiger Rechtsberatung der Vorwurf fahrlässigen Verhaltens im Sinne von § 276 Abs. 2 BGB regelmäßig nicht entfallen, weil andernfalls eine wirksame Sanktion nicht mehr vorläge. 301

6. *Europäisches Recht*

Art. 82 EG fasst Missbrauchs- und Diskriminierungsverbot in einem einheitlichen Verbotstatbestand zusammen, der auch den Ausbeutungsmissbrauch betrifft. Es handelt sich um eine unmittelbar wirkende Verbotsnorm, die zivilrechtlichen Schadensersatz, Bußgeld und Verbotsverfügungen auszulösen vermag. Da es sich bei Art. 82 EG um eine Norm des deutschen Rechts handelt, sind die Kartellbehörden gemäß § 50 GWB insoweit zur Exekution berufen, wie die EG-Kommission gemäß Art. 11 der Verordnung Nr. 1/2003 das Verfahren nicht übernimmt. 302

Das europäische Recht ist anzuwenden, wenn durch das verbotswidrige Verhalten der Handels- und Dienstleistungsverkehr zwischen den 303

---

218 So zu Recht für die Parallelnorm des § 33 GWB, *Bechtold*, Kartellgesetz, § 33 Rz. 5 a.E.

Mitgliedstaaten beeinträchtigt wird (sog. Zwischenstaatlichkeitsklausel). Eine potentielle Beeinträchtigung reicht aus. Die Aufgreif- und Eingriffsvoraussetzungen des Art. 82 EG entsprechen im Übrigen etwa denen des § 19 GWB und des § 30 EnWG, wobei im Rahmen des Preismissbrauchs die EG-Kommission auch Kostenprüfungen vorgenommen hat, was vom Europäischen Gerichtshof gebilligt wurde[219]. Insbesondere wenn EVU oder Abnehmer von Elektrizität aus anderen Mitgliedstaaten Beeinträchtigungen bei der Benutzung deutscher Stromversorgungsnetze erleiden, werden entweder das Bundeskartellamt oder die EG-Kommission nach Art. 82 EG vorgehen und sich dabei auf deutsches Energiewirtschaftsrecht sowie die Binnenmarktrichtlinie Strom stützen. Nur wenn eine bestandskräftige Entscheidung der Regulierungsbehörde oder ein rechtskräftiges Urteil die Rechtmäßigkeit des Netzzugangsentgeltes konkret festgestellt hat, ist jedenfalls für nationale Behörden dessen erneute Überprüfung ausgeschlossen, vgl. § 111 Abs. 3 EnWG.

---

219 EuGH Slg. 1987, 207 = NJW 1978, 2439, 2440 = WuW/E 425 – Chiquita.

Zweites Gesetz zur Neuregelung des Energiewirtschaftsrechts vom 7. Juli 2005

BGBl. I vom 12. Juli 2005, S. 1970

Artikel 1 Gesetz über die Elektrizitäts- und Gasversorgung (Energiewirtschaftsgesetz – EnWG)[1]

Teil 1 Allgemeine Vorschriften

Rechtsprechung zu §§ 1 bis 5

BGH v. 28.6.2005, RdE 2005, 228 – Stadtwerke Mainz; BGH v. 6.5.1997, Z 135, 323 – Erdgas-Preisvergleich; LG Düsseldorf v. 20.8.1990, RdE 1991, 180 – PCB-Verseuchung durch Trafostation; Hess. VGH v. 26.6.1991, RdE 1992, 27 – Freileitung statt Erdverkabelung; OVG NRW v. 14.6.1991, RdE 1992, 25 – Abwägung hinsichtlich 380-kV-Abzweig; VGH Bad.-W. v. 28.7.1998, RdE 1999, 112 – Tieffrequente Geräusche des BHKW

Literatur zu §§ 1 bis 5

Arnim, v., Volkswirtschaftspolitik, 6. Aufl. Frankfurt/Main 1998; *Bachert*, Die Aufsicht über Energieversorgungsunternehmen zwischen Wettbewerb und Regulierung, Frankfurt/Main (u.a.) 2004; *Bartmann*, Anliegen und Aspekte der Ökologischen Ökonomie, wisu 1998, S. 275, 277 f.; *Bartsch/Röhling/Salje/Scholz* (Hrsg.), Stromwirtschaft – Ein Praxis-Handbuch, Köln 2002; *Berschin*, Zur Trennung von Netz und Betrieb der Deutschen Bahn AG aufgrund des europäischen Eisenbahnpakets, DVBl. 2002, S. 1079 ff.; *Britz*, Energiewirtschaftsgesetz (EnWG), Kommentar, München 2003; *Brunekreft/Twelemann*,

---

1 Dieses Gesetz dient der Umsetzung der Binnenmarktrichtlinien Elektrizität (2003/54/EG) und Erdgas (2003/55/EG) vom 26.3.2003 sowie der Richtlinie 2004/67/EG über Maßnahmen zur Gewährleistung der sicheren Erdgasversorgung vom 26.4.2004.

Institutionelle Reformen und Versorgungssicherheit: Status Quo und Perspektiven der deutschen Stromwirtschaft, ZfE 2004, S. 163 ff.; *Büdenbender/Kühne* (Hrsg.), Das neue Energierecht in der Bewährung – Bestandsaufnahme und Perspektiven, Festschrift Baur, Baden-Baden 2002; *Büdenbender*, Generelle und energierechtliche Konflikte zwischen Wettbewerb und Umweltschutz, DVBl. 2002, S. 800 ff.; ders., Energierecht, Essen 1982; ders., EnWG 1998, Köln 2002; ders., Energieaufsicht, DVBl. 1999, S. 7 ff.; ders., Umweltschutz in der Novelle des Energiewirtschaftsgesetzes, DVBl. 2005, S. 1161 ff.; *Cord/Hannes/Hartmann/Kellerhoff/Weber-Rey*, Konsequenzen der Unbundling-Vorgaben für die deutsche Energiewirtschaft- Skizze möglicher Umsetzungsmodelle und Hypothesen zum Marktauftritt, ZfE 2003, S. 251 ff.; *Danner*, Energiewirtschaftsrecht – Energiewirtschaftsgesetz mit den Durchführungsbestimmungen, Nebengesetzen, Verordnungen und Erlassen sowie den energiewirtschaftlich relevanten Rechtsregelungen anderer Bereiche. Loseblattkommentar, 47. Ergänzungslieferung, München 2004; *Danner/Theobald*, Energierecht, Bd. 1, Loseblattsammlung, München, Stand: Januar 2005; *Engelmann*, Zielkonflikte in der Energiewirtschaft. Sichere und billige oder sparsame Versorgung?, in: *Harms* (Hrsg.), Zielkonflikte in der Energiewirtschaft, Bd. 1 der Berliner Beiträge zum Wirtschaftsrecht, Köln/Berlin/Bonn/München 1987, S. 21 ff.; *Gamm*, GWB 2. Aufl. Köln/Berlin/Bonn/München 1990; *Grewe/Flandrich/Elwanger* (Hrsg.), Energiewirtschaft im Wandel, Festschrift D. Schmitt, Münster 2004; *Hamacher*, Die neue kartellrechtliche Preismißbrauchsaufsicht in der leitungsgebundenen Energieversorgung, RdE 1998, S. 225 ff.; *Hanten/Laves*, Aufsichtsrechtliche Implikationen des Energiehandels, ET 2002, S. 258 ff.; *Hübschle*, Die kartellrechtliche Missbrauchsaufsicht über Strompreisdifferenzierungen nach der Energiewirtschaftsrechtsnovelle, WuW 1998, S. 146 ff.; *Möschel*, Strompreis und kartellrechtliche Kontrolle, WuW 1999, S. 5 ff.; *Kramm*, Kartellrechtliche Mißbrauchsaufsicht im Recht der Energieversorgung – Lage und günstige Entwicklung, in: *Baur* (Hrsg.), Die Energiewirtschaft im Gemeinsamen Markt. Rechtliche Probleme, Handlungsmöglichkeiten, VEnergR Bd. 85, Baden-Baden 1998, S. 43 ff.; *Kurz*, Unternehmen und nachhaltige Entwicklung, in: Ökonomie und Gesellschaft, Jahrbuch 14/1997, S. 78 ff.; *Kuxenko*, Umweltverträgliche Energieversorgung – Analyse eines neuen Gesetzeszwecks im Energiewirtschaftsrecht, Baden-Baden 2004; *Majer*, Entkopplung, wisu 1996, S. 150 ff.; *Nutzinger*, Nachhaltigkeit und Standardökonomik: komplementär oder substitutiv?, in: Ökonomie und Gesellschaft, Jahrbuch 14 (1997), S. 46 ff.; *Obernolte/Danner*, Energiewirtschaftsrecht, Bd. 1, Loseblattsammlung; *Roberz*, Die »Gasanlagen« betreffenden Bestimmungen des EnWG. Eine erste Analyse, ET 1998, S. 798 ff.; *Säcker*, Das Regulierungsrecht im Spannungsfeld von öffentlichem und privatem Recht, AöR 130 (2005), S. 180 ff.; *Salje*, EEG 2004, Köln/Berlin/Bonn/München 2005; ders., Netzengpassmanagement, RdE 2005, S. 250 ff.; *Salje*, Preismissbrauch durch EVU, in: *Bartsch/Röhling/Salje/Scholz* (Hrsg.), Stromwirtschaft, Köln/Berlin/Bonn/München 2002, Kap. 72, S. 699, 712 ff.; ders., Umwelthaftung beim Betrieb von Windenergieanlagen, UTR Bd. 78, Berlin 2004, S. 325 ff.;

Schalast, Wettbewerb und Umweltschutz als Regelungsziele des reformierten EU-Strombinnenmarktes, ZNER 2004, S. 133 ff., *ders.*, Der fortdauernde Zielkonflikt zwischen Umweltschutz und Wettbewerb im deutschen Energierecht, RdE 2001, S. 121 ff.; *ders.*, Energiebinnenmarkt ohne umweltpolitische Steuerung durch die EU?, ET 2001, S. 684 ff.; *Schendel*, Selbstverpflichtungen der Industrie als Steuerungsinstrument im Umweltschutz, NVwZ 2001, S. 494 ff.; *Schmidt-Bleibtreu/Klein*, Kommentar zum Grundgesetz, 11. Aufl. Neuwied/Kriftel 2005; *Schmitt u.a.* (Hrsg.), Energierecht zwischen Umweltschutz und Wettbewerb – 17. Trier Kolloquium zum Umwelt- und Technikrecht vom 9. bis 11. September 2001, Berlin 2002; *Schneider*, EnWG 1998, Frankfurt/Main 1998; *Schwintowski*, Konzept der Monopolpreiskontrolle am Beispiel eines Energieversorgungsunternehmens, BB 1996, S. 1673 ff.; *ders.*, Umweltschutz und Wettbewerb – Zwei Seiten derselben Medaille. Eine Erwiderung auf Paul Kirchhof, ZNER 2001, S. 82 ff.; *Smeddinck*, Umweltschutz im Energierecht. Tagungsbericht, DVBl. 2005, S. 1180 ff.; *Tegethoff/Büdenbender/Klinger/Tettinger*, Recht der öffentlichen Energieversorgung, Loseblattsammlung, Essen: Stand: April 1998; *Toennies*, Die Vereinbarkeit des Modells eines zweiseitig offenen Strommarktes mit den Normen von EnWG und GWB, Diss. jur. Hannover 1995; *Treffer*, Über den Braunkohlepfennig, BB 1997, S. 2014 ff.; *Vogel*, Die Reform des Grundgesetzes nach der deutschen Einheit, DVBl. 1994, S. 497 ff.; *Vornholz*, Die neue Sicht der Nachhaltigkeit und die neoklassische Ressourcen- und Umweltökonomie, in: Ökonomie und Gesellschaft, Jahrbuch 14 (1997) S. 19 ff.; *Wöhe/Doring*, Einführung in die allgemeine Betriebswirtschaftslehre, 22. Aufl. München 2005; *Wurzbacher*, Die Versorgungssicherheit im deutschen Erdgasmarkt aus verfassungsrechtlicher Sicht, Berlin 2004

§ 1 Zweck des Gesetzes

(1) Zweck des Gesetzes ist eine möglichst sichere, preisgünstige, verbraucherfreundliche, effiziente und umweltverträgliche leitungsgebundene Versorgung der Allgemeinheit mit Elektrizität und Gas.

(2) Die Regulierung der Elektrizitäts- und Gasversorgungsnetze dient den Zielen der Sicherstellung eines wirksamen und unverfälschten Wettbewerbs bei der Versorgung mit Elektrizität und Gas und der Sicherung eines langfristig angelegten leistungsfähigen und zuverlässigen Betriebs von Energieversorgungsnetzen.

(3) Zweck dieses Gesetzes ist ferner die Umsetzung und Durchführung des Europäischen Gemeinschaftsrechts auf dem Gebiet der leitungsgebundenen Energieversorgung.

Übersicht		Seite	Rz.
I.	Normzweck und Rechtsentwicklung	126	1
II.	Leitungsgebundene Energieversorgung	129	9
III.	Interesse der Allgemeinheit	130	11
IV.	Allgemeine Gesetzeszwecke (Abs. 1)	133	19
	1. Einzelziele	133	20
	a) Umweltverträglichkeit	133	21
	b) Sicherheit der Energieversorgung	135	24
	c) Preisgünstigkeit der Versorgung	138	32
	d) Verbraucherfreundliche Versorgung	141	40
	e) Effiziente Versorgung	142	44
	2. Harmonisierung und Rangfolge der Ziele	143	47
	a) Arten von Zielbeziehungen	144	48
	b) Zielbeziehungen des § 1 Abs. 1	145	51
	3. Funktionen der Zweckbestimmung	150	61
	a) § 1 Abs. 1 als Programmsatz	150	62
	b) Bezugsnorm für Verweisungen	151	63
	c) Auslegung des Gesetzes	152	65
	d) Bindung von Marktbeteiligten	153	67
	e) Bindung der Aufsichtsbehörden	153	69
	f) Harmonisierung über den Markt	155	74
	g) Entscheidung im Einzelfall	157	78
V.	Regulierungszwecke (Abs. 2)	158	80
VI.	Transformationszweck (Abs. 3)	160	85

§ 1 Zweck des Gesetzes

I. Normzweck und Rechtsentwicklung

1 § 1 Abs. 1 hebt in der Art einer **Präambel** die **Ziele** der leitungsgebundenen Energieversorgung hervor. Der Gesetzgeber des EnWG 1998 hatte Sicherheitsziel und Preisgünstigkeitsziel aus dem EnWG 1935 (»billig«) in das neue Recht übernommen und um das Ziel der Umweltverträglichkeit der Energieversorgung ergänzt. Mit dem EnWG 2005 sind in Abs. 1 »effiziente« und »verbraucherfreundliche Versorgung« hinzugekommen, während Abs. 2 die Regulierungszwecke beschreibt und Abs. 3 den Transformationszweck in das Gesetz übernimmt.

2 Die Vorläuferfassung des § 1 EnWG 1998 (jetzt: § 1 Abs. 1) war (zusammenfassend) wie folgt begründet worden[2]: § 1 sollte sowohl die Auslegung der Gesetzesbestimmungen als auch die Aufsichtspraxis der Länder bestimmen und leiten. Die Ziele Sicherheit, Preisgünstigkeit und Umweltverträglichkeit wurden als unverzichtbar und **gleichrangig** hervorgehoben. Weil es sich bei der Strom- und Gaswirtschaft um Schlüsselbranchen mit erheblicher Bedeutung für die gesamtwirtschaftliche Entwicklung handele, seien auch die Interessen der Allgemeinheit berührt, wobei ein wettbewerblicher Ordnungsrahmen eingeführt werden sollte. Gleichzeitig wurde das Nebeneinander von wettbewerblicher Steuerung und Regulierung (»im öffentlichen Interesse und zum Schutz der Verbraucher unerlässlich«) betont. Mehrfach hob der damalige Gesetzgeber das Potential der technologischen Weiterentwicklung hervor.

3 Weiter hieß es[3]:

> »Um Zielkonflikte zu vermeiden, fordert das Gesetz eine möglichst sichere, preisgünstige und umweltverträgliche Versorgung mit Elektrizität und Gas. Verlangt wird also lediglich eine unter Berücksichtigung von Preisgünstigkeit und Umweltverträglichkeit vertretbares Maß an Versorgungssicherheit. Das Ziel Preisgünstigkeit rechtfertigt seinerseits keine Beeinträchtigung von Versorgungssicherheit und Umweltverträglichkeit. Vielmehr geht es um eine möglichst sichere und umweltverträgliche Elektrizitäts- und Gasversorgung zu den geringstmöglichen Kosten und damit zu

---

2 BT-DrS 13/7274, S. 13 f.
3 BT-DrS 13/7274, S. 14 (linke Spalte).

möglichst günstigen Preisen. Auch die Anforderungen an die Umweltverträglichkeit der Energieversorgung müssen unter Berücksichtigung der Ziele Sicherheit und Preisgünstigkeit bestimmt werden.«

Nach der Gesetzesbegründung waren die Ziele mittel- bis langfristig zu sichern (Betonung des technologischen Fortschritts).

Die Neuaufnahme des Zieles der Umweltverträglichkeit in das EnWG 1998 – vorbereitet durch die Neufassung der Bundestarifordnung Elektrizität[4] zum 1.1.1990 – hatte zu einer **Zieltrias** geführt. Das gleichzeitige Anstreben mehrerer Ziele, die nicht miteinander vollständig kompatibel sind oder als Unterziele eines Gesamtzieles begriffen werden können, musste zu Harmonisierungsdefiziten führen, insbesondere den Norminhalt verunklaren. Da es in der Anwendungspraxis damals und heute darum gehen wird, das **jeweilige Ausmaß des zu erreichenden Einzelzieles** zu bestimmen, wird gleichzeitig darüber entschieden, in welchem Umfange die anderen Ziele zurückzutreten haben.

Dies soll an einem Beispiel verdeutlicht werden. Im Jahre 1998 hatte der VGH Baden-Württemberg über einen Unterlassungsanspruch des Nachbarn einer kommunalen Energieanlage zu entscheiden, die tieffrequente Geräuschimmissionen – auch zur Nachtzeit – hervorrief[5]. Eine umweltverträglich produzierende Anlage (Kraft-Wärme-Kopplung, vgl. § 3 Abs. 1 KWK-G 2002) störte den Eigentümer eines Einfamilienhauses im reinen Wohngebiet, nachdem die Motoren des BHKW ausgetauscht worden waren. Der Verwaltungsgerichtshof hat, nachdem zwischenzeitlich Schalldämpfer in die Abgasleitungen eingebaut worden waren, die Klage abgewiesen, weil der »tieffrequente Einzelton« nunmehr um 15 dB (A) vermindert gewesen sei. Dabei hat sich das Gericht auf § 3 BImSchG gestützt und schädliche Umwelteinwirkungen i. S. einer Unzumutbarkeit nicht feststellen können[6].

Die Fallkonstellation beinhaltet einen quasi »einzelzielinternen« Konflikt: Ein BHKW wird vom Gesetzgeber als besonders umweltverträgliche Anlage hervorgehoben (§ 2 Abs. 2), muss aber auch im Übrigen umweltverträglich betrieben werden (Lärmimmissionen). Das

---

4 Vom 18.12.1989, BGBl. I S. 2255, § 1.
5 VGH Baden-Württemberg RdE 1999, 112 – Tieffrequente Geräusche des Blockheizkraftwerks.
6 VGH Baden-Württemberg RdE 1999, 112, 114 f.

EnWG vermag zur Konfliktlösung nichts beizutragen, und auch zukünftig werden derartige Konflikte nicht auf der Basis des neuen Energiewirtschaftsrechts zu lösen sein. Insbesondere wird kaum daran gedacht werden können, wegen der Hervorhebung derartiger Anlagen im EnWG den Schutz der Anwohner vor Lärmimmissionen – das Anforderungsniveau des BImSchG zurücknehmend – geringer einzuschätzen als bei anderen genehmigungsbedürftigen Anlagen. Auf die vergleichbare Problematik bei Windenergieanlagen ist hinzuweisen[7].

7 Mit dem EnWG 2005 sind zwei neue Gesetzeszwecke hinzugekommen. Der Gesetzentwurf der Bundesregierung[8] enthielt bereits den Zweck der »verbraucherfreundlichen Versorgung« der Allgemeinheit mit Elektrizität und Gas, offensichtlich um Art. 3 Abs. 3 der Binnenmarktrichtlinien Elektrizität (im Folgenden: RL-Elt) und Erdgas (im Folgenden: RL-Gas) Rechnung zu tragen[9]. Erst im Zuge der Verhandlungen im Wirtschaftsausschuss des Bundestages[10] ist als fünfter Zweck noch die **effiziente** Versorgung der Allgemeinheit hinzugekommen, um insbesondere die »Kosteneffizienz der Energieversorgungsnetze«[11] hervorzuheben. Die Absätze 2 (Regulierungsziele) und 3 (Transformationszweck) des § 1 EnWG 2005 sind im Laufe des Gesetzgebungsverfahrens nicht mehr verändert worden.

8 § 1 steht im Einklang mit den **Vorgaben des Europäischen Rechts**. Art. 3 Abs. 2 Satz 1 RL-Elt hebt die Ziele Versorgungssicherheit, Preisgünstigkeit und Umweltschutz hervor. Zugleich wird die Auferlegung gemeinwirtschaftlicher Verpflichtungen »im allgemeinen wirt-

---

7 Vgl. den Überblick bei *Salje*, Umwelthaftung beim Betrieb von Windkraftanlagen, UTR Bd. 78, Berlin 2004, S. 325ff. (Zusammenstellung der Entscheidungen).
8 Vom 14.10.2004, BT-DrS 15/3917, S. 9 mit Einzelbegründung S. 47 f.
9 Vgl. Art. 3 Abs. 3 der Richtlinie 2003/54/EG des Europäischen Parlaments und des Rates vom 26.6.2003 über gemeinsame Vorschriften für den Elektrizitätsbinnenmarkt und zur Aufhebung der Richtlinie 96/92/EG (ABl. EG Nr. L 176, S. 37) sowie (deutlicher) Art. 3 Abs. 3 der Richtlinie 2003/55/EG des Europäischen Parlaments und des Rates vom 26.6.2003 über gemeinsame Vorschriften für den Erdgasbinnenmarkt und zur Aufhebung der Richtlinie 98/30/EG (ABl. EG Nr. L 176, S. 56).
10 Beschlussempfehlung und Bericht vom 13.4.2005, BT-DrS 15/5268, S. 11 mit Begründung S. 116.
11 Ebd. S. 116 (Einzelbegründung zur durch den Ausschuss geänderten Fassung des EnWG, § 1 Abs. 1).

schaftlichen Interesse« zugelassen. Nicht wörtlich übernommen hat der deutsche Gesetzgeber die Ziele der Regelmäßigkeit der Versorgung sowie Versorgungsqualität; Art. 3 Abs. 2 Satz 1 RL-Gas ist mit der RL-Elt wortgleich[12]. Auch das Europäische Recht lässt Vorgaben zur Lösung potentieller Zielkonflikte nicht erkennen, schreibt aber in Art. 3 Abs. 2 Satz 2 RL-Elt/RL-Gas vor, dass die so im Allgemeininteresse auferlegten Verpflichtungen **klar definiert, transparent, nichtdiskriminierend und überprüfbar** sein müssen. Darin könnte die Verpflichtung des nationalen Gesetzgebers erblickt werden, für eine **operationale Zielabgrenzung** sowie eine überprüfbare **Rangfolge der Ziele** in Konfliktfällen zu sorgen. Dies wird für das Genehmigungsverfahren zum Bau neuer Elektrizitätserzeugungsanlagen bestätigt (vgl. Art. 6 RL-Elt), wo (leicht umformuliert) die genannten Verpflichtungen im Allgemeininteresse als vom Gesetzgeber potentiell zu verwendende Genehmigungskriterien aufgeführt werden, wiederum ohne selbst die Harmonisierung zu regeln.

II. Leitungsgebundene Energieversorgung

Das EnWG 2005 enthält – insofern ebenfalls in der Tradition des alten Rechts stehend – **keine umfassende Branchenregelung** für Erzeugung, Transport, Verkauf und Nutzung von Energie. Das Gesetz beschränkt sich auf Elektrizität und Gas einerseits, auf die leitungsgebundene Versorgung andererseits. Fernwärme wird ebensowenig erfasst wie die Lieferung von Mineralölprodukten. Da einige Primärenergieträger durchaus Substitutionsprodukte darstellen, also im Wettbewerb zueinander stehen (z. B. Erdgas und Heizöl L), liegt hierin die Gefahr, die Substitutioneffekte zu wenig zu berücksichtigen. Es ist z. B. nicht selbstverständlich, dass die Gasversorgung erhöhten Umweltschutzanforderungen unterworfen wird, die möglicherweise für die Mineralölversorgung und für die Fernwärmeversorgung nicht gelten sollen. Zum Vorteil des Verbrauchers könnte auch überlegt werden, die Mineralölwirtschaft genauso dem Preisgünstigkeitsziel zu unterwerfen wie die Gas- und Elektrizitätsversorgung.

Der Gesetzgeber – insofern wiederum auch im Einklang mit dem Europäischen Recht – beschränkt sich auf einen Einzelzugriff und vernachlässigt möglicherweise eine stärker dem Gleichheitsgrundsatz

---

12 Lediglich der Begriff »Elektrizitätsunternehmen« ist naturgemäß durch den Begriff »Erdgasunternehmen« ersetzt.

verpflichtete Gesamtregelung. Da die Fernwärmeversorgung ebenfalls ausgeklammert ist, kann dies nicht unter Hinweis auf spezielle Aspekte der Leitungsgebundenheit gerechtfertigt werden. Vielmehr ist zu erwarten, dass zukünftig im Rahmen einer »De-Deregulierung« auch die leitungsgebundene Versorgung mit Elektrizität und Gas so weit in den wettbewerblichen Ordnungsrahmen überführt werden wird, dass spezielle Regelungen wie die des EnWG vielleicht in nicht allzuferner Zukunft als ganz verzichtbar erscheinen.

III. Interesse der Allgemeinheit

11 Die Betonung des »gemeinen Wohls« hatte der Gesetzgeber des EnWG 1935 noch durch wirtschaftlichen Einsatz der Energiearten, notwendigen öffentlichen Einfluss, Verhinderung volkswirtschaftlich schädlicher Auswirkungen des Wettbewerbs sowie zweckmäßigen Ausgleich durch Verbundwirtschaft erläutert[13]. Derartige Gemeinwohlklauseln sind aber im Nationalsozialismus als Ermächtigungsnormen missbraucht worden, um Eingriffe in Grundrechte in beliebigem Umfange zu rechtfertigen, ohne Inhalt, Ziel und Ausmaß der Ermächtigung näher anzugeben[14]. So konnte der Reichswirtschaftsminister gem. § 4 Abs. 2 Satz 2 EnWG 1935 eine Beanstandungsverfügung auf **Gründe des Gemeinwohls** stützen. Obwohl auch der EU-Gesetzgeber (vgl. Art. 3 Abs. 2 Satz 1 RL-Elt/RL-Gas) im Einklang mit Art. 86 Abs. 2 Satz 1 EG (»allgemeines wirtschaftliches Interesse«) das Allgemeininteresse als Leitlinie für Eingriffe in den Wettbewerb um die Energieversorgung vorgibt, vermag das Gemeinwohlziel allein – unkonkretisiert – derartige Eingriffe nicht zu rechtfertigen.

12 Die Fassung des § 1 Abs. 1 könnte als **Beschränkung der Reichweite des Gesetzes** verstanden werden (»Versorgung der Allgemeinheit«). In diesem Lichte wäre eine Regulierung der Energieversorgung mit Elektrizität und Gas über feste Leitungswege nur dann zulässig, wenn **Interessen der Allgemeinheit** betroffen sind. Solche Interessen werden berührt sein, wenn es sich um die flächendeckende Versorgung von Letztverbrauchern (insbes. Haushaltskunden sowie kleinen und mittleren Unternehmen) handelt, also Grundversorgung betrieben wird[15]. Der Gesetzgeber könnte auf diese Weise signalisiert haben,

---

13 Präambel zum EnWG 1935, RGBl. I S. 1451.
14 Vgl. jetzt Art. 80 Abs. 1 GG.
15 Vgl. § 36 EnWG 2005.

III. Interesse der Allgemeinheit

dass nicht im Allgemeininteresse liegende Versorgungsverhältnisse (z. B. Eigenversorgung, Versorgung von konzerneigenen Unternehmen) auch nicht geregelt werden sollen. Dafür könnte § 3 Ziff. 18 sprechen, der den Begriff des Energieversorgungsunternehmens auf die Versorgung Dritter bzw. die Verfügungsbefugnis über ein Netz für die allgemeine Versorgung beschränkt, während § 110 solche Energieversorgungsnetze von der Anwendung des Gesetzes teilweise ausnimmt, die nicht Abnehmer aus dem Kreis der Allgemeinheit bzw. nur die Versorgung verbundener Unternehmen zum Gegenstand haben (Industrienetze, Werksnetze, Arealnetze).

Gegen eine solche Auslegung des Gemeinwohlziels als **Gesamtrestriktion des EnWG** spricht jedoch einerseits, dass sich das Gesetz nicht nur an EVU wendet (vgl. § 46 Abs. 1 Satz 1: Direktleitungsbau). Auch hätte es der expliziten Ausnahmen von der Pflicht, eine Netzbetriebsgenehmigung einzuholen (vgl. § 4 und § 110), nicht bedurft, wenn Eigenversorgung bzw. jede Versorgung außerhalb der allgemeinen Versorgung bereits wegen § 1 Abs. 1 nicht unter das Gesetz fielen. Es kann auch nicht davon ausgegangen werden, dass der Gesetzgeber von vornherein bestimmte Energieversorgungssituationen vom Geltungsumfang des Gesetzes per se auszuklammern beabsichtigte. Allerdings wird man bei der Anwendung des Gesetzes **im Einzelfall** eruieren müssen, ob der zur Regulierung anstehende Sachverhalt Interessen der Allgemeinheit erkennbar berührt. Ist dies nicht der Fall, kann das Versorgungsverhältnis dem Spiel der Marktkräfte überlassen und der Wirksamkeit der Eingriffsbefugnisse der Kartellbehörden vertraut werden. 13

Die Erwähnung (des Interesses) der Allgemeinheit in § 1 Abs. 3 hat offenbar den Zweck, die besondere **Branchenregulierung** zu rechtfertigen und mit Art. 86 Abs. 2 EG kompatibel zu halten. Das Gesetz auferlegt insbesondere den EVU gemeinwirtschaftliche Verpflichtungen (z. B. Einspeisung regenerativer Energieträger, § 2 Abs. 2 i. V. mit Erneuerbare-Energien-Gesetz) und zwingt die Gemeinden, öffentliches Wegeeigentum für die Verlegung von Versorgungsleitungen zur Verfügung zu stellen (§ 46 Abs. 1). Solche besonderen Verpflichtungen sind nur zu rechtfertigen, wenn sie durch das Wohl der Allgemeinheit als zwingend geboten erscheinen. 14

Wer auf die Verlegung von Leitungen als Wirtschaftsgrundlage angewiesen ist, benötigt insofern besondere Privilegien, muss dafür aber auch besondere Verpflichtungen auf sich nehmen. Diese **doppelte** 15

§ 1 Zweck des Gesetzes

Gemeinwohlbindung bringt § 1 Abs. 3 zum Ausdruck: Nicht nur wirkt – i. S. von Art. 14 Abs. 3 GG – Eigentum verpflichtend; denn um Eigentum der EVU an Leitungen zu schaffen, müssen Gemeinden oder Privateigentümer Beeinträchtigungen ihres Eigentums dulden. Daraus folgert der Gesetzgeber spiegelbildlich eine gesteigerte Gemeinwohlbindung der EVU, die dieses – privilegiert erworbene – Eigentum wiederum zum Wohle der Allgemeinheit einzusetzen verpflichtet sind, insbes. ihre Leitungsnetze für die Nutzung durch Dritte zu öffnen haben.

16 Der Gesetzgeber des EnWG 1998 hatte also eher zurückhaltend formuliert, wenn er ausführte[16]:

> »Das Interesse der Allgemeinheit ist berührt, weil es sich bei der Strom- und Gaswirtschaft um Schlüsselbranchen mit erheblicher Bedeutung für die gesamtwirtschaftliche Entwicklung, für alle privaten und öffentlichen Verbraucher von Strom und Gas, aber auch für die umweltpolitischen Ziele des Bundes handelt.«

17 In der Literatur wurde aus dieser Fassung des § 1 EnWG 1998 gefolgert, dass **Individual- oder Partikularinteressen** nicht über § 1 durchsetzbar seien[17]. Als Beispiele wurden einzelne Marktteilnehmer mit Interesse an günstigeren Preisen sowie Verbände genannt, die ein besonders hohes Interesse an Versorgungssicherheit oder Umweltverträglichkeit haben. Daran ist richtig, dass Partikularinteressen nur im Rahmen der gesetzlichen Vorschriften verfolgt werden können. Dies ergibt sich aber bereits aus dem Rechtsstaatsprinzip (Vorbehalt des Gesetzes, Art. 20 GG) und hätte eine besondere Bezugnahme auf das Gemeinwohlziel nicht erfordert.

18 *Danner*[18] hatte das Allgemeininteresse in den Zusammenhang mit den ursprünglich drei Gesetzeszielen gerückt und wollte daher dem Gemeinwohlinteresse keine eigenständige rechtliche Bedeutung zumessen. Daher handele es sich um eine Leerformel, und das EnWG sei auch nicht insgesamt dem öffentlichen Interesse i. S. einer Daseinsvorsorge (Aufgabe der öffentlichen Verwaltung) zu unterwerfen[19]. Dem kann mit den obigen Überlegungen nicht beigetreten werden. Viel-

---

16 BT-DrS 13/7274, S. 13 (Einzelbegründung zu § 1).
17 *Schneider*, EnWG 1998, § 1 Anm. 3.
18 *Danner/Theobald*, Energierecht, Bd. 1, Loseblattsammlung, München Stand: 7.05, § 1 EnWG 1998 Rz. 9.
19 *Danner* ebd. Rz. 9.

mehr hat das Allgemeininteresse wegen Art. 86 EG sowie als Begrenzungsrahmen für regulatorische Eingriffe durchaus eigenständige Bedeutung. Bei der künftigen Rechtsanwendung wird daher jeweils zu prüfen sein, ob der Eingriff jedenfalls auch auf Interessen der Allgemeinheit – Dienstleistungen im gemeinwirtschaftlichen Interesse – gestützt werden kann.

IV. Allgemeine Gesetzeszwecke (Abs. 1)

Im Mittelpunkt des § 1 Abs. 1 stehen die **fünf Gesetzesziele**, die der Gesetzgeber ebenso als »Zweck des Gesetzes« bezeichnet hat wie Regulierungsziele und Transformationszweck. Im EnWG wird mehrfach auf diese Gesetzeszwecke verwiesen[20]. Über die Auslegung der Einzelziele des § 1 Abs. 1 hinaus (unten 1.) ist nach deren Harmonisierung zu fragen (Rangfolge, unten 2.) sowie die Funktion dieser Ziele im Gesetz zu prüfen (unten 3.).

1. Einzelziele

Die Ziele des § 1 Abs. 1 haben in Art. 3 Abs. 2 RL-Elt/RL-Gas eine gewisse Entsprechung; dort werden allerdings zusätzlich die Ziele Regelmäßigkeit und Qualität der Belieferung einbezogen. § 1 Abs. 1 kombiniert eine monetäre Zielvorstellung (Preisgünstigkeit) mit den nicht-monetären Zielen Sicherheit, Verbraucherschutz, Effizienz und Umweltverträglichkeit.

a) Umweltverträglichkeit

Wirtschaftsvorgänge, die ohne Beeinträchtigung der Umwelt ablaufen, dürften im Bereich der produzierenden Wirtschaft – anders als bei manchen Dienstleistungen – eher selten sein. Dem Gesetzgeber ging es daher von vornherein nicht darum, Umweltschutz als ein Jedermann-Abwehrrecht auszugestalten und auf der Basis eines bestimmten status quo jeglichen (weiteren) Umwelteingriff zu verbieten. Umweltschutz muss vielmehr als ein ständig sich erneuernder Prozess verstanden werden, bei dem das Ziel nur langfristig, schrittweise und niemals vollständig erreicht werden kann.

---

20 Vgl. § 2 Abs. 1, § 3 Ziff. 19a, § 13 Abs. 1 Satz 3, § 17 Abs. 2, § 20 Abs. 2, § 21a Abs. 6 Satz 2 Ziff. 8, § 27 Satz 2 und 5, § 28 Abs. 2 Satz 1, § 37 Abs. 3 Satz 2, § 39 Abs. 1 Satz 1, § 43 Abs. 1 Satz 5, § 53.

§ 1 Zweck des Gesetzes

22 § 1 Abs. 1 V. m. § 3 Ziff. 33 greift daher auf den Begriff der **Umweltverträglichkeit** mit der offenbaren Tendenz der bekannten Nachhaltigkeits-Konzepte[21] (sustainability) zurück, ohne Grenzwerte zu setzen oder ähnlich rigide Ziele zu formulieren. Für den Gesetzgeber zählen nach § 3 Ziff. 33 die folgenden Kriterien zur Umweltverträglichkeit:

– rationeller und sparsamer Umgang mit Energie (Einsparungsprinzip)

– schonende und dauerhafte Nutzung von Ressourcen (Nachhaltigkeitsprinzip)

– möglichst geringe Umweltbelastung (Belastungsminimierungsprinzip)

Diesen drei Prinzipien wird die Empfehlung an die Seite gestellt, Elektrizität mittels Kraft-Wärme-Kopplung und aus erneuerbaren Energien zu erzeugen.

23 § 1 Abs. 1 steht in Einklang mit Art. 20a GG (Schutz der natürlichen Lebensgrundlagen des Menschen) und konkretisiert diese Staatszielbestimmung[22]. Auch Exekutive und Judikative werden an die Vorgaben des 20a GG i. V. mit § 1 Abs. 1 (Umweltverträglichkeitsziel) gebunden[23]; § 1 Abs. 1 hat insofern die Aufgabe einer »Feinsteuerung« übernommen[24]. Im Europäischen Recht enthalten Art. 3 Abs. 1 lit. l) i. V. mit Art. 174, 175 und 176 EG Umweltschutzziel und Konkretisierung, wobei auch die umsichtige und rationelle Verwendung der natürlichen Ressourcen besonders hervorgehoben wird (vgl. Art. 174 Abs. 1 und Abs. 3 EG). Die Binnenmarktrichtlinie Elektrizität kon-

---

21 Vgl. *Bartmann*, Anliegen und Aspekte der Ökologischen Ökonomie, wisu 1998, S. 275, 277 f.; *Nutzinger*, Nachhaltigkeit und Standardökonomik: komplementär oder substitutiv?, in: Ökonomie und Gesellschaft, Jahrbuch 14 (1997), S. 46 ff.; *Kurz*, Unternehmen und nachhaltige Entwicklung, in: Ökonomie und Gesellschaft, Jahrbuch 14/1997, S. 78 ff.; *Vornholz*, Die neue Sicht der Nachhaltigkeit und die neoklassische Ressourcen- und Umweltökonomie, in: Ökonomie und Gesellschaft, Jahrbuch 14 (1997) S. 19 ff.
22 Zu Einzelheiten vgl. *Schmidt-Bleibtreu/Klein*, Kommentar zum Grundgesetz, 11. Aufl. Neuwied/Kriftel 2005, Art. 20a, insbes. Rz. 1 bis 6 sowie Rz. 10 ff.
23 Ebd. Rz. 16.
24 Vgl. *Vogel*, Reform des Grundgesetzes, DVBl. 1994, S. 497, 499.

kretisiert das Umweltschutzziel im Hinblick auf Stromerzeugung (Art. 6 Abs. 2 lit. c) RL-Elt) sowie die Verteilung von Elektrizität aus erneuerbaren Energieträgern, Abfällen oder im Wege der Kraft-Wärme-Kopplung erzeugten Stroms (Vorrangoption: Art. 11 Abs. 3 und Art. 14 Abs. 4 RL-Elt).

b) Sicherheit der Energieversorgung

Das Ziel einer **sicheren Energieversorgung** hatte der Gesetzgeber des EnWG 1998 in zweifacher Weise verstanden[25]: 24

»Sicherheit bedeutet zunächst eine mengenmäßig ausreichende Versorgung der Abnehmer. Es muß soviel Elektrizität und Gas bereitgestellt werden, daß auch der Spitzenbedarf jederzeit gedeckt werden kann. Sicherheit umfaßt aber auch die technische Sicherheit der Erzeugungs-, Transport- und Verteilungsanlagen und bedeutet insofern Ungefährlichkeit dieser Anlagen für Menschen und Sachen.«

Das Ziel der **technischen Sicherheit von Energieanlagen** hat der Gesetzgeber insbesondere in § 49 und den schon zum früheren Recht ergangenen Rechtsverordnungen[26] konkretisiert[27]. Darüber hinaus können auch andere Vorschriften des technischen Sicherheitsrechts (Bergrecht, Atomrecht, Geräte und Produktsicherheitsrecht) Einfluss auf die Sicherheitstechnik der Energieversorgung haben. Allerdings wird mit § 49 nur ein Mindestschutzniveau eingefordert (Orientierung an den allgemein anerkannten Regeln der Technik). Jedoch ist nicht ersichtlich, dass der technische Sicherheitsaspekt durch die Zielsetzung in § 1 Abs. 3 auf ein anderes (höheres) Schutzniveau gehoben wird. In Bezug auf diesen Aspekt hat § 1 damit im Wesentlichen deklaratorische Bedeutung und erscheint allenfalls dann als anwendbar, wenn Schutzlücken zu schließen wären. 25

Die Bedeutung des § 1 Abs. 1 liegt daher in der Betonung des Zieles der **Versorgungssicherheit**. *Büdenbender* versteht unter Versorgungssicherheit die stets ausreichende und ununterbrochene Befriedi- 26

---

25 BT-DrS 13/7274, S. 14 (linke Spalte), Einzelbegründung zu § 1 EnWG 1998.
26 Druckbehälterverordnung, Gashochdruckleitungsverordnung; vgl. jetzt die Art. 1, 3 und 4 der Rechtsvereinfachungs-Verordnung vom 27.9.2002, BGBl. I S. 3777.
27 Dazu unten § 49 Rz. 26 ff.

§ 1 *Zweck des Gesetzes*

gung der Nachfrage nach Energie[28]; Art. 3 Abs. 2 RL-Elt/RL-Gas betonen die **Regelmäßigkeit** der Belieferung als durch die Mitgliedstaaten auferlegbare gemeinwirtschaftliche Verpflichtung von EVU. Unter **Versorgung** versteht Art. 2 Ziff. 19 der Binnenmarktrichtlinie Elektrizität den Verkauf von Elektrizität an Kunden; dies entspricht Art. 2 Ziff. 7 RL-Gas, während § 3 Ziff. 36 alle Stufen der Energieversorgung von der Gewinnung bis zum Vertrieb umfasst. Das Ziel der Versorgungssicherheit hat also sowohl einen Mengenaspekt als auch einen Kontinuationsaspekt[29]. Zugleich ist das Diskriminierungsverbot zu betonen: Außer im Falle staatlicher Anordnung[30] darf ein EVU keinen Verbraucher/Verbrauchergruppe bevorzugen, also etwa selektiv beliefern. Dabei muss die so definierte Versorgungssicherheit alle Stufen der Energieversorgung erfassen, also Erzeugung, Speicherung, Übertragung und Verteilung[31]. Versorgungssicherheit ist nicht nur in Bezug auf das Gesamtverteilungsnetz sowie die vorgelagerten Übertragungsnetze, sondern auch in Bezug auf die regionalen Netze (Teilnetze) herzustellen und zu erhalten; gerade bei der Belieferung von Tarifkunden muss Versorgungssicherheit allen gleichmäßig zugute kommen (vgl. auch Art. 9 lit e) RL-Elt). Für die Erdgasversorgung von Privatkunden sowie kleinen und mittleren Unternehmen ist eine Präzisierung durch die RL 2004/67/EG[32] erfolgt, die in den §§ 51 und 53a (rudimentär) umgesetzt wurde.

27 Dies zeigt, dass Versorgungssicherheit sowohl technisch als auch ökonomisch fundiert ist und neben der Angebotssicherheit (ausreichende Erzeugung, nachfrageorientierte Querschnitte der Versorgungsleitungen) auch die **Ausfallsicherheit** umfasst[33]; eine stetige Belieferung der Kunden kann durch eine redundante Auslegung der

---

28 *Büdenbender*, Energierecht, Essen 1982, Rz. 70; *ders.*, EnWG 1998, § 1 Rz. 17.
29 Ebenso *Danner*, § 1 EnWG 1998, Rz. 11f.
30 Notfallgesetzgebung, sog. Lastverteilungsverordnungen.
31 Zum Begriff der Versorgungssicherheit vgl. auch *Tönnies*, Die Vereinbarkeit des Modells eines zweiseitig offenen Strommarktes mit den Normen von EnWG und GWB, Diss. jur. Hannover 1995, S. 14: Sicherung einer ausreichenden Kraftwerkskapazität, Sicherstellung ausreichender Einsatzstoffe, Schutz vor dem Zusammenbruch von Übertragungs- und Verteilungsnetzen aufgrund von Betriebsstörungen (Netz, Erzeugung), Vorhandensein ausreichender Spannung/Stromstärke/Druck in der Kundenanlage.
32 Vom 26.4.2004, ABl. EU Nr. L 127/92.
33 *Tönnies*, Zweiseitig offener Strommarkt, S. 111.

IV. Allgemeine Gesetzeszwecke (Abs. 1)

Kapazitäten (einschl. der Netz- und Speicherreserven) sichergestellt werden[34]. Der ökonomische Aspekt der Versorgungssicherheit wird durch eine zweckdienliche Finanzplanung zu sichern sein (Unterhaltung von Reservekapazitäten, Bereitstellung von Finanzmitteln für Wartungsarbeiten, Reparaturen sowie Erneuerungs- und Ersatzinvestitionen).

Das Ziel der Versorgungssicherheit kann möglicherweise durch **Kennzahlen** in operationaler Weise konkretisiert werden[35]. Diese Kennzahlen würden in Bezug auf eine ganzjährige Nachfrage (ca. 8.760 Std.: 365 Tage multipliziert mit 24 Std.) das tatsächlich regional zur Verfügung stehende Versorgungsangebot der Nachfrage gegenüberstellen und beides in eine Relation setzen. Blieben etwa für einen vordefinierten Zeitraum (z. B. ein Jahr) in einer bestimmten Region die Kunden zehn Stunden lang unversorgt, hat die Versorgungssicherheit 99,88 % betragen (8.750 Std. Ist-Versorgung zu 8.760 Std. Vollversorgung). Damit wäre die Versorgungssicherheit an einem gegebenen Punkt des Verteilernetzes beschrieben. 28

Um eine Vergleichbarkeit zu gewährleisten, könnten Reihungen aus Durchschnittswerten solcher vordefinierter Endpunkte von Verteilernetzen gebildet werden, die jeweils für eine bestimmte Menge von Haushaltsabnehmern/Sonderabnehmern deren durchschnittliche Versorgungssicherheit beschreiben würden. Daraufhin wären Gruppen zu bilden, wobei bestimmten Tarifabnehmerzahlen (z. B. 1.000.000, 100.000, 10.000, 1.000) definierte durchschnittliche Grade an Versorgungssicherheit gegenübergestellt würden (z. B. 1.000.000 Abnehmer: 99,7 % usw.). 29

Eine solche gesetzliche Fixierung hat der Gesetzgeber nicht gewählt (vgl. aber § 52 Satz 4); sie wäre ohne daran anknüpfende Sanktionen wohl auch sinnlos. Die Qualität der Versorgungssicherheit in einer Maßgröße zu erfassen, ist dem deutschen Recht allerdings nicht fremd: Nach § 32 Abs. 1 der Telekommunikations-Kundenschutzverordnung[36] 1998 sind TK-Anbieter verpflichtet, bestimmte Qualitätskennwerte zu erheben, die von der Regulierungsbehörde veröf- 30

---

34 Zur Mehrfachauslegung vgl. *Tönnies*, Zweiseitig offener Strommarkt, S. 18.
35 Vgl. auch § 52 Satz 4: Kennzahl der durchschnittlichen Versorgungsunterbrechung.
36 Vom 11.12.1997, BGBl. I S. 2910, zuletzt geändert durch § 152 Abs. 2 TKG vom 22.6.2004, BGBl. I S. 1190, 1242.

fentlicht werden (§ 33 Abs. 2 der VO). Als mögliche Sanktionen kommen Minderungen des monatlichen Nutzungsentgeltes in Betracht.

31 Diese Überlegungen zeigen die besondere **ökonomische Komponente** der Versorgungssicherheit. Durch entsprechend redundante Auslegung von Erzeugungs- und Netzanlagen (zweifach, dreifach, vierfach, fünffach) ließe sich die Versorgungssicherheit ganz erheblich steigern, was allerdings auch mit einem wohl unverhältnismäßigen Kostenaufwand verbunden wäre. Also konfligiert die Versorgungssicherheit unmittelbar mit dem Ziel der Preisgünstigkeit der Versorgung sowie dem Effizienzziel; es ist ausgeschlossen, alle drei Ziele zugleich zu optimieren, ohne das jeweils andere Ziel zu beeinträchtigen.

c) Preisgünstigkeit der Versorgung

32 Zu den Gesetzeszwecken des § 1 Abs. 1 gehört auch die Preisgünstigkeit der Belieferung mit Elektrizität und Gas. Wegen der bekannten Schwierigkeiten der Messung subjektiver Nutzen und damit Werte ist dieses Ziel nicht eben leicht zu konkretisieren. Der Gesetzgeber hat in der Begründung zur Reform des Vorläufer-EnWG[37] dieses Ziel bei Vorliegen einer Versorgung zu Wettbewerbspreisen, ersatzweise zu möglichst geringen Kosten, für erfüllt gehalten. Strom- und Gaspreise sollen möglichst günstig sein, »die Versorgung rationell, effizient und kostensparend durchgeführt« werden[38].

33 Von der Einführung von Wettbewerb verspricht sich der Gesetzgeber sowohl einen Druck auf die Erzeugungs- und Netzkosten als auch auf die den Kunden berechneten Preise. Zwar ist das Ziel der Orientierung an Wettbewerbspreisen dominant; werden aber die zur Energieversorgung erforderlichen Kosten nicht zugleich zurückgeführt, erscheint eine langfristig sichere Versorgung als nicht gewährleistet. Kosten bilden zwar keinen Maßstab für Wettbewerbspreise[39], beeinflussen diese aber in erheblichem Umfange jedenfalls mittel- und langfristig. Ob eine Energieversorgung preisgünstig ist, lässt sich aber nur durch Vergleich mit ähnlich gelagerten Versorgungsverhältnissen ermitteln.

---

37 BT-DrS 13/7274, S. 14 (Einzelbegründung zu § 1 EnWG 1998).
38 Gesetzbegründung ebd.
39 Vgl. v. *Gamm*, GWB, 2. Aufl. Köln/Berlin/Bonn/München 1990, § 22 Rz. 47; vgl. aber BGH WuW/E DE-R 375, 378 ff. – Flugpreisspaltung.

IV. Allgemeine Gesetzeszwecke (Abs. 1)

Das Preisgünstigkeitsziel wird sich niemals – anders als das Ziel der Versorgungssicherheit – punktförmig formulieren lassen. Angesichts der Unterschiedlichkeit der Lieferbeziehungen und der ihnen zugrunde liegenden Kostenverhältnisse wird es immer nur einen **Zielkorridor** geben, innerhalb dessen alle Preisforderungen als noch angemessen und damit diesem Ziel entsprechend angesehen werden müssen. Zwar wird man jedenfalls für Strom-Tarifkundenpreise einstweilen noch auf die BTOElt und hier insbesondere auf § 12 Abs. 2 zurückgreifen können, um dem Preisgünstigkeitsziel entsprechende Stromentgelte zu ermitteln. Dabei ist aber einerseits zu berücksichtigen, dass die Preisaufsicht über Tarifkunden nur noch übergangsweise weitergeführt wird[40]. Andererseits sind die tatsächlichen wirtschaftlichen Gegebenheiten zu berücksichtigen, wie sie sich insbesondere seit Beginn der zweiten Hälfte des Jahres 1999 ergeben haben. Viele Elektrizitätskunden sind seitdem in der Lage, zwischen unterschiedliche Angeboten von Stromanbietern zu wählen, wobei es sich in der Regel um nicht genehmigte Tarife handelt, die ursprünglich bis zu 20 % unter den genehmigten Tarifen lagen. 34

Solche Angebote wären nach der Logik des § 12 Abs. 2 BTOElt eigentlich nicht möglich, weil sie weit unterhalb der Kosten liegen, die bei elektrizitätswirtschaftlich rationeller Betriebsführung anfallen. Dies zeigt deutlich, dass nicht nur diese damaligen niedrigeren Angebote, sondern offenbar doch auch diese teureren alten Tarife innerhalb des Zielkorridors der Preisgünstigkeit liegen müssen, weil letztere Preise anderenfalls nicht von den Preisaufsichtsbehörden hätten genehmigt werden können. Jedenfalls ist das Preisgünstigkeitsziel nicht bereits dann erfüllt, wenn bezogen auf bestimmte Kunden in bestimmten Regionen der denkbar niedrigste Preis – z. B. als Abbild der langfristigen Preisuntergrenze – gefordert und bezahlt wird. 35

Für Sonderkundenpreise wird man von vornherein auf die §§ 19, 20 GWB als Referenzmaßstab abheben müssen. Ein etwa nach § 19 Abs. 4 Ziff. 2 und 3 GWB missbräuchlicher Preis verfehlt in jedem Falle das Preisgünstigkeitsziel. Zielkonforme Preise müssen deutlich unterhalb der Missbrauchsschwelle liegen und können entsprechend der bisherigen Rechtsprechung[41] möglicherweise im Wege des Ver- 36

---

40 Vgl. Art. 5 Abs. 3 des Zweiten Neuregelungsgesetzes: bis 30.6.2007, BGBl. I 2005, S. 1970, 2018.
41 Vgl. zuletzt: BGHZ 135, 323 – Erdgas-Preisvergleich; für Netzzugangsentgelte vgl. BGH RdE 2005, 228 – Stadtwerke Mainz.

§ 1 Zweck des Gesetzes

gleichsmarktkonzeptes ermittelt werden[42]. Dabei ist es offensichtlich, dass auf keinen Fall der nicht missbräuchliche Energiepreis mit dem der Zielsetzung des § 1 Abs. 1 entsprechenden Preis verwechselt werden darf.

37 Deshalb wird man das Ziel der **Preisgünstigkeit als erfüllt** ansehen müssen, wenn unter Berücksichtigung des jeweiligen Abnahmefalls das geforderte Entgelt in den durch folgende Eckwerte gebildeten **Zielkorridor fällt**: Der untere Punkt der Bandbreite kann durch die **langfristige Preisuntergrenze** gebildet werden, die sich aus den variablen Kosten der Versorgung im jeweiligen Abnahmefall ergibt. Würde das EVU unterhalb dieser Grenze anbieten, könnten definitionsgemäß noch nicht einmal die laufenden betrieblichen Kosten der Belieferung dieses Abnehmers erwirtschaftet werden. Wer unterhalb der eigenen variablen Kosten anbietet, gerät leicht in den Verdacht, Konkurrenten im Wettbewerb i. S. der §§ 19, 20 GWB zu behindern (Behinderungsmissbrauch) und damit die Wettbewerbsmöglichkeiten anderer Unternehmen zu beeinträchtigen (Unterkostenverkauf). Dies wird nunmehr ausdrücklich durch § 20 Abs. 4 Satz 2 GWB erfasst (Verbot von Angeboten unter Einstandspreis ohne sachliche Rechtfertigung). Das Preisgünstigkeitsziel des § 1 Abs. 1 ist auch in diesem Zusammenhang zu lesen und kann daher nicht den »absolut günstigsten« Preis als zieladäquat zugrundelegen.

38 Der obere Punkt der Bandbreite wird jedenfalls für Tarifkunden-Lieferverhältnisse durch § 12 Abs. 2 BTOElt und damit die Gesamtkosten bei elektrizitätswirtschaftlich rationeller Betriebsführung gebildet werden. Da dieser Tarif noch genehmigungsfähig ist, darüber hinausgehende Entgeltforderungen aber wegen Verstoßes gegen ein

---

42 Vgl. auch *Möschel*, Strompreis und kartellrechtliche Kontrolle, WuW 1999, S. 5 ff.; *Hübschle*, Die kartellrechtliche Mißbrauchsaufsicht über Strompreisdifferenzierungen nach der Energiewirtschaftsrechtsnovelle, WuW 1998, S. 146 ff.; *Kramm*, Kartellrechtliche Mißbrauchsaufsicht im Recht der Energieversorgung – Lage und günstige Entwicklung, in: Baur (Hrsg.), Die Energiewirtschaft im Gemeinsamen Markt. Rechtliche Probleme, Handlungsmöglichkeiten, VEnergR Bd. 85, Baden-Baden 1998, S. 43 ff.; *Hamacher*, Die neue kartellrechtliche Preismißbrauchsaufsicht in der leitungsgebundenen Energieversorgung, RdE 1998, S. 225 ff.; *Salje*, Preismissbrauch durch EVU, in: *Bartsch/Röhling/Salje/Scholz* (Hrsg.), Stromwirtschaft, Köln/Berlin/Bonn/München 2002, Kap. 72, S. 699, 712 ff. (Rz. 40 ff.); *Schwintowski*, Konzept der Monopolpreiskontrolle am Beispiel eines Energieversorgungsunternehmens, BB 1996, S. 1673 ff.

gesetzliches Verbot (§ 134 BGB i. V. mit § 12 BTOElt) nicht mehr gefordert werden dürfen, würde das Preisgünstigkeitsziel auch insofern verfehlt. Damit lässt sich der Zielkorridor in operationaler Weise definieren.

Innerhalb des Korridors kann das Preisgünstigkeitsziel **durch Vergleich mit anderen – noch günstigeren – Preisen** bestimmt werden. 39
Vermag ein Unternehmen noch günstiger anzubieten, fordert es also für den identischen Abnahmefall einen niedrigeren Preis, wird das Preisgünstigkeitsziel besser erfüllt als durch das Vergleichsunternehmen. Dies gilt aber nur, soweit die verglichenen Angebote die Bandbreiten des Zielkorridors einhalten. Prima facie sind alle Forderungen innerhalb des Korridors als angemessen preisgünstig anzusehen, weil sie (in Bezug auf Tarifkunden) einerseits genehmigungsfähig sind, andererseits andere Unternehmen nicht missbräuchlich behindern (§ 20 Abs. 4 Satz 2 GWB). Eine genauere punktuelle Bestimmung des Preisgünstigkeitsziels ist nicht möglich und verbietet sich – wie noch zu zeigen sein wird – auch deshalb, weil dieses Ziel nicht absolut, sondern nur unter Rücksichtnahme auf die weiteren Zielsetzungen des § 1 Abs. 1 angestrebt werden kann.

d) Verbraucherfreundliche Versorgung

Das mit dem EnWG neu eingefügte Verbraucherschutzziel wird in 40
der Gesetzesbegründung nicht erläutert[43]. Einer Empfehlung des Bundesrates zur Streichung dieses Zieles[44] ist die Bundesregierung nicht gefolgt[45]. Die Aufnahme dieses Zieles erklärt sich aus Art. 3 Abs. 5 Satz 2 RL-Elt bzw. Art. 3 Abs. 3 Satz 4 RL-Gas. Dort werden die Mitgliedstaaten zur Gewährleistung eines **hohen Verbraucherschutzniveaus** verpflichtet, wobei besonders aufgeführt sind:

– Transparenz der Vertragsbedingungen

– Allgemeine Informationen

– Streitbeilegungsverfahren

Weiter werden in Abs. 5 (RL-Elt) bzw. Abs. 3 (RL-Gas) **geeignete** 41
Maßnahmen zum Schutze von Endkunden, Verbrauchern, zugelas-

---

43 Einzelbegründung zu § 1 Abs. 1, BT-DrS 15/3917, S. 47.
44 BT-DrS 15/3917, Anlage 2, S. 78 (Ziff. 4).
45 BT-DrS 15/4068, S. 2 (Ziff. 2).

senen Kunden und insbesondere Haushaltskunden aufgeführt, die im Einzelnen umfassen:

- angemessener Schutz einschließlich Maßnahmen zur Vermeidung eines Versorgungsausschlusses
- Schutz von Endkunden in abgelegenen Gebieten
- Wechselmöglichkeit zugelassener Kunden zu neuen Lieferanten
- Sicherstellung der Vorgaben des Anhangs A zu den Richtlinien

42 Dieser Anhang A umfasst allgemeine Vertragsinformationen einschließlich Änderung der Vertragsbedingungen, Entgelterhöhungen, Rücktritts- und Lösungsrechte sowie Zahlungsmodalitäten, die Verpflichtung der Lieferanten zum Wechsel »ohne Gebühren«, das Beschwerde- und Streitbelegungsverfahren (transparent, einfach und kostengünstig) sowie die Information über Rechte in Bezug auf die Grundversorgung (Art. 3 Abs. 3 RL-Elt/RL-Gas).

43 Mit dem Ziel »Verbraucherfreundlichkeit« fasst der deutsche Gesetzgeber die genannten Einzelmaßnahmen der Richtlinien zusammen, wobei die Ausfüllung der Vorgaben auf viele Vorschriften des EnWG verteilt sind[46]. Weil gemäß § 1 Abs. 3 zu den Gesetzeszwecken auch das Transformationsziel gehört, kann erwogen werden, potenzielle Tranformationsdefizite des EnWG 2005 im Wege des Rückgriffs auf § 1 Abs. 1 (verbraucherfreundliche Versorgung) auszufüllen und mittels europarechtskonformer Auslegung des Gesetzes als transformiert auch dann zu bewerten, wenn insofern eine Lücke im deutschen Recht vorliegen sollte. Eine derartige »ergänzende Gesetzesauslegung« vermeidet den Rückgriff auf die Richtlinien und deren unmittelbare Anwendung im deutschen Recht.

e) Effiziente Versorgung

44 Das Effizienzziel ist im ursprünglichen Gesetzentwurf der Bundesregierung nicht enthalten gewesen, sondern vom Wirtschaftsausschuss in § 1 Abs. 1 eingefügt[47], und wie folgt begründet worden:

---

46 Vgl. dazu die Einzelkommentierungen im Folgenden; insbesondere zu §§ 36 ff.
47 Vgl. Beschlussempfehlung und Bericht, BT-DrS 15/5268, S. 11 mit Einzelbegründung S. 116.

IV. Allgemeine Gesetzeszwecke (Abs. 1)

»Darüber hinaus soll durch die weitere Ergänzung klargestellt werden, dass die Effizienz der Energieversorgung, insbesondere auch die Kosteneffizienz der Energieversorgungsnetze, ebenfalls Zweck des Energiewirtschaftsgesetzes ist, das zur Erreichung dieses Zwecks um eine Reihe von Regelungen zur Effizienz der leitungsgebundenen Energieversorgung ergänzt worden ist.«

Insofern bezieht sich die Begründung auf die neu eingefügte Definition des § 3 Ziff. 15a (Energieeffizienzmaßnahmen) sowie § 14 Abs. 2, wonach die Betreiber von Elektrizitätsverteilernetzen bei deren Planung die Möglichkeiten von Energieeffizienz- und Nachfragesteuerungsmaßnahmen sowie dezentrale Erzeugungsanlagen zu berücksichtigen haben (Absicherung über eine Rechtsverordnungsermächtigung in Satz 2). Auch § 53 berücksichtigt dieses Ziel. 45

Das Effizienzziel ist auch in Art. 3 Abs. 2 Satz 1 und Satz 3 RL-Elt/RL-Gas aufgeführt. Darunter ist nicht nur die Kosteneffizienz, sondern insbesondere die Effizienz beim Einsatz der Primärenergieträgern – Erzeugung, Übertragung/Fernleitung und Verteilung – zu verstehen. Alle Elektrizitätsunternehmen/EVU haben ihr Handeln also zusätzlich am Ziel der Energieeffizienz auszurichten. Dies betrifft Planung von Energieanlagen, Errichtung und Betrieb dieser Anlagen. Werden die Ziele des § 1 Abs. 1 im Übrigen gewahrt, hat das EVU von mehreren zur Verfügung stehenden Effizienzebenen diejenige auszuwählen, die diesem Ziel des § 1 Abs. 1 am Nächsten kommt. Der interne Zielkonflikt zwischen Kosteneffizienz einerseits und Energieeffizienz andererseits dürfte unter Beachtung des Preisgünstigkeitszieles zugunsten der Energieeffizienz im engeren Sinne auszulösen sein. Im deutschen Recht ist insofern bisher der Begriff »Energieeinsparung« verwendet worden. 46

2. Harmonisierung und Rangfolge der Ziele

Die Ziele des § 1 Abs. 1 können offenbar nicht alle zugleich erreicht werden; *Tettinger* spricht sogar von einem »offenen Spannungsverhältnis« zwischen den Zielen Versorgungssicherheit und Preisgünstigkeit[48]. Deshalb ist zunächst zu klären, welche Arten von Beziehungen zwischen wirtschaftspolitischen Zielen bestehen. Sodann wird zu 47

---

48 *Tegethoff/Büdenbender/Klinger/Tettinger*, Recht der öffentlichen Energieversorgung, Präambel zum EnWG, Rz. 5.

untersuchen sein, welche dieser Zielbeziehungen für § 1 Abs. 1 maßgeblich sind.

a) Arten von Zielbeziehungen

48 In den Wirtschaftswissenschaften wird zwischen monetären und nicht-monetären Zielvorstellungen unterschieden[49]. Während die Preisgünstigkeit zu den monetären Zielsetzungen zu rechnen ist, gehören die Ziele der Versorgungssicherheit, Effizienz, Verbraucherfreundlichkeit sowie der Umweltverträglichkeit zu den (primär) nicht-monetären Zielsetzungen, wobei nicht ausgeschlossen ist, dass sich unterschiedliche Zielerfüllungsgrade oder -niveaus durchaus und für die konkrete Situation in Geldeinheiten ausdrücken lassen.

49 In der Wirtschaftspolitik wird zwischen Zielkomplementarität, Zielneutralität und Zielkonkurrenz unterschieden[50]. **Zielkomplementarität** liegt vor, wenn die Ziele so geartet sind, dass sie sich gegenseitig fördern, wenn sie gleichzeitig verfolgt werden. Dabei muss die Erfüllung des einen Zieles nicht in quasi gleichen Schritten zur Erfüllung des anderen Zieles geeignet sein; vielmehr reicht es aus, wenn die Erreichung des einen Zieles jedenfalls auch das andere Ziel positiv beeinflußt. Besteht vollständige Zielharmonie, kann man auch von **Zielidentität** sprechen.

50 Hat die Erreichung des einen Zieles in Bezug auf das oder die anderen Ziele keinerlei Auswirkungen, spricht man von **Zielneutralität**[51]. Mehrere Ziele lassen sich damit völlig unabhängig voneinander erreichen. **Zielkonkurrenz** ist gegeben, wenn das Bemühen um Erreichen des einen Zieles die Verwirklichung des anderen Zieles negativ beeinflusst; man spricht auch von konfligierenden Zielen. Es ist dann unmöglich, beide Ziele zugleich optimal zu erfüllen bzw. positive Beiträge zur Verbesserung des Zielerfüllungsgrades zu leisten. Wirtschaftspolitische Ziele sind typischerweise durch eine derartige Konfliktsituation gekennzeichnet; die Ziele behindern sich bei ihrer Erfüllung gegenseitig. Man spricht auch von einem **trade off** der Ziel-

---

49 *Wöhe/Doring*, Einführung in die allgemeine BWL, 22. Aufl. München 2005, S. 111.
50 Vgl. *v. Arnim*, Volkswirtschaftspolitik, 6. Aufl. Frankfurt/Main 1998, S. 27 ff., 30.
51 Vgl. die Nachweise in der vorstehenden FN.

IV. Allgemeine Gesetzeszwecke (Abs. 1)

beziehungen[52]. Bekannt geworden ist insbesondere der trade off zwischen Preisstabilität und Arbeitslosenquote, sog. Phillips-Kurve[53]. Die Annäherung an eines der betrachteten wirtschaftspolitischen Zielsetzungen wird dann mit einer Entfernung von dem anderen Ziel verbunden sein[54].

b) Zielbeziehungen des § 1 Abs. 1

Der Gesetzgeber des EnWG hat der Energieaufsichtsbehörde sowie 51
den Marktbeteiligten fünf Ziele vorgegeben, die offenbar gleichzeitig anzustreben sind; eine Rangfolge oder die Vorgabe eines bestimmten Zielerfüllungsgrades ist durch § 1 Abs. 1 nicht festgelegt. Der Gesetzgeber hat allerdings in mehreren Vorschriften des EnWG[55] entweder die Ziele des § 1 Abs. 1 insgesamt[56] oder aber Teilziele des § 1 wieder aufgenommen bzw. in Bezug genommen, um § 1 Abs. 1 für bestimmte Sachprobleme zu konkretisieren bzw. diese Ziele als Begrenzung von Ermächtigungen heranzuziehen. Deshalb ist zunächst festzustellen, dass die Regelung des § 1 Abs. 1 durch **Zielpluralität** gekennzeichnet ist.

Dem Gesetzeswortlaut ist ein Vorrang unter den Zielen nicht zu ent- 52
nehmen; auch die Hinzufügung des Zieles der Umweltverträglichkeit durch Reform 1998 sowie der Verbraucherfreundlichkeit und Effizienz durch Reform 2005 können nicht in diesem Sinne interpretiert werden. Bei der Zielbestimmung ist zu berücksichtigen, dass diese Ziele – im Rahmen einer Auslegung und Kommentierung – zunächst nur generell betrachtet werden können. Dies schließt es nicht aus, dass in einem Einzelfall und unter Berücksichtigung einer besonderen Konstellation die Zielbeziehung konkret anders zu gewichten ist. So erscheint es als vorstellbar, dass bei einer Anlage zur Erzeugung von Elektrizität aus regenerativen Energieträgern die Erweiterung dieser Anlage zugleich einen Beitrag zum Umweltverträglichkeitsziel, aber auch zur Versorgungssicherheit sowie zum Ziel der Preisgünstigkeit

---

52 Die Beschreibung von Zielbeziehungen in der Art von »sozialökonomischen Gesetzen« hat sich als problematisch erwiesen. Zur Kritik der Wirtschaftsforschung als bloßem »Zwei-Variablen-Problem« vgl. *Majer*, Entkoppelung, wisu 1996, S. 150ff.
53 Vgl. *Mayer*, Entkopplung, wisu 1986, S. 150ff.
54 *Giersch*, Allgemeine Wirtschaftspolitik. Grundlagen, Bd. 1, S. 50.
55 Vgl. §§ 17 Abs. 2, 20 Abs. 2.
56 Vgl. Nachweise oben FN 20.

leistet, weil Elektrizität wegen Vorhandenseins von Massendegressionsvorteilen nunmehr kostengünstiger erzeugt werden kann. Deshalb dürfen die folgenden generellen Aussagen nicht ungeprüft auf den zu entscheidenden Einzelfall übertragen werden.

53 Zusätzlich ist berücksichtigen, dass innerhalb eines der fünf Ziele aus Gründen der Quantifizierung und Messung bereits **Zielkonflikte bei Unterzielen** auftreten können. Zählt man beispielsweise zur Umweltverträglichkeit nicht nur die Verminderung des Schadstoffausstoßes, sondern auch die Vermeidung von Lärm (vgl. § 1 BImSchG), so vermag etwa die Errichtung einer Windenergieanlage sowohl positive als auch negative Beiträge zum Umweltverträglichkeitsziel zu leisten (Verminderung des Schadstoffausstoßes einerseits, Lärmerhöhung sowie Blendreflexe durch Rotorenbetrieb andererseits). Erst wenn man die **Maß- und Bewertungskriterien** festgelegt hat – und dies werden beim Umweltverträglichkeitsziel mehrere Messkriterien sein müssen –, kann über die »interne Zielverträglichkeit« eine Aussage getroffen werden.

54 **Generell** gilt für die Ziele des § 1 Abs. 1, dass sie miteinander konfligieren. Die Erhöhung der Versorgungssicherheit/technischen Betriebssicherheit durch Mehrfachauslegung/Hintereinanderschalten von Erzeugungs- und Verteilungsanlagen wird zu einer Erhöhung der Kosten der Stromversorgung führen; damit wird zugleich ein negativer Beitrag im Hinblick auf das Ziel der Preisgünstigkeit geleistet. Die bloße Anlagenvermehrung ist tendenziell auch geeignet, die Zielerfüllung im Hinblick auf das Umweltverträglichkeitsziel sowie das Effizienzziel zu beeinträchtigen. Generell ist also § 1 Abs. 1 durch das Bestehen einer Zielkonfliktsituation gekennzeichnet; das Bestehen von Zielkomplementarität, ja sogar von Zielharmonie oder jedenfalls Zielneutralität kann jedoch bei Betrachtung einzelner Konstellationen nicht völlig ausgeschlossen werden[57].

55 Die grundsätzliche Konfliktsituation soll an einigen Beispielen verdeutlicht werden. Ein Konflikt zwischen Preisgünstigkeitsziel und Versorgungssicherheit wurde bereits belegt. Zwischen Umweltverträglichkeit und Versorgungssicherheit besteht ein Konflikt jedenfalls dann, wenn man mit jeder neuen, zusätzlich in Betrieb genommenen Anlage zwar die Versorgungssicherheit als verbessert ansehen könnte, gleichwohl aber eine Beeinträchtigung der Umwelt befürchten müss-

---

57 Vgl. das Beispiel zu Beginn dieses Abschnitts.

IV. Allgemeine Gesetzeszwecke (Abs. 1)

te. Dieser Konflikt ist selbst dann nicht ausgeschlossen, wenn Versorgungsleitungen unterirdisch verlegt (bei Gasleitungen: Unfallgefahren) oder auf regenerativer Basis arbeitende Erzeugungsanlagen errichtet werden, die dem Umweltziel zuwiderlaufende Nebeneffekte trotz möglicherweise insgesamt positiven Beitrags haben können (Lärm, Landschaftsverbrauch usw.). Das Ziel der Umweltverträglichkeit wird wiederum mit dem Ziel der Preisgünstigkeit tendenziell konfligieren, weil Umweltschutzaufwendungen die Versorgung verteuern werden.

Konflikte können auch zwischen den Zielen des § 1 und den **gesetzgeberischen Mitteln des EnWG** bestehen[58]. Bei Konflikten über die Nutzung bestimmter Ressourcen (Netze, öffentliches Wegeeigentum) hat der Gesetzgeber in Hinblick auf das sog. Zumutbarkeitskriterium (vgl. § 13 Abs. 1 Satz 2, 18 Abs. 2 Satz 2; § 4 Abs. 1 EEG sowie § 4 Abs. 1 KWK-G 2002) solchen Anlagen den Vorrang eingeräumt, die Elektrizität mithilfe der Kraft-Wärme-Kopplung bzw. auf regenerativer Basis erzeugen. Der Wettbewerb um die dafür erforderlichen Ressourcen (Leitungen, Wegeeigentum) wird damit zugunsten des Umweltverträglichkeitsziels eingeschränkt und vorentschieden. Dies bedeutet, dass in diesen Konstellationen das Umweltverträglichkeitsziel durch Entscheidung des Gesetzgebers Vorrang vor den weiteren Zielen – insbesondere dem Preisgünstigkeitsziel – erhält. Der Zielkonflikt wird also explizit entschieden, aber nicht unmittelbar auf der Ebene der Ziele selbst, sondern auf der Ebene des zur Erreichung des Preisgünstigkeitsziels eingesetzten Wettbewerbs als **Mittel** einerseits und dem Umweltverträglichkeitsziel andererseits.

56

Darin liegt allerdings kein grundsätzlich anderer Ansatz als wenn der Gesetzgeber den Konflikt unmittelbar auf der Ebene der Ziele entschieden hätte. Zugleich bedeutet diese Zielgewichtung im Einzelfall nicht, dass der Gesetzgeber auch sonst dem Umweltverträglichkeitsziel absolute Priorität einzuräumen beabsichtigt; die Entscheidung zwischen den Zielen beschränkt sich vielmehr auf den jeweiligen (Einzel-)Konfliktfall, so wie er im Gesetz beschrieben ist. Gleichzeitig kann aus diesen Einzelentscheidungen nicht gefolgert werden, dass im

57

---

58 Vgl. dazu *Büdenbender*, Umweltschutz in der Novelle des Energiewirtschaftsgesetzes, DVBl. 2005, S. 1161, 1162 f.; *ders.*, Generelle und energierechtliche Konflikte zwischen Wettbewerb und Umweltschutz, DVBl. 2002, S. 800 ff. Vgl. auch *Smeddinck*, Umweltschutz im Energierecht. Tagungsbericht, DVBl. 2005, S. 1180 ff.

§ 1 Zweck des Gesetzes

Übrigen das Umweltverträglichkeitsziel zurückzutreten hätte. Vielmehr ist festzuhalten, dass § 1 Abs. 1 die **potentiellen Zielkonflikte unentschieden lässt.** Entweder werden sie vom Gesetzgeber selbst – im EnWG oder anderen Gesetze – entschieden, oder die Entscheidung muss im Einzelfall – ggf. durch Energieaufsichtsbehörden/Regulierungsbehörden und/oder Gerichte – getroffen werden. Konsequent hat es die Bundesregierung in ihrer Stellungnahme zur Gegenäußerung des Bundesrates zum Entwurf des EnWG 1998 explizit abgelehnt, den Vorrang eines der drei Ziele – generell – zu postulieren[59]:

> »Sie (die Bundesregierung, *d. Verf.*) weist in diesem Zusammenhang auf die Gleichrangigkeit der Umweltverträglichkeit der Energieversorgung im Rahmen der Zieltrias von Art. 1 § 1 des Gesetzentwurfes hin. Dadurch werden die Energieversorgungsunternehmen und die Energieaufsicht ausdrücklich auf das Ziel einer umweltverträglichen Versorgung verpflichtet. Die Umweltverträglichkeit hat dabei künftig das gleiche Gewicht wie die Sicherheit und die Preisgünstigkeit der Versorgung.«[60]

58 Deshalb ist mangels Sinneswandels des Gesetzgebers für die Reform 2005 festzuhalten, dass es nach dem gesetzgeberischen Plan **keine Rangfolge der Ziele des § 1 Abs. 1 gibt.** Die Harmonisierung kann daher nur von Fall zu Fall – ad hoc – stattfinden. Allerdings wird man überlegen können und auch müssen, ob im Wege einer **praktischen Konkordanz** der Ziele die Konfliktsituation zwar nicht aufgelöst, aber doch abgemildert werden kann. Danach spricht einiges dafür, dass der Letztverbraucher, zur Wahl unter den Zielen aufgefordert, der Versorgungssicherheit ein besonderes Gewicht unter den Zielen des § 1 Abs. 1 zugestehen wird. Räumt man also der Versorgungssicherheit, gemessen in Form eines bestimmten Prozent-Standards, den höchsten Rang unter den fünf Zwecken des § 1 Abs. 1 EnWG ein, so ist damit zunächst auch ein gewisses – sicherheitsabhängiges – Preisniveau vor-

---

59 BT-DrS 13/7274, Anlage 3, S. 31 (linke Spalte).
60 Auf ebd. S. 31 unten (linke Spalte beginnend) heißt es zusätzlich: »Die gleichberechtigte Einbeziehung der Strom- und Gasversorgung in den Zielkatalog des Art. 1 § 1 ist darüber hinaus auch für die Anwendung des Kartellrechts maßgebend. Sie ist also insbesondere bei der umfassenden Interessenabwägung zu berücksichtigen, die nach den §§ 22 Abs. 4 und 26 Abs. 2 (a. F., *d. Verf.*, heute: §§ 19 Abs. 4, 20 Abs. 1) bei der Durchleitung als dem zentralen Wettbewerbsinstrument vorzunehmen ist.«

IV. Allgemeine Gesetzeszwecke (Abs. 1)

gegeben. Dieses Niveau kann zwar im Wettbewerb gewissen Schwankungen unterliegen, wird aber naturgemäß nicht langfristig unter die Erzeugungs- und Verteilungskosten absinken. Fraglich ist, ob auf dieser Preisbasis das Ziel der Umweltverträglichkeit nach dem Willen des Gesetzgebers zu optimieren oder auch hier eine Art »Kompromiss« anzustreben sein wird.

Nur theoretisch ist eine fast vollständig umweltverträgliche Energieversorgung denkbar. Würde sich die Erzeugung ausschließlich auf Kombinationen aus erneuerbaren Energien stützen und gelänge es, die Verfügbarkeit durch Verbesserung der Speicherfähigkeit zu optimieren, so würden von der Energieerzeugung kaum mehr Umweltschäden ausgehen. Auch bei Abstützung der Energieversorgung auf fossile Brennstoffe, Unterstellung raschen technischen Fortschritts und praktisch unbegrenzten Mitteleinsatzes erschiene ein Zustand höchster Umweltverträglichkeit erreichbar; im Rahmen der Energieverteilung müssen allerdings durch Trassenverlegung jedenfalls in der Bauphase Umweltschäden als wohl unvermeidlich in Kauf genommen werden, solange die Leitungsgebundenheit existiert. Gleichwohl zeigt das Beispiel, dass es letztlich vom zu treibenden Aufwand abhängt, wie schnell und in welchen Schritten man dem Ziel größtmöglicher Umweltverträglichkeit nahe kommt. 59

Zwar mutet der Gesetzgeber dem Letztverbraucher Kostensteigerungen durch Umweltschutzaufwendungen zu. Jedoch werden z. B. bei Tarifgenehmigungen die Gerichte kaum Umweltschutzkostenaufschläge in einem Umfang akzeptieren wollen, der das doppelte oder gar das dreifache der Erzeugungskosten nach gegenwärtigem Stand ausmacht. Vielmehr überlässt es der Gesetzgeber der Verantwortung der EVU, im Rahmen der geltenden Gesetze einschl. des Immissionsschutzrechts das Ziel der Umweltverträglichkeit schrittweise – und ggf. auch unter vorsichtiger Anhebung des Preisniveaus – zu erreichen. Da die vorhandenen Erzeugungskapazitäten ohnehin nicht kurz- bis mittelfristig umplanbar sind, können die Änderungen nur langsam vonstatten gehen und deshalb auch nur allmählich auf das Preisniveau einwirken. Auch die Begründung zum Entwurf des EnWG 1998[61] spricht dafür, dass lediglich ein »vertretbares Maß« an Versorgungssicherheit verlangt werden kann, das unter Berücksichti- 60

---

61 BT-DrS 13/7274, S. 14 (Einzelbegründung zu § 1).

§ 1 Zweck des Gesetzes

gung von Preisgünstigkeit und Umweltverträglichkeit zu bestimmen ist[62].

3. Funktionen der Zweckbestimmung

61 Zu recht ist in der Literatur darüber nachgedacht worden, welche Funktionen die frühere dreifache Zweckkonkretisierung in § 1 – über plakative Programmsätze hinaus – wohl haben mag[63]. Die Funktion der Zielpluralität entscheidet letztlich über deren Verbindlichkeit. Dabei kann der Gesetzgeber – entgegen der vorstehend wiedergegebenen Vorstellung der damaligen Bundesregierung[64] – die Zielformulierung als von Anfang an verbindlich/unverbindlich gedacht haben; möglich ist es aber auch, dass die Implementierung der Ziele im Gesetz so geartet ist, dass den dort niedergelegten Anweisungen ein nur geringer Verbindlichkeitsgrad entnommen werden kann. Dies ist insbesondere dann möglich, wenn sich die Ziele gerade wegen ihrer Konfliktlage nicht operational konkretisieren lassen. Dies kann aber letztlich nur bei der Rechtsanwendung im Einzelfall entschieden und von den Gerichten nachgeprüft werden. Dazu führt *Roberz*[65] zu Recht aus: »Gerade die Einbindung dieses Zieles der Umweltverträglichkeit wird die weitere Diskussion beherrschen, weil die Auswirkungen für die Praxis kaum abschätzbar sind.«

a) § 1 Abs. 1 als Programmsatz

62 *Schneider*[66] möchte jedenfalls eine der Funktionen des § 1 Abs. 1 als (bloßen) Programmsatz einordnen. Wenn auch diese Funktion nicht weiter beschrieben ist, so wird man doch wohl unter **Programmsät-**

---

62 Zustimmend *Roberz*, Die »Gasanlagen« betreffenden Bestimmungen des EnWG. Eine erste Analyse, ET 1998, S. 798.
63 Vgl. dazu *Schneider*, EnWG 1998, § 1 Anm. 1; *Roberz*, Die »Gasanlagen« betreffenden Bestimmungen des EnWG, ET 1998, S. 798; *Danner*, in: *Obernolte/Danner*, Energiewirtschaftsrecht, Bd. 1, § 1 EnWG 1998, Rz. 9. Zum früheren Recht vgl. bereits *Engelmann*, Zielkonflikte in der Energiewirtschaft. Sichere und billige oder sparsame Versorgung?, in: *Harms* (Hrsg.), Zielkonflikte in der Energiewirtschaft, Bd. 1 der Berliner Beiträge zum Wirtschaftsrecht, Köln/Berlin/Bonn/München 1987, S. 21 ff. (zur Energieeinsparung S. 27 f., zum Umweltschutz S. 31).
64 Vgl. oben Rn. 59.
65 *Roberz*, Die »Gasanlagen« betreffenden Bestimmungen des EnWG, ET 1998, S. 798.
66 EnWG 1998, § 1 Anm. 1.

zen unverbindliche Vorstellungen und Zielangaben verstehen müssen, die weder Judikative noch Exekutive noch die Marktbeteiligten zu binden vermögen. Es ist eher zweifelhaft, ob der Gesetzgeber dem § 1 Abs. 1 diese Funktion eines (unverbindlichen) Programmsatzes zuzubilligen gedenkt. Von dieser rechtlichen Einordnung ist aber die faktische Geltung der Ziele des § 1 Abs. 1 zu unterscheiden. Sollte es sich nämlich herausstellen, dass sich die Ziele des § 1 Abs. 1 in ihrem wechselseitigen Zusammenwirken letztlich nicht sicher nach Inhalt und Ausmaß bestimmen lassen, weil die Zielkonflikte allenfalls im Einzelfall durch Dezision – und damit rechtsstaatlich ungebunden, quasi willkürlich – als auflösbar erscheinen, würde § 1 Abs. 1 jedenfalls faktisch zur Unverbindlichkeit und damit zu einem Dasein als Programmsatz verurteilt sein.

b) Bezugsnorm für Verweisungen

Mehrfach nimmt der EnWG-Gesetzgeber auf § 1 insgesamt Bezug. So werden in § 17 Abs. 2 sowie § 20 Abs. 2 die Ziele des § 1 wiederaufgenommen. Sollten die Ziele auch im Hinblick auf diese Einzelkonstellationen in Konfliktlage zueinander stehen, kann sich die wörtliche Wiederaufnahme der Zieltrias allerdings als Leerformel erweisen. 63

§ 21a Abs. 6 Satz 2 sowie § 27 Satz 5 und § 37 Abs. 3 Satz 2 setzen § 1 in der Funktion ein, den Verordnungsgeber an diese Ziele zu binden. Darin liegt zunächst eine Selbstverständlichkeit, weil der unter dem Range des Gesetzgebers stehende Verordnungsgeber ohnehin die Zielsetzungen zu beachten hat, die ihm der Gesetzgeber – speziell in der Ermächtigungsnorm und wohl auch allgemein (systematische Auslegung) – im Gesetz vorgibt. Allerdings kann es wegen Art. 80 Abs. 1 Satz 2 GG i. V. mit der dazu ergangenen Rechtsprechung erforderlich sein, die die Ermächtigung begrenzenden Vorgaben unmittelbar in den Text der Ermächtigungsnorm aufzunehmen[67]. Damit haben die Zielvorgaben in den genannten Vorschriften primär die Funktion, den Verordnungsgeber hinsichtlich Zweck und Ausmaß der Ermächtigung zu verpflichten. Eine Gewichtung zwischen diesen Zielen oder die Bestimmung eines Vorrangs liegt darin aber nicht. Dies könnte bedeuten, dass der Verordnungsgeber letztlich frei ist, zwischen den Einzelzielen zu gewichten. In diesem Fall würden aller- 64

---

[67] Nachweise zur Rechtsprechung bei *Schmidt-Bleibtreu/Klein*, Kommentar zum GG, Art. 80 Rz. 51 ff.

dings wesentliche Elemente der begrenzenden Funktion wieder entfallen.

c) Auslegung des Gesetzes

65 § 1 Abs. 1 begrenzt und bestimmt die Auslegung des EnWG[68]. Im Rahmen des Kanons der Auslegungskriterien kommt der **teleologischen Auslegung** besondere Bedeutung zu. Um Zielsetzung und Gesetzeszwecke zu bestimmen, wird meist auf die Gesetzesmaterialien[69] zurückgegriffen. Wenn der Gesetzgeber seine Ziele jedoch mit dem Gesetz mitteilt, ist dieses nur noch bedingt erforderlich.

66 Wenn damit im Rahmen der teleologischen Auslegung zeitgleich die Zwecke Sicherheit, Preisgünstigkeit, Effizienz, Verbraucherfreundlichkeit und Umweltverträglichkeit der Energieversorgung gleichrangig zu berücksichtigen sind, folgt daraus wiederum die bereits beschriebene Problematik der zwischen ihnen bestehenden Zielkonflikte. Auch der das Gesetz auslegende Rechtsanwender darf nicht willkürlich bei der Entscheidung eines Einzelfalls einem der Ziele einen höheren Rang als den anderen Zielen zuweisen; damit würde der Wille des Gesetzgebers verfälscht und den anderen Zwecken nicht genügend Rechnung getragen. Deshalb bietet § 1 Abs. 1 nur bedingt eine Hilfe bei der Auslegung: Weil das gleichzeitige Optimieren aller fünf Ziele kaum möglich sein wird, läuft der Rückbezug auf § 1 Abs. 1 jedenfalls dann ins Leere, wenn das Auslegungsergebnis davon abhängt, mit welchem Erfüllungsgrad eines oder mehrere dieser Ziele angestrebt werden. Insbesondere ist es zweifelhaft, ob Behörde, Unternehmen, sonstige Marktbeteiligte sowie der Verordnungsgeber berechtigt sind, zur Erfüllung ihrer Aufgaben und Geschäftszwecke – mit Beurteilungs- oder gar Ermessensspielraum – die Rangfolge der Ziele im Einzelfall festzulegen. Nur wenn das Auslegungsergebnis, das § 1 Abs. 1 teleologisch einbezieht, unabhängig von Rangfolge und Erfüllungsgrad der fünf Gesetzeszwecke ist, erscheint der Hinweis auf § 1 als tragfähige Basis für ein brauchbares Arbeits- und Auslegungsergebnis: »Zu viele Ziele verderben die Auslegung!«

---

68 So zu Recht *Schneider*, EnWG 1998, § 1 Anm. 1.
69 Gesetzesbegründung zum EnWG 1998: BT-DrS 13/7274, S. 9 ff.; Bericht des Abgeordneten *Uldall* für den Wirtschaftsausschuß des Deutschen Bundestages, BT-DrS 13/9211, S. 22 ff.

d) Bindung von Marktbeteiligten

Der Gesetzgeber beabsichtigt mit § 1 Abs. 1 offenbar auch eine unmittelbare Bindung der Marktbeteiligten[70]: 67

> »Dadurch werden die Energieversorgungsunternehmen und die Ernergieaufsicht ausdrücklich auf das Ziel einer umweltverträglichen Energieversorgung verpflichtet. Die Umweltverträglichkeit hat dabei künftig das gleiche Gewicht wie die Sicherheit und die Preisgünstigkeit der Versorgung.«

Die gesetzliche Regelung kann nur so interpretiert werden, dass die drei Gesetzeszwecke von den EVU zugleich – und zu jedem Zeitpunkt – erfüllt werden müssen. Es fehlt wiederum ein Konfliktregelungsmechanismus, der die Inbezugnahme von § 1 operational handhabbar macht. Die Konfliktlage könnte aufgelöst werden, wenn man dem EVU einen Beurteilungsspielraum in Bezug auf die Balance der Ziele einräumte. 68

e) Bindung der Aufsichtsbehörden

Der Gesetzgeber beabsichtigte durch die Fassung des § 1 auch, Regulierungsbehörden/Energieaufsichtsbehörden auf die Ziele des Gesetzes insgesamt zu verpflichten und eine entsprechende Bindung herbeizuführen[71]. Daraus resultieren die zuvor beschriebenen Schwierigkeiten bei der Rechtsanwendung im Einzelfall (Harmonisierung der Ziele, Zielerfüllungsgrad). Möglicherweise kommt den Energieaufsichtsbehörden ein Beurteilungs- oder Ermessensspielraum bei der Konkretisierung der Ziele im Einzelfall zu. Wenn dies nicht gewollt sein sollte, sind die Ziele nicht operational zu handhaben. Wegen des Gleichrangigkeitspostulats wird es den Aufsichtsbehörden aber praktisch unmöglich gemacht, den Zielen eine Rangfolge zuzuweisen; nur in den eher seltenen Fällen, in denen sich alle Ziele zugleich realisieren 69

---

70 BT-DrS 13/7274, S. 31 (linke Spalte): Begründung zu § 1 EnWG 1998.
71 BT-DrS 13/7274, Gegenäußerung der Bundesregierung zur Stellungnahme des Bundesrates zum EnWG 1998 (Anlage 3), S. 30, 31 (linke Spalte): »Dadurch werden die Energieversorgungsunternehmen und die Energieaufsicht ausdrücklich auf das Ziel einer umweltverträglichen Versorgung verpflichtet.«

zu lassen[72], bietet § 1 Abs. 1 deshalb eine Entscheidungshilfe auch für die Aufsichtsbehörden.

70 Wollte man der Behörde einen Entscheidungsspielraum zugestehen, müsste sich notwendig daran die weitere Frage anschließen, ob und bis zu welchem Grade die Gerichte diesen Spielraum zu überprüfen in der Lage sind. Bei Bestehen von Beurteilungsspielraum, wie dies für Prüfungs- und Bewertungsentscheidungen häufig angenommen wird[73], wären die Aufsichtsbehörden in der Lage, quasi politisch-gestaltend die Landesversorgung mit Energie stärker an dem einen oder dem anderen Ziel auszurichten, ohne dass die Gerichte diese Entscheidungen insofern nachzuprüfen in der Lage wären. Die Gewichtung der Ziele wäre der Regulierungsbehörde/Energieaufsicht abschließend zugewiesen. Das Gleiche müsste gelten, wenn bei mehreren möglichen zielkonformen Maßnahmen den Aufsichtsbehörden ein Entschließungs- und Auswahlermessen zukäme, das dann von den Gerichten nur noch auf Ermessensfehlgebrauch untersucht werden könnte.

71 Weil der Gesetzgeber aber immer wieder die Gleichrangigkeit der Ziele betont hat, müssen die Gerichte eigentlich auch nachprüfen, ob die Gleichrangigkeit gewahrt ist. Bejaht man dieses richterliche Prüfungsrecht, wären letztlich die Gerichte dazu berufen, die Zielgewichtung im Einzelfall abschließend festzustellen und damit ihre Entscheidung an die Stelle der Aufsichtsbehörden zu setzen. Die Überlegungen zeigen, dass unabhängig von der Frage, wer im Einzelfall über Gewichtung und Zielerfüllungsgrad entscheidet, das Sachproblem gleich bleibt: Konfligierende Ziele können niemals gleichrangig berücksichtigt und erfüllt werden. Weil dies sachlogisch ausgeschlossen ist, erscheint jede Entscheidung und Regelung, die unter Rückgriff auf § 1 Abs. 1 erfolgt (Verordnungsgeber, Energieaufsicht, Regulierungsbehörde, Verwaltungsgerichte, ordentliche Gerichte, EVU, sonstige Marktbeteiligte), als rechtsstaatlich bedenklich.

72 Entweder eröffnet man dem Entscheidungsträger/Regelungsgeber einen Entscheidungsspielraum bei der Gewichtung der Ziele und lässt diesen unüberprüft, dann ist eine »vertretbar gewichtende« Entscheidung zwar möglich, verstößt aber zugleich gegen das Gleichrangigkeitsprinzip. Rechtssicherheit geht dann vor Gerechtigkeit und Ziel-

---

72 Vgl. oben das Beispiel § 1 Rz. 52.
73 Vgl. BVerwG NJW 1959, 1842; BVerfGE 84, 34; E 84, 59.

setzung des Gesetzgebers. Oder es ist jede derartige Entscheidung auf (ausreichende) Erfüllung der konfligierenden Ziele hin zu überprüfen. Dann geht Gerechtigkeit auf Kosten von Rechtssicherheit, wobei zusätzlich ein operationales Kriterium für die »endgültige« Entscheidung fehlen dürfte, weil die Ziele nur in seltenen Ausnahmefällen harmonisierbar sind. Diese Überlegungen zeigen, dass § 1 Abs. 1 eine Bindung der Verwaltungsbehörden sowie der Gerichte nicht herbeizuführen vermag, diese Bindung vielmehr bereits sachlogisch – wegen der Zielkonfliktsituation – ausgeschlossen ist.

Hinzu tritt ein weiteres rechtliches Bedenken: Die vom Bundesverfassungsgericht entwickelte **Wesentlichkeitstheorie** weist die Zuständigkeit für grundlegende Wertungsentscheidungen dem Gesetzgeber zu[74]. Die bloße Aufzählung von Gesetzeszielen beinhaltet aber eine solche Wertentscheidung gerade nicht; vielmehr wird diese vom Gesetzgeber, der sich einer solchen Gesetzgebungstechnik bedient, gerade verweigert. Dies wäre allenfalls hinzunehmen, wenn es um Randkorrekturen bei im Übrigen unverrückbar vorgezeichneter Konfliktlösungen ginge, was aber jedenfalls im Konflikt zwischen (optimaler) Umweltverträglichkeit und (optimaler) Preisgünstigkeit offenbar nicht der Fall ist. Deshalb besteht die Gefahr, dass immer dann, wenn sich eine Regelung zur Begründung auf § 1 Abs. 1 beruft, diese Regelung bereits mangels gesetzlicher Vorentscheidung wegen Verstoßes gegen das Rechtsstaatsprinzip nichtig ist, weil nur der Gesetzgeber in der Lage ist, den Zielkonflikt zu entscheiden.

f) Harmonisierung über den Markt

Ist eine operationale Entscheidung wegen der § 1 Abs. 1 immanenten Zielkonflikte nicht möglich, bleibt also § 1 ein bloßer Programmsatz ohne Verbindlichkeit, kann versucht werden, die Ziele des § 1 Abs. 1 über Marktentscheidungen zu verwirklichen. Wie preisgünstig, wie umweltverträglich und wie sicher und effizient die Belieferung mit Elektrizität oder Gas im konkreten Fall erfolgt, entscheidet dann der Kunde, indem er entsprechende Angebote der EVU wahrnimmt. Wer sich beispielsweise für Atomstrom entscheidet, weil er auf Preisgünstigkeit höchsten Wert legt, und wem eine mittlere Versorgungssicherheit als ausreichend erscheint, kann vielleicht ein besonders günstiges Strompreisangebot realisieren. Nicht die Aufsichtsbehörde, sondern

---

74 Std. Rspr., vgl. die Nachweise bei *Schmidt-Bleibtreu/Klein*, GG, Art. 80 Rz. 51.

§ 1 Zweck des Gesetzes

der Energieverbraucher entscheidet damit über die Auswahl unter zugelassenen Angeboten im »Zielemix« des § 1 Abs. 1 jeweils im Einzelfall. Da weder EVU noch Verwaltungsbehörden **abschließend** über den jeweiligen Zielerfüllungsgrad entscheiden, sind rechtsstaatliche Bedenken nicht ersichtlich.

75 Dabei sind selbstverständlich Mindestanforderungen einzuhalten. Diese ergeben sich sowohl aus dem Energiewirtschaftsrecht (mit Ausnahme von § 1) als auch aus sonstigem Recht, insbesondere Umweltgesetzen und Vorschriften über Energieanlagen (Bergrecht, Atomrecht, Geräte- und Produktsicherheitsgesetz). Da Marktentscheidungen innerhalb dieser Rahmenbedingungen getroffen werden, ist es als ausreichend anzusehen, wenn die Umweltverträglichkeit einer solchen Energieversorgung durch diese für alle geltenden Rahmenbedingungen (mit ausreichendem Zielerfüllungsgrad) konkretisiert wird. Eine darüber hinausgehende, (noch) umweltverträglichere Energieversorgung ließe sich im Einzelfall dann realisieren, wenn der Kunde entsprechende Angebote annimmt (green pricing, Ökotarife). Lässt § 1 Abs. 1 derartige marktförmige Entscheidungen zu, bleibt die Norm zwar für Gerichte und Behörden Programmsatz, wäre aber operational und im Einzelfall (rahmengebend) anwendbar. Für jede den allgemeinen Gesetzen genügende Energieanlage bestünde dann per se Umweltverträglichkeit. Der Weg zu einem höheren Zielerfüllungsgrad bei einem oder mehreren der drei Ziele des § 1 Abs. 1 wäre aber nicht verbaut, weil dezentrale Marktmechanismen ausgenutzt werden können, um eine optimale Kombination der Zielpluralität im Einzelfall sicherzustellen.

76 Derartige Marktentscheidungen können hingenommen werden, weil sie von den Beteiligten vereinbart, also nicht gegen deren Willen durchgesetzt werden. Nicht jeder Haushalt muss zu jedem Zeitpunkt störungsfrei mit Energie versorgt sein. Sonderkunden ist es zumutbar, Notstromaggregate zu installieren und ständig betriebsbereit zu halten. Eine standardisiert hohe Versorgungssicherheit, die für alle denkbaren Abnahmeverhältnisse uniform gilt, erscheint nicht als wünschenswert und verstieße gegen das Effizienzziel. Der Zielkonflikt könnte – unter Beachtung der allgemeinen Rahmenbedingungen – jeweils im Einzelfall auf marktförmiger Basis gelöst werden.

77 Auch die Binnenmarktrichtlinien Elektrizität und Gas sind auf eine **gleichrangige und marktförmige Optimierung** der energiepolitischen Zielsetzungen – im Wettbewerb – festgelegt, Art. 3 Abs. 2 und 1

IV. Allgemeine Gesetzeszwecke (Abs. 1)

RL-Elt/RL-Gas. Damit erscheint es als gerechtfertigt, dem Markt die konkrete Einzelregelung über den Zielerfüllungsgrad der Zwecke des § 1 Abs. 1 zu überlassen. Gerade wenn § 1 i. V. mit den übrigen Vorschriften des Gesetzes nicht ausreicht, um eine Entscheidung durch Verwaltungsbehörden sowie eine Überprüfung durch die Gerichte sicherzustellen, muss der notwendige Anpassungsprozess unter Rückgriff auf die monetäre Zielsetzung (Preisgünstigkeitsziel) mit Hilfe des Wettbewerbsinstruments herbeigeführt werden.

g)   Entscheidung im Einzelfall

Danner[75] schlägt unter Berücksichtigung der Zielkonfliktsituation eine Optimierung durch **Entscheidung im Einzelfall** vor. Dazu möchte er auf das Verhältnismäßigkeitsziel zurückgreifen[76]. Der Verhältnismäßigkeitsgrundsatz kann für eine solche Entscheidung aber nicht herangezogen werden. Denn dann müsste wiederum angegeben werden, ab welchem Grad der Zielerfüllung das Verfehlen der jeweils anderen Ziele »außer Verhältnis« geriete. Dazu hat der Gesetzgeber aber keine Vorgaben gemacht. Die Entscheidung im Einzelfall ist deshalb wie beschrieben wegen der konkret und meist auch generell existenten Zielkonfliktlage meist nicht zu treffen (vgl. oben die Abschnitte d) und f): Bindung von Marktbeteiligten und Regulierungsbehörde/Energieaufsicht). Nur wenn ausnahmsweise eine Ziellage existiert, bei der mehrere Instrumente zur Verfügung stehen, die beispielsweise das Preisgünstigkeitsziel in gleichem Maße zu erreichen vermögen, kann dasjenige Instrument ausgewählt werden, das den Zielen Umweltverträglichkeit und Versorgungssicherheit bzw. Effizienz und Verbraucherfreundlichkeit besser als die anderen zu dienen geeignet ist. Eine solche Konstellation wird aber eher selten sein. 78

Es bleibt deshalb dabei, dass § 1 Abs. 1 nur unverbindlicher Programmsatz ist und die Entscheidung über den »Mix der Zielerfüllung« nur im Einzelfall **und** marktförmig getroffen werden kann. Weder dem Verordnungsgeber noch der Energieaufsichtsbehörde/Regulierungsbehörde vermag § 1 Abs. 1 eine operationale Leitlinie für Umfang und Grenzen ihrer Ermächtigung an die Hand zu geben. Der Verweis auf § 1 oder die ausdrückliche Aufnahme der fünf Zielset- 79

---

75   In: *Danner/Theobald*, Energierecht, § 1 EnWG 1998, Rz. 19.
76   Vgl. dazu die Beispiele zu den Zielkonflikten Preisgünstigkeit/Versorgungssicherheit sowie Verfügbarkeit von Primärenergien und rationellem Energieeinsatz bei Blockheizkraftwerken ebd. Rz. 19.

§ 1 Zweck des Gesetzes

zungen in die jeweilige Ermächtigungsnorm läuft daher leer. Zugleich ist § 1 Abs. 1 untauglich, um im Sinne von Art. 80 Abs. 1 Satz 1 GG Inhalt und Ausmaß der Verordnungsermächtigung rechtsstaatsgemäß zu begrenzen.

V. Regulierungszwecke (Abs. 2)

80 Die Regelungen in § 1 Abs. 2 (Regulierungszwecke) sind von der Bundesregierung im Hinblick auf das EnWG 2005 neu vorgeschlagen[77] und im Laufe des Gesetzgebungsverfahrens nicht mehr verändert worden. Einem Vorschlag des Bundesrates, die »Preisangemessenheit« der Versorgung in § 1 Abs. 2 zu verankern[78], ist die Bundesregierung nicht gefolgt[79]. Der Gesetzestext nennt zwei »Unterziele«:

– Sicherstellung eines wirksamen und unverfälschten Wettbewerbs

– Sicherung eines langfristig angelegten, leistungsfähigen und zuverlässigen Betriebs von Energieversorgungsnetzen

81 Mit der Gesetzesbegründung[80] werden diese Unterziele lediglich paraphrasiert, um dann auszuführen:

»Die Vorschriften insbesondere der Teile 2 und 3 sind daher vor dem Hintergrund des Wettbewerbsziels und des Ziels, Versorgungszuverlässigkeit und Versorgungssicherheit zu erhalten, auszulegen.«

82 Die Ziele einer »höheren Dienstleistungsqualität« und einer »größeren Wettbewerbsfähigkeit« führen vergleichbar auch die Erwägungsgründe 2 der Beschleunigungsrichtlinien Elektrizität und Erdgas auf. Dass bei Vorhandensein mehrerer Auslegungsmöglichkeiten bzgl. Einzelvorschriften des EnWG derjenigen der Vorzug zu geben ist, die der Herstellung einer hohen Wettbewerbsintensität am Besten zu dienen geeignet ist, scheint auf den ersten Blick eine Selbstverständlichkeit zu beinhalten. Auch die Bekräftigung des bereits mit dem EnWG 1998 eingeschlagenen Weges, der ganz wesentlich in der Verabschiedung der Gebietsmonopole bestanden hat, musste eigentlich mit dem

---

77 BT-DrS 15/3917, S. 9.
78 Stellungnahme, BT-DrS 15/3917, Anlage 2, S. 78 (Ziff. 5).
79 Gegenäußerung, BT-DrS 15/4068, S. 2 (Ziff. 3).
80 BT-DrS 15/3917, S. 47f.

EnWG 2005 nicht wiederholt werden. Und auch die Ausfüllung des in äußerst vielschichtiger Weise benutzten Regulierungsbegriffs mit Hilfe von Versorgungswettbewerb einerseits und sicherem Netzbetrieb andererseits vermag die Hervorhebung dieses Gesetzeszwecks nicht vollständig zu erklären, zumal die Regulierungsinstrumente typischerweise über diejenigen hinausgehen, die den Wettbewerbsbehörden zur Verfügung stehen[81].

Die Vorschrift des § 1 Abs. 2 wird verständlich, wenn die Energieversorgung unter Berücksichtigung ihrer Produktions- und Verteilungsstufen betrachtet wird: Soweit diese Stufen die Orientierung der beteiligten Unternehmen am Wettbewerbsziel ermöglichen, soll das unternehmerische Handeln an diesem Ziel strikt ausgerichtet und durch die Regulierungsbehörden überprüft werden. Dies ist sowohl im Hinblick auf Produktion von Elektrizität/Gewinnung bzw. Einkauf von Erdgas als auch im Hinblick auf den Vertrieb von Energie durchführbar. Der mit der ersten Alternative des § 1 Abs. 2 verwendete »Versorgungsbegriff« entspricht deshalb nicht § 3 Ziff. 36, wo der traditionelle deutsche Versorgungsbegriff zugrunde gelegt wird[82].

83

Dass in Bezug auf den Netzbetrieb ein »System unverfälschten Wettbewerbs« gerade nicht als (alleiniges) Regulierungsziel in Betracht kommt, betont die zweite Alternative des § 1 Abs. 2. Energieversorgungsnetze können also auch zukünftig außerhalb des Wettbewerbs betrieben werden, und die Regulierung dient gerade dem Ziel, »wettbewerbsanaloge« Betriebsergebnisse und Verhaltensweisen der Betreiber einzufordern und sicherzustellen. Sinn und Zweck des § 1 Abs. 2 ist es deshalb offensichtlich, diese »natürliche Monopolstruktur« vorauszusetzen und das Wettbewerbsziel auf diejenigen Tätigkeiten von EVU zu beschränken, die außerhalb der natürlichen Monopole stehen. Erst die vorgeschlagene enge Auslegung des Versorgungsbegriffs in Abkopplung von § 3 Ziff. 36 ermöglicht diese Auslegung.

84

---

81 Zum Verhältnis von Regulierung und Wettbewerb vgl. *Säcker*, Das Regulierungsrecht im Spannungsfeld von öffentlichem und privatem Recht, AöR 130 (2005), S. 180, 185 f. und 213 ff.
82 Inbezugnahme aller Versorgungsstufen (von der Erzeugung/Gewinnung bis zur Verteilung).

VI. Transformationszweck (Abs. 3)

85 Wenn nationale Gesetze der Transformation europäischen Richtlinienrechts dienen, bedient sich der deutsche Gesetzgeber typischerweise einer Fußnote, die auch diesmal schon bei der Überschrift zu Art. 1 des Neuregelungsgesetzes eingefügt ist. Diese Praxis entspricht Art. 249 Abs. 3 EG. Die Aufnahme des Transformationszwecks in das Gesetz selbst ist bisher dagegen nicht üblich gewesen.

86 Zu Recht wird in der Gesetzesbegründung (knapp) auf die daraus folgende **Auslegungslenkung** verwiesen[83]:

> »Deren zwingende Vorgaben (des Europäischen Gemeinschaftsrechts auf dem Gebiet der leitungsgebundenen Energieversorgung, *d. Verf.*) sind bei der Auslegung der Vorschriften des Gesetzes zu berücksichtigen.«

87 Die gewohnte europarechtskonforme Auslegung wird auf diese Weise wohl durch eine »europarechtsfreundliche« Auslegung substituiert. Wenn mit der Regierungsbegründung insofern aber auf die »zwingenden« Vorgaben abgehoben wird, so bedeutet dies eine wesentliche Einschränkung: Immer wenn die Richtlinien den Mitgliedstaaten Handlungsoptionen bereitstellen, handelt es sich nicht um derartige »zwingende Vorgaben«. Der nationale Gesetzgeber stellt über § 1 Abs. 3 insofern eine autonome Auslegung des EnWG 2005 sicher.

88 Zwingendes Richtlinienrecht[84] liegt vor, wenn Formulierungen wie »die Mitgliedstaaten tragen dafür Sorge«, »stellen sicher«, »ergreifen geeignete Maßnahmen« verwendet werden (vgl. die Formulierungen in Art. 3 RL-Elt/RL-Gas). Eine nicht-zwingende Vorgabe ist dagegen anzunehmen, wenn die Formulierung »können die Mitgliedstaaten vorsehen«, »können beschließen« verwendet wird. Allerdings muss auch das nicht-zwingende Richtlinienrecht nach Transformation in nationales Recht daraufhin überprüft werden, ob der europäische Rahmen der »Option« eingehalten ist. Nur im Rahmen dieses durch die nicht-zwingende Einzelvorgabe ausgeübten nationalen gesetzgeberischen Ermessens tritt die europarechtskonforme Auslegung zugunsten einer rein nationalen Gesetzesauslegung zurück.

---

83 Einzelbegründung zu § 1, BT-DrS 15/3917, S. 48.
84 Das Recht der Europäischen Verordnung gilt ohnehin in allen Mitgliedstaaten, vgl. Art. 249 Abs. 2 EG.

VI. Transformationszweck (Abs. 3)

Während die Regulierungszwecke des § 1 Abs. 2 sehr wohl mit den untereinander konfligierenden Zwecken des § 1 Abs. 1 in Zieldisharmonie geraten können, rechtfertigt der Transformationszweck des § 1 Abs. 3 keinen Ausgleich zwischen den insgesamt in § 1 aufgeführten Gesetzeszwecken. Nur wenn das europäische Recht bereits miteinander konfligierende Richtlinienziele nennt, wie dies gerade in Art. 3 RL-Elt/RL-Gas allerdings oftmals der Fall ist, können diese Ziele auch durch Auslegung auf der Ebene des nationalen Rechts zum Ausgleich gebracht werden. Eine von den Rechtsanwendern zu beachtende Handlungsanweisung sieht weder das Europäische noch das nationale Recht vor. Es erscheint damit als europarechtskonform, wenn nationale Gerichte oder auch die Gemeinschaftsgerichte im Falle konfligierender Richtlinienziele und Gesetzeszwecke einer von ihnen favorisierten (ausgleichenden) Auslegung den Vorzug geben. Ein derartiger Auslegungsspielraum kommt aber wohl nur den Gerichten, nicht aber den nationalen Verwaltungs- und Regulierungsbehörden zu.

§ 2 Aufgaben der Energieversorgungsunternehmen

(1) Energieversorgungsunternehmen sind im Rahmen der Vorschriften dieses Gesetzes zu einer Versorgung im Sinne des § 1 verpflichtet.

(2) Die Verpflichtungen nach dem Erneuerbare-Energien-Gesetz und nach dem Kraft-Wärme-Kopplungsgesetz bleiben vorbehaltlich des § 13 unberührt.

Rechtsprechung

Vgl. vor § 1

Literatur

Vgl. vor § 1

Überblick	Seite	Rz.
I. Regelungszweck und Entstehungsgeschichte	163	1
II. Versorgungsverpflichtung der EVU	165	5
III. EnWG und Sonderenergiewirtschaftsrecht	166	11

I. Regelungszweck und Entstehungsgeschichte

§ 2 ist – an dieser Stelle des Gesetzes – mit dem EnWG 2005 neu eingefügt worden und tritt an die Stelle des § 2 EnWG 1998, der die wesentlichen Gesetzesdefinitionen enthielt (jetzt § 3 EnWG 2005). Dabei entspricht § 2 Abs. 1 n.F. teilweise § 4 Abs. 1 des bisherigen Rechts (Betriebsverpflichtung von EVU), wobei allerdings das frühere Recht die Betriebsverpflichtung auf »Versorgungsnetze« beschränkte. Diese Erweiterung relativiert sich allerdings, weil die Betriebsverpflichtung nur »im Rahmen der Vorschriften dieses Gesetzes« besteht, also die unterschiedlichen Versorgungssparten (von der Erzeugung/Gewinnung bis zum Vertrieb) in sehr unterschiedlicher Weise betrifft.

§ 2 Aufgaben der Energieversorgungsunternehmen

2 Der neu eingefügte § 2 Abs. 2 nimmt den zuletzt in § 2 Abs. 6 EnWG 1998/2003 enthaltenen Verweis auf das EEG wieder auf und ergänzt diesen um eine Verweisung auf das Kraft-Wärme-Kopplungsgesetz (im Folgenden: KWK-G 2002). Wie noch zu zeigen sein wird[1] hat sich der Charakter der ehemaligen Verweisung des § 2 Abs. 6 EnWG 1998/2003 allerdings verändert (»... bleiben unberührt ...«), zumal mit § 13 Abs. 1 Satz 2 eine »Vorbehaltsnorm« besonders aufgeführt ist.

3 Die Vorschrift ist als § 2 im Regierungsentwurf bereits enthalten gewesen[2] und durch den Wirtschaftsausschuss[3] nur unwesentlich in Bezug auf Abs. 2 geändert worden, indem über die Beachtung der Pflichten aus dem EEG hinaus (vgl. schon § 2 Abs. 6 EnWG 2003) auch diejenigen aus dem Kraft-Wärme-Kopplungsgesetz in den Gesetzestext des § 2 Abs. 2 aufgenommen wurden. Der klarstellende Charakter dieser Änderung im Laufe des Gesetzgebungsverfahrens wird auch mit der vom Wirtschaftsausschuss gegebenen Begründung betont[4].

4 In der Begründung zum ursprünglichen Entwurf heißt es zu Sinn und Zweck des § 2[5]:

»Absatz 1 betont die wirtschaftliche Eigenverantwortung der Unternehmen und ergänzt die Zweckbestimmung des Gesetzes nach § 1 um eine Klarstellung, dass die Eigenverantwortung eine grundsätzliche Verpflichtung der Energieversorgungsunternehmen umfasst, im Rahmen der Vorschriften zu einer dem Zweck des Gesetzes entsprechenden leitungsgebundenen Energieversorgung beizutragen. Die Einfügung dieser Vorschrift trägt insbesondere der Erwartung Rechung, dass infolge der Entflechtungsvorschriften des Teiles 2 dieses Gesetzes die Netzbetreiber zukünftig in den meisten Fällen rechtlich selbständige juristische Personen sein werden und die notwendige Zusammenarbeit zwischen Energieerzeugung, Netzbetreibern und Stromhändlern nicht mehr innerhalb einer Gesellschaft erfolgen wird.«

---

1 Unten § 2 Rz. 12 ff.
2 BT-DrS 15/3917, S. 9.
3 BT-DrS 15/5268, S. 11.
4 Ebd. S. 116f., Einzelbegründung zu § 2 Abs. 2.
5 BT-DrS 15/3917, S. 48.

II. Versorgungsverpflichtung der EVU

Im Zusammenhang mit den Binnenmarktrichtlinien, die u.a. mit den §§ 6 ff. (Entflechtung) umgesetzt wurden, ist eine erhebliche Veränderung zwar nicht bei den technischen, wohl aber bei den rechtlichen und betriebswirtschaftlichen Grundlagen des Versorgungssystems eingetreten. Die Abbildung der tatsächlichen Aufgabe »Energieversorgung« erfolgt nicht mehr in integrierten Unternehmen, die viele oder alle energiewirtschaftlichen Funktionen auf sich vereinigen, sondern mit Hilfe von rechtlich selbständigen Unternehmen, deren Zusammenwirken nunmehr über Vertragsbeziehungen zu koordinieren ist. An die Stelle des Organisationsmittels »Hierarchie« (Anweisung der Unternehmensleitung) ist das Koordinationsmittel »Vertrag« getreten.

Weil eine Betriebsverpflichtung (vgl. § 11 Abs. 1) traditionell nur den Netzbetreibern auferlegt worden ist, besteht aus der Sicht des Gesetzgebers offenbar die Gefahr, dass alle anderen EVU – Nicht-Netzbetreiber – nunmehr auf ihre Versorgungsaufgabe verzichten könnten, wenn sie die Bedienung bestimmter Kundensegmente oder gesamter Märkte nicht mehr für lukrativ halten. Außerhalb der Fälle des Kontrahierungszwangs bei der Grundversorgung (vgl. § 36) kann kein Energiehändler und erst recht kein Erzeuger verpflichtet werden, Verträge mit Elektrizitäts- bzw. Gaskunden abzuschließen. In Umsetzung der Richtlinie 2004/67/EG verpflichtet § 53a allerdings die Erdgaslieferanten, bis zur Grenze der wirtschaftlichen Zumutbarkeit die **Belieferung der Haushaltskunden** auch in Knappheitsperioden sicherzustellen[6].

Während bei einem integrierten EVU mit Netzbetrieb erwartet werden kann, dass zwecks Auslastung der Netzkapazitäten das Bemühen um Geschäftsabschlüsse mit Stromkunden, Netzkunden und Erzeugern auch dann nicht nachlassen wird, wenn außerhalb der Netzsparte wenig Gewinn generiert werden kann, ist ein nicht betriebspflichtiger Erzeuger oder Händler, der keine Haushaltskunden versorgt, grundsätzlich in der Lage, auf Geschäftsabschlüsse zu verzichten. In einem System desintegrierter EVU ist es deshalb im Wesentlichen das Gewinninteresse, das die Energieversorgung letztlich sicherstellt.

---

6 Vgl. dazu die Erläuterungen unten § 53a Rz. 2 ff.

§ 2 Aufgaben der Energieversorgungsunternehmen

8   Der »Systemschwäche« versucht der Gesetzgeber mit Hilfe von § 2 Abs. 1 zu begegnen, wobei die Gesetzesbegründung bereits die »Ohnmacht des Gesetzgebers« deutlich hervortreten lässt. Denn immer, wenn insofern eine bloße »Erwartung« zum Ausdruck gebracht wird, hat der Gesetzgeber seine beschränkten Mittel zutreffend eingeschätzt und quasi kapituliert. Aus dieser Erkenntnis folgt für die Auslegung des § 2 Abs. 1:

9   Weil die Vorschrift lediglich auf andere Normen des EnWG verweist (Betriebspflicht der Netzbetreiber, Kontrahierungszwang der Haushaltskunden-Versorger, Gestattung der Leitungsverlegung durch Gemeinden gegen Zahlung von Konzessionsabgaben), sind es nur diese zuletzt genannten Regelungsbereiche, die rechtlich bindend in der Lage sind, die zukünftige Energieversorgung sicherzustellen. Weil es sich insofern nur um – allerdings bedeutsame – Mosaiksteine der Energieversorgung handelt, kann eine ausreichende Energieversorgung von Haushaltskunden letztlich ebenso wenig mit rechtlichen Mitteln gewährleistet werden wie die wichtige Versorgung der Sonderkunden. Hier muss der Gesetzgeber im Anschluss an die europäische Liberalisierung der Energieversorgung auf den Koordinationsmechanismus des Marktes vertrauen. Weil der Gesetzgeber seine »Versorgungserwartungen« kraft europäischer Vorgaben nicht in allseits verbindliche EVU-Betriebsverpflichtungen umsetzen durfte, wird die zukünftige Energieversorgung nur dann funktionsfähig bleiben, wenn die Marktkräfte insofern ausreichen. Weil insofern allerdings Zweifel nicht bestehen, ist § 2 Abs. 1 schlichtweg überflüssig.

10 Dies gilt auch für die (erneute) Bindung an die Ziele des § 1. Während die Vorgängerregelung die Verpflichtung auf die Ziele des EnWG noch in vielen Einzelnormen aufführte, hat der Gesetzgeber des EnWG 2005 diese Ziel- und Zweckbindung ergänzend in die Sammelnorm des § 2 Abs. 1 übernommen. Damit wird die rechtliche Beachtung der fünf Ziele des § 1 hervorgehoben und einem befürchtetem Programmcharakter der Zweckbestimmung entgegengetreten; eine darüber hinausgehende rechtliche Bindung folgt daraus aber nicht.

III. EnWG und Sonderenergiewirtschaftsrecht

11 Schon § 2 Abs. 6 EnWG 2003 regelte das Verhältnis zum Sonderenergiewirtschaftsrecht des EEG. Mit dem EnWG 2005 ist die Einbezie-

hung des Kraft-Wärme-Kopplungsgesetzes hinzugekommen[7]. Ziel der Regelung ist es damit, den grundsätzlichen **Vorrang des Sonderenergiewirtschaftsrechts** (EEG sowie KWK-G) festzuschreiben. Dies gilt aber nur insoweit, wie jene Gesetze besondere Rechte und Pflichten – etwa von Erzeugern privilegierten Stroms – vorsehen; soweit das Sonderenergiewirtschaftsrecht Lücken aufweist, sind diese durch Anwendung des allgemeinen Energiewirtschaftsrechts zu schließen. Umgekehrt bedeutet das »Unberührtbleiben« im Sinne von § 2 Abs. 2, dass allgemeines Energiewirtschaftsrecht trotz seines »lex posterior-Charakters« nicht dazu gedacht ist, Regelungen des Rechts der privilegierten Energieträger zu ändern oder zu überlagern.

Von diesem Grundsatz sieht § 2 Abs. 2 aber eine **Ausnahme** vor: Der Grundsatz der vorrangigen Einspeisung von Strom aus privilegierten Energieträgern gilt nur **vorbehaltlich des § 13**: Weil die Betreiber von Übertragungsnetzen typischerweise Regelverantwortung nicht nur für ihr Netz, sondern auch für die nachgelagerten Verteilernetze übernehmen, ist ihnen als »Systemverantwortung« die Verpflichtung übertragen worden, für die **Sicherheit und Zuverlässigkeit des Elektrizitätsversorgungssystems in der jeweiligen Regelzone** zu sorgen. Einer Gefährdung der Versorgungssicherheit oder deren Störung ist mit adäquaten Maßnahmen zu begegnen, vgl. § 13 Abs. 1. Insbesondere dürfen **sämtliche Stromeinspeisungen** in der Regelzone den Erfordernissen eines sicheren und zuverlässigen Betriebs des Übertragungsnetzes angepasst werden, § 13 Abs. 2 Satz 1; diese Regelung ist als Anspruchsbeziehung zum Stromeinspeiser ausgestaltet (HS 2 des § 13 Abs. 2 Satz 1). Wegen der näheren Einzelheiten wird auf die Kommentierung zu § 13 verwiesen[8]. 12

Damit hat der Gesetzgeber mit Hilfe von § 2 Abs. 2 diejenige Rechtslage klargestellt, für die sich auch bereits die herrschende Meinung in der Literatur ausgesprochen hatte[9]. In der Gesetzesbegründung wird dies – damals noch beschränkt auf das EEG – wie folgt zum Ausdruck gebracht[10]: 13

---

7 Vgl. den obigen Bericht zur Gesetzgebungsgeschichte.
8 Unten § 13 Rz. 20.
9 Vgl. *Salje*, EEG 2004, § 2 Rz. 35 ff. (modifiziertes Vorrangprinzip) mit weiteren Nachweisen.
10 BT-DrS 15/3917, S. 48, Einzelbegründung zu § 2 Abs. 2.

»Die Vorschrift stellt klar, dass die Regelungen des EEG durch das Energiewirtschaftsgesetz grundsätzlich unberührt bleiben und nur Maßnahmen nach § 13 Abs. 2 und eingeschränkt nach § 13 Abs. 1 auch im Hinblick auf EEG-Einspeisungen gelten. In konkreten Krisensituationen hat die Abwehr eines Netzzusammenbruchs nach Maßgabe der Bestimmungen des § 13 Abs. 2 Vorrang.«

14 Vergleichbar dem schon in § 4 Abs. 3 EEG 2004 zum Ausdruck kommenden Rechtsgedanken ist der Übertragungsnetzbetreiber damit in der Lage, durch Aktivierung von Rundsteueranlagen und ähnlichen technischen Einrichtungen die Einspeisungen aus privilegierten Energieträgern zu verringern oder ganz abzuschalten, wenn dies zur Aufrechterhaltung des Netzbetriebs erforderlich ist. Nach § 4 Abs. 3 Satz 3 EEG 2004 ist insofern Rechenschaft zu legen, wenn dies verlangt wird. Das dort vorgesehene Prioritätsprinzip bedeutet nicht, dass die zuletzt in Betrieb gegangene Anlage auch zuerst abzuschalten ist; vielmehr muss das Gesetz so ausgelegt werden, dass der Netzbetreiber auch berechtigt ist, ganze Gruppen von mit Steuereinrichtung in Betrieb gegangenen Erzeugungsanlagen zu drosseln und auf diese Weise die negativen Einkommenseffekte für die Anlagenbetreiber in einem verhältnismäßigen Rahmen zu halten (Drosselung statt Abschaltung). Dabei sind die von der Rechtsprechung ausgeformten Grundsätze des Verhältnismäßigkeitsprinzips zu beachten[11].

---

11 Vgl. *Salje*, Netzengpassmanagement, RdE 2005, S. 250 ff.

§ 3 Begriffsbestimmungen

Im Sinne dieses Gesetzes bedeutet

1. Ausgleichsleistungen

Dienstleistungen zur Bereitstellung von Energie, die zur Deckung von Verlusten und für den Ausgleich von Differenzen zwischen Ein- und Ausspeisung benötigt wird, zu denen insbesondere auch Regelenergie gehört,

1a. Ausspeisekapazität

im Gasbereich das maximale Volumen pro Stunde in Normkubikmeter, das an einem Ausspeisepunkt aus einem Netz oder Teilnetz insgesamt ausgespeist und gebucht werden kann,

1b. Ausspeisepunkt

ein Punkt, an dem Gas aus einem Netz oder Teilnetz eines Netzbetreibers entnommen werden kann,

2. Betreiber von Elektrizitätsversorgungsnetzen

natürliche oder juristische Personen oder rechtlich unselbständige Organisationseinheiten eines Energieversorgungsunternehmens, die Betreiber von Übertragungs- oder Elektrizitätsverteilernetzen sind,

3. Betreiber von Elektrizitätsverteilernetzen

natürliche oder juristische Personen oder rechtlich unselbständige Organisationseinheiten eines Energieversorgungsunternehmens, die die Aufgabe der Verteilung von Elektrizität wahrnehmen und verantwortlich sind für den Betrieb, die Wartung sowie erforderlichenfalls den Ausbau des Verteilernetzes in einem bestimmten Gebiet und gegebenenfalls der Verbindungsleitungen zu anderen Netzen,

4. Betreiber von Energieversorgungsnetzen

Betreiber von Elektrizitätsversorgungsnetzen oder Gasversorgungsnetzen,

5. Betreiber von Fernleitungsnetzen

natürliche oder juristische Personen oder rechtlich unselbständige Organisationseinheiten eines Energieversorgungsunternehmens, die die Aufgabe der Fernleitung von Erdgas wahrnehmen und verantwortlich sind für den Betrieb, die Wartung sowie erforderlichenfalls den Ausbau des Fernleitungsnetzes in einem bestimmten Gebiet und gegebenenfalls der Verbindungsleitungen zu anderen Netzen,

6. Betreiber von Gasversorgungsnetzen

natürliche oder juristische Personen oder rechtlich unselbständige Organisationseinheiten eines Energieversorgungsunternehmens, die Gasversorgungsnetze betreiben,

7. Betreiber von Gasverteilernetzen

natürliche oder juristische Personen oder rechtlich unselbständige Organisationseinheiten eines Energieversorgungsunternehmens, die die Aufgabe der Verteilung von Gas wahrnehmen und verantwortlich sind für den Betrieb, die Wartung sowie erforderlichenfalls den Ausbau des Verteilernetzes in einem bestimmten Gebiet und gegebenenfalls der Verbindungsleitungen zu anderen Netzen,

8. Betreiber von LNG-Anlagen

natürliche oder juristische Personen oder rechtlich unselbständige Organisationseinheiten eines Energieversorgungsunternehmens, die die Aufgabe der Verflüssigung von Erdgas oder der Einfuhr, Entladung und Wiederverdampfung von verflüssigtem Erdgas wahrnehmen und für den Betrieb einer LNG-Anlage verantwortlich sind,

9. Betreiber von Speicheranlagen

natürliche oder juristische Personen oder rechtlich unselbständige Organisationseinheiten eines Energieversorgungsunternehmens, die die Aufgabe der Speicherung von Erdgas wahrnehmen und für den Betrieb einer Speicheranlage verantwortlich sind,

10. Betreiber von Übertragungsnetzen

natürliche oder juristische Personen oder rechtlich unselbständige Organisationseinheiten eines Energieversorgungsunternehmens, die verantwortlich sind für den Betrieb, die Wartung sowie erforderlichenfalls den Ausbau des Übertragungsnetzes in einem bestimmten Gebiet und gegebenenfalls der Verbindungsleitungen zu anderen Netzen,

10a. Bilanzkreis

im Elektrizitätsbereich innerhalb einer Regelzone die Zusammenfassung von Einspeise- und Entnahmestellen, die dem Zweck dient, Abweichungen zwischen Einspeisungen und Entnahmen durch ihre Durchmischung zu minimieren und die Abwicklung von Handelstransaktionen zu ermöglichen,

10b. Bilanzzone

im Gasbereich der Teil eines oder mehrerer Netze, in dem Ein- und Ausspeisepunkte einem bestimmten Bilanzkreis zugeordnet werden können,

10c. Biogas

Biomethan, Gas aus Biomasse, Deponiegas, Klärgas und Grubengas,

11. dezentrale Erzeugungsanlage

eine an das Verteilernetz angeschlossene verbrauchs- und lastnahe Erzeugungsanlage,

12. Direktleitung

eine Leitung, die einen einzelnen Produktionsstandort mit einem einzelnen Kunden verbindet, oder eine Leitung, die einen Elektrizitätserzeuger und ein Elektrizitätsversorgungsunternehmen zum Zwecke der direkten Versorgung mit ihrer eigenen Betriebsstätte, Tochterunternehmen oder Kunden verbindet, oder eine zusätzlich zum Verbundnetz errichtete Gasleitung zur Versorgung einzelner Kunden,

13. Eigenanlagen

Anlagen zur Erzeugung von Elektrizität zur Deckung des Eigenbedarfs, die nicht von Energieversorgungsunternehmen betrieben werden,

13a. Einspeisekapazität

im Gasbereich das maximale Volumen pro Stunde in Normkubikmeter, das an einem Einspeisepunkt in ein Netz oder Teilnetz eines Netzbetreibers insgesamt eingespeist werden kann,

13b. Einspeisepunkt

ein Punkt, an dem Gas an einen Netzbetreiber in dessen Netz oder Teilnetz übergeben werden kann, einschließlich der Übergabe aus Speichern, Gasproduktionsanlagen, Hubs oder Misch- und Konversionsanlagen;

14. Energie

Elektrizität und Gas, soweit sie zur leitungsgebundenen Energieversorgung verwendet werden,

15. Energieanlagen

Anlagen zur Erzeugung, Speicherung, Fortleitung oder Abgabe von Energie, soweit sie nicht lediglich der Übertragung von Signalen dienen, dies schließt die Verteileranlagen der Letztverbraucher sowie bei der Gasversorgung auch die letzte Absperreinrichtung vor der Verbrauchsanlage ein,

15a. Energieeffizienzmaßnahmen

Maßnahmen zur Verbesserung des Verhältnisses zwischen Energieaufwand und damit erzieltem Ergebnis im Bereich von Energieumwandlung, Energietransport und Energienutzung,

16. Energieversorgungsnetze

Elektrizitätsversorgungsnetze und Gasversorgungsnetze über eine oder mehrere Spannungsebenen oder Druckstufen,

17. Energieversorgungsnetze der allgemeinen Versorgung

Energieversorgungsnetze, die der Verteilung von Energie an Dritte dienen und von ihrer Dimensionierung nicht von vornherein nur auf die Versorgung bestimmter, schon bei der Netzerrichtung feststehender oder bestimmbarer Letztverbraucher ausgelegt sind, sondern grundsätzlich für die Versorgung jedes Letztverbrauchers offen stehen,

18. Energieversorgungsunternehmen

natürliche oder juristische Personen, die Energie an andere liefern, ein Energieversorgungsnetz betreiben oder an einem Energieversorgungsnetz als Eigentümer Verfügungsbefugnis besitzen,

18a. Erneuerbare Energien

Energie im Sinne des § 3 Abs. 1 des Erneuerbare-Energien-Gesetzes,

19. Fernleitung

der Transport von Erdgas durch ein Hochdruckfernleitungsnetz, mit Ausnahme von vorgelagerten Rohrleitungsnetzen, um die Versorgung von Kunden zu ermöglichen, jedoch nicht die Versorgung der Kunden selbst,

19a. Gas

Erdgas, Flüssiggas, sofern es der Versorgung im Sinne des § 1 Abs. 1 dient, und Biogas,

19b. Gaslieferant

natürliche und juristische Personen, deren Geschäftstätigkeit ganz oder teilweise auf den Vertrieb von Gas zum Zweck der Belieferung von Letztverbrauchern ausgerichtet ist,

20. Gasversorgungsnetze

alle Fernleitungsnetze, Gasverteilernetze, LNG-Anlagen oder Speicheranlagen, die für den Zugang zur Fernleitung, zur Verteilung und zu LNG-Anlagen erforderlich sind und die einem oder mehreren Energieversorgungsunternehmen gehören oder von ihm oder von ihnen betrieben werden, einschließlich Netzpufferung und seiner Anlagen, die zu Hilfsdiensten genutzt werden, und der Anlagen verbundener Unternehmen, ausgenommen sind solche Netzteile oder Teile von Einrichtungen, die für örtliche Produktionstätigkeiten verwendet werden,

21. Großhändler

natürliche oder juristische Personen mit Ausnahme von Betreibern von Übertragungs-, Fernleitungs- sowie Elektrizitäts- und Gasverteilernetzen, die Energie zum Zwecke des Weiterverkaufs innerhalb oder außerhalb des Netzes, in dem sie ansässig sind, kaufen,

22. Haushaltskunden

Letztverbraucher, die Energie überwiegend für den Eigenverbrauch im Haushalt oder für den einen Jahresverbrauch von 10 000 Kilowattstunden nicht übersteigenden Eigenverbrauch für berufliche, landwirtschaftliche oder gewerbliche Zwecke kaufen,

23. Hilfsdienste

sämtliche zum Betrieb eines Übertragungs- oder Elektrizitätsverteilernetzes erforderlichen Dienste oder sämtliche für den Zugang zu und den Betrieb von Fernleitungs- oder Gasverteilernetzen oder LNG-Anlagen oder Speicheranlagen erforderlichen Dienste, einschließlich Lastausgleichs- und Mischungsanlagen, jedoch mit Ausnahme von Anlagen, die ausschließlich Fernleitungsnetzbetreibern für die Wahrnehmung ihrer Aufgaben vorbehalten sind,

24. Kunden

Großhändler, Letztverbraucher und Unternehmen, die Energie kaufen,

25. Letztverbraucher

Kunden, die Energie für den eigenen Verbrauch kaufen,

26. LNG-Anlage

eine Kopfstation zur Verflüssigung von Erdgas oder zur Einfuhr, Entladung und Wiederverdampfung von verflüssigtem Erdgas; darin eingeschlossen sind Hilfsdienste und die vorübergehende Speicherung, die für die Wiederverdampfung und die anschließende Einspeisung in das Fernleitungsnetz erforderlich sind, jedoch nicht die zu Speicherzwecken genutzten Teile von LNG-Kopfstationen,

27. Netzbetreiber

Netz- oder Anlagenbetreiber im Sinne der Nummern 2 bis 7 und 10,

§ 3 Begriffsbestimmungen

28. Netznutzer

natürliche oder juristische Personen, die Energie in ein Elektrizitäts- oder Gasversorgungsnetz einspeisen oder daraus beziehen,

29. Netzpufferung

die Speicherung von Gas durch Verdichtung in Fernleitungs- und Verteilernetzen, ausgenommen sind Einrichtungen, die Fernleitungsnetzbetreibern bei der Wahrnehmung ihrer Aufgaben vorbehalten sind,

29a. neue Infrastruktur

eine Infrastruktur, die nach dem 12. Juli 2005 in Betrieb genommen worden ist,

29b. örtliches Verteilernetz

ein Netz, das überwiegend der Belieferung von Letztverbrauchern über örtliche Leitungen, unabhängig von der Druckstufe oder dem Durchmesser der Leitungen, dient; für die Abgrenzung der örtlichen Verteilernetze von den vorgelagerten Netzebenen wird auf das Konzessionsgebiet abgestellt, in dem ein Netz der allgemeinen Versorgung im Sinne des § 18 Abs. 1 und des § 46 Abs. 2 betrieben wird einschließlich von Leitungen, die ein örtliches Verteilernetz mit einem benachbarten örtlichen Verteilernetz verbinden,

30. Regelzone

im Bereich der Elektrizitätsversorgung das Netzgebiet, für dessen Primärregelung, Sekundärregelung und Minutenreserve ein Betreiber von Übertragungsnetzen im Rahmen der Union für die Koordinierung des Transports elektrischer Energie (UCTE) verantwortlich ist,

31. Speicheranlage

eine einem Gasversorgungsunternehmen gehörende oder von ihm betriebene Anlage zur Speicherung von Gas, einschließlich des zu Speicherzwecken genutzten Teils von LNG-Anlagen, jedoch mit Ausnahme des Teils, der für eine Gewinnungstätigkeit genutzt wird, ausgenommen sind auch Einrichtungen, die ausschließlich Betreibern von Leitungsnetzen bei der Wahrnehmung ihrer Aufgaben vorbehalten sind,

31 a. Teilnetz

im Gasbereich ein Teil des Transportgebiets eines oder mehrerer Netzbetreiber, in dem ein Transportkunde gebuchte Kapazitäten an Ein- und Ausspeisepunkten flexibel nutzen kann,

31 b. Transportkunde

im Gasbereich Großhändler, Gaslieferanten einschließlich der Handelsabteilung eines vertikal integrierten Unternehmens und Letztverbraucher;

32. Übertragung

der Transport von Elektrizität über ein Höchstspannungs- und Hochspannungsverbundnetz zum Zwecke der Belieferung von Letztverbrauchern oder Verteilern, jedoch nicht die Belieferung der Kunden selbst,

33. Umweltverträglichkeit

dass die Energieversorgung den Erfordernissen eines nachhaltigen, insbesondere rationellen und sparsamen Umgangs mit Energie genügt, eine schonende und dauerhafte Nutzung von Ressourcen gewährleistet ist und die Umwelt möglichst wenig belastet wird, der Nutzung von Kraft-Wärme-Kopplung und erneuerbaren Energien kommt dabei besondere Bedeutung zu,

34. Verbindungsleitungen

Anlagen, die zur Verbundschaltung von Elektrizitätsnetzen dienen, oder eine Fernleitung, die eine Grenze zwischen Mitgliedstaaten quert oder überspannt und einzig dem Zweck dient, die nationalen Fernleitungsnetze dieser Mitgliedstaaten zu verbinden,

35. Verbundnetz

eine Anzahl von Übertragungs- und Elektrizitätsverteilernetzen, die durch eine oder mehrere Verbindungsleitungen miteinander verbunden sind, oder eine Anzahl von Gasversorgungsnetzen, die miteinander verbunden sind,

36. Versorgung

die Erzeugung oder Gewinnung von Energie zur Belieferung von Kunden, der Vertrieb von Energie an Kunden und der Betrieb eines Energieversorgungsnetzes,

37. Verteilung

der Transport von Elektrizität mit hoher, mittlerer oder niederer Spannung über Elektrizitätsverteilernetze oder der Transport von Gas über örtliche oder regionale Leitungsnetze, um die Versorgung von Kunden zu ermöglichen, jedoch nicht die Belieferung der Kunden selbst,

38. vertikal integriertes Energieversorgungsunternehmen

ein im Elektrizitäts- oder Gasbereich tätiges Unternehmen oder eine im Elektrizitäts- oder Gasbereich tätige Gruppe von Unternehmen, die im Sinne des Artikels 3 Abs. 2 der Verordnung (EG) Nr. 139/2004 des Rates vom 20. Januar 2004 über die Kontrolle von Unternehmenszusammenschlüssen (ABl. EU Nr. L 24 S. 1) miteinander verbunden sind, wobei das betreffende Unternehmen oder die betreffende Gruppe im Elektrizitätsbereich mindestens eine der Funktionen Übertragung oder Verteilung und mindestens eine der Funktionen Erzeugung oder Vertrieb von Elektrizität oder im Erdgasbereich mindestens eine der Funktionen Fernleitung, Verteilung, Betrieb einer LNG-Anlage oder Speicherung und gleichzeitig eine der Funktionen Gewinnung oder Vertrieb von Erdgas wahrnimmt,

39. vorgelagertes Rohrleitungsnetz

Rohrleitungen oder ein Netz von Rohrleitungen, deren Betrieb oder Bau Teil eines Öl- oder Gasgewinnungsvorhabens ist oder die dazu verwendet werden, Erdgas von einer oder mehreren solcher Anlagen zu einer Aufbereitungsanlage, zu einem Terminal oder zu einem an der Küste gelegenen Endanlandeterminal zu leiten, mit Ausnahme solcher Netzteile oder Teile von Einrichtungen, die für örtliche Produktionstätigkeiten verwendet werden.

§ 3 Begriffsbestimmungen

Überblick

		Seite	Rz.
I.	Normzweck und Geschichte der Regelung	179	1
II.	Europäische u. deutsche Terminologie des Energiewirtschaftsrechts...................................	182	8
	1. Ausgleichsleistungen (§ 3 Ziff. 1).................	183	10
	2. Ausschreibungsverfahren (Art. 2 Ziff. 24 RL-Elt)	184	13
	3. Ausspeisekapazität (§ 3 Ziff. 1a)	184	14
	4. Ausspeisepunkt (§ 3 Ziff. 1b)......................	185	15
	5. Betreiber von Elektrizitätsversorgungsnetzen (§ 3 Ziff. 2)	185	16
	6. Betreiber von Elektrizitätsverteilernetzen (§ 3 Ziff. 3) ..	186	20
	7. Betreiber von Energieversorgungsnetzen (§ 3 Ziff. 4)...	187	25
	8. Betreiber von Fernleitungsnetzen (§ 3 Ziff. 5).........	188	26
	9. Betreiber von Gasversorgungsnetzen (§ 3 Ziff. 6)......	189	29
	10. Betreiber von Gasverteilernetzen (§ 3 Ziff. 7).........	189	30
	11. Betreiber von LNG-Anlagen (§ 3 Ziff. 8)	190	31
	12. Betreiber von Speicheranlagen (§ 3 Ziff. 9)	190	32
	13. Betreiber von Übertragungsnetzen (§ 3 Ziff. 10).......	191	35
	14. Bilanzkreis (§ 3 Ziff. 10a).........................	192	39
	15. Bilanzzone (§ 3 Ziff. 10b)	194	47
	16. Biogas (§ 3 Ziff. 10c)	194	50
	17. Dezentrale Erzeugungsanlage (§ 3 Ziff. 11)...........	195	53
	18. Direktleitung (§ 3 Ziff. 12)........................	196	54
	19. Eigenanlagen (§ 3 Ziff. 13)	197	57
	20. Eigenerzeuger (Art. 2 Ziff. 3 RL-Elt 1997)	197	60
	21. Erzeuger, unabhängiger (Art. 3 Ziff. 4 RL-Elt 1997) ...	198	61
	22. Eigenversorger (§ 110 Abs. 3)	198	62
	23. Einspeisekapazität (§ 3 Ziff. 13a)....................	199	63
	24. Einspeisepunkt (§ 3 Ziff. 13b)	199	64
	25. Elektrizitätsunternehmen (Art. 2 Ziff. 20 RL-Elt)	200	66
	26. Endkunden (Art. 2 Ziff. 9 RL-Elt/Ziff. 27 RL-Gas)....	201	69
	27. Energie (§ 3 Ziff. 14)	202	73
	28. Energieanlagen (§ 3 Ziff. 15)	202	76
	29. Energieeffizienzmaßnahmen (§ 3 Ziff. 15a)...........	208	95
	30. Energieversorgungsnetze (§ 3 Ziff. 16)	208	96
	31. Energieversorgungsnetze der allgemeinen Versorgung (§ 3 Ziff. 17)...................................	209	98
	32. Energieversorgungsunternehmen (§ 3 Ziff. 18)........	210	104
	33. Entstehender Markt (Art. 2 Ziff. 31 RL-Gas)	224	136
	34. Erdgasunternehmen (Art. 2 Ziff. 1 RL-Gas)..........	224	137
	35. Erneuerbare Energien (§ 3 Ziff. 18a)	225	139
	36. Erzeuger (Art. 2 Ziff. 2 RL-Elt).....................	227	146
	37. Erzeugung (Art. 2 Ziff. 1 RL-Elt)	227	147

38. Fernleitung (§ 3 Ziff. 19)	228	150
39. Fernleitungsnetzbetreiber (Art. 2 Ziff. 4 RL-Gas)	229	151
40. Gas (§ 3 Ziff. 19a)	229	153
41. Gaslieferant (§ 3 Ziff. 19b)	230	154
42. Gasversorgungsnetze (§ 3 Ziff. 20)	230	156
43. Großhändler (§ 3 Ziff. 21)	236	171
44. Haushaltskunden (§ 3 Ziff. 22)	237	175
45. Hilfsdienste (§ 3 Ziff. 23)	238	179
46. Kunden (§ 3 Ziff. 24)	238	180
47. Langfristige Planung (Art. 2 Ziff. 25 RL-Elt/ Ziff. 30 RL-Gas)	239	183
48. Leitungsgebundene Energieversorgung (§ 1 Abs. 1 und § 3 Ziff. 14)	240	185
49. Letztverbraucher (§ 3 Ziff. 25)	242	190
50. LNG-Anlage (§ 3 Ziff. 26)	242	193
51. Netz (Art. 2 Ziff. 13 RL-Gas)	243	194
52. Netzbetreiber (§ 3 Ziff. 27)	244	196
53. Netznutzer (§ 3 Ziff. 28)	244	198
54. Netzpufferung (§ 3 Ziff. 29)	246	203
55. Neue Infrastruktur (§ 3 Ziff. 29a)	246	205
56. Örtliches Verteilernetz (§ 3 Ziff. 29b)	247	207
57. Regelzone (§ 3 Ziff. 30)	248	210
58. Sicherheit (Art. 2 Ziff. 32 RL-Gas)	249	215
59. Speicheranlage (§ 3 Ziff. 31)	249	217
60. Teilnetz (§ 3 Ziff. 31a)	250	218
61. Transportkunde (§ 3 Ziff. 31b)	250	219
62. Übertragung (§ 3 Ziff. 32)	251	220
63. Umweltverträglichkeit (§ 3 Ziff. 33)	252	223
64. Verbindungsleitungen (§ 3 Ziff. 34)	257	237
65. Verbundnetz (§ 3 Ziff. 35)	257	238
66. Versorgung (§ 3 Ziff. 36)	258	241
67. Verteilung (§ 3 Ziff. 37)	259	245
68. Vertikal integriertes Energieversorgungsunternehmen (§ 3 Ziff. 38)	260	249
69. Vorgelagertes Rohrleitungsnetz (§ 3 Ziff. 39)	261	252

I. Normzweck und Geschichte der Regelung

Gesetze müssen aus Gründen der Rechtssicherheit mit möglichst klaren Begriffen arbeiten. Häufig überlässt der Gesetzgeber die Ausformung der im Gesetz verwendeten Begriffe der Rechtsprechung. Es kann Jahrzehnte dauern, bevor der Normzweck, der ja in den Begriffen und ihrem Zusammenspiel eingefangen ist, rechtssicher (Art. 20 GG) erreicht wird.

§ 3 Begriffsbestimmungen

2 Schon der Gesetzgeber des Ersten Neuregelungsgesetzes hatte sich dafür entschieden, die wichtigsten der im Gesetz verwendeten Begriffe vorab zu definieren. Dabei ist er bewusst der Tradition des alten Rechts gefolgt[1]. Das EnWG 1935 enthielt in § 2 Abs. 1 eine Bestimmung des Begriffs der Energieanlagen, während § 2 Abs. 2 EnWG 1935 den Begriff des Energieversorgungsunternehmens (EVU) regelte. Der Gesetzgeber des EnWG 1998 hat die Definitionen gekürzt und die Begriffsbestimmungen leicht verändert. Der Energiebegriff (§ 2 Abs. 1 EnWG 1998) war im alten Recht nur implizit enthalten, während der für die Zielsetzung bedeutsame Begriff der Umweltverträglichkeit (§ 1) ganz neu in das Gesetz eingeführt wurde (§ 2 Abs. 4 EnWG 1998).

3 Die vom Gesetzgeber des Jahres 1997 beabsichtigte **Kontinuität**, die auf letztlich gegenüber dem Referentenentwurf von 1994 unveränderten Überlegungen beruht, musste aber unter zwei Blickwinkeln **kritisch beleuchtet** werden. Zum einen hatte sich der nationale Gesetzgeber kaum bemüht, die Terminologie der Ersten Binnenmarktrichtlinie Elektrizität (Art. 2) aufzunehmen[2] und für das deutsche Recht fruchtbar zu machen. Die dort definierten 23 Begriffe fanden sich zwar vereinzelt auch im deutschen Recht[3], wurden aber vom seinerzeitigen Gesetzgeber weder definiert noch inhaltlich unter Inbezugnahme auf das Europäische Recht klargestellt. Offenbar ging der nationale Gesetzgeber stillschweigend davon aus, dass der Rechtsanwender automatisch auf die Definitionen in den Richtlinien zurückgreifen würde. Eine solche Vorgehensweise ist rechtsstaatlich nicht unbedenklich, kann zu Fehlern bei der Rechtsanwendung führen und wird außerhalb der Fachkreise auf Unverständnis stoßen. Die Richtlinien werden zwar deutsches Recht, wenden sich aber nur an die Mitgliedstaaten und nicht an den einzelnen Rechtsanwender (vgl. Art. 249 Abs. 3 EG); nur der Mitgliedstaat entscheidet, ob eine Definition auch im deutschen Recht zu beachten ist oder nicht. Die unmittelbare Übernahme von Definitionen aus einer Richtlinie ist also nicht unproblematisch und eigentlich nur im Wege einer europarechtskonformen Auslegung zu begründen.

---

1 Einzelbegründung zu § 2 des Entwurfs zum EnWG, BT-DrS 13/7274, S.14 (rechte Spalte).
2 Die Binnenmarktrichtlinie Gas ist erst nach dem 29.4.1998 in Kraft getreten.
3 Vgl. etwa §§ 4, 6 und 9 EnWG 1998: Erzeugung, Übertragung, Verteilung.

I. Normzweck und Geschichte der Regelung

Die Terminologie des EnWG 1998 musste aber auch deshalb kritisch 4
betrachtet werden, weil die vom Gesetzgeber behauptete Kontinuität
wohl nur scheinbar bestand. Der Rechtsanwender musste nämlich für
jeden Begriff kritisch prüfen, ob nicht die deutsche Begriffsbildung
durch Europäisches Recht (zwingend) überlagert wurde, so dass auch
die Fixierung der Grundbegriffe in § 2 EnWG 1998 nicht in jedem
Falle verlässlich gewesen ist. So verwendete das Gesetz beispielsweise
den EVU-Begriff in § 9 (Rechnungslegung) in Kombination mit dem
Begriff »allgemeine Versorgung«, der im deutschen EnWG nicht definiert war und den das Europäische Recht nicht kennt. Das Europäische Recht verwendete an dieser Stelle (vgl. Art. 3 RL-Elt sowie Art. 7
RL-Gas) die Begriffe »Elektrizitätsunternehmen« (vgl. Art. 2 Ziff. 20
RL-Elt) bzw. »Erdgasunternehmen« (vgl. Art. 2 Ziff. 1 RL-Gas), die
viel weiter gefasst waren und sind als der nationale EVU-Begriff.

Insgesamt musste zum alten Recht befürchtet werden, dass die Richt- 5
linie in den Randbereichen der deutschen Begriffsbildung unzutreffend umgesetzt worden war und im Übrigen die Bereiche richtlinienkonformer Transformation eher zufällig gelungen waren[4]. Die
Beispiele für einen fast »fahrlässig« zu nennenden Umgang des deutschen Gesetzgebers mit den Begriffen des EnWG im Verhältnis zum
Europäischen Recht sind damit aber nicht erschöpft. Der Wunsch des
nationalen Gesetzgebers nach Begriffskontinuität[5] konnte eigentlich
nicht als ernsthaft spürbar interpretiert werden. Die Gesetzesbegründung – durch das Bundeswirtschaftsministerium für die Bundesregierung – stammte im Wesentlichen aus einer Zeit, als die Europäischen
Richtlinien noch nicht so weit konkretisiert waren, als dass sie das
Gedankengut des nationalen Gesetzgebers hätten bestimmen können.
Vielmehr war für jeden Begriff des EnWG 1998 über die Anwendung
der üblichen Auslegungsmethoden hinaus sorgfältig zu prüfen, ob
mithilfe der europarechtskonformen Auslegung dem Begriff eine abweichende Kontur gegeben werden konnte (Wortlautgrenze) und erforderlichenfalls gegeben werden musste.

Jedenfalls durfte sich die Kommentierung des nationalen Rechts 6
schon damals nicht auf die in § 2 EnWG 1998 niedergelegten Begriffe

---

4 Zur Gesamtkritik vgl. *Salje,* Transformationsdefizite des Gesetzes zur Neuregelung des Rechts der Energiewirtschaft im Verhältnis zur Binnenmarktrichtlinie Elektrizität, in: *Vieweg* (Hrsg.), Festgabe für Rudolf Lukes zum 75. Geburtstag, Köln/Berlin/Bonn/München 2000, S. 105 ff.
5 BT-DrS 13/7274, S. 14.

beschränken. Vielmehr war es erforderlich, auch die **europäische Terminologie** vorzustellen und mit den deutschen Begriffsbildungen zu vergleichen. Wegen ihrer Bedeutung für Zwecke der Auslegung des deutschen Rechts werden deshalb im Folgenden die europäischen Begriffe in alphabetischer Reihenfolge neben die in § 3 definierten Begriffe gestellt, um Gemeinsamkeiten und Unterschiede zu verdeutlichen.

7 § 3 ist im Regierungsentwurf bereits enthalten gewesen[6]. Allerdings hatte bereits der Bundesrat[7] Ergänzungs- und Änderungsvorschläge ebenso vorgelegt wie der Wirtschaftsausschuss des Bundestages[8]. Die Stellungnahme der Bundesregierung zu den Änderungsvorschlägen ist überwiegend ablehnend gewesen[9]. Der Vermittlungsausschuss[10] hat von den Definitionen die Ziff. 19a und 22 geändert sowie die Ziff. 40 in der Fassung des Vorschlags des Wirtschaftsausschusses (Werksnetze) aufgehoben und in die Neufassung des § 110 eingebracht[11]. Auf die Einzelheiten wird bei der Erläuterung der einzelnen Begriffsdefinitionen eingegangen.

II. Europäische u. deutsche Terminologie des Energiewirtschaftsrechts

8 Wegen der besonderen Bedeutung der europäischen Terminologie zum Recht der Energiewirtschaft ist diese quasi gleichrangig darzustellen; dabei ist zu prüfen, ob die Nichtübernahme eines europäischen energiewirtschaftlichen Begriffs auf Ablehnung im nationalen Recht schließen lässt oder aber ob auf diesen Begriff hilfsweise zurückgegriffen werden kann. Sedes materiae sind neben § 3 die Art. 2 RL-Elt/RL-Gas. Dabei definiert jede der beiden Richtlinien – ohne auf die jeweils andere Richtlinie Bezug oder besondere Rücksicht zu nehmen – die verwendeten Begriffe getrennt. Soweit Begriffe aber identisch oder jedenfalls in ähnlicher Weise verwendet werden, sich also im Hinblick auf die Bereiche Elektrizität und Gas weitgehend überlappen und vielleicht sogar wörtlich in das nationale Recht über-

---

6 BT-DrS 15/3917, S. 9 ff. mit Begründung S. 48 ff.
7 Stellungnahme, BT-DrS 15/3917, Anlage 2, S. 78, 79 f.
8 BT-DrS 15/5268, S. 11 ff.
9 BT-DrS 15/4068, S. 2 (Ziff. 4 bis 9).
10 BT-DrS 15/5736 (neu), S. 2 (Ziff. 2).
11 Ebd. S. 7.

nommen wurden, soll deren Definition **gemeinsam** vorgestellt werden.

Die Darstellung der verwendeten Begriffe des nationalen sowie des europäischen Rechts – Begriffsidentität, Begriffsdivergenz oder Begriffsähnlichkeit – folgt der ABC-Darstellung des deutschen Rechts (§ 3). Einige Divergenzen der Terminologie sind nicht durch Unterschiede in der Herangehensweise des Europäischen Rechts, sondern durch unterschiedliche Technizitäten begründet: Während beispielsweise Erdgas Naturprodukt ist und gefördert werden muss (»Gewinnung«), muss Elektrizität als »Kunstprodukt« erzeugt werden (»Erzeugung«). Bei Erdgas ist eine Speicherung möglich (z. B. Untertagespeicher); diese typische Funktion entfällt einstweilen für die Elektrizitätswirtschaft, weil der Speicherung dienende Pumpkraftwerke nicht so bedeutsam sind, als dass man sie als besondere und typische Funktion der Elektrizitätsversorgung zu begreifen und daran Rechtsfolgen zu knüpfen hätte. 9

1. Ausgleichsleistungen (§ 3 Ziff. 1)

Dienstleistungen zur Bereitstellung von Energie, die zur Deckung von Verlusten und für den Ausgleich von Differenzen zwischen Ein- und Ausspeisung benötigt wird, zu denen insbesondere auch Regelenergie gehört.

Treten Abweichungen zwischen vereinbarten Ein- und Ausspeisungen von Energie auf (Fahrplanabweichungen), so müssen diese Differenzen vom regelverantwortlichen Netzbetreiber (ÜNB) ausgeglichen werden. Die dafür benötigte Energie wird bei der Gasversorgung **Ausgleichsenergie** genannt, § 2 Ziff. 2 GasNZV, während in der Stromversorgung der Begriff **Regelenergie** üblich ist (§ 2 Ziff. 9 StromNZV). 10

Der Aufwand an Ausgleichs- und Regelenergie ist eine **Dienstleistung**, die über diesen Ausgleich hinaus auch zur Deckung von **Leitungsverlusten** benötigt wird. Andernfalls ließen sich Netzdruck bzw. Netzspannung nicht aufrecht erhalten. Ausgleichsleistungen sind damit Bestandteil der Systemverantwortung der ÜNB (§ 13) bzw. FNB (§ 16) und werden in § 13 Abs. 1 Satz 1 Ziff. 2 sowie § 16 Abs. 1 Ziff. 2 explizit angesprochen. 11

Die Definition dient dem Zweck, im Rahmen der Abrechnung von Netzzugangsentgelten (NZE) die Abrechnung dieser Ausgleichsleis- 12

§ 3 Begriffsbestimmungen

tungen zu fördern. Da der Netzbetreiber Strom bzw. Gas für Regelung und Ausgleich am Markt einkaufen muss, handelt es sich (im Rahmen der Erforderlichkeit) um abrechenbare Fremdkosten. Konsequent sieht § 10 StromNEV die Abrechnung von Verlustenergie vor.

2. *Ausschreibungsverfahren (Art. 2 Ziff. 24 RL-Elt)*

13 Nach Art. 2 Ziff. 24 RL-Elt ist »Ausschreibungsverfahren« das **Verfahren, durch das ein geplanter zusätzlicher Bedarf und geplante Ersatzkapazitäten durch Lieferungen aus neuen oder bestehenden Erzeugungsanlagen abgedeckt werden**. Der Europäische Gesetzgeber hat in der Binnenmarktrichtlinie Elektrizität (vgl. Art. 6) für den Zugang zu energiewirtschaftlichen Ressourcen (z. B. Errichtung von Erzeugungsanlagen) ein Ausschreibungsverfahren (alternativ) vorgesehen. Der deutsche Gesetzgeber hat dies allerdings nur für die besondere Situation des § 53 übernommen. Für Konzessionsverträge (vgl. 46 Abs. 2) ist ein solches Ausschreibungsverfahren förmlicher Art nicht vorgesehen[12]. Der Begriff hat daher für das deutsche Recht nur im Hinblick auf § 53 Bedeutung.

3. *Ausspeisekapazität (§ 3 Ziff. 1a)*

im Gasbereich das maximale Volumen pro Stunde in Normkubikmeter, das an einem Ausspeisepunkt aus einem Netz oder Teilnetz insgesamt ausgespeist und gebucht werden kann.

14 Die Definition der Ausspeisekapazität ist vom Wirtschaftsausschuss eingefügt[13] und nicht begründet worden. Der Begriff ist in § 2 GasNZV/GasNEV nicht enthalten. Bei der **Ausspeisekapazität** handelt es sich um einen leistungsbezogenen Wert, der unter Berücksichtigung der technischen Auslegung von Netz und Ausspeisepunkt die Maximalleistung/Stunde angibt. Diese ist vom Netzbetreiber zur Ermöglichung des Netzzugangs zu veröffentlichen, § 20 Abs. 1 Satz 3. Als Maßzahl ist eine Angabe in Normkubikmeter vorgesehen.

---

12 Zum zukünftigen Europäischen Recht vgl. *Prieß*, Ausschreibungspflichten kommunaler Versorgungsunternehmen, DB 1998, S. 405 ff.
13 BT-DrS 15/5268, S. 11 und 117.

4. Ausspeisepunkt (§ 3 Ziff. 1b)

ein Punkt, an dem Gas aus einem Netz oder Teilnetz eines Netzbetreibers entnommen werden kann.

Auch diese Definition stammt vom Wirtschaftsausschuss und ist nicht begründet worden[14]. Um einen effizienten Netzzugang zu ermöglichen, müssen **konkrete Ausspeisepunkte** definiert werden, an denen die Gasentnahme stattfinden kann. Diese Information gehört zu den veröffentlichungspflichtigen Netzdaten im Sinne von § 20 Abs. 1 Satz 3. Nur wenn der Ausspeisepunkt bekannt gemacht ist, kann der Netznutzer über bereits vorhandene Verbindungen oder im Wege einer Direktleitung den Zugang auch technisch-physikalisch bewirken.

5. Betreiber von Elektrizitätsversorgungsnetzen (§ 3 Ziff. 2)

natürliche oder juristische Personen oder rechtlich unselbständige Organisationseinheiten eines Energieversorgungsunternehmens, die Betreiber von Übertragungs- oder Elektrizitätsverteilernetzen sind.

Betreiber sind diejenigen, die die Energieanlage unterhalten und die bestimmungsgemäße Nutzung organisieren. Dabei muss der Betreiber nicht mit dem Eigentümer der Energieanlage identisch sein; auch Pächter, zur Betriebsführung oder auf andere Weise zivilrechtlich legitimierte Personen kommen als Betreiber von Elektrizitätsversorgungsnetzen in Betracht.

Die Definition des § 3 Ziff. 2 bindet den Betreiberbegriff nicht nur an rechtsfähige (natürliche oder juristische) Personen, also Einzelkaufleute, Personenhandelsgesellschaften, Gesellschaften mit beschränkter Haftung, Aktiengesellschaften und Genossenschaften. Vielmehr kommen als Betreiber auch **unselbständige Organisationseinheiten eines EVU** in Betracht. Deshalb kann auch eine Abteilung einer juristischen Person (Netzbetriebsabteilung) Betreiber im Sinne von Ziff. 2 des § 3 sein.

Die Festlegung des Betreiberbegriffs hat große Bedeutung in Bezug auf die Betriebspflichten und Aufgaben (§§ 11 ff.), den Netzanschluss (§§ 17 ff.) sowie den Netzzugang (§§ 20 ff.). Wenn die Aufsichtsbehörden (§ 65) Maßnahmen ergreifen, die Landesbehörde Anordnun-

---

14 Ebd.

gen nach § 49 Abs. 4 oder ein potenzieller Netznutzer Verträge abschließen möchte, kann er sich deshalb auch unmittelbar an den (ggf. rechtlich unselbständigen) Netzbetreiber wenden, der kraft öffentlich-rechtlicher Vorgabe (§§ 11 ff. in Verbindung mit § 3 Ziff. 2) sowohl die öffentlich-rechtlichen als auch die zivilrechtlichen Pflichten desjenigen EVU wahrzunehmen hat, das dieser Organisationseinheit die Aufgaben als Netzbetreiber übertragen hat. Diese **Legalermächtigung** sorgt für die schnelle Durchsetzung von behördlichen Anordnungen und einen unkomplizierten Netzzugang, ohne dasjenige Unternehmen ermitteln zu müssen, in dessen Namen und/oder für dessen Rechnung der Netzbetrieb erfolgt. Anders als im Haftungsrecht können deshalb **auch bloße Betriebsführer** Netzbetreiberaufgaben im Sinne des EnWG wahrnehmen.

19 Im Übrigen verweist § 3 Ziff. 2 auf Ziff. 3 (Betreiber von Elektrizitätsverteilernetzen) sowie Ziff. 10 (Betreiber von Übertragungsnetzen), wo die Kernverantwortungen dieser Elektrizitätsnetzbetreiber näher beschrieben sind.

6. *Betreiber von Elektrizitätsverteilernetzen (§ 3 Ziff. 3)*

natürliche oder juristische Personen oder rechtlich unselbständige Organisationseinheiten eines Energieversorgungsunternehmens, die die Aufgabe der Verteilung von Elektrizität wahrnehmen und verantwortlich sind für den Betrieb, die Wartung sowie erforderlichenfalls den Ausbau des Verteilernetzes in einem bestimmten Gebiet und gegebenenfalls der Verbindungsleitungen zu anderen Netzen.

20 Eine **Verteilung** von Elektrizität (§ 3 Ziff. 37) unterscheidet sich von der **Übertragung** (§ 3 Ziff. 32) durch die **Spannungsebene**. Bei der Verteilung erfolgt der Transport mit hoher, mittlerer oder niederer Spannung, wobei auf örtliche oder regionale Leitungsnetze zurückgegriffen wird. Weil dem Netzbetreiber Lieferaufgaben (Verkauf von Elektrizität) nicht zukommen, umfasst die Verteilung gemäß § 3 Ziff. 37 nicht den Verkauf von Elektrizität (Entflechtung).

21 § 3 Ziff. 3 vervollständigt die Definition der Ziff. 2 (Betreiber von Elektrizitätsversorgungsnetzen). Beide Definitionen stimmen im Hinblick auf die zivilrechtliche Eingrenzung des Betreiberkreises überein (natürliche oder juristische Personen, rechtlich unselbständige Orga-

nisationseinheiten eines EVU)[15]. Die Definition der Ziff. 3 ist einerseits **aufgabenbezogen** (Verteilung von Elektrizität), andererseits **verantwortungsbezogen** (Betrieb, Wartung, Ausbau des Verteilernetzes einschließlich der Verbindungsleitungen) und schließlich auch **gebietsbezogen** erfolgt. Damit kommen als Betreiber insbesondere diejenigen EVU in Betracht, die einen Konzessionsvertrag im Sinne von § 46 Abs. 2 in ihrem Versorgungsgebiet abgeschlossen haben.

Dagegen ist für die Definition nicht kennzeichnend, welche Art des Netzes betrieben wird. Auch die Betreiber von Objektnetzen im Sinne von § 110 sind nach der Definition Betreiber von Elektrizitätsverteilernetzen, wenn sie diese Aufgabe wahrnehmen. Allerdings sind sie von vielen Verpflichtungen (§§ 17 bis 28a) befreit, unterliegen aber den Betriebspflichten gemäß §§ 11 ff. 22

Wie oben gezeigt[16] kommen als Betreiber nicht nur die Eigentümer des Netzes in Betracht, und der Betreiber muss noch nicht einmal rechtsfähig im Sinne von § 1 BGB sein (Legalermächtigung). Es handelt sich um einen besonderen Fall der **Teilrechtsfähigkeit**. Treffen Verteileraufgabe, Verantwortung für Betrieb, Wartung usw. sowie Gebietszuständigkeit zusammen, ist der Begriff des § 3 Ziff. 3 konkret erfüllt. 23

Eine vergleichbare Definition enthält auch Art. 2 Ziff. 6 RL-Elt (Verteilernetzbetreiber). Mit jener Definition wird zusätzlich die Sicherstellung der langfristigen Fähigkeit des Netzes betont, eine angemessene Nachfrage nach Verteilung von Elektrizität zu befriedigen. Da es sich aber insofern um eine nähere Ausgestaltung der Aufgaben des Verteilernetzbetreibers handelt (§§ 11 ff., 14), hat der nationale Gesetzgeber zu Recht diesen Teil der Definition nicht übernommen. 24

7. Betreiber von Energieversorgungsnetzen (§ 3 Ziff. 4)

Betreiber von Elektrizitätsversorgungsnetzen oder Gasversorgungsnetzen.

Der Betreiberbegriff des § 3 Ziff. 4 bezieht sich auf alle Energieversorgungsnetze (aller Spannungs- oder Druckstufen, Elektrizität und Gas). In dieser Definition sind alle Netzbetreiberbegriffe vereinigt (vgl. § 3 Ziff. 2 bis 7 sowie Ziff. 10). Ausweislich der Regierungsbe- 25

---

15 Vgl. dazu oben § 3 Ziff. 17 f.
16 Oben § 3 Ziff. 18 (zu § 3 Ziff. 2).

gründung[17] dient die Definition lediglich der Klarstellung und ermöglicht es dem Gesetzgeber, in den §§ 11 ff., 17 ff. sowie 20 ff. den Betreiber-Adressatenkreis eng oder weit zu bezeichnen. Wegen der Einzelheiten wird auf die obigen Erläuterungen zu § 3 Ziff. 2 und 3 verwiesen.

8. Betreiber von Fernleitungsnetzen (§ 3 Ziff. 5)

natürliche oder juristische Personen oder rechtlich unselbständige Organisationseinheiten eines Energieversorgungsunternehmens, die die Aufgabe der Fernleitung von Erdgas wahrnehmen und verantwortlich sind für den Betrieb, die Wartung sowie erforderlichenfalls den Ausbau des Fernleitungsnetzes in einem bestimmten Gebiet und gegebenenfalls der Verbindungsleitungen zu anderen Netzen.

26 Der Betreiberbegriff des § 3 Ziff. 5 entspricht denjenigen der Ziff. 2 bis 4 und wendet sich auch an unselbständige Organisationseinheiten von EVU. Kern ist wiederum die gebietsbezogene Wahrnehmung von Aufgaben als Netzbetreiber einschließlich Betriebspflicht, Wartung und Ausbau (funktionaler Betreiberbegriff).

27 Im Unterschied zu den anderen Definitionen besteht die Aufgabe des Betreibers im Sinne der Ziff. 4 darin, Verantwortung für ein **Fernleitungsnetz** zu tragen. Dieses ist gemäß § 3 Ziff. 19 dadurch gekennzeichnet, dass der Transport von Erdgas unter hohem Druck mit dem Ziel stattfindet, Kunden zwar zu versorgen (Anschluss- und Zugangsverpflichtung), nicht jedoch die Belieferung (Verkauf von Erdgas) sicherzustellen. Vorbild ist Art. 2 Ziff. 4 RL-Gas.

28 Wenn über die Definition der Fernleitung (§ 3 Ziff. 19) vorgelagerte Rohrleitungsnetze ausgenommen werden, so wirkt dies auf den Betreiberbegriff der Ziff. 5 zurück: Weder Verfügungen der Aufsichtsbehörde (§ 65) noch Netzzugangsverlangen können mit bindender Wirkung an Netzbetreiber gerichtet werden, wenn die Verfügung oder das Begehren einen derartigen Netzteil betrifft. Allerdings schließt § 3 Ziff. 5 die Verantwortung für **Verbindungsleitungen zu anderen Netzen** ein; dies wird aber nur dann wirksam, wenn zumindest eine Verfügungsbefugnis oder Betriebsführerstellung im Hinblick auf diese Leitung besteht. Der Gesetzgeber musste diese Klarstellung

---

17 BT-DrS 15/3917, S. 48.

in die Definition aufnehmen, weil gemäß § 3 Ziff. 34 Verbindungsleitungen Direktleitungscharakter haben und typischerweise schon deshalb nicht zum Netzverbund gehören, weil sie auf die »Zusammenschaltung mit anderen Netzen« gerichtet sind. Im Übrigen entspricht § 3 Ziff. 5 weitgehend Art. 2 Ziff. 4 RL-Gas.

9. *Betreiber von Gasversorgungsnetzen (§ 3 Ziff. 6)*

natürliche oder juristische Personen oder rechtlich unselbständige Organisationseinheiten eines Energieversorgungsunternehmens, die Gasversorgungsnetze betreiben.

Vergleichbar § 3 Ziff. 4 dient die Definition der **Betreiber von Gasversorgungsnetzen** der Zusammenfassung von Fernleitungs- und Verteiler-Gasnetzbetreibern. Auf diese Weise kann die Gruppe in den §§ 11 ff., 17 ff. sowie §§ 20 ff. gesondert angesprochen werden. Die oben herausgestellten Kennzeichen von Betreiberbegriffen gelten auch hier[18]. Die Definition **des Gasversorgungsnetzes** enthält § 3 Ziff. 20, so dass auf die dortigen Erläuterungen verwiesen werden kann[19].

29

10. *Betreiber von Gasverteilernetzen (§ 3 Ziff. 7)*

natürliche oder juristische Personen oder rechtlich unselbständige Organisationseinheiten eines Energieversorgungsunternehmens, die die Aufgabe der Verteilung von Gas wahrnehmen und verantwortlich sind für den Betrieb, die Wartung sowie erforderlichenfalls den Ausbau des Verteilernetzes in einem bestimmten Gebiet und gegebenenfalls der Verbindungsleitungen zu anderen Netzen.

Die Definition des § 3 Ziff. 7 entspricht Art. 2 Ziff. 6 RL-Gas. Wiederum hat der nationale Gesetzgeber auf »die Nachhaltigkeitskomponente« der Definition verzichtet[20]. Unter **Verteilung** versteht § 3 Ziff. 37 u.a. den **Transport von Gas über örtliche oder regionale Leitungsnetze** zwecks Kundenversorgung, nicht aber Belieferung mit Gas. Im Übrigen entspricht § 3 Ziff. 7 in seinen weiteren Definitionselementen der Ziff. 5 (Betreiber von Fernleitungsnetzen)[21].

30

---

18 Oben § 3 Rz. 17 ff. (zu § 3 Ziff. 2 und 3).
19 Unten § 3 Rz. 156 ff.
20 Vgl. oben § 3 Rz. 24.
21 Vgl. die Erläuterungen oben § 3 Rz. 26 ff.

11. Betreiber von LNG-Anlagen (§ 3 Ziff. 8)

natürliche oder juristische Personen oder rechtlich unselbständige Organisationseinheiten eines Energieversorgungsunternehmens, die die Aufgabe der Verflüssigung von Erdgas oder der Einfuhr, Entladung und Wiederverdampfung von verflüssigtem Erdgas wahrnehmen und für den Betrieb einer LNG-Anlage verantwortlich sind.

31 § 3 Ziff. 8 dient der Umsetzung von Art. 2 Ziff. 12 RL-Gas. Verwendet wird der gewohnte und bereits erläuterte Betreiberbegriff. Die Betreibereigenschaft ist in Bezug auf eine LNG-Anlage im Sinne von § 3 Ziff. 26 festzustellen[22].

12. Betreiber von Speicheranlagen (§ 3 Ziff. 9)

natürliche oder juristische Personen oder rechtlich unselbständige Organisationseinheiten eines Energieversorgungsunternehmens, die die Aufgabe der Speicherung von Erdgas wahrnehmen und für den Betrieb einer Speicheranlage verantwortlich sind.

32 Mit § 3 Ziff. 9 wird Art. 2 Ziff. 10 RL-Gas umgesetzt. Wiederum wird der Betreiberbegriff kombiniert mit einer Aufgabe (Betrieb von Speicheranlagen); die Speicheranlage ist in § 3 Ziff. 31 definiert, so dass auf die dortigen Erläuterungen verwiesen werden kann[23]. Speicheranlagen sind gemäß § 3 Ziff. 31 Bestandteile von Energieanlagen, die von GasVU im Rahmen ihrer Netztätigkeit oder anlässlich des Betriebs von LNG-Anlagen genutzt werden. In beiden Fällen ist eine Art »Zwischenlagerfunktion« (Netzpufferung; Zwischenspeicherung für Wiederverdampfung und anschließende Einspeisung in das Netz, § 3 Ziff. 26) betriebsnotwendig.

33 Regelmäßig sind derartige Betreiber natürliche oder juristische Personen (z.B. Kapitalgesellschaften); in Übereinstimmung mit den Netzbetreiberbegriffen wendet sich das EnWG auch an **rechtlich unselbständige Organisationseinheiten** von EVU (Betriebsabteilungen eines integrierten kleineren Versorgers). Dies ist die Konsequenz aus der Ausnahme vom Gebot zur rechtlichen Entflechtung, vgl. § 7 Abs. 2.

---

22 Vgl. die Erläuterungen unten § 3 Rz. 193.
23 Vgl. unten § 3 Rz. 217.

Konstituierend ist wiederum die **Verantwortung für den Betrieb der** 34
Anlage[24] und damit die technische Seite der Verfolgung des Unternehmenszwecks. Der Betreiber der Speicheranlage kann – auch als unselbständige Organisationseinheit – Zugangsverträge gemäß § 28 Abs. 1 abschließen bzw. den Zugang verweigern, wenn die Voraussetzungen des Abs. 2 vorliegen. Soweit die Speicheranlage für den Netzbetrieb im Sinne von § 3 Ziff. 20 erforderlich ist, ist entweder der Netzbetreiber oder die unselbständige Organisationseinheit »Fernleitungsnetz« bzw. »Gasverteilernetze« anzusprechen (regulierter Netzzugang).

13. Betreiber von Übertragungsnetzen (§ 3 Ziff. 10)

natürliche oder juristische Personen oder rechtlich unselbständige Organisationseinheiten eines Energieversorgungsunternehmens, die verantwortlich sind für den Betrieb, die Wartung sowie erforderlichenfalls den Ausbau des Übertragungsnetzes in einem bestimmten Gebiet und gegebenenfalls der Verbindungsleitungen zu anderen Netzen.

Die Definition des Betreibers von Übertragungsnetzen (ÜNB) ist parallel zu § 3 Ziff. 5 ausgestaltet (Betreiber von Fernleitungsnetzen). 35
Der funktionelle Unternehmensbegriff, der die Verantwortung für ein bestimmtes Gebiet umfasst (Regelzone), betrifft Betrieb, Wartung und Ausbau von **Übertragungsnetzen**. Der Übertragungsbegriff ist in § 3 Ziff. 32 definiert und betrifft den Transport von Elektrizität über ein **Höchstspannungs- und Hochspannungsverbundnetz**, wobei die zweifache Verwendung des Begriffs »Belieferung« in der Definition auf einem Versehen beruht, weil vergleichbar § 3 Ziff. 19 gerade zwischen »Versorgung« und »Belieferung« unterschieden werden soll. Auf die unten abgedruckten Erläuterungen zur Übertragungsfunktion wird verwiesen[25].

Sowohl in den Binnenmarktrichtlinien als auch im EnWG wird der 36
Begriff **Übertragungsnetz** allein auf EltVU angewendet, vgl. § 3 Ziff. 32 und Art. 2 Ziff. 3 RL-Elt. Das Übertragungsnetz dient dem Transport von Höchstspannung- bzw. Hochspannung über ein Verbundnetz zum Zwecke der Versorgung (irrtümlich in § 3 Ziff. 32: »Belieferung«) von Letztverbrauchern oder Elektrizitätsverteilernetz-

---

24 Vgl. oben § 3 Rz. 18 und 21.
25 Unten § 3 Rz. 220 ff.

betreibern. Der in § 3 Ziff. 10 verwendete Begriff »EVU« ist damit zu weit ausgefallen.

37 Von den Funktionen des Übertragungsnetzbetreibers (ÜNB) hebt das Gesetz **Betrieb, Wartung** sowie (erforderlichenfalls) **Ausbau** hervor und stellt zusätzlich auf die Gebietsbezogenheit ab (»bestimmtes Gebiet«). Der ÜNB ist auch verantwortlich für die **Verbindungsleitung zu anderen Netzen.**

38 Wenn der Gesetzgeber den in Art. 2 Ziff. 4 RL-Elt enthaltenen Zusatz »Sicherstellung der langfristigen Fähigkeit des Netzes, eine angemessene Nachfrage nach Übertragung von Elektrizität zu befriedigen«, nicht explizit in das deutsche Recht übernommen hat, so liegt insofern kein Transformationsdefizit vor. Denn die Betriebspflicht des § 11 Abs. 1 in Verbindung mit §§ 12, 13 (Aufgaben und Systemverantwortung der ÜNB) tragen diesem Gesichtspunkt in ausreichendem Maße Rechnung.

14. Bilanzkreis (§ 3 Ziff. 10a)

im Elektrizitätsbereich innerhalb einer Regelzone die Zusammenfassung von Einspeise- und Entnahmestellen, die dem Zweck dient, Abweichungen zwischen Einspeisungen und Entnahmen durch ihre Durchmischung zu minimieren und die Abwicklung von Handelstransaktionen zu ermöglichen.

39 Die Definition entstammt der Beschlussempfehlung des Wirtschaftsausschusses[26], der die Ziff. 10a in das Gesetz eingefügt hat. Der Bilanzkreis dient im Sinne von § 20 Abs. 1a Satz 5 der Abrechnung von NZE und der virtuellen Ausgestaltung des Netzzugangs (Bilanzkreisvertrag).

40 Im Bilanzkreisbegriff, den die Binnenmarktrichtlinien nicht kennen, werden **Einspeise- und Entnahmestellen** zusammengefasst. Die Zusammenfassung mehrerer Einspeisungen und Entnahmen von Netznutzern bewirkt einen Ausgleich derjenigen Fahrplandifferenzen, die sich untertägig ergeben (sog. Durchmischung). Mit Hilfe des Bilanzkreissystems werden Aufwendungen für Ausgleichsenergie minimiert.

---

26 BT-DrS 15/5268, S. 13.

Während sich § 3 Ziff. 10a auf den Bilanzkreisbegriff des Stromnetz- 41
betriebs beschränkt, enthält § 2 Ziff. 4 GasNZV den Bilanzkreisbegriff in der Gasversorgung:

»Zusammenfassung einer beliebigen Anzahl von Einspeisepunkten oder Ausspeisepunkten mit der Möglichkeit, Abweichungen zwischen Einspeisungen und Ausspeisungen zu saldieren.«

Ergänzend sieht § 2 Ziff. 11 StromNZV den Begriff **Unterbilanzkreis** 42
vor:

»Ein Bilanzkreis, der nicht für den Ausgleich der Abweichungen gegenüber dem Betreiber von Übertragungsnetzen verantwortlich ist.«

Weil § 3 Ziff. 10a erst vom Wirtschaftsausschuss in das Gesetz eingefügt wurde[27], fehlt eine aussagekräftige Begründung.

Ziel und Zweck der Begriffsverwendung ist die Ausgestaltung des 43
Netzzugangs. So sieht § 20 Abs. 1a Satz 5 ein **vertraglich begründetes Bilanzkreissystem** nach Maßgabe der StromNZV mit dem Ziel vor, einen Ausgleich zwischen Einspeisungen und Entnahmen zu ermöglichen. § 20 Abs. 1b Satz 6 erwähnt die **Bilanzzonen.**

Energieversorgungsnetze benötigen zum Zwecke der Frequenz- bzw. 44
Druckhaltung einen gleichmäßigen Betrieb (Gleichklang von Einspeisung und Entnahme). Dieses Ziel wird planend verwirklicht, indem für jeden Tag im Vorhinein sog. **Fahrpläne** aufgestellt werden. Diese spiegeln den Kundenbedarf im örtlichen Zusammenhang (Einspeise- und Entnahmestellen) wider und sorgen für mengen- und leistungsmäßige Einspeisungen im entsprechenden Umfang.

Während der Gültigkeitsdauer eines Tagesfahrplanes ergeben sich 45
aber Abweichungen, die vom Netzbetreiber zu kompensieren sind. Diese Abweichungen werden für jeden Bilanzkreis als letzte Zusammenfassung der Einspeise- und Entnahmestellen gesondert festgestellt. Diese Abweichungen werden dann bestimmten Lieferbeziehungen zugeordnet (z.B. Gaslieferant/Gaskunde); Mehrentnahmen müssen dann entsprechend berechnet werden.

Je mehr Entnahmestellen usw. der Bilanzkreis umfasst, umso besser 46
gleichen sich Abweichungen bei Einspeisungen und Entnahmen aus.

---

27 BT-DrS 15/5268, S. 13 mit Begründung S. 117.

Die Inrechnungstellung von Ausgleichenergie kann sich dann auf das unabdingbar erforderliche Ausmaß beschränken. Über die **Unterbilanzkreise**, die nicht mit dem ÜNB, sondern mit dem Bilanzkreisverantwortlichen des »regulären Bilanzkreises« abgerechnet werden, lassen sich die Abrechnungsvorgänge noch weiter differenzieren und den örtlichen Verhältnissen anpassen.

15. Bilanzzone (§ 3 Ziff. 10b)

im Gasbereich der Teil eines oder mehrerer Netze, in dem Ein- und Ausspeisepunkte einem bestimmten Bilanzkreis zugeordnet werden können.

47 Der Begriff entstammt nicht der Binnenmarktrichtlinie Erdgas, sondern dient der Abrechnung von Netzzugangsentgelten im Sinne von § 20 Abs. 1b. In der **Bilanzzone** werden Einspeisepunkte und Ausspeisepunkte einem bestimmten Bilanzkreis[28] zugeordnet. Auf diese Weise kann wiederum Ausgleichenergie eingespart werden.

48 Die **Bilanzzone** dient der Zusammenfassung mehrerer Bilanzkreise, die in einem Netz oder netzübergreifend gebildet werden. Sie stellt für den Gasbereich das Pendant zur Regelzone der Stromnetze dar. Nach § 20 Abs. 1b Satz 7 (a.E.) soll die Anzahl der Bilanzzonen möglichst gering gehalten werden, um Transitentgelte zu vermeiden, die bei Überschreiten einer Bilanzzone möglicherweise in Rechnung gestellt werden würden.

49 Die Bilanzkreisverantwortlichen rechnen unmittelbar mit demjenigen ab, der innerhalb der Bilanzzone für den Betrieb des Netzes oder der mehreren Netze verantwortlich ist. Wegen des grundsätzlichen Abrechnungsmechanismus wird auf die GasNZE verwiesen.

16. Biogas (§ 3 Ziff. 10c)

Biomethan, Gas aus Biomasse, Deponiegas, Klärgas und Grubengas.

50 Auch diese Definition ist vom Wirtschaftsausschuss des Bundestages eingefügt worden[29] und trägt dem Bemühen Rechnung, den Gasbegriff über den Erdgasbegriff hinaus weit zu fassen. Mit Rücksicht auf

---

28 Vgl. oben die Erläuterungen zu § 3 Rz. 39 ff. (betr. Ziff. 10a).
29 BT-DrS 15/5268, S. 13.

die Definition der erneuerbaren Energien gemäß § 3 Abs. 1 EEG werden in den Biogasbegriff Biomethan, Biomasse, Deponiegas, Klärgas und Grubengas einbezogen[30]. Biomethan findet sich im EEG nicht, weil die planmäßige Nutzung bisher offenbar nicht erfolgversprechend gewesen ist. Die Einbeziehung dient der Ermöglichung einer zukünftigen Nutzung.

Der Biogasbegriff wird in § 19 Abs. 3 Satz 2 verwendet (Gas aus Biomasse). Der Netzbetreiber muss technische Mindestanforderungen auch im Hinblick auf Biogas veröffentlichen, um Einspeisungen in sein Netz zu ermöglichen. 51

Der Gesetzgeber des EnWG 2005 ist deshalb um weitgehende Gleichstellung von Erdgas, Flüssiggas und Biogas bemüht. Sofern die technischen Netzzugangsbedingungen (§§ 17, 19 Abs. 2 und 3) eingehalten werden können, sollen alle Arten von Gas im Netz möglichst frei zirkulieren können, wobei Aufbereitungsanlagen der Herstellung eines netzfähigen Zustandes dienen.

§ 3 Ziff. 10c zählt zum **Biogas** zum einen jegliches Gas aus Biomasse, wobei Deponiegas, Klärgas und auch Grubengas nur Teilmengen darstellen (vgl. § 3 Ziff. 10 und 11 BiomasseV für Deponiegas und Klärgas). Grubengas gehört nicht zu den erneuerbaren Energien (Umkehrschluss aus § 3 Abs. 1 EEG), wird aber Gas aus Biomasse gleichgestellt. Wegen der Einzelheiten zu diesen Begriffen wird auf die Erläuterungen unten § 3 Rz. 139 ff. verwiesen[31]. **Biomethan** ist ein Methangas, das aus biologischen Vorgängen (Gärung) resultiert und – Kompatibilität vorausgesetzt – ebenfalls in die Netze einzuspeisen ist. 52

17. Dezentrale Erzeugungsanlage (§ 3 Ziff. 11)

eine an das Verteilernetz angeschlossene verbrauchs- und lastnahe Erzeugungsanlage.

Die Vorschrift dient der Umsetzung von Art. 2 Ziff. 31 RL-Elt. Kleinere dezentrale Kraftwerke sollen überall dort errichtet werden können, wo Elektrizität verbraucht wird. Dies erspart Aufwand für Übertragungs- und großflächige Verteilernetze. Im EnWG wird der Begriff in § 19 Abs. 2 verwendet. Der Gesetzgeber hat den Begriff der **dezentralen Erzeugungsanlage** in § 3 Ziff. 11 definiert und sich 53

---

30 Zu Einzelheiten vgl. *Salje*, EEG 2004, § 3 Rz. 33 ff.
31 § 3 Ziff. 18a: Erneuerbare Energien.

dabei eng an Art. 2 Ziff. 31 RL-Elt angelehnt. Derartige Erzeugungsanlagen sind lediglich an Verteilernetze (Niederspannung Mittelspannung, Hochspannung) angeschlossen, nicht aber an Übertragungsnetze. Es handelt sich um Anlagen im Bereich weniger MW, die dem Ziel der lokalen Versorgung dienen. Zu Recht spricht § 3 Ziff. 11 deswegen auch von **verbrauchs- und lastnaher Erzeugung.**

18. Direktleitung (§ 3 Ziff. 12)

eine Leitung, die einen einzelnen Produktionsstandort mit einem einzelnen Kunden verbindet, oder eine Leitung, die einen Elektrizitätserzeuger und ein Elektrizitätsversorgungsunternehmen zum Zwecke der direkten Versorgung mit ihrer eigenen Betriebsstätte, Tochterunternehmen oder Kunden verbindet, oder eine zusätzlich zum Verbundnetz errichtete Gasleitung zur Versorgung einzelner Kunden.

54 Die Binnenmarktrichtlinie Elektrizität (Art. 2 Ziff. 15) und Binnenmarktrichtlinie Gas (Art. 2 Ziff. 18) definieren im Ergebnis völlig identisch:

– Elektrizität: eine zum Zwecke direkter Versorgung errichtete Leitung

– Erdgas:eine zusätzlich zum Verbundnetz errichtete Erdgasleitung

55 Beide Definitionen setzen den Netzbegriff voraus, vgl. Rz. 194 f. Kennzeichen der Direktleitung ist demnach in negativer Hinsicht, dass sie nicht Bestandteil des allgemeinen Netzes ist, insbesondere nicht der allgemeinen Versorgung dient[32]. Bei der Direktleitung wird es sich deshalb regelmäßig um eine solche Leitung handeln, die vom Ausgangspunkt der Versorgung (Erzeugungsanlage, Speicheranlage, Übertragungs- bzw. Fernleitungsnetz, Verteilernetz) einen Einzelnen oder aber einen Kreis von Letztverbrauchern unmittelbar anschließt. Wird diese Leitung gesperrt bzw. abgeschaltet, hat dies keinerlei Auswirkungen auf das Verbundnetz als System von Verteiler- und Übertragungs-/Fernleitungsnetzen.

56 Am Endpunkt der Leitung (Kunde) erfolgt keine Rückanbindung an das Verbundnetz. Da die Direktleitung definitionsgemäß »zusätzlich« errichtet ist und betrieben wird, kann sie ohne Beeinträchtigung des

---

32 Verbundnetz = System miteinander verbundener Netze, vgl. § 3 Ziff. 35.

Verbundnetzes hinweggedacht werden. Der Begriff der Direktleitung ist unabhängig davon, ob der Abnehmer (Kunde, Letztverbraucher) zusätzlich bereits aus dem Verbundnetz versorgt wird.

19. Eigenanlagen (§ 3 Ziff. 13)

Anlagen zur Erzeugung von Elektrizität zur Deckung des Eigenbedarfs, die nicht von Energieversorgungsunternehmen betrieben werden.

Die Definition zu Ziff. 13 entstammt nicht dem europäischen Recht. 57
Auch geht es dem Gesetzgeber nicht darum, alle Arten von Energieanlagen (§ 3 Ziff. 15) in Eigenanlagen und Fremdanlagen aufzuteilen. Vielmehr sollen speziell **Eigenerzeugungsanlagen** unter dem Begriff Eigenanlagen zusammen gefasst werden.

Der Begriff **Eigenanlage** wird u.a. in § 110 Abs. 3 mit dem Ziel einer 58
Aufsichtslockerung verwendet. Wenn derartige Eigenanlagen in Objektnetzen (§ 110 Abs. 1) vom Versorgten selbst oder Dritten (Contractoren) betrieben werden, entfallen die Pflichten als Netzbetreiber der allgemeinen Versorgung (§§ 17 ff.), die Meldepflicht bei Versorgungsstörung (§ 52), die Beitragspflicht zur BNetzA (§ 92) sowie das Genehmigungserfordernis des § 4 (Netzbetrieb).

Eine Eigenanlage im Sinne von § 3 Ziff. 13 liegt nicht mehr vor, wenn 59
diese von EVU betrieben wird und konsequent Fremdversorgung stattfindet (§ 3 Ziff. 18 Alt. 1). Betreibt der Dritte (Contractor) jedoch im Sinne des § 110 Abs. 3 die Anlage für bestimmte Kunden, seine Auftraggeber, kann gemäß § 110 Abs. 3 in Verbindung mit § 3 Ziff. 13 gleichwohl der Eigenanlagenbegriff erfüllt sein. Die Grenze wird dort zu ziehen sein, wo der Dritte das volle Betriebsrisiko übernimmt und deshalb als Erzeuger mit Händlerfunktion auftritt; im letzteren Fall wird man von einer Eigenanlage trotz der Formulierung in § 110 Abs. 3 kaum noch sprechen können.

20. Eigenerzeuger (Art. 2 Ziff. 3 RL-Elt 1997)

Eigenerzeuger i. S. der früheren Richtlinie ist **eine juristische oder** 60
natürliche Person, die Elektrizität im Wesentlichen für den eigenen
Verbrauch erzeugt (Art. 2 Ziff. 3 RL-Elt 1997). Eigenverbrauch liegt auch dann vor, wenn juristisch selbständige, aber wirtschaftlich mit dem Eigenerzeuger verbundene Unternehmen mit Elektritzität belie-

fert werden. Werden zusätzlich Dritte versorgt, so schadet dies dann nicht, wenn **im Wesentlichen** Eigenerzeugung vorliegt, also eine Geringfügigkeitsgrenze nicht überschritten wird. Diese könnte man bei zumindest 5 % der Gesamterzeugung ansetzen (Spürbarkeitsgrenze im Wettbewerbs- und Kartellrecht). In der Richtlinie von 2003 wird der Begriff nicht mehr definiert.

21. Erzeuger, unabhängiger (Art. 3 Ziff. 4 RL-Elt 1997)

61 Gemäß Art. 2 Ziff. 4 RL-Elt 1997 ist »unabhängiger Erzeuger« als ein **Erzeuger definiert gewesen, der weder Elektrizitätsübertragungs- noch Verteilungsfunktionen im Gebiet des Netzes ausübt, in dem er eingerichtet ist**; die Alternative (Art. 2 Ziff. 4b RL-Elt 1997) galt nur für Mitgliedstaaten mit Ausschreibungsverfahren und ohne integrierte EltVU, ist also in Deutschland nicht anwendbar gewesen. Im Allgemeinen ist für unabhängige Erzeuger die englische Bezeichnung »Independent Power Producer« (IPP) auch in Deutschland üblich geworden. Ein unabhängiger Erzeuger ist also durch die **isolierte Erzeugungsfunktion** gekennzeichnet, weil weder Elektrizitätsübertragung noch Elektrizitätsverteilung vorgenommen wird. Dies bedeutet aber auch, dass derartige Funktionen nicht von verbundenen Unternehmen ausgeübt werden; Konzerne, die für Produktion, Übertragung und Verteilung von Elektrizität jeweils separate Firmen gegründet haben, werden typischerweise nicht mit dem Begriff »unabhängiger Erzeuger« belegt. Ein IPP wird also regelmäßig nicht im Rahmen der allgemeinen Versorgung tätig sein und ist frei, die von ihm erzeugte Elektrizität an beliebige Abnehmer zu liefern.

22. Eigenversorger (§ 110 Abs. 3)

62 Der Begriff der Eigenversorgung ist in § 3 nicht definiert, wird jedoch für § 110 Abs. 1 Ziff. 3 benötigt, um Netzenergieanlagen, die in einem räumlich eng zusammengehörenden Gebiet überwiegend der Eigenversorgung dienen, von den wesentlichen Netzbetreiberpflichten auszunehmen. Die Definition in § 110 Abs. 3 berücksichtigt neben der Eigenversorgung ieS. (Befriedigung von Eigenbedarf aus eigener Anlage) auch diejenigen Anlagen, die von Dritten (Contractoren) mit dem Ziel der ausschließlichen oder überwiegenden Versorgung eines bestimmbaren Letztverbrauchers errichtet und betrieben werden. Die Gleichstellung des Contracting im Verhältnis zur Eigenversorgung ist ausdrücklich gewollt[33]. Die Definition berücksichtigt, dass der Kreis der derart Eigenversorgten bei Errichtung der Anlage nicht schon abschließend feststehen muss, vielmehr die Bestimmbarkeit ausreichend ist. Diese ergibt sich aus der Summe der möglichen Abnahmestellen des Netzes.

23. Einspeisekapazität (§ 3 Ziff. 13a)

im Gasbereich das maximale Volumen pro Stunde in Normkubikmeter, das an einem Einspeisepunkt in ein Netz oder Teilnetz eines Netzbetreibers insgesamt eingespeist werden kann.

Der Begriff der Einspeisekapazität wird u.a. in § 20 Abs. 1b Satz 8 bis 10 verwendet und dient der Prüfung, ob angesicht der beanspruchten Kapazität das Netzzugangsverlangen zumutbar gebucht werden kann. Die Einspeisekapazität bezieht sich auf definierte Einspeisepunkte (Gesamtnetz oder Teilnetz) und bezieht sich auf das technisch mögliche maximale Volumen/h. Die Maßzahl ist der Normkubikmeter. Die Einspeisekapazität dürfte letztlich auch zu den technischen Bedingungen, allerdings nicht zu den Mindestbedingungen im Sinne von § 19 Abs. 2 gehören. Fraglich ist, ob der Netzbetreiber verpflichtet werden kann, täglich oder sogar stündlich die freie Kapazität laufend zu veröffentlichen.

24. Einspeisepunkt (§ 3 Ziff. 13b)

ein Punkt, an dem Gas an einen Netzbetreiber in dessen Netz oder Teilnetz übergeben werden kann, einschließlich der Übergabe aus Speichern, Gasproduktionsanlagen, Hubs oder Misch- und Konversionsanlagen.

Einspeisepunkte werden ebenso wie Ausspeisepunkte benötigt, um dem Netz Gas zuzuführen bzw. Gas zu entnehmen. Die Bilanzkreisdefinition des § 2 Ziff. 4 GasNZV greift auf solche Einspeisepunkte zurück, um sie zusammen mit Ausspeisepunkten zum Bilanzkreis (rechnerisch) zusammenzufassen. Die Abweichungen zwischen Einspeisungen und Ausspeisungen werden dann saldiert, um die benötigte Ausgleichsenergie zu ermitteln.

---

[33] Begründung des Wirtschaftsausschusses, BT-DrS 15/5268, S. 122 (zu § 110).

§ 3 Begriffsbestimmungen

65 Die Definition in § 3 Ziff. 13b ist ohne Vorbild im europäischen Recht. Unter **Einspeisepunkt** sind alle **Übergabeorte** zu verstehen, wo Gas in ein anderes Netz oder Teilnetz transportiert wird. Auch die Schnittstellen zu Speichern, Gasproduktionsanlagen sowie Misch- und Konversionsanlagen können als Einspeisepunkte ebenso definiert werden wie sog. Hubs, an denen das Gas in mehrere Richtungen weitertransportiert werden kann. Ist der Einspeisepunkt definiert, so kann daran der Einspeisevertrag im Sinne von § 20 Abs. 1b Satz 2 ebenso anknüpfen wie die Bilanzkreisbestimmung des § 2 Ziff. 4 GasNZV.

25. Elektrizitätsunternehmen (Art. 2 Ziff. 20 RL-Elt)

66 Die Richtlinie verwendet häufig den Begriff »Elektrizitätsunternehmen« (im Folgenden: EltU), definiert ihn aber nur implizit[34], vgl. Art. 2 Ziff. 20 RL-Elt. Wenn »integrierte« EltU (Art. 2 Ziff. 21) zumindest eine der elektrizitätswirtschaftlichen Funktionen (Erzeugung, Übertragung, Verteilung, Versorgung) wahrnehmen, dann sind diese Aktivitäten offenbar kennzeichnend für ein EltU. Deshalb liegt nach europäischem Recht ein »EltU« immer dann vor, wenn **eine der Funktionen Erzeugung, Übertragung oder Verteilung bzw. Belieferung mit Elektrizität wahrgenommen wird.**

67 Der Begriff des EltU schließt **Eigenerzeuger** sowie **unabhängige Erzeuger** ein, denn auch diese Unternehmen nehmen eine der vier elektrizitätswirtschaftlichen Funktionen, nämlich die Erzeugung, wahr. Dies zeigt, dass der neue deutsche EVU-Begriff (vgl. § 3 Ziff. 18) mit dem europäischen Begriff des EltU weitgehend übereinstimmt.

68 Der deutsche Gesetzgeber hat den Begriff des EltU nicht explizit übernommen, sondern verwendet nach wie vor den überlieferten Begriff **Energieversorgungsunternehmen** (EVU). Dieses ist in § 3 Ziff. 18 definiert, wobei alternativ die Belieferung anderer mit Energie bzw. der Betrieb eines Netzes oder die Netzverfügungsbefugnis charakteristisch sind. EVU in diesem Sinne sind auch **Großhändler** (Art. 2 Ziff. 8 RL-Elt = § 3 Ziff. 21; vgl. auch Art. 2 Ziff. 29 RL-Gas), die ohne Netzbezug Elektrizität kaufen und verkaufen, weil sie andere (Dritte) mit Elektrizität tatsächlich beliefern. Der Erzeuger wird in § 3 Ziff. 18 zwar nicht ausdrücklich erwähnt, liefert aber mit Ausnahme der Eigenerzeuger seine Elektrizität an andere.

---

34 Anders zum Erdgasunternehmen: Art. 2 Ziff. 1 RL-Gas.

26. Endkunden (Art. 2 Ziff. 9 RL-Elt/Ziff. 27 RL-Gas)

Der Endkundenbegriff wird in beiden Richtlinien im Wesentlichen 69 gleich definiert (vgl. Art. 2 Ziff. 9 RL-Elt; Art. 2 Ziff. 27 RL-Gas):

– Elektrizität: Kunde, der Elektrizität für den Eigenverbrauch kauft

– Erdgas: Kunde, der Erdgas für den Eigenbedarf kauft

Dabei setzt der Europäische Gesetzgeber die Begriffe »Erdgas« und 70 »Elektrizität« als bekannte Erscheinungsformen von Energieträgern voraus. **Kunde** ist gemäß Art. 2 Ziff. 7 RL-Elt sowie Art. 2 Ziff. 24 RL-Gas Jedermann, der Elektrizität oder Erdgas kauft, unabhängig von der damit verfolgten Zweckbestimmung (Weiterverkauf, Eigenverbrauch).

Es besteht Übereinstimmung, dass es einen einheitlichen Verbraucher- 71 oder Kundenbegriff sowohl im deutschen als auch im Europäischen Recht nicht gibt; die besondere Schutzbedürftigkeit ist diesen Begriffen aber häufig gemeinsam. Der Endkundenbegriff des Europäischen Rechts kommt wohl den deutschen Begriffen des Tarifkunden[35] bzw. des Tarifabnehmers[36] am nächsten und wird in § 3 Ziff. 25 als **Letztverbraucher** bezeichnet. Danach gehören zu den Tarifkunden/Letztverbrauchern auch diejenigen, die Energie gewerblich oder beruflich verwenden[37]. Dem Europäischen Gesetzgeber ging es nicht darum, einen besonders schutzbedürftigen Typ des Endkunden hervorzuheben, sondern den »Letztverbraucher« von Energie schlechthin vom »sonstigen Kunden« eines Versorgungsunternehmens zu unterscheiden; wie sogleich zu zeigen ist, sind Kunden sowohl Letztverbraucher als auch Händler mit Energie.

Entscheidendes Merkmal des Endkundenbegriffs ist der Erwerb für 72 den **Eigenbedarf**. Eigenbedarf kann als eine Verwendung definiert werden, die eine Nutzung der bezogenen Energie durch Dritte ausschließt; Energiehändler sind also nicht Endkunden oder Letztverbraucher. Schwierige Anwendungsfragen können sich ergeben, wenn die Energie nur überwiegend dem Eigenverbrauch dient oder innerhalb eines Unternehmensverbundes zum dortigen Eigenverbrauch weitergeliefert wird. Unterhalb einer Bagatellgrenze wird man

---

35 Vgl. § 1 Abs. 2 AVBEltV/GasV.
36 Vgl. *Evers*, Recht der Energieversorgung, S. 68, 147 und 156.
37 Vgl. § 3 AVBEltV/GasV.

die Weiterlieferung an selbständige Dritte als irrelevant ansehen müssen, und die Aufspaltung eines Unternehmensverbundes in rechtlich selbständige Einheiten, zwischen denen Energie weitergeliefert wird, hindert die Annahme des Eigenverbraucherbegriffs ebenfalls nicht[38].

27. Energie (§ 3 Ziff. 14)

Elektrizität und Gas, soweit sie zur leitungsgebundenen Energieversorgung verwendet werden.

73 § 3 Ziff. 14 bindet Elektrizität und Gas zum Energiebegriff zusammen. Das Gesetz erfasst diese Energieträger nur, soweit sie zur leitungsgebundenen Energieversorgung[39] verwendet werden. **Elektrizität** ist eine der beiden Energiearten (Energieträger) des EnWG. Sie ist dadurch gekennzeichnet, dass zwischen zwei Polen (plus und minus) eine messbare Spannung auftritt.

74 **Gas** bildet die zweite vom EnWG erfasste Energieart (Energieträger). Dabei unterscheidet das deutsche Recht nicht zwischen natürlich vorkommendem Gas (**Erdgas**) und künstlich – z. B. in Kokereien – erzeugtem Gas, welches in der Vergangenheit als »**Stadtgas**« bezeichnet wurde. Die wirtschaftliche Entwicklung hat Stadtgas vollständig aus der Gasversorgung der Bundesrepublik Deutschland verdrängt. Auch **Biogas** in der Definition des § 3 Ziff. 10c ist Bestandteil des Gasbegriffs.

75 Auf den Aggregatzustand des Gases kommt es nicht an. Sowohl auf gasförmiges als auch auf verflüssigtes Erdgas ist das EnWG anwendbar. Entscheidendes Merkmal ist die **Transportabsicht in Bezug auf feste Leitungswege**. Das Europäische Recht beschränkt sich demgegenüber von vornherein auf die Regelung von Erdgas, vgl. Art. 2 Ziff. 1 RL-Gas (Erdgasunternehmen, GasU) und bezieht verflüssigtes Erdgas in seinen Anwendungsbereich ein.

28. Energieanlagen (§ 3 Ziff. 15)

Anlagen zur Erzeugung, Speicherung, Fortleitung oder Abgabe von Energie, soweit sie nicht lediglich der Übertragung von Signalen dienen, dies schließt die Verteileranlagen der Letztverbraucher

---

38 Vgl. § 110 Abs. 2 und 3.
39 Unten § 3 Rz. 185 ff.

sowie bei der Gasversorgung auch die letzte Absperreinrichtung vor der Verbrauchsanlage ein.

Der Begriff der Energieanlagen ist bereits in § 2 Abs. 1 EnWG 1935/1998 geregelt gewesen. Er diente dazu, im Hinblick auf die technische Sicherheit eine Verordnungsermächtigung für Energieanlagen in ihrem Umfang näher zu bestimmen (§ 13 Abs. 2 EnWG 1935). Der Begriff ist inhaltlich im Wesentlichen unverändert – allerdings unter Änderung des Wortlautes – in das neue Recht (1998/2005) übernommen worden. 76

Art. 3 Abs. 2 RL-Elt/RL-Gas lässt die Auferlegung gemeinwirtschaftlicher Verpflichtungen u. a. zur Herstellung von »Sicherheit einschl. der Versorgungssicherheit« ausdrücklich zu. Dabei wird der Begriff der Sicherheit in Art. 2 Ziff. 32 RL-Gas definiert (Versorgungssicherheit und Betriebssicherheit), nicht aber in der Binnenmarktrichtlinie Elektrizität. 77

Der **Anlagenbegriff** wird meist von Fachgesetz zu Fachgesetz leicht unterschiedlich definiert[40]. So kennzeichnet § 3 Abs. 2 UmweltHG Anlagen als **ortsfeste Einrichtungen wie Betriebsstätten und Lager**. Umfassender bezieht § 3 Abs. 5 BImSchG Betriebsstätten, sonstige ortsfeste Einrichtungen, Maschinen, Geräte und sonstige ortsveränderliche technische Einrichtungen sowie Fahrzeuge (soweit sie nicht § 38 BImSchG unterliegen) und Grundstücke in die Definition ein, auf denen Stoffe gelagert oder abgelagert oder Arbeiten durchgeführt werden, die Emissionen verursachen können (ausgenommen öffentliche Verkehrswege). Noch weiter geht der durch die Rechtsprechung entwickelte Anlagenbegriff des § 22 Abs. 2 WHG, wonach jede ortsfeste oder bewegliche Einrichtung mit technischer Zweckrichtung von einer gewissen Dauer ausreicht[41]. 78

Auch der Begriff der Anlage i. S. von § 3 Ziff. 15 ist weit zu fassen, um die erforderliche technische Sicherheit auf möglichst viele Bestandteile von (ortsfesten und ortsveränderlichen) Einrichtungen zu erstrecken, die dem Mindestschutzniveau des § 49 genügen müssen. 79

Zur Definition des Begriffs der Energieanlage greift der Gesetzgeber nicht auf die europäische Terminologie zurück. Dann wären nämlich 80

---

40 *Landsberg/Lülling*, Das neue Umwelthaftungsgesetz, DB 1990, S. 2205, 2206; *dies.*, Umwelthaftungsrecht, Köln 1991, § 3 Rz. 8.
41 BGHZ 57, 257, 259 ff. – Güllefass.

anstelle des Begriffs »Fortleitung« die Begriffe »Übertragung« und »Verteilung« verwendet worden, und anstelle des Begriffs »Abgabe« hätte der Begriff »Versorgung« gesetzt werden können, weil damit jedenfalls auch die tatsächliche Belieferung mit Energie erfasst wird[42].

81 Zum Energieanlagenbegriff zählen nach der Definition des Gesetzgebers auch diejenigen ortsfesten und ortsveränderlichen technischen Einrichtungen, die der Abgabe von Energie dienen. Der **Abgabebegriff** ist erfüllt, wenn die technische Zweckbestimmung der Einrichtung darauf gerichtet ist, Gas oder Elektrizität an Letztverbraucher oder Weiterverteiler zum Zwecke der Nutzung zu übertragen.

82 Typischerweise dienen Netze zur Übertragung (Fernleitung) und Verteilung von Elektrizität oder Gas auch der Abgabe von Energie[43]. Daher zählen auch Elektrizitäts- und Rohrleitungen zu den »Abgabeanlagen«, werden aber bereits durch den Begriff der Fortleitung erfasst.

83 Der frühere Gesetzgeber hatte folgende Abgabeanlagen besonders aufgeführt:

– Notwendige Messeinrichtungen (Elektrizitäts- und Gaszähler)

– Hausanschluss

– Installationsanlagen der Elektrizitäts- und Gasabnehmer

84 Was zu den Messeinrichtungen gehört, wird in § 18 AVBEltV/GasV beschrieben. Man wird selbstverständlich auch die Steuereinrichtungen dazuzählen müssen. Der Begriff des Hausanschlusses ist in § 10 AVBEltV/GasV definiert[44]. Ein Hausanschluss dient zweifellos der Abgabe von Elektrizität oder Gas, und die letzte Gasabsperreinrichtung ist jetzt Bestandteil der Definition.

85 Inwieweit Installationsanlagen der Elektrizitäts- und Gasabnehmer Abgabeanlagen i. S. von § 3 Ziff. 15 sind, ist fraglich. Möglicherweise will der Gesetzgeber, der diese Anlagen als Abgabeeinrichtungen an-

---

42 Vgl. Art. 2 Ziff. 7 RL-Gas und Art. 2 Ziff. 19 RL-Elt.
43 So zu Recht *Schneider*, EnWG 1998, Anm. 3.2 a. E.
44 Verbindung des Verteilernetzes mit der Kundenanlage, beginnend an der Abzweigstelle des Niederspannungsnetzes und endend an der Hausanschlusssicherung (Elektrizität) bzw. gerechnet von der Versorgungsleitung bis zu den Innenleitungen der Gebäude und Grundstücke: Hausanschlussleitung, Absperreinrichtung außerhalb des Grundstücks, Isolierstück, Hauptabsperreinrichtung, Haus-Druckregelgerät (Gas).

sieht⁴⁵, auch die Kundenanlage i. S. von § 12 AVBEltV/GasV in den Begriff der Energieanlage einbeziehen. Dafür spricht, dass auch insofern Betriebssicherheit/technische Sicherheit erforderlich und zu regeln ist und Verteileranlagen der Letztverbraucher im Gesetz explizit aufgeführt sind.

Dagegen zählen Energieverbrauchsgeräte nicht zu den Energieanlagen, weil sie mit Hilfe von Energie betrieben werden, Energie also nicht von diesen Geräten abgegeben wird⁴⁶. Dies betrifft etwa Herde, Lampen, Warmwasserspeicher, elektrisch betriebene Haushalts- und Unterhaltungsgeräte, Musikinstrumente usw. Diese Geräte unterfallen dem Geräte- und Produktsicherheitsgesetz, so dass eine Regelungslücke im Hinblick auf technische Sicherheit nicht besteht⁴⁷. 86

Zur **Fortleitung** sind alle technischen Einrichtungen (insbes. Elektrizitäts- und Rohrleitungen) einschl. deren Nebenanlagen und Zubehör zu zählen, die der Übertragung/Fernleitung von Energie und/oder der Verteilung von Energie zu dienen bestimmt sind. Der frühere Gesetzgeber⁴⁸ zählte dazu sämtliche Leitungen unabhängig von der Spannungs- bzw. Druckebene. Als Nebeneinrichtungen werden ausdrücklich genannt: 87

– Elektrizität: Schaltanlagen, Umspannanlagen, Umformanlagen

– Gas: Druckminderer- u. Druckerhöhungsstationen, Speicheranlagen

Zu den Speicheranlagen von Erdgas zählen auch Untertagespeicher, so dass wiederum Konkurrenz zum Bundesberggesetz besteht. Lagereinrichtungen wie Kohlebunker, Ölbunker und Gasbunker gehören als Nebeneinrichtungen zu den zur Fortleitung bestimmten Energieanlagen. 88

Da der Begriff der Energieanlagen auf die Herstellung von Betriebssicherheit gerichtet ist, ist dieser Begriff im Zweifel ausdehnend auszulegen. Wird die Anlage oder der Anlagenteil dagegen zweifelsohne 89

---

45 BT-DrS 13/7274, S. 14 (rechte Spalte): zu § 2 Abs. 1 EnWG 1998.
46 Dies stimmt mit einer streng physikalischen Betrachtung selbstverständlich nicht überein.
47 Vgl. anders § 13 Abs. 2 EnWG 1935, wonach Energieverbrauchsgeräte neben Energieanlagen als überwachungsbedürftig einbezogen worden waren. § 49 regelt die Energieverbrauchsgeräte konsequent nicht mehr.
48 Ebd. zum EnWG-Entwurf 1998.

§ 3 Begriffsbestimmungen

von einer anderen Vorschrift über die technische Sicherheit erfasst (z. B. Produkt- und Gerätesicherheitsgesetz), ist eine solche zweckgeleitete Auslegung nicht erforderlich.

90 Obwohl das Gesetz den Begriff der Energieanlagen insofern nicht einschränkt, bezweckt der Gesetzgeber, nur die »unmittelbar« der Erzeugung, Fortleitung und Abgabe von Energie dienenden Einrichtungen zu den Energieanlagen zu zählen[49]. *Schneider*[50] möchte mit der allgemeinen und auch hier vertretenen Meinung Verbrauchsgeräte nicht zu den Energie-Abgabeanlagen zählen, erfasst also die Nutzung der Energie nach Umwandlung (z. B. in Arbeit, Wärme, Licht usw.) weder als Fortleitung noch als Abgabe. Einrichtungen des Geschäftsbetriebs der EVU gehören, soweit es sich dabei nicht selbst um Energieanlagen handelt, nicht zu den Anlagen gem. § 3 Ziff. 15. EDV-Anlagen können aber dann Energieanlagen sein, wenn sie der Steuerung der Energieversorgung dienen. Die Abgrenzung kann Schwierigkeiten bereiten; erfordert der Zweck eines Mindestmaßes an technischer Sicherheit die Einbeziehung auch dieser Einrichtung, so ist der Energieanlagenbegriff erfüllt.

91 Zu den Energieanlagen gehören zweifellos Telekommunikationseinrichtungen, wo mittels Steuerimpulsen Erzeugung, Übertragung (Fernleitung) und Verteilung von Energie gemessen und beeinflusst worden. Solche »Signalübertragungsanlagen« gehören aber dann nicht zum Begriff der Energieanlage, wenn sie lediglich Signale übertragen, also ausschließlich Telekommunikationszwecken dienen. Entscheidend ist also die Zweckbestimmung der Signalanlage.

92 Schwierigkeiten bei der Subsumtion kann die **Verlegung von Leerrohren** bereiten, die der zukünftigen Steuerung von Energieanlagen dienen sollen, aber auch geeignet sind, um reinen Telekommunikationszwecken zu dienen[51]. Das Leerrohr selbst ist keine Energieanlage, selbst wenn es eine Signal- oder Energieanlage aufnimmt. Allerdings ist die technische Sicherheit von Energieanlagen betroffen, wenn das Leerrohr jedenfalls auch dem Schutz einer Leitung dient und daher den Bereich der technischen Betriebssicherheit berührt. Darüber hin-

---

49 BT-DrS 13/7274, S. 14 (linke Spalte), Einzelbegründung zu § 2 EnWG 1998.
50 EnWG 1998, § 2 Anm. 3.3.
51 Zu solchen Fällen im Hinblick auf die Duldungspflicht des Grundstückseigentümers (§ 8 AVBEltV/GasV) vgl. § 46 Rz. 22 und 31.

aus muss die Verlegung des Leerrohres im räumlichen und zeitlichen Zusammenhang mit der ihr zugehörigen Energieanlage (Elektrizitäts- oder Rohrleitung) stehen. Die bloße »vorratsweise« Verlegung ohne festen Plan für die Inbetriebnahme zur Aufnahme von Energieanlagen reicht nicht aus.

Werden »private Fernmeldeanlagen der Gasversorgungsunternehmen« verlegt, so sollen diese dem Begriff der Energieanlage unterfallen[52]. Der Ausdruck »private Fernmeldeanlage« spricht allerdings mehr für eine ausschließliche Telekommunikationsnutzung. Dies reicht aber nicht aus, um § 3 Ziff. 15 zu erfüllen. *Schneider*[53] sah insofern einen Unterschied zwischen dem EnWG 1935 (§ 2 Abs. 1) und der Reform des Gesetzes im Jahre 1998. Nach dieser alten Fassung gehörten lediglich der Übertragung von Zeichen oder Lauten dienende Anlagen nicht zu den Energieanlagen. M. E. hat der Gesetzgeber jetzt nur die beiden Sätze des § 2 Abs. 1 EnWG 1935 zu einem Satz zusammengefasst und mit »soweit« verbunden. Auch nach altem Recht gehörten Telekommunikationsanlagen grundsätzlich zu den Energieanlagen. Gleichwohl wird der Anlagenbetreiber (EVU) nachweisen müssen, dass diese Anlage jedenfalls auch der Steuerung/Messung von unmittelbar unter den Begriff fallenden Energieanlagen dient. 93

Da § 8 AVBEltV/GasV auf den Begriff der Energieanlage nicht zurückgreift, vielmehr engere und konkretere Begriffe verwendet, kann jene Vorschrift unabhängig von § 3 Ziff. 15 ausgelegt werden. Allerdings ist zu berücksichtigen, dass Energieanlagen regelmäßig »Zwecken der Energieversorgung« i. S. von § 45 dienen werden, so dass möglicherweise ein Enteignungsantrag auch auf das Erfordernis der Verlegung von Telekommunikationsanlagen gestützt werden kann. Hier werden die Gerichte entscheiden müssen, ob der Zusammenhang mit typischen Energieanlagen eng genug ist, um die Verlegung von Telekommunikationsanlagen auch unter Berücksichtigung des Rechtsinstituts der Enteignung zu stützen (vgl. auch §§ 68 ff. TKG). 94

---

52 *Roberz*, Die »Gasanlagen« betreffenden Bestimmungen des EnWG, ET 1998, S. 798, 799.
53 EnWG 1998, § 2 Anm. 3.5.

29. Energieeffizienzmaßnahmen (§ 3 Ziff. 15a)

Maßnahmen zur Verbesserung des Verhältnisses zwischen Energieaufwand und damit erzieltem Ergebnis im Bereich von Energieumwandlung, Energietransport und Energienutzung.

95 Der Begriff Energieeffizienz/Nachfragesteuerung entstammt Art. 2 Ziff. 25 RL-Elt und bezeichnet ein globales oder integriertes Konzept zur Steuerung der Höhe und des Zeitpunkts des Elektrizitätsverbrauchs, das den Primärenergieverbrauch senken und Spitzenlasten verringern soll, indem Investitionen zur Steigerung der Energieeffizienz oder anderen Maßnahmen wie unterbrechbaren Lieferverträgen Vorrang vor Investitionen zur Steigerung der Erzeugungkapazität eingeräumt wird, wenn sie unter Berücksichtigung der positiven Auswirkungen eines geringeren Energieverbrauchs auf die Umwelt und der damit verbundene Aspekte einer größeren Versorgungssicherheit und geringeren Verteilungskosten die wirksamste und wirtschaftlichste Option darstellen. Im weitesten Sinne geht es um Energieeinsparung. Diese Einsparung soll in Bezug auf alle technischen Funktionen wirksam werden (Umwandlung, Transport, Nutzung). § 53 verwendet den Begriff im europarechtlichen Sinne als Schwelle, bevor durch Rechtsverordnung ein Ausschreibungsverfahren des BMWA angestoßen wird, um vorhandene Lücken bei der Versorgungssicherheit zu schließen.

30. Energieversorgungsnetze (§ 3 Ziff. 16)

Elektrizitätsversorgungsnetze und Gasversorgungsnetze über eine oder mehrere Spannungsebenen oder Druckstufen.

96 Der Begriff des **Energieversorgungsnetzes** wird u.a. in § 11 Abs. 1 (Betriebspflicht), §§ 17 ff. (Netzanschlusspflicht) sowie §§ 20 ff. (Netzzugangsanspruch) verwendet, um alle Arten von Netzen der leitungsgebundenen Energieversorgung der Regulierung zu unterwerfen. Ausgenommen sind die Objektnetze im Sinne von § 110 Abs. 1.

97 Der Begriff des Energieversorgungsnetzes im Sinne von § 13 Ziff. 16 greift u.a. auf den Netzbegriff des Art. 2 Ziff. 13 RL-Gas zurück und fasst alle Netzbegriffe unabhängig von Spannungsebene und Druckstufe zusammen. Damit nimmt die Ziff. 16 des § 3 Bezug auf die Ziff. 19 (Definition der Fernleitung), Ziff. 20 (Gasversorgungsnetz), Ziff. 29b (örtliches Verteilernetz), Ziff. 31a (Teilnetz), Ziff. 32 (Definition der Übertragung), Ziff. 35 (Verbundnetz), Ziff. 37 (Definition der

Verteilung) sowie Ziff. 39 (vorgelagertes Rohrleitungsnetz). Grundsätzlich sind alle diese Netze – wiederum mit der Ausnahme des § 110 Abs. 1 – vom EnWG vollständig erfasst und unterliegen der Aufsicht der Regulierungsbehörde gemäß § 65.

31. *Energieversorgungsnetze der allgemeinen Versorgung (§ 3 Ziff. 17)*

Energieversorgungsnetze, die der Verteilung von Energie an Dritte dienen und von ihrer Dimensionierung nicht von vornherein nur auf die Versorgung bestimmter, schon bei der Netzerrichtung feststehender oder bestimmbarer Letztverbraucher ausgelegt sind, sondern grundsätzlich für die Versorgung jedes Letztverbrauchers offen stehen.

Das EU-Binnenmarktrecht kennt den Begriff der **allgemeinen** Versorgung nicht, definiert aber den Versorgungsbegriff. Übereinstimmend bedeutet im Elektrizitäts- und Gasbereich **Versorgung** die »Lieferung und/oder den Verkauf von Elektrizität oder Gas an Kunden« (Art. 2 Ziff. 19 RL-Elt bzw. Art. 2 Ziff. 7 RL-Gas). Damit werden über den Versorgungsbegriff sowohl rechtsgeschäftliche als auch tatsächliche Beziehungen zwischen Energielieferanten und Kunden beschrieben (Verpflichtungs- und Erfüllungsebene), wobei Kunden sowohl Großhändler als auch Endkunden einschl. Verteilerunternehmen sein können (Art. 2 Ziff. 7 RL-Elt bzw. Art. 2 Ziff. 24 RL-Gas). 98

Zunächst ist der Kern der eine allgemeine Versorgung betreffenden Sachverhalte – möglichst allgemeingültig für das EnWG – herauszuarbeiten. Erst danach sind diejenigen Netze zu identifizieren, die der allgemeinen Versorgung dienen (Netzbezug des Begriffs der allgemeinen Versorgung). 99

Nach § 18 Abs. 1 sowie § 36 Abs. 1 besteht Anschluss- und Versorgungspflicht für alle EVU, die in einem Gemeinde- bzw. Netzgebiet »die allgemeine Versorgung von Letztverbrauchern durchführen«. Dabei steht »allgemeine Versorgung« im Gegensatz zu »Spezialversorgung z.B. von Industriekunden«[54], während »Letztverbraucherversorgung« im Kontrast zur Belieferung von Weiterverteilern zu sehen 100

---

54 Ebenso VKU, Auslegungshinweise KWKG, Versorgungswirtschaft 2000, S. 202, 204 (Ziff. IV. 2. a) bbb).

§ 3 Begriffsbestimmungen

ist. Diese Verbraucher müssen **mit Elektrizität oder Gas beliefert werden.**

101 Das Vorhandensein eines eigenen Netzbetriebs ist für den Begriff der »allgemeinen Versorgung« im Sinne von § 3 Ziff. 17 konstituierend. § 3 Ziff. 17 erfüllt nicht, wer zwar ein Elektrizitäts- oder Gasversorgungsnetz betreibt, dieses aber nicht der allgemeinen Versorgung gewidmet ist. § 110 Abs. 1 setzt das Nichtvorliegen allgemeiner Versorgung voraus. Einige Fallgestaltungen lassen sich unter Berücksichtigung der obigen Überlegungen zur Reichweite der allgemeinen Versorgung von vornherein von § 3 Ziff. 17 ausnehmen.

102 Wer ein Netz betreibt, das ausschließlich der eigenen Versorgung, der Versorgung von Konzernunternehmen oder der Versorgung von Vertragspartnern (z. B. Mieter in einer Wohnanlage) dient, ist nicht Netzbetreiber der allgemeinen Versorgung, sondern Eigenversorger gemäß § 110 Abs. 3. Hierunter fallen Netze, die auf dem eigenen Grundstück verlegt sind[55], über größere Strecken verlegte Industrienetze, örtlich begrenzte Arealnetze sowie Hausnetzanlagen. Direktleitungen erfüllen schon definitionsgemäß nicht den Netzbegriff[56].

103 Da § 3 Ziff. 17 die in § 18 sowie § 36 erfolgte Einschränkung (auf Letztverbraucherversorgung) fehlt, wird man – auch unter Berücksichtigung des zweckbestimmt weiten EVU-Begriffs – zur allgemeinen Versorgung **alle Netze** zählen müssen, die **unmittelbar oder mittelbar der** »**Verteilung der Energie an Dritte**« **und damit der Letztverbraucherversorgung dienen**[57]. Letztlich muss das betreffende Netz wenigstens auch und mittelbar, aktuell oder potentiell dazu benutzt werden, allgemeine Versorgung durchzuführen.

32. Energieversorgungsunternehmen (§ 3 Ziff. 18)

natürliche oder juristische Personen, die Energie an andere liefern, ein Energieversorgungsnetz betreiben oder an einem Energieversorgungsnetz als Eigentümer Verfügungsbefugnis besitzen.

104 Kaum ein anderer energiewirtschaftsrechtlicher Begriff dürfte so häufig und tiefschürfend diskutiert worden sein wie der des »Energiever-

---

55 Spinnereigelände-Fall, vgl. BGHZ 134, 1, 2, 11 ff. – Stromeinspeisung II.
56 Vgl. § 3 Rz. 54 ff.
57 So zu Recht *Schneider*, EnWG 1998, § 2 Anm. 4.2.2 (S. 49).

sorgungsunternehmens« (EVU)[58]. Der Begriff ist in § 2 Abs. 1 Satz 1 EnWG 1935 bereits mit dem Schwerpunkt »Versorgung anderer« Gesetzesbestandteil gewesen und mit § 2 Abs. 3 EnWG 1998 wieder aufgenommen worden, wobei die Definition leicht gekürzt (Wegfall: Verwaltung solcher Unternehmen und Betriebe) und um die Funktion eines Netzbetreibers ergänzt wurde.

Kern der Begriffsdefinition ist auch im neuen Recht die Lieferung von Elektrizität oder Gas »an andere« (1. Alt. des § 3 Ziff. 18); damit reicht es aus, dass ein anderer Rechtsträger als derjenige mit Elektrizität oder Gas versorgt wird, dem diese Energie – eigenerzeugt oder fremdbezogen – zur Verfügung hat[59]; lediglich die Belieferung eigener Betriebsabteilungen oder der Selbstverbrauch von Energie erfüllt diese (weite) Begriffsbestimmung nicht. Damit steht der traditionelle EVU-Begriff in Kontrast zum Begriff des Eigenerzeugers, der Elektrizität lediglich für eigene Zwecke erzeugt und selbst verbraucht. Ziel dieser weiten Definition ist es immer gewesen, die wirtschaftsregulierenden Vorschriften des EnWG 1935 und – stark zurückgenommen – auch des EnWG 1998 auf alle Unternehmen anzuwenden, die nicht nur »sich selbst« beliefern. Man könnte insofern auch von einem »verbraucherschützenden Aspekt« dieser Regulierung sprechen, der selbstverständlich nicht eingreift, wenn der Umgang mit Energie nur eigenen Zwecken dient. 105

Der Begriff des EVU dient somit seit mehr als 70 Jahren dem Zweck, den **Anwendungsbereich der öffentlichen Wirtschaftsaufsicht** abzustecken und – seit 1998 – zusätzlich dem Ziel, den Kreis der Unternehmen festzulegen, denen zur Schaffung eines Gemeinsamen Binnenmarktes für Elektrizität und Gas die Verpflichtung obliegt, Zugang zu ihren Übertragungs- und Verteilungsnetzen zu gewähren. 106

---

58 Aus der zahlreichen Literatur vgl.: *Tegethoff* in: *Tegethoff/Büdenbender/Klinger*, Das Recht der öffentlichen Energieversorgung, Essen, Loseblattsammlung, 16. Lieferung April 1998, § 2 EnWG (dort abgekürzt: EnergG), Anmerkung 3 Rz. 1 ff. (S. I 88 ff.); *Ludwig/Odenthal*, Recht der Elektrizitäts-, Gas- und Wasserversorgung, Band 1, Loseblattsammlung, Stand: Mai 2000, Teil 2, § 2 EnWG 1935 (dort abgekürzt: EnergG), Rz. 12 ff.; *Schneider*, Energiewirtschaftsgesetz 1998, Frankfurt/Main 1999, § 2 Anmerkung 4 (S. 47 ff.); *Evers*, Das Recht der Energieversorgung, 2. Aufl. Baden-Baden 1983, S. 65 ff.; *Büdenbender*, Energierecht, Essen 1982, Rz. 95 ff.; *ders.*, EnWG 1998, § 2 Rz. 35 f.
59 Vgl. im Einzelnen *Tegethoff*, Öffentliche Energieversorgung, a.a.O. § 2 S. I 89, Rz. 1 ff. zu den Einzelheiten.

Dabei steht für Zwecke des EnWG im Vordergrund die Unterscheidung zwischen Eigenversorgung einerseits und Fremdversorgung (einschließlich allgemeiner Versorgung) andererseits.

107 Eine Besonderheit der traditionellen Terminologie des EnWG besteht darin, dass der EVU-Begriff bis zum Jahre 2005 niemals »rechtsträgerbezogen« ausgestaltet war; bereits nach dem EnWG 1935 kam es auf das Vorhandensein einer eigenen Rechtspersönlichkeit nicht an[60]. Der Begriff »Unternehmen« i. S. des EnWG darf daher nicht mit dem des Unternehmens als Rechtsträger (z. B. AG, GmbH, KG usw.) verwechselt werden; vielmehr ist der EVU-Begriff bereits erfüllt, wenn beispielsweise ein Handelsbetrieb eine Elektrizitätserzeugungsanlage betreibt und aus dieser teilweise Dritte versorgt. Der früher verwendete Betriebsbegriff wurde allerdings mit der Reform 2005 fallen gelassen; unselbständigen Betriebsteilen fehlt seitdem die EVU-Eigenschaft, weil nur **natürliche oder juristische Personen** unter § 3 Ziff. 18 zu subsumieren sind. Weil aber auch Netzbetreiber EVU sind (2. Alt. der Ziff. 18) und diese gemäß Ziff. 2 ff. diese Eigenschaft auch als rechtlich unselbständige Organisationseinheiten von EVU diese Eigenschaft nicht verlieren, ist die Ziff. 18 insofern inkonsequent.

108 Da aber hinsichtlich des Unternehmensbegriffs zwischen der funktionsbezogenen und der rechtsträgerbezogenen Betrachtung unterschieden werden muss, darf der **Träger des Unternehmens** (z.B. KG) in seiner rechtlichen Begrenzung **nicht mit dem EVU gleichgesetzt** werden. Der Unternehmensbegriff des EnWG kann enger, aber auch weiter abzugrenzen sein als die natürliche oder juristische Person, die das Unternehmen trägt und für die an das Betreiben des EVU Rechte und Pflichten zu knüpfen sind. Dies bedeutet, dass eine Verwaltungsbehörde oder ein Dritter, der das Bestehen eines Rechtsverhältnisses zum EVU geltend macht, nicht immer auf den dahinterstehenden Rechtsträger, sondern nur auf das EVU als solches (Unternehmensbegriff im funktionellen Sinne) zuzugreifen vermag.

---

60 *Darge/Melchinger/Rumpf*, Gesetz zur Förderung der Energiewirtschaft, Teil 1, Band 1 bis 3, Berlin 1936, Erläuterungen 11b zu § 2 EnWG (S. 89) zustimmend *Tegethoff*, Öffentliche Energieversorgung aaO S. I 88 (Rz. 1 f.); *Schneider*, EnWG 1998, § 2 Anmerkung 4.1 (S. 47). Vergleichbar dem GWB ist das EnWG seit altersher funktionsbezogen ausgestaltet und nimmt nicht die Unternehmensträgerschaft zum Anknüpfungspunkt: so zutreffend *Ludwig/Odenthal*, aaO, § 2 EnWG 1935, Rz. 12.

Insbesondere nicht entflochtene Netzbetreiber sind qua **Legal-** 109
ermächtigung[61] als solche partiell rechts- und prozessfähig (teilrechtsfähig). Diese Schwierigkeit einer exakten Bestimmung des Normadressaten besteht im Wirtschaftsrecht häufiger, bereitet aber beispielsweise im Recht der Wettbewerbsbeschränkungen keinerlei Anwendungsprobleme, zumal nicht ausgeschlossen ist, dass sich funktioneller Unternehmensbegriff (EVU) und rechtsträgerbezogene Betrachtungsweise (Unternehmensbegriff im juristischen Sinne) im Einzelfall decken.

Juristische und natürliche Personen sind in der Energiewirtschaft häu- 110
fig Rechtsträger von Unternehmen. Traditionell wird unter einem »**Unternehmen**« eine Einheit von Vermögenswerten, Tätigkeiten und Personen verstanden, die einem gemeinsamen wirtschaftlichen Zweck dienen[62]. Unter Betonung der funktionellen und nicht der institutionellen Betrachtsweise ist »Unternehmen« im Sinne des GWB, wer im geschäftlichen Verkehr selbständig tätig wird[63], wobei es weder auf die Form der rechtlichen oder wirtschaftlichen Organisation noch auf die Betriebsgröße ankommt[64]. In funktioneller Betrachtung fällt somit jede Tätigkeit, die der Versorgung anderer mit Elektrizität oder Gas dient, unter diesen energiewirtschaftlichen Unternehmensbegriff. Der EVU-Begriff kann deshalb engeren Grenzen unterliegen als die materiellen und immateriellen Vermögensgüter, die den dahinter stehenden Rechtsträgern zuzuordnen sind (vgl. die Betreiberbegriffe des § 3 Ziff. 2 ff.).

Dient beispielsweise eine bestimmte Anlage, die im Eigentum des ver- 111
antwortlichen Rechtsträgers (z.B. AG) steht, nicht dem Zweck »Energieversorgung anderer«, wird sie vom EVU-Begriff nicht erfasst. Umgekehrt ist es nicht von vornherein ausgeschlossen, dass der EVU-Begriff über die »Reichweite« des dahinter stehenden Rechtsträgers hinausreicht, also etwa mitverwaltete Unternehmen und Be-

---

61 Oben § 3 Rz. 18.
62 *Tegethoff*, Öffentliche Energieversorgung, aaO S. I 88, Rz. 1; *Meinzen*, Gibt es eine optimale Größe von Elektrizitätsverteilungsunternehmen, Diss. jur. Göttingen 1973, S. 20 ff.
63 BGHZ 26, 91, 103 – Gummistrümpfe; BGH GRUR 1977, 739, 741 – Architektengebühren; BGHZ 74, 359, 364f. = NJW 1979, 2401 – Paritätische Beteiligung.
64 Vgl. dazu mit Nachweisen *v. Gamm*, Kartellrecht, 2. Auflage Köln/Berlin/Bonn/München 1990, § 1 Rz. 8.

triebe umfasst[65]. Weil Rechtsträger des EVU und EVU-Begriff selbst nicht deckungsgleich sind, wird noch zu klären sein, ob der EVU-Begriff auch Konzernunternehmen (insgesamt) einzubinden vermag.

112 Die **Eigenerzeugung** wird, vom deutschen EVU-Begriff – anders als vom Begriff EltU des europäischen Rechts[66] – nicht erfasst. Vergleichbar weicht der deutsche Gesetzgeber auch für den Bereich der Gaswirtschaft ab. Art. 3 Ziff. 1 RL-Gas definiert das **Erdgasunternehmen** als eine natürliche oder juristische Person, die von den Funktionen Gewinnung, Fernleitung, Verteilung, Lieferung, Kauf oder Speicherung von Erdgas, einschließlich verflüssigtem Erdgas, mindestens eine wahrnimmt und die kommerziellen, technischen und/oder wartungsbezogenen Aufgaben im Zusammenhang mit diesen Funktionen wahrnimmt, mit Ausnahme der Endkunden. Es kommt insofern nicht darauf an, dass Dritten Erdgas zur Verfügung gestellt wird.

113 Selbst wenn die Beibehaltung des traditionellen EVU-Begriffs im deutschen Recht insofern gegen europäisches Sekundär- oder sogar Primärrecht verstieße, führte dies nicht zwangsläufig zu einer europarechtskonformen Angleichung des nationalen EVU-Begriffs im Wege der Auslegung[67]. Zum einen wird – in praktischer Hinsicht – in Fällen, in denen die EU-Kommission ein Vertragsverletzungsverfahren nicht eingeleitet hat, von einer Art »stillschweigender Duldung« der Abweichungen des nationalen Rechts jedenfalls solange auszugehen sein, wie der Europäische Gerichtshof – etwa auf Vorlage eines nationalen Gerichts – den Bedeutungsinhalt der konkreten nationalen Norm nicht korrigiert hat. Zum anderen vermag sich bei Nichtumsetzung europäischen Rechts eine beispielsweise in der Bundesrepublik Deutschland konkret betroffene Person nur dann auf Wortlaut und Bedeutungsgehalt des europäischen Rechts zu berufen, wenn diesem Recht unmittelbare und direkte Geltung zukommt[68]. Eine unmittelbare und direkte Wirkung ist aber nur dann anzunehmen, wenn das

---

65 So ausdrücklich der EVU-Begriff des EnWG 1935, vgl. § 2 Abs. 1 Satz 1; in das EnWG 1998 (vgl. § 2 Abs. 2) bereits nicht mehr ausdrücklich aufgenommen.
66 Oben § 3 Rz. 66 ff.
67 Dazu *Lenz/Borchardt*, EG-Vertrag. Kommentar, 2. Aufl. Köln/Basel/Genf/München/Wien 1999, Art. 220 Rz. 13 ff., 19 (vertragskonforme Auslegung des sekundären Gemeinschaftsrechts); *Bleckmann*, Europarecht, 6. Aufl. Köln/Berlin/Bonn/München 1997, Rz. 537 ff.
68 Vgl. *Bleckmann*, Europarecht, 6. Aufl. Köln/Berlin/Bonn/München 1997, Rz. 431 ff.; *Lenz/Hetmeier*, EG-Vertrag, Art. 249 Rz. 12.

europäische Recht – auch ohne nationale Umsetzung – dem betroffenen Bürger unmittelbar Rechte einräumt, ohne gleichzeitig Dritte zu belasten und ohne dass es hierzu einer näheren nationalstaatlichen Ausgestaltung bedurft hätte[69].

Zur Erfüllung des EVU-Begriffs reicht es in der **1. Alternative** aus, wenn **andere** mit Energie versorgt werden. **114**

In der Literatur ist seit jeher umstritten gewesen, was genau unter »Versorgung anderer« zu verstehen ist[70]. Nach früher herrschender Auffassung war der EVU-Begriff nur erfüllt, wenn lieferndes Unternehmen/Betrieb und beziehendes Unternehmen/Betrieb **verschiedenen Rechtsträgern** zuzuordnen waren[71]. Eine Belieferung innerhalb desselben Rechtsträgers – z. B. zwischen Betriebsstätten einer GmbH – sollte damit den EVU-Begriff nicht erfüllen; es galt der Grundsatz »formalrechtlicher Personenungleichheit«[72]. Anschaulich führte *Danner* aus[73]: **115**

> »Entscheidend ist, daß sich Versorger und Abnehmer als selbständige wirtschaftliche Einheit gegenüberstehen und entweder verschiedene Rechtssubjekte sind oder solchen angehören. Energielieferer und Energiebezieher brauchen, jeweils für sich betrachtet, nicht juristisch selbständig zu sein.«

Andere Auffassungen engten des EVU-Begriff trotz seiner funktionsbezogenen Ausgestaltung[74] auf eine wirtschaftliche Betrachtung ein und nahmen EVU-Qualität erst dann ein, wenn die Energie die wirtschaftliche »Interesseneinheit« (z. B. Konzern) verlässt[75]. Bei beiden **116**

---

69 Zur Rspr. vgl. *Schalast/Hermonies*, Kraft-Wärme-Kopplung und EU-Beihilfeverbot, ET 2000, S. 688, 690 ff.; allgemein zu den Anforderungen *Lenz/Hetmeier*, EG-Vertrag, Art. 249 Rz. 12.
70 Nachweise bei *TBK/Tegethoff*, Öff. Energieversorgung, Bd. 1, § 2 EnWG n. F. S. I 89 ff.
71 *Danner/Theobald*, Energierecht, Bd. 1, § 2 EnWG 1998 Rz. 36; *TBK/Tegehoff*, Öff. Energieversorgung, § 2 EnWG a. F. S. I 90, Rz. 3; *Fischerhof*, Rechtsfragen I/II, § 2 EnWG Anm. III; *Evers*, Recht der Energieversorgung, S. 66; *Büdenbender*, Energierecht, Rz. 96.
72 *Büdenbender*, Energierecht, Rz. 96.
73 *Danner/Theobald*, Energierecht, § 2 EnWG 1998 Rz. 20.
74 Vgl. oben § 3 Rz. 108.
75 *Berger*, Kontrahierungszwang bei Energielieferungsverträgen mit Obergesellschaften, BB 1961, 1223, 1224 (allerdings vom »jedermann«-Begriff des

Auffassungen handelte es sich in Wirklichkeit im Verhältnis zum Wortlaut bereits um einengende Interpretationen[76], weil sowohl die alte als auch die neue Fassung des EVU-Begriffs (vgl. zuletzt § 2 Abs. 4 EnWG 2003) vom Unternehmen bzw. vom Betrieb ausgingen und deshalb unter »andere« konsequent auch ein anderes Unternehmen bzw. ein anderer Betrieb verstanden werden musste. Nach diesem Wortlaut reichte es deshalb aus, wenn der Energieerzeugungs**betrieb** einer GmbH dem (auch auf dem gleichen Grundstück angesiedelten) Verwaltungs**betrieb** Gas oder Elektrizität lieferte. Diese wortgetreue Auslegung wurde aber offenbar in ihren Auswirkungen als zu weitgehend empfunden und deshalb – meist stillschweigend – korrigiert, wobei die hM den (funktionsbezogenen) Unternehmensbegriff des EnWG möglicherweise mit »Rechtsträger« gleichsetzte[77].

117 Die Versorgung rechtlich selbständiger Tochtergesellschaften durch die Muttergesellschaft erfüllt trotz bestehender Wirtschaftseinheit unproblematisch den EVU-Begriff des neuen Rechts, weil Energie zwischen selbständigen Rechtsträgern ausgetauscht wird. In einer Entscheidung zum inzwischen aufgehobenen Dritten VerstromungsG hatte bereits der VGH Hessen (für das alte Recht) den EVU-Begriff auch dann bejaht, wenn auf demselben Betriebsgelände juristisch selbständige Betriebsführungsgesellschaften von ihrer Alleingesellschafterin mit Elektrizität beliefert werden[78], und sich dabei auf die Richtlinien zur Durchführung des Dritten VerstromungsG[79] gestützt, die die damalige »amtliche Auffassung« zum EVU-Begriff des Energiewirtschaftsrechts wiedergaben. Hat ein Industriebetrieb die Kraft-Wärme-Kopplungsanlage ausgegliedert und deren Betrieb auf eine andere Gesellschaft übertragen (sog. Contracting), um von dieser Gesellschaft mit KWK-Strom beliefert zu werden, ist der EVU-Begriff zu beja-

---

§ 6 Abs. 1 EnWG-Begriff 1935 ausgehend). Im Ergebnis ebenso *Schneider*, EnWG 1998, § 2 Anm. 4.2.1.
76 So zu Recht *Niederleithinger*, Die Stellung der Versorgungswirtschaft im GWB, VEnergR 18/19, Düsseldorf 1968, S. 159 ff.
77 So wohl *Danner/Theobald*, Energierecht, § 2 EnWG 1998 Rz. 20 a. E.
78 VGH Hessen RdE 1997, 21 – Stromlieferung an Betriebsführungsgesellschaften.
79 Vom 19.12.1980, BAnz. Nr. 8 vom 14. 1.1981 i. d. F. der Änderungsrichtlinie vom 29.3.1985, BAnz. Nr. 69, Ziff. 10.1: »Ein anderer wird dann versorgt, wenn die Elektrizität an eine andere rechtlich selbständige natürliche oder juristische Person geliefert wird.«

hen[80], jedoch befreit § 110 Abs. 1 in Verbindung mit Abs. 3 von den wesentlichen Pflichten als Netzbetreiber (Fiktion der Eigenversorgung).

Insofern hatte sich schließlich die Auslegung durchgesetzt, dass unter »anderer« **jede selbständige natürliche oder juristische Person (selbständiges Rechtssubjekt)** unabhängig davon zu verstehen ist, ob zum liefernden Unternehmen eine gesellschaftsrechtliche Beziehung besteht oder nicht besteht. Diese Abgrenzung ist einfach, klar und rechtssicher zu handhaben und entspricht dem Wortlaut des neuen Rechts. Eine (korrigierende) europarechtskonforme Auslegung ist nicht möglich, weil sich EVU-Begriff und die im europäischen Recht verwendeten Begriffe zu sehr voneinander unterscheiden und eine solche Auslegung gegen das Prinzip verstieße, dass der Gesetzeswortlaut die unübersteigbare Grenze einer jeden Auslegung bildet[81]. 118

Der EVU-Begriff ist deshalb nicht erfüllt, wenn die Lieferung innerhalb desselben Rechtsträgers (z. B. AG, GmbH) an einen anderen Betrieb dieser AG oder GmbH erfolgt, ohne dass dieser rechtlich verselbständigt ist. Gehören Lieferbetrieb und belieferter Betrieb dagegen zu unterschiedlichen Rechtssubjekten (z. B. konzernangehörige GmbH), dann ist der EVU-Begriff auf Seiten des Lieferbetriebes zu bejahen. 119

Probleme bereitet die Belieferung von eigenen **Gesellschaftern oder Mitgliedern des Lieferunternehmens.** Da diese definitionsgemäß selbständige Rechtsträger sind (z. B. Gesellschafter einer OHG, Mitglieder eines eingetragenen Vereins oder einer eingetragenen Genossenschaft), lag nach früher ganz hM der EVU-Begriff ohne weiteres vor[82]. Die bedenkliche Weite dieser Begriffsbildung lässt sich am Beispiel der Genossenschaftsmitglieder zeigen: Gerade wenn diese zum Zwecke der eigenen Versorgung eine Genossenschaft gründen, die nur sie selbst mit Energie versorgt (Selbsthilfeeinrichtung), wird den Mitgliedern der durch die Möglichkeit zum Eingreifen der Regulierungsbehörde (§ 65) eröffnete Schutz quasi aufgedrängt. Da es sich beim Lieferunternehmen aber auch nach europäischem Recht um ein 120

---

80 *Danner/Theobald*, Energierecht, § 2 EnWG 1998 Rz. 37.
81 Wank, Gesetzesauslegung, 3. Aufl. Köln/Berlin/Bonn/München 2005, S. 64.
82 *Danner/Theobald*, Energierecht, Bd. 1, § 2 EnWG 1998 Rz. 37; *TBK/ Tegehoff*, Öff. Energieversorgung, § 2 EnWG a. F. S. I 93, Rz. 9.

§ 3 Begriffsbestimmungen

Elektrizitäts- bzw. Erdgasunternehmen handeln würde, stimmen die Abgrenzungen beider Rechte formell überein. Materiell verfolgt das europäische Recht aber nicht den Ansatz, ein Optimum an öffentlicher Kontrolle zur Verfügung zu stellen, sondern das Ziel, die Binnenmärkte für Energie zu öffnen.

121 Der EVU-Begriff ist auch erfüllt, wenn **Betriebsangehörige** mit Gas oder Elektrizität versorgt werden; nach einem alten Erlass des Reichswirtschaftsministeriums[83] waren diese »Bagatellfälle« als generell vorab im Hinblick auf § 5 EnWG a. F. (Genehmigungserfordernis) von der Pflicht zur Einholung der Genehmigung freigestellt worden. Es kann jedoch nicht zweifelhaft sein, dass ein derartiger Lieferant EVU i. S. von § 3 Ziff. 18 ist, und auch der Schutzaspekt ist zu bejahen, wenn die Betriebsangehörigen mit Energie für den privaten Verbrauch versorgt werden. Dagegen liegt die EVU-Eigenschaft nicht vor, wenn die Versorgung Dienstwohnungen betrifft und ein dort evtl. »privat« verbrauchter Strom nicht besonders – auch nicht anteilig – abgerechnet wird.

122 § 3 Ziff. 18 Alt. 1 greift auch ein, wenn der **Verpächter** den (rechtlich selbständigen) Pächter mit Elektrizität oder Gas versorgt. Haben jedoch drei einzelkaufmännische Unternehmer eine **Gesellschaft bürgerlichen Rechts** (§§ 705 ff. BGB) gegründet, um mithilfe der GbR ihre einzelkaufmännischen Betriebe mit Strom zu versorgen, besteht im Verhältnis von Lieferantin und Belieferten keine selbständige Rechtsträgerschaft[84], weil derartige Gesamthandsgemeinschaften rechtliche Selbständigkeit im Verhältnis zu ihren Gesellschaftern nur

---

83 Nachweise bei *Tegethoff* ebd.
84 AA wohl *Evers*, Recht der Energieversorgung, S. 66 (EVU können auch rechtlich unselbständige Unternehmen einer Gemeinde/eines Industrieunternehmens sein) und S. 67 (besondere Erwähnung der GbR hinsichtlich der Gründung von Gemeinschaftskraftwerken); ebenso *TBK/Tegethoff*, Öff. Energieversorgung, § 2 EnWG a. F. S. I 90 Rz. 3 (Gleichstellung der nicht rechtsfähigen Personengemeinschaften und Vereine mit den rechtsfähigen, ohne Begründung); *Danner/Theobald*, Energierecht, § 2 EnWG 1998 Rz. 38. Diese Auffassungen waren nur stimmig, wenn man entgegen der hM (Erfordernis selbständiger Rechtsträgerschaft) den früheren Wortlaut des Gesetzes – Versorgung eines anderen Betriebes oder Unternehmens als ausreichend – strikt anwendete.

ausnahmsweise zu erlangen vermögen[85]. Nur für diesen Sonderfall ist das Ergebnis stimmig, dass jedenfalls **Kooperationen von Kaufleuten** den Kontrollmechanismus des EnWG nicht auslösen sollten. Entsprechendes ist bei nicht-rechtsfähigen Vereinen (vgl. § 54 BGB) anzunehmen[86]; mangels rechtlicher Verselbständigung erreicht ein solcher Verein ebenfalls keine EVU-Qualität.

Der EVU-Begriff ist unabhängig von der Frage zu definieren, ob **unmittelbar oder mittelbar** Letztverbraucher mit Elektrizität oder Gas **versorgt** werden[87]. Ein Verbundunternehmen, das selbst Letztverbraucher nicht versorgt, ist als mittelbarer Versorger – Versorgung eines anderen EVU – selbst EVU. Eine Windkraftanlage, die die erzeugte Elektrizität in das öffentliche Netz einspeist, aus dem dann Letztverbraucher versorgt werden, ist EVU[88]. Holdinggesellschafen, die mit dem beherrschten Unternehmen einen Betriebsführungsvertrag abgeschlossen haben und über diesen auf die Versorgungstätigkeit dieses EVU Einfluss nehmen können, sind wegen dieser Kontrolltätigkeit EVU[89]. 123

EVU-Qualität des Lieferanten liegt auch dann vor, wenn der Netzbetreiber (EVU i. S. von § 3 Ziff. 18 Alt. 2) den Strom nicht (teilweise) selbst verbraucht (Netzverluste, Blindstrom, Anlagenbetrieb), sondern an ein Unternehmen weiterleitet, das dann die Letztverbraucherversorgung durchführt: Es ist nicht erforderlich, dass »der andere« unmittelbar versorgt wird. 124

Wer die **Versorgung anderer lediglich plant** bzw. vorbereitet, nicht aber aktuell durchführt, ist noch nicht EVU[90]. Teilweise wird in Ab- 125

---

85 BGHZ 146, 341, 343 = NJW 2001, 1056 – Teilrechtsfähigkeit der GbR; vgl. auch BVerfG NJW 2002, 3533 – Grundrechts- und Parteifähigkeit der GbR.
86 AA *TBK/Tegethoff*, Öff. Energieversorgung, § 2 EnWG a. F. S. I 90 Rz. 3.
87 Vgl. dazu aA *Danner/Theobald*, Energierecht, § 2 EnWG 1998 Rz. 38 (unmittelbare Versorgung erforderlich) unter Hinweis auf die Kürzung des Wortlauts des § 2 Abs. 4 EnWG 1998/2001 im Verhältnis zum alten Recht.
88 So zu Recht zum alten Recht FG Brandenburg VW 1998, 43, 44 – WKA als EVU –, allerdings speziell zum EVU-Begriff des InvestitionszulagenG 1993/1996 unter Rückgriff auf die Klassifikationen der Wirtschaftszweige.
89 AA *Danner/Theobald*, Energierecht, § 2 EnWG 1998 Rz. 38 a. E. unter Hinweis auf den gekürzten Gesetzeswortlaut.
90 *Danner/Theobald*, Energierecht, Bd. 1, § 2 EnWG 1998 Rz. 39; *TBK/ Tegehoff*, Öff. Energieversorgung, § 2 EnWG a. F. S. I 92, Rz. 6; *Evers*,

rede gestellt, dass EnWG und EVU-Begriff das **Vorhandensein fester Leitungswege** voraussetzen[91]. Dies ist systematisch offenbar unzutreffend: Da der EVU-Begriff die Versorgung anderer »mit Energie« voraussetzt (§ 3 Ziff. 14) und »Energie« als Elektrizität und Gas definiert wird, **soweit sie zur leitungsgebundenen Energieversorgung verwendet werden**, kann EVU-Qualität nur solchen Unternehmen und Betrieben zukommen, die für die Lieferung der Energie feste Leitungswege benutzen. Dem EnWG unterliegt also nicht, wer Flaschengas oder Flüssiggas in Tankwagen liefert. Auch wenn das im Tankwagen angelieferte Flüssiggas in einen Haustank umgefüllt wird, von dem aus Zuleitungen zu den zu versorgenden Gebäuden verlegt sind, liegt darin noch keine leitungsgebundene Energieversorgung, solange das »Leitungsnetz« das Grundstück des Belieferten nicht verlässt[92]. Wird dagegen eine Wohnsiedlung oder eine Industrieansiedlung von einer Erzeugungs- oder Tankanlage aus über Grundstücksgrenzen hinaus mithilfe fester Leitungen beliefert, ist leitungsgebundene Energieversorgung anzunehmen und der EVU-Begriff erfüllt.

126 Der EVU-Begriff differenziert nicht zwischen Elektrizität und Gas; er ist daher **einheitlich in Bezug auf beide Energiearten** auszulegen[93]. Aus einem derart einheitlich ausgelegten EVU-Begriff muss auch gefolgert werden, dass die Anzeige für die »Aufnahme der Energiebelieferung« nach § 5 Satz 1 trotz Wechsels des Energieträgers nur einmalig einzuholen ist[94].

127 EVU sind nach § 2 Abs. 4 **Alt. 2** auch solche Unternehmen und Betriebe, die **ein Energieversorgungsnetz betreiben**. Damit wird auf § 3 Ziff. 2 zurückverwiesen, der die Netzbetreibereigenschaft auch rechtlich unselbständigen Organisationseinheiten von EVU-Netzbetriebsabteilungen zuerkennt.

128 Das EnWG kennt keinen allgemeinen Netzbegriff, sondern differenziert zwischen Netzarten (§ 3 Ziff. 2ff). Konstituierend ist folglich die

Recht der Energieversorgung, S. 66 (»tatsächlich Energie überträgt«); *Büdenbender*, Energierecht, Rz. 102.
91 So *TBK/Tegethoff*, Öff. Energieversorgung, § 2 EnWG a. F. S. I 91 Rz. 5 unter Hinweis auf altes Reichswirtschaftsrecht.
92 Str., vgl. zum Meinungsstand *Tegethoff* ebd.
93 So zu Recht *Tegethoff* ebd., allerdings mit anderer Konsequenz.
94 So zum früheren Recht *TBK/Tegethoff*, Öff. Energieversorgung, § 2 EnWG a. F. S. I 91 Rz. 5 gegen die wohl hM.

Differenzierung zwischen Leitung einerseits und Netz andererseits: Während mittels einer Leitung die Versorgung mit Elektrizität oder Gas von Punkt zu Punkt stattfindet, also Erzeugungsanlage und Kundenanlage über diese Leitung direkt miteinander verbunden werden, ist **Kennzeichen des Netzes** eine planvolle Zusammenfassung (»System«) von Leitungen unabhängig von Querschnitt, Spannungsebene oder Druckstufe, überregionalem oder regionalem oder örtlichem Bezug, wobei das Netz mittels Verbindung und Vermaschung dem Ziel des Energietransports zum Zwecke der Versorgung von mehr als einem Kunden dient.

Der Netzbegriff ist unabhängig von seinem räumlichen Bezug; sowohl Übertragungs- bzw. Fernleitungsnetze als auch Verteilernetze unterfallen dem Netzbegriff (§ 3 Ziff. 2 ff.). Netze unterschiedlicher Spannungsebenen oder Druckstufen bilden Teilnetze, wenn sie nicht durch Umspannanlagen (Elektrizität) bzw. Druckregelstationen (Gas) miteinander verbunden sind; das Vorhandensein eines Teilnetzes reicht für § 3 Ziff. 18 aus (EVU-Begriff), soweit dieses Netz mit dem Ziel einer allgemeinen Versorgung betrieben wird. **Stichleitungen** (sog. Ausläufer) sind Bestandteile des Netzes, solange mit ihrer Hilfe ein oder mehrere Kunden aus dem Netz versorgt werden[95]. Während die Direktleitung typischerweise keine Verbindung zum Netzbegriff aufweisen wird, also allein hinreichend und notwendig ist, um einen Kunden zu versorgen, geht die Stichleitung vom Netz aus und ist Bestandteil desselben[96]. 129

Zubehör des Netzes wie Druckregelstationen, Transformatoren, Schaltanlagen, Wartungseinrichtungen und Umspannwerke sind Bestandteile des Netzbegriffs. Betreibt ein Unternehmen (isoliert) nur eine Teileinrichtung des Netzes bzw. Netzzubehör, wird es sich typischerweise noch nicht um Netzbetrieb handeln, wenn dieser Betreiber der Teileinrichtung auf die miteinander verbundenen Leitungen keinerlei Zugriff nehmen kann. Umgekehrt kann Netzbetrieb nicht verneint werden, wenn einzelne – auch bedeutsame – Teileinrichtungen einem anderem Unternehmensträger zugeordnet sind: Da die Netzdefinition auch das Zugangserfordernis gemäß §§ 17 ff. berücksichtigen muss, wird der Netzbegriff durch den technischen Zweck der Verbindung und Vermaschung unabhängig von der rechtlichen Zuordnung 130

---

95 *Schneider*, EnWG 1998, § 2 Anm. 4.2.2; BGH RdE 2005, 79, 81 – Anschluss der Solaranlage
96 *Schneider* ebd. S. 48 f. Vgl. auch unten Fn. 119.

geprägt. Art. 2 Ziff. 13 RL-Gas (Netzdefinition) betont diesen Umstand, indem Anlagen verbundener Unternehmen ohne weiteres dem (Gesamt-) Netzbegriff zugeschlagen werden. Im Falle der Zuordnungstrennung muss deshalb auch für den Elektrizitätsmarkt erwogen werden, die verschiedenen Rechtsträger von Netzteilen und Netzeinrichtungen in der Art von Gesamtschuldnern (§ 421 BGB analog) als Zugangsverpflichtete anzusehen.

131 Der Betreiber einer Erzeugungsanlage ist selbst dann **kein Netzbetreiber**, wenn die Verbindungsleitung zum Netz in seinem Eigentum steht; entsprechend wertet § 3 Ziff. 39 in Verbindung mit § 27 im Hinblick auf vorgelagerte Rohrnetze, die nicht Gasnetzbestandteil sind, so dass das Netz bei der Übergabestation endet. Den Netzbegriff erfüllt auch, wer auf eigenem Gelände oder im eigenen Haus Elektrizität oder Gas über ein System von Verbindungsleitungen verteilt; regelmäßig wird es sich aber bei solchen Industrienetzen oder Hausnetzen nicht um solche der allgemeinen Versorgung handeln[97].

132 Die natürliche oder juristische Person[98] muss das Netz **betreiben**, um EVU-Qualität zu erreichen. **Betreiber** ist derjenige (natürliche oder juristische) Rechtsträger, der für den Betrieb des Netzes rechtlich verantwortlich ist, wobei der Betrieb durch die gesamte Betriebsweise einschließlich Wartung und Unterhaltung (Produktionsverfahren, Produkte einschließlich Vor- und Zwischenprodukten, anfallende Reststoffe sowie Arbeitsläufe und Betriebszeiten) gekennzeichnet ist[99]. Betreiber ist also, wer für Regelung des Netzzugangs und technische Instandhaltung des Netzes verantwortlich ist und damit die tatsächliche Verfügungsgewalt über das Netz besitzt[100]. Vergleichbar dem Inhaberbegriff[101] ist insbesondere derjenige Betreiber, der die Netzanlage auf eigene Rechnung benutzt bzw. in Gebrauch hat und die hierfür erforderliche Verfügungsgewalt besitzt und die Kosten für den Unterhalt aufbringt. Insbesondere der Eigentümer, aber auch der Pächter des Netzes ist »Herr der Gefahr« und damit Betreiber. Damit wendet sich § 3 Ziff. 18 sowohl an den Eigentümer als auch an den Anlagenpächter, und die 3. Alternative des EVU-Begriffs weist zur 2. Alternative keine trennscharfe Abgrenzung auf.

---

97 Vgl. § 110 Abs. 1.
98 Vgl. oben § 3 Rz. 16 ff.
99 Vgl. *Salje/Peter*, UmweltHG, §§ 1, 3 Rz. 15 mit Nachweisen.
100 *Schneider*, EnWG 1998, § 2 Anm. 4.2.2 (S. 50).
101 Ebd. Rz. 16.

Die Betreibereigenschaft ist jedenfalls erfüllt, wenn das Unternehmen 133
selbst ein Verteilernetz betreibt und als »Gebietsversorger« einen
Konzessionsvertrag abgeschlossen hat[102]. Aber auch Unternehmen,
die über fremde Netze Letztverbraucher versorgen, fallen unter die
Alternative 2 und können Netzbetreiber im Sinne des Gesetzes sein.
Auf das zwischen dem über das Netz Verfügendem und seinem Vertragspartner bestehende Rechtsverhältnis kommt es nicht an; verantwortlicher Netzbetreiber kann sowohl der Eigentümer als auch ein
Pächter, möglicherweise sogar ein Mieter oder Nießbraucher des Netzes sein. Wer dagegen das Netz lediglich zum Zwecke der Durchleitung oder des Netzzugangs (§§ 17 ff.) in Anspruch nimmt, erlangt
keine Verfügungsgewalt und ist daher nicht Netzbetreiber. Da es Ziel
des EnWG ist, die besonderen energiewirtschaftsrechtlichen Pflichten
und das Unterworfensein unter die Aufsicht der Regulierungsbehörde
(§ 65) möglichst umfassend und effektiv auf alle diesbezüglich in Betracht kommenden Rechtsträger zu erstrecken, ist im Zweifel ein weiter EVU-Begriff und damit auch Betreiberbegriff zugrundezulegen.

Fraglich ist, ob auch ein sog. **Betriebsführer** (»operator«) Netzbetreiber und damit EVU i. S. von § 3 Ziff. 18 Alt. 2 oder Alt. 3 sein kann. 134
Da der Netzinhaber in einem solchen Falle das Netz nicht mehr selbst
beaufsichtigt und kontrolliert, sondern durch Vertrag eine aufsichtspflichtige Person eingesetzt hat, die primär in der Lage ist, den Gefahren der Netzanlage zu steuern, könnte allein dem Betriebsführer
EVU-Qualität zuzumessen sein[103]. Da auch und gerade der Betriebsführer in der Lage ist, die Netzdienstleistungen zu verwirklichen und
er auch »Herr der Gefahr« ist, indem er entscheidet, ob und in welchem Umfang der Netzbetrieb fortgesetzt oder unterbrochen wird,
kann an seiner Netzbetreibereigenschaft (letztlich) kein Zweifel bestehen.

Auch die mittelbar über das Netz Verfügenden sind – in der Art von 135
mittelbaren Besitzern (vgl. § 868 BGB) – Netzbetreiber im Sinne der
3. Alternative des § 3 Ziff. 18, soweit ihnen im Hinblick auf den
Netzbetrieb Rechte verblieben sind oder ihnen wenigstens noch
Pflichten obliegen. Ist der Betriebsführer beispielsweise nur für das
technische Management verantwortlich und entscheidet letztlich der

---

102 Zu Einzelheiten vgl. unten § 46 Rz. 97 ff.
103 Für das Umwelthaftungsrecht und die Inhabereigenschaft: BGH NJW
1986, 2312, 2313 – Forellen und Dieselöl: Die Betriebsführerin wird wegen der Gefahrsteuerungsmöglichkeit Inhaberin.

Netzeigentümer, welche Unterhaltungs- und Ausbaumaßnahmen in Bezug auf das Netz durchzuführen sind, ist und bleibt der Eigentümer neben dem Betriebsführer Netzbetreiber und ggf. EVU. Entsprechendes gilt wie gezeigt bei Verpachtung des Netzes[104]. Da nach der Rechtsprechung des BGH eine vollständige Delegation von Verkehrspflichten nicht möglich ist[105], vermag auch der Netzeigentümer gerade wegen der von Energienetzen ausgehenden hohen Gefahren seine Verantwortung nicht vollständig auf Dritte zu übertragen. Die verbleibenden Überwachungspflichten dürften typischerweise ausreichen, um ihm eine (restliche, subsidiäre) Verfügungsmacht über das Netz zu sichern und damit zugleich die Betreibereigenschaft im Hinblick auf das Netz zu begründen. Dies steht in Einklang mit der Zielsetzung des Gesetzes, über einen weiten EVU-Begriff alle verantwortlichen Rechtsträger schnell und effektiv in die Pflicht nehmen zu können[106].

33. Entstehender Markt (Art. 2 Ziff. 31 RL-Gas)

136 Unter »entstehender Markt« versteht Art. 2 Ziff. 24 RL-Gas einen **Mitgliedstaat, in dem die erste kommerzielle Lieferung aufgrund seines ersten langfristigen Erdgasliefervertrags nicht mehr als zehn Jahre zurückliegt.** Die Definition dient dem Zweck, Mitgliedstaaten, in denen das Erdgas erst in jüngerer Zeit als Energieträger heimisch geworden ist, Sonderregelungen zu unterwerfen. Die Bundesrepublik Deutschland zählt nicht zu diesen Mitgliedstaaten.

34. Erdgasunternehmen (Art. 2 Ziff. 1 RL-Gas)

137 Im Sinne von Art. 2 Ziff. 1 RL-Gas sind »Erdgasunternehmen« (im Folgenden: GasU) **natürliche oder juristische Personen, die von den Funktionen Gewinnung, Fernleitung, Verteilung, Lieferung, Kauf oder Speicherung von Erdgas, einschl. verflüssigtem Erdgas, mindestens eine wahrnehmen und die kommerzielle, technische und/oder wartungsbezogene Aufgaben im Zusammenhang mit diesen Funktionen wahrnehmen, mit Ausnahme der Endkunden.**

---

104 Vorstehend Rz. 122.
105 Std. Rspr., vgl. BGH NJW 1996, 2646 – Verletzung des Feuerwehrmanns; NJW-RR 1989, 394, 395 – Übertragung der Wegereinigung; Nachweise bei *v.Bar*, Verkehrspflichten, Köln/Berlin/Bonn/München 1979, S. 15 ff.; *Palandt/Sprau*, BGB, § 823 Rz. 52.
106 Vgl. § 2 Abs. 1 und § 65.

Vergleichbar dem Begriff »Elektrizitätsunternehmen« (oben § 3 Rz. 66 ff.) ist also auch das GasU durch bestimmte gaswirtschaftliche Funktionen gekennzeichnet. Hinzukommen müssen Aufgaben, die mit diesen Funktionen in der Art von Hilfsfunktionen zusammenhängen. Dies dient dazu, Endkunden sowie bloße Vermittler/Großhändler vom Begriff des GasU auszunehmen. Ausreichend ist es, wenn eine dieser Funktionen einschl. der Hilfsfunktionen (kommerzieller, technischer, wartungsbezoger Bezug) wahrgenommen wird.

Das Verhältnis des deutschen EVU-Begriffs zum Begriff des GasU im Europäischen Recht ist bereits beim Begriff »EltU« beschrieben worden[107]. Im Begriff des GasU sind auch Eigenversorger enthalten, die Erdgas nur zu Zwecken des eigenen Bedarfs gewinnen, fernleiten oder speichern. Allerdings dürfte eine derartige Aktivität in der Wirtschaftswirklichkeit eher selten vorkommen. 138

35. *Erneuerbare Energien (§ 3 Ziff. 18a)*

Energie im Sinne des § 3 Abs. 1 des Erneuerbare-Energien-Gesetzes.

Der Begriff der Erneuerbaren Energien ist einerseits Art. 2 der Richtlinie 2001/77/EG des Europäischen Parlaments und des Rates zur Stromerzeugung aus erneuerbaren Energiequellen im Elektrizitätsbinnenmarkt[108], andererseits (und unmittelbar) § 3 Abs. 1 EEG entnommen. Wegen der Einzelheiten wird auf die Erläuterungen der Spezialkommentierungen Bezug genommen[109]. Grubengas zählt nicht zu den EE (Umkehrschluss aus § 3 Abs. 1 EEG 2004). 139

Bei Stromgewinnung aus **Wasserkraft** wird die Fließenergie des Wassers in mechanische Energie umgesetzt, wobei dann ein Generator elektrische Energie erzeugt. Während Speicherkraftwerke bedingt nutzbar gemacht werden können (Ausnutzung natürlicher Speicher), dienen insbesondere Laufwasserkraftwerke der Stromgewinnung aus EE. 140

Windenergie dient der Stromerzeugung, indem die kinetischen Energie der Luftströmung über einen Rotor in eine mechanische Drehbe- 141

---

107 Vgl. oben § 3 Rz. 66.
108 Vom 27.9.2001, ABl. EG Nr. L 283/33.
109 Vgl. *Reshöft/Steiner/Dreher*, EEG 2004, § 3 Rz. 6 ff.; *Salje*, EEG 2004, § 3 Rz. 6 ff.

§ 3 Begriffsbestimmungen

wegung umgewandelt wird; diese treibt den Generator. Irrelevant ist, ob die Windenergieanlage dem Vertikalachsen- oder dem Horizontalachsenprinzip folgt.

142 Bei Stromerzeugung aus **solarer Strahlungsenergie** sind mehrere technische Prinzipien einsetzbar. Sog. **Fotovoltaikanlagen** wandeln die Sonnenstrahlung mit Hilfe von Halbleiter-Solarzellen unmittelbar in elektrische Energie um. Beim **solarthermischen Kraftwerk** wird ein Dampferzeuger aufgeheizt, der dann den Stromgenerator über die Dampfturbine antreibt. Soweit in nennenswertem Umfang nutzungsfähige **Umgebungswärme** vorhanden ist, kann auch diese der Stromerzeugung dienen.

143 Bei **Geothermie** geht es um die Elektrizitätsgewinnung aus Erdwärme. Dazu werden Tiefbohrungen gesetzt, denen entweder heißes Wasser direkt oder nach Einpressen von Oberflächenwasser – meist an anderer Stelle – wieder entnommen werden kann. Über eine Turbine und den Generator wird dann Strom erzeugt. Insbesondere ist es das Hot-Dry-Rock-Verfahren, das innerhalb und außerhalb Europas mit Hilfe von Versuchsbohrungen erkundet wird.

144 Zu den EE zählen auch **Deponiegas, Klärgas** sowie **Biogas**. Sie alle gehören zur Energie, die aus Biomasse erzeugt wird. Das Klärgas entsteht bei der Vergärung von Klärschlamm im Faulturm, und über gasbetriebene Motoren kann dann elektrische Energie erzeugt werden. **Deponiegas** entsteht beim mikrobiologischen Abbau organischer Substanzen des Abfalls und kann zur Energieerzeugung genutzt werden, indem entweder wiederum Gasmotoren/Gasturbinen eingesetzt oder aber eine indirekte Verbrennung in industriellen Kesseln erfolgt. Das **Biogas** entsteht, wenn Biomasse-Materien im Sinne von § 3 Abs. 1 in Verbindung mit § 2 BiomasseV in einen gasförmigen Zustand überführt und dann für die Stromerzeugung (z.B. Speisung eines Gasmotors) eingesetzt werden. Dabei ist es insbesondere der hohe Methangehalt, der zur Stromerzeugung dient.

145 Die weiteren für **Biomasse** zugelassenen Materialien und technischen Verfahren sind in der **Biomasseverordnung**[110] aufgeführt. Zusätzlich müssen bestimmte Umweltanforderungen eingehalten werden, § 5 BiomasseV. Abgrenzend enthält § 3 BiomasseV die nicht als solche anerkannten Stoffe (z.B. fossile Brennstoffe, Torf, gemischte Sied-

---

110 Vom 21.6.2001, BGBl. I S. 1234.

lungsabfälle). Die **biologisch abbaubaren Abfälle** sind nunmehr allerdings unabhängig davon, ob sie in Haushalten oder in Industrieanlagen anfallen, als Einsatzstoffe für EEG-Anlagen anerkannt[111].

36. Erzeuger (Art. 2 Ziff. 2 RL-Elt)

Unter »Erzeuger« versteht die Binnenmarktrichtlinie Elektrizität eine **juristische oder natürliche Person, die Elektrizität erzeugt** (Art. 2 Ziff. 2 RL-Elt). Auch Personenhandelsgesellschaften sind »Personen« in diesem Sinne, nicht aber Gesellschaften bürgerlichen Rechts i. S. der §§ 705 ff. BGB, weil ihnen das deutsche Recht keine ausreichende Verselbständigung »als Person« zuweist (anders als § 124 HGB). allerdings kann eine solche GbR den EVU-Begriff erfüllen, vgl. oben § 3 Rz. 122. Zum Erzeugungsbegriff wird auf die nachstehenden Hinweise Bezug genommen (Rz. 147 ff.).

146

37. Erzeugung (Art. 2 Ziff. 1 RL-Elt)

Erzeugung ist die **Produktion von Elektrizität** (Art. 2 Ziff. 1 RL-Elt). Die Art und Weise der Produktion (z. B. aus Atomenergie, aus regenerativen Energieträgern, mit Hilfe fossiler Brennstoffe, gestützt auf Verfahren der Kraft-Wärme-Kopplung, aus Blockheizkraftwerken) ist für den Erzeugungsbegriff irrelevant. Erzeugung ist eine der vier typischen elektrizitätswirtschaftlichen Funktionen und damit charakteristisch für den Begriff des EltU, vgl. Art. 2 Ziff. 20 RL-Elt.

147

Der Erzeugungsbegriff wird nur in der Binnenmarktrichtlinie Elektrizität verwendet. An deren Stelle spricht die Binnenmarktrichtlinie Gas von »Gewinnung« von Erdgas, ohne diesen Begriff zu definieren (vgl. aber Art. 2 Ziff. 1 RL-Gas: Definition des Erdgasunternehmens). Vergegenwärtigt man sich das Europäische Recht, muss also unklar bleiben, ob Anlagen zur »Erzeugung von Erdgas« dem Begriff der Energieanlage unterfallen (§ 3 Ziff. 15). Bezeichnenderweise erwähnte die Gesetzesbegründung zu § 2 EnWG 1998/Entwurfsfassung[112] Gasgewinnungsanlagen wie Fördertürme, Bohrgestänge, Bohrmeißel, Vortriebsmaschinen usw. nicht. Möglicherweise will der deutsche Gesetzgeber solche Anlagen als der Gasversorgung vorgelagert und allenfalls dem Bundesberggesetz unterfallend behandeln. Nachdem aber Art. 2 Ziff. 1 RL-Gas die Gewinnung von Erdgas als typische Funkti-

148

---

111 Zu Einzelheiten vgl. *Salje*, EEG 2004, § 3 Rz. 47 ff.
112 BT-DrS 13/7274, S. 14 (rechte Spalte).

on eines Erdgasunternehmens bezeichnet, wird man – trotz möglicher Abgrenzungsschwierigkeiten zum Bundesberggesetz – auch Gewinnungsanlagen dem Energieanlagenbegriff und damit der Erzeugung zurechnen müssen. Denn Betriebssicherheit i. S. von Art. 2 Ziff. 32 i. V. mit Art. 3 Abs. 2 RL-Gas ist auch für solche Anlagen erforderlich. Der Erzeugungsbegriff kann ohne dem Wortlaut Gewalt anzutun auch auf die **Gewinnung von Erdgas** erstreckt werden.

149 In der Gesetzesbegründung[113] zum EnWG 1998 wurden für den Elektrizitätsbereich **Kraftwerke** als Erzeugungsanlagen genannt. Anlagenteile wie Turbinen und Generatoren bilden ebenso Erzeugungsanlagen wie die Nebenanlagen und deren bauliche Vorrichtungen: Kesseleinrichtung, Maschinenanlagen, Transport- und Vorratseinrichtungen, Kühlwasserleitungen, Kühltürme. Da Förderbänder somit vom Begriff der Erzeugungsanlage umfasst sind, besteht auch insofern Parallelität zur Gewinnung von Erdgas. Reine Heizwerke dienen nicht der Elektrizitätsversorgung und sind deshalb keine Energieanlagen[114].

38. Fernleitung (§ 3 Ziff. 19)

der Transport von Erdgas durch ein Hochdruckfernleitungsnetz, mit Ausnahme von vorgelagerten Rohrleitungsnetzen, um die Versorgung von Kunden zu ermöglichen, jedoch nicht die Versorgung der Kunden selbst.

150 Die Definition ist dem Europäischen Recht entnommen. Art. 2 Ziff. 3 RL-Gas definiert »Fernleitung« als **Transport von Erdgas durch ein Hochdruckfernleitungsnetz, mit Ausnahme von vorgelagerten Rohrleitungsnetzen, zum Zweck der Belieferung von Kunden, jedoch mit Ausnahme der Versorgung**. Die Definition hat für die Binnenmarktrichtlinie große Bedeutung, weil damit eine typische gaswirtschaftliche Funktion beschrieben wird. Vergleichbar dem Übertragungsbegriff in der Elektrizitätswirtschaft geht es um den überregionalen Transport von Erdgas in Hochdrucknetzen. Nicht entscheidend ist es, ob bereits aus einem solchen Netz ein einzelner oder mehrere Kunden versorgt werden; Endzweck muss allerdings die Versorgung von Kunden, also die Belieferung mit Erdgas (einschl. verflüssigtem Erdgas) sein. Definitionsgemäß sind vorgelagerte Rohr-

---

113 BT-DrS 13/7274, S. 14 (Einzelbegründung zu § 1 EnWG 1998).
114 *Schneider*, EnWG 1998, § 2 Anm. 3.1.

leitungsnetze (vgl. unten Rz. 252 zu § 3 Ziff. 39) vom Begriff der Fernleitung ausgeschlossen. Die doppelte Verwendung des Versorgungsbegriffs in Ziff. 19 beruht auf einem Redaktionsversehen, wie der Vergleich mit § 3 Ziff. 32 (ebenfalls falsch) und Ziff. 37 (korrekt) zeigt.

39. Fernleitungsnetzbetreiber (Art. 2 Ziff. 4 RL-Gas)

Fernleitungsunternehmen sind **natürliche oder juristische Personen, die die Funktion der Fernleitung wahrnehmen** (Art. 2 Ziff. 4 RL-Gas). Unter **Fernleitung** versteht § 3 Ziff. 19 den Transport von Erdgas durch ein Hochdruckfernleitungsnetz zwecks Versorgung (jedoch nicht Belieferung) von Kunden. Während das europäische Recht diese Netzbetreiber ausdrücklich definiert und die Verantwortlichkeit für Betrieb, Wartung und erforderlichen Ausbau besonders betont (Art. 2 Ziff. 4 RL-Gas), findet sich in § 3 Ziff. 5 der deutsche Parallelbegriff (Betreiber von Fernleitungsnetzen). Dieser stimmt im Wesentlichen mit dem europäischen Recht überein, erklärt jedoch auch die rechtlich unselbständigen Organisationseinheiten von EVU wie gewohnt zu Adressaten des Betreiberbegriffs.

151

Zu den Personen im Sinne des Europäischen Rechts gehören auch die deutschen Personenhandelsgesellschaften. Um die Adressaten i. S. der Binnenmarktrichtlinie Gas zu erfassen, wird der Unternehmensbegriff funktional definiert. Oberbegriff ist das Erdgasunternehmen (GasU), Art. 2 Ziff. 1 RL-Gas.

152

40. Gas (§ 3 Ziff. 19a)

Erdgas, Flüssiggas, sofern es der Versorgung im Sinne des § 1 Abs. 1 dient, und Biogas.

Das deutsche Recht verwendet einen sehr weiten Gasbegriff, der nur durch die Netzkompatibilität und den Verwendungszweck (Transport im Rahmen der leitungsgebundenen Energieversorgung) begrenzt wird. Wegen des **Biogasbegriffs** wird auf die obige Rz. 50 und 144 verwiesen (§ 3 Ziff. 18a: Erneuerbare Energien). **Flüssiggas** ist als ein in einen flüssigen Aggregatzustand, der sich bei tiefen Temperaturen realisiert, gebrachtes Erdgas zu verstehen. **Erdgas** ist diejenige gasförmige Energie, die meist in großen Tiefen und in bestimmten Sedimentschichten der Erdkruste vorkommt.

153

§ 3 Begriffsbestimmungen

41. Gaslieferant (§ 3 Ziff. 19b)

natürliche und juristische Personen, deren Geschäftstätigkeit ganz oder teilweise auf den Vertrieb von Gas zum Zweck der Belieferung von Letztverbrauchern ausgerichtet ist.

154 Das europäische Recht kennt den Gaslieferanten-Begriff nicht; es handelt sich insofern um Kunden (Art. 2 Ziff. 24 RL-Gas), die – meist als Großhändler oder Erdgasunternehmen – Erdgas kaufen (und wieder verkaufen). Der Gesetzgeber definiert den Begriff überwiegend im Hinblick auf § 5 (Anzeigepflicht bei Energiebelieferung). Weil der Gaslieferant seine Geschäftstätigkeit auch nur **teilweise** auf den Gasvertrieb (Belieferung von Letztverbrauchern im Sinne von § 3 Ziff. 25) ausgerichtet haben muss, fallen auch gelegentliche Lieferanten von Erdgas unter die Anzeigepflicht.

155 Nach § 53a sind Gaslieferanten zur Sicherstellung der Versorgung von Haushaltskunden mit Erdgas gerade in Mangelsituationen verpflichtet. Die Einfügung des Gaslieferantenbegriffs durch den Wirtschaftsausschuss dient damit der rechtssicheren Handhabung des Gesetzes.

42. Gasversorgungsnetze (§ 3 Ziff. 20)

alle Fernleitungsnetze, Gasverteilernetze, LNG-Anlagen oder Speicheranlagen, die für den Zugang zur Fernleitung, zur Verteilung und zu LNG-Anlagen erforderlich sind und die einem oder mehreren Energieversorgungsunternehmen gehören oder von ihm oder ihnen betrieben werden, einschließlich Netzpufferung und seiner Anlagen, die zu Hilfsdiensten genutzt werden, und der Anlagen verbundener Unternehmen, ausgenommen sind solche Netzteile oder Teile von Einrichtungen, die für örtliche Produktionstätigkeiten verwendet werden.

156 Die Definition des Gasversorgungsnetzes (§ 3 Ziff. 20 im Anschluss an § 2 Abs. 3 EnWG 2003) umfasst »Fernleitungs- und Verteilernetze, Direktleitungen, Anlagen für verflüssigtes Erdgas (LNG-Anlagen) und alle sonstigen Anlagen, die für die Fernleitung und Verteilung erforderlich sind, einschließlich der Anlagen für Wärmeausgleich und Mischung. Ferner zählen hierzu Anlagen zur Speicherung, soweit sie in technischer Hinsicht für den wirksamen Netzzugang erforderlich sind. Ausgenommen sind solche Netzteile oder Teile von Einrichtungen, die für örtliche Produktionstätigkeiten verwendet werden.

Die Begriffe »vorgelagerte Rohrnetze« sowie »Speicheranlage« sind in 157
den Ziffern 39 und 31 des § 3 entsprechend der RL-Gas definiert
worden. In der Gesetzesbegründung zum früheren Recht[115] wurde
die Übereinstimmung der Netzdefinition mit Art. 2 Ziff. 12 (jetzt:
Ziff. 13) und den beiden dazu ergangenen Protokollerklärungen 80/98
und 81/98 (Ratsdokument 9335/98) betont. Die für die Abgrenzung
des vorgelagerten Netzes von Fernleitungs- und Verteilnetzen genannte Übergabestation sei in der Regel eine Aufbereitungsanlage, in
der marktfähiges Gas hergestellt werde. Zum Begriff des GasVU
(»natürliche oder juristische Personen, die von den Funktionen Gewinnung, Fernleitung, Verteilung, Lieferung, Kauf oder Speicherung
von Erdgas, einschließlich verflüssigtem Erdgas (LNG) mindestens
eine wahrnehmen«) wird auf Art. 2 Ziffer 1 RL-Gas verwiesen.

Die Definitionen zum Gasversorgungsnetz und seinen Bestandteilen 158
sind während der Vorbereitungen zum Gesetzgebungsverfahren der
Gasnovelle 2003 mehrfach verändert worden. Die erste umfassende
Definition des Entwurfs vom Februar 2000 enthielt die Definitionen
für Speicheranlagen und Rohrleitungsnetze noch nicht und schloss
nur diejenigen Netzteile (vom Zugang) aus, die Produktionszwecken
dienen. Mit dem zweiten Diskussionsentwurf (August 2000) wurden
zwar die Direktleitungen aufgenommen, die Ausnahmevorschrift aber
auf »örtliche« Produktionstätigkeiten begrenzt und die Erforderlichkeit des Netzzugangs bzgl. Speicheranlagen auf technische Gründe
beschränkt. Erst der dritte Diskussionsentwurf (Oktober 2000) entsprach im Wesentlichen der dann im Jahre 2003 Gesetz gewordenen
Fassung, enthielt aber noch die »vorgelagerten Rohrnetze« sowie eine
Definition der take or pay-Verträge[116]; Definitionen der »vorgelagerten Rohrnetze« sowie der »Speicheranlagen« waren erstmals aufgenommen worden. Art. 2 Ziff. 13 RL-Gas führt erstere nicht explizit
auf, bezieht aber die für den Zugang erforderlichen »Hilfsanlagen« in
die Netzdefinition mit ein, ohne eine Beschränkung auf technische
Gründe vorzusehen.

---

115 BR-DrS 20/01, S. 9, Einzelbegründung zu Art. 1 § 2 Abs. 3 (Netzdefinition).
116 § 2 Abs. 3 Satz 6 der Entwurfsfassung Oktober 2000 lautete: »Verträge
mit unbedingter Zahlungsverpflichtung sind Langzeitlieferverträge, die
zwischen Betreibern von Gasversorgungsnetzen und Erdgaserzeugern
abgeschlossen werden.« Die Lückenhaftigkeit jener Definition liegt auf
der Hand.

§ 3 Begriffsbestimmungen

159 Während § 3 Ziff. 20 die zum Gasversorgungsnetz zählenden Teileinrichtungen durch reihende Aufzählung **positiv** umschreibt, enthält der letzte HS zwei funktionsbezogene Ausnahmen (**Negativabgrenzung**). Die im Rahmen der positiven Beschreibung des Begriffs »Gasversorgungsnetz« aufgezählten Teilanlagen beziehen sich wie gezeigt auf den in der Binnenmarktrichtlinie Erdgas definierten Begriff »Netz« (Art. 2 Ziff. 13 RL-Gas). Bestandteile des Gasversorgungsnetzes sind nach deutschem Recht:

– Fernleitungs- und Verteilernetze

– zugangsnotwendige Speicheranlagen

– Anlagen für verflüssigtes Erdgas (LNG-Anlagen)

– alle sonstigen für Fernleitung und Verteilung erforderlichen Anlagen (einschl. Hilfsdiensten, Wärmeausgleich und Mischung)

160 »Fernleitungsnetz« und »Verteilernetz« bilden Unterarten des Gasversorgungsnetzes. Da sich die Novelle um einen engen Bezug zur RL-Gas bemüht hat, spricht nichts dagegen, zur Auslegung der im deutschen Recht verwendeten Begriffe unmittelbar auf die europäischen Definitionen zurückzugreifen, soweit eine nationale Definition nicht vorhanden ist und die im deutschen Recht gebräuchliche Systematik dem nicht explizit widerspricht[117].

161 Nach Art. 2 Ziff. 13 RL-Gas fallen unter den »**Netzbegriff**« alle Fernleitungs- und/oder Verteilernetze und/oder LNG-Anlagen, die einem Erdgasunternehmen gehören und/oder von ihm betrieben werden, einschl. seiner Anlagen, die zu Hilfsdiensten eingesetzt werden, und der Anlagen verbundener Unternehmen, die für den Zugang zu Fernleitung und Verteilung erforderlich sind. Dabei ist **Fernleitung** der »Transport von Erdgas durch ein Hochdruckfernleitungsnetz (mit Ausnahme von vorgelagerten Rohrleitungsnetzen) im Hinblick auf die Versorgung von Kunden« (Art. 2 Ziff. 3 RL-Gas), **Verteilung** der »Transport von Erdgas über örtliche oder regionale Leitungsnetze im Hinblick auf die Versorgung von Kunden« (Art. 2 Ziff. 5 RL-Gas). Werden Bestandteile derartiger Netze nicht zur Versorgung von Kun-

---

117 Für diesen Ansatz die Begründung zum Regierungsentwurf der Gasnovelle 2003: BR-DrS 20/01, S. 9 (Einzelbegründung zu Art. 1 § 2 Abs. 3), wo die Begriffe »Gasversorgungsunternehmen« und »Erdgasunternehmen« (Art. 2 Ziff. 1 RL-Gas) gleichgesetzt wurden, ohne allerdings die Divergenz zum deutschen EVU-Begriff zu beachten.

den benötigt, dienen sie also beispielsweise unternehmenseigenen Zwecken (z.B. örtliche Produktion), gehören sie nicht zum Gasversorgungsnetz. Dies gilt insbesondere für »vorgelagerte Rohrnetze«, die weder nach europäischem Recht (Art. 2 Ziff. 3 i. V. mit Ziff. 2 RL-Gas) noch nach deutschem Recht (§ 3 Ziff. 20) dem Gasversorgungsnetz zuzurechnen sind. Damit sind die Begriffe »Hochdruckfernleitungsnetz«, »örtliches Leitungsnetz« sowie »regionales Leitungsnetz« konstituierend auch im Hinblick auf den deutschen Netzbegriff bei GasVU, soweit ein Transport von Erdgas erfolgt.

Sind **andere Gasprodukte** zu transportieren, die nicht bei natürlichen 162 Prozessen im Rahmen der Entstehungsgeschichte der Erde generiert, sondern von Menschenhand künstlich geschaffen wurden (Beispiele: Biogas, Deponiegas, Klärgas, Grubengas, vgl. § 3 Abs. 1 EEG), unterliegen diese zwar nicht der Binnenmarktrichtlinie Erdgas, wohl aber dem deutschen EnWG. Dies folgt bereits aus § 3 Ziff. 19a. Es ist daher nicht möglich, unter Hinweis auf die Binnenmarktrichtlinie Erdgas den deutschen Begriff des »Gasversorgungsnetzes« von vornherein auf den Erdgastransport zu beschränken. Soweit andere Gassorten in einem kompatiblen und/oder mischbaren Verhältnis angeboten werden und die Interoperabilitätsbedingungen erfüllen, kann ihnen der Zugang zu den Gasversorgungsnetzen nicht verweigert werden. Der deutsche Gesetzgeber ist selbstverständlich frei, zur Verbesserung der Wettbewerbsbedingungen im Binnenmarkt die Gasversorgungsnetze über den in der Binnenmarktrichtlinie Erdgas vorgeschriebenen Umfang hinaus auf andere Gasprodukte zu erweitern, solange Erdgas aus anderen Mitgliedstaaten auf diese Weise der Zugang nicht erschwert wird.

Das Gasversorgungsnetz umfasst – entgegen § 2 Abs. 3 EnWG 2003 – 163 nicht mehr die sog. **Direktleitungen**. Dabei handelt es sich nach § 3 Ziff. 12 und Art. 2 Ziff. 18 RL-Gas (vgl. oben Rz. 54 ff. und 128 ff.) um »zusätzlich zum Verbundnetz errichtete Erdgasleitungen«, also etwa »Stichleitungen« zu großen Abnehmern, die in das allgemeine Netz nicht einbezogen sind. Eingeschlossen sind die der Versorgung einzelner Kunden dienenden Leitungen. Eine Direktleitung ist per definitionem nicht mit anderen Leitungen (mehrfach) verbunden, so dass der Netzcharakter dieser Leitung entfällt. Charakteristik eines Netzes ist dessen Verbindung und Vermaschung.

Auf das Eigentum an der Leitung – Kunde oder Netzbetreiber – 164 kommt es nach der deutschen Regelung nicht an; das europäische

Netz hatte solche Leitungen schon bisher nicht einbezogen (vgl. Art. 2 Ziff. 13 RL-Gas). Einen besonderen Zugang zu Direktleitungen sieht deshalb das deutsche Recht nicht mehr vor.

165 **LNG-Anlagen** sind nach § 3 Ziff. 26 »Kopfstationen zur Verflüssigung von Erdgas oder zur Einfuhr, Entladung und Wiederverdampfung von verflüssigtem Erdgas einschließlich der vorübergehenden Speicherung«; insofern ist die Beschränkung auf Erdgas offensichtlich begriffsimmanent. Derartige Kopfstationen zählen also ebenfalls zur Netzdefinition des § 3 Ziff. 20, soweit die Ausnahmen (a.E.) nicht eingreifen.

166 Bestandteil des Gasversorgungsnetzes sind darüber hinaus – auffangend – **alle sonstigen Anlagen**, soweit sie für die Fernleitung und Verteilung erforderlich sind. Das Gesetz zählte früher Wärmeausgleichs- und Mischungsanlagen explizit auf (vgl. jetzt § 3 Ziff. 23: Hilfsdienste).

167 Bestandteil der deutschen Netzdefinition sind auch die **Speicheranlagen**. Diese sind in § 3 Ziff. 31 in weitgehender Übereinstimmung mit Art. 2 Ziff. 9 RL-Gas – allerdings tautologisch – als »Anlagen zur Speicherung von Erdgas« definiert, »die einem Gasversorgungsunternehmen gehören oder von ihm oder für ihn betrieben werden, ausgenommen der Teil der Anlage, der für die Gewinnung genutzt wird.« Die frühere Beschränkung der Definition auf die Speicherung von »Erdgas«, ist im neuen Recht entfallen. Nur erforderliche Teile von Speicheranlagen werden erfasst und sind damit zugänglich.

168 Der Unterschied soll an folgendem **Beispiel** verdeutlicht werden: Ein GasVU ohne eigenes Netz im Bereich des von ihm belieferten Kunden möchte Speicheranlagen des örtlichen Gasverteilers in Anspruch nehmen. Die Inanspruchnahme soll zum einen mit dem Ziel erfolgen, saisonale Abnahmeschwankungen auszugleichen, so dass im Rahmen einer kontinuierlichen Bandlieferung der Untertagespeicher im Sommer gefüllt wird (Überdeckungsmengen), um dann im Winter über die Bandlieferung hinausgehende Abnahmemengen abdecken zu können (Unterdeckungsmengen). Zum anderen soll der Speicher dazu dienen, bei kurzfristigem (geplantem oder ungeplantem) Ausfall der Abnahmeanlage des Kunden (z. B. Wartungsarbeiten von 2 bis 3 Tagen) eine dann nicht mögliche Abnahme von Erdgas abzupuffern, ohne die Bandlieferung unterbrechen zu müssen.

Beide **Zwecke des Zugangsverlangens** zur Speicheranlage (saisonaler 169
Ausgleich, ausfallbedingter Ausgleich) haben sowohl technische als
auch ökonomische Ursachen. Wenn § 20 Abs. 1 in Verbindung mit § 3
Ziff. 20 so zu verstehen sein sollte, dass der Zugang zur Speicheranlage nur bei ausschließlich technischer Erforderlichkeit erlaubt werden
muss, dann besteht jedenfalls zwecks Ausgleichs saisonaler Schwankungen kein Zugangsanspruch, weil dann die Speicheranlage schon
nicht Bestandteil des Gasversorgungsnetzes i. S. von § 3 Ziff. 20 ist.
Beim Ausgleich saisonaler Schwankungen benutzt das GasVU die
Speicheranlage nämlich ganz überwiegend zu dem Zweck, durch Einkauf einer Bandlieferung ökonomische Vorteile zu erzielen, ohne die
daraus resultierenden Nachteile (Bau einer eigenen Speicheranlage)
tragen zu müssen. Obwohl also auch insofern die Bandlieferung die
Benutzung der Speicheranlage technisch jedenfalls mittelbar erfordert,
wird man wegen Überwiegens der ökonomischen Motivation die
Ausnahme gem. § 3 Ziff. 20 (fehlende zwingende technische Erforderlichkeit) eingreifen lassen müssen. Der Speicherzugang muss nach
§ 28 verhandelt werden.

Anders dürfte im Hinblick auf den zweiten Zugangsgrund zu ent- 170
schieden sein. Mit plötzlichen Ausfällen der Abnahme des Kunden,
seien sie unfall- oder aber wartungsbedingt, muss das zuliefernde
GasVU nämlich nicht jederzeit rechnen. Die kurzfristige Nutzung der
Speicheranlage ist hier überwiegend technisch, nämlich durch den
Ausfall der Kundenabnahmeanlage bedingt. Weil technische Aspekte
im Vordergrund stehen und die ökonomische Motivation (Möglichkeiten zur Unterbrechung der Bandlieferung im Verhältnis zum Vorlieferanten) demgegenüber zurücktritt, beinhaltet im zweiten Fall der
Zugang zum Gasversorgungsnetz auch die Nutzung der Speicheranlage. Unter Rückgriff auf dieses Beispiel kann deshalb unter Erforderlichkeit der Nutzung der Speicheranlage **in technischer Hinsicht** die
Möglichkeit verstanden werden, aufgrund einer entsprechenden Vertragsgestaltung (§ 20 Abs. 1b) mit dem Gasnetzbetreiber das Recht
eingeräumt zu erhalten, im Falle von kurzfristigen Abnahmeschwankungen (höchstens eine Woche) die Speicheranlage nutzen zu können,
sofern eine technische Unterbrechbarkeit der Gaslieferungen im Verhältnis zum Vorlieferanten nicht ohne weiteres realisierbar ist.

43. Großhändler (§ 3 Ziff. 21)

natürliche oder juristische Personen mit Ausnahme von Betreibern von Übertragungs-, Fernleitungs- sowie Elektrizitäts- und Gasverteilernetzen, die Energie zum Zwecke des Weiterverkaufs innerhalb oder außerhalb des Netzes, in dem sie ansässig sind, kaufen.

171 Auch der Großhändlerbegriff ähnelt sich in beiden Richtlinien, vgl. Art. 2 Ziff. 29 RL-Gas bzw. Art. 2 Ziff. 8 RL-Elt, und ist von dort in das deutsche Recht übernommen worden.

– Elektrizität: alle natürlichen und juristischen Personen, die zum Zwecke des Weiterverkaufs die Elektrizität kaufen

– Erdgas: alle natürlichen und juristischen Personen mit Ausnahme von Netzbetreibern, die zum Zwecke des Weiterverkaufs kaufen

172 Der Vergleich der beiden Richtlinienfassungen zeigt, dass es auf die **Mittlerfunktion** des Unternehmens ankommt. Nur natürliche und juristische Personen können Großhändler sein.

173 Die Begriffe »kaufen« bzw. »weiterverkaufen« sind im natürlichen Sinne und damit als Rechtsgeschäfte zu verstehen, deren Inhalte auf die Übertragung von Verfügungsbefugnissen (einschl. Eigentum) gegen Entgelt gerichtet sind (vgl. § 433 BGB). Darlehensgeschäfte (§ 607 BGB) werden somit nicht erfasst. Kennzeichen für die Stellung als Großhändler ist es, dass er zu dem Zwecke des Verkaufs ankauft; wer lediglich ankauft, ist Endverbraucher und nicht Großhändler. Der bloße Verkauf von Energie führt noch nicht zur Großhändlerfunktion; in diesen Fällen handelt es sich um ein (auf Gewinnung) ausgerichtetes Erdgasunternehmen (Art. 2 Ziff. 1 RL-Gas) bzw. um einen Erzeuger von Elektrizität (Art. 2 Ziff. 2 RL-Elt).

174 Wer typische energiewirtschaftliche Netzfunktionen wie Übertragung und Verteilung (von Elektrizität) bzw. Speicherung, Fernleitung oder Verteilung (von Erdgas) wahrnimmt, ist nicht Großhändler, wenn dies **innerhalb oder außerhalb eines Netzes erfolgt**, in dem diese Unternehmen eingerichtet sind. Deshalb beschränkt sich die Großhändlerfunktion auf diejenigen Unternehmen, die anders als Ferngasunternehmen/Betreiber eines Übertragungsnetzes für Elektrizität bzw. reine Verteilerunternehmen für Gas oder Elektrizität unter Rückgriff auf eigenen oder fremden Netzbetrieb ständig mit Lieferaufgaben betraut sind. Der Großhändlerbegriff soll sich demnach auf »Nur-

Großhändler« beschränken; wer als Weiterverteilerunternehmen Energie ankauft (z.B. nach §§ 4 ff. EEG) und an Abnehmer weiterliefert, ist ebensowenig Großhändler wie derjenige, der ausnahmsweise ein typisches Großhändlergeschäft tätigt, indem er angekaufte Energie außerhalb des typischerweise benutzten Netzes weitertransportiert und verkauft.

44. Haushaltskunden (§ 3 Ziff. 22)

Letztverbraucher, die Energie überwiegend für den Eigenverbrauch im Haushalt oder für den einen Jahresverbrauch von 10 000 Kilowattstunden nicht übersteigenden Eigenverbrauch für berufliche, landwirtschaftliche oder gewerbliche Zwecke kaufen.

Der deutsche Gesetzgeber hat in § 3 Ziff. 22 den Haushaltskundenbegriff im Wesentlichen im Einklang mit dem europäischen Recht definiert (vgl. Art. 2 Ziff. 25 RL-Gas: Kauf von Erdgas für den Eigenverbrauch; Art. 2 Ziff. 10 RL-Elt: Kauf von Elektrizität für den Eigenverbrauch im Haushalt unter Ausschluss von gewerblicher und beruflicher Tätigkeit). Weil der Begriff insbesondere dem Zweck dient, die Institutionalisierung der Grundversorgung gemäß § 36 sicherzustellen und zugleich eine Parallelregelung für die nicht grundversorgten Haushaltskunden zu treffen (§ 41), hat der deutsche Gesetzgeber von der in Art. 3 Abs. 3 RL-Elt/Gas enthaltenen Option Gebrauch gemacht, auch Kleinunternehmen in den Kreis der besonders geschützten Kunden einzubeziehen. 175

Der Gesetzgeber knüpft in Ziff. 22 an den **Letztverbraucherbegriff** an, modifiziert diesen jedoch. Ausreichend ist es zunächst, dass Energie (Elektrizität oder Gas) **überwiegend** für den Eigenverbrauch gekauft wird. Höchstens 49 % des Gesamterwerbs dürfen daher für Dritte verwendet werden (z.B. Untermieter); der auf Familienangehörige entfallende Verbrauch ist ohnehin Eigenverbrauch. 176

Über Privathaushalte hinaus sind auch landwirtschaftliche, freiberufliche und gewerbliche Kunden in den Haushaltskundenbegriff einbezogen. Insofern wird die starre Grenze von **10.000 kWh/a** festgesetzt, die für die Gasversorgung nicht in jedem Falle als ausreichend erscheint. 177

Der Haushaltskunde hat gemäß § 36 Abs. 1 Anspruch auf Grundversorgung sowie auf Ersatzversorgung gemäß § 38 Abs. 1 (als Untergruppe der Letztverbraucher, Art. 3 Ziff. 25). Für Haushaltskunden 178 werden gemäß § 39 Abs. 2 allgemeine Versorgungsbedingungen veröffentlicht, und auch die allgemeinen Preise des § 39 Abs. 1 betreffen insbesondere Haushaltskunden. Bei Verträgen mit nicht grundversorgten Haushaltskunden sind die Standards des § 41 einzuhalten, und gemäß § 53a muss ein Gaslieferant die Versorgung von Haushaltskunden mit Erdgas auch in Engpasssituationen sicherstellen (Kontrahierungszwang).

45. Hilfsdienste (§ 3 Ziff. 23)

sämtliche zum Betrieb eines Übertragungs- oder Elektrizitätsverteilernetzes erforderlichen Dienste oder sämtliche für den Zugang zu und den Betrieb von Fernleitungs- oder Gasverteilernetzen oder LNG-Anlagen oder Speicheranlagen erforderlichen Dienste, einschließlich Lastausgleichs- und Mischungsanlagen, jedoch mit Ausnahme von Anlagen, die ausschließlich Fernleitungsnetzbetreibern für die Wahrnehmung ihrer Aufgaben vorbehalten sind.

179 Die Binnenmarktrichtlinie Gas (Art. 2 Ziff. 14) definiert ebenso wie die Binnenmarktrichtlinie Elektrizität (Art. 2 Ziff. 17) den Begriff »Hilfsdienste«, den § 3 Ziff. 23 übernommen hat. Darunter sind zu verstehen **alle Dienstleistungen, die für Zugang zum und den Betrieb eines Übertragungs-, Fernleitungs- oder Verteilernetzes erforderlich sind**. Dazu zählen insbesondere die Netzsteuerung sowie die Wartung dieser Netze, bei Gasnetzen auch Zwischenspeicherung, LNG-Betrieb sowie Lastausgleich und Mischung.

46. Kunden (§ 3 Ziff. 24)

Großhändler, Letztverbraucher und Unternehmen, die Energie kaufen.

180 Auch der Kundenbegriff wird in beiden Richtlinie in sehr ähnlicher und fast identischer Weise verwendet, vgl. 2 Ziff. 24 RL-Gas und Art. 2 Ziff. 7 RL-Elt:

– Elektrizität: Großhändler und Endkunden, die Elektrizität kaufen;

– Erdgas: Großhändler oder Erdgas-Letztverbraucher und Erdgasunternehmen, die Erdgas kaufen

Dieser in § 3 Ziff. 24 festgelegte Kundenbegriff deckt zum einen den 181
früheren deutschen **Abnehmerbegriff** ab, der sowohl Tarifabnehmer
als auch Sonderabnehmer umfasste und unabhängig davon war, ob
Energie vom Abnehmer gehandelt oder selbst verbraucht wurde[118].
Der Letztverbraucherbegriff stellt eine Teilmenge des Kundenbegriffs
dar.

Der Kundenbegriff soll offenbar alle diejenigen einbeziehen, die mit 182
Erdgas bzw. Elektrizität beliefert werden. Er bildet das Spiegelbild
zum deutschen EVU-Begriff des § 3 Ziff. 18 Alt. 1: Kunden sind die
»anderen«, die vom EVU beliefert werden. Es kommt deshalb für den
Kundenbegriff nicht darauf an, ob die Energie selbst verbraucht oder
aber an Dritte weitergeliefert wird. Deshalb sind sowohl »Großhändler« als auch »Elektrizitäts- bzw. Erdgasunternehmen« in den Kundenbegriff einbezogen. Konsequent ist **nicht Kunde** i. S. von § 3
Ziff. 24, wer nicht mit Erdgas oder Elektrizität beliefert wird, sondern
Energie selbst nur gewinnt oder nur erzeugt. Speicherbetreiber und
Weiterverteiler sind Kunden, wenn sie nicht ausschließlich selbst gewonnene/erzeugte Energie verwenden. Der Kunde ist auf der Käuferseite von Energiegeschäften tätig.

47. Langfristige Planung (Art. 2 Ziff. 25 RL-Elt/ Ziff. 30 RL-Gas)

– Beide Richtlinien verwenden den Begriff der langfristigen Planung 183
 (Art. 2 Ziff. 30 RL-Gas und Art. 2 Ziff. 25 RL-Elt). Dieser Begriff
 dürfte dem aus dem französischen Sprachgebrauch stammenden
 Begriff »planification« entsprechen; eine Umsetzung in deutsches
 Recht ist nicht erfolgt.

– Elektrizität: langfristige Planung des Bedarfs an Investitionen in
 Erzeugungs-, Übertragungs- und Verteilungskapazität zur Deckung der Elektrizitätsnachfrage, des Netzes und zur Sicherung
 der Versorgung der Kunden;

– Erdgas: langfristige Planung der Versorgungs- und Transportkapazitäten von Erdgasunternehmen zur Deckung der Erdgasnachfrage des Netzes, zur Diversifizierung der Versorgungsquellen
 und zur Sicherung der Versorgung der Kunden.

Wie Art. 3 Abs. 2 Satz 3 RL-Elt/RL-Gas zeigt, handelt es sich bei der 184
langfristigen Planung um eine Option der Mitgliedstaaten. Diese kön-

---

118 Vgl. § 3 Abs. 1 Ziff. 2 EnWG 1998.

nen Elektrizitäts- und Ergasunternehmen insofern gemeinwirtschaftliche Verpflichtungen auferlegen, um die Deckung der Nachfrage in Bezug auf alle unternehmerischen Funktionen sicherzustellen. Die Unternehmen werden dann verpflichtet, Investitionen in Gewinnungs- bzw. Erzeugungskapazitäten, Fernleitungs- bzw. Übertragungskapazitäten, Verteilungskapazitäten und (für Erdgasunternehmen) Speicherungsaktivitäten nachzuweisen. Zur langfristigen Planung gehört die Abstimmung der Teilelemente der Versorgung mit Elektrizität oder Erdgas. Ziel ist die Sicherung der Versorgung der Kunden. Nur in § 53 in Verbindung mit § 3 Ziff. 15a (Energieeffizienzmaßnahmen, Ausschreibung von Erzeugungskapazitäten) ist der Exekutive eine derartige Planungsinitiative zugewiesen.

48. Leitungsgebundene Energieversorgung (§ 1 Abs. 1 und § 3 Ziff. 14)

185 Elektrizität und Gas (insbesondere Erdgas) werden nur dann den Regelungen des EnWG unterworfen, wenn die Energie dazu bestimmt ist, über feste Leitungswege transportiert zu werden. Elektrizität in Akkumulatoren, Gas in Flaschen oder Tanks sowie Flüssiggas beim Transport in Tankwagen (Eisenbahn, LKW) oder Tankschiffen fallen nicht unter das Gesetz.

186 Da bei der Produktion von Elektrizität/Gewinnung oder Import von Erdgas das EnWG bereits anwendbar sein kann, muss letztlich auf die **Zweckbestimmung der Energie** abgestellt werden. Wird Elektrizität in einem kleinen Blockheizkraftwerk produziert und vom Betreiber der Anlage unmittelbar im zeitlichen und räumlichen Zusammenhang verbraucht, muss die Fortleitung zwar auch über eine Kabelverbindung erfolgen; da insofern jedoch Erzeugungsanlage und Kundenanlage unmittelbar miteinander verkoppelt sind, findet leitungsgebundene Energieversorgung im herkömmlichen Sinne nicht statt (vgl. § 110 Abs. 1). Allerdings wird man gleichwohl § 49 (technische Sicherheit von Energieanlagen) anwenden müssen. Dagegen liegt leitungsgebundene Energieversorgung vor, wenn mithilfe des kleinen Blockheizkraftwerks auch andere Abnehmer (Nachbarhäuser) mit Elektrizität versorgt werden. Das EnWG ist dann grundsätzlich anwendbar, weil hierfür ein Leiter benutzt wird.

187 Ähnlich wird man im Hinblick auf große Eigenerzeugungsanlagen entscheiden müssen, soweit Erzeugung und Verbrauch im unmittelbaren räumlichen Zusammenhang erfolgen. Darin unterscheidet sich das

deutsche Recht vom Europäischen Recht, das prinzipiell auch Eigenerzeuger als Elektrizitätsunternehmen (vgl. Art. 2 Ziff. 20 bis 23 RL-Elt i. V. mit Ziff. 2 RL-Elt) erfasst. Auch für Erdgas ist die **Zweckbestimmung** entscheidend. Soweit Erdgas produziert wird, um dieses in Stahlbehälter abzufüllen und zum Kunden zur Verwendung zu transportieren, ist das EnWG mangels Leitungsgebundenheit nicht anwendbar. Entsprechend müsste für gewonnenes Erdgas entschieden werden, das an Ort und Stelle verflüssigt und in besonderen Transportbehältern – außerhalb von Rohrleitungsanlagen – transportiert wird. Im Hinblick auf die Gewinnung ist außerdem das Bundesberggesetz zu beachten. Das EnWG wird deshalb häufig erst anwendbar sein, wenn der Gewinnungsprozess abgeschlossen ist.

Dies ist nach Europäischem Recht anders. Die Gewinnung von Erdgas sowie die Verflüssigung von Erdgas stellen typische gaswirtschaftliche Funktionen dar und begründen deshalb den Begriff »Erdgasunternehmen«, Art. 2 Ziff. 1 RL-Gas. Lediglich der Transport über ein vorgelagertes Rohrleitungsnetz (vgl. Art. 2 Ziff. 2 RL-Gas) fällt nicht unter die europäischen Netzregelungen, kann aber wohl als Bestandteil der Funktion Gewinnung betrachtet werden. Das Europäische Recht wird deshalb im Regelfall umfassender anwendbar sein als das deutsche Recht, das die europäische Terminologie nicht vollständig übernommen hat. 188

§ 6 Abs. 1 EnWG 1935 hatte zur näheren Kennzeichnung der leitungsgebundenen Energieversorgung den Begriff »Versorgungsnetz« benutzt; in der Parallelvorschrift des § 10 Abs. 1 EnWG 1998 wurde auf die »Allgemeine Versorgung von Letztverbrauchern« abgestellt. Mit Hilfe dieses Netzbegriffs definierte der Gesetzgeber des Reformgesetzes 1998 dann auch den EVU-Begriff, vgl. § 2 Abs. 3 EnWG 1998 (»Netz für die allgemeine Versorgung betreiben«). Das OLG Düsseldorf hat im Jahre 1995 das Versorgungsnetz als ein »festes System von Leitungen« charakterisiert[119]. Flüssiggasflaschen und Akkumulatoren sind konsequent der **leitungsungebundenen** Energieversorgung zugerechnet worden[120]. Im zu entscheidenden Fall hat das Gericht die Anwendung des EnWG wegen Fehlens leitungsgebundener Energieversorgung abgelehnt, weil Abnehmer aus einer zentralen 189

---

119 OLG Düsseldorf VuR 1996, 88 (zum alten Recht des § 6 EnWG 1935).
120 OLG Düsseldorf ebenda.

Flüssiggasversorgungsanlage bedient wurden, wobei das Netz nur den Charakter erweiterter Hausanschlüsse aufwies[121].

49. Letztverbraucher (§ 3 Ziff. 25)

Kunden, die Energie für den eigenen Verbrauch kaufen.

190 Derjenige Teil der Energie kaufenden Kunden (§ 3 Ziff. 24), die die Energie **für den eigenen Verbrauch** kaufen, nennt das Gesetz **Letztverbraucher**, § 3 Ziff. 25. Das europäische Recht kennt diesen Begriff nicht; jedoch kommt der Begriff **Endkunde** gemäß Art. 2 Ziff. 27 RL-Gas (Kauf von Erdgas für den Eigenbedarf) dem deutschen Letztverbraucherbegriff am nächsten.

191 Die Begriffsbildung in Ziff. 25 lässt offen, ob es im Einklang mit § 3 Ziff. 22 ausreicht, wenn die eingekaufte Energie **überwiegend** für den eigenen Verbrauch eingesetzt werden soll. Mehr spricht allerdings dafür, dass der Haushaltskundenbegriff (Ziff. 22) lediglich einen Unterfall des **Letztverbraucherbegriffs** (Ziff. 25) darstellt, so dass für beide Begriffe das Überwiegen des eigenen Verbrauchs ausreicht. In diesem Lichte sind es einerseits die Unternehmerkunden, andererseits die Haushaltskunden, die zusammen zur Gruppe der Letztverbraucher gemäß § 3 Ziff. 25 gehören.

192 Der Letztverbraucherbegriff wird im EnWG sehr häufig verwendet, vgl. § 17 Abs. 1 (Anschluss u.a. von Letztverbrauchern), § 18 Abs. 2 (allgemeine Anschlusspflicht) sowie § 38 (Ersatzversorgung von Letztverbrauchern und nicht nur von Haushaltskunden). Auch die Stromkennzeichnung (§ 42) hat ebenso wie die Transparenz der Stromrechnungen (§ 42 Abs. 6) den Letztverbraucher zum Begünstigungsadressaten.

50. LNG-Anlage (§ 3 Ziff. 26)

eine Kopfstation zur Verflüssigung von Erdgas oder zur Einfuhr, Entladung und Wiederverdampfung von verflüssigtem Erdgas; darin eingeschlossen sind Hilfsdienste und die vorübergehende Speicherung, die für die Wiederverdampfung und die anschließende Einspeisung in das Fernleitungsnetz erforderlich sind, jedoch

---

[121] OLG Düsseldorf ebenda.

nicht die zu Speicherzwecken genutzten Teile von LNG-Kopfstationen.

Unter »LNG-Anlage« (LNG: liquid natural gas) versteht Art. 2 **193**
Ziff. 11 RL-Gas **eine Kopfstation zur Verflüssigung von Erdgas oder zur Einfuhr, Entladung und Wiederverdampfung von verflüssigtem Erdgas**. Wer eine LNG-Anlage betreibt ist Erdgasunternehmen i. S. von Art. 2 Ziff. 1 RL-Gas und Betreiber einer LNG-Anlage im Sinne von § 3 Ziff. 8, weil entweder (bei Verflüssigung von Erdgas) verflüssigtes Erdgas gewonnen wird oder (aus verflüssigtem Erdgas) Erdgas in seinen natürlichen Aggregatzustand »zurückgeführt« wird. In beiden Fällen liegen also Gewinnungsprozesse vor, was Art. 2 Ziff. 1 RL-Gas durch besondere Erwähnung von verflüssigtem Erdgas (»einschl. verflüssigtes Erdgas«) ausdrücklich einbezieht. Eingeschlossen sind **Hilfsdienste** (§ 3 Ziff. 23, oben Rz. 179 ff.) und der Bedarf an vorübergehendem Speicherplatz.

51. Netz (Art. 2 Ziff. 13 RL-Gas)

»Netz« i. S. von Art. 2 Ziff. 13 RL-Gas sind **alle Fernleitungs-** **194**
und/oder Verteilernetze und/oder LNG-Anlagen, die einem Erdgasunternehmen gehören und/oder von ihm betrieben werden, einschließlich Netzpufferung und Anlagen, die zu Hilfsdiensten eingesetzt werden, und der Anlagen verbundener Unternehmen, die für den Zugang zur Fernleitung, Verteilung und zu LNG-Anlagen erforderlich sind. Damit ist der Netzbegriff für Zwecke von Fernleitung und örtlicher Verteilung umfassend definiert. Wiederum sind die vorgelagerten Netzfunktionen (Art. 2 Ziff. 2 RL-Gas) ausgenommen, während LNG-Anlagen (vgl. vorstehend) einbezogen sind. Anlagen, die der Steuerung und der Druckhaltung sowie Lastausgleich und Mischung dienen, gehören als Nebeneinrichtungen zum Netz (»Hilfsdienste«).

Anlagen verbundener Unternehmen sind Bestandteile des Netzbe- **195**
griffs. Der Begriff des verbundenen Unternehmens ist in Art. 2 Ziff. 22 RL-Gas definiert und umfasst sowohl die in Konzernbeziehungen stehenden Unternehmen (mind. 20 % Anteilsbesitz) als auch die assoziierten Unternehmen (Unternehmen derselben Aktionäre). Deren Anlagen gehören aber nur insoweit zum Netz i. S. von Art. 2 Ziff. 13 RL-Gas, wie dies für den Zugang zur Fernleitung oder Verteilung erforderlich ist. Zweck der Begriffsbildung ist wiederum die Er-

öffnung des Netzzugangs, nicht eine technisch oder ökonomisch konsistente Begriffsbildung für Netze.

52. *Netzbetreiber (§ 3 Ziff. 27)*

Netz- oder Anlagenbetreiber im Sinne der Nummern 2 bis 7 und 10.

196 Sinn und Zweck des § 3 Ziff. 27 ist es, alle Betreiber von Netzen (Übertragung/Fernleitung, Verteilung) einschließlich der zugehörigen Energieanlagen (z.B. Umspanneinrichtungen, Speicher) in einem Begriff zusammen zu fassen. Insofern kann auf die in Bezug genommenen Definitionen der Ziff. 2 bis 7 sowie Ziff. 10 verwiesen werden.

197 Allerdings verwendet das Gesetz vergleichsweise häufiger den Begriff **Betreiber eines Energieversorgungsnetzes** (vgl. § 4 Abs. 1, §§ 11 ff., §§ 17 ff., §§ 20 ff.). Auch wenn § 3 Ziff. 27 den **Anlagenbetreiber** besonders hervorhebt, handelt es sich lediglich um unselbständige Energieanlagen, nicht etwa um Gewinnungs- und Erzeugungsanlagen. Es ist nicht ersichtlich, dass Netzbetreiberbegriff einerseits und Begriff des Betreibers von Energieversorgungsnetzen nicht im gleichen Sinne verwendet werden.

53. *Netznutzer (§ 3 Ziff. 28)*

natürliche oder juristische Personen, die Energie in ein Elektrizitäts- oder Gasversorgungsnetz einspeisen oder daraus beziehen.

198 Auch der Netznutzerbegriff ist dem europäischen Recht entnommen (»Netzbenutzer«) und unterscheidet sich im Hinblick auf seine Verwendung in beiden Richtlinien nicht wesentlich (vgl. Art. Ziff. 23 RL-Gas bzw. Art. 2 Ziff. 18 RL-Elt):

- Elektrizität: jede natürliche oder juristische Person, die Elektrizität in ein Übertragungs- oder Verteilernetz einspeist oder daraus versorgt wird;

- Erdgas: jede natürliche oder juristische Person, die in das Netz einspeist oder daraus versorgt wird.

199 Für beide Energiearten ist der Netznutzerbegriff **in einem umfassenden Sinne** zu verstehen. Alle Personen fallen darunter (Haushalte, Unternehmen, Staat), die an ein Versorgungsnetz unabhängig von der Spannungsebene/Druckstufe angeschlossen sind. Für den Netznut-

zerbegriff ist es ohne Bedeutung, ob die Person Energie aus dem Netz entnimmt oder Energie in das Netz einspeist. Im Rahmen der Binnenmarktrichtlinie Elektrizität (vgl. Art. 2 Ziff. 18 RL-Elt) werden Übertragungs- und Verteilernetz noch jeweils gesondert erwähnt, ohne an diese Unterscheidung differenzierende Rechtsfolgen zu knüpfen. Damit ist es irrelevant, ob das Netz, an das der Netznutzer angeschlossen ist, der Fernübertragung oder aber der lokalen Verteilung von Energie dient.

Die Binnenmarktrichtlinie Elektrizität definiert den Netzbegriff 200 nicht. Ähnlich verfährt Art. 2 Ziff. 14 RL-Elt (»Verbundnetz«). In der Binnenmarktrichtlinie Gas wird zwar der Netzbegriff definiert (Art. 2 Ziff. 13 RL-Gas), ohne allerdings zu kennzeichnen, was den Netzbegriff in funktioneller oder tatsächlich-räumlicher Hinsicht ausmacht. Aus dieser Definition wird lediglich deutlich, dass auch Nebeneinrichtungen und Hilfsanlagen dem Netzbegriff hinzugerechnet werden.

Deshalb wird man unter **Netz** sowohl für die Elektrizitäts- als auch 201 für die Gaswirtschaft ein System von Rohr- bzw. Stromleitungen verstehen können, die untereinander verbunden und vermascht sind und nicht allein dem Ziel dienen, einzelne Abnehmer mit Energie zu versorgen[122]. Dabei kommen dem Netz nicht nur Fortleitungs- und Verteilungsaufgaben zu, sondern es dient durch zumindest partiell redundante Auslegung auch der Stützung von Netzfunktionen (Ausfallsicherheit, Spannungs- und Druckhaltung)[123]. Der europäische Netzbegriff ist dabei unabhängig von typischen Unterschieden in den Netzeigenschaften bei Elektrizität bzw. Gas: Während Gas zu einem gegebenen Zeitpunkt nur in eine Richtung transportiert wird, fehlt eine derartige Charakterisierung bei Elektrizitätsnetzen wegen der besonderen physikalischen Eigenschaften von Strom.

Die Begriffe »einspeisen« bzw. »versorgen« betrachten die Netznut- 202 zungsvorgänge aus einer tatsächlich-physikalischen, nicht aus der rechtlichen Perspektive[124]. Versorgt wird, wer Energie dem Netz entnimmt; Einspeiser ist, wer dem Netz Energie zuführt (europäischer Versorgungsbegriff). Um sich vom andersartigen deutschen Versor-

---

122 Direktleitung, Art. 2 Ziff. 14 RL-Gas bzw. Art. 2 Ziff. 12 RL-Elt.
123 Vgl. auch oben § 3 Rz. 128 ff.
124 Anders bei den Begriffen »Großhändler« bzw. »Letztverbraucher«, vgl. vorstehend § 3 Rz. 171 ff. und 190 ff.

gungsbegriff (vgl. § 3 Ziff. 36) abzugrenzen, verwendet die nationale Definition die gleichbedeutende Wendung »daraus beziehen«.

54. Netzpufferung (§ 3 Ziff. 29)

die Speicherung von Gas durch Verdichtung in Fernleitungs- und Verteilernetzen, ausgenommen sind Einrichtungen, die Fernleitungsnetzbetreibern bei der Wahrnehmung ihrer Aufgaben vorbehalten sind.

203 Die Definition zur Netzpufferung hat der deutsche Gesetzgeber aus dem europäischen Recht übernommen, vgl. Art. 2 Ziff. 15 RL-Gas. Weil die Netzpufferung häufig für einen effizienten Netzzugang benötigt wird, und im Hinblick auf die Gasversorgungsnetze (§ 3 Ziff. 20) ausdrücklich erwähnt wird, musste eine Definition erfolgen.

204 Beim Verfahren der Netzpufferung wird das Netz wie ein Speicher (§ 3 Ziff. 31) verwendet, indem das eingespeiste Erdgas verdichtet wird und einen höheren Druck erreicht. Diese wichtige Dienstleistung des Gasnetzbetreibers steht damit den Interessenten des Netzzugangs (§§ 20 ff.) zur Verfügung. Einrichtungen, die für diese Funktion nicht unmittelbar benötigt werden, werden aus dem Begriff der Netzpufferung herausgenommen (Wahrnehmung sonstiger Aufgaben). Die Netzpufferungsfunktion kann sowohl in einem Fernleitungs- als auch in einem Gasverteilernetz beansprucht werden.

55. Neue Infrastruktur (§ 3 Ziff. 29a)

eine Infrastruktur, die nach dem 12. Juli 2005 in Betrieb genommen worden ist.

205 Den Begriff der neuen Infrastruktur enthält Art. 2 Ziff. 33 RL-Gas und bezieht sich insofern auf solche Infrastrukturen, die zum Zeitpunkt des Inkrafttretens der Richtlinie (4.8.2003) noch nicht fertig gestellt gewesen sind. Demgegenüber hebt das EnWG auf den Tag nach Inkrafttreten des Gesetzes (12. Juli 2005) und damit auf die fehlende Fertigstellung am 13.7.2005 ab.

206 § 3 Ziff. 29a bezieht sich auf § 28 (neue Infrastrukturen). Der Begriffsinhalt wird dort auf Verbindungsleitungen zwischen deutschen und anderen Mitgliedstaaten sowie auf LNG- und Speicheranlagen angewendet. Diese können vom Netzzugang auf Antrag freigestellt werden, § 28a Abs. 3. Ziel ist es, einen Anreiz zum Aufbau neuer Inf-

56. Örtliches Verteilernetz (§ 3 Ziff. 29b)

ein Netz, das überwiegend der Belieferung von Letztverbrauchern über örtliche Leitungen, unabhängig von der Druckstufe oder dem Durchmesser der Leitungen, dient; für die Abgrenzung der örtlichen Verteilernetze von den vorgelagerten Netzebenen wird auf das Konzessionsgebiet abgestellt, in dem ein Netz der allgemeinen Versorgung im Sinne des § 18 Abs. 1 und des § 46 Abs. 2 betrieben wird einschließlich von Leitungen, die ein örtliches Verteilernetz mit einem benachbarten örtlichen Verteilernetz verbinden.

Die Definition ist vom Wirtschaftsausschuss unter Hinweis auf die Verwendung im Gesetz aufgenommen worden[125]. Die Anregung stammte nicht vom Bundesrat, und auch die Binnenmarktrichtlinien kennen mit Ausnahme von Art. 2 Ziff. 26 (kleines isoliertes Netz) sowie Ziff. 27 (isoliertes Kleinstnetz) eine derartige Abgrenzung nicht. Die Definition ist möglicherweise im Hinblick auf die Grundversorgungspflicht (§ 36) sowie die Feststellung des Grundversorgers (§ 36 Abs. 2) erfolgt.

207

Zur Abgrenzung von vorgelagerten Netzebenen knüpft der Gesetzgeber an die allgemeine Anschlusspflicht des § 18 Abs. 1 sowie den räumlichen Erstreckungsbereich des Konzessionsvertrages (§ 46 Abs. 2) an. Verbindungsleitungen mit anderen örtlichen Verteilernetzen (einschließlich von Sammelschienen) sind einbezogen. Parallelbegriff des Telekommunikationsrechts dürfte die »letzte Meile« und damit derjenige Netzteil sein, der zur Erreichung der überwiegenden Mehrzahl der Kunden unbedingt benötigt wird.

208

Dieses örtliche Verteilernetz ist unabhängig von Druckstufe oder Leitungsdurchmesser, was dafür spricht, dass überwiegend Gasverteilernetze angesprochen werden (§ 3 Ziff. 20).

209

---

125 BT-DrS 15/5268, S. 117.

57. Regelzone (§ 3 Ziff. 30)

im Bereich der Elektrizitätsversorgung das Netzgebiet, für dessen Primärregelung, Sekundärregelung und Minutenreserve ein Betreiber von Übertragungsnetzen im Rahmen der Union für die Koordinierung des Transports elektrischer Energie (UCTE) verantwortlich ist.

210 § 3 Ziff. 30 betrifft nur Elektrizitätsnetze und hier nur die Übertragungsnetze im Sinne von § 3 Ziff. 32. Weil Art. 8 ff. RL-Elt den ÜNB Pflichten und insbesondere die Verantwortung für den Betrieb eines zuverlässigen Übertragungsnetzes auferlegen, definiert der nationale Gesetzgeber die räumliche Ausdehnung dieses Verantwortungsbereichs unter Rückgriff auf die **Regelverantwortung**. Derartige Regelkompetenzen werden offenbar von der UCTE (Verband der ÜNB) koordinierend festgelegt.

211 In einer derartigen Regelzone besteht die einheitliche Verantwortung für folgende Bereiche:

- Primärregelung
- Sekundärregelung
- Minutenreserve

212 Kommen alle drei Regelverpflichtungen zusammen und werden diese von einer einheitlichen Stelle (dem ÜNB) verantwortet, handelt es sich um eine (einheitliche) Regelzone.

213 Unter **Primärregelung** versteht § 2 Ziff. 8 StromNZV die im Sekundenbereich automatisch wirkende stabilisierende Wirkleistungsregelung der synchron betriebenen Verbundnetze durch Aktivbeitrag der Kraftwerke bei Frequenzänderungen und Passivbeitrag der von der Frequenz abhängigen Lasten. Demgegenüber ist **Sekundärregelung** (§ 2 Ziff. 10 StromNZV) die betriebsbezogene Beeinflussung von zu einem Versorgungssystem gehörenden Einheiten zur Einhaltung des gewollten Energieaustausches der jeweiligen Regelzonen mit den übrigen Verbundnetzen bei gleichzeitiger, integraler Stützung der Frequenz. Schließlich betrifft die **Minutenreserve** diejenige Regelleistung, mit deren Einsatz eine ausreichende Sekundärregelreserve innerhalb von 15 Minuten wieder hergestellt werden kann, § 2 Ziff. 6 StromNZV.

In Deutschland existieren vier Regelzonen, die den ÜNB Vattenfall, 214
RWE, E.ON sowie EnBW zugeordnet sind. Die Aufgaben und Verantwortungen der ÜNB (§§ 12 und 13) sind nur innerhalb der jeweiligen Regelzone auszuüben. Dies gilt insbesondere für die bei Gefährdungen und Störungen »in der jeweiligen Regelzone« zu ergreifenden Maßnahmen, § 13 Abs. 1 Satz 1.

58. Sicherheit (Art. 2 Ziff. 32 RL-Gas)

Unter »Sicherheit« versteht die Binnenmarktrichtlinie Gas (vgl. Art. 2 215
Ziff. 32 RL-Gas) **sowohl die Sicherheit der Versorgung mit Erdgas als auch die Betriebssicherheit**. Der Begriff wird zwar auch in der Binnenmarktrichtlinie Elektrizität verwendet, dort aber nicht definiert. In Art. 3 Abs. 2 RL-Elt wird sogar die Versorgungssicherheit neben der technischen Sicherheit besonders erwähnt.

Die Zusammenfassung von Betriebssicherheit (technischer Sicherheit) 216
und Versorgungssicherheit (regelmäßige Belieferung mit Energie entsprechend dem jeweiligen Bedarf) entspricht dem deutschen Begriff der Sicherheit, vgl. § 1 Abs. 1 EnWG[126]. § 49 betont zuvor den Aspekt der technischen Sicherheit von Energieanlagen. Der Sicherheitsbegriff wird dennoch im deutschen sowie im Europäischen Recht im Wesentlichen gleich verwendet.

59. Speicheranlage (§ 3 Ziff. 31)

eine einem Gasversorgungsunternehmen gehörende oder von ihm betriebene Anlage zur Speicherung von Gas, einschließlich des zu Speicherzwecken genutzten Teils von LNG-Anlagen, jedoch mit Ausnahme des Teils, der für eine Gewinnungstätigkeit genutzt wird, ausgenommen sind auch Einrichtungen, die ausschließlich Betreibern von Leitungsnetzen bei der Wahrnehmung ihrer Aufgaben vorbehalten sind.

Im Einklang mit Art. 2 Ziff. 9 RL-Gas ist »Speicheranlage« **eine ei-** 217
nem Erdgasunternehmen gehörende und/oder von ihm betriebene Anlage zur Speicherung von Erdgas, mit Ausnahme des Teils, der für eine Gewinnungstätigkeit genutzt wird. Eingeschlossen sind zu Speicherzwecken genutzte und für den Prozess benötigte Teile von LNG-Anlagen. Der Begriff beschreibt eine der typischen Funktionen

---

126 Oben § 1 Rz. 25.

§ 3 Begriffsbestimmungen

von GasU. Darunter fallen sowohl überirdische als auch Untertagespeicher. Soweit Speicher für die Gewinnungstätigkeit benutzt werden, liegt nicht Speicherung, sondern Gewinnung von Erdgas vor. Rohrleitungen im Zusammenhang mit der Speichertätigkeit sind dem Speicherzweck untergeordnet und unterfallen daher – als Nebeneinrichtung – noch dem Begriff der Speicheranlage. Speicheranlagen sind Bestandteil des Gasversorgungsnetzes, vgl. § 3 Ziff. 20, wenn sie für den Netzzugang erforderlich sind. Sonstige für den Netzzugang nicht benötigte Einrichtungen sind der Regulierung nicht zugänglich, deren Nutzung aber gemäß § 28 verhandelbar.

60. Teilnetz (§ 3 Ziff. 31a)

im Gasbereich ein Teil des Transportgebiets eines oder mehrerer Netzbetreiber, in dem ein Transportkunde gebuchte Kapazitäten an Ein- und Ausspeisepunkten flexibel nutzen kann.

218 Der Teilnetzbegriff wird in § 20 Abs. 1b Satz 7 verwendet und dient dem Ziel, den Netzzugang auch zu Teilnetzen sicherzustellen. Um den Aufwand für Ausgleichsenergie nicht zu stark anwachsen zu lassen, soll der Transportkunde in einem Teilnetz die gebuchten Kapazitäten sowohl an Einspeisepunkten als auch an Ausspeisepunkten (§ 3 Ziff. 1b sowie Ziff. 13b) beliebig nutzen können, ohne an den bekannt gegebenen Fahrplan in seinen Einzelheiten gebunden zu sein. Allerdings muss der Saldo zwischen Einspeisungen und Ausspeisungen gleichwohl ausgeglichen sein. Findet dieser Ausgleich im Teilnetz statt, verbilligt sich der Transport entsprechend.

61. Transportkunde (§ 3 Ziff. 31b)

im Gasbereich Großhändler, Gaslieferanten einschließlich der Handelsabteilung eines vertikal integrierten Unternehmens und Letztverbraucher.

219 Der Transportkundenbegriff des § 3 Ziff. 31b wird insbesondere in der GasNZV vielfach verwendet. Mit dem Begriff werden alle Netznutzer/Netzkunden zusammengefasst: Großhändler, Gaslieferanten einschließlich Handelsabteilungen, Letztverbraucher. Damit ist sichergestellt, dass wirklich Jedermann (und nicht nur der geschäftsmäßige Gaslieferant) den Netzzugang nutzen kann. Eine bestimmte handelsrechtliche Qualifikation (z.B. eingetragener Kaumann) ist damit nicht erforderlich.

62. Übertragung (§ 3 Ziff. 32)

der Transport von Elektrizität über ein Höchstspannungs- und Hochspannungsverbundnetz zum Zwecke der Belieferung von Letztverbrauchern oder Verteilern, jedoch nicht die Belieferung der Kunden selbst.

Unter »Übertragung« versteht § 3 Ziff. 32 in Einklang mit der Binnenmarktrichtlinie Elektrizität (vgl. Art. 2 Ziff. 3 RL-Elt) den **Transport von Elektrizität über ein Höchst- bzw. Hochspannungsverbundnetz zum Zwecke der Belieferung von Endverkunden oder Verteilern** (mit Ausnahme der Versorgung). Die unterschiedliche Verwendung der Begriffe »Belieferung« und »Versorgung« ist innerhalb des jeweiligen Rechtsrahmens korrekt. Weil der Netzbetreiber nicht beliefert, ist insofern nur der Versorgungsbegriff des deutschen Rechts (§ 3 Ziff. 36 Alt. 3: Betrieb eines Energieversorgungsnetzes) erfüllt. Entsprechend dem Begriff der Verteilung (§ 3 Ziff. 37) ist daher auch die Ziff. 32 korrekt formuliert worden. Die Funktion entspricht im Wesentlichen der »Fernleitung« im Erdgasbereich, vgl. Art. 2 Ziff. 3 RL-Gas. Die Übertragungsfunktion gehört zu den typischen, die EltU kennzeichnenden elektrizitätswirtschaftlichen Dienstleistungen, vgl. Art. 2 Ziff. 20 bis 23 RL-Elt.

220

Zweck des Transportes muss die Stromversorgung von Letztverbrauchern oder Verteilern sein. Eine Übertragungsfunktion kann also auch ein Eigenerzeuger wahrnehmen, wenn er sich selbst (Betriebe, Filialen oder Konzernunternehmen) unter Zuhilfenahme eines Hochspannungsverbundnetzes beliefert.

221

Der Transport muss über ein **Höchst- oder Hochspannungsverbundnetz** erfolgen. Die Verbundnetzdefinition enthält § 3 Ziff. 35 (Anzahl von Übertragungs- und Verteilernetzen, die durch eine oder mehrere Verbindungsleitungen miteinander verbunden sind)[127]. Die Spannungsebene »Hochspannung« liegt vor, wenn die Leitung für 110.000 oder gar 220.000 kV ausgelegt ist. Der Unterschied zur Verteilung von Elektrizität (vgl. § 3 Ziff. 37) ist dadurch charakterisiert, dass das Verteilernetz jedenfalls Höchstspannungsleitungen nicht umfassen wird (negative Abgrenzung), während ein Hochspannungsverbundnetz sich insbesondere auf solche Leitungen stützt.

222

---

127 Gemeint ist wohl »Mehrzahl«, nicht »Anzahl«.

63. Umweltverträglichkeit (§ 3 Ziff. 33)

dass die Energieversorgung den Erfordernissen eines nachhaltigen, insbesondere rationellen und sparsamen Umgangs mit Energie genügt, eine schonende und dauerhafte Nutzung von Ressourcen gewährleistet ist und die Umwelt möglichst wenig belastet wird, der Nutzung von Kraft-Wärme-Kopplung und erneuerbaren Energien kommt dabei besondere Bedeutung zu.

223 § 3 Ziff. 33 charakterisiert den Begriff der **Umweltverträglichkeit**, indem die Teilziele der Energieeinsparung, der sog. sustainability und der minimalen Umweltbelastung genannt und als Instrumente u. a. die Nutzung der Kraft-Wärme-Kopplung sowie der erneuerbaren Energien hervorgehoben werden. Eine Begriffsdefinition im streng juristischen Sinne liegt darin wohl nicht.

224 Da das Umweltverträglichkeitsziel zu den in § 1 Abs. 1 besonders hervorgehobenen **Gesetzeszwecken des EnWG** gehört und das Gesetz mehrfach die Ziele des § 1 in Bezug nimmt, scheint diesem Ziel eine besonders herausragende Bedeutung zuzukommen. Früher haben die Kommentaren dem Umweltverträglichkeitsziel nur wenig Raum geschenkt[128]. Das ist auf den ersten Blick unverständlich, zumal die Binnenmarktrichtlinien Elektrizität und Erdgas bezüglich Strom aus Kraft-Wärme-Kopplung sowie aus erneuerbaren Energien den Mitgliedstaaten die Möglichkeit zugestehen, diesen Instrumenten einer umweltverträglichen Energieversorgung besonderen **Vorrang** einzuräumen[129]. So können die Mitgliedstaaten den Elektrizitäts- und Erdgasunternehmen gemeinwirtschaftliche Verpflichtungen im Hinblick auf den **Umweltschutz** auferlegen (Art. 3 Abs. 2 Satz 1 RL-Gas sowie Art. 3 Abs. 2 RL-Elt).

225 Zu den Kriterien einer Genehmigung von Elektrizitätserzeugungsanlagen zählt Art. 6 Abs. 2 lit. c) RL-Elt den Umweltschutz und lit. f) die **Energieeffizienz**; auch die **Art der Primärenergieträger** kann Gegenstand objektiver, transparenter und nichtdiskriminierender Genehmigungskriterien sein (Art. 6 Abs. 2 lit. g) RL-Elt). Erdgasunternehmen können nach Art. 21 Abs. 1 Satz 1 RL-Gas den Netzzugang

---

128 *Schneider*, EnWG 1998, § 2 Anm. 5; *Danner/Theobald*, Energierecht, § 2 EnWG 1998 Rz. 42; anders *Büdenbender*, EnWG 1998, § 1 Rz. 28 ff. und § 2 Rz. 61 ff.
129 Zur Ausgestaltung des Vorrangprinzips durch das EEG vgl. *Salje*, EEG 2004, § 2 Rz. 11 ff.

verweigern, wenn der konkrete Netzzugang sie an der Erfüllung ihrer gemeinwirtschaftlicher Verpflichtungen (und damit des Umweltschutzziels, vgl. Art. 3 Abs. 2 RL-Gas) hindern würde. Im Elektrizitätsbereich können darüber hinaus Netzbetreiber verpflichtet werden, Elektrizität aus erneuerbaren Energieträgern, Abfällen oder aus KWK-Anlagen den Vorrang einzuräumen, vgl. Art. 11 Abs. 3 und Art. 14 Abs. 4 RL-Elt.

Die bisher nur wenig bedeutsame Rolle des Umweltschutzes in der Betrachtung des Energiewirtschaftsrechts könnte darauf zurückzuführen sein, dass die Erwähnung von jetzt fünf konfligierenden Zielen in § 1 Abs. 1 die Deutung auch des Umweltverträglichkeitsziels als eines (bloßen) Programmsatzes nahelegen könnte[130]; eine solche Auslegung ist oben bereits zurückgewiesen worden[131]. Die Bedeutung des Umweltverträglichkeitsziels ist aber gleichwohl aus zwei Gründen zu relativieren: Zum einen sind die Fachbehörden zuständig, Umweltschutz bei Errichtung und Betrieb von Energieanlagen (§ 3 Ziff. 15) durchzusetzen (BBergG, BImSchG, WHG); eine parallele Zuständigkeit der Aufsichtsbehörden (§§ 54 ff.) erscheint insofern als wenig sinnvoll, sollen – möglicherweise sogar widersprüchliche – Doppelentscheidungen vermieden werden. Zum anderen hat der Gesetzgeber aufgrund der fehlenden Gewichtung der konfligierenden Ziele des § 1 Abs. 1 selbst dazu beigetragen, das Umweltverträglichkeitsziel zu relativieren. Da von den denkbaren Funktionen der Zweckbestimmung[132] des § 1 neben einer gewissen Bindung der Energieaufsicht letztlich nur die Zielharmonisierung durch **Entscheidung im Einzelfall** übriggeblieben ist, wird die juristisch-exakte Ausformung des Umweltverträglichkeitszieles möglicherweise auch zukünftig eine »cura posterior« bleiben. 226

In der Entwurfsfassung zu den §§ 1 und 2 des EnWG 1989 fehlen Erläuterungen zum Umweltverträglichkeitsziel fast vollständig[133]. Hervorgehoben wird lediglich der Anspruch auf den Einsatz umweltschonender Technologien. 227

---

130 In diese Richtung *Schneider*, EnWG 1998, § 1 Anm. 1 (S. 39 Mitte), ohne daraus die (negative) Folge zu ziehen.
131 § 1 Rz. 62, 78 ff.
132 Vgl. oben § 1 Rz. 61 ff.
133 Vgl. BT-DrS 13/7274 S. 14 (zur Begründung von § 1) sowie S. 15 (zur Begründung von § 2).

§ 3 Begriffsbestimmungen

228 Der **rationelle und sparsame Umgang mit Energie stellt** das erste Teilziel des Gesamtzieles »Umweltverträglichkeit« dar. Zu beachten ist also das **Einsparungsprinzip**. Das Einsparungsziel wird absolut erfüllt, wenn im Verhältnis zu einem definierten früheren Zustand die damals aufgetretenen Energieverluste reduziert werden, ohne den aus der Energieanlage resultierenden Nutzen zu verringern. Zum anderen kann das Einsparungsziel relativ erreicht werden, indem etwa trotz Steigerung der Stromabgabe- oder Leitungskapazität – bezogen auf das Verhältnis dieser Kapazitätserweiterung – der Einsatz von Primärenergie abgesenkt werden kann.

229 Zusätzlich wird man beim Einsparungsprinzip **Folgewirkungen** der Einsparungen berücksichtigen müssen. Führt die Energieeinsparung etwa dazu, dass beim Erzeuger, Letztbetreiber oder beim Kunden die Umweltbelastung gerade auf Grund der beim EVU eingesparten Primärenergie steigt, ist der Gesamteffekt der Einsparung zu beachten. Gleichzeitig ist im Sinne der IVU-Richtlinie zu überprüfen, ob das Umweltverträglichkeitsziel **integriert** erreicht werden kann, also alle Umweltmedien vom Einspareffekt profitieren. Letztlich kann versucht werden, unter Beachtung des Pareto-Prinzips[134] eine weitere Steigerung des Einsparziels zu erreichen, welche die Umweltbelastung im Übrigen unberührt lässt, so dass ein effektiver Nutzen aus der Einsparung erzielt wird.

230 Im Zusammenhang mit Energieerzeugung, Energieverteilung und Energienutzung hat der Gesetzgeber zahlreiche Vorschriften erlassen, die gerade auch dem Ziel der Einsparung von Elektrizität und Gas dienen[135]. So führt etwa die Novellierung der Wärmeschutzverordnung dazu, dass Heizungsanlagen modifiziert oder erneuert und Gebäude besser gedämmt werden müssen[136]. Dies hat Einspareffekte im Hinblick auf Elektrizität (Nachtspeicherheizungen, Warmwasserbereitung) und Gas (Heizungsanlagen). Eine besondere Zuständigkeit

---

134 Dazu: *Ott/Schäfer*, Lehrbuch der Ökonomischen Analyse des Zivilrechts, S. 25 ff.; *Salje*, Ökonomische Analyse des Rechts aus Deutscher Sicht, Rechtstheorie 15 (1984), S. 277 ff.
135 Überblick bei *Klöpfer*, Umweltrecht, 2. Aufl., München 1999, § 5 Rz. 242 f. sowie § 15 Rz. 108.
136 Zur Diskussion vgl. *Salje*, Instrumente der Energieeinsparung und der Förderung erneuerbarer Energien im deutschen Recht, in: Breuer, (Hrsg.), Staatlicher und europäischer Umweltschutz im Widerstreit. Umweltrechtstage NRW 2001, o.O. und o.J., S. 93 ff.

der Energieaufsicht dürfte insofern aber nicht begründet werden, zumal das EnWG keine Ermächtigungsgrundlage dafür enthält; § 49 (Anforderungen an Energieanlagen) einschließlich der Verordnungsermächtigung in Abs. 4 verweisen nicht auf § 1 und bringen das Umweltverträglichkeitsziel auch sonst nicht zum Ausdruck.

Ausgangspunkt des Zieles einer **schonenden und dauerhaften Ressourcennutzung** ist die Diskussion um die sogenannten Sustainability-Konzepte. Die Zielsetzung beinhaltet – soweit möglich – eine Inanspruchnahme von Ressourcen (z.B. Primärenergieträgern wie Kohle, Öl, Erdgas) entsprechend dem Prinzip der langfristigen Verfügbarkeit und hebt solche Primärenergieträger hervor, die sich nachwachsender Rohstoffe bedienen (z.B. Biomasse). Da die heute überwiegend gebräuchlichen Einsatzstoffe der Elektrizitäts- und Gasversorgung in Hunderten von Millionen Jahren in biologischen Prozessen entstanden sind, kann das so verstandene Umweltverträglichkeitsziel allenfalls tendenziell erfüllt werden, indem diese Art des Primärenergieverbrauchs »zeitlich gestreckt« wird. Da ein »Nachwachsen« dieser Einsatzstoffe im Verhältnis zum Verbrauchstempo unmöglich ist, sind Nachhaltigkeitskonzepte hier praktisch nicht zu verwirklichen. Deshalb muss dieser Teil des Umweltverträglichkeitsziels letztlich als Aufforderung des Gesetzgebers verstanden werden, den Primärenergieverbrauch immer stärker auf erneuerbare Energieträger umzuschichten. 231

Bestandteil dieses Teilzieles ist auch das Bemühen um **hohe technische Wirkungsgrade** von Energieanlagen[137]. Dies führt zur Bevorzugung solcher Stromerzeugungsanlagen, die das Verhältnis von Nutzenergie und nicht ausgenutzter Energie (z.B. Abwärme) optimieren. Soweit die Nutzwärme als Prozess- oder Fernwärme eingesetzt werden kann, sind daher im Regelfall KWK-Anlagen reinen Kondensationskraftwerken vorzuziehen. § 3 Ziff. 33 stellt dieses Instrument daher konsequent besonders heraus. 232

Das weitere Teilziel der Umweltverträglichkeit, eine Energieversorgung mit möglichst geringer Umweltbelastung sicherzustellen, soll hier als **Belastungsminimierungsprinzip** bezeichnet werden. Die vage Formulierung des Gesetzestextes, die sich zudem der Einschränkung durch das Wörtchen »möglichst« bedient, zeigt die Schwierigkeiten einer justiziablen Konkretisierung deutlich auf. Sind die Fach- 233

---

137 So zu Recht *Schneider*, EnWG 1998, § 2, Anm. 5.2.2.

aufsichtsbehörden auf Grundlage der allgemeinen Umweltschutzvorschriften bereits tätig geworden, dürfte der Energieaufsicht kaum noch Entscheidungsspielraum verbleiben. Auch wenn unter Minimierung der Umweltbelastung jeglicher substanzielle Eingriff in die drei Umweltmedien Boden, Luft und Wasser durch EVU verstanden wird, kann der Weiterbetrieb von Energieanlagen durch die Energieaufsichtsbehörde letztlich nicht verhindert werden, wenn dieser Betrieb mit geltendem Umweltrecht in Einklang steht.

234 Das dritte Teilziel des Umweltverträglichkeitszieles vermag daher allenfalls dann Bedeutung zu erlangen, wenn das EVU versucht, **Ausnahmevorschriften** (Dispense) geltend zu machen. So könnte dem Betreiber eines Elektrizitätsversorgungsnetzes der Nachweis von Verweigerungsgründen des Netzzugangs (vgl. § 20 Abs. 2 Satz 1) misslingen, wenn es dem Netzbetreiber nicht möglich ist darzutun, dass er seinerseits die Ziele des § 1 beachtet. Stellt sich heraus, dass die vom EVU eingesetzte Kraft-Wärme-Kopplungsanlage den Stand der Technik bei weitem verfehlt und Umweltbelastungen hervorbringt, die denen von Kondensationskraftwerken mit vergleichbarem Wirkungsgrad nicht überlegen sind, so wird eine Ausnahme vom Netzzugang nur schwierig zu erreichen sein.

235 Die Definition des Basisbegriffs der **Kraft-Wärme-Kopplung** ist in § 3 Abs. 1 Satz 1 KWK-G 2002 – für Zwecke jenes Gesetzes enthalten und stimmt mit der in der Energiewirtschaft üblicherweise verwendeten Begrifflichkeit überein[138]; die Definition ist daher auch bei der Auslegung von § 3 Ziff. 33 zu beachten. Entscheidend ist die **gleichzeitige Umwandlung** der Primärenergie in einer dafür ausgelegten Anlage (Kuppelproduktion). Ergebnis des Umwandlungsprozesses ist die Produktion von (mechanischer und elektrischer) Energie einerseits und Nutzwärme andererseits. Als Nutzwärme kommen sowohl Prozesswärme (Dampf für den Industriebedarf) als auch Fernwärme (Heißwasser für Nah- und Fernwärmenetze) sowie Nutzkälte in Betracht.

236 Als weiteres Instrument zur Erreichung des Umweltverträglichkeitszieles hebt § 3 Ziff. 33 die »besondere Bedeutung« der **erneuerbaren Energien** hervor. Darunter sind solche Primärenergieträger zu verstehen, die sich bezogen auf ihren Nutzungszeitraum zeitgleich – also

---

138 Vgl. *Schneider* EnWG 1998, § 2 Anm. 5.3.1 unter Hinweis auf die VDEW-Begriffsbestimmungen in der Energiewirtschaft.

innerhalb »Menschengedenkens« – zu regenerieren vermögen. Zu den »nachwachsenden« Primärenergieträgern zählen insbesondere die in § 3 Abs. 1 EEG genannten Energieträger Wasserkraft, Windenergie, solare Strahlungsenergie, Biomasse (einschließlich biologisch abbaubaren Abfällen), Deponiegas, Klärgas, Grubengas, Biogas und Geothermie.

64. Verbindungsleitungen (§ 3 Ziff. 34)

Anlagen, die zur Verbundschaltung von Elektrizitätsnetzen dienen, oder eine Fernleitung, die eine Grenze zwischen Mitgliedstaaten quert oder überspannt und einzig dem Zweck dient, die nationalen Fernleitungsnetze dieser Mitgliedstaaten zu verbinden.

Unter »Verbindungsleitungen« versteht Art. 2 Ziff. 13 RL-Elt **Anlagen, die zur Verbundschaltung von Elektrizitätsnetzen dienen**. Ein Verbundnetz (vgl. Ziff. 14) wird durch zumindest eine solche Verbindungsleitung zwischen den Übertragungs- und Verteilernetzen charakterisiert. Die Zusammenschaltung der Netze dient dem gegenseitigen Austausch von Elektrizität sowie der Spannungshaltung. Bei Gasnetzen (Art. 2 Ziff. 17 RL-Gas) wird auch im europäischen Recht die Verbindung der Mitgliedstaatennetze durch eine verbindende Fernleitung in Bezug genommen. 237

65. Verbundnetz (§ 3 Ziff. 35)

eine Anzahl von Übertragungs- und Elektrizitätsverteilernetzen, die durch eine oder mehrere Verbindungsleitungen miteinander verbunden sind, oder eine Anzahl von Gasversorgungsnetzen, die miteinander verbunden sind.

Die Richtlinien definieren den Verbundnetz-Begriff mit Rücksicht auf die technischen Unterschiede leicht abweichend, allerdings mit einem gemeinsamen Kern (vgl. Art. 2 Ziff. 16 RL-Gas einerseits und Art. 2 Ziff. 14 RL-Elt andererseits): 238

– Elektrizität: eine Anzahl von Übertragungs- und Verteilernetzen, die durch eine oder mehrere Verbindungsleitungen miteinander verbunden sind;

– Erdgas: eine Anzahl von Netzen, die miteinander verbunden sind.

239 Gasverbindungsleitungen sind solche Anlagen, die zur Verbundschaltung von Elektrizitäts- und Gasversorgungsnetzen dienen, § 3 Ziff. 34, vgl. vorstehend.

240 Kennzeichen eines Verbundnetzes ist die Zusammenfassung einer **Mehrzahl von Netzen,** die unterschiedlichen Spannungsebenen/Druckstufen angehören können. Diese Netze werden miteinander verbunden, um Vorteile bei der Versorgung von Kunden zu erzielen (Spannungshaltung, Druckhaltung, Ausfallsicherheit). Die Energie vermag auch dann, wenn ein Teil des Gesamtnetzes nicht mehr voll funktionsfähig ist, über einen anderen Strang die Versorgungsaufgabe sicherzustellen. Direktleitungen werden definitionsgemäß außerhalb des Verbundnetzes errichtet und betrieben.

66. Versorgung (§ 3 Ziff. 36)

die Erzeugung oder Gewinnung von Energie zur Belieferung von Kunden, der Vertrieb von Energie an Kunden und der Betrieb eines Energieversorgungsnetzes.

241 Der gemeinsame Versorgungsbegriff der Richtlinien ist sehr eng und weicht von der deutschen Tradition (EVU-Begriff) ab, vgl. Art. 2 Ziff. 7 RL-Gas und Art. 2 Ziff. 19 RL-Elt:

– Elektrizität: Verkauf (einschließlich Weiterverkauf) von Elektrizität an Kunden;

– Erdgas: (Weiter-) Verkauf von Erdgas einschl. verflüssigtem Erdgas an Kunden.

242 Das die Definition in personeller Hinsicht bestimmende Merkmal ist der Kundenbegriff (Großhändler, Abnehmer, Weiterverteiler). Dagegen wird dessen Geschäftspartner nicht genannt; als Lieferanten kommen daher Elektrizitäts- und Erdgasunternehmen (einschl. Weiterverteilern) und Großhändler in Betracht.

243 Um die Harmonie mit dem traditionellen EVU-Begriff des § 3 Ziff. 18 zu wahren, weist der **Versorgungsbegriff** des § 3 Ziff. 36 drei Alternativen auf:

– Erzeugung/Gewinnung von Energie zwecks Vermarktung

– Vertrieb von Energie an Kunden

– Betrieb eines Energieversorgungsnetzes

Um den Versorgungsbegriff zu erfüllen ist es deshalb ausreichend, 244
wenn eine dieser Funktionen wahrgenommen wird. Die Verwendung
des EVU-Begriffs bzw. des Begriffs Versorgung ist demgemäß neutral,
weil eine Festlegung auf eine bestimmte energiewirtschaftliche Funktion nicht erfolgt. Gas und Elektrizität werden gleichbehandelt. Wegen der Abweichung zwischen europäischem und deutschem Versorgungsbegriff kann nur mit Vorsicht auf die europäischen Definitionen
zurückgegriffen werden; insbesondere ist bei der Interpretation der
Richtlinien die abweichende Begrifflichkeit in Rechnung zu stellen.
Die Entflechtung der unterschiedlichen energiewirtschaftlichen Funktionen bringt der deutsche Versorgungsbegriff nicht zum Ausdruck.

67. *Verteilung (§ 3 Ziff. 37)*

**der Transport von Elektrizität mit hoher, mittlerer oder niederer
Spannung über Elektrizitätsverteilernetze oder der Transport von
Gas über örtliche oder regionale Leitungsnetze, um die Versorgung von Kunden zu ermöglichen, jedoch nicht die Belieferung der
Kunden selbst.**

Den Binnenmarktrichtlinien ist der Begriff der **Verteilung** von Ener- 245
gie gemeinsam (vgl. Art. 2 Ziff. 5 RL-Gas und Art. 2 Ziff. 5 RL-Elt).

– Elektrizität: Transport von Elektrizität mit hoher, mittlerer oder
  niedriger Spannung über Verteilernetze zum Zwecke der Belieferung von Kunden (ohne Versorgung)

– Erdgas: Transport von Erdgas über örtliche oder regionale Leitungsnetze zum Zwecke der Belieferung von Kunden (ohne Versorgung)

Beiden Begriffsbildungen stimmen darin überein, dass die durch **Ver-** 246
teilung bewirkte Transportleistung dem Zweck der Belieferung von
Kunden (Großhändler, Letztverbraucher, Weiterverteiler) dient. Zur
Unterscheidung vom Ferntransport von Energie dient im Elektrizitätsbereich die Bezeichnung der Spannungsebene (Hochspannung,
Mittelspannung, Niederspannung), im Gasbereich die Charakterisierung als »örtliche oder regionale Leitungsnetze«. Offenbar lassen sich
bei Erdgas Ferntransport- bzw. Verteilernetze nicht nach Druckstufen
exakt unterscheiden.

Transportmedium ist das Netz. Verteilung liegt aber nicht nur vor, 247
wenn die Belieferung auf das Verbundnetz gestützt erfolgt; auch die

Versorgung mit Energie über eine Direktleitung muss als Verteilung angesehen werden.

248 Anstelle des Begriffs **Belieferung** verwendet das deutsche Recht den Begriff **Transport**, der für Elektrizitätsnetze ungewöhnlich ist. Obwohl die Binnenmarktrichtlinien Elektrizität die Anwendung des Versorgungsbegriffs (im europäischen Sinne: Verkauf) gerade ausschließen, dient dieser Begriff in § 3 Ziff. 37 dazu, die Alternative »Netzbetrieb« anzusprechen. Weil ein Verkauf an Kunden nicht stattfindet (europäisches Recht: Versorgung), wird für den Verteilungsbegriff des deutschen Rechts die »Belieferung der Kunden« ausgeschlossen. Sieht man von diesen Eigentümlichkeiten ab, stimmen europäisches und nationales Recht jedenfalls in der Zielrichtung überein.

68. Vertikal integriertes Energieversorgungsunternehmen (§ 3 Ziff. 38)

ein im Elektrizitäts- oder Gasbereich tätiges Unternehmen oder eine im Elektrizitäts- oder Gasbereich tätige Gruppe von Unternehmen, die im Sinne des Artikels 3 Abs. 2 der Verordnung (EG) Nr. 139/2004 des Rates vom 20. Januar 2004 über die Kontrolle von Unternehmenszusammenschlüssen (ABl. EU Nr. L 24 S. 1) miteinander verbunden sind, wobei das betreffende Unternehmen oder die betreffende Gruppe im Elektrizitätsbereich mindestens eine der Funktionen Übertragung oder Verteilung und mindestens eine der Funktionen Erzeugung oder Vertrieb von Elektrizität oder im Erdgasbereich mindestens eine der Funktionen Fernleitung, Verteilung, Betrieb einer LNG-Anlage oder Speicherung und gleichzeitig eine der Funktionen Gewinnung oder Vertrieb von Erdgas wahrnimmt.

249 Von **vertikaler Integration** sprechen die Richtlinien (Art. 2 Ziff. 21 RL-Elt und Art. 2 Ziff. 20 RL-Gas), wenn neben Netzfunktionen (Übertragung, Fernleitung, Verteilung) **Funktionen in der Lieferkette** (beginnend mit der Gewinnung/Erzeugung und endend mit der Lieferung) wahrgenommen werden. Der Integrationsbegriff ist bereits dann erfüllt, wenn neben dem Netzbetrieb eine weitere Funktion in einem Unternehmensverbund zusammengefasst betrieben wird. Erforderlich können dann Entflechtungen im Sinne der §§ 6 ff. getrennt nach diesen Funktionen werden[139]. Wenn beispielsweise ein vertikal integriertes Erdgasunternehmen sowohl Erdgas gewinnt, über Fernleitungen transportiert, ein Verteilernetz betreibt, Kunden beliefert und Erdgas speichert, müssen gemäß § 10 neben dem herkömmlichen Jahresabschluss entsprechend den fünf Funktionen zusätzliche Segmentabschlüsse vorgelegt werden, wobei die genannten Funktionen in diesen »Teilabschlüssen« so zu behandeln sind, als ob die Aktivitäten durch separate Firmen wahrgenommen worden wären. Bereits zwei dieser Funktionen erfüllen den Begriff der vertikalen Integration, wenn zur Netzfunktion eine weitere hinzutritt.

Der Verweis auf die europäische Fusionskontrollverordnung soll eine einheitliche **Kontrollreferenz im Unternehmensverbund** (Konzern) ermöglichen[140]. Keine Kontrollmöglichkeit erlauben Gemeinschaftsunternehmen, in denen Netzbetreiber und andere Funktionen wahrnehmende Energieunternehmen gleich stark miteinander verbunden sind. Wenn aber über Sitze in der Geschäftsleitung oder aufgrund einer Kapitalmehrheit ein Unternehmen in der Lage ist, andere zu steuern (faktische oder vertragliche Konzernierung), so liegt Integration vor. Es kommt dann nur noch darauf an, ob neben einer typischen Netzfunktion eine weitere Funktion eines EVU erfüllt wird (bei Elektrizität: Erzeugung oder Vertrieb; bei Gas: Betrieb von LNG-Anlagen, Speicherung, Gewinnung von Erdgas, Vertrieb von Erdgas). 250

Im deutschen Recht wird sehr häufig auf § 3 Ziff. 38 verwiesen, und dies gilt insbesondere für die §§ 6 ff. (Entflechtung). Ziel des Gesetzgebers ist es, den Netzbetreiber in der Art eines allgemein zur Verfügung stehenden Transportmediums zur Eröffnung funktionsfähigen Wettbewerbs bei Erzeugung bzw. Verkauf von Gas (auf allen Handelsstufen) in Dienst zu nehmen. Die Auslegung des Begriffs gemäß § 3 Ziff. 38 muss auf diese Zielsetzung Rücksicht nehmen. 251

69. Vorgelagertes Rohrleitungsnetz (§ 3 Ziff. 39)

Rohrleitungen oder ein Netz von Rohrleitungen, deren Betrieb oder Bau Teil eines Öl- oder Gasgewinnungsvorhabens ist oder die dazu verwendet werden, Erdgas von einer oder mehreren solcher Anlagen zu einer Aufbereitungsanlage, zu einem Terminal oder zu

---

139 Zum Begriff der horizontalen Integration vgl. Art. 2 Ziff. 23 RL-Elt.
140 Vgl. zu verschiedenen Kontrolltatbeständen die Gesetzesbegründung, BT-DrS 15/3917, S. 49, 50.

§ 3 Begriffsbestimmungen

einem an der Küste gelegenen Endanlandeterminal zu leiten, mit Ausnahme solcher Netzteile oder Teile von Einrichtungen, die für örtliche Produktionstätigkeiten verwendet werden.

252 Unter einem »vorgelagerten Rohrleitungsnetz« (vgl. Art. 2 Ziff. 2 RL-Gas) versteht auch die Binnenmarktrichtlinie Gas **Rohrleitungen oder ein Netz von Rohrleitungen, deren Betrieb und/oder Bau Teil eines Öl- oder Gasgewinnungsvorhabens ist oder die dazu verwendet werden, Erdgas von einem oder mehreren solcher Vorhaben zu einer Aufbereitungsanlage, zu einem Terminal oder zu einem an der Küste gelegenen Endanlandeterminal zu leiten.** Der Begriff dient dazu, derartige Rohrleitungssysteme, die für die Gaswirtschaft typisch sind, vom Netzbegriff auszunehmen, weil insofern weder Fernleitung noch Verteilung von Erdgas stattfinden. Vielmehr dient der in den Rohrleitungen vorgelagerter Art durchgeführte Gastransport der Vorbereitung von Versorgungsprozessen durch Aufbereitung oder Bereitstellung zum Weitertransport.

253 Die Herausnahme vorgelagerter Rohrleitungsnetze aus dem allgemeinen Gasversorgungsnetzbegriff bedeutet aber nur, dass ein regulierter Netzzugang nach §§ 20 ff. nicht stattfindet. Möglich ist der sog. verhandelte Netzzugang im Sinne von §§ 26, 27. Der Betreiber des vorgelagerten Rohrleitungsnetzes kann nach § 27 Satz 2 die Unmöglichkeit oder Unzumutbarkeit des Zugangs nachzuweisen versuchen (z.B. mangelnde Kapazität), und er muss diese Ablehnung auch begründen (Satz 3). Im Übrigen hat er nach Satz 1 des § 27 den Zugang zu angemessenen und nichtdiskriminierenden Bedingungen zur Verfügung zu stellen.

§ 3a Verhältnis zum Eisenbahnrecht

Dieses Gesetz gilt auch für die Versorgung von Eisenbahnen mit leitungsgebundener Energie, insbesondere Fahrstrom, soweit im Eisenbahnrecht nichts anderes geregelt ist.

Literatur

BKartA, Tätigkeitsbericht 2003/2004, BT-DrS 15/5790, S. 32 f. und S. 147; *Ehricke*, Zur Abgrenzung der Anwendungsbereiche von AEG und neuem EnWG, ZNER 2005, S. 301 ff.

Überblick

		Seite	Rz.
I.	Entstehungsgeschichte	263	1
II.	Regulierungsgegenstand	264	4
III.	Rechtsfolgen und Rechtsschutz	266	9

I. Entstehungsgeschichte

In Gesetzentwurf der Bundesregierung ist § 3a noch nicht enthalten gewesen. Erst der Wirtschaftsausschuss des Bundestages hat § 3a in den Entwurf eingefügt[1]. Hintergrund sind Verhandlungen zwischen Bundesregierung und Geschäftsleitung der Deutschen Bahn AG gewesen, in denen es um die Frage ging, ob der Zugang zum Bahnnetz durch das Eisenbahnbundesamt oder aber durch diejenige Regulierungsbehörde sicherzustellen sei, die diese Aufgaben auch für Nicht-Bahnstromnetze erledigt. Dabei hat sich im politischen Raum die Überlegung durchgesetzt, das Bahnstromnetz unter Wahrung seiner Besonderheiten dem allgemeinen Regulierungsrecht für Elektrizitätsnetze zu unterstellen. 1

Demgemäß ist die bisherige Regulierungsbehörde für Telekommunikation und Post gemäß § 1 des »Gesetzes über die Bundesnetzagentur 2

---

1 BT-DrS 15/5268 S. 18 mit Begründung S. 117.

§ 3a Verhältnis zum Eisenbahnrecht

für Elektrizität, Gas, Telekommunikation, Post und Eisenbahnen«[2] in »Bundesnetzagentur für Elektrizität, Gas, Telekommunikation, Post und Eisenbahnen (Bundesnetzagentur)« umbenannt worden. Die Bundesnetzagentur ist deshalb auch zuständig auf dem Gebiet des »Rechts des Zugangs zur Eisenbahninfrastruktur nach Maßgabe des Bundeseisenbahnverkehrsverwaltungsgesetzes«, § 2 Abs. 1 Ziff. 4 des Gesetzes über die Bundesnetzagentur. Das EU-Eisenbahninfrastrukturrecht ist zum 30.4.2005 in nationales Recht umgesetzt worden[3].

3 Während das Bundeseisenbahnverkehrsverwaltungsgesetz[4] den Zugang zur Gesamtinfrastruktur erfasst und ausgestaltet – Schienennetz, Kommunikationsnetze, Fahrpläne usw. –, bildet das Eisenbahnrecht in Bezug auf den **Zugang zum Fahrstromnetz** lediglich einen allgemeinen Rechtsrahmen, der für diesen speziellen Infrastrukturbereich durch das EnWG ausgefüllt wird. Die Bundesnetzagentur handelt zwar aufgrund der Ermächtigungsgrundlagen des Eisenbahnrechts, wendet aber in Bezug auf das Fahrstromnetz Energiewirtschaftsrecht an, §§ 17 ff. sowie §§ 20 ff.

II. Regulierungsgegenstand

4 Regulierungsgegenstand ist die **Versorgung von Eisenbahnen mit leitungsgebundener Energie**. Faktisch ist dies derzeit ausschließlich Elektrizität. In der Vergangenheit war Streit entstanden, ob die DB Energie AG verpflichtet gewesen ist, EVU (Erzeugern und Stromhändlern) Zugang zum Fahrstromnetz mit dem Ziel zu gewähren, dort die Betreiber von Schienenbahnen zu versorgen, die außerhalb des Unternehmensverbundes der DB stehen. Mit dem Ziel, eine Missbrauchsverfügung gegen die beteiligten DB-Unternehmen zu erwirken, war auch das Bundeskartellamt eingeschaltet worden. Unter Hinweis auf die Besonderheiten des Eisenbahnrechts hatte die DB ursprünglich ihre Verpflichtung bestritten, anderen EVU als der DB Energie AG Zugang zum Fahrstromnetz zu gewähren.

---

2 Art. 2 des Zweiten Gesetzes zur Neuregelung des Energiewirtschaftsrechts vom 7.7.2005, BGBl. I S. 1970, 2009.
3 Drittes Gesetz zur Änderung einsenbahnrechtlicher Vorschriften vom 27.4.2005, BGBl. I S. 1138.
4 Vom 27.12.1993, BGBl. I S. 2378, 2394; zuletzt geändert durch Art. 3 Abs. 49 des Zweiten Neuregelungsgesetzes vom 7.7.2005, BGBl. I S. 1970, 2017.

Dieser Streit kann nach Einführung von § 3a nicht mehr aufkommen. 5
Vorbehaltlich im Eisenbahnrecht geregelter Besonderheiten ist nunmehr das EnWG mit seinen regulierungsbezogenen Teilen (§§ 17 ff. und §§ 54 ff.) auf das deutsche Fahrstromnetz anwendbar. Dies gilt unabhängig davon, ob das Schienennetz bzw. das zugehörige Fahrstromnetz von einem Unternehmen der DB oder aber von dritten Unternehmen, insbesondere regionalen Eisenbahngesellschaften, betrieben wird. Zu den so erfassten Fahrstromnetzen kann jedes EVU Netzzugang im Sinne der §§ 20 ff. nach Netzanschluss im Sinne von § 17 erhalten, und die Betreiber dieser Netze haben ihre Pflichten aus den §§ 11 ff. sowie § 49 zu gewährleisten. Die Regulierungsbehörde berücksichtigt bei ihren Entscheidungen den **Vorrang des allgemeinen Eisenbahnrechts**.

Im Zentrum der Regelung steht die Begrifflichkeit »leitungsgebundene Energie, insbesondere **Fahrstrom**«. Der Fahrstrom für Eisenbahnen weist in Deutschland traditionell eine andere Frequenz (16 2/3 Hz) verglichen mit dem allgemeinen Netz (50 Hz) auf. Netzzugang kann also nur derjenige erhalten, der über speziell ausgelegte Erzeugungs- bzw. Umformeranlagen verfügt. Traditionell erfolgt die Versorgung des Stromnetzes der Eisenbahnen sowohl durch Kraftwerke in der Verfügungsgewalt der DB als auch solche der allgemeinen Stromerzeugung, wobei es sich meist um sehr langfristige Vertragsbeziehungen handelt. Wer eine solche Vertragsbeziehung in nicht diskriminierender und nicht missbräuchlicher Weise eingegangen ist, also etwa gemäß § 2 Abs. 2 GWB in Verbindung mit der Gruppenfreistellungsverordnung für vertikale Beschränkungen die höchst zulässigen Vertragsbindungsfristen bei Alleinbezug beachtet hat, der kann nicht dazu verpflichtet werden, unter Durchbrechung seiner Vertragsbeziehungen Strom von Dritten – quasi zwangsweise kontrahierend – zu beziehen oder die Stromnachfrage neu auszuschreiben. Für Altverträge sind Übergangsfristen zu beachten[5]. 6

Sinn und Zweck der Regelung ist es u.a., solchen Bahnbetreibern Zugang zu konkurrierenden Stromanbietern zu gewährleisten, die außerhalb des DB-Unternehmensverbundes stehen. Diese Unternehmen können Angebote sowohl von der DB Energie AG als auch von dritten Erzeugern einholen und sich dann wahlweise beliefern lassen. Das 7

---

5 Vgl. *Salje*, Langfristige Gaslieferverträge im Lichte des nationalen und des europäischen Wettbewerbsrechts, WuW 2006 (im Erscheinen). (Parallele im Stromlieferrecht).

Recht auf Zugang zum Fahrstromversorgungsnetz (§ 20 in Verbindung mit § 3a) sichert diese potenziellen Konkurrenzbeziehungen rechtstatsächlich ab. Dagegen wird für die Abnehmer ein besonderer Netzanschluss gemäß § 17 regelmäßig deshalb nicht benötigt werden, weil sie mit dem Zugriff auf das Schienennetz auch in der Lage sind, das Fahrstromnetz zu nutzen, zumal temporäre Abschaltungen bestimmter Strecken während der Benutzung durch Dritte auf Schwierigkeiten stoßen dürften.

8 Mit der Formulierung »insbesondere Fahrstrom« stellt der Gesetzgeber sicher, dass der **Schienenbahnbetrieb** im Zentrum der Regelung steht. Ein Netzzugang zur Elektrizitätsversorgung von Signalanlagen, Telekommunikationseinrichtungen, Bahnhöfen und Parkanlagen für Kunden ist damit nicht automatisch miterfasst, soweit sie nicht über die Fahrstromnetze mitversorgt werden. Die Betreiber differenzierbarer Infrastruktureinrichtungen sowie Stationen können daher weiterhin autonom entscheiden, wer sie mit Strom beliefert. Allerdings ist die Regelung flexibel genug, um auf zukünftige Marktveränderungen zu reagieren; muss beispielsweise ein Eisenbahnbetreiber zukünftig nicht nur Fahrstrom einkaufen, sondern enthält er auch »entbündelten Zugang« zu sonstigen Infrastruktureinrichtungen, so wäre er in der Lage, auch für diese selbst betriebenen Dienste Energieangebote Dritter einzuholen. Ob insofern ein Gestaltungsspielraum der Regulierungsbehörde existiert oder sich deren Entscheidungen an die künftige Veränderung der Markt- und Strukturverhältnisse anzupassen haben, wäre im Rahmen der Ermächtigungsgrundlagen und Zuständigkeiten der Regulierungsbehörde zu klären.

III. Rechtsfolgen und Rechtsschutz

9 Die Regelung des § 3a weist vielfältige **Rechtsfolgen** auf. Sie ermächtigt zum einen die Regulierungsbehörde, ihre Verfügungen auf die Ermächtigungsgrundlagen des EnWG zu stützen, und die Befugnisse des Eisenbahnbundesamtes sowie des Bundeskartellamtes werden entsprechend modifiziert. Für die Eisenbahnbetreiber sowie EVU wird ein Markt neu eröffnet, und dieser **Fahrstrommarkt** ist grundsätzlich den gleichen Regelungen unterworfen wie die auf der Basis der allgemeinen Elektrizitätsversorgungsnetze erschlossenen Strommärkte, soweit Besonderheiten des Eisenbahnrechts dem nicht entgegenstehen. Die rechtliche Diskussion wird sich damit zukünftig auf

jene Besonderheiten konzentrieren[6], wobei sich die zuständigen Behörden bei ihren abgrenzenden Entscheidungen davon leiten lassen werden, unter Ausrechterhaltung der Sicherheit des Fahrstromnetzbetriebs auch diesen Bereich möglichst vollständig dem allgemeinen Wettbewerb zu öffnen. Soweit die energiewirtschaftsrechtlichen Regelungen Schutzgesetzcharakter aufweisen, können auch die Zivilgerichte – beispielsweise bei Verweigerung des Zugangs zum Fahrstromnetz – in Bezug auf die vor diese Gerichte getragenen Schadensersatzklagen über § 3a unmittelbar EnWG-Vorschriften anwenden.

Regelmäßig wird das **bundesweite Fahrstromnetz**, bei dem es sich nicht um ein »räumlich zusammengehörendes Betriebsgebiet« im Sinne von § 110 Abs. 1 Satz 1 Ziff. 1 handelt und auch kein überwiegend auf die DB bezogener Stromtransport stattfindet[7], von der Bundesnetzagentur als Regulierungsbehörde beaufsichtigt werden, § 54 Abs. 1. Nur für regional auf ein Bundesland beschränkte Teilnetze kommt wegen § 54 Abs. 2 Satz 2 die Zuständigkeit der Landesregulierungsbehörde in Betracht. Rechtsschutz gegen Anordnungen der Regulierungsbehörde ist nach den allgemeinen Grundsätzen zu erlangen (Rechtsbeschwerde zum OLG, §§ 75 ff.)

---

6 Vgl. dazu *Ehricke*, Zur Abgrenzung von AEG und EnWG, ZNER 2005, S. 301, 305.
7 Klarstellung durch § 110 Abs. 5.

§ 4 Genehmigung des Netzbetriebs

(1) Die Aufnahme des Betriebs eines Energieversorgungsnetzes bedarf der Genehmigung durch die nach Landesrecht zuständige Behörde.

(2) ¹Die Genehmigung nach Absatz 1 darf nur versagt werden, wenn der Antragsteller nicht die personelle, technische und wirtschaftliche Leistungsfähigkeit und Zuverlässigkeit besitzt, um den Netzbetrieb entsprechend den Vorschriften dieses Gesetzes auf Dauer zu gewährleisten. ²Unter den gleichen Voraussetzungen kann auch der Betrieb einer in Absatz 1 genannten Anlage untersagt werden, für dessen Aufnahme keine Genehmigung erforderlich war.

(3) Im Falle der Gesamtrechtsnachfolge oder der Rechtsnachfolge nach dem Umwandlungsgesetz oder in sonstigen Fällen der rechtlichen Entflechtung des Netzbetriebs nach § 7 geht die Genehmigung auf den Rechtsnachfolger über.

Rechtsprechung zum früheren Recht

BGH v. 28.6.2005, RdE 2005, 222 – Anschluss des Arealnetzbetreibers; OVG Thüringen v. 24.6.1993 RdE 1994,14 – Nichtbeanstandungserklärung

Literatur zum früheren Recht

Becker, Die Betriebsaufnahmegenehmigung nach § 3 EnWG im Gefüge des neuen Energiewirtschaftsrechts, RdE 2000, S. 7 ff.; *Börner/Börner*, Die energierechtliche Genehmigung restituierter Stadtwerke, Köln 1991; *Büdenbender*, EnWG 1998, Köln 2003, § 3 Rz. 7 ff.; *Bundesminister für Wirtschaft*, Ergebnisvermerk zur Sitzung mit den Bundesländern zur Durchführung des neuen Energiewirtschaftsrechts (III B 1 – 10 51 08) vom 27.5.1998, III. C. (§ 3: Genehmigung der Energieversorgung); *Danner/Theobald*, Energierecht, Bd. 1, München, Loseblattsammlung, Stand: 07.05, EnWG I B 1, § 3 EnWG 1998; *Iro*, Öffentliche Interessen bei den Genehmigungen von Stromerzeugungsanlagen, VEnergR Bd. 82, Baden-Baden 1997; *Henckel*, Die Staatsaufsicht nach dem Energiewirtschaftsgesetz, VEnergR Bd. 25/26, Düsseldorf 1970; *Schneider*, EnWG 1998, Frankfurt/Main 1999, § 3; *Tegethoff/Büdenbender/Klinger*, Öff. Energieversorgung, Essen, Loseblattsammlung, Stand: 4.98, § 5 EnWG a. F.;

§ 4 Genehmigung des Netzbetriebs

Tettinger, Umfang der Befugnisse des staatlichen Lastverteilers im Krisenfalle, Stuttgart/München/Hannover/ Berlin/Weimar/Dresden 1996; *Wirtschaftsministerkonferenz* (Hrsg.), Bericht des Arbeitskreises »Energiepolitik« über die Aufsichtspraxis zu §§ 4 und 11 EnWG (a. F., *d. Verf.*), insbes. bei Wettbewerbsleitungen, RdE 1997, S. 122 ff.; *Zenke*, Genehmigungszwänge im liberalisierten Energiemarkt, Berlin 1998

Übersicht

		Seite	Rz.
I.	Normzweck und Rechtsentwicklung	271	1
II.	Betriebsaufnahmegenehmigung und Europäisches Recht	272	7
	1. Elektrizitätsversorgungsnetzbetrieb	272	8
	2. Gasversorgungsnetzbetrieb	273	10
III.	Genehmigungserfordernis (Abs. 1 und 3)	273	11
	1. Energieversorgungsnetz	274	12
	2. Netzbetreiber	274	15
	a) Persönlicher Anwendungsbereich	274	16
	b) Sachlicher Anwendungsbereich	276	22
	c) Netzbetrieb der allgemeinen Versorgung	277	25
	d) Einzelfälle	278	27
	aa) Bisherige Netzbetreiber	278	28
	bb) Arealversorgung	279	33
	3. Betriebsaufnahme	280	35
	a) Neue Energieart	280	36
	b) Übernahme von Netzanlagen	282	41
	4. Rechtsnachfolge (Abs. 3)	284	46
	a) Gesamtrechtsnachfolge	285	48
	b) Umwandlung von Netzbetreibern	285	51
	c) Entflechtung	287	55
	d) Veräußerung von Netzbetreibern	289	62
	5. Genehmigungsbehörden und Genehmigungsverfahren	290	65
	6. Rechtsschutz	293	76
	7. Sanktionen	295	81
IV.	Ausnahmen von der Genehmigungspflicht	295	82
V.	Versagung und Untersagung (Abs. 2)	295	84
	1. Neuaufnahme des Netzbetriebs	296	86
	a) Fehlende Leistungsfähigkeit	297	87
	b) Fehlende Zuverlässigkeit	299	95
	c) Vorschriften des EnWG	302	101
	2. Untersagung des laufenden Netzbetriebs und Rechtsschutz	303	105

I. Normzweck und Rechtsentwicklung

Nach altem Recht (§ 5 EnWG 1935 sowie § 3 EnWG 1998/2003) bedurfte die **Aufnahme der Energieversorgung Anderer der Genehmigung der Energieaufsichtsbehörde**. Weiterhin bestand eine **Mitteilungsverpflichtung** gegenüber dem gebietsversorgenden EVU, wenn eine Eigenanlage errichtet oder erweitert werden sollte (§ 5 Abs. 2 EnWG 1935). § 3 EnWG 1998 hatte das Genehmigungserfordernis zwar beibehalten, jedoch als strikt rechtsgebundene Erlaubnis ausgestaltet[1].

§ 4 Abs. 1 EnWG 2005 regelt Grundsatz und Ausnahmen des Genehmigungsvorbehalts und knüpft dabei nicht mehr an den EVU-Begriff an. Der Genehmigungspflicht unterliegt nur die **Neuaufnahme des Betriebs eines Energieversorgungsnetzes**. Wer bereits als Netzbetreiber tätig gewesen ist, benötigt die Genehmigung nicht. Die in § 3 Abs. 1 Satz 2 EnWG 1998 noch vorgesehenen Ausnahmen konnten entfallen.

§ 4 Abs. 2 Abs. 1 stellt einen abschließenden Katalog von **Versagungsbedingungen** auf; liegen diese nicht vor, muss die Genehmigung erteilt werden. Während Satz 1 personenbezogene Leistungskriterien sowie die Zuverlässigkeit des Antragstellers betrifft und offenbar den Schutz von Netznutzern sicherstellen soll, sieht Satz 2 eine **Untersagung** unter gleichen Voraussetzungen bei genehmigungsfreiem Netzbetrieb vor.

Als **Regelungszweck** nannte die Begründung des Regierungsentwurfs zum EnWG 1998[2] die **Sicherstellung der Ziele des EnWG** (Sicherheit, Preisgünstigkeit, Umweltverträglichkeit). Zusätzlich wurde das Vermeiden **nachteiliger Strukturveränderungen** angeführt[3]: Obwohl grundsätzlich das Wettbewerbsprinzip die Ziele des EnWG sicherstelle, erforderten öffentliches Interesse und **Schutz der Kunden** die Genehmigungspflicht in den im Gesetz genannten Fällen.

---

1 *Becker*, Die Betriebsaufnahmegenehmigung nach § 3 EnWG im Gefüge des neuen Energiewirtschaftsrechts, RdE 2000, S. 7, 8: »Präventives Verbot mit Erlaubnisvorbehalt«.
2 BT-DrS 13/7274, S. 15 (Einzelbegründung zu § 3).
3 Gesetzesbegründung ebenda.

5 Während mit § 4 EnWG 2005 die sog. Strukturkontrolle zu Recht aufgegeben worden ist, hat der Reformgesetzgeber angesichts der »besonderen Bedeutung ... als Infrastruktureinrichtung«[4] das Genehmigungserfordernis im Hinblick auf die Aufnahme des Netzbetriebs beibehalten.

6 Im Laufe des Gesetzgebungsverfahrens ist § 4 nur noch unwesentlich verändert worden[5]; in Abs. 2 Satz 1 wurde der Genehmigungsgegenstand (Netzbetrieb) präzisiert sowie Satz 2 angefügt, um die bereits betriebenen und deshalb genehmigungsfreien Netze gleich behandelnd zu erfassen.

II. Betriebsaufnahmegenehmigung und Europäisches Recht

7 Das europäische Binnenmarktrecht für Elektrizität kennt einen solchen Genehmigungsvorbehalt nicht; es ist deshalb zweifelhaft, ob § 4 mit dem Ziel der Warenverkehrsfreiheit vollständig vereinbar ist oder sich als verbotene Maßnahme gleicher Wirkung im Sinne von Art. 28 EG darstellt, ohne dass eine immanente Schranke oder ein Rechtfertigungsgrund gemäß Art. 30 EG den Genehmigungsvorbehalt rechtfertigt.

1. Elektrizitätsversorgungsnetzbetrieb

8 Bedenken gegen § 4 könnten deshalb bestehen, weil anders als für die Errichtung von Erzeugungsanlagen (vgl. Art. 6 RL-Elt) die Zweite Binnenmarktrichtlinie Elektrizität im Hinblick auf den **Betrieb von Verteilernetzen** und damit die Versorgung von Netznutzern in bestimmten Gebieten gerade **kein Genehmigungsverfahren** vorsieht (vgl. Art. 13 bis 17 RL-Elt). Daraus könnte geschlossen werden, dass eine Betriebsaufnahmegenehmigung überhaupt nicht verlangt werden darf, was § 4 insgesamt als europarechtswidrig erscheinen ließe. Als bloße Inländerdiskriminierung kann das Genehmigungserfordernis wohl deshalb nicht eingestuft werden kann, weil Netzbetreiber aus anderen Mitgliedstaaten § 4 Abs. 2 Satz 2 grundsätzlich unterfallen.

---

4 Begründung zu § 4, BT-DrS 15/3917, S. 50.
5 Vgl. die Gegenüberstellung BT-DrS 15/5268, S. 18 (Entwurfsfassung und Ausschussfassung). Die Vorschläge des Bundesrates (Stellungnahme, BT-DrS 15/3917, S. 78, 80) hatte die Bundesregierung (BT-DrS 15/4068, S. 2, Ziff. 10 und 11) nur teilweise akzeptiert (§ 4 Abs. 2 Satz 2).

Eine solche Rechtsauffassung geht aber möglicherweise zu weit, zu- 9
mal die Art. 8 ff. (Übertragungsnetz) sowie die Art. 13 ff. RL-Elt ein
objektives, transparentes und nicht diskriminierendes Genehmigungsverfahren in Bezug auf die Übertragung und Verteilung von
Elektrizität auch nicht ausschließen. § 4 könnte allerdings dem
Grundsatz nach als **Verbraucherschutznorm** gerechtfertigt sein; der
EG-Vertrag erlaubt den Mitgliedstaaten ein Verbraucherschutzniveau
auch oberhalb der bindenden Vorgaben des harmonisierten Gemeinschaftsrechts, vgl. Art. 153 Abs. 3 EG.

2. *Gasversorgungsnetzbetrieb*

Diese für die Elektrizitätsversorgung geltenden Grundsätze können 10
auf die **Gasversorgung** nicht unbesehen übertragen werden. Nach
Art. 4 RL-Gas besteht nämlich für den **Bau oder Betrieb von Erdgasanlagen** in weitgehendem Umfang die Möglichkeit, Genehmigungserfordernisse vorzusehen. Dies gilt nach Art. 4 Abs. 1 Satz 2
RL-Gas auch hinsichtlich der **Lieferung von Erdgas** (einschließlich
der an Großhändler). Das Genehmigungserfordernis muss lediglich
den Kriterien des Art. 4 Abs. 2 bis 4 RL-Gas genügen, insbesondere
also objektiv, transparent und nichtdiskriminierend ausgestaltet sein.
Dies bedeutet, dass § 4 in Bezug auf den **Erdgas-Netzbetrieb** mit europäischem Recht ohne weiteres vereinbar ist.

III. Genehmigungserfordernis (Abs. 1 und 3)

§ 4 Abs. 1 enthält den Genehmigungsgrundsatz. Danach bedarf der 11
Genehmigung die **Aufnahme des Betriebs eines Energieversorgungsnetzes**. Nicht genehmigungspflichtig sind Erzeugung von Elektrizi-
tät/Gewinnung von Erdgas, der Betrieb von Speicheranlagen, die Lieferung von Erdgas sowie Lieferung/Verkauf von Elektrizität. Damit
ist eine ganz wesentliche Veränderung im Verhältnis zum bisherigen
Recht eingetreten, das die Energieversorgung Anderer und damit auch
jeden Vertrieb von Elektrizität/Erdgas dem Genehmigungserfordernis
unterworfen hatte. Für die Aufnahme der Tätigkeit eines Energielieferanten sieht § 5 nunmehr lediglich eine **Anzeigepflicht** beschränkt auf
die Belieferung von Haushaltskunden vor.

§ 4 Genehmigung des Netzbetriebs

1. Energieversorgungsnetz

12 Energieversorgungsnetze sind gemäß § 3 Ziff. 16 definiert als **Elektrizitätsversorgungsnetze und Gasversorgungsnetze** unabhängig davon, ob diese Netze eine oder mehrere Spannungsebenen bzw. Druckstufen umfassen. Sowohl Übertragungs- bzw. Fernleitungsnetze als auch Verteilernetze fallen daher unter den Begriff Energieversorgungsnetz.

13 Obwohl der in Ziff. 36 des § 3 definierte Versorgungsbegriff dies nahe legen könnte, weil dort neben dem Betrieb eines Energieversorgungsnetzes auch Erzeugung und Vertrieb im Verhältnis zu Kunden angesprochen werden, umfasst der Netzbegriff nicht das Erfordernis einer vorhandenen oder zu generierenden Kundenbeziehung. Grundsätzlich reicht es bei isolierter Betrachtung des § 4 deshalb aus, wenn das Netz lediglich der Eigenversorgung dient. Auch Werks- und Industrienetze sowie Arealnetze fielen bei dieser begriffsbezogenen Betrachtung unter § 4 Abs. 1 und damit das Genehmigungserfordernis.

14 Weil jedoch die sog. **Objektnetze** im Sinne von § 110 vom Genehmigungserfordernis ausgenommen werden, wenn die dort aufgeführten Voraussetzungen zutreffen, hat der Gesetzgeber in Wahrheit die traditionelle Freistellung von Eigenversorgungssachverhalten auch im Hinblick auf das Netzgenehmigungserfordernis fortgeführt. Wegen der Einzelheiten wird auf die Kommentierung zu § 110 sowie unten Abschnitt IV (Ausnahmen von der Genehmigungspflicht) verwiesen.

2. Netzbetreiber

15 Obwohl § 4 Abs. 1 die Normadressaten nicht explizit aufführt, ist es unzweifelhaft, dass antragspflichtig die **Betreiber von Energieversorgungsnetzen** sind. Diese Betreiber sind in Ziff. 4 des § 3 unter Inbezugnahme der Ziff. 2 und 3 sowie Ziff. 5 bis 7 und Ziff. 10 dieser Vorschrift definiert.

a) Persönlicher Anwendungsbereich

16 Auf feiner untergliederte weitere Betreiberbegriffe verweisend, lässt sich der personelle Anwendungsbereich des Genehmigungserfordernisses bestimmen. Zu unterscheiden sind drei Adressatengruppen (vgl. die Ziff. 2, 3, 5, 6, 7 und 10 des § 3):

– natürliche Personen als Betreiber

III. Genehmigungserfordernis (Abs. 1 und 3)

– juristische Personen als Betreiber

– rechtlich unselbständige Organisationseinheiten eines EVU als Betreiber

Zu den **natürlichen Personen** zählen alle mit Rechtsfähigkeit (§ 1 BGB) ausgestatteten Bürgerinnen und Bürger. **Juristische Personen** sind alle rechtsfähigen oder nicht rechtsfähigen Körperschaften des privaten oder öffentlichen Rechts, die aufgrund besonderer Rechtsvorschriften als herausgehobene Organisationen mit Namen und Statut ausgestattet sind. Dazu gehören Vereine (insbesondere wirtschaftliche Vereine sowie Idealvereine), Kapitalgesellschaften (GmbH, AG, KGaA), Erwerbs- und Wirtschaftsgenossenschaften, Versicherungsvereine auf Gegenseitigkeit und die durch europäisches Recht geschaffenen Gesellschaften (Europäische Aktiengesellschaft, EWIV). 17

Obwohl Personenhandelsgesellschaften (OHG, KG, Stille Gesellschaft) sowie Gesellschaften Bürgerlichen Rechts nicht gesondert aufgeführt sind, können sie ebenfalls Adressaten der Genehmigungspflicht sein, soweit sie im deutschen Recht den juristischen Personen gleichgestellt sind[6]. Dies gilt auch für im Mitgliedstaat registrierte juristische Personen ausländischen Rechts. Zu den juristischen Personen des öffentlichen Rechts zählen Gebietskörperschaften (Bund, Länder, Gemeinden), bundesunmittelbare Körperschaften, Anstalten und Stiftungen des öffentlichen Rechts sowie Eigenbetriebe, die in den Gemeindeordnungen der Länder mit besonderen Rechten ausgestattet sind[7]. 18

Betreiber von Energieversorgungsnetzen können auch rechtlich **unselbständige Organisationseinheiten eines Energieversorgungsunternehmens** sein. Gemäß § 3 Ziff. 18 muss dem Energieversorgungsunternehmen (im Folgenden: EVU) selbst juristische Selbständigkeit – als natürliche oder juristische Person – zukommen. Weiter ist das EVU dadurch charakterisiert, dass Andere (Dritte) mit Energie beliefert oder ein Energieversorgungsnetz betrieben oder Verfügungsbefugnisse an einem solchen Netz als Eigentümer vorhanden sind. Weil 19

---

6 Vgl. dazu für die GbR: BGHZ 146, 341, 343 – Teilrechtsfähigkeit; für OHG und KG: §§ 124, 161 Abs. 2 HGB; vgl. auch BVerfG NJW 2002, 3533 – Grundrechts- und Parteifähigkeit der GbR.
7 Vgl. für Niedersachsen § 113 NGO. Vgl. *Britz*, Rechtliche Rahmenbedingungen kommunalwirtschaftlichen Handelns in der Energieversorgung, HB EnWR § 4 Rz. 4.

damit der EVU-Begriff – quasi tautologisch – auf den Versorgungsnetzbetrieb zurückverweist, reicht bereits jede Art von Netzbetrieb aus, um die Anwendung des Betreiberbegriffs im Sinne von § 3 Ziff. 4 auszulösen. Soweit eine Ausnahme gemäß § 110 nicht in Betracht kommt, löst damit grundsätzlich jede Art von Netzbetrieb, soweit dies der Übertragung/Fortleitung/Verteilung von Elektrizität oder Erdgas dient, das Genehmigungserfordernis aus.

20 **Unselbständige Organisationseinheiten** eines EVU (§ 3 Ziff. 3) sind Werke, Filialen, Dienststellen oder sonstige zu Teileinheiten zusammengefasste Organisationen, denen die rechtliche Selbständigkeit – zum Beispiel als juristische Person – fehlt. Dies betrifft insbesondere die lediglich operationell entflochtenen Netzbetreiber, § 8. Genehmigungsadressat ist in diesem Falle nicht das EVU, zu dem die unselbständige Organisationseinheit gehört, sondern der Netzbetreiber selbst, dem qua **Legalermächtigung** Teilrechtsfähigkeit auch im Hinblick auf § 4 zuerkannt ist[8].

21 Konsequent kommt es auf die Rechtsform, in der die Netzbetriebstätigkeit ausgeübt wird, nicht an; auch Unternehmensteile, Betriebe und Teilbetriebe unterliegen dem Genehmigungserfordernis, sobald sie den Netzbetrieb aufnehmen.

b) Sachlicher Anwendungsbereich

22 Weil zu den Energieversorgungsnetzen sowohl die Elektrizitäts- als auch die Gasversorgungsnetze zählen (§ 3 Ziff. 16), richtet sich das Genehmigungserfordernis auf den **Betrieb** solcher Netze (Ziff. 2 ff. des § 3). Im Bereich der Elektrizitätsversorgung sind dies einerseits die **Übertragungsnetze**, andererseits die **Elektrizitätsverteilernetze**.

23 Netzbetreiber in Bezug auf die **Übertragung** von Elektrizität ist gemäß Ziff. 32 des § 3 derjenige, der den Transport von Elektrizität über ein Höchstspannungs- und Hochspannungsverbundnetz zum Zwecke der Belieferung von Letztverbrauchern oder Verteilern durchführt, wobei die Belieferung der Kunden selbst nicht zur Übertragung zu rechnen ist. Demgegenüber liegt **Verteilung von Elektrizität** vor, wenn der Transport von Elektrizität in hoher, mittlerer oder niederer Spannung über Elektrizitätsverteilernetze – wiederum mit Ausnahme der Kundenbelieferung selbst – erfolgt, Ziff. 37 des § 3. Entsprechend

---

8 Vgl. oben § 3 Rz. 18 und 23.

III. Genehmigungserfordernis (Abs. 1 und 3)

ist die **Verteilung** im Hinblick **auf Gas** als Transport über örtliche oder regionale Leitungsnetze definiert, um die Versorgung von Kunden zu ermöglichen (ebenfalls § 3 Ziff. 37), während die sog. **Fernleitung von Gas** (§ 3 Ziff. 19) durch den Transport von Erdgas über ein Hochdruckfernleitungsnetz, mit Ausnahme von vorgelagerten Rohrleitungsnetzen, mit dem Ziel der Versorgung von Kunden geprägt ist, § 3 Ziff. 19.

Neben dem sachlichen Bezug ist der Netzbetreiberbegriff in der Energiewirtschaft entsprechend den europarechtlichen Vorgaben noch dadurch gekennzeichnet, dass bestimmte **Aufgaben** bei Übertragung/Fernleitung von Strom/Gas bzw. der Verteilung von Strom/Gas wahrgenommen werden (vgl. Ziff. 2, 3, 5, 7 und 10 des § 3). Zu diesen Aufgaben zählen der **Netzbetrieb**, die **Wartung** sowie (erforderlichenfalls) der **Ausbau des Netzes** in einem bestimmten Gebiet einschließlich der **Verbindungsleitungen zu anderen Netzen**. 24

c) Netzbetrieb der allgemeinen Versorgung

Nach früherem Recht ist der Netzbetrieb nur dann genehmigungspflichtig gewesen, wenn das Netz zumindest auch der allgemeinen Versorgung diente (Umkehrschluss aus § 3 Abs. 1 Satz 2 Ziff. 2 EnWG 1998/2003)[9]. Obwohl § 3 Ziff. 17 die Definition der **Energieversorgungsnetze der allgemeinen Versorgung** weiterhin kennt, enthält § 4 Abs. 1 eine derartige Einschränkung nicht mehr. Grundsätzlich sind damit **alle Netzbetreiber** und damit auch diejenigen zur Einholung einer Genehmigung verpflichtet, die sich nicht darauf beschränken, Energie an beliebige Dritte zu verteilen, sondern von der Dimensionierung her ihr Netz von vornherein auf die Versorgung bestimmter, schon bei der Netzerrichtung feststehender oder bestimmbarer Letztverbraucher ausgelegt haben. 25

Das Genehmigungserfordernis wendet sich deshalb nicht nur an diejenigen Netzbetreiber, deren Netze grundsätzlich Jedermann zur Versorgung offen stehen. Sobald jedoch eine Eigenversorgung stattfindet (§ 110 Abs. 1 und Abs. 3), ist dieser Netzbetreiber vom Genehmigungserfordernis des § 4 befreit. Wegen der Einzelheiten wird auf die Kommentierung zu § 110 verwiesen. Da Spezialversorgung bestimmter Letztverbraucher sowie Eigenversorgung deshalb typischerweise 26

---

9 Vgl. auch § 2 Abs. 4 Alt. 2 EnWG 1998/2003, wonach zu den EVU nur die Netzbetreiber für die allgemeine Versorgung gehörten.

dem Genehmigungserfordernis nicht unterliegen werden, kann man – vereinfachend – sagen, dass auch zukünftig eine **Beschränkung** des Genehmigungserfordernisses auf diejenigen Netzbetreiber existiert, die **Netze der allgemeinen Versorgung** betreiben.

d) Einzelfälle

27 Bei folgenden Einzelkonstellationen könnten Zweifel aufkommen, ob Genehmigungspflicht nach § 4 oder bloße Anzeigepflicht nach § 5 besteht:

– bisherige Netzbetreiber

– Arealversorger

aa) Bisherige Netzbetreiber

28 Die Genehmigung nach § 4 Abs. 1 muss nur einholen, wer den **Netzbetrieb aufnimmt** Gemeint ist eine Neuaufnahme des Betriebs eines Energieversorgungsnetzes. Wer ein solches Netz schon in der Vergangenheit betrieben hat und lediglich weiterbetreibt, **bedarf keiner Genehmigung**. Dies ist gerechtfertigt, weil er durch kontinuierlichen Betrieb Leistungsfähigkeit und Zuverlässigkeit bewiesen hat. Hier ein Genehmigungserfordernis anzuordnen, wäre schlechthin überflüssig. Meist werden diese »Altnetzbetreiber« aber bereits eine Genehmigung nach § 5 EnWG 1935 bzw. § 3 EnWG 1998 erhalten haben; die Formulierung des § 4 Abs. 1 stellt sicher, dass diese Genehmigungen weitergelten (vgl. auch Abs. 3).

29 Ein kurzfristiges Ruhen des Netzbetriebes – für Wartungs- und Reparaturarbeiten – führt noch nicht zur Betriebsbeendigung und löst deshalb § 4 Abs. 1 nicht aus. Nur wenn der Netzbetreiber seine Betriebsabsicht für eine spürbare Zeitdauer (zum Beispiel ein halbes Jahr) aufgibt, muss er bei Wiederinbetriebnahme den Antrag nach § 4 Abs. 1 stellen und darf den Netzbetrieb erst wieder aufnehmen, wenn er die Genehmigung erhalten hat.

30 Nach § 5 Abs. 1 EnWG 1935 bedurfte jedes Tätigwerden als EVU einer Genehmigung. Wurde der Netzbetrieb nach dem 28.4.1998 begonnen, musste die Genehmigung nach § 3 EnWG 1998/2003 beantragt werden, was nach richtiger Auffassung auch für sog. isolierte

Netzbetreiber galt[10]: Wer sein Netz lediglich Dritten zur Versorgung Anderer zur Verfügung stellte, bedurfte einer Genehmigung, wenn das Netz nicht einer Eigen- oder Spezialversorgung, sondern der allgemeinen Versorgung zu dienen bestimmt gewesen ist (Umkehrschluss aus § 3 Abs. 1 Satz 2 Ziff. 2 EnWG 1998).

Da nur die Neuaufnahme des Netzbetriebs mit Inkrafttreten des neuen EnWG zum 13.7.2005 der Genehmigungspflicht unterliegt, greift die Vorschrift nicht ein, wenn bisher **ungenehmigt** ein Netz betrieben wurde. Dabei kommt es nicht darauf an, ob der Netzbetrieb im Lichte des früheren Rechts legal oder illegal gewesen ist. Da der bloße Weiterbetrieb eines Netzes keinen Genehmigungstatbestand darstellt, muss eine solche Genehmigung auch nicht beantragt werden. 31

Anders als nach früherem Recht (§ 3 EnWG 1998) sind die übrigen energiewirtschaftlichen Funktionen (Erzeugung, Vertrieb sowie Belieferung von Tarif- und Sonderkunden) auch dann nicht mehr genehmigungspflichtig, wenn sie über die bloße Eigenversorgung hinausgehen. Um Leistungsfähigkeit sowie Zuverlässigkeit derjenigen überprüfen zu können, die – ohne Netzbetreiber zu sein – andere mit Energie versorgen, sieht § 5 eine **Anzeigepflicht** beschränkt auf die Belieferung von Haushaltskunden vor[11]. 32

bb) Arealversorgung

Unter »Arealversorgung« wird die räumlich begrenzte, auf ein Leitungsnetz gestützte Versorgung von kleineren zusammenhängenden Flächen (z. B. Siedlungen, Industrieparks, Hafenanlagen, Flughäfen) außerhalb eines Konzessionsvertrages verstanden[12]. Der Netzbetreiber ist insofern meist als Weiterverteiler oder aber gestützt auf die eigene Erzeugungsanlage tätig; eine allgemeine Versorgung i. S. von § 3 Ziff. 17 findet typischerweise nicht statt. 33

Wird eine solche Tätigkeit neu aufgenommen, ist § 4 Abs. 1 grundsätzlich anwendbar, weil ein Netzbetrieb begonnen wird. Allerdings kommen die Ausnahmetatbestände des § 110 Abs. 1 in Betracht (In- 34

---

10 Vgl. dazu *Becker*, Die Betriebsaufnahmegenehmigung nach § 3 EnWG im Gefüge des neuen Energiewirtschaftsrechts, RdE 2000, S. 7, 9; vgl. auch *Büdenbender*, Die Energieaufsicht über EVU nach dem EnWG, DVBl. 1999, S. 7, 13 ff.
11 Zu Einzelheiten vgl. unten § 5 Rz. 5, 8 ff.
12 Vgl. auch BGH RdE 2005, 222, 225 – Anschluss des Arealnetzbetreibers.

3. Betriebsaufnahme

35 § 4 Abs. 1 erfordert die **Aufnahme** des Netzbetriebs (im Folgenden: Betriebsaufnahme). Damit ist die **tatsächliche Versorgung** als Betriebsbeginn gemeint. Entscheidend ist der Zeitpunkt, in dem das Netz seiner Funktion gemäß geschaltet wird, so dass bloße Vorbereitungshandlungen (Bereitstellung von Energieanlagen, Abschluss von Verträgen, Errichtung des Leitungsnetzes) noch keine Betriebsaufnahme[13] darstellen. Sind alle Verbindungsleitungen oder Verbindungsrohre installiert und wird das Netz unter Spannung bzw. Druck gesetzt, wird der Netzbetrieb tatsächlich aufgenommen[14].

a) Neue Energieart

36 Streitig war schon zum früheren Recht, ob wegen der Verwendung des Begriffs »Energieversorgung« die bereits vorhandene Genehmigung auch dann ausreichend war, wenn sich die Versorgungstätigkeit auf eine Energieart (Elektrizität oder Gas) beschränkt hatte und eine andere Energieart »hinzugenommen« werden sollte[15]. Soweit nach früherem Recht territoriale Begrenzungen der Betriebsaufnahmegenehmigung oder sonstige Beschränkungen (z.B. der Energieart) Bestandteil der Genehmigung gewesen sind, wird man diese nicht als nach neuem Recht erledigt ansehen können[16]. Jedenfalls kann man aus der Sammelbezeichnung »Energieversorgung« nicht ohne Weiteres schließen, dass diese alten Genehmigungen nunmehr – in der Art einer Überleitung – die Energieversorgung in vollem Umfang (Elektrizität und Gas) sowie in der ganzen Bundesrepublik ohne weiteres gestatten.

---

13 *Danner/Theobald*, Energierecht, § 3 EnWG 1998 Rz. 11; *Büdenbender*, EnWG 1998, § 3 Rz. 14; *Franke*, Zulassung von EVU, in: HB EnWR § 3 Rz. 12.
14 *Danner* ebd.
15 Für Einheitlichkeit der Genehmigung: *TBK/Tegethoff*, Öff. Energieversorgung, § 2 EnWG 1935, S. I 100 Rz. 3 ff. sowie § 5 EnWG 1935, S. I 223 Rz. 4 (Einheit der Genehmigung, keine neue Genehmigung erforderlich); aA *OD/Danner*, Energiewirtschaftsrecht, § 5 EnWG 1935, S. I 136a, 137.
16 Ebenso *Schneider*, EnWG 1998, § 3 Anm. 2.1 (S. 60).

III. Genehmigungserfordernis (Abs. 1 und 3)

Teilweise wurde vertreten, dass aus Wettbewerbsgründen **Beschränkungen der Genehmigung nach § 3 EnWG 1998 nicht mehr zulässig** seien[17]. Wegen des Rechts, durch Verhandlungen Netzzugang zu erlangen, muss es allen EVU in der Tat grundsätzlich erlaubt sein, in der Bundesrepublik unbegrenzt versorgend tätig zu werden, sofern besondere Rechtsvorschriften dem nicht entgegenstehen[18]. Auch für die verbliebenen Beschränkungen ist zu prüfen, ob nicht das Landesrecht insofern dem Bundesrecht weichen muss (vgl. Art. 31 GG). 37

Davon bleibt eine Differenzierung zwischen Elektrizität und Gas aber unberührt. Wenn der Gesetzgeber übergreifend von »Genehmigung des Betriebs eines Energieversorgungsnetzes« spricht, so bedeutet dies nicht, dass EVU ihren Antrag nicht auf eine konkrete Energieart beschränken können. Eine Genehmigung für die Aufnahme der Elektrizitätsversorgung ist möglicherweise leichter zu erlangen, wenn nicht auch die Zuverlässigkeit im Hinblick auf eine mögliche (zukünftige) Gasversorgungsnetztätigkeit überprüft werden muss. Auch im Sinne der Verwaltungsökonomie und bei Beschränkung des gestellten Antrags ist es sinnvoll, den Genehmigungsstoff zu begrenzen. Wer lediglich Vorkehrungen zur Aufnahme eines Gasnetzbetriebs getroffen hat, wird kaum prüfbare Genehmigungsunterlagen im Hinblick auf eine gar nicht beabsichtigte Elektrizitätsnetztätigkeit beizubringen vermögen. Zu Recht hatte Danner darauf hingewiesen, dass es nicht Sinn und Zweck der Genehmigung nach § 3 EnWG 1998 sein konnte, die personelle, technische und wirtschaftliche Leistungsfähigkeit allumfassend – für jegliche Energieart – zu überprüfen[19]. Wer seine Leistungsfähigkeit als Stromversorger nachzuweisen vermag, muss nicht gleichzeitig geeignet sein, auch die Gasversorgung durchzuführen. 38

Der **Umfang einer bereits erteilten Genehmigung** ist zunächst dem Genehmigungstenor sowie einer eventuellen Begründung zu entnehmen. Ist dort lediglich von »Energieversorgung« die Rede, muss auf den Genehmigungsantrag zurückgegriffen werden[20], weil nicht davon ausgegangen werden kann, dass die Behörde mehr genehmigt hat als beantragt wurde. 39

---

17 *Schneider*, EnWG 1998, § 3 Anm. 2.1 (S. 60 unten).
18 Zu den landesrechtlichen Beschränkungen insbesondere für kommunale Unternehmen (Gemeindeordnungsrecht) vgl. *Britz*, Rechtliche Rahmenbedingungen, in: HB EnWR § 4 Rz. 46, 50 ff.
19 *Danner/Theobald*, Energierecht, § 3 EnWG 1998 Rz. 18.
20 So zu Recht *Danner* ebd. Rz. 18 f.

40 Fraglich ist, ob der **Inhaber einer umfassenden Energieversorgungsgenehmigung** nach § 5 EnWG 1935 bzw. § 3 EnWG 1998 dann einer Genehmigung nach § 4 bedarf, wenn er die Genehmigung nur teilweise ausgenutzt hat und nun zusätzlich den Netzbetrieb mit der anderen Energieart aufnehmen möchte. *Danner* hielt für diesen Fall eine erneute Genehmigung für überflüssig[21]. Dagegen spricht aber, dass die für die Genehmigung erforderliche Prognoseentscheidung mit Rücksicht auf § 4 Abs. 2 Satz 1 auf eine größtmögliche **Zeitnähe** angewiesen ist. Wurde beispielsweise in den 30er Jahren des letzten Jahrhunderts die Energieversorgung umfassend genehmigt, hat das Unternehmen aber in den vergangenen 70 Jahren niemals Elektrizitätsversorgung betrieben, so dürfte die damalige Entscheidung als »partiell verbraucht« anzusehen sein. Es wäre mit dem Schutzaspekt nicht vereinbar, wenn sich EVU Vorratsgenehmigungen zulegten, um dann später – ohne erneute Überprüfung – den Genehmigungstatbestand auszufüllen. Die alte Genehmigung vermag die aktuellen Verhältnisse sowie die Änderungen der Rahmenbedingungen nicht mehr widerzuspiegeln. Soll der Schutzgedanke effektiv durchgesetzt werden, darf der Genehmigungstatbestand nicht auf eine bloße formelle Komponente reduziert werden. Wer die früher erteilte Genehmigung nicht zeitnah ausnutzt, vielmehr mehr als zwei Jahre vergehen lässt, ohne den Netzbetrieb aufzunehmen, bedarf einer neuen Genehmigung[22].

b) Übernahme von Netzanlagen

41 Wer lediglich Energieanlagen als Netz oder Netzteil übernimmt, um ein schon bisher betriebenes Netz zu erweitern, benötigt keine Genehmigung nach § 4. Denn ein solcher Netzbetreiber ist schon bisher in identischer Funktion tätig; weil sein Netzbetrieb unabhängig von der für die Genehmigung zuständigen Landesbehörde im gesamten Geltungsbereich des Energiewirtschaftsgesetzes genehmigt ist[23], be-

---

21 *Danner/Theobald*, Energierecht, § 3 EnWG 1998 Rz. 19; ebenso *Büdenbender*, EnWG 1998, § 3 Rz. 31 f. (»kein partieller EVU-Begriff«).
22 Ebenso *Büdenbender*, EnWG 1998, § 3 Rz. 15 (»Verzicht«). Eine Sonderregelung im EnWG fehlt allerdings ebenso wie im allgemeinen Verwaltungsverfahrensrecht. Auf spezialgesetzliche Ausgestaltungen von Konzessionen (z.B. im Baurecht) kann wegen des Rechtsstaatsprinzips nur dann zurückgegriffen werden, wenn die zeitlichen Begrenzungen einen allgemeinen, analog anwendbaren Rechtsgedanken erhalten.
23 Vgl. unten § 4 Rz. 71.

III. Genehmigungserfordernis (Abs. 1 und 3)

nötigt er für die Erweiterung keine Genehmigung, zumal es an einer Betriebsaufnahme fehlt. Dies gilt auch dann, wenn die Erweiterung ein Gemeindegebiet betrifft, in dem dieser Netzbetreiber noch nicht tätig gewesen ist.

Wer als Netzbetreiber bisher nur Verteilernetze betrieben hat und nunmehr als Übertragungsnetzbetreiber tätig werden möchte, benötigt ebenfalls keine Genehmigung nach § 4. Weil die Vorschrift nicht nach der Art des Netzbetriebs unterscheidet, ist auch kein Raum für eine Genehmigungsbeschränkung, etwa auf »Betrieb eines Verteilernetzes«. Dies gilt entsprechend für Gasnetzbetreiber, die nunmehr eine Fernleitung für Gas übernehmen und damit auf einer anderen Druckstufe tätig werden. 42

Wer lediglich **Eigentümer** eines Netzes ist, das der Gas- oder Elektrizitätsversorgung dient, ohne dieses Netz selbst zu betreiben, bedarf – für die bloße Eigentümerstellung – **keiner Genehmigung**. Denn der allgemeine Betreiberbegriff setzt voraus, dass eine »Aufgabe« bei der Übertragung/Fernleitung bzw. Verteilung von Elektrizität bzw. Gas wahrgenommen wird, vgl. § 3 Ziff. 3, 5, 7–10. Nur derjenige, der eigenverantwortlich – als natürliche oder juristische Person bzw. als unselbständige Organisationseinheit eines EVU – über den Weiterbetrieb entscheidet, also über Spannungs- und Frequenzhaltung bzw. Druck, der nimmt eine derartige Aufgabe wahr. 43

Hat beispielsweise eine Stadt ihr Stromversorgungsnetz an ein EVU verpachtet und wird sie auch nicht als Netzbetreiber tätig, sind die Voraussetzungen des § 4 Abs. 1 nicht erfüllt[24]. Im umgekehrten Fall besteht jedoch Genehmigungspflicht: Fällt ein Versorgungsnetz an die Stadt zurück oder übernimmt die Stadt nach Beendigung des Konzessionsvertrages das dem bisherigen Gebietsversorger gehörende Netz und führt auf dessen Basis die Versorgung selbst durch, liegt Aufnahme des Netzbetriebs vor[25]. Wird zugleich das Netzbetriebsunternehmen (zum Beispiel die AG oder GmbH) übernommen und hatte dieses Unternehmen eine Genehmigung nach altem Recht, so liegt ein bloßer Wechsel auf der Ebene der Gesellschafter vor: Das für den Netzbetrieb bisher verantwortliche Unternehmen nimmt keinen Netzbetrieb neu auf (vgl. auch § 4 Abs. 3). 44

---

24 Ebenso *Danner/Theobald*, Energierecht, § 3 EnWG 1998 Rz. 20.
25 Ebenso *Danner* ebd. Rz. 15.

45 Diesen Wertungen steht nicht entgegen, dass gemäß § 3 Ziff. 18 auch solche natürlichen und juristischen Personen zu den Energieversorgungsunternehmen zählen, die **an einem Energieversorgungsnetz als Eigentümer** (bloße) **Verfügungsbefugnis besitzen**. Der Netzeigentümer, der sein Netz verpachtet hat, bleibt zwar im Sinne dieser Definition EVU; weil aber § 4 nicht auf den EVU-Begriff, sondern auf den Begriff »Betreiber eines Energieversorgungsnetzes« abhebt, kommt es auf das Weiterbestehen der Stellung als EVU nicht an. Konsequent bedeutet dies, dass nach mehrjähriger Nichtausübung der Netzbetreibertätigkeit[26] und Zurückerwerb des Netzes zum Zwecke des eigenständigen Betriebs die Genehmigung nach § 4 neu beantragt werden muss.

4. Rechtsnachfolge (Abs. 3)

46 Um den Genehmigungsaufwand möglichst zu verringern, ohne das Gesetzesziel – zuverlässiger Betrieb einer wichtigen Infrastruktureinrichtung – zu gefährden, sieht § 4 Abs. 3 **drei Fallgestaltungen** vor, bei deren Vorliegen eine Genehmigung nach § 4 Abs. 1 nicht beantragt werden muss. Privilegiert sind:

– Gesamtrechtsnachfolge

– Rechtsnachfolge nach dem Umwandlungsgesetz

– Erzwungene Umwandlung nach § 7 (Entflechtung)

47 Als **Rechtsfolge** ist im Hinblick auf alle diese Konstellationen ein **Übergang der Netzgenehmigung** angeordnet. Dieser Übergang begünstigt denjenigen, auf den der Netzbetrieb durch Rechtsnachfolge/Entflechtung übergeht; auf diese Weise hat der Gesetzgeber klargestellt, dass mit dem rechtlich abgesicherten Unternehmensübergang auch die (öffentlich-rechtliche) Genehmigung wechselt, ohne dass Leistungsfähigkeit und Zuverlässigkeit des neuen Netzbetreibers erneut geprüft werden muss. Weil diese Genehmigungsvoraussetzungen letztlich an die personellen und sachlichen Ressourcen des Unternehmens anknüpfen, hinsichtlich dessen die Rechtsnachfolgerschaft stattfindet, werden Zuverlässigkeit und Leistungsfähigkeit vom Gesetzgeber quasi vermutet. Liegen die Voraussetzungen für einen leistungsfähigen und zuverlässigen Netzbetrieb auf Dauer nicht mehr

---

26 Vgl. oben § 4 Rz. 40.

vor, kann der Weiterbetrieb des Netzes nach § 4 Abs. 2 Satz 2 untersagt werden.

a) Gesamtrechtsnachfolge

Bei der Gesamtrechtsnachfolge (Universalsukzession) geht das gesamte Vermögen einer rechtsfähigen Person – mit allen Rechten und Pflichten – auf eine andere (rechtsfähige) Person über. Hauptfall ist die erbrechtliche Gesamtrechtsnachfolge (§ 1922 BGB). Wer als Erbe den Netzbetrieb eines eingetragenen Kaufmanns (§ 17 HGB) übernimmt, erwirbt zugleich die Genehmigung nach § 4 Abs. 1. 48

Eine bloße **Sonderrechtsnachfolge** (Singularsukzession) löst dagegen die Rechtsnachfolge des § 4 Abs. 3 nicht aus. Hauptfall ist der Übergang des Geschäftsanteils an einer Personengesellschaft auf den oder die Erben; selbst wenn der verstorbene Gesellschafter Genehmigungsinhaber gewesen wäre, wird ein Rechtsübergang auf seine Erben mit dem Erbfall nicht bewirkt. Ausgeschlossen ist selbstverständlich auch ein Rechtsübergang durch bloße Abtretung, § 398 BGB, denn auch insofern handelt es sich nicht um eine Gesamtrechtsnachfolge. 49

Die **Gesamtrechtsnachfolge** ist von der Sonderrechtsnachfolge (= Nachfolge in Bezug auf bestimmte Rechte und/oder Pflichten) zu unterscheiden[27]. Auch ein Betriebsübergang im Sinne von § 613a BGB stellt keine Gesamtrechtsnachfolge dar. Wer also lediglich (im arbeitsrechtlichen Sinne) durch Rechtsgeschäft einen bisherigen Netzbetrieb übernimmt, ohne Gesamtrechtsnachfolger zu werden, tritt zwar arbeitsrechtlich in bestimmte Rechte und Pflichten des bisherigen Netzbetreibers ein, erwirbt aber nicht die Genehmigung gemäß § 4 Abs. 3. 50

b) Umwandlung von Netzbetreibern

Kennzeichen eines Umwandlungstatbestandes im Sinne des Umwandlungsgesetzes unter Beteiligung von Netzbetreibern ist es, dass ein Unternehmen oder Betrieb, das/der schon bisher den Netzbetrieb genehmigt durchgeführt hat, einem anderen Rechtssubjekt (natürliche oder juristische Person) neu zugeordnet wird. Dabei kann sich die neue Zuordnung auf eine bloße **Änderung der Rechtsform** beschränken. Weil bei dieser bloß formwechselnden Umwandlung so- 51

---

27 Vgl. dazu *Palandt/Edenhofer*, BGB, § 1922 Rz. 7 ff.

§ 4 Genehmigung des Netzbetriebs

wohl die rechtliche Zuordnung als auch die wirtschaftlichen Rahmenbedingungen unverändert bleiben, erscheint in diesen Fällen eine erneute Genehmigung als im ehesten entbehrlich. Eine Neuaufnahme des Netzbetriebs liegt also nicht vor, wenn sich lediglich die Rechtsform des Rechtssubjekts ändert, dem der Netzbetreiber zugeordnet ist.

52 Auch eine **Verschmelzung von Netzbetreibern**, die bisher genehmigt den Netzbetrieb ausgeübt haben (§ 20 UmwG), erscheint als unproblematisch[28]. Diese Unternehmen haben ihre Kapazitäten lediglich zusammengelegt, ohne sie zu verändern oder sie zu erweitern. Dieser Verschmelzungsfall ist der bloß die Rechtsform wechselnden Umwandlung ohne weiteres vergleichbar.

53 Problematischer könnten diejenigen Konstellationen zu beurteilen sein, bei denen sich **Nicht-EVU mit solchen Netzbetreibern zusammenschließen**, die schon bisher Energieversorgung genehmigt betrieben haben. Eine erneute Genehmigung könnte deshalb erforderlich sein, weil nunmehr mangels wirtschaftlicher und personeller Identität des alten Genehmigungsinhabers und des neuen Rechtsträgers die Leistungsfähigkeit gemäß § 4 Abs. 2 Satz 1 erneut überprüft werden müsste. In der früheren Literatur ist für diese Fälle eine Genehmigungspflicht dann angenommen worden, wenn der Einfluss (Kapital- und Stimmenanteil der **Nicht-EVU**) so groß wird, dass er die Wesentlichkeitsschwelle überschreitet[29]. Gewicht und Umfang solcher Einflussmöglichkeiten werden sich aber einer justiziablen Handhabung regelmäßig entziehen.

54 Diese früheren Bedenken können nach neuem Recht auf sich beruhen. Eine automatische »**Rechtsnachfolgerschaft**« hinsichtlich der Genehmigung der Versorgung besteht nunmehr nach § 4 Abs. 3; insofern gelten kraft gesetzlicher Anordnung für das öffentliche Genehmigungsrecht diejenigen »Nachfolgegrundsätze«, die für das Zivilrecht maßgeblich sind[30]. Liegt ein Umwandlungstatbestand im Sinne des Umwandlungsgesetzes vor, geht die Genehmigung ohne Prüfung der Leistungsfähigkeit des Rechtsnachfolgers auf diesen über.

---

28 Ebenso *Schneider*, EnWG 1998, Anm. 2.1 (S. 58).
29 *Schneider*, EnWG 1998, § 3 Anm. 2.1 (S. 59).
30 Einzelrechtsnachfolge, Gesamtrechtsnachfolge, Sondernachfolge, vgl. schon *Pieper*, Vertragsübernahme und Vertragsbeitritt, Köln/Berlin 1963, insbesondere S. 72 ff.

c) Entflechtung

Ein besonderer Fall der Umwandlung ist anzunehmen, wenn integrierte EVU, die bisher genehmigt Energieversorgung betrieben haben, in einzelne rechtlich selbständige Gesellschaften aufgespalten werden oder werden müssen. Dies sieht § 7 als sog. **rechtliche Entflechtung** in Umsetzung der Beschleunigungsrichtlinien vor. Die klassische Betriebsaufspaltung besteht darin, dass eine Besitzgesellschaft das Betriebsvermögen (Grundstücke, Anlagen, Produktionsmittel, Roh-, Hilfs- und Betriebsstoffe) an eine Betriebsführungsgesellschaft vermietet oder verpachtet. Ist die weiter bestehende Gesellschaft Genehmigungsinhaberin gewesen, bedarf die Netzbetriebsgesellschaft grundsätzlich einer Genehmigung nach § 4, weil sie (als neuer Rechtsträger) den Netzbetrieb aufnimmt. Obwohl eigentlich eine Genehmigung nicht durch privatrechtlichen Rechtsakt dem jetzt zuständigen Netzbetreiber »zur Verfügung« gestellt werden kann, ordnet die 3. Alternative des § 4 Abs. 3 die Rechtsnachfolgeschaft auch in die Stellung der Genehmigungsinhaberin an. Zu prüfen ist aber, ob die Genehmigung ohne Rest auf den neuen Netzbetreiber übergeht oder aber in der Art einer »Zellteilung« auch das weiter bestehende alte Unternehmen die Genehmigung behält. 55

Das Erfordernis eines vollständigen Genehmigungsübergangs ist fraglich, wenn das integrierte EVU nach klassischen energiewirtschaftlichen Funktionen aufgespalten wird, also eine Gesellschaft das Übertragungsnetz, eine weitere das Verteilungsnetz und eine dritte den Energieverkauf übernimmt. Der Unterschied zur früheren Rechtslage besteht nur darin, dass die bisher gemeinsam genutzten Ressourcen nunmehr separiert zugeordnet worden sind, wobei typischerweise davon ausgegangen werden muss, dass das neu gegründete Unternehmen die für seine Tätigkeit benötigten Ressourcen erhalten hat. 56

Ein Genehmigungserfordernis könnte mit der Begründung bejaht werden, dass die Teilunternehmen auf Ressourcen der Schwesterunternehmen nicht mehr zugreifen können und diese auch für eine Kreditaufnahme nicht mehr zur Verfügung stehen. Die wirtschaftliche Leistungsfähigkeit (§ 4 Abs. 2 Satz 1) der Einzelunternehmen könnte daher im Verhältnis zum Gesamtunternehmen vermindert sein. Andererseits müsste allerdings auch berücksichtigt werden, dass durch die Aufspaltung Risiken aus dem Geschäftsbetrieb der Schwesterunternehmen nicht mehr auf das Gesamtunternehmen durchschlagen. Die Aufspaltung hat daher Vorteile und Nachteile zugleich gebracht. 57

58 *Danner* hatte bei »Zerschlagung« selbständiger EVU das Genehmigungserfordernis in Bezug auf das frühere Recht bejaht[31]. Hierfür sprach in materieller Hinsicht die möglicherweise veränderte Leistungsfähigkeit und in formeller Hinsicht, dass ein neu geschaffener Rechtsträger die Versorgung (neu) aufnimmt und eine öffentlich-rechtliche Genehmigung nicht analog zum Zivilrecht als aufspaltbar erschien. Nachteil dieser strikten Auffassung war es allerdings, dass bei jeder Ausgründung von Unternehmensteilen selbst dann eine erneute Genehmigung erforderlich war, wenn dieser Unternehmens- und Betriebsteil mit denjenigen Ressourcen (identisch) ausgestattet wurde, die ihm schon bisher zur Verfügung standen.

59 Deshalb hat der Gesetzgeber der Reform 2005 analog zum Verschmelzungstatbestand von Unternehmen, die sämtlich EVU-Qualität haben, zu Recht entschieden, auch die Aufspaltung eines bisher einheitlichen (integrierten) EVU genehmigungsfrei zuzulassen. Insofern kann auf das Ziel des EnWG verwiesen werden, an die Stelle einer strikten wirtschaftszweigbezogenen Regulierung die Deregulierung treten zu lassen[32]. Weil der Gesetzgeber durch § 7 die rechtliche Entflechtung konform mit den EU-Vorgaben erzwingt, so dass Netzbetreiber in ihrer Rechtsform unabhängig von anderen Tätigkeitsbereichen der Energieversorgung betrieben werden, muss er auch im Hinblick auf diese speziellen Umwandlungstatbestände eine Fortführung des Netzbetriebs unter Rückgriff auf die früher dem verbundenen Unternehmen erteilte Genehmigung ermöglichen. Jede andere gesetzgeberische Entscheidung wäre mit hohem Verwaltungsaufwand im Hinblick auf eine erneute Genehmigungserteilung verbunden, obwohl der Netzbetrieb auf im Wesentlichen dieselben Ressourcen sachlicher und personeller Art zurückgreifen wird wie das bisherige verbundene EVU.

60 Der Verweis der dritten Alternative des § 4 Abs. 3 auf § 7 löst auch dann den **Genehmigungsübergang** aus, wenn die rechtliche Entflechtung auf freiwilliger Basis erfolgt ist, also nicht aufgrund der gesetzlichen Vorgaben erzwungen worden war. Entschließt sich etwa ein bisheriges vertikal integriertes EVU, an dessen Elektrizitätsversorgungsnetz weniger als 100.000 Kunden unmittelbar oder mittelbar angeschlossen sind, gleichwohl zum rechtlichen Unbundling, muss auch der derart neu entstehende Netzbetreiber konsequent keine Be-

---

31 *Danner/Theobald*, Energierecht, § 3 EnWG 1998 Rz. 16.
32 *Schneider*, EnWG 1998, § 3 Anm. 2.1 (S. 59).

triebsaufnahmegenehmigung nach § 4 Abs. 1 beantragen. Es gilt der Rechtsgrundsatz, dass derjenige, der das rechtlich Gebotene übererfüllt, nicht schlechter gestellt werden darf als derjenige, der nur die rechtlichen Minimalanforderungen beachtet.

Andere Arten der Rechtsnachfolgerschaft bzw. der Umwandlung über die in § 4 Abs. 3 genannten Tatbestände hinaus lösen **keinen Genehmigungsübergang** aus. Diese Fälle (zum Beispiel Einzelrechtsnachfolge ohne Umwandlung) erfordern bei Betriebsaufnahme durch das neue Unternehmen als Netzbetreiber deshalb den Genehmigungsantrag nach § 4 Abs. 1. Wenn sichergestellt ist, dass dieser »neue« Netzbetreiber im Wesentlichen mit den bisherigen Ressourcen weiterarbeitet, dann erfordert dies allerdings kein umständliches und langwieriges (Voll-) Genehmigungsverfahren, sondern lediglich den Nachweis, dass die bisher für den Betrieb gegebenen Zuverlässigkeitsanforderungen auch weiterhin vorliegen[33]. 61

d)   Veräußerung von Netzbetreibern

Wird ein selbständiger Rechtsträger veräußert, der genehmigt den Netzbetrieb durchgeführt hat, so bedarf es einer neuen Genehmigung auch dann nicht, wenn das Erwerberunternehmen keine EVU-Qualität hat, sofern das **erworbene EVU** (Netzbetreiber) **weiterhin rechtlich selbständig bleibt**.[34] 62

Werden unselbständige Betriebsteile veräußert, die weiterhin der Versorgung anderer dienen sollen, und ist Übernehmer des Versorgungsbetriebs ebenfalls ein genehmigt arbeitender Netzbetreiber, ist die Genehmigung nach § 4 entbehrlich[35]. Denn das EnWG ordnet die Genehmigungspflicht nur für die **Neuaufnahme**, nicht aber für die Erweiterung der schon bisher ausgeübten Netztätigkeit an[36]; auch die Einschränkung einer Versorgungstätigkeit muss nicht genehmigt werden. Selbst die Aufgabe der Tätigkeit als EVU zum Zwecke des Marktaustritts ist nicht genehmigungspflichtig, soweit eine Betriebspflicht als Netzbetreiber der allgemeinen Versorgung nicht besteht, §§ 2 Abs. 1, 11, 110. 63

---

33 *Franke*, Zulassung von EVU, HB EnWR § 3 Rz. 15.
34 So auch *Danner/Theobald*, Energierecht, § 3 EnWG 1998 Rz. 20.
35 Ebenso *Danner/Theobald*, Energierecht, § 3 EnWG 1998 Rz. 20.
36 Ebenso *Schneider*, EnWG 1998, § 3 Anm. 2.1 (S. 60); *Danner/Theobald*, Energierecht, § 3 EnWG 1998 Rz. 21.

64 Die **Unternehmenserweiterung** – durch Aufbau neuer Versorgungskapazitäten oder durch Zukauf anderer Netzbetreiber – löst die Genehmigungspflicht nicht erneut aus. Dies gilt auch für die Übernahme neuer Kunden oder neuer Kundengruppen. Ein Wechsel bei der energiewirtschaftlichen Funktion – zum Beispiel von der Verteilertätigkeit zur Erzeugertätigkeit – bedarf ebenso wie der Wechsel zu einer anderen Art des Netzbetriebs keiner Genehmigung.

5. Genehmigungsbehörden und Genehmigungsverfahren

65 Die Genehmigung ist nach § 4 bei der nach Landesrecht zuständigen Behörde (im Folgenden: **Energieaufsichtsbehörde**) zu beantragen, § 55 Abs. 2. Zuständigkeit und Verfahren des Verwaltungsvollzugs regeln die Bundesländer, die zur Ausführung von Bundesrecht berufen sind (Art. 83 GG). In der Vergangenheit haben meist die Wirtschaftsministerien die Aufgaben der Energieaufsichtsbehörde wahrgenommen; seit etwa 1990 ist diese Zuständigkeit in einigen Ländern in die Umweltministerien »abgewandert«.

66 Die nur auf Antrag erteilte Genehmigung ist **Verwaltungsakt** im Sinne von § 35 Bundes-VwVfG. Anzuwenden ist jedoch nicht das VwVfG des Bundes, sondern die weitgehend übereinstimmenden Verwaltungsverfahrensgesetze der Länder, vgl. § 1 Abs. 3 VwVfG. In manchen Ländern verweist das Landesverwaltungsverfahrensgesetz auf das Bundesrecht zurück, vgl. § 1 Nds. VwVfG.

67 Die Genehmigung wird aus Dokumentations- und Bestimmtheitsgründen **schriftlich** erteilt. Sie enthält eine Rechtsbehelfsbelehrung. Die Genehmigungsentscheidung wird mit ihrer Bekanntgabe wirksam, § 43 VwVfG bzw. entsprechendes Landesrecht; die Bekanntgabe erfolgt dem Antragsteller gegenüber, § 41 VwVfG. Unter den Voraussetzungen der §§ 48, 49 VwVfG bzw. des entsprechenden Landesrechts sind Rücknahme und Widerruf (eingeschränkt) möglich. Die von *Schneider* vertretene Auffassung, die §§ 48, 49 VwVfG könnten auf die § 3-Genehmigung (EnWG 1998) nicht angewendet werden[37], erschien als zu weitgehend, weil jede Verwaltungsentscheidung den allgemeinen verwaltungsrechtlichen Grundsätzen unterliegen muss[38]. Für die Gebührenentscheidung gilt das jeweilige Gebührenrecht der Länder.

---

37 *Schneider*, EnWG 1998, § 3 Anm. 2.1 (S. 61).
38 Zu dieser Problematik sogleich § 4 Rz. 72.

III. Genehmigungserfordernis (Abs. 1 und 3)

Nebenbestimmungen zum Verwaltungsakt sind nach § 36 VwVfG **68**
(bzw. entsprechenden Ländervorschriften) insoweit zulässig, soweit
die Nebenbestimmung die **Einhaltung der gesetzlichen Voraussetzungen des Verwaltungsaktes sicherzustellen** vermag. Von den Nebenbestimmungen Befristung, Bedingung, Widerrufsvorbehalt, Auflage (und Auflagenvorbehalt) sind insbesondere Befristungen und Auflagen relevant[39]. *Danner* nennt als Beispiel für eine **Auflage** Konstellationen, in denen andernfalls die Genehmigung ganz versagt werden müsste (Verhältnismäßigkeitsgrundsatz), etwa den Nachweis von Verträgen, die eine Unterstützung durch andere Netzbetreiber sicherstellen, wenn es sich beim Antragsteller um ein kleineres Unternehmen handelt (Betriebsführungsvertrag, Kooperationsvertrag)[40].

Antragsgemäß kann die Energieaufsichtsbehörde die § 4-Genehmi- **69**
gung **inhaltlich beschränken**, auch territorial[41] oder funktional auf
bestimmte energiewirtschaftliche Aktivitäten (z. B. Betrieb eines Verteilernetzes) oder auf bestimmte Energiearten (z.B. Elektrizität). Im
Zweifel ist für die Inhaltsbestimmung der Genehmigungstenor, hilfsweise der gestellte Antrag maßgebend.

Die **Befristung** der Genehmigungsentscheidung ist nicht von vorn- **70**
herein ausgeschlossen, muss aber die Amortisation der eingesetzten
Betriebsmittel und betrieblichen Anlagen berücksichtigen. Für Netzbetreiber kommt daher eine Laufzeitbegrenzung unterhalb von 30
Jahren nicht in Betracht.

Auch wenn die Genehmigung durch eine Länderbehörde erteilt wird, **71**
ist sie – bei Fehlen einer entsprechenden Beschränkung – grundsätzlich **im ganzen Bundesgebiet gültig**.[42] In der Vergangenheit ist eine
gegenseitige Inkenntnissetzung der Energieaufsichtsbehörden der
Länder sowie des Bundeswirtschaftsministeriums über jeden Antrag
auf Betriebsaufnahmegenehmigung üblich gewesen[43]. Die anderen
Behörden erhalten damit Informationen über die Verwaltungspraxis
einschließlich eventueller Ablehnungsgründe; zugleich werden einander widersprechende Entscheidungen vermieden.

---

39 Ebenso *Danner/Theobald*, Energierecht, § 3 EnWG 1998 Rz. 30.
40 *Danner* ebd. Rz. 30.
41 Ebenso *Danner* ebd. Rz. 30; aA *Schneider*, EnWG 1998, § 3 Anm. 2.1
   (S. 60) unter Hinweis auf § 36 VwVfG und das Wettbewerbsprinzip.
42 BVerfGE 11, 6, 19 – Dampfkessel. Ebenso *Danner/Theobald*, Energierecht,
   § 3 EnWG 1998 Rz. 29.
43 *Danner* ebd. Rz. 29.

72 Ein sog. **Negativattest** (Unbedenklichkeitsentscheidung) kennt das deutsche Verwaltungsverfahrensrecht nicht. Es ist aber Verwaltungspraxis, Anträge auf Betriebsaufnahmegenehmigung nicht abzulehnen, sondern ein Negativattest auszustellen, wenn die Genehmigung gar nicht erforderlich ist. Stellt die Energieaufsichtsbehörde aber später fest, dass eine Genehmigung doch benötigt wird, müssen die Grundsätze über den Vertrauensschutz im öffentlichen Recht angewendet werden: Das Negativattest kann deshalb nur unter Berücksichtigung der für die Rücknahme von Verwaltungsakten geltenden Grundsätze (§ 48 VwVfG bzw. Länderverwaltungsrecht) zurückgenommen werden (Vertrauen auf Erhaltung der getätigten Investitionen)[44].

73 Zweifelhaft erscheint, ob mit der Genehmigung nach § 4 auch die **Betrauung** im Sinne von Art. 86 Abs. 2 EG erfolgt[45]. Netzbetreiber erbringen naturgemäß Dienstleistungen im allgemeinen wirtschaftlichen Interesse (Kontrahierungszwang, Netzzugang). Für Gasversorgungsnetzbetreiber müssen die Mitgliedstaaten sicherstellen, dass die Mindestbetriebsvoraussetzungen eingehalten werden (Art. 6 und 8 Abs. 3 RL-Gas). Betreiber von Übertragungs-, Fernleitungs- und Verteilernetzen für Elektrizität bzw. Gas müssen sogar von den Mitgliedsstaaten als verantwortlich besonders benannt werden, Art. 8 sowie 13 RL-Elt und Art. 7 und 11 RL-Gas. Die Auferlegung gemeinwirtschaftlicher Verpflichtungen ist wegen Art. 3 Abs. 2 RL-Elt/RL-Gas i. V. mit Art. 86 Abs. 2 EG EU-rechtlich zulässig.

74 Gegen die Annahme einer besonderen Betrauung im Allgemeininteresse mag aber sprechen, dass die Versagungsgründe des § 4 Abs. 2 nicht mit den im EG-Recht vorgeschriebenen Voraussetzungen verzahnt sind. Außerdem würden Alt-EVU benachteiligt, weil bei Ihnen die Betriebsaufnahme schon vor Inkrafttreten des EnWG 2005 erfolgt war und sie deshalb eine Genehmigung nach § 4 nicht mehr erlangen können. Deshalb spricht einiges dafür, dass das deutsche Recht derzeit ein besonderes Betrauungsverfahren nicht vorsieht.

75 Am Genehmigungsverfahren sind neben dem **Antragsteller auch diejenigen beteiligt**, die von der Behörde hinzugezogen werden, § 13 Abs. 1 Ziff. 1 und 4 VwVfG bzw. entsprechendes Länderwaltungsver-

---

44 So zu Recht *Danner/Theobald*, Energierecht, § 3 EnWG 1998 Rz. 29, allerdings auf § 49 VwVfG (Widerruf rechtmäßiger Verwaltungsakte) verweisend.
45 Dagegen *Danner/Theobald*, Energierecht, § 3 EnWG 1998 Rz. 29.

III. Genehmigungserfordernis (Abs. 1 und 3)

fahrensrecht. Wer durch den Ausgang des Verfahrens berührt wird, kann von Amts wegen oder auf Antrag als Beteiligter hinzugezogen werden, § 13 Abs. 2. VwVfG. Zwar werden konkurrierende Netzbetreiber sowie Netznutzer in ihren wirtschaftlichen Interessen möglicherweise durch das Genehmigungsverfahren berührt; dies reicht jedoch für das in § 13 Abs. 2 VwVfG geforderte **rechtliche Interesse** nicht aus[46]. Die Energieaufsichtsbehörde wird aber jedem Interessierten rechtliches Gehör gewähren, § 28 VwVfG i. V. mit Art. 103 Abs. 1 GG.

6. Rechtsschutz

Wird die Genehmigungserteilung zu Unrecht abgelehnt oder nur unter Nebenbestimmungen erteilt, kann der Antragsteller dagegen verwaltungsgerichtlichen Rechtsschutz erhalten. Gegen die ablehnende Entscheidung ist der **Verwaltungsrechtsweg** einzuschlagen, § 40 Abs. 1 VwGO. Da es dem Antragsteller um den Erlass eines abgelehnten Verwaltungsaktes geht, wird er Verpflichtungsklage erheben, § 42 Abs. 1 VwGO. Ein **Vorverfahren** (Widerspruchsverfahren) ist nicht erforderlich, weil die Ablehnungsentscheidung von einer obersten Landesbehörde (Wirtschafts- oder Umweltministerium) erlassen werden wird, § 68 Abs. 1 Satz 2 Ziff. 1 VwGO. 76

Die Verpflichtungsklage muss innerhalb eines Monats nach Bekanntgabe des ablehnenden Verwaltungsaktes erhoben werden, § 74 Abs. 2 in Verbindung mit Abs. 1 Satz 2 VwGO. Gegen das ablehnende verwaltungsgerichtliche Urteil ist grundsätzlich **Berufung** zum Oberverwaltungsgericht bzw. Verwaltungsgerichtshof zulässig (§§ 124 ff. VwGO), gegen ablehnende Entscheidungen der Berufungsinstanz die **Revision** zum Bundesverwaltungsgericht (§§ 132 ff. VwGO). Stimmen Kläger und beklagte Behörde zu, kann unter Übergehung der Berufungsinstanz gegen ein Urteil des Verwaltungsgerichts auch **Sprungrevision** zum Bundesverwaltungsgericht eingelegt werden, § 134 VwGO. 77

Obwohl § 4 gerade dem Zweck dient, **Interessen Dritter** (insbesondere der Energieverbraucher) zu schützen, ist es zweifelhaft, ob auch diese Personengruppe **Rechtsschutz** im Verfahren nach § 4 erhalten 78

---

46 Ebenso *Danner/Theobald*, Energierecht, § 3 EnWG 1998 Rz. 31; *Büdenbender*, EnWG 1998, § 3 Rz. 50 ff. sowie Rz. 144.

kann[47]. Voraussetzung für die Zulässigkeit beispielsweise einer Klage gegen die Genehmigungserteilung ist nach § 42 Abs. 2 VwGO, dass wenigstens die Möglichkeit einer Rechtsverletzung durch den **Verwaltungsakt** besteht. Konkurrierende **Netzbetreiber und andere EVU** können allenfalls beschwert sein, wenn die Energieaufsichtsbehörde einen Versagungsgrund nicht ausreichend beachtet hat; in diesem Fall ist die Klagebefugnis zugunsten des benachteiligten EVU **und seiner bisherigen Netznutzer** zulässig, um eine Überprüfung des Vorliegens eines solchen Versagungsgrundes herbeiführen zu können.

79 Werden hingegen unspezifizierte **wirtschaftliche Interessen von konkurrierenden Netzbetreibern und Verbrauchern** berührt, weil diese die Leistungsfähigkeit des Netzbetreibers anzweifeln, der die Genehmigung begehrt und erhalten hat, dürfte dies für die Möglichkeit einer Rechtsverletzung im Sinne von § 42 Abs. 2 VwGO noch nicht ausreichen[48].

80 Der damit gewährte Rechtsschutz ist auch ausreichend effektiv. Insbesondere genügt er den Anforderungen, die Art. 4 Abs. 3 RL-Gas an die Überprüfung ablehnender Genehmigungen knüpft. Nach Art. 4 Abs. 1 Satz 2 RL-Gas können die Mitgliedstaaten Genehmigungen für Bau und Betrieb von Erdgasanlagen einschließlich Leitungen vorschreiben; bzgl. Elektrizität fehlt eine Parallelbestimmung. Das Genehmigungsverfahren muss objektive und transparente Kriterien zugrunde legen und die Grundsätze eines nichtdiskriminierenden Verfahrens einhalten; diesen Voraussetzungen genügt der Versagungsgrund des § 4 Abs. 2 Satz 1 (Leistungsfähigkeit des die Genehmigung begehrenden Gasnetzbetreibers). Art. 4 Abs. 3 Satz 1 RL-Gas fordert eine Bekanntgabe der Verweigerungsgründe, die nach deutschem Recht durch Begründung der ablehnenden Entscheidung gewährleistet ist. Das nach Art. 4 Abs. 3 Satz 3 RL-Gas erforderliche Rechtsbehelfsverfahren gegen die Genehmigungsverweigerung ist mit dem Klageverfahren nach der VwGO in Deutschland sichergestellt.

---

47 Ablehnend zum alten Recht vgl. *TBK/Tegethoff*, Öff. Energieversorgung, § 5 EnWG a.F. S. I 236 Rz.4.
48 Ebenso *Danner/Theobald*, Energierecht, § 3 EnWG 1998 Rz. 31; *Büdenbender*, EnWG 1998, § 3 Rz. 51; Franke, Zulassung von EVU, HB EnWR § 3 Rz. 34.

7. Sanktionen

Die Aufnahme des Netzbetriebs ohne Genehmigung ist bußgeldbewehrt, § 95 Abs. 1 Ziff. 1. Gemäß § 95 Abs. 2 Satz 1 kann bei ungenehmigter Betriebsaufnahme entgegen § 4 Abs. 1 eine Geldbuße in Höhe von bis zu 100.000,– Euro verhängt werden. Ein späterer Genehmigungsantrag darf aber nicht allein deshalb abgelehnt werden, weil zuvor ungenehmigt Energieversorgung betrieben wurde, weil aus diesem Verhalten nicht von vornherein auf Unzuverlässigkeit und mangelnde Leistungsfähigkeit des Netzbetreibers geschlossen werden kann.

81

IV. Ausnahmen von der Genehmigungspflicht

§ 4 Abs. 1 regelt nur den Grundsatz des Genehmigungsvorbehalts. Der Genehmigungspflicht unterliegen gemäß § 110 Abs. 1 nicht:

82

– Werksnetze und Versorgung verbundener Unternehmen

– die Versorgung von Sonderkunden aus bestimmten Anlagen (Arealversorgung)

– Eigenversorgungsnetze

Voraussetzung ist jeweils, dass keine **allgemeine Versorgung** im Sinne von § 3 Ziff. 17 durchgeführt wird. Wegen der Einzelheiten wird auf die Kommentierung zu § 110 verwiesen.

83

V. Versagung und Untersagung (Abs. 2)

Die Genehmigung nach § 4 ist als **gebundene Erlaubnis** ausgestaltet[49] (Verbot mit Erlaubnisvorbehalt)[50]. Deshalb besteht ein **Rechtsanspruch auf Genehmigungserteilung**, sofern nicht eine der Versagungsvoraussetzungen des § 4 Abs. 2 Satz 1 vorliegt[51]. Zwar hat der Antragsteller vollständige Genehmigungsunterlagen vorzulegen (Beibringungsgrundsatz); der **Nachweis eines Versagungsgrundes** obliegt jedoch der Energieaufsichtsbehörde, so dass die Genehmigung

84

---

49 Ebenso *Becker*, Betriebsaufnahmegenehmigung, RdE 2000, S. 7, 11.
50 *Schneider*, EnWG 1998, § 3 Anm. 3.3.
51 *Danner/Theobald*, Energierecht, § 3 EnWG 1998 Rz. 22; *Schneider*, EnWG 1998, § 3 Anm. 3.3.

im Zweifel zu erteilen ist[52]. Weder besteht ein »Versagungsermessen« noch kann die Genehmigung aus anderen Gründen (»Wohl der Allgemeinheit«) verweigert werden. Ob ein Beurteilungsspielraum der Energieaufsichtsbehörde besteht[53], wird bei den einzelnen Versagungsgründen zu klären sein.

85 Das EnWG 2005 kennt nur noch **unternehmensbezogene Versagungsgründe**, die an den »Zielen und Vorschriften dieses Gesetzes« ausgerichtet sind. Eine früher (§ 3 Abs. 2 Ziff. 2 EnWG 1998) mögliche Versagung mit dem Ziel, eine Verschlechterung der »Gebietsstruktur« zu verhindern, ist in das EnWG 2005 nicht wieder aufgenommen worden.

1. Neuaufnahme des Netzbetriebs

86 Mit Art. 12 GG (Grundrecht der Berufsfreiheit) sind Beschränkungen der Berufswahlfreiheit sowie der Berufsausübungsfreiheit vereinbar, wenn diese in einem abgestuften System in verhältnismäßiger Weise schützenswerten Rechtsgütern Rechnung tragen[54]. Wenn man die Tätigkeit des Netzbetreibers als eigenständigen Beruf auffassen kann, der sich möglicherweise in weitere Berufsbilder aufspaltet (Übertragungsnetzbetreiber, Verteilernetzbetreiber, Arealnetzbetreiber usw.), dann schränkt § 4 bereits die **Berufswahlfreiheit** ein. Die unternehmensbezogenen Versagungsgründe des § 4 Abs. 2 sind als subjektive Versagungsgründe konzipiert, weil sie insbesondere die Leistungsfähigkeit des Unternehmens in den Vordergrund stellen. Solche Versagungsgründe sind gerechtfertigt, wenn sie dem Schutz besonders wichtiger Gemeinschaftsgüter zu dienen vermögen[55]. Da ein (zuverlässiger) Netzbetrieb ein überragend wichtiges Gemeinschaftsgut darstellt[56] und die Überprüfung der Leistungsfähigkeit eines den Netzbetrieb aufnehmenden Unternehmens durchaus geeignet ist, der Zielsetzung einer sicheren und preisgünstigen sowie umweltverträgli-

---

52 *Becker*, Betriebsaufnahmegenehmigung, RdE 2000, S. 7, 11.
53 So *Danner/Theobald*, Energierecht, § 3 EnWG 1998 Rz. 22: unbestimmte Rechtsbegriffe.
54 BVerfGE 7, 377, 397 ff. – Apothekenentscheidung.
55 BVerfGE ebd.
56 BVerfGE 30, 292, 323f.; E 45, 63, 78; E 66, 248, 258.

chen Versorgung zu dienen, genügt dieser Versagungsgrund vom Ansatz her dem Grundrecht aus Art. 12 GG[57].

a) Fehlende Leistungsfähigkeit

Im Zentrum dieses Versagungsgrundes steht die **personelle, technische und wirtschaftliche Leistungsfähigkeit** des Antragstellers. Diesen unbestimmten Rechtsbegriff hat die Behörde einerseits an den Zielen des EnWG (insbesondere § 1), andererseits an den sonstigen Vorschriften des Gesetzes zu messen, soweit sie leistungsbezogen ausgestaltet sind. Ziel der Prüfung muss es daher sein, dass der Netzbetrieb **auf Dauer** durchgeführt werden kann. 87

Die **personelle Leistungsfähigkeit** umfasst die Prüfung, ob die vom Unternehmen beschäftigten Mitarbeiter sowie die Geschäftsleitung nach Anzahl, Ausbildung und Erfahrungsstand in der Lage sind, die beantragte Form des Netzbetriebs durchzuführen. Dabei darf die Energieaufsichtsbehörde umso strengere Anforderungen stellen, je größer die Gefahren sind, die dem Verbraucher sowie der Allgemeinheit aus der beabsichtigten Tätigkeit drohen. Soll ein Gasversorgungsnetz betrieben werden, besteht ein unvergleichlich hohes Gefahrenpotential, was es rechtfertigt, an die personelle Leistungsfähigkeit sehr hohe Anforderungen zu stellen. Im Zweifel wird die Aufsichtsbehörde personelle Leistungsfähigkeit annehmen können, wenn nach Art der Ausbildung, der nachgewiesenen Prüfungen sowie nach der Anzahl der vorhandenen Mitarbeiter einschließlich einer sachgerechten Organisationsstruktur der Netzbetrieb in dem beantragten Bereich für zumindest die nächsten fünf Jahre als gewährleistet erscheint. 88

Dabei handelt es sich wie häufig im Verwaltungsrecht um eine **Prognoseentscheidung,** so dass die personelle Leistungsfähigkeit letztlich nur eingeschätzt werden kann. Wegen der überragenden Bedeutung des Netzbetriebs als Infrastrukturbedingung erscheint es aber als gerechtfertigt, wenn die Aufsichtsbehörde einen **strengen Maßstab** anlegt; der Antragsteller hat alle zum Nachweis der personellen Leistungsfähigkeit dienlichen Angaben zu machen und die entsprechenden Auskünfte zu erteilen. 89

---

[57] Vgl. die Parallele im Recht der Personenbeförderung: § 13 PBefG. Dazu BVerwG v. 18.6.1998, Buchholz 442.0 Nr. 3 zu § 13 PBefG.

90 Beim Begriff der personellen Leistungsfähigkeit handelt es sich zwar um einen unbestimmten Rechtsbegriff; wegen der Grundrechtsrelevanz erscheint es jedoch nicht als gerechtfertigt, der Behörde insofern einen **Beurteilungsspielraum** zuzugestehen[58]. Für das Bestehen eines solchen Beurteilungsspielraums mag zwar der Prognosecharakter der Entscheidung sprechen; andererseits ist zu berücksichtigen, dass es sich nicht um eine Berufsausübungsschranke, sondern um eine Schranke der Berufswahl handelt. Die Gerichte müssen deshalb in der Lage sein, das Vorliegen eines Versagungsgrundes **vollständig nachzuprüfen** und ihre Entscheidung an die Stelle der Verwaltungsentscheidung zu setzen[59]. Kann die personelle Leistungsfähigkeit nicht nachgewiesen werden, reicht das Vorliegen dieses Versagungsgrundes allein bereits aus, die Betriebsaufnahmegenehmigung zu verweigern.

91 Als weiteren unternehmensbezogenen Versagungsgrund nennt § 4 Abs. 2 Satz 1 die **technische Leistungsfähigkeit** des Unternehmens. Auch diese ist wiederum am Maßstab des beantragten Genehmigungsumfanges zu orientieren; wer eine **Vollgenehmigung** beantragt und sämtliche Tätigkeiten eines Netzbetreibers (Gas und Elektrizität; Übertragungs- und Verteilernetzbetrieb) ausüben möchte, muss sich an strengeren Kriterien messen lassen als derjenige, der lediglich ein kleines Verteilernetz betreiben möchte.

92 Zu den **technischen Voraussetzungen** des Netzbetriebs zählen insbesondere diejenigen Anlagen und Einrichtungen, die zur Durchführung einer den Zielen des § 1 genügenden leitungsgebundenen Energieversorgung benötigt werden. Soll eine Speicheranlage betrieben werden, sind die dafür erforderlichen immissionsschutzrechtlichen, baurechtlichen, wasserrechtlichen und bergrechtlichen Genehmigungen vorzulegen bzw. nachzuweisen, dass mit deren Erteilung gerechnet werden kann. Entsprechendes gilt für den Betrieb eines Elektrizitäts- oder Gasversorgungsnetzes ohne Speicher. Zu den technischen Voraussetzungen gehört es auch, dass genügend Fahrzeuge bereitgehalten werden, um Störungen des Netzbetriebs innerhalb einer dem Stand der Technik entsprechenden Zeit zu beheben[60]. Zum Nachweis der technischen Leistungsfähigkeit gehört auch das Vorhandensein zuverlässiger Telekommunikations- und EDV-Einrichtungen.

---

58 Anderer Ansicht *Danner/Theobald*, Energierecht, § 3 EnWG 1998 Rz. 22.
59 Vgl. auch BVerwG Fn. 57 – Personenbeförderung.
60 Vgl. dazu die Regeln der Technik (VDE sowie DGWV), § 49.

Die **wirtschaftliche Leistungsfähigkeit** ist nachgewiesen, wenn die 93
finanziellen Ressourcen (Eigenkapital, Fremdkapital) einschließlich
der Finanzzusagen Dritter so ausreichend bemessen sind, dass die
notwendig entstehenden Anfangsverluste für zumindest fünf Jahre
aufgefangen werden können. Über eine solche mittelfristige Prognose
hinausgehende Prüfungen muss die Energieaufsichtsbehörde nicht
anstellen. Zum Nachweis der finanziellen Leistungsfähigkeit kann ein
Vermögensstatus erforderlich sein. Dazu gehören auch der Nachweis
zugesagter Betriebsmittelkredite, Bürgschaften, Finanz- und Geschäftspläne der nächsten fünf Jahre sowie die Möglichkeit, benötigtes
neues Kapital sicher einzuwerben.

Bei Anforderung geeigneter Nachweise zur wirtschaftlichen Leistungsfähigkeit muss die Energieaufsichtsbehörde berücksichtigen, 94
dass Netznutzer vor unseriösen Netzbetreibern geschützt werden
müssen. Andererseits dürfen die Anforderungen nicht überspannt
werden, um nicht durch Errichtung hoher Marktzutrittbarrieren den
Wettbewerb zugunsten der Alt-Netzbetreiber unangemessen einzuschränken.

b) Fehlende Zuverlässigkeit

Während § 3 Abs. 2 Ziff. 1 EnWG 1998 ausschließlich auf eine fehlende Leistungsfähigkeit des Genehmigungsbewerbers als Versagungsgrund abstellte, sieht § 4 Abs. 2 Satz 1 das zusätzliche Erfordernis der Zuverlässigkeit zum dauerhaften Netzbetrieb vor. Bei der 95
Zuverlässigkeit handelt es sich um einen gewerberechtlichen Begriff[61], der bei überwachungsbedürftigen Gewerbebetrieben eine
Kontrolle der Berufsausübung ermöglicht, die bei Verhältnismäßigkeit ihrer Anordnung durch den Gesetzgeber mit Art. 12 GG im Einklang steht[62]. Der Betrieb eines leistungsfähigen Energieversorgungsnetzes stellt der Allgemeinheit eine bedeutsame Infrastruktureinrichtung zur Verfügung, von deren zuverlässigem Betrieb zahlreiche
Sonder- und Tarifkunden abhängen. Es ist deshalb gerechtfertigt, im
Fall von (unternehmerischer) Unzuverlässigkeit die Genehmigung zu

---

61 Vgl. § 30 Abs. 1 Ziff. 1, § 33a Abs. 3 Ziff. 1, § 33c Abs. 2, § 33d Abs. 3, § 34 Abs. 1 Satz 3 Ziff. 1, § 34a Abs. 1 Satz 3 Ziff. 1, § 34b Abs. 4 Ziff. 1, § 34c Abs. 2 Ziff. 1 Gewerbeordnung.
62 Zum Gestaltungsspielraum des Gesetzgebers im Hinblick auf Berufsausübungsregelungen einschließlich der Berufsuntersagung vgl. *Schmidt-Bleibtreu/Klein*, GG, Art. 12 Rz. 10ff.

versagen, bzw. den Weiterbetrieb (§ 4 Abs. 2 Satz 2 analog) zu untersagen, wenn Unzuverlässigkeit später festgestellt wird. Weil es sich um eine gebundene Erlaubnis handelt, muss die Genehmigungsbehörde die zur Unzuverlässigkeit führenden Tatsachen nachweisen. Ein Beurteilungsspielraum besteht insofern nicht.

96 Im Hinblick auf die Genehmigung des Netzbetriebs handelt es sich bei der Zuverlässigkeit nicht um eine Voraussetzung, die – persönlich – beim Eigentümer oder bei den Gesellschaftern vorliegen muss. Der Versagungsgrund ist vielmehr unternehmensbezogen und im Hinblick auf die ausgeübte elektrizitätswirtschaftliche Funktion – Netzbetrieb – zu prüfen. Insolvenz eines Mitglieds der Unternehmensleitung oder gar eine strafrechtliche Verurteilung reichen noch nicht aus, um im Hinblick auf das das Netz betreibende Gesamtunternehmen Unzuverlässigkeit auszulösen. Nur wenn ein solches Mitglied der Geschäftsleitung – etwa aufgrund seiner gleichzeitigen Stellung als Anteilseigner mit dominierendem Einfluss – das Unternehmen in seinem Sinne allein zu steuern vermag, kann aus einzelner persönlicher Unzuverlässigkeit auch unternehmerische Unzuverlässigkeit zu folgern sein.

97 Unzuverlässigkeit eines Netzbetreibers ist noch nicht anzunehmen, wenn für einen dauerhaften Netzbetrieb personelle und wirtschaftliche Ressourcen fehlen oder sehr knapp kalkuliert sind. Denn insofern handelt es sich um die – isoliert im Hinblick auf eine Versagung zu prüfende – Leistungsfähigkeit des Unternehmens. Würde man anders entscheiden, wäre das zusätzliche Erfordernis der Zuverlässigkeit überflüssig. Vielmehr kann eine Versagung nur auf solche Tatsachen gestützt werden, die nicht zugleich Leistungsunfähigkeit im Sinne von § 4 Abs. 2 Satz 1 begründen. Fehler beim Netzbetrieb, unzureichende Wartung sowie unverhältnismäßige Versorgungsunterbrechungen begründen allerdings Zweifel an der (technischen) Leistungsfähigkeit des Netzbetreibers.

98 Der Netzbetreiber ist also trotz vorhandener Leistungsfähigkeit nur dann unzuverlässig, wenn Zweifel insbesondere aus dem Bereich der »rechtlichen Leistungsfähigkeit« aufkommen. Missachtet der Netzbetreiber mehrfach Rechtsvorschriften, erfolgt keine korrekte Abrechnung von EEG- und KWK-G-Mindestvergütungen, werden die Regeln der Technik im Sinne von § 49 nicht eingehalten oder diskriminiert der Netzbetreiber einzelne oder Gruppen von Netznutzern, so wird die Energieaufsichtsbehörde prüfen, ob eine Untersagung

V. Versagung und Untersagung (Abs. 2)

nach § 4 Abs. 2 Satz 1 oder eine Untersagung nach Satz 2 gerechtfertigt ist. Dabei ist unter Beachtung des Verhältnismäßigkeitsprinzips an die Schwere des Verstoßes anzuknüpfen; wer mehrfach gegen Rechtsvorschriften verstößt, muss mit einer Untersagung nach Abmahnung rechnen, wenn nicht durch Wechsel in der Unternehmensleitung sichergestellt ist, dass zukünftig ein rechtskonformes Verhalten erwartet werden kann.

Gerade im Hinblick auf personenbezogene Genehmigungen, für die die Zuverlässigkeit oder Leistungsfähigkeit (persönlich) festgestellt wird, kann Streit entstehen, ob das öffentliche Recht einem (zivilrechtlichen) **Übergang auf einen Rechtsnachfolger** des Genehmigungsinhabers entgegensteht. § 4 Abs. 3 zählt insofern diejenigen Fallgestaltungen auf, in denen der Rechtsnachfolger des bisherigen Netzbetreibers keiner (erneuten) Genehmigung bedarf. Der Gesetzgeber hat dies wie folgt begründet[63]: 99

> »Absatz 3 berücksichtigt, dass in Folge der rechtlichen Entflechtung nach § 7 der Betrieb bestehender Energieversorgungsnetze auf eine andere juristische Person übergehen kann. Die Vorschrift soll in diesem Zusammenhang unnötigen Verwaltungsaufwand vermeiden.«

Damit ist klargestellt, dass es sich um eine **Betriebskonzession** handelt, die unabhängig davon weitergilt, wer Anteilsinhaber/Gesellschafter des Trägerunternehmens ist. Eine erneute Überprüfung der Zuverlässigkeit findet selbst dann nicht statt, wenn alle Mitarbeiterinnen und Mitarbeiter, die bisher im Netzbetrieb tätig gewesen sind, trotz fortbestehender Betriebsträgerschaft ausgewechselt werden. Die Vorschrift betrifft sowohl **Altgenehmigungen** (§ 5 EnWG 1935 bzw. § 3 EnWG 1998) als auch die unmittelbar unter § 4 Abs. 1 fallenden Genehmigungstatbestände. Unter »Genehmigung« im Sinne von § 4 Abs. 3 sind deshalb alle nach Energiewirtschaftsrecht erteilten Genehmigungen zu verstehen, gleichgültig, ob sie – nach früherem Recht – die Energieversorgung insgesamt betrafen oder aber nur den Netzbetrieb. Gleichzeitig signalisiert der Begriff »Genehmigung« aber auch, dass alle EVU und Netzbetreiber, die weder eine Genehmigung nach altem noch eine solche nach neuem Recht besitzen, diese auch nicht nach § 4 Abs. 3 im Wege der Rechtsnachfolge auf einen bisherigen Nicht-Genehmigungsinhaber übertragen können. Hätte der 100

---

63 Einzelbegründung zu § 4 Abs. 3, BT-DrS 15/3917, S. 50.

Gesetzgeber etwas anderes gewollt, so hätte er anstelle des Begriffs »Genehmigung« formulieren müssen: »Wer schon bisher ein Energieversorgungsnetz betrieben hat ...«.

c) Vorschriften des EnWG

101 Leistungsfähigkeit und Zuverlässigkeit sind an den **Vorschriften des EnWG** einschließlich den Zielen des § 1 zu messen. Die Energieaufsichtsbehörde wird deshalb prüfen, ob eine preisgünstige, sichere, effiziente, verbraucherfreundliche und umweltverträgliche Versorgung mit Energie angestrebt wird und ein Netzbetrieb unter Befolgung der §§ 11 ff., 49 gewährleistet sein wird. Dabei dürfen beispielsweise an das Ziel der Umweltverträglichkeit keine höhere Anforderungen gestellt werden als die, die von den Alt-Netzbetreibern erfüllt werden. Beispielsweise darf nicht verlangt werden, dass zu einem bestimmten Prozentsatz Elektrizität aus erneuerbaren Energien sowie Kraft-Wärme-Kopplung geliefert wird, zumal das spezielle Energiewirtschaftsrecht insofern Vorgaben enthält.

102 Deshalb können beispielsweise Nachweise hinsichtlich des sicheren Betriebs des Versorgungsnetzes (§§ 11 ff.) verlangt werden, wenn die Netzbetreiber-Genehmigung beantragt wurde. Der Netzbetreiber muss auch seine Bereitschaft erklären, Netzzugangsansprüche im Rahmen der gesetzlichen Vorschriften zuzulassen. Die Sicherheit der Energieanlagen (§ 49) sowie die Bereitschaft zum Abschluss des Konzessionsvertrages und zur Zahlung der Konzessionsabgaben (§§ 46, 48) zählen zu den einzuhaltenden Vorschriften des EnWG ebenso wie die Wahrung der Entflechtungsgrundsätze (§§ 6 ff.).

103 In zeitlicher Hinsicht ordnet der Gesetzgeber als Prüfungsmaßstab den **dauerhaften Netzbetrieb** an. Darunter ist grundsätzlich eine unbefristete Versorgung mit Netzdienstleistungen zu verstehen. Wer von vornherein als Netzbetreiber nur für ein oder zwei Jahre tätig werden möchte, kann eine Genehmigung nicht erhalten. Andererseits kann vom Antragsteller nicht eine quasi »ewige Bindung« erwartet und schon gar nicht prognostiziert werden. Deshalb ist hier vorgeschlagen worden, die Sicherstellung des Netzbetriebs auf Dauer bereits dann anzunehmen, wenn die personelle, technische und wirtschaftliche Leistungsfähigkeit sowie Zuverlässigkeit zumindest für die nächsten fünf Jahre als gesichert erscheinen, weil allenfalls für einen solchen Zeitraum eine seriöse behördliche Prognose erwartbar ist[64].

Soll die Betriebsaufnahmegenehmigung befristet erteilt werden, muss die Amortisation des eingesetzten Kapitals berücksichtigt werden; dies erfordert je nach Art der Netzbetreibertätigkeit Mindestzeiträume zwischen 20 und 30 Jahren. Ob aus dem Erfordernis der Sicherstellung des Netzbetriebs »auf Dauer« geschlossen werden kann, dass damit **befristete Genehmigungen** von vornherein unzulässig sind, erscheint als zweifelhaft. Immerhin würde es die Befristung der Behörde ermöglichen, nach Ablauf des Befristungszeitraumes und unter Einsatz verbesserter Prognosemöglichkeiten die Entscheidung zu überprüfen. Andererseits darf die Befristung nach allgemeinem Verwaltungsrecht nicht dem Ziel dienen, der Behörde den Verwaltungsvollzug zu erleichtern. Im Zweifel wird daher die Genehmigungsentscheidung **unbefristet** ergehen. 104

2. Untersagung des laufenden Netzbetriebs und Rechtsschutz

§ 4 Abs. 2 Satz 2 betrifft den Betrieb eines Energieversorgungsnetzes (der allgemeinen Versorgung, Umkehrschluss aus § 110 Abs. 1 a.E.), soweit für die Betriebsaufnahme **keine Genehmigung erforderlich war**. Die Vorschrift ist erst auf Vorschlag des Wirtschaftsausschusses in das Gesetz eingefügt worden[65] und wie folgt begründet worden[66]: 105

> »Zudem wird in Absatz 2 Satz 2 klargestellt, dass die materiellen Voraussetzungen für den Netzbetrieb nach Abs. 2 Satz 1 auch für diejenigen Energieversorgungsnetze gelten, die bei Aufnahme ihres Betriebs noch keiner Genehmigung bedurften.«

Der Gesetzgeber bezieht sich also auf diejenigen Netzbetreiber und EVU, die den Netzbetrieb bereits vor Inkrafttreten des EnWG 2005 am 13.7.2005 aufgenommen hatten. Dies gilt unabhängig davon, ob diese Netz-Energieanlagen einer Genehmigung nach altem Recht (EnWG 1935 sowie EnWG 1998) bedurften oder genehmigungsfrei betrieben werden. Da § 4 auf Werks- und Arealnetze sowie Eigenver- 106

---

64 Vgl. aber *Recknagel*, EnWG 1998, § 7 Anm. 3.3, der unter Hinweis auf die Marktbeherrschungsprognose der Fusionskontrolle Zeiträume von 5–8 Jahren jedenfalls für die Bewilligungsprognose nach § 7 EnWG 1998 zugrundelegen möchte.
65 Beschlussempfehlung und Bericht, BT-DrS 15/5268, S. 18.
66 Ebd. S. 117.

sorgungsnetze gemäß § 110 Abs. 1 insgesamt nicht anzuwenden ist, betrifft auch dieser Untersagungsfall nicht jene Spezialnetze, so dass deren Betrieb energieaufsichtsrechtlich überhaupt nicht untersagt werden kann.

107 Satz 2 des § 4 Abs. 2 ist insofern missverständlich formuliert, weil auf den ersten Blick nur an solche Netz-Energieanlagen angeknüpft wird, für die »keine Genehmigung erforderlich war«. Nimmt man dies wörtlich, so könnte ein früher genehmigter Netzbetrieb niemals untersagt werden, weil das neue Recht einen solchen Untersagungstatbestand nicht vorzusehen scheint und die früheren gesetzlichen Vorschriften allesamt aufgehoben wurden.

108 Um eine **Gleichstellung** von ungenehmigten und früher genehmigten Netzbetriebsanlagen herzustellen, muss im Wege einer korrigierenden Auslegung der letzte Satzteil des § 4 Abs. 2 Satz 2 wie folgt gelesen werden:

> »Der Betrieb kann unter den Voraussetzungen des Absatz 1 untersagt werden, auch wenn für die Betriebsaufnahme keine Genehmigung **nach diesem Gesetz** erforderlich ist.«

109 Im Hinblick auf eine potenzielle Untersagung des Netzbetriebs will der Gesetzgeber nämlich offensichtlich alle Netzbetreiber gleichstellen, soweit sie nicht ein Netz der in § 110 genannten Art betreiben. Dafür kann es nicht darauf ankommen, ob sie früher eine Genehmigung erhalten haben, diese damals nicht benötigten oder jetzt eine Genehmigung neu beantragt und erhalten haben. Da einer Untersagungsverfügung keine Rückwirkung zukommt, ist es auch den Altnetzbetreibern zumutbar, die Voraussetzungen der Leistungsfähigkeit und Zuverlässigkeit beim dauerhaften Netzbetrieb ab Inkrafttreten des neuen Rechts zu beachten. Auf einen Bestandsschutz einer möglichen früheren Genehmigung können sie sich nicht berufen, zumal schon nach früherem Recht leistungsunfähige EVU ihre Genehmigung verlieren konnten[67].

110 Die Voraussetzungen für die Untersagung entsprechen denen der **Genehmigungsversagung**, § 4 Abs. 2 Satz 1. Daraus ist im Umkehr-

---

67 Nach § 8 EnWG 1935 ist ein Untersagungsverfahren (sog. Abmeierung) ausdrücklich vorgesehen gewesen, während nach dem EnWG 1998 die Untersagung bei fehlendem weiteren Vorliegen der Voraussetzungen des § 3 auf § 18 Abs. 1 zu stützen war.

schluss zu folgern dass während der gesamten Dauer des Netzbetriebs sowohl Leistungsfähigkeit als auch die zuverlässige Beachtung aller für Netzbetreiber geltenden Vorschriften sicherzustellen ist. Weil auf die Vorschriften »dieses Gesetzes« abgehoben wird, führt die Nichtbeachtung von Vorschriften außerhalb des Energiewirtschaftsgesetzes nicht ohne Weiteres zur Untersagung. Wenn der Netzbetreiber allerdings wiederholt Umweltschutzvorschriften verletzt oder Normen des technischen Sicherheitsrechts missachtet, wird ihm über »sonstige Unzuverlässigkeit« hinaus regelmäßig auch eine fehlende personelle und technische Leistungsfähigkeit attestiert werden müssen. Die Energieaufsichtsbehörde wird dann die Untersagung auf diesen Grund stützen.

Rechtsschutz gegen die Untersagung des Netzbetriebs findet – ohne Widerspruchsverfahren – durch Erhebung der Anfechtungsklage statt, § 42 Abs. 1 VwGO. Ein angeordneter Sofortvollzug kann nach § 80 Abs. 5 VwGO überprüft werden. Im Übrigen gelten die Ausführungen zum Rechtsschutz bei Versagung der Genehmigung entsprechend[68].   111

---

68 Vgl. oben § 4 Rz. 76 ff.

§ 5 Anzeige der Energiebelieferung

[1]Energieversorgungsunternehmen, die Haushaltskunden mit Energie beliefern, müssen die Aufnahme und Beendigung der Tätigkeit sowie Änderungen ihrer Firma bei der Regulierungsbehörde unverzüglich anzeigen. [2]Eine Liste der angezeigten Unternehmen wird von der Regulierungsbehörde laufend auf ihrer Internetseite veröffentlicht; veröffentlicht werden die Firma und die Adresse des Sitzes der angezeigten Unternehmen. [3]Mit der Anzeige der Aufnahme der Tätigkeit ist das Vorliegen der personellen, technischen und wirtschaftlichen Leistungsfähigkeit sowie der Zuverlässigkeit der Geschäftsleitung darzulegen. [4]Die Regulierungsbehörde kann die Ausübung der Tätigkeit jederzeit ganz oder teilweise untersagen, wenn die personelle, technische oder wirtschaftliche Leistungsfähigkeit oder Zuverlässigkeit nicht gewährleistet ist.

Überblick	Seite	Rz.
I. Regelungszweck und Entstehungsgeschichte	307	1
II. Anzeigepflichtige Unternehmen.....................	309	5
1. EVU als Lieferanten...........................	309	8
a) Energiehändler.............................	309	9
b) Kommissionäre............................	310	11
c) Makler, Broker, Handelsvertreter, Agenten	311	13
d) Energiebündler.............................	312	17
2. Haushaltskunden als Nachfrager...................	313	19
III. Umfang der Anzeigepflicht........................	315	24
IV. Veröffentlichungspflicht	316	29
V. Untersagungsbefugnis der BNetzA	317	32

I. Regelungszweck und Entstehungsgeschichte

Eine bloße Pflicht zur **Anzeige der Energiebelieferung** bestand nach 1 altem Recht nicht, weil bereits die Aufnahme der Energieversorgung eine genehmigungspflichtige Tätigkeit nach § 3 EnWG 1998 darstellte. Die neue Vorschrift ist damit als Akt der Deregulierung entstanden, und an die Stelle der ursprünglichen Genehmigungspflicht ist die blo-

§ 5 Anzeige der Energiebelieferung

ße Anzeigepflicht getreten. Der Gesetzgeber des EnWG 2005 hat dies wie folgt begründet[1]:

»Die Vorschrift überführt die in § 3 Abs. 1 des geltenden Energiewirtschaftsgesetzes vorgesehene Genehmigungspflicht hinsichtlich einer Aufnahme der Energiebelieferung von Haushaltskunden in eine Anzeigepflicht. Sie ermöglicht zur Gewährleistung eines hinreichenden Schutzes von Haushaltskunden, solchen Energiehändlern die Ausübung ihrer Tätigkeit zu untersagen, die nicht über die notwendige Leistungsfähigkeit verfügen, um die Energieversorgung entsprechend den Zielen und Vorschriften dieses Gesetzes auf Dauer zu gewährleisten.«

2 Die weitere Gesetzesbegründung zu § 5 erläutert, warum wegen des Sachzusammenhangs von Energielieferung und (bundesweiter) Netznutzung durch Energielieferanten die bundesweit tätige Regulierungsbehörde BNetzA und nicht die nach Landesrecht zuständige Behörde zur Entgegennahme der Anzeigen sowie zur Untersagung der Händlertätigkeit berechtigt und verpflichtet ist[2].

3 Hintergrund der Regelung sind zahlreiche Insolvenzen und auch Betrügereien von neu in den Markt eingetretenen Energiehändlern ab dem Jahre 1998, die das Vertrauen in den neu entstehenden Wettbewerb auf den Elektrizitätsmärkten erheblich erschüttert hatten. Die geringe Wechselrate gerade im Haushalts- und Kleingewerbebereich hat hier eine ihrer Ursachen. Ob allerdings das gewählte Mittel – Ersetzung der Genehmigungs- durch eine Anzeigepflicht unter sonst im Wesentlichen gleichen Voraussetzungen – als taugliches Mittel erscheint, um ungeeignete Energiehändler vom Markt fernzuhalten, mag als durchaus zweifelhaft erscheinen, weil nur die »ganz schwarzen Schafe« bereits mit der Erfüllung der Anzeigepflicht oder aber deshalb auffallen werden, weil sie ohne Anzeige ihre Händlertätigkeit aufnehmen.

4 Immerhin ist es sinnvoll, mittels Schaffung einer bundeseinheitlichen Stelle alle eingehenden Beschwerden innerhalb einer einzigen Verwaltungseinheit zu koordinieren und damit schneller reagieren zu können als die nach Länderrecht zuständige Stelle, die nur über Informationen aus ihrem beschränkten Zuständigkeitsbereich verfügen wird.

---

1 Einzelbegründung zu § 5, BT-DrS 15/3917, S. 50.
2 Ebd. S. 50.

Dem Vorschlag des Bundesrates[3], die Anzeigepflicht zur Grundlage einer bloßen Veröffentlichungspflicht – ohne Darlegung von Leistungsfähigkeit und Zuverlässigkeit – zu machen, ist die Bundesregierung nicht gefolgt[4].

II. Anzeigepflichtige Unternehmen

Adressaten der Anzeigepflicht sind gemäß § 5 Satz 1 **Energieversorgungsunternehmen, die Haushaltskunden mit Energie beliefern**. Der weite EVU-Begriff des § 3 Ziff. 18 wird insofern auf natürliche oder juristische Personen eingegrenzt, die andere mit Energie beliefern. Netzbetreiber unterliegen vorbehaltlich des § 110 ohnehin der Genehmigungspflicht nach § 4.

Unter **Belieferung** ist im Einklang mit § 3 Ziff. 19b (Gaslieferant) ein Vertriebsvorgang zu verstehen, der zwischen dem EVU und einem Kunden stattfindet; dabei wird es sich typischerweise um den Kauf von Elektrizität oder Gas handeln. Nicht ausgeschlossen sind allerdings andere Vorgänge, die auf die Zurverfügungstellung von Energie gerichtet sind, beispielsweise Tausch, Schenkung oder die Belieferung in Zusammenhang mit anderen Vertragsverhältnissen.

Der Begriff des **Energielieferanten** ist daher **im weitesten Sinne** zu verstehen; darunter fallen auch Energiedienstleistungen anbietende Unternehmen, die ihre MitarbeiterInnen mit Energie versorgen. Insofern steht die »sachenrechtliche Komponente« (vgl. § 929 Satz 1 BGB analog) und nicht der Gegenseitigkeitscharakter des schuldrechtlichen Geschäfts im Vordergrund der in § 5 Satz 1 gewählten Anknüpfung.

1. EVU als Lieferanten

Auf der Lieferantenseite ist in Bezug auf die möglichen Fallgestaltungen im **Einzelfall** darüber zu entscheiden, wer Adressat der Anzeigepflicht nach § 5 ist.

a) Energiehändler

Energiehändler sind Unternehmen und Betriebe, die im eigenen Namen und auf eigene Rechnung Elektrizität oder Gas kaufen und ver-

---

3 Stellungnahme, BT-DrS 15/3917, Anlage 2, S. 78, 80 (Ziff. 14).
4 Gegenäußerung, BT-DrS 15/4068, S. 2 (Ziff. 12).

§ 5 Anzeige der Energiebelieferung

kaufen[5]. Energiehändlertätigkeit ist sowohl auf der Einzelhandelsstufe (Versorgung von Letztverbrauchern) als auch auf der Großhandelsstufe denkbar. Die Binnenmarktrichtlinien (vgl. Art. 2 Ziff. 8 RL-Elt und Art. 2 Ziff. 29 RL-Gas) zählen zu den **Großhändlern** alle natürlichen und juristischen Personen, die Energie kaufen oder verkaufen, ohne innerhalb oder außerhalb des Netzes, in dem sie eingerichtet sind, Energie zu übertragen, zu erzeugen oder zu verteilen (Elektrizität) bzw. eine Fernleitungs- oder Verteilungsfunktion wahrzunehmen (Gas)[6]. Da Großhändler typischerweise keine Haushaltskunden beliefern, werden sie durch § 5 nicht erfasst.

10 Energiehändler stellen anderen Rechtssubjekten Energie tatsächlich – wenn auch nicht technisch-physisch selbst – zur Verfügung und berechnen diese Energie auch; damit liegt die »Versorgung anderer« unzweifelhaft vor. Dass der Energiehändler dabei nicht auf ein eigenes Netz zurückzugreifen vermag, also mit eigenen Mitteln die Versorgung nicht sicherzustellen vermag, ist im Kontext der Anzeige nach § 5 irrelevant, und auch außerhalb der Energiebranchen ist es durchaus üblich, dass Herstellungs- und Transportkapazitäten von dritten Unternehmern (Subunternehmern, Erfüllungsgehilfen) »zugekauft« werden.

b) Kommissionäre

11 Fraglich ist, ob auch **Kommissionäre** im Sinne der §§ 381 ff. HGB dem Anzeigevorbehalt unterfallen, wenn sie Strom oder Elektrizität verkaufen. Der Kommissionär wird – anders als der Händler – zwar ebenfalls im eigenen Namen tätig, **handelt aber als Verkaufskommissionär auf fremde Rechnung**. Vergleichbar einem Treuhänder wickelt er deshalb das Geschäft nach außen hin selbst ab, muss aber das wirtschaftliche Ergebnis dem Kommittenten zur Verfügung stellen

---

5 Ebenso *BMWi*, Ergebnisvermerk zur Sitzung mit den Bundesländern v. 27.5.1998, III. C. 2., S. 5; *Becker*, Betriebsaufnahmegenehmigung, RdE 2000, S. 7, 9; *Schneider*, EnWG 1998, § 3 Anm. 2.1, S. 60 (Bejahen des Erfordernisses einer § 3-Genehmigung). *Danner/Theobald*, Energierecht, § 3 EnWG 1998 Rz. 6ff. Zum alten Recht vgl. auch *Büdenbender*, EnWG 1998, § 3 Rz. 22 sowie *Schladebach*, Neue Akteure am Energiemarkt: Genehmigungsbedürftigkeit nach § 3 EnWG, RdE 2002, S. 67, 68.
6 Der deutsche Versorgungsbegriff (§ 3 Ziff. 36) ist weiter gefasst, weil er mit dem EVU-Begriff (Ziff. 18) kompatibel gehalten werden musste.

und mit ihm abrechnen (vgl. §§ 383, 384 Abs. 2 HGB). Dieser tritt typischerweise nach außen hin gar nicht in Erscheinung.

Für die Beurteilung der Erforderlichkeit einer Anzeige nach § 5 – Belieferung von Haushaltskunden – kommt es auf das **Außenverhältnis** an. Nicht entscheidend ist die Wirtschafts-, sondern die Rechtslage. Da der Kommissionär mit den Belieferten im eigenen Namen Verträge schließt, liegt nur zwischen ihm und dem Energiebenutzer ein Kaufvertrag vor. Damit ist nicht nur der Versorgungsbegriff des deutschen Rechts (§ 3 Ziff. 36), sondern auch der des europäischen Rechts erfüllt (vgl. Art. 2 Ziff. 7 RL-Gas sowie Art. 2 Ziff. 19 RL-Elt). Bei Bestehen von Kommissionsverhältnissen muss daher **nur der Kommissionär**, nicht aber der Kommittent nach § 5 anzeigen. 12

c) Makler, Broker, Handelsvertreter, Agenten

Handelsvertreter ist, wer als selbständiger Gewerbetreibender im fremden Namen und auf fremde Rechnung für einen anderen Unternehmer Geschäfte abschließt oder vermittelt, § 84 HGB. Die Rechtswirkungen treffen dann den Vertretenen (Unternehmer). Wer ohne ständige Betrauung Verträge über die Anschaffung oder Veräußerung von Waren usw. oder sonstigen Gegenständen des Handelsverkehrs gewerbsmäßig übernimmt, ist Handelsmakler (§ 93 HGB). Auch der Handelsmakler handelt im fremden Namen und für fremde Rechnung. 13

Broker sind selbständige Gewerbetreibende, die in der Art eines Makler Börsenaufträge der Banken und des Publikums annehmen und (vermittelnd) ausführen. Geschäftsgegenstand sind sowohl marktfähige Produkte als auch Derivate. Im Rahmen der Leipziger Energiebörse können Broker nun auch im Energiehandel tätig werden[7]. Für **Agenten** fehlt eine gesetzliche Regelung; in der Wirtschaftspraxis wird der Begriff »Agentur« verwendet, um Handelsvertreterverhältnisse zu kennzeichnen. Bei entsprechender vertraglicher Ausgestaltung können daher die §§ 84 ff. HGB auf Agenturverträge angewendet werden. Die Tätigkeiten als Handelsvertreter, Agent, Handelsmakler oder Broker haben damit gemeinsam, dass diese Personen Geschäfte zwischen Dritten lediglich vermitteln, selbst aber nicht Geschäftspartner werden. 14

---

7 Zum Börsengeschäft mit Strom vgl. *Theobald*, Grundlagen, HB EnWR § 1 Rz. 12 ff.

15 Für die Anzeige nach § 5 bedeutet dies: Weil die genannten Personen des Handelsverkehrs nicht Partner eines Energieliefervertrages werden, sondern solche Verträge lediglich vermitteln oder als Vertreter für Verkäufer oder Käufer von Energie abschließen, werden sie **selbst nicht beliefernd tätig**. Versorger bleibt deshalb der Verkäufer der Energiedienstleistung, der auch die Erfüllung des Vertrags bewirkt. Da kein Bedürfnis besteht, die Anzahl der Anzeigepflichten für solche Rechtsverhältnisse quasi zu verdoppeln, besteht auch kein Grund, diese Personengruppe in den Kreis der Anzeigepflichtigen einzubeziehen. Der Gesetzeszweck – Verbraucherschutz – wird erfüllt, wenn der rechtlich verantwortliche Lieferant die Anzeige nach § 5 vornimmt[8].

16 Bloße **Energieberater**, die in der Art von spezialisierten Unternehmensberatern den Energieverbrauch von Unternehmen und Haushalten untersuchen und Einsparungsvorschläge machen[9], sind selbst dann nicht zu einer Anzeige nach § 5 verpflichtet, wenn sie Beziehungen zu Energielieferanten knüpfen, weil sie allenfalls auf einer Vorstufe zum Berufsbild des Handelsvertreters oder Handelsmaklers tätig werden. Soweit der Energieberater Lieferverträge konzipiert oder bisher bestehende Vertragsverhältnisse überprüft, benötigte er vor Inkrafttreten des Rechtsdienstleistungsgesetzes möglicherweise eine Genehmigung nach § 1 RechtsberatungsG[10].

d) Energiebündler

17 Im Energiegeschäft spricht man von »**Bündelkunden**«, wenn mehrere Letztverbraucher von Elektrizität oder Gas zu einer Gruppe mit dem Ziel zusammengefasst werden, günstigere Lieferbedingungen (Mengenrabatte) zu erhalten[11]. Organisieren sich die Bündelkunden in ei-

---

8 Ebenso zum alten Recht *Schneider*, EnWG 1998, § 3 Anm. 2.1 (S. 60) für Broker und Energiemakler; *Becker*, Betriebsaufnahmegenehmigung, RdE 2000, S. 7, 9 f. für Strombroker; *BMWi*, Ergebnisvermerk vom 27.5.1998, III C 2 (S. 6) für Makler; *Danner/Theobald*, Energierecht, § 3 EnWG 1998 Rz. 8.
9 Zu einem solchen Fall vgl. BGH NJW 1995, 3122 – Energieberatung; vgl. auch BGH BB 1997, 438.
10 Dazu BGH NJW ebd. S. 3122 f.
11 Vgl. zu diesem Geschäft *Herrmann/Dick*, Die Bündelung der Stromnachfrage als kartell- und energierechtliches Problem, VEnergR Bd. 94, Baden-Baden 2000, S. 16 f. (Nachfragebündelung) sowie S. 20 ff. (Organisations-

nem besonderen Unternehmen, das die gebündelt bezogene Energie an die Abnehmer weiterliefert, kann dieses Unternehmen EVU im Sinne von § 3 Ziff. 18 sein und zu einer Anzeige nach § 5 grundsätzlich verpflichtet sein[12].

Der Energiebündler selbst verhandelt eine Rahmenvereinbarung mit dem EVU für die Bündelkunden; diese Rahmenvereinbarung wird sodann durch einzelne Stromlieferverträge des EVU mit dem einzelnen Bündelkunden ausgefüllt[13]. Daraus ergibt sich, dass der Strombündler niemals beabsichtigt, die Belieferung der Bündelkunden (z.B. im Landvolk zusammengeschlossene Landwirte oder aber Kirchengemeinden) selbst durchzuführen; es findet lediglich eine Art »Nachfragekoordination« statt, die einerseits einer Maklertätigkeit, andererseits einer Rechts- und Unternehmensberatung am besten vergleichbar erscheint[14]. Der so genannte Strombündler ist deshalb zu einer Anzeige nach § 5 nicht verpflichtet. 18

2. Haushaltskunden als Nachfrager

Nicht jede Belieferung von Kunden unterliegt der Anzeigepflicht gegenüber der BNetzA. Von den denkbaren Kunden – Großhändler, Letztverbraucher und Unternehmen, die Energie kaufen (vgl. § 3 Ziff. 24) – sind es nur die **Haushaltskunden**, die gemäß § 3 Ziff. 22 als **Letztverbraucher, die Energie überwiegend für den Eigenverbrauch im Haushalt oder für den einen Jahresverbrauch von 10.000 Kilowattstunden nicht übersteigenden Eigenverbrauch für berufliche, landwirtschaftliche oder gewerbliche Zwecke kaufen**. Damit sind über den Haushaltsbereich hinaus auch diejenigen Freiberufler, Landwirte oder Gewerbekunden in den Haushaltskundenbegriff eingeschlossen, die höchstens 10.000 kWh/a für eigene Zwecke verbrauchen. Die kWh-Schwelle betrifft gleichermaßen den Elektrizitäts- und Gasverbrauch. 19

Der deutsche Haushaltskundenbegriff unterscheidet sich deutlich vom europäischen Begriff des Haushaltskunden, der gewerbliche und berufliche Tätigkeiten gerade nicht einbezieht (vgl. beispielsweise 20

---

formen der Bündelung der Stromnachfrage). Zum Strommakler sowie zum Stromhändler ebenda S. 18.
12 Ebenso *Herrmann/Dick*, Bündelung der Stromnachfrage, S. 47.
13 *Becker*, Betriebsaufnahmegenehmigung, RdE 2000, S. 5, 10.
14 Ebenso *Becker* ebd.

Art. 2 Ziff. 10 RL-Elt). Weil der nationale Gesetzgeber im Lichte der effet utile-Rechtsprechung[15] Richtlinienrecht nicht sklavisch eins zu eins umsetzen muss, verstößt die Einbeziehung von Nicht-Haushaltskunden (vgl. Art. 2 Ziff. 11 RL-Elt) als solches nicht gegen europäisches Recht. Ein Verstoß wäre erst dann anzunehmen, wenn eine solche nationale Umsetzung der Richtlinie mit dem aus dem konkreten Regelungskontext zu entnehmenden Ziel des europäischen Gesetzgebers kollidiert.

21 Da der Richtliniengeber gemäß Art. 3 Abs. 3 RL-Elt im Hinblick auf die Grundversorgung von Haushaltskunden einschließlich Kleinunternehmen[16] den Mitgliedstaaten eine besondere Verpflichtung zuweist, die den Netzanschluss und die Versorgung selbst umfasst, erscheint im Hinblick auf die Elektrizitätsversorgung die bloße Anzeigepflicht als eine durchaus geeignete Maßnahme, eine solche Grundversorgung sicherzustellen. Art. 3 Abs. 3 RL-Gas sieht zwar angesichts der noch nicht vollständig gewährleisteten Marktdurchdringung keine solche Grundversorgung vor, dient aber einem identischen Schutz von Endkunden einschließlich derer in abgelegenen Gebieten[17]. Die Erstreckung der Anzeigepflicht auf Energiehändler, die kleinere Gewerbekunden beliefern, ist daher in Anbetracht der definierten Jahresarbeitsmenge mit europäischem Recht ohne weiteres zu vereinbaren.

22 Wer Energie teilweise – unterhalb der 50 % Schwelle – an andere weiterliefert, verliert seinen Status als Haushaltskunde nicht; lediglich diejenigen Personen, die in ihrem Liefervertrag die Verpflichtung übernehmen, zumindest 50 % der bezogenen Energie an Dritte weiterzugeben, sind keine Haushaltskunden mehr, so dass ihr Lieferant der Anzeigepflicht nach § 5 nicht unterliegt.

23 Ausreichend ist es im Hinblick auf die 10.000 kWh-Schwelle, wenn der Händler insofern eine **seriöse Prognose** vornimmt. Das Unterschreiten eines solchen Eigenverbrauchs etwa durch Kleingewerbekunden führt deshalb nicht automatisch zu einer »Nachmeldeverpflichtung« im Sinne von § 5. Möchte ein Energiehändler keine

---

15 Vgl. die Nachweise bei *Lenz/Borchardt* EG-Vertrag, Art. 220 Rz.18.
16 Beschäftigung von weniger als 50 Personen mit Jahresumsatz/Jahresbilanzsumme von höchstens 10 Millionen Euro.
17 Gemäß Art. 2 Ziff. 27 RL-Gas zählen zu den Endkunden auch die Nicht-Haushaltskunden, sofern sie Erdgas für den Eigenbedarf kaufen.

Haushaltskunden beliefern, so ist ein Unterschreiten der Schwelle in Einzelfällen nicht geeignet, die Anzeigeverpflichtung auszulösen. Es wäre deshalb auch unverhältnismäßig, gemäß § 95 Abs. 1 Ziff. 2 ein Bußgeld zu verhängen, zumal die Aufnahme der Tätigkeit als Energiehändler **vorab** und nicht im Nachhinein zu erfolgen hat. Demgemäß sieht der Bußgeldtatbestand eine Sanktion für die **nicht rechtzeitige Erfüllung der Anzeigepflicht** vor, nicht aber im Hinblick auf eine denkbare »Nacherfüllung« einer zuvor nicht absehbaren Pflicht zur Anzeige.

III. Umfang der Anzeigepflicht

Angezeigt werden müssen **Aufnahme und Beendigung der Tätigkeit** sowie **Änderungen der Firma**. Die Tätigkeit als Energiehändler wird bereits aufgenommen, wenn mit potenziellen Kunden über den Abschluss von Verträgen verhandelt wird, spätestens aber mit der Erfüllung von Lieferverpflichtungen. Eine **Beendigung** liegt vor, wenn die Belieferung des letzten Kunden eingestellt wurde, Lieferverhandlungen nicht mehr geführt werden und damit manifestiert wird, dass weitere Geschäftsabsichten nicht mehr bestehen. Indiz für die Aufgabe der Tätigkeit als Energiehändler ist die Löschung im Handelsregister ebenso wie die Gewerbeuntersagung. 24

Unter **Änderungen** ihrer Firma im Sinne von § 5 Satz 1 sind diejenigen Veränderungen zu verstehen, die der Mitteilungspflicht gegenüber Gewerbe- und Handelsregister unterliegen, vgl. § 14 Gewerbeordnung und § 29 HGB. Ausreichend ist es, wenn die zu den Registern eingereichten Änderungsmitteilungen auch der Regulierungsbehörde in Kopie zugesandt werden. Der Umfang der beabsichtigten Geschäftstätigkeit muss ebenso wenig angezeigt werden wie das Verbundensein mit anderen Unternehmen, soweit insofern Registerpflichten nicht zu erfüllen sind. Auch Mitteilungspflichten gegenüber Sonderbehörden (zum Beispiel Bundesamt für Finanzdienstleistungen, Bundesamt für Ausfuhrkontrolle) sind nicht zugleich auch der Regulierungsbehörde gegenüber zu erfüllen, zumal es sich typischerweise insofern um Mitteilungen handelt, die den laufenden Geschäftsbetrieb und nicht die Geschäftsaufnahme/Geschäftsbeendigung betreffen. 25

Eine Geschäftserweiterung ist nicht anzeigepflichtig. Dies gilt aber wohl dann nicht, wenn die bisherige Anzeige nicht den Energiehandel allgemein, sondern etwa den »Handel mit Elektrizität« betraf und 26 nunmehr auch der Gashandel aufgenommen werden soll. Eine Anzeige ist insofern (ausnahmsweise) erforderlich, um die Leistungsfähigkeit des anzeigenden EVU im Hinblick auf den neuen Geschäftszweig prüfen zu können[18], § 5 Satz 3.

27 Die Anzeige muss gegenüber der Regulierungsbehörde (BNetzA) unter Benutzung der von ihr vorgesehenen Formblätter erfolgen, obwohl dies nicht besonders angeordnet ist. Den Landesregulierungsbehörden ist in diesem Bereich keine Zuständigkeit zugewiesen, vgl. § 54 Abs. 2. Eine **unverzügliche Anzeige** liegt nicht mehr vor, wenn gemäß der Definition in § 121 BGB eine schuldhafte Verzögerung auf Seiten des EVU festzustellen ist (Auslösung des Bußgeldtatbestandes). Der späteste Zeitpunkt zur Erfüllung der Anzeigepflicht ist deshalb mit der erstmaligen Aufnahme von Lieferungen an Kunden anzunehmen.

28 Der Umfang der Anzeigepflicht im Übrigen wird in **Satz 3** des § 5 konkretisiert. Vergleichbar § 4 Abs. 2 Satz 1 sind sowohl die (personelle, technische und wirtschaftliche) **Leistungsfähigkeit** als auch die **Zuverlässigkeit der Geschäftsleitung** darzulegen. Dabei ist unter **Zuverlässigkeit** insbesondere die rechtliche Leistungsfähigkeit im Hinblick auf die Eignung der Geschäftsleitung darzulegen, die für Energielieferanten geltenden Vorschriften zu beachten. Zu Einzelheiten wird auf die Kommentierung der Begrifflichkeiten der Parallelnorm des § 4 verwiesen[19].

IV. Veröffentlichungspflicht

29 Satz 2 des § 5 ist vom Wirtschaftsausschuss neu in das Gesetz eingefügt worden[20]. Begründet wurde dies mit einer »höheren Transparenz für den Haushaltskunden«[21]. Vorbild ist offenbar das Telekommunikationsrecht (vgl. § 45 TKG in Verbindung mit der Kundenschutzverordnung), das diejenigen Dienstebetreiber zu identifizieren beabsichtigt, mit denen der Kunde nicht in persönlichen Kontakt tritt.

30 Veröffentlicht werden nicht die gesamten Antragsunterlagen, insbesondere nicht die Darlegungen zu Zuverlässigkeit und Leistungsfä-

---

18 Str. zur Genehmigungspflicht nach altem Recht, vgl. oben § 4 Rz. 36 ff.
19 Oben § 4 Rz. 87 ff.
20 BT-DrS 15/5268, S. 118.
21 Ebd. S. 118.

higkeit. Die auf der Internetseite der BNetzA zu veröffentlichende Liste der Adressaten des § 5, die ihre Anzeigepflicht erfüllt haben, umfasst lediglich Firmennamen sowie Adresse (Sitz des Unternehmens). Wird ein potenzieller Kunde von einem Energiehändler angesprochen, ist der Kunde zu überprüfen in der Lage, ob dieser Energiehändler seine Anzeigepflicht erfüllt hat und ein Mindestmaß an geschäftlicher Zuverlässigkeit gewährleist erscheint, weil die BNetzA die eingereichten Unterlagen auf Vollständigkeit und Plausibilität überprüft hat.

Das insofern bewirkte Niveau an Verbraucherschutz sollte jedoch nicht überschätzt werden, zumal sich die geschäftlichen Verhältnisse von Energielieferanten im Zeitablauf sehr schnell ändern können; mit der »Streichung« eines Unternehmens aus der Liste[22] ist es aber möglich, den sorgfältig handelnden Haushaltskunden schnellstmöglich zu erreichen, zumal andere Veröffentlichungsformen teurer und auch nicht sicherer wären. Bei unrichtigen oder nicht erfolgten Veröffentlichungen kommt ein Staatshaftungsanspruch der Bundesrepublik Deutschland gemäß Art. 34 in Verbindung mit § 839 BGB in Betracht, weil insofern dem Schutze Dritter dienende Amtspflichten verletzt werden können. 31

V. Untersagungsbefugnis der BNetzA

Satz 4 stellt der BNetzA die Ermächtigungsgrundlage zur Verfügung, um leistungsunfähigen und/oder unzuverlässigen Energiehändlern die Geschäftstätigkeit zu untersagen. Wird der Energiehändler trotz bestandskräftiger Untersagung weiterhin tätig, kann ein auf § 95 Abs. 1 Ziff. 3 lit. a) gestützter Bußgeldbescheid erlassen werden. Ob ein solches Unternehmen aus der Energielieferanten-Liste der BNetzA gestrichen oder diese Liste um den Zusatz »untersagt ab ...« ergänzt wird, lässt sich § 5 nicht eindeutig entnehmen. Der Gesetzeswortlaut des Satzes 2 mag dafür sprechen, dass einmal angezeigte Unternehmen unabhängig davon weitergelistet werden, ob sie noch existieren, ihre Tätigkeit untersagt wurde oder sie die Beendigung der Geschäftstätigkeit mitgeteilt haben. 32

Mit einer solchen Wortlautauslegung würde aber der Veröffentlichungszweck weitgehend verfehlt, und auch eine bloße Streichung aus 33

---

22 Vgl. dazu § 5 Rz. 32 f.

§ 5 Anzeige der Energiebelieferung

der Liste würde eine transparente Information der betreffenden Kunden nicht ermöglichen. Deshalb muss es über den Wortlaut des Satzes 2 hinaus möglich sein, neben dem Zeitpunkt der Tätigkeitsaufnahme auch den Zeitpunkt der Beendigung der Tätigkeit sowie den Beendigungsgrund (Anzeige oder Untersagung) anzugeben. Weil Satz 2 des § 5 keinen substanziell belastenden Charakter aufweist, sondern ein zur Anzeige verpflichtetes Unternehmen auch mit der Veröffentlichung der der Anzeige zugrunde liegenden Hauptdaten rechnen muss, wenn die Anzeigepflicht Verbraucherschutzgründen dient, bedarf es für eine solche Erweiterung des Umfangs der in Satz 2 genannten Daten keiner besonderen Ermächtigungsgrundlage.

34 Die BNetzA **hat** die Tätigkeitsausübung zu untersagen, wenn Leistungsfähigkeit und/oder Zuverlässigkeit nicht mehr gewährleistet sind; weder besteht ein Ermessens- noch ein Beurteilungsspielraum. Gegen die Untersagungsentscheidung der BNetzA ist gemäß § 75 die Beschwerde zum OLG Düsseldorf, danach die Rechtsbeschwerde zum BGH (§ 86) zulässig. Das Gericht überprüft vollständig das Vorliegen der Untersagungsgründe (Leistungsunfähigkeit, Unzuverlässigkeit). Weiter wird überprüft, ob in Bezug auf den Umfang der untersagten Tätigkeit der Verhältnismäßigkeitsgrundsatz gewahrt ist; wenn die Leistungsunfähigkeit beispielsweise nur im Hinblick auf den Gashandel aufgetreten ist, bedarf es einer Beschränkung der Untersagungsentscheidung auf diesen Bereich, so dass der Handel mit Elektrizität fortgeführt werden kann. Die Beschwerde hat gemäß § 76 **keine aufschiebende Wirkung**, soweit nicht eine vorläufige Anordnung gemäß § 72 getroffen wurde (Sonderregelungen in § 76 Abs. 2). Eine Wiederherstellung der aufschiebenden Wirkung kann aber gemäß § 77 beantragt werden.

Teil 2 Entflechtung

Literatur zu §§ 6 bis 10:

Bartsch/Röhling/Salje/Scholz (Hrsg.), Stromwirtschaft – Ein Praxis-Handbuch, Köln 2002, Kap. 7 ff.; *Bausch*, Entflechtungsregeln im Stromsektor. Die Vorgaben des Gesetzesentwurfes zum Energiewirtschaftsrecht, ZNER 2004, S. 332 ff.; *Beering/Wehner*, Neue Anforderungen an die IT-Architektur von Energieversorgungsunternehmen durch das Unbundling, in: *Klees/Langerfeldt* (Hrsg.), Entflechtung in der deutschen Energiewirtschaft, Wiesbaden 2005, S. 167 ff.; *Beisheim*, Europarechtliche Vorgaben zur Entflechtung von EVU – Überlegungen zur praktischen Umsetzung der Unbundling-Vorschriften, EW 2003 (21), S. 26 ff.; *Bolsenkötter/Poullie*, Rechnerisches Unbundling in der Strom- und Gasversorgung – Rechnungslegung nach dem neuen Energiewirtschaftsgesetz, Kommunalwirtschaftliche Forschung und Praxis Bd. 2, 3. Aufl., Frankfurt/Main/Berlin/Bern/Bruxelles/New York/Oxford/Wien 2006, §§ 6 ff.; *Britz*, Energiewirtschaftsgesetz (EnWG), Kommentar, München 2003; *Dannischewski*, Unbundling im Energierecht – Konzept und Funktion von Entflechtungsmaßnahmen, Schriftenreihe des Instituts für Energie- und Wettbewerbsrecht in der Kommunalen Wirtschaft e.V. Bd. 6, Baden-Baden 2003; *Diebitz*, Was bei der Umsetzung des Unbundling zu beachten ist – Die Anforderungen mit Hilfe von Softwaresystemen pragmatisch abbilden, in: *Klees/Langerfeldt* (Hrsg.), Entflechtung in der deutschen Energiewirtschaft, Wiesbaden 2005, S. 159 ff.; *Dlouhy/Ungemach*, Liberalisierung der Energiemärkte – Umsetzung der Entflechtungsvorgaben in deutsches Recht und praktische Fragen der Umsetzung durch vertikal integrierte Energieversorger, in: *Klees/Langerfeldt* (Hrsg.), Entflechtung in der deutschen Energiewirtschaft, Wiesbaden 2005, S. 61 ff.; *Ehricke*, Vermerke der Kommission zur Umsetzung von Richtlinien, EuZW 2004, S. 359 ff.; *ders.*, Zur Vereinbarkeit der Gesellschaftsform einer GmbH für die Netzgesellschaft mit den Vorgaben des Legal Unbundling, IR 2004, S. 170 ff.; *Grill*, Unbundling aus energiepolitischer Sicht, in: *Klees/Langerfeldt* (Hrsg.), Entflechtung in der deutschen Energiewirtschaft, Wiesbaden 2005, S. 1 ff.; *Heilmann/Langerfeldt*, Arbeitsrechtliche Aspekte der energiewirtschaftlichen Entflechtung, in: *Klees/Langerfeldt* (Hrsg.), Entflechtung in der deutschen Energiewirtschaft, Wiesbaden 2005, S. 221 ff.; *Hohmann*, Geregelter Netzzugang und Unbundling: notwendig und verhältnismäßig?, ET 2003, S. 337 ff.; *Just/Lober*, Wer ist zum Unbundling verpflichtet? Entflechtung von Problemen um die Entflechtung, ET 2005, S. 98 ff.; *Kahlert*, Gestaltung und Steuerung einer liberalisierten Versorgungswirtschaft aus der Sicht des Modells Lebensfähiger Systeme von S. Beer, in: *Klees/Langerfeldt* (Hrsg.), Entflechtung in der deutschen Energiewirtschaft, Wiesbaden 2005, S. 139 ff.;

Klees, Legal Unbundling und deutsches Gesellschaftsrecht – Die europäischen Vorgaben zur rechtlichen und organisatorischen Entflechtung vertikal integrierter Unternehmen und gesellschaftsrechtliche Konstruktionen zu ihrer Umsetzung, VW 2003, S. 245 ff.; *Klees/Spreckelmeyer*, Zur GmbH als geeignete Rechtsform für den Netzbetrieb oder: »Geht nicht« gibt's nicht?, in: *Klees/Langerfeldt* (Hrsg.), Entflechtung in der deutschen Energiewirtschaft, Wiesbaden 2005, S. 45 ff.; *Kleveman*, Steuerliche Aspekte der Umsetzung des Legal Unbundling, in: *Klees/Langerfeldt* (Hrsg.), Entflechtung in der deutschen Energiewirtschaft, Wiesbaden 2005, S. 101 ff.; *Koenig/Haratsch/Rasbach*, Neues aus Brüssel zum Unbundling: »Interpreting Note« zu den Beschleunigungsrichtlinien für Strom und Gas, ZNER 2004, S. 10 ff.; *Koenig/Kühling*, Das energierechtliche Unbundling-Regime, RdE 2003, S. 221 ff.; *Koenig/Rasbach*, Trilogie komplementärer Regulierungsinstrumente: Netzzugang, Unbundling, Sofortvollzug, DÖV 2004, S. 733 ff.; *Koenig/Rasbach*, Wer ist Ansprechpartner der REGTP in Fragen des Gleichbehandlungsprogramms? Zum Verpflichteten in § 8 V EnWG-RE, IR 2004, S. 197 ff.; *Langerfeldt*, Das neue Berichtswesen (Compliance Reporting) vertikal integrierter Energieversorger unter dem energiewirtschaftlichen Entflechtungsregime, in: *Klees/Langerfeldt* (Hrsg.), Entflechtung in der deutschen Energiewirtschaft, Wiesbaden 2005, S. 183 ff.; *Lecheler/Herrmann*, Energierechtliches Unbundling und EG-Wettbewerbsrecht, WuW 2005, S. 482 ff.; *Loos*, Die Entflechtung der Rechnungslegung als Instrument zur Durchsetzung des Netzzugangs in der Energiewirtschaft, Berlin 2004; *Pathe/Mussaeus*, Steuerneutralität der rechtlichen Entflechtung von Energieversorgungsunternehmen – mögliche Problemfelder bei der Anwendung des § 6 EnWG-Regierungsentwurf, N&R 2004, S. 147 ff.; *Recknagel*, Aspekte des Datenschutzes beim Entflechten integrierter Energieversorgungsunternehmen, in: *Klees/Langerfeldt* (Hrsg.), Entflechtung in der deutschen Energiewirtschaft, Wiesbaden 2005, S.89 ff.; *Säcker*, Aktuelle Rechtsfragen des Unbundling in der Energiewirtschaft, RdE 2005, S. 85 ff.; *ders.*, Entflechtung von Netzgeschäft und Vertrieb bei den Energieversorgungsunternehmen: Gesellschaftsrechtliche Möglichkeiten zur Umsetzung des Legal Unbundling, DB 2004, S. 691 ff.; *Salje*, Grundansätze der Weiterentwicklung des Energiewirtschaftsrechts vor dem Hintergrund der reformierten Binnenmarktrichtlinien, in: *Taeger/Wiebe* (Hrsg.), FS für Kilian, Baden-Baden 2004, S. 745 ff.; *Salje*, Die Unbundling-Vorgaben nach den EG-Beschleunigungsrichtlinien – Strom und Gas und die Vorschläge zur Umsetzung im Energiewirtschaftsrecht, in: *Klees/Langerfeldt* (Hrsg.), Entflechtung in der deutschen Energiewirtschaft, Wiesbaden 2005, S. 9 ff.; *Scholz/Strohe*, Unbundling – aktueller Rechtsrahmen und neuer Richtlinienentwurf der Kommission, ET 2003, S. 80 ff.; *Schoon*, Operationelles Unbundling: Auswirkungen auf den Netzbetrieb, ET 2004, S. 606 ff., *Sievert/Behnes*, Das Unbundling in der Energiewirtschaft aus steuerlicher Sicht, RdE 2005, S. 93 ff.; *Stewing*, Die Entflechtungsregelungen in den Beschleunigungsrichtlinien – Einige offene Fragen aus europarechtlicher Sicht, in: *Klees/Langerfeldt* (Hrsg.), Entflechtung in der deutschen Energiewirtschaft, Wiesbaden 2005, S. 27 ff.; *Theobald*, Gleichbehandlungsprogramm und Regulierungsmanagement, IR 2004, S. 218 ff.; *Wenzel/Cord*, Wie durchschlägt man den gordischen Knoten? Ausgestaltungsalternativen des Unbundling in der Praxis, in: *Klees/Langerfeldt* (Hrsg.), Entflechtung in der deutschen Energiewirtschaft, Wiesbaden 2005, S. 125 ff.; *Werner/Kriet*, Die Auswirkungen der neuen EU-Strom- und Gasbinnenmarkt-Richtlinien und des Entwurfs zum zweiten EnWG auf das rechnerische Unbundling der EVU, VW 2004, S. 225 ff.; *Wiedmann/Böcker, Unbundling* und strategische Planung – Skizzen zentraler Fragestellungen und Lösungsansätze aus strategischer Managementsicht, in: *Klees/Langerfeldt* (Hrsg.), Entflechtung in der deutschen Energiewirtschaft, Wiesbaden 2005, S. 107 ff.

Vorbemerkungen zu §§ 6 bis 10

Zu den herausragenden Zielen der Beschleunigungsrichtlinien Elektrizität und Erdgas gehört die effizientere Trennung der energiewirtschaftlichen Funktionen Produktion, Vertrieb und Speicherung einerseits vom Netzbetrieb (Übertragung/Fernleitung sowie Verteilung) andererseits. Anstelle des branchenweit gebräuchlichen Begriffs »Unbundling« hat der deutsche Gesetzgeber den Begriff »Entflechtung« geprägt. Die §§ 7 bis 10 dienen der Umsetzung der Art. 10 RL-Elt/ Art. 9 RL-Gas (Übertragungsnetz/Fernleitungsnetz) sowie Art. 14 RL-Elt/Art. 13 RL-Gas (Verteilernetzbetreiber) einschließlich des Vertraulichkeitsgebotes (Art. 12 RL-Elt sowie Art. 14 RL-Gas). 1

Wenn europäischer und nationaler Gesetzgeber zwischen Entflechtung des Rechnungswesens sowie rechtlicher und operationeller Entflechtung unterscheiden, so handelt es sich insofern um **Entflechtungsformen**, die eine sehr unterschiedliche Intensität aufweisen, einander überlappen und sogar miteinander konkurrieren. Dabei stellt die Organisation des Netzbetriebs in Trägerschaft eines selbständigen Unternehmens die strikteste Form der Entflechtung dar, der die Entflechtung des Rechnungswesens quasi automatisch folgt. Gleichwohl ist § 10 nicht überflüssig, weil auch im Netzunternehmen verschiedene energiewirtschaftliche Funktionen verbunden werden können (zum Beispiel Gasverteilung, Elektrizitätsverteilung usw.). Gleichzeitig stellt die operationelle Verflechtung (§ 8) sicher, dass bei Eingliederung des rechtlich selbständigen Netzbetreibers in ein verbundenes Unternehmen wesentliche Elemente der Entscheidung und Steuerung aus dem Netzunternehmen selbst heraus erfolgen müssen und die Fremdsteuerung – aus der Sicht des Unternehmensverbundes, eines 2

Produktions- oder Vertriebsunternehmens – weitgehend unterbunden wird.

3 Dieser weitgehende europarechtliche **Eingriff** in die unternehmerische Freiheit, die grundsätzlich auch die **Organisationsfreiheit** in rechtlicher und tatsächlicher Hinsicht umfasst, ist dem Ziel geschuldet, den Netzbetrieb, der weiterhin eine Art natürliches Monopol darstellt und die Produktion mit der Verteilung an Endkunden verbindet, zu strikter Neutralität gegenüber jeglicher Art von Netzkunden zu verpflichten. Netzzugang und Netzentgelte müssen unabhängig davon festgelegt werden, ob der Netznutzer zum eigenen Unternehmensverbund (Konzernunternehmen) gehört oder aber für ein konkurrierendes Unternehmen arbeitet. Die Verwirklichung des Binnenmarktes für Elektrizität und Erdgas wird aus europäischer Sicht nur dann für möglich gehalten, wenn die miteinander konkurrierenden Netznutzer auf Anbieter- und Nachfragerseite zu objektiven, transparenten und diskriminierungsfreien Bedingungen bedient werden.

§ 6 Anwendungsbereich und Ziel der Entflechtung

(1) [1]Vertikal integrierte Energieversorgungsunternehmen und rechtlich selbständige Betreiber von Elektrizitäts- und Gasversorgungsnetzen, die im Sinne von § 3 Nr. 38 mit einem vertikal integrierten Energieversorgungsunternehmen verbunden sind, sind zur Gewährleistung von Transparenz sowie diskriminierungsfreier Ausgestaltung und Abwicklung des Netzbetriebs verpflichtet. [2]Um dieses Ziel zu erreichen, müssen sie die Unabhängigkeit der Netzbetreiber von anderen Tätigkeitsbereichen der Energieversorgung nach den §§ 7 bis 10 sicherstellen. [3]Abweichend von Satz 2 gelten für die Unabhängigkeit der Betreiber von LNG-Anlagen und von Speicheranlagen in vertikal integrierten Energieversorgungsunternehmen, soweit die Anlagen nicht den Gasversorgungsnetzen zugerechnet werden müssen, nur die §§ 9 und 10.

(2) [1]Die in wirtschaftlich engem Zusammenhang mit der rechtlichen oder operationellen Entflechtung nach den §§ 7 und 8 übertragenen Wirtschaftsgüter gelten als Teilbetrieb im Sinne der §§ 15, 16, 20 und 24 des Umwandlungssteuergesetzes. [2]Satz 1 gilt nur für diejenigen Wirtschaftsgüter, die unmittelbar auf Grund des Organisationsakts der Entflechtung übertragen werden. [3]Für die Anwendung des § 15 Abs. 1 Satz 2 des Umwandlungssteuergesetzes gilt auch das der übertragenden Körperschaft im Rahmen des Organisationsakts der Entflechtung verbleibende Vermögen als zu einem Teilbetrieb gehörend. [4]§ 15 Abs. 3 des Umwandlungssteuergesetzes, § 8b Abs. 4 des Körperschaftsteuergesetzes sowie § 6 Abs. 3 Satz 2 und Abs. 5 Satz 4 bis 6 sowie § 16 Abs. 3 Satz 3 und 4 des Einkommensteuergesetzes finden auf Maßnahmen nach Satz 1 keine Anwendung, sofern diese Maßnahme von Unternehmen im Sinne von § 7 Abs. 1 und 2 bis zum 31. Dezember 2007 und von Unternehmen im Sinne von § 7 Abs. 3 bis zum 31. Dezember 2008 ergriffen worden sind. [5]Bei der Prüfung der Frage, ob die Voraussetzungen für die Anwendung der Sätze 1 und 2 vorliegen, leistet die Regulierungsbehörde den Finanzbehörden Amtshilfe (§ 111 der Abgabenordnung).

(3) [1]Erwerbsvorgänge im Sinne des § 1 des Grunderwerbsteuergesetzes, die sich aus der rechtlichen oder operationellen Entflechtung nach den §§ 7 und 8 ergeben, sind von der Grunderwerbsteuer befreit. [2]Absatz 2 Satz 4 und 5 gilt entsprechend.

(4) Die Absätze 2 und 3 gelten entsprechend für diejenigen Unternehmen, die eine rechtliche Entflechtung auf freiwilliger Grundlage vornehmen.

Literatur (vgl. vor §§ 6 bis 10)

Überblick

	Seite	Rz.
I. Regelungszweck und Entstehungsgeschichte	324	1
II. Adressaten der Entflechtung (Abs. 1)	327	4
1. Vertikal integrierte EVU	328	6
2. Rechtlich selbständige Netzbetreiber im Unternehmensverbund	329	9
3. LNG-Anlagenbetreiber	329	10
4. Betreiber von Speicheranlagen	330	11
5. Zeitdimension und Zuständigkeit	330	13
III. Steuerrechtliche Neutralität der Entflechtung (Abs. 2 bis 4)	332	18
1. Umwandlungssteuerrecht	332	20
2. Grunderwerbsteuer	334	23
3. Zeitliche Dimension	334	24

I. Regelungszweck und Entstehungsgeschichte

1 Der Regierungsentwurf zu § 6 ist mit nur wenigen vom Wirtschaftsausschuss vorgenommenen Änderungen[1] in Kraft gesetzt worden. Die Änderungen dienten der Klarstellung sowie der steuerlichen Neutralität aller Umwandlungsvorgänge, die durch das neue Recht (insbesondere § 7: rechtliche Entflechtung) entweder erzwungen oder doch zumindest ausgelöst worden sind[2].

2 Im Regierungsentwurf werden Anwendungsbereich und Entflechtungsziele des § 6 wie folgt begründet[3]:

    Die Vorschrift enthält die grundsätzliche Bestimmung des Anwendungsbereichs und der Zielsetzung der Entflechtungsbestim-

---

1 Vgl. die Gegenüberstellung in BT-DrS 15/5268, S. 18 f.
2 Zur Begründung vgl. BT-DrS 15/5268, S. 118.
3 BT-DrS 15/3917, S. 51.

mungen im Teil 2 des Gesetzes. Diese dienen dem Zweck, neben erhöhter Transparenz dazu beizutragen, dass Ausgestaltung und Abwicklung des Netzbetriebs in diskriminierungsfreier Weise geschehen und sie keine Grundlage für mögliche verdeckte Quersubventionen zwischen den Tätigkeiten des Netzbetriebsbereichs und denen der anderen Geschäftsbereiche des vertikal integrierten Unternehmens bieten. Der Begriff des Netzbetriebs umfasst insbesondere die in den Abschnitten 1 bis 3 des Teiles 3 erfassten Tätigkeiten des Netzbetreibers.

Dies soll durch eine Summe verschiedener Entflechtungsmaßnahmen geschehen, die zu Unabhängigkeit der Geschäftsbereiche des Netzbetriebs von den anderen Tätigkeitsbereichen der Energieversorgung, die dem Wettbewerb zugänglich sind, führen. Die Unabhängigkeit von sonstigen Interessen im vertikal integrierten Unternehmen gewährleistet den Netzbetreibern den nötigen unternehmerischen Freiraum, ihr Geschäft ausschließlich an netzeigenen Interessen auszurichten und damit allen Netznutzern gleichermaßen einen diskriminierungsfreien Zugang zum Netz zu verschaffen.

Die Entflechtungsmaßnahmen sind notwendig, da Elektrizitäts- und im Regelfall auch Gasversorgungsnetze ein natürliches Monopol darstellen: Wirksamer Wettbewerb bei der Versorgung mit dem Produkt Elektrizität und beziehungsweise Gas ist deshalb davon abhängig, dass ein vertikal integriertes Unternehmen als Eigentümer oder Besitzer eines Netzes daran gehindert wird, fremde Netznutzer bei der Durchleitung zu diskriminieren und so die Geschäftschancen beispielsweise des eigenen Produktvertriebs künstlich zu verbessern. Diskriminierung kann dabei in direkter Form durch Benachteiligungen fremder Nutzer bei der Durchleitung auftreten oder in indirekter Form durch Verwendung überhöhter Netznutzungsentgelte zur verdeckten Subventionierung anderer Geschäftsbereiche des vertikal integrierten Energieversorgungsunternehmens, die dadurch einen unkontrollierten Vorteil im Produktwettbewerb erlangen.

Normadressaten der Entflechtungsbestimmungen sind vertikal integrierte Energieversorgungsunternehmen; gegebenenfalls sind auch zum vertikal integrierten Energieversorgungsunternehmen gehörige rechtlich selbständige Netzbetriebsgesellschaften unmittelbar verpflichtet, soweit sie aufgrund ihrer Rechtsstellung zur

Erfüllung der Entflechtungsvorgaben in der Lage sind. Damit wird es der Regulierungsbehörde im allseitigen Interesse an Effizienz der Verfahren ermöglicht, Anfragen und Entscheidungen in den Fällen direkt an den Netzbetreiber zu richten, in denen dieser die nötige Gestaltungskompetenz besitzt und im Zweifel auch die Ursache für das behördliche Tätigwerden gesetzt hat. Eine umständlichere und aufwändigere Abwicklung über die Leitung des vertikal integrierten Energieversorgungsunternehmers wird in diesen Fällen vermeidbar.

Die Trennung des Netzbereiches von den Wettbewerbsbereichen ist nicht auf den jeweiligen Sektor Strom oder Gas beschränkt, sondern gilt für beide Sektoren: So soll beispielsweise der Netzbetrieb Strom nicht mit dem Vertrieb von Gas verbunden werden. Eine Zusammenführung der jeweiligen Netzbetriebe aus den Sektoren Strom und Gas ist dagegen zulässig, ebenso wie die Verbindung mit Tätigkeiten außerhalb der Strom- und Gassektoren.

Als Instrument der Entflechtung sind in den nachfolgenden Bestimmungen die rechtliche und operationelle, die informationelle sowie die buchhalterische Entflechtung festgelegt. Diese Vorgaben sind unbeschadet besonderer Ausnahmeregelungen für bestimmte Fallgruppen kumulativ zu erfüllen. Beispielsweise reicht die Ausgliederung einer rechtlich selbständigen Einheit für den Netzbetrieb grundsätzlich nicht, sondern es ist auch eine den operationellen Entflechtungsvorgaben entsprechende Ausstattung und Gestaltung dieser Netzbetriebsgesellschaft vorzusehen.

Eine Entflechtung des Eigentums, d.h. ein Verkauf des Geschäftsbereichs Netzbetriebs, und auch eine Übertragung des Eigentums an Vermögenswerten des Netzes ist nicht vorgeschrieben.

Bei der Ausübung ihrer Aufsichtsbefugnis gemäß § 65 zur Durchsetzung der Entflechtungsbestimmungen ist die Regulierungsbehörde an die Grenzen des den betroffenen Unternehmen technisch, zeitlich und wirtschaftlich Zumutbaren gebunden.«

3 Im Vermittlungsausschuss ist nur noch der Wortlaut des § 6 Abs. 2 Satz 1 mit dem Ziel verändert worden, die Steuerbefreiung auch auf nicht direkt erzwungene Entflechtungen zu erstrecken[4]. Während § 6

---

4 Vermittlungsausschuss, BT-DrS 15/5736 (neu), S. 2 (Ziff. 3).

Abs. 1 die **Entflechtungsziele definiert** und die Adressaten der Entflechtungsbestimmungen benennt, geht es in § 6 Abs. 2 bis 4 um die Sicherstellung steuerlicher Neutralität insbesondere in Bezug auf rechtliche Entflechtungsmaßnahmen. Dabei sind die Ziele »Transparenz« sowie »Diskriminierungsfreiheit« als solche kaum geeignet, bei Prüfungen durch die Regulierungsbehörde (§ 65) als (materieller) Rechtsmaßstab einer gesetzeskonformen Entflechtungsmaßnahme zu dienen, weil die geforderte »Abschottung« zwischen den energiewirtschaftlichen Funktionen im Rahmen politischer Zielsetzungen unterschiedlich weit getrieben werden kann. Vielmehr muss sich die Regulierungsbehörde darauf beschränken zu prüfen, ob der Netzbetreiber die Vorgaben der §§ 7 bis 10 beachtet hat, weil nur diese Normen in rechtssicherer und grundrechtskonformer Weise geeignet sind, den Eingriff in unternehmerische und Eigentumsfreiheit der Unternehmen (Art. 12 und 14 GG) zu rechtfertigen[5]. Deshalb ist es nicht erforderlich, Ausprägungen der Gebote von Transparenz und Diskriminierungsfreiheit – im Lichte der europäischen Vorgaben und ihrer nationalen Umsetzung – kommentierend näher auszuloten.

II. Adressaten der Entflechtung (Abs. 1)

Eine **Vollanwendung** der §§ 7 bis 10 sehen die Sätze 1 und 2 des § 6 Abs. 2 nur für zwei Gruppen von EVU vor: 4

– vertikal integrierte EVU

– rechtlich selbständige Netzbetreiber, die mit vertikal integrierten EVU verbunden sind

Für den Gasbereich und hier speziell betreffend LNG- sowie Speicheranlagen ist nur eine **Teilanwendung** der Entflechtungsvorschriften vorgeschrieben (Beachtung des Vertraulichkeitsgebotes sowie der Entflechtung der Rechnungslegung). Eine Ausnahme ist wiederum für LNG- bzw. Speicheranlagen vorgesehen, die einem Gasnetz zugehörig sind (Zurechnung). 5

---

5 Zum Verhältnis von Entflechtung und Grundrechten vgl. *Hohmann*, Geregelter Netzzugang, ET 2003, S. 337 ff.; kritisch bereits im Hinblick auf Durchleitungsverpflichtungen *Papier*, Die Regelung von Durchleitungsrechten, Köln/Berlin/Bonn/München 1997, insb. S. 13 ff.

1. Vertikal integrierte EVU

6 Der Begriff des vertikal integrierten EVU ist in § 3 Ziff. 38 europarechtskonform definiert. Er erfasst Unternehmen gleich welcher Rechtsform, die elektrizitätswirtschaftliche Funktionen (Erzeugung, Netzbetrieb, Vertrieb) und/oder gaswirtschaftliche Funktionen (Gewinnung, Netzbetrieb, Speicherung) wahrnehmen. Adressaten sind gleichfalls Unternehmensgruppen im Sinne von Art. 3 Abs. 2 der EU-FusionskontrollV, wobei die Gruppe so organisiert sein muss, dass die Entscheidungen im Unternehmensverbund von einer (leitenden) Stelle aus koordinierbar sind. Ausreichend ist jeder bestimmende Einfluss auf die Tätigkeit eines anderen Unternehmen, z.B. Mehrheitserwerb, Zusatzvereinbarungen bei Minderheitsbeteiligung, konzernrechtliche Organisationsverträge einschließlich Betriebsführung oder personelle Verflechtung[6].

7 Weitere Anforderung ist die **Wahrnehmung energiewirtschaftlicher Funktionen** durch das im Elektrizitäts- oder Gasbereich tätige Unternehmen bzw. die verbundene Unternehmensgruppe: Immer wenn eine Netzfunktion mit einer anderen energiewirtschaftlichen Funktion (Erzeugung bzw. Vertrieb im Elektrizitätsbereich bzw. Gewinnung oder Vertrieb im Gasbereich) **gleichzeitig** wahrgenommen wird, ist § 3 Ziff. 38 erfüllt, so dass dieses vertikal integrierte EVU der Anwendung der §§ 6ff. unterliegt. Während der Netzbereich bei EltVU nur Verteilung und Übertragung umfasst, zählen bei GasVU zum Netzbereich (Fernleitung, Verteilung) zusätzlich die Funktionen Betrieb einer LNG-Anlage und/oder Speicheranlage (Erdgasspeicher).

8 Damit sind **keine Adressaten der Entflechtungsbestimmungen** alle Unternehmen, die sich entweder auf Netzbetrieb oder aber auf sonstige energiewirtschaftliche Funktionen (zum Beispiel Produktion/ Gewinnung und Vertrieb) beschränken und ein Unternehmensverbund im Sinne von Koordinierung und Kontrolle nicht festzustellen ist. Betreibt beispielsweise ein Stadtwerk nur noch ein Elektrizitätsverteilnetz, während die eigentliche Versorgung (Belieferung mit Elektrizität) von einem Regionalversorgungsunternehmen durchgeführt wird, ist die Stadt nicht Entflechtungsadressatin, wenn sie am Regionalversorger nicht beteiligt ist. Eine Entflechtung ist auch nicht erforderlich, wenn in getrennten (unverbundenen) rechtlich selbstän-

---

6 Vgl. Regierungsbegründung zu § 3 Ziff. 38, BT-DrS 15/3917, S. 49 f. unter Hinweis auf die einschlägigen Kommissionsmitteilungen.

digen Unternehmen entweder nur Netzfunktionen (Elektrizität **und** Erdgas) oder nur sonstige energiewirtschaftliche Funktionen (Elektrizität **und** Erdgas) wahrgenommen werden. Die Wahrnehmung mehrerer Funktionen aus sich nicht ausschließenden Bereichen kann allerdings gleichwohl eine Entflechtung der Rechnungslegung erfordern, vgl. unten § 10.

2. *Rechtlich selbständige Netzbetreiber im Unternehmensverbund*

Wenn ein Netzbetreiber schon jetzt rechtlich verselbständigt ist, ist eine rechtliche Entflechtung im Sinne von § 7 nicht mehr erforderlich. Gleichwohl bleibt dieser Netzbetreiber Adressat der Entflechtungsvorschriften, wenn er in einem Unternehmensverbund im Sinne von § 3 Ziff. 38 steht. Es ist dann Aufgabe dieses rechtlich verselbständigten Netzbetreibers, über die bereits vollzogene rechtliche Entflechtung hinaus die operationelle (§ 8), informationelle (§ 9) sowie ggf. auch rechnungsmäßige (§ 10) Entflechtung sicherzustellen. Wiederum ist es das Ziel des Gesetzes, eine gleichzeitige Ausübung von Netzbetriebsfunktionen mit anderen energiewirtschaftlichen Funktionen zu vermeiden. Der Netzbetreiber unterliegt dem Gebot, selbständig und unabhängig von den sonstigen energiewirtschaftlichen Funktionen zu agieren, die deutlich getrennt in anderen Unternehmenseinheiten des Verbundunternehmens übernommen werden müssen. 9

3. *LNG-Anlagenbetreiber*

LNG-Anlagen sind Kopfstationen, die der Verflüssigung von Erdgas oder zur Einfuhr, Entladung oder Wiederverdampfung von verflüssigtem Erdgas dienen, vgl. § 3 Ziff. 26. Dazu zählen Lastausgleichs- und Mischungsanlagen (sog. Hilfsdienste, vgl. § 3 Ziff. 23) und Anlagen, die der nur vorübergehenden Speicherung (mit dem Ziel der Wiederverdampfung) dienen. Reine Speicheranlagen sind nicht Bestandteil von LNG-Anlagen (§ 3 Ziff. 26 a.E.). Nur wenn der Betrieb der LNG-Anlage unmittelbar dem Betrieb eines Gasversorgungsnetzes zuzuordnen ist (vgl. § 3 Ziff. 20), sind die §§ 7 bis 10 voll anzuwenden; im Übrigen haben LNG-Anlagenbetreiber nur das Vertraulichkeitsgebot (§ 9) sowie die Entflechtung der Rechnungslegung (§ 10) zu beachten, vgl. § 6 Abs. 1 Satz 3. 10

4. Betreiber von Speicheranlagen

11 Eine Sonderregelung für Speicheranlagen, die gemäß § 6 Abs. 1 **Satz 3** ebenfalls zur bloßen Teilanwendung der Entflechtungsvorschriften führt, ist wiederum nur dann vorgesehen, wenn die Anlage nicht bereits dem Netzbetrieb zuzurechnen sind. Erdgasspeicher können Mittlerfunktionen wahrnehmen, wie dies die Definition in § 3 Ziff. 31 zum Ausdruck bringt: Neben der Hauptfunktion, nach kontinuierlichem Gaszufluss den saisonalen Ausgleich zwischen Sommer- und Winterbetrieb des Netzes abzusichern, kann eine Speicheranlage auch der Abpufferung von Nachfrageschwankungen während des Winterbetriebs dienen und ist dann Teil des Netzbetriebs. Speicheranlagen werden auch benötigt, um den Betrieb von LNG-Anlagen sicherzustellen; in diesem Fall sind sie Teil jener Anlage, was ebenfalls nur zur Teilanwendung der Entflechtungsvorschriften führt.

12 Grundsätzlich rechnet § 3 Ziff. 38 Speicherbetrieb sowie Betrieb von LNG-Anlagen dem Netzbetrieb zu, so dass eine getrennte Wahrnehmung im Hinblick auf Gewinnung und Vertrieb von Erdgas sichergestellt sein muss. Nur ausnahmsweise darf die Speicheranlage von Gewinnungs- oder Vertriebsunternehmen und damit im Unternehmensverbund geführt werden, wenn sie im Rahmen jener gaswirtschaftlichen Funktionen unterstützende Tätigkeiten erbringt. Es ist deshalb jeweils im Einzelfall zu unterscheiden, ob netzwirtschaftliche oder sonstige energiewirtschaftliche Funktionen erfüllt werden; Rechtsfolge der Entscheidung ist entweder die Vollanwendung oder aber die Teilanwendung (§§ 9 und 10) des EnWG.

5. Zeitdimension und Zuständigkeit

13 Der Gesetzgeber hat für die Erfüllung der Entflechtungsvorschriften – Teilanwendung oder Vollanwendung – in § 114 eine **Übergangsvorschrift** vorgesehen. Diese betrifft allerdings nur die Entflechtung von Rechnungslegung und interner Buchführung, § 10: Erst mit Beginn des **neuen Geschäftsjahres**, das auf das Inkrafttreten des EnWG 2005 folgt, ist § 10 erstmals anzuwenden. Für viele Unternehmen wird dies die Umstellung zum 1.1.2006 bedeuten; bei abweichenden Geschäftsjahren (z.B. Gaswirtschaftsjahr: 1.10. bis 30.9.) ist die rechnungsmäßige Entflechtung entsprechend kürzer aufgeschoben. Bis dahin ist das alte Recht (§§ 9, 9a EnWG 1998/2003) weiter anzuwenden. Die Vorschrift des § 114 reagiert auf die Rechtsunsicherheiten, die mit Inkrafttreten des EnWG 1998 zu einer sehr uneinheitlichen Anwendung des neuen Rechts im Hinblick auf das Inkraftsetzen der Neuregelung während des laufenden Geschäftsjahres aufgetreten waren.

Die §§ 6 bis 9 – rechtliche, operationelle und informatorische Entflechtung – sind bereits am 13.7.2005 in Kraft getreten. Weil nach Wirksamwerden der Beschleunigungsrichtlinien zum 4.8.2003 und damit bereits seit fast zwei Jahren mit dem Inkrafttreten der Unbundling-Vorschriften zu rechnen gewesen ist, haben viele betroffene Unternehmen die erforderlichen Maßnahmen bereits durchgeführt oder zumindest vorbereitet. Insofern hat das Gesetz eine möglicherweise aus den Richtlinien bereits schon früher – zum 5.8.2004 – bestehende Verpflichtung wegen unmittelbarer Anwendbarkeit des europäischen Rechts lediglich nachvollzogen. 14

Soweit die Anforderungen an die Entflechtung von EVU noch nicht erfüllt werden, ist die Regulierungsbehörde zu Aufsichtsmaßnahmen berechtigt, § 65 Abs. 1. Diese werden auf ein gesetzeskonformes Verhalten der EVU hinwirken, wobei auch Einzelverpflichtungen angeordnet werden können, § 65 Abs. 2. 15

Die Bundesnetzagentur (BNetzA) ist aber nur für solche Unternehmen als Regulierungsbehörde zuständig, an deren Elektrizitäts- oder Gasverteilernetz mindestens 100.000 Kunden unmittelbar oder mittelbar angeschlossen sind oder das Netz über das Gebiet eines Landes hinausreicht, vgl. § 54 Abs. 2 Satz 1 und 2. Liegen diese (alternativen) Voraussetzungen nicht vor, ist gemäß § 54 Abs. 2 Satz 1 Ziff. 4 die **Landesregulierungsbehörde** zum Erlass von Aufsichtsmaßnahmen berufen. 16

Der Gesetzgeber hat den Konflikt zwischen unmittelbarem Inkrafttreten der Entflechtungsvorschriften (bis auf § 10) gesehen und deshalb die Regulierungsbehörden ermahnt, ihre Aufsichtsmaßnahmen an den »Grenzen des den betroffenen Unternehmen technisch, zeitlich und wirtschaftlich Zumutbaren« zu orientieren[7]. Erfährt die zuständige Regulierungsbehörde von Fehlern bei der Erfüllung der Entflechtungsbestimmungen, wird sie das betroffene Unternehmen zunächst zur Stellungnahme auffordern und dann abmahnen, um unter Fristsetzung (z.B. ein halbes Jahr) zum rechtlich gebotenen Verhalten anzuhalten. Da die zu ergreifenden Maßnahmen typischerweise nur von den betroffenen Unternehmen selbst vorgenommen werden 17

---

7 Regierungsbegründung, BT-DrS 15/3917, S. 51 (rechte Spalte).

können (Entbindung von Organstellungen, Ausgründung von Unternehmen, Neuorganisation des Rechnungswesens usw.), handelt es sich regelmäßig um unvertretbare Handlungen, die die Regulierungsbehörde nur mit Hilfe der Festsetzung von Zwangsgeldern durchsetzen kann. Insofern sind die Vollstreckungsvorschriften durch die Länder anzuwenden, vgl. § 94.

III. Steuerrechtliche Neutralität der Entflechtung (Abs. 2 bis 4)

18 Insbesondere die nach § 7 vorgeschriebenen Maßnahmen der rechtlichen Entflechtung müssen zwangsläufig zu Umwandlungsvorgängen führen. Die Neuorganisation des Netzbetriebs löst dabei abhängig von der gewählten gesellschaftsrechtlichen Form Gründungskosten einschließlich Notarkosten aus, die sich in einer auch für kleinere Unternehmen tragbaren Höhe bewegen werden. Hier hat es das Unternehmen in der Hand, die unter Berücksichtigung der eigenen Struktur und Größe optimale und kostengünstigste Form zu wählen.

19 Soweit die rechtliche Entflechtung eine **steuerrechtlich relevante Umwandlung** beinhaltet, besteht die Gefahr, dass insbesondere über die Versteuerung des Buchgewinns bei Auflösung stiller Reserven sowie im Rahmen des Grunderwerbs hohe Steuerlasten die Wirtschaftlichkeit der Unternehmen gefährden können[8]. Da es nicht Ziel der Schaffung des einheitlichen europäischen Binnenmarktes für Energie sein kann, die Unternehmen im Rahmen von Sonderbesteuerungsvorgängen erheblich zu belasten, hat der deutsche Gesetzgeber in § 6 Abs. 2 bis 4 den Weg gewählt, sowohl die energierechtlich unmittelbar erzwungene Entflechtung als auch die damit im Zusammenhang stehenden freiwilligen Entflechtungsvorgänge (§ 6 Abs. 4) von der Einkommen-, Körperschaft- und Gewerbesteuerpflicht auszunehmen, soweit diese ausschließlich auf der erzwungenen oder freiwilligen Entflechtung beruht.

1. Umwandlungssteuerrecht

20 Typische umwandlungssteuerrechtlich relevante und auch im Rahmen der Entflechtung bedeutsame Umwandlungsvorgänge bilden die Aus-

---

[8] Vgl. *Pathe/Mussaeus*, Steuerneutralität der rechtlichen Entflechtung, N & R 2004, S. 147 ff.; *Sievert/Behrens*, Unbundling aus steuerlicher Sicht, RdE 2005, S. 93 ff.; *Klevemann*, Steuerliche Aspekte, in: *Klees/Langerfeldt* (Hrsg.), Entflechtung, S. 101 ff.

gliederung (§§ 20, 24 UmwStG), die Aufspaltung, die Abspaltung oder die Teilübertragung (§§ 15, 16 UmwStG). In all diesen Fällen wird eine Besteuerung schon nach bisherigem Umwandlungssteuerrecht nicht ausgelöst, wenn lediglich ein sog. **Teilbetrieb** übergeht. Dabei handelt es sich nach der Rechtsprechung des BFH um einen organisch geschlossenen, mit einer gewissen Selbständigkeit ausgestatteten Teil eines Gesamtbetriebs, der für sich allein lebensfähig ist, wobei das Gesamtbild der Verhältnisse in jedem Einzelfall über das Vorliegen des Teilbetriebsbegriffs entscheidet[9].

Weil bei der rechtlichen Entflechtung meist eine Vielzahl von Wirtschaftsgütern und Betriebsteilen auf den rechtlich selbständigen Netzbetreiber übergehen werden, steht nicht von vornherein fest, ob der BFH seine Teilbetriebsrechtsprechung auf diesen Sachverhalt erweitern wird. Deshalb hat der Gesetzgeber in § 6 Abs. 2 zur **Fiktion** gegriffen, so dass unwiderleglich – für jeden im Zusammenhang mit den §§ 6 ff. vorgenommenen Entflechtungsvorgang – kraft gesetzlicher Anordnung feststeht, dass insofern der Teilbetriebsbegriff erfüllt ist. Dies wird in § 6 Abs. 2 unter Inbezugnahme der maßgeblichen Vorschriften im Einzelnen ausgestaltet; soweit diese Regelung unvollständig sein sollte, wird man im Hinblick auf den in der Gesetzesbegründung geäußerten Willen des Gesetzgebers[10] die so entstehende Regelungslücke im Wege einer analogen Anwendung des § 6 Abs. 2 schließen müssen. 21

Zweifelhaft können allenfalls diejenigen Fallgestaltungen sein, in denen – quasi unter dem Deckmangel der rechtlich gebotenen Entflechtung – Umstrukturierungsmaßnahmen durchgeführt werden, die letztlich ganz anderen Zielen und insbesondere der Steuereinsparung dienen. Indem § 6 Abs. 4 die analoge Anwendung des Abs. 2 (Umwandlungssteuerrecht) und Abs. 3 (Grunderwerbsteuerrecht) auch auf freiwillig vollzogene Entflechtungsmaßnahmen anordnet, ist die beschriebene Gefahr der Nutzung des Entflechtungsrechts zu reinen Steuersparzwecken nicht völlig von der Hand zu weisen. Die Finanzbehörden werden im Benehmen mit der Regulierungsbehörde (§ 6 Abs. 2 Satz 5 und Abs. 3 Satz 2) prüfen, ob mit Hilfe der vollzogenen Umstrukturierung jedenfalls auch die Ziele des Energiewirtschaftsrechts (Separierung von Unternehmensfunktionen) mit der neuen 22

---

9 Ständige Rechtsprechung, vgl. BFH NJW-RR 2000, 1054 (mit Nachw.); zustimmend BVerfG NZG 2004, 734.
10 BT-DrS 15/3917, S. 51 f.

Unternehmensform besser erreicht werden können als mit der früheren Struktur. Soweit die Umwandlung im zeitlichen Zusammenhang mit dem neuen Recht erfolgt, wird eine Vermutung dafür streiten, dass die vollzogene Umstrukturierung den Gesetzeszwecken der Transparenz und Diskriminierungsfreiheit zukünftiger Netznutzungen zu dienen geeignet ist.

2. Grunderwerbsteuer

23 Weil mit der rechtlichen Entflechtung häufig auch die Übertragung von Grundstücken verbunden sein wird, was die Steuerpflicht nach dem GrunderwerbsteuerG normalerweise auslöst, hat der Gesetzgeber in § 6 Abs. 3 **Satz 1** eine entsprechende **Steuerbefreiung** angeordnet. Um den Umwandlungszweck und damit die Gesetzeskonformität der Entflechtungsmaßnahme näher aufzuklären, leistet wiederum die Regulierungsbehörde Amtshilfe.

3. Zeitliche Dimension

24 Sowohl im Hinblick auf die Zwecke der Umwandlungsbesteuerung als auch der Gewerbesteuer sieht § 6 Abs. 2 **Satz 4** einen **zeitlichen Rahmen** vor, der die Anwendung bestimmter Vorschriften des Umwandlungssteuer- und des Grunderwerbsteuergesetzes anordnet. Dieser Zeitraum läuft für Verteilnetzbetreiber (§ 7 Abs. 3) bis zum 31.12.2008, für die übrigen vertikal integrierten EVU bis zum 31.12.2007 (analoge Anwendung für die Grunderwerbsteuer aufgrund von § 6 Abs. 3 Satz 2). Die Steuerbegünstigung erlischt nach Ablauf dieser Zeiträume.

25 Im Gesetz ist allerdings nicht geregelt, ob die Befreiung von Umwandlungsbesteuerung- und Grunderwerbsteuer auch auf solche **Umstrukturierungsvorgänge** anzuwenden ist, die bereits **vor Inkrafttreten des EnWG 2005** – also bis 12.7.2005 – durchgeführt wurden und damit die Steuerpflicht grundsätzlich ausgelöst haben. Eine rückwirkende Anwendung der Entflechtungsvorschriften ist in § 114 und auch sonst nicht vorgesehen. Dies mag dafür sprechen, dass nur die ab 13.7.2005 steuerpflichtig gewordenen Umstrukturierungsvorgänge der Befreiung im o.a. Sinne unterliegen.

26 Gegen eine solche Auslegung spricht allerdings, dass die zugrundeliegenden Richtlinien bereits am 4.8.2003 in Kraft getreten sind und bis zum 1.7.2004 umzusetzen waren (Art. 30 RL-Elt sowie Art. 33 RL-

III. Steuerrechtliche Neutralität der Entflechtung (Abs. 2 bis 4)

Gas). Lediglich die Entflechtung von Verteilernetzbetreibern (Abs. 2 der zuletzt genannten Vorschriften) muss erst zum 1.7.2007 erfolgen. Weil nach der inzwischen geänderten Rechtsprechung des EuGH nicht ausgeschlossen werden kann, dass die von der Entflechtungsverpflichtung betroffenen EVU bereits in unmittelbarer Anwendung der Richtlinien zum **1.7.2004** zur Entflechtung verpflichtet gewesen sind, wird man die steuerrechtliche **Begünstigung** bereits **ab diesem Zeitpunkt** anwenden müssen. Andernfalls würden Unternehmen, die rechtzeitig und europarechtskonform ihre Verpflichtungen ohne Rücksicht auf das zögerliche Verhalten des deutschen Gesetzgebers erfüllen, schlechter stellen als diejenigen Unternehmen, die europäisches Recht erst anwenden, wenn die Erfüllung der Verpflichtungen aufgrund nationaler Maßnahme überhaupt nicht mehr zu vermeiden ist.

§ 7 Rechtliche Entflechtung

(1) Vertikal integrierte Energieversorgungsunternehmen haben sicherzustellen, dass Netzbetreiber, die mit ihnen im Sinne von § 3 Nr. 38 verbunden sind, hinsichtlich ihrer Rechtsform unabhängig von anderen Tätigkeitsbereichen der Energieversorgung sind.

(2) ¹Vertikal integrierte Energieversorgungsunternehmen, an deren Elektrizitätsversorgungsnetz weniger als 100.000 Kunden unmittelbar oder mittelbar angeschlossen sind, sind hinsichtlich der Betreiber von Elektrizitätsverteilernetzen, die mit ihnen im Sinne von § 3 Nr. 38 verbunden sind, von den Verpflichtungen nach Absatz 1 ausgenommen. ²Satz 1 gilt für Gasversorgungsnetze entsprechend.

(3) Hinsichtlich der Betreiber von Elektrizitätsverteilernetzen und der Betreiber von Gasverteilernetzen, die im Sinne von § 3 Nr. 38 mit vertikal integrierten Energieversorgungsunternehmen verbunden sind, gilt die Verpflichtung aus Absatz 1 erst ab dem 1. Juli 2007.

Literatur (vgl. vor §§ 6–10)

Überblick

	Seite	Rz.
I. Regelungszweck und Entstehungsgeschichte	337	1
II. Rechtsformunabhängigkeit (Abs. 1).	339	4
III. Ausnahmen vom Entflechtungsgebot (Abs. 2 und 3)	340	8
1. De minimis-Klausel (Abs. 2)	340	9
2. Übergangsfrist (Abs. 3)	343	15
IV. Vorschläge zur Umsetzung des Legal Unbundling.	343	16

I. Regelungszweck und Entstehungsgeschichte

Mit der Neufassung des EnWG im Jahre 2005 ist die Verpflichtung zur rechtlichen Entflechtung (sog. Legal Unbundling) erstmals Bestandteil des deutschen Energiewirtschaftsrechts geworden. Die Vorschrift dient der Transformation der Art. 10 und 15 RL-Elt und der

Art. 9 und 13 RL-Gas. Der Regelungszweck ist in Erwägungsgrund 8 der Elektrizitätsrichtlinie wie folgt begründet worden[1]:

»Um einen effizienten und nichtdiskriminierenden Netzzugang zu gewährleisten, ist es angezeigt, dass die Übertragungs- und Verteilernetze durch unterschiedliche Rechtspersonen betrieben werden, wenn vertikal integrierte Unternehmen bestehen. Die Kommission sollte von den Mitgliedstaaten zur Verwirklichung dieser Voraussetzung entwickelte Maßnahmen gleicher Wirkung prüfen und gegebenenfalls Vorschläge zur Änderung dieser Richtlinie vorliegen. Der Übertragungs- und Verteilernetzbetreiber sollte ferner über wirksame Entscheidungsbefugnisse in Bezug auf Vermögenswerte verfügen, die zur Wartung, dem Betrieb und der Entwicklung von Netzen erforderlich sind, wenn die betreffenden Vermögenswerte sich im Eigentum vertikal integrierter Unternehmen befinden und von diesen betrieben werden.

Es ist notwendig, dass die Unabhängigkeit der Übertragungsnetzbetreiber und der Verteilernetzbetreiber gewährleistet wird, insbesondere mit Blick auf Erzeugungs- und Lieferinteressen. Deshalb müssen auch zwischen Übertragungs- und Verteilernetzbetreibern und Erzeugungs-/Versorgungsunternehmen voneinander unabhängige Managementstrukturen geschaffen werden.

Es muss jedoch zwischen einer solchen rechtlichen Trennung und der Entflechtung hinsichtlich der Eigentumsverhältnisse unterschieden werden. Die rechtliche Trennung bedingt keine Änderung der Eigentümerschaft in den Vermögenswerten, und der Geltung ähnlicher oder identischer Beschäftigungsbedingungen im gesamten vertikal integrierten Unternehmen steht nichts entgegen. Jedoch sollte ein nichtdiskriminierender Entscheidungsprozess durch organisatorische Maßnahmen zur Unabhängigkeit des zuständigen Entscheidungsträgers sichergestellt werden.«

2 Der Erwägungsgrund zeigt, dass die verschiedenen Vorschriften über die Entflechtung – rechtlich, operationell, informationell und rechnungsmäßig – grundsätzlich **nebeneinander anwendbar** sind, um Objektivität, Transparenz und Diskriminierungsfreiheit sicherzustellen. Die rechtliche Entflechtung bildet also nur den ersten Baustein des Unabhängigkeitspostulats der Netzbetreiber.

---

1 Richtlinie 2003/54/EG v. 26.6.2003, ABl. EU Nr. L 176/37.

§ 7 Abs. 1 legt das Grundprinzip der **Rechtsformunabhängigkeit** 3
nieder. Von diesem Grundprinzip sehen die Abs. 2 und 3 jeweils Ausnahmen vor, die nur die Betreiber von Verteilernetzen betreffen. Während die Ausnahme nach Abs. 3 zeitlich befristet – bis 30.6.2007 – den Fortbestand der vertikalen Integration dieser EVU in Bezug auf Verteilernetzbetreiber weiterhin zulässt, ordnet Abs. 2 eine **Dauerausnahme** in quantitativer Hinsicht an: Diese De minimis-Schwelle sieht einen 100.000 Kunden-Grenzwert vor.

II. Rechtsformunabhängigkeit (Abs. 1)

§ 7 Abs. 1 knüpft wiederum an den Begriff des vertikal integrierten 4
EVU im Sinne von § 3 Ziff. 38 und damit an Unternehmen an, die miteinander gesellschaftsrechtlich verbunden sind und neben Netzfunktionen (Übertragung/Fernleitung sowie Verteilung) auch sonstige elektrizitätswirtschaftliche und/oder gaswirtschaftliche Funktionen ausüben. Horizontal integrierte EVU, in denen beispielsweise Energievertrieb oder aber Gas- und Elektrizitäts-Verteilernetzbetrieb zusammengefasst sind, fallen nicht unter § 7 Abs. 1.

Der Grundsatz der **Rechtformunabhängigkeit** knüpft an die Unter- 5
scheidbarkeit der im deutschen und europäischen Recht in der Regel als **numerus clausus** der Gesellschaftsformen konzipierten Vorrat von Typen juristischer Personen und sonstiger (rechtsfähiger) Personenvereinigungen an. Nach deutschem Recht sind hierzu insbesondere die Kapitalgesellschaften (AG, GmbH, KGaA), die Personenhandelsgesellschaften (OHG, KG, Stille Gesellschaft) und die sonstigen rechtsfähigen juristischen Personen (Genossenschaften, Europäische Aktiengesellschaft, Versicherungsverein auf Gegenseitigkeit, Wirtschaftlicher Verein) zu rechnen. Da die Vorgaben für § 7 aus dem europäischen Recht stammen, muss das deutsche Recht über die gemeinsamen europäischen Rechtstypen (z. B. Europäische Aktiengesellschaft) hinaus alle Gesellschaftsformen als auch in Deutschland die rechtliche Entflechtung bewirkend akzeptieren, die in anderen Mitgliedstaaten als solche registriert sind. Soweit Netzbetreiber schon jetzt in unabhängiger Rechtsträgerschaft organisiert sind, werden typischerweise Aktiengesellschaft und GmbH bevorzugt.

Rechtsformunabhängigkeit erfordert auf der **Anteilseignerseite** keine 6
eigentumsmäßige Entflechtung. Die Gesellschafter der Netzbetreiber-GmbH können deshalb identisch mit den Gesellschaftern der anderen

Unternehmen sein, die zum Energieversorgungsverbund gehören. Anteilseignerin und Alleingesellschafterin kann auch die Muttergesellschaft des Unternehmensverbundes oder eine Vertriebsgesellschaft dieses Verbundes sein. Typischerweise werden in der Gesellschafterversammlung der Netzbetreiber-GmbH oder aber im Aufsichtsrat der Netzbetreiber-AG diese Anteilseigner präsent sein; da die rechtliche Verflechtung lediglich rein formal zu beachten ist, stellt § 7 Abs. 1 – anders als § 8 – die Entscheidungsunabhängigkeit der Netzgesellschaft nicht endgültig sicher.

7 Die Netzgesellschaft muss auch nicht (eigentumsmäßige) Inhaberin der Netzinfrastruktur oder der sonstigen Ressourcen sein, die für eine Netzbetreibertätigkeit erforderlich sind. Wenn diese Ressourcen im Eigentum der Muttergesellschaft oder eines anderen Unternehmens des Energieverbunds verbleiben, reicht es aus, wenn die (rechtlich selbständige) Netzgesellschaft diese Ressourcen anpachtet. Allerdings ist sicherzustellen, dass der Netzbetrieb auf eigene Rechnung erfolgt; die bloße **Betriebsführung für fremde Rechnung** stellt auch im Sinne von § 7 Abs. 1 keine Netzbetreibertätigkeit im eigentlichen Sinne dar. Weil der Netzbetreiber gerade zu einem wirtschaftlichen Betrieb **als Unternehmer** angehalten werden soll, um das Netz bestmöglich an den wechselnden Bedarf der Netznutzer anzupassen, darf die Netzgesellschaft nicht nur mit den mit dem Netzbetrieb verbundenen technischen Aufgaben betraut werden. § 7 Abs. 1 bringt diesen den Richtlinien und ihren Erwägungsgründen klar zu entnehmenden Gedanken nicht deutlich genug zum Ausdruck.

III. Ausnahmen vom Entflechtungsgebot (Abs. 2 und 3)

8 § 7 Abs. 2 und 3 sehen **zwei Ausnahmen** von der Verpflichtung der Netzbetreiber zur Rechtsformunabhängigkeit vor. Diese Ausnahmen betreffen ausschließlich (Elektrizitäts- und Gas-) **Verteilernetzbetreiber:**

– kleinere Netzbetreiber bis 100.000 Kunden

– Übergangsfrist bis 1.7.2007 für Verteilernetzbetreiber

1. De minimis-Klausel (Abs. 2)

9 Eine Pflicht zur rechtlichen Entflechtung besteht nicht für solche Verteilernetzunternehmen, an deren Netz **weniger als 100.000 Kunden**

unmittelbar oder mittelbar **angeschlossen sind**. Diese Unternehmen können weiterhin in beliebiger Rechtsform und verbunden mit den übrigen elektrizitätswirtschaftlichen Funktionen des Verbundes (z.B. Vertrieb, Erzeugung, Speicherung) betrieben werden. Dies bedeutet, dass beispielsweise in einer GmbH sowohl das Gasnetz betrieben werden als auch die eigentliche Versorgung der Kunden (Belieferung mit Erdgas) erfolgen kann, wenn die in § 7 Abs. 2 genannte Kundenanzahl unterschritten wird. In der Gesetzesbegründung wird diese Schwelle wie folgt erläutert[2]:

»Das Größenkriterium von weniger als 100.000 Kunden des Energieversorgungsunternehmens, die unmittelbar oder mittelbar an deren Netz angeschlossen sind, dient dem Zweck, kleinere Unternehmen zu definieren, bei denen der Aufwand rechtlicher und operationeller Entflechtungsmaßnahmen mit Blick auf die Entflechtungsziele nicht mehr verhältnismäßig wäre. Mit der Bestimmung der relevanten Kunden soll im Interesse der Gleichbehandlung auch sichergestellt werden, dass nicht einzelne größere Unternehmen mit Hilfe einer scheinbaren Bündelung von Versorgungsverhältnissen auf wenige Kunden in den Genuss dieser Ausnahme gelangen. Es sollen daher nicht nur unmittelbar angeschlossene Kunden angerechnet werden, d.h. solche, die für die Erfüllung eines Liefervertrages unmittelbar mit dem Netzbetreiber über eine oder mehrere Anschlüsse angebunden sind. Daneben sind auch Kunden anzurechnen, die dem Netzbetreiber mittelbar angeschlossen sind. Dazu wären beispielsweise solche Verbraucher zu zählen, die als Mieter eines Hochhauses jeweils einzeln gemessene Stromlieferverhältnisse mit ihrem Vermieter haben, der seinerseits als alleiniger Stromkunde von einem Energieversorgungsunternehmen bezieht und an das Netz unmittelbar angeschlossen ist. Bei der Versorgung mit Gas gilt Entsprechendes. Bezieht der Mieter in einem Hochhaus Wärme, die im Haus zentral aus Gas hergestellt wird, so kann er nicht als mittelbar angeschlossener Gaskunde angesehen werden.«

In der Praxis wird es trotz der ausführlichen Erläuterung in der Regierungsbegründung absehbar zahlreiche **Abgrenzungsprobleme** geben. Wünschenswert wäre es gewesen, wenn der deutsche Gesetzgeber insofern nicht direkt den europarechtlichen Vorgaben gefolgt wäre, sondern auf die **Anzahl der Anschlüsse** abgestellt hätte. Deren

---

2 BT-DrS 15/3917, S. 52 f.

Anzahl kann schon deshalb vom EVU leicht ermittelt werden, weil sie meist im Eigentum des Netzbetreibers stehen werden (vgl. die Regelungen in § 10 Abs. 4 AVBEltV sowie AVBGasV). Zwar wird man als Kunden des Netzbetreibers kaum alle Mitarbeiter eines Unternehmens ansehen können, die etwa in der Produktion unmittelbar Erdgas nutzen; Zweifel bestehen aber schon im Hinblick auf den Anschluss von Haushaltskunden, wenn zum Haushalt mehrere Familienangehörige zählen.

11 Der **Kundenbegriff** des § 7 Abs. 2 darf nicht mit denjenigen Personen gleichgesetzt werden, die von der Energielieferung profitieren, also kochen, Helligkeit und Wärme nutzen. Bei den 100.000 Kunden des § 7 Abs. 2 handelt es sich vielmehr um die **Netzkunden** im engeren Sinne. Das sind diejenigen natürlichen oder juristischen Personen, die vom Netzbetreiber als **Anschlussinhaber** im Sinne von §§ 17, 18 geführt werden und mit ihm meist in vertraglicher Beziehung stehen werden (Netzanschluss- oder Anschussnutzungsvertrag). Dies kann entweder der sog. »Haushaltsvorstand« – Ehemann oder Ehefrau, ein Ehepaar (z.B. bei Bruchteilseigentum am Hausgrundstück) – oder aber die juristische Person sein, die Trägerin des Gewerbebetriebs ist, der den Anschluss nutzt.

12 Dass nicht die belieferten Kunden, sondern die Netzkunden in § 7 Abs. 2 gemeint sind, folgt bereits aus dem Entflechtungsgebot. Trotz einiger Unklarheiten in den Richtlinien[3] sind in Bezug auf den **unmittelbaren Anschluss an das Gas- oder Elektrizitätsnetz** die Kunden des § 7 Abs. 2 doch mit den Anschlussnehmern gleichzusetzen. Um die unmittelbaren Kunden zu ermitteln, müssen also lediglich die Anschlüsse gezählt werden, wobei Gasverteiler- und Elektrizitätsverteilernetz getrennt zu betrachten sind. Eine wechselseitige Kompensation von mehr oder weniger Kunden als die Schwelle erlaubt ist allerdings ausgeschlossen.

13 Lediglich für die **mittelbar angeschlossenen Netzkunden** muss der Netzbetreiber deshalb gesonderte Erhebungen anstellen. Diese haben zwar ebenfalls einen gesonderten Anschluss; da dieser jedoch nicht dem Netzbetreiber zugerechnet werden kann, ist der unmittelbar angeschlossene Kunde insofern auskunftspflichtig. Diese Auskunftspflicht resultiert aus dem Netzanschlussvertrag in Verbindung mit § 7 Abs. 2.

---

3 Vgl. Art. 15 Abs. 2 Satz 3 RL-Elt sowie Art. 13 Abs. 2 Satz 3 RL-Gas.

Mitzuteilen sind wiederum die mittelbar zuzurechnenden »Nebenan- 14
schlüsse« des unmittelbar angeschlossenen Netzkunden, nicht die
Anzahl der mit Energie belieferten Abnehmer. Erteilt der unmittelbar
angeschlossene Netzkunde keine Auskunft, so kann wohl eine Kündigung des Netzanschlusses nicht erfolgen; vielmehr muss dieser
Kunde vor den Zivilgerichten auf Auskunft in Anspruch genommen
werden. Während der Prozessdauer ist der Netzbetreiber berechtigt,
die Anzahl seiner mittelbar angeschlossenen Kunden zu schätzen.

2. Übergangsfrist (Abs. 3)

Während für Übertragungsnetzbetreiber das Gebot zur rechtlichen 15
Entflechtung gemäß § 7 Abs. 1 unmittelbar am 13. Juli 2005 wirksam
geworden ist (vgl. § 114), sieht § 7 Abs. 3 für Verteilernetzbetreiber,
die die de minimis-Schwelle nicht erfüllen, eine Übergangsfrist vor,
§ 7 Abs. 3. Das Gebot zur Rechtsformentbündelung verpflichtet diese
Netzbetreiber erst **ab dem 1.7.2007**. Für die entsprechenden Betreiber
als Adressaten der Vorschrift gelten wiederum die Begriffsbestimmungen in § 3 Ziff. 3 (Betreiber von Elektrizitätsverteilernetzen) und
Ziff. 7 (Betreiber von Gasverteilernetzen). Dabei ist unter **Verteilung**
der Transport von Elektrizität mit hoher, mittlerer oder niederer
Spannung über Elektrizitätsverteilernetze oder der **Transport von
Gas** über örtliche oder regionale Leitungsnetze zu verstehen, um die
Versorgung von Kunden zu ermöglichen (§ 3 Ziff. 37). Während der
Übergangsfrist kann der bisherige Unternehmensverbund aufrecht
erhalten oder jede andere Organisationsform gewählt werden; die
Führung der Verteilernetze in einer besonderen Organisationsform ist
nicht vorgeschrieben.

IV. Vorschläge zur Umsetzung des Legal Unbundling

Zur Verwirklichung der rechtlichen Entflechtung hatte die EU- 16
Kommission ursprünglich eine **Rechtsformempfehlung** für Deutschland gegeben und die AG benannt[4]. Bei anderen Rechtsformen –
insbesondere der deutschen GmbH – wird von der Kommission eine
Satzungsregelung für ausreichend gehalten, wenn diese anders als die

---

4 Kommission, Vermerk der Generaldirektion Energie und Verkehr zu den
  Richtlinien 2003/54/EG und 2003/55/EG über den Elektrizitäts- und Erdgasbinnenmarkt – Die Entflechtungsregelung –, Stand: 30.9.2003, S. 6 (»bevorzugte Wahl«); gestrichen in der Fassung vom 16.1.2004, S. 6.

Standardregelung unter Berücksichtigung des dispositiven Gesetzesrechts die ausreichende Unabhängigkeit vom Mutterunternehmen sicherstellt[5].

17 Die Kommission sieht den Betrieb auch **artverschiedener Netze** innerhalb desselben Unternehmens (multi utility) und damit einer Gesellschaft im Rechtssinne als zulässig an, wenn Produktion/Gewinnung sowie Versorgung/Vertrieb davon getrennt werden. Die Begründung lautet, dass keine Gefahr von Interessenkonflikten (Transparenz, Vermeidung von Quersubventionen) bestehe, solange eine getrennte Rechnungslegung möglich sei[6].

18 Schon im Vorfeld der Regelung ist in der Literatur eine Vielzahl rechtlicher Organisationsmöglichkeiten zur Umsetzung des Legal Unbundling in der Unternehmenspraxis diskutiert worden. Einige dieser Modelle sollen im Folgenden vorgestellt werden; zur Vereinfachung werden nur Elektrizitätsnetzbetreiber betrachtet, zumal Unterschiede im Hinblick auf den Gasnetzbetrieb nicht bestehen.

19 Eine rechtliche Entflechtung erfordert nicht die Übertragung von Netzeigentum an die Netzbetriebsgesellschaft. Zulässig ist es vielmehr, wenn das Elektrizitäts-Verteiler- und/oder –Übertragungsnetz **im Eigentum der Muttergesellschaft** (GmbH oder AG) **verbleibt**. Zu diskutieren sind dann zumindest drei Formen der Überlassung des Netzbetriebs an die rechtsfähige Netzbetriebsgesellschaft[7]:

– Abschluss eines Betriebsführungsvertrages für das Netz

– Verpachtung des Netzes an eine Tochtergesellschaft des integrierten EVU

– Ausgründung von Erzeugung, Vertrieb und Verwaltung

20 Weil die bloße Netzbetriebsführung letztlich keine selbständigen Entscheidungen des Betriebsführers ermöglicht, kann auf diese Weise eine rechtliche Entflechtung i. S. der Richtlinien nicht sichergestellt wer-

---

5 Kommission, Entflechtungsregelung, Stand: 16.1.2004, S. 6. Dagegen *Klees*, Legal Unbundling und deutsches Gesellschaftsrecht, Versorgungswirtschaft 2003, S. 245, 249 f.
6 Kommission ebd. S. 6. Vgl. auch Art. 17 RL-Elt sowie Art. 15 RL-Gas: Kombinationsnetzbetreiber.
7 Vgl. auch *Säcker*, Entflechtung von Netzgeschäft und Vertrieb bei den Energieversorgungsunternehmen, DB 2004, S. 691 ff.

den; die bloße Übertragung der technischen und kaufmännischen Betriebsführung reicht also nicht aus. Anders ist dies bei einer Verpachtung des Netzes i. S. der §§ 581 ff. BGB; da der Pächter das Netz selbständig nutzt, ist er vom Verpächter/Eigentümer ausreichend unabhängig. Allerdings muss es ihm gestattet werden, das Netz den Bedürfnissen entsprechend auszubauen und diese Investitionen spätestens bei Rückgabe des Netzes mit dem Verpächter abzurechnen, wenn nicht eine Lösung im Rahmen der Pachtzinsregelung gefunden wird. Werden die Unternehmensfunktionen Erzeugung, Vertrieb und Verwaltung ausgegründet und bleibt allein der Netzbetrieb im Ausgangs-EVU erhalten, erfüllt dies ebenfalls die für die rechtliche Entflechtung maßgebenden Vorgaben.

Eine zweite Möglichkeit besteht darin, den Netzbetrieb **auf einen anderen Rechtsträger zu übertragen**, wobei an diesem Unternehmen 100% der Anteile durch das (integrierte) EVU gehalten werden. Die rechtliche Entflechtung erfordert es nicht, dass sich der Netzeigentümer von seinem Eigentum vollständig trennt; die wirtschaftliche Nutznießung verbleibt ihm, wenn am Netzbetreiber-Rechtsträger alle Gesellschaftsanteile gehalten werden. Insofern sind dann folgende Varianten denkbar:

– Übertragung des Netzes auf eine *Tochtergesellschaft*

　– AG

　– GmbH

– *Ausgründung aller Sparten* (Erzeugung, Versorgung, Netz, Verwaltung) **auf selbständige Tochtergesellschaften**; dabei wird das vormals integrierte EVU zur **Holding-Gesellschaft** mit

　– Tochtergesellschaften als AG

　– Tochtergesellschaften als GmbH

　– Alternative: Ausgründung einer Zwischenholding

– wie zuvor, aber zusätzlich erfolgt eine Trennung von Netzeigentum und Netzbetrieb in selbständigen Gesellschaften (»Betriebsaufspaltung«)

– wie zuvor, aber Überlassung des Netzeigentums an die Vertriebsgesellschaft, die den Netzbetrieb auf eine Enkelgesellschaft weiterüberträgt

22 Das Ergebnis dieser Varianten ist jeweils eine konsequente rechtliche Separierung, wobei der Konzernaufbau schon eine recht komplexe Struktur annehmen kann. Je weiter sich die Netzgesellschaft von der Muttergesellschaft entfernt (Zwischenholding, Enkelgesellschaft), desto stärker schwindet der Einfluss der Geschäftsleitung des Stammunternehmens. In Bezug auf die GmbH ist umstritten, ob sie wegen der Bindung der Geschäftsführung an den Willen der Gesellschafterversammlung überhaupt tauglicher Rechtsträger in Bezug auf Entflechtungsmaßnahmen sein kann und ob eine Satzungsregelung ausreicht/zulässig ist, die notwendige Selbständigkeit der Geschäftsführer abzusichern[8].

23 Erfolgt eine Beibehaltung der integrierten Struktur, wird aber durch **wechselseitige Überlassung des Netzbetriebs an das Nachbar-EVU** die rechtliche Entflechtung verwirklicht, so kann dies wohl eine zulässige Lösung im Rahmen des geltenden Rechts darstellen. Weil sich gerade benachbarte EVU häufig als Konkurrenten empfinden, werden diese Unternehmen eine solche Lösung wohl meist nicht ernsthaft in Erwägung ziehen. Denkbar ist es aber, dass mehrere kommunale EVU ihre Netze zur gemeinsamen Verwaltung auf eine eigens dafür gegründete Kooperations-Gesellschaft übertragen bzw. an diese verpachten. Beim Betrieb größerer Netzeinheiten lassen sich wahrscheinlich Synergie- und ertragsgesetzliche Vorteile verwirklichen.

24 Schließlich kann auch eine Zusammenfassung von **Elektrizitäts- und Gasnetz** in einer ausgegründeten Gesellschaft erfolgen; bei Zusammenlegung mehrerer Netzsparten in einer Gesellschaft bestehen keine Besonderheiten. Eine Sonderproblematik kann mit der **Ausgründung einer Servicegesellschaft** verbunden sein, wenn diese alle Netzdaten und alle Versorgungsdaten (integriert) abrechnet. Weil auf diese Weise die eigentlich zu trennenden Daten doch wieder »in einer Hand« zusammenfließen, kann es an einer »substantiellen Entflechtung« fehlen. Eine rechtliche Entbündelung dürfte ihren Zweck verfehlen, wenn maßgebliche Geschäftsdaten gar nicht in demjenigen Unternehmen anfallen, das die Netzfunktion ausübt, sondern die zu entbündelnden geschäftlichen Tätigkeiten in einem dritten Unternehmen stattfinden, das zur Entflechtung und Vertraulichkeit gerade nicht kraft Gesetzes verpflichtet ist.

---

8 Pro GmbH: *Kommission*, Entflechtungsregelung, Stand: 16.1.2004, S. 6; contra GmbH: *Klees*, Legal Unbundling und deutsches Gesellschaftsrecht, Versorgungswirtschaft 2003, S. 245, 249 f.

§ 8 Operationelle Entflechtung

(1) Unternehmen nach § 6 Abs. 1 Satz 1 haben die Unabhängigkeit ihrer im Sinne von § 3 Nr. 38 verbundenen Netzbetreiber hinsichtlich der Organisation, der Entscheidungsgewalt und der Ausübung des Netzgeschäfts nach Maßgabe der folgenden Absätze sicherzustellen.

(2) Für Personen, die für den Netzbetreiber tätig sind, gelten zur Gewährleistung eines diskriminierungsfreien Netzbetriebs folgende Vorgaben:

1. Personen, die mit Leitungsaufgaben für den Netzbetreiber betraut sind oder die Befugnis zu Letztentscheidungen besitzen, die für die Gewährleistung eines diskriminierungsfreien Netzbetriebs wesentlich sind, müssen für die Ausübung dieser Tätigkeiten einer betrieblichen Einrichtung des Netzbetreibers angehören und dürfen keine Angehörige von betrieblichen Einrichtungen des vertikal integrierten Energieversorgungsunternehmens sein, die direkt oder indirekt für den laufenden Betrieb in den Bereichen der Gewinnung, Erzeugung oder des Vertriebs von Energie an Kunden zuständig sind.

2. Personen, die in anderen Teilen des vertikal integrierten Energieversorgungsunternehmens sonstige Tätigkeiten des Netzbetriebs ausüben, sind insoweit den fachlichen Weisungen der Leitung des Netzbetreibers zu unterstellen.

(3) Unternehmen nach § 6 Absatz 1 Satz 1 haben geeignete Maßnahmen zu treffen, um die berufliche Handlungsunabhängigkeit der Personen zu gewährleisten, die für die Leitung des Netzbetreibers zuständig sind.

(4) [1]Vertikal integrierte Energieversorgungsunternehmen haben zu gewährleisten, dass die Netzbetreiber tatsächliche Entscheidungsbefugnisse in Bezug auf die für den Betrieb, die Wartung und den Ausbau des Netzes erforderlichen Vermögenswerte des vertikal integrierten Energieversorgungsunternehmens besitzen und diese im Rahmen der Bestimmungen dieses Gesetzes unabhängig von der Leitung und den anderen betrieblichen Einrichtungen des vertikal integrierten Energieversorgungsunternehmens ausüben können. [2]Zur Wahrnehmung der wirtschaftlichen Befugnisse der

§ 8 Operationelle Entflechtung

Leitung des vertikal integrierten Energieversorgungsunternehmens und seiner Aufsichtsrechte über die Geschäftsführung des Netzbetreibers im Hinblick auf dessen Rentabilität ist die Nutzung gesellschaftsrechtlicher Instrumente der Einflussnahme und Kontrolle, unter anderem der Weisung, der Festlegung allgemeiner Verschuldungsobergrenzen und der Genehmigung jährlicher Finanzpläne oder gleichwertiger Instrumente, insoweit zulässig, als dies zur Wahrnehmung der berechtigten Interessen des vertikal integrierten Energieversorgungsunternehmens erforderlich ist. [3]Dabei ist die Einhaltung der §§ 11 bis 16 sicherzustellen. [4]Weisungen zum laufenden Netzbetrieb sind nicht erlaubt; ebenfalls unzulässig sind Weisungen im Hinblick auf einzelne Entscheidungen zu baulichen Maßnahmen an Energieanlagen, solange sich diese Entscheidungen im Rahmen eines vom vertikal integrierten Energieversorgungsunternehmen genehmigten Finanzplans oder gleichwertigen Instruments halten.

(5) [1]Vertikal integrierte Energieversorgungsunternehmen sind verpflichtet, für die mit Tätigkeiten des Netzbetriebs befassten Mitarbeiter ein Programm mit verbindlichen Maßnahmen zur diskriminierungsfreien Ausübung des Netzgeschäfts (Gleichbehandlungsprogramm) festzulegen, den Mitarbeitern dieses Unternehmens und der Regulierungsbehörde bekannt zu machen und dessen Einhaltung durch eine Person oder Stelle zu überwachen. [2]Pflichten der Mitarbeiter und mögliche Sanktionen sind festzulegen. [3]Die zuständige Person oder Stelle legt der Regulierungsbehörde jährlich spätestens zum 31. März einen Bericht über die nach Satz 1 getroffenen Maßnahmen des vergangenen Jahres vor und veröffentlicht ihn.

(6) [1]Vertikal integrierte Energieversorgungsunternehmen, an deren Elektrizitätsversorgungsnetz weniger als 100 000 Kunden unmittelbar oder mittelbar angeschlossen sind, sind hinsichtlich der Betreiber von Elektrizitätsverteilernetzen, die mit ihnen im Sinne von § 3 Nr. 38 verbunden sind, von den Verpflichtungen nach den Absätzen 1 bis 5 ausgenommen. [2]Satz 1 gilt für Gasversorgungsnetze entsprechend.

Überblick

		Seite	Rz.
I.	Regelungszweck und Entstehungsgeschichte	349	1
II.	Gegenstände der operationellen Entflechtung (Abs. 1) ..	351	5
III.	Entscheidungsunabhängigkeit (Abs. 2 bis 4)	353	11
	1. Gewährleistung der äußeren Handlungsunabhängigkeit (Abs. 2)..	353	12
	a) Verbot der Wahrnehmung von Doppelfunktionen ..	356	17
	b) Personen mit Befugnis zu Letztentscheidungen	359	25
	c) Personen mit Dienstleistungsaufgaben für den Netzbetrieb..	360	29
	2. Sicherstellung der inneren Handlungsunabhängigkeit (Abs. 3)...	362	37
	3. Wahrung des inneren Kerns von Netzbetreiber-Entscheidungsbefugnissen (Abs. 4)	364	41
	a) Sachbezug der wesentlichen Entscheidungsbefugnisse	365	44
	b) Begrenzung gesellschaftsrechtlicher Kontrolle	366	48
	c) Weisungsverbot	367	50
IV.	Gleichbehandlungsprogramm (Abs. 5)	368	53
	1. Durchführungshinweise der Kommission............	369	56
	2. Mögliche Inhalte des Gleichbehandlungsprogramms ...	371	63
	3. Stufen des Aufstellungsprozesses	372	64
	4. Berichtspflicht....................................	373	67
V.	De minimis-Klausel (Abs. 6)	374	70

I. Regelungszweck und Entstehungsgeschichte

Vorläuferregelung zu § 8 ist § 4 Abs. 4 EnWG 1998, wonach das Übertragungsnetz als **eigene Betriebsabteilung** getrennt von der Erzeugung und Verteilung sowie den übrigen Tätigkeiten zu führen war. Im Anschluss an die Art. 10 und 15 RL-Elt sowie Art. 8 und 13 RL-Gas ist mit § 8 EnWG 2005 die Unabhängigkeit der Netzbetreiber wesentlich gestärkt worden. Weil auch bei rechtlicher Entflechtung (§ 7) durch Gleichbesetzung von Organen sowie Schaffung hierarchischer Konzernstrukturen die Möglichkeit besteht, ein selbständiges Unternehmen wie eine Betriebsabteilung des leitenden Unternehmens

1

zu führen, entfaltet § 8 Komplementärfunktionen im Hinblick auf die in § 6 genannten Zielsetzungen[1].

2 § 8 ist in sehr ähnlicher Form bereits im Regierungsentwurf[2] enthalten gewesen. Wesentliche Änderung im Wirtschaftsausschuss[3] war die Zusammenfassung der Ziff. 1 und 2 von § 8 Abs. 2 des Ausgangsentwurfs, so dass Personen mit wesentlichen Tätigkeiten für die Gewährleistung eines Netzbetriebes nunmehr mit demjenigen Kreis von Personen zusammengefasst sind, die Leitungsaufgaben für den Netzbetreiber wahrnehmen (§ 8 Abs. 2 Ziff. 1 der Gesetzesfassung). Entsprechend der geteilten Zuständigkeitszuweisung – Bundesregulierungsbehörde sowie Landesregulierungsbehörden – ist § 8 Abs. 5 angepasst worden. Das Gleichbehandlungsprogramm (§ 8 Abs. 5) müssen auch diejenigen Netzbetreiber nicht aufstellen, die im Übrigen – de minimis-Klausel (vgl. § 8 Abs. 6) – von den Vorschriften der operationellen Entflechtung befreit sind.

3 Die **Gegenstände der operationellen Entflechtung** benennt der Gesetzgeber in § 8 Abs. 1, um dann mit den Abs. 2 ff. ohne klare Zuordnung Einzelaspekte näher auszugestalten. Während es in § 8 Abs. 2 um die Unabhängigkeit von in Bezug auf den Netzbetrieb mit Entscheidungsgewalt (einschließlich Leitung) ausgestatteten Personen geht, denen mit Abs. 3 auch die berufliche Handlungsunabhängigkeit zugestanden werden muss, geht es in § 8 Abs. 4 darum, die Verlagerung wesentlicher Entscheidungsbefugnisse aus dem Netzbetreiberunternehmen heraus zu unterbinden. Dazu werden konkrete Regelungen zur Verantwortungsteilung zwischen den sonstigen Unternehmen der Energiegruppe und dem Netzbetreiber aufgestellt.

4 Die Absicherung der Unabhängigkeit des Netzbetreibers im Hinblick auf das Marktgeschehen soll mit Hilfe der Aufstellung eines **Gleichbehandlungsprogramms** bewirkt werden, das die wesentlichen Maßnahmen zur Gewährleistung des diskriminierungsfreien Netzzugangs für alle Netzkunden umfasst (§ 8 Abs. 5). Die de-minimis-Klausel enthält § 8 Abs. 6.

---

1 Vgl. oben § 6 Rz. 2 ff.
2 BT-DrS 15/3917, S. 12 f. mit Begründung S. 53 ff.
3 BT-DrS 15/5268, S. 20 f.

II. Gegenstände der operationellen Entflechtung (Abs. 1)

Der nationale Gesetzgeber hat die unscharfen Begrifflichkeiten »Or- 5
ganisation« und »Entscheidungsgewalt« aus Art. 10 Abs. 1 RL-Elt
bzw. Art. 8 Abs. 1 RL-Gas übernommen und – zu Recht – von einer
gesetzlichen Definition abgesehen. Denn diese dem Bereich von Organisationstheorie und Organisationspolitik entstammenden Begrifflichkeiten dürften sich einer Definition entziehen, die Anspruch auf
ausreichende Rechtssicherheit erhebt. Weil mit den Folgeabsätzen des
§ 8 lediglich die bereits in den Richtlinien (Art. 10 Abs. 2 RL-Elt sowie Art. 8 Abs. 2 RL-Gas) gewählten Formulierungen in das deutsche
Recht größtenteils gleichwertig übernommen wurden, erscheint auch
eine hierarchisierende Zuordnung der Folgeregelungen zu den Grundfestlegungen des § 8 Abs. 1 als nicht erforderlich.

Der Adressatenkreis des § 8 Abs. 1 stimmt mit dem des § 6 Abs. 1 6
Satz 1 überein (vertikal integrierte EVU sowie rechtlich selbständige
Netzbetreiber im Unternehmensverbund). Das Prinzip der **Unabhängigkeit** ist in Bezug auf die verbundenen Unternehmen (§ 3
Ziff. 38) zu wahren. Unabhängig ist ein Unternehmen, das die den
täglichen Betriebsablauf kennzeichnenden Entscheidungen vollständig allein (weisungsfrei) trifft und im Hinblick auf längerfristig wirksame Maßnahmen (Investition, Netzerweiterung, Finanzierung) einen
substantiellen eigenen Entscheidungsspielraum besitzt, der nur durch
Aufstellung von Rahmenvorgaben von dritter Seite (Unternehmensverbund) gesteuert werden darf. Dabei kommt dem **Unabhängigkeitsbegriff** des § 8 Abs. 1 nur die Funktion eines topos-Begriffs zu,
der einen Kerngehalt aufweist und dessen Unschärfen im Randbereich
mittels gesetzgeberischer Ausgestaltung (§ 8 Abs. 2 bis 5) festgelegt
sind. Insofern müssen die betroffenen Unternehmen des Energieverbundes keine größeren Anstrengungen als diejenigen unternehmen,
die das Gesetz aufstellt; eine klare Zielverfehlung in Bezug auf das
Unabhängigkeitsziel ist allerdings auszuschließen.

Zweifelhaft ist, ob mit § 65 in Verbindung mit § 54 Abs. 2 Satz 1 7
Ziff. 4 den Regulierungsbehörden ein Beurteilungsspielraum zugewachsen ist, um die Ausgestaltung der operationellen Entflechtung im
Einzelnen und ohne Überprüfung durch Beschwerde- und Rechtsbeschwerdegericht auszugestalten, was im Hinblick auf die Rechtsförmlichkeit und Gesetzesgebundenheit auch dieses Teils der öffentlichen
Verwaltung zu verneinen sein dürfte.

8 Unter **Organisation** sind alle Maßnahmen zu verstehen, die Betriebs- und Entscheidungsabläufe im Unternehmen vorab und ad hoc festlegend gewährleisten. Betroffen ist sowohl die Aufbauorganisation als auch die Ablauforganisation. Wer Organisation systemtheoretisch als Regelkreis begreift, wird insofern die von mit Leitungsbefugnissen ausgestatteten Personen erteilten Weisungen handlungsorientiert in den Vordergrund stellen und insbesondere die Vorgaben betrachten, die in den laufenden Betrieb eingespeist werden. Zur Organisation zählen insbesondere Personalentscheidungen sowie Entscheidungen zur Art und Weise des Ablaufs der elektronischen Datenverarbeitung. Lediglich die Daten konkreter Geschäfte (Preisentscheidungen, AGB) stehen außerhalb des in § 8 Abs. 1 angesprochenen Organisationsbereichs.

9 Mit **Entscheidungsgewalt** wird die personenbezogene Zuweisung von Aufgaben der Ablauforganisation angesprochen. Nur wer einen Entschließungsspielraum hat und nicht lediglich fremden Weisungen gehorcht, ist mit Entscheidungsgewalt ausgestattet. Sicherzustellen ist nicht, dass alle Mitarbeiter auf allen Ebenen des Netzbetreibers (selbständig) Entscheidungen treffen können; es muss lediglich gewährleistet sein, dass die Entscheidungen von denjenigen dem Netzbetreiber zuzuordnenden Personen getroffen werden, von denen vermutet wird, dass sie die unternehmerischen Interessen des Netzbetreibers im Auge haben und dabei Gesamtinteressen des Unternehmensverbundes (Erzeugung/Gewinnung, Vertrieb, Speicherung) unberücksichtigt lassen, um alle Netznutzer diskriminierungsfrei bedienen zu können.

10 Warum der Gesetzgeber zusätzlich die Wendung »Ausübung des Netzgeschäfts« in § 8 Abs. 1 aufgenommen hat, die nicht aus der Richtlinie stammt und auch nicht begründet wird, erschließt sich nur schwer. Gemeint ist offenbar das Erfordernis, die operationelle Entflechtung auf den Kern des Tätigkeitsinhalts des Netzbetreibers (Netzgeschäft) zu beschränken. Möglicherweise möchte der Gesetzgeber mit »Ausübung des Netzgeschäfts« auch die laufenden Betriebsentscheidungen ansprechen (Ablauforganisation im Gegensatz zur Aufbauorganisation). Eine darüber hinausgehende Bedeutung hat diese Wendung jedoch nicht. Indem der Gesetzgeber in der Art einer conclusio auf die Folgeabsätze verweist, charakterisiert er Inhalt und Anspruch des § 8 Abs. 1 als einer Vorschrift, die nicht unmittelbar in Entscheidungen mit Rechtsfolgewirkungen umsetzbar ist.

III. Entscheidungsunabhängigkeit (Abs. 2 bis 4)

Weil das bloße Legal Unbundling noch keine vollständige Unabhängigkeit im Hinblick auf diejenigen Entscheidungen gewährleistet, die im rechtlich selbständigen Unternehmen zu treffen sind, sehen die lit.a) bis c) der Abs. 2 von Art. 10 RL-Elt bzw. Art. 8 RL-Gas die Gewährleistung der inneren und äußeren Entscheidungsfreiheit der für den Netzbetrieb verantwortlichen Personen einschließlich der Disposition über die wesentlichen Vermögenswerte vor. In Abs. 2 lit. c) werden als **Gegenstände der Entscheidungsbefugnisse** (vgl. § 8 Abs. 4) ausdrücklich genannt:

– Betrieb des Netzes

– Wartung des Netzes

– Ausbau des Netzes

1. Gewährleistung der äußeren Handlungsunabhängigkeit (Abs. 2)

Neben dem Verbot der Wahrnehmung von **Doppelfunktionen im integrierten EVU** (sog. linking pins der Organisationspolitik, vgl. § 8 Abs. 2 Satz 1 Ziff. 1) unter Wahrung der **inneren Entscheidungsfreiheit** (§ 8 Abs. 3 sowie Art. 10/8 Abs. 2 lit. b)) bilden insbesondere die folgenden Ressourcen das sachliche Substrat der Netzbetreiber-Entscheidungsfreiheit:

– Betrieb des Netzes: Personaleinsatz, EDV, Entscheidungsschemata zum Netzzugang

– Wartung des Netzes: Personaleinsatz, Fuhrpark

– Netzausbau: Anlagenvermögen, Finanzierungsinstrumente

Verboten sind bereits nach den Richtlinien Weisungen bezüglich des laufenden Betriebes oder zu Einzelentscheidungen (Bau, Modernisierung des Netzes) durch Funktionsträger außerhalb der Netzverantwortung (z.B. Vorstand der Konzernholding). Allerdings sind Grenzen der Entscheidungsfreiheit des Netzbetreibers zu beachten: Alle Entscheidungen zu Netzbetrieb und Netzerneuerung müssen sich **im Rahmen des jährlichen Finanzplans** halten und die **genehmigte Verschuldungsrate** beachten. Wer als Netzmanager über das genehmigte Fremdkapital hinaus keinen zusätzlichen Finanzbedarf geltend macht und den vorgegebenen Finanzplan einhält, ist keinerlei Weisungen von Konzernobergesellschaften usw. unterworfen. Die Rentabilitätsverantwortung bleibt aber unberührt.

14 Netzerweiterungen sind dann weisungsfrei möglich, wenn sie sich im Rahmen des Finanzplans halten. Genehmigt wird auch nicht der Geschäftsplan, sondern lediglich der Finanzplan. Schließlich muss durch gesetzliche und/oder vertragliche Maßnahmen sichergestellt sein, dass die Manager handlungsunabhängig sind, also keine Benachteiligungen zu befürchten haben, wenn sie Vorstellungen der Konzernleitung widersprechen oder (unzulässige) Einzelweisungen nicht befolgen. Dies betrifft zum einen den Kündigungsschutz, zum anderen aber auch eine eventuelle Nichtverlängerung von Dienstverträgen der Leitungsorgane.

15 Zur Verwirklichung der von ihr »funktionale Entflechtung« genannten Sicherung der Unabhängigkeit von Organisation und Entscheidungsgewalt der Netzbetreiber hat die Kommission einige **Auslegungs- und Umsetzungshinweise** gegeben[4]. Die Kommission stellt sich sowohl in Bezug auf die oberste Leitung als auch in Bezug auf die operative Leitung (Werks- und Betriebsleiter) eine **strikte Trennung** zwischen Netzaktivitäten einerseits und sonstigen Aktivitäten andererseits vor[5] und nennt insbesondere:

- Verbot von Doppeltätigkeiten der leitenden Mitarbeiter

- keine Bindung der Gehälter an Erfolge des anderen Unternehmenssektors

- Beschränkung des Mitarbeiterwechsels zwischen den Sektoren/EVU-Tätigkeiten

- kein Erwerb von Aktien der Netzgesellschaft (oder ihrer Leitungsmitarbeiter) am verbundenen Versorgungs- bzw. Holdingunternehmen

- Trennung auch hinsichtlich gemeinsamer Dienstleistungen (Personal, Finanzen, IT, Unterbringung, Transport), Prüfung aber im Einzelfall möglich. Die Nutzung gemeinsamer Dienstleistungen soll nur erlaubt sein, wenn Quersubventionen ausgeschlossen

---

[4] Vermerk der Generaldirektion Energie und Verkehr zu den Richtlinien 2003/54/EG und 2003/55/EG über den Elektrizitäts- und Erdgasbinnenmarkt, »Die Entflechtungsregelung«, Stand: 16.1.2004, S. 8 ff.
[5] Ebd.

III. Entscheidungsunabhängigkeit (Abs. 2 bis 4)

sind, die Dienstleistungen zu Marktbedingungen erbracht werden, sie in der Regel außerhalb des Netzgeschäftes erfolgen und der Nachweis größtmöglicher Wirtschaftlichkeit gelingt.

– Sofern die rechtliche Entflechtung nicht zwingend ist (Verteilernetzbetreiber), müsse die funktionale Entflechtung zu vergleichbaren Ergebnissen führen, was es erfordere, Netzgeschäfte in separaten Abteilungen mit unabhängig gestelltem Direktor, unabhängigen Mitarbeitern des Netzes, Beschränkung bei gemeinsamen Dienstleistungen unter Beachtung der o.a. Regeln zu Gehältern, Mitarbeiterwechsel und Aktieninhaberschaft der Mitarbeiter zu tätigen.

– Wahrung der Entscheidungsbefugnisse des Netzmanagements: Unabhängig davon, ob eine rechtliche oder nur eine funktionale Entflechtung durchgeführt werde, müssen die Netzmanager in Bezug auf Betrieb, Wartung und Ausbau des Netzes frei sein, was auch die Entscheidung über Verbindungsleitungen zu anderen Systemen umfasst. Außerdem sind ausreichende personelle und finanzielle Mittel dem Netzbetreiber zur Verfügung zu stellen.

Wenn die Muttergesellschaft Eigentümerin des Netzes bleibt (Verpachtungsfälle), sind nach Auffassung der Kommission besondere Schutzmaßnahmen zur Wahrung der Entscheidungsselbständigkeit des Netzmanagements zu treffen, eingeschlossen Vereinbarungen über Infrastrukturmaßnahmen. Die Wahrnehmung von Aufsichtsrechten im Mutterunternehmen erlaube keine Einzelweisung und keine laufende Aufsicht über den Netzbetrieb; nur die Einhaltung des genehmigten Finanzplanes (nicht: Investitionsplanes) und des Verschuldungsgrades seien kontrollfähig[6]. Nach den Vorstellungen der Kommission müssen in den Aufsichtsrat auch zwei vom Eigentümer unabhängige Mitglieder entsandt werden[7]. Ob diese Vorgabe, die sich nicht unmittelbar den Art. 8 RL-Gas bzw. Art. 10 RL-Elt entnehmen lässt, bereits erfüllt wird, wenn die nicht dem Eigentümer zuzurechnenden Mitglieder des Aufsichtsrates von den Gewerkschaften entsandt werden oder Belegschaftsangehörige Aufgaben dieses Organs

16

---

6 Vgl. auch *Salje*, Die Unbundling-Vorgaben nach den EG-Beschleunigungsrichtlinien, in: *Klees/Langerfeldt* (Hrsg.), Entflechtung in der deutschen Energiewirtschaft. Kostenfalle oder Effizienzquelle?, 2. Aufl. Wiesbaden 2005, S. 9, 19 f.
7 *Kommission*, Entflechtungsregelung, S. 13.

wahrnehmen (Verwirklichung des deutschen Mitbestimmungsrechts), muss bezweifelt werden. Eine Entsendung vollständig unabhängiger Mitglieder sieht das deutsche Gesellschaftsrecht allerdings überhaupt nicht vor. Der nationale Gesetzgeber hat eine Änderung des deutschen Gesellschaftsrechts mit dem Ziel, dieses an europäische Unbundling-Vorgaben anzupassen, nicht für erforderlich gehalten[8].

a) Verbot der Wahrnehmung von Doppelfunktionen

17 § 8 Abs. 2 Ziff. 1 Alt. 1 sichert zunächst die Entscheidungsfreiheit von **Personen mit Leitungsaufgaben**. Von diesen Personen kann kraft gesellschaftsrechtlicher Regelung ausgegangen werden, dass sie substantielle Entscheidungsbefugnisse in Bezug auf »ihr Unternehmen« – als Rechtsträger des Netzbetriebs – besitzen. Dieses trifft auf die Geschäftsführer von Gesellschaft mit beschränkter Haftung sowie die Vorstände von Aktiengesellschaften und Genossenschaften grundsätzlich zu. Lediglich die Geschäftsführung einer GmbH hat sich Weisungen ihrer Gesellschafterversammlung gemäß §§ 37 Abs. 1, 46, 48 GmbHG grundsätzlich zu unterwerfen; ob insofern eine statutarische Regelung oder sogar nur eine Ergänzung von Dienstvertrag und Bestellungsvereinbarung ausreicht, um die eigentlich zwingende strukturbezogene Regelung im GmbHG für die dem Unbundling unterworfenen Unternehmen außer Kraft zu setzen, ist umstritten[9]. Ohne eine Absicherung der GmbH-Geschäftsführer gegen Weisungen der Gesellschafterversammlung fehlt es bereits an der vom Gesetzgeber vorausgesetzten »organschaftlichen Unabhängigkeit« der Netzbetreiber-Unternehmensleitung.

18 Weil im Rahmen der Organisation von Konzernverbindungen viele Manager **Doppelfunktionen** wahrnehmen, indem sie in mehreren Unternehmensorganen zugleich tätig sind, ist es ein Anliegen der Kommission gewesen, im Hinblick auf Netzbetreibertätigkeit und sonstige energiewirtschaftliche Funktionen diese Doppelfunktionalität sicher auszuschließen. Im Rahmen der Berichtspflicht des Netzbetreibers (§§ 69, 35 Abs. 1) wird die zuständige Regulierungsbehörde

---

8 Regierungsbegründung zu § 7, BT-DrS 15/3917, S. 52.
9 Vgl. ablehnend *Klees*, Legal Unbundling und deutsches Gesellschaftsrecht. Versorgungswirtschaft 2003, S. 245, 249 f.; eher wohlwollend: EU-Kommission, Entflechtungsregelung, Stand: 16.1.2004, S. 6; *Ehricke*, Vereinbarkeit der Gesellschaftsform einer GmbH, IR 2004, S. 170, 171 f.; *ders.*, Vermerke der Kommission, EuZW 2004, S. 359 ff.

III. Entscheidungsunabhängigkeit (Abs. 2 bis 4)

im Hinblick auf die Einhaltung dieser Vorgabe unterrichtet werden müssen[10]. Hat der **Netzbetreiber als solcher** zur Durchführung seiner Aufgaben Untergesellschaften gebildet, so gilt das Verbot der Mehrfachwahrnehmung von Funktionen in EVU nicht; die Personen der Unternehmensleitung können also insofern – für den Elektrizitäts- und Gas**netz**betrieb – weitere Mandate in leitender Funktion übernehmen. Eine Tätigkeit in der Geschäftsleitung eines Erzeugungs- und/oder Vertriebsunternehmens ist aber ausgeschlossen, und sie dürfen dort auch nicht als leitende Angestellte tätig werden (vgl. Art. 17 RL-Elt sowie Art. 15 RL-Gas).

Häufig werden bei der Muttergesellschaft eines Energiekonzerns beschäftigte MitarbeiterInnen »abgeordnet«, um auf Zeit Leitungsaufgaben in Tochtergesellschaften wahrzunehmen. Dabei wird häufig – Rückkehrzusage – das Arbeitsverhältnis zur Muttergesellschaft aufrechterhalten. Dies ist solange unschädlich, wie dieser Mitarbeiter keinerlei arbeitsvertragliche Pflichten in Bezug auf das Mutterunternehmen während der Zeit der Abordnung hat und Bestellungen zur Organtätigkeit im Mutterunternehmen beendet sind; auch dürfen keinerlei »restliche Entscheidungsbefugnisse« nach dem Wechsel in den Netzbetrieb im Hinblick auf Organisationseinheiten der Muttergesellschaft verbleiben. Die bloße Rückkehrzusage, die mit der Hoffnung auf »Wohlverhalten« gegenüber dem Mutterunternehmen verbunden sein mag, führt ebenso wenig wie die Aufrechterhaltung des Arbeitsvertrages zu einer »Doppelung von Entscheidungsbefugnissen«: Einweisung in die neue Funktion und Beschäftigungsverhältnis sind ebenso wie Dienstverhältnis und Bestellungverhältnis bei Unternehmensorganen strikt voneinander zu trennen. 19

Die Ziff. 1 konkretisiert die **Rechtsfolgen** für Personen mit Leitungsaufgaben durch Anführen von (wohl nicht abschließend gemeinten) **Beispielen**: 20

– Zuordnung der Tätigkeit zu einer betrieblichen Einrichtung des Netzbetreibers

---

10 Beispiel: »Die Geschäftsführung der N-Netzbetreiber-GmbH bestand aus den Herren X, Y und Z, die in Bezug auf sonstige EVU-typische Tätigkeiten (z.B. Erzeugung/Gewinnung, Vertrieb, Speicherung usw.) **keine Aufgaben in Leitungsorganen** oder sonstige Leitungsbefugnisse außerhalb der N-Netzbetreiber-GmbH wahrgenommen haben.«

§ 8 Operationelle Entflechtung

– Unterbrechung der Zuordnung zu betrieblichen Einrichtungen des vertikal integrierten Unternehmens mit Bezug zu Gewinnung, Erzeugung oder Vertrieb von Energie an Kunden

21 Wenn der Gesetzeswortlaut den Begriff der **betriebliche Einrichtung** verwendet, so sind darunter offenbar (im weitesten Sinne) alle organisatorischen und/oder rechtsförmlichen Einheiten des Unternehmens zu verstehen, also Unternehmensorgane, die Leitungen von Filialen, die Leitungen von Werken und Betrieben, Unternehmensabteilungen oder sonstige Organisationseinheiten, die energiewirtschaftliche Funktionen wahrnehmen. Insofern bildet offenbar auch der Betrieb oder das Unternehmen selbst eine »betriebliche Einrichtung«, was eine wenig geglückte Begriffsbildung darstellt.

22 Unklar bleibt auch der Begriff **Angehörige** von betrieblichen Einrichtungen, der in der Regierungsbegründung nicht erläutert wird und erst mit der Änderung durch den Wirtschaftsausschuss (Integration der ursprünglichen Ziff. 2 in die damalige Ziff. 1)[11] Bestandteil des Gesetzentwurfes geworden ist. Aber auch die Begründung zur früheren Ziff. 2 erläutert den Begriff »betriebliche Einrichtung« nicht[12]. Für eine einengende Auslegung besteht kein Anlass.

23 Ob zu den »betrieblichen Einrichtungen« auch die **Aufsichtsgremien** gehören (Aufsichtsrat, Beirat, Gesellschafterversammlung der GmbH), mag zweifelhaft sein. Solange das Aufsichtsgremium schon nach der gesetzlichen Regelung in Verbindung mit dem Gesellschaftsstatut (Satzung) nicht befugt ist, Weisungen in Bezug auf die Netztätigkeit zu erteilen (anders: § 37 Abs. 1 GmbHG), mag die gleichzeitige Tätigkeit eines Netzbetreiber-Geschäftsführers im Aufsichtsrat eines vertikal integrierten Unternehmens, das komplementäre energiewirtschaftliche Funktionen wahrnimmt, noch hinnehmbar sein, weil das Aufsichtsgremium weder in den laufenden Geschäftsbetrieb eingebunden ist, noch Verantwortung über die Kontrolle hinaus zu übernehmen hat.

24 Unter »Angehörigem« im Sinne von § 8 Abs. 2 Ziff. 1 sind deshalb alle Mitglieder von Unternehmensorganen mit Entscheidungsbefugnissen in Bezug auf den laufenden Betrieb bei Wahrnehmung energiewirtschaftlicher Funktionen zu verstehen. Dies gilt unabhängig davon, ob die »Angehörigkeit« mit wesentlichem Einfluss auf den

---

11 Vgl. BT-DrS 15/5268, S. 20.
12 Regierungsbegründung, BT-DrS 15/3917, S. 53.

III. Entscheidungsunabhängigkeit (Abs. 2 bis 4)

dortigen Entscheidungsprozess verbunden ist. Wer unterhalb des Unternehmensorgans anderen Betriebsabteilungen nach dem Organisationsplan des Unternehmens zuzurechnen ist, ist ebenfalls Angehöriger unabhängig von der konkret bestehenden Weisungslage. Dies bedeutet, dass der Geschäftsführer einer Netzbetreiber-GmbH nicht gleichzeitig Anträge auf Energieversorgung von Haushalts- und Gewerbekunden bearbeiten darf, selbst wenn die Entscheidung über die Annahme des Angebots nicht von ihm selbst getroffen wird.

b)   Personen mit Befugnis zu Letztentscheidungen

Die Integration der ursprünglichen Ziff. 2 des Gesetzentwurfs in   25
Ziff. 1 der Gesetz gewordenen Fassung[13] hat der Wirtschaftsausschuss des Bundestages wie folgt begründet[14]:

»Neben Personen, die mit originären Leitungsaufgaben für den Netzbetreiber betraut sind, müssen auch solche Personen dem Geschäftsbereich Netzbetrieb angehören, die wesentliche Entscheidungsbefugnisse im Hinblick auf die Diskriminierungsfreiheit des Netzbetriebs haben. Diese Personen dürfen keinen betrieblichen Einrichtungen des vertikal integrierten Energieversorgungsunternehmens angehören, die direkt oder indirekt für den laufenden Betrieb in den Bereichen der Gewinnung, der Erzeugung oder des Vertriebs von Energie an Kunden zuständig ist.

Damit ist sichergestellt, dass nicht nur die Geschäftsführung oder Bereichsleiter, sondern auch weitere, darunter angesiedelte Entscheidungsträger (z.B. leitende Angestellte) vom § 8 Abs. 2 Nr. 1 erfasst werden, sofern auch bei ihnen wesentliche Entscheidungsbefugnisse liegen ... . Betroffene Tätigkeiten können z.B. die Vermarktung von Netzkapazitäten und die Steuerung des Netzes sein.«

Die Begründung der Veränderung zeigt, dass der Gesetzgeber eine   26
»Herabstufung« der »personellen Entflechtung« nicht beabsichtigt hat; einige der nun im Gesetzestext gestrichenen Beispiele sind wieder in die Begründung aufgenommen worden. Andere Beispiele[15] sind

---

13 BT-DrS 15/5268, S. 20.
14 Ebd. S. 118.
15 § 8 Abs. 2 Ziff. 2 HS 2 in der Fassung des Regierungsentwurfs: »Personen, die mit wesentlichen Tätigkeiten des Übertragungsnetzbetriebs betraut

zwar nicht explizit benannt worden, dürften aber ebenfalls nicht anders zu behandeln sein als mit dem ursprünglichen Entwurf beabsichtigt.

27 **Befugnis** zu Letztentscheidungen im Sinne des § 8 Abs. 2 Ziff. 1 Alt. 2 besitzt derjenige, der über den Zugang zum Netz entscheidet (§§ 20 ff.) oder Netzentgelte im Einzelfall berechnet, Entscheidungen über den Netzanschluss oder dessen Bedingungen trifft (§§ 17 ff.) oder Verantwortung in Bezug auf den Betrieb von Energieversorgungsnetzen wahrzunehmen hat (§§ 11 ff.). Gemeint sind vor allem Entscheidungen im betrieblichen Ablauf, also nicht die langfristige strategische Planung. Keine Letztentscheidungsbefugnis hat derjenige, der entweder bei seiner Entscheidung gar keine Netzaufgaben wahrnimmt oder aber zwar Netzaufgaben wahrnimmt, jedoch die Entscheidung lediglich vorbereitet. Selbst wenn seine Entscheidungsvorschläge typischerweise vom Letztentscheider übernommen werden, ist letzterer und nicht ersterer Unternehmensmitarbeiter Adressat und Begünstigter des § 8 Abs. 2 Ziff. 1 Alt. 2.

28 Die Entscheidung muss für einen diskriminierungsfreien Netzbetrieb wesentlich sein; wer lediglich Vorgaben (z.B. im Rahmen der Berechnung des konkreten Netznutzungsentgelts) im Einzelfall umsetzt, trifft keine eigene Entscheidung im Hinblick auf den Netzbetrieb. Die Diskriminierungsfreiheit der Netzbenutzung wird vielmehr von demjenigen gewährleistet, der die Vorgaben konzipiert und deren Anwendung angeordnet hat.

c) Personen mit Dienstleistungsaufgaben für den Netzbetrieb

29 § 8 Abs. 2 Ziff. 2 ist als »Ziff. 3« bereits im Ausgangsentwurf zum EnWG 2005 enthalten gewesen. Ziel der Bestimmung ist es, die Vorgaben von Art. 10 RL-Elt/8 RL-Gas Abs. 2 lit. a) bzw. Art. 15 Rl-Elt/13 RL-Gas konkretisierend umzusetzen. Zugelassen wird insbesondere, dass **für den Netzbetrieb bestimmte Dienstleistungen** auch außerhalb der Netzgesellschaft ausgeübt werden. Auf diese Weise wird der Grundsatz strikter personeller Trennung zwischen Netzunternehmen und sonstigen Unternehmen des vertikal integrierten EVU partiell durchbrochen. Auf diese Weise sollen insbesondere sog. »shared services« ermöglicht werden.

sind, dürfen auch nicht einer betrieblichen Einrichtung der Erzeugung angehören.«

III. Entscheidungsunabhängigkeit (Abs. 2 bis 4)

Kein Unternehmen ist unter der Herrschaft des ökonomischen Prinzips in der Lage, jegliches benötigte Vorprodukt und jegliche Dienstleistung selbst zu erstellen. Wenn die benötigte Dienstleistung nicht »am Markt« erworben wird, kommt die Einschaltung von Schwester- und Mutterunternehmen des Energieverbundes in Betracht. Die Ziff. 2 sorgt dafür, dass das Unabhängigkeitsprinzip des § 8 Abs. 1 dem nicht entgegensteht. 30

Nach Auffassung der Kommission[16] ist das **Trennungsprinzip** grundsätzlich auch in Bezug auf gemeinsame Dienstleistungen zu verwirklichen. Dies kann Personal, Finanzen, IT, Unterbringungs- sowie Transportaufgaben betreffen. Allerdings soll der Regulierungsbehörde eine Prüfung im Einzelfall zugestanden werden[17]; um den Grundsatz der Unabhängigkeit des Netzbetreibers weitestgehend zu verwirklichen, hat nach Auffassung der Kommission die Prüfung anhand der folgenden Kriterien zu erfolgen: 31

– Ausschluss von Quersubventionen

– Erbringung der Dienstleistung zu Marktbedingungen

– Nachweis größtmöglicher Wirtschaftlichkeit

Der nationale Gesetzgeber ist augenscheinlich um eine Vereinfachung dieses Prüfungsvorgangs bemüht, indem er an die Stelle des von der Kommission herangezogenen analogen Vergleichsmarktprinzips **Leitungsbefugnisse des Netzbetreibers auch im Hinblick auf diejenigen Personen** vorsieht, die derartige **Netzdienstleistungen** erbringen (Hierarchie statt Markt). Dazu verwendet der Gesetzgeber den Begriff der »fachlichen Weisung«: 32

Das für Dienstleistungen herangezogene Personal des Schwesterunternehmens des Netzbetreibers verbleibt zwar arbeitsrechtlich in der Direktionsbefugnis desjenigen Unternehmens, dem es kraft Vertrages zugeordnet ist. Soweit allerdings Netzaufgaben zu erledigen sind, können diesbezügliche (»fachliche«) Weisungen nur durch Personen der **Leitung des Netzbetreibers** erfolgen. Dabei muss es sich nicht um Weisungen unmittelbar des Leitungsorgans des Netzbetreibers handeln; auch Personen mit Befugnis zu Letztentscheidungen im Sin- 33

---

16 Kommentar zur Entflechtungsregelung, Stand: 16.1.2004, S. 8 ff.
17 Vermerk ebd.

ne der zweiten Alternative des § 8 Abs. 2 Ziff. 1 können derartige fachliche Weisungen erteilen.

34 Der Nicht-Netzbetreiber muss die Weisungsunterstellung arbeitsvertraglich absichern; insofern findet eine »Abspaltung der Direktionsbefugnisse« statt. Sicherzustellen ist, dass fachliche Weisungen in Bezug auf den Netzbetrieb **nur vom Netzbetreiber** eingeholt und beachtet werden müssen. Die Nichtbeachtung anderer fachlicher Weisungen führt deshalb konsequent nicht zur Verletzung arbeitsvertraglicher Haupt- oder Nebenpflichten.

35 Netzbetreiberaufgaben im engeren Sinne darf dieses »Fremdpersonal« nicht erledigen. In der Gesetzesbegründung[18] werden genannt:

- Serviceeinrichtungen und Einrichtungen zur Wartung von technischen Anlagen und Geräten

- IT-Dienste

- Rechtsberatung

36 Über die gemeinsame Erbringung dieser Dienstleistungen für verschiedene Unternehmen des vertikal integrierten EVU – also u.a. für den Netzbetreiber – hinaus ist es auch erlaubt, **ausschließlich im Auftrag des Netzbetreibers** derartige Dienstleistungen zu erbringen (»nur für das Netz«)[19]. Entscheidungen über Netzanschluss, Netzzugang und Netzentgelte sowie Weisungen zur Aufrechterhaltung des Netzbetriebs dürfen diese »Dritten« aber nicht treffen.

2. Sicherstellung der inneren Handlungsunabhängigkeit (Abs. 3)

37 Weil die nach außen eingeräumte Entscheidungsgewalt in der Art einer »Außenvollmacht« durch interne Weisung beschränkt werden kann, was den anstehenden Entscheidungen und Rechtsgeschäften allerdings nicht ihre Wirksamkeit nimmt (vgl. § 37 Abs. 2 GmbHG), ist es ein besonderes Anliegen des europäischen Gesetzgebers gewesen, auch die **innere Handlungsunabhängigkeit** der leitenden und entscheidenden MitarbeiterInnen (Entscheidungsträger) des Netzbetreibers zu gewährleisten. Abs. 2 lit. b) der Art. 10 und 15 RL-Elt sowie Art. 8 und 13 RL-Gas sprechen von der Berücksichtigung der »berufsbedingten Interessen der für die Leitung zuständigen Perso-

---

18 BT-DrS 15/3917, S. 54.
19 Ebd., Einzelbegründung zu § 8 Abs. 2 Ziff. 3 (a.F.).

nen«, der nationale Gesetzgeber in § 8 Abs. 3 von »beruflicher Handlungsunabhängigkeit der Personen ..., die für die Leitung des Netzbetreibers zuständig sind.« Greift man zur Klärung des hier verwendeten Leitungsbegriffs auf § 8 Abs. 2 Ziff. 1 zurück, so sind nicht nur die Organe (Vorstand und Geschäftsführung) des Netzbetreibers für die Leitung zuständig, sondern auch die Werks- und Betriebsleiter vor Ort. Weil die Ziff. 2 des § 8 Abs. 2 nicht vollständig auf die Ziff. 1 zurückverweist, ist nicht davon auszugehen, dass der in § 8 Abs. 3 gemeinte Personenkreis auch alle (sonstigen) MitarbeiterInnen mit Letztentscheidungsbefugnissen umfasst.

Zu vermeiden sind alle **Leistungsanreize** positiver oder negativer Art, die ein unabhängiges Agieren des Netzbetreibers beeinträchtigen könnten. Zwar dürfen die Gehälter des so beschriebenen Leitungspersonals an die Erfolge des Netzbetreibers selbst, nicht aber an die Erfolge anderer Unternehmen des Energieverbundes geknüpft werden. Nach Auffassung der Kommission[20] soll es bereits nicht erlaubt sein, dass Leitungsmitarbeiter der Netzgesellschaft oder diese selbst Aktien am verbundenen Versorgungs- bzw. Holdingunternehmen erwerben. Die nationale Gesetzesbegründung spricht insofern von »Maßnahmen, die verhindern, dass wesentliche Anteile der Bezahlung und Erfolgshonorierung von anderen als den Leistungen und Erfolgen im Netzgeschäft abhängen«[21]. 38

Probleme können entstehen, wenn Mitarbeiter des Energieverbunds, die eigene Aktien von Nicht-Netzbetreibern des eigenen Verbunds erworben oder an Aktienoptionsprogrammen beteiligt sind, zur Wahrnehmung von Leitungsaufgaben an die Netzbetreibergesellschaft abgeordnet werden. Es erscheint als zu weitgehend, wenn sich diese Mitarbeiter dann von ihren (privaten) Vermögensanlagen trennen müssen. Denkbar ist es, die Ausübung von Depotentscheidungen für den fraglichen Zeitraum einem professionellen Vermögensverwalter zu übertragen. Setzt der Arbeitgeber diese (weitgehenden) Maßnahmen zur Sicherung der Handlungsunabhängigkeit arbeitsvertraglich nicht durch, ist der fragliche Mitarbeiter in seinen Entscheidungen frei, weil § 8 Abs. 3 ihm gegenüber keine Drittwirkung zeitigt, sondern ausschließlich Unternehmen im Sinne von § 3 Ziff. 38 bindet. 39

---

20 Vermerk zur Entflechtungsregelung, ebd. S. 8 ff.
21 Begründung zu § 8 Abs. 3, BT-DrS 15/3917, S. 54.

40 Die bloße und auf Arbeitsvertrag beruhende Honorierung der Tätigkeit des Leitungspersonals des Netzbetreibers durch ein anderes Unternehmen des Energieverbundes (z.B. Muttergesellschaft) beeinträchtigt die Handlungsunabhängigkeit des Netzbetreiber-Leitungspersonals nicht, solange die zeitbezogene Vergütung nicht durch eine Erfolgshonorierung ersetzt wird. Mit der **Bestellungsverfügung** ist zu gewährleisten, dass alle Bindungen aus dem Arbeitsverhältnis zur Schwester- oder Muttergesellschaft für die Zeit der Leitung des Netzbetreibers ruhen, so dass nur noch die Honorierung seitens des anderen Unternehmens erfolgt.

3. Wahrung des inneren Kerns von Netzbetreiber-Entscheidungsbefugnissen (Abs. 4)

41 Der im Laufe des Gesetzgebungsverfahrens unverändert gebliebene § 8 Abs. 4 ist im Entwurf wie folgt begründet worden[22]:

»Absatz 4 verpflichtet vertikal integrierte Energieversorgungsunternehmen, den jeweiligen Netzbetreibern tatsächliche Entscheidungsbefugnisse zur Nutzung des Netzanlagevermögens für den Betrieb, die Wartung, und den Ausbau des Netzes zuzuweisen. Deren Unabhängigkeit gegenüber der Leitung des integrierten Unternehmens und anderen betrieblichen Einrichtungen bezieht sich im Wesentlichen auf die Ausübung und Ausgestaltung des laufenden Netzbetriebs und der Wartung. Weisungen aus dem vertikal integrierten Unternehmen sind insoweit unzulässig. Dies gilt auch für die Ausführung von Netzbaumaßnahmen, solange sich die Netzbetriebsgesellschaft dabei an den Rahmen eines vom vertikal integrierten Unternehmen genehmigten Finanzplanes oder vergleichbarer Vorgaben hält. Soweit es zur Wahrnehmung der berechtigten wirtschaftlichen Interessen des vertikal integrierten Unternehmens an der rentablen Geschäftsführung des Netzbetriebs erforderlich ist und nicht zu einer Einschränkung der Unabhängigkeit des Netzbetriebs zu diskriminierenden Zwecken dient, ist die Ausübung gesellschaftsrechtlicher Leitungs- und Aufsichtsrechte zulässig; dies schließt z.B. Weisungen, die Festlegung allgemeiner Verschuldungsobergrenzen und die Prüfung/Genehmigung von Finanzplänen ein.«

---

22 Regierungsentwurf, Einzelbegründung zu § 8 Abs. 4, BT-DrS 15/3917, S. 54.

III. Entscheidungsunabhängigkeit (Abs. 2 bis 4)

Das Spannungsfeld zwischen unternehmerischer Unabhängigkeit und 42
Schutz der Eigentümer- und Vermögensinteressen der Muttergesellschaft im Konzernverbund bringt diese Begründung plastisch zum Ausdruck, wobei der nationale Gesetzestext die wesentlichen Vorgaben des Abs. 2 lit. c) der Art. 10 und 15 RL-Elt bzw. Art. 8 und 13 RL-Gas im Wesentlichen getreulich übernimmt. Während die Rahmengebung aus auf gesellschaftsrechtlicher Weisung beruhenden Vorgaben der Muttergesellschaft resultieren wird, müssen dem Netzbetreiber so viele Entscheidungsmöglichkeiten wie erforderlich zustehen, um seine Infrastrukturaufgabe und insbesondere die Betriebspflicht unter Einräumung des diskriminierungsfreien Zugangs für alle Netznutzer bestmöglich wahrnehmen zu können.

Dabei dürfen sich die Entscheidungen nicht nur auf den laufenden 43
Betrieb (Netzzugang, Festsetzung von Netznutzungsentgelten) beschränken. Im Rahmen des Finanzplanes müssen vielmehr Investitionspläne vom Netzbetreiber selbst aufgestellt werden, weil die Betriebspflicht auch die Netzausbaupflicht umfassen kann. Die zitierte Gesetzesbegründung scheint deshalb den unternehmerischen Mobilitätsbereich des Netzbetreibers nicht vollständig auszuschöpfen.

a)   Sachbezug der wesentlichen Entscheidungsbefugnisse

Wenn **Satz 1** des § 8 Abs. 4 von **tatsächlichen Entscheidungsbefug-** 44
nissen spricht, so meint dieser aus den Richtlinientexten übernommene Begriff die materialty und damit die Wesentlichkeit und nicht nur das theoretische Bestehen von Entscheidungsspielräumen. Der vorgegebene Finanzplan darf deshalb kein enges »Korsett« darstellen, das der Netzbetreiberleitung nur noch eine einzige Entscheidungsalternative belässt. Tatsächliche Entscheidungsbefugnisse sind deshalb erst gegeben, wenn im Hinblick auf den Gegenstand des Entscheidungsprozesses Wahlfreiheit zwischen zumindest zwei Alternativen besteht, sofern die Sachaufgabe als solche nicht bereits nur eine Entscheidung zulässt.

Gegenstand der Entscheidungsbefugnisse sind **Betrieb, Wartung** und 45
Ausbau des Netzes, für die jeweils die **erforderlichen Vermögenswerte** zur Verfügung zu stellen sind. Ohne Finanzmittel ist beispielsweise der Ausbau des Netzes unmöglich, und die »Finanzdecke« darf auch nicht so knapp bemessen sein, dass Wartungs- und Überholungsarbeiten ständig verschoben werden müssen. Die Einnahmen aus

den Netzzugangsentgelten werden im Übrigen ausreichen, die laufenden Betriebsaufwendungen zu decken.

46 Soweit der Netzbetreiber eigene Mittel nicht zur Verfügung hat und auch im Laufe des Geschäftsjahres nicht erwirbt, ist es nach Satz 1 Sache des Energieverbundes (Gesetzeswortlaut: vertikal integriertes EVU), die erforderlichen Vermögenswerte entweder selbst zur Verfügung zu stellen oder eine Fremdkapitalaufnahme zu Marktbedingungen zu ermöglichen. Kredite der Muttergesellschaft müssen marktgerecht sein; berechnet ein Unternehmen des Energieverbundes höhere Zinsen, so steht zu vermuten, dass gegen das Unabhängigkeitspostulat des § 8 Abs. 4 Satz 1 verstoßen wurde, weil ein sorgfältig handelndes Netzbetreiber-Management einen solchen Kredit nicht aufgenommen hätte und deshalb offenbar eine fremdbestimmte Entscheidung getroffen wurde.

47 Die Entscheidungsbefugnisse müssen auch dann bestehen, wenn das Netzbetreiberunternehmen lediglich fremde Vermögenswerte – etwa im Pachtverhältnis – bewirtschaftet. Die Verpflichtung im Pachtvertrag, vor jedem Zugriff auf diese Vermögenswerte die Zustimmung des Verpächters/Eigentümers einzuholen, verletzt den Unabhängigkeitsgrundsatz. Die Unabhängigkeit muss – § 8 Abs. 4 Satz 1 a.E. – nicht nur gegenüber der Leitung des Energiekonzerns, sondern auch im Verhältnis zu anderen betrieblichen Einrichtungen – shared services – bestehen. Dem Netzbetreiber darf beispielsweise nicht vorgeschrieben werden, bestimmte EDV-Software zu benutzen, die in Schwesterunternehmen zur Verfügung steht, wenn diese aus der Sicht der Netzbetreiberleitung den Bedürfnissen nicht gerecht oder nicht zu Marktbedingungen angeboten wird.

b) Begrenzung gesellschaftsrechtlicher Kontrolle

48 Im Unternehmensverbund (Konzern) können entweder auf der Basis eines Unternehmensvertrages (Vertragskonzern) oder aber kraft Beherrschung (Kapital- und/oder Stimmenmehrheit: faktischer Konzern) Weisungen erteilt werden, die – wenn daraus resultierende Verluste übernommen werden – nachteilige Folgen für das angewiesene Unternehmen nicht ausschließen. Um die Unabhängigkeit des Netzbetreibers zu gewährleisten, muss diese Weisungsbefugnis begrenzt werden. Weil sich in den großen Wirtschaftsunternehmen der **Finanzplan** als Kontrollinstrument ebenso durchgesetzt hat wie die **Vorgabe von Rentabilitätsziffern**, setzt das Gebot der operationellen

Entflechtung an dieser Stelle an. Nur zum Zwecke der Rentabilitätssicherung im Unternehmensverbund können die herkömmlichen gesellschaftsrechtlichen Instrumente einschließlich ihrer institutionellen Ausprägung in Aufsichtsräten und Beiräten ausgeübt werden. **Satz 2** nennt:

– Festlegung allgemeiner Verschuldungsobergrenzen

– Genehmigung jährlicher Finanzpläne

– Nutzung gleichwertiger Instrumente

Die erfolgte Anweisung ist von der Netzbetreiberleitung daraufhin zu überprüfen, ob sie der **Wahrnehmung berechtigter Interessen** des Energieverbundes dient, wobei der Begriff **erforderlich** verwendet wird. Nicht erforderliche Weisungen oder sonstige Kontrollmaßnahmen dürfen also nicht erfolgen. Wird eine solche Vorgabe gleichwohl beachtet, liegt ein Verstoß gegen das Unabhängigkeitsprinzip vor. Dass an dieser Stelle Streit entstehen kann, für dessen Auflösung weder Regulierungsbehörden noch Gerichte zuständig sind, liegt auf der Hand. Wenn sich insofern die jeweilige Muttergesellschaft durchsetzen sollte, weil sie die Interpretationsherrschaft über das gewinnt, was zur Wahrnehmung ihrer berechtigten Interessen als erforderlich erscheint, wird § 8 Abs. 4 insgesamt leer laufen. **Satz 3** betont dabei die Bedeutung der Aufgaben und Betriebspflichten der Netzbetreiber, §§ 11 bis 16. Dies bedeutet, dass ein Finanzplan oder ein anderes Steuerungsinstrument möglicherweise mit dem Ziel geändert werden muss, beispielsweise durch Unwetter eingetretene schwere Schäden am Netz schnellstmöglich zu beseitigen, obwohl nach dem Finanzplan hierfür Mittel nicht eingeplant sind. 49

c) Weisungsverbot

Zur Präzisierung des Satzes 1 legt § 8 Abs. 4 **Satz 4 ein Weisungsverbot** fest. Gegenstand dieses Verbotes ist zum einen der **laufende Netzbetrieb** einschließlich Wartung und Reparatur. Ein weiteres Verbot (»ebenfalls unzulässig«) betrifft Einzelentscheidungen zu **baulichen Maßnahmen an Energieanlagen**. Zu den Energieanlagen zählen gemäß § 3 Ziff. 15 (netzbetreiberspezifisch beschränkt) alle Anlagen zur Fortleitung und Abgabe von Energie einschließlich der Verteileranlagen der Letztverbraucher sowie der Absperreinrichtung bei der Gasversorgung. Dazu gehören aus Netzbetreibersicht nicht nur Leitungen und Masten, Kabel und Rohrleitungen, Transformato- 50 ren und Druckregelanlagen, sondern auch die Grundstücke, Gebäude und Fahrzeuge einschl. Werkzeugen und Reparaturmaterial, die unter Berücksichtigung ihrer Zubehöreigenschaft (§ 97 BGB) ebenfalls den Energieanlagenbegriff beim Netzbetreiber ausfüllen.

51 Weisungen zu Einzelentscheidungen sind aber nur dann nicht verboten, wenn sich diese Entscheidungen – konkretisierend – im Rahmen des Finanzplanes/gleichwertigen Instruments halten. Die Geschäftsleitung des Netzbetreibers wird daher immer sehr sorgfältig prüfen und auch im Einzelfall begründen müssen, welche der geplanten baulichen Maßnahmen noch als finanzplankonform erscheint; dabei obliegt es der eigenständigen Netzbetreiberentscheidung, im Rahmen einer nachvollziehbaren Prioritätsskala, die an den Zielen des § 1 Abs. 1 orientiert sein muss, erforderlichenfalls einzelne Maßnahmen gegeneinander auszutauschen (Verschiebungsentscheidung). Darüber hinausgehende Maßnahmen sind der weisungsbefugten Stelle im Energieverbund vorzuschlagen; ergeht eine Weisung nicht, ist die Geschäftsleitung des Netzbetreibers frei, die Maßnahme durchzuführen oder nicht durchzuführen.

52 Bei Verstoß gegen das Weisungsverbot des § 8 Abs. 4 Satz 4 ist die gleichwohl erteilte Anordnung/Kontrollmaßnahme **unwirksam** i. S. von § 134 BGB. Dies gilt unabhängig davon, ob die Weisung in die Form eines Rechtsgeschäfts gekleidet ist (z. B. Beschluss des Aufsichtsrates) oder als schlichte Weisung erfolgt; im letzteren Fall ist § 134 BGB analog anzuwenden. Ohne diese zivilrechtliche Sanktion bliebe § 8 Abs. 4 Satz 4 folgen- und funktionslos.

IV. Gleichbehandlungsprogramm (Abs. 5)

53 Die den Absätzen 2 lit. d) der Art. 10 und 15 RL-Elt bzw. 8 und 13 RL-Gas entnommene Verpflichtung zur Aufstellung eines **Gleichbehandlungsprogramms** (im Folgenden: GbP) ist im Wesentlichen wortgleich in das nationale Recht übernommen worden. Eine Veränderung im Gesetzgebungsverfahren wurde – bis auf die Präzisierung zum Begriff »Regulierungsbehörde« – nicht mehr vorgenommen[23]. Die knappe Begründung zu § 8 Abs. 5 spricht von einem »verbindlichen Maßnahmenprogramm zur Gewährleistung diskriminierungs-

---

23 Beschlussempfehlung und Bericht des Wirtschaftsausschusses, BT-DrS 15/5268, S. 19 – Klarstellung.

freier Ausübung des Netzbetriebs« und nennt als Beispiele »organisatorische und verfahrensmäßige Vorgaben zu Verhaltenskontrollen«[24].

Die Vorschriften zum GbP haben eine **zweifache Zielrichtung**: Zum 54 einen sollen – ggf. unter Androhung entsprechender Sanktionen wegen Verletzung des Arbeitsvertrages – die Mitarbeiter zu einem gesetzeskonformen Verhalten veranlasst werden, indem ihnen ein »Umsetzungsprogramm« für ihren Arbeitsbereich vorgegeben wird. Zum anderen hat die Regelung strikten Marktbezug: Hier geht es nicht um unternehmensinterne Weisungen, sondern um ein zu veröffentlichendes und der Regulierungsbehörde mitzuteilendes Programm, aus dem Jedermann abzulesen in der Lage ist, welche konkreten Vorgaben ein bestimmter Netzbetreiber zur Sicherung des diskriminierungsfreien Netzzugangs aufgestellt hat. Mit Hilfe dieses GbP soll eine **Innensteuerung** – Eigenregulierung – des Netzbetreibers erfolgen.

Während der deutsche Gesetzgeber das vertikal integrierte EVU zur 55 Aufstellung des GbP verpflichtet, so dass letztlich alle im Energieverbund zusammengeschlossenen Unternehmen Adressaten der Norm sind, ist nach europäischem Recht der jeweilige (rechtlich selbständige oder unselbständige) Netzbetreiber zur Aufstellung aufgefordert. Insofern liegt wohl ein Redaktionsversehen vor, wobei Vorschläge aus anderen Bereichen des Energieverbundes selbstverständlich möglich sind. Die Geschäftsleitung des Netzbetreibers kann sich auch extern bei der Aufstellung unterstützen lassen.

1. Durchführungshinweise der Kommission

In Bezug auf die Aufstellung eines Gleichbehandlungsprogramms 56 (GbP) gibt die Kommission Hinweise zum Inhalt (besondere Pflichten der Mitglieder), zur Programmdurchsetzung sowie zur Überwachung/Berichterstattung[25]. Wesentliche **Inhalte** des GbP sollen bilden:

– Liste der vertraulichen Informationen, Behandlung dieser Informationen und Sanktionen (Strafen) bei Verstößen

– Regelung des Mitarbeiterverhaltens gegenüber Netzkunden (keine Hinweise zu eigenem Versorgungsgeschäft)

---

24 Einzelbegründung zu § 8 Abs. 5, BT-DrS 15/3917, S. 54.
25 *Kommission*, Entflechtungsregelung, Stand: 16.1.2004, S. 13 ff.

§ 8 Operationelle Entflechtung

– Beschränkung des Zugangs zu Räumlichkeiten, sensiblen Bereichen oder EDV-Systemen des Netzbetreibers

57 Um das GbP durchzusetzen, seien die erforderlichen Verfahrensschritte zu erfassen und eine aktive Unterstützung des GbP durch die oberen Führungskräfte sicherzustellen. Erforderlich seien zudem eine schriftliche Verpflichtung der Mitarbeiter sowie Aussagen über Disziplinarmaßnahmen bei Verstößen. Schließlich müsse eine besondere Schulung zur Gleichbehandlung durchgeführt werden.

58 Zudem sei eine **Überwachung** der Einhaltung des GbP sicherzustellen und für die erforderliche **Berichterstattung** Sorge zu tragen. Dies setze die Installation eines transparenten Bewertungsverfahrens voraus, das eine kontinuierliche Überprüfung des Mitarbeiterverhaltens ermögliche, einschließlich einer Überwachung durch die Unternehmensleitung (= zuständige Stelle). Kritisch könnte insofern angemerkt werden, dass auf diese Weise Aufsteller und Überwacher des Programms identisch sind, was »ad hoc«-Korrekturen erleichtern könnte. Leitlinien zum jährlichen Bericht erfolgen durch Regulierungsbehörde.

59 Offen bleibt in den Richtlinien, in welchem Maße die **Unabhängigkeit der zuständigen Person oder Stelle** sicherzustellen ist. In jedem Fall muss eine ausreichende Überwachung des GbP gewährleistet sein. Bei Aufstellung des Programms durch die Geschäftsleitung, wie es Richtlinientexte und Umsetzungsvorschläge ohne weiteres zulassen, findet letztlich eine Selbstüberwachung statt. Eine Überwachung durch die Regulierungsbehörde erschiene von vornherein als ineffektiv. In Betracht zu ziehen wäre gleichwohl eine externe Überwachung, z. B. durch Sachverständige oder Audition Committees. Man könnte auch daran denken, nach dem Vorbild der Umweltbeauftragten[26] eine interne Überwachung durch einen **Gleichbehandlungsbeauftragten** zu organisieren.

60 Dabei wäre ein Mindestmaß an Weisungsfreiheit sicherzustellen, wobei die gesetzliche Ausgestaltung analog den Vorgaben für Umweltbeauftragte erfolgen könnte[27]. Gemeinsam ist der Ausgestaltung dieser

---

26 Vgl. *Salje*, Zivilrechtliche und strafrechtliche Verantwortung des Betriebsbeauftragten für Umweltschutz, BB 1993, S. 2297 ff.
27 Vgl. für den Störfallbeauftragten: §§ 58a ff. BImSchG; für den Immissionsschutzbeauftragten: §§ 53 ff. BImSchG; für den Gefahrgutbeauftragten: § 3 Abs. 1 Satz 1 Ziff. 14 GGBefG; den Abfallbeauftragten: §§ 54 ff. KrW-/AbfG; den Gewässerbeauftragten: §§ 21 ff. WHG.

Rechtsverhältnisse eine schriftliche Bestellung, die Anzeige der Bestellung gegenüber der Behörde unter Mitteilung der Aufgabenzuweisung, die Sicherstellung von Fachkunde und Zuverlässigkeit sowie das Vorhandensein einer Mindestausstattung. Der Beauftragte wäre bei Änderungen des GbP sowie wesentlichen Verfahrensänderungen im Netzbetrieb anzuhören, und er hätte ein Vortragsrecht bei der Geschäftsleitung. Arbeitsrechtlich wären ein Benachteiligungsverbot sowie der Kündigungsschutz zu verankern.

In Bezug auf die Transformation der Entflechtungsregeln durch die Mitgliedstaaten sollen nach den Vorstellungen der Kommission die Mindestkriterien der Richtlinien ergänzt und verstärkt werden. Dazu schlägt die Kommission vor[28]: 61

– Rebranding des Netzgeschäfts (getrennte Marke)

– Erarbeitung einer besonderen Unternehmenskultur

– Unterbringung in getrennten Gebäuden

– keine Links beim Internetauftritt zum verbundenen Versorger

Die Netzbetreiber sollen darüber hinaus eine besondere Verpflichtungserklärung zur Einhaltung der Rechtsvorschriften abgeben (Compliance). Zur Absicherung der Umsetzung der Entflechtungsregeln durch Rechtsvorschriften hält die Kommission zusätzliche Leitlinien oder die Herausgabe von Anforderungskatalogen für erforderlich. 62

2. Mögliche Inhalte des Gleichbehandlungsprogramms

Charakteristischer Inhalt des GbP ist die Festlegung von Mitarbeiterpflichten bei der Behandlung von Netzzugangsanfragen sowie der Abwicklung des Netzzugangs einschl. der Durchsetzung des Vertraulichkeitsgebots (§ 9). Im Programm müssen auch Sanktionen für den Fall einer Nichtbeachtung enthalten sein. Die »zuständige Stelle« wird in ihrem Bericht Rechenschaft über die Einhaltung des Programms ablegen, § 8 Abs. 5 Satz 3. Dabei muss nicht jeder Geschäftsvorfall lückenlos geprüft werden; ausreichend sind vielmehr Stichproben. Insbesondere sind Verstöße kenntlich zu machen, und es ist anzugeben, wie solche Verstöße künftig vermieden werden können. Im 63

---

28 *Kommission*, Entflechtungsregelung, Stand: 16.1.2004, S. 15.

Einzelnen sind im GbP – zugleich als Grundlage für den Bericht – die folgenden Punkte zu regeln:

- Trennung der EDV im Verhältnis zu anderen Aktivitäten (fire walls)
- Formalisierung des Verfahrens bei Nezzugangsanfragen
- einheitliche Kalkulation der Netzzugangsentgelte (NZE)
- Transparenz der NZE
- Prioritätenbehandlung und Repartierung
- besondere Bewahrung des Geschäftsgeheimnisses »Kundendaten«
- Controlling (einschl. neutraler Testanfragen)
- Androhung arbeitsrechtlicher Konsequenzen bei Pflichtverletzung

3. Stufen des Aufstellungsprozesses

64 Das GbP ist – vom Netzbetreiber – zunächst **festzulegen**. Die **Bekanntmachung den Mitarbeitern** des Unternehmens **sowie der Regulierungsbehörde** gegenüber kann auf eine zweckmäßige und mögliche Weise – z. B. Übersendung per e-mail – erfolgen. Um eine rechtlich bindende Verpflichtung der MitarbeiterInnen auf dieses Programm sicherzustellen, sollten die Beschäftigten des Netzbetreibers die Kenntnisnahme des GbP schriftlich bestätigen und sich zur Einhaltung besonders verpflichten (Enforcement-Programm).

65 Auf der dritten Stufe der Umsetzung ist die für die Überwachung **zuständige Stelle zu benennen**. Da die Richtlinien eine Unabhängigkeit dieser Stelle im Verhältnis zur Leitung des Netzbetreibers, der Muttergesellschaft oder anderen Unternehmen eines vertikal integrierten EVU nicht vorsehen, kommt mit der Beauftragung zur Überwachung jede konzern- oder unternehmensinterne Stelle (Einzelperson oder Gruppe) oder Einrichtung und auch eine externe Überwachungsperson oder Gesellschaft (z. B. Umweltauditorganisationen oder der TÜV, wenn entsprechender Sachverstand vorhanden ist) in Betracht. Die in Deutschland vorgesehene Konstruktion der **Betriebsbeauftragten**[29] hat der nationale Gesetzgeber gerade nicht gewählt, um die zuständige Stelle zu konkretisieren.

---

29 Vgl. *Salje*, Zivilrechtliche und strafrechtliche Verantwortung des Betriebsbeauftragten für Umweltschutz, BB 1993, S. 2297 ff.

IV. Gleichbehandlungsprogramm (Abs. 5)

Vierte Stufe des Umsetzungsprozesses bilden die einzelnen Überwachungsentscheidungen. Dieses Überwachungsverfahren ist weder europarechtlich noch national vorstrukturiert und kann deshalb vom Netzbetreiber zweckmäßig ausgestaltet werden. Eine unzweckmäßige Verfahrensausgestaltung liegt vor, wenn das Ziel des GbP – diskriminierungsfreie Behandlung aller Netzkunden – verfehlt wird, indem Verstöße dagegen nicht erkannt oder im Bericht unterdrückt werden. 66

4. Berichtspflicht

Die sog. **zuständige Stelle** ist gemäß **Satz 3** des § 8 Abs. 5 auch für die Erstellung eines **Berichts** zuständig. Dieser ist der Regulierungsbehörde vorzulegen sowie zu veröffentlichen. Zum wesentlichen **Berichtsinhalt** gehören der Inhalt des aufgestellten GbP, die dazu erfolgte Information gegenüber Mitarbeitern und Regulierungsbehörde sowie Maßnahmen zur Überwachung durch die zuständige Person oder Stelle. Obwohl Satz 3 nicht auf Satz 2 des § 8 Abs. 5 verweist, muss auch über die aus dem GbP resultierenden Mitarbeiterpflichten und die vorgesehenen Sanktionen berichtet werden. 67

Der Detaillierungsgrad des Berichtes ist nicht festgelegt. Sind zahlreiche Verstöße vorgekommen, muss zwar deren Anzahl und Qualität angegeben werden; eine ausführliche Schilderung des einzelnen Verstoßes ist jedoch nicht erforderlich. Typische Verstöße müssen deshalb nur beispielhaft erwähnt werden. Besondere Bedeutung kommt den zur Abstellung von Verstößen ergriffenen **Maßnahmen** zu. Der Bericht wird mit einer **Eigenevaluation** im Hinblick auf die Funktionsfähigkeit des GbP schließen. 68

Die Verbände der Elektrizitätswirtschaft erarbeiten Muster sowohl für diesen Bericht als auch für das GbP selbst[30]. Im Vorfeld des Entwurfs der Regelungen zum GbP hatte der VKU bereits einen sog. Code of Conduct vorgelegt, der wesentliche Teile eines GbP abdeckt, aber – als Maßnahme der Eigenregulierung zur Vermeidung einer gesetzlichen Regelung gedacht – Entwurf geblieben ist[31]. Auch in der 69

---

30 Vgl. das GbP von *Vattenfall*, veröffentlicht auf der Homepage.
31 Vgl. dazu *Salje*, Grundansätze und Weiterentwicklung des Energiewirtschaftsrechts vor dem Hintergrund der reformierten Binnenmarktrichtlinien, in: *Taeger/Wiebe* (Hrsg.), Informatik – Wirtschaft – Recht. Regulierung in der Wissensgesellschaft, FS Kilian, Baden-Baden 2004, S. 745, 751 ff.

Literatur sind Vorschläge zur Ausgestaltung der GbP erarbeitet worden[32].

V. De minimis-Klausel (Abs. 6)

70 Von der Option der Art. 15 Abs. 2 Satz 3 RL-Elt bzw. Art. 13 Abs. 2 Satz 3 RL-Gas, die Verteilernetzbetreiber mit weniger als 100.000 angeschlossenen Netzkunden auch von den Verpflichtungen aus der operationellen Entflechtung freizustellen, hat der nationale Gesetzgeber in Deutschland Gebrauch gemacht (§ 8 Abs. 6). Die Freistellungsvoraussetzungen entsprechen § 7 Abs. 2, so dass auf die Erläuterungen dieser Begrifflichkeiten verwiesen werden kann[33]. Der Vorschlag des Wirtschaftsausschusses[34], zumindest das GbP auch für diese kleineren Netzbetreiber verbindlich zu machen, ist im Vermittlungsausschuss wieder gestrichen worden[35].

---

32 Vgl. *Rauch*, Gewährleistung eines diskriminierungsfreien Netzzugangs durch private Selbstregulierung, Diss. Jur. Hannover 2006.
33 Vgl. § 7 Rz. 9 ff.
34 BT-DrS 15/5268, S. 21.
35 Vgl. BT-DrS 15/5736 (neu), S. 2 (Ziff. 4b).

§ 9 Verwendung von Informationen

(1) Unbeschadet gesetzlicher Verpflichtungen zur Offenbarung von Informationen haben vertikal integrierte Energieversorgungsunternehmen und Netzbetreiber sicherzustellen, dass die Vertraulichkeit wirtschaftlich sensibler Informationen, von denen sie in Ausübung ihrer Geschäftstätigkeit als Netzbetreiber Kenntnis erlangen, gewahrt wird.

(2) Legen das vertikal integrierte Energieversorgungsunternehmen oder der Netzbetreiber, der im Sinne von § 3 Nr. 38 mit ihm verbunden ist, über die eigenen Tätigkeiten als Netzbetreiber Informationen offen, die wirtschaftliche Vorteile bringen können, so hat dies in nichtdiskriminierender Weise zu erfolgen.

Überblick	Seite	Rz.
I. Regelungszweck und Entstehungsgeschichte	375	1
II. Inhalt des Vertraulichkeitsgebots	376	3
1. Wirtschaftlich sensible Informationen	377	7
2. Ausübung der Netzbetreibergeschäftstätigkeit	379	12
3. Unbeschadet gesetzlicher Verpflichtungen	380	16
4. Rechtsfolge und Überwachung der informationellen Entflechtung	380	17
III. Formen erlaubter Offenlegung von Netzbetreiberinformationen (Abs. 1 und 2)	381	19
1. Offenlegung unter Beachtung von § 9 Abs. 1	381	20
2. Diskriminierungsfreie Offenlegung von Eigendaten des Netzbetreibers (Abs. 2)	382	23

I. Regelungszweck und Entstehungsgeschichte

In Ergänzung der §§ 6 bis 8 werden mit § 9 die Grundsätze einer informationellen Entflechtung zwischen Netzbetreibern und Nicht-Netzbetreibern gesetzlich geregelt. Die Vorschrift setzt die Art. 10 und 14 RL-Gas sowie Art. 12 und 16 RL-Elt in nationales Recht um und hat sowohl Gas- als auch Elektrizitätsnetzbetreiber – auf der Übertragungs-/Fernleitungs- und auf der Verteilerstufe – zu Adressaten. Mit § 9 soll gewährleistet werden, dass Erzeugungs- und Ver- 1 triebsunternehmen von vertikal integrierten EVU keinen Zugang zu Netzdaten und Abnahmecharakteristika bestimmter Kunden oder Kundengruppen erhalten, wenn diese den mit ihnen konkurrierenden Unternehmen nicht zugänglich sind.

2 Die Vorläufervorschrift zu § 9 – § 6a Abs. 7 EnWG 2003 – betraf allein Gasnetzbetreiber und ist als »Missbrauchsverbot« ausgestaltet gewesen. Eine Umsetzung der auch Elektrizitätsnetzbetreiber verpflichtenden Parallelvorschrift der Ausgangsrichtlinie Elektrizität von 1996 ist mit dem deutschen EnWG 2005 erstmals erfolgt[1]. § 9 ist in der Entwurfsfassung[2] Gesetz geworden.

II. Inhalt des Vertraulichkeitsgebots

3 Im Regierungsentwurf ist § 9 Abs. 1 mit der Gewährleistung »eines diskriminierungsfreien Netzzugangs und unverfälschten Wettbewerbs auf den vor- und nachgelagerten Märkten der Energieversorgung« begründet worden[3]. Weiter wird dazu ausgeführt[4]:

> »Dies macht Vorkehrungen gegen eine Weitergabe an andere, im Wettbewerb stehende Geschäftsbereiche des vertikal integrierten Energieversorgungsunternehmens, wie insbesondere dem Produktvertrieb, erforderlich. Elektronische Datenverarbeitungssysteme sind im Rahmen des technisch, zeitlich und wirtschaftlich Zumutbaren so ausgestalten, dass ein Zugriff auf Daten im Sinne des Satzes 1 (sic!) für Nichtberechtigte ausgeschlossen wird. Im Interesse entlastender Nachweise über die ordnungsgemäße Abwicklung des Netzbetriebs bietet es sich für die Geschäftsbereiche Netzbetrieb vertikal integrierter Energieversorgungsunternehmen an, Daten insbesondere über den Zeitpunkt des Eingangs der Anträge zur Nutzung von Leitungskapazitäten sowie deren Bearbeitungsergebnis zu speichern.«

4 Kommt der Netzbetreiber dieser Informationspflicht nach, hat er im Einzelfall nachzuweisen, welche diesbezüglichen Dateien bei ihm an-

---

1 Zu den Umsetzungsdefiziten vgl. *Salje*, Transformationsdefizite des EnWG-Neuregelungsgesetzes, in *Vieweg/Heermann* (Hrsg.), Festgabe für Lukes zum 75. Geburtstag, Köln/Berlin/Bonn/München 2000, S. 105 ff.
2 BT-DrS 15/3917, S. 13 mit Begründung S. 54 f.
3 BT-DrS 15/3917, S. 54.
4 Ebd. S. 55.

gelegt worden sind und welche Verarbeitungsschritte erfolgten. Vor jeder Weitergabe an Dritte sind Berechtigung/Verpflichtung im Lichte von § 9 oder anderer Vorschriften zu prüfen; der Weitergabevorgang ist unter Hinweis auf die Rechtsgrundlage zu dokumentieren.

Adressaten des § 9 Abs. 1 sind nicht nur Netzbetreiber, sondern auch die mit ihnen verbundenen vertikal integrierten EVU. Dies macht einstweilen Sinn, weil im Lichte der bisherigen und häufig noch integrierten Versorgung das Vertriebsunternehmen als Schwesterunternehmen des Netzbetreibers weiterhin einen herausgehobenen Kenntnisstand haben wird. Weil im Laufe der Zeit mit der Veränderung der tatsächlichen Verhältnisse diese Kenntnisse veralten werden, schmilzt der vorübergehend existierende Vorsprung immer mehr zusammen. Damit sind die vertikal integrierten EVU bei voller rechtlicher Entflechtungsverpflichtung (§ 7) nur »vorübergehende Adressaten«, bei Anwendbarkeit der De minimis-Klausel aber auch dauerhaft verpflichtete Adressaten des Vertraulichkeitsgebots. 5

Demgegenüber richtet sich das Verbot nicht an solche Erzeuger und Vertriebsunternehmen, die nicht zum Netzverbund des örtlichen oder überörtlichen Netzbetreibers gehören. Diese sind also im Lichte des § 9 durchaus in der Lage, solche Informationen weiterzugeben. Darin liegt aber deshalb kein unberechtigter Vorsprung im Wettbewerb, weil jeder Netznutzer nach Bezahlung des NZE grundsätzlich einen Netzzugang zu allen Spannungsebenen sowie Druckstufen erhält, was sämtliche Netzbetreiber der Bundesrepublik Deutschland in das Vertraulichkeitsgebot einbezieht. Damit stellt die Konstruktion des Netzzugangs sicher, dass praktisch alle vertikal integrierten Nicht-Netzbetreiber den Regelungen des § 9 unterliegen. 6

1. Wirtschaftlich sensible Informationen

Unter Informationen i. S. von § 9 Abs. 1 sind alle Daten zu verstehen, die im Rahmen des Geschäftsbetriebs eines Netzbetreibers anfallen, insbesondere Netzdaten, Abnahmecharakteristika sowie Einspeisecharakteristika der Netzkunden. Diese Informationen sind unabhängig davon geschützt, ob sie ökonomischer, technischer oder rechtlicher Natur sind. 7

Nicht jedes Wirtschaftsdatum, das im Zusammenhang mit dem Geschäftsbetrieb des Netzbetreibers anfällt, gehört zu den **wirtschaftlich sensiblen** Informationen. Dem Verbot unterliegen nur solche In- 8 formationen, die in Bezug auf ökonomische Aktivitäten außerhalb des eigentlichen Netzbetriebs von Interesse sein können, aber dem Netzbetreiber zur Kenntnis gelangen (Datensensibilität). Dabei kann es sich sowohl um eigengenerierte als auch um fremdgenerierte Daten handeln. Allerdings werden die eigengenerierten Daten regelmäßig bereits dem Weitergabeverbot des § 17 Abs. 1 UWG unterliegen, weil es sich um Betriebs- und Geschäftsgeheimnisse handeln wird. Deren Weitergabe stellt meist auch die Verwirklichung eines Straftatbestandes gemäß § 201 StGB dar.

9   Die in § 6a Abs. 7 EnWG 2003 noch enthaltene Beschränkung des Geheimhaltungsgebotes auf den Verkauf oder Erwerb von Gas enthält das neue Recht nicht mehr, ohne die Zielrichtung des Vertraulichkeitsgebots zu verändern. Gerade diejenigen wirtschaftlich sensiblen Informationen dürfen nicht weitergegeben werden, die anderen EVU oder Dritten einen Wettbewerbsvorteil im Hinblick auf Energieaktivitäten ermöglichen.

10 Zu den wirtschaftlich sensiblen Informationen gehören **Abnahmecharakteristika** wie Leistungsdaten und nachgefragte Arbeitsmengen des Kunden unabhängig davon, ob es sich um ein weitelieferndes EVU oder aber um Endkunden (Sonder- oder Tarifkunden) handelt. Zu den Abnahmecharakteristika gehören auch die Lastverläufe im jeweiligen Zeitraum (Tag, Jahr). Wirtschaftlich sensibel sind insbesondere Preisinformationen (wenn sie dem Netzbetreiber überhaupt zur Kenntnis gelangen) sowie der zeitliche Umfang des erwünschten Netzzugangs einschließlich saisonaler Schwankungen im Gasbereich. Ob aus diesen Daten unmittelbar oder unter Rückschluss daraus unberechtigte Marktvorteile erlangt werden können, hat auf das Vertraulichkeitsgebot keine Auswirkungen[5].

11 Geschützt werden auch alle Informationen, die **von Dritten erlangt wurden**. Unter den Begriff des Dritten fallen alle Rechtssubjekte mit Ausnahme des Netzbetreibers und der vertikal integrierten Unternehmen selbst. Dies gilt unabhängig davon, ob diese Daten unter Verstoß gegen Vertraulichkeits- und Geheimhaltungsverbote oder auf legale Weise erlangt wurden. Entscheidend ist somit die Sensibilität der wirtschaftlich relevanten Information, nicht dagegen die Person desjenigen, von dem diese Information erlangt wurde.

---

5 Einzelbegründung zu § 9 Abs. 1, BT-DrS 15/3917, S. 55.

2. Ausübung der Netzbetreibergeschäftstätigkeit

§ 9 Abs. 1 bezieht sich nur auf solche Informationen, deren Kenntnis in Ausübung der Geschäftstätigkeit eines Elektrizitäts- oder Gasnetzbetreibers erlangt wurde. Ist das vertikal integrierte EVU bereits im Sinne von § 7 rechtlich entflochten, sind alle Nicht-Netzbetreiber-EVU aus dem Anwendungsbereich des § 9 Abs. 1 entlassen. Bei Anwendung der De Minimis-Klausel (vgl. § 7 Abs. 2) gehört der Netzbetreiber aber zum Energieverbund, so dass die gesamte Unternehmensverbindung § 9 Abs. 1 unterliegt.

12

Liegt die rechtliche Entflechtung noch nicht lange zurück, kommt es auf den **Zeitpunkt der Informationserlangung** an. Entscheidend ist, dass die wirtschaftlich sensible Information zumindest einem Mitarbeiter des (desintegrierten) Netzbetreibers unabhängig davon zur Kenntnis gelangt ist, ob er zu den vertretungsberechtigten Personen im Sinne der §§ 164, 166 Abs. 1 BGB zählt oder nicht. Vice versa sind nach rechtlicher Entflechtung alle Nicht-Netzbetreiber-EVU frei, derartige Daten im Rahmen der allgemeinen gesetzlichen Vorschriften weiterzugeben, weil sie § 9 Abs. 1 – anders als ihr Netzbetreiber-EVU – nicht mehr unterliegen.

13

Die Kenntniserlangung muss **in Ausübung** der Netzbetreibertätigkeit und nicht nur bei Gelegenheit erfolgen. Wer als Mitarbeiter eines Netzbetreibers privat, im Kantinengespräch mit Vertriebsmitarbeitern usw. Kenntnis erhält, handelt nicht als ausübender Netzbetreiber. Allerdings dürfen diese Informationen auch nicht in den Netzbetrieb eingespeist werden (keine Speicherung in der EDV, keine Fixierung in Aktenvermerken oder mit Hilfe sonstiger Datenträger). Ausübung von Netzbetreibertätigkeit liegt allerdings immer dann vor, wenn der sachliche, räumliche und zeitliche Zusammenhang mit der Netzbetreibertätigkeit oder der Tätigkeit für den Netzbetrieb gewahrt ist (Kenntniserlangung im Büro während der Bürostunden). Nicht entscheidend ist, ob es sich bereits um einen Netzkunden handelt; nicht die Gewährung des Netzzugangs ist entscheidend, sondern der Zusammenhang. Verhandlungen über den Netzzugang gehören damit zur Netzbetreibertätigkeit. Voranfragen über Mengen, Preise und Netzzugangsentgelte reichen aus, soweit den Mitarbeitern erkennbar wird, dass sie im Zusammenhang mit einem (ggf. noch zu konkretisierenden) Netzzugangsersuchen erfolgen, wobei sensible Informationen bereits offenbart werden.

14

§ 9 Verwendung von Informationen

15 Eine **mittelbare Offenbarung** der Information (z.B. Rückschluss aus anderen Daten oder Offenbarung durch dritte Personen, selbst wenn sie der Zugangspetent nicht selbst eingeschaltet hat) wahrt den Zusammenhang mit der Netzbetreibertätigkeit. Erhält der Netzbetreiber beispielsweise eine Gaslieferanfrage, so ist ein mittelbarer Zusammenhang mit seiner Tätigkeit gewahrt; diese Lieferanfrage darf weder beantwortet noch an das Vertriebsunternehmen im vertikal integrierten EVU weitergeleitet werden. Vielmehr muss eine Rücksendung unter Hinweis darauf erfolgen, dass wegen des Vertraulichkeitsgebotes des § 9 Abs. 1 eine Weiterleitung an Gaslieferanten durch den Netzbetreiber nicht erfolgen darf. Die der Lieferanfrage zugrunde liegenden Daten dürfen nicht gespeichert werden.

3. Unbeschadet gesetzlicher Verpflichtungen

16 Soweit eine rechtliche Verpflichtung zur Weitergabe der wirtschaftlich sensiblen Informationen besteht, gehen diese Verpflichtungen § 9 Abs. 1 vor. Eine Offenbarungspflicht besteht beispielsweise gegenüber Behörden im Rahmen ihrer Amtstätigkeit (Kartellbehörden, Regulierungsbehörden, Gewerbeaufsicht). Auch der den Jahresabschluss begutachtende Wirtschaftsprüfer ist im Rahmen handelsrechtlicher Vorschriften berechtigt, zumindest stichprobenweise Geschäftsvorfälle nachzuprüfen, wobei die Kenntniserlangung im Hinblick auf wirtschaftlich sensible Daten unumgänglich ist. Werden Akten und elektronisch gespeicherte Dateien durch Untersuchungsbehörden (z.B. Staatsanwaltschaft) beschlagnahmt, ist der Netzbetreiber nicht berechtigt, sich auf § 9 Abs. 1 zu berufen. Im Zivilprozess muss die Offenlegung in dem Umfang erfolgen, wie diese Information benötigt wird, um den Beweis – ggf. im in-camera-Verfahren – zu führen.

4. Rechtsfolge und Überwachung der informationellen Entflechtung

17 Rechtsfolge ist ein **Verbot der Weitergabe von Informationen** als notwendiges Korrelat des Vertraulichkeitsgebotes. Auch wenn § 9 Abs. 1 potenzielle Verstoßhandlungen nicht aufzählt, ist jedes dem Vertraulichkeitsgebot widersprechendes Verhalten unzulässig. Während die Weitergabe im Netzbetrieb selbst – befugt oder unbefugt – noch nicht gegen § 9 Abs. 1 verstößt, treten die Rechtsfolgen des § 9 Abs. 1 bereits dann ein, wenn die Information das Unternehmen verlässt, also an Mitarbeiter anderer Unternehmen weitergegeben oder in fremde EDV-Anlagen eingespeist wird. Die Weitergabe ist vollendet, sobald die wirtschaftlich sensible Information beim Nicht-Netzbetreiber eintrifft.

Zur **Überwachung** des Vertraulichkeitsgebotes sind gemäß § 65 Abs. 1 die Regulierungsbehörden berufen. Zuständig ist entweder die BNetzA oder – bei den kleineren Netzbetreibern im Sinne von § 7 Abs. 2, deren Netz nicht über das Gebiet eines Landes hinaus reicht –, die Landesregulierungsbehörde (§ 54 Abs. 2 Satz 1 Ziff. 4). Bei Verstößen gegen § 9 Abs. 1 kann ein Bußgeld nur verhängt werden, wenn zuvor eine vollziehbare Anordnung nach § 65 Abs. 1 oder 2 den Rechtsverstoß festgestellt hat und dann dieser Anordnung zuwidergehandelt wird, § 95 Abs. 1 Ziff. 3 lit. a). 18

III. Formen erlaubter Offenlegung von Netzbetreiberinformationen (Abs. 1 und 2)

Alle unter Beachtung von § 9 Abs. 1 erfolgenden Informationshandlungen sind dem Netzbetreiber und dem vertikal integrierten EVU erlaubt. Darüber hinaus umschreibt § 9 Abs. 2 die Art und Weise der **Veröffentlichung von Eigeninformationen** des Netzbetreibers. Adressaten des Abs. 2 sind wiederum vertikal integrierte EVU und Netzbetreiber selbst. 19

1. Offenlegung unter Beachtung von § 9 Abs. 1

In der gesetzlichen Begründung werden drei Fälle der **Offenlegung von Daten des Netzkunden** genannt[6]: 20

– Die Information ist offenkundig ohne wirtschaftliche Bedeutung auf den Wettbewerbsmärkten

– der Netzkunde hat in die diskriminierungsfreie Offenbarung eingewilligt

– es besteht eine gesetzliche Verpflichtung zur Offenlegung

An das Erfordernis der **fehlenden wirtschaftlichen Bedeutung** sind hohe Anforderungen zu stellen. Eine Offenbarung auch ohne Zustimmung der betroffenen Netzkunden ist beispielsweise ohne Verstoß gegen das Vertraulichkeitsgebot zulässig, wenn netzbezogene Kundendaten als cluster oder auf andere Weise zu Gruppen zusam- 21

---

6 BT-DrS 15/3917, S. 55.

mengestellt offen gelegt werden, um daraus beispielsweise Lastprofile erstellen zu können. Auch der Austausch von Informationen der Netzbetreiber untereinander verstößt nicht gegen das Vertraulichkeitsgebot, wenn die Daten zur Erfüllung der Verpflichtung aus einem ordnungsgemäßen Netzbetrieb erforderlich sind. Willigt der Netzkunde in die Datenweitergabe **explizit** ein, besteht ebenfalls kein Anlass, ihn zu schützen; die daraus potenziell resultierende Erstarrung der Wettbewerbsverhältnisse auf den Gas- und Elektrizitätsliefermärkten nimmt der Gesetzgeber offenbar in Kauf.

22 Über die oben genannten gesetzlichen Verpflichtungen zur Informationsweitergabe hinaus[7] sind auch die Verpflichtungen der Netzbetreiber im Zusammenhang mit EEG und KWK-G 2002 in Rechnung zu stellen. Insofern müssen die Netzbetreiber die eingespeiste Menge an elektrischer Arbeit aus privilegierten Energieträgern sowie gezahlte Vergütungen weitermelden, damit diese im Rahmen von Belastungsausgleichsverfahren (§§ 14 und 16 EEG sowie § 9 KWK-G 2002) weiterverarbeitet werden können.

2. Diskriminierungsfreie Offenlegung von Eigendaten des Netzbetreibers (Abs. 2)

23 Unter Beachtung des Verbots, Betriebs- und Geschäftsgeheimnisse offen zu legen (§ 17 UWG), über das die Geschäftsleitung des Netzbetreibers unter Beachtung vertraglicher und sonstiger Verpflichtungen zu disponieren in der Lage ist, kann der Netzbetreiber nicht gehindert werden, **Eigeninformationen offen zu legen**. Denn obwohl § 9 Abs. 1 im Kern nicht nur Kunden-, sondern auch Netzdaten dem Vertraulichkeitsgebot unterwirft, weil es sich auch insofern um wirtschaftlich sensible Informationen handelt, kann bei Veröffentlichung seiner eigenen Daten durch den Netzbetreiber vermutet werden, dass er in Wahrnehmung berechtigter Interessen handelt. Es ist nicht Ziel der operationellen Entflechtung, einem Wirtschaftsunternehmen jegliche Disposition über seine eigenen geschäftlichen Verhältnisse im Hinblick auf die Öffentlichkeitsarbeit zu nehmen.

24 Ziel des § 9 Abs. 2 ist es, bei Veröffentlichung von Eigendaten des Netzbetreibers eine **geordnete Information** sicherzustellen, damit nicht mit Hilfe von »gezielten Indiskretionen« dritten EVU (Nicht-

---

7 Oben § 9 Rz. 16.

Netzbetreibern) Wettbewerbsvorteile verschafft werden. Dazu wird in der Begründung zu § 9 Abs. 2 ausgeführt[8]:

> »Netzdaten, wie beispielsweise die zukünftige Verfügbarkeit von Leitungskapazitäten, können von erheblicher wirtschaftlicher Bedeutung für den Wettbewerb der Netznutzer auf den dem Netzbetrieb vor- und nachgelagerten Wertschöpfungsstufen sein. Um Wettbewerbsverfälschungen durch bewusst herbeigeführte Ungleichgewichte beim Zugang zu Netzinformationen zu verhindern, schreibt das Gesetz vor, dass die Offenlegung diskriminierungsfrei zu erfolgen hat; ob eine solche Information überhaupt an Dritte weitergegeben wird, liegt, vorbehaltlich gesetzlicher Verpflichtungen zur Offenbarung, in der Entscheidung des Netzbetreibers.«

Diskriminierungsfreiheit der Zurverfügungstellung bedeutet, dass die Information allen Netznutzern der betreffenden Netzkundengruppe gleichzeitig und mit identischem Detaillierungsgrad zu offenbaren ist. Eine Veröffentlichung im Geschäftsbericht stellt dies sicher. Sollen Erzeuger oder Vertriebsunternehmen in Bezug auf zukünftige Netzengpässe informiert werden, muss eine vollständige Liste dieser Unternehmen zusammengestellt werden, wobei der Zeitpunkt der Information zu dokumentieren ist. Die Mitteilung an einen Verband wird vollständige Diskriminierungsfreiheit nicht in jedem Fall sicherstellen können, weil nicht alle Informationsadressaten demselben Verband angehören werden (z.B. Erzeugungsunternehmen im VIK sowie in der VDEW). Zur Überwachung diskriminierungsfrei zu erteilender Eigeninformationen der Netzbetreiber, auch soweit sie nicht vom Netzbetreiber selbst, sondern von einem Schwesterunternehmen im Energieverbund offenbart werden, ist wiederum die BNetzA oder die Landesregulierungsbehörde berufen, § 65 in Verbindung mit § 54. Ohne vorangegangene sofort vollziehbare Anordnung ist die Verhängung eines Bußgeldes bei Verstoß gegen § 9 Abs. 2 nicht möglich, § 95.

---

8 BT-DrS 15/3917, S. 55.

§ 10 Rechnungslegung und interne Buchführung

(1) Energieversorgungsunternehmen haben ungeachtet ihrer Eigentumsverhältnisse und ihrer Rechtsform einen Jahresabschluss nach den für Kapitalgesellschaften geltenden Vorschriften des Handelsgesetzbuchs aufzustellen, prüfen zu lassen und offen zu legen.

(2) Im Anhang zum Jahresabschluss sind die Geschäfte größeren Umfangs mit verbundenen oder assoziierten Unternehmen im Sinne von § 271 Abs. 2 oder § 311 des Handelsgesetzbuchs gesondert auszuweisen.

(3) [1]Unternehmen, die im Sinne von § 3 Nr. 38 zu einem vertikal integrierten Energieversorgungsunternehmen verbunden sind, haben zur Vermeidung von Diskriminierung und Quersubventionierung in ihrer internen Rechnungslegung jeweils getrennte Konten für jede ihrer Tätigkeiten in den nachfolgend aufgeführten Bereichen so zu führen, wie dies erforderlich wäre, wenn diese Tätigkeiten von rechtlich selbständigen Unternehmen ausgeführt würden:

1. Elektrizitätsübertragung;

2. Elektrizitätsverteilung;

3. Gasfernleitung;

4. Gasverteilung;

5. Gasspeicherung;

6. Betrieb von LNG-Anlagen.

[2]Tätigkeit im Sinne dieser Bestimmung ist auch jede wirtschaftliche Nutzung eines Eigentumsrechts an Elektrizitäts- oder Gasversorgungsnetzen, Gasspeichern oder LNG- Anlagen. [3]Für die anderen Tätigkeiten innerhalb des Elektrizitätssektors und innerhalb des Gassektors sind Konten zu führen, die innerhalb des jeweiligen Sektors zusammengefasst werden können. [4]Für Tätigkeiten außerhalb des Elektrizitäts- und Gassektors sind ebenfalls eigene Konten zu führen, die zusammengefasst werden können. [5]Soweit eine direkte Zuordnung zu den einzelnen Tätigkeiten nicht möglich ist oder mit unvertretbarem Aufwand verbunden wäre, hat die Zuordnung durch Schlüsselung der Konten, die sachgerecht und

für Dritte nachvollziehbar sein muss, zu erfolgen. ⁶Mit der Erstellung des Jahresabschlusses ist für jeden der genannten Tätigkeitsbereiche intern jeweils eine den in Absatz 1 genannten Vorschriften entsprechende Bilanz und Gewinn- und Verlustrechnung aufzustellen. ⁷Dabei sind in der internen Rechnungslegung die Regeln einschließlich der Abschreibungsmethoden anzugeben, nach denen die Gegenstände des Aktiv- und Passivvermögens sowie die Aufwendungen und Erträge den gemäß den Sätzen 1 bis 4 geführten Konten zugeordnet worden sind.

(4) ¹Die Prüfung des Jahresabschlusses gemäß Absatz 1 umfasst auch die Einhaltung der Pflichten zur internen Rechnungslegung nach Absatz 3. ²Dabei ist neben dem Vorhandensein getrennter Konten auch zu prüfen, ob die Wertansätze und die Zuordnung der Konten sachgerecht und nachvollziehbar erfolgt sind und der Grundsatz der Stetigkeit beachtet worden ist. ³Im Bestätigungsvermerk zum Jahresabschluss ist anzugeben, ob die Vorgaben nach Absatz 3 eingehalten worden sind.

(5) ¹Der Auftraggeber der Prüfung des Jahresabschlusses hat der Regulierungsbehörde unverzüglich eine Ausfertigung des geprüften Jahresabschlusses einschließlich des Bestätigungsvermerks oder des Vermerks über seine Versagung zu übersenden. ²Die Bilanzen und Gewinn- und Verlustrechnungen für die einzelnen Tätigkeitsbereiche sind beizufügen. ³Unternehmen, die keine Tätigkeiten nach Absatz 3 ausüben, sind von der Verpflichtung nach Satz 1 freigestellt; die Befugnisse der Regulierungsbehörde bleiben unberührt. ⁴Geschäftsberichte zu den Tätigkeitsbereichen, die nicht in Absatz 3 Satz 1 aufgeführt sind, hat die Regulierungsbehörde als Geschäftsgeheimnisse zu behandeln.

Literatur zum früheren Recht (§§ 9, 9a EnWG 1998/2003)

BMF (Hrsg.) vom 30.5.1997 betreffend Leitungsanlagen als selbständige Wirtschaftsgüter innerhalb der Versorgungsanlage, DB 1997, S. 1252; *Hüffer*, Die Transitrichtlinien für Gas und Elektrizität. Eine Studie zu den rechtlichen Schranken bei der Verwirklichung des Binnenmarktes für Energie, Stuttgart/München/Hannover 1991.

§ 10 Rechnungslegung und interne Buchführung

Überblick	Seite	Rz.
I. Regelungszweck und Entstehungsgeschichte	388	1
II. Weitergeltung des alten Rechts.....................	389	4
III. Besondere Rechnungslegung der EVU	389	5
1. Regelungsadressaten (Abs. 1 und 2)	390	6
a) Energieversorgungsunternehmen................	390	7
b) Allgemeine Versorgung	391	9
2. Pflichten zur Rechnungslegung (Abs. 1).............	392	12
a) Kapitalgesellschaften	393	18
b) Personengesellschaften........................	393	19
c) Eigenbetriebe	394	22
d) Versorger in sonstigen Rechtsformen.............	394	23
3. Aufstellung und Prüfung des Jahresabschlusses	395	25
a) Anwendung der Vorschriften für Kapitalgesellschaften	395	26
b) Aufstellung des Jahresabschlusses	396	29
c) Prüfung von Jahresabschluss und Lagebericht......	403	47
4. Offenlegung.......................................	404	52
5. Darstellung von Geschäften größeren Umfangs (Abs. 2)	405	56
a) Geschäfte größeren Umfangs...................	406	57
aa) Verbundene Unternehmen.................	407	65
bb) Assoziierte Unternehmen	408	67
cc) Unternehmen derselben Aktionäre	409	69
b) Art und Weise der gesonderten Darstellung	409	70
IV. Funktionsorientierte Rechnungslegung (Abs. 3)	411	73
1. Ausgestaltung der aktivitätsbezogenen Rechnungslegung...	411	74
a) Ableitung aus dem Gesamtabschluss	411	75
b) Funktionsgetreue Neuaufstellung der Jahresabschlüsse	412	78
c) Funktionsbezogene Rechnungslegung unter Verwendung von Verrechnungspreisen	413	80
2. Größenmerkmale und Rechnungslegung	414	83
3. Umfang der Separierung	415	87
a) Trennung von Netz und Verkauf	415	88
b) Übertragung.................................	416	89
c) Verteilung...................................	417	92
d) Gasfernleitung und Gasverteilung	417	95
e) Gasspeicherung und Betrieb von LNG-Anlagen....	418	96
f) Sonstige energiewirtschaftliche Aktivitäten	418	97
g) Aktivitäten außerhalb des Energiebereichs	418	98

h)	Kalkulation der Aufwendungen und Erträge.......	419	99
V.	**Durchführung des rechnungsmäßigen Unbundlings (Abs. 4)**	419	101
	1. Kontenplan	420	103
	2. Grundsatz der Wesentlichkeit	420	104
	3. Schlüsselung...................................	422	107
	4. Anwendung des allgemeinen Rechts der Rechnungslegung von Kapitalgesellschaften.................	423	111
	5. Veröffentlichung	424	112
	6. Zusätze im Anhang zum Jahresabschluss	424	113
	7. Zuordnungsregeln................................	424	114
	a) Direkte Zuordnung	425	115
	b) Indirekte Zuordnung	425	116
	c) Änderung von Zuordnungen...................	426	117
VI.	**Prüfung des Jahresabschlusses (Abs. 4)**	427	122
VII.	**Information der Regulierungsbehörde (Abs. 5)**	429	131

I. Regelungszweck und Entstehungsgeschichte

1 § 10 fasst die bisherigen §§ 9 (Rechnungslegung der Elektrizitätsversorger) und 9a (Rechnungslegung der Gasversorger) zu einer Regelung zusammen und bringt diese auf den Stand der europäischen Beschleunigungsrichtlinien. Neben dem allgemeinen Grundsatz, die (detailliertere) Rechnungslegung an den für Kapitalgesellschaften geltenden Vorschriften zu orientieren (Abs. 1 und Abs. 2), geht es in den Abs. 3 ff. ganz wesentlich um die »entbündelte Rechnungslegung« im Sinne der Segmentierung energiewirtschaftlicher Tätigkeitsbereiche. Abs. 5 sorgt für die Information der Regulierungsbehörde. Die in § 9 Abs. 2 Satz 2 EnWG 1998 für Elektrizitätsversorger noch vorgesehene Offenlegung der segmentierten Jahresabschlüsse gegenüber der Öffentlichkeit haben europäischer und nationaler Gesetzgeber aufgegeben.

2 **Regelungsziel** ist es im Einklang mit den Art. 18 und 19 RL-Elt sowie 16 und 17 RL-Gas, insbesondere für diejenigen EVU, die § 7 und 8 nicht unterliegen, wenigstens im Wege der entbündelten Rechnungslegung einen (virtuellen) Zustand herzustellen, der die sensiblen Tätigkeiten der Netzbetreiber oder damit im Zusammenhang stehender Aktivitäten (Speicherung sowie Betrieb von LNG-Anlagen) darstellt, als ob sie von getrennt geführten Firmen erledigt würden. Auf diese

Weise können die **Wertflüsse** zwischen den Netzsegmenten und den anderen EVU-Aktivitäten sichtbar gemacht werden. Aufgabe der Regulierungsbehörde ist es gemäß § 65 Abs. 1, eine Diskriminierung der Netznutzer sowie eine Quersubventionierung zum Beispiel zugunsten von Erzeugung und/oder Vertrieb zu unterbinden. Mit Hilfe der entbündelten Rechnungslegung wird ein Höchstmaß an Transparenz gewährleistet, wobei die Ordnungsgemäßheit der Rechnungslegung intern zu prüfen ist (Testat) und gegenüber den Regulierungsbehörden offen gelegt werden muss.

Im Gesetzgebungsverfahren ist § 10 praktisch nicht mehr verändert worden. Einen Änderungsvorschlag des Bundesrates[1] hatte die Bundesregierung abgelehnt[2], und eine Änderung durch den Wirtschaftsausschuss[3] wurde im Vermittlungsausschuss wieder rückgängig gemacht[4]. 3

II. Weitergeltung des alten Rechts

Gemäß § 114 müssen die betroffenen EVU § 10 erstmals zu Beginn des auf das Inkrafttreten des Gesetzes (13. Juli 2005) folgenden **ersten vollständigen Geschäftsjahres** anwenden. Während der Übergangsfrist und damit für das gesamte, im Jahre 2005 noch nicht beendete Geschäftsjahr sind die §§ 9 und 9a des EnWG 1998/2003 weiter anzuwenden. Da Gaswirtschaftsjahre häufig am 1.10. beginnen, ist § 10 auf Unternehmen der Gasversorgung noch im Jahre 2005 anzuwenden. 4

III. Besondere Rechnungslegung der EVU

§ 10 Abs. 1 zwingt alle EVU mit Ausnahme der durch § 110 Abs. 1 freigestellten Netzbetreiber, die **Rechnungslegung nach Kapitalgesellschaftsgrundsätzen** durchzuführen. Dies gilt unabhängig davon, welche energiewirtschaftliche Aktivität (z.B. Vertrieb, Netzbetrieb, Produktion/Gewinnung) ausgeübt wird und ungeachtet der versorgten Kunden (z.B. allgemeine Versorgung gegenüber Sonder- oder Haushaltskunden, Spezialversorgung von Abnehmern mit Ausnahme der Netzaktivitäten). 5

---

1 BT-DrS 15/3917, S. 78, 80 (Ziff. 16).
2 BT-DrS 15/4068, S. 2 (Ziff. 14).
3 BT-DrS 15/5268, S. 21, 22 f.
4 BT-DrS 15/5736 (neu), S. 2 (Ziff. 5).

1. Regelungsadressaten (Abs. 1 und 2)

6 Sowohl allgemeine Rechnungslegung (Abs. 1) als auch EVU-spezifische Rechungslegung gehen vom Begriff des Energieversorgungsunternehmens im Sinne von § 3 Ziff. 18 aus (EVU). Wegen der Einzelheiten wird auf die Erläuterungen zu § 3 verwiesen[5]. Weil zu den EVU alle natürlichen oder juristischen Personen gehören, die Energie an andere liefern, ein Energieversorgungsnetz betreiben oder Verfügungsbefugnis in Bezug auf ein solches Netz als Eigentümer besitzen, werden alle energiewirtschaftlichen Funktionen (Gas, Elektrizität) erfasst. Eigenversorger fallen von vornherein nicht unter § 10 Abs. 1, weil sie nicht andere mit Energie beliefern bzw. gemäß § 110 Abs. 1 als Netzbetreiber nur spezialversorgend tätig werden. Auch konzerninterne Lieferungen über Industrienetze werden typischerweise zur Entbindung zu den Pflichten nach § 10 Abs. 1 führen.

a) Energieversorgungsunternehmen

7 Ausreichend für den EVU-Begriff (dritte Alternative des § 3 Ziff. 18) ist die **Verfügungsbefugnis als Eigentümer an einem Energieversorgungsnetz**. Reicht bereits die abstrakte Verfügungsbefugnis aus[6], fallen hierunter auch alle Fallgestaltungen, in denen der Eigentümer nur noch als Verpächter mittelbarer Besitzer des Netzes (§ 868 BGB) ist. Seine Verfügungsbefugnis[7] wird durch die Verpachtung nicht berührt, weil er in seiner Eigentümerstellung verbleibt; die wirtschaftliche Nutzung durch den Pächter sowie dessen Stellung als unmittelbarer Besitzer zählen nicht zur Eigentümer-Verfügungsbefugnis. Dient das Netz nicht der allgemeinen Versorgung, so ist wegen § 110 Abs. 1 auch ein Eigentümer/Verpächter nicht mit der besonderen Rechnungslegung nach § 10 Abs. 1 und 2 belastet.

8 Vergleicht man den sich erst aus der Gesamtschau von § 10 Abs. 1 sowie § 110 Abs. 1 zu entwickelnden EVU-Begriff mit den Rechnungslegungsadressaten der Beschleunigungsrichtlinien, so fallen **Defizite** auf. Weil dort die Begriffe »Elektrizitätsunternehmen« (Art. 18 f. RL-Elt) bzw. Erdgasunternehmen (Art. 16f. RL-Gas) verwendet werden und diese Begriffe alle Unternehmen einschließen, die energiewirtschaftliche Aktivitäten entfalten (vgl. Art. 2 Ziff. 1 RL-Gas

---

5 Oben § 3 Ziff. 104 ff.
6 Vgl. dazu oben § 3 Rz. 135 ff.
7 Vgl. § 137 BGB.

sowie den Rückschluss aus Art. 2 Ziff. 21 und 23 RL-Elt), fehlen im nationalen Recht die Eigenerzeuger von Elektrizität sowie die Erdgas für den Eigenbedarf gewinnenden Unternehmen als Adressaten der Rechnungslegung. Auch unterscheidet das europäische Recht nicht zwischen allgemeiner und spezieller Versorgung. Da § 110 Abs. 1 eine Ausnahme nur im Hinblick auf den Betrieb von Energieversorgungs**netzen** vorsieht, kommt es für die Rechnungslegungspflicht der Energielieferanten (Vertrieb) nicht darauf an, ob sie nur Spezialkunden beliefern oder allgemeine Versorgung betreiben. Nach europäischem Recht sind weder Eigenerzeuger noch Eigenversorger von den Rechnungslegungsvorschriften befreit[8].

b) Allgemeine Versorgung

Weil § 110 Abs. 1 den in Teil 2 des Gesetzes eingeordneten § 10 ebenfalls im Hinblick auf Objektnetze für **nicht anwendbar** erklärt, besteht die Verpflichtung zur besonderen Rechnungslegung nach § 10 immer dann nicht, wenn ein **Netzbetreiber keine allgemeine Versorgung** im Sinne von § 3 Abs. 17 durchführt. Wegen der Einzelheiten wird auf die Erläuterungen zu § 110 verwiesen[9]. Industrienetzbetreiber, Arealnetzbetreiber sowie Betreiber von der Eigenversorgung dienenden Netzen sind damit nicht nach § 10 rechnungslegungspflichtig, können also ihre Jahresabschlüsse nach den allgemeinen Regeln aufstellen und auch prüfen lassen. 9

Die Ausnahme betrifft allerdings **nur Netzbetreiber**; nach der Gesetzesfassung sind alle anderen EVU (also insbesondere Erzeuger und Energielieferanten) nicht nach § 110 von den Pflichten des § 10 befreit. Dies folgt aus dem **Umkehrschluss** zu § 110 **Abs. 2**, wonach Liefer-EVU, die keine Netze der allgemeinen Versorgung nutzen, nur von Teil 4 des Gesetzes (Grundversorgungspflicht), nicht aber von der Beachtung der Vorschriften des Teiles 2 befreit sind. 10

Dies bedeutet zugleich, dass zum Zwecke der Eigenversorgung von großen Industriebetrieben ausgegliederte Liefer- und Erzeugungsunternehmen unter § 10 fallen, selbst wenn sie ausschließlich Netze des eigenen Unternehmens nutzen. Auch Abs. 3 des § 110 nimmt nur Netzbetreiber, nicht aber Energielieferanten von der entbündelten Rechnungslegung aus. 11

---

[8] Zur Kritik vgl. schon *Salje*, Transformationsdefizite, aaO S. 105, 110 ff.
[9] Unten § 110 Rz. 6 ff.

2. Pflichten zur Rechnungslegung (Abs. 1)

12 Alle EVU mit Ausnahme der außerhalb der allgemeinen Versorgung agierenden Netzbetreiber (§ 110 Abs. 1) treffen nach § 10 Abs. 1 **drei Pflichten** im Hinblick auf ihre Jahresabschlüsse:

– Aufstellungspflicht nach Kapitalgesellschaftsgrundsätzen

– Prüfungspflicht

– Offenlegungspflicht

13 Diese Pflichten haben die §§ 242 ff. sowie §§ 264 ff. HGB zum Bezugspunkt und dienen dem Zweck, die branchenspezifische Vergleichbarkeit aller dieser Jahresabschlüsse sicherzustellen.

14 Die **Aufstellungspflicht** ist unabhängig von der Rechtsform zu erfüllen. Auch Einzelkaufleute, Personenhandelsgesellschaften sowie kommunale Eigenbetriebe haben Jahresabschlüsse nach Kapitalgesellschafts-Grundsätzen aufzustellen. Über § 110 Abs. 1 hinaus sind Befreiungen nicht vorgesehen.

15 Im Hinblick auf die **Prüfungspflicht** sind die §§ 316 ff. HGB zu beachten. Die in § 316 Abs. 1 HGB vorgesehene Ausnahme von der Prüfungspflicht für kleine Kapitalgesellschaften wird durch Abs. 4 des § 10 als Spezialregelung überwunden, weil dort Ausnahmen von der Prüfungspflicht nicht vorgesehen sind. Zwar bezieht sich § 10 Abs. 4 unmittelbar auf Abs. 1, der die Prüfungspflicht ohne Einschränkung an den für Kapitalgesellschaften geltenden Vorschriften des HGB orientiert, was § 316 Abs. 1 mit seiner Ausnahme für kleine Kapitalgesellschaften einschließt; da aber das Energiewirtschaftsrecht spezieller ist, ausweislich § 10 Abs. 4 Prüfungsausnahmen nicht vorsieht und auch die Art. 19/17 Abs. 4 RL-Elt/RL-Gas unabhängig von der Unternehmensgröße die Nachprüfung des Vorhandenseins einer segmentierten Rechnungslegung vorschreibt, muss dies auch für die kleinen Kapitalgesellschaften gelten.

16 Die Offenlegungspflicht ergibt sich aus §§ 325 ff. HGB, auf die § 10 Abs. 1 verweist. Soweit eine Offenlegungspflicht nicht besteht, sieht **Satz 2** des Art. 19/17 RL-Elt/RL-Gas vor, **eine Ausfertigung des Jahresabschlusses zur öffentlichen Einsichtnahme in der Hauptverwaltung des Unternehmens** bereitzuhalten. Obwohl der nationale Gesetzgeber diese eingeschränkte Offenlegungspflicht nicht besonders umgesetzt hat, kann von der Gültigkeit dieser Verpflichtung in unmittelbarer Anwendung der Richtlinie ausgegangen werden.

§ 10 Abs. 1 schreibt eine rechtsformunabhängige Rechnungslegung nach dem für Kapitalgesellschaften geltenden hohen Standard vor. Folgende EVU fallen daher unter die Vorschrift: 17

a) Kapitalgesellschaften

Kapitalgesellschaften i. S. des Zweiten Abschnittes des Dritten Buchs des HGB (Überschrift vor § 264 HGB) sind Aktiengesellschaften, Kommanditgesellschaften auf Aktien sowie GmbH. Diese sind nach §§ 264 ff. HGB sowie nach §§ 316 ff. HGB ohnehin verpflichtet, ihren Jahresabschluss nach Kapitalgesellschaftsrecht aufstellen und prüfen zu lassen. Für AG, KG aA. sowie GmbH bedurfte es daher der Regelung des § 10 Abs. 1 nicht; allerdings sind Genossenschaften in der Rechnungslegung wie Kapitalgesellschaften zu behandeln. 18

b) Personengesellschaften

Für Personengesellschaften, die typischerweise nicht juristische Personen sind, gelten die §§ 264 ff. sowie §§ 316 ff. HGB nicht unmittelbar[10]. Haben diese Personengesellschaften aber EVU-Qualität i. S. von § 3 Ziff. 18, finden jene Vorschriften über § 10 Abs. 1 auf sie Anwendung. Es gelten also nicht lediglich die für alle Kaufleute maßgeblichen Vorschriften der §§ 238 ff. HGB allein. 19

Zu den Personengesellschaften zählen zunächst die Personenhandelsgesellschaften, also offene Handelsgesellschaft (OHG), Kommanditgesellschaft (KG), einschl. der GmbH & Co. KG, sowie die Stille Gesellschaft. Weil es sich dabei lediglich um einen Innengesellschaft handelt und sich der »Stille« an Handelsgeschäften beteiligen kann, die sowohl von einer Handelsgesellschaft als auch von einem Einzelkaufmann betrieben werden, gehört sie nicht zu den Personenhandelsgesellschaften im engeren Sinne. Da diese Besonderheiten für § 10 Abs. 1 jedoch ohne Relevanz sind, werden alle diese Rechtsformen im Falle einer Betätigung als EltVU der Rechnungslegung für Kapitalgesellschaften unterworfen. 20

---

10 Vgl. allerdings EuGH NZG 1999, 1051 – Jahresabschluss-Richtlinie; zum Entwurf eines Gesetzes zur Neuregelung vgl. unten Fn. 22.

21 Zu den Personengesellschaften gehört auch die Gesellschaft bürgerlichen Rechts (GbR), §§ 705 f. BGB. Sie ist keine Personen-**Handels**-Gesellschaft und auch keine juristische Person. Betreibt eine solche GbR – was selten sein dürfte – Elektrizitätsversorgung, unterfällt sie § 10 Abs. 1.

c) Eigenbetriebe

22 Eigenbetriebe sind unselbständige Wirtschaftsunternehmen, die von Kommunen oder Landkreisen betrieben werden und nach Maßgabe der Eigenbetriebsverordnungen der Länder in einer spezifischen Weise aus der Verwaltung ausgegliedert und verselbständigt sind, ohne eigene Rechtspersönlichkeit zu erlangen. Sie sind weder juristische Person noch lassen sie sich mit den Kategorien Personengesellschaft oder Kapitalgesellschaft erfassen[11]. Da es sich insbesondere nicht um Kapitalgesellschaften handelt, ist § 10 Abs. 1 in Umsetzung von Art. 19 Abs. 2 RL-Elt sowie Art. 17 Abs. 2 RL-Gas erforderlich, um die §§ 264 ff. HGB sowie §§ 316 ff. HGB auf Eigenbetriebe zu erstrecken. Nur auf diese Weise wird die vom EG-Gesetzgeber gewollte rechtsformunabhängige Rechnungslegung von EVU sichergestellt.

d) Versorger in sonstigen Rechtsformen

23 Auch alle für EVU weiterhin denkbaren Rechtsformen werden in § 10 erfasst. In Betracht kommt etwa der Betrieb des EVU als **Genossenschaft** nach dem Genossenschaftsgesetz. Fraglich ist, ob diese vom Energiewirtschaftsgesetz geforderte Rechnungslegung die genossenschaftsspezifische Rechnungslegung und Prüfung ersetzt. Immerhin bedeutet es einen großen Aufwand, wenn die Erfassung der Geschäftsvorfälle gleichsam doppel – für Genossenschafts- und Kapitalgesellschaftsrechnungslegung – erfolgen muss. Deshalb lässt es sich sehr gut vertreten, dass die die Energieversorgung betreibenden Genossenschaften hinsichtlich Rechnungslegung und Prüfung aus dem Genossenschaftsrecht ausscheiden und ausschließlich § 10 Abs. 1 in Verbindung mit den §§ 264 ff. sowie §§ 316 ff. HGB unterliegen[12].

24 Wird die Energieversorgung von einem **Einzelkaufmann** betrieben, muss er wegen § 10 Abs. 1 ebenfalls nach Kapitalgesellschaftsgrundsätzen Rechnung legen und die Prüfung des Jahresabschlusses

---

11 Vgl. dazu *Evers*, Recht der Enerversorgung, S. 90.
12 Anderer Ansicht wohl *Kunze*, EnWG 1998, Anm. 2.3 (zum alten Recht).

vornehmen lassen. Dies würde auch für entsprechende Betriebe in der Rechtsform des rechtsfähigen wirtschaftlichen Vereins (§ 22 BGB) oder einer rechtsfähigen Stiftung des Privatrechts gelten. Auch wenn das EVU in einer öffentlich-rechtlichen Rechtsform tätig wird (z. B. als Zweckverband oder als Anstalt des Öffentlichen Rechts), wird es dadurch nicht von der Anwendung der Rechnungslegung nach Kapitalgesellschaftsrecht befreit, § 10 Abs. 1. Auch neuere gesellschaftsrechtliche Formen, sollten sie denn Energieversorgung betreiben[13], müssen § 10 Abs. 1 beachten. Dagegen wendet sich § 10 Abs. 1 **nicht an Konzerne** als solche, weil diese lediglich die Zusammenfassung von rechtlich selbständigen Unternehmen unter einheitlicher Leitung praktizieren und deshalb weder zu den natürlichen noch zu den juristischen Personen im Sinne von § 3 Ziff. 18 gehören. § 10 Abs. 1 befreit aber nicht von einer (zusätzlichen) konzernspezifischen Rechnungslegung entsprechend den dafür geltenden Vorschriften.

3. Aufstellung und Prüfung des Jahresabschlusses

§ 10 Abs. 1 wendet sich an alle EVU (Energielieferung, einschließlich Erzeugung, Übertragung/Fernleitung und Verteilung). Ausgenommen sind lediglich Unternehmen, die Eigen- oder Konzernversorgung über eigene Netze betreiben, insbes. nicht in ein übergreifendes Versorgungsnetz eingebunden sind (§ 110 Abs. 1). Wenn Reserve- oder Zusatzversorgung aus dem öffentlichen Netz erfolgt oder nur geringfügig in das öffentliche Netz eingespeist wird, ändert dies an der Nichtanwendung des § 10 Abs. 1 nichts. 25

a) Anwendung der Vorschriften für Kapitalgesellschaften

§ 10 Abs. 1 in Verbindung mit § 110 erklärt die §§ 264 bis 289 HGB sowie die §§ 316 bis 324 HGB für anwendbar auf alle EVU der allgemeinen Versorgung. Diese Vorschriften betreffen die Aufstellung des Jahresabschlusses (Bilanz- sowie Gewinn- und Verlustrechnung), die Bewertungsvorschriften, die Erläuterung im Anhang sowie den Lagebericht (Erster Unterabschnitt des Zweiten Abschnitts des Dritten Buchs des HGB) sowie die Prüfung des Jahresabschlusses. Auf die speziellen Offenlegungsvorschriften für Kapitalgesellschaften (§§ 325 ff. HGB) wird ebenso verwiesen. 26

---

13 Vgl. EWIV, Partnerschaftsgesellschaft, Europäische Aktiengesellschaft.

27 Zur Lückenfüllung gelten subsidiär die allgemeinen, für alle Kaufleute maßgeblichen Vorschriften (§§ 238 bis 261 HGB). Nach Sinn und Zweck des § 10 Abs. 1, der eine rechtsformunabhängige Rechnungslegung erreichen will, ist § 263 HGB nicht anzuwenden, wonach bei Unternehmen ohne eigene Rechtspersönlichkeit einer Gemeinde, eines Gemeindeverbands oder eines Zweckverbandes die vom HGB abweichenden Vorschriften unberührt bleiben, also Anwendung finden können. Da das Europäische Recht die externe Rechnungslegung der Kapitalgesellschaften gerade rechtsformunabhängig auf alle EVU anzuwenden anordnet, darf § 263 HGB bei Kollision mit diesem Recht selbst dann nicht berücksichtigt werden, wenn die Gesetzgebungskompetenz des Bundes in diesem Bereich unter Berücksichtigung ihrer Verteilung im Bund-Länder-Verhältnis zweifelhaft wäre: Europäisches Recht verdrängt insofern eine eigentlich vorrangige Länderkompetenz.

28 Entsprechend den erforderlichen Arbeitsschritten bei Jahresabschlüssen ist zwischen Erstellung (Aufstellung), Prüfung, Offenlegung, Veröffentlichung und (allgemeiner) Einsichtnahme zu unterscheiden.

b) Aufstellung des Jahresabschlusses

29 Bereits nach § 242 HGB ist jeder Kaufmann verpflichtet, zum Schluss eines Geschäftsjahres, das ggf. vom Kalenderjahr abweichen kann, eine Bilanz aufzustellen, die das Verhältnis seines Vermögens und seiner Schulden darstellt. Zusätzlich ist die Gegenüberstellung der Aufwendungen und Erträge des Geschäftsjahres in der Gewinn- und Verlustrechnung vorzunehmen (§ 242 Abs. 2 HGB), wobei Bilanz sowie Gewinn- und Verlustrechnung zusammen den Jahresabschluss bilden, § 242 Abs. 3 HGB. Der Jahresabschluss muss dabei den Grundsätzen ordnungsmäßiger Buchführung (GoB) entsprechen, § 243 Abs. 1 HGB.

30 Die §§ 246 ff. sowie §§ 252 ff. HGB enthalten die allgemeinen Vorschriften für Ansatz und Bewertung von Aktiv- und Passivposten; diese werden teilweise durch die §§ 264 ff. HGB modifiziert. Die allgemeinen Aufbewahrungsgrundsätze einschl. der Aufbewahrungsfristen ergeben sich aus den §§ 257 bis 261 HGB.

31 Der über § 10 Abs. 1 auf alle EVU anwendbare § 264 HGB modifiziert die Aufstellungspflicht. Jedes EVU hat danach den nach § 242 HGB aufgestellten Jahresabschluss um einen **Anhang** sowie einen

Lagebericht zu erweitern. Die näheren Regelungen finden sich in den §§ 284 ff. HGB sowie § 289 HGB.

In den **Anhang** sind diejenige Angaben aufzunehmen, die zu den 32 einzelnen Konten der Bilanz sowie der Gewinn- und Verlustrechnung vorgeschrieben oder die im Anhang zu machen sind, weil sie in Ausübung eines Wahlrechts nicht in die Bilanz oder die Gewinn- und Verlustrechnungen aufgenommen wurden (§ 284 Abs. 1 HGB). Pflichtangaben sind gem. § 284 Abs. 2 und § 285 HGB:

– Bilanzierungs- und Bewertungsmethoden

– Grundlagen für die Umrechnung in Euro (Fremdwährungsbeträge)

– Abweichungen von Bilanzierungs- und Bewertungsmethoden (Angabe und Begründung)

– Unterschiedsbeträge bei Anwendung einer Bewertungsmethode nach § 240 Abs. 4, § 256 Satz 1 HGB

– Angaben über die Einbeziehung von Zinsen für Fremdkapital in die Herstellungskosten

– Bestimmte Zusatzangaben zu den in der Bilanz ausgewiesenen Verbindlichkeiten

– Aufgliederung dieser Verbindlichkeiten nach dem vorgeschriebenen Gliederungsschema

– Gesamtbetrag der sonstigen finanziellen Verpflichtungen (soweit nicht in der Bilanz)

– Aufgliederung der Umsatzerlöse nach Tätigkeitsbereichen sowie nach geographisch bestimmten Märkten

– Beeinflussung des Jahresergebnisses durch Abschreibungen aufgrund steuerrechtlicher Vorschriften

– Belastung von gewöhnlicher Geschäftstätigkeit und außerordentlichem Ergebnis durch Steuern vom Einkommen und vom Ertrag

– Durchschnittliche Zahl der im Geschäftsjahr beschäftigten Arbeitnehmer (nach Gruppen)

– Materialaufwand und Personalaufwand bei Anwendung des Umsatzkostenverfahrens

- Gesamtbezüge sowie gewährte Vorschüsse und Kredite derzeitiger und früherer Mitglieder von Geschäftsführung, Aufsichtsrat, Beirat oder ähnlicher Einrichtung (für jede Personengruppe)

- Familienname und Vornamen aller Mitglieder der Geschäftsführung sowie des Aufsichtsrats, ausgeübter Beruf sowie Mitgliedschaft in bestimmten Aufsichtsräten und anderen Kontrollgremien

- Name und Sitz anderer Unternehmen, von denen die Kapitalgesellschaft oder eine für ihre Rechnung handelnde Person mindestens 20 % der Anteile besitzt (einschl. zusätzlicher Angaben wie Anteilshöhe, Eigenkapital und Ergebnis des letzten Geschäftsjahres dieser Unternehmen)

- Erläuterung der »sonstigen Rückstellung« bei nicht unerheblichem Umfang

- Gründe für die Abschreibung des Geschäfts- bzw. Firmenwerts

- Name, Sitz und Offenlegungsort der Konzernabschlüsse des Mutterunternehmens (größter und kleinster Konsolidierungskreis)

33 § 286 HGB enthält Vorschriften im Hinblick auf das erlaubte Unterlassen von Angaben (öffentliches Wohl, vernünftige kaufmännische Beurteilung, untergeordnete Bedeutung der Angaben, Gefahr erheblicher Nachteile, keine Offenlegungspflicht, anderweitige Feststellungsmöglichkeit). Eine besondere Aufstellung des Anteilsbesitzes ist anstelle der Angabe im Anhang zum Jahresabschluss zulässig, § 287 HGB.

34 § 288 HGB sieht für **kleine sowie mittelgroße Kapitalgesellschaften** bestimmte Erleichterungen im Hinblick auf die Pflichtangaben (§ 284 Abs. 2 und § 285 HGB) vor. Eine **kleine Kapitalgesellschaft** ist nach der Definition des § 267 Abs. 1 HGB anzunehmen, wenn zwei von drei im Gesetz genannten Merkmalen nicht überschritten werden: Bilanzsumme von 3,438 Mio. Euro (nach Abzug des auf der Aktivseite ausgewiesenen Fehlbetrags), Umsatzerlöse von 6,875 Mio. Euro (innerhalb von zwölf Monaten vor dem Abschlussstichtag), 50 Arbeitnehmer (im Jahresdurchschnitt). Demgegenüber liegt eine **mittelgroße Kapitalgesellschaft** vor (vgl. § 267 Abs. 2 HGB), wenn zwar zwei der soeben genannten Merkmale, nicht aber zwei der folgenden drei Merkmale überschritten werden: Bilanzsumme von 13,75 Mio. Euro (nach Abzug des Fehlbetrags auf der Aktivseite), Umsatzerlöse von 27,5 Mio. Euro (zwölf Monate vor Abschlussstichtag), 250 Arbeitnehmer (im Jahresdurchschnitt). Die mindestens zwei der zuletzt genannten drei Merkmale überschreitenden Kapitalgesellschaften werden in § 267 Abs. 3 HGB als »**große Kapitalgesellschaften**« bezeichnet, die die im Anhang erscheinenden Pflichtangaben vollständig zu machen haben.

Soweit die genannten Vorschriften eine vollständige Umsetzung des insofern geltenden Europäischen Rechts enthalten[14], was nicht völlig zweifelfrei ist[15], bedeutet der Verweis in § 10 Abs. 1, dass auch für EVU die Differenzierung zwischen kleinen, mittelgroßen und großen Kapitalgesellschaften entsprechend nachzuvollziehen ist. Die vollständigen Pflichtangaben nach §§ 284 Abs. 2, 285 HGB können deshalb nur von EVU verlangt werden, die die genannten Größenmerkmale erfüllen. Für mittelgroße und kleine EVU sind die Pflichtangaben nach näherer Maßgabe des § 288 HGB entsprechend zu reduzieren[16]. 35

§ 10 Abs. 3 sieht **Zusatzangaben** zum Jahresabschluss von EVU in Umsetzung von Art. 19 Abs. 3 RL-Elt und Art. 17 Abs. 3 bis 6 RL-Gas vor. Diese Zusatzangaben, die entsprechend der Richtlinie jedenfalls integrierte EVU betreffen, umfassen: 36

– Zuweisungsregeln für die Gegenstände des Aktiv- und Passivvermögens

– Zuweisungsregeln für die nach § 10 Abs. 3 (entflochtene Rechnungslegung) ausgewiesenen Aufwendungen und Erträge in bezug auf die zugrundeliegenden Konten

– Änderungen dieser Regeln in Ausnahmefällen (Erläuterung und Begründung)

– Geschäfte größeren Umfangs mit verbundenen oder assoziierten Unternehmen (jeweils gesonderte Darstellung)

---

14 Art. 19 Abs. 2 RL-Elt verweist auf die Vierte Richtlinie 78/660/EWG des Rates v. 25.7.1978, ABl. EG Nr. L 222 v. 14.8.1978, S. 11, geändert durch die Beitrittsakte v. 1994.
15 Vgl. dazu die Richtlinie betr. GmbH & Co. KG.
16 So auch *Danner/Theobald*, Energierecht, EnWG 1998 Rz. 9 im Hinblick auf die Offenlegungsvorschriften; vgl. auch Rz. 6 für die Prüfung des Jahresabschlusses.

- Geschäfte größeren Umfangs mit Unternehmen derselben Aktionäre (jeweils gesonderte Darstellung)

37 Diese Zusatzangaben, die nicht schon für jede Kapitalgesellschaft allgemein verbindlich sind und die Transparenz der entbündelten Buchführung verbessern helfen sollen, betreffen nur integrierte EVU.

38 Weiterhin sind die EVU gem. § 10 Abs. 1 i. V. mit §§ 264 Abs. 1 Satz 1, 289 HGB verpflichtet, einen **Lagebericht** aufzustellen. Dieser muss den Geschäftsverlauf und die Lage der Kapitalgesellschaft so darstellen, dass ein den tatsächlichen Verhältnissen entsprechendes Bild vermittelt und dabei auf die Risiken der künftigen Entwicklung eingegangen wird (§ 289 Abs. 1 HGB). Weiterhin soll der Lagebericht auch auf Vorgänge von besonderer Bedeutung nach Abschluss des Geschäftsjahres, die voraussichtliche Entwicklung der Kapitalgesellschaft, den Bereich Forschung und Entwicklung sowie bestehende Zweigniederlassungen der Gesellschaft besonders eingehen.

39 Die Pflicht zur Aufstellung des Jahresabschlusses unter Beachtung der GoB hat nach § 264 Abs. 2 HGB das Ziel, ein den tatsächlichen Verhältnissen entsprechendes Bild der Vermögenslage, Finanzlage und Ertragslage der Kapitalgesellschaft/des EVU zu vermitteln. Bestimmte Vorschriften sind nach § 264 Abs. 3 HGB nicht anzuwenden, wenn das EVU Tochterunternehmen eines nach § 290 HGB (Konzernabschluss) aufstellungspflichtigen Mutterunternehmens ist. Sinn und Zweck der Regelung – transparente Berichterstattung – sind gerade im Hinblick auf die Existenz des Konzernabschlusses zu gewährleisten. Ggf. muss ein solches Tochterunternehmen ersatzweise den Konzernabschluss usw. bereithalten, offen legen oder veröffentlichen.

40 § 265 HGB enthält allgemeine Grundsätze für die **Gliederung** von Jahresabschlüssen (Bilanz sowie Gewinn- und Verlustrechnung) für Kapitalgesellschaften und damit auch für EVU, jedenfalls der allgemeinen Versorgung[17]. In Abs. 1 des § 265 HGB ist der Kontinuitätsgrundsatz niedergelegt, wonach die Gliederung im Zeitablauf beizubehalten ist, sofern Ausnahmen wegen besonderer Umstände Abweichungen nicht erfordern; letztere sind im Anhang anzugeben und zu begründen. Sowohl in der Bilanz als auch in der Gewinn- und Verlustrechnung ist für jeden Gliederungsposten nicht nur der Betrag des Geschäftsjahres, sondern auch der des vorhergehenden Ge-

---

17 Vgl. dazu § 10 Rz. 9 ff.

schäftsjahres anzugeben, § 265 Abs. 2 HGB. Nicht vergleichbare Beträge sowie Anpassungen des Vorjahresbetrages sind im Anhang zu bezeichnen und zu erläutern.

§ 265 Abs. 3 bis 8 HGB enthält weitere **Einzelheiten der Gliederung** 41 (Zugehörigkeit zu mehreren Posten, eigene Geschäftsanteile im Jahresabschluss, Tätigkeit in mehreren Geschäftszweigen, feinere Untergliederung, Bezeichnung der Posten der Bilanz sowie der Gewinn- und Verlustrechnung mit arabischen Zahlen einschl. Änderung sowie Zusammenfassung von Posten, betragslose Posten).

Über diese in § 265 HGB niedergelegten allgemeinen Gliederungs- 42 grundsätze hinaus ordnen die §§ 266 ff. HGB für die Bilanz und die §§ 275 ff. HGB für die Gewinn- und Verlustrechnung zusätzliche Gliederungsvorgaben an. Dabei betreffen die §§ 266 (Bilanz) und 275 HGB (Gewinn- und Verlustrechnung) die Gliederung selbst. Nach näherer Definition des § 267 HGB[18] finden für die Bilanz (§ 274a HGB) und für die Gewinn- und Verlustrechnung (§ 276 HGB) dort im Einzelnen näher konkretisierte **Erleichterungen** statt, die von bestimmten Aufstellungs- und Gliederungsvorschriften entbinden. Diese Erleichterungen gelten auch unmittelbar für EVU, soweit sie an den Abschlussstichtagen von zwei aufeinander folgenden Geschäftsjahren die **Größenmerkmale** unterschreiten oder überschreiten (§ 267 Abs. 4 HGB). Noch ungeklärt ist allerdings die Frage, ob im Rahmen der entbündelten Rechnungslegung nach § 10 Abs. 3 die aus der Größe des EVU resultierenden Erleichterungen auch dann anzuwenden sind, wenn zwar das Unternehmen als solches der Rechnungslegung für Kapitalgesellschaften voll unterliegt (große Kapitalgesellschaft, § 267 Abs. 3 HGB), bei funktionsbezogener Rechnungslegung aber einzelne Unternehmensbereiche (z. B. Übertragung von Elektrizität) den Größenklassen »mittelgroße Kapitalgesellschaft« oder »kleine Kapitalgesellschaft« zuzurechnen sind.

Vorschriften zu einzelnen **Posten** der Bilanz sowie zu den **Bilanz-** 43 **vermerken** enthält § 268 HGB. § 269 HGB betrifft Aufwendungen für die Ingangsetzung und Erweiterung des Geschäftsbetriebs, während die §§ 270 bis 273 HGB Regelungen zu Einzelposten der Bilanz enthalten (Kapitalrücklage, Gewinnrücklagen, Beteiligungen, Eigenkapital, Sonderposten mit Rücklageanteil). § 274 HGB ermöglicht eine Rückstellung für Zwecke der Steuerabgrenzung. Eine entspre-

---

18 Vgl. dazu oben § 10 Rz. 34 f.

chende Vorschrift für die Gewinn- und Verlustrechnung findet sich in § 278 HGB. § 275 HGB betrifft die Gliederung der Gewinn- und Verlustrechnung und § 277 HGB Vorschriften zu einzelnen ihrer Posten (Umsatzerlöse, Bestandsveränderungen und Abschreibungen, außerplanmäßige Abschreibungen, außerordentliche Erträge bzw. Aufwendungen).

44 Die §§ 279 bis 283 HGB enthalten **Bewertungsvorschriften**. Diese betreffen die Nichtanwendung des § 253 Abs. 4 HGB (Abschreibungen im Rahmen vernünftiger kaufmännischer Beurteilung), Abschreibungen auf Finanzanlagen sowie den Gleichklang handelsrechtlicher Abschreibungen mit den steuerrechtlich zulässigen Abschreibungen (§ 279 Abs. 2 HGB). Das das Vorsichtsprinzip konkretisierende Wertaufholungsverbot enthält § 280 HGB. § 281 HGB sieht vor, dass steuerrechtliche Vorschriften beim handelsrechtlichen Jahresabschluss für Kapitalgesellschaften berücksichtigt werden dürfen. Beträge für die Ingangsetzung und Erweiterung des Geschäftsbetriebs müssen in den folgenden Geschäftsjahren zu mindestens je 25 % durch Abschreibungen getilgt werden, § 282 HGB; das Eigenkapital ist zum Nennbetrag anzusetzen, § 283 HGB.

45 Die §§ 284 bis 288 HGB betreffen den **Anhang** zum Jahresabschluss. In diesen Anhang sind die zu den einzelnen Posten von Bilanz bzw. Gewinn- und Verlustrechnung vorgeschriebenen Erläuterungen aufzunehmen, § 284 Abs. 1 HGB. § 284 Abs. 2 und § 285 HGB enthalten die Pflichtangaben, § 286 HGB das Unterlassen von Angaben[19]. Der Anteilsbesitz kann auch statt im Anhang gesondert aufgestellt werden, § 278 HGB. Größenabhängige Erleichterungen sieht § 288 HGB vor, der wiederum auf § 267 HGB verweist.

46 Im **Lagebericht** muss ein den tatsächlichen Verhältnissen entsprechendes Bild des Geschäftsverlaufs und der Lage der Kapitalgesellschaft vermittelt werden. Dabei ist auch auf Vorgänge von besonderer Bedeutung nach Schluss des Geschäftsjahres, die voraussichtliche Entwicklung der Kapitalgesellschaft, den Bereich Forschung und Entwicklung sowie bestehende Zweigniederlassungen der Gesellschaft einzugehen[20].

---

19 Vgl. dazu oben bereits § 10 Rz. 33.
20 Vgl. dazu bereits oben § 10 Rz. 31.

c) Prüfung von Jahresabschluss und Lagebericht

Die Prüfungsvorschriften sind in den §§ 316 bis 324 HGB enthalten. Danach sind alle Abschlüsse von Kapitalgesellschaften mit Ausnahme der von kleinen Kapitalgesellschaften (§ 267 Abs. 1 HGB) durch einen **Abschlussprüfer** zu prüfen. Vor Prüfung darf die Feststellung des Jahresabschlusses nicht erfolgen, § 316 Abs. 1 Satz 2 HGB. Änderungen sind erneut zu prüfen, § 316 Abs. 2 HGB.

Gegenstand der Prüfung ist neben dem Jahresabschluss auch die Buchführung, wobei der Abschlussprüfer ggf. bestätigt, dass die gesetzlichen Vorschriften und sie ergänzende Bestimmungen des Gesellschaftsvertrages oder der Satzung beachtet worden sind (Bestätigungsvermerk). Dabei hat sich der Abschlussprüfer an den Grundsätzen ordnungsmäßiger Buchführung zu orientieren. Weiterhin ist die Prüfung darauf zu erstrecken, ob der Lagebericht mit dem Jahresabschluss in Einklang steht und ob die sonstigen Angaben im Lagebericht nicht eine falsche Vorstellung von der Lage des Unternehmens erwecken.

Die §§ 318, 319 HGB enthalten Vorschriften über **Bestellung, Auswahl und Abberufung des Abschlussprüfers**. Die Wahl erfolgt durch die Gesellschafter, während die gesetzlichen Vertreter der Kapitalgesellschaft (Vorstand oder Geschäftsführer) den Prüfungsauftrag erteilen, § 318 Abs. 1 HGB. Ein Minderheitsantrag ist nach § 318 Abs. 3 HGB gegenüber dem Gericht möglich, wobei ein anderer Abschlussprüfer insbesondere bei Besorgnis der Befangenheit bestellt wird. Der vom Abschlussprüfer angenommene Prüfungsauftrag kann nur aus wichtigem Grund gekündigt werden, § 318 Abs. 6 HGB. Die (subsidiäre) Bestellung des Abschlussprüfers durch das Gericht regelt samt Prüfervergütung § 318 Abs. 4 und 5 HGB.

Als Abschlussprüfer können grundsätzlich nur **Wirtschaftsprüfer und Wirtschaftsprüfungsgesellschaften** gewählt werden, § 319 Abs. 1 HGB. Für mittelgroße Gesellschaften mit beschränkter Haftung sind auch vereidigte Buchprüfer sowie Buchprüfungsgesellschaften wählbar.

§ 319 Abs. 2 enthält **Hinderungsgründe** für die Bestellung zum Abschlussprüfer (WP und BP), § 319 Abs. 3 entsprechende Hinderungsgründe für Wirtschaftsprüfungs- oder Buchprüfungsgesellschaften. Die besonderen **Pflichten aus dem Rechtsverhältnis des Prüfungsauftrags** legen die §§ 320 bis 324 HGB fest. Der Jahresabschluss muss

§ 10 Rechnungslegung und interne Buchführung

mit dem Lagebericht unverzüglich nach Aufstellung dem Abschlussprüfer vorgelegt werden. Außerdem muss gestattet werden, alle Bücher und Schriften der Kapitalgesellschaft sowie die Vermögensgegenstände und Schulden einschl. Kasse und Beständen an Wertpapieren und Waren zu prüfen. Das Ergebnis der Prüfung hält der Abschlussprüfer in einem **Prüfungsbericht** fest, § 321 HGB. Auch über bestandsgefährdende, die Entwicklung des Unternehmens wesentlich beeinträchtigende Tatsachen sowie über schwerwiegende Verstöße der gesetzlichen Vertreter gegen Gesetz, Gesellschaftsvertrag oder Satzung muss der Abschlussprüfer berichten, § 321 Abs. 2 HGB. Den Wortlaut des **Bestätigungsvermerks** enthält § 322 HGB, wobei Ergänzungs-, Einschränkungs- oder Versagungsmöglichkeiten bestehen, wenn diese entsprechend begründet werden. Bei Meinungsverschiedenheiten zwischen Abschlussprüfer und Kapitalgesellschaft insbesondere über die Auslegung von Rechtsvorschriften ist das Landgericht ausschließlich zur Entscheidung berufen, § 324 HGB (Beschlussverfahren und sofortige Beschwerde). Den Abschlussprüfer trifft nur eine eingeschränkte Verantwortlichkeit (Schadensersatz), vgl. § 323 HGB, die dem sog. Richterprivileg vergleichbar ist (vgl. § 839 Abs. 2 BGB)[21].

4. Offenlegung

52 Nach § 325 Abs. 2 HGB sind nur große Kapitalgesellschaften (vgl. § 267 Abs. 3 HGB) verpflichtet, den Jahresabschluss (einschl. Anhang) sowie Lagebericht, Bericht des Aufsichtsrates und Vorschlag über die Verwendung des Jahresergebnisses noch vor der Offenlegung (Einreichung zum Handelsregister) **im Bundesanzeiger bekanntzumachen**. Soweit Bekanntmachungspflichten nach anderen Vorschriften bestehen, bleiben diese unberührt, müssen also ebenfalls erfüllt werden, § 325 Abs. 5 HGB.

53 Für kleine und mittelgroße Kapitalgesellschaften besteht die vorherige Bekanntmachungspflicht nicht; diese müssen aber die in § 325 Abs. 1 Satz 1 HGB genannten Unterlagen **unverzüglich nach der Einreichung zum Handelsregister** im Bundesanzeiger bekanntmachen.

54 Da § 10 Abs. 1 auch auf die Vorschriften des Vierten Unterabschnitts des Zweiten Unterabschnitts des Dritten Buchs des HGB verweist, ist

---

21 Vgl. dazu *Salje* Anm. OLG Düsseldorf vom 19.11.1998, NZG 1999, S. 901, 905 ff.

eine Offenlegung des Jahresabschlusses von EVU nach den §§ 325 ff. HGB **erforderlich**. Für Aktiengesellschaften und für GmbH gelten die §§ 325 ff. HGB ohnehin unmittelbar. Dies betrifft auch solche Kommanditgesellschaften, bei denen persönlich haftende Gesellschafterin eine nur mit dem eigenen Vermögen haftende Kapitalgesellschaft ist (GmbH & Co., AG & Co.)[22].

Dies bedeutet, dass EVU dieser Rechtsformen den geprüften Jahresabschluss unverzüglich (spätestens jedoch vor Ablauf des neunten Monats des dem Abschlussstichtag nachfolgenden Geschäftsjahres) mit dem Bestätigungsvermerk bzw. dem Vermerk über dessen Versagung zum Handelsregister des Sitzes der Kapitalgesellschaft einzureichen haben. Beizufügen sind Lagebericht, Bericht des Aufsichtsrates und ggf. der Vorschlag über die Verwendung des Jahresabschlussergebnisses. Große Kapitalgesellschaften müssen diese Unterlagen zunächst im Bundesanzeiger bekannt machen, § 325 Abs. 2 HGB. Kleine Kapitalgesellschaften haben nur Bilanz samt Anhang spätestens vor Ablauf des zwölften Monats des dem Bilanzstichtag nachfolgenden Geschäftsjahres zum Handelsregister einzureichen, wobei der Anhang die die Gewinn- und Verlustrechnung betreffenden Angaben nicht zu enthalten braucht (§ 326 HGB). Für mittelgroße Kapitalgesellschaften bestehen Erleichterungen nach § 327 HGB (Offenlegung einer – modifizierten – Bilanz in der für kleine Kapitalgesellschaften vorgeschriebenen Form). Besondere Formvorschriften für Offenlegung und Veröffentlichung enthält § 328 HGB. Das Registergericht prüft lediglich, ob die eingereichten Unterlagen vollzählig sind und – sofern dies vorgeschrieben ist – bekannt gemacht (veröffentlicht) wurden. Zur Ahndung eines eventuellen Verstoßes gegen die Pflichten zur Aufstellung, Veröffentlichung, Offenlegung und Prüfung bestehen Straf- und Bußgeldvorschriften, §§ 331 ff. HGB.

5. Darstellung von Geschäften größeren Umfangs (Abs. 2)

Nach § 10 Abs. 2 müssen im **Anhang zum Jahresabschluss** (Gesamtabschluss) Geschäfte mit verbundenen und assoziierten Unternehmen sowie bestimmten Aktionären dann gesondert dargestellt werden, wenn es sich um **Geschäfte größeren Umfangs** handelt.

---

[22] Vgl. dazu den damaligen Entwurf zur Anpassung des Bilanzrechts an das Europäische Recht, NZG 1999, 312; dazu *Bihr*, Der Entwurf des Kapitalgesellschaften- und Co.-Richtlinien-Gesetzes (KapCoRiLiG) v. 13.8.1999, BB 1999, S. 1862 ff. (Regelungen in den §§ 264a und b HGB n. F.).

a) Geschäfte größeren Umfangs

57 Der Begriff des **Geschäfts** dürfte insbesondere solche Rechtsgeschäfte entgeltlicher Art umfassen, aus denen das Unternehmen in quantitativ oder qualitativ bedeutsamem Maße gebunden ist. Der Rechtsgeschäftsbegriff kann allerdings nicht im juristischen Verständnis zugrundegelegt werden, weil einseitige Rechtsgeschäfte sowie Beschlüsse nicht unter § 10 Abs. 2 fallen. Das bloße Einholen von Angeboten und sonstige Maßnahmen, aus denen Bindungen dem Unternehmen nicht erwachsen, fällt nicht unter § 10 Abs. 2. Dies gilt auch für Hoheitsakte, selbst wenn diese wie z. B. Sanierungsverfügungen finanziell besonders bedeutsame Auswirkungen für das Unternehmen haben. Entsprechend fallen Preisgenehmigungen nicht unter die Vorschrift, weil weder juristischer noch ökonomischer Geschäftsbegriff hoheitliche Maßnahmen umfassen.

58 Über unentgeltliche Rechtsgeschäfte muss nur dann berichtet werden, wenn diese ungewöhnlich sind und das Unternehmen auf der abgebenden Seite steht. Regelmäßig wird es sich deshalb bei den in § 10 Abs. 2 genannten Geschäften um entgeltliche Verträge mit besonderen Auswirkungen für das Unternehmen handeln.

59 Der Gesetzgeber hat nicht festgelegt, was unter »Geschäften **größeren Umfangs**« zu verstehen ist. Die Bedeutung kann sowohl qualitativ als auch quantitativ begründet sein. Man könnte daran denken, die für Kreditinstitute geltenden Regelungen (Kreditsumme in Abhängigkeit von einem Prozentsatz des haftenden Eigenkapitals)[23] entsprechend zur Auslegung heranzuziehen, wobei aber die Besonderheiten der Energiewirtschaft beachtet werden müssen.

60 Ein Geschäft ist dann nicht in diesem Sinne qualitativ bedeutsam, wenn es um Alltags- und insbesondere Massengeschäfte geht. Dagegen kann der Abschluss eines langfristigen Stromlieferungsvertrages mit einem besonderen Kunden mit hoher Abnahmecharakteristik zu den Geschäften größeren Umfangs gehören.

61 Um den Anhang nicht mit **Bagatellgeschäften** zu belasten, ist das Unternehmen dann von der besonderen Berichtspflicht nach § 10 Abs. 2 entbunden, wenn der durch das Geschäft ausgelöste Umsatz

---

23 Vgl. § 321 HGB, Klarheit über die Lage des Unternehmens als qualitatives Kriterium für im Prüfbericht aufzuführende wichtige Verträge.

ein Prozent des Gesamtumsatzes unterschreitet. Dieser Umsatz kann sowohl zu Aufwendungen als auch zu Erträgen führen.

Neben den langfristigen Stromlieferverträgen sowie den Strombezugsverträgen können Geschäfte größeren Umfangs auch vorliegen, wenn ein neues Kraftwerk erstellt oder ein altes veräußert wird. Auch Erwerb und Veräußerung von Betrieb oder Betriebsteilen können zu den Geschäften größeren Umfangs gehören[24]. Weiter werden von *Kunze*[25] Darlehen, Bürgschaften sowie Betriebsführungsverträge angeführt. Auch der Erwerb von Anteilen am eigenen Unternehmen sowie der Erwerb von Anteilen an fremden Unternehmen fallen prinzipiell unter § 10 Abs. 2. 62

Weitere Anhaltspunkte können § 321 HGB entnommen werden. Danach sind im Prüfungsbericht zum Jahresabschluss bestimmte wichtige Verträge anzuführen[26]. Im Zweifelsfall werden sowohl quantitative als auch qualitative Auswirkungen des Geschäfts für die Einbeziehung maßgeblich sein. Eine unmittelbare Auswirkung auf das Jahresergebnis ist nicht zu verlangen[27]. 63

Die so definierten Geschäfte größeren Umfangs müssen mit bestimmten Unternehmen bzw. deren Aktionären getätigt werden. Als **Vertragspartner** kommen in Betracht: 64

– Verbundene Unternehmen (§ 271 Abs. 2 HGB)

– Assoziierte Unternehmen (§ 311 HGB)

aa) Verbundene Unternehmen

Nach § 271 Abs. 2 HGB sind verbundene Unternehmen solche, die als Mutter- oder Tochterunternehmen in den Konzernabschluss eines Mutterunternehmens nach den Vorschriften über die Vollkonsolidierung einzubeziehen sind. Dabei ist die Definition von Mutter- und Tochterunternehmen § 290 Abs. 1 i. V. mit § 271 Abs. 1 HGB zu entnehmen. Danach ist Mutternehmen eine Kapitalgesellschaft mit Sitz im Inland, die eine Beteiligung i. S. von § 271 Abs. 1 HGB an dem unter der einheitlichen Leitung der Kapitalgesellschaft stehenden Unternehmen (Tochterunternehmen) hält. Beteiligungen liegen nach 65

---

24 So zu Recht *Kunze*, EnWG 1998, § 9 Anm. 5.4.
25 Ebd. S. 181.
26 Dazu *Wirtschaftsprüfer-Handbuch*, Abschn. O Rz. 62.
27 Andere Ansicht *Kunze*, EnWG 1998, § 9 Anm. 5.4 (S. 181).

§ 271 Abs. 1 HGB vor, wenn die Anteile an anderen Unternehmen dazu bestimmt sind, dem eigenen Geschäftsbetrieb durch Herstellung einer dauernden Verbindung zu jenen Unternehmen zu dienen, soweit sie (im Zweifel) 20 % des Nennkapitals dieser Gesellschaft überschreiten.

66 Dies bedeutet für § 10 Abs. 2: Geschäfte größeren Umfangs sind dann im Anhang gesondert darzustellen, wenn sie zwischen Mutter- und Tochterunternehmen vereinbart worden sind, wobei einerseits eine einheitliche Leitung durch die Muttergesellschaft vorliegen muss (faktischer oder Vertragskonzern), andererseits Anteile in Höhe von mindestens 20 % des Nennkapitals der Tochtergesellschaft gehalten werden müssen. Nach weiterer Maßgabe des § 271 Abs. 2 HGB gelten als verbundene Unternehmen nicht nur die in die Vollkonsolidierung mit einzubeziehenden Tochterunternehmen, sondern auch diejenigen Unternehmen, auf die § 291 HGB (befreiender Konzernabschluss), § 292 HGB (Reichweite der Rechtsverordnungsermächtigung für befreite Konzernabschlüsse und Konzernlageberichte), § 295 HGB (Einbeziehungsverbot) bzw. § 296 HGB (Verzicht auf die Einbeziehung) anzuwenden sind. Dies bedeutet, dass Tochterunternehmen selbst dann verbundene Unternehmen sind, wenn sie aufgrund besonderer gesetzlicher Vorschriften nicht in die Vollkonsolidierung einzubeziehen sind.

bb) Assoziierte Unternehmen

67 Unterhalb der Schwelle des verbundenen Unternehmens ist auch dann die Darstellung von Geschäften größeren Umfangs erforderlich, wenn lediglich eine Assoziierung i. S. von § 311 HGB anzunehmen ist. Eine Assoziierung liegt unter Anwendung derselben Beteiligungsschwelle (20 % am Nennkapital) dann vor, wenn die Tochtergesellschaft zwar nicht unter einheitlicher Leitung steht, aber **ein maßgeblicher Einfluss auf die Geschäfts- und Finanzpolitik** dieses nicht in den Konzernabschluss einbezogenen Unternehmens vom beteiligten Unternehmen ausgeübt wird. Nach § 311 Abs. 1 Satz 2 HGB begründet eine Beteiligung in Höhe von 20 % der Stimmrechte der Gesellschafter die Vermutung für das Bestehen eines maßgeblichen Einflusses.

68 § 311 Abs. 2 enthält eine **Befreiungsvorschrift** im Hinblick auf die spezielle Rechtsfolge des § 311 Abs. 1 HGB (Ausweis der Beteiligung in der Konzernbilanz unter einem besonderen Posten mit entspre-

chender Bezeichnung). Diese Befreiungsvorschrift ist anzuwenden, wenn die Beteiligung für die Vermittlung eines den tatsächlichen Verhältnissen entsprechenden Bildes der Vermögens-, Finanz- und Ertragslage des Konzerns von untergeordneter Bedeutung ist. Um eine einigermaßen sichere Handhabung der Darstellungspflicht gem. § 10 Abs. 2 zu ermöglichen, wird eine analoge Anwendung der Befreiung nach § 311 Abs. 2 HGB nicht sinnvoll sein. Vielmehr sind alle Geschäfte größeren Umfangs bereits dann darzustellen, wenn die Schwelle des § 311 Abs. 1 Satz 2 HGB (20 % der Stimmrechte der Gesellschafter) erreicht wird.

cc) Unternehmen derselben Aktionäre

69 Anders als § 9 Abs. 4 EnWG 1998 verlangt § 10 Abs. 2 EnWG 2005 nicht mehr explizit eine Darstellung der Geschäfte größeren Umfangs im Anhang zum Jahresabschluss von EVU, wenn es sich um **Geschäfte mit Unternehmen derselben Aktionäre** handelt. Diese Regelung konnte sich nur auf Aktiengesellschaften beziehen, weil GmbH, Genossenschaften, Personenhandelsgesellschaften und Eigenbetriebe keine Aktionäre haben können. Anwendbar war § 9 Abs. 4 daher nur auf die AG und die KGaA. Da der Wortlaut Art. 14 Abs. 5 RL-Elt 1996 entsprach, bestand für den nationalen Gesetzgeber keine weitergehende Umsetzungspflicht. Zu Recht wurde in der Literatur auf daraus sich möglicherweise ergebende willkürliche Ungleichbehandlungen zwischen unterschiedlichen Rechtsformen von Gesellschaften hingewiesen[28]. Der in anderen Gesetzen (vgl. z. B. § 2 UmwG) verwendete Begriff des »Anteilsinhabers« wurde vom damaligen europäischen Gesetzgeber nicht benutzt. Da das neue Recht (Richtlinien und § 10 Abs. 2) diesen gesonderten Ausweis nicht mehr vorsieht, besteht eine Pflicht zur Aufnahme in den Anhang mit Beginn des neuen Geschäftsjahres nicht mehr.

b) Art und Weise der gesonderten Darstellung

70 Der Gesetzgeber hat die Art und Weise der gesonderten Darstellung i. S. von § 10 Abs. 2 nicht besonders vorgeschrieben. Deshalb reicht jede identifizierende Kenntlichmachung des Geschäfts aus, ohne dass die exakten Geschäftsdaten (Mengen- und Preisgrößen) angegeben werden müssen. Insbesondere Angaben, die zu den Betriebs- und Geschäftsgeheimnissen zählen, müssen nicht dargestellt oder aufgeführt

---

28 *Kunze*, EnWG 1998, § 9 Anm. 5.2.

werden, wenn das Geschäft als solches gleichwohl identifizierbar ist. Darstellungsziel muss immer die Transparenz der Rechnungslegung sein.

71 *Kunze*[29] möchte folgende Angaben als ausreichend ansehen: Vertragspartner, Datum des Vertragsschlusses, Gegenstand des Vertrages (prägnante Stichwörter). Nach Sinn und Zweck soll es die Regelung ermöglichen, Dritten einen Einblick in die Geschäftätigkeit der verbundenen oder assoziierten Unternehmen zu ermöglichen. Bei diesen EVU muss nämlich vermutet werden, dass sie Geschäfte nicht notwendig zu Konditionen abschließen oder abschließen müssen, wie sie Marktbedingungen voll entsprechen und zwischen voneinander unabhängigen Unternehmen vereinbart werden. Da solche **Geschäfte »mit besonderen Konditionen«** Rückwirkungen auf die Segmentabschlüsse haben können, ist die gesonderte Darstellung erforderlich, um einen vollständigen Einblick in die Vermögens- und Ertragslage des EVU zu ermöglichen. Dies müsste dann konsequent auch dazu führen, das Geschäftsvolumen (Mengen- und Preisgerüst) jedenfalls in etwa anzugeben. Erst dann könnte einigermaßen sicher abgeschätzt werden, ob diese Geschäfte annähernd Marktbedingungen verwirklichen oder nicht. Der Wirtschaftsprüfer hat die Abwesenheit von Quersubventionen zu überprüfen, Art. 19 Abs. 4 (Art. 17 Abs. 4) RL-Elt (RL-Gas) in Verbindung mit § 10 Abs. 4.

72 Gleichwohl reicht die Regelung nicht aus, um dieses mögliche Ziel des Gesetzgebers zu erreichen. Eine »gesonderte Darstellung« bzw. ein »gesondertes Aufführen« solcher Geschäfte hat nicht zum Ziel, ein quasi »gläsernes EVU« zu schaffen. Selbst wenn eine interessierte Öffentlichkeit mit den knappen Angaben i. S. von § 10 Abs. 2 letztlich wenig anzufangen weiß, sind diese Angaben doch für Behörden, Banken und beteiligungswillige Unternehmen/Aktionäre von hoher Bedeutung, weil sie mögliche Belastungen des einen oder anderen Unternehmens widerzuspiegeln vermögen, also Warnsignale setzen. So kann das Bundeskartellamt (vgl. aber § 58) bzw. die Regulierungsbehörde die Existenz solcher Geschäfte zum Anlass nehmen, mit Hilfe eines Auskunftsverlangens die Geschäftstatsachen näher aufzuklären und daraus Schlüsse für Ergehen und Begründung von Verwaltungsakten zu ziehen. Deshalb reicht es aus, wenn diese Geschäfte in der Art von »Merkposten« identifizierbar aufgeführt werden, um das Gesetzesziel zu erreichen.

29 EnWG 1998, § 9 Anm. 5.5 (S. 182): zum früheren Recht.

IV. Funktionsorientierte Rechnungslegung (Abs. 3)

§ 10 Abs. 3 ordnet eine separate aktivitäts- oder funktionsbezogene Rechnungslegung an, die die Bereiche Übertragung und Verteilung von Elektrizität, Fernleitung und Verteilung von Gas, Gasspeicherung, Betrieb von LNG-Anlagen sowie Aktivitäten außerhalb dieser Bereiche betrifft. Entsprechende funktionsbezogene Jahresabschlüsse müssen nur intern aufgestellt werden. Die Norm setzt Art. 19 Abs. 3 RL-Elt sowie Art. 17 RL-Gas um, ist aber mit vielen Zweifelsfragen verbunden[30].

73

1. Ausgestaltung der aktivitätsbezogenen Rechnungslegung

Nach Art. 19 RL-Elt sowie Art. 17 RL-Gas soll die Separierung der Rechnungslegung so erfolgen, als ob es sich bei den einbezogenen Aktivitäten/Funktionen um Tätigkeiten separater Firmen handeln würde. Zunächst ist deshalb die Reichweite dieser Fiktion aufzuklären.

74

a) Ableitung aus dem Gesamtabschluss

Der »Fachausschuss für öffentliche Unternehmen und Verwaltungen« des IDW ging zum alten Recht davon aus, dass Art. 14 Abs. 3 RL-Elt 1997 »sich lediglich auf die Anforderungen an die Art und Weise der Kontentrennung auf die einzelnen Aktivitäten« bezieht[31], also die Jahresabschlüsse nicht wirklich so behandelt werden dürfen, wie wenn die Funktionen von separaten Firmen ausgeübt worden wären. Denn dann hätten diese Firmen auch jede für sich Bilanzierungs- und Bewertungswahlrechte, die unabhängig vom Unternehmen ausgeübt werden könnten, dessen verschiedene Aktivitäten in den separaten Abschlüssen widergespiegelt werden sollen.

75

---

30 Vgl. schon zum alten Recht: *Theisen*, Ökonomische Aspekte des Unbundling in der Energiewirtschaft, unveröffentlichtes Manuskript, *Fachausschuss* für öffentliche Unternehmen und Verwaltungen des IDW (Hrsg.), Diskussionspapier: Zweifelsfragen der Rechnungslegung und Prüfung von Elektrizitätsversorgungsunternehmen nach dem Energiewirtschaftsgesetz, FN-IDW Nr. 8/1998, S. 372 ff.; *Röhricht/Lebulla*, Transparenz der Buchführung und Rechnungslegung der EVU nach § 9 EnWG, Versorgungswirtschaft 1999, S. 5 ff. Vgl. auch die Stellungnahme vom *VDEW/VKU* ebd. S. 10 f.
31 *Fachausschuss*, Diskussionspapier, a.a.O. S. 376.

76 Das Beispiel zeigt zwar, dass die Fiktion nicht so weit getrieben werden darf, dass sich die Funktionstrennung real mit allen Konsequenzen in den getrennten Jahresabschlüssen manifestiert. Dies würde es nahe legen, die vorhandenen Konten lediglich den Aktivitäten zuzuordnen und dann wie gewohnt abzuschließen, wobei lediglich in Bereichen (z. B. Personalverwaltung), die für mehrere Aktivitäten Dienstleistungen erbringen, eine Aufspaltung der Konten erforderlich wäre.

77 Eine solche Vorgehensweise hätte allerdings gravierende Nachteile, weil dann möglicherweise die Aufwendungen, nicht aber die Erträge richtig zugeordnet würden. Da Einnahmen aus Umsatzerlösen dort anfallen, wo Elektrizität an Letztverbraucher verteilt wird (Aktivität Versorgung), müsste dieser Bereich im Jahresabschluss einen besonders hohen Überschuss aufweisen, der insbesondere aus all-inclusive-Preisen der Energielieferanten resultiert. Demgegenüber würden Erzeugungsbereich und Übertragungsbereich im integrierten Unternehmen nicht mit Umsatzerlösen aufwarten können, so dass diese Jahresabschlüsse notwendig Jahresfehlbeträge in großer Höhe aufwiesen. Mit der Fiktion, diese Bereiche »wie separate Firmen« zu führen, hätte eine solche Vorgehensweise nichts mehr zu tun. Denn separate Firmen hätten nicht nur Aufwendungen, sondern auch Erträge und müssten sich bemühen, ein zumindest ausgeglichenes Ergebnis vorzuweisen. Deshalb ist diese Vorgehensweise zu verwerfen.

b) Funktionsgetreue Neuaufstellung der Jahresabschlüsse

78 Das andere Extrem einer separierten Rechnungslegung würde darin bestehen, die separierten Jahresabschlüsse nicht aus dem Gesamtabschluss herzuleiten, sondern die Teilabschlüsse aktivitätsbezogener Art jeweils völlig neu aufzustellen und dabei die Fiktion zugrundezulegen, dass die einzelnen Sparten nicht nur mit Dritten, sondern auch untereinander entsprechende Rechtsgeschäfte abgeschlossen hätten. Letztlich müsste das vorhandene Zahlenwerk mit dem Ziel bewertet werden, Zusatzaufwendungen/Minderaufwendungen bzw. Zusatzerträge/Mindererträge im Verhältnis zur Gesamtaktivität des integrierten Unternehmens zu ermitteln und in die Teilabschlüsse einzuspeisen.

79 Diese Vorgehensweise treibt offensichtlich die »Realität der Fiktion« viel zu weit. Deshalb ist nach einer Zwischenlösung zu suchen, die es ermöglicht, sowohl auf der Basis des Zahlenwerks des integrierten

EVU zu arbeiten (abgeleitetes Rechnungswesen der Teilaktivitäten) als auch zu berücksichtigen, dass separate Firmen sowohl Erträge als auch Aufwendungen haben, also auch Erlöse den Aktivitäten zugeordnet werden müssen.

c) Funktionsbezogene Rechnungslegung unter Verwendung von Verrechnungspreisen

Eine entflochtene Rechnungslegung kann auf eine Ableitung der Teilabschlüsse der separaten Aktivitäten aus dem Gesamtabschluss des integrierten Unternehmens nicht verzichten. Diese Ableitung als Ausgangspunkt ist jedoch zu ergänzen um solche Buchungspositionen, die in einer real existierenden separaten Firma tatsächlich anfallen würden. Wenn beispielsweise ein Elektrizitätserzeugungsunternehmen Strom an einen Netzbetreiber für Regelzwecke verkauft, so fallen insofern Umsatzerlöse an. Diese gibt es zwar im integrierten Unternehmen nicht, so dass sie auch nicht aus diesem Rechnungswesen abgeleitet werden können. Jedoch können diese Umsatzerlöse für die Lieferung von Elektrizität **in der Art von Konzernverrechnungspreisen realitätsgetreu ermittelt** und als Buchungsposten sowohl beim Erzeugerunternehmen (Erträge) als auch beim Netzbetreiberunternehmen (Aufwendungen) in Ansatz gebracht werden. Diese »realitätsbezogene Fiktion« darf aber nicht soweit getrieben werden, dass nun auch fiktive Verwaltungsabteilungen eingerichtet werden, die dann ebenfalls fiktiv Aufwendungen verursachen würden. Deshalb muss es beim bloßen Ansatz dieser Verrechnungspreise verbleiben, ohne dass Zusatzaufwendungen fingiert werden, die gar nicht angefallen sind. Dieser Ansatz dient dem Ziel, das Bild selbständig tätiger Netzbetreiber-Unternehmen im Verhältnis zu den anderen energiewirtschaftlichen Aktivitäten möglichst realistisch nachzumodellieren. Der Lieferant schuldet Netzzugangsentgelte, die beim Betreiber des Übertragungs- und dem des Verteilernetzes als Erträge anzusetzen sind und wiederum marktgerechten Nutzungsentgelten entsprechen müssen.

Insgesamt bedeutet dies, dass die zwischen den Teilaktivitäten in der Realität bestehenden »Geschäftsverbindungen«, die sich in **Leistungstransfers** tatsächlich niederschlagen, auch **im separierten Rechnungswesen abgebildet** werden müssen. Dies bedingt im Rechnungswesen sich als Buchungsposten manifestierende Rechnungsbeträge, nicht aber die Rechnung selbst. Nur dieser zwischen den beiden Extremen vermittelnde Vorschlag ist geeignet, dem Sinn und Zweck des entbündelten Rechnungswesens Rechnung zu tragen, weil nur auf diese Weise größtmögliche Transparenz hergestellt werden kann.

82 Auch bei dieser Vorgehensweise werden sich trotz des einleuchtenden Ausgangspunkts zahlreiche Zweifelsfragen ergeben. Nicht immer leicht wird der Konzernverrechnungspreis zu bestimmen sein. Dabei müssen vergleichbare Marktbedingungen und tatsächlich geforderte Entgelte anderer Unternehmen in vergleichbarer Situation zugrundegelegt werden. Führen diese Verrechnungspreise zu Verlusten in einem oder mehreren funktionsbezogenen Jahresabschlüssen, entsprechen diese Preise möglicherweise nicht der Realität und müssen ggf. modifiziert werden.

2. Größenmerkmale und Rechnungslegung

83 § 267 HGB bildet die Grundlagen für eine an Größenmerkmalen orientierte Rechnungslegung der Kapitalgesellschaft, wobei zwischen kleinen, mittelgroßen und großen Gesellschaften unterschieden wird. Eine optimale Vergleichbarkeit wäre gegeben, wenn alle EVU sich den Grundsätzen unterwerfen müssten, die für große Kapitalgesellschaften anzuwenden sind; von Größenmerkmalen abhängige Erleichterungen könnten dann nicht in Anspruch genommen werden. Es gibt jedoch keinen Anhaltspunkt dafür, dass die Einteilung nach der Größe der Kapitalgesellschaft nicht auch für EVU verbindlich sein soll[32].

84 Besondere Schwierigkeiten ergeben sich, wenn Gesamtunternehmen einerseits und Teilfunktionen des integrierten Unternehmens andererseits entsprechend der Größenklasseneinteilung unterschiedlichen Regeln folgen würden. So könnte der Erzeugungs- und Lieferbereich angesichts seiner Größenmerkmale den kleinen Kapitalgesellschaften, der Verteilungsbereich den mittelgroßen Kapitalgesellschaften zuzuordnen sein, während das Gesamtunternehmen überhaupt keine Erleichterungen nach dieser Klassifikation in Anspruch zu nehmen vermag. Die Transparenz der entbündelten Rechnungslegung würde auf diese Weise jedenfalls nicht gefördert, sondern eher beeinträchtigt.

85 Deshalb wird vorgeschlagen, die **aktivitätsbezogenen Jahresabschlüsse nach denjenigen Kriterien aufzustellen, denen das integrierte Elektrizitätsunternehmen als Ganzes unterliegt**. Damit bestimmt das »Mutterunternehmen« Umfang und Tiefe der Rech-

---

32 Vgl. oben § 10 Rz. 34 f. sowie (Ausnahme) Rz. 15 und 122.

nungslegung, ohne dass auf Größenmerkmale Rücksicht zu nehmen ist, die – eigentlich und fiktiv – für die Teilabschlüsse gelten.

Spiegelt man diese Auslegung des § 10 Abs. 3 an der Fiktion »separater Firmen« der Art. 19 RL-Elt und Art. 17 RL-Gas, so ließe sich einwenden, dass die Teilabschlüsse eigentlich ebenfalls dem Grundsatz einer möglichst realen Firmenbildung folgen sollten. Dies würde eine enge Anlehnung an die Größenklassenmerkmale auch bei den Teilabschlüssen bedingen. Aus Gründen der Vergleichbarkeit und Transparenz der Rechnungslegung spricht aber mehr dafür, die Teilabschlüsse denjenigen Grundsätzen einheitlich folgen zu lassen, die für das integrierte EVU gelten. 86

3. Umfang der Separierung

§ 10 Abs. 3 fordert im Einklang mit Art. 19/17 RL-Elt/RL-Gas bei einem »vollintegrierten« Unternehmen, das auch noch außerhalb des Netzbereichs tätig ist, höchstens neun »Teilabschlüsse«, die die Bereiche Übertragung und Verteilung von Strom, Gasfortleitung, Verteilung und Speicherung von Gas sowie Betrieb von LNG-Anlagen und sonstige Aktivitäten einschließlich Erzeugung und Versorgung innerhalb und solche außerhalb der Energiewirtschaft betreffen. Eine weitere Aufspaltung fordert das Gesetz nicht; insbesondere ist es nicht erforderlich, die Erzeugung vom eigentlichen Verkauf der Energie an Letztverbraucher zu trennen. 87

a) Trennung von Netz und Verkauf

Bereits der Fachausschuss des IDW[33] hatte zum alten Recht gefordert, dass gerade im Hinblick auf die Ermittlung von Durchleitungsentgelten die Aktivitäten Übertragung einerseits und Verteilung andererseits strikt von anderen Aktivitäten des EVU rechnungsmäßig zu trennen seien. Dies spricht in der Tat entscheidend gegen die Einbeziehung von Verkaufsaktivitäten in den Bereich des Betriebs des Verteilungsnetzes. Der **Verkauf von Elektrizität** sollte daher nach dieser Auffassung bereits im alten Recht eine gesonderte Aktivität mit getrennter Rechnungslegung darstellen[34]. 88

---

33 Diskussionspapier a.a.O. S. 374 (Fn. 30).
34 Ebenda S. 375.

b) Übertragung

89 Das nationale Energiewirtschaftsrecht definiert den Begriff der Übertragung von Elektrizität in § 3 Ziff. 32 in Anlehnung an Art. 2 Ziff. 3 RL-Elt. Unter Übertragung ist danach der **Transport von Elektrizität über ein Höchst- und Hochspannungsverbundnetz zum Zwecke der Stromversorgung von Letztverbrauchern oder Verteilern** zu verstehen[35]. Übertragungsnetze umfassen typischerweise die Spannungsebenen 380 kV sowie 220 kV, gelegentlich auch 110 kV (Hochspannung). Die darunterliegenden Spannungsebenen (Hochspannung, jedenfalls Mittelspannung und Niederspannung) gehören zum Verteilernetz.

90 Die Unterscheidung von Übertragungs- und Verteilernetz ist praktisch ausschließlich technisch-ökonomisch bedingt; insbes. kommt es nicht darauf an, ob das Netz lediglich der Fernübertragung von Elektrizität dient, regenerativ oder anders erzeugten Strom aufnimmt oder an wen Elektrizität abgegeben wird. Auch bei unmittelbarer Versorgung von Letztverbrauchern aus dem Übertragungsnetz entfällt dessen Charakter nicht. Um eine transparente und vergleichbare Rechnungslegung zu ermöglichen, die auch intersubjektiv nachprüfbar ist, kann deshalb für Zwecke des § 10 Abs. 3 nur ausschließlich an diejenigen Aufwendungen und Erträge angeknüpft werden, die durch Leitungen der bezeichneten Spannungsebenen verursacht worden sind.

91 Konsequent bilden alle diesen Leitungen unmittelbar oder nach Schlüsselung der zurechenbaren Aufwendungen das Wertgerüst der insofern erfolgenden separierten Rechnungslegung (Buchungsposten und Bilanz- bzw. GuV-Positionen). Wird ein Kunde aus dem Übertragungsnetz unmittelbar versorgt, fallen insofern NZE und damit Erträge an, die zur Rechnungslegung »Übertragung« gehören, selbst wenn sie aus einem All-invlusive-Liefervertrag des integrierten EVU errechnet werden müssen. Müssen zur Einspeisung von Strom aus privilegierten Energieträgern Kupplungs- und Transformationsanlagen hergestellt und vom Netzinhaber betrieben werden, gehören die zugrundeliegenden Aufwendungen ebenfalls zum Bereich Übertragung.

---

[35] Die zweimalige Verwendung des Begriffs »Belieferung« in § 3 Ziff. 22 beruht offenbar auf einem Redaktionsversehen, vgl. oben § 3 Rz. 220.

c) Verteilung

Unter Verteilung versteht § 3 Ziff. 37 im Einklang mit Art. 2 Ziff. 5 **92**
RL-Elt den **Transport von Elektrizität mit hoher, mittlerer oder niederer Spannung über Verteilernetze zum Zwecke der Stromversorgung von Kunden,** mit Ausnahme der Belieferung. Der Wortlaut spricht dafür, Hochspannungsleitungen grundsätzlich zur Verteilung zu zählen. Zum Anschlussbereich des Verteilernetzes gehören alle **Kunden**, also Großhändler und Letztverbraucher von Elektrizität sowie Verteilerunternehmen, Art. 2 Ziff. 7 RL-Elt. Deshalb hat die Abgrenzung zum Übertragungsnetz wiederum konsequent nach Spannungsebenen und damit rein technisch- ökonomisch zu erfolgen; die Art des zu versorgenden Kunden (Weiterverteiler oder Letztverbraucher) beeinflusst die Abgrenzung nicht.

Zum Verteilernetz gehören konsequent alle damit zusammenhängenden Anlagen bis zum Übergabepunkt der Kundenanlage. Auch Umspannstationen, Netzstationen und sonstiges Netzzubehör gehört einschließlich der Fernwirkungsleitungen und der für die Anlage benötigten sonstigen TK-Einrichtungen zum Verteilernetz. Alle dadurch verursachten Aufwendungen und Erträge sind in die separate Rechnungslegung »Verteileraktivität Elektrizität« einzubeziehen. **93**

Bereits das IDW-Fachgutachten[36] zum alten Recht mochte dem Verteilernetz nur die dadurch verursachten Erträge und Aufwendungen, nicht aber die Erträge aus dem Verkauf von Elektrizität zurechnen. Dies musste konsequent bedeuten, dass ein zusätzlicher Abschluss mit der Bezeichnung »Versorgung/Belieferung« zu bilden war, der nach Art. 2 Ziff. 19 RL-Elt n.F. die Lieferung und/oder den Verkauf von Elektrizität an Kunden zu umfassen hatte. Darunter fielen wiederum Großhändler, Letztverbraucher und Verteilerunternehmen, Art. 2 Ziff. 7 RL-Elt. Das neue Recht hat klargestellt, dass der Elektrizitätsvertrieb (Versorgung/Belieferung) zwar getrennt von der Verteilernetzaktivität, aber zusammengefasst mit den sonstigen Aktivitäten außerhalb des § 10 Abs. 3 Satz 1 zu buchen ist. **94**

d) Gasfernleitung und Gasverteilung

Entsprechend ist in Bezug auf die Bereiche Gasfernleitung (§ 3 **95**
Ziff. 19) sowie Gasverteilung (§ 3 Ziff. 37 Alt. 2) zu verfahren. Alle

---

36 Vgl. oben § 10 Rz. 75.

§ 10 Rechnungslegung und interne Buchführung

Aktivitäten, die einem Hochdruckfernleitungsnetz (mit Ausnahme von vorgelagerten Rohrleitungsnetzen) zuzurechnen sind, müssen im Hinblick auf Aufwendungen und Erträge separat gebucht werden. Soweit es sich um örtliche und regionale Gasleitungsnetze handelt, ist eine andere Zuordnung maßgeblich. Weil die Abschnitte »Entflechtung und Transparenz der Rechnungslegung« innerhalb der Binnenmarktrichtlinien Elektrizität und Gas den »Kombinationsnetzbetreiber« nicht kennen (vgl. Art. 17 RL-Elt sowie Art. 15 RL-Gas: Beschränkung auf die rechtliche, operationelle und informatorische Entflechtung), ist auch im Gasbereich eine »Reintegration« dieser beiden getrennten Verteilerbereiche unzulässig.

e)   Gasspeicherung und Betrieb von LNG-Anlagen

96 Identische Grundsätze gelten auch im Hinblick auf den Betrieb von Speicheranlagen (§ 3 Ziff. 9 in Verbindung mit Ziff. 31) sowie denjenigen von LNG-Anlagen (§ 3 Ziff. 8 in Verbindung mit Ziff. 26). Alle insofern anfallenden Aufwendungen und Erträge sind segmentiert zu buchen. Dies gilt konsequent auch dann, wenn Gasspeicherung/ LNG-Anlagenbetrieb benötigt werden, um einen effizienten Zugang zum Fernleitungs- oder Verteilernetz zu erhalten; derartige NZE gehören zwar definitionsgemäß zum Netzentgelt; Letztlich entscheidet aber die Inanspruchnahme der entsprechenden Teilaktivität darüber, welche Zuordnung der Buchungsvorgang zu erfahren hat.

f)   Sonstige energiewirtschaftliche Aktivitäten

97 Satz 3 des § 10 Abs. 3 sieht eine getrennte Rechnungslegung in Bezug auf **sonstige energiewirtschaftliche Aktivitäten** in zusammengefasster Form (konsolidiert) vor. Dabei sind allerdings Elektrizitätssektor und Gassektor zu trennen (« ... innerhalb des Elektrizitätssektors und innerhalb des Gassektors«). Im Bereich Elektrizität sind dies der Verkauf von Elektrizität (Lieferung), die Erzeugung von Elektrizität und jegliche sonstige wirtschaftliche Nutzung von Eigentumsrechten, § 10 Abs. 3 Satz 2 analog. Im Gasbereich zählen zu den sonstigen gaswirtschaftlichen Aktivitäten der Betrieb von Gewinnungsanlagen und von vorgelagerten Rohrleitungsnetzen sowie der Gasverkauf.

g)   Aktivitäten außerhalb des Energiebereichs

98 Satz 4 des § 10 Abs. 3 sieht einen weiteren Jahresabschluss – mit entsprechender segmentierter Buchführung – für alle außerhalb des Bereichs der leitungsgebundenen Energie anfallenden Aktivitäten vor (Telekommunikation, Wasserversorgung, Betrieb von Ingenieursfirmen, Anlagenbau usw.). Auch mit dieser Vorschrift soll gewährleistet werden, dass nur die auf energiewirtschaftliche Aktivitäten bezogenen Aufwendungen und Erlöse in die dortige Rechnungslegung eingehen und damit ein getreuliches Bild von den nur auf diese Bereiche entfallenden Aktivitäten vermitteln. Ziel ist es immer, den Wettbewerb der energiewirtschaftlichen Aktivitäten außerhalb des natürlichen Monopols (Netzbetrieb) funktionsfähig zu gestalten.

h) Kalkulation der Aufwendungen und Erträge

In der Literatur wurde zum alten Recht vorgeschlagen[37], die zwischen den Tätigkeitsbereichen bestehenden Leistungsbeziehungen in der Art eines **Profit-Centers** darzustellen, um den Anforderungen nach Art. 19/17 RL-Elt/RL-Gas zu genügen, wonach die Aktivitäten integrierter Energieunternehmen so darzustellen sind, als ob separate Firmen tätig würden. Da separate Firmen nicht nur Aufwendungen, sondern auch Erträge in ihren Jahresabschluss aufnehmen müssen, muss diese Form der Rechnungslegung auch im neuen Recht (§ 10 Abs. 3) angewendet werden.

99

Kunze[38] schlug damals vor, die Aufwendungen/Erträge durch kalkulatorische Gewinnaufschläge zu korrigieren oder alternativ Marktpreise anzusetzen. Eine besondere Rechnungsstellung wurde nicht vorgeschlagen. Nach neuem Recht kann unmittelbar auf die nach Regulierungsgrundsätzen (§§ 20 ff. in Verbindung mit den Netzentgelt-VOen) gebildeten NZE und die ihnen zugrunde liegenden Aufwendungen zurückgegriffen werden.

100

V. Durchführung des rechnungsmäßigen Unbundlings (Abs. 4)

§ 10 Abs. 3 Satz 1 verlangt **getrennte Konten** für integrierte EVU entsprechend den oben definierten Bereichen. Dies entspricht Art. 19/17 RL-Elt/RL-Gas. Es geht dem Gesetzgeber also nicht darum, die Buchführung im nachhinein – nach Beendigung des Geschäftsjahres – in einzelne Aktivitäten aufzugliedern, sondern bereits im Rahmen der laufenden Buchführung entsprechend getrennte Konten vorzuhalten, die die einzelnen Buchungspositionen aufnehmen und

101

---

37 Vgl. *Kunze*, EnWG 1998, § 9 Anm. 3.5 (S. 178 f.).
38 EnWG 1998, S. 178 f.

dann die getrennten Abschlüsse ohne weiteres ermöglichen. Dies erfordert eine entsprechende Umstrukturierung des Kontenplans; beginnend mit dem neuen Gasgeschäftsjahr (1.10) oder Stromgeschäftsjahr (1.1.).

102 Das einzelne Unternehmen kann dem auf zweierlei Weise nachkommen. Entweder werden alle einzubeziehenden Konten im Hinblick auf die Aktivitätstrennung neu definiert. Oder aber der bisherige Kontenplan bleibt bestehen, und die Buchungen werden auf zweifache Weise vorgenommen, nämlich einmal wie gewohnt im auf den Gesamtabschluss bezogenen Konto, zweitens auf bereichsbezogenen Konten, wobei sich die Buchungsbeträge jeweils entsprechen würden. Man könnte bei dieser zweiten Vorgehensweise von Gesamtkonto und Bereichskonten sprechen. Diese etwas aufwendigere Methode hätte den Vorteil, dass dann sowohl der Gesamtabschluss als auch die Bereichsabschlüsse ohne weiteres aus den entsprechenden Konten abgeleitet werden könnten. Praktisch handelt es sich um getrennte Rechnungslegungskreise, die jedoch identische Buchungsvorgänge aufnehmen, wobei allerdings für Zwecke der Bereichsbuchführung Schlüsselungen unvermeidlich sein werden.

1. Kontenplan

103 Entsprechend den obigen Bereichs- und Aktivitätsdefinitionen müssen alle unternehmerischen Funktionen den Teilaktivitäten zugeordnet werden. Dies umfasst gerade die sechs in § 10 Abs. 3 Satz 1 aufgezählten Funktionen sowie die sonstigen Tätigkeiten (Satz 3) im Elektrizitäts- und Gassektor und außerhalb (Satz 4). Entsprechend den beiden oben vorgeschlagenen alternativen Vorgehensweisen kann dann entweder von vornherein eine Segmentbuchhaltung erfolgen, oder aber der Kontenplan umfasst Gesamtkonten sowie Bereichskonten nebeneinander.

2. Grundsatz der Wesentlichkeit

104 Nur solche Aktivitäten gehen in die Buchführung ein, die einen gewissen Umfang aufweisen, insbesondere nicht völlig unwesentlich sind. Der sog. **Grundsatz der Wesentlichkeit** ordnet an, unwesentliche Aktivitäten von vornherein unberücksichtigt zu lassen[39]. Als

---

[39] Vgl. dazu *Großfeld*, Bilanzrecht, 3. Aufl. Heidelberg 1998, Rz. 97 und 559; Wirtschaftsprüfer-Handbuch, Düsseldorf 1998, Abschn. F, Rz. 429 m. Nachw. zur Literatur. Vgl. auch § 303 Abs. 2 HGB für den Konzern.

V. Durchführung des rechnungsmäßigen Unbundlings (Abs. 4)

Grenze zur Trennung unwesentlicher von wesentlichen Aktivitäten wird in der Literatur ein Anteil von fünf Prozent an den Umsatzerlösen vorgeschlagen[40]. Dies würde bedeuten, dass bei einem Unternehmen mit Erträgen im energiewirtschaftlichen Bereich in Höhe von Euro 100 Mio. jährlich beispielsweise Netz- und/oder sonstige Aktivitäten unberücksichtigt bleiben könnten, wenn sie mit weniger als fünf Mio. Euro zu Buche schlügen.

Die Anwendung des Wesentlichkeitsgrundsatzes am Maßstab eines Umsatzprozentsatzes überzeugt nicht, wenn ganze Bereiche und Aktivitäten von EVU davon betroffen sind. Ein Bereich, der für ein großes Unternehmen unwesentlich erscheinen mag, kann nämlich die Kernaktivität eines kleinen Unternehmens ausmachen. Eine Vergleichbarkeit der energiewirtschaftlichen Aktivitäten wäre nicht mehr gewährleistet, wenn insofern mit einer starren Grenze von fünf Prozent unter Berufung auf den Wesentlichkeitsgrundsatz gearbeitet würde. Vielmehr muss gelten, dass grundsätzlich alle energiewirtschaftlichen Aktivitäten lückenlos – also auch soweit sie nur einen geringen Umfang aufzuweisen haben – zu erfassen ist. 105

Lediglich wenn eine Aktivität – ohne Bindung an eine starre Grenze – in einem Unternehmen praktisch ohne Bedeutung ist (z. B. Vertrieb von Elektrizität nur an ganz wenige Betriebsangehörige bei einem Verbundunternehmen, das im Übrigen nur Erzeugung und Übertragung von Elektrizität betreibt), erscheint der getrennte Ausweis dieser Lieferaktivität (im Beispiel) mit seinen Auswirkungen auf die Erträge aus NZE als verzichtbar. Dies gilt entsprechend für als unwesentlich empfundene Aktivitäten außerhalb der energiewirtschaftlichen Funktionen. Jedenfalls kann die für Kartellaktivitäten[41] sowie im Tarifgenehmigungsverfahren[42] angewendete Fünf-Prozent-Schwelle nicht unbesehen auf die anderen Zielen folgende separierte Rechnungslegung des § 10 Abs. 3 übertragen werden. 106

---

40 *Kunze*, EnWG 1998, § 9 Anm. 3.2.3 S. 176.
41 Vgl. *Bechtold*, Kartellgesetz, § 1 Rz. 38 f.
42 Arbeitsanleitung zur Darstellung der Konten- und Erlösentwicklung der Stromversorgung, Arbeitsausschuß Energiepreise der Landeswirtschaftsministerien und des Bundes, B Ziff. 1, in: *Danner/Theobald*, Energierecht, Abschn. III (Energiepreisrecht), Anh. 6 Ziff. 1.2.

3. Schlüsselung

107 Nicht in jedem Fall wird es ohne weiteres möglich sein, Aufwendungen und Erträge den einzelnen Aktivitäten **direkt** zuzuordnen. Als Hinderungsgründe kommen sowohl Unmöglichkeit als auch ein unvertretbarer Aufwand in Betracht. Ein unvertretbarer Aufwand ist insbesondere dann anzunehmen, wenn die Aufwendungen für eine Direktzuordnung zu dem dadurch erreichten Informationsgewinn nicht mehr in einem angemessenen Verhältnis stehen[43]. Insbesondere Aufwendungen für Verwaltungsaktivitäten sowie Erlöse aus Lieferung und Verkauf an Elektrizität müssen daher in den besonderen Verfahren der **Schlüsselung** und aufgrund nachvollziehbarer Maßstäbe annähernd verursachungsgerecht zugeordnet werden, § 10 Abs. 3 Satz 5. Auch diese Zuordnungen müssen dem Ziel eines möglichst sicheren Einblicks in die Vermögens- und Ertragslage der jeweiligen Aktivität untergeordnet sein.

108 Als **geeignete Schlüssel** werden in der Literatur vorgeschlagen[44]:

– Umsatzschlüssel

– Rohmargenschlüssel

– Mitarbeiter- oder Personalaufwandsschlüssel

– Anlagenschlüssel

– spezielle elektrizitätswirtschaftliche Schlüssel wie Leistung und Arbeit (kW, kWh)

109 Lassen sich beispielsweise alle Arbeitnehmer (ohne verbleibende restliche Anzahl) den verschiedenen Aktivitäten des EVU lückenlos zuordnen, so ist eine Schlüsselung nicht erforderlich, weil der jeweilige Aufwand der einzelnen Aktivität unmittelbar »in Rechnung gestellt« werden kann. Werden aber die in der Verwaltung Beschäftigten (etwa Personalabteilung) für mehrere Bereiche tätig, so muss eine Schlüsselung erfolgen. Aufwendungen für den Betrieb der Personalabteilung könnten sich nun daran orientieren, wie viele Mitarbeiterinnen und Mitarbeiter in den jeweiligen Tätigkeitsbereichen zu betreuen sind. Entfallen etwa von 90 Mitarbeiterinnen und Mitarbeitern jeweils 30

---

43 So bereits zum früheren Recht *Kunze*, EnWG 1998, § 9 Anm. 3.3.2; vgl. auch *Büdenbender*, EnWG 1998, § 9 Rz. 29 ff.
44 *Kunze* ebd. S. 177; *Büdenbender* ebd. Rz. 30.

auf die Aktivitäten Übertragung, Verteilung und sonstige Aktivitäten, so ist der Gesamtaufwand der Personalabteilung mit jeweils 1/3 den einzelnen Tätigkeiten zuzuordnen. Allgemein bestimmt also der Anteil der jeweiligen Aktivität am entsprechenden Gemeinaufwand die in einem Prozentsatz ausgedrückte Schlüsselzahl. Für das Beispiel der Personalabteilung ist es plausibel, dass nicht nur deren Personalkosten, sondern auch die Sachkosten entsprechend aufgeschlüsselt werden müssen.

Die **Auswahl der Schlüssel** hat sich an einem Wirklichkeitsmaßstab, hilfsweise am Wahrscheinlichkeitsmaßstab zu orientieren. Dabei ist speziellen Schlüsseln der Vorrang vor allgemeinen Schlüsseln wie Anzahl der Mitarbeiter, Menge der erstellten Leistungseinheiten usw. einzuräumen. Entsprechend sind die Bestandgrößen für die Bilanz geschlüsselt zuzuordnen. Eine weitere Schlüsselung muss nicht mehr erfolgen, wenn dies einen unvertretbaren Aufwand erfordern würde. Zu Einzelheiten sind die Grundsätze ordnungsgemäßer Buchführung heranzuziehen[45]. 110

4. Anwendung des allgemeinen Rechts der Rechnungslegung von Kapitalgesellschaften

Für die Kontenführung sowie die Segments-Jahresabschlüsse gelten jeweils die bereits im Überblick dargestellten allgemeinen Rechnungslegungsvorschriften für Kapitalgesellschaften[46]. Die dort geforderten Angaben, Hinweise und Erläuterungen (einschl. des Anhangs zum Jahresabschluss und dem Lagebericht) sind auch für die Bereichsabschlüsse maßgebend. *Kunze*[47] hält eine Abweichung unter Orientierung am Zweck der Segmentsberichterstattung für im Einzelfall möglich (z. B. bei Vorjahresangaben oder Abschreibungen). Zwar ist es richtig, dass aus der Sicht des HGB sowie des § 10 Abs. 1 der Gesamtabschluss herausragende Bedeutung hat. Um aber einen transparenten Einblick in die Vermögens- und Ertragslage des EVU entsprechend dem Maßstab separierter Firmenbildung zu ermöglichen, ist es erforderlich, die entsprechenden Vorschriften vollinhaltlich und ohne Abstriche heranzuziehen. Dies gilt mit der obigen Begründung auch dann, wenn einzelne Bereiche die Schwellenwerte für große bzw. mit- 111

---

45 Vgl. *Großfeld*, Bilanzrecht, 3. Aufl. Heidelberg 1998, Rz. 45 ff.
46 Oben § 10 Rz. 26 ff.
47 EnWG 1998, Anm. 3.4 S. 178.

§ 10 Rechnungslegung und interne Buchführung

telgroße Kapitalgesellschaften unterschreiten[48]. Deshalb müssen Ausnahmen von diesem allgemeinen Rechnungslegungsrecht mit Vorsicht gehandhabt und im Anhang besonders begründet werden, § 10 Abs. 3 Satz 7.

5. Veröffentlichung

112 EVU haben nach § 10 Abs. 3 Satz 1 die bereichsbezogenen Jahresabschlüsse nur intern aufzustellen. Da nur der Gesamtjahresabschluss einschl. des Anhangs zu veröffentlichen ist (§ 10 Abs. 1 und 2), erfolgt auch **keine Veröffentlichung der Ergebnisse der getrennten Rechnungslegung**[49]. Die transparente und bereichsbezogene Buchführung, soweit sie im Jahresabschluss abgebildet wird, ist nur für Kontrollzwecke durch Wirtschaftsprüfer sowie Aufsichtsbehörden und nicht für die Öffentlichkeit bestimmt, vgl. § 10 Abs. 4 Satz 3 und Abs. 5.

6. Zusätze im Anhang zum Jahresabschluss

113 Nach § 10 Abs. 2 sowie Abs. 3 Satz 7 müssen im **Anhang zum Jahresabschluss** nicht nur die Zuordnungsregelungen angegeben, sondern auch Geschäfte größeren Umfangs mit verbundenen/assoziierten Unternehmen oder mit Unternehmen derselben Aktionäre dargestellt werden.

7. Zuordnungsregeln

114 In den Anhang zum (Gesamt-)Jahresabschluss sind über § 10 Abs. 2 hinaus bestimmte Angaben und Erläuterungen aufzunehmen, vgl. §§ 284–288 HGB. Im Rahmen der besonderen Rechnungslegung von EVU sind gemäß § 10 Abs. 3 **Satz 7** folgende zusätzliche Angaben im Hinblick auf die Gegenstände des Aktiv- und Passivvermögens (Bilanz) bzw. die Aufwendungen und Erträge (Gewinn- und Verlustrechnung) erforderlich:

– Regeln bei direkter Zuordnung (Abs. 3 Satz 1)

– Regeln bei indirekter Zuordnung (Schlüsselung, Satz 5)

– Änderungen dieser Regeln

---

[48] Oben § 10 Rz. 83 ff.
[49] Anders nach früherem Recht, vgl. *Kunze*, EnWG 1998, § 9 Anm. 3.6 (S. 179).

V. Durchführung des rechnungsmäßigen Unbundlings (Abs. 4)

a) Direkte Zuordnung

Im Hinblick auf die Möglichkeit einer direkten Zuordnung zum Aktiv- bzw. Passivvermögen bzw. zu den ausgewiesenen Aufwendungen und Erträgen bedarf es nicht der Angabe besonderer Regeln, weil selbstverständlich ist, dass eine mögliche direkte Zuordnung Vorrang vor einer bloß indirekten Zuordnung (Schlüsselung) haben muss. Insofern kann aber das **ungefähre Ausmaß** der direkten Zuordnungen angegeben werden, um einen Eindruck zu vermitteln, in welchem Umfang bereichsübergreifend Vermögensgegenstände bzw. Aufwendungen/Erträge anfallen. In der Literatur[50] wurde zum alten Recht vorgeschlagen, das ungefähre Ausmaß direkter Zuordnungen mit den Begriffen »ausschließlich«, »überwiegend«, »teilweise« anzugeben. Man könnte zusätzlich daran denken, Prozentsätze der direkten Zuordnungen in Bezug auf die Gesamtzuordnung der einzelnen Kategorie anzuführen. Dabei erscheint es als sinnvoll, die Regeln auf die verschiedenen Segmente der separierten Rechnungslegung zu beziehen. 115

b) Indirekte Zuordnung

Ist eine direkte Zuordnung mit vertretbarem Aufwand nicht darstellbar, hat eine indirekte Zuordnung zu erfolgen. Die »**Regeln**«, wie die maßgeblichen Gegenstände den Konten nach § 10 Abs. 3 Satz 1 bis 4 zugeordnet sind, sind wiederum anzugeben. 116

Dies verlangt eine konkrete **Angabe des angewendeten Schlüssels**, der nach Satz 5 »sachgerecht und für Dritte nachvollziehbar« sein muss. Dies erfordert die Erläuterung, für welche Position der Bilanz bzw. der GuV welcher Schlüssel angewendet worden ist. Eine Schlüsselung ist nur dann nachvollziehbar, wenn eine Quantifizierung in Bezug auf die verschiedenen Aktivitäten des EVU erfolgt. 117

Eine intersubjektive Nachprüfbarkeit ist nicht gegeben, wenn die angewendeten Schlüssel nicht auf Einzelpositionen bezogen werden, sondern nur eine abstrakte und allgemeine Formulierung erfolgt (z. B.: »Es sind sowohl Umsatzschlüssel als auch Personal- und Anlagenschlüssel verwendet worden.«)[51]. Weil ja gerade transparent werden soll, wie die Schlüsselung erfolgt ist, müssen die verwendeten Schlüssel jedenfalls so eingehend erläutert werden, dass ihr Einfluss auf die Rechnungslegung für die verschiedenen Aktivitäten nachvoll- 118

---

50 Vgl. *Kunze*, EnWG 1998, § 9 Anm. 4.1.
51 So aber *Kunze*, EnWG 1998, § 9 Anm. 4.1.

§ 10 Rechnungslegung und interne Buchführung

zogen werden kann. Dies ist nicht möglich, wenn die Schlüssel nur abstrakt und ganz allgemein angegeben werden.

c) Änderung von Zuordnungen

119 Transparenz und Vergleichbarkeit auch der besonderen energiewirtschaftlichen Rechnungslegung verlangt nach möglichst auch im Zeitablauf übereinstimmender Verwendung von Zuordnungsregeln. Selbst ein begründeter Wechsel bei den Zuordnungsregelungen (insbes. Schlüsselung) wird im Regelfall dazu führen, dass die Jahresabschlüsse im Zeitablauf nicht mehr vergleichbar sind. Deshalb muss die Änderung von Zuordnungsregelungen sowohl erläutert als auch besonders begründet werden. Dies entspricht dem aus den Grundsätzen ordnungsmäßiger Buchführung bekannten **Grundsatz der Stetigkeit**[52]. Dieser bedeutet, dass die einmal festgelegten Zuweisungsregeln für die folgenden Geschäftsjahre und deren Jahresabschlüsse unverändert anzuwenden sind. Konsequent sind Änderungen dieser Regeln nur in Ausnahmefällen möglich.

120 Erforderlich ist zunächst eine **Erläuterung der Regeländerung**. Dabei ist z. B. anzugeben, dass von der direkten Zuordnung nunmehr zur indirekten Zuordnung übergegangen wurde. Eine Änderung liegt wohl noch nicht vor, wenn ein identischer Schlüssel verwendet wird, dieser Schlüssel aber den veränderten Verhältnissen (z. B. Mindererträge im Verteilungsbereich) lediglich angepasst wird[53]. Die Erläuterungspflicht setzt im Rahmen der indirekten Zuordnung erst ein, wenn auf einen anderen Schlüssel übergegangen wird. Umgekehrt ist der Übergang von der indirekten zur direkten Zuordnung ebenfalls erläuterungspflichtig.

121 Darüber hinaus ist die Regeländerung **zu begründen**. Regelmäßig wird diese Begründung darauf hinauslaufen, dass Grundsätze ordnungsmäßiger Buchführung auf diese Weise besser gewahrt werden als bei Anwendung der früheren Zuordnungsregel. Darüber hinaus sind die Auswirkungen auf einzelne Buchungspositionen sowie Jahresabschluss und GuV darzustellen, um den Einfluss der Regeländerung für Dritte transparent und nachvollziehbar zu machen. Die

---

52 Vgl. *Großfeld*, Bilanzrecht, Rz. 557 f.; *IDW*, Zum Grundsatz der Bewertungsstetigkeit, Stellungnahme HFA 3/1997: Wirtschaftsprüfer-Handbuch, Abschn. E Rz. 210 ff.
53 Aktualisierung i. S. *Kunze*, EnWG 1998, § 9 Anm. 4.2.

Begründung wird auch darauf Bezug nehmen können, ob und in welchem Umfang Änderungen bei der der Rechnungslegung zugrundeliegenden Sachlage vorgekommen sind (z. B. Aufgabe eines Tätigkeitsbereichs), soweit dies Auswirkungen auf das Erfordernis einer Regeländerung gehabt hat.

VI. Prüfung des Jahresabschlusses (Abs. 4)

Schon nach den allgemeinen handelsrechtlichen Vorgaben waren die Abschlüsse von Kapitalgesellschaften grundsätzlich zu prüfen, §§ 316 ff. HGB. Wenn § 10 **Abs. 4** die Prüfung aller Jahresabschlüsse des § 10 Abs. 1 (Abschlüsse von EVU) unter Berücksichtigung der Vorgaben des Abs. 3 (Kontentrennung nach Tätigkeitsbereichen) anordnet, so bedeutet dies, dass auch **kleine Kapitalgesellschaften** im Sinne von § 267 Abs. 1 HGB zu prüfen sind. Die Ausnahme des § 316 Abs. 1 HGB gilt also nicht für EVU (Prüfungspflicht auch für kleine Gemeindewerke). 122

Der **Prüfungsumfang** unterscheidet sich erheblich von demjenigen, der in § 317 HGB vorgesehen ist. Denn zusätzlich muss die **Einhaltung der Pflichten zur internen Rechnungslegung** (§ 10 Abs. 3) nachgeprüft werden. Zwar werden diese getrennten Abschlüsse nicht veröffentlicht; gleichwohl wird nach Satz 6 des § 10 Abs. 3 jeweils für diese Tätigkeitsbereiche ein Jahresabschluss aufgestellt, der getrennt zu prüfen ist. 123

Nach **Satz 2** umfasst die **Prüfungspflicht**: 124

– Vorhandensein getrennter Konten nach § 10 Abs. 3

– Sachgerechtigkeit und Nachvollziehbarkeit der Wertansätze

– Sachgerechtigkeit und Nachvollziehbarkeit der Kontenzuordnung

Damit muss der Wirtschaftsprüfer im Hinblick auf den **Bestätigungsvermerk** nach Satz 3 des § 10 Abs. 4 zunächst die Buchführungstrennung im Hinblick auf die Netzbereiche einschließlich Speicherung und Betrieb von LNG-Anlagen einerseits, sonstige Tätigkeitsbereiche des EVU andererseits nachprüfen. Dabei müssen diese getrennten Konten sachgerecht aus dem Gesamtrechnungswesen entwickelt sein. Zum Prüfungsumfang gehören alle Wertansätze des Aktiv- und Passivvermögens sowie insbesondere diejenigen Buchungs- 125

§ 10 Rechnungslegung und interne Buchführung

vorgänge, die über direkte oder indirekte Zuordnung zu Buchungen auf den separaten Konten geführt haben.

126 Der Wirtschaftsprüfer muss auch die Plausibilität der verwendeten Gemeinkostenschlüsselung und die korrekte Anwendung dieser Schlüssel untersuchen. Diese Untersuchung muss – wie gewohnt – nicht flächendeckend erfolgen, sondern kann Einzelbereiche herausgreifen und quasi stichprobenhaft nachvollziehen. Besteht beispielsweise ein Gasliefervertrag mit einem Großkunden, so können die aus diesem Liefervertrag hervorgehenden Buchungsvorgänge (Erträge und Aufwendungen) betrachtet werden; ergibt die Prüfung, dass der All-inclusive-Preis in NZE-Anteile, Erträge aus Gaslieferungen sowie Aufwendungen für Gasbezug, Speicherung, Konzessionsabgaben, Steuern usw. korrekt aufgelöst worden ist, so wird dies in Verbindung mit Gegenkontrollen ausreichen, um die Verbuchung der Sonderkundenlieferverträge des Großkundensegments als korrekt im Sinne von § 10 Abs. 1 und Abs. 3 festzustellen.

127 Vorgaben für Bestellung und Abberufung des Abschlussprüfers über §§ 318, 319 HGB hinaus sieht § 10 ebenso wenig vor wie Modifikationen der §§ 320f. HGB (Vorlage des Jahresabschlusses mit Lagebericht, Prüfungsbericht). Allerdings wird man in den Prüfungsbericht einen Abschnitt einfügen müssen, der sich auf die segmentierte Rechnungslegung nach § 10 Abs. 3 bezieht, die Vorgehensweise der Prüfer erläutert und eventuelle Defizite auflistet (vgl. § 321 Abs. 2 HGB).

128 Über § 322 HGB hinaus muss der **Bestätigungsvermerk** ergänzt werden, um § 10 Abs. 4 **Satz 3** Rechnung zu tragen. Danach ist zusätzlich anzugeben, ob die Vorgaben nach § 10 Abs. 3 eingehalten worden sind.

129 Die knappestmögliche Form des Bestätigungsvermerks enthält die Aussage, ob Jahresabschluss sowie Lagebericht **Gesetz und Satzung entsprechen**. Über die in §§ 322 HGB bereits vorgesehenen Erweiterungen hinaus ist eine **weitere Ergänzung** erforderlich, die etwa lauten kann:

»Kontentrennung sowie tätigkeitsspezifische Jahresabschlüsse entsprechen § 10 Abs. 3 des Energiewirtschaftsgesetzes.«

130 Darüber hinaus ist es nicht Aufgabe des Abschlussprüfers, eine materielle Aussage im Sinne von § 10 Abs. 3 Satz 1 zu treffen und zu prüfen, ob über die Einhaltung der Vorgaben zur entflochtenen Rech-

VII. Information der Regulierungsbehörde (Abs. 5)

Um der Regulierungsbehörde eine schnelle Nachprüfung der Einhaltung des § 10 zu ermöglichen, sieht **Abs. 5** des § 10 eine **unverzüglich zu erfüllende Übersendungspflicht** durch den **Auftraggeber** der Prüfung vor. Auftraggeber werden regelmäßig die zu prüfenden Gesellschaften selbst sein, wobei für die Prüfer nach § 318 Abs. 1 Satz 1 HGB eine **Wahl durch die Gesellschafter** der zu prüfenden Gesellschaft erfolgt. Dies ist die Gesellschafterversammlung der GmbH und die Hauptversammlung der Aktiengesellschaft. Weil die Gesellschafter insofern für ihr Unternehmen handeln, sind sie selbst nicht Auftraggeber; die interne Kompetenzverteilung soll nur die hohe Bedeutung der Aufgabe »Bestellung und Abberufung des Abschlussprüfers« unterstreichen und die Wahl durch Geschäftsführung und/oder Aufsichtsrat ausschließen.

131

Gegenstand der Übersendungspflicht ist **eine Ausfertigung des geprüften Jahresabschlusses einschließlich Bestätigungsvermerk**. Dieser nach § 10 Abs. 1 erstellte Jahresabschluss beinhaltet den Anhang (§ 10 Abs. 2) mit seinen spezifischen Angaben.

132

Weil nach dem neuen Recht (anders noch § 9 Abs. 2 Satz 2 EnWG 1998) die segmentierten Jahresabschlüsse nicht in den Anhang zum Jahresabschluss aufgenommen werden, sondern intern bleiben (§ 10 Abs. 3 Satz 1 sowie Satz 6), musste der Gesetzgeber des neuen Rechts **mit Satz 2** des § 10 Abs. 5 die **Beifügung** der Segmentsabschlüsse (Bilanzen sowie GuV) besonders anordnen. Dabei stellt **Satz 3** klar, dass Segmentsabschlüsse vorzulegen sind wie entsprechende Aktivitäten im Sinne von § 10 Abs. 3 Satz 1 ausgeübt wurden. Ein EVU, das sich auf die Gaslieferung beschränkt und keinerlei Netzaktivitäten usw. entfaltet, muss nur den Abschluss nach § 10 Abs. 1 mit Anhang nach Abs. 2 übersenden, soweit der Bestätigungsvermerk enthalten ist.

133

Weil damit zu rechnen ist, dass über die ca. 1.500 Netzbetreiber der Bundesrepublik Deutschland hinaus weitere zumindest 1.000 Unter-

134

nehmen sonstige Aktivitäten der Energieversorgung entfalten, werden bei der Regulierungsbehörde große Datenmengen anfallen. Wegen der fehlenden Dokumentensicherheit hat der Gesetzgeber gleichwohl nicht die Übersendung einer elektronischen Fassung – ausschließlich oder ergänzend – vorgesehen; die zu übersendende **Ausfertigung** ist eine besondere Urkunde, die im Rechtsverkehr das Original des Jahresabschlusses usw. zu vertreten in der Lage ist. Damit ist gewährleistet, dass diese Urkunde mit dem Bestätigungsvermerk in den Prüfungswillen der Abschlussprüfer aufgenommen wurde. Ob die Regulierungsbehörde zur Erleichterung ihrer Aufgaben eine zusätzliche elektronische Fassung beanspruchen kann, lässt sich allenfalls Sinn und Zweck des Aufsichtsrechts (§§ 65 ff.) in Verbindung mit § 10 entnehmen.

135 **Zuständige Regulierungsbehörde** ist neben der BNetzA (§ 54 Abs. 1) auch die jeweilige Landesregulierungsbehörde, die ihre Aufgaben aber an die BNetzA übertragen kann. Die Zuständigkeit zur Überwachung der Vorschriften der Entflechtung ist in Ziff. 4 des § 54 Abs. 2 Satz 1 ausdrücklich vorgesehen, so dass die Zuständigkeit der Landesregulierungsbehörde bei weniger als 100.000 an das Netz angeschlossenen Kunden gegeben ist, wenn das Netz nicht über das Gebiet des ensprechenden Bundeslandes hinausreicht (§ 54 Abs. 2 Satz 2). Diese stark netzbezogene Ausgestaltung der Netzzuständigkeitsabgrenzung berücksichtigt zu wenig, dass reine Erzeuger- sowie reine Energielieferunternehmen existieren, die ebenfalls nach § 10 Abs. 1 und 2 verpflichtet sind. Insbesondere wenn diese Unternehmen in das allgemeine Versorgungsnetz einspeisen und (potenziell) bundesweit mit Energie versorgen, spricht alles dafür, eine Zuständigkeit der BNetzA entweder nach § 54 Abs. 1 oder nach Abs. 3 anzunehmen. In diesen Fällen werden sich allerdings typischerweise keine Entflechtungsprobleme stellen.

136 Eine (deklaratorische) Ausprägung des **Geheimnisschutzes** enthält Satz 4 des § 10 Abs. 5. Danach müssen auch diejenigen **Geschäftsberichte**, die nicht in § 10 Abs. 3 aufgeführt sind (Erzeugung, Versorgung mit Energie, außerenergiewirtschaftliche Aktivitäten) **als Geschäftsgeheimnis** behandelt werden. Dies kann nur insoweit gelten, wie diese Geschäftsberichte nicht nach den §§ 325 ff. HGB offen zu legen sind. Soweit die **interne Rechnungslegung** nach § 10 Abs. 3 betroffen ist, folgt schon aus dem Postulat des Internbleibens, dass die Regulierungsbehörde strikt auf die Gewährleistung von Betriebs- und Geschäftsgeheimnissen nach § 71 verpflichtet ist.

Teil 3 Regulierung des Netzbetriebs

Abschnitt 1 Aufgaben der Netzbetreiber

Rechtsprechung zum früheren Recht

BGH v. 11.3.1997, DB 1997, 1322 = WuW/E BGH 3145 – Erdgasdurchleitung

Literatur

Bartsch/Röhling/Salje/Scholz (Hrsg.), Stromwirtschaft – Ein Praxis-Handbuch, Köln 2002; *Baur/Moraing*, Rechtliche Probleme einer Deregulierung der Elektrizitätswirtschaft, VEnergR Bd. 72, Baden-Baden 1994; *Britz*, Energiewirtschaftsgesetz (EnWG), Kommentar, München 2006; *Büdenbender/Kühne* (Hrsg.), Das neue Energierecht in der Bewährung – Bestandsaufnahme und Perspektiven, Festschrift Baur, Baden-Baden 2002; *Danner*, Energiewirtschaftsrecht – Energiewirtschaftsgesetz mit den Durchführungsbestimmungen, Nebengesetzen, Verordnungen und Erlassen sowie den energiewirtschaftlich relevanten Rechtsregelungen anderer Bereiche. Loseblattsammlung, 51. Ergänzungslieferung, München 2005; *Ehricke*, Der europäische Regelungsansatz zur Versorgungssicherheit in Bezug auf Stromnetze – zum Richtlinienvorschlag für die Sicherung der Elektrizitätsversorgung, ZNER 2004, S. 211 ff.; *Graf Lambsdorff*, Anforderungen an den Energiestandort Deutschland – Der Energiemarkt Deutschland vor dem Beginn einer Aera, RdE 1997, S. 125 ff.; *Grewe/Flandrich/Elwanger* (Hrsg.), Energiewirtschaft im Wandel, Festschrift D. Schmitt, Münster 2004; *Haubrich*, Markt und Netze – Rechtsrahmen, Effizienz und Qualität der Stromversorgung: FGE-Tagung 2003, Aachener Beiträge zur Energieversorgung Bd. 96, Aachen 2003; *Hermann*, Binnenmarkt-Richtlinien für Strom und Gas – Gestaltungsspielraum und Tendenzen bei einer Umsetzung in den EU-Mitgliedstaaten, in: *Kühne* (Hrsg.), Wettbewerb – Bestandsschutz – Umweltschutz, VEnergR Bd. 83, S. 25 ff.; *Koenig/Kühling/Rasbach*, Versorgungssicherheit im Wettbewerb – Ein Vergleich der gemeinschaftsrechtlichen, französischen und deutschen Energierechtsordnungen, ZNER 2003, S. 3 ff.; *Koenig/Kühling/Winkler*, Pflichten zur Veränderung von Netzinfrastrukturen? Eine Analyse der telekommunikations- und energierechtlichen Netzzugangsrechte, WuW 2003, S. 228 ff.; *Koenig/Rasbach*, Netzeigentumsübergreifendes Regelzonenmodell auf dem verfassungsrechtlichen Prüfstand, N&R 2004, S. 53 ff.; *Mevert/Hobbeling*, Praxis: Arealnetze, EMW

2004 (6), S. 42 ff.; *Rapp-Jung*, Die EU Richtlinie für Elektrizität im Spannungsfeld zwischen den Wettbewerbsregeln des Vertrags und den verbliebenen energiepolitischen Befugnissen der Mitgliedstaaten, RdE 1997, S. 133 ff.; *Rebentisch*, Immissionsschutzrechtliche und energiewirtschaftsrechtliche Anforderungen an die Wahl der Anlagentechnik, RdE 1991, S. 174 ff.; *Rieg*, Kalkulation von Durchleitungsaufträgen, ET 1998, S. 160 ff.; *Rupp*, Umweltrechtliche Grundlagen des Betriebs elektrischer Betriebsmittel, RdE 1990, S. 26 ff.; *Säcker/Busche*, Umsetzung der Elektrizitätsbinnenmarkt-Richtlinie, ET 1998, S. 18 ff.; *Scholz*, Gasbinnenmarktrichtlinie – Einigung des Ministerrates vom 8.12.1997, ET 1998, S. 113 ff.

§ 11 Betrieb von Energieversorgungsnetzen

(1) [1]Betreiber von Energieversorgungsnetzen sind verpflichtet, ein sicheres, zuverlässiges und leistungsfähiges Energieversorgungsnetz diskriminierungsfrei zu betreiben, zu warten und bedarfsgerecht auszubauen, soweit es wirtschaftlich zumutbar ist. [2]Sie haben insbesondere die Aufgaben nach den §§ 12 bis 16 zu erfüllen. [3]Die Verpflichtung gilt auch im Rahmen der Wahrnehmung der wirtschaftlichen Befugnisse der Leitung des vertikal integrierten Energieversorgungsunternehmens und seiner Aufsichtsrechte nach § 8 Abs. 4 Satz 2.

(2) [1]In Rechtsverordnungen über die Regelung von Vertrags- und sonstigen Rechtsverhältnissen können auch Regelungen zur Haftung der Betreiber von Energieversorgungsnetzen aus Vertrag und unerlaubter Handlung für Sach- und Vermögensschäden, die ein Kunde durch Unterbrechung der Energieversorgung oder durch Unregelmäßigkeiten in der Energieversorgung erleidet, getroffen werden. [2]Dabei kann die Haftung auf vorsätzliche oder grob fahrlässige Verursachung beschränkt und der Höhe nach begrenzt werden. [3]Soweit es zur Vermeidung unzumutbarer wirtschaftlicher Risiken des Netzbetriebs im Zusammenhang mit Verpflichtungen nach § 13 Abs. 2, auch in Verbindung mit § 14, und § 16 Abs. 2 erforderlich ist, kann die Haftung darüber hinaus vollständig ausgeschlossen werden.

Überblick		Seite	Rz.
I.	Normzweck und Rechtsentwicklung	434	1
II.	Betriebspflicht nach § 11 Abs. 1	434	4
	1. Betreiber von Energieversorgungsnetzen	435	5
	2. Energieversorgungsnetz	435	7
	3. Betrieb	438	13
	4. Wartung	439	17
	5. Netzausbau	440	19
	6. Adressaten der Pflichtentrias des § 11 Abs. 1	442	25
	7. Zielerfüllung gemäß § 1 und §§ 12 ff.	443	28
	8. Rechtsfolgen bei Verletzung der Pflichten aus § 11 Abs. 1	445	33
III.	Haftung für Netzbetrieb (Abs. 2)	446	38

§ 11 Betrieb von Energieversorgungsnetzen

I. Normzweck und Rechtsentwicklung

1 § 11 tritt an die Stelle von § 4 EnWG 1998 (Elektrizitätsversorgung) und § 4a EnWG 2003 (Gasversorgung). Für **Versorgungsnetze** (Verteilernetze, Übertragungs- und Fernleitungsnetze) besteht nach § 11 Abs. 1 eine **Betriebspflicht** sowie die Pflicht zur Wartung des Netzes und zumutbarem Ausbau. Eine solche Pflicht enthielt das bis 1998 geltende Recht nur mittelbar; bei Stilllegung von Energielagen waren die EVU zur Anzeige verpflichtet (§ 4 Abs. 1 EnWG 1935); die Stilllegung konnte von der Energieaufsichtsbehörde beanstandet werden (§ 4 Abs. 2).

2 § 11 Abs. 1 und 2 sind im Regierungsentwurf zum EnWG 2005 enthalten gewesen[1] und unverändert in die Gesetz gewordene Fassung übernommen worden[2]. Ziel des § 11 ist es, die Bestimmungen der Art. 8 und 12 RL-Gas sowie der Art. 9 und 14 RL-Elt in nationales Recht umzusetzen. Nach diesen Vorschriften sind Netzbetreiber zur Unterhaltung eines sicheren, zuverlässigen und effizienten Netzes in ihrem Gebiet unter Beachtung des Umweltschutzes verpflichtet.

3 § 11 Abs. 1 wendet sich an **alle Netzbetreiber** unabhängig von ihrer Funktion und verweist wegen der Einzelheiten auf die §§ 12 ff. Abs. 2 dient dazu, speziell im Hinblick auf die Haftung der Netzbetreiber Sonderregeln im Verordnungswege als Nachfolge der AVBEltV bzw. AVBGasV (§ 6) einführen zu können. Die Bedeutung der Energieversorgungsnetze als Infrastruktureinrichtung rechtfertigt die Sonderregeln für diesen Wirtschaftszweig.

II. Betriebspflicht nach § 11 Abs. 1

4 Die Betriebspflicht des § 11 Abs. 1 wendet sich an solche EVU, die über ein **Versorgungsnetz** verfügen. Dabei legt die Vorschrift die Art und Weise des Betriebs dieses Versorgungsnetzes in genereller Hinsicht fest: Zum einen muss überhaupt ein Betreiben vorliegen; das Netz ist also unter Spannung bzw. Druck zu halten. Zum anderen ist die Art und Weise der Betriebsführung an den Gesetzeszwecken des § 1 (insbesondere Versorgungssicherheit, Preisgünstigkeit, Effizienz, Umweltverträglichkeit) sowie den Aufgaben nach §§ 12 ff. **diskriminierungsfrei** zu orientieren.

---

1 BT-DrS 15/3917, S. 13 f.
2 BT-DrS 15/5268, S. 23.

1. Betreiber von Energieversorgungsnetzen

Adressaten des § 11 Abs. 1 sind die **Betreiber von Energieversorgungsnetzen**, § 3 Ziff. 4. Dabei handelt es sich sowohl um Elektrizitätsversorgungs-Netzbetreiber (§ 3 Ziff. 2: Übertragungs- und Verteilernetzbetreiber) als auch um Gasversorgungs-Netzbetreiber (Ziff. 6: Gasverteiler- und Fernleitungs-Netzbetreiber). Die genannten Begriffsbestimmungen verweisen weiter auf § 3 Ziff. 3, 5, 7 und 10. Auf die in den Erläuterungen zu § 3 niedergelegten Einzelheiten wird verwiesen.

Als Betreiber kommen sowohl natürliche als auch juristische Personen, aber auch rechtlich unselbständige Organisationseinheiten eines EVU in Betracht[3]. Erzeugungs- und Liefertätigkeiten (Versorgung im engeren Sinne) gehören nicht zu den (entbündelten) Netzbetreiberaktivitäten. Weil § 110 Abs. 1 alle Energieversorgungsnetze, die nicht der allgemeinen Versorgung im Sinne von § 3 Ziff. 17 dienen, von sämtlichen Vorschriften des Teiles 3 des Gesetzes (Regulierung des Netzbetriebs: §§ 11 ff.) ausnimmt, unterliegen **Spezialnetze nicht der Betriebspflicht**.

2. Energieversorgungsnetz

Der Begriff des »Energieversorgungsnetzes« ist weder im EnWG noch in der Binnenmarktrichtlinie Elektrizität definiert[4]. Versteht man unter **Versorgung** die Lieferung und/oder den Verkauf von Elektrizität an Kunden (Großhändler und Letztverbraucher von Elektrizität sowie Verteilerunternehmen)[5], so reicht es im Einklang mit dem Versorgungsbegriff des § 3 Ziff. 36 aus, dass **einer der genannten Personengruppen tatsächlich Elektrizität zur Verfügung gestellt oder ein Netz betrieben wird**. Die in den genannten Vorschriften der Binnenmarktrichtlinie Elektrizität vorgesehene Alternative, zwecks Erfüllung des Versorgungsbegriffs auch den Verkauf von Elektrizität (Rechtsgeschäft, z. B. mit einem Großhändler) ausreichen zu lassen, kann nicht sinnvoll auf Netzbetreiber angewendet werden, wenn es um die Betriebspflicht geht. Würde es nämlich für die Be-

---

3 Vgl. § 3 Rz. 16 ff. sowie § 4 Rz. 15 ff.
4 Art. 3 Ziff. 13 RL-Gas verwendet zwar eine Netzdefinition, deren Ziel aber nicht die Herausstellung der Netzfunktionalität, sondern die Aufzählung von potenziellen netzbezogenen Energieanlagen ist.
5 Vgl. Art. 2 Ziff. 9 und Ziff. 7 RL-Elt.

triebspflicht ausreichen, dass der Netzbetreiber Rechtsgeschäfte über Elektrizität tätigt, ohne dass hiervon das Netz berührt wird, genügte er seiner Betriebspflicht hinsichtlich eines Versorgungsnetzes möglicherweise bereits ohne tatsächlichen Betrieb dieses Netzes. Deshalb muss das **Versorgungsnetz konkret durch Energielieferungen berührt** sein, um als »Versorgungsnetz« in Betracht zu kommen. Bloße schuldrechtliche Geschäfte reichen nicht aus.

8 Sowohl nach deutschem Recht (vgl. § 3 Ziff. 4) als nach Europäischem Recht (vgl. Art. 2 Ziff. 4 und 6 RL-Elt sowie Art. 2 Ziff. 4 und 6 RL-Gas) erfüllen sowohl **Übertragungs- bzw. Fernleitungsnetze** als auch **Verteilernetze** den Netzbegriff. Verbundnetze sind nach Art. 2 Ziff. 14 RL-Elt als eine Anzahl von Übertragungs- und Verteilernetzen definiert, die durch eine oder mehrere Verbindungsleitungen miteinander verbunden sind, wobei nach Ziff. 3 die »Übertragung« den Transport von Elektrizität über ein Höchst- oder Hochspannungsnetz zum Zwecke der Versorgung von Letztverbrauchern oder Verteilern und unter »Verteilung« im Sinne von Ziff. 5 der Transport von Elektrizität mit hoher, mittlerer oder niedriger Spannung über Verteilernetze zum Zwecke der Versorgung von Kunden zu verstehen ist. Verbindungsleitungen (Ziff. 13) dienen der Verbundschaltung von Elektrizitätsnetzen. Liegt ein Verbundnetz im o.a. Sinne vor, handelt es sich zugleich um ein Versorgungsnetz nach § 11 Abs. 1. Die Begrifflichkeiten für Gasnetze laufen parallel. Weil das nationale Recht den EVU-Begriff beibehalten hat, der auch Netzbetreiberaktivitäten umfasst, ist mit beträchtlicher Begriffsverwirrung zu rechnen, weil europarechtlich ein Energie**versorgungs**netz einen Widerspruch in sich darstellt.

9 *Kunze* erachtete die Definitionen der ersten Binnenmarktrichtlinie Elektrizität als zu unscharf[6]; weil die Hochspannungsebene (110 kV) sowohl der Verteilung als auch der Übertragung von Elektrizität diene, sei zur Unterscheidung von Übertragungs- und Verteilernetzen bevorzugt auf die **Funktion des Netzes** abzustellen: Werde der Leistungsfluss im Netz wesentlich durch die Kundenbelastung bestimmt, liege ein Verteilungsnetz vor (Hochspannung, Mittelspannung, Niederspannung); demgegenüber werde im Übertragungsnetz der Lastfluss wesentlich durch den Kraftwerkseinsatz bestimmt[7]. Die Unter-

---

6 *Kunze*, EnWG 1998, § 4 Anm. 1.3 (S. 71).
7 *Kunze* ebd. S. 71.

scheidung ist allerdings im Hinblick auf § 11 Abs. 1 bedeutungslos, weil dieser auf die §§ 12 ff. weiterverweist.

Zu prüfen ist zusätzlich, ob das **Energieversorgungsnetz** der **allgemeinen Versorgung** im Sinne von § 3 Ziff. 17 dienen muss. Darunter fallen solche Leitungssysteme, die aufgrund ihrer Vermaschung und Vernetzung der flächendeckenden Versorgung von Letztverbrauchern – nicht nur von Haushaltskunden im Sinne von § 36 Abs. 1 – dienen[8]. Beträfe § 11 Abs. 1 nur die Netze von Allgemeinversorgern, wären Spezialversorger von der Betriebspflicht ausgenommen. Hierfür könnte sprechen, dass die Betreiber von Industrieanlagen, die über ein besonderes Netz von einem EVU versorgt werden, durch vertragliche Regelungen einschließlich Sanktionen typischerweise selbst in der Lage sein werden, den Weiterbetrieb des Netzes zu sichern. Einer besonderen Energieaufsicht bedarf es deshalb in Zeiten der Deregulierung insofern nicht. § 110 Abs. 1 nimmt deshalb alle sog. **Objektnetze** von der Betriebspflicht aus. 10

Die Betriebspflicht des § 11 Abs. 1 umfasst **nicht den Betrieb von Direktleitungen**. Darunter sind gemäß Art. 2 Ziff. 15 RL-Elt bzw. Art. 2 Ziff. 18 RL-Gas die »zusätzlich zum Verbundnetz errichteten Leitungen« zu verstehen (vgl. § 3 Ziff. 12); sie stehen außerhalb einer gebietsorientierten Versorgung und sind in das vermaschte und vernetzte Leitungssystem nicht integriert (vgl. auch die Regelung in § 46 Abs. 1: Gestattungspflicht der Gemeinden hinsichtlich der Verlegung von Direktleitungen). Da diese Direktleitungen also außerhalb des europäischen Verbundnetzbegriffs stehen (Art. 2 Ziff. 14 RL-Elt und Art. 2 Ziff. 16 RL-Gas) und auch den Netzbegriff nicht erfüllen (eine Leitung bildet noch kein Netz), hat die Regulierungsbehörde insofern keine Befugnisse nach § 65 in Verbindung mit § 11 Abs. 1. Ob und wie lange die Direktleitung betrieben wird, unterliegt ausschließlich privatautonomer Gestaltung. Bestehen Zweifel, ob (noch) eine Direktleitung oder (bereits) ein Netzbestandteil vorliegt, wird man im Zweifel die Einbeziehung in § 13 Abs. 1 vornehmen müssen, um jedenfalls vorläufig einen Weiterbetrieb sicherzustellen. 11

Nicht zu den Direktleitungen gehören die **Verbindungsleitungen**; da diese Leitungen alle Anlagen zur Verbundschaltung von Energienetzen umfassen (Art. 2 Ziff. 13 RL-Elt und Art. 2 Ziff. 17 RL-Gas) und Bestandteil des Verbundnetzbegriffs der Ziff. 11 sind, sind sie konsti- 12

---

[8] Zu Einzelheiten vgl. oben § 3 Rz. 98 ff.

tuierender Bestandteil des Systems der Versorgungsnetze und damit betriebspflichtig. Legt man das europäische Begriffssystem zugrunde, ist eine Verwechslung von Verbindungsleitungen und Direktleitungen auch nicht möglich.

3. Betrieb

13 Der Betriebsbegriff wird weder im Europäischen Recht noch im EnWG definiert. Art. 2 Ziff. 17 RL-Elt und 14 RL-Gas, die Hilfsdienste betreffen, setzen den Betriebsbegriff ebenfalls im Zusammenhang mit Netztätigkeiten (Übertragung/Fernleitung und Verteilung) voraus. Art. 11 Abs. 5 und 14 Abs. 7 RL-Elt differenzieren zwischen Betrieb, Wartung und »Ausbau« der Netze, während Art. 9 RL-Elt den ÜNB und Art. 14 Abs. 1 den VNB verpflichtet, ein sicheres, zuverlässiges und leistungsfähiges Elektrizitätsnetz »zu unterhalten« und in diesem Zusammenhang für die Bereitstellung aller unentbehrlichen Dienste zu sorgen. Die Zusammenhänge zwischen Betreiberbegriff (»operator«) und Netzbetrieb sind offensichtlich.

14 Der Betriebsbegriff ist aus dem Umweltrecht – und hier insbesondere dem Bundesimmissionsschutzrecht – bekannt. Dort umfasst nach allgemeiner Auffassung der **Betriebsbegriff** die »gesamte Betriebsweise einschließlich Wartung und Unterhaltung«[9]; Produktionsverfahren, Produkte einschließlich Vor- und Zwischenprodukten, anfallende Reststoffe sowie Arbeitsabläufe und Betriebszeiten kennzeichnen diesen weiten Betriebsbegriff, der somit nicht rechtlich-ökonomisch, sondern technisch orientiert ist[10]. Deshalb ist Betreiber (im Umweltrecht) derjenige, dem die technischen Abläufe und Ergebnisse eines Produktionsprozesses im weitesten Sinne zuzurechnen sind.

15 Demgegenüber scheinen Art. 11 Abs. 5 und Art. 14 Abs. 7 RL-Elt einen engeren Betriebsbegriff zu verwenden, weil sie zwischen dem eigentlichen Betrieb, der Wartung sowie dem Ausbau des Netzes ebenso wie § 11 Abs. 1 unterscheiden; auch das »Unterhalten« des Netzes könnte man im Sinne eines Zurverfügungstellen von technischen, personellen, organisatorischen und finanziellen Ressourcen vom Betriebsbegriff trennen. Denkbar ist es jedoch auch, dass das

---

9 Begründung zum BImSchG, BT-DrS 7/179, S. 31; zustimmend *Jarass*, BImSchG, 3. Aufl. München 1999, § 5 Rz. 25.
10 Vgl. *Salje/Peter*, UmweltHG, 2. Aufl. München 2005, §§ 1, 3 Rz. 15 m. Nachw.

EU-Recht insofern keine strikt hierarchische Begriffs- und Systembildung verfolgt, sondern lediglich diejenigen Netzbetreiber-Aktivitäten besonders hervorhebt, die die Mitgliedstaaten rechtsharmonisierend festzulegen haben.

Weil der deutsche Gesetzgeber zur Begründung des § 11 Abs. 1 explizit auf die genannten Vorschriften der Binnenmarktrichtlinie Elektrizität und Gas Bezug genommen hat[11], spricht viel dafür, dass § 11 Abs. 1 einen **engen Betriebsbegriff** verwendet. Weil Wartung und Ausbau als Unterfunktionen des Betriebsbegriffs explizit genannt werden, haben sie selbständige Bedeutung. Früher war es allerdings allgemeine Meinung, dass **Wartungs- und Instandhaltungsarbeiten** – und damit das »Unterhalten« des Netzes in technischer Hinsicht – Bestandteil des Betriebsbegriff des § 4 Abs. 1 waren[12]. *Danner* nannte als Elemente der Betriebspflicht konkret Überwachung, Wartung des Netzes, Ausbau, die Durchführung von Schalthandlungen sowie administrativ-organisatorische Bereiche[13]. *Windmöller* erwähnt darüber hinaus die Zuständigkeit des Netzbetreibers für Planung und Bau des Netzes[14]. 16

4. Wartung

Obwohl die Wartungspflicht eigentlich als unselbständiger Bestandteil der Betriebspflicht anzusprechen ist, hat der Gesetzgeber in Transformation des europäischen Rechts diese Pflicht nunmehr explizit in das deutsche Recht aufgenommen. Eine Definition fehlt ebenso wie eine Begrenzung der Wartungspflicht. Vorgenommen werden müssen vom Netzbetreiber alle baulichen, sonstigen technischen sowie fachlichen Maßnahmen, die einen Netzbetrieb im Einklang mit den Zielen von § 11 Abs. 1 und § 1 Abs. 1 gewährleisten. Dazu sind die Netzanlagen auf Funktionsfähigkeit im Rahmen des vom Stand der Technik vorgegebenen Zeitrahmens auf Funktionsfähigkeit zu überprüfen (Bindung an § 49). Eine Netzerweiterung stellt keine Wartungsmaßnahme dar; allerdings können auch Netzteile ersetzende Maßnahmen dem Wartungsbegriff zuzurechnen sein. Charakteristikum des War- 17

---

11 BT-DrS 15/3917, S. 56.
12 *Kunze*, EnWG 1998, § 4 Anm. 2.3.1; *Danner/Theobald*, Energierecht, § 4 EnWG 1998 Rz. 9.
13 *Danner/Theobald*, Energierecht, § 4 EnWG 1998, Rz. 5 a.E. (Fassung 1999).
14 *Windmöller*, Brauchen wir einen zentralen Netzbetreiber?, ET 1999, S. 668.

tungsbegriffs sind aber tendenziell konservierende Maßnahmen, die der Herstellung von Sicherheit, Zuverlässigkeit und Leistungsfähigkeit des Netzes dienen.

18 Bestimmte »Wartungsintervalle« werden weder von VDE-Richtlinien noch vom Gesetzgeber vorgeschrieben. Die erforderlichen Netzbetriebsmittel hat der Rechtsträger des Netzbetreibers bzw. die mit ihm verbundenen Unternehmen zur Verfügung zu stellen. Ein Hinausschieben von Wartungsmaßnahmen ist nur zulässig, wenn die Betriebssicherheit und damit die Netzzuverlässigkeit nicht gefährdet werden. Einzuhalten ist ein durchschnittliches Maß an Netzzuverlässigkeit usw.; ein zu jedem Zeitpunkt betriebsbereites Netz kann und soll der Netzbetreiber nicht zur Verfügung stellen müssen. Weil sowohl der EU-Kommission als auch dem nationalen Gesetzgeber das zuverlässige Funktionieren der Netzinfrastrukturen besonders am Herzen liegt, sind Berichtspflichten zu Netzzustand, Netzausbauplanung und Netzstörungen der Regulierungsbehörde vorzulegen (§ 12 Abs. 3a, § 13 Abs. 5 ff. sowie die Parallelvorschriften für Gasversorgungsnetze).

5. Netzausbau

19 Das Bestehen einer **Netzausbauverpflichtung** des Betreibers – als eventuellem Bestandteil der Betriebspflicht – ist früher umstritten gewesen. Während *Kunze*[15] unter Hinweis auf die separate und vorsichtige Erwähnung (»gegebenenfalls«) den Netzausbau nicht als Bestandteil der Betriebspflicht anerkennen wollte, zählte *Danner* die Netzausbauverpflichtung in diesem Zusammenhang auf[16]. In vielen Bereichen des Rechts wird zwischen der bloßen Bestandserhaltung einer Wirtschaftseinheit und ihrer Erweiterung unterschieden; die Erweiterung unterliegt meist anderen Voraussetzungen und Rechtsfolgen als Betrieb, Wartung und Unterhaltung des Vermögensbestandes[17]. Auch der Sprachgebrauch unterschiedet zwischen dem Betrieb einer Wirtschaftseinheit und ihrer Anschaffung/Veränderung/Erweiterung; deshalb war es nicht selbstverständlich, den Netzausbau als Bestandteil der Betriebspflicht zu bewerten. Zu Recht verweist

---

15 EnWG 1998, § 4 Anm. 2.3.2.
16 *Danner/Theobald*, Energierecht, § 4 EnWG 1998, Rz. 9 a.N.: »... kann sich dies zum Beispiel auswirken bei...«.
17 Vgl. etwa die unterschiedlichen Abstimmungsvoraussetzungen im Rahmen der Wohnungseigentümerversammlung, §§ 21 Abs. 5, 25 WEG.

Kunze[18] auf mittelbare Ausbauverpflichtungen, die sich aus der Anschluss- und Versorgungspflicht nach § 10 Abs. 1 EnWG 1998 gegenüber Tarifabnehmern ergeben konnten (mittelbare Netzausbauverpflichtungen).

Deshalb folgte nach altem Recht aus der reinen Betriebspflicht typischerweise noch keine Netzausbauverpflichtung im räumlichen Sinne, also etwa die Verlängerung des Netzes mit dem Ziel, bisher eigenversorgte Sonderabnehmer zum Zwecke der Zusatz- und Reservestromversorgung in das Netz einzubinden. Da zur Betriebspflicht aber auch die **Anpassung des Netzes** an veränderte technische Bedingungen sowie Anforderungen sowohl auf der Lieferantenseite als auch auf der Kundenseite rechneten, gehörten zum Netzbetrieb jedenfalls diejenigen Ausbaumaßnahmen, die nach dem Stand der Technik für einen sicheren Netzbetrieb im Einklang mit den Zielen des § 1 EnWG 1998 erforderlich waren.

Wird ein Baugebiet neu ausgewiesen, durfte der Netzbetreiber schon bisher dessen Netzanbindung nicht unter Hinweis auf eine fehlende Netzausbauverpflichtung verweigern, selbst wenn ausschließlich Sonderabnehmer anzuschließen waren. Ob eine Ausbauverpflichtung **zumutbar ist, kann nur im Einzelfall unter Berücksichtigung der konkreten Gegebenheiten** entschieden werden. Unabhängig von der Frage des Eingreifens der Regulierungsbehörde nach § 65 in Verbindung mit § 11 Abs. 1 im Falle der Verweigerung des Netzausbaus kann die Gemeinde auch auf die Regelungen im Konzessionsvertrag zurückgreifen, die einen Netzbetrieb im Einklang mit den tatsächlichen und energiewirtschaftlichen Erfordernissen ebenfalls vorschreiben[19].

Eine konkretisierte Netzausbauverpflichtung lässt sich dem EnWG nunmehr explizit entnehmen. Die Ausbauverpflichtung ist dabei **am Bedarf zu orientieren** und steht unter dem Vorbehalt der **wirtschaftlichen Zumutbarkeit**. Dabei weist der Bedarfsbegriff Nachfrageorientierung auf und bezieht sich auf nachgefragte Leistungen und Arbeit, während zur Bestimmung der wirtschaftlichen Zumutbarkeit eine Orientierung an Geldgrößen erforderlich ist.

Ein Netzausbau ist zum einen dann **unzumutbar**, wenn es für den Ausbau keinen Bedarf gibt, also sowohl Einspeiser als auch ausspeisende Kunden fehlen. Trotz Nachfrage muss ein Netzausbau dann

---

18 EnWG 1998, § 4 , Anm. 2.3.2 (S. 73).
19 Vgl. die Erläuterungen zu § 46.

nicht erfolgen, wenn auch bei langfristiger Betrachtung der Netzbetreiber voraussichtlich nicht in der Lage sein wird, die entstehenden Ausbaukosten im Rahmen der Berechnung der Netzzugangsentgelte einzurechnen und von den Kunden bezahlt zu bekommen. Insofern ist zusätzlich zu untersuchen, ob die daraus resultierende Erhöhung des Netzzugangsentgelts im Vergleich zu anderen Netzbetreibern eine Entgeltgestaltung ermöglicht, die die Überziehung mit einem Missbrauchsverfahren durch die Regulierungsbehörde (§§ 30 und 31) sicher ausschließt. Auf die Erfahrungen, die seit dem Jahre 2000 mit der EEG-Netzausbauverpflichtung gesammelt worden sind, wird verwiesen[20].

24 Der Gesetzgeber hat darüber hinaus zum Zwecke des erleichterten Anschlusses von Anlagen zur Erzeugung von Elektrizität aus erneuerbaren Energien sowie von Strom aus KWK-Anlagen in begrenztem Umfang Netzausbauverpflichtungen angeordnet. Nach § 4 Abs. 6 Satz 2 **KWK-G 2002** wird der Netzbetreiber zu einem wirtschaftlich zumutbaren Ausbau des Netzes verpflichtet, um das Netz zur Aufnahme der Einspeisung zu ertüchtigen. Eine entsprechende Regelung enthält § 4 Abs. 1 Satz 3 **EEG 2004**; nach dessen HS 2 ist der Netzbetreiber »auf Verlangen des Einspeisewilligen zu dem unverzüglichen Ausbau verpflichtet«. Die Zumutbarkeitskriterien für den Ausbau können wiederum nur im Einzelfall bestimmt werden[21]. Der Gesetzgeber hat deshalb von der nach der Richtlinie gegebenen Möglichkeit, den Netzbetreiber zu bestimmten Ausbaumaßnahmen zu verpflichten[22], im nationalen Recht Gebrauch gemacht[23].

6. Adressaten der Pflichtentrias des § 11 Abs. 1

25 Betriebspflichtig sind alle Unternehmen und Betriebe, die das Versorgungsnetz im konkreten Gebiet in technischer und wirtschaftlicher Hinsicht zu kontrollieren vermögen (»operator«). Adressat des § 11 Abs. 1 ist der **Betreiber**, der die technischen Abläufe und Ergebnisse des Netzbetriebs (im weitesten Sinne) zu steuern vermag und dem diese deshalb zuzurechnen sind[24]; auch wegen der Verpflichtung auf das Umweltverträglichkeitsziel stimmen immissionsrechtlicher und energiewirtschaftsrechtlicher Betreiberbegriff insofern überein.

---

20 Vgl. dazu *Salje*, EEG 2004, § 4 Rz. 27 ff. und § 13 Rz. 62 ff.
21 Vgl. *Salje*, EEG, § 4 Rz. 4.
22 Art. 14 Abs. 1 und Art. 11 Abs. 5 RL-Elt.
23 So zu Recht *Kunze*, EnWG 1998, § 4 Anm. 2.3.2 (S. 73).
24 *Salje/Peter*, UmweltHG, §§ 1, 3 Rz. 15 a.E.

»Herr des Betriebs« ist regelmäßig der **Eigentümer** des Netzes. Ist 26
der Eigentümer eine Kapitalgesellschaft (z. B. GmbH oder AG), die
ganz überwiegend von einer dritten juristischen Person beherrscht
wird, kommt auch diese dritte Person als Adressat von auf § 11 Abs. 1
Satz 3 gestützten Verfügungen in Betracht, soweit dieser Dritte effektiv in der Lage ist, auf den Netzbetrieb Einfluss zu nehmen[25].

Besteht über das Netz ein **Miet- und Pachtverhältnis** (§§ 535, 581 27
BGB), so wird das Netz typischerweise nicht vom Vermieter oder
Verpächter, sondern vom unmittelbaren Besitzer (Inhaber der tatsächlichen Gewalt) und damit vom Mieter oder Pächter betrieben. Entsprechend ist nicht der Leasinggeber, sondern der **Leasingnehmer**
Adressat des § 11 Abs. 1. Soweit das Netz nicht vom Eigentümer oder
Mieter/Pächter, sondern aufgrund eines Betriebsführungsvertrages
von einer **Betriebsführungsgesellschaft** verwaltet wird, so ist insbesondere diese Gesellschaft in der Lage, den Gefahren aus der Anlage
entgegenzusteuern[26]. Im Haftpflichtrecht ist deshalb anerkannt, dass
nur der Betriebsführer Anlageninhaber und damit haftpflichtig ist[27].
Da die Haftpflichtlage mit der Rechtslage nach öffentlichem Aufsichtsrecht nicht gleichgesetzt werden darf, kann der Eigentümer/
Mieter/Pächter trotz Betriebsführung nicht vollständig aus seinen
energiewirtschaftsrechtlichen Verpflichten nach § 11 Abs. 1 entlassen
werden; entscheidend ist immer die Steuerungsmöglichkeit im Einzelfall. Dagegen haben Lieferanten oder Installateure der Netz- und
Energieanlagen typischerweise keine Verfügungsgewalt über die Anlage[28], so dass sie nicht selbst betriebs- und wartungspflichtig sind.

7. Zielerfüllung gemäß § 1 und §§ 12 ff.

§ 11 Abs. 1 orientiert die Betriebspflicht nicht mehr explizit **an den** 28
Zielen des § 1. Ein nicht beanstandungsfähiger Netzbetrieb im Sinne
von § 11 Abs. 1 dürfte gleichwohl dann vorliegen, wenn die drei in
§ 11 Abs. 1 Satz 1 wiederholten Ziele auf einem **Mindestniveau** eingehalten werden. Der Umweltverträglichkeitsmaßstab als Bestandteil
der **Leistungsfähigkeit** des Netzes ist an den Mindestanforderungen

---

25 Vgl. dazu oben § 3 Rz. 249 ff. (EVU-Begriff und verbundene Unternehmen, § 3 Ziff. 38).
26 BGH NJW 1986, 2312, 2313 – Forellen und Dieselöl.
27 Nachweise bei *Salje/Peter*, UmweltHG, §§ 1, 3 Rz. 22.
28 Ausnahme möglich während der Errichtung und im Probebetrieb: Mitverfügung.

§ 11 Betrieb von Energieversorgungsnetzen

des Umweltrechts auszurichten; sind diese erfüllt, kann die Regulierungsbehörde ein höheres Schutzniveau nicht anordnen. Dem Netzbetreiber muss aber ein Ermessens- und Beurteilungsspielraum oberhalb des Mindestniveaus der Ziele der §§ 1 und 12 ff. zugestanden werden. § 11 Abs. 1 konkretisiert also die Art und Weise des Netzbetriebs nach unten hin (Mindestanforderungen), nicht aber nach oben.

29 Deshalb kann auch nicht eingeschritten werden, wenn das EVU seinen Netzbetrieb an einem besonders hohen Maßstab der **Versorgungssicherheit** orientiert. Diese vergleichsweise höheren Kosten wird die Regulierungsbehörde im Rahmen ihrer Überprüfungen einschließlich der allgemeinen und besonderen Missbrauchsaufsicht dann akzeptieren müssen, wenn gleichwohl eine effiziente Leistungsbereitstellung noch vorliegt.

30 **Zuverlässigkeit** und **Leistungsfähigkeit** nehmen ebenfalls Zielsetzungen des § 1 Abs. 1 wieder auf (Preisgünstigkeitsziel, Verbraucherfreundlichkeit und Effizienz). Das Netz wird **zuverlässig** betrieben, wenn sowohl die Versorgungssicherheit als auch die technische Sicherheit (§ 49) eingehalten werden. Über das Umweltverträglichkeitsziel hinaus liegt **Leistungsfähigkeit** vor, wenn die Netzstrukturen einschließlich der Netzanschlüsse in effizienter Weise zur Verfügung gestellt werden und zu jedem Zeitpunkt in der Lage sind, die an sie gestellten Anforderungen zu erfüllen. Zum leistungsfähigen Netzbetrieb gehören neben der Preisgünstigkeit der Netzzugangsentgelte die Optimierung der eingesetzten Ressourcen.

31 Die Orientierung des Netzbetriebs an der **Diskriminierungsfreiheit** hat der nationale Gesetzgeber neu in § 11 Abs. 1 Satz 1 aufgenommen. Bisher war dieser Begriff dem Netzzugang und insbesondere der Berechnung und Belastung mit Netzentgelten vorbehalten.

32 Ein Netzbetrieb ist dann **frei von Diskriminierung**, wenn die Netznutzer entsprechend ihren unterschiedlichen Bedürfnissen und unter Berücksichtigung der zwischen ihnen bestehenden Unterschiede gleichmäßig bedient werden. Eine Gleichbehandlung fordert § 11 Abs. 1 ebenso wenig wie § 20 Abs. 1 GWB oder Art. 3 Abs. 1 GG. Dies bedeutet, dass ein Industriekunde mit besonders hohem Stromverbrauch, der an die Zuverlässigkeit der Versorgung aus Gründen des Produktionsablaufs besonders hohe Anforderungen stellt, bevorzugt behandelt werden darf, wenn es um die Beseitigung von Netzstörungen geht und die Vertragslage dies vorsieht. Wenn die Störung im Verhältnis zu den Haushaltskunden unter Einsatz aller verfügba-

ren Ressourcen später beseitigt wird, stellt dies keine Diskriminierung dar, wenn dem Sonderkunden ein besonders hohes Maß an Versorgungssicherheit versprochen wurde. Eine Schlechterstellung von Kunden, die zwar an das Netz angeschlossen sind, aber aufgrund der Geländestruktur oder großer Abgelegenheit besonders hohe Kosten bei Betrieb, Wartung und Ausbau verursachen, schließt die Pflicht zu diskriminierungsfreiem Netzbetrieb aus.

8. Rechtsfolgen bei Verletzung der Pflichten aus § 11 Abs. 1

Die vorstehenden Überlegungen haben gezeigt, dass ein Einschreiten der Regulierungsbehörde unter **Beanstandung der Art und Weise** des Betriebs des Energieversorgungsnetzes nur stattfinden kann, wenn **Mindestanforderungen unterschritten** werden. Rechtsgrundlage ist insbesondere § 65. 33

Verfügungen mit dem Ziel, einen **Netzausbau herbeizuführen**, wird die Regulierungsbehörde unter Hinweis auf § 11 Abs. 1 nur in eher seltenen Fällen anordnen können. Ebenso wie bei Auferlegung von konkreten Pflichten zur **Wartung und Instandhaltung** besteht die Schwierigkeit darin, den Verwaltungsakt so konkret zu fassen, dass die zu ergreifenden Maßnahmen vom Netzbetreibrr umgesetzt werden können. 34

Stellt der Netzbetreiber den Betrieb ganz ein, kann die Regulierungsbehörde die **Weiterführung des Betriebes** anordnen. Ist das EVU dazu aus tatsächlichen oder rechtlichen Gründen nicht mehr in der Lage (z. B. Ablehnung der Einleitung eines Insolvenzverfahrens durch das Amtsgericht), kann der Weiterbetrieb des Netzes auf einen Dritten (z. B. Nachbarversorger) im Wege eines Betriebsführungsverhältnisses vorläufig übertragen werden, ohne dass es dafür einer Spezialregelung im EnWG bedarf. Typischerweise wird in solchen Fällen der Konzessionsvertrag von der Gemeinde außerordentlich zu kündigen sein, um Schadensersatzpflichten gegenüber dem ehemaligen Netzbetreiber zu vermeiden. Tritt der neue Betriebsführer in die Rechte und Pflichten des Konzessionsvertrags ein, besteht Gleichklang zwischen öffentlich-rechtlichen und privatrechtlichen Bindungen. 35

Anordnungen zur Betriebspflicht sind nur dem für das konkrete Netz zuständigen Betreiber gegenüber möglich; einem Dritten kann der Betrieb des für ihn fremden Netzes **nicht durch Anordnungen der Regulierungsbehörde** übertragen werden, selbst wenn es sich um ein 36 verbundenes Unternehmen im Sinne von § 3 Ziff. 38 handelt. Die Betriebspflicht des § 11 Abs. 1 ist mit dem rechtlichen Netzbezug eng verknüpft. Die Weiterführung eines »verlassenen Netzes« ist deshalb nur aufgrund von besonderen Vereinbarungen mit dem neuen Netzbetreiber möglich. Erfüllt der Netzbetreiber seine Betriebspflichten nicht, so kann die Energieaufsichtsbehörde **Verwaltungsvollzugsmaßnahmen** ergreifen[29]. Als Zwangsmittel kommen insbesondere Zwangsgeld oder unmittelbarer Zwang durch Einsatz eines kommissarischen Betriebsleiters in Betracht[30]; die im Rahmen eines Netzbetriebs zu ergreifenden Maßnahmen sind so komplex, dass eine Ersatzvornahme meist ausscheiden wird.

37 Hat der Netzbetreiber gegen eine Betriebspflichtanordnung nach § 65 Abs. 1 in Verbindung mit § 11 Abs. 1 verstoßen, die bestandskräftig geworden ist oder deren Sofortvollzug (unangefochten) angeordnet wurde, so kann gemäß § 95 Abs. 1 Ziff. 3 lit. a) i. V. mit Abs. 2 eine Geldbuße bis zu Euro 100.000,– verhängt werden. Schadensersatzansprüche der unversorgt gebliebenen Netzkunden kommen insbesondere aus Vertragspflichtverletzung in Betracht, § 280 Abs. 1 BGB.

III. Haftung für Netzbetrieb (Abs. 2)

38 § 11 Abs. 2 des neuen Rechts hat § 11 Abs. 2 EnWG 1998/2003 zur (parziellen) Vorläufervorschrift. Wegen der Entbündelung der EVU-Tätigkeiten müssen auch Haftungsfragen im Zusammenhang mit dem Netzbetrieb neu geregelt werden; übergangsweise gilt insofern § 6 AVBEltV bzw. AVBGasV fort. Ziel der in § 11 Abs. 2 vorgesehenen **Verordnungsermächtigung** ist es, die Risiken im Zusammenhang mit dem Netzbetrieb wirtschaftlich handhabbar zu gestalten, zumal aus Netzstörungen Flächenschäden der Netzkunden entstehen können. Die Regelung hindert die Vertragsparteien nicht, die Netzbetreiberhaftung kundengünstiger auszugestalten oder für den Abschluss von Netzunterbrechungsversicherungen zu sorgen.

39 Zum Regierungsentwurf, der auch insofern unverändert Gesetz geworden ist, findet sich folgende Begründung[31]:

---

29 Vgl. § 94.
30 Vgl. dazu §§ 9 ff. Verwaltungs-VollstreckungsG des Bundes und die landesrechtlichen Parallelregelungen.
31 BT-DrS 15/3917, S. 56.

III. Haftung für Netzbetrieb (Abs. 2)

»Nach Absatz 2 Satz 3 kann die Haftung in besonderen Ausnahmefällen vollständig ausgeschlossen werden, soweit es zur Vermeidung unzumutbarer wirtschaftlicher Risiken erforderlich ist. Solche Risiken können im Falle der Verpflichtung der Netzbetreiber nach § 13 Abs. 2, auch in Verbindung mit § 14, und § 16 Abs. 2 vorliegen, die Notfallmaßnahmen zur Abwendung von Gefahren oder Störungen der Sicherheit oder Zuverlässigkeit der Energieversorgungssysteme betreffen. Diese Notfallmaßnahmen haben unmittelbare Auswirkungen auf die Stromeinspeisungen, Stromtransite und Stromabnahmen. Im Rahmen der Rechtsverordnungen ist festzustellen, ob über die nach § 13 Abs. 4 Satz 2 und § 16 Abs. 3 Satz 2 ausgeschlossenen Vermögensschäden hinaus ausnahmsweise für die Netzbetreiber unzumutbare Haftungsrisiken stehen können, die über die nach Abs. 2 Satz 2 mögliche Begrenzung der Haftung hinaus einen vollständigen Haftungsausschluss erfordern.«

Die Verordnungsermächtigung betrifft gleichermaßen die Vertragshaftung (Netzanschlussvertrag, Netznutzungsvertrag) sowie die Haftung aus unerlaubter Handlung. Wenn der Verordnungsgeber etwa von seiner Verordnungsermächtigung gemäß § 17 Abs. 3 (Rechtsverordnungen über Netzanschlussverträge) Gebrauch macht, kann er zugleich von der in § 11 Abs. 2 vorgesehenen (unselbständigen) Verordnungsermächtigung Gebrauch machen; eine selbständige Verordnungsermächtigung enthält § 11 Abs. 2 nicht. Da Beschränkungen von Ansprüchen aus unerlaubter Handlung besonders begründet werden müssen[32], weil von Kardinalpflichten nur in eng begrenzten Ausnahmefällen Befreiung erteilt werden kann, ist insofern ein hoher Begründungsaufwand insbesondere dann zu treiben, wenn es um die persönlichen Rechtsgüter Leben, Körper, Gesundheit und Freiheit geht. Reine Vermögensschäden werden von den §§ 823 ff. BGB nicht erfasst. Deshalb begrenzt § 11 Abs. 2 die Möglichkeiten des Verordnungsgebers zur Haftungseinschränkung auf **Sach- und Vermögensschäden**.

Analog dem Vorbild des § 6 AVBEltV/AVBGasV kann bei der Haftungsregelung zwischen Versorgungsunterbrechung und Versorgungsstörung (Unregelmäßigkeiten in der Energieversorgung) unterschieden werden. Beschränkbar sind insbesondere die Fälle mittlerer und

---

32 Vgl. dazu die einschränkende Regelung zum AGB-Recht in § 309 Ziff. 7 BGB.

leicht fahrlässiger Verursachung. Eine **Haftungshöhenbegrenzung** findet sich in vielen gesetzlichen und untergesetzlichen Vorschriften[33].

42 Der **vollständige Haftungsausschluss**, wie ihn für Ausnahmefälle **Satz 3** des § 11 Abs. 2 ermöglicht, ist an das Kriterium der **Vermeidung unzumutbarer wirtschaftlicher Risiken des Netzbetriebs** geknüpft. Darüber hinaus muss auf besondere Netzbetreiberverpflichtungen Bezug genommen werden:

- § 13 Abs. 2: Anpassung von Stromeinspeisungen, Stromtransiten und Stromabnahmen in der Regelzone des Übertragungsnetzbetreibers

- § 14: Regelungsanpassung auch im Hinblick auf Elektrizitätsverteilernetze durch den ÜNB

- § 16 Abs. 2 Anpassungsverpflichtung des Fernleitungsnetzbetreibers im Hinblick auf Gaseinspeisungen, Gastransporte und Gasausspeisungen als Gegenmaßnahme bei Gefährdungen oder Störungen des Netzbetriebs

Dass der Gesetzgeber § 16a (neu eingefügt vom Vermittlungsausschuss) nicht in § 11 Abs. 2 Satz 3 aufgenommen hat, ist offenbar ein Redaktionsversehen und aus der Sache heraus nicht gerechtfertigt.

43 Der vollständige Haftungsausschluss wird die Ausnahme bleiben. Die Vorschrift des § 4 Abs. 3 Satz 3 EEG 2004 zeigt, dass bei Ergreifen derartiger Anpassungsmaßnahmen, die zahlreiche Kunden unmittelbar schädigen, an die Stelle von Haftungserleichterungen und Haftungsausschlüssen eine **Begründungsverpflichtung** treten muss, die es den Betroffenen erlaubt nachzuprüfen, ob die ergriffenen Maßnahmen verhältnismäßig (insbesondere erforderlich und angemessen) gewesen sind. Ein Haftungsausschluss darf nur angeordnet werden, wenn sich der Netzbetreiber im Rahmen der soeben zitierten speziellen Anpassungsermächtigungen gehalten hat. Ist die Netzanpassungsentscheidung durch diese Rechtsgrundlagen nicht mehr gedeckt, ist ein vollständiger Haftungsausschluss ungerechtfertigt, und die eintretende Haftung folgt grundsätzlich den allgemeinen Regeln, wenn der Verordnungsgeber – a maiore ad minorem – nicht auch insofern eine Spezialregelung trifft.

---

33 Vgl. § 15 UmweltHG, § 10 ProdHG.

§ 12 Aufgaben der Betreiber von Übertragungsnetzen

(1) Betreiber von Übertragungsnetzen haben die Energieübertragung durch das Netz unter Berücksichtigung des Austauschs mit anderen Verbundnetzen zu regeln und mit der Bereitstellung und dem Betrieb ihrer Übertragungsnetze im nationalen und internationalen Verbund zu einem sicheren und zuverlässigen Elektrizitätsversorgungssystem in ihrer Regelzone und damit zu einer sicheren Energieversorgung beizutragen.

(2) Betreiber von Übertragungsnetzen haben Betreibern eines anderen Netzes, mit dem die eigenen Übertragungsnetze technisch verbunden sind, die notwendigen Informationen bereitzustellen, um den sicheren und effizienten Betrieb, den koordinierten Ausbau und den Verbund sicherzustellen.

(3) Betreiber von Übertragungsnetzen haben dauerhaft die Fähigkeit des Netzes sicherzustellen, die Nachfrage nach Übertragung von Elektrizität zu befriedigen und insbesondere durch entsprechende Übertragungskapazität und Zuverlässigkeit des Netzes zur Versorgungssicherheit beizutragen.

(3a) [1]Betreiber von Übertragungsnetzen haben alle zwei Jahre, erstmals zum 1. Februar 2006 einen Bericht über den Netzzustand und die Netzausbauplanung zu erstellen und diesen der Regulierungsbehörde auf Verlangen vorzulegen. [2]Auf Verlangen der Regulierungsbehörde ist ihr innerhalb von drei Monaten ein Bericht entsprechend Satz 1 auch über bestimmte Teile des Übertragungsnetzes vorzulegen. [3]Die Regulierungsbehörde hat Dritten auf Antrag bei Vorliegen eines berechtigten Interesses, insbesondere soweit es für die Durchführung von Planungen für Energieanlagen erforderlich ist, innerhalb einer Frist von zwei Monaten Zugang zu den Berichten nach den Sätzen 1 und 2 zu gewähren. [4]Die Regulierungsbehörde kann durch Festlegung nach § 29 Abs. 1 zum Inhalt des Berichts nähere Bestimmungen treffen.

(4) Betreiber von Erzeugungsanlagen, Betreiber von Elektrizitätsverteilernetzen und Lieferanten von Elektrizität sind verpflichtet, Betreibern von Übertragungsnetzen auf Verlangen unverzüglich die Informationen bereitzustellen, die notwendig sind, damit die

Übertragungsnetze sicher und zuverlässig betrieben, gewartet und ausgebaut werden können.

Überblick	Seite	Rz.
I. Regelungszweck und Entstehungsgeschichte	450	1
II. Regelungsadressaten und Aufbau des Normtextes.	451	3
III. Grundpflichten der ÜNB (Abs. 1 und 3)	452	6
IV. Berichtspflicht (Abs. 3a)	455	13
V. Wechselseitige Informationsansprüche (Abs. 2 und 4) ...	457	22
1. Ansprüche anderer Netzbetreiber (Abs. 2)........	457	23
2. Informationsansprüche des ÜNB (Abs. 4)	458	27

I. Regelungszweck und Entstehungsgeschichte

1 In Konkretisierung ihrer Infrastrukturverantwortung werden den **Betreibern von Übertragungsnetzen** (§ 3 Ziff. 10) bestimmte Aufgaben zugewiesen, deren Erfüllung einen sicheren, zuverlässigen und leistungsfähigen Netzbetrieb im Sinne von § 11 Abs. 1 gewährleisten soll. Auf diese Weise werden die oben[1] näher bezeichneten Vorschriften der Binnenmarktrichtlinie Elektrizität umgesetzt. Gleichzeitig wird auf dem Weg einer deutlichen Konkretisierung im Verhältnis zum bisherigen Recht (vgl. § 4 EnWG 1998) der Regulierungsbehörde ein Maßstab an die Hand zu geben, um bei Funktionsstörungen im Übertragungsnetz Aufsichtsmaßnahmen nach § 65 erlassen zu können.

2 Die Vorschrift des § 12 ist unter Berücksichtigung ihres Detaillierungsgrades ohne Vorbild im bisherigen Recht. Auf Vorschlag des Wirtschaftsausschusses[2] ist Abs. 3a in den Gesetzestext eingefügt worden, der allerdings im Zuge des Vermittlungsverfahrens nochmals verändert wurde, so dass sich Einzelheiten der Berichtspflicht jetzt nicht mehr im Gesetzestext befinden. Im Übrigen ist § 12 (Abs. 1 bis 3 sowie Abs. 4) in der Entwurfsfassung Gesetz geworden.

---

[1] § 11 Rz. 2.
[2] Vgl. BT-DrS 15/5268, S. 24.

II. Regelungsadressaten und Aufbau des Normtextes

Regelungsadressaten der Abs. 1 bis 3a sind ausschließlich die (derzeit vier) Betreiber von Übertragungsnetzen im Sinne von § 3 Ziff. 10, die in ihrer Regelzone die Übertragung von Elektrizität über ein Höchst- und/oder Hochspannungsnetz gewährleisten. Diese ÜNB sind schon jetzt als juristische Personen organisiert (RWE Transportnetz AG, E.ON Netz GmbH, Vattenfall Transmission AG sowie EnBW Tranportnetze AG). Gemäß der ÜNB-Definition sind sie verantwortlich für Betrieb, Wartung sowie Ausbau des Übertragungsnetzes einschließlich der Verbindungsleitungen zu anderen Netzen. Eine Regelzonen übergreifende Verantwortung besteht grundsätzlich nicht; bei Ausfall oder erheblicher Störung eines Übertragungsnetzes oder von Abschnitten dieses Übertragungsnetzes ist es auch aus technischen Gründen nicht möglich, dass dessen Funktion durch andere ÜNB wahrgenommen wird.

3

Die Norm weist folgende äußere Struktur auf: Abs. 1 enthält die **Grundverpflichtung der ÜNB**, beschränkt auf ihre Regelzone, aber unter Berücksichtigung des Austauschs mit anderen Verbundnetzen. Abs. 2 regelt den **Informationsaustausch** mit anderen Netzbetreibern der Regelzone, insbesondere den nachgelagerten Verteilernetzen. Abs. 3 konkretisiert die **Betriebspflicht des ÜNB** (Spannungs- und Frequenzhaltung im Übertragungsnetz, Bilanzausgleich). Nach Abs. 3a sind die ÜNB **berichtspflichtig** gegenüber der Regulierungsbehörde, die regelmäßige Berichte (alle zwei Jahre) und auch Sonderberichte anfordern kann. Dritten kann Zugang zu diesen Berichten gewährt werden. Abs. 4 korrespondiert mit Abs. 2 und erfasst den **Informationsanspruch der ÜNB** gegenüber allen EVU, die als Erzeuger, Lieferanten und Betreiber nachgelagerter Netz in Beziehung zum ÜNB treten, soweit die Information zwecks zuverlässigen Betriebs des Übertragungsnetzes benötigt wird.

4

Daraus folgt als **innere Struktur** des § 12:

5

- Konkretisierung der Grundpflichten der ÜNB (Abs. 1 und 3)
- Ansprüche auf Information/Auskunft (Abs. 2 und 4)
- Berichtspflicht (Abs. 3a)

III. Grundpflichten der ÜNB (Abs. 1 und 3)

6 Die Abs. 1 und 3 des § 12 richten sich ausschließlich an die Betreiber von Übertragungsnetzen (ÜNB) und konkretisieren deren Pflichten aus § 11 Abs. 1. Soweit der Rechtsträger des ÜNB bei (zulässiger) weiterbestehender operationeller Verflechtung im Einklang mit § 8 Abs. 4 (insbesondere Festlegung von Finanzplänen und Verschuldungsobergrenzen) Ansprüche gegen mit diesem ÜNB verbundene Unternehmen im Sinne von § 3 Ziff. 38 hat, stellt § 11 Abs. 1 Satz 3 sicher, dass Verfügungen der Regulierungsbehörde auch gegen diese verbundenen Unternehmen gerichtet werden können, soweit nur diese Unternehmen in der Lage sind, die Ursache eines Verstoßes gegen § 12 Abs. 1 und/oder Abs. 3 zu beseitigen (z. B. Aufstockung des Finanzplanes, um einen zwingend notwendigen Netzausbau sicherzustellen). Obwohl also § 12 Abs. 1 und Abs. 3 die vertikal integrierten EVU nicht erneut aufführt, stehen diese angesichts der Wechselbezüglichkeit zwischen § 11 Abs. 1 und § 12 Abs. 1 und § 13 in der potenziellen Pflicht zur Gewährleistung der Zuverlässigkeit des Übertragungsnetzes.

7 Der **örtliche Pflichtenbezug** wird durch die Regelzone konkretisiert, die im Zeitablauf Änderungen unterliegen kann und letztlich der unternehmerischen Disposition des ÜNB unterstellt ist. Weil es mittelbares Ziel der Gewährleistung von Betriebssicherheit im Übertragungsnetz ist, die Elektrizitätsverteilung über die nachgeordneten Netze sicherzustellen, ist der ÜNB aber nicht berechtigt, seine Regelzone quasi willkürlich zu ändern, beispielsweise nachgeordnete Unternehmen aus der Regelverantwortung »zu entlassen« oder aber Regelverantwortung solchen nachgeordneten Verteilernetzbetreibern (VNB) »aufzudrängen«, die bisher einer anderen Regelzone zugeordnet gewesen sind. Der Wechsel einer Regelzonenzugehörigkeit erfordert vielmehr – vergleichbar dem Institut der Vertragsübernahme – eine allseitige Beteiligung der betroffenen ÜNB und des VNB. Mit der Gesetzesbegründung[3] zählt zur Übertragungsnetz-Betriebssicherheit auch die **Bereitstellung von Ausgleichsenergie**. Der ÜNB wird diese nach Ausschreibung ankaufen (§ 22 Abs. 2) und bedarfsgerecht zur Verfügung stellen, um Frequenz- sowie Spannungsschwankungen entgegen zu wirken. Hauptpflicht des ÜNB ist damit der Bilanzausgleich auch unter Berücksichtigung der Gefahr des Ausfalls von

---

3 BT-DrS 15/3917, S. 56.

Erzeugungsanlagen sowie unvorhergesehener Änderungen der klimatischen Verhältnisse sowie der Störung von bestimmten Leitungsabschnitten.

§ 12 Abs. 1 berücksichtigt darüber hinaus die Einbindung des Übertragungsnetzes in das **Gesamtsystem aller europäischen Verbundnetze**. Deshalb hat der ÜNB bei Aufstellung seiner Fahrpläne die potenziellen Rückwirkungen aus Störungen in anderen Netzen zu berücksichtigen. Das Gesetz betont insofern den nationalen Verbund (vier Regelzonen) sowie den internationalen Verbund. Wegen der Ausfüllung der Begriffe Sicherheit und Zuverlässigkeit wird auf die Erläuterungen zu § 11 verwiesen[4]; wenn der Gesetzgeber in § 12 Abs. 1 die **Leistungsfähigkeit des Übertragungsnetzes** nicht gesondert anspricht, so kann diese Lücke unter Rückgriff auf § 11 Abs. 1 Satz 1 geschlossen werden. 8

Während Abs. 1 – quasi statisch – den sicheren und zuverlässigen Betrieb des Übertragungsnetzes zeitpunktbezogen dem ÜNB als Pflicht auferlegt, berücksichtigt § 12 Abs. 3 die **Veränderungen im Zeitablauf**. Darunter sind weniger die Fahrplanänderungen von Tag zu Tag und Woche zu Woche zu verstehen; diese werden bereits durch Abs. 1 erfasst. Mit der Gesetzesbegründung[5] muss der ÜNB seine Kapazitäten auch an der **regionalen Entwicklung der Nachfrage** ausrichten. Darunter ist nicht nur die Nachfrage nach Energiedienstleistungen, sondern auch die Nachfrage nach Übertragungsnetzkapazitäten angesichts des zunehmenden Ausbaus von Erzeugungsanlagen in solchen Regionen zu verstehen, in denen es bisher nur wenige Stromerzeugungsanlagen gab (Ausbau der Windenergieerzeugung). 9

Insofern verweist die Gesetzesbegründung[6] auf § 11 Abs. 1 Satz 1 (letzter Halbsatz), der die **Netzausbaupflicht bei wirtschaftlicher Zumutbarkeit** in das EnWG übernimmt. Diese Pflichten sind zuvor bereits spezialgesetzlich[7] geregelt worden. Eine neue Ausbauverpflichtung folgt daraus nicht, zumal in allen Fällen die Ausbaupflicht an die wirtschaftliche Zumutbarkeit gekoppelt ist. Zu Recht betont die Gesetzesbegründung die **unternehmerische Eigenverantwor-** 10

---

4 Oben § 11 Rz. 28 ff.
5 BT-DrS 15/3917, S. 56, Einzelbegründung zu § 12 Abs. 3.
6 Ebd.
7 Vgl. § 4 Abs. 1 EEG sowie § 4 Abs. 5 KWK-G 2002.

tung der Netzbetreiber für Investitionsentscheidungen[8]. Die Regulierungsbehörde kann zwar angesichts dieser öffentlich-rechtlichen Pflicht und nach Prüfung der Berichte im Sinne von § 12 Abs. 3a versuchen, den ÜNB unter Hinweis auf Netzengpässe an seine Netzausbaupflicht zu erinnern; es ist jedoch sehr zweifelhaft, ob die Regulierungsbehörde mit § 12 Abs. 2 in Verbindung mit § 11 Abs. 1 Satz 1 eine ausreichende Ermächtigungsgrundlage in die Hand bekommen hat, hierauf **Netzausbauverfügungen** zu stützen.

11 Gerade weil die Gesetzesbegründung die unternehmerische Eigenverantwortung betont und dem Netzbetreiber im Verhältnis zur Regulierungsbehörde ein Beurteilungsspielraum im Hinblick auf die Prüfung der wirtschaftlichen Zumutbarkeit zusteht, wird die Regulierungsbehörde ihr Entschließungs- und Auswahlermessen kaum an die Stelle desjenigen des ÜNB setzen können. Unberührt bleiben allerdings die als zivilrechtliche Ansprüche formulierten Rechte der Betreiber von Erzeugungsanlagen, die Elektrizität aus privilegierten Energieträgern bereitstellen und deshalb auf den Netzzugang angewiesen sind; hier werden die Zivilgerichte überprüfen müssen, ob die Entscheidung eines ÜNB, das Netz erst später oder gar nicht auszubauen, vertretbar erscheint oder nicht. Die Unterscheidung zwischen »öffentlich-rechtlicher Netzausbaupflicht« im Sinne von § 11 Abs. 1 Satz 1 in Verbindung mit § 12 Abs. 3 und privatrechtlichen Ansprüchen auf Netzausbau aus EEG und KWK-G[9] rechtfertigt sich daraus, dass die Regulierungsbehörde Allgemeininteressen wahrzunehmen hat, während die EEG- und KWK-G-Anlagenbetreiber eigene wirtschaftliche Interessen und damit Grundrechte nach Art. 12 und 14 GG ausüben.

12 Sowohl die (öffentlich-rechtlichen) Pflichten der ÜNB aus Abs. 1 als auch diejenigen aus Abs. 3 können unter Rückgriff auf die Ziele des § 1 Abs. 1 sowie § 2 weiter konkretisiert werden. Allerdings ist insofern deren partiell konfligierender Charakter zu berücksichtigen. Im Zweifelsfalle sind **Zielkonflikte im Netzbereich** unter Wahrung der Umweltverträglichkeit als Nebenbedingung im Sinne der Versorgungssicherheit und Betriebssicherheit des Netzes und zu Lasten des Preiswürdigkeitsziels zu entscheiden (Wortlaut von § 11 Abs. 1 sowie § 12 Abs. 1 und 3).

---

8 BT-DrS 15/3917, S. 56.
9 Vgl. oben Fn. 7.

IV. Berichtspflicht (Abs. 3a)

Um der Regulierungsbehörde die notwendigen Informationen zur zuverlässigen Funktionsfähigkeit zu vermitteln, sieht § 12 Abs. 3a eine alle zwei Jahre zu erfüllende **allgemeine Berichtspflicht** sowie auf Anforderung eine **Sonderberichtspflicht** vor. 13

Den ersten allgemeinen Bericht haben die ÜNB zum 1. Februar 2006 vorzulegen (Nachfolgeberichte: 2008, 2010 usw.). **Berichtsgegenstand** sind Netzzustand sowie Netzausbauplanung. 14

Anhaltspunkte zum Berichtsinhalt lassen sich gewinnen, wenn man die vom Wirtschaftsausschuss des Bundestages vorgeschlagene (ausführlichere) Fassung des Abs. 3a berücksichtigt, die allerdings nicht Gesetz geworden ist[10]. Nach Auffassung des Wirtschaftsausschusses hätten die **Netzberichte** folgende **Angaben** enthalten müssen: 15

– Netzauslastung der vergangenen zwei Jahre, aufgeschlüsselt nach Monaten und in Abhängigkeit von

  – Kapazität

  – Stromverbrauch

  – Netzeinspeisung

– Altersstruktur der Netzelemente und zugehöriger Erneuerungs- und Ersatzbedarf

– in den nächsten 15 Jahren zu erwartender Bedarf an Übertragungsnetzkapazitäten (Ersatz, Erneuerung, Zusatzkapazitäten)

  – unterteilt in Fünfjahresabschnitte

  – Mitteilung von Einzelprojekten mit Auslastungsprognosen und Begründung

– Maßnahmen zur Bedarfsdeckung im ersten Fünfjahresabschnitt, Stand der konkreten Planung und Durchführung, Zeiträume, Verfahren, Zulassung, Baudurchführung, Inbetriebnahmezeitpunkte

Offenbar um die ÜNB nicht zu sehr einzuengen, hat der Vermittlungsausschuss auf diese Detaillierungen verzichtet; möglicherweise werden einige dieser Angaben gleichwohl Berichtsstandard werden. 16

---

10 Bericht des Wirtschaftsausschusses, BT-DrS 15/5268, S. 24 (rechte Spalte).

17 Weil auf Verlangen der Regulierungsbehörde **Sonderberichte** zu erstellen sind, ist die Behörde in der Lage, den Detaillierungsgrad zu steigern. Die **Berichtszwecke** bilden die Schranke dessen, was die Regulierungsbehörde unter Berücksichtigung des Verhältnismäßigkeitsprinzips vom ÜNB abfragen darf. Besteht kein besonderer Anlass, ist die Regulierungsbehörde nicht berechtigt, die Erstellung von Sonderberichten zu beanspruchen. Solche Anlässe können Ereignisse im Zusammenhang mit Netzstörungen usw., aber auch unbefriedigende Informationen des letzten allgemeinen Berichts bilden.

18 Die Berichte dienen auch dem **Monitoring der Versorgungssicherheit** und sind deshalb gemäß § 51 in Verbindung mit § 52 dem **Bundesministerium für Wirtschaft und Arbeit** vorzulegen.

19 Satz 3 des § 12 Abs. 3a sieht ein **Berichtseinsichtsrecht** solcher Dritter (Bürger, Gemeinden, Unternehmen) vor, die ein **berechtigtes Interesse** nachzuweisen vermögen. Der Wirtschaftsausschuss des Bundestages will ein solches Interesse insbesondere bei beabsichtigter Errichtung einer Elektrizitätserzeugungsanlage annehmen[11]. Allgemein ist ein rechtliches Interesse vergleichbar § 9 HGB und § 12 Grundbuchordnung anzunehmen, wenn der Antragsteller über wirtschaftliche Interessen hinausgehend rechtliche Gründe für die Einsichtnahme geltend machen kann. Ein solches rechtlich begründetes Interesse besteht insbesondere bei solchen Netznutzern, die im Hinblick auf den Netzanschluss erhebliche Investitionen vorzunehmen haben und daher die Information benötigen, ob und wann Kapazität im Hinblick auf ihr Nutzungsinteresse im Übertragungsnetz vorhanden sein wird.

20 Über den Antrag entscheidet die BNetzA als Regulierungsbehörde nach § 54 Abs. 1; wegen der Nichteinbeziehung des § 12 in § 54 Abs. 2 Ziff. 5 besteht keine Zuständigkeit der Landesregulierungsbehörden.

21 Weil gemäß Satz 3 Halbsatz 2 des § 12 Abs. 3a der Zugang innerhalb von **zwei Monaten** bei Vorliegen der Antragsvoraussetzungen zu gewähren ist, muss die Regulierungsbehörde **spätestens binnen sechs bis sieben Wochen** über die Berechtigung zur Berichtseinsicht entscheiden, um den tatsächlichen Zugang fristgerecht zu ermöglichen. Den Hintergrund für die knappe Terminierung bilden die Planungs-

---

11 Bericht, BT-DrS 15/5268, S. 118, Einzelbegründung zu § 12 Abs. 3a.

und Investitionsinteressen insbesondere von potenziellen Einspeisern von Strom aus privilegierten Energieträgern sowie von Lieferanten, die für anzusiedelnde Unternehmen Informationen zum Ausbaustand des Netzes (Netzkapazitäten) benötigen.

V. Wechselseitige Informationsansprüche (Abs. 2 und 4)

Während § 12 Abs. 2 Ansprüche auf Information zugunsten von Betreibern derjenigen Netze vorsieht, die mit dem Übertragungsnetz verbunden sind, hat der ÜNB umgekehrt gemäß Abs. 4 einen **Anspruch auf notwendige Informationen** gegen alle Arten von Netznutzern. 22

1. Ansprüche anderer Netzbetreiber (Abs. 2)

Um das Gesamtnetz innerhalb der Regelzone sicher und zuverlässig betreiben zu können, stellt der ÜNB jeweils für den Folgetag sog. **Fahrpläne** auf, die den anderen Netzbetreibern rechtzeitig bekannt gegeben werden. Darüber hinaus benötigen die anderen Netzbetreiber aktuelle technische Informationen, um die Abstimmung und Fahrweise der technisch verbundenen Netze zu gewährleisten. Der Gesetzgeber nennt insofern Betrieb, koordinierten Ausbau und Verbund als **Informationszwecke**. 23

Mit § 12 Abs. 2 werden derartige Rechte auf Information erstmalig im deutschen Recht als **Anspruchsbeziehung** im Sinne von § 194 BGB ausgestaltet. Dies ermöglicht es den anderen Netzbetreibern, die Verpflichtung des ÜNB zivilgerichtlich feststellen zu lassen, wenn Streit um die Reichweite und Erforderlichkeit von Informationen entsteht. Bisher bestand ein solcher Anspruch allenfalls auf vertraglicher Basis. 24

Die Regelung ermöglicht den Zugriff auf das gesamte vertragsrechtliche Instrumentarium des BGB. Dies betrifft zum einen die Ausgestaltung des **Informationsprimäranspruchs**, zum anderen können bei Wahrnehmung berechtigter Interessen oder aus anderen Gründen Zurückbehaltungsrechte des ÜNB bestehen (§ 273 BGB). Darüber hinaus kommen **Sekundäransprüche** in Betracht, wenn die Informationspflicht durch die ÜNB rechtswidrig verletzt wird (§ 280 Abs. 1 BGB in Verbindung mit der gesetzlichen Informationspflicht des § 12 Abs. 2). Dem nicht informierten Betreiber anderer Netze wird auf diese Weise der entstehende Schaden ersetzt, wenn dem ÜNB der Entlastungsbeweis misslingt, § 280 Abs. 1 Satz 2 BGB. 25

26 Kernvoraussetzung der Informationsansprüche ist die **technische Verbundenheit** von Übertragungsnetz und anderem Netz im Sinne einer »Zusammenschaltung«. Diese anderen Netze können sowohl Objektnetze[12] im Sinne von § 110 Abs. 2 als auch Verteiler- oder Übertragungsnetze sein, mit denen das konkrete Übertragungsnetz verbunden ist. Wer lediglich eine Direktleitung betreibt, kann sich allenfalls auf die analoge Anwendung von § 12 Abs. 2 berufen, weil der Netzbegriff nicht erfüllt ist. Ob die beanspruchte Information **notwendig** im Sinne von § 12 Abs. 2 ist, kann lediglich im Einzelfall unter Berücksichtigung der Informationszwecke (Betrieb, Ausbau und Verbundherstellung) beurteilt werden.

2. Informationsansprüche des ÜNB (Abs. 4)

27 Um täglich Netzfahrpläne aufstellen zu können, aber auch zur Weiterentwicklung des Übertragungsnetzes benötigen die ÜNB umfangreiche Informationen aller Netznutzer. Nur die **schnelle und zuverlässige Information** ermöglicht einen sicheren Betrieb des Übertragungsnetzes.

28 Das Gesetz nennt in § 12 Abs. 4 als **Informationsverpflichtete**:

– Betreiber von Erzeugungsanlagen

– Betreiber von Elektrizitätsverteilernetzen

– Lieferanten von Elektrizität

29 Auch diese Informationsrechte sind als **Anspruchsbeziehungen** ausgestaltet und damit vor den Zivilgerichten einklagbar. Wer die Information nicht **unverzüglich**, d.h. ohne schuldhaftes Verzögern, bereitstellt, kann vom Netzzugang auf Zeit ausgeschlossen werden, § 273 BGB. Entstehen aus der nicht rechtzeitigen Information Schäden beim ÜNB, kommen auch Schadensersatzansprüche aus § 280 Abs. 1 BGB wegen Verletzung eines gesetzlichen Schuldverhältnisses in Betracht.

30 Die **Reichweite des Informationsanspruchs** ergibt sich aus dem Informationszweck (Betrieb, Wartung und Ausbau des Übertra-

---

12 Zwar betrifft die Anordnung der Nichtanwendung des Teiles 3 auf Objektnetze auch § 12: Weil jedoch damit Pflichtenstellungen, nicht aber Rechtsansprüche dieser Netzbetreiber ausgeschlossen werden sollen, bleibt § 12 Abs. 2 anwendbar.

gungsnetzes); Schranke des Informationsanspruch ist damit die **Notwendigkeit** der Informationserteilung in Bezug auf die genannten Zwecke. In der Gesetzesbegründung[13] werden genannt:

- erwartete Verfügbarkeit einzelner Erzeugungskapazitäten
- Mitteilung über Kraftwerksrevisionen
- Mitteilung über Investitionsvorhaben im Kraftwerksbereich
- Zwecks Herstellung des Bilanzausgleichs erforderliche Informationen über die Nachfrageseite, Belastung des Netzes durch im Tagesablauf schwankende Ausspeisungen, Leistungsanforderungen und Menge der elektrischen Arbeit

Erfolgt die notwendige Information nicht oder verspätet, ist der ÜNB berechtigt, insofern eine »Null-Anforderung« in den Fahrplan aufzunehmen. Wird gleichwohl Leistung abgefordert, können insofern erhöhte Entgelte in Rechnung gestellt werden, weil zusätzliche Ausgleichsenergie bereitzustellen ist. **31**

Der ÜNB kann die im Sinne von § 12 Abs. 4 Informationsverpflichteten dazu veranlassen, für die Meldung der notwendigen Informationen Formblätter zu benutzen bzw. bestimmte EDV-Formate einzuhalten, damit die Informationen unmittelbar in die elektronische Fahrplanerstellung aufgenommen werden können. Werden die vorgegebenen Formate nicht benutzt, können daraus resultierende Mehrkosten dem aus § 12 Abs. 4 Verpflichteten in Rechnung gestellt werden (Schuldnerverzug, §§ 280, 286 BGB). Die nähere Ausgestaltung des § 12 Abs. 4 kann auf vertraglicher Basis erfolgen. **32**

---

13 BT-DrS 15/3917, S. 56.

§ 13 Systemverantwortung der Betreiber von Übertragungsnetzen

(1) ¹Sofern die Sicherheit oder Zuverlässigkeit des Elektrizitätsversorgungssystems in der jeweiligen Regelzone gefährdet oder gestört ist, sind Betreiber von Übertragungsnetzen berechtigt und verpflichtet, die Gefährdung oder Störung durch

1. netzbezogene Maßnahmen, insbesondere durch Netzschaltungen, und

2. marktbezogene Maßnahmen, wie insbesondere den Einsatz von Regelenergie, vertraglich vereinbarte abschaltbare und zuschaltbare Lasten, Information über Engpässe und Management von Engpässen sowie Mobilisierung zusätzlicher Reserven

zu beseitigen. ²Bei netzbezogenen Maßnahmen nach Satz 1 sind die Verpflichtungen nach § 4 Abs. 1 des Erneuerbare-Energien-Gesetzes und nach § 4 Abs. 1 des Kraft-Wärme-Kopplungsgesetzes zu berücksichtigen. ³Bei den Maßnahmen nach Satz 1 ist nach sachlich-energiewirtschaftlichern Grundsätzen im Sinne des § 1 Abs. 1 vorzugehen.

(2) ¹Lässt sich eine Gefährdung oder Störung durch Maßnahmen nach Absatz 1 nicht oder nicht rechtzeitig beseitigen, so sind Betreiber von Übertragungsnetzen im Rahmen der Zusammenarbeit nach § 12 Abs. 1 berechtigt und verpflichtet, sämtliche Stromeinspeisungen, Stromtransite und Stromabnahmen in ihren Regelzonen den Erfordernissen eines sicheren und zuverlässigen Betriebs des Übertragungsnetzes anzupassen oder diese Anpassung zu verlangen. ²Bei einer erforderlichen Anpassung von Stromeinspeisungen und Stromabnahmen sind insbesondere die betroffenen Betreiber von Elektrizitätsverteilernetzen und Stromhändler soweit möglich vorab zu informieren.

(3) Eine Gefährdung der Sicherheit und Zuverlässigkeit des Elektrizitätsversorgungssystems in der jeweiligen Regelzone liegt vor, wenn örtliche Ausfälle des Übertragungsnetzes oder kurzfristige Netzengpässe zu besorgen sind oder zu besorgen ist, dass die Haltung von Frequenz, Spannung oder Stabilität durch die Übertragungsnetzbetreiber nicht im erforderlichen Maße gewährleistet werden kann.

(4) ¹Im Falle einer Anpassung nach Absatz 2 ruhen bis zur Beseitigung der Gefährdung oder Störung alle hiervon jeweils betroffenen Leistungspflichten. ²Soweit bei Vorliegen der Voraussetzungen nach Absatz 2 Maßnahmen getroffen werden, ist insoweit die Haftung für Vermögensschäden ausgeschlossen. ³Im Übrigen bleibt § 11 Abs. 2 unberührt.

(5) ¹Über die Gründe von durchgeführten Anpassungen und Maßnahmen sind die hiervon unmittelbar Betroffenen und die Regulierungsbehörde unverzüglich zu informieren. ²Auf Verlangen sind die vorgetragenen Gründe zu belegen.

(6) Reichen die Maßnahmen gemäß Absatz 2 nach Feststellung eines Betreibers von Übertragungsnetzen nicht aus, um eine Versorgungsstörung für lebenswichtigen Bedarf im Sinne des § 1 des Energiesicherungsgesetzes abzuwenden, muss der Betreiber von Übertragungsnetzen unverzüglich die Regulierungsbehörde unterrichten.

(7) ¹Zur Vermeidung schwerwiegender Versorgungsstörungen haben Betreiber von Übertragungsnetzen jährlich eine Schwachstellenanalyse zu erarbeiten und auf dieser Grundlage notwendige Maßnahmen zu treffen. ²Das Personal in den Steuerstellen ist entsprechend zu unterweisen. ³Über das Ergebnis der Schwachstellenanalyse und die notwendigen Maßnahmen hat der Übertragungsnetzbetreiber jährlich bis zum 31. August der Regulierungsbehörde zu berichten.

Überblick		Seite	Rz.
I.	Regelungszweck und Rechtsentwicklung	463	1
II.	Netzbezogener Gefährdungsbegriff (Abs. 3) und Aufbau des Gesetzes	463	3
III.	Maßnahmen der ÜNB bei Gefährdung oder Störung der Netzbetriebsstabilität (Abs. 1 bis 3)	466	15
	1. Netzbezogene Maßnahmen	467	19
	2. Marktbezogene Maßnahmen	468	21
	3. Anpassungsmaßnahmen (Abs. 2)	470	26
IV.	Berichts- und Informationspflichten (Abs. 5 bis 7)	472	32
V.	Zivilrechtsfolgen des Anpassungsmanagements (Abs. 4) .	473	38
	1. Ruhen von Leistungsverpflichtungen (Satz 1)	474	40
	2. Haftungsausschluss (Satz 2 und 3)	474	42

I. Regelungszweck und Rechtsentwicklung

§ 13 regelt Rechte und Pflichten von ÜNB einerseits aufgabenbezogen (Aufrechterhaltung der Zuverlässigkeit des Gesamtnetzsystems in der Regelzone), andererseits netznutzerbezogen (Recht zur Gestaltung dieser Rechtsverhältnisse mittels Durchführung von Anpassungsmaßnahmen). Die Vorschrift ist im Vergleich zum bisherigen Recht ohne Vorbild. 1

Im Laufe des Gesetzgebungsverfahrens ist § 13 nur geringfügig geändert worden. Der Wirtschaftsausschuss des Bundestages[1] hat Abs. 1 Satz 2 geändert und die Pflichten aus dem Kraft-Wärme-Kopplungsgesetz einbezogen. Im Vermittlungsausschuss[2] ist dann noch Satz 3 eingefügt worden (Bindung des ÜNB an die Ziele des § 1 Abs. 1). Diese Änderungen haben klarstellenden Charakter[3]. 2

II. Netzbezogener Gefährdungsbegriff (Abs. 3) und Aufbau des Gesetzes

Alle in § 13 vorgesehenen Voraussetzungen und Rechtsfolgen knüpfen an den Begriff **Gefährdung der Sicherheit und Zuverlässigkeit des Elektrizitätsversorgungssystems in der jeweiligen Regelzone** an. Zwecks Konkretisierung dieses Begriffs sieht § 13 Abs. 3 eine Legaldefinition vor, die allerdings den in § 13 mehrfach (Abs. 1, 2, 3 und 6 sowie 7) verwendeten Begriff der **Systemstörung** nicht erfasst (dazu sogleich). Gefährdung und Störung der Sicherheit und Zuverlässigkeit des Elektrizitätsversorgungssystems in der Regelzone sollen im Folgenden unter dem Begriff **Beeinträchtigung der Netzbetriebsstabilität** (Nbs) zusammengefasst werden. 3

Der **Gefährdungsfall** hinsichtlich der Nbs wird in § 13 Abs. 3 unter Rückgriff auf drei eher beispielhafte **Gefährdungstatbestände** beschrieben: 4

– Drohen örtlicher Ausfälle des Übertragungsnetzes

– Besorgnis des Eintretens kurzfristiger Netzengpässe

---

1 BT-DrS 15/5268, S. 23.
2 BT-DrS 15/5736 (neu), S. 2 (Ziff. 7).
3 Vgl. die Begründung des Wirtschaftsausschusses BT-DrS 15/5268, S. 118 (Einzelbegründung zur Neufassung von § 13 Abs. 1 Satz 2).

§ 13 Systemverantwortung der Betreiber von Übertragungsnetzen

- Besorgnis, dass Frequenz, Spannung oder Netzstabilität nicht im erforderlichen Maß gewährleistet werden können

5 Im Hinblick auf diese Gefährdungstatbestände unterscheidet § 13 zwischen **Sicherheit und Zuverlässigkeit** des Systems. Eine **Gefährdung der Sicherheit** ist zu besorgen, wenn ein (für Menschen und Tiere) gefahrloser Betrieb nicht mehr gewährleistet werden kann. Angesprochen ist insofern die technische Sicherheit im Sinne von § 49 Abs. 1. Insbesondere wenn aus der Fortsetzung des Netzbetriebs Lebens-, Körper- oder Gesundheitsgefahren drohen, also eine konkrete Gefahr im Sinne des Polizei- und Ordnungsrechts vorliegt, ist diese Alternative der Legaldefinition des § 13 Abs. 3 erfüllt. Demgegenüber spricht der **Zuverlässigkeitsbegriff** die Versorgungssicherheit im Sinne von § 1 Abs. 1 sowie § 11 Abs. 1 an. Ein Netzbetrieb ist unzuverlässig, wenn die mit dem Netzbetrieb verfolgten Zwecke nicht mehr erreichbar sind und die Netzfunktionen insgesamt oder einzeln gestört sind.

6 Da die Legaldefinition von Sicherheit **und** Zuverlässigkeit des Systems spricht, liegt es zunächst nahe, eine Gefährdung der Netzbetriebsstabilität (Nbs) erst dann anzunehmen, wenn sowohl die technische als auch die Versorgungssicherheit gestört zu werden drohen. Eine solche Auslegung wäre aber nur sinnvoll, wenn Sicherheit und Zuverlässigkeit einander überlappende Betrachtungsweisen desselben Tatbestandes darstellen würden. Gemeint ist offenbar, dass bereits eine Gefährdung der technischen Sicherheit ausreicht, um die in § 13 vorgesehenen Systembetreibermaßnahmen auszulösen; gleiches gilt für die Gefährdung der Zuverlässigkeit. Möglicherweise handelt es sich um ein Redaktionsversehen, zumal die dem ÜNB zugestandenen Abwehrmaßnahmen (insbesondere Abs. 1 und 2) die Alternativität beider sicherheitsbezogenen Begriffe korrekt wiedergeben.

7 Eine Gefährdung der Nbs durch **örtliche Ausfälle** des Übertragungsnetzes stellt den lokalen Bezug der Nbs in den Vordergrund; gemeint ist, dass »bereits« örtliche Ausfälle zur Gefährdungslage führen. Für überörtliche Ausfälle liegt die Gefährdung erst recht vor. Ein örtlicher Ausfall ist bereits dann gegeben, wenn nur ein Punkt des Übertragungsnetzes (Leitungsverknüpfung, Mast, Schalter, Transformator) nicht mehr die vorgesehene Funktion erfüllt.

8 Ähnlich ist der Begriff **kurzfristige Netzengpässe** zu verstehen; bei länger andauernden Engpasssituationen ist § 13 Abs. 3 ebenfalls er-

II. Netzbezogener Gefährdungsbegriff (Abs. 3) und Aufbau des Gesetzes

füllt. Im Gegensatz zum Ausfall von Netzbestandteilen bleibt beim Netzengpass das Übertragungsnetz ganz oder zumindest teilweise funktionsfähig, kann jedoch die Last nicht mehr vollständig bewältigen.

Zu den technischen Funktionsbedingungen eines jeden Elektrizitätsnetzes gehören **Frequenzhaltung, Spannungshaltung** sowie **Netzstabilität**. Das erforderliche Niveau dieser Messkriterien wird durch die VDE-Richtlinien vorgegeben, § 49 Abs. 2 Ziff. 1. Der ÜNB ist allenfalls berechtigt, mittels Detaillierung Besonderheiten des eigenen Netzes Rechnung zu tragen; bei Frequenz, Spannung und Netzstabilität handelt es sich zudem um Messwerte, die alle Regelzonen übergreifend eingehalten werden müssen. 9

Der Begriff **Störung der Nbs** ist zwar nicht legal definiert, kann aber aus dem Gefährdungsbegriff des § 13 Abs. 3 entwickelt werden. Während bei Eintritt einer Gefährdungslage eine konkrete Netzstörung erst noch bevorsteht, weil sich die Gefahr noch nicht realisiert hat, sind die Funktionsbedingungen des Netzes bei einer Störung bereits konkret beeinträchtigt. Die in § 13 Abs. 3 geannten Regelbeispiele (örtliche Ausfälle, kurzfristige Netzengpässe, Beeinträchtigungen von Frequenz, Spannung oder Netzstabilität) stehen dann nicht mehr bevor, sondern sind bereits eingetreten. Deshalb ist der **Störungsbegriff** erfüllt, wenn die **Realisierung eines Gefährdungstatbestandes im Sinne von § 13 Abs. 3** festzustellen ist. 10

Der **äußere Aufbau des Gesetzes** geht von den in Abs. 1 und Abs. 2 aufgeführten **drei Arten von ÜNB-Maßnahmen** aus: 11

– netzbezogene Maßnahmen (Abs. 1 Satz 1 Ziff. 1)

– marktbezogene Maßnahmen (Abs. 1 Satz 1 Ziff. 2)

– Anpassungsmaßnahmen (Abs. 2)

Im Anschluss an die Gefährdungsdefinition des Abs. 3 legt Abs. 4 die **zivilrechtlichen Rechtsfolgen** fest, wenn Anpassungsmaßnahmen nach Abs. 2 getroffen werden (Ruhen der Leistungspflichten, Haftungsausschluss). Abs. 5 ordnet eine **Informationspflicht** über die Gründe von Anpassungsmaßnahmen an (Nachweis auf Verlangen). 12

Ist die Gefährdung oder Störung der Nbs auch über Maßnahmen nach Abs. 2 nicht zu beseitigen und droht eine Versorgungsstörung im Hinblick auf lebenswichtigen Bedarf (Notfallzentralen, Kranken- 13 häuser, Polizei, Feuerwehr, Katastrophenschutz usw.), so ist die Regulierungsbehörde unverzüglich zu benachrichtigen, § 13 Abs. 6. Eine jährliche Berichtspflicht – sog. Schwachstellenanalyse – sieht § 13 Abs. 7 vor.

14 Daraus lässt sich die **innere Struktur des Gesetzes** wie folgt konkretisieren:

– Ermächtigung zu Maßnahmen durch die ÜNB (Abs. 1 bis 3)

– Informations- und Berichtspflichten der ÜNB (Abs. 5 bis 7)

– Zivilrechtsfolgen von Anpassungsmaßnahmen (Abs. 4)

III. Maßnahmen der ÜNB bei Gefährdung oder Störung der Netzbetriebsstabilität (Abs. 1 bis 3)

15 Die Abs. 2 und 3 des § 13 sehen – jedenfalls nach Auffassung in der Begründung zum Gesetzentwurf stufenförmig angelegte[4] – Maßnahmen vor, um eine Gefährdung der Nbs zu vermeiden oder eine bereits eingetretene Störung zu beseitigen. Dabei betreffen die **netzbezogenen Maßnahmen** (§ 13 Abs. 1 Satz 1 Ziff. 1) den (internen) Bereich des Netzbetreibers, ggf. in Zusammenarbeit mit anderen Netzbetreibern (§ 12 Abs. 1), und berühren die Netzkunden allenfalls mittelbar.

16 Auf der **zweiten Stufe** können – Verhältnismäßigkeitsprinzip – **marktbezogene Maßnahmen** durchgeführt werden, die dadurch gekennzeichnet sind, dass anderen Netzbetreibern und den Netznutzern durch Abschaltung, Erhöhung des Netznutzungsentgelts aufgrund Einsatzes von Regelenergie, Engpassmanagement usw. spürbare Auswirkungen erwachsen. Erst auf der **dritten Stufe** (Abs. 2) führt das **Anpassungsmanagement** dazu, dass **sämtliche** Einspeisungen, Stromtransite und Ausspeisungen verändert werden dürfen. Die Anpassung von Angebots- und Nachfragelast erfolgt dann nicht einzelfall-marktbezogen, sondern auf »Lastblöcke« bezogen, und die Auswirkungen werden für ganze Gruppen von Kunden spürbar.

17 Die Aufzählung der Maßnahmen in § 13 Abs. 1 und 2 haben eine **rechtliche Doppelfunktion**: Zum einen legitimieren sie im Verhältnis zur Regulierungsbehörde, die – unter Berücksichtigung des Zeitdrucks und der begrenzten Information – nicht mehr die Maßnahme

---

[4] BT-DrS 15/3917, S. 56 f., Einzelbegründung zu § 13.

als solche, sondern nur ihren Einsatz unter Berücksichtigung des Verhältnismäßigkeitsgrundsatzes nachzuprüfen vermag. Weil Verwaltungsakte (auf Anordnung der Regulierungsbehörde) in diesem Bereich regelmäßig zu spät kommen dürften, kann allenfalls im Nachhinein darüber gestritten werden, ob der ÜNB die Maßnahme in gesetzeskonformer Weise durchgeführt hat. Denkbar sind insofern auf § 65 gestützte Abmahnungen und Beanstandungen mit dem Ziel, künftiges Verhalten des ÜNB zu lenken.

Weitere rechtliche Bedeutung gewinnen die aufgezählten Maßnahmen der zweiten und dritten Stufe im Verhältnis zu den Zivilrechtsbeziehungen gegenüber anderen Netzbetreibern und Netzkunden. Wegen der gesetzlichen Ausformung mit zwingendem Charakter bedarf es keiner Aufnahme in die zwischen den Beteiligten bestehenden Verträge, die quasi durch die legitim ergriffenen Maßnahmen »überlagert« werden. Konsequent hat der Gesetzgeber in § 13 Abs. 4 die **Zivilrechtsfolgen** mitgeregelt. 18

1. Netzbezogene Maßnahmen

Weil der ÜNB über sein eigenes Netz disponiert, gemäß § 12 Abs. 1 mit anderen Netzbetreibern zusammenarbeitet und dabei die relevanten Netzparameter (z. B. Frequenz und Spannungshaltung) in der gesamten Regelzone zu beeinflussen berechtigt ist, bilden die Netzbetriebsmittel den Ansatz für **Maßnahmen der ersten Wahl**. Weil bei jeder Störung/Gefährdung der Nbs nur **verhältnismäßige Maßnahmen** ergriffen werden dürfen, ist jeweils eine – allerdings unter Zeitdruck erfolgende – Prüfung der Eignung, Erforderlichkeit und Angemessenheit der in Aussicht genommenen Maßnahme geboten. Wenn netzbezogene Maßnahmen wie **Netzschaltungen** – gemeint sind Abschaltungen von Netzteilen sowie mögliche Entlastungsschaltungen durch Heranziehung von sonst nicht mehr benutzten Netzsträngen – geeignet sind, die Gefahrenlage oder die Störung sicher zu beseitigen, muss zusätzlich geprüft werden, ob es im Lichte des Erforderlichkeitsprinzips eine mildere Maßnahme unterhalb der netzbezogenen Maßnahme gibt. Schließlich ist mit Blick auf die Verpflichtungen aus Netzanschluss- und Netznutzungsverträgen zu entscheiden, ob die gewählte netz-bezogene Maßnahme angemessen ist. Wird beispielsweise die Gefährdung voraussichtlich nicht zu einer Störung führen, ist aber andererseits aus der netzbezogenen Maßnahme ein hoher Scha- 19 den zu erwarten, ist es nicht angemessen, die konkrete Maßnahme zu ergreifen.

20 In der Gesetzesbegründung wird auf dieses **Stufensystem** hingewiesen, wobei die netzbezogenen Maßnahmen als »erste Stufe« bezeichnet werden[5]. Trotz Widerspruchs des Bundesrates[6] hat die Gesetz gewordene Fassung zwar nicht den ursprünglich intendierten **Vorrang des EEG**, wohl aber die Verpflichtungen aus EEG und KWK-G als **berücksichtigungspflichtig** vorgesehen. § 2 Abs. 2 (Unberührtbleiben der Verpflichtungen aus diesen Gesetzen) dient ebenfalls der Verzahnung zwischen den energiewirtschaftlichen Sondergesetzen und dem EnWG und stellt klar, dass ein absolut zu setzender Vorrang dieser Sondergesetze nicht existiert[7]. Diese »Relativierung des Vorrangprinzips« lässt – über § 4 Abs. 3 EEG hinaus – Abschaltungen dieser Erzeugungsanlagen zu, wenn anders als durch Drosselung der Einspeisung oder gar Trennung der Erzeugungsanlagen vom Netz die Gefährdung oder Störung nicht behoben werden kann. Über den Kanon der in § 4 Abs. 3 genannten Anlagen hinaus werden damit alle EEG- und KWK-G-Anlagen erfasst, die mit Unterbrechungseinrichtungen ausgerüstet sind[8]. Weil die Berücksichtigungspflicht auf die Sondergesetze im Einklang mit § 2 Abs. 2 zurückverweist, kann auf die spezialgesetzlich vorgesehene Begründungspflicht (vgl. § 4 Abs. 3 Satz 3 EEG) auch dann nicht verzichtet werden, wenn die Maßnahme nicht auf einem dauerhaften, sondern auf einem planwidrigen Netzengpass im Sinne von § 13 beruht.

2. Marktbezogene Maßnahmen

21 Nach der Gesetzesfassung stehen die marktbezogenen Maßnahmen des § 13 Abs. 1 Satz 1 Ziff. 2 auf derselben Stufe wie die netzbezogenen Maßnahmen (Wortlautargument). Der Gesetzgeber stellt sich aber auch insofern ein Stufensystem vor[9]. Diese Sichtweise ist gerechtfertigt, solange netzbezogene Maßnahmen primär dazu dienen,

---

5 Einzelbegründung zu § 13 Abs. 1, BT-DrS 15/3917, S. 57.
6 Stellungnahme des Bundesrates zum Regierungsentwurf, Ziff. 18, BT-DrS 15/3917 (Anlage 2), S. 78, 81: Streichung von § 13 Abs. 1 Satz 2.
7 Das KWK-G 2002 kennt – anders als das EEG – ohnehin kein Vorrangprinzip, wird aber vom Gesetzgeber als sachnahe Materie praktisch gleichbehandelt.
8 Vgl. mit weiteren Nachweisen oben § 2 Rz. 11 ff.
9 BT-DrS 15/3917, S. 57.

unter Rückgriff auf eigene Betriebsmittel des Netzbetreibers sowie technische Einrichtungen anderer Netzbetreiber die Störung zu vermeiden oder zu beenden. Weil aber der Gesetzgeber mit § 13 Abs. 1 Satz 2 unter die netzbezogenen Maßnahmen auch solche einordnet, die unmittelbare Einkommenseffekte bei Netzkunden (Erzeugern) auslösen, verschwimmen die Unterschiede zwischen Ziff. 1 (reiner Netzbezug) und Ziff. 2 (Drittbezug).

Richtig ist es sicherlich, dass der Netzbetreiber zunächst technische Maßnahmen zu ergreifen hat, weil diese ihm unmittelbar zu Gebote stehen; alle marktbezogenen Maßnahmen wirken sich im vertraglichen Beziehungsgeflecht zu den Netzkunden aus und werden deshalb tendenziell stärker belasten als rein netzbezogene Maßnahmen. Wiederum müssen auch die marktbezogenen Maßnahmen geeignet, erforderlich und angemessen sein (Verhältnismäßigkeitsprüfung). 22

Der Gesetzgeber nennt folgende **Regelbeispiele** für marktbezogene Maßnahmen: 23

– Einsatz von Regelenergie

– Abschaltung und Zuschaltung von Lasten aufgrund vertraglicher Vereinbarung

– Information über Engpässe

– Management von Engpässen

– Mobilisierung zusätzlicher Reserven

Wenn eine bloße Information ausreicht, um »Last abzuwerfen«, muss diese weniger belastende Maßnahme zunächst gewählt werden. Der Einsatz von Ausgleichs- und Regelenergie führt zur Erhöhung der Netzbetriebskosten, was sich wiederum bei den Netzzugangsentgelten auswirkt; weitere und besonders spürbare Sonderopfer werden trotz vertraglicher Vereinbarung abverlangt, wenn die Versorgung von Kunden unterbrochen oder Erzeugungsanlagen vom Netz genommen werden müssen. Unter »Mobilisierung zusätzlicher Reserven« sind der Ankauf von zusätzlicher Regel- und Ausgleichsenergie, die Wiederinbetriebnahme eines bereits entwidmeten Netzteils, das Anfahren eines erst im Probebetrieb befindlichen Erzeugungsblocks oder ähnliche Maßnahmen zu verstehen, die über einen regulären Betrieb hinausgehen. 24

25 Wenn der Gesetzgeber mit **Satz 3** einen Rückbezug auf die Zwecke des Energiewirtschaftsrechts in § 1 Abs. 1 herstellt und sachlich-energiewirtschaftliche Grundsätze als Leitlinie des Netzbetreiberhandelns vorschreibt, so ist es wiederum die Versorgungssicherheit und die Preisgünstigkeit der Versorgung, die bei marktbezogenen Maßnahmen ebenso wie bei netzbezogenen Maßnahmen mitbedacht werden müssen. Mit Rücksicht auf die **Rechtfertigungslast des ÜNB** (§ 13 Abs. 5) sind die ergriffenen Maßnahmen und deren Beweggründe wenigstens im Nachhinein zu dokumentieren sowie mit Messdaten zu untermauern.

3. Anpassungsmaßnahmen (Abs. 2)

26 Auf der **dritten Stufe** können dann – sozusagen als Eilmaßnahmen und unabhängig von den eingegangenen vertraglichen Verpflichten – alle **sonstigen geeigneten Anpassungsmaßnahmen** ergriffen werden. Bezugspunkt sind:

– sämtliche Stromeinspeisungen

– sämtliche Stromtransite

– sämtliche Stromabnahmen in der Regelzone

27 Kennzeichen eines solchen »totalen Anpassungsmanagements« ist damit ein »kompletter Lastabwurf«, um das Netzgleichgewicht wieder herzustellen. Nicht die sensibel und einzelfallbezogene Anpassungsmaßnahme, sondern das »Durchgreifen« ist Leitlinie des § 13 Abs. 2. Der Gesetzgeber will insofern eine »Ermächtigungsgrundlage« schaffen, die ein zögerliches Verhalten des ÜNB in Gefährdungslagen vermeidet und ihn ermutigt, schnell und beherzt zu reagieren[10].

28 Ergreift der Netzbetreiber Maßnahmen nach § 13 Abs. 2, wird man ihm unter Berücksichtigung von Informationshorizont und erforderlicher Reaktionsgeschwindigkeit einen **Beurteilungsspielraum** hinsichtlich Art und Reichweite der zu ergreifenden Maßnahmen zubilligen müssen. Wenn eine Maßnahme grundsätzlich – aus der Sicht ex ante – sorgfältig abgewogen ergriffen wurde, sich aber ex post als überzogen herausgestellt hat, so dürfen weder die Regulierungsbe-

---

10 Einzelbegründung zu § 13, BT-DrS 15/3917, S. 57: Kein »Anreiz zum Untätigbleiben in Notsituationen« unter Hinweis auf die Zivilrechtsfolgen in Abs. 4.

III. Maßnahmen der ÜNB bei Gefährdung oder Störung

hörde noch die eine solche Maßnahme nachprüfenden Verwaltungs- bzw. Zivilgerichte ihr Entscheidungsermessen an die Stelle desjenigen des ÜNB setzen. Deshalb ist den ÜNB eine »Bandbreite zulässiger Entscheidungen« auch unter Berücksichtigung des Verhältnismäßigkeitsgrundsatzes einzuräumen; hält sich der ÜNB innerhalb dieser Bandbreite, ist die Anpassungsmaßnahme damit rechtlich billigenswert und kann nicht zum Anlass genommen werden, daraus entstandene Nachteile zu kompensieren oder ein rechtswidriges Verhalten feststellen zu lassen.

Unselbständigen Charakter im Hinblick auf die unmittelbar zu treffenden Anpassungsmaßnahmen (Satz 1 von § 13 Abs. 2) haben die – »möglichst vorab« zu erfüllenden – Informationspflichten des ÜNB gegenüber Verteilernetzbetreibern und Stromhändlern. Weil der ÜNB zunächst die erforderlichen Maßnahmen zur Beseitigung der Netzbetriebsstörung ergreifen muss, wird ihm häufig keine Zeit bleiben, die von der Anpassungsmaßnahme unmittelbar Betroffenen noch rechtzeitig genug zu informieren, damit diese ihrerseits die mittelbar betroffenen Kunden (Stromabnehmer) zu informieren vermögen. 29

Der ÜNB muss aber spätestens mit der Maßnahmendurchführung die notwendigen Informationen erteilen, wobei bei Überschreiten bestimmter EDV-mäßig eingestellter Betriebsparameter die Informationsmitteilungen automatisch per e-mail versandt werden können. Weil ein besonderer medialer Weg für die Information nicht vorgeschrieben ist, muss weder zusätzlich ein Brief geschrieben werden noch eine telefonische Benachrichtigung erfolgen. Weil es sich bei § 13 Abs. 2 Satz 2 schon angesichts der Notfallsituation nicht um einen Anspruch der Betroffenen im Sinne von § 194 BGB handeln kann, der ja auch nicht mehr rechtzeitig durchsetzbar wäre, handelt es sich bei dieser Vorschrift um eine vom ÜNB zu erfüllende bloße **Obliegenheit**. 30

Nicht nur zwischen den Stufen, sondern auch bei auf »derselben Ermächtigungsgrundlage« beruhenden Maßnahmen ist die Auswahl der Maßnahme am Verhältnismäßigkeitsgrundsatz zu orientieren. Dabei ist die Repartierung einer Maßnahme vorzuziehen, die einer ganzen Gruppe von Netzkunden den Netzzugang vollständig verwehrt. Ein grundsätzlicher Vorrang des Stromtransits existiert nicht[11]. 31

---

11 Vgl. Art. 6 Abs. 1 und 2 der Verordnung (EG) Nr. 1228/2003 des Europäischen Parlaments und des Rates vom 26. Juni 2003 über die Netzzugangsbedingungen für den grenzüberschreitenden Stromhandel, ABl. EG Nr. L 176/1.

IV. Berichts- und Informationspflichten (Abs. 5 bis 7)

32 Im Hinblick auf durchgeführte Anpassungen und zur Vermeidung schwerwiegender Versorgungsstörungen sehen die Abs. 5 bis 7 des § 13 **Informations- und Berichtspflichten** vor:

– Begründung der Anpassung gegenüber den unmittelbar Betroffenen (Abs. 3)

– Information der Regulierungsbehörde bei Gefährdung des lebenswichtigen Elektrizitätsbedarfs (Abs. 6)

– Jährlich vorzulegender Bericht (Schwachstellenanalyse, Abs. 7)

33 Nach § 13 Abs. 5 sind nur die **unmittelbar Betroffenen** sowie die **Regulierungsbehörde** in Bezug auf die nach § 13 Abs. 1 und Abs. 2 ergriffenen Maßnahmen zu informieren. Mittelbar betroffene Kunden (insbesondere Abnehmer) fallen nicht unter diesen Personenkreis. Im Wesentlichen handelt es sich um denselben Personenkreis, der bereits in § 13 Abs. 2 Satz 2 angesprochen ist. Sind EEG-Einspeiser betroffen, kommt § 4 Abs. 3 Satz 3 Vorrang zu (Förderpflicht).

34 Art und Reichweite der Anpassungsmaßnahme sind in ausreichendem Umfange zu begründen. Dies betrifft auch den Anlass der Störung sowie einen Hinweis auf nicht ergriffene alternative Maßnahmen. Ein Fachmann muss aus der Begründung heraus die getroffene Maßnahme und deren Dringlichkeitsgrad nachvollziehen und bewerten können. Ein **Nachweis** zu den Gründen (Auszug aus den Messdaten vor und nach Eintritt der Gefährdung) muss nicht mitübersandt werden, ist aber auf Verlangen zu liefern, § 13 Abs. 5 Satz 2. Betriebs- und Geschäftsgeheimnisse brauchen in diesem Zusammenhang nicht offenbart zu werden.

35 Ein **ausschließlich öffentlich-rechtlich** zu erfüllender Informationsanspruch besteht zugunsten der **Regulierungsbehörde** und nur dann, wenn sogar **Maßnahmen nach § 13 Abs. 2 nicht ausreichen**, um die Versorgungsstörung zumindest im Hinblick auf den sog. lebenswichtigen Bedarf (§ 1 des Energiesicherungsgesetzes) abzuwenden. Vergleichbar dem Störfallszenario im Industriebetrieb ist hier die Sicherheit und Zuverlässigkeit des Netzes bereits massiv beeinträchtigt, und dem Netzbetreiber stehen keine geeigneten Maßnahmen mehr zu Verfügung. Die Beseitigung der Störung wird auf diese Weise zur »nationalen Aufgabe«, so dass die Information der Regulierungsbehörde

erforderlich ist, um ein koordiniertes Vorgehen aller EVU und der öffentlichen Stellen zu gewährleisten.

Die sog. **Schwachstellenanalyse** muss der ÜNB gemäß § 13 Abs. 7 **36** **jährlich zum 31. August** erstellen und der Regulierungsbehörde vorlegen. Der Bericht dient zunächst einmal der Selbstevaluierung der Betriebsmittel des ÜNB. Treten bestimmte Engpässe häufiger auf oder sind Störfallszenarien aus der Netzstruktur unter Berücksichtigung des sich verändernden Bedarfs bereits jetzt zu erkennen, kann sich die Regulierungsbehörde in Maßnahmen zur (zukünftigen) Bewältigung des Engpasses einschalten. Über die Erstellung der Analyse hinaus sind die ÜNB nach Satz 1 des § 13 Abs. 7 auch verpflichtet, die **notwendigen Maßnahmen zu treffen** (Netzausbauplanung, Antrag auf Durchführung eines Planfeststellungsverfahrens).

Um die Schwachstellenanalyse in der Betriebspraxis nutzbar zu machen, muss das Steuerpersonal der Leitstellen die wesentlichen Ergebnisse der Schwachstellenanalyse kennen und in Bezug auf Maßnahmen unterwiesen werden, um bei Eintreten eines entsprechenden Szenarios korrekt reagieren zu können (§ 13 Abs. 7 Satz 2). Eine Ermächtigungsgrundlage zugunsten der Regulierungsbehörde, konkrete Maßnahmen in Bezug auf die Beseitigung von Schwachstellen anzuordnen, ergibt sich aus § 13 Abs. 7 aber nicht. **37**

V. Zivilrechtsfolgen des Anpassungsmanagements (Abs. 4)

Während die nach § 13 Abs. 1 vorgesehenen Maßnahmen entweder **38** (im Wesentlichen) netzintern bleiben (Satz 1 Ziff. 1) oder aber auf vertraglich vereinbarte Unterbrechungsvereinbarungen usw. rekurrieren können (Satz 1 Ziff. 2), gibt es für das »totale Anpassungsmanagement« im Notfall (Abs. 2) zumeist keine vorgegebene vertragliche Struktur. Der ÜNB müsste also in diesen Fällen mit Schadensersatzansprüchen von Netzkunden sowie anderen Netzbetreibern wegen Nichterfüllung vertraglicher Verpflichtungen rechnen.

§ 13 Abs. 4 dient dem Zweck der **Abwehr von »Regressansprüchen« 39** der betroffenen Netzkunden. Primär wird ein »Ruhen« der betroffenen Leistungspflichten angeordnet, sekundär ist die Haftung ausgeschlossen, soweit nicht bereits auf der Basis der Rechtsverordnung nach § 11 Abs. 2 oder einer ihrer Vorläuferregelungen (AVBEltV, AVBGasV) die Haftung ohnehin ausgeschlossen ist.

§ 13 Systemverantwortung der Betreiber von Übertragungsnetzen

1. Ruhen von Leistungsverpflichtungen (Satz 1)

40 Rechtsfolge des Satzes 1 ist es, dass die Vertragsbeziehungen zum Netzkunden zwar nicht enden, aber **auf Zeit nicht zu erfüllen** sind. Der ÜNB wird von diesen Pflichten befreit.

41 Der Befreiungszeitraum reicht vom erstmaligen Wirksamwerden von (rechtmäßigen) Maßnahmen nach § 13 Abs. 2 bis zu dem Zeitpunkt, zu dem die Störung oder Gefährdung vollständig beseitigt ist. Ein Ruhen der **Nebenpflichten** ist **nicht angeordnet**; die Pflicht des ÜNB zur Rücksichtnahme auf Rechte und Rechtsgüter sowie die allgemeine Pflicht zum sorgfältigen Handeln (§ 241 Abs. 2 BGB) bleibt also bestehen. Zum Kern der Leistungspflichten des ÜNB gehört das Vorhalten eines zuverlässigen und sicheren Übertragungsnetzes einschließlich der Verbindungsleitungen und Kuppelstellen zu anderen Netzen. § 13 Abs. 3 beschreibt wesentliche Elemente dieses Leistungskerns.

2. Haftungsausschluss (Satz 2 und 3)

42 Entstehen trotz Ruhens der Leistungspflichten **Schäden beim Netzkunden**, so ist insofern die **Haftung für Vermögensschäden** ausgeschlossen. Wenn man in Anlehnung an § 6 AVBEltV/AVBGasV mögliche Schäden von Netzkunden in Personenschäden, Sachschäden und Vermögensschäden einteilt, so erfasst Satz 2 die zuerst genannten Schadenskategorien nicht. Unter **Vermögensschäden** im Sinne von § 13 Abs. 4 Satz 2 sind aber nicht lediglich die »reinen Vermögensschäden« zu verstehen, wie sie etwa von § 823 Abs. 1 BGB nicht erfasst werden, sondern alle Nicht-Personen- und Nicht-Sachschäden.

43 Wird beispielsweise eine Person im Zuge einer Anpassungsmaßnahme nach § 13 Abs. 2 verletzt, so ist dieser Schaden – vorbehaltlich der Rechtsverordnung nach § 11 Abs. 2 und seiner Vorgängerregelung – zu ersetzen, nicht dagegen der entgangene Gewinn, den die verletzte Person bei nun ausfallenden Vertragsverhandlungen sicher erzielt hätte. Der Schaden am Kraftfahrzeug ist Sachschaden, der daraus resultierende Nutzungsausfall aber Vermögensschaden. Die sog. **Nichtvermögensschäden** (§ 253 BGB) werden durch Satz 2 des § 13 Abs. 4 nicht berührt, bleiben also ersatzfähig, sofern keine Ausschlussnorm besteht.

44 Die Bedeutung des **Satzes 3** von § 13 Abs. 4 besteht darin, die **im Normalfall** geltenden Haftungsbegrenzungen auch im Notfallbetrieb

(§ 13 Abs. 2) für anwendbar zu erklären (»unberührt«). Weil jene Ausschlussnormen (vgl. § 6 AVBEltV/AVBGasV) nicht zwischen Normalbetrieb und Störfallbetrieb unterscheiden, bleiben sie anwendbar und gelten – erst recht –, wenn das Übertragungsnetz den Normalbetrieb verlässt. Dies bedeutet, dass die Haftungsbeschränkung des § 13 Abs. 4 Satz 2 **zusätzlich** eingreift und keine abschließende Regelung darstellt.

Auffällig ist die unterschiedliche Formulierung zwischen Satz 2 (»bei Vorliegen der Voraussetzungen nach Abs. 2«) und Satz 1 (»im Falle einer Anpassung nach Abs. 2«). Nimmt man dies wörtlich, so muss – sozusagen typusartig – nur die Situation des § 13 Abs. 2 vorliegen, um bereits das Ruhen der Leistungspflichten anzuordnen, während nach Satz 2 (Haftungsausschluss) der ÜNB in zulässiger Weise von den ihm zur Verfügung stehenden Maßnahmen Gebrauch machen muss. Gegen eine solche am Wortlaut orientierte Auslegung spricht allerdings, dass eine unterschiedliche Behandlung von Primär- und Sekundärpflichten im Störfallbetrieb vom Gesetzgeber wohl nicht beabsichtigt ist. Da dem ÜNB ohnehin eine Beurteilungsspielraum im Hinblick auf die zu ergreifenden Maßnahmen zugestanden wird[12], besteht kein Bedürfnis dafür, nicht auch bei § 13 Abs. 4 Satz 1 das Ruhen der Leistungspflichten vom Erfülltsein der Voraussetzungen der Bezugsnorm abhängig zu machen. Trotz der unterschiedlichen Formulierungen weisen daher Satz 1 und Satz 2 **gleiche Kriterien** auf der Voraussetzungsseite auf. 45

---

12 Vgl. oben § 13 Rz. 28.

§ 14 Aufgaben der Betreiber von Elektrizitätsverteilernetzen

(1) ¹Die §§ 12 und 13 gelten für Betreiber von Elektrizitätsverteilernetzen im Rahmen ihrer Verteilungsaufgaben entsprechend, soweit sie für die Sicherheit und Zuverlässigkeit der Elektrizitätsversorgung in ihrem Netz verantwortlich sind. ²§ 12 Abs. 3a ist mit der Maßgabe anzuwenden, dass Betreiber von Elektrizitätsverteilernetzen einen Bericht über den Netzzustand und die Netzausbauplanung erstmals zum 1. August 2006 zu erstellen haben. ³Betreiber von Elektrizitätsverteilernetzen einschließlich vertikal integrierter Energieversorgungsunternehmen, an deren Elektrizitätsverteilernetz weniger als 10 000 Kunden unmittelbar oder mittelbar angeschlossen sind, sind von den Verpflichtungen nach § 12 Abs. 3a ausgenommen. ⁴§ 13 Abs. 7 ist mit der Maßgabe anzuwenden, dass die Betreiber von Elektrizitätsverteilernetzen nur auf Anforderung der Regulierungsbehörde die Schwachstellenanalyse zu erstellen und über das Ergebnis zu berichten haben.

(1a) Die Betreiber von Elektrizitätsverteilernetzen sind verpflichtet, Maßnahmen des Betreibers von Übertragungsnetzen, in dessen Netz sie technisch eingebunden sind, nach dessen Vorgaben durch eigene Maßnahmen zu unterstützen, soweit diese erforderlich sind, um Gefährdungen und Störungen in den Übertragungsnetzen mit geringstmöglichen Eingriffen in die Versorgung zu vermeiden.

(2) ¹Bei der Planung des Verteilernetzausbaus haben Betreiber von Elektrizitätsverteilernetzen die Möglichkeiten von Energieeffizienz- und Nachfragesteuerungsmaßnahmen und dezentralen Erzeugungsanlagen zu berücksichtigen. ²Die Bundesregierung wird ermächtigt, durch Rechtsverordnung ohne Zustimmung des Bundesrates allgemeine Grundsätze für die Berücksichtigung der in Satz 1 genannten Belange bei Planungen festzulegen.

Überblick		Seite	Rz.
I.	Regelungszweck und Entstehungsgeschichte	478	1
II.	Regelungsadressaten und Normaufbau	479	4
III.	Modifizierung von Aufgaben und Pflichten (Abs. 1)	480	7
IV.	Unterstützungs- und Berücksichtigungspflichten (Abs. 1a und Abs. 2)	481	11

§ 14 Aufgaben der Betreiber von Elektrizitätsverteilernetzen

I. Regelungszweck und Entstehungsgeschichte

1 Wenn § 14 Abs. 1 Satz 1 anordnet, dass die in Bezug auf ÜNB vorgesehenen Aufgaben und Pflichten auch von den Elektrizitätsverteilernetzbetreibern (VNB) für ihr Netz zu erfüllen sind, so setzt dies eine wenigstens im Wesentlichen gleichwertige Funktion eines VNB voraus. Dies ist aber technisch und ökonomisch unzutreffend, wie auch von der Gesetzesbegründung nicht verkannt wird[1]:

»... eine entsprechende Verpflichtung von Verteilernetzbetreibern, soweit diese sich im konkreten Einzelfall in einer von Aufgabenzuschnitt und tatsächlichen Einwirkungsmöglichkeiten vergleichbaren Situation befinden wie ein Übertragungsnetzbetreiber. Dies ist im Hinblick auf die in § 13 vorgesehene Anpassungsmaßnahme insbesondere dann der Fall, wenn der Verteilernetzbetreiber eine eigenständige Regelung seines Netzes wahrnimmt.«

2 Weil eine solche »Eigenregelung« des Verteilernetzes aber gerade den Ausnahmefall bildet, entspricht die Anordnung einer analogen Anwendung insbesondere des § 13 nicht den vorherrschenden tatsächlichen Verhältnissen. Deshalb müssen VNB und Regulierungsbehörde in jedem Einzelfall prüfen, ob die in den §§ 12 und 13 vorgesehenen Aufgaben und Pflichten wirklich auch vom konkreten VNB zu erfüllen sind. Allenfalls kommt eine **subsidiäre Anwendung** dieser Pflichten dann in Betracht, wenn nicht bereits der ÜNB im Rahmen seiner Regelzonenverantwortung diese Aufgaben auch für das konkrete Verteilernetz wahrnimmt. Dies ist auch bei der **Prüfungsfolge** im Rahmen der Pflichtenhierarchie von ÜNB und VNB zu berücksichtigen.

3 Im Übrigen liegen § 14 identische Zwecke wie diejenigen zugrunde, die die in Bezug genommenen Vorschriften prägen. Insofern kann auf die obige Kommentierung verwiesen werden[2]. Die Vorschrift ist vom Wirtschaftsausschuss des Bundestages noch erheblich ergänzt worden[3]; insbesondere ist Abs. 1a neu eingefügt, Abs. 1 ergänzt und bei Abs. 2 eine Verordnungsermächtigung hinzugekommen. Nur teilwei-

---

1 BT-DrS 15/3917, S. 57 (Einzelbegründung zu § 14 Abs. 1).
2 Oben § 11 Rz. 2 sowie § 13 Rz. 1 f.
3 Vgl. BT-DrS 15/5268, S. 26.

se handelt es sich um Folgeänderungen im Hinblick auf die Ergänzungen von § 12 und § 13[4].

II. Regelungsadressaten und Normaufbau

§ 14 wendet sich an die **Betreiber von Elektrizitätsverteilernetzen** im Sinne von § 3 Ziff. 3. In Abs. 1 Satz 3 werden auch die vertikal integrierten EVU im Sinne von § 3 Ziff. 38 angesprochen, soweit sie ein kleineres Elektrizitätsverteilernetz betreiben und nicht rechtlich entflochten sind. Bei Anschluss von weniger als 10.000 Kunden an diese Netze entfällt die regelmäßige Berichtspflicht, die im Übrigen in entsprechender Anwendung des § 12 Abs. 3a auch für VNB vorgesehen ist.

Die Begriffsdefinition des § 3 Ziff. 3 (Verteilernetze) verweist auf § 3 Ziff. 37, wonach VNB den Transport von Elektrizität mit hoher, mittlerer oder niederer Spannung über Elektrizitätsverteilernetze zwecks Kundenversorgung wahrnehmen, ohne aber diese Kunden selbst zu beliefern (Entbündelung). Irrelevant ist, ob der VNB im Sinne von § 7 rechtlich entflochten oder – de minimis-Klausel – das Verteilernetz von einem vertikal integrierten EVU betrieben wird. Wegen Ziff. 3 des § 3 ist es auch irrelevant, ob verantwortlicher Rechtsträger des Verteilernetzbetriebes natürliche Personen, juristische Personen oder rechtlich unselbständige Organisationseinheiten (Betriebsabteilung) eines EVU sind. Die Objektnetzbetreiber des § 110 Abs. 1 sind wiederum von den Pflichten und Aufgaben des § 14 ausgenommen, können aber auf vertraglicher Basis mit dem ÜNB zusammenarbeiten.

Die **äußere Normstruktur** enthält nach der grundlegenden Verweisung in Satz 1 des § 14 Abs. 1 **Ausnahmevorschriften** von Einzelverpflichtungen, die entweder nicht oder nur modifiziert anzuwenden sind (§ 12 Abs. 3a, § 13 Abs. 7). Nach § 14 Abs. 1a ist eine **Unterstützungspflicht** von VNB im Hinblick auf Maßnahmen des ÜNB vorgesehen. Abs. 2 ergänzt die Verpflichtung zum Netzausbau um alternative Energieeffizienz- und Nachfragesteuerungsmaßnahmen und ermächtigt die Bundesregierung zum Erlass einer Rechtsverordnung im Hinblick auf Planungsgrundsätze. Wegen des **inneren Normaufbaus** wird auf die Ausführungen zu § 12 und § 13 verwiesen[5] (§ 14

---

4 Begründung des Wirtschaftsausschusses zu § 14 Abs. 1, 1a sowie Abs. 2 Satz 2 ebd., S. 118 f.
5 Oben § 12 Rz. 4 f. sowie § 13 Rz. 11 ff.

Abs. 1 mit Ausnahmen); die Unterstützungspflicht des § 14 Abs. 1a sowie die modifizierten Planungspflichten des Abs. 2 treten hinzu.

III. Modifizierung von Aufgaben und Pflichten (Abs. 1)

7 Die Aufgaben der VNB nach § 14 Abs. 1 Satz 1 in Verbindung mit § 12 umfassen die folgenden Aufgaben:

– (ständiger) Betrieb eines sicheren und zuverlässigen Verteilernetzes in Zusammenarbeit mit ÜNB und anderen Verteilernetzbetreibern

– Pflicht zum Ausgleich von Netzkapazität und Leistungsnachfrage auf Dauer einschließlich der Netzausbaupflicht (§ 11 Abs. 1 Satz 1 HS 2)

– Informationspflichten nach § 12 Abs. 4 sowie – eingeschränkt – Berichtspflicht nach § 12 Abs. 3a

8 Die in § 12 Abs. 1 vorgesehenen **Regel- und Steuerungsaufgaben** bestehen für VNB typischerweise nicht. Der **Bericht über Netzzustand und Netzausbauplanung** (§ 12 Abs. 3a) ist erstmals zum 1.8.2006 und dann alle zwei Jahre zu erstellen. Hiervon besteht wiederum eine **Ausnahme** für Verteilernetze, an die weniger als 10.000 Kunden unmittelbar oder mittelbar angeschlossen sind. Zur Art und Weise der Berechnung dieser speziellen de minimis-Klausel (ähnlich § 7 Abs. 2) wird auf die obigen Erläuterungen verwiesen[6]; die Betreiber dieser kleineren Verteilernetze haben gemäß **Satz 3** des § 14 Abs. 1 **keinerlei Berichtspflichten** zu Netzzustand und Netzausbau.

9 Eine **Systemverantwortung**, wie sie ÜNB gemäß § 13 zu tragen haben, kommt VNB typischerweise nicht zu, weil die Regelungsaufgaben in der Regelzone meist einheitlich vom ÜNB wahrgenommen werden. Gleichwohl kann es auch in Verteilernetzen zu (lokalen) Störungen oder zumindest Gefährdungen kommen, die dann netzbezogene, marktbezogene sowie sonstige Anpassungsmaßnahmen erfordern (§ 13 Abs. 1 sowie Abs. 2 analog). Wenn in derartigen Notsituationen der ÜNB nicht mehr in der Lage ist, die notwendigen Regelungen vorzunehmen, sondern Netzabschaltungen vor Ort durchzuführen sind, treffen diese Pflichten auch den VNB, der dann in analoger Anwendung des § 13 Abs. 4 auch zivilrechtlich begünstigt

---

6 Oben § 7 Rz. 9 ff.

wird: Ruhen von Leistungspflichten, Freistellung von Schadensersatzpflichten in Bezug auf Vermögensschäden. Ggf. muss der VNB auch die Regulierungsbehörde unverzüglich unterrichten, § 13 Abs. 6. Soweit der ÜNB diese Pflichten regelzonenbezogen bereits wahrnimmt oder wahrgenommen hat, ist eine zusätzliche Meldung durch den VNB nicht mehr erforderlich.

Von der Verpflichtung zur Durchführung sog. **Schwachstellenanalysen** (§ 13 Abs. 7) sind VNB weitgehend befreit, vgl. § 14 Abs. 1 Satz 4. **Nur auf Anforderung der Regulierungsbehörde** sind derartige Analysen zu erstellen; nicht der vollständige Bericht muss der Behörde vorgelegt werden, sondern der **Bericht zu wesentlichen Ergebnissen** reicht aus. 10

IV. Unterstützungs- und Berücksichtigungspflichten (Abs. 1a und Abs. 2)

Die **Unterstützungspflicht** des VNB im Verhältnis zum ÜNB ist vom Wirtschaftsausschuss als § 14 Abs. 1a neu eingefügt worden. Diese Pflicht zur Kooperation ist zwar annäherungsweise als zivilrechtliche Pflicht ausgestaltet, aber so wenig bestimmt formuliert, dass darauf Leistungsklagen sowie einstweilige Verfügungen kaum gestützt werden können. Ein mangelhaftes Kooperieren des VNB in Notfallsituationen, obwohl diese Unterstützung technisch möglich und wirtschaftlich zumutbar gewesen ist, kann allerdings Schadensersatzansprüche des ÜNB auslösen, wenn dieser mit zusätzlichem Aufwand die mangelnde Unterstützung durch den VNB ausgleichen muss. Demgegenüber ist zweifelhaft, ob diese Unterstützungspflicht **Drittbezug** aufweist; die von mangelhafter Unterstützung mittelbar betroffenen Anschlussnehmer des Verteilernetzes oder gar an andere Netze angeschlossenen Kunden haben also wohl keine Ansprüche unter dem Gesichtspunkt einer Schadensliquidation im Drittinteresse oder aus gesetzlicher Verpflichtung mit Schutzwirkung zugunsten Dritter, zumal eine obligatorische Gefahrentlastung zwischen diesen Kunden und dem ÜNB typischerweise nicht eintreten wird. 11

Angesichts dieser geringen zivilrechtlichen Qualität dieser Pflichtenlage, die der Gesetzgeber zwischen Anspruch und Obliegenheit angesiedelt hat, wird eine rechtsförmliche Durchsetzung der Unterstützungspflicht nur in seltenen Fällen in Betracht kommen. Die Norm des § 14 Abs. 1a hat aber möglicherweise Bedeutung im Hinblick auf 12 die **Lastentragung** in Gefährdungs- und Versorgungsstörungslagen. Da sich alle Netzbetreiber am Prinzip des **geringstmöglichen Eingriffs in die Versorgung** zu orientieren haben, kann der ÜNB den VNB anweisen, bestimmte Einspeiser oder bestimmte Gruppen von Abnehmern vom Netz zu nehmen, wenn auf diese Weise eine Begrenzung des Schadens erreicht wird. Weil derartige Anweisungen des Regelzonenführers mit erheblichen finanziellen Lasten für Netzkunden, Lieferanten und auch den VNB verbunden sein können, muss der ÜNB gemäß § 13 Abs. 5 über die Gründe für die Anweisung zur Anpassung berichten und auf Verlangen auch die Gründe belegen. Nur wenn die Anordnung dem Prinzip des geringstmöglichen Eingriffs genügt (Konkretisierung des Verhältnismäßigkeitsgrundsatzes)[7], muss die Weisung beachtet werden. § 14 Abs. 1a dient aber nicht darüber hinausgehend dem Zweck, sonst vom ÜNB zu tragende Lasten auf einzelne VNB zu verlagern.

13 Noch inkonkreter ist die **Berücksichtigungspflicht** des § 14 Abs. 2 Satz 1 ausgestaltet. Offenbar um dem Grundsatz der Umweltverträglichkeit (§ 1 Abs. 1) zu genügen, muss auch der VNB bei Auftreten von Netzengpässen alternative Anpassungsszenarien prüfen und in Planungsentscheidungen einbeziehen. Zu vergleichen sind Netzausbau bzw. der Ersatz bisheriger Leitungen durch kapazitativ höherwertige Leitungen mit folgenden alternativen Maßnahmen:

 – Steigerung der Energieeffizienz (insbesondere bei den Abnehmern)

 – Optimierte Steuerung der Nachfrage (z. B. Rundsteueranlagen)

 – Aufbau und Einbindung dezentraler Erzeugungsanlagen

14 Unter **Energieeffizienzmaßnahmen** sind in Anlehnung an Art. 2 Ziff. 29 RL-Elt gemäß § 3 Ziff. 15a alle den **Wirkungsgrad der Versorgung** steigernden Maßnahmen in Bezug auf Energietransport und Energienutzung zu verstehen. In der Gesetzesbegründung wird das **Interesse an Kosteneffizienz** des Netzbetriebs (Ziel des § 1 Abs. 1) herausgestellt[8]. Die insofern in Betracht zu ziehenden Maßnahmen können preisbezogener Natur sein (z. B. Verbilligung von Nachtstrom, um Anwendungen aus den nachfragestarken in die nachfrageschwachen Zeiten zu verlegen), den Aufbau von Erzeugungsanlagen

---

7 Vgl. dazu oben § 13 Rz. 19 und 28.
8 BT-DrS 15/3917, S. 57.

IV. Unterstützungs- und Berücksichtigungspflichten (Abs. 1a und Abs. 2)

(z. B. KWK-Anlagen) in Verbrauchsschwerpunkten unter Verzicht auf die Inanspruchnahme von Übertragungskapazitäten umfassen sowie die Unterstützung des Einbaus von Rundsteueranlagen anzielen, mit Hilfe derer der Netzbetreiber dann in der Lage ist, bei drohenden Netzengpässen schnell Last abzuwerfen.

Die Berücksichtigungspflicht führt nicht zu privatrechtlichen Ansprüchen, etwa von Abnehmern oder ÜNB. Allenfalls kann die Regulierungsbehörde nach § 65 Abs. 1 anordnen, im Rahmen der Erfüllung von Berichtspflichten (§ 12 Abs. 3a sowie § 13 Abs. 7 in Verbindung mit § 14 Abs. 1) **Alternativplanungen** vorzulegen und deren Auswirkungen (technisch und wirtschaftlich) abzuwägen. Die Entscheidung, welche Form der Balance zwischen Netzangebot und Netznachfrage gewählt wird (z. B. Ausbau oder alternative Nachfragesteuerungsmaßnahme) verbleibt beim VNB; die Regulierungsbehörde ist nicht berechtigt, dem Netzbetreiber vorzuschreiben, welche konkreten Anpassungsmaßnahmen zu ergreifen sind. 15

Der Wirtschaftsausschuss des Bundestages hat offenbar die geringe rechtliche Relevanz des ursprünglichen § 14 Abs. 2 erkannt und deshalb in **Satz 2** eine **Verordnungsermächtigung** eingefügt. Diese Ermächtigung erfüllt allenfalls knapp die Anforderungen des Art. 80 Abs. 1 GG, weil als Inhalt dieser Verordnung nur »allgemeine Grundsätze für die Berücksichtigung der in Satz 1 genannten Belange bei Planungen« genannt werden. Verpflichtenden Charakter wird deshalb auch diese Rechtsverordnung nicht haben; allenfalls kann versucht werden, in Präzisierung von Berichtspflichten bestimmte Prüfungsalternativen zu alternativen Anpassungsmaßnahmen anstelle des Netzausbaus katalogmäßig vorzuschreiben und kostenmäßig abzuschätzen. Auch durch Rechtsverordnung kann deshalb eine bloße Berücksichtigungspflicht nicht in eine konkrete Planungspflicht umgestaltet werden. 16

§ 15 Aufgaben der Betreiber von Fernleitungsnetzen

(1) Betreiber von Fernleitungsnetzen haben den Gastransport durch ihr Netz unter Berücksichtigung der Verbindungen mit anderen Netzen zu regeln und mit der Bereitstellung und dem Betrieb ihrer Fernleitungsnetze im nationalen und internationalen Verbund zu einem sicheren und zuverlässigen Gasversorgungssystem in ihrem Netz und damit zu einer sicheren Energieversorgung beizutragen.

(2) Um zu gewährleisten, dass der Transport und die Speicherung von Erdgas in einer mit dem sicheren und effizienten Betrieb des Verbundnetzes zu vereinbarenden Weise erfolgen kann, haben Betreiber von Fernleitungsnetzen, Speicher- oder LNG-Anlagen jedem anderen Betreiber eines Gasversorgungsnetzes, mit dem die eigenen Fernleitungsnetze oder Anlagen technisch verbunden sind, die notwendigen Informationen bereitzustellen.

(3) Betreiber von Fernleitungsnetzen haben dauerhaft die Fähigkeit ihrer Netze sicherzustellen, die Nachfrage nach Transportdienstleistungen für Gas zu befriedigen und insbesondere durch entsprechende Transportkapazität und Zuverlässigkeit der Netze zur Versorgungssicherheit beizutragen.

Überblick	Seite	Rz.
I. Normzweck und Entstehungsgeschichte	486	1
II. Regelungsadressaten	486	4
III. Erledigung von Betriebs- und Regelungsaufgaben (Abs. 1)	488	8
IV. Informationspflichten (Abs. 2)	488	9
V. Pflicht zum Ausgleich von Netzkapazität und Transportnachfrage (Abs. 3)	489	11

I. Normzweck und Entstehungsgeschichte

1 In Konkretisierung von § 11 Abs. 1 beschreibt § 15 die Aufgaben der **Betreiber von Fernleitungsnetzen**, § 3 Ziff. 5. Da diese Aufgaben denjenigen vergleichbar sind, die Betreiber von Übertragungsnetzen zu erfüllen haben, ist § 15 in enger Anlehnung an § 12 Abs. 1 bis 3 formuliert. Die Berichtspflicht des § 12 Abs. 3a (Netzzustand und Netzausbauplanung) hat der Gesetzgeber für Fernleitungsnetzbetreiber (FNB) ebenso wenig vorgesehen wie die wechselseitige Informationsverpflichtung des § 12 Abs. 4, weil die Drucksteuerung in Gasnetzen einschließlich der Regelungsaufgabe des FNB offenbar keine so enge Abstimmung erfordert wie diejenige der Partizipanten in der Regelzone des ÜNB.

2 Vergleichbar § 12 wird mit § 15 die Art und Weise konkretisiert, in der das Gasfernleitungsnetz im Sinne von § 11 Abs. 1 Satz 1 sicher, zuverlässig und leistungsfähig zu betreiben und alle Netznutzer diskriminierungsfrei zu bedienen sind. Eine wirtschaftlich zumutbare Netzausbaupflicht (§ 11 Abs. 1 Satz 1 HS 2) besteht dem Grundsatz nach auch im Hinblick auf FNB-Netze; weil insofern aber alternative Primärenergieträger existieren (Heizöl, Koks, evtl. Elektrizität), ist eine vollständige Erfassung aller EinwohnerInnen durch Gasnetze nicht geboten; Ziel ist vielmehr der schrittweise Ausbau des Fernleitungsnetzes. Wegen der Einzelheiten zu den Aufgaben und Zwecken wird auf die Kommentierung zu § 12 verwiesen[1].

3 § 15 ist in der Entwurfsfassung Gesetz und später nicht mehr verändert worden. Vorläufervorschrift ist § 4a EnWG 2003, der allerdings zwischen Fernleitungs- und Gasverteilernetzen nicht unterschied, den Schwerpunkt bei der Pflicht zur Veröffentlichung technischer Mindestanforderungen gelegt hatte und einen weit geringeren Detaillierungsgrad aufwies. Von der damals in § 4a Abs. 3 EnWG 2003 vorgesehenen Verordnungsermächtigung ist niemals Gebrauch gemacht worden.

II. Regelungsadressaten

4 Adressaten der Betriebs- und Regelungspflichten nach § 15 Abs. 1 sowie der Pflicht zur Anpassung der Netzkapazität an die Nachfrage

---

1 Oben § 12 Rz. 3 f.

nach Transportdienstleistungen (Abs. 3) sind (ausschließlich) die **Betreiber von Fernleitungsnetzen** (FNB). Diese werden in § 3 Ziff. 5 definiert[2], wobei unter Fernleitung (§ 3 Ziff. 19) der Transport von Erdgas durch ein Hochdruckfernleitungsnetz, mit Ausnahme von vorgelagerten Rohrleitungsnetzen, zwecks Versorgung von Kunden zu verstehen ist und die Versorgung der Kunden selbst (Lieferung von Erdgas) nicht zu den Aufgaben der FNB gehört. FNB unterscheiden sich demgemäß von anderen Gasnetzbetreibern aufgrund der Druckstufe, die in ihrem Netz »gefahren« wird. Darüber hinaus sind es insbesondere die übernommenen Regelungsaufgaben im Hinblick auf die nachgeordneten Gasverteilernetze, die ihr Aufgabengebiet prägen.

Gasfernleitungsnetze werden in der Bundesrepublik Deutschland u.a. betrieben von folgenden Unternehmen: 5

– BEB

– E.ON/Ruhrgas

– Westfälische Ferngas

– Bayerngas

Nicht zu den Adressaten des § 15 gehören die Betreiber von Gasverteilernetzen, § 3 Ziff. 7. § 15 Abs. 2 erweitert den Adressatenkreis über FNB hinaus auf zwei weitere Betreibergruppen: 6

– Betreiber von Speicheranlagen

– Betreiber von LNG-Anlagen

Während die Betreiber von Speicheranlagen (§ 3 Ziff. 9) Aufgaben bei der Speicherung von Erdgas wahrnehmen und eine Speicheranlage im Sinne von § 3 Ziff. 31 eigenverantwortlich betreiben, werden die Betreiber von LNG-Anlagen mit Hilfe der Definition des § 3 Ziff. 8 konkretisiert (Aufgabengebiet: Verflüssigung von Erdgas oder Einfuhr, Entladung oder Wiederverdampfung von verflüssigtem Erdgas einschließlich des Betriebs der LNG-Anlage; § 3 Ziff. 26: Kopfstation). Da LNG-Anlagen häufig im Zusammenhang mit Speicheranlagen betrieben werden, verweisen die genannten Definitionen auf die erforderliche Abgrenzung (zu Speicherzwecken genutzte Teile der LNG-Anlagen sind der Speicherfunktion zuzuordnen). 7

---

2 Zu Einzelheiten vgl. oben § 3 Rz. 26 ff.

III. Erledigung von Betriebs- und Regelungsaufgaben (Abs. 1)

8 § 15 Abs. 1 ist mit § 12 Abs. 1 praktisch wortgleich. Dem FNB wird über die Betriebspflicht hinaus (vgl. schon § 11 Abs. 1 Satz 1) die Regelungsaufgabe zugewiesen; gleichzeitig sind Aufgaben im nationalen und internationalen Verbund mit dem Ziel der sicheren und zuverlässigen Gasversorgung zu erledigen. Wegen der Einzelheiten wird – unter Berücksichtigung der Besonderheiten des Gasfernleitungsbetriebs – auf die Erläuterungen zu § 12 Abs. 1 verwiesen[3].

IV. Informationspflichten (Abs. 2)

9 § 15 Abs. 2 entspricht § 12 Abs. 2 und erfasst in Umsetzung der Art. 12 und 8 RL-Gas die **wechselseitigen Informationspflichten** zwischen Gasversorgungsnetzbetreibern (FNB sowie VNB) unter Einbeziehung der Betreiber von Speicher- und LNG-Anlagen[4]. Art und Ausmaß der Erfüllung der Informationspflichten haben sich unter Berücksichtigung des konkreten Einzelfalls an den in § 11 Abs. 1 aufgezählten Betriebszielen in Verbindung mit § 1 Abs. 1 zu orientieren. Eine Informationspflicht besteht nur bei **technischer Verbundenheit** der Netze und Anlagen der genannten Adressaten; darüber hinausgehende Informationspflichten – etwa zugunsten der Betreiber von Biogasanlagen (vgl. § 8 Abs. 1 in Verbindung mit § 3 Abs. 1 EEG) sind im EnWG ebenso wenig vorgesehen wie eine solche von Unternehmen, die Netze oder die genannten Anlagen zu bauen beabsichtigen und deshalb den Netzanschluss anstreben. Insofern gelten die Spezialregelungen der §§ 17 ff.; soweit Informationen im Sinne von § 15 Abs. 2 bereits im Vorfeld der Investition benötigt werden, wird man § 15 Abs. 2 analog anwenden müssen, um potenzielle Regelungslücken plankonform zu schließen. Wegen weiterer Einzelheiten wird auf die Bemerkungen zu § 12 Abs. 2 verwiesen[5].

10 Anders als § 12 Abs. 2 enthält § 15 Abs. 2 keinen Hinweis auf die Wahrnehmung **koordinierter Ausbaupflichten**; dies könnte gegen die oben vorgeschlagene analoge Anwendung sprechen (Beschränkung auf die Gewährleistung von Transport und Speicherung von Erdgas). Zwar wird man anders als bei ÜNB-Netzen die Ausbaupflichten

---

3 Oben § 12 Rz. 6 ff.
4 Oben § 15 Rz. 7.
5 Oben § 12 Rz. 23 ff.

nicht zu den Kernaufgaben der FNB zählen können, weil ein solcher Ausbau angesichts alternativer Primärenergieträger zu Heizungs- und Prozesswärmezwecken nicht immer erforderlich ist, so dass Ausbaupflichten nicht von Gesetzes wegen bestehen. Wird der Ausbau allerdings von dritter Seite wahrgenommen, kann das Bestehen von Informationspflichten – auch im Vorfeld – nicht geleugnet werden. Insbesondere kann der FNB die Information nicht unter Hinweis darauf verweigern, er selbst erwäge einen Ausbau in dem betreffenden Gebiet.

V. Pflicht zum Ausgleich von Netzkapazität und Transportnachfrage (Abs. 3)

§ 15 Abs. 3 ist mit § 12 Abs. 3 praktisch wortgleich. Der erforderliche Ausgleich des Angebots von Transportkapazitäten im Hinblick auf die Nachfrage ist **dauerhaft** zu bewirken. Insofern können unter dem Vorbehalt wirtschaftlicher Zumutbarkeit auch Ausbaupflichten im Sinne von § 11 Abs. 1 Satz 1 HS 2 bestehen. Wegen der Einzelheiten wird auf die Erläuterung zu § 12 Abs. 3 verwiesen[6]. Berichtspflichtig im Sinne von § 12 Abs. 3a sind die Betreiber von Fernwärmeleitungsnetzen nicht, und die durch § 12 Abs. 4 erfassten Informationsansprüche werden bereits mit § 15 Abs. 2 abgedeckt.

11

---

6 Oben § 12 Rz. 6 ff.

§ 16 Systemverantwortung der Betreiber von Fernleitungsnetzen

(1) Sofern die Sicherheit oder Zuverlässigkeit des Gasversorgungssystems in dem jeweiligen Netz gefährdet oder gestört ist, sind Betreiber von Fernleitungsnetzen berechtigt und verpflichtet, die Gefährdung oder Störung durch

1. netzbezogene Maßnahmen und

2. marktbezogene Maßnahmen, wie insbesondere den Einsatz von Ausgleichsleistungen, vertragliche Regelungen über eine Abschaltung und den Einsatz von Speichern,

zu beseitigen.

(2) [1]Lässt sich eine Gefährdung oder Störung durch Maßnahmen nach Absatz 1 nicht oder nicht rechtzeitig beseitigen, so sind Betreiber von Fernleitungsnetzen im Rahmen der Zusammenarbeit nach § 15 Abs. 1 berechtigt und verpflichtet, sämtliche Gaseinspeisungen, Gastransporte und Gasausspeisungen in ihren Netzen den Erfordernissen eines sicheren und zuverlässigen Betriebs der Netze anzupassen oder diese Anpassung zu verlangen. [2]Bei einer erforderlichen Anpassung von Gaseinspeisungen und Gasausspeisungen sind die betroffenen Betreiber von anderen Fernleitungs- und Gasverteilernetzen und Gashändler soweit möglich vorab zu informieren.

(3) [1]Im Falle einer Anpassung nach Absatz 2 ruhen bis zur Beseitigung der Gefährdung oder Störung alle hiervon jeweils betroffenen Leistungspflichten. [2]Soweit bei Vorliegen der Voraussetzungen nach Absatz 2 Maßnahmen getroffen werden, ist insoweit die Haftung für Vermögensschäden ausgeschlossen. [3]Im Übrigen bleibt § 11 Abs. 2 unberührt.

(4) [1]Über die Gründe von durchgeführten Anpassungen und Maßnahmen sind die hiervon unmittelbar Betroffenen und die Regulierungsbehörde unverzüglich zu informieren. [2]Auf Verlangen sind die vorgetragenen Gründe zu belegen.

(5) [1]Zur Vermeidung schwerwiegender Versorgungsstörungen haben Betreiber von Fernleitungsnetzen jährlich eine Schwachstellenanalyse zu erarbeiten und auf dieser Grundlage notwendige Maßnahmen zu treffen. [2]Über das Ergebnis der Schwachstellen-

analyse und die Maßnahmen hat der Fernleitungsbetreiber der Regulierungsbehörde auf Anforderung zu berichten.

Überblick	Seite	Rz.
I. Regelungszweck und Entstehungsgeschichte..........	492	1
II. Regelungsadressaten und Normaufbau...............	493	4
III. Parallele Anwendung der in § 16 und § 13 verwendeten Begriffe.......................................	493	7

I. Regelungszweck und Entstehungsgeschichte

1 § 16 legt – vergleichbar § 13 für die Übertragungsnetzbetreiber im Bereich der Fortleitung von Elektrizität – die **Systemverantwortung** der Betreiber von Fernleitungsnetzen (FNB) insbesondere bei Systemgefährdung oder Systemstörung fest. Auf diese Weise wird Art. 8 in Verbindung mit Art. 3 RL-Gas in nationales Recht umgesetzt, wobei die in Art. 25 Abs. 1 RL-Gas insofern näher bezeichneten Zuständigkeiten der Regulierungsbehörde einen verantwortlichen Verfügungsadressaten erhalten. Die deutsche Regelung ist ersichtlich darauf angelegt, die FNB in die Lage zu versetzen, Krisen- und Notfallsituationen möglichst aus eigener Kraft zu bewältigen, zumal der Regulierungsbehörde zur Überwindung von Notfallsituationen regelmäßig der Sachverstand fehlen dürfte.

2 Die Vorschrift ist im Wesentlichen wortgleich mit § 13, wobei allerdings die Definition des die Eingriffsschwelle näher bezeichnenden Zentralbegriffs – Gefährdung der Sicherheit und Zuverlässigkeit des Gasversorgungssystems – in § 16 fehlt. Weil der Gesetzgeber im Hinblick auf Krisensituationen offenbar darauf vertraut, in ausreichendem Umfang Substitutionsenergie für Erdgas zur Verfügung stellen zu können, fehlt die Unterrichtungspflicht (Regulierungsbehörde) des § 13 Abs. 6 in § 16.

3 § 16 ist in der Fassung des Entwurfs schließlich auch Gesetz geworden; im Wirtschaftsausschuss[1] ist lediglich Satz 2 des § 16 Abs. 4 (Angabe von Anpassungsgründen auf Verlangen) als Parallelvorschrift zu § 13 Abs. 5 Satz 2 neu eingeführt und dann auch beibehalten worden.

---

1 BT-DrS 15/5268, S. 27.

II. Regelungsadressaten und Normaufbau

Der Kreis der Regelungsadressaten – Betreiber von Fernleitungsnetzen (FNB) – entspricht § 15 in Verbindung mit § 3 Ziff. 5, so dass auf die obigen Erläuterungen verwiesen werden kann[2]. Parallel zu § 13 Abs. 1 und 2 legen die Abs. 1 und 2 des § 16 wiederum ein **Dreistufensystem** von Anpassungsmaßnahmen vor, um Gefährdungen oder eingetretene Störungen der Sicherheit und Zuverlässigkeit des Gasversorgungssystems (im Folgenden: Netzbetriebsstabilität, Nbs) zu beseitigen: 4

– netzbezogene Maßnahmen

– marktbezogene Maßnahmen (Einsatz von Ausgleichsleistungen, Gebrauchmachen von vertraglichen Regelungen über eine Abschaltung, Einsatz von Speichern)

– sonstige (allumfassende) Anpassungsmaßnahmen (Abs. 2)

Wegen der anzustellenden Verhältnismäßigkeitsprüfung und der potenziellen Inhalte der drei Arten von Maßnahmen wird auf die obigen Ausführungen verwiesen[3]. 5

§ 16 Abs. 3 legt die **zivilrechtlichen Rechtsfolgen** bei solchen Anpassungsmaßnahmen fest, die über netzbezogene und marktbezogene Maßnahmen (Abs. 1) hinausgehen. Die Berichtspflichten sind in Abs. 4 und Abs. 5 vorgesehen. 6

III. Parallele Anwendung der in § 16 und § 13 verwendeten Begriffe

Weil sowohl § 13 als auch § 16 in Wortlaut und Gesetzesaufbau gleichartig und teilweise sogar wortgleich sind, sollen die obigen Erläuterungen (zu § 13) hier nicht wiederholend wiedergegeben werden. Insofern sind folgende **Verweisungen** zu beachten: 7

– Eingriffsschwelle (Gefährdung oder Störung der Nbs)[4]

– Arten von Anpassungsmaßnahmen[5]

---

2 Vgl. § 3 Rz. 26 ff. sowie § 15 Rz. 4 ff.
3 Oben § 13 Rz. 19, 28 ff.
4 Oben § 13 Rz. 15 ff.
5 Oben § 13 Rz. 21 ff. und 26 ff.

§ 16 Systemverantwortung der Betreiber von Fernleitungsnetzen

- Zivilrechtliche Rechtsfolgen[6]
- Berichtspflichten[7]

8 Weil § 16 die **Eingriffsschwelle** von Maßnahmen (Gefährdung oder Störung der Netzbetriebsstabilität) nicht definiert, muss diese Lücke durch Rückgriff auf § 13 Abs. 3 geschlossen werden. Örtliche Ausfälle und kurzfristige Netzengpässe sind auch im Verantwortungsbereich des Fernleitungsnetzbetreibers denkbar. An die Stelle der in § 13 Abs. 3 genannten Begriffe Frequenz, Spannung und Netzstabilität treten im Gasnetz Druckstabilisierung, Kontrolle der Fließrichtung des Gases sowie Speichersteuerung.

9 Im Hinblick auf die **Schwachstellenanalyse** (§ 16 Abs. 5 im Vergleich zu § 13 Abs. 7) besteht ein bedeutsamer Unterschied zwischen ÜNB und FNB: Zwar müssen beide jährlich eine Schwachstellenanalyse erarbeiten, jedoch sollen nach Auffassung der Regierungsbegründung[8] die »notwendigen Maßnahmen« (§ 16 Abs. 5 Satz 1) den FNB nur zu einem begrenzten Ausbau verpflichten:

»Die Begrenzung möglicher Ausbauverpflichtungen in Absatz 5 auf Maßnahmen zur Beseitigung von Schwachstellen im bestehenden Netz ist durch das Bestehen von Substitutionswettbewerb zwischen den Primärenergieträgern Gas und Öl bedingt.«

10 Wie bereits oben erläutert[9] ist es nicht primäre Aufgabe der FNB, jede Lücke im Fernleitungsnetz baldmöglichst zu schließen, weil Substitutionsenergieträger zur Verfügung stehen. Soweit allerdings das Fernleitungsnetz bereits ausgebaut ist, muss mit Rücksicht auf die angeschlossenen Verteilernetze und zur Erhaltung der dort bestehenden Wettbewerbschancen ein Ausbau des Fernleitungsnetzes an den Engpassstellen erfolgen. Eine besondere Unterrichtung des Personals der Steuerstellen (vgl. § 13 Abs. 7 Satz 2) ist in § 16 Abs. 5 nicht vorgesehen. Gemäß **Satz 2** des § 16 Abs. 5 ist die jährlich erarbeitete Schwachstellenanalyse der Regulierungsbehörde nicht in vollständigem Umfang vorzulegen, sondern nur **auf Anforderung** über das **Ergebnis** zu berichten.

---

6 Oben § 13 Rz. 38 ff.
7 Oben § 13 Rz. 32 ff.
8 BT-DrS 15/3917, S. 58.
9 § 15 Rz. 2.

§ 16a Aufgaben der Betreiber von Gasverteilernetzen

[1]Die §§ 15 und 16 Absatz 1 bis 4 gelten für Betreiber von Gasverteilernetzen im Rahmen ihrer Verteilungsaufgaben entsprechend, soweit sie für die Sicherheit und Zuverlässigkeit der Gasversorgung in ihrem Netz verantwortlich sind. [2]§ 16 Absatz 5 ist mit der Maßgabe anzuwenden, dass die Betreiber von Gasverteilernetzen nur auf Anforderung der Regulierungsbehörde eine Schwachstellenanalyse zu erstellen und über das Ergebnis zu berichten haben.

Überblick

	Seite	Rz.
I. Regelungszweck, Entstehungsgeschichte und Normadressaten	495	1
II. Aufgaben der Betreiber von Gasverteilernetzen	496	4

I. Regelungszweck, Entstehungsgeschichte und Normadressaten

Erstaunlicherweise hat der Ausgangsentwurf zum EnWG (Regierungsentwurf) eine Konkretisierung des § 11 Abs. 1 Satz 1 und 2 im Hinblick auf **Betreiber von Gasverteilernetzen** (VNB) nicht enthalten, und auch der Wirtschaftsausschuss des Deutschen Bundestages ist insofern nicht ergänzend tätig geworden. Die Einfügung des § 16a beruht vielmehr auf den Beratungen des Vermittlungsausschusses[1]. Ohne § 16a müssten die Aufgaben der VNB im Gasbereich unmittelbar § 11 Abs. 1 entnommen werden, wobei die Rechtsunsicherheit entstünde, welche der Konkretisierungen für FNB auch im Hinblick auf VNB zu gelten hätten. 1

Transformationsgrundlage ist wiederum Art. 25 Abs. 1 in Verbindung mit Art 12 RL-Gas. Die Inbezugnahme von § 15 betrifft die Aufgaben im Normalbetrieb (Informations- und Kooperationspflichten), die Inbezugnahme von § 16 den Betrieb im Gefährdungs- bzw. Störfall. 2

Betreiber von Gasverteilernetzen sind gemäß § 3 Ziff. 7 alle natürlichen oder juristischen Personen bzw. die rechtlich unselbständigen Organisationseinheiten von EVU, die die Verteilung von Gas (Trans- 3

---

1 BT-DrS 15/5736 (neu), S. 3 (Ziff. 10).

port von Gas über örtliche oder regionale Leitungsnetze zur Versorgung von Kunden ohne die Belieferung, § 3 Ziff. 37) leitungsgebunden organisieren und insofern für Betrieb, Wartung und (erforderlichenfalls) auch Ausbau des Verteilernetzes in einem bestimmten Gebiet einschließlich der Verbindungsleitungen zu anderen Netzen zuständig sind. Wegen der Einzelheiten des VNB-Begriffs bei der Gasverteilung wird auf § 3 Rz. 30 verwiesen.

II. Aufgaben der Betreiber von Gasverteilernetzen

4 Satz 1 des § 16a erklärt die §§ 15 und 16 (Abs. 1 bis 4) für nur **bedingt anwendbar**: Nur für solche VNB, die für die Sicherheit und Zuverlässigkeit der Gasversorgung in ihrem Netz verantwortlich sind, sollen die Vorschriften gelten. Weil die in Bezug genommenen Vorschriften nur FNB mit Regelungsaufgaben betreffen, könnte man meinen, dass zumindest partielle oder subsidiäre Regelungsaufgaben vom VNB übernommen werden müssen, um überhaupt zu den Normadressaten zu gehören. Weil eine solche Regelungsaufgabe für VNB im Gasbereich offenbar nicht typisch ist, erklärt sich möglicherweise das Fehlen dieser Verweisungsnorm im Regierungsentwurf.

5 Allerdings vermeidet der Normtext den Bezug auf die Regelungsaufgabe und spricht – vergleichbar § 14 Abs. 1 Satz 1 – lediglich von der »Verantwortung für Sicherheit und Zuverlässigkeit der Gasversorgung«. Da eine solche allgemeine Verantwortung jedem VNB zukommt, sind auch solche VNB Regelungsadressaten, die keine Regelungsaufgaben in ihrem Netz wahrnehmen.

6 Vergleicht man eine (allgemeine) Verantwortung für die Nbs mit der allgemeinen **Verkehrssicherungspflicht** und den dort aufgestellten Grundsätzen, so werden Parallelen deutlich: Ebenso wie Verkehrspflichten nicht endgültig – haftungsbefreiend – auf Dritte übertragen werden können[2], bedeutet die Übernahme von Steuerungsaufgaben durch den FNB keinesfalls die vollständige Verantwortungsübernahme. Vielmehr muss der VNB zumindest stichprobenweise nachprüfen, ob die übergeordneten Steuerungsaufgaben vom FNB vollständig wahrgenommen werden oder trotz der ordnungsgemäßen Durchführung Schwachstellen im Hinblick auf die Nbs auftreten. Es ist nicht ausreichend, alle Beschwerden ungeprüft an den FNB weiterzuleiten.

[2] Vgl. dazu die Nachweise bei *v. Bar*, Verkehrspflichten, Köln/Berlin/Bonn/München 1980, S. 15 ff. mit Nachweisen zur Rechtsprechung.

Wegen dieser zumindest **subsidiären Verantwortung** der VNB sind die §§ 15 und 16 grundsätzlich anzuwenden; eine Verpflichtung des VNB besteht jedoch nicht, wenn er mangels Übertragung einer Steuerungsaufgabe tatsächlich und rechtlich gar nicht in der Lage ist, seine (subsidiäre) Verantwortung im Hinblick auf die Stabilität des Verteilernetzes wahrzunehmen.

Alle Kooperations- und Informationspflichten – im Normal- sowie im Störfallbetrieb – gelten in dem in § 15 und § 16 beschriebenen Umfang deshalb mit den vorstehenden Einschränkungen auch für VNB im Gasbereich. Im Hinblick auf die **Schwachstellenanalyse** (§ 16a Satz 2 in Verbindung mit § 16 Abs. 5) ist eine solche aber nur **auf Anforderung der Regulierungsbehörde** zu erstellen, wobei wiederum nur über das (wesentliche) Ergebnis Bericht zu erstatten ist. 7

Abschnitt 2 Netzanschluss

Rechtsprechung zum früheren Recht

BGH v. 28.6.2005, RdE 2005, 222 – Mainova; BGH v. 22.10.1996, RdE 1997, 110 – Laufwasserkraftwerke; BGH v. 30.6.1993, BB 1993, 1760 – vermietereigene Stromversorgung; OLG Düsseldorf v. 23.8.1989, RdE 1989, 243 – Vorauszahlungen zwecks Weiterbelieferung; OLG Oldenburg v. 16.9.1987, RdE 1989, 136 – Schadensersatz nach Versorgungseinstellung; LG Aachen v. 13.4.1988, RdE 1989, 75 – Energiekostenrückstand; LG Bielefeld v. 1.6.1988, RdE 1989, 74 – Vertragskündigung wegen Zahlungsrückständen; LG Hamburg v. 11.8.1989, RdE 1990, 139 – Kontrahierungszwang nach Stromdiebstählen; LG Kassel v. 30.8.1991, RdE 1991, 217 – Kleinverbrauchertarif für Reserve- und Zusatzversorgung II; LG Kassel v. 10.7.1991, RdE 1991, 197 – Kleinverbrauchertarif für Reserve- und Zusatzversorgung; AG Hofgeismar v. 29.11.90, RdE 1991, 138 – Kleinverbrauchertarif für Zusatz- und Reservestrom; AG Merzig/Saar v. 30.3.1988, RdE 1989, 86 – Wirtschaftliche Unzuverlässigkeit

Literatur zu §§ 17 bis 19

Bartsch/Röhling/Salje/Scholz (Hrsg.), Stromwirtschaft – Ein Praxis-Handbuch, Köln 2002; *Britz*, Energiewirtschaftsgesetz (EnWG), Kommentar, München 2006; *Büdenbender/Kühne (Hrsg.)*, Das neue Energierecht in der Bewährung – Bestandsaufnahme und Perspektiven, Festschrift Baur, Baden-Baden 2002; *Busche*, Privatautonomie und Kontrahierungszwang, Tübingen 1999; *Danner*, Energiewirtschaftsrecht – Energiewirtschaftsgesetz mit den Durchführungsbestimmungen, Nebengesetzen, Verordnungen und Erlassen sowie den energiewirtschaftlich relevanten Rechtsregelungen anderer Bereiche. Loseblattkommentar, 47. Ergänzungslieferung, München 2004; *Grewe/Flandrich/Elwanger (Hrsg.)*, Energiewirtschaft im Wandel, Festschrift D. Schmitt, Münster 2004; *Hempel*, Die Rechtsbeziehungen des Verteilnetzbetreibers bei der »Durchleitung« elektrischer Energie – Zur Notwendigkeit von Netznutzungs- und Anschlussnutzungsverträgen, ZNER 2004, S. 140 ff.; *Riechmann*, Die Gleichpreisigkeit als preis- und kartellrechtliches Problem, RdE 1995, S. 97 ff.; *Schäfer*, Räumliche Differenzierung von Allgemeinen Tarifpreisen für elektrische Energie innerhalb des Versorgungsgebietes eines Elektrizitätsversorgungsunternehmens, RdE 1990, S. 167 ff.; *Schlack*, Arealnetze – ein Wettbewerbsmarkt?, VW 2004, S. 101 ff.; *Scholz*, Kontrahierungszwang in der Versorgungswirtschaft, VEnergR Bd. 79, Baden-Baden 1997; *Tettau v.*, Haftungsklauseln in Netzanschluss- und Einspeiseverträgen, ZNER 2003, S. 29 ff.; *Thiemann*, Netzanschlussbedingungen für Tarifkunden im Vergleich, Berlin 2005.

Vor §§ 17 bis 19

1 Die §§ 17 bis 19 heben die **Verpflichtung von Netzbetreibern zum Anschluss von potenziellen Netznutzern** an ihr Netz besonders hervor; das alte Recht kannte eine Anschlusspflicht nur im Hinblick auf Tarifkunden (§ 10 Abs. 1 EnWG 1998). Die Vorläufervorschriften der §§ 6, 6a EnWG 1998/2003 regelten den Netzanschluss nur implizit, weil ohne Netzanschluss die Verpflichtung zur Verschaffung des Netzzugangs bzw. zur Durchleitung von Energiemengen durch das Netz bereits physikalisch undenkbar ist.

2 Insbesondere zur Sicherstellung der Grundversorgung mit Energie (§§ 36 ff.) besteht die Verpflichtung von Niederspannungs- bzw. Niederdruck-Netzbetreibern, **Jedermann** an ihre Energieversorgungsnetze anzuschließen, § 18 (**allgemeine** Anschlusspflicht). Die Pflicht ist gemeindegebietsbezogen ausgestaltet und greift nur ein, wenn insofern allgemeine Versorgung im Sinne von § 3 Ziff. 17 vorliegt.

3 Wer an Netze mit einer höheren Spannungs- oder Druckstufe angeschlossen werden möchte, benötigt einen Netzanschluss nach § 17 (**besondere** Anschlusspflicht). Anschlussinteressenten sind insofern Letztverbraucher, andere Netzbetreiber, Betreiber von Direktleitungen sowie Erzeuger und Betreiber von Speicheranlagen. Man muss insofern von einem **besonderen Netzanschluss** sprechen, obwohl der Gesetzgeber § 17 als Grundnorm und § 18 als speziellere Vorschrift ausgestaltet hat. Die insofern einzuhaltenden technischen Vorschriften legt § 19 als veröffentlichungspflichtig fest, wobei die Interoperabilität der Netze zu gewährleisten ist.

4 Eine wichtige **Ausnahme** von der Netzanschlussverpflichtung sieht § 110 vor: Die Betreiber der dort näher bezeichneten **Objektnetze** (Netze im Unternehmensverbund, Werksnetze, Arealnetze), die der Spezialversorgung von Unternehmen dienen und nicht den Zweck haben, eine allgemeine Versorgung im Sinne von § 3 Ziff. 17 sicherzustellen, sind zum Netzanschluss auch dann nicht verpflichtet, wenn ihnen ein solcher Anschluss an sich wirtschaftlich zumutbar wäre. Konsequent müssen sie auch keine technischen Mindestbedingungen für einen solchen Netzanschluss (§ 17 oder § 18) veröffentlichen (§ 19). Schon bestehende Netzanschlüsse einschließlich der Verbindung zu Netzen, die der allgemeinen Versorgung dienen, lassen die Berechtigung unberührt, weiteren Nutzungsinteressenten den Netzzugang unter Hinweis auf § 110 zu verweigern.

Die Vorschriften zum Netzanschluss sind somit dreistufig aufgebaut (§§ 17 bis 19 sowie § 110) und weisen die folgende **innere Normstruktur** auf:

- Jedermann-Anschlusspflicht bei Niederspannung/Niederdruck (§ 18)
- für alle anderen Netzanschlusspetenten: besondere Netzanschlusspflicht nach § 17
- keine Anschlusspflicht im Hinblick auf der Spezialversorgung dienende Objektnetze (§ 110)

§ 17 Netzanschluss

(1) Betreiber von Energieversorgungsnetzen haben Letztverbraucher, gleich- oder nachgelagerte Elektrizitäts- und Gasversorgungsnetze sowie -leitungen, Erzeugungs- und Speicheranlagen zu technischen und wirtschaftlichen Bedingungen an ihr Netz anzuschließen, die angemessen, diskriminierungsfrei, transparent und nicht ungünstiger sind, als sie von den Betreibern der Energieversorgungsnetze in vergleichbaren Fällen für Leistungen innerhalb ihres Unternehmens oder gegenüber verbundenen oder assoziierten Unternehmen angewendet werden.

(2) [1]Betreiber von Energieversorgungsnetzen können einen Netzanschluss nach Absatz 1 verweigern, soweit sie nachweisen, dass ihnen die Gewährung des Netzanschlusses aus betriebsbedingten oder sonstigen wirtschaftlichen oder technischen Gründen unter Berücksichtigung der Ziele des § 1 nicht möglich oder nicht zumutbar ist. [2]Die Ablehnung ist in Textform zu begründen. [3]Auf Verlangen der beantragenden Partei muss die Begründung im Falle eines Kapazitätsmangels auch aussagekräftige Informationen darüber enthalten, welche konkreten Maßnahmen und damit verbundene Kosten zum Ausbau des Netzes im Einzelnen erforderlich wären, um den Netzanschluss durchzuführen; die Begründung kann nachgefordert werden. [4]Für die Begründung nach Satz 3 kann ein Entgelt, das die Hälfte der entstandenen Kosten nicht überschreiten darf, verlangt werden, sofern auf die Entstehung von Kosten zuvor hingewiesen worden ist.

(3) [1]Die Bundesregierung wird ermächtigt, durch Rechtsverordnung mit Zustimmung des Bundesrates

1. Vorschriften über die technischen und wirtschaftlichen Bedingungen für einen Netzanschluss nach Absatz 1 oder Methoden für die Bestimmung dieser Bedingungen zu erlassen und

2. zu regeln, in welchen Fällen und unter welchen Voraussetzungen die Regulierungsbehörde diese Bedingungen oder Methoden festlegen oder auf Antrag des Netzbetreibers genehmigen kann.

[2]Insbesondere können durch Rechtsverordnungen nach Satz 1 unter angemessener Berücksichtigung der Interessen der Betreiber von Energieversorgungsnetzen und der Anschlussnehmer

§ 17 Netzanschluss

1. die Bestimmungen der Verträge einheitlich festgesetzt werden,
2. Regelungen über den Vertragsabschluss, den Gegenstand und die Beendigung der Verträge getroffen werden und
3. festgelegt sowie näher bestimmt werden, in welchem Umfang und zu welchen Bedingungen ein Netzanschluss nach Absatz 2 zumutbar ist; dabei kann auch das Interesse der Allgemeinheit an einer möglichst kostengünstigen Struktur der Energieversorgungsnetze berücksichtigt werden.

Übersicht		Seite	Rz.
I.	Regelungszweck und Entstehungsgeschichte	505	1
II.	Berechtigte und Verpflichtete des Netzzugangs nach § 17	506	6
III.	Kontrahierungszwang der Netzbetreiber (Abs. 1)	508	9
	1. Kontrahierungszwang	508	10
	2. Anschlussbedingungen	509	13
	a) Angemessenheit der Netzzugangsbedingungen.....	509	15
	b) Diskriminierungsfreiheit	510	16
	c) Transparenz	510	17
	d) Verbot der Schlechterstellung..................	511	19
	3. Ausnahmen vom Kontrahierungszwang............	512	22
	a) Anwendungsvorrang von § 18	512	23
	b) Anwendungsvorrang von § 110	512	24
IV.	Rechtsfolge der Netzanschlusspflicht	513	27
V.	Verweigerung des Netzanschlusses (Abs. 2)............	515	33
	1. Verstoß gegen die Ziele des § 1	515	34
	2. Unmöglichkeit des Anschlusses	516	36
	3. Unzumutbarkeit des Anschlusses	520	46
	a) Betriebsbedingte Unzumutbarkeit...............	521	48
	aa) Streit über das angemessene Anschlussentgelt ..	521	49
	bb) Beeinträchtigung des ordnungsgemäßen Netzbetriebs	522	52
	b) Sonstige Unzumutbarkeitsgründe	523	53
	4. Rechtsfolgen der Verweigerung....................	524	57
VI.	Verordnungsermächtigung (Abs. 3)..................	526	63

I. Regelungszweck und Entstehungsgeschichte

§ 17 wendet sich an **alle Betreiber von Energieversorgungsnetzen** 1
im Sinne von § 3 Ziff. 4, so dass das Netz entweder der Fortleitung
von Elektrizität oder dem Transport von Erdgas zu dienen bestimmt
sein muss. Kurz- und mittelfristiges Regelungsziel ist es, durch Zusammenschluss möglichst vieler Energienetze alle Tarif- und Sonderkunden zu erreichen, die an diese Netze angeschlossen sind; auf diese
Weise soll der Wettbewerb aller Erzeuger von Elektrizität, Gewinner
bzw. Importeure von Erdgas sowie insbesondere der Elektrizitäts-
und Gaslieferanten gefördert werden. Denn wer bei Energieversorgung über feste Leitungen als Letztverbraucher deshalb nicht erreichbar ist, weil er in einem »Spezialnetz gefangen« ist, kann seinen Energielieferanten nicht mehr frei wählen.

Die Interoperabilität der Netze hat zudem hohe volkswirtschaftliche 2
Bedeutung (Sicherstellung der Infrastruktur für die wirtschaftliche
Entwicklung). Eine Segmentierung der Netze, wie sie das vor 1998
geltende Recht mit der Gewährleistung fester Gebietsstrukturen vorsah, führt zu einer Demarkierung der Versorgungsgebiete und schließt
den Wettbewerb um die Belieferung der angeschlossenen Letztverbraucherkunden vollständig aus. Wer keinen Netzanschluss hat,
benötigt auch keine entsprechenden Endgeräte (z. B. Gastherme), so
dass mittelbar der Wettbewerb auch auf den Märkten mit Verbrauchsgeräten beeinträchtigt wird.

Wenn die Begründung des Regierungsentwurfs zu § 17 als zu trans- 3
formierende Vorschrift nur Art. 23 Abs. 2 RL-Elt sowie Art. 25
Abs. 2 RL-Gas nennt (Ermächtigung der Regulierungsbehörden zur
Festsetzung von Bedingungen u.a. für den Anschluss an die nationalen Netzen)[1], so greift dies zu kurz. Denn auch die Art. 9 und 11 sowie 14 RL-Elt bzw. Art. 8 und 12 RL-Gas rechnen den Netzanschluss
in vielfältiger Ausprägung zu den Aufgaben der Betreiber von Übertragungs-/Fernleitungs- und Verteilernetzen. Der Zugang von potenziellen Netznutzern zu möglichst vielen Netzen bildet die **Grundvoraussetzung** des Funktionierens der **Binnenmärkte** für Strom und
Erdgas.

§ 17, der den Netzanschluss oberhalb der Niederspannungs- bzw. 4
Niederdruckebene regelt, ist im bisherigen Recht ohne (explizites)

---

[1] Vgl. BT-DrS 15/3917, S. 58 (Einzelbegründung zu § 17).

Vorbild; allerdings setzten die Netzzugangsvorschriften der §§ 6, 6a EnWG 1998/2003 einen solchen Netzzugang implizit voraus. In der Arealnetz-Entscheidung hat der BGH als Anspruchsgrundlage zur Verwirklichung des Netzzugangs allerdings nicht spezielles Energiewirtschaftsrecht, sondern § 19 Abs. 4 Ziff. 4 GWB a.F. (Zugang zu Netzen oder anderen Infrastruktureinrichtungen)[2] herangezogen. Die Vorschrift existiert zwar in unveränderter Form auch im neuen GWB[3], und auch § 130 Abs. 3 GWB lässt die Anwendung der §§ 19 und 20 GWB im Bereich der Energiewirtschaft explizit weiter zu. Weil jedoch die §§ 11 bis 35 von § 111 Abs. 2 als »abschließende Regelungen« des EnWG besonders gekennzeichnet sind, darf auch § 19 Abs. 4 Ziff. 4 GWB kraft ausdrücklicher Anordnung in § 111 Abs. 1 auf **Netzzugangsansprüche nicht mehr angewendet werden**. Für Verfügungen im Hinblick auf die Verweigerung des Netzzugangs (vgl. § 30) ist nunmehr allein die Regulierungsbehörde (§ 65 Abs. 1 in Verbindung mit § 54 Abs. 1 und Abs. 2 Ziff. 6) zuständig. Missbrauchsverfügungen der Kartellbehörden in Bezug auf den Zugang zu Energieversorgungsnetzen wird es deshalb zukünftig nicht mehr geben.

5 Im Gesetzgebungsverfahren ist § 17 nur noch unwesentlich verändert worden[4]. Die Änderungen betreffen die Höhe des Entgelts bei Begründungen betreffend die Verweigerung des Netzzugangs (§ 17 Abs. 2 Satz 4) sowie die Berücksichtigung des Interesses der Allgemeinheit an einer möglichst kostengünstigen Struktur der Energieversorgungsnetze im Rahmen der Verordnungsermächtigung des § 17 Abs. 3 Satz 2 a.E. Letztere Änderung hatte der Bundesrat in seiner Stellungnahme zum Regierungsentwurf gefordert[5].

II. Berechtigte und Verpflichtete des Netzzugangs nach § 17

6 **Adressaten der Netzanschlussverpflichtung** gemäß § 17 sind alle **Betreiber von Energieversorgungsnetzen**. Über § 3 Ziff. 4 wird insofern auf die Definitionen in Ziff. 2 (Betreiber von Elektrizitätsversorgungsnetzen) und Ziff. 6 (Betreiber von Gasversorgungsnetzen)

---

2 BGH RdE 2005, 222, 224 ff. – Anschluss an das Mainova-Mittelspannungsnetz m. Anm. *Schebstadt*, S. 226 ff.
3 Neubekanntmachung des GWB vom 15.7.2005, BGBl. I S. 2114.
4 Beschlussempfehlung und Bericht des Wirtschaftsausschusses, BT-DrS 15/5268, S. 27 f.: Gegenüberstellung von Text des Regierungsentwurfs und Gesetz gewordener Fassung.
5 BT-DrS 15/3917, Anlage 2, S. 78, 82 (Ziff. 23).

II. Berechtigte und Verpflichtete des Netzzugangs nach § 17

verwiesen, die unabhängig von der Spannungs- oder Druckstufe zugangspflichtig sind. Wegen der Einzelheiten des Adressatenkreises wird auf die obigen Erläuterungen zu § 3 Ziff. 2 ff. sowie 10 verwiesen. Wer lediglich eine Direktleitung im Sinne von § 3 Ziff. 12 oder ein Objektnetz im Sinne von § 110 Abs. 1 betreibt, die lediglich der speziellen Versorgung einzelner Kunden dienen, ist nicht zugangspflichtig im Sinne von § 17.

Auf der Seite der **Zugangsberechtigten** nennt das Gesetz (§ 17 Abs. 1) alle Gruppen von Netzanschlussnehmern, die als potenzielle Netzkunden in Betracht kommen: 7

– Letztverbraucher: Kunden, die Energie für den eigenen Verbrauch kaufen (§ 3 Ziff. 25)

– Betreiber von gleich- und nachgelagerten Elektrizitäts- und Gasversorgungsnetzen (§ 3 Ziff. 4)

– Betreiber von Elektrizitäts- und Gasleitungen (§ 3 Ziff. 12: Direktleitungen)

– Betreiber von Erzeugungsanlagen

– Betreiber von Speicheranlagen (§ 3 Ziff. 9)

Wenn das Gesetz in § 17 Abs. 1 in Bezug auf den Kreis der Anschlussberechtigten die »Betreiber« nicht explizit benennt, so beruht die auf einem Redaktionsversehen: Weil § 17 Abs. 1 den Anspruch auf Netzanschluss als privatrechtlichen Anspruch im Sinne von § 194 BGB ausgestaltet hat (Kontrahierungszwang), kann ein solcher Anspruch nur zwischen rechtsfähigen Personen (insbesondere natürlichen und juristischen Personen) sowie unselbständigen Netzbetreibern im Sinne von Ziff. 2 ff. des § 3 bestehen; den »Anspruch auf Anschluss« eines Netzes oder einer Leitung (als solchen) gibt es mangel Rechtsfähigkeit dieser Sachgesamtheiten nicht. Zwar werden Erzeugungsanlagen, Speicheranlagen, Leitungen und andere Netze letztlich technisch mit dem Netz verbunden, zu dem der Zugang beansprucht wird; einen Rechtsanspruch im Sinne von § 17 Abs. 1 haben aber nur die Betreiber der genannten technischen Einrichtungen. Dies sind gemäß den Definitionen von § 3 Ziff. 2 ff. natürliche und juristische Personen sowie unselbständige Organisationseinheiten vom EVU, die den Zugang benötigen. 8

III. Kontrahierungszwang der Netzbetreiber (Abs. 1)

9 § 17 Abs. 1 legt den **Anspruch auf Netzanschluss** dem Grunde nach fest und enthält auch Regelungen, die der Begrenzung der Höhe des Netzanschlussentgeltes dienen (Angemessenheit, Diskriminierungsfreiheit, Transparenz und Verbot der Schlechterstellung im Vergleich zu internen Anschlusskunden). Die Einzelheiten kann die Bundesregierung durch Rechtsverordnung regeln, § 17 Abs. 3. Ausnahmen von der Netzanschlussverpflichtung legt § 17 Abs. 2 fest[6].

1. Kontrahierungszwang

10 Die Verpflichtung einer Partei (im Sinne des Zivilprozessrechts), mit anderen Personen in vertragliche Beziehungen zu treten, bezeichnet das Zivilrecht als **Kontrahierungszwang**. Kontrahierungszwang besteht in Anlehnung an die grundlegende Definition von *Nipperdey*, wenn aufgrund einer Norm der Rechtsordnung einem Rechtssubjekt ohne seine Willensbildung im Interesse eines Begünstigten die Verpflichtung auferlegt wird, mit diesem einen Vertrag bestimmten oder von unparteiischer Seite zu bestimmenden Inhaltes abzuschließen[7]. Zwar ordnet § 17 Abs. 1 nicht explizit an, dass der Netzanschluss **durch Vertrag** zu gewähren ist; weil jedoch Abs. 3 Satz 2 Ziff. 1 (Verordnungsermächtigung) die Bundesregierung diesbezüglich zu einer einheitlichen Festsetzung der »Bestimmungen der Verträge« ermächtigt, steht der Vertragsbezug des § 17 Abs. 1 außer Zweifel. Die für § 3 EEG[8] genutzte Alternative, über die die Einzelheiten bereits im Gesetz festlegendes **gesetzliches Schuldverhältnis** den Netzzugang der Betreiber von Anlagen zur Erzeugung von Strom aus EE zu gewährleisten[9], hat das EnWG 2005 nicht gewählt, weil § 17 die Einzelheiten des Netzanschlussanspruchs nicht selbst festlegt.

11 Deshalb folgt aus § 17 Abs. 1 lediglich ein **Anspruch auf Vertragsschluss**, wobei der Vertragsinhalt grundsätzlich auf einem Verhandlungsergebnis der Vertragsparteien beruhen muss. Weil der Netzbetreiber die Bedingungen des Netzanschlusses häufig autonom vorgeben wird, muss er dabei die Vorgaben aus § 17 Abs. 1 und der Abs. 3 zu erlassenden Rechtsverordnungen einhalten.

---

6 Unten § 17 Rz. 33 ff.
7 *Nipperdey*, Kontrahierungszwang und diktierter Vertrag, Jena 1920, S. 7.
8 Vgl. *Salje*, EEG 2004, § 4 Rz. 73 ff.
9 Vgl. auch § 4 Abs. 1 KWK-G 2002.

Nach anderer Auffassung kann bei Bestehen von Kontrahierungszwang die Leistung grundsätzlich auch **unmittelbar** – also auch ohne Vertragsschluss – verlangt werden[10]. Ein solcher unmittelbarer Kontrahierungszwang wäre nur bei entsprechender Ausgestaltung des § 17 Abs. 1 denkbar und ist hier bereits wegen des Wortlauts (§ 17 Abs. 3 Satz 2 Ziff. 1 und 2) ausgeschlossen.

2. *Anschlussbedingungen*

§ 17 Abs. 1 führt **vier Grundbedingungen** auf, die bei Gewährung des Netzanschlusses vom Netzbetreiber einzuhalten sind:

– Angemessenheit

– Diskriminierungsfreiheit

– Transparenz

– Verbot der Schlechterstellung

Diese Bedingungen sind sowohl in technischer als auch in wirtschaftlicher Hinsicht einzuhalten. Unter **technischen Bedingungen** sind die in § 19 in Verbindung mit § 49 genannten **technischen Mindestanforderungen** zu verstehen. Diese Mindestanforderungen stellen sicher, dass die parallel zum Netz zu betreibenden Erzeugungsanlagen, anderen Netze, Direktleitungen sowie Speicheranlagen netzkompatibel errichtet und betrieben werden. Demgegenüber betreffen **wirtschaftliche Bedingungen** alle ökonomisch-rechtlichen Aspekte, also insbesondere Entgelte und Anforderungen, die dem Netzzugangspetenten Mühe und Aufwand abverlangen. Ziel des Gesetzgebers ist es, im Sinne von § 1 Abs. 1 einen technisch sicheren und zugleich effizienten Netzbetrieb zu gewährleisten, ohne die Preisgünstigkeit des Netzzugangs zu vernachlässigen.

a) Angemessenheit der Netzzugangsbedingungen

Die vom Netzbetreiber festzulegenden Bedingungen müssen verhältnismäßig im engeren Sinne sein. Dazu ist das Ziel der festzulegenden

---

10 Vgl. *Kilian*, Kontrahierungszwang und Zivilrechtssystem, AcP 180 (1980), S. 47, 82; *Schulte*, Anmerkung zum Beschluss des OLG Karlsruhe vom 31.3.1976, NJW 1976, S. 1210; *Bydlinski*, Zu den dogmatischen Grundfragen des Kontrahierungszwanges, AcP 180 (1980), S. 1, 16 mit Nachweisen; *Busche*, Privatautonomie und Kontrahierungszwang, S. 124 ff. und S. 142.

technischen und wirtschaftlichen Einzelbedingung mit dem Aufwand zu vergleichen, den der Zugangspetent insofern zu leisten hat. Weder dürfen übermäßige technische Anforderungen gestellt noch überhöhte Netzanschlussentgelte beansprucht werden. Auch wenn der Netzbetreiber insofern die Bedingungen der Rechtsverordnung nach § 17 Abs. 3 einhält und die Methode zur Entgeltbestimmung usw. von der Regulierungsbehörde genehmigt ist, kann im Hinblick auf den Einzelfall ein allgemeines (§ 30) oder ein besonderes Missbrauchsverfahren eingeleitet werden, um die Konformität des Netzbetreiberverhaltens beim Netzzugang zu überprüfen.

b) Diskriminierungsfreiheit

16 Das Verhalten eines Netzbetreibers ist diskriminierungsfrei, wenn er alle Netzzugangspetenten unter Berücksichtigung ihrer Besonderheiten gleich behandelt. Dies erfordert keine vollständige Gleichbehandlung; vielmehr müssen bei Zugrundelegung unterschiedlicher Netzzugangsbedingungen die Unterschiede gerechtfertigt sein[11]. Insofern kann der Netzbetreiber Gruppen von Petenten mit ähnlichen Netzzugangsanfragen und Anschlusscharakteristika zusammenfassen, selbst wenn keine Identität des Netzzugangsersuchens vorliegt. Soweit Ungleichheiten substanzieller Art bei Festsetzung der Netzanschlussbedingungen zu berücksichtigen sind, müssen sie vom Ausmaß her die tatsächlichen Unterschiede widerspiegeln. Der Parallelbetrieb einer Erzeugungsanlage zum Mittelspannungsnetz unterliegt anderen technischen und wirtschaftlichen Bedingungen als ein entsprechender Parallelbetrieb zum Übertragungsnetz.

c) Transparenz

17 Unter »Transparenz« sind alle Verfahren und Bedingungen zu verstehen, die im Hinblick auf den Netzzugang veröffentlicht und so ausgestaltet sind, dass sie vom Netzzugangspetenten nachvollzogen und mit zumutbarem Aufwand auch eingehalten werden können. Dies erfordert eine vollständige Veröffentlichung aller (technischen und wirtschaftlichen) Netzzugangsbedingungen über § 19 hinaus. Der Netzbetreiber darf – außer in Fällen der Unvollständigkeit dieser Bedingungen – keine Zusatzanforderungen im Einzelfall »nachschie-

---

11 Vgl. dazu die Rechtsprechung zu § 20 Abs. 1 GWB: Nachweise bei *Immenga/Mestmäcker/Markert*, GWB 1998, 3. Aufl. München 2001, § 20 Rz. 163.

ben«; der Petent muss sich darauf verlassen können, dass die veröffentlichten Bedingungen vollständig sind.

Zur Transparenz gehört auch die Verpflichtung zur Einhaltung des Verständlichkeitsgebotes; jedenfalls die angesprochenen Verkehrskreise unter Berücksichtigung des Wissens des geschulten Fachpersonals müssen die Bedingungen verstehen können. Obwohl § 17 Abs. 3 eine Veröffentlichung der wirtschaftlichen Bedingungen nicht explizit vorsieht, kann in unmittelbarer Anwendung der Art. 9 lit. f) und 14 Abs. 3 RL-Elt sowie Art. 8 Abs. 1 lit. d) und 12 Abs. 4 RL-Gas eine Veröffentlichungspflicht in Bezug auf die für Netznutzer notwendigen »Informationen« entnommen werden. 18

d) Verbot der Schlechterstellung

Bezeichnet man den Netzanschluss von mit dem Netzbetreiber verbundenen EVU (vgl. § 3 Ziff. 38: Lieferanten, Erzeuger, andere Netzbetreiber) als »internen Markt«, so dürfen die Nachfrager auf »externen Märkten« (Netznutzer ohne wirtschaftlich-rechtliche Verbindungen zum Netzbetreiber-Rechtsträger) nicht ungünstiger behandelt werden. Dieses Verbot der Schlechterstellung von Netzkunden auf dem externen Markt dient dem Ziel, über die Vergleichbarkeit der Netzanschlussbedingungen eine **identische Vorbelastung** im Hinblick auf einen funktionsfähigen Wettbewerb auf den Endkundenmärkten sicherzustellen. 19

Das Verbot der Schlechterstellung wird eingehalten, wenn **in vergleichbaren Fällen für Leistungen** auf internen und externen Märkten im Wesentlichen identische technische und wirtschaftliche Bedingungen festgesetzt sind. Letztlich geht es um die diskriminierungsfreie Behandlung aller Netzanschlusspetenten; die Gesetzesfassung stellt sicher, dass Kunden des internen Marktes keine Sonderrabatte usw. gewährt werden und Netzzugangsanfragen auf dem externen Markt genauso schnell und unbürokratisch beantwortet werden wie der Anschlusswunsch eines Unternehmens erledigt wird, das demselben Energieverbund angehört. 20

Der **Anschlussvorrang** gemäß § 4 Abs. 1 EEG 2004 ist vom Netzbetreiber sicherzustellen[12]. Wenn der Netzbetreiber also einen Windparkbetreiber, der zum Energieverbund des Netzbetreibers gehört, 21

---

12 So zu Recht die Regierungsbegründung zu § 17 Abs. 1, BT-DrS 15/3917, S. 58.

bevorzugt anschließt, so liegt schon deshalb keine Diskriminierung anderer Netzanschlusspetenten oder gar ein Verstoß gegen das Verbot der Schlechterstellung vor, weil kraft gesetzlicher Spezialregelung (vgl. auch § 2 Abs. 2) für die bevorzugte Behandlung ein sachlich rechtfertigender Grund besteht.

3. Ausnahmen vom Kontrahierungszwang

22 Über die Möglichkeiten des § 17 Abs. 2 hinaus, den Netzanschluss aus Gründen mangelnder Zumutbarkeit zu verweigern[13], sind zwei weitere Ausnahmen vom Kontrahierungszwang zu beachten:

– Vorrang von § 18

– Vorrang von § 110

a) Anwendungsvorrang von § 18

23 Soweit **Letztverbraucher** den Netzanschluss auf der niedrigsten Spannungs- bzw. Druckstufe beanspruchen, legt § 18 Voraussetzungen und Rechtsfolge dieser **allgemeinen Anschlusspflicht** abschließend fest. Obwohl die Stellung des § 17 im Gesetz den insofern vorhandenen **subsidiären Charakter** nicht explizit offen legt, muss der Anwendungsvorrang von § 18 schon deshalb gewahrt werden, weil anderenfalls die Unterschiede zwischen Voraussetzungen und Rechtsfolgen im Vergleich von § 18 und § 17 unbeachtet blieben bzw. eingeebnet würden. Nur wenn ein anzuschließender Letztverbraucher auf einer Ebene mittlerer Spannung bzw. mittleren Drucks angeschlossen zu werden wünscht oder gar den Zugang zum Übertragungs- oder Fernleitungsnetz erstrebt, kommt die allgemeine Anschlusspflicht nicht mehr in Betracht. Vielmehr ist der Zugang nach § 17 Abs. 1 zu verwirklichen.

b) Anwendungsvorrang von § 110

24 Wer ein Netz im Sinne von § 110 Abs. 1 betreibt, ist vom Kontrahierungszwang des § 17 Abs. 1 befreit, ohne dass es auf die Zumutbarkeit ankommt. Wegen der Einzelheiten zu Art und Umfang dieser Netze wird auf die Erläuterungen zu § 110 verwiesen[14]. Dies gilt selbst dann, wenn mit Hilfe eines derartigen Objektnetzes Letztverbraucher mit

---

13 Vgl. dazu unten § 17 Rz. 33, 46 ff.
14 § 110 Rz. 6 ff.

Energie beliefert werden, § 110 Abs. 2. Weil insofern Spezialversorgung betrieben wird, haben selbst vergleichbare Letztverbraucher keinen Anspruch auf Netzanschluss nach § 17 Abs. 1.

Weil aber eine Zuständigkeit der Regulierungsbehörde (§§ 65, 54) dann konsequent nicht mehr besteht, ist über § 130 Abs. 3 GWB in Verbindung mit § 111 Abs. 1 der Weg zu den Kartellbehörden wieder eröffnet. Insofern ist es nicht von vornherein ausgeschlossen, dass vergleichbare Letztverbraucher, die bisher noch nicht an Netze im Sinne von § 110 Abs. 1 angeschlossen sind, einen Netzzugang über § 19 Abs. 4 Ziff. 4 erreichen können, wenn dessen Voraussetzungen vorliegen. 25

Die Anwendung des § 17 Abs. 1 ist aber nicht bereits deshalb ausgeschlossen, weil über das nach § 17 Abs. 1 zugangspflichtige Energieversorgungsnetz – allein, überwiegend oder nur gelegentlich – die **allgemeine Versorgung von Letztverbrauchern** im Sinne von § 3 Ziff. 17 durchgeführt wird. Denn die Charakterisierung eines Netzes als der Allgemeinversorgung zugehörig ist keine positive oder negative Tatbestandsvoraussetzung dieser Norm und deshalb im Hinblick auf den Anschlussanspruch irrelevant. Weil § 18 Abs. 1 seinen Anwendungsvorrang nur für der allgemeinen Versorgung dienende Netze anordnet, soweit der Anschluss auf der niedrigsten Spannungsebene bzw. Druckstufe erfolgen soll, steht auch diese Vorschrift einem Netzanschlussersuchen nach § 17 Abs. 1 nicht entgegen, wenn sich dieses auf eine mittlere oder höhere Spannungsebene/Druckstufe bezieht. 26

IV. Rechtsfolge der Netzanschlusspflicht

Liegen die Voraussetzungen für den Netzanschluss vor, schließen Netzbetreiber und Netzpetent einen **Netzanschlussvertrag** ab. Dieser Vertrag liegt schon jetzt – vor Erlass der Rechtsverordnung nach § 17 Abs. 3 – zu standardisierten Bedingungen vor. Beide Parteien werden prüfen, ob die technischen und wirtschaftlichen Bedingungen im Sinne von § 17 Abs. 3 Satz 1 den dort genannten vier Grundorientierungen genügen. 27

Versteht man unter **Anschluss im Sinne von § 17 Abs. 1** die physikalisch wirksame Verbindung der Kundenanlage mit demjenigen Netz, das an der Abnahmestelle betrieben wird[15], so ist mit dem Vertrags- 28

---

15 Vgl. Art. 2 Ziff. 13 und 14 RL-Elt.

schluss diese Verbindung noch nicht hergestellt. Weil der gesetzlich vorgesehene Kontrahierungszwang erst durch den Vertragsschluss konkretisiert wird, besteht erst jetzt ein Erfüllungsanspruch im Sinne von § 241 Abs. 1 BGB in Verbindung mit § 311 Abs. 1 BGB (Schuldverhältnis).

29 Ob der Netzzugangspetent einen Anspruch auf Verwirklichung des (technischen) Vorgangs des Anschlusses (einschließlich des »Angeschlossenbleibens«) hat, hängt von der vertraglichen Regelung ab. Nach dem Vorbild des § 13 Abs. 1 Satz 4 EEG 2004 kann auch in den Anschlussfällen des § 17 Abs. 1 jedenfalls der Netzbetreiber selbst aufgrund eines besonderen **Anschlussherstellungsvertrages** die technische Seite des Anschlusses verwirklichen[16]; Netzbetreiber und Anschlussnehmer können aber auch vereinbaren, dass **ein Dritter** die Anschlussherstellung ausführt. Im Zweifel wird der Anschlussnehmer mehrere Angebote einholen, die unter Einhaltung der technischen Mindestvorgaben des Netzbetreibers erstellt sind, um aus diesen Angeboten das günstigste auszuwählen.

30 Ob aus § 17 Abs. 1 die **Pflicht des Netzbetreibers zur Duldung** der technischen Verwirklichung des Anschlusses besteht, ist aber über die Fälle des § 13 Abs. 1 Satz 4 EEG 2004 hinaus durchaus zweifelhaft, weil das EnWG insofern eine besondere Regelung nicht vorsieht. Die Wendung »... haben ... an ihr Netz anzuschließen« legt gerade nahe, dass der Netzbetreiber auch bei der Verwirklichung des Netzanschlusses (aktiv) mitwirkt und die Anschlussmaßnahme selbst oder unter Beauftragung von Erfüllungsgehilfen durchführt. Eine analoge Anwendung von § 13 Abs. 1 Satz 4 EEG kommt mangels Regelungslücke im EnWG nicht in Betracht, wenn der Gesetzgeber ausdrücklich den Anschluss durch den Netzbetreiber selbst (Normwortlaut) angeordnet haben sollte (abschließende Regelung). Selbst die in § 21b Abs. 1 vorgesehene Möglichkeit, Einbau, Betrieb und Wartung von Messeinrichtungen sowie die Messungen selbst nach »anderweitiger Vereinbarung« mit dem Netzbetreiber durch Dritte ausführen zu lassen, findet sich in § 17 nicht.

31 Spätestens im Zeitpunkt der Verwirklichung des technischen Anschlusses muss der Netzbetreiber prüfen können, ob die technischen

---

16 Vgl. zur Abgrenzung der Verträge *Salje*, Netzverträglichkeitsprüfung und Anspruch auf Anschluss regenerativer Energieerzeugungsanlagen, Versorgungswirtschaft 2001, S. 225, 227 ff.

Mindestanforderungen im Sinne von § 19 durch die Kundenanlage eingehalten werden; dazu ist dem Netzbetreiber Zutritt zu gewähren. Nicht erst unter Hinweis auf § 17 Abs. 1, sondern wegen Nichteinhaltung der gesetzlichen und vertraglichen (technischen) Netzanschlussbedingungen darf die Anschlussverwirklichung solange verweigert werden, bis der Netzanschlusspetent die Einhaltung der Mindestanforderungen nachgewiesen hat. Bestehen Zweifel, muss der Petent auf seine Kosten ein Sachverständigengutachten beibringen.

Ist der Anschluss auf der Basis des Kontrahierungszwangs aus § 17 Abs. 1 hergestellt, entsteht daraus dem Netzbetreiber eine **Dauerverpflichtung**. Denn er würde – bei Fortbestehen der Anschlussvoraussetzungen – gegen § 17 Abs. 1 verstoßen, wenn die technische Netzverbindung wieder gelöst würde[17]. Wird der Anschluss grundlos »abgeschaltet«, könnte der Anschlusskunde entweder Zivilrechtsschutz im Wege einer einstweiligen Verfügung auf Wiederanschluss beantragen oder aber gemäß § 30 die Regulierungsbehörde um ihr Einschreiten bitten.

V. Verweigerung des Netzanschlusses (Abs. 2)

Nach § 17 Abs. 2 kann der Netzbetreiber den Anschluss verweigern, wenn dieser unmöglich ist oder ihm nicht zugemutet werden kann oder die Anschlussverwirklichung den Zielen des § 1 (insb. Billigkeit, Sicherheit und Umweltverträglichkeit der Elektrizitätsversorgung) widerspräche. Zur Konkretisierung der Unzumutbarkeit verweist der Gesetzgeber einerseits auf betriebsbedingte, andererseits auf sonstige Gründe.

1. Verstoß gegen die Ziele des § 1

Eine Beeinträchtigung des Zieles einer **sicheren Energieversorgung** kann eintreten, wenn die Versorgungsleitung überlastet wird. **Kapazitätsgründe** können daher zur Verweigerung der Zumutbarkeit des Netzanschlusses führen. Letztlich handelt es sich insofern um betriebsbedingte Unzumutbarkeit. Entschieden ist der Streit darüber, ob der Berliner Gebietsversorger (BEWAG) berechtigt war, auf eine vom Westen an die Hauptstadt heranführenden Höchstspannungsleitung zusätzliche Strommengen zu übernehmen; das Unternehmen berief

---

17 Vgl. dazu BGH RdE 2005, 222, 224 ff. – Mainova.

sich seinerzeit auf eine Ausschöpfung der Kapazität sowie die Gefahr, dass die Versorgung des Westteils der Stadt im Falle der Übernahme zusätzlicher Mengen gefährdet würde[18]. Die Netzengpässe konnten erst Ende 2000 beseitigt werden. Im Ostteil der Stadt bestanden dagegen keine Netzrestriktionen, so dass die BEWAG insofern Durchleitungen zustimmte. Da die Durchleitungsinteressenten keine Netzengpässe zu erkennen vermochten, weil das Westberliner Netz mit dem Verbundnetz über eine 380-kV-Freileitung mit zwei Stromkreisen verbunden war und diese eine Transportkapazität von ca. 1.500 MW aufweisen, wohingegen die innerhalb Berlins nachgeschaltete 380 kV-Doppelkabelverbindung für 1.000 MW ausgelegt war, wurde das Bundeskartellamt eingeschaltet. BEWAG verwies darauf, dass restliche Kapazitäten der Leitung für den Fall eines Ausfalls reserviert werden müssten, weil im Westteil der Stadt kurzfristig keine größere Reserveleistung aktivierbar sei[19].

35 Ein Verstoß gegen das Ziel der **Umweltverträglichkeit** aufgrund der Zulassung von neuen Netzanschlüssen ist nur schwer vorstellbar. Da der Netzbetreiber nicht in jedem Fall verpflichtet ist, das Netz zu verstärken oder gar neue Leitungen zu bauen[20], werden Natur und Landschaft sowie Anlieger aufgrund eines verstärkten Netzverkehrs nicht beeinträchtigt[21]. Weil mit dem Netzanschluss Baukostenzuschüsse eingeworben und zukünftig Netzzugangsentgelte realisiert werden können, ist auch das Ziel der Preisgünstigkeit nicht gefährdet.

2. Unmöglichkeit des Anschlusses

36 Unmöglichkeit ist die nicht nur vorübergehende Unfähigkeit des Verpflichteten, die geschuldete Leistung zu erbringen[22]; die Unmöglichkeit kann vor oder nach Entstehen der Verbindlichkeit eingetreten

---

18 Vgl. ZfK 4/1999, S. 8: »Durchleitung vorerst nur in Ostberlin«.
19 ZfK 4/1999, S. 8.
20 Vgl. allerdings Art. 9 lit. d) RL-Elt (»... koordinierten Ausbau ...«): Sollte daraus eine Bindung der Mitgliedstaaten i. S. einer Festlegung von Ausbaupflichten resultieren, hat der deutsche Gesetzgeber dies nicht umgesetzt.
21 Dies gilt vorbehaltlich weiterer Untersuchungen zum Problem des Elektrosmogs.
22 Allgemein zum Unmöglichkeitsbegriff vgl. *MünchKomm/Ernst*, BGB, Bd. 2, 4. Aufl. München 2003, § 275 Rz. 35 ff.

sein. Ausreichend ist auch die sog. subjektive Unmöglichkeit[23], weil es nur auf das Leistungsvermögen des Netzbetreibers ankommt.

In der Literatur wird die Unmöglichkeit einer Durchleitung als **absoluter Verweigerungsgrund** bezeichnet[24]; diese Kategorisierung lässt sich auf den Netzanschluss übertragen. Der Anschluss ist insbesondere dann unmöglich, wenn ausreichende Kapazität zur Aufnahme oder Abgabe von Energie im konkreten Netzabschnitt nicht mehr vorhanden ist. Dazu ist auf die jeweilige aktuelle und tatsächliche Situation unter Berücksichtigung der im Zeitablauf schwankenden Netzlasten abzustellen. Grundsätzlich ist davon auszugehen, dass vertraglich bereits zugesagte Anschlüsse nach dem **Prioritätsgrundsatz** Vorrang haben. Auf die Rechtslage bei EEG-Einspeiseanfragen wird verwiesen[25].

Neben dem Prioritätsgrundsatz kommt ein **Ausschreibungsverfahren** zur Verteilung knapper Anschlusskapazitäten grundsätzlich **nicht in Betracht**[26]. Zwar handelt es sich bei der »Versteigerung« freier Netzkapazitäten an den Höchstbietenden noch um ein objektives, transparentes und diskriminierungsfreies Kriterium i. S. der Binnenmarktrichtlinien Erdgas bzw. Elektrizität; weil der deutsche Gesetzgeber in § 17 Abs. 1 jedoch eine strikte Gleichbehandlung aller Anschlusspetenten gerade im Hinblick auf die Angemessenheit des Entgeltes angeordnet hat (»... nicht ungünstiger .... als ...«), ist der Netzbetreiber zur gleichmäßigen Anwendung seines Entgeltsystems verpflichtet, was die Ausschreibung ausschließt.

Ist absehbar, dass die früheren vertraglichen Verpflichtungen zum Netzanschluss nicht realisiert werden, muss der Netzbetreiber dies dem Anschlusspetenten, dessen Wünsche bisher nicht voll berücksichtigt werden konnten, unverzüglich mitteilen und den Anschluss zeitnah anbieten. Treten die Engpässen nur zeitweise auf, muss der neu zum Anschluss Berechtigte die Einspeisung während der kriti-

---

23 Dritte wären dann zur Erfüllung der Verpflichtung durchaus in der Lage, vgl. § 275 Abs. 2 BGB.
24 *Kasper*, Durchleitung von Strom, Köln/Berlin/Bonn/München 2001, S. 50.
25 Vgl. *Salje*, Netzverträglichkeitsprüfung, Versorgungswirtschaft 2001, S. 225, 227 ff.
26 So zu Recht für den Netzzugang *Kasper*, Durchleitung von Strom, S. 67 f.

schen Zeiträume entsprechend zurücknehmen (sog. Erzeugungsmanagement, vgl. dazu § 4 Abs. 3 EEG[27]).

40 Da es sich bei der Unmöglichkeit des Netzanschlusses um ein objektives Kriterium handelt, verbieten sich hier jegliche Wertungen. Deshalb kann es nicht darauf ankommen, ob mithilfe des neuen Anschlusses Wettbewerb (im Verhältnis zum Netzbetreiber oder zu mit diesem verbundenen Unternehmen) begründet wird oder nicht; wird durch Lieferantenwechsel (auch zulasten von mit dem Netzbetreiber verbundenen Unternehmen) entsprechende Kapazität frei, kann der Petent diese Kapazität nutzen[28]. Das nachprüfende Gericht bzw. die Behörde hat durch Sachverständigengutachten die dann konkret realisierte Kapazität zur Aufnahme neuer Anschlüsse zu prüfen; nur wenn die Kapazitätsberechnung unter Einbeziehung des geplanten Anschlusses sowie unter Berücksichtigung der mit diesem Neuanschluss wegfallenden Inanspruchnahme eine Unterdeckung ergibt, fehlt die Kapazität objektiv, so dass der Anschluss in der Tat unmöglich ist.

41 Da die Unmöglichkeit ein objektives Kriterium ist, dürfen Möglichkeiten zum **Freimachen von Anschlüssen, Kuppelstellen, Hubs und Leitungen** nicht untersucht werden; insofern handelt es sich um Zumutbarkeitsüberlegungen und damit Wertungen, die erst im Rahmen der Prüfung der zweiten Alternative des § 17 Abs. 2 Satz 1 relevant werden[29]. Bei der Kapazitätsberechnung sind alle tatsächlich realisierten Inanspruchnahmen in Rechnung zu stellen, soweit sie mit der Vertragslage in Einklang stehen. Überschreitungen »aus Kulanzgründen« dürfen nicht vorsorglich einbezogen werden; die Sicherheitsabschläge bei der Nutzung des Netzsystems sind selbstverständlich zu berücksichtigen und mindern die Kapazität zulasten neu anzuschließender Kunden.

42 Im Rahmen des objektiven Verweigerungsgrundes der Unmöglichkeit gilt der **Prioritätsgrundsatz**: Der vertraglich gerechtfertigte frühere Anschluss setzt sich kapazitätsmäßig gegen spätere Anschlüsse durch.

---

27 Vgl. *Salje*, Netzengpassmanagement, RdE 2005, S. 250 ff.
28 Streitig für die ehemalige Durchleitung: Wie hier *Kasper*, Durchleitung von Strom, S. 51 ff. (unter Betonung des Einzelfalls); *Danner/Theobald*, Energierecht, § 6 EnWG 1998, Rz. 43 ff.; *Theobald/Zenke*, Netzzugang, in: HBEnWR, § 12 Rz. 45 ff. AA *Schmidt-Preuß*, Gewährleistung des Privateigentums, AG 1996, S. 1, 8; *Büdenbender*, EnWG 1998, § 6 Rz. 38 ff.; *Recknagel*, EnWG 1998, § 6 Anm. 12.3 (S. 122 ff.).
29 Vgl. dazu unten § 17 Rz. 46 ff.

V. Verweigerung des Netzanschlusses (Abs. 2)

Dabei ist auf strikte Kongruenz zwischen kontrahierter Aus- und Einspeiseleistung und tatsächlich realisierter Leistung zu achten; Vorratsanschluss-Reservierungen bleiben unberücksichtigt. Damit kann ein »Wettlauf« um reservierte Kapazitäten sicher ausgeschlossen werden. Ggf. muss der Netzbetreiber bzw. die Regulierungsbehörde für Pönalen sorgen, um fiktive Inanspruchnahmen möglichst sicher auszuschließen. Man könnte auch daran denken, nicht realisierte Netzanschlüsse »doppelt« abzurechnen und es so dem nächst berechtigten Petenten zu ermöglichen, für eine spiegelbildliche Nutzungszeit kostenlos – besser: auf Kosten des »Nichtnutzers« – seinen Anschluss zu realisieren.

§ 17 Abs. 2 enthält **keine explizite Ausbauverpflichtung**. Die Pflicht zur Engpassbeseitigung ist für die Durchleitung seinerzeit verneint worden[30]. Während die Binnenmarktrichtlinie Elektrizität eine solche Ausbauverpflichtung nicht zwingend anordnet (vgl. Art. 11 Abs. 5 und Art. 14 Abs. 1 und Abs. 7), sehen Art. 8 Abs. 1 lit. a) und Art. 12 Abs. 1 RL-Gas Ausbauverpflichtungen wegen unzureichender Kapazität im Hinblick auf die Ermöglichung des Netzzugangs vor[31]. 43

Keine Unmöglichkeit liegt vor, wenn der neue Anschlussnehmer (Abnehmer oder Erzeuger) noch für eine gewisse Zeit an den Netzbetreiber oder mit ihm verbundene Unternehmen oder Abteilungen vertraglich gebunden ist und möglicherweise nur im Wege des Vertragsbruchs die geplante Lieferbeziehung über den neuen Anschluss zu realisieren vermag. Auch diese Fragen erfordern eine Wertung, so dass allenfalls Unzumutbarkeit in Betracht kommt[32]. 44

Eine Repartierungspflicht des Netzbetreibers kann aus dem Verweigerungsgrund der Unmöglichkeit nicht hergeleitet werden. Eine sol- 45

---

30 *Recknagel*, EnWG 1998, § 6 Anm. 11.3.2.; *Kasper*, Durchleitung von Strom, S. 65 ff.
31 Bereits Art. 17 Abs. 2 RL-Gas 1998 lautete: »Die Mitgliedstaaten können die erforderlichen Maßnahmen ergreifen, um zu gewährleisten, daß Erdgasunternehmen, die den Netzzugang aufgrund unzureichender Kapazität oder eines mangelnden Netzverbunds verweigern, für den erforderlichen Ausbaus Sorge tragen, soweit dies wirtschaftlich vertretbar ist oder wenn ein potentieller Kunde bereit ist, hierfür zu zahlen. In den Fällen, in denen die Mitgliedstaaten Art. 4 Abs. 4 anwenden, ergreifen sie diese Maßnahmen.« Vgl. oben § 11 Rz. 7 ff.
32 So wohl *Recknagel*, EnWG 1998, § 5 Anm. 12.1 (ohne Angabe der konkret anzuwendenden Verweigerungsalternative).

che Repartierung setzt die Lösung schwieriger Wertungsfragen voraus und betrifft daher die Unzumutbarkeit. Im Einklang mit der Objektivität ersteren Verweigerungskriteriums ist der Diskriminierungsgrundsatz deshalb rein formell zu handhaben: Vertraglich angemeldete und realisierte Netzanschlüsse haben Vorrang vor späteren Kontrakten. Ob die Spezialregelung des § 4 Abs. 3 EEG (Anschlussregelung mit Erzeugungsmanagement) verallgemeinert werden kann, erscheint als offen.

3. Unzumutbarkeit des Anschlusses

46 Die Mehrzahl der Verweigerungsgründe bedarf zur Überprüfung einer **Wertung**. Diese Wertung kann an diejenigen Grundsätze angelehnt werden, die im Rahmen von § 19 GWB für den Missbrauch und von § 20 Abs. 1 GWB für die Diskriminierung entwickelt worden sind[33]. In jedem Falle einer auf Unzumutbarkeit gestützten Anschlussverweigerung ist eine **Abwägung der beteiligten Interessen** erforderlich, um zu ermitteln, ob unter Berücksichtigung des öffentlichen Interesses im Einzelfall die Interessen des Netzbetreibers Vorrang vor denen des Anschlusspetenten haben. Dabei sind die Ziele des § 1 ebenso zu berücksichtigen wie die Grundsätze der Binnenmarktrichtlinien Erdgas und Elektrizität: Die Verweigerung ist nur zulässig, wenn sie aus intersubjektiv nachvollziehbaren (objektiven), transparenten und nicht diskriminierenden Gründen erfolgt. In der Literatur wurde in Bezug auf die Durchleitung auch von **relativen Verweigerungsgründen** gesprochen[34]. Die Unterscheidung von absoluten und relativen Verweigerungsgründen stimmt mit der gesetzlichen Unterscheidung – Unmöglichkeit bzw. Unzumutbarkeit – allerdings nicht vollständig überein[35].

47 Leitbild der Wertung ist immer die **Freiheit des Netzzugangs**, was den Anschluss voraussetzt; auch aus der Gesetzesfassung von § 17 Abs. 2 wird deutlich, dass der Gesetzgeber den Anschluss als Regelfall und seine Unzumutbarkeit als vom Netzbetreiber besonders zu begründende Ausnahme ansieht. In Fällen nicht ausräumbarer Zweifel

---

33 Vgl. *v. Gamm*, Kartellrecht, § 22 Rz. 32 ff. sowie § 26 Rz. 54 und 64.; *Bechtold*, GWB, § 19 Rz. 78 ff. und § 20 Rz. 41 ff. Vgl. insbesondere BGH RdE 2005, 222, 224 ff. – Mainova – zu § 19 Abs. 4 Ziff. 4 GWB.
34 *Kasper*, Durchleitung von Strom, S. 78 ff.
35 Anders offenbar *Kasper*, Durchleitung von Strom, S. 71 f., sowie Definition der relativen Verweigerung auf S. 78 f.

V. *Verweigerung des Netzanschlusses (Abs. 2)*

(»non liquet«) bedeutet dies, dass dem Netzbetreiber der Nachweis der Unzumutbarkeit misslingt und deshalb der Anschluss zu gewähren ist, wenn Versorgungssicherheit und Umweltverträglichkeit dem nicht entgegenstehen.

a) Betriebsbedingte Unzumutbarkeit

Regelmäßig wird sich der Netzbetreiber zur Verhinderung des Anschlusses auf betriebsbedingte Gründe berufen. Dies gilt insbesondere, wenn die **Kapazität** des vorhandenen Netzes **erschöpft** ist und eine **Überlastung** oder gar ein **Ausfall** droht. Ob und inwieweit die Vorhaltung notwendiger Leitungs-Reservekapazitäten als betriebsbedingte Unzumutbarkeit die Verweigerung zu rechtfertigen vermag, ist noch zu entscheiden.

48

aa) Streit über das angemessene Anschlussentgelt

Ein Grund für eine zulässige betriebsbedingte Anschlussverweigerung liegt nicht vor, wenn sich die Parteien lediglich über die **Höhe des Entgelts** nicht zu einigen vermögen[36]. Wenn zum Anschluss verpflichtete Unternehmen Anlagenteile, die zur baldigen Stilllegung ganz oder teilweise bestimmt waren, einstweilen weiterbetreiben müssen und daraus Kostenerhöhungen resultieren, so muss über eine eventuelle Erstattung dieser Kosten im Rahmen des Anschlussentgelts gesprochen werden[37]. Dem Gesetzeszweck der §§ 17 ff. widerspräche es, wenn über § 17 Abs. 1 hinaus die Einigung über das Entgelt konstituierender Bestandteil des Anschlusses wäre. Zwar wäre es nicht undenkbar, unter Hinweis auf die §§ 320, 273 BGB i. V. m. § 154 Abs. 1 BGB (Zurückbehaltungsrecht, Einrede des nicht erfüllten Vertrages, Einigung über alle wesentlichen Vertragsbestandteile) mangels Vertragsschlusses den Anschluss unter Hinweis auf allgemeines Vertragsrecht zu verweigern. Dem steht allerdings entgegen, dass auf diese Weise effektiver und funktionsfähiger Wettbewerb bei der Beliefe-

49

---

36 Vgl. dazu den früheren Streit zwischen Elektromark und Enron, ZfK 1/1999, S. 1: »Musterprozeß ausgeräumt. Einigung zwischen Elektromark und Enron zu Durchleitungskosten«.
37 Vgl. den vorgesehenen Abbau einer nur noch als Reserve genutzten Freileitung: OLG Hamm ZNER 2003, 49 – Freileitung zur Noteinspeisung; LG Dortmund RdE 2002, 293 – Freileitung zur Noteinspeisung.

rung mit Energie auf Jahre hinaus – bis zum Ende des Rechtsstreits über die Höhe des Entgelts – verweigert werden könnte[38].

50 In dieser Situation ist es allein sinnvoll, den Anschluss vorbehaltlich des Ergebnisses zum Rechtsstreit über die Höhe des Entgelts einstweilen und sofort zu gestatten, wobei möglicherweise der Anschlussinteressent anbieten muss, den nicht akzeptierten Teil des Anschlussentgelts unter Hinweis auf eine Rückforderungsmöglichkeit zu zahlen oder aber zu hinterlegen. Zwar wird der Petent mangels sicherer Konditionen insofern mit einer erheblichen kalkulatorischen Unsicherheit belastet; will er aber gleichwohl am Anschlussbegehren festhalten, darf der Netzbetreiber dieses nicht verhindern. Zuviel gezahlte oder hinterlegte Entgeltanteile können dann im Wege der Klage aus ungerechtfertigter Bereicherung zurückverlangt werden.

51 Dass der Anschluss aufgrund bloßer Nichteinigung über die Entgelte nicht betriebsbedingt verweigert werden darf, folgt auch aus einem Umkehrschluss zu § 46 Abs. 1 Satz 2. Danach können Gemeinden die Mitbenutzung ihrer öffentlichen Verkehrswege für Verlegung und Betrieb von Versorgungsleitungen verweigern, solange die Zahlung von Konzessionsabgaben in Höhe der Höchstsätze nach § 48 Abs. 2 nicht gesichert und eine Einigung über die Höhe der Konzessionsabgaben noch nicht erzielt ist. Nur hier wirkt sich die Nichteinigung zur Entgeltfrage auf das zugrunde liegende Vertragsverhältnis (Wegenutzungsvertrag) aus; weil eine entsprechende Regelung in § 17 Abs. 2 fehlt, bilden Zurückbehaltungsrecht und der Hinweis auf eine unvollständige vertragliche Einigung beim verhandelten Nutzzugang gerade keinen Hinderungsgrund[39].

bb) Beeinträchtigung des ordnungsgemäßen Netzbetriebs

52 Als betriebsbedingte Gründe können nur solche in Betracht kommen, die **auf den Netzbetrieb des Unternehmens bezogen** sind[40]. Dabei sind im Einklang mit den Binnenmarktrichtlinien Elektrizität und Gas die Besonderheiten des existierenden Versorgungsnetzes in technischer und möglicherweise auch in wirtschaftlicher Hinsicht zu be-

---

38 So zu Recht OLG Dresden RdE 2001, 144, 145 – unmittelbarer Netzzugang (mit weiteren Nachweisen).
39 Vgl. dazu *Lukes*, Liberalisierung des Strommarktes – Realität oder Utopie?, Beilage 12 zu Heft 48 des BB 1998, S. 1, 8 ff.
40 So für die frühere Durchleitung *Recknagel*, Kommentar zum EnWG, § 6 Anm. 11.3 (S. 119).

rücksichtigen. Letztlich kommt als betriebsbedingte Verweigerung hauptsächlich ein **Kapazitätsmangel** bei unzumutbarer Ausbauverpflichtung in Betracht. Ob Unzumutbarkeit vorliegt, lässt sich letztlich nur aufgrund einer Abwägung der beteiligten Interessen mit Priorität des öffentlichen Interesses ermitteln, so wie es in § 17 Abs. 1 zum Ausdruck kommt[41]. Gründe, die außerhalb des Netzbetriebs liegen (z. B. Erzeugung, Vertrieb, Image des Unternehmens), können deshalb allenfalls als sonstige Gründe berücksichtigungsfähig sein.

b)   Sonstige Unzumutbarkeitsgründe

In der Literatur wurden für § 6 EnWG 1998 »alle relevanten Gründe« außerhalb der Betriebsbedingtheit als **sonstige Gründe** angesehen, soweit sie auf die verlangte Durchleitung einzuwirken vermochten[42]. Insbesondere Vertragsverletzungen und sonstige Anwendungsfälle des allgemeinen Vertragsrechts sollten eine Unzumutbarkeit in sonstiger Hinsicht zu begründen vermögen.   53

Diese Auffassung ist im Hinblick auf § 17 Abs. 2 zu konturenlos, um eine sinnvolle Eingrenzung der sonstigen Gründe sicherzustellen; der bloße Bezug zum verlangten Anschluss sowie eine wie auch immer geartete »Relevanz« können nicht ausreichen, um Unzumutbarkeit zu begründen. Insbesondere bildet die (einfache) Vertragsverletzung keinen sonstigen Unzumutbarkeitsgrund. Deshalb ist nach (engeren und tauglicheren) **Eingrenzungskriterien** für eine sonstige Unzumutbarkeit zu suchen.   54

Diese müssen dadurch gekennzeichnet sein, dass sie ihren Ursprung außerhalb des EnWG haben und von solchem Gewicht sind, dass für Netzbetreiber ein derartiger **Vertragsschluss letztlich nicht hinnehmbar** ist. Dies folgt aus dem Gewicht der Institution »Wettbewerb« und der EG-einheitlichen Harmonisierung und Liberalisierung des Rechts der Elektrizitätslieferung. Insbesondere solche Gründe, die die Nichtigkeit von Verträgen, Verstöße gegen die Wertordnung des Grundgesetzes oder schwerwiegende Sanktionen (ordre public-Verstoß) zu begründen vermögen, kommen als sonstige Gründe in Betracht. Damit wird verhindert, dass bereits jede beliebige – mit den Mitteln des Zivilrechts kompensationsfähige – Vertragsverletzung als tauglicher sonstiger Grund die Unzumutbarkeit eines Anschlusses zu   55

---

41 So zu Recht *Recknagel*, a.a.O., § 6 Anm. 12.1.
42 *Recknagel* ebd.

§ 17 Netzanschluss

rechtfertigen vermag. Eine solche Auffassung stünde weder mit dem Ziel einer Rechtsharmonisierung im Gemeinsamen Binnenmarkt der EG noch mit der Bedeutung der Institution des Wettbewerbs im Einklang.

56 Über den engen Bezug zum Anschlussbegehren hinaus muss der sonstige Grund deshalb geeignet sein, **einem wichtigen Interesse des Gesetzgebers zum Durchbruch** zu verhelfen. Dazu zählen im Bereich des Zivilrechts insbesondere die »**ordre public-Verstöße**«. Ein wettbewerbswidriges (§§ 3 ff. UWG) oder kartellrechtswidriges (§§ 19, 20 GWB) Verhalten des Anschlussinteressenten wird im Regelfall einen sonstigen Unzumutbarkeitsgrund i. S. v. § 17 Abs. 2 herbeiführen. In Zweifelsfällen wird man sich an der Parallele zum Missbrauchsverbot des § 19 GWB zu orientieren haben, wonach nur zweckwidriges Verhalten einen Missbrauch zu begründen vermag[43]. Die vom BGH in der Mainova-Entscheidung zu § 19 Abs. 4 Ziff. 4 angestellten Erwägungen haben auch für § 17 Abs. 2 besonderes Gewicht[44].

4. Rechtsfolgen der Verweigerung

57 Hat der Netzbetreiber unter Beachtung der Anschlussverweigerungsgründe über die Ablehnung (intern) entschieden, muss diese dem Anschlusspetenten **in Textform begründet** mitgeteilt werden, § 17 Abs. 2 Satz 2. Dabei ist unter **Textform** ein dauerhaft wiederzugebender Text zu verstehen, der (anders als bei Schriftform, vgl. §§ 126, 127 BGB) nicht unterschrieben werden muss (§ 126b BGB). Zu Recht wird in der Regierungsbegründung zu § 17 Abs. 2 darauf hingewiesen, dass die Begründung »nicht lediglich formelhaft« erfolgen darf[45]. Vielmehr müssen in Bezug auf die Gründe »aussagekräftige Informationen« mitgeteilt werden, so dass zumindest von einem Fachmann die Ablehnung nachvollzogen werden kann[46]. Dort heißt es weiter[47]:

> »Sofern der Netzanschluss aufgrund eines Kapazitätsmangels abgelehnt wird, müssen diese Informationen sich auf Verlangen der

---

43 Vgl. zu Einzelheiten *Emmerich*, Kartellrecht, 9. Aufl. München 2001, S. 185 ff.
44 BGH RdE 2005, 222, 224 ff. – Mainova.
45 BT-DrS 15/3917, S. 58.
46 Gesetzesbegründung ebd.
47 Ebd.

beantragenden Partei auf die Maßnahmen erstrecken, die gegebenenfalls geeignet sind, die Voraussetzungen für den begehrten Netzanschluss zu schaffen.«

Diese **erweiterte Begründung** kann gemäß **Satz 3** des § 17 Abs. 2 beansprucht werden und umfasst folgende Informationen in Bezug auf das Vorliegen eines Kapazitätsmangels: 58

– Art und Umfang des Kapazitätsmangels

– konkrete Maßnahmen zum erforderlichen Netzausbau

– Kosten dieses Netzausbaus

Aus der Begründung muss unter Hinweis auf die einschlägigen Richtlinien im Sinne von § 49 Abs. 2 hervorgehen, dass gerade das konkrete Netzanschlussbegehren diesen Ausbau erfordert; die Kosten eines ohnehin geplanten Ausbaus des betreffenden Netzabschnitts, um weiteren potenziellen Anschlussbegehren Rechnung zu tragen, sind in diesem Zusammenhang irrelevant. Liegen mehrere Anschlussbegehren vor, benötigt der Anschlussnehmer allerdings die Information, ob im Wege eines anteiligen Baukostenzuschusses und in welcher Höhe der Netzausbau bewerkstelligt werden kann. Sind Planfeststellungs- bzw. Plangenehmigungsverfahren im Sinne von § 43 bereits eingeleitet worden oder liegt bereits ein Verfahrensergebnis vor, so ist dieses Bestandteil der erforderlichen Informationen. Eine **Nachforderung der Begründung** lässt HS 2 des § 17 Abs. 3 Satz 3 zu. 59

Während im Regierungsentwurf die **Kostentragung für erweiterte Begründungen** (Satz 4 des § 17 Abs. 2) noch vollständig auf den Anschlusspetenten zu überwälzen vorgesehen war[48], hat der Wirtschaftsausschuss die Kostentragungspflicht unter Verzicht auf das zuvor vorgesehene Angemessenheitskriterium **halbiert**[49]: 60

»... soll verhindert werden, dass der Netzbetreiber im Rahmen der von ihm geforderten Begründung unverhältnismäßig hohen Aufwand, beispielsweise durch die Erstellung oder Beauftragung teurer Sachverständigengutachten, betreibt. Vor diesem Hintergrund erscheint es angemessen, das Entgelt der Höhe nach hälftig auf den Netzbetreiber und den Anschlusspetenten aufzuteilen. Zu-

---

48 BT-DrS 15/3917, S. 15.
49 BT-DrS 15/5268, S. 28 mit Begründung S. 119.

dem kommt ein Netzbetreiber bei der Begründung eigener rechtlichen Verpflichtungen nach.«

61 Der Verzicht auf das Angemessenheitskriterium bedeutet nicht, dass nunmehr jedwede (entstandenen) Kosten hälftig in Rechnung gestellt werden dürfen. Vielmehr muss in analoger Anwendung von § 670 BGB (Aufwendungsersatzanspruch des Beauftragten in Höhe der erforderlichen Aufwendungen) die Notwendigkeit des Aufwandes jeweils feststehen, um den Rechnungsbetrag rechtfertigen zu können. In Zweifelsfällen wird der Netzbetreiber mit dem Netzanschlusspetenten zu klären versuchen, ob die Kosten für die Einholung von Sachverständigengutachten usw. auch aus der Sicht des Petenten wirklich veranlasst sind. Verzichtet der Petent auf einen solchen Aufwand, muss der Begründungsumfang einschließlich der Begründungstiefe notwendig schmaler ausfallen.

62 Um den Petenten nicht mit der Kostenerstattungsforderung zu überraschen, ordnet HS 2 des § 17 Abs. 2 Satz 4 eine **vorausgehende Hinweispflicht des Netzbetreibers** an. Diese muss sich nur darauf erstrecken, dass nach der gesetzlichen Regelung derartige Kosten hälftig in Rechnung gestellt werden; eine Vorausschätzung der Kostenhöhe ist nicht Bestandteil der Hinweispflicht. Erkundigt sich der Petent nach der voraussichtlichen Kostenhöhe, muss der Netzbetreiber aufgrund seiner Erfahrungen zumindest eine Kostenvoreinschätzung mitteilen, ohne hierfür ein Entgelt verlangen zu können.

VI. Verordnungsermächtigung (Abs. 3)

63 Die Verordnungsermächtigung des § 17 Abs. 3 ist an die Bundesregierung adressiert; die Zustimmung des Bundesrates ist erforderlich, so dass der Einfluss der nach Landesrecht zuständigen Behörde (§ 55 Abs. 2) sowie der Landesregulierungsbehörden (§ 54 Abs. 2) geltend gemacht werden kann. Der Wirtschaftsausschuss des Bundestages hat lediglich **Satz 2 Ziff. 3** am Ende mit dem Ziel ergänzt, dass **Interesse der Allgemeinheit an einer möglichst kostengünstigen Struktur der Energieversorgungsnetze** in die Verordnungsregelungen einfließen zu lassen.

64 **Satz 1** enthält Ermächtigungen zu folgenden Inhalten:

– Festlegung der technischen und wirtschaftlichen **Bedingungen** für einen Netzanschluss nach § 17 Abs. 1

VI. Verordnungsermächtigung (Abs. 3)

- alternativ: Methoden für die Bestimmung dieser Bedingungen

- Konkretisierung von Fallgestaltungen, in denen die Regulierungsbehörde Bedingungen und Methoden im obigen Sinne festzulegen berechtigt ist

- Einführung eines **Genehmigungserfordernisses** durch die Regulierungsbehörde

Satz 2 ermächtigt zu folgenden Detailregelungen: 65

- Bestimmung der Inhalte der **Verträge** zwischen Netzbetreibern und Anschlussnehmern (einheitliche Festsetzung)

- Regelung von Abschluss, Gegenstand und Beendigung von Netzanschlussverträgen

- Regelungen im Hinblick auf die **Unzumutbarkeit** eines Netzanschlusses im Sinne von § 17 Abs. 2 unter Berücksichtigung einer kostengünstigen Struktur von Energieversorgungsnetzen

Solange die Rechtsverordnungen – einerseits zu den technischen und 66 wirtschaftlichen Bedingungen des Netzanschlusses und den diesbezüglichen Aufgaben der Regulierungsbehörde, andererseits zu den Inhalten des Anschlussvertrages einschließlich einer Konkretisierung von Netzanschlussverweigerungsgründen – nicht ergangen sind, müssen Netzbetreiber sowie Rechtsanwender die Bedingungen des Netzanschlusses (Abs. 1) sowie seiner Verweigerung (Abs. 2) **unmittelbar den gesetzlichen Vorschriften entnehmen.** Dazu kann auf die Rechtsprechung zu den §§ 6, 6a EnWG 1998/2003 zurückgegriffen werden[50]. Auch die Entscheidung des BGH vom 28.6.2005 betreffend den Zugang eines Arealnetzbetreibers zum Mittelspannungsnetz des örtlichen Versorgers enthält – über die kartellrechtliche Rechtsgrundlage hinaus – wertvolle Hinweise zu den Voraussetzungen des Netzanschlusses und potenziellen Verweigerungsgründen[51].

Keineswegs kann ein Netzbetreiber den Anschluss mit der Begrün- 67 dung verweigern, die nach § 17 Abs. 3 erforderlichen Rechtsverordnungen seien noch nicht ergangen, so dass abgewartet werden müsse, welche technischen und wirtschaftlichen Bedingungen zu veröffent-

---

50 Überblick bei *Büdenbender*, EnWG 1998, § 6 Rz. 28 ff.; *Theobald/Zenke*, Grundlagen der Strom- und Gasdurchleitung, München 2001, S. 53 ff.
51 BGH RdE 2005, 222, 224 ff. – Mainova.

§ 17 Netzanschluss

lichen seien, ob Genehmigungen bei der Regulierungsbehörde eingeholt werden müssten und was zukünftiger Bestandteil der Anschlussverträge werde. Da derartige Anschlussverträge schon jetzt standardisiert abgeschlossen werden, kann auf diese Praxis unter Berücksichtigung der oben angeführten Rechtsprechung zurückgegriffen werden. Auch ohne Erlass der Einzelregelungen enthaltenden Rechtsverordnungen ist § 17 anwendbar und praktikabel.

§ 18 Allgemeine Anschlusspflicht

(1) ¹Abweichend von § 17 haben Betreiber von Energieversorgungsnetzen für Gemeindegebiete, in denen sie Energieversorgungsnetze der allgemeinen Versorgung von Letztverbrauchern betreiben, allgemeine Bedingungen für den Netzanschluss von Letztverbrauchern in Niederspannung oder Niederdruck und für die Anschlussnutzung durch Letztverbraucher zu veröffentlichen sowie zu diesen Bedingungen Jedermann an ihr Energieversorgungsnetz anzuschließen und die Nutzung des Anschlusses zur Entnahme von Energie zu gestatten. ²Diese Pflichten bestehen nicht, wenn der Anschluss oder die Anschlussnutzung für den Betreiber des Energieversorgungsnetzes aus wirtschaftlichen Gründen nicht zumutbar ist.

(2) ¹Wer zur Deckung des Eigenbedarfs eine Anlage zur Erzeugung von Elektrizität betreibt oder sich von einem Dritten an das Energieversorgungsnetz anschließen lässt, kann sich nicht auf die allgemeine Anschlusspflicht nach Absatz 1 Satz 1 berufen. ²Er kann aber einen Netzanschluss unter den Voraussetzungen des § 17 verlangen. ³Satz 1 gilt nicht für die Deckung des Eigenbedarfs von Letztverbrauchern aus Anlagen der Kraft-Wärme-Kopplung bis 150 Kilowatt elektrischer Leistung und aus erneuerbaren Energien.

(3) ¹Die Bundesregierung kann durch Rechtsverordnung mit Zustimmung des Bundesrates die Allgemeinen Bedingungen für den Netzanschluss und dessen Nutzung bei den an das Niederspannungs- oder Niederdrucknetz angeschlossenen Letztverbrauchern angemessen festsetzen und hierbei unter Berücksichtigung der Interessen der Betreiber von Energieversorgungsnetzen und der Anschlussnehmer

1. die Bestimmungen über die Herstellung und Vorhaltung des Netzanschlusses sowie die Voraussetzungen der Anschlussnutzung einheitlich festsetzen,

2. Regelungen über den Vertragsabschluss und die Begründung des Rechtsverhältnisses der Anschlussnutzung, den Übergang des Netzanschlussvertrages im Falle des Überganges des Eigentums an der angeschlossenen Kundenanlage, den Gegenstand

§ 18 Allgemeine Anschlusspflicht

und die Beendigung der Verträge oder der Rechtsverhältnisse der Anschlussnutzung treffen und

3. die Rechte und Pflichten der Beteiligten einheitlich festlegen.

²Das Interesse des Anschlussnehmers an kostengünstigen Lösungen ist dabei besonders zu berücksichtigen. ³Die Sätze 1 und 2 gelten entsprechend für Bedingungen öffentlich-rechtlich gestalteter Versorgungsverhältnisse mit Ausnahme der Regelung des Verwaltungsverfahrens

Überblick	Seite	Rz.
I. Regelungszweck und Entstehungsgeschichte	531	1
II. Allgemeine Anschlusspflicht (Abs. 1 Satz 1)	532	5
1. Kontrahierungszwang	532	6
2. Voraussetzungen der allgemeinen Anschlusspflicht	534	11
a) Netzbetreiber	535	12
b) Anschluss von Letztverbrauchern	535	14
c) Allgemeine Versorgung	535	15
aa) Haushaltskundenversorgung	536	18
bb) Sonderkundenversorgung	537	21
d) Im konkreten Gemeindegebiet	538	23
e) Gas oder Elektrizität	539	28
III. Rechtsfolgen der Anschlusspflicht	540	29
1. Veröffentlichung der allgemeinen Anschlussbedingungen	540	30
a) Bekanntgabe allgemeiner Versorgungsbedingungen	540	31
b) Allgemeine Bedingungen der Anschlussnutzung	542	35
2. Anschlusspflicht	542	37
3. Pflicht zur Gestattung der Anschlussnutzung	545	44
IV. Ausnahmen von der Anschlusspflicht (Abs. 1 Satz 2 und Abs. 2)	547	49
1. Wirtschaftliche Unzumutbarkeit	548	53
a) Kundenseite	550	59
b) Gründe auf Seiten des Netzbetreibers	554	70
c) Nachteile Dritter und öffentliches Interesse	555	72
2. Eigenversorgung	556	74
a) Grundsatz	559	82
b) Deckung des Eigenbedarfs aus KWK-Anlagen	562	89

c) Deckung des Eigenbedarfs aus erneuerbaren Energien	564	97
3. Anschluss durch Dritte	565	100
4. Reserve- und Zusatzversorgung	568	108
V. Verordnungsermächtigung	571	116
VI. Verhältnis zu § 17 und Befugnisse der Regulierungsbehörde	572	121

I. Regelungszweck und Entstehungsgeschichte

Regelungsziel des § 18 als auf den Netzanschluss beschränkte Vorläufervorschrift des § 10 EnWG 1998 ist es insbesondere, bestimmte Netzbetreiber (EltVU und GasVU) zum Anschluss von Letztverbrauchern zu öffentlich bekanntzugebenden allgemeinen Bedingungen zu verpflichten (Kontrahierungszwang, Abs. 1 Satz 1), wobei eine solche Anschlusspflicht in Niederspannung/Niederdruck bei wirtschaftlicher Unzumutbarkeit nicht besteht (Abs. 1 Satz 2 und Abs. 2). Damit wird die »**Grundversorgung**« der Bevölkerung mit Netzanschlüssen sichergestellt. Zur näheren Ausgestaltung des **Zumutbarkeitskriteriums** im Hinblick auf die Reserve- und Zusatzversorgung von **Eigenanlagenbetreibern** (§ 18 Abs. 2 Satz 1 bis 3) enthält § 17 Abs. 3 Satz 2 Ziff. 3 eine Verordnungsermächtigung, deren Inhalt ursprünglich durch die Fünfte Verordnung zur Durchführung des Gesetzes zur Förderung der Energiewirtschaft[1] ausgefüllt wurde.

§ 18 ist im Entwurf des Zweiten Gesetzes zur Neuregelung des Energiewirtschaftsrechts[2] bereits praktisch wortgleich enthalten gewesen. Der Wirtschaftsausschuss des Deutschen Bundestages hat lediglich in § 18 Abs. 1 den Begriff »Tarifabnehmer« durch »Letztverbraucher« ersetzt (Klarstellung).

---

1 Vom 21.10.1940, RGBl. I S. 139 i.d.F. v. 21.6.1979, BGBl. I S. 684: Zum 13.7.2005 außer Kraft getreten, vgl. Zweites Neuregelungsgesetz vom 7.7.2005, Art. 5 Abs. 2 Ziff. 3, BGBl. I S. 1970, 2017 f.
2 BT-DrS 15/3917, S. 16 mit Begründung S. 58 f; der Wirtschaftsausschuss (BT-DrS 15/5268, S. 28 f.) hat Abs. 2 nur noch an die Terminologie des neuen Rechts (»Letztverbraucher«) angepasst und die Anschlusskapazität auf 150 kW angehoben.

3 Zu Abs. 2 der Entwurfsfassung[3] verweist die Begründung auf die schon nach bisherigem Recht bestehende Befugnis der Netzbetreiber, Eigenanlagenbetreiber von der allgemeinen Anschlusspflicht auszuschließen. § 10 Abs. 2 EnWG 1998 hatte diesen im Gesetz besonders benannten Unzumutbarkeitsgrund auch auf die **Versorgung durch Dritte** ausgedehnt, was in § 6 Abs. 2 und 3 EnWG 1935 nicht enthalten war. Für die Betreiber von kleineren Kraft-Wärme-Kopplungsanlagen sowie Energieerzeuger aus regenerativen Energien ist hingegen Abs. 1 unmittelbar und uneingeschränkt anzuwenden, Abs. 2 Satz 3. Der diesbezügliche Schwellenwert ist in § 18 Abs. 2 Satz 3 von 50 auf 150 Kilowatt elektrischer Leistung angehoben worden.

4 § 18 Abs. 3 entspricht § 11 Abs. 2 EnWG 2003, der – anders als § 11 Abs. 2 EnWG 1998 – bereits zwischen Anschluss und Anschlussnutzung unterschied. Von der Verordnungsermächtigung war bis zum Inkrafttreten des EnWG 2005 aber kein Gebrauch gemacht worden.

II. Allgemeine Anschlusspflicht (Abs. 1 Satz 1)

5 Im Einklang mit dem Europäischen Recht sowie der bisherigen nationalen Energierechtstradition ordnet § 18 Abs. 1 Satz 1 die Verpflichtung von Netzbetreibern der allgemeinen Versorgung in Niederspannung/Niederdruck an, Letztverbraucher an ihr Netz **anzuschließen** und allgemeine Bedingungen zum Netzanschluss und zur Netznutzung **öffentlich bekannt zu geben** und die Nutzung des Anschlusses zu **gestatten**. Im Folgenden werden zunächst die Voraussetzungen dieses vom Gesetzgeber angeordneten Kontrahierungszwangs dargestellt, um dann auf die einzelnen Voraussetzungen und Rechtsfolgen einzugehen[4].

1. Kontrahierungszwang

6 Nach der Definition von *Nipperdey* ist Kontrahierungszwang anzunehmen, wenn aufgrund einer Norm der Rechtsordnung einem Rechtssubjekt ohne seine Willensbildung im Interesse eines Begünstigen die Verpflichtung auferlegt wird, mit diesem einen Vertrag bestimmten oder von unparteiischer Seite zu bestimmenden Inhaltes ab-

---

3 BT-DrS 15/3917, S. 59.
4 § 18 Rz. 11 ff.

II. Allgemeine Anschlusspflicht (Abs. 1 Satz 1)

zuschließen[5]. Legt man diese Definition als allgemeingültig zugrunde, so folgt aus dem gesetzlich angeordneten Kontrahierungszwang lediglich ein **Anspruch auf Vertragsschluss**, so dass die eigentliche Regelung des Vertragsinhalts dem Vertrag selbst überlassen ist. Nach anderer Auffassung kann demgegenüber bei bestehendem Kontrahierungszwang die Leistung **unmittelbar** – also auch ohne Vertragsschluss – verlangt werden[6]. Demnach wäre aus dem Wortlaut der Norm zu entscheiden, ob die vom Gesetz angeordnete Leistung unmittelbar oder mittelbar – erst auf Grund des Vertragsschlusses – verlangt werden kann.

Anders als § 46 Abs. 1 enthält § 18 Abs. 1 Satz 1 keinen Hinweis darauf, dass die Anschluss- und Versorgungspflicht gerade **durch Vertrag** zu erfüllen ist, der Kunde also zunächst Vertragsschluss und erst dann Versorgung verlangen kann. Für die Bekanntmachungspflicht ist ein Vertragsschluss ohnehin nicht Voraussetzung. Jedenfalls insofern besteht eine unmittelbare Verpflichtung. 7

Die Entscheidung dieser Frage im Rahmen des neuen Rechts ist nicht rein akademischer Natur. Wenn nämlich ein (formeller) Vertragsschluss nicht zustande kommt, weil der Kunde minderjährig ist (und die gesetzlichen Vertreter die Zustimmung verweigern), über bestimmte Vertragsklauseln Streit entsteht oder aus der Sicht des Kunden der Anschluss von überhöhten Hausanschlusskostenbeiträgen usw. abhängig gemacht wird, ist jeweils zu entscheiden, ob auch ohne einen solchen formellen Vertragsschluss die Anschluss- und Gestattungspflicht besteht. Immerhin ist § 18 Abs. 1 als »Jedermann-Recht« ausgestaltet, so dass daraus geschlossen werden könnte, dass die durch den Anschluss geschaffene Möglichkeit zur Versorgung mit leitungsgebundener Energie unabhängig von vertragsrechtlichen Grundsätzen auf jeden Fall vom Netzbetreiber sicherzustellen ist. 8

Während die gemäß § 18 Abs. 1 Satz 1 vorgesehene **Veröffentlichungspflicht** im Vorfeld des Kontrahierungszwangs und diesen vorbereitend, im Übrigen aber nur als öffentlich-rechtliche Verpflichtung denkbar ist[7], ist im Hinblick auf die beiden weiteren Pflichten dieser 9

---

5 *Nipperdey*, Kontrahierungszwang und diktierter Vertrag, Jena 1920, S. 7.
6 *Kilian*, Kontrahierungszwang und Zivilrechtssystem, AcP 180 (1980), S. 47, 82; *Schulte*, Anm. zum Beschluß des OLG Karlsruhe v. 31.3.1976, NJW 1976, S. 1210. Vgl. auch *Bydlinski*, Zu den dogmatischen Grundfragen des Kontrahierungszwanges, AcP 180 (1980), S. 1, 16 m. Nachw.
7 Vgl. dazu unten § 18 Rz. 30 ff.

Vorschrift – Herstellung des Anschlusses und Anschlussnutzung zur Entnahme von Energie – das Bestehen der **zivilrechtlichen Verpflichtung** zweifelsfrei. Obwohl der Gesetzgeber – wie gezeigt – von mittelbarem Kontrahierungszwang ausgeht, so dass die Verpflichtung erst nach Abschluss eines entsprechenden Vertrages zu erfüllen ist, kann eine **unmittelbare Verpflichtung zum Anschluss und zur Anschlussnutzung** – kraft Gesetzes – nicht ausgeschlossen werden. Dazu ist in der Gesetzesbegründung ausgeführt[8]:

> »Das Rechtsverhältnis zur Herstellung und Vorhaltung eines Hausanschlusses wird durch Vertrag begründet, während das Rechtsverhältnis der Anschlussnutzung auch kraft Gesetzes zwischen dem Betreiber des Energieversorgungsnetzes der allgemeinen Versorgung und demjenigen entstehen soll, der einen Netzanschluss zur Entnahme von Energie nutzt.«

10 Damit wird in Bezug auf den unter dem EnWG 1998/2003 und im Hinblick auf die sog. Verbändevereinbarungen schwebenden Streit[9] klargestellt, dass ein **besonderer Vertrag über die Anschlussnutzung nicht** in jedem Fall abzuschließen ist. Vielmehr werden die Vorteile der Anschlussnutzung über die sog. Netzzugangsentgelte (§ 21) abgerechnet, die die Netzbetreiber den Energielieferanten in Rechnung stellen und die letztere an ihre Kunden = Anschlussnehmer weiter berechnen.

2. Voraussetzungen der allgemeinen Anschlusspflicht

11 Die positiven Voraussetzungen der Anschlusspflicht sowie der Pflicht zur Duldung der Anschlussnutzung sind § 18 Abs. 1 Satz 1 zu entnehmen. Auf die Ausnahmen wird unten im Abschnitt IV. (Rz. 49 ff.) eingegangen. Bei der Auslegung kann vom nationalen Recht ausgegangen werden, da die Sicherstellung einer Grundverordnung sowohl mit der Binnenmarktrichtlinie Elektrizität als auch mit der Binnenmarktrichtlinie Gas in Einklang steht (Art. 3 Abs. 3 RL-Elt bzw. RL-Gas) und diese Grundversorgung (§§ 36 ff.) den Anschluss voraussetzt.

---

8 Vgl. BT-DrS 15/3917, S. 58 f.
9 Vgl. VV II plus vom 13.12.2001 (BAnz Nr. 85 b vom 8.5.2002), Ziff. 1.1 (Netzanschluss- und Netznutzungsverträge).

II. Allgemeine Anschlusspflicht (Abs. 1 Satz 1)

a) Netzbetreiber

Die Anschlusspflicht trifft nur Netzbetreiber. Damit bezieht sich der Gesetzgeber auf die Begriffsbestimmung in § 3 Ziff. 4. Dies sind Betreiber von Elektrizitäts- sowie Gasverteilernetzen (§ 3 Ziff. 3 und 7), weil die Pflichten aus § 18 Abs. 1 sich ausschließlich auf Niederspannung bzw. Niederdruck beziehen. 12

Da der Kunde bei leitungsgebundener Energieversorgung darauf angewiesen ist, an das Verteilernetz angeschlossen zu werden, besteht für diese Netzbetreiber jedenfalls eine **Anschlusspflicht** (A-Zwang). Nur solche Unternehmen unterliegen dem A-Zwang nicht, deren Geschäftsbetrieb entweder nicht auf Elektrizitäts- oder Gasversorgung (sondern z. B. auf die Versorgung mit Fernwärme) ausgerichtet ist oder die nach Geschäftszweck und Handhabung im Verhältnis zu Letztverbrauchern gar nicht tätig werden, sondern Spezialversorgung i. S. von § 110 Abs. 1 betreiben. 13

b) Anschluss von Letztverbrauchern

Der in § 3 Ziff. 25 definierte Begriff des Letztverbrauchers umfasst alle diejenigen Haushalte und Unternehmen (Kunden, einschl. Einrichtungen der Öffentlichen Hand), die Gas oder Elektrizität **selbst nutzen**, also für den eigenen Verbrauch kaufen und nicht überwiegend weiterverteilen. Ausgeschlossen von § 18 Abs. 1 sind insbesondere Energiehändler, weil deren Geschäftsbetrieb auf Lieferung von Elektrizität oder Gas und nicht auf Eigenverbrauch ausgerichtet ist. Im Übrigen enthält der Letztverbraucherbegriff praktisch keine Einschränkung des Kontrahierungszwangs. Wegen der Beschränkung auf Niederspannungs- bzw. Niederdrucknetz bilden letztlich alle **Haushaltskunden** die nach § 18 relevante Zielgruppe. 14

c) Allgemeine Versorgung

Die notwendige Eingrenzung der Anschlusspflicht vermögen daher nur die Begriffe »Allgemeine Versorgung« sowie die Gemeindegebietsbezogenheit zu leisten. Bedauerlicherweise hat der Gesetzgeber den Begriff der allgemeinen Versorgung in § 3 Ziff. 17 sehr wenig konkret definiert. Es steht auch zu vermuten, dass die verdeckt ubiquitäre Verwendung dieses Begriffs im EnWG[10] zu jeweils mehr oder 15

---

10 Der umfassende Netzbetreiberbegriff wird über § 110 Abs. 1 im Regelfall auf Netzbetreiber der allgemeinen Versorgung eingegrenzt.

§ 18 Allgemeine Anschlusspflicht

weniger feinen Differenzierungen zwar nicht des begrifflichen Kerns, wohl aber in den Randbereichen des Begriffs notwendig führen muss. Zu Einzelheiten des Begriffskerns, der Netzbetreiber mit Spezialversorgungsaufgaben ausschließt, wird auf die Erläuterungen oben § 3 Rz. 98 ff. verwiesen.

16 Der Begriff der allgemeinen Versorgung i. S. von § 18 Abs. 1 Satz 1 muss mit der **Rechtsfolge** des § 18 Abs. 1 Satz 1 **korrespondieren**. Danach bestehen Anschlusszwang und Pflicht zur öffentlichen Bekanntgabe von hinsichtlich **allgemeiner Bedingungen** für **Netzanschluss** sowie **Netznutzung**. Diese Rechtsfolge verweist damit letztlich auf die Voraussetzung der »allgemeinen Versorgung« zurück. Wer also lediglich Spezialkunden in einem materiellen Sinne des Wortes versorgt, den trifft die Verpflichtung aus § 18 Abs. 1 Satz 1 ohnehin nicht. Im Grundsatz ist davon auszugehen, dass ein bisher in der allgemeinen Versorgung als Netzbetreiber nicht tätiges EVU allein aufgrund von § 18 Abs. 1 Satz 1 nicht gezwungen werden kann, in diesem Geschäftszweig neu tätig zu werden.

17 In der allgemeinen Versorgung ist demnach tätig, wer schon bisher **typischerweise Anschlussverträge** mit Haushaltskunden (§ 3 Ziff. 22) abgeschlossen hat oder anbietet, solche Verträge zukünftig abschließen zu wollen. Der Begriff der allgemeinen Versorgung hat demnach nicht nur die sachliche Eingrenzung des Kontrahierungszwangs zu leisten, sondern – über die vage Umschreibung im Letztverbraucherbegriff hinaus – auf der Kundenseite auch für eine persönliche Eingrenzung zu sorgen. Letztlich verweist also der Begriff der allgemeinen Versorgung auf einen im Folgenden näher zu beschreibenden **Haushaltskundenbegriff** zurück.

aa) Haushaltskundenversorgung

18 Mit dem EnWG 2005 kann versucht werden, den für die Eingrenzung des Begriffs der allgemeinen Versorgung letztlich benötigten Haushaltskundenbegriff inhaltlich und damit **materiell** zu bestimmen. Damit ist noch nicht endgültig entschieden, zu welchen Bedingungen der Kunde dann schließlich angeschlossen wird; diese Bedingungen können durchaus günstiger als die allgemein bekannt gemachten ausfallen. § 18 Abs. 1 Satz 1 verhindert nur einen Anschluss zu ungünstigeren als den allgemein bekannt gemachten Bedingungen.

Eine **materielle Eingrenzung** des Haushaltskundenbegriffs muss sich 19
konsequent an typischen Abnahmeverhältnissen orientieren; § 3
Ziff. 22 bestimmt insofern 10.000 kWh als Jahresarbeitshöchstmenge
(Eigenverbrauch). Derartige Abnahmeverhältnisse liegen insbesondere
bei Anschluss von Haushalten, Freiberuflern, Landwirten und
kleineren Gewerbebetrieben vor; dagegen ist der Großkunde nicht
Haushaltskunde.

Alle Kunden, die innerhalb dieser Jahreshöchstmenge Elektrizität 20
oder Gas nachfragen, sind deshalb materiell-rechtlich als Haushaltskunden
anzusehen. Diese Haushaltskunden bilden das »Rückrat« der
allgemeinen Versorgung. Auf sie bezieht sich § 18 Abs. 1 Satz 1, und
für diese Kundengruppen muss ein Anschluss durchgeführt werden,
um ihnen die Grundversorgung gemäß § 36 zu ermöglichen.

bb) Sonderkundenversorgung

Nicht-Haushaltskunden sind alle diejenigen Letztverbraucher, die 21
entweder den typischen Bedarfsarten entsprechend § 3 BTOElt nicht
zugeordnet werden können und/oder die Abnahmemerkmale oberhalb
der aufgezeigten Mengengrenzen aufweisen (§ 3 Ziff. 22, Umkehrschluss)[11].
Mit diesen Kunden werden in jedem Falle Sonderkundenanschlussverträge
abzuschließen sein, obwohl auch sie Letztverbraucher
im Sinne von § 18 Abs. 1 in Verbindung mit § 3 Ziff. 25 sind.
Voraussetzung ist die Versorgung in Niederspannung/Niederdruck;
nur dann ist § 18 auch auf diese Gruppe von Letztverbrauchern anzuwenden.

Wer Abnahmeverhältnisse aufzuweisen hat, die Haushaltskunden ty- 22
pischerweise nicht aufzuweisen vermögen, kann nicht beanspruchen,
mit diesen Kundengruppen anschlussmäßig gleichgestellt zu werden.
Für ihn muss der Netzbetreiber besondere Vorkehrungen treffen, um
den Anschluss sicherzustellen (Versorgungssicherheit, Preisgünstigkeitskriterium).
Netzbetreiber, die mit dem Anschlussbegehren eines
Sonderkunden konfrontiert werden, unterfallen daher § 18 Abs. 1 nur
ausnahmsweise.

---

11 Oben § 18 Rz. 19.

d) Im konkreten Gemeindegebiet

23 Eine weitere Eingrenzung des Kreises der nach § 18 Abs. 1 Satz 1 verpflichteten Netzbetreiber hat der Gesetzgeber unter Rückgriff auf den Begriff »**Gemeindegebiete**« vorgenommen, in denen die Netzbetreiber »Energieversorgungsnetze der allgemeinen Versorgung von Letztverbrauchern betreiben«. Diese Eingrenzung in räumlicher Hinsicht kann auf den ersten Blick möglicherweise so verstanden werden, dass **nur im Gemeindegebiet ansässige** Netzbetreiber der Anschlussverpflichtung unterliegen. Verpflichtet wären deshalb typischerweise Gemeindewerke, Stadtwerke und Regionalversorger mit eigenen Netzen im Gemeindegebiet. Eine solche Auslegung ist aber angesichts des Gesetzeswortlauts sowie des Sinn und Zwecks der Vorschrift zu eng.

24 Schon nach dem Gesetzeswortlaut kommt es nicht mehr auf feste Versorgungsgebiete, sondern auf den **tatsächlichen Betrieb des Energieversorgungsnetzes in bestimmten Gemeindegebieten** an. Ein Netzbetrieb im Gemeindegebiet erfolgt aber bereits dann, wenn lediglich ein Kunde im Rahmen der allgemeinen Versorgung über dieses Netz mit Elektrizität oder Gas beliefert wird. Am anderen Ende der Skala denkbarer Sachverhaltsgestaltungen steht dann der »Gebietsversorger«, der im Gemeindegebiet ein Netz betreibt und fast 100 % aller Haushaltskunden an das Netz angeschlossen hat. Innerhalb dieser Bandbreite ist zu klären, ab welcher Schwelle bereits allgemeine Versorgung im Gemeindegebiet anzunehmen ist.

25 Der Gesetzgeber hat eine bestimmte Schwelle für Vorliegen »allgemeiner Versorgung« im Gemeindegebiet nicht angegeben. Dies zeigt, dass nicht jeder einzelne Haushaltskunde, für den die Belieferung im Gemeindegebiet tatsächlich erfolgt, bereits zur Anwendung des § 18 Abs. 1 Satz 1 führt, selbst wenn dieser Kunde Haushaltskundenmerkmale erfüllt. Zur Begründung des Gesetzestextes der Vorläufervorschrift (§ 10 Abs. 1 Satz 1 EnWG 1998) hieß es[12]:

> »Dazu gehören aber auch solche Gebietsversorger, die außerhalb ihres Versorgungsgebietes einzelne, bestimmte Abnehmer in einem anderen Gebiet versorgen. Derartige Lieferungen werden durch den Wegfall des Gebietsschutzes im Kartellrecht möglich. Dabei ist es durchaus möglich, daß solche Unternehmen ihre Versorgungstätigkeit im anderen Gebiet so weit ausbauen, daß sie als

---

12 BT-DrS 13/7274, S. 17 (linke Spalte).

allgemeine Versorgung von Letztverbrauchern zu qualifizieren ist und die Unternehmen dann ebenfalls der allgemeinen Anschluß- und Versorgungspflicht unterliegen.«

Diese Begründung macht die Zielsetzung auch im Hinblick auf § 18 Abs. 1 Satz 1 als Nachfolgevorschrift deutlich: Wenn Ziel der Liberalisierung des Energiewirtschaftsrechts die Belebung des Wettbewerbs als Mittel zur Förderung der Ziele des § 1 ist, so muss auch § 18 Abs. 1 Satz 1 den Wettbewerbsgedanken aufnehmen und darf sich insbesondere nicht darauf beschränken, den Gebietsschutz in anderem Gewande fortzuschreiben. Eine solche Fortschreibung könnte nämlich letztlich zu einer Belastung der früheren Gebietsversorger führen; blieben diese allein »in ihrem Gebiet« aus § 18 Abs. 1 Satz 1 verpflichtet, bestünde über das Phänomen des sog. »Rosinenpickens« die Gefahr, dass alle Anschlussrisiken bei ihnen verblieben. Eine solche Auslegung der Anschlussverpflichtung würde letztlich zu einer willkürlichen Ungleichbehandlung der betroffenen Netzbetreiber führen. Deshalb muss die Anschlusspflicht grundsätzlich auf alle Netzbetreiber erstreckt werden, die im Gemeindegebiet allgemein versorgend ein Netz betreiben. Lediglich ist darauf zu achten, dass eine gewisse »Wesentlichkeitsschwelle« aktuell oder potentiell erreicht wird. Dafür reicht eine Einzelversorgung sicherlich nicht aus, wohl aber ein Geschäftszweck, der darauf gerichtet ist, im Wettbewerb jedenfalls zukünftig die Stellung eines Netzbetreibers der allgemeinen Versorgung im Gemeindegebiet zu erreichen. 26

Deshalb unterliegen der Anschlussverpflichtung alle Netzbetreiber, die beabsichtigen, jetzt oder zukünftig Haushaltskunden mit Gas oder Elektrizität über ihr Netz zu versorgen, soweit sie allgemeine Bedingungen öffentlich bekanntmachen. Nur auf diese Weise kann der Wettbewerbsgedanke einerseits und die Gleichbehandlung der im Wettbewerb stehenden Netzbetreiber andererseits im Hinblick auf die Anschlusspflicht verwirklicht werden. Jedenfalls ist Netzbetreiber im Sinne von § 18 Abs. 1 das Unternehmen oder dessen unselbständige Organisationseinheit, das den Konzessionsvertrag nach § 46 Abs. 2 abgeschlossen hat. 27

e) Gas oder Elektrizität

§ 18 Abs. 1 Satz 1 beschränkt die Anschlusspflicht entsprechend der Reichweite des EnWG und im Einklang mit der Bestimmung des Energiebegriffs in § 3 Ziff. 14 auf die Versorgung mit Elektrizität oder 28

Gas im Wege der leitungsgebundenen Energieversorgung. Die Grundversorgung mit Wasser oder Fernwärme kann über § 18 Abs. 1 Satz 1 nicht sichergestellt werden. Insofern ist auf die funktionsähnlichen §§ 19, 20 GWB sowie den in Gemeindesatzungen geregelten Anschluss- und Benutzungszwang zu verweisen.

III. Rechtsfolgen der Anschlusspflicht

29 Bevor die Ausnahmen von der Anschlusspflicht nach § 18 Abs. 1 Satz 1 erläutert werden[13], sollen zunächst deren Rechtsfolgen dargestellt werden. Die Beschreibung der Rechtsfolgen ist einerseits an ihrer Vollstreckungsfähigkeit im Zivilprozess, andererseits an praktischer Handhabkarkeit und strikter Umsetzung des Wettbewerbsprinzips als Instrument zur Verwirklichung der Ziele gem. § 1 zu orientieren.

1. Veröffentlichung der allgemeinen Anschlussbedingungen

30 § 18 Abs. 1 ordnet drei Rechtsfolgen an, von denen die **Pflicht zur öffentlichen Bekanntgabe** im Gesetz zuerst genannt wird. Solange die Rechtsverordnung gemäß § 18 Abs. 3 noch nicht ergangen ist, muss insofern auf die 1979 erlassenen Allgemeinen Versorgungsbedingungen für Elektrizität bzw. Gas (AVB) zurückgegriffen werden.

a) Bekanntgabe allgemeiner Versorgungsbedingungen

31 Der Gesetzgeber hat im Hinblick auf die die Allgemeine Versorgung früher prägenden Tarifkunden (jetzt: Haushaltskunden)[14] Verordnungen über die Allgemeinen Bedingungen für die Elektrizitäts- und Gasversorgung von Tarifkunden[15] erlassen. Rechtsgrundlage war damals § 7 Abs. 1 EnWG 1935 einerseits und § 27 AGBG andererseits. Diese Bedingungen haben innerhalb ihres Anwendungsbereichs auch zwingenden Charakter und sind daher nicht nur als Regelungsvorschlag zu verstehen, denn sie werden Bestandteil des Versorgungsvertrages (vgl. § 1 Satz 2 AVBEltV bzw. AVBGasV). § 1 Abs. 1 beider Verordnungen nehmen ausdrücklich Bezug auf die Vorgängervorschrift des § 10 Abs. 1 Satz 1, nämlich § 6 Abs. 1 EnWG 1935.

---

13 Unten § 18 Rz. 49 ff.
14 Vgl. oben § 18 Rz. 18 ff.
15 Vom 21.6.1979, BGBl. S. 684 bzw. S. 676.

Da diese Verordnungen im Bundesgesetzblatt veröffentlicht worden sind, bedarf es keiner weiteren Bekanntgabe durch die Netzbetreiber (etwa in der örtlichen Tagespresse). Vielmehr hat der Verordnungsgeber in § 2 Abs. 3 AVB zwecks Information des Verbrauchers die Verpflichtung der EVU angeordnet, jedem Neukunden bei Vertragsschluss sowie den übrigen Kunden auf Verlangen die Allgemeinen Bedingungen kostenlos auszuhändigen. Lediglich Nichtkunden müssten sich deshalb im Bundesgesetzblatt oder in einschlägigen Veröffentlichungen über den Inhalt dieser AVB informieren. Eine zusätzliche Bekanntgabe ist daher im Hinblick auf die Anschlussbedingungen im Sinne von § 18 Abs. 1 Satz 1 nicht zu fordern. 32

Die Regulierungsbehörde ist unabhängig von der Frage, ob es sich bei der Veröffentlichungspflicht um eine öffentlich-rechtliche oder um eine zivilrechtliche Verpflichtung handelt, zur Überwachung von Art und Umfang der Veröffentlichung berechtigt und verpflichtet, § 54 Abs. 2 Satz 1 Ziff. 6. Weil die Änderung von Kondiktionen und Preisen die Vertragsbedingungen verändert, handelt sich vergleichbar § 305 Abs. 2 BGB um Privatrecht. Weil die Veröffentlichungspflicht in diesem Sinne eine Einzelbenachrichtigungs- und Verhandlungspflicht ersetzt, sprechen auch diese zivilrechtlichen Wurzeln der Bekanntgabepflicht für ihren zivilrechtlichen Charakter. Dies könnte man in der Art einer Annexverpflichtung auch auf Neukunden beziehen. Vorteil einer solchen Betrachtungsweise ist es, dass der einzelne Petent die Veröffentlichungspflicht verlangen und auch zivilrechtlich durchsetzen kann, während die Einordnung der Veröffentlichungspflicht als einer rein öffentlich-rechtlichen Verpflichtung lediglich die Regulierungsbehörde binden und ihr (nach pflichtgemäßem Ermessen) ein Einschreiten ermöglichen würde[16]. 33

In **räumlicher Hinsicht** muss die öffentliche Bekanntgabe diejenigen Gemeindegebiete erreichen, in denen der Netzbetreiber tätig ist oder tätig zu werden wünscht. Soweit die Anschlussbedingungen im ganzen Bundesgebiet Gültigkeit haben sollen, sind diese (zumindest) in der überregionalen Presse zu veröffentlichen. Bei lediglich beschränkter oder differenzierender Wirkung in Bezug auf bestimmte Gemeindegebiete ist eine am Gemeindegebiet orientierte Veröffentlichung zulässig und geboten. 34

---

16 Vgl. zum alten Recht (EnWG 1935) *Danner*, in: *Obernolte/Danner*, Energiewirtschaftsrecht, Anm. 3 zu § 6, S. I

b) Allgemeine Bedingungen der Anschlussnutzung

35 Allgemeine **Tarife** im bisherigen energiewirtschaftsrechtlichen Verständnis gibt es nur noch für Elektrizität; sie werden aufgrund der §§ 11, 12 BTOElt genehmigt. Diese »Tarife« sind in § 18 Abs. 1 Satz 1 jedoch nicht gemeint, weil es dort nur um die Anschlusspflicht und die Anschlussnutzung, nicht aber um die Belieferung des Kunden mit Energie geht.

36 Unter allgemeinen Bedingungen der **Netzanschlussnutzung** sind diejenigen Nutzungsangebote von Netzbetreibern zu verstehen, die an Haushaltskunden gerichtet werden. Demgegenüber liegen besondere Bedingungen vor, wenn nur einzelnen Verbrauchern ein solches Angebot gemacht wird oder sich dieses Angebot zwar an eine Gruppe von Letztverbrauchern richtet, diese aber typischerweise außerhalb des Bedarfsartenkataloges nach § 3 BTOElt abnehmen. Auf letztere Angebote ist ggf. § 17 anzuwenden. Soweit die bisherigen AVB derartige Anschlussbedingungen bereits enthalten, ist eine »Wiederveröffentlichung« nicht geboten[17].

2. Anschlusspflicht

37 **Anschluss i. S. von § 18 Abs. 1** ist die physikalisch wirksame Verbindung der Kundenanlage mit dem örtlichen Verteilernetz für Elektrizität oder Gas mit dem Ziel, dem Abnehmer jetzt oder später die Entnahme von Energie zu ermöglichen. Dieser technische Vorgang, der aufgrund Kontrahierungszwanges geschuldet wird, ist dem einfachen Netzzugang gem. § 33 TKG vergleichbar. Dabei ist Anschluss nicht i. S. eines »Angeschlossenbleibens« – also nicht als Dauervorgang – zu verstehen[18], sondern als einmaliger Vorgang (Erstanschluss), der allerdings mit der Zielsetzung erfolgt, die Kundenanlage auf Dauer mit dem Verteilungsnetz zu verbinden.

38 Da der technische Vorgang des Anschließens gem. § 18 Abs. 1 Satz 1 geschuldet wird, kommt es zunächst nicht darauf an, ob die Vornahme des Anschlusses von rechtlich relevanten Handlungen (z. B. Verträgen) begleitet wird. Da der Anschluss selbst geschuldet wird[19],

---

17 Zur Reform der AVB in Bezug auf die Anschlussnutzung vgl. *Thiemann*, Netzanschlussbedingungen für Tarifkunden im Vergleich, Berlin 2005, S. 57 ff.
18 Vgl. dazu unten § 18 Rz. 44 ff.
19 Vgl. oben § 18 Rz. 7 f.

III. Rechtsfolgen der Anschlusspflicht

hängt dieser nicht stets, wohl aber grundsätzlich davon ab, dass zuvor darüber ein Vertrag bestimmten Inhalts abgeschlossen wird. Denkbar sind zum einen Anschlussvorgänge, die auf Verträgen des anschließenden Netzbetreibers mit Dritten beruhen und aus denen der anzuschließende Kunde evtl. sogar eigene Ansprüche erwirbt (vgl. § 328 BGB). Zum anderen sind gesetzliche Anschlusspflichten im Hinblick auf die Erzeugung von Elektrizität aus privilegierten Energieträgern zu berücksichtigen (§ 4 Abs. 3 Satz 1 EEG sowie § 4 Abs. 1 Satz 1 KWK-G), für die ein Vertrag nicht quasi automatisch gefordert werden darf (vgl. § 12 Abs. 1 EEG).

In der Natur des Anschließens als eines technisch-physikalischen Vorganges liegt es zudem begründet, dass die Kundenanlage bestimmten **technischen Mindestanforderungen** genügen muss. Dies kann und muss der Verpflichtete aus § 18 Abs. 1 Satz 1 überprüfen, um Störungen und Unfälle (z. B. Brandgefahren und Kurzschlüsse) sicher auszuschließen. Die technischen Mindestanforderungen müssen entweder gesetzlich vorgeschrieben werden (vgl. § 49) oder als »allgemeine Anschlussbedingungen« vom EVU veröffentlicht werden, vgl. auch § 18 Abs. 3 Satz 1 Ziff. 1[20]. Genügt die Kundenanlage diesen allgemein akzeptierten Anforderungen nicht, kann der Anschluss trotz Vorliegens der Voraussetzungen im Übrigen verweigert werden. 39

Ist ein Anschluss einmal erfolgt, hat der Netzbetreiber seine Verpflichtung aus § 18 Abs. 1 Satz 1 erfüllt, § 362 BGB. Beide Parteien des Kontrahierungszwangs schulden einander als von § 18 vorausgesetzte Folgepflicht, solange der Kunde dies wünscht, Aufrechterhaltung des durch den Anschluss geschaffenen Zustandes als **Dauerpflicht**[21] unabhängig von § 18 Abs. 1 Satz 1. Der Kunde muss die Hausanlage in einem den technischen Mindestanforderungen entsprechenden Zustand betriebsbereit erhalten, und der Netzbetreiber ist zur Netzinstandhaltung mit dem Ziel verpflichtet, bis zum Übergabepunkt den Energiefluss jederzeit zu ermöglichen. 40

Da die hierfür erforderlichen Aufwendungen durch einmalige Netzanschlusskosten abgegolten sind, schuldet der Kunde aus dem Vor- 41

---

20 Vgl. auch Art. 23 Abs. 2 RL-Elt und Art. 25 Abs. 2 RL-Gas.
21 Dies folgt auch aus dem Grundsatz, dass ein »venire contra factum proprium« gem. § 242 BGB verboten ist: Wer Anschluss schuldet und diesen herstellt, darf den Anschluss nicht gegen den Willen des Kunden beseitigen, weil er sich zu seinem früheren Verhalten in Widerspruch setzen würde.

gang des »Angeschlossenbleibens« grundsätzlich kein Entgelt, zumal besondere, über die Netzpflege hinausgehende Kosten hierfür nicht anfallen. Die bisher üblichen Anschlussnutzungsverträge[22] haben deshalb einen unentgeltlichen Charakter. Lediglich für den Fall, dass aus Gründen, die der Kunde oder von ihm beauftragte Dritte zu vertreten haben, zusätzliche Kosten z. B. für die Verlegung der Leitung anfallen, können Verlegungsentgelte verlegt werden (vgl. § 9 Abs. 5 Satz 1 Ziff. 2 AVBEltV/GasV); Verlegungskosten, die durch Maßnahmen der öffentlichen Infrastruktur bedingt sind (z. B. Straßenbau, Straßenmodernisierung, Straßenverlegung), fallen dagegen in die Sphäre des Netzbetreibers. Insbesondere kann von Kunden, die Anschlussentgelte i. S. der §§ 9, 10 AVBEltV/GasV geleistet haben, für die Aufrechterhaltung des Anschlusses kein zusätzliches – etwa zeitabschnittsweise berechnetes – Entgelt verlangt werden. Dies schließt es nicht aus, dass außerhalb der zwingenden Geltung der AVB die Kosten des erstmaligen Netzanschlusses auch zeitabschnittsweise – etwa durch monatliche Pauschalentgelte bei einer bestimmten Anschlussmindestdauer – abgegolten werden können.

42 Zum alten Recht wurde vertreten, dass Anschluss und Versorgung immer nur (gekoppelt) verlangt werden könnten; ein Kontrahierungsanspruch entweder nur auf Anschluss oder aber nur auf Versorgung (jetzt: § 36) dürfe nicht beansprucht werden[23]. Diese Auffassung ist nach Inkrafttreten des neuen Rechts vorbehaltlich der Verweigerungsgründe des § 18 Abs. 2 – Verlangen nach bloßer Reserve- oder Zusatzversorgung[24] – zu überprüfen. Soweit im Gebiet des Kunden ein Netzbetreiber tätig wird, der ein Verteilernetz betreibt, ohne versorgend tätig zu werden (§ 7 Abs. 2), verstößt diese Auffassung ohnehin gegen das Gesetz. Weil das durch Kontrahierungszwang zum Anschluss verpflichtete Unternehmen gar keine Belieferungsaufgaben

---

22 Vgl. Ziff. 1.1. der VV II plus.
23 *Darge/Melchinger/Rumpf*, Gesetz zur Förderung der Energiewirtschaft, Berlin 1936, § 6 S. 165; *List*, Energierecht, Wiesbaden 1952, S. 97 f.; *Evers*, Recht der Energieversorgung, S. 129 ff.; *Ludwig/Odenthal*, Recht der Elektrizitäts-, Gas- und Wasserversorgung, § 6 EnWG Rz. 30 (Nichtbestehen des Anspruchs, wenn entweder der Anschluss oder die Versorgung unzumutbar sind); *Straßburg*, in: *Tegethoff/Büdenbender/Klinger*, Recht der Öffentlichen Energieversorgung, § 6 EnWG 1935 Rz. 50; *Danner*, in: *Obernolte/Danner*, Energiewirtschaftsrecht 1935, § 6 EnWG Anm. 4b bb) S. I 153b.
24 Dazu unten § 18 Rz. 108 ff.

wahrnimmt, kann der Anspruch auch nicht gekoppelt bestehen. Vielmehr besteht die gesetzliche Verpflichtung zum **isolierten Anschluss** aus § 18 Abs. 1 Satz 1.

Aber selbst wenn der Netzbetreiber neben dem Anschluss auch die Belieferung mit Elektrizität oder Gas anbieten kann und anbietet, ist der Kunde berechtigt, den Anschluss isoliert zu beanspruchen. Auch für diesen Fall muss der Netzbetreiber allgemeine Bedingungen bereithalten und veröffentlichen. 43

3. Pflicht zur Gestattung der Anschlussnutzung

Unter **Anschlussnutzung** ist die **Entnahme von Energie über den Hausanschluss** zu verstehen[25]. Die Berechtigten aus der Anschlussnutzung können von denjenigen Personen verschieden sein, für deren Rechnung die Anschlussherstellung erfolgt ist. Anschlussnehmer wird regelmäßig der Gebäudeeigentümer sein, während Nutzungsberechtigte als Nießbraucher, Mieter, Pächter oder Leasingnehmer ein Interesse an der Anschlussnutzung zur Entnahme von Energie haben. Weil in den Rechnungsbeträgen für die Energielieferungen auch der »Transport« der Energie über Energieversorgungsnetze enthalten ist (Netzzugangsentgelte, § 21), wird derjenige wirtschaftlich mit den Entgelten für die Nutzung des Anschlusses belastet, der die Vorteile aus der Energielieferung zieht. Sind Anschlussnutzer und Anschlussnehmer personenverschieden, wird Letzterer nicht mit Netzzugangsentgelten belastet. 44

Die **Anschlussnutzung** als Rechtsfolge der Erfüllung von Pflichten des Netzbetreibers aus § 18 Abs. 1 Satz 1 entsteht auch nach den Vorstellungen des Gesetzgebers grundsätzlich **kraft Gesetzes**[26]. Weder muss ein Grundstückseigentümer/Anschlussnehmer die Nutzung des Anschlusses an seinen Mieter/Anschlussnutzer besonders übertragen, noch ist der Anschlussnutzer in jedem Falle verpflichtet, mit dem Netzbetreiber einen besonderen Anschlussnutzungsvertrag zu schließen, wie dies noch im Rahmen der VV II vorgesehen war[27]. Der Abschluss eines Anschlussnutzungsvertrages wird aber durch § 18 Abs. 1 Satz 1 auch nicht ausgeschlossen, wenn der Anschlussnutzer diese 45

---

25 Begründung zu § 18 Abs. 1, BT-DrS 15/3917, S. 58.
26 Einzelbegründung zu § 18 Abs. 1, BT- DrS 15/3917, S. 58 f.
27 Vgl. VV II plus vom 13.12.2001, Ziff. 1.1.

Absicherung seiner Rechtsposition wünscht. Zu Einzelheiten wird auf die Erläuterung zu § 20 Rz. 29 ff. und 34 ff. (Netzzugang) verwiesen.

46 In der Regierungsbegründung wird der Unterschied zwischen Anschlussnutzung und Netzzugang wie folgt erläutert[28]:

> »Die Anschlussnutzung ist von dem Netzzugang nach § 20 zu unterscheiden. Während die Netzzugangsregeln des § 20 auf den Transport von Energie über das Netz zielen, sind Gegenstand der Anschlussnutzung die Bedingungen der physischen Nutzung des Hausanschlusses zur Entnahme von Energie. Die Regelungen zum Netzanschluss und zur Anschlussnutzung enthalten damit die Bestimmungen, die zwischen dem Netzbetreiber und einem an das Netz angeschlossen oder diesen Netzanschluss zur Entnahme von Energie nutzenden Kunden unabhängig davon gelten, zwischen wem der Netzzugang vereinbart worden ist und von wem ein Kunde Energie bezieht. Der Netzanschluss oder die Anschlussnutzung sind Voraussetzungen des Netzzugangs und der Belieferung mit Energie.«

47 Wie auch die häufige gekoppelte Verwendung des Begriffs »Netzzugang« im Hinblick auf die Anschlussnutzung gerade in den Binnenmarktrichtlinien Elektrizität und Gas zeigt[29], ist eine klare Unterscheidung von Gestattung des Netzzugangs einerseits und Gestattung der Anschlussnutzung andererseits kaum möglich. Der Netzzugang betrachtet die Netznutzung aus der Sicht des Energielieferanten oder anderer Netzbetreiber, die ein fremdes Netz für Energielieferungen bzw. Netzverbindungen benötigen. Demgegenüber bildet die Anschlussnutzung die Sichtweise des Erzeugers oder des Letztverbrauchers von Energie ab, die leitungsgebunden geliefert wird. Die gemäß §§ 6 ff. gebotene Entflechtung des Netzbetreibers von anderen energiewirtschaftlichen Aktivitäten wird in vielen Fällen zu einem Mehrpersonenverhältnis führen, so dass der Netzbetreiber mit Energielieferanten/anderen Netzbetreibern einen Netzzugangsvertrag, mit seinen den Anschluss nutzenden Kunden/Letztverbrauchern ein Anschlussnutzungsverhältnis anstreben wird. Da sowohl Erzeuger, Stromhändler und andere Netzbetreiber als auch Letztverbraucher das Netz benötigen, um die zwischen ihnen abgeschlossenen Energie-

---

28 BT-DrS 15/3917, S. 59.
29 Vgl. Art. 23 Abs. 2 RL-Elt sowie Art. 25 Abs. 2 RL-Gas.

lieferverhältnisse zu realisieren, ist der Netzbetreiber »auf beiden Seiten im Boot«.

Die Pflicht zur Gestattung der Anschlussnutzung muss nur im Rahmen (vertraglicher oder gesetzlicher) Verpflichtungen erfüllt werden. Bis zum Erlass der Rechtsverordnungen nach § 18 Abs. 3 müssen die AVB ausreichen, um Pflichten der Anschlussnutzer zu konkretisieren. Da die Anschlussnutzung gemäß § 18 Abs. 1 Satz 1 nur Letztverbrauchern im Rahmen der allgemeinen Versorgung gestattet wird[30], kann der Netzbetreiber die Anschlussnutzung untersagen, wenn entgegen § 3 Ziff. 22 und 25 der Eigenverbrauch der Energie gegenüber der Weiterleitung der bezogenen Energie zurücktritt. Auch der Missbrauch von Messeinrichtungen (vgl. § 23 AVB) sonstige schwerwiegende Verstöße gegen die AVB (vgl. § 33 AVB) berechtigen den Netzbetreiber, die Anschlussnutzung zu untersagen. Insofern sind im Hinblick auf § 18 Abs. 3 Ziff. 2 a.E. Regelungen u.a. »über Rechtsverhältnisse der Anschlussnutzung« und damit die AVB ersetzende Neuregelungen zu erwarten. 48

IV. Ausnahmen von der Anschlusspflicht (Abs. 1 Satz 2 und Abs. 2)

Die Ausnahmen von der Verpflichtung zum Anschluss finden sich in § 18 Abs. 1 Satz 2 sowie Abs. 2. Eine Verordnungsermächtigung zur Ausgestaltung des Zumutbarkeitserfordernisses i. S. von § 18 Abs. 2 Satz 1 (Zusatz- und Reserveverordnung) enthält § 18 Abs. 3 nicht mehr, weil Abs. 2 Satz 2 insofern nur noch den Zugang nach § 17 vorsieht. 49

Der Gesetzgeber knüpft wie im bisherigen Recht zur Rechtfertigung der Ausnahmen von der Anschlusspflicht an das Kriterium der **wirtschaftlichen Unzumutbarkeit** an. Im Gesetz werden **typisierte Ausnahmegründe** sowie Gegenausnahmen genannt. Folgende **Ausnahmen** begründen wirtschaftliche Unzumutbarkeit und rechtfertigen die Verweigerung des Anschlusses: 50

– allgemeine wirtschaftliche Unzumutbarkeit, § 18 Abs. 1 Satz 2

– Deckung des Eigenbedarfs aus eigener Erzeugungsanlage, § 18 Abs. 2 Satz 1 Alt. 1

---

30 Vgl. dazu oben § 18 Rz. 14 ff.

– Versorgung durch einen Dritten, § 18 Abs. 2 Satz 1 Alt. 2

51 Damit liegt § 18 das Modell der **Vollversorgung** zugrunde. Wer über Eigenversorgung bzw. Fremdversorgung hinaus eine Reserveversorgung oder eine Zusatzversorgung benötigt, kann sich grundsätzlich nicht auf Kontrahierungszwang berufen. Allerdings gibt es eine **Gegenausnahme**, die den Anschlussanspruch wieder aufleben lässt:

– Wirtschaftliche Zumutbarkeit, wenn der Eigenbedarf von Letztverbrauchern aus umweltverträglichen Anlagen gedeckt wird, § 18 Abs. 2 Satz 3

52 Die in § 10 Abs. 2 Satz 2 EnWG 1998 vorgesehene Gegenausnahme (zumutbare Reserve- und Zusatzversorgung) wird nunmehr durch § 17 abgedeckt. Die Fünfte Verordnung zur Durchführung des Gesetzes zur Förderung der Energiewirtschaft[31] ist vom Gesetzgeber des Zweiten Neuregelungsgesetzes aufgehoben worden, Art. 5 Abs. 2 Ziff. 3.

1. Wirtschaftliche Unzumutbarkeit

53 § 18 Abs. 1 Satz 2 enthält die **Generalklausel**. Diese stimmt im Wortlaut mit dem alten Recht überein. Alte Literatur und Rechtsprechung kann deshalb mit Vorsicht zur Ausfüllung dieses unbestimmten Rechtsbegriffs herangezogen werden, wenn dem Europäisches Energierecht und dessen Konkretisierung insbesondere durch die §§ 1 und 17 ff. nicht entgegenstehen. Der Grundsatz der Wettbewerbsorientierung muss auch bei der Auslegung des § 18 Abs. 1 Satz 2 beachtet werden.

54 Der **unbestimmte Rechtsbegriff** der wirtschaftlichen Unzumutbarkeit kann sowohl dem Anschlussanspruch als auch dem Anspruch auf Anschlussnutzung entgegengehalten werden. Dabei ist zweifelhaft, ob der Begriff in beiden Fällen die gleiche Qualität bzw. Intensität annehmen muss, um sonst bestehenden Kontrahierungszwang zu verneinen. Ist nämlich bereits der **Anschluss** wirtschaftlich unzumutbar, wird eine Anschlussnutzung überhaupt nicht mehr ermöglicht.

55 Daraus ist der Schluss zu ziehen, dass die Verweigerung des Anschlusses besondere Anforderungen im Hinblick auf die Erfüllung des Begriffs der wirtschaftlichen Unzumutbarkeit stellt (wirtschaftliche Un-

---

31 Vom 21.10.1940, RGBl. I S. 139, i. d. F. v. 21.6.1979, BGBl. I S. 684.

IV. Ausnahmen von der Anschlusspflicht (Abs. 1 Satz 2 und Abs. 2)

zumutbarkeit ersten Grades). Demgegenüber kann im Hinblick auf die Nutzung des Anschlusses wirtschaftliche Unzumutbarkeit schon auf einer niedrigeren Stufe begründet sein, sofern der Kunde nicht nachweist, dass beispielsweise die unzureichende Nutzung nur vorübergehender Natur ist. Im Normalfall muss daher lediglich wirtschaftliche »Unzumutbarkeit zweiten Grades« nachgewiesen werden.

Hiergegen kann nicht eingewendet werden, eine solche Unterscheidung folge nicht aus dem **Gesetzeswortlaut**. Weil es sich beim Begriff der wirtschaftlichen Unzumutbarkeit um einen Blankettbegriff handelt, der nicht nur durch Tatsachen, sondern auch durch Wertungen unter Berücksichtigung der Umstände des Einzelfalles auszufüllen ist, kann sein Vorliegen nur in einer konkreten Situation festgestellt werden. In die konkreten Umstände sind nicht nur die Verhältnisse des Netzbetreibers, sondern auch die des Abnehmers einzubeziehen (Interessenabwägung). Wenn aber die Konkretisierung ohnehin nur im Einzelfall erfolgen kann und die Rechtsverwirklichung allenfalls mit Hilfe einer Fallgruppenbildung sicher und handhabbar gemacht werden kann, ist es methodisch und im Hinblick auf die Zielsetzung des § 18 Abs. 1 Satz 2 nicht nur zulässig, sondern sogar geboten, die abgestufte Bedeutung der Rechtsfolge – i. S. eines mehr oder weniger schwerwiegenden Eingriffs zum Nachteil der Abnehmer – bereits im Rahmen der Auslegung des Blankettbegriffs zu berücksichtigen. 56

Im Verhältnis zum früheren Recht (vgl. § 6 Abs. 2 Ziff. 1 EnWG 1935) fehlt im Gesetzestext des § 18 Abs. 1 Satz 2 der Hinweis, dass die zur Unzumutbarkeit führenden wirtschaftlichen Gründe auch in der **Person des Anschlussnehmers** liegen können. Trotz dieser gestrafften Gesetzesformulierung ist nicht erkennbar, dass der Gesetzgeber eine Richtungskorrektur oder gar Kehrtwende in Bezug auf die bisher zur alten Fassung ergangene Rechtsprechung beabsichtigte[32]. Weil die Konkretisierung des Unzumutbarkeitsbegriffs nicht nur ökonomische Gründe aufseiten des EVU, sondern auch solche aufseiten des Kunden zwangsläufig berücksichtigen muss (und möglicherweise auch die Interessen Dritter bzw. das öffentliche Interesse in die Abwägung einzubeziehen sind), kann weiterhin diese Rechtsprechung herangezogen werden. 57

---

32 Überblick zu dieser Rechtsprechung bei *Danner*, in: *Obernolte/Danner*, Energiewirtschaftsrecht, § 6 Anm. 5, S. I 160; *Tegethoff*, in: *Klinger/Tegethoff/Büdenbender*, Recht der öffentlichen Energiewirtschaft, § 6 Rz. 124 ff.

58 **Außerökonomische Gründe** sind nicht berücksichtigungsfähig. Der Anschluss bzw. dessen Nutzung müssen vielmehr diskriminierungsfrei erfolgen. Die Vorgaben des § 17 Abs. 1 sind auch bei § 18 anzuwenden. In die erforderliche Interessenabwägung sind daher nur **wirtschaftliche Gründe der Beteiligten** sowie möglicherweise auch ökonomische Drittinteressen einzubeziehen. Soll das öffentliche Interesse berücksichtigt werden, gelten diese Überlegungen entsprechend.

a) Kundenseite

59 Soweit die zur möglichen Unzumutbarkeit führenden ökonomischen Gründe in der Sphäre des Kunden begründet sind, kommen als Hauptgründe insbesondere **fehlende Zahlungsbereitschaft, fehlende Zahlungsfähigkeit sowie Kreditunwürdigkeit** in Betracht[33]. Gibt es Anhaltspunkte dafür, dass der Kunde bereits den Anschlussaufwand nicht zu zahlen in der Lage oder bereit ist, ist der Netzbetreiber ggf. berechtigt, Hinterlegung des erforderlichen Geldbetrages oder Vorkasse zu verlangen. Dabei darf aber nicht bereits jeder Liquiditätsengpass dazu führen, einen Anschluss ohne Sicherung des Netzbetreibers zu verweigern. Vielmehr müssen diese in der Person des Kunden liegenden Umstände vom Netzbetreiber zur Überzeugung des Gerichts nachgewiesen werden. Sind für die Herstellung des Anschlusses nur vergleichsweise geringe Aufwendungen des Netzbetreibers erforderlich, etwa weil von einer vorhandenen Leitung nur ein Abzweig von wenigen Metern gelegt und geschaltet werden muss, wird sich der Netzbetreiber auf Unzumutbarkeit wegen befürchteter Zahlungsunfähigkeit des Kunden kaum noch berufen können.

60 Fraglich ist, ob **Zahlungsrückstände** aus anderem Anschluss oder gar Versorgungsverhältnissen die Verweigerung des neuen Anschlusses rechtfertigen können. Dazu existiert eine umfangreiche und in sich nicht immer einheitliche Rechtsprechung, die aber auf der Einheit von Anschluss und Versorgung beruht[34]. Angesichts der hohen Bedeutung jedenfalls der Versorgung mit Elektrizität wird man nur solche Zahlungsrückstände als eine weitere Nutzung oder den Neuanschluss hindernde, also wirtschaftliche Unzumutbarkeit begründende Umstände werten können, die den Netzbetreiber bzw. mit ihm verbundene Unternehmen empfindlich treffen. Ansprüche dritter EVU dür-

---

33 Zu dieser Rechtsprechung vgl. *Büdenbender*, EnWG 1998, § 10 Rz. 107 ff. m. Nachw.
34 Vgl. *Thiemann*, Netzanschlussbedingungen, aaO S. 28 ff.

fen nicht berücksichtigt werden, wenn der Kunde in Bezug auf den neuen Anschluss zahlungsfähig ist.

Unter Berücksichtigung der Anschlussverhältnisse als gehäuft auftretenden Schuldverhältnissen (Massenschuldverhältnisse), bei denen nicht nur die Auswirkungen im Einzelfall, sondern die Gesamtauswirkungen einer großzügigen Rechtsprechung betreffend Zahlungsrückstände zu berücksichtigen sind, kann die erforderliche Interessenabwägung nur unter Einbeziehung auch dieses Umstandes durchgeführt werden. Stellt das Gericht fest, dass auch unter Berücksichtigung der übrigen noch ausstehenden Entgelte der Netzbetreiber weder in seiner Existenz bedroht ist noch eine Erhöhung der Anschluss- oder Netzzugangsentgelte erforderlich wird, kann dem EVU die Weiternutzung des Anschlusses möglicherweise zugemutet werden. 61

Zur Konkretisierung können Zielsetzungen des Gesetzgebers aus der Insolvenzrechtsreform übernommen werden, wonach dem Schuldner ein Neuanfang ermöglicht werden muss, ohne zuvor unter allen Umständen die Begleichung der früheren Verpflichtungen sicherzustellen. Da eine Teilnahme am menschlichen Leben ohne Elektrizitätslieferungen als praktisch kaum noch denkbar erscheint, dürfen Zahlungsrückstände aus der Vergangenheit nicht dazu führen, den Kunden von einer neuen Anschlussnutzung (z. B. nach Umzug in eine andere Wohnung) ganz auszuschließen, wenn die so neu begründeten Verpflichtungen des Kunden durch Sicherungsmaßnahmen abgedeckt werden können (Vorauszahlung, Solvenz des Strom- oder Gaslieferanten). 62

Aus dieser Sicht ist es nicht gerechtfertigt, **Zahlungsrückstände aus einer früheren Abnahmestelle** zum Anlass zu nehmen, den Abschluss eines neuen Abschlussvertrages bzw. die Anschlussnutzung wegen wirtschaftlicher Unzumutbarkeit generell abzulehnen[35]. Da Anschlusspflicht und Versorgungspflicht getrennte Pflicht darstellen[36], müssen diese Pflichten selbst dann separiert werden, wenn sie in der Person desselben EVU als Rechtsträger für Netzbetrieb und Energielieferung begründet sind. Dies gilt auch deshalb, weil die Ver- 63

---

35 So aber die unterinstanzliche Rechtsprechung: AG Saarbrücken RdE 1986, 189; LG Stade RdE 1985, 211; LG Osnabrück RdE 1987, 194 = NJW-RR 1988, 498; LG Düsseldorf RdE 1990, 313 = NJW-RR 1990, 117.
36 Anderer Ansicht *Hempel*, EnWG 1998, Anm. 4.3.1 S. 205.

weigerung der Anschlusspflicht weit schwerer wiegt als eine zeitweise Unterbrechung der Versorgung[37].

64 Umgekehrt darf die Versorgung nicht deshalb unterbleiben, weil beispielsweise Hausanschlusskosten unbezahlt geblieben sind[38]. Aus § 320 BGB kann die Leistungsverweigerung jedenfalls nicht begründet werden, weil es sich bei Anschluss und Versorgung nicht um einen identischen gegenseitigen Vertrag handelt. Zwar würde Konnexität i. S. von § 273 BGB zweifellos vorliegen; dieses allgemeine Zurückbehaltungsrecht wird jedoch durch die besondere Wertung des § 18 Abs. 1 Satz 2 überlagert. Hat es das EVU bei potentiell zahlungsunfähigen Kunden versäumt, eine entsprechende Sicherheitsleistung anzufordern, darf nicht durch das Druckmittel der verweigerten Anschlussnutzung das Recht auf Grundversorgung vereitelt werden.

65 Vielmehr ist der Ausgleich darin zu suchen, dass der Kunde seinen Zahlungsrückstand aus früherer Anschlussnutzung über einen Zuschlag zu den Kosten der laufenden Nutzung tilgt (Erhöhung des Netzzugangsentgelt-Anteils des Lieferentgelts). Bei der erforderlichen Interessenabwägung ist wiederum auf das massenweise Auftreten solcher Energielieferverträge und die aus einer derartigen Auslegung des Begriffs der wirtschaftlichen Unzumutbarkeit resultierenden Rückwirkungen auf andere Zahlungsausfälle Rücksicht zu nehmen.

66 Nicht zu rechtfertigen ist auch die **Verweigerung der Anschlussnutzung gegenüber Mietern**, wenn der Vermieter Anschluss- oder Versorgungskosten nicht bezahlt. Wegen rückständiger Anschlusskosten aufseiten des Vermieters dürfen nicht Dritte – die Mieter – von ihrem Recht auf Grundversorgung ausgeschlossen werden[39]. Es ist den Mietern nicht zuzumuten, aus einem derartigen Haus auszuziehen oder auf Energielieferungen zu verzichten, bis sich Vermieter und Netzbetreiber geeinigt haben. Die strikte Separierung von Kontrahierungszwang in Bezug auf den Anschluss und Kontrahierungszwang in Bezug auf die Versorgung selbst (§ 36) sichern diese Auslegung des Begriffs der wirtschaftlichen Unzumutbarkeit zusätzlich ab.

67 Eine Anschlussnutzung kann auch dann wirtschaftlich unzumutbar sein, wenn **schwerwiegende Straftaten** im Zusammenhang mit dem

---

37 Vgl. dazu oben § 18 Rz. 6 ff.: Kontrahierungszwang als Dauerverpflichtung.
38 So aber *Hempel*, EnWG 1998, Anm. 5.2 S. 218.
39 Anderer Ansicht *Hempel*, EnWG 1998, § 10 Anm. 5.2 S. 218.

IV. Ausnahmen von der Anschlusspflicht (Abs. 1 Satz 2 und Abs. 2)

Versorgungsverhältnis begangen worden sind. Die bloße Hausbesetzung als eine nicht gegen den Netzbetreiber gerichtete Straftat (§ 123 StGB) zählt noch nicht zu den zur Unzumutbarkeit führenden Gründen. Ist der Hauseigentümer bereit, die Besetzer jedenfalls auf Zeit zu dulden, müssen der Netzbetreiber oder ein Stromlieferant versuchen, ein entsprechendes Nutzungsverhältnis mit dazu bereiten Personen zu begründen. Gegen den Willen des Hauseigentümers können allerdings Anschlussnutzungsverhältnisse kaum begründet werden, weil die Mitarbeiter des Netzbetreibers ihrerseits den Straftatbestand des Hausfriedensbruchs begehen müssten, um den Anschluss zu schalten oder zu verlegen. Da dies dem Netzbetreiber bereits aus Rechtsgründen unzumutbar ist, also Unmöglichkeit i. S. von §§ 275, 311a Abs. 1 BGB vorliegt, besteht kein Kontrahierungszwang.

Fraglich ist, ob eine **frühere rechtswidrige Stromentnahme** (vgl. § 248c StGB) die wirtschaftliche Zumutbarkeit des Anschlusses entfallen lässt. Da es sich insofern um eine spezielle Ausprägung des Betruges (bzw. des Diebstahls) und damit eines massenweise auftretenden Deliktes handelt, das nicht als besonders schwerwiegendes Vergehen bewertet werden kann, dürfte eine einmalige Verfehlung wirtschaftliche Unzumutbarkeit noch nicht begründen. Eine Resozialisierung des Einmaltäters kann nicht gefördert werden, wenn ihm die Grundversorgung mit Elektrizität oder Gas verweigert wird. Unzumutbarkeit kann aber dann in der Person des Kunden begründet sein, wenn dieser wiederholt gegen § 248c StGB verstoßen hat und damit zeigt, dass er sich über die Interessen des Netzbetreibers/Energielieferanten rücksichtslos hinwegzusetzen gedenkt. 68

Die Rechtsprechung des LG Hamburg[40], wonach bereits ein **zu befürchtender Stromdiebstahl** zur Verweigerung von Anschluss und Nutzung wegen wirtschaftlicher Unzumutbarkeit führen kann, muss wohl auf dem Hintergrund der sog. Hafenstraßen-Fälle gewürdigt werden. Verweigern die Hausbesetzer allerdings den Zugang zu den Zählern, so dass der Netzbetreiber die ihm gegenüber bestehenden Verpflichtungen nicht mehr zu beweisen vermag, kann ein Anschluss sowie dessen Nutzung abgelehnt werden. In Erfüllung des Verhältnismäßigkeitsprinzips muss aber wiederum versucht werden, durch Einbau von Münzzählern eine für beide Seiten zufriedenstellende Austarierung der Interessenlage zu erreichen. 69

---

40 RdE 1990, 139.

b) Gründe auf Seiten des Netzbetreibers

70 Wirtschaftliche Unzumutbarkeit ist in der Vergangenheit (EnWG 1935 und 1998) dann angenommen worden, wenn die **Kosten von Anschluss und Versorgung eines einzelnen Kunden nicht durch die Allgemeinen Tarife gedeckt** werden konnten[41]. Der BGH hat aber zu Recht darauf hingewiesen, dass **keine Einzelbetrachtung** der konkreten Versorgung bzw. des konkreten Anschlusses erfolgen darf[42]. Da Versorgungsverhältnisse Massencharakter haben, muss vielmehr unter Berücksichtigung des einzelnen Versorgungsfalles geprüft werden, welche Auswirkungen Anschluss und dessen Nutzung auf die gesamte wirtschaftliche Lage des Netzbetreibers haben werden. Dabei müssen auch die Grundsätze der **Tarifgerechtigkeit** hinsichtlich der allgemeinen Anschlussbedingungen gewahrt bleiben. Denn es ist durchaus zulässig und erforderlich, dass sich für bestimmte Kundengruppen Aufwendungen und Erträge untereinander ausgleichen, weil naturgemäß nicht jeder Kunde dem Netzbetreiber auch einen wenigstens annähernd gleichen Aufwand verursacht (Leitungslänge, Geländeschwierigkeiten usw.). Sind die Anschlussverhältnisse beim Kunden aber so besonders gelagert, dass auch bei denkbar weitester Betrachtung dieses Abnahmeverhältnis als nicht mehr in die Gesamtmenge der Anschlussnehmergruppen sinnvoll einzuordnen erscheint, und kann auch über kompensierende Maßnahmen eine solche Einstufung nicht gerechtfertigt werden, so wird wirtschaftliche Unzumutbarkeit anzunehmen sein. Der BGH hat dies zum EnWG 1935 wie folgt formuliert[43]:

> »Zu prüfen ist daher, ob die für die gesamte Wohnanlage maßgebenden Anschluß- und Abnahmeverhältnisse noch denen entsprechen, die von den Betroffenen bei Aufstellung ihrer allgemeinen Tarife und ihrer ergänzenden Bedingungen für die Leistung von Baukostenzuschüssen (.....) unter Wahrung der Tarifgerechtigkeit im Verhältnis der Abnehmer untereinander zugrundegelegt worden sind und ob sich die Betroffene auch bei den Anschlüssen der vorliegenden Art an eine solche Regelung hält. Erst wenn die Anschluß- und Abnahmeverhältnisse sich nicht mehr im Rahmen der im Versorgungsgebiet zwar verschiedenen, aber im Tarif- und Entgeltsystem der Betroffenen unter sich ausgleichenden

---

[41] *Hempel*, EnWG 1998, § 10 Anm. 5.1 S. 216.
[42] BGHZ 74, 327, 333 ff. = RdE 1997, 153 – Netzverstärkungskosten.
[43] BGHZ 74, 327, 335 – Netzverstärkungskosten.

Anschluß- und Abnahmeverhältnisse halten, kann der Anschluß oder die Versorgung dem Versorgungsunternehmen in seinem wirtschaftlichen Interesse und auch im Interesse der Tarifgerechtigkeit nicht mehr i. S. des § 6 Abs. 2 Nr. 1 EnWG zugemutet werden.«

Es sind daher die durchschnittlichen und normalen Anschlussverhältnisse mit dem zu prüfenden Einzelfall zu vergleichen. Fällt der neue Anschlussfall quasi gänzlich aus dem Rahmen und kann der Netzbetreiber nachweisen, dass er sich auch im Übrigen strikt an die Vorgaben seines Entgeltsystems hält, wird dies im Regelfall zu wirtschaftlicher Unzumutbarkeit führen. Für den Anschluss sind daher Sonderbedingungen auszuhandeln. Im Übrigen müssen sich die günstigeren und die ungünstigeren Anschlussverhältnisse innerhalb eines normalen Rahmens ausgleichen[44]. 71

c)   Nachteile Dritter und öffentliches Interesse

Nach dem früheren Recht war Unzumutbarkeit (i. S. von § 6 Abs. 2 EnWG 1935) dann anzunehmen, wenn Anschluss oder Versorgung aus den Besonderheiten des Einzelfalles heraus zu einer **Gefährdung der Energieversorgung zu den Allgemeinen Bedingungen und Tarifpreisen** oder zu **wesentlichen Sondervorteilen einzelner Kunden** führen müssten, wobei die Allgemeinheit der Verbraucher **unbillig belastet** würde[45]. Dass ein einzelner Anschluss die Energieversorgung als solche gefährdet, kann sicherlich nur dann angenommen werden, wenn der Anschluss zu Sabotage- und Manipulationszwecken benutzt werden soll und dafür konkrete Anhaltspunkte bestehen. Eine schwere Belastung der übrigen Kunden, die möglicherweise einen hohen Sonderaufwand für den Anschluss dieses neuen Kunden mitzahlen müssten, kann allerdings Unzumutbarkeit begründen. Es reicht jedoch nicht aus, wenn der Anschlussfall sich nicht vollständig im üblichen Rahmen hält, weil sonst Einzelgehöfte, Gebirgsdörfer oder Halligen niemals angeschlossen werden könnten. Der Netzbetreiber hat nachzuweisen, innerhalb welcher Bandbreiten Unter- und Überschreitungen der Durchschnittskosten für den Anschluss zu kalkulieren sind und in welchem Verhältnis sich Unterdeckungs- und Überdeckungsfälle verhalten. Selbst wenn der derart nachgewiesene Rahmen deutlich verlassen wird, kann eine im übrigen günstige Struk- 72

---

44 So zu Recht *Hempel*, EnWG 1998, § 10 Anm. 5.1 S. 216 f.
45 *Hempel*, EnWG 1998, § 10 Anm. 5.1 S. 216 oben.

§ 18 Allgemeine Anschlusspflicht

tur des Versorgungsgebietes, die zu hohen Überdeckungen im Verhältnis zu den überwiegend angeforderten Baukostenzuschüssen und Hausanschlusskosten führt, möglicherweise einen Anschluss dann noch rechtfertigen, wenn dieser Einzelfall nicht zu einer Anhebung der Netzzugangsentgelte führen würde.

73 Aus Gründen der **Anschlussgerechtigkeit** muss der Netzbetreiber auch darauf achten, dass einzelnen Kunden nicht wesentliche Sondervorteile zugewandt werden (Verbot der umgekehrten Diskriminierung). Dies betrifft insbesondere Industriekunden und Großverbraucher, so dass die bei diesen Kunden anfallenden Mehraufwendungen nicht durch Haushaltskunden-Anschlüsse quersubventioniert werden dürfen. Vielmehr hat der Netzbetreiber die erforderlichen Kostenberechnungen getrennt für Letztverbraucher i. S. von § 18 Abs. 1 und Sonderkunden durchzuführen. Zu berücksichtigen ist auch, ob und in welchem Ausmaß innerhalb der Gesamtgruppe der Haushaltskunden die nach dem System der allgemeinen Anschlussbedingungen vorgesehene Aufspaltung nach den verschiedenen Bedarfsarten (vgl. § 3 AVBEltV bzw. GasV) eine Subventionierung zwischen diesen Untergruppen erforderlich macht, wobei wiederum die Verhältnisse im Einzelfall des nach § 18 Abs. 1 geforderten Anschlusses mit den Rahmenbedingungen dieser Untergruppen zu vergleichen sind. Ein Recht auf Anschluss zum Zwecke der Grundversorgung besteht daher nur, wenn mit den Interessen des Kunden und des Netzbetreibers die Interessen der übrigen Haushaltskunden sowie zugleich das Interesse an einer preiswürdigen, sicheren und umweltverträglichen Energieversorgung gewahrt bleiben.

2. Eigenversorgung

74 Während sich § 18 Abs. 1 Satz 2 auf (relative und ausräumbare) **allgemeine Gründe** wirtschaftlicher Unzumutbarkeit der **absoluten** Anschlusspflichten bezieht, enthält § 18 Abs. 2 **Satz 1** spezielle und ausgeformte Unzumutbarkeitsgründe. Diese stehen unabhängig neben der Generalklausel und verhalten sich zu ihr wie eine spezielle Regelung zur allgemeinen Regelung. Deshalb handelt es sich nicht um »Regelbeispiele« zum allgemeinen Grund der wirtschaftlichen Zumutbarkeit; vielmehr enthält § 18 Abs. 2 Satz 1 **in sich abgeschlossene Ausnahmetatbestände**, die einen Rückgriff auf die allgemeine Norm (§ 18 Abs. 1) nicht erlauben. Wenn also Eigenversorgung, Fremdversorgung oder Reserve- und Zusatzversorgung als Hinderungsgrund

IV. Ausnahmen von der Anschlusspflicht (Abs. 1 Satz 2 und Abs. 2)

für Kontrahierungszwang angeführt werden, darf das Gericht bei Vorliegen dieser Verweigerungsgründe einen Verweigerungsgrund nach § 18 Abs. 1 Satz 2 nicht mehr prüfen. Nur für Gründe außerhalb dieser drei festumrissenen Tatbestände mit deren abschließenden Regelungen kann dann auf allgemeine Gründe für wirtschaftliche Unzumutbarkeit (§ 18 Abs. 1 Satz 2) zurückgegriffen werden. Dies erfordert aber, dass der zu diesen Gründen vorgetragene Sachverhalt deutlich den durch § 18 Abs. 2 Satz 1 erfassten Regelungskreis verlässt. Den Verweis auf § 17 enthält § 18 Abs. 2 Satz 2.

Wer eine Eigenerzeugungsanlage betreibt, benötigt keinen Anschluss nach § 18 Abs. 1 Satz 1. Deshalb ist eine Ausnahme vom in § 18 Abs. 1 Satz 1 doppelt angelegten Kontrahierungszwang sinnvoll. Diese Ausnahme wurde in der Literatur zum EnWG 1998 teilweise auch noch auf die Erwägung gestützt, § 10 Abs. 2 EnWG 1998 sei Ausdruck des **Grundsatzes der Vollversorgung**[46], wobei zusätzlich auf § 3 Abs. 1 AVB EltV/GasV verwiesen wurde, wonach der Kunde verpflichtet ist, seinen gesamten Elektrizitäts- bzw. Gasbedarf aus dem Versorgungsnetz des EVU zu decken, wovon nur bei Eigenanlagen zur Nutzung regenerativer Energiequellen eine Ausnahme gemacht wird. 75

Diese Inbezugnahme begegnet aber bereits deshalb Bedenken, weil § 10 Abs. 2 Satz 3 EnWG 1998 = § 18 Abs. 2 Satz 3 EnWG 2005 eine weitere Ausnahme für bestimmte Anlagen der Kraft-Wärme-Kopplung vorsieht. Denn die AVB beziehen sich auf das frühere System der Gebietsversorgung, stammen aus dem Jahre 1979 und sind daher sowohl nach Sinn und Zweck als auch in Bezug auf ihren Wortlaut nur bedingt verlässlich, wenn es um die Auslegung höherrangigen Rechts wie des neu geregelten Energiewirtschaftsrechts geht. Ein Rückschluss von den AVB auf das neue Energiewirtschaftsrecht kann insbesondere auch deshalb nicht gezogen werden, weil das EnWG 2005 nicht nur höherrangiges Recht, sondern zugleich ein lex posterior darstellt. Der Regelungsgehalt der AVB würde ansonsten Auslegungsergebnisse zum neuen EnWG partiell oder sogar total zu verdrängen geeignet sein. 76

Der Grundsatz der Vollversorgung mag die Basis des § 6 Abs. 3 EnWG 1935 i. V. mit dessen Präambel gebildet haben, wonach im 77

---

46 Vgl. *Hempel*, EnWG 1998, § 10 Anm. 7.1 S. 221. Ebenso Entwurf zum EnWG 1998, Begründung zu § 4 Entwurfsfassung, BT-DrS 13/7274, S. 17.

§ 18 Allgemeine Anschlusspflicht

Rahmen einer zentralisierten Energiewirtschaft unter Verzicht auf die Doppelverlegung von Leitungen lediglich die Ziele billige und sichere Versorgung angestrebt wurden. Das neue Europäische Recht enthält keine Ermächtigung an die Mitgliedstaaten, jedenfalls für Haushaltskunden Vollversorgungen anzuordnen (Art. 3 Abs. 3 RL-Elt); die Wettbewerbsorientierung des Europäischen Rechts spricht eher dafür, dass auch die laufende Versorgung grundsätzlich im Wettbewerb zu erbringen ist. Dies kann selbstverständlich nur gelten, soweit eine Mehrfachversorgung des Kunden durch unterschiedliche Lieferanten i. S. von § 18 Abs. 1 Satz 2 nicht wirtschaftlich unzumutbar ist. Vielmehr ist die Regelung über Eigenanlagen mit ihren Ausnahmen unabhängig vom früheren Grundsatz der Vollverweigerung auszulegen und aus sich heraus zu konkretisieren. Kunden, die keine Eigenanlagen betreiben, fallen ohnehin nicht unter den Ausnahmetatbestand; bei diesen Kunden kann lediglich die Drittversorgung (§ 18 Abs. 2 Satz 1 Alt. 2) den Ausnahmegrund bilden.

78 Der bisherige **Begriff der Eigenanlage** fand sich in § 1 der Fünften DVO[47]. Danach waren Elektrizitäts- und Gaserzeugungsanlagen Eigenanlagen, wenn sie von Unternehmen und Betrieben betrieben wurden, die nicht zugleich EVU waren. Der in § 1 der Fünften DVO enthaltene Bezug auf das frühere Energiewirtschaftsrecht muss nunmehr wegen § 3 Ziff. 18 i.V. mit Ziff. 17 und § 110 Abs. 1 neu bewertet werden. Energieerzeugungsanlagen, die weder der Versorgung anderer dienen noch im Rahmen eines Versorgungsnetzes betrieben werden, fallen deshalb unter den Eigenanlagenbegriff. Nicht-EVU und Eigenanlagenbetreiber bilden daher komplementäre Begriffe.

79 Demgemäß lag nach Art. 2 Ziff. 3 RL-Elt 1996 ein **Eigenerzeuger** vor, wenn eine natürliche oder juristische Person Elektrizität im Wesentlichen für den eigenen Verbrauch erzeugte; in Art. 2 der Beschleunigungsrichtlinie von 2003 ist die Definition nicht mehr enthalten.

80 Früherer europäischer Eigenerzeugerbegriff (Elektrizität) und Eigenanlagenbegriff der Fünften DVO unterscheiden sich in der Definitionstechnik erheblich. Während § 1 der Fünften DVO den Eigenerzeugerbegriff lediglich durch den Gegensatz von EVU und Nicht-EVU konkretisiert, bemühte sich Art. 2 Ziff. 3 RL-Elt 1996 um eine

---

47 BGBl. III, Gliederungsnummer 752-1-5, geändert durch § 35 der VO vom 21.6.1979, BGBl. I S. 684, aufgehoben durch Art. 5 Abs. 2 Ziff. 3 des Zweiten Neuregelungsgesetzes vom 7.7.2005, BGBl. I S. 1970, 2017 f.

IV. Ausnahmen von der Anschlusspflicht (Abs. 1 Satz 2 und Abs. 2)

deskriptive Definition. Diese Definition ist nicht nur plastischer, sondern beschränkt den Eigenerzeugerbegriff auch auf »im wesentlichen für den Eigenverbrauch erzeugende« natürliche oder juristische Personen. Anders als § 1 der Fünften DVO vermochte deshalb der europäische Eigenerzeugerbegriff auch private Haushalte zu erfassen, die beispielsweise Blockheizkraftwerke betreiben oder Solarenergie erzeugen, also weder Unternehmen noch Betriebe i. S. von § 1 der Fünften DVO sind.

Im Folgenden wird deshalb vom **früheren Eigenerzeugerbegriff** des Europäischen Rechts ausgegangen, um § 18 Abs. 2 Satz 1 auslegen zu können, zumal die DVO inzwischen aufgehoben wurde[48]. Nach dieser Definition reicht jede Elektrizitätserzeugung für den eigenen Verbrauch aus, wenn sie die Fremdabgabe von Elektrizität bei weitem überwiegt (»im wesentlichen«). Ein Eigenerzeuger wird demnach nach deutschem Recht nicht zum EVU i. S. von § 3 Ziff. 18, wenn nur ein geringer Teil der von ihm erzeugten Leistung an Dritte abgegeben wird. Der Eigenerzeugerbegriff der ursprünglichen RL-Elt ist daher nicht nur klarer, sondern auch umfassender konzipiert. 81

a) Grundsatz

Der Eigenerzeuger muss zwecks **Deckung des Eigenbedarfs an Elektrizität** tätig werden. Dies schließt Weiterverteiler als auf der Passivseite unter den Ausnahmetatbestand fallende Personen von der Anwendung des § 18 Abs. 2 Satz 1 aus. Entsprechend der europäischen Vorgabe muss die Anlage nicht dazu bestimmt sein, den Eigenbedarf vollständig zu decken; unschädlich ist umgekehrt auch eine geringfügige Abgabe von Elektrizität an Dritte. Die Anlage muss also nur dazu bestimmt sein, ganz überwiegend den eigenen Bedarf an Elektrizität zu gewährleisten. 82

Diese Eigenanlage muss **betrieben** werden. Dazu kann auf den Betreiberbegriff des Bundesimmissionsschutzrechts zurückgegriffen werden. In seinen §§ 2, 4 und 5 knüpft das BImSchG an den »Betrieb von Anlagen« an, ohne dass es eine gesetzliche Begriffsbestimmung gibt. Überwiegend wird vertreten, dass der Betriebsbegriff nicht nur die Produktion im engeren Sinne, sondern die gesamte Betriebsweise 83

---

48 Vgl. vorherige FN.

§ 18 Allgemeine Anschlusspflicht

einschl. Wartung und Unterhaltung beinhaltet[49]. Damit ist der Betriebsbegriff durch Produktionsverfahren, Produkte einschl. Vor- und Zwischenprodukte, durch die anfallenden Reststoffe sowie durch Arbeitsabläufe und Betriebszeiten gekennzeichnet (technische Seite des Betriebsablaufs). **Betreiber** ist also derjenige, dem die technischen Abläufe und Ergebnisse eines Produktionsprozesses im weitesten Sinne zuzurechnen sind[50].

84 Entsprechend ist als **Betreiber einer Eigenerzeugungsanlage** diejenige juristische oder natürliche Person anzusehen, der den technischen Ablauf der Anlage beherrscht und diese steuert. Dies muss nicht notwendig der Eigentümer des Betriebsgrundstücks sein; vielmehr werden Mieter, Pächter oder Leasingnehmer, nicht dagegen bloße Betriebsführungs- und Managementgesellschaften als Anlagenbetreiber einzustufen sein. Sofern für den Betrieb der Eigenanlage eine GmbH gegründet wird, deren Anteile auch demjenigen zuzurechnen sind, der den Anspruch nach § 18 Abs. 1 Satz 1 geltend macht, muss wegen der wirtschaftlichen Einheit – manifestiert in der Stellung als Gesellschafter, Aktionär, Komplementär oder Kommanditist – gleichwohl Betrieb einer Eigenanlage angenommen werden. Insbesondere kann sich der Regelung des § 18 Abs. 2 Satz 1 nicht entziehen, wer den Betrieb der Anlage einer von ihm beherrschten juristischen Person zuweist. Sind Anteilseigner überwiegend Dritte, dann werden die technischen Abläufe von diesen natürlichen oder juristischen Personen gesteuert. Das Betreiben einer Eigenanlage kommt dann nicht mehr in Betracht. Eine bloße Minderheitsbeteiligung i. S. der Rechnungslegungsvorschriften des HGB (verbundene oder assoziierte Unternehmen, 20 % Höchstbeteiligung) kommt hier nicht als einen Eigenanlagen-Betrieb begründend in Betracht.

85 Rechtsfolge des Vorliegens dieser Voraussetzungen (Eigenerzeuger = Betreiben einer Eigenanlage und Deckung des Eigenbedarfs) lassen den Kontrahierungszwang sowohl im Hinblick auf die Anschlusspflicht als auch im Hinblick auf die Gestattung der Nutzung am Maßstab der allgemeinen Bedingungen entfallen. Der Eigenerzeuger muss deshalb mit einem Netzbetreiber in Verhandlungen treten und das Entgelt für den Anschluss besonders aushandeln (§ 17). Dies kann zu einer geringeren oder aber auch zu einer höheren Belastung im Ver-

---

49 Allgemeine Begründung zum BImSchG, BT-DrS 7/179, S. 31; vgl. auch *Jarass*, BImSchG, 6. Aufl. München 2005, § 5 Rz. 25.
50 *Salje/Peter*, UmweltHG, 2. Aufl. München 2005, §§ 1, 3 Rz. 15.

hältnis zu den allgemeinen Bedingungen führen. Auch ist es dann gerechtfertigt, strengere Anschlussbedingungen im Vergleich zu den für die übrigen Letztverbraucher geltenden zu vereinbaren, solange diese mit dem AGB-Recht vereinbar sind. Der BGH hat beispielsweise die Anwendung der Haftungsregelungen der §§ 6, 7 AVBEltV auf Sonderkunden nicht als AGB-widrig bewertet[51]. Die durch einen Eigenerzeuger verursachten Aufwendungen unterscheiden sich von Haushaltskunden regelmäßig dergestalt, dass eine Anschlusspflicht nicht mehr zu den allgemeinen Bedingungen zugemutet werden kann.

Anders als das frühere Recht (vgl. § 6 Abs. 3 EnWG 1935) ist § 18 Abs. 2 Satz 1 weiter gefasst, was die **räumliche Geltung** des Ausnahmegrundes betrifft. Nach altem Recht galt die Ausnahme vom Kontrahierungszwang nur für ein Grundstück, »auf dem die Anlage sich befindet, und für andere eigene Grundstücke, die von der Anlage aus versorgt werden können«. Für sonstige Grundstücke im Eigentum des Betreibers, zu denen eine Leitungsverbindung nicht bestand, galt § 6 Abs. 3 EnWG 1935 nicht. Zu prüfen ist deshalb, ob diese engere Fassung trotz Aufgabe des alten Wortlautes auch im neuen Recht zu beachten ist, der wiederum auf § 10 Abs. 2 Satz 1 EnWG 1998 beruht. **86**

Nach altem Recht konnte der Netzbetreiber den Leitungsbau selbst zu Nachbargrundstücken desselben Eigentümers verhindern, wenn diese Grundstücke durch einen öffentlichen Weg oder eine öffentliche Straße getrennt waren (Ausschließlichkeitsklausel im Konzessionsvertrag mit der Gemeinde). Nach neuem nationalem und europäischem Recht ist der Direktleitungsbau grundsätzlich zuzulassen und steht unter vergleichbaren Vorbehalten wie der Kontrahierungszwang bzw. der Netzzugang (vgl. § 46 Abs. 1). Dies könnte dazu führen, dass die engere alte Fassung des Ausnahmegrundes Eigenerzeugung, würde man sie auch im neuen Recht anwenden, es dem Eigenanlagenbetreiber letztlich ermöglichen würde, im Wege des Netzzugangs oder mittels Direktleitungsbaus diese weiteren Grundstücke zu versorgen und sich gleichzeitig auf § 18 Abs. 1 Satz 1 zu berufen, weil auf jenen Grundstücken die Eigenanlage ja nicht betrieben wird. Eine solche Argumentation ist aber mit Sinn und Zweck des § 18 Abs. 2 Satz 1 offensichtlich nicht vereinbar, weil es nicht darauf ankommen kann, wo die Eigenanlage betrieben wird; entscheidend ist vielmehr, ob **auf diesem Grundstück auch Eigenversorgung** stattfindet. **87**

---

51 BGH RdE 1998, 194 – Haftung gegenüber Sonderkunden; vgl. auch OLG Saarbrücken RdE 2002, 78.

88 Deshalb vermag der Wortlaut des alten Rechts keine taugliche Begrenzung des neuen Rechts zu liefern. Vielmehr ist nunmehr die deutlich weitere Fassung des Ausnahmegrundes zu berücksichtigen. Der Eigenanlagenbetreiber wird daher grundsätzlich **mit allen seinen Grundstücken** vom Ausnahmegrund erfasst. Lediglich solange die Eigenversorgung tatsächlich nicht stattfindet, besteht Kontrahierungszwang. Konsequent ist der Anlagenbetreiber verpflichtet, dem Netzbetreiber die Aufnahme der Eigenversorgung im Hinblick auf dieses weitere Grundstück mitzuteilen, § 3 Abs. 2 AVBEltV analog. Erst dann kann der Netzbetreiber prüfen, ob eine Neuaushandlung der Bedingungen und Tarife erforderlich ist.

b) Deckung des Eigenbedarfs aus KWK-Anlagen

89 Zwei **Gegenausnahmen** von § 18 Abs. 2 Satz 1 enthält Abs. 2 Satz 3. Danach kann der Kunde Anschluss sowie Anschlussnutzung zwecks Versorgung mit Elektrizität beanspruchen, obwohl er eine (umweltverträgliche) Elektrizitätserzeugungsanlage betreibt. Nach der ersten Alternative des § 18 Abs. 2 Satz 3 zählen zu diesen umweltverträglichen Anlagen **Anlagen der Kraft-Wärme-Kopplung bis 150 kW elektrischer Leistung.**

90 Die Ausnahme konkretisiert die Zielsetzung des § 1 Abs. 1. Sie steht insgesamt im Einklang mit der Binnenmarktrichtlinie Elektrizität, deren zahlreiche Sondervorschriften umweltverträglich erzeugter Elektrizität Vorrang einräumen[52]. Die Regelung dient der gezielten Besserstellung kleinerer KWK-Anlagen, wobei drei Voraussetzungen einzuhalten sind:

– Vorliegen einer Kraft-Wärme-Kopplungsanlage (vgl. dazu die Erläuterung oben § 3 Rz. 235)

– Einhaltung der Leistungsgrenze von 150 kW

– Nutzung der Anlage zur Eigenbedarfsdeckung

91 Wenn *Hempel*[53] zu § 10 EnWG 1998 (Vorläufervorschrift) von vier Voraussetzungen spricht, so kann dies nicht zutreffend sein: Zwar verwendet der Gesetzgeber das Verbindungswort »und« auch in § 18

---

52 Vgl. Art. 3 Abs. 2, Art. 6 Abs. 2 Satz 2 lit. c) und g), Art. 11 Abs. 3 und Art. 14 Abs. 4 RL-Elt.
53 EnWG 1998, § 10 Anm. 7.3, S. 223.

Abs. 2 Satz 3, um Kraft-Wärme-Kopplungsanlagen von Anlagen zur Elektrizitätserzeugung aus erneuerbarer Energien sprachlich zu trennen. Jedoch stehen beide Anlagentypen nebeneinander, und das Verbindungswort »und« ist wegen der negativen Formulierung – Satz 3 ist eine Ausnahme von Satz 1 – erforderlich, um beide Anlagentypen als Ausnahmefälle zu charakterisieren. Deshalb müssen (kumulativ) nur die drei genannten Voraussetzungen vorliegen (zu den übrigen Anlagen vgl. sogleich Rz. 97 ff.).

Rechtsfolge der Ausnahme zu Satz 1, die sich zugleich als Gegenausnahme darstellt und deshalb den Kontrahierungszwang nach § 18 Abs. 1 Satz 1 wieder aufleben lässt[54], ist die Verpflichtung des Netzbetreibers, derartige Eigenanlagenbetreiber zu allgemeinen Bedingungen anzuschließen. Anspruchsberechtigt sind naturgemäß nur Letztverbraucher/Haushaltskunden i. S. von § 18 Abs. 1 Satz 1, zumal nur diese den allgemeinen Bedingungen i.S. von § 18 Abs. 1 unterfallen können. Wer Nicht-Haushaltskunde ist[55], hat auch dann keinen Anspruch aus der Anschlussverpflichtung, wenn er eine Erzeugungsanlage zur Eigenbedarfsdeckung betreibt, die den Voraussetzungen des § 18 Abs. 2 Satz 3 genügt. 92

Dieser Letztverbraucher kann entweder unmittelbar Anschluss zwecks **Vollversorgung** verlangen (wenn z. B. die Eigenanlage stilliegt) oder einen solchen zwecks **Zusatzversorgung** beanspruchen (wenn die Eigenanlage eine ausreichende Leistung nicht abzugeben vermag) oder den Anschluss für eine **Reserveversorgung** nutzen, so dass sich die Versorgung aktualisiert, wenn die Eigenanlage zeitweise (z. B. zwecks Wartung oder Erneuerung) nicht betrieben wird. Alle diese Anschlussarten (Vollversorgung oder Reserve- oder Zusatzversorgung) müssen dann zu den allgemeinen Bedingungen erfolgen. 93

§ 18 Abs. 2 Satz 3 knüpft an die **Deckung des Eigenbedarfs von Letztverbrauchern** aus umweltverträglichen Erzeugungsanlagen, nicht aber an den Betrieb einer Eigenanlage an. Deshalb kann zwischen Netzbetreibern und Letztverbrauchern streitig werden, ob letzterer selbst die Anlage betreiben muss oder § 18 Abs. 2 Satz 3 auch anwendbar ist, wenn ein Dritter die Anlage betreibt und den Letztverbraucher daraus mit Elektrizität beliefert. In den **Drittbezugsfäl-** 94

---

54 So zu Recht *Hempel*, EnWG 1998, Anm. 7.3 S. 223.
55 Vgl. dazu die Abgrenzung oben § 18 Rz. 18 ff.

len wollte *Hempel*[56] zur Vorläufervorschrift unter Hinweis auf das allgemeine Auslegungsprinzip, wonach Ausnahmebestimmungen eng auszulegen sind, die Gegenausnahme nur auf Betreiber von Eigenanlagen, nicht aber auf bloße Bezieher von umweltverträglich erzeugtem Strom anwenden, obwohl er unter Berücksichtigung des Förderzwecks des Gesetzes eine Ungleichbehandlung beider Fälle insbes. aus ökonomischen Gründen nicht für zwingend erachtete.

95 Es ist aber zweifelhaft, ob diese enge Auslegung wirklich auf den Gesetzeswortlaut gestützt werden kann: Der Gesetzgeber hätte ohne weiteres für die Formulierung der Gegenausnahme an den Betrieb solcher Anlagen anknüpfen können; stattdessen ist lediglich von »Deckung des Eigenbedarfs« im Gesetz die Rede. Dies lässt eine Ausdehnung des § 18 Abs. 2 Satz 3 auf die Drittbezugsfälle ohne weiteres zu. Da die Förderung der privilegierten Erzeugungsanlagen in der Tat umso intensiver ist, je umfassender Letztverbraucher die Gegenausnahme für sich in Anspruch nehmen können, spricht gerade im Lichte des Förderzwecks gem. § 1 Abs. 1 viel für diese weitere Auslegung. Bietet etwa der Betreiber einer KWK-Anlage seinen Nachbarn an, deren Eigenbedarf aus der Anlage zu decken, ist jedenfalls der Wortlaut der Vorschrift erfüllt. Diese Abnehmer müssen also nicht befürchten, aus der Anschlusspflicht gemäß den allgemeinen Bedingungen herauszufallen.

96 Diese Auslegung der Gegenausnahme vermeidet auch Schwierigkeiten, die bei einer Ausgliederung der Eigenanlage in die Rechtsform einer juristischen Person des Privatrechts entstehen können. Auch in diesen Fällen liegt selbst dann, wenn die die Eigenanlage betreibende GmbH eine zu 100 % dem angeschlossenen Letztverbraucher gehörende Tochtergesellschaft ist, formal Drittbezug vor, der im Falle der engen Auslegung des Satzes 3 einen Kontrahierungszwang ausschlösse. Eine weite Auslegung des Tatbestandes der Gegenausnahme vermag daher die Einbeziehung auch dieser Fälle ohne weiteres sicher zu stellen.

c) Deckung des Eigenbedarfs aus erneuerbaren Energien

97 Die Gegenausnahme gilt auch für Erzeugungsanlagen, die mit erneuerbaren Energieträgern arbeiten. Da der Gesetzgeber den Begriff der erneuerbaren Energien in § 3 Ziff. 18a nur Bezug nehmend definiert,

---

56 EnWG 1998, § 10 Anm. 7.3 S. 223.

IV. Ausnahmen von der Anschlusspflicht (Abs. 1 Satz 2 und Abs. 2)

muss die Verweisung des § 2 Abs. 2 auf das EEG auch insofern als verbindlich gewertet werden, zumal sich diese im strengen Sinne des Wortlauts auch auf die Anschlussverpflichtung bezieht, vgl. § 4 Abs. 1 Satz 1 EEG. Deshalb ist der Begriff der »erneuerbaren Energien« aus § 3 Abs. 1 EEG heraus zu konkretisieren. Erneuerbare Energien sind deshalb nur Wasserkraft, Windenergie, Geothermie, solare Strahlungsenergie, Deponie-, Bio- und Klärgas sowie Energie aus Biomasse (einschließlich Bioabfällen).

Die Gegenausnahme führt zum Kontrahierungszwang i. S. von § 18 Abs. 1 Satz 1 unter den o.a. drei Voraussetzungen. Die Kapazität der Erzeugungsanlage darf 150 kW elektrischer Leistung nicht überschreiten. Da für die Anlage selbst Anschlusspflicht aus dem EEG besteht, wird man auch über § 17 Abs. 1 i. V. mit § 18 Abs. 2 Satz 2 allen diesen Erzeugungsanlagen den besonderen Anschluss insbesondere dann nicht verweigern können, wenn diese Anlagen – z. B. zum Anfahren – auf Strom aus dem allgemeinen Netz angewiesen sind. 98

Konsequent sind eigenbetriebene Anlagen sowie die Drittbezugsfälle wiederum gleichzubehandeln. Es kann über den Anschluss sowohl Vollversorgung als auch Reserveversorgung als auch Zusatzversorgung zu allgemeinen Bedingungen beansprucht werden. 99

3. Anschluss durch Dritte

Eine absolute Ausnahme von der allgemeinen Anschlusspflicht besteht gem. § 18 Abs. 2 Satz 1 **Alt. 2** auch im Verhältnis zu demjenigen, der »sich von einem Dritten anschließen lässt«. Die Fälle des **Drittanschlusses** werden vom Gesetzgeber daher dem eigenen Betrieb einer Eigenerzeugungsanlage grundsätzlich gleichgestellt, was die obige Auslegung zusätzlich stützt[57]; in beiden Fällen besteht Kontrahierungszwang nicht mehr. 100

Fraglich ist aber, was unter »Sichanschließenlassen von einem Dritten« zu verstehen ist. § 6 Abs. 3 EnWG 1935 enthielt diese Drittversorgungsfälle nicht. In der Kommentierung zu § 10 Abs. 2 Satz 1 EnWG 1998 wurde die Erstreckung der Ausnahme vom Kontrahierungszwang auf die Fälle der Inanspruchnahme einer Drittversorgung unter Hinweis auf die Gesamtbedarfsdeckungspflicht nach § 3 Abs. 1 101

---

57 Vgl. § 18 Rz. 94 ff. (Gleichbehandlung von eigenerzeugtem und drittbezogenem umweltverträglich erzeugtem Strom).

AVBEltV/GasV gerechtfertigt; es handele sich eher um eine klarstellende als um eine konstitutive Regelung[58]. Diese Argumentation kann schon deshalb nicht richtig sein, weil das Rangverhältnis der Rechtsquellen – Gesetz im formellen Sinne einerseits, Verordnung andererseits – verkannt wird. Da zudem feststeht, dass die AVB insgesamt im Lichte des neuen Rechts überarbeitungsbedürftig sind[59], muss auch diese neue Ausnahme nach Sinn und Zweck der Neuregelung ausgelegt werden.

102 Die Erweiterung der Eigenbedarfsausnahme vom Kontrahierungszwang um die Fälle des Drittanschlusses findet sich bereits in der Entwurfsfassung[60], allerdings mit substanzloser Begründung[61]. Deshalb soll auf die Begründung zur Vorläufervorschrift zurückgegriffen werden. In jener Gesetzesbegründung werden beide Ausnahmen zusammen als »notwendiges Korrelat zur Allgemeinen Anschluß- und Versorgungspflicht« bezeichnet[62]. Der Gesetzgeber führt insofern das Prinzip der Vollversorgung an, das die Kalkulation der Allgemeinen Tarife präge. Sowohl eigenbedarfs- als auch drittversorgte Kunden müssten daher Sonderverträge über Zusatz- oder Reserveversorgung abschließen. Nur auf diese Verträge zu geänderten Bedingungen bestehe ein Anspruch, § 10 Abs. 2 Satz 2 EnWG 1998[63]. Eine weitere Begründung hinsichtlich der Erweiterung des Gesetzes auf die Fälle der Drittversorgung – im Verhältnis zur bis dahin geltenden Rechtslage – fehlt. Es ist zusätzlich zu berücksichtigen, dass jene Entwurfsfassung zum EnWG 1998 die Durchleitungstatbestände noch nicht enthielt, also eine Abstimmung mit den europarechtlichen Vorgaben noch nicht erfolgt war. Ob diese notwendige Abstimmung zwischen der Vorläufervorschrift von § 18 Abs. 2 Satz 1 Alt. 2 und § 6 Abs. 1 EnWG 1998 später erfolgt oder zumindest bedacht worden ist, lässt sich den veröffentlichten Überlegungen im Zusammenhang mit dem Gesetzgebungsverfahren nicht entnehmen.

103 Im Ausgangspunkt und aus der Sicht des häufig mit dem Allgemeinversorger verbundenen Netzbetreibers betrachtet erscheint es als konsequent, Eigenanlagenbetreiber und drittversorgte Abnehmer

---

58 *Hempel*, EnWG 1998, § 10 Anm. 7.1 S. 221.
59 Vgl. dazu *Thiemann*, Netzanschlussbedingungen, S. 32 ff., 38 f.
60 BT-DrS 15/3917, S. 16 (linke Spalte).
61 Ebd. S. 59.
62 BR-DrS 13/7274, S. 17 (rechte Spalte).
63 Ebd. S. 17 (rechte Spalte).

IV. Ausnahmen von der Anschlusspflicht (Abs. 1 Satz 2 und Abs. 2)

prinzipiell gleichzubehandeln. Wenn man den Grundsatz der Vollversorgung eines Abnehmers als Maßstab wählt, entgehen dem Lieferanten sowohl bei Eigenversorgung als auch bei Drittversorgung entsprechende Absatzmengen. Eine Vollversorgung kann nicht mehr stattfinden.

Das Ausmaß der aus diesem Grunde vom Energieverbund, aber nicht vom Netzbetreiber erlittenen Nachteile kann aber für die Anschlussverpflichtung nach § 18 keine Rolle spielen. Weil Satz 2 des § 18 Abs. 2 in diesen Fällen auf § 17 verweist und dessen Abs. 2 ebenfalls auf die Unzumutbarkeit jenes (besonderen) Netzanschlusses abstellt, können nur die gerade dem **Netzbetreiber erwachsenden Nachteile** in die Erwägungen einbezogen werden. Deshalb ist zunächst zu klären, welche Nachteile dem Netzbetreiber im Falle eines Drittanschlusses entstehen können. 104

Nicht gemeint sein können die in § 13 Abs. 1 Satz 4 EEG angesprochenen Fälle, dass die Anschlussherstellung durch einen Dritten erfolgt ist. Dort geht es nicht um einen Anschlussvertrag, sondern um den Anschlussherstellungsvertrag[64]. Nicht derjenige, dem die technische Ausführung des Anschlusses obliegt, ist Dritter, sondern derjenige, dem die Verfügungsbefugnis über diesen Anschluss obliegt. Beispielsweise kommt ein (zwischengeschaltetes) Arealnetz in Betracht; wenn der Arealnetzbetreiber den Letztverbraucher über das Arealnetz bereits mittelbar an das allgemeine Elektrizitätsversorgungsnetz angeschlossen hat, kann nach § 18 Abs. 2 Satz 1 Alt. 2 ein (weiterer) unmittelbarer Anschluss an das allgemeine Netz nicht mehr nach § 18 Abs. 1 verlangt werden. In diesem Fall besteht der Nachteil des Netzbetreibers darin, dass für den zweiten (unmittelbaren) Anschluss an das allgemeine Netz Kapazität vorgehalten werden muss, ohne dass hierfür in jedem Falle Netzzugangsentgelte gezahlt werden müssen (Beispiel: Versorgung dieses Letztverbrauchers über eine Erzeugungsanlage im Arealnetz). Es gilt also aus der Sicht des Netzbetreibers das Prinzip »ein Letztverbraucher – ein Anschluss«; die in § 18 Abs. 1 Satz 1 vorgesehenen allgemeinen Bedingungen passen nicht mehr, wenn der Anschluss nicht der Vollversorgung, sondern nur einer Reserveversorgung oder Zusatzstromversorgung dient. Ein solcher Letztverbraucher muss sich den allgemeinen Bedingungen gemäß § 17 Abs. 1 unterwerfen, die typischerweise ungünstiger sein werden, so 105

---

[64] Vgl. *Salje*, Netzverträglichkeitsprüfung, Versorgungswirtschaft 2001, S. 225, 226 f.

dass gerade auch bei Nichtnutzung eines solchen Anschlusses ein Entgelt zu zahlen ist, weil entsprechende Kapazität im Netz vorgehalten werden muss.

106 Ebenso ist der Fall des **Drittanschlusses über eine Direktleitung** zu behandeln. Weil ein solcher Letztverbraucher nur mit dem Ziel angeschlossen wird, ihn entweder durch den Anschließenden oder durch ein drittes Unternehmen zu versorgen, kommt dem Anschluss an das allgemeine Versorgungsnetz wiederum keine Vollversorgungszielsetzung zu. Über § 18 Abs. 2 Satz 2 ist der Anschluss nur nach den allgemeinen Bedingungen des § 17 möglich. Damit sind alle Fälle, in denen bereits ein Anschluss zum Zwecke der Elektrizitätsversorgung besteht, gleich zu behandeln; es ist irrelevant, ob ein solcher Drittanschluss an eine Versorgung außerhalb des allgemeinen Netzes erfolgt ist oder ob mit dem Drittanschluss ein mittelbarer Anschluss an das allgemeine Netz verwirklicht wurde. Daraus folgt, dass zwei weitere Fälle eine zumindest analoge Anwendung des § 18 Abs. 2 Satz 1 Alt. 2 erfordern: Wer nicht durch einen Dritten, sondern durch den Netzbetreiber selbst an das allgemeine Versorgungsnetz angeschlossen ist, kann **keinen erneuten Anschluss** an **das allgemeine Netz** nach § 18 Abs. 1 beanspruchen. Der »zweite Anschluss« für dieselbe Abnahmestelle (Grundstück, Wohnung usw.) unterliegt den Bedingungen des § 17.

107 Eine entsprechende Anwendung findet auch statt, wenn nicht ein Dritter, sondern der Letztverbraucher **selbst den Anschluss betreibt** (Eigenanschlussfälle). Dies gilt unabhängig davon, ob sich der Letztverbraucher selbst (unmittelbar oder mittelbar) an das allgemeine Netz angeschlossen hat oder dieser Anschluss an ein Sondernetz außerhalb der allgemeinen Versorgung erfolgt ist. »Dritter« im Sinne von § 18 Abs. 2 Satz 1 Alt. 2 analog kann deshalb auch der Letztverbraucher selbst sein.

4. Reserve- und Zusatzversorgung

108 Während Satz 1 des § 18 Abs. 2 lediglich einen Anspruchsausschluss zur Rechtsfolge hat, regelt Satz 2 dieser Vorschrift Folgewirkungen des Anspruchsausschlusses. Insofern wird wiederum **Kontrahierungszwang** begründet, allerdings nach § 17 Abs. 1 auf einer quasi niedrigeren Stufe (Kontrahierungszwang zweiter Ordnung). Die nach § 18 Abs. 1 Satz 1 ausgeschlossenen Interessenten können zum Zwecke der Zusatz- und Reserveversorgung zwar ebenfalls Anschluss ver-

IV. Ausnahmen von der Anschlusspflicht (Abs. 1 Satz 2 und Abs. 2)

langen, aber nur zu für das EVU **wirtschaftlich zumutbaren allgemeinen Bedingungen** im Sinne von § 17 Abs. 1.

Solange der Gesetzgeber von der Verordnungsermächtigung des § 17 Abs. 3 Satz 2 Ziff. 3 noch keinen Gebrauch gemacht hat, muss zur Konkretisierung – soweit höherrangiges Recht nicht entgegensteht – auf die zum 13.7.2005 aufgehobene Fünfte Verordnung zur Durchführung des Gesetzes zur Förderung der Energiewirtschaft (5. DVO)[65] zurückgegriffen werden. Diese Verordnung enthält – allerdings lediglich unter dem damals allein maßgeblichen Gesichtspunkt des Betriebs von Eigenanlagen, also nicht des Anschlusses durch Dritte – Zumutbarkeitsbedingungen in § 6.

In § 3 der 5. DVO war der Begriff der **Reserveversorgung** definiert. Diese lag vor, wenn ein laufend durch Eigenanlagen gedeckter Energiebedarf bei Ausfall der Eigenanlagen **vorübergehend** durch ein Energieversorgungsunternehmen befriedigt wurde. Demgegenüber war Zusatzversorgung gem. § 4 der 5. DVO anzunehmen, wenn der Energiebedarf eines Abnehmers **regelmäßig** zum einen Teil durch Eigenanlagen und zum anderen Teil durch ein Energieversorgungsunternehmen gedeckt wurde.

Die Bedingungen einer **zumutbaren Reserveversorgung** legte § 5 der 5. DVO fest. Danach waren folgende Bedingungen in Bezug auf die Nutzung des Anschlusses zu erfüllen:

– Die Reserveversorgung muss den Bedarf des gesamten Betriebes oder eines geschlossenen Betriebsteils des Abnehmers umfassen.

– Unabhängig von der jeweils benötigten Energiemenge ist ein angemessener Leistungspreis mindestens für die Dauer eines Jahres zu entrichten.

– Dieser Leistungspreis ist auf der Basis der beiden folgenden Annahmen zu bilden:

    – Gleichzeitige Inbetriebnahme sämtlicher an das Leitungsnetz des Netzbetreibers angeschlossenen Reserveanschlüsse und

    – Ausgleich der Einzelbelastungen unter Berücksichtigung der Normalsituation im gesamten Niederspannungs- oder Niederdruckleitungsnetz des Netzbetreibers.

---

65 Vom 21.10.1940, RGBl. I S. 1391 i. d. F. v. 21.6.1979, BGBl. I S. 684.

§ 18 Allgemeine Anschlusspflicht

112 Da der Verordnungsgeber damit vom gleichzeitigen Ausfall/Stillstand zwecks Wartung aller Reserveanschlussnehmer ausgeht, wird der denkbar ungünstigste Fall angenommen, was die Versorgungssicherheit besonders betont. Allerdings führte dies gleichzeitig zur Verpflichtung der Netzbetreiber, entsprechende Reservekapazitäten aufzubauen und zu unterhalten. Die auf die Reserveanschlussnehmer entfallenden anteiligen fixen Kosten dieser Reserveleistung können dann als Leistungspreis auf das Jahr bezogen umgelegt werden. Dies dürfte Reserveversorgung besonders teuer machen.

113 Zwecks Konkretisierung der **wirtschaftlichen Zulässigkeit von Zusatzversorgung** enthielt § 6 Abs. 1 der 5. DVO sieben alternative Fallgruppen. Diese haben offenbar das Ziel, die Eigenversorgung in zureichender Weise von der Zusatzversorgung abgrenzen zu können. Die Tatbestände gehen überwiegend davon aus, dass wenigstens ein abgrenzbarer Teil des über den Anschluss zu beziehenden Energiebedarfs des Abnehmers **insgesamt** vom EVU zu decken ist, um Zumutbarkeit zu begründen. Nach Ziff. 1 ist dies der **gesamte Energiebedarf für Haushaltszwecke** (unbeschadet anderweitiger Deckung des Wärmebedarfs), nach Ziff. 2 der **gesamte Energiebedarf für Beleuchtungszwecke außerhalb des Haushalts**, nach Ziff. 3 der **gesamte Energiebedarf für Kraftzwecke außerhalb des Haushalts** und nach Ziff. 4 der **gesamte Energiebedarf für Wärmezwecke außerhalb des Haushalts** (unbeschadet des Wärmebedarfs für Raumheizung und Nahrungszubereitung). Ziff. 5 enthält eine Privilegierung für **landwirtschaftliche Betriebe** (soweit nur Schlepper als Eigenanlagen betrieben werden, diese aber nicht in der Elektrizitätserzeugung eingesetzt werden).

114 Privilegiert sind dann nach Ziff. 6 **ausschließlich mit Betriebsabfällen oder Wasserkraft** betriebene Eigenanlagen bzw. **sonstige rationelle Energienutzung**. Demgegenüber betrifft Ziff. 7 bestimmte Kraft-Wärme-Kopplungsanlagen, die als **Gegendruck- oder Anzapfmaschine mit Abdampfverwertung** bezeichnet werden. Zumutbarkeit besteht dann, wenn der Dampf für gewerbliche Herstellungsverfahren (industrielle Kraft-Wärme-Kopplung) oder für den Bedarf von öffentlichen Einrichtungen oder Anstalten einer Gemeinde/einer Gemeindeverbandes (Fernwärmeversorgung) verwertet wird. Die Zumutbarkeitsgründe des § 6 Abs. 1 Ziff. 6 und 7 dürften wegen der gesetzlichen Fassung des § 18 Abs. 2 Satz 3 überholt sein. § 6 Abs. 2 der 5. DVO ordnete speziell für die ersten fünf Fälle des § 6 Abs. 1 (abgrenzbare Gesamtbedarfsdeckung sowie landwirtschaftliche Be-

triebe mit Schleppern als Eigenanlagen) an, dass die Preisbemessung auf der Basis **Zusatzbedarf = Gesamtbedarf** erfolgen müsse.

Die erwähnten Tatbestände passen kaum auf die neue gesetzliche Alternative der **Versorgung** über einen **Drittanschluss**. Die in § 17 Abs. 3 Satz 2 Ziff. 3 vorgesehene Neufassung auch des Rechts der Zusatz- und Reservestromversorgung dürfte also dringlich sein, soweit der Verordnungsgeber nicht davon ausgehen kann, dass der entstehende intensive Wettbewerb um Haushalts- und Sonderkunden auch die Reserve- und Zusatzversorgung ergreift und daher die Sonderregelung als verzichtbar erscheint. 115

V. Verordnungsermächtigung

Zwar nicht die Bedingungen der Reserve-Zusatzversorgung i. S. von § 18 Abs. 2 Satz 1, wohl aber die **allgemeinen Bedingungen für Netzanschluss und Netznutzung** sind Gegenstand der Verordnungsermächtigung des § 18 Abs. 3. Danach kann die Bundesregierung durch Rechtsverordnung mit Zustimmung des Bundesrates Umfang und allgemeine Bedingungen des Anschlusses und der Anschlussnutzung regeln. Neben dem Kriterium der wirtschaftlichen Zumutbarkeit hat der Verordnungsgeber seine Regelung einerseits an den Interessen von Netzbetreibern und Letztverbrauchern, andererseits an den Zielen des § 1 auszurichten. Insgesamt ist auf eine angemessene Regelung zu achten. 116

§ 18 Abs. 3 verlangt einen **angemessenen Interessenausgleich**. Vorbild für die enthaltenen Verordnungsermächtigungen ist § 11 Abs. 2 EnWG 1998, allerdings ohne die Ermächtigung zur Regelung der Reserve- und Zusatzversorgung (vgl. insofern § 17 Abs. 3 Satz 2 Ziff. 3). Der Verordnungsgeber hat die Bedingungen für Netzanschluss und Netznutzung **angemessen** sowie **einheitlich** festzusetzen, Abs. 3 Ziff. 1. Neben der in dieser Ziff. 1 enthaltenen Rahmenregelung (Netzanschluss und Netznutzung) umfasst die Ziff. 2 **Einzelheiten erforderlicher Regelungen** getrennt nach Anschlussvertrag sowie Anschlussnutzung. Während nämlich im Hinblick auf die Anschlussnutzung lediglich die (gesetzlichen) **Rechtsverhältnisse** vom Verordnungsgeber zu regeln sind, sind in Bezug auf den Anschlussvertrag die klassischen Vertragsinhalte vorzusehen (Vertragsschluss, Übergang des Netzanschlussvertrages bei Eigentumswechsel an der Kundenanlage, Vertragsgegenstand sowie Beendigung der Verträge). Wenn 117 die Ziff. 3 des § 18 Abs. 3 auf die **einheitliche Festlegung der Rechte und Pflichten der Beteiligten** verweist, so stellt dies lediglich eine andere Sichtweise – Sicht der am Vertrag bzw. Rechtsverhältnissen der Anschlussnutzung beteiligte Personen – dar.

118 In der Gesetzesbegründung werden die Besonderheiten des »Massenkundengeschäfts« betont[66], so dass die durch Verordnung zu erfolgenden Regelungen **weitgehend abschließenden Charakter** haben müssten. Sonstige inhaltliche Festlegungen lassen sich der Begründung nicht entnehmen.

119 Der Massencharakter der Anschlussverträge sowie der Anschlussnutzungen erfordert **Pauschalierungen** sowie die Orientierung am Erfordernis **kostengünstiger Lösungen** (vgl. § 18 Abs. 3 Satz 2). Diese Vorschrift ist Ausprägung des Effizienzziels in § 1 Abs. 3. Damit kann der anzuschließende Letztverbraucher lediglich einen »Standardanschluss« üblicher Kapazität und Leistung, nicht aber einen auf seine speziellen Bedürfnisse besonders zugeschnittenen Anschluss beanspruchen. Ein derartiger Anschluss ist wiederum nur nach § 17 Abs. 1 möglich.

120 Nach wie vor existieren Anschlussverhältnisse, die auf öffentlicher Regelung beruhen (Satzung, öffentlich-rechtlicher Vertrag, Benutzungsbedingungen). Um auch diese Rechtsverhältnisse zweifelsfrei zu erfassen, sieht **Satz 3** des § 18 Abs. 3 die Erstreckung der durch Rechtsverordnung zu treffenden Regelungen auf **öffentlich-rechtliche Versorgungs- und Anschlussverhältnisse** vor. Auf diese Weise werden mögliche Zweifel ausgeräumt, ob auch öffentlich-rechtliche Anschlussverhältnisse den nach § 18 Abs. 3 zu erlassenden Rechtsverordnungen genügen müssen.

VI. Verhältnis zu § 17 und Befugnisse der Regulierungsbehörde

121 Die Aufsicht durch die Regulierungsbehörde gem. § 65 erstreckt sich nach dem Gesetzeswortlaut grundsätzlich auf alle Bestimmungen der §§ 11–35 EnWG. § 18 hat insbesondere die Funktion, zivilrechtliche Ansprüche auf Anschluss zu begründen (vgl. § 18 Abs. 1 Satz 1 sowie § 18 Abs. 2 Satz 3). Dies schließt allerdings ein (kumulatives oder subsidiäres) Einschreiten der Regulierungsbehörde nicht von vornherein aus. Jedenfalls unter der Geltung des **Opportunitätsprinzips** er-

---

66 BT-DrS 15/3917, S. 59 (Einzelbegründung zu § 18 Abs. 3).

VI. Verhältnis zu § 17 und Befugnisse der Regulierungsbehörde

scheint daher die Regulierungsbehörde als befugt, den Anschluss bestimmter Abnehmer anzuordnen, soweit Ermessen fehlerfrei ausgeübt wird. Auch im Kartellrecht (vgl. § 32 und § 33 GWB) stehen behördliche Eingriffsbefugnisse und zivilrechtliche Ansprüche typischerweise nebeneinander. Es ist nicht einzusehen, dass bei einer speziellen Branchenregelung, die dem Diskriminierungsverbot nachgebildet ist (»wirtschaftliche Zumutbarkeit«), anders verfahren werden soll. Zwar besteht bei Mehrfachzuständigkeiten immer die Gefahr widersprüchlicher Entscheidungen, so dass etwa die Verwaltungsbehörde eine Anschlusspflicht anordnen könnte, die zuvor ein Zivilgericht verneint hat. Da beide Institutionen auf der Basis einer identischen Norm entscheiden, kann eine mögliche Divergenz gegen das Prinzip der Einheit der Rechtsordnung verstoßen. Gleichwohl ist es nicht ersichtlich, dass das Bestehen eines zivilrechtlichen Anspruchs im EnWG zum Ausschluss einer behördlichen Zuständigkeit führt, die nach dem Wortlaut des § 65 in Verbindung mit § 54 Abs. 1 sowie Abs. 2 Ziff. 6 explizit eröffnet ist.

Soweit allerdings eine abschließende Regelung in Rechtsverordnungen zu § 18 Abs. 3 vorhanden ist, kommt der Regulierungsbehörde keine (ergänzende) **regelnde Funktion** zu[67]. Dies ist auch Sinn und Zweck der Zuständigkeitsbeschränkung in § 54 Abs. 2 Ziff. 6, die nur auf den ersten Blick ausschließlich an Landesregulierungsbehörden adressiert ist. Es kann weder Aufgabe dieser Behörden noch der BNetzA sein, allgemeine Regelungen im Hinblick auf Anschlussvertrag und Anschlussnutzung zu treffen. Die Befugnisse der Regulierungsbehörden im Einzelfall bleiben jedoch unter Beachtung des Opportunitätsprinzips unberührt. Um keinen »zweiten Rechtsweg« zu etablieren, werden die Regulierungsbehörden aber häufig auf den allgemeinen Zivilrechtsweg verweisen.

122

Dagegen sind Entscheidungen der Regulierungsbehörden dann zu erwarten, wenn unter Beachtung der Rahmenvorgaben von Gesetz und Verordnungen gleichwohl Handhabungen der Netzbetreiber auftreten, die den Zielen und Zwecken des EnWG widersprechen. Einen Missbrauch kann die Regulierungsbehörde nach § 30 abstellen und anordnen, dass bestimmte Anschlüsse nach § 18 Abs. 1 vorzunehmen sind oder eine Anschlussnutzung unter bestimmten Bedingungen geduldet werden muss.

123

---

67 So zu Recht die Begründung zu § 18 Abs. 3: BT-DrS 15/3917, S. 59.

§ 19 Technische Vorschriften

(1) Betreiber von Elektrizitätsversorgungsnetzen sind verpflichtet, unter Berücksichtigung der nach § 17 festgelegten Bedingungen für den Netzanschluss von Erzeugungsanlagen, Elektrizitätsverteilernetzen, Anlagen direkt angeschlossener Kunden, Verbindungsleitungen und Direktleitungen technische Mindestanforderungen an deren Auslegung und deren Betrieb festzulegen und im Internet zu veröffentlichen.

(2) Betreiber von Gasversorgungsnetzen sind verpflichtet, unter Berücksichtigung der nach § 17 festgelegten Bedingungen für den Netzanschluss von LNG-Anlagen, dezentralen Erzeugungsanlagen und Speicheranlagen, von anderen Fernleitungs- oder Gasverteilernetzen und von Direktleitungen technische Mindestanforderungen an die Auslegung und den Betrieb festzulegen und im Internet zu veröffentlichen.

(3) [1]Die technischen Mindestanforderungen nach den Absätzen 1 und 2 müssen die Interoperabilität der Netze sicherstellen sowie sachlich gerechtfertigt und nichtdiskriminierend sein. [2]Die Interoperabilität umfasst insbesondere die technischen Anschlussbedingungen und die Bedingungen für netzverträgliche Gasbeschaffenheiten unter Einschluss von Gas aus Biomasse oder anderen Gasarten, soweit sie technisch und ohne Beeinträchtigung der Sicherheit in das Gasversorgungsnetz eingespeist oder durch dieses Netz transportiert werden können. [3]Für die Gewährleistung der technischen Sicherheit gilt § 49 Abs. 2 bis 4. [4]Die Mindestanforderungen sind der Regulierungsbehörde mitzuteilen. [5]Das Bundesministerium für Wirtschaft und Arbeit unterrichtet die Europäische Kommission nach Artikel 8 der Richtlinie 98/34/EG des Europäischen Parlaments und des Rates vom 22. Juni 1998 über ein Informationsverfahren auf dem Gebiet der Normen und technischen Vorschriften und der Vorschriften für die Dienste der Informationsgesellschaft (ABl. EG Nr. L 204 S. 37), geändert durch Richtlinie 98/48/EG (ABl. EG Nr. L 217 S. 18).

§ 19 Technische Vorschriften

Überblick	Seite	Rz.
I. Regelungszweck und Entstehungsgeschichte	576	1
II. Normadressaten..................................	576	3
III. Inhalte von technischen Mindestvorschriften..........	577	8
IV. Veröffentlichungs- und Mitteilungspflichten	579	13
V. Aufsicht	580	17

I. Regelungszweck und Entstehungsgeschichte

1 Regelungsziel ist die Umsetzung europäischen Rechts. Sowohl in Art. 5 RL-Elt als auch in Art. 6 RL-Gas wird den Mitgliedstaaten aufgetragen, **für den Netzanschluss** von Energieanlagen **Mindestanforderungen an die Auslegung und den Betrieb** auszuarbeiten und zu veröffentlichen. Alle diese technischen Vorschriften müssen am Zweck der Interoperabilität der Netze orientiert werden und die Anforderungen der Objektivität und Diskriminierungsfreiheit erfüllen. Weiter ist eine Mitteilungspflicht gegenüber der EU-Kommission vorgesehen.

2 § 19 ist mit dem Text des Regierungsentwurfs[1] bis auf eine kleine Ergänzung zu Abs. 2[2] Gesetz geworden. Vorläufervorschriften sind einerseits § 4 Abs. 2 EnWG 1998, andererseits § 4a Abs. 2 EnWG 2003.

II. Normadressaten

3 Wesentliche Adressaten der Pflicht zur **Festlegung sowie Veröffentlichung von technischen Mindestanforderungen** sind die **Betreiber von Elektrizitätsversorgungsnetzen** (§ 19 Abs. 1) sowie die **Betreiber von Gasversorgungsnetzen** (§ 19 Abs. 2). Damit sind die Ziff. 2 und 6 des § 3 in Bezug genommen, die wiederum in den Ziff. 3 bis 10 näher erläutert werden[3].

---

1 BT-DrS 15/3917, S. 16 mit Begründung S. 59.
2 Wirtschaftsausschuss, BT-DrS 15/5268, S. 29: Einfügung der »dezentralen Erzeugungsanlagen« mit Begründung S. 119.
3 Vgl. dazu oben § 3 Rz. 16 ff.

Art. 5 RL-Elt sowie Art. 6 RL-Gas ordnen nicht an, dass der Mitgliedstaat selbst – durch Behörden oder selbständige Verwaltungseinheiten – die Bedingungen des Netzanschlusses festzulegen hat. Mit der Wendung »die Mitgliedstaaten tragen dafür Sorge« wird vielmehr auch die Festlegung und Veröffentlichung durch Dritte, insbesondere die Unternehmen selbst sowie deren Verbände – quasi als Beliehene – zugelassen. Von dieser Möglichkeit hat der nationale Gesetzgeber Gebrauch gemacht. 4

Auf der **Passivseite** des Adressatenkreises der Abs. 1 und 2 von § 19 sind – mit dem Ziel umfassender, aber wohl nicht abschließender Aufzählung – sämtliche Energieanlagen genannt, die für Anschluss und Parallelbetrieb zu Elektrizitätsversorgungs- bzw. Gasversorgungsnetzen in Betracht kommen. Eingeschlossen sind Erzeugungsanlagen, Verteilernetze, Anlagen direkt angeschlossener Kunden, Verbindungs- und Direktleitungen. Nicht genannt werden Übertragungsnetze, obwohl abnehmerseitig und erzeugerseitig durchaus Kunden an diese Netze unmittelbar angeschlossen sind. Weil aber auch die ÜNB ein Elektrizitätsversorgungsnetz betreiben, müssen diese – auf der Aktivseite – ohnehin solche technischen Anschlussbedingungen veröffentlichen. 5

Auf der **Gasversorgungsseite** (Abs. 2) werden genannt: 6

– LNG-Anlagen

– dezentrale Erzeugungsanlagen

– Speicheranlagen

– andere Fernleitungs- oder Gasverteilungsnetze

– Direktleitungen

Dieser Adressatenkreis unterliegt auch den in § 19 Abs. 3 genannten Pflichten einschließlich der Mitteilungspflicht des Abs. 3 Satz 4. Darüber hinaus ist das BMWA zur Unterrichtung der EU-Kommission verpflichtet, Satz 5 (weiterer Normadressat des § 19). 7

III. Inhalte von technischen Mindestvorschriften

Unter Verzicht auf eine Verordnungsermächtigung legt § 19 Abs. 1 und 2 fest, dass die technischen Mindestanforderungen **Auslegung und Betrieb** der anzuschließenden Anlagen erfassen müssen. Damit 8 ist sichergestellt, dass jeder Entwickler, Produzent und Investor von Netz- und Erzeugungsanlagen sowie sonstigen Energieanlagen in ausreichendem Umfang technische Kenndaten erhält, um seine Geräte entsprechend den Netzvorgaben zu entwickeln, zu errichten und zu betreiben. Der Begriff **Mindestanforderung** stellt sicher, dass die Möglichkeit zur Weiterentwicklung eröffnet bleibt. Der Detaillierungsgrad der Festlegung muss so beschaffen sein, dass die Anlagen ohne weitere Aufklärung und auf Dauer betriebssicher an das Netz angeschlossen werden können.

9 Die technischen Mindestanforderungen sind an den Zielen der Richtlinie zu orientieren und dürfen nicht dazu dienen, die Schaffung des Gemeinsamen Binnenmarktes zu beeinträchtigen. Aus den Richtlinien hat der nationale Gesetzgeber unmittelbar folgende Eckwerte übernommen:

   – Interoperabilität der Netze

   – sachliche Rechtfertigung (Objektivität)

   – Diskriminierungsfreiheit

10 Zur Interoperabilität werden im Hinblick auf den Gasbereich gemäß **Satz 2** des § 19 Abs. 3 folgende weitere Festlegungen getroffen:

   – netzverträgliche Gasbeschaffenheit

   – einschließlich Gas aus Biomasse/anderen Gasarten

   – technisch sichere Einspeisung und Transport

   – Orientierung an der Sicherheit des Gasversorgungsnetzes

11 Da derartige technische Mindestanforderungen bereits in großem Umfang von Verbänden (VDEW, VDE, VDN, DGWV) und auch von einzelnen Unternehmen veröffentlicht worden sind, worauf sich die Begründung des Regierungsentwurfs bezieht[4], geht der Gesetzgeber einstweilen davon aus, dass die genannten Vorschriften den Anforderungen des § 19 Abs. 3 Satz 1 genügen. Dies betrifft insbesondere:

   – Transmission Code

   – Distribution Code

---

4 BT-DrS 15/3917, S. 59: »bereits bestehende technische Vorschriften«.

- Metering Code
- entsprechende Regelwerke des DGWV

In der Art einer gleitenden Verweisung nimmt die Gesetzesbegründung[5] auf die »jeweils gültige Fassung« Bezug. Die technischen Abteilungen der Regulierungsbehörden werden – nach Mitteilung gemäß Satz 4 des § 19 Abs. 3 – mit der Überwachung der Einhaltung von Interoperabilität, Objektivität und Diskriminierungsfreiheit betraut (dazu unten V.).

IV. Veröffentlichungs- und Mitteilungspflichten

Die Netzbetreiber werden mit Abs. 1 und Abs. 2 zunächst verpflichtet, die technischen Mindestanforderungen nach Festlegung **im Internet zu veröffentlichen**. In Bezug auf die genannten Regelwerke ist dies bereits geschehen; obwohl sich die Veröffentlichungspflicht an die Netzbetreiber als Unternehmen (und nicht an die Verbände) richtet, dürfte es ausreichen, wenn das Unternehmen durch Verweis oder einen Link diejenige Internet-Veröffentlichung in Bezug nimmt, die – etwa durch einen Verband – den vollständigen Abdruck der für das betreffende Netz relevanten technischen Mindestanforderungen enthält. Nur soweit der Netzbetreiber eigenständige (abweichende oder ergänzende) technische Mindestanforderungen vorsieht, müssten diese besonders und vollständig veröffentlicht werden (z. B. Homepage des Netzbetreibers).

Gemäß § 19 Abs. 3 **Satz 4** sind diese Mindestanforderungen **der Regulierungsbehörde mitzuteilen**. Der Mitteilungspflicht war unmittelbar mit Inkrafttreten des Gesetzes zum 13. Juli 2005 nachzukommen; weil die Mitteilungspflicht an die Stelle früherer gleich gearteter Pflichten tritt (z. B. gegenüber der Landesenergieaufsicht), reicht die frühere Erfüllung der Pflicht gegenüber einer anderen Behörde nicht aus. Wenn der Netzbetreiber lediglich die verbandsseitig festgelegten Regelwerke anwendet, reicht es aus, wenn in der Mitteilung nach Satz 4 auf diese Regelwerke Bezug genommen wird. Im Übrigen müssen die eigenständig verwendeten technischen Mindestanforderungen im Wortlaut schriftlich und möglichst auch in elektronischer Fassung der Regulierungsbehörde mitgeteilt werden, damit diese eine entspre-

---

5 Ebd. S. 59.

chende Datenbank zum Zwecke des schnellen Zugriffs verfügbar halten kann.

15 Regulierungsbehörde im Sinne von Satz 4 ist grundsätzlich die BNetzA, § 54 Abs. 1. Bei Netzbetreibern mit weniger als 100.000 mittelbar oder unmittelbar angeschlossenen Kunden, deren Netz nicht über das Gebiet eines Bundeslandes hinausreicht (Zeitpunkt der Feststellung: 13.7.2005 für 2005 und 2006), muss die Mitteilungspflicht der Landesregulierungsbehörde gegenüber erfüllt werden, § 54 Abs. 2 Satz 1 Ziff. 7.

16 Behördenintern sind Landesregulierungsbehörden sowie BNetzA verpflichtet, die gesammelten technischen Mindestanforderungen dem BMWA weiterzuleiten, damit dieses seiner **Unterrichtungspflicht** gemäß **Satz 5** des § 19 Abs. 3 nachkommen kann. Die EU-Kommission benötigt die in der Bundesrepublik Deutschland angewendeten technischen Mindestvorschriften in Bezug auf Netzanschluss und Anschlussnutzung, um überprüfen zu können, welche der festgelegten technischen Mindestanforderungen den Richtlinienzielen (Art. 5 RL-Elt sowie Art. 6 RL-Gas) genügen und – widrigenfalls – in welchen Fällen gegen Mitgliedstaaten Vertragsverletzungsverfahren im Hinblick auf Art. 28ff. EG einzuleiten sind, weil derartige Mindestanforderungen durchaus geeignet sein können, um als »Maßnahmen gleicher Wirkung« den Waren- und Dienstleistungsverkehr in Bezug auf Elektrizität und Gas zwischen den Mitgliedstaaten zu beeinträchtigen.

V. Aufsicht

17 Auf nationaler Ebene überprüfen die Regulierungsbehörden gemäß § 65 in Verbindung mit § 54, ob die veröffentlichten technischen Mindestvorschriften nach § 19 den nationalen sowie den europäischen Vorgaben entsprechen (Interoperabilität der Netze, sachlicher Rechtfertigung/Objektivität, Diskriminierungsfreiheit). Die Zuständigkeit der Landesregulierungsbehörden tritt gemäß § 54 Abs. 2 Satz 1 Ziff. 7 an die Stelle der grundsätzlich bestehenden Überwachungsbefugnis der BNetzA, wenn das betroffene Netz nicht über das Gebiet eines Bundeslandes hinausreicht und weniger als 100.000 Kunden an dieses Netz unmittelbar oder mittelbar angeschlossen sind, § 54 Abs. 2 Satz 1 a.E. sowie Satz 2. Für die Feststellung der Verhältnisse in den Jahren 2005 und 2006 ist der 13. Juli 2005 (Inkrafttreten des Zweiten Neuregelungsgesetzes) maßgeblich.

V. Aufsicht

Da die Verpflichtung zum Anschluss an Versorgungsnetze gemäß §§ 17, 18 auf der Basis des Kontrahierungszwangs grundsätzlich (auch) zivilrechtlich erstritten werden kann, wird in Prozessen vor den Zivilgerichten § 19 eine große Rolle spielen. Der Streit um die Erfüllung von Richtlinienvorgaben von VDEW/VDE/VDN ist bereits aus den Anschlussstreitigkeiten der Betreiber von EEG-Anlagen bekannt[6]. Die Zivilgerichte können anstelle eines individuellen Sachverständigengutachtens eine amtliche Auskunft der zuständigen Regulierungsbehörde einholen, um einerseits die Anwendung von gültigen technischen Mindestanforderungen überprüfen zu können, andererseits über die Stellungnahme der Regulierungsbehörde zu erfahren, ob die so angewendeten technischen Mindestanforderungen den Vorgaben gemäß § 19 Abs. 3 Satz 1 entsprechen. Wendet ein Netzbetreiber technische Mindestanforderungen an, die entweder nicht veröffentlicht wurden oder der Regulierungsbehörde nicht nach Satz 4 des § 19 Abs. 3 mitgeteilt worden sind, bedeutet dies nicht zwangsläufig, dass »unwirksame« technische Mindestanforderungen zugrunde gelegt wurden. Vielmehr ist die Wirksamkeit jener Bedingungen rein öffentlich-rechtlich zu beurteilen; Veröffentlichungs- und Mitteilungspflichten stellen bloße Ordnungsvorschriften dar, so dass deren Erfüllung keine Wirksamkeitsbedingung im Hinblick auf den Netzanschluss sowie die Netznutzung bildet.

18

Das Zivilgericht ist nach Auskunft und Stellungnahme der Regulierungsbehörde nicht an deren Beurteilung gebunden. Vielmehr kann das Gericht gleichwohl ein Sachverständigengutachten zur Frage einholen, ob die Anforderungen des § 19 Abs. 3 Satz 1 erfüllt sind; andererseits bleibt es dem Gericht unbenommen, gemäß Art. 226 EG dem EuGH die Frage vorzulegen, ob die Bundesrepublik Deutschland die Art. 5 RL-Elt sowie Art. 6 RL-Gas korrekt in deutsches Recht umgesetzt und die vom konkreten Netzbetreiber angewendeten technischen Mindestanforderungen mit diesen Richtlinien bzw. dem EG-Vertrag vereinbar sind.

19

---

6 Vgl. im Überblick *Salje*, EEG 2004, § 13 Rz. 13 ff.

Abschnitt 3 Netzzugang

Literatur zu den §§ 20–28a

Ahlmann-Otto, »Ringen um Luft« – Kampf um Kompromisse bei der Ausgestaltung eines Handels mit Treibhausgasen in der Europäischen Gemeinschaft, RdE 2002, S. 303 ff.; *Badura*, Netzzugang oder Mitwirkungsrecht Dritter bei der Energieversorgung mit Gas? – Verfassungsrechtliche Grenzen des regulierten Netzzugangs, DVBl. 2004, S. 1189 ff.; *Bartsch/Röhling/Salje/Scholz (Hrsg.)*, Stromwirtschaft – Ein Praxis-Handbuch, Köln 2002; *Baur/Henk-Merten*, Entgeltfindung unter Kontrahierungszwang, VEnergR Bd. 107, Baden-Baden 2003; *Bausch*, Netznutzungsregeln im liberalisierten Strommarkt der Europäischen Union – Eine rechtsvergleichende Untersuchung der europäischen Vorgaben sowie der Regime in Deutschland, Frankreich und England, EWeRK-Schriftenreihe Bd. 13, Baden-Baden 2004; *Becker*, Anmerkung zu OLG Dresden, Urt. vom 8.2.2001, Az. U 2978/00 (Kart.) (Durchleitungsanspruch aus § 6 Abs. 1 S. 1 EnWG), ZNER 2001, S. 172f.; *Bier*, Regulierter oder Verhandelter Zugang zum Stromnetz? Eine ökonomische Analyse unter Berücksichtigung imperfekter Aufsichtsbehörden, Hamburg 2002; *Birkner/Staschus*, Vergleichsmarktprinzip der VV II plus und das paneuropäische Benchmarking-Projekt, ET 2004, S. 430 ff.; *Boesche*, Die zivilrechtsdogmatische Struktur des Anspruchs auf Zugang zu Energieversorgungsnetzen, Baden-Baden 2002, *Boesche*, Keine Verpflichtung zum Abschluß von Netznutzungsverträgen, ZNER 2003, S. 33 ff.; *Böge/Lange*, Die zukünftige Energiemarkt-Regulierung im Lichte der Erfahrungen der europarechtlichen Vorgaben, WuW 2003, S. 870 ff.; *Böhnel*, Netzzugang nach Energiewirtschaftsgesetz und Verbändevereinbarung, ET 2001, S. 293 ff.; *Börner*, Rechtliches, Volkswirtschaftliches und Politisches zu heutigen Perspektiven der Durchleitungswirtschaft, ZögU 2003, S. 395 ff.; *Börner*, Kein Zurück in den Kindergarten – nicht nur die Einschränkung der Freiheit spricht gegen die Regulierung der Energiemärkte, ZfK 11/2001, S. 4; *Britz*, Energiewirtschaftsgesetz (EnWG), Kommentar, München 2006; *Büchner/Nick*, Strukturklassen zum sachgerechten Vergleich von Verteilnetzbetreibern, ET 2004, S. 816 ff.; *Büdenbender*, Die Ausgestaltung des Regulierungskonzeptes für die Elektrizitäts- und Gaswirtschaft – Überlegungen zum gegenwärtigen Stand der Diskussion, RdE 2004, S. 284 ff.; *Büdenbender*, Die preisrechtliche Behandlung von Netznutzungsentgelten, ZIP 2003, S. 931 ff.; *Büdenbender*, Nationalrechtliche Regulierung des Netzzugangs in der leitungsgebundenen Energiewirtschaft, ET 2003 (9) Special, S. 2 ff.; *Büdenbender/Kühne (Hrsg.)*, Das neue Energierecht in der Bewährung – Bestandsaufnahme und Perspektiven, Festschrift Baur, Baden-Baden 2002; *Büdenbender*, Anmerkung zu OLG Dresden, Urt. v. 8.2.2001-U 2978/00 (Kart.), RdE 2001, S. 149 ff.; *Burkhardt*, Liberalisierung des Erdgasmarktes in den USA und in Deutschland – Unterschiede, ET 2001, S. 212 ff.;

Danner, Energiewirtschaftsrecht – Energiewirtschaftsgesetz mit den Durchführungsbestimmungen, Nebengesetzen, Verordnungen und Erlassen sowie den energiewirtschaftlich relevanten Rechtsregelungen anderer Bereiche. Loseblattkommentar, 47. Ergänzungslieferung, München 2004; *Däuper*, Mehr Wettbewerb im Gasnetz? Eine Bestandsaufnahme zur Ausgestaltung der Regulierung des Gasnetzzugangs, ET 2004, S. 204 ff.; *Däuper*, Optimierung des Gasbezugs durch Zugang zu Speicheranlagen – rechtliche Rahmenbedingungen, ZNER 2003, S. 306 ff.; *de Wyl/Neveling*, Regulierung der Zugangsbedingungen zu den Strom- und Gasnetzen, ZNER 2003, S. 182 ff.; *Diedrich*, Die Eigenkapitalkosten von Gasnetzbetreibern, N&R 2005, S. 16 ff.; *Ebrecht*, Netzzugang in der Gaswirtschaft, Baden-Baden 2004; *Ehricke*, Vermerke der Kommission zur Umsetzung von Richtlinien, EuZW 2004, S. 359 ff.; *Felbert, v.*, Eignung unterschiedlicher Verfahren zur Berechnung von Durchleitungsentgelten in deregulierten Elektrizitätsmärkten, ZfE 2004, S. 83 ff.; *Freye/Beimes*, Zur Frage der Kündbarkeit von Lieferanten-Rahmen- bzw. Beistellungsverträgen trotz § 112 InsO, ZNER 2003, S. 108 ff.; *Grewe/Flandrich/Elwanger (Hrsg.)*, Energiewirtschaft im Wandel, Festschrift D. Schmitt, Münster 2004; *Gründel*, Zur Frage der kartellrechtlichen Zulässigkeit sogenannter »Wechselgebühren« im Stromhandel, RdE 2001, S. 129 ff.; *Handorf*, Die Verordnung (EG) Nr. 1228/2003 über die Netzzugangsbedingungen für den grenzüberschreitenden Stromhandel, IR 2004, S. 245 ff.; *Haus*, Zugang zu Netzen und Infrastruktureinrichtungen, Köln 2002; *Held*, Rechtliche Aspekte des Kundenwechselmanagements im Erdgas- und Fernwärmemarkt, ZNER 2004, S. 231 ff.; *Hohmann*, Geregelter Netzzugang und Unbundling: notwendig und verhältnismäßig?, ET 2003, S.337 ff.; *Holtorf/Horstmann*, Aktuelle Entscheidungspraxis über prozessuale und materiell-rechtliche Aspekte des Netzzugangs in der Energiewirtschaft, RdE 2002, S. 264 ff.; *Horstmann*, Netzzugang in der Energiewirtschaft, Köln 2001.; *Klinkhardt*, Der Netzverbund und der europäische Binnenmarkt – Untersuchung des rechtlichen Rahmens der europäischen Übertragungsnetzbetreiber, EWeRKSchriftenreihe Bd. 9, Baden-Baden 2003; *Knieps*, Entgeltregulierung aus der Sicht des disaggregierten Regulierungsansatzes, N&R 2004, S. 7 ff.; *Koenig/Rasbach*, Grundkoordinaten der energiewirtschaftlichen Netznutzungsentgeltregulierung, IR 2004, S. 26 ff.; *Koenig/Rasbach*, Trilogie komplementärer Regulierungsinstrumente: Netzzugang, Unbundling, Sofortvollzug, DÖV 2004, S. 733 ff.; *Koenig/Schellberg*, Elektrizitätswirtschaftliche Methodenregulierung – ein Entwurf der Netzentgeltverordnung Strom auf dem Prüfstand, RdE 2005, S. 1 ff.; *Kramer*, Liberalisierung und Diskriminierung bei monopolträchtiger Infrastruktur oder Umkehr zum »Leitungsstaat«?, N&R 2004, S. 134 ff.; *Kreis*, Deregulierung und Liberalisierung der europäischen Elektrizitätswirtschaft Theoretische und empirische Befunde, Schriften des Instituts für Wirtschaftsforschung Bd. 17, Baden-Baden 2004; *Kühling*, Eckpunkte der Entgeltregulierung in einem künftigen Energiewirtschaftsgesetz, N&R 2004, S. 12 ff.; *Kühling*, Sektorspezifische Regulierung in den Netzwirtschaften. Typologie – Wirtschaftsverwaltungsrecht – Wirtschaftsverfassungsrecht, Schriftenreihe Energie- und Infrastrukturrecht Bd. 4, München 2004; *Kühne (Hrsg.)*, Berg- und Energierecht im Zugriff europäischer Regulierungstendenzen, Baden-Baden 2004; *Kutschke et al.*, Anreizregulierung für den Zugang zu den deutschen Stromnetzen?, ET 2004, S. 139 ff.; *Lecheler/Gundel*, Staatliche Regulierung des Energiemarktes?, EWS 2001, S. 249 ff.; *Leprich (Hrsg.)*, Strommarktliberalisierung durch Netzregulierung, Berlin 2004; *Lutz/Stadler*, Gruppenbildung als Voraussetzung für ein funktionsfähiges Regulierungsmodell der Verteilernetze, ZNER 2004, S. 225 ff.; *Männel*, Kalkulationsmethodik des künftigen stromverteilungsspezifischen Regulierungskonzeptes, Frankfurt/Main 2004; *Männel*, Risikoadäquate Verzinsung des Eigenkapitals in der Stromverteilung nach der Verbändevereinbarung VV II plus, EW 2003 (21), S. 18 ff.; *Männel*, Risikoadjustierte Kalkulation von Netznutzungsentgelten in der Stromverteilungswirtschaft, ET 2004, S. 256 ff.; *Maurer/Wolffram/Sengbusch v.*, Netzvergleich mit Referenznetzverfahren, ET 2004, S. 436 ff.; *Müller-Kirchenbauer/Thomale*, Der Entwurf der Netzentgeltverordnung Strom vom April 2004, IR 2004, S. 148 ff.; *Müller-Kirchenbauer/Zenke*, Wettbewerbsmarkt für Regel- und Ausgleichsenergie, ET 2001, S. 696 ff.; *Neveling*, Der neue Verordnungsentwurf zum Gasnetzzugang – Grundlage für ein neues Netzzugangssystem in Deutschland?, ET 2004, S. 611 ff.; *Neveling/Däuper*, Verfassungsrechtliche Kartenhäuser in der Diskussion um ein netzeigentumsübergreifendes Entry-Exit-Gasnetzzugangsmodell, IR 2004, S. 126 ff.; *Neveling/Theobald*, Der Gesetzesentwurf der Bundesregierung zur Änderung des EnWG – Eine erste kritische Bewertung der gaswirtschaftlichen Regelungen, ZNER 2001, S. 64 ff.; *Piltz*, Netznutzungsentgelte für Stromlieferungen in der Kritik – Ist jetzt auch in Deutschland eine Regulierungsbehörde erforderlich?, WuW 2001, S. 552 ff.; *Reichert-Clauß*, Durchleitung von Strom: Regulierungsansätze im deutsch-englischen Vergleich – Reformpotentiale und Überlegungen zu einer einheitlichen Regulierungstheorie, Heidelberg 2002; *Richmann*, Dynamische Anreizregulierung für Strom- und Erdgasnetzbetreiber, ET 2004, S. 134 ff.; *Rosin/Krause*, Vorgaben der Beschleunigungsrichtlinie Elektrizität an eine ex-ante-Regulierung, ET 2003 (9) Special, S. 17 ff.; *Ruhle/Heger*, Spielräume und offene Punkte bei der Regelung zu Durchleitungsentgelten in der EnWG-Novelle, WuW 2004, S. 474 ff.; *Säcker*, Ex-Ante-Methodenregulierung und Ex-Post-Beschwerderecht – Zum Monitoring-Bericht des Bundesministers für Wirtschaft und Arbeit, RdE 2003, S. 300 ff.; *Säcker/Dörmer*, Übergang der Energieversorgungsverträge auf den neuen Verteilungsnetzbetreiber bei Auslaufen des alten Konzessionsvertrages?, RdE 2002, S. 161 ff.; *Salje*, Die Kalkulation von Netznutzungsentgelten seit dem 1.1.2004 – Nachwirkungen der Vermutungsregelung des § 6 Abs 1 Satz 5 EnWG, ET 2004, S. 109 ff.; *Schebstadt*, Sektorspezifische Regulierung – Im Grenzgebiet zwischen Marktaufsicht und Marktgestaltung, WuW 2005, S. 6 ff.; *Schebstadt*, Deregulierung als Daueraufgabe! Wider eine Vereinheitlichung der Regulierung, IR 2004, S. 223 ff.; *Schebstadt*, Die Aufsicht über Netznutzungsentgelte zwischen Kartellrecht und sektorspezifischer Regulierung, RdE 2004, S. 181 ff.; *Schlack*, Kartellbehörden in heiliger Mission: Netznutzungsentgelte und Wettbewerb – eine rechtskritische Analyse, ZfK 7/2001, S. 1f.; *Schmidt-*

Preuß, Der verfassungsrechtliche Schutz der Unternehmenssubstanz – Kernfragen der staatlichen Festsetzung von Netznutzungsentgelten im Stromsektor, ET 2003, S. 758 ff.; *Schmidt-Preuß*, Kalkulation und Investition in der Entgeltregulierung, N&R 2005, S. 51 ff.; *Schmidt-Preuß*, Kommentar: Sektorspezifische Regulierung bei Strom und Gas, WuW 2004, S. 1113 ff.; *Schmidt-Preuß*, Netz, Preis und Regulierung im Energiesektor, N&R 2004, S. 90 ff.; *Schmidt-Preuß*, Regulierung im neuen »Energiepaket«: »Philosophie« und Netznutzungsentgelte, IR 2004, S. 146 ff.; *Schmidt-Preuß*, Substanzerhaltung und Eigentum? Verfassungsrechtliche Anforderungen an die Bestimmung von Netznutzungsentgelten im Stromsektor, VEnergR Bd. 109, Baden-Baden 2003; *Schöler*, Verfassungsrechtliche Anforderungen an die Regulierung der Energiewirtschaft durch eine privatrechtliche Stelle, ZNER 2003, S. 201 ff.; *Schuler/Hammerstein v.*, Vorschlag eines Netzzugangsmodells für die deutsche Gaswirtschaft, ZfE 2004, S. 93 ff.; *Schultz*, Die Task Force Netzzugang, ET 2002, S. 216 ff.; *Schulze zur Wiesche*, Eckpfeiler der Regulierung von Netznutzungsentgelten – Ein kritischer Blick auf den Status quo, ET 2004, S. 708 ff.; *Schwintowski*, Der Netzverbundvertrag, WuW 2001, S. 1042 ff.; *Sieben/Maltry*, Kostenbasierte Kalkulation von Netznutzungsentgelten am Beispiel der Stromindustrie, DB 2003, S. 729 ff.; *Spauschus*, Die wettbewerbliche Öffnung von Märkten mit Netzstrukturen am Beispiel von Telekommunikation und Elektrizitätswirtschaft? Netzzugangsregelungen im Spannungsfeld zwischen staatlicher Regulierung und Privatautonomie, Frankfurt/Main 2004; *Spreer*, Regulierung des Netzzugangs bei Strom und Gas: Die Ländersicht, ZNER 2003, S. 190 ff.; *Stegh*, Regulierung und bisherige Erfahrungen der Rechtsprechung, IR 2004, S. 242 ff.; *Tettinger/Pielow*, Zum neuen Regulator für den Netzzugang in der Energiewirtschaft aus Sicht des öffentlichen Rechts, RdE 2003, S. 289 ff.; *Theobald*, Der künftige, regulierte Netzzugang – EnWG, NZEltV und NEEltV, IR 2004, S. 123 ff.; *Theobald/de Wyl/Deschler*, Der Netznutzungsvertrag, ZNER 2001, S. 24 ff.; *Theobald/Hummel*, Entgeltregulierung im künftigen Energiewirtschaftsrecht, ZNER 2003, S. 176 ff.; *Theobald/Hummel*, Entgeltregulierung in Netzwirtschaften, N&R 2004, S. 2 ff.; *Tomala*, Vertragliche Vereinbarungen über den Zugang zu Elektrizitätsversorgungsnetzen am Beispiel des Netznutzungsvertrages mit Endkunden nach der Konzeption der VV Strom II, Regensburg 2004; *Danwitz v.*, Was ist eigentlich Regulierung?, DÖV 2004, S. 977 ff.; *von der Wiese/Eder*, Rechtsprobleme der vertraglichen Gestaltung des Netzzugangs als Grundlage der zukünftigen Regulierung – eine Rechtsprechungsübersicht, ZNER 2003, S. 303 ff.; *Witzmann*, Umsetzung des novellierten EnWG unter besonderer Berücksichtigung des Entwurfs der Strom-Netzzugangsverordnung – eine kritische Bewertung aus Lieferantensicht, ZNER 2005, S. 54 ff.; *Wolffram/Haubrich*, Ermittlung und Quantifizierung kostenrelevanter Strukturgrößen auf 110-kV-Netze, ET 2004, S. 512 ff.; *Zenke/Thomale*, Die Kalkulation von Netznutzungsentgelten sowie Mess- und Verrechnungspreisen, WuW 2005, S. 28 ff.; *Ziesak*, Regulierung oder Selbstregulierung – Ein Vergleich der deutschen und U.S.-amerikanischen Rechtsgrundlagen für die Stromdurchleitung, Stuttgart 2003.

Vorbemerkungen §§ 20 bis 28a

Die §§ 20 ff. regeln den **Zugang zu Energieversorgungsnetzen** sowie damit zusammenhängenden Einrichtungen (Speicheranlagen, vorgelagerten Rohrleitungsnetzen) einschließlich der Bestimmung und Genehmigung der Netzentgelte. Dabei ist unter **Netzzugang** der Erwerb eines Nutzungsrechts an einem im fremden Eigentum stehenden System von Leitungen zu verstehen, das einem Versorgungsziel dient. Nach § 20 Abs. 1 muss ein solcher Netzzugang grundsätzlich **Jedermann** gewährt werden, der bereit ist, die technischen Zugangsbedingungen zu erfüllen, und das Entgelt zu zahlen in der Lage ist. 1

Ein Netzzugang ist abhängig vom Versorgungszweck auch **ohne Netzanschluss** denkbar. Während es sich nämlich beim Netzanschluss (§ 17 ff.) um das Recht handelt, eine physikalisch wirksame Verbindung mit dem Netz herzustellen, geht es beim Netzzugang um die rechtliche Ausgestaltung einer bestimmten Form der (nicht ausschließlichen) Netznutzung. Der Netzzugang ist deshalb am besten mit einem Transportvorgang zu vergleichen, anlässlich dessen auch andere Güter transportiert werden (»Beiladung«). Deshalb muss Netzzugang auch nur solange gewährt werden, wie die noch vorhandene Kapazität ausreicht, um einen sicheren Transport zu gewährleisten. 2

Die §§ 20 ff. dienen dem Zweck, eine **Regulierung des Netzzugangs** im Sinne von Art. 23 Abs. 2 RL-Elt sowie Art. 25 Abs. 2 RL-Gas zu ermöglichen. Insofern sind die Netzbetreiber zur Zusammenarbeit bei der Gewährung des Netzzugangs verpflichtet; weil etwa bei der Elektrizitätsversorgung die Steuerung der Verteilernetze häufig vom vorgelagerten Übertragungsnetzbetreiber durchgeführt wird, bilden alle Netze einer Regelzone einen Netzverbund, was isolierte Netzzugänge ohne Rücksicht auf die Rechte, Pflichten und Interessen der anderen Netzbetreiber ausschließt. Derartige »Fahrpläne«, in denen sich die Zusammenarbeit der Netzbetreiber unter Einschluss aller Netzzugänge (Einspeisungen und Ausspeisungen) manifestiert, müssen jeden einzelnen **Netzzugang als Mitbenutzung im Netzverbund** widerspiegeln. 3

Die Vorschriften über den Netzzugang sind – vom Text des Regierungsentwurfs ausgehend[1] – im Wirtschaftsausschuss[2] sowie dann 4

---

1 BT-DrS 15/3917, S. 16 ff.
2 BT-DrS 15/5268, S. 30 ff.

noch im Vermittlungsausschuss[3] ganz erheblich überarbeitet worden. Wegen der Einzelheiten wird auf die Erläuterungen zu den einzelnen Vorschriften verwiesen. Dabei sieht der äußere Gesetzesaufbau in § 20 (Netzzugang) sowie in den §§ 26 bis 28 das **Recht auf Netzzugang** sowie zu den damit verbundenen Einrichtungen dem Grundsatz nach vor, während die §§ 21, 21a sowie 23a Entgelt- und Genehmigungsregelungen einschließlich Vorgaben für die Regulierung enthalten. Der in § 21b eingefügte Abschnitt zu den »Messeinrichtungen« hätte systematisch auch bei den §§ 11 ff. (Aufgaben der Netzbetreiber) oder den §§ 49 ff. (Sicherheit und Zuverlässigkeit der Energieversorgung) verortet werden können. Wegen der Entgeltwirksamkeit finden sich die Vorschriften über Ausgleichsenergie und Ausgleichsleistungen in den §§ 22 und 23. § 24 enthält zahlreiche Ermächtigungsnormen für Rechtsverordnungen, und § 28a sieht in Bezug auf »neue Infrastrukturen« unter Nutzung von Optionen der Beschleunigungsrichtlinien vor, bestimmte Verbindungsleitungen und Kapazitätsaufstockungen vom Netzzugang nach den §§ 20 ff. auszunehmen.

5 Eine für die Gesamtregelung äußerst bedeutsame Unterscheidung enthält § 26. Während nämlich für Netze nach den Vorgaben des europäischen Rechts der sog. **regulierte Netzzugang** zu gewähren ist, so dass ein gesetzlicher Anspruch zu festgelegten und genehmigten Bedingungen besteht, müssen die Betreiber von vorgelagerten Rohrleitungsnetzen und Speicheranlagen im Rahmen der Erdgasversorgung den Zugang nur **auf vertraglicher Grundlage** gewähren, was eine Einigung der Beteiligten voraussetzt. Der nach früherem Recht (§§ 6, 6a EnWG 1998/2003) in der Bundesrepublik Deutschland favorisierte vertragliche Netzzugangsanspruch konnte nur insofern beibehalten werden; im Übrigen ist der regulierte Netzzugang nunmehr obligatorisch.

---

3 BT-DrS 15/5736 (neu), S. 3 ff. (Ziff. 11 bis 17).

§ 20 Zugang zu den Energieversorgungsnetzen

(1) [1]Betreiber von Energieversorgungsnetzen haben Jedermann nach sachlich gerechtfertigten Kriterien diskriminierungsfrei Netzzugang zu gewähren sowie die Bedingungen, einschließlich Musterverträge, und Entgelte für diesen Netzzugang im Internet zu veröffentlichen. [2]Sie haben in dem Umfang zusammenzuarbeiten, der erforderlich ist, um einen effizienten Netzzugang zu gewährleisten. [3]Sie haben ferner den Netznutzern die für einen effizienten Netzzugang erforderlichen Informationen zur Verfügung zu stellen. [4]Die Netzzugangsregelung soll massengeschäftstauglich sein.

(1a) [1]Zur Ausgestaltung des Rechts auf Zugang zu Elektrizitätsversorgungsnetzen nach Absatz 1 haben Letztverbraucher von Elektrizität oder Lieferanten Verträge mit denjenigen Energieversorgungsunternehmen abzuschließen, aus deren Netzen die Entnahme und in deren Netze die Einspeisung von Elektrizität erfolgen soll (Netznutzungsvertrag). [2]Werden die Netznutzungsverträge von Lieferanten abgeschlossen, so brauchen sie sich nicht auf bestimmte Entnahmestellen zu beziehen (Lieferantenrahmenvertrag). [3]Netznutzungsvertrag oder Lieferantenrahmenvertrag vermitteln den Zugang zum gesamten Elektrizitätsversorgungsnetz. [4]Alle Betreiber von Elektrizitätsversorgungsnetzen sind verpflichtet, in dem Ausmaß zusammenzuarbeiten, das erforderlich ist, damit durch den Betreiber von Elektrizitätsversorgungsnetzen, der den Netznutzungs- oder Lieferantenrahmenvertrag abgeschlossen hat, der Zugang zum gesamten Elektrizitätsversorgungsnetz gewährleisten werden kann. [5]Der Netzzugang durch die Letztverbraucher und Lieferanten setzt voraus, dass über einen Bilanzkreis, der in ein vertraglich begründetes Bilanzkreissystem nach Maßgabe einer Rechtsverordnung über den Zugang zu Elektrizitätsversorgungsnetzen einbezogen ist, ein Ausgleich zwischen Einspeisung und Entnahme stattfindet.

(1b) [1]Zur Ausgestaltung des Zugangs zu den Gasversorgungsnetzen müssen Betreiber von Gasversorgungsnetzen Einspeise- und Ausspeisekapazitäten anbieten, die den Netzzugang ohne Festlegung eines transaktionsabhängigen Transportpfades ermöglichen und unabhängig voneinander nutzbar und handelbar sind. [2]Zur Abwicklung des Zugangs zu den Gasversorgungsnetzen ist ein Vertrag mit dem Netzbetreiber, in dessen Netz eine Einspeisung von Gas erfolgen soll, über Einspeisekapazitäten erforderlich (Einspeisevertrag). ³Zusätzlich muss ein Vertrag mit dem Netzbetreiber, aus dessen Netz die Entnahme von Gas erfolgen soll, über Ausspeisekapazitäten abgeschlossen werden (Ausspeisevertrag). ⁴Wird der Ausspeisevertrag von einem Lieferanten mit einem Betreiber eines Verteilernetzes abgeschlossen, braucht er sich nicht auf bestimmte Entnahmestellen zu beziehen. ⁵Alle Betreiber von Gasversorgungsnetzen sind verpflichtet, untereinander in dem Ausmaß verbindlich zusammenzuarbeiten, das erforderlich ist, damit der Transportkunde zur Abwicklung eines Transports auch über mehrere, durch Netzkopplungspunkte miteinander verbundene Netze nur einen Einspeise- und einen Ausspeisevertrag abschließen muss, es sei denn, diese Zusammenarbeit ist technisch nicht möglich oder wirtschaftlich nicht zumutbar. ⁶Sie sind zu dem in Satz 5 genannten Zweck verpflichtet, bei der Berechnung und dem Angebot von Kapazitäten, der Erbringung von Systemdienstleistungen und der Kosten- oder Entgeltwälzung eng zusammenzuarbeiten. ⁷Sie haben gemeinsame Vertragsstandards für den Netzzugang zu entwickeln und unter Berücksichtigung von technischen Einschränkungen und wirtschaftlicher Zumutbarkeit alle Kooperationsmöglichkeiten mit anderen Netzbetreibern auszuschöpfen, mit dem Ziel, die Zahl der Netze oder Teilnetze sowie der Bilanzzonen möglichst gering zu halten. ⁸Betreiber von über Netzkopplungspunkte verbundenen Netzen haben bei der Berechnung und Ausweisung von technischen Kapazitäten mit dem Ziel zusammenzuarbeiten, in möglichst hohem Umfang aufeinander abgestimmte Kapazitäten in den miteinander verbundenen Netzen ausweisen zu können. ⁹Bei einem Wechsel des Lieferanten kann der neue Lieferant vom bisherigen Lieferanten die Übertragung der für die Versorgung des Kunden erforderlichen, vom bisherigen Lieferanten gebuchten Ein- und Ausspeisekapazitäten verlangen, wenn ihm die Versorgung des Kunden entsprechend der von ihm eingegangenen Lieferverpflichtung ansonsten nicht möglich ist und er dies gegenüber dem bisherigen Lieferanten begründet. ¹⁰Betreiber von Fernleitungsnetzen sind verpflichtet, die Rechte an gebuchten Kapazitäten so auszugestalten, dass sie den Transportkunden berechtigen, Gas an jedem Einspeisepunkt für die Ausspeisung an jedem Ausspeisepunkt ihres Netzes oder, bei dauerhaften Engpässen, eines Teilnetzes bereitzustellen (entry-exit System). ¹¹Betreiber eines örtlichen Verteilernetzes haben den Netzzugang nach Maßgabe einer Rechtsverordnung nach § 24 über den Zugang zu Gasversorgungsnetzen durch Übernahme des Gases an Einspeisepunkten ihrer Netze für alle angeschlossenen Ausspeisepunkte zu gewähren.

(2) ¹Betreiber von Energieversorgungsnetzen können den Zugang nach Absatz 1 verweigern, soweit sie nachweisen, dass ihnen die Gewährung des Netzzugangs aus betriebsbedingten oder sonstigen Gründen unter Berücksichtigung der Ziele des § 1 nicht möglich oder nicht zumutbar ist. ²Die Ablehnung ist in Textform zu begründen und der Regulierungsbehörde unverzüglich mitzuteilen. ³Auf Verlangen der beantragenden Partei muss die Begründung im Falle eines Kapazitätsmangels auch aussagekräftige Informationen darüber enthalten, welche Maßnahmen und damit verbundene Kosten zum Ausbau des Netzes erforderlich wären, um den Netzzugang zu ermöglichen; die Begründung kann nachgefordert werden. ⁴Für die Begründung nach Satz 3 kann ein Entgelt, das die Hälfte der entstandenen Kosten nicht überschreiten darf, verlangt werden, sofern auf die Entstehung von Kosten zuvor hingewiesen worden ist.

Überblick		Seite	Rz.
I.	Regelungszweck und Entstehungsgeschichte	592	1
II.	Adressaten und Begünstigte des Netzzugangs (Abs. 1 bis Abs. 1b)................................	593	5
III.	Netzzugangsschuldverhältnis und Grundbedingungen des Netzzugangs (Abs. 1)	595	10
	1. Objektive Zugangskriterien.......................	595	12
	2. Diskriminierungsfreiheit	596	15
	3. Transparenz der Netzzugangskriterien	597	17
	4. Effizienz des Netzzugangs.......................	597	18
	5. Sanktionen...................................	598	19
IV.	Ausgestaltung des Netzzugangsrechts im Einzelnen	598	20
	1. Grundpflichten der Netzbetreiber nach § 20 Abs. 1....	598	21
	a) Veröffentlichungspflicht......................	598	22
	b) Zusammenarbeitspflicht......................	599	24
	c) Informationsanspruch	600	25
	d) Netzzugangsanspruch im engeren Sinne	600	26
	2. Zugang zu den Elektrizitätsversorgungsnetzen (Abs. 1a)	602	29
	3. Vertragliche Ausgestaltung des Zugangs zu Gasversorgungsnetzen (Abs. 1b)............................	604	34
V.	Verweigerung des Netzzugangs (Abs. 2)	607	44

§ 20 Zugang zu den Energieversorgungsnetzen

I. Regelungszweck und Entstehungsgeschichte

1   § 20 Abs. 1 enthält die **allgemeine Netzzugangsvorschrift** und wendet sich an alle Betreiber von Energieversorgungsnetzen. Dabei ist der Netzzugang nicht auf einen Anschluss an das Netz gerichtet (vgl. dazu die §§ 17 ff.), sondern auf Zurverfügungstellung von Kapazitäten für »Energietransporte«. Zivilrechtlich betrachtet handelt es sich beim Netzzugang um ein **Mitbenutzungsrecht** an einer der Energieversorgung dienenden Gas- oder Elektrizitätsleitung (property right), ohne dass der Zugangsberechtigte Mitbesitzer (§ 866 BGB) an der Leitung wird.

2   Die vom Wirtschaftsausschuss[1] eingefügten Abs. 1a und 1b präzisieren das gesetzliche Recht auf Netzzugang für Elektrizitätsversorgungsnetze einerseits (Abs. 1a) sowie Gasversorgungsnetze andererseits (Abs. 1b). Das Recht auf die Verweigerung des Netzzugangs enthält § 20 Abs. 2 in (abschließender) Aufzählung der Verweigerungsgründe, wobei die Ablehnung zu begründen ist und eine detaillierte Begründung gegen hälftige Kostenerstattung nachgefordert werden kann.

3   § 20 dient der Umsetzung zahlreicher Vorgaben der Binnenmarktrichtlinien Elektrizität und Gas[2]. Das gesetzlich eingeräumte Recht auf Gewährleistung eines diskriminierungsfreien Netzzugangs (sog. **regulierter Netzzugang**) tritt an die Stelle des früheren verhandelten Netzzugangs (§§ 6, 6a EnWG 1998/2003). Der nationale Gesetzgeber hat den gesetzlichen Zugangsanspruch allerdings mit Hilfe der Pflicht näher ausgestaltet, über die Bedingungen des Netzzugangs Verträge abzuschließen. Hierfür ist gemäß § 20 Abs. 1a entweder ein Lieferantenrahmenvertrag oder aber – abnehmerseitig – ein Netznutzungsvertrag abzuschließen, wobei vorausgesetzt wird, dass die vertragsschließenden Parteien über sog. Bilanzkreisverträge zu einem Nutzerverbund zusammengeschlossen sind (§ 20 Abs. 1a Satz 5).

4   Im Hinblick auf den Netzzugang bei der Gasversorgung sind sogar zwei Verträge, nämlich der Einspeisevertrag sowie der Ausspeisevertrag abzuschließen, um auf der Basis veröffentlichter und demnächst auch genehmigter Entgelte den Netzzugang zu verwirklichen

---

1   BT-DrS 15/5268, S. 28f.
2   Vgl. die Aufzählung in der Begründung zu § 20 Abs. 1, BT-DrS 15/3917, S. 59.

(§ 20 Abs. 1b). Alle näheren Ausgestaltungen sind – auf der Basis des § 24 – durch Erlass der wichtigsten einschlägigen Rechtsverordnungen ausgestaltet worden:

– Verordnung über den Zugang zu Elektrizitätsversorgungsnetzen (Stromnetzzugangsverordnung – StromNZV)[3]

– Verordnung über die Entgelte für den Zugang zu Elektrizitätsversorgungsnetzen (Stromnetzentgeltverordnung – StromNEV)[4]

– Verordnung über den Zugang zu Gasversorgungsnetzen (Gasnetzzugangsverordnung – GasNZV)[5]

– Verordnung über die Entgelte für den Zugang zu Gasversorgungsnetzen (Gasnetzentgeltverordnung – GasNEV)[6].

II. Adressaten und Begünstigte des Netzzugangs (Abs. 1 bis Abs. 1b)

Verpflichtet aus dem Netzzugangsrecht sind nach § 20 Abs. 1 wiederum die **Betreiber von Energieversorgungsnetzen** (§ 3 Ziff. 4)[7], die in Abs. 1a bzw. 1b nach Betreibern von Elektrizitätsversorgungsnetzen (§ 3 Ziff. 2) sowie Betreibern von Gasversorgungsnetzen (§ 3 Ziff. 6) unterschieden werden. Auf die obigen Erläuterungen zu diesen Netzbetreiberbegriffen sowie die Unterscheidung zwischen Übertragungsnetzen/Elektrizitätsverteilernetzen einerseits und Fernleitungsnetzen/Gasverteilernetzen andererseits wird verwiesen[8]. Alle Betreiber von Energieversorgungsnetzen sind zur Netzzugangsgewährung nach § 20 Abs. 1 verpflichtet (Netzzugang kraft Gesetzes, regulierter Netzzugang). 5

Von dieser Verpflichtung sind gemäß § 110 Abs. 1 die Betreiber von Objektnetzen wiederum ebenso ausgeschlossen[9] wie die Betreiber von Direktleitungen (§ 3 Ziff. 12). Insbesondere kann ein Netzzugang nach § 20 Abs. 1 nicht verlangt werden, wenn das Netz nicht der all- 6

---

3 Vom 25.7.2005, BGBl. I S. 2243.
4 Vom 25.7.2005, BGBl. I S. 2225.
5 Vom 25.7.2005, BGBl. I S. 2210.
6 Vom 25.7.2005, BGBl. I S. 2197.
7 Vgl. dazu oben die Erläuterungen zu § 3 Rz. 25.
8 Oben § 3 Rz. 20 ff.
9 Vgl. dazu die Erläuterungen unten § 110 Rz. 6 ff.

gemeinen Versorgung im Sinne von § 3 Ziff. 17 dient[10]. Eine weitere Ausnahme vom gesetzlichen Netzzugangsanspruch besteht für mit Gasversorgungsnetzen zusammenhängende Einrichtungen wie vorgelagerte Rohrleitungsnetze (§ 27) sowie Speicheranlagen (§ 28); insofern ist der Zugang nicht obligatorisch, kann aber auf vertraglicher Grundlage eingeräumt werden (§ 26). Für sog. neue Infrastrukturen (§ 28a) kann auf Antrag die Regulierungsbehörde entscheiden, dass diese Verbindungsleitungen oder in der Kapazität aufgestockten vorhandenen Infrastrukturen auf Zeit befristet von der Netzzugangsregelung nach §§ 20 ff. ausgenommen werden.

7 Als Anspruchssteller des gesetzlichen Schuldverhältnisses auf Netzzugang kommt **Jedermann** in Betracht. Dies bedeutet, dass alle rechtsfähigen natürlichen und juristischen Personen berechtigt sind, vom Netzbetreiber Transportkapazität eingeräumt zu erhalten, soweit die übrigen Bedingungen des Netzzugangs erfüllt sind und Kapazität vorhanden ist. Der Netzanschluss nach §§ 17 ff. ist zwar für die Realisierung des Transportvorgangs, nicht aber für das Netzzugangsrecht Anspruchsvoraussetzung; allerdings werden auf Entnahme- und Ausspeiseseite häufig Letztverbraucher beteiligt sein, die auf der Basis leitungsgebundener Energieversorgung auch einen Netzanschluss benötigen.

8 Typische Interessenten des Netzzugangs sind einerseits Letztverbraucher von Elektrizität oder Erdgas, andererseits Lieferanten von Elektrizität oder Erdgas. Dabei sind unter **Letztverbrauchern** alle Kunden zu verstehen, die Energie für den Eigenverbrauch kaufen (§ 3 Ziff. 25)[11]. Der Lieferantenbegriff ist in § 3 nicht definiert; Lieferanten im weitesten Sinne sind über Einzelhändler und Großhändler mit Energie hinaus auch die Erzeuger von Elektrizität oder die Erdgas gewinnenden Unternehmen, soweit sie ihre Energie selbst vermarkten. Unter **Gaslieferant** versteht § 3 Ziff. 19b alle natürlichen und juristischen Personen, deren Geschäftstätigkeit ganz oder teilweise auf den Vertrieb von Gas zum Zwecke der Belieferung von Letztverbrauchern gerichtet ist, während – ganz allgemein – **Großhändler** diejenigen Personen sind, die – ohne Netzbetreiber zu sein – Energie zum Zwecke des Weiterverkaufs ankaufen (§ 3 Ziff. 21)[12].

---

10 Vgl. dazu oben die Erläuterungen zu § 3 Rz. 98 ff. sowie § 110 Rz. 7 ff.
11 Vgl. oben § 3 Rz. 190 ff.
12 Vgl. dazu die Erläuterungen oben § 3 Rz. 154 f. sowie Rz. 171 ff.

Weil (rechtlich entflochtene oder organisatorisch entflochtene) Netz- 9
betreiber im Energievertrieb nicht tätig sind, sondern allenfalls Ausgleichsenergie beschaffen müssen (§ 22 f.), haben sie zwar nach § 17 Abs. 1 einen Anspruch auf Netzanschluss, regelmäßig aber keinen Anspruch auf Netzzugang, soweit das fremde Netz nicht benötigt wird, um für den Eigenverbrauch oder für Ausgleichenergie Kapazitäten in Anspruch zu nehmen.

III. Netzzugangsschuldverhältnis und Grundbedingungen des Netzzugangs (Abs. 1)

Obwohl die Abs. 1a und 1b (obligatorisch) bestimmte Verträge zur 10
Ausgestaltung des Netzzugangs vorsehen, handelt es sich beim Netzzugang selbst (»ob« des Netzzugangs) um ein **gesetzliches Schuldverhältnis**, das der Überwachung durch die Regulierungsbehörden unterliegt (§§ 65, 54). Im Zuge der Ausgestaltung des **Netzzugangsschuldverhältnisses** (im Folgenden: NZSV) sind ausgestaltende Verträge abzuschließen, ohne selbst für den Netzzugang konstitutiv zu sein.

Grundsätzlich sind die Parteien eines Schuldverhältnisses (§ 241 11
Abs. 1 BGB) berechtigt, dieses in ihrer Rolle als Gläubiger und Schuldner gemäß § 311 Abs. 1 BGB durch Vereinbarung auszugestalten. Für § 20 Abs. 1 und das dort geregelte NZSV gilt dies jedoch nicht, weil kraft europarechtlicher Vorgabe der verhandelte Netzzugang durch den regulierten (gesetzlichen) Netzzugang abzulösen war. Deshalb hat der Gesetzgeber in Umsetzung der Binnenmarktrichtlinien auch die Bedingungen des NZSV in den Sätzen 1 bis 4 des § 20 Abs. 1 als **zwingendes Recht** festgelegt. Verträge und Vorgaben in Rechtsverordnungen, die das zwingende Recht des regulierten Netzzugangs missachten, sind wegen Verstoßes gegen höherrangiges Recht oder nach § 134 BGB nichtig.

1. Objektive Zugangskriterien

Der Netzzugang ist nach objektiven – sachlich gerechtfertigten – Kri- 12
terien zu gewähren. Anders als im sonstigen Schuldrecht ist der Netzbetreiber also nicht berechtigt, eigenständig darüber zu entscheiden, wem er seine Netzdienstleistungen zur Verfügung stellt. Kriterien sind dann objektiv bzw. sachlich gerechtfertigt, wenn sie grundsätzlich von Jedermann erfüllt werden können und deshalb unab-

hängig von spezifischen persönlichen Merkmalen und Eigenschaften der Netzzugangspetenten herstellbar sind. Objektiv in diesem Sinne sind deshalb insbesondere diejenigen Kriterien, die das Bundesverfassungsgericht im Rahmen seiner Rechtsprechung zur **Berufszulassung** entwickelt hat, damit gemäß Art. 12 GG jede natürliche oder juristische Person in der Lage ist, den gewünschten Beruf zu ergreifen (objektive Zulassungskriterien)[13].

13 Zu diesen objektiven und damit im Sinne von § 20 Abs. 1 sachlich rechtfertigenden Kriterien gehören Zahlen- und Mengenkriterien (z. B. Kapazitätswünsche der Netznutzungskunden), die Beachtung der gesetzlichen Anforderungen (Anzeige nach § 5) sowie der Verhältnismäßigkeitsgrundsatz. Da das Netzzugangsrecht als Jedermannrecht ausgestaltet ist, muss grundsätzlich auch »Jedermann« in der Lage sein, die Kriterien für einen solchen Netzzugang zu erfüllen.

14 Nicht objektiv und damit nicht sachlich gerechtfertigt sind alle vom Netzbetreiber aufgestellten Kriterien, die von bestimmten natürlichen oder juristischen Personen auf Dauer nicht erfüllbar sind. So dürfen zwar nicht geschäftsfähige Personen vom Netzzugang ausgeschlossen werden, nicht aber Personen, die rechts- und geschäftsfähig sind, aber etwa eine bestimmte Altersgrenze überschreiten. Ein Kriterium kann noch sachlich gerechtfertigt und damit objektiv in diesem Sinne sein, wenn dieses Kriterium erst nach Einarbeitung/Ablegung von zumutbaren Prüfungen[14] oder Lehrgängen usw. erfüllbar ist, soweit der sachliche Bezug zum Netzzugang gewahrt ist.

2. Diskriminierungsfreiheit

15 Ein Netzzugang wird frei von Diskriminierungen gewährt, wenn dieser Zugang **unterschiedslos** Jedermann eingeräumt ist. Dies erfordert keine vollständige Gleichbehandlung aller Zugangswünsche; in Abhängigkeit von objektiven Kriterien (Kapazitätswünschen) sowie der Funktion des Netznutzungskunden können sachlich gerechtfertigte Unterscheidungen durchaus vorgenommen werden. Die gewählte un-

---

13 Vgl. BVerfGE 7, 377, 406; E 11, 168, 183; E 66, 337, 353; E 86, 28, 39; E 87, 287, 316; E 93, 213, 235 (jeweils mit Nachweisen).
14 Das BVerfG hat diese Kriterien allerdings zu den auf gleicher Stufe stehenden subjektiven Zulassungsvoraussetzungen gezählt, vgl. BVerfGE 7, 377, 407; E 9, 338, 349; E 19, 330, 337.

terschiedliche Behandlung muss nach Art und Ausmaß die Unterschiede des gewünschten Netzzugangs rechtfertigen.

Eine Diskriminierung ist beispielsfrei zu bejahen, wenn Unternehmen des »internen Marktes« (Netzzugangspetenten des eigenen Energieverbundes) anders behandelt werden als solche des »externen Marktes«. Die in Art. 3 Abs. 2 und 3 GG genannten Merkmale (etwa Geschlecht, Alter, Volkszugehörigkeit, Abstammung, Rasse usw.) dürfen selbstverständlich nicht zur Ausgestaltung oder Verweigerung des Netzzugangs herangezogen werden. Das Ziel des Gesetzgebers, grundsätzlich »Jedermann« den Zugang zu ermöglichen, muss sich in den angewendeten Netzzugangskriterien widerspiegeln.

3. Transparenz der Netzzugangskriterien

Anders als die Binnenmarktrichtlinien[15] führt der nationale Gesetzgeber das Kriterium der Transparenz des Netzzugangs nicht unmittelbar in den Gesetzestext des § 20 Abs. 1 ein. Dies bedeutet aber nicht, dass eine Umsetzung in deutsches Recht nicht erfolgt wäre; vielmehr ist Transparenz der Netzzugangsbedingungen über die Anforderung erfüllt, die Bedingungen (einschließlich Musterverträgen) und Entgelten **im Internet zu veröffentlichen**. Weil auf diese Weise alle interessierten Petenten in der Lage sind, sich einen Überblick über die Zugangsbedingungen zu verschaffen, ist auch das Transparenzkriterium grundsätzlich erfüllbar. Lediglich wenn die Bedingungen widersprüchlich, unklar oder unvollständig wären, hätte die Regulierungsbehörde eine derartige Veröffentlichung wegen Verstoßes gegen das Transparenzgebot zu beanstanden.

4. Effizienz des Netzzugangs

In Umsetzung des bereits nach § 1 Abs. 1 anzulegenden Zweckes einer effizienten Energieversorgung sieht auch § 20 Abs. 1 Satz 2 und 3 die **Effizienz des Netzzugangs** als wichtige Anforderung im Rahmen der Erfüllung eines NZSV vor. Das Effizienzkriterium wird erfüllt, wenn Kosten und Nutzen in einem angemessenen Verhältnis zueinander stehen und – aus der Sicht des Zugangspetenten – nur diejenigen Netzleistungen angeboten werden, die dieser benötigt[16]. Mit dem

---

15 Vgl. Art. 3 Abs. 2 Satz 2 RL-Elt sowie Art. 3 Abs. 2 Satz 2 RL-Gas.
16 Entbündelter Zugangsanspruch im Sinne des Telekommunikationsrechts, vgl. § 21 Abs. 2 Ziff. 1 TKG.

§ 20 Zugang zu den Energieversorgungsnetzen

Effizienzkriterium wird zugleich sichergestellt, dass der technisch sicherste und direkteste Weg zum Energietransport eingeschlagen wird; eine Zwischenschaltung von Vermittlern bzw. technischen Einrichtungen, die der Netznutzer nicht benötigt, hat der Netzbetreiber zu vermeiden. Die in **Satz 4** des § 20 Abs. 1 erfolgte Präzisierung im Sinne der **Massengeschäftstauglichkeit** stellt einen Anwendungsfall des Effizienzkriteriums ebenso dar wie die Verpflichtung der Netzbetreiber, Musterverträge zum Netzzugang zu veröffentlichen.

5. Sanktionen

19 Zur Überwachung der Bedingungen des NZSV ist die Regulierungsbehörde zuständig. Sie kann nach § 65 in Verbindung mit § 54 Abs. 1 anordnen, bestimmte Mitteilungen und Veröffentlichungen vorzunehmen, wobei bei Verstoß gegen präzisierende Rechtsverordnungen sogar ein Bußgeld verhängt werden kann (§ 95 Abs. 1 Ziff. 5). Verstößt der Netzbetreiber gegen das zwingende Recht der §§ 20 ff., so wird die Regulierungsbehörde gemäß § 30 Abs. 1 Ziff. 1 eine Missbrauchsverfügung wegen objektiven Rechtsverstoßes erlassen.

IV. Ausgestaltung des Netzzugangsrechts im Einzelnen

20 Die aus Abs. 1 bis 1b resultierenden Ansprüche – dem Grunde nach sowie in vertraglicher Ausgestaltung – sollen im Folgenden zusammengestellt werden. Dabei ist von den von allen Netzbetreibern gleichermaßen zu erfüllenden Pflichten auszugehen (unten 1.), um dann spezifische Pflichten der Elektrizitätsnetzbetreiber einerseits (unten 2.) und der Gasnetzbetreiber andererseits (unten 3.) zu erläutern.

1. Grundpflichten der Netzbetreiber nach § 20 Abs. 1

21 Im Hinblick auf das Netzzugangsschuldverhältnis selbst sowie in dessen Vorfeld sieht das Gesetz **gesetzliche Ansprüche** der Netzzugangspetenten vor. Diese können unmittelbar auf § 20 Abs. 1 gestützt werden.

a) Veröffentlichungspflicht

22 Ein praktikables Netzzugangsrecht ist nur realisierbar, wenn objektiv, diskriminierungsfrei und transparent alle Bedingungen offen gelegt werden, die für die Verwirklichung dieses Rechts notwendig sind.

Dazu hat der Gesetzgeber eine **Veröffentlichungspflicht** vorgesehen. Die Veröffentlichungen müssen »im Internet« – etwa auf der Homepage des Betreibers – erfolgen und einem bestimmten Mindestumfang genügen:

– Veröffentlichung der (technischen und ökonomischen) Bedingungen

– Veröffentlichung von Musterverträgen des Netzzugangs

– Veröffentlichung der Netzzugangsentgelte

– Veröffentlichung sonstiger erforderlicher Informationen (Satz 3)

Nach Kenntnisnahme muss der Petent, insbesondere Lieferanten und 23
Letztverbraucher, unmittelbar in der Lage sein, die von seiner Seite benötigten Informationen des Netzzugangs zu beschaffen, den Netzzugang dann zu beantragen und die Musterverträge – etwa in Schriftform – zustande zu bringen. Auf der Rechtsgrundlage des § 24 hat die Bundesregierung mit den §§ 27 und 28 StromNZV die Veröffentlichungs- und Dokumentationspflichten der Netzbetreiber für Elektrizitätsversorgungsnetze und in den §§ 20 bis 22 GasNZV für die Gasversorgungsnetze festgelegt. Darüber hinaus sehen die §§ 3 ff. GasNZV Bestimmungen zur Organisation des Netzzugangs, zu dessen Anbahnung sowie zur vertraglichen Ausgestaltung vor. Erfüllt der Netzbetreiber seine gesetzlichen Pflichten im Sinne von § 20 Abs. 1 in Verbindung mit den zitierten Vorschriften der Verordnungen, liegt eine ordnungsgemäße Veröffentlichung im Sinne von Satz 1 und 3 des § 20 Abs. 1 vor.

b) Zusammenarbeitspflicht

Nach **Satz 2** des § 20 Abs. 1 haben alle Netzbetreiber zur Gewährleis- 24
tung eines effizienten Netzzugangs **im erforderlichen Umfang zusammenzuarbeiten**. Dies kann sehr unterschiedliche Pflichten, insbesondere solche auf Auskunft, Begründung, Mitteilung von technischen Hindernissen usw. begründen. Dieser Zusammenarbeitsanspruch ist als wechselseitiges Informations- und Mitwirkungsrecht rechtsförmlich ausgestaltet; als Primärschuldverhältnis begründet § 20 Abs. 1 Satz 2 den Anspruch auf Mitwirkung und Information, im Wege des Sekundäranspruchs Schadensersatzansprüche wegen Verletzung von Informations- und Mitwirkungspflichten. Maßstab ist die »Erforderlichkeit« der Mitwirkung, wobei das Gericht prüfen wird,

ob ein sorgfältig handelnder Netzbetreiber in der Situation des primär oder sekundär Beklagten die erforderliche Handlung vorgenommen hätte oder zu Recht verweigern konnte. Da die Zusammenarbeit einer Herstellung der Zugangskriterien des § 20 Abs. 1 Satz 1 dient, müssen diese in die Erforderlichkeitsprüfung einfließen.

c) Informationsanspruch

25 Satz 3 gewährt **allen Netznutzern** einen gesetzlichen Anspruch auf Information und begründet entsprechende Pflichten der Netzbetreiber. Dies betrifft gemäß § 3 Ziff. 28 alle natürlichen oder juristischen Personen, die (als Lieferant oder Erzeuger) Energie in Elektrizitäts- oder Gasversorgungsnetze einspeisen oder (als Letztverbraucher) daraus beziehen. Der Umfang des Informationsanspruchs ist wiederum am Prinzip der Erforderlichkeit zu orientieren. Deshalb muss das Gericht prüfen, ob für den konkret gewünschten Netzzugang die betreffende Information unabdingbar erforderlich gewesen ist. Steht die Information dem Netzbetreiber zur Verfügung, muss er sie auch erteilen; die Verweisung auf andere Personen oder Stellen, die diese Information möglicherweise ebenfalls besitzen, befreit den Netzbetreiber nicht von seiner Informationspflicht. Entsteht aus der Nichterteilung der Information trotz Erforderlichkeit ein Schaden, so entsteht wiederum ein Schadensersatzanspruch, wenn die weiteren Voraussetzungen des § 280 Abs. 1 BGB erfüllt sind.

d) Netzzugangsanspruch im engeren Sinne

26 Nach **Satz 1** besteht – unabhängig von den übrigen in Abs. 1 geregelten Ansprüchen – der **Netzzugangsanspruch selbst kraft Gesetzes**. Unmittelbar mit Beantragung des Netzzugangs entsteht das gesetzliche Schuldverhältnis (**NZSV**) unabhängig davon, ob der Netzbetreiber den Zugang gewähren oder verweigern möchte. Insofern kann man auch von »unmittelbarem Kontrahierungszwang« sprechen[17], weil das »ob« des Netzzugangs unabhängig davon zu gewähren ist, wie dieser Zugang im Einzelnen ausgestaltet wird. Weil mit den Abs. 1a und 1b das »wie« des Netzzugangs vertragsbezogen ausgestaltet wird, muss man wohl von einer **Zweistufigkeit** des den Netzzugang betreffenden Rechtsverhältnisses sprechen: Während auf der ersten Stufe kraft Gesetzes unmittelbar Netzzugang zu gewähren ist (§ 20 Abs. 1), sind dann auf der zweiten Stufe die den Netzzugang

---

17 Vgl. oben § 17 Rz. 10, 12.

konkretisierenden Verträge abzuschließen (Abs. 1a und 1b). Vollendet ist das gestreckte Rechtsverhältnis mit Entstehen der vertraglichen Verpflichtung, weil erst dann ein fälliger Erfüllungsanspruch auf Zugang begründet ist, wenn die betreffenden Verträge wirksam zustande gekommen sind.

Würde man anders werten, wäre damit zwangsläufig ein »Rückfall« in das alte Recht des verhandelten Netzzugangs verbunden. Die notwendigen Verträge, die durch Regelungen in Rechtsverordnungen, Genehmigungen und die Pflicht zur diskriminierungsfreien Behandlung aller Netznutzer weitgehend vorstrukturiert sind, bilden somit kein letztlich konstituierendes Element des NZSV. Der Gesetz- und Verordnungsgeber wäre ohne weiteres in der Lage gewesen, die Einzelheiten des NZSV auch als gesetzliche Bedingungen auszugestalten. Wenn er dies nicht vollumfänglich getan hat, kann dies gleichwohl nicht bedeuten, dass die abzuschließenden Verträge letztlich doch den Kern und Mittelpunkt des Netzzugangs nach §§ 20 ff. bilden. Ein primär vertraglich ausgestalteter Netzzugang widerspräche europäischem Recht, Art. 20 RL-Elt und Art. 18 RL-Gas. 27

In konsequenter **Rechtsfolge** bedeutet dies, dass selbst bei Entstehen von Streit über die vertragliche Ausgestaltung einzelner Netzzugangsbedingungen der Netzzugang vom Netzbetreiber grundsätzlich nicht verweigert werden darf[18]. Vielmehr ist der kraft Gesetzes angeordnete Zugang gleichwohl zu gewähren, wobei Sicherheitsleistung verlangt werden darf, wenn die Entgelthöhe streitig bleibt (z. B. Hinterlegung). Weil auf diese Weise der Netzzugang unmittelbar (kraft Gesetzes) sichergestellt ist und der Netzbetreiber sich nicht darauf berufen kann, man habe sich in Bezug auf die vertragliche Ausgestaltung noch nicht abschließend einigen können, fallen diejenigen Netzzugangsbeeinträchtigungen weg, die den Gegenstand der Kritik der Kommission an der Transformation der früheren Binnenmarktrichtlinie in Deutschland ausgelöst haben[19]. Ein Netzzugang ist nur effizient, wenn er unmittelbar – kraft Gesetzes – verwirklicht werden kann; Streitigkeiten über das »wie« des Netzzugangs können während des laufenden Netznutzungsverhältnisses unter Einschaltung der ordentlichen oder Schiedsgerichte beigelegt werden. 28

---

18 Vorbehaltlich § 20 Abs. 2.
19 Vgl. dazu Erwägungsgrund 2 RL-Elt 2003.

2. Zugang zu den Elektrizitätsversorgungsnetzen (Abs. 1a)

29 Ziel der Neueinfügung der Abs. 1a und 1b des § 20 in das Gesetz durch den Wirtschaftsausschuss des Bundestages war die »gesetzliche Verankerung der Grundprinzipien der Netzzugangsmodelle«, so wie sie in Entwürfen zu den Netzzugangsverordnungen Strom und Gas (beruhend auf § 24) bereits vorhanden waren[20]. In den folgenden Erläuterungen kann deshalb jeweils auf die StromNZV verwiesen werden. Dabei entspricht § 20 Abs. 1a der Sache nach § 3 StromNZV.

30 Der Netzzugang wird im **Netznutzungsvertrag** (im Folgenden: NNV) ausgestaltet, wobei sich schon wegen § 20 Abs. 1 Satz 1 Musterverträge durchsetzen werden. Hauptvertragspartner der Netzbetreiber beim Abschluss des NNV sind einerseits Letztverbraucher von Elektrizität, andererseits Elektrizitätslieferanten. Eigenartigerweise verwendet Satz 1 des § 20 Abs. 1a den EVU-Begriff und damit eine der Entflechtung nicht Rechnung tragende Formulierung, um die Netzbetreiber näher zu identifizieren: Zuständig ist derjenige Netzbetreiber, aus dessen Netz Elektrizität entnommen werden soll, und ein weiterer Vertrag muss allenfalls noch mit dem für die Einspeisung zuständigen Netzbetreiber abgeschlossen werden. Die Definition zum Netznutzungsvertrag in § 2 Ziff. 7 StromNZV verweist auf § 20 Abs. 1a EnWG zurück.

31 An die Stelle des Abschlusses eines NNV mit dem für die Stromentnahme zuständigen Netzbetreiber kann ein einziger sog. **Lieferantenrahmenvertrag** treten, § 20 Abs. 1a Satz 2. Dieser muss nicht auf bestimmte Entnahmestellen bezogen werden, sondern gewährt Zugang zum gesamten Netz dieses Betreibers (§ 20 Abs. 1a Satz 3). Der Unterschied besteht lediglich darin, dass grundsätzlich NNV punktbezogen abzuschließen sind, während der LRV ohne die Bestimmung sämtlicher Entnahmepunkte auskommt.

32 Die **Zusammenarbeitspflicht** nach § 20 Abs. 1 Satz 3 wird in Abs. 1a **Satz 4** wiederholt und spezifiziert. Wechselseitig haben die Betreiber von Elektrizitätsversorgungsnetzen im Hinblick auf diejenigen Netzkunden, mit denen zumindest einer von ihnen (Netzbetreiber) einen NNV oder LRV geschlossen hat, den Gesamtzugang zum Netz sicherzustellen. Die gesetzliche Vorschrift weist damit diesen mit einem Rechtssubjekt (örtlicher Netzbetreiber) geschlossenen Verträgen

---

20 Beschlussempfehlung und Bericht, BT-DrS 15/5268, Begründung zu § 20 Abs. 1a und 1b, S. 119.

Rechtswirkungen zu, die alle anderen Netzbetreiber zu beachten haben. Letztlich folgt aus § 20 Abs. 1a Satz 4 ein Anspruch auf Netzzugang gegen jeden deutschen Netzbetreiber, was zeigt, dass NNV und LRV **drittverpflichtenden Charakter** haben. Dies stellt eine Besonderheit des Energieschuldrechts dar, weil Verträgen zu Lasten Dritter angesichts der Relativität der Schuldverhältnisse normalerweise die Anerkennung versagt wird[21]. Konstruktiv lässt sich diese Rechtswirkung nur damit begründen, dass der Gesetzgeber mit § 20 Abs. 1a jeden Netzbetreiber **ermächtigt**, bei Abschluss von NNV und LRV alle anderen Netzbetreiber mitzuverpflichten. Deshalb ist jeder Netzbetreiber in der Lage, über das Gesamtnetz mitzuverfügen, obwohl ihm eine Verfügungsbefugnis im sachenrechtlichen Sinne daran insgesamt nicht zusteht.

Satz 5 des § 20 Abs. 1a schafft die Grundlage für **Bilanzkreise und Bilanzkreisverträge** (vgl. auch § 26 StromNZV). Charakteristikum eines Bilanzkreisvertrages (BKV), der zwischen dem Bilanzkreisverantwortlichen und dem ÜNB abgeschlossen wird, ist die Abwicklung, Führung und Abrechnung von Bilanzkreisen, die dem geregelten Ausgleich der Netzlast dienen, für die der ÜNB verantwortlich ist. Die Inhalte von BKV werden in § 26 Abs. 2 StromNZV auflistet. Der Bilanzkreisverantwortliche ist für den Ausgleich von angemeldeten Einspeisungen und angemeldeten Entnahmen im Verhältnis zu realisierten Einspeisung und Entnahmen zuständig und muss – entgeltpflichtig – Ausgleichmaßnahmen unter Einschaltung des ÜNB vornehmen, um den Netzausgleich in der Regelzone für jeden Zeitpunkt sicher zu stellen (Ausgleich von Leistungsungleichgewichten über Regelenergie, vgl. § 2 Ziff. 9 StromNZV). Mehrentnahmen müssen nach § 20 Abs. 1a Satz 5 durch Mehreinspeisungen ausgeglichen werden. Wegen der weiteren Einzelheiten zu Bilanzkreisen (§ 4 StromNZV), der Fahrplanabwicklung (§ 5 StromNZV), den Ausgleichsleistungen einschließlich der Beschaffung von Regelenergie (§§ 6 ff. StromNZV), der Standardisierung von Lastprofilen (§ 12 StromNZV) sowie Lieferantenwechsel, Engpassmanagement, Veröffentlichungspflichten und Messung (§§ 14 ff. StromNZV) einschließlich Einzelheiten zur vertraglichen Ausgestaltung des Netzzugangs (§§ 23 ff. StromNZV) wird auf die Verordnung verwiesen. 33

---

21 Vgl. dazu MünchKomm/*Gottwald*, BGB, Bd. 1a, 4. Aufl. München 2003, § 328 Rz. 172 ff.

3. Vertragliche Ausgestaltung des Zugangs zu Gasversorgungsnetzen (Abs. 1b)

34 Die grundlegenden Festlegungen des Zugangs zum Gasversorgungsnetz enthält § 20 Abs. 1b. Insofern hat sich der Gesetzgeber vom Netzzugangskonzept der VV II Gas verabschiedet[22] und an die Stelle des transaktionsabhängigen Netzzugangs (Festlegung von Transportpfaden) das sog. Entry-Exit-System treten lassen. Weil dieses in der Gasnetzwirtschaft bisher nicht üblich gewesen ist, war diese Festlegung in **Satz 1** des § 20 Abs. 1b erforderlich.

35 Vom Gasnetzbetreiber sind daher **Einspeise- und Ausspeisekapazitäten** anzubieten, wobei sich die Netzzugangspetenten nicht auf einen Transportpfad festlegen müssen. Diese Kapazitäten müssen unabhängig von einander nutzbar und auch handelbar sein.

36 **Satz 2** und **Satz 3** legen die Begrifflichkeiten zu den Netzzugangsverträgen fest (»wie« des regulierten Netzzugangs). Dabei dient der **Einspeisevertrag** der Ausgestaltung des Netzzugangs mit dem einspeiseseitigen Netzbetreiber; festgelegt werden Einspeisekapazitäten sowie die zeitlichen Verhältnisse der Einspeisung. Parallel dazu dient der **Ausspeisevertrag** mit dem abnehmerseitigen Netzbetreiber der Fixierung der Ausspeisekapazitäten. Ein sog. Lieferantenrahmenvertrag (vgl. § 20 Abs. 1a Satz 2) existiert für Erdgastransportzwecke derzeit noch nicht; nach **Satz 4** des § 20 Abs. 1b ist es aber gleichwohl möglich (aber nicht obligatorisch), bei mit Lieferanten abgeschlossenen Ausspeiseverträgen die Entnahmestellen nicht abschließend zu konkretisieren.

37 Die **Zusammenarbeitspflicht** der Gasnetzbetreiber sieht **Satz 5** des § 20 Abs. 1b parallel zu § 20 Abs. 1a Satz 4 (Elektrizitätsnetzbetreiber) vor. Dabei handelt es sich wiederum um ein gesetzliches Schuldverhältnis, wobei der Anspruch vor den Zivilgerichten geltend zu machen ist. Der Anspruch geht auf das **erforderliche Maß** der Zusammenarbeit mit dem Ziel, dass der Transportkunde trotz Netzverbundes über mehrere Netzkoppelungspunkte nur einen Einspeise- und einen Ausspeisevertrag abzuschließen verpflichtet ist. Anders als im Hinblick auf Elektrizitätsnetzbetreiber ist aber in **Satz 5 HS 2** eine **Ausnahmeklausel** vorgesehen: Die Zusammenarbeitspflicht endet, wenn die Zusammenarbeit unter Rückgriff auf nur zwei Verträge

---

22 Vgl. den Abdruck bei *Herrmann/Schweer*, Rechtsgrundlagen der Energiewirtschaft, 5. Aufl. Baden-Baden 2004, S. 123 ff.

technisch unmöglich oder **wirtschaftlich unzumutbar** ist. Eine Pflicht zu **enger Zusammenarbeit** ist in **Satz 6** des § 20 Abs. 1b statuiert, um Kapazitäten zu berechnen, Angebote abzugeben, Systemdienstleistungen zu erbringen sowie Kosten und Entgelte zu überwälzen (Netzzugangsentgelte).

Die Realisierung der Kooperationsansprüche nach Satz 5 und Satz 6 ist aber problematisch (Durchsetzbarkeitsproblem). Denn die Verweigerung durch nur einen Netzbetreiber kann eine jahrelange Verzögerung des Netzzugangs bedeuten. Die vorgesehenen Zusammenarbeitspflichten haben deshalb weniger zivilrechtliche Bedeutung als Relevanz im Zusammenhang mit der Missbrauchsaufsicht nach § 30 Abs. 1 Ziff. 1 durch die Regulierungsbehörde: Wer als Netzbetreiber seine Zusammenarbeitspflichten nicht erfüllt, wird zunächst eine (sofort vollziehbare) Anordnung zugestellt erhalten, deren Missachtung zu Bußgeldfestsetzungen nach § 95 Abs. 1 Ziff. 4 führen wird. Es ist absehbar, dass der verwaltungsrechtliche Vollzug höhere Bedeutung als die zivilrechtlich statuierte und sanktionierte Pflicht haben wird. 38

Eine **Entwicklungspflicht** sowie eine Pflicht zur **Ausschöpfung aller Kooperationsmöglichkeiten mit anderen Netzbetreibern** enthält **Satz 7**. Diese ist so wenig konkretisiert (gemeinsame Vertragsstandards, Geringhalten der Zahl von Netzen, Teilnetzen sowie Bilanzzonen), dass die Durchsetzbarkeit vor den Zivilgerichten a priori als ausgeschlossen erscheint. Selbst mit den Möglichkeiten der Missbrauchsaufsicht (§ 30 Abs. 1 Satz 2 Ziff. 1) wird die Durchsetzung nicht eben leicht möglich sein, wenn sich die Gasnetzbetreiber über Einzelheiten des Netzzugangs zerstreiten. Ob insofern die Vorgaben der GasNZV (insbesondere §§ 15 ff.) ausreichen werden, um eventuelle Vereinbarungs- und Kooperationsdefizite auszugleichen, wird die Anwendungspraxis zeigen. 39

Den **Lieferantenwechsel** legt Satz 9 des § 20 Abs. 1b im Einklang mit § 37 GasNZV fest. Da dies einen elektronischen Datenaustausch erfordert, müssen entsprechend einheitliche Formate entwickelt werden. Die am 1. August 2006 auslaufende Frist kann um sechs Monate verlängert werden, § 37 Abs. 1 Satz 3 GasNZV. »Gebuchte Kapazitäten« sind vom bisherigen Lieferanten dem neuen Lieferanten zu überlassen; damit begründet Satz 9 nicht nur einen **gesetzlichen Anspruch gegen den Netzbetreiber** auf Mitbenutzung von Kapazitäten, die für Dritte reserviert worden sind, sondern auch einen **Direktanspruch** gegen frühere Lieferanten etc. Jede Kapazitätsbuchung begründet da- 40 her einen (bedingten) Anspruch auf ersatzweise Mitbenutzung des Netzes durch den vom Abnehmer neu gewählten Lieferanten, wobei eine »Ausgleichszahlung« nicht vorgesehen ist.

41 Eine **Ausgestaltungspflicht** enthält **Satz 10** des § 20 Abs. 1b; Adressaten sind die Betreiber von Fernleitungsnetzen (FNB). Diese werden auf das erstmals von BEB praktizierte Entry-Exit-System verpflichtet, so dass Transportkapazitäten so zuzuteilen sind, dass für den Transport jeder Einspeisepunkt im Verhältnis zu jedem Ausspeisepunkt genutzt werden kann (transaktionsunabhängiges Modell). Da die Praktikabilität dieses System zwar von einigen Netzbetreibern weiterhin bestritten wird, aber bereits in der Praxis erprobt ist, wird die Regulierungsbehörde in der Lage sein, diese »Ausgestaltungspflicht« auch durchzusetzen. Eine erste Konkretisierung ist mit den §§ 3 ff. GasNZV erfolgt.

42 Eine parallele Verpflichtung zum Weitertransport des vom FNB übernommenen Erdgases trifft auch die **Betreiber von örtlichen Verteilernetzen,** § 21 Abs. 1b **Satz 11.** Diese haben das übernommene Erdgas zur Ausspeisung für alle angeschlossenen Ausspeisepunkte zu transportieren, ohne dass insofern ein besonderes (zusätzliches) Entgelt anfällt. Auch für diese Teile des Gesamtnetzes wird das transaktionsunabhängige Gastransportmodell übernommen. Wegen der näheren Ausgestaltung des Gasnetzzugangs wird auf die bindenden Vorschriften der GasNZV verwiesen:

– Organisation des Netzzugangs: §§ 3 ff.

– Anbahnung des Netzzugangs: §§ 15 ff.

– vertragliche Ausgestaltung des Netzzugangs: §§ 18 ff.

– Veröffentlichungs- und Informationspflichten: §§ 20 ff.

– Nutzung mehrerer Netze sowie Bilanzausgleich: §§ 23 ff.

– sonstige Vorschriften (Flexibilität, Verweigerung des Netzzugangs, Lieferantenwechsel, Messung): §§ 34 ff.

43 Mit Hilfe von § 23 GasNZV wird für die Regulierungsbehörde eine Ermächtigungsgrundlage geschaffen, **weitere Festlegungen zur Vereinheitlichung der Vertragspflichten** Netzbetreibern gegenüber zu treffen (Feinabstimmung unterhalb der Festlegungen auf Verordnungsebene). Dazu kann die Regulierungsbehörde auffordern, Stan-

dardangebote vorzulegen, Vorgaben für die Ausgestaltung einzelner Bedingungen zu machen und Inhalte von Bilanzkreisverträgen regeln. Im Hinblick auf vorgelegte Standardangebote usw. können Änderungen angeordnet werden. Gerade diese Ermächtigungsgrundlage zeigt, dass die Befugnisse einer Regulierungsbehörde im Verhältnis zu denen der Kartellbehörden ganz wesentlich erweitert sind: Während die Kartellbehörde auf Verhaltensweisen im Wettbewerb lediglich zu reagieren vermag, kann die Regulierungsbehörde solche Verhaltensweisen unmittelbar vorschreiben und ausgestalten. Auf diese Weise können Unternehmen (Netzbetreiber) gezwungen werden, anderen Unternehmen in bestimmter Weise ausgestaltete Angebote vorzulegen (**Initiierung von Verträgen**). Damit wird es selbst im Verhältnis zu mehreren wenig kooperationsbereiten Unternehmen einer Branche möglich sein, diese Unternehmen zu system- und marktkonformem Verhalten zu veranlassen. Dabei sind als Schranken derartiger Ermächtigungsgrundlagen die Grundrechte zu beachten, insbesondere Art. 12, 14 und 2 Abs. 1 GG. Wenn die Eingriffe allerdings dem Ziel der Schaffung des gemeinsamen Binnenmarktes für Elektrizität und Gas dienen, dürften solche Eingriffe unter Beachtung des Verhältnismäßigkeitsgrundsatzes allgemeine Gesetze darstellen, die die Freiheit der Berufsausübung ebenso konkretisieren wie die Sozialpflichtigkeit des Eigentums.

V. Verweigerung des Netzzugangs (Abs. 2)

§ 20 Abs. 2 regelt in vier Sätzen die **Verweigerungsgründe** im Wesentlichen wortgleich mit § 17 Abs. 2 (Verweigerung des Netzanschlusses). Die Norm ist vom Wirtschaftsausschuss nur noch im Hinblick auf die Kostentragung (Satz 4) verändert worden[23]. Vorläufervorschriften sind § 6 Abs. 1 Satz 2 ff. mit Abs. 3 sowie § 6a Abs. 2 Satz 2 ff. mit Abs. 3 EnWG 1998/2003.

44

Verweigerungsgründe (betriebsbedingte oder sonstige) sind – Beweislast beim Netzbetreiber – relevant, wenn aus diesen Gründen die Gewährung des Netzzugangs entweder

45

– **nicht möglich** (unmöglich im Sinne von § 275 BGB) oder

– **unzumutbar** ist.

---

23 BT-DrS 15/5268, S. 31 f.

46 Obwohl der Netzzugang einen Netzanschluss nicht voraussetzt, sind die obigen Erläuterungen zu § 17 Abs. 2 auch für § 20 Abs. 2 relevant[24], zumal überwiegend kapazitative Gründe dem Netzzugang entgegenstehen können (vgl. auch § 20 Abs. 2 Satz 3). Auf die Rechtsprechung zum alten Recht der Durchleitung/des Netzzugangs kann wegen der Berechtigung des Nachweises von Verweigerungsgründen mit Vorsicht zurückgegriffen werden[25].

---

24 Vgl. dazu oben § 17 Rz. 33 ff.
25 Überblick bei *Holtorf/Horstmann*, Aktuelle Entscheidungspraxis, RdE 2002, S. 264 ff.

§ 21 Bedingungen und Entgelte für den Netzzugang

(1) Die Bedingungen und Entgelte für den Netzzugang müssen angemessen, diskriminierungsfrei, transparent und dürfen nicht ungünstiger sein, als sie von den Betreibern der Energieversorgungsnetze in vergleichbaren Fällen für Leistungen innerhalb ihres Unternehmens oder gegenüber verbundenen oder assoziierten Unternehmen angewendet und tatsächlich oder kalkulatorisch in Rechnung gestellt werden.

(2) ¹Die Entgelte werden auf der Grundlage der Kosten einer Betriebsführung, die denen eines effizienten und strukturell vergleichbaren Netzbetreibers entsprechen müssen, unter Berücksichtigung von Anreizen für eine effiziente Leistungserbringung und einer angemessenen, wettbewerbsfähigen und risikoangepassten Verzinsung des eingesetzten Kapitals gebildet, soweit in einer Rechtsverordnung nach § 24 nicht eine Abweichung von der kostenorientierten Entgeltbildung bestimmt ist. ²Soweit die Entgelte kostenorientiert gebildet werden, dürfen Kosten und Kostenbestandteile, die sich ihrem Umfang nach im Wettbewerb nicht einstellen würden, nicht berücksichtigt werden.

(3) ¹Um zu gewährleisten, dass sich die Entgelte für den Netzzugang an den Kosten einer Betriebsführung nach Absatz 2 orientieren, kann die Regulierungsbehörde in regelmäßigen zeitlichen Abständen einen Vergleich der Entgelte für den Netzzugang, der Erlöse oder der Kosten der Betreiber von Energieversorgungsnetzen durchführen (Vergleichsverfahren). ²Soweit eine kostenorientierte Entgeltbildung erfolgt und die Entgelte genehmigt sind, findet nur ein Vergleich der Kosten statt.

(4) ¹Die Ergebnisse des Vergleichsverfahrens sind bei der kostenorientierten Entgeltbildung nach Absatz 2 zu berücksichtigen. ²Ergibt ein Vergleich, dass die Entgelte, Erlöse oder Kosten einzelner Betreiber von Energieversorgungsnetzen für das Netz insgesamt oder für einzelne Netz- oder Umspannebenen die durchschnittlichen Entgelte, Erlöse oder Kosten vergleichbarer Betreiber von Energieversorgungsnetzen überschreiten, wird vermutet, dass sie einer Betriebsführung nach Absatz 2 nicht entsprechen.

§ 21 Bedingungen und Entgelte für den Netzzugang

Überblick	Seite	Rz.
I. Regelungszweck und Entstehungsgeschichte	610	1
II. Angemessene Netzzugangsbedingungen und -entgelte (Abs. 1)	612	7
1. Veröffentlichungsgebot	612	8
a) Entgelte für den Netzzugang	613	11
b) Nebenpflichten	613	13
c) Behandlung von Netzzugangsanfragen	614	14
d) Kapazitäten und Engpässe	614	16
2. Diskriminierungsverbot	615	18
a) Binnenvergleich	615	19
b) Außenvergleich	616	21
c) Vergleichsfaktoren	616	22
III. Maßstäbe für die Entgeltbildung (Abs. 2 und 4 Satz 1) ..	617	24
1. Kosten der Betriebsführung	618	28
2. Berücksichtigung von Anreizen einer effizienten Leistungserbringung	619	31
3. Wettbewerbsfähige und risikoangepasste Verzinsung ...	619	32
4. Eliminierung nicht wettbewerbsanaloger Kosten	620	34
IV. Vergleichsverfahren (Abs. 3)	622	39
V. Vermutung fehlender Kostenorientierung der Betriebsführung (Abs. 4 Satz 2)	624	47

I. Regelungszweck und Entstehungsgeschichte

1 § 21 stellt – in Verbindung mit den Verordnungsermächtigungen gemäß § 24 – die zentrale Norm des Energiewirtschaftsrechts dar, weil auf ihrer Grundlage die Entgelte für den Netzzugang zu bilden sind. Die Bepreisung der Netzzugangsentgelte (NZE) entscheidet wiederum darüber, ob sich funktionsfähiger Wettbewerb in der leitungsgebundenen Versorgung mit Elektrizität und Erdgas einstellen wird. Die Erfahrungen mit der Novellierung des EnWG im Jahre 2003 (insbesondere § 6a) haben gezeigt, dass ohne bis ins Einzelne gehende Vorgaben für die Bepreisung der NZE ein Wettbewerb um Haushaltskunden gar nicht erst entsteht. Das Vertrauen des Gesetzgebers in die Verbände der Gaswirtschaft, über Verbändevereinbarungen einen überall möglichen Zugang zu den Gasversorgungsnetzen sicher zu

stellen, hat sich nicht in von Null verschiedenen Wechselraten der HuK-Kunden niedergeschlagen.

Regelungsziel des § 21 ist es, die Rechtsgrundlagen für die in Art. 23 Abs. 4 RL-Elt sowie Art. 25 Abs. 4 RL-Gas vorgesehene Regulierung der NZE zu schaffen. Weil nur über eine angemessene Entgeltregelung die Grundsätze der Transparenz, Objektivität und Diskriminierungsfreiheit von (ökonomischen) Netzzugangsbedingungen zu sichern sind, werden zugleich die Art. 8 und 12 RL-Gas sowie Art. 9, 11 und 14 RL-Elt (Aufgaben der Netzbetreiber) in deutsches Recht transformiert.

Der **äußere Gesetzesaufbau** führt die genannten drei Grundsätze für ökonomische Zugangsbedingungen und Entgelte in Abs. 1 auf und verbietet die Preisdiskriminierung auf internen und externen Märkten. Mit der Konkretisierung dieser Grundsätze in Abs. 2 wird die Orientierung einerseits an den Kosten der Netzbetriebsführung, andererseits an den Bedingungen eines funktionsfähigen Wettbewerbs festgeschrieben. Zusätzlich wird im Hinblick auf die Ausgestaltung in § 21a die Anreizregulierung als drittes Preisbildungskriterium eingeführt.

Das sog. **Vergleichsverfahren** sieht § 21 Abs. 3 mit dem Ziel vor, über die Anwendung einer Art **Als ob-Wettbewerbskonzept** die Entgelte, Erlöse sowie Kosten anderer Netzbetreiber zur Überprüfung der Angemessenheit der Preisbildung nach § 21 Abs. 1 zu nutzen. Die Ergebnisse des Vergleichsverfahrens sollen nach Abs. 4 bereits in die Entgeltbildung, deren Prüfung sowie Genehmigung gemäß § 23a einfließen, womit feststeht, dass nicht effizient arbeitende Netzbetreiber keine volle Kostendeckung im Rahmen ihrer NZE-Bildung erhalten werden.

§ 21, dessen Abs. 1 auf § 6 Abs. 1 Satz 1 sowie § 6a Abs. 2 Satz 1 des EnWG 1998/2003 beruht, ist praktisch in der Fassung des Regierungsentwurfs Gesetz geworden[1]. Die wenigen Änderungen im Wirtschaftsausschuss des Deutschen Bundestages[2] betreffen die Aufgabe des aus § 12 BTOElt stammenden Begriffs »energiewirtschaftlich rationelle Betriebsführung« bzw. »kosteneffiziente Leistungserbringung« durch einen janusköpfigen Maßstab, der zugleich Kosten, Ergebnisse hypothetischen und funktionsfähigen Wettbewerbs sowie die Anpassung der Kapitalverzinsung an das eingegangene Risiko einbe-

---

1 Zum Entwurf vgl. BT-DrS 15/3917, S. 17 mit Begründung S. 60.
2 BT-DrS 15/5268, S. 32 (vergleichende Gegenüberstellung).

zieht (§ 21 Abs. 2, 3 und 4). Mit dem Begriff »effiziente Leistungserbringung« hat sich der Wirtschaftsausschuss[3] bewusst an den Vorgaben des TKG orientiert, dabei aber zugleich Art. 4 Abs. 1 Stromtransit-RL der EU beachtet. Mit der Aufgabe des Begriffs »rationelle Betriebsführung« hat der Wirtschaftsausschuss deutlich gemacht, dass dieser in der Vergangenheit ausschließlich kostenorientiert verwendete Begriff die Regulierung zukünftig nicht mehr allein prägen soll (Aufgabe der ausschließlichen Kostenorientierung der Entgeltbildung).

6 Allein auf der Basis der Begrifflichkeiten des § 21 wird aber eine Regulierung nicht möglich sein, weil noch zu große unternehmerische Spielräume verbleiben, die aus regulatorischer Sicht offenbar unerwünscht sind. § 21 dient deshalb auch dazu, Inhalt, Art und Ausmaß der durch die Netzentgeltverordnungen gemäß § 24 zu schaffenden Einzelregelungen vorzubereiten und eine sichere gesetzliche Grundlage für diese Rechtsverordnungen zu schaffen, die dem Wesentlichkeitspostulat der Lehre vom Gesetzesvorbehalt genügt. Dem Ziel, die Vorgaben des Art. 80 Abs. 1 GG auszufüllen, dürften die Begrifflichkeiten trotz einer in hohem Maße erforderlichen Interpretationsbedürftigkeit genügen.

II. Angemessene Netzzugangsbedingungen und -entgelte (Abs. 1)

7 Allgemein sollen für alle Netzzugangsverfahren objektive, transparente und nicht diskriminierende Kriterien gelten (Erwägungsgrund 7 der Binnenmarktrichtlinie Erdgas). § 21 Abs. 1 betont das **Diskriminierungsverbot**. Danach dürfen die Netzzugangsbedingungen **nicht ungünstiger** sein als sie **in vergleichbaren Fällen** (unternehmensintern oder im Verhältnis zu verbundenen oder assoziierten Unternehmen) **tatsächlich oder kalkulatorisch in Rechnung gestellt werden**. Diese wesentlichen geschäftlichen Bedingungen des Netzzugangs sind gemäß § 20 Abs. 1 zu veröffentlichen.

1. Veröffentlichungsgebot

8 **Bedingungen** i. S. des § 21 Abs. 1 sind **Geschäftsbedingungen** (AGB in Abgrenzung zu den technischen Bedingungen des § 19). Nur die **wesentlichen geschäftlichen Bedingungen** des Netzzugangs sind zu veröffentlichen, § 21 Abs. 1 in Verbindung mit § 20 Abs. 1 Satz 1.

---

3 Ebd. S. 119 (Einzelbegründung zu § 21).

II. Angemessene Netzzugangsbedingungen und -entgelte (Abs. 1)

Zu den wesentlichen geschäftlichen Bedingungen gehören gemäß §§ 20 Abs. 1, 21 Abs. 1:

- Entgelte für den Netzzugang
- Verfahrensmäßige Behandlung von Netzzugangsanfragen

Zu den wesentlichen geschäftlichen Bedingungen gehören nach einer früheren Gesetzesbegründung[4] auch **aktuelle Netzkarten** der konkret betriebenen Netze. Alle diese wesentlichen Geschäftsbedingungen des Netzzugangs sind zu veröffentlichen. Lediglich **auf Anfrage** sind dagegen Angaben über verfügbare Kapazitäten und absehbare Engpässe zu kommunizieren.

a) Entgelte für den Netzzugang

Zu den Entgelten zählen **Preise und Tarifstrukturen** unter Berücksichtigung der durch die Netzentgeltverordnungen vorgeschriebenen Preisbildungskriterien, auf die wegen der Einzelheiten verwiesen wird.

Transportentgelte dürfen nur als »Briefmarkentarif« (pauschaliert, entfernungsunabhängig) berechnet werden. Die Veröffentlichungspflicht muss sich auf die **Entgelte des konkreten Netzes** beziehen, das der Zugangspflichtige betreibt (Pflichtveröffentlichung); da typischerweise bei einem Transportvorgang mehrere Netze – z. B. Fernleitungs- und Verteilernetze zugleich – berührt werden, ist darüber hinaus (zusätzlich) auch ein Gesamtentgelt anzugeben. Die Entgelte sind **individuell-konkret zu berechnen** und zu veröffentlichen.

b) Nebenpflichten

Zu veröffentlichen sind – im Einklang mit dem Gesetzeswortlaut in §§ 21 Abs. 1, 20 Abs. 1 Satz 1 – auch die **wesentlichen Nebenpflichten** des Netzzugangs, weil es sich auch insofern um wesentliche (geschäftliche) Netzzugangsbedingungen handelt. Dies betrifft etwa eventuelle Haftungsbeschränkungen des Netzbetreibers, die Gewährleistung für Mängel der Transportleistung, dem Zugangspetenten über die gesetzlichen Regelungen hinausgehend auferlegte besondere Pflichten usw. Solche Nebenabreden – wesentliche AGB des Netzzugangs – sind gerade im Hinblick auf die Angemessenheitsprüfung der

---

[4] BR-DrS 20/01, S. 12 unten (zur Novelle 2003: § 6a Abs. 2).

Entgelte so bedeutsam, dass auf ihre Veröffentlichung nicht verzichtet werden kann. Soweit Regelungen im Verordnungswege (z. B. in den Netzzugangsverordnungen) bereits erfolgt sind, kann hierauf Bezug genommen werden.

c) Behandlung von Netzzugangsanfragen

14 Zu den zu veröffentlichenden Pflichtangaben gehört auch die **verfahrensmäßige Behandlung von Netzzugangsanfragen**. Der Netzzugangsinteressent muss einigermaßen sicher abschätzen können, welche Elemente seine Anfrage enthalten muss, wer sein Ansprechpartner ist, innerhalb welcher Zeiträume mit Verhandlungen gerechnet werden kann und wann der Transportvorgang tatsächlich beginnen wird. Der Netzbetreiber hat daher im Einklang mit den »Netzverordnungen« ein System zu konzipieren und zu veröffentlichen, das nach Art und Zeitablauf den regulierten Netzzugang standardisiert und in einzelne Verfahrensschritte zerlegt. Steht dieses Verfahren fest, kann überprüft werden, ob der Grundsatz von Treu und Glauben in Bezug auf die Informationsverpflichtung eingehalten wird (Art. 12 Abs. 4 RL-Gas) und ob die Gefahr besteht, dass der Dritte im Verhältnis zu internen Netzzugangsanfragen benachteiligt wird.

15 Die Erfahrungen mit dem verhandelten Netzzugang im Bereich der Energieversorgungsnetze haben gezeigt, dass nicht immer ein schnellstmöglicher Zugang gewährleistet gewesen ist. Das Verhandlungsverfahren ermöglichte es einem am Netzzugang desinteressierten Netzbetreiber, die eigentlichen Verhandlungen hinauszuzögern, immer neue Bedingungen zu stellen und schließlich unter Hinweis auf Besonderheiten der Anfrage ein abschreckend hohes Entgelt zu verlangen. Deshalb stellt die Standardisierung des Netzzugangsverfahrens durch die Netzzugangsverordnungen und die Veröffentlichung der Verfahrensschritte einen wesentlichen Vorteil im Verhältnis zur früheren Rechtslage dar.

d) Kapazitäten und Engpässe

16 Der Transport von Energie kann verweigert werden, wenn nicht ausreichend Kapazitäten zur Verfügung stehen oder temporär Engpässe auftreten, die dem Netzzugang entgegenstehen. Diese Angaben müssen nicht notwendig ständig aktualisiert und öffentlich bekannt gegeben werden, zumal es sich dabei teilweise um Geschäftsgeheimnisse handeln dürfte. Gleichwohl hat der Verordnungsgeber in Bezug auf

II. Angemessene Netzzugangsbedingungen und -entgelte (Abs. 1)

ÜNB angeordnet, dass sie unverzüglich zu veröffentlichen sind, vgl. § 15 Abs. 4 StromNZV (für Gas vgl. § 15 GasNZV: Kapazitätsanfrage).

Nur wer anzugeben vermag, tatsächlich Erdgas transportieren oder Strom liefern zu wollen, hat Anspruch auf den Netzzugang. Dies schließt bloße »Testanfrager« aus. Es würde auch die Informationskapazität der Netzbetreiber sprengen, wenn bereits jedem Anfragenden alle relevanten Daten offengelegt werden müssten. Exakt spezifizierte Anfragen können vom Netzbetreiber nicht verlangt werden; eine bloß abstrakte Transportabsicht reicht allerdings nicht aus. 17

2. Diskriminierungsverbot

Die Angemessenheit der Bedingungen wird gemäß § 21 Abs. 1 zusätzlich **durch Vergleich** sichergestellt (»vergleichbare Fälle«). Vergleichsobjekte sind einerseits Leistungen innerhalb des eigenen Unternehmens des Netzbetreibers und andererseits Leistungen für verbundene oder assoziierte Unternehmen. Vergleichsziel ist die Sicherstellung gleicher Wettbewerbschancen aller Gas- und EltVU, die das konkrete Netz benutzen müssen, um ihre Kunden (einschl. Weiterverteilern) zu versorgen. 18

a) Binnenvergleich

Handelt es sich nicht um einen isolierten Netzbetreiber, sondern wird das Netz auch benutzt, um Energielieferungen zugunsten eigener Kunden zu transportieren, rücken die dort vereinbarten oder kalkulierten Transportbedingungen in den Vergleichsmittelpunkt. Die insofern anfallenden Aufwendungen und Erträge sind – unternehmensintern – ohnehin im Rahmen einer segmentierten Rechnungslegung zu erfassen, vgl. § 10 (Fernleitungs- bzw. Übertragungsnetz und Verteilernetz). Damit können die Regulierungsbehörden sehr schnell prüfen, ob die Netzzugangsbedingungen für Dritte mit denen übereinstimmen, die im eigenen Unternehmen zugrunde gelegt werden. Insofern kann man von einem »Binnenvergleich« sprechen. 19

Sind die von Dritten verlangten Geschäftsbedingungen (Entgelte und Nebenbestimmungen) ungünstiger, muss die **Abweichung gerechtfertigt** werden. So ist es beispielsweise nicht zulässig, ein Entgelt- und Rabattsystem so auszugestalten, dass besonders niedrige Transportentgelte nur den eigenen Betriebsabteilungen in Rechnung gestellt werden, weil diese die Transportleistung ganz überwiegend in An- 20 spruch nehmen (Treuerabatte, Spitzenrabatte)[5]. Dies würde nämlich dazu führen, dass der nur eine geringe Kapazität benötigende Zugangspetent zu einem wirksamen Wettbewerb mit den Vertriebsabteilungen des Netzbetreibers nicht in der Lage wäre, weil er derart niedrige Transportpreise nicht zu realisieren vermag.

b) Außenvergleich

21 Das Gesetz stellt sicher, dass das Diskriminierungsverbot auch im Verhältnis zu verbundenen und assoziierten Unternehmen zu beachten ist. Verbundene Unternehmen sind solche, für die § 15 AktG erfüllt ist[6]; eine Assoziierung liegt vor, wenn die Vorgaben des Art. 2 Ziff. 20 RL-Gas bzw. Ziff. 22 RL-Elt erfüllt werden[7]. Werden von einem Energienetzbetreiber Transportleistungen solchen Unternehmen in Rechnung gestellt, gelten die soeben erläuterten Grundsätze entsprechend. Dies berechtigt den Netzbetreiber erst Recht nicht, mit dritten Unternehmen außergewöhnliche Zugangsbedingungen zu vereinbaren.

c) Vergleichsfaktoren

22 Die Gesetzesfassung misst die Einhaltung des Diskriminierungsverbotes an zwei Vergleichskriterien. Die (verbotene) Ungünstigkeit der Zugangsbedingungen kann zum einen an den einem anderen EVU **tatsächlich in Rechnung gestellten** Transportleistungen etc. gemessen werden. Dies wird die Leistungen gegenüber verbundenen oder assoziierten bzw. dritten Unternehmen betreffen; weil es sich dann um unterschiedliche Rechtssubjekte handelt, müssen für Abrechnungs- und Nachweiszwecke Rechnungen erteilt werden.

23 Findet der Leistungsaustausch zwischen unterschiedlichen Betriebsabteilungen innerhalb desselben (auch ein Energienetz betreibenden) EVU statt, sind Rechnungen nicht erforderlich. Für diesen Fall ist auf die **kalkulatorische Bemessung der Transportleistung** zurückzugreifen. Diese ergibt sich aus den Erträgen, die wegen der segmentier-

---

5 Vgl. dazu EuGH Slg. 1999, II-2969 – Irish Sugar; EG-Kommission Abl. EG 1991 L 152/40, 51 – Chemische Grundstoffe (Soda – ICI). Vgl. auch die Kommissionsentscheidung in Sachen der Deutschen Bahn AG, die konzerneigenen Unternehmen bis zum Jahre 2000 wegen der hohen Benutzungsfrequenz des Netzes umfangreiche Mengenrabatte einräumte, die kleinere Bahnbetriebsgesellschaften naturgemäß nicht erreichen konnten.
6 Zu Einzelheiten vgl. oben § 10 Rz. 65 f.
7 Vgl. oben § 10 Rz. 67 f.

ten Rechnungslegung (vgl. § 10) bei Inanspruchnahme von Transportleistungen im Verteiler- oder Fernleitungs- bzw. Übertragungsnetz verbucht werden müssen. Besondere Rechnungslegung der EVU und wirtschaftliche Netzzugangsbedingungen sind daher wechselseitig aufeinander bezogen und werden benötigt, um bei fehlender gesellschaftsrechtlicher Entflechtung Wettbewerbsverhältnisse wie bei getrennt operierenden Firmen herbeiführen zu können.

III. Maßstäbe für die Entgeltbildung (Abs. 2 und 4 Satz 1)

Während Abs. 1 in Umsetzung des europäischen Rechts die fundamentalen Grundsätze aufführt und insbesondere das Verbot der Diskriminierung ausformt, orientiert § 21 Abs. 2 die Entgeltbildung an **drei Maßstäben**, aus denen unmittelbar rechenhafte Bezüge gewonnen werden können: 24

– Kosten einer effizienten Betriebsführung

– Vergleich mit den Kosten anderer Netzbetreiber

– Berücksichtigung von Marktfaktoren im Hinblick auf die Kapitalverzinsung

– Einbeziehung der Möglichkeiten zur Anreizregulierung

Dies führt zu folgender **Stufung der Entgeltbildung**: Zunächst ermittelt der Netzbetreiber unter Rückgriff auf die zu § 24 ergangene Stromnetzentgeltverordnung (StromNEV)[8] bzw. die Gasnetzentgeltverordnung (GasNEV)[9] alle Kosten der **Netzbetriebsführung**. Die Vorgehensweise erläutert § 3 StromNEV/GasNEV in groben Zügen (Beispiel StromNEV: Ermittlung sämtlicher Netzkosten, Zuordnung zu den Hauptkostenstellen, Wälzung auf die Kostenträger, Ermittlung der Netzentgelte für jede Netz- und Umspannebene unter Berücksichtigung der Gleichzeitigkeitsfunktion, wobei als Datenbasis das letzte abgeschlossene Geschäftsjahr dient). Für Gasfernleitungsnetzbetreiber sieht § 3 Abs. 2 GasNEV eine Sonderregelung vor (§ 19 GasNEV). 25

Die auf diese Weise kostenorientiert gebildeten Entgelte werden unter Rückgriff auf das Vergleichsverfahren (§ 21 Abs. 3) den NZE struktu- 26

---

8 Vom 25.7.2005, BGBl. I S. 2225.
9 Vom 25.7.2005, BGBl. I S. 2197.

rell vergleichbarer Netzbetreiber gegenübergestellt. Dies kann zur **Kappung von Entgelten** führen, wenn die überprüfte Netzentgeltbildung auf vermuteten **Ineffizienzen** beruht, § 21 Abs. 4 Satz 2. Während für Fremdkapital die gezahlten Zinsen meist dem Marktzins entsprechen werden, fehlen für die Eigenkapitalverzinsung derartige Maßstäbe; insofern wird einerseits auf alternative Kapitalanlagen zurückzugreifen sein (wettbewerbsfähige Verzinsung), andererseits das Risiko der Investition von Eigenkapital gerade in Energienetze in die Erwägungen einbezogen (risikoangepasste Verzinsung), § 21 Abs. 2 Satz 1 (vgl. § 7 Abs. 4 StromNEV/GasNEV).

27 Auf der letzten Stufe ist zu prüfen, ob bei der Entgeltbildung auch Kostenbestandteile Berücksichtigung gefunden haben, die bei funktionsfähigem Wettbewerb nicht in Ansatz gebracht worden wären, § 21 Abs. 2 **Satz 2**. Im Folgenden sollen diese Grundsätze kurz erläutert werden.

1. Kosten der Betriebsführung

28 Jeder Netzbetreiber ermittelt entweder nach §§ 4 ff. StromNEV oder §§ 4 ff. GasNEV die **Kosten seines Netzbetriebs**. Die Aufgabe der ursprünglich in § 21 Abs. 2 Satz 1 E-EnWG vorgesehenen Wendung »energiewirtschaftlich rationelle« Betriebsführung bedeutet nicht, dass der Netzbetreiber-Unternehmer nunmehr vollständig frei ist zu entscheiden, welche Kosten dem Netzbetrieb zuzuordnen sind und welche Investitions- und Personalkosten in Bezug auf den konkreten Betrieb als notwendig anzusehen sind. Im Hinblick auf diese grundsätzlich autonomen unternehmerischen Entscheidungen ist – Berufsausübungsregelung im Sinne von Art. 12 GG – der Netzbetreiber kraft Gesetzes eingeschränkt, wenn er zugleich das Ziel verfolgt, diese Kosten vollständig in Netzentgelten abzubilden. Deshalb muss er sich bei allen Entscheidungen stets an »effizienten und strukturell vergleichbaren Netzbetreibern« orientieren und prüfen, ob ein solcher – konkreter und wohl nicht fiktiver – Netzbetreiber diesen Personalaufwand, Investitionsaufwand usw. ebenfalls getrieben hätte.

29 Hiermit gewinnen die »Üblichkeiten« der Netzbetreiberbranche ein besonderes Gewicht, wobei sie stets am Effizienzziel des § 1 Abs. 1 zu orientieren sind. Dabei sind nur **strukturell vergleichbare Netzbetreiber** zu berücksichtigen; gibt es einen in Bezug auf Gebiets-, Abnahme- und Beschaffungsstruktur vergleichbaren Netzbetreiber nicht, kann entsprechend der Rechtsprechung zu § 19 Abs. 4 GWB

versucht werden, die strukturelle Vergleichbarkeit mit Hilfe von Zuschlägen und Abschlägen (künstlich) herzustellen[10].

Wenn der das Entgelt bildende Netzbetreiber einwendet, strukturell vergleichbare Netzbetreiber und deren Entscheidungen und Kostenrechnungen nicht zu kennen, kann ihm die Regulierungsbehörde nach Durchführung des Vergleichsverfahrens gemäß § 21 Abs. 3 Hilfestellung leisten und zumindest über Kennziffern versuchen, den von strukturell vergleichbaren Netzbetreibern getriebenen Aufwand transparent zu machen. So könnte etwa für städtische Versorgungsgebiete der Wartungsaufwand je Kilometer Niederspannungs-/Niederdruck-Leitung mitgeteilt werden, der durchschnittlich von derartigen Netzbetreibern in ihrer Betriebsführung-Kostenrechnung zugrunde gelegt wird. Jedenfalls wenn das ganze System der Entgeltbildung nach § 21 in Verbindung mit GasNEV bzw. StromNEV einen gewissen Reifegrad erlangt hat, wird man jedem Netzbetreiber schon mit der Entgeltbildung für das neue Geschäftsjahr zumuten müssen, seinen tatsächlichen Aufwand mit dem Aufwand anderer Netzbetreiber zu vergleichen. 30

2. Berücksichtigung von Anreizen einer effizienten Leistungserbringung

Solange die Regulierungsbehörde im Hinblick auf § 21a Vorgaben für die sog. Anreizregulierung nicht erstellt hat, muss der Netzbetreiber derartige Kriterien auch nicht in seine Kalkulationsüberlegungen einbeziehen. Ist das System der Anreizregulierung erst einmal installiert, hat der Unternehmer im Anschluss an die Kostenorientierung der ermittelten Entgelte auf der ersten Stufe zusätzlich zu prüfen, ob er zuvor besonders günstig kalkulierte Entgelte auf Zeit fortzuführen berechtigt ist, obwohl seine Betriebsführungskosten inzwischen gesunken sind (Obergrenzenvorgabe, § 21a Abs. 2). Bei dieser Art der Entgeltbildung stehen die Effizienzziele im Sinne von § 21a Abs. 5 im Vordergrund und erlauben eine Abweichung vom Grundsatz der primären Kostenorientierung. 31

3. Wettbewerbsfähige und risikoangepasste Verzinsung

Die vom Netzbetreiber grundsätzlich unternehmerisch autonom festzusetzende kalkulatorische Eigenkapitalverzinsung[11] wird gemäß § 21 32

---

10 Vgl. dazu zuletzt BGH vom 22.6.2005, RdE 2005, 228 – Stadtwerke Mainz.

Abs. 2 Satz 1 »gedeckelt«. Diese Verzinsung muss sich zum einen an alternativen Anlagemöglichkeiten in wettbewerbsfähiger Weise, zum anderen am mit dem Netzbetrieb eingegangenen unternehmerischen Risiko orientieren. Dabei ist auf das sog. betriebsnotwendige Eigenkapital abzustellen (Berechnung gemäß § 7 Abs. 1 Satz 2 GasNEV/StromNEV) und dieses auf Neuanlagen sowie Altanlagen aufzuteilen, § 7 Abs. 3 Satz 1 GasNEV/StromNEV, so dass mit Hilfe der Restwerte unter Orientierung am Sachanlagevermögen Ausgangswerte für die Verzinsung gewonnen werden können.

33 Der Eigenkapitalzinssatz ist grundsätzlich an der Umlaufrendite festverzinslicher Wertpapiere im Inland auf der Basis der zehn letzten abgeschlossenen Kalenderjahre zu orientieren (§ 7 Abs. 4 GasNEV/StromNEV), wobei gemäß Abs. 5 ein Zuschlag für unternehmerische Wagnisse berücksichtigt werden kann. Bis zur erstmaligen Festlegung durch die Regulierungsbehörde (nach Einführung der Anreizregulierung, § 21a) beträgt der Eigenkapitalzinssatz bei Neuanlagen 9,21 % und bei Altanlagen 7,8 % (jeweils vor Steuern), § 7 Abs. 6 Satz 2 GasNEV (für Gasversorgungsnetze betreffendes Eigenkapital) bzw. 7,91 % bei Neuanlagen sowie 6,5% bei Altanlagen, § 7 Abs. 6 Satz 2 StromNEV (bei Eigenkapitalanlage in Stromversorgungsnetze).

4. Eliminierung nicht wettbewerbsanaloger Kosten

34 Satz 2 des § 21 Abs. 2 sieht auf der **letzten Stufe** der Entgeltbildung durch Netzbetreiber die Nichtberücksichtigung aller Kosten und Kostenbestandteile vor, die sich »ihrem Umfang nach im Wettbewerb nicht einstellen würden«. Weil Netzbetreiber regelmäßig der Marktform des natürlichen Monopols zuzuordnen sind, wären sie eigentlich in der Lage, ihre Kosten außerhalb des Wettbewerbs zu bilden und entsprechende unternehmerische Entscheidungen zu treffen (Einstellung zusätzlichen Personals, Redundanzen bei der Leitungsführung, unüblich aufwendige Schaltungen bei Umspannanlagen usw.). Mit dieser **Kürzungsvorschrift** wird der aus der GWB-Missbrauchsaufsicht bekannte Maßstab der Wettbewerbsanalogie (Als Ob-Konzept) in die Entgeltregulierung übernommen[12].

35 An der Praktikabilität der Vorschrift bestehen Zweifel. Zum einen drückt sie nur das aus, was nach Satz 1 des § 21 Abs. 2 bereits mit den

---

11 Vgl. § 7 GasNEV/StromNEV.
12 Vorbild ist § 1 Abs. 1 Satz 4 BTOElt.

III. Maßstäbe für die Entgeltbildung (Abs. 2 und 4 Satz 1)

Betriebsführungskosten am Maßstab des »effizienten und strukturell vergleichbaren Netzbetreibers« festgehalten wird. Denn da die Kostenbildung im Wettbewerb im natürlichen Monopol prinzipiell ausscheiden muss, lässt sich der Wettbewerbsmaßstab nur unter Anwendung des Vergleichsverfahrens (§ 21 Abs. 3) gewinnen.

Zum anderen wird der Netzbetreiber die »wettbewerbsanalogen Kosten« schon methodisch nicht selbst ermitteln können. Da er keine Wettbewerber hat, kann er auch deren Kosten nicht kennen oder ermitteln. Wenn der Gesetzgeber also mit Satz 2 der Maßstabsorientierung der Entgeltbildung an das Als-Ob-Wettbewerbskonzept anknüpfen möchte, so stellt dies im Ausgangspunkt einen Widerspruch in sich selbst dar, der – wissenschaftlich redlich – kaum aufzulösen ist. **36**

Allerdings wird jeder Netzbetreiber zu prüfen haben, ob er unter dem (hypothetischen) **Druck eines Wettbewerbers** die betreffende kostenrelevante unternehmerische Entscheidung überhaupt oder in dem in der Entscheidung zum Ausdruck kommenden Umfang wirklich getroffen hätte. Als Beispiel aus der Entscheidung des BGH zu den Stadtwerken Erfurt[13] mögen Aufwendungen für das Sponsoring von Sportvereinen dienen: Viele Unternehmen, die ihre Produkte und Dienstleistungen auf Wettbewerbsmärkten anbieten, erbringen an Sportvereine Sponsorzahlungen mit dem Ziel, ihr Unternehmenslogo im Rahmen von Bandenwerbung, auf Eintrittskarten oder Sportlertrikots anbringen zu können. Hier handelt es sich letztlich um Entscheidungen über den Einsatz von Marketingmitteln, weil im Zusammenhang mit vom Image her positiv besetzten Sportwettkämpfen Werbemittel sinnvoller ausgegeben werden können als im Rahmen herkömmlicher Werbeplatzierungen in den Massenmedien. Weil ein Netzbetreiber, der im natürlichen Monopol Netzdienstleistungen erbringt, neue Kunden kaum zu werben vermag – seine Leistungen müssen zwangsläufig und aufgrund lokaler Bindung der Netzkunden in Anspruch genommen werden –, könnte eine solche Sponsorzahlung am Wettbewerbsmaßstab orientiert als Kostenbestandteil einer Netzbetriebsführung auszuscheiden haben. **37**

Eine solche Wertung ließe aber unberücksichtigt, dass mittel- bis langfristig durch Neuansiedlung in Wohn- und Gewerbegebieten eine erhebliche Veränderung der Art und Menge der vom Netzbetreiber zu **38**

---

13 BKartA v. 14.2.2003, WuW/E DE-V 722, 727 – TEAG (Sportsponsoring). Aufgehoben OLG Düsseldorf RdE 2004, 118, 119.

§ 21 Bedingungen und Entgelte für den Netzzugang

erbringenden Dienstleistungen eintreten kann, die auch über Imagewerbung durchaus zu beeinflussen ist. Wendet man deshalb § 21 Abs. 2 Satz 2 auf Sponsorzahlungen von Netzbetreibern an, so kann im Wege der Regulierung zwar deren Umfang, nicht aber die grundsätzliche Berechtigung in Frage gestellt sein.

IV. Vergleichsverfahren (Abs. 3)

39 Nach der Regierungsbegründung[14] wird mit Abs. 3 das Vergleichsmarktkonzept des § 30 »konkretisiert«. Insofern nimmt die Entwurfsfassung Bezug auf Ziff. 5 des § 30 Abs. 1 Satz 1 und damit einen Missbrauchstatbestand, der dem GWB (§ 19 Abs. 4) entlehnt ist. Mit Hilfe des Vergleichsverfahrens sollen – Vergleich von strukturell vergleichbaren Netzbetreibern – die kostenorientiert gemäß § 21 Abs. 2 Satz 1 ermittelten NZE dem »Wettbewerbstest« unterworfen werden.

40 Zur Konkretisierung des § 21 Abs. 3 dient die Ermächtigungsgrundlage zum Erlass von Regelungen qua Rechtsverordnung, wie sie § 24 Satz 2 Ziff. 7 enthält. Die Bundesregierung hat von der Ermächtigungsgrundlage bereits Gebrauch gemacht, vgl. §§ 22 ff. StromNEV sowie §§ 21 ff. GasNEV. In regelmäßigen Abständen werden drei Gruppen von Betriebsergebnissen eines Netzbetreibers erhoben und einander gegenübergestellt:

– Entgelte für den Netzzugang

– Erlöse aus der Betriebstätigkeit

– Kosten der Netzbetriebsführung

41 § 22 StromNEV/21 GasNEV verpflichtet die betreffenden Netzbetreiber, sich am Vergleichsverfahren zu beteiligen und die erforderlichen Daten der Regulierungsbehörde auf Anforderung zu liefern; die Ergebnisse werden im Amtsblatt öffentlich bekannt gemacht. Der eigentliche Vergleich (§ 23 StromNEV/§ 24 GasNEV) erfolgt getrennt nach Netz- und Umspannebene bzw. druckstufenbezogen. Wegen der Einzelheiten wird auf die zitierten Vorschriften verwiesen.

42 Sodann bildet die Regulierungsbehörde **sechs Strukturklassen**, vgl. § 24 StromNEV/§ 23 GasNEV). Für die Strukturklassen sind im **Elektrizitätsnetz** folgende Kriterien maßgeblich:

---

14 BT-DrS 15/3917, S. 60.

IV. Vergleichsverfahren (Abs. 3)

- Absatzdichte einer Netz- oder Umspannungsebene (hoch/mittel/niedrig)
- Belegenheit des Netzes (Strukturklassen Ost und West)

Dabei bestimmt sich die Absatzdichte als Quotient aus der Gesamtentnahme/a in kWh und der versorgten Fläche in Quadratkilometern. Die dazu notwendigen Angaben sind gemäß § 24 Abs. 4 StromNEV jährlich zum 1.4. der Regulierungsbehörde zu übermitteln. 43

Für **Gasnetze** kommt es gleichfalls auf die Absatzdichte und die Netzbelegenheit (Ost oder West) an. Dabei bestimmt sich die Absatzdichte eines Gasversorgungsnetzes gemäß § 23 Abs. 2 GasNEV aus der Gesamtentnahme eines Jahres in kWh und der **Länge des Netzes** in km. Die Daten sind von den Gasnetzbetreibern jährlich zum 1.4. eines jeden Jahres für das letzte abgeschlossene Kalenderjahr/Vorjahr zu übermitteln, § 23 Abs. 4 GasNEV. 44

§ 25 StromNEV/§ 24 GasNEV dienen der Überprüfung, ob auf den Netzbetrieb bezogene **Gemeinkosten des Gesamtunternehmens** (Energieverbund) den Kosten des Netzbetriebs angemessen zugeordnet werden. Bei rechtlich entflochtenen Netzbetriebsunternehmen (§ 7 Abs. 2) entfällt diese Prüfung, wenn nicht die von Netzunternehmen an Muttergesellschaften usw. abzuführenden Entgelte (z. B. Pachten) derartige Gemeinkosten enthalten. Von der Regulierungsbehörde ist die Schlüsselung zu überprüfen. Weitere Mitteilungspflichten gegenüber der Regulierungsbehörde enthalten § 26 StromNEV/ § 25 GasNEV. Für die Betreiber von Gasfernleitungsnetzen (FNB) enthält § 26 GasNEV Sonderregeln zur Durchführung des Vergleichsverfahrens. 45

Die Ergebnisse des Vergleichsverfahrens fließen in die Prüfung der Entgelte durch die Regulierungsbehörde ein, so wie sie der Netzbetreiber gemäß § 21 Abs. 2 ermittelt hat. Solange eine ausschließlich kostenorientierte Entgeltbildung erfolgen darf (§ 21 Abs. 2 Satz 2 in Verbindung mit § 21 Abs. 3 Satz 2), werden in das Vergleichsverfahren nur die Kosten des Netzbetriebs einbezogen (Ausklammerung der Erlöse). Im Übrigen werden die NZE anderer Netzbetreiber sowie deren Entgelteinnahmen benötigt, um die betreffenden Positionen beim überprüften Netzbetreiber zu spiegeln. 46

V. Vermutung fehlender Kostenorientierung der Betriebsführung (Abs. 4 Satz 2)

47 Während Satz 1 des § 21 Abs. 4 die Klarstellung enthält, dass jeder Netzbetreiber die Ergebnisse durchgeführter und von der Regulierungsbehörde bekannt gemachter Vergleichsverfahren bei seiner Ermittlung von NZE zu berücksichtigen hat, enthält **Satz 2** eine äußerst bedeutsame **widerlegliche Vermutung**, die die Arbeit der Regulierungsbehörde erheblich beeinflussen wird. Diese Vermutung ist darauf gerichtet, dass bei allen drei Kriterien des § 21 Abs. 3 (Entgelte, Erlöse, Kosten) jedwede **Überschreitung im Verhältnis zu anderen Netzbetreibern strukturell vergleichbarer Art** einen **Verstoß gegen § 21 Abs. 2 indiziert**. Für jede Netz- oder Umspannungsebene muss der Netzbetreiber daher prüfen, ob sich seine Entgelte, Erlöse sowie Kosten im Rahmen der festgestellten Vergleichsgruppe halten. Ist dies nicht der Fall, bestehen zwei Handlungsmöglichkeiten:

48 Der Netzbetreiber kann versuchen, die Überschreitung bei einer oder mehreren der drei Kriterien des § 21 Abs. 2 **der Regulierungsbehörde gegenüber zu rechtfertigen**. Er muss dazu die Überschreitungsgründe offen legen und Nachweise erbringen. Weil es sich um eine gesetzliche Vermutung im Sinne von § 292 ZPO handelt, die über § 85 Ziff. 2 hinaus bereits im Verwaltungsverfahren zur Entgeltüberprüfung zu berücksichtigen ist, muss letztlich der **Vollbeweis** angetreten werden, dass die Vermutung konkret unzutreffend ist (sog. Beweis des Gegenteils). Ist der Nachweis gelungen, entfällt ein Missbrauch im Sinne von § 30 Abs. 1 Ziff. 1.

49 Die zweite Handlungsalternative besteht darin, die eigenen Kosten, Entgelte bzw. Erlöse auf das **Niveau der Vergleichsunternehmen abzusenken**. Obwohl tatsächlich realisierte Kosten nicht ungeschehen gemacht werden können, dürfen diese Kosten im Rahmen der kostenorientierten Entgeltermittlung nicht in Ansatz gebracht werden. Überhöht realisierte oder angesetzte Erlöse sind zurück zu zahlen/zu korrigieren. Die NZE sind auf das Niveau der Vergleichsunternehmen herabzusetzen. Ein Mittelweg zwischen beiden Handlungsalternativen liegt vor, wenn die Herabsetzung nur teilweise realisiert wird und der verbleibende Überschreitungsanteil bei Entgelten, Erlösen bzw. Kosten im Regulierungsverfahren gerechtfertigt wird, um die Vermutung zu widerlegen.

§ 21a Regulierungsvorgaben für Anreize für eine effiziente Leistungserbringung

(1) Soweit eine kostenorientierte Entgeltbildung im Sinne des § 21 Abs. 2 Satz 1 erfolgt, können nach Maßgabe einer Rechtsverordnung nach Absatz 6 Satz 1 Nr. 1 Netzzugangsentgelte der Betreiber von Energieversorgungsnetzen abweichend von der Entgeltbildung nach § 21 Abs. 2 bis 4 auch durch eine Methode bestimmt werden, die Anreize für eine effiziente Leistungserbringung setzt (Anreizregulierung).

(2) ¹Die Anreizregulierung beinhaltet die Vorgabe von Obergrenzen, die in der Regel für die Höhe der Netzzugangsentgelte oder die Gesamterlöse aus Netzzugangsentgelten gebildet werden, für eine Regulierungsperiode unter Berücksichtigung von Effizienzvorgaben. ²Die Obergrenzen und Effizienzvorgaben sind auf einzelne Netzbetreiber oder auf Gruppen von Netzbetreibern sowie entweder auf das gesamte Elektrizitäts- oder Gasversorgungsnetz, auf Teile des Netzes oder auf die einzelnen Netz- und Umspannebenen bezogen. ³Dabei sind Obergrenzen mindestens für den Beginn und das Ende der Regulierungsperiode vorzusehen. ⁴Vorgaben für Gruppen von Netzbetreibern setzen voraus, dass die Netzbetreiber objektiv strukturell vergleichbar sind.

(3) ¹Die Regulierungsperiode darf zwei Jahre nicht unterschreiten und fünf Jahre nicht überschreiten. ²Die Vorgaben können eine zeitliche Staffelung der Entwicklung der Obergrenzen innerhalb einer Regulierungsperiode vorsehen. ³Die Vorgaben bleiben für eine Regulierungsperiode unverändert, sofern nicht Änderungen staatlich veranlasster Mehrbelastungen aufgrund von Abgaben oder der Abnahme- und Vergütungspflichten nach dem Erneuerbare-Energien-Gesetz und dem Kraft-Wärme-Kopplungsgesetz oder anderer, nicht vom Netzbetreiber zu vertretender, Umstände eintreten. ⁴Falls Obergrenzen für Netzzugangsentgelte gesetzt werden, sind bei den Vorgaben die Auswirkungen jährlich schwankender Verbrauchsmengen auf die Gesamterlöse der Netzbetreiber (Mengeneffekte) zu berücksichtigen.

(4) ¹Bei der Ermittlung von Obergrenzen sind die durch den jeweiligen Netzbetreiber beeinflussbaren Kostenanteile und die von ihm nicht beeinflussbaren Kostenanteile zu unterscheiden. ²Der nicht

beeinflussbare Kostenanteil an dem Gesamtentgelt wird nach § 21 Abs. 2 ermittelt; hierzu zählen insbesondere Kostenanteile, die auf nicht zurechenbaren strukturellen Unterschieden der Versorgungsgebiete, auf gesetzlichen Abnahme- und Vergütungspflichten, Konzessionsabgaben und Betriebssteuern beruhen. ³Soweit sich Vorgaben auf Gruppen von Netzbetreibern beziehen, gelten die Netzbetreiber als strukturell vergleichbar, die unter Berücksichtigung struktureller Unterschiede einer Gruppe zugeordnet worden sind. ⁴Der beeinflussbare Kostenanteil wird nach § 21 Abs. 2 bis 4 zu Beginn einer Regulierungsperiode ermittelt. ⁵Effizienzvorgaben sind nur auf den beeinflussbaren Kostenanteil zu beziehen. ⁶Die Vorgaben für die Entwicklung oder Festlegung der Obergrenze innerhalb einer Regulierungsperiode müssen den Ausgleich der allgemeinen Geldentwertung vorsehen.

(5) ¹Die Effizienzvorgaben für eine Regulierungsperiode werden durch Bestimmung unternehmensindividueller oder gruppenspezifischer Effizienzziele auf Grundlage eines Effizienzvergleichs unter Berücksichtigung insbesondere der bestehenden Effizienz des jeweiligen Netzbetriebs, objektiver struktureller Unterschiede, der inflationsbereinigten gesamtwirtschaftlichen Produktivitätsentwicklung, der Versorgungsqualität und auf diese bezogener Qualitätsvorgaben sowie gesetzlicher Regelungen bestimmt. ²Qualitätsvorgaben werden auf der Grundlage einer Bewertung von Zuverlässigkeitskenngrößen ermittelt, bei der auch Strukturunterschiede zu berücksichtigen sind. ³Bei einem Verstoß gegen Qualitätsvorgaben können auch die Obergrenzen zur Bestimmung der Netzzugangsentgelte für ein Energieversorgungsunternehmen gesenkt werden. ⁴Die Effizienzvorgaben müssen so gestaltet und über die Regulierungsperiode verteilt sein, dass der betroffene Netzbetreiber oder die betroffene Gruppe von Netzbetreibern die Vorgaben unter Nutzung der ihm oder ihnen möglichen und zumutbaren Maßnahmen erreichen und übertreffen kann. ⁵Die Methode zur Ermittlung von Effizienzvorgaben muss so gestaltet sein, dass eine geringfügige Änderung einzelner Parameter der zugrunde gelegten Methode nicht zu einer, insbesondere im Vergleich zur Bedeutung, überproportionalen Änderung der Vorgaben führt.

(6) ¹Die Bundesregierung wird ermächtigt, durch Rechtsverordnung mit Zustimmung des Bundesrates

1. zu bestimmen, ob und ab welchem Zeitpunkt Netzzugangsentgelte im Wege einer Anreizregulierung bestimmt werden,

2. die nähere Ausgestaltung der Methode einer Anreizregulierung nach den Absätzen 1 bis 5 und ihrer Durchführung zu regeln sowie

3. zu regeln, in welchen Fällen und unter welchen Voraussetzungen die Regulierungsbehörde im Rahmen der Durchführung der Methoden Festlegungen treffen und Maßnahmen des Netzbetreibers genehmigen kann.

²Insbesondere können durch Rechtsverordnung nach Satz 1

1. Regelungen zur Festlegung der für eine Gruppenbildung relevanten Strukturkriterien und über deren Bedeutung für die Ausgestaltung von Effizienzvorgaben getroffen werden,

2. Anforderungen an eine Gruppenbildung einschließlich der dabei zu berücksichtigenden objektiven strukturellen Umstände gestellt werden, wobei für Betreiber von Übertragungsnetzen gesonderte Vorgaben vorzusehen sind,

3. Mindest- und Höchstgrenzen für Effizienz- und Qualitätsvorgaben vorgesehen und Regelungen für den Fall einer Unter- oder Überschreitung sowie Regelungen für die Ausgestaltung dieser Vorgaben einschließlich des Entwicklungspfades getroffen werden,

4. Regelungen getroffen werden, unter welchen Voraussetzungen die Obergrenze innerhalb einer Regulierungsperiode auf Antrag des betroffenen Netzbetreibers von der Regulierungsbehörde abweichend vom Entwicklungspfad angepasst werden kann,

5. Regelungen zum Verfahren bei der Berücksichtigung der Inflationsrate getroffen werden,

6. nähere Anforderungen an die Zuverlässigkeit einer Methode zur Ermittlung von Effizienzvorgaben gestellt werden,

7. Regelungen getroffen werden, welche Kostenanteile dauerhaft oder vorübergehend als nicht beeinflussbare Kostenanteile gelten,

8. Regelungen getroffen werden, die eine Begünstigung von Investitionen vorsehen, die unter Berücksichtigung der Ziele des § 1 zur Verbesserung der Versorgungssicherheit dienen,

9. Regelungen für die Bestimmung von Zuverlässigkeitskenngrößen für den Netzbetrieb unter Berücksichtigung der Informationen nach § 51 und deren Auswirkungen auf die Regulierungsvorgaben getroffen werden, wobei auch Senkungen der Obergrenzen zur Bestimmung der Netzzugangsentgelte vorgesehen werden können, und

10. Regelungen zur Erhebung der für die Durchführung einer Anreizregulierung erforderlichen Daten durch die Regulierungsbehörde getroffen werden.

Überblick

	Seite	Rz.
I. Regelungszweck und Entstehungsgeschichte	628	1
II. Äußerer Normaufbau und Überblick	631	4
III. Eckwerte zukünftiger Anreizregulierung	633	10
1. Obergrenzen für NZE sowie Effizienzvorgaben	633	11
2. Anpassung von Kriterien innerhalb einer Regulierungsperiode	633	12
3. Zuständige Regulierungsbehörde	634	13
4. Beeinflussbare und nicht beeinflussbare Kostenanteile..	634	14
5. Anreizregulierung und europäisches Recht...........	635	15

I. Regelungszweck und Entstehungsgeschichte

1 § 21a ist im Regierungsentwurf zum EnWG 2005 nicht enthalten gewesen[1]. Weil der Politik eine primär kostenorientierte und – als Korrekturmöglichkeit – auf dem Vergleichsverfahren beruhende Entgeltbildung (vgl. § 21) nicht als ausreichend und wünschenswert erschien, um der Weiterentwicklung des Netzbetriebs und kausal sich ändernden Kosten und Erlösen Rechnung zu tragen, ist vom Wirtschaftsausschuss[2] § 21a eingefügt und in vom Vermittlungsausschuss überarbei-

---

1 BT-DrS 15/3917, S. 60.
2 Beschlussempfehlung und Bericht, BT-DrS 15/5268, S. 32 ff. mit Begründung S. 119f.

teter Fassung[3] auch Gesetz geworden. Die Vorschrift wurde wie folgt begründet[4].

»Die Anreizregulierung ist eine Methode zur Ausgestaltung der Entgeltregulierung. Sie unterscheidet sich von einer rein kostenorientierten Regulierung dadurch, dass eine Entgeltbildung auf Kostenbasis für eine Regulierungsperiode nur einmal am Anfang einer Periode vorgenommen wird, die spätestens nach einer Anlaufphase in der Regel vier bis fünf Jahre umfassen dürfte. Für die Regulierungsperiode selbst werden Zielvorgaben (Effizienzvorgaben) gemacht. Dadurch kennt der Netzbetreiber seine Preis- und Erlösentwicklung für die nächsten Jahre und kann seine Anstrengungen um Effizienzgewinne darauf richten, die Vorgaben möglichst zu übertreffen. Gewinne, die der Netzbetreiber durch eine Übererfüllung der Effizienzvorgaben erreicht, verbleiben bei ihm. Hierdurch wird ein Anreiz zur möglichst hohen Effizienzsteigerung gesetzt, die in der nächsten Regulierungsperiode an alle Netznutzer weitergegeben werden können, indem sie bei der Ausgestaltung der Regulierungsvorgaben für die neue Regulierungsperiode berücksichtigt werden. Um beurteilen zu können, ob die Effizienzvorgaben sachgerecht waren, ist am Ende einer Regulierungsperiode und zu Beginn der nächsten als Vergleichsgrundlage eine erneute Entgeltermittlung auf Kostenbasis sinnvoll.

Die Anreizregulierung ersetzt die rein kostenorientierte Entgeltbildung. Soweit in den Rechtsverordnungen Ausnahmen von der kostenorientierten Entgeltbildung vorgesehen sind, kann sie definitionsgemäß nicht greifen. Dies stellt Absatz 1 klar. Über das Ob und Wie der Einführung der Anreizregulierung entscheidet nach den Absätzen 6 und 7 die Regulierungsbehörde im Rahmen der Vorgaben der Absätze 2 bis 5. Unberührt bleibt hiervon die generelle Möglichkeit, eine weitere Konkretisierung der Anreizregulierung durch Erlass einer Rechtsverordnung nach Absatz 8 vorzunehmen.

Nach § 118 Abs. 7 kann die Regulierungsbehörde eine erstmalige Entscheidung nach Absatz 6 frühestens mit Wirkung zum ersten Tag des 13. auf die Verkündung folgenden Kalendermonats treffen und soll eine solche Entscheidung spätestens mit Wirkung zum

---

3 BT-DrS 15/5736 (neu), S. 3f. (Ziff. 13).
4 Ebd.

ersten Tag des 25. auf die Verkündung folgenden Kalendermonats treffen, soweit sich aus einer Rechtsverordnung nach Absatz 8 nicht ein früherer Zeitpunkt ergibt. Spätestens bis zum ersten Tag des zwölften auf die Verkündung dieses Gesetzes folgenden Kalendermonats hat die Regulierungsbehörde der Bundesregierung einen Bericht zur Einführung der Anreizregulierung vorzulegen.

Die Anreizregulierung ist eine Methode zur Ermittlung der Netzzugangsentgelte. Sie ersetzt während der Regulierungsperiode die unmittelbare Anwendung der auf eine Kostenermittlung ausgerichteten Kalkulationsregeln nach § 21 Abs. 2 bis 4. Anreize für eine kostenorientierte Entgeltbildung ergeben sich aus den Effizienzvorgaben; insbesondere eine Anwendung des Vergleichsverfahrens ist während der Regulierungsperiode überflüssig. Dies regelt ebenfalls Absatz 1.

Allerdings werden die Regelungen nach § 21 Abs. 2 bis 4 im Rahmen der Anreizregulierung weiterhin Bedeutung haben. Zum Beginn und Ende der Regulierungsperiode wird eine kostenorientierte Kalkulation als Grundlage für Anfangsentgelt/Anfangserlös und für die Evaluierung erforderlich werden. Soweit erforderlich, werden sie in Absatz 4 in Bezug genommen. Die Anwendung des § 21 Abs. 2 und des § 21 Abs. 2 bis 4 werden auch nach Inkrafttreten der Anreizregulierung jeweils durch die Rechtsverordnungen nach § 24 konkretisiert.«

2 Die Vorschrift des § 21a ist im bisherigen Energiewirtschaftsrecht ohne Vorbild, beruht aber auf zahlreichen Anregungen in der Literatur[5]. Die verhältnismäßig detaillierte Regelung von Vorgaben in § 21a, die dessen Kommentierung nicht eben erleichtern, dient der Absicherung der Arbeit der Regulierungsbehörde, die mit den Anreizen in erheblichen Umfang nicht nur in die Preisbildungsfreiheit der Unternehmen, sondern auch in deren unternehmerischen Entscheidungsspielraum eingreift. Denn soll die Anreizregulierung wirksam werden, werden die Netzbetreiber versuchen müssen, die Effizienz des Netzbetriebes insbesondere über Kosteneinsparungen ständig zu verbessern. Da dies nicht immer ohne Leistungseinschränkungen zu bewerkstelligen sein wird, wirkt sich die »Anreizpolitik« der Regulierungsbehörde mittel-

---

5 Vgl. Büdenbender, Ausgestaltung des Regulierungskonzeptes, RdE 2004, S. 284 ff.; *Knieps*, Entgeltregulierung, N & R 2004, S. 7 ff.; *Kutschke u.a.*, Anreizregulierung, ET 2004, S. 139 ff.; *Richmann*, Dynamische Anreizregulierung, ET 2004, S. 134 ff.

bar auf die Versorgungssicherheit gemäß § 1 Abs. 1 und – im Rahmen des § 49 – möglicherweise auch auf die technische Sicherheit des Netzbetriebs aus.

Auch wenn man berücksichtigt, dass die Regulierung eine Wirtschaftsaufsicht darstellt, die deutlich über die bisher gewohnten Formen insbesondere der Wettbewerbsaufsicht hinausgeht, stellt die Anreizregulierung einen noch darüber hinausgehenden weiteren Schritt dar. Dieser wird im Rahmen von Art. 12 und wohl auch von Art. 14 GG noch zu rechtfertigen sein: Weil es nicht von vornherein ausgeschlossen ist, dass die Anreizregulierung in den Substanz- und Ertragswert eines Netzbetreiberunternehmens eingreifen kann, indem über den Zwang zur steten Kostensenkung mit anschließender Entgeltüberprüfung nach Ablauf der Regulierungsperiode auch die Entgelte sich verändern und meist sinken werden, was wiederum veränderte Börsennotierungen zur Folge haben wird, kann es dem Netzbetreiber nur noch gelingen, über Kunden- und Gebietswachstum seinen Unternehmenswert und damit die Attraktivität an der Börse zu steigern. Die Regulierung als einer besonderen Form der Wirtschaftsaufsicht wird deshalb binnen kurzem auf dem verfassungsrechtlichen Prüfstand stehen[6]. 3

II. Äußerer Normaufbau und Überblick

Abs. 1 definiert den Begriff der **Anreizregulierung** als Abweichung (und damit als Ausnahme) von den Entgeltbildungskriterien des § 21 Abs. 2 bis 4. Nach § 21a Abs. 2 erfolgt die Anreizregulierung durch **Vorgabe von Obergrenzen unter Berücksichtigung von Effizienzvorgaben**, wobei die Obergrenzen die Höhe der NZE selbst sowie Gesamterlöse aus NZE erfassen. Diese Obergrenzen usw. können auf einzelne oder auf Gruppen von Netzbetreibern angewendet werden. 4

Abs. 3 legt die **Dauer der Regulierungsperiode** fest (zwei bis fünf Jahre). Innerhalb einer Periode können zeitlich gestaffelte Obergrenzen vorgesehen werden; ein erneuter – korrigierender – Eingriff in die Vorgaben hat aber zu unterbleiben (Kalkulationssicherheit des Netzbetreibers). Eine Ausnahme von diesem Grundsatz bildet das Eintreten **netzbetreiberseitig unvertretbarer Umstände** (insbesonders mit Rücksicht auf EEG und KWK-G). 5

---

6 Vgl. *Säcker*, Das Regulierungsrecht im Spannungsfeld von öffentlichem und privatem Recht, AöR 130 (2005), S. 180 ff.

6   Abs. 4 legt Zuordnungs- und Rechenkriterien fest (Unterscheidung von beeinflussbaren und nicht beeinflussbaren Kostenanteilen), offenbar in Anlehnung an die Unterscheidung zwischen strukturellen und betriebsbedingten Kosten seit der Entscheidung des BGH in Sachen »Stromtarif«[7].

7   Das gemäß § 21a Abs. 1 neben die Obergrenzen tretende Kriterium **Effizienzvorgaben** füllt Abs. 5 aus. Danach sind (individuelle oder gruppenspezifische) Effizienzziele auf der Grundlage eines Effizienzvergleichs festzulegen. Diese können umfassen:

    – Effizienzkriterien des jeweiligen Netzbetriebs

    – Gewichtung und Berücksichtigung struktureller Unterschiede

    – gesamtwirtschaftliche Produktivitätsentwicklung

    – Versorgungsqualität und weitere Qualitätsvorgaben

8   Der Einfluss gesetzlicher Regelungen ist insofern in Rechnung zu stellen. Diese Effizienzvorgaben können wohl am besten mit (quantitativen oder qualitativen) Betriebskennziffern vergleichen werden, die im letzten Jahrhundert insbesondere vom RKW[8] erarbeitet worden sind.

9   § 21a Abs. 6 enthält – aufgeteilt auf zwei Sätze – **Verordnungsermächtigungen** zugunsten der Bundesregierung (mit Zustimmung des Bundesrates), die der Ausgestaltung unter Berücksichtigung der Vorgaben gemäß § 21a Abs. 1 bis Abs. 5 dienen sollen. Da nach Abs. 6 Satz 1 Ziff. 1 auch der **Startzeitpunkt** für die Anreizregulierung durch Rechtsverordnung festzulegen ist, steht vor Erlass dieser Rechtsverordnungen der Regulierungsbehörde das Instrument der Anreizregulierung **noch** gar **nicht zur Verfügung**. Weil das Instrument in Deutschland innovativ ist, kann – auch unter Berücksichtigung von § 112a (Bericht der BNetzA zur Einführung einer Anreizregulierung) und § 118 Abs. 5 (Entwurf zur Rechtsverordnung »unverzüglich« nach Vorlage des Berichts) – frühestens in der zweiten Hälfte des Jahres 2006, wahrscheinlich aber erst 2007 mit den Arbeiten zur Durchführung der Anreizregulierung begonnen werden. Erste Ergebnisse werden dann frühestens zum Jahre 2012 zu erwarten sein,

---

7 BGHZ 59, 42 ff.
8 Vgl. *Gabler*, Wirtschaftslexikon, Bd. 2, Stichwort »Rationalisierungskuratorium«.

weil mit einer Dauer der Regulierungsperiode von vier bis fünf Jahren zu rechnen ist.

III. Eckwerte zukünftiger Anreizregulierung

In der Begründung zu § 21a durch den Wirtschaftsausschuss[9] wird der Regulierungsbehörde die Aufgabe zugewiesen, »das Anreizregulierungsmodell zu entwickeln«. Deshalb sei der gesetzliche Rahmen »methodenoffen« ausgestaltet. Die folgenden **Eckpunkte** der zukünftigen Regulierung werden dabei eine Rolle spielen:

1. Obergrenzen für NZE sowie Effizienzvorgaben

Während über die Festsetzung von Obergrenzen eine quantitative Form der Anreizregulierung möglich ist, sollen mit den **Effizienzvorgaben** (Abs. 5) qualitative Aspekte in den Regulierungsprozess einfließen. Dabei wird offenbar die Versorgungsqualität im Vordergrund stehen. Erst die Kombination von quantitativen und qualitativen Kriterien ermöglicht eine zweckadäquate Vorgehensweise; denn je intensiver die Absenkung der NZE mit Hilfe der Obergrenzenregelungen angestrebt wird, desto stärker werden die Auswirkungen auf die Qualität des Netzbetriebs sein (z. B. Zeitdauer bis zur Behebung von Störungen durch Natureinflüsse, Neuanschluss von Wohn- und Gewerbeansiedlungen, Ausbau des Netzes bei neu auftretendem Bedarf). Dabei werden sich die **Effizienzvorgaben zu Mindestqualitätskriterien** entwickeln, die nicht unterschritten werden dürfen, ohne die Ziele des § 1 Abs. 1 zu gefährden.

2. Anpassung von Kriterien innerhalb einer Regulierungsperiode

Hohe Bedeutung werden auch die Möglichkeiten gewinnen, innerhalb einer Regulierungsbehörde (zwei bis fünf Jahre) die grundsätzlichen Regulierungsvorgaben auf Antrag des Netzbetreibers zu ändern, § 21a Abs. 3 Satz 2. Entsprechende Änderungsbescheide wird der Netzbetreiber nur erreichen können, wenn er entweder **staatlich veranlasste Mehrbelastungen** (insbesondere EEG und KWK-G) oder aber **das Eintreten von ihm nicht zu vertretender Umstände** nachzuweisen vermag. Derartige Änderungsanträge, deren Bewilligung die Erlös- und Gewinnsituation des Netzbetreibers unmittelbar beein-

---

[9] BT-DrS 15/5268, S. 120.

flussen wird, weil der durch die Anreizregulierung aufgebaute »Druck« auf die Einsparungen von Kosten gelockert wird, können die Regulierungsbehörde auch zeitlich stark belasten. Deshalb muss eine Art **Wesentlichkeitsschwelle** festgelegt werden, um fortlaufende Änderungsanträge möglichst schon im Ansatz zu vermeiden.

3. Zuständige Regulierungsbehörde

13 Nicht nur die BNetzA (§ 54 Abs. 1), sondern auch die Landesregulierungsbehörden gemäß § 54 Abs. 2 Ziff. 2 sind berechtigt und aufgefordert, Genehmigungen oder Festlegungen für die Anreizregulierung nach § 21a zu treffen. Für Letztere müssen die üblichen Voraussetzungen vorliegen (Netzgebiet innerhalb eines Bundeslandes, Anschluss von weniger als 100.000 Kunden). Ob diese Aufteilung auf 16 verschiedene Behörden sinnvoll ist, mag bezweifelt werden; allerdings haben mehrere Bundesländer in Norddeutschland ihre Aufgaben als Regulierungsbehörde im Wege der »Organleihe« bereits auf die BNetzA übertragen[10]. Eine zweckmäßige Anreizregulierung muss zwar gebietsspezifische und sonstige regionale Unterschiede berücksichtigen; angesichts der mit der Anreizregulierung verbundenen Belastungen und zwecks Wahrung der Einheitlichkeit der Lebensverhältnisse in der Bundesrepublik Deutschland ist es jedoch wünschenswert, eine Anreizregulierung »aus einem Guss« vorzusehen. Ansonsten muss befürchtet werden, dass einige Bundesländer andere Effizienzvorgaben vorsehen als diejenigen, denen mit Rücksicht auf die heimischen Industriestandorte an besonders niedrigen NZE gelegen ist. Dies wiederum würde die Durchführung des Vergleichsverfahrens nach § 21 Abs. 3 erheblich erschweren.

4. Beeinflussbare und nicht beeinflussbare Kostenanteile

14 Mit der Begründung des Wirtschaftsausschusses zu § 21a wird zu Recht ausgeführt, dass die erforderliche Unterscheidung zwischen beeinflussbaren und nicht beeinflussbaren Kostenanteilen (§ 21a Abs. 4) auf der Überlegung beruht, dass »Effizienzvorgaben auf unbeeinflussbare Kostenanteile dem Wesen der Regulierung widersprächen«[11]. Insofern sind Effizienzsteigerungen des Netzbetreibers gar

---

10 Vgl. Niedersachsen, Hamburg, Schleswig-Holstein, Bremen, aber auch Baden-Württemberg.
11 BT-DrS 15/5268, S. 120.

III. Eckwerte zukünftiger Anreizregulierung

nicht denkbar, so dass die Festlegung von Obergrenzen insofern anhand der tatsächlichen Kosten (§ 21 Abs. 2) erfolgen muss. Zusätzlich wird zur Begründung des § 21a in der Fassung des Wirtschaftsausschusses ausgeführt[12]:

»Eine abschließende Umschreibung des nicht beeinflussbaren Kostenanteils ist angesichts der Vielzahl der Sachverhalte nicht möglich. Ein Beispiel für dem Netzbetreiber nicht zurechenbare strukturelle Unterschiede der Versorgungsgebiete ist die Topologie. Das Kriterium der nicht beeinflussbaren Kosten stellt im Unterschied zu Absatz 5 nicht auf die Zumutbarkeit von Regulierungsvorgaben ab, sondern soll vorab jene Kostenanteile von den Effizienzvorgaben ausnehmen, bei denen es dem Netzbetreiber objektiv nicht möglich ist, Effizienzvorgaben zu erfüllen, da der Kostenanteil von ihm nicht durch eigene Anstrengungen beeinflusst werden kann. Im konkreten Einzelfall ist es Aufgabe der Regulierungsbehörde und der Rechtsprechung zu konkretisieren, welcher Kostenanteil von dem jeweiligen Netzbetreiber beeinflussbar ist.«

5. Anreizregulierung und europäisches Recht

Weder die Binnenmarktrichtlinie Elektrizität noch die Gasrichtlinie sehen explizit die Methode der Anreizregulierung vor[13], verbieten sie aber auch nicht. Vielmehr kann davon ausgegangen werden, dass zukünftige Modifizierungen der Richtlinien das Instrumentarium enthalten und weiterentwickeln werden. Aus den Richtlinien können aber gerade im Hinblick auf das Anreizkriterium »Effizienzvorgaben« (§ 21a Abs. 5) Vorschläge zur Kennziffernbildung entnommen werden:

– Art. 23 Abs. 1 RL-Elt: Zeitbedarf für Herstellung von Anschlüssen und Durchführung von Reparaturen, Kennziffern für das Bestehen von Netzengpässen, Zeitbedarf für den Netzausbau

– Art. 4 RL-Elt: Verhältnis von Elektrizitätsangebot und Elektrizitätsnachfrage auf dem heimischen Markt, erwartete Nachfrageentwicklung, Kennziffern zu Planung und Bau zusätzlicher Kapazitäten, Umfang und Qualität der Netzwartung, Bedienung von Nachfragespitzen, Bewältigung von Ausfällen der Versorgung

---

12 BT-DrS 15/5268, S. 120 (rechte Spalte).
13 Vgl. aber Art. 5, 25 Abs. 1 RL-Gas sowie Art. 4, 23 Abs. 1 RL-Elt.

§ 21b Messeinrichtungen

(1) Der Einbau, der Betrieb und die Wartung von Messeinrichtungen sowie die Messung der gelieferten Energie sind Aufgabe des Betreibers von Energieversorgungsnetzen, soweit nicht eine anderweitige Vereinbarung nach den Absätzen 2 oder 3 getroffen worden ist.

(2) ¹Der Einbau, der Betrieb und die Wartung von Messeinrichtungen kann auf Wunsch des betroffenen Anschlussnehmers von einem Dritten durchgeführt werden, sofern der einwandfreie und den eichrechtlichen Vorschriften entsprechende Betrieb der Messeinrichtungen durch den Dritten gewährleistet ist und die Voraussetzungen nach Satz 5 Nr. 2 vorliegen. ²Der Netzbetreiber ist berechtigt, den Einbau, den Betrieb und die Wartung von Messeinrichtungen durch einen Dritten abzulehnen, sofern die Voraussetzungen nach Satz 1 nicht vorliegen. ³Die Ablehnung ist in Textform zu begründen. ⁴Der Messstellenbetreiber hat einen Anspruch auf den Einbau einer in seinem Eigentum stehenden Messeinrichtung. ⁵Sie muss

1. den eichrechtlichen Vorschriften entsprechen und

2. den von dem Netzbetreiber einheitlich für sein Netzgebiet vorgesehenen technischen Mindestanforderungen und Mindestanforderungen in Bezug auf Datenumfang und Datenqualität genügen.

⁶Die Mindestanforderungen des Netzbetreibers müssen sachlich gerechtfertigt und nichtdiskriminierend sein. ⁷Der Messstellenbetreiber und der Netzbetreiber sind verpflichtet, zur Ausgestaltung ihrer rechtlichen Beziehungen einen Vertrag zu schließen. ⁸Bei einem Wechsel des Messstellenbetreibers sind der bisherige und der neue Messstellenbetreiber verpflichtet, die für einen effizienten Wechselprozess erforderlichen Verträge abzuschließen und die notwendigen Daten unverzüglich auszutauschen.

(3) ¹Die Bundesregierung wird ermächtigt, durch Rechtsverordnung mit Zustimmung des Bundesrates die Voraussetzungen für den Einbau, die Wartung und den Betrieb von Messeinrichtungen durch einen Dritten zu regeln. ²Durch Rechtsverordnung mit Zustimmung des Bundesrates kann die Bundesregierung auch be-

stimmen, dass die Messung von Energie auf Wunsch des betroffenen Anschlussnutzers von einem Dritten durchgeführt werden kann, sofern durch den Dritten die einwandfreie Messung und eine Weitergabe der Daten an alle berechtigten Netzbetreiber und Lieferanten, die eine fristgerechte und vollständige Abrechnung ermöglicht, gewährleistet ist; dabei sind in Bezug auf die Zulassung des Dritten zur Messung angemessene Übergangsfristen vorzusehen. [3]In Rechtsverordnungen nach den Sätzen 1 und 2 können insbesondere

1. der Zeitpunkt der Übermittlung der Messdaten und die für die Übermittlung zu verwendenden Datenformate festgelegt werden,

2. die Vorgaben zur Dokumentation und Archivierung der relevanten Daten bestimmt werden,

3. die Haftung für Fehler bei Messung und Datenübermittlung geregelt werden,

4. die Vorgaben für den Wechsel des Messstellenbetreibers näher ausgestaltet werden,

5. das Vorgehen beim Ausfall des Messstellenbetreibers geregelt werden.

Überblick | Seite | Rz.

I. Regelungsziel und Entstehungsgeschichte .... 638 | 1

II. Messdienstleistungen und Zuständigkeitsverteilung (Abs. 1 und Abs. 2)................................. 640 | 5
   1. Messdienstleistungen des Netzbetreibers .... 640 | 6
   2. Dritte als Messstellenbetreiber..................... 641 | 12
   3. Ablehnung des Dritten als Messstellenbetreiber....... 642 | 15

III. Verordnungsermächtigung (Abs. 3).................. 643 | 17

I. Regelungsziel und Entstehungsgeschichte

1 Der Wirtschaftsausschuss des Deutschen Bundestages hat mit dem Ziel, das **Messwesen** in der Energieversorgung zu **liberalisieren**, § 21b

I. Regelungsziel und Entstehungsgeschichte

in das Gesetz eingefügt[1]. Die Vorschrift einschließlich mehrerer Ermächtigungen zu Rechtsverordnungen gemäß Abs. 3 erlaubt es »auf Wunsch des betroffenen Anschlussnehmers« und mit Einverständnis des Netzbetreibers, Dritte mit Messdienstleistungen zu beauftragen (§ 21b Abs. 1 und 2).

Die ursprüngliche Intention des Wirtschaftsausschusses, das Messwesen vier Jahre nach Inkrafttreten des Gesetzes vollständig – auch im Hinblick auf Haushaltskunden – zu liberalisieren, hat sich nicht durchgesetzt; der Vermittlungsausschuss[2] hat § 21b so geändert, dass das »Mitspracherecht« des Netzbetreibers erhalten geblieben ist. Insbesondere die ursprünglich in § 21b Abs. 3 vorgesehene stufenweise »Freigabe des Messwesens«, die durch § 118 Abs. 8 jener Entwurfsfassung abgesichert werden sollte, ist nicht Gesetz geworden. An deren Stelle ist eine Regelung getreten, die – ohne Übergangsregelung in § 118 – unmittelbar angewendet werden kann. 2

Die **Bedeutung des Messwesens** kommt in der Begründung zum Bericht des Wirtschaftsausschusses sehr gut zum Ausdruck[3]: 3

> »Die Messung ist sowohl für den Netzbetreiber (Abrechnung der Netzentgelte, der Abnahme- und Vergütungspflichten nach dem Erneuerbare-Energien-Gesetz und dem Kraft-Wärme-Kopplungsgesetz, der Konzessionsabgabe und der Bilanzkreise) als auch für den Lieferanten (Abrechnung der Stromlieferung, der Abnahme- und Vergütungspflichten nach dem Erneuerbare-Energien-Gesetz, Stromsteuer) von Bedeutung. Die Rechtsbeziehungen zwischen Netzbetreiber, Kunden und Messstellenbetreiber müssen bei einer Öffnung daher auf eine neue rechtliche Grundlage gestellt werden. Zählereinbau und Messung sind im Grundsatz Aufgabe der Betreiber von Energieversorgungsnetzen. Unter bestimmten Voraussetzungen soll nach Absatz 2 der Zähler, d.h. Installation, Wartung, Betrieb, Eichung der Messeinrichtung, und nach Absatz 3 die Messung, d.h. das Ablesen des Zählers und die Dateneingabe in das Gesamtsystem, für eine Erbringung durch Dritte geöffnet werden.«

Nachdem für die Gesetzesfassung Abs. 3 auf Vorschlag des Vermittlungsausschusses gestrichen wurde, verbleibt einstweilen die **Messho-** 4

---

1 BT-DrS 15/5268, S. 36 f. mit Begründung S. 120 f.
2 BT-DrS 15/5736 (neu), S. 4 (Ziff. 14).
3 BT-DrS 15/5268, S. 120 f. (Einzelbegründung zu § 21b – neu –).

heit beim Netzbetreiber, der aber berechtigt ist, Dritte – und damit auch den Messstellenbetreiber – widerruflich mit der Messung (Ablesung der Daten) zu beauftragen.

II. Messdienstleistungen und Zuständigkeitsverteilung (Abs. 1 und Abs. 2)

5 Gemäß § 21b ist der **Netzbetreiber für Messeinrichtungen zuständig**; dies entspricht der tradierten Regelung in § 18 AVBEltV/AVBGasV. Nach Abs. 1 steht diese Aufgabe des Netzbetreibers aber unter dem Vorbehalt anderweitiger Vereinbarungen, so dass diese Aufgabe nach Abs. 2 unmittelbar und nach Abs. 3 – insbesondere Messung von Energie selbst – nach Erlass der entsprechenden Rechtsverordnung durch Dritte erledigt werden kann, wenn der betroffene Anschlussnehmer dies wünscht.

1. Messdienstleistungen des Netzbetreibers

6 Das Gesetz nennt vier Arten von Messdienstleistungen, für die aus wettbewerbspolitischer Sicht eines Tages jeweils gesonderte Märkte entstehen könnten. Die Binnenmarktrichtlinien Energie sehen solche liberalisierten Messdienstleistungsmärkte einstweilen nicht vor.

7 Mit Schaffung einer dezentralen Nachfrage nach Messeinrichtungen – durch Messdienstleister, Anschlussnehmer selbst sowie die Netzbetreiber – können erhebliche Impulse auf die Produktmärkte erwartet werden. In der Vergangenheit waren mehrfach Neuentwicklungen auf dem Markt nicht angenommen worden, weil die Nachfrage der Netzbetreiber selbst mit Rücksicht auf Preisvorteile verständlicherweise an hohen Stückzahlen standardisierter Messgeräte interessiert gewesen ist. Individuelle Wünsche im Haushaltskundenbereich können erst entstehen, wenn diese Geräte Sondervorteile bieten, die von den Haushaltskunden erkannt werden. Messdienstleister können insofern eine wichtige Mittlerrolle einnehmen.

8 Mit dem **Einbau** wird der entscheidende Schritt getan, weil insofern meist über das Eigentum und damit zumindest die Hoheit über das Gerät entschieden wird. Unter Einbau ist die Installation einschließlich der notwendigen Verkabelung und Schaltung zu verstehen. Die Einbauphase schließt mit der Prüfung der Betriebsbereitschaft des Messgerätes ab.

Davon getrennt können **Betrieb** und meist auch **Wartung der Messeinrichtung** wieder andere Unternehmer übernehmen, die beispielsweise als Handwerksbetriebe vor Ort zur Überprüfung eingeschaltet werden. Insofern wird es sich meist um abgeleitete Märkte handeln, wobei über das Marktvolumen der Messstellenbetreiber disponieren wird.

9

Davon zu unterscheiden ist die **Messung der gelieferten Energie**. Auch wenn das Messgerät – quasi automatisch – Messdaten generiert, müssen diese erfasst (gespeichert) und dem Netzbetreiber übermittelt werden. Weil die gelieferten Messdaten nicht nur verbrauchs- und rechnungsbezogen von hoher Bedeutung sind, sondern auch auf weitere Abrechnungssysteme »durchschlagen« (Abrechnung privilegierter Energieträger, Konzessionsabgabe, Bilanzkreise, Stromsteuer), muss es einer insofern neutralen Stelle – und damit grundsätzlich dem Netzbetreiber – zugestanden werden, die Messung selbst durchzuführen oder von Personen seines Vertrauens durchführen zu lassen. Insbesondere ist es die **Kontrolle der Messdaten**, die dem Netzbetreiber nicht entzogen werden darf; er muss jederzeit in der Lage sein, die Funktionsfähigkeit der Messeinrichtung zu überprüfen, Plausibilitätskontrollen vorzunehmen und Daten abzugleichen. Weil der Netzbetreiber als Mittler zwischen Energielieferant und Kunde steht, kommt ihm eine quasi »natürliche Messhoheit« als neutralem Mittler zu.

10

§ 21b Abs. 1 weist die genannten vier Arten von Messdienstleistungen nur grundsätzlich dem Netzbetreiber zu; die Zuweisung steht unter dem Vorbehalt einer »anderweitigen Vereinbarung«. Während anderweitige Vereinbarungen – mit dem Anschlussnehmer und/oder dem Dritten als Messstellenbetreiber – die ersten drei Arten von Messdienstleistungen (Einbau, Betrieb, Wartung) betreffen, ist es gemäß § 21b Abs. 3 erst nach Erlass der Rechtsverordnung durch die Bundesregierung möglich, auch die Messung selbst Dritten zu übertragen.

11

2. Dritte als Messstellenbetreiber

Ein **Messstellenbetriebsvertrag** wird regelmäßig zwischen dem Anschlussnehmer und einem Dritten geschlossen werden, der die Sachkunde besitzt, Messeinrichtungen zu installieren, zu betreiben und zu warten. Zusätzlich ist gemäß § 21b Abs. 2 Satz 7 ein Vertrag zwischen Netzbetreiber und Messstellenbetreiber erforderlich, der als Rahmenvertrag ausgestaltet alle oder bestimmte Anschlüsse im Gebiet des

12

Netzbetreibers erfassen kann. Soweit der Messstellenbetreiber mit diesem Vertrag Pflichten des Netzbetreibers übernimmt (z. B. Kontrolle von Messeinrichtungen, Datenabgleich usw.), werden insofern auch Entgeltregelungen zu treffen sein. Im Übrigen obliegt es der Vereinbarung im Messstellenbetriebsvertrag mit dem Anschlussnehmer, das Entgelt für Einbau, Betrieb und Wartung der Messeinrichtung zu vereinbaren.

13 Nach **Satz 4** kann der Messstellenbetreiber beanspruchen, dass die Messeinrichtung in seinem Eigentum steht. Er muss dann mit dem Anschlussnehmer vereinbaren, dass er auf Verlangen Zugang zur Messeinrichtung erhält. Sicherzustellen sind einwandfreies Funktionieren der Messeinrichtung im Einklang mit den eichrechtlichen Vorschriften, § 21b Abs. 2 Satz 1. Außerdem kann der Netzbetreiber **technische Mindestanforderungen** für die Messeinrichtung selbst sowie **Mindestanforderungen bzgl. Datenumfang und Datenqualität** aufstellen, die sachlich gerechtfertigt (objektiv und transparent) sowie nichtdiskriminierend ausgestaltet sein müssen, § 21b Abs. 2 Satz 5 und Satz 6. Insofern folgt § 21b dem Vorbild des § 17 (Netzanschluss) sowie des § 20 (Netzzugang).

14 Vorgesehen ist auch bereits der **Wechsel des Messstellenbetreibers**, vgl. Satz 8 des § 21b Abs. 2. Vertraglich muss die Nachfolge in den Messstellenbetrieb sowie der unverzügliche Austausch der erforderlichen Daten geregelt werden. § 21b trifft **keine Aussage** darüber, ob auch der Netzbetreiber Dritte zu Messstellenbetreibern zu bestellen berechtigt ist und ob es dafür das Einverständnis des Kunden bedarf.

3. Ablehnung des Dritten als Messstellenbetreiber

15 Die Sätze 2 und 3 des § 21b Abs. 2 sehen die Berechtigung des Netzbetreibers vor, in Bezug auf die ersten drei Messdienstleistungen (Einbau, Betrieb und Wartung von Messeinrichtungen) die Übernahme durch einen Dritten abzulehnen. Dass diese Ablehnung nicht nach Gutdünken gehandhabt werden kann, zeigt **Satz 3**, wonach die Ablehnung **in Textform zu begründen** ist. Zulässige Ablehnungsgründe sind Verstöße gegen rechtliche Vorgaben (z. B. Mindestanforderungen gemäß § 21b Abs. 2 Satz 5 Ziff. 2) oder gegen eichrechtliche Vorschriften. Auch die Zuverlässigkeit eines Messstellenbetreibers kann in diesem Zusammenhang eine Rolle spielen. Die Ablehnung darf nicht mit der Erwägung begründet werden, dass dem Netzbetreiber

insofern Konkurrenz erwächst und Erlöse für Messdienstleistungen verloren gehen.

Die Begründungspflicht dient dem Zweck, eine Überprüfung durch die BNetzA (§ 65 Abs. 1 in Verbindung mit § 54 Abs. 1) oder die Zivilgerichte zu ermöglichen. Das Gericht wird insofern – Darlegungs- und Beweislast beim Netzbetreiber – die Stichhaltigkeit der Gründe nachprüfen. Liegen keine ausreichenden Gründe vor, ist die Ablehnung unbeachtlich. Eine Kontrolle durch die Zivilgerichte wird auch erforderlich sein, wenn der Netzbetreiber den nach **Satz 7** des § 21b Abs. 2 erforderlichen Vertragsschluss mit dem Messstellenbetreiber verweigert. **16**

III. Verordnungsermächtigung (Abs. 3)

Die allgemeine Verordnungsermächtigung (zuständig: Bundesregierung mit Zustimmung des Bundesrates) für die ersten drei Arten von Messdienstleistungen (Einbau, Wartung und Betrieb) enthält **Satz 1** des § 21b Abs. 3. Die Rechtsverordnung wird die in den Abs. 1 und 2 festgelegten Rahmendaten nutzen, um auf der Basis dieser Ermächtigungsgrundlage die Liberalisierung des Messwesens zu initiieren. Wenn der Netzbetreiber einverstanden ist, insbesondere gemäß **Satz 2 und Satz 3** des § 21b Abs. 2 die Übernahme der drei Messdienstleistungen durch einen Dritten nicht ablehnt und entsprechend begründet, kann schon vor Erlass dieser Rechtsverordnung ein Dritter vom Anschlussnehmer mit Einbau, Betrieb und Wartung von Messeinrichtungen betraut werden. **17**

Anders stellt sich die Rechtslage im Hinblick auf die **Messung von Energie selbst** dar. Nach **Satz 2** des § 21b Abs. 3 kann insofern die Bundesregierung mit der allgemeinen oder einer speziellen Rechtsverordnung die Liberalisierung des Messwesens einführen; ergeht eine solche Verordnung oder entsprechende Regelung nicht, verbleibt die Messung von Energie beim Netzbetreiber als dessen Aufgabe gemäß § 21b Abs. 1. Eine vollständige Liberalisierung des Messwesens ist somit erst – anders als vom Wirtschaftsausschuss des Deutschen Bundestages beabsichtigt – mit Einführung der Rechtsverordnung möglich. Weil die Bundesregierung insofern mit Zustimmung des Bundesrates in der Lage ist, hier einen Markt neu zu eröffnen, hat die Exekutive hier eine ihr grundsätzlich fremde Aufgabe übernommen, die allerdings vom Gesetzgeber ihrer Art nach vorgezeichnet ist. **18**

19 Die die Messung selbst betreffende Rechtsverordnung soll **angemessene Übergangsfristen** vorsehen, § 21b Abs. 3 Satz 2. Nach Satz 3 können zusätzlich geregelt werden:

- Übermittlungszeitpunkte und Datenformate für Messdaten
- Dokumentation und Archivierung
- Haftung (Messung selbst und Übermittlung)
- Vorgaben beim Wechsel des Messstellenbetreibers
- ersatzweise Messdienstleistungen beim Ausfall des Messstellenbetreibers

20 Da die Liberalisierung des Messwesens insbesondere auf vertraglichem Wege und vor dem Hintergrund der Mindestvorgaben in Rechtsverordnungen zu erfolgen hat, sieht § 54 Abs. 2 keine Zuständigkeit der Landesregulierungsbehörde vor. Die allgemeine Zuständigkeit der BNetzA (§ 54 Abs. 1 in Verbindung mit § 65 Abs. 1), die die Einhaltung der Vorschriften des EnWG betrifft, greift aber auch im Hinblick auf § 21b ein.

§ 22 Beschaffung der Energie zur Erbringung von Ausgleichsleistungen

(1) ¹Betreiber von Energieversorgungsnetzen haben die Energie, die sie zur Deckung von Verlusten und für den Ausgleich von Differenzen zwischen Ein- und Ausspeisung benötigen, nach transparenten, auch in Bezug auf verbundene oder assoziierte Unternehmen nichtdiskriminierenden und marktorientierten Verfahren zu beschaffen. ²Dem Ziel einer möglichst preisgünstigen Energieversorgung ist bei der Ausgestaltung der Verfahren, zum Beispiel durch die Nutzung untertäglicher Beschaffung, besonderes Gewicht beizumessen, sofern hierdurch nicht die Verpflichtungen nach den §§ 13 und 16 gefährdet werden.

(2) ¹Bei der Beschaffung von Regelenergie durch die Betreiber von Übertragungsnetzen ist ein diskriminierungsfreies und transparentes Ausschreibungsverfahren anzuwenden, bei dem die Anforderungen, die die Anbieter von Regelenergie für die Teilnahme erfüllen müssen, soweit dies technisch möglich ist, von den Betreibern von Übertragungsnetzen zu vereinheitlichen sind. ²Die Betreiber von Übertragungsnetzen haben für die Ausschreibung von Regelenergie eine gemeinsame Internetplattform einzurichten. ³Die Einrichtung der Plattform nach Satz 2 ist der Regulierungsbehörde anzuzeigen. ⁴Die Betreiber von Übertragungsnetzen sind unter Beachtung ihrer jeweiligen Systemverantwortung verpflichtet, zur Senkung des Aufwandes für Regelenergie unter Berücksichtigung der Netzbedingungen zusammenzuarbeiten.

Überblick	Seite	Rz.
I. Regelungszweck und Entstehungsgeschichte	646	1
II. Normadressaten und wesentliche Begriffe.............	646	3
III. Allgemeine Verfahrensvorschriften bei Beschaffung von Energie für Ausgleichsleistungen (Abs. 1)	647	7
IV. Beschaffung von Regelenergie (Abs. 2)	649	12
V. Verordnungsermächtigung...........................	650	15

I. Regelungszweck und Entstehungsgeschichte

1 Zweck des § 22 ist die Bewahrung eines Marktmechanismusses, der auf die Bemühungen der EG-Kommission sowie des Bundeskartellamtes im Rahmen der Fusionskontrollverfahren VIAG/PreussenElektra sowie RWE/VEW zurückgeht. Damals war als Auflage in den Verfahren die jeweilige Pflicht aufgenommen worden, den Bedarf an Ausgleichs- und Regelenergie **auszuschreiben** und nicht nur auf der Basis von internen Verrechnungspreisen schwerpunktmäßig aus eigenen Kraftwerken zu beziehen[1]. Daraus resultierte die Pflicht, bereits bei der Schaffung von **Ausgleichsleistungen** objektive, diskriminierungsfreie und transparente Kriterien anzuwenden und den Zuschlag – parallel den Vorschriften über das öffentliche Vergabeverfahren (vgl. §§ 97 ff. GWB) – dem besten Anbieter – intern oder extern – zu erteilen. Dabei wendet sich § 22 Abs. 1 an alle Betreiber von Energieversorgungsnetzen (einschließlich Gasnetzbetreibern), Abs. 2 ausschließlich an ÜNB. Der sogleich zu erläuternde § 23 flankiert die Transparenz des Beschaffungsverfahrens (§ 22) mit Regelungen auf der »Erbringungsseite«, so dass die insofern berechneten Regelungen und insbesondere Entgelte ebenfalls intersubjektiv nachprüfbar sein müssen.

2 Die §§ 22, 23 dienen der Umsetzung von Art. 9 lit. c), Art. 11 Abs. 6 und 7 sowie 14 Abs. 5 und 6 RL-Elt und Art. 8 Abs. 2 sowie Art. 12 Abs. 5 RL-Gas. Die Vorschriften sind in der Stellungnahme des Bundesrates zum Regierungsentwurf nicht beanstandet worden[2]. Der Wirtschaftsausschuss des Bundestages hat bis auf eine redaktionelle Folgeänderung – Verweis auf § 21 Abs. 2 – beide Normen nicht mehr verändert[3], und auch der Vermittlungsausschuss hat in den Gesetzeswortlaut nicht mehr eingegriffen.

II. Normadressaten und wesentliche Begriffe

3 Abs. 1 wendet sich an alle **Betreiber von Energieversorgungsnetzen** im Sinne von § 3 Ziff. 4 sowie Ziff. 27. Demgegenüber sind Adressaten des § 22 Abs. 2 nur die **Betreiber von Übertragungsnetzen**

---

1 Zu den Entscheidungen und den Auflagen vgl. EG-Kommission WuW/E EU-V 509 VEBA/VIAG; BKartA WuW/E DE-V 301, 311 – RWE/VEW.
2 BT-DrS 15/3917, Anlage 2, S. 78, 85.
3 BT-DrS 15/5268, S. 37.

(ÜNB), § 3 Ziff. 10. Zur Präzisierung des Norminhalts verwendet der Gesetzgeber folgende **Begrifflichkeiten**:

Unter **Ausgleichsleistungen** sind gemäß Abs. 1 sowohl Ausgleichsenergie als auch Regelenergie und Verlustenergie zu verstehen. **Ausgleichsenergie** ist gemäß § 2 Ziff. 1 GasNZV die für den Ausgleich von Abweichungen zwischen Einspeisungen und Ausspeisungen von Transportkunden in einem festgelegten Zeitintervall benötigte Energie. Dieser Begriff wird nicht nur gaswirtschaftlich, sondern – für die Überbrückung von Differenzen zwischen Einspeisungen und Entnahmen – auch auf Elektrizitätsversorgungsnetze angewendet. 4

Unter **Regelenergie** wird diejenige Energie verstanden, die zum Ausgleich von Leistungsungleichgewichten in der jeweiligen Regelzone eingesetzt wird, § 2 Ziff. 9 StromNZV. Nur auf diese Energie – als Bestandteil der möglichen Ausgleichsleistungen insgesamt – bezieht sich § 22 Abs. 2. 5

Verlustenergie als weiterer Typ von Ausgleichsleistungen bezieht sich auf den Ausgleich physikalisch bedingter Netzverluste, § 2 Ziff. 12 StromNZV. Eine Pflicht zur Beschaffung von Verlustenergie enthält – in Präzisierung von § 22 Abs. 1 auf Basis der Ermächtigungsgrundlage des § 24 Satz 2 Ziff. 3 – § 4 StromNZV. Für die Beschaffung ist grundsätzlich ein Ausschreibungsverfahren durchzuführen, wenn nicht wesentliche Gründe entgegenstehen, was gemäß § 10 Abs. 1 Satz 4 bei Netzbetreibern mit weniger als 100.000 angeschlossenen Kunden quasi unwiderleglich vermutet wird. Im Hinblick auf den Ausgleich von Verlustenergie ist ein eigenständiger Bilanzkreis zu führen, § 10 Abs. 2 (mit de minimis-Klausel). 6

III. Allgemeine Verfahrensvorschriften bei Beschaffung von Energie für Ausgleichsleistungen (Abs. 1)

Regelungskern des § 22 Abs. 1 ist die Festlegung von **allgemeinen Verfahrensvorschriften**, die immer dann anzuwenden sind, wenn Gas- oder Elektrizitätsnetzbetreiber Ausgleichsleistungen im oben definierten Sinne beschaffen müssen. Ohne unmittelbar ein Ausschreibungsverfahren anzuordnen, muss jedes Beschaffungsverfahren folgenden Kriterien genügen: 7

– Transparenz

– Marktorientierung

§ 22 Beschaffung der Energie zur Erbringung von Ausgleichsleistungen

– Diskriminierungsfreiheit

8 Diese Kriterien entsprechen denjenigen, die bei Netzanschluss und Netzzugang aufgrund der europarechtlichen Vorgaben anzuwenden sind; insofern kann auf die Erläuterungen oben § 17 sowie § 20 verwiesen werden[4]. Zwischen internem Markt (verbundene oder assoziierte Unternehmen) und externem Markt (konkurrierende Energieverbünde, IPP) darf kein Unterschied gemacht werden. Praktisch muss jedem potenziellen Anbieter von Ausgleichsleistungen Gelegenheit gegeben werden, Angebote zur Beschaffung von Ausgleichsleistungen zu machen (Anordnung potenziellen Wettbewerbs). Bestimmte Anbieter dürfen weder im Vorfeld des allgemeinen Verfahrens zur Beschaffung noch während des Verfahrens selbst – beim »Zuschlag« – willkürlich ausgeschlossen oder sonst ungleich behandelt werden. Die Festlegung der Grundsätze des § 22 Abs. 1 Satz 1 dient der Nachprüfung durch die Zivilgerichte bei Konkurrentenklagen, und auch Anordnungen der Regulierungsbehörde (§ 65 Abs. 1 in Verbindung mit § 54) werden sich an den genannten Kriterien zu orientieren haben.

9 Satz 2 des § 22 Abs. 1 hebt das **Preisgünstigkeitsziel** des § 1 Abs. 1 im Hinblick auf die Verfahrensgestaltung besonders hervor. Als Mittel zur Zielerreichung wird die **Nutzung untertäglicher Beschaffung** genannt, soweit die Aufgabenerfüllung der Netzbetreiber (§§ 13 bis 16) insbesondere unter dem Aspekt der Versorgungssicherheit nicht gefährdet wird.

10 Für den Netzbetreiber ist die Beschaffung von Ausgleichsleistungen im Vorhinein – z. B. bezogen auf eine bestimmte Zeitperiode in der Zukunft mit Hilfe sog. »Futures« – die einfachste, aber nicht immer die kostengünstigste Lösung. Denn der Kraftwerksbetreiber/Gaslieferant bzw. Speicherbetreiber, der sich zur Beschaffung solcher erst in der Zukunft zu erbringenden Ausgleichsleistungen verpflichtet, muss sich insofern gegen steigende Preise auf seinem Beschaffungsmarkt absichern. Deshalb werden Netzbetreiber nur einen Teil zukunftsorientiert disponieren und im Übrigen versuchen, unter Ausnutzung der jeweiligen Marktlage kurzfristig oder sogar »untertäglich« Ausgleichsleistungen zu beschaffen. Damit kann aber auch das Risiko verbunden sein, dass Ausgleichsleistungen gar nicht oder nur zu sehr hohen Preisen zur Verfügung stehen. Nur unter Rückgriff auf das Wissen und die Erfahrung eines langjährigen Energieeinkäufers kann

---

4 § 17 Rz. 15 ff. sowie § 20 Rz. 12 ff.

insofern die günstigste Lösung gefunden werden. Mit Satz 2 will der Gesetzgeber offensichtlich dem Anreiz zur »bequemstmöglichen Beschaffung« entgegenwirken und zu einem **Beschaffungsportfolio** auffordern, das mittelfristige, kurzfristige und langfristige Beschaffungsoptionen miteinander bestmöglich verbindet.

Der Netzbetreiber wird allerdings nur bei sehr groben Verstößen gegen die Kriterien des Satzes 1 und die Optionen des Satzes 2 mit einer Missbrauchs- oder Untersagungsanordnung zu rechnen haben: Die **Nachprüfung des Beschaffungsverfahrens** – ex post, aber mit dem Standpunkt ex ante – ist kaum justiziabel. Zwar sieht § 95 Abs. 1 Ziff. 4 bei jedem Missbrauch einer Marktstellung durch Netzbetreiber ein Bußgeld vor; weil aber in diesen Fällen der objektive Gesetzesverstoß kaum festgestellt werden kann, der Beschaffer von Ausgleichsleistungen häufig unter Zeitdruck reagieren muss und immer auf das oberste Ziel der Versorgungssicherheit verweisen wird, dürften derartige Missbrauchsverfügungen sowie die Festsetzung von Bußgeldern praktisch nicht vorkommen. 11

IV. Beschaffung von Regelenergie (Abs. 2)

Ist Regelenergie durch ÜNB zu beschaffen, ist hierfür – über Abs. 1 hinaus – ein **Ausschreibungsverfahren** anzuwenden. Für dieses Verfahren müssen einheitliche Bedingungen für alle Anbieter aufgestellt werden; im Übrigen sind wiederum die Kriterien Diskriminierungsfreiheit, Transparenz und Preisgünstigkeit anzuwenden. Die **Pflicht zur Zusammenarbeit** der ÜNB (**Satz 4**) dient nach der Gesetzesbegründung[5] dazu, 12

> »... durch Information und Koordination der Übertragungsnetzbetreiber untereinander für einen sinkenden Einsatz an Regelenergie insbesondere durch die Vermeidung eines Gegeneinanderregelns zu sorgen.«

Die Sätze 2 und 3 sichern das Ausschreibungsverfahren für Regelenergie institutionell ab und betreffen **eine gemeinsame Internetplattform** der ÜNB sowie die entsprechende Anzeige zur Einrichtung gegenüber der Regulierungsbehörde. Weil die Internetplattform auch Dritten – zumindest der Regulierungsbehörde – zugänglich sein dürfte, ermöglicht dies die Kontrolle gesetzeskonformen Verhaltens. 13

---

5 BT-DrS 15/3917, S. 60 (Einzelbegründung zu § 22 Abs. 2).

14 Die erwähnte **Zusammenarbeitspflicht der ÜNB** gemäß Satz 4 darf keinen kartellähnlichen Charakter im Sinne von § 1 GWB annehmen. Insbesondere dürfen Preise und Mengen nicht abgesprochen und Verhaltensweisen bei der Beschaffung nicht abgestimmt werden. Die Zulassung oder sogar Anordnung der Zusammenarbeit dient dem auch wettbewerbsrechtlich gebilligtem Ziel der Rationalisierung von Beschaffungsvorgängen, ohne dass die Qualität eines Einkaufskartells erreicht werden darf. Zweckmäßigerweise werden sich die ÜNB mit der Regulierungsbehörde darüber abstimmen, welche Zusammenarbeitsformen wünschenswert, tolerabel oder intolerabel sind.

V. Verordnungsermächtigung

15 Von der auch § 22 betreffenden Verordnungsermächtigung in § 24 Satz 2 Ziff. 3 hat der Gesetzgeber insbesondere mit den §§ 6 ff. StromNZV Gebrauch gemacht. In § 7 werden die Regelenergiearten Primärregelung (§ 2 Ziff. 8: betreffend Stabilisierung im Sekundenbereich), Sekundärregelung (§ 2 Ziff. 10: Beeinflussung des Energieaustauschs der jeweiligen Regelzone mit Frequenzstützung) sowie Minutenreserve (§ 2 Ziff. 6: Wirksamwerden innerhalb von 15 Minuten) aufgeführt, für die § 6 jeweils differenzierte Ausschreibungsvorgaben enthält. § 8 StromNZV betrifft die Abrechnung von Regelenergie, § 10 StromNZV Verlustenergie und § 9 StromNZV Anforderungen an die Transparenz der Ausschreibung einschließlich Veröffentlichung einer gemeinsamen Angebotskurve aller ÜNB.

§ 23 Erbringung von Ausgleichsleistungen

[1]Sofern den Betreibern von Energieversorgungsnetzen der Ausgleich des Energieversorgungsnetzes obliegt, müssen die von ihnen zu diesem Zweck festgelegten Regelungen einschließlich der von den Netznutzern für Energieungleichgewichte zu zahlenden Entgelte sachlich gerechtfertigt, transparent, nichtdiskriminierend und dürfen nicht ungünstiger sein, als sie von den Betreibern der Energieversorgungsnetze in vergleichbaren Fällen für Leistungen innerhalb ihres Unternehmens oder gegenüber verbundenen oder assoziierten Unternehmen angewendet und tatsächlich oder kalkulatorisch in Rechnung gestellt werden. [2]Die Entgelte sind auf der Grundlage einer Betriebsführung nach § 21 Abs. 2 kostenorientiert festzulegen und zusammen mit den übrigen Regelungen im Internet zu veröffentlichen.

Überblick	Seite	Rz.
I. Regelungszweck und Entstehungsgeschichte	651	1
II. Regelungsadressaten und Verfahrensgrundsätze	651	2
III. Aufsicht...	652	5

I. Regelungszweck und Entstehungsgeschichte

Während § 22 die Beschaffungsseite der Ausgleichsleistungen erfasst, ordnet § 23 Verfahrensgrundsätze **bei Erbringung von Ausgleichsleistungen** an. Die Vorschrift ist praktisch in der Fassung des Entwurfs Gesetz geworden (Ausnahme § 23 Satz 2: Verweis auf § 21 Abs. 2 als redaktionell bedingte Folgeänderung). Wegen des Regelungszwecks und der Entstehungsgeschichte im Übrigen wird auf die Ausführungen zu § 22 verwiesen[1]. 1

II. Regelungsadressaten und Verfahrensgrundsätze

§ 23 wendet sich an **alle Betreiber von Energieversorgungsnetzen** (§ 3 Ziff. 4 in Verbindung mit Ziff. 27) unabhängig davon, ob sie Ausgleichsenergie, Regelenergie oder Verlustenergie benötigen. Ziel der 2

---

1 Oben § 22 Rz. 1 f.

Vorschrift ist es, insbesondere im Hinblick auf die Festsetzung von Netzzugangsentgelten (NZE) einen Rahmen für die Verordnungsermächtigung in § 24 Satz 2 Ziff. 3 und 4 zu schaffen. Nach § 24 Satz 4 können die Regelungen nach Satz 2 Nr. 3 auch Anforderungen an die Zusammenarbeit der Betreiber von ÜNB bei der Beschaffung von Regelenergie **und zur Verringerung des Aufwandes für Regelenergie** vorsehen. Weil die bei **Energieungleichgewichten** im Sinne von § 23 Satz 1 zu zahlenden Beschaffungskosten in die Entgeltberechnung gemäß §§ 4 ff. StromNEV eingehen, kann der Gesetzgeber mit dieser oder zusätzlichen Verordnungen Regeln zum Verfahren und zur Entgeltbemessung treffen. § 10 StromNEV sieht insofern den Ansatz von Verlustenergie explizit vor.

3 Die Kriterien der Entgeltfestlegung (objektiv, sachlich gerechtfertigt, transparent, nichtdiskriminierend sowie marktorientiert) folgen § 21 Abs. 1. Interne und externe Märkte von Netzzugangspetenten müssen gleichbehandelt werden. Auf die Erläuterungen zu § 21 wird verwiesen[2].

4 Mit **Satz 2** wird auf den Grundsatz der Kostenorientierung der Entgeltbemessung im Sinne von § 21 Abs. 2 Bezug genommen. Neben seinen Beschaffungskosten muss der Netzbetreiber sich an den Marktverhältnissen (§ 21 Abs. 2 Satz 2) orientieren und darf solche Beschaffungskosten nicht als Entgelte für Energieausgleichsleistungen in Rechnung stellen, die sich im funktionsfähigen Beschaffungswettbewerb nicht eingestellt hätten. Auch ist es nicht ausgeschlossen, dass die Grundsätze der Anreizregulierung auch in diesem Bereich Anwendung finden können, obwohl die sich schnell ändernden Marktbedingungen – anders als bei Orientierung an langfristig verfügbaren Anlagegütern – dieser Art der Regulierung eigentlich entgegenstehen. Entgelte für Energieungleichgewichte, die bei einer im Sinne von § 21 Abs. 2 nicht ordnungsgemäßen Betriebsführung entstanden sind, dürfen auch im entstandenen Umfang nicht angesetzt und Bestandteil der Netzentgelte werden.

III. Aufsicht

5 Auch im Hinblick auf die Erbringung von Ausgleichsleistungen unterstehen die Netzbetreiber der Aufsicht der Regulierungsbehörden,

---

2 Oben § 21 Rz. 18 ff.

§ 65 in Verbindung mit § 54. Werden Teilentgelte für die Erbringung von Ausgleichsleistungen missbräuchlich festgesetzt, ist unter den Voraussetzungen des § 54 Abs. 2 Satz 1 Ziff. 8 sowie Satz 2 und 3 die Landesregulierungsbehörde aufsichtspflichtig. Soweit Entgelte im Sinne von § 23 in die Genehmigung nach § 23a eingehen, teilen sich BNetzA und Landesregulierungsbehörde die Zuständigkeit, vgl. § 54 Abs. 2 Satz 1 Ziff. 1. Wird bei der Entgeltfestsetzung eine Marktstellung missbraucht, kann ein Bußgeld nach § 95 Abs. 1 Ziff. 4 verhängt werden.

§ 23a Genehmigung der Entgelte für den Netzzugang

(1) Soweit eine kostenorientierte Entgeltbildung im Sinne des § 21 Abs. 2 Satz 1 erfolgt, bedürfen Entgelte für den Netzzugang nach § 21 einer Genehmigung, es sei denn, dass in einer Rechtsverordnung nach § 21a Abs. 6 die Bestimmung der Entgelte für den Netzzugang im Wege einer Anreizregulierung durch Festlegung oder Genehmigung angeordnet worden ist.

(2) ¹Die Genehmigung ist zu erteilen, soweit die Entgelte den Anforderungen dieses Gesetzes und den auf Grund des § 24 erlassenen Rechtsverordnungen entsprechen. ²Die genehmigten Entgelte sind Höchstpreise und dürfen nur überschritten werden, soweit die Überschreitung ausschließlich auf Grund der Weitergabe nach Erteilung der Genehmigung erhöhter Kostenwälzungssätze einer vorgelagerten Netz- oder Umspannstufe erfolgt; eine Überschreitung ist der Regulierungsbehörde unverzüglich anzuzeigen.

(3) ¹Die Genehmigung ist mindestens sechs Monate vor dem Zeitpunkt schriftlich zu beantragen, an dem die Entgelte wirksam werden sollen. ²Dem Antrag sind die für eine Prüfung erforderlichen Unterlagen beizufügen; auf Verlangen der Regulierungsbehörde haben die Antragsteller Unterlagen auch elektronisch zu übermitteln. ³Die Regulierungsbehörde kann ein Muster und ein einheitliches Format für die elektronische Übermittlung vorgeben. ⁴Die Unterlagen müssen folgende Angaben enthalten:

1. eine Gegenüberstellung der bisherigen Entgelte sowie der beantragten Entgelte und ihrer jeweiligen Kalkulation,

2. die Angaben, die nach Maßgabe der Vorschriften über die Strukturklassen und den Bericht über die Ermittlung der Netzentgelte nach einer Rechtsverordnung über die Entgelte für den Zugang zu den Energieversorgungsnetzen nach § 24 erforderlich sind, und

3. die Begründung für die Änderung der Entgelte unter Berücksichtigung der Regelungen nach § 21 und einer Rechtsverordnung über die Entgelte für den Zugang zu den Energieversorgungsnetzen nach § 24.

§ 23a Genehmigung der Entgelte für den Netzzugang

⁵Die Regulierungsbehörde hat dem Antragsteller den Eingang des Antrags schriftlich zu bestätigen. ⁶Sie kann die Vorlage weiterer Angaben oder Unterlagen verlangen, soweit dies zur Prüfung der Voraussetzungen nach Absatz 2 erforderlich ist; Satz 5 gilt für nachgereichte Angaben und Unterlagen entsprechend. ⁷Das Bundesministerium für Wirtschaft und Arbeit wird ermächtigt, durch Rechtsverordnung mit Zustimmung des Bundesrates das Verfahren und die Anforderungen an die nach Satz 4 vorzulegenden Unterlagen näher auszugestalten.

(4) ¹Die Genehmigung ist zu befristen und mit einem Vorbehalt des Widerrufs zu versehen; sie kann unter Bedingungen erteilt und mit Auflagen verbunden werden. ²Trifft die Regulierungsbehörde innerhalb von sechs Monaten nach Vorliegen der vollständigen Unterlagen nach Absatz 3 keine Entscheidung, so gilt das beantragte Entgelt als unter dem Vorbehalt des Widerrufs für einen Zeitraum von einem Jahr genehmigt. ³Satz 2 gilt nicht, wenn

1. das beantragende Unternehmen einer Verlängerung der Frist nach Satz 2 zugestimmt hat oder

2. die Regulierungsbehörde wegen unrichtiger Angaben oder wegen einer nicht rechtzeitig erteilten Auskunft nicht entscheiden kann und dies dem Antragsteller vor Ablauf der Frist unter Angabe der Gründe mitgeteilt hat.

(5) ¹Ist vor Ablauf der Befristung oder vor dem Wirksamwerden eines Widerrufs nach Absatz 4 Satz 1 oder 2 eine neue Genehmigung beantragt worden, so können bis zur Entscheidung über den Antrag die bis dahin genehmigten Entgelte beibehalten werden. ²Ist eine neue Entscheidung nicht rechtzeitig beantragt, kann die Regulierungsbehörde unter Berücksichtigung der §§ 21 und 30 sowie der auf Grund des § 24 erlassenen Rechtsverordnungen ein Entgelt als Höchstpreis vorläufig festsetzen.

Überblick

		Seite	Rz.
I.	Regelungszweck und Entstehungsgeschichte	657	1
II.	Regelungsadressaten und Aufsichtsverfahren (Abs. 1)...	658	4
	1. Kostenorientierte Entgeltregulierung	659	7
	2. Anreizorientierte Entgeltregulierung	660	8
	3. Tarifgenehmigung gemäß § 12 BTOElt.............	660	9

III.	Genehmigung und Genehmigungsverfahren (Abs. 2 bis 5)	661	11
	1. Genehmigungsantrag	661	12
	2. Genehmigungsinhalte	662	15
	3. Zuständige Regulierungsbehörde und Rechtsschutz	663	18

I. Regelungszweck und Entstehungsgeschichte

§ 23a ist im Entwurf der Bundesregierung noch nicht enthalten gewesen[1], und auch der Wirtschaftsausschuss des Deutschen Bundestages hatte nicht vorgeschlagen, alle einzelnen Netzentgelte **vorab zu genehmigen**. Die Initiative zum Genehmigungstatbestand ist vielmehr von den Energieaufsichtsbehörden der Länder ausgegangen, die über die Stellungnahme des Bundesrates zum Regierungsentwurf insofern aktiv geworden sind[2].

Der vom Bundesrat zur Einfügung in das Gesetz vorgeschlagene § 23a bezog sich auf die »Genehmigung von Entgelten für den Netzzugang und Ausgleichsleistungen« und war unter enger Anlehnung an § 12 BTOElt formuliert worden[3]. Zur Begründung hatte der Bundesrat angeführt, dass ein funktionsfähiger Wettbewerb im Strom- und Gasmarkt eine **rechtssichere Kalkulationsgrundlage** für die Netzbetreiber voraussetze, deren Investitionsbereitschaft erheblich beeinträchtigt werde, wenn sie über das Instrument der Missbrauchsaufsicht (§ 30) im Nachhinein mit der Herabsetzung der NZE stets rechnen müssten[4]. Außerdem sei der Verwaltungsaufwand im Genehmigungsverfahren deutlich geringer als im Missbrauchsverfahren (Mitwirkungsbereitschaft der regulierten Unternehmen), und eine anreizorientierte Regulierung sei überhaupt erst auf der Basis einer Vorabfestlegung und damit einer Genehmigungspflicht möglich[5]. Zusätzlich ist in der Stellungnahme des Bundesrates die Möglichkeit angesprochen worden, Gebühren für Genehmigungen zu erheben und deshalb auf die umlagenorientierte Beitragserhebung gemäß § 92

---

1 BT-DrS 15/3917, S. 17.
2 BT-DrS 15/3917, Anlage 2, S. 78, 85.
3 Wegen der Einzelheiten vgl. ebd. S. 85.
4 Ebd. S. 85.
5 Ebd.

verzichten zu können[6]. Genehmigte Entgelte dürften dann aber nicht Gegenstand eines Missbrauchsverfahrens sein[7].

3 Im Vermittlungsverfahren zwischen Bundestag und Bundesrat ist dann die endgültige Fassung des § 23a gefunden worden, für die es deshalb eine Gesetzesbegründung nicht gibt[8]. Daher kann lediglich aus den Veränderungen der Gesetzesfassung im Verhältnis zum Vorschlag des Bundesrates auf die im politischen Raum maßgeblichen Überlegungen rückgeschlossen werden. Weil es die zu transformierenden europäischen Richtlinien optional den Mitgliedstaaten erlauben, entweder Entgeltfindungsgrundsätze oder aber die Entgelte selbst zu regulieren[9], ist der im Laufe des Gesetzgebungsverfahrens verwirklichte »Systemwechsel« – von der Grundsatzgenehmigung zu Einzelgenehmigungen – aus Transformationsgründen nicht zwingend notwendig gewesen.

II. Regelungsadressaten und Aufsichtsverfahren (Abs. 1)

4 Weil die Genehmigungspflicht gemäß § 23a Abs. 1 auf § 21 Abs. 2 zurückverweist, sind die **Betreiber von Energieversorgungsnetzen** (§ 3 Ziff. 4 und 17) auf der Passivseite die eigentlichen Regelungsadressaten. Damit sind alle Netzbetreiber – Gasbereich oder Strombereich, unabhängig von der Spannungs- oder Druckstufe – verpflichtet, einen Antrag auf Genehmigung ihrer NZE einzureichen. Der Antrag ist im Hinblick auf die Übergangsregelung des § 118 Abs. 1b nicht unmittelbar nach Inkrafttreten des Gesetzes zu stellen. Vielmehr müssen **Elektrizitätsnetzbetreiber** den Antrag nach § 23a Abs. 3 erstmals **3 Monate** nach Inkrafttreten der StromNEV und Gasnetzbetreiber erstmals **6 Monate** nach Inkrafttreten der GasNEV stellen, § 118 Abs. 1b Satz 1. Der Zeitraum bis zur der daraufhin erfolgenden Genehmigungserteilung wird unter **Beibehaltung der bis dahin geforderten Entgelte** überbrückt, § 118 Abs. 1b Satz 2 in Verbindung mit § 23a Abs. 5 in analoger Anwendung. Bei nicht rechtzeitiger Antragstellung kann die Regulierungsbehörde ein NZE vorläufig festsetzen. Nachdem sowohl GasNEV als auch StromNEV am 29.7.2005 in

---

6 Ebd. S. 85 f.
7 Ebd. S. 86.
8 Vgl. BT-DrS 15/5736 (neu), S. 4 (Ziff. 15).
9 Vgl. Art. 23 Abs. 2 RL-Elt sowie Art. 25 Abs. 2 RL-Gas.

Kraft getreten sind[10], mussten Elektrizitätsnetzbetreiber die Genehmigung spätestens am 29.10.2005 und Gasnetzbetreiber den Antrag spätestens am 29.1.2006 stellen.

Adressaten auf der **Aktivseite** der Regelung sind die Regulierungsbehörden, § 23a Abs. 1 in Verbindung mit § 54 Abs. 1 (BNetzA) sowie § 54 Abs. 2 Satz 1 Ziff. 1 (Landesregulierungsbehörden). Die Arbeitsteilung zwischen den Behörden hängt wiederum davon ab, ob das betreffende Netz über das Gebiet eines Landes hinaus reicht und/oder zumindest 100.000 Kunden an das Netz angeschlossen sind, was die Zuständigkeit der BNetzA begründet (§ 54 Abs. 2 Satz 2 und 3 in Verbindung mit Abs. 1). 5

In Bezug auf die unmittelbare oder mittelbare **Kontrolle** von NZE sind **drei Verfahren** zu unterscheiden: 6

– (kostenorientierte) Entgeltregulierung gemäß § 23a Abs. 1 HS 1

– anreizorientierte Entgeltregulierung gemäß § 23a Abs. 1 HS 2

– (übergangsweise) Genehmigung von Tarifentgelten der Stromkunden (§ 12 BTOElt)

1. Kostenorientierte Entgeltregulierung

Die kostenorientierte Entgeltregulierung ist an § 21 Abs. 2 Satz 1 zu orientieren[11]. Warum § 23a Abs. 1 nicht auf Satz 2 verweist (Nichtberücksichtigung von Entgelten, die sich im Wettbewerb nicht gebildet hätten), erschließt sich nur auf den zweiten Blick: Weil die NZE-Genehmigung in die Zukunft wirkt, kann nur schwer vorhergesagt werden, welche der jetzt angesetzten Entgelte und Entgeltbestandteile zukünftig bei funktionsfähigem Wettbewerb ihrem Umfang nach sich »nicht eingestellt« hätten. Die Berücksichtigung von § 21 Abs. 2 Satz 2 ist deshalb – trotz Vorliegens der Genehmigung – nur im Missbrauchsverfahren nach § 30 oder § 31 sicherzustellen, zumal die vom Bundesrat geforderte Freistellung von genehmigten NZE in Bezug auf die Missbrauchsaufsicht[12] nicht Gesetz geworden ist. Da die Kartellbehörden gemäß § 111 Abs. 1 und 2 Missbrauchsverfahren gegen Netzbetreiber wegen Missbrauchs ihrer marktbeherrschenden Stel- 7

---

10 Vgl. BGBl. I vom 28.7.2005, S. 2197, 2206 (§ 33) sowie S. 2225, 2235 (§ 33).
11 Vgl. dazu die Erläuterungen oben § 21 Ziff. 28 ff.
12 BT-DrS 15/3917, S. 78, 85.

§ 23a Genehmigung der Entgelte für den Netzzugang

lung nicht einleiten dürfen, wenn insofern eine (insofern abschließende) Zuständigkeit der Regulierungsbehörden begründet ist (§ 111), besteht auch keinerlei Verfahrenskonkurrenz. Veröffentlichte NZE – genehmigt oder nicht genehmigt – sind bis zu anderweitiger Entscheidung der Regulierungsbehörde in Verfahren der Kartellbehörden nach §§ 19, 20 GWB sowie Art. 82 EG (Missbrauchsverfahren) als **rechtmäßig zugrunde zu legen**, § 111 Abs. 3.

2. Anreizorientierte Entgeltregulierung

8 Nach Halbsatz 2 des § 23a Abs. 1 genießt die anreizorientierte Entgeltregulierung **Vorrang** vor der kostenorientierten Entgeltregulierung. Dies gilt unabhängig davon, ob die Anreizregulierung (§ 21a) nach Erlass der Rechtsverordnung gemäß dessen Abs. 6 im Wege der Festlegung oder durch Genehmigung erfolgt. Weil die Anreizregulierung auf bis zu fünf Jahre (Regulierungsperiode, § 21a Abs. 3) geltenden **Obergrenzen sowie Effizienzvorgaben** beruht, hat in einem solchen System eine meist alle zwei Jahre erneut zu erteilende kostenorientierte NZE-Genehmigung keinen Platz. Damit hat sich der Gesetzgeber zugleich für die Subsidiarität der kostenorientierten Entgeltregulierung entschieden.

3. Tarifgenehmigung gemäß § 12 BTOElt

9 Während die Genehmigung nach § 23a Abs. 1 sowohl Elektrizitäts- als auch Gasnetzbetreiber, aber nur im Hinblick auf die zu verlangenden NZE, betrifft, sieht § 12 BTOElt für eine Übergangsfrist von zwei Jahren[13] die Weitergeltung der BTOElt vor. Deshalb sind von den nach Landesrecht zuständigen Behörden (Energieaufsichtsbehörden) für Tarifentgelte der **Elektrizitätskunden** Tarifgenehmigungsverfahren durchzuführen. Da das zweite Neuregelungsgesetz die BTOElt nicht geändert hat, gelten insofern die bisherigen Grundsätze: Die Genehmigung ist auf Antrag eines EltVU (drei Monate vor Ablauf der letzten Genehmigung) am Maßstab der elektrizitätswirtschaftlich rationellen Betriebsführung typischerweise für zwei Jahre zu erteilen und wird häufig mit einem Widerrufsvorbehalt versehen. Nur wenn bei Außerkrafttreten der BTOElt zum 1.7.2007 die bis dahin eingeholten Genehmigungen nicht automatisch außer Kraft tre-

---

13 Vgl. Art. 5 Abs. 3 des Neuregelungsgesetzes, BGBl. I 2005, S. 1970, 2017 f.: Außerkrafttreten am 1.7.2007.

ten, wird es Tarifgenehmigungen und ihre Auswirkungen noch bis zum Jahre 2008 geben.

Da Tarifentgelte NZE enthalten, ist es zweckmäßig, dass zunächst feststeht, in welcher Höhe NZE verlangt werden dürfen (Genehmigung nach § 21a Abs. 1 HS 1). Erst danach kann ein Stromlieferant unter Berücksichtigung der so genehmigten NZE einen Antrag auf Tarifgenehmigung stellen. Weil es die Tarifversorgung im Sinne von § 10 Abs. 1 EnWG 1998/2003 nicht mehr gibt, sondern an deren Stelle die Grundversorgung gemäß § 36 EnWG 2005 getreten ist, sind nur noch diese Grundversorgungspflichten erfüllenden Stromlieferanten zur Einholung der Tarifgenehmigung für ihr »Versorgungsgebiet« verpflichtet.

III. Genehmigung und Genehmigungsverfahren (Abs. 2 bis 5)

Die Abs. 2 bis 5 enthalten Grundsätze des Genehmigungsverfahrens und des Genehmigungsinhalts. Diese sollen im folgenden Überblick kurz dargestellt werden; Vorbild ist offenbar § 12 BTOElt.

1. Genehmigungsantrag

Der Genehmigungsantrag muss **schriftlich und 6 Monate vor dem Wirksamwerden der Entgelte** beantragt werden. Für die Erstgenehmigungen, die gemäß § 118 Abs. 1b binnen drei Monaten (Elektrizitätsnetzbetreiber) bzw. sechs Monaten (Gasnetzbetreiber) nach Inkrafttreten der Netzzugangsentgeltverordnungen am 29.7.2005 beantragt werden müssen (29.10.2005 bzw. 29.1.2006), bedeutet dies, dass die ersten Genehmigungen zum 29.4.2006 (Stromnetze) bzw. zum 29.7.2006 (Gasnetze) wirksam werden können.

Die für den Genehmigungsantrag erforderlichen **Unterlagen** – auch elektronisch zu übermitteln – können sich an Mustern und einheitlichem Format orientieren und müssen zumindest folgende Angaben enthalten (§ 23a Abs. 3 Satz 4 Ziff. 1 bis 3):

– Gegenüberstellung bisheriger sowie beantragter Entgelte mit Kalkulation

– Angaben zu den Strukturklassen (§§ 22 ff. StromNEV und §§ 21 ff. GasNEV) sowie den Bericht über die Ermittlung der Netzentgelte

§ 23a Genehmigung der Entgelte für den Netzzugang

- Begründungen für Entgeltänderungen

14 Der Antrag wird schriftlich bestätigt (§ 21a Abs. 3 Satz 5), wobei die Regulierungsbehörde Ergänzungen verlangen kann (Satz 6). Durch Rechtsverordnung des BWMA können Verfahren und Anforderungen ausgestaltet werden.

2. Genehmigungsinhalte

15 Voraussetzung für die Genehmigungserteilung ist es gemäß § 23a Abs. 2, die Übereinstimmung der NZE mit den **Anforderungen des EnWG** sowie den **Rechtsverordnungen nach § 24** (StromNEV sowie GasNEV) nachzuweisen. Die NZE werden als **Höchstpreise** genehmigt und dürfen für die Genehmigungsdauer grundsätzlich nicht überschritten werden. Eine Ausnahme besteht aber dann, wenn lediglich aufgrund weiterer Genehmigungserteilung die NZE vorgelagerter Netz- und Umspannstufen an nachgelagerte Netzbetreiber weitergereicht werden, § 23a Abs. 2 Satz 2 HS 2; insofern besteht dann lediglich eine unverzüglich zu erfüllende **Anzeigepflicht** (HS 3).

16 Die Genehmigung wird nach § 23a Abs. 4 auf (ein oder zwei Jahre) befristet erteilt; die im Tarifgenehmigungsbereich Strom üblichen Widerrufsvorbehalte sowie zusätzliche Bedingungen oder Auflagen werden auch bei der kostenorientierten Netzentgeltregulierung Anwendung finden. Der Gesetzgeber hat auch Vorsorge für den Fall getroffen, dass die Regulierungsbehörde – wegen Arbeitsüberlastung – nicht rechtzeitig entscheiden kann; nach Ablauf von sechs Monaten, die ohne Entscheidung verstrichen sind, **gilt das beantragte Entgelt** (widerruflich) als für ein Jahr genehmigt, § 23a Abs. 4 Satz 2. Ausnahmen sind nach Satz 3 vorgesehen, wenn der Netzbetreiber einer Fristverlängerung zugestimmt hat oder wegen unrichtiger/unvollständiger Angaben oder verspätet erteilter Auskünfte die Entscheidung nicht rechtzeitig ergehen konnte, was dem Antragsteller vor Fristablauf begründet mitgeteilt werden muss (§ 23a Abs. 4 Satz 3 Ziff. 1 und 2).

17 Nach rechtzeitiger Antragstellung in Bezug auf eine **Neugenehmigung** können übergangsweise bis zur Entscheidung über den Antrag die bis dahin genehmigten Entgelte beibehalten werden, § 23a Abs. 5 Satz 1. Dies gilt auch vor dem Wirksamwerden eines Widerrufs und – in analoger Anwendung – auch vor erstmaliger Genehmigungserteilung nach § 23a, vgl. § 118 Abs. 1b Satz 2. Die Möglichkeit zum Erlass vorläufiger NZE-Regelungen enthält **Satz 2** des § 23a Abs. 5.

III. Genehmigung und Genehmigungsverfahren (Abs. 2 bis 5)

3. Zuständige Regulierungsbehörde und Rechtsschutz

Die zuständige Regulierungsbehörde ist unter Berücksichtigung von § 54 Abs. 2 Satz 1 Ziff. 1 sowie Satz 2 und 3 nach den üblichen Vorgaben zu bestimmen[14]. Bei Eingreifen der de minimis-Klausel (100.000 Kunden-Schwelle) sowie einem Netzgebiet innerhalb eines Bundeslandes ist der Antrag an die Landesregulierungsbehörde zu richten. Rechtsschutz kann über die Einlegung der Beschwerde beim zuständigen Oberlandesgericht (§§ 75 ff., 98) erlangt werden.

18

---

14 Vgl. dazu unten § 54 Rz. 23 ff.

§ 24 Regelungen zu den Netzzugangsbedingungen, Entgelten für den Netzzugang sowie zur Erbringung und Beschaffung von Ausgleichsleistungen

¹Die Bundesregierung wird ermächtigt, durch Rechtsverordnung mit Zustimmung des Bundesrates

1. die Bedingungen für den Netzzugang einschließlich der Beschaffung und Erbringung von Ausgleichsleistungen oder Methoden zur Bestimmung dieser Bedingungen sowie Methoden zur Bestimmung der Entgelte für den Netzzugang gemäß den §§ 20 bis 23 festzulegen,

2. zu regeln, in welchen Fällen und unter welchen Voraussetzungen die Regulierungsbehörde diese Bedingungen oder Methoden festlegen oder auf Antrag des Netzbetreibers genehmigen kann und

3. zu regeln, in welchen Sonderfällen der Netznutzung und unter welchen Voraussetzungen die Regulierungsbehörde im Einzelfall individuelle Entgelte für den Netzzugang genehmigen oder untersagen kann und

4. zu regeln, in welchen Fällen die Regulierungsbehörde von ihren Befugnissen nach § 65 Gebrauch zu machen hat.

²Insbesondere können durch Rechtsverordnungen nach Satz 1

1. die Betreiber von Energieversorgungsnetzen verpflichtet werden, zur Schaffung möglichst einheitlicher Bedingungen bei der Gewährung des Netzzugangs in näher zu bestimmender Weise zusammenzuarbeiten,

2. die Rechte und Pflichten der Beteiligten, insbesondere die Zusammenarbeit und Pflichten der Betreiber von Energieversorgungsnetzen, einschließlich des Austauschs der erforderlichen Daten und der für den Netzzugang erforderlichen Informationen, einheitlich festgelegt werden,

2a. die Rechte der Verbraucher bei der Abwicklung eines Anbieterwechsels festgelegt werden,

3. die Art sowie Ausgestaltung des Netzzugangs und der Beschaffung und Erbringung von Ausgleichsleistungen einschließlich der hierfür erforderlichen Verträge und Rechtsverhältnisse und des Ausschreibungsverfahrens auch unter Abweichung von § 22 Abs. 2 Satz 2 festgelegt werden, die Bestimmungen der Verträge und die Ausgestaltung der Rechtsverhältnisse einheitlich festgelegt werden sowie Regelungen über das Zustandekommen und die Beendigung der Verträge und Rechtsverhältnisse getroffen werden,

3a. im Rahmen der Ausgestaltung des Netzzugangs zu den Gasversorgungsnetzen für Anlagen zur Erzeugung von Biogas im Rahmen des Auswahlverfahrens bei drohenden Kapazitätsengpässen sowie beim Zugang zu örtlichen Verteilernetzen Vorrang gewährt werden,

3b. die Regulierungsbehörde befugt werden, die Zusammenfassung von Teilnetzen, soweit dies technisch möglich und wirtschaftlich zumutbar ist, anzuordnen,

4. Regelungen zur Ermittlung der Entgelte für den Netzzugang getroffen werden, wobei die Methode zur Bestimmung der Entgelte so zu gestalten ist, dass eine Betriebsführung nach § 21 Abs. 2 gesichert ist und die für die Betriebs- und Versorgungssicherheit sowie die Funktionsfähigkeit der Netze notwendigen Investitionen in die Netze gewährleistet sind,

5. Regelungen über eine Abweichung von dem Grundsatz der Kostenorientierung nach § 21 Abs. 2 Satz 1 getroffen werden, nach denen bei bestehendem oder potentiellem Leitungswettbewerb die Entgeltbildung auf der Grundlage eines marktorientierten Verfahrens oder eine Preisbildung im Wettbewerb erfolgen kann,

6. Regelungen darüber getroffen werden, welche netzbezogenen und sonst für ihre Kalkulation erforderlichen Daten die Betreiber von Energieversorgungsnetzen erheben und über welchen Zeitraum sie diese aufbewahren müssen,

7. Regelungen für die Durchführung eines Vergleichsverfahrens nach § 21 Abs. 3 einschließlich der Erhebung der hierfür erforderlichen Daten getroffen werden.

³Im Falle des Satzes 2 Nr. 1 und 2 ist das Interesse an der Ermöglichung eines effizienten und diskriminierungsfreien Netzzugangs im Rahmen eines möglichst transaktionsunabhängigen Modells unter Beachtung der jeweiligen Besonderheiten der Elektrizitäts- und Gaswirtschaft besonders zu berücksichtigen; die Zusammenarbeit soll dem Ziel des § 1 Abs. 2 dienen. ⁴Regelungen nach Satz 2 Nr. 3 können auch weitere Anforderungen an die Zusammenarbeit der Betreiber von Übertragungsnetzen bei der Beschaffung von Regelenergie und zur Verringerung des Aufwandes für Regelenergie vorsehen. ⁵Regelungen nach Satz 2 Nr. 4 und 5 können vorsehen, dass Entgelte nicht nur auf der Grundlage von Ausspeisungen, sondern ergänzend auch auf der Grundlage von Einspeisungen von Energie berechnet und in Rechnung gestellt werden, wobei bei Einspeisungen von Elektrizität aus dezentralen Erzeugungsanlagen auch eine Erstattung eingesparter Entgelte für den Netzzugang in den vorgelagerten Netzebenen vorzusehen ist.

Überblick	Seite	Rz.
I. Regelungszweck und Entstehungsgeschichte	667	1
II. Überblick über Einzelheiten der Ermächtigungsnorm...	668	4
III. Ermächtigungsadressat............................	670	9

I. Regelungszweck und Entstehungsgeschichte

§ 24 dient der Entlastung des EnWG von den Einzelheiten, die eine Regulierung des Netzzugangs und der Netzzugangsentgelte betreffen. Bereits die Vorgängerregelungen (vgl. § 6 Abs. 2 EnWG 1998 sowie § 6a Abs. 4 EnWG 2003) enthielten vergleichbare, aber weitaus weniger detaillierte Ermächtigungen zum Erlass von Verordnungen, die aber im Vertrauen auf die Selbstregulierung durch sog. Verbändevereinbarungen nicht genutzt worden sind. Auch wenn der verhandelte Zugang zu den Elektrizitätsversorgungsnetzen vergleichsweise gut auf der Basis der VV II plus funktioniert hat, ist als Erfahrung aus der Anwendung der §§ 6, 6a EnWG 1998/2003 der Schluss zu ziehen, dass ohne detaillierte und letztlich staatlicherseits festzulegende Vorgaben (Netzzugang und NZE) ein funktionsfähiger Wettbewerb der Energieerzeuger /-gewinner bzw. Energielieferanten ohne solche Vorgaben nicht stattfinden kann. Angesichts des Systemwechsels zum 1 regulierten Netzzugang ist der Gesetzgeber in das andere Extrem verfallen und hat in großem Umfang Vorgaben für Verordnungen vorgesehen, die die Bundesregierung mit Zustimmung des Bundesrates erlassen kann. Davon ist bereits im Juli 2005 in vierfacher Hinsicht Gebrauch gemacht worden (StromNZV, GasNZV sowie StromNEV und GasNEV)[1].

2 Die Ermächtigungen sind im **Entwurf** der Bundesregierung umfänglich begründet worden[2]. Als zu transformierende europäische Normen werden wiederum Art. 23 Abs. 2 RL-Elt sowie Art. 25 Abs. 2 RL-Gas genannt, wobei die »Anzahl der Rechtsverordnungen zur Regelung des Netzzugangs zu den Energieversorgungsnetzen ... nicht vorgegeben ...«[3] worden ist.

3 In seiner Stellungnahme zum Regierungsentwurf hat der **Bundesrat** das auch § 24 (sowie § 29) zugrunde liegende Konzept der sog. Methodenregulierung kritisiert und vorgeschlagen, diesem Konzept die Entgelt-Einzelregulierung an die Seite zu stellen[4], und dies wiederum mit dem Gewinn an Rechtssicherheit für die Netzbetreiber begründet. Der Wirtschaftsausschuss des Bundestages hat Ergänzungen zu § 24 vorgenommen[5], die den Verbraucherschutz, den Netzzugang bei Biogas sowie den Übergang zur Einzelentgelt-Regulierung betreffen[6], und auch der Vermittlungsausschuss[7] hat noch Wortlautänderungen vorgenommen. Insgesamt ist das Konzept des § 24 jedoch erhalten geblieben.

II. Überblick über Einzelheiten der Ermächtigungsnorm

4 Ermächtigungsnormen für Rechtsverordnungen müssen nach Art. 80 Abs. 1 GG Inhalt, Zweck und Ausmaß der Ermächtigung vorgeben (Wesentlichkeitstheorie). Es kann nicht Aufgabe einer Kommentierung sein, insofern die Sorgfalt der gesetzgeberischen Arbeit nachzuprüfen. Dies fällt auch nicht eben leicht, weil über die Bestimmungen in den **fünf Sätzen** des § 24 hinaus die Bezugnahme auf weitere Nor-

---

1 Vgl. oben die Nachweise § 20 Rz. 4.
2 BT-DrS 15/3917, S. 60 ff.
3 Ebd. S. 61.
4 BT-DrS 15/3917, Anlage 2, S. 78, 86, Ziff. 31.
5 BT-DrS 15/5268, S. 38 f. mit Begründungen S. 121.
6 Vgl. diese Gegenüberstellung ebd.
7 BT-DrS 15/5736 (neu), S. 5 (Ziff. 16).

men (insb. §§ 20 bis 23a) den Kanon der ermächtigenden Vorschriften erweitern. Auf die Erläuterung zum Gesetzentwurf wird verwiesen[8]; soweit die zu schaffenden Rechtsverordnungen Art. 80 GG genügen, stellt § 24 ein Recht dar, auf das nur subsidiär zurückzugreifen ist, wenn Anordnungen der Regulierungsbehörden im Sinne von §§ 30, 31 65 und 95 zu treffen sind. Da § 24 aber nur Rahmenregelungen enthält, ist ein Verstoß gegen diese Vorgaben nur in besonders offensichtlichen Ausnahmefällen überhaupt denkbar.

Mit **Satz 1** des § 24 werden die topoi der zu erlassenden Rechtsverordnungen festgelegt: 5

– Ziff. 1: Bedingungen des Netzzugangs, Methoden zur Bestimmung dieser Bedingungen sowie Entgeltbestimmung

– Ziff. 2: Voraussetzungen der Regulierung durch die Regulierungsbehörde

– Ziff. 3: Individuelle Entgelte in Sonderfällen des Netzzugangs

– Ziff. 4: Verbindung der Regulierung mit der Grundsatznorm zur Aufsicht (§ 65)

Über den formalen thematischen Rahmen des Satzes 1 hinaus befasst sich **Satz 2** des § 24 mit **möglichen inhaltlichen Festlegungen** der Rechtsverordnungen: 6

– Ziff. 1: Zusammenarbeitspflicht der Netzbetreiber

– Ziff. 2: Rechte und Pflichten im Netzzugangsschuldverhältnis, Austausch von Daten und Informationen

– Ziff. 2a: Verbraucherrechte bei Anbieterwechsel

– Ziff. 3: Ausgestaltung des Netzzugangs (Verträge, Rechtsverhältnisse, Ausschreibung)

– Ziff. 3a: Netzzugang für Biogas

– Ziff. 3b: Anordnung der Zusammenfassung von Teilnetzen durch die Regulierungsbehörden

---

8 BT-DrS 15/3917, S. 60 ff.

- Ziff. 4: Ermittlung der NZE (Methode) im Lichte der Betriebsführung nach § 21 Abs. 2

- Ziff. 5: Regelungen bei Abweichung von der kostenorientierten Regulierung (Leistungswettbewerb, Marktorientierung, Preisbildung und Wettbewerb)

- Ziff. 6: Zu speichernde Daten durch die Netzbetreiber

- Ziff. 7: Regelungen zum Vergleichsverfahren nach § 21 Abs. 3

7 Mit den bisher vier ergangenen Rechtsverordnungen vom 25.7.2005 sind die meisten der in Satz 2 angeführten Regelungen bereits erlassen worden.

8 Mit **Satz 3** wird das **transaktionsunabhängige Modell des Netzzugangs** festgeschrieben (Gas- und Elektrizitätsbereich). **Satz 4** betrifft die Zusammenarbeit der ÜNB im Hinblick auf die Beschaffung von Regelenergie zwecks Verringerung des Aufwandes, und **Satz 5** erlaubt die Entgeltberechnung auf der Grundlage von **Ausspeisungen** (ergänzend zur einspeisungsorientierten Berechnung); dabei muss die Erstattung eingesparter NZE (betr. vorgelagerte Netzebenen) bei Einspeisung aus dezentralen Erzeugungsanlagen vorgesehen werden.

III. Ermächtigungsadressat

9 § 24 ist an die **Bundesregierung** gerichtet, die die Rechtsverordnungen aber nur mit **Zustimmung des Bundesrates** erlassen darf. Für die GasNZV, für die StromNZV, für die GasNEV sowie für die StromNEV ist das Zustimmungsverfahren erfolgreich durchgeführt worden, und diese im Bundesgesetzblatt I 2005 am 28. Juli 2005 verkündeten Verordnungen[9] sind am 29.7.2005 in Kraft getreten.

---

9 Vgl. BGBl. I 2005, ab S. 2197.

§ 25 Ausnahmen vom Zugang zu den Gasversorgungsnetzen im Zusammenhang mit unbedingten Zahlungsverpflichtungen

[1]Die Gewährung des Zugangs zu den Gasversorgungsnetzen ist im Sinne des § 20 Abs. 2 insbesondere dann nicht zumutbar, wenn einem Gasversorgungsunternehmen wegen seiner im Rahmen von Gaslieferverträgen eingegangenen unbedingten Zahlungsverpflichtungen ernsthafte wirtschaftliche und finanzielle Schwierigkeiten entstehen würden. [2]Auf Antrag des betroffenen Gasversorgungsunternehmens entscheidet die Regulierungsbehörde, ob die vom Antragsteller nachzuweisenden Voraussetzungen des Satzes 1 vorliegen. [3]Die Prüfung richtet sich nach Artikel 27 der Richtlinie 2003/55/EG des Europäischen Parlaments und des Rates vom 26. Juni 2003 über gemeinsame Vorschriften für den Erdgasbinnenmarkt und zur Aufhebung der Richtlinie 98/30/EG (ABl. EU Nr. L 176 S. 57). [4]Das Bundesministerium für Wirtschaft und Arbeit wird ermächtigt, durch Rechtsverordnung, die nicht der Zustimmung des Bundesrates bedarf, die bei der Prüfung nach Artikel 27 der Richtlinie 2003/55/EG anzuwendenden Verfahrensregeln festzulegen. [5]In der Rechtsverordnung nach Satz 4 kann vorgesehen werden, dass eine Entscheidung der Regulierungsbehörde, auch abweichend von den Vorschriften dieses Gesetzes, ergehen kann, soweit dies in einer Entscheidung der Kommission der Europäischen Gemeinschaften vorgesehen ist.

Überblick	Seite	Rz.
I. Regelungszweck und Entstehungsgeschichte	672	1
II. Regelungsadressaten und take or pay-Verträge (Satz 1)	672	3
III. Verfahren (Satz 2 bis 5)	674	9
IV. Rechtsschutz	676	17
V. Verordnungsermächtigung (Satz 4 und 5)	677	20

I. Regelungszweck und Entstehungsgeschichte

1 Die ersten drei Sätze des § 25 hat der Gesetzgeber des EnWG 2005 wörtlich § 6a Abs. 3 EnWG 2003 entnommen. Nach Neufassung der Binnenmarktrichtlinie Gas ist diese Verpflichtung zur Transformation verblieben; nunmehr regelt Art. 27 RL-Gas die Option der Mitgliedstaaten, bei sog. **take or pay-Verpflichtungen** die Verweigerung des Netzzugangs dann als unzumutbar zu erlauben, wenn dies zu »ernsthaften wirtschaftlichen und finanziellen Schwierigkeiten« beim »Gasversorgungsunternehmen« führen würde. Gemeint ist hierbei offenbar der Energieverbund aus Gaslieferanten und Gasnetzbetreibern und eine mögliche Gesamtgefährdung des Unternehmens, weil früher über das Netz geliefertes Gas wegen der Netznutzung durch andere Gaslieferanten nicht mehr absetzbar ist, gleichwohl aber bezahlt werden muss.

2 § 25 EnWG hat § 6a Abs. 3 in der Neufassung durch § 25 **um zwei Sätze ergänzt**. **Satz 4** war bereits im Regierungsentwurf enthalten[1], während **Satz 5** im Vermittlungsausschuss[2] eingefügt wurde, um an Stelle einer mit rein nationalem Recht konformen Entscheidung der Regulierungsbehörde eventuelle Vorgaben der EG-Kommission berücksichtigen zu können.

II. Regelungsadressaten und take or pay-Verträge (Satz 1)

3 In Ergänzung der allgemeinen Unzumutbarkeitsgründe gemäß § 20 Abs. 2 sieht **Satz 1** des § 25 einen besonderen Verweigerungsgrund vor. Im Einklang mit Art. 27 Abs. 1 sind Nutznießer und Hauptadressaten des § 25 Satz 1 **Gasversorgungsunternehmen** und damit im Einklang mit § 3 Ziff. 18 (Energieversorgungsunternehmen) natürliche oder juristische Personen, die Gas an andere liefern, ein Gasversorgungsnetz betreiben oder an einem Gasversorgungsnetz als Eigentümer Verfügungsbefugnisse besitzen. Damit können Gasversorger auf jeder Stufe des Gewinnungs-, Fernleitungs-, Verteilungs- und Lieferprozesses die Ausnahme in Anspruch nehmen, soweit zu ihrem Energieverbund ein Gasnetzbetreiber gehört, der rechtlich zur Verweigerung des Zugangs in der Lage ist (in der Richtlinie: »Erdgasunternehmen«). Weil der Gasnetzbetreiber nach Zahlung der Netzzu-

---

[1] BT-DrS 15/3917, S. 18 mit Begründung S. 62.
[2] BT-DrS 15/5268, S. 40 mit Begründung S. 121 (Klarstellung).

II. Regelungsadressaten und take or pay-Verträge (Satz 1)

gangsentgelte keinerlei Nachteile erleiden wird, handelt es sich insofern um die Möglichkeit, »Drittnachteile« einzubringen.

Voraussetzung ist das Vorliegen von in **Gaslieferverträgen eingegangenen unbedingten Zahlungsverpflichtungen**. Dieser Begriff wird in § 3 nicht erläutert; im Gesetzentwurf zur Gasnovelle vom Oktober 2000 wurde dies in § 2 Abs. 3 Entwurfsfassung (letzter Satz) noch wie folgt definiert[3]: 4

> »Verträge mit unbedingter Zahlungsverpflichtung sind Langzeitlieferverträge, die zwischen Betreibern von Gasversorgungsnetzen und Erdgaserzeugern abgeschlossen werden.«

Da der Netzbetreiber mit Ausnahme der Nutzung von Erdgas für Netzdienstleistungen selbst Erdgas nicht ankauft, wird der langfristige Liefervertrag typischerweise zwischen einem Großhändler und einem Importeur oder Gewinnungsunternehmen für Erdgas abgeschlossen werden. 5

Auch in Art. 2 RL-Gas wird der Begriff nicht definiert. Jedoch heißt es in Erwägungsgrund 25 zur Richtlinie: 6

> »Ein großer Teil der Gasversorgung der Mitgliedstaaten wird nach wie vor durch langfristige Verträge gesichert werden, weshalb diese als Möglichkeit für die Gasversorgungsunternehmen erhalten bleiben sollten, sofern sie die Ziele dieser Richtlinie nicht unterlaufen und mit dem Vertrag, einschließlich der darin festgelegten Wettbewerbsregeln, vereinbar sind. Sie müssen deshalb bei der Planung der Versorgungs- und Transportkapazitäten von Erdgasunternehmen berücksichtigt werden.«

Nach der Gesetzesfassung berechtigen derartige Lieferverträge nicht zur vollständigen Verweigerung des Netzzugangs, selbst wenn der Gasnetzbetreiber, seine Betriebsabteilung oder die mit ihm verbundenen Unternehmen Erdgasmengen zu verlieren drohen, die ansonsten sicher bezogen und hätten abgesetzt werden können. Vielmehr kann der Netzzugang in Transformation von Art. 25 RL-Gas nur verweigert werden, wenn dem Netzbetreiber **ernsthafte wirtschaftliche und finanzielle Schwierigkeiten** erwachsen würden. Aber auch dann muss in einem rechtsförmlichen Verfahren auf Antrag des Netzbetreibers (**Satz 2**) festgestellt werden, dass die Voraussetzungen des 7

---

3 BR-DrS 20/01, S. 12.

Verweigerungsgrundes vorliegen, wobei die EU-Kommission binnen acht Wochen nach Eingang der Entscheidung über die Genehmigung die Rücknahme der Entscheidung verlangen kann, vgl. Art. 27 Abs. 2 RL-Gas. Die vom Mitgliedstaat sowie der Kommission zu erwägenden Kriterien und Umstände sind in Art. 27 Abs. 3 RL-Gas aufgeführt (Binnenmarktziel, Erfüllung gemeinwirtschaftlicher Verpflichtungen, Marktstellung des Unternehmens, tatsächliche Wettbewerbslage, Schwere der aufgetretenen Schwierigkeiten, Zeitpunkt des Abschlusses des Langfristvertrages, zumutbare Abwehranstrengungen, Absehbarkeit der eintretenden Schwierigkeiten aus der Sicht des Unternehmens, Interoperabilitätsgrad der Netze, Auswirkungen der Genehmigung der Zugangsverweigerung aus gesamtwirtschaftlicher Sicht).

8 Ernsthafte wirtschaftliche und finanzielle Schwierigkeiten sind insbesondere anzunehmen, wenn mit Eröffnung des Netzzugangs nicht nur die Insolvenz des Unternehmens zu befürchten ist, das die Langfristverpflichtung eingegangen ist, sondern auch Überschuldung und Liquiditätsengpässe des Energieverbundes insgesamt drohen. Ein nur kurzfristig auftretender Liquiditätsengpass, der mit Hilfe von Bankkrediten usw. behoben werden kann, reicht als Unzumutbarkeitsgrund nicht aus.

III. Verfahren (Satz 2 bis 5)

9 Als Herrin des nationalen Entscheidungsverfahrens über die Zugangsverweigerung aus Anlass von take or pay-Verträgen ist die **Regulierungsbehörde** berufen, Satz 2 des § 25. Die Behörde hat dabei die inbesondere in Art. 27 Abs. 3 RL-Gas aufgeführten Kriterien zu berücksichtigen (vgl. dazu vorstehend Rz. 7). Die früher vorgesehene Zuständigkeit des BMWA wird insofern verdrängt, was wegen der weitgehend »wettbewerblichen Prüfkriterien« auch sinnvoll ist.

10 Die anzuwendenden Verfahrensvorschriften sind den § 54 ff. zu entnehmen. Inhaltlich wird die Regulierungsbehörde auch prüfen, ob es dem EVU möglich gewesen ist, andere Vertragstypen zu wählen oder die Verträge mittelfristig umzustellen, um zu befürchtende wirtschaftliche und finanzielle Schwierigkeiten aus der Marktöffnung für Erdgas sicher zu vermeiden. Werden solche Verträge ohne Not erneuert, wird der Antrag nach Satz 2 kaum erfolgreich sein.

11 Der Antrag muss vom **betroffenen GasVU** gestellt werden. Da der Netzbetreiber im Hinblick auf jeden Gastransport Netzzugangsent-

gelte unabhängig davon erzielen wird, ob die Lieferung von verbundenen oder von dritten Unternehmen stammt, werden typischerweise nur Gaslieferanten oder Importeure in Schwierigkeiten geraten können. Bei rechtlich entflochtenen Netzbetreibern im Sinne von § 7 ist es jedoch nicht sinnvoll, dass der Lieferant den Antrag auf Verweigerung des Netzzugangs – durch den Netzbetreiber als Dritten – stellt. Deshalb werden entweder Netzbetreiber und wirtschaftlich betroffenes Unternehmen den Antrag gemeinsam stellen oder aber es wird der Netzbetreiber versuchen, die »Drittbeeinträchtigung« geltend zu machen, da nur er in der Lage ist, die Verweigerung allen Netzzugangspetenten gegenüber auch auszusprechen und mit Rechtsfolgen zu verwirklichen.

Stellt der betroffene Gaslieferant allein den Antrag, so muss der Netzbetreiber zumindest gehört werden, weil nicht ohne Not ein **drittbelastender Verwaltungsakt** erlassen werden sollte, selbst wenn er nur feststellenden Charakter hat. Der Netzbetreiber muss schon im Hinblick auf Art. 14 GG als berechtigt angesehen werden, über sein Eigentum zu disponieren und Netzgänge zuzulassen, die zudem dem Binnenmarktziel dienen. Er würde an der vollen Ausübung seines Netzeigentums, bei Verpachtung an der Ausübung seiner Pächterbefugnisse gehindert, wenn er zugunsten anderer GasVU den Zugang sperren muss, ohne dies selbst beantragt zu haben. 12

Die Entscheidung der Regulierungsbehörde ergeht nicht als Genehmigung, Verbot oder Gebot, sondern als **feststellender Verwaltungsakt**. Denn die Behörde entscheidet nur darüber, ob die Voraussetzungen des Satzes 1 vorliegen (Wortlaut des Satzes 2). Deshalb ist die besondere Zugangsverweigerung gemäß § 20 Abs. 2 in Verbindung mit § 25 Satz 1 **zivilrechtlich** nur wirksam, wenn die feststellende Entscheidung der Regulierungsbehörde vorliegt (und solange sie vorliegt, vgl. dazu sogleich). Wird der Netzzugang verweigert, ohne dass die Entscheidung nach Satz 2 bekannt gemacht worden ist, fehlt es bereits an der zivilrechtlichen Wirksamkeit der Verweigerung. 13

Die Feststellung der Regulierungsbehörde wird letztlich auf einer Abwägung der beteiligten Interessen beruhen (öffentliches Interesse an der Verwirklichung des gemeinsamen Binnenmarktes und an der Aufrechterhaltung der Versorgung, Netzbetreiberinteresse, Kundeninteresse und Antragstellerinteresse). Die Entscheidung muss begründet ergehen und die Abwägung der in Art. 27 Abs. 3 genannten Kriterien erkennen lassen. Dabei wird man der Regulierungsbehörde einen 14

Beurteilungsspielraum zugestehen müssen, der von den Gerichten innerhalb des dadurch gesetzten Rahmens nicht überprüfbar ist.

15 Die EU-Kommission kann gemäß Art. 27 Abs. 2 RL-Gas die ihr mitgeteilte Verfügung der Regulierungsbehörde **binnen acht Wochen wieder aufheben**. Die zuvor zivilrechtlich wirksame Verweigerung des Netzzugangs endet dann. Auch eine Änderung der Entscheidung der Regulierungsbehörde ist nicht ausgeschlossen (z. B. Befristung).

16 Die EU-Kommission wird die Entscheidung der Regulierungsbehörde beanstanden, wenn mit der Zugangsverweigerung die Verwirklichung des Binnenmarktes gravierend gefährdet wird oder auch ohne die Netzzugangsverweigerung die Erdgasverkäufe nicht unter die in den take or pay-Verträgen vereinbarten garantieren Mindestabnahmemengen sinken würden. Auch alternative Abhilfemaßnahmen werden in Erwägung gezogen werden müssen (Verhältnismäßigkeitsprüfung). Einen wichtigen Aspekt wird auch die Versorgungssicherheit aus der Sicht der Kunden bilden.

IV. Rechtsschutz

17 Die Entscheidung der Regulierungsbehörde nach § 25 Satz 2 ist **Verwaltungsakt** und wird von einer **oberen Bundesbehörde** erlassen (BNetzA). Durch diese Entscheidung werden unmittelbar der Antragsteller (Nichtergehen der Feststellungsentscheidung) und – bei Abweichung zwischen Antragsteller und Netzbetreiber – ggf. auch der Netzbetreiber beschwert. Ein Widerspruchsverfahren sehen die §§ 54 ff. nicht vor.

18 Vielmehr ist gegen Entscheidungen der Regulierungsbehörde unmittelbar **Beschwerde** zu erheben, § 75 Abs. 1 in Verbindung mit Abs. 3, wenn der Antragsteller geltend macht, auf den Erlass der beantragten Entscheidung einen Rechtsanspruch nach § 25 zu haben. Über die Beschwerde entscheidet ausschließlich das OLG am Sitz der Bundesnetzagentur, § 75 Abs. 4 in Verbindung mit § 54 Abs. 1 sowie Abs. 2, weil eine Zuständigkeit von Landesregulierungsbehörden (§ 54 Abs. 2) nicht besteht.

19 Ist die Entscheidung nach § 25 Satz 2 ergangen, belastet dies ggf. Netzzugangspetenten; auch diese **Drittbelastung** kann eine Beschwer darstellen. Jedenfalls dann, wenn eine natürliche oder juristische Person gemäß § 66 Abs. 2 am Verfahren vor der Regulierungsbehörde

beteiligt worden ist, kann diese gemäß § 75 Abs. 2 selbständig Beschwerde einlegen. Drittbelastete in diesem Sinne sind alle von der nunmehr dem Netzbetreiber erlaubten Netzzugangsverweigerung betroffenen Petenten, also insbesondere Lieferanten und Kunden, die von dritten Gaslieferunternehmen beliefert zu werden wünschen. Im Übrigen sind die Grundsätze über die Beschwerdeberechtigung von Drittbetroffenen anzuwenden[4].

V. Verordnungsermächtigung (Satz 4 und 5)

In Konkretisierung der Gas-RL (Art. 27) wird das BMWA durch **Satz 4** des § 25 ermächtigt, spezielle Verfahrensregeln zur Prüfung des Antrags gemäß Satz 2 des § 25 vorzuschreiben. Eine Zustimmung des Bundesrates zu dieser Verordnung ist nicht erforderlich. Solange die Verordnung nicht ergangen ist, wird sich die Regulierungsbehörde mit Rücksicht auf § 25 Satz 3 unmittelbar an den Vorgaben der Gas-RL orientieren. **Satz 5** dient nach der Begründung des Wirtschaftsausschusses[5] der Klarstellung »aus rechtsförmlichen Gründen« und steht unter dem Vorbehalt, dass eine Entscheidung der EU-Kommission ergangen ist, die gemäß Art. 27 Abs. 2 eine von der Entscheidung der Regulierungsbehörde abweichende Entscheidung treffen kann. Weil diese Entscheidung mangels unmittelbarer Geltung in der Bundesrepublik Deutschland erst noch in deutsches Recht umzusetzen ist, wird über Satz 5 die Regulierungsbehörde (Bundesnetzagentur) ermächtigt, unter gänzlicher oder teilweiser Aufhebung ihrer zuvor ergangenen Entscheidung nach § 25 Satz 2 der durch die Kommission geschaffenen Bindung des Mitgliedstaates (Bundesrepublik Deutschland) Geltungskraft für alle beteiligten Rechtssubjekte zu verschaffen.

20

---

4 Vgl. *Bechtold*, Kartellgesetz, § 54 Rz. 2 ff. (Verwaltungsverfahren) und § 67 Rz. 1 (Beschwerdeverfahren).
5 BT-DrS 15/5268, S. 121 (Einzelbegründung zu § 25).

§ 26 Zugang zu den vorgelagerten Rohrleitungsnetzen und zu Speicheranlagen im Bereich der leitungsgebundenen Versorgung mit Erdgas

Der Zugang zu den vorgelagerten Rohrleitungsnetzen und zu Speicheranlagen erfolgt abweichend von den §§ 20 bis 24 auf vertraglicher Grundlage nach Maßgabe der §§ 27 und 28.

Regelungszweck und Entstehungsgeschichte

§ 26 enthält eine bloße **Sperrnorm**, die sicherstellt, dass die **Grundsätze des regulierten Netzzugangs (§§ 20 bis 24) nicht gelten**. Der **sachliche Nichtanwendungsbereich** für den regulierten Netzzugang betrifft: 1

– vorgelagerte Rohrleitungsnetze

– Speicheranlagen

Der Begriff des **vorgelagerten Rohrleitungsnetzes** ist in § 3 Ziff. 39 definiert, der der **Speicheranlage** in § 3 Ziff. 31. Insofern wird auf die obigen Erläuterungen[1] sowie auf die Erläuterungen zu § 27 und § 28 verwiesen. 2

Mit § 26 (verhandelter Netzzugang statt reguliertem Netzzugang) werden die Art. 19 und 20 RL-Gas umgesetzt, die es den Mitgliedstaaten erlauben, im Hinblick auf die für einen effizienten Netzzugang nicht stets benötigten vorgelagerten Rohrleitungsnetze sowie Speicheranlagen den Zugang zu diesen »Sondereinrichtungen« im Verhandlungswege sicherzustellen. Art. 19 Abs. 3 RL-Gas spricht insofern von »nach dem Grundsatz von Treu und Glauben auszuhandeln«, Art. 20 Abs. 2 von »einschlägigen Rechtsinstrumenten«, um den Zugang zu ermöglichen. Dieser verhandelte Netzzugang zu Speicheranlagen sowie vorgelagerten Rohrleitungsnetzen ist bereits in § 6a Abs. 1 und Abs. 5 EnWG 2003 vorgesehen gewesen. Die Gesetz gewordene Fassung ist im Gesetzgebungsverfahren verglichen mit dem Regierungsentwurf nicht mehr verändert worden. 3

---

[1] § 3 Rz. 252 ff. sowie Rz. 217.

§ 27 Zugang zu den vorgelagerten Rohrleitungsnetzen

¹Betreiber von vorgelagerten Rohrleitungsnetzen haben anderen Unternehmen das vorgelagerte Rohrleitungsnetz für Durchleitungen zu Bedingungen zur Verfügung zu stellen, die angemessen und nicht ungünstiger sind, als sie von ihnen in vergleichbaren Fällen für Leistungen innerhalb ihres Unternehmens oder gegenüber verbundenen oder assoziierten Unternehmen tatsächlich oder kalkulatorisch in Rechnung gestellt werden. ²Dies gilt nicht, soweit der Betreiber nachweist, dass ihm die Durchleitung aus betriebsbedingten oder sonstigen Gründen unter Berücksichtigung der Ziele des § 1 nicht möglich oder nicht zumutbar ist. ³Die Ablehnung ist in Textform zu begründen. ⁴Die Verweigerung des Netzzugangs nach Satz 2 ist nur zulässig, wenn einer der in Artikel 20 Abs. 2 Satz 3 Buchstabe a bis d der Richtlinie 2003/55/EG genannten Gründe vorliegt. ⁵Das Bundesministerium für Wirtschaft und Arbeit wird ermächtigt, durch Rechtsverordnung mit Zustimmung des Bundesrates die Bedingungen des Zugangs zu den vorgelagerten Rohrleitungsnetzen und die Methoden zur Berechnung der Entgelte für den Zugang zu den vorgelagerten Rohrleitungsnetzen unter Berücksichtigung der Ziele des § 1 festzulegen.

Überblick	Seite	Rz.
I. Regelungszweck und Entstehungsgeschichte	682	1
II. Normadressaten und Zugangsbedingungen zu vorgelagerten Rohrleitungsnetzen (Satz 1)	683	7
III. Verweigerung des Zugangs (Sätze 2 bis 4)	686	17
1. Inkompatibilität technischer Spezifikationen	687	19
2. Beeinträchtigung der Gewinnungstätigkeit............	688	20
3. Wahrung der Interessen von Eigentümer, Betreiber und Drittnutzer..	688	21
4. Entgegenstehende nationale Rechtsvorschriften.......	689	23
5. Begründungspflicht..............................	690	27
IV. Verordnungsermächtigung (Satz 5)..................	690	29
V. Rechtsschutz	691	31

I. Regelungszweck und Entstehungsgeschichte

1 § 27, der in der Fassung des Regierungsentwurfs[1] Gesetz geworden ist, beruht auf § 6a Abs. 1 und 5 EnWG 2003. Weil es der zu transformierende Art. 20 RL-Gas erlaubt, unter Abweichung vom regulierten Netzzugang einen anderen »einschlägigen Rechtsrahmen« festzulegen (vgl. Art. 20 Abs. 2 Satz 1 RL-Gas), hat das nationale Recht den Zugang zu vorgelagerten Rohleitungsnetzen vom **Einverständnis des Betreibers** abhängig gemacht (vertraglicher Netzzugang). Die Regierungsbegründung zu § 27 lässt erkennen, dass neue und besondere Ziele des Gesetzgebers mit § 27 nicht verbunden gewesen sind[2].

2 Nach dem äußeren Gesetzesaufbau legt Satz 1 die allgemeinen Bedingungen dieses speziellen Rohrleitungszugangsanspruchs in Ausfüllung von § 26 fest, wobei eigentümlicherweise noch der alte Begriff »Durchleitungen« benutzt wird. Dabei lehnt sich der Wortlaut eng an die früheren §§ 6 Abs. 1 sowie 6a Abs. 2 an und ähnelt eher § 17 Abs. 1 als § 20 Abs. 1.

3 **Satz 2** enthält im Einklang mit § 17 Abs. 2 die Zugangsverweigerungsgründe, die gemäß **Satz 3** in Textform begründet werden müssen. Zur Ausfüllung des Satzes 2 (»nur zulässig«) verweist **Satz 4** auf die Kriterien des Art. 20 Abs. 2 Satz 3 lit. a) bis d) RL-Gas und setzt damit das europäische Recht eins zu eins um. **Satz 5** enthält die **Verordnungsermächtigung** zugunsten des BWMA (mit Zustimmung des Bundesrates), die sich auf Bedingungen des Zugangs zu vorgelagerten Rohrleitungsnetzen und die Methoden zur Entgeltberechnung bezieht.

4 Im Hinblick auf den **inneren Gesetzesaufbau** ist die Zusammengehörigkeit von Satz 2 sowie Satz 4 zu beachten; weil die eigentlichen Verweigerungsgründe der Richtlinie entnommen werden müssen, ist der Wortlaut des Satzes 2 im Wesentlichen redundant. Da gemäß § 26 der Zugang nur **durch Vertrag** erfolgen kann, regelt die Norm einen Fall des mittelbaren Kontrahierungszwangs.

5 Das EnWG hat Art. 20 Abs. 3 und 4 RL-Gas (Streitbeilegungsregelung) nicht explizit umgesetzt. Nach den Vorgaben des europäischen Rechts dient die Streitbeilegungsstelle dem Ziel, alle Streitigkeiten im

---

[1] BT-DrS 15/3917, S. 18.
[2] BT-DrS 15/3917, S. 62.

Zusammenhang mit dem Zugang zu vorgelagerten Rohrleitungsnetzen zügig beizulegen. Art. 20 Abs. 3 RL-Gas betont die Unabhängigkeit der Streitbeilegungsstelle sowie die Notwendigkeit des Informationszugangs; bei grenzüberschreitenden Streitigkeiten muss gemäß Art. 20 Abs. 4 RL-Gas die Streitbeilegungsstelle desjenigen Mitgliedstaates für zuständig erklärt werden, in dem das vorgelagerte Rohrleitungsnetz belegen ist bzw. wo der Zugang beansprucht wird.

Wenn ein Mitgliedstaat diese europäische Vorgabe nicht besonders 6 umsetzt, bedeutet dies, dass er auf die **Funktionsfähigkeit des vorhandenen Rechts- und Verfahrenssystems** vertraut. In erster Linie werden es die Zivilgerichte sein, die über den Anspruch auf Kontrahierung von Netzzugangspetenten zu entscheiden haben. Es ist jedoch äußerst zweifelhaft, ob den Landgerichten ausreichend »einschlägige Informationen« zur Verfügung stehen, um »zügig« über den Streit entscheiden zu können. Gerade weil eine entsprechende Fachkunde fehlt, müssen Sachverständige beauftragt werden, was einer zügigen Erledigung entgegensteht. Deshalb sind die allgemeinen Zivilgerichte als Streitbeilegungsstelle eher ungeeignet; vielmehr muss darauf vertraut werden, dass die Regulierungsbehörde gemäß §§ 65, 54, 30 Abs. 1 im Wege eines Missbrauchsverfahrens und unter Berücksichtigung des Sofortvollzuges (§ 76) oder vorläufiger Anordnungen (§ 72) die Berechtigung von Zugangsverweigerung überprüft. Allerdings vermag dies nur mittelbar zum notwendigen Vertragsschluss zu führen, es sei denn, die Regulierungsbehörde ordnet zur Abstellung des Missbrauchs (Gebotsverfügung) die Anwendung eines etwa branchenüblichen Standardvertrages für den konkreten Fall an.

II. Normadressaten und Zugangsbedingungen zu vorgelagerten Rohrleitungsnetzen (Satz 1)

Da die Definitionen, die die Betreiber von Gasversorgungsnetzen (§ 3 7 Ziff. 5 bis 7) betreffen, nicht zwischen vorgelagerten und nachgelagerten Netzabschnitten unterscheiden, und es für Gasleitungen charakteristisch ist, dass sie aus Rohrleitungen bestehen, gehören die **vorgelagerten Rohrleitungsnetze** grundsätzlich zu den Gasversorgungsnetzen im Sinne der Definition des § 3 Ziff. 6. Ziel der §§ 26 f. ist es deshalb, diese besonderen Netzabschnitte vom Regime des regulierten Netzzugangs auszunehmen und dem Regime des vorhandelten Netzzugangs zu unterstellen.

§ 27 Zugang zu den vorgelagerten Rohrleitungsnetzen

8 Um die vorgelagerten Rohrleitungsnetze identifizieren zu können, ist auf die Definition des § 3 Ziff. 39 zurückzugreifen. Danach ist ein **vorgelagertes Rohrleitungsnetz** durch Rohrleitungen oder durch ein Netz von Rohrleitungen gekennzeichnet, deren Betrieb oder Bau Teil eines Öl- oder Gasgewinnungsvorhabens ist oder die dazu verwendet werden, Erdgas von einer oder mehreren solcher Anlagen zu einer Aufbereitungsanlage, zu einem Terminal oder zu einem an der Küste gelegenen Endanlandeterminal zu leiten, mit Ausnahme solcher Netzteile oder Teile von Einrichtungen, die für örtliche Produktionstätigkeiten verwendet werden. Wegen der Einzelheiten wird auf die Erläuterungen oben § 3 Rz. 252 ff. verwiesen.

9 Für das vorgelagerte Rohrleitungsnetz ist es nicht kennzeichnend, dass dieses selbständig – rechtlich oder organisatorisch entflochten – oder sogar netztechnisch unabhängig betrieben wird; die Verbindung zu »normalen« Gasversorgungsnetzen wird vielmehr den Regelfall darstellen, um einen Weitertransport des Erdgases zu ermöglichen. Grund für die Ausnahme vom allgemeinen Netzzugangsregime ist es vielmehr, dem Betreiber jener vorgelagerten Netzabschnitte eine direktere Kontrolle über die vorgelagerten Rohrleitungsnetze zu ermöglichen, weil diese typischerweise speziellen Geschäftszwecken dienen und nicht in jedem Fall zur Sicherstellung funktionsfähigen Wettbewerbs im Binnenmarkt benötigt werden. Gemäß der Definition liegt ein vorgelagertes Rohrleitungsnetz also insbesondere – in wohl nicht abschließender Aufzählung – vor, wenn

– die Rohrleitungen Teil eines Öl- oder Gasgewinnungsvorhabens sind **oder**

– wenn die Rohrleitungen zum Transport von der Gewinnungsanlage zur Aufbereitungsanlage dienen **oder**

– wenn andere Transportvorgänge im Vorfeld der Einbringung des Gases in die allgemeinen Netze vorliegen (Transport zu einem Terminal oder Endanlandeterminal an der Küste)

10 Erst wenn das Erdgas die Gewinnungs-, Vor- und Aufbereitungs- sowie Übergabeabschnitte des Netzes verlassen hat, liegt kein vorgelagertes Rohrleitungsnetz mehr vor.

11 Von dieser Charakterisierung enthält § 3 Ziff. 39 eine **Ausnahme**: Der Netzzugang kann überhaupt verweigert werden, wenn das vorgelagerte Rohrleitungsnetz – ganz oder teilweise – für **örtliche Produkti-**

onstätigkeiten verwendet wird. Dann sind diese Rohrleitungen mit der Gewinnungstätigkeit so eng verbunden, dass der Betreiber dieses Rohrleitungsnetzes einen Zugang gar nicht – weder auf regulierter noch auf vertraglicher Basis – gewähren muss.

Auf der gegenüberliegenden Adressatenseite sind es alle **anderen Unternehmen**, die den vertraglichen Zugangsanspruch geltend machen können. Insofern handelt es sich um selbständige Rechtsträger beliebiger Rechtsform, die gewerblich tätig sind, unabhängig von der Produktions- und Handelsstufe; der Begriff lehnt sich an den funktionellen Unternehmensbegriff des Wettbewerbsrechts an[3]. 12

Die **Netzzugangsbedingungen** entsprechen sachlich sowie vom Wortlaut her § 17 Abs. 1, wobei eigentümlicherweise das Kriterium der »Nichtdiskriminierung« fehlt. Zur Ausfüllung kann auf Art. 20 Abs. 2 Satz 2 RL-Gas (Ziele des Zugangs zu vorgelagerten Rohrleitungsnetzen) zurückgegriffen werden: 13

– offener Zugang zu gerechten Bedingungen

– Schaffung eines wettbewerbsorientierten Erdgasmarktes

– Vermeidung des Missbrauchs einer marktbeherrschender Stellung

– Ziel einer gesicherten und regelmäßigen Versorgung

– Verfügbarmachung bestehender Kapazitäten und Reservekapazitäten

– Berücksichtigung der Ziele des Umweltschutzes

Wenn der nationale Gesetzgeber in Satz 2 sowie Satz 5 auf § 1 verweist, dient dies zugleich der Erfüllung der Zielvorgaben in der Gasrichtlinie. 14

Die (ökonomischen und technischen) Bedingungen[4] einschließlich der Vertragskonditionen müssen **angemessen** sein, wobei der interne Zugangsmarkt keine anderen Bedingungen als der externe Markt vorse- 15

---

3 Vgl. dazu *Immenga/Mestmäcker/Zimmer*, GWB, § 1 Rz. 24 ff.; *Bechtold*, Kartellgesetz, § 1 Rz. 2.
4 § 19 Abs. 2 betrifft vorgelagerte Rohrleitungsnetze dem Wortlaut nach allenfalls mittelbar, während Speicheranlagen explizit genannt sind.

hen darf. Wegen der Einzelheiten wird auf die Erläuterungen zu § 17 sowie zu § 20 verwiesen[5].

16 Es ist zweifelhaft, ob § 27 geeignet ist, die im Gesetz eigentlich angelegte strikte Trennung zwischen Netzanschluss (§§ 17 ff.) sowie Netzzugang (§§ 20 ff.) in ausreichendem Umfange nachzuzeichnen. Gerade die Anlehnung an die vor Inkrafttreten des EnWG 2005 übliche Terminologie sowie die Verwendung des Begriffs »Durchleitungen« zeigen vielmehr, dass § 27 auch als **Ausnahme von der eigentlich kraft Gesetzes bestehenden Netzanschlussverpflichtung** im Sinne von § 17 Abs. 1 gemeint ist. Dies bedeutet, dass bei Vorliegen von Verweigerungsgründen im Sinne von § 27 Satz 2 und 4 bereits »der Netzanschluss gemäß § 17 Abs. 2 verweigert werden kann«. Eine andere Art der Harmonisierung beider Vorschriften ist auch nicht denkbar: Würde ein Unternehmen einen Anschluss unmittelbar an ein vorgelagertes Rohrleitungsnetz beanspruchen und müsste dieser Anschluss gemäß § 17 auch gewährt werden, so hätte dann der Betreiber des vorgelagerten Rohrleitungsnetzes immer noch die Möglichkeit, nach § 27 Satz 2 und 4 den Netzzugang zu verweigern. Weil ein Netzanschluss ohne wenigstens potenziellen Netzzugang sinnlos ist, dient § 27 also zugleich dem Ziel, eine Ausnahme von der ansonsten bestehenden Netzanschlussverpflichtung zu statuieren. Deshalb müsste eigentlich schon § 26 den Verweis auf § 17 enthalten; die im Übrigen angelegte systematische Abgrenzung zwischen Netzanschlüssen und Netzzugang wird aber von jener Vorschrift wenigstens dem Wortlaut nach durchgehalten. § 3 Ziff. 20 stützt diese Auslegung allerdings nicht, weil nur die die örtliche Produktionstätigkeiten betreffenden Gasversorgungsnetzteile ausgenommen werden.

III. Verweigerung des Zugangs (Sätze 2 bis 4)

17 Die Auflistung von Verweigerungsgründen unter Inbezugnahme des Art. 20 Abs. 2 Satz 3 RL-Gas dient dem Ziel der **Rechtssicherheit**. Diese Netze weisen technische, wirtschaftliche, operationelle und rechtliche Besonderheiten auf, deren Vorliegen vom Zivilgericht bei Überprüfung der Verweigerung entsprechend berücksichtigt werden muss[6].

---

[5] Vgl. oben § 17 Rz. 15 ff. sowie § 20 Rz. 15 ff.
[6] Vgl. dazu die Einzelbegründung zu § 6a Abs. 5 EnWG 2003, BR-DrS 20/01, S. 12.

III. Verweigerung des Zugangs (Sätze 2 bis 4)

Wenn **Satz 2** Durchleitungsverweigerungsgründe in Anlehnung an § 17 Abs. 2 sowie § 20 Abs. 2 aufführt (betriebsbedingte oder sonstige Unmöglichkeit, Unzumutbarkeit, Berücksichtigung der Ziele des § 1), so kann dies allenfalls als Hinweis auf eine im Gesetz angelegte Systematik der Zugangsverweigerungsgründe verstanden werden. Eigentlich ist diese Regelung überflüssig, weil **Satz 4** in **abschließender Aufzählung** auf die Verweigerungsgründe der Richtlinie verweist. Der Gesetzeswortlaut – »Verweigerung .. nur zulässig« – zeigt, dass weder Netzbetreiber noch überprüfende Zivilgerichte andere Verweigerungsgründe berücksichtigen dürfen. Deshalb werden im Folgenden nur diese Gründe kurz besprochen. 18

1. Inkompatibilität technischer Spezifikationen

Unter dem Begriff »Erdgas« sind Gase sehr unterschiedlicher Spezifikation (Süßgas/Sauergas, Erdgas/Biogas, H-Gas/L-Gas/LL-Gas usw.) zu verstehen. Der Netzbetreiber des vorgelagerten Rohrleitungsnetzes muss deshalb jeweils prüfen, ob – ggf. über Aufbereitung und/oder Mischung – das einzuspeisende Gas die technischen Zugangsvoraussetzungen erfüllt oder die Zugangsvoraussetzungen zumutbar hergestellt werden können. Wenn feststeht, dass das einzuspeisende Biogas oder Erdgas die Rohrleitungen angreifen, zur Herabsetzung der Gasqualitäten im Netz führen (Brennwerte) oder sonstige Nachteile entstehen würden, die auf der technischen Spezifikation des einzuspeisenden Gases beruhen, muss der Netzbetreiber nicht in Verhandlungen über den Netzzugang eintreten. Eine Ausnahme sieht Art. 20 Abs. 2 Satz 3 lit. d) RL-Gas vor, soweit – in **zumutbarer Art und Weise** – die ursprünglich nicht existente Kompatibilität nachträglich herstellbar ist. Diesen Aufbereitungsprozess im weitesten Sinne zu durchlaufen ist dem Netzbetreiber insbesondere dann zumutbar, wenn danach die technischen Spezifikationen kompatibel sind und der Netzzugangspetent die Kosten dieses Aufbereitungsverfahrens übernimmt. Analog ist zu verfahren, wenn über Druckminderungssysteme oder vice versa die Druckverhältnisse des einzuspeisenden Gases anzupassen sind. 19

2. Beeinträchtigung der Gewinnungstätigkeit

20 Wenn das vorgelagerte Rohrleitungsnetz insbesondere Gewinnungstätigkeiten dient[7], kann die Einspeisung anderen Gases in dieses vorgelagerte Netz zu technischen Schwierigkeiten und Effizienzbeeinträchtigungen bei der Gewinnungstätigkeit führen. Lassen sich diese Schwierigkeiten für den Netzbetreiber nicht in zumutbarer Art und Weise überwinden, kann er ebenfalls den Netzzugang verweigern. Der Verweigerungsgrund betrifft sowohl die laufende als auch eine zukünftige Gewinnung (z. B. Vorhaltung von Reservekapazitäten für unmittelbar bevorstehende Produktionserhöhungen); zusätzlich nennt der Verweigerungsgrund des Art. 20 Abs. 2 Satz 3 lit. b) RL-Gas **Felder mit geringer wirtschaftlicher Rentabilität**, für deren zugehörige vorgelagerte Rohrleitungsnetze der Zugang auf Vertragsbasis nicht ermöglicht werden muss.

3. Wahrung der Interessen von Eigentümer, Betreiber und Drittnutzer

21 Lit. c) des Art. 20 Abs. 2 Satz 3 RL-Gas enthält wenig spezifizierte Verweigerungsgründe, nach denen der Netzbetreiber **Erfordernisse** angemessener Art gebührend belegen muss, die gegen den Netzzugang sprechen. Diese Sonderinteressen können sowohl auf Seiten des Netzbetreibers als auch des Netzeigentümers vorliegen. In sachlicher Hinsicht kommen Sondererfordernisse beim Erdgastransport und bei der Erdgasaufbereitung in Betracht.

22 Mit Hilfe des lit. c) können die **Interessen aller anderen Benutzer des vorgelagerten Rohrleitungsnetzes** ebenso zur Geltung gebracht werden wie die der Nutzer von Aufbereitungs- oder Umschlagseinrichtungen. Letztlich bedeutet dies, dass der Netzbetreiber unter Hinweis auf bisherige Vertrags- und Nutzungsstrukturen neue Nutzer vom vertraglichen Netzzugang ausschließen kann, wenn er eine Beeinträchtigung der Geschäftsbeziehungen zu seinen Vertragskunden befürchtet. Um dem Gericht die Überprüfung zu ermöglichen, reicht es nicht aus, lediglich die in der Richtlinie genannten Gründe ganz oder teilweise zu wiederholen; vielmehr müssen die vorhandenen vertraglichen Regeln und deren Auswirkungen auf das vorgela-

---

[7] Die Ausnahme für örtliche Produktionstätigkeiten im Sinne von § 3 Ziff. 39 a.E. ist zu beachten.

gerte Rohrleitungsnetz zumindest überblicksartig zusammengestellt werden.

4. Entgegenstehende nationale Rechtsvorschriften

Art. 20 Abs. 2 Satz 3 lit. d) RL-Gas lässt als Verweigerungsgrund entgegenstehende nationale Rechtsvorschriften dann gelten, wenn sie **mit dem Gemeinschaftsrecht übereinstimmen**. Diese Vorschrift darf also insbesondere nicht gegen Art. 28 ff. EG verstoßen. 23

Typischerweise wird es sich um Rechtsnormen und **Ergebnisse von Verwaltungsverfahren** handeln, die das Genehmigungsrecht im Hinblick auf Gewinnungs- und Entwicklungstätigkeiten betreffen. In Deutschland sind dies das **Bundesberggesetz** sowie die dazu ergangenen Rechtsverordnungen unter Berücksichtigung des Gesetzes- und Verordnungsrechts der Bundesländer. Ist der entgegenstehende Zugangsgrund dem Tenor eines Genehmigungsbescheides usw. zu entnehmen, so muss sich dieser Teil des Tenors des Genehmigungsbescheides (z. B. Bedingung/Befristung, Auflage) wiederum auf eine (übergeordnete) abstrakt-generelle Rechtsregel zurückführen lassen. Denn nicht in Übereinstimmung mit dem Gemeinschaftsrecht stehen Ergebnisse von Verwaltungsverfahren, die die Funktionsfähigkeit des Binnenmarktes behindern, ohne auf zwingender Vorgabe zu beruhen. 24

Umweltschutzvorschriften werden typischerweise geeignet sein, als Zugangsverweigerungsgrund zu dienen. Das Gleiche gilt für das **technische Sicherheitsrecht**; wenn das vorgelagerte Rohrleitungsnetz Reservekapazitäten nur aufweist, um einen gefahrlosen Betrieb gemäß Genehmigungsvorgabe zu ermöglichen, ist der Betreiber dieses Netzes berechtigt, im Einklang mit der Genehmigung jeglichen Zugang zu diesen Reservekapazitäten zu verweigern. 25

Alle vier Verweigerungsgründe des Art. 20 Abs. 2 Satz 3 RL-Gas betonen die **Notwendigkeit**, den Netzzugang zu verweigern oder den Netzzugang hindernde Gründe in ausreichendem Umfang geltend zu machen. In Anwendung der zum Verhältnismäßigkeitsprinzip entwickelten Grundsätze[8] muss deshalb die Verweigerung oder das Geltendmachen sonstiger Gegengründe die **ultima ratio** bleiben, was den Zugang nur dann zu verweigern berechtigt, wenn ein anderes (milde- 26

---

8 Vgl. *Schmidt-Bleibtreu/Klein*, GG, Art. 20 Rz. 27 f.: »geeignet, erforderlich, angemessen«.

res) Mittel zum Schutz der Ressourcen des Netzbetreibers nicht ersichtlich ist. Der Netzbetreiber muss deshalb alle Varianten technischer und ökonomischer Art prüfen, um den Zugang doch noch zu ermöglichen; ist keine dieser (milderen) Varianten tauglich, um den Partizipationswunsch zu erfüllen und gleichzeitig Bestand und Funktion der vorgelagerten Rohleitungsnetze zu schützen, liegt die erforderliche Notwendigkeit der Verweigerung im Sinne von Art. 20 Abs. 2 Satz 3 RL-Gas vor.

5. Begründungspflicht

27 Um eine Nachprüfung der geltend gemachten Zugangsverweigerungsgründe zu ermöglichen, sieht **Satz 3** die **Begründung in Textform** vor. Dazu muss dem Zugangspetenten ein Schreiben zugehen, das nicht unterschrieben zu werden braucht (vgl. § 126b BGB); die Zugangsverweigerung per e-mail reicht deshalb aus.

28 Zur Erläuterung der Zugangsverweigerung hat der Netzbetreiber im Sinne von § 27 Satz 1 einen der in Art. 20 Abs. 2 Satz 3 RL-Gas aufgeführten Verweigerungsgründe zu benennen und mit Tatsachen auszufüllen. Soweit die Verweigerungsgründe selbst (vgl. dazu oben III. 3.) eine ausreichende Belegbarkeit des Verweigerungsgrundes einfordern, muss die Begründung der Zugangsverweigerung »mit Leben gefüllt« werden; bloß floskelhafte, formularmäßige Ablehnungsgründe reichen nicht aus. Die Begründung muss erkennen lassen, dass der Netzbetreiber auf die Art und Weise des erwünschten Netzzugangs Bezug nimmt und die von ihm geltend gemachten Ablehnungsgründe unter Berücksichtigung des konkreten Einspeise- oder Ausspeiseverlangens würdigt. Bei Überprüfung durch die Zivilgerichte sind entsprechende Beweismittel vorzulegen (Sachverständigenbeweis, Urkundenbeweis, Zeugenbeweis).

IV. Verordnungsermächtigung (Satz 5)

29 Nach **Satz 5** ist der **Bundesminister für Wirtschaft und Arbeit** zum Erlass einer den Zugang zu vorgelagerten Rohrleitungsnetzen betreffenden Regelung durch Verordnung ermächtigt, für die er der Zustimmung des Bundesrates bedarf. Regelungsinhalte der Verordnung können Netzzugangsbedingungen und Berechnungsmethoden für Entgelte sein; ein Genehmigungserfordernis im Hinblick auf NZE kann nicht festgesetzt werden. Weil es sich um einen verhandelten und nicht um regulierten Netzzugang handelt, ist auch das Genehmigungserfordernis des § 23a beim Zugang zu vorgelagerten Rohrleitungsnetzen nicht anwendbar.

Der Betreiber kann den Zugang nicht unter Hinweis auf die noch nicht ergangene Verordnung verweigern; der BMWA ist nicht verpflichtet, von der Ermächtigung Gebrauch zu machen, und das Zugangssystem zu vorgelagerten Rohrleitungsnetzen muss auch ohne (weitere) abstrakt-generelle Regelungen auf zivilrechtlicher Basis funktionsfähig sein. Weil dieser spezielle Zugang nach § 27 sicherlich kein »Massengeschäft« darstellen wird, ist es nicht sicher, dass eine solche Verordnung überhaupt ergeht. 30

V. Rechtsschutz

Weil der Zugang zu den vorgelagerten Gasversorgungsnetzen als **gesetzlicher Anspruch** ausgestaltet ist, der allerdings nur auf Vertragsbasis zu gewähren ist (§ 26), sind beide Seite berechtigt und verpflichtet, Verhandlungen über den Zugang zu führen sowie Vertragsangebote vorzulegen. Die **Gewährung der Mitbenutzung** erfolgt dann auf der Basis des abgeschlossenen Vertrages. 31

Wird der Vertragsschluss verweigert, sind in erster Linie die **Zivilgerichte** zur Überprüfung des Zugangsanspruch berufen. Dies gilt jedenfalls solange, wie eine besondere Streitschlichtungsstelle im Sinne von Art. 20 Abs. 3 RL-Gas nicht eingerichtet ist, subsidiär auch zur Überprüfung von Entscheidungen der Streitbeilegungsstelle. Das Zivilgericht (in der Regel wegen des Streitwertes ein Landgericht) wird die Verweigerungsgründe auf ihre Stichhaltigkeit untersuchen, wobei die Darlegungs- und Beweislast für das Vorliegen solcher Gründe bei den Netzbetreibern liegt (Zugang als Regelfall, Verweigerung als Ausnahme). 32

Dieser zivilgerichtliche Rechtsschutz ist unabhängig von den Eingriffsbefugnissen der **Regulierungsbehörde**; einen Zuständigkeitsausschluss sieht § 54 nicht vor, obwohl es sich nicht um regulierten Netzzugang handelt. § 30 Abs. 1 Ziff. 2 ermöglicht Missbrauchsverfügungen der Regulierungsbehörde in Bezug auf den gesamten Abschnitt 3 des Teiles 3 des EnWG und damit auch solche wegen Verstoßes gegen § 27. Voraussetzung ist lediglich das Nichteinhalten der gesetzlichen Bestimmungen, also beispielsweise das Geltendmachen unzureichender Zugangsverweigerungsgründe. Eine komplementäre 33 oder jedenfalls subsidiäre Zuständigkeit der Kartellbehörden besteht gemäß § 111 Abs. 1 nicht, weil die die Regulierung des Netzbetriebes einschließlich des Netzzugangs auf Vertragsbasis betreffenden Vorschriften (§§ 11 bis 35) als abschließende EnWG-Regelungen eine Zuständigkeit der Kartellbehörden ausschließen (§ 111 Abs. 2 Ziff. 1).

§ 28 Zugang zu Speicheranlagen

(1) Betreiber von Speicheranlagen haben anderen Unternehmen den Zugang zu ihren Speicheranlagen und Hilfsdiensten zu angemessenen und diskriminierungsfreien technischen und wirtschaftlichen Bedingungen zu gewähren, sofern der Zugang für einen effizienten Netzzugang im Hinblick auf die Belieferung der Kunden technisch oder wirtschaftlich erforderlich ist.

(2) [1]Betreiber von Speicheranlagen können den Zugang nach Absatz 1 verweigern, soweit sie nachweisen, dass ihnen der Zugang aus betriebsbedingten oder sonstigen Gründen unter Berücksichtigung der Ziele des § 1 nicht möglich oder nicht zumutbar ist. [2]Die Ablehnung ist in Textform zu begründen.

(3) [1]Betreiber von Speicheranlagen sind verpflichtet, den Standort der Speicheranlage, Informationen über verfügbare Kapazitäten sowie ihre wesentlichen Geschäftsbedingungen für den Speicherzugang im Internet zu veröffentlichen. [2]Dies betrifft insbesondere die verfahrensmäßige Behandlung von Speicherzugangsanfragen, die Beschaffenheit des zu speichernden Gases, die nominale Arbeitsgaskapazität, die Ein- und Ausspeicherungsperiode, soweit für ein Angebot der Betreiber von Speicheranlagen erforderlich, sowie die technisch minimal erforderlichen Volumen für die Ein- und Ausspeicherung.

(4) Das Bundesministerium für Wirtschaft und Arbeit wird ermächtigt, durch Rechtsverordnung mit Zustimmung des Bundesrates die technischen und wirtschaftlichen Bedingungen sowie die inhaltliche Gestaltung der Verträge über den Zugang zu den Speicheranlagen zu regeln.

Überblick		Seite	Rz.
I.	Regelungszweck und Entstehungsgeschichte	694	1
II.	Regelungsadressaten sowie Kriterien des Netzzugangs und seiner Verweigerung (Abs. 1 und 2)	694	4
III.	Veröffentlichungspflichten (Abs. 3)	697	14
IV.	Rechtsschutz	698	16
V.	Verordnungsermächtigung (Abs. 4)...................	698	17

§ 28 Zugang zu Speicheranlagen

I. Regelungszweck und Entstehungsgeschichte

1 § 28 dient der Umsetzung von Art. 19 RL-Gas und wählt aus den bestehenden Optionen – regulierter oder vertraglicher Netzzugang – letztere Variante aus, vgl. § 26. Im Verhältnis zum EnWG 2003 ändert sich die Rechtslage deshalb nicht, weil der Zugang gemäß § 6a Abs. 2 bisher zum gesamten Gasversorgungsnetz einschließlich der Speicheranlagen auf Vertragsbasis gewährleistet gewesen ist. Der Übergang der Richtlinien zum regulierten Netzzugang als Normalfall hat es erfordert, von der Option des Art. 19 Abs. 1 Satz 1 in Verbindung mit Abs. 3 und 4 RL-Gas Gebrauch zu machen, weil ansonsten auch der Zugang zu Speicheranlagen auf der Basis des regulierten Zugangs zu gewähren gewesen wäre.

2 Die Vorschrift enthält in § 28 Abs. 1 in Verbindung mit § 26 die wesentlichen Zugangskriterien (angemessen, diskriminierungsfrei, Erfordernis des effizienten Netzzugangs) und schließt »Hilfsdienste« und mittelbaren Kontrahierungszwang ein. Die Zugangsverweigerungsgründe enthält § 28 Abs. 2 im Einklang mit § 17 Abs. 2 sowie § 20 Abs. 2.

3 Wesentliche Informationen zu Ort und Auslegung von Speicheranlagen müssen deren Betreiber gemäß Abs. 3 **im Internet veröffentlichen**. Zur Festsetzung der Bedingungen und zur inhaltlichen Gestaltung der Zugangsverträge wird das BMWA (mit Zustimmung des Bundesrates) in Abs. 4 **durch Rechtsverordnung ermächtigt**.

II. Regelungsadressaten sowie Kriterien des Netzzugangs und seiner Verweigerung (Abs. 1 und 2)

4 Auf der Verpflichtungsseite des Rechtsverhältnisses sind die **Betreiber von Speicheranlagen** in § 28 Abs. 1 als Regelungsadressaten genannt. Diese werden gemäß § 3 Ziff. 9 als natürliche oder juristische Personen oder rechtlich unselbständige Organisationseinheiten eines EVU definiert, die die Aufgabe der Speicherung von Erdgas wahrnehmen und für den Betrieb einer Speicheranlage verantwortlich sind. Insofern sind **Speicheranlagen** alle einem GasVU gehörende oder von ihm betriebenen Anlagen zur Speicherung von Gas, einschließlich des zu Speicherzwecken genutzten Teils von LNG-Anlagen, jedoch mit Ausnahme des Teils, der für eine Gewinnungstätigkeit genutzt wird; § 3 Ziff. 31 nimmt Einrichtungen von der Definition aus, die aus-

II. Regelungsadressaten sowie Kriterien des Netzzugangs

schließlich Betreibern von Leitungsnetzen bei der Wahrnehmung ihrer Aufgaben vorbehalten sind. Speicher können auch Aufgaben der **Netzpufferung** im Sinne von § 3 Ziff. 29 und damit der Verdichtung von Gas in Fernleitungs- und Verteilernetzen wahrnehmen, wobei auch dort die zur Aufgabenwahrnehmung durch FNB vorbehaltenen Einrichtungen ausgenommen sind.

Außerdem ist nach § 28 Abs. 1 Zugang zu den speicherbezogenen **Hilfsdiensten** zu gewährleisten. Unter **Hilfsdiensten** versteht § 3 Ziff. 23 sämtliche für den Zugang zu und den Betrieb von Fernleitungs- und Gasverteilernetzen oder LNG-Anlagen oder Speicheranlagen erforderlichen Dienste, einschließlich Lastausgleichs- und Mischungsanlagen, jedoch mit Ausnahme von Anlagen, die ausschließlich Fernleitungsnetzbetreibern für die Wahrnehmung ihrer Aufgaben vorbehalten sind. 5

Speicheranlagen dienen – vergleichbar vorgelagerten Rohrleitungsnetzen – vielfältigen Aufgaben im Rahmen der Gewinnung, der Übertragung und der Verteilung von Erdgas. Die Regelung in § 28 in Verbindung mit Art. 19 RL-Gas hat das Ziel, die Speicheranlagen insoweit insbesondere allen Gaslieferanten zu öffnen, soweit diese die Speicherung für einen **effizienten Netzzugang** benötigen. Denn der Inhaber der Speicheranlage ist insbesondere in der Lage, den saisonalen Ausgleich zwischen Sommerbedarf und Winterbedarf zu leisten: Gas kann im Rahmen von take or pay-Verträgen während des ganzen Jahres kontinuierlich bezogen werden, wobei die Speicherung während der Sommermonate erfolgt und das Erdgas dann anlässlich des hohen Winterbedarfs über solche Mengen hinaus abgegeben werden kann, die während dieser Zeit gleichmäßig weiterbezogen werden[1]. Würde ein freier Gaslieferant von der Nutzung der Speicheranlage ausgeschlossen, hätte er erhebliche Preisnachteile beim Bezug zu erleiden, weil er die Abnahme des bezogenen Erdgases nur während der Wintermonate sicherstellen könnte und während der übrigen Zeit am Gasbezug fast gänzlich gehindert wäre. 6

Damit sind zugleich diejenigen **Unternehmen** identifiziert, die auf der Aktivseite des vertragsbasierten Netzzugangsschuldverhältnisses stehen. Dies werden überwiegend Gaslieferanten oder Letztverbrau- 7

---

[1] Sog. Strukturierung: Vgl. de *Wyl/Müller-Kirchenbauer*, Vertragliche Ausgestaltung der Netznutzung bei Strom und Gas, in: *Theobald/Schneider* (Hrsg.), HB EnWR, § 13 Rz. 105 ff.

cher sein, die ihr Gas bei gewinnenden Gasunternehmen oder Importeuren unmittelbar selbst einkaufen. Soweit die genannten Definitionen gegenstands- und aufgabenbezogen Speicheranlagen oder Teile von Speicheranlagen von der Definition ausnehmen, besteht keinerlei Netzzugang nach dem EnWG; weil insofern dann keine abschließende Regelung im Sinne von § 111 Abs. 1 auf der Basis des EnWG-Rechts entgegensteht, ist ein Anspruch auf Netzzugang etwa gemäß § 19 Abs. 4 Ziff. 4 GWB nicht von vornherein ausgeschlossen, so dass insofern die Kartellbehörden tätig werden könnten.

8 Im Einklang mit Art. 19 RL-Gas legt § 28 Abs. 1 die **technischen und wirtschaftlichen Netzzugangsbedingungen** fest (objektiv/transparent, angemessen und diskriminierungsfrei). Zwar fehlt der Hinweis auf die Gleichbehandlung von Teilnehmern des externen sowie des internen Marktzugangs (vgl. § 27 Satz 1); jedoch stellt das Diskriminierungsverbot des § 28 Abs. 1 sicher, dass insofern kein Unterschied bei den Zugangsbedingungen besteht.

9 Ein Charakteristikum des § 28 Abs. 1 ist die Zugangsbedingung der **technischen oder wirtschaftlichen Erforderlichkeit im Hinblick auf die Belieferung von Kunden** (effizienter Netzzugang). Nur wenn es dem Speicheranlagen-Zugangspetenten gelingt, dieses Erfordernis nachzuweisen, muss der Anlagenbetreiber Vertragsangebote unterbreiten oder Vertragsangebote annehmen. Ein Zugangspetent, der ansonsten im Gaslieferwettbewerb Nachteile erleiden würde, darf vom Zugang nicht ausgeschlossen werden.

10 Der Netzzugang ist **technisch erforderlich**, wenn der Kunde unterschiedlichen Bedarf (untertägige oder saisonale Schwankungen) aufweist und dem Lieferanten nicht zumutbar ist, diese Schwankungen in seine Bedarfsanmeldungen beim Großhändler/Gewinnungsunternehmen einzubringen, weil dieses auf einen kontinuierlichen Gasabfluss technisch angewiesen ist. Das **wirtschaftliche Erfordernis** zwecks Herstellung effizienten Netzzugangs und damit funktionsfähigen Wettbewerbs liegt in den bereits oben (Rz. 6) beschriebenen Preisnachteilen begründet, die diskontinuierlich beziehende Lieferanten insbesondere unter Berücksichtigung von saisonalen Schwankungen haben. Wer einen Kunden mit kontinuierlichem Abnahmeverhalten beliefert oder – bei Belieferung von Haushaltskunden – wer selbst für den Ausgleich der Nachfrage während der Wintersaison sorgen

kann und deshalb während der Sommermonate überhaupt kein Gas bezieht[2], der hat keinen Anspruch auf Speicherzugang.

Vor Inkrafttreten des EnWG 2003 bestand der Anspruch auf Zugang 11 zu solchen Speicheranlagen entweder auf der Basis des § 19 Abs. 4 Ziff. 4 GWB (Zugang zu wesentlichen Einrichtungen) oder auf der Basis allgemeinen zivilrechtlichen Kontrahierungszwangs. Entscheidungen der Obergerichte sind zu diesem Zugangsproblem noch nicht bekannt geworden.

Die **Zugangsverweigerungsgründe** des Abs. 2 unterscheiden wiederum zwischen Unmöglichkeit/fehlender Zumutbarkeit sowie betriebsbedingten/sonstigen Gründen im Einklang mit § 17 Abs. 2 und § 20 Abs. 2. Insofern kann auf die obigen Ausführungen verwiesen werden[3]. Es besteht wie gewohnt **Begründungspflicht in Textform**, § 126b BGB. 12

Ergänzend kann Art. 19 Abs. 3 RL-Gas herangezogen werden, der 13 Speicheranlagen, Anlagen zur Netzpufferung und andere Hilfsdienste in einem Atemzug nennt. Die Netzzugangsbedingungen sind unter Berücksichtigung des Grundsatzes von Treu und Glauben auszuhandeln (ebd.).

III. Veröffentlichungspflichten (Abs. 3)

In Umsetzung von Art. 19 Abs. 3 Satz 4 RL-Gas ordnet § 28 Abs. 3 14 die **Veröffentlichungspflicht** in Bezug auf **Informationen** an, die für den Speicheranlagenzugang wesentlich sind. Ort der Veröffentlichung ist die Homepage des Speicheranlagenbetreibers. Veröffentlichungspflichtig sind insbesondere:

– Standort der Speicheranlage

– Verfügbare Kapazitäten

– wesentliche Geschäftsbedingungen

– Verfahren der Behandlung von Speicherzugangsanfragen

---

2 Eine Vielzahl von Gasabnehmern ist in der Lage, Schwankungen des Gasbedarfs der Einzelkunden wechselseitig zum Ausgleich zu bringen (Kompensation von Mehr- und Minderbedarf).
3 Oben § 17 Rz. 33 ff. sowie § 20 Rz. 44 ff.

§ 28 Zugang zu Speicheranlagen

- Beschaffenheit des zu speichernden Gases
- nominale Arbeitsgaskapazität
- Einspeicherungs- und Ausspeicherungsperiode
- technische Mindestvolumina für Ein- und Ausspeicherung

15 Darüber hinausgehende Angaben sind freiwillig; die Veröffentlichung eines Mustervertrages ist sinnvoll, aber nicht vorgeschrieben.

IV. Rechtsschutz

16 Weil der Zugang zu den Speicheranlagen parallel zum Zugang zu den vorgelagerten Rohrleitungsnetzen (§ 27) auf Vertragsbasis geregelt ist, gelten im Hinblick auf den Rechtsschutz bei Verweigerung des Zugangs die oben abgedruckten Erläuterungen[4].

V. Verordnungsermächtigung (Abs. 4)

17 Mit Zustimmung des Bundesrates wird das BMWA zur Rechtsetzung durch Rechtsverordnung ermächtigt, um das Recht auf den Zugang zu den Speicheranlagen näher auszugestalten. Die Regelungsinhalte umfassen:

- technische Zugangsbedingungen
- wirtschaftliche Zugangsbedingungen
- inhaltliche Gestaltung der Verträge

18 Von der Ermächtigung hat das BMWA bisher nicht Gebrauch gemacht; der Zugang zu Speicheranlagen ist unabhängig vom Erlass einer Rechtsverordnung kraft Gesetzes (§§ 26, 28) auf Vertragsbasis gewährleistet.

---

4 Oben § 27 Rz. 31 ff.

§ 28a Neue Infrastrukturen

(1) Verbindungsleitungen zwischen Deutschland und anderen Staaten oder LNG- und Speicheranlagen können von der Anwendung der §§ 20 bis 28 befristet ausgenommen werden, wenn

1. durch die Investition der Wettbewerb bei der Gasversorgung und die Versorgungssicherheit verbessert werden,

2. es sich um größere neue Infrastrukturanlagen im Sinne des Artikels 22 Abs. 1 der Richtlinie 2003/55/ EG handelt, bei denen insbesondere das mit der Investition verbundene Risiko so hoch ist, dass die Investition ohne eine Ausnahmegenehmigung nicht getätigt würde,

3. die Infrastruktur Eigentum einer natürlichen oder juristischen Person ist, die entsprechend des § 7 Abs. 1 und der §§ 8 bis 10 von den Netzbetreibern getrennt ist, in deren Netzen die Infrastruktur geschaffen wird.

4. von den Nutzern dieser Infrastruktur Entgelte erhoben werden, und

5. die Ausnahme sich nicht nachteilig auf den Wettbewerb oder das effektive Funktionieren des Erdgasbinnenmarktes oder das effiziente Funktionieren des regulierten Netzes auswirkt, an das die Infrastruktur angeschlossen ist.

(2) Absatz 1 gilt auch für Kapazitätsaufstockungen bei vorhandenen Infrastrukturen, die insbesondere hinsichtlich ihres Investitionsvolumens und des zusätzlichen Kapazitätsvolumens bei objektiver Betrachtung wesentlich sind, und für Änderungen dieser Infrastrukturen, die die Erschließung neuer Gasversorgungsquellen ermöglichen.

(3) [1]Auf Antrag des betroffenen Gasversorgungsunternehmens entscheidet die Regulierungsbehörde, ob die vom Antragsteller nachzuweisenden Voraussetzungen nach Absatz 1 oder 2 vorliegen. [2]Die Prüfung und das Verfahren richten sich nach Artikel 22 Abs. 3 Buchstabe b bis e und Abs. 4 der Richtlinie 2003/55/EG. [3]Soweit nach Artikel 22 Abs. 4 der Richtlinie 2003/55/EG die Beteiligung der Kommission der Europäischen Gemeinschaften (EG-Beteiligungsverfahren) vorgesehen ist, leitet die Regulierungsbe-

hörde dieses Verfahren ein. ⁴Die Regulierungsbehörde hat eine Entscheidung über einen Antrag nach Satz 1 nach Maßgabe einer endgültigen Entscheidung der Kommission nach Artikel 22 Abs. 4 in Verbindung mit Artikel 30 Abs. 2 der Richtlinie 2003/55/EG zu ändern oder aufzuheben; die §§ 48 und 49 des Verwaltungsverfahrensgesetzes bleiben unberührt.

(4) Die Entscheidungen werden von der Regulierungsbehörde auf ihrer Internetseite veröffentlicht.

Überblick

		Seite	Rz.
I.	Regelungszweck und Entstehungsgeschichte	700	1
II.	Voraussetzungen des Ausschlusses vom Netzzugang (Abs. 1 und 2)....................................	702	3
III.	Antragsverfahren und Veröffentlichung (Abs. 3 und 4)..	703	6

I. Regelungszweck und Entstehungsgeschichte

1   § 28a ist im Regierungsentwurf[1] noch nicht enthalten gewesen, jedoch mit der Stellungnahme des Bundesrates[2] angeregt und wie folgt begründet worden:

> »Art. 22 der Richtlinie 2003/55/EG des Europäischen Parlaments und des Rates vom 26. Juni 2003 gewährt für neue größere Infrastruktureinrichtungen die Möglichkeit einer Ausnahme von den Vorgaben über den regulierten Netzzugang. § 28a EnWG-E dient der Umsetzung dieser Vorschrift in deutsches Recht.
>
> Die Umsetzung des Art. 22 der Richtlinie 2003/55/EG ist von nationalem Interesse. Während die deutsche Eigenproduktion ebenso wie die europäische Eigenproduktion abnimmt, steigt gleichzeitig die Nachfrage nach Erdgas. Es ist abzusehen, dass Deutschland von importiertem Erdgas, das über weite Entfernungen in Erdgasfernleitungen transportiert wird, bzw. von Flüssiggas abhängig werden wird. Die Erschließung der dafür notwendigen neuen Gasversorgungsquellen sowie der Bau der notwendigen Infrastruktur erfordern erhebliche Investitionen. Wesentliches

---

1 BT-DrS 15/3917, S. 19.
2 BT-DrS 15/3917, Anlage 2, S. 78, 87 (Ziff. 35).

Kriterium der Kreditvergabe für Investoren und Kreditgeber ist die kalkulierbare und dauerhafte Sicherstellung des Kapitalrückflusses. Ohne eine Ausnahme im Einzelfall von der – stetigem Wandel unterliegenden – Regulierung, steigt das Finanzierungsrisiko und sinkt gleichzeitig die Investitionsbereitschaft von Investoren und Kreditgebern.

§ 28a EnWG-E reduziert das Regulierungsrisiko und stellt ein positives Investitionsklima dar, das die deutsche Gaswirtschaft im Wettbewerb mit anderen europäischen Unternehmen um Infrastrukturinvestitionen unterstützt.

Da die übrigen Mitgliedstaaten der europäischen Union Art. 22 der Richtlinie 2003/55/EG bereits umgesetzt haben bzw. umsetzen werden, würde eine Nichtumsetzung des Art. 22 der Richtlinie 2003/55/EG die deutsche Gaswirtschaft gegenüber der übrigen europäischen Gaswirtschaft erheblich benachteiligen.

Art. 22 der Richtlinie 2003/55/EG gibt die gesetzliche Einführung eines individuellen Rechts der Unternehmen auf eine Ermessensentscheidung der Verwaltung über eine Ausnahme vom regulierten Netzzugang vor. Da die Regulierungsbehörde einzelfallabhängig über eine Ausnahme von den §§ 20 bis 28 und 29 EnWG-E entscheidet, sind Nachteile für die bereits bestehende Infrastruktur nicht zu erwarten.

Die mit der Durchführung neuer Infrastrukturprojekte einhergehende Diversifizierung der Erdgasquellen verbessert die Versorgungssicherheit Deutschlands. § 28a EnWG-E trägt damit auch wesentlich zur Erreichung der Ziele der Richtlinie 2004/67/EG des Rates vom 26. April 2004 über Maßnahmen zur Gewährleistung der sicheren Erdgasversorgung bei.«

In ihrer Gegenäußerung hatte die Bundesregierung die Prüfung des Vorschlags zu § 28a zugesagt[3]. Erst im Wirtschaftsausschuss[4] einigten sich die politischen Parteien darauf, die vom Bundesrat vorgeschlagene Vorschrift in das Gesetz zu übernehmen. Eine Vorläufervorschrift gab es nicht.

---

3 BT-DrS 15/4068, S. 6 (Ziff. 32).
4 BT-DrS 15/5268, S. 41 f. mit Begründung S. 121.

II. Voraussetzungen des Ausschlusses vom Netzzugang (Abs. 1 und 2)

3 Der Begriff der **Infrastrukturen** wird zwar nicht durch § 3, wohl aber in Art. 22 Abs. 1 RL-Gas definiert. Danach handelt es sich um Verbindungsleitungen[5] zwischen den Mitgliedstaaten, LNG- und Speicheranlagen; § 28a Abs. 1 hat diese inhaltliche Ausfüllung übernommen. Damit können wohl lediglich ganze Netze, also ein vermaschtes System von Rohrleitungen zum Zwecke der leitungsgebundenen Gasversorgung, nicht vom Netzzugang ausgenommen werden.

4 Die Ziff. 1 bis 5 führen die **Ausnahmegründe** abschließend und als **kumulatives Bedingungssystem** auf (»und« am Ende von Ziff. 4). Dabei sind die Gründe praktisch wörtlich aus Art. 22 Abs. 1 RL-Gas übernommen worden. Die folgenden Voraussetzungen müssen insofern erfüllt werden:

– Verbesserung des Wettbewerbs (Gasversorgung und Versorgungssicherung) durch die Investition

– Investitionsrisiko ist so hoch, dass Ausnahme vom Netzzugang als erforderlich erscheint

– die Infrastruktureinrichtung muss auch eigentumsmäßig von den eigentlichen Netzen (einschließlich vorgelagerten Rohrleitungsnetzen und Speicheranlagen) getrennt sein, § 7 Abs. 1 sowie §§ 8 bis 10

– von den Nutzern der Infrastruktur werden Entgelte erhoben

– keine nachteiligen Auswirkungen auf die Funktionsfähigkeit des Erdgasbinnenmarktes und des effizienten Netzzugangs

5 § 28a **Abs. 2** erstreckt die Möglichkeit zur genehmigten Ausnahme vom Netzzugang auf **Kapazitätsaufstockungen bei vorhandenen Infrastrukturen** im Einklang mit Art. 22 Abs. 2. Diese Aufstockung muss dem Ziel dienen, neue Gasversorgungsquellen zu erschließen; im Hinblick auf die Investition und das Kapazitätsvolumen muss eine Wesentlichkeitsschwelle überschritten werden. Die Beseitigung kleinerer Kapazitätsengpässe fällt deshalb nicht unter § 28a Abs. 2. Ob sich die Befreiungsmöglichkeit dann nur auf die aufgestockte oder

---

5 § 3 Ziff. 34: Fernleitungen über die Grenze eines Mitgliedstaates zur Verbindung nationaler Fernleitungsnetze.

aber auch die Grundkapazität erstreckt, muss aus Sinn und Zweck sowie dem Tenor der Dispensentscheidung heraus entschieden werden.

III. Antragsverfahren und Veröffentlichung (Abs. 3 und 4)

Will ein Investor von den in § 28a vorgesehenen Ausnahmen Gebrauch machen, weil er neue Verbindungsleitungen bzw. LNG- oder Speicheranlagen plant oder vorhandene Kapazitäten wesentlich aufzustocken beabsichtigt, muss er nach § 28a Abs. 3 einen Antrag bei der Regulierungsbehörde stellen. Diese trifft die **Ausnahmeentscheidung** durch feststellenden Verwaltungsakt, wobei die Voraussetzungen des § 28a Abs. 1 und Abs. 2 vorliegen müssen. Wegen des Verfahrens verweist § 28a Abs. 3 Satz 2 auf Art. 22 Abs. 3 sowie Abs. 4 RL-Gas einschließlich des EG-Beteiligungsverfahrens. Kommt es zu einer gegenteiligen Entscheidung der Kommission gemäß Art. 22 Abs. 4, hebt die Regulierungsbehörde die zuvor ergangene Ausnahmeentscheidung auf oder ändert diese.

Rechtsfolge der Ausnahmentscheidung ist es, dass der Betreiber der neuen Infrastruktureinrichtung **Jedermann** vom Zugang auszuschließen vermag; die §§ 20 bis 28a gelten nicht. Weil es sich insofern um eine abschließende Regelung im Sinne von § 111 GWB handelt, wird auch die Zuständigkeit der Kartellbehörden zum Erlass von Missbrauchsverfügungen wegen Verweigerung des Zugangs zu wesentlichen Einrichtungen (§ 19 Abs. 4 Ziff. 4 GWB) nicht eröffnet. Ein Zugangspetent kann allenfalls versuchen, auf (freiwilliger) vertraglicher Basis oder gestützt auf eine Norm des allgemeinen Zielrechts (z. B. § 826 BGB) Zugang zur Infrastruktureinrichtung zu erhalten.

Die Entscheidungen der Regulierungsbehörde im Hinblick auf § 28a werden auf der Homepage der Regulierungsbehörde veröffentlicht. Rechtsschutz gegen eine verweigerte Ausnahmeentscheidung ist – unter Vorliegen der Voraussetzungen im Übrigen – möglich mittels Beschwerde im Sinne von § 75. Ein Drittbeteiligter wird zweckmäßigerweise bereits im Verfahren über die Entscheidung der Ausnahmegenehmigung versuchen, die Stellung als Beteiligter zu erlangen (§ 66), um dann bestimmende Verfahrenshandlungen vornehmen zu können (§ 79 in Verbindung mit § 88 Abs. 1).

Abschnitt 4 Befugnisse der Regulierungsbehörde, Sanktionen

Rechtsprechung zu §§ 29 bis 35

BVerfG v. 16.5.1989, RdE 1990, 151 – Grundrechtsfähigkeit HEW; EuGH v. 27.4.1994, RdE 1994, 182 – Almelo; BGH v. 15.7.1997, RdE 1998, 74 = WuW/E DE-R 24 – Stromversorgung Aggertal; BGH v. 15.7.1997, RdE 1998, 24 = WuW/E DE-R 32 – Stadtwerke Garbsen; BGH v. 6.5.1997, BB 1997, 2016 = ET 1997, 552 = WuW/E BGH 3140 – Gaspreis Landeshauptstadt München; BGH v. 11.3.1997, RdE 1997, 19 = NJW 1997, 2200 = ET 1997, 375 – Gasbelieferung im Stadtgebiet Detmold; BGH v. 22.10.1996, NJW 1997, 574 = ET 1997, 244 = RdE 1997, 110 – Stromeinspeisung II; BGH v. 9.10.1996, LM Nr. 8 zu Art. 21 EinigungsV m. Anm. Weber = NJW 1997, 1586 – Grundstücksübernahme und Energielieferungsvertrag; BGH v. 2.7.1996, NJW 1996, 3005 = RdE 1997, 25 – KWK-Anlage für Kaolinwerk; BGH v. 25.10.1995, ET 1996, 10 – Preismissbrauch SpreeGas I; BGH v. 26.9.1995, NJW 1996, 193 = RdE 1996, 70 – Stadtgaspreise; BGH v. 21.2.1995, BB 1996, 1021 = NJW 1995, 1894 – Weiterverteiler-Strompreis; BGH v. 15.11.1994, NJW 1995, 2718 – Gasdurchleitung; BGH v. 6.10.1992, NJW 1993, 396 = RdE 1993, 72 – Stromeinspeisung I; BGH v. 7.7.1992, NJW 1992, 2888 – Ende des Wegenutzungsrechts; BGH v. 2.10.1991, BB 1991, 2474 – Billigkeit der Strompreisbestimmung; BGH v. 6.11.1984, NJW 1986, 846 = WuW/E 2103 – Favorit; KG v. 15.1.1997, RdE 1997, 239 = ET 1997, 490 = WuW/E OLG 5926 – Preismissbrauch SpreeGas; KG v. 23.12.1996, WuW/E OLG 5795 – Konzessionsvertrag Stadt Nordhorn; KG v. 30.10.1996, RdE 1997, 72 – Gas-Demarkation II; KG v. 14.2.1996, RdE 1997, 27 – Gas-Demarkation I; KG v. 10.1.1996, RdE 1996, 235 – Stadtwerke Garbsen; OLG Düsseldorf v. 9.11.1993, RdE 1994, 146 – Konsortialvertrag und § 1 GWB; OLG Koblenz v. 20.11.1997, ET 1998, S. 194; OLG München v. 4.3.1996, RdE 1996, 154 = WuW/E OLG 5713 – Energiepreisvergleich und Muster-Abnahmefall; OLG Stuttgart v. 18.3.1996, NJW 1997, 595 =WuW/E OLG 5725 – Einspeisung aus Kleinwasserkraftwerken; OLG Stuttgart v. 29.12.1993, RdE 1994, 114 – Strompreissenkung von 6 %; LG Neubrandenburg, RdE 1994, 29 – Wirksamkeit des Versorgungsvertrages; AG Essen v. 10.10.1995, RdE 1997, 39 – DM 2,-- als kostendeckende Stromeinspeisungsvergütung; BKartA v. 28.2.1996, RdE 1996, 160 – Northeim; BKartA v. 25.10.1995, RdE 1996, 79 – EWE-Gaspreisvergleich; BKartA v. 7.3.1995, RdE 1995, 169 – Erdgasbelieferung mit Demarkation; BKartA v. 18.4.1994, RdE 1994, 154 – Gas-Damarkation; LKartB Bayern v. 11.1.1994, RdE 1994, 117 – Schwellenwert für Gaspreise; LKartB Brandenburg v. 27.5.1997, ET 1997, 630 – Erdgaspreise EMB; KG v. 30.10.1996, WuW/E OLG 5694 – Ruhrgas-Thyssengas II

Literatur zu §§ 29 bis 35:

Bartsch/Röhling/Salje/Scholz (Hrsg.), Stromwirtschaft – Ein Praxis-Handbuch, Köln 2002; *Baur (Hrsg.)*, Leitungsgebundene Energie und der Gemeinsame Markt. Eine Analyse der Vorschläge der Kommission der EG, VEnergR Bd. 61, Baden-Baden 1990; *Baur (Hrsg.)*, Reform des Energiewirtschaftsgesetzes. Eine Analyse der Änderungsvorschläge, VEnergR Bd. 64, Baden-Baden 1991; *Baur (Hrsg.)*, Die Europäische Gemeinschaft und das Recht der leitungsgebundenen Energie, VEnergR Bd. 69, Baden-Baden 1993; *Baur (Hrsg.)*, Aktuelle Probleme des Energierechts, VEnergR Bd. 75, Baden-Baden 1995; *Baur (Hrsg.)*, Energierecht und Energiepolitik heute, VEnergR Bd. 78, Baden-Baden 1996; *Baur*, Sinn und Unsinn einer Energierechtsreform, in: Festschrift Lukes, Köln/Berlin/Bonn/München 1989, S. 253 ff.; *Baur*, Schicksal der Lieferverträge nach Wegfall der Ausschließlichkeitsabrede, in: Baur (Hrsg.), Energiewirtschaft zwischen Wettbewerb und öffentlichen Aufgaben, VEnergR Bd. 81, Baden-Baden 1997, S. 33 ff. = RdE 1997, S. 41 ff.; *Baur*, Der Regulator, Befugnisse, Kontrollen – Einige Überlegungen zum künftigen Regulierungsrecht, ZNER 2004, S. 318 ff.; *Baur/Henk-Merten*, Kartellbehördliche Preisaufsicht über den Netzzugang, VEnergR Bd. 104, Baden-Baden 2002; *Baur/Henk-Merten*, Preisaufsicht über Netznutzungsentgelte, RdE 2002, S. 193 ff.; *Böwing/Nissen*, Die Energierechtsnovelle – ein schlüssiges Konzept zur Kontrolle von Netznutzungsentgelten, ET 2004, S. 712 ff.; *Büdenbender*, Die Kartellaufsicht über die Energiewirtschaft, VEnergR Bd. 76, Baden-Baden 1995; *Büdenbender*, Energiekartellrecht, Essen 1994; *Büdenbender/Kühne (Hrsg.)*, Das neue Energierecht in der Bewährung – Bestandsaufnahme und Perspektiven, Festschrift Baur, Baden-Baden 2002; *Bundesregierung (Hrsg.)*, Entwurf eines Gesetzes zur Neuregelung des Energiewirtschaftsrechts vom 8.11.1996, BT-DrS 13/7274 = BR-DrS 806/96; *Cronenberg*, Energierechtsreform – Stand der Überlegungen aus der Sicht der Bundesregierung, RdE 1991, S. 78 ff.; *Cronenberg*, Ziele und Wirkungsweise des neuen Energiewirtschaftsrechts, Manuskript Bonn v. 2.12.1997; *Danner*, Energiewirtschaftsrecht – Energiewirtschaftsgesetz mit den Durchführungsbestimmungen, Nebengesetzen, Verordnungen und Erlassen sowie den energiewirtschaftlich relevanten Rechtsregelungen anderer Bereiche. Loseblattkommentar, 47. Ergänzungslieferung, München 2004; *Ebel*, Entwicklung der kartellrechtlichen Mißbrauchsaufsicht über die Strompreise, BB 1993, S. 375 ff.; *Ehmer*, Das Tarifwesen der Elektrizitätswirtschaft und sein (grund) rechtlicher Rahmen, VEnergR Bd. 77, Baden-Baden 1995; *Eiß/Lukes/Pick/Schulz*, Die Ordnung des Elektrizitätsmarktes in der Europäischen Gemeinschaft, München 1990 (Besprechung durch *Hermann*, RdE 1991, S. 50 f.); *Elberfeld/Weizsäcker v.*, Ist der Subtraktionstest ein geeignetes Verfahren zur Ermittlung missbräuchlich überhöhter Netznutzungsentgelte?, N&R 2004, S. 93 ff.; *Emmerich*, Besprechung von »Büdenbender«, Energiekartellrecht, Essen 1994«, NJW 1996, S. 242 f.; *Enaux/König*, Missbrauchs- und Sanktionsnormen nach dem GWB-E, TKG und EnWG-E, N&R 2005, S. 2 ff.; *Finanzministerium Brandenburg*, Erlass v. 21.8.1995 betr. die Investitionszulage bei Energieversorgungsunternehmen, DB 1995, S. 1786; *Friauf*, Kommunale Energieversorgung und Energierechtsreform, ET 1997, S. 765 ff.; *Fritz/Zimmer*, Bedeutung von Struktureinflüssen beim Netzbenchmarking, ET 2004, S. 320 ff.; *Gamm v.*, Der kartellrechtliche Ausnahmebereich für die Versorgungswirtschaft in der Rechtsprechung, in: Baur (Hrsg.), Deregulierung und Regulierung durch nationales und europäisches Kartellrecht, VEnergR Bd. 71, Baden-Baden 1994, S. 11 ff.; *Geberding*, Das Energierecht der DDR, RdE 1990, S. 70 ff.; *Geppert/Ruhle*, Durchleitungsentgelte von Stadtnetzbetreibern im Blickfeld der Regulierung, N&R 2005, S. 13 ff.; *Grewe/Flandrich/Elwanger (Hrsg.)*, Energiewirtschaft im Wandel, Festschrift D. Schmitt, Münster 2004; *Gottschalk*, Praktische Erfahrungen und Probleme mit Private-Public-Partnership (PPP) in der Versorgungswirtschaft, RdE 1996, S. 125 ff.; *Grabosch*, Die Investitionskontrolle nach § 4 Abs. 2 EnergG, Stuttgart/München/Hannover 1988; *Haas*, Die energiewirtschaftliche und kartellrechtliche Aufsicht über die Elektrizitätswirtschaft – Am Beispiel der Durchleitungsaufsicht, München 2004; *Härle/Sürig*, Die Regulierung der deutschen Netznutzungsentgelte in europäischer Perspektive, ET 2004, S. 506 ff.; *Hantke*, Bundesstaatliche Fragen des Energierechts unter besonderer Berücksichtigung des hessischen Energiespargesetzes, Stuttgart/München/Hannover 1989 (Besprechung durch Hermann, RdE 1990, S. 199f.); *Hantke*, Landesenergiegesetzgebung – Grenzen und Möglichkeiten (I und II), RdE 1992, S. 105 ff., 139 ff.; *Harms (Hrsg.)*, Ost-West-Zusammenarbeit in der Energiewirtschaft, Köln/Berlin/Bonn/München 1990; *Haubrich (u.a.)*, Zur Ableitung der Kosten von Mittelspannungsnetzen aus Strukturmerkmalen, ET 2004, S. 439 ff.; *Hillmann*, Neue Bundesländer: Ansprüche anläßlich des Ausscheidens aus gesellschafts- und gemeinschaftsähnlichen Kooperationen – Die Rechtsprechung des II. Zivilsenats des Bundesgerichtshofs, DB 1995, S. 1215 ff.; *Holtorf/Horstmann*, Aktuelle Entscheidungspraxis über prozessuale und materiell-rechtliche Aspekte des Netzzugangs in der Energiewirtschaft, RdE 2002, S. 264 ff.; *Holznagel/Göge*, Die Befugnisse der REGTP zur Regulierung des Netzzugangs nach dem EnWG-KE 2004, ZNER 2004, S. 218 ff., *Hübschle*, Die kartellrechtliche Missbrauchsaufsicht über Strompreisdifferenzierungen nach der Energiewirtschaftsrechtsnovelle, WuW 1998, S. 146 ff.; *Hüffer/Ipsen/Tettinger*, Die Transitrichtlinien für Gas und Elektrizität. Eine Studie zu den rechtlichen Schranken bei der Verwirklichung des Binnenmarkts für Energie, Stuttgart/München/Hannover 1991; *Hunger*, Fusionskontrolle nach »Aggerstrom« und »Garbsen«. Beteiligungen von Vorlieferanten an lokalen Versorgern, ET 1997, S. 76 ff.; *Jackel*, Einspeisevergütung und Auslaufen der Konzessionsverträge – Eine kritische Studie zu neueren Rechtsentwicklungen, in: Baur (Hrsg.), Deregulierung und Regulierung durch nationales und europäisches Kartellrecht, VEnergR Bd. 71, Baden-Baden 1994, S. 31 ff.; *Jacobi*, Die kommunale Versorgungswirtschaft in der heutigen Diskussion, RdE 1994, S. 125 ff.; *Jacob*, Zum Umfang der Anmeldung nach § 103 Abs. 3 GWB, RdE 1989, S. 22 ff.; *Jacob*, Auslegungsprobleme und rechtliche Konsequenzen der 5. GWB-Novelle (§§ 103, 103a GWB), RdE 1991, S. 55 ff.; *Cronenberg*, Veränderungen des Energierechtsrahmens – Elektrizitätsbinnenmarktrichtlinie und Energierechtsgesetz, in: *Baur* (Hrsg.), Energiewirtschaftsrecht zwischen Wettbewerb und öffentlichen Aufgaben,VEnergR Bd. 81, Baden-Baden 1997, S. 19 ff.; *Kunth/ Slabschi*, Zu den Folgen nichtiger Gebietsschutzabreden in Energielieferverträgen, RdE 1997, S. 174 ff.; *Jungtäubl*, Preishöhen- und Preisstrukturkontrolle bei der leitungsgebundenen Stromversorgung, Köln/Berlin/Bonn/München 1994; *Koenig/Rasbach*, Methodenregulierung in der Energiewirtschaft – Die REGTP auf der Reservebank?, ET 2004, S. 702 ff.; *Kramm*, Kontrolle der Preisgestaltung marktbeherrschender Fernwärmeversorgungsunternehmen, BB 1990, S. 436 ff.; *Krebs/Plesch*, Mittelbare Behinderung von Überschußeinspeisungen wegen unangemessener Vergütung, RdE 1997, S. 214 ff.; *Kühne*, Schicksal langfristiger Lieferverträge zwischen Energieversorgungsunternehmen (EVU) bei Aufhebung der §§ 103, 103a GWB, BB-Beilage 19/1997, S. 1 ff.; *Kuhnt*, Aktuelle Rechtsfragen der Energiewirtschaft, RdE 1992, S. 125 ff.; *Lindemann/Köster*, Energiewirtschaft auf dem Weg zu mehr Wettbewerb, DVBl. 1997, S. 527 ff.; *Litpher*, Die kartellrechtliche Missbrauchsaufsicht über Gaspreise, RdE 1996, S. 57 ff.; *Löwer*, Energieversorgung und gemeindliche Selbstverwaltung, RdE 1992, S. 85 ff.; *OFD Frankfurt/Main (Hrsg.)*, Verfügung v. 27.7.1995 betr. die Zusammenfassung von Betrieben der Öffentlichen Hand bei Zwischenschaltung eines Blockheizkraftwerks (BHKW), DB 1995, S. 2094; *Magerl*, Abkehr vom Gebietsschutz?, RdE 1989, S. 154 ff.; *Markert*, Die Wettbewerbpolitik des Bundeskartellamts gegenüber der Versorgungswirtschaft, in: *Baur* (Hrsg.), Deregulierung und Regulierung durch nationales und europäisches Kartellrecht, VEnergR Bd. 71 Baden-Baden 1994, S. 57 ff.; *Markert*, Aktuelle Probleme der Anwendung der GWB-Vorschriften auf Strom- und Gasversorgungsunternehmen aus der Sicht des Bundeskartellamtes, RdE 1992, S. 49 ff.; *Markert*, Aktuelle Fragen der Preismissbrauchsaufsicht im Strombereich, RdE 1996, S. 205 ff.; *Markert*, Die Anwendung der deutschen Fusionskontrolle auf Beteiligungen von Verbund- und regionalen Energieversorgungsunternehmen an lokalen Versorgungsunternehmen, RdE 1996, S. 45 ff.; *Markert*, Die Missbrauchskontrolle nach dem Referentenentwurf für ein neues EnWG, ZNER 2004, S. 113 ff.; *Markert*, Treuerabatte und »predatory selling« in der Strom- und Gasversorgung aus kartellrechtlicher Sicht, WRP 2003, S. 1320 ff.; *Metzenthin*, Wettbewerb durch EG-Stromimporte. Zum Fortbestand geschlossener Versorgungsgebiete nach deutschem und europäischem Recht, Köln/Berlin/Bonn/München 1992; *Moraing*, Energiepolitik durch Landesenergiegesetze?, RdE 1992, S. 39 f.; *Ossenbühl*, Energierechtsreform und kommunale Selbstverwaltung, ET 1997, S. 773 ff.; *Ott*, Zur Mitbenutzung von Grundstücken und Bauwerken für Energiefortleitungsanlagen im Gebiet der ehemaligen DDR, RdE 1991, S. 150 ff.; *Palm*, Errichtung und Betrieb von Anlagen des Bergbaus und der Energiewirtschaft in den neuen Bundesländern nach dem 3.10.1990, RdE 1990, S. 22 ff.; *Palm*, Errichtung und Betrieb von Anlagen des Bergbaus und der Energiewirtschaft in der DDR nach Inkrafttreten des Staatsvertrags vom 18.5.1990, RdE 1990, S. 183 ff.; *Püttner*, Energieversorgung als kommunale Aufgabe, RdE 1992, S. 96 ff.; *Rapp-Jung*, Zur Tragweite von Art. 90 Abs. 2 EGV für Energiewirtschaft, RdE 1994, S. 165 ff.; *Rapp-Jung*, Die EU-Richtlinie für Elektrizität im

Spannungsfeld zwischen den Wettbewerbsregeln des Vertrags und den verbliebenen energiepolitischen Befugnissen der Mitgliedstaaten, RdE 1997, S. 133 ff.; *Recknagel*, Zur Entwicklung der Fusionskontrolle über Elektrizitätsversorgungsunternehmen, in: *Niederleithinger/Werner/Wiedemann* (Hrsg.), Festschrift Lieberknecht, München 1997, S. 451 ff.; *Redaktion ET (Hrsg.)*, Aktueller Stand der Energierechtsreform – Gesetzentwürfe zur Reform des Energiewirtschaftsrechts, ET 1997, S. 550 ff.; *Ritter*, Langfristige Liefer- und Bezugsverträge im Energierecht und ihre Beurteilung nach den EG-Wettbewerbsregeln, RdE 1995, S. 50 ff.; *Salje*, Das Gesetz zur Neuregelung des Energiewirtschaftsrechts, NVwZ 1998, S. 916 ff.; *Schalast*, Energiewirtschaftsreform. Auswirkungen auf ausländische Investitionen, ET 1997, S. 29 ff.; *Schmidhuber/Schneider/Baur/Tibaldi*, Der EG-Binnenmarkt für Energie und Wettbewerb, VEnergR Bd. 65, Baden-Baden 1991; *Schmitz*, Die Anwendung der Wettbewerbsregeln des EWG-Vertrags auf die Elektrizitätswirtschaft, RdE 1991, S. 142 ff.; *Schoening*, Zur kartellrechtlichen Missbräuchlichkeit unrentabler Energiepreise, BB 1993, S. 1463 ff.; *Schröder*, Kompetenz- und eigentumsrechtliche Fragen bei Verwirklichung des Elektrizitätsbinnenmarktes, VEnergR Bd. 70, Baden-Baden 1993; *Schütte*, Kartellrechtliche Grenzen für Sonderabnehmerpreise, Köln/Berlin/Bonn/München 1991; *Schwabe*, Die deutsche Stromversorgungsstruktur und der EWG-Vertrag. Zur Vereinbarkeit des deutschen Systems geschlossener Stromversorgungsgebiete mit dem EWG-Vertrag, Baden-Baden 1993; *Schwintowski*, Wettbewerb und Ordnung auf Energiemärkten nach Wegfall der §§ 103, 103a GWB, WuW 1997, S. 769 ff.; *Spannowsky*, Die Stellung der Kommunen im Wettbewerb der Energieversorgungsträger, RdE 1995, S. 135 ff.; *Senatsverwaltung für Wirtschaft und Technologie des Landes Berlin (Hrsg.)*, Kartellbehörden überprüfen Gaspreise, RdE 1992, S. 83; *Steinberg/Britz/Schaub*, Die Bedeutung des Rechts der Europäischen Gemeinschaft für eine umweltorientierte Energiepolitik und Energierechtsetzung – insbes. für eine Dezentralisierung der Energieversorgung, RdE 1996, S. 165 ff.; *Stern*, Energierecht im Widerstreit zwischen Bundes- und Landeskompetenz, in: *Tettinger*, (Hrsg.), Energierecht im Widerstreit, Stuttgart/München/Hannover 1988, S. 17 ff.; *Tettinger*, Rechtliche Markierungen für kommunale Energiepolitik, RdE 1989, S. 214 ff.; *Tettinger (Hrsg.)*, Strukturen der Versorgungswirtschaft in Europa, Stuttgart/München/Hannover/Berlin/Weimar/Dresden 1996; *Trezciak*, Rechtsform und Grenzen kommunalen Handelns bei der Energieversorgung, Köln 1990; *VDEW (Hrsg.)*, Stellungnahme der Vereinigung Deutscher Elektrizitätswerke, RdE 1989, S. 114 ff.; *Wenzl/Winckler-Ruß*, Der deutsche Strommarkt nach der Deregulierung. Szenarien zur Eklektrizitätswirtschaft 2010, ET 1998, S. 150 ff.; *Wilkens*, Zukunftsperspektiven der kommunalen Energieversorgung, RdE 1992, S. 122 ff.; *Wirtschaftsminister der Bundesländer (Hrsg.)*, Zur Energieversorgung der neuen Bundesländer – Entwicklungen im Sommer 1990, Beschlüsse der Konferenz vom 3./4. April 1990, RdE 1990, S. 215 ff.; *Zimmermann*, Die Rolle der kommunalen Unternehmen in der Energieversorgung, RdE 1994, S. 47 ff.

Vorbemerkungen §§ 29 bis 35

1 Im Abschnitt 4 (§§ 29 ff.) werden die speziell für Netzbetreiber geltenden **Regulierungsvorschriften** zusammengefasst. Dabei dient § 29 als Ermächtigungs- und Verfahrensnorm, um alle Entscheidungen im Hinblick auf die **Ex ante-Regulierung** zu treffen. Insofern wird zwischen (allgemeiner) **Festlegung** (Methodenregulierung) und (spezieller) **Genehmigung** im Sinne von § 21a unterschieden.

2 Weil die Binnenmarktrichtlinien Elektrizität (vgl. Art. 23 Abs. 2, 4, 5 und 8) sowie Erdgas (vgl. Art. 25 Abs. 2, 4, 5 und 8) zusätzlich eine **Ex post-Aufsicht** bei den Mitgliedstaaten einfordern, enthalten die §§ 30 und 31 die entsprechenden Regeln zur Umsetzung in nationales Recht. An die Stelle der speziellen Netzbetreiber-Missbrauchsaufsicht (Einleitung durch die Regulierungsbehörde) tritt in § 31 ein Überprüfungsverfahren, das Betroffenen (einschließlich Verbänden) auf Antrag eine Nachprüfung des Netzbetreiberverhaltens durch die Regulierungsbehörde in einem strikt fristgebundenem Verfahren ermöglicht.

3 Die §§ 32 bis 34 sind dem Wettbewerbsrecht entnommen (§§ 33, 34 GWB sowie § 10 UWG) und sehen besondere Sanktionen vor (Unterlassung, Schadensersatz, Vorteilsabschöpfung durch Regulierungsbehörde sowie durch Verbände). Der Abschnitt zur besonderen Regulierung des Netzbetreiberverhaltens schließt mit Vorgaben für das sog. **Monitoring** ab, mit Hilfe dessen im Nachhinein und in Umsetzung der Art. 23 Abs. 1 RL-Elt sowie Art. 25 Abs. 1 RL-Gas das Marktgeschehen bei Netzanschluss und Netzzugang (ständig) beobachtet werden kann.

§ 29 Verfahren zur Festlegung und Genehmigung

(1) Die Regulierungsbehörde trifft Entscheidungen über die Bedingungen und Methoden für den Netzanschluss oder den Netzzugang nach den in § 17 Abs. 3, § 21a Abs. 6 und § 24 genannten Rechtsverordnungen durch Festlegung gegenüber einem Netzbetreiber, einer Gruppe von oder allen Netzbetreibern oder durch Genehmigung gegenüber dem Antragsteller.

(2) ¹Die Regulierungsbehörde ist befugt, die nach Absatz 1 von ihr festgelegten oder genehmigten Bedingungen und Methoden nachträglich zu ändern, soweit dies erforderlich ist, um sicherzustellen, dass sie weiterhin den Voraussetzungen für eine Festlegung oder Genehmigung genügen. ²Die §§ 48 und 49 des Verwaltungsverfahrensgesetzes bleiben unberührt.

(3) ¹Die Bundesregierung kann das Verfahren zur Festlegung oder Genehmigung nach Absatz 1 sowie das Verfahren zur Änderung der Bedingungen und Methoden nach Absatz 2 durch Rechtsverordnung mit Zustimmung des Bundesrates näher ausgestalten. ²Dabei kann insbesondere vorgesehen werden, dass Entscheidungen der Regulierungsbehörde im Einvernehmen mit dem Bundeskartellamt ergehen.

Überblick	Seite	Rz.
I. Regelungszweck und Entwicklungsgeschichte	712	1
II. Normadressaten...................................	712	3
III. Typen von Regulierungsentscheidungen sowie Rechtsschutz (Abs. 1)	713	5
1. Genehmigung.................................	714	9
2. Festlegung	716	13
3. Rechtsschutz	717	17
IV. Änderungsbefugnis der Regulierungsbehörde (Abs. 2) ..	717	18
V. Verordnungsermächtigung (Abs. 3).................	719	23

I. Regelungszweck und Entwicklungsgeschichte

1 Die sog. Ex ante-Regulierung bildet eine Sonderform der Wirtschaftsaufsicht, die tief in das eigentlich autonom und nur abhängig vom Marktgeschehen determinierte Unternehmerverhalten eingreift und deshalb einer besonderen gesetzlichen Ermächtigungsgrundlage bedarf, um den Schrankenvorbehalt des Art. 12 Abs. 1 Satz 2 GG zu erfüllen. Weil dem Gesetzgeber offenbar die allgemeine Aufsichtsnorm des § 65, die ebenfalls eine Zuweisung an die Regulierungsbehörde enthält, nicht ausreichte, wurde § 29 bereits im Regierungsentwurf in das Gesetz aufgenommen[1]. Über die Zuweisung der Regulierungsaufgaben an die Regulierungsbehörde hinaus werden Typen von Regulierungsentscheidungen in Abs. 1 aufgeführt (Genehmigung und Festlegung), in Abs. 2 die Befugnis zur nachträglichen Änderung der Entscheidung der Regulierungsbehörde angeordnet und schließlich in Abs. 3 ergänzende Verfahrensvorschriften einschließlich einer Verordnungsermächtigung vorgesehen, die die §§ 65 ff. (Teil 8: Verfahren) ergänzen sollen. Insbesondere mit § 30 GasNEV/StromNEV[2] hat der Verordnungsgeber von dieser Ermächtigung bereits teilweise Gebrauch gemacht[3].

2 Nachdem der Entwurfsvorschlag seitens des Bundesrates ohne Einwendungen geblieben war[4], hat auch der Wirtschaftsausschuss[5] nur noch Abs. 1 mit dem Ziel geändert, die Umstellung auf die Einzelgenehmigung der Entgelte (anstelle einer bloßen Methodenregulierung, wie sie jetzt in § 21a vorgesehen ist) als Folgeänderung in den Gesetzestext aufzunehmen.

II. Normadressaten

3 In spezialisierender Verdrängung von § 65 Abs. 1 beruft § 29 Abs. 1 und Abs. 2 die **Regulierungsbehörde** zur Aufsicht über die Netzbetreiber (Netzanschluss sowie Netzzugang). Dabei ist für die Ex ante-Regulierung entweder die Bundesnetzagentur (§ 54 Abs. 1) oder aber die jeweilige Landesregulierungsbehörde (de minimis-Klauseln

---

1 BT-DrS 15/3917, S. 19 mit Begründung S. 62.
2 Jeweils vom 25.7.2005, BGBl. I S. 2197 sowie 2225.
3 Dazu sogleich § 29 Rz. 23 f.
4 Stellung des Bundesrates zum Gesetzentwurf, BT-DrS 15/3917, Anlage 2, S. 78, 88.
5 BT-DrS 15/5268, S. 42 mit Begründung S. 121.

in Satz 1 bis 3 des § 54 Abs. 2) zuständig. Die Entgeltbestimmung ist in Ziff. 2 und die Überwachung der Vorschriften zum Netzanschluss ist in Ziff. 6 des § 54 Abs. 2 Satz 1 explizit angeführt. Obwohl die Überschrift zu § 29 von »Verfahren zur Festlegung und Genehmigung« handelt, gelten für die Entscheidungsverfahren der Regulierungsbehörde ergänzend die allgemeinen Vorschriften (§§ 65 ff.), soweit nicht gemäß § 29 Abs. 3 abweichende Verfahrensvorschriften in Rechtsverordnungen vorgesehen sind, was nach Erlass der vier Verordnungen zum Netzzugang sowie zur Netzentgeltberechnung nicht der Fall ist.

Weiterer Normadressat ist die **Bundesregierung**, die **mit Zustimmung des Bundesrates** eben jenes Verfahren durch Rechtsverordnung regeln kann, mittels dessen die Entscheidungen zur Ex ante-Regulierung getroffen werden. 4

III. Typen von Regulierungsentscheidungen sowie Rechtsschutz (Abs. 1)

Gegenstand der Entscheidungen der Regulierungsbehörde ist das Netzbetreiberverhalten im Hinblick auf **Netzanschluss** sowie **Netzzugang** (§§ 17 ff., §§ 20 ff.). Dies gilt auch für die speziellen und in den §§ 26 ff. vorgesehenen Entscheidungen der Regulierungsbehörde, die Ausnahmen vom Zugang zu Einrichtungen enthalten, die mit Gasversorgungsnetzen in Zusammenhang stehen (vorgelagerte Rohrleitungsnetze, Speicheranlagen, neue Infrastrukturen). 5

Gemäß den Vorgaben in den Netzzugangs- und Netzanschlussnormen können sich die Entscheidungen der Regulierungsbehörde sowohl auf **Bedingungen des Netzanschlusses/Netzzuganges** als auch auf **Methoden für Netzanschluss/Netzzugang** beziehen. Die Begriffe »Bedingungen« sowie »Methoden« betreffen dabei nicht die technischen Vorschriften (vgl. dazu § 19), sondern die **Entgelte und sonstigen Konditionen** und damit ökonomische Bedingungen. Wegen der Einzelheiten der Begriffsbildung wird auf die obigen Erläuterungen verwiesen[6]. 6

Darüber hinaus verweist § 29 Abs. 1 **ausschließlich auf Rechtsverordnungen**, soweit sie nach § 17 Abs. 3, § 21a Abs. 8 und § 24 ergan- 7

---

[6] Begriff **Bedingungen**: § 17 Rz. 13 ff. sowie § 20 Rz. 8 ff.; Begriff **Methoden**: § 21a Rz. 1.

gen sind. Dies umfasst nach derzeitigem Stand StromNZV, Strom-NEV, GasNZV sowie GasNEV. Rechtsverordnungen zum Netzanschluss fehlen derzeit noch, werden aber spätestens im Jahre 2006 erlassen werden. Die Formulierung des Gesetzes bedeutet aber nicht, dass der Regulierungsbehörde immer dann, wenn Rechtsverordnungen lückenhaft oder gar nicht vorhanden sind, ein Tätigwerden versperrt ist; vielmehr handelt die Regulierungsbehörde stets auch auf Basis der Ermächtigungsgrundlage der gesetzlichen Vorschriften und damit der §§ 17 ff. sowie §§ 20 ff. selbst. Nur wenn die gesetzliche Ermächtigungsgrundlage in so starkem Umfange ausfüllungsbedürftig ist, dass ein Vorgehen der Regulierungsbehörde ohne Festsetzung der grundsätzlichen Regulierungsmethoden durch den Verordnungsgeber als nicht rechtsstaatsgemäß erscheint (ausfüllungsbedürftige Rechtsnormen), muss die Regulierungsbehörde abwarten, bis die betreffende Rechtsverordnung ergangen ist. Für die Ex ante-Regulierung der Entgelte sind in § 118 Abs. 1 und 2 Übergangsvorschriften vorgesehen, die es den Gasnetzbetreibern erlauben, erst im Jahre 2006 die entsprechenden Genehmigungsanträge zu stellen.

8 Die Hauptbedeutung des § 29 Abs. 1 – über den Charakter als Aufgabenzuweisungsnorm hinaus – besteht aber in der **Unterscheidung zweier Regulierungstypen**. Als Entscheidungsarten nennt die Vorschrift einerseits die **Festlegung**, andererseits die **Genehmigung**. In der Regierungsbegründung werden die Unterschiede zwischen beiden regulierungstypischen Entscheidungen nicht erläutert[7]. Die Anreizregulierung nach § 21a ist noch nicht eingeführt.

1. Genehmigung

9 Da die **Genehmigung** nur gegenüber einem Antragsteller im Sinne von § 21a vorgesehen ist (Gesetzeswortlaut des § 29 Abs. 1), handelt es sich im Regelfall um die **Einzelgenehmigung von Entgelten gegenüber bestimmten Netzbetreibern**. Aber auch die Dispensentscheidungen nach §§ 25 Satz 1 und 28a Abs. 3 wird man zu den Genehmigungsentscheidungen zu rechnen haben.

10 Obwohl es sich gemäß den europäischen Vorgaben sowohl in Bezug auf den Netzanschluss als auch im Hinblick auf den Netzzugang um einen **regulierten Zugang zu den Energieversorgungsnetzen** (im weitesten Sinne) handelt, ist zur näheren Ausgestaltung primär das

---

7 BT-DrS 15/3917, S. 62.

III. Typen von Regulierungsentscheidungen sowie Rechtsschutz (Abs. 1)

Vertragsrecht (spezielles Schuldrecht der Netzanschluss,- Netznutzungs- und Netzzugangsverträge) berufen. Diese vertragsrechtliche Ausgestaltung darf jedoch nicht dazu dienen, das frühere Instrument des vertraglichen Netzzugangs quasi durch die Hintertür wieder einzuführen. Vielmehr müssen die wesentlichen Vorgaben für die Massengeschäfte »Netzanschluss« sowie »Netzzugang« von der Regulierungsbehörde stammen/entschieden werden, so dass sie vertragsbezogen nur noch »umzusetzen« oder »auszufüllen« sind. Die Aufgabe des Netzbetreibers ist es dann nur noch, aufgrund sehr enger Vorgaben über Anschluss/Zugang m Einzelfall zu entscheiden, was quasi »automatisch« oder zumindest standardisiert, jedoch ohne eigene unternehmerische Entscheidung zu erfolgen hat. Kennzeichen des regulierten Zugangs zu den Energieversorgungsnetzen ist es gerade, dass die sich in (freiwillig abzuschließenden) Verträgen äußernde unternehmerische Entscheidung zurücktritt zugunsten einer bloßen **Überwachung von Mitnutzungsrechten** (Kontrahierungszwang).

Die Genehmigung der Entgelte für den Netzzugang ist gemäß § 23a **11** gerade bei **kostenorientierter Entgeltbildung** vorgesehen. Diese spezielle Form der Erlaubnis ist gemäß § 23a Abs. 2 zu erteilen, wenn die gesetzlichen sowie verordnungsrechtlichen Vorschriften eingehalten sind und das Verfahren der Abs. 3 und 4 des § 23a beachtet wurde. Wie der Wortlaut des § 23a Abs. 5 zeigt, dürfen früher verlangte Entgelte zivilrechtlich wirksam nur noch dann gefordert werden, wenn rechtzeitig eine neue Genehmigung beantragt wurde oder – Übergangsregelung – ein »Erstantrag« zu stellen war (§ 118 Abs. 1b Satz 2). Wird die Genehmigung verweigert oder nicht rechtzeitig beantragt, kann der Netzbetreiber auf Vertragsbasis ein Entgelt nicht mehr fordern; setzt die Regulierungsbehörde das Entgelt weder vorläufig (vgl. § 23a Abs. 5 Satz 2) noch nachträglich fest, kann der Netzbetreiber nur im Wege der ungerechtfertigten Bereicherung (§§ 812 ff. BGB) versuchen, die weiter zu duldende Netznutzung auf der Basis ihres objektiven Wertes abzurechnen. Wenn über eine derartige Wertbemessung durch die Gerichte zu entscheiden ist, muss vorab zumindest eine Stellungnahme der Regulierungsbehörde eingeholt werden, weil es sich letztlich um eine »ersetzende Rechtsanwendung« handelt, deren Normalausprägung in die Zuständigkeit der Regulierungsbehörde fällt.

Die Genehmigung weist alle Merkmale eines Verwaltungsaktes im **12** Sinne von § 29 VwVfG des Bundes auf: Die Regulierungsbehörde ist eine Verwaltungsbehörde des Bundes bzw. des Landes, handelt öffentlich-rechtlich (hoheitlich) im Rahmen der Festsetzung von Entgelten und trifft eine Regelung auf dem Gebiet des öffentlichen Rechts (Erlaubnis von Netzanschluss- und Netzzugangsentgelten).

2. Festlegung

13 Die Festlegung ist das typische Instrument der Methodenregulierung. Adressaten eines festlegenden Verwaltungsaktes der Regulierungsbehörde können nach § 29 Abs. 1 ein oder mehrere Netzbetreiber (Gruppe oder alle Netzbetreiber) sein. Insofern wird es dann den Netzbetreibern erlaubt, bei der Berechnung ihrer Entgelte (Netzanschluss oder Netzzugang) bestimmte Methoden des Ansatzes von Kosten und der Kostenwälzung einschließlich der Schlüsselung von Gemeinkosten einzuhalten. Obwohl der in § 21a (Anreizregulierung) vorgesehene Entscheidungstyp **Bestimmung** in § 29 nicht explizit genannt wird, wird man gleichwohl diesen Typ als Festlegung (iwS) kennzeichnen müssen.

14 Indem § 29 Abs. 1 das Instrument der Festlegung an erster Stelle (und das der Genehmigung an zweiter Stelle) nennt, zeigt sich die ehemalige Präferenz des Regierungsentwurfs, angesichts der Vielzahl der Gas- und Elektrizitätsnetzbetreiber in Deutschland auf die Einzelfestlegung von Entgelten zu verzichten. § 23a wurde erst im Vermittlungsverfahren in das Gesetz aufgenommen worden, und der in § 29 Abs. 1 nicht enthaltene Verweis auf jene grundlegende Vorschrift zeigt, dass der Gesetzgeber durch Gebrauchmachen vom Regulierungstyp »Festlegung« versucht hatte, den jetzt erforderlichen hohen Verwaltungsaufwand zu ersparen.

15 Im Gegensatz zur Genehmigung weist die **Festlegung** einen eher abstrakten Charakter auf, obwohl sie sich – auch gruppenbezogen – typischerweise an mehrere oder sogar viele Netzbetreiber wendet, die jedoch sämtlichst identifizier- und bestimmbar sind. Diese Festlegung hat damit den Charakter einer **Allgemeinverfügung**. Dabei müssen die anzuwendenden Methoden der Entgeltberechnung so bestimmt niedergelegt werden, dass jeder Netzbetreiber ohne weiteres in der Lage ist, auf der Basis dieser Vorgaben seine Berechnungen durchzuführen.

16 Ergebnis einer bloßen Festlegung ist damit nicht das Entgelt selbst, sondern der Weg zu seiner Bestimmung. Konsequent führt damit die (identisch festgelegte) Methode zu sehr unterschiedlichen Netzentgel-

ten, die sich allesamt an den Kosten orientieren, aber auch im Verhältnis von gleichstrukturierten Netzbetreibern (vgl. § 21 Abs. 3) ganz unterschiedliche Entgeltniveaus herbeizuführen in der Lage sind, weil sich die von der generellen Methodenfestlegung erfassten Netze untereinander stark unterscheiden werden (große/mittlere/kleine Netze; einfache/redundant ausgelegte Netze; Netze mit ganz neuen/mittelneuen oder überwiegend älteren Leitungen und Anlagen).

3. Rechtsschutz

Beide Entscheidungstypen der Regulierungsbehörde stellen Verwaltungsakte dar, die deshalb unter Beachtung der speziellen Vorgaben des EnWG (§§ 75 ff.) mit der Beschwerde angegriffen werden können. Dies gilt trotz ihres allgemein-konkreten Charakters gerade auch für die Festlegung: Jeder Netzbetreiber, der Adressat einer solchen Allgemeinverfügung ist, kann und muss den Beschwerdeweg beschreiten, wenn er (zukünftig) den Rechtswirkungen der Festlegung entgehen will. Wegen der Einzelheiten wird auf die Erläuterungen zu den §§ 75 ff. verwiesen. 17

IV. Änderungsbefugnis der Regulierungsbehörde (Abs. 2)

Sowohl Art. 23 Abs. 4 RL-Elt als auch Art. 25 Abs. 4 RL-Gas zwingen die Mitgliedstaaten, zugunsten der Regulierungsbehörden eine **Änderungsbefugnis** in das Recht des regulierten Netzzugangs zugunsten der Regulierungsbehörde aufzunehmen. Die Umsetzung durch § 29 Abs. 2 folgt dem Wortlaut der europäischen Normen (»befugt ... zu ändern«), obwohl es sich verwaltungsrechtlich um den Widerruf bzw. die Rücknahme von im Schwerpunkt begünstigenden Verwaltungsakten handelt (vgl. §§ 48, 49 VwVfG). Da die Änderung sowohl zugunsten als auch zu Lasten des Netzbetreibers erfolgen kann, ändert sich entsprechend der Rechtscharakter des aufhebenden/ widerrufenden Verwaltungsaktes (Begünstigungs- oder Belastungswirkung). Weil im Verhältnis zu den §§ 48, 49 VwVfG § 29 Abs. 2 eine **Spezialnorm** darstellt, wird man wohl den Begriff »Änderungsbefugnis« als Neuschöpfung des Gesetzgebers in den Begriffsfundus des Verwaltungsrechts aufnehmen müssen. 18

Bezugspunkt ändernder Verwaltungsakte der Regulierungsbehörde sind einerseits Bedingungen, andererseits Methoden der Entgeltfestlegung. Obwohl Genehmigungen nicht genannt werden, sind sie gleich- 19 rangig neben der Festlegung Gegenstand der Änderungsbefugnis nach § 29 Abs. 2. Zwar ist es Sinn und Zweck einer Genehmigung, dem antragstellenden Unternehmen Rechtssicherheit für die Laufzeit der Genehmigung zu verschaffen; da diese Genehmigung nach § 23a Abs. 4 ohnehin befristet und mit einem Widerrufsvorbehalt versehen wird, kann sie nur unter besonderen Voraussetzungen – z. B. Änderung der rechtlichen oder tatsächlichen Rahmenbedingungen – widerrufen werden. Ein Rückgriff auf § 29 Abs. 2 bei Aufhebung/Widerruf von Entgeltgenehmigungsbescheiden ist damit zwar nicht ausgeschlossen, jedoch sichert die Inbezugnahme der §§ 48, 49 VwVfG den Vertrauensschutz der Antragsteller besonders ab.

20 Die Änderungsbefugnis besteht nur, wenn die **speziellen Voraussetzungen** des § 29 Abs. 2 erfüllt sind. Die Eingriffsbefugnis besteht nur dann, wenn die Bedingungen und Methoden sich entweder als

– unangemessen oder
– diskriminierend

herausgestellt haben. Die Behörde leitet das Änderungsverfahren von Amts wegen ein (Aufgreifermessen) und berücksichtigt dabei Anträge/Anzeigen von Betroffenen. Führt beispielsweise eine Methodenregulierung zu unangemessen überhöhten Netzzugangsentgelten, wird die Regulierungsbehörde diese Methodenvorgabe ändern (Einzelanordnung als Allgemeinverfügung) und unter Bestimmung einer Frist (z. B. mit Beginn des nächsten Geschäftsjahres) die Unternehmen auffordern, die Entgeltberechnung an die neue Methodik anzupassen.

21 Jeder betroffene Netzbetreiber ist gemäß §§ 75 ff. berechtigt, als Betroffener und Beteiligter gegen die Änderungsentscheidung **Beschwerde** zum zuständigen OLG einzulegen, die allerdings keine aufschiebende Wirkung hat (§ 76). Ein Antrag zur Wiederherstellung der aufschiebenden Wirkung kann gemäß § 77 Abs. 3 beim Beschwerdegericht gestellt werden.

22 Obwohl § 29 Abs. 2 eine Sonderermächtigung für »Änderungsbefugnisse« schafft, entbindet dies die Regulierungsbehörde nicht von den Vorschriften des allgemeinen Verwaltungsverfahrensrechts. Dies stellt **Satz 2** des § 29 Abs. 2 klar, wonach die §§ 48, 49 VwVfG »unberührt« bleiben. Dies bedeutet, dass die Regulierungsbehörde die dort vorgesehenen Restriktionen (z. B. Rücknahme/Widerruf begünstigender Verwaltungsakte nur binnen Jahresfrist nach Kenntnis vom Wider-

V. Verordnungsermächtigung (Abs. 3)

rufsgrund, vgl. § 48 Abs. 4 sowie § 49 Abs. 3 Satz 2 VwVfG) beachtet werden müssen. Soweit die §§ 65 ff. keine Sondervorschriften enthalten, kann auch im Übrigen auf das Bundesverwaltungsverfahrensgesetz zur Lückenfüllung zurückgegriffen werden.

V. Verordnungsermächtigung (Abs. 3)

Ergänzend zu den Verfahrensbestimmungen des 8. Teiles des EnWG[8] können durch **Rechtsverordnung** die in Abs. 1 und Abs. 2 vorgesehenen Verfahren – mit Zustimmung des Bundesrates – näher ausgestaltet werden, § 29 Abs. 3 Satz 1. Davon hat die Bundesregierung bisher nur zurückhaltend Gebrauch gemacht und in Bezug auf § 29 Abs. 1 **einzelne Arten von Festlegungen der Regulierungsbehörde** in § 30 GasNEV/StromNEV zusammengestellt. Gegenstand von Festlegungen können danach sein:

– Schlüsselung der Gemeinkosten (einschließlich Bildung von Teilnetzen)

– Aufschlüsselung von Positionen der GuV

– Handhabung von Gemeinkostenzuordnungen

– Struktur und Inhalt des Berichts nach § 28 GasNEV/StromNEV

Weitere Gegenstände von festlegenden Entscheidungen der Regulierungsbehörde enthält § 30 Abs. 2 GasNEV/StromNEV. Außerdem ist die Regulierungsbehörde nach § 29 GasNEV/StromNEV berechtigt, Festlegungen in Bezug auf Umfang, Zeitpunkt und Form der ihr zu übermittelnden Informationen durch den Netzbetreiber (einschließlich zulässigen Datenträgern und Übertragungswegen) zu treffen. Regelungen in Bezug auf § 29 Abs. 3 **Satz 2** – Entscheidungen der Regulierungsbehörde **im Einvernehmen** mit dem Bundeskartellamt – sind bisher durch Rechtsverordnung noch nicht vorgesehen.

---

[8] BT-DrS 15/3917, S. 62, Einzelbegründung zu § 29 Abs. 3.

§ 30 Missbräuchliches Verhalten eines Netzbetreibers

(1) [1]Betreibern von Energieversorgungsnetzen ist ein Missbrauch ihrer Marktstellung verboten. [2]Ein Missbrauch liegt insbesondere vor, wenn ein Betreiber von Energieversorgungsnetzen

1. Bestimmungen der Abschnitte 2 und 3 oder der auf Grund dieser Bestimmungen erlassenen Rechtsverordnungen nicht einhält,

2. andere Unternehmen unmittelbar oder mittelbar unbillig behindert oder deren Wettbewerbsmöglichkeiten ohne sachlich gerechtfertigten Grund erheblich beeinträchtigt,

3. andere Unternehmen gegenüber gleichartigen Unternehmen ohne sachlich gerechtfertigten Grund unmittelbar oder mittelbar unterschiedlich behandelt,

4. sich selbst oder mit ihm nach § 3 Nr. 38 verbundenen Unternehmen den Zugang zu seinen intern genutzten oder am Markt angebotenen Waren und Leistungen zu günstigeren Bedingungen oder Entgelten ermöglicht, als er sie anderen Unternehmen bei der Nutzung der Waren und Leistungen oder mit diesen in Zusammenhang stehenden Waren oder gewerbliche Leistungen einräumt, sofern der Betreiber des Energieversorgungsnetzes nicht nachweist, dass die Einräumung günstigerer Bedingungen sachlich gerechtfertigt ist,

5. ohne sachlich gerechtfertigten Grund Entgelte oder sonstige Geschäftsbedingungen für den Netzzugang fordert, die von denjenigen abweichen, die sich bei wirksamem Wettbewerb mit hoher Wahrscheinlichkeit ergeben würden; hierbei sind insbesondere die Verhaltensweisen von Unternehmen auf vergleichbaren Märkten und die Ergebnisse von Vergleichsverfahren nach § 21 zu berücksichtigen, Entgelte; die die Obergrenzen einer dem betroffenen Unternehmen erteilten Genehmigung nach § 23a nicht überschreiten, und im Falle der Durchführung einer Anreizregulierung nach § 21a Entgelte, die für das betroffene Unternehmen für eine Regulierungsperiode vorgegebene Obergrenzen nicht überschreiten, gelten als sachlich gerechtfertigt

oder

6. ungünstigere Entgelte oder sonstige Geschäftsbedingungen fordert, als er sie selbst auf vergleichbaren Märkten von gleichartigen Abnehmern fordert, es sei denn, dass der Unterschied sachlich gerechtfertigt ist.

³Satz 2 Nr. 5 gilt auch für die Netze, in denen nach einer Rechtsverordnung nach § 24 Satz 2 Nr. 5 vom Grundsatz der Kostenorientierung abgewichen wird. ⁴Besondere Rechtsvorschriften über den Missbrauch der Marktstellung in solchen Netzen bleiben unberührt.

(2) ¹Die Regulierungsbehörde kann einen Betreiber von Energieversorgungsnetzen, der seine Stellung missbräuchlich ausnutzt, verpflichten, eine Zuwiderhandlung gegen Absatz 1 abzustellen. ²Sie kann den Unternehmen alle Maßnahmen aufgeben, die erforderlich sind, um die Zuwiderhandlung wirksam abzustellen. ³Sie kann insbesondere

1. Änderungen verlangen, soweit die gebildeten Entgelte oder deren Anwendung sowie die Anwendung der Bedingungen für den Anschluss an das Netz und die Gewährung des Netzzugangs von der genehmigten oder festgelegten Methode oder den hierfür bestehenden gesetzlichen Vorgaben abweichen, oder

2. in Fällen rechtswidrig verweigerten Netzanschlusses oder Netzzugangs den Netzanschluss oder Netzzugang anordnen.

Überblick		Seite	Rz.
I.	Regelungszweck und Entstehungsgeschichte	723	1
II.	Normadressaten und Generalklausel (Abs. 1 Satz 1)	725	6
	1. Adressaten der Regelung........................	725	6
	2. Generalklausel................................	726	8
III.	Rechtsfolge: Verbot	727	12
IV.	Objektiver Gesetzesverstoß und Regelbeispiele missbräuchlichen Verhaltens (Abs. 1 Satz 2)...............	728	14
	1. Objektiver Rechtsverstoß als Missbrauch (Ziff. 1)	729	15
	2. Behinderungsmissbrauch (Ziff. 2)	730	19
	3. Diskriminierung im engeren Sinne (Ziff. 3)..........	732	25

4. Bevorzugung von Petenten des internen Marktes (Ziff. 4)	733	26
5. Abweichen von wettbewerbsanalogen Entgelten (Ziff. 5)	733	29
6. Fordern ungerechtfertigter Nutzerentgelte (Ziff. 6)	735	33
V. Regulierungsbehörde als Missbrauchsüberwachungsinstanz (Abs. 2)	735	35
VI. Rechtsschutz	737	42

I. Regelungszweck und Entstehungsgeschichte

Weil § 111 das Verhalten der Netzbetreiber bei Netzanschluss und Netzzugang der Missbrauchsaufsicht nach §§ 19, 20 GWB entzieht, bedurfte es für das EnWG einer spezialgesetzlichen Vorschrift zur Missbrauchsaufsicht. § 30 soll demgemäß sicherstellen, dass jedes von den §§ 17 bis 28a abweichende Netzbetreiberverhalten einschließlich der aus diesem Verhalten resultierenden Marktergebnisse durch die Regulierungsbehörde und mit dem Netzbetreiber als Adressat der Missbrauchsverfügung sanktioniert werden kann. Ebenso wie im GWB ist dabei Missbrauch jedes gesetzeswidrige Verhalten (Normwortlaut und Zweck des Gesetzes). Das Verhalten ist per se rechtswidrig, und es bedarf keines Verschuldensnachweises. 1

§ 30 ist – vom Regierungsentwurf ausgehend[1] – im Laufe des Gesetzgebungsverfahrens nur geringfügig verändert worden. Der Vorschlag des Bundesrates[2], entsprechend § 25 Abs. 5 TKG auch die Bedingungen einer Netzanschluss- und einer Netzzugangsvereinbarung zum Gegenstand einer Missbrauchsverfügung machen zu können, hat sich aufgrund ablehnender Haltung der Bundesregierung[3] weder im Wirtschaftsausschuss noch im Vermittlungsausschuss durchgesetzt. Vom Wirtschaftsausschuss wurde lediglich § 30 Abs. 1 Satz 2 Ziff. 5 mit dem Ziel geändert, der Einfügung von § 21a sowie 23a in das Gesetz 2

---

[1] BT-DrS 15/3917, S. 19 mit Begründung S. 62 f.
[2] Ebd. Anlage 2, S. 78, 88 (Ziff. 36).
[3] BT-DrS 15/4068, S. 6 (Ziff. 33), Gegenäußerung zur Stellungnahme des Bundesrates.

§ 30 Missbräuchliches Verhalten eines Netzbetreibers

Rechnung zu tragen (Folgeänderung)[4], und auch der Vermittlungsausschuss[5] hat Korrekturen nur noch in Abs. 1 vorgenommen.

3 § 30 dient der Umsetzung von Art. 23 Abs. 8 RL-Elt sowie Art. 25 Abs. 8 RL-Gas, die – mit dem Ziel größtmöglicher Transparenz des Netzbetreiberverhaltens – unter Inbezugnahme des Missbrauchstatbestandes des EG-Vertrages (Art. 82) den Mitgliedstaaten auferlegen, der Regulierungsbehörde die Befugnis zur Abwehr missbräuchlichen Netzbetreiberverhaltens zu geben und dabei den Verbraucherschutz hervorheben.

4 Der **äußere Aufbau des Gesetzes** folgt weitgehend den Vorgaben des § 19 GWB, die zu einem großen Teil wörtlich übernommen worden sind. Deshalb kann – mit Vorsicht – auf die Erläuterungen zu den Missbrauchstatbeständen gemäß § 19 Abs. 4 sowie § 20 Abs. 1 GWB zurückgegriffen werden, wobei zu berücksichtigen ist, dass das »natürliche Monopol« der Netzbetreiber das Vorliegen einer marktbeherrschenden Stellung quasi unwiderleglich vermuten lässt. Während Abs. 2 des § 30 die **Rechtsfolgeseite** abdeckt (Gegenstände der Missbrauchsverfügung), enthält § 30 Abs. 1 **Satz 1** die **Generalklausel** des Missbrauchstatbestandes, während **Satz 2** unter Rückgriff auf sechs Regelbeispiele die Tatbestandsseite erfasst. Vorläufervorschriften sind § 18 in Verbindung mit §§ 6 Abs. 1, 6a Abs. 2 EnWG 1998/2003 einerseits und §§ 19, 20 GWB andererseits, weil nach altem Recht (§ 130 Abs. 3 GWB 1999) Energieaufsicht und Wettbewerbsaufsicht nebeneinander anwendbar waren, was das neue Recht mit § 111 beseitigt hat. Deshalb knüpft § 30 stärker an die Tradition des § 103 Abs. 5 Satz 2 GWB an, wie er als spezielle Missbrauchsaufsicht über Versorgungsunternehmen bis zum 27.4.1998 (Inkrafttreten des Ersten Neuregelungsgesetzes)[6] gegolten hatte.

5 Ziel der Missbrauchsaufsicht nach § 30 ist damit die strikte Regulierung von Unternehmen, die außerhalb des Wettbewerbsgeschehens am Markt agieren; anders als die Kartellbehörden kann die Regulierungsbehörde auch **Gebotsverfügungen** gemäß § 30 Abs. 2 aussprechen und ist nicht an die Rechtsprechung des BGH gebunden, der nach Aufgabe von § 103 GWB a.F. den sog. **Erheblichkeitszuschlag**

---

4 BT-DrS 15/5268, S. 43 mit Begründung S. 121.
5 BT-DrS 15/5736 (neu), S. 5 (Ziff. 19): Änderung von Satz 2 und neue Sätze 3 und 4.
6 Vom 24.4.1998, BGBl. I S. 730, 735 (Art. 2).

II. Normadressaten und Generalklausel (Abs. 1 Satz 1)

auch auf den Vergleich von Netzbetreiberentgelten erstreckt hatte (Als Ob-Wettbewerbskonzept)[7].

II. Normadressaten und Generalklausel (Abs. 1 Satz 1)

1. Adressaten der Regelung

Normadressaten sind die **Betreiber von Energieversorgungsnetzen** im Sinne von § 3 Ziff. 4 (in Verbindung mit Ziff. 2 ff.)[8]. Sowohl Gasnetzbetreiber auf allen Druckstufen des Netzes als auch die Betreiber von Elektrizitätsversorgungsnetzen aller Spannungsebenen unterliegen der Missbrauchsaufsicht. Da Energieversorgungsnetze der allgemeinen Versorgung (§ 3 Ziff. 17) nicht besonders erwähnt werden, sondern § 3 Ziff. 16 auch die Netze außerhalb der allgemeinen Versorgung in die Missbrauchsaufsicht einbezieht, gilt § 30 grundsätzlich für jeden Betreiber eines solchen Netzes. Jedoch sind wiederum die Ausnahmen des § 110 zu beachten, der die **Objektnetzbetreiber** auch aus der Anwendung der **Regulierung des Netzbetriebs vollständig ausnimmt**. Deshalb ist auch § 30 (Abschnitt 4 dieses Teiles 3) insofern **unanwendbar**. 6

Weil es sich bei den Objektnetzen überwiegend um solche handelt, die außerhalb der allgemeinen Versorgung im Sinne von § 3 Ziff. 17 betrieben werden, läuft die Grenze zwischen Anwendung und Nichtanwendung des § 30 deshalb – ganz grob – zwischen den der Allgemeinversorgung dienenden Netzen (§ 30 ist anwendbar) und den typischen Objektnetzen (§ 30 ist unanwendbar). Dies bedeutet zugleich, dass die Zuständigkeit der Kartellbehörden zum Erlass von Verfügungen gemäß §§ 19, 20 GWB für nicht der allgemeinen Versorgung dienende Netze wieder eröffnet ist (Umkehrschluss aus § 111 Abs. 1 und 2): Es fehlt an einer abschließenden Regelung zur Kontrolle des Wettbewerbsverhaltens von Objektnetzbetreibern durch das EnWG, weil eine EnWG-Missbrauchsaufsicht gar nicht besteht. Wegen der Einzelheiten zur Abgrenzung der Objektnetze von den allgemeinen Netzen wird auf die Erläuterungen zu § 110 verwiesen[9]. 7

---

7 Vgl. zuletzt BGH RdE 2005, 228, 232 f. – Stadtwerke Mainz.
8 Zu Einzelheiten vgl. oben die Erläuterungen zu § 3 Rz. 16 ff.
9 Vgl. unten § 110 Rz. 7 ff.

2. Generalklausel

8 § 30 Abs. 1 Satz 1 verbietet den **Missbrauch der Marktstellung eines Netzbetreibers** (der allgemeinen Versorgung). Anders als nach §§ 19, 20 Abs. 1 GWB ist dabei die Qualität der vom Netzbetreiber erlangten Marktstellung nicht Gegenstand der Wettbewerbsaufsicht; konsequent fehlen Vermutungstatbestände zum Marktbeherrschungsbegriff. Beim Netzbetreiber der allgemeinen Versorgung wird das Vorliegen der marktbeherrschenden Stellung quasi unwiderleglich vermutet[10]. Weil es das Tatbestandsmerkmal der »marktbeherrschenden Stellung« im Gesetzeswortlaut nicht gibt, vermag sich ein Netzbetreiber auch nicht darauf zu berufen, angesichts der geringen Marktbedeutung seines Netzes und seiner Bereitschaft, dieses von allen Interessenten mitnutzen zu lassen, komme er als Adressat der Missbrauchsaufsicht in Wirklichkeit gar nicht in Betracht.

9 Unter **Missbrauch** im Sinne von § 30 Abs. 1 Satz 1 ist **jedes gesetzeswidrige Verhalten eines Netzbetreibers** zu verstehen. Gesetze im Sinne dieser Definition sind alle Rechtsnormen, also das EnWG selbst (Netzanschluss und Netzzugang, §§ 17 ff.) und die auf der Basis der dort aufgeführten Verordnungsermächtigungen ergangenen Rechtsverordnungen. Verstöße gegen Verfügungen der Regulierungsbehörde sind demgegenüber nicht per se missbräuchlich, wie der Missbrauchstatbestand des § 30 Abs. 1 Satz 2 Ziff. 1 zeigt; soweit eine solche Verfügung allerdings lediglich Gesetzesrecht (im materiellen Sinne) konkretisiert und präzisiert, folgt der Missbrauch wiederum aus dem Gesetzesverstoß.

10 Grundsätzlich weist der Missbrauchsvorwurf **Verhaltensbezug** auf; fehlt es auf Seiten des Netzbetreibers entweder an einem positiven Tun (z. B. Fordern überhöhter Entgelte) oder an einem pflichtwidrigen Unterlassen (Verweigerung von Netzanschluss oder Netzzugang), ist auch eine Missbrauchsverfügung grundsätzlich nicht denkbar. Weil die Missbrauchsaufsicht aber auch auf die Beseitigung gesetzeswidriger **Marktergebnisse** gerichtet ist, reicht schon passiv veranlassendes Verhalten des Netzbetreibers auf den Netzanschluss- und Netzzugangsmärkten aus, um eine potenzielle Eingriffsbefugnis der Regulierungsbehörde zu begründen (Parallele zum **Zweckveranlasser** des

---

10 Regierungsbegründung zu § 30, BT-DrS 15/3917, S. 63: »... da Betreiber von Energieversorgungsnetzen in der Regel marktbeherrschend im Sinne dieser Vorschriften sein werden.«

Polizei- und Ordnungsrechts). Dagegen sind die Netzbetreiber in der Regel nach § 30 keine Adressaten von Missbrauchsverfügungen, wenn diese an die Marktstruktur anknüpfen; weder kann nach dieser Vorschrift eine Kooperation von Netzbetreibern noch gar deren Fusion verboten werden. Die Eingriffsermächtigung ist strikt auf Netzzugang und Netzanschluss bezogen; die Überwachung der **Marktstruktur** bei Energieversorgungsnetzen obliegt den Kartellbehörden (Fusionskontrolle oder §§ 19, 20 GWB, Umkehrschluss aus § 111).

Die Rechtsprechung der Oberlandesgerichte sowie des BGH zum Missbrauch durch Versorgungsunternehmen[11] kann zur Konkretisierung des Missbrauchstatbestandes herangezogen werden, soweit Netzanschluss und Netzzugang und insbesondere die insofern entgangenen Entgelte Gegenstand der damaligen Missbrauchsverfügung gewesen sind. Insbesondere die zu den §§ 103, 104 GWB a.F. ergangenen Entscheidungen gegenüber Netzbetreibern sind keineswegs überholt, zumal der BGH in der Sache »Stadtwerke Mainz«[12] die seit der Stromtarifentscheidung[13] geprägte Unterscheidung zwischen strukturellen und individuellen Faktoren von Versorgungsgebieten weitergeführt hat. Dabei ist aber zu berücksichtigen, dass nur diejenigen Entgeltbestandteile eines Gesamt-Stromlieferentgelts der Überprüfung nach § 30 unterliegen, die entweder den Netzanschluss[14] oder die Höhe des auf die Netznutzung (modern: Netzzugang) entfallenden Teils des Lieferentgelts betreffen[15]. 11

III. Rechtsfolge: Verbot

Den Netzbetreibern ist der Missbrauch ihrer Marktstellung **verboten**. In Anlehnung an § 19 Abs. 1 Satz 1 GWB bedeutet dies, dass ein gegen die Vorschriften zum Netzanschluss sowie zum Netzzugang verstoßendes Netzbetreiberverhalten **per se rechtswidrig** ist, ohne dass dies durch eine Verfügung der Regulierungsbehörde zuvor festgestellt werden muss. Damit ist ein solches gesetzeswidriges Verhalten unmittelbar Gegenstand der im EnWG und außerhalb vorgesehenen Sank- 12

---

11 Überblick bei *Salje*, Preismissbrauch durch EVU, in: *Bartsch/Röhling/Salje/Scholz* (Hrsg.), Handbuch der Stromwirtschaft, Köln/Berlin/Bonn/München 2001, Kap. 72, S. 699, 702 ff.
12 BGH RdE 2005, 228, 232 f.
13 BGHZ 59, 42.
14 Vgl. etwa BGHZ 74, 327, 336 ff. = WuW/E BGH 1648 – Wohnanlage.
15 BGH RdE 2005, 228, 229 ff. – Stadtwerke Mainz.

tionen; über die Missbrauchsverfügungen nach §§ 30, 31 hinaus bestehen Unterlassungs- und Schadensersatzansprüche betroffener Dritter (§ 32) sowie die Möglichkeit der Regulierungsbehörde, die Vorteilsabschöpfung gemäß § 33 anzuordnen[16].

13 Steht ein Vertrag mit den §§ 17 ff. sowie den dazu ergangenen Rechtsverordnungen (StromNZV/GasNZV; StromNEV/GasNEV) nicht in Einklang, so ist dieser **Vertrag** gemäß § 134 BGB unabhängig davon **nichtig**, dass nur der Netzbetreiber (einseitig) Verbotsadressat ist (§ 134 BGB). Abweichend von der allgemeinen Rechtsprechung des BGH, wonach nur beidseitige Gesetzesverstöße die Nichtigkeitsfolge nach § 134 BGB regelmäßig herbeizuführen geeignet sind[17], handelt es sich bei § 30 Abs. 1 Satz 1 um einen spezialgesetzlichen Verbotstatbestand, der nicht mehr interpretationsbedürftig ist, sondern lediglich durch die Anwendung der §§ 17 ff. ausgefüllt werden muss. Steht der Gesetzesverstoß im Sinne von § 30 Abs. 1 Satz 1 fest, ist auch das den regulierten Netzzugang lediglich konkretisierende Rechtsgeschäft (automatisch) gemäß § 134 BGB nichtig. Ansonsten wäre der Netzbetreiber berechtigt, trotz missbräuchlichen Verhaltens aufgrund der mit dem Netzanschluss- bzw. Netzzugangsvertrag bewirkten Bindung seines Vertragspartners Entgelt in missbräuchlicher Höhe vor den Zivilgerichten durchzusetzen. Deshalb entscheiden die Zivilgerichte selbst darüber, ob ein Verstoß gegen die §§ 17 ff. in Verbindung mit den dazu ergangenen Rechtsverordnungen vorliegt; § 30 wird auf diese Weise durch jeden dazu berufenen Rechtsanwender (insbesondere die Gerichte) vollzogen und stellt nicht etwa nur (§ 30 Abs. 2) eine Ermächtigungsgrundlage für Verfügungen der Regulierungsbehörde dar.

IV. Objektiver Gesetzesverstoß und Regelbeispiele missbräuchlichen Verhaltens (Abs. 1 Satz 2)

14 In Anlehnung an das Vorbild des § 19 Abs. 4 GWB sieht **Satz 2** des § 30 Abs. 1 u.a. sog. **Regelbeispiele** vor, die der Ausfüllung und Konkretisierung des Missbrauchsverbots dienen. Diese stimmen teilweise mit § 19 Abs. 4 GWB überein, teilweise werden Sondertatbestände

---

16 Teilweise unter Anordnung zusätzlicher Voraussetzungen, insbesondere Verschulden: vgl. unten § 32 Rz. 27 ff. sowie § 33 Rz. 4.
17 Nachweise zu dieser Rechtsprechung bei Palandt/*Heinrichs*, BGB, § 134 Rz. 9 ff.

geschaffen; weil der Zugang zu Netzen (Anschluss und Netzzugang) bereits grundsätzlich geöffnet ist, bedurfte es für § 30 Abs. 1 Satz 2 keines speziellen Missbrauchstatbestands zur Abwehr einer unangemessenen Verweigerung des Zugangs zu wesentlichen Einrichtungen oder Netzen, § 19 Abs. 4 Ziff. 4 GWB. Das Wort »insbesondere« zeigt an, dass der in Satz 2 aufgeführte Katalog nicht abschließend ist, sondern lediglich Beispiele enthält, die **regelmäßig den Missbrauchstatbestand erfüllen**.

1. Objektiver Rechtsverstoß als Missbrauch (Ziff. 1)

Missbräuchlich ist bereits jedes **Nichteinhalten** der Vorschriften über Netzanschluss (§§ 17 bis 19) sowie Netzzugang (§§ 20 bis 28a) einschließlich der dazu ergangenen Rechtsverordnungen (Strom/GasNEV; Strom/GasNZV); um ein Regelbeispiel im nach dem GWB gewohnten Sinne handelt es sich deshalb nicht. Dies bedeutet, dass jedes (auch unwesentliche) Abweichen von Rechtsvorschriften bereits einen Missbrauch darstellt und deshalb verwaltungsrechtliche und zivilrechtliche Sanktionen auszulösen geeignet ist. Der Netzbetreiber wird damit zu einem **strikt rechtsgebundenen Verhalten** verpflichtet. Irrelevant ist, ob der Verstoß schuldhaft oder schuldlos begangen wurde. Wegen der Einzelheiten zum gebotenen Netzbetreiberverhalten wird insbesondere auf die Erläuterungen zu § 17 und § 20 verwiesen[18]. 15

Weil der Missbrauchstatbestand des objektiven Rechtsverstoßes unmittelbaren Verhaltensbezug aufweist, kommt es auf die sich daraus ergebenden **Marktergebnisse** nicht an. Weil bereits das Verhalten missbräuchlich ist, bedarf es auch keinerlei Kausalitätsprüfung (Identität von Missbrauch und rechtswidrigem Verhalten). Selbst wenn aus dem rechtswidrigen Netzbetreiberverhalten angemessene Marktergebnisse resultieren, ist dieses Verhalten dennoch missbräuchlich und verboten (Abkopplung des Verbots vom Marktergebnis. Der Einwand »rechtmäßigen Alternativverhaltens«, das dann nicht zu einem anderen Marktergebnis (z. B. Entgelthöhe) geführt hätte, ist dem Netzbetreiber verwehrt. 16

Denkbar ist allerdings, dass der Netzbetreiber eine (sofort vollziehbare) Verfügung der Regulierungsbehörde beachtet, die – als solche – mit materiellem Gesetzesrecht nicht in Einklang steht. Legt der Netz- 17

---

18 Vgl. oben § 17 Rz. 10 ff. sowie § 20 Rz. 10 ff.

betreiber gegen diese Verfügung Beschwerde ein (§§ 75 ff.), entbindet ihn diese aufgrund des gesetzlich angeordneten Sofortvollzuges nicht von der Beachtung der Verfügung: Nur in dieser (unterstellt) objektiv gesetzeswidrigen Situation, wo dem Netzbetreiber angesichts der drohenden Bußgeldanordnung (§ 95) keine andere Wahl bleibt als die Verfügung zu beachten, liegt in einem solchen behördlicherseits **erzwungenen Verhalten kein Missbrauch**.

18 Diese Rechtfertigung kann aber nicht auf Fälle übertragen werden, in denen der Netzbetreiber ein durch die Marktverhältnisse erzwungenes Verhalten einwendet. Wenn in der Regierungsbegründung zu § 30 Abs. 1 Satz 2 Nr. 1 ausgeführt wird, die Regelung habe »nur klarstellenden Charakter«, weil die Vorschriften der §§ 17 ff. ohnehin Schutzgesetze darstellten, die im Hinblick auf § 32 Abs. 1 auch unmittelbare gesetzliche Gebote und Verbote enthielten[19], so wird damit die Bedeutung des »Missbrauchs durch objektiven Rechtsverstoß« als Missbrauchstatbestand zu sehr herabgemindert. Weil sowohl Unterlassungs- als auch Schadensersatzansprüche gemäß § 32 von weitergehenden Voraussetzungen abhängig sind und die §§ 17 ff. den Schutzgesetzcharakter nicht immer deutlich hervortreten lassen, ist es wohl erst diese Charakteristik, die gerade im Hinblick auf die Loslösung von den Marktergebnissen, die im Mittelpunkt der übrigen Missbrauchstatbestände stehen, die besondere Bedeutung der Ziff. 1 ausmachen.

2. Behinderungsmissbrauch (Ziff. 2)

19 Im Mittelpunkt des zweiten Regelbeispiels steht die **unbillige Behinderung** und die erhebliche Beeinträchtigung der Wettbewerbsmöglichkeiten anderer Unternehmen ohne sachlich gerechtfertigten Grund. Im Wortlaut lehnt sich dieser Behinderungstatbestand einerseits an § 20 Abs. 1, andererseits an § 19 Abs. 4 Ziff. 1 GWB an. Die dazu entwickelte Rechtsprechung kann deshalb zur Konkretisierung herangezogen werden[20], wenn die Verengung auf gesetzlich strikt gebundenes Netzbetreiberverhalten beachtet wird. Der wesentliche Unterschied zu Ziff. 1 besteht bei Ziff. 2 darin, dass die Marktergebnisse des Netzbetreiberverhaltens in den Blick genommen werden, wobei **nur Unternehmen**, nicht aber solche Haushaltskunden begünstigt werden, die für den privaten Verbrauch Energie beziehen und deshalb

---

19 BT-DrS 15/3917, S. 63.
20 Vgl. in etwa *Bechtold*, Kartellgesetz, § 19 Rz. 61 ff.

IV. Objektiver Gesetzesverstoß und Regelbeispiele

Netzanschluss und Netzzugang benötigen. Unter **Behinderung** ist jede wettbewerblich nachteilige Maßnahme zu verstehen, die sich auf einem – meist anderen – Markt auswirkt; nicht entscheidend ist, ob das betroffene Unternehmen im Verhältnis zu anderen ungleich behandelt wird[21].

Wer höhere Entgelte als ein konkurrierendes Unternehmen sie in einem anderen Netz zahlt an den Netzbetreiber zu entrichten hat, erleidet einen unmittelbaren Nachteil, der allerdings spürbar sein muss. Gerade bei stromintensiven Unternehmen, bei denen sich überhöhte NZE in höheren Produktabsatzpreisen auswirken müssen, um nicht die langfristige Preisuntergrenze zu unterschreiten (z. B. Tischlereien, Aluminiumindustrie, Schienenbahnen), wird in der Regel von einem spürbaren Wettbewerbsnachteil auszugehen sein. Wirken sich hingegen überhöhte Entgelte nach §§ 17 ff. oder 20 ff. letztlich im Produktpreis gar nicht aus, so ist die erste Alternative des § 30 Abs. 1 Satz 2 Ziff. 2 nicht erfüllt. Eine mittelbare Behinderung reicht aus (Fernwirkung des überhöhten NZE des Übertragungsnetzbetreibers, in dessen Regelzone Strom an das behinderte Unternehmen geliefert wird).

Die Behinderung ist **unbillig**, wenn aufgrund einer **Interessenabwägung** unter Berücksichtigung der in den §§ 17 ff. und 20 ff. zum Ausdruck kommenden Wertvorstellungen das Netzbetreiberverhalten als nicht mit den Zielen des § 1 vereinbar erscheint. Ein Rückgriff auf die Rechtsprechung zu diesem Merkmal, wie sie zu § 20 Abs. 1 GWB entstanden ist[22], verbietet sich, weil dort die »Freiheit des Wettbewerbs« in das Zentrum der Interessenabwägung gestellt wird, die jedoch für Netzbetreibermärkte gerade nicht charakteristisch ist. Würde man die Freiheit zum Wettbewerb auf dem betroffenen Markt heranziehen, auf dem sich die Behinderung auswirkt, würde die Leerformelhaftigkeit dieser Maßstabsbildung deutlich hervortreten.

Letztlich folgt deshalb die Unbilligkeit des Verhaltens aus dem objektiven Rechtsverstoß, Ziff. 1 (Rechtsbruch): Während jenes Regelbeispiel die Verhaltensseite des Netzbetreibers in den Blick nimmt, wertet die Ziff. 2 auf der Ebene des Marktergebnisses. Soweit Unter-

---

21 Anders im Ausgangspunkt *Bechtold*, Kartellgesetz, § 20 Rz. 34, der »Unbilligkeit« insbesondere im Verhältnis zu Mitbewerbern des missbräuchlich handelnden Unternehmens annehmen will.
22 Nachweise bei *Bechtold*, Kartellgesetz, § 20 Rz. 36.

nehmen betroffen sind, werden daher die Ziff. 1 und die Ziff. 2 häufig zugleich erfüllt sein, wenn sich der objektive Verhaltensverstoß des Netzbetreibers überhaupt auf dem betrachteten Produkt- und Dienstleistungsmarkt auswirkt.

23 Die **zweite Alternative** des § 30 Abs. 1 Ziff. 2 knüpft an § 19 Abs. 4 Ziff. 1 GWB wortlautmäßig an; ob es sich dabei um ein selbständiges Regelbeispiel handelt, muss als fraglich bezeichnet werden. Der Schwerpunkt der Wertung liegt hier auf den Netzzugangs- und Netzanschlussmärkten selbst, weil der Begriff »sachlich rechtfertigender Grund« eine potenzielle Ungleichbehandlung zum Gegenstand des Regelbeispiels wählt. Wenn also der Netzbetreiber Unternehmen wie Lieferanten oder Abnehmer trotz vergleichbarer Abnahmecharakteristika unterschiedlich behandelt, muss er dies rechtfertigen; die willkürliche Ungleichbehandlung ist verboten. Die **Spürbarkeit** der Beeinträchtigung kommt mit dem Wort »erheblich« deutlich zum Ausdruck, und die sachliche Rechtfertigung ist wiederum aufgrund einer Interessenabwägung zu ermitteln.

24 Der objektive Rechtsverstoß des Netzbetreibers wird auch hier das typische Indiz für die Erfüllung dieses Regelbeispieles bilden; lediglich wenn die »Eingriffsintensität« im Sinne von Erheblichkeit/Spürbarkeit nicht erreicht wird, bleibt es bei Ziff. 1 als Grundtatbestand des Missbrauchs.

3. *Diskriminierung im engeren Sinne (Ziff. 3)*

25 Die Ziff. 3 des § 30 Abs. 1 Satz 2 lehnt sich bereits im Wortlaut an § 20 Abs. 2 Alt. 2 an (Diskriminierung i.e.S.). Gerade dieses Regelbeispiel ist im Verhältnis zu Ziff. 1 redundant, weil bereits § 17 Abs. 1 sowie § 20 Abs. 1 die **Diskriminierungsfreiheit** sowie die Gleichbehandlung von Petenten auf internem und externem Markt im Gesetzeswortlaut hervorheben. Verletzt der Netzbetreiber seine gesetzlichen Pflichten zur ordnungsgemäßen Kalkulation von Netzbetreiberentgelten und wirkt sich dies in unterschiedlicher Weise bei Unternehmen aus, so ist dieses Regelbeispiel erfüllt. Der umgekehrte Fall – Einhaltung der gesetzlichen Vorschriften, was gleichwohl in einer Ungleichbehandlung resultiert, die sachlich nicht gerechtfertigt ist – erscheint deshalb wegen des für Netzbetreiber allgemein geltenden Diskriminierungsverbotes als von vornherein undenkbar. Stärker noch als bei § 19 Abs. 4 muss man im Hinblick auf § 30 Abs. 1 Satz 2 den Eindruck gewinnen, dass sich die Regelbeispiele weitgehend und

konturenlos überschneiden, so dass bereits der Versuch einer exakten Subsumtion unter dieses Tatbestandsmerkmal als zum Scheitern verurteilt erscheinen muss.

4. Bevorzugung von Petenten des internen Marktes (Ziff. 4)

Als Regelbeispiel eines Missbrauchs führt die Ziff. 4 eine Bevorzugung von Unternehmen des »Energieverbundes« des Netzbetreibers einschließlich der des eigenen Unternehmens auf. Zur Erläuterung des Verweises auf § 3 Ziff. 38 (verbundene = vertikal integrierte EVU) wird auf die obigen Hinweise verwiesen[23]. Wenn im Gesetzestext von »Waren und Leistungen« die Rede ist, so lehnt sich dieser Text übermäßig stark an die Formulierungen des GWB an, weil den von Netzbetreibern angebotenen Leistungen (Anschluss und Zugang) der Warencharakter abzusprechen sein dürfte. 26

Auch dieses Regelbeispiel, das offenbar an die früheren Formulierungen in § 6 Abs. 1 sowie § 6a Abs. 2 EnWG 1998/2003 anknüpft, geht über das bereits durch objektives Netzbetreiberrecht (§§ 17 ff.) angeordnete Diskriminierungsverbot nicht hinaus, wo die Gleichbehandlung interner und externer Nutzer bereits vorgeschrieben ist. Angesichts der Vorschriften zur Entflechtung muss dies auch für die Nutzung durch das Unternehmen selbst gelten, dem der Netzbetreiber mangels Verpflichtung zur rechtlichen Entflechtung (§ 7) angehört. 27

Allenfalls kann Sinn und Zweck dieses Regelbeispiels darin erblickt werden, dass dem Netzbetreiber zugestanden wird, **sachlich rechtfertigende Gründe** der Ungleichbehandlung nachzuweisen; berücksichtigt man diese Nachweismöglichkeit so wird es in diesen Fällen regelmäßig an einem objektiven Gesetzesverstoß im Sinne der Ziff. 1 fehlen, solange ein solcher Nachweis noch nicht gescheitert ist. Möglicherweise ist es deshalb Ziel der Ziff. 4, den Netzbetreiber bei »Eigennutzung des Netzes« besser zu stellen als er nach Ziff. 1 stünde. 28

5. Abweichen von wettbewerbsanalogen Entgelten (Ziff. 5)

Die Ziff. 5 des § 30 Abs. 1 Satz 2 ist dem Regelbeispiel des § 19 Abs. 4 Ziff. 2 GWB nachgebildet. Die Besonderheit besteht allerdings darin, dass zur Ermittlung des wettbewerbsanalogen Preises **Monopolmärk-** 29

---

23 § 3 Rz. 249 ff.

te verglichen werden, was auf der Basis des Vergleichsverfahrens gemäß § 21 Abs. 3 in Verbindung mit den dazu ergangenen Verordnungsbestimmungen[24] festzustellen ist. Die Vorschrift ist vom Wirtschaftsausschuss des Bundestages[25] und weiter im Vermittlungsausschuss[26] verändert worden, um der Einfügung von § 21a sowie (Vermittlungsausschuss) § 23a Rechnung zu tragen (Folgeänderungen). Anders als noch in Sachen »Stadtwerke Mainz« vom BGH gefordert[27], muss bei Durchführung des Vergleichs allerdings ein Erheblichkeitszuschlag nicht mehr berücksichtigt werden, weil – anders als im Hinblick auf § 19 Abs. 4 GWB – eine Spürbarkeit der Ungleichbehandlung nicht erforderlich ist.

30 Im Regelfall werden – kostenorientierte Regulierung – Kosten, Erlöse und Entgelte zu vergleichen sein, während »die sonstigen Geschäftsbedingungen« standardisiert sind. Die Gesetzesfassung betont den Begriff »Entgelt«, weil dort der Missbrauchsvorwurf ansetzt. Die heranzuziehende Kostenlage wird als Rechtfertigungsgrund berücksichtigt werden müssen.

31 Halbsatz 2 des § 30 Abs. 1 Satz 2 Ziff. 5 stellt klar, dass bei Vorliegen der **Entgeltgenehmigung** oder – nach Einführung der Anreizregulierung – das Nichtüberschreiten zugestandener **Obergrenzen** den mit dem Missbrauchsvorwurf überzogenen Netzbetreiber **zu rechtfertigen** vermag: Wer im Einklang mit Verfügungen der Regulierungsbehörde handelt, kann nicht rechtswidrig handeln, solange die Verfügung nicht aufgehoben ist[28]. Unterschiede in der Struktur, soweit sie nicht bereits im Vergleichsverfahren nach § 21 Abs. 3 berücksichtigt werden konnten, sind wie gewohnt durch **Zu- und Abschläge** auszugleichen[29].

32 Im Vermittlungsausschuss wurde § 30 Abs. 1 um die **Sätze 3 und 4** ergänzt. Für diesen Fall einer marktorientierten Entgeltbildung wird dabei die Anwendbarkeit des fünften Regelbeispiels klargestellt, sobald eine Rechtsverordnung nach § 24 Satz 2 Nr. 5 erlassen worden ist. Durch eine solche Rechtsverordnung kann vom Grundsatz der

---

24 Vgl. §§ 22 ff. StromNEV bzw. § § 21 ff. GasNEV.
25 BT-DrS 15/5268, S. 43 f. mit Begründung S. 121.
26 BT-DrS 15/5736 (neu), S. 5 (Ziff. 19).
27 BGH RdE 2005, 228, 232 f.
28 Vgl. dazu oben schon § 30 Rz. 16 (zu Ziff. 1).
29 Vgl. dazu BGH RdE 2005, 228, 232 – Stadtwerke Mainz, mit Nachweisen zur ständigen Rechtsprechung.

Kostenorientierung abgewichen werden, was etwa für Entgelte beim Zugang zu Gasfernleitungsnetzen denkbar erscheint (parallele Leitungsführung, die alternative Transportwege für Erdgas eröffnet). Lässt die Verordnung eine Abweichung von § 21 Abs. 2 Satz 1 (Kostenorientierung) zu, richtet sich die Entgeltbildung nach **marktorientieren Verfahren** bzw. es erfolgt die **Preisbildung im Wettbewerb**. Auch in einem solchen besonders angeordneten Falle ist die Regulierungsbehörde in der Lage, die sich dann ergebenden Entgelte zu überprüfen und ggf. eine Missbrauchsverfügung zu erlassen; eine Ausnahme besteht wiederum nach **Satz 4**, wenn jene zu erlassenden Rechtsvorschriften Sondervorschriften für den Missbrauch der Marktstellung enthalten.

6. Fordern ungerechtfertigter Abnehmerentgelte (Ziff. 6)

Das dem Wortlaut des § 19 Abs. 4 Ziff. 3 GWB entlehnte Regelbeispiel hat ebenfalls praktisch keine selbständige Bedeutung. Schon der Begriff **Abnehmer** ist verfehlt, weil es bei den §§ 17 ff. nicht um die Abnahme von Strom geht, sondern um Netzanschluss und Netzzugang. Gemeint sind also **gleichartige Petenten bei Netzzugang und Netzanschluss**. 33

Entsprechend der Ziff. 4 ergibt sich die Verpflichtung zur Gleichbehandlung bei Entgelten und Geschäftsbedingungen bereits aus dem Wortlaut der in Bezug genommenen Rechtsvorschriften (insbesondere § 17 Abs. 1 und § 20 Abs. 1). Das Regelbeispiel ist allenfalls dann nicht redundant, wenn man – konkreter Einzelfall als Bezug der Missbrauchsverfügung – die marktergebnisbezogene Rechtfertigungsmöglichkeit des Netzbetreibers als Regelungskern erachtet. Im Anwendungsbereich der Ziff. 6 würde dies dann bedeuten, dass ein objektiver Rechtsverstoß nach Ziff. 1 immer dann auszuscheiden hat, solange die Rechtfertigung des ungünstigeren Entgelts usw. dem Netzbetreiber noch nicht misslungen ist. 34

V. Regulierungsbehörde als Missbrauchsüberwachungsinstanz (Abs. 2)

Die Missbrauchskontrolle als **Ex post-Aufsicht** ist der Regulierungsbehörde (§ 54 Abs. 1 und 2) übertragen; im Verhältnis zur allgemeinen Aufgabenzuweisungsnorm des § 65 enthält § 30 Abs. 2 eine Spezialzuweisung. Entsprechend der in § 54 Abs. 2 Satz 1 bis 3 vorgenom- 35 menen Differenzierung handelt insofern entweder die Bundesnetzagentur oder die Landesregulierungsbehörde, vgl. § 54 Abs. 2 Satz 1 Ziff. 8. Für das Verfahren gelten die allgemeinen Vorschriften (§§ 54 ff. sowie §§ 65 ff.).

36 Für das Handeln der Regulierungsbehörde gilt nicht das Legalitätsprinzip, sondern das **Oppertunitätsprinzip** (»kann« einschreiten). Die Regulierungsbehörde wird regelmäßig von Amts wegen tätig werden; wird sie auf Antrag eines Betroffenen tätig, muss sie zunächst darüber entscheiden, ob das öffentliche Interesse ein Einschreiten gebietet. Entsprechend der Praxis der Kartellbehörden[30] ist die Regulierungsbehörde berechtigt, den Betroffenen auf die Geltendmachung seiner Ansprüche im Zivilrechtsweg zu verweisen (§ 32 in Verbindung mit §§ 17 ff. und §§ 20 ff.). Die Regulierungsbehörde wird deshalb Streitigkeiten von einigem Gewicht, solche mit bisher ungelösten Rechtsfragen und insbesondere sich stellende Grundsatzfragen dazu nutzen, von Amts wegen zu ermitteln. Ein Anspruch auf Erlass einer regulierenden Verfügung ist nur bei »Ermessensschrumpfung auf null« denkbar.

37 Kern jeder Missbrauchsverfügung ist es gemäß § 30 Abs. 2 Satz 1, die **Zuwiderhandlung abzustellen**. Dazu muss die Regulierungsbehörde das missbräuchliche Verhalten konkret beschreiben und konkret verbieten. Ausreichend ist es etwa, wenn Entgelte je kWh festgelegt oder leistungsbezogen der Höhe nach begrenzt werden oder es verboten wird, höhere Erlöse als (beispielsweise) 30 Mio. Euro/Jahr »zu fordern«[31], sog. statische Erlösobergrenze. Diese Vorgehensweise stimmt mit der Handhabung in den Missbrauchsverfahren nach dem GWB überein.

38 Besonderheit der Regulierung ist es aber, dass **auch Gebotsverfügungen** erlassen werden können. Dies bringt **Satz 2** zum Ausdruck (»Maßnahmen aufgeben, die erforderlich sind, um die Zuwiderhandlung wirksam abzustellen«). Dies beinhaltet die Änderung von Verträgen, geforderten Entgelten oder missbräuchlichen Geschäftspraktiken. Deshalb kann der Netzbetreiber verpflichtet werden, ein bestimmtes Entgelt je kWh zu fordern, eine bestimmte Klausel in den Netzzugangsvertrag aufzunehmen oder eine bestimmte Handhabung

---

30 Vgl. *Bechtold*, Kartellgesetz, § 1 Rz. 49 (unter Hinweis auf § 47 OWiG).
31 Vgl. dazu BGH RdE 2005, 228, 330 – Stadtwerke Mainz.

immer dann anzuwenden, wenn eine entsprechende Anfrage auf Anschluss oder Netzzugang erfolgt.

Um diese besonders weitgehende Form der Wirtschaftsaufsicht – gegenüber Monopolunternehmen – zu erläutern (»insbesondere«), führt **Satz 3** zwei Beispiele für typische Verfügungen der Regulierungsbehörde an: 39

– Änderungsverfügungen bezüglich Entgelten

– Anordnung von Netzanschluss oder Netzzugang

Sowohl die Anschluss- oder Zugangsverfügung als auch das Gebot zur Änderung von Entgelten waren den Kartellbehörden nicht ohne weiteres eröffnet; die Wettbewerbsaufsicht konnte nur versuchen, den Verfügungstenor so zu fassen, dass eine möglichst weitgehende Annäherung an das gebotene Verhalten erfolgte[32]. Demgegenüber kann die Regulierungsbehörde punktgenaues unternehmerisches Verhalten anordnen; ein eigenständiger Entscheidungsspielraum muss dem Netzbetreiber nicht belassen werden. 40

Die vom Bundesrat[33] empfohlene Änderung zu § 30 Abs. 2 Ziff. 2 (Ergänzung um einen neuen Satz 2) ist von der Bundesregierung zurückgewiesen worden[34] und letztlich nicht Gesetz geworden. Ziel dieser Änderung war es, zum Gegenstand einer den Missbrauch abstellenden Verfügung der Regulierungsbehörde auch **alle Bedingungen einer Netzanschluss- oder Netzzugangsvereinbarung** (einschließlich der Entgelte) zu machen. Da dieses Ziel – Vorgabe von Vertragsklauseln – bereits auf der Basis des § 30 Abs. 2 Satz 2 möglich ist (»Maßnahmen aufgeben«), ist der vom Bundesrat erwünschte Rechtszustand auch ohne diese Einfügung verwirklicht. 41

VI. Rechtsschutz

Gegen Missbrauchsverfügungen der Regulierungsbehörde nach § 30 ist **Beschwerde** gemäß § 75 ff. einzulegen, die allerdings keine aufschiebende Wirkung hat (§ 76). Zuständig für die Behandlung der Beschwerde sind die für den Sitz der Regulierungsbehörde zuständigen 42

---

32 Vgl. dazu *Bechtold*, Kartellgesetz, § 32 Rz. 3.
33 BT-DrS 15/3917, Anlage 2, S. 78, 88 (Ziff. 36).
34 BT-DrS 15/4068, S. 6 (Ziff. 33), Gegenäußerung der Bundesregierung.

Oberlandesgerichte (§ 75 Abs. 4), wobei die Kartellsenate (§ 91 GWB) auch diese Aufgabe zu übernehmen haben (§ 106 Abs. 1).

43 Ist wegen Zuwiderhandlung gegen eine Missbrauchsverfügung nach § 30 Abs. 1 bereits ein Bußgeld verhängt worden (§ 95 Abs. 1 Ziff. 4 in Verbindung mit Abs. 2), so entscheidet gemäß § 98 dasjenige Oberlandesgericht, in dessen Bezirk die zuständige Regulierungsbehörde ihren Sitz hat (§ 98 Abs. 1), sofern Einspruch eingelegt (§ 67 OWiG) oder Antrag auf gerichtliche Entscheidung (§ 62 OWiG) gestellt worden ist.

§ 31 Besondere Missbrauchsverfahren der Regulierungsbehörde

(1) [1]Personen und Personenvereinigungen, deren Interessen durch das Verhalten eines Betreibers von Energieversorgungsnetzen erheblich berührt werden, können bei der Regulierungsbehörde einen Antrag auf Überprüfung dieses Verhaltens stellen. [2]Diese hat zu prüfen, inwieweit das Verhalten des Betreibers von Energieversorgungsnetzen mit den Vorgaben in den Bestimmungen der Abschnitte 2 und 3 oder der auf dieser Grundlage erlassenen Rechtsverordnungen sowie den nach § 29 Abs. 1 festgelegten oder genehmigten Bedingungen und Methoden übereinstimmt. [3]Soweit das Verhalten des Betreibers von Energieversorgungsnetzen nach § 23a genehmigt ist, hat die Regulierungsbehörde darüber hinaus zu prüfen, ob die Voraussetzungen für eine Aufhebung der Genehmigung vorliegen. [4]Interessen der Verbraucherzentralen und anderer Verbraucherverbände, die mit öffentlichen Mitteln gefördert werden, werden im Sinne des Satzes 1 auch dann erheblich berührt, wenn sich die Entscheidung auf eine Vielzahl von Verbrauchern auswirkt und dadurch die Interessen der Verbraucher insgesamt erheblich berührt werden.

(2) [1]Ein Antrag nach Absatz 1 bedarf neben dem Namen, der Anschrift und der Unterschrift des Antragstellers folgender Angaben:

1. Firma und Sitz des betroffenen Netzbetreibers,

2. das Verhalten des betroffenen Netzbetreibers, das überprüft werden soll,

3. die im Einzelnen anzuführenden Gründe, weshalb ernsthafte Zweifel an der Rechtmäßigkeit des Verhaltens des Netzbetreibers bestehen und

4. die im Einzelnen anzuführenden Gründe, weshalb der Antragsteller durch das Verhalten des Netzbetreibers betroffen ist.

[2]Sofern ein Antrag nicht die Voraussetzungen des Satzes 1 erfüllt, weist die Regulierungsbehörde den Antrag als unzulässig ab.

(3) [1]Die Regulierungsbehörde entscheidet innerhalb einer Frist von zwei Monaten nach Eingang des vollständigen Antrags. [2]Diese Frist kann um zwei Monate verlängert werden, wenn die Regulie-

rungsbehörde zusätzliche Informationen anfordert. ³Mit Zustimmung des Antragstellers ist eine weitere Verlängerung dieser Frist möglich. ⁴Betrifft ein Antrag nach Satz 1 die Entgelte für den Anschluss größerer neuer Erzeugungsanlagen, so kann die Regulierungsbehörde die Fristen nach den Sätzen 1 und 2 verlängern.

(4) ¹Soweit ein Verfahren nicht mit einer den Beteiligten zugestellten Entscheidung nach § 73 Abs. 1 abgeschlossen wird, ist seine Beendigung den Beteiligten schriftlich oder elektronisch mitzuteilen. ²Die Regulierungsbehörde kann die Kosten einer Beweiserhebung den Beteiligten nach billigem Ermessen auferlegen.

Überblick	Seite	Rz.
I. Regelungszweck und Entstehungsgeschichte	740	1
II. Antragsberechtigte und Überprüfungsumfang (Abs. 1) .	741	3
III. Mindestvoraussetzungen des Antrags (Abs. 2)	743	9
IV. Zuständige Regulierungsbehörde und Fristenkatalog (Abs. 3)	744	12
V. Verfahren und Rechtsschutz (Abs. 4)................	745	15

I. Regelungszweck und Entstehungsgeschichte

1   Art. 23 Abs. 5 RL-Elt sowie Art. 25 Abs. 5 RL-Gas verpflichten die Mitgliedstaaten, eine **Streitbeilegungsstelle** einzurichten, die über »Beschwerden« von Betroffenen in einem strikt fristgebundenen Verfahren entscheidet, soweit sich die Beschwerde gegen das Verhalten von Netzbetreibern oder Betreibern von LNG-Anlagen richtet. Eingeschlossen in dieses »Beschwerderecht« sind die Gegenstände des Monitoring (Art. 23 Abs. 1 RL-Elt/Art. 25 Abs. 1 RL-Gas), die Festlegung oder Genehmigung von Methoden zur Berechnung von Entgelten sowie die Genehmigung von Bedingungen/Entgelten selbst (Art. 23 Abs. 2 RL-Elt bzw. Art. 25 Abs. 2 RL-Gas) und Verstöße gegen Verpflichtungen der Netzbetreiber. Eine Anregung des Bundesrates zur Einführung eines weiteren Nachprüfungstatbestandes für den Fall, dass Mitteilungen der Kartellbehörden oder der Preisaufsichtsbehörden Anhaltspunkte für Verstöße der Netzbetreiber gegen die mit Netzanschluss und Netzzugang zusammenhängenden Pflich-

ten erkennen lassen[1], hat die Bundesregierung nicht aufgegriffen[2]. Vom Vermittlungsausschuss[3] ist die Ergänzung des Abs. 1 um den Satz 2 in das Gesetz eingefügt worden.

§ 31 **Abs. 1** sieht mit dem **Antrag auf Überprüfung** die Einleitung des besonderen Missbrauchsverfahrens vor der Regulierungsbehörde vor und legt den Prüfungsumfang sowie die Antragsberechtigten fest. Die erforderlichen Mindestangaben im Rahmen des Antragsverfahrens führt **Abs. 2** auf, während **Abs. 3** im Einklang mit den Binnenmarktrichtlinien den Fristenkatalog aufstellt. Verfahrensbeendigung sowie Regeln zur Kostentragung enthält **Abs. 4**.

II. Antragsberechtigte und Überprüfungsumfang (Abs. 1)

Das **Überprüfungsrecht** in Bezug auf Netzbetreibersachverhalte (Netzanschluss und Netzzugang, §§ 17 bis 28a) haben sowohl (natürliche und juristische) Personen als auch Personenvereinigungen (Verbände). **Satz 4** des § 31 Abs. 1 nennt insofern Verbraucherzentralen und andere Verbraucherverbände, die mit öffentlichen Mitteln gefördert werden. Dies schließt die Betroffenheit von Personenvereinigungen auf Unternehmerseite nicht aus (Handwerkskammern, Industrie- und Handelskammern, Gewerbeschutzverbände, Vermietervereinigungen – unabhängig von der Rechtsform einschließlich von Vereinigungen des öffentlichen Rechts).

Antragsvoraussetzung ist eine **erhebliche Interessenberührung** aufgrund Netzbetreiberverhaltens (§ 31 Abs. 1 Satz 1). Im Einklang mit § 42 Abs. 2 VwGO reicht die Möglichkeit einer Interessenberührung aus; eine tatsächlich nachgewiesene Interessenbeeinträchtigung ist nicht erforderlich.

Für Personenvereinigungen füllt **Satz 4** des § 31 Abs. 1 den Erheblichkeitsbegriff aus, indem auf die Vielzahl der von einer solchen Personenvereinigung vertretenen Verbraucher Bezug genommen wird, wobei das Betroffensein des einzelnen Verbrauchers möglicherweise unerheblich ist, die Vielzahl der Beeinträchtigungen aber den Erheblichkeitsbegriff erfüllt. Dies bedeutet, dass bereits eine Entgeltüberhöhung um Bruchteile von 0,1 Cent/kWh gerechnet auf ein Ge-

---

1 BT-DrS 15/3917, Anlage 2, S. 78, 88 (Ziff. 37).
2 BT-DrS 15/4068, S. 6 (Ziff. 34).
3 BT-DrS 15/5736 (neu), S. 5 (Ziff. 20).

schäftsjahr sowie die Vielzahl der von der Personenvereinigung vertretenen Verbraucher zur erheblichen Interessenberührung führen können. Sinn und Zweck der Regelung ist es, eine große Anzahl von Minimalbeeinträchtigungen zu bündeln und zur Überprüfung zu stellen (Streuschädenproblematik).

6 Die erhebliche Interessenberührung muss auf Seiten der beschwerdeführenden Haushaltskunden und Unternehmen sowie Personenvereinigungen vorliegen; irrelevant ist es, ob auch die Interessen des Netzbetreibers erheblich tangiert werden. Eine vertragsmäßig fixierte Schwelle des Berührtseins lässt sich nicht angeben; Bagatellbeträge unterhalb von 50,- €/Jahr je einzeln Betroffenem dürften aber noch als unerheblich einzustufen sein, zumal über die Mitgliedschaft in einer der genannten Personenvereinigungen eine Überprüfungsmöglichkeit besteht. Über § 31 Abs. 1 soll verhindert werden, dass die Regulierungsbehörde mit einer Flut von Überprüfungsanträgen überhäuft und damit funktionsunfähig wird. Weil sich das Merkmal der erhebliche Betroffenheit den zu transformierenden Vorgaben der Binnenmarktrichtlinien nicht entnehmen lässt[4], dürfen aber an den Erheblichkeitsbegriff nicht zu hohe Anforderungen gestellt werden, weil sonst ablehnende Entscheidungen im Rechtsschutzverfahren dem Europäischen Gerichtshof zwecks Kontrolle des deutschen Transformationsaktes mit Aussicht auf Erfolg vorgelegt werden könnten.

7 Der **Umfang des Überprüfungsverfahrens** (Streitbeilegungsverfahrens) ist den **Sätzen 2 und 3** des § 31 Abs. 1 zu entnehmen. Die Überprüfungspflicht der Regulierungsbehörde erstreckt sich auf folgende Gesichtspunkte:

– Beachtung der Vorschriften über Netzanschluss/Netzzugang (Gesetz und Rechtsverordnung)

– Einhaltung der gemäß § 29 Abs. 1 festgelegten/genehmigten Bedingungen und Methoden

– Überprüfung genehmigter Entgelte betr. das Erfordernis einer Änderungsverfügung gemäß § 29 Abs. 2

8 Damit ist das Netzbetreiberverhalten durch die Regulierungsbehörde umfassend auf den Prüfstand von Gesetz, Rechtsverordnungen und Entscheidungen von Regulierungsbehörden zu stellen. Dies betrifft

---

4 Vgl. Art. 23 Abs. 5 RL-Elt sowie Art. 25 Abs. 5 RL-Gas: »jeder Betroffene«.

sowohl die Art und Weise von Netzanschluss/Netzzugang einschließlich der geforderten Entgelte und festgesetzten (ökonomischen) Bedingungen als auch die Einhaltung von Fristen und Mitteilungspflichten. Jede rechtliche Regelung im weitesten Sinne, die den Netzbetreibern ein bestimmtes Verhalten vorschreibt, kann zur Überprüfung herangezogen werden. Selbst wenn das Netzbetreiberverhalten rechts- und genehmigungskonform ist, muss die Regulierungsbehörde weiter prüfen, ob die Änderung der tatsächlichen, rechtlichen und wirtschaftlichen Verhältnisse eine Änderungsverfügung erzwingt. Das Überprüfungsverfahren nach § 31 Abs. 1 kann deshalb auch dazu eingesetzt werden, auf die Senkung von Netzbetreiberentgelten hinzuwirken, wenn der wettbewerbsanaloge Preis niedriger sein sollte.

III. Mindestvoraussetzungen des Antrags (Abs. 2)

Erfüllt ein Überprüfungsantrag nicht die in § 31 Abs. 2 Satz 1 genannten Mindestangaben, ist ein solcher Antrag von der Regulierungsbehörde **als unzulässig abzuweisen**, Satz 2 des § 31 Abs. 2. Zu den **Mindestangaben** gehören:

– Name, Anschrift und Unterschrift des Antragstellers

– Firma und Sitz des Netzbetreibers

– Beschreibung des zu überprüfenden Netzbetreiberverhaltens

– Aufführung der Gründe, die ernsthafte Zweifel an der Rechtmäßigkeit des Netzbetreiberverhaltens erwecken

– Nachweis des Betroffenseins des Antragstellers durch das Netzbetreiberverhalten

Letzterer Prüfpunkt dient dazu, die Erheblichkeit des Berührtsein überprüfen zu können; weil der Gesetzestext in § 31 Abs. 2 Satz 1 Ziff. 4 a.E. den im Verwaltungsrecht üblichen Begriff des »Betroffenseins« verwendet, stimmt dieser offenbar mit dem in § 31 Abs. 1 Satz 1 verwendeten Begriff des »Berührtseins« überein.

Die Angabe der Gründe zum ggf. nicht rechtmäßigen Verhalten des Netzbetreibers sowie zum Betroffensein (§ 31 Abs. 2 Satz 1 Ziff. 3 und 4) sollten einen gewissen Detaillierungsgrad aufweisen und ggf. Hilfserwägungen enthalten. Zweckmäßig ist es, den Überprüfungsantrag nach dem Vorbild des § 31 Abs. 2 zu gliedern, um der Regulierungsbehörde die Nachprüfung der Angaben zu erleichtern; eine Verpflichtung dazu besteht jedoch nicht.

IV. Zuständige Regulierungsbehörde und Fristenkatalog (Abs. 3)

12 Das Überprüfungsverfahren gemäß § 31 Abs. 1 wird vor der **Regulierungsbehörde** im Sinne von § 54 durchgEführt. Bei Vorliegen der Voraussetzungen der de minimis-Klausel sind die Landesregulierungsbehörden gemäß § 54 Abs. 2 Satz 1 Ziff. 8 mit den Sätzen 2 und 3 zuständig (Beschränkung des Netzes auf ein Bundesland und weniger als 100.000 angeschlossene Kunden); im Übrigen wird die Bundesnetzagentur nach § 54 Abs. 1 tätig.

13 Den **Fristenkatalog** enthält Abs. 3. Folgende Prüfungs- und Entscheidungszeiträume sind zu unterscheiden:

- **Regelentscheidung** binnen zwei Monaten nach Antragseingang

- Entscheidung spätestens vier Monate nach Antragseingang, wenn zusätzliche Informationen angefordert werden müssen

- Zulässigkeit einer Fristverlängerung nur mit Zustimmung des **Antragstellers**

- **Fristverlängerungsentscheidung** (Satz 4) bei Überprüfung von Anschlussentgelten hinsichtlich größerer neuerer Erzeugungsanlagen (Regelfrist und Zusatzfrist, Satz 1 und 2)

14 Im Hinblick auf Satz 4 des § 31 Abs. 3 dürfte auch die Überprüfung von Anschlussentgelten für solche Anlagen erforderlich sein, die Elektrizität aus privilegierten Energieträgern erzeugen (EEG sowie KWK-G-Anlagen). Damit wird der nach § 13 Abs. 1 EEG eigentlich auf die zivilgerichtliche Kontrolle beschränkte Überprüfungspfad auf eine verwaltungsbehördliche Kontrolle hin erweitert. Für diesen Fall ist eine Fristbegrenzung nicht vorgesehen; selbst wenn man den erhöhten Überprüfungsaufwand in Rechnung stellt, der sich einer Pauschalierung entzieht und die Kontrolle des sehr unterschiedlichen Kostenaufwandes im Einzelfall erforderlich machen wird, wird man eine Begrenzung der Gesamtfrist auf das Vierfache der Regelfrist (zwei Monate) annehmen müssen (Höchstfrist: acht Monate).

V. Verfahren und Rechtsschutz (Abs. 4)

Das Überprüfungsverfahren nach § 31 endet im Regelfall mit einer das Verfahren abschließenden (förmlichen) Entscheidung im Sinne von § 73 Abs. 1. Diese wird den Beteiligten mitsamt der Rechtsmittelbelehrung förmlich zugestellt (zu Einzelheiten vgl. § 73 Abs. 1). Im Rahmen dieser Entscheidung kann die Regulierungsbehörde **Kosten einer Beweiserhebung** den Beteiligten (§ 66 Abs. 2) »nach billigem Ermessen« auferlegen; §§ 91 ff. ZPO sowie §§ 154 ff. VwGO können einschließlich der dazu ergangenen Entscheidungen zur Ausfüllung des Ermächtigungskriteriums herangezogen werden. Sollte sich das Netzbetreiberverhalten nach Beweiserhebung (z. B. Sachverständigengutachten) als **nicht rechtmäßig** herausstellen, werden die angefallenen Kosten dem Netzbetreiber in toto auferlegt werden, im umgekehrten Falle zumindest bis zur Hälfte dem Antragsteller. 15

Ergeht im Überprüfungsverfahren eine **Entscheidung in der Sache**, wird der Antrag also nicht gemäß § 31 Abs. 2 Satz 2 als unzulässig, sondern als unbegründet zurückgewiesen oder gibt die Regulierungsbehörde dem Antrag statt, kann gegen diese Regulierungsbehördenentscheidung Beschwerde zum zuständigen OLG gemäß §§ 75 ff. durch den jeweils Beschwerten (Antragsteller oder Netzbetreiber) erhoben werden. Da gemäß § 31 nur eine (isolierte) Überprüfung stattfindet, werden sich bei Begründetheit des Antrags weitere förmliche Verwaltungsverfahren anschließen, z. B. ein Missbrauchsverfahren gegen den Netzbetreiber gemäß § 30 oder ein Änderungsverfahren gemäß § 29 Abs. 2. 16

Ein Überprüfungsverfahren wird häufig ohne förmliche Entscheidung nach § 73 Abs. 1 enden. Beispiele bilden die bereits in einem frühen Verfahrensstadium festgestellte Haltlosigkeit der Beanstandung (Rücknahme des Antrags) oder alsbaldige Abstellung des Verhaltens durch den Netzbetreiber. In diesen Fällen, die durch das Fehlen einer Beschwer auf beiden Seiten der Verfahrensbeteiligten gekennzeichnet sind, hat gemäß § 31 Abs. 4 Satz 1 eine **Verfahrensabschlussmitteilung** zu erfolgen. Für deren Übermittlung wird die Regulierungsbehörde von den Voraussetzungen der Verwaltungszustellungsgesetze befreit, so dass eine einfach-schriftliche oder elektronische Übermittlung des Verfahrensabschlusses ausreicht. Weil aufgrund europäischen Rechts demnächst das Rechtsinstitut der **Untätigkeitsbeschwerde** 17 einzuführen ist, wird § 31 Abs. 4 um eine entsprechende Regelung ergänzt werden müssen[5].

---

5 Vgl. dazu den Vorschlag des BMJ vom 26.8.2005, Art. 4 §§ 85 Nr. 1 und 87 Abs. 4 Satz 1 EnWG n.F.

§ 32 Unterlassungsanspruch, Schadensersatzpflicht

(1) ¹Wer gegen eine Vorschrift der Abschnitte 2 und 3, eine auf Grund der Vorschriften dieser Abschnitte erlassene Rechtsverordnung oder eine auf Grundlage dieser Vorschriften ergangene Entscheidung der Regulierungsbehörde verstößt, ist dem Betroffenen zur Beseitigung einer Beeinträchtigung und bei Wiederholungsgefahr zur Unterlassung verpflichtet. ²Der Anspruch besteht bereits dann, wenn eine Zuwiderhandlung droht. ³Die Vorschriften der Abschnitte 2 und 3 dienen auch dann dem Schutz anderer Marktbeteiligter, wenn sich der Verstoß nicht gezielt gegen diese richtet. ⁴Ein Anspruch ist nicht deswegen ausgeschlossen, weil der andere Marktbeteiligte an dem Verstoß mitgewirkt hat.

(2) Die Ansprüche aus Absatz 1 können auch von rechtsfähigen Verbänden zur Förderung gewerblicher oder selbständiger beruflicher Interessen geltend gemacht werden, soweit ihnen eine erhebliche Zahl von Unternehmen angehört, die Waren oder Dienstleistungen gleicher oder verwandter Art auf demselben Markt vertreiben, soweit sie insbesondere nach ihrer personellen, sachlichen und finanziellen Ausstattung imstande sind, ihre satzungsmäßigen Aufgaben der Verfolgung gewerblicher oder selbständiger beruflicher Interessen tatsächlich wahrzunehmen und soweit die Zuwiderhandlung die Interessen ihrer Mitglieder berührt.

(3) ¹Wer einen Verstoß nach Absatz 1 vorsätzlich oder fahrlässig begeht, ist zum Ersatz des daraus entstehenden Schadens verpflichtet. ²Geldschulden nach Satz 1 hat das Unternehmen ab Eintritt des Schadens zu verzinsen. ³Die §§ 288 und 289 Satz 1 des Bürgerlichen Gesetzbuchs finden entsprechende Anwendung.

(4) ¹Wird wegen eines Verstoßes gegen eine Vorschrift der Abschnitte 2 und 3 Schadensersatz begehrt, ist das Gericht insoweit an die Feststellung des Verstoßes gebunden, wie sie in einer bestandskräftigen Entscheidung der Regulierungsbehörde getroffen wurde. ²Das Gleiche gilt für entsprechende Feststellungen in rechtskräftigen Gerichtsentscheidungen, die infolge der Anfechtung von Entscheidungen nach Satz 1 ergangen sind.

(5) ¹Die Verjährung eines Schadensersatzanspruchs nach Absatz 3 wird gehemmt, wenn die Regulierungsbehörde wegen eines Ver-

stoßes im Sinne des Absatzes 1 ein Verfahren einleitet. ²§ 204 Abs. 2 des Bürgerlichen Gesetzbuchs gilt entsprechend.

Überblick   Seite   Rz.

I.   Regelungszweck und Entstehungsgeschichte   748   1

II. Beseitigungs- und Unterlassungsansprüche
     (Abs. 1 und 2)   749   6

     1. Beseitigungsanspruch.   750   8
     2. Unterlassungsanspruch   751   11
     3. Unmittelbar bevorstehende Zuwiderhandlung
        (Abs. 1 Satz 2)   751   12
     4. Anspruchsteller (Abs. 1 und 2)   752   13

III. Schadensersatzansprüche (Abs. 3 und 4)   753   19

     1. Allgemeine Schadensersatzansprüche   753   20
     2. Spezieller EnWG-Schadensersatzanspruch...........   755   26
     3. Tatbestandswirkung vorangegangener Entscheidungen
        (Abs. 4)...   756   31

IV. Verjährung (Abs. 5)   756   34

I. Regelungszweck und Entstehungsgeschichte

1 Vorbilder des § 32 sind § 33 GWB[1] sowie § 44 TKG[2]; damit gehören spezialgesetzlich angeordnete Unterlassungs- und Schadensersatzansprüche zum normalen Sanktionenkatalog an der Seite von wirtschaftsaufsichtsrechtlichen Maßnahmen der Sonderbehörden. Eine entsprechende europarechtliche Verpflichtung hat explizit nicht bestanden.

2 Das Entstehen von **fortwirkenden Beeinträchtigungen** oder gar Schäden kann mit Hilfe der allgemeinen und besonderen Missbrauchsaufsicht nach §§ 30, 31 nicht sicher ab initio verhindert werden. Regelungszweck des § 32 ist deshalb ein »enforcement« im Katalog der gesamten Sanktionen, die Gesetzesverstöße nach sich ziehen können. Die Netzbetreiber müssen insofern eine Vervielfachung der

---

1 In der Fassung der Neubekanntmachung des GWB vom 15. Juli 2005, BGBl. I S. 2114, 2122.
2 Vom 22.6.2004, BGBl. I S. 1190, 1207.

Verfahrenskosten befürchten und sollen deshalb durch besonders strikte Regelungen auch präventiv zu rechtmäßigem Verhalten angehalten werden.

Nach dem **äußeren Normaufbau** enthält **Abs. 1** die Regelung zu **Beseitigungs- und Unterlassungsansprüchen**; für letztere ist wie gewohnt Wiederholungsgefahr erforderlich. Nach Abs. 2 ist dieses Recht auch Wirtschaftsverbänden eingeräumt; die im Entwurf noch vorgesehene Erstreckung auf Verbraucherverbände (qualifizierte Einrichtungen nach § 4 des Unterlassungsklagengesetzes) ist im Vermittlungsausschuss wieder gestrichen worden[3], wie es in der Stellungnahme des Bundesrates[4] angeregt worden war. 3

Eine **Schadensersatzverpflichtung**, die einen Verschuldensvorwurf voraussetzt, sieht **Abs. 3** vor; die Anregung des Bundesrates, in einen neuen Satz 2 den Verweis auf § 287 ZPO (Schadensschätzung) aufzunehmen[5], hat sich im weiteren Verlauf des Gesetzgebungsverfahrens nicht durchgesetzt. 4

Zwecks Feststellung von Netzbetreiber-Rechtsverstößen ist das Gericht an die bestandskräftigen Entscheidungen der Regulierungsbehörde ebenso gebunden wie an rechtskräftige gerichtliche Entscheidungen, vgl. **Abs. 4**; eine besondere Vorschrift zur **Verjährungshemmung** enthält **Abs. 5**. 5

II. Beseitigungs- und Unterlassungsansprüche (Abs. 1 und 2)

Parallel zu den allgemeinen Ansprüchen auf Beseitigung und Unterlassung nach § 1004 bzw. §§ 1004, 823 BGB analog (sog. quasinegatorischer Beseitigungs- und Unterlassungsanspruch) ordnet § 32 Abs. 1 Satz 1 die Anwendbarkeit beider Arten von Ansprüchen bei Verstößen des Netzbetreibers gegen seine Anschlusspflicht (§§ 17 ff.) sowie seine Netzzugangspflicht (§§ 20 ff.) an. Wie gewohnt ist das Verhalten am Gesetz selbst, an den dazu ergangenen Rechtsverordnungen sowie an den auf der Grundlage dieser Vorschriften ergangenen regulierungsbehördlichen Entscheidungen zu messen. 6

---

3 BT-DrS 15/5736 (neu), S. 5 (Ziff. 21).
4 BT-DrS 15/3917, S. 78, 88 (Ziff. 38).
5 Ebd. Ziff. 39.

7 Ausreichend ist der **objektive Rechtsverstoß**; die Rechtswidrigkeit des Verhaltens ist indiziert. An Rechtfertigungsgründe ist allenfalls zu denken, wenn die Gesetzes- und Verordnungslage widersprüchlich ist, einen (scheinbaren) oder bestehenden unternehmerischen Ermessensspielraum des Netzbetreibers begründet oder eine bestandskräftige regulierungsbehördliche Entscheidung/rechtskräftige Gerichtsentscheidung vom Gesetzes- oder Verordnungsrecht abweicht. Ist dem Netzbetreiber nach § 30 Abs. 1 Satz 1 Ziff. 2 ff. im allgemeinen Missbrauchsverfahren der Nachweis vorbehalten, zur Widerlegung der Missbrauchsvermutung Umstände nachzuweisen, die eine Ungleichbehandlung, Behinderung usw. **sachlich zu rechtfertigen vermögen**, so muss dieser Nachweis auch gegenüber Beseitigungs- und Unterlassungsansprüchen zugelassen werden. Denn § 32 ist weit stärker marktergebnisbezogen ausgestaltet als § 30, wo es zunächst um die Erzwingung rechtskonformen Verhaltens geht (Erst-Recht-Schluss).

1. Beseitigungsanspruch

8 Wer von einem Netzbetreiber-Rechtsverstoß betroffen ist, kann Herstellung des rechtmäßigen Zustandes beanspruchen (vgl. auch § 249 Abs. 1 BGB). Der Anspruch auf Beseitigung von Beeinträchtigungen dient insbesondere dazu, objektive Rechtsverstöße schnell zu beenden und einen Schaden gar nicht erst eintreten zu lassen.

9 Voraussetzung ist zum einen der Rechtsverstoß des Netzbetreibers (§§ 17 ff.), zum anderen die kausale Verknüpfung mit der Beeinträchtigung des davon betroffenen Kunden (Abnehmer, Lieferant, andere Netzbetreiber). Ein Verschulden muss nicht nachgewiesen werden. Zur Ausfüllung der Voraussetzungen kann auf die Rechtsprechung zu § 33 GWB a.F.[6] sowie den allgemeinen Beseitigungsanspruch[7] zurückgegriffen werden.

10 Beeinträchtigungen im Sinne von § 32 Abs. 1 Satz 1 stellen etwa die vollständige Verweigerung des Netzanschlusses bzw. Netzzugangs dar, wenn dies objektivem Recht widerspricht. Unrechtmäßig erhobene Entgelte oder Entgeltanteile können hingegen nur mit der negativen Feststellungsklage oder allgemein auf die Leistungsklage des Netzbetreibers hin geltend gemacht werden.

---

6 *Bechtold*, Kartellgesetz, § 33 Rz. 8 ff.
7 Palandt/*Bassenge*, BGB, § 1004 Rz. 27 ff.

II. Beseitigungs- und Unterlassungsansprüche (Abs. 1 und 2)

2. Unterlassungsanspruch

Über die Voraussetzungen des Beseitigungsanspruchs hinaus erfordert der Unterlassungsanspruch das Vorliegen von **Wiederholungsgefahr**. Die Wiederholungsgefahr ist materielle Anspruchsvoraussetzung, so dass der Anspruch mit ihrem Fortfall erlischt[8]. Zu bejahen ist Wiederholungsgefahr, wenn objektiv begründet die ernstliche Besorgnis weiterer Störungen zu bejahen ist, die im Zeitpunkt der letzten mündlichen Tatsachenverhandlung noch vorliegen muss. Das Bestehen der Wiederholungsgefahr wird tatsächlich vermutet, wenn eine rechtswidrige Beeinträchtigung vorangegangen ist[9]. Eine Wiederholungsgefahr wird regelmäßig ausgeräumt, wenn über das bloße Versprechen rechtmäßigen Verhaltens hinaus eine zusätzliche Sicherung (z. B. Vertragsstrafe) angeboten wird[10]. Wer zu Unterlassungen verpflichtet ist, schuldet zukünftig ein rechtskonformes Verhalten; Beseitigungs- und Unterlassungsanspruch laufen parallel (Nichtbeseitigung = Fortsetzung der Beeinträchtigung)[11]. Hat der Netzbetreiber eine Missbrauchsentscheidung der Regulierungsbehörde bestandskräftig werden lassen oder ist diese rechtskräftig geworden, reicht dies aus, um die Wiederholungsgefahr sicher auszuschließen.

11

3. Unmittelbar bevorstehende Zuwiderhandlung (Abs. 1 Satz 2)

Hat der Netzbetreiber angekündigt, sich in einer bestimmten Weise zu verhalten (z. B. Androhung der Beseitigung des Netzanschlusses) und verstößt dies gegen Rechtsvorschriften des EnWG, so kann nach § 32 Abs. 1 **Satz 2 vorbeugende Unterlassungsklage** erhoben werden. Nach allgemeinem Recht reicht hierfür eine erstmals ernsthaft drohende Beeinträchtigung aus[12]; anders als beim normalen Unterlassungsanspruch gilt für den vorbeugenden Unterlassungsanspruch allerdings nicht die tatsächliche Vermutung rechtswidrigen Handelns, weil der Verstoß ja erst noch bevorsteht[13].

12

---

8 BGH NJW 1995, 132, 134 – Papierfabrik.
9 BGH NJW 1986, 2503, 2505 – Landesverrat.
10 OLG Karlsruhe NJW-RR 1990, 244 – bitte keine Reklame.
11 BGH LM Nr. 32 zu § 1004 BGB.
12 BGH LM Nr. 27 zu § 1004 BGB – Mineralwasserflaschen; OLG Zweibrücken NJW 1992, 1242 – Sandplätze; OLG Frankfurt/Main OLGR 1996, 2, 3 – Nutzung eines Privatwegs.
13 OLG Hamm NJW-RR 1995, 1399, 1400 – Erstbegehungsgefahr.

4. Anspruchsteller (Abs. 1 und 2)

13 Für die Identifizierung des Anspruchsinhabers (**Anspruchsteller**) gelten die allgemeinen Vorschriften: Nur derjenige, der durch den Rechtsverstoß unmittelbar betroffen ist, hat Beseitigungsansprüche, Unterlassungsansprüche sowie vorbeugende Unterlassungsansprüche. Es gilt die Anspruchsdefinition des § 194 Abs. 1 BGB.

14 Zwecks Bündelung von Ansprüchen ihrer Mitglieder können gemäß § 32 Abs. 2 auch **rechtsfähige Wirtschaftsverbände**, nicht dagegen Verbraucherverbände solche Ansprüche geltend machen. Parallel § 8 Abs. 3 Ziff. 2 UWG müssen diese Verbände der Förderung gewerblicher oder selbständiger beruflicher Interesse dienen. Eingeschlossen sind öffentlichrechtlich-rechtsfähige Verbände (Handwerkskammern, IHK, Ärztkammern und Rechtsanwaltskammern); das (mittelbare) Betroffensein eines solchen Verbandes wird jedoch nach Satz 1 des § 32 Abs. 2 nur angenommen, wenn

– eine erhebliche Zahl von Unternehmen verbandsangehörig ist und

– Waren oder Dienstleistungen gleicher oder verwandter Art auf demselben Markt vertrieben werden

15 Die Übernahme aus dem UWG ist deshalb wenig geglückt, weil es auf den ersten Blick den Anschein hat, als ob die **betroffenen Unternehmen in Konkurrenz zum Netzbetreiber** auftreten müssten; gemeint ist lediglich, dass die in ihrer Mitgliedschaft dem Verband verbundenen Unternehmen die betreffenden Netzbetreiber-Dienstleistungen in gleichartiger Weise nachfragen müssen (Netzanschluss, Netzzugang). Dabei ist es nicht ausgeschlossen, dass sich Lieferanten und beziehende Unternehmen im selben Verband zusammenschließen, wenn beide Arten von Unternehmen auf den Netzzugang angewiesen sind. Weil praktisch alle Unternehmen einen Netzanschluss benötigen, kommt es auf die Branchenzugehörigkeit nicht an.

16 Spitzenverbände werden typischerweise nicht unter § 32 Abs. 2 fallen, weil sie zu heterogen zusammengesetzt sind und in ihnen auch Verbände von Netzbetreibern organisiert sein können. Soweit anderen Netzbetreibern Netzanschluss bzw. Netzzugang verweigert wird und diese Netzbetreiber im selben Verband wie diejenigen organisiert sind, deren Verhalten beanstandet wird (z. B. VDN), kann eine Betroffenheit nach § 32 Abs. 2 gleichfalls nicht a priori verneint werden, obwohl die angeschlossenen Unternehmen unterschiedlich betroffen sind. Eine irgendwie geartete »Gegnerfreiheit« postuliert § 32 Abs. 2 jedoch nicht.

Persönliche Verbandsvoraussetzung ist eine ausreichende personelle, sachliche und finanzielle Ausstattung im Hinblick auf die satzungsgemäßen Aufgaben des Verbandes (Verfolgung gewerblicher oder selbständiger beruflicher Interessen). Kleinstverbände fallen damit aus dem Anwendungsbereich des § 32 Abs. 2 heraus. Auf die zu § 13 UWG a.F. bestehende Entscheidungspraxis wird insofern verwiesen[14]. Die Verbände machen nicht etwa einen abgeleiteten Beseitigungs- oder Unterlassungsanspruch, sondern einen solchen aus **eigenem Recht** geltend[15]. 17

Schließlich kann ein Anspruch nach § 32 Abs. 1 nicht geltend gemacht werden, wenn der Rechtsverstoß des Netzbetreibers die Interessen der Mitgliedsunternehmen gar nicht berührt, § 32 Abs. 2 a.E. Ein erhebliches Betroffensein ist anders als im Rahmen von § 31 Abs. 1 Satz 1 nicht erforderlich, so dass auch Bagatellverstöße abgewehrt werden können. 18

III. Schadensersatzansprüche (Abs. 3 und 4)

Neben dem speziellen Schadensersatzanspruch des betroffenen Kunden gegen den Netzbetreiber (Abs. 3 und 4) kommen Schadensersatzansprüche nach allgemeinem Recht in Anspruchskonkurrenz in Betracht, vgl. § 32 Abs. 1 Satz 3 und 4. 19

1. Allgemeine Schadensersatzansprüche

Mit den **Sätzen 3 und 4** des § 32 Abs. 1 wird den §§ 17 bis 28a **kraft Gesetzes** ein besonderer Status eingeräumt: Es handelt sich insofern um per se-**Schutzgesetze**. Dies hat insbesondere Bedeutung für § 823 Abs. 2 BGB (Schadensersatzanspruch wegen Schutzgesetzverstoßes); weil der Gesetzgeber die Schutzgesetzeigenschaft in § 32 Abs. 1 Satz 3 feststellt und – ohne Ausnahme – auf alle Regelungen in den §§ 17 bis 28a bezieht, ist den Zivilgerichten eine entsprechende Nachprüfung verwehrt. Dies schließt es allerdings nicht aus zu untersuchen, ob der Anspruchsteller in den persönlichen Schutzbereich der betreffenden Netzbetreibervorschrift fällt. 20

---

14 Nachweise bei *Bechtold*, Kartellgesetz, § 33 Rz. 10 f.
15 Vgl. BGHZ 41, 314, 318 – Lavamat I.

21 Über die Schutzgesetzeigenschaft anderer als **Gesetzesvorschriften** (§§ 17 ff.) sagt Satz 3 nichts aus. Für Verfügungen der Regulierungsbehörde sowie die Rechtsregeln der Netzzugangs- und Netzentgelt-Rechtsverordnungen ist daher wie gewohnt zu prüfen, ob es sich um Schutzgesetze handelt. Soweit lediglich eine Präzisierung erfolgt, wird man jedenfalls diese Teile der Rechtsverordnungen an der Schutzgesetzeigenschaft teilhaben lassen müssen.

22 Anders ist grundsätzlich hinsichtlich **Verfügungen der Regulierungsbehörde** zu entscheiden: Da diese individuell-konkreten Charakter haben, werden sie den Begriff des Gesetzes im Sinne von Art. 2 EGBGB meist nicht erfüllen. Handelt es sich dagegen um eine Festlegung im Sinne von § 29 Abs. 1 mit dem Charakter einer Allgemeinverfügung, ist das Vorliegen der Schutzgesetzeigenschaft nicht von vornherein ausgeschlossen.

23 Satz 3 stellt ausdrücklich klar, dass ein **gezielter Verstoß** – ad personam des Betroffenen – nicht als Bestandteil des Schutzgesetzcharakters zu untersuchen ist. Damit geht der Gesetzgeber davon aus, dass die Vorschriften der §§ 17 ff. generell der diskriminierungsfreien Nutzung durch alle Netzkunden dienen, so dass jeder Rechtsverstoß quasi automatisch einen Eingriff in den generellen Schutzbereich dieser Kunden auslöst.

24 Klarstellende Funktion hat auch **Satz 4** des § 32 Abs. 1: Danach kann der Netzbetreiber nicht einwenden, der betroffene Marktbeteiligte habe an dem Verstoß **mitgewirkt**. Eine solche Mitwirkung ist etwa im Rahmen von Netzanschluss- und Netzzugangsverträgen denkbar, wenn die Vertragspartner über die Bedingungen und Entgelte individuell Einigung erzielt haben. Der Marktbeteiligte (einschließlich anderer Netzbetreiber) kann gleichwohl den Antrag nach § 31 Abs. 1 (Überprüfungsverfahren) stellen und alle Ansprüche nach § 32 geltend machen.

25 Die kraft Gesetzes angeordnete Schutzgesetzeigenschaft wirkt sich nicht nur bei § 823 Abs. 2 BGB, sondern auch im Rahmen der **quasinegatorischen Beseitigungs- und Unterlassungsansprüche** aus, §§ 1004, 823 Abs. 2 BGB analog. Deshalb stehen die Sätze 3 und 4 systematisch richtig im Zusammenhang mit jenen Ansprüchen, beziehen sich aber auch und gerade auf die Abs. 3 und 4.

2. Spezieller EnWG-Schadensersatzanspruch

Ein Schadensersatzanspruch bedarf nach allgemeinen Rechtsgrundsätzen zunächst der Erfüllung eines objektiven Tatbestandes. Dies bringt § 32 Abs. 3 **Satz 1** durch **Inbezugnahme von Abs. 1** zum Ausdruck. Es ist also zunächst zu prüfen, ob ein Netzbetreiber gegen die §§ 17 bis 28a dergestalt verstoßen hat, dass zumindest ein Beseitigungsanspruch geltend gemacht werden könnte (Rechtsverstoß-Kausalität-Beeinträchtigung beim Netzkunden). Der Rechtsverstoß indiziert rechtswidriges Verhalten. 26

Weitere Voraussetzung ist das **Verschuldenserfordernis**: Entweder muss der Netzbetreiber vorsätzlich (bewusst und gewollt) gegen Netzbetreiberrecht (gesetzliche Vorschriften, Rechtsverordnung, Verfügung der Regulierungsbehörde) verstoßen oder aber die im Verkehr erforderliche Sorgfalt missachtet haben; insofern ist § 276 Abs. 2 BGB anzuwenden. Verschuldenslose Verstöße werden nur dann in Betracht kommen, wenn die Rechtslage unklar ist und entweder (noch) unternehmerischer Handlungsspielraum besteht oder die erforderliche Präzisierung durch Festlegung/Genehmigung der Regulierungsbehörde noch nicht erfolgt ist. Wird der Verstoß mit Ergebnissen des Vergleichsverfahrens (§ 21 Abs. 3) begründet, dürfte Fahrlässigkeit selbst dann anzunehmen sein, wenn der Netzbetreiber die strukturelle Vergleichbarkeit seines Netzes bestreitet; bei bloßen Wettbewerbs-Analogieschlüssen hingegen, die die Bestimmung von Zuschlägen und Abschlägen erfordern, wird man dem Netzbetreiber einen Verstoß gegen die im Verkehr erforderliche Sorgfalt in der Regel nicht vorwerfen können. 27

Der Schadensersatzanspruch besteht unabhängig davon, ob man unter unmittelbarem Rückgriff auf die §§ 17 ff. als Schutzgesetze (über § 32 Abs. 1 Satz 3 und 4) oder unmittelbar gestützt auf den objektiven Tatbestand des § 32 Abs. 1 die Anspruchsnorm als erfüllt ansieht. Beide Begründungswege sind dogmatisch möglich. 28

Satz 2 enthält die Verzinsungsvorschrift (Beginn mit Eintritt des Schadens); eine besondere Inverzugsetzung ist also nicht erforderlich. Die Inbezugnahme der §§ 288, 289 Satz 1 BGB durch **Satz 3** betrifft die gesetzlich angeordnete Zinshöhe (5 % über dem Basiszinssatz) sowie das Zinseszinsverbot. 29

Mit der Verzinsungspflicht ab Schadenseintritt will der Gesetzgeber dem Umstand Rechnung tragen, dass häufig noch lange Zeit nach 30

Verwirklichung des Rechtsverstoßes vergehen wird, bevor die Klage rechtshängig gemacht wird[16]: Weil der Geschädigte erst abwarten werde, wie die Entscheidung der Regulierungsbehörde ausfällt, würde ein Anspruch des Geschädigten aufgrund der Dauer des Verfahrens teilweise entwertet werden, wenn die Verzinsung nicht qua Gesetzes angeordnet und der Vorteil dem Netzbetreiber entzogen wird (Abschreckungscharakter).

3. Tatbestandswirkung vorangegangener Entscheidungen (Abs. 4)

31 § 32 Abs. 4 führt eine besondere **Bindungswirkung an festgestellte Netzbetreiberverstöße** ein. Die Zivilgerichte sind an vorangegangene Entscheidungen der Regulierungsbehörde bzw. der Beschwerdegerichte und des Rechtsbeschwerdegerichts gebunden, wenn diese bestandskräftig bzw. rechtskräftig geworden sind. Diese besondere Bindungswirkung wird **Tatbestandswirkung** genannt.

32 Bezugspunkt dieser Tatbestandswirkung ist die **Feststellung des Verstoßes** nach Art und Umfang. Insofern sind die Zivilgerichte nicht nur an den Tatbestand der den Verstoß feststellenden Entscheidung, sondern auch an den Entscheidungstenor gebunden. Das über den Schadensersatz entscheidende Gericht hat Tenor und Tatbestand ohne weitere Prüfung zugrunde zu legen. Durch diese angeordnete »Parallelführung« aller Sanktionen wird Rechtssicherheit und Verlässlichkeit begründet.

33 Die Bindungswirkung besteht nicht in Bezug auf andere als zivilgerichtliche Entscheidungen in Regulierungsangelegenheiten der Netzbetreiber (z. B. Strafverfahren, Ordnungswidrigkeitenverfahren)[17]. In Bezug auf das Verschuldenserfordernis, den Schaden sowie die haftungsausfüllende Kausalität unterliegt das Zivilgericht keinerlei Bindungen[18].

IV. Verjährung (Abs. 5)

34 Sowohl für Beseitigungs- und Unterlassungs- als auch für Schadensersatzansprüche gilt mangels Sonderregelung im EnWG § 199 Abs. 1 in Verbindung mit § 195 BGB (regelmäßige Verjährungsfrist). Danach

---

16 BT-DrS 15/3917, S. 64 (Einzelbegründung zu § 32 Abs. 3).
17 BT-DrS 15/3917, S. 64 (Einzelbegründung zu § 32 Abs. 4).
18 Ebd.

muss der Anspruch innerhalb von **drei Jahren** seit dem Schluss desjenigen Kalenderjahres geltend gemacht werden, in dem der Anspruch objektiv entstanden ist (Schadenseintritt und Rechtsverstoß) und der Anspruchsteller vom Schaden und der Person des Netzbetreibers Kenntnis erlangt hat oder ohne grobe Fahrlässigkeit hätte erlangen müssen. Voraussetzung ist also die Kenntnis vom Rechtsverstoß des Netzbetreibers (Ansprüche nach § 32 Abs. 1), für Schadensersatzansprüche zusätzlich die Kenntnis des Schadenseintritts (§ 32 Abs. 3). Erfährt der Netzkunde beispielsweise aus der Zeitung von Ermittlungen der Regulierungsbehörde gegen »seinen« Netzbetreiber, so erfasst dies verjährungsrechtlich zwar Ansprüche auf Beseitigung und Unterlassung, nicht jedoch Schadensersatzansprüche, wenn dem Netzkunden die Zahlung eines überhöhten Entgelts nicht bewusst wird. Hat die Verjährungsfrist von drei Jahren zu laufen begonnen, kann sie entweder durch Verhandlungen (§ 203 BGB) oder durch Rechtsverfolgung (§ 204 BGB) gehemmt werden; ausreichend ist die Zustellung eines Mahnbescheides oder die Klageerhebung, § 204 Abs. 1 Ziff. 1 und 3 BGB.

Weil Verfahren vor der Regulierungsbehörde eine beträchtliche Zeit in Anspruch nehmen können, ordnet § 32 Abs. 5 Satz 1 als **weiteren Hemmungsgrund** die Einleitung eines **Verstoßverfahrens** ein (allgemeines oder besonderes Missbrauchsverfahren: §§ 30, 31; Änderungsverfahren nach § 29 Abs. 2; sonstige Entscheidungen aufgrund der §§ 17 ff. oder der dazu ergangenen Rechtsverordnungen). Ist ein solches Verfahren erst einmal eingeleitet, läuft die Verjährungsfrist nicht weiter, sondern endet gemäß § 204 Abs. 2 erst **sechs Monate nach bestandskräftiger Entscheidung der Regulierungsbehörde** oder einer anderweitigen Art der Verfahrensbeendigung (z. B. Einstellung des Verfahrens im Zuge eines Nachgebens des Netzbetreibers, vgl. § 32 Abs. 5 Satz 2 – Verweis auf § 204 Abs. 2 BGB). Greift der Netzbetreiber die Entscheidung der Regulierungsbehörde mit der Beschwerde/Rechtsbeschwerde an, so endet die Hemmung erst mit der rechtskräftigen Entscheidung des letztinstanzlich tätig werdenden Gerichts.

35

§ 33 Vorteilsabschöpfung durch die Regulierungsbehörde

(1) Hat ein Unternehmen vorsätzlich oder fahrlässig gegen eine Vorschrift der Abschnitte 2 und 3, eine auf Grund der Vorschriften dieser Abschnitte erlassene Rechtsverordnung oder eine auf Grundlage dieser Vorschriften ergangene Entscheidung der Regulierungsbehörde verstoßen und dadurch einen wirtschaftlichen Vorteil erlangt, kann die Regulierungsbehörde die Abschöpfung des wirtschaftlichen Vorteils anordnen und dem Unternehmen die Zahlung des entsprechenden Geldbetrags auferlegen.

(2) [1]Absatz 1 gilt nicht, sofern der wirtschaftliche Vorteil durch Schadensersatzleistungen oder durch die Verhängung der Geldbuße oder die Anordnung des Verfalls abgeschöpft ist. [2]Soweit das Unternehmen Leistungen nach Satz 1 erst nach der Vorteilsabschöpfung erbringt, ist der abgeführte Geldbetrag in Höhe der nachgewiesenen Zahlungen an das Unternehmen zurückzuerstatten.

(3) [1]Wäre die Durchführung der Vorteilsabschöpfung eine unbillige Härte, soll die Anordnung auf einen angemessenen Geldbetrag beschränkt werden oder ganz unterbleiben. [2]Sie soll auch unterbleiben, wenn der wirtschaftliche Vorteil gering ist.

(4) [1]Die Höhe des wirtschaftlichen Vorteils kann geschätzt werden. [2]Der abzuführende Geldbetrag ist zahlenmäßig zu bestimmen.

(5) Die Vorteilsabschöpfung kann nur innerhalb einer Frist von bis zu fünf Jahren seit Beendigung der Zuwiderhandlung und längstens für einen Zeitraum von fünf Jahren angeordnet werden.

Überblick	Seite	Rz.
I. Regelungszweck und Entstehungsgeschichte	760	1
II. Vorteilsbegriff und Netzbetreiber-Rechtsverstöße (Abs. 1)	760	3
III. Abzugsbeträge, Verfahren und Rechtsschutz (Abs. 2 bis 5)	762	9

§ 33 Vorteilsabschöpfung durch die Regulierungsbehörde

I. Regelungszweck und Entstehungsgeschichte

1 Die Vorschrift zur Vorteilsabschöpfung hat Vorbilder im Allgemeinen sowie im branchenbezogenen Wirtschafts- und Wettbewerbsrecht, vgl. § 10 UWG, § 34 GWB und § 43 TKG. Ihre Neueinfügung in das EnWG beruht nicht auf europarechtlicher Vorgabe. Die Vorschrift ist aus dem Regierungsentwurf[1] unverändert in das Gesetz übernommen worden; dem Vorschlag des Bundesrates, in Abs. 2 die Abzugsfähigkeit von Geldbußen zu streichen[2], ist die Bundesregierung nicht gefolgt[3].

2 Das Eingriffsobjekt des § 33 Abs. 1, der anstelle des früheren Begriffs »Mehrerlösabschöpfung« (vgl. § 34 GWB a.F.) numehr von **Vorteilsabschöpfung** spricht, ist identisch mit denjenigen Netzbetreiber-Rechtsverstößen, an die Unterlassungs- und Schadensersatzpflichten nach § 32 Abs. 1 anknüpfen werden (**Abs. 1**). Nach **Abs. 2** sind »Abschöpfungsbeträge« und damit andere Sanktionen – auch nachträglich – abzugsfähig. Bei Vorliegen einer **unbilligen Härte** erfolgt eine Herabsetzung auf den angemessenen Geldbetrag oder ein Absehen von der Vorteilsabschöpfung (Abs. 3). Die Schätzung des Vorteils ermöglicht Abs. 4, und nach Abs. 5 kann die Abschöpfung noch innerhalb von fünf Jahren seit Beendigung der Zuwiderhandlung (längstens für einen Zeitraum von fünf Jahren) angeordnet werden.

II. Vorteilsbegriff und Netzbetreiber-Rechtsverstöße (Abs. 1)

3 Die Regulierungsbehörde kann (Entschließungsermessen) bei Vorliegen dreier Voraussetzungen die **Zahlung eines Geldbetrages anordnen**, der dem durch den Verstoß erzielten Vorteil entspricht (**Vorteilsabschöpfung**):

- Verstoß gegen die §§ 17 bis 28a, dazu ergangene Rechtsverordnungen oder auf diesen beruhenden Entscheidungen der Regulierungsbehörde[4]

- daraus (kausal) erwachsener wirtschaftlicher Vorteil

- vorsätzliches oder fahrlässiges Handeln des Netzbetreibers

---

[1] BT-DrS 15/3917, S. 20f. mit Begründung S. 64 f.
[2] BT-DrS 15/3917, Anlage 2, S. 78, 88 (Ziff. 40).
[3] Stellungnahme BT-DrS 15/4068, S. 6 (Ziff. 37).
[4] Zu Einzelheiten vgl. oben § 30 Rz. 14 ff.

II. Vorteilsbegriff und Netzbetreiber-Rechtsverstöße (Abs. 1)

Weil die erste und die dritte Voraussetzung dem Schadensersatzanspruch nach § 32 Abs. 3 entsprechen, wird auf die obigen Erläuterungen verwiesen[5]. Zivilrechtliche Schadensersatzsanktionen sowie die Anordung der Vorteilsabschöpfung durch Verfügung der Regulierungsbehörde laufen also parallel und konkurrieren miteinander. Weil bei Netzbetreiberverstößen ein großer Vorteil aus der Kumulierung sehr kleiner Einzelschäden entstehen kann, soll § 33 solche Vorteile entziehen, die durch die zivilrechtliche Sanktion nicht erfasst worden sind (Quasi-Subsidiarität des Anspruchs).

4

Die Wirksamkeit der aus § 33 resultierenden Abschreckungswirkungen wird davon abhängen, wie die Rechtsprechung den Begriff des **wirtschaftlichen Vorteils** im Sinne von § 33 Abs. 1 fasst. Die Regierungsbegründung[6] verweist insofern auf die zu § 17 Abs. 4 OWiG entwickelten Rechtsgrundsätze, nicht aber auf die zum Begriff »Mehrerlös« angestellten Überlegungen zu § 34 GWB a.F. Danach bedeutete Mehrerlös die Differenz zwischen den wegen Nichtbeachtung der rechtlichen Regelung erzielten Erlösen und denjenigen, die das Unternehmen im gleichen Zeitraum bei Beachtung des geltenden Rechts erlangt hätte[7]. Zu Recht wurde insofern vom Umsatz ausgegangen (allgemeiner Erlösbegriff) und nicht nur der Zusatzgewinn herangezogen; der Abzug von Gemeinkosten ist nicht zugelassen worden[8].

5

Der begriffliche Wechsel zur **Vorteilsabschöpfung** löst den Bezug zum Erlös; da es nur auf einen dem Unternehmen **verbliebenen Vorteil** ankommen kann, müssen konsequent vom Umsatz die Kosten abgezogen werden, soweit diese Kosten unmittelbar mit dem Verstoß zusammenhängen.

6

Aber auch der auf diese Weise berechnete Betrag ist nicht Gegenstand der Vorteilsabschöpfung; vielmehr muss – vergleichbar der Differenzhypothese bei der Bemessung des Schadensersatzes des § 249 BGB[9] – diejenige Gewinnentwicklung (hypothetisch) berücksichtigt werden, die sich ohne den Rechtsverstoß eingestellt hätte. Der dem Netzbetreiber zugewachsene Vorteil besteht deshalb in der **Differenz zwi-**

7

---

5 Oben § 32 Rz. 7 sowie Rz. 27.
6 BT-DrS 15/3917, S. 64.
7 *Bechtold*, Kartellgesetz, § 34 Rz. 3.
8 BGH std. Rspr., vgl. *Immenga/Mestmäcker/Emmerich*, GWB § 34 Rz. 11 Fn. 17.
9 Vgl. dazu Palandt/*Heinrichs*, BGB, § 249 Rz. 2 mit Nachweisen.

schen »**Normalgewinn und tatsächlichem Gewinn**« im Zuge des Rechtsverstoßes. Abzuschöpfen ist demnach nur der **Zusatzgewinn**.

8 Dieser **wirtschaftliche Vorteil** kann gemäß § 33 Abs. 4 **geschätzt** werden; obwohl es sich nicht um einen Schadensbetrag handelt, kann doch auf die zum OWiG sowie zu § 287 ZPO entwickelten Grundsätze zurückgegriffen werden. Die Regulierungsbehörde muss also nicht den Vollbeweis zur Höhe des Vorteils erbringen.

III. Abzugsbeträge, Verfahren und Rechtsschutz (Abs. 2 bis 5)

9 Ist der wirtschaftliche Vorteil gemäß den obigen Grundsätzen ermittelt worden, muss die Regulierungsbehörde prüfen, ob wegen anderweitig angeordneter Sanktionen der Zahlungsbetrag (Abs. 4 Satz 2) zu kürzen ist oder ganz entfällt (Abs. 2). Anzurechnen sind (enumerative Aufzählung):

– verhängte Geldbußen (§ 95)

– Anordnungen zum Verfall (§ 29a OWiG)

– Verpflichtungen zu Schadensersatzzahlungen (§ 32 Abs. 3)

10 Den Nachweis, dass diese **Parallelsanktionen** angefallen und auch tatsächlich erbracht worden sind, hat der Netzbetreiber durch Vorlage der bestandskräftigen/rechtskräftigen Entscheidungen ebenso nachzuweisen wie die Auskehrung der Beträge. Erfolgen Zahlungen auf jene Sanktionen erst nach Bestandskraft der angeordneten Vorteilsabschöpfung, ordnet die Regulierungsbehörde die **Rückerstattung** an, § 33 Abs. 2 Satz 2.

11 Eine **Herabsetzung** des Zahlungsbetrages zur Vorteilsabschöpfung (bis auf null) kommt bei Vorliegen einer **unbilligen Härte** in Betracht (§ 33 Abs. 3, »soll«). Dies ist etwa anzunehmen, wenn das Unternehmen bei Abschöpfung des Vorteils so schwer belastet zu werden droht, dass mit einer Insolvenz zu rechnen ist, jedenfalls aber die Netzbetreiberpflichten nicht mehr erfüllt werden könnten. Die Grundsätze des allgemeinen Verhältnismäßigkeitsprinzips (Art. 20 GG) sind anzuwenden. Bei geringen wirtschaftlichen Vorteilen (Abs. 3 Satz 2) soll die Regulierungsbehörde von der Anordnung der Vorteilsabschöpfung absehen.

III. Abzugsbeträge, Verfahren und Rechtsschutz (Abs. 2 bis 5)

Die **zuständige Regulierungsbehörde** ist wie gewohnt gemäß § 54 **12**
Abs. 1 und Abs. 2 zu bestimmen (Bundesnetzagentur oder Landesregulierungsbehörde, vgl. § 54 Abs. 2 Satz 1 Ziff. 8). Die Entscheidung wird im Gesetz als **Anordnung** bezeichnet und muss gemäß § 73 Abs. 1 begründet, mit Rechtsmittelbelehrung versehen und förmlich zugestellt werden. Der Tenor hat den **abzuführenden Geldbetrag** zahlenmäßig zu bestimmen, § 33 Abs. 4 Satz 2. Gegen die Anordnung der Vorteilsabschöpfung kann Rechtsbeschwerde gemäß §§ 75 ff. eingelegt werden. Für die Anordnung sieht Abs. 5 eine zeitliche Terminierung vor: Später als **fünf Jahre** seit Beendigung der Zuwiderhandlung (z. B. Absenkung des Netzzugangsentgelts) kann die Anordnung der Vorteilabschöpfung nicht mehr erfolgen. Ist der Rechtsverstoß über längere Zeit wirksam geworden, so begrenzt Abs. 5 den **Zeitraum der Vorteilsabschöpfung** auf höchstens fünf Jahre, so dass die zeitlich darüber hinaus erzielten Vorteile dem Unternehmen verbleiben.

§ 34 (aufgehoben)

§ 35 Monitoring

(1) Die Regulierungsbehörde führt zur Wahrnehmung ihrer Aufgaben nach diesem Gesetz, insbesondere zur Herstellung von Markttransparenz, ein Monitoring durch über

1. die Regeln für das Management und die Zuweisung von Verbindungskapazitäten; dies erfolgt in Abstimmung mit der Regulierungsbehörde oder den Regulierungsbehörden der Mitgliedstaaten, mit denen ein Verbund besteht;

2. die Mechanismen zur Behebung von Kapazitätsengpässen im nationalen Elektrizitäts- und Gasversorgungsnetz;

3. die Zeit, die von Betreibern von Übertragungs-, Fernleitungs- und Verteilungsnetzen für die Herstellung von Anschlüssen und Reparaturen benötigt wird;

4. die Veröffentlichung angemessener Informationen über Verbindungsleitungen, Netznutzung und Kapazitätszuweisung für interessierte Parteien durch die Betreiber von Übertragungs-, Fernleitungs- und Verteilernetzen unter Berücksichtigung der Notwendigkeit, nicht statistisch aufbereitete Einzeldaten als Geschäftsgeheimnisse zu behandeln;

5. die tatsächliche Entflechtung der Rechnungslegung entsprechend § 10 zur Verhinderung von Quersubventionen zwischen den Erzeugungs-, Übertragungs-, Verteilungs- und Versorgungstätigkeiten oder Fernleitungs-, Verteilungs-, Speicher-, LNG- und Versorgungstätigkeiten;

6. die Bedingungen und Tarife für den Anschluss neuer Elektrizitätserzeuger unter besonderer Berücksichtigung der Kosten und der Vorteile der verschiedenen Technologien zur Elektrizitätserzeugung aus erneuerbaren Energien, der dezentralen Erzeugung und der Kraft-Wärme-Kopplung;

7. die Bedingungen für den Zugang zu Speicheranlagen nach den §§ 26 und 28 sowie die Netzzugangsbedingungen für Anlagen zur Erzeugung von Biogas;

8. den Umfang, in dem die Betreiber von Übertragungs-, Fernleitungs- und Verteilernetzen ihren Aufgaben nach den §§ 11 bis 16 nachkommen;

9. die Erfüllung der Verpflichtungen nach § 42;

10. das Ausmaß von Transparenz und Wettbewerb.

11. die wettbewerbliche Entwicklung in den Netzen für Elektrizität und Gas aus Sicht der Haushaltskunden und mögliche Gegenmaßnahmen für den Fall von Fehlentwicklungen;

12. bundesweit einheitliche Mindestanforderungen an Messeinrichtungen sowie Datenumfang und Datenqualität nach § 21b Abs. 2 Satz 5 Nr. 2.

(2) Zur Durchführung des Monitoring gelten die Befugnisse nach § 69 entsprechend.

Überblick

	Seite	Rz.
I. Regelungszweck und Entstehungsgeschichte	766	1
II. Gegenstände des Monitoring und jährlicher Bericht (35 Abs. 1).......................................	767	3
III. Verfahren und Grundlage für die Durchführung (Abs. 2)	768	6

I. Regelungszweck und Entstehungsgeschichte

1 Nach Art. 25 Abs. 1 Satz 3 RL-Gas sowie Art. 23 Abs. 1 Satz 3 RL-Elt haben die Mitgliedstaaten die Regulierungsbehörde mit der Durchführung eines sog. **Monitoring** zu beauftragen. Dabei handelt es sich um ein **systematisches und flächendeckendes Auskunftsverlangen** (§ 69), das der Ermittlung von Marktdaten und Informationen zum Marktverhalten dient. In den lit. a) bis h) der Vorgaben der Binnenmarktrichtlinien sind die Mindestgegenstände eines solchen Monitorings aufgeführt, die der Gesetzgeber in § 35 Abs. 1 Ziff. 1 bis 12 umgesetzt hat.

2 Die Vorschrift ist im Wirtschaftsausschuss des Bundestages im Verhältnis zum Regierungsentwurf[1] noch erweitert worden[2]. Die Erwei-

---

1 BT-DrS 15/3917, S. 21 mit Begründung S. 65 f.

terungen betreffen die Netzzugangsbedingungen für Biogasanlagen (Ziff. 7), die Wettbewerbsbedingungen für Haushaltskunden (Ziff. 11) sowie die Wettbewerbsbedingungen auf dem Markt für Messdienstleistungen (Ziff. 12). Im Vermittlungsausschuss ist die Vorschrift nicht mehr geändert worden. Der Bundesrat hatte in seiner Stellungnahme den Regierungsentwurf nicht beanstandet[3].

II. Gegenstände des Monitoring und jährlicher Bericht (35 Abs. 1)

Die Gegenstände des Monitoring sind in § 35 Abs. 1 im Einzelnen aufgeführt und müssen hier nicht detailliert wiedergegeben werden. Sie folgen im Wesentlichen den EU-Vorgaben und betreffen sowohl Gasnetz- als auch Elektrizitätsnetzbetreiber mit naturgemäß teilweise unterschiedlichen Befragungsgegenständen.   3

Es liegt im Ermessen der Regulierungsbehörde, welchen **Detaillierungsgrad** das Monitoring aufweisen wird. Einerseits müssen verlässliche Daten erlangt werden, die auch der Weiterentwicklung des europäischen und deutschen Rechts der Energiebinnenmärkte dienen, andererseits ist im Zuge der Berücksichtigung des Verhältnismäßigkeitsprinzips die Belastung der Netzbetreiber so gering wie möglich zu halten. Zur bloßen Erhebung von Stichproben ist die Regulierungsbehörde nicht verpflichtet; beim Monitoring handelt es sich gerade um flächendeckende Untersuchungen, die wechselnde Schwerpunkte haben können.   4

Zuständige Regulierungsbehörde ist allein die **Bundesnetzagentur**, § 54 Abs. 1 in Verbindung mit Abs. 2. Weil über das Ergebnis von **Monitoring-Tätigkeiten** gemäß § 35 **jährlich** berichtet werden muss, vgl. § 63 Abs. 4, werden zumindest Teile des Katalogs gemäß § 35 Abs. 1 in jedem Jahr abgefragt werden müssen. Eine Verpflichtung zur flächendeckende Abfrage aller Monitoring-Gegenstände besteht nach deutschem Recht – und wohl auch nach europäischem Recht[4] – nicht.   5

---

2 Beschlussempfehlung und Bericht, BT-DrS 15/5268, S. 47 f. (Gegenüberstellung) und S. 121 (Begründung).
3 BT-DrS 15/3917, Anlage 2, S. 78, 88 f.
4 Vgl. jeweils den Wortlaut von Art. 23 Abs. 1 Satz 3 RL-Elt sowie Art. 25 Abs. 1 Satz 3 RL-Gas a.E. (letzter Buchstabe).

III. Verfahren und Grundlage für die Durchführung (Abs. 2)

6 Die Bundesnetzagentur als zuständige Regulierungsbehörde bereitet entsprechende Fragebögen vor, wobei in Zusammenarbeit mit anderen Regulierungsbehörden[5] die Erfahrungen der Regulierungsbehörden anderer Mitgliedstaaten genutzt werden können. Weil § 35 **Abs. 2** auf § 69 (Auskunftsverfahren) verweist, sind die dortigen Vorgaben auch bei Auskunft im Hinblick auf § 35 zu erfüllen. Dies umfasst:

- Herausgabe von Unterlagen (auch solche im Besitz von verbundenen Unternehmen)
- Teilnahme an Marktstudien
- Einsicht in geschäftliche Unterlagen
- Betreten von Geschäftsräumen
- Befragung von Unternehmensmitarbeitern

7 Die Bundesnetzagentur kann im Rahmen des Monitoring die Verwendung bestimmter Datenformate vorschreiben (Erhebung auf elektronischem Wege). Gemäß § 69 Abs. 7 analog setzt auch das Monitoring einen entsprechenden **Beschluss** (Verfügung) voraus, der Rechtsgrundlage, Gegenstand und Zweck des Monitoring angeben sowie eine angemessene Frist zur Beantwortung bestimmen muss. Die Richtigkeit der übermittelten Daten kann nachgeprüft werden, § 69 Abs. 8 analog. Werden Unrichtigkeiten festgestellt, sind die insofern anfallenden Prüfkosten zu erstatten, § 69 Abs. 9 analog.

8 Grundsätzlich ist auch gegen den Monitoringbeschluss der Bundesnetzagentur das Rechtsmittel der Beschwerde zulässig, vgl. § 75. Eine solche **Beschwerde** wird sich aber allenfalls auf unverhältnismäßige, d.h. zeitlich zu eng aufeinander folgende und/oder zu detaillierte Auskünfte beziehen können, weil bei einer regulierten Branche die Teilnahme an einem solchen Monitoring durch Art. 12 GG (Berufsausübungsregelung, Schranke der allgemeinen Gesetze) grundsätzlich gegeben ist. Nur Verstöße gegen den Verhältnismäßigkeitsgrundsatz können deshalb mit Aussicht auf Erfolg gerügt werden.

---

5 Vgl. § 57 sowie Art. 23 Abs. 12 RL-Elt sowie Art. 25 Abs. 12 RL-Gas.

Teil 4 Energielieferung an Letztverbraucher

Rechtsprechung zu §§ 36 bis 42

BGH v. 26.1.2005, RdE 2005, 140 – Seniorenzentrum; BGH v. 29.5.1979, ET 1979, 575 – Stadtwerke Braunlage

Literatur zu §§ 36 bis 42

Bartsch/Kästner, Der Tarifkunde auf dem Weg in die neue Grundversorgung, ET 2004, S. 837 ff.; *Bartsch/Röhling/Salje/Scholz (Hrsg.)*, Stromwirtschaft – Ein Praxis-Handbuch, Köln 2002; *Baur/Henk-Merten*, Entgeltfindung unter Kontrahierungszwang, VEnergR Bd. 107, Baden-Baden 2003; *Britz*, Energiewirtschaftsgesetz (EnWG), Kommentar, München 2006; *Büdenbender/Kühne (Hrsg.)*, Das neue Energierecht in der Bewährung – Bestandsaufnahme und Perspektiven, Festschrift Baur, Baden-Baden 2002; *Danner*, Energiewirtschaftsrecht – Energiewirtschaftsgesetz mit den Durchführungsbestimmungen, Nebengesetzen, Verordnungen und Erlassen sowie den energiewirtschaftlich relevanten Rechtsregelungen anderer Bereiche. Loseblattkommentar, 47. Ergänzungslieferung,. München 2004; *Galahn*, Die Anschluss- und Versorgungspflicht gemäß § 10 EnWG, RdE 2004, S. 35 ff.; *Grewe/Flandrich/Elwanger (Hrsg.)*, Energiewirtschaft im Wandel, Festschrift D. Schmitt, Münster 2004; *Hampel*, Von der Tarifkundenversorgung zur Grundversorgung, ZNER 2004, S. 117 ff.; *Hellermann*, Probleme des Kundenübergangs in Zeiten des »Grundversorgers«, ZNER 2004, S. 329 ff.; *Hellermann*, Von der allgemeinen Versorgung zur Grundversorgung: Rechtsgrundlagen der Gebietsversorgungspflicht und Folgen für den Versorgerwechsel, IR 2004, S. 266 ff.; *Hellermann*, Das Schicksal der Energieversorgungsverhältnisse beim Wechsel des Verteilungsnetzbetreibers und allgemeinen Versorgers, ZNER 2002, S. 70 ff.; *Hummel/Theobald*, Fusionskontrolle beim Wechsel des Allgemeinen Strom- oder Gasversorgers, WuW 2003, S. 1021 ff.; *Karakaya/Apfel*, Die unterlassene Selbstablesung als Grundlage für eine Verbrauchsschätzung nach § 20 Abs. 2 AVB?, RdE 2002, S. 274 ff.; *Maatz/Michaels*, Zum Übergang von Tarifkundenverträgen auf den neuen Konzessionsnehmer kraft Gesetzes, RdE 2003, S. 65 ff.; *Markert*, Anmerkung zu OLG Dresden, Urt. v. 20.12.2001, U 553/01 Kart. (Wirksamkeit eines Energiebezugsvertrages mit einer Verpflichtung zu einer 70%igen Bedarfsdeckung und einer Laufzeit von 20 Jahren), ZNER 2002, S. 59 ff.; *Theobald/de Wyl/Eder*, Der Wechsel des Stromlieferanten – Wege zum preiswerten und sicheren Strombezug, München 2004.

Vorbemerkungen §§ 36 bis 42

1 Die §§ 36 ff. ordnen eine **Grundversorgungspflicht gegenüber Haushaltskunden** an und treten an die Stelle der früheren allgemeinen Versorgungspflicht gegenüber Tarifkunden (§ 10 EnWG 1998/ 2003). Dabei umfasst der Begriff des Haushaltskunden (§ 3 Ziff. 22) alle Letztverbraucher, die zwecks Eigenverbrauchs im Privathaushalt beliefert werden oder deren (beruflicher, landwirtschaftlicher oder gewerblicher) Energiebedarf 10.000 kWh jährlich nicht übersteigt.

2 § 36 sieht die allgemeine Grundversorgungspflicht von Haushaltskunden vor, für die allgemeine Bedingungen und Preise veröffentlicht werden. Grundversorger ist der Energielieferant mit den meisten belieferten Haushaltskunden in einem Netzgebiet der allgemeinen Versorgung; die Stellung als Grundversorger kann wechseln.

3 § 37 sieht nach dem Vorbild des § 10 Abs. 2 und 1 Satz 2 EnWG 1998/2003 **Ausnahmen** von der Grundversorgungspflicht vor, und § 38 ordnet eine **Ersatzversorgung** an, wenn sich (zeitweise) ein Energielieferant nicht ermitteln lässt. Die Verordnungsermächtigung zur Rahmenvorgabe in Bezug auf allgemeine Preise und Versorgungsbedingungen enthält § 39. Soweit ein Energielieferant nicht als Grundversorger tätig wird, aber gleichwohl Haushaltskunden beliefert, können die wesentlichen Vertragsinhalte gemäß § 41 ebenfalls durch Rechtsverordnung vorgeformt werden. Nach § 42 ist bei Stromlieferung eine **Kennzeichnungspflicht** vorgesehen; außerdem müssen Stromrechnungen in für den Kunden transparenter Form erstellt werden.

4 Überwiegend sind die §§ 36 ff. im Gesetzgebungsverfahren nicht mehr verändert worden; allerdings hatte der Wirtschaftsausschuss die Streichung von § 40 der Entwurfsfassung[1] vorgeschlagen[2] und damit begründet, die Vorschrift werde inhaltlich in das GWB übernommen[3]: Ziel sei es, den Kartellbehörden umfassend die Zuständigkeit für alle Märkte zu übertragen, die dem Netzbereich vorgelagert oder aber nachgelagert sind[4]. Die noch vom Bundesrat in seiner Stellungnahme[5] angeregten Änderungen sind nur teilweise noch realisiert worden.

---

1 BT-DrS 15/3917, S. 21 ff. mit Begründung S. 66 f.
2 BT-DrS 15/5268, S. 50.
3 Ebd. S. 121.
4 Ebd.

Der Bundesrat hatte auch vorgeschlagen, bei der Stromkennzeichnung sowie der Transparenz der Stromrechnungen (§ 42) nur die Mindestvorgaben der Binnenmarktrichtlinie Elektrizität (Art. 3 Abs. 6) umzusetzen[6]. Im Vermittlungsausschuss ist dann eine vergleichbare Lösung gefunden worden, allerdings mit wieder stark verändertem Wortlaut[7].

---

[5] BT-DrS 15/3917, Anlage 2, S. 78, 89 f. (Ziff. 42 bis 46); zur ablehnenden Stellungnahme der Bundesregierung vgl. BT-DrS 15/4068, S. 7 (Ziff. 39 bis 43).
[6] BT-DrS 15/3917, S. 90 (Ziff. 46).
[7] BT-DrS 15/5736 (neu), S. 5f. (Ziff. 23).

§ 36 Grundversorgungspflicht

(1) ¹Energieversorgungsunternehmen haben für Netzgebiete, in denen sie die Grundversorgung von Haushaltskunden durchführen, Allgemeine Bedingungen und Allgemeine Preise für die Versorgung in Niederspannung oder Niederdruck öffentlich bekannt zu geben und im Internet zu veröffentlichen und zu diesen Bedingungen und Preisen jeden Haushaltskunden zu versorgen. ²Die Pflicht zur Grundversorgung besteht nicht, wenn die Versorgung für das Energieversorgungsunternehmen aus wirtschaftlichen Gründen nicht zumutbar ist.

(2) ¹Grundversorger nach Absatz 1 ist jeweils das Energieversorgungsunternehmen, das die meisten Haushaltskunden in einem Netzgebiet der allgemeinen Versorgung beliefert. ²Betreiber von Energieversorgungsnetzen der allgemeinen Versorgung nach § 18 Abs. 1 sind verpflichtet, alle drei Jahre jeweils zum 1. Juli, erstmals zum 1. Juli 2006, nach Maßgabe des Satzes 1 den Grundversorger für die nächsten drei Kalenderjahre festzustellen sowie dies bis zum 30. September des Jahres im Internet zu veröffentlichen und der nach Landesrecht zuständigen Behörde schriftlich mitzuteilen. ³Über Einwände gegen das Ergebnis der Feststellungen nach Satz 2, die bis zum 31. Oktober des jeweiligen Jahres bei der nach Landesrecht zuständigen Behörde einzulegen sind, entscheidet diese nach Maßgabe der Sätze 1 und 2. ⁴Stellt der Grundversorger nach Satz 1 seine Geschäftstätigkeit ein, so gelten die Sätze 2 und 3 entsprechend.

(3) Im Falle eines Wechsels des Grundversorgers infolge einer Feststellung nach Absatz 2 gelten die von Haushaltskunden mit dem bisherigen Grundversorger auf der Grundlage des Absatzes 1 geschlossenen Energielieferverträge zu den im Zeitpunkt des Wechsels geltenden Bedingungen und Preisen fort.

Überblick		Seite	Rz.
I.	Regelungszweck und Entstehungsgeschichte	774	1
II.	Normadressaten (Abs. 1 und 2).	775	6
	1. Grundversorgung durchführende EVU	776	7
	2. Haushaltskunden.	776	9
	3. Betreiber von Energieversorgungsnetzen	778	12

III.	Ausgestaltung der Grundversorgungspflicht und Ausnahmen (Abs. 1)	778 13
IV.	Feststellung des Grundversorgers (Abs. 2)	782 25
	1. Netzgebiet der allgemeinen Versorgung	782 26
	2. Anzahl der Haushaltskunden	783 28
	3. Feststellungstermine	784 32
	4. Entscheidung bei Streitigkeiten	785 34
	5. Einstellung der Grundversorgergeschäftstätigkeit	786 36
V.	Rechtsfolgen des Grundversorgerwechsels (Abs. 3)	787 39
VI.	Rechtsschutz	788 43

I. Regelungszweck und Entstehungsgeschichte

1 § 36 regelt in Nachfolge von § 10 EnWG 1998/2003 die **Pflicht zur Versorgung von Haushaltskunden** durch den allgemeinen Energielieferanten im Netzgebiet, sog. **Grundversorger**. Die Vorschrift ist wegen des Entflechtungsgebotes (§§ 6 ff.) erforderlich geworden: Während § 18 Abs. 1 die Pflicht zum Anschluss von Letztverbrauchern (einschließlich Haushaltskunden) durch Netzbetreiber vorsieht, erfasst parallel dazu § 36 Abs. 1 die Belieferungsseite (Gas und Elektrizität). In beiden Fällen besteht Kontrahierungszwang; der Haushaltskunde kann sich aber mit Energie auch außerhalb der Grundversorgung beliefern lassen, § 41 (Konkurrenz der Energielieferanten).

2 § 36 dient auch und gerade der Transformation von Art. 3 Abs. 3 RL-Elt/RL-Gas. Im Hinblick auf Haushaltskunden im engeren Sinne (ohne beruflich-gewerbliche Tätigkeit)[1] war die Pflicht zur Einführung einer Grundversorgung zwingend umzusetzen, während im Hinblick auf Kleinunternehmen (bis 50 Personen und 10 Mio. € Umsatz) eine Option der Mitgliedstaaten in Art. 3 Abs. 3 Satz 1 RL-Elt/Gas vorgesehen ist, von der die Bundesrepublik Deutschland Gebrauch gemacht hat, indem sie den Begriff des Haushaltskunden (§ 3 Ziff. 22) weit fasst, was landwirtschaftliche und gewerbliche Betriebe sowie Freiberufler einschließt.

---

1 Vgl. den europäischen Haushaltskundenbegriff: Art. 2 Ziff. 10 RL-Elt sowie Art. 2 Ziff. 25 RL-Gas.

Der **äußere Gesetzesaufbau** sieht in **Abs. 1** den Kontrahierungs- 3
zwang zur Belieferung von Haushaltskunden (Grundversorgung) außer bei wirtschaftlicher Unzumutbarkeit (Satz 2) vor. **Abs. 2** orientiert die **Person des Grundversorgers** (Lieferunternehmen) an der Anzahl der in einem Netzgebiet der allgemeinen Versorgung belieferten Haushaltskunden, was der Netzbetreiber alle drei Jahre erneut festzustellen und der nach Landesrecht zuständigen Behörde mitzuteilen hat. Bei Einstellung der Lieferantentätigkeit gelten die Grundsätze zur Feststellung des Grundversorgers entsprechend. In **Abs. 3** wird klargestellt, dass die mit einem früheren Grundversorger geschlossenen Energielieferverträge mit diesem fortgesetzt werden; ein Eintritt des neuen Grundversorgers in diese Verträge findet nicht statt.

Im Hinblick auf Ausnahmen von der Grundversorgungspflicht ist 4
zusätzlich § 37 heranzuziehen. Parallel zu § 18 Abs. 2 wird als Unzumutbarkeitsgrund die Eigenversorgung des grundversorgten Haushaltskunden näher ausgestaltet, während Abs. 2 die Reserveversorgung erfasst. Wenn der Netzbetreiber einen Haushaltskunden einem bestimmten Energielieferanten zeitweise nicht zuordnen kann, fingiert § 38 die Belieferung durch den Grundversorger, mit dem dann auch abzurechnen ist. § 39 ermächtigt in Nachfolge von § 11 EnWG 1998/2003 die Exekutive zum Erlass von Rechtsverordnungen zur Gestaltung der Allgemeinen Preise und der Allgemeinen Bedingungen der Grundversorgung von Haushaltskunden.

§ 36 ist in der Entwurfsfassung[2] Bestandteil des EnWG 2005 gewor- 5
den; Änderungsvorschläge des Wirtschaftsausschusses hat es nicht gegeben. Die mit der Stellungnahme des Bundesrates vorgetragenen Anregungen[3] zu § 36 hat die Bundesregierung in ihrer Gegenäußerung[4] nicht aufgegriffen.

II. Normadressaten (Abs. 1 und 2)

Primäre Normadressaten sind **Energieversorgungsunternehmen** im 6
Sinne von § 3 Ziff. 18, die hier aber in ihrer Rolle als Energielieferanten angesprochen werden (Bestimmung des Grundversorgers nach § 36 Abs. 2). Auf der Aktivseite des Grundversorgungsanspruchs stehen die **Haushaltskunden**. Normadressat nach § 36 Abs. 2 Satz 2

---

2 BT-DrS 15/3917, S. 21 f. mit Begründung S. 66.
3 BT-DrS 15/3917, S. 78, 89 (Ziff. 42 und 43).
4 BT-DrS 15/4068, S. 7 (Ziff. 39 und 40).

sind auch die Betreiber von Energieversorgungsnetzen (Gas und Elektrizität, § 3 Ziff. 4), denen die Pflicht zur Feststellung und Mitteilung des Grundversorgers in Abhängigkeit von der höchsten Zahl der im Versorgungsgebiet versorgten Kunden obliegt.

1. Grundversorgung durchführende EVU

7 Aus § 36 Abs. 1 Satz 1 verpflichtet sind alle EVU im Sinne von § 3 Ziff. 18, soweit sie **Energie an Andere liefern** und nach § 36 Abs. 2 als Grundversorger festgestellt sind. Wegen des Entflechtungsgebots (§ 6 ff.) kommen Netzbetreiber als Grundversorger nicht in Betracht, obwohl auch sie grundsätzlich den EVU-Begriff erfüllen. Soweit in Anwendung der de minimis-Klausel (§ 7 Abs. 2) das Gebot zur rechtlichen Entflechtung nicht anwendbar ist, können Netzbetreiber und Grundversorger allerdings unter dem Dach ein und desselben Rechtsträgers (z. B. AG als juristische Person) nebeneinander tätig sein.

8 Die Grundversorgungspflicht besteht im Hinblick auf **Energie**, § 3 Ziff. 18 in Verbindung mit Ziff. 14. Damit können sowohl Gaslieferanten als auch Stromlieferanten zur Grundversorgung verpflichtet sein. Da das EnWG nur die leitungsgebundene Energieversorgung betrifft, sind Mineralöllieferanten, Lieferanten von Flüssiggas oder Gas in besonderen Behältern usw. § 36 nicht unterworfen. Weil die Grundversorgungspflicht nur **bezogen auf Netzgebiete** besteht (§ 36 Abs. 1 Satz 1), kann derselbe Lieferant in dem einen Netzgebiet (z. B. Gemeinde X) Grundversorger, in dem anderen Gebiet (z. B. Gemeinde Y) kein Grundversorger sein.

2. Haushaltskunden

9 Einen Anspruch auf Grundversorgung haben nur **Haushaltskunden** im Sinne von § 3 Ziff. 22. Dabei muss es sich um **Letztverbraucher** und damit um Kunden handeln, die Energie zumindest überwiegend (Modifikation in § 3 Ziff. 22) für den eigenen Verbrauch kaufen (§ 3 Ziff. 25). Ein **überwiegender Eigenverbrauch** liegt bereits vor, wenn mehr als die Hälfte des Verbrauchs für eigene Zwecke des Haushaltskunden verwendet wird; wer dagegen 51 Prozent der bezogenen Energie an Dritte weiterliefert oder fremdnützig (z. B. sozialen Einrichtungen) zur Verfügung stellt, der ist unabhängig davon nicht mehr Haushaltskunde im Sinne von § 36 Abs. 1, ob er nach den dann geltenden Allgemeinen Versorgungsbedingungen zur Weiterlieferung berechtigt ist und/oder dafür eine Vergütung erhält. Weil zum Haushalt auch diejenigen Personen zählen, die als Verwandte oder Freunde – dauerhaft oder auf Zeit – in den Haushalt aufgenommen sind, lässt es das Erfülltsein des Haushaltskundenbegriffs unberührt, wenn im Haushalt des den Liefervertrag abschließenden Kunden so viele Personen leben, dass der auf den eigentlichen Kunden des Lieferanten entfallende Eigenverbrauch die 50-Prozent-Grenze unterschreitet. Die Zurechnung dieses »Haushaltsfremdverbrauchs« auf den Vertragspartner des Grundversorgers ist aber dann nicht mehr möglich, wenn in überwiegendem Umfang Strom an Personen geliefert wird, die dafür ein Entgelt zahlen (z. B. Untermieter).

Zu den Haushaltskunden nach § 3 Ziff. 22 gehören auch **landwirtschaftliche sowie gewerbliche Unternehmen**, ebenso wie freiberuflich Selbständige (z. B. Rechtsanwälte, Steuerberater, Ärzte), die den Strom im eigenen Betrieb verbrauchen (= Nicht-Haushaltskunden im Sinne von Art. 2 Ziff. 11 RL-Elt sowie Art. 2 Ziff. 26 RL-Gas). Im Hinblick auf diesen **unternehmerischen Eigenverbrauch** legt § 3 Ziff. 22 allerdings eine **Höchstgrenze für den Jahresverbrauch** fest: Soweit dieser 10.000 kWh nicht überschreitet, besteht zugunsten von Unternehmer-Haushaltskunden ebenfalls die Grundversorgungspflicht. Dabei ist die Grenze im Rahmen einer Prognose oder Schätzung ex ante zu ermitteln, weil die Grundversorgungspflicht nicht im Nachhinein – bei Überschreitung der Höchstverbrauchsgrenze – wieder entfallen kann; denn dann müsste eine Versorgung außerhalb der Grundversorgung (§ 41) quasi fingiert und nachträglich installiert werden. 10

Nimmt ein Unternehmer bisher die Grundversorgungspflicht in Anspruch und hat er im letzten Verbrauchsjahr, das mit dem Kalenderjahr nicht übereinstimmen muss (z. B. Gasversorgung), die Höchstverbrauchsgrenze überschritten, so wird ihm der bisherige Grundversorger eine entsprechende Mitteilung machen; eine Ersatzversorgung im Sinne von § 38 ist insofern nicht vom Gesetz angeordnet. Da bei Überschreitung des Jahresverbrauchs zwar die **Pflicht zur Grundversorgung** endet, aber beide Parteien des Lieferverhältnisses berechtigt sind, dieses Lieferverhältnis zu Grundversorgungspreisen und -bedingungen fortzusetzen, zieht das Überschreiten des Jahreshöchstverbrauchs im Sinne von § 3 Ziff. 22 letztlich keinerlei Rechtsfolgen nach sich, wenn der Lieferant zur Weiterführung der Versorgung bereit ist. Damit wirkt sich die Jahreshöchstverbrauchsgrenze insbesondere dann aus, wenn es um die **Neuaufnahme der Belieferung** als Grundversorgung geht: Weil das betreffende Unternehmen dann kei- 11 nen Anspruch auf Grundversorgung mehr hat, kann der Energielieferant die Versorgung auf der Basis von § 36 Abs. 1 ablehnen.

3. Betreiber von Energieversorgungsnetzen

12 Normadressaten im Sinne von § 36 Abs. 2 Satz 2 sind auch die Netzbetreiber (§ 3 Ziff. 4), soweit sie im Sinne von Ziff. 17 ein Netz der allgemeinen Versorgung betreiben und nicht bloße Objektnetzbetreiber gemäß § 110 sind. Regelmäßig wird es sich dabei um dasjenige Unternehmen handeln, das mit der Stadt/Gemeinde den Konzessionsvertrag gemäß § 46 Abs. 2 abgeschlossen hat. Diese Unternehmen sind alle drei Jahre – beginnend mit dem 1.7.2006 – zur Feststellung und Mitteilung des Grundversorgers verpflichtet und werden damit wie beliehene Unternehmen tätig.

III. Ausgestaltung der Grundversorgungspflicht und Ausnahmen (Abs. 1)

13 Die Grundversorgungspflicht ist als **besonderes Schuldverhältnis** (§ 241 Abs. 1 BGB) ausgestaltet, kommt aber nicht durch Vertrag (§ 311 Abs. 1 BGB), sondern **kraft Gesetzes** zustande. Es besteht deshalb **Kontrahierungszwang**, der aber im Hinblick auf § 39 Abs. 1 und in derzeit analoger Anwendung des Rechts der AVBEltV/GasV auszufüllen ist. Wegen Einordnung und Entwicklung des Kontrahierungszwangs wird auf die Erläuterungen zur Parallelnorm des § 18 verwiesen[5].

14 Ausreichend ist es, wenn sich der Haushaltskunde, der bereits nach § 18 an das allgemeine Versorgungsnetz angeschlossen ist, an den für ihn zuständigen Grundversorger wendet und um Belieferung bittet. Der Grundversorger ist dann berechtigt, das Vorliegen der Voraussetzungen (Anschluss in Niederspannung/Niederdruck, Vorliegen des Haushaltskunden-Begriffs gemäß § 3 Ziff. 22) sowie die Abwesenheit von Unzumutbarkeitsgründen zu prüfen (allgemeine Unzumutbarkeit gemäß Satz 2 des § 36 Abs. 1 sowie Eigenbedarf/Reserveversorgung i. S. von § 37 Abs. 1 und 2). Gibt es keine Gründe, an der gesetzlichen Grundversorgungspflicht zu zweifeln, muss der Strom- oder Gaslieferant unverzüglich die Grundversorgung aufnehmen, wenn der

---

5 Vgl. oben § 18 Rz 6 ff.

III. Ausgestaltung der Grundversorgungspflicht und Ausnahmen (Abs. 1)

Grundversorgungsvertrag nach Maßgabe der Rechtsverordnungen zu § 39 zustande gekommen ist.

Ein unmittelbarer Kontrahierungszwang besteht nicht. Das EVU kann also die Belieferung verweigern, wenn der Haushaltskunde zwar zahlungsbereit ist, aber den Liefervertrag nicht unterschrieben hat. Damit ergibt sich das »ob« der Belieferung zwar unmittelbar aus dem Gesetz, während das »wie« der Belieferung durch vertragliche Regelungen näher ausgestaltet ist, für die aber wegen der Vorgaben in den Rechtsverordnungen nach § 39 ein vertragsautonom zu nutzender Spielraum – auch bei der Höhe des Entgeltes – praktisch nicht besteht. 15

Gegenstand der Grundversorgungspflicht ist die leitungsgebundene Versorgung mit Elektrizität und/oder Gas. Insofern muss der nach Abs. 2 festgestellte Grundversorger zwei weitere Pflichten erfüllen: 16

– öffentliche Bekanntgabe der Allgemeinen Bedingungen und Preise

– Veröffentlichung der Allgemeinen Bedingungen und Preise im Internet

Damit wird die Verpflichtung aus Art. 3 Abs. 3 der Binnenmarktrichtlinien erfüllt, die Versorgung zu vergleichbaren und transparenten Preisen durchzuführen. Die in den Anhängen A der Richtlinien genannten Maßnahmen zum Schutz der Kunden, die auch die Veröffentlichung der maßgebenden Versorgungsbedingungen umfassen, bilden den Gegenstand der zu § 39 zu erlassenden Rechtsverordnungen und werden Einzelheiten zur Bekanntmachungs- und Veröffentlichungspflicht festlegen. Weil der Gesetzgeber zwischen beiden Pflichten unterscheidet, soll offenbar die Veröffentlichung im Internet allein noch nicht ausreichen, zumal zahlreiche Strom- und Gaskunden noch nicht über einen (privaten) Internetanschluss verfügen werden. Deshalb ist anzunehmen, dass im Einklang mit den bisherigen AVB sowie der BTOElt eine Bekanntgabe der Allgemeinen Bedingungen und Preise der regionalen Presse weiterhin vorgeschrieben werden wird. 17

Der Haushaltskunde hat einen Anspruch auf Versorgung zu den bekannt gemachten/veröffentlichten Bedingungen und Preisen. Weichen Bekanntmachung und Veröffentlichung voneinander ab, so ist im Hinblick auf die Allgemeinen Bedingungen auf die zu § 39 Abs. 2 ergangenen Rechtsverordnungen, hilfsweise auf die AVBEltV/GasV zurückzugreifen. Bei abweichend bekannt gegebenen/veröffentlichten 18

§ 36 Grundversorgungspflicht

Allgemeinen Preisen ist der niedrigere Preis anzuwenden, selbst wenn der höhere Preis nach § 12 BTOElt genehmigt worden ist. Denn durch die Höchstpreisgenehmigung wird ein Lieferant nicht daran gehindert, zu niedrigeren Preisen zu versorgen[6]. Grundsätzlich muss sich der Kunde nämlich auf die vom Lieferanten selbst veröffentlichten/bekannt gegebenen Allgemeinen Preise verlassen können, an die im Hinblick auf die gesetzliche Anordnung der Gundversorgungspflicht eine Bindung entsteht; diese Bindung kann der Grundversorger nur beseitigen, wenn er unter Beachtung der Voraussetzungen der §§ 119 ff. BGB sein Preisangebot wirksam angefochten hat.

19 Während der Haushaltskunde bei Streit über das Bestehen der Grundversorgungspflicht das Erfülltsein der Voraussetzungen des § 36 Abs. 1 Satz 1 darlegen und beweisen muss, ist insofern das EVU in der Pflicht, wenn es um den Nachweis der wirtschaftlichen Unzumutbarkeit geht, Satz 2 des § 36 Abs. 1. Dieser Unzumutbarkeitsgrund ist § 10 Abs. 1 Satz 2 EnWG 1998/2003 entnommen, so dass Rechtsprechung und Literatur, soweit sich die wirtschaftlichen Gründe gerade auf die Belieferung (und nicht auf den Netzanschluss) beziehen, einschl. der Rechtsanwendungspraxis zur Vorläufervorschrift (§ 6 EnWG 1935) herangezogen werden können[7]. Derartige wirtschaftliche Gründe können auf beiden Seiten des Schuldverhältnisses (Schuldner: EVU; Gläubiger: Kunde) bestehen und beachtenswert sein[8]. Zu den ökonomischen Gründen auf Kundenseite gehören fehlende Zahlungsbereitschaft bzw. Zahlungsfähigkeit/Kreditunwürdigkeit; auch Energielieferschulden aus einer früheren Abnahmestelle können nach der Rechtsprechung selbst dann noch in Betracht kommen, wenn diese Schulden aus Unternehmensbezug, der neue Lieferanspruch aber aus Haushaltsbezug (i. e. S.) resultieren[9].

20 Da Netzanschluss sowie Belieferung mit Energie strikt zu trennen sind, bilden Schulden aus Anschlussverpflichtung (§ 17 f.) selbst dann keinen Grund für die Verweigerung der Belieferung, wenn diese Schulden gläubigeridentisch entstehen oder bereits entstanden sind (Netzbetreiber und Grundversorger im selben Unternehmen)[10]. Die

---

6 Vgl. aber das Verbot der Wiederanhebung nach § 12 Abs. 5 BTOElt.
7 Nachweise bei *Büdenbender*, EnWG 1998, § 10 Rz. 93, 103 ff.
8 Vgl. dazu oben die den Anschluss betreffenden Erläuterungen zu § 18 Rz. 53 ff.
9 Vgl. oben § 18 Rz. 59 ff.
10 Vgl. oben § 18 Rz. 63 ff.

III. Ausgestaltung der Grundversorgungspflicht und Ausnahmen (Abs. 1)

Befürchtung des Bevorstehens bzw. der Verdacht einer bereits begangenen Straftat (Fortsetzung eines früheren Stromdiebstahls) kann wegen der daraus resultierenden Schäden sowie der Nachweisprobleme ebenfalls wirtschaftliche Unzumutbarkeit der Belieferung durch den Grundversorger begründen[11].

Dem Kunden muss es allerdings ermöglicht werden, diese Verweigerungsgründe auszuräumen[12]. In der Art einer verhandelten Grundversorgung kann allerdings nicht mittels einer Veränderung bei den Allgemeinen Preisen oder Bedingungen die ökonomische Zumutbarkeit wieder hergestellt werden, weil der Grundversorger an seine diesbezüglichen Veröffentlichungen gebunden ist. Deshalb wird es in diesen Fällen eher zu einer Versorgung außerhalb der Grundversorgung gemäß § 41 kommen. Auch »Zusatzzahlungen«, »Sonderzahlungen« oder ähnliche Zusatzleistungen des Kunden sind mit dem Charakter der Grundversorgungspflicht nicht zu vereinbaren. 21

Dagegen kann im Rahmen der AVB durchaus mit technischen Mitteln versucht werden, Unzumutbarkeitsgründe auf Kundenseite auszuräumen (z. B. Einbau von Münzzählern). Soweit diese technischen Zusatzeinrichtungen einen Zusatzaufwand auf Seiten des Grundversorgers erfordern, kann dieser unter Beachtung der Allgemeinen Preise gesondert abgerechnet werden, wenn die zu veröffentlichende Rechtsverordnung zu § 39 Abs. 1 nicht eine abschließende Regelung enthalten sollte, die einer solchen Verfahrensweise entgegensteht. 22

Auf Seiten des Grundversorgers entstehende Unzumutbarkeitsgründe werden im Wesentlichen mit dem Ausnahmekatalog des § 37 erfassbar sein. Bestehende Leitungsverluste bei Belieferung von Haushaltskunden, die in Alleinlage an das allgemeine Netz angeschlossen sind und sehr weit vom Verbrauchsschwerpunkt entfernt beziehen wollen, werden gleichwohl keine wirtschaftliche Unzumutbarkeit begründen können. Dies mag in den Fällen eines besonders niedrigen Verbrauchs (z. B. nur zeitweise benutzte Abnahmestellen, fast das ganze Jahr während Abwesenheit des Haushaltskunden) anders zu beurteilen sein; für einen derartigen Kleinverbrauch werden aber bereits die Allgemeinen Preise einen erhöhten Leistungspreis vorsehen können, der dann die Grundkosten des Lieferanten (Zählerablesung, Rechnungsstellung) abzudecken vermag. 23

---

11 Vgl. oben § 18 Rz. 67 ff.
12 Vgl. BGH ET 1979, 575, 577 – Stadtwerke Braunlage.

24 Diese Grundsätze gelten auch für die Versorgung mit Erdgas. Da der Haushaltskunde gemäß § 18 bereits an das allgemeine Gasversorgungsnetz angeschlossen ist, kommt der Grund der ökonomisch unvertretbaren Erschließung einer Region im Hinblick auf den Lieferanspruch nach § 36 nicht mehr in Betracht. Soweit der Haushaltskunde allerdings Wärme von Dritten bezieht (z. B. aus einem Blockheizkraftwerk oder einer sonstigen KWK-Anlage in der Nachbarschaft), kann der Gasversorger unter Rückgriff auf § 37 Abs. 1 Satz 1 die Grundversorgung verweigern, so dass ein Nachweis zu § 36 Abs. 1 Satz 2 (allgemeine ökonomische Unzumutbarkeit) nicht erforderlich ist.

IV. Feststellung des Grundversorgers (Abs. 2)

25 Die Stellung eines Grundversorgers wird erworben, wenn die objektiven Kriterien des § 36 Abs. 2 Satz 1 vorliegen. Abzustellen ist in vergleichender Betrachtung auf die Anzahl der in einem Netzgebiet der allgemeinen Versorgung belieferten Haushaltskunden. Dazu ist zunächst das Netzgebiet zu bestimmen, um dann zu prüfen, ob zu den Haushaltskunden nur die Anschlussnehmer (Vertragspartner des örtlichen Netzbetreibers) gehören. Weiterhin sind die Feststellungsdaten (Satz 2), das für die Streitbeilegung vorgesehene Verfahren (Satz 3) sowie die analoge Anwendung dieser Grundsätze bei Insolvenz des Grundversorgers (Satz 4) zu erläutern.

1. Netzgebiet der allgemeinen Versorgung

26 Der Begriff des Netzgebiets der allgemeinen Versorgung lässt sich mittelbar aus § 3 Ziff. 17 entnehmen (Energieversorgungsnetz der allgemeinen Versorgung). Danach muss es sich um ein einheitliches »Versorgungsgebiet« handeln, wobei als Indiz das Vorliegen des Konzessionsvertrages (§ 46 Abs. 2) herangezogen werden darf. Nicht zu diesem Netzgebiet – und damit von der Zählung der Haushaltskunden auszunehmen – gehören Objektnetze i. S. von § 110, über die Industrie-, Areal- oder sonstige Versorgung mit Energie stattfindet. Erfolgt diese Belieferung von Haushaltskunden in jenen Gebieten, können diese Kunden auch dann nicht im Rahmen von § 36 Abs. 2 mitgezählt werden, wenn die Versorgung durch den »Gebietsversorger« (alten Rechts) vorgenommen wird, der – im »Stammgebiet« – die Grundversorgung durchführt.

27 Von den in § 110 Abs. 1 und 2 genannten Ausnahmen abgesehen kommen nur solche Gebiete für die Verpflichtung des Grundversorgers in Betracht, in denen das Netz nicht bereits von vornherein auf feststehende bestimmbare Letztverbraucher ausgelegt ist; vielmehr muss es sich um ein Gebiet handeln, in dem neue Kunden i. S. von § 18 Abs. 1 zusätzlich angeschlossen werden können. Im Hinblick auf § 3 Ziff. 17 muss also die Versorgung im Netzgebiet grundsätzlich »jedem Letztverbraucher offen stehen«.

2. Anzahl der Haushaltskunden

Der Begriff des Haushaltskunden i. S. von § 3 Ziff. 22 lässt – für sich genommen – durchaus die Deutung zu, dass alle diejenigen, die Energie überwiegend für den Eigenverbrauch nutzen, zu den Haushaltskunden unabhängig davon zu zählen sind, ob sie selbst Vertragspartner des Grundversorgers sind. Dies entspricht allerdings nicht der für § 36 maßgeblichen Wertung: Diese ist nur dann konsistent, wenn der Haushaltskundenbegriff des Abs. 2 Satz 1 mit demjenigen Begriff übereinstimmt, der in Abs. 1 Satz 1 verwendet wird. Weil Abs. 1 Satz 1 dem Ziel dient, einen Anspruch auf Grundversorgung zu begründen (Kontrahierungszwang), wird insofern nur der zukünftige Vertragspartner des Grundversorgers in Bezug genommen, nicht seine Familienangehörigen, MitarbeiterInnen im Unternehmen, UntermieterInnen usw. Nur dieser aktuelle Vertragspartner ist es, der bei der Bestimmung der Anzahl der Haushaltskunden gemäß § 36 Abs. 2 Satz 1 mitgezählt wird. Damit ergibt die Auslegung wegen des systematischen Zusammenhangs von § 36 Abs. 1 und Abs. 2, dass die zum Haushalt oder (kleinen) Unternehmen des Haushaltskunden gehörenden Personen, selbst wenn sie die eigentlichen Verbrauchsveranlasser sind, nicht mitgezählt werden dürfen.

28

Auf die gelieferten Mengen kommt es nicht an. Allerdings dürfen nicht nur die grundversorgungsberechtigten Haushaltskunden i. S. von § 36 Abs. 1 Satz 1, sondern es müssen auch die derzeit gemäß § 38 ersatzweise mit Energie versorgten Kunden und insbesondere diejenigen Haushaltskunden einbezogen werden, die gemäß § 41 außerhalb der Grundversorgung beliefert werden. Wäre dies anders, hätte in § 36 Abs. 2 Satz 1 oder Satz 2 auf »Haushaltskunden i. S. von § 36 Abs. 1 Satz 1« Bezug genommen werden müssen. Weil eine solche Eingrenzung aber nicht erfolgt ist, gilt der Haushaltskundenbegriff des § 3 Ziff. 22 unabhängig davon, welche Art der Versorgung gerade stattfindet (Normalversorgung, Grundversorgung, Ersatzversorgung).

29

30 Dies bedeutet nicht, dass eine Zählung der Anschlussstellen in jedem Falle ausreichend ist, obwohl eine solche Vorgehensweise nahe liegt, weil der örtliche Netzbetreiber die Zählung nach Abs. 2 Satz 2 ohnehin durchzuführen hat. Denn die Zahl der Anschlussstellen stimmt nicht notwendig mit der Anzahl der Anschlussnehmer, und letztere Zahl nicht notwendig mit der Anzahl der Vertragspartner des beliefernden Grundversorgers überein. Dies müsste eigentlich bedeuten, dass der Grundversorger dem Netzbetreiber die Anzahl seiner Vertragspartner im Netzgebiet mitteilen muss, damit dieser eine ordnungsgemäße Berechnung vornehmen kann, soweit im Hinblick auf die Berechnung der NZE diese Kunden dem Netzbetreiber nicht ohnehin bekannt sind.

31 Gegen eine solche »Mitteilungslösung« bestehen aber deshalb Bedenken, weil der Netzbetreiber außer über die NZE-Ermittlung nur schwer in der Lage sein wird, diese Anzahl nachzuprüfen. Zwar kann eine Plausibilitätsbetrachtung in Erwägung gezogen werden (Vergleich mit der Anzahl der AnschlussnehmerInnen). Um die vom Gesetzgeber angezielte Lösung auf der Basis objektiver Kriterien[13] zu befördern, wird als Näherungslösung vorgeschlagen, auf die Anzahl der AnschlussnehmerInnen abzustellen, die beim Netzbetreiber registriert sind und sich unter Rückgriff auf die im Zusammenhang mit dem Netzanschluss und der Netzanschlussnutzung geschlossenen Verträge ermitteln lassen. Haushaltskunden i. S. von § 36 Abs. 2 Satz 1 sind damit korrekt die vom jeweiligen Versorger belieferten Haushaltskunden im Netzgebiet, näherungsweise Kunden, die – als Vertragspartner des Netzbetreibers – den Anschluss nutzen. Jedenfalls für größere Netzgebiete wird auch die Näherungslösung hinreichend genau sein, weil annähernd gleich starke Grundversorger einstweilen nicht vorhanden sein werden.

3. Feststellungstermine

32 Der örtliche Netzbetreiber[14] stellt die Zuordnung der versorgten Haushaltskunden zu den Lieferanten – getrennt nach Gas und Elektrizität – erstmals zum 1. Juli 2006, danach alle drei Jahre fest. Damit ist die Pflicht zur Grundversorgung für drei Jahre festgeschrieben, was der rechtssicheren Ermittlung des Grundversorgers dienlich ist. Will der Netzbetreiber nicht auf die oben vorgeschlagene Näherungs-

---

13 Gesetzesbegründung zu § 36 Abs. 2, BT-DrS 15/3917, S. 66.
14 Erläuterung oben § 36 Rz. 12.

lösung abstellen, muss er sich von den im Netzgebiet versorgenden Lieferanten die Anzahl der Lieferverhältnisse sowie die Anzahl der Vertragspartner je Lieferverhältnis mitteilen lassen.

Nach Feststellung der Person des (alten oder neuen) Grundversorgers hat der Netzbetreiber sein Ergebnis bis zum 30.9. eines jeden Feststellungsjahres (2006, 2009, 2012 usw.) im Internet zu veröffentlichen sowie der nach Landesrecht zuständigen Behörde **schriftlich mitzuteilen**. Eine Verpflichtung zur (z. B. brieflichen) Mitteilung den Haushaltskunden gegenüber besteht nicht. 33

4. Entscheidung bei Streitigkeiten

Die nach Landesrecht zuständige Behörde (vgl. § 55 Abs. 2) leitet das **Verfahren zur Feststellung des Grundversorgers** erst ein, wenn **Einwände** gegen das Ergebnis der Feststellung erhoben worden sind. Ausreichend sind Schriftstücke von Personen, die als Konkurrenten, andere Netzbetreiber oder Haushaltskunden im Netzgebiet von der Feststellung betroffen sein können. Einwendungen von Verbänden, die nicht unmittelbar von der Grundversorgerfeststellung betroffen sind, werden ebenso wenig berücksichtigt wie diejenigen offensichtlich nicht betroffener Personen. Eine Mitteilung der Verfahrenseinleitung gemäß § 55 Abs. 2 gegenüber der Bundesnetzagentur ist nur erforderlich, wenn deren Aufgabenbereich berührt ist. Obwohl die Durchführung der Regelung zur Grundversorgungspflicht zivilrechtlich vollzogen wird und auch der Katalog des § 54 Abs. 2 keine Zuständigkeit der Landesregulierungsbehörde begründet, kommt gleichwohl gemäß § 54 Abs. 3 eine Zuständigkeit der Bundesnetzagentur in Betracht (Auffangzuständigkeit). Diese kann einen Grundversorger, der seine Pflicht nach § 36 Abs. 1 nicht erfüllt, zur Abstellung dieses Verhaltens verpflichten, § 65 Abs. 1. Weil insofern ein ausreichender Aufgabenzusammenhang besteht, wird daher die Benachrichtigung der Bundesnetzagentur durch die nach Landesrecht zuständige Behörde den Regelfall darstellen. Die Landesregulierungsbehörde ist unzuständig. 34

Das förmliche Feststellungsverfahren, das mit einer Verfügung endet, die nach allgemeinen verwaltungsrechtlichen Grundsätzen vor den Verwaltungsgerichten angegriffen werden kann (§§ 40 ff. VwGO), ist nach den Vorschriften des Bundesverwaltungsverfahrensgesetzes durchzuführen (BVwVfG), weil die Landesbehörde insofern Bundesrecht auszuführen hat (Art. 84 Abs. 2 GG). Die Behörde wird zu- 35 nächst die in Betracht kommenden (wichtigsten) Lieferanten im Netzgebiet zur Auskunft wegen der Anzahl der belieferten Haushaltskunden im Netzgebiet auffordern, was mit geeigneten Nachweisen zu belegen ist. Eine Prüfung vor Ort (Einsicht in die Vertragsunterlagen) ist möglich. Den betroffenen Energielieferanten muss Gelegenheit zur Stellungnahme gegeben werden. Im abschließenden Bescheid (Entscheidungstenor und Begründung mit Rechtsmittelbelehrung) wird die Person des Grundversorgers endgültig festgestellt, und der Feststellungsbescheid wird bestandskräftig, wenn er nicht mit der Klage zum Verwaltungsgericht angegriffen wird.

5. Einstellung der Grundversorgergeschäftstätigkeit

36 Wird der Energielieferant insolvent oder stellt er seine Geschäftstätigkeit aus anderen Gründen ein, erlischt die Grundversorgungspflicht ipso jure. Denn Energielieferanten sind – anders als Netzbetreiber (vgl. § 11 Abs. 1) – nicht zur Aufrechterhaltung des Geschäftsbetriebs verpflichtet. Dem steht der Wortlaut des § 2 Abs. 1 (Versorgungsverpflichtung von EVU) nicht entgegen, weil diese Vorschrift nur im Rahmen des geltenden Rechts die Versorgungspflicht anordnet. Dass ein Energielieferant seine Geschäfte weiterführen muss, obwohl er dazu personell oder sachlich nicht mehr in der Lage ist, ist aber im EnWG nicht vorgesehen und würde auch dem geltenden Insolvenzrecht widersprechen, wonach der Insolvenzverwalter darüber entscheidet, welche Aufgaben das insolvente Unternehmen zukünftig noch wahrnehmen kann[15].

37 Für diesen Fall gilt – automatisch kraft Gesetzes – derjenige als **neuer Grundversorger**, der bisher die **zweitmeisten Haushaltskunden** im Netzgebiet allgemein versorgt hat, Satz 4 in Verbindung mit Satz 1 des § 36 Abs. 2. Ist die Person dieses »zweiten Grundversorgers« nicht bekannt, weil entsprechenden Zahlen bisher nicht erhoben worden sind, muss – Verweis auf Satz 2 – der Netzbetreiber sobald tunlich die Feststellung treffen, veröffentlichen und der nach Landesrecht zuständigen Behörde mitteilen. Zwar sieht Satz 2 eine derartige »außerordentliche Feststellung« grundsätzlich nicht vor; da aber Satz 4 den Wechsel der Grundversorgung kraft Gesetzes anordnet, tritt die Rechtsfolge (automatisch) unabhängig davon ein, wann die entsprechenden Feststellungen vorgenommen werden.

---

15 Zur Insolvenz des EVU vgl. *Büdenbender*, EnWG 1998, § 10 Rz. 134 ff.

Weil es insofern auf den Zeitpunkt des Wirksamwerdens der Einstellung der Geschäftstätigkeit des alten Grundversorgers ankommt, müssen die dann relevanten Zahlenverhältnisse zugrunde gelegt werden. Dies wird im Regelfall eine **Sonderfeststellung** erfordern, wenn nicht aus bekannten Zahlenverhältnissen, deren Änderung im fraglichen Zeitraum nicht erkennbar ist, auf die Verhältnisse zum Wechselzeitpunkt rückgeschlossen werden kann. Über Einwände entscheidet wiederum die nach Landesrecht zuständige Behörde, § 36 Abs. 2 Satz 3 analog.

V. Rechtsfolgen des Grundversorgerwechsels (Abs. 3)

Primäre Rechtsfolge des Grundversorgerwechsels ist es, dass Ansprüche nach § 36 Abs. 1 Satz 1 (Kontrahierungszwang) nur noch im Verhältnis zum neuen Grundversorger bestehen. Der frühere Grundversorger ist aus dem Kontrahierungszwang entlassen und wird deshalb Lieferverträge nur noch nach Maßgabe der Bestimmung des § 41 schließen. Zur Veröffentlichung von Allgemeinen Bedingungen und Preisen ist er nicht mehr verpflichtet.

§ 36 Abs. 3 erfasst speziell die **von Haushaltskunden mit dem bisherigen Grundversorger abgeschlossenen Grundversorgungs-Energieverträge**. Nicht unter diese Regelung fallen die nach § 41 abgeschlossenen Lieferverträge. Insofern dient Abs. 3 der Klarstellung, dass anders als nach früherem Recht[16] **kein Wechsel bei den Altverträgen** stattfindet. Der bisherige Grundversorger muss seine nach § 36 Abs. 1, § 39 abgeschlossenen Verträge mit Haushaltskunden weiter erfüllen; die bisherigen Bedingungen und Preise gelten fort, obwohl eine Grundversorgung im Sinne von § 36 Abs. 1 nicht mehr vorliegt.

Allerdings ist der ehemalige Grundversorger berechtigt, unter Beachtung der für ihn weitergeltenden Allgemeinen Bedingungen das Versorgungsverhältnis zu kündigen (z. B. Änderungskündigung zum Zwecke der Umstellung auf eine Versorgung gemäß § 41). Insofern sind insbesondere die Kündigungsfristen einzuhalten. Eine »ewige Weiterversorgung« unter Festschreibung der bisherigen Preise sieht § 36 Abs. 3 nicht vor. Erst mit der Beendigung des weiterbestehenden Grundversorgungsverhältnisses wechselt der Haushaltskunde in den

---

16 Vgl. LG Köln RdE 2003, 42, 43 ff. – Wechsel des Gebietsversorgers.

Bereich des § 41, so dass dann andere Bedingungen und Preise anwendbar sein können.

42 Tritt der Grundversorgerwechsel während einer Ersatzversorgung im Sinne von § 38 ein, so muss § 36 Abs. 3 analog bis zu dem Zeitpunkt angewendet werden, zu dem die Ersatzversorgung endet (vgl. § 38 Abs. 2).

VI. Rechtsschutz

43 Verweigert der Grundversorger die Belieferung des Kunden zu Grundversorgungsbedingungen und -preisen oder will der ehemalige Grundversorger (§ 36 Abs. 3) die Versorgung zu den bisherigen Bedingungen nicht fortsetzen und auch nicht kündigen, so muss der betroffene Haushaltskunde **Zivilrechtsschutz** in Anspruch nehmen. Nach den allgemeinen Grundsätzen ist der Zugang entweder zum örtlichen Amts- oder zum Landgericht streitwertabhängig eröffnet. Das Gericht entscheidet darüber, ob die Voraussetzungen des Grundversorgungsanspruchs erfüllt sind, ob der Grundversorger das Vorliegen der Unzumutbarkeit der Versorgung bewiesen oder Ausnahmen von der Grundversorgung im Sinne von § 37 dargelegt und bewiesen hat.

44 Die Bundesnetzagentur kann aufgrund ihrer subsidiären Zuständigkeit (§ 54 Abs. 1 und 3 in Verbindung mit § 65 Abs. 1) zwar auch in Bezug auf § 36 Aufsichtsmaßnahmen ergreifen, muss dies aber nicht (Opportunitätsprinzips). Da der Rechtsweg zu den ordentlichen Gerichten eröffnet ist, wird die Bundesnetzagentur die betreffenden Haushaltskunden regelmäßig auf diese Möglichkeit des Rechtsschutzes verweisen.

§ 37 Ausnahmen von der Grundversorgungspflicht

(1) ¹Wer zur Deckung des Eigenbedarfs eine Anlage zur Erzeugung von Energie betreibt oder sich von einem Dritten versorgen lässt, hat keinen Anspruch auf eine Grundversorgung nach § 36 Abs. 1 Satz 1. ²Er kann aber Grundversorgung im Umfang und zu Bedingungen verlangen, die für das Energieversorgungsunternehmen wirtschaftlich zumutbar sind. ³Satz 1 gilt nicht für Eigenanlagen (Notstromaggregate), die ausschließlich der Sicherstellung des Energiebedarfs bei Aussetzen der öffentlichen Energieversorgung dienen, wenn sie außerhalb ihrer eigentlichen Bestimmung nicht mehr als 15 Stunden monatlich zur Erprobung betrieben werden, sowie für die Deckung des Eigenbedarfs von in Niederspannung belieferten Haushaltskunden aus Anlagen der Kraft-Wärme-Kopplung bis 50 Kilowatt elektrischer Leistung und aus erneuerbaren Energien.

(2) ¹Reserveversorgung ist für Energieversorgungsunternehmen im Sinne des Absatzes 1 Satz 2 nur zumutbar, wenn sie den laufend durch Eigenanlagen gedeckten Bedarf für den gesamten Haushalt umfasst und ein fester, von der jeweils gebrauchten Energiemenge unabhängiger angemessener Leistungspreis mindestens für die Dauer eines Jahres bezahlt wird. ²Hierbei ist von der Möglichkeit gleichzeitiger Inbetriebnahme sämtlicher an das Leitungsnetz des Energieversorgungsunternehmens angeschlossener Reserveanschlüsse auszugehen und der normale, im gesamten Niederspannungs- oder Niederdruckleitungsnetz des Energieversorgungsunternehmens vorhandene Ausgleich der Einzelbelastungen zu Grunde zu legen.

(3) ¹Das Bundesministerium für Wirtschaft und Arbeit kann durch Rechtsverordnung mit Zustimmung des Bundesrates regeln, in welchem Umfang und zu welchen Bedingungen Versorgung nach Absatz 1 Satz 2 wirtschaftlich zumutbar ist. ²Dabei sind die Interessen der Energieversorgungsunternehmen und der Haushaltskunden unter Beachtung der Ziele des § 1 angemessen zu berücksichtigen.

§ 37 Ausnahmen von der Grundversorgungspflicht

Überblick

		Seite	Rz.
I.	Regelungszweck und Entstehungsgeschichte	790	1
II.	Grundversorgung bei Eigenanlagenbetrieb und Zusatzversorgung (Abs. 2)	791	5
	1. Bedarfsdeckung aus Eigenanlage	792	7
	2. Versorgung durch Dritte	793	10
	3. Rechtsfolgen	793	12
	a) Modifizierter Grundversorgungsanspruch (Satz 2)..	794	13
	b) Gegenausnahmen	794	15
III.	Grundversorgungspflicht und Reserveversorgung (Abs. 2)	795	20
IV.	Rechtsschutz	797	24

I. Regelungszweck und Entstehungsgeschichte

1 § 7 enthält, anders als die Überschrift – Ausnahmen von der Grundversorgungspflicht – vermuten lässt, keinen vom EVU nachzuweisenden Ausnahmetatbestand oder gar eine Konkretisierung des § 36 Abs. 1 Satz 2, sondern einen **modifizierten Grundversorgungsanspruch**. Zwar sehen Art. 3 Abs. 3 RL-Elt/Gas derartige Ausnahmen von der Grundversorgungspflicht nicht explizit vor; eine im weitesten Sinne unzumutbare Grundversorgung verlangt aber auch das europäische Recht nicht.

2 § 37 Abs. 1 steht in der Regelungstradition des § 10 Abs. 2 EnWG 1998/2003 und betrifft die Grundversorgung der Betreiber von **Eigenanlagen**; gleichgestellt sind diejenigen, die sich **von Dritten versorgen** lassen. Weil Leitbild der Grundversorgungspflicht der **Alleinbezug von Energie von einem Lieferanten ist**, worauf Allgemeine Bedingungen und Preise abgestimmt sind, müssen bei Eigenbedarf sowie teilweiser Drittversorgung andere Bedingungen und Preise gelten. Dem Energielieferanten ist es nicht zuzumuten, ein selten benutztes Wochenendhaus zu denselben Konditionen zu beliefern wie einen Vier-Personen-Arbeitnehmerhaushalt, wenn die Familie fast während des ganzen Jahres ortsanwesend ist.

3 Traditionell hat auch die **Reserveversorgung** immer einer Sonderregelung unterlegen (Ausnahme von der allgemeinen Versorgungspflicht). Weil die bisherige Regelung in der Fünften DVO zum

EnWG[1] durch Art. 5 Abs. 2 Ziff. 3 des Zweiten Neuregelungsgesetzes[2] aufgehoben worden ist, musste das EnWG 2005 eine vergleichbare Ausnahme von der Grundversorgungspflicht in § 37 Abs. 2 übernehmen. Da grundsätzliche Änderungen im Verhältnis zum bisher geltenden Recht mit den Neufassungen nicht beabsichtigt wurden, kann – mit Vorsicht – die Literatur und Entscheidungspraxis zum bisherigen Recht weiter herangezogen werden (dazu sogleich).

§ 37 ist in der Fassung des Entwurfs[3] und ohne Anregungen seitens des Bundesrates oder des Wirtschaftsausschusses Gesetz geworden. Auch im Vermittlungsausschuss hat die Vorschrift keine Änderung mehr erfahren. In § 37 Abs. 3 ist weiterhin die Verordnungsermächtigung enthalten, wie sie bisher § 10 Abs. 3 EnWG 1998/2003 vorsah. Die Parallelvorschrift des § 18 Abs. 2 (Ausnahme von der Allgemeinen Anschlusspflicht) betrifft nicht nur Eigenbedarf und Zusatzversorgung von Dritten, sondern auch die Reserveversorgung.   4

II. Grundversorgung bei Eigenanlagenbetrieb und Zusatzversorgung (Abs. 2)

In **zwei Fällen** hat auch ein Haushaltskunde (Haushalt im engeren Sinne und Unternehmen bis 10.000 kWh Jahresverbrauch) **keinen uneingeschränkten Grundversorgungsanspruch**:   5

– Betrieb einer Erzeugungsanlage zur Eigenbedarfsdeckung

– Bezug von Zusatzenergie von einem Dritten

Hintergrund ist das **Leitbild der Vollversorgung**, auf das Allgemeine Bedingungen und Preise abgestellt sind. Dieses Leitbild mag zwar im Lichte der vertikale Vereinbarungen betreffenden Gruppenfreistellungsverordnung Nr. 2790/1999 der Kommission[4] als überholt erscheinen, weil nach deren Art. 5 lit. a) in Verbindung mit Art. 1 lit. b) der Bezug von nur einem Lieferanten die Ausnahme darstellt, so dass bereits ab einer nur auf einen Lieferanten entfallenden Abnahmeverpflichtung in Höhe von 80% die Fortdauer eines solchen Liefervertrages fünf Jahre nicht überschreiten darf. Bei kürzer laufenden Verträgen, wie sie für die Grundversorgung typisch sind, sind solche   6

---

1 Vom 21.10.1940, RGBl. I S. 1391.
2 Vom 7.7.2005, BGBl. I S. 1970, 2017 f.
3 BT-DrS 15/3917, S. 22 mit Begründung S. 66.
4 Vom 22.12.1999, ABl. EG Nr. L 336/21.

Alleinbezugsverpflichtungen aber durchaus üblich und nicht grundsätzlich wettbewerbswidrig. Weil § 37 Abs. 1 nur die Grundversorgungspflicht einschränkt, alle anderen Lieferverhältnisse, die Haushaltskunden eingehen (vgl. § 41), davon aber nicht berührt sind, wird man das Leitbild der Vollversorgung angesichts der Besonderheiten der leitungsgebundenen Energieversorgung als (noch) europarechtlich beachtenswert ansehen können.

1. Bedarfsdeckung aus Eigenanlage

7 Eigenanlagen sind alle Erzeugungsanlagen bzw. Anlagen zur Gewinnung von Gas, die im Namen und für Rechnung eines Unternehmens betrieben werden, das nicht Energieversorgungsunternehmen ist[5]. Diese Definition ist allerdings tautologisch, weil der Eigenanlagenbetreiber mit demjenigen gleichgesetzt wird, der nicht andere mit Energie beliefert (EVU-Begriff, vgl. § 3 Ziff. 18 Alt. 1). Deshalb ist es zweckmäßiger, die Eigenanlage als eine Erzeugungs- oder Gewinnungsanlage zu definieren, die **überwiegend der Eigenbedarfsdeckung dient**. Der Anlageninhaber kann an einer Grundversorgung nur noch insofern interessiert sein, wie er den Anschluss an das allgemeine Netz zur Belieferung mit **Zusatz- oder Reserveenergie** benötigt. § 3 Ziff. 13 beschränkt den Begriff auf die Stromerzeugung.

8 Setzt der Netzkunde die Eigenanlage auch zur Wärmeerzeugung ein (z. B. mit Dieselkraftstoff betriebenes Blockheizkraftwerk), so ist zu prüfen, ob über die Modifizierung des Grundversorgungsanspruchs im Hinblick auf Elektrizität auch diejenige im Hinblick auf Erdgas zu berücksichtigen ist. Hintergrund ist, dass die Haushaltskunden Erdgas überwiegend in der Wärmeerzeugung einsetzen, aber mit einer derartigen KWK-Anlage keinerlei »Gewinnung von Erdgas« betrieben wird.

9 Weil aber auch der Betrieb solcher Anlagen vom Leitbild der Vollversorgung abweicht, § 1 der Fünften DVO »andere gleich zu achtende Energieerzeugungsanlagen« gleichstellte und § 37 Abs. 1 Satz 3 a.E. gerade auch KWK-Anlagen erwähnt, wird man auch im Hinblick auf die Gasversorgung einen modifizierten Grundversorgungsanspruch annehmen müssen, obwohl in Bezug auf Erdgas keine »Eigenanlage« im eigentlichen Sinne vorliegt.

---

5 So § 1 der Fünften Durchführungsverordnung, die bis zum 12. Juli 2005 geltendes Recht gewesen ist.

2. Versorgung durch Dritte

Der Haushaltskunde, der sich **von Dritten versorgen** lässt, benötigt ebenfalls keine volle Strom- oder Erdgasversorgung. Beispiele bilden die Belieferung mit Elektrizität und/oder Biogas aus der benachbarten Anlage zur Erzeugung von Strom aus Biomasse. **Dritter** in diesem Sinne ist jede von dem zur Grundversorgung verpflichteten Lieferanten personenverschiedene (natürliche oder juristische) Person[6]. Besteht eine Konzernverbindung zwischen Grundversorger und einem weiteren Lieferanten, handelt es sich insofern formell ebenfalls um einen »Dritten«, was aber in der Praxis kaum zur Verweigerung der Zusatzstromversorgung führen wird. Steht der Lieferant im Konzernverhältnis zum belieferten Unternehmen, kann Betrieb einer Eigenanlage auch anzunehmen sein, wenn man auf der Basis der dem Wettbewerbsrecht zugrunde liegenden Wertungen die Unabhängigkeit der Marktbeteiligung mehrerer Konzernunternehmen verneint (also diese wie ein Unternehmen behandelt).

10

In der Praxis werden immer häufiger die Fälle auftreten, in denen ein sog. Contractor für Rechnung des meist mit Strom belieferten Betriebs die Anlage betreibt. Ob insofern Eigenanlagenbetrieb oder Zusatzstromversorgung durch Dritte vorliegt, hängt von der Vertragsgestaltung und den tatsächlichen Umständen ab. Solange der Contractor nicht mit dem Grundversorger im Konzernverbund steht, kann dahinstehen, ob die erste oder aber die zweite Alternative des § 37 Abs. 1 Satz 1 vorliegt; es handelt sich jedenfalls um Zusatzstromversorgung, wenn der Grundversorgungsanspruch nach § 36 Abs. 1 geltend gemacht wird.

11

3. Rechtsfolgen

Rechtsfolge der beiden Ausnahmen von der Grundversorgungspflicht ist keinesfalls, dass eine Grundversorgung überhaupt nicht stattfinden kann. Nach **Satz 2** des § 37 Abs. 1 besteht vielmehr ein **modifizierter Grundversorgungsanspruch**, für den allerdings die allgemeinen Bedingungen im Sinne des § 36 Abs. 1 Satz 1 in Verbindung mit § 39 nicht gelten.

12

---

6 Vgl. *Büdenbender*, EnWG 1998, § 10 Rz. 147.

a) Modifizierter Grundversorgungsanspruch (Satz 2)

13 Der Grundversorgungsanspruch orientiert sich in diesen Fällen wiederum an der **wirtschaftlichen Zumutbarkeit**. Insofern handelt es sich jedoch nicht um eine Präzisierung des allgemeinen Unzumutbarkeitsgrundsatzes, wie ihn § 36 Abs. 1 Satz 2 vorsieht (vom Grundversorger zu beweisende Ausnahme). Vielmehr besteht **von Anfang an nur ein modifizierter Grundversorgungsanspruch**, wenn der Haushaltskunde lediglich eine Zusatzversorgung benötigt. Es ist dann nicht Sache des EVU nachzuweisen, was ihm noch gerade zumutbar ist; die Voraussetzungen des modifizierten Grundversorgungsanspruchs nach § 37 Abs. 1 Satz 2 in Verbindung mit § 36 Abs. 1 Satz 1 müssen vom Kunden voll nachgewiesen werden. Der Grundversorger wird allerdings offen zu legen haben, zu welchen Bedingungen und Preisen er vergleichbare Zusatzversorgungsfälle handhabt. Was wirtschaftlich noch zumutbar ist, lässt sich nur im Einzelfall entscheiden; der Grad der Abweichung vom Leitbild der Vollversorgung, das Erfordernis der Abdeckung der Verwaltungskosten bei nur geringem Energiebezug sowie das Verhältnis der Zusatzversorgung zum Gesamtbedarf des Abnehmers können wesentliche Gesichtspunkte für die Bestimmung der (modifizierten) Preise und Bedingungen sein.

14 Einstweilen hat das BMWA von der Verordnungsermächtigung des § 37 Abs. 3 Satz 1 noch nicht Gebrauch gemacht. Insofern kann lediglich auf § 6 der Fünften DVO[7] zurückgegriffen werden, wo in sieben Einzelbeispielen Fallkonstellationen aufgezählt werden, die eine zumutbare Zusatzversorgung zu begründen geeignet sind. Allerdings sind diese Konstellationen zu stark auf (teilweise möglicherweise überholte) standardisierte Nutzersituationen bezogen, die als von begrenztem Erkenntniswert erscheinen. Weniger entscheidend als die sachliche Rechtfertigung des Eigenanlagenbetriebs bzw. des Drittbezugs erscheint vielmehr die ökonomische Rechtfertigung im Einzelfall, die es dem Lieferanten erlaubt, trotz Erfüllung der Verpflichtung zum (modifizierten) Kontrahierungszwang einen ausreichenden Deckungsbeitrag zu seinen langfristigen Vollkosten zu erhalten.

b) Gegenausnahmen

15 **Satz 3** des § 37 Abs. 1 schließt die Anwendung der Ausnahmen von der Grundversorgungspflicht gemäß Satz 1 aus und stellt damit die

---

7 Aufgehoben zum 13.7.2005. Vgl. oben § 18 Rz. 109 ff.

(uneingeschränkte) Grundversorgungspflicht gemäß § 36 Abs. 1 Satz 1 wieder her. Auf die wirtschaftliche Zumutbarkeit im Sinne von Satz 2 des § 37 Abs. 1 kommt es dann nicht an; der Grundversorger hat zu allgemeinen Preisen und Bedingungen zu versorgen.

Die **erste Ausnahme** betrifft **Notstromaggregate**, wenn sie ausschließlich bei Ausfall der »öffentlichen Energieversorgung« eingesetzt und im Übrigen nicht mehr als 15 Stunden/Monat im Probebetrieb laufen. Mit diesen engen sachlichen und zeitlichen Grenzen wird sichergestellt, dass der Einsatz der Notstromaggregate das Leitbild der Vollversorgung nur unwesentlich beeinträchtigt. 16

Die **zweite Ausnahme** betrifft Anlagen zur Erzeugung von Elektrizität aus privilegierten Energieträgern (EEG- sowie KWK-Anlagen). Sowohl der Anlagenbetreiber als auch der von ihm belieferte Haushaltskunde behalten unter folgenden Voraussetzungen ihren Grundversorgungsanspruch nach § 36 Abs. 1 Satz 1: 17

– Belieferung von Haushaltskunden in Niederspannung

– Betrieb der Anlagen auf der Grundlage von EEG oder KWK-G

– elektrische Leistung der Anlage bis höchstens 50 kW

Letztere Einschränkung unterscheidet sich von § 18 Abs. 2 Satz 3 (allgemeine Anschlusspflicht), wo der Schwellenwert für die elektrische Leistung auf 150 kW heraufgesetzt worden ist. 18

Haushaltskunde im Sinne von § 3 Ziff. 22 kann auch der Eigenanlagenbetreiber selbst sein, der – während des Betriebs der Anlage – diese auch zur Eigenstromversorgung nutzt. Soweit der Jahresverbrauch 10.000 kWh nicht übersteigt, besteht wegen Satz 3 des § 37 Abs. 1 für Anlagen bis 50 kW elektrischer Leistung deshalb die nicht modifizierte Pflicht zur Grundversorgung. Irrelevant ist, ob diese Anlagen Strom in das Netz der allgemeinen Versorgung einspeisen (um den Mindestvergütungsanspruch zu erlangen) oder ob sie den Strom für Dritte produzieren und damit in Konkurrenz zum Grundversorger treten. 19

III. Grundversorgungspflicht und Reserveversorgung (Abs. 2)

§ 37 Abs. 2 übernimmt praktisch wortgleich die bisherige Regelung des § 5 der Fünften DVO und stellt besondere Zumutbarkeitskrite- 20

§ 37 Ausnahmen von der Grundversorgungspflicht

rien auf, die zur Berechnung des Leistungspreises für die Reserveversorgung dienen können. Eine Verordnungsermächtigung ist in Abs. 3 nicht vorgesehen.

21 **Reserveversorgung** ist die vorübergehende Befriedigung des Bedarfs eines Eigenanlagenbetreibers, wenn diese Anlage ausfällt[8]. Weil der Grundversorger insofern mit Einnahmen aus einer solchen Versorgung nur sporadisch rechnen kann, also nur geringe Einnahmen aus gelieferten Arbeitsmengen erzielbar sind, muss der **Leistungspreis** so festgesetzt werden, dass dieser die Vorhaltung einer entsprechenden Leistung widerspiegelt. Dazu legt § 37 Abs. 2 folgende Kriterien fest:

– Gesamtbedarf (Arbeitsmenge) des gesamten Haushalts (bzw. kleineren Unternehmens)

– Orientierung des Leistungspreises am Jahreszeitraum

– Preisbemessung unter der Annahme, dass alle Reserveversorgungsvereinbarungen gleichzeitig in Anspruch genommen werden (anzunehmende Höchstlast)

– Berücksichtigung des Ausgleichs der Einzelbelastungen im Hinblick auf das Gesamtnetz

22 Wie die Begrifflichkeiten zeigen, ist der Ausnahmegrund historisch bedingt viel zu stark netzorientiert und nicht energieorientiert ausgefallen. Zu berücksichtigen wäre eigentlich, dass der Grundversorger seine Allgemeinen Preise und Bedingungen im Hinblick auf die Reserveversorgung so modifizieren darf, dass auf den Zeitpunkt eines Jahres gerechnet die gesamte Arbeitsmenge aller Reservestrombezieher (kumulierte Höchstmengen) **gleichzeitig abgerufen** wird, so dass dieser Strom fest (und täglich) bei einem Erzeuger kontrahiert werden muss. Dies wird die Reserveversorgung allerdings extrem teuer machen, so dass der Gesamtausgleich aller Lieferungen (nicht im Netz, sondern im Hinblick auf die Bilanzkreise) preismindernd zu berücksichtigen ist.

23 § 37 Abs. 2 folgt einer ganz anderen Systematik als Abs. 1 Satz 1, weil die Vorschrift auf **Satz 2** Bezug nimmt (allgemeine Unzumutbarkeitsgründe). Dies bedeutet, dass nicht der Haushaltskunde, sondern der Grundversorgungspflichtige die aus der Reserveversorgung resultierenden besonderen Belastungen im Sinne der wirtschaftlichen Zu-

---

8 § 3 der Fünften DVO, außer Kraft seit dem 13.7.2005.

mutbarkeit im Einzelnen darlegen und beweisen muss. Hierbei helfen ihm allerdings die Kriterien des § 36 Abs. 2, so dass Grundversorgung zu den Allgemeinen Bedingungen und Preisen grundsätzlich nicht verlangt werden kann. Weil aber der Grundversorgungsanspruch modifiziert weiterbesteht und nur über Preise und Bedingungen eine Änderung erfährt (Nichtanwendung des § 39), kann man auch insofern von einem **modifizierten Grundversorgungsanspruch** sprechen.

IV. Rechtsschutz

Die modifizierten Ansprüche auf Grundversorgung sind wiederum bei den Zivilgerichten geltend zu machen (Amts- oder Landgerichte). Es gelten die Erläuterungen zu § 36[9]. Eine Kompetenz der nach Landesrecht zuständigen Behörde oder gar der Landesregulierungsbehörden besteht nicht, vgl. § 54 Abs. 2 (Primat der zivilrechtlichen Durchsetzung). Allerdings ist die Bundesnetzagentur nach § 54 Abs. 3 in Verbindung mit § 65 Abs. 1 berechtigt (aber nicht verpflichtet), ein gegen § 37 verstoßendes Verhalten zu beanstanden und durch Verfügung auf Abstellung hinzuwirken. Hierbei handelt es sich allerdings nicht um eine Missbrauchsverfügung im Sinne von § 30: Weil es um das Verhalten eines Energielieferanten und nicht um das eines Netzbetreibers geht, liegt keine »abschließende Regelung« im Sinne von § 111 vor, so dass die Zuständigkeit der Kartellbehörden nicht eingeschränkt ist. Wenn ein Grundversorger die ihm qua Gesetzes (§§ 36 ff.) eingeräumte marktbeherrschende Stellung missbräuchlich ausnutzt oder Haushaltskunden diskriminiert, können die Kartellbehörden gemäß §§ 19, 20 GWB einschreiten.

24

---

9 Oben § 36 Rz. 43 f.

§ 38 Ersatzversorgung mit Energie

(1) ¹Sofern Letztverbraucher über das Energieversorgungsnetz der allgemeinen Versorgung in Niederspannung oder Niederdruck Energie beziehen, ohne dass dieser Bezug einer Lieferung oder einem bestimmten Liefervertrag zugeordnet werden kann, gilt die Energie als von dem Unternehmen geliefert, das nach § 36 Abs. 1 berechtigt und verpflichtet ist. ²Die Bestimmungen dieses Teils gelten für dieses Rechtsverhältnis mit der Maßgabe, dass der Grundversorger berechtigt ist, für diese Energielieferung gesonderte Allgemeine Preise zu veröffentlichen und für die Energielieferung in Rechnung zu stellen. ³Für Haushaltskunden dürfen die Preise die nach § 36 Abs. 1 Satz 1 nicht übersteigen.

(2) ¹Das Rechtsverhältnis nach Absatz 1 endet, wenn die Energielieferung auf der Grundlage eines Energieliefervertrages des Kunden erfolgt, spätestens aber drei Monate nach Beginn der Ersatzenergieversorgung. ²Das Energieversorgungsunternehmen kann den Energieverbrauch, der auf die nach Absatz 1 bezogenen Energiemengen entfällt, auf Grund einer rechnerischen Abgrenzung schätzen und den ermittelten anteiligen Verbrauch in Rechnung stellen.

Überblick		Seite	Rz.
I.	Regelungszweck und Entstehungsgeschichte	800	1
II.	Normadressaten (Abs. 1)	801	4
III.	Beginn und Ende der Ersatzversorgung	801	6
	1. Beginn der Ersatzversorgung	802	8
	a) Keine Zuordnung zu einer bestimmten Lieferung	802	10
	b) Energiebezug ohne Liefervertragszuordnung	802	11
	2. Abrechnung	804	17
	3. Ende der Ersatzversorgung	806	21
IV.	Weitere Rechtsfolgen und Rechtsschutz	807	24

I. Regelungszweck und Entstehungsgeschichte

1 § 38 ist im Vergleich zum früheren Energiewirtschaftsrecht ohne Vorbild. Regelungszweck ist die Abrechnung der Energieentnahme durch Letztverbraucher, wenn diese im Rahmen der allgemeinen Versorgung Energie beziehen, ein Energielieferant aber nicht mehr feststellbar ist. Weil der Netzbetreiber in diesen Fällen die Energieentnahme nicht unverzüglich zu unterbinden vermag – und dies insbesondere dann auch nicht sinnvoll ist, wenn der Letztverbraucher seinen Energielieferanten »unverschuldet verloren« hat –, muss **im Rahmen eines gesetzlichen Schuldverhältnisses** für die Abrechnung der entnommenen Energie gesorgt werden.

2 Dies vermeidet die Anwendung des gesetzlichen Schuldverhältnisses der ungerechtfertigten Bereicherung (§§ 812 ff. BGB), das sonst eingreifen würde. Insofern bestünde nämlich die Gefahr, dass der Kunde sich auf Wegfall der Bereicherung beruft, § 818 Abs. 3 BGB. Auch die zum alten Recht vom BGH[1] gewählte Lösung, dem nach § 10 EnWG 1998/2003 zur allgemeinen Versorgung verpflichteten EVU einen Anspruch aus Geschäftsführung ohne Auftrag auf Aufwendungsersatz ab Benachrichtigung des Kunden zuzubilligen[2], vermag nicht vollständig zu überzeugen.

3 § 38 ergänzt die Grundversorgungspflicht nach § 36 und beleiht jenen Lieferanten auch mit dem Recht und den Pflichten aus der Ersatzversorgung. Der Bundesrat hat in seiner Stellungnahme zum Regierungsentwurf[3] verschiedene Änderungen und Streichungen mit dem Ziel vorgeschlagen, dem Grundversorger die Berechnung höherer Ersatzversorgungspreise (verursachungsgerecht) zuzubilligen und eine Subventionierung der Ersatzversorgten durch die Gesamtgruppe der Grundversorgten zu vermeiden (gleichzeitig als Anreiz zum Wechsel in die Grundversorgung oder ein sonstiges Versorgungsverhältnis). Diese Anregungen haben aber weder die Bundesregierung[4] noch der Wirtschaftsausschuss[5] aufgegriffen. Auch im Vermittlungsausschuss ist § 38 nicht mehr geändert worden.

---

1 Entscheidung vom 26.1.2005, RdE 2005, 140 – Seniorenzentrum.
2 §§ 670, 683 Satz 1, 677, 681 Satz 1 BGB: BGH ebd. S. 141 ff.
3 BT-DrS 15/3917, Anlage 2, S. 78, 89 (Ziff. 44).
4 BT-DrS 15/4068, S. 7 (Ziff. 41).
5 BT-DrS 15/5268, S. 49.

II. Normadressaten (Abs. 1)

Adressaten der Norm sind einerseits **grundversorgende EVU**[6], andererseits **Letztverbraucher** unter besonderer Berücksichtigung der Gruppe der **Haushaltskunden**, § 38 Abs. 1 Satz 3. Letztverbraucher sind gemäß § 3 Ziff. 25 alle Kunden, die Energie für den eigenen Verbrauch kaufen[7]. Dies können auch Großkunden sein, die allerdings insofern in Niederspannung oder Niederdruck versorgt werden müssten, was allenfalls für Betriebsteile und Werkswohnungen denkbar ist. Mit den Letztverbrauchern als Ersatzversorgungsberechtigten geht § 38 weit über § 36 hinaus, der eine Beschränkung auf Haushaltskunden als Berechtigte der Grundversorgung vorsieht[8].

Jene Haushaltskunden spricht § 38 Abs. 1 Satz 3 aber insofern an, als eine **Preisobergrenze** für diese Kundengruppe (Jahresverbrauch bis höchstens 10.000 kWh, § 3 Ziff. 22[9]) vorgesehen ist. Damit werden sich Ersatzversorgungs- und Grundversorgungspreise für diese Gruppe von Letztverbrauchern nicht unterscheiden.

III. Beginn und Ende der Ersatzversorgung

§ 38 ist nur anwendbar, wenn eine Letztverbraucher-Belieferung aus dem allgemeinen Versorgungsnetz erfolgt, § 3 Ziff. 17. Wenn ein Ersatzversorgungsfall außerhalb der allgemeinen Versorgung, z. B. in einem Objektnetz (z. B. Arealnetz) auftritt, sind die Grundsätze der Entscheidung des BGH vom 26.1.2005 weiterhin anwendbar[10]. Liegt somit ein Fall des § 110 Abs. 1 vor, darf § 38 nicht angewendet werden, vgl. § 110 Abs. 2.

Die Ersatzversorgung betrifft nur **Energie in Niederspannung oder Niederdruck**. Wird ein Kunde aus Netzen versorgt, die eine höhere Spannungs- oder Druckstufe aufweisen, besteht der Anspruch auf Vergütung dieser »Ersatzversorgung« nicht aus § 38, sondern als Aufwendungsersatz aus Geschäftsführung ohne Auftrag[11].

---

6 Vgl. dazu die Erläuterungen oben § 36 Rz. 7 ff.
7 Vgl. im Einzelnen oben § 3 Rz. 190 ff.
8 Vgl. dazu oben § 36 Rz. 9 ff.
9 Vgl. oben § 3 Ziff. 175 ff. zu Einzelheiten.
10 BGH RdE 2005, 140 – Seniorenzentrum.
11 BGH ebd.

§ 38 Ersatzversorgung mit Energie

1. Beginn der Ersatzversorgung

8 Auslöser der Ersatzversorgung ist, dass ein fortlaufender Energiebezug weder einer bestimmten **Lieferung** noch einem **bestimmten Liefervertrag** zuzuordnen ist, § 38 Abs. 1 Satz 1. Im Regelfall wird aufgrund des Lieferantenrahmenvertrages ein bestimmter Lieferant diejenigen Energiemengen (kommuniziert) aufgrund des verabredeten Fahrplans in das allgemeine Netz in einem Umfang einspeisen, dass alle Kunden dieses Lieferanten Energie vertragsgemäß zu entnehmen in der Lage sind. Erfolgt die Einspeisung nicht im verabredeten Umfang oder überhaupt nicht, muss der Kunde ersatzweise bedient werden; der Netzbetreiber wird diese Ersatzenergie im Hinblick auf § 38 dem Grundversorger nach § 36 in Rechnung stellen. Der Grundversorger ist dann zur Abrechnung dieser Energiemengen nach § 38 Abs. 1 Satz 1 mit dem Kunden (Letztverbraucher) berechtigt.

9 Damit sind folgende **Fallkonstellationen der Ersatzversorgung** zu unterscheiden:

– Energiebezug ohne Lieferungszuordnung

– Energiebezug ohne Liefervertragszuordnung

a) Keine Zuordnung zu einer bestimmten Lieferung

10 Weil eine **Lieferung** im Sinne von § 3 Ziff. 18 (Verkauf von Energie) von einem Lieferanten veranlasst wird und aus einer solchen Lieferung der Energiebedarf vieler verschiedener Letztverbraucher zu befriedigen ist, wird der Netzbetreiber zunächst versuchen, den Energie beziehenden Kunden einer solchen **Gesamtlieferung** zuzuordnen. Dies kann etwa zu der Rückfrage beim Lieferanten führen, ob dieser Kunde noch von ihm beliefert wird, der Liefervertrag aufgelöst, gekündigt usw. ist. Besteht der Lieferantenrahmenvertrag fort, ist es grundsätzlich Aufgabe des Lieferanten, den Netzbetreiber rechtzeitig über die Beendigung des Lieferverhältnisses zu unterrichten. Die erste Alternative des § 38 Abs. 1 Satz 1 erfasst demnach Fälle, wo im Rahmen einer Lieferung bezogen wird, ohne dass ein bestimmter Lieferant identifizierbar ist.

b) Energiebezug ohne Liefervertragszuordnung

11 Ist dem Netzbetreiber mitgeteilt worden, dass mit einem bestimmten Kunden ein besonderes Lieferverhältnis (Liefervertrag) begründet worden ist, entscheidet das Fortbestehen dieses Vertrages darüber, wann Ersatzversorgung beginnt. In diesen Fällen handelt es sich um einen auch für den Netzbetreiber identifizierbaren Vertragskunden.

Typischer Fall der fehlenden Liefervertragszuordnung ist die **Beendigung des Liefervertrages**. Haben entweder der Lieferant oder der Haushaltskunde den Vertrag gekündigt, ist eine Zuordnung des weiterlaufenden Letztverbraucher-Energiebezugs nicht mehr möglich. Hierher gehören grundsätzlich auch die Fälle der (berechtigten) **Versorgungseinstellung** (vgl. § 33 AVBEltV/GasV), sofern der Lieferant diesen Umstand dem Netzbetreiber mitgeteilt hat. Allerdings findet insofern gerade keine Ersatzversorgung statt, weil die berechtigte Versorgungseinstellung dem Ziel dient, den Kunden zu einem vertragsgemäßen Verhalten zu veranlassen. Der Netzbetreiber wird in diesen Fällen durch Ergreifen von technischen Vorkehrungen dafür sorgen, dass der Energiebezug nicht mehr möglich ist. 12

Wird der Lieferant **insolvent**, führt dies nicht automatisch zur Beendigung des Liefervertrages, vgl. §§ 103 ff. InsO. Da aber für die Wertung nach § 38 Abs. 1 Satz 1 nicht dieser Liefervertrag, sondern die Rechtsbeziehung zwischen Lieferanten und Netzbetreiber maßgeblich ist (Lieferantenrahmenvertrag), kommt es nur darauf an, ob jene Rechtsbeziehung beendet wurde. Hat beispielsweise der Netzbetreiber den Lieferantenrahmenvertrag wirksam zu einem bestimmten Zeitpunkt gekündigt, können gleichwohl weiter beziehende Kunden des insolventen Lieferanten im Sinne der zweiten Alternative diesem »Liefervertrag« nicht mehr zugeordnet werden. 13

Rechtsfolge ist der Beginn der Ersatzversorgung, ohne dass es des Austausches weiterer Erklärungen bedarf. Eine Benachrichtigung des Kunden über den Beginn der Ersatzversorgung sieht das Gesetz nicht vor[12]. Weil die Ersatzversorgung kraft Gesetzes beginnt[13], müssen auch keine Vertragserklärungen mehr ausgetauscht werden. Der Grundversorger (als Ersatzversorger) kann seinen Zahlungsanspruch gegen den Letztverbraucher unmittelbar auf § 38 Abs. 1 Satz 1 stützen und den Verbrauch rechnerisch abgrenzend schätzen, § 38 Abs. 2 Satz 2. 14

---

12 Anders BGH RdE 2005, 140, 142 f. – Seniorenzentrum: Benachrichtigungspflicht.
13 Ebd. Regierungsbegründung zu § 38, BT-DrS 15/3917, S. 66.

15 Ob Ersatzversorgung beginnt, entscheidet der **Netzbetreiber** der allgemeinen Versorgung, weil bei diesem alle Lieferverpflichtungen gemeldet/abgemeldet und kontrolliert werden. Die Entscheidung des Netzbetreibers muss zumindest dem Grundversorger (unverzüglich) mitgeteilt werden, damit dieser Messungen und Rechnungslegung ins Werk setzen kann. Entstehen Zweifel, ob die Entscheidung des Netzbetreibers korrekt gewesen ist – vielleicht war eine Zuordnung des Energiebezugs doch noch möglich –, wird im Abrechnungsprozess des Grundversorgers mit dem Letztverbraucher inzidenter geprüft, ob der Netzbetreiber korrekt entschieden und einen korrekten Zeitpunkt genannt hat. Erhält der Grundversorger als Ersatzversorger vom Kunden keine volle Kompensation, wird er aufgrund seines mit dem Netzbetreiber bestehenden Lieferantenvertrages Schadensersatz wegen Pflichtverletzung (§ 280 Abs. 1 BGB) beanspruchen.

16 Indem der Gesetzgeber den Beginn der Ersatzversorgung als **Fiktion** und nicht als (widerlegliche) Vermutung ausgestaltet, wird der Grundversorger unabhängig davon berechtigt oder verpflichtet, ob die bezogene Energie in Wirklichkeit einem dritten Lieferverhältnis zuzuordnen ist. Dies hindert die Überprüfung der Entscheidung des Netzbetreibers (Zuordnungsprüfung) nicht; dem Kunden ist jedoch der Nachweis verwehrt, er sei in Wirklichkeit weder vom Grundversorger noch von seinem Lieferanten, sondern von einem Dritten beliefert worden.

2. Abrechnung

17 Für das Ersatzversorgungsverhältnis gelten die §§ 36 bis 39 entsprechend, § 38 Abs. 1 Satz 2. Dabei wird der Grund- und Ersatzversorger berechtigt, »gesonderte« allgemeine Preise zu veröffentlichen und in Rechnung zu stellen. Weil die für Haushaltskunden im Sinne von § 36 Abs. 1 in Verbindung mit § 3 Ziff. 22 geltenden Preise **identisch** sein werden[14], wird die Veröffentlichung der Grundversorgungs- sowie der Ersatzversorgungspreise zusammen erfolgen können. Lediglich für **sonstige Letztverbraucher** (insbesondere Landwirtschafts- und Gewerbekunden sowie Freiberufler mit einem Jahresverbrauch oberhalb von 10.000 kWh, vgl. § 3 Ziff. 22), wird eine weitere Veröffentlichung erforderlich, wenn der Ersatzversorger höhere Preise vorsehen möchte.

---

14 Vgl. § 38 Abs. 1 Satz 3: Höchstpreisregelung.

III. Beginn und Ende der Ersatzversorgung

Eine **Genehmigungspflicht** ist auch für Ersatzversorgungspreise 18
nicht vorgesehen. Wegen der Weitergeltung der BTOElt[15] bis zum
30.6.2007 wird die Energiepreisaufsichtsbehörde prüfen, ob nicht
auch die Preise für Ersatzversorgung mit Elektrizität nach § 12
BTOElt der Genehmigungspflicht unterliegen. Zwar verwendet das
neue Recht den Tarifbegriff nicht mehr, der Anknüpfungspunkt der
Genehmigungspflicht ist. Weil jedoch gemäß § 116 die bisherigen Tarifkundenverträge, die auf der Basis der allgemeinen Versorgungspflicht (§ 10 Abs. 1 EnWG 1998/2003) abgeschlossen wurden, während einer Übergangsfrist von sechs Monaten »unberührt« bleiben,
nicht auf das neue Recht umgestellt werden müssen und kraft gesetzlicher Anordnung (Verweis auf § 310 Abs. 2 BGB) von der sonst für
AGB geltenden Inhaltskontrolle ausgenommen sind (vgl. § 115
Abs. 2), werden jene Verträge der Anwendung der §§ 36 ff. (Teil 4 des
EnWG) aufgrund gesetzgeberischer Entscheidung entzogen. Dies bedeutet zugleich, dass auch die Ersatzversorgungsregelung nicht unmittelbar anzuwenden ist und deshalb weder der Veröffentlichungs-
noch einer eventuellen Genehmigungspflicht unmittelbar nachzukommen war.

Mit Ablauf der sechs Monate endete allerdings die Übergangsfrist 19
nach § 115 Abs. 2 im Hinblick auf die Belieferung von **Haushaltskunden**, §§ 116, 115 Abs. 2 Satz 3. Danach wurden diese Verträge in
Ausübung der Grundversorgung nach §§ 36, 39 weitergeführt. Ab
diesem Zeitpunkt stellte sich die Frage der Genehmigung von »Ersatzversorgungstarifen«, soweit sie wegen § 38 Abs. 1 Satz 3 mit
»Grundversorgungstarifen« gemäß § 36 Abs. 1 Satz 1 identisch sind[16].

Nach **Satz 2** des § 38 Abs. 2 kann der auf die Ersatzversorgung entfallende Energiebedarf (Mengen in kWh) **geschätzt** werden, wobei eine 20
rechnerische Abgrenzung anzuwenden ist. Dies entspricht den bisherigen Vorschriften gemäß § 21 AVBEltV/GasV. Dazu werden die seit
der letzten Ablesung verstrichenen Tage (letzte Ablesung bis zum Tag
des Endes der Ersatzversorgung) in Beziehung gesetzt zum Ersatzversorgungszeitraum (höchstens drei Monate). Der bei Zählerablesung
festgestellte Gesamtverbrauch wird dann rechnerisch auf die einzelnen Tage gleich verteilt, so dass Normalbezug und Ersatzbezug mengenmäßig voneinander abgegrenzt sind. Bisheriger Versorger und Er-

---

15 Vgl. Art. 5 Abs. 3 des Zweiten Neuregelungsgesetzes vom 7.7.2005, BGBl.
   I S. 1970, 2017 f.
16 Vgl. dazu unten § 39 Rz. 62 ff.

satzversorger können dann ordnungsgemäß abgegrenzte Rechnungen stellen, wobei eingetretene Lieferentgeltänderungen entsprechend abzugrenzen sind. Das Gesetz spricht insofern von »Schätzungen«, weil auf diese Weise der tatsächlich je Bezugstag realisierte mengenmäßige Verbrauch »pauschaliert« werden muss, nachdem im Nachhinein der exakte Verbrauch nicht mehr feststellbar ist.

3. Ende der Ersatzversorgung

21 Die Ersatzversorgung soll dem Kunden nur übergangsweise eine »Notbelieferung« zur Verfügung stellen. Während dieser Übergangsfrist kann dem Kunden zugemutet werden, sich einen neuen Energielieferanten zu suchen; dazu kann er entweder den Grundversorger gemäß § 36 oder einen Lieferanten im Sinne von § 41 (Haushaltskundenversorgung außerhalb der Grundversorgung) wählen. Die Nicht-Haushaltskunden werden einen entsprechenden Sonderenergieliefervertrag abschließen.

22 Nach **Satz 1** des § 38 Abs. 2 endet **die Ersatzversorgung** spätestens drei Monate **nach Beginn**[17], im Übrigen früher, wenn der Letztverbraucher einen **neuen Energieliefervertrag abgeschlossen hat**. Der Wunsch des Bundesrates, eine unbegrenzte Ersatzversorgung vorzusehen, bei der nur durch den höheren Preis dem Kunden ein Anreiz zu ihrer Beendigung vermittelt würde[18], hat sich nach Widerstand der Bundesregierung[19] auch im Wirtschaftsausschuss und im Vermittlungsausschuss nicht durchgesetzt.

23 Zwar sieht das Gesetz eine explizite **Anzeigepflicht** zum Ende der Ersatzversorgung[20] nicht vor. Weil aber nach § 39 Abs. 2 auch die Allgemeinen Bedingungen für die Belieferung von Haushaltskunden im Rahmen der Ersatzversorgung durch Rechtsverordnung bestimmt werden können, werden die dort zu erlassenden Regelungen zu be-

---

17 Also am Ende desjenigen Tages drei Monate später, zu dem die Ersatzversorgung begonnen hat, vgl. § 187 Abs. 2 BGB. Beispiel: Beginn der Ersatzversorgung am 26.2., Ende am 26.5.
18 Stellungnahme des Bundesrates, Anlage 2 zur BT-DrS 15/3917, S. 78, 89 (Ziff. 44).
19 Gegenäußerung zur Stellungnahme des Bundesrates BT-DrS 15/4068, S. 7 (Ziff. 41).
20 Zum Beispiel des Ersatzversorgers gegenüber dem Kunden, aber auch des Kunden gegenüber dem Netzbetreiber bei Neuabschluss eines Liefervertrages.

achten sein. Um im Dreieck von Netzbetreiber, Ersatzversorger und Haushaltskunde[21] Klarheit zu den bestehenden vertraglichen Lieferverhältnissen zu schaffen, wird eine unverzügliche Pflicht zur Benachrichtigung über bevorstehende Veränderungen erforderlich werden.

IV. Weitere Rechtsfolgen und Rechtsschutz

Wie die Entscheidung des BGH vom 26.1.2005 zeigt, können dem ersatzweise versorgten Kunden Nachteile insbesondere im Hinblick auf sein früheres Versorgungsverhältnis entstehen[22]. Erfolgt die Ersatzversorgung wegen Insolvenz oder schwerwiegender Pflichtverletzung des Lieferanten im Hinblick auf den Lieferantenrahmenvertrag bzw. die Netzkopplungsverträge, wird der unbenachrichtigte Kunde, für den eine Veränderung der Lieferverhältnisse vor Ort nicht sichtbar wird, zunächst an seinen alten Lieferanten weiter zahlen. Erst mit der Benachrichtigung vom Beginn der Ersatzversorgung, die typischerweise im Nachhinein erfolgen wird, ist der nun ersatzweise versorgte Kunde in der Lage, seine Zahlungsverpflichtungen gegenüber dem alten Lieferanten zu ordnen, Abbuchungen vom Konto zurückzurufen bzw. Restzahlungen nur noch anteilig zu erbringen. Man wird dem Ersatzversorger nicht zumuten können, erst ab dem Zeitpunkt des Zugangs der Benachrichtigung Ersatzversorgungsentgelte in Rechnung stellen zu dürfen, wenn die Entnahme von Energie bereits früher eingesetzt hat. Im Übergangszeitraum wird ein Kunde daher regelmäßig mit »Verlusten« zu rechnen haben, wenn er Lieferentgelte im Voraus bezahlt hat.

Rechtsschutz gegen Entgeltforderungen (früherer Lieferanten und Ersatzversorger) kann vor den allgemeinen Zivilgerichten erlangt werden (Amtsgericht). Dies gilt auch für Ansprüche aus Überzahlung. Eine vorgeschaltete Streitbeilegungsstelle (Schiedsgerichtsverfahren) sieht das EnWG nicht vor[23]; manche Bundesländer haben aber in Bezug auf Bagatellstreitigkeiten ein besonderes Mediationsverfahren vorgesehen.

---

21 Für die nicht als Haushaltskunden versorgten Letztverbraucher im Sinne von § 38 Abs. 1 Satz 1 trägt die Ermächtigungsgrundlage des § 39 Abs. 2 nicht.
22 BGH RdE 2005, 140, 141 f. – Seniorenzentrum.
23 Vgl. demgegenüber für die Niederlande: *Thiemann*, Netzanschlussbedingungen für Tarifkunden im Vergleich, Berlin 2005, insb. S. 245.

26 Den Landesregulierungsbehörden ist in § 54 Abs. 2 **keine Zuständigkeit** in Bezug auf die Ersatzversorgung zugewiesen worden. Wenn zivilrechtlicher Rechtsschutz nicht ausreichen sollte, kann sich der Kunde deshalb nur an die BNetzA wenden, § 54 Abs. 1 und 3 in Verbindung mit § 65 Abs. 1. Verstößt ein Ersatzversorger gegen die ihm durch Gesetz oder Verordnung nach § 39 auferlegten Pflichten, kann die BNetzA dieses Verhalten beanstanden und eine Verfügung mit dem Inhalt erlassen, das gesetzwidrige Verhalten abzustellen. Zu einem Einschreiten ist die BNetzA aber nicht verpflichtet (Opportunitätsprinzip).

§ 39 Allgemeine Preise und Versorgungsbedingungen

(1) ¹Das Bundesministerium für Wirtschaft und Arbeit kann im Einvernehmen mit dem Bundesministerium für Verbraucherschutz, Ernährung und Landwirtschaft durch Rechtsverordnung mit Zustimmung des Bundesrates die Gestaltung der Allgemeinen Preise nach § 36 Abs. 1 und § 38 Abs. 1 des Grundversorgers unter Berücksichtigung des § 1 Abs. 1 regeln. ²Es kann dabei Bestimmungen über Inhalt und Aufbau der Allgemeinen Preise treffen sowie die tariflichen Rechte und Pflichten der Elektrizitätsversorgungsunternehmen und ihrer Kunden regeln.

(2) ¹Das Bundesministerium für Wirtschaft und Arbeit kann im Einvernehmen mit dem Bundesministerium für Verbraucherschutz, Ernährung und Landwirtschaft durch Rechtsverordnung mit Zustimmung des Bundesrates die allgemeinen Bedingungen für die Belieferung von Haushaltskunden in Niederspannung oder Niederdruck mit Energie im Rahmen der Grund- oder Ersatzversorgung angemessen gestalten und dabei die Bestimmungen der Verträge einheitlich festsetzen und Regelungen über den Vertragsabschluss, den Gegenstand und die Beendigung der Verträge treffen sowie Rechte und Pflichten der Vertragspartner festlegen. ²Hierbei sind die beiderseitigen Interessen angemessen zu berücksichtigen. ³Die Sätze 1 und 2 gelten entsprechend für Bedingungen öffentlich-rechtlich gestalteter Versorgungsverhältnisse mit Ausnahme der Regelung des Verwaltungsverfahrens.

Rechtsprechung zum früheren Recht

BVerfG v. 11.10.1994, DB 1994, 2619 – Ausgleichsabgabe Drittes Verstromungsgesetz; BGH v. 25.2.1998, RdE 1998, 194 – Sonderkunden-Haftungsbeschränkung; BGH v. 30.6.1993, RdE 1993, 232 – Stromversorgung durch Vermieter; BGH v. 17.12.1992, BB 1993, 459 – Planung für Gasrohrnetz; BGH v. 11.3.1992, BB 1992, 812 – Versorgung über Grundeigentum Dritter; BGH v. 14.1.1992, BB 1992, 734 – Wert unbefugter Stromentnahme; BGH v. 14.1.1992, NJW 1992, 1383 – unbefugte Stromabnahme; BGH v. 11.11.1991, BB 1992, 14 – Stromrechnung im Konzern; BGH v. 2.10.1991, RdE 1992, 74 – Billigkeitskontrolle Sonderabnehmerpreise; BGH v. 3.7.1991, NJW 1991, 2645 – Stromschulden aus Gaststättenbetrieb; BGH v. 3.7.1991, BB 1991, 1820 –

Stromschulden aus Gaststättenbetrieb; BGH v. 25.4.1991, NJW 1991, 2134 = BB 1991, 1294 – Hausanschlusskosten und Verjährung; BGH v. 13.3.1991, BB 1991, 932 – Rückzahlung überhöhter Gasentgelte; BGH v. 5.12.1990, BB 1991, 300 = RdE 1191, 154 – Hausanschlusskosten bei Wechsel des Grundeigentums; BGH v. 10.5.1990, BB 1990, 1373 = RdE 1991, 35 – Billigkeitskontrolle bei individuell vereinbarten Hausanschlusskosten; OLG Koblenz v. 12.6.1997, ET 1997, 703 – Leistungspreise bei Reserve- und Zusatzversorgung; OLG München v. 5.2.1997, BB 1997, 1017 – Unterrichtungspflicht; OLG München v. 5.2.1997, VuR 1998, 91 – Stromtarif-Beratungspflicht; LG Osnabrück v. 5.11.1996, RdE 1997, 76 = ET 1997, 175 – Stromentgelte im vertragslosen Zustand; OLG Hamm v. 4.11.1996, RdE 1997, 152 – unterirdisches Leitungskabel; LG Hamburg v. 11.10.1996, RdE 1997, 155 – Nachberechnung für ungezählten Stromverbrauch; VG Stuttgart v. 23.5.1995, RdE 1996, 145 – ausgewogenes Tarifsystem; OLG Hamm v. 23.5.1995, RdE 1996, 112 – Duldung einer Trafostation; OLG Dresden v. 21.5.1995, RdE 1996, 240 – Stromleitungs-Stahlgittermast; OLG München v. 18.5.1995, RdE 1996, 72 – neuer Tarif; LG Hagen v. 7.2.1995, RdE 1996, 114 – Stromkabel-Beschädigung; AG Landshut v. 26.1.1995, RdE 1996, 122 – Fundament für Freileitungsmast; BVerwG v. 28.6.1991, RdE 1992, 114 – Beurteilungsspielraum bei Tarifgenehmigungen (m. Anm. Knöchel S. 114); BFH v. 18.1.1995, BB 1995, 1289 – Rückstellung für Jahresabrechnungskosten; OLG Köln v. 18.5.1994, RdE 1995, 77 – Billigkeitskontrolle bei Anschlusspauschalen; BVerwG v. 22.2.1994, RdE 1994, 230 = NJW 1994, 3243 = NVwZ 1994, 99 – Anfechtung der Tarifgenehmigung; VG Gelsenkirchen v. 6.3.1993, RdE 1994, 69 – Elt-Abgabepreis-Genehmigung; LG München I v. 16.12.1992, RdE 1994, 32 – Billigkeitskontrolle genehmigter Tarife; VG Hannover v. 16.12.1992, RdE 1993, 153 – Abgabepreiskontrolle; Kreisgericht Chemnitz Stadt v. 21.10.1992, RdE 1993, 29 – Gasliefervertrag kraft sozialtypischen Verhaltens; LG Hannover v. 12.3.1992, RdE 1992, 194 – Gastariferhöhung und Billigkeitskontrolle; VG Frankfurt/Main v. 9.5.1990, RdE 1991, 21 – Rechtsweg bzgl. Kontrahierungszwang; BayVGH v. 12.1.1989, RdE 1989, 40 – Beurteilungsermessen bei der Tarifgenehmigung; AG Köln v. 2.2.1988, RdE 1989, 12 – Sonderkundenvertragskündigung; OLG Oldenburg v. 7.12.1987, RdE 1989, 131 – Weiterverteilerstrompreis; OLG Oldenburg v. 16.9.1987, RdE 1989, 138 – Strompreisfestsetzung durch Gericht

Literatur zum früheren Recht

Arzt, Grundlagen und Unterschiede der Strompreisaufsicht nach deutschem und US-amerikanischem Recht, RdE 1993, S. 97 ff.; *Berkner/Hermann/Schmitz*, Die neue Bundestarifordnung Elektrizität (BTO Elt), RdE 1990, S. 2 ff.; *Börner (Hrsg.)*, Probleme des § 12a BTOElt, VEnergR Bd. 51, Baden-Baden 1983; *Ebel*, Rechtliche Anforderungen an die neuen Preisgleitklauseln in Stromlieferungsverträgen für Industriekunden, DB 1995, S. 2356 ff.; *Immenga*, Preisaufsicht bei der Einspeisung regenerativer Energien, BB 1994, S. 295 ff.;

Klein, Die Haftung von Versorgungsunternehmen nach dem Produkthaftungsgesetz, BB 1991, S. 917 ff.; *Knöchel*, Die Preisaufsicht nach dem Energiewirtschaftsgesetz. Verfassungsrechtliche Vorgaben und verwaltungsrechtliche Probleme, Stuttgart/München/Hannover 1989; *Knöchel*, Die Funktion der Tarifgenehmigung nach § 12 BTOElt, RdE 1992, S. 63 ff.; *Kühne*, Der Grundsatz der Preisgleichheit im Strompreisrecht. Räumliche Differenzierung der Stromtarife im Versorgungsgebiet?, BB-Beilage 14/1996, S. 1 ff.; *Markert*, Preisaufsicht und Kartellrecht nach der neuen BTOElt, RdE 1990, S. 82 ff.; *Röder*, Zielkonflikte bei der Preisbildung in der Elektrizitätsversorgung, Baden-Baden 1991; *Salje*, Energiepreisaufsicht und Preismißbrauchsaufsicht nach Inkrafttreten von § 11 Abs. 2 BTOElt 1989, RdE 1991, S. 26 ff.; *Schmidt-Räntsch*, Energieleitungsrechte in den neuen Bundesländern, RdE 1994, S. 214 ff.; *Wolf*, Rekommunalisierung aus der Sicht der energie- und kartellrechtlichen Preisprüfung, RdE 1994, S. 98 ff.; *Worm*, Kostenrechnung und Preisbildung, EW 1983, S. 628 ff.

Übersicht

	Seite	Rz.
I. Regelungszweck und Rechtsentwicklung	812	1
1. Allgemeine Preise (Abs. 1)	812	2
2. Allgemeine Versorgungsbedingungen (Abs. 2)	813	6
II. Reichweite der Verordnungsermächtigung für die Gestaltung Allgemeiner Preise (Abs. 1)	813	7
1. Tarifgestaltungsermächtigung und Art. 80 Abs. 1 GG (Abs. 1 Satz 2)	814	8
a) Inhaltliche Bestimmtheit	815	9
b) Bestimmung des Zwecks der Ermächtigung	817	16
c) Bestimmtheit des Ausmaßes der Ermächtigungsgrundlage	818	19
2. Tarifentwicklungen	820	24
3. Inhalt der BTOElt	822	29
III. Tarifgenehmigungsverfahren	824	36
1. Weitergeltung der BTOElt 1989	824	37
2. Grundzüge des Tarifgenehmigungsverfahrens	826	40
a) Elektrizitätseinkaufspreise	826	41
b) Einspeisevergütungen	827	44
c) Unterrichtungspflicht	829	49
d) Tarifgenehmigung	829	50
e) Baukostenzuschüsse	831	56
f) Verwaltungsverfahren	832	59
3. Tarifgenehmigung und Grundversorgungspreise	833	62

IV. Ermächtigungsgrundlage für Allgemeine Versorgungsbedingungen (Abs. 2)...............................	834	65
1. Ermächtigungsvoraussetzungen	835	68
a) Energie..	835	69
b) Belieferung von Haushaltskunden...............	835	70
c) Grundsatz der einheitlichen und angemessenen Gestaltung.....................................	836	73
d) Einzelregelungen	838	79
e) Angemessene Berücksichtigung der beiderseitigen Interessen	839	85
2. Bestimmtheitsgrundsatz und Ermächtigungsfolgen	841	91
3. AVB 1979, Europäisches Recht und Neuregelungsgesetz	842	94

I. Regelungszweck und Rechtsentwicklung

1 § 39 betrifft Allgemeine Preise und Versorgungsbedingungen und konkretisiert die Belieferungspflicht nach § 36 und § 38 Abs. 1. **Zweck** ist es, Verpflichtungen von Haushaltskunden und Grundversorgern **möglichst konkret festzulegen**. Dann nämlich können die Kontrahierungspflichten aus §§ 36, 38 erleichtert durchgesetzt werden, weil der Inhalt der zu begründenden Schuldverhältnisse einerseits durch die Allgemeinen Preise, andererseits durch die Allgemeinen Versorgungsbedingungen festgelegt ist.

1. Allgemeine Preise (Abs. 1)

2 Der Gesetzgeber hat § 39 aus § 7 EnWG 1935 und § 11 EnWG 1998/2003 weiterentwickelt. Nach § 7 Abs. 1 war die zuständige Stelle berechtigt, durch allgemeine Vorschriften und Einzelanordnungen die allgemeinen Tarifpreise der Energieversorgungsunternehmen sowie die Energieeinkaufspreise der Energieverteiler wirtschaftlich zu gestalten. Im Entwurf eines (ersten) Gesetzes zur Neuregelung des Energiewirtschaftsrechts[1] erfasste § 5 zusätzlich die Allgemeinen Tarife.

---

[1] BT-DrS 13/7274, Anl. 1, S. 5, § 5 Abs. 1 der Entwurfsfassung.

Im neuen Recht fehlen die früheren **Vorgaben zur Ausgestaltung** 3
von Genehmigung und Genehmigungsverfahren, obwohl die BTOElt
noch zwei Jahre weitergelten wird[2].

§ 39 Abs. 1 Satz 1 und Abs. 2 wenden sich an alle Grundversorger von 4
Energie, Abs. 1 Satz 2 hingegen **nur noch an EltVU**; die frühere
Bundestarifordnung Gas war bereits durch Art. 5 Abs. 2 Ziff. 4 des
Ersten Neuregelungsgesetzes[3] aufgehoben worden. Sollte sich herausstellen, als dass die wirtschaftlichen Verhältnisse bei Gas und Elektrizität nicht so unterschiedlich sind, dass sie eine Unterschiedlichbehandlung i. S. von Art. 3 Abs. 1 GG rechtfertigen könnten, müsste
der Gesetzgeber entweder die Bundestarifordnung Gas (in veränderter Form) wieder einführen oder § 39 Abs. 1 Satz 2 auf alle Energiearten erweitern.

§ 39 Abs. 1 der Entwurfsfassung ist ohne Veränderung Gesetz geworden, nachdem Bundesrat, Wirtschaftsausschuss und Vermittlungsausschuss keinerlei Einwände erhoben hatten. 5

2. Allgemeine Versorgungsbedingungen (Abs. 2)

Vorläufervorschrift des § 39 Abs. 2 sind § 11 Abs. 2 EnWG 1998/2003 6
und § 7 Abs. 2 EnWG 1935 gewesen. In der Ursprungsfassung des
EnWG 1935 gab es keine Ermächtigungsgrundlage für die Regelung
von AVB durch Verordnung oder Regierungsakt. Regelungsziel ist die
Abwicklung des Massenkundengeschäfts (Grundversorgung und Ersatzversorgung) zu einheitlichen Bedingungen unter gleichzeitiger
Umsetzung von Art. 3 Abs. 3 RL-Elt/Gas. Die bisherigen AVB (Gas
und Elt) werden bis zu ihrem Neuerlass weitergelten. Im Laufe des
Gesetzgebungsverfahrens ist der Entwurf nicht mehr verändert worden.

II. Reichweite der Verordnungsermächtigung für die Gestaltung Allgemeiner Preise (Abs. 1)

§ 39 Abs. 1 enthält zwei voneinander zu trennende Verordnungsermächtigungen. Der erste Anwendungsfall regelt die **Gestaltung der Allgemeinen Preise** aller Grund- und Ersatzversorger mit Energie. 7

---

2 Vgl. Art. 5 Abs. 3 des Zweiten Neuregelungsgesetzes vom 12.7.2005, BGBl.
I S. 1970, 2017 f.
3 Vom 24.4.1998, BGBl. I S. 730, 736.

§ 39 Allgemeine Preise und Versorgungsbedingungen

Diese Anwendungsalternative (§ 39 Abs. 1 Satz 1) wird durch Satz 2 ergänzt (Inhalt und Aufbau der Preise; tarifliche Rechte und Pflichten). Dieser Teil der Verordnungsermächtigung wird im folgenden als **Tarifgestaltungsermächtigung** bezeichnet und betrifft **nur EltVU**, die als Grund- und Ersatzversorger tätig werden. Die frühere **Tarifgenehmigungsermächtigung** fehlt im neuen Recht, so dass eine Genehmigung von »Allgemeinen Preisen« der Grundversorger nicht mehr zum Gegenstand einer Rechtsverordnung gemacht werden kann.

1. Tarifgestaltungsermächtigung und Art. 80 Abs. 1 GG (Abs. 1 Satz 2)

8   Für eine Änderung der weitergeltenden BTOElt[4] (Tarifarten) bzw. deren Neukonzeption kommt § 39 Abs. 1 Satz 2 nur dann als wirksame Ermächtigungsgrundlage in Betracht, wenn der Gesetzgeber den in Art. 80 Abs. 1 GG niedergelegten Anforderungen für Verordnungsermächtigungen genügt hat. Die Tarifgestaltungsermächtigung muss deshalb Bestimmungen über Inhalt, Zweck und Ausmaß der erteilten Ermächtigung enthalten, Art. 80 Abs. 1 Satz 2 GG. Die Grundgesetzbestimmung stellt eine Ausbildung des allgemeinen Gesetzesvorbehaltes dar[5] und konkretisiert das Prinzip der Gewaltenteilung und des Rechtsstaates[6], um Grenzen der Rechtssetzung durch die Exekutive festzulegen, zumal es sich bei Art. 80 GG um die bedeutsamste Durchbrechung des Prinzips der Gewaltenteilung handelt[7]. Weil der Gesetzgeber die wesentlichen Entscheidungen selbst zu treffen hat, besteht über die formalen Anforderungen des Art. 80 Abs. 1 GG hinaus die Verpflichtung des Gesetzgebers, das »wahrhaft wesentliche« selbst zu regeln und nicht zu delegieren[8]. Das Bestimmtheitsgebot des Art. 80 Abs. 1 Satz 2 GG muss in dreifacher Hinsicht erfüllt sein.

---

4 Vgl. dazu Art. 5 Abs. 3 des Zweiten Neuregelungsgesetzes.
5 BVerfGE 49, 89, 126 ff. – Schneller Brüter.
6 BVerfGE 18, 52, 59 – Beförderungssteuer.
7 BVerfGE 18, 52, 59 – Beförderungssteuer.
8 BVerfGE 49, 89, 126; BVerfGE 61, 260, 275; BVerfGE 77, 170, 231; BVerfGE 80, 124, 132.

a) Inhaltliche Bestimmtheit

Mit Hilfe der Ermächtigungsgrundlage muss der vom Verordnungsgeber im Einzelnen zu konkretisierende Verordnungsinhalt so genau bestimmbar sein, dass bereits aus der gesetzlichen Ermächtigung – und nicht erst aus der Verordnung – erkennbar und voraussehbar ist, was vom Bürger gefordert werden kann[9]. Der Gesetzgeber hat daher nach Tendenz und Ausmaß den Inhalt der Verordnung selbst bestimmen und darf nur Einzelregelungen der Exekutive überlassen[10]. Nur hinsichtlich der polizeilichen Generalklausel ist bisher anerkannt, dass wegen ihrer Konkretisierung durch jahrzehntelange Rechtsprechung und Lehre dem Bestimmtheitsgrundsatz trotz fehlender gesetzgeberischer Ausfüllung genügt wird[11]. Dies bedeutet im Umkehrschluss, dass im Regelfall nicht bereits aus einer vorhandenen Verordnung auf einen dem Bestimmtheitsprinzip genügenden Inhalt der Ermächtigungsgrundlage zurückgeschlossen werden kann.

9

Der Gesetzgeber hat zunächst als Verordnungsgegenstand die »Gestaltung der Allgemeinen Preise des Grundversorgers« konkretisiert. Darunter ist ein **Preissystem für energiewirtschaftliche Dienstleistungen** zu verstehen, das typische Abnahmefälle betrifft (Grund- und Ersatzversorgung). Wegen des engen Sachzusammenhangs zum Kontrahierungszwang des § 38 Abs. 1 Satz 1 betrifft die Verordnungsermächtigung »Sonderkundenverträge« im Sinne von § 41 nicht. Bereits in der Ermächtigungsgrundlage ist deshalb die Unterscheidung zwischen Grundversorgung und sonstiger Versorgung von Haushaltskunden angelegt. Zur Konkretisierung des topos der Verordnung verweist § 39 Abs. 1 Satz 1 auf die Gesetzeszwecke des § 1 Abs. 1.

10

Der Verordnungsgeber muss sich daher, was allerdings eine Selbstverständlichkeit darstellt, an den Gesetzeszwecken Versorgungssicherheit, Preisgünstigkeit, Verbraucherschutz, Effizienz und Umweltverträglichkeit orientieren. Da wie ausgeführt die Gesetzeszwecke des § 1 miteinander konfligieren[12], dient dieser Verweis nicht eben einer sachgerechten Ausfüllung des Bestimmtheitsgebotes. Der gesetzgebe-

11

---

9 *Schmidt-Bleibtreu/Klein/Sannwald*, Kommentar zum Grundgesetz, 9. Aufl. Neuwied/Kriftel 1999, Art. 80 Rz. 47.
10 Ständige Rechtsprechung, vgl. BVerfGE 78, 249 ff.; E 38, 81, 83; E 23, 62, 72; E 20, 257, 269; E 7, 282, 301.
11 BVerfGE 54, 143, 144 – Taubenfütterungsverbot.
12 Vgl. oben § 1 Rz. 51 ff.; *Salje*, Umweltaspekte der Reform des Energiewirtschaftsrechts, UPR 1998, S. 201, 202 ff.

rischen Formulierung kann nämlich entweder entnommen werden, dass die auszugestaltenden Preise zugleich allen fünf Gesetzeszwecken genügen müssen; nicht von vornherein ausgeschlossen ist auch eine inhaltliche Gestaltung dahingehend, dass einige Preise der Versorgungssicherheit, andere dem Preisgünstigkeitsziel und wieder andere dem Grundsatz der Umweltverträglichkeit usw. Rechnung oder gar zweien der aufgeführten Gesetzeszwecke zu tragen hätten. Die Verweisung vermag deshalb nur ganz grob den Inhalt der zu erlassenden Verordnung vorzubilden. Gerade den Prinzipien Erkennbarkeit und Voraussehbarkeit für den Bürger wird damit durch § 39 Abs. 1 Satz 1 noch nicht genügt.

12 Die eigentliche Konkretisierung findet sich deshalb in § 39 Abs. 1 **Satz 2**. Hier werden die folgenden formalen Anknüpfungspunkte für die Verordnungsregelung – allerdings nur für **EltVU** – genannt:

- Inhalt der Preise
- Aufbau der Preise
- tarifliche Rechte
- tarifliche Pflichten

Sowohl Rechte als auch Pflichten müssen – den Erfordernissen gegenseitiger Verträge entsprechend – für beide Parteien des Versorgungsvertrages verbindlich festgelegt werden.

13 Der Verweis auf den **Tarifinhalt** ist offenbar so zu verstehen, dass die einzelnen Preise als Bestandteile eines Preissystems definiert und voneinander abgegrenzt werden müssen. Möglicherweise ist in diesem Begriff auch die Unterscheidung zwischen Pflicht-Preisen und Wahl-Preisen bereits angelegt.

14 Der **Tarifaufbau** als dem zweiten Thema der Verordnungsermächtigung knüpft daran an, dass auch ein im Grunde einheitlicher Tarif aus mehreren Teilen – ggf. auch Stufen – bestehen kann. An die Stelle eines Einheitspreises (z. B. für den mengenmäßigen Verbrauch) kann dann ein differenziertes System mit Leistungspreisen und Arbeitspreisen treten, so dass ein zeitabhängiger Grundpreis mit einem mengenabhängigen Preis kombiniert wird.

15 Die Konkretisierung der **tariflichen Rechte und Pflichten** beider Parteien wird vom Gesetzgeber ebenfalls als Bestandteil der Tarifge-

staltungsermächtigung genannt. Dies verwundert zunächst, weil die Präzisierung der vertraglichen Rechte und Pflichten doch der Regelung durch Allgemeine Versorgungsbedingungen (§ 39 Abs. 2) zugewiesen ist. Zur Unterscheidung verwendet der Gesetzgeber deshalb in § 39 Abs. 1 Satz 2 den terminus »tariflich«. Nur solche Pflichten einseitiger und gegenseitiger Art sind daher durch die Ermächtigungsgrundlage gedeckt, die im Zusammenhang mit Tarifwahl und Tarifgestaltung stehen. Dies betrifft etwa Mitteilungspflichten des Kunden, um seine Einstufung in das Tarifsystem vornehmen zu können, zum anderen Pflichten des EltVU insbesondere hinsichtlich der Information der Haushaltskunden über die Ausgestaltung der Preise sowie deren Veränderungen. Über diese topoi hinausgehende Regelungen dürfen durch Verordnung ebenso wenig getroffen werden wie eine derartige Festlegung für GasVU unzulässig ist. Eine Wiedereinführung der BTOGas ist daher nicht vorgesehen.

b) Bestimmung des Zwecks der Ermächtigung

Nach der ständigen Rechtsprechung des Bundesverfassungsgerichts ist der Ermächtigungszweck dann im Gesetz hinreichend erkennbar, wenn sich aus dem Wortlaut sowie aus der Tragweite der sonstigen Regelungen im **Wege der Auslegung** mit genügender Deutlichkeit **Tendenz und Programm** umreißen lassen, die durch die zu erlassende Rechtsverordnung nach dem Willen des Gesetzgebers verwirklicht werden sollen (Feststellung des Verordnungszwecks)[13]. Zweck der Ermächtigung zur Regelung von Preisen der Elektrizitätsversorgung ist offenbar das Bemühen des Gesetzgebers, die Haushaltskunden als Verbraucher zu schützen und für Tarifgerechtigkeit i. S. einer diskriminierungsfreien Preisgestaltung zu sorgen. Dieser Gesetzeszweck kommt allerdings im Hinweis auf § 1 (Gesetzeszwecke) nur höchst unvollkommen zum Ausdruck. 16

Ein möglicher Gesetzeszweck kann aber im Wege der systematischen Auslegung dem Zusammenspiel der §§ 36, 38 und 39 entnommen werden: Wenn die Versorgung zu Allgemeinen Preisen zu erfolgen hat (Kontrahierungszwang), dient § 39 Abs. 1 Satz 1 der Konkretisierung der vom Grundversorger zu erbringenden Leistung und ihrer Gegenleistung durch den Haushaltskunden (Entgelthöhe). Zwar wäre es wünschenswert, wenn § 39 Abs. 1 unmittelbar diesen wichtigen Gesetzeszweck zum Ausdruck brächte; wegen der Offensichtlichkeit des 17

---

13 BVerfGE 80, 1, 20; E 68, 319, 333; E 38, 61, 84; E 20, 296, 305.

Zusammenhangs mit dem Kontrahierungszwang und den Möglichkeiten einer systematischen Auslegung des Gesetzes reicht die vom Gesetzgeber in § 36 und § 38 Abs. 1 vorgenommene Konkretisierung des Verordnungszwecks wohl noch aus, um eine hinreichend bestimmte Ermächtigungsgrundlage annehmen zu können.

18 Das Bundesverfassungsgericht hat allerdings mehrfach entschieden, dass der (allgemeine) Gleichheitssatz noch keine hinreichende Begrenzung des Inhalts einer Ermächtigung darstelle[14]. Überträgt man diese Rechtsprechung auf die Konkretisierung des Gesetzeszwecks, so bleiben Zweifel, ob die bereits genannten topoi »Tarifgerechtigkeit« und »Diskriminierungsfreiheit der Preise« der Verordnungsermächtigung wirklich entnommen werden können. Im Grunde ist es erst die Verbindung mit dem Willkürverbot des Art. 3 Abs. 1 GG, die eine hinreichende Konkretisierung des Gesetzeszwecks ermöglicht.

c) Bestimmtheit des Ausmaßes der Ermächtigungsgrundlage

19 Der Gesetzgeber muss in der Ermächtigungsgrundlage selbst die Grenzen der zu schaffenden Regelung festsetzen und angeben, welchem Ziel die Regelung dienen soll[15]. Im Hinblick auf die Kakaoverordnung[16] hat es das Bundesverfassungsgericht ausreichen lassen, dass Inhalt, Zweck und Ausmaß der Ermächtigung mit hinreichender Deutlichkeit dem Programm des Gesetzes selbst (hier: Lebensmittel- und Bedarfsgegenständegesetz) zu entnehmen sind[17]. Im Hinblick auf die BenzinqualitätsangabeVO[18] hat das Gericht die Beschränkung des Verordnungsgebers auf bloß zwei Qualitätsstufen als mit dem Benzinbleigesetz[19] unvereinbar angesehen, weil dieses Gesetz lediglich die Verbraucheraufklärung über eine **Mindestqualität** vorsieht, so dass der Verbraucher vor der Verwendung von Kraftstoffen mit nachteiligen Auswirkungen für den Kfz-Motor durch Aufklärung bewahrt werden soll[20]. Insofern bestand aufgrund der konkreten Verordnungsregelung die Gefahr, dass der Verordnungsadressat sich norm- und

---

14 BVerfGE 7, 282, 297; E 23, 62, 73.
15 BVerfGE 53, 135, 144; E 51, 166, 174; E 26, 16, 30; E 20, 257, 269; E 19, 354, 362; E 18, 52, 62; E 7, 282, 304; E 5, 71, 76; E 2, 307, 334.
16 Vom 30.6.1975, BGBl. I S. 1760.
17 BVerfGE 53, 135, 144 – Kakaoverordnung.
18 Vom 16.1.1976, BGBl. I S. 135.
19 Vom 5.8.1971, BGBl. I S. 1234.
20 BVerfGE 51, 166, 174 – BenzinqualitätsangabeVO.

ordnungswidrig verhalten könnte, wenn er die Anforderungen der Verordnung zu erfüllen versuchte[21].

Da die Ermächtigungsgrundlage dem Normadressaten ein »Programm« an die Hand geben muss[22], sind Zweckbestimmtheit sowie Ausmaßbestimmtheit gem. Art. 80 Abs. 1 Satz 1 GG nicht immer strikt auseinander zu halten. Die Verwendung von Generalklauseln und unbestimmten Rechtsbegriffen zum Zwecke der Konkretisierung ist anerkannt[23]. Dabei ist das Postulat der Konkretisierung abhängig von der Intensität des Eingriffs in die grundrechtlich geschützten Bereiche der Betroffenen zu berücksichtigen[24].

Da der Gesetzgeber den Verordnungsgegenstand lediglich formal abgegrenzt hat (Tarifinhalt, Tarifaufbau, Rechte und Pflichten), sind dieser Formulierung noch nicht die Grenzen der Ermächtigung zu entnehmen. Diese können auch aus § 36 und § 38 Abs. 1 nicht mit hinreichender Deutlichkeit im Wege der Auslegung herausgelesen werden. Allerdings mag der Verweis auf § 1 insbes. mit den Gesichtspunkten Preisgünstigkeit der Versorgung sowie Verbraucherschutz dem Verordnungsgeber als Grenze aufzuzeigen, dass »ungünstige Preise« nicht festgesetzt werden dürfen.

Eine Konkretisierung wäre allerdings unschwer möglich gewesen. Der Gesetzgeber hätte in Abs. 1 Satz 2 beispielsweise anordnen können, drei Pflichttarife und zwei Wahltarife vorzusehen. Das vom Verordnungsgeber zu schaffende Tarifpreissystem hätte auf die Prinzipien Tarifgerechtigkeit, Diskriminierungsfreiheit und Verbot der Quersubventionierung zwischen den einzelnen Tarifen festgelegt werden können. Auch wäre es möglich gewesen, zugunsten der Abnehmer das Prinzip der Bestabrechnung bindend vorzuschreiben (endgültige Tarifeinstufung des Verbrauchers erst, wenn der Gesamtverbrauch eines Zeitabschnitts feststeht).

Möglich wäre es auch gewesen, auf die Kombination von Leistungs- und Arbeitspreisen hinzuweisen oder wenigstens diejenigen Abnehmer- und Bedarfsgruppen zu konkretisieren, für die Tarife existieren müssen (z. B. Haushalte, Kleingewerbe, Landwirtschaft). Da der Ge-

---

21 BVerfGE ebenda S. 174 f.
22 Vgl. die Nachweise Fn. 13 (Grenzen und Ziele der zu schaffenden Regelung) sowie zusätzlich: BVerfGE 8, 274, 307 – Preisgesetz.
23 BVerfGE 38, 61, 83 ff. – Leberpfennig.
24 Schmidt-Bleibtreu/Klein/Sannwald, Kommentar zum GG, Art. 80 Rz. 57 f.

setzgeber von diesen nahe liegenden Konkretisierungsmöglichkeiten keinen Gebrauch gemacht hat und sich die Grenzen der Regelung aus dem Verweis auf die konfligierenden Gesetzeszwecke des § 1 nicht bestimmt genug entnehmen lassen, muss die Wirksamkeit der Ermächtigungsgrundlage in § 39 Abs. 1 Satz 2 als problematisch bezeichnet werden. Dies würde bedeuten, dass auf der Basis des § 39 Abs. 1 Satz 2 eine Veränderung oder ein Neuerlass der BTOElt nicht mehr möglich wäre, weil Art. 80 Abs. 1 Satz 2 GG nicht genügt wird. Bei einer Tarifgenehmigung als »Auslaufmodell« mag man derartige rechtliche Folgewirkungen der Verordnungsermächtigung aber hinnehmen können.

2. Tarifentwicklungen

24 Die BTOElt hatte bereits in der Zeit ab Mitte 1999 erheblich an Bedeutung verloren[25], weil außerhalb von genehmigten Tarifkundenpreisen viele EltVU dazu übergegangen sind, Tarifkunden innerhalb und außerhalb ihres angestammten Versorgungsgebietes mit Sondertarifangeboten zu umwerben. Da diese Angebote – je nach Abnahmemenge des Kunden – zwischen 10 und 30 % unter den genehmigten Tarifen angesiedelt waren, haben weder diese EltVU noch die Tarifgenehmigungsbehörden der Länder die Notwendigkeit gesehen, auch für diese Angebote Genehmigungen einzuholen. Dabei konnte es nicht zweifelhaft sein, dass es sich bei den Umworbenen tatsächlich um Tarifkunden (im materiellen Sinne) handelte[26].

25 Die Preisaufsichtsbehörden sind offenbar deshalb nicht systematisch gegen eine solche Vorgehensweise eingeschritten, weil sie die (niedrigeren) Tarifangebote als durch die höhere Preisstellungen betreffenden genehmigten Tarife »mitgedeckt« gewertet haben. Diese Veränderungen werfen aber nicht nur ein bezeichnendes Schlaglicht auf die Sinnhaftigkeit von Tarifgenehmigungen nach Kostengesichtspunkten, sondern haben auch die **Tarifgestaltungsermächtigung durch den Verordnungsgeber** infrage gestellt. Wenn es den Unternehmen möglich ist, Haushaltskunden – preisgünstiger – auch außerhalb der vom Verordnungsgeber festgesetzten Pflichttarife zu versorgen, haben diese Tarife jedenfalls dann praktisch keine Daseinsberechtigung mehr,

---

25 Vgl. dazu *Riechmann/Franke*, Zur zukünftigen Entwicklung der staatlichen Aufsicht über die Strompreise, in: FS Baur, Baden-Baden 2002, S. 241, 245 ff.
26 Vgl. § 38 Rz. 4 und 8 f. sowie § 39 Rz. 62 f. und 99.

wenn die Unternehmen Tarifkunden ohne Ansehen der Person – also nicht auf bestimmte Tarifkundengruppen wie z. B. Beamte beschränkt – umwerben und deshalb in die Rolle eines Verpflichteten aus § 38 Abs. 1 Satz 1 quasi »hineinwachsen«.

Deshalb diente das System der Tarife nach der BTOElt nur noch als eine Art »Orientierung« für Preisstellungen, die nicht zum Nachteil des Tarifkunden vom Referenzsystem abweichen dürfen. Daraus wird deutlich, dass dem Tarifsystem i. S. von § 39 Abs. 1 Satz 2 letztlich das Ziel einer preisgünstigen Grundversorgung mit Elektrizität zugrunde liegt. Die Unterscheidung zwischen bestimmten Pflichttarifen wird zunehmend irrelevant, wenn die Versorgung tatsächlich zu anderen Tarifen stattfindet, wenn diese durch niedrigere Entgeltforderungen gekennzeichnet sind. Es ist damit absehbar, dass mit dem »Rückzug der Tarifgenehmigungspraxis« auch das ihnen zugrunde liegende Tarifsystem ganz erheblich an Bedeutung verlieren wird. 26

Dies gilt umso mehr, als eine Differenzierung der rechtlichen Behandlung von Gastarifen einerseits und Elektrizitätstarifen andererseits in einem liberalisierten Energiemarkt kaum noch mit Art. 3 Abs. 1 GG ein Einklang zu bringen ist. Während nämlich die deutschen Tarifkundenmärkte für Elektrizität bereits ab Mitte 1999 durch Preiswettbewerb gekennzeichnet gewesen sind, steht auch im Jahre 2005 die faktische Liberalisierung der Tarifkundenmärkte für die Gasversorgung noch bevor[27]. Gleichwohl hat der Gesetzgeber des Ersten Neuregelungsgesetzes die Bundestarifordnung Gas aufgehoben, die BTOElt dagegen bestehen lassen[28]. Ein Preiswettbewerb um Tarifkunden auf den Gasversorgungsmärkten ist zu Beginn des Jahres 2006 noch nicht erkennbar gewesen. Damit hat sich die wohl paradox zu nennende Situation ergeben, dass trotz Fehlens von Preiswettbewerb und Durchleitungsangeboten die Gaswirtschaft weiterhin weder einem Tarifgenehmigungszwang noch einem Gastarifsystem unterliegt hat, während die zwischenzeitlich durch heftigen Preiswettbewerb gekennzeichnete Elektrizitätswirtschaft beiden Zwängen vom Gesetzgeber nach wie vor unterworfen wird. 27

---

27 Umsetzung der Binnenmarktrichtlinie Gas, Art. 23 Abs. 1, wonach ab dem 1.7.2004 alle Nicht-Haushaltskunden (einschließlich kleinerer Gewerbebetriebe usw.) und ab 1.7.2007 auch alle Haushaltskunden im Wettbewerb zu versorgen sind.
28 BGBl. I 1998, S. 730, 736, Art. 5 Abs. 2.

28 Darin dürfte ein **Verstoß gegen Art. 3 Abs. 1 GG** liegen. Es spricht deshalb manches dafür, dass schon wegen der willkürlichen Ungleichbehandlung von Gasversorgung und Elektrizitätsversorgung die BTOElt nicht mehr wirksam ist und neue Tarifregeln nicht mehr ergehen dürfen. Für die EltVU bedeutet dies, dass die Regelungen über Pflichttarife diese Unternehmen nicht mehr binden und auch Tarifgenehmigungen nicht mehr beantragt werden müssen. Dies erklärt vielleicht auch die Zurückhaltung der Tarifgenehmigungsbehörden in Baden-Württemberg, die eigentlich die EltVU mit den ihnen zur Verfügung stehenden Mitteln zwingen müssten, weiterhin Tarifgenehmigungen zu beantragen, soweit sich diese an Tarifkunden im materiellen Sinne wenden.

3. Inhalt der BTOElt

29 Trotz der Zweifel an der Weitergeltung der BTOElt[29] sollen die dort niedergelegten Grundsätze, die vom Gesetzgeber der Neuregelungsgesetze als nach wie vor verbindlich angesehen worden sind[30], kurz dargestellt werden, soweit sie Ausdruck der Tarifgestaltungsermächtigung sind.

30 § 1 BTOElt enthält die allgemeinen Grundsätze und ist bereits den Gesetzeszwecken des § 1 verpflichtet (Versorgungssicherheit, Preisgünstigkeit, Verbraucherschutz, Effizienz, Umweltverträglichkeit – Energieeinsparung, Ressourcenschonung und möglichst geringe Umweltbelastung). § 1 Abs. 1 Satz 3 schreibt vor, dass die Tarife verständlich sein müssen (Transparenzprinzip) und ein ausgewogenes Tarifsystem zu bilden haben (Tarifgerechtigkeit). Weiterhin müssen die Tarife an den Kundenbedürfnissen unter Berücksichtigung wirtschaftlicher Zumutbarkeit für das EltVU sowie an den langfristigen Kostenentwicklungen ausgerichtet werden; auch betont der Verordnungsgeber zu Recht (die verhältnismäßige) Beziehung der Tarife zueinander (§ 1 Abs. 1 Satz 4 BTOElt). Das Wettbewerbselement wird dadurch in das Tarifsystem eingebracht, dass Pflichttarife anderer EltVU bei vergleichbaren Versorgungsverhältnissen zu Rate zu ziehen sind (§ 1 Abs. 1 a. E.: Vergleichsmarktprinzip).

---

29 Vom 18.12.1989, BGBl. I S. 2255.
30 Erstes Neuregelungsgesetz: BT-DrS 13/7274, S. 18 (linke Spalte): »Diesen Anforderungen entspricht bereits die Bundestarifordnung Elektrizität.« Zweites Neuregelungsgesetz: Art. 5 Abs. 3.

II. Reichweite der Verordnungsermächtigung

Nach § 1 Abs. 1 BTOElt werden die EltVU verpflichtet, einen **31** Pflichttarif öffentlich bekanntzumachen. Daneben können Wahltarife angeboten werden, § 2 BTOElt. Das Tarifsystem ist an den Bedarfsarten zu orientieren, § 3 BTOElt. Diese betreffen Haushaltsbedarf, landwirtschaftlichen Bedarf sowie gewerblichen, beruflichen und sonstigen Bedarf, soweit das Abnahmeverhalten zu unterschiedlichen Kosten führt. In § 3 Abs. 2 bis 4 BTOElt werden diese drei Bedarfsarten konkretisiert, während § 3 Abs. 5 BTOElt dem sog. gemischten Bedarf gewidmet ist.

§ 4 BTOElt sieht die Bildung von Pflichttarifen vor, die aus Arbeits- **32** preis, Leistungspreis und Verrechnungspreis bestehen. Dabei sollen Arbeitspreise und Leistungspreise möglichst an den Lastverläufen der EltVU (und damit an den verursachten Kosten) orientiert werden. Beim Arbeitspreis handelt es sich um ein mengenabhängiges Entgelt (je kWh), vgl. § 4 Abs. 2 BTOElt. Für die Bereitstellung von elektrischer Leistung ist ein Leistungspreis zu zahlen, § 4 Abs. 3 BTOElt, der für den Zeitraum eines Abrechnungsjahres gebildet und in Raten eingefordert werden kann (üblich: Monatsentgelt). Der Verrechnungspreis soll nach dem Willen des Verordnungsgebers das Entgelt für die Kosten der Verrechnung, des Inkassos sowie die Vorhaltung der technisch notwendigen bzw. vom Kunden zusätzlich veranlassten Mess- und Steuereinrichtungen umfassen.

Dieser Preisbestandteil wird üblicherweise mit den festen Bestandteilen **33** des Leistungspreises zusammengefasst, was mit Zustimmung der zuständigen Behörde zulässig ist (§ 4 Abs. 4 Satz 2 BTOElt). Dieser Bestandteil wird zukünftig noch von besonderem Interesse sein, weil nicht sicher feststeht, dass dieses Entgelt bereits Teil der Netzzugangsentgelte ist, also vom für die Grundversorgung verantwortlichen EltVU übernommen wird. Möglicherweise werden die örtlichen Netzbetreiber versuchen, mit dem Tarifkunden für die Vorhaltung der Mess- und Steuereinrichtungen ein an diesem Teilverrechnungspreis orientiertes Entgelt zu vereinbaren.

Die §§ 5 und 6 BTOElt enthalten Berechnungsvorschriften für den **34** Leistungspreis (durch Messung der Leistung oder aus dem Jahresverbrauch nach Durchschnittswerten). § 7 BTOElt ermöglicht es, bestimmte Verbrauchseinrichtungen (z. B. Wärmepumpen) aus dem Leistungspreis zu eliminieren, sofern diese Elektrizitätsverbraucher durch Rundsteueranlagen abgeschaltet werden können. Nach § 8 BTOElt hat das EltVU auch den Durchschnittspreis (Entgelt aus Arbeits- und Leistungspreis, berechnet auf die Kilowattstunde) zu veröffentlichen, wobei dieser einen Höchstpreis nicht überschreiten darf. Daneben kann ein Verrechnungspreis (zusätzlich) verlangt werden, § 1 Satz 3 BTOElt.

35 Für sog. Schwachlastzeiten (Tageszeiten mit geringer Leistungsinanspruchnahme) müssen besondere Schwachlastarbeitspreise angeboten werden, § 9 Abs. 1 BTOElt. Nach § 10 BTOElt bestehen Mitteilungspflichten des EltVU (Form der Tarife, Höhe der Preise mit Abgaben und Umsatzsteuer, preisgünstigste Versorgungsart) und des Kunden (Änderung der Bedarfsart). Während die §§ 11 bis 13 BTOElt die Tarifgenehmigung betreffen, enthält § 14 BTOElt die Vorschriften über Aufsichtsmaßnahmen bei Verstoß gegen die BTOElt. Sind mehrere Versorgungsgebiete betroffen, besteht ggf. die Zuständigkeit mehrerer Landesbehörden, so dass eine Abstimmung erforderlich ist (§ 15 BTOElt). Nach § 16 BTOElt kann die Behörde das EltVU auf Antrag von Einzelverpflichtungen der Verordnung befreien.

III. Tarifgenehmigungsverfahren

36 § 39 Abs. 1 sieht – anders als § 11 Abs. 1 Satz 1 EnWG 1998/2003 – eine Verordnungsermächtigung für ein **Tarifgenehmigungsverfahren** nicht mehr vor. Weil die die Tarifgenehmigung betreffenden Teile der BTOElt aber ebenfalls bis zum 30.6.2007 weiter gelten[31], sollen sie als Bestandteil des geltenden Energierechts im Folgenden kurz dargestellt werden.

1. Weitergeltung der BTOElt 1989

37 Die Verordnung über allgemeine Tarife für die Versorgung mit Elektrizität – Bundestarifordnung Elektrizität (BTOElt)[32] – beruht auf § 7 Abs. 1 EnWG 1935[33]. Wegen der Änderung von 1976 dürfte es sich insofern bereits um nachkonstitutionelles Recht handeln, das uneingeschränkt am Maßstab des Art. 80 Abs. 1 GG zu messen ist. § 7 Abs. 1 EnWG 1935 ermächtigte den Bundeswirtschaftsminister, »durch all-

---

31 Ermächtigungsgrundlage ist das alte Recht (§ 7 EnWG 1935 und § 11 Abs. 1 EnWG 1998) trotz dessen Aufhebung, vgl. BVerfGE 9, 3, 12; BVerfGE 12, 341, 347.
32 Vom 18.12.1989, BGBl. I S. 2255.
33 I. d. F. durch § 26 des Gesetzes v. 9.12.1976, BGBl. I S. 3317.

gemeine Vorschriften und Einzelanordnungen die allgemeinen Tarifpreise der Energieversorgungsunternehmen (§ 6 Abs. 1) sowie Energieeinkaufspreise der Energieverteiler wirtschaftlich (zu) gestalten.« Es ist fraglich, ob die »wirtschaftliche Gestaltungsmöglichkeit« ausreicht, um die in der BTOElt niedergelegten Maßstäbe als solche des Gesetzgebers – und nicht des Verordnungsgebers – identifizieren zu können.

Gleichwohl ist die BTOElt immer als auf wirksamer Ermächtigungsgrundlage beruhend behandelt worden[34]. Lediglich § 11 Abs. 2 BTOElt (Genehmigungserfordernis für Abgabepreise, die Elektrizitätserzeuger gegenüber Verteilerunternehmen berechnen) wurde von den Gerichten als mit der Ermächtigungsgrundlage unvereinbar und damit unwirksam angesehen[35]. Eine mögliche Regulierung von Einkaufspreisen (Adressat: Weiterverteiler) berechtigt schon nach dem Wortlaut nicht, Erzeugerverkaufspreise (Adressat: Erzeuger) einer Überprüfung zu unterwerfen. Der Gesetzgeber von 1998 hat sich um eine Neufassung der Ermächtigungsgrundlage in diese Richtung gar nicht erst bemüht; § 11 Abs. 2 BTOElt ist nach wie vor unwirksam. 38

Das Außerkrafttreten der Ermächtigungsgrundlage hat die BTOElt unberührt gelassen[36]. Es wird aber im Hinblick auf die Aufhebung der BTOGas nachzuweisen erforderlich sein, dass darin keine Ungleichbehandlung beider im Übrigen parallel geregelter Zweige der leitungsgebundenen Energieversorgung erfolgt ist. Der Hinweis auf den Substitutionswettbewerb beim Gas (insbes. mit Mineralöl und Fernwärme) verfängt aus den angegebenen Gründen nicht[37]; die sonst verlorenen Investitionskosten erschweren diesen Wettbewerb, und die mit dem Anlegbarkeitsprinzip vollzogene Koppelung des Gases an die Mineralölpreise bewirkt, dass ansonsten möglicher Preiswettbewerb zwischen diesen Energieträgern verhindert wird. 39

---

34 Vgl. den Überblick zur Entscheidungspraxis bei *Franke*, Präventive Strompreisaufsicht, in: HB EnWR, § 16 Rz. 50 ff.
35 VG Gelsenkirchen RdE 1994, 69; VG Hannover RdE 1993, 153. Dazu *Salje*, Energiepreisaufsicht und Preismißbrauchsaufsicht nach Inkrafttreten von § 11 Abs. 2 BTOElt 1989, RdE 1991, S. 26; *Ossenbühl*, Präventive Preisaufsicht nach der BTOElt 1989 aus verfassungsrechtlicher Sicht, ET 1991, S. 90 ff.
36 Ebenso *Hempel*, EnWG 1998, § 11 Anm. 1.2.2.
37 Vgl. dazu oben § 39 Rz. 27 f.

2. Grundzüge des Tarifgenehmigungsverfahrens

40 Die BTOElt 1989 hat die BTOElt 1971 abgelöst und auch im Bereich des Tarifgenehmigungsverfahrens ergänzt und erweitert. Insbesondere wurden Bestimmungen aufgenommen, die die Einspeisung von Elektrizität aus erneuerbaren Energien und Kraft-Wärme-Kopplung betreffen (vgl. § 11 Abs. 1 Satz 3 und 4 BTOElt)[38]. Während § 11 Abs. 1 und Abs. 3 EltVU zum vorgelagerten Wirtschaftsstufe (Erzeuger und Weiterverteiler) zum Adressaten haben, ist die eigentliche Tarifgenehmigung in § 12 BTOElt geregelt. Eine Genehmigung ist nach § 13 BTOElt auch für Baukostenzuschüsse i. S. von § 9 AVB EltV erforderlich. Wird gegen die BTOElt verstoßen, sind nach § 14 BTOElt Aufsichtsmaßnahmen möglich (Beseitigungsverfügung, Anordnung konkreter Pflichten). Erstreckt sich ein Versorgungsgebiet über die Grenzen eines Landes hinaus, so hat sich die jeweils tätig werdende Landesbehörde mit der Behörde des anderen Landes ins Benehmen zu setzen, § 15 Abs. 1 BTOElt. Im Tarifgenehmigungsverfahren ist nicht nur die Stellungnahme der mitbetroffenen Landesbehörde, sondern zusätzlich eine Vorabmitteilung der beabsichtigten Entscheidung mit Gelegenheit zur Äußerung binnen einer Woche erforderlich (§ 15 Abs. 2 BTOElt).

a) Elektrizitätseinkaufspreise

41 Ziel des § 11 Abs. 1 BTOElt ist es, bereits auf den der Letztverteilung von Elektrizität vorgelagerten Wirtschaftsstufen (Erzeugung, Weiterverteilung) für angemessene Lieferpreise zu sorgen, ohne diese einer Genehmigungspflicht zu unterwerfen[39]. Der Verordnungsgeber nimmt die Vorlieferanten quasi mittelbar in die Pflicht, indem er diesen als Maßstab der Preisbildung diejenigen Pflichten auferlegt, die das der Tarifgenehmigung unterliegende EltVU zu erfüllen hat. Das Letztverteiler-EltVU muss bei wirtschaftlicher Betriebsführung in der Lage sein, seine Verpflichtungen aus der BTOElt zu erfüllen. Eine Ausnahme will der Verordnungsgeber offenbar nur dann machen, wenn eine »ausreichend kostengünstige Struktur« des Versorgungsgebietes des Letztverteilers nicht gegeben ist. Die Konkretisierung dieser Maßstäbe aus sich selbst heraus dürfte schwierig sein.

---

38 Dazu *Immenga*, Preisaufsicht bei der Einspeisung regenerativer Energien, BB 1994, S. 295, 296 ff.
39 § 11 Abs. 2 BTOElt ist verfassungswidrig, vgl. oben § 39 Rz. 35.

Deshalb hat der Verordnungsgeber mit § 11 Abs. 1 Satz 2 BTOElt der Preisaufsichtsbehörde einen einfach zu handhabenden Maßstab an die Hand gegeben. Danach wird die Erfüllung der dem Lieferunternehmen obliegenden Verpflichtungen (Satz 1) vermutet, »wenn es das Verteilerunternehmen nicht zu höheren Preisen beliefert als seine letztverbrauchenden Sondervertragskunden mit vergleichbaren Abnehmeverhältnissen«. Die Methode des Preisvergleiches wird also nicht zwischen (in gleicher Lage befindlichen) Weiterverteilern, sondern zwischen letztverteilenden EltVU und (sonstigen) Sondervertragskunden **desselben Lieferunternehmens** durchgeführt. Die **vergleichbaren Abnahmeverhältnisse** werden sich insbesondere auf die in Anspruch genommenen Leistung, die Abnahmemengen sowie den Gleichzeitigkeitsfaktor beziehen[40]. Gibt es vergleichbare Abnahmeverhältnisse nicht, greift die Vermutung nicht ein; möglicherweise kann aber mit Zu- und Abschlägen unter Berücksichtigung der Unterschiedlichkeit der konkreten Abnahmeverhältnisse ein Vergleichspreis gebildet werden, der allerdings dann ebenfalls die Vermutung nicht für sich hat. 42

Die Vermutung ist nicht unwiderlegbar, weil es sich beim Preisvergleich um ein lediglich formales Instrument handelt, bei dem niemals sicher feststeht, ob nicht bereits der Referenzpreis überhöht ist, also in Wirklichkeit als Vermutungsgrundlage gar nicht in Betracht kommt. Wird beispielsweise der Referenzpreis des Sondervertragskunden auf Preismissbräuchlichkeit überprüft (§ 19 GWB), ist die Vermutung jedenfalls dann widerlegt, wenn eine Verfügung der Kartellbehörde ergeht. 43

b) Einspeisevergütungen

Die Sätze 3 und 4 des § 11 Abs. 1 BTOElt stellen eine Vergünstigung für umweltverträglich erzeugte Elektrizität dar. Ziel des Verordnungsgebers war es offenbar, einen damals als angemessen empfundenen Maßstab auch in die BTOElt zu übernehmen, um den Betreibern solcher Anlagen höhere Einspeisungsvergütungen zu ermöglichen[41]. Damit konnte dem Argument entgegengewirkt werden, ein (damals 44

---

40 Zu den Kenngrößen im Lichte der Vergleichbarkeit *Salje*, Preismissbrauch durch EVU, S. 216 ff.
41 Zu den Überlegungen des Verordnungsgebers und zum Verfahren vgl. *Berkner/Hermann/Schmitz*, Die neue Bundestarifordnung Elektrizität (BTO Elt), RdE 1990, S. 2 und S. 8 ff.

marktbeherrschendes) aufnehmendes EltVU dürfe für umweltverträglich erzeugte Elektrizität deshalb keine höheren Vergütungen zahlen, weil sonst gegen Verpflichtungen aus der BTOElt verstoßen würde.

45 Versteht man den Begriff der erneuerbaren Energien i. S. von § 3 Abs. 1 EEG, dann hat die Regelung insofern ihren Zweck verloren. Vielmehr muss die Tarifgenehmigungsbehörde nunmehr die gesetzlich festgelegten höheren Einspeisungsvergütungen nach §§ 5 ff. EEG akzeptieren, auch wenn diese über die langfristig eingesparten Kosten hinausgehen. Nur soweit erneuerbare Energien vom EEG nicht erfasst werden, hat § 11 Abs. 1 Satz 3 BTOElt insofern noch eigenständige Bedeutung.

46 Für die Kraft-Wärme-Kopplung war die Vergütung in der Vergangenheit durch Verbändevereinbarungen geregelt[42]. Soweit diese Vergütungsregelungen die langfristig eingesparten Kosten nicht erreichen, bestehen nunmehr wegen der Neufassung des § 11 Abs. 1 auch aus preisrechtlicher Sicht gegen höhere Vergütungen keine Bedenken mehr. Inzwischen gelten die §§ 5 ff. KWK-G 2002.

47 Der Begriff der »auch langfristig eingesparten Kosten« umfasst nicht nur die durch die Einspeisung vermiedenen Brennstoffkosten, sondern auch Fixkosten dann, wenn die Einspeisung langfristig gesichert ist und entsprechende Anlagen- und Personalaufwendungen deshalb mittelfristig abgebaut werden können. Letztlich ist ein Erzeugungsunternehmen jedenfalls rechnungsmäßig – im Tarifgenehmigungsverfahren – verpflichtet, aufgrund der Einspeisung nicht mehr benötigte Kapazitäten stillzulegen. Diese Stilllegung muss nicht tatsächlich erfolgen; jedoch werden die insofern weiter verursachten Kosten nicht mehr als berücksichtigungsfähig anerkannt.

48 Nach § 11 Abs. 1 Satz 4 BTOElt werden auch **darüber hinausgehende vertragliche Vereinbarungen** anerkannt, soweit sie der Förderung umweltverträglich erzeugter Elektrizität dienen. Im Rahmen des sog. Aachener Modells ist umstritten gewesen, ob damals exorbitant höhere Einspeisevergütungen (z. B. DM 2,--/kWh) noch gezahlt werden dürfen und im Rahmen der Vorlieferantenverpflichtungen anzuerkennen sind[43]. Da ein Begrenzungsmaßstab nicht angegeben wird, ist die

---

42 Vgl. *Salje*, EEG 2004, Einleitung Rz. 60 f.
43 Vgl. dazu *Immenga*, Preisaufsicht bei der Einspeisung regenerativer Energien, BB 1994, S. 295, 296 ff.; *Berkner/Hermann/Schmitz*, Die neue BTOElt, RdE 1990, S. 2, 12.

Vorschrift wegen des weiten (und unsicheren) Spielraumes, der der Energiepreisaufsichtsbehörde eröffnet ist, nicht unbedenklich. Sofern das zur Einspeisung verpflichtete oder freiwillig solche Einspeisungen aufnehmende EltVU (integrierter Lieferant/Netzbetreiber) differenzierte Einspeisevergütungen zahlt, die etwa aus zu unterschiedlichen Zeitpunkten abgeschlossenen Verträgen resultieren, können im Hinblick auf die Erfüllung des Diskriminierungsverbotes (§ 20 GWB) zusätzliche Probleme auftreten[44].

c) Unterrichtungspflicht

Nach § 11 Abs. 3 BTOElt müssen Lieferunternehmen vier Wochen vor dem Zeitpunkt, zu dem das belieferte Unternehmen die Preisgenehmigung mit Unterlagen beantragen muss (drei Monate vor ihrem Wirksamwerden, vgl. § 12 Abs. 3 Satz 1 BTOElt), dieses Verteilerunternehmen über eine beabsichtigte Preisanhebung unterrichten. Die Mitteilungspflicht dient dem Ziel, die Unterlagen des Genehmigungsantragstellers entsprechend zu vervollständigen, weil die Elektrizitätseinkaufspreise notwendiger Bestandteil der Kosten des Haushaltskunden versorgenden Unternehmens sind.

d) Tarifgenehmigung

Das Tarifgenehmigungsverfahren ist in § 12 BTOElt geregelt[45]. Dabei gelten die folgenden Grundsätze: Die Tarifgenehmigung erstreckt sich auf alle Tarife und sämtliche Bestandteile, und sie ist als **Höchstpreisgenehmigung** ausgestaltet. Das EltVU kann also den genehmigten Preis unterschreiten, aber nur mit erneuter Genehmigung wieder anheben, § 12 Abs. 5 BTOElt. Der Höchstpreis schließt die Umsatzsteuer (und nach neuem Recht: wohl auch die Stromsteuer) mit ein; der in § 12 Abs. 1 Satz 1 BTOElt noch vorhandene Hinweis auf die Ausgleichsabgabe nach dem Dritten Verstromungsgesetz ist wegen Verfassungswidrigkeit dieses Gesetzes als gestrichen anzusehen.

---

44 *Berkner/Hermann/Schmitz*, ebenda S. 12; vgl. auch *Markert*, Preisaufsicht und Kartellrecht nach der neuen BTO Elt, RdE 1990, S. 82 ff.
45 Zum Verfahren vgl. *Berkner/Hermann/Schmitz*, Die neue BTOElt, RdE 1990, S. 2, 14 ff.; Knöchel, Die Preisaufsicht nach dem Energiewirtschaftsgesetz, Diss. jur. Bochum 1989 = Stuttgart/München/Hannover 1990, insbes. S. 154 ff.; ders., Die Funktion der Tarifgenehmigung nach § 12 BTO Elt, RdE 1992, S. 63 ff.

§ 39 Allgemeine Preise und Versorgungsbedingungen

51 Der **Tarifgenehmigungsmaßstab** ist in § 12 Abs. 2 BTOElt geregelt und entspricht § 12 Abs. 1 Satz 3. Die Genehmigungsbehörde hat Preise dann zu genehmigen, wenn diese erforderlich sind. Maßstab für die Erforderlichkeit ist die **gesamte Erlös- und Kostenlage** des Unternehmens. Dieser Begriff gewährt der Behörde keinen Gestaltungsspielraum[46]. Da sich § 12 Abs. 2 BTOElt als Vorschrift der Rechtsaufsicht darstellt, kann der Behörde ein Beurteilungsspielraum in Bezug auf die Höhe der genehmigten Tarife nicht zugebilligt werden, zumal dieses der Schutzfunktion der Tarifgenehmigung (Verbraucherschutz von Tarifkunden) nicht gerecht werden würde. Deshalb kann und muss die Tarifgenehmigung von den Verwaltungsgerichten in vollem Umfang überprüft werden[47].

52 Dabei darf die Tarifgenehmigungsbehörde nicht jeden Kostenbetrag, der im Rahmen der Betriebsführung des Unternehmens angefallen ist, ohne weiteres als erforderlich zugrunde legen. Vielmehr sind nur solche Kosten berücksichtigungsfähig, die bei **elektrizitätswirtschaftlich rationeller Betriebsführung** angefallen wären. In einem zweiten Schritt sind daher die geltend gemachten Kosten daraufhin zu überprüfen, ob die Betriebsführung ordnungsgemäß erfolgt ist. Dass die Tarifgenehmigungsbehörde insofern nur geringe Ermittlungsmöglichkeiten haben dürfte, liegt auf der Hand. Die Preisgenehmigungsbehörde schreibt den um Genehmigung nachsuchenden EltVU die Benutzung des sog. K-Bogens vor, der auf der Basis einer Kostenträgerrechnung die Kosten- und Erlöslage konkretisiert[48]. Diese Arbeitsunterlage ist in den Ländern inzwischen weiterentwickelt worden und wird nicht ganz einheitlich angewendet[49]. Nach wie vor hat der Bundesminister für Wirtschaft von der ihm durch § 12 Abs. 3 Satz 4 BTOElt eingeräumten Ermächtigung, das Verfahren zur Feststellung der Kosten- und Erlöslage und zur Erstellung einer Kostenträgerrechnung durch **allgemeine Verwaltungsvorschriften mit Zustimmung des Bundesrates** zu regeln, nicht Gebrauch gemacht.

---

46 Vgl. *Knöchel*, Die Funktion der Tarifgenehmigung nach § 12 BTO Elt, RdE 1992, S. 63, 65 ff.; ders., Die Preisaufsicht nach dem Energiewirtschaftsgesetz, S. 135. Anders noch BayVGH DVBl. 1989, 524, 525 ff. – Gestaltungsspielraum bei der Tarifgenehmigung; *Bücker*, Zukünftiges Verfahren für Tarifgenehmigungen, RdE 1985, S. 222 ff.
47 So zutreffend auch *Franke*, Präventive Strompreisaufsicht, § 16 Rz. 23 mit Nachweisen.
48 Dazu *Berkner/Hermann/Schmitz*, Die neue BTOElt, RdE 1990, S. 2, 15 f.
49 Vgl. dazu *Franke*, Präventive Strompreisaufsicht, aaO § 16 Rz. 28 ff.

Große Bedeutung hat auch § 12 Abs. 2 Satz 2 BTOElt, der den 53
Grundsatz der **Tarifgerechtigkeit** enthält. Das EltVU darf die Kosten
nicht quasi willkürlich auf die einzelnen Bedarfsarten (§ 3 BTOElt,
z. B. Haushalt, Landwirtschaft, Gewerbe) verteilen, sondern muss die
durch diese Bedarfsgruppen (spezifisch) verursachten Kosten dem
Tarifgenehmigungsantrag zugrundelegen. Quersubventionierungen
zwischen bestimmten Kundengruppen sind deshalb zwar nicht vollständig ausgeschlossen (§ 12 Abs. 2 Satz 2: »besonders zu berücksichtigen«), müssen aber die Ausnahme bleiben.

Die Tarifgenehmigung ist **drei Monate vor ihrem Wirksamwerden** 54
zu beantragen, § 12 Abs. 3 Satz 1 BTOElt (Ausnahmeanträge möglich). Die Genehmigungsunterlagen müssen erkennen lassen, wie sich
Kosten und Erlöse auf Tarifkunden und Sonderkunden verteilen (§ 12
Abs. 3 Satz 2 BTOElt). Da Sonderkundenentgelte nicht genehmigt
werden, dürfen in diesem Bereich verursachte Versorgungskosten die
Tarifkunden nicht belasten. Dies schließt auch eine wechselseitige
Subventionierung beider Bereiche aus. Die Preisbehörde kann weitere
Unterlagen anfordern, § 12 Abs. 3 Satz 3 BTOElt.

Die Tarifgenehmigung wird nur befristet und mit einem Widerrufs- 55
vorbehalt versehen erteilt, § 12 Abs. 4 Satz 1 BTOElt. Bedingungen
und Auflagen sind möglich. Die ursprünglich genehmigten Preise
können solange beibehalten werden, bis die (rechtzeitig beantragte)
neue Genehmigung wirksam geworden ist. Bei nicht rechtzeitiger Beantragung kann die Behörde eine vorläufige Regelung treffen (§ 12
Abs. 4 Satz 2 und 3 BTOElt). Soweit ein Genehmigungserfordernis
nicht besteht, sind Änderungen und Ergänzungen der Tarife der
Preisbehörde vier Wochen vor Bekanntmachung anzuzeigen, § 12
Abs. 6 BTOElt.

e)   Baukostenzuschüsse

Nach § 9 AVBEltV kann das EltVU bei Anschluss eines Tarifkunden 56
einen Baukostenzuschuss verlangen, der eine beträchtliche Höhe erreichen und den Kunden stark belasten kann. Deshalb besteht auch
für Baukostenzuschüsse ein Genehmigungserfordernis, § 13 Abs. 1
BTOElt. Die Genehmigungsmaßstäbe lassen sich § 9 AVBEltV entnehmen.

Danach dürfen nur solche Kosten in die Berechnung von Baukosten- 57
zuschüssen einbezogen werden, die der Erstellung oder Verstärkung

von Verteilungsanlagen bis höchstens 30 kV (Niederspannungs- und Mittelspannungsnetz sowie Transformatorenstationen) dienen und diese Kosten dem für den Anschluss maßgeblichen Versorgungsbereich zuzurechnen sind. Wiederum sind die bei wirtschaftlicher Betriebsführung notwendigen Kosten als Genehmigungsmaßstab heranzuziehen. Alle von den Tarifkunden verlangten Baukostenzuschüsse zusammengenommen dürfen höchstens 70 % der Gesamtkosten abdecken. Der Kundenanteil bemisst sich nach der von ihm in Anspruch genommenen Leistung im Verhältnis zur Gesamtleistung seines Versorgungsbereiches, § 9 Abs. 2 AVBEltV. Bei Erhöhung der Leistungsanforderung kann wiederum ein anteiliger Baukostenzuschuss beansprucht werden, § 9 Abs. 3 AVBEltV.

58 Frühere Berechnungsmaßstäbe behielten Gültigkeit, wenn vor Inkrafttreten der AVBEltV am 1.4.1980 (§ 37 AVBEltV) die entsprechende Verteilungsanlage bereits errichtet war oder mit ihrer Errichtung bereits begonnen wurde. Kann der Anschluss ohne Verstärkung dieser Anlage vorgenommen werden, so soll – aus Gründen der Maßstabsgerechtigkeit – im Verhältnis zu den bisher auf der Basis dieser Berechnungsmaßstäbe angeschlossenen Kunden ein Wechsel des Berechnungskriteriums nicht erforderlich werden. § 9 Abs. 5 AVBEltV enthält den Grundsatz, dass Hausanschlusskosten und Baukostenzuschüsse nicht im Rechnungsverbund in Rechnung gestellt werden dürfen. Da Hausanschlusskosten einer besonderen Genehmigung nicht unterliegen, würde ein Verstoß gegen diesen Grundsatz die Überprüfbarkeit in Frage stellen.

f) Verwaltungsverfahren

59 § 14 BTOElt regelt allgemeine Aufsichtsmaßnahmen. So ist im Tarifgenehmigungsverfahren die Prüfung denkbar, ob Einspeisevergütungen gezahlt oder Maßnahmen zur sparsamen rationellen Elektrizitätsverwendung getroffen wurden, die mit Gesetz und Verordnung nicht in Einklang stehen. Für diesen Fall kann die Behörde zunächst die Beseitigung des Verstoßes verlangen, § 14 Satz 1 BTOElt; erst danach ist gem. Satz 2 eine Verfügung möglich, die auch eine konkrete Pflichtenregelung enthalten kann[50].

---

50 Dies entspricht der Unterscheidung zwischen Gebots- und Verbotsverfügungen; Verbote entsprechen im Regelfall und insbes. bei Preisverfügungen besser dem Verhältnismäßigkeitsgrundsatz.

III. Tarifgenehmigungsverfahren

§ 15 Abs. BTOElt enthält eine **Zuständigkeitsregelung für länder-** 60
übergreifende Tarifgenehmigungen. Dabei ist ein gestuftes Verfahren einzuhalten: Diejenige Behörde, die den Antrag auf länderübergreifende Genehmigung entgegengenommen hat, muss diesen Antrag mit allen Unterlagen der im anderen Bundesland mitbetroffenen Behörde zuleiten, so dass diese Behörde zur beantragten Tarifgenehmigung Stellung nehmen kann. Diese Stellungnahme ist in das Genehmigungsverfahren einzubeziehen, § 15 Abs. 2 Satz 2 BTOElt. Bevor die Tarifgenehmigungsentscheidung erfolgt, müssen die wesentlichen Inhalte des Prüfungsergebnisses sowie die Entscheidungsgründe der mitbetroffenen Genehmigungsbehörde vorab zur Kenntnis gebracht werden. Diese Behörde kann sich dann binnen einer Woche zu der beabsichtigten Entscheidung äußern, § 15 Abs. 2 Satz 3 BTOElt. Eine Möglichkeit, die von der Antragsbehörde beabsichtigte Entscheidung zu verhindern, hat die mitbetroffene Preisaufsichtsbehörde nicht.

§ 16 BTOElt enthält Befreiungsvorschriften (z. B. bei wirtschaftlicher 61
Unzumutbarkeit, § 16 Abs. 1 Ziff. 1 BTOElt). Bei unzumutbaren Belastungen für bestimmte Kundengruppen kann ebenfalls von den Verpflichtungen aus der BTOElt Befreiung erteilt werden (Ziff. 2 des Abs. 1), was insbesondere im Tarifgenehmigungsverfahren bei der kostenverursachungsgerechten Abgrenzung von Kundengruppen nach Bedarfsarten Bedeutung erlangen kann.

3. Tarifgenehmigung und Grundversorgungspreise

Während die BTOElt einschließlich dessen § 12 (Tarifgenehmigung) 62
erst zum 30.6.2007 außer Kraft tritt, besteht der Anspruch auf Grundversorgung sowie Ersatzversorgung (§§ 36, 38) bereits seit Inkrafttreten des Gesetzes am 13.7.2005. Soweit die Grundversorger besondere Grundversorgungstarife noch nicht veröffentlicht haben, wird man – Funktionsgleichheit – die veröffentlichten und genehmigten Stromtarife im Recht der Grund- und Ersatzversorgung anwenden müssen. Eine entsprechende Übergangsregelung fehlt in den §§ 115, 116, weil § 115 Abs. 2 nur die bisherigen Tarifkundenverträge (allgemeine Versorgungspflicht, § 10 Abs. 1 EnWG 1998/2003) im Hinblick auf ihre Anpassung an die nach § 39 zu erlassende Rechtsverordnung betrifft, nicht aber die Frage der Tarifgenehmigung erfasst hat.

Nachdem aber § 39 Abs. 1 auch für EltVU keine Pflicht zur Geneh- 63
migung von Grundversorgertarifen mehr vorsieht, kann die zukünfti-

ge Rechtsverordnung zu § 39 Abs. 1 (BTOElt neu) diese Frage auch nicht mehr regeln. Weil ein Nebeneinander zweier Verordnungen BTOElt/alt (mit Tarifgenehmigung) und BTO/neu (ohne Tarifgenehmigung) als wenig wünschenswert erscheint, spricht alles dafür, dass die Ausgestaltung der zukünftigen Tarife und Preise (BTO/neu) erst mit Außerkrafttreten der BTOElt/alt und damit am 1.7.2007 wirksam werden wird. Deshalb werden für eine Übergangszeit die **genehmigten Tarifpreise zugleich Grundversorgungspreise** im Sinne von § 36 sein und – in Bezug auf Haushaltskunden – auch die Obergrenze der Ersatzversorgungspreise darstellen, § 38 Abs. 1 Satz 3.

64 Weil damit die Tarifpreise die **Funktion von Grund- und Ersatzversorgungspreisen** zeitweise übernehmen müssen, unterliegen diese Tarife zugleich der BTO (und damit der Genehmigungspflicht nach dessen § 12) und den §§ 36 ff. In der Übergangszeit wird es deshalb **genehmigte Grund- und Ersatzversorgungspreise**, nach dem 30.6.2007 solche Preise nur noch ohne Genehmigung geben.

IV. Ermächtigungsgrundlage für Allgemeine Versorgungsbedingungen (Abs. 2)

65 Eine weitere Verordnungsermächtigung enthält § 39 Abs. 2. Das Bundesministerium für Wirtschaft und Arbeit kann durch Rechtsverordnung mit Zustimmung des Bundesrates die **Allgemeinen Bedingungen für die Belieferung von Haushaltskunden mit Energie** angemessen gestalten, wobei die beiderseitigen Interessen zu berücksichtigen sind. Als Inhalte der Rechtsverordnungen nennt der Gesetzgeber Regelungen über Vertragsabschluss, Vertragsgegenstand, Rechte und Pflichten der Vertragspartner sowie Beendigung der Verträge. Diese allgemeinen Versorgungsbedingungen (im Folgenden: AVB) sollen auch für öffentlich-rechtlich ausgestaltete Versorgungsverhältnisse gelten, § 39 Abs. 2 Satz 3.

66 Zunächst sollen die Voraussetzungen der Ermächtigungsgrundlage ausgelegt werden (unten 1.). Danach ist zu prüfen, ob die Ermächtigungsgrundlage Art. 80 GG genügt; ist dies der Fall, ist auf die Rechtsfolgen beim Gebrauchmachen von der Ermächtigungsgrundlage einzugehen (unten 2.).

67 Schließlich ist zu prüfen, ob und in welcher Form die AVB 1979 weitergelten bzw. ob diese wegen möglicher »Querstände« zum Neure-

1. Ermächtigungsvoraussetzungen

Will der Bundesminister für Wirtschaft (mit Zustimmung des Bundesrates) AVB auf der Grundlage des § 39 Abs. 2 neu gestalten, so hat er die folgenden drei Ermächtigungsvoraussetzungen einzuhalten.

a) Energie

Ebenso wie § 39 Abs. 1 betrifft Abs. 2 einheitlich **Energie**. Nach der Begriffsbestimmung des § 3 Ziff. 14 sind darunter sowohl **Elektrizität** als auch **Gas** zu verstehen, soweit die Versorgung mit diesen Energieträgern leitungsgebunden erfolgen soll. Mineralöl, Fernwärme und auch Wasser erfasst § 39 Abs. 2 nicht; eine Ermächtigungsgrundlage zur Regelung von AVB für Fernwärme und Wasser enthielt § 27 AGBG[51]. Dieser war im Wesentlichen gleich lautend mit § 7 Abs. 2 EnWG 1935 abgefasst.

b) Belieferung von Haushaltskunden

Weitere Voraussetzung des § 39 Abs. 2 ist es, dass als Regelungsgegenstand die Belieferung von Haushaltskunden beabsichtigt ist. Nachdem in den Binnenmarktrichtlinien der Kundenbegriff benutzt wird[52], hat der Gesetzgeber den früher üblichen Begriff des »Abnehmers« nicht mehr verwendet.

Der Gesetzgeber verwendet den Haushaltskundenbegriff auch innerhalb der spezifischen Sachmaterie nicht einheitlich. So findet sich in § 39 Abs. 1 Satz 2 der Begriff »Kunde«, der gemäß § 3 Ziff. 24 auch Großhändler, Unternehmen und alle Letztverbraucher erfasst.

Trotz dieser verwirrenden Begriffsvielfalt, was für mangelnde Sorgfalt bei der redaktionellen Endfassung des Gesetzes sprechen mag, muss davon ausgegangen werden, dass die Begriffe Kunde und Haushaltskunde in § 39 sinngleich verwendet werden. In allen erwähnten Einzelregelungen geht es um Haushaltskunden, denen gegenüber Kontrahierungszwang i. S. von §§ 36, 38 Abs. 1 Satz 1 besteht. Nur soweit

---

51 Die Regelung ist in den §§ 305 ff. BGB in der Fassung der Schuldrechtsreform 2002 nicht mehr enthalten.
52 Vgl. Art. 2 Ziff. 7 RL-Elt sowie Art. 2 Ziff. 24 RL-Gas.

Rechtsverhältnisse zwischen EltVU der Allgemeinen Versorgung und Haushaltskunden geregelt werden sollen, kann von § 39 Abs. 2 Gebrauch gemacht werden.

c) Grundsatz der einheitlichen und angemessenen Gestaltung

73 Die Belieferung von Haushaltskunden mit Elektrizität und Gas kann durch den Verordnungsgeber »angemessen gestaltet« und dabei die Bedingungen der Verträge »einheitlich festgesetzt« werden, § 39 Abs. 2 Satz 1 Alt. 1 und 2. Beide Voraussetzungen, von denen wie häufig bei Ermächtigungsgrundlagen nicht eindeutig feststeht, ob sie nicht bereits die Rechtsfolgeseite der Ermächtigungsgrundlage betreffen, sollen hier zum Grundsatz der »angemessenen und einheitlichen Gestaltung« von Lieferbedingungen gegenüber Haushaltskunden zusammengefasst werden.

74 Der Gesetzgeber verwendet den Rechtsbegriff der **angemessenen Gestaltung** immer dann, wenn unter Rückgriff auf das allgemeine Verhältnismäßigkeitsprinzip vertragliche Rechte und Pflichten unter Berücksichtigung der jeweiligen Interessenlage festgesetzt werden sollen. § 307 Abs. 1 BGB bildet den Prüfungsmaßstab (Inhaltskontrolle von AGB) am Angemessenheitsgrundsatz aus. Auch die Billigkeitskontrolle gem. § 315 Abs. 3 BGB orientiert sich an einer angemessenen Gestaltung.

75 Die Konturen des Angemessenheitsprinzips können nicht generell, sondern müssen von Fall zu Fall – sachgebietsabhängig – konkretisiert werden. Einerseits darf der Gesetzgeber nur erforderliche Regelungen treffen, andererseits dürfen Regelungszweck und Regelungsinhalt nicht außer Verhältnis stehen. Dabei hat der Verordnungsgeber einen Gestaltungsspielraum, der vom anwendenden Richter nicht voll überprüft werden kann.

76 Zugleich ist der Verordnungsgeber berechtigt, Bestimmungen der Verträge **einheitlich festzusetzen**. Bei den Vertragsbestimmungen handelt es sich um Nebenbedingungen, also Konditionen von Verträgen i. S. von § 305 Abs. 1 BGB; Hauptpflichten wie Preise können nicht durch AVB geregelt werden, und die Lieferverpflichtung folgt bereits aus §§ 36, 38 Abs. 1 Satz 1. Eine **einheitliche** Festsetzung ist anzunehmen, wenn diese für alle Haushaltskunden gleichermaßen gilt. Der Verordnungsgeber ist also nicht berechtigt, zwischen einzelnen Gruppen von Haushaltskunden zu differenzieren und beispiels-

weise für Landwirte andere AVB vorzugeben als für Haushaltskunden im engeren Sinne.

Dies bedingt eine gewisse Pauschalierung, weil Gewerbetreibende und Landwirte, die mit Elektrizität Maschinen von bedeutendem Wert betreiben, naturgemäß andere Interessen haben werden als Haushalte, die z. B. bei Stromausfällen im Regelfall weniger hart betroffen werden. Trotz der Verpflichtung des Gesetzgebers zur »einheitlichen Festsetzung« bleibt der Verordnungsgeber an das Willkürverbot des Art. 3 Abs. 1 GG gebunden. Deshalb dürfen nur solche Versorgungsverhältnisse einheitlich (pauschalierend gleich) geregelt werden, bei denen alle Haushaltskunden im Sinne von § 3 Ziff. 22 durch eine in etwa gleiche Interessenlage gekennzeichnet sind. Insbesondere in Bezug auf Haftungsnormen bestehen häufig Zweifel, ob die einheitliche Regelung in § 6 AVBEltV/GasV 1979 wirklich den Interessen aller Tarifkunden gleichermaßen gerecht wird.

77

Der BGH hat sich allerdings über solche Bedenken[53] mit der Entscheidung vom 25.2.1998 hinweggesetzt und nicht nur die unterschiedslose Geltung der Haftungsbegrenzungsvorschrift des § 6 AVBEltV für alle Tarifkunden, sondern darüber hinaus ihre vertragliche Erstreckung auf Sonderkundenverhältnisse (stationäre Betriebe, die Betonfertigteile oder Mischgut herstellen) als angemessen i. S. von § 9 AGBG (heute: § 307 BGB) bestätigt[54]. Dies zeigt, dass die Rechtsprechung im Hinblick auf die umfassend angenommene Leitbildfunktion des § 6 AVBEltV/GasV (im weiteren Sinne)[55] dem Verordnungsgeber auch im Lichte des Art. 3 Abs. 1 GG einen sehr weiten Gestaltungsspielraum zubilligt. Gleichwohl vermag der Hinweis auf die Möglichkeit einer »einheitlichen Gestaltung« von AVB die durch die Verfassung vorgegebenen Grenzen nicht zu überspielen.

78

---

53 Vgl. *Ebel*, Neufassung der AGB der Versorgungswirtschaft, DB 1979, S. 1829, 1830 f. (für Sonderkunden); *Danner*, Neuordnung der Geschäftsbedingungen in der Versorgungswirtschaft, BB 1979, S. 76, 79; *Herrmann*, Ergänzende Stellungnahme, RdE 1980, S. 239, 240; *Knüppel*, Neue Haftungsbestimmungen für die Energieversorgung, NJW 1980, S. 212, 214.
54 BGH RdE 1998, 194 = ZIP 1998, 784, 786 ff. – Sonderkunden-Haftungsbeschränkung.
55 Vgl. ebd. RdE 1998, 194, 195 f. – Sonderkunden-Haftungsbeschränkung.

d) Einzelregelungen

79 Der Verordnungsgeber ist ermächtigt, allgemein verbindliche Rechtsnormen betreffend

- Vertragsschluss
- Vertragsgegenstand
- allgemein die Rechte und Pflichten der Vertragspartner sowie
- die Beendigung der Verträge

zu setzen, sofern dabei die beiderseitigen Interessen angemessen berücksichtigt werden.

80 Regelungen über den **Vertragsabschluss** liegen vor, wenn Einzelheiten des Zustandekommens von Verträgen über Haushaltskunden-Versorgungsverhältnisse (durch Angebot und Annahme) festgelegt werden. Mögliche Zustandekommensregeln betreffen die Form (mündlich, Schriftform), die Einbeziehung von Allgemeinen Geschäftsbedingungen (bzw. den Hinweis auf die Verordnung), Zustandekommen von Verträgen durch tatsächliche Inanspruchnahme der Versorgungsleistung, Mitteilungspflichten sowie Sorgfaltspflichten beim Zustandekommen des Vertrages.

81 Der **Vertragsgegenstand** beinhaltet die Konkretisierung des Hauptregelungsinhaltes. Dies betrifft die Vertragsparteien, den Liefergegenstand sowie die Frage der Entgeltlichkeit. Ggf. ist eine Abgrenzung zu Sonderkundenverträgen erforderlich. Der Übergang zu den vertraglichen Rechten und Pflichten ist fließend.

82 Der Regelungsschwerpunkt wird bei den **vertraglichen Rechten und Pflichten** liegen. Beispielsweise hat der Verordnungsgeber der AVB-EltV/GasV 1979 die Verpflichtung zur Gesamtbedarfsdeckung beim Vertragspartner, den Ausschluss von Eigenversorgung, die Qualität des Vertragsgegenstandes, Haftung, Verjährung, die Nutzung des Tarifkunden-Grundstücks, Baukostenzuschüsse und Hausanschlusskosten sowie Fragen der Zählung und Messung in die AVB aufgenommen. Dabei handelt es sich teilweise um Hauptpflichten (Qualität des Liefergegenstandes), teilweise um Nebenpflichten (Rechte zur Überprüfung der Kundenanlage, allgemeine Zutrittsrechte). Auch die Festlegung der technischen Anschlussbedingungen durch das EltVU/

GasVU kann noch zu den Pflichten im weitesten Sinne gezählt werden, soweit nicht eine Regelung nach den §§ 17, 19 erfolgt.

Weiter gehört zum Rechte und Pflichten begründenden Vertragsinhalt die Regelung von Versorgungsunterbrechungen, Berechnungsfehlern, Abrechnungsfragen (einschließlich Verzug und Sicherheitsleistungen) sowie die Zulässigkeit von Vertragsstrafen. Besonders wichtig ist die Regelung, unter welchen Voraussetzungen der Grundversorger ohne Beendigung des Vertrages berechtigt ist, die Versorgung tatsächlich zu unterbrechen (z. B. bei ausbleibenden Zahlungen). Da die Ermächtigungsgrundlage hinsichtlich dieser Einzelregelungen lediglich den thematischen Katalog vorgibt, ist es nicht erforderlich, die Reichweite und inhaltliche Ausgestaltung der vertraglichen Rechte und Pflichten bereits in der Ermächtigungsgrundlage näher festzulegen. Weiter kann der Verordnungsgeber die **Beendigung** des Vertrages näher regeln. Dies umfasst insbesondere ordentliche und außerordentliche Kündigungen. 83

§ 39 dient auch der Umsetzung europäischen Rechts[56]. Beide Binnenmarktrichtlinien (RL-Elt sowie RL-Gas) verweisen in ihrem Art. 3 Abs. 3 a.E. im Hinblick auf das Marktsegment **Haushaltskunden** auf ihren jeweiligen **Anhang A**. Aus Gründen des Verbraucherschutzes legt dieser Anhang für die Grundversorgung einschließlich der insofern zu regelnden Vertragsinhalte, anzubietenden Dienste und mitzuteilenden Informationen **Mindeststandards** fest, die Haushaltskunden sowohl innerhalb als auch außerhalb der Grundversorgung betreffen[57]. Weil sich insofern die Verpflichtungen der Mitgliedstaaten decken, kann wegen der Erläuterungen zu den Einzelanforderungen dieses Schutzes von Haushaltskunden auf die Erläuterungen zu § 41 verwiesen werden[58]. 84

e) Angemessene Berücksichtigung der beiderseitigen Interessen

Nach § 39 Abs. 2 **Satz 2** hat der Verordnungsgeber die beiderseitigen Interessen angemessen zu berücksichtigen. Damit wird der bereits in Satz 1 enthaltene Gedanke der »angemessenen Gestaltung« wieder aufgenommen (vgl. oben 1 c). Beide Regelungen haben einen identischen Bezug, so dass man Satz 2 als redundant ansehen könnte; der 85

---

56 Regierungsentwurf, Einzelbegründung zu § 39, BT-DrS 15/3917, S. 66.
57 Vgl. dazu auch die Erläuterungen zu § 41.
58 Unten § 41 Rz. 13 ff.

Angemessenheitsgrundsatz hat letztlich ebenfalls die beiderseitigen Interessen mit zu umfassen.

86 Der sprachliche Unterschied zwischen Satz 1 und Satz 2 des § 39 Abs. 2 besteht im **unterschiedlichen Bezug** des Angemessenheitsgrundsatzes: Während nach Satz 1 die **Allgemeinen Bedingungen angemessen** zu gestalten sind, bilden in Satz 2 die **beiderseitigen Interessen** den Bezugspunkt der Angemessenheit. Dabei handelt es sich jedoch nur scheinbar um unterschiedliche Regelungsgegenstände: Weil mit der Ausgestaltung der AVB zugleich die Rechte und Pflichten der Vertragsparteien fixiert werden und es der Verordnungsgeber damit in der Hand hat, im Rahmen jeder Einzelregelung die Verbraucherinteressen mal stärker, mal weniger stark zu gewichten, was vice versa zu einer umgekehrt proportionalen Förderung/Vernachlässigung der Interessen des Grundversorgers führt, konkretisiert die Regelung nach Satz 1 zugleich die »beiderseitigen Interessen«. Der Angemessenheitsgrundsatz hat daher keinen verschiedenen oder wenigstens auf einer anderen Ebene liegenden, sondern einen identischen Bezug.

87 Dies soll am Beispiel einer **ausschließlichen Versorgung** durch einen Grundversorger aufgezeigt werden. Der Verordnungsgeber kann entweder die Versorgung mit Energie allen Lieferanten im Netzgebiet zuordnen oder aber anordnen, dass innerhalb eines bestimmten Zeitraumes die Versorgung nur durch einen Grundversorger erfolgen darf. Ausschließlichkeitsverhältnisse bedürfen nach § 2 Abs. 2 GWB in Verbindung mit Art. 5 der GFVO betreffend vertikale Wettbewerbsbeschränkungen keiner Erlaubnis, unterliegen aber der Missbrauchsaufsicht durch die Kartellbehörde.

88 Erlaubt der Verordnungsgeber Ausschließlichkeitsbindungen oder ordnet er sie sogar an (vgl. § 3 Abs. 1 AVBEltV/GasV), so dient dies primär den Interessen des Energieanbieters. Bei Bezug von Kleinmengen an Energie kann eine Ausschließlichkeitsbindung mittelbar auch dem Haushaltskunden zugute kommen, wenn sich insofern je Kundenbeziehung Kostenvorteile realisieren lassen, die an den Kunden weitergegeben werden (keine mehrfachen Messungskosten, Rechnungskosten, Servicekosten uws.). Da jedoch der Kunde während der Laufzeit der ausschließlichen Bezugsbindung keine Anbieteralternative wahrnehmen kann, wird der Wettbewerb entsprechend beschränkt.

Dies erscheint nur dann als gerechtfertigt, wenn entweder ein Parallelbezug von mehreren Anbietern wegen der daraus resultierenden Mehrkosten wirtschaftlich unerwünscht ist oder jedenfalls sichergestellt werden kann, dass die Vorteile der Ausschließlichkeitsbindung letztlich auch dem Kunden zugute kommen. Entscheidend wird es daher auf die Befristung der Ausschließlichkeitsbindung und damit den Zeitraum ankommen, nach dessen Ablauf der Kunde wieder frei zu wählen vermag. Auch dürfte eine Gleichbehandlung aller Haushaltskundenverhältnisse im Lichte der Interessenlage unangemessen sein, weil ein Parallelbezug für einen Hochverbrauchshaushalt (über 8000 kWh) weniger gerechtfertigt erscheint als für einen Haushalt mit sehr geringen Verbrauchsmengen (zwischen 500 und 1000 kWh). Da der Haushaltskundenbegriff den Verbrauchsbereich zwischen einer kWh und 10.000 kWh abdecken muss[59], dürfte eine starre Regelung den beiderseitigen Interessen kaum angemessen Rechnung tragen.

Das Beispiel zeigt, wie der Verordnungsgeber bei jeder Einzelregelung Rechte und Pflichten der Parteien miteinander zu verzahnen vermag und bei Bevorzugung der Interessen einer Partei (z. B. durch Ausschließlichkeitsbindung) darauf zu achten hat, dass die andere Partei im Falle der Begrenzung ihrer Freiheit daraus ihrerseits (andere) Vorteile (z. B. Preisgünstigkeit) zu realisieren vermag. Sind die beiderseitigen Interessen unter Berücksichtigung des Angemessenheitsprinzips konkretisiert, liegen Einzelregelungen und damit die AVB selbst vor. § 39 Abs. 2 Satz 2 hat daher keine eigenständige Bedeutung.

2. Bestimmtheitsgrundsatz und Ermächtigungsfolgen

Der Gesetzgeber kann den Verordnungsgeber nicht zum Erlass von Rechtsverordnungen verpflichten, die AVB festlegen (»kann«). Dies entspricht der bisherigen Fassung. Von der Ermächtigungsgrundlage kann nur »durch Verordnung« Gebrauch gemacht werden, wobei nur die Elektrizitäts- und Gasversorgung der Haushaltskunden auf der Basis des § 39 Abs. 2 regelbar ist. Da bereits AVB als Verordnung erlassen sind, dient § 39 Abs. 2 ausschließlich zur Modifizierung dieser AVB bzw. zum Neuerlass.

Weitere Rechtsfolge der Verordnungsermächtigung ist die Erstreckung auf **öffentlich-rechtlich gestaltete Versorgungsverhältnisse**, § 39 Abs. 2 Satz 3. Auch insofern ist im Verhältnis zum früheren

---

59 Vgl. dazu § 3 Ziff. 22

§ 39 Allgemeine Preise und Versorgungsbedingungen

Recht keine Änderung eingetreten. Die AVB selbst enthalten keine Erstreckungsvorschrift hinsichtlich öffentlich-rechtlich ausgestalteter Versorgungsverhältnisse. Daraus kann entweder geschlossen werden, dass der Verordnungsgeber von der aus § 39 Abs. 2 Satz 3 resultierenden Ermächtigungsgrundlage noch keinen Gebrauch gemacht hat oder davon auszugehen ist, dass über Satz 3 die AVB unmittelbar auch für öffentlich-rechtlich ausgestaltete Versorgungsverhältnisse Gültigkeit haben.

93 Die Wahl zwischen diesen beiden Alternativen hängt davon ab, ob Satz 3 als (bloße) Ermächtigungsnorm aufzufassen ist oder aber gleichzeitig die Geltungserstreckung anordnet. Der Wortlaut des Satzes 3 spricht eindeutig für die erste Alternative. Der Gesetzgeber hat nämlich die Ermächtigungsnormen des § 39 Abs. 2 Sätze 1 und 2 (»kann«) für auf öffentlich-rechtlich gestaltete Versorgungsverhältnisse »entsprechend« anwendbar erklärt. Hinsichtlich dieser Versorgungsverhältnisse ist der Verordnungsgeber daher ebenfalls frei, von der Ermächtigung Gebrauch zu machen oder nicht tätig zu werden. Dies bedeutet, dass die Erstreckungsanordnung, die in Satz 3 fehlt, in den AVB enthalten sein muss, um Wirksamkeit zu erlangen. Solange diese Erstreckungsanordnung in den AVBGasV/EltV fehlt, sind die öffentlich-rechtlich ausgestalteten Versorgungsverhältnisse »AVB-frei«. Dies mag im Lichte von Art. 3 Abs. 1 GG Bedeutung haben, wenn überhaupt solche Versorgungsverhältnisse noch existieren.

3. AVB 1979, Europäisches Recht und Neuregelungsgesetz

94 Weil gültige AVB existieren, scheint auf den ersten Blick keine Notwendigkeit zu bestehen, von der Ermächtigungsgrundlage des § 39 Abs. 2 Gebrauch zu machen und die Allgemeinen Versorgungsbedingungen neu zu regeln. Da jedoch wie gezeigt die in § 11 Abs. 2 EnWG 1998/2003 übernommene alte Ermächtigungsgrundlage des § 7 Abs. 2 EnWG 1935, die § 39 Abs. 2 wieder aufgegriffen hat, angesichts des Entflechtungsgebots (§§ 6 ff.) mit wettbewerbsorientierten Energiemärkten kaum mehr zu vereinbaren ist, ist weiter zu prüfen, welche Regelung der AVB weitergilt, möglicherweise europarechtskonform ausgelegt werden kann oder gar muss und welche dieser Regelungen möglicherweise nicht mehr gelten. Dabei können die AVB nicht unmittelbar an den Binnenmarktrichtlinien Elektrizität bzw. Gas gemessen werden, da sich diese nur an die Mitgliedstaaten richten. Vielmehr ist als Maßstab für Wirksamkeit und Auslegung der AVB das Zweite

IV. Ermächtigungsgrundlage für Allgemeine Versorgungsbedingungen

Neuregelungsgesetz selbst in seiner durch das Europäische Recht der Binnenmarktrichtlinien beeinflussten Auslegung heranzuziehen.

Bei der Neufassung der AVB hat der Gesetzgeber nicht nur die Trennung in Netzanschluss (§§ 17 ff.) und eigentliche Versorgung/Belieferung (§§ 36 ff.) zu berücksichtigen, sondern auch die im Anhang A zu den Binnenmarktrichtlinien aufgelisteten Vorgaben abzuarbeiten, soweit sie Rechte und Pflichten der Grundversorgung von Haushaltskunden einschließlich der Ersatzversorgung betreffen. Weil diese Anhänge A sowohl innerhalb als auch außerhalb der Grundversorgung anzuwenden sind, soweit es sich um Haushaltskunden handelt (Art. 3 Abs. 3 Binnenmarktrichtlinien a.E.), wird wegen der Einzelheiten auf die Erläuterungen zu § 41 verwiesen[60]. 95

Auf der Basis des im Jahre 2003 novellierten § 11 Abs. 2 EnWG 1998 hat es bereits Entwürfe zu Netzanschlussbedingungen einerseits und Allgemeinen Lieferbedingungen für Elektrizität und Gas andererseits gegeben[61]. Diese AVB müssen sehr bald überarbeitet in Kraft gesetzt werden, weil sie weiterhin nur die **Versorgung aus einer Hand** kennen und damit die neue Rechtslage – Trennung zwischen Netzbetrieb und eigentlicher Energielieferung – ignorieren. Dies kann nicht nur zu Beeinträchtigungen des Wettbewerbs zwischen Energielieferanten sowie einer Bevorzugung der bisherigen Tarifversorger führen, weil nur diese an die AVB gebunden sind; darüber hinaus wird eine beträchtliche Rechtsunsicherheit daraus resultieren, dass viele Vorschriften der AVBEltV/GasV nach der Reform nicht mehr passen und deshalb divergierende Entscheidungen der Gerichte zu erwarten sind. 96

Ein Umsetzungsdefizit folgt schon daraus, dass im Segment der Haushaltskundenversorgung **keine einheitlichen Wettbewerbsbedingungen** der Lieferanten bestehen. Denn der Tarifversorger mit Strom/Grundversorger hat sich an die AVBEltV/GasV zu halten, solange der Tarifkundenbegriff erfüllt wird. Dies ist in der Elektrizitätsversorgung dann anzunehmen, wenn ein (genehmigter) Tarif nach der BTOElt vom Kunden gewählt worden ist. Bei außerhalb der BTOElt geregelten Entgelten (Sonderkundenverträgen) ist bereits der formelle Tarifkundenbegriff der AVBEltV nicht anwendbar, und in der Gasversorgung sind Sonderkundenverträge allgemein üblich gewesen: 97

---

60 Unten § 41 Rz. 13 ff.
61 Vgl. dazu *Thiemann*, Netzanschlussbedingungen für Tarifkunden im Vergleich, S. 36 ff.

Nur wenn der Lieferant allgemeine Tarife (Gas oder Strom) veröffentlicht hat, nach denen der Kunde dann versorgt wird, können die AVB überhaupt noch Anwendung finden. Aber auch diese AVB berücksichtigen den Anhang A zu den Binnenmarktrichtlinien noch nicht vollständig.

98 Für die Sonderkundenverträge über Strom oder Gas ist gar nicht sichergestellt, dass die Vorschriften des Anhangs A zu den Binnenmarktrichtlinien von den Lieferanten auf freiwilliger Basis umgesetzt werden. Solange die Rechtsverordnung zu § 39 Abs. 2 ebenso wie diejenige zu § 41 nicht ergangen sind, hat die Bundesrepublik Deutschland die Binnenmarktrichtlinien in einem wesentlichen Bereich (Verbraucherschutz von Haushaltskunden) nicht umgesetzt.

99 Die Gerichte werden für die Übergangszeit zumindest prüfen müssen, ob im Hinblick auf Sonderkundenverträge mit Haushaltskunden entweder der Anhang A der Richtlinien unmittelbar anzuwenden ist oder ob der Begriff des **Kunden** im Sinne von § 1 AVBEltV/GasV nunmehr als **Haushaltskunde im Sinne von § 3 Ziff. 22** verstanden werden muss. Für letztere Auslegung spricht, dass Verordnungen als unterrangiges Recht nicht unbeeinflusst von der Änderung höherrangigen formellen Gesetzesrechts bleiben können. Soweit die AVBEltV/GasV die Belieferung regeln, enthalten sie wenigstens teilweise die Standards, die die Anhänge A zu den Binnenmarktrichtlinien anmahnen. Jedes Gericht wird daher im Hinblick auf die Weitergeltung der AVB (§ 115 Abs. 2) sorgfältig zu untersuchen haben, ob nach Ablauf der Übergangsfrist die anzuwendende AVB-Norm noch mit dem EnWG 2005 in Einklang steht. Ist dies der Fall, muss die Norm auf alle Verträge mit Haushaltskunden im Sinne von § 3 Ziff. 22 unabhängig davon angewendet werden, ob dieser Verbraucher als Tarif- oder aber als Sonderkunde versorgt wird.

§ 40 (aufgehoben)

§ 41 Energielieferverträge mit Haushaltskunden

(1) ¹Verträge über die Belieferung von Haushaltskunden mit Energie außerhalb der Grundversorgung haben insbesondere Bestimmungen zu enthalten über

1. die Vertragsdauer, die Preisanpassung, die Verlängerung und Beendigung der Leistungen und des Vertragsverhältnisses sowie das Rücktrittsrecht des Kunden,

2. zu erbringende Leistungen einschließlich angebotener Wartungsdienste,

3. die Zahlungsweise,

4. Haftungs- und Entschädigungsregelungen bei Nichteinhaltung vertraglich vereinbarter Leistungen,

5. den unentgeltlichen und zügigen Lieferantenwechsel und

6. die Art und Weise, wie aktuelle Informationen über die geltenden Tarife und Wartungsentgelte erhältlich sind.

²Dem Haushaltskunden sind vor Vertragsabschluss verschiedene Regelungen nach Satz 1 Nr. 3 anzubieten.

(2) ¹Das Bundesministerium für Wirtschaft und Arbeit kann im Einvernehmen mit dem Bundesministerium für Verbraucherschutz, Ernährung und Landwirtschaft durch Rechtsverordnung mit Zustimmung des Bundesrates nähere Regelungen für die Belieferung von Haushaltskunden mit Energie außerhalb der Grundversorgung treffen, die Bestimmungen der Verträge einheitlich festsetzen und insbesondere Regelungen über den Vertragsabschluss, den Gegenstand und die Beendigung der Verträge treffen sowie Rechte und Pflichten der Vertragspartner festlegen. ²Hierbei sind die beiderseitigen Interessen angemessen zu berücksichtigen. ³Die jeweils in Anhang A der Richtlinie 2003/54/EG des Europäischen Parlaments und des Rates vom 26. Juni 2003 über gemeinsame Vorschriften für den Elektrizitätsbinnenmarkt und zur Auf-

hebung der Richtlinie 96/92/EG (ABl. EU Nr. L 176 S. 37) und der Richtlinie 2003/55/EG vorgesehenen Maßnahmen sind zu beachten.

Überblick	Seite	Rz.
I. Regelungszweck und Entstehungsgeschichte	846	1
II. Normadressaten, Liefersituation und Mindestbedingungen (Abs. 1)	847	5
III. Verordnungsermächtigung	849	13

I. Regelungszweck und Entstehungsgeschichte

1 Anders als § 39 Abs. 2 (AVB betreffend Grundversorgung und Ersatzversorgung) dient § 41 **dem Zweck, Energielieferverträge mit Haushaltskunden außerhalb der Grundversorgung zu standardisieren** und – aus Gründen des Verbraucherschutzes – Vorgaben für **Mindestinhalte** dieser Verträge vorzusehen. Dies dient der Umsetzung von Art. 3 Abs. 5 RL-Elt sowie Art. 3 Abs. 3 RL-Gas in Verbindung mit den jeweiligen Anhängen A.

2 Während Abs. 1 des § 41 die Mindestbestimmungen lediglich formal aufzählt und sich dabei eng an die Vorgaben der Anhänge A der Richtlinien hält, umfasst Abs. 2 (Verordnungsermächtigung zugunsten des BMWA) auch materielle Vorgaben mit dem Ziel einer einheitlichen Festlegung der Liefervertrags-Nebenbedingungen (AGB) unter angemessener Berücksichtigung der beiderseitigen Interessen. Insofern unterscheidet sich § 41 Abs. 2 (AVB/Allgemeine Haushaltskundenversorgung) nicht wesentlich von § 39 Abs. 2 (AVB/Grundversorgung von Haushaltskunden). Weil sich beide Rahmenbedingungswerke an dasselbe Kundensegment richten, wäre es wohl vertretbar gewesen, mit Hilfe einer einheitlichen Rechtsverordnung beide Versorgungsformen zugleich zu erfassen.

3 § 41 ist ohne Vorbild im bis zum 12.7.2005 geltenden Recht, das Energielieferverträge mit Sonderkunden energiewirtschaftsrechtsspezifisch gar nicht regelte. Wenn man von der Belieferung von Großkunden absieht, wurden die dem Tarifkundenbereich entwachsene Kundschaft nach Standardlieferverträgen versorgt, die entweder die jeweiligen AVB zum Vertragsgegenstand machten oder aber diese als

AGB inkorporierten[1]. Sonderkundenverträge sind sowohl im Elektrizitäts- als auch im Gasbereich gerade nach der Liberalisierung ab 1998 auch mit Haushaltkunden abgeschlossen worden. Weil auch insofern die jeweiligen AVB in Bezug genommen wurden, haben beide Branchen diese Vorgaben offenbar als angemessen angesehen. Deshalb hat sich mit § 41 die Rechtslage zwar formell, nicht aber materiell geändert.

Weder Wirtschaftsausschuss noch Bundesrat oder Vermittlungsausschuss haben Veränderungen zu § 41 vorgeschlagen, zumal dieser sich eng an die erwähnten Vorgaben des europäischen Rechts anlehnt. Deshalb ist die Vorschrift in der Fassung des Regierungsentwurfs Gesetz geworden. 4

II. Normadressaten, Liefersituation und Mindestbedingungen (Abs. 1)

§ 41 Abs. 1 ergänzt § 39 Abs. 2, nicht aber § 39 Abs. 1 und betrifft Energielieferungen **außerhalb der Grundversorgung**. Wenn ein Lieferunternehmen für ein Netz der allgemeinen Versorgung sowohl Allgemeine Bedingungen als auch Allgemeine Preise als Grundversorgungspreise usw. veröffentlicht hat und der Kunde dieses Angebot annimmt, gelten die §§ 36 bis 39. Erst außerhalb dieses durch enge gesetzliche Vorgaben festgelegten Rahmens setzt § 41 ein und erfasst deshalb das bisher üblicherweise mit »Sonderkundenvertrag« bezeichnete Marktsegment. 5

Regelungsgegenstand sind weiter nur **Energielieferverträge**, nicht dagegen Verträge über Netzanschluss oder Netznutzung (§§ 17 ff. sowie §§ 20 ff.). Im Rahmen eines Energieliefervertrages werden Elektrizität und/oder Gas im Wege der leitungsgebundenen Energieversorgung zur Verfügung gestellt, vgl. § 3 Ziff. 14. Vertragspartner des LieferEVU können nur **Haushaltkunden** im Sinne von § 3 Ziff. 22 sein (Privatkunden, Freiberufler, Unternehmen der Industrie oder sonstiges Gewerbe, Landwirtschaft oder Forstwirtschaft bis 10.000 kWh Jahresverbrauch). Bis auf das Fehlen der Grundversorgungssituation stimmen daher § 41 Abs. 1 und § 36 Abs. 1 Satz 1 hinsichtlich der erfassten Liefersituation überein. Deshalb ist Haushaltkunde im 6

---

1 Zu Einzelheiten vgl. *Ebel*, Energielieferungsverträge, Heidelberg 1991, insb. S. 153, 158 ff.

§ 41 Energielieferverträge mit Haushaltskunden

Sinne von § 41 Abs. 1 derjenige, der weder grundversorgt noch ersatzversorgt wird.

7 Da § 41 seit dem 13.7.2005 unmittelbar anwendbares Recht ist und hauptsächliche Regelungsadressaten die **Energielieferanten** sind, müssen nach der Übergangsregelung des § 115 Abs. 3 alle EVU diese mindestens zwölf Monate weiterlaufenden Verträge außerhalb der allgemeinen Versorgung (Sonderkundenverträge, die nicht unter § 10 Abs. 1 EnWG 1998/2003 fielen) erst nach Ablauf von **zwölf Monaten** an die neue Rechtslage anpassen. Innerhalb dieses Zeitraumes tritt der Prüfungsmaßstab des § 310 Abs. 2 BGB an die Stelle des § 41 Abs. 1, wenn die Verträge bisher jener Vorschrift genügt hatten (§ 115 Abs. 3 Satz 2, »bis dahin«). Da die früheren Sonderkundenverträge meist unbefristet abgeschlossen worden sind, aber mit einer Frist von unterhalb von zwölf Monaten gekündigt werden konnten, ist Satz 3 des § 115 Abs. 3 anwendbar, der eine Anpassungspflicht spätestens 12 Monate nach Erlass der vorgesehenen Rechtsverordnungen (insbesondere zu § 41 Abs. 2) vorsieht.

8 Da § 41 Abs. 1 zwar auch ohne die Präzisierungen der Rechtsverordnung sinnvolle Regelungen enthält und sich unter Berücksichtigung der Anhänge A zu den Richtlinien unmittelbar an die Energielieferanten wendet, ist eine Anpassung ohne vorliegende Rechtsverordnung auch zumutbar. Weil die meisten Regelungen des in Satz 1 des § 41 Abs. 1 aufgeführten Kataloges bereits Bestandteil der Sonderkundenverträge sein werden, müssen insofern nur geringe Änderungen der AGB erfolgen. Dies betrifft insbesondere den unentgeltlichen und zügigen Lieferantenwechsel (§ 41 Abs. 1 Satz 1 Ziff. 5), die Informationen über Tarife und Wartungsentgelte (Ziff. 6) sowie die Zahlungsweise, für die mehrere Alternativen anzubieten sind, Satz 2 des § 41 Abs. 1.

9 Nicht in § 41 Abs. 1 Satz 1 umgesetzt hat der Gesetzgeber die Verpflichtung, ein transparentes, einfaches und kostengünstiges Verfahren zur Behandlung von Kundenbeschwerden einzurichten, das eine gerechte und zügige Beilegung von Streitfällen ermöglicht und für berechtigte Fälle ein Erstattungs- und Entschädigungssystem vorsieht (Orientierung an der Empfehlung der Kommission 98/257/EG, sog. Streitbeilegungsverfahren, vgl. lit. f) der Anhänge A zu den Binnenmarktrichtlinien). Möglicherweise soll dies im Rahmen der Rechtsverordnung nach § 41 Abs. 2 noch geschehen, wobei ein Schiedsge-

richtsverfahren außerhalb der ordentlichen Gerichtsbarkeit nach niederländischem Vorbild eingerichtet werden könnte (GON)[2].

Auch bei Haushaltskundenbelieferung außerhalb der Grundversorgung ist § 38 (**Ersatzversorgung**) anwendbar, soweit diese Letztverbraucher allgemein in Niederspannung oder Niederdruck versorgt werden (§ 38 Abs. 1 Satz 1). Endet der Liefervertrag oder kann die Entnahme des Haushaltskunden nicht mehr einem bestimmten Lieferanten/Lieferung zugeordnet werden, übernimmt der Grundversorger die Ersatzversorgung. Gemäß § 118 Abs. 3 ist der bisherige Allgemeinversorger (§ 10 Abs. 1 EnWG 1998/2003 bis zum 31.12.2006 auch der Grundversorger gemäß § 36 Abs. 2 und damit auch Ersatzversorger nach § 38. Zu weiteren Einzelheiten zu Beginn, Ende, Berechnung und Rechtsfolgen der Ersatzversorgung wird auf die Erläuterungen zu § 38 verwiesen[3].

10

Gerade weil sich Sonderkundenlieferverhältnisse und Ersatzversorgungsverhältnisse »abwechseln können« und dem Kunden nicht zugemutet werden kann, dann zu wesentlich anderen Bedingungen versorgt zu werden, wird der Gesetzgeber mit den Rechtsverordnungen nach § 39 Abs. 2 und § 41 Abs. 2 eng miteinander korrespondierende Festlegungen zu den Mindestbedingungen treffen.

11

§ 41 ist entgegen § 110 Abs. 2 **außerhalb der allgemeinen Versorgung** anwendbar. Deshalb müssen solche Energielieferanten, die an Objektnetze im Sinne von § 110 Abs. 1 angeschlossene Haushaltskunden beliefern, § 41 Abs. 1 beachten. Eine Ersatzversorgung sieht § 38 Abs. 1 Satz 1 in diesen Fällen allerdings nicht vor; diese Versorgung beschränkt sich auf Letztverbraucher in Netzen der allgemeinen Versorgung.

12

III. Verordnungsermächtigung

Parallel zu § 39 Abs. 2 ist wiederum das BMWA im Einvernehmen mit dem BMVEL zum Erlass einer Rechtsverordnung ermächtigt, die Rechte und Pflichten in Haushaltskunden-Energielieferverhältnissen außerhalb der Grundversorgung angemessen festlegen kann. Dabei sind die Anhänge A zu den Binnenmarktrichtlinien zu beachten, die

13

---

2 Zu Einzelheiten vgl. *Thiemann*, Netzanschlussbedingungen für Tarifkunden im Vergleich, S. 71 ff.
3 Oben § 38 Rz. 8 ff.

über den schon in § 41 Abs. 1 Satz 1 enthaltenen Katalog hinaus (lit. a) noch folgende Vorgaben vorsehen:

- lit. b): Unterrichtung über Änderung der Vertragsbedingungen einschließlich des Rücktrittsrechts

- lit. c): transparente Information über Preise und Tarife sowie Standardisierung des Zugangs zu Gasdienstleistungen

- lit. d): Angebot eines breiten Spektrums an Zahlungsmodalitäten, faire und transparente Vertragsbedingungen, Schutz gegen unfaire oder irreführende Verkaufsmethoden

- lit. e): Lieferantenwechsel (schon in § 41 Abs. 1 Satz 1 Ziff. 5 vorgesehen)

- lit. f): Streitbeilegungsverfahren

- lit. g): bei Anschluss an das Gasnetz: Information über Erdgasqualität zu angemessenen Preisen

14 Die Form der Umsetzung ist den beteiligten Ministerien überlassen. Denkbar ist nach dem Vorbild der bisherigen AVBEltV/GasV eine (erneute) zwingende normative Regelung, von der überhaupt nicht – auch nicht zugunsten des Kunden – abgewichen werden darf. Hierfür mag zwar der Gesichtspunkt der Diskriminierungsfreiheit sprechen; erfolgen aber Abweichungen zugunsten des Kunden diskriminierungsfrei, erscheint eine solche »Freigabe« der Bedingungen als wünschenswert.

15 Deshalb sollten zumindest für die Versorgung von Haushaltskunden außerhalb der Grundversorgung nur **Mindeststandards** festgelegt werden, die die Unternehmen im Lieferantenwettbewerb zugunsten des Kunden überschreiten dürfen. Dagegen kann nicht potenzielle Intransparenz eingewendet werden; weil Streitbeilegungsstellen und Gerichte jederzeit in der Lage sind, die im Einzelfall geltenden Sonderkundenbedingungen auf ihre Wirksamkeit im Lichte der durch Rechtsverordnung vorgegebenen Mindeststandards zu überprüfen, dient eine solche Lösung sehr viel eher der zukünftigen wettbewerbsorientierten Belieferung als das bisherige starre System, das allzu sehr Versorgungspflicht und Massenkundengeschäft betont. Nur bei einer solchen Lösung ist zu hoffen, dass die homogenen Produkte Elektrizität und Erdgas auch im Konditionenwettbewerb angeboten werden können: Dies würde etwa im Hinblick auf die Haftung bei Versorgungsstörungen bedeuten, dass zu einem höheren Entgelt durchaus eine kundengünstigere Haftungsregelung erhältlich ist.

Deshalb spricht viel dafür, bei Gebrauchmachung von den Verordnungsermächtigungen nach § 39 Abs. 2 und § 41 Abs. 2 ein **identisches Regelungswerk durch Rechtsnorm** vorzusehen. Dabei ist dieses Regelungswerk nur für die Grundversorgung (§§ 36, 38, 39 Abs. 2) zwingend, während diese Rechtsnorm im Hinblick auf § 41 nur das Leitbild des Energieliefervertrages im Sinne von § 307 BGB festlegen. Damit wären Abweichungen zugunsten des Kunden möglich, was zugleich Anreize ergäbe, aus der Grundversorgung in die wettbewerbsorientierte Versorgung nach § 41 zuwechseln. 16

2. Preisbestimmung im vertragslosen Zustand

Im Jahre 1991 hat der BGH über eine Preisbemessung bei der Belieferung von Sonderkunden im vertragslosen Zustand entschieden[4]. Der ursprünglich bestehende Liefervertrag war von der Klägerin, einem Verbundunternehmen, mit der Begründung gekündigt worden, die bisherigen Preise seien wegen Verteuerung der Stromerzeugung nicht mehr vertretbar. Dennoch wurde die Belieferung des Weiterverteilerunternehmens mit Mittel- und Hochspannungsstrom fortgesetzt. Die Parteien stritten darum, ob die Festsetzung der Gegenleistung (Entgelthöhe) durch die Lieferantin der Billigkeit i. S. von §§ 315, 316 BGB entsprochen hatte. Dies hat der BGH verneint und eine Offenlegung der Preiskalkulation als Bestandteil der Darlegungslast der Lieferantin angesehen[5]: 17

> »Kommt es somit für die Beurteilung, ob die Ermessensentscheidung der Klägerin der Billigkeit entspricht, darauf an, inwiefern der geforderte Strompreis zur Deckung der Kosten der Stromlieferung und zur Erzielung eines im vertretbaren Rahmen bleibenden Gewinns dient, so steht damit zugleich der Umfang der erforderlichen Darlegungen im Prozeß fest. Es oblag der Klägerin, im einzelnen vorzutragen und ggf. zu beweisen, welche allgemeinen und besonderen Kosten, die ihr durch die Belieferung der Beklagten mit elektrischer Energie entstehen, abzudecken waren; ferner, welchen Gewinn sie zur Bildung von Rücklagen, zur Finanzierung von Investitionen oder zur Verzinsung des aufge-

---

4 BGH RdE 1992, 74 – Billigkeitskontrolle Sonderabnehmerpreise.
5 BGH ebenda S. 76.

nommenen Kapitals bzw. der Einlagen ihrer Aktionäre mit dem der Beklagten berechneten Preis erzielen wollte.«

18 Diese Anforderungen stünden auch nicht im Widerspruch zu einer früheren Entscheidung des BGH[6], weil es dort um eine Pauschalabrechnung gegangen sei[7]. Da das Berufungsgericht die Preisbestimmung wegen § 315 Abs. 3 Satz 2 BGB auch nicht selbst treffen dürfe, sei die Klage in den Vorinstanzen zu Recht abgewiesen worden[8].

19 Ob das Gericht, das die Preisbestimmung unter Hinweis auf das Ziel der Preisgünstigkeit an den Kosten für Erzeugung und Weiterleitung der elektrischen Energie sowie an der Erzielung eines Gewinns orientiert hat, der in angemessenem Umfang die Bildung von Rücklagen, die Vornahme von Investitionen sowie die Verzinsung des Eigen- und Fremdkapitals erlaube[9], die Entscheidung nochmals in ähnlicher Weise begründen würde, muss als fraglich bezeichnet werden. Die Wettbewerbsorientierung der leitungsgebundenen Energiewirtschaft erfordert auch im Hinblick auf den Mechanismus der §§ 315, 316 BGB eine stärkere Orientierung an den im Rahmen der Missbrauchskontrolle entwickelten Grundsätze (§§ 19, 20 GWB)[10]. Bildet sich der Energiepreis im Wettbewerb, so wird es zukünftig besser als früher möglich sein, Vergleichspaare zu finden, bei denen sich die Abnahmeverhältnisse im Wesentlichen entsprechen. Aus mehreren dieser vergleichbaren Abnahmeverhältnisse kann dann ein Durchschnittspreis ermittelt werden, der – ggf. unter Berücksichtigung von Zu- und Abschlägen[11] – als **Referenzpreis** der Billigkeitskontrolle nach § 315 Abs. 3 BGB dienen kann. Das Gericht wird Abweichungen von diesem Referenzpreis nur unter engen Voraussetzungen zulassen. Selbst wenn die Lieferantin nachzuweisen vermag, dass sie höhere Kosten

---

6 BGH WM 1987, 295, 296 f. – Anschlusskosten Gasversorgung; vgl. auch RGZ 111, 310, 313.
7 BGH RdE 1992, 74, 76 – Billigkeitskontrolle Sonderabnehmerpreise.
8 BGH ebd. S. 74 u. 77.
9 BGH ebd. Leitsatz 2, S. 74.
10 Zu diesen Grundsätzen vgl. *Immenga/Mestmäcker/Klaue*, GWB, 2. Aufl. München 1992, § 103 Rz. 47 ff.; *Salje*, Preismißbrauch durch EltVU, Köln/Berlin/Bonn/München 1978, insbes. S. 121 ff.; *Salje*, Preismißbrauch, in: Handbuch der Praxis der Elektrizitätswirtschaft, hrsg. von *Bartsch/Röhling/Salje/Scholz*, Köln/Verlin/Bonn/München 2002, S. 699 ff. Grundlegend: BGHZ 59, 42, 46 – Stromtarif; vgl. auch Z 74, 327, 336 ff. – Baukostenzuschuss.
11 Vgl. dazu BGHZ 68, 23, 33 – Valium I; Z 76, 142, 150 ff. – Valium II.

als vergleichbare Lieferanten in den Vergleichsfällen hinzunehmen hat, würde dies auf die Billigkeitskontrolle nicht durchschlagen, weil die Schaffung der Gemeinsamen Europäischen Binnenmärkte zur Anwendung wettbewerbsorientierter Preise – ohne Rücksicht auf die Kosten – verpflichtet. Eine Lieferantin, die nicht in der Lage ist, zum durchschnittlichen Wettbewerbspreis zu versorgen und die Belieferung ohne Hinweis auf diesen Umstand gleichwohl im vertragslosen Zustand fortsetzt, muss damit rechnen, die Lieferkosten nicht vollständig vergütet zu bekommen.

Diese Überlegungen zeigen, dass die Entscheidung des BGH hinsichtlich des Kostenmaßstabes überholt ist. Anders als bei der BTO für Tarifkunden besteht kein Anlass, im Sonderkundenverhältnis auf kostenorientierte Referenzpreise zurückzugreifen. Die Wettbewerbsorientierung ergreift deshalb nicht nur die Preismissbrauchsaufsicht nach § 19 GWB, sondern auch die Billigkeitskontrolle nach §§ 315, 316 BGB. **20**

§ 42 Stromkennzeichnung, Transparenz der Stromrechnungen

(1) Elektrizitätsversorgungsunternehmen sind verpflichtet, in oder als Anlage zu ihren Rechnungen an Letztverbraucher und in an diese gerichtetem Werbematerial für den Verkauf von Elektrizität anzugeben:

1. den Anteil der einzelnen Energieträger (Kernkraft, fossile und sonstige Energieträger, Erneuerbare Energien) an dem Gesamtenergieträgermix, den der Lieferant im letzten oder vorletzten Jahr verwendet hat; spätestens ab 15. Dezember eines Jahres sind jeweils die Werte des vorangegangenen Kalenderjahres anzugeben;

2. Informationen über die Umweltauswirkungen zumindest in Bezug auf Kohlendioxidemissionen (CO_2-Emissionen) und radioaktiven Abfall, die auf den in Nummer 1 genannten Gesamtenergieträgermix zur Stromerzeugung zurückzuführen sind.

(2) Die Informationen zu Energieträgermix und Umweltauswirkungen sind mit den entsprechenden Durchschnittswerten der Stromerzeugung in Deutschland zu ergänzen.

(3) [1]Sofern ein Energieversorgungsunternehmen im Rahmen des Verkaufs an Letztverbraucher eine Produktdifferenzierung mit unterschiedlichem Energieträgermix vornimmt, gelten für diese Produkte sowie für den verbleibenden Energieträgermix die Absätze 1 und 2 entsprechend. [2]Die Verpflichtungen nach den Absätzen 1 und 2 bleiben davon unberührt.

(4) [1]Bei Elektrizitätsmengen, die über eine Strombörse bezogen oder von einem Unternehmen mit Sitz außerhalb der Europäischen Union eingeführt werden, können die von der Strombörse oder von dem betreffenden Unternehmen für das Vorjahr vorgelegten Gesamtzahlen, ansonsten der UCTE-Strommix, zugrunde gelegt werden. [2]Dieser ist auch für alle Strommengen anzusetzen, die nicht eindeutig erzeugungsseitig einem der in Absatz 1 Nr. 1 genannten Energieträger zugeordnet werden können.

(5) Erzeuger und Vorlieferanten von Elektrizität haben im Rahmen ihrer Lieferbeziehungen den nach Absatz 1 Verpflichteten auf

Anforderung die Daten so zur Verfügung zu stellen, dass diese ihren Informationspflichten genügen können.

(6) Elektrizitätsversorgungsunternehmen sind verpflichtet, in ihren Rechnungen an Letztverbraucher das Entgelt für den Netzzugang gesondert auszuweisen.

(7) Die Bundesregierung wird ermächtigt, durch Rechtsverordnung, die nicht der Zustimmung des Bundesrates bedarf, Vorgaben zur Darstellung der Informationen nach den Absätzen 1 bis 3 sowie die Methoden zur Erhebung und Weitergabe von Daten zur Bereitstellung der Informationen nach den Absätzen 1 bis 3 festzulegen.

Überblick		Seite	Rz.
I.	Normzweck und Entstehungsgeschichte............	856	1
II.	Normadressaten.................................	857	5
III.	Grundinformationen zur Stromkennzeichnung sowie Informationsmedien (Abs. 1 und 2)	858	9
IV.	Ergänzende Regelungen sowie Informationspflichten (Abs. 3 bis 5)............................	861	17
	1. Produktdifferenzierung........................	861	19
	2. Bezug über eine Strombörse	862	22
V.	Verordnungsermächtigung (Abs. 7)..................	863	26
VI.	Transparenz der Stromrechnungen (Abs. 6)	864	29
VII.	Gesetzesvollzug	865	31

I. Normzweck und Entstehungsgeschichte

1 Die Vorschrift dient insbesondere der Transformation von Art. 3 Abs. 6 RL-Elt und damit der Information der Elektrizitätskunden über die Primärenergiequellen, die bei der Erzeugung des gelieferten Stroms eingesetzt worden sind. Abs. 6 bezweckt die Umsetzung von Anhang A der RL-Elt (lit. c): Information über Preise und Tarife einschließlich der Standardbedingungen für den Zugang zu Elektrizitätsdienstleistungen und deren Inanspruchnahme). Im bisherigen Recht hat § 42 keinerlei Vorbild.

In seiner Stellungnahme zum Regierungsentwurf[1] hatte der Bundesrat eine Vereinfachung der Vorschrift mit dem Ziel vorgeschlagen, »im Interesse eines möglichst einfachen Verfahrens und im Sinne eines möglichst geringen Regulierungsniveaus« die Vorgaben von Art. 3 Abs. 6 RL-Elt möglichst getreulich zu übernehmen, um die EltVU »nicht über Gebühr« zu belasten[2]. Unter Hinweis auf den der Wirtschaft eingeräumten Gestaltungsspielraum und das Erfordernis einer umfassenden und verständlichen Verbraucherinformation hat die Bundesregierung den Vorschlag abgelehnt[3].

Vom Wirtschaftsausschuss des Bundestages ist eine im Verhältnis zum Regierungsentwurf noch weitaus differenziertere Kennzeichnungspflicht vorgeschlagen worden[4] und mit den Erfordernissen einer »weiteren Konkretisierung« begründet worden[5].

Im Vermittlungsausschuss ist dann die Fassung des Regierungsentwurfs wieder hergestellt worden[6], so dass der Ausgangsentwurf als Kompromiss doch noch Gesetz geworden ist. Nach dem **äußeren Gesetzesaufbau** enthalten die Abs. 1 bis 4 die Verpflichtungen zur Stromkennzeichnung im Einzelnen, während Abs. 5 die Erzeuger und Vorlieferanten von Elektrizität zur Bereitstellung der notwendigen Informationen verpflichtet. Die Verordnungsermächtigung zur Regelung von Vorgaben zur Informationsdarstellung enthält Abs. 7. Abs. 6 steht außerhalb dieses Regelungszusammenhangs und betrifft nicht die Stromkennzeichnung, sondern die Verpflichtung, die Netzzugangsentgelte in allen an Letztverbraucher gerichteten Elektrizitätsrechnungen gesondert auszuweisen.

II. Normadressaten

Normadressaten des § 42 sind fast ausschließlich **Elektrizitätsversorgungsunternehmen** und damit diejenigen EVU im Sinne von § 3 Ziff. 18, die **Elektrizität an andere liefern**. Zwar würde der Begriff

---

1 BT-DrS 15/3917, S. 23 mit Begründung S. 67.
2 BT-DrS 15/3917, Anlage 2, S. 78, 90 (Ziff. 46).
3 Gegenäußerung, BT-DrS 15/4068, S. 7 (Ziff. 43).
4 Vgl. BT-DrS 15/5268, S. 121.
5 Ebd., Erläuterungen zu § 42 Abs. 1, 4, 6 und 7.
6 BT-DrS 15/5736 (neu), S. 5 (Ziff. 23).

»EltVU« grundsätzlich auch Netzbetreiber erfassen können[7]; weil aber schon die Verpflichtungen der Richtlinien (Art. 3 Abs. 6 RL-Elt) nicht netzbezogen, sondern lieferbezogen ausgestaltet sind, reicht es nicht aus, wenn der Lieferant den überwiegend im Netz desjenigen EVU, an das die jeweiligen Letztverbraucher angeschlossen sind, insgesamt realisierten Mix angibt.

6 Wenn in Abs. 3 des § 42 dann von »Energieversorgungsunternehmen« die Rede ist, so dürfte dies ein Redaktionsversehen darstellen; insbesondere sind auch hier nicht die Elektrizitätsnetzbetreiber und erst recht nicht diejenigen EVU gemeint, die Gaslieferungen durchführen.

7 Informationsberechtigt nach § 42 sind **alle Letztverbraucher**, die Elektrizität für den Eigenverbrauch beziehen (§ 3 Ziff. 25). Weiterverteilern, Großhändlern und anderen Dienstleistern gegenüber muss also keinerlei Stromkennzeichnung erfolgen. Irrelevant ist, ob der Letztverbraucher an ein Netz der allgemeinen Versorgung (§ 3 Ziff. 17) oder aber an ein Objektnetz angeschlossen ist (§ 110 Abs. 1 und 2). Die Informationen sind europarechtskonform allen Letztverbrauchern zur Verfügung zu stellen. Da es sich bei § 42 um zwingendes Recht handelt, kann wohl nur in einem individuell ausgehandelten Stromliefervertrag auf das Recht aus § 42 verzichtet werden.

8 Adressaten des **Abs. 5** sind darüber hinaus **Erzeuger und Vorlieferanten** von Elektrizität als Informationsverpflichtete, während eigentümlicherweise die Strombörse (Abs. 4) ebenso wenig genannt wird wie die UCTE (Organisation der ÜNB), obwohl die Informationen dieser Institutionen ebenfalls zur transparenten Information der Verbraucher benötigt werden.

III. Grundinformationen zur Stromkennzeichnung sowie Informationsmedien (Abs. 1 und 2)

9 Die zur Verfügung zu stellenden **Grundinformationen** enthält zunächst Abs. 1:

– Anteil der einzelnen Energieträger am Gesamtenergieträgermix

– Informationen über Umweltauswirkungen (insb. CO_2) sowie radioaktiven Abfall aus der Stromerzeugung

---

[7] Vgl. § 3 Ziff. 18: Betreiber eines Energieversorgungsnetzes oder Verfügungsbefugnis an einem solchen Netz.

III. Grundinformationen zur Stromkennzeichnung

Damit lehnt sich der Gesetzgeber sehr eng an die Vorgaben von Art. 3 Abs. 6 RL-Elt an. Die einzelnen Primärenergieträger (§ 42 Abs. 1 Ziff. 1) sind lediglich nach Gruppen geordnet: 10

– Kernkraft

– fossile Energieträger

– sonstige Energieträger

– Erneuerbare Energien

Die Vorschläge zu einer weiteren Aufgliederung zum Beispiel der fossilen Energieträger (Braunkohle, Steinkohle, Erdgas), wie sie der Wirtschaftsausschuss vorgeschlagen hatte[8], haben sich nicht durchgesetzt. Zu den **sonstigen Energieträgern** sind alle diejenigen Primärenergieträger zu zählen, die wie beispielsweise Grubengas nicht zu den in Ziff. 1 ausdrücklich benannten Kategorien von Primärenergieträgern zu zählen sind (Umkehrschluss aus § 3 Abs. 1 EEG). 11

Die **Ziff. 2** enthält ebenfalls nur Mindestinformationsverpflichtungen, die von jedem EltVU stärker ausdifferenziert und detailliert werden dürfen. Dabei müssen sich die ausgewiesenen CO_2-Emissionen sowie die (jahresbezogenen) Mengen an radioaktivem Abfall gerade auf diejenige Stromerzeugung zurückführen lassen, die von den betreffenden Lieferanten benutzt wird. Eingeschlossen in diese Mengendarstellungen (in Tonnen) sind damit auch Leitungsverluste und damit Strom, der gar nicht verbraucht worden ist. 12

Das deutsche Recht geht in § 42 Abs. 2 über das europäische Recht hinaus, wenn – zum besseren Vergleich – der Information zum lieferantenbezogenen Energieträgermix (einschließlich der Umweltauswirkungen) **die entsprechenden deutschen Durchschnittswerte** der Stromerzeugung gegenüber zu stellen sind. Ohne Rückgriff auf andere Informationsquellen kann damit der Letztverbraucher prüfen, ob sein Lieferant im bundesdeutschen Durchschnitt liegt oder darüber bzw. darunter liegende Werte aufweist. Dies dient letztlich auch dem Preisvergleich; wer in besonders hohem Umfang Elektrizität aus Kernkraft (durchschnittlich) verbraucht, kann eher mit einem günstigeren Strompreis rechnen als derjenige, dessen Stromlieferung einen besonders hohen Anteil an Erneuerbaren Energien enthält. 13

---

8 BT-DrS 15/5268, S. 51.

14 Informationsmedien zur Information der Letztverbraucher über den realisierten Primärenergieträgermix sind nach § 42 Abs. 1:

- Rechnungen

- Anlagen zu Rechnungen

- an Letztverbraucher gerichtetes Werbematerial

15 Das EltVU wird die kostengünstigste Variante wählen; eine Inbezugnahme von Internetseiten usw. ist aber nicht möglich, zumal noch nicht alle Letztverbraucher über einen entsprechenden Anschluss verfügen. Ebenso wenig ist es ausreichend, wenn das Unternehmen auf Aushänge in Räumlichkeiten hinweist, die der Kundeninformation oder Hauptverwaltung usw. dienen. Die Information muss immer dann – als verpflichtender Annex – mitgeliefert werden, wenn Rechnungen erteilt oder Werbematerial überreicht werden, das dem Kauf von Elektrizität dient. Da das Gesetz diese Informationsmedien nicht alternativ, sondern **kumulativ** aufführt, hat der Lieferant insofern keine Wahlmöglichkeit. Die kostengünstigste Alternative könnte allerdings darin bestehen, mit der Rechnung die aktuelle Verkaufsinformation zu übersenden (Beilage zur Rechnung), sofern die Portokosten insofern nicht signifikant erhöht werden. Ist mit dem Kunden vereinbart, dass die Rechnungen auf elektronischem Wege übersandt werden, reicht dies auch für die Information nach § 42 Abs. 1 aus.

16 Die zur Verfügung gestellten Informationen müssen aktuell sein und sich auf das **letzte oder vorletzte Jahr** beziehen (Geschäfts- oder Kalenderjahr). Die Vorgaben der Richtlinie (Art. 3 Abs. 6 RL-Elt) werden insofern untererfüllt, weil dort ausschließlich auf das letzte Geschäftsjahr Bezug genommen wird. Dies führt allerdings zu Schwierigkeiten, weil nach deutscher Gesetzeslage (vgl. § 14 Abs. 3 EEG) erst nach Durchführung des Belastungsausgleichs im Sinne von § 14 EEG feststeht, welcher Stromlieferant welchen Anteil an EE zu beziehen hat. Dies hat den Gesetzgeber dazu veranlasst, den EltVU zu erlauben, erst ab 15.12 eines jeden Jahres die aktuellere Information (Vorjahr) zur Verfügung zu stellen. Sieht man von den verbleibenden 14 Tagen des Kalenderjahres ab, so erhält der deutsche Stromverbraucher die Information grundsätzlich erst mit einer (fast) zweijährigen Verspätung.

IV. Ergänzende Regelungen sowie Informationspflichten (Abs. 3 bis 5)

Nach **Abs. 5** sind alle **Erzeuger und Vorlieferanten von Elektrizität** verpflichtet, die entsprechenden Informationen über ihre Lieferkette zur Verfügung zu stellen. Weil es sich insofern um eine gesetzliche Verpflichtung handelt, würde eine entsprechende vertragliche Regelung (z. B. des Erzeugers mit dem Vorlieferanten, der Vorlieferanten mit dem Letztverbraucher beliefernden Lieferanten) lediglich deklaratorische Bedeutung haben (»im Rahmen ihrer Lieferbeziehungen«). Ohne Anforderung müssen diese Daten allerdings nicht zur Verfügung gestellt werden. Der Umfang der zu liefernden Informationen folgt aus den gesetzlichen Verpflichtungen der EltVU zur Stromkennzeichnung, insbesondere Abs. 1 (Energieträgermix sowie Umweltauswirkungen einschließlich Anfall von radioaktivem Abfall). 17

In den Abs. 3 und 4 sind **ergänzende Regelungen** zur Stromkennzeichnung enthalten, die auf zwei Sondersituationen Bezug nehmen: 18

– Lieferung unterschiedlicher Stromprodukte (Abs. 3)

– Bezug über die Strombörse (Abs. 4)

1. Produktdifferenzierung

Viele EltVU bieten bereits **unterschiedliche Stromprodukte** an, die mit phantasievollen Marketingnahmen versehen sind. Diese Bezeichnungen sollen es Kunden mit bestimmten Produktpräferenzen ermöglichen, einen vom Durchschnitt abweichenden Stromenergieträgermix zu initiieren, indem etwa Elektrizität nachgefragt wird, die aus EE erzeugt worden ist. Obwohl entgegen dem so angebotenem Sonderprodukt (»Aquapower«) der an der Anschlussstelle angebotene Primärenergieträgermix unverändert zur Verfügung gestellt wird, rechnet der Kunde offenbar damit, dass der Lieferant zukünftig verstärkt Strom aus EE nachfragen werden wird. 19

Da auf diese Weise von einem Lieferanten **unterschiedliche Stromprodukte** angeboten werden, hat die Stromkennzeichnung (Verpflichtungen aus Satz 1 und 2) **getrennt nach diesen Produkten** zu erfolgen. Auf diese Weise müssen also – rein rechnerisch – jedem Produkt bestimmte Primärenergieträger mit dem Ziel zugeordnet werden, die Erfüllung des Lieferversprechens des EltVU nachprüfen zu können. Bietet der Lieferant also verstärkt Strom aus EE an, muss unter Be- 20 rücksichtigung der darauf bezogenen Stromprodukte der auf diese Weise speziell verbrauchte Erzeugungsanteil bei den anderen Stromprodukten »herausgerechnet« werden. Erfassen die angebotenen Stromprodukte nicht den Gesamtverbrauch, ist auch der **verbleibende Energieträgermix** den Kennzeichnungspflichten nach Abs. 1 und 2 zu unterwerfen.

Dies führt dann zu folgender Aufgliederung (Beispiel):

– Stromprodukt A

– Stromprodukt B

– verbleibende (unbezeichnete) Liefermenge

21 Für jede der zuvor genannten Kategorien ist den Verpflichtungen nach § 42 (getrennt) zu genügen. Darüber hinaus sind die EltVU nach **Satz 2** des § 42 Abs. 3 **zusätzlich** verpflichtet, den **Gesamtenergieträgermix** sowie die Umweltauswirkungen usw. im Hinblick auf die Gesamtliefermenge darzustellen.

22 Ziel der Regelung ist es, eine **Doppelvermarktung** von bezogenen Strommengen (z. B. aus EE) zu verhindern[9], ohne das Lauterkeitsrecht (UWG) bemühen zu müssen. Darüber hinaus haben die Lieferanten ihre Verpflichtung aus § 14 Abs. 3 Satz 8 zu beachten (Vergütungsregelung bei Vermarktung von Strom aus EE).

2. Bezug über eine Strombörse

23 Weil Strombezüge über Strombörsen naturgemäß anonym erfolgen, vermag sich ein derart beziehendes EltVU nicht unmittelbar bei **Erzeugern und Vorlieferanten** im Sinne von Abs. 5 über die für die Stromkennzeichnung benötigten Daten zu informieren. Gleiches gilt bei Strombezug von Unternehmen **außerhalb der EU**, weil der Gesetzgeber offenbar nicht damit rechnet, dass in den Lieferverträgen entsprechende Informationsrechte durchgesetzt werden können, zumal Unternehmen in Drittstaaten nicht an die Binnenmarktrichtlinie Elektrizität gebunden sind.

24 Für die so vom EltVU bezogenen Strommengen ist dann substituierend der sog. **UCTE-Strommix** zugrunde zu legen. Dabei handelt es sich um die summarische Darstellung der Stromerzeugung, wie sie der

---

9 Gesetzesbegründung, BT-DrS 15/3917, S. 67.

Verband der Übertragungsnetzbetreiber für alle in die Netze dieser Unternehmen gelangenden Strommengen aufstellt[10]. Weil diese Informationen allgemein veröffentlicht werden, enthält § 42 Abs. 5 keine entsprechende Informationsverpflichtung der UCTE. Mit dem Rückgriff auf diese Zahlen kann dann näherungsweise die Informationsverpflichtung aus § 42 Abs. 1 Ziff. 1 und Abs. 2 erfüllt werden; im Hinblick auf die Umweltauswirkungen (§ 42 Abs. 1 Ziff. 2) wären wohl die Erfahrungswerte aus anderen Stromlieferungen auf die aus dem UCTE-Strommix gewonnenen Zahlen »hochzurechnen«.

Weil diese Regelung auch dann, wenn sich Strommengen nicht einer bestimmten Primärenergieträgerkategorie (§ 42 Abs. 1 Ziff. 1) zuordnen lassen, anzuwenden ist, erhält der UCTE-Strommix damit Bedeutung bei folgenden **Sondersituationen**: 25

– Strombörse

– Bezug von Unternehmen in Drittstaaten

– Unmöglichkeit einer eindeutigen Erzeugerzuordnung

V. Verordnungsermächtigung (Abs. 7)

Soll die Stromkennzeichnung einen für alle Letztverbraucher aussagekräftigen Inhalt aufweisen, müssen die Zahlen nach einem einheitlichen Rechenmodell ermittelt und auf vergleichbare Größen bezogen werden. Eine entsprechende Initiative der Branche und ihrer Verbände wünscht sich insofern der Gesetzgeber[11]: 26

> »Den beteiligten Wirtschaftskreisen soll bei der näheren Ausgestaltung der Stromkennzeichnung ein hinreichender Gestaltungsspielraum verbleiben. Im Interesse der Transparenz der Stromkennzeichnung für die Letztverbraucher sollte dabei ein möglichst einheitliches und übersichtliches Modell entwickelt werden. ... Abs. 7 enthält eine Verordnungsermächtigung insbesondere für den Fall, dass die beteiligten Wirtschaftskreise sich nicht auf ein einheitliches und übersichtliches Kennzeichnungsmodell einigen, das den Letztverbrauchern einen Vergleich erleichtert.«

---

10 Regierungsbegründung, BT-DrS 15/3917, S. 67.
11 BT-DrS 15/3917, S. 67.

27 Ohne Zustimmung des Bundesrates wird deshalb die Bundesregierung durch § 42 Abs. 7 zur Festlegung folgender Gegenstände der Stromkennzeichnung ermächtigt:

– Vorgaben zur Darstellung der Information (Abs. 1 bis 3)

– Methoden zur Erhebung und Weitergabe von Daten zur Bereitstellung dieser Informationen

28 Bezugsgegenstände der Verordnung können deshalb nur die Verpflichtungen im Sinne der Abs. 1 bis 3 sein (einschließlich Vermarktung besonderer Stromprodukte); eine nähere Ausgestaltung der Verpflichtungen aus den Abs. 5 und 6 sowie der ergänzenden Regelung gemäß Abs. 4 ist damit nicht vorgesehen. Unter **Vorgabe im Sinne von Abs. 7** sind alle Regelungen zu verstehen, die im Rahmen des Gesetzeszwecks zu einer übersichtlichen und einheitlichen Stromkennzeichnung führen. Im Hinblick auf die **Erhebung und Weitergabe** der Daten können dagegen keine Einzelvorgaben, sondern nur **Methoden** vorgeschrieben werden. Weil sich vermutlich die beteiligten Verbände auf ein einheitliches Kennzeichnungsmodell verständigen werden, wird die Bundesregierung voraussichtlich von der Ermächtigung nach Abs. 7 keinen Gebrauch machen.

VI. Transparenz der Stromrechnungen (Abs. 6)

29 Von den Vorschlägen des Wirtschaftsausschusses, gemäß § 42 Abs. 6 sämtliche relevanten Teilentgelte[12] in allen an Letztverbraucher gerichteten Stromrechnungen **gesondert auszuweisen**, ist nur das **Netzzugangsentgelt** (NZE) im Sinne von §§ 20 ff. übrig geblieben. Dieses Entgelt ist bezogen auf die geleistete elektrische Arbeit (Strommenge) auszuweisen; darüber hinaus kann auch die Belastung im Verbrauchszeitraum als Gesamtbelastung zusätzlich ausgewiesen werden. Die Inrechnungstellung eines **All Inclusive-Preises** genügt also zukünftig nicht mehr. Da Abs. 6 den Ausweis dieses Kostenbestandteils nur für Rechnungen vorschreibt, muss im Werbematerial und bei Angeboten ein solcher Hinweis nicht zwingend erfolgen. Weil sich der Letztverbraucherbegriff des § 3 Ziff. 25 nur auf Eigenverbrauch der Elektrizitätsmengen bezieht, müssen die an Weiterverteiler usw. gerichteten Rechnungen diese Angaben nicht enthalten.

---

12 NZE, Stromsteuer, EEG- sowie KWK-G-Umlage und Konzessionsabgaben.

§ 42 Abs. 6 bildet nur eine **Mindestverpflichtung**. Das EltVU ist also nicht gehindert, auch weitere Kostenbestandteile auszuweisen (Vorstellungen des Wirtschaftsausschusses). Die in Branchenkreisen anzutreffende Auffassung, aufgrund der Entscheidung des Vermittlungsausschusses sei es nunmehr verboten, andere Entgeltbestandteile als das NZE zusätzlich in der Stromrechnung auszuweisen, verkennt den Charakter (einseitig) zwingenden Verbraucherrechts.

VII. Gesetzesvollzug

§ 42 ermöglicht einen unmittelbaren zivilrechtlichen Vollzug, weil den Letztverbrauchern gegen ihre Stromlieferanten entsprechende Informationsansprüche eingeräumt sind (Abs. 1 und 3). Deshalb sind die allgemeinen Zivilgerichte in der Lage, die Erfüllung der Verpflichtungen der EltVU zu überprüfen.

Weil eine Zuständigkeit der Landesregulierungsbehörden in § 54 Abs. 2 nicht vorgesehen ist, ist nur die BNetzA berechtigt und (Opportunitätsprinzip) verpflichtet, über Aufsichtsmaßnahmen nach § 65 Abs. 1 die Beachtung des § 42 durchzusetzen (§ 54 Abs. 1 und 3). Erst wenn einer entsprechenden vollziehbaren Anordnung der BNetzA zuwidergehandelt wird (§ 95 Abs. 1 Ziff. 3 lit. a)), liegt eine Ordnungswidrigkeit im Sinne von § 95 Abs. 1 Ziff. 3 lit. a) vor, was einen Bußgeldbescheid ermöglicht.

Teil 5 Planfeststellung, Wegenutzung

Rechtsprechung zu §§ 43 bis 48

BVerwG v. 11.7.2002, RdE 2003, 107 – Trassengenehmigung.

Literatur zu §§ 43 bis 48

Bartsch/Röhling/Salje/Scholz (Hrsg.), Stromwirtschaft – Ein Praxis-Handbuch, Köln 2002; *Becker*, Kartellrecht und Konzessionsverträge, IR 2004, S. 151 ff.; *Britz*, Energiewirtschaftsgesetz (EnWG), Kommentar, München 2006; *Büdenbender/Kühne (Hrsg.)*, Das neue Energierecht in der Bewährung – Bestandsaufnahme und Perspektiven, Festschrift Baur, Baden-Baden 2002; *Danner*, Energiewirtschaftsrecht – Energiewirtschaftsgesetz mit den Durchführungsbestimmungen, Nebengesetzen, Verordnungen und Erlassen sowie den energiewirtschaftlich relevanten Rechtsregelungen anderer Bereiche. Loseblattsammlung, 47. Ergänzungslieferung, München 2004; *Erman*, Zur Abwicklung von alten Konzessionsverträgen nach § 13 II EnWG, RdE 2003, S. 171 ff.; *Grewe/Flandrich/Elwanger (Hrsg.)*, Energiewirtschaft im Wandel, Festschrift D. Schmitt, Münster 2004; *Hummel*, Zurückbehaltungsrechte bei Netzübernahmen, ZNER 2004, S. 20 ff.; *Klaue*, Zur Wertberechnung von Netzanlagen beim Neuabschluss von Konzessionsverträgen, ZNER 2004, S. 349 ff.; *Köhler/Bien*, Die konzessionsabgabenrechtliche Behandlung der Beistellung elektrischer Energie, RdE 2003, S. 135 ff.; *Lecheler*, Enteignung zu Gunsten Privater beim Bau von Elektrizitätsfernleitungen, RdE 2005, S. 125 ff.; *Mader*, Das neue EG-Vergaberecht, EuZW 2004, S. 425 ff.; *Odendahl*, Die Berücksichtigung vergabefremder Kriterien im öffentlichen Auftragswesen, EuZW 2004, S. 647 ff.; *Ortlieb*, Inhouse-Geschäft als Ausnahme zur Ausschreibungspflicht – zugleich eine Besprechung der Entscheidung des Bundesgerichtshofes vom 12. Juni 2001, ZNER 2002, S. 29 ff.; *Ortlieb*, Inhouse-Geschäfte als Ausnahme zur Ausschreibungspflicht im Spannungsfeld zunehmender Privatisierung, WuW 2003, S. 146 ff.; *Säcker*, Vorauszahlungen auf Konzessionsabgaben, ET 2004, S. 349 ff.

Vorbemerkungen §§ 43–48

Im Verhältnis zum bisherigen Recht weitgehend unverändert hat der 1
Gesetzgeber die §§ 11 bis 14 EnWG 1998/2003 mit nur wenigen Ver-

änderungen in das neue Recht des EnWG 2005 übernommen. Es handelt sich teilweise um dem öffentlichen Recht zuzurechnende Vorschriften (§§ 43 bis 45: Planfeststellungsverfahren und Enteignung), andererseits um dem privaten Recht angehörende Vorschriften (§§ 46 und 48: Wegenutzung und Entgelte).

2 Die im Regierungsentwurf noch enthaltene Vorschrift des § 47, wonach ein EVU bei Übertragung seiner Rechte aus Wegenutzungsverträgen (§ 46) zur unverzüglichen Mitteilung dem jeweiligen Träger der Wegebaulast gegenüber verpflichtet werden sollte, ist nach Intervention des Bundesrates[1] vom Vermittlungsausschuss endgültig gestrichen worden[2].

3 Der Bundesrat hatte seinen Vorschlag, § 47 des Entwurfs zu streichen, mit der Entbehrlichkeit der Vorschrift begründet[3]. Vom Bundesrat wird die übliche Vertragspraxis berichtet, wonach ohne Mitwirkung des Trägers der Wegebaulast eine Übertragung der »Rechte und Pflichten« aus dem Wegenutzungsvertrag gar nicht möglich ist. Dies stimmt mit dem zivilen Schuldrecht überein: Zwar können grundsätzlich Rechte aus solchen Verträgen gemäß § 398 BGB an Dritte abgetreten werden, wenn der Vertrag insofern kein Abtretungsverbot enthält (§ 399 BGB) und eine Änderung der Rechtsnatur nach Abtretung ausgeschlossen ist. Wenn aber – Wortlaut des Entwurfs zu § 47 – **Rechte und Pflichten** übertragen werden sollen, liegt eine (im Schuldrecht nicht explizit geregelte) sog. **Vertragsübernahme** vor, die in der Tat nicht ohne Mitwirkung des das Recht Ausübenden oder des Rechtsinhabers möglich ist.

4 Beachtet die Praxis diese Grundsätze, wird also der Träger der Wegebaulast ohnehin über jeden Wechsel bei der Ausübung von Rechten und Pflichten informiert, soweit nicht **Rechtsnachfolge** nach dem Umwandlungsgesetz stattfindet. Weil es sich insofern aber regelmäßig um dasselbe Unternehmen handeln wird (z. B. rechtliche Entflechtung nach § 7), erscheint auch insofern die Statuierung einer entsprechenden Informationspflicht als nicht erforderlich, weil zumindest partielle Unternehmensidentität und meist auch Kontinuität bei den Gesellschafterverhältnissen (unmittelbar oder mittelbar) bestehen wird.

---

1 Stellungnahme, BT-DrS 15/3917, Anlage 2, S. 92 (Ziff. 51).
2 BT-DrS 15/5736 (neu), S. 6 (Ziff. 25).
3 Stellungnahme zum Regierungsentwurf, BT-DrS 15/3917, Anlage 2, S. 92 (Ziff. 51).

§ 43 Planfeststellungsverfahren für Energieanlagen

(1) ¹Die Errichtung und der Betrieb sowie die Änderung von

1. Hochspannungsfreileitungen, ausgenommen Bahnstromfernleitungen, mit einer Nennspannung von 110 Kilovolt oder mehr, und

2. Gasversorgungsleitungen mit einem Durchmesser von mehr als 300 Millimeter

bedürfen der Planfeststellung durch die nach Landesrecht zuständige Behörde, soweit dafür nach dem Gesetz über die Umweltverträglichkeitsprüfung eine Umweltverträglichkeitsprüfung durchzuführen ist. ²Andernfalls bedürfen sie der Plangenehmigung. ³Die Plangenehmigung entfällt in Fällen von unwesentlicher Bedeutung. ⁴Bei der Planfeststellung und der Plangenehmigung sind die von dem Vorhaben berührten öffentlichen und privaten Belange abzuwägen. ⁵Das Vorhaben muss insbesondere den Zielen des § 1 entsprechen. ⁶Für das Verfahren gelten die §§ 72 bis 78 des Verwaltungsverfahrensgesetzes.

(2) Die Anhörungsbehörde hat die Erörterung innerhalb von drei Monaten nach Ablauf der Einwendungsfrist abzuschließen.

(3) Die Anfechtungsklage gegen einen Planfeststellungsbeschluss oder eine Plangenehmigung hat keine aufschiebende Wirkung.

Überblick		Seite	Rz.
I.	Regelungszweck und Entstehungsgeschichte	870	1
II.	Betroffene Energieanlagen und Anwendungsbereich der förmlichen Planung (Abs. 1 Satz 1)	872	9
	1. Betroffene Energieanlagen.....................	872	10
	2. Arten feststellungsbedürftiger Vorhaben.............	874	15
	3. Wahl der Verfahrensart	875	21
	a) Planfeststellungsverfahren	875	21
	b) Plangenehmigung........................	876	24
	4. Abwägungsentscheidung......................	877	26
III.	Rechtswirkungen der Planfeststellung und Rechtsschutz	878	28
	1. Rechtswirkungen............................	878	29
	2. Rechtsschutz	880	35

§ 43 Planfeststellungsverfahren für Energieanlagen

I. Regelungszweck und Entstehungsgeschichte

1 Parallel zur Rechtslage für Straßen und Schienenwege ist durch das sog. Artikelgesetz zur Umsetzung der UVP-Änderungsrichtlinie, der IVU-Richtlinie sowie weiterer EG-Richtlinien zum Umweltschutz[1] ein **Planfeststellungsverfahren** für **Energieleitungen** erstmals eingeführt worden. Die bis dato unbefriedigende Rechtslage hatte auch zu Schwierigkeiten im Hinblick auf nachfolgende Enteignungsverfahren (damals § 12 EnWG 1998) geführt[2], und die Durchführung großer Leitungsbauvorhaben außerhalb des förmlichen Verwaltungsrechts konnte als kaum noch mit den verfassungsrechtlichen Vorgaben vereinbar angesehen werden.

2 Mit der Durchführung des Planfeststellungsverfahrens geht insbesondere die **Öffentlichkeitsbeteiligung** einher, was Einwendungen nicht nur ermöglicht, sondern auch zur Konzentration dieser Einwendungen auf das Verfahren mit der Gefahr der Präklusion bei Nichtvorbringen der Einwendungen führt. Unterhalb der Stufe der Planfeststellung ist es die Plangenehmigung, die aber gleichfalls eine Abwägung der berührten öffentlichen und privaten Belange ermöglicht.

3 § 43 ist – bis auf redaktionelle Änderungen bei der Inbezugnahme des Verwaltungsverfahrensgesetzes – praktisch unverändert aus dem EnWG 2001 in das EnWG 2005 übernommen worden. Der Vorschlag der Bundesregierung ist im Laufe des Gesetzgebungsverfahrens in sachlicher Hinsicht nicht mehr verändert worden. Zwei Vorschläge des Bundesrates[3] hat die Bundesregierung in ihrer Gegenäußerung zurückgewiesen[4]. Nach Auffassung der Bundesregierung muss gemäß § 43 Abs. 1 **jede Änderung** (und nicht nur eine wesentliche Änderung) grundsätzlich zur Einleitung eines Planfeststellungsverfahrens führen, weil dieses als Trägerverfahren auch benötigt werde, um die standortbezogene Vorprüfung nach dem UVP-Gesetz durchführen zu können.

---

1 Vom 27.7.2001, BGBl. I S. 1950 (Art. 20): Einfügung der §§ 11a und 11b in das EnWG 1998.
2 Vgl. dazu *Hermes*, Planung von Erzeugungsanlagen und Transportnetzen, in: *Schneider/Theobald* (Hrsg.), HB EnWR, §§ Rz. 67 unter Hinweis auf die Gesetzesbegründung (BT-DrS 14/4599, S. 161).
3 BT-DrS 15/3917, Stellungnahme in Anlage 2, S. 78, 90 f. (Ziff. 47 und 48).
4 BT-DrS 15/4068, S. 7 f. (Ziff. 44 und 45).

I. Regelungszweck und Entstehungsgeschichte

Der vom Bundesrat in seiner Stellungnahme beschriebene Verfahrensaufwand (Einleitung mit anschließender – kostenpflichtiger – Einstellung durch Bescheid, wenn die Wesentlichkeitsschwelle nicht erreicht wird) sei hinzunehmen. Auch könne es bei dem in § 43 Abs. 1 Satz 1 Ziff. 2 verwendeten Begriff **Durchmesser** bleiben. Dieser müsse nicht durch den vom Bundesrat vorgeschlagenen Begriff **Normdurchmesser** ersetzt werden, weil damit für alle Fachleute klar erkennbar auf die Nennweite von Rohren (Nenndurchmesser) als Innendurchmesser verwiesen werde, wobei in Abhängigkeit von der Qualität des Materials Toleranzen auftreten könnten[5]. Probleme des Verwaltungsvollzugs hätten sich daraus nicht ergeben, zumal sowohl in der RaumverordnungsVO als auch in der Anlage 1 zum UVPG der Begriff in identischer Weise verwendet werde.

Die Norm ist wie folgt aufgebaut: § 43 Abs. 1 **Satz 1** legt die **planfeststellungsbedürftigen Energieleitungen** (Hochspannungsfreileitungen sowie Gasversorgungsleitungen bestimmter Auslegung) fest, soweit dafür eine Umweltverträglichkeitsprüfung (UVP) durchzuführen ist. Nach den **Sätzen 2 und 3** ist ein **Plangenehmigungsverfahren** durchzuführen, wenn trotz fehlender UVP-Pflicht das Verfahren eine zumindest wesentliche Bedeutung aufweist. Die allgemeine Abwägungsnorm enthält **Satz 4**, die Zielvorgabe **Satz 5**. Auf die Ausgestaltung der Planverfahren im Verwaltungsverfahrensgesetz wird Bezug genommen, **Satz 6**.

Die Anhörungsbehörde hat das **Erörterungsverfahren** innerhalb von drei Monaten abzuschließen, § 43 Abs. 2. Die Inanspruchnahme von **Rechtsschutz** gegen Planfeststellungsbeschluss oder -genehmigung durch Erhebung der Anfechtungsklage hat keine aufschiebende Wirkung, § 43 **Abs. 3**.

Zur Rechtslage vor Inkrafttreten des § 11a EnWG (i.e. bei Fehlen eines förmlichen Planfeststellungsverfahrens) hat das Bundesverwaltungsgericht im Hinblick auf die Enteignung Stellung genommen und diese auch dann für grundsätzlich zulässig erklärt, wenn sie zugunsten privatrechtlich organisierter EVU erfolge[6].

Um die Durchführung von Infrastrukturvorhaben **zu beschleunigen**, hatte die Bundesregierung Anfang 2005 einen Gesetzentwurf vorge-

---

5 Gegenäußerung der Bundesregierung, BT-DrS 15/4068, S. 8 (Ziff. 45).
6 BVerwG v. 11.7.2002, RdE 2003, 107 – Trassengenehmigung.

legt, der auch Ergänzungen des EnWG vorsah[7]. Wegen der vorgezogenen Neuwahlen im September 2005 sind dieser Entwurf sowie Vorschläge der Literatur zur Beschleunigung von Leitungsbauvorhaben[8] im parlamentarischen Prozess nicht mehr behandelt worden, dürften aber voraussichtlich im Jahre 2006 wieder aufgegriffen werden.

II. Betroffene Energieanlagen und Anwendungsbereich der förmlichen Planung (Abs. 1 Satz 1)

9   Zu den **Energieanlagen** im Sinne von § 3 Ziff. 15 gehören u.a. technische Einrichtungen zur Fortleitung und Abgabe von Energie, soweit sie nicht lediglich der Übertragung von Signalen dienen. Von diesen Energieanlagen haben **Freileitungen** sowie (unterirdisch oder oberirdisch verlegte) **Gasversorgungsleitungen** insbesondere dann besondere Raumbedeutung, wenn sie dem Ferntransport von Energie dienen (Übertragungsleitung bzw. Fernleitung).

1. Betroffene Energieanlagen

10 § 43 Abs. 1 **Satz 1** beschränkt das bundeseinheitliche Planfeststellungsverfahren auf:

– Hochspannungsfreileitungen ab 110 kV Nennspannung

– Gasversorgungsleitungen mit einem Durchmesser oberhalb von DN 300 (300 mm)

11 Während unter der Erde verlegte Stromkabel (einschließlich Hochspannungskabeln) nicht dem Anwendungsbereich des Planfeststellungsverfahrens (im Folgenden: PFV) unterfallen, ist dies für Gasversorgungsleitungen der genannten Dimension sehr wohl der Fall. Zu den **Hochspannungsfreileitungen** gehören insbesondere diejenigen, die auf die Spannungsebenen 110 kV, 220 kV, 380 kV und mehr ausgelegt sind.

12 Da die Vorläufernorm des § 43 (§ 11a EnWG 2001) der Umsetzung europäischer Richtlinien diente, hat der deutsche Gesetzgeber die in § 43 Abs. 1 Satz 1 unverändert fortgeführten Schwellenwerte dem Anhang I Ziff. 20 in Verbindung mit Anhang II Ziff. 3 (lit. b) der

---

7 BR-DrS 363/05, Art. 8, S. 28 ff.
8 Vgl. *Salje*, Beschleunigung von Leitungsgenehmigungsverfahren – Optionen für schnellere Verwaltungsverfahren, Baden-Baden 2006 (im Erscheinen).

UVP-Änderungsrichtlinie entnommen. Ziff. 19 der Anlage 1 zum UVP-Gesetz (im Folgenden: UVPG)[9], die die Liste der UVP-pflichtigen Vorhaben enthält, führt Leitungsanlagen und andere Anlagen auf. Für Hochspannungsfreileitungen differenziert Ziff. 19.1 zwischen UVP-pflichtigen Vorhaben, Vorhaben mit allgemeiner Überprüfung des Einzelfalls (§ 3c Satz 1 UVPG) sowie solchen mit einer standortbezogenen Vorprüfung des Einzelfalls (§ 3c Satz 2 UVPG). Indem § 43 Abs. 1 Satz 1 auf das UVPG verweist und dabei nur die UVP-pflichtigen Vorhaben dem PFV unterwirft, während im Übrigen das Plangenehmigungsverfahren durchzuführen ist, ist eine enge Verzahnung zwischen Umwelt- und Planungsrecht erfolgt.

Ziff. 19.1 der Anlage 1 zum UVPG setzt im Einzelnen folgende Vorgaben für **Hochspannungsfreileitungen**: 13

– Länge von mehr als 15 km/Spannungsebene ab 220 kV: uneingeschränkte UVP-Pflicht (= PFV)

– Länge von mehr als 15 km/Spannungsebene 110–220 kV: allgemeine Vorprüfung/Einzelfall

– Leitungslänge 5 bis 15 km/Spannungsebene ab 110 kV: allgemeine Vorprüfung/Einzelfall

– bis 5 km Leitungslänge/Spannungsebene 110 kV und mehr: standortbezogene Vorprüfung/Einzelfall

Für **Gasversorgungsleitungen** ordnet Ziff. 19.2 der Anlage 1 zum UVPG an: 14

– mehr als 40 km/DN mehr als 800 mm: uneingeschränkte UVP-Pflicht (= PFV)

– mehr als 40 km/DN 300–800mm: allgemeine Vorprüfung/Einzelfall

– 5–40 km/DN mehr als 300: allgemeine Vorprüfung/Einzelfall

– weniger als 5 km/DN mehr als 300: standortbezogene Prüfung/Einzelfall

---

9 In der Fassung der Neubekanntmachung vom 25.6.2005, BGBl. I S. 1757.

2. Arten feststellungsbedürftiger Vorhaben

15 Nicht alle Eingriffe/Baumaßnahmen im Zusammenhang mit den dem Energietransport dienenden Leitungen unterliegen dem förmlichen Planungsrecht. Unter § 43 Abs. 1 Satz 1 fallen nur:

- Errichtung
- Betrieb und
- Änderung solcher Leitungen

16 Zur **Errichtung** einer dem Energietransport dienenden Leitung gehören nur deren Bau einschließlich der Inbetriebnahme, nicht jedoch die Vorprüfungen und Planungen einschließlich der Vorarbeiten im Sinne von § 44; weil letztere nicht unter den Errichtungsbegriff fallen, bleiben sie planfeststellungsfrei. Während die Bestellung von Anlagenkomponenten noch keine Errichtung darstellt, wird spätestens bei Aufnahme von Bauarbeiten mit der Errichtung begonnen, so dass Planfeststellungsbeschluss/Plangenehmigung dann bereits vorliegen müssen.

17 Auch der **Betrieb** dieser Leitungen ist planfeststellungspflichtig. Darunter ist die **gesamte Betriebsweise** zu verstehen, was Wartung und Unterhaltung einschließt[10]. Zum Betrieb einer Anlage gehört auch bereits der Probebetrieb, selbst wenn Nennspannung/Nenndruck noch nicht erreicht werden.

18 Auch bei **Änderung** von Leitungen ist regelmäßig ein Planungsverfahren im Sinne von § 43 Abs. 1 Satz 1 durchzuführen. Zwar umfasst der Änderungsbegriff grundsätzlich jegliche Modifikation eines Leitungsbauvorhabens und damit auch unwesentliche Änderungen, für die gemäß § 43 Abs. 1 Satz 3 noch nicht einmal ein Plangenehmigungsverfahren durchzuführen ist; gleichfalls hat die Bundesregierung[11] einer Einfügung des Begriffs **wesentlich** in § 43 Abs. 1 Satz 1 aus europarechtlichen Erwägungen nicht zugestimmt.

19 Wenn aber eine Modifikation von Leitung oder Leitungsführung offensichtlich keinerlei umweltrelevante Auswirkungen haben wird, was möglicherweise bereits ohne UVP-Vorprüfung feststellbar ist, wird man im Einklang mit § 74 Abs. 7 Satz 2 VwVfG und § 43 Abs. 1

---

10 *Hoppe/Dienes*, UVPG, Köln/Berlin/Bonn/München 1995, § 3 Rz. 20.
11 Vgl. die Nachweise oben § 43 Rz. 3.

Satz 4 sowie der Differenzierung in §§ 15 und 16 BImSchG (Genehmigungspflicht nur wesentlicher Änderungen) alle unwesentlichen Änderungen von Leitungsbauvorhaben ohne Einleitung eines förmlichen Planungsverfahrens durchführen können, um bürokratischen Aufwand und später erforderlich werdende Einstellungsbeschlüsse zu vermeiden. Anzuregen ist, dass die zuständige Behörde ein entsprechendes **Negativattest** ausstellt, um auf diese Weise für den Träger des Vorhabens Rechtssicherheit zu bewirken.

Eine **wesentliche Änderung** liegt gemäß § 16 Abs. 1 BImSchG vor, 20 wenn durch die Änderung nachteilige Auswirkungen hervorgerufen werden können, die die Erheblichkeitsschwelle bei der Prüfung gemäß § 6 Abs. 1 Ziff. 1 BImSchG zu erreichen vermögen. Überträgt man diese Begrifflichkeit auf § 43 Abs. 1, wird insofern anhand der Ziff. 19 der Anlage 1 zum UVPG zu werten sein: Wenn danach allenfalls eine standortbezogene Vorprüfung des Einzelfalls erforderlich ist, weil beispielsweise weniger als 1 km Leitungslänge verlegt werden müssen, handelt es sich um eine unwesentliche Änderung. Hierfür spricht auch, dass Änderungen nach Ziff. 19 der Anlage 1 zum UVPG nicht generell UVP-pflichtig sind (vgl. auch § 2 Abs. 2 Ziff. 2 UVPG); anstelle des PFV kommt daher allenfalls das Plangenehmigungsverfahren nach § 43 Abs. 1 Satz 2 in Betracht. Zur Ausfüllung des Begriffs der unwesentlichen Bedeutung kann § 74 Abs. 7 Satz 2 VwVfG herangezogen werden.

3. Wahl der Verfahrensart

a) Planfeststellungsverfahren

Bei voller UVP-Pflicht (»X« in der Spalte 1 der Anlage 1 zu § 3 21 UVPG, Ziff. 19.1.1 sowie Ziff. 19.2.1) ist ein (förmliches) **Planfeststellungsverfahren** durchzuführen. Dazu hat der Vorhabensträger (Inhaber oder Betreiber der Leitung) den Plan zur Durchführung des Anhörungsverfahrens einzureichen (§ 73 Abs. 1 VwVfG). Dieser Plan wird den Gemeinden innerhalb eines Monats zur Stellungnahme übersandt (Abs. 2) und von den Gemeinden innerhalb von drei Wochen nach Zugang für die Dauer eines Monats zur Einsicht ausgelegt (Abs. 3). Aufgefordert sind die vom Vorhaben betroffenen Behörden (Stellungnahmefrist höchstens drei Monate) sowie Personen (Private und Unternehmen), deren Belange durch das Vorhaben berührt werden. Letztere müssen Einwendungen gegen den Plan innerhalb von zwei Monaten nach Ablauf der Auslegungsfrist bei der Anhörungsbehörde oder der Gemeinde erheben, § 73 Abs. 4 VwVfG: Präklusionsdrohung.

22 Alle rechtzeitig erhobenen Einwendungen sowie die Stellungnahmen der Behörden werden mit dem Vorhabensträger und den sonstigen Beteiligten erörtert (Erörterungstermin, § 73 Abs. 6 VwVfG). Dieser Termin muss nach § 43 Abs. 2 **binnen drei Monaten** nach Ablauf der Einwendungsfrist abgeschlossen sein (Stellungnahme zum Anhörungsergebnis, Weiterleitung mit allen Unterlagen an die Planfeststellungsbehörde).

23 Diese Behörde ist für die eigentliche Planfeststellung zuständig und nach Landesrecht zu bestimmen, § 43 Abs. 1 Satz 1; in vielen Ländern sind dies die für Umweltschutz und/oder Verkehr zuständigen Landesministerien, wobei eine Delegation zum Beispiel an die für Straßenbau zuständigen Behörden in manchen Ländern erfolgt ist. Mit dem Planfeststellungsbeschluss wird über die nicht erledigten Einwendungen entschieden, und es können auch Schutzvorkehrungen sowie Entschädigungen zugunsten Betroffener angeordnet werden. Der Planfeststellungsbeschluss ist allen Beteiligten zuzustellen und öffentlich bekannt zu machen (Auslegung in den Gemeinden zur Einsicht für zwei Wochen).

b) Plangenehmigung

24 Besteht **keine uneingeschränkte UVP-Pflicht** nach Anlage 1 zum UVPG (Ziff. 19.1.2 sowie 19.1.3 (Hochspannungsfreileitungen zwischen 110 und 220 kV) sowie Ziff. 19.2.2 und 19.2.3 (Gasversorgungsleitungen bis zu einer Länge von mehr als 40 km sowie DN mehr als 800 mm)[12], ist das **Plangenehmigungsverfahren** nach § 43 Abs. 1 **Satz 2** durchzuführen. In diesen Fällen ist ein Anhörungsverfahren (einschließlich Zustellung, öffentlichen Bekanntmachungen usw.) nicht obligatorisch; soweit bereits die Schwellenwerte in Ziff. 1 und 2 des § 43 Abs. 1 Satz 1 nicht erfüllt sind (Nennspannung und Innendurchmesser), ist noch nicht einmal eine Plangenehmigung notwendig.

25 Diese entfällt auch in den Fällen unwesentlicher Bedeutung; insofern verweis das alte Recht auf § 74 Abs. 7 Satz 2 VwVfG[13]; dieser Verweis

---

12 In Abhängigkeit vom Ergebnis der allgemeinen Vorprüfung im Einzelfall.
13 Vgl. § 11a Abs. 1 Satz 4 EnWG 2001.

ist entbehrlich geworden, weil **Satz 6** des § 43 Abs. 1 (Gesamtverweis auf die §§ 72 bis 78 VwVfG) diesen Verweis einschließt, so dass im Verhältnis zum alten Recht keine Änderung eingetreten ist. Insbesondere bei Nichtbetroffensein der Rechte Dritter (z. B. nach Erstellung entsprechender Vereinbarungen) entfällt deshalb auch die Plangenehmigung. Wie noch zu zeigen sein wird, kommen der Plangenehmigung im Energieanlagenrecht dieselben Rechtswirkungen zu wie der Planfeststellung, obwohl das förmliche Planfeststellungsverfahren nicht durchzuführen ist.

4. Abwägungsentscheidung

Nach **Satz 4** sind sowohl bei Plangenehmigung als auch bei Planfeststellung die berührten **öffentlichen und privaten Belange gegeneinander abzuwägen**, wobei das Vorhaben nach **Satz 5** den Zielen des § 1 zu entsprechen hat. Deshalb muss die Entscheidung der Planbehörde in der Begründung erkennen lassen, dass nicht nur die privaten Interessen des Netzbetreibers und der Bürger im Hinblick auf ihre Eigentumsrechte, sondern auch die Interessen der Träger öffentlicher Belange gebührend berücksichtigt worden sind. Leitungsbauvorhaben können gerade im Hinblick auf Hochspannungsfreileitungen die Entwicklungsplanung von Gemeinden erheblich beeinträchtigen (Zerschneiden von Baugebieten, keine Industrieansiedlung oberhalb von Gasfernleitungen). Nur wenn ein bedeutsamer Beitrag zu den Zielen des § 1 Abs. 1 geleistet wird, kann die vorzunehmende Abwägung der privaten und öffentlichen Belange zugunsten des Vorhabensträger ausgehen (deutliche Verbesserung der Versorgungssicherheit, Erschließung eines Industriegebietes, Verpflichtung zur Stromaufnahme nach § 4 EEG). Auch ein Beitrag zum Ziel der effizienten und preisgünstigen Versorgung ist dabei zu berücksichtigen. Hat ein Vorhaben gemeinschaftsweite Bedeutung, wird dies bei der Abwägung ebenfalls erheblich ins Gewicht fallen. 26

Zu den abzuwägenden Belangen gehört auch die **Umweltverträglichkeit**, wie die Ankopplung der Planverfahren an die UVP-Pflicht beweist. Insbesondere müssen die Vorgaben der Umweltschutzvorschriften sowie die Wahrung des Landschafts- und Naturschutzes sichergestellt sein. Die Einhaltung der technischen Anlagensicherheit (§ 49) bildet eine Nebenbedingung des Verfahrens, kann also gemäß § 1 Abs. 1 nur dann in die Abwägung einfließen, wenn das bisherige Sicherheitsniveau deutlich verbessert wird. Zur gerichtlichen Praxis 27 der Abwägung im Hinblick auf die Durchführung von Leitungsbauvorhaben wird auf den Beitrag von *Rojahn* verwiesen[14].

III. Rechtswirkungen der Planfeststellung und Rechtsschutz

28 Mit dem Verweis in § 43 Abs. 1 Satz 5 auf die §§ 72 ff. VwVfG werden auch auf die Rechtsfolgen des *Abschlusses der Planfeststellung/ Erteilung der Plangenehmigung* Bezug genommen. Zu unterscheiden sind:

– Konzentrationswirkung

– Rechtsgestaltungswirkung

– Präklusionswirkung

– enteignungsrechtliche Vorwirkung

1. Rechtswirkungen

29 Nach § 75 VwVfG bedeutet *Konzentrationswirkung*, dass über den Planfeststellungsbeschluss hinaus weitere Genehmigungsentscheidungen nicht mehr ergehen müssen. Dies betrifft zum Beispiel wasserrechtliche Erlaubnisse, emissionsschutzrechtliche Genehmigungen sowie Entscheidungen der Natur- und Landschaftsschutzbehörden, weil mit dem Beschluss als Abschluss des Planfeststellungsverfahrens alle Belange miteinander abgewogen wurden und damit das Vorhaben insgesamt öffentlich-rechtlich zugelassen ist.

30 Die *Rechtsgestaltungswirkung* wirkt auf die Rechtsverhältnisse zwischen Vorhabensträger und allen Planbetroffenen ein und gestaltet sie mit öffentlich-rechtlicher Wirkung um. Deshalb können nur erhebliche Mängel der Abwägung, soweit sie durch Planergänzung oder ein sonstiges ergänzendes Verfahren nicht behoben werden können, zu einer Aufhebung des Planfeststellungsbeschlusses dann führen, wenn sie offensichtlich sind und auf das Abwägungsergebnis Einfluss gehabt haben (§ 75 Abs. 1a VwVfG).

31 Mit Ausnahme der auf besonderen privaten Beziehungen beruhenden Rechte bewirkt die *Präklusionswirkung* des Beschlusses, dass sowohl

---

14 *Rojahn*, Fachplanungsvorbehalt für Energiefreileitungen, in: *Burgi* (Hrsg.), Planungssicherheit im Energiewirtschaftsrecht, Stuttgart 2003, S. 66 ff.

die sonstigen privatrechtlichen Ansprüche als auch subjektiv-öffentliche Rechte ausgeschlossen und deshalb nicht mehr geltend gemacht werden können (§ 75 Abs. 2 VwVfG). Anträge auf Schutzvorkehrungen können dann noch gestellt werden, wenn bestimmte Auswirkungen des Vorhabens nicht vorhersehbar gewesen sind.

Weil nach § 45 Abs. 2 über die *Zulässigkeit der Enteignung* bereits im Planfeststellungsbeschluss entschieden wird, liegt der festgestellte Plan auch dem Enteignungsverfahren zugrunde und kann deshalb mit Rechtsmitteln – als Grundlage der Enteignung – nicht mehr angegriffen werden. Diese so genannte enteignungsrechtliche Vorwirkung bemisst sich in Bezug auf Hochspannungsfreileitungen (§ 43 Abs. 1 Satz 1 Ziff. 1) nach Bundesrecht (§ 75 VwVfG), in Bezug auf Gasversorgungsleitungen (Ziff. 2 des § 43 Abs. 1 Satz 1) nach Landesenteignungsrecht, § 45 Abs. 2 Satz 2. Dies bedeutet, dass sich im Hinblick auf Gasversorgungsleitungen die enteignungsrechtliche Vorwirkung unmittelbar aus Landesrecht ergeben muss[15]. Die Durchführung eines neuen Planfeststellungsverfahrens ist nur dann erforderlich, wenn vor Fertigstellung des Vorhabens der festgestellte Plan (wesentlich) geändert werden soll, § 76 Abs. 1 und 2 VwVfG. Nach Aufgabe des Vorhabens ist der Beschluss aufzuheben, § 77 VwVfG. 32

Sowohl das Verwaltungsverfahrensgesetz des Bundes (Hochspannungsfreileitungen) als auch die Verfahrensgesetze der Länder stellen die Rechtswirkungen von Planfeststellungsbeschluss und **Plangenehmigung** rechtlich weitgehend gleich. Dies betrifft Konzentrationswirkung, Rechtsgestaltungswirkung und – vgl. § 73 Abs. 4 Satz 3 VwVfG – auch die Präklusionswirkung. Weil jedoch § 45 Abs. 2 Satz 2 in Bezug auf die enteignungsrechtliche Vorwirkung bei Gasversorgungsleitungen auf das Landesrecht verweist und dieses regelmäßig[16] eine solche Vorwirkung im Hinblick auf das Enteignungsverfahren bei Planfeststellungen gerade nicht vorsehen wird, kann insofern – Gasleitungen – im Enteignungsverfahren über die Zulässigkeit der Plangenehmigung weiter gestritten werden. 33

---

15 Vgl. z. B. § 142 Abs. 1 LVwG Schl.-H; wegen des Verweises in § 1 Abs. 1 Nds. VwVfG auf § 75 VwVfG des Bundes ist in Niedersachsen in Bezug auf den Planfeststellungsbeschluss die enteignungsrechtliche Vorwirkung auch in Bezug auf Gasversorgungsleitungen gegeben.
16 Vgl. § 142 Abs. 6 Satz 2 HS 1 LVwG Schl.-H.; § 74 Abs. 6 Satz 2 VwVfG des Bundes für Niedersachsen.

34 Beginnt der Vorhabensträger nicht binnen fünf Jahren nach Eintritt der Unanfechtbarkeit mit der Durchführung des Planes, erlöschen die vorgenannten Wirkungen (§ 74 Abs. 6 Satz 4 in Verbindung mit § 75 Abs. 6 VwVfG). Die Planfeststellungsbehörde hat dann zu entscheiden, ob der Planfeststellungsbeschluss aufzuheben (§ 77 VwVfG) bzw. die Plangenehmigung zurückzunehmen ist.

2. Rechtsschutz

35 Planfeststellungsbeschluss bzw. Plangenehmigung werden typischerweise von **Obersten Landesbehörden** (z. B. Umweltministerien) als nach Landesrecht zuständiger Behörde erlassen. In diesen Fällen entfällt gemäß § 68 Abs. 1 Satz 2 VwGO das Widerspruchsverfahren. Deshalb sieht § 43 Abs. 3 konsequent die (unmittelbar zu erhebende) **Anfechtungsklage** gemäß § 42 Abs. 1 VwGO als Rechtsschutzmöglichkeit vor.

36 Die Anfechtungsklage ist beim zuständigen Oberverwaltungsgericht zu erheben, § 48 Abs. 1 Satz 1 Ziff. 4 VwGO. Wenn der Beschluss bzw. die Genehmigung rechtswidrig gewesen sind (z. B. keine ausreichende Abwägung der öffentlichen und privaten Belange) und den konkreten Kläger in seinen Rechten verletzt, ist die Klage auch zulässig und begründet. Wer Einwendungen im Sinne von § 73 Abs. 4 Satz 2 VwVfG nicht rechtzeitig erhoben hat, dem fehlt im Hinblick auf die eingetretene Präklusionswirkung die Klagebefugnis, § 42 Abs. 2 VwGO. Gegen die Entscheidung des OVG/VGH ist nach den §§ 132 ff. VwGO **Revision zum Bundesverwaltungsgericht** zulässig. In diesem Verfahrensstadium zur Rechtsschutzerlangung wird die Entscheidung nur noch auf Rechtsfehler überprüft[17]. Bei Verletzung von **Rechten des Vorhabensträgers** muss dieser binnen eines Monats **Verpflichtungsklage** zum OVG/VGH erheben.

37 Im Regelfall ist die Beantragung von Rechtsschutz damit verbunden, dass die ergangene behördliche Entscheidung dem Betroffenen gegenüber (einstweilen) noch keine Rechtswirkungen zeitigt, sog. Suspensiveffekt. Um wichtige Infrastrukturvorhaben nicht zu gefährden, ordnet § 43 Abs. 3 hiervon eine Ausnahme an, die sowohl Planfeststellungsbeschluss als auch Plangenehmigung betrifft: Der Anfechtungsklage kommt **keine aufschiebende Wirkung** zu. Damit kann

---

17 Vgl. *Rojahn*, Fachplanungsvorbehalt für Energiefreileitungen, aaO S. 66 ff.; *Kuxenko*, Umweltverträgliche Energieversorgung, NuR 2003, S. 332, 336.

III. Rechtswirkungen der Planfeststellung und Rechtsschutz

unmittelbar mit den Bauarbeiten für die Leitung begonnen werden. Der Anordnung eines besonderen Sofortvollzuges durch Planfeststellungs/Plangenehmigungsbehörde bedarf es daher nicht. Ein Betroffener kann aber mit Antrag nach § 80 Abs. 5 VwGO versuchen, durch Anrufung des OVG/VGH die aufschiebende Wirkung der Anfechtungsklage gegen Planfeststellungsbeschluss/-genehmigung **wieder herstellen zu lassen**. In diesem Fall endet die aufschiebende Wirkung erst, wenn die erhobene Anfechtungsklage abgewiesen wurde (§ 80b Abs. 1 Satz 1 VwGO), anderenfalls drei Monate nach Ablauf der gesetzlichen Begründungsfrist des gegen die abweisende Entscheidung möglichen Rechtsmittels. Der Antrag auf Wiederherstellung der aufschiebenden Wirkung kann gemäß § 80 Abs. 4 VwGO auch bei der für Beschluss/Genehmigung zuständigen Behörde gestellt werden.

§ 44 Vorarbeiten

(1) ¹Eigentümer und sonstige Nutzungsberechtigte haben zur Vorbereitung der Planung eines Vorhabens oder von Unterhaltungsmaßnahmen notwendige Vermessungen, Boden und Grundwasseruntersuchungen einschließlich der vorübergehenden Anbringung von Markierungszeichen sowie sonstige Vorarbeiten durch den Träger des Vorhabens oder von ihm Beauftragte zu dulden. ²Weigert sich der Verpflichtete, Maßnahmen nach Satz 1 zu dulden, so kann die zuständige Landesbehörde auf Antrag des Trägers des Vorhabens gegenüber dem Eigentümer und sonstigen Nutzungsberechtigten die Duldung dieser Maßnahmen anordnen.

(2) Die Absicht, solche Arbeiten auszuführen, ist dem Eigentümer oder sonstigen Nutzungsberechtigten mindestens zwei Wochen vor dem vorgesehenen Zeitpunkt unmittelbar oder durch ortsübliche Bekanntmachung in den Gemeinden, in denen die Vorarbeiten durchzuführen sind, durch den Träger des Vorhabens bekannt zu geben.

(3) ¹Entstehen durch eine Maßnahme nach Absatz 1 einem Eigentümer oder sonstigen Nutzungsberechtigten unmittelbare Vermögensnachteile, so hat der Vorhabensträger eine angemessene Entschädigung in Geld zu leisten. ²Kommt eine Einigung über die Geldentschädigung nicht zustande, so setzt die zuständige Landesbehörde auf Antrag des Vorhabensträgers oder des Berechtigten die Entschädigung fest. ³Vor der Entscheidung sind die Beteiligten zu hören.

Überblick	Seite	Rz.
I. Regelungszweck und Entstehungsgeschichte	884	1
II. Normadressaten und zulässige Maßnahmen (Abs. 1)....	885	5
1. Berechtigter und Verpflichtete...................	885	6
2. Duldungsverhältnis und duldungspflichtige Maßnahmen.................................	886	10
III. Ausgestaltung des Verfahrens und Rechtsschutz (Abs. 1 Satz 2 und Abs. 2)	888	17
IV. Anspruch auf Entschädigungsentgelt (Abs. 3)	889	23

§ 44 Vorarbeiten

I. Regelungszweck und Entstehungsgeschichte

1 Weil nur die Errichtung/Betrieb selbst planfeststellungs- bzw. plangenehmigungspflichtig ist, die Erstellung des Planes aber bereits zahlreicher und aufwendiger Vorarbeiten bedarf, ordnet § 44 zugunsten des Vorhabenträgers die Zulässigkeit von Vorbereitungs- und Unterhaltsmaßnahmen **kraft Gesetzes** auch gegenüber **Drittbetroffenen** an. Diese haben alle angemessenen und erforderlichen Planungsvorbereitungsmaßnahmen aber nur zu dulden (Abs. 1), wenn dies **zwei Wochen vorher** ortsüblich bekannt gemacht wurde (Abs. 2). Abs. 3 sieht einen Entschädigungsanspruch der Betroffenen und das zu seiner Festsetzung notwendige Verfahren vor.

2 § 44 ist fast wortgleich aus dem bisherigen Recht (§ 11b EnWG 2001) übernommen worden und hat Vorbilder im Verkehrswegeplanungsrecht. Man könnte insofern von notwendigen »Vorwirkungen des Planungsverfahrens« sprechen. Der Regierungsentwurf ist im Laufe des Gesetzgebungsverfahrens nicht mehr verändert worden.

3 Im Verhältnis zum früheren Recht ist allerdings **Satz 2** des § 44 Abs. 1 neu eingefügt worden: Um Rechtssicherheit sowohl zugunsten des Vorhabenträgers als auch der betroffenen Eigentümer und Nutzungsberechtigten zu schaffen, kann bei Verweigerung der Duldung solcher Maßnahmen die zuständige Landesbehörde eine Duldung anordnen. Die Vorschrift ist wegen der »Vervielfältigung der Zuständigkeiten« im neuen Energiewirtschaftsrecht erforderlich gewesen, weil ansonsten die Bundesnetzagentur im Hinblick auf die für sie vorgesehene Auffangzuständigkeit (§ 54 Abs. 3) trotz ihrer Ortsferne entsprechende Verfügungen hätte erlassen müssen.

4 Die Einfügung des **Satzes 2** in § 44 Abs. 1 ist der Stellungnahme des Bundesrates zum Regierungsentwurf zu verdanken[1]. In Angleichung an Vorschriften des Bundesfernstraßengesetzes sowie des Allgemeinen Eisenbahngesetzes sei es auch im Energiewirtschaftsrecht erforderlich, an die Stelle einer rein zivilrechtlichen Durchsetzung des Betretungsrechts usw. eine öffentlich-rechtliche Durchsetzung sicherzustellen (Ermöglichung einer behördlichen Duldungsanordnung). Dem hatte die Bundesregierung in ihrer Gegenäußerung nicht widersprochen, sondern eine Prüfung zugesagt[2].

---

1 BT-DrS 15/3917, Anlage 2, S. 78, 91 (Ziff. 49).
2 BT-DrS 15/4068, S. 8 (Ziff. 46).

II. Normadressaten und zulässige Maßnahmen (Abs. 1)

Mit § 44 Abs. 1 entsteht ein **besonderes öffentlich-rechtliches Benutzungsverhältnis** zwischen dem Vorhabenträger und den von der zukünftigen Planung Betroffenen (Eigentümer und Nutzungsberechtigte). Im Rahmen dieses Rechtsverhältnisses ist nur die Ausführung zur Vorbereitung der erforderlichen Maßnahmen der Planung duldungspflichtig.

1. Berechtigter und Verpflichtete

Berechtigt und damit Gläubiger des Duldungsanspruchs aus § 44 Abs. 1 ist der **Träger des Vorhabens** und damit derjenige, der Anträge nach § 43 Abs. 1 beabsichtigt. Hierfür kommt sowohl der zukünftige Betreiber der Leitung als auch der zukünftige Eigentümer in Betracht. Dieser kann »Beauftragte« bestellen, § 44 Abs. 1 Satz 1, die sich als Erfüllungsgehilfen (§ 278 BGB)[3] auf Anforderung ausweisen müssen. Weil es sich bei Durchführung von Vorarbeiten im Sinne von § 44 Abs. 1 Satz 1 um ein (öffentlich-rechtlich angeordnetes) **gesetzliches Schuldverhältnis** des Privatrechts handelt, haftet der Vorhabenträger sowohl für eigenes leitendes Personal (§ 31 BGB) als auch für Mitarbeiter (§ 831 BGB) und die Beauftragten (§ 278 BGB), wenn diese ihre Pflichten verletzen (§§ 280 Abs. 1, 241 Abs. 2 BGB). Bei Verletzung absolut geschützter Rechtsgüter haften die Beauftragten auch unmittelbar gemäß §§ 823 ff. BGB.

Handelt es sich nicht um ein Vorhaben im Sinne von § 43 Abs. 1 Satz 1, soll also beispielsweise die Voruntersuchung lediglich der Verlegung von Stromkabeln in der Erde dienen, ist auch § 44 Abs. 1 unanwendbar. In diesem Fall muss der Vorhabenträger versuchen, über die im Landesenteignungsrecht vorgesehenen Rechtsgrundlagen die Gestattung zur Auferlegung von Duldungspflichten zu erhalten, wenn eine Einigung mit den Betroffenen über die zeitweise Duldung der Nutzung nicht möglich ist.

Das Gesetz nennt in Satz 1 des § 44 Abs. 1 einerseits **Eigentümer**, andererseits **sonstige Nutzungsberechtigte als Verpflichtete**. Weil die Leitungen im Sinne von § 43 Abs. 1 Satz 1 eine Verbindung zu

---

[3] Vertretungsrecht ist unanwendbar (§§ 164 ff. BGB), weil es nicht um die Vorbereitung eines privatrechtlichen oder öffentlich-rechtlichen Vertrages zwischen den Betroffenen und dem Vorhabenträger geht.

Grund und Boden benötigen (Verlegung im Boden oder Befestigung auf Leitungsmasten, die im Boden verankert sind), ist mit § 44 Abs. 1 das **Grundeigentum** und dessen Nutzung angesprochen.

9 Wer Eigentümer eines betroffenen Grundstücks ist, kann dem Grundbuch entnommen werden. Im Grundbuch sind allerdings lediglich dingliche Nutzungsverhältnisse (z. B. Nießbrauch), nicht aber obligatorische Schuldverhältnisse wie Miet- und Pachtverhältnisse eingetragen. Will der Vorhabenträger einen Überblick über den Kreis der Betroffenen gewinnen, muss er insofern die Grundeigentümer anschreiben und um Auskunft bitten, wer im Einzelfall »sonstiger Nutzungsberechtigter« ist. Neben Nießbrauchsrechten kommen sowohl beschränkt persönliche Dienstbarkeiten als auch Erbbaurechte als besondere Nutzungspositionen dinglicher Natur in Betracht.

2. Duldungsverhältnis und duldungspflichtige Maßnahmen

10 Das gesetzliche Duldungsverhältnis im Sinne von § 44 Abs. 1 Satz 1 zwischen Vorhabenträger einerseits und Eigentümer/sonstigen Nutzungsberechtigten andererseits umfasst – Verhältnismäßigkeitsprinzip – nur **angemessene und erforderliche Vorbereitungsmaßnahmen**. Das Gesetz nennt – Betrachtung der Verfahrensstadien – insofern

– Planungsmaßnahmen

– Unterhaltungsmaßnahmen

11 Das Verfahrensstadium der **Planung** füllt das Gesetz **beispielhaft** in nicht enumerativer Aufzählung durch Benennung folgender Maßnahmen aus:

– Vermessungen

– Bodenuntersuchung

– Grundwasseruntersuchung

– vorübergehende Anbringung von Markierungszeichen

– sonstige Vorarbeiten

12 Entscheidend kommt es insofern darauf an, ob die Maßnahme **notwendig** ist, um im Hinblick auf Planerstellung und Umweltverträglichkeits-Vorprüfung dem Ziel einer sachgerechten Durchführung des späteren Planverfahrens zu dienen. Nicht geduldet werden müssen die

Anbringung oder die Verlegung von Leitungen, Vorbereitungsarbeiten für Betonfundamente, Bohrarbeiten; zwecks Erkundung der Geländestruktur zählen aber möglicherweise (vorbereitende) Probebohrungen zu den duldungspflichtigen Maßnahmen.

Der in § 44 Abs. 1 Satz 1 verwendete Begriff **Unterhaltungsmaßnahmen** ist ebenfalls auf die Vorbereitung der Planung bezogen und bedeutet, dass nicht nur die unmittelbar auf die Errichtung/Änderung des Vorhabens bezogenen Maßnahmen planungsvorbereitend zulässig sind, sondern auch erkundet werden kann, welche Erfordernisse mit der zukünftigen Unterhaltung der Leitung verbunden sein werden. Dies folgt unmittelbar bereits aus § 43 Abs. 1 Satz 1, der auch den **Betrieb der Leitung** dem förmlichen Planungsverfahren unterwirft. Mit dem Betrieb sind aber zwangsläufig Unterhaltungsmaßnahmen (Wartung, Reparatur, Instandsetzung) verbunden, für die besondere Baulichkeiten und Werkzeuge vorgehalten werden müssen (Errichtung eines Revisionsschachtes oder eines Schutzraumes für Mitarbeiter und Werkzeuge). 13

Dabei ist jedoch zu beachten, dass die duldungspflichtigen Maßnahmen nur der **Planung der Unterhaltung** des Leitungsbauvorhabens dienen dürfen; weil die Duldungspflichten aus dem besonderen gesetzlichen Schuldverhältnis des § 44 Abs. 1 mit Beendigung dieser Arbeiten (Einreichung des Planes) enden, soweit nicht zusätzliche Vorbereitungsmaßnahmen von der Planungsbehörde angefordert werden, kann sich nach Errichtung des Leitungsbauvorhabens der Eigentümer/Betreiber nicht mehr auf die Duldungsrechte aus § 44 Abs. 1 Satz 1 berufen[4]. 14

Entstehen Zweifel im Hinblick auf die **Notwendigkeit der Maßnahme** im Sinne des Verhältnismäßigkeitsprinzips, hat der Vorhabenträger diesen Umstand nachzuweisen und – Charakter des einstweiligen Rechtsschutzes im gesetzlichen Vorarbeiten-Duldungsverhältnis – unter Rückgriff auf Sachverständigen- oder allgemeinen Zeugenbeweis zumindest glaubhaft zu machen. 15

Die Durchführung der Vorarbeiten haben Eigentümer und sonstige Nutzungsberechtigte **auch zivilrechtlich** hinzunehmen. Insofern handelt es sich bei § 44 Abs. 1 Satz 1 um eine Norm, die im Sinne von § 1004 Abs. 2 BGB Abwehransprüche des Eigentümers nicht mehr 16

---

4 Insofern missverständlich bei *Büdenbender*, EnWG 1998, § 11b Rz. 12.

ermöglicht. Für den unmittelbaren Besitzer (Pächter, Mieter) gilt Entsprechendes über § 861 BGB.

III. Ausgestaltung des Verfahrens und Rechtsschutz (Abs. 1 Satz 2 und Abs. 2)

17 Die betroffenen Eigentümer werden von der Leitungsbaumaßnahme häufig frühzeitig über Presse- und Rundfunkveröffentlichungen Kenntnis erlangen. Weil anders als im Enteignungsverfahren (§ 45) der Vorhabenträger nicht verpflichtet ist, über Duldungs- und Gestattungsverträge zunächst zu versuchen, ein Einverständnis der Betroffenen herbeizuführen, setzt die Duldungspflicht nach § 44 Abs. 2 die Bekanntgabe der Absicht voraus, Vorarbeiten auszuführen. Diese **Bekanntgabe** ist **mindestens zwei Wochen** vor dem vorgesehenen Zeitpunkt des Beginns der Arbeiten zu realisieren, wobei dem Träger zwei Bekanntgabewege zur Verfügung stehen:

– unmittelbare Bekanntgabe gegenüber den Betroffenen

– ortsübliche Bekanntgabe in den Gemeinden

18 Regelmäßig werden diejenigen Presseorgane als Veröffentlichungsmedien gewählt werden, die auch die Gemeinde und der Landkreis verwenden, um veröffentlichungspflichtige Vorhaben einem größeren Kreis von Einwohnern bekannt zu geben.

19 § 44 Abs. 2 ist zwingender Natur. Obwohl eine unmittelbare Verknüpfung mit der Duldungspflicht nach Abs. 1 Satz 1 rechtstechnisch nicht verwirklicht ist, wird man mit *Büdenbender* die Mitteilungs- und Informationspflicht als Wirksamkeitsvoraussetzung des Entstehens des Duldungsverhältnisses einstufen müssen[5].

20 Nach Ablauf der Mindestfrist gemäß § 44 Abs. 2 ist der Vorhabenträger berechtigt, mit den Vorbereitungsmaßnahmen für die Planung zu beginnen. Dies schließt Betretung fremden Eigentums und Besitzes einschließlich der Nutzung im notwendigen Umfang ein. Verweigert ein Betroffener die Duldung, kann insofern – wie nach § 11b Abs. 1 EnWG 2001 noch erforderlich – Klage vor dem örtlich zuständigen Amts- oder Landgericht mit dem Ziel erhoben werden, dem Eigentümer usw. die Duldung aufzuerlegen (Leistungsklage) oder die Duldungspflicht zumindest festzustellen (Feststellungsklage). Weil einst-

---

5 *Büdenbender*, EnWG 1998, § 11b Rz. 15 f.

weiliger Rechtsschutz in diesen Fällen kaum zu erlangen ist, würde sich der Zivilrechtsweg allerdings als langwierig herausstellen.

Mit Einfügung des Vorschlags des Bundesrates, eine **Anordnungsbefugnis der nach Landesrecht zuständigen Behörde** vorzusehen, besteht nunmehr die (vorzugswürdige) Rechtsschutzmöglichkeit für den Vorhabenträger nach § 44 Abs. 1 Satz 2. Insofern wird der Vorhabenträger unter möglichst genauer Beschreibung der durchzuführenden Maßnahmen und Darlegung deren Notwendigkeit beantragen, dem Eigentümer usw. gegenüber die Verpflichtung zur **Duldung öffentlich-rechtlich anzuordnen.** Weil insofern nach § 80 Abs. 2 Satz 1 Ziff. 4 VwGO auch der Antrag auf Anordnung des Sofortvollzuges gestellt werden kann, wird dem Vorhabenträger mit Bekanntgabe dieser Verwaltungsakte der Zugriff auf die Grundstücke zur Durchführung der Vorarbeiten unmittelbar eröffnet. Die betroffenen Eigentümer usw. können gegen die Duldungsanordnung Rechtsschutz einschließlich der Wiederherstellung der aufschiebenden Wirkung nach § 80 Abs. 5 VwGO beantragen. Die Duldungsanordnung tritt an die Stelle der Willenserklärung des Eigentümers, mit der der Gestattungsvertrag normalerweise zustande kommt. 21

Nach Landesrecht zuständige Behörde ist nicht die Enteignungsbehörde, sondern die Behörde, die nach § 43 Abs. 1 Satz 1 in Verbindung mit Landesrecht für Planfeststellung/Plangenehmigung zuständig ist. Soweit keine Delegation erfolgt ist, wird dies häufig das Ministerium als oberste Landesbehörde sein (Umwelt- oder Verkehrsministerium). 22

IV. Anspruch auf Entschädigungsentgelt (Abs. 3)

Bereits im Zuge der Vorarbeiten können Schäden durch Betreten und Benutzen des Grundstücks entstehen, die den Eigentümer oder sonstigen Nutzungsberechtigten in seinem Nutzungsrecht oder allgemein in seinem Vermögen belasten. Ob ein Schaden entstanden ist, muss im Hinblick auf die analoge Anwendung des § 249 BGB geklärt werden, wobei die Differenz zwischen dem (hypothetischen) Vermögenszustand des Betroffenen ohne die Vorarbeiten und dem konkreten Vermögenszustand maßgeblich ist. Zugleich ist aber zu beachten, dass § 44 Abs. 3 lediglich von **Entschädigung** und nicht von **Schadensersatz** spricht, so dass die zum Enteignungsverfahren entwickelten 23

Grundsätze sowie § 906 Abs. 2 Satz 2 BGB zu berücksichtigen sind[6]. Entgangener Gewinn (§ 252 BGB) kann deshalb nicht verlangt werden.

24 Der Entschädigungsanspruch ist unabhängig davon, ob der Nachteil an einem absolut geschützten Rechtsgut oder lediglich ein Vermögensschaden eingetreten ist. Auch immaterielle Schäden sind nicht ersatzlos hinzunehmen, wenn sie die Mindestvoraussetzungen des § 253 BGB analog erfüllen.

25 Typische Schäden sind einmal Substanzschäden (Bodenverdichtung, Vernichtung von Ernte, Absenkung des Bodens usw.), aber auch Nutzungsbeeinträchtigungen (fehlender Weidegrund für Vieh). Geschuldet wird allein Geldzahlung (§ 251 Abs. 1 BGB analog), nicht aber Naturalrestitution (Wiederherstellung). Da sich jedoch aus § 44 Abs. 1 Satz 1 die Duldung nur im unabdingbar notwendigen Umfang ergibt, wird man bereits aus diesem gesetzlichen Schuldverhältnis in der Art eines actus contrarius die Pflicht zur Wiederherstellung folgern müssen. Gerade weil die Zurücklassung des Grundstücks ohne Wiederherstellung weitere Folgeschäden hervorrufen würde, kann der Grundeigentümer/Pächter diese Wiederherstellung erwarten.

26 Primär werden sich Vorhabenträger und Betroffene über die Höhe der angemessenen Entschädigung einigen. Entstehen Streitigkeiten, so kann jeder der Beteiligten des Entschädigungsverhältnisses bei der nach Landesrecht zuständigen Behörde (Planfeststellungsbehörde) einen **Entschädigungsfestsetzungsantrag** stellen, § 44 Abs. 3 Satz 2. Die Festsetzung ergeht als Verwaltungsakt nach Anhörung der Beteiligten, Satz 3 des § 44 Abs. 3. Weil ein besonderes Verwaltungsverfahren vorgesehen ist, kann Rechtsschutz der Zivilgerichte insofern nicht in Anspruch genommen werden.

27 Gegen die Entscheidung der Behörde über die Höhe der Entschädigung ist der **Verwaltungsrechtsweg** gegeben; das Widerspruchsverfahren nach §§ 68 ff. VwGO ist nur durchzuführen, wenn nicht eine oberste Landesbehörde entschieden hat.

28 Weil es sich bei der Festsetzung nach § 44 Abs. 3 Satz 2 nicht um eine im Enteignungsverfahren (§ 45) ergehende Maßnahme handelt, sondern Duldung und Entschädigung der Vorbereitung der förmlichen Planungsverfahren nach § 43 dienen, ist § 40 Abs. 2 VwGO (Sonder-

---

[6] Überblick bei *Palandt/Bassenge*, BGB, § 906 Rz. 33.

IV. Anspruch auf Entschädigungsentgelt (Abs. 3)

zuweisung an die ordentliche Gerichtsbarkeit) nicht einschlägig[7]. Jedenfalls nachdem § 44 Abs. 1 Satz 2 ein besonderes verwaltungsbehördliches Verfahren zur Überprüfung der Duldungspflicht bei Vorarbeiten in das Gesetz eingefügt hat, wäre es unverständlich, wenn die in derselben Angelegenheit (Vorverfahren zum PFV) die ordentlichen Gerichte entscheiden müssten[8].

---

[7] Ebd. BGH v. 15.12.1994, NJW 1995, 964, 965 f. – Ernteausfälle; aA *Schoch*, Der Rechtsweg bei ausgleichspflichtigen Eigentumsinhaltsbestimmungen, JZ 1995, S. 768 ff.; *Lege*, Der Rechtsweg bei Entschädigung für enteignende Wirkungen, NJW 1995, S. 2745 ff.; vgl. auch BVerwGE 94, 1, 7 f. – Nutzungsverbot einer NaturschutzV.
[8] AA auch *Büdenbender*, EnWG 1998, § 11b Rz. 29 (zum alten Recht).

§ 45 Enteignung

(1) Die Entziehung oder die Beschränkung von Grundeigentum oder von Rechten am Grundeigentum im Wege der Enteignung ist zulässig, soweit sie zur Durchführung

1. eines Vorhabens, für das nach § 43 der Plan festgestellt oder genehmigt ist,

2. eines sonstigen Vorhabens zum Zwecke der Energieversorgung

erforderlich ist.

(2) [1]Über die Zulässigkeit der Enteignung wird in den Fällen des Absatzes 1 Nr. 1 im Planfeststellungsbeschluss oder in der Plangenehmigung entschieden; der festgestellte oder genehmigte Plan ist dem Enteignungsverfahren zu Grunde zu legen und für die Enteignungsbehörde bindend. [2]Die Zulässigkeit der Enteignung in den Fällen des Absatzes 1 Nr. 2 stellt die nach Landesrecht zuständige Behörde fest.

(3) Das Enteignungsverfahren wird durch Landesrecht geregelt.

Rechtsprechung zum früheren Recht

BVerfG v. 29.6.1994, RdE 1994, 232 – Klagebefugnis bei Nichtbeanstandungserklärung; BGH v. 17.3.1994, NJW 1994, 3156 – Verlegung der Fernwasserleitung; BayVGH v. 13.7.1992, RdE 1993, 15 – Belastung mit Leitungsrecht; VG Bayreuth v. 10.10.90, RdE 1992, 29 – Leitungsrecht in Geh- und Radwegen; AG Offenbach v. 14.6.1989, RdE 1989, 250 – Enteignungsentschädigung für Grundstücksüberspannung; BayStMin. f. Wirtschaft u. Verkehr v. 1.8.1988, RdE 1989, 313 – Enteignung von Versorgungsverkehr; HessVGH v. 3.7.1987, RdE 1989, 270 – Besitzeinweisung zwecks Leitungsbaus; OLG Hamm v. 4.11.1996, RdE 1997, 152 – Unterirdisches Leitungskabel; OLG Koblenz v. 5.7.1996, RdE 1997, 154 – Transformatorenkompaktstation; VGH Bayern v. 25.4.1996, RdE 1997, 23 – Dienstbarkeit für 110-kV-Einfachleitungen; VGH Bayern v. 25.4.1996, RdE 1997, 22 – Zwangsbelastung mit Leitungsrechten; OLG Oldenburg v. 6.3.1996, RdE 1996, 244 – Gestattungsvertrag über Ferngasleitung; BFH v. 17.5.1995, BB 1995, 2042 – Überspannung mit Freileitung; VG Regensburg v. 5.12.1995, RdE 1996, 190 – Trafostation an der Grundstücksgrenze.

§ 45 Enteignung

Literatur zum früheren Recht

Assies, Duldungs- und Verkehrssicherungspflichten bei Energieversorgungsleitungen im (Fort-) Geltungsbereich der DDR-Energieverordnung, DtZ 1994, S. 396 ff.; *Böhringer*, Problemfälle bei der Grundbuchbereinigung in den neuen Bundesländern, DtZ 1994, S. 194 ff.; *Möller*, Leitungsrechte in den neuen Bundesländern nach § 9 Grundbuchbereinigungsgesetz, RdE 1997, S. 101 ff.; *Moojer*, Nutzungsrechte an privaten Grundstücken für Versorgungsanlagen in den neuen Bundesländern, DtZ 1996, S. 362 ff.; *Seeliger*, Benutzung fremder Grundstücke durch Leitungen der öffentlichen Versorgung in den neuen Bundesländern, DtZ 1995, S. 34 ff.

Übersicht	Seite	Rz.
I. Normzweck und Rechtsentwicklung	895	1
II. Art. 14 GG als verfassungsrechtlicher Rahmen	899	12
III. Enteignungsformen und Enteignungsbegünstigte (Abs. 1)	903	19
1. Enteignungsbegünstigte	903	20
2. Enteignungsformen	905	24
a) Beschränkung von Rechten am Grundeigentum	905	25
b) Beschränkung von Grundeigentum	906	26
c) Eigentumsentziehung	906	27
3. Verhältnis zum freien Netzzugang	906	28
IV. Enteignungsvoraussetzungen (Abs. 1)	907	30
1. Vorhaben zum Zwecke der Energieversorgung	907	31
a) Vorhaben nach § 43 (Ziff. 1)	908	32
b) Sonstige Vorhaben (Ziff. 2)	909	35
2. Erforderliche Vorhaben	909	38
a) Geeignetheit der Enteignung	911	41
b) Erforderlichkeit	911	42
c) Angemessenheit (Verhältnismäßigkeit ieS)	912	44
d) Besondere Voraussetzungen bei privatnützigen Enteignungen	913	48
aa) Deutliche Umschreibung des mittelbar verwirklichten Enteignungszwecks	914	49
bb) Grundlegende Enteignungsvoraussetzungen und Verfahren	915	50
cc) Regelung von Vorkehrungen zur Sicherung des verfolgten Gemeinwohlziels	916	53
dd) Fehlen einer expliziten Regelung	916	54

V.	Enteignungsverfahren (Abs. 2 und 3)	917	56
	1. Enteignungsrechtliche Vorwirkung................	918	58
	2. Rechtsschutz	919	62

I. Normzweck und Rechtsentwicklung

§ 45, der im Laufe des Gesetzgebungsverfahrens zum EnWG 2005 **1**
nicht mehr geändert wurde, ist wortgleich mit der Vorläufervorschrift
(§ 12 EnWG 1998 in der ab 1.1.2001 geltenden Fassung). Die Zulässigkeit von Enteignungen für Zwecke der öffentlichen Energieversorgung war bereits in § 11 EnWG 1935 unter der Überschrift »Enteignung von Grundeigentum« wesentlich ausführlicher geregelt. Der Bundesgesetzgeber hatte diese alte Vorschrift in seinen Willen aufgenommen, als er durch Zuständigkeitslockerungsgesetz vom 10.3.1975 die Sätze 2 und 3 in § 11 Abs. 2 EnWG 1935 einfügte[1].

§ 11 Abs. 1 EnWG 1935 enthielt den Grundsatz. Danach war die Entziehung oder die Beschränkung von Grundeigentum oder Rechten **2**
am Grundeigentum im Wege der Enteignung für Zwecke der öffentlichen Energieversorgung bei »Erforderlichkeit« zulässig und (vgl. Art. 83 GG) von den zuständigen Landesbehörden festzustellen. § 11 Abs. 2 verwies hinsichtlich des Verfahrens auf die Landesgesetze und ermöglichte auch die vorzeitige Besitzeinweisung. Die Landesregierungen waren ermächtigt, durch Rechtsverordnung die zuständige Behörde (Landeswirtschaftsminister oder Landesumweltminister) abweichend zu bestimmen und die Ermächtigung auf oberste Landesbehörden zu übertragen. § 11 Abs. 3 war im Wesentlichen obsolet, weil die Vorschrift auf ein zukünftiges Reichsenteignungsgesetz verwies.

Die Enteignungsvorschrift des Reformgesetzes 1998 ist als § 7 bereits **3**
in der Entwurfsfassung von 1996 enthalten gewesen[2]. Diese Vorschrift entsprach zwar ihrem Wortlaut nach nicht exakt dem Gesetz gewordenen Enteignungstatbestand des § 12 EnWG 1998; dies war aber nicht Veränderungen mit materieller Zielsetzung im Laufe des weiteren Gesetzgebungsverfahrens, sondern dem Umstand geschuldet, dass § 6 Entwurfsfassung (Planfeststellungsverfahren für Höchstspannungsfreileitungen) vom Wirtschaftsausschuss des Deutschen Bun-

---

1 BGBl. I 1975, S. 685.
2 BT-DrS 13/7274, S. 5.

destages gestrichen wurde[3]. Konsequent wurden die Verweise in § 7 der Entwurfsfassung zum EnWG 1998, die Höchstspannungsfreileitungen zum Gegenstand hatten, vom Wirtschaftsausschuss getilgt[4]. Damit hatte es materiell keine Änderung im Verhältnis zur Entwurfsfassung gegeben. Lediglich § 7 Abs. 3 der Entwurfsfassung (später § 12 Abs. 3 EnWG 1998) ist mit dem Ziel verändert worden, eine Zustimmungsfreiheit des Gesetzes im Bundesrat zu erreichen. Während in der Entwurfsfassung auf die **Enteignungsgesetze** der Länder verwiesen wurde, lautete § 7 Abs. 3 der Entwurfsfassung nach den Verhandlungen im Wirtschaftsausschuss des Deutschen Bundestages[5]:

»Das Enteignungsverfahren wird durch Landesrecht geregelt.«

4 Weil der Bundesgesetzgeber in die Länderkompetenzen möglichst wenig einzugreifen gedachte, sollten die Länder in der Lage sein, das Enteignungsverfahren zum Zwecke der Energieversorgung – allgemein oder speziell – frei zu regeln. Eine Bezugnahme auf bestehende oder zu schaffende Enteignungsgesetze hätte die Länderkompetenzen allzu heftig tangiert. Die Gesetzesfassung stellte klar, dass ein Verfahren des jeweiligen Bundeslandes nach den in diesem Bundesland geltenden Grundsätzen durchzuführen war und lediglich der Verfahrensanlass – Enteignung zum Zwecke von Vorhaben der Energieversorgung – als unabdingbar erforderliche Mindestvoraussetzung materieller Art dem Bundesrecht zu entnehmen sein sollte.

5 In der Fassung des Wirtschaftsausschusses ist diese geänderte Entwurfsfassung dann als § 12 EnWG 1998 schließlich Gesetz geworden. Die Entwurfsfassung 1996 hatte der Gesetzgeber wie folgt begründet[6]:

»Ohne die Inanspruchnahme fremden Grundeigentums (insbes. bei Leitungen) ist die Versorgung mit Elektrizität und Gas nicht durchführbar. Sie ist auch wichtig im Hinblick auf das wettbewerbliche System, das mit der Gesamtreform des Ordnungsrahmens für Strom und Gas eingeführt wird und den Leitungsbau als ein wesentliches Wettbewerbsinstrument beinhaltet. Im Rahmen einer sicheren, preisgünstigen und umweltverträglichen Energieversorgung und im Interesse des Wettbewerbs bei Strom und Gas

---

3 BT-DrS 13/9211, S. 12.
4 Ebd. S. 13.
5 Ebd. S. 13.
6 BT-DrS 13/7274, S. 20 (Auszüge).

müssen die Entziehung oder die Beschränkung von Grundeigentum oder von Rechten am Grundeigentum im Wege der Enteignung zugelassen werden. Dazu ist ein besonderer Enteignungstatbestand im Energiewirtschaftsgesetz notwendig. Er gilt auch für zusätzliche Direktleitungen zur Belieferung einzelner Kunden, da dieses Wettbewerbsinstrument für die im Allgemeininteresse angestrebte Einführung eines stärker wettbewerblich geprägten Ordnungsrahmens von besonderer Bedeutung ist.

Ob Enteignungen zum Zweck der Energieversorgung erforderlich sind, ist unter Berücksichtigung des Gesetzeszwecks und der mit der Gesamtreform bezweckten Schaffung von Wettbewerb bei Strom und Gas zu ermitteln. Sie sind also nicht generell bei jedem Vorhaben eines Energieversorgungsunternehmens zulässig, sondern müssen vielmehr im Interesse einer möglichst sicheren, preisgünstigen und umweltverträglichen Energieversorgung sowie im Interesse des Wettbewerbs bei Strom und Gas erforderlich sein.«

Die Begründung zeigt deutlich das Spannungsfeld auf, in dem dieser spezielle Enteignungstatbestand angesiedelt war und heute noch ist. Einerseits verpflichtet der Gesetzgeber die Netzbetreiber zur »Durchleitung« fremder Energie durch eigene Netze, §§ 20 ff. Andererseits werden Gemeinden verpflichtet, ihr öffentliches Wegenetz für den Leitungsbau zur Verfügung zu stellen (§ 46 Abs. 1). Gleichwohl besteht weiterhin ein Bedürfnis für die Errichtung von Leitungen für den Transport von Elektrizität oder Gas, indem das bestehende Netz verstärkt und optimiert wird. **6**

Nachdem das ursprüngliche Vorhaben, Höchstspannungsleitungen im Wege eines Planfeststellungsverfahrens länderübergreifend besonders zu genehmigen und damit gleichzeitig über die zu diesem Zweck erforderlichen Enteignungen zu entscheiden, am (allgemeinen) Widerstand der Länder und damit dem Erfordernis, die Reform »zustimmungsfrei« zu halten, gescheitert war, bedurfte es nach Inkrafttreten der Reform 1998 weiterhin eines Auffangtatbestandes zur Durchsetzung notwendiger Infrastruktureinrichtungen im Rahmen der Gas- und Elektrizitätsversorgung. **7**

Mit der Reform des Umweltrechts ist § 12 EnWG mit Wirkung zum 1.1.2001 erneut geändert worden, um den Enteignungstatbestand mit der neuen Vorschrift über »Planfeststellungsverfahren für Energieanlagen« (§ 11a EnWG 2001) zu harmonisieren. Lediglich § 12 Abs. 3 EnWG 1998 blieb unverändert. **8**

§ 45 Enteignung

9 Während das EnWG 1998 noch auf der – wegen ihrer tatbestandlichen Unbestimmtheit rechtsstaatlich bedenklichen Fassung – des EnWG 1935 beruhte[7], bezog sich die auch ab 13.7.2005 als § 45 unverändert fortgeltende Neufassung des Enteignungstatbestandes nunmehr auf die Voraussetzungen für Planfeststellungsverfahren und Plangenehmigung und damit zugleich auf das geänderte UVPG sowie das Bundes-Verwaltungsverfahrensgesetz, soweit es um die jetzt in § 43 Abs. 1 Satz 1 aufgeführten Versorgungsleitungen geht. Für sonstige Vorhaben zum Zwecke der Energieversorgung ist allerdings keine inhaltliche Ausdifferenzierung erfolgt. Mit § 12 Abs. 2 EnWG 2001 wurde die sog. **enteignungsrechtliche Vorwirkung** von Planfeststellungsbeschluss bzw. Plangenehmigung festgeschrieben; lediglich für die sonstigen Energievorhaben bestimmt die Landesenteignungsbehörde Art und Umfang der erforderlichen Enteignung, § 12 Abs. 2 Satz 2 EnWG 2001 = § 45 Abs. 2 Satz 2 EnWG 2005.

10 Die Bundesregierung hatte die Novellierung im Rahmen des »Gesetzes zur Umsetzung der UVP-Änderungsrichtlinie« wie folgt begründet[8]:

»Allgemeines:

Ohne die Inanspruchnahme fremden Grundeigentums (insbesondere bei Leitungen) ist die Versorgung mit Elektrizität und Gas nicht durchführbar. Im Interesse einer sicheren, preisgünstigen und umweltverträglichen Energieversorgung und im Interesse des Wettbewerbs bei Strom und Gas ist die Entziehung oder Beschränkung von Grundeigentum oder von Rechten am Grundeigentum im Wege der Enteignung zugelassen.

Absatz 1:

Absatz 1 lässt die Enteignung zu, soweit sie zur Durchführung eines festgestellten oder genehmigten Vorhabens (Nummer 1) oder für sonstige Vorhaben zum Zwecke der Energieversorgung (Nummer 2) erforderlich ist. Nummer 1 ergänzt insoweit das in § 11a geregelte Planfeststellungs- und Plangenehmigungsverfahren, indem die privaten Belange der Grundstückseigentümer in die Abwägung zwar einbezogen werden, über die Zulässigkeit der

---

7 Zur Kritik vgl. unten § 45 Rz. 49 ff.
8 Vom 10.11.2000, BT-DrS 674/00, Einzelbegründung zu Art. 20 (Änderung des Energiewirtschaftsgesetzes), Nr. 2 (§ 12 EnWG), S. 149.

Enteignung als solche aber nicht entschieden wird. Nummer 2 enthält den besonderen Enteignungstatbestand für sonstige Vorhaben. Enteignungen sind nicht generell bei jedem Vorhaben eines Energieversorgungsunternehmens zulässig, sondern müssen vielmehr im Interesse einer möglichst sicheren, preisgünstigen und umweltverträglichen Energieversorgung sowie im Interesse des Wettbewerbs bei Strom und Gas erforderlich sein.

Absatz 2:

Absatz 2 bestimmt, dass die Behörde im Sinne des § 18 EnWG für die Feststellung der Zulässigkeit einer Enteignung nach Absatz 1 Nummer 2 zuständig ist. Ob eine Enteignung erforderlich ist, kann am besten durch die das Energiewirtschaftsgesetz ausführende Behörde geprüft werden. Bei planfestgestellten oder plangenehmigten Hochspannungsfreileitungen oder Gashochdruckleitungen bedarf es hingegen keiner besonderen Feststellung der Zulässigkeit mehr. Die privaten Belange der Grundstückseigentümer werden bereits im Planfeststellungs- bzw. im Plangenehmigungsverfahren umfassend geprüft und berücksichtigt. Ein bestandskräftiger Planfeststellungsbeschluss oder eine bestandskräftige Genehmigung legen die Trassenführung einer Leitung abschließend fest, so dass sich daraus automatisch ergibt, bei welchen Grundstücken eine Enteignung zulässig ist. Es ist deshalb ausreichend, den Plan im Enteignungsverfahren zugrunde zu legen und die Enteignungsbehörde daran zu binden.«

Im weiteren Verlauf des Gesetzgebungsverfahrens zum sog. »Artikel-Gesetz« betreffend die Anpassung des deutschen Umweltrechts an die EG-rechtlichen Vorgaben ist dann § 12 EnWG 1998 nicht mehr geändert worden, am 1.1.2001 in Kraft getreten[9] und gilt seit dem 13.7.2005 als § 45 unverändert fort.

II. Art. 14 GG als verfassungsrechtlicher Rahmen

Art. 14 Abs. 3 GG lässt die Enteignung zum Wohle der Allgemeinheit u. a. aufgrund eines Gesetzes gegen Entschädigung zu. § 45 regelt zwar die Entschädigung nicht selbst; der Verweis auf das Enteignungsverfahren soll jedoch die dort geregelte Entschädigung einbe-

---

9 Art. 20 des sog. Artikelgesetzes vom 27.7.2000, BGBl. I S. 1950.

ziehen[10]. Da Art. 14 Abs. 3 GG Enteignungen ausdrücklich zulässt, ist die Beachtung des Zitiergebots (Art. 19 Abs. 1 Satz 2 GG) nicht erforderlich[11].

13 Daraus ergibt sich die folgende Arbeitsteilung: Während § 45 Abs. 1 i.V. mit § 43 die materiell-rechtlichen Voraussetzungen für die Enteignung – allerdings recht knapp – regelt, werden die wegen der Einschränkung des Grundrechts des Art. 14 GG erforderlichen Ausführungsmodalitäten einschl. der Entschädigungsregelung den Landesenteignungsgesetzen überlassen. Das nach Art. 14 Abs. 3 Satz 2 GG erforderliche Gesetz stellt damit für allgemeine Energieversorgungsvorhaben das Landesenteignungsgesetz i. V. mit § 45 Abs. 1, für die speziellen Leitungsbauvorhaben die §§ 43, 45 i.V. mit dem Landesenteignungsrecht dar. Weil die Elektrizitäts- und Gasversorgung regelmäßig in privatwirtschaftlichen Formen betrieben wird, wird es sich bei einer Enteignung i. S. von § 45 Abs. 1 meist um eine solche **zugunsten Privater** handeln.

14 Grundsätzlich darf eine Enteignung aber nicht bloßer Privatinteressen wegen erfolgen[12]. Ausreichend ist es allerdings, dass sich der Nutzen für das allgemeine Wohl wenigstens als mittelbare Folge der Unternehmenstätigkeit ergibt[13]. Für diesen Fall muss das Gesetz i. S. von Art. 14 Abs. 3 Satz 2 GG den nur mittelbar verwirklichten Enteignungszweck deutlich umschreiben, die grundlegenden Enteignungsvoraussetzungen und das Verfahren zur Ermittlung festlegen sowie Vorkehrungen zur Sicherung des verfolgten Gemeinwohlziels treffen[14]. In den diesen Leitsätzen zugrunde liegenden Verfahren ging es um die Anordnung einer Unternehmensflurbereinigung mit dem Ziel, die Anlage eines Prüfgeländes für Kraftfahrzeuge in Baden-Württemberg zu ermöglichen. Das Prüfgelände diente unmittelbar den Zwecken eines großen Automobilherstellers, mittelbar aber auch dem öf-

---

10 Gesetzesbegründung zu § 7 Entwurfsfassung EnWG 1998, BT-DrS 13/7274, S. 20 (zu Abs. 3, rechte Spalte): »Das Enteignungsverfahren richtet sich daher nach den jeweiligen landesrechtlichen Vorschriften. Dies gilt auch für die Entschädigung, die dort im einzelnen geregelt wird.«
11 BVerfGE 28, 289. Vgl. die Nachw. bei *Schmidt-Bleibtreu/Klein*, Kommentar zum Grundgesetz, Art. 19 Rz. 8 m. Nachw.
12 BVerfGE 66, 248, 257 ff. – Hochspannungsmast.
13 BVerfGE 66, 248, 257 – Hochspannungsmast.
14 BVerfGE 74, 264, 286 ff. – Boxberg; dazu kritische Anm. *Papier* JZ 1987, S. 619 ff. Vgl. auch *Salje*, Künstlersozialversicherung und Wettbewerb, AfP 1988, S. 4 ff.

fentlichen Wohl (Unternehmenssteuern, Arbeitsplätze, Wohlstand für die Region). Da das zugrunde liegende Gesetz jedoch keine deutliche Umschreibung des nur mittelbar verwirklichten Enteignungszwecks enthielt, die grundlegenden Enteignungsvoraussetzungen und das Verfahren zu ihrer Ermittlung nicht exakt genug festlegte und keine Vorkehrungen zur Sicherung des verfolgten Gemeinwohlziels enthielt, reichte die gesetzliche Ermächtigungsgrundlage aufgrund der unmittelbaren Privatnützigkeit der Enteignung nicht aus, um die behördlichen Anordnungen zu tragen.

Bei Enteignungen für **Vorhaben zum Zwecke der Energieversorgung** (Erzeugungsanlagen, Übertragungs- und Verteilernetze einschließlich der dazu notwendigen Anlagen wie Transformatoren und Steuerleitungen) steht das öffentliche Wohl stärker im Vordergrund. Allerdings wird dieses Wohl regelmäßig ebenfalls nur mittelbar verwirklicht, nämlich auf dem Wege über eine unmittelbare Privatnützigkeit der einzelnen Enteignung. Dabei kann es keinen Unterschied machen, ob Anteilseigner des Unternehmens überwiegend die öffentliche Hand (Bund, Länder oder Gemeinden) oder private Aktionäre sind. Für eine Ungleichbehandlung solcher Unternehmen in Bezug auf Infrastruktureinrichtungen gibt es keinen sachlich rechtfertigenden Grund. 15

Die Rechtsprechung hat daher Enteignungen für Vorhaben zum Zwecke der Energieversorgung regelmäßig erleichtert zugelassen[15]. Häufig gelingt es auch, über umfassende entgeltliche Gestattungsverträge – beispielsweise mit Berufsverbänden von Landwirten – die notwendige Infrastruktureinrichtung außerhalb einer Enteignung zu ermöglichen[16]. Wünschenswert wäre es wegen des Doppelcharakters von Enteignungen zum Zwecke der Energieversorgung[17], die Maßgaben des Bundesverfassungsgerichts aus der Boxberg-Entscheidung stärker als früher erfolgt zu berücksichtigen. § 43 hat zwar i.V. mit dem UVPG und den §§ 72 ff. VwVfG in seinem Bereich eine erhöhte Transparenz durch Abwägung der maßgeblichen Belange sowie be- 16

---

15 Vgl. BVerfGE 74, 264, 284 ff. – Boxberg; E 66, 248, 257 – Hochspannungsmast; VGH Bayern RdE 1997, 23 – Dienstbarkeit für 110-kV-Einfachleitungen; VGH Bayern RdE 1997, 22 – Zwangsbelastung mit Leitungsrechten; vgl. auch VG Regensburg RdE 1996, 190 – Trafostation an der Grundstückgrenze.
16 OLG Oldenburg RdE 1996, 244 – Gestattungsvertrag über Ferngasleitung.
17 Unmittelbar privatnützig (EVU), mittelbar gemeinwohlbezogen.

§ 45 Enteignung

sondere Verfahrensförmlichkeit bewirkt, berücksichtigt aber nicht die Privatnützigkeit explizit als besonders abzuwägenden Belang.

17 Die »Doppelgesichtigkeit« solcher Enteignungsentscheidungen besteht darin, dass sie unmittelbar privatnützigen Zwecken dienen. Es muss daher besonders geprüft werden, ob das Wohl der Allgemeinheit die Enteignung unabdingbar erfordert oder ob diese primär dem Unternehmenswohl zugute kommt[18]. Der Gesetzgeber wäre durchaus in der Lage, diese Problematik in Tatbestandsmerkmale mit dem Ziel zu fassen, entsprechend den Vorgaben des Bundesverfassungsgerichts die Kontrolle der Allgemeinnützigkeit sicherzustellen. Über die §§ 20 ff. sowie §§ 17 ff. ist allerdings bereits sichergestellt, dass die Leitung auf jeden Fall einer Vielzahl von Nutzern zugute kommt. Für der allgemeinen Versorgung dienende Leitungsbauvorhaben hatte das BVerwG sogar trotz fehlenden öffentlichen Planungsverfahrens (Rechtslage bis 31.12.2000) die Erforderlichkeit derart privatnütziger Enteignungen weiterhin bejaht[19].

18 Besonders problematisch ist die Enteignung zum Zwecke des Baus von Direktleitungen, aus denen nur ein Industrie-Großkunde versorgt werden soll. In diesen Fällen liegt quasi »doppelte Privatnützigkeit« vor, weil nur private Unternehmen von der Direktleitung profitieren. Obwohl der Gesetzgeber der Reform 1998 auch Direktleitungen als denkbaren Enteignungsgegenstand ausdrücklich angeführt hatte[20], bedarf es hier des besonderen Nachweises, dass der Versorgungszweck nicht im Wege des milderen Mittels gem. § 46 Abs. 1 erreicht werden kann. Selbst wenn es sich um ein für die Wirtschaftsregion besonders bedeutsames Unternehmen handelt (Arbeitgeber- und Steuerträgerfunktion), sollte privaten Grundeigentümern, die nicht unmittelbar von der Enteignung profitieren, nicht zugemutet werden, eine Freileitung auf ihrem Grundstück zu dulden, die rein privatnützigen Zwecken dient. Auch eine teurere Leitungsverlegung beschränkt auf die Inanspruchnahme von öffentlichem Grund und Boden wird hier dem Verhältnismäßigkeitsprinzip regelmäßig besser entsprechen als eine Enteignung nach § 45.

---

18 Vgl. dazu auch OVG Mannheim RdE 2000, 150 151 – unveränderte Leitung.
19 BVerwG RdE 2003, 107, 110 ff. – Dienstbarkeit für Freileitung.
20 BT-DrS 13/7274, S. 20 (zu § 7 Entwurfsfassung), linke Spalte.

III. Enteignungsformen und Enteignungsbegünstigte (Abs. 1)

Art. 45 Abs. 1 legt mehrere Formen der Enteignung fest. Dabei hat die zuständige Energieaufsichtsbehörde die mildeste Form des Eingriffs zu wählen. Vorab sind potentielle Nutznießer (Begünstigte) eines Enteignungsverfahrens festzulegen. Die »Gabelung« der beiden Enteignungstatbestände – Vorhaben nach § 43 sowie sonstige Vorhaben – hat insbesondere die Funktion, die »enteignungsrechtliche Vorwirkung« auf die Vorhaben nach § 43 zu begrenzen, vgl. § 45 Abs. 2. Eine Enteignung ist nicht erforderlich, wenn spezialgesetzlich oder durch Vertrag die Nutzung von Grundstücken für Zwecke der Energieversorgung zu dulden ist[21]. 19

1. Enteignungsbegünstigte

§ 45 Abs. 1 enthält im Wortlaut keine Eingrenzung des Kreises derjenigen, die als **Nutznießer oder Enteignungsbegünstigte** nach Durchführung des Enteignungsverfahrens anzusehen sind. Die Begrenzung auf »Vorhaben nach § 43« sowie sonstige Vorhaben zum »Zwecke der Energieversorgung« legt lediglich das Enteignungsziel, nicht aber den Adressatenkreis auf der Aktivseite fest. Insofern steht § 45 Abs. 1 in der Tradition des § 11 Abs. 1 EnWG 1935. Dem Gesetzeswortlaut des § 45 Abs. 1 lässt sich allerdings entnehmen, dass der Enteignungsbegünstigte **Inhaber oder Betreiber eines Vorhabens nach § 43 bzw. zum Zwecke der Energieversorgung allgemein** sein muss. Ob es sich dabei um Eigenversorgung oder um Fremdversorgung handelt, lässt sich dem Gesetzeswortlaut dagegen nicht entnehmen. 20

Zweifellos sind **Energieversorgungsunternehmen** i. S. von § 3 Ziff. 18 Adressaten der Norm auf der Aktivseite. Dies erfordert die Versorgung anderer mit Energie bzw. den Betrieb (einschließlich Verfügungsbefugnis) eines Netzes für die allgemeine Versorgung[22]. Wer auf dem eigenen Betriebsgelände ein Versorgungsnetz für eigene Betriebsabteilungen unterhält, betreibt keine allgemeine Versorgung. Die Versorgung anderer liegt auch nicht vor, wenn lediglich eigene konzerngebundene Unternehmen mit Elektrizität oder Gas beliefert werden. Der Begriff »allgemeine Versorgung« im Sinne von § 3 Ziff. 17 deckt sich insofern mit dem Begriff der »öffentlichen Energieversor- 21

---

21 Überblick bei *Büdenbender*, EnWG 1998, § 12 Rz. 4 ff.
22 Zu Einzelheiten vgl. oben § 3 Rz. 104 ff.

gung«, wie er für den Enteignungstatbestand des früheren Rechts maßgeblich war[23]. Da der Gesetzgeber jedoch weder auf den Begriff der allgemeinen Versorgung (als Nachfolgebegriff der öffentlichen Energieversorgung) noch auf EVU als Enteignungsbegünstigte explizit Bezug genommen hat, ist zu prüfen, ob insbesondere im Lichte des Art. 3 Abs. 1 GG i. V. mit den Binnenmarktrichtlinien Elektrizität und Gas ein umfassenderer Adressatenkreis für § 45 Abs. 1 maßgeblich ist.

22 Anstelle des EVU-Begriffs verwendet die Binnenmarktrichtlinie Elektrizität den Begriff **Elektrizitätsunternehmen**[24]; die Binnenmarktrichtlinie Gas definiert das **Erdgasunternehmen** als natürliche oder juristische Person, die von den Funktionen Gewinnung, Fernleitung, Verteilung, Lieferung, Kauf oder Speicherung von Erdgas, einschl. verflüssigtem Erdgas, mindestens eine wahrnimmt und die kommerzielle, technische und/oder wartungsbezogene Aufgaben im Zusammenhang mit diesen Funktionen wahrnimmt (Ausnahme: Endkunden), Art. 2 Ziff. 1 RL-Gas. Diese Definition ist offenbar sehr viel weiter gefasst als die deutsche Definition des EVU. Insbesondere sind auch Eigenerzeuger in der Elektrizitätswirtschaft einbezogen. Weil nach Art. 22 RL-Elt bzw. Art. 24 RL-Gas diese Unternehmen ausdrücklich als berechtigt angesehen werden, Direktleitungen zu bauen und zu unterhalten, und der deutsche Gesetzgeber mit § 46 Abs. 1 diese Vorgaben der Richtlinien in deutsches Recht umzusetzen beabsichtigte[25], können Unternehmen, die den genannten europäischen Definitionen entsprechen, schon angesichts des Wortlautes vom Geltungsumfang des § 45 Abs. 1 nicht ausgeschlossen werden, sofern die Enteignungsvoraussetzungen im Übrigen vorliegen.

23 Damit können Enteignungsbegünstigte **alle Unternehmen** sein, die **eine der typischen** elektrizitäts- bzw. gaswirtschaftlichen **Funktionen wahrnehmen**. Dies sind insbesondere zum einen die Erzeugung,

---

23 Zur alten Rechtsprechung vgl. *Obernolte/Danner*, Energiewirtschaftsrecht, Bd. 1, § 11 EnWG 1935, S. I 239 ff.; *Büdenbender*, in: *Tegethoff/Büdenbender/Klinger*, Recht der öffentlichen Energieversorgung, § 11 EnWG 1935, Rz. I 22; *Andersen/Jansen/Börner/Joachim*, Die Beschaffung von Grundstücken für Energieanlagen, VEnergR Bd. 36/37, Düsseldorf 1974.
24 Unternehmen, die mindestens eine der Funktionen Erzeugung, Übertragung oder Verteilung von Elektrizität bzw. die Versorgung mit Elektrizität wahrnehmen, Art. 2 Ziff. 20 bis 23 RL-Elt.
25 BT-DrS 13/7274, Gegenäußerung der Bundesregierung, S. 30, 36, III 5.

Übertragung und Verteilung von Elektrizität, zum anderen die Gewinnung, Fernleitung, Verteilung, Lieferung, Kauf oder Speicherung von Erdgas einschl. mit diesen Funktionen zusammenhängender kommerzieller, technischer und/oder wartungsbezogener Aufgaben. Dies schließt Eigenerzeuger ebenso wenig a priori aus wie Energiehandelsunternehmen. Es kommt nach diesen Definitionen nicht darauf an, ob Energie für den eigenen oder für den fremden Bedarf erzeugt, übertragen, verteilt usw. wird. Entgegen *Böwing*[26] kann daher nicht zweifelhaft sein, ob der rechtlich selbständige Betreiber eines Kraftwerks durch § 45 begünstigt ist. Dies gilt ebenso für den Eigenversorger, der seinen Kraftwerksstandort arrondieren möchte. Soweit die Enteignung erforderlich ist und dem öffentlichen Wohl dient, was für privatnützige Vorhaben an den besonderen Voraussetzungen zu messen ist, die das Bundesverfassungsgericht in der Boxberg-Entscheidung aufgestellt hat, kann an der grundsätzlichen Möglichkeit einer solchen Enteignung zugunsten von Elektrizitäts- und Erdgasunternehmen i. S. der Richtlinien kein Zweifel bestehen.

2. Enteignungsformen

§ 45 Abs. 1 führt Enteignungsformen unterschiedlichen Intensitätsgrades auf. Nach dem Verhältnismäßigkeitsgrundsatz, der in § 45 Abs. 1 unter Rückgriff auf den Begriff der »Erforderlichkeit« in Bezug genommen ist, darf eine intensivere Enteignungsform erst gewählt werden, wenn die weniger intensive Form nicht ausreicht[27]. 24

a) Beschränkung von Rechten am Grundeigentum

Diese Form der Enteignung greift in die Rechte des Enteignungspflichtigen am wenigsten intensiv ein. Unter »Rechten am Grundeigentum« i. S. dieser Bestimmung sind sowohl dingliche als auch schuldrechtliche Rechtspositionen in einem umfassenden Sinne zu verstehen. Dabei kann es sich beispielsweise um Erbbaurechte, Nießbrauch, Dienstbarkeiten, Grundpfandrechte, Pachtrechte, Mietrechte sowie Vorkaufsrechte handeln. Welches Recht von der Enteignung in welchem Umfang betroffen wird, kann nur im Einzelfall unter Berücksichtigung von Art und Ausmaß des Vorhabens festgestellt werden. 25

---

26 *Böwing*, EnWG 1998, § 12 Anm. 2.2.
27 Überblick zu den Enteignungsobjekten bei *Büdenbender*, EnWG 1998, § 12 Rz. 42 ff.

b) Beschränkung von Grundeigentum

26 Bei dieser Enteignungsform ist das Grundeigentum selbst betroffen. Die Nutzung des Grundeigentums wird allerdings lediglich beschränkt, nicht aber vollständig entzogen. Als Beschränkung kommen sowohl schuldrechtliche als auch (regelmäßig und zweckbedingt) dingliche Rechtspositionen in Betracht. Dabei wird es sich häufig um Dienstbarkeiten handeln, die dinglich oder beschränkt persönlich ausgestaltet und in das Grundbuch einzutragen sind (§§ 1078 ff. BGB)[28]. Genügt zur Erfüllung des Vorhabenzwecks eine mildere Form der Beschränkung, so muss diese gewählt werden. Reicht es beispielsweise aus, einen Grundstücksteil für eine Transformatorenstation dauerhaft und mit Wirkung für Rechtsnachfolger des Grundeigentümers zu pachten, ist die Eintragung eines dinglichen Rechts möglicherweise entbehrlich.

c) Eigentumsentziehung

27 Bei der Eigentumsentziehung handelt es sich um die im Hinblick auf ihre Intensität weitestgehendste Form der Enteignung. Sie kann nur angeordnet werden, wenn weder durch Beschränkung von Rechten am Grundeigentum noch durch Beschränkung des Grundeigentums selbst der Enteignungszweck erreicht werden kann. Die Entziehung von Grundeigentum kommt deshalb nur in Betracht, wenn das Grundstück für größere bauliche Anlagen (Kraftwerksteile, Umspannwerke, Entschwefelungsanlagen bei Gasförderung usw.) benötigt wird. Für den Leitungsbau reicht es regelmäßig aus, das Grundeigentum lediglich zu beschränken.

3. Verhältnis zum freien Netzzugang

28 Die Erleichterung der Nutzung öffentlicher Straßen und Wege gemäß § 46 schließt die Anwendung des § 45 regelmäßig aus. Besteht bereits eine Leitungsverbindung und können Reserven dieser Leitung im Wege des Netzzugangs gem. § 20 Abs. 1 mobilisiert werden, schließt dies selbstverständlich eine Enteignung erst recht aus.

---

28 Beispiele: VGH Bayern RdE 1997, 22 u. 23; VG Regensburg RdE 1996, 190 – Trafostation an der Grundstücksgrenze.

Daraus folgt, dass entgegen der Auffassung von *Böwing*[29] der Kreis 29
der Anlagen, zu deren Realisierung eine grundsätzliche Enteignungsmöglichkeit vor allem hinsichtlich der Grundstücksnutzung besteht, durch die Neuregelung nicht unverändert geblieben ist. Vielmehr haben sich aufgrund der Umsetzung des Rechts zum Bau von Direktleitungen, des erweiterten Adressatenkreises des § 45 Abs. 1 in seiner Auslegung durch die Richtlinien sowie wegen des Wegfalls von Beschränkungen durch § 20 Abs. 1 einerseits und § 46 Abs. 1 andererseits sehr wohl erhebliche Änderungen im Verhältnis zum früheren Recht (EnWG 1935) ergeben. Die Wettbewerbsorientierung hat dazu geführt, dass der Kreis der durch § 45 begünstigten natürlichen und juristischen Personen erheblich erweitert worden ist. Würden Enteignungen nur EVU zugute kommen, bestünde schon im Ausgangspunkt und damit im Wettbewerb keine gleiche Ausgangssituation. Deshalb können Rechtsprechung und Schrifttum zu § 11 EnWG 1935 nur mit Vorsicht zur Konkretisierung des § 45 Abs. 1 herangezogen werden.

IV. Enteignungsvoraussetzungen (Abs. 1)

§ 45 Abs. 1 nennt zwei Enteignungsvoraussetzungen, die den Voraus- 30
setzungen des Art. 14 Abs. 3 GG im Lichte der besonderen Voraussetzungen bei privatnützigen Enteignungen[30] genügen müssen. Zum einen muss die Enteignung »Vorhaben nach § 43« bzw. »Vorhaben zum Zwecke der Energieversorgung« betreffen, zum anderen müssen diese »erforderlich« sein.

1. Vorhaben zum Zwecke der Energieversorgung

§ 43 Abs. 1 unterscheidet **zwei Vorhabentypen** im Hinblick auf die 31
Zulässigkeit der Enteignung. Für die spezialgesetzlich konkretisierten Vorhaben des § 43 (Hochspannungsfreileitungen und Gasversorgungsleitungen) sind die dort genannten Voraussetzungen zu beachten; für die »sonstigen Vorhaben« zum Zwecke der Energieversorgung werden besondere Voraussetzungen nicht aufgestellt.

---

29 EnWG 1998, § 12 Anm. 2.3.2.
30 Vgl. oben § 45 Rz. 12 ff.

a) Vorhaben nach § 43 (Ziff. 1)

32 Zulässigkeitsvoraussetzung für eine solche Enteignung ist es, dass für diese speziellen Vorhaben, die bestimmte Hochspannungsfreileitungen sowie bestimmte Gasversorgungsleitungen betreffen[31], **der Plan festgestellt oder genehmigt ist.** Das Planfeststellungsverfahren oder das Plangenehmigungsverfahren müssen also abgeschlossen worden sein und das Vorhaben, wie es für Enteignungszwecke zugrunde gelegt wird, vollständig abdecken. Obwohl Planfeststellungsverfahren und Plangenehmigungsverfahren insbesondere im Hinblick auf Förmlichkeit und Öffentlichkeitsbeteiligung erhebliche Unterschiede aufweisen, stellt § 45 Abs. 1 Ziff. 1 beide Verfahrensarten enteignungsrechtlich gleich.

33 Eine wirksame Planfeststellung bzw. Plangenehmigung sind jedenfalls dann anzunehmen, wenn die verwaltungsbehördlichen Entscheidungen **bestandskräftig** geworden sind, also mit Rechtsmitteln nicht angefochten wurden oder nicht mehr anfechtbar sind, weil die Rechtsmittelfristen abgelaufen sind. Weil § 43 Abs. 3 der Anfechtungsklage gegen Planfeststellungsbeschluss bzw. Plangenehmigung keine aufschiebende Wirkung zubilligt, reicht es unter Berücksichtigung des erklärten Ziels des Gesetzgebers, die Ergebnisse der Rechtsschutzverfahren nicht abzuwarten, aus, wenn eine nicht nichtige Verwaltungsentscheidung nach § 43 vorliegt, für die die Gerichte die aufschiebende Wirkung auch nicht wieder hergestellt haben, vgl. § 80 Abs. 5 VwGO. Bereits auf dieser – vorläufig bestandskräftigen – Grundlage kann die Ausführung des Vorhabens erfolgen und die enteignungsrechtliche Vorwirkung gemäß § 45 Abs. 2 Satz 1 tragfähig werden. Zugunsten des Vorhabenträgers wird damit die alsbaldige Möglichkeit zur Durchführung des Planfeststellungsbeschlusses bzw. der Plangenehmigung sichergestellt.

34 Handelt es sich um ein **Vorhaben von unwesentlicher Bedeutung** (§ 43 Abs. 1 Satz 3), ist weder eine Planfeststellung noch eine Plangenehmigung erforderlich. In diesen durch § 74 Abs. 7 Satz 2 VwVfG konkretisierten Fällen liegen die Voraussetzungen des § 45 Abs. 1 Ziff. 1 also nicht vor, so dass ein »sonstiges Vorhaben« im Sinne von Ziff. 2 anzunehmen ist. Die Zulässigkeitsvoraussetzungen bestimmen sich dann nach jener Vorschrift.

---

31 Vgl. dazu im Einzelnen oben § 43 Rz. 10 ff.

b) Sonstige Vorhaben (Ziff. 2)

Der Gesetzgeber hat diese Formulierung nur teilweise dem alten 35
Recht entnommen. Insbesondere wurde die Beschränkung auf »öffentliche« Energieversorgung gestrichen. Dies führt notwendig zu einer erheblichen Erweiterung des Kreises möglicher Enteignungszwecke, zumal der Gesetzgeber auch nicht die nahe liegende Möglichkeit ergriffen hat, Enteignungen nur zum Zwecke der »allgemeinen Versorgung« zuzulassen.

Vorhaben zum Zwecke der Energieversorgung liegen bereits vor, 36
wenn typische elektrizitäts- bzw. gaswirtschaftliche Funktionen – unmittelbar oder mittelbar allgemeinnützig – erfüllt werden sollen. Diese Funktionen ergeben sich aus Art. 2 Ziff. 1 RL-Gas bzw. Art. 2 Ziff. 20 bis 23 RL-Elt (vgl. die obige Aufzählung)[32]. Deshalb liegt ein Vorhaben zum Zwecke der Energieversorgung nicht nur vor, wenn ein Kraftwerk errichtet werden soll, aus dem zumindest auch Haushaltskunden versorgt werden. Ausreichend ist die Versorgung eines einzelnen Sonderkunden ebenso wie die Versorgung der Deutschen Bahn AG mit Elektrizität. Gleiches gilt für die Errichtung eines Erdgasspeichers durch ein Industrieunternehmen zum Zwecke der Pufferung der Eigenversorgung in verbrauchsintensiven Perioden. Selbst Enteignungsvorhaben, die lediglich der Lieferung von Erdgas z. B. nach Errichtung eines Gebäudes für Vertriebsmitarbeiter dienen[33], kommen als begünstigte Vorhaben prinzipiell in Betracht.

Die Konkretisierung des Enteignungszwecks in § 45 Abs. 1 unter 37
Verzicht auf den Bezug zur »öffentlichen« Energieversorgung führt zwar nur zu einer Einschränkung auf typische Funktionen der Gas- und Elektrizitätswirtschaft im Umfang der Definitionen der Richtlinien. Die im Lichte des Art. 14 Abs. 3 GG zu fordernde Beschränkung mit dem Ziel, dass die Enteignung jedenfalls mittelbar dem Allgemeinwohl dient, wird durch dieses Tatbestandsmerkmal noch nicht geleistet.

2. Erforderliche Vorhaben

Der Begriff der »Erforderlichkeit« entstammt dem alten Recht, § 11 38
Abs. 1 EnWG 1935. Der Erforderlichkeitsbegriff ist nicht Art. 14

---

32 Oben § 45 Rz. 14 ff.
33 Wortlaut des Art. 2 Ziff. 1 RL-Gas.

Abs. 3 GG entnommen, sondern nimmt offenbar Bezug auf das rechtsstaatliche Prinzip der Verhältnismäßigkeit (Art. 20 Abs. 3 GG)[34]. Der Grundsatz der Verhältnismäßigkeit der Mittel[35] wird in der Rechtsprechung des Bundesverfassungsgerichts und wohl auch in der des Europäischen Gerichtshofs[36] in dreifacher Weise gestuft. Zunächst muss das eingesetzte Mittel geeignet sein, um den angestrebten Zweck zu erreichen. Eine **Mitteleignung** ist gegeben, wenn mit seiner Hilfe das Erreichen des gewünschten Erfolges gefördert werden kann[37]. Weiterhin ist **Erforderlichkeit** nachzuweisen. Dieses zweite Merkmal des Verhältnismäßigkeitsprinzips ist erfüllt, wenn nicht ein anderes, gleich wirksames, aber das Grundrecht nicht oder doch weniger fühlbar begrenzendes Mittel hätte gewählt werden können[38]. Der Rechtsanwender muss das mildere Mittel wählen, wenn ein weitergehenderer Eingriff – am Regelungszweck gemessen – keinen besseren Erfolg verspricht[39]; dabei steht einem Gesetzgeber ein weiter Beurteilungsspielraum zu[40]. Diese beiden Merkmale des Verhältnismäßigkeitsprinzips gelten auch für die Anwendung von Gesetzen einschließlich von Enteignungstatbeständen; der dem Gesetzgeber eingeräumte Beurteilungsspielraum steht der Verwaltung jedoch nicht zu.

39 Drittes Merkmal des Verhältnismäßigkeitsprinzips ist die **Verhältnismäßigkeit im engeren Sinne**. Dies bedeutet, dass Intensität der Maßnahme und Bedeutung des Grundrechts in einem angemessenen Verhältnis zueinander stehen müssen[41]. Die den Einzelnen treffende Belastung muss in einem vernünftigen Verhältnis zu dem der Allgemeinheit erwachsenden Vorteil stehen[42]. Dazu hat eine Gesamtabwägung der Schwere des Eingriffs mit dem Gewicht und der Dringlichkeit der sie rechtfertigenden Gründe stattzufinden, um die Grenze der Zumutbarkeit zu ermitteln[43]. Der Einsatz des Mittels darf – trotz Ge-

---

34 Vgl. auch den umfassenderen Ansatz bei *Büdenbender*, EnWG 1998, § 12 Rz. 56 ff. und Rz. 117 ff., der von der Mittel-Zweck-Relation ausgeht.
35 *Schmidt-Bleibtreu/Klein*, Kommentar zum Grundgesetz, Art. 20 Rz. 27.
36 Dazu die Nachweise bei *Lenz/Lux*, EG-Vertrag, Art. 28 Rz. 30.
37 *Schmidt-Bleibtreu/Klein*, Kommentar zum GG, Art. 20 Rz. 27 m. Nachw.
38 BVerfGE 30, 292, 316; E 63, 88, 115; E 70, 1, 26; E 70, 278, 286; E 79, 256, 270; E 81, 156, 192; E 90, 145, 172; E 92, 262, 237.
39 BVerfGE 57, 250, 270 – Treffen mit dem MfS.
40 BVerfGE 77, 84, 106; E 81, 156, 193; E 90, 145, 173.
41 BVerfGE 30, 292, 316; E 67, 157, 173.
42 BVerfGE 76, 1, 51.
43 BVerfGE 30, 292, 316; E 67, 157, 178; E 90, 145, 173.

eignetheit und Erforderlichkeit – nicht zu einer unangemessenen Beeinträchtigung der Rechte des Betroffenen führen[44]. Letztere Stufe der Verhältnismäßigkeitsprüfung kann auch als »Angemessenheitsprüfung« bezeichnet werden.

Wenn der Gesetzgeber als materielles Kriterium der Enteignung für Energieversorgungs-Vorhaben die »Erforderlichkeit« wählt, so ist darunter kaum ein partielles Anknüpfen an das zweite Kriterium des Verhältnismäßigkeitsprinzips zu verstehen. Vielmehr ist davon auszugehen, dass der Gesetzgeber das Verhältnismäßigkeitsprinzip insgesamt – also hinsichtlich aller drei Stufen – durch die Wahl des **Erforderlichkeitsbegriffs zum materiellen Enteignungskriterium** machen wollte. Deshalb müssen alle drei Kriterien erfüllt sein, um eine Enteignung zu rechtfertigen. Zusätzlich ist bei privatnützigen Enteignungen zu untersuchen, ob die besonderen Vorgaben des Bundesverfassungsgerichts eingehalten sind. Alle diese Prüfungen zur Erforderlichkeit der Enteignung sind bei den Vorhaben des § 43 in das Planfeststellungsverfahren »verlegt« (vgl. § 45 Abs. 2 Satz 1). 40

a) Geeignetheit der Enteignung

Die Wahl einer der oben näher beschriebenen drei Formen der Enteignung muss geeignet sein, um Zwecke der Energieversorgung zu erfüllen. Dies ist von vornherein nicht der Fall, wenn das Vorhaben nicht der leitungsgebundenen Energieversorgung mit **Strom oder Gas** i. S. von § 3 Abs. 1 Ziff. 14 dient. Eine Enteignung zum Zwecke des Baus von Mineralöl-Raffinerien, entsprechender Rohrleitungen oder Speichertanks/-Kavernen kommt daher auf der Grundlage des § 45 Abs. 1 von vornherein nicht in Betracht. Nur wenn mit Hilfe der konkreten Enteignungsmaßnahme der gewünschte Erfolg erreicht wird, gas- und elektrizitätswirtschaftliche Funktionen überhaupt erst oder besser als bisher erfüllen zu können, liegt Geeignetheit i. S. von § 45 Abs. 1 vor. 41

b) Erforderlichkeit

§ 45 Abs. 1 setzt außerdem Erforderlichkeit i. S. des Verhältnismäßigkeitsprinzips voraus. Insbesondere darf es kein anderes, gleichwirksames Mittel als die gewählte Enteignungsform geben, mit Hilfe dessen der Zweck der verbesserten Energieversorgung nicht ebenfalls 42

---

44 BVerfGE 90, 145, 173; E 92, 277, 326.

erreicht werden kann. Kann die Erzeugungs-, Übertragungs-, Verteilungs-, Speicherungsaufgabe usw. dadurch gleich wirksam erreicht werden, dass eine Durchleitung durch fremde Netze in Anspruch genommen oder eine Direktleitung auf öffentlichem Wegeeigentum gebaut wird, kommt eine Enteignung von vornherein nicht in Betracht.

43 Dies bedeutet, dass Enteignungsvorhaben immer **nur im alternativen Vergleich** begründet werden können. Gelingt es dem beeinträchtigten Grundeigentümer oder Rechtsinhaber, einen vergleichbaren Weg zur Erreichung desselben Ziels aufzuzeigen, der ihn und die Mitbetroffenen weniger belastet, ist eine Enteignung nicht mehr erforderlich und damit rechtswidrig[45].

c) Angemessenheit (Verhältnismäßigkeit ieS)

44 Eingesetzte Enteignungsform und beabsichtigtes Vorhaben zwecks Verbesserung der Energieversorgung müssen in einem angemessenen Verhältnis zueinander stehen. Insbesondere darf die Schwere der Enteignung (z. B. Entzug von Grundeigentum) unter Berücksichtigung des damit erreichbaren Erfolges den Betroffenen nicht unangemessen beeinträchtigen. Dies führt in jedem Einzelfall zu einer Abwägung der betroffenen Interessen unter Berücksichtigung der Gesichtspunkte Schwere des Eingriffs, Gewicht und Dringlichkeit der ihn rechtfertigenden Gründe.

45 Muss wegen erheblich gestiegenen Bedarfs eine Fernübertragungsleitung neben eine bisher schon existierende Leitung gelegt werden und sollen zu diesem Zwecke Dienstbarkeiten zugunsten der LeitungsinhaberInnen begründet werden, wird die Verbesserung der energiewirtschaftlichen Funktion »Energieübertragung« die Enteignungsform »Beschränkung des Grundeigentums« regelmäßig als angemessen i. S. von §§ 43, 45 abdecken. Angemessenheit in diesem Sinne ist dagegen zu verneinen, wenn bereits Überkapazitäten an Energie vorhanden sind und gleichwohl Grundeigentum zum Zwecke des Neubaus eines Kraftwerks im Wege der Enteignung in Anspruch genommen werden soll, ohne Verbesserungen etwa im Hinblick auf das Ziel des Umweltschutzes zu gewährleisten oder die Versorgungssicherheit (§ 1 Abs. 1) zu stärken.

---

45 Vgl. VGH Mannheim RdE 2000, 150, 151 – unveränderte Leitung.

Böwing[46] möchte Erforderlichkeit wohl bejahen, wenn die Enteignung dem Ziel dient, um einem bereits an das Versorgungsnetz angeschlossenen Sonderkunden einen weiteren Netzanschluss zu verschaffen. Dazu wird auf die amtliche Begründung zum EnWG 1998 verwiesen, wonach der Bau einer zusätzlichen Stichleitung (unter Inanspruchnahme von Grundstücksmitbenutzungsrechten i. S. von § 45 Abs. 1) deswegen dem Interesse der Allgemeinheit diene, weil damit der Wettbewerb um Energiekunden intensiviert werde[47]. Angesichts dieser Argumentation bestehen Zweifel: Eine Enteignung stellt einen schweren Eingriff (auch im Verhältnis zum Netzzugang i. S. von § 20 Abs. 1) dar. Insbesondere kann die Mitbenutzung von Grundeigentum nicht einem bloßen Netzzugang (Mitbenutzung von Leitungen oder Netzen) gleichgestellt werden. 46

Wenn der Zugriff auf fremde Leitungsrechte nach § 20 Abs. 1 verfassungsrechtlich zulässig ist, kann aus diesem Eingriff in wesentliche Infrastruktureinrichtungen nicht eine Absenkung der Rechtsschutzschwelle für sonstige Eingriffe einschließlich solcher, die das individuelle Grundeigentum betreffen, gerechtfertigt werden. Vielmehr ist für jeden Eingriffstatbestand die **Schutz- und Abwehrschwelle autonom zu bestimmen**. Dies bedeutet im Hinblick auf Zweit- und Drittanschlüsse von Energiekunden, dass diese nur dann als angemessen i. S. von § 45 Abs. 1 zu bewerten sind, wenn der Kunde zur Verbesserung seiner wirtschaftlichen Betätigung diese weiteren Anschlüsse auch unter Berücksichtigung der Schwere des Eingriffs in die Rechte von Grundeigentümern unabdingbar benötigt. Die Abwägung muss zu einer Höhergewichtung der Interessen des Anschlussnehmers führen. Benötigt dagegen ein Weiterverteiler einen weiteren Anschluss, um die Versorgungssicherheit seiner Abnehmer zu erhöhen, wird im Regelfall Angemessenheit (Verhältnismäßigkeit im engeren Sinne) anzunehmen sein. Die Entscheidung kann wiederum nur im Einzelfall erfolgen. 47

d) Besondere Voraussetzungen bei privatnützigen Enteignungen

Erfolgt eine Enteignung zugunsten eines privatrechtlich organisierten Unternehmens, so schließt dies nach der Rechtsprechung des Bundesverfassungsgerichts die Anwendung von Enteignungsrecht nicht 48

---

46 EnWG 1998, Anm. 2.3 (S. 239).
47 Sinngemäß *Böwing*, EnWG 1998, Anm. 2.3.2.

grundsätzlich aus[48]. § 45 Abs. 1 bleibt daher anwendbar. Da Gas- und Elektrizitätsunternehmen – und im Regelfall auch EVU i. S. von § 3 Ziff. 18 – typischerweise in privater Rechtsform organisiert sind, wären die vom Bundesverfassungsgericht in der Boxberg-Entscheidung aufgestellten **Zusatzvoraussetzungen bei privatnütziger Enteignung** jeweils zusätzlich zu prüfen[49]. Diese Sondervoraussetzungen können entweder als Bestandteil des »Erforderlichkeitskriteriums« oder als ungeschriebene materielle Zulässigkeitsvoraussetzungen der Enteignung i. S. von § 45 Abs. 1 angewendet werden.

aa) Deutliche Umschreibung des mittelbar verwirklichten Enteignungszwecks

49 Da bei in Privatrechtsform organisierten Unternehmen – auch wenn es sich um Stadtwerke oder überwiegend in kommunaler Hand befindliche EVU handelt – die Enteignung nur mittelbar dem Wohl der Allgemeinheit zu dienen vermag, ist der Enteignungszweck besonders deutlich zu beschreiben. § 45 Abs. 1 Ziff. 2 enthält nur den knappen Hinweis auf »Zwecke der Energieversorgung«, was sicherlich gerade im Hinblick auf den weiten Kreis energiewirtschaftlicher Funktionen nicht als ausreichend erscheint; Ziff. 1 verweist auf § 43, lässt aber über die Sicherstellung der Umweltverträglichkeit hinaus die Zielkonformität i. S. von § 43 Abs. 1 Satz 5 ausreichen, um weitgehende Drittwirkungen durchzusetzen. Möglicherweise muss deshalb auf das EnWG insgesamt zurückgegriffen werden, um typische mittelbar verwirklichte (gemeinwohlbezogene) Enteignungszwecke näher zu bestimmen. Wenn das Vorhaben geeignet ist, die Ziele des § 1 Abs. 1 zu erfüllen, also die Energieversorgung umweltverträglicher, preisgünstiger, effizienter, verbraucherfreundlicher oder sicherer gestaltet werden kann, dürfte die nach Art. 14 Abs. 3 GG erforderliche Förderung des Wohls der Allgemeinheit zu bejahen sein. Wünschenswert wäre es im Lichte der Rechtsprechung des Bundesverfassungsgerichts, wenn die mittelbar zu verwirklichenden Enteignungszwecke bereits im PFV genau umschrieben würden. Ein Rückgriff auf die Ziele des § 1 oder sonstige im Gesetz zum Ausdruck kommende Allgemeinwohlziele dürfte aber (gerade noch) ausreichen, um der Rechtsprechung des BVerfG Rechnung zu tragen.

---

48 Vgl. oben § 45 Rz. 35 ff.
49 BVerfGE 74, 264 – Boxberg (LS 2).

bb) Grundlegende Enteignungsvoraussetzungen und Verfahren

Weitere Voraussetzung bei privatnützigen Enteignungen ist ein Gesetz, das die grundlegenden Enteignungsvoraussetzungen und das Verfahren zu ihrer Ermittlung festlegt[50]. Als Enteignungsgesetz i. S. dieser Vorgabe sind die Landesenteignungsgesetze i. V. mit § 45 Abs. 1 sowie § 43 i.V. mit UVPG und §§ 72 ff. VwVfG anzusehen. Während § 45 Abs. 1 den materiellen Kern der Enteignungsvoraussetzungen recht knapp regelt, ergibt sich das Verfahren aus seinen Sondervorschriften. Dem Bundesgesetzgeber wäre es zweifellos möglich gewesen, die Enteignungsvoraussetzungen noch genauer zu beschreiben, etwa unter Rückgriff auf die energiewirtschaftlichen Unternehmensfunktionen. Beispielsweise hätten bestimmten Enteignungsformen typische Vorhaben gegenübergestellt werden können, für die diese Enteignungsform als unverzichtbar erscheint. Da dies nicht geschehen ist und die genannten Gesetze das Verfahren nur allgemein – insbes. mit Bezug auf Straßen- und Schienenwegebau – sowie umweltbezogen, aber nicht »privatnützig-enteignungsbezogen« regeln, bestehen Zweifel, ob der Gesetzgeber die Vorgaben des Bundesverfassungsgerichts wirklich exakt genug umgesetzt hat[51].

50

Immerhin ist zu berücksichtigen, dass der Enteignungszweck hier nur mittelbar verwirklicht werden kann. Dem Gesetzgeber wäre es ja möglich gewesen, zwischen wesentlichen Infrastruktureinrichtungen zum Zwecke der Energieversorgung einerseits (Ziff. 1) und solchen energiewirtschaftlich wirksamen Maßnahmen andererseits zu trennen, die lediglich lokal wirksam werden. Ist eine Infrastruktureinrichtung zum Zwecke der Netzergänzung für die allgemeine Versorgung beabsichtigt, dürften Zweifel an der allgemeinen Nützlichkeit kaum bestehen. Der Gesetzgeber hätte daher weitere derartige Vorhaben im Gesetzestext besonders herausheben können.

51

Demgegenüber tritt die wenigstens mittelbare Förderung des Allgemeinwohls zurück, wenn lediglich Erzeugungsanlagen mit Bezug auf bisher gut versorgte Gebiete oder Direktanschlüsse für Sonderkunden gebaut werden sollen. Hätte der Gesetzgeber über die knappe Begründung zum Entwurf des Gesetzes hinaus[52] solche Vorhaben als ebenfalls gemeinwohlfördernd einstufen wollen, hätte dies einer be-

52

---

50 BVerfGE 74, 264 (LS 2) sowie S. 293 ff.
51 AA BVerwG RdE 2003, 107, 110 ff. – Dienstbarkeit für Freileitung.
52 Vgl. oben Rz. 5 und 10.

sonderen Erwähnung im Gesetzestext bedurft. Da dies nicht erfolgt ist und die gesetzgeberischen Überlegungen Anklang im Gesetzestext – über die Streichung des Begriffs »öffentlich« hinaus – nicht gefunden haben, muss wohl das Vorliegen dieser besonderen Enteignungsvoraussetzungen i. S. der Rechtsprechung des Bundesverfassungsgerichts für Vorhaben außerhalb des Baus von Infrastruktureinrichtungen und Kraftwerken als Ersatzinvestitionen verneint werden. Derartige allenfalls mittelbar dem Allgemeinwohl dienende Vorhaben auf dem Gebiete der Energieversorgung können daher nicht im Wege der Enteignung gem. § 45 umgesetzt werden, weil die Angabe besonderer Voraussetzungen im Gesetzestext fehlt.

cc) Regelung von Vorkehrungen zur Sicherung des verfolgten Gemeinwohlziels

53 Der Gesetzgeber hat in Erfüllung der Boxberg-Rechtsprechung[53] bereits in der Formulierung **im Enteignungsgesetz selbst** eine Gewährleistung mit dem Ziel zu treffen, den mittelbar angestrebten Allgemeinwohlzweck dauerhaft abgesichert zu erreichen. Das Bundesverfassungsgericht hat im Hinblick auf das Prüfgelände für Kraftfahrzeuge die Anordnung einer Glaubhaftmachung (im Gesetzestext selbst) verlangt, wonach das Grundstück in angemessener Frist im Hinblick auf den Enteignungszweck verwendet werden soll[54]. Ein »Vertrauensvorschuss« für private Enteignungsbegünstigte sei nicht gerechtfertigt[55]. Eine sog. Planvereinbarung reiche nicht aus, um fehlende gesetzliche Regelungen zur Sicherung des Enteignungszwecks zu ersetzen[56]. Der bloße funktionale Zusammenhang zwischen bestimmten Vorschriften des (damaligen) Bundesbaugesetzes reiche nicht aus, um eine rechtssichere Grundlage für die erforderliche Regelung im Gesetz selbst zu bieten[57].

dd) Fehlen einer expliziten Regelung

54 § 45 Abs. 1 nennt ebenfalls keine Vorgaben zur dauerhaften Sicherung einer Verwirklichung des Enteignungszwecks. Mit dem Bundesverfassungsgericht darf auch aus dem Regelungszweck des Energiewirt-

---

53 BerfGE 74, 264 (Leitsatz 2) und S. 295 f.
54 BVerfGE 74, 264, 295 – Boxberg.
55 Ebd. S. 295 f.
56 Ebd. S. 296.
57 Ebd.

schaftsrechts insgesamt eine solche Absicherung nicht entnommen werden. Da den antragstellenden Unternehmen auch ein Vertrauensvorschuss nicht zuzubilligen ist und ein öffentlich-rechtlicher Vertrag dem Bundesverfassungsgericht als nicht geeignet erscheint, die fehlende gesetzliche Regelung zu ersetzen, muss § 45 Abs. 1 hinsichtlich privatnütziger Enteignungen als defizitär angesehen werden. Dies betrifft (bedauerlicherweise) auch und gerade die Schaffung von Infrastruktureinrichtungen mit den Mitteln der Enteignung über die Spezialregelung in § 43 hinaus, also die Verlegung von Leitungen der Verteilernetze.

In der Tat liegt darin eine Ungleichbehandlung im Verhältnis zu anderen Infrastruktureinrichtungen, etwa dem Straßenbau. Da dieser jedoch mit der öffentlichen Hand als Rechtsträger durchgeführt wird, liegt eine privatnützige Enteignung mit nur mittelbarer Förderung des Gemeinwohls von vornherein nicht vor. Eine Parallele bilden daher lediglich die Enteignungsvorschriften zugunsten von Unternehmen der Deutschen Bahn AG. Im Verhältnis zu den dort realisierten Infrastruktureinrichtungen muss der Gesetzgeber der Energieversorgung dienende Infrastruktureinrichtungen gleich behandeln. 55

V. Enteignungsverfahren (Abs. 2 und 3)

Der Bundesgesetzgeber hat das Enteignungsverfahren nicht geregelt, sondern verweist auf die Landesenteignungsgesetze. Die Länder führen insofern wie gewohnt das Bundesrecht in eigener Verantwortung durch, Art. 83, 84 GG. Sie unterliegen nur der Rechtsaufsicht des Bundes. 56

Zuständig für die Entscheidung über die **Zulässigkeit der Enteignung** ist nach § 45 Abs. 2 in Verbindung mit § 43 Abs. 1 Satz 1 die nach Landesrecht zuständige Behörde[58]. Diese ist typischerweise das Landeswirtschaftsministerium oder das Landesumweltministeriums bzw. die für Infrastruktureinrichtungen landesweit zuständige Behörde. Eine Subdelegation der Zuständigkeit für die Enteignungsentscheidung an nachgeordnete Behörden ist daher auf der Basis des neuen Bundesrechts wohl weiterhin zulässig. 57

---

58 Überblick bei *Büdenbender*, EnWG 1998, § 12 Rz. 80 ff.

1. Enteignungsrechtliche Vorwirkung

58 § 45 Abs. 2 sorgt dafür, dass die Behördenzuständigkeiten in allen Fällen des § 45 Abs. 1 (spezielle Vorhaben nach § 43 sowie sonstige Vorhaben zum Zwecke der Energieversorgung) **nicht auseinander fallen** (Einheit der Zuständigkeit). Die nach Landesrecht zuständige Behörde ist nicht nur für Planfeststellungsverfahren bzw. Plangenehmigung zuständig, sondern kann auch Enteignungsbehörde im Sinne von § 45 Abs. 2 sein. Zu Recht wies die Begründung zum Entwurf des EnWG 1998 darauf hin, dass die Energieaufsichtsbehörde am besten in der Lage sei, die Erforderlichkeit der Enteignung zu prüfen[59]. Zwar ist diese Behörde im Kern nicht für Umweltschutzmaßnahmen zuständig und aus der Sicht dieser »speziellen« Behördenzuständigkeit möglicherweise allzusehr den Belangen der Energiewirtschaft verpflichtet. Da jene Behörden aber im Planfeststellungsverfahren mitwirken und die Abwägung der öffentlichen und privaten Belange gerade auch die Umweltschutzinteressen ausreichend berücksichtigen wird, ist diese Entscheidung des Gesetzgebers hinzunehmen. Dies hindert die Länder nicht, die nach Landesrecht zuständige Behörde bei den Landesumweltministerien anzusiedeln, wie dies in einer Vielzahl von Fällen bereits geschehen ist.

59 Regelungskern des § 45 Abs. 2 **Satz 1** ist die **Sicherstellung der enteignungsrechtlichen Vorwirkung**. Bei den Vorhaben des § 43 (Übertragungsleitungs- und Fernleitungsbau) wird auch die Enteignungsentscheidung bereits im Planfeststellungsverfahren (Planfeststellungsbeschluss oder Plangenehmigung) als erforderlich festgestellt; für die Enteignungsbehörde ist der festgestellte und genehmigte Plan **bindend**. Dies führt keinesfalls zur Verfahrensidentität; Planfeststellungsverfahren für Energieversorgungsleitungen und Enteignungsverfahren sind auch in den speziellen Fällen des § 43 voneinander zu trennen, und deren Ergebnisse sind mit Rechtsmitteln separat angreifbar. Da jedoch für die Vorhaben nach § 43 im Enteignungsverfahren die Zulässigkeit der Enteignung nicht mehr geprüft wird, kann deren Erforderlichkeit im Rahmen von Rechtsmitteln, die gegen Entscheidungen im Enteignungsverfahren eingelegt werden, nicht mehr angegriffen werden.

---

59 BR-DrS 674/00, S. 149: Begründung zu § 12 EnWG Abs. 2 der Entwurfsfassung.

Sind also zwar die öffentlichen und privaten Belange im Verfahren 60
nach § 43 in Verbindung mit dem UVPG sorgfältig und ordnungsgemäß abgewogen worden und erscheint lediglich die Erforderlichkeit der Enteignung als nicht gegeben, so muss die dagegen erhobene Anfechtungsklage im Hinblick auf das Planfeststellungsverfahren substanziiert darlegen, aus welchen Gründen der »Enteignungsteil« jenes Verfahrens in rechtsverletzender Weise entschieden wurde. Sind Planfeststellungsbeschluss oder Plangenehmigung bestandskräftig geworden, ist der Enteignungstatbestand aufgrund der in § 45 Abs. 2 Satz 1 zum Ausdruck kommenden Vorwirkung dem Streit entzogen und mit Rechtsmitteln nicht mehr angreifbar. Konsequent müssen sich die Angriffe gegen das Enteignungsverfahren auf dessen Durchführungshandlungen (mit Ausnahme des Enteignungstatbestandes selbst) beschränken (z. B. verfrühte Besitzeinweisung)[60].

Die enteignungsrechtliche Vorwirkung für Vorhaben nach § 43 stellt 61
einen Sonderfall dar, der auf die sonstigen Vorhaben zum Zwecke der Energieversorgung (§ 45 Abs. 1 Ziff. 2) nicht übertragbar ist. Eine analoge Anwendung der Ziff. 1 auf die sonstigen Vorhaben ist damit ausgeschlossen. § 45 Abs. 2 Satz 1 stellt dies klar, indem die Prüfung der Zulässigkeit der Enteignung dem **Enteignungsverfahren selbst** überantwortet wird.

2. Rechtsschutz

Der **Rechtsschutz** im Hinblick auf die Durchführung des Enteig- 62
nungsverfahrens (Besitzeinweisung, Enteignung selbst, Entschädigung[61]) bestimmt sich nach den Landesenteignungsgesetzen (sonstige Vorhaben als spezielle Vorhaben, Abs. 1 Ziff. 2 und 1). Zwecks Anfechtung der Besitzanweisung sowie der Enteignungsentscheidung sind Anfechtungsklagen vor den Verwaltungsgerichten durch die betroffenen Grundeigentümer zu erheben. Wird die Enteignung abgelehnt, muss das EVU Verpflichtungsklage erheben. Ein Widerspruchsverfahren ist jeweils durchzuführen, wenn nicht eine oberste Landesbehörde entschieden hat; als Spezialregelung kann § 43 Abs. 3 nicht analog auf § 45 angewendet werden. Demgegenüber entscheiden die ordentlichen Gerichte über die Angemessenheit der Enteignungsentschädigung, Art. 14 Abs. 3 Satz 3 GG.

---

60 Überblick zu den Stadien des Enteignungsverfahrens bei *Büdenbender*, EnWG 1998, § 12 Rz. 100 ff.
61 Zur Regelung der Entschädigungshöhe vgl. *Büdenbender* ebd. Rz. 121 ff.

§ 46 Wegenutzungsverträge

(1) ¹Gemeinden haben ihre öffentlichen Verkehrswege für die Verlegung und den Betrieb von Leitungen, einschl. Fernwirkleitungen zur Netzsteuerung und Zubehör, zur unmittelbaren Versorgung von Letztverbrauchern im Gemeindegebiet diskriminierungsfrei durch Vertrag zur Verfügung zu stellen. ²Unbeschadet ihrer Verpflichtungen nach Satz 1 können die Gemeinden den Abschluss von Verträgen ablehnen, solange das Energieversorgungsunternehmen die Zahlung von Konzessionsabgaben in Höhe der Höchstsätze nach § 48 Absatz 2 verweigert und eine Einigung über die Höhe der Konzessionsabgaben noch nicht erzielt ist.

(2) ¹Verträge von Energieversorgungsunternehmen mit Gemeinden über die Nutzung öffentlicher Verkehrswege für die Verlegung und den Betrieb von Leitungen, die zu einem Energieversorgungsnetz der allgemeinen Versorgung im Gemeindegebiet gehören, dürfen höchstens für eine Laufzeit von 20 Jahren abgeschlossen werden. ²Werden solche Verträge nach ihrem Ablauf nicht verlängert, so ist der bisher Nutzungsberechtigte verpflichtet, seine für den Betrieb der Netze der allgemeinen Versorgung im Gemeindegebiet notwendigen Verteilungsanlagen dem neuen Energieversorgungsunternehmen gegen Zahlung einer wirtschaftlich angemessenen Vergütung zu überlassen.

(3) ¹Die Gemeinden machen spätestens zwei Jahre vor Ablauf von Verträgen nach Absatz 2 das Vertragsende durch Veröffentlichung im Bundesanzeiger oder im elektronischen Bundesanzeiger bekannt. ²Wenn im Gemeindegebiet mehr als 100.000 Kunden unmittelbar oder mittelbar an das Versorgungsnetz angeschlossen sind, hat die Bekanntmachung zusätzlich im Amtsblatt der Europäischen Union zu erfolgen. ³Beabsichtigen Gemeinden eine Verlängerung von Verträgen nach Absatz 2 vor Ablauf der Vertragslaufzeit, so sind die bestehenden Verträge zu beenden und die vorzeitige Beendigung sowie das Vertragsende öffentlich bekannt zu geben. ⁴Vertragsabschlüsse mit Unternehmen dürfen frühestens drei Monate nach der Bekanntgabe der vorzeitigen Beendigung erfolgen. ⁵Sofern sich mehrere Unternehmen bewerben, macht die Gemeinde bei Neuabschluss oder Verlängerung von Verträgen nach Absatz 2 ihre Entscheidung unter Angabe der maßgeblichen Gründe öffentlich bekannt.

§ 46 Wegenutzungsverträge

(4) Die Absätze 2 und 3 finden für Eigenbetriebe der Gemeinden entsprechende Anwendung.

(5) Die Aufgaben und Zuständigkeiten der Kartellbehörden nach dem Gesetz gegen Wettbewerbsbeschränkungen bleiben unberührt.

Rechtsprechung zum früheren Recht

BGH v. 16.11.1999, Z 143, 128 = RdE 2000, 108 – Übernahme zum Sachzeitwert; BGH v. 21.3.1996, RdE 1996, 191 = Versorgungswirtschaft 1996, 128 – Salzwedel; BGH v. 18.5.1995, NJW 1995, 3122 = DB 1995, 1558 = WM 1995, 1586 = RdE 1995, 27 – Energieberater; BGH v. 7.7.1992, NJW 1992, 2888 = RdE 1992, 234 = BB 1992, 2095 – Ende des Wegenutzungsrecht (Konzessionsvertragsende und Freistellungsende); KG v. 23.12.1996, ET 1997, 177 – Konzessionsvertrag Stadt Nordhorn; KG v. 4.4.1990, RdE 1991, 5 – Eigenerzeugungsverbot im Konzessionsvertrag; OLG Bamberg v. 15.1.1988, RdE 1989, 299 – Beseitigung von Versorgungsleitungen und Versorgungseinstellung Stadt Nordhorn; LG Bamberg v. 6.11.1987, RdE 1989, 188 – Kabel-Beseitigungsklage; OLG Celle v. 18.12.1996, ET 1997, 313 – Stromversorgungsanlagen Stadt Fallingbostel; OLG v. 6.11.1996, RdE 1997, 144 = ET 1997, 95 =WuW/E OLG 5815 – Endschaftsvereinbarung zum Sachzeitwert; OLG Düsseldorf v. 30.9.1997, ET 1997, 782 – Taxwert Versorgungsnetz Iserlohn/Menden; OLG Düsseldorf v. 28.1.1997, ET 1997, 373 – Versorgungsnetz Nümbrecht; OLG Frankfurt/Main v. 11.2.1997, RdE 1997, 146 – Auskunft wegen Netzentgelt nach billigem Ermessen; OLG Frankfurt/Main v. 14.1.1997, ET 1997, 239 – Netzkaufpreis Stadt Einbeck; OLG Frankfurt/Main v. 11.2.1997, WuW/E OLG 5915 – Entgelt für Stromnetz; OLG Frankfurt/Main v. 23.4.1992, RdE 1992, 159 – Bewertungsmaßstab Übernahmevergütung; OLG München v. 13.3.1997, RdE 1997, 201 = ET 1997, 313 = WuW/E OLG 5864 – Übernahme Versorgungsnetz Kaufering, OLG Oldenburg v. 6.3.1996, RdE 1996, 244 – Gestattungsvertrag über Ferngasleitung; LG Dortmund v. 20.2.1996, RdE 1997, 37 – Taxwert für Leitungsnetz; LG Dortmund v. 26.9.1996, ET 1997, 93 – Stromversorgungsanlagen Lippstadt; LG Dortmund v. 20.2.1996, ET 1996, 526 – Taxwert Versorgungsnetz Iserlohn/Menden; LG Hannover v. 28.9.1995, ET 1995, 810 – Stromversorgungsanlagen Stadt Fallingbostel; LG Hannover v. 28.5.1995, RdE 1996, 31 – unvollständige Endschaftsklauseln; LG Kassel v. 13.5.1995, RdE 1996, 76 – Netzentgelt nach billigem Ermessen; LG Kassel v. 29.6.1990, RdE 1991, 136 – Netzzeitwert abzüglich Afa; LG Leipzig v. 28.6.1995, RdE 1997, 157 – grob fehlerhafte Wirtschaftlichkeitsberechnung/Konzessionsvertrag mit Endschaftsklausel; LG München v. 2.4.1996, RdE 1996, 201 = ET 1996, 395 – Sachzeitwert als Übernahmepreis; LG München v. 31.10.1989, RdE 1990, 34 – Konzessionsvertragsende und einfaches Wegerecht; AG Rudolstadt v. 6.4.1995, RdE 1996, 159 – Transformatorenstation im Heizhaus; BFH v. 10.6.1992, BB 1992, 2255 – Herstellungskosten des Leitungsnetzes; BFH v. 12.12.1991, BB 1992, 1178 – Rückstellung bei Entfernungsverpflichtung; BFH v. 31.10.1990, BB 1991, 1846 – Einheitswert bei Heimfallverpflichtungen; HessVGH v. 7.11.1988, RdE 1989, 103 – Genehmigungsverweigerung bezüglich Konzessionsabgabe

Literatur zum früheren Recht

Baur (Hrsg.), Ablauf von Konzessionsverträgen – Versorgungssicherheit und Wettbewerb, VEnergR Bd. 67, Baden-Baden 1992; *Baur*, Schicksal der Lieferverträge nach Wegfall der Ausschließlichkeitsabrede, RdE 1997, S. 41 ff.; *BMF*, Verfügung v. 30.3.1994 betr. verdeckte Gewinnausschüttung bei Konzessionsabgaben von Gasversorgungsunternehmen, DB 1995, S. 912; *Böwing*, Rechtliche Grenzen bei der Bemessung des Kaufpreises für Stromnetze, RdE 1995, S. 219 ff. sowie RdE 1996, S. 15 ff.; *DVG/ARE* (Hrsg.), Gemeinsame Stellungnahme zum Ergebnis der Erörterung der Kartellbehörden des Bundes und der Länder am 22./23. Okt. in Wiesbaden (RdE 1993, 80 f.), RdE 1993, S. 208 ff.; *Büdenbender*, Kartellrechtliche Beurteilung von Personalübernahmeverpflichtungen in Konzessionsverträgen, RdE 1989, S. 262 ff.; *Eiber/Fuchs*, Überlegungen zur Bestimmung des Sachzeitwertes von Versorgungsnetzen, BB 1994, S. 1175 ff.; *v. Gamm*, Sachzeitwertklauseln in Endschaftsbestimmungen von Konzessionsverträgen, WuW 1997, S. 404 ff.; *Hempel*, Versorgungsrechtliche Überlegungen der Gemeinden nach Ablauf von Konzessionsverträgen, RdE 1993, S. 55 ff.; *Hüffer/Tettinger*, Konzessionsvertrag, Endschaftsklausel und Übernahmepreis – Eine Fallstudie zur Stromversorgung Dortmund, Stuttgart/München/Hannover 1990; *Hüffer/Tettinger*, Rechtsfragen beim Versorgerwechsel nach Ablauf von Konzessionsverträgen, Stuttgart/München/Hannover/Berlin/Weimar 1992; *Hüffer*, Der Übernahmepreis in konzessionsvertraglichen Endschaftsklauseln, RdE 1992, S. 205 ff.; *Kartellreferenten/Nds. Wirtschaftsministerium* (Hrsg.), Kartellrechtlicher Rahmen für sogenannte Endschaftsbestimmungen in Konzessionsverträgen über die Elektrizitäts- oder Gasversorgung, RdE 1993, S. 80 f.; *Klees*, Der Direktleitungsbau im deutschen und europäischen Energie- und Wettbewerbsrecht, Stuttgart 2001; *Klemme*, Ablauf von Konzessionsverträgen – Versorgungssicherheit und Wettbewerb, RdE 1992, S. 82 f.; *Kühne*, Die Verfassungswidrigkeit des Verbots der Neueinführung von Konzessionsabgaben, BB 1987, S. 2032 ff.; *Kühne*, Anschlußkonzessionsverträge und Kartellrecht, RdE 1993, S. 129 ff.; *Kühne*, Das Verhältnis von Kreis- und Gemeindekonzessionsverträgen, Heidelberg 1991 (Besprechung von *Hempel*, RdE 1993, S. 38 f.); *Markert*, Konzessionsverträge und Kartellrecht, RdE 1989, S. 94 ff.; *Markert*, Aktuelle Fragen des Energiekartellrechts im Jahre 1993 aus der Sicht des Bundeskartellamtes, RdE 1993, S. 134 ff.; *Möller*, Leitungsrechte in den neuen Bundesländern nach § 9 Grundbuchbereinigungsgesetz, RdE 1997, S. 101 ff.; *Ott*, Zur Mitbenutzung von Grundstücken und Bauwerken für Energiefortleitungsanlagen im Gebiet der ehemaligen DDR, RdE 1991, S. 150 ff.; *Pfeiffer*, Die kartellrechtliche Wirksamkeit energiewirtschaftlicher Konzessionsverträge, VEnergR Bd. 53, Baden-Baden 1985; Recknagel, Zum historischen und heutigen Sachzeitwertbegriff, RdE 1996, S. 218 ff.; *Reiblinger*, Durchleitungsrecht in Eigentümerwegen für Versorgungsunternehmen, RdE 1993, S. 222 ff.; *Schäfer*, Versorgerwechsel in der Stromwirtschaft: Die Problematik der Netzübernahme zum Sachzeitwert vor dem Hintergrund der Preisaufsicht nach § 12 Bundestarifordnung Elektrizität, RdE 1993, S. 185 ff.; *Scholtka*, Das Konzessionsabgabenrecht in der Elektrizitäts- und Gaswirtschaft, VEnergR Bd. 92, Baden-Baden 1999; *Seeliger*, Die Mitbenutzung von öffentlichen Verkehrswegen durch Versorgungsleitungen in den neuen Bundesländern, RdE 1993, S. 103 ff.; *Steckert*, Rekommunalisierung der Energieversorgung?, RdE 1996, S. 94 ff.; *Stuible-Treder*, Zur Abgrenzung von Herstellungskosten und Erhaltungsaufwand bei Ortsnetzen der Versorgungswirtschaft, BB 1993, S. 1628 ff.; *Tettinger*, Kommunales Wegeeigentum und Energieversorgungsanlagen, RdE 1992, S. 2 ff.; *Wieland*, Die Konzessionsabgaben. Zur Belastung wirtschaftsverwaltungsrechtlicher Erlaubnisse mit Abgaben, Berlin 1992.

Überblick

	Seite	Rz.
I. Normzweck und Rechtsentwicklung	925	1
II. Zugang zum öffentlichen Verkehrswegenetz (Abs. 1 Satz 1)	928	11
1. Kommunales Eigentum	929	13
2. Öffentliche Verkehrswege	934	24
3. Verlegung und Betrieb von Leitungen	936	28
a) Leitungsbegriff	936	29
b) Verlegung und Betrieb	938	33
4. Unmittelbare Versorgung von Letztverbrauchern	939	36
5. Im Gemeindegebiet	941	42
III. Rechtsfolge: Kontrahierungszwang	944	49
1. Gläubiger des Anspruchs auf Zugang	944	50
2. Verwirklichung durch Vertragsschluss	946	55
3. Diskriminierungsfreiheit	948	58
4. Umweltschutz in Wegenutzungsverträgen	951	67
5. Exkurs: Leitungseigentum	954	73
IV. Ausnahmen vom Kontrahierungszwang (Abs. 1 Satz 2)	960	83
1. Fehlende Einigung über die Höhe der Konzessionsabgaben	960	86
2. Verweigerung der Zahlung der Höchstsätze der KAV	961	88
3. Sonstige Ausnahmen	963	93

V.	Qualifizierte Wegebenutzungsverträge (Abs. 2)	964	97
	1. Grundpflichten und Gegenseitigkeitsverhältnis	966	101
	2. Nutzung öffentlicher Verkehrswege für Versorgungsleitungen...........................	969	108
	3. Allgemeine Versorgung	972	115
	4. Nicht-Ausschließlichkeit........................	972	116
	5. Laufzeitbegrenzung bei Durchführung der allgemeinen Versorgung.......................................	974	120
	6. Rechtsfolgen: Verweis auf § 46 Abs. 1 ?	979	131
VI.	Auslaufen von Konzessionsverträgen (Abs. 3)	980	133
	1. Bekanntmachungspflicht der Gemeinde	980	134
	2. Entscheidung über Neuabschluss oder Verlängerung...	984	144
	3. Öffentliche Bekanntmachung der maßgeblichen Gründe...	987	153
	4. Überlassungspflichten des Altversorgers.............	988	155
	5. Zahlung einer angemessenen Vergütung	992	163
	6. Rechtsschutz	992	165
VII.	Anwendung auf Eigenbetriebe der Gemeinden (Abs. 4)..	994	170
VIII.	Zuständigkeiten und Aufgaben der Kartellbehörden sowie der Regulierungsbehörde (Abs. 5)	996	175

I. Normzweck und Rechtsentwicklung

§ 13 als im Wesentlichen wortgleiche Vorläufervorschrift des § 46 ist im alten Recht der Energiewirtschaft ohne Vorbild gewesen. Seine Inkraftsetzung ist letztlich durch die essential facilities-Doktrin[1] angestoßen und dann von **Art. 21 RL-Elt und Art. 20 RL-Gas 1996/1998** (Gebot der Zulassung von Direktleitungen) initiiert worden. Obwohl es angesichts der Wegemonopole der Gemeinden auch in der Vergangenheit eigentlich schon möglich gewesen wäre, über § 22 GWB a. F. = § 19 GWB n.F. einen Zugang zum Wegenetz für die Verlegung von Direktleitungen zu erhalten, ist dieses wohl praktisch nie versucht

---

[1] Vgl. dazu *Klimisch/Lange*, Zugang zu Netzen und anderen wesentlichen Einrichtungen als Bestandteil der kartellrechtlichen Mißbrauchsaufsicht, WuW 1998, S. 15 ff.; *Bunte*, 6. GWB-Novelle und Mißbrauch wegen Verweigerung des Zugangs zu einer wesentlichen Einrichtung, WuW 1997, S. 302 ff.; *Fleischer/Weyer*, Neues zur essential facilities-Doktrin im europäischen Wettbewerbsrecht, WuW 1999, S. 350 ff.

worden. Die Gemeinde hätte mit Rücksicht auf ihren Konzessionsvertragspartner, dem regelmäßig ein ausschließliches Wegenutzungsrecht eingeräumt worden war, den Zugang verweigern müssen. Nunmehr gilt parallel § 19 Abs. 4 Ziff. 4 GWB, wonach der Zugang zu Netzen und ähnlichen Infrastruktureinrichtungen nicht in missbräuchlicher Weise verweigert werden darf[2].

2 Art. 22 RL-Elt/Art. 24 RL-Gas 2003 und § 46 dienen zusammengenommen der **Förderung des Wettbewerbs in der Versorgungswirtschaft**, soweit die Versorgung über feste Leitungswege mittels Direktleitungen erfolgt. Sowohl Anbieter als auch Nachfrager nach Versorgungsdienstleistungen sollen die Möglichkeit erhalten, sich frei zwischen einer Verwirklichung des Netzzugangs (§§ 20 ff.) und dem Bau einer Direktleitung zu entscheiden. Im Gegensatz dazu diente das frühere Recht (vgl. §§ 4, 5 EnWG 1935) mit seinen strikten Zulassungsanforderungen gerade der Durchsetzung der Vorstellung, dass eine Doppelverlegung von Versorgungsleitungen schädlich sei[3]. Auf diese Weise konnte das (künstliche) Monopol der Gebietsversorger begründet und gefestigt werden.

3 In ihrer Begründung des Gesetzentwurfs[4] zum **EnWG 1998** hatte die Bundesregierung den engen Zusammenhang der Vorläufervorschrift zu § 46 mit der Erhebung von Konzessionsabgaben hervorgehoben. Zwecks Ermöglichung zusätzlichen Wettbewerbs solle auch Leitungsbau ermöglicht werden. Letztlich begründete die Bundesregierung die Regelung zum Kontrahierungszwang mit der Aufhebung der alten Freistellung nach § 103 Abs. 1 Ziff. 2 GWB a. F., der die Vereinbarung ausschließlicher Nutzungsrechte am Wegenetz der Gemeinde ermöglichte. Weil zugleich § 103a GWB a. F. aufgehoben worden sei, habe zur Vermeidung von »Ewigkeitsrechten« die Befristung der Wegebenutzungsverträge auf 20 Jahre in das EnWG eingeführt werden müssen. Die straßenrechtlichen Vorschriften sollten unberührt bleiben[5].

---

2 Vgl. dazu die Rechtsprechung des EuGH: Hafenentscheidungen sowie *Bronner*: Nachweise bei *Fleischer/Weyer* ebd.
3 Vgl. dazu *Büdenbender*, Die Kartellaufsicht über die Energiewirtschaft, VEnergR Bd. 76, Baden-Baden 1995, S. 43 ff.
4 BT-DrS 13/7274, S. 20, zu § 8 (Wegenutzungsverträge).
5 Ebd.

Weiter führte die Bundesregierung in ihrer ursprünglichen Gesetzesbegründung aus[6]: Der Anspruch auf Zurverfügungstellung von Verkehrswegen zwecks Verlegung und Betrieb von Leitungen zur unmittelbaren Versorgung von Letztverbrauchern müsse nur gegen Entgeltzahlung, aber diskriminierungsfrei eingeräumt werden. Nur aus sachlich gerechtfertigten Gründen dürfe ein Wegerecht verweigert werden, wobei das Gewinninteresse eigener Stadtwerke oder anderer Unternehmen mit Versorgungsinteressen im Gemeindegebiet keine sachliche Rechtfertigung bedeuteten.

Wegen der faktisch wettbewerbsbeschränkenden Wirkung bereits vorhandener Netze müsse die Laufzeit von Wegebenutzungsverträgen, die der Durchführung der allgemeinen Versorgung dienen, auf 20 Jahre beschränkt werden. Ausdrücklich hob die Gesetzesbegründung zum EnWG 1998 hervor[7]:

> »Soweit einzelne Abnehmer durch Einzelleitung im Versorgungsgebiet eines anderen Versorgungsunternehmens versorgt werden, findet die Befristung keine Anwendung.«

Die Pflicht zur Überlassung der notwendigen Verteilungsanlagen im Versorgungsgebiet bei Auslaufen und Nichtverlängerung eines der allgemeinen Versorgung dienenden Wegebenutzungsvertrages habe das Ziel, den Wechsel auch praktisch zu ermöglichen und wirtschaftlich unsinnige Doppelinvestitionen zu vermeiden. Ein solcher Wechsel dürfe auch nicht an übermäßig hohen Kaufpreisforderungen scheitern (wirtschaftlich angemessene Vergütung im Einzelfall).

Absatz 3 (Veröffentlichungs- und Begründungspflicht bei Beendigung von Konzessionsverträgen) diene dem Zweck, Wettbewerb um Wegebenutzungsrechte effektiv entstehen zu lassen (Information der Öffentlichkeit). Bewusst werde nicht bestimmt, nach welchen Kriterien die Gemeinde ihre Auswahlentscheidung zu treffen habe. Die Regelung diene der Transparenz und Nachvollziehbarkeit der gemeindlichen Entscheidung unter Auswahl nach rationalen Kriterien.

Die Regelung über Eigenbetriebe sei für den Fall erforderlich, dass die Nutzung der gemeindlichen Wege durch gemeindliche Satzung und nicht durch Vertrag geregelt werde. Der Zweck der Vorschrift, »Ewigkeitsrechte« zu verhindern, dürfe nicht unterlaufen werden. Die Kar-

---

6 Ebd. S. 21.
7 Ebd. S. 21, linke Spalte.

tellbehörden seien wegen Absatz 5 berufen, im Einzelfall insbesondere darüber zu entscheiden, ob eine Diskriminierung nach Abs. 1 (Kontrahierungszwang zwecks Wegenutzung) vorliege.

9 In den Regierungsentwurf zum EnWG 2005 ist § 13 EnWG 1998 im Wesentlichen wortgleich (als § 46) übernommen worden[8], und die vorgenommenen Änderungen haben lediglich dem Ziel gedient, die nach §§ 6 ff. vorgeschriebene Entflechtung von Netzbetrieb und sonstigen energiewirtschaftlichen Aktivitäten im neuen Gesetzestext zum Ausdruck zu bringen. Weil die Begründung zu § 46 auf das dahinter stehende Regelungsziel nicht eingeht[9], müssen die zu § 13 EnWG 1998 aufgeführten Gesetzeszwecke[10] als nach wie vor gültig beachtet werden.

10 Im Hinblick auf die Praxis vieler Konzessionsnehmer, noch vor Erreichen der Zwanzigjahresfrist des § 13 Abs. 2 EnWG 1998 den Konzessionsvertrag mit der Gemeinde neu abzuschließen, hatte der Bundesrat in seiner Stellungnahme zum Regierungsentwurf eine Ergänzung des Abs. 3 mit dem Ziel vorgeschlagen, eine solche vorzeitige Beendigung ebenfalls der Bekanntgabe zu unterwerfen[11]. Hiergegen hatte die Bundesregierung zwar Einwände erhoben, den Vorschlag aber als grundsätzlich erwägenswert erachtet[12]. Im Vermittlungsausschuss ist dann der Vorschlag des Bundesrates wieder aufgegriffen worden, was zur Einfügung zweier die vorzeitige Vertragsverlängerung betreffende Sätze in § 46 Abs. 3 geführt hat[13]. In dieser Fassung ist dann der Regierungsentwurf Gesetz geworden.

II. Zugang zum öffentlichen Verkehrswegenetz (Abs. 1 Satz 1)

11 Im Einklang mit Art. 22 RL-Elt und Art. 24 RL-Gas sind die Mitgliedstaaten der EU verpflichtet worden, Maßnahmen für den Bau von Direktleitungen zu Strom- und Gaskunden zu treffen. Folgende Maßnahmen wären in Betracht gekommen:

---

8 BT-DrS 15/3917, S. 24 mit Begründung S. 46.
9 Vgl. ebd. S. 67 unten.
10 Vgl. vorstehend Rz. 3 ff.
11 BT-DrS 15/3917, Anlage 2, S. 78, 91 (Ziff. 50).
12 Gegenäußerung zur Stellungnahme des Bundesrates, BT-DrS 15/4068, S. 8 (Ziff. 47).
13 Vermittlungsausschuss, BT-DrS 15/5736 (neu), S. 6 (Ziff. 24).

II. Zugang zum öffentlichen Verkehrswegenetz (Abs. 1 Satz 1)

– Öffentlich-rechtliche Spezialregelung (Vorbild: §§ 68, 69 TKG)

– Einräumung einer (entgeltlichen oder unentgeltlichen) Sondernutzung am Wegeeigentum

– Einführung eines besonderen (energierechtlichen) Genehmigungsverfahrens für Direktleitungen

– Enteignung, eventuell kombiniert mit besonderen Genehmigungsvoraussetzungen (insbes. im Hinblick auf Art. 24 Abs. 3 RL-Gas)

– Gesetzliche Verpflichtung zu privatrechtlicher Nutzungsüberlassung

– (mittelbarer) Kontrahierungszwang (Nutzungsüberlassung durch Vertrag)

Der deutsche Gesetzgeber hat auch mit Rücksicht auf die straßenrechtlichen Regelungen nach dem Vorbild von § 8 Abs. 10 Bundesfernstraßengesetz (BFStrG) eine privatrechtliche Lösung gewählt, wobei die Leitungsverlegung außerhalb des öffentlich-rechtlichen Sondernutzungsrechts als kurzfristige Störung des Gemeingebrauchs geduldet wird[14]. Mit Rücksicht auf das Aufkommen an Konzessionsabgaben und deren Tradition im Hinblick auf Versorgungsleitungen ist die mögliche Ausgestaltung nach dem Vorbild von § 68 TKG verworfen worden. Wegen der stark unterschiedlichen Staffelung der Konzessionsabgaben in § 2 KAV ist aber fraglich, ob für alle Netzbenutzer insofern ein diskriminierungsfreier Zugang eingeräumt ist[15]. 12

1. Kommunales Eigentum

Schuldner des Anspruchs auf Zugang zum öffentlichen Verkehrswegenetz sind nach dem Gesetzeswortlaut »Gemeinden«. Dieser Begriff ist jedenfalls im Ausgangspunkt im Einklang mit Art. 28 GG sowie den Gemeindeordnungen der Länder zu interpretieren. Danach sind Gemeinden Gebietskörperschaften, die im Rahmen ihrer Selbstverwaltungsgarantie die Angelegenheiten der örtlichen Gemeinschaft regeln. Zu den **Gemeinden** zählen nicht nur Städte einschließlich der kreisfreien Städte, sondern auch Samtgemeinden sowie Orts- oder 13

---

14 *Böwing*, EnWG 1998, § 13 Anm. 21.
15 Vgl. dazu unten die Kommentierung zu § 48 Rz. 51 ff.

Verbandsgemeinden (Rheinland-Pfalz)[16]. Gemeindeverbände wie z. B. Landkreise, die gem. § 6 KAV grundsätzlich Gläubiger eines Anspruchs auf Konzessionsabgaben sein können, sind eigentlich im klassischen Sinne keine Gemeinden; als Quasi-Zusammenschlüsse von Gemeinden und weil sie nach den Gemeindeordnungen der Länder vergleichbar Gemeinden verfasst sind, wenn ihnen auch in der Staatsorganisation eigentümliche und besondere Aufgaben zugewiesen sind, dürften Landkreise vom Gemeindebegriff des § 46 Abs. 1 noch erfasst sein, ohne den Wortlaut zu sprengen[17]. Auch eine Gesamtinterpretation unter Berücksichtigung von § 6 KAV spricht für diese Auslegung.

14 Andere Gebietskörperschaften wie Bund und Länder sowie sonstige staatliche und überkommunale Untergliederungen (z. B. Landschaftsverbände in NRW, Ämter, Zweckverbände, Regionen und »Landschaften«), die ebenfalls Eigentümer von Straßen und Wegen sein können, welche möglicherweise für die Verlegung von Versorgungsleitungen benötigt werden, können nach dem Wortlaut nur schwierig oder gar nicht unter den Gemeindebegriff subsumiert werden[18]. Dies kontrastiert in eigentümlicher Weise mit den §§ 103, 103a GWB a. F. (bis 31.12.1998), die im Hinblick auf Konzessions- und Demarkationsverträge die »Gebietskörperschaften« und damit zumindest auch Bund und Länder als Normadressaten vorsahen. Da für die Wasserversorgung diese Vorschriften weiterhin Gültigkeit haben1[19], hat sich die Rechtsspaltung zwischen leitungsgebundener Wasserversorgung einerseits und leitungsgebundener Versorgung mit Gas und Elektrizität andererseits weiter verschärft.

15 Der im Verhältnis zum Begriff der Gebietskörperschaft engere Gemeindebegriff des § 46 Abs. 1 vermag auch den persönlichen Geltungsumfang des Art. 22 RL-Elt nicht zutreffend wiederzugeben. Danach treffen die Mitgliedstaaten Maßnahmen, um Elektrizitätserzeugern und allen EltVU die Versorgung ihrer eigenen Betriebsstätten, Tochterunternehmen und zugelassenen Kunden über **Direktleitungen** zu ermöglichen. Umgekehrt muss gemäß lit. b) des Art. 22

---

16 So zutreffend *Böwing*, EnWG 1998, § 13 Anm. 2.2.
17 Anders *Böwing*, EnWG 1998, § 13 Anm. 2.2.
18 So zu Recht *Böwing* ebd. Anm. 2.2.
19 Vgl. § 131 Abs. 8 GWB in der Bekanntmachung vom 26.8.1998, BGBl. I S. 2546, 2575, sowie § 131 Abs. 6 GWB i.d.F. der Neubekanntmachung vom 15.7.2005, BGBl. I S. 2114, 2147.

II. Zugang zum öffentlichen Verkehrswegenetz (Abs. 1 Satz 1)

Abs. 1 jeder zugelassene Kunde die Möglichkeit erhalten, über eine Direktleitung versorgt zu werden (wortgleich: Art. 24 Abs. 1 RL-Gas). Da die Bundesrepublik Deutschland schon mit dem Ersten Neuregelungsgesetz alle EVU sowie alle Kunden unabhängig von ihrer Bedeutung und Abnahmegröße unterschiedslos zugelassen hat, muss praktisch im Hinblick auf jeglichen Abnahmefall die Versorgung über eine Direktleitung ermöglicht werden.

Zwar sehen Art. 22 Abs. 2 RL-Elt/Art. 24 Abs. 2 RL-Gas die Möglichkeit der Mitgliedstaaten vor, Kriterien für die Genehmigungserteilung objektiver und nicht diskriminierender Art in Bezug auf den Bau von Direktleitungen festzulegen. Nicht vorgesehen ist aber, dass Ansprüche von Elektrizitätskunden hinsichtlich des Baues von Direktleitungen auf solche Verkehrswege beschränkt werden dürfen, die im Eigentum von Kommunen stehen. Weil für diesen Fall möglicherweise Umwege in Kauf genommen werden müssten oder ein Direktanschluss gar nicht mehr möglich erscheint, trifft Art. 46 Abs. 1 insofern keine objektive und nicht diskriminierende Regelung. Für sich betrachtet steht die Beschränkung des Zugangs zum Verkehrswegenetz im Hinblick auf ihren persönlichen Anwendungsbereich – Kommunen als alleinige Schuldner des Anspruchs – mit Art. 22 RL-Elt nicht in Einklang. Dies gilt entsprechend für den Gassektor, Art. 24 RL-Gas. **16**

Eine europarechtskonforme Auslegung des Gemeindebegriffs in § 46 Abs. 1 erscheint als praktisch und rechtlich unmöglich. Der Wortlaut der Vorschrift würde gesprengt, wenn man auch Länder oder gar den Bund als »Gemeinden« ansprechen würde. Schon hinsichtlich der nordrhein-westfälischen Landschaftsverbände, die man noch am ehesten zu den Verbänden aus Gemeindezusammenschlüssen rechnen könnte, stünde eine Anwendung des Gemeindebegriffs mit den Grenzen einer möglichen Wortlautauslegung nicht mehr in Einklang. **17**

Zwar räumt auch § 19 Abs. 4 Ziff. 4 GWB einen Anspruch auf Zugang zu Netzen und Struktureinrichtungen gegen Entgelt ein, der durchaus mit Erfolg durch EVU oder zugelassene Kunden gegen Nicht-Gemeinden beschritten werden könnte, um das durch Art. 22 RL-Elt/Art. 24 RL-Gas geforderte Ergebnis sicherzustellen. Allerdings ist diese Möglichkeit, neben § 46 Abs. 1 Zugang zu erhalten, nicht für Jedermann transparent; in der Kommentierung von *Danner/* **18**

Theobald[20] zum § 13 EnWG 1998 wurde diese Möglichkeit z. B. gar nicht erwähnt. Auch *Böwing*[21] erläutert nicht, dass zwecks Erfüllung der europarechtlichen Vorgabe ggf. dieser Weg über das Kartellrecht beschritten werden kann.

19 Neben der notwendigen Regelungstransparenz, die der nationale Gesetzgeber im Hinblick auf die Umsetzung europäischen Sekundärrechts zu gewährleisten verpflichtet ist, verfolgt § 19 Abs. 4 Ziff. 4 GWB auch eine andere Regelungstechnik. Während nämlich § 46 Abs. 1 insofern im Einklang mit Art. 22 RL-Elt einen Anspruch auf Zugang formuliert, besteht ein solcher Anspruch nach dem GWB allenfalls als Folge eines Missbrauchs von Marktmacht. Dazu ist zunächst der relevante Markt abzugrenzen und der Missbrauch als zweckwidriges Verhalten festzustellen. Damit steht dann das verbotene, nicht notwendig aber das erlaubte Verhalten der Gebietskörperschaft fest, die sich auch im Anschluss an eine solche Missbrauchsverfügung möglicherweise aus dem Kanon der nicht verbotenen Verhaltensweisen rechtmäßig zu einer (weiteren) Verweigerung des Zugangs zum Wegenetz entschließen könnte. Die im Verhältnis zum Kontrahierungszwang völlig unterschiedliche Regelungstechnik des § 19 Abs. 4 Ziff. 4 GWB lässt diesen Weg als eine kaum vergleichbare Alternative erscheinen.

20 Der Zweck des Art. 22 RL-Elt gebietet es möglicherweise, als Schuldner des Anspruchs auf Zugang auch **private Rechtssubjekte** (Unternehmen, private Eigentümer von Wegen und Verkehrsflächen) vorzusehen. Für diesen Fall würde es nicht ausreichen, im Wortlaut des § 46 Abs. 1 den Begriff »Gemeinde« durch den Begriff »Gebietskörperschaften« auszutauschen. Vielmehr müsste dann vorbehaltlich des § 45 jeder Wegeeigentümer zur Verlegung von Versorgungsleitungen verpflichtet werden, wenn sein Grundstück oder Grundstücksteil dafür unabdingbar benötigt wird und die Verlegung – etwa als unterirdische Leitung – ihm auch zumutbar erscheint.

21 Schon jetzt gibt es diesbezüglich zahlreiche Regelungen. § 19 Abs. 4 Ziff. 4 GWB differenziert nicht zwischen Netzen und Infrastruktureinrichtungen öffentlich-rechtlicher Rechtsträger und solchen privater Rechtsträger. Eine eventuelle Überlegung des Gesetzgebers, durch

---

20 *Danner/Theobald*, EnWG 1998, § 13 Rz. 13.
21 EnWG 1998, § 13 Anm. 2.2 sowie Anm. 7; anders *Büdenbender*, EnWG 1998, § 13 Rz. 89.

Verweisung von Direktleitungsinteressenten auf die Kommunen das Aufkommen an Konzessionsabgaben stabil zu halten, dürfte kaum als sachbezogene Erwägung für die Rechtfertigung des Wortlauts des Gesetzes anzusprechen sein. Schon bisher verpflichtete § 8 AVBEltV Grundstückseigentümer, die Kunden und Anschlussnehmer des EVU sind, »für Zwecke der örtlichen Versorgung (Niederspannungs- und Mittelspannungsnetz) das Anbringen und Verlegen von Leitungen zur Zu- und Fortleitung von Elektrizität über ihre im gleichen Versorgungsgebiet liegenden Grundstücke, ferner das Anbringen von Leitungsträgern und sonstigen Einrichtungen sowie die erforderlichen Schutzmaßnahmen unentgeltlich zuzulassen«.

Abgesehen davon, dass der Gesetzgeber insofern eine ungleiche Regelung getroffen hat – Kunden müssen die Grundstücksbenutzung unentgeltlich dulden, Gemeinden, die ja ebenfalls Kunden im Hinblick auf ihre eigene Versorgung mit Energie sind (Straßenbeleuchtung), können trotz öffentlicher Bindung ihres Grundeigentums Konzessionsabgaben beanspruchen –, gibt es also bereits Rechte zur Grundstücksnutzung für Versorgungsleitungen, die Privaten auferlegt sind (vgl. die Parallelregelungen in § 8 AVBGasV; ebenso § 8 AVBWasserV und § 8 AVBFernwärmeV). Daneben bestehen auf landesrechtlicher Grundlage Duldungspflichten im Hinblick auf die Verlegung von Gasleitungen. Die Grundeigentümer müssen Schutzstreifen und Sicherheitsstreifen respektieren und unterliegen zur Sicherung der Leitung Bau- und Bewirtschaftungsbeschränkungen gegen Entgeltzahlung. 22

Die zu eng geratene Fassung in § 46 ist nur verständlich, wenn man zusätzlich die eingespielte Praxis von Bund und Ländern im Hinblick auf die **Einräumung von Nutzungsrechten zum Zwecke der Elektrizitätsversorgung** berücksichtigt[22]. Nach dem Vorbild des § 8 Abs. 10 BFStrG räumen Bund und Länder durch öffentlich-rechtlichen Vertrag unentgeltlich Nutzungsrechte zwecks Durchführung der **öffentlichen Energieversorgung** ein. Dies ist konsequent, weil § 48 insofern Konzessionsabgaben nicht vorsieht. Da aber Direktleitungen für Elektrizitätserzeuger und anzuschließende Großkunden nicht automatisch eine Zuordnung zum Bereich der »öffentlichen Energieversorgung« ermöglichen, kann nach wie vor eine Diskrimi- 23

---

22 Vgl. dazu *Klees*, Der Direktleitungsbau im deutschen und europäischen Energie- und Wettbewerbsrecht, Diss. jur. Hannover 2001 = Stuttgart 2001, insb. S. 81 ff.

nierung dieser Elektrizitätsunternehmen sowie Kunden nicht ausgeschlossen werden, selbst wenn man den Begriff »öffentliche Versorgung« mit »allgemeine Versorgung« im Sinne von § 3 Ziff. 17 übersetzt.

2. Öffentliche Verkehrswege

24 Der sachliche Anwendungsbereich des § 46 Abs. 1 wird durch den Begriff »öffentliche Verkehrswege« konkretisiert. Verkehrswege umfassen Straßen, Wege und Plätze einschl. der Fahrradwege, Gehwege und zugehörigen Parkplätze (Parkstreifen), soweit sie für eine Leitungsverlegung üblicherweise in Betracht kommen[23]. Ein öffentlicher Verkehrsweg liegt nur vor, wenn dieser für den Verkehr gewidmet ist (Gemeingebrauch, §§ 2, 7 BFStrG). Der Gesetzgeber unterscheidet zwischen Straßeneigentum und der Stellung als Träger der Straßenbaulast; beide Rechtsstellungen können auseinander fallen. Im Falle eines Wechsels in der Trägerschaft der Straßenbaulast geht jedoch das Eigentum auf den neuen Straßenbaulastträger über, § 6 BFStrG. Die Verlegung von Leitungen im Straßenkörper ist weder Gemeingebrauch noch Sondernutzung i. S. von § 8 BFStrG; sie vollzieht sich außerhalb des öffentlichen Rechts nach privatrechtlichen Grundsätzen, § 8 Abs. 10 BFStrG, solange der Gemeingebrauch nicht oder nur kurzzeitig für Zwecke der öffentlichen Versorgung beeinträchtigt wird[24].

25 Die Beschränkung des Zugangsanspruchs zum **öffentlichen** Wegenetz bedeutet, dass Privatstraßen von § 46 Abs. 1 nicht erfasst werden, selbst wenn solche Verkehrswege für den Bau einer Direktleitung unabdingbar benötigt werden. Ob dies mit Art. 22 RL-Elt/Art. 24 RL-Gas im Einklang steht, ist zweifelhaft[25]. Einstweilen kann der Eigentümer den Zugang zu einem Privatweg zwecks Baus einer Direktleitung verweigern, sofern es sich nicht um einen Missbrauch i. S. von § 19 Abs. 4 Ziff. 4 GWB handelt.

---

23 Das Bundesfernstraßengesetz setzt den Straßenbegriff in § 1 BFStrG voraus. Nach § 1 Abs. 4 BFstrG gehören zu den (Bundesfern-)Straßen der Straßenkörper, der Luftraum über dem Straßenkörper, das Zubehör (z. B. Verkehrszeichen und Bepflanzung), die Nebenanlagen (Straßenmeistereien, Gerätehöfe usw.) sowie die Nebenbetriebe an den Bundesautobahnen.
24 Vgl. *Klees*, Direktleitungsbau, S. 85 f.
25 Vgl. vorstehend Rz. 20 ff.

II. Zugang zum öffentlichen Verkehrswegenetz (Abs. 1 Satz 1)

Die Beschränkung des Zugangsanspruchs auf **öffentliche** Verkehrswege und damit solche, die dem öffentlichen Verkehr gewidmet sind, bedeutet zugleich, dass ein Zugang zu **ungewidmeten Teilflächen** und entsprechenden Grundstücken nicht nach § 46 Abs. 1 gewährt wird. *Böwing*[26] nennt insofern Vorratsflächen, Baugrundstücke, Betriebshöfe und sonst bebaute Grundstücke, für die die Gemeinden als private Grundeigentümer einzustufen seien. Damit gehören Gehwege, Fahrradwege und Parkstreifen noch zum öffentlichen Verkehrswegenetz, nicht aber Seitenstreifen, Randstreifen und Sicherheitsstreifen (vgl. § 1 Abs. 4 Ziff. 1 BFStrG), ebenso nicht die Grundstücke der Straßenmeistereien einschl. ihrer Gerätehöfe, Lager, Lagerplätze, Entnahmestellen usw. (§ 1 Abs. 4 Ziff. 4 BFStrG). Bebaute Grundstücksteile wird man schon aus rein tatsächlichen Gründen nicht als Verkehrsflächen ansehen können, selbst wenn sie dem Publikumsverkehr der Behörde usw. dienen. Eine weitere (immanente) Beschränkung ergibt sich daraus, dass Teile öffentlicher Verkehrsflächen für die Verlegung von Versorgungsleitungen dann nicht in Anspruch genommen werden dürfen, wenn dort üblicherweise solche Leitungen nicht verlegt werden. Da es möglicherweise eine starke Behinderung darstellt, wenn Versorgungsleitungen im Bereich der Randstreifen der Bundesautobahnen verlegt werden, kann eine Verlegung selbst dann nicht beansprucht werden, wenn sich (auch) dort Verkehrsvorgänge abzuspielen pflegen. Auf dem Mittelstreifen der BAB ist dies schon deshalb ausgeschlossen, weil dieser nicht dem öffentlichen Verkehr gewidmet ist.

26

Weitergehend will *Böwing*[27] im Anschluss an *Büdenbender*[28] auch solche Flächen, die dem öffentlichen Verkehr nicht gewidmet sind, dann dem Zugangsrecht unterwerfen, wenn diese Flächen dem öffentlichen Verkehr (rein tatsächlich) eröffnet sind. Dies betrifft z. B. Parks, Feldwege, Wirtschaftswege[29], konsequent aber auch Waldflächen des Bundes und der Länder, wenn aufgrund der Landeswaldgesetze usw. ein Betretungsrecht für das Publikum besteht, damit also ein allgemeiner Verkehr eröffnet ist. Man wird sich dieser Auffassung jedenfalls für den Fall anschließen müssen, dass ein vergleichbar zumutbarer (gewidmeter) Verkehrsweg nicht vorhanden ist. Soweit

27

---

26 Anm. 2.3; *Büdenbender*, EnWG 1998, § 13 Rz. 22.
27 EnWG 1998, Anm. 2.3.
28 Vgl. *Büdenbender*, in: *Tegethoff/Büdenbender/Klinger*, Recht der öffentlichen Energieversorgung, § 103 GWB Rz. 186.
29 *Böwing* ebd. Anm. 2.3.

Waldflächen des Bundes und der Länder in Anspruch genommen werden, darf dieses allenfalls über die Forstwege erfolgen. Keinesfalls kann § 46 Abs. 1, der ja das Umweltschutzziel des § 1 Abs. 1 beachten muss, als Freibrief für die Inanspruchnahme unbebauten öffentlichen Eigentums interpretiert werden. Ein Zugangsrecht zum ungewidmeten Wegenetz kann – ebenso wie die Inanspruchnahme Privater – nur nach sorgfältiger Abwägung unter Berücksichtigung des Verhältnismäßigkeitsprinzips erfolgen.

3. Verlegung und Betrieb von Leitungen

28 § 46 erfasst zunächst alle Arten von Leitungen, nämlich Niederspannungsleitungen, Mittelspannungsleitungen, Hochspannungsleitungen und Höchstspannungsleitungen (Elektrizitätsbereich), für den Gasbereich Niederdruck-, Mitteldruck- und Hochdruckleitungen. Ob diese Leitungen mit Rücksicht auf die Spannungs- bzw. Druckstufe ein Netz bilden[30], ist im Ausgangspunkt irrelevant; nach der insofern mit Art. 22 RL-Elt/Art. 24 RL-Gas im Einklang stehenden Konzeption des Gesetzgebers muss es sich dabei allerdings um Leitungen handeln, aus denen unmittelbar Letztverbraucher versorgt werden[31].

a) Leitungsbegriff

29 **Leitungen** gem. § 46 Abs. 1 sind Energieanlagen im Sinne von § 3 Ziff. 15, soweit sie der Fortleitung oder Abgabe von Energie (Elektrizität oder Gas) zu dienen bestimmt sind (vgl. auch § 3 Ziff. 12 und 19). Die Leitungen werden üblicherweise nach Spannungsebenen bzw. Druckstufen unterschieden. Eine Öl-Pipeline ist ebenso wie ein Rohr zur Fortleitung von Fernwärme keine Leitung i. S. von § 46 Abs. 1, weil das EnWG Mineralöl und Fernwärme ebenso wie Wasser und Dampf nicht erfasst.

30 Zu den Leitungen (iwS) i. S. von § 46 Abs. 1 rechnet der Gesetzgeber auch die **Fernwirkleitungen zur Netzsteuerung** (»einschließlich«). Dabei handelt es sich um Anlagen, die der Weiterleitung elektrischer und sonstiger Signale mit dem Ziel dienen, Regelungszustände zu erfassen und zu beeinflussen. Beispielsweise dienen Rundsteueranlagen

---

30 So möglicherweise *Böwing*, EnWG 1998, § 13 Anm. 2.4.1., mit Rücksicht auf die Einschränkung des Anspruchs auf »Leitungen der unmittelbaren Versorgung«.
31 Zu Durchgangsleitungen vgl. unten § 46 Rz. 43 ff.

dem Ziel, Input und Output über mehrere Verbraucher im Einklang zu halten. Dazu müssen Signale hin- und hertransportiert werden. Alle Regelungsmechanismen, die der Netzsteuerung dienen, dürfen daher ebenfalls aufgrund von § 46 Abs. 1 verlegt und betrieben werden. Damit ist zugleich die Grenze des Zugangsrechts aufgezeigt:

Wird eine Einrichtung für Steuerzwecke jetzt und zukünftig nicht benötigt, dient sie vielmehr einem quasi energiefremden Bedarf des EVU, ist ein Anspruch auf Zugang zum öffentlichen Wegenetz insofern ausgeschlossen. Deshalb wird man Telekommunikationsanlagen, die Dritten zur Verfügung gestellt oder von diesen mitbenutzt werden, nicht mehr als Netzsteuerungsanlagen ansprechen können. Hierfür sind die §§ 68, 69 TKG maßgeblich. Allerdings dürften Leerrohre als vom Zugangsrecht erfasst anzusehen sein, soweit sie einem nicht völlig von der Hand zu weisenden zukünftigen Bedarf potentieller Netzsteuerung zu dienen bestimmt sind[32]. 31

Zum Leitungsbegriff im weiteren Sinne ist auch das **Zubehör** der Leitungen zu rechnen. Zubehör i. S. von § 97 BGB sind Sachen, die dem wirtschaftlichen Zweck der Hauptsache zu dienen bestimmt sind. Darunter fallen Ortsnetzstationen, Kabelschränke sowie Druckregelstationen der Gasversorgung[33]. Wiederum stellt sich die Frage, ob Telekommunikationsleitungen, die für die Netzsteuerung nicht benötigt werden, wenigstens als Zubehör dem Anspruch auf Zugang zum öffentlichen Wegenetz unterliegen[34]. Diese Frage kann nur bejaht werden, wenn diese Leitungen ausschließlich dem Zweck der Hauptsache (Leitungsnetz für Zwecke der Gas- bzw. Elektrizitätsversorgung) zu dienen bestimmt sind; eine Art »Nebenzweckprivileg« gibt es beim Zubehörbegriff nicht. Deshalb können Verlegung und Betrieb von Telekommunikationsleitungen, die teilweise auch zu betriebsfremden Zwecken des EVU genutzt werden, nicht beansprucht werden[35]. Kraftwerke und Speicheranlagen sind selbständige Energieanlagen und kein Zubehör zu Energieleitungen[36]. 32

---

32 Zur Rechtsprechung im Telekommunikationsbereich im Hinblick auf Leerrohre vgl. LG Frankfurt/Main NJW 1997, 3030 f. – Kabelerneuerung neben Gaspipeline.
33 *Böwing*, EnWG 1998, § 13 Anm. 2.4.3 unter Hinweis auf Bundesminister für Verkehr (Hrsg.), VKBl. 1992, S. 677, Ziff. 1.1.4.
34 Bejahend *Böwing* ebd.
35 AA *Böwing*, § 13 EnWG 1998, Anm. 2.4.3.
36 *Büdenbender*, EnWG 1998, § 13 Rz. 26.

b) Verlegung und Betrieb

33 Im Einklang mit § 8 Abs. 10 BFStrG wird die kurzfristige Störung des Gemeingebrauchs einer Straße nicht als (erlaubnispflichtige) Sondernutzung beurteilt, sondern insofern auf das Bürgerliche Recht verwiesen. Grundsätzlich ist der Wegeeigentümer also frei, nach privatrechtlichen Grundsätzen die Verlegung von Versorgungsleitungen zu gestatten und einen ordnungsgemäßen Betrieb – gegen Entgelt – zu ermöglichen. Diese Unterscheidung treffen auch die Landesstraßengesetze.

34 § 46 Abs. 1 schränkt die Entscheidungsbefugnis des öffentlichen Verkehrswegeeigentümers insofern ein. Alle Maßnahmen, die auf Verlegung und Betrieb von Gas- und Elektrizitätsleitungen gerichtet sind, müssen zur Verwirklichung des freien Zugangsrechts geduldet werden. Öffentlich-rechtlich erlaubnispflichtige Sondernutzungen, z. B. wenn die Verlegung der Leitung den Widmungszweck der Straße mehr als unerheblich und kurzfristig stört, bleiben unberührt.

35 Unter **Verlegung** einer Leitung sind sowohl das erstmalige Herstellen eines Leitungsstrangs als auch wesentlicher Veränderungen (Neuverlegung eines Kabels mit höherem Leitungsquerschnitt oder einer Leitung mit höherer Druckbelastung) zu verstehen. Zum Betrieb der Leitung zählt hingegen neben der Kontrolle auf Ordnungsmäßigkeit, Betriebssicherheit, Dichtigkeit usw. die Reparatur der Leitung. Dulden muss der Eigentümer des öffentlichen Verkehrsweges alle Maßnahmen, die mit Verlegung und **Betrieb** der Leitung im unmittelbaren oder mittelbaren Zusammenhang stehen. Dies entbindet den Leitungseigentümer/Nutzer nicht von der Verpflichtung, sich im Hinblick auf diese Maßnahmen mit der Gemeinde abzustimmen; das Zugangsrecht eröffnet kein teilweises oder umfassendes Besitzrecht an der Straße mit der Möglichkeit jederzeitigen Zugriffs etwa für aufwendige Instandhaltungsmaßnahmen. Außer in Fällen von Gefahr im Verzug (undichte Gasleitung) muss der Leitungseigentümer sein Zugangsrecht auch im Hinblick auf Reparaturmaßnahmen ggf. mit gerichtlicher Hilfe durchsetzen. Auch das fortbestehende Eigentumsrecht an der Leitung[37] begründet wegen des überwiegenden Interesses an der Aufrechterhaltung des Gemeingebrauchs an der Straße ein solches direktes Zugriffsrecht nicht.

---

37 Vgl. ständige Rechtsprechung BGHZ 37, 353, 357 – Ausbau des Ruhrschnellwegs; RGZ 87, 43, 48 ff. – Überlandwerk.

II. Zugang zum öffentlichen Verkehrswegenetz (Abs. 1 Satz 1)

4. Unmittelbare Versorgung von Letztverbrauchern

Der Zugangsanspruch zum öffentlichen Verkehrswegenetz ist nach dem Wortlaut des § 46 Abs. 1 nur im Hinblick auf solche Leitungen gewährleistet, mit denen die **unmittelbare Versorgung von Letztverbrauchern** durchgeführt werden soll. Diese Begrenzung legt es nahe, zwischen Fernleitungen, die Energie an Letztverbraucher außerhalb des Gemeindegebietes transportieren, und solchen Leitungen zu unterscheiden, mit denen Gemeindeeinwohner (natürliche und juristische Personen) versorgt werden sollen.

36

Die Unterscheidung zwischen unmittelbarer und mittelbarer Versorgung von Letztverbrauchern ist aus dem Recht der Demarkationsverträge geläufig gewesen[38]. Sie lässt sich nicht anhand der Spannungsebenen treffen, weil Letztverbraucher von Elektrizität nicht nur aus Niederspannungsnetzen, sondern auch aus Mittel- und Hochspannungsnetzen versorgt werden. Letztere Netze dienen aber auch der Weiterverteilung von Elektrizität. Für den Gasbereich gelten ähnliche Unterscheidungen.

37

Böwing[39] will das Zugangsrecht immer dann gewähren, wenn jedenfalls **auch Letztverbraucher von Elektrizität und Gas** aus dem betreffenden Netz versorgt werden. Nur für solche Leitungen und Netze soll ein Anspruch auf Zugang zum öffentlichen Wegenetz nicht gegeben sein, wenn aus dieser Leitung/Netz überhaupt keine Kunden versorgt werden[40]. Ein Anspruch auf Verlegung derartiger, nicht durch § 46 Abs. 1 erfasster Leitungen soll nur unter den Voraussetzungen der Enteignung nach § 45 zulässig sein.

38

Diese Auffassung ist zunächst um potenzielle Ansprüche aus § 19 Abs. 4 Ziff. 4 GWB zu ergänzen. Ein öffentliches Verkehrswegenetz muss auch dann gegen Entgelt zur Verfügung gestellt werden, wenn es um eine überregionale Leitungsverlegung geht (Übertragungsnetz). Der Zugangsanspruch ist dann entweder im Wege der Missbrauchsaufsicht durch Einschaltung der Kartellbehörde oder nach Schadensersatzgrundsätzen (§ 33 i. V. mit § 19 Abs. 4 Ziff. 4 GWB) durchzusetzen. Einer Enteignung nach § 45 wird es deshalb in vielen Fällen aufgrund der neuen Rechtslage nicht mehr bedürfen. Die Aus-

39

---

38 Vgl. dazu *Büdenbender*, in: *Tegethoff/Büdenbender/Klinger*, Recht der öffentlichen Energieversorgung, § 103 GWB II Rz. 74 ff.
39 EnWG 1998, Anm. 2.4.1.
40 *Böwing* ebd.

legung des § 46 Abs. 1 muss zudem vom Gesetzeswortlaut und damit dem Leitungsbegriff ausgehen. Nicht auf das Vorhandensein eines Netzes für die Letztverbraucherversorgung, sondern auf entsprechende **Leitungen** kommt es an. Zwar besteht der Zusammenhang zwischen Netz und Leitungen darin, dass Netze durch miteinander verbundene und vermaschte Leitungen gekennzeichnet sind, die aufgrund ihrer Ausgleichsfunktion die Sicherheit der Versorgung verbessern und Lastspitzen auszugleichen helfen[41]; gleichwohl existiert nach § 46 Abs. 1 nur ein Anspruch auf die Verlegung von Leitungen, nicht auf die von Netzen. Dies steht im Einklang mit Art. 22 RL-Elt, der die Verlegung von Direktleitungen privilegiert, nicht nur die von Netzen. Aus den verschiedenen Leitungen kann dann ein Netz geknüpft werden, so dass – nur mittelbar – auch Netze begünstigt sind.

40 Bei dieser am Wortlaut orientierten Auslegung ergibt sich aber die Schwierigkeit, bis zu welchem Punkt einer Leitung, wenn man sie (als Bestandteil eines Netzes) zurückverfolgt, das Zugangsrecht des § 46 Abs. 1 noch besteht. Stellt man sich Netze in Baumstruktur vor, bei denen die kleinsten Äste im Hausanschluss enden, der Stamm das Höchstspannungsnetz (Übertragungsnetz) darstellt, die unmittelbar vom Stamm abgehenden Äste das Hochspannungsnetz und die davon abgehenden Zweige das Mittelspannungsnetz bilden, so dient letztlich auch das Höchstspannungsnetz (Stamm) der Versorgung von Letztverbrauchern[42].

41 Nimmt man die Unterscheidung zwischen unmittelbarer und mittelbarer Letztverbraucherversorgung ernst, so dürften eigentlich nur die letzteren, quasi im Nichts endenden Zweige bis zu ihrem Schnittpunkt mit den Ästen, von denen sie abzweigen (Mittelspannungsnetz), als Leitungen zur unmittelbaren Letztverbraucherversorgung aus dem Niederspannungsnetz angesehen werden; nur sie genössen das Privileg des § 46 Abs. 1. Entsprechendes würde für solche Äste gelten, die Hochspannungsnetz und Mittelspannungsnetz repräsentierend entweder vom Stamm selbst oder von einem großen Ast abzweigen. Nicht das Netz (das Astsystem), sondern nur derjenige Zweig

---

41 Vgl. *Knieps*, Netzökonomie – Ein disaggregierter Ansatz –, in: *Zippel* (Hrsg.), Transeuropäische Netze, Baden-Baden 1996, S. 11: »Verbindungen zwischen verschiedenen Punkten« (Verteilnetze und interaktive Netze).
42 Wegen der Vermaschungen und Rückbindungen des Netzes reicht die Baumstruktur nicht aus, Netze vollständig abzubilden. Grundsätzlich haben Verteilnetze aber Baumstruktur, vgl. *Knieps*, Netzökonomie S. 11.

oder Ast wäre dann als Leitung i. S. des § 46 Abs. 1 anzusprechen, der an zumindest einer Stelle ohne Verzweigung ist und dort der Letztverbraucherversorgung dient. Vom Endpunkt des Zweiges oder Astes müsste man zur Feststellung des Erfülltseins des Leitungsbegriffs solange zurückgehen, bis man auf einen Zweig/Ast oder gar den Stamm stößt, der das Netz repräsentiert, aus dem eine Versorgung von Letztverbrauchern nicht mehr erfolgt. Nur bis zu diesem Schnittpunkt mit dem Zweig/Ast/Stamm (Schnittstelle) liegt eine Leitung i. S. von § 46 Abs. 1 vor. Sobald eine übergeordnete Spannungsebene erreicht wird – mit dem Transformator als Schnittstelle –, aus der nur noch mittelbare Versorgung und keine unmittelbare Letztverbraucherversorgung mehr erfolgt, endet der Leitungsbegriff i. S. von § 46 Abs. 1.

Erfolgt beispielsweise die Letztverbraucherversorgung überwiegend aus dem Niederspannungsnetz, so sind alle höheren Spannungsebenen grundsätzlich nicht mehr als Leitung i. S. des § 46 Abs. 1 privilegiert. Wird zumindest ein Kunde auch aus dem Mittelspannungsnetz versorgt, so ist die Leitung zu diesem Kunden bis zu ihrem Beginn (Speisung aus der Hochspannungsebene) ebenfalls noch privilegiert. Andere Teile des Mittelspannungsnetzes, die über einen anderen Strang versorgt werden, unterfallen wiederum nicht § 13 Abs. 1. Ob diese Unterscheidung sinnvoll ist, weil es doch letztlich um die Schaffung von Netzen als einem im Verhältnis zur bloßen Leitung höherrangigen, wünschenswerten Wirtschaftsgut[43] geht, mag hier dahingestellt bleiben; der Gesetzeswortlaut deckt jedoch »Netze« nicht als unmittelbar privilegiert ab. Der Gesetzgeber hat offensichtlich nur zum Zwecke der direkten Letztverbraucherversorgung das Zugangsrecht zum öffentlichen Wegenetz der Gemeinden eröffnen wollen. Dies steht auch im Einklang mit Art. 22 RL-Elt/Art. 24 RL-Gas, dessen Wortlaut nur solche **Direktleitungen** anspricht, aus denen zugelassene Kunden versorgt werden sollen. 42

5. *Im Gemeindegebiet*

Als letzte Voraussetzung zur Verwirklichung des Zugangsanspruchs verlangt der Gesetzgeber, dass aus den zu verlegenden oder zu betreibenden Leitungen die Versorgung von Letztverbrauchern **im Gemeindegebiet** erfolgt. Damit sind solche Leitungen, die der Übertra- 43

---

43 Vgl. *Knieps*, Netzökonomie, S. 11, 12 ff.: Bündelungsvorteile (Zwei-Drittel-Regel, Vernetzungsvorteile, Durchmischungseffekte) unabhängig von der Netzstruktur (Baum, Ring, Stern, Vermaschung).

gung von Energie in nah oder entfernt liegende Gemeinden dienen (Fernleitungen, Übertragungsnetz, Transitleitungen) vom Zugangsrecht nach § 46 Abs. 1 ausgeschlossen. Der Wortlaut legt es nahe, dass selbst dann, wenn die fragliche Leitung unmittelbar nach der Gemeindegrenze zur Versorgung eines Kunden dient oder in einer Ortsnetzstation endet, aus der Kunden jener Gemeinde via Leitungen versorgt werden, nicht dem Zugangsprivileg unterfallen. Es ist fraglich, ob eine solche strikt am Wortlaut orientierte Auslegung sinnvoll und als zwingend geboten erscheint.

44 Nach Sinn und Zweck des Zugangsanspruchs soll das Verteilernetz, aus dem Letztverbraucher versorgt werden, nicht durch gemeindliches Eigentum an Straßen und Wegen in seiner Fortentwicklung und überhaupt seinem Betrieb behindert werden. Zwar werden Versorgungsnetze und Gemeindegrenzen nicht notwendig in ihrer räumlichen Ausdehnung übereinstimmen, da das Netz nicht ausschließlich unter Siedlungsgesichtspunkten verlegt ist, sondern technisch-ökonomischen Gegebenheiten folgt. Stellt man sich die Situation vor, dass die eine Leitung durch die Gemeinde A hindurchführt, um dann nach der Grenze in der Gemeinde B Kunden zu versorgen, und dies vice versa für die Leitung gilt, die durch die Gemeinde B hindurchgelegt ist und der Versorgung von Kunden in der Gemeinde A dient, so erscheint die Orientierung am Wortlaut – unmittelbare Versorgung von Letztverbrauchern im Gemeindegebiet – als im Hinblick auf die Eröffnung des Zugangsrechts sachwidrig. Die Unterscheidung nach »Letztverbrauchern im Gemeindegebiet« folgt offenbar der Tradition des Konzessionsabgabenrechts, das sich an der Abgabe von Elektrizität im Gemeindegebiet orientiert, wobei Konzessionsabgaben für eine Strom- oder Gasversorgung in der Nachbargemeinde traditionell nicht verlangt werden können. Dem Sachproblem »Zugangsanspruch« wird diese primär pekuniäre Betrachtung aber nicht gerecht.

45 Deshalb muss § 46 Abs. 1 so ausgelegt werden, dass es für das Zugangsprivileg ausreicht, wenn aus der Leitung überhaupt Kunden in (irgendeinem) Gemeindegebiet versorgt werden. Die Nichtbehinderung beim Knüpfen des Versorgungsnetzes steht im Vordergrund, nicht die Sicherung der Konzessionsabgabe. Die Gefahr, dass die Gemeinde auch für solche Leitungen Zugang gewähren muss, für deren Verlegung sie deshalb eine Konzessionsabgabe nicht verlangen kann, weil die Leitung der Versorgung in der Nachbargemeinde dient, ist dabei in Kauf zu nehmen. Der nationale Gesetzgeber hat sich an den Vorgaben des europäischen Rechts zu orientieren; Haushaltsinteres-

sen der Kommunen haben im Verhältnis zur Schaffung eines Gemeinsamen Binnenmarktes für Elektrizität und Gas zurückzutreten.

Will der Gesetzgeber das Ziel verfolgen, zugleich mit der Herstellung des Energiebinnenmarktes auch das Einnahmeinteresse der Kommunen zu sichern, muss er das Konzessionsabgabenrecht entsprechend ändern und die Entgelte z. B. abhängig von der in Anspruch genommenen Weglänge im Gemeindegebiet unter Berücksichtigung der jeweiligen Spannungsebene neu festsetzen. Die traditionelle Struktur des Konzessionsabgabenrechts, so wie sie in § 48 Abs. 2 i. V. mit § 2 Abs. 2 KAV zum Ausdruck kommt, darf nicht zu Beeinträchtigungen der eingegangenen völkerrechtlichen Verpflichtungen der Bundesrepublik Deutschland führen. Nur die hier vorgeschlagene Auslegung, die noch gerade mit dem Wortlaut des § 46 Abs. 1 vereinbart werden kann, steht mit den Zielen des EG-Vertrages in Einklang und entspricht Art. 22 RL-Elt bzw. Art. 24 RL-Gas. **46**

Böwing[44] will über den Wortlaut der Vorläufervorschrift zu § 46 Abs. 1 hinaus auch Leitungen höherer Spannungsebenen als zugangsberechtigt bewerten, selbst wenn aus diesen unmittelbar Kunden nicht versorgt werden, soweit diese quasi der »Vorverteilung« dienen. Daran ist richtig, dass es häufig von technischen Gegebenheiten sowie Zufällen abhängen wird, an welcher Stelle des Netzes auf die Niederspannung heruntergegangen wird. Da es dem Gesetzgeber offenbar darum ging, Konzessionsabgabenrecht und Zugangsrecht eng zu harmonisieren, fallen nach dem Wortlaut des Gesetzes solche Leitungen und Netze aus dem Privileg heraus. Der Zugang zum Wegenetz müsste dem Wortlaut des § 46 entsprechend für höhere Spannungsebenen über § 19 Abs. 4 Ziff. 4 GWB erkämpft bzw. – Verhältnismäßigkeitsprinzip? – über ein Verfahren nach den Landesenteignungsgesetzen i. V. mit § 45 durchgesetzt werden. **47**

Diese Rechtslage überzeugt nicht, weil es keinem Zweifel unterliegen kann, dass auch die höheren Spannungsebenen für die Versorgung von Letztverbrauchern im Gemeindegebiet unabdingbar benötigt werden. Denkt man sich jene Leitungen hinweg, wäre das Zugangsrecht für Leitungen der nachfolgenden Spannungsebene ohne Relevanz und ginge ins Leere. Jedoch lässt der Wortlaut eine andere Auslegung nicht zu, zumal der Begriff »Leitungen« seine abgrenzende Wirkung verlöre, wenn man ihn durch den Netzbegriff ersetzen wür- **48**

---

44 EnWG 1998, § 13 Anm. 2.4.2.

de. Der Gesetzgeber wird zu überprüfen haben, ob er diese enge Begrenzung des Zugangsrechts auf unmittelbar der Letztversorgung dienende Leitungen aufrechterhalten möchte. Da Art. 22 RL-Elt sowie Art. 24 RL-Gas nur eine Privilegierung von Direktleitungen vorsehen, kann eine Europarechtswidrigkeit des § 46 Abs. 1 insofern nicht festgestellt werden. Die zu weit gehende Auffassung von *Böwing* ist daher, so wünschenswert ihr Ergebnis auch sein mag, mit dem derzeitigen Recht nicht zu vereinbaren.

III. Rechtsfolge: Kontrahierungszwang

49 Liegen die unter II. dargestellten Voraussetzungen insgesamt vor, muss die Gemeinde ihre öffentlichen Verkehrswege für die betreffenden Leitungen »zur Verfügung stellen«. Sie hat deshalb alles zu tun, um den Gläubigern dieses Zugangsanspruchs Verlegung und Betrieb der fraglichen Leitungen zu ermöglichen. Tatsächlich sind dafür Absprachen sowie möglicherweise die Einräumung von (zeitweisem) Mitbesitz an Straßen- und Wegeflächen erforderlich; rechtstechnisch wird das Zugangsrecht durch Anordnung eines mittelbaren Kontrahierungszwangs verwirklicht.

1. Gläubiger des Anspruchs auf Zugang

50 Gläubiger des Anspruchs nach § 46 Abs. 1 ist jede juristische oder natürliche Person, die ein Interesse daran hat, eine solche Leitung zu bauen und/oder zu betreiben. Die Anspruchsberechtigung muss im Lichte der Binnenmarktrichtlinen Strom und Gas interpretiert werden.

51 Regelmäßig werden **EVU** an Verlegung und Betrieb der Leitung interessiert sein, weil sie die Leitung für ihre Geschäftstätigkeit benötigen. Zu Recht stellt *Böwing*[45] fest, dass der Zugangsanspruch als privatrechtlicher Anspruch unabhängig vom Vorliegen einer Genehmigung nach § 4 besteht. Allerdings ist konstituierende Voraussetzung einer Gläubigerstellung nach § 46 Abs. 1 nicht, dass der EVU-Begriff nach § 3 Ziff. 18 erfüllt ist. Unzutreffend ist es insbesondere, dass Eigenversorger einen Zugangsanspruch nicht geltend machen können; eine solche Auslegung ist weder mit dem Gesetzestext des § 46 Abs. 1 in Einklang zu bringen, der bestimmte Eigenschaften des Gläubigers gar

---

45 EnWG 1998, § 13 Anm. 2.1.

III. Rechtsfolge: Kontrahierungszwang

nicht nennt, noch stünde eine solche Auslegung mit dem Jedermann-Recht im Einklang, das die Art. 22 RL-Elt bzw. Art. 24 RL-Gas sowohl EVU als auch zugelassenen Kunden bezüglich des Baus von Direktleitungen gewähren. Gerade der Fall, dass Elektrizitätserzeuger ihre eigenen Betriebsstätten oder Tochterunternehmen via Direktleitung mit Elektrizität bzw. Gas versorgen wollen, ist in Art. 22 RL-Elt bzw. Art. 24 RL-Gas (jeweils Abs. 1 lit. b)) besonders erwähnt. **Eigenversorger** haben deshalb genauso einen Anspruch nach § 46 Abs. 1 Satz 1 wie EVU und natürlich auch reine **Netzbetreiber**[46].

An dieser Auslegung ändert sich auch nichts durch die fehlende Harmonisierung in Bezug auf § 8 Abs. 10 BFStrG. Nach dieser Vorschrift ist die kurzfristige Störung des Gemeingebrauchs an Straßen nur dann der Regelung durch das Bürgerliche Recht zugewiesen, wenn die Beeinträchtigung »für Zwecke der **öffentlichen** Versorgung« erfolgen soll. Da Eigenversorger jedenfalls nach traditioneller Auffassung keine öffentliche = allgemeine Versorgung betreiben, weil sie nicht nach § 18 verpflichtet sind, Letztverbraucher an das Versorgungsnetz anzuschließen, spricht § 8 Abs. 10 BFStrG mit Rücksicht auf den Grundsatz der Einheit der Rechtsordnung für eine Beschränkung des Kreises der potentiellen Gläubiger nach § 46 Abs. 1. 52

Eine solche Auslegung ist aber offenbar europarechtswidrig, weil sie dem Europäischen Sekundärrecht der Binnenmarktrichtlinien widerspricht. Wünschenswert wäre als rechtstechnisch saubere Lösung, dass der Gesetzgeber § 8 Abs. 10 BFStrG dahingehend ändert, dass jede Versorgung mit Elektrizität und Gas unter den dort genannten Voraussetzungen einer bürgerlichrechtlichen Regelung unterliegt. Aber auch de lege lata ist eine harmonisierende Auslegung möglich, die zugleich europäischen Maßstäben genügt; die Anspruchsberechtigung aus § 46 Abs. 1 ist durch die Verpflichtung der zuständigen Behörde zur Erteilung einer öffentlich-rechtlichen Sondernutzungserlaubnis zu ergänzen. Wenn § 46 Abs. 1 ohne nähere Kennzeichnung der Gläubigerstellung als lex posterior auf der Basis europäischer Richtlinien ein Zugangsrecht gewährt, so wird damit die ältere Regelung des Bundesfernstraßengesetzes insofern verdrängt (§ 46 Abs. 1 als lex specialis). Man mag die Erteilung der öffentlich-rechtlichen Sondernutzungserlaubnis dann für verzichtbar oder als bloßen formalen Akt für erforderlich halten; der Schwerpunkt der Regelung liegt jetzt bei § 46 Abs. 1. Eine Beschränkung des privatrechtlichen Zu- 53

---

46 Für die beiden letzteren bejahend zu Recht *Böwing* ebd.

gangsrechts nach § 46 Abs. 1 kann daher auch auf dem Hintergrund der straßenrechtlichen Regelung nicht mehr gerechtfertigt werden. Ggf. muss eine Sondernutzungserlaubnis gegen Entgelt erteilt werden, wobei – Genehmigungsbegriff der Richtlinien – weder Erteilungsverfahren nach Entgelthöhe die Beteiligten in Bezug auf **alle Zugangsfälle** betrachtet diskriminierend benachteiligen dürfen.

54 Neben Letztversorgung betreibenden EVU, Netzbetreibern sowie Eigenversorgern sind auch solche **Unternehmen** zugangsberechtigt, die den Bau einer privilegierten Leitung mit dem Ziel planen, diese entweder an Dritte (z. B. EVU, zugelassene Kunden usw.) zu vermieten oder aber den Bau in die Hände eines Bauträgers (Contractors) zu legen beabsichtigen. Modelle einer Trennung zwischen Eigentümerstellung und Betrieb der Anlage, wie sie üblich sind, werden durch § 46 Abs. 1 weder verhindert noch bevorzugt. Nachdem der Gesetzgeber alle Tarif- und Sonderkunden als i. S. des europäischen Rechts zugelassene Kunden eingestuft hat, ist auch jeder Kunde (einschl. Haushaltskunden) berechtigt, Verlegung und Betrieb einer solchen Anlage zu beanspruchen. Dabei muss die zu bauende Leitung nicht an das öffentliche Versorgungsnetz angeschlossen werden; ausreichend ist die Verbindung mit jeder zugelassenen Energiequelle einschl. der Stromentnahme aus ausländischen Netzen sowie aus Anlagen, in denen Elektrizität aus privilegierten Energiequellen erzeugt wird. Auch Bund, Länder, Gemeindeverbände oder eine andere Gemeinde kommen als Anspruchsberechtigte i. S. von § 46 Abs. 1 in Betracht.

2. *Verwirklichung durch Vertragsschluss*

55 Im Anschluss an *Nipperdey*[47] ist Kontrahierungszwang anzunehmen, wenn auf Grund einer Norm der Rechtsordnung einem Rechtssubjekt ohne seine Willensbildung im Interesse eines Begünstigten die Verpflichtung auferlegt wird, mit diesem einen Vertrag bestimmten oder von unparteiischer Seite zu bestimmenden Inhaltes abzuschließen. Nach anderer Auffassung kann bei bestehendem Kontrahierungszwang die Leistung unmittelbar – also auch ohne Vertragsschluss – verlangt werden[48]. Zu § 2 Satz 1 StrEinspG 1998 war streitig, ob die

---

47 Kontrahierungszwang und diktierter Vertrag, Jena 1920, S. 7.
48 *Kilian*, Kontrahierungszwang und Zivilrechtssystem, AcP 180 (1980), S. 47, 82; *Schulte*, Anm. zum Beschluss des OLG Karlsruhe v. 31.3.1976, NJW 1976, S. 1210. Vgl. auch *Bydlinski*, Zu den dogmatischen Grundlagen des Kontrahierungszwanges, AcP 180 (1980), S. 1, 16 m. Nachw.

dort für erneuerbare Energien vorgesehene Abnahmepflicht des Netzbetreibers einen Vertrag voraussetzte[49]. Insofern kann man zwischen unmittelbarem und mittelbarem Kontrahierungszwang unterscheiden; letzterer setzt einen Vertragsschluss voraus, bevor die Leistung, zu der der Schuldner verpflichtet ist, vom Gläubiger beansprucht werden kann.

§ 46 Abs. 1 legt ausdrücklich nur einen mittelbaren Kontrahierungszwang fest. Die Formulierung »durch Vertrag« war erst im Laufe des Gesetzgebungsverfahrens zur Vorläufervorschrift in den Regierungsentwurf zum EnWG 1998 eingefügt worden[50]. Die Vorgabe ist nach wie vor sinnvoll, weil Inhalt und Umfang des in Anspruch genommenen Teils des Verkehrswegenetzes der Gemeinde einschl. der zu zahlenden Gegenleistung, für die die KAV ja nur Höchstgrenzen festlegt, durch Vertrag geregelt werden können und auch müssen. Selbst wenn die Formulierung »durch Vertrag« im Gesetz fehlen würde, wäre mittelbarer Kontrahierungszwang schon deshalb anzunehmen, weil Leistung und Gegenleistung durch den Gesetzgeber nicht so exakt vorherbestimmt worden sind als dass sich ein Vertragsschluss erübrigte.

56

Nach § 154 Abs. 1 BGB ist ein Vertrag nur dann als geschlossen angesehen, wenn sich die Parteien über alle Punkte geeinigt haben, über die nach dem erklärten Willen auch nur einer Partei eine Einigung erzielt werden sollte. Dieses formelle Minimalerfordernis eines Vertrages ist im Falle eines Kontrahierungszwanges auf diejenigen Punkte einzuschränken, die nach dem Willen des Gesetzgebers erforderlich sind, um einen sinnvollen Vertrag zustandezubringen. Für Wegebenutzungsverträge umfasst dies die Beschreibung der Hauptleistung (Art und Umfang der zu nutzenden öffentlichen Verkehrswege, Nichtausschließlichkeit), die Gegenleistung (Konzessionsabgaben unter möglicher Berücksichtigung des § 46 Abs. 1 Satz 2, Höchstsätze, vgl. dazu unten Rz. 86 ff.) sowie mögliche Regelungen und Vereinbarungen, die geeignet sind, potenzielle Verweigerungsgründe auszuräumen. Sofern ein **qualifizierter Wegebenutzungsvertrag** i. S. von

57

---

49 Nachweis zum Meinungsstreit bei *Salje*, Stromeinspeisungsgesetz, Köln/Berlin/Bonn/München 1999, § 2 Rz. 18 ff. Nunmehr (§ 4 Abs. 1 EEG 2004) ist das Bestehen eines gesetzlichen Schuldverhältnisses anerkannt, vgl. *Salje*, EEG 2004, § 4 Rz. 85 ff.
50 Vgl. Beschlussempfehlung und Bericht des Wirtschaftsausschusses, BT-DrS 13/9211, S. 13.

§ 46 Abs. 2 abgeschlossen wird, müssen die dort und in Abs. 3 genannten Einigungselemente hinzukommen (vgl. unten Rz. 97 ff.).

3. Diskriminierungsfreiheit

58 Die Einräumung des Wegenutzungsrechts hat nach dem Willen des Gesetzgebers »diskriminierungsfrei« zu erfolgen. Insbesondere muss eine Bevorzugung eigener Stadtwerke oder dritter Unternehmen unterbleiben. Dieses Erfordernis steht im Einklang mit Art. 22 Abs. 2 RL-Elt sowie Art. 24 Abs. 2 RL-Gas, wonach Genehmigungskriterien für den Bau von Direktleitungen »objektiv und nicht diskriminierend« aufzustellen sind. Der EG-Gesetzgeber, der bereits in Erwägungsgrund 35 zur RL-Elt 1996 das Direktleitungserfordernis angesprochen hatte[51], versteht darunter offenbar, dass der Zugang zum Wegenetz Jedermann zugänglich sein muss; zwar darf es objektive und subjektive Zulassungsschranken i. S. des Apothekenurteils des Bundesverfassungsgerichts[52] geben, jedoch müssen diese so konzipiert sein, dass sie von jedem um den Bau der Direktleitung konkurrierenden Unternehmen erfüllbar sind.

59 Der nationale Gesetzgeber hat allerdings die Voraussetzung der »Objektivität« nicht unmittelbar in § 46 Abs. 1 aufgenommen; versteht man jedoch unter Diskriminierungsfreiheit ein System von Zulassungsbedingungen, das ohne Ansehen der Person des Antragstellers funktioniert und sachliche Voraussetzungen aufstellt, bei denen gleiches gleich und unterschiedliches auch unterschiedlich behandelt wird, so kann das Merkmal der »Objektivität« als Bestandteil der in § 46 Abs. 1 aufgenommenen Diskriminierungsfreiheit gewertet werden. Die nicht wortgetreue Umsetzung der EG-rechtlichen Vorgabe berührt deshalb die Wirksamkeit des § 46 Abs. 1 nicht.

60 *Böwing* versteht unter »diskriminierungsfrei«, dass über eine bloße Gleichbehandlung hinausgehend die Nutzung im Regelfall zu ermöglichen ist und allein sachliche Gründe, die an das Wegeeigentum anknüpfen, zur Verweigerung des Vertragsabschlusses berechtigen[53]. Weder Bedürfnisaspekte noch eigene Gewinninteressen noch Gewinninteressen eigener Unternehmen oder Dritter kommen als Zulas-

---

51 ABl. EG Nr. L 27 v. 30.1.1997, S. 21.
52 BVerfGE 7, 377, 405 ff.
53 *Böwing*, EnWG 1998, § 13 Anm. 2.5.1 (S. 251).

III. Rechtsfolge: Kontrahierungszwang

sungsverweigerungsgründe in Betracht[54]. Der Gesetzgeber des EnWG 1998 hatte den Begriff der Diskriminierungsfreiheit offenbar mit »sachlich gerechtfertigten Gründen« gleichgesetzt und nannte als einen solchen Grund die mangelnde Kapazität des Straßenkörpers im Hinblick auf die Aufnahme weiterer Leitungen. Damit wird die Brücke zu § 20 Abs. 1 Alt. 2 GWB geschlagen (Diskriminierungsverbot i. e. S.).

Nach Auffassung von *Böwing* geht das Erfordernis der Diskriminierungsfreiheit über § 20 GWB hinaus[55]: Im Interesse höchstmöglicher Wettbewerbsintensität bestehe nicht nur ein Anspruch auf Gleichbehandlung, der wegen der unterschiedlichen Funktionen von EVU ins Leere gehen müsse (Allgemeinversorger einerseits, Direktversorger andererseits); die wahrzunehmenden Versorgungsaufgaben seien nämlich zu unterschiedlich. Auch ein reiner Netzbetreiber ohne Versorgungstätigkeit müsse Wegenutzungsrechte erhalten, wenn sein Netz letztlich (auch) zur Versorgung von Letztverbrauchern dient. Dem ist im Hinblick auf die Entflechtungsgrundsätze (§§ 6 ff.) zuzustimmen. 61

Zutreffend ist, dass der Rückgriff auf § 20 Abs. 1 GWB schon deshalb nicht immer weiterhilft, weil die Vorschrift einen gleichartigen Unternehmen üblicherweise zugänglichen Geschäftsverkehr voraussetzt. Diese Grundverpflichtung des Wegerechtsinhabers ist aber durch § 46 Abs. 1 bereits vorwegentschieden, muss also nicht erneut geprüft werden. Ansonsten beinhaltet § 20 Abs. 1 GWB in der Tradition der Entscheidungspraxis zu § 26 Abs. 2 GWB a. F. gerade kein Gebot zur allgemeinen Gleichbehandlung, sondern erfordert sogar sachgerechte Differenzierungen, um für alle Unternehmen – entsprechend ihrer jeweiligen Eigenart – vergleichbare Wettbewerbschancen zu eröffnen[56]. Im Einklang mit der Gesetzesbegründung reicht es daher aus, den Zugangsanspruch an die sachliche Rechtfertigung analog § 20 Abs. 1 GWB zu binden. Diskriminierungsfreiheit i. S. eines Systems objektiver Kriterien entspricht daher im Wesentlichen dem Diskriminierungsverbot des § 20 Abs. 1 GWB. 62

Dies erfordert es gerade nicht, einen allgemeinen Versorger mit einem Direktleitungsversorger völlig gleich zu behandeln. Soweit die Wege- 63

---

54 So schon zu Recht die Gesetzesbegründung zu § 8 des Regierungsentwurfs zum EnWG 1998, BT-DrS 13/7274, S. 20, 21 (linke Spalte).
55 *Böwing*, EnWG 1998, § 13 Anm. 2.5.1.
56 Zu dieser Entscheidungspraxis vgl. *Immenga/Mestmäcker/Markert*, GWB, 2. Aufl. München 1993, § 26, Rz. 52, Rz. 187 ff. und Rz. 216 ff.; vgl. auch *Emmerich*, Kartellrecht, § 20 Abschn. 7 und 6b).

kapazität die Verlegung beider Versorgungsleitungen ermöglicht, kann eine entsprechende Differenzierung über die Höhe der Konzessionsabgaben erfolgen. Dabei steht nicht von vornherein fest, dass die Netznutzung die unter dem Gewinnaspekt wertvollere Nutzung darstellt, was dann zu höheren Konzessionsabgaben führen müsste. Denn die Direktversorgung eines Abnehmers mit hoher Kapazitätsauslastung der Leitung und regelmäßiger Abnahme kann leicht zu einer höheren Entgeltforderung führen.

64 Besteht knappe räumliche Kapazität für die Verlegung neuer Leitungen, kann der Zugang jedenfalls dann verweigert werden, wenn die Mitbenutzung einer bestehenden Leitung möglich ist (Verweisung auf §§ 20 ff.). Schwierige Entscheidungen werden nur dann zu treffen sein, wenn angesichts knapper Kapazität eine ältere Leitung quasi Bestandskraft genießt, diese aber eine weitaus wertvollere Nutzung verhindert und die Aufgaben der neuen Leitung auch nicht zu übernehmen vermag. Der Grundsatz der Diskriminierungsfreiheit ist flexibel genug, um unter Rückgriff auf Abstufungen und sachliche Erwägungen eine Lösung zu ermöglichen. Gäbe es das Preisrecht des § 48 nicht, würde Diskriminierungsfreiheit am ehesten noch durch ein Versteigerungsverfahren ermöglicht, wohingegen die Zulassung i. S. von § 46 Abs. 1 eher dem Ausschreibungsverfahren ähnelt[57].

65 Festzuhalten ist, dass § 46 Abs. 1 **keinen allgemeinen Vorrang des »Gebietsversorgers«** gegenüber solchen Unternehmen statuiert, die lediglich Direktleitungen zu verlegen wünschen. Grundsätzlich wird auch dann nach dem Prioritätsprinzip zu verfahren sein, wenn der öffentliche Weg bereits durch eine Direktleitung »blockiert« ist, nunmehr aber der »Gebietsversorger« sein Netz durch Verlegung einer weiteren Leitung zu ergänzen oder zu verstärken wünscht. Selbst wenn diese Neuverlegung aus gut nachvollziehbaren Gründen erfolgen soll (z. B. Verbesserung der Versorgungssicherheit durch redundante Leitungsausführung), gibt es keine Entscheidungsregel, wonach die Direktleitung den Verlegungswünschen des Gebietsversorgers zwangsläufig zu weichen hat. Erst wenn eine solche Leitung im Einklang mit den Zielen des § 1 Abs. 3 unabdingbar erforderlich ist und im Wege der Durchleitung eine vergleichbare Kapazität nicht bereitgestellt werden kann, kommt die Einleitung eines Verfahrens nach § 45 in Betracht. Da Zugangsrechte nach § 46 Abs. 1 an der Kapazi-

---

57 Vgl. dazu die Parallelproblematik im Hinblick auf die Zuteilung von Frequenzen usw. in der Telekommunikation: § 61 TKG.

tätsgrenze enden, kann auf dieser Grundlage niemals ein »Rückbau« bestehender Leitungskapazitäten verlangt werden. Dies folgt auch ohne weiteres daraus, dass Schuldner des Anspruchs aus § 46 Abs. 1 der Eigentümer der Straße oder des Weges ist, nicht aber ein Leitungseigentümer, der die Straße bereits benutzt.

Gegen das Gebot der Diskriminierungsfreiheit wird auch verstoßen, 66 wenn der Eigentümer des Wegenetzes gegen Rechtsvorschriften verstößt, die den freien Wettbewerb zu sichern erlassen worden sind. Dies betrifft zumindest das Recht des unlauteren Wettbewerbs sowie das Gesetz gegen Wettbewerbsbeschränkungen. Dagegen ist die Gemeinde nicht gehindert, die ihr zu Gebote stehenden öffentlich-rechtlichen Maßnahmen einschl. ihres öffentlich-rechtlichen Planungsinstrumentariums einzusetzen[58]. Da es Ausschließlichkeitsrechte im Hinblick auf den Leitungsbau nicht mehr gibt (seit Art. 4 § 1 des Ersten Neuregelungsgesetz), muss jedem Wettbewerber ein einfaches Nutzungsrecht am Wegeeigentum in dem Umfang eingeräumt werden, wie ein solches für konkrete Zwecke unabdingbar benötigt wird. Damit wird zugleich Vorsorge getragen, spätere zusätzliche Nutzungen in möglichst weitgehendem Umfange zu ermöglichen.

4. Umweltschutz in Wegenutzungsverträgen

Als die Kommunen noch berechtigt waren, ausschließliche Nutzungs- 67 rechte an Straßen und Wegen für Zwecke der Verlegung von Versorgungsleitungen einzuräumen, hatte sich eine Vertragsklauselpraxis entwickelt, die dem Gebietsversorger weitreichende Verpflichtungen u. a. beim Umweltschutz auferlegte[59]. Fraglich ist, ob im Einklang mit dem Ziel der Umweltverträglichkeit gem. § 1 Abs. 1 derartige »Umweltschutzklauseln« in allgemeinen oder in nach Abs. 2 qualifizierten Wegebenutzungsverträgen noch vereinbart werden können, obwohl sich der Zugangsinteressent darauf nicht einlassen möchte.

Aus dem Kanon möglicher und früher auch üblicher »umweltfreund- 68 licher Regelungen« in Konzessionsverträgen wurden beispielsweise vereinbart:

---

58 So zu Recht *Böwing*, EnWG 1998, § 13 Anm. 2.5.2 (S. 252).
59 Vgl. allgemein zu dieser Problematik *Rückert*, Umweltrechtliche Klauseln in öffentlich-rechtlichen Verträgen – Gestaltungschance für die Kommunen? – Eine Untersuchung anhand konkreter Verträge aus dem Bereich des Immissionsschutzrechts –, Diss. jur. Tübingen 1998, insbes. S. 22 ff.

– Zur Deckung des Bedarfs an Energiedienstleistungen sollen vorrangig solche Möglichkeiten gewählt werden, die im Rahmen des wirtschaftlich vertretbaren die nicht erneuerbaren Energie- und Rohstoffreserven soweit wie möglich schonen, die natürliche Umwelt am wenigsten belasten, bei der Inanspruchnahme von Flächen schonend vorgehen und mit geringstmöglichen Risiko verbunden sind.

– Sofern im Stadtgebiet nach gemeinsamer Einschätzung der Vertragspartner die Möglichkeit besteht, wirtschaftlich vertretbar und umweltverträglich Wasserkraft, Abfallenergien und regenerative Energien zur Stromerzeugung zu nutzen, werden die Stadtwerke entsprechende Erzeugungsanlagen errichten oder betreiben. Die Stadtwerke werden einen Modellversuch zu einer verbrauchs- und leistungssparenden Tarifstruktur durchführen; sie verpflichten sich, die Ergebnisse zeitnah umzusetzen.

– Die Stadtwerke verpflichten sich der Stadt gegenüber, von Dritten im Vertragsgebiet erzeugte Überschusselektrizität in ihr Netz aufzunehmen. Soweit Einspeisevergütungen nicht gesetzlich abschließend geregelt sind, wird die Gesellschaft diese angemessen vergüten. Die Vergütung für Strom aus Kraft-Wärme-Kopplungsanlagen beträgt mindestens 75 % des Durchschnittserlöses je kWh aus der Stromabgabe im Versorgungsgebiet der Stadtwerke an alle Letztverbraucher.

– Unbeschadet bestehender rechtlicher Verpflichtungen bedarf jede Lieferung von Strom für Zwecke der Heizwärmeversorgung der Zustimmung der Stadt. Diese Zustimmung kann nur im Einzelfall erfolgen und darf weder pauschal für das gesamte Gebiet der Stadt noch für einzelne Stadtteile, Straßen usw. erteilt werden. Vorstehende Regelungen gelten nicht für die Wärmeversorgung mit elektrischen Wärmepumpen.

– Verpflichtung zur Installation von Demonstrationsanlagen in der Gemeinde, die regenerative und innovative Energienutzung zeigen.

– Rohr- und Kabelverlegungen dürfen nur unterirdisch vorgenommen werden. Ausnahmen bedürfen der Zustimmung der Stadt.

69 Solche Vereinbarungen sind unproblematisch zulässig, wenn sie deklaratorischen Charakter haben, also die Rechtslage (z. B. EEG und KWK-G) lediglich wiederholen. Übernimmt der Zugangsberechtigte

III. Rechtsfolge: Kontrahierungszwang

freiwillig besondere Umweltschutzverpflichtungen und hätte er das Zugangsrecht auch ohne die Auferlegung solcher Verpflichtungen erhalten, besteht ebenfalls kein Grund, an der Gesamtwirksamkeit des Konzessionsvertrages zu zweifeln. Problematisch ist allein die Konstellation, in der die Kommune sinnvolle Aufwendungen für Umweltschutzmaßnahmen zum Vertragsbestandteil machen möchte, die der Anspruchsteller z. B. als zu kostspielig ablehnt.

Man könnte nun aus dem Umweltverträglichkeitsziel des § 1 Abs. 1 folgern, dass aufgrund der Überwölbung der gesamten Gesetzesmaterie durch die in § 3 Ziff. 33 näher konkretisierten Mittel und Teilziele der Umweltverträglichkeit Umweltschutzmaßnahmen zumindest in angemessenem Umfang verlangt werden können. Allerdings besteht zum einen die Schwierigkeit, das noch zulässige Maß solcher Zusatzinvestitionen zu ermitteln; zum anderen ist zu klären, ob und welchen Einfluss ein solches Verlangen auf die Entgelthöhe (Konzessionsabgaben) haben wird. Ausgangspunkt der Überlegungen muss dabei sein, dass ein Umweltschutzverlangen nicht allein deshalb ausgesprochen werden darf, weil der Vertragspartner als solvent genug erscheint, ein solches Verlangen erfüllen zu können. Dies würde gegen das Gebot der Diskriminierungsfreiheit verstoßen. 70

Selbstverständlich kann von einem bloßen Leitungsbetreiber nicht begehrt werden, Anlagen zur Erzeugung von Strom aus regenerativen Energiequellen oder aus Kraft-Wärme-Kopplung zu errichten und zu betreiben. Nicht von vornherein ausgeschlossen erscheint jedoch ein Anspruch des Wegeeigentümers, wonach Rohr- und Kabelverlegungen nur unterirdisch vorgenommen werden dürfen (**Freileitungsverbot**), selbst wenn bau- und planungsrechtlich Freileitungen als genehmigungsfähig erscheinen. Da die Art der gewählten Leitung in ganz unterschiedlichem Umfang in das Wegeeigentum eingreift, ist diese Frage für die Kommunen von hohem Interesse. Elektromagnetische Felder, Beeinträchtigungen von Bäumen sowie Vögeln und Probleme mit der Ästhetik treten bei unterirdisch verlegten Kabeln weitaus seltener auf als bei Freileitungen. Für Gasleitungen ist diese Verlegungsweise schon aus Sicherheitsgründen unabdingbar. Obwohl die unterirdische Verlegung erheblich kostenaufwendiger ist als der Bau von Freileitungen, wird man ein solches Verlangen des Wegeeigentümers im Regelfall unterstützen müssen. Eventuelle hohe Mehrkosten könnten durch teilweisen Verzicht auf Konzessionsabgaben wettgemacht werden. Wenn sachgerechte Gründe für den Bau der unterirdi- 71 schen Leitung sprechen, kann ein entsprechendes Verlangen der Kommune nicht als grundsätzlich diskriminierend bewertet werden.

72 Die Entscheidung über die **Zulässigkeit** derartiger Umweltschutzklauseln wird man allerdings nur im **Einzelfall** und mit Rücksicht auf den Wert der beanspruchten Grundstücksbenutzung durch Direktleitung abschätzen und abschließend bewerten können. Dabei erscheint es nicht als von vornherein ausgeschlossen, dass einem »Gebietsversorger« (qualifizierter Wegenutzungsvertrag i. S. von § 46 Abs. 2) höhere Umweltschutzverpflichtungen auferlegt werden können als einem Unternehmen, das lediglich eine kurze Direktleitung benötigt. Dies steht auch im Einklang mit Art. 11 Abs. 3 sowie Art. 14 Abs. 4 RL-Elt, wonach den Betreibern von Übertragungsnetz und Verteilernetz die Auflage gemacht werden kann, bei der Inanspruchnahme von Erzeugungsanlagen solchen den Vorrang zu geben, in denen erneuerbare Energieträger oder Abfälle eingesetzt werden oder die nach dem Prinzip der Kraft-Wärme-Kopplung arbeiten. Allgemein sind die Mitgliedstaaten gem. Art. 3 Abs. 2 RL-Elt berechtigt, den EVU gemeinwirtschaftliche Verpflichtungen u. a. mit Bezug zum Umweltschutz aufzuerlegen, soweit diese klar definiert, transparent, nicht diskriminierend sowie überprüfbar ausgestaltet werden.

5. Exkurs: Leitungseigentum

73 Leitungen i. S. von § 46 Abs. 1 sowie Energieversorgungsnetze i. S. des § 3 Ziff. 2 ff. werden überwiegend in fremden Grundstücken verlaufen oder – an Masten – über diese hinweggeführt werden. Dabei werden als technische Einrichtungen Stromkabel, Freileitungen, Leitungsmasten, Dachständer, Trafostationen, Umspannwerke, Umformerstationen, Druckregelstationen, Gasrohre, Schutz- und Leerrohre, Fernmelde- und -wirkleitungen sowie evtl. Sammelkanäle benötigt, hinsichtlich derer jeweils die Frage von Eigentum und Besitz zu klären ist[60]. Will der Inhaber oder Mitbenutzer der Leitungen Fremdkapital aufnehmen, müssen die Leitungen und sonstigen technischen Einrichtungen des EVU »beleihbar« und damit als Sicherungsmittel tauglich sein[61]. Sollen Leitungen in öffentliche Verkehrswege gelegt werden (z. B. Direktleitungen i. S. von Art. 22 RL-Elt bzw. Art. 24

---

60 Zu diesen Anlagen vgl. *Schulze*, Das Eigentum an Versorgungsanlagen bei der Mitbenutzung fremder Grundstücke und Gebäude durch Energieversorgungsunternehmen, Rpfleger 1999, S. 167.
61 Vgl. *Lauer*, Scheinbestandteile als Kreditsicherheit, MDR 1986, S. 889 ff.

RL-Gas), so erfordert dies ganz erhebliche Aufwendungen; muss das EVU befürchten, dass die Leitung wegen § 94 BGB wesentlicher Bestandteil der benutzten Straße und Wege wird und damit in das Eigentum der Gemeinde fällt, sind ganz andere Regelungen in Wegenutzungsverträgen erforderlich als wenn das Leitungseigentum beim EVU verbleiben kann. Auch für Haftpflicht- und Schadensersatzfragen (§ 823 Abs. 1 BGB, § 2 Abs. 1 HaftpflichtG) spielen Eigentum bzw. Inhaberschaft hinsichtlich der Leitung die entscheidende Rolle[62].

In vielen Fällen können die Einrichtungen und Anlagen von EVU, die auf fremden Grundstücken errichtet worden sind, als sog. **Scheinbestandteile** i. S. von § 95 BGB eingestuft werden[63]. Gehen die Kabel und Leitungen von einem Werksgrundstück des EVU aus, wird es sich um Zubehör des Werksgrundstücks i. S. von § 97 Abs. 1 BGB handeln[64]. Dies wurde z. B. für Fernleitungen angenommen, die Scheinbestandteile des Grundstücks, auf dem sie jeweils verlaufen, und zugleich Zubehör des Werksgrundstücks sind[65]. Die Eigenschaft als Scheinbestandteil gem. § 95 BGB und die als Zubehör i. S. von § 97 Abs. 1 BGB schließen sich damit nicht gegenseitig aus. Dagegen kann eine (bewegliche) Sache, die wesentlicher Bestandteil des Grundstücks eines fremden Eigentümers ist, nicht eigentumsmäßig einem Dritten (EVU) zugeordnet werden. Die Eigenschaft als Scheinbestandteil ist damit Voraussetzung für den Eigentumserwerb durch das EVU, das der Energieversorgung dienende Anlagen auf fremden Grundstücken errichtet. 74

Die konstituierende Eigenschaft als »Scheinbestandteil« kann unter zwei Voraussetzungen (alternativ) erworben werden. Wird die Versorgungsanlage »in Ausübung eines Rechts an einem fremden Grundstück« mit diesem Grundstück verbunden, so gehört diese Einrichtung nach § 95 Abs. 1 Satz 2 BGB nicht zu den wesentlichen 75

---

62 So zu Recht *Schulze*, Das Eigentum an Versorgungsanlagen, Rpfleger 1999, S. 167.
63 Vgl. MünchKomm/*Holch*, BGB, Bd. 1, 3. Aufl. München 1993, § 95 Rz. 11 ff. und Rz. 19; *Palandt/Heinrichs*, BGB, 65. Aufl. München 2006, § 95 Rz. 5. Aus der Rechtsprechung: OLG Dresden OLGE 18, 85 – Masten und Drähte einer Starkstromleitung; BGHZ 37, 353, 357 = NJW 1962, 1817 – Ausbau des Ruhrschnellweges.
64 MünchKomm/*Holch*, BGB, § 97 Rz. 8; *Palandt/Heinrichs*, BGB, § 97 Rz. 12. Aus der Rechtsprechung: BGH NJW 1980, 771, 772 – Wasserleitung Bad Vilbel.
65 RGZ 87, 43, 48 ff. – Überlandwerk.

Bestandteilen des in Anspruch genommenen Grundstücks. Als solche Rechte an fremden Grundstücken sind nur dingliche Rechte, nicht aber obligatorische Rechte anerkannt[66]. Zu diesen dinglichen Rechten gehören beschränkt persönliche Dienstbarkeiten (§§ 1090 ff. BGB), Grunddienstbarkeiten (§§ 1018 ff. BGB), der Nießbrauch (§§ 1030 ff. BGB) sowie Erbbaurechte i. S. der Erbbaurechtsverordnung. Dienstbarkeiten müssen regelmäßig durch Vertrag unter Beachtung der gesetzlichen Formvorschriften bestellt werden.

76 Solche Dienstbarkeiten können auch durch Gesetz entstehen[67]: Nach § 9 Abs. 1 GrundbuchbereinigungsG[68] sind beschränkt persönliche Dienstbarkeiten von Gesetzes wegen an solchen Versorgungsanlagen entstanden, die von EVU in den neuen Bundesländern am 25.12.1993 betrieben wurden und bereits vor dem 3.10.1990 errichtet worden sind. Ausnahmen bestehen nach § 9 Abs. 2 GrundbuchbereinigungsG, wenn lediglich eine Mitbenutzung fremder Grundstücke i. S. von § 8 der Allgemeinen Versorgungsbedingungen (AVBElt, AVBGas usw.) erfolgt war oder öffentliche Verkehrswege und Verkehrsflächen in Anspruch genommen wurden[69]. Damit gilt § 9 Abs. 1 GrundbuchbereinigungsG insbesondere für solche Versorgungsanlagen, die der überörtlichen Versorgung zu dienen bestimmt sind[70]. Nach § 29 der Energieverordnung – DDR[71] – bestanden ursprünglich Mitbenutzungsrechte für Versorgungsanlagen an fremden Grundstücken.

77 Aus dieser in den neuen Bundesländern geltenden Rechtslage könnte nun im Hinblick auf § 95 Abs. 1 BGB gefolgert werden, dass mangels Einräumung dinglicher Rechte[72] (Ausschluss des Erwerbs von Dienstbarkeiten i. S. von § 9 Abs. 2 GrundbuchbereinigungsG) die Scheinbestandteilseigenschaft dauerhaft nicht begründet werden könne; es besteht ja lediglich ein gesetzliches Mitbenutzungsrecht (vgl. auch § 8

---

66 MünchKomm/*Holch*, BGB, § 95 Rz. 16.
67 Vgl. dazu die Nachweise im Einzelnen bei *Schulze*, Das Eigentum an Versorgungsanlagen, Rpfleger 1999, S. 167, 168 f.
68 Gesetz zur Vereinfachung und Beschleunigung registerrechtlicher und anderer Verfahren, Art. 2, BGBl. I 1993, S. 2182.
69 Vgl. zu diesen Voraussetzungen BGH RdE 1996, 191, 193 ff. = Versorgungswirtschaft 1996, 128, 129 ff. – Salzwedel; unveröffentlichtes Urteil BGH v. 2.4.1998, Az. III ZR 91/95.
70 Vgl. im Einzelnen *Schulze*, Eigentum an Versorgungsanlagen, Rpfleger 1999, S. 167, 168 f.
71 Vom 1.6.1988, GBl. DDR 1988, S. 89.
72 § 1018 ff. oder 1090 ff. BGB.

Abs. 1 der jeweiligen AVB). Gegen eine solche Auslegung sind in der Literatur zu Recht Bedenken erhoben worden[73]: Weil der Gesetzgeber den EVU in einer Vielzahl von Fällen ein auf Dauer angelegtes Recht auf Mitbenutzung eines fremden Grundstücks eingeräumt und damit die Beschränkung fremden Eigentums zugunsten von Versorgungsanlagen der EVU in einer Art und in einem Umfang gestattet habe, die der Rechtsposition einer Dienstbarkeit in Entstehung nahekomme, müsse die Ausübung eines solchen Mitbenutzungsrechts (ausnahmsweise) auch als Recht i. S. des § 95 Abs. 1 Satz 2 BGB gewertet werden. Insofern verwende § 57 TKG a.F. = § 76 Abs. 1 Ziff. 1 TKG n.F. die Wendung »eine durch Recht gesicherte« Leitung oder Anlage. Die Parallelwertung bei Energieversorgungsleitungen gebiete es, die rechtlich gesicherte Inanspruchnahme aufgrund Dienstbarkeiten[74] mit der Benutzung aufgrund von Konzessionsverträgen oder gesetzlichen Sicherungsrechten i. S. von § 8 AVBEltV/GasV gleichzubehandeln[75]. Nach § 10 Abs. 4 Satz 1 AVBEltV/GasV stehen Hausanschlüsse ohnehin im Eigentum des EVU[76]; dies kann für in der DDR hergestellte Hausanschlüsse im Einzelfall anders sein[77].

Kann eine Mitbenutzung aufgrund eines dinglichen Rechts nicht festgestellt werden, reicht nach § 95 Abs. 1 Satz 1 BGB die Verbindung zu einem nur vorübergehenden Zweck aus, um die Charakterisierung als wesentlichem Bestandteil des betreffenden Drittgrundstücks auszuschließen. Hierfür kommen die Mitbenutzung durch Konzessionsvertrag, durch sonstigen Vertrag sowie eine faktische Mitbenutzung ebenso in Betracht wie sonstige Verhaltensweisen, die eine tatsächliche Vermutung für eine vorübergehende Verbindung der Versorgungsanlage mit dem Grundstück zu begründen vermögen[78]. Nach

78

---

73 Vgl. *Schulze*, Eigentum an Versorgungsanlagen, Rpfleger 1999, S. 167, 169.
74 OLG Frankfurt NJW 1997, 3030 f. – Kabelerneuerung neben Gaspipeline; LG Hanau NJW 1997, 3031, 3032 – TK-Leitung neben Gaspipeline.
75 In Anlehnung an *Möller*, Leitungsrechte, EW 1996, S. 1721 ff.; *Seeliger*, Aktuelle Entwicklungen im Wegerecht, RdE 1998, 102, 103 ff.; *Schütz*, Wegerechte für Telekommunikationsnetze – Chancen für mehr Wettbewerb auf den liberalisierten Telekommunikationsmärkten?, NVwZ 1996, S. 1053, 1054 f.
76 BGH NJW 1991, 2134 f. – Hausanschlusskostenverjährung; neue Bundesländer: LG Stendal RdE 1998, 33, 34 – Eigentum am Hausanschluss.
77 Vgl. dazu *Schulze*, Das Eigentum an Versorgungsanlagen, Rpfleger 1999, S. 167, 170, unter Hinweis auf LG Stendal (vorherige Fn.).
78 Vgl. im Einzelnen *Schulze*, Eigentum an Versorgungsanlagen, Rpfleger 1999, S. 167, 170 f. m. Nachw.

der Verkehrsanschauung werden insbesondere Fernleitungen nur zu einem vorübergehenden Zweck mit dem Grund und Boden verbunden[79], so dass sie auch ohne dingliche Sicherung als bewegliche Sachen im Eigentum des EVU bleiben[80]. Zu Recht verwies *Schulze*[81] auf die Regelung des § 13 Abs. 2 Satz 2 EnWG 1998 = § 46 EnWG 2005: Da Versorgungsnetze nach Ablauf des qualifizierten Konzessionsvertrages (Befristung auf 20 Jahre) dem neuen »Gebietsversorger« überlassen werden müssen, sieht der Gesetzgeber solche Netze als verkehrsfähig an. Diese Verkehrsfähigkeit wäre nicht gegeben, wenn das Netz stückweise fremden Grundstückseigentümern zugeordnet wäre.

79 Allerdings wird man dieses Argument nicht überbewerten dürfen. Da der Gesetzgeber eine Überlassungspflicht nach § 46 Abs. 2 Satz 2 nur im Rahmen der bestehenden Eigentumslage anordnen kann, werden von der Überlassungspflicht von vornherein solche Anlagen nicht erfasst, an denen das EVU mangels eigenen Eigentums gar kein Eigentum verschaffen kann. In diesen Fällen kann aber der Überlassungspflicht auch durch Übertragung des Mitbenutzungsrechtes genügt werden, so dass der jeweilige Eigentümer die Mitbenutzung auch den Rechtsnachfolgern des jeweiligen Gebietsversorgers gestatten müsste. Insgesamt darf zudem nicht übersehen werden, dass jedes Argument aus dem »vorübergehenden Zweck« i. S. von § 95 BGB durchweg mit den ökonomischen und tatsächlichen Verhältnissen nicht in Einklang stehen wird, weil Versorgungsleitungen auf sehr lange Zeit im Boden bleiben, für eine weitere Nutzung erneuert zu werden pflegen und nach Beendigung ihrer technischen Lebensdauer auch meist aus Kostengründen im Boden verbleiben[82].

80 Obwohl also das Eigentum an Versorgungsanlagen (insbes. Fernleitungs- bzw. Übertragungsnetz und Verteilungsnetz bis zur Grundstücksgrenze oder gar zum Hausanschluss des Kunden) aus ökonomischen Gründen (Mehrwert des Netzzusammenhangs im Verhältnis zur Einzelleitung) in einer Hand verbleiben sollte, bildet die Argumentation über § 95 Abs. 1 Satz 1 BGB – vorübergehender Zweck –

---

79 BGH Z 37, 353, 357 = NJW 1962, 1817 – Ausbau des Ruhrschnellweges; BGH NJW 1968, 2331 – Abwasserleitung.
80 BGH NJW 1980, 771 – Wasserleitung.
81 Ebd. S. 17.
82 *Schulze* ebd. S. 171.

nicht immer eine überzeugende und tragfähige juristische Grundlage für dieses ökonomisch wünschenswerte und sinnvolle Erfordernis[83].

Nach einer älteren Rechtsprechung des BGH[84] entfällt die Scheinbestandteilseigenschaft mangels fortbestehender Absicht der Verbindung zu einem nur vorübergehenden Zweck, wenn sich Eigentumsrecht am Grundstück und Eigentum an Versorgungsleitungen in einer Hand vereinigen. Dies würde etwa der Fall sein, wenn das EVU ein Grundstück erwirbt, auf dem bereits (eigene) Versorgungsleitungen verlegt sind. In der Literatur wurde dieser Konsequenz mit Hinweis auf § 13 Abs. 2 Satz 2 EnWG 1998 und dem Ziel widersprochen, die Verkehrsfähigkeit von Versorgungsnetzen insgesamt zu erhalten[85]. Denn nach der Auffassung des BGH bestünde die Gefahr, dass in diesen Fällen der nachfolgende Gebietsversorger das Eigentum gerade an solchen Teilen des Versorgungsnetzes nicht erhalte, die wie Kopfstationen und Umspannanlagen auf eigenen Grundstücken des bisherigen Versorgers errichtet worden sind. Grundsätzlich ändere sich die Eigentumslage an Versorgungsanlagen nämlich nicht, wenn das Recht zur Benutzung später wegfällt[86].

81

Wegen der verbleibenden Unsicherheiten, die sich bei der Verwirklichung des Ziels ergeben, möglichst einheitliche Versorgungsnetze zu schaffen, die auch eigentumsmäßig einem Netzbetreiber zuzuordnen sind, wenn man lediglich auf § 95 Abs. 1 Satz 1 BGB (vorübergehender Zweck) abhebt, empfiehlt sich daher im Regelfall die Begründung von dinglichen Rechten, insbesondere Dienstbarkeiten[87]. Dies betrifft sog. Industrienetze, die als Versorgungsnetze großer Unternehmen eigene Umspannwerke, Druckregelstationen und Erzeugungsanlagen umfassen können und dann veräußert werden, wenn sie das Unternehmen nicht mehr benötigt, aber auch Versorgungsanlagen von Stromeinspeisern wie Windkrafterzeugern, die regelmäßig eine be-

82

---

83 Zusammenstellung der Rechtsprechung bei *Schulze*, Eigentum an Versorgungsanlagen, Rpfleger 1999, S. 167, 171 Fn. 66 und S. 172 Fn. 67.
84 NJW 1980, 771 – Wasserleitung.
85 *Schulze* ebd. S. 172.
86 BGH NJW 1956, 1273, 1274 f. – Entschrottung von Bunkeranlagen.
87 So zu Recht *Schulze*, Eigentum an Versorgungsanlagen, Rpfleger 1999, S. 167, 172 f.

schränkt persönliche Dienstbarkeit vereinbaren werden, wenn sie die Anlage auf einem fremden Grundstück betreiben[88].

IV. Ausnahmen vom Kontrahierungszwang (Abs. 1 Satz 2)

83 § 46 Abs. 1 Satz 2 sieht zwei explizit formulierte Ausnahmen vom Kontrahierungszwang vor. Diese Ausnahmen betreffen (einfache) Wegenutzungsverträge nach § 46 Abs. 1 Satz 1, soweit aus diesen Leitungen Letztverbraucher versorgt werden sollen (vgl. im einzelnen oben Rz. 11 ff.).

84 Aus verfassungsrechtlicher Sicht können Bedenken gegen § 46 Abs. 1 nicht auf die Art. 14, 12 und 2 Abs. 1 GG gestützt werden. Einerseits dürfen sich Gemeinden nach der ständigen Rechtsprechung des Bundesverfassungsrechts nicht auf diese Grundrechte berufen, auch soweit ihr (fiskalisches) Eigentum betroffen ist[89]. Zum anderen belasten jene Verweigerungsgründe die Zugang suchenden Unternehmen (z. B. EVU, Abnehmer) nicht derart schwerwiegend, dass darin eine unangemessene Berufsausübungsregelung z. B. für Netzbetreiber gesehen werden müsste.

85 Als **Ausnahmen vom Kontrahierungszwang** hat der Gesetzgeber vorgesehen:

– fehlende Einigung über die zu zahlenden Konzessionsabgaben

– Verweigerung der Zahlung von Konzessionsabgaben in Höhe der Höchstsätze

1. Fehlende Einigung über die Höhe der Konzessionsabgaben

86 Nach § 46 Abs. 1 Satz 2 Alt. 2 kann der Vertragsschluss im Wegebenutzungsverhältnis verweigert werden, wenn eine Einigung über die Höhe der Konzessionsabgaben noch nicht erzielt ist. Diese Ausnahme vom Kontrahierungszwang ist zwar durch »und« mit der ersten Alternative des § 46 Abs. 1 Satz 2 verbunden (Verweigerung der Zah-

---

88 Zum Geschäftswert einer solchen Dienstbarkeit i. S. der Kostenordnung (25-faches der Gegenleistung für die Einräumung der Dienstbarkeit) vgl. OLG Oldenburg NJW-RR 1998, S. 644 – Wert der Dienstbarkeit für WEA.

89 Ständige Rechtsprechung, vgl. BVerfGE 61, 82, 100 ff. – Einwendungsausschluss. Vgl. auch *Schmidt/Bleibtreu/Klein*, Kommentar zum GG, Art. 19 Rz. 13.

lung der Konzessionsabgaben-Höchstsätze), jedoch handelt es sich in Wahrheit um einen selbständigen Verweigerungsgrund. Damit soll den Vertragsparteien die Möglichkeit eröffnet werden, mit differenzierten Modellen unterhalb der zulässigen Höchstsätze zu bleiben, zumal der durch das Preisrecht nur nach oben begrenzte Rahmen nur so ausgeschöpft werden kann[90].

Die sprachlich vielleicht etwas verunglückte Gesetzesfassung, die das kumulative Vorliegen beider »Alternativen« insinuiert, soll also keinesfalls die Gegenleistung für Wegenutzungsverträge nach § 46 Abs. 1 abschließend – auf die Höchstsätze – festlegen; dies wäre ein weit über die preisrechtlichen Möglichkeiten des Gesetzgebers hinausgehender Eingriff, der durch die Grundrechte der beteiligten Unternehmen nicht gerechtfertigt wäre. Zudem liegen beide Varianten des Satzes 2 auf verschiedenen Ebenen: Mit der Verweigerung der »Zahlung von Konzessionsabgaben in Höhe der Höchstsätze« (vgl. § 48 i.V. mit der KAV) wird die Erfüllungsebene angesprochen, während es bei der fehlenden »Einigung über die Höhe der Konzessionsabgaben« noch um die Vertragsebene geht, zumal ohne Einigung über den wesentlichen Punkt des Entgelts für die Überlassung der Wegenutzung der Vertrag gar nicht zustande kommen kann (vgl. § 154 BGB). Nur wenn man beide Varianten miteinander kombiniert, hätten die Parteien keine Wahl mehr und müssten zu den Höchstsätzen abschließen. Eine Einigung oberhalb des Niveaus von § 2 KAV dürfte zur Gesamtnichtigkeit des Wegenutzungsvertrages führen, § 134 BGB. **87**

2. Verweigerung der Zahlung der Höchstsätze der KAV

Es handelt sich bei der Alt. 1 des § 46 Abs. 1 Satz 2 um einen selbständigen Verweigerungsgrund, vgl. soeben Rz. 86. Auch wenn diese Ausnahme vom Kontrahierungszwang unter Bezugnahme auf die Erfüllungsebene des Geschäfts formuliert ist (vgl. § 362 BGB), dürfte in Wirklichkeit die Vertragsebene angesprochen sein. Denn wenn der Konzessionsvertrag bereits unter Einigung auf die Höchstsätze der KAV zustande gekommen ist und der Wegenutzungsberechtigte nunmehr die Zahlung dieser Höchstsätze verweigert, entfällt damit nicht automatisch die vertragliche Einigung, die vielmehr eine ordentliche oder außerordentliche Kündigung dieses Vertrages voraussetzen würde. Letztlich handelt es sich in dieser Konstellation um die Durchsetzung des Erfüllungsanspruchs der Gemeinde, die das Wege- **88**

---

90 So zu Recht *Böwing*, EnWG 1998, § 13 Anm. 3.3.

nutzungsrecht und die mit dem Vertragsschluss bereits erfüllte Kontrahierungspflicht unberührt lässt.

89 Der Gesetzgeber hat bei dieser Formulierung offenbar weniger juristisch als kaufmännisch gedacht und will dem Wegeeigentümer das Recht geben und gleichzeitig dem Nutzungsinteressenten die Pflicht auferlegen, die Einigung zur Entgeltfrage auf dem Niveau der Höchstsätze der KAV vorzunehmen. Ein entsprechendes Angebot der Gemeinde verstieße nicht gegen die Pflichten aus § 46 Abs. 1 Satz 1. Bietet der Nutzungsinteressent den Vertragsschluss an und versucht ihn ggf. gerichtlich durchzusetzen, muss er mit seiner Klage gegen die Gemeinde auf Annahme seines Angebots zum Abschluss eines Wegenutzungsvertrages die Zahlung des Höchstsatzes der Konzessionsabgabe anbieten, um die Klage schlüssig zu machen. Dies zeigt, dass die Formulierung »Zahlung« eher prozessuale Bedeutung hat.

90 Wenn § 46 Abs. 1 Satz 2 Alt. 1 die Voraussetzung aufstellt, dass der Betreiber der Leitung bereit ist, die in der KAV ausgeworfenen Höchstsätze an Konzessionsabgaben zu zahlen, so wird damit Bezug genommen auf die Bemessungsgrößen Einwohnerzahl der Gemeinde, Tarifwahl, Art des Kundenverhältnisses (Sonderabnehmer oder Tarifabnehmer), bezogene kWh usw.[91]. Die Gemeinde erhält dann einen mengenabhängigen Zahlungsanspruch, der zwischen 0,11 Cent und 2,39 Cent je kWh differieren kann. Ökonomisch betrachtet handelt es sich um eine Umsatzbeteiligung zum Festsatz je Mengeneinheit. Dies zeigt, dass nicht die Intensität der Nutzung einer Straße (z. B. Leitungskapazität) oder die Länge des in Anspruch genommenen Wegenetzes über das Entgelt entscheidet, was man bei aller Pauschalierung im Miet- und Pachtrecht eigentlich erwarten würde.

91 Fraglich ist, ob die Festlegung des Gesetzgebers auf die Höchstsätze der KAV mit den allgemeinen rechtlichen Vorgaben in Einklang steht. Gegen bundesdeutsches Preisrecht wird formell nicht verstoßen, weil der festgelegte Höchstpreis nicht überschritten wird. Allerdings könnte man überlegen, ob diese Spezialregelung für Direktleitungen die Tendenz in sich trägt, preisrechtliche Regelungen quasi zu »verwässern«; wenn der Gesetzgeber selbst die Parteien veranlasst – und die Ausnahme vom Kontrahierungszwang als Druckmittel einsetzt –, die Höchstsätze der KAV als »Festpreise« zu interpretieren, dann verliert tendenziell die KAV ihren preisbegrenzenden Charakter.

---

91 Vgl. dazu § 2 KAV.

IV. Ausnahmen vom Kontrahierungszwang (Abs. 1 Satz 2)

Im wirtschaftlichen Effekt besteht somit für das Teilsegment »Direktleitungsbau auf der Grundlage von § 46 Abs. 1« kein Unterschied zwischen einer kartellmäßigen Einigung aller Kommunen, Direktleitungen nur gegen Zahlung der Höchstsätze zu ermöglichen, und der Festlegung des Gesetzgebers mit Bindung der Parteien, wie sie § 46 Abs. 1 Satz 2 Alt. 1 zum Ausdruck bringt. Die Regelung ist daher im Lichte von Art. 81, 82 EG (Kartell- und Missbrauchsverbot) bedenklich. Sie dürfte allerdings Art. 22 RL-Elt/24 RL-Gas genügen, weil in der Tat ein Festpreis als Wegenutzungsentgelt den Anforderungen an objektive und transparente Kriterien bei der Vergabe von Wegerechten genügt. Jedenfalls haben die Interessen der Gemeinden mit § 46 Abs. 1 Satz 2 ein besonderes Gewicht erhalten. 92

3. Sonstige Ausnahmen

§ 46 Abs. 1 Satz 2 nennt nur die beschriebenen zwei Ausnahmen vom Kontrahierungszwang. Allerdings wird man die Aufzählung nicht als abschließend ansehen können: Die gesetzliche Verpflichtung zum Vertragsschluss (mittelbarer Kontrahierungszwang) steht auch unter den allgemeinen Vorbehalten des Bürgerlichen Rechts. So kann selbstverständlich kein sittenwidriger oder gesetzeswidriger Vertragsschluss verlangt werden, §§ 134, 138 Abs. 1 BGB. Weder die Gemeinde noch der Durchleitungsinteressent dürfen Vereinbarungen verlangen oder gar treffen, denen der Grundsatz von Treu und Glauben (§ 242 BGB) entgegensteht. Die allgemeinen Grundsätze der Verwirkung sowie der treuwidrigen Ausübung von Rechten sind anzuwenden[92]. 93

Fraglich ist, ob der von *Böwing*[93] erwähnte Fall einen Verweigerungsgrund für die Gemeinde darstellt. Danach soll eine Ausnahme vom Kontrahierungszwang dann begründet sein, wenn aus einer bisher allein als Durchgangsleitung benutzten Anlage die **Belieferung von Letztverbrauchern im Gemeindegebiet aufgenommen** werden soll. Dazu ist zu klären, ob eine (weitere) Genehmigung nach § 4 benötigt wird. Weiter muss es sich überhaupt um einen Fall des § 46 Abs. 1 Satz 1 handeln (Leitung zur unmittelbaren Versorgung von Letztverbrauchern im Gemeindegebiet). Die Durchgangsleitung dürfte 94

---

[92] Zu den Fallgruppen des § 242 vgl. MünchKomm/*Roth*, BGB, Bd. 2, 3. Aufl. München 1994, § 242 Rz. 255 ff.: Rechtsmissbrauch, unzulässige Rechtsausübung, widersprüchliches Verhalten, Wegfall der Geschäftsgrundlage sowie Zweckvereitelung/Zweckerreichung.
[93] EnWG 1998, § 13 Anm. 3.2.2.

schon bisher auf der Grundlage einer vertraglichen Vereinbarung verlegt und betrieben worden sein; allerdings hatte der Leitungseigentümer bisher keine Konzessionsabgaben zu zahlen, weil diese nach dem mengenabhängigen Verbrauch **im Gemeindegebiet** bemessen werden.

95 M. E. bedarf es in diesen Fällen regelmäßig nicht der Inanspruchnahme von Kontrahierungszwang und ggf. der Ausübung von Verweigerungsrechten. Da eine vertragliche Wegenutzung bereits vorliegt, ist diese lediglich **um eine Entgeltregelung zu ergänzen.** Da man diese Einigung kaum als (vollständigen) Wegenutzungsvertrag i. S. von § 46 Abs. 1 wird bezeichnen können, benötigt der Leitungseigentümer auch keine Zustimmung der Gemeinde zur »Umnutzung« der Leitung. Nur wenn sich die Parteien nicht auf die Höhe der Konzessionsabgaben einigen können, wäre es der Gemeinde unter Rückgriff auf den Mechanismus des § 46 Abs. 1 Satz 2 Alt. 1 möglich, die Höchstsätze nach § 2 KAV durchzusetzen. Weil aber Wegeeigentum gar nicht neu in Anspruch genommen wird und sich Durchgangsleitungen sowie schon bisher zur Stromverteilung im Gemeindegebiet genutzte Leitungen im Hinblick auf die Beanspruchung von Straßen und Wegen der Gemeinde nicht so stark unterscheiden werden, dass ein Neuabschluss des Wegenutzungsvertrages in Betracht kommt, kann die Anwendung des Mechanismus nach § 46 Abs. 1 nicht gerechtfertigt werden.

96 Die Kommune muss in solch einem Fall, wenn eine Einigung nicht zustande kommt, auf Zahlung von Konzessionsabgaben in der von ihr gewünschten Höhe klagen, so dass dem Gericht eine Festsetzung nach § 315 BGB nicht erspart bleibt. Dies rechtfertigt sich auch aus den Interessen der potentiellen Abnehmer, deren Versorgungsinteressen unmittelbar berührt würden, wenn die Gemeinde die Zustimmung zur »Umnutzung« der Leitung unter Hinweis auf die Nichteinigung über die Höhe der Konzessionsabgaben jedenfalls zeitweise blockieren könnte. Auch hier muss sich der § 46 beherrschende Grundsatz durchsetzen, dass die Gemeinde die Nutzung des öffentlichen Wegeeigentums nicht verhindern, dafür aber Konzessionsabgaben verlangen kann (»Dulde und liquidiere!«).

V. Qualifizierte Wegebenutzungsverträge (Abs. 2)

97 Der (einfache) Wegenutzungsvertrag nach § 46 Abs. 1 unterscheidet sich im Hinblick auf die Ausgestaltung seiner Rechtsfolgen grundlegend von den Wegenutzungsverträgen nach § 46 Abs. 2 (qualifizierte Wegenutzungsverträge, **Konzessionsverträge** im herkömmlichen Sinne). Der Gesetzgeber hat einen Kontrahierungszwang nur für einfache Wegenutzungsverträge vorgesehen, so dass die Regelung des § 46 Abs. 2 hierauf nicht Bezug nimmt. Während § 46 Abs. 1 bereits anwendbar ist, wenn die Leitung »zur unmittelbaren Versorgung von Letztverbrauchern im Gemeindegebiet« dienen soll, betrifft § 46 Abs. 2 nur einen Ausschnitt aus der Letztverbraucherversorgung, nämlich »Leitungen, die zu einem Energieversorgungsnetz der allgemeinen Versorgung im Gemeindegebiet gehören«. An derartige Verträge knüpfen sich besondere Rechtsfolgen, nämlich:

– Befristungserfordernis

– Anlagen-Überlassungspflicht bei Nichtverlängerung des Vertrages

– Bekanntmachungspflicht vor Ablauf des Vertrages und bei vorzeitiger Verlängerung

– Begründungspflicht der Gemeinde für Neuabschluss oder Verlängerung

Gesetzessystematisch bildet die **allgemeine Versorgung** nach § 46 Abs. 2 einen Unterfall der Versorgung von Letztverbrauchern nach § 46 Abs. 1, weil auch die allgemeine Versorgung[94] Letztverbraucher betrifft. Beide Regelungen verhalten sich in dieser Betrachtung wie Regelfall (§ 46 Abs. 1) zu Spezialfall (§ 46 Abs. 2), weil die allgemeine Versorgung eine Teilmenge der Versorgung aller Letztverbraucher bildet; nach § 46 Abs. 1 ist es (theoretisch) möglich, jeden Verbraucher mittels Direktleitung zu versorgen. 98

Diese Betrachtungsweise ändert sich allerdings, wenn man zur allgemeinen Versorgung i. S. von § 46 Abs. 2 nicht nur die unmittelbar der Versorgung von Verbrauchern dienenden Leitungen, sondern auch denjenigen Netzteile rechnet, die lediglich mittelbar zur Letztverbraucherversorgung bestimmt sind. Dies würde etwa Leitungen des Übertragungsnetzes betreffen, die zwar im Gemeindegebiet verlegt sind, aus denen aber (höhere Spannungsebene oder andere Druckstufe) Letztverbraucher gerade nicht versorgt werden, so dass sie nicht unter § 46 Abs. 1 fallen. 99

---

94 Vgl. dazu im Einzelnen die Erläuterungen § 3 Rz. 98 ff. sowie § 18 Rz. 15 ff.

§ 46 *Wegenutzungsverträge*

100 Dieser letzteren systematischen Einordnung der beiden Fälle des § 46 Abs. 1 und 2 ist der Vorzug zu geben, weil sich anderenfalls die gravierenden Unterschiede im Hinblick auf die Rechtsfolgen nicht erklären ließen. Im Einklang mit den europarechtlichen Vorgaben betrifft § 46 Abs. 1 also im Wesentlichen den Bau von Direktleitungen, während **§ 46 Abs. 2 auf ganze Versorgungsnetze Bezug nimmt**, wobei der Netzbetreiber Jedermann i. S. von § 18 Abs. 1 an dieses Netz anzuschließen verpflichtet ist. Trotz möglicher Abgrenzungsschwierigkeiten im Übergang zwischen bloßer »Einzel- oder Arealversorgung« i. S. von § 46 Abs. 1 und »allgemeiner Versorgung« i. S. von § 46 Abs. 2[95], stehen beide Formen von Wegenutzungsverträgen im Verhältnis der Spezialität und nicht der Alternativität. Um eine auch sprachliche Differenzierung zu ermöglichen, soll im Folgenden für die Verträge des § 46 Abs. 2 von **qualifizierten Wegenutzungsverträgen** bzw. Konzessionsverträgen (im klassischen Sinne) gesprochen werden. Dies entspricht der Tradition der Versorgungswirtschaft, wo mit dem Abschluss von Konzessionsverträgen immer eine allgemeine Versorgung (früher: Gebietsversorgung) verbunden gewesen ist. Das Verständnis dieser maßgeblichen Verkehrskreise trägt daher die vorgenommene Differenzierung.

1. *Grundpflichten und Gegenseitigkeitsverhältnis*

101 Konzessionsverträge i. S. von § 46 Abs. 2 (qualifizierte Wegebenutzungsverträge) sind Vereinbarungen zwischen Kommunen und EVU betreffend die Nutzung von öffentlichen Straßen und Wegen zur Verlegung und zum Betrieb von Versorgungsleitungen gegen Entgelt zur Durchführung der allgemeinen Versorgung[96]. Die Vertragsinhalte werden wegen der besonderen Bedeutung der Konzessionsabgaben

---

95 Vgl. dazu unten Rz. 115 ff.
96 § 103 Abs. 1 Ziff. 2 GWB in der bis zum 27.4.1998 geltenden Fassung lautete: » ... Verträge von Versorgungsunternehmen mit Gebietskörperschaften, soweit sich durch sie eine Gebietskörperschaft verpflichtet, die Verlegung und den Betrieb von Leitungen auf oder unter öffentlichen Wegen für eine bestehende oder beabsichtigte unmittelbare öffentliche Versorgung von Letztverbrauchern im Gebiet der Gebietskörperschaft mit Elektrizität, Gas oder Wasser ausschließlich einem Versorgungsunternehmen zu gestatten.« Nach § 131 Abs. 8 GWB 1999 (v. 26.8.1998, BGBl. I S. 2546, 2575) galt die damit bewirkte Freistellung von den §§ 1, 15 und 18 GWB a. F. nur noch für Wasserversorgungsunternehmen fort. Vgl. jetzt § 131 Abs. 6 GWB 2005.

V. Qualifizierte Wegebenutzungsverträge (Abs. 2)

als Einnahmequelle für Städte und Gemeinden[97] ganz wesentlich durch das Konzessionsabgabenrecht geprägt[98].

Mit *Evers*9[99] ist festzustellen, dass sich der typische Inhalt von Konzessionsverträgen auf der Grundlage von Musterverträgen der Praxis verfestigt hat. Mit der Neuregelung des Energiewirtschaftsrechts 1998 in Art. 4 § 1 ist allerdings das Recht der Parteien von Konzessionsverträgen entfallen, diese mit Ausschließlichkeitscharakter auszustatten[100]. Obwohl diese Verträge nach dem Willen des Gesetzgebers bis auf die Ausschließlichkeitsvereinbarungen »im Übrigen« fortgelten, dürften in der Praxis die nicht unter die §§ 1, 14 GWB 1999 fallenden Teile bzw. alle nicht durch die frühere Freistellung nach den §§ 103, 103a GWB a. F. geprägten Vereinbarungen auch in der Zukunft ihre Bedeutung behalten[101]. Der Begriff der Konzessionsabgaben i. S. von § 48 i. V. mit § 1 Abs. 2 KAV erfasst sowohl Verträge nach § 46 Abs. 1 als auch solche nach § 46 Abs. 2 (»unmittelbare Versorgung von Letztverbrauchern«). 102

Hauptinhalt eines Konzessionsvertrages i. S. von § 46 Abs. 2 ist die Gestattung der Benutzung aller oder bestimmter im Eigentum und in der Verfügungsmacht der Gemeinde stehender öffentlicher Straßen, Wege und Plätze sowie möglicherweise sonstiger Grundstücke gegen Entgelt (Wegerecht). Meist verspricht das EVU, bestimmte Mitwirkungsmöglichkeiten der Gemeinde zu dulden und nach Abschluss der Bauarbeiten die gemeindeeigenen Grundstücke ordnungsgemäß wie- 103

---

97 Vgl. *Reichel*, Die Auswirkungen der Energierechtsreform auf die Höhe der Konzessionsabgaben – ein Ausblick, in: *Reichel/Schneider/Weyer* (Hrsg.), Beiträge zum deutschen und europäischen Energierecht – Varia, FS Jürgen F. Baur zum 60. Geburtstag, VEnergR Bd. 88, Baden-Baden 1998, S. 55 ff.
98 Vgl. dazu unten § 48 Rz. 12 ff.
99 *Evers*, Das Recht der Energieversorgung, 2. Aufl. Baden-Baden 1983, S. 176.
100 Erstes Neuregelungsgesetz v. 24.4.1998, BGBl. I S. 730, 735, Art. 4 § 1: »Laufende Konzessionsverträge, einschl. der vereinbarten Konzessionsabgaben, bleiben trotz Wegfalls der Ausschließlichkeit im Übrigen unberührt.«
101 Abdruck von Musterverträgen zum früheren Recht bei *Immesberger*, Recht der Konzessionsabgaben, Loseblattsammlung Neuwied/Kriftel/Berlin, Stand: 4.97, ursprüngliche Fassung (inzwischen Archiv Bd. 1 u. Bd. 2), Anhang; vgl. auch *Feuerborn/Riechmann*, Konzessionsabgabenverordnung, Bielefeld 1994, S. 22.

derherzustellen[102]. Zwar verpflichtet sich das EVU meist zu Ausbau und Betrieb der Energieanlagen sowie zum Anschluss der zu versorgenden Einwohner i. S. von § 18 (§ 10 EnWG a. F.). Bestimmte früher übliche Klauseln (Ausschließlichkeit, Verzicht der Gemeinde auf eigene Versorgung, Fortsetzungsklausel, Heimfall- und Übernahmeklausel zugunsten der Gemeinde) sind nach neuem Recht nicht mehr zulässig, weil es gem. § 36 EnWG grundsätzlich jedem Energielieferanten gestattet ist, konkurrierend oder zeitlich nachfolgend die Grundversorgung von Letztverbrauchern im Gemeindegebiet zu übernehmen.

104 Da § 46 Abs. 2 entsprechende Beschränkungen nicht vorsieht, erscheint es nicht als undenkbar, dass eine Gemeinde mehrere Konzessionsverträge i. S. von § 46 Abs. 2 – räumlich überlappend oder nach Gemeindegebietsteilen getrennt – abzuschließen berechtigt ist[103]. Der Wegfall der früher möglichen Ausschließlichkeitsbindung muss dies konsequent ermöglichen. Weil ein Verzicht der Gemeinde auf Eigenversorgung im Gemeindegebiet nicht mehr zulässig ist, ist auch die früher übliche Unterscheidung zwischen A-Verträgen (Versorgung über eigene Stadtwerke nach Bezug vom Vertragspartner) und B-Verträgen (Verzicht der Gemeinde auf eigene Versorgung im Gemeindegebiet) entfallen.

105 Auf Konzessionsverträge sind die §§ 320 ff. BGB (gegenseitige Verträge) anwendbar. Dabei stehen im Gegenseitigkeitsverhältnis die Hauptpflicht der Gemeinde, ihre Wege für Verlegung und Betrieb von Versorgungsleitungen zur Verfügung zu stellen, sowie die Pflicht des Netzbetreibers, dafür ein Entgelt (Konzessionsabgabe) zu zahlen. Im Übrigen haben diese Verträge pachtähnlichen Charakter, so dass neben den allgemeinen Regeln über Leistungsstörungen (Unmöglichkeit, Verzug, §§ 320 ff. BGB) auch die §§ 581 ff. BGB anzuwenden sind.

106 Über den typischen Inhalt solcher Wegenutzungsverträge hinaus hat es früher zahlreiche Nebenabreden gegeben10[104]. In den beiden letz-

---

102 *Evers*, Recht der Energieversorgung, S. 176 f.; *Tettinger*, Grundlinien des Konzessionsvertragsrechts, DVBl. 1991, S. 786, 787 ff.
103 So auch *Böwing*, EnWG 1998, § 13 Anm. 3.2, S. 254 unten, der gerade das Interesse von Gemeinden betont, mehrfach Verträge nach § 13 Abs. 2 abzuschließen, »um über die Befristung Einfluss zu gewinnen«.
104 Vgl. zu solchen Abreden auch außerhalb von Konzessionsverträgen *Rückert*, Umweltrechtliche Klauseln in öffentlich-rechtlichen Verträgen, Diss. jur. Tübingen 1998.

ten Jahrzehnten haben die Städte und Kommunen insbesondere versucht, die Konzessionsinhaber zu Umweltschutzmaßnahmen (im weitesten Sinne) zu veranlassen. Beispielsweise waren Verpflichtungen möglich, Windkraft- oder Solarstromanlagen zu installieren, Freileitungen durch Erdverkabelung zu ersetzen oder die Anschaffung von energiesparenden Geräten durch Subventionen zu fördern. Ob derartige Nebenabreden nach dem neuen Recht noch zulässig sind, ist aber fraglich.

Ursprünglich ist über die Rechtsnatur der Konzessionsverträge viel gestritten worden[105], zumal die Leitungsverlegung in Straßen und Grundstücken über die Inanspruchnahme von Gemeingebrauch letztlich deutlich hinausgeht. Allerdings hat § 8 Abs. 10 Bundesfernstraßengesetz – und ihm folgend die straßenrechtlichen Regelungen der Länder – die Zurverfügungstellung von öffentlichen Verkehrswegen für die Durchführung der »öffentlichen Versorgung« aus dem öffentlichen Recht herausgenommen und dem Bürgerlichen Recht zugewiesen. Anders als für den Fall des Baus von Direktleitungen kann für Konzessionsverträge i. S. von § 46 Abs. 2 (Durchführung der allgemeinen Versorgung) nicht zweifelhaft sein, dass insofern eine öffentliche Versorgung betrieben wird, für die die Zuweisung zum Bürgerlichen Recht vollinhaltlich Gültigkeit hat[106].

107

2. Nutzung öffentlicher Verkehrswege für Versorgungsleitungen

Der Gegenstand der Konzessionsverträge i. S. von § 46 Abs. 2 (qualifizierte Wegenutzungsverträge) ist nach dem Gesetzeswortlaut durch die Nutzung öffentlicher Verkehrswege für die Verlegung und den Betrieb von Leitungen zur Durchführung der allgemeinen Versorgung im Gemeindegebiet gekennzeichnet. Im Unterschied zu § 46 Abs. 1 wird hier der Begriff der **Nutzung** verwendet, der aber im Verhältnis zu einfachen Wegenutzungsverträge keine Besonderheit darstellt. Die Unterschiede zwischen § 46 Abs. 1 und § 46 Abs. 2 sind weiter verwischt worden, nachdem im Gesetzgebungsverfahren zum EnWG 1998 in § 46 Abs. 1 Satz 1 am Ende der Zusatz »durch Vertrag« eingefügt worden ist. Beide Nutzungsarten werden in Vertragsform ge-

108

---

[105] Vgl. dazu den Überblick bei *Evers*, Recht der Energieversorgung, S. 178 ff.; *Tettinger*, Grundzüge des Konzessionsvertragsrechts, DVBl. 1991, S. 786, 787 ff.
[106] Zum Problemkreis im Hinblick auf die Direktleitung vgl. oben § 46 Rz. 15 ff.

währt, wobei – wie im vorstehenden Abschnitt gezeigt – die Nutzung nach § 46 Abs. 2 auf den Betrieb großer Versorgungsnetze, die nach Abs. 1 auf Arealversorgung oder gar nur Direktleitungen beschränkt ist. Durch die Einführung des Begriffs »Nutzung« in § 46 Abs. 2 Satz 1 ergibt sich aber kein prinzipieller, qualitativer Unterschied in Bezug auf die Art und Weise der Verlegung oder des Betriebs von Leitungen in öffentlichen Verkehrswegen.

109 Deshalb kann hinsichtlich der Reichweite des Begriffs »öffentliche Verkehrswege« auf die Erläuterungen oben Abschn. II. 2. verwiesen werden (§ 46 Rz. 24 ff.). Die dortige Kritik an der Beschränkung dieser Verträge in subjektiver Hinsicht (Gemeinden als Vertragspartner, nicht: Bund und Länder) gilt auch hier. § 46 Abs. 2 darf allerdings nicht im Lichte von Art. 22 RL-Elt bzw. Art. 24 RL-Gas bewertet werden, weil § 46 Abs. 2 wegen seiner Bezugnahme auf die »**allgemeine Versorgung**« (vgl. dazu sogleich Rz. 115) **Leitungsnetze** und nicht Stich- oder Direktleitungen betrifft. § 46 Abs. 2 muss daher an den Vorschriften über den Netzbetrieb (Art. 8 ff. RL-Elt sowie Art. 7 ff. RL-Gas) gemessen werden. Da es in Art. 46 Abs. 2 jedenfalls im Schwerpunkt um Verträge geht, die ein Verteilernetz betreffen, sind insbesondere die Art. 13 bis 17 RL-Elt sowie Art. 11 bis 15 RL-Gas einschlägig.

110 Nach Art. 14 Abs. 1 RL-Elt und Art. 12 Abs. 1 RL-Gas haben Verteilernetzbetreiber/Verteilerunternehmen »ein sicheres, zuverlässiges und leistungsfähiges« Stromverteilernetz/Netz zu unterhalten. In beiden Vorschriften wird die Beachtung des Umweltschutzes eingefordert. Während für den Elektrizitätssektor lediglich von »unterhalten« die Rede ist, sind die Aktivitätsmodalitäten im Gasbereich mit »betreiben, warten und ausbauen« beschrieben.

111 Damit die EVU diesen Verpflichtungen nachkommen können, müssen sie auf zuverlässiger gesetzlicher oder vertraglicher Grundlage Zugang zum öffentlichen Wegenetz erhalten. § 46 Abs. 2 setzt daher die Verpflichtungen der Mitgliedstaaten aus Art. 12 Abs. 1 RL-Gas und Art. 14 Abs. 1 RL-Elt um. Die sich daraus ergebende Pflicht der Gemeinden, langfristige Verträge über die Nutzung des öffentlichen Wegenetzes abzuschließen, wird in § 46 Abs. 2 – wenn auch unter Befristung – deutlich hervorgehoben; weitere Verpflichtungen der Gemeinden, die alles tun müssen, um auch bei der tatsächlichen Durchführung des Konzessionsvertrages die erforderliche Sicherheit, Zuverlässigkeit und Leistungsfähigkeit des Verteilernetzes zu gewähr-

leisten, wird durch den Gesetzeswortlaut eher verdeckt als hervorgehoben. Obwohl sich also die genannten Vorschriften im europäischen Sekundärrecht primär an Mitgliedstaaten und die von diesen benannten Netzbetreiber wenden, ist dies mittelbar Aufgabe des Wegeeigentümers, der das notwendige Medium dafür bereitstellt, ohne das ein sicherer, zuverlässiger und auf optimale Leistung gerichteter Netzbetrieb gar nicht möglich wäre.

Diese Auslegung des § 46 Abs. 2 zwingt die Gemeinden, auf Verlangen der EVU die von den Europäischen Binnenmarktrichtlinien Energie geforderten Maßstäbe an Verteilernetze auch durch im Konzessionsvertrag vorgesehene **Sicherungsmittel** umzusetzen. Dabei ist daran zu denken, dass die Gemeinden ihr Wegeeigentum regelmäßig auf Festigkeit und Sicherheit überprüfen, damit das Leitungsnetz nicht gefährdet wird. Die Gemeinden müssen auch solche Materialien für den Straßenbau verwenden, die mit den vorhandenen Leitungen harmonieren und von denen keine beeinträchtigenden Wirkungen auf das Netz ausgehen. Ggf. sind solche Verpflichtungen durch Vertragsstrafen (soweit zulässig) abzusichern. Keinesfalls darf der Leitungsbetrieb dazu führen, dass die EVU Verkehrssicherungspflichten übernehmen, die eigentlich dem Wegeeigentümer obliegen. Bei Abweichungen zwischen Wegeeigentum und Trägerschaft hinsichtlich der Straßenbaulast muss jener Träger ggf. in die Vereinbarung einbezogen werden. Ähnlich wie im Miet- und Pachtrecht obliegt es im Ausgangspunkt dem Sacheigentümer, die Substanz der Sache zu sichern und deren Nutzung dem Mieter/Pächter/Konzessionsnehmer gefahrlos zu erhalten. 112

Hinsichtlich der Auslegung der Tatbestandsmerkmale »Verlegung und Betrieb von Leitungen« wird auf die Ausführungen oben Abschn. II. 3. verwiesen (§ 46 Rz. 28 ff.). Der Gesetzgeber hat wiederum den Leitungsbegriff zum Ausgangspunkt gewählt, obwohl es eigentlich um Versorgungsnetze geht. Selbstverständlich sind Fernwirkleitungen zur Netzsteuerung sowie Zubehör im oben beschriebenen Umfang Bestandteil des Nutzungsrechts am öffentlichen Wegeeigentum. Da Versorgungsnetze aus einer Vielzahl von vernetzten und vermaschten Leitungen bestehen, schadet die Nichtumsetzung der Begriffe »Verteilernetz« (Elektrizitätsbereich) bzw. »Netz« (Gasbereich) letztlich nicht. 113

Es ist allerdings auch nicht ersichtlich, dass der deutsche Gesetzgeber Netzbetreibern im Verhältnis zu bloßen Leitungsbetreibern Prioritä- 114 ten eingeräumt hat. So wäre etwa denkbar, bei knapper Verlegungskapazität einem Netzbetreiber Vorrang vor einem Direktleitungsinteressenten einzuräumen, wenn der Ausbau des vorhandenen Netzes erforderlich ist, um die Versorgungssicherheit zu erhöhen. Zwar fehlen derartige Regelungen bisher, und Gemeinden können auch letztlich nicht gezwungen werden, von Ausnahmen vom Kontrahierungszwang Gebrauch zu machen, um derartige öffentliche Interessen zur Geltung zu bringen (vgl. oben Abschn. IV. 1., insbes. Rz. 85 ff.). Die Umsetzung der Richtlinien ist also insofern defizitär, weil es keine überörtliche Stelle mit Entscheidungskompetenzen gibt, die im Falle von Leitungs- und Netzinkompatibilitäten Prioritätsentscheidungen zu treffen hat. Da die Regulierungsbehörde insofern nur eine Auffangzuständigkeit hat (§§ 111, 54 Abs. 3), kann die Kartellbehörde versuchen, unter Anwendung der Missbrauchs- und Diskriminierungsregeln (§§ 19, 20 GWB) derjenigen Wegenutzung zum Durchbruch zu verhelfen, die nicht zweckwidrig, sondern gemeinwohlbezogen ist.

3. Allgemeine Versorgung

115 »Leitungen, die zu einem Energieversorgungsnetz der allgemeinen Versorgung gehören«, bilden das kennzeichnende Merkmal der Konzessionsverträge gem. § 46 Abs. 2. Das EnWG definiert den Begriff des Energieversorgungsnetzes der allgemeinen Versorgung in § 3 Ziff. 17[107]. Nur wenn aus dem Netz keine Spezialversorgung i. S. von § 110 Abs. 1 erfolgt, sondern grundsätzlich jeder Netznutzer angeschlossen werden kann (§§ 17 ff.), fällt der Zugangsanspruch zum öffentlichen Wegenetz unter § 46 Abs. 2.

4. Nicht-Ausschließlichkeit

116 Bis zum Inkrafttreten des Ersten Neuregelungsgesetzes am 29.4.1998 wurden Konzessionsverträge typischerweise mit Ausschließlichkeitsbindung abgeschlossen. Damit war die Wegeeigentümerin meist verpflichtet, nur ihrem Vertragspartner Verlegung und Betrieb von Versorgungsleitungen im Gemeindegebiet zu gestatten. Die Verlegung von Doppelleitungen und auch eine solche von Direktleitungen wurde damit verhindert.

---

107 Zu Einzelheiten vgl. oben § 3 Rz. 98 ff.

V. Qualifizierte Wegebenutzungsverträge (Abs. 2)

Durch Art. 2 des Ersten Neuregelungsgesetzes[108] wurde § 103b GWB a. F. eingefügt, wonach die in den §§ 103 und 103a GWB a. F. enthaltenen Freistellungen für die Versorgungswirtschaft auf die Versorgung mit Elektrizität und Gas nicht mehr angewendet werden durften. Damit unterlagen auch die Konzessionsverträge, die ursprünglich nach § 103 Abs. 1 Ziff. 2 GWB a. F. von den Vorschriften der §§ 1, 15, 18 GWB a. F. freigestellt waren (heute: Verbot vertraglicher Wettbewerbsbeschränkungen, §§ 1 GWB n. F.), den allgemeinen Vorschriften des GWB. Die Parteien durften keine neuen Verträge mit Ausschließlichkeitscharakter mehr vereinbaren, weil dann potenzielle Konkurrenten hinsichtlich allgemeiner Versorgung oder Einzelversorgung vom Markt ferngehalten worden wären. Aufgrund der Übergangsvorschrift des Art. 4 § 1 des Ersten Neuregelungsgesetzes[109] wurden die laufenden Konzessionsverträge »trotz Wegfalls der Ausschließlichkeit im Übrigen« aufrechterhalten. Damit wurde die Möglichkeit, nach § 13 Abs. 1 EnWG 1998 als Vorläufervorschrift des § 46 Abs. 1 für Direktleitungen und Arealversorgung Zugang zum öffentlichen Wegenetz zu erhalten, über diese Vorschriften zusätzlich abgesichert.

117

Diese »kartellrechtsbezogene Reduktion« der alten Konzessionsverträge sowie die nicht mehr bestehende Möglichkeit, Ausschließlichkeitsbindungen im bisherigen Umfang zu vereinbaren, sollte nach den Vorstellungen des seinerzeitigen Gesetzgebers keinen Einfluss auf die Höhe der Konzessionsabgaben haben[110]:

118

»Durch die Übergangsvorschrift in Art. 4 des Gesetzentwurfs wird außerdem ausdrücklich klargestellt, daß die laufenden Konzessionsverträge einschl. der vereinbarten Konzessionsabgaben trotz Wegfalls der Ausschließlichkeit im Übrigen unberührt bleiben. Die Einnahmen der Gemeinden aus den bei Inkrafttreten der Reform vereinbarten Konzessionsabgaben sollen damit zusätzlich abgesichert werden. Auch bei Neuabschluß oder Verlängerung von Konzessionsverträgen zur allgemeinen Versorgung soll die volle Konzessionsabgabe erhalten bleiben.«

---

108 BGBl. I 1998, S. 730, 734.
109 Ebd. S. 735.
110 BT-DrS 13/7274, Anl. 3, Gegenäußerung der Bundesregierung zur Stellungnahme des Bundesrates, S. 30, 32 (vgl. auch S. 33, linke Spalte).

119 Da mit dem Zweiten Neuregelungsgesetz nur das alte EnWG, nicht aber das Erste Neuregelungsgesetz insgesamt aufgehoben wurde[111], hat sich die Basisrechtslage durch das neue Recht nicht verändert.

5. Laufzeitbegrenzung bei Durchführung der allgemeinen Versorgung

120 Schon bisher ist es in herkömmlichen Konzessionsverträgen üblich gewesen, sog. »Endschaftsklauseln« zu vereinbaren, die eine Übernahme von der Versorgung dienenden Anlagen im Gemeindegebiet gegen Zahlung eines angemessenen Entgelts durch die Gemeinde vorsehen[112]. Vor den Gerichten wurde immer wieder heftig um die Höhe des für die Überlassung der Versorgungsanlagen zu zahlenden Entgelts gestritten[113].

121 Nach § 103a GWB a. F. war die Freistellung für Konzessionsverträge zur Durchführung der leitungsgebundenen Elektrizitäts- und Gasver-

---

[111] Art. 5 Abs. 2 Ziff. 2 des Zweiten Neuregelungsgesetzes vom 7.7.2005, BGBl. I S. 1970, 2017.

[112] Aus der umfangreichen Literatur zu solchen Endschaftsbedingungen vgl.: *Evers*, Das Recht der Energieversorgung, 2. Aufl. Baden-Baden 1983, S. 176, 177; *Büdenbender*, Energierecht, Essen 1982, Abschn. 6.5.1, Rz. 496.; *Tettinger*, Grundzüge des Konzessionsvertragsrechts, DVBl. 1991, S. 786, 788 ff.; *Scholtka*, Konzessionsabgabenrecht, S. 40.

[113] OLG Celle ET 1997, 313 – Stromversorgungsanlagen Stadt Fallingbostel; OLG Celle RdE 1997, 144 = ET 1997, 95 = WuW/E OLG 5815 – Versorgungsnetz Walsrode; OLG Düsseldorf ET 1997, 782 – Taxwert Versorgungsnetz Iserlohn/Menden; OLG Düsseldorf ET 1997, 373 – Versorgungsnetz Nümbrecht; OLG Frankfurt/Main RdE 1997, 146 – Auskunft wegen Netzentgelt nach billigem Ermessen; OLG Frankfurt/Main ET 1997, 239 – Netzkaufpreis Stadt Einbeck; OLG Frankfurt/Main WuW/E OLG 5915 – Entgelt für Stromnetz; OLG Frankfurt/Main RdE 1992, 154 – Bewertungsmaßstab Übernahmevergütung; OLG München RdE 1997, 201 = ET 1997, 313 = WuW/E OLG 5864 – Übernahme Versorgungsnetz Kaufering; LG Dortmund RdE 1997, 37 – Taxwert für Leitungsnetz; LG Dortmund ET 1997, 93 – Stromversorgungsanlagen Lippstadt; LG Dortmund ET 1996, 526 – Taxwert Versorgungsnetz Iserlohn/Menden; LG Hannover ET 1995, 810 – Stromversorgungsanlagen Stadt Fallingbostel; LG Kassel RdE 1996, 76 – Netzentgelt nach billigem Ermessen; LG Kassel RdE 1991, 136 – Netzzeitwert abzüglich Afa; LG Leipzig RdE 1997, 157 – Konzessionsvertrag mit Endschaftsklausel; LG München I RdE 1996, 201 – Sachzeitwert als Übernahmepreis. Aus der Literatur: *Danner/Theobald*, § 14 EnWG 1998, Rz. 48.

V. Qualifizierte Wegebenutzungsverträge (Abs. 2)

sorgung auf einen Zeitraum von 20 Jahren beschränkt. Diese Beschränkung hat der Gesetzgeber – offenbar auch angesichts einer vollständig veränderten Sach- und Rechtslage für die Gas- und Elektrizitätswirtschaft – in § 46 Abs. 2 mit der Begründung weitergeführt, dass »Ewigkeitsrechte« der beabsichtigten wettbewerblichen Auflockerung zuwiderlaufen und zu einer Erstarrung der Versorgungsstrukturen beitragen könnten[114]:

> »Die Vereinbarung einfacher Wegerechte ist trotz ihrer faktischen Wirkung regelmäßig kein Kartellvertrag, der nach § 1 GWB nichtig wäre. Ohne eine zeitliche Beschränkung würden sowohl kommunale Unternehmen als auch regionale Versorgungsunternehmen über das ihnen eingeräumte einfache Wegerecht faktisch in nicht unerheblichem Umfang vor Wettbewerb geschützt.«

Damit war es Ziel des Gesetzgebers, die Weiterführung der Monopolstellung der sog. Gebietsversorger zwar ohne rechtliche Absicherung, wohl aber aufgrund des faktischen Leitungsmonopols zu verhindern. Ob es zur Erreichung dieses Ziels ausgereicht hätte, die Funktionsfähigkeit des Wettbewerbs über Durchleitungsverpflichtungen sicherzustellen sowie die Möglichkeit zu eröffnen, Direktleitungen zu bauen und weitere Konzessionsverträge mit einfachem Nutzungsrecht abzuschließen, kann von niemandem sicher beurteilt werden. Letztlich ist gesetzgeberische Intention wohl eine Rahmenregelung gewesen, um Gemeinden die Möglichkeit zu verschaffen, analog zu Ausschreibungen Konzessionsgebiete alle 20 Jahre vergeben zu können. 122

Die EG-Richtlinien fordern eine solche Rechtslage nicht. Zwar müssen der oder die Eigentümer von Verteilernetzen einen Netzbetreiber **benennen**, der für den Betrieb, die Wartung sowie ggf. den Ausbau des Verteilernetzes in einem bestimmten Gebiet und der Verbindungsleitungen mit anderen Netzen verantwortlich ist (Art. 13 RL-Elt und Art. 11 RL-Gas). Die Richtlinien gehen dabei von der Existenz von Versorgungsnetzen aus, ohne einen mittels Wettbewerbs zustande gekommenen Eigentümerwechsel zu fördern oder auch nur als Option vorzuschlagen. 123

Die Laufzeitbegrenzung als solche dürfte mit höherrangigem Recht (einschl. des Grundgesetzes) ohne weiteres vereinbar sein. Es ist auch sonst im Wirtschaftsleben nicht ungewöhnlich, Bezugs- und Gestat- 124

---

114 BT-DrS 13/7274, Gesetzbegründung zu § 8 Regierungsentwurf zum EnWG 1998, S. 20 (rechte Spalte).

tungsverträge zeitlich und inhaltlich zu beschränken; Handelsvertreter- oder Eigenhändlerverträge der Automobilproduzenten mit ihren Distributoren können häufig sogar binnen Jahresfrist aufgekündigt werden, was jedenfalls qualitativ vergleichbar die in der Vergangenheit getätigten Investitionen stark entwerten kann. Die Laufzeitbegrenzung führt also nicht zu einer unverhältnismäßigen Berufsausübungsregelung der Betreiber von Verteilnetzen, Art. 12 GG.

125 Erstaunlich ist allerdings der krasse Unterschied in den Rechtsfolgen, wenn man Art. 46 Abs. 1 (einfache Wegenutzungsrechte) und § 46 Abs. 2 (qualifizierte Wegenutzungsrechte: Konzessionsverträge) miteinander vergleicht; für erstere Verträge gibt es eine solche Befristung nicht. Erst die Befristung eröffnet die in § 46 Abs. 2 Satz 2 vorgesehene Möglichkeit, den alten Versorger zur Überlassung der Versorgungsanlagen an seinen Vertragsnachfolger zu zwingen (vgl. dazu unten Abschn. VI. 4. und 5.). Es kann daher nicht nur wegen § 18 Abs. 1, sondern auch wegen § 46 Abs. 2 eigentlich nicht im Interesse eines Netzbetreibers liegen, im Rahmen der »allgemeinen Versorgung« tätig zu werden. Denkbar wäre etwa, das Netz in viele kleine Abschnitte zu zerlegen, diese unterschiedlichen Betreibergesellschaften zu Eigentum zu übertragen oder sie ihnen zu verpachten und dann – bei Auslaufen des Konzessionsvertrages – jeweils unter Hinweis auf § 46 Abs. 1 die Verpflichtung der Gemeinde geltend zu machen, für Direktleitungen ein Wegenutzungsrecht zu erteilen. Da nicht erwartet werden kann, dass sich ein Verteil-EVU von seiner Wirtschaftsgrundlage, dem Netz, kampflos trennen lässt, dürfte im Hinblick auf die Befolgung dieser Vorschrift viel Streit zu befürchten sein.

126 Die unterschiedliche Behandlung von Wegenutzungsverträgen i. S. von § 46 Abs. 1 und solchen i. S. von § 46 Abs. 2 bedarf einer Überprüfung nach dem Willkürverbot, Art. 3 Abs. 1 GG. Eine sachliche Rechtfertigung lässt sich nicht – mit dem Gesetzgeber – ohne weiteres auf § 103a GWB a. F. stützen. Es bildet offenbar einen bedeutsamen Unterschied, eine Freistellung vom GWB (und damit eine Begünstigung) zu befristen bzw. eine normale Geschäftstätigkeit, die mit dem GWB ohne weiteres in Einklang steht, von vornherein auf 20 Jahre zu begrenzen. Dies ist im Wirtschaftsleben nicht usus und kann nicht mit Betriebsplangenehmigungen nach dem Bundesberggesetz oder Anlagengenehmigungen nach dem Bundesimmissionsschutzgesetz verglichen werden. In jenen Fällen ist eine Befristung solcher »Konzessionen« zwar denkbar und mag auch teilweise praktiziert werden; die

Begrenzung führt aber nicht zum Verlust des Eigentums am Betriebsvermögen. Ein Anlagenbetreiber oder ein Bergbauunternehmen wird nicht gezwungen, seine nun nicht mehr genehmigten Gegenstände des Anlagevermögens auf einen Konkurrenten gegen Zahlung einer angemessenen Vergütung zu übertragen.

Eine sachliche Rechtfertigung für diese auch im Lichte des alten § 103a GWB ungewöhnliche Regelung kann allenfalls in Marktbesonderheiten der leitungsgebundenen Energiewirtschaft erblickt werden. Wenn ein Wegeeigentümer – wenn auch wie bei den Kommunen öffentlich gebunden – seine Gestattungsverträge befristet, ist dagegen zunächst nichts einzuwenden; darum geht es hier aber nicht, weil der Gesetzgeber eine Höchstlaufzeit bindend vorgibt und mit der Wirkung des § 134 BGB ausstattet. Konzessionsverträge über 50 Jahre sind in der Vergangenheit – vor 1980 – durchaus üblich gewesen. Es bleibt daher als Rechtfertigung allein die Verhinderung von »faktischen Monopolen«: Ein Netzbetreiber könnte dann trotz Nichtverlängerung des Konzessionsvertrages weiterhin unter Benutzung seines Leitungseigentums versorgend tätig sein; dürfte die Gemeinde nur einfache Wegenutzungsrechte vergeben darf, gäbe es kaum eine rechtliche Möglichkeit, die Versorgung der alten Kunden aus dem alten Netz mit Rücksicht auf die »Übernahme« durch den Nachfolgeversorger zu verhindern. 127

Die Gerichte würden, gerade wenn ein paralleles Versorgungsnetz noch im Aufbau ist, kaum bereit sein, Anträgen der Gemeinden – auf §§ 1004, 823 Abs. 1 BGB gestützt – stattzugeben, mit denen die Gemeinde versuchen könnte, die »störenden Leitungen« aus ihrem Wegeeigentum zu entfernen[115]. Zähneknirschend müsste die Gemeinde das Weiterbestehen eines »faktischen Konzessionsvertrages« hinnehmen, wobei jedenfalls nach Ablauf der bekannten Jahresfrist möglicherweise noch nicht einmal Konzessionsabgaben – und schon gar nicht in voller Höhe – fließen würden. Trotz formal unterlegener Rechtsposition führt die Gemengelage von Wegeeigentum und Leitungseigentum zu einer jedenfalls faktisch recht komfortablen Rechtslage für den bisherigen Netzbetreiber. Nimmt man hinzu, dass die Betriebskosten bei einem älteren und abgeschriebenen Versorgungsnetz deutlich geringer als im Vergleich zum Neubau des Netzes sein werden und letzterer naturgemäß nur langsam voranschreiten kann, 128

---

115 Zu einem solchen Fall vgl. BGH ET 1970, 219 – Nichtberechtigung zur Stromverteilung.

wird es ein konkurrierender Netzbetreiber schwer haben, die Versorgungsaufgaben des Alt-Netzbetreiber nicht nur rechtlich, sondern auch faktisch zu übernehmen.

129 Mit Entscheidung vom 20.9.2002 hatte das LG Köln festgestellt, dass mit Übernahme der Stromverteilungsanlagen zur allgemeinen Versorgung auch die **Tarifkundenverhältnisse** auf den neuen Konzessionsnehmer übergehen[116]. Dies folge bereits aus § 10 EnWG 1998, weil die Pflicht zur allgemeinen Versorgung vom alten auf den neuen Netzbetreiber übergegangen sei und § 32 Abs. 6 AVBEltV eine Zustimmung des früheren Konzessionsnehmers nicht vorsehe[117]. Diese Entscheidung ist durch das neue Recht überholt worden, weil nunmehr § 36 Abs. 3 unter Berücksichtigung der Entflechtung von Versorgung und Netzbetrieb die vom Grundversorger abgeschlossenen Energielieferverträge unberührt lässt; wenn aber bereits der Wechsel in der Person des Grundversorgers keinerlei Einfluss auf die Zuordnung der Energielieferverträge hat, kann erst recht ein Netzbetreiber, den nur die Pflichten aus § 17 ff. (Netzanschluss) sowie §§ 20 ff. (Netzzugang) treffen und dem keinerlei Stromlieferverpflichtungen obliegen, einen Anspruch auf »Übergang von Stromlieferverhältnissen« selbst dann nicht mehr geltend machen, wenn er der Verpflichtung zur rechtlichen Entflechtung gemäß § 7 Abs. 2 nicht unterliegt und deshalb im gleichen Unternehmen auch die Stromlieferung betrieben wird. Dies gilt erst recht für die Sonderkundenvertragsverhältnisse, für die das LG Köln eine Mitwirkungsverpflichtung zur Überleitung auf den neuen allgemeinen Versorger bejaht hatte[118].

130 Insgesamt kommt als sachlich rechtfertigender Grund für die Sonderregelung des § 46 Abs. 2 die »Macht des Faktischen« in Betracht, die vom Leitungseigentum ausgeht. Mit Befristungsregelung und Überlassungspflicht bricht der Gesetzgeber diese möglicherweise zu missbrauchende Macht bzw. ein entsprechendes Machtpotential. Sofern es gelingt, eine saubere Abgrenzung zwischen § 46 Abs. 1 und § 46 Abs. 2 vorzunehmen, mag mit Rücksicht auf diese besondere Situation die Rechtsfolgenregelung in § 46 Abs. 2 (gerade) noch gerechtfer-

---

116 LG Köln RdE 2003, 42, 43 ff. – Konzessionsnehmerwechsel.
117 Ebenso: *Hellermann*, Das Schicksal der Energieversorgungsverhältnisse, ZNER 2002, S. 70 ff.; *Maatz/Michaels*, Zum Übergang von Tarifkundenverträgen auf den neuen Konzessionsnehmer kraft Gesetzes, RdE 2003, S. 65 ff.
118 LG Köln RdE 2003, 42, 45 f. – Konzessionsnehmerwechsel.

tigt sein. Demgegenüber dürfte ein Verstoß gegen Art. 14 GG nicht vorliegen. Selbst wenn man eine zulässige Sozialbindung des Eigentums verneinen müsste, erhält das weichende EVU immerhin den vollen Verkehrswert als Entschädigung[119]. Sofern dann diese Enteignung zugunsten Privater den dazu vom Bundesverfassungsgericht aufgestellten Regeln genügt[120], dürfte die ungewöhnliche Regelung des § 46 Abs. 2 sowohl europarechtlich als auch verfassungsrechtlich jedenfalls nicht auf gravierende Bedenken stoßen.

6. Rechtsfolgen: Verweis auf § 46 Abs. 1?

Ordnete man § 46 Abs. 2 systematisch als Unterfall des § 46 Abs. 1 ein[121], so würden die in § 46 Abs. 1 angeordneten Rechtsfolgen, insbes. der Kontrahierungszwang und seine Ausnahmen, auch auf § 46 Abs. 2 anzuwenden sein. Zu Recht weist *Böwing*[122] darauf hin, dass dieser Anspruch auf Wegenutzung durch Vertrag aber schon deshalb nicht auf die Konzessionsverträge des § 46 Abs. 2 angewendet werden darf, weil dies die Befristungsregelung konterkarieren würde. Es zeigt sich daher auch hier, dass die Verträge nach § 46 Abs. 1 und die nach § 46 Abs. 2 im Verhältnis von Spezialfall (Abs. 2) und allgemeinem Fall stehen. Ein Rückgriff auf die Rechtsfolgen des § 46 Abs. 1 ist daher nur bei Feststellung von Lücken sowie dann möglich, wenn die in Abs. 1 geregelten Rechtsfolgen passen. Eine explizite Verweisung auf jene Rechtsfolgen enthält § 46 Abs. 2 ohnehin nicht.

131

Deshalb besteht im Hinblick auf den Abschluss von qualifizierten Wegenutzungsverträgen gerade kein Kontrahierungszwang. Die Ausnahmeregelungen vom Kontrahierungszwang sind daher konsequent ebenfalls nicht anzuwenden. Dass alle Interessenten um die allgemeine Versorgung in einem Gemeindegebiet diskriminierungsfrei behandelt werden müssen, versteht sich von selbst und gilt auch für die Verträge nach § 46 Abs. 2. Beide Absätze des § 46 stehen daher quasi unverbunden nebeneinander; ob es einen Missbrauch darstellt, wenn der Allgemeinversorger nach Aufteilung des Wegenetzes Ansprüche aus § 46 Abs. 1 geltend macht, kann allenfalls im Einzelfall entschieden werden. Sind die Teilnetze nicht auf verbundene oder assoziierte Un-

132

---

119 BGHZ 143, 128 = RdE 2000, 108, 109 ff. – Kaufering: Kombination von Substanz- und Ertragswert.
120 BVerfGE 64, 279 – Boxberg.
121 Vgl. dazu die Überlegungen oben § 46 Rz. 98 ff.
122 EnWG 1998, § 13 Anm. 3.2.1.

ternehmen, sondern an Dritte übertragen worden, und ist die Allgemeinversorgerstellung sicher entfallen, wird man eine Anwendung des § 46 Abs. 1 letztlich nicht verneinen können.

VI. Auslaufen von Konzessionsverträgen (Abs. 3)

133 Weitere Bestimmungen im Hinblick auf qualifizierte Wegenutzungsverträge nach § 46 Abs. 2 enthalten § 46 Abs. 2 Satz 2 (Überlassungspflicht), § 46 Abs. 3 (Bekanntmachungs- und Veröffentlichungspflicht) sowie § 46 Abs. 4 (Anwendung auch auf eigene Betriebe).

1. Bekanntmachungspflicht der Gemeinde

134 Die Unternehmungen der öffentlichen Hand unterliegen zur Durchsetzung des Europäischen Binnenmarktes für Waren- und Dienstleistungen zahlreichen Ausschreibungspflichten[123]. Die sog. Sektorenrichtlinie[124] betrifft speziell auch die Unternehmen der Versorgungswirtschaft und verpflichtet sie, ab einer bestimmten Größenordnung ihre Aufträge europaweit auszuschreiben. Eine »Ausschreibungspflicht für Versorgungsgebiete« gibt es jedoch derzeit noch nicht.

135 Eine solche Pflicht hat auch der Gesetzgeber des § 46 Abs. 3 nicht eingeführt. Jedoch treffen die Gemeinde folgende Pflichten:

– Bekanntmachungspflicht bei **planmäßiger** Beendigung qualifizierter Wegenutzungsverträge (Konzessionsverträge): zwei Jahre vor Ablauf (Satz 1)

– Bekanntmachungspflicht bei **vorzeitiger** Beendigung von Konzessionsverträgen (Satz 3) und Neuabschlussverbot für die drei folgenden Monate (Satz 4)

– Veröffentlichung der maßgeblichen Gründe für Wahl des neuen (alten) Konzessionsinhabers (Satz 5)

136 Die Vorschrift hat in den EG-Richtlinien Gas bzw. Elektrizität kein Vorbild. Zwar ist nach Art. 13 RL-Elt sowie Art. 11 RL-Gas der ver-

---

123 Überblick bei *Obernolte/Danner*, Energiewirtschaftsrecht, Bd. I, EnWG I, Anh. 4, EG-Binnenmarkt, II. Richtlinien, S. 409 ff.; *Pries*, Ausscheidungspflichten kommunaler Unternehmen, DB 1998, S. 405 ff. (zum alten Recht); *Jasper*, Das Vergaberechtsänderungsgesetz, DB 1998, S. 751, 752.
124 RL 93/38/EWG, Amtsblatt EG Nr. 199 v. 9.8.1993, S. 84.

antwortliche Netzbetreiber zu benennen; hierbei ist jedoch schon unklar, ob diese Benennung gegenüber allen Letztverbrauchern, zugelassenen Kunden, der zuständigen Behörde gegenüber oder gegenüber der EG-Kommission zu erfolgen hat. Eine Begründungspflicht im Hinblick auf die Person des Konzessionsinhabers ist ohnehin nicht vorgesehen.

Der Gesetzgeber des Zweiten Neuregelungsgesetzes hatte die Vorläufervorschrift zu § 46 Abs. 3 damit begründet, dass ein Wettbewerb um den Neuabschluss von Wegenutzungsverträgen nur entstehen könne, wenn das Datum des Ablaufs des Konzessionsvertrages bekannt sei[125]. Ausdrücklich wurde ausgeführt[126], dass Kriterien des Auswahlverfahrens bewusst nicht geregelt würden, weil schon »höhere Transparenz sowie eine bessere Nachvollziehbarkeit der gemeindlichen Entscheidung« dazu beitragen würden, »... dass die Auswahl nach rationalen Kriterien erfolgt.« Zu Recht wird in der Literatur darauf hingewiesen, dass die Gemeinde damit nicht mehr als »geborener Käufer des Netzes« in Betracht komme, sondern sich die Stellung der Gemeinde auf eine Vermittler- oder Maklerfunktion beschränke[127]. **137**

Der Neuabschluss des Konzessionsvertrages ist für den Bewerber/die Bewerberin mit erheblichen Unsicherheiten belastet. Zum einen muss er/sie befürchten, in langwierige Rechtsstreitigkeiten hinsichtlich der Überlassung des Netzes sowie des Überlassungspreises verwickelt zu werden[128]. Selbst wenn nicht nur der Neuabschluss des Konzessionsvertrages, sondern auch die Überlassung des Netzes gelingen sollte, gibt es anders als nach früherem Recht nicht die Sicherheit, die bisherigen Kunden auch beliefern zu können[129]. Auch muss der neue Netzbetreiber befürchten, dass das bisherige Grundversorger-EVU seinen Geschäftsbetrieb – gestützt auf die vorhandenen Kundendaten – weiterführt und als bloßer Stromhändler auftritt, der Elektrizität im bisherigen Umfang einkauft und im Wege der Durchleitung durch das (nunmehr fremde) Netz die Kunden wie bisher bedient, vgl. § 36 Abs. 3. Angesichts der neuen Wettbewerbsmöglichkeiten wird es da- **138**

---

125 BT-DrS 13/7274 – Begründung zu § 3 (Regierungsentwurf zum EnWG 1998), S. 21.
126 Gesetzesbegründung zum Regierungsentwurf, ebd. S. 21 (linke Spalte).
127 *Böwing*, EnWG 1998, § 13 Anm. 5.4.
128 Vgl. LG Köln RdE 2004, 42 ff. – Konzessionsnehmerwechsel.
129 So zum alten Recht *Böwing*, EnWG 1998, § 13 Anm. 5.4.1; anders aber LG Köln ebd. unter analoger Anwendung von § 32 Abs. 6 AVBEltV.

her ein neuer Konzessionsinhaber nicht leicht haben, einen – verglichen mit dem bisherigen Netzbetreiber – annähernd so umfangreichen Geschäftsbetrieb im Hinblick auf das Endkundengeschäft durchführen zu können.

139 Die **Bekanntmachungspflicht** ist eine gesetzliche Verpflichtung der Gemeinde, nicht selbständige (Haupt- oder Neben-) Pflicht des Konzessionsvertrages. Sanktionen bei Verletzung der Pflicht hat der Gesetzgeber nicht vorgesehen; insbesondere haben weder Dritte noch der bisherige Netzbetreiber die Möglichkeit, bei Nichterfüllung der Bekanntmachungspflicht – überhaupt nicht oder in nicht gehöriger Form – Klage auf Verlängerung des Konzessionsvertrages zu erheben, um den Ablauf der Zweijahresfrist sicherzustellen.

140 Nach Auffassung von *Böwing*[130] zum früheren Recht sollen Verlängerungsabsprachen bezüglich des bisherigen Vertrages zwischen Gemeinde und Konzessionsinhaber ohne weiteres dann möglich sein, wenn die Höchstfrist von 20 Jahren noch nicht ausgeschöpft war[131]. Insofern kam es auf die Auslegung der Wendung »zwei Jahre vor Ablauf von Verträgen nach Abs. 2« an. Für Netzbetreiber mit mehr als 100.000 angeschlossenen Kunden stellt Abs. 3 Satz 3 und 4 klar, dass auch in diesen Fällen ein Übergangszeitraum von zumindest drei Monaten einzuhalten ist, um die Regelung des Abs. 3 nicht leerlaufen zu lassen[132].

141 Das **Fehlen von Sanktionsmöglichkeiten** bei Verstoß gegen die Bekanntmachungspflicht des § 46 Abs. 3 Satz 1 im Gesetzestext selbst bedeutet nicht, dass nicht die allgemeinen Regeln Sanktionen vorsehen können. Ein trotz nicht gehöriger Erfüllung der Bekanntmachungspflicht gleichwohl erfolgender Neuabschluss des Konzessionsvertrages bzw. seine Verlängerung würden allerdings nicht gegen § 134 BGB (gesetzliches Verbot) verstoßen; die Pflicht der Gemeinde ist als Gebot, nicht als Verbot formuliert. Allerdings muss bei Verstößen gegen die gesetzliche Pflicht eine Lösung gefunden werden, die der Intention des Gesetzgebers bestmöglich entspricht. Dies bedeutet, dass ein neu abzuschließender Konzessionsvertrag eine Laufzeitbegrenzung erhalten muss, die eine Neuvergabe nach Ablauf von zwei

---

130 EnWG 1998, § 13 Anm. 5.4.3.
131 Vgl. dazu auch OLG Frankfurt/Main RdE 1995, 197, 198 ff. – Kopplung der Konzessionsabgabenzahlung an den Abschluss eines neuen Vertrages.
132 Zur Entstehungsgeschichte vgl. oben § 46 Rz. 10.

Jahren nach sofort erfolgter Bekanntmachung (Entschließungs- und Bewerbungsfrist der Interessentinnen und Interessenten) ermöglicht. Zwar mag dies in Einzelfällen zu eventuell sogar extrem kurzen Laufzeiten neu abgeschlossener Konzessionsverträge führen; als »geringeres Übel« ist dann möglicherweise eine Verlängerung des Vertrages mit dem alten Konzessionsinhaber in Erwägung zu ziehen. Um effektiven Wettbewerb um freiwerdende Versorgungsgebiete zu ermöglichen, muss aber der entsprechende Wille des Gesetzgebers auch fristgemäß umgesetzt werden. Die Gemeinde hätte in diesen Fällen eines (unverschuldeten) Versäumens der Bekanntmachungsfrist im Rahmen der Begründung einer eventuellen Verlängerung des alten Vertrages auf diese missliche Situation hinzuweisen. Ein gegen diese Grundsätze auf eine längere Laufzeit abgeschlossener Vertrag wäre ebenso **teilunwirksam** wie ein für mehr als 20 Jahre geschlossener Konzessionsvertrag. Wird bei vorzeitiger Beendigung des Konzessionsvertrages in den Fällen des Abs. 3 Satz 3 sofort ein neuer Vertrag geschlossen, so ist dieser wegen Verstoßes gegen Satz 4 **insgesamt unwirksam**, § 134 BGB.

Verstößt die Gemeinde vorsätzlich oder fahrlässig gegen die Bekanntmachungspflicht, hängt eine mögliche Verpflichtung **zum Schadensersatz** von zwei Umständen ab: Zum einen muss ein potentieller Bewerber nachweisen, dass er kausal einen Schaden erlitten hat, weil eine rationale Entscheidung der Gemeinde nur zu seinen Gunsten möglich gewesen wäre[133]. Der Schaden kann dann als entgangener Gewinn über § 252 BGB ermittelt oder abgeschätzt werden. Zum anderen muss es sich bei § 46 Abs. 3 Satz 1 bis 4 entweder um ein Schutzgesetz i. S. von § 823 Abs. 2 BGB oder um eine Pflicht handeln, aus der subjektive Rechte der Bewerberinnen und Bewerber abgeleitet werden können (positive Vertragsverletzung, § 280 Abs. 1 BGB). Dies wäre zu verneinen, wenn die Bekanntmachungspflicht nur im Allgemeininteresse – zur Förderung des Wettbewerbs als Institution – und nicht im individuellen Schutzinteresse möglicher zukünftiger Konzessionsvertragspartner erlassen worden wäre. 142

Wegen der weitreichenden Folgen der Anerkennung eines auf die Verletzung von § 46 Abs. 3 Satz 1 gestützten Anspruchs für die möglicherweise nur leicht fahrlässig handelnde Gemeinde werden die 143

---

133 Vgl. dazu die Grundsätze, die für (zu Unrecht) erfolglose Bewerber im Vergabeverfahren anzuwenden sind: § 97 Abs. 2 GWB (Gleichbehandlung), § 109 GWB (Verfahrensbeteiligte), § 125 f. (Schadensersatz).

§ 46 Wegenutzungsverträge

Gerichte zögern, individuelle Sekundär- oder Schutzansprüche anzuerkennen. Dann allerdings bliebe § 46 Abs. 3 Satz 1 insofern praktisch ohne Sanktion, wenn man von den Auswirkungen auf den Nachfolgevertrag (verkürzte Laufzeit) absieht.

2. Entscheidung über Neuabschluss oder Verlängerung

144 Der Gesetzgeber hat keine (sonstigen) formellen oder gar materiellen Kriterien für die Ausgestaltung des Entscheidungsverfahrens über Verlängerung oder Neuabschluss des Konzessionsvertrages vorgeschrieben. Insbesondere verweist der Gesetzgeber nicht auf diejenigen detaillierten Verfahrensvorschriften, die für Ausschreibungen bei Bauvorhaben sowie sonstigen Unternehmen der öffentlichen Hand – insbes. auch im Hinblick auf die Versorgung mit Elektrizität, Gas und Wasser – gelten[134]. Zu prüfen ist deshalb, ob die sog. **Dienstleistungs- oder Sektorenrichtlinie**[135] auf die Vergabe von Versorgungsgebieten »anzuwenden« ist.

145 Die Richtlinie 92/50/EWG wendet sich an öffentliche Auftraggeber. Darunter sind gem. Art. 1 diese Richtlinie der Staat, Gebietskörperschaften, Einrichtungen des Öffentlichen Rechts und kommunale Verbände zu verstehen. Da eine Gemeinde Gebietskörperschaft ist, ist sie zweifellos Adressat dieser Richtlinie. Die Ausnahme gem. Art. 6 der Richtlinie, wonach diese nicht für die Vergabe von solchen Dienstleistungsaufträgen gilt, die an Stellen vergeben werden, die ihrerseits öffentliche Auftraggeber sind, ist jedenfalls dann nicht anzuwenden, wenn der »Auftragnehmer« die Versorgung mit Gas oder Elektrizität selbst durchführt, also keine »Unterausschreibung« durchführt. Nach Art. 2 Abs. 2 fallen unter die Richtlinie auch die Bereitstellung und das Betreiben fester Netze zur Versorgung der Öffentlichkeit im Zusammenhang mit der Produktion, dem Transport oder der Verteilung von Trinkwasser, Strom, Gas oder Wärme bzw. die Versorgung dieser Netze mit derartigen Energieträgern sowie Wasser. Für diese Vergabekonstellation legen die Art. 15 ff. RL mit

---

134 Vgl. dazu den Überblick über die für Kommunen geltenden Ausschreibungsverpflichtungen bei *Prieß*, Ausschreibungspflichten kommunaler Versorgungsunternehmen, DB 1998, S. 405 ff.; *Börner*, Keine Ausschreibungspflicht kommunaler Versorgungsunternehmen für den Bezug von Erdgas, DB 1998, S. 610 ff.; EuGH DB 1998, 2362 – Ausschreibung von Müllabfuhrdiensten.
135 Richtlinie 92/50/EWG, ABl. EG 1992 Nr. L 209, S. 1.

VI. Auslaufen von Konzessionsverträgen (Abs. 3)

dem Ziel einer europaweiten Ausschreibung das Vergabeverfahren fest.

Die Richtlinie ist nach zwischenzeitlicher Verankerung im Haushaltsgrundsätzegesetz inzwischen mit den §§ 97 ff. GWB n. F. in das deutsche Recht umgesetzt worden[136]. Allerdings hat der Gesetzgeber durch § 100 Abs. 2 GWB den Anwendungsbereich des Vergaberechts wiederum eingeengt und – soweit europäische Richtlinien die Anwendung besonderen Vergaberechts gleichwohl vorsehen – auf den nach § 127 GWB möglichen Erlass von Rechtsverordnungen verwiesen. Für Aufträge auf dem Gebiet der Trinkwasser- oder Energieversorgung findet sich eine solche Ausnahme in § 100 Abs. 2 lit. f) GWB. Dem korrespondieren Ermächtigungen in § 127 Ziff. 3 und 4 GWB. Diese Rechtsverordnungen sind bisher aber nicht erlassen worden, so dass zu erwägen ist, entweder die Richtlinie über öffentliche Dienstleistungsaufträge direkt anzuwenden ist oder die §§ 97 ff. GWB n. F. einstweilen – bis zum Erlass der Rechtsverordnungen – auch für die Bereiche Trinkwasser und Energie Anwendungen finden zu lassen. 146

Nach Art. 2 Abs. 2 lit. a) Dienstleistungsrichtlinie fällt auch die »**Bereitstellung**« fester Versorgungsnetze unter die Richtlinie. Wenn ein Konzessionsvertrag i. S. von § 46 Abs. 2 endet, ist das – allerdings im fremden Eigentum stehende – Netz zur Vergabe wiederum frei. Fraglich ist, ob die Gemeinde als öffentliche Auftraggeberin eine derartige »Bereitstellung« veranlasst, wenn sie die Konzessionsvertragsrechte in ihrem Gebiet neu vergibt. Jedenfalls ist die Gemeinde, wenn eine Versorgung durch Dritte und insbes. nicht durch eigene Stadtwerke erfolgt, nicht Betreiberin des Versorgungsnetzes i. S. von Art. 2 Abs. 2 lit. a) Sektorenrichtlinie. 147

Diese Frage lässt sich letztlich nur auf der Basis europäischen Rechts entscheiden; die in § 99 GWB niedergelegten Definitionen z. B. zum Dienstleistungsauftrag (vgl. § 99 Abs. 4 GWB) müssen mit dem europäischen Recht übereinstimmen, um wirksam zu sein. Da der Dienstleistungsauftrag in § 99 Abs. 4 GWB nur negativ – als Residuum von öffentlichen Aufträgen – definiert wird, die nicht Lieferaufträge oder Bauaufträge sind, vermag der deutsche Gesetzestext auch nicht weiterzuhelfen. 148

---

136 Neubekanntmachung vom 15.7.2005, BGBl. I S. 2114.

149 Unter »Bereitstellung« ist nach dem Wortsinn die Einräumung von Verfügungsmacht zu verstehen, um sodann die Versorgung mittels dieses Netzes vornehmen zu können. Nach dem Willen des deutschen Gesetzgebers (vgl. § 46 Abs. 2 bis 4) entscheidet die Gemeinde darüber, wer zukünftig die Versorgung durchführt. Zwar vollzieht sich die Überlassung des Netzes zwischen altem Konzessionsinhaber und neuem Vertragspartner der Gemeinde (§ 46 Abs. 2 Satz 2); da es die Gemeinde jedoch in der Hand hat, den Vertragsschluss (begründet) zu gewähren oder zu verweigern, disponiert sie letztlich selbst über das (fremde) Netz. Damit ist sie »Bereitstellerin im Rechtssinne«, während der alte Konzessionsinhaber die tatsächliche Bereitstellung vornehmen muss (Eigentumsübertragung, Vermietung, Verpachtung). Da sich letzterer Vorgang aber als bloßes Vollzugsgeschäft der Gemeindeentscheidung darstellt, kommt es maßgeblich auf deren Willen und dessen rechtliche Umsetzung an. Deshalb spricht einiges dafür, dass die Sektorenrichtlinie i. V. mit den (teilweise noch bevorstehenden) deutschen Umsetzungsakten i. S. von § 46 Abs. 2 und 3 anwendbar ist.

150 Es gelten daher insbes. folgende Vorgaben:

- Art. 4 RL: Verbot der Diskriminierung; Übermittlung technischer Spezifikationen für Interessenten (Netzbeschreibung)

- Formelle Ausschreibung (Aufruf zum Wettbewerb), Art. 15 RL

- Einhaltung der Veröffentlichungsvorschriften, Art. 16 RL

- Notifikation der vergebenen Aufträge, Art. 18 RL

- Vermittlung von Auftragsunterlagen innerhalb von sechs Tagen nach Eingang der Anforderung, Art. 22 RL

- Einhaltung der materiellen Vergabekriterien, Art. 27 RL (wirtschaftlich günstigstes Angebot oder niedrigster Preis).

151 Solange die Rechtsverordnung nach § 127 GWB noch nicht erlassen worden ist, werden die Gemeinden zur Vermeidung des Risikos, dass die Neuvergabe der Konzession unwirksam ist und angefochten wird, sowohl die Vorschriften der Richtlinie als auch die der §§ 97 ff. GWB beachten. Dabei ist das Kriterium »günstigster Preis« so auszulegen, dass die Konzession an den Höchstbietenden vergeben werden darf. Bieten mehrere Interessenten die nach der KAV höchstzulässige Konzessionsabgabe, muss die Gemeinde diskriminierungsfrei unter Berücksichtigung weiterer sachlicher Kriterien entscheiden.

Darunter können etwa Versprechen zur Investition in das Netz, günstige Netzzugangsentgelte gegenüber potenziellen Lieferanten (ohne rechtliche Bindung, vgl. § 1 GWB), die Erzeugung oder Einspeisung von Strom aus Kraft-Wärme-Kopplung oder regenerativen Energien (innerhalb der 15-Prozent-Quote) oder sonstige Maßnahmen fallen, die zur Erhöhung des Zielerreichungsgrades i. S. von § 1 Abs. 1 beitragen. Berücksichtigt man diese differenzierten sachlichen Entscheidungskriterien, wird man die Gemeinde als im Wesentlichen frei ansehen können, innerhalb ihres Gebietes Zielprioritäten näher zu konkretisieren. Es wird deshalb vergaberechtlich nicht zu beanstanden sein, wenn eine Gemeinde das Umweltschutzziel höher gewichtet als das Ziel einer preisgünstigen Energieversorgung. Es ist somit nicht zwangsläufig, dass der aus der Sicht von Letztverbrauchern günstigste Lieferant bei der »Netzbereitstellung« zum Zuge kommt. 152

3. Öffentliche Bekanntmachung der maßgeblichen Gründe

Eine öffentliche Bekanntmachung der Gründe, die für den Neuabschluss oder die vorzeitige Verlängerung des Konzessionsvertrages maßgeblich geworden sind, verlangt § 46 Abs. 3 Satz 1 bis 4. Dies geht über EG-Vergaberecht hinaus. Gleichwohl wird man nicht davon ausgehen, dass die nach deutschem Recht zusätzlich erforderliche Bekanntmachung anderen Grundsätzen folgt als die Bekanntmachung über die »Ausschreibung« des Versorgungsgebietes (vgl. oben § 46 Rz. 145 ff.). Wenn nämlich die Eröffnung eines Verfahrens bestimmte Förmlichkeiten zu befolgen hat (Bekanntmachungsblätter usw.), dann muss auch der Abschluss des Verfahrens denselben Regeln jedenfalls in formeller Hinsicht folgen. Dies bedeutet, dass die begründete Vergabeentscheidung jedenfalls dann im Amtsblatt der EU zu veröffentlichen ist, wenn die Größenschwelle des Abs. 3 Satz 2 erreicht wird. 153

Anderenfalls reicht es aus, die Vergabe der Entscheidung der Gemeinde analog zu den für das HGB geltenden Grundsätzen sowohl im bundesweiten Verkündungsblatt (Bundesanzeiger, Satz 1) als auch – freiwillig – in der regionalen Presse zu veröffentlichen. Letztere Veröffentlichung bietet allerdings nicht die Gewähr, dass möglichst viele Interessenten von der Gemeindeentscheidung rechtzeitig Kenntnis erhalten. 154

4. Überlassungspflichten des Altversorgers

155 Nach § 46 Abs. 2 Satz 2 ist der bisherige Vertragspartner der Gemeinde bei Verträgen nach § 46 Abs. 2 verpflichtet, bei Nichtverlängerung des Konzessionsvertrages »seine für den Betrieb der Netze der allgemeinen Versorgung im Gemeindegebiet notwendigen Verteileranlagen dem neuen Energieversorgungsunternehmen gegen Zahlung einer wirtschaftlich angemessenen Vergütung zu überlassen«. Die Vorschrift gilt sowohl für Nutzungsberechtigte von Gasnetzen als auch von Stromnetzen und enthält die notwendige Konsequenz der Laufzeitbegrenzung von Konzessionsverträgen in § 46 Abs. 2 Satz 1.

156 Auch die Überlassungspflicht beruht nicht auf europäischer Rechtsharmonisierung, sondern bildet eine Besonderheit des nationalen Energierechts. Gegen die Vorschrift können Zweifel im Hinblick auf die Art. 12, 14 GG bestehen, zumal mit dem Netzzugang aufgrund der §§ 17 ff. ein weniger weitgehender Eingriff in Eigentums- und Berufsfreiheit von Netzbetreibern vom Gesetzgeber vorgezeichnet ist, der die Versorgung von Letztverbrauchern im Gemeindegebiet gleichwohl ermöglicht (Verhältnismäßigkeitsprinzip). Immerhin könnte der bisherige Netzbetreiber zwar nicht die Versorgung, wohl aber den Netzbetrieb aufrechterhalten und dem oder den die Einwohner versorgenden Stromhändlern die Durchleitung gestatten. Begreift man das Leitungsnetz als Grundlage eines Unternehmens, das aufgrund erheblichen eigenen Mitteleinsatzes und nicht aufgrund überwiegender staatlicher Gewährung geschaffen wurde, so spricht im Lichte des Verhältnismäßigkeitsprinzips viel dafür, dass die Überlassungspflicht gerade wegen des gewährleisteten Netzzugangs verfassungsrechtlich bedenklich ist. Eigentum von Netzbetreibern darf nicht so stark ausgehöhlt werden, dass über die Einschränkung der Dispositionsfreiheit des Netzbetreibers hinaus auch die Verfügung über die Sachsubstanz nach 20 Jahren auf einen Dritten – die Gemeinde – übertragen wird.

157 Der Gesetzgeber versucht mit dieser Vorschrift eine Art »Balanceakt« zwischen Wahrung grundgesetzlich geschützter Eigentums- und Erwerbsinteressen der bisherigen Gebietsversorger und Gemeinwohl, wonach es nicht erwünscht sein kann, einem Unternehmen – gestützt auf Leitungseigentum und in Kombination mit dem Grundsatz, Doppelverlegungen von Leitungen nicht zum Regelfall werden zu lassen – ein quasi »ewiges Leitungsrecht« zu gewähren. Wirtschaftlich betrachtet führt die Regelung dazu, dem Netzbetreiber »**Eigentum auf Zeit**« zu gewähren, wobei die Gemeinde dazu berufen ist, alle 20 Jahre die ökonomische Zweckmäßigkeit dieser Eigentümerstellung zu überprüfen und ggf. den Versorger gegen Zahlung einer vollen Entschädigung »auszuwechseln«. Dieses Konstrukt ist, jedenfalls wenn man »Überlassung« als Eigentumsüberlassung wertet, im Grunde als eine neue Form bürgerlichrechtlichen Eigentums anzusehen, das einem Lehen nicht unvergleichlich erscheint und überraschenderweise nicht im BGB geregelt ist. Die sachenrechtliche Lehre wird noch zu überprüfen haben, ob der Gesetzgeber insofern den »numerus clausus« der Sachenrechte wirksam erweitert hat.

Unter **Überlassung** ist die Einräumung der tatsächlichen und rechtlichen Dispositionsbefugnis über das Netz in einem Umfang zu verstehen, der für die Versorgung benötigt wird. Darunter könnte zunächst die Veräußerung des Gesamtnetzes zu verstehen sein. Die sachenrechtliche Lage[137] ordnet Versorgungsleitungen demjenigen Grundstück eigentumsmäßig zu, von dem aus die Versorgung erfolgt; häufig wird Zubehör im Verhältnis zu dem Grundstück bestehen, von dem aus der Netzbetreiber als Eigentümer oder Nutzungsberechtigter seine Tätigkeit durchführt, soweit dieses Grundstück nicht nur Verwaltungszwecken dient[138]. Hinsichtlich der jeweils durchquerten Grundstücke werden die Leitungen regelmäßig als sog. »Scheinbestandteile« eingeordnet[139]. Schwierigkeiten ergeben sich aber dann, wenn bei reinem Netzbetrieb ein »Werksgrundstück« in diesem Sinne nicht mehr auszumachen ist; in diesem Sinne wird man jedenfalls dann, wenn der Sitz des Netzbetreibers auf einem eigenen Grundstück lokalisiert ist und dieses mit dem Leitungsnetz in Verbindung steht, die Zubehörkonstruktion aufrechterhalten können. Diese ist im ökonomischen Ergebnis – unabhängig von der Rechtskonstruktion – sinnvoll, weil ein Versorgungsnetz aufgrund seiner Vermaschung und der meist durch Dienstbarkeiten gesicherten Berechtigung an fremden Grundstücken einen Gesamtwert darstellt, der erheblich über dem der einzelnen Leitungen liegt. Weil sich über § 7 hinaus in der Praxis die Tendenz herausgestellt hat, den Netzbetrieb in eigenständige Gesellschaften einzubringen, handelt es sich insofern um eine nicht nur nach dem Grundgesetz, sondern auch sachenrechtlich schützenswerte Tätigkeit. **158**

---

137 Vgl. *Schulze*, Das Eigentum an Versorgungsanlagen, Rpfleger 1999, S. 167 ff.
138 Vgl. oben § 46 Abschn. III. 3; zum Leitungseigentum, § 46 Rz. 73 ff.
139 Vgl. ebd. Rz. 74 f. m. Nachw.

159 Die Überlassung i. S. von § 46 Abs. 2 Satz 2 kann nun in prinzipiell zwei Formen erfolgen. Zum einen kann das Werksgrundstück mit den Leitungen als Zubehör insgesamt veräußert werden; der neue Gebietsversorger tritt nun auch sachenrechtlich in die Stellung des ursprünglichen Konzessionsinhabers ein. Dieser Weg ist bisher im Rahmen der »Rekommunalisierung« beschritten worden: Die Gemeinden haben gelegentlich eine Endschaftsbestimmung im Konzessionsvertrag genutzt, um nach dessen Ablauf das Leitungsnetz selbst oder durch eigene Stadtwerke zu übernehmen und die Stromversorgung für die eigenen Einwohner selbst durchzuführen. Das ist mit »Überlassung« aber offensichtlich nicht gemeint, weil grundsätzlich jedes Unternehmen aufgrund der Bekanntmachung über das Ende des Konzessionsvertrages zu Bewerbungen aufgefordert ist.

160 Eine andere, durch das Gesetz nicht ausgeschlossene Form der Überlassung besteht in der **Verschaffung des Besitzes** am Versorgungsnetz zur schuldrechtlichen Nutzung. Da das Werksgrundstück mit den Versorgungsleitungen als dessen Zubehör eine einheitliche Sache darstellt, kann diese nach § 535 BGB vermietet oder nach § 581 BGB verpachtet werden. Die Belieferung mit Energie erfolgt ohnehin unabhängig vom Netzbetrieb, vgl. §§ 36 Abs. 1 und 3, 41. Auch im Lichte des Verhältnismäßigkeitsprinzips kann dem Netzeigentümer die Berechtigung nicht verwehrt werden, das Leitungsnetz an den neuen Konzessionsinhaber ganz oder teilweise zu verpachten (ultima ratio als Ausprägung der Verfügungsbefugnis). Die zu zahlende »wirtschaftlich angemessene Vergütung« besteht dann in einem Pachtentgelt. Der weite Begriff der »Überlassung« ist keineswegs auf den Begriff der »Veräußerung« (Verkauf und Übertragung zu Eigentum) eingeengt[140].

161 Da der neue Konzessionsinhaber im Regelfall zwar die Nutzung des Leitungsnetzes, nicht aber die Überlassung zu Eigentum benötigt, und der Gesetzgeber eine solche auch nicht bindend vorgeschrieben hat, besteht auch unter Berücksichtigung des Verhältnismäßigkeitsprinzips **kein Anspruch auf kaufweise Netzübertragung**. Die Parteien werden deshalb hinsichtlich Überlassungsform und Entgelt zu verhandeln haben. Dass dabei eine Partei der anderen ihre jeweilige Wahlentscheidung aufzuzwingen vermag, ist eigentlich ausgeschlos-

---

140 So auch *Böwing*, EnWG 1998, Anm. 5.2.4; *Säcker/Jaecks*, Die Netzüberlassungspflicht im EnWG – Eigentumsübertragung oder Gebrauchsüberlassung?, BB 2001, S. 997 ff.; *Büdenbender*, EnWG 1998, § 13 Rz. 60.

VI. Auslaufen von Konzessionsverträgen (Abs. 3)

sen[141]; denkbar ist sowohl die Konstellation, dass der neue Konzessionsinhaber nur an einer pachtweisen Überlassung interessiert ist, die der alte Konzessionsinhaber ablehnt, als auch die Konstellation, dass der alte Konzessionsinhaber verpachten möchte, während der neue Vertragspartner der Gemeinde das Netz zu Eigentum erwerben will. Kommt eine Einigung nicht zustande, werden letztlich die Gerichte hinsichtlich Überlassungsform und angemessener Vergütung zu entscheiden haben. Da keiner Partei ein »Mehr« an Verfügungsrechten aufgezwungen bzw. abgenötigt werden kann als von dieser Partei gewünscht, wird sich die Pacht als Überlassungsform dann durchsetzen, wenn nur eine Partei dies verlangt. Geht man allerdings streng vom Wortlaut des Gesetzes aus, der den bisherigen Netzbetreiber lediglich zur »Überlassung« verpflichtet, so erscheint die Auffassung als sehr gut vertretbar, dass eine Wahlmöglichkeit des Betreibers hinsichtlich der Überlassungsform besteht, die der neue Konzessionsinhaber dann zu akzeptieren hat[142]. Die zu regelnden Einzelheiten – Instandsetzung, Erneuerungsinvestitionen usw. – sind dann, soweit die §§ 581 ff. BGB Regeln insbesondere zwingenden Charakters nicht bereitstellen, zwischen den Parteien individuell zu vereinbaren.

162 Der Netzbetreiber wird erwägen, seine Überlassungspflicht unter Weiterbetrieb des Netzes als Eigentümer und Betriebsführer dadurch zu erfüllen, dass dem neuen Konzessionsinhaber (lediglich) ein Netzanschluss i. S. von § 17 gestattet wird. Es ist aber zweifelhaft, ob dadurch den Verpflichtungen aus § 46 Abs. 2 Satz 2 genügt wird. Zum einen hat der Netzbetreiber kein Recht zur Grundstücksnutzung am öffentlichen Wegeeigentum mehr; das Verbleiben der Leitungen im fremden Eigentum kann über die §§ 1004, 823 BGB grundsätzlich abgewehrt werden[143]. Der Eigentümer könnte versuchen, über einzelne oder gebündelte Ansprüche aus § 46 Abs. 1 eine Duldung jedenfalls für diejenigen Leitungen zu erhalten, die unmittelbar der Letztverbraucherversorgung dienen. Zum anderen beinhaltet der Überlassungsbegriff das Einräumen einer Stellung, die die technische und ökonomische Dispositionsbefugnis über das Netz eröffnet. Weil der Netzbetrieb bei der Durchleitung in den bisherigen Händen verbleibt, wird der Überlassungsbegriff bei bloßem Netzanschluss nicht erfüllt.

---

141 Für Ausfüllung des Überlassungsbegriffs durch Entscheidung des alten Konzessionsinhabers *Böwing* ebd. vorherige Fn.
142 So *Böwing*, EnWG 1998, § 13 Anm. 5.2.4.
143 Vgl. dazu BGH ET 1970, 219 – Nichtberechtigung zur Stromverteilung.

5. Zahlung einer angemessenen Vergütung

163 Was als »wirtschaftlich angemessenes Entgelt« für die Überlassung zu zahlen ist, ist nach wie vor äußerst umstritten und höchstrichterlich nur teilweise geklärt[144]. Bereits im Hinblick auf die Überlassungsform »Veräußerung« kommen jedenfalls Sachzeitwert, kalkulatorischer Restwert oder aber Vertragswert in Betracht[145].

164 Die Entscheidung wird letztlich nur im Einzelfall zu treffen sein; insofern muss auf die Spezialliteratur verwiesen werden[146]. Der BGH hat für die Grenzziehung eine Kombination von Substanz- und Ertragswert mit einer ertragsbezogenen Obergrenze gewählt[147].

6. Rechtsschutz

165 Bei Auslaufen von Konzessionsverträgen können sich diverse Streitlagen ergeben. Aus der **Sicht der Gemeinde** kann Anlass bestehen, den

---

144 Vgl. dazu die Nachweise FN 146 sowie BGH RdE 2000, 108 – Kaufering.
145 *Eiber/Fuchs*, Überlegungen zur Bestimmung des Sachzeitwertes von Versorgungsnetzen, BB 1994, S. 1175 ff.; *Böwing*, EnWG 1998, § 13 Anm. 5.2.5.
146 Überblick bei *Danner/Theobald*, EnWG 1998, § 13 Rz. 48 ff.; *Böwing*, Rechtliche Grenzen bei der Bemessung des Kaufpreises für Stromnetze, RdE 1995, S. 225 ff. sowie RdE 1996, S. 15 ff.; *Eiber/Fuchs*, Überlegungen zur Bestimmung des Sachzeitwertes von Versorgungsnetzen, BB 1994, S. 1175 ff.; *v. Gamm*, Sachzeitwertklauseln in Endschaftsbestimmungen von Konzessionsverträgen, WuW 1997, S. 404 ff.; *Hüffer/Tettinger*, Konzessionsvertrag, Endschaftsklausel und Übernahmepreis – Eine Fallstudie zur Stromversorgung Dortmund, Stuttgart/München/Hannover 1990; *dies.*, Rechtsfragen beim Versorgerwechsel nach Ablauf von Konzessionsverträgen, Stuttgart/München/Hannover/Berlin/Weimar 1992; *Hüffer*, Der Übernahmepreis im Konzessionsvertrag in Endschaftsklauseln, RdE 1992, S. 205 ff.; *Kartellreferenten/Nieders. Wirtschaftsministerium* (Hrsg.), Kartellrechtlicher Rahmen für sog. Endschaftsbestimmungen in Konzessionsverträgen über die Elektrizitäts- oder Gasversorgung, RdE 1993, S. 80 f.; *Recknagel*, Zum historischen und heutigen Sachzeitwertbegriff, RdE 1996, S. 218 ff.; *Schäfer*, Versorgerwechsel in der Stromwirtschaft: Die Problematik der Netzübernahme zum Sachzeitwert vor dem Hintergrund der Preisaufsicht nach § 12 Bundestarifordnung Elektrizität, RdE 1993, S. 185 ff.; *Stuible/Treder*, Zur Abgrenzung von Herstellungskosten und Erhaltungsaufwand bei Ortsnetzen der Versorgungswirtschaft, BB 1993, S. 1628 ff.
147 BGHZ 143, 128 = RdE 2000, 108 = NJW 2000, 577 – Kaufering.

bisherigen Konzessionsvertragspartner in Anspruch zu nehmen, weil dieser nicht bereit ist, seine alte Stellung zu räumen. Dabei besitzt die Gemeinde wegen ihres Wegeeigentums zwar prinzipiell alle Rechte, die einem Grundeigentümer zustehen; insbes. kann sie nach § 1004 BGB gegen Eigentumsstörer vorgehen und Schadensersatz nach § 823 Abs. 1 BGB verlangen, wenn das Wegeeigentum fortdauernd verletzt wird. Allerdings wird es sich nicht empfehlen, auf Entfernung der in den Straßen und Wegen liegenden Versorgungsleitungen zu klagen; schon bisher hat die Rechtsprechung im Hinblick auf die Vernichtung einer wertvollen Struktureinrichtung gezögert, die Eigentumsrechte in dieser Konstellation voll durchschlagen zu lassen[148]. Auch gegen eine Weiterversorgung von Gemeindeeinwohnern kann die Gebietskörperschaft nicht vorgehen, weil sie insofern – vgl. § 36 – keine Rechte hat. Insbesondere wurden dem Netzbetreiber-EVU nicht Kunden überlassen, sondern nur Nutzungsrechte an Straßen und Wegen zur Verfügung gestellt, § 46 Abs. 2.

Zweifelhaft ist auch, ob die Gemeinde auf Überlassung des Leitungsnetzes an den Nachfolger im Konzessionsvertrag zu klagen berechtigt ist. Dies ist der gewillkürten Prozessstandschaft vergleichbar; hierfür müssten Prozessführungsbefugnis und Aktivlegitimation gesondert geklärt werden. Allerdings wird man ein Recht der Gemeinde, ihren Entschluss im Hinblick auf den Konzessionsvertragspartner auch in der Wirklichkeit durchzusetzen, nicht leugnen können. Da aber der neue Vertragspartner insofern eigene Rechte aus § 46 Abs. 2 hat, wird es im Regelfall ausreichen, wenn dieser seine Ansprüche auf Herausgabe oder sonstige Überlassung des Versorgungsnetzes geltend macht. Denkbar ist schließlich auch noch ein Anspruch auf Feststellung, dass der alte Konzessionsvertrag wirksam beendet worden ist und deshalb aus § 46 Abs. 2 kein Nutzungsanspruch mehr besteht. 166

Aus der Sicht des **neuen Konzessionsvertragspartners** bestehen **Überlassungsansprüche** gegen den alten Gebietsversorger, § 46 Abs. 2 Satz 2 (vgl. dazu die vorstehenden Bedenken Rz. 158 ff.). Ein Anspruch auf Überlassung des Eigentums ist insbesondere bei entsprechender Endschaftsklausel (in Verbindung mit § 328 BGB) gegeben[149]. Eine entsprechende Feststellungsklage in Bezug auf die Wirksamkeit des neuen Konzessionsvertrages ist ebenfalls (theoretisch) möglich; ein Feststellungsinteresse wegen Nichtbestehens des alten 167

---

[148] Vgl. BGH ET 1970, 219, 220 – Nichtberechtigung zur Stromverteilung.
[149] BGH RdE 2000, 108 – Kaufering.

Konzessionsvertrages dürfte wegen einer eigenen Rechtsposition des neuen Vertragspartners der Gemeinde ebenfalls vorhanden sein, weil dies die Voraussetzung für die Überlassung des Netzes ist. Grundsätzlich ist es aber erforderlich, unmittelbar auf Überlassung zu klagen.

168 Die **nicht berücksichtigten Konzessionsvertragsbewerber** haben zwar keine Ansprüche nach den Regeln über das Vergabeverfahren (vgl. § 97 ff. GWB), können aber die Entscheidung der Gemeinde im Hinblick auf mögliche Unbilligkeit nach § 315 BGB analog überprüfen lassen (Gemeinde als Inhaberin des Wegemonopols, Konkurrentenschutz)[150].

169 Bisher sind **Rechte der Gemeindeeinwohner** (als potentielle Kunden des neuen Netzbetreibers) in Bezug auf den Konzessionsvertrag verneint worden[151]. Insbesondere eine Überprüfung der Entscheidung der Gemeinde kann von dort aus nicht erlangt werden.

VII. Anwendung auf Eigenbetriebe der Gemeinden (Abs. 4)

170 Viele Konzessionsverträge werden von der Kommune mit dem »gemeindeeigenen« EVU/Netzbetreiber abgeschlossen. Diese Unternehmen können in Übereinstimmung mit dem für wirtschaftliche Unternehmen geltenden Gemeinderecht als Eigenbetrieb oder aber als Eigengesellschaft (z. B. GmbH, AG usw.) geführt werden. Nach § 46 Abs. 4 finden die Vorschriften über qualifizierte Wegenutzungsverträge (Konzessionsverträge) auf Eigenbetriebe der Gemeinden entsprechende Anwendung.

171 Das Recht der Eigenbetriebe ist in den Eigenbetriebsverordnungen der Bundesländer geregelt[152]. Nach diesen Vorschriften ist ein Eigenbetrieb kein selbständiges Rechtssubjekt, sondern lediglich organisatorisch, finanziell und vermögensrechtlich verselbständigt[153]. Während die Werksleitung die laufenden Geschäfte selbständig wahr-

---

150 Vgl. die Nachweise zur Anwendung des § 315 BGB auf Energieliefermonopolsachverhalte bei *Salje*, ET 2005, S. 278 ff.
151 Vgl. dazu die Rechtslage im Hinblick auf die BTOElt-Genehmigung: BGH RdE 2003, 188, 189 – Tarifgenehmigung als Billigkeitsindiz.
152 Für Niedersachsen vgl. EigenbetriebsV vom 15.8.1989, Nds. GVBl. S. 318; vgl. auch die frühere Eigenbetriebsverordnung v. 21.11.1938, RGBl. I S. 1650.
153 Vgl. im Einzelnen *Evers*, Das Recht der Energieversorgung, S. 90 ff.

nimmt, werden die Grundentscheidungen von Gemeinderat/Stadtrat sowie Bürgermeister getroffen.

Weil den Eigenbetrieben die rechtliche Selbständigkeit fehlt, können sie eigentlich nicht Partner eines Konzessionsvertrages sein; die Gemeinde würde in diesen Fällen quasi »mit sich selbst« einen Vertrag schließen. § 46 Abs. 4 hat daher eine Aufwertung der Eigenbetriebe zur Folge, die nunmehr konzessionsvertragsrechtlich wie juristische Personen behandelt werden. Insofern besteht dann zwischen Eigengesellschaften und Eigenbetrieben für die Anwendung von § 46 Abs. 2 und Abs. 3 kein Unterschied mehr. *Böwing*[154] bezeichnet dies als Konsequenz der das Energiewirtschaftsrecht beherrschenden wirtschaftlichen Betrachtungsweise. Für Eigen**gesellschaften** ist § 46 Abs. 4 ohne Bedeutung, weil es sich um juristische Personen handelt, die als solche »konzessionsvertragsfähig« sind. 172

Die in § 46 Abs. 2 und Abs. 3 vorgesehenen Rechtsfolgen treffen daher auch Eigenbetriebe. Auch sie sind vorbehaltlich der verfassungsrechtlichen Zulässigkeit zur Überlassung der Verteilungsanlagen an Dritte gegen Vergütung verpflichtet, wenn der Konzessionsvertrag über die Höchstlaufzeit von 20 Jahren hinaus nicht verlängert wird. Auch die Bekanntmachungs- und Veröffentlichungspflichten treffen die Gemeinde in Bezug auf ihre diesbezüglichen Eigenbetriebe. 173

Eine Regelungslücke besteht für den (möglichen, aber wohl real nicht existenten) Fall, dass der Versorgungsbetrieb weder als Eigenbetrieb noch als Eigengesellschaft, sondern als **unselbständige Verwaltungsabteilung** der Gemeinde geführt wird. In diesem Fall kann ein Konzessionsvertrag nicht abgeschlossen werden, und § 46 Abs. 2 und Abs. 3 sind nicht anwendbar. Daraus folgt grundsätzlich die missliche Konsequenz, dass Bewerbungen um dieses Netz eigentlich nicht möglich sind; um § 46 Abs. 2 dennoch zur Wirksamkeit zu verhelfen, könnte man daran denken, auch ohne Bestehen eines förmlichen Konzessionsvertrages alle 20 Jahre eine Pflicht der Gemeinde anzuerkennen, die (eigenen) Versorgungsanlagen zur potentiellen Übertragung an Dritte »auszuschreiben«. Jedenfalls muss sichergestellt werden, dass die Gemeinde nicht deshalb, weil ein Konzessionsvertrag für dieses Gebiet fehlt oder aus rechtlichen Gründen nicht abgeschlossen werden kann, ihr Gemeindegebiet dem Wettbewerb entzieht. 174

---

154 EnWG 1998, Anm. 6.

VIII. Zuständigkeiten und Aufgaben der Kartellbehörden sowie der Regulierungsbehörde (Abs. 5)

175 Die Benutzung fremder Infrastrukturen kann in missbräuchlicher Art und Weise verweigert werden, § 19 Abs. 4 Ziff. 4 GWB. Neben zivilrechtlichen Durchsetzungsmöglichkeiten (vgl. § 33 GWB) bildet dieser spezielle Missbrauchsfall eine Ermächtigungsgrundlage zum Eingreifen der zuständigen Kartellbehörde, vgl. §§ 48 ff. GWB. Dazu ordnet § 46 Abs. 5 ausdrücklich an, dass Aufgaben und Zuständigkeiten der Kartellbehörden nach dem Gesetz gegen Wettbeschränkungen »**unberührt**« bleiben. Ein Eingreifen der Kartellbehörden ist also nicht etwa deshalb ausgeschlossen, weil die Verpflichtungen im Rahmen der Wegebenutzung zivilrechtlich ausgestaltet sind oder aber im Wege der Aufsicht gem. §§ 54, 65 durchgesetzt werden könnten. Eine abschließende Regelung i. S. von § 111 enthält § 46 nicht.

176 Nach § 65 Abs. 1 überwacht die Regulierungsbehörde die Einhaltung der Vorschriften »dieses Gesetzes«; sie kann die im Einzelfall erforderlichen Maßnahmen zur Durchführung des Gesetzes anordnen[155]. Nach § 54 Abs. 3 steht der BNetzA eine Auffangzuständigkeit zu; eine Zuweisung an die nach Landesrecht zuständige Behörde fehlt.

177 Für eine Zuständigkeit der Regulierungsbehörde spricht zunächst, dass eine entsprechende Einschränkung im Gesetz nicht enthalten ist und § 46 entsprechend dem Wortlaut des § 65 Abs. 1 eine »Bestimmung« des EnWG ist, deren Einhaltung überwacht und im Einzelfall bei Nichtbefolgung durchgesetzt werden kann. Es ist auch nicht von vornherein ausgeschlossen, dass die Regulierungsbehörde in der Art von »Einweisungsverfügungen« eine vorläufige oder endgültige Netzbenutzung anordnet oder die Befugnis zum Bau von Direktleitungen auf Gemeindegrundstücken erteilt. Eine Zuständigkeitsbeschränkung ist also nicht erkennbar; Wortlaut und Möglichkeiten des verwaltungsrechtlichen Eingreifens sprechen vielmehr für eine Zuständigkeit der Aufsichtsbehörde.

178 Eine Einschränkung der Energieaufsicht nach § 65 ergibt sich nicht aus dem GWB; wenn der Gesetzgeber die Zuständigkeit der Kartellbehörden für »unberührt« erklärt, hat dies gerade keinerlei Beschränkungen der Arbeit der Regulierungsbehörde zur Folge. Einschränkungen könnten sich aber möglicherweise sowohl aus dem Inhalt des

---

155 Zu Einzelheiten vgl. unten § 65 Rz. 4 ff.

Wegeüberlassungsrechts als auch aus dem Subsidiaritätsprinzip ergeben.

Zwar sind Verfügungen im Hinblick auf die Nutzung von Wegen oder Leitungsnetzen durch Regulierungsbehörden durchaus möglich und vollstreckbar; Einzelheiten zur Höhe von Vergütungen, sonstigem spezifischem Vertragsinhalt sowie Durchführungsmodalitäten vermag die Behörde aber naturgemäß nicht festzulegen. Dies spricht bereits dafür, dass die Betätigung der Netzaufsicht im Rahmen von § 46 auf grundsätzliche und vorläufige Maßnahmen beschränkt ist. Da die Überlassung durch bürgerlichrechtlichen Vertrag erfolgt, Einzelheiten aber zivilrechtlich festgelegt werden müssen, ist es auch nicht sinnvoll, diesen Streit (zusätzlich?) vor die Beschwerdegerichte (§§ 74 ff.) zu tragen. Daraus folgen (zumindest) inhaltliche Beschränkungen der regulierungsbehördlichen Netzaufsicht. 179

Die BNetzA wird zudem im Rahmen ihres Eingriffsermessens zu prüfen haben, ob nicht ein schnellerer und effektiverer Weg zur Erreichung des Zieles besteht, fremde Infrastrukturen zum Wohle der Letztverbraucher zu nutzen oder mitzubenutzen. Dieser Weg dürfte im Regelfall nicht darin bestehen, dass die Kartellbehörden tätig werden; insbesondere ist es nicht ersichtlich, dass insofern umfassendere Eingriffsbefugnisse bestehen. 180

Allenfalls kommt die Anwendung eines allgemein verstandenen Subsidiaritätsprinzips i. S. (zurückhaltender) Ermessensentscheidungen der Regulierungsbehörde dann in Betracht, wenn ein Eingreifen der Kartellbehörden nicht ersichtlich oder abgelehnt worden ist und nicht feststeht, dass die Zivilgerichte den entstandenen Überlassungsstreit nicht innerhalb der erforderlichen Frist regeln werden. Lediglich bei »Gefahr im Verzuge« wird die Netzaufsicht sofort handeln müssen. Derartige Konstellationen sind etwa denkbar, wenn eine Versorgung von Letztverbrauchern gefährdet ist, sofern die Überlassung von Wegen oder Netzen bzw. Netzteilen nicht kurzfristig erfolgt. Diese Fälle werden aber eher selten sein, weil der bisherige Konzessionsinhaber bereit und in der Lage sein wird, unter Benutzung des eigenen Leitungsnetzes die bisherigen Abnehmer weiter zu versorgen. 181

Zwar mag es Konstellationen geben, in denen die Verweigerung der Benutzung fremder Infrastrukturen – durch Gemeinden oder bisherige Konzessionsinhaber – zu finanziellen Benachteiligungen der Letztverbraucher führt, die günstigere Versorgungsangebote nicht wahrzu- 182 nehmen vermögen. Im Regelfall wird diese Situation aber durch Ermöglichung des Netzzugangs nach §§ 20 ff. zu lösen sein.

183 Die »mehrspurige« Zuständigkeitszuweisung im Hinblick auf Maßnahmen nach § 46 – allgemeine Zivilgerichte, Kartellbehörden, Regulierungsbehörde – wird meist so aufzulösen sein, dass die Parteien den Streit um die Überlassung von Infrastrukturen vor den Zivilgerichten werden auftragen müssen. Ein Eingreifen der Kartellbehörde oder gar der Netzaufsicht wird daher in eher seltenen Fällen in Betracht kommen; eine Zuständigkeit nach § 65 Abs. 1 kann jedoch nicht von vornherein verneint werden.

184 Die Kartellbehörde wird ihre Verfügungen regelmäßig auf die §§ 19, 20 GWB stützen. Denn die Gemeinde ist in Bezug auf das öffentliche Wegeeigentum Quasi-Monopolist, wobei örtlich relevanter Markt das Gemeindegebiet ist, wenn man von der Möglichkeit absieht, ausschließlich Bundesstraßen, Landstraßen oder Kreisstraßen zu benutzen, was aber regelmäßig allenfalls für die »Vorverteilung« sowie Durchgangsleitungen in Betracht zu ziehen ist. Die marktbeherrschende Stellung der Gemeinde kann also nicht verneint werden.

185 Neben der bereits erwähnten Möglichkeit, über § 19 Abs. 4 Ziff. 4 GWB den Zugang zum Wegenetz (alternativ) über eine Missbrauchsverfügung zu eröffnen, hat die Kartellbehörde auch Befugnisse zum Einschreiten, wenn die Forderungen der Gemeinde hinsichtlich der Konzessionsabgabenhöhe missbräuchlich sein sollten. Oberhalb der Grenze des § 2 KAV besteht ohnehin ein preisrechtliches gesetzliches Verbot; darunter ist aber ein Überprüfungsspielraum der Kartellbehörde eröffnet. Sollte die für einfache Wegenutzungsverträge nach § 46 Abs. 1 Satz 2 Alt. 1 vorgesehene Verpflichtung des Wegebenutzers, die Höchstsätze nach der KAV zu zahlen, verfassungsrechtlich wirksam sein, müsste auch hier notwendig die Kartellaufsicht enden. Grundsätzlich hat aber die Kartellbehörde auf Antrag zu überprüfen, ob Leistung und Gegenleistung im Hinblick auf den konkreten Wegenutzungsvertrag nicht völlig außer Verhältnis stehen.

186 Die Kartellbehörden werden das Vertragsabschlussverhalten der Gemeinden auch im Hinblick auf die **Vertragsbedingungen** sorgfältig beurteilen. Insbesondere besteht die Gefahr, dass Außenstehende zum Nachteil eigener Stadtwerke diskriminiert werden. Eine entsprechende Verfügung kann dann auf § 20 GWB gestützt werden. Da die Gemeinde bereits nach § 46 Abs. 1 den öffentlichen Verkehrsweg dis-

kriminierungsfrei zur Verfügung stellen muss, wird die dort konkretisierte zivilrechtliche Pflicht durch § 20 GWB zusätzlich gestützt und mit weiteren Sanktionen versehen. Auch wenn § 46 Abs. 2 die Diskriminierungsfreiheit in Bezug auf Konzessionsverträge (qualifizierte Wegenutzungsverträge) nicht ausdrücklich erwähnt, darf es auch hier keine bevorzugte Behandlung bestimmter Bewerber geben. Insofern wird die Kartellbehörde überprüfen können, ob Bewerber um den Neuabschluss des Konzessionsvertrages im Bewerbungsverfahren unbillig behindert wurden oder gleiche Chancen hatten, zum Vertragsabschluss zu kommen.

Hinsichtlich der Nachprüfung der Gründe, die die Gemeinde dazu bewogen haben, einen bestimmten Bewerber (z. B. eigene Stadtwerke) zu bevorzugen, wird man zwar ebenfalls sachliche Gründe für mögliche unterschiedliche Behandlungen ermitteln und bewerten müssen; allerdings ist nicht zu verkennen, dass die Gemeinde hinsichtlich des konkreten Vertragsabschlusses sowie einzelner Vertragsbedingungen einen gewissen Entscheidungsspielraum hat. Eine volle Nachprüfung durch die Kartellbehörde in der Art von Kontrollmaßnahmen gegenüber Organen der Gemeinde erscheint auch nicht als sinnvoll. Da die maßgeblichen Gründe für den Vertragsschluss ohnehin zu veröffentlichen sind, werden sich Presse und interessierte Kreise mit den Gründen auseinandersetzen und mit einer breiten Diskussion der Entscheidung und ihrer Details in der Öffentlichkeit für eine wirksame Kontrolle sorgen. **187**

§ 47 (aufgehoben)

§ 48 Konzessionsabgaben

(1) ¹Konzessionsabgaben sind Entgelte, die Energieversorgungsunternehmen für die Einräumung des Rechts zur Benutzung öffentlicher Verkehrswege für die Verlegung und den Betrieb von Leitungen, die der unmittelbaren Versorgung von Letztverbrauchern im Gemeindegebiet mit Energie dienen, entrichten. ²Eine Versorgung von Letztverbrauchern im Sinne dieser Vorschrift liegt auch vor, wenn ein Weiterverteiler über öffentliche Verkehrswege mit Elektrizität oder Gas beliefert wird, der diese Energien ohne Benutzung solcher Verkehrswege an Letztverbraucher weiterleitet.

(2) ¹Das Bundesministerium für Wirtschaft und Arbeit kann durch Rechtsverordnung mit Zustimmung des Bundesrates die Zulässigkeit und Bemessung der Konzessionsabgaben regeln. ²Es kann dabei jeweils für Elektrizität oder Gas, für verschiedene Kundengruppen und Verwendungszwecke und gestaffelt nach der Einwohnerzahl der Gemeinden unterschiedliche Höchstsätze in Cent je gelieferter Kilowattstunde festsetzen.

(3) Konzessionsabgaben sind in der vertraglich vereinbarten Höhe von dem Energieversorgungsunternehmen zu zahlen, dem das Wegerecht nach § 46 Abs. 1 eingeräumt wurde.

(4) Die Pflicht zur Zahlung der vertraglich vereinbarten Konzessionsabgaben besteht auch nach Ablauf des Wegenutzungsvertrages für ein Jahr fort, es sei denn, dass zwischenzeitlich eine anderweitige Regelung getroffen wird.

Rechtsprechung zum früheren Recht

BVerfG v. 25.8.1999, RdE 2000, 22 – Grundstücksbeeinträchtigung durch Telekommunikationslinie; BGH v. 6.5.1997, ET 1997, 426 – Konzessionsabgabe und vorzeitiger neuer Konzessionsvertrag; BGH v. 21.3.1996, NJW 1996, 3409 = RdE 1996, 191 – Wegenutzung ohne Konzessionsvertrag; BGH v. 22.3.1994, RdE 1994, 194 = ET 1994, 542 – Konzessionsabgabe nach Vertragsende = Borkum II; BGH v. 10.10.1990, RdE 1991, 104 = ET 1991, 335 – Konzessionsabgaben im vertragslosen Zustand = Borkum I; EuGH v. 13.3.2001, RdE 2001,

137 – PreussenElektra; OLG Brandenburg v. 26.6.1997, ET 1998, 112 – Wegenutzungsentgelt Herzberg/Elster; OLG Celle v. 13.11.1996, ET 1998, 111 – Konzessionsabgaben im vertragslosen Zustand = Borkum III; OLG Celle v. 3.7.1992, RdE 1993, 199 – Konzessionsabgaben im vertragslosen Zustand; OLG Karlsruhe v. 14.10.1996, RdE 1996, 150 – Konzessionsabgabe von 3 %; OLG Potsdam v. 26.6.1997, ET 1998, 112 – Konzessionsabgaben im vertragslosen Zustand II; OLG Schleswig v. 12.11.1996, ET 1997, 424 – Nachträgliche Zahlung von Konzessionsabgaben; LG Chemnitz v. 16.3.1994, RdE 1994, 245 – Konzessionsabgabe ohne Vertrag; LG Kiel v. 25.10.1995, RdE 1996, 116 – Konzessionsvertrag ohne Entgelt; LG Magdeburg v. 17.2.1994, RdE 1994, 247 – Wegenutzung ohne Konzessionsvertrag; LG Mannheim v. 23.11.1994, RdE 1995, 129 – höchstzulässige Konzessionsabgaben; OLG Karlsruhe 24.1.1996, ET 1996, 325 – Konzessionsabgabe und vorzeitiger neuer Konzessionsvertrag; OLG München v. 24.2.1993, RdE 1993, 235 – Konzessionsabgabe für die Vergangenheit; LG München I v. 10.2.1993, RdE 1993, 202 – Umlegung von Konzessionsabgaben; LG München v. 9.9.1992, RdE 1993, 26 – Konzessionsabgabe für die Vergangenheit; OLG Naumburg v. 30.6.1994, RdE 1995, 21 – Wegenutzung ohne Konzessionsvertrag; BVerwG v. 20.11.1990, RdE 1991, 32 = ET 1991, 182 – Verfassungswidrigkeit der KAE; Kreisgericht Meiningen v. 17.6.1993, RdE 1994, 34 – Wegenutzung ohne Rechtsgrund; BFH v. 31.7.1990, BB 1991, 404 – überhöhte Konzessionsabgaben als verdeckte Gewinnausschüttung

Literatur zum früheren Recht:

Becker, Aktuelle Probleme des Konzessionsabgabenrechts, RdE 1996, S. 225 ff.; *Bund-Länder-Ausschuß »Energiepreise«* (Hrsg.), Hinweise zur Auslegung der neuen Konzessionsabgabenverordnung, RdE 1993, S. 35 ff.; *Feuerborn/Riechmann*, VO über Konzessionsabgaben für Strom und Gas, Bielefeld 1994; *Herrmann/Dick*, Die Kundenbündelung und ihre Bedeutung für das Energie- und Konzessionsabgabenrecht, BB 2000, S. 885 ff.; *Immesberger*, Das Recht der Konzessionsabgaben, Loseblattsammlung, Stand: April 1997, Neuwied/Kriftel/*Berlin; Kühne*, Die Neuordnung des Konzessionsabgabenrechts, RdE 1992, S. 132 ff.; *Löwer*, Wegerecht in einem liberalisierten Energiemarkt, ET 1997, S. 304 ff.; *Salje*, Wert- und Nutzungsersatz für entgangene Konzessionsabgaben trotz fehlenden Konzessionsvertrags, ET 1994, S. 56 ff.; *Scholtka*, Das Kozessionsabgabenrecht in der Elektrizitäts- und Gaswirtschaft, VEnergR Bd. 92, Baden-Baden 1999; *Seeliger*, Die Mitbenutzung von öffentlichen Verkehrswegen durch Versorgungsleitungen in den neuen Bundesländern, RdE 1993, S. 103 ff.; *Wirtschaftsminister der Bundesländer (Hrsg.)*, Eckpunkte einer Neuregelung des Konzessionsabgabenwesens. Beschlüsse der Konferenz vom 20./21.3.1991, RdE 1991, S. 117 ff.; *Wirtschaftsminister der Bundesländer (Hrsg.)*, Bestandsaufnahme und Vollzugsprobleme des Konzessionsabgabewesens, Beschluß vom 16./17.3.1989, RdE 1989, S. 278 ff.

Übersicht	Seite	Rz.
I. Normzweck und Rechtsentwicklung	1003	1
II. Begriff der Konzessionsabgaben (Abs. 1)	1007	12
1. Entgelte	1008	14
2. Vereinbarung zwischen EVU und Gemeinden	1009	18
3. Recht zur Benutzung öffentlicher Verkehrswege	1012	27
4. Verlegung und Betrieb von Leitungen	1014	33
5. Leitungen zur unmittelbaren Energieversorgung	1014	34
6. Im Gemeindegebiet	1015	37
7. Entrichten	1016	41
III. Grundzüge der Konzessionsabgabenverordnung	1017	43
1. Verordnungsermächtigung (Abs. 2)	1017	44
2. Berechnung der Entgelte	1020	51
a) Elektrizität	1021	53
b) Gas	1022	56
3. Höchstsätze und Preisrecht	1023	58
4. Schuldner der Konzessionsabgabe (Abs. 3)	1025	64
IV. Konzessionsabgaben im vertragslosen Zustand (Abs. 4)	1027	70
1. Konzessionsabgaben nach Auslaufen eines Konzessionsvertrages	1028	71
2. Konzessionsabgaben nach Ablauf der Jahresfrist	1029	74
3. Konzessionsabgaben vor erstmaligem Vertragsabschluss	1032	82
V. Aufsichtsbefugnisse	1037	92

I. Normzweck und Rechtsentwicklung

Zweck des § 48 ist einerseits eine Manifestation des bisherigen 1
Rechtszustandes, wonach Gemeinden für die Benutzung von Straßen
und Wegen durch EVU (= Netzbetreiber) zwecks Verlegung von Versorgungsleitungen **Benutzungsentgelte** erheben können. Dies ist
nicht selbstverständlich, weil für Telekommunikationsleitungen mit
Billigung des Bundesverfassungsgerichts[1] die Benutzung unentgeltlich
geduldet werden muss, vgl. §§ 68, 69 TKG. Außerdem schafft § 48
den Rechtsrahmen (einschl. einer Verordnungsermächtigung) für eine

---

1 BVerfG RdE 2000, 22, 23 f. – Grundstücksbeeinträchtigung durch Telekommunikationslinie (betr. § 57 TKG a.F.).

preisrechtliche Regelung, wonach der Verordnungsgeber bestimmte höchstzulässige Entgelte für das Recht zur Benutzung der Wege festlegen darf.

2   Im EnWG 1935 erfasste § 12 Zulässigkeit und Höhe von Benutzungsgebühren für das öffentliche Verkehrswegenetz:

» Soweit von Energieversorgungsunternehmen für die Benutzung von Straßen und Verkehrswegen jeder Art Benutzungsgebühren oder sonstige Entschädigungen zu entrichten sind, kann der Reichswirtschaftsminister allgemeine Vorschriften oder Einzelanordnungen über deren Zulässigkeit und Bemessung erlassen.«

3   Anders als § 14 Abs. 1 EnWG als Vorläufervorschrift des § 48 beschränkte § 12 EnWG 1935 die Empfangszuständigkeit bei Konzessionsabgaben nicht auf Gemeinden, so dass für die Benutzung von Bundes- und Landesstraßen ebenfalls allgemeine Vorschriften oder Einzelanordnungen hätten ergehen können. Demgegenüber enthält § 46 explizit und § 48 jedenfalls implizit die Gemeinden als ausschließliche Begünstigungsadressaten sowohl in Abs. 1 (»im Gemeindegebiet«) als auch in Abs. 2 (»Einwohnerzahl der Gemeinden«).

4   Im Einklang mit § 12 EnWG 1935, aber gestützt auf eine seit 1936 geltende Preisregelungsvorschrift, hatte der damalige Reichskommissar für die Preisbildung mit der Anordnung über die Zulässigkeit von Konzessionsabgaben der Unternehmen und Betriebe zur Versorgung mit Elektrizität, Gas und Wasser an Gemeinden und Gemeindeverbände (sog. KAE) vom 4.3.1941 Höchstsätze für Konzessionsabgaben festgelegt[2]. Dabei wurden die Konzessionsabgaben durch Prozentsätze in Bezug auf die sog. Roheinnahmen der EVU festgesetzt, wobei der Prozentsatz zwischen 1,5 für Sonderabnehmerlieferungen und 20 % für Tarifabnehmerlieferungen in Großstädten (mit mehr als 500.000 Einwohnern) festgesetzt wurde. Die KAE begrenzte entsprechend der damals bestehenden Übung die Zahlung von Konzessionsabgaben auf Gemeinden und Landkreise. Ab 1.4.1941 durften Konzessionsabgaben nicht neu eingeführt werden, § 1 Abs. 2 und § 6 Abs. 1 KAE. Weitere Einzelheiten zur Durchführung des Konzessionsabgabenrechts enthielten die Ausführungsanordnungen vom 27.2.1943 (A/KAE)[3] sowie die Durchführungsbestimmungen zur Konzessi-

---

2 § 2 KAE, RAnz. 1941 Nr. 57 u. Nr. 120 i. d. F. v. 7.3.1975, BAnz. Nr. 49.
3 RAnz. 1943 Nr. 75.

onsabgabenanordnung und zu ihrer Ausführungsanordnung vom 27.2.1943 (D/KAE)[4].

Durch Entscheidung des Bundesverwaltungsgerichts vom 20.11.1990 ist das alte Konzessionsabgabenrecht für mit höherrangigem Recht teilweise unvereinbar erklärt worden[5]. Insbesondere das Verbot der Neueinführung von Konzessionsabgaben sowie das Erhöhungsverbot wurden im Einklang mit der richtungweisenden Untersuchung von *Kühne*[6] für verfassungswidrig erklärt. Damit musste das Konzessionsabgabenrecht grundlegend reformiert werden[7]. Nach einem Kabinettsbeschluss vom November 1991 ist dann die Verordnung über Konzessionsabgaben für Strom und Gas (KAV)[8] am 1.1.1992 in Kraft getreten, wobei als Ermächtigungsgrundlage die §§ 7, 12 EnWG 1935 genannt wurden.

Insbesondere mit dem Ziel, die Höhe des Konzessionsabgabenaufkommens von damals ca. 6 Mrd. DM jährlich zugunsten der Gemeinden stabil zu halten, war am 31.7.1999 die Erste Verordnung zur Änderung der Konzessionsabgabenverordnung[9] in Kraft getreten. Neben weiteren Änderungen[10] sollte mit dieser Reform vermieden werden, dass sog. Bündelkunden als Zusammenfassung von Tarifabnehmern nunmehr als Sonderkunden weitergeführt werden würden, was entsprechend den Höchstsätzen nach § 2 KAV zur Anwendung eines

---

4 Anlage zur A/KAE, RAnz. 1943 Nr. 75.
5 BVerwG RdE 1991, 32 = ET 1991, 182 – Verfassungswidrigkeit der KAE. Vgl. dazu *Scholtka*, Konzessionsabgabenrecht, S. 28 ff.
6 *Kühne*, Die Verfassungswidrigkeit des Verbots der Neueinführung von Konzessionsabgaben, BB 1987, S. 2032 ff.; *ders.*, Ungleichbehandlung bei Konzessionsabgaben, in: *Harms* (Hrsg.), Atomstrom aus Frankreich?, BBW Bd. 2, Köln/Berlin/Bonn/München 1987, S. 131 ff.
7 Vgl. zu den Reformbestrebungen *Feuerborn/Riechmann*, Konzessionsabgabenverordnung, Bielefeld 1994, vor Rz. 7 ff.
8 Vom 9.1.1992, BGBl. I S. 12; berichtigt: BGBl. I S. 407. Zuletzt geändert durch das Zweite EnWG-Neuregelungsgesetz vom 7.7.2005, BGBl. I S. 1970, 2015 (Art. 3 Abs. 40).
9 Vom 22.7.1999, BGBl. I S. 1669.
10 Vgl. dazu *Salje*, Konzessionsvertragsrecht, in: *Bartsch/Röhling/Salje/Scholz*, Handbuch der Stromwirtschaft, Kap. 48 ff., S. 409 ff.

weit niedrigeren Entgeltsatzes geführt hätte[11]. Die Änderungen betrafen insbesondere § 2 Abs. 6 bis 8 KAV, die neu angefügt worden sind.

7 Mit dem EnWG 2005 ist der Konzessionsabgaben betreffende neue § 48 den »neuen rechtlichen Rahmenbedingungen« angepasst worden[12]. Dabei wurde der bisherige § 14 Abs. 3 EnWG 1998 sinngemäß als Satz 2 des § 48 Abs. 1 übernommen, so dass nunmehr klargestellt ist, dass jede im Gemeindegebiet an Letztverbraucher erfolgende Energielieferung, soweit sie über öffentliche Verkehrswege erfolgt, konzessionsabgabenpflichtig ist, selbst wenn der Letztverbraucher nicht an eine in einem öffentlichen Verkehrsweg verlegte Leitung angeschlossen ist.

8 In Abs. 3 ist nunmehr – mit Rücksicht auf die Entflechtungsregelung der §§ 6 ff. – die Entgeltpflicht (deklaratorisch) demjenigen EVU zugeordnet worden, das den Wegenutzungsvertrag nach § 46 Abs. 1 abgeschlossen hat. Insofern kommt es zur Berechnung der Konzessionsabgabe auf die in den konzessionsbetroffenen Leitungen transportierten Energiemengen (Netzbetreibermengen) und nicht auf diejenigen Mengen an, die ein Grundversorger oder ein sonstiger Stromlieferant über das Netz geleitet hat (Kumulation aller Stromlieferungen an Letztverbraucher).

9 Mit dem Zweiten Neuregelungsgesetz wurde zugleich die Konzessionsabgabenverordnung[13] an die neue Rechtslage angepasst[14]. Die Konzessionsabgabenbegriffe in § 1 Abs. 2 KAV und § 48 Abs. 1 sind jetzt praktisch wortgleich. Der Tarifkundenbegriff des neuen § 1 Abs. 3 wird auf die vom Grund- und Ersatzversorger (§§ 36 und 38) versorgten Kunden bezogen, und nach § 1 Abs. 4 KAV sind Sondervertragskunden alle Nicht-Tarifkunden. Eine Fiktion im Hinblick auf das Vorliegen von Tarifkundenlieferungen enthält § 2 Abs. 7 Satz 1 in einer an das neue Recht angepassten Form, und die übrigen Änderungen (§§ 3, 4 und 6 KAV) betreffen Verweisungen und die Einführung

---

11 Vgl. dazu die Gesetzesbegründung zur Ersten Verordnung zur Änderung der KAV v. 9.7 1999, BR-DrS 358/99, allgemeine Begründung sowie Begründung zu Nr. 4.
12 Regierungsbegründung, BT-DrS 15/3917, S. 68.
13 Vom 9.1.1992, BGBl. I S. 12, 407, geändert durch Art. 28 des Gesetzes vom 10.11.2001, BGBl. I S. 2992.
14 Art. 3 Abs. 40 des Zweiten Neuregelungsgesetzes vom 7.7.2005, BGBl I S. 1970, 2015.

des Begriffs »Entgelte für den Netzzugang« in das Konzessionsabgabenrecht.

Nachdem der Bundesrat Einwände gegen die Formulierung des § 48 ebenso wenig erhoben hatte wie der Wirtschaftsausschuss, hat die Vorschrift auch den Vermittlungsausschuss passiert und ist in der Fassung des Regierungsentwurfs Gesetz geworden[15]. 10

Das deutsche Recht der Konzessionsabgaben ist in den Richtlinienvorgaben für die Gemeinsamen Binnenmärkte Elektrizität und Gas ohne Vorbild. Deshalb wird mit § 48 auch keine Umsetzung dieser Richtlinien angestrebt, so dass § 48 unmittelbar am EG-Vertrag in seiner ab 1.5.1999 geltenden Fassung zu messen ist. Danach darf das Recht der Konzessionsabgaben die Freiheit des Waren- und Dienstleistungsverkehrs nicht behindern; gleichzeitig dürfen EU-inländische Anbieter bzw. Nachfrager von/nach Elektrizität oder Gas nicht diskriminiert werden. Ob § 48 i. V. mit der KAV mit europäischem Recht vollständig kompatibel sind, bedarf noch weiterer Untersuchungen[16]. 11

II. Begriff der Konzessionsabgaben (Abs. 1)

§ 48 Abs. 1 definiert den Begriff der Konzessionsabgaben und entspricht dem im Wortlaut ebenfalls durch das Zweite Neuregelungsgesetz veränderten § 1 Abs. 2 KAV. Danach sind **Konzessionsabgaben** Entgelte, die Energieversorgungsunternehmen für die Einräumung des Rechts zur Benutzung öffentlicher Verkehrswege für die Verlegung und den Betrieb von Leitungen entrichten, soweit diese der unmittelbaren Versorgung von Letztverbrauchern im Gemeindegebiet mit Energie dienen. Beide Definitionen stimmen praktisch wörtlich überein, wobei § 48 Abs. 1 die in § 1 Abs. 2 KAV verwendeten Begriffe »Strom und Gas« durch den Begriff »Energie« ersetzt. Beide Normen konnten auf dem Hintergrund des alten Rechts (§ 14 Abs. 1 EnWG 1998) so gelesen werden, als ob sie ein »ausschließliches« Recht zur unmittelbaren Versorgung von Letztverbrauchern im Ge- 12

---

15 Die Erfassung aller Lieferungen aus dem Niederspannungs-/-drucknetz bis 30 kW/30.000 kWh als Tarifkundenlieferung (§ 2 Abs. 7 Satz 1 KAV n.F. = Art. 3 Abs. 40 Ziff. 3a Zweites Neuregelungsgesetz) ist vom Vermittlungsausschuss eingefügt worden: BT-DrS 15/5736 (neu), S. 9.
16 Vgl. dazu die Nachweise bei *Scholtka*, Konzessionsabgabenrecht, S. 37 f. FN 81 f. sowie die Bejahung der Europarechtskonformität S. 110 ff., 124.

meindegebiet vorsahen; da Ausschließlichkeitsrechte vergebende Konzessionsverträge aber verboten sind[17], war eine solche Interpretation schon seit 1998 nicht mehr möglich.

13 Mit der 2005 erfolgten Klarstellung, dass Gegenstand der Rechtseinräumung die Benutzung öffentlicher Verkehrswege für die Verlegung von Leitungen (und nicht die Versorgung von Letztverbrauchern) ist, erfolgte zugleich die notwendige begriffliche Entkopplung zwischen »Netzbetrieb« und »Versorgung«.

1. Entgelte

14 Der Begriff »Konzessionsabgaben« legt ein öffentlich-rechtliches Verständnis nahe. Konzessionsabgaben i. S. von § 48 Abs. 1 betreffen jedoch kein öffentlich-rechtliches Benutzungsentgelt. Dies steht im Einklang mit § 8 Abs. 10 BFernStrG, wonach die Verlegung von Leitungen in öffentlichen Verkehrswegen dann dem Bürgerlichen Recht zuzurechnen ist, wenn dadurch der Gemeingebrauch nicht oder nur vorübergehend beeinträchtigt wird. Entgelte i. S. von § 48 Abs. 1 i. V. mit § 1 Abs. 2 KAV bilden damit nach privatrechtlichen Grundsätzen auszuhandelnde Gegenleistungen für die Benutzung öffentlicher Verkehrswege.

15 Die Zuweisung zum Privatrecht bedeutet zugleich, dass die auszuhandelnden Geldzahlungen nicht den Anforderungen genügen müssen, die die Kommunalabgabengesetze der Länder vorsehen. Insbesondere bilden Wirklichkeits- und Wahrscheinlichkeitsmaßstab nicht diejenigen Größen, an denen sich die Benutzungsentgelte zu orientieren haben. Allerdings müssen die Kommunen das sog. **Äquivalenzprinzip** beachten, wonach Leistung und Gegenleistung nicht völlig außer Verhältnis stehen dürfen (vgl. § 138 Abs. 2 BGB)[18]. Danach darf kein auffälliges Missverhältnis zwischen Leistung und Gegenleistung bestehen, wobei die Orientierung am sog. Wucherparagraphen in ihren objektiven und subjektiven Ausprägungen[19] nicht den ausschließlichen Prüfungsmaßstab bilden wird, weil darüber hinaus die Einbindung der Gemeinden in das Staatsorganisationsrecht nebst den daraus

---

17 Vgl. Art. 4 § 1 des Ersten Neuregelungsgesetzes.
18 BGH NJW 1976, 709 – Wasserversorgung.
19 Vgl. MünchKomm/*Mayer-Maly*, BGB, Bd. 1, 3. Aufl. München 1993, insbes. Rz. 98 ff. und Rz. 117 ff.

erwachsenden Selbstverwaltungsgarantien und Bindungen zu beachten ist.

Zwar kann davon ausgegangen werden, dass die Festsetzungen in § 2 KAV nicht grundsätzlich dem Äquivalenzprinzip widersprechen, zumal sie als Vorschriften des Preisrechts[20] preisdämpfend wirken sollen. Allerdings erscheint es nicht als ausgeschlossen, dass in Randbereichen der durch § 48 i. V. mit der KAV erfassten Entgeltbemessungen Rechtsverstöße aufgrund des pauschalierenden Maßstabes vorkommen können. Dies wäre etwa für solche Gemeinden besonders zu prüfen, in denen die Benutzung von Gemeindewegen und Gemeindestraßen deshalb eine nur untergeordnete Rolle spielt, weil der ganz überwiegende Teil des Versorgungsnetzes in Straßen verlegt ist, die der Gemeinde nicht gehören (z. B. Bundes- und Landesstraßen)[21]. 16

Vergleicht man nämlich die für eine solche Gemeinde höchstens zu vereinbarenden Entgelte mit demjenigen Entgeltaufkommen, das eine Gemeinde mit annähernd gleicher Energieabnahmemenge im Gemeindegebiet erhält, in der alle Versorgungsleitungen in gemeindeeigenen Straßen usw. verlegt sind, ergeben sich im Vergleich beider Fälle deutlich unterschiedliche Relationen von Leistung und Gegenleistung. Als Extremfall muss es angesehen werden, wenn die Gemeinde nur einen eigenen Weg zur Verfügung stellt, gleichwohl aber Konzessionsabgaben im Hinblick auf alle Energielieferungen im Gemeindegebiet erhält. Demgemäß kann sich die Pflicht der Gemeinde ergeben, abhängig von der ihr möglichen Leistung (Umfang des zur Verfügung gestellten Wegenetzes) Konzessionsabgaben auch deutlich unterhalb der höchstzulässigen Abgabe i. S. von § 2 KAV zu vereinbaren. 17

2. *Vereinbarung zwischen EVU und Gemeinden*

§ 48 Abs. 1 legt die Vertragspartner des Konzessionsvertrages nicht fest, sondern bezieht sich insofern auf § 46[22]. Die Vorschrift grenzt den Kreis möglicher Vertragsparteien auf solche ein, die Verkehrswege »im Gemeindegebiet« zur Verfügung stellen können bzw. solche 18

---

20 Einzelheiten bei *Scholtka*, Konzessionsabgabenrecht, S. 76 ff.
21 §§ 6, 5 Abs. 3 BFernStrG: Bundesfernstraßen in Gemeinden bis 50.000 Einwohner.
22 Zu den Partnern der Wegenutzungsverträge i. S. von § 46 Abs. 1 bzw. § 46 Abs. 2 vgl. oben § 46 Rz. 50 ff. sowie 115.

§ 48 Konzessionsabgaben

Verkehrswege benutzen. Lediglich Energieversorgungsunternehmen sind als eine mögliche Vertragspartei explizit angesprochen.

19 Der Begriff des EVU ist in § 3 Ziff. 18 definiert. Demgemäß handelt es sich u.a. um natürliche und juristische Personen, insbesondere Unternehmen, die ein Energieversorgungsnetz betreiben oder darüber verfügen. Zweifellos fallen diejenigen Netzbetreiber unter § 48 Abs. 1, die qualifizierte Wegenutzungsverträge (sog. Konzessionsverträge) i. S. von § 46 Abs. 2 abschließen. Für diese EVU besteht die Pflicht zur Zahlung von Konzessionsabgaben.

20 Fraglich ist, ob alle Unternehmen, zu deren Gunsten ein Anspruch auf Verlegung von Direktleitungen i. S. von § 46 Abs. 1 besteht (einfacher Wegenutzungsvertrag), zur Zahlung von Konzessionsabgaben verpflichtet sind. Da die Vorschrift im Einklang mit Art. 22 RL-Elt sowie Art. 24 RL-Gas ausgelegt werden muss, fallen dann auch Eigenversorger und sogar bloße Energieabnehmer unter diese Vorschrift, obwohl sie nicht als EVU i. S. von § 46 Abs. 1 Satz 2 bezeichnet werden können (europarechtskonforme Auslegung des § 46 Abs. 1). § 110 nimmt § 48 nicht von der Anwendung auf Objektnetzbetreiber aus.

21 Auch sieht § 46 Abs. 1 Satz 2 (Abschlussverweigerung der Gemeinde, wenn Konzessionsabgaben entsprechend den Höchstsätzen nicht gezahlt werden) eine Festlegung des Entgelts »im Einklang« mit dem Recht der Konzessionsabgaben vor. Da die Gemeinden verpflichtet sind, ihr Verkehrswegenetz diskriminierungsfrei zur Verfügung zu stellen, kann ihnen die Aushandlung von Entgelten für eine Benutzung auch durch **Eigennetzbetreiber** letztlich nicht verwehrt werden. Solange das Äquivalenzprinzip beachtet wird, erscheint daher eine zumindest analoge Anwendung von § 48 Abs. 1 i. V. mit der KAV als sachgerecht.

22 Sowohl § 46 Abs. 1 als auch § 46 Abs. 2 nennen **Gemeinden** als Partner von Wegenutzungsverträgen. Die Definition des § 48 Abs. 1 verwendet allerdings nur den Begriff »im Gemeindegebiet«; dies ließe eine Interpretation zu, wonach auch Bund und Länder für die Benutzung ihres Wegenetzes Konzessionsabgaben verlangen dürfen, wobei lediglich der Entgeltberechnungsmaßstab gemeindebezogen festzulegen wäre. Eine solche Interpretation steht allerdings mit der Tradition des Konzessionsabgabenrechts nicht in Einklang: Dieses ist von Anfang an (KAE) als Preisrecht konzipiert gewesen und legt in § 3 KAV fest, dass über die Abgabensätze des § 2 KAV hinaus Gemeinde und Versorgungsunternehmen nur bestimmte zusätzliche Leistungen vereinbaren oder gewähren dürfen. Wäre es zulässig, weitere Benutzungsentgelte an Dritte (z. B. Gemeindeunternehmen in eigenständiger Rechtsform) zu zahlen, würde diese preisrechtliche Regelung konterkariert. Auch § 7 KAV, wonach Landkreise mit Versorgungsunternehmen Konzessionsabgaben vereinbaren dürfen, spricht dafür, dass der Adressatenkreis des derzeitigen Konzessionsabgabenrechts auf Gemeinden und Landkreise beschränkt sein soll.

Damit werden Bund, Länder, Landschaftsverbände und Zweckverbände von § 48 Abs. 1 nicht erfasst; sie können weder Partner eines Wegenutzungsvertrages i. S. von § 46 sein noch erfüllen sie den Begriff der »Gemeinde«. Lediglich Untergliederungen von Gemeinden (z. B. Ämter), soweit sie rechtliche Selbständigkeit haben, vermögen für ihr Gebiet Konzessionsabgaben zu vereinbaren (vgl. auch § 46 Abs. 4: Eigengesellschaften und Eigenbetriebe als Vertragspartner der Gemeinden). 23

Der preisrechtliche Charakter von § 48 Abs. 1 i. V. mit der KAV besagt, dass im Umkehrschluss eine Höchstpreisregelung für Nichtgemeinden nicht erfolgt ist. Daraus könnte man schließen, dass für Bundes- und Landesstraßen Benutzungsentgelte nach privatrechtlichen Grundsätzen in frei aushandelbarer Höhe vereinbart werden dürfen, solange die allgemeinen Vorschriften (vgl. § 138 BGB) beachtet werden. Eine solche Auslegung steht allerdings weder mit § 2 KAV noch mit der derzeitigen Handhabung des Konzessionsabgabenrechts im Einklang. Da Maßstab für die Höchstentgelte nach der KAV diejenigen Energiemengen bilden, die in das Gemeindegebiet geliefert werden, steht die Gegenleistung – jährlich schwankend – für die Benutzung des Wegenetzes in der Gemeinde in ihrer absoluten Höhe annähernd fest. Da die EVU nicht nur Gemeindewege, sondern auch Bundes- und Landesstraßen benutzen müssen und auch dürfen, so dass der mengenmäßige Maßstab für die Bemessung der Konzessionsabgabe deren Benutzung quasi einschließt, widerspräche es dem Höchstpreischarakter, wenn nun Bund oder Land Zusatzentgelte verlangen würden. Denn in diesem Falle würde der dem Preisrecht entstammende Schutzcharakter von der KAV nicht mehr voll wahrgenommen werden, weil zu Lasten der Energieabnehmer je gelieferter Mengeneinheit an Energie die insgesamt zu zahlenden Benutzungsentgelte (Gemeinde, Bund und Länder) höher ausfielen als dort vorgesehen. 24

25 Deshalb kann das Konzessionsabgabenrecht in Verbindung mit der Regelung im Straßenrecht (vgl. § 8 Abs. 10 BFernStrG) nur so verstanden werden, dass Zahlungen an Nichtgemeinden ausgeschlossen sind. Dies ist die notwendige Konsequenz der Orientierung des Preisbemessungsmaßstabes an Energiemengen anstatt an einem Maßstab, der sich direkt auf die benutzten Grundstücke bezieht (z. B. Wegelänge der benutzten Gemeindestraßen).

26 Deshalb sind Vertragspartner i. S. von § 48 Abs. 1 im Einklang mit § 46 Abs. 1 und Abs. 2 nur Gemeinden und Landkreise als Zahlungsbegünstigte. Bund und Länder können weder Konzessionsabgaben i. S. von § 48 Abs. 1 vereinbaren noch haben sie das Recht, sonstige Entgelte oder Gebühren zu erheben, soweit sie Konzessionsabgaben vertreten oder diesen ähnlich sind. Die Benutzung von Bundes- und Landesstraßen zwecks Verlegung und Betrieb von Versorgungsleitungen erfolgt daher im Grundsatz unentgeltlich, wobei allerdings davon auszugehen ist, dass die den Gemeinden gezahlten Konzessionsabgaben (wirtschaftlich betrachtet) auch solche Anteile enthalten, die auf Bundes- und Landesstraßen entfallen (mengenmäßiger Maßstab)[23]. Wäre dies nicht der Fall, verlören die Entgelte gem. § 2 KAV jedenfalls für bestimmte Fallkonstellationen ihren Gegenleistungscharakter.

3. Recht zur Benutzung öffentlicher Verkehrswege

27 Vom Konzessionsabgabenbegriff wird nur die **Benutzung öffentlicher Verkehrswege** umfasst[24]. Die Gemeinde ist qua eigener Rechtsposition einerseits (Gemeindewege), qua Straßenbaulast und Einwirkung andererseits (Bundes- und Landesstraßen) durchaus in der Lage, das öffentliche Verkehrswegenetz zur Verfügung zu stellen. Dies steht im Einklang mit Bundesstraßenrecht (vgl. § 8 Abs. 10 BFernStrG) sowie den Landesstraßengesetzen. Durch die Formulierung »Benutzung öffentlicher Verkehrswege« wird die Gegenleistung im eigentlichen Sinne konkretisiert, so dass auf das Merkmal »Recht zur unmittelbaren Versorgung« verzichtet werden kann. Die nähere Aus-

---

[23] Vgl. die Pflicht von Gemeinden ab 80.001 Einwohnern, als Träger der Straßenbaulast (§§ 3, 5 Abs. 2 BFernStrG) einzuspringen, was zur Erlangung der Eigentümerstellung führt (§ 6 BFernStrG).
[24] Zu Einzelheiten vgl. *Scholtka*, Konzessionsabgabenrecht, S. 147 ff.

II. Begriff der Konzessionsabgaben (Abs. 1)

gestaltung des Benutzungsrechts ist § 46 Abs. 1 bzw. Abs. 2 zu entnehmen[25].

Die Gemeinde schuldet konsequent nicht die Benutzung **privater** **28** **Grundstücke** für Betrieb und Verlegung von Versorgungsleitungen. Werden derartige Grundstücke benötigt, wird das EVU entsprechende Vereinbarungen mit dem Eigentümer anstreben oder sich um die Durchführung eines Enteignungsverfahrens nach § 45 bemühen. Für die Benutzung von privaten Grundstücken sind Konzessionsabgaben nicht zu zahlen; der Preisregelungscharakter des § 48 i. V. mit der KAV vermag hier Wirkung nicht zu entfalten. Die Benutzung privater Grundstücke ermöglicht konsequent Entgeltvereinbarungen in grundsätzlich beliebiger Höhe, soweit die allgemeinen Vorschriften eingehalten werden.

Wie gezeigt[26] ergibt die **europarechtskonforme Auslegung**, dass § 46 **29** Abs. 1 auch Eigenversorgungsfälle sowie Leitungen umfasst, die ein Abnehmer baut und verlegt. Soweit insofern öffentliche Verkehrswege benutzt werden müssen, ist § 48 Abs. 1 in Bezug auf die 2. und 3. Alternative des Begriffs »Energieversorgungsunternehmen« einschlägig (§ 3 Ziff. 18).

Der Charakter eines öffentlichen Verkehrsweges folgt aus seiner **30** **Widmung**. Gemeindeeigene Grundstücke, die für Verkehrszwecke nicht gewidmet sind, können deshalb nicht konzessionsabgabenpflichtig genutzt werden. Streitig mag im einzelnen Fall sein, ob solche Gemeindegrundstücke, die für den ruhenden Verkehr (als Parkflächen) zur Verfügung gestellt werden, für Versorgungsleitungen beansprucht werden können. Im Regelfall wird es allerdings insofern an der gerade straßenspezifischen Widmung fehlen[27].

Sonstige Wege (z. B. Forstwege, Gemeindeversorgungswege usw.), **31** die nicht dem öffentlichen Straßenverkehr gewidmet sind, fallen ebenfalls nicht unter § 48 Abs. 1. Das Recht der Begrenzung von Konzessionsabgaben (Preisrecht) gilt auch insofern nicht. Die Gemeinde kann Entgelte in freier Höhe vereinbaren.

---

25 Zum Wegerecht im Verhältnis zu den Konzessionsabgaben vgl. *Scholtka*, Konzessionsabgabenrecht, S. 72 ff.
26 Oben § 46 Rz. 50 ff.
27 Zum Straßenbegriff vgl. oben § 46 Rz. 27 ff.

32 Problematisch kann die **Einziehung** eines bisher öffentlichen Verkehrszwecken dienenden Grundstückes sein. Im strengen Sinne liegt ein Konzessionsabgabentatbestand nicht mehr vor, weil es am Begriff »Benutzung öffentlicher Verkehrswege« fehlt. Soweit das EVU im Einklang mit dem Wegenutzungsvertrag die Nutzung der Leitung fortsetzt, ist § 48 Abs. 1 gleichwohl (analog) auf diese Regelungslücke anzuwenden. Dies ist mit den Pflichten aus dem Konzessionsvertrag, den Nachwirkungen der Widmung sowie damit zu rechtfertigen, dass das Preisregelungsrecht insofern teilweise seine preisdämpfende Wirkung verlöre. Die Gemeinde soll es nicht in der Hand haben, durch Entwidmung das Konzessionsabgabenrecht unanwendbar werden zu lassen.

4. Verlegung und Betrieb von Leitungen

33 Die Formulierung »Verlegung und Betrieb von Leitungen« ist im Einklang mit § 46 auszulegen[28]. Dort ist die Leistung der Gemeinde näher konkretisiert. Fernwirkleitungen zur Netzsteuerung und Zubehör werden vom Begriff der Verlegung und des Betriebs von Leitungen erfasst[29].

5. Leitungen zur unmittelbaren Energieversorgung

34 Nur solche Entgelte sind Konzessionsabgaben i. S. von § 48 Abs. 1, die Leitungen zur unmittelbaren Versorgung von Letztverbrauchern mit Energie betreffen. Dieses Tatbestandsmerkmal des § 48 Abs. 1 knüpft an die Unterscheidung zwischen unmittelbarer und mittelbarer Energieversorgung an. **Transitleitungen** sind nicht konzessionsabgabefähig, weil sie nur mittelbar der Energieversorgung – außerhalb des Gemeindegebiets – dienen[30].

35 Würden auch Transitlieferungen und damit solche Lieferungen, die der Versorgung von Letztverbrauchern dienen, die außerhalb des Gemeindegebiets an Netze oder Leitungen angeschlossen sind, von der Konzessionsabgabenpflicht im Gemeindegebiet erfasst, käme es zu »Doppelbelastungen« solcher Elektrizitätslieferungen. Deshalb muss der Letztverbraucher **unmittelbar** über die Leitung versorgt

---

28 § 46 Rz. 28 ff.
29 Vgl. § 46 Abs. 1 Satz 1.
30 Zutreffend *Scholtka*, Konzessionsabgabenrecht, S. 159 ff., 171; *Büdenbender*, EnWG 1998, § 14 Rz. 34 ff.

werden; dies bedeutet nach der Klarstellung gemäß § 48 Abs. 1 **Satz 2** jedoch nicht, dass die abgabepflichtige Menge **lückenlos** über Netze und Leitungen, die in öffentlichen Verkehrswegen der Gemeinde verlegt sind, geliefert werden müssen. Vielmehr reicht es aus, wenn **eine derartige Leitung** diese Energie aufgenommen hat. Erfolgt die Lieferung dann über eine querfeldein verlaufende Direktleitung, ist auch eine solche Energiemenge konzessionsabgabenpflichtig.

Wenn **Satz 2** des § 48 Abs. 1 den Begriff »öffentliche Verkehrswege« verwendet, so kann dies mit Rücksicht auf den systematischen Zusammenhang mit Satz 1 nur **öffentliche Verkehrswege der betreffenden Gemeinde** umfassen. Erfolgt beispielsweise die Belieferung eines Großabnehmers lediglich über Leitungen, die in Bundes- und Landesstraßen verlegt sind, für die die Gemeinde nicht straßenbaulastpflichtig ist, wird zwar noch der Begriff »öffentlicher Verkehrsweg«, nicht jedoch die Zuordnung zur Gemeinde erfüllt. Nicht entscheidend ist es, ob die Leitung den Gemeindeweg quert oder in Längsrichtung des Weges verlegt ist; weil § 2 KAV auf die transportierten Energiemengen und nicht auf den Umfang der Inanspruchnahme abstellt, reicht bereits die Berührung weniger Zentimeter einer Gemeindestraße aus, um die volle Konzessionsabgabenpflicht zu begründen. 36

6. *Im Gemeindegebiet*

Die Gemeinde muss das öffentliche Wegenetz **im Gemeindegebiet** zur Nutzung i. S. von § 46 Abs. 1 oder Abs. 2 zur Verfügung stellen, um Konzessionsabgaben vereinbaren und entgegennehmen zu können. Zugleich müssen die versorgten Letztverbraucher »im Gemeindegebiet« an Leitungen oder das Energieversorgungsnetz angeschlossen sein. Ein Recht zur Versorgung von Letztverbrauchern muss und kann sie dagegen nicht einräumen, weil ihr dies rechtlich und tatsächlich unmöglich ist. Entscheidend kommt es daher darauf an, in welchem Umfang das Wegenetz »im Gemeindegebiet« zur Verfügung zu stellen ist. 37

Unproblematisch ist die Überlassung von gemeindlichem Wegeeigentum. Schwierigkeiten können nur bestehen, soweit für Verlegung und Betrieb von Versorgungsleitungen auch nicht gemeindeeigene Straßen und Wege benötigt werden. Fraglich ist insbesondere, ob die Gemeinde tatsächlich und rechtlich in der Lage ist, entsprechenden Besitz auch an Bundes- und Landesstraßen zu verschaffen. 38

39 Nach Bundes- und Landesstraßenrecht erfolgt die Überlassung des öffentlichen Verkehrswegenetzes für Zwecke der **öffentlichen Versorgung** nach den Grundsätzen des Bürgerlichen Rechts (Gestattungsverträge). Also muss der jeweilige Straßeneigentümer, der nicht immer mit dem Träger der Straßenbaulast identisch ist, eine in der Regel unentgeltliche Gestattung vornehmen. Die Gemeinde ist daher rechtlich gar nicht in der Lage, die Nutzung fremden Wegeeigentums zu verschaffen. Die EVU müssen sich insofern an Bund bzw. Länder wenden.

40 § 48 Abs. 1 ist deshalb um die selbstverständliche Einschränkung zu ergänzen, dass die Gemeinde zur Überlassung des öffentlichen Wegenetzes nur im Rahmen ihrer rechtlichen Möglichkeiten verpflichtet ist. Die Gemeinde muss dort, wo ihr die Eigentümerstellung fehlt, auf Bund und Länder allenfalls einwirken, damit diese sich der Einräumung entsprechender Nutzungsrechte nicht verweigern. Aus tatsächlicher Sicht dürften insofern auch keine Schwierigkeiten bestehen.

7. Entrichten

41 Als Konzessionsabgaben werden in § 48 Abs. 1 nur solche Entgelte bezeichnet, die Energieversorgungsunternehmen »entrichten«. Bei dieser Formulierung wird auf tatsächliche Zahlungsvorgänge und damit die Erfüllung (§ 362 BGB) Bezug genommen. Es hat daher den Anschein, als ob der Charakter einer Konzessionsabgabe erst mit der Zahlung erworben wird. Dies würde in letzter Konsequenz bedeuten, dass vor Zahlung – nämlich im Konzessionsvertrag – durchaus Vereinbarungen getroffen werden dürfen, die mit der KAV i. V. mit § 48 nicht in Einklang stehen; insofern würde es sich in dieser Auslegung ja gar nicht um Konzessionsabgaben i. S. von § 48 Abs. 1 handeln. Lediglich die tatsächlich gezahlten Entgelte müssten den rechtlichen Vorgaben genügen.

42 Diese am Wortlaut orientierte Auslegung greift jedoch zu kurz. Bereits die im Wegenutzungsvertrag vereinbarte Gegenleistung – soweit die Voraussetzungen im Übrigen erfüllt sind – ist Konzessionsabgabe i. S. von § 48 Abs. 1. Auch diese Entgelte unterliegen voll dem Konzessionsabgabenrecht und müssen sich an den preisregulierenden Vorgaben orientieren. Der vom Gesetzgeber gewählte »Entrichtungsbegriff« ist daher nicht nur in einem tatsächlichen Sinne zu verstehen. Vielmehr ist dieser Begriff mit dem (zutreffenderen) Begriff der »vereinbarten Entgelte« gleichzusetzen. Es besteht ein öffentliches Interesse daran, dass bereits die im Konzessionsvertrag niedergelegten Vereinbarungen gesetzeskonform sind; weder der allgemeinen Kommunalaufsicht noch den zuständigen Landesbehörden ist es zuzumuten, im Konzessionsvertrag abweichende Vereinbarungen hinzunehmen und dann jeweils die einzelnen Zahlungsvorgänge zu kontrollieren.

III. Grundzüge der Konzessionsabgabenverordnung

§ 48 Abs. 2 enthält die Ermächtigungsgrundlage zum Erlass der Konzessionsabgabenverordnung (KAV). Da Art. 80 GG den Gesetzgeber verpflichtet, Ermächtigungsgrundlagen möglichst konkret zu formulieren, finden sich in § 48 Abs. 2 die wesentlichen Vorgaben für die KAV. Es sollen daher im Folgenden diese Vorgaben kurz mit den tatsächlichen Regelungen der KAV verglichen werden. Die im Jahre 1992 erlassene KAV beruht zwar noch auf den §§ 7, 12 EnWG 1935 als einschlägigen Ermächtigungsgrundlagen, ist allerdings mit dem Zweiten Neuregelungsgesetz geändert worden[31]. 43

1. Verordnungsermächtigung (Abs. 2)

Art. 80 Abs. 1 GG erfordert als Wirksamkeitsvoraussetzung für Gesetzesvorschriften, die zum Erlass von Verordnungen ermächtigen, die Konkretisierung von Inhalt, Zweck und Ausmaß der Ermächtigung in der (formellen) Gesetzesnorm. Nach ständiger Rechtsprechung des Bundesverfassungsgerichts hat der Gesetzgeber daher die wesentlichen Grundlagen der später ergehenden Regelung selbst zu formulieren, so dass der Rahmen der Rechtsverordnung sicher feststeht[32]. Eine solche Konkretisierung enthält § 48 Abs. 2. 44

Verordnungsadressat ist im Einklang mit Art. 80 GG das Bundesministerium für Wirtschaft und Arbeit; die zu erlassende Rechtsverordnung bedarf der Zustimmung des Bundesrates. Derzeit geltende VO ist die KAV, die im Bundesgesetzblatt am 14.1.1992 veröffentlicht 45

---

31 Vom 7.7.2005, BGBl. I S. 1970, 2015 (Art. 3 Abs. 40).
32 BVerfGE 35, 125 – Wesentlichkeitstheorie: Vorgabe des Programms; Nachweise zur Rechtsprechung des BVerfG bei *Schmidt-Bleibtreu/Klein*, Kommentar zum GG, Art. 80 Rz. 50 f. und Rz. 47.

worden ist[33]. Der Bundesrat hat der KAV auf seiner Sitzung vom 19.12.1991 zugestimmt[34].

46 Da eine Verordnung im Zeitpunkt ihres Wirksamwerdens einer gültigen Ermächtigungsgrundlage bedarf[35] und das EnWG 2005 erst am 13.7.2005 in Kraft getreten ist, kommt § 48 Abs. 2 als Ermächtigungsgrundlage für den Erlass der KAV nicht in Betracht. Vielmehr fußt die KAV ausweislich ihrer Präambel auf § 7 Abs. 1 sowie § 12 EnWG 1935[36]. Zwar hatte schon das Erste Neuregelungsgesetz in Art. 5 Abs. 2 Ziff. 1 das EnWG 1935 außer Kraft gesetzt[37]; nach zutreffender Auffassung berührt dies jedoch nicht die Gültigkeit der KAV, soweit sie aufgrund einer wirksamen Ermächtigungsgrundlage erlassen worden ist: Obwohl seinerzeit Zweifel an der Wirksamkeit der KAV und der Gültigkeit ihrer Ermächtigungsgrundlage geäußert worden waren[38], ist die KAV als wirksam zu behandeln, weil eine Verordnung nur zum Zeitpunkt ihres Inkrafttretens einer gültigen Ermächtigungsgrundlage bedarf[39].

47 Nachdem die §§ 7, 12 EnWG 1935 als Ermächtigungsgrundlage nicht mehr zur Verfügung stehen, bedarf es für Änderungen und jedenfalls für eine Neufassung der KAV einer neuen Ermächtigungsgrundlage. Mit der Ersten Verordnung zur Änderung der KAV hatte der Gesetzgeber unter Angabe von § 14 Abs. 2 EnWG 1998 von dieser Ermächtigungsgrundlage bereits Gebrauch gemacht[40]. Jedenfalls das Wirksamwerden dieser Änderung bedurfte ebenso einer gültigen

---

33 BGBl. I S. 12; berichtigt am 4.3.1992, BGBl. I S. 407.
34 BR-DrS 681/91 – Beschluss.
35 Vgl. dazu ausführlich mit Nachw. *Scholtka*, Konzessionsabgabenrecht, S. 105 ff.
36 Zu diesen Ermächtigungsgrundlagen vgl. *Feuerborn/Riechmann*, KAV, Vor § 1 Rz. 1 ff. (S. 15 ff.).
37 BGBl. I v. 28.4.1998, S. 730, 736.
38 Vgl. die Arbeiten von *Kühne*, oben FN 6. In § 12 EnWG 1935 fehlte die Konkretisierung von Inhalt, Zweck und Ausmaß, wobei es sich aber insofern um vorkonstitutionelles Recht handelt, auf das Art. 80 Abs. 1 GG nicht unmittelbar angewendet werden kann.
39 Ständige Rechtsprechung, vgl. BVerfGE 9, 3, 12; E 31, 357, 362 f.; E 14, 245, 249; E 12, 341, 347; E 44, 216, 226.
40 Erste Verordnung zur Änderung der KAV v. 22.7.1999, BGBl. I S. 1669; als weitere Ermächtigungsgrundlagen nennt die Präambel Art. 56 Abs. 1 Zuständigkeitsanpassungsgesetz 1975 (BGBl. I S. 705) sowie den Organisationserlass v. 27.10.1998 (BGBl. I S. 3288).

Ermächtigungsgrundlage wie die Neufassung durch das Zweite Neuregelungsgesetz[41].

§ 48 Abs. 2 Satz 1 setzt den Begriff der Konzessionsabgaben (§ 48 Abs. 1) voraus. Nur für von dieser Definition erfasste Entgelte gilt die Verordnungsermächtigung. Inhaltlich nennt der Gesetzgeber als **Zweck** der Verordnungsermächtigung, die Zulässigkeit sowie die Bemessung von Konzessionsabgaben näher zu bestimmen. Damit gewinnt die KAV abschließenden Charakter; soweit der Konzessionsabgabenbegriff des § 48 Abs. 1 reicht, darf die KAV Regelungen treffen. Soweit Lücken bleiben, also Entgelte vereinbart werden können, die begrifflich nicht Konzessionsabgaben i. S. von § 48 Abs. 1 sind, muss wegen des grundsätzlich abschließenden Charakters des Gebrauchmachens von Ermächtigungsgrundlagen[42] unter Berücksichtigung des Höchstpreischarakters der Ermächtigungsgrundlage (vgl. § 48 Abs. 2 Satz 2) davon ausgegangen werden, dass andere als die durch Verordnung geregelten Entgelte jedenfalls an Gemeinden und Landkreise nicht gezahlt werden dürfen. Dagegen hat der Gesetzgeber in § 48 Abs. 2 selbst nicht geregelt, dass Konzessionsabgaben an »Nichtgemeinden« nicht gezahlt werden dürfen; dies kann allenfalls § 46 entnommen werden. Insofern ist es fraglich, ob der abschließende Charakter eines Gebrauchmachens von der Ermächtigungsgrundlage auch solche der Definition in § 48 Abs. 1 entsprechende Konzessionsabgaben erfasst, die an Dritte einschl. von Bund, Ländern und Privaten gezahlt werden. Insofern dürfte der abschließende Charakter zu verneinen sein, so dass solche Vereinbarungen einstweilen möglich sind und der Gesetzgeber – später – regulierende Regelungen insofern noch treffen könnte.

Die **allgemeine Zulässigkeit** von Konzessionsabgaben hat der Gesetzgeber bereits in § 46 Abs. 1 und Abs. 2 durch gesetzliche Regelung festgelegt; das Gesetz geht offenbar vom entgeltlichen Charakter solcher Wegenutzungsverträge aus, ohne unentgeltliche Verträge zu verbieten. Insofern musste die Zulässigkeit von Konzessionsabgaben in § 48 Abs. 2 nicht besonders festgelegt werden. Deshalb kann es dieser Ermächtigungsgrundlage allenfalls um den Zulässigkeitsumfang, nicht um das »ob« der Zulässigkeit gehen.

---

41 Oben Fn. 8.
42 Vgl. zum nicht abschließenden Charakter der KAV in Bezug auf einen ursprünglich konzessionsvertragslosen Zustand: BGH RdE 1996, 191, 192 f. – Wegenutzung ohne Konzessionsvertrag.

50 Weiter erwähnt der Gesetzgeber als Regelungsinhalt die **Bemessung** von Konzessionsabgaben. Ermächtigungsgrundlage und Verordnung tragen daher von Anfang an **preisregelnden Charakter**; es wird im Einklang mit der Kompetenz des Bundes für Wirtschaftsrecht einschl. des Preisrechts (vgl. Art. 74 Ziff. 11 GG) vom Preisüberwachungsrecht als zulässiger Einschränkung der Privatautonomie bei der Aushandlung von bürgerlichrechtlichen Entgelten Gebrauch gemacht. Über Art und Weise der Bemessung der Konzessionsabgabenhöhe sagt § 48 Abs. 2 Satz 1 nichts aus. Der Regelungszweck ist dort noch nicht erkennbar.

2. Berechnung der Entgelte

51 § 48 Abs. 2 Satz 2 legt den Verordnungszweck näher fest und konkretisiert **Inhalt und Ausmaß** der Ermächtigungsgrundlage. Als Regelungszweck wird die **Preisbegrenzung** genannt (»Höchstsätze«). Dies steht sowohl mit deutschem Verfassungsrecht als auch mit europäischem Recht im Einklang. Eine übermäßige Beschränkung der Preisgestaltungsfreiheit der Gemeinden beim Abschluss von Konzessionsverträgen ist darin solange nicht zu sehen, wie die als Höchstpreise festgelegten Entgelte eine ausreichende Gegenleistung für die Zurverfügungstellung der Wegerechte darstellen. Trotz des pauschalierenden Charakters der Regelung, die an gelieferte Energiemengen und nicht an die Verkehrswege selbst anknüpft, dürfte der Gegenleistungscharakter generell gewahrt sein; möglicherweise kann es aber Ausnahmefälle geben, in denen die gewählten Anknüpfungspunkte für die Preisbemessung untauglichen Charakter haben oder die Bemessung der Gegenleistung verzerren.

52 § 48 Abs. 2 Satz 2 nennt Elektrizität und Gas als Energien, an deren Lieferung Konzessionsabgaben mittelbar geknüpft werden können. Für die Bemessung werden die beiden Kategorien **Kundengruppen** und **Verwendungszwecke** genannt. Diese Hauptkategorien für die Bemessung dürfen kombiniert werden mit den Unterkategorien **Einwohnerzahl der Gemeinde** und **gelieferten Kilowattstunden** (im Folgenden: kWh). Der Gesetzgeber legt nicht fest, in welchem Umfang (von ... bis) Preisregelungen in der Verordnung zulässig sein sollen. Implizit wird die Ermächtigungsgrundlage aber die Vorgabe enthalten, dass die Höchstsätze in Cent die Letztverbraucher nicht übermäßig belasten dürfen und der Gegenleistungscharakter gewahrt bleibt. Zusätzlich dürfen die Festlegungen in der KAV nicht gegen höherrangiges Recht (z. B. Europäisches Recht) verstoßen.

a) Elektrizität

Entsprechend der Ermächtigungsgrundlage, nach Kundengruppen zu differenzieren, unterscheidet § 2 KAV zwischen Lieferungen an Tarifkunden (Abs. 2 und Abs. 7 Satz 1) und Lieferungen an Sondervertragskunden (Abs. 3). Bei Elektrizität beträgt der Höchstbetrag je kWh 0,11 Cent in Bezug auf Sonderkunden, bei Lieferung an Tarifkunden (außer Schwachlaststrom) gestaffelt nach der Einwohnerzahl zwischen 1,32 und 2,39 Cent je kWh (vgl. § 2 Abs. 2 Ziff. 1b KAV). Das Verhältnis zwischen den jeweils höchstzulässigen Konzessionsabgaben bei Elektrizität (Sonderabnehmer/Tarifabnehmer) beträgt daher mehr als 1:20. Dieser wohl bedeutend zu nennende Unterschied, der wohl gemerkt nicht auf die Abnahmemenge, sondern allein auf die Charakterisierung als Sonderkunde oder als Tarifkunde gestützt wird[43], hat in § 48 Abs. 2 keinen Anklang gefunden. Die erforderliche Rechtfertigung vermag sich nicht auf Art und Umfang der Inanspruchnahme des Wegenetzes abzustützen, da typischerweise Lieferungen an Sonderkunden und an Tarifkunden nicht über getrennte Leitungen erfolgen, es sei denn, ein Großabnehmer wird unmittelbar aus dem Hochspannungsnetz beliefert. Allenfalls kann die vom Sonderkunden in Anspruch genommene hohe Abnahmemenge in der Art eines »Mengenrabatts« zu einer Begünstigung bei den Konzessionsabgaben führen. Solange die Konzessionsabgabe noch ein »Recht zur Versorgung« und nicht nur ein Wegenutzungsrecht einräumte, mag die Ausgestaltung der Tarife gerechtfertigt gewesen sein.

53

Die so stark differenzierende Regelung kann auch gegen **Beihilferecht der EU** verstoßen, vgl. Art. 87 ff. EG. Der Gesetzgeber zwingt nämlich die Gemeinden, gerade zugunsten von Sonderkunden – also typischerweise Unternehmen der gewerblichen Wirtschaft – auf Konzessionsabgaben zu verzichten, die sonst möglicherweise mit dem EVU vereinbart worden wären. Stünde fest, dass die Gemeinde ohne die Regelung des § 2 Abs. 2 KAV höhere Konzessionsabgaben vereinbart

54

---

43 **Tarifkunde** ist gemäß § 1 Abs. 3 KAV der Grundversorgungs- oder Ersatzversorgungskunde (§§ 36, 38) sowie der nach bisherigem Recht weiter versorgte (bisherige) Tarifkunde, §§ 115 Abs. 2 und 116. Vgl. dazu auch § 2 Abs. 7 KAV: Festlegung des Tarifkundenbegriffs nach Leistung und Jahresverbrauch (Obergrenzen, Abgrenzung zum Sondervertragskunden).

hätte, könnte die KAV insofern Beihilfecharakter haben, weil die Betriebe derartige Aufwendungen ersparen. Dabei ist auch zu bedenken, dass in anderen Mitgliedstaaten der EU möglicherweise Konzessionsabgaben gar nicht oder in geringerer Höhe erhoben werden; insofern würde dann der Wettbewerb zwischen den Unternehmen in der EU durch § 2 Abs. 2 KAV beeinträchtigt (Handelshemmnis).

55 Die übrigen Differenzierungen bei Elektrizität betreffen zum einen Schwachlaststrom und Nicht-Schwachlaststrom (§ 2 Abs. 2 Ziff. 1a KAV versus § 2 Abs. 2 Ziff. 1b KAV). Die Grenzpreisregelung des § 2 Abs. 4 KAV dient einer weiteren Begünstigung von Sondervertragskunden, weil zusätzlich der Durchschnittserlös aus der Lieferung von Strom an alle Sondervertragskunden im Gemeindegebiet als (relative) Preisobergrenze herangezogen wird. Für sog. **Bündelkunden**[44], bei denen einzelne Betriebsstätten in einem größeren Gebiet beliefert werden und die einzelnen Betriebsstätten hinsichtlich ihrer Abnahmecharakteristik Tarifkunden entsprechen, darf die Zusammenrechnung dieser Lieferungen nicht zur Begründung eines Sondervertrags-Lieferverhältnisses führen, § 2 Abs. 7 KAV n. F. Als Orientierungsgrenze werden für Lieferungen aus dem Niederspannungsnetz eine in zwei Monaten gemessene Leistung von 30 kW sowie ein Jahresverbrauch von 30.000 kWh kumulativ genannt. Diese Regelung dient der Stabilisierung des Konzessionsabgabenaufkommens und hat keinen Beihilfecharakter.

b) Gas

56 Die Ermächtigungsgrundlage in § 48 Abs. 2 ermöglicht oder verlangt sogar die Differenzierung zwischen Elektrizität und Gas, wobei die Kriterien Kundengruppen, Verwendungszwecke und Einwohnerzahl der Gemeinden ebenfalls anzuwenden sind. Bemessungsgrundlage ist auch für Gas die Kilowattstunde, wobei wiederum kein Prozentsatz, sondern nur ein fester Wert (in Cent) vorgesehen werden darf.

57 Bei Gas wirkt es sich auf die jeweiligen Höchstpreise aus, dass eine Vollerschließung bei weitem noch nicht erreicht ist. Da die Gemeinden ein Interesse daran haben, den Anschluss von Einwohnern ihres Gemeindegebietes an das Gasnetz zu erreichen, liegen die bisher in § 2 KAV ausgeworfenen Sätze/kWh deutlich unter denen für Elektri-

---

44 Vgl. *Büdenbender*, EnWG 1998, § 14 Rz. 41; *Herrmann/Dick*, Kundenbündelung, BB 2000, S. 885, 891 ff.

zität. Für Sonderkunden beträgt der Höchstsatz 0,03 Cent, § 2 Abs. 3 Ziff. 2 KAV. Konzessionsabgaben dürfen nicht vereinbart oder gezahlt werden, wenn die Abnahme 5 Mio. kWh pro Jahr übersteigt oder der Durchschnittspreis im Kalenderjahr unter 1,5 Cent/kWh liegt (§ 2 Abs. 5 KAV). Für Tarifabnehmer gelten gem. § 2 Abs. 2 Ziff. 2 – getrennt für Kochen/Warmwasser einerseits und sonstige Tariflieferungen andererseits – unterschiedliche Centbeträge/kWh, die zwischen 0,22 und 0,93 Cent liegen. Die Spanne zwischen niedrigstem (Sonderabnehmer-)Höchstbetrag (0,03 Cent) und höchstem Tarifabnehmerbetrag (0,93 Cent) wird durch das Verhältnis 1:30 repräsentiert, so dass sich bei Gas für Sonderkunden ein noch stärkerer Begünstigungseffekt einstellt.

3. Höchstsätze und Preisrecht

Der in § 46 Abs. 2 Satz 2 verwendete Begriff »Höchstsätze« macht den Regelungscharakter der Norm deutlich. Die Vorschrift muss deshalb Art. 74 Abs. 1 Ziff. 11 GG (konkurrierende Gesetzgebung im Bereich des Rechts der Wirtschaft) beachten. Als mögliche Kompetenznorm kommt auch noch Art. 74 Abs. 1 Ziff. 16 GG (Verhütung des Missbrauchs wirtschaftlicher Machtstellung) in Betracht. In moderner Terminologie handelt es sich beim Preisrecht um Verbraucherschutz, vgl. Art. 153 EG. Eine besondere preisrechtliche Kompetenz kennen weder Grundgesetz noch EG-Vertrag. 58

Zu einer älteren allgemeinen Ermächtigungsgrundlage zum Eingriff in die freie Preisbildung[45] hat das Bundesverfassungsgericht[46] entschieden, dass eine Ermächtigungsgrundlage mit dem Grundgesetz vereinbar ist, soweit sie den Bundesminister für Wirtschaft zu Anordnungen (Rechtsverordnungen) betreffend Preise, Mieten, Pachten, Gebühren und sonstigen Entgelten für Güter und Leistungen jeder Art (ausgenommen Löhne) berechtigt, um den Preisstand aufrechtzuerhalten. Zulässig waren auch Verfügungen der Obersten Landesbehörden mit 59

---

45 § 2 des Übergangsgesetzes über Preisbildung und Preisüberwachung (Preisgesetz) v. 10.4.1948, Gesetz- und Verordnungsblatt des Wirtschaftsrates des Vereinigten Wirtschaftsgebietes 1948, S. 27, i. d. F. des Gesetzes zur Verlängerung der Geltungsdauer des Preisgesetzes v. 25.9.1950, BGBl. I S. 681; zu weiteren Verlängerungen vgl. BGBl. I 1950, S. 824 sowie 1951, S. 223.
46 NJW 1959, 476 – Preisgesetz.

dem gleichen Ziel betreffend die gleichen Gegenstände der Preisbildung.

60 Das Bundesverfassungsgericht hat dazu ausgeführt[47], dass § 2 PreisG nur zu solchen Preisregelungen ermächtigt, die zur **Abwehr ernsthafter, für den gesamten Preisstand relevanter Störungen unerlässlich** sind. Bei einem Gebrauch der Ermächtigungen müsse der Grundsatz der Verhältnismäßigkeit zwischen Zweck und Mittel gewahrt werden. Deshalb seien nur »konservierende« Maßnahmen erlaubt, während es den Behörden verboten sei, »durch Preisregelungen eine aktive, die Preis- und Wirtschaftsordnung umgestaltende Wirtschaftspolitik zu betreiben«. Diesen Vorgaben genügt § 48 Abs. 2 im Ausgangspunkt, obwohl nicht ersichtlich ist, dass eine Gefährdung des gesamten Preisstandes bei Elektrizität droht. Allerdings ist die Gesamtregelung der §§ 46, 48 daraufhin zu überprüfen, ob der preisregelnde Charakter vom Gesetzgeber nicht in der Art eines »Deckmäntelchens« benutzt wird, um in Wahrheit den Besitzstand der Gemeinden im Hinblick auf das Konzessionsabgabenaufkommen zu sichern.

61 Hierfür spricht insbesondere die Formulierung von § 46 Abs. 1 Satz 2 Alt. 1, wonach der Abschluss von (einfachen) Wegenutzungsverträgen verweigert werden kann, wenn nicht »die Zahlung von Konzessionsabgaben in Höhe der Höchstsätze nach § 48 Abs. 2« angeboten wird. Eine solche Vorschrift findet sich explizit für Wegenutzungsverträge nach § 46 Abs. 2 allerdings nicht[48]. Der Gesetzgeber setzt in Bezug auf § 46 Abs. 1 kein preisrechtliches Instrument i. S. einer Preisdämpfung, sondern jene Regelung in der Art eines Mindestpreises ein, der zugleich Höchstpreis ist. Unter Berücksichtigung von § 46 Abs. 1 Satz 2 kann daher § 48 Abs. 2 zumindest partiell Festpreischarakter zukommen.

62 Gewinnt die Gesamtregelung der §§ 46, 48 in der Zukunft diesen Charakter, weil ganz überwiegend die Höchstpreise nach der KAV z. B. im Bereich der Elektrizität als Mindest- und Festvergütungen behandelt werden, wird der preisrechtliche Rechtsrahmen verlassen. Diesen Prozess hätte der Gesetzgeber dann durch § 46 Abs. 1 Satz 2 aktiv gefördert, so dass nicht argumentiert werden kann, für den Gesetzgeber sei die Entwicklung einer Höchstpreisregelung zur Mindest- und Festpreisregelung in ihrer Handhabung durch die Praxis

---

47 NJW 1959, 476.
48 Vgl. dazu oben § 46 Rz. 131 ff.

nicht voraussehbar gewesen bzw. hätte nicht verhindert werden können. Zutreffend ist, dass der Gesetzgeber auf diese Weise sein Ziel – Festlegung von Höchstpreisen – (gerade) noch erreicht; da aber eine Kompetenz zur Vorgabe von Preisen, die wie Festpreise in Wegenutzungsverträgen zu Gunsten von Gemeinden vereinbart werden, gerade nicht existiert, besteht tatsächlich die Gefahr, dass eine solche abgabenähnliche Regelung ihren Rechtsrahmen verlässt.

Eine Regelung, die sich im Zeitablauf aus dem Preisrecht heraus in der beschriebenen Art fortentwickelt, muss daraufhin untersucht werden, ob es nicht um einen **Abgabentatbestand** geht, der vom Bundesgesetzgeber außerhalb der dafür vorgesehenen Formen vorgezeichnet und entwickelt worden ist[49]. Handelt es sich bei den Konzessionsabgaben in Wirklichkeit um eine örtliche Verbrauchssteuer auf Elektrizität und Gas, wofür die Anknüpfung an die Verbrauchsmengen sprechen mag, müsste eine solche Steuerfestsetzung in den dafür vorgesehenen öffentlich-rechtlichen Formen erfolgen. Sollte es sich um ein öffentlich-rechtliches Benutzungsentgelt handeln, müssten zudem die Kommunalabgabengesetze beachtet werden. Insbesondere wenn die vom Bundesgesetzgeber gewählte Einkleidung als bürgerlichrechtliches Entgelt in ihrer tatsächlichen Ausgestaltung i. V. mit der Handhabung der Praxis das gewählte rechtliche Kleid längst verlassen hat, sollte darüber nachgedacht werden, in welcher Weise wirtschaftliche Realität und rechtliche Regelung wieder vereint werden können. Weil den Konzessionsabgaben der Umweltschutzbezug fehlt, kann zur Rechtfertigung dieses »Festpreis-Kontrahierungstatbestandes« auch nicht die Rechtsprechung zu den vom Gesetzgeber festgesetzten Einspeiseentgelten für erneuerbare Energien herangezogen werden[50]. 63

4. Schuldner der Konzessionsabgabe (Abs. 3)

Nach § 48 Abs. 3 sind Konzessionsabgaben in der vertraglich vereinbarten Höhe für Energie von demjenigen zu zahlen, der Vertragspartner der Gemeinde aus dem Wegenutzungsvertrag im Sinne von § 46 Abs. 1 ist. Weil § 46 Abs. 2 (Konzessionsverträge) nur eine spezielle Ausgestaltung des Wegenutzungsvertrages regelt, gilt § 48 Abs. 3 auch insofern. 64

---

49 Verneinend *Scholtka*, Konzessionsabgabenrecht, S. 67 ff., 71.
50 EuGH RdE 2001, 137, 139 f. – PreussenElektra.

65 Die Fassung des § 48 Abs. 3 lässt anders als das frühere Recht nicht mehr offen, wer »**Zahlungsverpflichteter** im Hinblick auf Konzessionsabgaben für Durchleitungsmengen« ist. Dies kann nur noch das EVU (als Konzessionsvertragspartner), nicht aber ein Dritter sein. Weder ein Abnehmer noch ein Energielieferant ist – Relativität der Vertragsbeziehungen – Schuldner von Konzessionsabgaben, selbst wenn er über Netzanschluss und Netzzugang von der Wegenutzung des Netzbetreibers profitiert. Bei Insolvenz des Netzbetreibers gibt es auch keine »Ausfallhaftung«.

66 Bereits mit der Einfügung von § 2 Abs. 6 KAV n. F. durch die Erste Verordnung zur Änderung der Konzessionsabgabenverordnung[51] hatte der Verordnungsgeber § 14 Abs. 3 EnWG 1998 in folgendem Sinne interpretiert:

> »(6) Liefern Dritte im Wege der Durchleitung Strom oder Gas an Letztverbraucher, so können im Verhältnis zwischen Netzbetreiber und Gemeinde für diese Lieferung Konzessionsabgaben bis zu der Höhe vereinbart oder geleistet werden, wie sie der Netzbetreiber in vergleichbaren Fällen für Lieferungen seines Unternehmens oder verbundener oder assoziierter Unternehmen in diesem Konzessionsgebiet zu zahlen hat. Diese Konzessionsabgaben können dem Durchleitungsentgelt hinzugerechnet werden. Macht der Dritte geltend, auf seine Lieferungen entfielen niedrigere Konzessionsabgaben als im Durchleitungsentgelt zugrunde gelegt, so kann er den Nachweis auch durch das Testat eines Wirtschaftsprüfers oder vereidigten Buchprüfers gegenüber dem Netzbetreiber erbringen.«

67 Der Bundesminister für Wirtschaft ging in der Verordnungsbegründung[52] davon aus, dass nur so die Gleichbehandlung der Netznutzer im Konzessionsabgabenrecht gesichert und damit Wettbewerbsneutralität der Konzessionsabgaben im Verhältnis zwischen Netzbetreiber und dritten Wettbewerbern sichergestellt werden könne. Zugleich wurde die Möglichkeit betont, die anfallende Konzessionsabgabe dem Durchleitungsentgelt hinzuzurechnen, weil dies »häufig die einfachste Form der Abwicklung der Konzessionsabgabenzahlungen sein« werde. Das Geheimhaltungsbedürfnis des Durchleitenden werde auf diese Weise gewahrt (Einschaltung von Wirtschaftsprüfern/Buchsachver-

---

51 Vom 22.7.1999, BGBl. I S. 1669.
52 BR-DrS 358/99, Begründung zu Nr. 4.

ständigen). Weil nur der Netzbetreiber für die Netzentgeltberechnung zuständig ist, stimmen KAV und § 48 Abs. 3 im Ergebnis zur Schuldnerbestimmung überein.

Scholtka hatte zum alten Recht klarstellend die Aufnahme folgender **68** Klausel in den Konzessionsvertrag vorgeschlagen[53]:

»Soweit der Netzbetreiber für die Benutzung öffentlicher Verkehrswege zur Versorgung von Letztverbrauchern Konzessionsabgaben an Gemeinden zu entrichten hat, werden diese dem Durchleitenden entsprechend der für die jeweilige Abnahmestelle vom Netzbetreiber für diese Energielieferungen zu zahlenden Konzessionsabgaben anteilig in Rechnung gestellt. Liegen beim Kunden besondere Umstände vor, die sich auf die Höhe der Konzessionsabgabe auswirken, so erbringt der Durchleitende hierfür dem Netzbetreiber einen geeigneten Nachweis; die Konzessionsabgabe ist dann in entsprechender Höhe zu vergüten.«

Da die Konzessionsinhaberin ohnehin Netzzugangsentgelte abrech- **69** nen muss, ist es ihr auch zumutbar, hierauf entsprechende Konzessionsabgaben zu erheben. Das daraus resultierende Inkassorisiko kann aber nicht vollständig auf das EVU abgewälzt werden, das sich einem Zugangsverlangen letztlich nicht zu entziehen vermag. Ist eine auf den Netzzugang entfallende Konzessionsabgabenforderung nicht gezahlt worden, muss das EVU/Netzbetreiber als berechtigt angesehen werden, den gegen den Netznutzer entstandenen Zahlungsanspruch in Höhe der geschuldeten Konzessionsabgabe **an Erfüllungs Statt** der Gemeinde abzutreten, so dass das Risiko der Uneinbringlichkeit der Konzessionsabgabenforderung dann die Gemeinde trägt.

IV. Konzessionsabgaben im vertragslosen Zustand (Abs. 4)

Häufig hatte die Rechtsprechung in der Vergangenheit zu entschei- **70** den, ob das EVU der Gemeinde auch im sog. »vertragslosen Zustand« Konzessionsabgaben schuldet und welche Rechtsgrundlage hierfür heranzuziehen ist[54]. Mit § 14 Abs. 4 EnWG 1998 hatte sich der Ge-

---

53 *Scholtka*, Konzessionsabgabenrecht, RdE 1999, S. 184, 188.
54 Aus der Rechtsprechung: BGH NJW 1996, 3409 = RdE 1996, 191 – Wegenutzung ohne Konzessionsvertrag; BGH RdE 1994, 194 – Konzessionsabgabe nach Vertragsende (Borkum); BGH RdE 1991, 104 – Konzessionsabgaben im vertragslosen Zustand; OLG Celle RdE 1993, 199 –

setzgeber entschlossen, die Problematik jedenfalls für einen wichtigen Teilbereich zu regeln. Nach dem wortgleichen § 48 Abs. 4 EnWG 2005 erlischt die Pflicht zur Zahlung der vertraglich vereinbarten Konzessionsabgaben auch nach Ablauf des Konzessionsvertrages zunächst nicht, sondern besteht ein Jahr lang fort, soweit nicht zwischenzeitlich eine anderweitige Regelung getroffen wird. Folgende Rechtszustände sind denkbar und zu behandeln:

– Es hat zwischen den potentiellen Vertragspartnern noch niemals einen Konzessionsvertrag gegeben (vgl. unten Abschn. 3.).

– Der bisher bestehende Konzessionsvertrag ist ausgelaufen, und die Parteien streiten sich über eine Fortsetzung (unten Abschn. 1.).

– Der bisherige Konzessionsvertrag ist bereits seit mehr als einem Jahr abgelaufen und noch nicht verlängert oder neu abgeschlossen worden (unten Abschn. 2.).

1. Konzessionsabgaben nach Auslaufen eines Konzessionsvertrages

71 Diese Konstellation ist Gegenstand vieler gerichtlicher Entscheidungen gewesen[55]. Leitentscheidungen waren BGH v. 10.10.1990 (Gasversorgungsfall)[56] sowie BGH v. 22.3.1994 (Borkum-Fall)[57]. Während der BGH im 1990 entschiedenen Gasversorgungsfall unter Berufung auf das Rechtsinstitut der ergänzenden Vertragsauslegung die Zahlung von Konzessionsabgaben zunächst nur für möglich erklärt hatte[58], hat sich das Gericht im sog. Borkum-Fall genauer festgelegt und aus er-

---

Konzessionsabgaben im vertragslosen Zustand; OLG Karlsruhe RdE 1996, 150 – Konzessionsabgabe von 3 %; OLG Naumburg RdE 1995, 21 – Wegenutzung ohne Konzessionsvertrag; LG Chemnitz RdE 1994, 245 – Konzessionsabgabe ohne Vertrag; LG Kiel RdE 1996, 116 – Konzessionsvertrag ohne Entgelt; LG Magdeburg RdE 1994, 247 – Wegenutzung ohne Konzessionsvertrag; LG Mannheim RdE 1995, 129 – Höchstzulässige Konzessionsabgaben; OLG München RdE 1993, 235 – Konzessionsabgabe für die Vergangenheit; LG München I RdE 1993, 202 – Umlegung von Konzessionsabgaben; LG München I RdE 1993, 26 – Konzessionsabgabe für die Vergangenheit; Kreisgericht Meiningen RdE 1994, 34 – Wegenutzung ohne Rechtsgrund.
55 Vgl. die Nachweise in der vorstehenden FN.
56 BGH RdE 1991, 104 – Konzessionsabgaben im vertragslosen Zustand.
57 BGH RdE 1994, 194 – Konzessionsabgabe nach Vertragsende.
58 BGH RdE 1991, 104, 107 f. – Konzessionsabgaben im vertragslosen Zustand.

IV. Konzessionsabgaben im vertragslosen Zustand (Abs. 4)

gänzender Vertragsauslegung mit dem Berufungsgericht[59] die Weiterzahlung der Konzessionsabgabe ohne Abschlag für ein Jahr angenommen[60] Zwischen Wirksamwerden der Kündigung des alten Konzessionsvertrages und Neuabschluss des neuen Konzessionsvertrages hatten immerhin mehr als acht Jahre gelegen[61]. Gerade wenn nach dem Willen der Gemeinde die Versorgung auf ein anderes EVU übergehen solle, so der BGH, werde eine gewisse Zeit benötigt, um das Entgelt für die Überlassung der Versorgungsanlagen zu bestimmen sowie den Übergang tatsächlich vorzunehmen; deshalb sei die ergänzende Vertragsauslegung des Berufungsgerichts (Weiternutzung sowie Weiterzahlung der Konzessionsabgaben in voller Höhe für ein Jahr) nicht zu beanstanden[62].

Da nicht ersichtlich ist, dass sich bei Weiternutzung des in den gemeindlichen Wegen verlegten Leitungsnetzes die von der Gemeinde erbrachte Leistung – ob mit oder ohne Vertrag – ändert, entspricht die Weiterzahlung in bisheriger Höhe auch dem Äquivalenzprinzip. § 48 Abs. 4 hat zudem ein Vorbild in § 546a Abs. 1 BGB, wonach auch nach Beendigung des Mietvertrages der Mieter den vollen Mietzins zu entrichten hat, bis er die Wohnung tatsächlich geräumt hat. 72

§ 48 Abs. 4 erfasst **alle Fälle der Weiternutzung** gemeindlichen Wegeeigentums. Dies gilt sowohl für einfache Wegenutzungsverträge i. S. von § 46 Abs. 1 als auch für qualifizierte Wegenutzungsverträge (Konzessionsverträge ieS) i. S. von § 46 Abs. 2. Eine Differenzierung beider Fälle im Lichte des § 48 Abs. 4 ist nicht gerechtfertigt, wie auch die Umstellung des in § 14 Abs. 4 EnWG 1998 noch benutzten Begriffs »Konzessionsvertrag« auf »Wegenutzungsvertrag« zeigt. 73

2. *Konzessionsabgaben nach Ablauf der Jahresfrist*

Die vom Gesetzgeber vorgesehene und an der bisherigen Rechtsprechung orientierte Begrenzung der Zahlung von Konzessionsabgaben in bisheriger Höhe auf die **Jahresfrist** kann im Hinblick auf vertragslose Zustände nach Ablauf dieser Frist verschieden interpretiert wer- 74

---

59 OLG Celle RdE 1993, 199 – Konzessionsabgabe nach Vertragsende.
60 Alle Entscheidungen einschl. der des BGH v. 10.10.1990 (WM 1991, 140 = RdE 1991, 104) betrafen denselben Fall.
61 Vgl. zum Sachverhalt BGH RdE 1994, 194 – Konzessionsabgabe nach Vertragsende.
62 BGH RdE 1994, 194, 195 f. – Konzessionsabgabe nach Vertragsende.

den[63]. Versteht man § 48 Abs. 4 als abschließende Regelung, dann wären nach Jahresablauf überhaupt keine Zahlungen mehr zu entrichten. Es wäre dann Sache der Gemeinde, entweder die Nutzung ihrer Verkehrswege nach Ablauf der Jahresfrist sofort zu beenden oder für diese Zeit neue Vereinbarungen zu treffen. Da im Lichte dieser Auffassung weder ein vertraglicher noch ein gesetzlicher Anspruch auf Zahlung von Konzessionsabgaben mehr besteht, schuldet der weiter nutzende frühere Konzessionsvertragspartner der Gemeinde überhaupt nichts mehr.

75 Beurteilt man § 48 Abs. 4 als eine Regelung ohne abschließenden Charakter, dann hätte der Gesetzgeber die Frage der nach Ablauf der Jahresfrist bestehenden Zahlungspflichten offen gelassen. Insbesondere wäre es dann nicht ausgeschlossen, in Erweiterung der BGH-Rechtsprechung der Frist des § 48 Abs. 4 eine weitere Jahresfrist folgen zu lassen, wenn ein längerer Zeitraum als erforderlich erscheint, um das Netz dem neuen Konzessionsvertragspartner der Gemeinde zu verschaffen und entsprechende Netzentflechtungsmaßnahmen vorzunehmen. Eine Weiterzahlung der Konzessionsabgabe in voller Höhe wäre dann nicht ausgeschlossen.

76 Eine vermittelnde Meinung könnte § 48 Abs. 4 dahingehend interpretieren, dass der Vorschrift zwar kein abschließender Charakter zukommt, nach Ende der Jahresfrist mögliche Zahlungsverpflichtungen des weiter nutzenden früheren Konzessionsinhabers aber lediglich den allgemeinen Vorschriften folgen sollen. Hierfür kommen insbesondere die §§ 987, 988 BGB (Nutzungsersatz des nichtberechtigten Besitzers) oder die §§ 812 ff. BGB (Wertersatz wegen ungerechtfertigter Bereicherung) in Betracht. Die Höhe des geschuldeten Nutzungsersatzes müsste dann jeweils im Einzelfall bestimmt werden. Da der ohne Konzessionsvertrag weiter arbeitende Netzbetreiber wegen § 46 Abs. 2 damit rechnen muss, das Netz an den neuen Konzessionsvertragspartner der Gemeinde überlassen zu müssen, besteht für ihn keine mittel- oder gar langfristig gesicherte Ertragsperspektive mehr.

77 Gelingt es ihm gleichwohl, Letztverbraucher von Energie im bisherigen Umfang weiterzuversorgen, ist jedenfalls im Lichte der nutzungsorientierten Auslegung des Konzessionsabgabenbegriffs nicht einzusehen, warum nicht die Konzessionsabgabe in der bisher vereinbarten Höhe weiterzuzahlen ist, weil diese offenbar das in jenem Einzelfall

---

63 So zu Recht *Schulz-Jander*, EnWG 1998, Anm. 2.4.

zutreffende und angemessene Entgelt darstellt (Verkehrswert bzw. objektiver Wert im Sinne von § 818 Abs. 2 BGB). Lediglich wenn Einschränkungen erfolgen, etwa weil die Gemeinde im Hinblick auf das fehlende Nutzungsrecht Netzerweiterungsmaßnahmen verweigert und damit sonst bestehende Gewinnchancen nicht mehr realisiert werden können, mag mit Rücksicht auf die für die Unternehmensbewertung geltenden Bewertungsmaßstäbe ein Abschlag gerechtfertigt sein. Es besteht auch die Möglichkeit, dass höhere Konzessionsabgaben als bisher als Nutzungsentgelt geschuldet werden, wenn die vertraglich vereinbarte Konzessionsabgabe deutlich unter den preisrechtlich zulässigen Höchstsätzen gelegen hat und typischerweise für derartige Gebiete höhere Konzessionsabgaben gezahlt werden. Zu Einzelheiten der Berechnung des Nutzungsersatzes vgl. den folgenden Abschn. 3.

Schulz-Jander schließt aus der Möglichkeit der Parteien, drei Jahre lang über den Abschluss des neuen Konzessionsvertrags zu verhandeln[64], dass ein Anspruch auf Konzessionsabgaben oder Nutzungsentschädigung der Gemeinde dann nicht mehr besteht, wenn das EVU seine Sonderkunden- bzw. Tarifpreise im Einklang mit § 4 Abs. 2 KAV nach Ablauf der Einjahresfrist des § 48 Abs. 4 um (dann nicht mehr gezahlte) Konzessionsabgaben gesenkt hat[65]. Dem Netzbetreiber würde dann die kostenlose Nutzung des Wegenetzes ermöglicht werden. Er befindet sich allerdings in einer rechtlich und tatsächlich schwierigen Lage, weil er möglicherweise einerseits das Absenkungsgebot beachten muss, andererseits aber gleichwohl – ohne spätere Überwälzung an den Kunden – Konzessionsabgaben oder Entschädigungen zu zahlen hat. 78

Diese Interpretation des § 48 Abs. 4 hat den Vorzug größtmöglicher Rechtssicherheit auf ihrer Seite. Allerdings widerspricht sie dem Gerechtigkeitsempfinden: Die Gemeinde müsste die Nutzung ihres Eigentums entschädigungslos hinnehmen; dies kann nicht Sinn und Zweck des Absenkungsgebotes gem. § 4 Abs. 2 KAV sein, das auf einer Einigung der Vertragsparteien aufbaut und für Streitigkeiten über die Konzessionsabgabe gerade keine Lösung bereithält. 79

---

64 Zusammenrechnung der Fristen aus § 46 Abs. 3 (zwei Jahre) sowie § 48 Abs. 4 (ein Jahr).
65 *Schulz-Jander*, EnWG 1998, § 14 Anm. 2.4 S. 284.

§ 48 Konzessionsabgaben

80 Dem EVU muss in dieser Situation empfohlen werden, die Tarifpreise nicht entsprechend § 4 Abs. 2 KAV abzusenken, weil sie diese Beträge möglicherweise in voller Höhe an die Gemeinde abführen muss, wenn diese sich im Rechtsstreit um eine Nutzungsentschädigung nach Ablauf der Jahresfrist durchsetzt. Vermag die Gemeinde entsprechend dem dann ergehenden Urteil diese Beträge nur teilweise oder gar nicht für sich zu beanspruchen, können diese den Kunden mit der nächsten Rechnung verzinst zurückerstattet werden. Da das Absenkungsgebot für die Bewältigung einer derartigen Situation nicht gedacht ist, kann sich das EVU zur Begründung einer fehlenden Verpflichtung zur Zahlung von Nutzungsentschädigungen gegenüber der Gemeinde auch nicht darauf berufen. Insbesondere beinhaltet § 4 Abs. 2 KAV kein gesetzliches Verbot, gleichwohl Entschädigungen zu zahlen.

81 Verpflichtet die Regulierungsbehörde das EVU zur Beachtung des Absenkungsgebotes (§ 6 Abs. 2 KAV i. V. mit § 65), so ist die vorstehend beschriebene Vorgehensweise nicht mehr möglich. Da Entschädigungszahlungen im Rechtssinne keine Konzessionsabgaben i. S. von § 48 Abs. 1 sind, vermag das EVU mit Rücksicht auf zukünftig zu befürchtende Zahlungsverpflichtungen die Entgelte auch nicht sofort wieder aufzustocken. Fraglich ist auch, ob und in welchem Umfange Überwälzungsmöglichkeiten im Hinblick auf derartige Entschädigungszahlungen bestehen, wenn sie denn später rechtskräftig festgestellt sind. Zwar mögen diese Kosten zu den Aufwendungen einer wirtschaftlich angemessenen Betriebsführung i. S. von § 12 BTOElt gehören; gleichwohl können sie für die Vergangenheit nicht mehr zum Gegenstand einer Preiserhöhung mit Rückwirkungscharakter gemacht werden. Letztlich wird das EVU versuchen müssen, diese Zusatzkosten bei einer neuen Tarifgenehmigung in Ansatz zu bringen.

3. Konzessionsabgaben vor erstmaligem Vertragsabschluss

82 Auch diese Konstellation wird von § 48 Abs. 4 nicht entschieden. Die Regelung vermag Konzessionsabgaben bzw. Nutzungsersatz bei Benutzung eines in gemeindlichen Wegen und Straßen verlegten Versorgungsnetzes vor Vertragsschluss nicht zu erfassen, so dass insofern auch kein abschließender Regelungscharakter denkbar ist. Zwei Fallgestaltungen sind denkbar: In den neuen Bundesländern ist die Weiternutzung der alten Versorgungsnetze häufig noch auf der Grundlage

des § 29 Energieverordnung DDR erfolgt[66]. Gerade gegenüber solchen Städten und Gemeinden, die die Energieversorgung in die eigenen Hände zu nehmen beabsichtigten, haben dann die das Netz betreibenden EVU den Abschluss von Konzessionsverträgen verweigert, weil ihnen keine langjährige Nutzung zugesichert werden konnte.

Nicht von vornherein ausgeschlossen ist auch folgende Fallkonstellation: Die Gemeinde hat den alten Konzessionsvertrag nicht verlängert und einen neuen Netzbetreiber gefunden, dem die Versorgungsanlagen bereits überlassen wurden. Allerdings ziehen sich die Konzessionsvertragsverhandlungen in die Länge, weil eine Einigung über die Höhe der Konzessionsabgabe bisher nicht erzielt werden konnte. Die Gemeinde verlangt daher für die Zwischenzeit eine Nutzungsentschädigung, die auf der Basis des Konzessionsabgabenrechts zu berechnen sei. Da mit gerade diesem EVU noch kein Konzessionsvertrag besteht, handelt es sich ebenfalls um eine Ausprägung der Fallkonstellation »Konzessionsabgaben vor Vertragsschluss«. 83

Mögliche Entscheidungen zur Höhe von Entschädigungspflichten des EVU im (ursprünglich) konzessionsvertragslosen Zustand mögen beeinflusst werden durch die Kostenansätze, die das EVU im Rahmen der Tarifpreisgenehmigung vorgenommen hat oder die für Sonderkundenverträge einkalkuliert wurden. Sind im Rahmen dieser Preisansätze auch Konzessionsabgaben prognostiziert und in die Berechnung eingestellt worden, liegt möglicherweise eine andere Entscheidungssituation verglichen mit derjenigen vor, in der die Berechnung ohne Konzessionsabgaben oder ihnen wirtschaftlich gleichstehenden Nutzungsentschädigungen erfolgt ist. 84

In dem der Leitentscheidung des BGH vom 21.3.1996 zugrunde liegenden Fall der Stadt Salzwedel[67] beruhten die genehmigten Strompreistarife auf prognostizierten Konzessionsabgabenzahlungen. Nachdem die Verhandlungen über den Abschluss des Konzessionsvertrages des EVU mit der Stadt Salzwedel endgültig gescheitert waren, erteilte das EVU den Tarifkunden eine entsprechende Gutschrift und stellte für die Folgemonate diese Entgeltanteile nicht mehr in 85

---

66 Vgl. dazu *Seeliger*, Mitbenutzung von öffentlichen Verkehrswegen, RdE 1993, S. 103 ff.
67 BGH v. 21.3.1996, RdE 1996, 191 = NJW 1996, 3409 – Wegenutzung ohne Konzessionsvertrag.

Rechnung. Für frühere Zeiträume (1991 und 1992) verblieb es aber bei der durch das EVU erfolgten Vereinnahmung von Konzessionsabgaben, ohne dass diese an die Stadt abgeführt wurden. Aus abgetretenem Recht machte die für die Übernahme der zukünftigen Energieversorgung gegründete Stadtwerke GmbH einen Entgeltanspruch in Höhe von 1,575 Mio. DM geltend, der auch denjenigen Zeitraum umfasste, ab dem das EVU Konzessionsabgaben von den Kunden nicht mehr vereinnahmt hatte.

86 Der BGH vermochte seine Entscheidung – anders als in den früheren Fällen[68] – nicht mehr auf die Grundsätze der ergänzenden Vertragsauslegung zu stützen, weil eine vertragliche Beziehung zwischen Stadt und EVU niemals bestanden hatte. Auch die Rechtsfigur des faktischen Vertrages konnte nicht herangezogen werden[69]. Der BGH hat daher seine Überlegungen allein auf § 812 Abs. 1 Satz 1 BGB gestützt[70].

87 In der Literatur ist die Möglichkeit einer Nutzungsentschädigung nach Bereicherungsgrundsätzen mit der Erwägung verneint worden, der preisrechtliche und abschließende Charakter der KAV ermögliche Zahlungen außerhalb der festen Vorgaben dieser Verordnung nicht[71]. Der BGH[72] hat den abschließenden Charakter der KAV verneint und einen Bereicherungsausgleich jedenfalls dann zugelassen, wenn die Höchstsätze der KAV nicht überschritten würden. Nach dieser Auffassung soll die Möglichkeit, Bereicherungsentschädigungen als Kon-

---

68 Vgl. vorherige FN.
69 Vgl. NJW-RR 1991, 176 f. = RdE 1991, 104 f. – Konzessionsabgaben im vertragslosen Zustand.
70 Die Anwendung der Vorschriften über die ungerechtfertigte Bereicherung erscheint als nicht von vornherein ausgeschlossen, selbst wenn man die besondere Gestattungslage (§ 29 Energieverordnung DDR) berücksichtigt. Wenn man jedoch als konstituierendes Merkmal von Nutzungsersatz i. S. der §§ 987, 988 BGB ansieht, dass die Nutzung gegen den Willen des Eigentümers erfolgt (vgl. auch BGH NJW-RR 1991, 176, 177 – Konzessionsabgaben im vertragslosen Zustand –, wo die Anwendung des Rechtsgedankens der §§ 556, 557 Abs. 1 BGB a.F. mit der Erwägung verneint wird, die Vorschrift erfasse nur die Weiternutzung gegen den Willen des Eigentümers), so sind Ansprüche aus Eigentümer-Besitzer-Verhältnis ebenfalls ausgeschlossen.
71 Vgl. im Einzelnen *Salje*, Wert- und Nutzungsersatz, ET 1994, S. 56, 60 f.; *Páez-Maletz*, Anm. RdE 1995, S. 23 ff.
72 RdE 1996, 191, 192 f. – Wegenutzung ohne Konzessionsvertrag.

IV. Konzessionsabgaben im vertragslosen Zustand (Abs. 4)

zessionsabgaben offen in den Tarifpreisen auszuweisen (§ 4 KAV), allenfalls bei der Höhe des Bereicherungsanspruchs gem. § 818 Abs. 3 BGB berücksichtigt werden[73]. Nachdem ein Nutzungsrecht aus § 29 Energieverordnung DDR nicht mehr hergeleitet werden könne[74] (Stichtag: 1.1.1992, gleichzeitig Inkrafttreten der KAV), könne die Inanspruchnahme gemeindlichen Wegeeigentums auch nicht auf § 6 Abs. 1 EnWG 1935 (Anschluss- und Versorgungspflicht) gestützt werden[75], weil auch die Tätigkeit innerhalb der allgemeinen Versorgung keinen Rechtsgrund für eine unentgeltliche Inanspruchnahme des Straßen- und Wegenetzes zu vermitteln vermöge[76].

Für die Bemessung der Bereicherungsentschädigung (Wertersatz nach § 818 Abs. 2 BGB) geht der BGH von den Höchstsätzen der KAV aus[77]; in Anlehnung an die KAV sei der objektive Verkehrswert der gezogenen Nutzungen zu ermitteln. Der BGH möchte die Vergütung weder wie das Landgericht (50 Prozent der Höchstsätze der KAV) noch wie das OLG Naumburg (75 Prozent der Höchstsätze) ansetzen, sondern sich an vergleichbaren Interims-Konzessionsverträgen orientieren, die andere Städte und Regionalversorger in den neuen Bundesländern abgeschlossen haben, wenn die Gemeinde/Stadt die Energieversorgung demnächst in eigene Hände übernehmen möchte[78]. **88**

Im Rahmen des § 818 Abs. 3 BGB (Wegfall der Bereicherung) berücksichtigt der BGH die Befolgung des Absenkungsgebotes nach § 4 KAV durch das EVU. § 4 Abs. 2 KAV erfasse nicht nur die Einigungsfälle hinsichtlich des gänzlichen oder teilweisen Verzichts auf Konzessionsabgaben, sondern auch den Fall des »Sich-Nicht-Einigen-Könnens«[79]. Dieses Entreicherungsrisiko müsse die Gemeinde im Einklang mit der KAV tragen, weil es weder dem Tarifkunden noch dem EVU zuzumuten sei, trotz fehlenden Konzessionsvertrages für **89**

---

73 BGH ebd. S. 192 f.
74 BGH ebd. S. 193 sowie ausführlicher in der maschinenschriftlichen Fassung der Urteilsbegründung S. 11 ff.; vgl. auch *Seeliger*, Mitbenutzung von öffentlichen Verkehrswegen, RdE 1993, S. 103, 105; anderer Ansicht *Salje*, Wert- und Nutzungsersatz, ET 1994, S. 54, 57.
75 BGH RdE 1996, 191, 193 f.
76 Hinweis auf BGH ET 1970, 219, 220 f. – Nichtberechtigung zur Stromverteilung.
77 BGH RdE 1996, 191, 194 ff.
78 BGH ebd. S. 194 f.
79 BGH ebd. S. 195.

längere Zeit quasi fiktive Konzessionsabgaben im Tarifpreis zu berücksichtigen bzw. zu zahlen. Dies müsse im Rahmen einer »Gesamtsaldierung« berücksichtigt werden[80]. Der BGH verweist auf die Funktion des Bereicherungsrechts als Billigkeitsrecht, wenn er letztlich vom EVU als »Konzessionsabgaben« eingenommene Entgelte – auch bereits für die Zeit vor Inkrafttreten der KAV am 1.1.1992 – bereicherungsrechtlich der Gemeinde zuweisen möchte; diese Beträge dürfe das EVU nicht zur Verbesserung des eigenen Betriebsergebnisses verwenden, selbst wenn vor 1992 die Nutzung der Gemeindewege letztlich gerechtfertigt (§ 29 Energieverordnung DDR) erfolgt sei. Wegen der »Erfolgsneutralität« der Konzessionsabgabe (»durchlaufender Posten«) könnten zudem vom EVU im Versorgungsgebiet erwirtschaftete Verluste nicht in Rechnung gestellt werden.

90 Die Entscheidung ist in noch stärkerem Maße als sonst im Bereicherungsrecht üblich auf Billigkeitsgesichtspunkte gestützt. Gerade der wohl als Kunstgriff zu bezeichnende Hinweis des BGH auf die »Gesamtsaldierung«, die dann sogar einen Ausgleich für einen Zeitraum ermöglichen soll, während dessen die Benutzung berechtigt erfolgt ist (§ 29 Energieverordnung DDR), zeigt dies sehr deutlich auf. Aus der Sicht des Gerichts war es letztlich nicht hinzunehmen, dass das EVU von Letztverbrauchern eingenommene Entgelte für sich behielt, obwohl sie doch nach Sinn und Zweck des Konzessionsabgabenrechts der Gemeinde zustanden. Die Lösung nach Billigkeitsaspekten dominiert letztlich das sonst eher strengere Bereicherungsrecht, zumal der erzielte Vermögensvorteil konkret kaum messbar ist und eine derartige Nutzung von Straßengrundstücken die Gemeinde kaum beeinträchtigt, weil diese ohnehin dem allgemeinen Verkehr gewidmet sind.

91 Für weitere Fälle von Wegenutzungen im ursprünglich vertragslosen Zustand bedeutet dies, dass **vereinnahmte Konzessionsabgaben** grundsätzlich **an die Gemeinde weiterzuleiten** sind. Werden Konzessionsabgaben bei den Kunden nicht in Rechnung gestellt, muss das EVU gleichwohl mit einer Entschädigungszahlung rechnen, die dann im Vergleich mit anderen Konzessionsverträgen zu berechnen ist, die für eine vergleichbar kurze Nutzungszeit abgeschlossen werden (Interims-Verträge). Eine Überwälzungsmöglichkeit für derart gezahlte Entschädigungen besteht für das EVU nur dann, wenn diese als Kosten nachfolgender Perioden in einer neuen Tarifpreisgenehmigung von der Energiepreisaufsicht berücksichtigt werden. Unbefriedigend

---

80 BGH ebd. S. 196.

ist es insbesondere, dass es außerhalb von Vertragsvergleichen keine konkreten Anhaltspunkte in Bezug auf die Höhe der zu zahlenden Nutzungsentschädigung (Ersatz des objektiven Wertes) gibt. Nach der BGH-Entscheidung v. 21.3.1996 kann kein EVU mehr davon ausgehen, gemeindliche Straßen und Wege kostenlos nutzen zu dürfen.

V. Aufsichtsbefugnisse

Wegen des Pauschalverweises in § 65 Abs. 1 auf die Zuständigkeiten der Regulierungsbehörde in Bezug auf die Einhaltung der Vorschriften dieses Gesetzes, muss für jede Norm des EnWG geklärt werden, ob und in welchem Umfang die Aufsichtsbehörde zum Einschreiten befugt ist. Mit der Ersten Verordnung zur Änderung der KAV[81] hatte der frühere Gesetzgeber bereits möglicherweise bestehende Unklarheiten[82] durch Neufassung von § 6 Abs. 2 KAV beseitigt, wonach § 18 EnWG 1998 entsprechende Anwendung finde. Mit dem Zweiten Neuregelungsgesetz ist dieser Verweis auf die §§ 65 und 69 umgestellt worden (**Regulierungsbehörde**). Da § 6 KAV Aufsichtsmaßnahmen und Aufsichtsrechte umfasst und die Behörde nach § 6 Abs. 1 KAV von Versorgungsunternehmen und Gemeinden diejenigen Auskünfte und Belege verlangen kann, die zur Überwachung der Einhaltung der Verordnung erforderlich sind, kann von einer nur durch die allgemeinen Grundsätze eingeschränkten Aufsichtsbefugnis der Regulierungsbehörde ausgegangen werden. 92

Die Zuständigkeit umfasst zunächst die Prüfung, ob überhaupt ein Fall vorliegt, der unter das Konzessionsabgabenrecht fällt (Definition). Insbesondere hat die Behörde zu prüfen, ob die **Konzessionsabgaben** in der **zulässigen Höhe** berechnet worden sind und insbesondere die Höchstbeträge je Mengeneinheit eingehalten wurden. Gerade mögliche Verstöße gegen Grenzpreisregelungen (§ 2 Abs. 4 und Abs. 5 KAV) unterliegen der behördlichen Kontrolle. 93

Auch die Durchsetzung der neuen Regeln (§ 2 Abs. 6 bis 8 KAV) und die Einstufung als Sonder- oder Tarifkunde (§ 1 Abs. 3 und 4 sowie § 2 Abs. 7 Satz 1 KAV, einschl. Bündelkunden, Weiterverteilung ohne Benutzung öffentlicher Verkehrswege) fällt in den aufsichtsbehördlichen Bereich. Gleichzeitig muss sichergestellt werden, dass 94

---

81 Vom 22.7.1999, BGBl. I S. 1669.
82 Vgl. dazu *Kühne*, Aufsichtsrecht, in: *Bartsch/Röhling/Salje/Scholz*, Handbuch der Stromwirtschaft, Kap. 15 ff., S. 127, 146 f.

nicht andere Leistungen als Konzessionsabgaben vereinbart werden (§ 3 KAV). Der regulierungsbehördlichen Kontrolle unterliegt auch das Transparenzgebot des § 4 Abs. 1 KAV sowie die Verpflichtung gem. § 4 Abs. 2 KAV (Absenkungsgebot). Auch die Abschlagszahlungen und Zinsregelungen (§ 5 KAV) müssen ggf. aufsichtsbehördlich durchgesetzt werden.

95 Soweit eine Fallgestaltung dem Begriff der Konzessionsabgabe nicht unterfällt, besteht keine aufsichtsbehördliche Befugnis. Dies betrifft z. B. die Vereinbarung von Nutzungsentgelten für die Inanspruchnahme privater Grundstücke zur Verlegung und zum Betrieb von Leitungen. Da die §§ 46, 48 nur Gemeinde und Gemeindeverbände betreffen, sind **privatrechtliche Entgelte**, die Bund oder Länder für die Nutzung ihres Wegenetzes vereinbaren, **nicht von der Aufsichtsbehörde kontrollierbar**. Allerdings können solche Vereinbarungen Beschränkungen unterliegen, wenn Landes- oder Bundesstraßen im Gemeindegebiet benutzt werden und deren Nutzung bereits nach dem pauschalierenden Maßstab des § 2 KAV abgegolten ist. Ob daraus allerdings eine Zuständigkeit der Regulierungsbehörde resultiert, um etwa eine Abgrenzung zu erreichen und die Energiekunden nicht weiter zu belasten, muss als durchaus fraglich angesehen werden. Einiges spricht vielmehr dafür, insofern die Zuständigkeit der Kartellbehörde im Hinblick auf die §§ 19, 20 GWB zu bejahen.

Teil 6 Sicherheit und Zuverlässigkeit der Energieversorgung

Literatur zu §§ 49 bis 53a

Bartsch/Röhling/Salje/Scholz (Hrsg.), Stromwirtschaft – Ein Praxis-Handbuch, Köln 2002, Kap. 15 ff.; *Britz*, Energiewirtschaftsgesetz (EnWG), Kommentar, München 2006; *Büdenbender/Kühne (Hrsg.)*, Das neue Energierecht in der Bewährung – Bestandsaufnahme und Perspektiven, Festschrift Baur, Baden-Baden 2002; *Danner*, Energiewirtschaftsrecht – Energiewirtschaftsgesetz mit den Durchführungsbestimmungen, Nebengesetzen, Verordnungen und Erlassen sowie den energiewirtschaftlich relevanten Rechtsregelungen anderer Bereiche. Loseblattsammlung, 47. Ergänzungslieferung, München 2004; *Grewe/Flandrich/Elwanger (Hrsg.)*, Energiewirtschaft im Wandel, Festschrift D. Schmitt, Münster 2004; *Tettinger*, Zum Thema »Sicherheit« im Energierecht, RdE 2002, S. 225 ff.

§ 49 Anforderungen an Energieanlagen

(1) ¹Energieanlagen sind so zu errichten und zu betreiben, dass die technische Sicherheit gewährleistet ist. ²Dabei sind vorbehaltlich sonstiger Rechtsvorschriften die allgemein anerkannten Regeln der Technik zu beachten.

(2) Die Einhaltung der allgemein anerkannten Regeln der Technik wird vermutet, wenn bei Anlagen zur Erzeugung, Fortleitung und Abgabe von

1. Elektrizität die technischen Regeln des Verbandes der Elektrotechnik Elektronik Informationstechnik e. V.,

2. Gas die technischen Regeln der Deutschen Vereinigung des Gas- und Wasserfaches e. V.

eingehalten worden sind.

(3) ¹Bei Anlagen oder Bestandteilen von Anlagen, die nach den in einem anderen Mitgliedstaat der Europäischen Union oder in einem anderen Vertragsstaat des Abkommens über den Europäischen Wirtschaftsraum geltenden Regelungen oder Anforderungen rechtmäßig hergestellt und in den Verkehr gebracht wurden und die gleiche Sicherheit gewährleisten, ist davon auszugehen, dass die Anforderungen nach Absatz 1 an die Beschaffenheit der Anlagen erfüllt sind. ²In begründeten Einzelfällen ist auf Verlangen der nach Landesrecht zuständigen Behörde nachzuweisen, dass die Anforderungen nach Satz 1 erfüllt sind.

(4) Das Bundesministerium für Wirtschaft und Arbeit kann, soweit Anlagen zur Erzeugung von Strom aus erneuerbaren Energien im Sinne des Erneuerbare-Energien-Gesetzes betroffen sind im Einvernehmen mit dem Bundesministerium für Umwelt, Naturschutz und Reaktorsicherheit, Rechtsverordnungen mit Zustimmung des Bundesrates über Anforderungen an die technische Sicherheit von Energieanlagen erlassen.

(5) Die nach Landesrecht zuständige Behörde kann im Einzelfall die zur Sicherstellung der Anforderungen an die technische Sicherheit von Energieanlagen erforderlichen Maßnahmen treffen.

(6) ¹Die Betreiber von Energieanlagen haben auf Verlangen der nach Landesrecht zuständigen Behörde Auskünfte über technische und wirtschaftliche Verhältnisse zu geben, die zur Wahrnehmung der Aufgaben nach Absatz 5 Satz 1 erforderlich sind. ²Der Auskunftspflichtige kann die Auskunft auf solche Fragen verweigern, deren Beantwortung ihn selbst oder einen der in § 383 Abs. 1 Nr. 1 bis 3 der Zivilprozessordnung bezeichneten Angehörigen der Gefahr strafrechtlicher Verfolgung oder eines Verfahrens nach dem Gesetz über Ordnungswidrigkeiten aussetzen würde.

(7) Die von der nach Landesrecht zuständigen Behörde mit der Aufsicht beauftragten Personen sind berechtigt, Betriebsgrundstücke, Geschäftsräume und Einrichtungen der Betreiber von Energieanlagen zu betreten, dort Prüfungen vorzunehmen sowie die geschäftlichen und betrieblichen Unterlagen der Betreiber von Energieanlagen einzusehen, soweit dies zur Wahrnehmung der Aufgaben nach Absatz 5 Satz 1 erforderlich ist.

Überblick	Seite	Rz.
I. Normzweck und Rechtsentwicklung.................	1043	1
II. Grundbegriffe der Regelung in § 49 (Abs. 1 Satz 1)	1047	12
1. Energieanlagen................................	1048	13
2. Errichten und Betreiben	1052	24
3. Technische Sicherheit...........................	1052	26
III. Konkretisierung des Sicherheitsniveaus (Abs. 1 Satz 2) ..	1055	31
1. Vorrang von Rechtsvorschriften	1055	32
a) Druckgeräte- und Rohrfernleitungsverordnung	1056	35
b) Unfallverhütungsvorschriften	1059	40
2. Allgemein anerkannte Regeln der Technik	1059	41
a) Regeln der Technik...........................	1059	42
b) Allgemeine Anerkennung......................	1060	43
IV. Vermutung für die Einhaltung der Anforderungen an die technische Sicherheit (Abs. 2)	1061	46
1. Vermutung.....................................	1062	48
2. Darlegung und Beweisantritt.....................	1063	52
3. Widerlegung der Vermutung.....................	1065	58
V. EU- und EWR-Sicherheitsstandards (Abs. 3)	1069	71
1. Anlagen und Bestandteile von Anlagen..............	1070	72

2. Rechtmäßige Herstellung und Inverkehrbringen	1070	73
3. Gleichwertigkeitserfordernis	1070	74
4. Vermutung oder anerkannte Gleichwertigkeit	1071	75
VI. Verordnungsermächtigung (Abs. 4)	1072	78
VII. Zuständige Behörde, Verfahren und Rechtsschutz (Abs. 5 bis 7)	1073	80
1. Ermächtigung zu erforderlichen Maßnahmen (Abs. 5)	1073	81
2. Betreiber-Auskunftspflichten (Abs. 6)	1074	84
3. Betretungsrecht, Überprüfungen und Einsichtnahmen (Abs. 7)	1077	93
4. Rechtsschutz	1078	98

I. Normzweck und Rechtsentwicklung

Art. 3 Abs. 2 RL-Elt/RL-Gas sowie Art. 5 RL-Elt und Art. 6 RL-Gas verpflichten die Mitgliedstaaten, den Elektrizitäts- und Gasunternehmen aus Gründen der **Sicherheit einschließlich der Versorgungssicherheit** Verpflichtungen im Allgemeininteresse aufzuerlegen. Davon macht § 49 Gebrauch, indem die Vorschrift **technische Mindestanforderungen** an Energieanlagen festlegt. 1

Die Auferlegung derartiger Verpflichtungen ist nur zulässig, wenn diese den Kriterien der Art. 5/6 Satz 2 und 3 RL-Elt/RL-Gas genügen: 2

– klare Definition

– Objektivität

– Diskriminierungsfreiheit

– Sicherstellung der Interoperabilität der Netze

– Veröffentlichung (einschl. Änderungen)

– Pflicht zur Mitteilung gegenüber der EU-Kommission

Die Einhaltung dieser Grundsätze ist erforderlich, um eine Beschränkung des Handels sowie des Dienstleistungsverkehrs zwischen den Mitgliedstaaten zu verhindern, der im Gewande nationaler Regelungen über Energieanlagen (einschließlich der Bevorratung) einhergehen könnte. Nicht nur Energiedienstleistungen selbst einschl. der freien Lieferung von Elektrizität und Gas, sondern auch Anlagen und 3

Zubehör auf den vorgelagerten Märkten, soweit für Betrieb und Unterhaltung von Energieanlagen im weitesten Sinne erforderlich (Erzeugung, Speicherung, Übertragung, Verteilung), müssen ohne mengenmäßige Beschränkungen oder Maßnahmen gleicher Wirkung überall in den Mitgliedstaaten der Europäischen Union frei verfügbar sein.

4 Die Versorgung mit Elektrizität und Gas birgt **Gefahren**. Deshalb sind technische Mindeststandards erforderlich, um Unglücksfälle bestmöglichst verhüten zu können. In der Bundesrepublik Deutschland bedient man sich dabei der (gleitenden) Verweisung auf den Stand der allgemein anerkannten **Regeln der Technik**. Dieser unbestimmte Rechtsbegriff muss durch Regelwerke konkretisiert werden, die meist staatsfern erarbeitet werden.

5 Das **EnWG 1935** enthielt in § 13 Abs. 2 lediglich eine Verordnungsermächtigung. Die Wirtschaftsministerien der Länder konnten danach Vorschriften und Anordnungen über die technische Beschaffenheit, die Betriebssicherheit, die Installation von Energieanlagen und von Energieverbrauchsgeräten sowie deren Überwachung erlassen. Das Recht der technischen Sicherheit ist aber inzwischen einer intensiven harmonisierenden Regelung innerhalb der EU unterworfen worden[1]. Die Umsetzung in deutsches Recht ist insbesondere mit dem Geräte- und Produktsicherheitsgesetz[2] einschließlich zahlreicher dazu ergangener Ausführungsverordnungen erfolgt. Dies gilt insbesondere für Energieverbrauchsgeräte[3]. Die im Energiewirtschaftsrecht niederzulegende Rahmenregelung für die technische Sicherheit konnte sich daher auf **Energieanlagen** i. S. von § 3 Ziff. 15 beschränken, die der Erzeugung, Speicherung, Fortleitung und Abgabe von Elektrizität und Gas dienen.

6 Die Vorläufernorm zu § 49 (§ 16 EnWG 1998) ist in § 11 des Entwurfs zum EnWG 1998 bereits enthalten gewesen[4]. Sie war dann im Laufe des Gesetzgebungsverfahrens und auch durch den Wirtschaftsausschuss des Deutschen Bundestages nicht mehr verändert worden[5].

---

1 Zum Stand bis Ende 2003 vgl. *Peine*, Gerätesicherheitsgesetz, 3. Aufl. Köln/Berlin/Bonn/München 2002, Einführung Rz. 93 ff.
2 Vom 6.1.2004, BGBl. I S. 2, 219, zuletzt geändert durch Art. 3 Abs. 33 des Zweiten Neuregelungsgesetzes vom 7.7.2005, BGBl. I S. 1970, 2014.
3 Vgl. dazu *Peine*, GSG, §§ 1, 1a, 2 Rz. 28 ff.
4 BT-DrS 13/ 7274, S. 6 mit Einzelbegründung S. 22.
5 BT-DrS 13/9211, S. 14 f.

I. Normzweck und Rechtsentwicklung

In der Gesetzesbegründung[6] wurde darauf hingewiesen, dass die Vorschrift die Zweite Verordnung zur Durchführung des EnWG[7] ersetzte und damit der Gesetzesrang der Vorschriften über die technische Sicherheit von Energieanlagen zukünftig sichergestellt sei. Dabei seien die Regelungen im Wesentlichen unverändert geblieben. Weiter hieß es zu § 16 EnWG 1998[8]:

7

»Abs. 1 enthält sicherheitstechnische Anforderungen an Energieanlagen, die für eine störungsfreie Energieversorgung notwendig sind. Derartige Anforderungen werden in wesentlichen Teilen durch das harmonisierte Europäische Recht und nichtharmonisierte nationale Vorschriften vorgegeben. Satz 2 wiederholt den Geltungsvorrang dieser Rechtsvorschriften und verweist im übrigen auf die allgemein anerkannten Regeln der Technik zur Gewährleistung der technischen Sicherheit. Sonstige Rechtsvorschriften sind insbesondere das Gerätesicherheitsgesetz, das Bundesberggesetz, das Atomgesetz und die jeweils darauf gestützten Rechtsverordnungen sowie die Unfallverhütungsvorschriften.

Abs. 2 enthält die widerlegbare gesetzliche Vermutung, daß die technischen Regeln der genannten Verbände den allgemein anerkannten Regeln der Technik entsprechen. Dies steht auch mit der o. g. Definition im Einklang. Konkrete Sicherheitsanforderungen werden deswegen nicht festgelegt. Durch den gesetzlichen Verweis auf die Regelwerke der genannten Verbände wird zugleich erreicht, daß der jeweils aktuelle Stand der Sicherheitstechnik maßgebend ist.

Abs. 3 verweist auf gleichwertige Regelungen in anderen Mitgliedstaaten der Europäischen Union und des Europäischen Wirtschaftsraums. Die Art. 30 ff. EG-Vertrag (a. F., *d. Verf.*) und die Rechtsprechung des Europäischen Gerichtshofes verpflichten die Mitgliedstaaten zur Gleichbehandlung von Produkten, die in der Gemeinschaft nach dem Recht des Herkunftslandes hergestellt und in den Verkehr gebracht wurden, wenn nach dem Recht des Herkunftslandes die gleiche Sicherheit gewährleistet ist wie durch die Vorschriften des Importlandes.

Abs. 4 entspricht im wesentlichen dem § 13 Abs. 2 des alten Energiewirtschaftsgesetzes. Die Verordnungsermächtigung ist wei-

---

6 BT-DrS 13/7274, S. 22.
7 In der Fassung v. 14.1.1987, BGBl. I S. 146.
8 BT-DrS 13/7274, S. 22 (zu § 11 der Entwurfsfassung zur Reform 1998).

terhin erforderlich, um die Druckbehälterverordnung und die Gashochdruckleitungsverordnung bei Bedarf ändern zu können. Auch die Notwendigkeit zusätzlicher Verordnungen läßt sich nicht ausschließen.

Die Rechtsverordnungen werden – soweit Fragen des Arbeitsschutzes betroffen sind – im Einvernehmen mit dem Bundesministerium für Arbeit und Sozialordnung erlassen.«

8 § 1 Abs. 1 Satz 2 der Zweiten DVO[9] enthielt die Zulassung von Abweichungen. Danach sind Abweichungen zulässig gewesen, soweit die gleiche Sicherheit »auf andere Weise« – als durch Beachtung der allgemein anerkannten Regeln der Technik – gewährleistet werden konnte. Es ist noch ungeklärt, ob dieser Grundsatz trotz Nichtübernahme in das neue Recht weiterhin Gültigkeit zu beanspruchen vermag.

9 § 1 Abs. 2 der Zweiten DVO (für Elektrizität) und § 2 Abs. 2 der Zweiten DVO (für Gas) entsprachen im wesentlichen § 16 Abs. 2 und 3 EnWG 1998 und dieser § 49 Abs. 2 und 3 EnWG 2005. Während die Zweite DVO in § 1 Abs. 2 für Elektrizität eine gesetzliche Vermutung enthielt, wonach bei Inverkehrbringen in anderen Mitgliedstaaten der EG die technischen Regeln einer vergleichbaren Stelle beachtet wurden, regelte § 2 Abs. 2 der Zweiten DVO (für Gas) dies nicht explizit. Schon § 16 Abs. 3 EnWG 1998 hatte die **EG-Konformitätsvermutung** für Elektrizität und Gas zusammengeführt und neu formuliert, um eine Beschränkung der Waren- und Dienstleistungsfreiheit auszuschließen. Der Verweis auf die »vergleichbare Stelle« war entfallen; stattdessen stellte der Gesetzgeber auf »rechtmäßige Herstellung«, »Inverkehrbringen« sowie (materiell) »die Gewährleistung gleicher Sicherheit« ab. Gleichzeitig wurde die gesetzliche Vermutung durch eine Art tatsächliche Vermutung ersetzt (»ist davon auszugehen ...«). Neu war § 16 Abs. 3 Satz 2 EnWG 1998 = § 49 Abs. 3 Satz 2 EnWG 2005, wonach in begründeten Einzelfällen auf Verlangen der Behörde die Einhaltung der Anforderungen nach Satz 1 (EG-Konformität) nachzuweisen ist. Diese Unterschiede wurden in der Gesetzesbegründung nicht besonders hervorgehoben.

10 § 2 Abs. 3 der Zweiten DVO enthielt eine ausdrückliche Ausnahme von der Anwendung des § 2 Abs. 1 und 2 dieser Verordnung in Bezug auf Anlagen der Bergaufsicht, die Verordnung über Gashochdrucklei-

---

9 Zitat oben Fn. 7.

tungen sowie die Druckbehälterverordnung. Diese Ausnahmen waren in die damals neue gesetzliche Fassung konsequent deshalb nicht übernommen worden, weil die Beachtung der »allgemein anerkannten Regeln der Technik« gem. § 16 Abs. 1 Satz 2 EnWG 1998 = § 49 Abs. 1 Satz 2 EnWG 2005 »vorbehaltlich sonstiger Rechtsvorschriften« erfolgte.

Selbst wenn man davon auszugehen hatte, dass die allgemein anerkannten Regeln der Technik mit § 16 Abs. 1 Satz 2 EnWG 1998 Gesetzesrang erhalten hatten, war der Vorrang der genannten untergesetzlichen Verordnungen ausdrücklich sichergestellt.

Wegen der Übernahme der Zweiten DVO in § 16 EnWG 1998 wurde diese Durchführungsverordnung mit dem Ersten Neuregelungsgesetz aufgehoben, vgl. Art. 5 Abs. 2 Ziff. 2 dieses Neuregelungsgesetzes[10]. Dieser § 16 ist durch § 49 des Regierungsentwurfs[11] hinsichtlich der bisherigen Abs. 1 bis 4 weitgehend wortgleich übernommen worden. Weil mit der Überwachung (Abs. 5 bis 7 des neuen § 49) weiterhin die nach Landesrecht zuständige Behörde betraut sein soll, war es erforderlich, nach dem Wegfall des § 18 EnWG 1998 die **Eingriffsbefugnisse** in § 49 zu integrieren (neue Abs. 5 bis 7). Die Vorschrift ist dann im Laufe des Gesetzgebungsverfahrens praktisch nicht mehr verändert worden; lediglich der Vermittlungsausschuss hat in Abs. 5 an Stelle »überwacht die Einhaltung der Anforderungen« die Zuständigkeit der Landesbehörde »zur Sicherstellung der Anforderungen an die technische Sicherheit« gesetzt, so dass nicht mehr die **Überwachungsverpflichtung**, sondern die Befugnis zur Überwachung (»kann«) geregelt ist[12].

11

II. Grundbegriffe der Regelung in § 49 (Abs. 1 Satz 1)

§ 49 verwendet durchgängig und wohl übereinstimmend drei Grundbegriffe, die im Folgenden zu erläutern sind:

12

– Energieanlagen

– technische Sicherheit

– allgemein anerkannte Regeln der Technik

---

10 Vom 24.4.1998, BGBl. I S. 730, 736.
11 BT-DrS 15/3917, S. 25.
12 Vermittlungsausschuss, BT-DrS 15/5736 (neu), S. 6 (Ziff. 26).

§ 49 Anforderungen an Energieanlagen

1. Energieanlagen

13 Der Begriff der **Energieanlagen** ist in § 3 Ziff. 15 definiert. Danach handelt es sich um **Anlagen zur Erzeugung, Speicherung, Fortleitung oder Abgabe von Energie, soweit sie nicht lediglich der Übertragung von Signalen dienen**. Dies entspricht im wesentlichen § 2 Abs. 1 EnWG 1935 und § 2 Abs. 2 EnWG 1998. Neu ist der (klarstellende) Zusatz, dass eingeschlossen sind **Verteileranlagen der Letztverbraucher** sowie bei der **Gasversorgung** die **letzte Absperreinrichtung vor der Verbrauchsanlage**. Zur Auslegung des Begriffs der Energieanlagen wird auf die obige Kommentierung des § 3 Ziff. 15 verwiesen[13].

14 Zu den **Erzeugungsanlagen** gehören bei Elektrizität alle Arten von Kraftwerken sowie die der Stromerzeugung dienenden Anlagenteile einschl. von Nebeneinrichtungen und Zubehör (Lager für Energieträger, Kühltürme, Leitungen usw.). Bei der Gasgewinnung sind es die Förderanlagen (einschl. Nebeneinrichtungen und Zubehör), die zu den Energieanlagen i. S. von § 3 Ziff. 15 und § 49 Abs. 1 Satz 1 zählen. Der **Speicherung** dienende Anlagen sind der Gasversorgung dienende Anlagen i.S. von § 3 Ziff. 31, z. B. Untertagespeicher und Zwischenspeicher[14].

15 Obwohl § 3 Ziff. 15 auf die Begriffsbildung des EnWG 1935 zurückgreift und die Begriffe »**Fortleitung**« bzw. »**Abgabe**« ebenso wie in § 49 Abs. 2 verwendet und damit eine unnötige Divergenz zu den Binnenmarktrichtlinien hervorruft, kann davon ausgegangen werden, dass darunter alle Haupt- und Nebenanlagen (einschl. Zubehör) zu verstehen sind, die der Übertragung/Fortleitung bzw. der Verteilung von Elektrizität und Gas dienen. Dazu zählen **Leitungen** aller Art und Spannungsebenen bzw. Druckstufen, die damit verbundenen Schalt- und Umspannanlagen bzw. die Druckregler-, Druckminderer- und Druckerhöherstationen sowie die notwendigen Messeinrichtungen.

16 Mit *Schneider*[15] kann davon ausgegangen werden, dass auch die **Hausanschlüsse** gem. § 10 AVBEltV/GasV zu den Energieanlagen zählen. Daran besteht schon deshalb kein Zweifel, weil diese zum Verteilernetz des EVU gehören und damit meist Zubehör des Werks-

---

13 § 3 Rz. 76 ff.
14 Zu Einzelheiten vgl. oben § 3 Rz. 217.
15 EnWG 1998, Anm. 3.1 (S. 46).

grundstücks sein werden, von dem die Leitungen ausgehen. Allerdings ist zweifelhaft, ob die in § 10 Abs. 4 AVBEltV/GasV erfolgte Konkretisierung der Eigentumslage (»gehören zu den Betriebsanlagen des Netzbetreibers und stehen in dessen Eigentum«) zukünftig aufrechtzuerhalten sein wird, soweit diese Leitungen über das Grundstück des Kunden verlegt sind. Da die Hausanschlüsse nicht immer über eine besondere Absicherung vom allgemeinen Verteilungsnetz getrennt sind, muss in Bezug auf die technische Sicherheit sowie zu wahrenden Mindeststandards § 49 Anwendung finden. Zu Recht weist *Schneider*[16] daraufhin, dass die Eigentumslage den Energieanlagenbegriff nicht berührt.

Auch Teile der **Kundenanlage** gehören zu den Energieanlagen (»einschließlich Verteileranlagen der Letztverbraucher«). Unter Kundenanlage ist gem. § 12 AVBeltV/GasV die »elektrische Anlage hinter der Hausanschlusssicherung, mit Ausnahme der Messeinrichtungen des Elektrizitätsversorgungsunternehmens« zu verstehen. Bestandteile dieser Anlage sind dagegen nicht Verbrauchsgeräte sowie solche Anlagenteile, die konkurrierenden Sicherheitsvorschriften (z. B. Geräte- und Produktsicherheitsgesetz) unterliegen. Da § 49 Abs. 1 Satz 2 vorrangige Rechtsvorschriften ausdrücklich hervorhebt, müssen nur diejenigen Teile der Hausanlage dem Standard des § 49 entsprechen, für die Sonderregelungen nicht vorhanden sind. Bei der Gasversorgung ist § 49 nur bis zur letzten Absperreinrichtung vor der Verbrauchsanlage anzuwenden, so dass – Spezialregelung für Gas – die sich anschließende Hausverteilung § 49 nicht mehr unterliegt. 17

§ 3 Ziff. 15 nimmt solche Anlagen vom Begriff der Energieanlagen aus, die »lediglich der **Übertragung von Signalen** dienen«. Dies steht in der Tradition des § 2 Abs. 1 Satz 2 EnWG 1935, wonach solche Anlagen keine Energieanlagen waren, die »lediglich der Übertragung von Zeichen oder Lauten dienen«. Damit sind Telekommunikationsanlagen grundsätzlich keine Energieanlagen. Diese Klarstellung ist schon deshalb erforderlich, um Klarheit in Bezug auf das anzuwendende Sicherheitsrecht zu schaffen. Teile der Kundenanlage i. S. von § 12 AVB zählen deshalb nicht zu den Energieanlagen i. S. von § 3 Ziff. 15, soweit sie nicht mehr der Abgabe (Letztverteilung) von Elektrizität dient; weder ist der Abgabebegriff erfüllt, noch liegt insofern Verteilung i. S. von Art. 2 Ziff. 5 RL-Elt bzw. Art. 2 Ziff. 5 RL-Gas vor: Beide Verteilungsbegriffe stellen den Transport von Energie 18

---

16 EnWG 1998, § 2 Anm. 3.4 (S. 47).

in den Vordergrund, der mit der Belieferung des Kunden einschließlich der Hausverteilung beendet ist.

19 Der Gesetzgeber hat in § 3 Ziff. 15 allerdings die Nichterstreckung des Begriffs der Energieanlagen auf Telekommunikationsanlagen durch das Wort »lediglich« eingeschränkt. Dies könnte bedeuten, dass nur solche Telekommunikationsanlagen nicht dem Begriff der Energieanlagen unterfallen, mit denen **ausschließlich** Signale übertragen werden. Konsequent müssten dann solche Anlagen, mit denen zugleich Zwecke der Energieversorgung als auch Telekommunikationszwecke erreicht werden sollen, dem Energieanlagenbegriff wieder unterfallen[17]. Nach dieser Auffassung fallen Fernwirkleitungen zur Netzsteuerung in den Anwendungsbereich des Gesetzes; zugleich könnte sich diese Auffassung auf § 46 Abs. 1 berufen, wonach die Gemeinden ihre öffentlichen Verkehrswege nicht nur für Zwecke der Energiefortleitung und -verteilung, sondern auch für Fernwirkleitungen zur Netzsteuerung und Zubehör zur Verfügung stellen müssen.

20 Muss entschieden werden, ob eine Anlage dem Sicherheitsregime des Telekommunikationsrechts oder aber des Energierechts unterliegt, insbesondere der Energieanlagenbegriff i. S. von § 49 i. V. mit § 3 Ziff. 15 erfüllt ist, wird man letztlich auf den **Einzelfall** abstellen müssen. Handelt es sich um Leitungen zur Übertragung von Informationen und ist die darin fließende Energie nicht dazu bestimmt, wie Elektrizität vom Kunden »verbraucht« zu werden, handelt es sich grundsätzlich nicht um eine Energieanlage. Zweifelhaft ist, ob sich dies ändert, wenn diese (besondere) Leitung zusammen mit einer Energieanlage (Gasleitung, Stromleitung) verlegt ist und dazu dient, die Energieabgabe/Energieverteilung/Energieübertragung zu steuern bzw. im weitesten Sinne zu beeinflussen. Da in diesem Fall ein untrennbarer Zusammenhang mit der Übertragung und Verteilung von Energie besteht, liegt es nahe, auf derartige »verkoppelt separate Anlagen« den Energieanlagenbegriff anzuwenden. Damit ist Konkordanz mit § 46 Abs. 1 hergestellt.

21 Die Gegenauffassung lässt sich ohne weiteres vertreten: Stellt man auf die **isolierte technische Einheit** (Draht, Leitung) ab und dient diese lediglich der Übertragung von Signalen, Steuerimpulsen usw., ist da-

---

17 So *Roberz*, Die »Gasanlagen« betreffenden Bestimmungen des EnWG. Eine erste Analyse, ET 1998, S. 798, 799; *Schneider*, EnWG 1998, § 2 Anm. 3.5.

mit (isoliert) eine Energieübertragung nicht verbunden. § 49 wäre dann nicht anzuwenden, obwohl ein Zusammenhang mit einer Energieanlage nicht zu leugnen ist. Letztere Auffassung hat den Vorteil, dass sie die beiden Geltung beanspruchenden Sicherheitsregimes auf abgrenzbare Fallgestaltungen beschränkt und Überschneidungen weitgehend ausschließt. Wer der ersteren Auffassung zuneigt, wird immer dann, wenn das Telekommunikations-Sicherheitsrecht als ebenfalls anwendbar erscheint, dem strengeren Sicherheitsmaßstab den Vorrang geben müssen.

Problematisch ist der Energieanlagenbegriff auch in Bezug auf einen weiteren Anlagentyp. Liegt nämlich eine Energieanlage im klassischen Sinne vor, die (als Leitung und isoliert) dazu dient, Elektrizität zu übertragen, zu verteilen und an Kunden abzugeben, und wird diese Leitung als solche zusätzlich dazu benutzt, Signale und Steuerimpulse zu übertragen, liegt der **Fall der integrierten Telekommunikations- und Energieanlage** vor. Eine solche Nutzung von Elektrizitätsleitungen ist beispielsweise möglich, wenn die Modulationstechnik eingesetzt wird, um Telekommunikation zu betreiben. Denkbar ist es auch, dass damit keine von der Energieanlage unabhängige Nutzungsform betrieben wird, sondern die Modulationstechnik dazu dient, für den Energielieferanten wichtige Messdaten (Kundenidentifikation, Verbrauchsmenge, Zählernummer usw.) zu übertragen. Je nach Art der Nutzung kann dann mehr oder weniger für das Erfülltsein des Energieanlagenbegriffs sprechen. 22

Stellt man das Wort »lediglich« des § 3 Ziff. 15 bei der Auslegung in den Vordergrund, lässt sich der Fall der integrierten Elektrizitäts- und Signalübertragung unproblematisch dem Energieanlagenbegriff unterordnen. Ausreichend ist es in dieser Betrachtung bereits, dass die Leitung auch – wenn auch im untergeordneten Maße – Energiezwecken dient. Damit wird jede TK-Anlage, die zur Übertragung oder Verteilung von Elektrizität eingesetzt wird, zur Energieanlage i. S. von § 3 Ziff. 15. In der Tat wird man deshalb nur im Einzelfall über die Anwendung des § 49 entscheiden können; da es allerdings um Sicherheitsstandards geht, spricht alles für eine extensive Auslegung des Energieanlagenbegriffs. Lediglich wenn der bei Telekommunikationsanlagen vorgegebene Sicherheitsstandard ein höheres Niveau aufweist, wird man abhängig von der jeweiligen rechtlichen Regelung überlegen müssen, zugleich den Begriff der TK-Anlage als erfüllt anzusehen. 23

2. Errichten und Betreiben

24 Die Begriffe »errichten« und »betreiben« entsprechen denen des Bundesimmissionsschutzgesetzes (vgl. § 4 BImSchG). Die Verpflichtungen aus § 49 wenden sich bereits an natürliche und juristische Personen, die mit der **Errichtung einer Energieanlage** betraut sind. Darunter sind nicht nur Bau und Montage der Anlage, sondern bereits deren Entwicklung und Konstruktion zu verstehen. Eine Anlage ist deshalb entgegen § 49 auch dann fehlerhaft errichtet, wenn zwar die Bau- und Montagevorgänge fehlerfrei erfolgt sind, aber **Mängel bei Entwicklung und Konstruktion** zur Unterschreitung des technischen Sicherheitsniveaus geführt haben. Damit umfasst der Errichtungsbegriff alle Aktivitäten technischer Art, die auf die Herstellung der Anlage mit dem Ziel ihrer Inbetriebnahme gerichtet sind.

25 Demgegenüber wird eine Anlage **betrieben**, wenn sie mit dem Ziel der Ausnutzung ihrer technischen Funktionen in Gang gesetzt worden ist. Insbesondere liegt ein Anlagenbetrieb vor, wenn diese »Arbeit« in mechanischer, elektronischer, chemischer, physikalischer oder biologischer Hinsicht leistet[18]. Dabei kommt es nicht entscheidend darauf an, ob die Anlage derzeit (erwünschte oder unerwünschte) Leistungen abgibt, stillsteht, gewartet wird oder eine Standzeit zwischen zwei Schichten vorliegt. Vielmehr fallen alle Ruhezustände der Anlage, die nur vorübergehend erfolgen und nicht die Absicht erkennen lassen, die Anlage endgültig stillzulegen und den Betriebszweck völlig aufzugeben[19], unter den Betriebsbegriff. Ein hinreichender Stand der technischen Sicherheit ist deshalb auch dann zu wahren, wenn die Anlage zur Durchführung einer länger andauernden Reparatur außer Betrieb gesetzt wird. Werden hingegen betriebserforderliche Aggregate ausgebaut bzw. Stoffe in einem Umfange weggeschafft, dass technische Restrisiken der Anlage sicher ausgeschlossen werden, kann ein Weiterbetrieb der Anlage verneint werden. § 49 ist dann konsequent nicht mehr anwendbar.

3. Technische Sicherheit

26 § 49 Abs. 1 Satz 1 ordnet die Orientierung der Errichtung und des Betriebs von Energieanlagen unter Berücksichtigung eines bestimmten Sicherheitsniveaus an: Die **technische Sicherheit** muss gewähr-

---

18 *Salje/Peter*, UmweltHG, 2. Aufl. München 2005, § 2 Rz. 4.
19 Vgl. dazu *Salje/Peter*, UmweltHG, § 2 Rz. 8 m. Nachw.

II. Grundbegriffe der Regelung in § 49 (Abs. 1 Satz 1)

leistet sein. Damit ist es zugleich verboten, technisch unsichere Energieanlagen in Betrieb zu nehmen oder in Betrieb zu halten. Insofern formuliert der Gesetzgeber eine Verkehrspflicht i. S. von § 823 Abs. 1 BGB[20]. Diese Verkehrspflicht, die durch Rechtsvorschriften bzw. Regeln der Technik auszufüllen ist, bewirkt eine schadensersatzbewehrte Bindung des Anlagenbetreibers an das Mindestschutzniveau des § 49. Dagegen ist zweifelhaft, ob es sich bei der Vorschrift zugleich um ein Schutzgesetz i. S. von § 823 Abs. 2 BGB handelt[21], weil weder der Kreis der zu schützenden Personen noch die zu schützenden Rechtsgüter operational genug definiert sind.

Danner[22] versteht unter »technischer Sicherheit« aus öffentlich-rechtlicher Sicht die **Ungefährlichkeit der Erzeugungs-, Fortleitungs- und Abgabeanlagen von Energie für Menschen und Sachen**. Diese Auffassung, die die Schutzbezogenheit des Sicherheitsstandards gemäß § 49 besonders betont, schießt aber möglicherweise über das Ziel hinaus. Wie die Erfahrung lehrt, können Energieanlagen letztlich nicht völlig gefahrlos betrieben werden. Deshalb geht es dem Gesetzgeber darum, in Abwägung der Gefahren und der aus dem Betrieb resultierenden Vorteile ein Mindestschutzniveau sicherzustellen, das die Ziele einer zugleich preisgünstigen, effizienten, verbraucherfreundlichen und hinreichend umweltverträglichen Energieversorgung berücksichtigt. Bei der technischen Sicherheit i. S. von § 49 Abs. 1 handelt es sich deshalb um einen **Blankettbegriff**, der durch Rechtsvorschriften, Regelwerke sowie ggf. allgemeine Grundsätze des Richterrechts auszufüllen ist. Nicht der »ungefährliche« Betrieb der Anlage, sondern der » hinreichend wenig gefährliche« Betrieb ist gemeint. Wegen seines Blankettcharakters vermag der Begriff der technischen Sicherheit aus sich selbst heraus kaum exakt genug konkretisiert werden; er kann nur unter Berücksichtigung von § 49 Abs. 1 Satz 2 (Rechtsvorschriften und allgemein anerkannte Regeln der Technik) handhabbar ausgelegt werden. Dies wird verdeutlicht durch die Verwendung des Wörtchens »dabei« in § 49 Abs. 1 Satz 2. 27

---

20 Zu Inhalt und Umfang von Verkehrspflichten vgl. MünchKomm/*Wagner*, BGB, Bd. 5, 4. Aufl. München 2004, § 823 Rz. 50 ff. und 220 ff.
21 Dazu MünchKomm/*Wagner*, BGB, § 823 Rz. 357 ff.
22 *Obernolte/Danner*, Energiewirtschaftsrecht, § 16 EnWG 1998, Rz. 5 (Vorläufervorschrift).

28 *Danner*[23] möchte darüber hinaus den Begriff der technischen Sicherheit unter Einschluss des Umweltschutzziels i. S. von § 1 auslegen. Es ist jedoch zweifelhaft, ob diese Einbeziehung der Konkretisierung eines hinreichenden Sicherheitsniveaus in technischer Hinsicht genügend Kontur zu geben vermag. Darüber hinaus ist jede der Normen des EnWG ohnehin an den Zielen des § 1 zu orientieren; es bedarf also nicht der methodischen Einbeziehung des Umweltschutzes in § 49 Abs. 1. Vielmehr ist zunächst das technische Sicherheitsniveau i. S. von § 49 zu ermitteln, um dann zu prüfen, ob dieses mit dem Umweltverträglichkeitsziel in Einklang steht.

29 Auch die Betonung der **technischen** Sicherheit spricht gegen die unmittelbare Einbeziehung weiterer Gesetzesziele bereits in die Auslegung durch den Rechtsanwender. Zwar kann Folge einer technisch unsicheren Anlage sein, dass nicht nur Menschen und Sachen, sondern auch Umweltgüter Schäden erleiden; Schutzgüter der technischen Sicherheit bilden daher sicherlich auch die genannten Rechte und Rechtsgüter. Gleichwohl dürfen Umweltverträglichkeit und technische Sicherheit der Anlage nicht gleichgesetzt werden; eine Anlage, die technisch hinreichend sicher ist, kann gleichwohl die Umwelt schädigen, wie die Wald- und Gebäudeschäden der letzten Jahrzehnte des vorigen Jahrhunderts zeigen. Müssten alle technischen Anlagen so betrieben werden, dass Schäden an der Umwelt sicher ausgeschlossen sind, müsste dies wohl notwendig zur Stilllegung zahlreicher Anlagen führen. Deshalb lässt sich die Auffassung von *Danner* nur so verstehen, dass die **Höhe des Schutzniveaus der technischen Sicherheit** aus ihrer Beziehung zu Personen, Tieren, Sachen und Umweltgütern heraus zu bestimmen ist. Die technische Sicherheit hat deshalb über den Schutz von Menschen und der den Menschen zugeordneten Güter auch die Umweltgüter in Rechnung zu stellen.

30 Der Aspekt der **technischen Sicherheit** unterscheidet sich deutlich vom Ziel der **Versorgungssicherheit**, die beide in § 1 Abs. 1 verankert ist. Während es bei der Versorgungssicherheit um die Aufrechterhaltung eines angemessenen Energieflusses zu möglichst jedem Zeitpunkt geht, stellt die technische Sicherheit lediglich eine Art begleitende Konstante dieser Versorgung dar. Technische Sicherheit ist unverzichtbare Nebenbedingung der Energieversorgung und nicht etwa nur die technisch orientierte Ausprägung der Versorgungssicherheit. Technische Sicherheit ist deshalb Teilziel der »sicheren«

---

23 Energiewirtschaftsrecht, § 16 EnWG 1998 Rz. 5.

Versorgung i. S. von § 1. Auch die Binnenmarktrichtlinien (vgl. Art. 3 Abs. 2 RL-Elt bzw. Art. 3 Abs. 2 RL-Gas) unterscheiden Sicherheit und Versorgungssicherheit bzw. verwenden einen Sicherheitsbegriff im weitesten Sinne, der Versorgungssicherheit, Regelmäßigkeit, Qualität und Preis der Lieferungen einschl. des Umweltschutzes einbezieht. In diesem Lichte bilden Versorgungssicherheit und technische Sicherheit gleichrangige Aspekte eines allgemeinen Sicherheitsbegriffs und sind unabhängig voneinander – die Versorgungssicherheit als Zielsetzung, die technische Sicherheit als Nebenbedingung bei Realisierung dieser Zielsicherung – anzusteuern und anzustreben.

III. Konkretisierung des Sicherheitsniveaus (Abs. 1 Satz 2)

Die Ausfüllung des einzuhaltenden Sicherheitsniveaus kann insbesondere § 49 Abs. 1 Satz 2 entnommen werden. Mit diesem Rechtssatz wird die Beachtung der **allgemein anerkannten Regeln der Technik** vorgeschrieben. Dabei handelt es sich allerdings nur um ein (relativ) niedriges Schutzniveau, das auf der untersten Stufe des technischen Sicherheitsrechts angesiedelt ist[24]. Deshalb hat der Gesetzgeber zu Recht angeordnet, dass sonstige Rechtsvorschriften vorrangig einzuhalten sind.   31

1. Vorrang von Rechtsvorschriften

Der Begriff der **Rechtsvorschriften** ist in einem **umfassenden Sinne** zu verstehen. Darunter fallen nicht nur Gesetze im formellen und materiellen Sinne (Grundgesetz, Bundes- und Landesgesetze, Rechtsverordnungen), sondern auch Satzungen und andere generell abstrakt verbindliche Regelungen des Bundes, der Länder sowie der Gemeinden. Enthalten Flächennutzungs- und Bebauungspläne Vorschriften für Energieanlagen, die mit höherrangigem Recht (einschl. des Rechts der EU) vereinbar sind, sind auch diese als Rechtsvorschriften vorrangig zu beachten. Der Gesetzgeber des § 49 Abs. 1 Satz 2 spricht deshalb von »sonstigen« Rechtsvorschriften, weil diese neben der Rechtsvorschrift des § 49 Abs. 1 Satz 2 zu beachten sind. Keineswegs kann die Norm so aufgefasst werden, dass damit die allgemein anerkannten Regeln der Technik zu Rechtsvorschriften erhoben werden.   32

---

24 Vgl. *Vieweg*, Produkthaftungsrecht, in: *Schulte* (Hrsg.), Handbuch des Technikrechts, Berlin/Heidelberg/New York 2003, S. 329, 353: »normalgefährdet«.

33 Nicht zu den (mit abstrakt-genereller Wirkung ausgestatteten) Rechtsvorschriften zählen Verwaltungsakte und öffentlich-rechtliche Verträge, weil diese individuell-konkrete Regelungen treffen, also den Einzelfall erfassen. Darüber hinaus ist es aber fraglich, ob auch solche Rechtsvorschriften gem. § 49 Abs. 1 Satz 2 zu beachten sind, die lediglich die Verwaltung binden und denen deshalb die **Außenwirkung fehlt**. Konsequent gehören Urteile, denen Rechtswirkungen lediglich in Bezug auf das Verhältnis der Prozessparteien zukommt, nicht zu den Rechtsvorschriften. Dies gilt auch für (interne) Richtlinien und allgemeine Verwaltungsvorschriften, die übergeordnete Behörden an nachrangige Instanzen der Verwaltung richten. Weil aber häufig die sog. Technischen Anweisungen (z. B. TA Lärm) Quasi-Normcharakter aufweisen, ist über die Abgrenzung nach Sinn und Zweck der Regelung in § 49 Abs. 1 Satz 2 im Einzelfall zu entscheiden.

34 Der Gesetzgeber will die allgemein anerkannten Regeln der Technik als niedrigste Stufe des Sicherheitsniveaus von Energieanlagen lediglich als **Auffangregelung** verstanden wissen. Da diesen in Bezug genommenen Regeln staatliche Rechtsqualität im ursprünglichen Sinne nicht zukommt, sie also lediglich aufgrund gesetzlicher Verweisung Rechtswirkungen zu entfalten vermögen, muss allen jenen Rechtsvorschriften, die von **befugten und zuständigen Stellen erlassen worden sind**, notwendig der Vorrang zukommen. Dies bedeutet zugleich, dass zwischen Rechtsvorschriften mit Außenwirkung und solchen, die lediglich die Verwaltung binden, im Ergebnis-Sicherheitsniveau doch nicht zu unterscheiden ist; ihr Geltungsrang ist allemal höher einzuschätzen als die meist von Privatinstitutionen aufgestellten Regeln der Technik. Deshalb zählen auch allgemeine Verwaltungsvorschriften wie die **Technischen Anleitungen**[25] zu den allgemein anerkannten Regeln der Technik. Soweit derartige Allgemeine Verwaltungsvorschriften Anforderungen an Energieanlagen aufstellen, sind sie vorrangig zu beachten.

a) Druckgeräte- und Rohrfernleitungsverordnung

35 Zu den »sonstigen Rechtsvorschriften« mit Normcharakter gehörten bis zum Jahre 2002 die **Verordnung über Druckbehälter, Druckgasbehälter und Füllanlagen** (Druckbehälterverordnung – Druck-

---

25 TA Lärm, TA Luft, TA Siedlungsabfall (inzwischen als Verordnungen neu erlassen), vgl. zusammenfassend und m. Nachw. *Kloepfer*, Umweltrecht, 2. Aufl. München 1998, § 18 Rz. 6; § 14 Rz. 7; § 5 Rz. 306 ff.; § 18 Rz. 109.

III. Konkretisierung des Sicherheitsniveaus (Abs. 1 Satz 2)

behV)[26]. Diese betraf Sicherheitsvorschriften für gasspezifische Energieanlagen, insbes. Druckbehälter (§ 3 Abs. 1), Druckgasbehälter (§ 3 Abs. 3), Füllanlagen (§ 3 Abs. 6) sowie Rohrleitungen (§ 3 Abs. 9) und Ausrüstungsteile[27]. Der Verordnungsgeber beabsichtigte mit der seinerzeitigen Neuregelung (Ablösung der DruckgasVO) einen besseren Schutz der Allgemeinheit[28]. Soweit Gasleitungen mit einem Überdruck von mehr als 16 bar betrieben wurden und der öffentlichen Versorgung dienten, war bis 2002 die Verordnung über Gashochdruckleitungen (GashochdruckVO)[29] anzuwenden. Diese legte die sicherheitstechnischen Anforderungen für derartige Leitungen fest[30]. Mit Beschluss vom 31.7.2002 hat die Bundesregierung die »Verordnung zur Rechtsvereinfachung im Bereich der Sicherheit und des Gesundheitsschutzes bei Bereitstellung von Arbeitsmitteln und deren Benutzung bei der Arbeit, der Sicherheit beim Betrieb überwachungsbedürftiger Anlagen und der Organisation des betrieblichen Arbeitsschutzes« erlassen. Bestandteil dieser RechtsvereinfachungsV (Art. 1) ist die Verordnung über Sicherheit und Gesundheitsschutz bei der Bereitstellung von Arbeitsmitteln und deren Benutzung bei der Arbeit, über Sicherheit beim Betrieb überwachungsbedürftiger Anlagen und über die Organisation des betrieblichen Arbeitsschutzes (Betriebssicherheitsverordnung – BetrSichV), die zum 3.10.2002 in Kraft getreten ist[31].

Gemäß § 1 Abs. 3 gilt die Verordnung zwar nicht für solche Energieanlagen im Sinne von § 3 Ziff. 15, die als Füllanlagen auf dem Betriebsgelände von Unternehmen der öffentlichen Gasversorgung von diesen errichtet und betrieben werden, wohl aber für sonstige Energieanlagen einschließlich Druckbehälteranlagen (§ 1 Abs. 2 Ziff. 1 lit. b)) sowie gemäß lit. d) auch für entzündliche Gase transportierende 36

---

26 Vom 27.2.1980, BGBl. I S. 184, i. d. F. der Ersten Änderungsverordnung v. 21.4.1989, BGBl. I S. 930.
27 Zu Einzelheiten vgl. *Obernolte/Danner*, Energiewirtschaftsrecht, § 13 EnWG 1935 Anm. 4 (S. I 280 ff.).
28 BR-DrS 361/79; vgl. auch BR-DrS 362/79.
29 Vom 17.12.1974, BGBl. I S. 3591 i. d. F. v. 12.12.1996, BGBl. I S. 1916, zuletzt geändert durch das Zweite Neuregelungsgesetz vom 7.7.2005, Art. 3 Abs. 45, BGBl. I S. 1970, 2016.
30 Begründung A. zur Verordnung über Gashochdruckleitungen.
31 Verordnung zur Rechtsvereinfachung vom 27.9.2002, BGBl. I S. 3777, Art. 1; zuletzt geändert durch Zweites Neuregelungsgesetz vom 7.7.2005, BGBl. I S. 1970, 2015 (Art. 3 Abs. 42).

Leitungen. Konsequent hat Art. 8 der Rechtsvereinfachungsverordnung[32] mit dessen Abs. 2 Ziff. 2 die Verordnung über Gashochdruckleitungen zum 3.10.2002 und gemäß Art. 8 Abs. 3 Ziff. 2 die Druckbehälterverordnung zum 1.1.2003 außer Kraft gesetzt. Da es sich insofern aber um überwachungsbedürftige Anlagen im Sinne von § 1 Abs. 2 BetrSichV handelt, dürfen diese auf der Basis der bisherigen Erlaubnisse weiterbetrieben werden (§ 27 Abs. 2 BetrSichV). Außerdem sind die bisher maßgeblichen Vorschriften grundsätzlich auch auf den Weiterbetrieb anzuwenden (§ 27 Abs. 3 BetrSichV), so dass die Verordnung über Gashochdruckleitungen sowie die Druckbehälterverordnung für alle vor dem 1.1.2003 erstmalig in Betrieb genommenen Anlagen weiter anzuwenden ist.

37 Im Übrigen gelten die besonderen Vorschriften für überwachungsbedürftige Anlagen, §§ 12ff. BetrSichV. Diese müssen nach dem Stand der Technik errichtet und betrieben sowie vor Inbetriebnahme geprüft werden (§ 14 BetrSichV). Die zugelassenen Überwachungsstellen, die Prüfbescheinigungen ausstellen (§ 19) und Mängel anzeigen, die sie der nach Landesrecht zuständigen Behörde mitzuteilen haben, sind in § 21 rahmenmäßig beschrieben. Es kann kein Zweifel bestehen, dass die BetriebssicherheitsV zu den gemäß § 49 Abs. 1 Satz 2 zu beachtenden »sonstigen Rechtsvorschriften« gehört.

38 Für die Gaswirtschaft besonders bedeutsam ist Art. 4 der Rechtsvereinfachungsverordnung vom 27.9.2002, weil dieser die Verordnung über Rohrfernleitungsanlagen enthält[33]. Mit der RohrfernleitungsV werden Anforderungen an die Prüfung durch Sachverständige sowie die Mitteilung von Schadensfällen festgelegt. Ebenso wie bei der BetriebssicherheitsV ist auch hier ein das BMU beratender Ausschuss eingerichtet (§ 9 RohrfernleitungsV).

39 An die Stelle der Druckbehälterverordnung ist die **Vierzehnte Verordnung zum Gerätesicherheitsgesetz** (DruckgeräteV – 14. GSGV) getreten[34]. Diese gilt gemäß § 1 Abs. 2 zwar nicht für Gehäuse, die elektrische Hochspannungsbetriebsmittel (Schaltgeräte, Transformatoren usw.) betreffen, wohl aber für Druckbehälter von Kraftwerken. Die Begriffsbestimmung zum Druckbehälter befindet sich in § 2

---

32 Vom 27.9.2002, BGBl. I S. 3777, 3815.
33 BGBl. I 2002, S. 3777, 3809.
34 Art. 3 der Rechtsvereinfachungsverordnung vom 27.9.2002, BGBl. I S. 3777, 3806.

III. Konkretisierung des Sicherheitsniveaus (Abs. 1 Satz 2)

Ziff. 2 DruckgeräteV. Geregelt sind eine CE-Kennzeichnung, Sicherheitsanforderungen (§ 3) sowie die Voraussetzungen für das Inverkehrbringen (§ 4). Als Prüfstellen können auch solche von Unternehmen oder Unternehmensgruppen benannt werden (Betreiberprüfstellen, § 7).

b)   Unfallverhütungsvorschriften

Unfallverhütungsvorschriften (UVV) werden von den Berufsgenossenschaften erlassen und dienen dazu, den Schutz der Arbeitnehmer sicherzustellen[35]. Zwar ergehen sie nicht als Rechtsverordnungen; wegen ihres abstrakt-generellen Regelungsbereichs zählen sie aber gleichwohl zu den Rechtsvorschriften[36]. Soweit die UVV Regelungen über sicherheitstechnische Anforderungen für Energieanlagen treffen, sind sie ebenfalls vorrangig vor den anerkannten Regeln der Technik zu beachten.   40

2. *Allgemein anerkannte Regeln der Technik*

Zur Ausfüllung der an Energieanlagen zu stellenden technischen Sicherheitsanforderungen verweist der Gesetzgeber in § 49 Abs. 1 Satz 2 – vorbehaltlich der soeben behandelten Rechtsvorschriften – auf die **allgemein anerkannten Regeln der Technik**.   41

a)   Regeln der Technik

Regeln der Technik sind vielfältige Anweisungen oder Anleitungen für Verfahrensweisen bei der Herstellung oder Verwendung insbesondere von technischen Anlagen, Geräten, Schienen, Bauwerken oder Substanzen[37]. Regeln der Technik können als ungeschriebene, aber feststellbare Überzeugung von Fachkreisen rezipiert werden[38], werden aber meist in bestimmten Verfahren schriftlich niedergelegt   42

---

35   Vgl. dazu *Peine*, Gesetz über technische Arbeitsmittel, 3. Aufl. Köln 2002, S. 123.
36   Vgl. *Marburger*, Die Regeln der Technik im Recht, München 1979, S. 477 ff.
37   *Marburger*, Die Regeln der Technik im Recht, München 1979, S. 24 ff.; *Backherms*, Zur Einführung: Recht und Technik, JuS 1980, S. 9 ff.; *Scholz*, Technik und Recht, in: Festschrift zum 125-jährigen Bestehen der Juristischen Gesellschaft zu Berlin, Berlin 1984, S. 691 ff.; *Pieper*, Die Regeln der Technik im Zivilprozeß, BB 1987, S. 273.
38   So zu Recht *Marburger*, Regeln der Technik, S. 291.

und zu Regelwerken zusammengefasst. Zu ihnen gehören überbetriebliche technische Normen (z. B. von DIN, VDEW, DVGW, VDE), die von öffentlich-rechtlichen technischen Ausschüssen aufgestellten Regelwerke (z. B. Kerntechnischer Ausschuss sowie Berufsgenossenschaften für Unfallverhütungsvorschriften), soweit sie nicht bereits als Rechtsvorschriften i. S. von § 49 Abs. 1 Satz 2 anzusehen sind, was für die beiden letzteren Fallgruppen zutreffend sein dürfte[39]. Deshalb sind für Energieanlagen insbes. die **überbetrieblichen technischen Normen** als Regeln der Technik zu beachten.

b) Allgemeine Anerkennung

43 Regeln der Technik sind dann als **allgemein anerkannt** anzusehen, wenn sie von Fachleuten in der Überzeugung angewendet werden, dass damit den sicherheitstechnischen Anforderungen entsprochen wird[40]. Die technische Regel muss in der Praxis erprobt und bewährt sein, wobei auf die Durchschnittsmeinung der Fachleute abzustellen ist. Entscheidend kommt es deshalb auf die Durchsetzung der Regeln in der Fachwelt, auf die **breite Anwendung in der Praxis**[41] an. Damit steht zugleich fest, dass es sich bei den allgemein anerkannten Regeln der Technik um das **Mindestanforderungsniveau** handelt[42]; soweit Rechtsvorschriften höhere Anforderungsniveaus festlegen, sind diese zu beachten.

44 Energieanlagen sind in der Vergangenheit teilweise auf der Grundlage der Zweiten Durchführungsverordnung zum EnWG errichtet und betrieben worden; obwohl diese Verordnung mit dem Ersten Neuregelungsgesetz aufgehoben wurde[43], können sie auf der Basis dieses Sicherheitsstandards fortbetrieben werden[44], weil § 49 nunmehr unmittelbar – die Verordnung ersetzend – für diese Anlagen gilt.

---

39 Nur für die UVV als Rechtsvorschriften *Rutkowski*, EnWG 1998, § 16 Anm. 3, unter Hinweis auf die Gesetzesbegründung (aber wohl zu weit).
40 *Rutkowski*, EnWG 1998, § 16 Anm. 3.1.
41 *Obernolte/Danner/Danner*, EnWR (Stand 7.2001), § 16 EnWG 1998 Rz. 13; zustimmend *Büdenbender*, EnWG 1998, § 16 Rz. 11.
42 So zu Recht *Roberz*, Die »Gasanlagen« betreffenden Bestimmungen des EnWG, ET 1998, S. 798, 800.
43 Vgl. Art. 5 Abs. 2 Ziff. 2 des Ersten Neuregelungsgesetzes, BGBl. I 1998, S. 730, 736.
44 Begründung zu § 11 Entwurfsfassung zum EnWG 1998, BT-DrS 13/7274, S. 22.

Höhere Sicherheitsstandards sind erforderlich, wenn der **Stand der** 45
Technik oder gar der **Stand von Wissenschaft und Technik** einzuhalten ist[45]. So schreiben beispielsweise § 3 Abs. 6 BImSchG sowie § 7a Abs. 5 WHG den Stand der Technik als Sicherheitsstandard fest[46]. Im Atomrecht war bei Errichtung der Stand von Wissenschaft und Technik einzuhalten, vgl. § 7 Abs. 2 Satz 1 Ziff. 3 AtomG a.F. [47]. Da es sich bei Energieanlagen um in der Regel gefährliche technische Einrichtungen handelt, wäre es wünschenswert gewesen, wenn der Gesetzgeber das Sicherheitsniveau (insbes. für Gasanlagen) mit der Reform des Energiewirtschaftsrechts auf eine höhere Ebene – Stand der Technik – angehoben hätte. Dann wären die beteiligten Verkehrskreise gezwungen, auch solche von der normalen Handhabung abweichenden Anwendungen technischer Sicherheitsstandards frühzeitig zu rezipieren, die sich höheren Sicherheitsstandards verpflichtet fühlen.

IV. Vermutung für die Einhaltung der Anforderungen an die technische Sicherheit (Abs. 2)

§ 49 Abs. 2 stellt eine (widerlegliche) **Vermutung** für die Einhaltung 46
der allgemein anerkannten Regeln der Technik auf. Dazu werden die technischen Regeln des Verbandes der Elektrotechnik Elektronik Informationstechnik (VDE – für Elektrizität) sowie der Deutschen Vereinigung des Gas- und Wasserfachs (DVGW – für Gas) in Bezug genommen. Damit wird den von diesen Institutionen veröffentlichten Regelwerken entscheidende Bedeutung beigemessen.

Eine Verweisung auf möglicherweise konkurrierende Normungsverbände (z. B. DIN) enthält § 49 Abs. 2 nicht. Dies kann mit einem hohen Bedürfnis an Rechtssicherheit gerechtfertigt werden; würde plural auf alle im Bereich von Energieanlagen einschlägig normend tätig werdenden Verbände verwiesen, könnte es zu konkurrierenden Ni- 47

---

45 *Pieper*, Die Regeln der Technik im Zivilprozeßrecht, BB 1987, S. 273, 274 m. Nachw. zur Stufung sowie ihrer Kritik.
46 Vgl. *Martens/Lorenz*, Die Ökonomisierung des Rechtsbegriffs »Stand der Technik« durch die sechste Novelle zum WHG, NVwZ 1998, S. 13.
47 Zu den verschiedenen Anwendungsbereichen dieser Sicherheitsstufen, wobei gelegentlich auch zwischen Teilen von Anlagen unterschieden werden muss, vgl. *Roberz*, Die »Gasanlagen« betreffenden Bestimmungen des EnWG, ET 1998, S. 798, 800 m. FN 49 bis 53 S. 802. Vgl. auch *Büdenbender/Heintschel v Heinegg/Rosin*, Energierecht I. Recht der Energieanlagen, Berlin 1999, Rz. 744 ff.

veaus der Sicherheitstechnik kommen. Allerdings hätte dies für die Allgemeinheit den Vorteil, dass technische Neuentwicklungen möglicherweise schneller Eingang in die Praxis finden könnten. Würde der Gesetzgeber nämlich bei konkurrierenden Regelwerken die Vermutung nur dann für begründet erachten, wenn von mehreren auf das gleiche Sachproblem bezogenen Regeln diejenige eingehalten worden ist, die das höchste Sicherheitsniveau garantiert, könnte ein »Wettbewerb der Regelgeber« ausgenutzt werden, um das Sicherheitsniveau schnell zu steigern[48]. Dabei ist allerdings zu bedenken, dass Energieeinlagen ganz überwiegend aus Infrastruktureinrichtungen bestehen, bei denen technische Veränderungen wegen Leitungslänge und üblicher Nutzungsdauer einen so erheblichen Zusatzaufwand verursachen würden, dass jede Veränderung des technischen Niveaus den Energieverbrauch ganz erheblich mit Zusatzkosten belasten könnte.

1. Vermutung

48 Während § 49 Abs. 1 die Orientierung des erforderlichen technischen Sicherheitsniveaus an den anerkannten Regeln der Technik anordnet und auf diese Weise den unbestimmten Rechtsbegriff »technische Sicherheit« ausfüllt, bedarf es für die gerichtliche Praxis (Zivilprozess, Strafprozess, Verwaltungsprozess) der Feststellung, welches die **im konkreten Fall einschlägigen anerkannten Regeln der Technik** sind (Identifizierungserfordernis). Erst wenn diese Regeln ermittelt sind, kann der Richter überprüfen, ob die konkrete Sicherheitstechnik der Energieanlage diesen anerkannten Regeln entspricht. Es geht darum, für die Subsumtion (Syllogismus), bei der der Rechtssatz (Norm) mit den festgestellten Tatsachen (Lebenssachverhalt) zu vergleichen ist, die konkrete Norm im Einzelfall zu ermitteln (Auffinden des Obersatzes).

49 Dieses Verfahren, die konkret anwendbare Rechtsnorm im Einzelfall erst zu ermitteln, dient insbesondere der Erleichterung der Arbeit des Gesetzgebers. Dieser müsste ansonsten in Anhängen zum Gesetz katalogmäßig für alle betroffenen Bereiche die anerkannten Regeln der Technik nicht nur festhalten, sondern auch zeitabschnittsweise fortschreiben. Dies wäre aber jedenfalls allein für Prozesse unökonomisch, weil für diesen Zweck der konkrete Stand der allgemein anerkannten Regeln der Technik für Energieanlagen nicht jederzeit und ohne weiteres feststellbar sein muss. Da Rechtsstreitigkeiten über den

---

48 »Best available technique« = EU-Reformstandard im Immissionsschutzrecht.

technischen Sicherheitsstandard von Energieanlagen zwar regelmäßig, aber diskontinuierlich stattfinden, reicht es aus, jeweils für die konkret benötigte Entscheidung den dann maßgeblichen Stand der allgemein anerkannten Regeln der Technik festzustellen.

Nicht um dem Richter die Arbeit zu erleichtern, sondern um für die Anlagenbetreiber **Rechtssicherheit zu schaffen**, stützt § 49 Abs. 2 den **Normfindungsprozess** auf die Arbeit von lediglich zwei Normungsverbänden (VDE, DVGW). Da diese privaten Verbände naturgemäß nicht als Gesetzgeber tätig werden können, werden deren Regelwerke mit der **Vermutung des § 49 Abs. 2** in widerleglicher Weise zum geltenden Sicherheitsstandard und damit zur Rechtsnorm erhoben, an der die konkrete Anlage zu messen ist. *Pieper* hat zu Recht hervorgehoben, dass Regeln der Technik im Prozess sowohl den Charakter einer **Tatsache** als auch den einer **Rechtsnorm** annehmen können[49]. Deshalb wäre es kurzschlüssig, jeweils unter Abstützung auf Rechtsfiguren wie den Anscheinsbeweis, der nur für Rechtstatsachen Anwendung finden kann, den Standort der Regeln der Technik im Prozess festzulegen[50]. 50

Im Regelfall bedürfen Normen keines Beweises ihrer Existenz und ihres Geltungsumfangs. Dies ist bei den anerkannten Regeln der Technik anders, da sie dem Gericht nicht quasi »offenkundig« zur Verfügung stehen. Die Problematik ähnelt der Feststellung ausländischen Rechts; dieses bedarf gem. § 293 Satz 1 ZPO des Beweises dann, wenn es dem Gericht unbekannt ist. Dabei wird der Richter gem. § 293 Satz 2 ZPO freier gestellt als in Bezug auf andere Tatsachen, weil er nicht darauf angewiesen ist, die Darlegungen und Beweisantritte der Parteien als alleinige Grundlage seiner Erkenntnis zu benutzen. Der Rückgriff auf andere Erkenntnisquellen (über die von den Parteien herangeschafften Quellen hinaus) ist also möglich, § 293 Satz 2 HS 2 ZPO. 51

2. Darlegung und Beweisantritt

Weil die »offene« Rechtsnorm des § 49 durch des Beweises bedürftige Tatsachen auszufüllen ist, muss das Gericht in einem ersten Schritt überprüfen, welche anerkannten Regeln der Technik im konkreten Fall einschlägig und anzuwenden sind. Dabei steht nicht von vornher- 52

---

49 *Pieper*, Die Regeln der Technik im Zivilprozeß, BB 1987, S. 273, 277 ff.
50 *Pieper* ebd. S. 276 u. 278 f.

ein fest, wer diese Regeln darlegen und beweisen muss. Dies hängt vielmehr davon ab, für wen das Eingreifen dieser anerkannten Regeln der Technik (im Folgenden: aRdT) günstig ist, sein Obsiegen im Prozess also ermöglichen kann.

53 Geht es im Zivilprozess beispielsweise um einen Schaden, den die Anlage verursacht hat, kommt sowohl die Anwendung des § 2 Abs. 1 Satz 3 HaftpflichtG als auch des § 823 Abs. 1 BGB (Verkehrspflichtverletzung) in Betracht. In beiden Fällen wird es darauf ankommen, ob und welche aRdT gelten und eingehalten wurden. Dazu hat der Betreiber sicherlich nachzuweisen, welchen Sicherheitsanforderungen die Energieanlage – Errichtung und Betrieb – zum maßgeblichen Zeitpunkt genügt hat. Steht diese Tatsache fest, ist in einem weiteren Schritt zu ermitteln, welcher Sicherheitsstandard in concreto als maßgeblich einzuhalten war. Dazu muss in einem ersten Teilschritt entsprechend § 49 Abs. 1 und Abs. 2 die möglicherweise anwendbare technische Norm aus dem Regelwerk entweder des VDE oder des DVGW ermittelt werden. Gibt es eine solche Norm nicht, vermag die Vermutung des § 49 Abs. 2 keinerlei Wirkung zu entfalten.

54 Gibt es die technische Regel, so kann diese für den Betreiber der Anlage sowohl günstig als auch ungünstig sein; dies hängt davon ab, mit welcher Sicherheitstechnik die schadensverursachende Anlage ausgerüstet gewesen ist. Da der Geschädigte die Betriebsabläufe nicht zu überblicken vermag, wird der Anlagenbetreiber regelmäßig die Ordnungsgemäßheit des Anlagenbetriebs darlegen und beweisen müssen (vgl. auch § 2 Abs. 1 Satz 2 HS 2 HaftpflichtG). Dazu hat er einerseits das Vorhandensein der technischen Regel, andererseits deren Einhaltung nachzuweisen. Gelingt der Nachweis, besteht ebenso die prozessuale Möglichkeit zur Widerlegung der Vermutung des § 49 Abs. 2 (durch den Geschädigten) wie umgekehrt, wenn der Nachweis misslingt (Widerlegung durch den Anlagenbetreiber).

55 Diejenige Partei, für die die Anwendung der aRdT einen Rechtsnachteil bedeutet, muss sich mit diesem Zwischenergebnis zum anwendbaren Recht deshalb nicht zufrieden geben; die **Vermutung ist nicht unwiderleglich**. Es obliegt dann entweder dem durch die Anwendung der aRdT benachteiligten Betreiber bzw. entsprechend den Kunden/Dritten, eine von der Einschränkung auf die VDE-/DVGW-Regeln abweichende Normbasis darzulegen und zu beweisen[51]. Gelingt die-

---

51 Zum Umfang dieses Nachweises vgl. sogleich Rz. 58 ff.

ser Beweis, ist die Vermutung für die Verbandsregeln entkräftet, beispielsweise weil diese überaltert sind oder weil sie die aRdT nicht richtig wiedergeben. Abschließend stellt der Richter in einem dritten Teilschritt die anwendbare maßgebliche Regelung (Vermutungsbasis, Basis nach Widerlegung) fest.

Im dritten Schritt (Subsumtion) vergleicht der Richter die so (endgültig konkret) ermittelte aRdT mit demjenigen Sicherheitsniveau, das die Anlage konkret eingehalten hat. Ergibt sich eine Übereinstimmung oder gar ein Überschreiten der maßgeblichen Sicherheitsnorm und damit der aRdT, kommt ein Schadensersatzanspruch gegen den Betreiber nicht in Betracht. Wurde das Sicherheitsniveau nicht eingehalten, gewinnt der Kunde oder der Dritte den Zivilprozess. 56

Die erforderlichen Schritte bei der **Ermittlung von Rechtsbasis und Tatsachenbasis** zu § 49 sollen im Folgenden noch einmal zusammengefasst werden: 57

1. Schritt: Technik der konkreten Energieanlage (Errichtung, Betrieb)

2. Schritt: Maßgebliche aRdT (Sicherheitsstandards)

    a) Ermittlung der einschlägigen technischen Regel aus den Normwerken von VDE/DVGW

    b) Widerlegung/Nichtwiderlegung der Vermutungsbasis

    c) Feststellung der maßgeblichen aRdT durch das Gericht

3. Schritt: Feststellung der Einhaltung/Nichteinhaltung der aRdT durch Vergleich des Regelstandards mit dem konkreten Standard der Anlage

3. Widerlegung der Vermutung

Weil es sich bei den aRdT um Tatsachen handelt, die der Gesetzgeber für den Fall, dass ihre Existenz bewiesen werden kann, zur **Quasi-Rechtsnorm** erhebt, stehen die Regelwerke von VDE und DVGW zwischen Rechtssatz und Tatsache. Gäbe es die Regelung des § 49 Abs. 2 nicht, müsste entschieden werden, ob die Nichtanwendung von aRdT einen vollen Gegenbeweis erfordert (Beweis des Gegenteils) oder es als ausreichend erscheint, die ernsthafte Möglichkeit der Existenz abweichender Regeln mit einem höheren Sicherheitsniveau 58 darzulegen und zu beweisen[52]. Soweit Regeln der Technik auf Erfahrungssätzen beruhen, wird in der Literatur teilweise deren tatsächliche Grundlage betont, was das Eingreifen von Grundsätzen ähnlich denen des Anscheinsbeweises nahe legen könnte[53]. Dies würde die Position eines geschädigten Kunden oder Dritten erheblich verbessern.

59 Der Gesetzgeber hat sich offenbar mit dem Ziel, in dieser für alle beteiligten Verkehrskreise hoch bedeutsamen Problematik zu einem Höchstmaß an Rechtssicherheit zu gelangen, für das Aufstellen einer **gesetzlichen Vermutung** i. S. von § 292 ZPO entschieden. Diese Vorschrift enthält in Bezug auf gesetzliche Vermutungen sowohl eine Auslegungsrichtlinie als auch eine Regelung der Anforderungen für eine Widerlegung der Vermutung.

60 Nach § 292 BGB sind gesetzliche Vermutungen im Zweifel – bei Fehlen einer abweichenden Regelung – als widerleglich anzusehen. Zwar könnte man zweifeln, ob § 292 ZPO direkt anzuwenden ist, weil die Vorschrift auf das »Vorhandensein einer Tatsache« abhebt, während bei § 49 Abs. 1 und 2 die Ermittlung eines Rechtssatzes erforderlich ist. Da jedoch dieser Rechtssatz durch Tatsachen – eben die aRdT – auszufüllen ist und diese ähnlich § 292 ZPO eines Beweises bedürfen, sofern dem Gericht andere Erkenntnisquellen nicht zur Verfügung stehen, kann § 292 ZPO auch auf § 49 Abs. 2 angewendet werden. Eine widerlegliche gesetzliche Vermutung i. S. dieser Vorschrift liegt daher bei § 49 Abs. 2 vor.

61 In Bezug auf den Maßstab der Falsifizierung der Geltung von aRdT als Rechtssatz ordnet § 292 ZPO den **Beweis des Gegenteils** an. Dabei handelt es sich nicht um einen bloßen Gegenbeweis, sondern um einen **Vollbeweis**, der darauf gerichtet ist, das Nichtbestehen der Tatsache oder des Rechtszustandes festzustellen. Dieser Beweis ist erst dann geführt, wenn die Unwahrheit der vermuteten Tatsache bewiesen ist[54] bzw. bewiesen wird, dass der vermutete Rechtszustand gar nicht oder nicht in dieser Weise besteht[55].

---

52 Nach den Grundsätzen des Anscheinsbeweises: BGHZ 8, 239, 240 – überholender Lastkraftwagen; BGH NJW 1978, 2032, 2033 – Brand in Kellerbar.
53 Überblick bei *Pieper*, Die Regeln der Technik im Zivilprozeß, BB 1987, S. 273, 276 m. Nachw. FN 51 bis 63.
54 BGH MDR 1959, 114 – Verfolgtenentschädigungen.
55 *Rosenberg/Schwab*, Zivilprozeßrecht, 14. Aufl. München 1986, § 117 I 4.

IV. Vermutung für die Einhaltung der Anforderungen

Deshalb muss diejenige Prozesspartei, für die ein Abweichen von den festgestellten aRdT günstig ist (Betreiber oder Kunde/Dritter) eine für den konkreten Fall erhebliche abweichende Regel der Technik darlegen und beweisen, die anstelle der in den Regelwerken von VDE bzw. DVGW niederlegten Regeln anwendbar ist. Diese abweichende Regel kann sowohl zu einem Überschreiten als auch zu einem Unterschreiten des technischen Sicherheitsniveaus führen, das im Regelwerk festgeschrieben ist. 62

Da diese Beweishürde sehr hoch liegt, werden die genannten Regelwerke regelmäßig die Basis der Beurteilung des Niveaus der technischen Sicherheit bilden. Lediglich wenn es sich um Regeln älteren Datums handelt und modernere Sicherheitstechniken existieren, die auch in der Praxis inzwischen anerkannt sind, ohne dass es zu einer Änderung des Regelwerkes gekommen ist, kann der Beweis des Gegenteils erfolgreich geführt werden. 63

Streit könnte in Bezug auf die Frage entstehen, welcher **Zeitpunkt** für die Beurteilung der dann einschlägigen aRdT zugrunde zu legen ist. Da Energieanlagen teilweise mehrere Jahrzehnte lang betrieben werden, ist es nicht von vornherein ausgeschlossen, dass beispielsweise eine Gasversorgungsleitung zu einem Zeitpunkt errichtet wurde, als im Verhältnis zum heutigen Sicherheitsniveau stark abweichende aRdT galten. Die Anwendung von § 49 Abs. 2 müsste konsequent dazu führen, im Hinblick auf die technische Ausgestaltung der Energieanlage die im Errichtungszeitpunkt geltenden Regeln anzuwenden. Dies ließe sich auch damit begründen, dass das EVU nicht verpflichtet werden kann, eine Leitung schon dann zu beseitigen und neu zu bauen, wenn neue Leitungen nach verbesserten Sicherheitstechniken errichtet werden. 64

Dagegen ist für Schadensereignisse und sonstige prozessrelevante Tatsachen, die aus dem Betrieb der Energieanlage resultieren, auf den Zeitpunkt des **Ereigniseintritts** abzustellen. Gibt es aRdT, die den Betrieb der Energieanlage regeln, müssen diese für den ereignisorientierten Zeitpunkt ermittelt – und ggf. widerlegt – werden. 65

Dies kann zu erheblichen zeitlichen und sachlichen Divergenzen hinsichtlich der konkret anwendbaren aRdT führen. Weil eine Energieanlage nur so sicher betrieben werden kann, wie ihre Konzeption und Herstellung dies zulässt, müssten eigentlich für den Anlagenbetrieb jeweils unterschiedliche aRdT abhängig davon gelten, nach welchen 66

Regeln die Anlage (zeitgebunden) errichtet wurde. Die Betriebsregeln erscheinen in dieser Betrachtung in Bezug auf die Herstellungsregeln als quasi akzessorisch. Dies kann zu einer Beeinträchtigung des vom Verbraucher sowie Dritten zu Recht erwarteten Sicherheitsstandards führen, weil dieser dem Standard neu errichteter Anlagen möglicherweise bei weitem nicht entspricht.

67 Diese Problematik kann entweder von den regelgebenden Verbänden oder aber vom Richter gelöst werden. Es ist nahe liegend, dass auch ältere Energieanlagen an das Sicherheitsniveau neu errichteter Anlagen herangeführt werden müssen, zumal jedenfalls Dritte nicht wissen können, ob sie sich im Bereich einer gefährlichen Altanlage oder im Bereich einer sicheren Neuanlage aufhalten (verdecktes Risiko). Deshalb bedarf es der Aufstellung besonderer Regeln für Altanlagen – möglicherweise gestaffelt nach deren Errichtungszeitraum –, um in der Praxis Regeln durchzusetzen, die einen Ausgleich für die veraltete Sicherheitstechnik ermöglichen. Konsequent muss nämlich eine Anlage um so sorgfältiger betrieben werden, je stärker ihr technisches Sicherheitsniveau hinter dem modernen Niveau zurückbleibt. Würden etwa für eine Neuanlage Wartungsintervalle von einem Jahr vorgeschrieben sein, ist eine anerkannte Regel der Technik für Altanlagen denkbar, die eine Wartung und Kontrolle zwei- oder viermal im Jahr vorsieht.

68 Stellen die Verbände eine solche Regel nicht auf, wird dies schon aus tatsächlichen Gründen meist dazu führen, dass sich die Handhabung in der Praxis nicht durchsetzt, also nicht anerkannt ist. Die regelgebenden Verbände haben es deshalb in der Hand, durch Verzicht auf Regeln den technischen Fortschritt beim Sicherheitsniveau zu verzögern, zumal deren Mitgliedsunternehmen durch besonders strenge Sicherheitsregeln in ihren Investitions- und Betriebskosten stark belastet werden können.

69 Diese Problematik wird auch der Richter einstweilen nicht lösen können, solange er auf die **anerkannten** Regeln der Technik zurückgreifen muss. Eine nicht existente Regel kann auch nicht anerkannt sein. Der Richter wird lediglich versuchen, eine sorgfältigere Handhabung (z. B. erhöhte Wartungsintervalle bei Altanlagen) als nach der Regel erforderlich festzustellen. Zwar gilt die Vermutung des § 49 Abs. 2 nicht, wenn eine Regel gar nicht existiert; da sich das Gericht aber dann an § 49 Abs. 1 Satz 2 orientieren muss, ist doch wieder auf die Handhabung in der Praxis zurückzugreifen. Kann ein höherer Sicherheitsstandard auch im Hinblick auf den Betrieb von Altanlagen

nicht festgestellt werden, verbleibt es beim in der Praxis praktizierten (ggf. niedrigen) Sicherheitsniveau. Dies zeigt, dass der Gesetzgeber mit Rückwirkungen auf Zivilrecht (Schadensersatzprozesse) und Strafrecht die tatsächlich praktizierten Verfahrensweisen festschreibt und auch bei Schadensfällen dem Geschädigten als »sorgfältig genug« entgegenhält. Dies kann zu einer Vernachlässigung des Gerechtigkeitsziels im Verhältnis zum Ziel der Rechtssicherheit führen. Da auch § 2 Haftpflichtgesetz an die aRdT anknüpft, werden Kunden und Dritte de lege lata nur auf einem Mindestsicherheitsniveau geschützt, das den Gefahren der Versorgung mit Energie über feste Leitungswege nicht notwendig stets voll gerecht werden wird.

Abhilfe aus der Dilemmasituation lässt sich für ein Gericht nur schaffen, wenn es im konkreten Schadensfall § 49 bzw. § 2 Haftpflichtgesetz an seinem Grundrechtsbezug misst. Insbesondere bei Personenschäden ist Art. 2 Abs. 2 GG zu beachten. Kommt es wegen § 49 und seines niedrigen Schutzniveaus zu nicht ausgleichspflichtigen Personenschäden, die sich bei Beachtung des aktuellen Standes der Technik nicht ereignet hätten, kann das Gericht gem. Art. 100 GG die Frage der Gültigkeit des § 49 zur Entscheidung durch das Bundesverfassungsgericht stellen und vorlegen (konkrete Normenkontrolle). Für diesen Fall ist nicht von vornherein ausgeschlossen, dass wegen der bekannten Schadensträchtigkeit von Energieanlagen, die durch zahlreiche Unglücksfälle insbesondere im Zusammenhang mit der Gasversorgung immer wieder praktisch bestätigt wird, der vom Gesetzgeber fortgeschriebene Mindestsicherheitsstandard als zu niedrig angesehen werden wird. 70

V. EU- und EWR-Sicherheitsstandards (Abs. 3)

Die Mitgliedstaaten der EU sowie des EWR (Norwegen, Island, Liechtenstein)[56] haben sich untereinander verpflichtet, die gegenseitigen Rechtsvorschriften anzuerkennen und jegliche Diskriminierung zu unterlassen (vgl. Art. 6 EG). Soweit also eine Europäische Normung sowie Europäische Sicherheitstandards noch nicht vorliegen, würde der freie Warenverkehr beeinträchtigt, wenn Energieanlagen oder deren Teile deshalb nicht in die Bundesrepublik Deutschland eingeführt werden dürften, weil sie den Regeln von VDE und DVGW 71

---

56 Abkommen v. 2.5.1992, vgl. das deutsche Zustimmungsgesetz v. 31.3.1993, BGBl. II S. 266. Die Schweiz hat das EWR-Abkommen nicht ratifiziert.

nicht entsprechen (vgl. Art. 28 ff. EG, Verbot von Maßnahmen gleicher Wirkungen wie mengenmäßige Einfuhrbeschränkungen). § 49 Abs. 3 dient deshalb der rechtlichen und tatsächlichen Gleichstellung von Energieanlagen aus den genanten Staaten.

1. Anlagen und Bestandteile von Anlagen

72 § 49 Abs. 3 betrifft **Energieanlagen oder Bestandteile von Energieanlagen**; die systematische Auslegung ergibt, dass § 49 Abs. 3 nicht alle denkbaren Anlagen, sondern nur solche i. S. von § 49 Abs. 1 i. V. mit § 3 Ziff. 15 regeln will. Dabei kann es sich sowohl um Erzeugungsanlagen als auch um Übertragungs- und Verteilungsanlagen (also z. B. Leitungen, Leitungsträger usw.) handeln. Bei der Gasversorgung fallen auch Speichereinrichtungen, Druckregelstationen usw., bei der Elektrizitätsversorgung auch Trafostationen unter diese Regelung. Soweit eine Anlage oder ein Bestandteil einer Anlage der Energieversorgung im weitesten Sinne dient, ist § 49 Abs. 3 zu beachten. Lediglich solche Anlagen, die ausschließlich (mit Ausnahme der Zähler- und Steuereinrichtungen) im Bereich einer Kundenanlage betrieben werden und deshalb nicht der Abgabe von Elektrizität und Gas dienen (z. B. Herde, Küchenmaschinen, Lampen, Fernseher – Energieverbrauchsgeräte), ist § 49 Abs. 3 nicht anzuwenden.

2. Rechtmäßige Herstellung und Inverkehrbringen

73 Eine Gleichstellung der in den Mitgliedstaaten (EU, EWR) errichteten, betriebenen und gehandelten Anlagen/Anlagenteile setzt voraus, dass diese dort **rechtmäßig hergestellt und in den Verkehr gebracht** wurden. Die Herstellung in einem außereuropäischen Land bzw. einem Drittstaat reicht also i. S. von § 49 Abs. 3 nicht aus. Importierte Anlagen sind zwar möglicherweise in einem Mitgliedstaat rechtmäßig in den Verkehr gebracht worden, sind dort aber nicht hergestellt. Der deutsche Gesetzgeber ist nur gegenüber Anlagen aus den genannten Mitgliedstaaten zur Gleichstellung verpflichtet.

3. Gleichwertigkeitserfordernis

74 Nur diejenigen Energieanlagen und deren Bestandteile werden als die aRdT einhaltend gleichgestellt, die **die gleiche Sicherheit gewährleisten**. Dies ist konsequent nicht in jedem Einzelfall festzustellen und nachzuprüfen; vielmehr reicht es aus, wenn die im jeweiligen Mitgliedstaat geltenden Normen und technischen Regeln eingehalten wurden. Lediglich wenn nicht nachgewiesen werden kann, dass die dort geltenden Sicherheitsstandards den in der Bundesrepublik Deutschland geltenden Standards vergleichbar sind und das hiesige Niveau deutlich unterschreiten (Einzelfallprüfung gemäß § 49 Abs. 3 **Satz 2**), ist das Gleichwertigkeitserfordernis des § 49 Abs. 3 Satz 1 nicht erfüllt. Der Nachweis ist gegenüber der zuständigen Länderbehörde zu führen, und den herstellenden Mitgliedstaaten ist es nicht zuzumuten, über allgemeine Konformitätsnachweise hinaus den Sicherheitsstandard nach den deutschen Regeln zu ermitteln oder gar die Gleichwertigkeit ihrer Anlagen nachzuweisen.

4. Vermutung oder anerkannte Gleichwertigkeit

In der Literatur wurde zur Vorläufervorschrift von § 49 Abs. 3 teilweise davon ausgegangen, sie beinhalte eine **tatsächliche Vermutung** in Anlehnung an deren Abs. 2[57]. Dies würde zur Anwendung von § 292 ZPO führen und damit eine Widerlegung der Vermutung ermöglichen. **Satz 2**, der der Neufassung des Abs. 3 mit dem Reformgesetz 1998 hinzugefügt wurde (Ermächtigung zur Einzelfallprüfung) hat insofern einen anderen Weg gewählt und die Nachweislast – auf Anforderung – dem Importeur/Betreiber aufgebürdet.

Nach § 49 Abs. 3 Satz 2 obliegt **in begründeten Einzelfällen** dem Hersteller/Importeur eine **Nachweispflicht**. Wegen der Gefahr, dass die EU-Kommission derartige behördliche Verfügungen als Maßnahmen gleicher Wirkung i. S. von Art. 28 EG beurteilt, handelt es sich um eine restriktiv zu handhabende Ermächtigungsgrundlage. Ein begründeter Einzelfall wird vorliegen, wenn die Energieanlage fehlerhaft gearbeitet hat, von einer Sachverständigenorganisation schwere Mängel festgestellt werden oder es bereits zu Unfällen gekommen ist. Keinesfalls bildet § 49 Abs. 3 eine Ermächtigungsgrundlage für Verwaltungsakte, die sich auf eine Nachweispflicht als Regelfall – etwa bei jedem Grenzübertritt – stützen.

Liegt ein solcher Einzelfall vor und verlangt die Behörde den Nachweis, dann ist dieser nicht auf Einhaltung der (deutschen) allgemein anerkannten Regeln der Technik oder auch nur auf Einhaltung der im Herstellerstaat allgemein anerkannten Regeln der Technik zu richten. Vielmehr müssen lediglich die Voraussetzungen des § 49 Abs. 3 Satz 1

---

57 *Rutkowski*, EnWG 1998, § 16 Anm. 5.

eingehalten sein (Herstellung und Inverkehrbringen in der EU/EWR, Konformität mit den dort geltenden Regelungen oder Anforderungen, Gewährleistung gleicher Sicherheit). Weil bereits der deutsche Gesetzgeber nur ein Mindestschutzniveau für Energieanlagen vorsieht (**anerkannte Regeln der Technik**), wird dieser Nachweis jedenfalls dann gelingen, wenn die Energieanlage überhaupt Regeln oder Normen beachtet und diese nicht stark überaltert sind. Letztlich wird es bei Verfügungen nach § 49 Abs. 3 Satz 2 darum gehen, lediglich solche Energieanlagen nicht in den deutschen Handelsverkehr gelangen zu lassen, die offensichtlich ein hinreichendes Schutzniveau nicht beachten.

VI. Verordnungsermächtigung (Abs. 4)

78 Der Gesetzgeber hat mit § 49 Abs. 4 eine Ermächtigungsgrundlage für erforderlich gehalten, um speziell in Bezug auf Energieanlagen **Anforderungen an die technische Sicherheit** festlegen zu können. Da derartige Rechtsverordnungen in die Länderzuständigkeit für die Ausführung von Bundesgesetzen eingreifen, ist die Zustimmung des Bundesrates für derartige Verordnungen erforderlich. Ermächtigt ist das BMWA, das in Bezug auf EEG-Anlagen das Einvernehmen des BMU herstellen muss. Die Höhe des technischen Sicherheitsstandards für Energieanlagen berührt nicht nur EVU, deren Kunden und Dritte, sondern auch Arbeitnehmer der EVU und solche Gewerbebetriebe, auf deren Werksgelände Energieanlagen installiert sind. Damit sind **Fragen des Arbeitsschutzes** berührt. Diese Kompetenz wird vom BMWA ebenfalls eingebracht.

79 **Sachlicher Gegenstand** der Verordnungsermächtigung sind **Anforderungen an die technische Sicherheit von Energieanlagen.** Damit verweist § 49 Abs. 4 auf § 49 Abs. 1 zurück. Dies bedeutet aber nicht, dass der Verordnungsgeber bei Erlass solcher Regeln an das Mindestschutzniveau des § 49 Abs. 1 Satz 2 (anerkannte Regeln der Technik) gebunden ist. Vielmehr ist das Schutzniveau abhängig von der Gefahr und den betroffenen Grundrechten derjenigen Personen zu bestimmen, die mit der Energieanlage in räumlichen Kontakt kommen können[58]. Insbesondere muss der Verordnungsgeber sein Handeln an Art. 2 Abs. 2 GG orientieren. Allerdings ist die Verordnungsermächtigung, die diesen Zusammenhang nicht ausdrücklich klarstellt, im Lichte des Art. 80 Abs. 1 GG etwas knapp gefasst, weil eine Ausmaß-

---

58 Vgl. *Büdenbender*, EnWG 1998, § 16 Rz. 8 sowie 4 f.

regelung fehlt und diese wegen der Grundrechtsbindung auch nicht allein aus § 49 Abs. 1 Satz 2 gewonnen werden kann. Bei einer Reform der Verordnungsermächtigung sollte erwogen werden, den Zusammenhang zwischen Sicherheitsniveau und zu schützenden Rechtsgütern ausdrücklich in das Gesetz einzuarbeiten, um zu vermeiden, dass die Reichweite der Verordnungsermächtigung allein § 49 Abs. 1 Satz 2 entnommen wird.

VII. Zuständige Behörde, Verfahren und Rechtsschutz (Abs. 5 bis 7)

Gemäß § 49 **Abs. 5** überwacht die nach Landesrecht zuständige Behörde die Einhaltung der Vorschriften des § 49 einschließlich der dazu ergangenen Rechtsverordnungen und Verwaltungsvorschriften, die Energieanlagen und deren Bestandteile betreffen. Weil das EnWG mit den §§ 54 ff. und insbesondere den §§ 65 ff. Eingriffsbefugnisse nur zugunsten der Regulierungsbehörden statuiert, musste der Gesetzgeber des EnWG 2005 die **Reichweite der Eingriffsbefugnisse** für die nach Landesrecht zuständige Behörde besonders regeln. Dies ist mit den Abs. 5 bis 7 des § 49 erfolgt; da sich die Formulierung eng an § 18 EnWG 1998 anlehnt, kann auf die frühere Kommentierung zum EnWG 1998 mit der Maßgabe zurückgegriffen werden, dass nur die **technische Sicherheit von Energieanlagen** derartige Eingriffe der nach Landesrecht zuständigen Behörde ermöglicht[59]. 80

1. Ermächtigung zu erforderlichen Maßnahmen (Abs. 5)

In der Art einer sonderpolizeilichen Generalklausel ermächtigt § 49 Abs. 5 die nach Landesrecht zuständige Behörde (im Folgenden: Energieaufsichtsbehörde), die zur **Sicherstellung der Anforderungen an die technische Sicherheit von Energieanlagen** erforderlichen Maßnahmen im Einzelfall zu treffen. Als derartige **Maßnahmen** kommen in Betracht: 81

– Gebote (zur Beachtung von Rechtsvorschriften)

– Verbote (zum weiteren Betrieb einer unsicheren Energieanlage)

– Feststellung (der EU-Konformität der Energieanlage, § 49 Abs. 3)

– Auskunftsverlangen (Abs. 6)

---

59 Vgl. *Büdenbender*, EnWG 1998, § 18 Rz. 8 ff.

- Anordnungen zum Betreten von EVU-Grundstücken
- Anordnung der Gestattung einer Einsichtnahme in EVU-Unterlagen

82 Reihenfolge und Stufung der Maßnahmen sind am Verhältnismäßigkeitsprinzip zu orientieren[60]. Für die **Spezialmaßnahmen** im Sinne von Abs. 6 und Abs. 7 vermag sich die Energieaufsichtsbehörde auf jene Ermächtigungsgrundlagen zu stützen; für alle anderen Maßnahmen ist § 49 Abs. 5 die (allgemeine) Ermächtigungsgrundlage.

83 Jede verhältnismäßige Maßnahme der Energieaufsicht im Sinne von § 49 Abs. 5 ist an denjenigen Rechtsvorschriften zu orientieren, die in § 49 Abs. 1 bis 3 aufgeführt sind[61]. Liegen Rechtsvorschriften nicht vor oder werden diese eingehalten, ohne dass zugleich die Sicherheit des Betriebs der Energieanlage gewährleistet ist, muss die Energieaufsicht als Sonderordnungsbehörde auf das allgemeine Recht der Gefahrenabwehr zurückgreifen (ordnungsbehördliche Generalklausel). Dabei dürfen nur Maßnahmen angeordnet und durchgeführt werden, die zur Erreichung des angestrebten Ziels – § 49 Abs. 1 bis 3 in Verbindung mit dem Recht der Technik sowie den technischen Normen – geeignet, erforderlich und angemessen sind. Von mehreren der Behörde zur Verfügung stehenden Mitteln ist das mildeste auszuwählen, wenn es gleich gut geeignet ist, den Vollzug des § 49 sicherzustellen. Eine grundsätzlich erforderliche Anhörung des Betreibers kann ausnahmsweise unterbleiben, wenn Gefahr im Verzug ist. Eine eventuell bestehende Betriebspflicht des EVU gemäß § 2 Abs. 1 in Verbindung mit § 11 Abs. 1 kann beispielsweise einer Stilllegungsanordnung entgegenstehen, wenn ein sicherer Weiterbetrieb der Energieanlage oder ihres Teiles nach Treffen von Schutzmaßnahmen wieder gefahrlos möglich ist. Die Anordnung des Sofortvollzuges ist nach den allgemeinen Grundsätzen zulässig. Weil Bundesrecht ausgeführt wird, ist ergänzend auf das Verwaltungsverfahrensgesetz des Bundes zurückzugreifen.

2. Betreiber-Auskunftspflichten (Abs. 6)

84 Zur Vorbereitung von Einzelmaßnahmen nach § 49 Abs. 5 benötigt die Aufsichtsbehörde Informationen über die **technischen und wirt-**

---

60 Zur Konkretisierung vgl. *Schmidt-Bleibtreu/Klein*, Grundgesetz, Art. 20 Rz. 27.
61 Vgl. dazu oben § 49 Rz. 32 ff.

schaftlichen **Verhältnisse** der Betreiber von Energieanlagen; derartige Auskunftsverfügungen sieht **Satz 1** des § 49 Abs. 6 vor.

In Bezug auf eine bestehende Überwachungsbefugnis der Energieaufsichtsbehörde ist das Auskunftsverlangen **pflichtenakzessorisch**: Nur Maßnahmen im Sinne von Abs. 5 mit dem Ziel, die rechtskonforme Errichtung und den Betrieb einer Energieanlage zu überwachen, ermöglichen ein Auskunftsverlangen nach Abs. 6. Ausreichend ist es, wenn der Betreiber potenzieller Verfügungsadressat ist; denn das Auskunftsverlangen dient gerade dem Ziel, die Konformität von Anlagenbetrieb und rechtlichen Vorgaben nachzuprüfen. 85

Auskunftsgegenstand sind zum einen alle **technischen Verhältnisse**. Dazu zählen Daten und Betriebszustände der eingesetzten Anlagen, die insofern getroffenen Vorkehrungen zur Umweltverträglichkeit, die Funktionsfähigkeit im Hinblick auf Störanzeigen sowie den Altersaufbau des Anlagenparks (zur Feststellung des anwendbaren Rechts). 86

Nur in Ausnahmefällen werden Auskünfte über die **wirtschaftlichen Verhältnisse** des Betreibers erforderlich sein. Zur Überwachung der Betriebspflicht im Sinne von § 11 Abs. 1 ist die Energieaufsichtsbehörde nicht berufen (vgl. § 54); da allerdings alle Energieanlagen regelmäßige Wartungen erfordern, muss sichergestellt sein, dass das dafür benötigte Personal und die sächlichen sowie finanziellen Mittel bereitstehen. Ohne Anlass wird eine solche Auskunft aber regelmäßig nicht erforderlich und damit unverhältnismäßig sein. Das Vernachlässigen von Wartungsintervallen oder Beschwerden der Kunden hinsichtlich unsicherer Energieanlagen dürfte allerdings ausreichen. 87

Ein Auskunftsverlangen ist selbständiger Verwaltungsakt. Die Behörde hat dem auskunftspflichtigen Betreiber eine angemessene Frist zur Beantwortung zu setzen[62]. Diese wird regelmäßig 14 Tage nicht unter- und einen Monat nicht überschreiten[63]. Nur bei unmittelbarem Gefahrverzug kann unverzügliche Auskunft (ohne schuldhaftes Zögern) auch fernmündlich, per Telefax oder auf elektronischem Wege angeordnet werden. 88

Bezug der Auskunftsverfügung sind immer nur **Tatsachen**, nicht aber Einschätzungen und Bewertungen des Betreibers (»Verhältnisse« im 89

---

62 *Büdenbender*, EnWG 1998, § 18 Rz. 33.
63 *Büdenbender* ebd. Rz. 34.

Sinne von § 49 Abs. 5)[64]. Eine branchenumfassende Auskunftsverfügung lässt sich auf § 49 Abs. 5 schon deshalb nicht stützen, weil die Ermächtigungsgrundlage nur den **Einzelfall** betrifft. In Anlehnung an die im GWB festgelegten Auskunftspflichten muss die Energieaufsichtsbehörde mit dem Erlass der Auskunftsverfügung ein **schlüssiges Prüfungskonzept** erkennen lassen[65]; nicht erforderlich ist es, dass bereits ein konkreter Rechtsverstoß vorliegt[66].

90 **Verfügungsadressaten** sind alle Betreiber von Energieanlagen unabhängig davon, ob die Anlage der Fremd- oder Eigenversorgung dient; die früher zu § 18 EnWG 1998 denkbaren Einschränkungen[67] lassen sich angesichts des strikten Gefahrbezugs von § 49 nicht auf das neue Recht übertragen. Auch § 110 nimmt die Vorschrift des § 49 nicht von der Aufsicht aus, so dass Auskunftsverfügungen auch gegen Eigenversorger, Betreiber von Arealnetzen und Industrienetzen sowie Haushalte gerichtet werden können, die Energieanlagen im Sinne von § 49 betreiben.

91 Unter **engen Voraussetzungen** begründet **Satz 2** des § 49 Abs. 6 ein **Auskunftsverweigerungsrecht**. Da niemand sich selbst oder seine Angehörigen (§ 383 Abs. 1 Ziff. 1 bis 3 ZPO) belasten muss, kann die Auskunft in Bezug auf solche Tatsachen und Verhältnisse verweigert werden, deren Vorliegen den Vorwurf einer Ordnungswidrigkeit oder gar eines Straftatbestandes zu begründen geeignet ist[68].

92 Liegen alle Voraussetzungen des § 49 Abs. 6 vor und besteht kein Auskunftsverweigerungsrecht, ist der Betreiber **auskunftspflichtig**. Die Auskunft ist dann grundsätzlich schriftlich zu erteilen und umfasst auch Geschäftsgeheimnisse (Verschwiegenheitspflicht der Aufsichtsbehörde). Ein zwecks Auskunftserteilung übersandter Fragebogen muss – bei Einhaltung der Voraussetzungen im Übrigen – ausgefüllt werden, wenn Auskunft nicht in unzumutbarem Umfang verlangt wird (Erforderlichkeitsprinzip), weil standardisierte Antwortformen insbesondere dann sinnvoll sind, wenn mehrere EVU gleichartige gefährliche Energieanlagen betreiben. Zur Durchsetzung

---

64 *Büdenbender*, EnWG 1998, § 18 Rz. 37.
65 Nachweise bei *Bechtold*, Kartellgesetz, § 59 Rz. 4 ff.
66 *Büdenbender*, EnWG 1998, § 18 Rz. 40.
67 Vgl. *Büdenbender*, EnWG 1998, § 18 Rz. 41.
68 Vgl. die Parallelnormen für Strafprozess (§ 52 StPO), Ordnungswidrigkeitenverfahren (§ 46 OWiG), Zivilprozess (§ 383 ZPO) sowie verwaltungsgerichtlichen Prozess (§ 98 VwGO).

des Auskunftsanspruchs kann die Energieaufsichtsbehörde auf das Bundes-Verwaltungsvollstreckungsgesetz zurückgreifen und **Mittel des Verwaltungszwangs** anwenden (Zwangsgeld, Ersatzvornahme oder unmittelbarer Zwang). Daneben kann wegen Nichtbefolgung der Auskunftspflicht ein Bußgeld im Sinne von § 95 nicht verhängt werden, weil diese Vorschrift nur Verfahren der Regulierungsbehörden betrifft.

3. Betretungsrecht, Überprüfungen und Einsichtnahmen (Abs. 7)

Ist die Energieaufsichtsbehörde nach § 49 Abs. 5 zuständig, kann bei **Erforderlichkeit** von weiteren Eingriffbefugnissen Gebrauch gemacht werden: 93

– Betretungsrecht

– Überprüfungsrecht

– Einsichtsrecht

Weil es sich um schwerwiegende Eingriffe auch im Hinblick auf Art. 13 GG handeln kann, ist die Aufzählung in § 49 Abs. 7 abschließend, so dass beispielsweise eine den Strafverfolgungsbehörden mögliche **Durchsuchung nicht** angeordnet werden kann. 94

In räumlicher Hinsicht ist das Zutrittsrecht auf Betriebsgrundstücke, Geschäftsräume und Einrichtungen der Betreiber von Energieanlagen begrenzt. Nach der Rechtsprechung des Bundesverfassungsgerichts ist die besondere gesetzliche Ermächtigung wegen Art. 13 GG auch im Hinblick auf Geschäfts- und Betriebsräume erforderlich[69]. Das Betreten darf nur während der üblichen Betriebs- und Geschäftszeiten erfolgen; mangels entsprechender Ermächtigung dürfen Wohnungen (einschließlich Werkswohnungen) nicht betreten werden. 95

Das **Prüfungsrecht** dient dem Zweck, das Vorhandensein gefährlicher Energieanlagen und deren Betriebszustand zu kontrollieren; außerdem kann überprüft werden, ob nach § 49 Abs. 6 erteilte Auskünfte korrekt erteilt wurden. Unter **Prüfung** ist die Inaugenscheinnahme durch die Behörde und deren Bevollmächtigte zu verstehen; Bezugsgegenstand des Prüfungsrechts sind weniger Unterlagen (dritte Alternative des § 49 Abs. 7), sondern die Energieanlagen selbst. 96

---

69 BVerfG 44, 353, 371 – Suchtkrankenberatungsstelle; E 76, 83, 88 – Durchsuchungsanordnung; vgl. auch E 32, 54, 69 ff. – Chemischreiniger.

97 Das **Recht zur Einsichtnahme** umfasst **geschäftliche und betriebliche Unterlagen**, die die Betreiber von Energieanlagen entweder zu Eigentum gehören oder die diese besitzen. Der Unterlagenbegriff ist dabei im weitesten Sinne zu verstehen und umfasst nicht nur schriftliche Unterlagen (Rechnungswesen, Korrespondenz, Verträge usw.), sondern auch die sonstigen zur Speicherung von Informationen geeigneten Medien (Festplatten, Disketten, Bandlaufwerke, DVD, CD-ROM, Anrufbeantworter, Arbeitsspeicher des PC). Die Unterlagen müssen aber mit dem Geschäftszweck in zumindest mittelbarem Zusammenhang stehen und geeignet sein, technische oder wirtschaftliche Verhältnisse des Betreibers im Hinblick auf die Anforderungen des § 49 betreffen zu können. Private Unterlagen oder Unterlagen, die offensichtlich im Eigentum dritter Personen stehen und ein Besitzrecht des Betreibers nicht begründen, dürfen nicht eingesehen werden. Lehnt der Betreiber die Einsichtnahme ab, ist Verwaltungszwang möglich; eine Durchsuchung darf aber auch in diesem Falle nicht erfolgen[70].

4. Rechtsschutz

98 Da die Energieaufsichtsbehörde als die nach Landesrecht zuständige Behörde nicht die Aufgaben einer Regulierungsbehörde wahrnimmt, besteht kein Rechtsschutz durch Beschwerde nach §§ 75 ff. Vielmehr ergehen alle Verfügungen der Aufsichtsbehörde als herkömmliche Verwaltungsakte (auf dem Gebiet des öffentlichen Rechts), so dass der Rechtsweg zu den Verwaltungsgerichten eröffnet ist (§ 40 Abs. 1 VwGO). Bei belastenden Verwaltungsakten (Maßnahmen im Sinne von § 49 Abs. 5, Auskunft und Prüfung im Sinne von Abs. 6 und 7) ist unmittelbar Anfechtungsklage zu erheben, wenn der Ausgangsverwaltungsakt von einer obersten Landesbehörde (Ministerium) erlassen wurde (§ 68 Abs. 1 Satz 2 Ziff. 1 VwGO). Weigert sich die Behörde hingegen, einen eventuell benötigten Konformitätsnachweis im Sinne von § 49 Abs. 3 auszustellen, stellt die Verpflichtungsklage im Sinne von § 42 Abs. 1 (Alt. 2) VwGO die richtige Klageart dar. Ist der sofortige Vollzug angeordnet, hat der Widerspruch keine aufschiebende Wirkung; jedoch kann nach § 80 Abs. 5 VwGO Antrag auf Wiederherstellung der aufschiebenden Wirkung beim Verwaltungsgericht gestellt werden.

---

70 Anderer Ansicht *Büdenbender*, EnWG 1998, § 18 Rz. 59.

§ 50 Vorratshaltung zur Sicherung der Energieversorgung

Das Bundesministerium für Wirtschaft und Arbeit wird ermächtigt, zur Sicherung der Energieversorgung durch Rechtsverordnung mit Zustimmung des Bundesrates

1. Vorschriften zu erlassen über die Verpflichtung von Energieversorgungsunternehmen sowie solcher Eigenerzeuger von Elektrizität, deren Kraftwerke eine elektrische Nennleistung von mindestens 100 Megawatt aufweisen, für ihre Anlagen zur Erzeugung von

   a) Elektrizität ständig diejenigen Mengen an Mineralöl, Kohle oder sonstigen fossilen Brennstoffen,

   b) Gas aus Flüssiggas ständig diejenigen Mengen an Flüssiggas

   als Vorrat zu halten, die erforderlich sind, um 30 Tage ihre Abgabeverpflichtungen an Elektrizität oder Gas erfüllen oder ihren eigenen Bedarf an Elektrizität decken zu können,

2. Vorschriften zu erlassen über die Freistellung von einer solchen Vorratspflicht und die zeitlich begrenzte Freigabe von Vorratsmengen, soweit dies erforderlich ist, um betriebliche Schwierigkeiten zu vermeiden oder die Brennstoffversorgung aufrechtzuerhalten,

3. den für die Berechnung der Vorratsmengen maßgeblichen Zeitraum zu verlängern, soweit dies erforderlich ist, um die Vorratspflicht an Rechtsakte der Europäischen Gemeinschaften über Mindestvorräte fossiler Brennstoffe anzupassen.

Überblick		Seite	Rz.
I.	Normzweck und Rechtsentwicklung..................	1080	1
II.	Umfang der Verordnungsermächtigung...............	1084	8
	1. Bevorratung.......................................	1084	10
	2. Freistellung und Freigabe von Vorratsmengen	1085	13
	3. Verlängerung des Vorratszeitraums.................	1085	14
III.	Ausführungszuständigkeit	1086	15

I. Normzweck und Rechtsentwicklung

1 Im Zusammenhang mit der sog. Ölkrise Anfang der 70er Jahre hatten sich EG-Kommission und Mitgliedstaaten verstärkt um eine Sicherung der Energieträgerbasis bemüht, um die Weiterentwicklung der Volkswirtschaften sowie die Versorgung der Bevölkerung zu gewährleisten. In diesem Zusammenhang ist der Erlass des Mineralölbevorratungsgesetzes deshalb besonders bekannt geworden, weil zwecks Überprüfung der Wirksamkeit dieser Regelung das Bundesverfassungsgericht zur Entscheidung angerufen wurde[1]. Das Bundesverfassungsgericht hat das Gesetz über Mindestvorräte an Erdölerzeugnissen[2] vom 9.12.1965 auf seine Vereinbarkeit mit dem Grundgesetz überprüft. Da das Gesetz zur Bevorratung ohne Kostenentschädigung verpflichtet, hatten beschwerdeführende Unternehmen (unabhängige Importeure) die Verletzung der Art. 12, 14, 2 Abs. 1 und 3 Abs. 1 GG gerügt[3].

2 Das Bundesverfassungsgericht hat wegen der Beeinträchtigung der Wettbewerbsfähigkeit von unabhängigen Importeuren (wesentlich verschlechternde Belastung durch die Vorratspflicht) das Gesetz für verfassungswidrig erklärt, soweit das Gesetz keine Kompensation für derartige wesentliche Belastungen vorsah[4]. Im Übrigen hat das Gericht aber die Indienstnahme Privater für öffentliche Aufgaben als nicht verfassungswidrig angesehen, soweit die aus den Grundrechten (insbes. Art. 12 Abs. 1 und Art. 3 Abs. 1 GG) folgenden Grenzen der Zulässigkeit einer solchen Indienstnahme eingehalten werden. Insbesondere hat das Gericht die Bevorratungspflicht nicht als (ausgleichspflichtige) Enteignung angesehen[5]: Lediglich wenn ein Eingriff in die Substanz des Gewerbebetriebs festzustellen sei, komme eine Verletzung von Art. 14 GG in Betracht; die Mineralölbevorratung regele die Berufsausübung, während Art. 14 GG erst berührt werde, wenn das Erworbene (Ergebnis der Betätigung) und nicht die Betätigung selbst von der gesetzlichen Vorschrift erfasst werde[6]. Soweit daher Bevorratungspflichten in einem verhältnismäßigen Umfang in Regelung der

---

1 Beschluss des Ersten Senats v. 16.3.1971, BVerfGE 30, 292 ff. – Mineralölbevorratung.
2 BGBl. I 1965, S. 1217.
3 BVerfGE 30, 292, 304 ff. – Mineralölbevorratung.
4 Bundesverfassungsgericht ebenda S. 292, Entscheidungstenor 1.
5 BVerfGE 30, 292, 334 f. – Mineralölbevorratung.
6 Ebd. S. 335.

I. Normzweck und Rechtsentwicklung

Berufsausübung auferlegt werden, sind sie dann als verfassungsgemäß anzusehen, wenn sie keine Wettbewerbsverzerrungen verursachen und nicht in die Substanz des Gewerbebetriebs eingreifen.

§ 50 und die wortgleiche Vorläufervorschrift des § 17 EnWG 1998 stehen zusammengenommen in einer ganzen Reihe von Maßnahmen zur Sicherung der Energieversorgung. Zu nennen sind das Energiesicherungsgesetz 1975[7], die Verordnung über das Verfahren zur Festsetzung von Entschädigung und Härteausgleich nach dem Energiesicherungsgesetz[8], das Gesetz über die Sicherstellung von Leistungen auf dem Gebiet der gewerblichen Wirtschaft sowie des Geld- und Kapitalverkehrs (Wirtschaftssicherstellungsgesetz)[9], die Verordnung über die Sicherstellung der Elektrizitätsversorgung[10], die Verordnung über die Sicherstellung der Gasversorgung (Gaslastverteilungs-Verordnung – GasLastV)[11], die Mineralölbewirtschaftungs-Verordnung (MinÖlBewV)[12], das Gesetz über die Erhebung von Meldungen in der Mineralölwirtschaft (Mineralöldatengesetz – MinÖlDatG)[13] sowie die Kraftwerksbevorratungs-Verordnung[14]. Schließlich ist am 14.4.1998 das Erdölbevorratungsgesetz in seiner Neufassung bekannt gemacht worden[15]. Regelungszweck all dieser Vorschriften ist es, in Zeiten knapper Primärenergieträgerreserven die Auswirkungen temporärer

3

---

7 Gesetz zur Sicherung der Energieversorgung bei Gefährdung oder Störung der Einfuhren von Erdöl, Erdölerzeugnissen oder Erdgas v. 20.12.1974, BGBl. I S. 3681, zuletzt geändert durch Art. 3 Abs. 46 des Zweiten Neuregelungsgesetzes v. 7.7.2005, BGBl. I S. 1970, 2016.
8 Vom 16.9.1974, BGBl. I S. 2330.
9 Vom 24.8.1965, BGBl. I S. 920 (vgl. § 1 Abs. 1 Ziff. 4 Wirtschaftssicherstellungsgesetz: Rechtsverordnungsermächtigung betreffend Energieversorgung).
10 Elektrizitätslastverteilungs-Verordnung – EltLastV – v. 21.7.1976, BGBl. I S. 1833. Zuletzt geändert durch Art. 3 Abs. 38 des Zweiten Neuregelungsgesetzes v. 7.7.2005, BGBl. I S. 1970, 2014.
11 Vom 21.7.1976, BGBl. I S. 1849, zuletzt geändert durch Art. 3 Abs. 39 des Zweiten Neuregelungsgesetzes v. 7.7.2005, BGBl. I S. 1970, 2014.
12 Vom 19.4.1988, BGBl. I S. 530.
13 Vom 20.12.1988, BGBl. I S. 2353.
14 Vom 11.2.1981, BGBl. I S. 164.
15 Vom 6.4.1998, BGBl. I S. 679.

Krisen abzupuffern und allzu heftigen Preisausschlägen auf den Märkten entgegenzuwirken[16].

4 Schon § 17 EnWG 1998 hatte wortgleich die Vorläufervorschrift des § 14 EnWG 1935 übernommen. § 14 EnWG 1935 wurde durch Art. 3 des Gesetzes zur Änderung energierechtlicher Vorschriften[17] in das damalige Recht eingefügt. § 14 EnWG 1935 beruht auf der EG-Richtlinie zur Brennstoffbevorratung in Kraftwerken[18]. Diese Richtlinie hatte zum Ziel, die Betriebsbereitschaft der Kraftwerke bei allgemeinen Störungen der Versorgung mit Brennstoffen aufrechterhalten zu können. Dazu wurden die Mitgliedstaaten verpflichtet, Unternehmen der öffentlichen sowie der industriellen Kraftwirtschaft, soweit deren Kraftwerke eine Nennleistung von mindestens 100 MW aufweisen, eine Verpflichtung zur Brennstoffbevorratung aufzuerlegen, die sämtliche fossilen Brennstoffe umfasst (Erdgas, Mineralöl, Braunkohle, Steinkohle). Brennstoffe sollten in einem Umfang bevorratet werden, damit eine Stromlieferung 30 Tage lang gewährleistet war.

5 Aufgrund der Ermächtigungsgrundlage des § 14 EnWG 1935 ist die **Verordnung über die Brennstoffbevorratung von Kraftwerken** (Kraftwerksbevorratungs-Verordnung – KraftBevV)[19] erlassen worden, die am 1.7.1981 in Kraft trat. Die Verordnung sah in Umsetzung der EG-Richtlinie sowie des § 14 EnWG 1935 für mit fossilen Brennstoffen befeuerte Kraftwerke eine Vorratshaltung zur Erfüllung einer Abgabeverpflichtung an Elektrizität für 30 Jahre (bzw. eine entsprechende Deckung des Eigenbedarfs an Elektrizität) vor, § 1 Abs. 1 KraftBevV. Die Vorräte mussten dem Kraftwerksbetreiber zur Verfügung stehen und am Standort des Kraftwerkes gelagert werden, § 2 KraftBevV. § 3 dieser Verordnung regelte Ausnahmen von der Vorratspflicht (Kraftwerke mit einer Nennleistung unterhalb von 100 MW, vertraglich gesicherte Erdgaslieferung, Betrieb mit anderen Gasen oder Abfällen, Stein- und Braunkohle aus in der Nähe gelegenen Bergwerken). Auch im Falle einer unbilligen Härte war eine Freistellung auf Antrag durch die Energieaufsichtsbehörde festzustellen, § 4 KraftBevV. Die §§ 5 bis 7 regelten Freigabe und Entnahme von

---

16 Krisenmanagement in Zeiten des Spannungs- und Verteidigungsfalles (Art. 80a GG), vgl. *Büdenbender*, EnWG 1998, § 17 Rz. 5.
17 Vom 19.12.1977, BGBl. I S. 2750.
18 ABl. EG v. 13.6.1975 Nr. L 153/35.
19 Vom 11.2.1981, BGBl. I S. 164.

Vorräten bei Versorgungsschwierigkeiten, Meldepflichten und Auskunftspflichten; § 8 KraftBevV enthielt einen Ordnungswidrigkeitstatbestand.

Mit Verordnung vom 8.9.1999 ist die Kraftwerks-Bevorratungsverordnung mit Wirkung ab 1.10.1999 mit Zustimmung des Bundesrates **aufgehoben** worden[20]. Grund für die Aufhebung ist wiederum die **Aufhebung der zugrunde liegenden EG-Richtlinie**[21]: Nachdem seit längerer Zeit Versorgungskrisen bei Primärenergieträgern nicht mehr aufgetreten waren und zu befürchten war, dass die Bevorratungspflicht wegen der aus ihr resultierenden Kostenbelastung den Wettbewerb zwischen Unternehmen mit und solchen ohne unmittelbaren räumlichen Zugang zu Primärenergieträgern verzerren würde, erschien die Aufrechterhaltung der Kraftwerksbevorratungsverordnung als eher schädlich denn nützlich[22]. Die Aufhebung wurde vom Bundesministerium für Wirtschaft und Technologie des Weiteren wie folgt begründet[23]: 6

> »In einem wettbewerblich orientierten Strommarkt muss es jedem Versorgungsunternehmen überlassen bleiben, wie es seine Brennstoffversorgung optimal und flexibel sicherstellt; die Beibehaltung der staatlichen Bevorratungsregelung ist unter Wettbewerbsgesichtspunkten eher schädlich.«

Da offenbar derzeit nicht beabsichtigt ist, von der Ermächtigungsgrundlage des § 50 erneut Gebrauch zu machen, ist die Vorschrift einstweilen ohne Anwendungsbereich. Deshalb soll nur ganz knapp ein Überblick zur Reichweite der Verordnungsermächtigung gegeben werden. Im Lauf des Gesetzgebungsverfahrens zur EnWG-Novelle 2005 ist § 50 nicht mehr geändert worden. 7

---

20 Verordnung zur Aufhebung der Kraftwerksbevorratungs-Verordnung v. 8.9.1999, BGBl. I S. 1934.
21 Richtlinie 75/339/EWG, ABl. EG Nr. L 153/35 v. 13.6.1975; Aufhebung durch Entscheidung 97/7/EG des Rates v. 20.12.1996, ABl. EG Nr. L 3/6 v. 7.1.1997.
22 BR-DrS 808/98, S. 3.
23 BR-DrS ebd.

§ 50 Vorratshaltung zur Sicherung der Energieversorgung

II. Umfang der Verordnungsermächtigung

8 Als Ermächtigungsgegenstand nennt § 50 die **Sicherung der Energieversorgung**; darunter ist die leitungsgebundene Energieversorgung mit Elektrizität und Gas zu verstehen. Für die Sicherstellung der Erdölversorgung kommt § 17 nicht in Betracht.

9 Die Verordnungsermächtigung ist auf drei Gruppen von Regelungen gerichtet:

– Bevorratung an fossilen Brennstoffen sowie Flüssiggas

– Freistellung von der Vorratspflicht sowie Freigabe von Vorratsmengen

– Verlängerung des Vorratszeitraums in Anpassung an Rechtsakte der EG

1. Bevorratung

10 Die Ermächtigungsgrundlage regelt detailliert Zweck und Ausmaß der Verordnungsermächtigung. Die zu erlassenden Bevorratungsvorschriften sollen sich sowohl an EVU (Elektrizitäts- und Gaswirtschaft) als auch an Eigenerzeuger von Elektrizität richten. Die Einbeziehung von Eigenerzeugern erscheint als erforderlich, um die Produktion aufrechtzuerhalten, die mit Elektrizität aus Eigenerzeugungsanlagen bewirkt wird. Um nicht kleinere Betreiber zu benachteiligen, begrenzt § 50 Ziff. 1 die Mindestbevorratungspflicht auf Kraftwerke mit einer elektrischen Nennleistung von mindestens 100 MW. GasVU sind nicht verpflichtet, zur Sicherung der Versorgung mit Erdgas entsprechende Speichereinrichtungen zu unterhalten; § 50 (Ziff. 1a) betrifft ausschließlich Kraftwerksbetreiber und EVU mit Lieferverpflichtungen gegenüber Kraftwerken.

11 Nach § 50 Ziff. 1 lit. a) sind die Primärenergieträger Mineralöl, Kohle und sonstige fossile Brennstoffe vorrätig zu halten, soweit aus ihnen **Elektrizität** erzeugt wird. Unter Kohle sind sowohl Steinkohle als auch Braunkohle zu verstehen. Auch Erdgas gehört zu den fossilen Brennstoffen. Dagegen besteht keine Verpflichtung zur Vorratshaltung, wenn die Elektrizitätserzeugung in anderer Weise bewirkt wird (z. B. Dampf bei Kraft-Wärme-Kopplungsanlagen, Wind, Abfälle). Torf wird man zu den fossilen Brennstoffen zählen müssen, die unter

die Ermächtigungsgrundlage fallen[24]. Bei Kraftwerken, die **Gas aus Flüssiggas** erzeugen, wird eine entsprechende Verpflichtung auferlegt. Wegen des hohen Aufwandes für Untertagespeicher zwecks Bevorratung von gasförmigem Gas (hohe Volumina) befürwortet *Büdenbender* die Begrenzung des § 50 Ziff. 1 lit. b) auf **Flüssiggas**, das Gas für die Versorgung der Bevölkerung gewinnende Unternehmen (LNG-Anlagenbetreiber) nach Erlass einer entsprechenden Verordnung dann bevorraten könnten[25].

Der Vorrat muss so bemessen sein, dass die EVU und Eigenerzeuger **ihre Abgabepflichten an Elektrizität oder Gas 30 Tage lang erfüllen** können bzw. ihren eigenen Bedarf an Elektrizität zu decken in der Lage sind. 12

2. Freistellung und Freigabe von Vorratsmengen

Nach **Ziff. 2** des § 50 sind Vorschriften über die **Freistellung** von der Vorratspflicht sowie über eine **zeitlich begrenzte Freigabe von Vorratsmengen** mit dem Regelungsziel möglich, betriebliche Schwierigkeiten zu vermeiden oder die Brennstoffversorgung aufrecht zu halten. Dies war durch die §§ 4 und 5 der Kraftwerksbevorratungs-Verordnung erfolgt. Der Verordnungsgeber hatte die Freistellung an den Begriff der **unbilligen Härte** angeknüpft. Eine Freigabe von Brennstoffvorräten war nach § 5 Abs. 1 der Verordnung für eine Dauer von längsten sechs Monaten auf Antrag des Vorratspflichtigen vorgesehen, soweit und solange die Schwierigkeiten der Stromversorgung nicht auf andere zumutbare Weise behoben werden konnten. Ohne Freigabebescheid war eine Entnahme in Eilfällen zulässig (Anzeigepflicht und nachträglicher Freigabeantrag, § 5 Abs. 2 der Verordnung). 13

3. Verlängerung des Vorratszeitraums

§ 50 **Ziff. 3** enthält eine quasi gesetzesvertretende Verordnungsermächtigung, die sich auf den maßgeblichen **Vorratszeitraum** bezieht. Danach ist das Bundesministerium für Wirtschaft und Arbeit mit Zustimmung des Bundesrates ermächtigt, den die Vorratsmenge bestim- 14

---

24 *Rutkowski*, EnWG 1998, § 17 Anm. 1.2; *Danner*, in: *Obernolte/Danner*, Energiewirtschaftsrecht, § 14 EnWG 1935, Anm. 2 d); *Ludwig/Odenthal*, Recht der Elektrizitäts-, Gas- und Wasserversorgung, § 14 EnWG 1935 Rz. 1.
25 *Büdenbender*, EnWG 1998, § 17 Rz. 11.

menden Zeitraum (bisher: 30 Tage) zu verlängern, um die **Vorratspflicht an Rechtsakte der EG** anzupassen. Da die 30 Tage-Frist als das der Begrenzung der Verordnungsermächtigung dienende Tatbestandsmerkmal in § 50 unmittelbar enthalten ist, müsste bei einer Verlängerung der Vorratspflicht eigentlich der Gesetzgeber tätig werden. Da jedoch die Bundesrepublik Deutschland als Mitgliedstaat der EG zur Anpassung an eine entsprechende Richtlinie verpflichtet wäre, erscheint der eigentlich vom Parlament einzulösende Gesetzesvorbehalt hier ausnahmsweise als weniger gewichtig, so dass diese gesetzesvertretende Verordnungsermächtigung als zulässig und sinnvoll erscheint.

III. Ausführungszuständigkeit

15 Während für den Erlass von Energieversorgungs-Sicherungsverordnungen das Bundesministerium für Wirtschaft und Arbeit zuständig ist und zuvor die Zustimmung des Bundesrates einholen muss, enthält § 50 selbst keinen Hinweis auf Zuständigkeiten für die Durchführung von Gesetz und eventueller Verordnung. Da jedoch überprüft werden muss, ob Vorräte im gesetzlichen Umfang gehalten werden, Freistellungsanträge zu entscheiden sind und ggf. Vorratsmengen durch Verwaltungsakt freizugeben sind, ist eine Durchführung des Rechts der Sicherung der Elektrizitätsversorgung durch Kraftwerke erforderlich.

16 Nach § 54 Abs. 1 und 3 ist bei Fehlen einer Sonderzuweisung zur Durchführung des EnWG die **Bundesnetzagentur** auch zur Ausführung des § 50 berufen. Sie hat die entsprechenden Kontrollbefugnisse und dabei u.a. ein Auskunftsrecht, §§ 65, 69, 71. Zur Überprüfung der Vorräte darf sie Betriebsgrundstücke, Geschäftsräume und Einrichtungen der EVU betreten und dort Prüfungen vornehmen sowie geschäftliche und betriebliche Unterlagen im verhältnismäßigen Umfange einsehen, §§ 68, 69. Sollte zukünftig wieder eine die Bevorratung betreffende Verordnung i.S. von § 50 erlassen werden, kann bei schuldhaftem Verstoß gegen die Rechtsverordnung oder eine auf sie gestützte Anordnung ein Bußgeld festgesetzt werden, § 95 Abs. 1 Ziff. 5 lit. c). Ohne Rechtsverordnung ist § 50 nicht vollzugsfähig; allein auf § 1 Abs. 1 (Versorgungssicherheit) darf eine Bevorratungsanordnung nicht gestützt werden[26].

---

26 Ebenso *Büdenbender*, EnWG 1998, § 17 Rz. 4.

§ 51 Monitoring der Versorgungssicherheit

(1) Das Bundesministerium für Wirtschaft und Arbeit führt ein Monitoring der Versorgungssicherheit im Bereich der leitungsgebundenen Versorgung mit Elektrizität und Erdgas durch.

(2) ¹Das Monitoring nach Absatz 1 betrifft insbesondere das Verhältnis zwischen Angebot und Nachfrage auf dem heimischen Markt, die erwartete Nachfrageentwicklung und das verfügbare Angebot, die in der Planung und im Bau befindlichen zusätzlichen Kapazitäten, die Qualität und den Umfang der Netzwartung, eine Analyse von Netzstörungen sowie Maßnahmen zur Bedienung von Nachfragespitzen und zur Bewältigung von Ausfällen eines oder mehrerer Versorger sowie im Erdgasbereich das verfügbare Angebot auch unter Berücksichtigung der Bevorratungskapazität und des Anteils von Einfuhrverträgen mit einer Lieferfrist von mehr als zehn Jahren (langfristiger Erdgasliefervertrag) sowie deren Restlaufzeit. ²Bei der Durchführung des Monitoring hat das Bundesministerium für Wirtschaft und Arbeit die Befugnisse nach den §§ 12 Abs. 3a, 68, 69 und 71. ³Die §§ 73, 75 bis 89 und 106 bis 108 gelten entsprechend.

Überblick

		Seite	Rz.
I.	Regelungszweck und Entstehungsgeschichte	1087	1
II.	Normadressaten (Abs. 1)...........................	1088	5
III.	Umfang von Informationspflichten und Berichtspflicht (Abs. 2 Satz 1)...................................	1090	10
	1. Informationspflichten	1090	11
	2. Berichtspflicht	1091	17
IV.	Befugnisse des BMWA und Rechtsschutz (Abs. 2 Satz 2 und 3)	1092	19

I. Regelungszweck und Entstehungsgeschichte

§ 51 dient einerseits der Umsetzung der Art. 4 RL-Elt und Art. 5 RL-Gas, andererseits als Grundlage der nationalen Energiepolitik/ leitungsgebundene Versorgung mit Strom und Erdgas. Weil es sich um 1 eine die Kompetenzen der Regulierungsbehörde überschreitende Angelegenheit handelt, insbesondere die Regulierung von Netzanschluss, Netzzugang und Netzzugangsentgelten nur einen Aspekt der Versorgungssicherheit darstellt, ist für das Monitoring der Versorgungssicherheit das **Bundesministerium für Wirtschaft und Arbeit** zuständig.

2 Sowohl die RL-Gas (Art. 5) als auch die RL-Elt (Art. 4) verpflichten die Mitgliedstaaten zur Beobachtung der (nationalen) Versorgungssicherheit bei Belieferung von Letztverbrauchern mit Strom und Erdgas. Nach jenen Vorschriften kann die Aufgabe auch den Regulierungsbehörden übertragen werden; in Satz 3 dieser Art. sind Einzelheiten der zu erhebenden Daten aufgezählt, während Satz 4 die Berichtspflicht anordnet (spätestens zum 31.7. alle zwei Jahre – Strom – bzw. jährlich – Gas). Einschließlich der getroffenen bzw. zu treffenden Maßnahmen werden diese Monitoringberichte der Kommission übermittelt.

3 § 51 setzt diese Vorgaben – teilweise wörtlich – in nationales Recht um, verzichtet aber auf die unmittelbare Vorgabe von Fristen und Zeiträumen. Da § 51 sowohl Strom als auch Erdgas betrifft, kann erwartet werden, dass ein einheitlicher Bericht erstellt werden wird.

4 Die Vorschrift ist im früheren Recht ohne Vorbild. Nachdem der Bundesrat Einwände gegen § 51 nicht erhoben hatte, ist im Wirtschaftsausschuss vorgeschlagen worden, den Gesetzentwurf zusätzlich um die Transformation der Richtlinie 2004/67/EG betreffend die Sicherheit der Erdgasversorgung[1] zu ergänzen[2]. Nachdem auch im Vermittlungsausschuss keine Änderung dieser Fassung des Entwurfs mehr vorgeschlagen wurde, ist § 51 in der im Wirtschaftsausschuss beschlossenen Fassung Gesetz geworden.

II. Normadressaten (Abs. 1)

5 Zuständige Behörde im Hinblick auf die **Berichterstellung** ist das BMWA. Weil das BMWA nicht die Aufgaben einer Regulierungsbehörde hat, musste in § 51 Abs. 2 Satz 2 und 3 eine entsprechende Zuweisung von Kompetenzen erfolgen, die – gebunden an das Ziel der

---

1 Vom 26.4.2004, ABl. EU Nr. L 127/92.
2 Beschlussempfehlung und Bericht des Wirtschaftsausschusses, BT-DrS 15/5268, S. 122, mit Begründung zu den Änderungen des § 51 Abs. 2 Satz 1.

Ermächtigungsgrundlage – dann denen der Regulierungsbehörde entsprechen.

Verdeckte Normadressaten sind **alle Energieversorgungsunternehmen**, sei es als Erzeuger/Importeure, Netzbetreiber oder Energiehändler. Selbst die Betreiber von Objektnetzen (§ 110 Abs. 1) unterliegen den Verpflichtungen aus der Durchführung des Monitorings zur Versorgungssicherheit (Umkehrschluss aus § 110 Abs. 1 Satz 1 a.A.). Da die Versorgungssicherheit eine nationale Aufgabe darstellt, müssen sowohl die Betreiber von Eigenerzeugungsanlagen als auch alle die Spezialversorgung durchführenden Netzbetreiber, Contractoren usw. in die Berichtspflicht eingebunden werden.

Der Begriff des Monitoring hat im deutschen Recht nur eine kurze Tradition. Berücksichtigt man vergleichbare Berichtspflichten[3] und wertet man den **Pflichtcharakter** dieser Aufgabe im Lichte von Art. 4 RL-Elt sowie Art. 5 RL-Gas, so handelt es sich um eine (interpretierende) Sammlung von Rahmendaten der leitungsgebundenen Energieversorgung, die mit dem Ziel zusammengetragen und kumuliert dargestellt werden, Aussagen zur gegenwärtigen und zukünftigen Versorgungssicherheit zu treffen. Die Reichweite der daraus resultierenden Informationspflichten aller EVU (und möglicherweise auch ausgewählter Letztverbraucher) werden in Abs. 2 Satz 1 näher beschrieben.

Der Begriff der **Versorgungssicherheit** ist unmittelbar § 1 Abs. 1 zu entnehmen und umfasst – Versorgungsbegriff des § 3 Ziff. 36 – alle Stadien des Erzeugungs- und Gewinnungs-, Übertragungs-/Fernleitungs- und Verteilungsprozesses der leitungsgebundenen Energieversorgung mit Erdgas und Strom. Zu Einzelheiten wird auf die obigen Erläuterungen verwiesen[4].

Bei der Bestimmung des Adressatenkreises des Monitorings auf der Passivseite ist – europarechtskonforme Auslegung – auf die Richtlinie zur Erdgasversorgungssicherheit[5] Rücksicht zu nehmen.

---

3 Vgl. §§ 8 Abs. 5, 12 Abs. 3a, 14 Abs. 1, 35, 63, 112 und 112a.
4 § 1 Rz. 24 ff.
5 Zitat oben Fn. 1.

III. Umfang von Informationspflichten und Berichtspflicht (Abs. 2 Satz 1)

10 Für die im Hinblick auf die jeweiligen Sätze 4 des Art. 4 RL-Elt sowie Art. 5 RL-Gas zu fertigenden **Berichte** müssen die Daten unter Berücksichtigung des Verhältnismäßigkeitsprinzips von denjenigen natürlichen und juristischen Personen abgefordert werden, denen solche die Versorgungssicherheit betreffenden Daten zur Verfügung stehen. Dies werden in erster Linie die Netzbetreiber – der allgemeinen sowie der speziellen Versorgung (§ 110 Abs. 1) – sein. Die so gewonnenen Daten gehen in den Bericht ein, werden vom BMWA zusammengestellt, interpretiert und dann an die EU-Kommission übermittelt.

1. Informationspflichten

11 Weil nach Satz 2 und Satz 3 des § 51 Abs. 2 das BMWA Befugnisse der (netzbezogen tätig werdenden) Regulierungsbehörde übernimmt, werden es insbesondere die **Netzbetreiber** sein, die auf Anforderung des BMWA den Berichtspflichten in erster Linie unterliegen. Soweit dieser Personenkreis bereits Meldpflichten nach § 52 (betreffend Versorgungsstörungen) erfüllt, dürfen diese Daten nicht nochmals abgefordert werden; anders ist die Rechtslage bei Objektnetzbetreibern, die gemäß § 110 Abs. 1 Satz 1 nicht über § 52 in das Meldesystem eingebunden sind, aber der Informationspflicht nach § 51 Abs. 2 Satz 1 gleichwohl genügen müssen.

12 Wenn diese Vorschrift eine auf die Versorgungssicherheit bezogene **Auskunftspflicht** nicht explizit statuiert, so mag insofern ein rechtsstaatliches Defizit zu beklagen sein. Die Inbezugnahme der §§ 68 (Ermittlungsbefugnisse), 69 (Auskunftsverlangen und Betretungsrecht) sowie § 71 (Sicherung von Betriebs- und Geschäftsgeheimnissen), die nach Satz 2 des § 51 Abs. 2 auch dem BMWA zugestanden werden, begründen aber insbesondere zu den Netzbetreibern besondere Verwaltungsrechtsverhältnisse. Da diese Vorschriften – dem GWB entstammend – neutral formuliert sind und auf den Unternehmensbegriff Bezug nehmen, geht der auf diese Weise formal – eingriffs- und handlungsbezogen – ausgestaltete Adressatenkreis aber deutlich über den der Netzbetreiber hinaus.

13 Das BMWA muss im Rahmen der Verhältnismäßigkeit seine Auskunftsansprüche und Nachprüfungsbefugnisse auf das **unabdingbar Erforderliche beschränken**. In Zweifelsfällen kann die Rechtsprechung des Bundesverfassungsgerichts zu den insbesondere statistische Daten betreffenden Auskunftspflichten der Unternehmen herangezogen werden[6]. Soweit Daten bereits bei anderen Bundesdienststellen (Statistisches Bundesamt) oder Dienststellen der Länder vorhanden sind, muss auf diese Daten zurückgegriffen werden; Netzbetreiber sind keine dezentralen Verwaltungseinrichtungen des BMWA.

Nach dem Katalog des Abs. 2 Satz 1 umfassen die **Informationspflichten** im Einzelnen: 14

– Verhältnis von Angebot und Nachfrage (einheimischer Markt)

– erwartete Nachfrageentwicklung/verfügbares Angebot

– Planung und im Bau befindliche Zusatzkapazitäten

– Netzwartung: Qualität und Umfang

– Analyse von Netzstörungen

– Maßnahmen zur Bedienung von Nachfragespitzen

– Maßnahmen zur Bewältigung von Ausfällen von Versorgern

Speziell für den **Erdgasbereich** sind zusätzlich zu erheben: 15

– verfügbares Angebot unter Berücksichtigung der Bevorratungskapazität

– Anteil von (langfristigen) Einfuhrverträgen mit einer Lieferbindung von mehr als 10 Jahren (einschließlich Restlaufzeit)

Aufgabe des BMWA ist es jetzt, diese noch recht vagen Vorgaben in konkrete Daten umzusetzen, die dann abzufragen sind. Liegen entsprechende Erfahrungen mit Berichten der Mitgliedstaaten vor, wird die EU-Kommission Standardisierungen und Datenformate vorschlagen, um auf Versorgungskrisen schneller reagieren zu können (Anfordern von Eilberichten). 16

2. Berichtspflicht

Weil die aus Art. 4 RL-Elt sowie Art. 5 RL-Gas sich ergebenden Berichtspflichten unmittelbar an die Mitgliedstaaten gerichtet sind (Re- 17

---

[6] BVerfGE 44, 103, 104; E 30, 292, 311: zur Indienstnahme Privater für öffentliche Aufgaben.

gierungen: Exekutive), bedurfte es – Verhältnis von Mitgliedstaat und EU-Kommission – insofern keiner Umsetzung im deutschen Recht; die Bundesrepublik Deutschland ist unmittelbar gebunden, diese Berichtspflicht zu erfüllen. Indem die Pflicht durch das BMWA als Teil der Bundesregierung unmittelbar wahrgenommen wird, musste auch eine Verpflichtung nachgeordneter Behörden nicht erfolgen. Die Nichttransformation ist daher zu Recht erfolgt.

18 Deswegen fehlen auch zeitliche Vorgaben für die Umsetzung der Berichtspflicht. Diese hat bis spätestens 31.7. eines jeden Jahres (Erdgas-Versorgungssicherheit) und alle zwei Jahre zum 31.7. (Versorgungssicherheit im Elektrizitätsbereich) zu erfolgen. Mit dieser ausschließlich in den Richtlinien enthaltenen zeitlichen Vorgaben ist § 52 Satz 1 bereits harmonisiert, weil Meldepflichten zu Versorgungsstörungen im Hinblick auf das letzte Kalenderjahr jeweils einen Monat vor Ablauf des Berichtszeitraums gemäß § 51 Abs. 1 in Verbindung mit den Richtlinien – bis zum 30.6. eines jeden Jahres – der Bundesnetzagentur gemeldet werden müssen. Sie werden dann Teil des Monitorings nach § 51.

IV. Befugnisse des BMWA und Rechtsschutz (Abs. 2 Satz 2 und 3)

19 Um dem Grundsatz vom Vorbehalt des Gesetzes zu genügen, enthalten die Sätze 2 und 3 des § 51 Abs. 2 ausführliche **Verweise auf Eingriffsbefugnisse**, die sonst nur der Regulierungsbehörde zustehen. Soweit die Berichtspflicht zum Monitoring der Versorgungssicherheit dies erfordert, darf das BMWA unmittelbar diese Befugnisse in Anspruch nehmen, wobei jeweils **Unternehmen** – insbesondere aber Netzbetreiber – Adressaten der Eingriffsbefugnisse sein werden.

20 § 12 Abs. 3a sieht eine **Berichtspflicht** der Übertragungsnetzbetreiber zu **Netzzustand und Netzausbauplanung** vor; die dort vorgesehenen Berichtspflichten haben die ÜNB auch dem BMWA gegenüber in Bezug auf das Monitoring nach § 51 zu erfüllen.

21 Die allgemeinen Befugnisse einer Aufsichtsbehörde stehen – wiederum versorgungssicherheitsbezogen – auch dem BMWA zu, § 51 Abs. 2 **Satz 2**. Insbesondere können nach § 68 alle notwendigen **Ermittlungen** geführt und **Beweise** erhoben werden, **Auskunft** nach § 69 und **Geschäftsräume betreten** werden (einschließlich Durchsuchungen), und es gilt nach § 71 auch die Verpflichtung der Unternehmen, diejenigen vorgelegten Informationen zu kennzeichnen, die Be-

IV. Befugnisse des BMWA und Rechtsschutz (Abs. 2 Satz 2 und 3)

triebs- oder Geschäftsgeheimnisse enthalten. Gleichzeitig ist eine Fassung der Informationen zu erstellen, die ohne Preisgabe solcher Geheimnisse eingesehen werden kann (Akteneinsichtsrecht Dritter). Das BMWA kann ebenso wie die Regulierungsbehörde prüfen, ob die Kennzeichnung als Betriebs- oder Geschäftsgeheimnis in berechtigter Weise erfolgt ist.

Darüber hinaus verweist **Satz 3** des § 51 Abs. 2 auch auf die §§ 73, 75 bis 89 sowie §§ 106 bis 108. Dies bedeutet, dass bei Streit über Bestehen und Reichweite der Informationspflicht im Rahmen des § 51 das BMWA ggf. bei Verfahrensabschluss (Auskunftsverlangen) seine Entscheidung begründen und zustellen muss, um dem betroffenen Unternehmen die **Beschwerdemöglichkeit** zum OLG nach §§ 75 ff. zu eröffnen. Gleichzeitig nimmt Satz 3 des § 51 Abs. 2 die §§ 75 bis 89 und damit die Möglichkeiten zur Beschwerde (zuständiges OLG) bzw. zur Rechtsbeschwerde (BGH) in Bezug. Wie gewohnt entscheiden bei diesen Gerichten die in Kartellsachen zuständigen Senate, §§ 106 bis 108, in ausschließlicher Zuständigkeit. 22

Damit ist gewährleistet, dass Auskunftsverfügungen des BMWA in einem vergleichbaren Verfahren ergehen und mit denselben Rechtsschutzmöglichkeiten ausgestattet sind wie sie gegenüber dem Auskunftsverlangen einer Regulierungsbehörde gegeben sind. Zur Überprüfung der BMWA-Entscheidungen sind also nicht die Verwaltungsgerichte berufen, wie dies in anderen Fällen der Datenerhebung vorgesehen ist. 23

§ 52 Meldepflichten bei Versorgungsstörungen

¹Betreiber von Energieversorgungsnetzen haben der Bundesnetzagentur bis zum 30. Juni eines Jahres über alle in ihrem Netz im letzten Kalenderjahr aufgetretenen Versorgungsunterbrechungen einen Bericht vorzulegen. ²Dieser Bericht hat mindestens folgende Angaben für jede Versorgungsunterbrechung zu enthalten:

1. den Zeitpunkt und die Dauer der Versorgungsunterbrechung,

2. das Ausmaß der Versorgungsunterbrechung und

3. die Ursache der Versorgungsunterbrechung.

³In dem Bericht hat der Netzbetreiber die auf Grund des Störungsgeschehens ergriffenen Maßnahmen zur Vermeidung künftiger Versorgungsstörungen darzulegen. ⁴Darüber hinaus ist in dem Bericht die durchschnittliche Versorgungsunterbrechung in Minuten je angeschlossenem Letztverbraucher für das letzte Kalenderjahr anzugeben. ⁵Die Bundesnetzagentur kann Vorgaben zur formellen Gestaltung des Berichts machen sowie Ergänzungen und Erläuterungen des Berichts verlangen, soweit dies zur Prüfung der Versorgungszuverlässigkeit des Netzbetreibers erforderlich ist. ⁶Sofortige Meldepflichten für Störungen mit überregionalen Auswirkungen richten sich nach § 13 Abs. 6.

Überblick		Seite	Rz.
I.	Regelungszweck und Entstehungsgeschichte	1096	1
II.	Normadressaten (Satz 1)	1097	4
III.	Berichtspflichten im Einzelnen (Satz 2 bis 5)	1097	7
	1. Mindestangaben und Kenngrößen	1097	8
	2. Vorgaben zur formalen Berichtsgestaltung (Satz 5)	1098	11
	3. Bericht über Vermeidungsmaßnahmen (Satz 3)	1099	13
	4. Rückwirkung der Berichtspflicht und vorgeschriebene Kenngrößen	1100	16
IV.	Rechtsschutz	1101	22

§ 52 Meldepflichten bei Versorgungsstörungen

I. Regelungszweck und Entstehungsgeschichte

1 § 52 ist im früheren Recht ohne Vorbild und dient unter anderem der Unterstützung des Monitorings der Versorgungssicherheit[1] gemäß § 51. Auf diese Weise werden die Art. 4 RL-Elt und Art. 5 RL-Gas effektiv in nationales Recht umgesetzt. Auch Art. 3 Abs. 7 RL-Elt sowie Art. 3 Abs. 4 RL-Gas verpflichten die Mitgliedstaaten dazu, **geeignete Maßnahmen** u.a. zur Verbesserung der Versorgungssicherheit zu ergreifen. Ohne Kenntnis der Ursache und des Ausmaßes von Versorgungsstörungen können durch Gesetz oder Verordnung herbeizuführende Verbesserungen aber nicht erreicht werden.

2 § 52 ist im Wesentlichen wortgleich bereits im Regierungsentwurf enthalten gewesen[2], im Laufe des Gesetzgebungsverfahrens aber noch entscheidend verändert worden. Der Anregung des Bundesrates[3], zusätzlich die nach Landesrecht zuständige Behörde – neben der Regulierungsbehörde – als weitere Adressatin der Meldepflichten bei Versorgungsstörungen zu benennen, zumal die Landesbehörde auch für die Überwachung der technischen Sicherheit im Sinne von § 49 Abs. 5 zuständig sei, ist die Bundesregierung unter Hinweis auf die Verdoppelung des Verwaltungsaufwandes (zwei Behörden, weitere Landesbehörde bei länderübergreifender Versorgungsstörung) nicht gefolgt[4].

3 Im Hinblick auf die zwischenzeitlich in Kraft getretene Richtlinie betreffend die Erdgasversorgungssicherheit[5] hat dann allerdings der Wirtschaftsausschuss[6] die Meldepflicht auf die Betreiber von Gasversorgungsnetzen erstreckt und insofern auf das Verhältnis zur Anreizregulierung Bezug genommen. Um die Bundeszuständigkeit festzuschreiben, hat der Vermittlungsausschuss dann die **Bundesnetzagentur** als für die Entgegennahme der Meldungen allein zuständige Behörde in den Gesetzestext eingefügt[7]. In dieser Fassung ist § 52 dann Gesetz geworden.

---

1 Regierungsbegründung, BT-DrS 15/3917, S. 68.
2 BT-DrS 15/3917, S. 26.
3 Stellungnahme zum Regierungsentwurf, BT-DrS 15/3917, Anlage 2, S. 78, 92 (Ziff. 52).
4 Gegenäußerung der Bundesregierung, BT-DrS 15/4068, S. 8 (Ziff. 49).
5 RL-2004/67/EG vom 26.4.2004, ABl. EU Nr. L 127/92.
6 BT-DrS 15/5268, S. 57 f. mit Begründung S. 122.
7 BT-DrS 15/5736 (neu), S. 6 (Ziff. 27).

II. Normadressaten (Satz 1)

Meldepflichtige Adressaten des § 52 (Satz 1) sind die **Betreiber von Energieversorgungsnetzen**. Angesprochen sind deshalb die Betreiber von Elektrizitätsversorgungsnetzen aller Spannungsstufen sowie die Betreiber von Gasversorgungsnetzen aller Druckstufen, § 3 Ziff. 4. **Nicht meldepflichtig** sind die Betreiber von Objektnetzen im Sinne von § 110 Abs. 1, der diese Netzbetreiber von den Meldepflichten nach § 52 explizit ausnimmt.

4

Alle Meldungen nimmt die **Bundesnetzagentur** (Bundesregulierungsbehörde) entgegen. Dieser stehen gemäß § 54 Abs. 1 in Verbindung mit §§ 65 ff. auch die erforderlichen Eingriffsbefugnisse zur Verfügung, um die Meldepflicht durchzusetzen und Zweifelsfälle überprüfen zu können (vgl. § 69: Auskunft, Betretung der Geschäftsräume, Durchsuchung).

5

Diese Behörde ist und bleibt gemäß § 54 auch zuständig für **Eilmeldungen** betreffend Versorgungsstörungen im Bereich des lebenswichtigen Bedarfs (§ 1 Energiesicherungsgesetz), vgl. § 13 Abs. 6 in Verbindung mit § 52 Satz 6[8].

6

III. Berichtspflichten im Einzelnen (Satz 2 bis 5)

Rahmenvorgaben in Bezug auf die Berichtsinhalte enthalten die Sätze 2 bis 5 des § 52. Demgegenüber ist die **zeitliche Vorgabe** – 30.6. eines jeden Jahres – bereits in Satz 1 enthalten. Da der Bericht zu den Versorgungsstörungen Bestandteil des Monitorings der Versorgungssicherheit im Sinne von § 51 wird (zeitliche Vorgabe: 31.7.), bleibt dem BMWA nach Aufarbeitung und Weiterleitung durch die BNetzA nur wenig Zeit, um die Berichtspflicht gegenüber der EU-Kommission zu erfüllen.

7

1. Mindestangaben und Kenngrößen

Die Mindestangaben sind in § 52 Satz 2 wie folgt aufgelistet:

8

– Zeitpunkt und Dauer der Versorgungsunterbrechung

---

8 Umkehrschluss aus § 54 Abs. 1 Satz 1 Ziff. 5, der nur im Hinblick auf die §§ 14 bis 16a unter den dort beschriebenen Voraussetzungen eine Zuständigkeit der Landesregulierungsbehörde eröffnet.

§ 52 Meldepflichten bei Versorgungsstörungen

- Ausmaß der Versorgungsunterbrechung
- Ursache der Versorgungsunterbrechung

9 Um eine Vergleichbarkeit der von den Netzbetreibern gemeldeten Daten zu ermöglichen, wird mit der Begründung zum Regierungsentwurf[9] vorgeschlagen, bestimmte **Kenngrößen** zur Beschreibung des Ausmaßes einer Versorgungsstörung zu entwickeln:

- ausgefallene Umspannerleistung
- Anzahl ausgefallener Leitungsabgänge
- Anzahl ausgefallener Anschlüsse von Letztverbrauchern

10 Dabei soll die Anzahl der von der Versorgungsstörung betroffenen Letztverbraucher in der Regel möglichst genau angegeben werden. In der Regierungsbegründung werden »Versorgungsunterbrechung« (Gesetzestext) und »Versorgungsstörung« gleichgesetzt; dabei wird verkannt, dass eine Versorgungsstörung nicht nur auf einer Unterbrechung, sondern außerdem auf Überdruck/Unterdruck bzw. Überspannung/Unterspannung beruhen kann[10]. Nur wenn man den Begriff der **Versorgungsunterbrechung** im weitesten Sinne versteht, dann fallen auch Störungen aus Überdruck/Überspannung in die Meldepflicht.

2. Vorgaben zur formalen Berichtsgestaltung (Satz 5)

11 Solange Vorgaben für Kenngrößen usw. fehlen, ist es Sache des einzelnen Netzbetreibers, Art und Umfang (Detailgetreue) seiner Berichtspflicht selbst zu bestimmen. Dies ist aber nicht sinnvoll, weil spätestens im Monitoring-Bericht die Angaben kumuliert werden müssen, um aussagekräftig zu sein. Deshalb ermächtigt **Satz 5** die BNetzA zu Vorgaben zur formellen Gestaltung des Berichts; zugleich können Ergänzungen und Erläuterungen des Berichts im Hinblick auf die Prüfung der Versorgungszuverlässigkeit des Netzbetreibers verlangt werden.

12 Über diese »Nachfragen« hinaus dürfte Satz 5 allerdings »materielle Regelungen« durch die BNetzA nicht ermöglichen; eine Verordnungsermächtigung zur Vorgabe der für die Erfüllung der Pflichten

---

9 BT-DrS 15/3917, S. 68.
10 Vgl. die Haftungstatbestände der §§ 6 AVBEltV/GasV.

aus Satz 1 benötigten Kenngrößen fehlt. Denkbar ist es hier wiederum, dass die EU-Kommission mit den nächsten Binnenmarktrichtlinien oder auf der Basis der Richtlinie über die Erdgasversorgungssicherheit[11] zur Vereinheitlichung des Berichtswesens beiträgt.

3. Bericht über Vermeidungsmaßnahmen (Satz 3)

Satz 3 schreibt als weiteren Berichtsteil die Darlegung von **Maßnahmen zur Vermeidung künftiger Versorgungsstörungen** vor. Dies umfasst – insofern über den Gesetzestext hinaus – nicht nur die bereits ergriffenen Maßnahmen, sondern auch geplante Vermeidungsmaßnahmen (unter Angabe des Zeithorizonts). Als solche Maßnahmen kommen beispielsweise in Betracht: 13

– Erneuerung veralteter Anlagen (Leitungen und Rohre)

– redundante Auslegung oder Kapazitätserweiterung bei Engpässen

– Abschluss langfristiger Lieferverträge

– Wechsel des Versorgers/Importeurs

– Ergreifen von Maßnahmen zur Laststeuerung (unterbrechbare

– Versorgungsverträge, Rundsteueranlagen)

Dieser Berichtsteil dient der Prüfung der BNetzA, ob der Netzbetreiber **Versorgungszuverlässigkeit** im Sinne von § 52 Satz 5 herzustellen in der Lage ist. Werden angekündigte Maßnahmen nicht ergriffen (Folgebericht), Erläuterungen im Sinne von Satz 5 nicht gegeben oder ungeeignete Maßnahmen vorgeschlagen, muss die BNetzA von ihren Aufsichtsbefugnissen nach § 65 Abs. 1 Gebrauch machen. Die im früheren Recht (vgl. § 8 EnWG 1935) vorgesehene Möglichkeit zur »Abmeierung« eines Netzbetreibers sieht das EnWG 2005 allerdings ebenso wenig vor wie die Anordnung von Kooperationspflichten mit größeren Netzbetreibern, soweit sie über die allgemeinen Zusammenarbeitspflichten der Netzbetreiber (Unterstützungspflichten, vgl. § 14 Abs. 1a und § 16) hinausgehen, nicht vor. 14

Auffällig ist, dass Satz 3 den Begriff **Versorgungsstörung** bzw. **Störungsgeschehen** verwendet, ohne dass ersichtlich ist, dass sich Satz 3 15

---

11 Vgl. oben Fn. 5.

auf ein anderes Tatsachengeschehen bezieht als Satz 2, der konsequent von **Versorgungsunterbrechung** spricht[12].

4. Rückwirkung der Berichtspflicht und vorgeschriebene Kenngrößen

16 Mit **Satz 4** schreibt § 52 eine **konkrete Kenngröße** als berichtspflichtig vor, die offenbar der Vergleichbarkeit und statistischen Erfassung des Unterbrechungsgeschehens dient. Ob hier auch sonstige Versorgungsstörungen (z. B. Überspannung) erfasst werden sollen, ist eher zweifelhaft.

17 Die **durchschnittliche Versorgungsunterbrechung in Minuten je angeschlossenem Letztverbraucher ist für das letzte Kalenderjahr** anzugeben. Dies stimmt mit Satz 1 (allgemeiner Bezugszeitraum der Berichtspflicht) überein. Zum 30.6.2006 ist deshalb für das gesamte Kalenderjahr 2005 zu berichten; die damit angeordnete (unechte) Rückwirkung der Berichtspflicht ab einem Zeitraum, während dessen das EnWG 2005 noch gar nicht in Kraft getreten war (1. Jahreshälfte 2005), kann angesichts der seit spätestens Mitte 2004 (Ablauf der Transformationsfrist der Beschleunigungs-Binnenmarktrichtlinien) bekannten Rechtslage als rechtsstaatlich noch hinzunehmen bewertet werden; das Vertrauensschutzprinzip steht dem nicht entgegen. Jedenfalls fehlt in den §§ 113 bis 118 eine die Berichtspflicht begrenzende Übergangsbestimmung. Deshalb ist nicht nur über Versorgungsstörungen zwischen dem 13.7. und dem 31.12.2005 (Rumpfgeschäftsjahr), sondern über das gesamte Kalenderjahr zu berichten (Wortlaut Satz 1 und Satz 4 des § 52).

18 Zur Ermittlung der **durchschnittlichen Versorgungsunterbrechung/je Zeiteinheit und Kunde** müssen zunächst alle Unterbrechungsfälle nach Zeitdauer und davon betroffenen Kunden geordnet werden. Hat eine der Unterbrechungen beispielsweise 15 Minuten gedauert und sind davon 1.000 Kunden betroffen gewesen, beträgt der in die Berechnung aller Versorgungsunterbrechungen je Kalenderjahr eingehende Wert 1.000 multipliziert mit 15 = 15.000 Minuten.

19 Nachdem für alle Versorgungsunterbrechungen diese Werte kumuliert worden sind, muss der sich ergebende Wert (Beispiel: 3.600 Minuten = 60 Stunden) durch die Anzahl **aller im Versorgungsgebiet ange-**

---

12 Vgl. dazu die Gleichsetzung oben § 52 Rz. 10.

schlossenen Letztverbraucher im Sinne von § 3 Ziff. 15 dividiert werden. Kunden, die Energie nicht überwiegend für den eigenen Verbrauch bezogen haben, bleiben unberücksichtigt[13]. Unter **angeschlossenen Letztverbrauchers** sind diejenigen eigenverbrauchenden Kunden zu verstehen, die den Anschlussnutzungsvertrag im Sinne von §§ 17, 18 (als Vertragspartner) abgeschlossen haben, nicht aber Familienangehörige, MitarbeiterInnen von Unternehmen und sonstige Anschlussnutzer. Ist beispielsweise ein Mietshaus mit acht Parteien auf Antrag des Eigentümers gemäß §§ 17 f. an das allgemeine Versorgungsnetz angeschlossen worden, dann werden regelmäßig die MieterInnen Anschlussnutzer und damit diejenigen Letztverbraucher sein, auf die § 52 Satz 4 in Verbindung mit § 3 Ziff. 25 abhebt.

Der Letztverbraucherbegriff des Satzes 4 umfasst **alle Kunden im Netzgebiet** und nicht nur diejenigen, die von der Versorgungsstörung betroffen gewesen sind. Da die Kenngröße als Durchschnittswert konzipiert ist, muss die Versorgungsunterbrechung auf alle Kunden im Netzgebiet bezogen werden. Eine nur wenige Kunden betreffende Unterbrechung ist konsequent anders zu beurteilen als eine solche, die alle Kunden im Netzgebiet erreicht hat. 20

Auf die Ursache der Versorgungsunterbrechung kommt es nicht an; liegt ein Defekt einer Übertragungsleitung vor, können alle Kunden mehrerer Verteilnetzbetreiber zugleich betroffen sein. 21

IV. Rechtsschutz

Die Meldepflicht ist grundsätzlich unabhängig von Anordnungen der BNetzA im Sinne von § 65 und deshalb »automatisch« zu erfüllen. Erst wenn ein Netzbetreiber der Meldepflicht nicht oder unvollständig nachkommt, wird eine entsprechende Verfügung ergehen, um diesen Netzbetreiber zu gesetzestreuem Verhalten zu veranlassen. Gegen eine solche Verfügung kann der Netzbetreiber zunächst Beschwerde nach §§ 75 ff. und sodann Rechtsbeschwerde nach §§ 86 ff. einlegen. 22

Nur wenn jene Verfügung sofort vollziehbar ist, kann bei schuldhafter Zuwiderhandlung eine Bußgeld festgesetzt werden, § 95 Abs. 1 Ziff. 3 lit. a). Die bloße Nichterfüllung oder verspätete Erfüllung der Berichtspflicht nach § 52 ist nicht bußgeldbewehrt. 23

---

[13] Zu Einzelheiten der Erläuterung des Letztverbraucherbegriffs: oben § 3 Rz. 190 ff.

§ 53 Ausschreibung neuer Erzeugungskapazitäten im Elektrizitätsbereich

Sofern die Versorgungssicherheit im Sinne des § 1 durch vorhandene Erzeugungskapazitäten oder getroffene Energieeffizienz- und Nachfragesteuerungsmaßnahmen allein nicht gewährleistet ist, kann die Bundesregierung durch Rechtsverordnung mit Zustimmung des Bundesrates ein Ausschreibungsverfahren oder ein diesem hinsichtlich Transparenz und Nichtdiskriminierung gleichwertiges Verfahren auf der Grundlage von Kriterien für neue Kapazitäten oder Energieeffizienz- und Nachfragesteuerungsmaßnahmen vorsehen, die das Bundesministerium für Wirtschaft und Arbeit im Bundesanzeiger oder im elektronischen Bundesanzeiger veröffentlicht.

Überblick	Seite	Rz.
I. Regelungszweck und Entstehungsgeschichte	1103	1
II. Normadressaten.................................	1104	3
III. Verfahren zur Schaffung neuer Erzeugungskapazitäten .	1104	4
1. Ausschreibungsverfahren.........................	1105	5
2. Gleichwertiges Verfahren........................	1106	8
IV. Voraussetzungen der Ermächtigungsgrundlage........	1106	9
V. Ausschreibungsinhalte, Veröffentlichung sowie Rechtsschutz	1107	13

I. Regelungszweck und Entstehungsgeschichte

Art. 6 RL-Elt (Genehmigungsverfahren für neue Kraftwerkskapazitäten) dient der Verbesserung des Wettbewerbs bei der Elektrizitätserzeugung. Obligatorisch ist in Bezug auf die Errichtung neuer Erzeugungskapazitäten ein objektives, transparentes und nicht diskriminierendes Genehmigungsverfahren einzuführen. Weil in der Bundesrepublik Deutschland eine (energiewirtschaftsrechtliche) besondere Genehmigung bisher nicht vorgesehen ist und – von § 53 abgesehen – auch mit der Reform im Jahre 2005 nicht eingeführt wurde, besteht vollständig freier Zugang zum Erzeugungsmarkt. Weil Märkte 1 ohnehin auf der Basis objektiver, transparenter und grundsätzlich auch nicht diskriminierender Kriterien gesteuert werden, wird den Voraussetzungen des Art. 6 Abs. 1 RL-Elt auch ohne besondere Umsetzung Rechnung getragen. Da insofern keine Zuständigkeit der Regulierungsbehörde besteht (freier Elektrizitätserzeugungsmarkt), entscheiden gemäß § 111 in Verbindung mit § 130 Abs. 3 GWB die Kartellbehörden über Verstöße gegen die Wettbewerbsordnung im Erzeugungsbereich.

2 Demgegenüber ermöglicht es Art. 7 RL-Elt den Mitgliedstaaten, »im Interesse der Versorgungssicherheit« neu zu errichtende Kraftwerkskapazitäten im Wege eines **Ausschreibungsverfahrens** zu initiieren. Voraussetzung für derartige Ausschreibungen ist es gemäß Art. 7 Abs. 1 Satz 2 RL-Elt, dass die nach Art. 6 RL-Elt vorgesehenen Genehmigungsverfahren nicht ausreichen, um die Versorgungssicherheit dauerhaft zu gewährleisten. § 53 dient insbesondere der Umsetzung von Art. 7 RL-Elt: Bisher hatte die Exekutive keine Möglichkeiten, den Bau neuer Erzeugungskapazitäten anzustoßen; Vorläuferrecht hat es nicht gegeben. § 53 ist in der Fassung des Regierungsentwurfs[1] Gesetz geworden.

II. Normadressaten

3 Weil § 53 den Weg wählt, den Anstoß zur Vermehrung/Verbesserung der Erzeugungskapazitäten **durch Erlass einer Rechtsverordnung** zu beschreiten, ist es wegen dieses regulierenden Eingriffs die **Bundesregierung**, die mit Zustimmung des Bundesrates tätig werden darf. Weil eine derartige Rechtsverordnung nur in ganz besonderen Not- und Ausnahmefällen ergehen wird und grundsätzlich die Entstehung neuer Erzeugungskapazitäten dem Markt überlassen werden kann, ist nicht zu erwarten, dass die Bundesregierung sehr bald von der Ermächtigung Gebrauch machen wird.

III. Verfahren zur Schaffung neuer Erzeugungskapazitäten

4 § 53 sieht **zwei Verfahrensarten** vor:

– Ausschreibungsverfahren

– gleichwertiges Verfahren

---

1 BT-DrS 15/3917, S. 26.

III. Verfahren zur Schaffung neuer Erzeugungskapazitäten

Beide Verfahren müssen den die Binnenmarktrichtlinie Elektrizität auch im Übrigen beherrschenden Grundsätzen der **Transparenz** sowie der **Nichtdiskriminierung** genügen.

1. Ausschreibungsverfahren

Ausschreibungsverfahren sind nach objektiven, transparenten und nicht diskriminierenden Kriterien durchgeführte rechtsförmliche Veranstaltungen, mit Hilfe derer vom Veranstalter der Ausschreibung oder Dritten benötigte Waren oder Dienstleistungen an fachkundige, leistungsfähige und zuverlässige Unternehmen vergeben werden. Ist die Öffentliche Hand (Fiskus) der Auftraggeber, werden derartige Ausschreibungsverfahren als **Vergabeverfahren** bezeichnet. Derartige Verfahren kennt das Telekommunikationsrecht in § 61 TKG (Zuteilung von Frequenzen durch die Regulierungsbehörde).

Besonderheit eines durch Rechtsverordnung veröffentlichten Ausschreibungsverfahrens im Sinne von § 53 ist es, dass die Bundesrepublik Deutschland **nicht Auftraggeberin** ist, also nicht die für Entwicklung, Konstruktion und Errichtung zuständigen Firmen primär angesprochen werden. Vielmehr sollen sich bei der Ausschreibung diejenigen Unternehmen bewerben, die – auf eigene oder auf fremde Rechnung – ein derartiges Kraftwerk betreiben wollen. Da abgesehen von den §§ 5 ff. EEG sowie §§ 4 ff. KWK-G 2002 für die Stromlieferung auch **keine Mindestvergütungen** vorgesehen sind, geht es bei diesen Initiativen nicht darum, den potenziellen Auftragnehmern einen Teil ihres Risikos durch finanzielle Hilfen abzunehmen.

Effekt einer solchen Ausschreibung ist es auch nicht, andere potenzielle Marktteilnehmer von der Erzeugung von Elektrizität auszuschließen. Hierfür wäre ein Genehmigungsverfahren gemäß Art. 6 RL-Elt erforderlich; wer die Genehmigung erhalten hat, könnte dann – unter Ausschluss konkurrierender potenzieller Erzeuger – Kraftwerke mit der entsprechenden Kapazität errichten. Weil aber ein derartiges besonderes Genehmigungsverfahren über die §§ 4 ff. BImSchG hinaus in Deutschland bereits mit dem Reformgesetz 1998 abgeschafft wurde[2], kann über eine derartige Ausschreibung noch nicht einmal Absatzsicherheit für diejenigen Unternehmen begründet werden, die als günstigste Anbieter aus der Ausschreibung hervorge-

---

[2] Vgl. die frühere Anzeigepflicht gemäß § 4 Abs. 1 und § 5 Abs. 2 EnWG 1935.

gangen sind. Dies zeigt, dass § 53 ohne Absicherung durch ein Genehmigungsverfahren im Sinne von Art. 6 RL-Elt kein sinnvolles wirtschaftspolitisches Instrument darstellt. Allenfalls über zu notifizierende **Errichtungsbeihilfen** (Art. 7 Abs. 3 Satz 3 RL-Elt) kann ein Anreiz geschaffen werden, sich am Ausschreibungsverfahren zu beteiligen.

2. Gleichwertiges Verfahren

8 Nach § 53 müssen gleichwertige Verfahren den Kriterien der Transparenz und Nichtdiskriminierung entsprechen. Zu denken ist an **Versteigerungsverfahren** jeglicher Art oder an die **börsenmäßige Organisation** der Vergabe von Kraftwerkskapazitäten. Zum Zuge käme dasjenige zu Errichtung und Betrieb bereite Unternehmen, das Elektrizität besonders preisgünstig, umweltschonend, effizient usw. zu produzieren in der Lage ist (§ 1 Abs. 1). Weil aber auch einem derartigen gleichwertigen Verfahren die Absicherung im Sinne von Art. 6 RL-Elt fehlt, kann kaum mit sinnvollen Ergebnissen gerechnet werden. Jedes Unternehmen, das außerhalb eines solchen gleichwertigen Verfahrens Kapazitäten im Kraftwerksbereich errichten möchte, ist dazu jederzeit in der Lage und erfährt keine Nachteile, wenn es sich nicht an Verfahren im Sinne von § 53 beteiligt.

IV. Voraussetzungen der Ermächtigungsgrundlage

9 Die in § 53 vorgesehene Rechtsverordnung der Bundesregierung (mit Zustimmung des Bundesrates) steht unter nicht eben sehr bestimmt ausgedrückten Vorbehalten und hat deshalb subsidiären Charakter. Die Rechtsverordnung kann nur ergehen, wenn zwei Feststellungen kumulativ getroffen wurden:

– defizitäre Erzeugungskapazitäten

– Nichtausreichen von Energieeffizienz- und Nachfragesteuerungsmaßnahmen

10 Die Bundesregierung muss deshalb zunächst untersuchen, ob Nachfrage nach Elektrizität und Elektrizitätsangebot zu allen Zeiten noch deckungsgleich sind. Auch absehbare Engpässe zu bestimmten Zeiten mit hohen Nachfragelasten können die Versorgungssicherheit im Sinne von § 1 Abs. 1 beeinträchtigen. Diese erste Voraussetzung ist unter Berücksichtigung eines **Prognosespielraumes** der Bundesregierung

(Verordnungsermessen) bereits dann erfüllt, wenn nicht zu jedem Zeitpunkt Versorgungssicherheit gewährleistet ist.

Zusätzlich ist zu prüfen, ob bereits eingeleitete oder zukünftig noch 11 mögliche Steuerungsmaßnahmen zum Angebotsgleichgewicht führen könnten. Zwar spricht das Gesetz nur von **Energieeffizienz- und Nachfragesteuerungsmaßnahmen** (vgl. § 3 Ziff. 15a) und damit primär Instrumenten der Nachfrageseite; darüber hinaus kommen aber alle Maßnahmen in Betracht, die – auch über die Angebotsseite betreffende Initiativen – die potenziellen Versorgungslücken zu schließen geeignet sind. Dies kann etwa unterbrechbare Versorgungsverträge, Initiativen zum Einbau von Rundsteueranlagen sowie Maßnahmen bei Übertragung und Verteilung von Elektrizität (Verminderung von Leitungsverlusten) betreffen, wobei auf das vorhandene Instrumentarium beispielsweise des Energiesicherungsgesetzes und der dazu ergangenen Verordnungen zurückzugreifen ist.

Erst wenn feststeht, dass weder die vorhandene Erzeugung noch die 12 o.a. Steuerungsmaßnahmen in der Lage sind, das Gleichgewicht von Elektrizitätsangebot und Nachfrage nachhaltig zu sichern, liegen die Voraussetzungen für den Erlass einer Rechtsverordnung gemäß § 53 vor.

V. Ausschreibungsinhalte, Veröffentlichung sowie Rechtsschutz

§ 53 lässt – Maßstab des Art. 80 Abs. 1 GG – kaum erkennen, wel- 13 chen Inhalt die Rechtsverordnung im Einzelnen haben wird. Insofern kann allerdings auf Art. 7 RL-Elt zurückgegriffen werden, der detailliertere Vorgaben enthält. Gemäß Art. 7 Abs. 3 Satz 3 RL-Elt gehören zu den **Ausschreibungsbedingungen**:

– genaue Beschreibung der Spezifikationen des Auftrages

– von Bietern einzuhaltende Verfahren

– vollständige Liste der Kriterien für die Auswahl der Bewerber

– Art und Weise der Auftragsvergabe

– Veröffentlichung der Anreize wie z. B. der Beihilfen

Selbst wenn man diese europäischen Vorgaben als Bestandteil des § 53 14 quasi mitliest, verbleibt der Bundesregierung ein sehr weiter Spielraum in Bezug auf Umfang der Kapazitäten, Standorte, Auswahl der

Primärenergieträger sowie Anreizbildung. Berücksichtigt man zusätzlich die Planungs- und Errichtungsdauer sowie öffentliche Planungsverfahren im Hinblick auf die Anbindung an das allgemeine Versorgungsnetz (§ 43), wird eine derartige Rechtsverordnung mit sehr großen Vorlaufzeiträumen rechnen müssen.

15 Für die **Veröffentlichung** der Verordnung ist nach § 53 das BMWA zuständig. Die Veröffentlichung erfolgt im gedruckten oder elektronischem **Bundesanzeiger**. Entgegen Art. 7 Abs. 5 RL-Elt benennt § 53 **keine zuständige Stelle**, die für Durchführung, Überwachung und Kontrolle des Ausschreibungsverfahrens zuständig ist. Da jedenfalls die Vergabe selbst keine Aufsichtsmaßnahme im Sinne von § 65 Abs. 1 darstellt, kann die Vergabe auf diese Kompetenz nicht gestützt werden. Deshalb kommt insofern die Zuständigkeit der **Bundesnetzagentur** im Hinblick auf die Auffangzuständigkeit gemäß § 54 Abs. 3 zu. Konsequent kann dann Rechtsschutz nicht durch die sonst zuständigen Vergabeprüfstellen und Vergabekammern (§§ 102 ff. GWB) sondern nur durch Einlegung der Beschwerde gemäß §§ 75 ff. erlangt werden.

§ 53a Sicherstellung der Versorgung von Haushaltskunden mit Erdgas

¹Die Energieversorgungsunternehmen sind verpflichtet, auch im Falle einer teilweisen Unterbrechung der Versorgung mit Erdgas und im Falle außergewöhnlich hoher Gasnachfrage in extremen Kälteperioden Haushaltskunden mit Erdgas zu versorgen, solange die Versorgung für das Energieversorgungsunternehmen aus wirtschaftlichen Gründen zumutbar ist. ²Zur Gewährleistung einer sicheren Versorgung von Haushaltskunden mit Erdgas kann insbesondere auf die im Anhang der Richtlinie 2004/67/EG des Rates vom 26. April 2004 über Maßnahmen zur Gewährleistung der sicheren Erdgasversorgung (ABl. EU Nr. L 127 S. 92) aufgeführten Mittel und Maßnahmen zurückgegriffen werden.

Überblick		Seite	Rz.
I.	Regelungszweck und Entstehungsgeschichte	1109	1
II.	Normadressaten und Lieferverpflichtung (Satz 1)	1110	2
	1. Versorgungsengpässe...........................	1110	3
	2. Begünstigte Kundengruppe......................	1110	5
	3. Sicherstellungsverfahren	1111	6
III.	Mittel und Maßnahmen (Satz 2)....................	1112	10
IV.	Rechtsschutz	1112	13

I. Regelungszweck und Entstehungsgeschichte

Die Vorschrift ist im Regierungsentwurf[1] noch nicht enthalten gewesen. Ihre Einfügung ist dem Erlass der **Richtlinie 2004/67/EG** betreffend die Erdgasversorgungssicherheit geschuldet[2]. Die Einfügung ist erst seitens des Wirtschaftsausschusses[3] erfolgt und unverändert Gesetz geworden. 1

---

1 BT-DrS 15/3917, S. 26.
2 Richtlinie 2004/67/EG des Rates vom 26.4.2004 über Maßnahmen zur Gewährleistung der sicheren Erdgasversorgung, ABl. EU Nr. L 127/92.
3 BT-DrS 15/5268, S. 58 mit Begründung S. 122.

II. Normadressaten und Lieferverpflichtung (Satz 1)

2 Normadressaten sind **Energieversorgungsunternehmen** im Sinne von § 3 Ziff. 18. Dies betrifft sowohl Energielieferanten als auch Netzbetreiber der Gasversorgung. Da die Betreiber von Gasversorgungsnetzen im Sinne von § 3 Ziff. 6 häufig auch zugehörige Speicheranlagen betreiben werden (§ 3 Ziff. 9), sind diese in den Kreis der Normadressaten gemäß § 53a einbezogen. Dies bedeutet, dass unabhängig von Eigentumsverhältnissen und vertraglichen Verpflichtungen auch die Inhalte von Speicheranlagen in **Situationen einer außergewöhnlich hohen Gasnachfrage** verfügbar gemacht werden müssen. Primäre Lieferverpflichtete sind diejenigen Gaslieferanten, die ihren Haushaltskunden vertraglich verpflichtet sind.

1. Versorgungsengpässe

3 § 53a ist auf zwei Situationen von Versorgungsengpässen anwendbar:

– teilweise Unterbrechung der Versorgung mit Erdgas

– außergewöhnlich hohe Gasnachfrage in extremen Kälteperioden

4 Dies entspricht Art. 4 Abs. 1 lit. a) bis c) der Richtlinie 2004/67/EG (sog. Versorgungssicherheitsstandards). § 53a sieht kein Instrument vor, das auf eine rechtssichere Feststellung des Vorliegens dieser Unterbrechungsvoraussetzungen gerichtet ist. Offenbar vertraut der Gesetzgeber darauf, dass sich das Gesetz mit Rücksicht auf die bestehenden Lieferverträge selbsttätig vollzieht.

2. Begünstigte Kundengruppe

5 Nicht alle Kunden haben Anspruch auf die Sicherstellung der Erdgasversorgung. Im Einklang mit Art. 4 Abs. 1 der Richtlinie haben den Sicherstellungsanspruch lediglich **Privathaushalte**. Wenn der nationale Gesetzgeber diese Kundengruppe mit **Haushaltskunden** im Sinne von § 3 Ziff. 22 umschreibt, so geht dies über die Richtlinie hinaus, weil zu den Haushaltskunden auch landwirtschaftliche und gewerbliche Betriebe sowie Freiberufler zählen, soweit ihr Energieverbrauch 10.000 kWh nicht übersteigt. Gemäß Art. 4 Abs. 2 der Richtlinie können die Mitgliedstaaten den Kundenkreis auf kleinere und mittlere Unternehmen über Privathaushalte hinaus erweitern, soweit diese keine anderen Energiequellen nutzen können. Eine Verbesserung des

Versorgungsstandards zugunsten dieser (größeren) Kundengruppe stellt keinen Verstoß gegen europäisches Recht dar, zumal die Versorgungssicherheit nur national zu sichern ist und damit die Geschäftschancen der Versorger aus anderen Mitgliedstaaten nicht beeinträchtigt werden.

3. Sicherstellungsverfahren

§ 53a Satz 1 wählt einen **zivilrechtlichen Mechanismus**, um der europarechtlichen Verpflichtung nachzukommen. Jedes EVU, das in Vertragsbeziehungen zu Haushaltskunden steht, ist auf Grund **besonderen Kontrahierungszwangs** zur Weiterbelieferung verpflichtet. Man könnte insofern auch von einer **fortbestehenden Erfüllungsverpflichtung** sprechen, weil ein Vertragsverhältnis bereits besteht. 6

Allerdings steht die Versorgungsverpflichtung unter dem Vorbehalt **wirtschaftlicher Zumutbarkeit**. Dies bedeutet zugleich, dass aus der Knappheitssituation resultierende Preiserhöhungen grundsätzlich auf den weiter zu versorgenden Kunden überwälzt werden dürfen. Die Belieferung findet dann statt, aber zu veränderten Preisen. 7

Fraglich ist, ob angesichts der Knappheitssituation die zum Lieferzeitpunkt geltenden Erdgaspreise oder aber nur die historischen Einkaufspreise desjenigen Erdgases angesetzt werden dürfen, das dann tatsächlich geliefert wird. Da das EVU die zu liefernden Mengen durch Neumengen ersetzen muss, darf der insofern erhöhte Preis überwälzt werden, ohne einen Zusatznutzen aus der Knappheitssituation zu erzielen. Der besondere Kontrahierungszwang des § 53a Satz 1 würde entwertet, wenn über erhöhte Margen Zumutbarkeitsüberlegungen zur Geltung gebracht würden. 8

Rechtsfolge der Sicherstellung der Versorgung gegenüber Haushaltskunden ist es, verfügbare Erdgaskapazitäten für diese Kundengruppe zu bündeln. Damit wird anderen Kunden (Großkunden) möglicherweise Erdgas temporär entzogen. Obwohl insofern entsprechende Lieferverpflichtungen bestehen, kann sich das EVU im Hinblick auf diesen Liefervertrag auf Unmöglichkeit seiner Erfüllung (§ 275 Abs. 1 BGB) berufen, ohne Schadensersatz im Sinne von §§ 280, 283, 325 BGB zahlen zu müssen. 9

III. Mittel und Maßnahmen (Satz 2)

10 In Art. 3 Abs. 3 der Richtlinie sind (erschöpfend) Instrumente zur Verbesserung der Versorgungssicherheit mit Erdgas aufgeführt. Diese betreffen zum einen **Kapazitäten in Gasspeicheranlagen sowie Fernleitungen** (einschließlich Flexibilität der Netze), den **Ausbau der unterbrechbaren Nachfrage** sowie Ersatzbrennstoffe in den Industrieanlagen und Kraftwerken. Gefördert werden soll auch die Zusammenarbeit zwischen Unternehmen verschiedener Mitgliedstaaten (grenzüberschreitende Kapazitäten, Koordinierung der Abgabe der Fernleitungsnetzbetreiber). Eine Koordinierung der Abgabeaktivitäten zwischen Verteilnetz- und Fernleitungsnetzbetrieb ordnen bereits die §§ 15 ff. an.

11 Die Mitgliedstaaten können auch **Flexibilisierungsstrategien** als Instrument zur Verbesserung der Versorgungssicherheit wählen (Netzflexibilität, Erzeugungsflexibilität, Einfuhrflexibilität, Diversifizierung der Gasversorgungsquellen). Der Abschluss von langfristigen Erdgaslieferverträgen (Laufzeit von über 10 Jahren)[4] ist als weiteres Instrument ebenso aufgeführt wie Investitionen in die Gaseinfuhrinfrastruktur (Wiedervergasungsstation, Fernleitung).

12 Wenn § 53a Satz 2 auf den Anhang der Richtlinie verweist, ist damit allerdings noch keine vollständige Umsetzung erfolgt. Denn der Maßnahmenkatalog richtet sich offenkundig an die Mitgliedstaaten und nicht an die Unternehmen unmittelbar. Allenfalls kann über bisher schon vorhandene Ermächtigungsgrundlagen versucht werden, die aufgeführten Instrumentarien als unmittelbare Verpflichtung von Gas-EVU mit Mitteln der Gesetzesaufsicht (§ 65 Abs. 1) im nationalen Recht zu installieren. Weil der Instrumentenkatalog des Anhangs zur Richtlinie aber nur topoi und keine konkreten Maßnahmen (Sachbezug, räumlicher Bezug, Mengenbezug) enthält, dürfte eine derartige Umsetzung schnell an ihre Grenzen stoßen.

IV. Rechtsschutz

13 § 53a – **besonderer Kontrahierungszwang** zur Sicherstellung der Erdgasversorgung von Haushaltskunden – vollzieht sich grundsätzlich mit den Mitteln des Zivilrechts. Die betroffenen Haushaltskun-

---

4 Vgl. Art. 2 Ziff. 1 der Richtlinie = § 51 Abs. 2 Satz 1 EnWG 2005.

den können, gestützt auf ihren Liefervertrag in Verbindung mit § 53a Satz 1, unmittelbar auf Weiterbelieferung klagen. Ob darauf allerdings ein **Antrag auf einstweiligen Rechtsschutz** gestützt werden kann, ist zweifelhaft (Problematik der Leistungsverfügung).

Satz 2 legt einen behördlichen Vollzug nahe. Insofern könnte an § 65 Abs. 1 (Herstellung gesetzeskonformen Verhaltens der EVU) aus der Auffangzuständigkeit des § 54 Abs. 3 gedacht werden. Ob allerdings die **Bundesnetzagentur** in der Lage ist, mit Hilfe massenhaft ergehender Verfügungen sehr schnell die Wiederaufnahme der Versorgung in einer Engpasssituation zu bewirken, muss als ähnlich fragwürdig wie ein effektiver Zivilrechtsschutz angesehen werden. Zudem sind die im Anhang zur Richtlinie genannten Instrumente zu wenig konkretisiert, um unmittelbar darauf gestützte Aufsichtsverfügungen erlassen zu können; weil ein erheblicher Gestaltungsspielraum mit Rücksicht auf den örtlichen, zeitlichen und mengenmäßigen Bezug besteht, ist mit einem beträchtlichen Vollzugsdefizit zu rechnen. Es spricht alles dafür, dass weitere Umsetzungsmaßnahmen auf Gesetzes- und Verordnungsbasis erforderlich sind, um die Richtlinie in das deutsche Recht zu integrieren. Die Bundesnetzagentur ist mit einer solchen Umsetzung überfordert, und eine Verordnungsermächtigung zu § 53a fehlt.

14

Teil 7 Behörden

Abschnitt 1 Allgemeine Vorschriften

Rechtsprechung und Literatur

BVerfG v. 3.12.1958, E 9, 3 – Nutzwert der Wohnung im eigenen Haus; BVerfG v. 16.5.1961, E 12, 341 – Textilzusatzsteuer; BVerfG v. 25.7.1962, E 14, 245 – Neuordnung des Straßenverkehrsrechts; BVerfG v. 23.3.1977 E 44, 216 – Getränkesteuer Gunzenhausen; BVerfG v. 13.12.1988, E 79, 245 – Ärztekammergesetz; BVerfG v. 27.1.1976, E 41, 251 – Schulausschluss; BVerfG v. 1.3.1978, E 48, 29 – Reifeprüfungsordnung; BVerwG v. 14.7.1978, E 56, 156 – Fortgeltung Versetzungsordnung.

Schmidt-Bleibtreu/Klein, GG, 9. Aufl. Neuwied/Kriftel 1999; *Herrmann/Schweers*, Rechtsgrundlagen der Energiewirtschaft, 5. Aufl. Baden-Baden 2005, S. 195 ff.; *Klees*, Europäisches Kartellverfahrensrecht, Köln/Berlin/Bonn/München 2005.

Vorbemerkungen zu §§ 54 bis 58

Der siebte Teil des EnWG ist der Behördenorganisation sowie der Behördenzuständigkeit gewidmet. Im Abschnitt 1 erfolgt die Verteilung der Zuständigkeiten auf **Bundes- und Landesregulierungsbehörden** sowie die Festlegung der Zusammenarbeit mit den nationalen Kartellbehörden sowie den Regulierungsbehörden der anderen Mitgliedstaaten der EU (einschließlich der EG-Kommission). 1

Die Vorschriften treten an die Stelle des früheren § 18 EnWG 1998 sowie des § 130 Abs. 3 GWB a.F.; letztere Vorschrift ist im neuen Gesetz gegen Wettbewerbsbeschränkungen[1] in modifizierter Form aufrecht erhalten worden. 2

Die Neuregelung der Zuständigkeiten im Hinblick auf die Durchführung des EnWG ist im Verhältnis zum alten Recht weit ausführlicher 3

---

1 Neubekanntmachung vom 7.7.2005, BGBl. I S. 1954, 2147.

ausgefallen; § 18 EnWG 1998 hatte sich auf drei Absätze beschränkt und über die Zuständigkeitszuweisung hinaus zudem spezielle Aufsichtsmaßnahmen erfasst (vgl. jetzt §§ 65 ff. EnWG 2005). Diese tiefer gehende Regelung ist insbesondere der neuen Behörde »Bundesnetzagentur« geschuldet, deren Zuständigkeiten nicht nur im Verhältnis zu den Landesregulierungsbehörden, sondern auch im Verhältnis zu der nach Landesrecht zuständigen Behörde (früher: Energieaufsichtsbehörde) abzugrenzen sind. Die horizontale Zuständigkeitsaufteilung zwischen Kartellbehörden einerseits und Regulierungsbehörden andererseits ist jetzt nicht nur in § 130 Abs. 3 GWB, sondern auch in § 58 sowie § 111 geregelt.

§ 54 Allgemeine Zuständigkeit

(1) Die Aufgaben der Regulierungsbehörde nehmen die Bundesnetzagentur für Elektrizität, Gas, Telekommunikation, Post und Eisenbahnen (Bundesnetzagentur) und nach Maßgabe des Absatzes 2 die Landesregulierungsbehörden wahr.

(2) ¹Den Landesregulierungsbehörden obliegt

1. die Genehmigung der Entgelte für den Netzzugang nach § 23a,

2. die Genehmigung oder Festlegung im Rahmen der Bestimmung der Entgelte für den Netzzugang im Wege einer Anreizregulierung nach § 21a,

3. die Genehmigung oder Untersagung individueller Entgelte für den Netzzugang, soweit diese in einer nach § 24 Satz 1 Nr. 3 erlassenen Rechtsverordnung vorgesehen sind,

4. die Überwachung der Vorschriften zur Entflechtung nach § 6 Abs. 1 in Verbindung mit den §§ 7 bis 10,

5. die Überwachung der Vorschriften zur Systemverantwortung der Betreiber von Energieversorgungsnetzen nach den §§ 14 bis 16a,

6. die Überwachung der Vorschriften zum Netzanschluss nach den §§ 17 und 18 mit Ausnahme der Vorschriften zur Festlegung oder Genehmigung der technischen und wirtschaftlichen Bedingungen für einen Netzanschluss oder die Methoden für die Bestimmung dieser Bedingungen durch die Regulierungsbehörde, soweit derartige Vorschriften in einer nach § 17 Abs. 3 Satz 1 Nr. 2 erlassenen Rechtsverordnung vorgesehen sind,

7. die Überwachung der technischen Vorschriften nach § 19,

8. die Missbrauchsaufsicht nach den §§ 30 und 31 sowie die Vorteilsabschöpfung nach § 33 und

9. die Entscheidung nach § 110 Abs. 4,

soweit Energieversorgungsunternehmen betroffen sind, an deren Elektrizitäts- oder Gasverteilernetz jeweils weniger als 100 000 Kunden unmittelbar oder mittelbar angeschlossen sind. ²Satz 1 gilt nicht, wenn ein Elektrizitäts- oder Gasverteilernetz über das Gebiet eines Landes hinausreicht. ³Für die Feststellung der Zahl der angeschlossenen Kunden sind die Verhältnisse am 13. Juli 2005 für das Jahr 2005 und das Jahr 2006 und danach diejenigen am 31. Dezember eines Jahres jeweils für die Dauer des folgenden Jahres maßgeblich. ⁴Begonnene behördliche oder gerichtliche Verfahren werden von der Behörde beendet, die zu Beginn des behördlichen Verfahrens zuständig war.

(3) Weist eine Vorschrift dieses Gesetzes eine Zuständigkeit nicht einer bestimmten Behörde zu, so nimmt die Bundesnetzagentur die in diesem Gesetz der Behörde übertragenen Aufgaben und Befugnisse wahr.

Überblick	Seite	Rz.
I. Regelungszweck und Entstehungsgeschichte	1118	1
II. Zuständigkeiten der Bundesnetzagentur (Abs. 1 und 3) .	1121	10
III. Zuständigkeit der Landesregulierungsbehörden (Abs. 2).	1126	23
1. Überblick über die Einzelzuweisungen.	1126	25
2. De minimis-Klausel.	1129	33
3. Beschränkung auf das Landesgebiet	1130	39
4. Zuständigkeitswechsel.	1131	40

I. Regelungszweck und Entstehungsgeschichte

1 Vorbild der Regelung ist § 48 GWB. Weil das Telekommunikationsrecht[1] auf landesbehördliche Zuständigkeiten – in der Tradition des alten Bundesfernmelderechts stehend – verzichtet hat, enthalten die §§ 116 ff. TKG keine Parallelnorm.

2 Obwohl § 54 im Laufe des Gesetzgebungsverfahrens und nach Intervention des Bundesrates[2] erheblich verändert worden ist (Aufteilung der Zuständigkeiten auf BNetzA und Landesregulierungsbehörden), kann für den grundsätzlichen Regelungszweck, insbesondere die

---

1 Telekommunikationsgesetz vom 22.6.2004, BGBl. I S. 1190.
2 Stellungnahme zum Regierungsentwurf, BT-DrS 15/3917, Anlage 2, S. 78, 92 (Ziff. 53).

Übertragung aller Netzangelegenheiten auf Regulierungsbehörden, weiterhin die Regierungsbegründung zu § 54 zitiert werden[3]:

»Die vorgesehene ausschließliche Zuständigkeit der Regulierungsbehörde für die Anwendung der Bestimmungen der Teile 2 und 3 dient der Stärkung der insbesondere auch von den Vorgaben des Europäischen Gemeinschaftsrechts geforderten Effizienz der behördlichen Aufsicht. Demgegenüber würde eine Beteiligung der Länder an den Vollzugsaufgaben hinsichtlich der Bestimmungen der Teile 2 und 3 zu einem bundesweit gesehen deutlich erhöhten Verwaltungsaufwand führen, da in diesem Fall in allen Ländern ebenfalls der notwendige Sachverstand aufgebaut werden müsste, um die neuen Regelungen des Energiewirtschaftsrechts den Vorgaben des Europäischen Gemeinschaftsrechts entsprechend anzuwenden.

Hinzu kommt, dass bei einer alleinigen Durchführung der Aufsicht auf Bundesebene Größenvorteile realisiert werden. Im Bereich der Missbrauchsaufsicht ist zudem nicht zu erwarten, dass zu Verfahren führende Beschwerden der Betroffenen bundesweit örtlich und zeitlich gleichmäßig verteilt sein werden. Im Falle einer Länderzuständigkeit müsste in allen Ländern hinreichend Personal vorgehalten werden, um diese Beschwerden jederzeit innerhalb der gesetzlich vorgesehenen Fristen bearbeiten zu können. Wegen des örtlich und zeitlich unterschiedlichen Umfangs von Beschwerden und der damit verbundenen ungleichmäßigen Beschäftigung mit solchen Verfahren wäre es im Falle einer Länderzuständigkeit absehbar, dass in den einzelnen Ländern zu bestimmten Zeiten entweder zu viel oder zu wenig Personal zur Bearbeitung der Beschwerden vorhanden sein würde. Unter dem Gesichtspunkt effizienter Verwaltung ist die alleinige Bundeszuständigkeit daher gerade in den Fällen der Anwendung der neuen Bestimmungen der Teile 2 und 3 geboten.«

Im Folgenden wird dann ausgeführt, dass auch der Gesichtspunkt einheitlicher Rechtsanwendung für die alleinige Bundeszuständigkeit spreche (einschließlich der gerichtlichen Anwendungskontrolle). Nur diese Zuständigkeitszuweisung sei in der Lage, einheitliche wirt-

---

[3] BT-DrS 15/3917, S. 68 (Einzelbegründung zu § 54).

schaftliche und rechtliche Rahmenbedingungen für diesen wichtigen Bereich der Volkswirtschaft zu schaffen[4].

4 Weil es damals noch beabsichtigt gewesen ist, die BTOElt und damit auch die Tarifgenehmigung für Strompreise zu streichen, wären bei einer Alleinzuständigkeit der Bundesregulierungsbehörde für Netzangelegenheiten der noch nach § 18 EnWG allein den Ländern zugewiesene Zuständigkeitsbereich »Durchführung des Energiewirtschaftsrechts« bis auf ganz wenige Restzuständigkeiten (Kontrolle der Sicherheit von Energieanlagen, Anzeige bei Aufnahme der Energieversorgung, Entgegennahme der Feststellung des Grundversorgers) praktisch in toto entfallen.

5 Einen solchen »Zuständigkeitsentzug« konnte und wollte der Bundesrat nicht mittragen. In seiner Stellungnahme zum Gesetzentwurf hat der Bundesrat deshalb ein Konzept der »vertikalen Zuständigkeitsverteilung« zwischen Bundes- und Landesregulierungsbehörden vorgeschlagen[5], das mit weiteren Änderungen im Wirtschaftsausschuss sowie im Vermittlungsausschuss dann auch durchgesetzt worden ist. Begründet hat der Bundesrat die Zuständigkeitsaufteilung mit »Vorteilen eines ortsnahen Vollzugs«, mit dem »die Wirksamkeit der Regulierung erhöht« werde[6].

6 Demgegenüber sollte die Bundesregulierungsbehörde bei länderübergreifendem Netzbetrieb (Übertragungs- und überregionale Verteilernetze) zuständig werden. In ihrer Gegenäußerung[7] hat die Bundesregierung ihre ablehnende Haltung zum Vorschlag des Bundesrates mit der Gefahr begründet, bei Vollzug auf unterschiedlichen Verwaltungsebenen würden »unterschiedliche Prüfungsmaßstäbe Anwendung finden«. Nur bei bundeseinheitlichem Vollzug könnten gleiche Wettbewerbsbedingungen auf den leitungsgebundenen Energiemärkten und gleichzeitig eine ausreichende Distanz des Regulators zu den Interessen örtlicher und regionaler Versorgungsunternehmen gewährleistet werden.

7 Im Wirtschaftsausschuss ist – mit Stimmenmehrheit der Koalitionsfraktionen – lediglich eine Umbenennung der Bundesregulierungsbehörde in »Bundesnetzagentur« erfolgt, § 54 Abs. 1 des im Übrigen

---

4 Ebd. S. 69.
5 BT-DrS 15/3917, Anlage 2, Stellungnahme des Bundesrates, S. 92 f. (Ziff. 53).
6 Ebd. S. 93.
7 BT-DrS 15/4068, S. 8 (Ziff. 50).

unveränderten Entwurfs[8]; Bundesregierung und Mehrheit des Parlaments sind zu jenem Zeitpunkt noch nicht gewillt gewesen, den Vorstellungen des Bundesrates wenigstens kompromissweise Rechnung zu tragen.

Erst im Vermittlungsausschuss[9] hat § 54 dann seine – auch vom Vorschlag des Bundesrates beträchtlich abweichende – endgültige Formulierung gefunden. Während Abs. 1 die Aufgaben einer Regulierungsbehörde grundsätzlich der BNetzA zuweist, enthält Abs. 2 eine Einzelaufstellung von Zuständigkeitszuweisungen zu den Landesregulierungsbehörden in Satz 1 Ziff. 1 bis 9, deren Eingreifen kumulativ das Vorliegen dreier Voraussetzungen erfordert: 8

– Vorliegen eines Verteilernetzes (Elektrizität oder Gas)

– Anschluss von weniger als 100.000 Kunden an dieses Netz

– Begrenzung des Netzes auf ein Bundesland

Sind diese Voraussetzungen nicht erfüllt, nimmt die BNetzA anstelle der Landesregulierungsbehörden auch die in § 54 Abs. 2 aufgezählten Zuständigkeitszuweisungen wahr. Zusätzlich enthält Abs. 3 eine **Auffangzuständigkeit** für den Fall, dass das materielle Energiewirtschaftsrecht keine Zuständigkeitszuweisung vorsieht. Solche expliziten Zuweisungen (Landesbehörde) finden sich insbesondere in den §§ 4, 36 Abs. 2, 43 bis 45 und 49 Abs. 5; in diesen Fällen ist § 54 Abs. 3 unanwendbar, wobei § 55 Abs. 2 für die Zuständigkeiten in Bezug auf § 4 und § 36 Abs. 2 eine Benachrichtigungspflicht der Landesbehörde gegenüber der BNetzA vorsieht. 9

II. Zuständigkeiten der Bundesnetzagentur (Abs. 1 und 3)

Im Hinblick auf § 54 kann zwischen einer primären Zuständigkeit der BNetzA (Abs. 1 Alt. 1) und der Auffangzuständigkeit nach Abs. 3 unterschieden werden. Von der Zuständigkeitszuweisung ist die Organisation der BNetzA zu unterscheiden (Ablauforganisation, Aufbauorganisation); diese wird in Art. 2 des Neuregelungsgesetzes festgelegt[10]. 10

---

8 BT-DrS 15/5268, S. 58.
9 BT-DrS 15/5736 (neu), S. 6 (Ziff. 28).
10 Zweites Gesetz zur Neuregelung des Energiewirtschaftsrechts vom 7.7. 2005, BGBl. I S. 1970, 2009.

11 Die BNetzA ist nach diesem »Gesetz über die Bundesnetzagentur für Elektrizität, Gas, Telekommunikation, Post und Eisenbahn« (im Folgenden: BNetzAG) eine selbständige Bundesoberbehörde im Geschäftsbereich des Bundeswirtschaftsministeriums und hat ihren Sitz in Bonn (§ 1 des BNetzAG). Ihre Aufgaben betreffen neben dem Recht der leitungsgebundenen Versorgung mit Elektrizität und Gas (einschließlich EEG) das Telekommunikationsrecht, das Postrecht sowie das Recht des Zugangs zur Eisenbahninfrastruktur (Bundeseisenbahnverkehrsverwaltungsg), § 2 BNetzAG. Organe der BNetzA sind Präsident/Präsidentin (außergerichtliche Vertretung, Geschäftsverteilung), der/die einschließlich der beiden VizepräsidentInnen auf Vorschlag des Beirates von der Bundesregierung ernannt werden (§ 3 BNetzAG). § 4 regelt das öffentlich-rechtliche Amtsverhältnis von Präsident/Präsidentin/Vizepräsident/Vizepräsidentin. Weiteres Organ der BNetzA ist der Beirat, vgl. § 5 BNetzAG, der aus 16 Mitgliedern des Deutschen Bundestages und 16 Vertretern/Vertreterinnen des Bundesrates besteht; beide Körperschaften haben entsprechende Vorschlagsrechte.

12 Der Beirat gibt sich eine Geschäftsordnung (§ 6 BNetzAG), tritt mindestens einmal im Vierteljahr zu einer (nicht öffentlichen) Sitzung zusammen und erhält seine Aufgaben durch Gesetz oder Verordnung zugewiesen (§ 7 BNetzAG). Ebenso wie beim Beirat, der insbesondere die Funktion einer Begleitung und Beratung der Bundesregulierungsbehörde hat, steht auch beim sog. Länderausschuss (Regelung in §§ 8, 9 BNetzAG) die Beratungsaufgabe im Vordergrund. Der Länderausschuss setzt sich aus Vertretern der Landesregulierungsbehörde zusammen und tritt zumindest zweimal im Kalenderjahr zu Sitzungen zusammen. Übergangsweise werden die Aufgaben des Beirates (§§ 5, 6 BNetzAG) durch den nach § 118 TKG berufenen Beirat wahrgenommen.

13 Für den Bereich des Energiewirtschaftsrechts legt § 60 die Beiratsaufgaben und § 60a die Aufgaben des Länderausschusses fest. Über die **Beratungsfunktion des Beirates** hinaus (§ 60 Satz 1) verpflichten die Sätze 2 und 3 die BNetzA zu Auskünften und Stellungnahmen gegenüber dem Beirat. Auf diese Weise vermag der Beirat zwar nicht unmittelbar Einfluss auf das »Tagesgeschäft der Regulierung« zu nehmen, hat aber gleichwohl begleitende Funktion und vermag deshalb eine **Quasi-Kontrolle** auszuüben, zumal die BNetzA zu fortwährender Rechenschaft im Verhältnis zum Beirat verpflichtet ist.

II. Zuständigkeiten der Bundesnetzagentur (Abs. 1 und 3)

Demgegenüber ist es Aufgabe des Länderausschusses gemäß § 60a 14
Abs. 1, den **bundeseinheitlichen Vollzug des EnWG sicherzustellen**.
Vergleichbar den bisher informell installierten Arbeitskreisen und Referententagungen wird auf diese Weise die Abstimmung zwischen Landesregulierungsbehörden und BNetzA institutionalisiert. Auch im Verhältnis zum Länderausschuss ist die BNetzA auskunftspflichtig (§ 60a Abs. 3); vor dem Erlass von Allgemeinverfügungen ist dem Länderausschuss Gelegenheit zur Stellungnahme zu geben, und der Bericht zur Einführung der Anreizregulierung muss sogar im Benehmen mit dem Länderausschuss erstellt werden (§ 60a Abs. 2 sowie Abs. 4).

Da zahlreiche Vorschriften des EnWG den Charakter einer sich selbst 15
exekutierenden Norm haben oder privatrechtlich durchgeführt werden (z. B. Kontrahierungszwang im Rahmen der Grundversorgung, §§ 36 ff.), sind es insbesondere die Teile 2 und 3 des EnWG (§§ 6 bis 35), die bei überregionaler Bedeutung (§ 54 Abs. 2 Satz 1 und 2) der Bundesregulierungsbehörde (BNetzA) aufgabenmäßig zugewiesen sind. Dabei vermag die Aufzählung in § 54 Abs. 2 Satz 1 Anhaltspunkte für (spiegelbildliche) Zuständigkeiten der BNetzA zu bieten, weil bei Vorhandensein einer durch Landesregulierungsbehörden wahrzunehmenden Aufgabe auch eine (überregional wahrzunehmende) Aufgabe der BNetzA existieren muss (Erst-Recht-Schluss). Dies gilt insbesondere für die Überwachung der Vorschriften zur Entflechtung (§§ 6 bis 10), für die eine besondere Zuständigkeitszuweisung fehlt und wo die Zuständigkeit der BNetzA auch nicht im Umkehrschluss aus § 111 Abs. 2 (Ausschluss des kartellbehördlichen Tätigwerdens) existiert.

Eine **offene Zuständigkeit** zugunsten der BNetzA gemäß § 54 **Abs. 3** 16
war in ähnlicher Form bereits als § 54 Abs. 2 im Regierungsentwurf enthalten[11] und greift insbesondere dann ein, wenn weder die nach Landesrecht zuständige Behörde noch die Landesregulierungsbehörde gemäß § 54 Abs. 2 zur Aufgabendurchführung berufen ist. Diese subsidiäre Zuständigkeit ist auch dann einschlägig, wenn eigentlich eine Aufgabenzuweisung an eine Landesbehörde aufgrund der Erforderlichkeit ortsnahen Vollzuges sachgerecht wäre (Vorbehalt des Gesetzes auch beim Verwaltungsvollzug). Soweit Aufgaben überregional oder gar gegenüber EG-Kommission bzw. Regulierungsbehörden an-

---

11 BT-DrS 15/3917, S. 26.

§ 54 Allgemeine Zuständigkeit

derer Mitgliedstaaten wahrzunehmen sind (vgl. §§ 56, 57), ist ohnehin die BNetzA (oder aber das BMWA) zum Tätigwerden berufen.

17 Weil die **Bundestarifordnung Elektrizität** durch Art. 5 Abs. 3 des Zweiten Neuregelungsgesetzes[12] erst am 1.7.2007 außer Kraft treten wird, muss für die Übergangszeit geprüft werden, welche Behörde insbesondere zur Erteilung von Tarifgenehmigungen nach § 12 BTOElt berufen ist. Dies sind bisher die Landesenergieaufsichtsbehörden als Energiepreisbehörden gewesen, vgl. § 18 EnWG 1998 in Verbindung mit §§ 14 ff. BTOElt. Obwohl das neue Recht eine Ermächtigungsgrundlage zum Neuerlass oder zur Änderung einer BTOElt nicht mehr vorsieht[13], bestehen nach der ständigen Rechtsprechung des Bundesverfassungsgerichts[14] keine Zweifel an der Rechtswirksamkeit der weitergeltenden BTOElt.

18 Mit Aufhebung des alten EnWG durch Art. 5 Abs. 2 Ziff. 1 des Zweiten Neuregelungsgesetzes[15] ist aber auch die Zuständigkeitszuweisung in § 18 Abs. 1 (zuständige Behörde, Regelung durch Landesrecht) in Fortfall geraten. Deshalb ist zu prüfen, ob die Zuständigkeit zur Durchführung der BTOElt nunmehr gemäß § 54 Abs. 3 der BNetzA zugewachsen ist oder ob die §§ 14 ff. BTOElt ausreichen, die – eigentlich sachgerechte – Zuständigkeit der Energiepreisbehörden der Länder aufrecht zu erhalten.

19 Für die Anwendung der Auffangzuständigkeit nach § 54 Abs. 3 spricht zunächst der Gesetzeswortlaut: Weil es an einer expliziten Zuständigkeitszuweisung (»... Zuständigkeit nicht einer bestimmten Behörde ...«) fehlt, scheint nunmehr allein die BNetzA zur Durchführung der BTOElt und damit auch zur Genehmigungserteilung berufen zu sein. Dieser Befund wird durch die Formulierung »eine Vorschrift dieses Gesetzes« erhärtet: Dies kann eigentlich nur bedeuten, dass bereits bei Fehlen einer speziell im EnWG enthaltenen und die Zuständigkeit regelnden Norm die BNetzA tätig werden muss, soweit eine klassische Aufgabe aus dem Bereich des Energiewirtschaftsrechts in Rede steht. Dies würde etwa auch Befugnisse betreffen, die durch die Nebengesetze begründet worden sind (EEG,

---

12 Vom 7.7.2005, BGBl. I S. 1970, 2018.
13 § 39 Abs. 1 betrifft nur allgemeine Preise der Grundversorger sowie Entgelte bei Ersatzversorgung mit Energie.
14 Vgl. *Schmidt-Bleibtreu/Klein*, GG, Art. 80 Rz. 41 mit Nachweisen zur ständigen Rechtsprechung.
15 BGBl. I 2005, S. 1970, 2017.

II. Zuständigkeiten der Bundesnetzagentur (Abs. 1 und 3)

KWK-G). Weil die BTOElt als Verordnung erlassen wurde, fehlt ihr konsequent der Charakter eines Gesetzes, so dass die dort vorgesehenen Länderzuständigkeiten eine anderweitige Entscheidung nicht zu ermöglichen scheinen; erst Recht kommt dieser Verordnung nicht die Qualität »dieses Gesetz« (= EnWG) zu.

Gleichwohl erscheint eine solche Wortlautinterpretation nicht als sachgerecht. Sie dürfte zudem der Rechtsprechung des Bundesverfassungsgerichts widersprechen, nach der ein Wegfall der gesetzlichen Ermächtigungsgrundlage die Rechtswirksamkeit einer nicht ausdrücklich aufgehobenen oder gar explizit aufrechterhaltenen Rechtsverordnung unberührt lässt[16]. Grund dieser Rechtsprechung sind nicht nur die Gesichtspunkte Rechtsstaatsprinzip (Rechtsklarheit) und Vorbehalt des Gesetzes; eine einstmals rechtmäßig erlassene Verordnung hat materiell Gesetzescharakter, so dass sie unabhängig von der zugrunde liegenden Ermächtigungsgrundlage existieren und rechtswirksam bleiben kann. Sie erfüllt damit auch den Vorbehalt des Gesetzes. 20

Weil Normen des öffentlichen Rechts typischerweise eines Verwaltungsvollzuges durch zuständige Behörden bedürfen, darf die Rechtsprechung des Bundesverfassungsgerichts zur Aufrechterhaltung von »Rechtsverordnungen nach Wegfall der Ermächtigungsgrundlage« nicht auf den materiellen Teil dieser Verordnungen beschränkt werden[17]. Weil anderenfalls vollzugsbedürftige Verordnungen mit Wegfall der gesetzlich begründeten Zuständigkeiten nur noch als leere Hülle und damit rechtlich folgenlos weiterexistieren könnten, erfordert eine effiziente Rechtsgewährleistung die Weiterexistenz der Zuständigkeitszuweisung. Konstruktiv kann dies entweder im Wege einer (gedanklichen) Aufrechterhaltung der ursprünglichen Ermächtigungsgrundlage oder aber dadurch gewährleistet werden, dass die in der Verordnung selbst (implizit oder explizit) enthaltenen Zuständigkeitszuweisungen als ausreichende Begründung zum Beispiel einer Länderzuständigkeit ausreichen. 21

Diese Überlegung muss erst Recht gelten, wenn eine Rechtsverordnung kraft gesetzlicher Vorschrift (hier Art. 5 Abs. 3 des Zweiten Neuregelungsgesetzes) **explizit aufrechterhalten** wird. Für diesen 22

---

16 BVerfGE 9, 3, 12; E 12, 341, 347. Vgl. auch E 14, 245, 249; E 44, 216, 226.
17 Allgemein zur Fortgeltung von Rechtsverordnungen ohne ausreichende Ermächtigungsgrundlage vgl. BVerfGE 79, 245; E 41, 251, 256 f.; E 48, 29, 37 f.; vgl. auch BVerwGE 56, 156, 161 f.

Fall hat der Gesetzgeber des neuen Rechts mit seinem Entschluss, das bisherige Tarifgenehmigungsrecht weiter durchzuführen, auch die Weiterexistenz der alten Zuständigkeiten bekräftigt. Die Aufrechterhaltensnorm tritt damit an die Stelle des früheren § 18 Abs. 1 EnWG 1998 und verlängert die bisher bestehende Zuständigkeitszuweisung bis zum Datum des Außerkrafttretens der Verordnung. Damit steht fest, dass die Zuständigkeit zur Erteilung von Tarifgenehmigungen nach § 12 BTOElt nicht gemäß § 54 Abs. 3 an die BNetzA »abgewandert«, sondern bei den Energiepreisaufsichtsbehörden der Länder verblieben ist.

III. Zuständigkeit der Landesregulierungsbehörden (Abs. 2)

23 Weil für Landesregulierungsbehörden nach Satz 1 des § 54 Abs. 2 **explizite Zuständigkeitszuweisungen** vorgesehen sind, muss von einem numerus clausus dieser Landeszuständigkeiten ausgegangen werden. Annexzuständigkeiten oder ungeschriebene Zuständigkeiten bestehen deshalb nicht; fehlt im EnWG eine Befugnisnorm, so ist § 54 Abs. 3 anzuwenden (Auffangzuständigkeit zugunsten der BNetzA).

24 Die Begründung einer Zuständigkeit zugunsten der Landesregulierungsbehörde ist von **drei Voraussetzungen** abhängig, die **kumulativ** vorliegen müssen:

– Einzelzuweisung gemäß Abs. 2 **Satz 1**

– Betroffensein eines Verteilernetzes mit weniger als 100.000 Kunden (Satz 2 HS 2)

– Begrenzung des Netzes auf das Gebiet des betreffenden Bundeslandes (Satz 2)

1. Überblick über die Einzelzuweisungen

25 Satz 1 HS 1 des § 54 Abs. 2 kennt **neun Einzel-Aufgabenzuweisungen**, die allerdings unterschiedliches Gewicht haben und in sich weiter aufgefächert sind. Ebenso wie die BNetzA ist die Landesregulierungsbehörde zur **Genehmigung der Netzzugangsentgelte** berufen, § 23a. Dies gilt grds. für den Zugang zu allen Netzen (Übertragung, Fernleitung, Verteilung, vgl. aber Satz 2) und für beide Arten der Versorgung mit leitungsgebundener Energie (Elektrizität und Erdgas), **Ziff. 1.**

III. Zuständigkeit der Landesregulierungsbehörden (Abs. 2)

Konsequent gilt dies auch für die zukünftige **Anreizregulierung** (§ 54 Abs. 2 Satz 1 **Ziff. 2** in Verbindung mit § 21a). Damit kann die Landesregulierungsbehörde Obergrenzen zur Höhe von NZE oder Gesamterlösen ebenso wie Effizienzvorgaben festlegen und die Regulierungsperiode bestimmen. **Ziff. 3** des § 54 Abs. 1 Satz 1 erweitert diese Zuständigkeit auf die sog. **Sonderfälle der Netznutzung** im Sinne von § 24 Satz 1 Ziff. 3 (Genehmigung bzw. Untersagung sog. individueller Entgelte für den Netzzugang). Dies betrifft die Einzelfallentscheidungen, die aufgrund der von der Bundesregierung mit Zustimmung des Bundesrates zu erlassenden Rechtsverordnungen (§ 24 Satz 1) ermöglicht werden. Aus der Formulierung dieser Zuweisungsnorm ist zugleich zu schließen, dass die Festsetzung von Bedingungen und Methoden der Entgeltfestlegung, soweit sie unterhalb der Ebene der Rechtsverordnung durch Behördenvollzug erfolgt, nicht von den Landesregulierungsbehörden wahrgenommen werden kann.

26

Nach **Ziff. 4** des § 54 Abs. 2 Satz 1 obliegt auch die **Überwachung der Entflechtungsvorschriften** (§§ 6 bis 10) den Landesregulierungsbehörden, soweit die übrigen einschränkenden Voraussetzungen erfüllt sind (Beschränkungen auf kleinere und mittlere Verteilernetzbetreiber im Bereich des betreffenden Bundeslandes). Weil sich diese Vorschriften nicht nur an vertikal integrierte EVU, sondern auch an rechtlich selbständige Netzbetreiber wenden und zudem über die rechtliche Entflechtung hinaus auch die operationelle Entflechtung, die Beachtung des Vertraulichkeitsgebots sowie Rechnungslegung und interne Buchführung betreffen, scheint den Landesregulierungsbehörden hiermit ein weiter Betätigungsbereich eröffnet zu sein.

27

Allerdings entfällt bei Eingreifen der de minimis-Klausel des § 7 Abs. 2 nicht nur das Gebot zur rechtlichen Entflechtung, sondern wegen HS 2 des § 54 Abs. 2 Satz 1 (weniger als 100.000 unmittelbar oder mittelbar angeschlossene Kunden) zugleich erst dann die Zuständigkeit der BNetzA. Weil zudem Verteilerunternehmen gemäß § 7 Abs. 3 zur rechtlichen Entflechtung erst ab 1.7.2007 verpflichtet sind und wegen § 8 Abs. 6 die de minimis-Klausel vom nationalen Gesetzgeber auch auf die operationelle Entflechtung erstreckt wurde, ist ein guter Teil der eigentlich im Rahmen der Entflechtung vorgesehenen Aufgaben bei der BNetzA verblieben. Deshalb sind es insbesondere das Vertraulichkeitsgebot des § 9 sowie die Einhaltung der separierten Rechnungslegung gemäß § 10, die in Bezug auf Verteilernetze von den Landesregulierungsbehörden zuständigkeitshalber zu überwachen sind.

28

29 Ziff. 5 beschränkt die **Überwachung der Vorschriften zur Systemverantwortung der Netzbetreiber** nicht ganz konsequent auf die §§ 14 bis 16a. Damit ist der (diskriminierungsfreie) Betrieb von Elektrizitätsübertragungsnetzen zwar in toto der BNetzA zugewiesen, aber die Gasfernleitungsnetze fallen (inkonsequent) in die Zuständigkeit der Landesregulierungsbehörden, soweit die übrigen Voraussetzungen der Zuweisungsvorschrift erfüllt sind. Ob der Gesetzgeber auf diese Weise die besondere Bedeutung des örtlichen Bezugs der Gasversorgung deutlich machen wollte, lässt sich den Gesetzesmaterialien nicht entnehmen (Schlussformulierung im Vermittlungsausschuss).

30 Nach den **Ziff. 6 und 7** werden die Vorschriften zum Netzanschluss (§§ 17 bis 19 einschließlich der allgemeinen Anschlusspflicht sowie der Einhaltung der technischen Vorschriften) ebenfalls von den Landesregulierungsbehörden überwacht. Soweit allerdings in einer nach § 17 Abs. 3 Satz 1 Nr. 2 erlassenen Rechtsverordnung Vorschriften zur Festlegung oder Genehmigung der technischen und wirtschaftlichen Bedingungen für einen Netzanschluss oder Methoden für die Bestimmung dieser Bedingungen als durch die Regulierungsbehörde auszugestalten vorgesehen sind, hat anstelle der Landesregulierungsbehörde die BNetzA tätig zu werden. Keine Zuständigkeiten der Landesregulierungsbehörden bestehen in Bezug auf Messeinrichtungen (§ 21b) sowie in Bezug auf Beschaffung bzw. Erbringung von Ausgleichs- und Regelenergie (§§ 22, 23). Auch die Entscheidung über Ausnahmen vom Zugang zu Netzen, Leitungsanlagen und Speicheranlagen (§§ 25 bis 28a) sowie das Verfahren zur Festlegung und Genehmigung von Bedingungen und Methoden für den Netzanschluss/Netzzugang (§ 29) sind ausschließlich der BNetzA zugewiesen.

31 Nach **Ziff. 8** werden die Landesregulierungsbehörden aber im Rahmen der **Überwachung des Missbrauchsverbots** (§§ 30, 31) einschließlich der Sanktion der Vorteilsabschöpfung (§ 33) tätig. Immer wenn Netzbetreiber ihre Marktstellung missbrauchen, wird die Landesregulierungsbehörde ein Missbrauchsverfahren einleiten und die notwendigen Maßnahmen treffen können, wenn der Landesbezug gewahrt ist. Wegen der Einzelheiten wird auf die Kommentierungen zu den §§ 30, 31 und 33 verwiesen. Das sog. Monitoring (§ 35) führt die BNetzA durch.

32 Nach § 110 Abs. 4 hat die Regulierungsbehörde auf Antrag zu entscheiden, ob ein **Objektnetz** im Sinne von § 110 Abs. 1 vorliegt. Hier-

für ist die Landesregulierungsbehörde zuständig, vgl. § 54 Abs. 2 Satz 1 **Ziff. 9**. Typischerweise wird der lokale Bezug gewahrt sein; bei Ländergrenzen überschreitenden Objektnetzen ist wegen der Bedeutung für die Landesversorgung über § 54 Abs. 3 hinaus an ein Zusammenwirken der betroffenen Landesregulierungsbehörden zu denken.

2. De minimis-Klausel

Die Landesregulierungsbehörden sind nach § 54 Abs. 2 Satz 1 HS 2 nur für **EVU zuständig**, die ein **Verteilernetz** (für Elektrizität oder Erdgas) betreiben. Es gilt der EVU-Begriff des § 8 Ziff. 18 in der Alt. 2 (Betrieb eines Energieversorgungsnetzes) in Verbindung mit § 3 Ziff. 3 und Ziff. 7 (Betreiber von Elektrizitätsverteilernetzen bzw. Gasverteilernetzen). Im Hinblick auf die Überwachung der Betreiber von Stromübertragungsnetzen (§ 3 Ziff. 10) sowie Gasfernleitungsnetzen (§ 3 Ziff. 5) ist – Umkehrschluss aus § 54 Abs. 2 Satz 1 – gemäß § 54 Abs. 1 Alt. 1 die BNetzA zuständig. 33

Unter **Verteilung** versteht § 3 Ziff. 37 den Transport von Elektrizität mit hoher, mittlerer oder niederer Spannung bzw. den Transport von Gas über örtliche oder regionale Leitungsnetze zur Ermöglichung der Versorgung von Kunden ausschließlich der Belieferung (= Verkauf von Energie) dieser Kunden. 34

Die Zuständigkeit der Landesregulierungsbehörden endet, wenn an das Verteilernetz **zumindest 100.000 Kunden unmittelbar oder mittelbar angeschlossen** sind. Dies entspricht der de minimis-Regel des § 7 Abs. 2, wo die 100.000 Kunden-Schwelle den Beginn der Verpflichtung zur rechtlichen Entflechtung markiert. Insofern kann wegen der Erläuterung der verwendeten Begrifflichkeiten (Kunden, unmittelbar/mittelbar, Anschluss) auf die obigen Ausführungen verwiesen werden[18]. 35

Nach **Satz 3** des § 54 Abs. 2 ist der Tag des Inkrafttretens des EnWG (13.7.2005) für die Jahre 2005 und 2006 maßgeblich, um die Anzahl der angeschlossenen Kunden festzustellen. Ab dem Jahre 2007 sind die Zahlenverhältnisse am 31.12. des jeweiligen Vorjahres für die Dauer des Folgejahres maßgeblich. 36

---

18 § 7 Rz. 9 ff.

37 Ein Verteilernetzbetreiber kann sich der Zuständigkeit der BNetzA nicht dadurch entziehen, dass er das von ihm verwaltete Netzgebiet **in Teilgebiete** (West, Ost, Süd, Nord usw.) aufteilt. Unabhängig von der Rechtsform, in der räumlich zusammenhängende Netzgebiete getrennt oder gemeinsam geführt werden, sind alle zusammenhängenden Gebiete unabhängig von der Rechtsform/Verwaltungsorganisation/Betriebsorganisation demjenigen Betreiber zuzurechnen, der den jeweiligen Einzelnetzbetreiber mehrheitlich zu kontrollieren vermag. Wird die Kontrolle durch mehrere Netzbetreiber gemeinsam ausgeübt (kooperative Netzwirtschaft), sind sämtliche Kunden dem jeweiligen Kooperationsbeteiligten zuzurechnen. Für eine Netzbetriebskooperation mit 360.000 angeschlossenen Kunden und vier Ausgangsnetzbetreibern bedeutet dies, dass nicht jeweils 90.000 Kunden sondern jedem dieser Kooperationsbeteiligten 360.000 Kunden zuzurechnen sind.

38 Dies gilt aber dann nicht, wenn die Netze räumlich nicht zumindest durch Verbindungsleitungen »zusammengeschaltet« sind; bei strikter räumlicher Trennung (z. B. vier nicht nebeneinander liegende Stadtwerke) und Fehlen von Verbindungsleitungen (z. B. »Durchleitung« durch das Netz eines Regionalversorgers) sowie räumlicher Trennung der Netzgebiete erfolgt die Zurechnung der angeschlossenen Kunden nur gegenüber demjenigen Kooperationsbeteiligten, der das Netzgebiet in die Kooperation eingebracht hat.

3. Beschränkung auf das Landesgebiet

39 Ohne Rücksicht auf die sehr unterschiedliche Größe der Bundesländer (Flächenstaaten, Stadtstaaten) endet die Zuständigkeit der Landesregulierungsbehörden an der Landesgrenze. Nach der ausdrücklichen Zuweisungsregel des § 54 Abs. 2 **Satz 2** ist trotz Vorliegens aller übrigen Voraussetzungen die Zuständigkeit der BNetzA begründet, wenn das Verteilernetz die Landesgrenze überschreitet (»Satz 1 gilt nicht ...«). Zwar wird man im Falle einer nur geringfügigen Überschreitung (wenige Kilometer) im Wege einer Annexzuständigkeit unter Wahrung des örtlichen Bezuges im Übrigen die weitere Anwendung des Satzes 1 und damit die Zuständigkeit der Landesregulierungsbehörde noch begründen können; ausgeschlossen ist allerdings die Zuständigkeit mehrerer Landesbehörden analog § 15 BTOElt (Benehmensregelung), weil dies den Wortlaut des § 54 Abs. 2 Satz 2 klar verletzen würde. Konsequent ist es auch problematisch, wenn sich für derartige

III. Zuständigkeit der Landesregulierungsbehörden (Abs. 2)

Fälle zwei oder mehrere Landesregulierungsbehörden im Wege der Organleihe wechselseitig mit der Zuständigkeit einer Landesregulierungsbehörde betrauen würden; da in den Grenzüberschreitungsfällen von vornherein die Zuständigkeit der BNetzA gegeben ist, kommt eine Landesregulierungsbehörden-Zuständigkeit von vornherein nicht in Betracht. Es ist allerdings zweifelhaft, ob diese strikte Regelung in jedem Fall sachgerecht ist.

4. Zuständigkeitswechsel

Weil nach **Satz 3** des § 54 Abs. 2 ab dem Jahre 2007 die jeweiligen Kundenzahlenverhältnisse des 31.12. des Vorjahres maßgeblich sind, musste der Gesetzgeber in **Satz 4** entscheiden, wie bei Veränderung der Zahlenverhältnisse in Bezug auf die Fortsetzung bereits begonnener Regulierungsverfahren usw. zuständigkeitshalber zu entscheiden ist. Soweit ein Verfahren spätestens am 31.12. des Vorjahres begonnen wurde, berührt die Veränderung der Anzahl unmittelbar oder mittelbar angeschlossener Kunden die Zuständigkeit nicht mehr. Dies gilt sowohl für die durch die BNetzA begonnenen Verfahren als auch für diejenigen, die von einer Landesregulierungsbehörde begonnen wurden. 40

Unter **begonnenen Verfahren** ist im Hinblick auf regulierungsbehördliche Verfahren eine **Einleitung** im Sinne von § 66 Abs. 1 zu verstehen. Insofern ist auf die **Manifestation erstmaligen behördlichen Handelns** in dieser Sache abzuheben (z. B. Registrierung des Eingangs eines Antrags auf Durchführung des besonderen Missbrauchsverfahrens gemäß § 31). Ausreichend ist die aktenmäßige Dokumentation (einschließlich der Verfahrenseinleitung von Amts wegen); weil der Zugang eines Verwaltungsaktes in dieser Sache (Verfügung) dem Abschluss des Verfahrens zeitlich ziemlich nahekommen kann, sind solche Verfügungen als Anknüpfungspunkt für den Verfahrensbeginn ungeeignet. Erforderlich ist eine (auch registrierende) Verfahrenshandlung der Regulierungsbehörde; das bloße Absenden einer »Anzeige« eines Kunden oder konkurrierenden Netzbetreibers reicht nicht aus[19]. 41

Ebenso ist für den Beginn des gerichtlichen Verfahrens zu entscheiden; entscheidend ist der Eingang der Beschwerde oder Rechtsbeschwerde (§ 75 bzw. § 86). In vielen Fällen werden das Eintreten der Rechtshängigkeit und der Verfahrensbeginn zeitlich übereinstimmen. 42

---

19 Zu Einzelheiten vgl. § 66 Rz. 3 ff.

§ 55 Bundesnetzagentur, Landesregulierungsbehörde und nach Landesrecht zuständige Behörde

(1) ¹Für Entscheidungen der Regulierungsbehörde nach diesem Gesetz gelten hinsichtlich des behördlichen und gerichtlichen Verfahrens die Vorschriften des Teiles 8, soweit in diesem Gesetz nichts anderes bestimmt ist. ²Leitet die Bundesnetzagentur ein Verfahren ein, führt sie Ermittlungen durch oder schließt sie ein Verfahren ab, so benachrichtigt sie gleichzeitig die Landesregulierungsbehörden, in deren Gebiet die betroffenen Unternehmen ihren Sitz haben.

(2) ¹Leitet die nach Landesrecht zuständige Behörde ein Verfahren nach den §§ 4 oder 36 Abs. 2 ein oder führt sie nach diesen Bestimmungen Ermittlungen durch, so benachrichtigt sie die Bundesnetzagentur, sofern deren Aufgabenbereich berührt ist.

Überblick	Seite	Rz.
I. Regelungszweck und Entstehungsgeschichte	1133	1
II. Verfahrensregelungen (Abs. 1 Satz 1)	1134	3
III. Wechselseitige Benachrichtigungspflichten (Abs. 1 Satz 2 und Abs. 2)	1135	4
1. Benachrichtigungspflichten	1135	5
2. Unterrichtungsanlässe	1135	7
3. Benachrichtigungspflichtige Behörden	1137	13

I. Regelungszweck und Entstehungsgeschichte

§ 55 ist in ähnlicher Form bereits im Regierungsentwurf enthalten gewesen[1]. Die Änderungsvorschläge des Bundesrates[2] hat die Bundesregierung nicht übernehmen wollen[3]. Nach Streichung des § 40 im Entwurf hat der Wirtschaftsausschuss des Bundestages lediglich § 55

1

---

1 BT-DrS 15/3917, S. 26.
2 Stellungnahme, Anlage 2 zu BT-DrS 15/3917, S. 78, 92 f.
3 Gegenäußerung, BT-DrS 15/4068, S. 8, Rückschluss aus Ziff. 50.

Abs. 2 modifiziert (Folgeänderung der Streichung)[4]. Erst durch den Vermittlungsausschuss hat § 55 dann seinen jetzigen Wortlaut erhalten[5]. Dabei ist es offenbar Ziel der Ländermehrheit im Bundesrat gewesen, nicht nur selbständig tätige Landesregulierungsbehörden – neben der nach Landesrecht zuständigen Behörde – im Gesetz zu verankern, sondern insbesondere auch für die nach Landesrecht zuständige Behörde die Verpflichtung auf das Verfahrensrecht des EnWG (Teil 8, §§ 65 ff.) zu streichen. Während also die Landesregulierungsbehörden auf das Verfahrensrecht des EnWG verpflichtet bleiben, sind für die durch die nach Landesrecht zuständige Behörde abzuwickelnden Verfahren die jeweiligen Landesverfahrensrechte maßgebend.

2 Vorbild des § 55 ist § 49 GWB. Vergleichbar dem Recht der Wettbewerbsbeschränkungen ist nicht nur die BNetzA der LRB in Bezug auf im jeweiligen Bundesland ansässige Netzbetreiber-Unternehmen benachrichtigungspflichtig, sondern es muss auch die nach Landesrecht zuständige Behörde die BNetzA unterrichten, wenn Verfahren nach § 4 oder § 36 Abs. 2 eingeleitet oder Ermittlungen aufgenommen werden. Man kann §§ 55 deshalb schon fast als **Konsultationsnorm** einstufen, um den Regelungszweck näher festzulegen[6].

II. Verfahrensregelungen (Abs. 1 Satz 1)

3 Nach dem Vorbild des GWB (vgl. §§ 54 ff.) legen die §§ 65 ff. das regulierungsbehördliche Verfahren und die §§ 75 ff. das gerichtliche Verfahren in Regulierungssachen fest. Satz 1 des § 55 Abs. 1 dient dem Zweck, alle Regulierungsbehörden (BNetzA sowie LRB) und zusätzlich die Gerichte (OLG/KG, BGH) auf die speziellen Verfahrensvorschriften des EnWG zu verpflichten. Damit hat auch die LRB Bundesverfahrensrecht anzuwenden; soweit das spezielle Verfahrensrecht des EnWG Lücken aufweist, ist nicht auf das jeweilige Landesverfahrensrecht, sondern auf das Verwaltungsverfahrensgesetz des Bundes zurückzugreifen. Wegen der Einzelheiten wird auf die Kommentierungen zu den §§ 65 ff. verwiesen.

---

4 BT-DrS 15/5268, S. 59.
5 BT-DrS 15/5736 (neu), S. 6 (Ziff. 29).
6 Zur Gesetzesbegründung vgl. BT-DrS 15/3917, S. 69, Einzelbegründung zu § 55 (noch den Ausgangswortlaut betreffend).

III. Wechselseitige Benachrichtigungspflichten (Abs. 1 Satz 2 und Abs. 2)

Weiterer Regelungszweck des § 55 ist es, die **Zusammenarbeit** der Regulierungsbehörden untereinander sowie der BNetzA im Verhältnis zur nach Landesrecht zuständigen Behörde zu gewährleisten. Vorgesehenes Instrument ist die **Benachrichtigungspflicht**. 4

1. Benachrichtigungspflichten

Eine Benachrichtigungs- oder Unterrichtungspflicht löst ein nicht förmliches (verwaltungsinternes) Verfahren aus, dessen Ziel die Information der benachrichtigten Behörde zumindest im Hinblick auf die wesentlichen Erkenntnisse durch eine andere Behörde ist, die in demselben oder in einem anderen Bereich Zuständigkeiten wahrnimmt. Die benachrichtigende Behörde wählt dabei diejenigen Aktenteile bzw. Erkenntnisse aus, die unter Berücksichtigung des jeweiligen Benachrichtigungszwecks einer möglichst schnellen und vollständigen Information der benachrichtigten Behörde zu dienen bestimmt sind. Die Information muss so vollständig sein, dass die Zielbehörde in der Lage ist, zumindest den Verfahrensgegenstand und die wichtigsten Verfahrensbeteiligten zu erfassen und daraus Rückschlüsse in Bezug auf eigene Zuständigkeiten und Verfahren zu ziehen. 5

Benachrichtigungszweck ist zum einen die Vervollständigung der Information über das Verhalten von Netzbetreibern, der sie verwaltenden Unternehmen sowie der Kunden von Netzbetreibern. Zum anderen soll Doppelarbeit vermieden werden; wenn bedeutsame Erkenntnisse bei der einen Behörde bereits vorhanden sind, muss die benachrichtigte Behörde sie nicht nochmals erheben; umgekehrt können bei der Zielbehörde bereits vorhandene Informationen der benachrichtigenden Behörde zur Verfügung gestellt werden. 6

2. Unterrichtungsanlässe

Sowohl § 55 Abs. 1 Satz 2 als auch Abs. 2 dieser Vorschrift sehen **drei Anlässe** für die Benachrichtigung vor: 7

– Verfahrenseinleitung

– Verfahrensabschluss

– Durchführung von Ermittlungen

8 Um den Bezug zur jeweiligen Landesregulierungsbehörde zu wahren, begrenzt Satz 2 des § 55 Abs. 1 die Benachrichtigungspflicht auf solche Verfahren bzw. Ermittlungen, die Unternehmen mit Sitz im jeweiligen Bundesland betreffen.

9 Eine **Verfahrenseinleitung** liegt gemäß § 66 Abs. 1 vor, wenn die Behörde erstmals in Bezug auf einen konkreten Sachverhalt Verfahrenshandlungen vornimmt (z. B. Aktenanlegung, Eingang einer Anzeige, Registrierung eines Vorgangs). Eine Manifestation der Verfahrenseinleitung in behördeninterner Form ist ausreichend; diese wird in der Regel nicht die Qualität förmlichen Verwaltungshandelns oder gar Verwaltungsaktqualität haben.

10 Als actus contrarius wird das **Verfahren** gemäß § 73 Abs. 1 und Abs. 2 entweder durch eine schriftlich ergehende Entscheidung der Regulierungsbehörde (mit Rechtsmittelbelehrung) oder aber durch Benachrichtigung der Beteiligten über das Verfahrensende ohne Entscheidung **abgeschlossen**. Auch insofern haben die durch Abs. 1 und Abs. 2 erfassten Behörden ihrer Benachrichtigungspflicht Genüge zu tun.

11 Unter **Ermittlungen** im Sinne von § 55 ist die Sammlung von Informationen in Bezug auf einen konkreten Sachverhalt einschließlich von Beweiserhebungen zu verstehen, vgl. § 68 Abs. 1. Derartige Informationserhebungen können auf Anregung von außen hin oder von Amts wegen erfolgen. Wiederum sind nur die wichtigsten Erkenntnisse der Zielbehörde mitzuteilen; bei befürchteter Gefährdung der Ermittlungen reicht es aus, wenn die Ermittlungsdurchführung als solche kommuniziert wird.

12 Da § 55 in Bezug auf den Benachrichtigungszeitpunkt keine Regelung enthält, muss die Benachrichtigung **keinesfalls unverzüglich** (d.h. ohne schuldhaftes Verzögern) erfolgen. Ausreichend ist es vielmehr, wenn die Benachrichtigung innerhalb eines Zeitraumes erfolgt, der unter Berücksichtigung des Benachrichtigungszwecks noch als ausreichend erscheint, um die Zielbehörde rechtzeitig genug in Kenntnis zu setzen (»soweit tunlich«). Gibt es bereits Erkenntnisse, dass die Zielbehörde die Information im Hinblick auf die Durchführung eigener Ermittlungen usw. benötigt, kann auch eine unverzügliche Inkenntnissetzung im Einzelfall erforderlich werden. Im Übrigen reicht die Einhaltung einer Frist von zwei bis drei Wochen – gemessen ab Ermittlungsbeginn, Verfahrensaufnahme bzw. Verfahrensende – aus, um den Pflichten aus § 55 Genüge zu tun.

III. Wechselseitige Benachrichtigungspflichten (Abs. 1 Satz 2 und Abs. 2)

3. Benachrichtigungspflichtige Behörden

Nach Satz 2 des § 55 Abs. 1 ist **ausschließlich die BNetzA** zur Unterrichtung der Landesregulierungsbehörden zuständig. Eine umgekehrte Unterrichtungspflicht – der Landesregulierungsbehörden gegenüber der BNetzA – ist im Gesetz nicht vorgesehen. Dies dürfte allerdings auf einem Redaktionsversehen beruhen, zumal die Vorbildnorm – § 49 Abs. 1 GWB – und wohl auch noch die Entwurfsnorm zu § 55 die wechselseitige Benachrichtigungspflicht kennen. Zwar mag wegen der strikten Zuständigkeitsaufteilung gemäß § 54 Abs. 1 und Abs. 2 und dem daraus folgenden Grundsatz, dass die Verfahrensherrschaft in Bezug auf ein und dasselbe Verfahren niemals wechseln kann, die wechselseitige Unterrichtung weniger zwingend als in den von den Kartellbehörden zu bearbeitenden Fällen sein; gleichwohl erfordert es eine effiziente Zusammenarbeit aller Regulierungsbehörden, auch die bei den LRB zu sammelnden Erkenntnisse der BNetzA zur Verfügung zu stellen. Deshalb ist § 55 Abs. 1 Satz 2 **analog auf die Benachrichtigungspflicht der Landesregulierungsbehörden im Verhältnis zur BNetzA anzuwenden**, um die offenbar planwidrige Regelungslücke zu schließen. 13

Dies gilt entsprechend für § 55 Abs. 2, wo nur die **nach Landesrecht zuständige Behörde** und diese nur in Bezug auf Verfahren nach § 4 (Genehmigung des Netzbetriebs) sowie § 36 Abs. 2 (Behandlung von Einwänden gegen die Feststellung des Grundversorgers) zu benachrichtigen sind. Die Vorschrift ist zudem mit Hilfe des Vorbehalts »sofern deren Aufgabenbereich berührt ist« auf diejenigen Zuständigkeiten der BNetzA begrenzt, die deren Verfahren bzw. Ermittlungen betreffen. Dies bedeutet zugleich, dass Netzbetriebsgenehmigungen bzw. Grundversorgerfeststellungen im Verhältnis zu solchen Verteilerunternehmen, die innerhalb der eigenen Landesgrenzen tätig sind und an deren Netz weniger als 100.000 Kunden angeschlossen sind, aus der Benachrichtigungspflicht ganz herausfallen. Insofern dürfte aber eine Benachrichtigung der eigenen Landesregulierungsbehörde sinnvoll sein, wenn diese mit der nach Landesrecht zuständigen Behörde nicht bereits in derselben Abteilung/Referat des möglicherweise zuständigen Landesministeriums organisationsmäßig zusammengefasst ist. 14

Eine analoge Anwendung des § 55 Abs. 2 auf die Verpflichtung der BNetzA, bei landesansässigen Netzbetriebsunternehmen jeweils auch die nach Landesrecht zuständige Behörde zu benachrichtigen, dürfte 15 nicht erforderlich sein. Zum einen werden bereits die Landesregulierungsbehörden nach § 55 Abs. 1 Satz 2 benachrichtigt, die – behördenintern – alle in Bezug auf die Tätigkeit der nach Landesrecht zuständigen Behörde erforderlichen Informationen an diese weitergeben können. Zum anderen hat die nach Landesrecht zuständige Behörde keinerlei Aufgaben im Regulierungsbereich wahrzunehmen, so dass sie derartige Informationen auch nur in Ausnahmefällen benötigen wird.

§ 56 Tätigwerden der Bundesnetzagentur beim Vollzug des europäischen Rechts

(1) ¹Die Bundesnetzagentur nimmt die in der Verordnung (EG) Nr. 1228/2003 des Europäischen Parlaments und des Rates vom 26. Juni 2003 über die Netzzugangsbedingungen für den grenzüberschreitenden Stromhandel (ABl. EU Nr. L 176 S. 1) den Regulierungsbehörden der Mitgliedstaaten übertragenen Aufgaben wahr. ²Zur Erfüllung dieser Aufgaben hat die Bundesnetzagentur die Befugnisse, die ihr auf Grund der Verordnung (EG) Nr. 1228/2003 und bei der Anwendung dieses Gesetzes zustehen. ³Es gelten die Verfahrensvorschriften dieses Gesetzes.

Überblick	Seite	Rz.
I. Regelungszweck und Entstehungsgeschichte	1139	1
II. Zuständigkeitszuweisung und Aufgaben (Satz 1 und Satz 2).................................	1140	2
III. Anzuwendende Verfahrensvorschriften (Satz 3)........	1140	5

I. Regelungszweck und Entstehungsgeschichte

§ 56 ist im bisherigen Recht ohne Vorbild und dient dem Zweck, der BNetzA die in Art. 9 der Verordnung Nr. 1228/2003 des Europäischen Parlaments und des Rates über die Netzzugangsbedingungen für den grenzüberschreitenden Stromhandel[1] (im Folgenden: StromhandelsV) vorgesehenen Aufgaben zur Wahrnehmung zu übertragen. Art. 9 StromhandelsV verpflichtet die jeweiligen Regulierungsbehörden der Mitgliedstaaten, die Einhaltung der in der Verordnung niedergelegten Regelungen zum grenzüberschreitenden Stromhandel zu überwachen und legt zugleich eine Zusammenarbeitspflicht der Regulierungsbehörden untereinander sowie im Verhältnis zur Kommission der EG fest. Im Laufe des Gesetzgebungsverfahrens ist der Regierungsentwurf zu § 56 nicht mehr verändert worden.

1

---

[1] Vom 26.6.2003, ABl. EU Nr. L 176/1.

II. Zuständigkeitszuweisung und Aufgaben (Satz 1 und Satz 2)

2 Unter Ausschluss der Landesregulierungsbehörde ist die BNetzA in ausschließlicher Zuweisung dieser Kompetenz berufen, die Aufgaben nach Art. 9 StromhandelsV wahrzunehmen. Diese Verordnung ist wegen Art. 249 Abs. 2 EG unmittelbar geltendes deutsches Recht geworden und am 1.7.2004 in Kraft getreten.

3 Zu den Aufgaben gehört nicht nur die Anwendung der Verordnung, insbesondere die Überwachung des Ausgleichsmechanismus zwischen ÜNB (Art. 3), der geforderten Netzzugangsentgelte (Art. 4), der zu übermittelnden Informationen über Verbindungskapazitäten (Art. 5), der Anwendung der allgemeinen Grundsätze für das Engpassmanagement (Art. 6) sowie die Genehmigung von Ausnahmen betreffend neue Verbindungsleitungen (Art. 7), sondern auch die Überwachung der Einhaltung von Leitlinien der Kommission im Sinne von Art. 8 StromhandelsV. Diese Leitlinien umfassen Grundsätze für die Verwaltung und Zuweisung verfügbarer Übertragungskapazitäten von Verbindungsleitungen zwischen nationalen Netzen, langfristige Verträge, die Bereitstellung von Informationen, Einzelheiten zu Grundsätzen der Methoden für das Engpassmanagement und die Leitlinien für explizite Auktionen[2].

4 Alle diese Aufgaben ergeben sich unmittelbar aus der Verordnung; das EnWG enthält insofern keinerlei Aufgabenzuweisung, zumal es einer Umsetzung der Verordnung in deutsches Recht nicht bedurfte. Wenn Regelungen der Verordnung mit nationalem Energiewirtschaftsrecht kollidieren sollten, wird typischerweise dem supranationalen Recht der Vorrang zuzugestehen sein.

III. Anzuwendende Verfahrensvorschriften (Satz 3)

5 In Ermangelung eines eigenständigen EU-Verfahrensrechts im Bereich des Rechts der Energiewirtschaft muss der nationale Gesetzgeber festlegen, welches Verfahrensrecht die Bundesregulierungsbehörde (BNetzA) zugrunde zu legen hat. Insofern hat sich der Gesetzgeber zu Recht gegen die das Kartellverfahrensrecht betreffen-

---

2 Abdruck bei *Herrmann/Schweers*, Rechtsgrundlagen der Energiewirtschaft, 5. Aufl. Baden-Baden 2005, S. 195 ff.

de Verordnung 1/2003 EG[3] und auch gegen die Anwendung des allgemeinen Verwaltungsverfahrensgesetzes des Bundes zugunsten des speziellen Regulierungsrechts entschieden. Konsequent verweist die Gesetzesbegründung[4] nicht nur auf den Teil 8 (§§ 65 ff.), der die Vorschriften für das regulierungsbehördliche Verfahren nebst Beschwerde und Rechtsbeschwerde einschließlich des Bußgeldverfahrens betrifft, sondern auch auf die Vorschriften des Teiles 9 des EnWG (§§ 109 bis 111). Nach letzteren Vorschriften sind auch die Unternehmen der Öffentlichen Hand dem EnWG unterworfen, und auch außerhalb des Geltungsbereiches des EnWG veranlasste Verhaltensweisen unterfallen jenem Gesetz. In Bezug auf den grenzüberschreitenden Stromhandel wird allerdings die Vorschrift über Objektnetze (§ 110) kaum anwendbar sein, zumal dies Parallelbestimmungen zu § 110 in anderen Mitgliedstaaten zur Voraussetzung hätte und der grenzüberschreitende Stromhandel dann nur innerhalb solcher Objektnetze stattfinden müsste. § 111 (Verhältnis zum GWB) ist im Hinblick auf die Zuständigkeiten der BNetzA nach Art. 9 StromhandelsV so zu lesen, dass Zuständigkeiten der Kartellbehörden auch insofern ausscheiden, obwohl § 56 kein Bestandteil des 3. Teils des EnWG im Sinne von § 111 Abs. 2 Ziff. 1 ist. Die daraus resultierende Regelungslücke kann durch analoge Anwendung des § 111 Abs. 2 geschlossen werden.

Deutsches Verfahrensrecht kann letztlich nur im Verhältnis zu in der Bundesrepublik Deutschland tätigen Unternehmen angewendet werden. Soweit Verstöße gegen die StromhandelsV bzw. die aufgrund von Art. 8 der StromhandelsV ergangenen Leitlinien durch die BNetzA festgestellt werden und daran deutsche Unternehmen nicht beteiligt sind, ist unter Inanspruchnahme der Zusammenarbeitsvorschrift des § 57 die zuständige Regulierungsbehörde des betreffenden Mitgliedstaates einzuschalten. Soweit nach der StromhandelV bzw. EG-Primärrecht eine Kommissionszuständigkeit berührt ist, wird diese nach Übermittlung der betreffenden Informationen tätig werden. **6**

---

3 Vgl. dazu *Klees*, Europäisches Kartellverfahrensrecht, Köln/Berlin/Bonn/München 2005.
4 BT-DrS 15/3917, S. 69 (Einzelbegründung zu § 56).

§ 57 Zusammenarbeit mit Regulierungsbehörden anderer Mitgliedstaaten und der Europäischen Kommission

(1) ¹Die Bundesnetzagentur darf im Rahmen der Zusammenarbeit mit den Regulierungsbehörden anderer Mitgliedstaaten und der Europäischen Kommission zum Zwecke der Anwendung energierechtlicher Vorschriften Informationen, die sie im Rahmen ihrer Ermittlungstätigkeit erhalten hat und die nicht öffentlich zugänglich sind, nur unter dem Vorbehalt übermitteln, dass die empfangende Behörde

1. die Informationen nur zum Zwecke der Anwendung energierechtlicher Vorschriften sowie in Bezug auf den Untersuchungsgegenstand verwendet, für den sie die Bundesnetzagentur erhoben hat,

2. den Schutz vertraulicher Informationen wahrt und diese nur an andere weitergibt, wenn die Bundesnetzagentur dem zustimmt; dies gilt auch in Gerichts- und Verwaltungsverfahren.

²Vertrauliche Angaben, einschließlich Betriebs- und Geschäftsgeheimnisse, dürfen nur mit Zustimmung des Unternehmens übermittelt werden, das diese Angaben vorgelegt hat.

(2) Die Regelungen über die Rechtshilfe in Strafsachen sowie Amts- und Rechtshilfeabkommen bleiben unberührt.

Überblick		Seite	Rz.
I.	Regelungszweck und Entstehungsgeschichte	1143	1
II.	Übermittlung nichtöffentlicher Informationen (Abs. 1 Satz 1)....................................	1144	3
	1. Wahrung der Einheit des Untersuchungsgegenstandes..	1146	7
	2. Zustimmungserfordernis bei erneuter Weitergabe	1147	10
III.	Übermittlung vertraulicher Angaben (Abs. 1 Satz 2)....	1148	12
IV.	Rechtshilfevorschriften (Abs. 2)	1149	15

I. Regelungszweck und Entstehungsgeschichte

1 § 57 dient der Umsetzung des Zusammenarbeitsgebots der Europäischen Regulierungsbehörden untereinander einschließlich der Zusammenarbeit mit der EG-Kommission, vgl. Art. 23 Abs. 12 RL-Elt sowie Art. 25 Abs. 12 RL-Gas[1]. Eine weitgehend wortgleiche Parallelvorschrift enthält § 50b GWB. Die Art und Weise der Zusammenarbeit wird unter den Vorbehalt gestellt, dass die anderen beteiligten Behörden die übermittelten Daten und Informationen nur für amtliche Zwecke (Regulierung im Bereich der Energiewirtschaft) nutzen und nicht an (unbefugte) Dritte weitergeben. § 57 stellt auf diese Weise die supranationale Behörde sowie die außernationalen Regulierungsbehörden inländischen Behörden gleich.

2 Im Laufe des Gesetzgebungsverfahrens ist der Entwurf[2] zu § 57 nicht mehr geändert worden.

II. Übermittlung nichtöffentlicher Informationen (Abs. 1 Satz 1)

3 Bei ihrer Ermittlungs- und sonstigen amtlichen Tätigkeit werden der BNetzA – ggf. unter Anwendung des Auskunftsrechts nach § 69 und des Rechts zur Beschlagnahme nach § 70 – Daten und Informationen zugänglich, die der **Öffentlichkeit nicht zugänglich** sind. Diese nichtöffentlichen Informationen sind zu unterscheiden von **vertraulichen Angaben**, zu denen auch die Betriebs- und Geschäftsgeheimnisse gehören (§ 57 Abs. 1 Satz 2 in Verbindung mit § 71); nur letztere »vertrauliche Angaben« werden im Hinblick auf eine Übermittlung an die Zustimmung des Unternehmens gebunden. Um die Rechte des EVU im Sinne von § 30 VwVfG zu sichern, sind die betroffenen Unternehmen berechtigt und verpflichtet, nach Vorlage von Unterlagen ohne schuldhaftes Verzögern diejenigen vorgelegten Informationen zu kennzeichnen, die nach ihrer Auffassung Betriebs- und Geschäftsgeheimnisse enthalten (§ 71 Satz 1).

4 Aber auch viele der nicht geheimhaltungsbedürftigen rechtlichen, ökonomischen und technischen Informationen, die nicht Betriebs- und Geschäftsgeheimnisse sind, werden vom EVU der Öffentlichkeit nicht zugänglich gemacht, weil sie entweder zur Ruf- oder Geschäftsschädigung geeignet sein könnten (z. B. Überalterung des Fahrzeugs-

---

[1] Einzelbegründung zu § 57, BT-DrS 15/3917, S. 69.
[2] BT-DrS 15/3917, S. 26 f.

und Maschinenparks, Versprödung des Stahls von älteren Strommasten, Häufigkeit von Schulungen des Personals usw.), oder aber Unternehmen einen unerwünschten Einblick in die Geschäftsverhältnisse des EVU ermöglichen würden, obwohl ein Geheimhaltungsbedarf im engeren Sinne fehlt. Jedes Unternehmen muss – unter Beachtung der gesetzlichen Vorschriften – selbst darüber entscheiden, ob die im Unternehmen generierten Daten veröffentlicht werden oder nicht.

Die Ermittlungs- und Verfahrenshandlungen einer Regulierungsbehörde sind unabhängig von einer solchen Einstufung der Information. Insbesondere darf die Herausgabe von Akten und EDV-Speichern nicht mit der Begründung verweigert werden, auf diese Weise bestünde die Gefahr der Zugänglichmachung von nicht veröffentlichten oder schutzbedürftigen Daten. Allerdings müssen alle Behörden, denen solche Daten zugänglich werden, schon im Hinblick auf die Gefahr von Industriespionage oder weitherzig verstandener Industrieschutzpolitik gegen die Weitergabe an Dritte an der Datensicherung mitwirken. 5

Gibt eine inländische Behörde Daten an solche Behörden weiter, die nicht zu den Bundes-, Landes-, Kreis- oder Gemeindebehörden gehören bzw. die nicht dem Bereich der interkommunalen Zusammenarbeit bzw. der Kooperation zwischen den Bundesländern zuzuordnen sind, besteht die Gefahr einer strafrechtlichen Verfolgung[3]. Die Strafbarkeit entfällt bei »befugter Weitergabe«, die entweder als strafrechtliches Tatbestandsmerkmal oder als Rechtfertigungsgrund ausgestaltet sein kann. § 57 Abs. 1 Satz 1 dient deshalb insbesondere dem Zweck, bei Beachtung der dort vorgesehenen Maßgaben (Ziff. 1 und Ziff. 2) dem Übermittlungsvorgang die potenzielle Widerrechtlichkeit zu nehmen. Diese Wirksamkeitsvoraussetzungen einer erlaubten Weitergabe im europäischen Behördennetz lassen sich wie folgt kennzeichnen: 6

– Wahrung der Einheit des Untersuchungsgegenstandes (Ziff. 1)

– Bindung einer erneuten Weitergabe an die Zustimmung der BNetzA (Ziff. 2)

---

3 Vgl. die Vorschriften über Landesverrat und Schutz des persönlichen und geschäftlichen Bereichs, §§ 93 ff. sowie §§ 201 ff. StGB.

1. Wahrung der Einheit des Untersuchungsgegenstandes

7 Die Ziff. 1 des § 57 Abs. 1 Satz 1, die § 50b Abs. 2 GWB entspricht, bindet die Zulässigkeit der Weitergabe an die sog. **empfangende Behörde** an zwei Voraussetzungen: Zum einen muss die empfangende Behörde die nicht öffentlich zugängliche Information benötigen, um **energierechtliche Vorschriften** anzuwenden; zum anderen muss der die Erhebung durch die BNetzA kennzeichnende **Untersuchungsgegenstand** auch bei der Weitergabe gewahrt bleiben. Dies gilt grundsätzlich für jeden, also den ersten, zweiten und auch weitere Übermittlungsvorgänge; erfolgt allerdings eine Weitergabe durch andere europäische Regulierungsbehörden im Rahmen deren Zusammenarbeit mit den dortigen nationalen Behörden, ist die Wahrung des einheitlichen Untersuchungsgegenstandes praktisch nicht mehr nachprüfbar.

8 Werden beispielsweise Kosteninformationen in Bezug auf die Bildung von NZE nationaler Netzbetreiber durch die BNetzA erhoben, dürfen diese an andere Regulierungsbehörden (in unternehmensbezogener Form) nur dann weitergegeben werden, wenn auch jene Behörde eine entsprechende Untersuchung gegen den deutschen Netzbetreiber führt. Dies wird nur in seltenen Ausnahmefällen in Betracht kommen; im Hinblick auf die Zusammenarbeit mit der EG-Kommission dürfte die Einheit des Untersuchungsgegenstandes häufiger vorliegen. Unberührt bleiben aggregierte Informationen (z. B. durchschnittliche Netzentgelte in Niedersachsen), weil diese zum einen nicht von den einzelnen Netzbetreibern als solchen, sondern von der BNetzA, Landesregulierungsbehörden oder aber Verbänden generiert werden, zum anderen weil derartige statistische Daten häufig veröffentlicht werden oder sogar veröffentlicht werden müssen (Statistische Jahrbücher oder Tätigkeitsberichte). Wenn Außenstehende nicht entnehmen können, mit welchen Anteilen an den Durchschnittskosten einzelne Netzbetreiber in diese Kosten eingegangen sind, vermag die veröffentlichende Behörde nicht in fremde Rechte einzugreifen, sondern disponiert über selbst generierte Daten.

9 Die Ziff. 1 sieht zudem eine Begrenzung auf den Weitergabezweck »Anwendung energierechtlicher Vorschriften« vor. Dies schließt die Weitergabe an Kartellbehörden regelmäßig aus, weil diese jedenfalls nach deutschem Recht (vgl. § 111) im Netzbereich keine Zuständigkeit haben, insbesondere energierechtliche Vorschriften nicht anwenden können. Soweit in anderen Mitgliedstaaten allerdings Regulie-

rungs- und Kartellbehörden in einer Organisation zusammenarbeiten, kann die Weitergabe an eine nationale Regulierungsbehörde wohl nicht mit der Begründung verweigert werden, auch die dortige Kartellbehörde könne auf diese Weise Zugang zu diesen Informationen erhalten.

2. Zustimmungserfordernis bei erneuter Weitergabe

Hat die BNetzA die nicht öffentlich zugängliche Information an die Regulierungsbehörde eines anderen Mitgliedstaates weitergegeben, weil die Anforderungen des Ziff. 1 einzuhalten waren, schließt dies eine **erneute Weitergabe** durch die empfangene Behörde grundsätzlich aus. Denn diese Behörde muss gemäß § 57 Abs. 1 Satz 1 Ziff. 2 den **Schutz vertraulicher Informationen wahren**. Dies bedeutet zugleich, dass jene Informationen weder der EG-Kommission noch den nationalen Gerichten oder Behörden jenes Mitgliedstaates zugänglich gemacht werden dürfen. 10

Weil die strikte Beachtung des Verbotes der erneuten Weitergabe letztlich einem Verwertungsverbot gleichkäme, das sogar die Durchführung von Rechtsschutzverfahren vor den nationalen Gerichten der empfangenen Behörde ausschlösse, bindet die Ziff. 2 die erneute Weitergabe an die **Zustimmung der BNetzA**. Diese wird eine solche Zustimmung im Rahmen der Ausübung ordnungsgemäßen Ermessens und insbesondere dann erteilen, wenn die Voraussetzungen des § 57 Abs. 1 Satz 1 Ziff. 1 weiterhin eingehalten werden (Wahrung der Einheit des Untersuchungsgegenstandes, Anwendung energierechtlicher Vorschriften). Werden in Bezug auf den identischen Untersuchungsgegenstand im empfangenen Staat Rechtsschutzverfahren durchgeführt, dürfte die Ermessensbetätigung auf Null reduziert sein, obwohl HS 2 der Ziff. 2 das Gerichtsverfahren ausdrücklich anspricht. Auf diese Weise soll jedoch nur klargestellt werden, dass der zugrunde liegende Behördenbegriff eng zu interpretieren ist und die Nutzung der Information auf dasjenige Verfahren beschränkt werden muss, für das die BNetzA das Vorliegen der Voraussetzungen der Ziff. 1 überprüft hat. Insbesondere stellen Rechtsschutzverfahren keine »verlängerten Verwaltungsverfahren« dar und benötigen deshalb die Zustimmung der BNetzA. 11

III. Übermittlung vertraulicher Angaben (Abs. 1 Satz 2)

12 Unter **vertraulichen Angaben** sind alle Daten und Informationen zu verstehen, deren Existenz und Inhalt vom Netzbetreiber einer interessierten Öffentlichkeit (einschließlich konkurrierender Unternehmen) bewusst vorenthalten werden, weil diese Informationen geeignet sind, den Vorsprung des Unternehmens im Wettbewerb zu sichern. Hauptanwendungsfall von vertraulichen Angaben sind **Betriebs- und Geschäftsgeheimnisse**[4]. Vertrauliche Angaben können auch dann vorliegen, wenn sie aufgrund gesetzlicher Vorschrift bestimmten Behörden zu offenbaren sind oder Prüfungsinstitutionen zugänglich gemacht werden müssen[5]. Sollen derartige vertrauliche Angaben an eine empfangende Behörde in einem Mitgliedstaat der EU oder aber der EG-Kommission übermittelt werden, ist die **Zustimmung des Unternehmens** vor Übermittlung einzuholen. Zustimmungsberechtigt ist das **vorlegende Unternehmen** im Sinne von § 71.

13 Das Zustimmungserfordernis betrifft schon den ersten Übermittlungsvorgang und muss konsequent dann erneut gelten, wenn erneute Weitergaben im Sinne von § 57 Abs. 1 Satz 1 Ziff. 2 (Zustimmungserfordernis der BNetzA) intendiert sind.

14 **Rechtsfolge** des Satzes 2 des § 57 Abs. 1 ist ein grundsätzliches **Weitergabeverbot** bei Nichterteilung der Zustimmung. Die Vorschrift schweigt sich darüber aus, ob gegen das Unternehmen auf Zustimmungserteilung geklagt werden kann und wer insofern klagebefugt ist; ebenso ist nicht geregelt, ob Fallkonstellationen denkbar sind, bei deren Vorliegen die Nichterteilung der Zustimmung rechtsmissbräuchlich oder gar entbehrlich ist. Auch § 30 VwVfG[6] regelt diesen Konflikt nicht. Im Zweifelsfall wird die auf die Information angewiesene Behörde bei der EG-Kommission die Einleitung eines Vertragsverletzungsverfahrens (vgl. Art. 226 EG) mit dem Ziel anregen, die Bundesrepublik Deutschland zur Einhaltung der Zusammenarbeitspflicht unter Regulierungsbehörden in Ausführung der Binnenmarktrichtlinien Elektrizität und Gas anzuhalten. Letztlich wird ein Unter-

---

4 Vgl. dazu die Erläuterungen zu § 71 Rz. 2 ff.
5 Zum Beispiel segmentierte Rechnungslegung, vgl. § 10.
6 Die Vorschrift lautet: »Die Beteiligten haben Anspruch darauf, daß Ihre Geheimnisse, insbesondere die zum persönlichen Lebensbereich gehörenden Geheimnisse sowie die Betriebs- und Geschäftsgeheimnisse von der Behörde nicht unbefugt offenbart werden.«

nehmen ein gegen sich selbst gerichtetes regulierungsbehördliches Verfahren nicht durch bloße Verweigerung der Zustimmung im Sinne von § 57 Abs. 1 Satz 2 verhindern können.

IV. Rechtshilfevorschriften (Abs. 2)

Zahlreiche völkerrechtliche Verträge und Verwaltungsabkommen sehen bereits Regelungen in **Rechtshilfefragen** vor. Diese Abkommen betreffen einerseits Strafsachen[7], andererseits die sonstige **Amts- und Rechtshilfe**[8]. Weil gemäß § 57 Abs. 2 jene Vereinbarungen **unberührt bleiben**, greift § 57 Abs. 1 als Schranke bei der Weitergabe der bezeichneten Informationen insofern nicht ein. Vielmehr gelten nur die dort vorgesehenen Regularien. Haben sich beispielsweise zwei Mitgliedstaaten zu einer engeren Zusammenarbeit im Bereich der Regulierung der leitungsgebundenen Energiewirtschaft verpflichtet, ist § 57 Abs. 1 unanwendbar. Dies gilt auch dann, wenn jene Abkommen strengere Voraussetzungen als § 57 Abs. 1 im Hinblick auf die Weitergabe von Dateninformationen aufstellen, weil es sich insofern um spezielleres supranationales Recht handelt.

15

---

7 Überblick bei *Schomburg*, Internationale vertragliche Rechtsbehelfe in Strafsachen, NJW 2005, S. 3262 ff.
8 Überblick bei *Baumbach/Lauterbach/Albers/Hartmann*, ZPO, Schlussanhang V.

§ 58 Zusammenarbeit mit den Kartellbehörden

(1) ¹In den Fällen des § 65 in Verbindung mit den §§ 6 bis 10, des § 25 Satz 2, des § 28a Abs. 3 Satz 1, des § 56 in Verbindung mit Artikel 7 Abs. 1 Buchstabe a der Verordnung (EG) Nr. 1228/2003 und von Entscheidungen, die nach einer Rechtsverordnung nach § 24 Satz 1 Nr. 2 in Verbindung mit Satz 2 Nr. 5 vorgesehen sind, entscheidet die Bundesnetzagentur im Einvernehmen mit dem Bundeskartellamt, wobei jedoch hinsichtlich der Entscheidung nach § 65 in Verbindung mit den §§ 6 bis 9 das Einvernehmen nur bezüglich der Bestimmung des Verpflichteten und hinsichtlich der Entscheidung nach § 28a Abs. 3 Satz 1 das Einvernehmen nur bezüglich des Vorliegens der Voraussetzungen des § 28a Abs. 1 Nr. 1 erforderlich ist. ²Trifft die Bundesnetzagentur Entscheidungen nach den Bestimmungen des Teiles 3, gibt sie dem Bundeskartellamt und der nach Landesrecht zuständigen Behörde, in deren Bundesland der Sitz des betroffenen Netzbetreibers belegen ist, rechtzeitig vor Abschluss des Verfahrens Gelegenheit zur Stellungnahme.

(2) Führt die nach dem Gesetz gegen Wettbewerbsbeschränkungen zuständige Kartellbehörde im Bereich der leitungsgebundenen Versorgung mit Elektrizität und Gas Verfahren nach den §§ 19 und 20 Abs. 1 und 2 des Gesetzes gegen Wettbewerbsbeschränkungen, Artikel 82 des Vertrages zur Gründung der Europäischen Gemeinschaft oder nach § 40 Abs. 2 des Gesetzes gegen Wettbewerbsbeschränkungen durch, gibt sie der Bundesnetzagentur rechtzeitig vor Abschluss des Verfahrens Gelegenheit zur Stellungnahme.

(3) Bundesnetzagentur und Bundeskartellamt wirken auf eine einheitliche und den Zusammenhang mit dem Gesetz gegen Wettbewerbsbeschränkungen wahrende Auslegung dieses Gesetzes hin.

(4) ¹Bundesnetzagentur und die Kartellbehörden können unabhängig von der jeweils gewählten Verfahrensart untereinander Informationen einschließlich personenbezogener Daten und Betriebs- und Geschäftsgeheimnisse austauschen, soweit dies zur Erfüllung ihrer jeweiligen Aufgaben erforderlich ist, sowie diese in ihren Verfahren verwerten. ²Beweisverwertungsverbote bleiben unberührt.

Überblick

	Seite	Rz.
I. Regelungszweck und Entstehungsgeschichte	1152	1
II. Einvernehmen des BKartA bei Entscheidungen der BNetzA (Abs. 1)	1153	5
1. Entflechtung.	1154	8
2. Ausnahme von der Gasnetz-Zugangsgewährungspflicht (§ 25 Satz 2)	1155	11
3. Verweigerung des Zugangs zu neuen Gasnetz-Infrastrukturen	1156	13
4. Entscheidungen im grenzüberschreitenden Stromhandel.................................	1156	15
5. Methodenregulierung und Abweichung von der Kostenorientierung	1156	16
III. Stellungnahmen der Landesregulierungsbehörden (Abs. 1 Satz 2).....................................	1157	17
IV. Einholung der Stellungnahme der BNetzA (Abs. 2).....	1158	21
1. Beschränkung auf Missbrauchsaufsicht und Fusionskontrolle.................................	1158	23
2. Bereich der leitungsgebundenen Energieversorgung....	1159	24
V. Wahrung der Rechtseinheit (Abs. 3).................	1159	26
VI. Informationsaustausch und Beweisverwertungsverbote (Abs. 4)	1160	28

I. Regelungszweck und Entstehungsgeschichte

1   Regulierungsbehörden und Kartellbehörden weisen in Bezug auf ihre Aufsichtstätigkeit vielfältige Überschneidungsbereiche auf. Die Beschränkung der Regulierungsbehörden auf den Netzbereich in ausschließlicher Kompetenzwahrnehmung (vgl. § 110) entspricht zwar spiegelbildlich dem Fehlen einer Zuständigkeit der Regulierungsbehörde im Wettbewerbsbereich, vgl. § 54 Abs. 1 und Abs. 2 Satz 1; gleichwohl ist die Überschneidungsfreiheit der Aufgabenbereiche nicht vollständig sicher zu stellen. Insbesondere im Bereich einzuleitender Missbrauchsverfahren können sich Zuständigkeitskonflikte im Hinblick auf folgende Normkomplexe ergeben:

– Entflechtungsvorschriften (§§ 6 bis 10)

– Aufsicht über langfristige Gaslieferverträge (vgl. § 25)

- Freistellung neuer Infrastrukturen vom Netzzugang (§ 28a)
- Aufsicht über Zugang, Kapazitäten und Preisbildung beim Stromtransit (§ 56)
- Entgelt- und Methodenregulierung nach Wettbewerbsgrundsätzen (§ 24 Satz 1 Ziff. 2 und Satz 2 Ziff. 5)

Im Hinblick auf diese durch § 58 Abs. 1 besonders erfassten Fallkonstellationen sieht das Gesetz eine **Einvernehmensregelung** vor; die BNetzA entscheidet nur dann, wenn sie zuvor die Einwilligung der zuständigen Kartellbehörde eingeholt hat. Wettbewerbs- und Monopolbereich werden in Bezug auf diese speziellen Konstellationen miteinander verzahnt. Parallelvorschriften existieren in § 50c GWB und § 123 TKG.

Während § 58 Abs. 3 der Wahrung einer **einheitlichen Rechtsanwendung** durch BNetzA sowie BKartA dient, muss die zuständige Kartellbehörde gemäß § 58 Abs. 2 vor Abschluss eines Missbrauchs- oder Diskriminierungsverfahrens die Stellungnahme der BNetzA einholen, ohne an deren Erwägungen gebunden zu sein. Den Austausch von Informationen (personenbezogene Daten, Betriebs- und Geschäftsgeheimnisse) zwischen nationalen Kartellbehörden und BNetzA erlaubt § 58 Abs. 4.

Die Vorschrift des Ausgangsentwurfs[1] ist im Gesetzgebungsverfahren nur geringfügig mit dem Ziel geändert worden, zuvor eingefügte materiellrechtliche Vorschriften in das Zusammenarbeitsregime der nationalen Behörden einzubinden (Einvernehmensregelung nach Abs. 1)[2]. Der Vermittlungsausschuss hat die Vorschrift unverändert passieren lassen.

II. Einvernehmen des BKartA bei Entscheidungen der BNetzA (Abs. 1)

Weil jede Behörde im Grundsatz selbständig im Rahmen ihres Aufgaben- und Zuständigkeitsbereichs entscheidet, muss der Gesetzgeber die Art und Weise einer Behördenzusammenarbeit besonders festlegen. Wenn über die Amtshilfepflicht hinaus grundsätzlich jede Be-

---

1 BT-DrS 15/3917, S. 26 mit Begründung S. 69.
2 Vgl. Beschlussempfehlung und Bericht des Wirtschaftsausschusses, BT-DrS 15/5268, S. 60 mit Begründung S. 122 (»Folgeänderungen«).

hörde verpflichtet wäre, Informationen mit anderen Behörden auszutauschen und deren Stellungnahme vor Entscheidung einzuholen, würden sich viele Verfahren unnötig in die Länge ziehen, ohne dass sachgerechtere Entscheidungen zu erwarten wären. Der Grundsatz der Einheit von Entscheidung und Verantwortung muss auch im Verwaltungsverfahren gelten.

6 Der Gesetzgeber wird daher eine Zusammenarbeitspflicht der Behörden immer dann anordnen, wenn er sich davon eine Verbesserung der Effizienz des Verwaltungshandelns sowie der Qualität der ergehenden Entscheidungen verspricht. Gleichzeitig muss in diesen Fällen eine Art »federführende Behörde« festgelegt werden, um einen Anknüpfungspunkt für den Rechtsschutz zu erhalten.

7 § 58 Abs. 1 sieht eine **Einvernehmensregelung** zwischen BNetzA und BKartA unter Letztentscheidung der BNetzA vor, die sich auf **enumerativ** im Gesetz aufgeführte Fälle beschränkt.

1. Entflechtung

8 Im Bereich der Entflechtung sind Aufsichtsmaßnahmen sowohl nach § 65 durch Regulierungsbehörden als auch nach §§ 19, 20 GWB durch Kartellbehörden denkbar. Weil es Ziel der §§ 6 ff. ist, eine Diskriminierung von Netznutzern auszuschließen, kann ein quasi »institutioneller Verstoß« gegen das Diskriminierungsverbot schon darin liegen, dass eine Entflechtung nicht oder nicht ordnungsgemäß durchgeführt wurde.

9 Besondere Schwierigkeiten bereitet dabei die Bestimmung desjenigen vertikal integrierten EVU, das zur Anwendung der Entflechtungsgrundsätze verpflichtet ist (§ 3 Ziff. 38). Wegen der Zuständigkeit des BKartA im Hinblick auf die Fusionskontrolle kommt dieser Behörde eine Art Wertungsdominanz bei der Bestimmung der Begrifflichkeit zu, so dass in der Regierungsbegründung zu Recht ausgeführt wird[3]:

»Bei der Bestimmung des Verpflichteten bei den §§ 6 bis 9, bei eine Auslegung des § 3 Nr. 38 erforderlich ist, der sich auf Artikel 3 Abs. 2 der EU-FKVO bezieht, folgt die Regulierungsbehörde dem Vorschlag des Kartellamtes, das national für die Prüfung der Vorschriften der Zusammenschlusskontrolle zuständig ist und die Beteiligungsrechte an Verfahren der Europäischen Kommissi-

---

3 BT-DrS 15/3917, S. 69.

II. Einvernehmen des BKartA bei Entscheidungen der BNetzA (Abs. 1)

on nach der EU-FKVO wahrnimmt. Die Regelung vermeidet den anderenfalls notwendigen Aufbau eigener Sachkunde der Regulierungsbehörde und eine etwaige unterschiedliche Auslegung des Artikels 3 Abs. 2 der EU-FKVO durch Bundeskartellamt und Regulierungsbehörde. Es ist daher auch unter dem Gesichtspunkt der Effizienz der Verwaltung sachgerecht, die Auslegung der Vorschrift weiterhin allein dem Bundeskartellamt zuzuweisen.«

Dies bedeutet: Das Einvernehmen des BKartA bei Entscheidungen nach §§ 6 bis 10 beschränkt sich auf die Auslegung des § 3 Ziff. 38 (Person des Verpflichteten). Insofern kann die BNetzA erst entscheiden, wenn das BKartA im konkreten Einzelfall dasjenige Unternehmen bestimmt hat, das im Hinblick auf die von ihm ausgeübte Kontrolle in Bezug auf andere Unternehmen Verpflichtungsadressat ist. Hat das BKartA entschieden, ist die BNetzA nur an diese Entscheidung gebunden (Herstellung des Einvernehmens) und im Übrigen frei, die Art und Weise der Entflechtung im Rahmen ihrer Aufsichtsmaßnahmen nach § 65 zu bestimmen. **10**

2. Ausnahme von der Gasnetz-Zugangsgewährungspflicht (§ 25 Satz 2)

In Umsetzung von Art. 27 RL-Gas entscheidet gemäß § 25 Satz 2 die Regulierungsbehörde auf Antrag des betroffenen Gas-EVU, ob wegen im Rahmen von Gaslieferverträgen eingegangener unbedingter Zahlungspflichten **ernsthafte wirtschaftliche und finanzielle Schwierigkeiten** zu befürchten sind, wenn der Zugang zum Gasversorgungsnetz nach § 20 Abs. 1 gewährt würde. Die Vorschrift stellt einen besonderen Zugangsverweigerungsgrund im Sinne von § 20 Abs. 2 dar. Mit Zugestehung des Rechts der Zugangsverweigerung wird in schwerwiegender Weise insbesondere dann in den Wettbewerb der Gasversorger eingegriffen, wenn Netzbetreiber und im selben Unternehmen vertikal integrierter Gaslieferant nach rechtlicher Entflechtung im Sinne von § 7 separat wirtschaften. **11**

Die Regulierungsbehörde hat vor Entscheidung gemäß § 25 Satz 2 nicht nur die Stellungnahme des BKartA einzuholen, sondern dessen Einvernehmen sicherzustellen. Dies erfordert eine ex ante-Kommunikation des Entscheidungsentwurfs. Vermag das BKartA die Entscheidung nicht mitzutragen, darf diese gemäß § 58 Abs. 1 Satz 1 auch nicht erlassen werden. **12**

3. Verweigerung des Zugangs zu neuen Gasnetz-Infrastrukturen

13 Nach Art. 22 Abs. 3 und 4 RL-Gas kann auf Antrag eines betroffenen GasVU ein Zugang zu bestimmten Verbindungsleitungen, LNG- und Speicheranlagen sowie im Falle einer Kapazitätsaufstockung (sog. neue Infrastrukturen) eine Zugangsverweigerung durch die Regulierungsbehörde erlaubt werden, wenn die besonderen Voraussetzungen vorliegen. Der nationale Gesetzgeber hat dies in § 28a umgesetzt. Weil auf diese Weise bestimmte Abnehmer, die nur über die neue Infrastruktur erreichbar sind, vom Wettbewerb um die Belieferung mit Gas ausgeschlossen werden, ordnet der Gesetzgeber in § 58 Abs. 1 ebenfalls die vorherige **Herstellung des Einvernehmens** zwischen BKartA und BNetzA an. Die Entscheidung trifft wiederum die BNetzA.

14 Die Herstellung des Einvernehmens bezieht sich allerdings nicht auf sämtliche Voraussetzungen des § 28a Abs. 1 bzw. Abs. 2, sondern kraft expliziter gesetzlicher Anordnung (§ 58 Abs. 1 Satz 1 a.E.) nur auf das Vorliegen der in Nr. 1 des § 28a Abs. 1 genannten Voraussetzung (Verbesserung des Wettbewerbs und der Versorgungssicherheit durch die Investition). Vermag mit dem BKartA in Bezug auf diese Voraussetzungen Einvernehmen hergestellt zu werden, entscheidet die BNetzA hinsichtlich des Vorliegens der übrigen Voraussetzungen autonom.

4. Entscheidungen im grenzüberschreitenden Stromhandel

15 Auch das Tätigwerden der BNetzA in Bezug auf seine Zuständigkeiten gemäß Art. 7 Abs. 1 lit. a) StromhandelsV in Verbindung mit § 56 ist an die Herstellung des Einvernehmens des BKartA gebunden, § 58 Abs. 1 Satz 1. Auch hier muss das BKartA die Entscheidung vollumfänglich mittragen.

5. Methodenregulierung und Abweichung von der Kostenorientierung

16 Der fünfte Fall der Einvernehmensregelung knüpft an § 24 Satz 1 Nr. 2 (Regulierung der Bedingungen und Methoden der Entgeltfindung von Netzbetreibern) sowie § 24 Satz 2 Nr. 5 (Regulierung unter Abweichung von der Kostenorientierung: Vergleichsmarktprinzip) an. Wegen der Nähe dieser Regulierung zum Konzept des Als-Ob-Wettbewerbs hat der Gesetzgeber in § 58 Abs. 1 Satz 1 wiederum eine »Mitzuständigkeit des BKartA« vorgesehen, die sich zwar nicht in der

III. Stellungnahmen der Landesregulierungsbehörden (Abs. 1 Satz 2)

Delegation der Entscheidungsbefugnis selbst, wohl aber im Erfordernis der Herstellung des Einvernehmens mit dem BKartA niederschlägt. Das BKartA muss die Entscheidung nach Voraussetzungen und Rechtsfolgen vollumfänglich mittragen.

Satz 2 des § 58 Abs. 1 ist wortgleich bereits im Regierungsentwurf enthalten gewesen. Die Vorschrift betrifft die **Zusammenarbeit zwischen Regulierungsbehörde und BKartA/nach Landesrecht zuständiger Behörde**. Satz 2 ist nur anwendbar, wenn die Regulierungsbehörde **Entscheidungen nach Teil 3** des EnWG zu treffen hat, der die Regulierung des Netzbetriebs betrifft (§§ 11 bis 35). Alle anderen Entscheidungen der Regulierungsbehörde bleiben damit »stellungnahmefrei«. 17

Der üblichen Diktion des EnWG entsprechend ist unter **Regulierungsbehörde** sowohl jede Landesregulierungsbehörde als auch die BNetzA zu verstehen. Bei § 58 Abs. 1 Satz 2 handelt es sich also um eine Ergänzung des § 55 Abs. 1 Satz 2 (Benachrichtigungs- und Unterrichtungspflicht); wenn eine Stellungnahme der nach Landesrecht zuständigen Behörde bzw. des BKartA einzuholen ist, muss zuvor ohnehin eine Benachrichtigung unter Übersendung der wichtigsten Ergebnisse der Ermittlungen usw. sowie des Verfahrensstandes erfolgen. 18

Mit »nach Landesrecht zuständiger Behörde« ist die in § 55 Abs. 2 erwähnte Behörde gemeint, nicht dagegen die Landeskartellbehörde. Gerade wenn eine Landesregulierungsbehörde nach § 58 Abs. 1 Satz 2 Entscheidungen der Netzaufsicht mit Wettbewerbsbezug zu treffen hat, dürfte es in vielen Fällen nicht nur zweckmäßig, sondern sogar erforderlich sein, mit der häufig im gleichen Haus (Wirtschaftsministerium) tätigen Landeskartellbehörde zusammen zu arbeiten. Weil Satz 2 des § 58 Abs. 1 die Pflicht zur Einholung der Stellungnahme aber nicht ausdrücklich vorsieht, sondern als Länderzuständigkeit der Ausfüllung durch die Bundesländer überlässt, vermag sich die Kartellbehörde auf diese Vorschrift nicht zu berufen. 19

Die Regulierungsbehörde ist an die Erwägungen der Stellungnahme nicht gebunden. Sie wird allerdings in ihrer Entscheidung die Einholung der Stellungnahme sowie deren wesentliche Erwägungen mittei- 20 len. Die Begründungspflicht nach § 73 Abs. 1 erfordert es zudem, auch auf entgegenstehende rechtliche Erwägungen einzugehen[4]. Wird eine erforderliche Stellungnahme nicht eingeholt, lässt dies die Wirksamkeit der Verfügung regelmäßig unberührt[5], wenn die Stellungnahme noch nachholbar ist und in das Rechtsschutzverfahren eingeht.

IV. Einholung der Stellungnahme der BNetzA (Abs. 2)

21 Eine »umgekehrte Pflicht« zur Einholung von Stellungnahmen sieht § 58 Abs. 2 vor. Begünstigt wird die BNetzA, nicht dagegen eine Landesregulierungsbehörde. Da Adressat des Abs. 2 die »zuständige Kartellbehörde« ist, kann es sich entweder um eine Landeskartellbehörde oder aber um das BKartA handeln. Die Regelung der Zusammenarbeit zwischen den Länderbehörden (Landesregulierungsbehörden und Landeskartellbehörden) überlässt die Vorschrift wiederum dem Landesrecht.

22 Gelegenheit zur Stellungnahme erhält die BNetzA nur, wenn zwei Voraussetzungen vorliegen:

– Durchführung von Verfahren nach §§ 19, 20 Abs. 1 und 2, 40 Abs. 2 GWB oder Art. 82 EG

– im Bereich der leitungsgebundenen Energieversorgung

1. Beschränkung auf Missbrauchsaufsicht und Fusionskontrolle

23 Nur bestimmte Verfahrensarten werden in § 58 Abs. 2 aufgeführt. Es mus sich dabei unter Beachtung von § 111 um Verfahren der Kartellbehörden entweder nach § 19 GWB (Missbrauchsaufsicht) oder nach § 20 Abs. 1 GWB (Verbot von Diskriminierung und unbilligen Behinderungen) oder aber nach § 20 Abs. 2 GWB (Diskriminierung von KMU) oder nach § 40 Abs. 2 GWB (Untersagung oder Freigabe von Zusammenschlüssen) oder aber nach Art. 82 EG (Missbrauch marktbeherrschender Stellungen mit europäischem Bezug) handeln. Andere Verfahrensarten (z. B. wegen Verstoßes gegen das Kartellverbot) unterliegen nicht der Pflicht zur Einholung von Stellungnahmen.

---

4 Vgl. unten § 73 Rz. 6.
5 Vgl. §§ 45, 46 VwVfG.

2. Bereich der leitungsgebundenen Energieversorgung

In sachlicher Hinsicht muss das Missbrauchsverfahren usw. ein Unternehmen betreffen, dessen Geschäftszweck jedenfalls auch auf die leitungsgebundene Versorgung mit Elektrizität oder Gas gerichtet ist. Dies werden eher Gewinnungs- und Erzeugungsunternehmen sowie Energielieferanten, seltener Netzbetreiber sein, weil für letztere gemäß § 111 Abs. 2 das EnWG die Regulierungsbehörden für ausschließlich zuständig erklärt. Auch integrierte Versorgungsunternehmen kommen als Adressaten von Missbrauchsverfügungen der Kartellbehörde in Betracht, soweit Missbrauch bzw. Diskriminierung nicht ausschließlich die Netzsparte betreffen. Bei Entscheidungen über Zusammenschlussvorhaben (§ 40 Abs. 2 GWB) können ohnehin mehrere Sparten einer integrierten Versorgung betroffen sein; notwendig ist dies jedoch nicht, weil eine Zuständigkeit der Regulierungsbehörden zur Prüfung von Zusammenschlussvorhaben ohnehin nicht besteht und § 111 Abs. 2 insofern auch nicht an eine abschließende Zuständigkeitszuweisung anzuknüpfen vermag.

24

Eine **Pflicht zur Stellungnahme** der BNetzA besteht nicht; ausreichend ist es, wenn ihr »Gelegenheit zur Stellungnahme« gegeben wird. Die erforderliche Stellungnahme kann in jedem Verfahrensstadium – auch noch im Rechtsschutzverfahren – nachgeholt werden; eine Unwirksamkeit der Entscheidung der Kartellbehörde wird sich auf die Nichteinholung der Stellungnahme regelmäßig schon deshalb nicht stützen lassen, weil eine Bindung an die Erwägungen in der Stellungnahme nicht besteht[6].

25

V. Wahrung der Rechtseinheit (Abs. 3)

Auch Abs. 3 des § 58 ist bereits im Regierungsentwurf wortgleich enthalten gewesen; lediglich der Begriff »Regulierungsbehörde« ist durch »Bundesnetzagentur« ausgetauscht worden. Gerade weil die §§ 19, 20 GWB (Zuständigkeit der Kartellbehörden) und §§ 30, 31 EnWG (Zuständigkeit der Regulierungsbehörden) strukturell miteinander verzahnt sind und die teilweise übereinstimmenden Wortlaute der Ermächtigungsgrundlage auch eine einheitliche Handhabung in der Sache selbst nahe legen, will der Gesetzgeber ein »Auseinanderdriften« bei der Auslegung der Eingriffsgrundlagen tunlichst vermei-

26

---

6 Vgl. § 61 Abs. 1 GWB.

den. Deshalb dient Abs. 3 dem Ziel, beide Bundesbehörden zu einer »einheitlichen Rechtsanwendung« anzuhalten[7].

27 Dabei betont der Gesetzgeber über die Einheitlichkeit der Ausübung hinaus den »Zusammenhang mit dem GWB«: Weil das Missbrauchsverbotsrecht des EnWG aus den Vorbildern des GWB abgeleitet worden ist, sollen sich BNetzA und BKartA auf eine einheitliche Auslegung der wortgleichen Begrifflichkeit einigen. Nur auf diese Weise kann verhindert werden, dass ein »Sondermissbrauchsrecht« der Gas- und Stromnetzbetreiber entsteht. Dies bedeutet jedoch nicht, dass den Besonderheiten der Aufsicht über EVU nicht angemessen Rechnung getragen werden kann, soweit die entsprechenden Ermächtigungsgrundlagen in GWB und EnWG wortgleich sind[8]. Es sei daran erinnert, dass mit § 104 GWB a.F. und später mit § 103 Abs. 5 GWB a.F. bereits Sondermissbrauchsbestimmungen existiert haben, die für diesen Ausnahmebereich (Monopol) eine deutlich schärfere Aufsicht vorsahen.

VI. Informationsaustausch und Beweisverwertungsverbote (Abs. 4)

28 Um die Effizienz der Arbeit von BNetzA einerseits und Kartellbehörden andererseits zu verbessern, müssen diese Behörden – unabhängig von der gewählten Verfahrensart – nicht dieselben Informationen mehrfach erheben, sondern sind berechtigt, jegliche Informationen untereinander auszutauschen. Dabei geht die Vorschrift deutlich über § 57 Abs. 1 hinaus, der die Weitergabe an außernationale Regulierungsbehörden einschließlich der EG-Kommission regelt. Ausdrücklich nennt der Gesetzestext personenbezogene Daten sowie Betriebs- und Geschäftsgeheimnisse; eine Begrenzung ist nur in Bezug auf den Austauschzweck **Erfüllung ihrer jeweiligen Aufgaben** angeordnet. Die Information muss allerdings **erforderlich** sein, um diese Aufgaben zu erfüllen; dabei muss es sich nicht notwendig um konkrete Aufgaben im Sinne aktuell eingeleiteter oder einzuleitender Verfahren handeln. Ausreichend ist es vielmehr, wenn die Information geeignet ist, die empfangende Behörde bei der zukünftigen Aufgabenerfüllung (abstrakt) zu unterstützen.

---

7 Regierungsbegründung zu § 58 Abs. 3, BT-DrS 15/3917, S. 69.
8 Zu Einzelheiten vgl. oben § 30 Rz. 19 ff. sowie § 31 Rz. 7 f.

VI. Informationsaustausch und Beweisverwertungsverbote (Abs. 4)

Die Regelung des § 58 Abs. 4 Satz 1 lässt Restriktionen verwaltungsverfahrensrechtlicher, strafprozessualer und grundgesetzlicher Art unberührt. Der Austausch darf nur unter Berücksichtigung des allgemeinen Rechts erfolgen. Klarstellend ordnet **Satz 2** des § 58 Abs. 4 an, dass das **Recht der Beweisverwertungsverbote** in jedem Fall anzuwenden ist[9]. Eine Information, die in gegen geltendes Recht verstoßender Weise erworben wurde (»Frucht des verbotenen Baumes«), darf zwar weitergegeben, aber von der empfangenden Behörde nicht zu Beweiszwecken verwertet werden.

29

---

9 Vgl. §§ 244 f. StPO sowie § 286 ZPO.

Abschnitt 2 Bundesbehörden

Rechtsprechung und Literatur

KG NJW-RR 1991, 1069 = WuW/E OLG 4589 – Eigenerzeugungsverbot
Bechtold, GWB, 3. Aufl. München 2002

Vorbemerkungen zu §§ 59–64a

Die Vorschriften enthalten organisatorische Regelungen in Bezug auf 1
am Regulierungsverfahren beteiligte Bundesbehörden einschließlich
unterstützender Ausschüsse und Gremien. In § 59 ist die Organisationsstruktur der Bundesnetzagentur in Anlehnung an diejenige des
Bundeskartellamtes erfolgt (Entscheidung durch Beschlusskammern).
Die Aufgaben des Beirates sowie des Länderausschusses enthalten die
§§ 60 und 60a. Die §§ 61 und 63 sprechen Zuständigkeiten des Bundesministeriums für Wirtschaft und Arbeit an: Ergehen allgemeine
Weisungen des BMWA an die Bundesnetzagentur, müssen diese veröffentlicht werden. Die Berichtspflichten von BMWA, BNetzA sowie
Statistischem Bundesamt werden in § 63 zusammengefasst.

Nicht nur Beirat und Länderausschuss, sondern auch die Monopol- 2
kommission begleitet das Regulierungsverfahren durch ihre Gutachten (§ 62). Zusätzlich kann sich die BNetzA wissenschaftlich beraten
lassen, § 64. Die wechselseitigen Zusammenarbeitspflichten zwischen
BNetzA und LRB legt § 64a fest.

§ 59 Organisation

(1) ¹Die Entscheidungen der Bundesnetzagentur nach diesem Gesetz werden von den Beschlusskammern getroffen. ²Satz 1 gilt nicht für die Erhebung von Gebühren nach § 91 und Beiträgen nach § 92, die Durchführung des Vergleichsverfahrens nach § 21 Abs. 3, die Datenerhebung zur Erfüllung von Berichtspflichten und Maßnahmen nach § 94. ³Die Beschlusskammern werden nach Bestimmung des Bundesministeriums für Wirtschaft und Arbeit gebildet.

(2) ¹Die Beschlusskammern entscheiden in der Besetzung mit einem oder einer Vorsitzenden und zwei Beisitzenden. ²Vorsitzende und Beisitzende müssen Beamte sein und die Befähigung zum Richteramt oder für eine Laufbahn des höheren Dienstes haben.

(3) Die Mitglieder der Beschlusskammern dürfen weder ein Unternehmen der Energiewirtschaft innehaben oder leiten noch dürfen sie Mitglied des Vorstandes oder Aufsichtsrates eines Unternehmens der Energiewirtschaft sein.

Überblick	Seite	Rz.
I. Regelungszweck und Entstehungsgeschichte	1165	1
II. Beschlusskammern als Entscheidungsgremien (Abs. 1 und Abs. 2)	1166	4
III. Inkompatibilität (Abs. 3)	1169	14

I. Regelungszweck und Entstehungsgeschichte

§ 59 regelt nach dem Vorbild des § 51 GWB die innere Organisation 1
der zur Entscheidung nach § 54 Abs. 1 und Abs. 3 berufenen BNetzA.
Obwohl die Entscheidungsbefugnis den **Beschlusskammern** quasi
gerichtsförmig übertragen wird, handelt es sich gleichwohl um Entscheidungsinstanzen einer Verwaltungsbehörde[1]. Der vom Vermittlungsausschuss[2] in das Gesetz eingefügte Satz 3 des § 59 Abs. 1, wonach diese Beschlusskammern nach »Bestimmung des BMWA«

---

1 § 51 Abs. 2 GWB spricht von »Beschlussabteilungen«.
2 BT-DrS 15/5736 (neu), S. 6, Ziff. 30 lit. a).

gebildet werden, zeigt jedoch, dass mangels Selbstorganisation dieser Beschlusskörper die verfassungsrechtliche Qualität eines »gesetzlichen Richters« (vgl. Art. 101 Abs. 1 Satz 2 GG) nicht erreicht wird.

2 Weitere Regelungen betreffen Ausnahmen vom Beschlusskammernprinzip, die Besetzung der Beschlusskammern sowie die Inkompatibilitätsvorschrift in Abs. 3 (Verbot einer Organtätigkeit in Unternehmen der Energiewirtschaft). Der Ausgangsentwurf ist wie folgt begründet worden[3]:

> »Die Entscheidungen der Regulierungsbehörde nach dem Energiewirtschaftsgesetz erfolgen gemäß Absatz 1 durch Beschlusskammern. Dies gewährleistet eine justizähnliche, den strengen Vorgaben der EU-Richtlinie entsprechende Unabhängigkeit der Entscheidungsmechanismen. Die Organisation der Beschlusskammern nach Absatz 2 und die Regelung nach Absatz 3 tragen diesen Vorgaben Rechnung.«

3 Der Regierungsentwurf ist – von Vorschlägen des Bundesrates zur Beschränkung der Regelung auf eine »Bundesregulierungsbehörde« abgesehen[4] – erst vom Vermittlungsausschuss in seine schlussendliche Form gebracht worden[5]. Dies hat eine Einfügung von Satz 2 und Satz 3 in das Gesetz zur Folge gehabt; weniger bedeutsame Entscheidungen können nunmehr auch außerhalb der Beschlusskammer, quasi durch den »Einzelrichter«, erfolgen (z. B. Erhebung von Gebühren und Beiträgen nach §§ 91, 92). Das BMWA (jetzt: BMWi) ist für die Bildung der Beschlusskammern zuständig, Satz 3. Die als Beschlusskammermitglied tätig werdenden Personen müssen nicht notwendig Beamte/Richter »auf Lebenszeit« sein[6]. Abs. 3 ist nicht verändert worden.

II. Beschlusskammern als Entscheidungsgremien (Abs. 1 und Abs. 2)

4 Grundsätzlich sind nur die bei der BNetzA errichteten **Beschlusskammern** zu Entscheidungen nach dem EnWG befugt. Damit wird

---

3 BT-DrS 15/3917, S. 70.
4 Stellungnahme zum Regierungsentwurf, BT-DrS 15/3917, S. 92, Ziff. 53 lit. b).
5 BT-DrS 15/5736 (neu), S. 6 (Ziff. 30).
6 Anders der Ausgangsentwurf: BT-DrS 15/3917, S. 27.

klargestellt, dass weder der Präsident der BNetzA noch andere mit Regulierungsaufgaben beauftragte Beamtinnen und Beamte entscheidungskompetent sind. Es gilt das **Kollegialprinzip**; die Entscheidungen werden mehrheitlich getroffen.

Indem **Satz 3** des § 59 Abs. 1 die **Bildung der Beschlusskammern** dem BMWA überträgt, wird wohl von demjenigen Organisationsprinzip abgewichen, das die Beschlussabteilungen des BKartA prägt. Dort wird zumindest die Zuständigkeit der Beschlussabteilungen durch eine Geschäftsordnung festgelegt, die vom Präsidenten des BKartA erlassen und vom BMWA bestätigt wird[7]. Denn der Begriff »bilden« betrifft nicht nur die Ernennung von RichterInnen/BeamtInnen, sondern dürfte auch die Zuweisung von Zuständigkeiten umfassen. Sollte sich das BMWA auf die bloße Ernennung von Vorsitzenden bzw. Beisitzenden beschränken, muss die Zuständigkeitsverteilung präsidialiter bestimmt werden. Dass »interne Weisungen des BMWA« nicht möglich sind, zeigt § 61. 5

§ 59 **Abs. 2** legt in Satz 1 die **Besetzung einer Beschlusskammer** in Bezug auf zu treffende Entscheidungen fest. Dies bedeutet nicht, dass nicht weitere Mitglieder (reguläre oder Ersatzmitglieder) einer Beschlusskammer zugeordnet sind; die Beschlusskammer entscheidet dann nicht immer in identischer Besetzung. 6

Die drei Mitglieder der Beschlusskammer umfassen eine(n) Vorsitzende(n) und zwei BeisitzerInnen. Damit ist sichergestellt, dass mehrheitliche Entscheidungen möglich sind. Eine Entscheidung in größerer oder kleinerer Besetzung ist ausgeschlossen. 7

Satz 2 des § 59 Abs. 2 legt die **Mindestbefähigung** fest: Zum einen muss es sich um BeamtInnen handeln, zum anderen muss entweder die Befähigung zum Richteramt oder zur Laufbahn des höheren Dienstes (nicht notwendig: Verwaltungsdienstes) erfüllt sein. 8

Nachdem der Vermittlungsausschuss den zuvor vorgesehenen Zusatz »Beamter auf Lebenszeit« gestrichen hat, kommen auch Widerrufs- sowie Probebeamte als Mitglieder einer Beschlusskammer in Betracht. Nicht nur VolljuristInnen, die die Qualifikation zum Richteramt haben, sondern auch andere BeamtInnen des höheren Dienstes können zum Mitglied einer Beschlusskammer ernannt werden. Gerade weil neben ökonomischem auch technischer Sachverstand zur Erfüllung 9

---

7 Vgl. *Bechtold*, GWB, § 51 Rz. 3.

der Regulierungsaufgaben erforderlich ist, begrenzt § 59 Abs. 2 Satz 2 anders als § 51 Abs. 4 GWB die Befähigung nicht auf den höheren Verwaltungsdienst. Diplomökonomen und Diplomingenieure vermögen daher gleichberechtigt an den Entscheidungen der Beschlusskammern mitzuwirken.

10 Die **Alleinentscheidungsbefugnis** der Beschlusskammern (§ 59 Abs. 1 Satz 1) besteht nur dem Grundsatz nach. Zu Recht hat der Vermittlungsausschuss[8] Ausnahmen in Fällen vorgesehen, in denen die eigentliche Regulierungsaufgabe und damit die Bedeutung für Netz und Versorgungssicherheit zurücktritt. Diese umfassen in enumerativer Aufzählung die folgenden Entscheidungskompetenzen:

– Erhebung von Gebühren für Amtshandlungen (§ 91)

– Erhebung von Beiträgen zur Deckung der Kosten der BNetzA (§ 92)

– Durchführung eines Vergleichsverfahrens (Entgeltvergleich) nach § 21 Abs. 3

– Erhebung von Daten zur Erfüllung von Berichtspflichten

– Anordnung von Zwangsgeldern (§ 94)

11 In allen diesen Fällen handelt es sich um Entscheidungen, die das Gesetz weitgehend vorstrukturiert und die deshalb einen Wertungs- und Beurteilungsspielraum nicht benötigen. Insofern kann entweder der Vorsitzende der Beschlussabteilung allein oder aber der Präsident der BNetzA die Entscheidung treffen. Für die Entscheidung über Festsetzung eines Bußgeldes (§ 95) ist wiederum nur die Beschlusskammer selbst zuständig.

12 § 59 beschränkt sich auf die Organisation der BNetzA und deren Entscheidungszuständigkeiten. Dies entspricht dem Ausgangsentwurf, wo zwar noch von »Regulierungsbehörde« die Rede war; weil aber zunächst nur eine Bundesregulierungsbehörde allein tätig werden sollte (unter Ausschluss von Länderzuständigkeiten), war schon damals verfassungsrechtlich korrekt nur beabsichtigt, die Organisation einer selbständigen Bundesoberbehörde zu regeln.

---

8 Vgl. oben FN 5.

Nicht geregelt werden Organisation und Entscheidungszuständigkeiten von **Landesregulierungsbehörden**. Insofern ist jedes Bundesland berufen, die entsprechenden Regelungen autonom zu treffen. Soweit bekannt, ist es nicht beabsichtigt, das »Kammerprinzip« der BNetzA spiegelbildlich auf die Landesregulierungsbehörden zu übertragen. Deshalb wird dort das Prinzip vorherrschen, dass die Entscheidung beispielsweise durch den Landeswirtschaftsminister »als Landesregulierungsbehörde« erlassen wird, wobei vertretungsberechtigte Beamte des Referats »Regulierung der Energiewirtschaft« die Verfügung unterschreiben werden.

13

III. Inkompatibilität (Abs. 3)

Nach dem Vorbild des § 51 Abs. 5 GWB legt auch § 59 Abs. 3 Grundsätze zur **beruflichen Inkompatibilität** für Mitglieder der Beschlusskammern fest. Zur Auslegung der Vorbildvorschrift ist eine Entscheidung des Kammergerichts ergangen[9]. Die folgenden Berufstätigkeiten sind mit der Mitgliedschaft in einer Beschlusskammer **unvereinbar**:

14

- Innehabung oder Leitung eines »Unternehmens der Energiewirtschaft«

- Mitgliedschaft im Vorstand eines Unternehmens der Energiewirtschaft

- Mitgliedschaft im Aufsichtsrat eines Unternehmens der Energiewirtschaft

Dabei ist unter »Innehabung« im Sinne der ersten Alternative des § 59 Abs. 3 die Mehrheitsgesellschafter- oder Eigentümerstellung (als Einzelkaufmann) in Bezug auf ein solches Unternehmen gemeint. Inkompatibel ist auch die bloße Unternehmensleitung, ohne dass eine Gesellschafterstellung oder sonstige Beteiligung besteht.

15

Der Begriff **Unternehmen der Energiewirtschaft** geht über den EVU-Begriff hinaus und betrifft alle unternehmerischen Funktionen in Bezug auf Gewinnung/Erzeugung, Übertragung/Fernleitung oder Verteilung, Lieferung oder Verkauf bzw. Speicherung von Elektrizität oder Gas. Die bloße Zulieferung von Energieanlagen erfüllt noch nicht den Begriff »Unternehmen der Energiewirtschaft«, wohl aber die Lieferung von Primärenergieträgern. Da der hier verwendete Be-

16

---

9 KG NJW-RR 1991, 1069, 1070 = WuW/E OLG 4589, 4591.

§ 59 Organisation

griff »Energiewirtschaft« nicht auf die leitungsgebundene Energiewirtschaft beschränkt ist, reicht auch eine Tätigkeit in der Mineralölindustrie aus, um von § 59 Abs. 3 erfasst zu werden. Entsprechendes gilt in Bezug auf Steinkohle und Braunkohle sowie die Aufarbeitung von Kernbrennstoffen.

17 Inkompatibel ist bereits die Mitgliedschaft in Leitungsorganen (Vorstand, Aufsichtsrat). Gleichgestellt wird die Tätigkeit als GmbH-Geschäftsführer, zumal es sich insofern bereits um eine Unternehmensleitung handelt. Wer unterhalb der Leitungs- und Aufsichtsratebene für Unternehmen der Energiewirtschaft tätig ist, fällt formal nicht unter § 59 Abs. 3; insofern wird aber im konkreten Fall ein Befangenheitsgrund vorliegen, der gemäß § 21 VwVfG die Mitwirkung an der Entscheidung regelmäßig ausschließen dürfte. Zu beachten ist auch die Vorschrift über ausgeschlossene Personen (§ 20 VwVfG).

18 § 59 Abs. 3 verwehrt nicht, dass das Mitglied einer Beschlusskammer vor Beginn dieser Tätigkeit oder nach Abschluss dieser Tätigkeit für ein Unternehmen der Energiewirtschaft tätig gewesen oder tätig werden wird. Obwohl es wünschenswert wäre, insofern »Übergangsfristen« einzuhalten und nicht unmittelbar aus der Leitung eines EVU in eine Beschlusskammer und dann wieder zurück zu wechseln, kennt das derzeitige Recht keine derartige »Inkompatibilität auf Zeit«. Eine »Karenzzeit« von einjähriger Dauer ist aber für den Fall zu erwägen, dass nach beamtenrechtlichen Grundsätzen eine angemessene Zahlung von Übergangsgeld erfolgt.

§ 60 Aufgaben des Beirates

(1) ¹Der Beirat nach § 5 des Gesetzes über die Bundesregulierungsbehörde für Elektrizität, Gas, Telekommunikation und Post hat die Aufgabe, die Bundesnetzagentur bei der Erstellung der Berichte nach § 63 Abs. 3 bis 5 zu beraten. ²Er ist gegenüber der Bundesnetzagentur berechtigt, Auskünfte und Stellungnahmen einzuholen. ³Die Bundesnetzagentur ist insoweit auskunftspflichtig.

Überblick   Seite   Rz.

I.   Regelungszweck und Entstehungsgeschichte 1171   1
II. Rechte und Pflichten des Beirates (Satz 1 bis 3)........ 1171   2

I. Regelungszweck und Entstehungsgeschichte

Nach dem Vorbild des im Telekommunikationsrecht verankerten Beirates sieht auch Art. 2 § 5 des »Gesetzes über die Bundesnetzagentur für Elektrizität, Gas, Telekommunikation, Post und Eisenbahn«[1] einen aus 32 Mitgliedern des Bundestages sowie des Bundesrates bestehenden Beirat vor[2]. Weil § 7 des Gesetzes über die BNetzA als bloße Verweisnorm ausgestaltet ist, muss § 60 für den Bereich der leitungsgebundenen Energiewirtschaft die Aufgaben festlegen. Die Vorschrift ist bis auf die Änderung des Begriffs »Regulierungsbehörde« in »Bundesnetzagentur« im Laufe des Gesetzgebungsverfahrens nicht mehr modifiziert worden.   1

II. Rechte und Pflichten des Beirates (Satz 1 bis 3)

Nach § 63 hat die BNetzA verschiedene Berichtspflichten zu erfüllen. Alle zwei Jahre ist ein Tätigkeitsbericht zu veröffentlichen (§ 63 Abs. 3), jährlich ein Ergebnisbericht zu Monitoring-Tätigkeiten (§ 63 Abs. 4 in Verbindung mit § 35) und wiederum alle zwei Jahre eine Auswertung von Erkenntnissen bzw. angeforderten Berichten (§ 12 Abs. 3a Satz 1 und 2) zu veröffentlichen. **Nur in Bezug auf diese Berichte** ist der Beirat beratungsberechtigt und beratungpflichtig. Dies erfordert es zumindest, dass der Entwurf eines solchen Berichts dem   2

---

1 BGBl. I 2005, S. 1970, 2009, 2011.
2 Zu Einzelheiten vgl. oben § 54 Rz. 11 f.

§ 60 Aufgaben des Beirates

Beirat zur Stellungnahme vorgelegt wird. Die BNetzA ist nicht verpflichtet, den insofern erteilten Ratschlägen des Beirates zu folgen.

3 Die Sätze 2 und 3 des § 60 regeln die **Vorbereitung der Beratung**. Dazu kann der Beirat **Auskünfte und Stellungnahmen** bei der BNetzA einholen. Zwar ist eine Verpflichtung zur Vorlage von Akten einschließlich des Rechts auf Akteneinsicht nicht explizit angeordnet; weil aber eine kompetente Beratung auch die Kenntnisse von Einzelheiten voraussetzt und **Satz 3** eine Auskunftspflicht der BNetzA explizit anordnet, muss sich der Beirat nicht auf zusammenfassende Stellungnahmen usw. beschränken. Soweit Auskünfte mittels Akteneinsicht angeboten und vertrauliche Angaben weitergegeben werden, ist im Hinblick auf die Rechte zur Weitergabe von Informationen und Daten nicht § 58, sondern § 57 anzuwenden. Denn bei der Zusammenarbeit zwischen Beirat und BNetzA handelt es sich nicht um die Zusammenarbeit von nationalen Behörden untereinander. Vielmehr ist diese Zusammenarbeit zwischen einem Legislativorgan und einem Exekutivorgan eher der Zusammenarbeit mit anderen Regulierungsbehörden vergleichbar, weil die Information das nationale Verwaltungsinternum verlässt.

§ 60a Aufgaben des Länderausschusses

(1) Der Länderausschuss nach § 8 des Gesetzes über die Bundesnetzagentur für Elektrizität, Gas, Telekommunikation, Post und Eisenbahnen (Länderausschuss) dient der Abstimmung zwischen der Bundesnetzagentur und den Landesregulierungsbehörden mit dem Ziel der Sicherstellung eines bundeseinheitlichen Vollzugs.

(2) ¹Vor dem Erlass von Allgemeinverfügungen, insbesondere von Festlegungen nach § 29 Abs. 1, durch die Bundesnetzagentur nach den Teilen 2 und 3 ist dem Länderausschuss Gelegenheit zur Stellungnahme zu geben. ²In dringlichen Fällen können Allgemeinverfügungen erlassen werden, ohne dass dem Länderausschuss Gelegenheit zur Stellungnahme gegeben worden ist; in solchen Fällen ist der Länderausschuss nachträglich zu unterrichten.

(3) ¹Der Länderausschuss ist berechtigt, im Zusammenhang mit dem Erlass von Allgemeinverfügungen im Sinne des Absatzes 2 Auskünfte und Stellungnahmen von der Bundesnetzagentur einzuholen. ²Die Bundesnetzagentur ist insoweit auskunftspflichtig.

(4) ¹Der Bericht der Bundesnetzagentur nach § 112a Abs. 1 zur Einführung einer Anreizregulierung ist im Benehmen mit dem Länderausschuss zu erstellen. ²Der Länderausschuss ist zu diesem Zwecke durch die Bundesnetzagentur regelmäßig über Stand und Fortgang der Arbeiten zu unterrichten. ³Absatz 3 gilt entsprechend.

Überblick	Seite	Rz.
I. Regelungszweck und Entstehungsgeschichte	1173	1
II. Institutionalisierung des Länderausschusses (§§ 8–10 BNetzAG)	1174	3
III. Aufgaben des Länderausschusses (Abs. 1–4)	1175	6

I. Regelungszweck und Entstehungsgeschichte

Die Institution des **Länderausschusses** ist erst aufgrund der Beratungen im Vermittlungsausschuss in das Zweite Neuregelungsgesetz gelangt[1]: In den §§ 8 bis 10 des Gesetzes über die Bundesnetzagentur

---

1 BT-DrS 15/5736 (neu), S. 8 (zu Art. 2) und S. 6 (Ziff. 31).

sind Zusammensetzung des Länderausschusses, Organisation einschließlich Geschäftsordnung und Aufgabenverweis auf das EnWG geregelt, während § 60a als Regelungszweck die **Sicherstellung eines bundeseinheitlichen Vollzugs** vorsieht.

2 Offenbar soll die Institution des Länderausschusses an das bewährte Instrument der Tagungen der KartellreferentInnen anknüpfen, wo in nicht institutionalisierter Form schon seit langer Zeit Aufgaben der Landeskartellbehörden einschließlich einzelner Fallgestaltungen besprochen und Kartellreferentenentschließungen gefasst werden, um eine einheitliche Anwendung des GWB über alle Bundesländer hinweg zu gewährleisten. Die Zusammenarbeit des Länderausschusses mit der BNetzA wird durch § 60a Abs. 2 bis 4 festgelegt.

II. Institutionalisierung des Länderausschusses (§§ 8–10 BNetzAG)

3 Nach § 8 BNetzAG sind die Landesregulierungsbehörden berechtigt, jeweils einen Vertreter in den Länderausschuss zu entsenden; dieser muss in seiner Ausgangsbehörde für die **Wahrnehmung der Aufgaben nach § 54 des Energiewirtschaftsgesetzes zuständig** sein. Das Ausschussmitglied wird im Zweifel von der Behördenspitze (Landeswirtschaftsminister) ausgewählt. Da ein Entsendungsrecht besteht, handelt es sich um ein klassisches Exekutivorgan, das allerdings keine unmittelbaren Zuständigkeiten nach § 54 hat.

4 Einzelheiten zur Organisation legt die Geschäftsordnung fest, die sich der Länderausschuss gibt (§ 9 Abs. 1 BNetzAG). Der Länderausschuss wählt ein vorsitzendes und ein stellvertretendes vorsitzendes Mitglied; nach Stimmengleichheit im zweiten Wahlgang entscheidet das Los, obwohl diese Konstellation angesichts von 15 entsendungsberechtigten Bundesländern nur dann Platz greifen kann, wenn nicht alle Bundesländer von ihrem Entsendungsrecht Gebrauch machen. Dies wird etwa der Fall sein, wenn sich einzelne Bundesländer im Wege der Organleihe entschließen, andere Landeregulierungsbehörden oder aber die BNetzA mit den Aufgaben einer Regulierungsbehörde zu betrauen; obwohl dann eine Landesregulierungsbehörde für mehrere Bundesländer zuständig wird, können nicht mehrere Vertreter entsandt werden, weil es sich immer noch um ein und dieselbe Landesregulierungsbehörde handelt. Wird die BNetzA entsprechend betraut, besteht ohnhin kein Entsendungsrecht (fehlende Qualifikation »Landesregulierungsbehörde«).

Weitere Regelungen des § 9 BNetzAG umfassen die Beschlussfähigkeit (Anwesenheit der Hälfte der Mitglieder) einschließlich der Beschlussfassung mit einfacher Mehrheit, Zulässigkeit des schriftlichen Umfrageverfahrens auf Entscheidung des Vorsitzenden bei Entbehrlichkeit der mündlichen Beratung (Abs. 4) sowie die Pflicht zur Einberufung des Länderausschusses (Abs. 5: zweimal im Jahr, im Übrigen auf schriftlichen Antrag dreier Mitglieder oder Anordnung des Vorsitzenden). An den nichtöffentlichen ordentlichen Sitzungen (Abs. 6) hat der Präsident der BNetzA auf Verlangen des Länderausschusses teilzunehmen und muss im Übrigen jederzeit gehört werden (jederzeitiges Teilnahmerecht, Abs. 7). Wegen der Aufgaben des Länderausschusses verweist § 10 BNetzAG auf § 60a.

III. Aufgaben des Länderausschusses (Abs. 1–4)

Der Länderausschuss hat nach § 60a insbesondere **vier Aufgaben**:

– Koordinierung des bundeseinheitlichen Vollzugs

– Stellungnahme vor Erlass von Allgemeinverfügungen der BNetzA

– Beratung nach Einholung von Auskünften und Stellungnahme der BNetzA

– Mitwirkung beim Bericht zur Einführung der Anreizregulierung

Die **Sicherstellung eines bundeseinheitlichen Vollzugs** ist die wichtigste und quasi ständige Aufgabe des Länderausschusses. Weil es Landesregulierungsbehörden in den Aufgabenbereichen Telekommunikation/Post bzw. Eisenbahn nicht gibt, verweist § 8 BNetzAG zu Recht allein auf § 54 EnWG. Der Länderausschuss ist daher nur in der Lage, Regulierungsaufgaben nach dem EnWG zu koordinieren.

Mit dem Postulat der Vollzugsgewährleistung wird ein sehr weit reichender Aufgabenbereich begründet. Insofern können abstrakt Auslegungsmöglichkeiten von Tatbestandsmerkmalen des EnWG besprochen oder aber auch einzelne Fallgestaltungen ebenso wie Reaktionsmöglichkeiten der Landesregulierungsbehörde im Sinne von Verfügungsentwürfen diskutiert werden. Weil § 64a sogar eine Zusammenarbeitspflicht zwischen Landesregulierungsbehörden untereinander einschließlich des notwendigen Informationsaustauschs vorsieht, können gegen die Weitergabe von vertraulichen Angaben einschließlich Betriebs- und Geschäftsgeheimnissen grundsätzlich keine Bedenken erhoben werden. Dies gilt nicht nur um zu prüfen, welche Landesregulierungsbehörde im Einzelnen zuständig ist.

9   Unter anderem nach § 29 Abs. 1 ist die BNetzA zum **Erlass von Allgemeinverfügungen** berechtigt, um beispielsweise Netzanschlussbedingungen bzw. Methoden zur Entgeltregulierung beim Netzzugang festzulegen. Weil hierbei der Einfluss der Landesregulierungsbehörden zu sichern ist, die auf der Basis jener Allgemeinverfügungen möglicherweise Entscheidungen zu treffen haben (Gewährleistung eines bundeseinheitlichen Vollzugs des EnWG unabhängig von der Zuständigkeit entweder der BNetzA oder einer Landesregulierungsbehörde), kann der Länderausschuss gemäß § 60a Abs. 2 Satz 1 **Stellungnahmen** abgeben. Nur in **dringlichen Fällen** besteht eine bloße Unterrichtungspflicht, Satz 2 des § 60a Abs. 2. Dies gilt entsprechend für die Änderung derartiger Allgemeinverfügungen.

10 Die BNetzA ist wiederum an die Erwägungen der Stellungnahme nicht gebunden und kann insofern autonom entscheiden; um eine vertrauensvolle Zusammenarbeit auch für die Zukunft zu gewährleisten, wird sie für den Fall eines nennenswerten »Widerstandes« aus den Reihen der Landesregulierungsbehörden nach Kompromissen suchen und für den Fall der Nichtberücksichtigung jener Stellungnahmen eine sorgfältige Begründung vornehmen.

11 Die **Auskunftspflicht** sieht § 60a Abs. 3 vor; sie umfasst auch Stellungnahmen der BNetzA. Ein Akteneinsichtsrecht des Ausschusses ist nicht explizit vorgesehen, und Einzelheiten betreffende Auskünfte werden in eher seltenen Fällen erforderlich werden. Die Anfertigung von Kopien aus Aktenvorgängen bei der BNetzA wird aber vom Auskunftsrecht umfasst.

12 Nach § 112a Abs. 1 hat die BNetzA vor Einführung einer **Anreizregulierung** einen Bericht zu erstellen. In Bezug auf die Berichtsinhalte ist das **Benehmen mit dem Länderausschuss** herzustellen. Die Benehmensherstellung ist unterhalb der Ebene des Einvernehmens (§ 58 Abs. 1) angesiedelt, erfordert aber eine enge wechselseitige Information sowie den Meinungsaustausch über das Vorgehen. Deshalb hat die BNetzA den Länderausschuss **regelmäßig über Stand und Fortgang der Arbeiten zu unterrichten** (§ 60a Abs. 4 Satz 2). Wegen des in Satz 3 vorgesehenen Verweises auf Abs. 3 (Auskünfte und Stellungnahmen) ist die BNetzA insofern auch auskunftspflichtig.

§ 61 Veröffentlichung allgemeiner Weisungen des Bundesministeriums für Wirtschaft und Arbeit

Soweit das Bundesministerium für Wirtschaft und Arbeit der Bundesnetzagentur allgemeine Weisungen für den Erlass oder die Unterlassung von Verfügungen nach diesem Gesetz erteilt, sind diese Weisungen mit Begründung im Bundesanzeiger zu veröffentlichen.

Überblick	Seite	Rz.
I. Regelungszweck und Entstehungsgeschichte	1177	1
II. Veröffentlichungspflicht bei allgemeinen Weisungen des BMWA	1178	2

I. Regelungszweck und Entstehungsgeschichte

§ 61 ist bis auf die Änderung des Wortes »Regulierungsbehörde« in »Bundesnetzagentur« in der Fassung des Regierungsentwurfs Gesetz geworden[1]. Vorbild der Vorschrift ist § 52 GWB, der allerdings die Veröffentlichung einer Begründung noch nicht vorsieht. Zum Regelungszweck heißt es in der Regierungsbegründung[2]:

> »Allgemeine Weisungen des Bundesministeriums für Wirtschaft und Arbeit zur Durchführung der Arbeit der Regulierungsbehörde werden zur Herstellung von Transparenz wegen ihrer grundsätzlichen Bedeutung im Bundesanzeiger veröffentlicht. Die Vorschrift stellt klar, dass nicht nur die Weisung, sondern auch deren Begründung zu veröffentlichen ist. Zur Erhöhung der Transparenz sollten das Bundesministerium für Wirtschaft und Arbeit und die Regulierungsbehörde darüber hinaus allgemeine Weisungen auch im Internet veröffentlichen.«

---

[1] BT-DrS 15/3917, S. 27 mit Begründung S. 70.
[2] Ebd. S. 70.

II. Veröffentlichungspflicht bei allgemeinen Weisungen des BMWA

2 Die Bundesnetzagentur ist wie das BKartA als Bundesoberbehörde nicht vollständig frei in ihren Entscheidungen einschließlich derjenigen der Beschlusskammern. Einzelweisungen sind im EnWG zwar nicht vorgesehen (vgl. §§ 54 ff.), aber angesichts des hierarchischen Behördenaufbaus und der Ausübung auch der Fachaufsicht durch das BMWA nicht von vornherein ausgeschlossen. Die BNetzA ist in den allgemeinen Verwaltungsaufbau der Bundesverwaltung integriert, Art. 86 GG. Das Ministerium wird von dieser Möglichkeit aber nur zurückhaltend Gebrauch machen, um die Autonomie bei der Entscheidung durch Beschlusskammern zu stärken. Werden Einzelanweisungen erteilt, bleiben diese behördenintern, werden aber Gegenstand der Verfahrensakten.

3 Eine andere Behandlung ist im Hinblick auf **allgemeine Weisungen** vorgesehen. Im Verhältnis zum BKartA hat das BMWA in nur sehr seltenen Fällen allgemeine Weisungen erlassen und veröffentlicht[3]. Nach überwiegender Auffassung kann aus § 52 GWB nicht im Wege des argumentum e contrario rückgeschlossen werden, diese Weisungen seien unzulässig[4]; angesichts der Vorbildfunktion des § 52 GWB wird man dies auch für § 61 zubilligen können.

4 Die Abgrenzung der Einzelweisung von der allgemeinen Weisung ist entsprechend der Unterscheidung bei Verwaltungsakten (konkret-individuelle Regelungen) und allgemeinen Verfügungen (abstrakt-individuelle Regelung) vorzunehmen[5]. Eine allgemeine Weisung liegt nicht mehr vor, wenn eine konkret-individuelle Entscheidung der BNetzA unmittelbar bevorsteht und es nicht ersichtlich ist, dass vergleichbare Entscheidungslagen in Zukunft entstehen werden.

5 Aus § 61 kann nicht im Wege der Analogie geschlossen werden, auch der Präsident der BNetzA habe das Recht zu allgemeinen Weisungen; es fehlt nicht nur an einer entsprechenden Regelungslücke, und auch die Fassung des § 59 Abs. 1 zeigt, dass die Beschlusskammern grundsätzlich autonom entscheidungsbefugt sind. Erst Recht können vom

---

3 Vgl. dazu *Bechtold*, GWB, § 53 Rz. 1.
4 *Bechtold* ebd. Rz. 2 mit Nachweisen.
5 Vgl. § 35 Satz 2 VwVfG.

Präsidenten in Bezug auf die Tätigkeit der Beschlusskammern Weisungen nicht erteilt werden.

Obwohl § 61 das Wirksamwerden der allgemeinen Weisung unter Einschluss ihrer Begründung nicht an die Vornahme der Veröffentlichung bindet, muss wohl eine entsprechende Rechtsfolge angenommen werden. Denn ansonsten könnte das § 61 zu Grunde liegende **Transparenzgebot** weitgehend unbeachtet bleiben. Allerdings dürfte bereits bei Mitteilung der bevorstehenden Veröffentlichung der allgemeinen Weisung in Konkretisierung der beamtenrechtlichen Treuepflicht eine Quasi-Bindung der Beschlusskammern entstehen, so dass das Vorziehen von Beschlusskammer-Entscheidungen mit Ziel, die allgemeine Weisung angesichts noch nicht erfolgter Veröffentlichung zu umgehen, jedenfalls im Innenverhältnis das Ministerium zu Sanktionen dienstrechtlicher Art berechtigen dürfte.

§ 62 Gutachten der Monopolkommission

(1) ¹Die Monopolkommission erstellt alle zwei Jahre ein Gutachten, in dem sie den Stand und die absehbare Entwicklung des Wettbewerbs und die Frage beurteilt, ob funktionsfähiger Wettbewerb auf den Märkten der leitungsgebundenen Versorgung mit Elektrizität und Gas in der Bundesrepublik Deutschland besteht, die Anwendung der Vorschriften dieses Gesetzes über die Regulierung und Wettbewerbsaufsicht würdigt und zu sonstigen aktuellen wettbewerbspolitischen Fragen der leitungsgebundenen Versorgung mit Elektrizität und Gas Stellung nimmt. ²Das Gutachten soll in dem Jahr abgeschlossen sein, in dem kein Hauptgutachten nach § 44 des Gesetzes gegen Wettbewerbsbeschränkungen vorgelegt wird.

(2) ¹Die Monopolkommission leitet ihre Gutachten der Bundesregierung zu. ²Die Bundesregierung legt Gutachten nach Absatz 1 Satz 1 den gesetzgebenden Körperschaften unverzüglich vor und nimmt zu ihnen in angemessener Frist Stellung. ³Die Gutachten werden von der Monopolkommission veröffentlicht. ⁴Bei Gutachten nach Absatz 1 Satz 1 erfolgt dies zu dem Zeitpunkt, zu dem sie von der Bundesregierung der gesetzgebenden Körperschaft vorgelegt werden.

Überblick	Seite	Rz.
I. Regelungszweck und Entstehungsgeschichte	1181	1
II. Gegenstand der Gutachten der Monopolkommission (Abs. 1)	1182	4
III. Behandlung der Gutachten und Veröffentlichung (Abs. 2)	1184	9

I. Regelungszweck und Entstehungsgeschichte

Vorbild für § 62 ist § 44 GWB, dessen Abs. 1 und Abs. 3 ihren wesentlichen Inhalten nach als Abs. 1 und Abs. 2 des § 62 in den Regierungsentwurf übernommen worden sind. 1

2 Erst vom Wirtschaftsausschuss ist Abs. 2 des § 62 – in Anlehnung an § 44 Abs. 3 GWB – in das Gesetz eingefügt worden[1]. Mit der Übernahme werden Zweifel beseitigt, ob die eigentlich nur auf die GWB-Gutachten zugeschnittene Regelung des § 44 GWB ohne Weiteres auf den Bereich der Energiewirtschaft übertragen werden kann. Unabhängigkeitspostulat und das Recht zur abweichenden Stellungnahme (»dissenting vote«) in § 44 Abs. 2 GWB gelten auch, obwohl nicht in § 62 übernommen, für Gutachten der Monopolkommission, die den Wettbewerb auf Märkten der leitungsgebundenen Versorgung mit Elektrizität und Gas betreffen. Für den Bereich Telekommunikation und Post sieht § 121 Abs. 2 TKG ebenfalls ein alle zwei Jahre erneut zu erstellendes Gutachten der Monopolkommission vor.

3 Der Ausgangsentwurf zu § 62 ist wie folgt begründet worden[2]:

»Entsprechend den Regelungen des Gesetzes gegen Wettbewerbsbeschränkungen und des Telekommunikationsgesetzes ist es auch für den Bereich der leitungsgebundenen Energieversorgung sachgerecht, die Monopolkommission mit der regelmäßigen Erstellung von Gutachten zur Marktbeobachtung zu beauftragen. Die Monopolkommission kann dabei umfassend zu allen wettbewerblichen Fragen der leitungsgebundenen Energieversorgung Stellung nehmen. Im Rahmen der Beurteilung der Funktionsfähigkeit des Netzzugangs umfasst dies auch, ob und in welchem Umfang es Behinderungen des Vorrangs Erneuerbarer Energien gegeben hat und wie diese zukünftig vermieden werden können.«

II. Gegenstand der Gutachten der Monopolkommission (Abs. 1)

4 Die sog. **Hauptgutachten** der Monopolkommission betreffend die Entwicklung des Rechts gegen Wettbewerbsbeschränkungen haben eine lange Tradition. Sie dienen neben Auftragsgutachten und Ermessensgutachten (sog. Sondergutachten) insbesondere der Politikberatung, zeigen Fehlentwicklungen durch Gesetzesrecht, Verfahrenssowie Gerichtspraxis auf und umfassen Vorschläge de lege ferenda.

5 Die Monopolkommission besteht aus fünf Mitgliedern mit besonderen Kenntnissen und Erfahrungen (§ 45 Abs. 1 GWB), die auf Vor-

---

[1] Beschlussempfehlung und Bericht, BT-DrS 15/5268, S. 61 mit Begründung S. 122: Übernahme der Regelung des GWB.
[2] BT-DrS 15/3917, S. 70.

schlag der Bundesregierung durch den Bundespräsidenten für die Dauer von fünf Jahren berufen werden (§ 45 Abs. 2 GWB). Von Hochschullehrern und Mitarbeitern in wissenschaftlichen Instituten abgesehen, dürfen die Mitglieder der Monopolkommission nicht der Exekutive (Bund oder Land) oder Wirtschafts- oder Arbeitsorganisationen angehören. Traditionell beruft der Bundespräsident neben Hochschullehrern der Nationalökonomie bzw. des Rechts je einen Vertreter der Gewerkschaften bzw. der Arbeitgeberseite.

Gegenstand der Gutachten werden sein: 6

– Stand und absehbare Entwicklung des Wettbewerbs auf den Märkten der leitungsgebundenen Versorgung mit Elektrizität und Gas

– Prüfung, ob funktionsfähiger Wettbewerb auf diesen Märkten besteht

– Beurteilung der Anwendung der Vorschriften des EnWG durch die Regulierungsbehörden

– Würdigung von Regulierung (BNetzA und LRB) sowie Wettbewerbsaufsicht (Kartellbehörden)

– Stellungnahme zu aktuellen wettbewerbspolitischen Fragen der leitungsgebundenen Versorgung

Wie gewohnt werden diese Hauptgutachten für den Bereich der 7 Energiewirtschaft neben wiederkehrenden Teilen auch solche umfassen, die wechselnde Schwerpunkte setzen. Die Kommission wird insofern durch das Statistische Bundesamt und die statistischen Ämter der Länder unterstützt, § 47 GWB. Um spezielle Untersuchungen ausführen zu können, werden Gutachten wissenschaftlicher Institutionen eingeholt.

Um eine Überlastung der Monopolkommission mit gleichzeitig fertig 8 zu stellenden Gutachten zu vermeiden, soll gemäß § 62 Abs. 1 **Satz 2** das Kommissionsgutachten für die Energiewirtschaft jeweils in demjenigen Jahr abgeschlossen werden, in dem **kein Hauptgutachten nach § 44 GWB** vorzulegen ist. Da die Hauptgutachten jeweils in »geraden« Kalenderjahren vorgelegt werden, dürften die Gutachten nach § 62 in ungeraden Kalenderjahren abzuschließen sein. Mit dem Abschluss des ersten Gutachtens nach § 62 ist deshalb für Ende 2007 zu rechnen.

III. Behandlung der Gutachten und Veröffentlichung (Abs. 2)

9 Die Gutachten werden von der Monopolkommission zunächst der **Bundesregierung** zugeleitet, die diese den gesetzgebenden Körperschaften (Bundestag und Bundesrat) **unverzüglich** vorlegt. Eine Stellungnahme der Bundesregierung hat **in angemessener Frist** zu erfolgen und ist ebenfalls Bundestag/Bundesrat zuzuleiten.

10 Um die Politikberatung zu stärken, sieht § 62 Abs. 2 Satz 4 eine **Veröffentlichung der Gutachten** zu dem Zeitpunkt vor, zu dem sie Bundestag und Bundesrat vorgelegt werden. Die Veröffentlichung erfolgt durch die Monopolkommission selbst (Satz 3). Damit stehen zur Information der beteiligten Verkehrskreise sowohl die Bundestags-/Bundesrats-Drucksachen als auch die gebundene Veröffentlichung zur Verfügung.

§ 63 Berichterstattung

(1) Das Bundesministerium für Wirtschaft und Arbeit veröffentlicht alle zwei Jahre spätestens zum 31. Juli einen Bericht über die bei dem Monitoring der Versorgungssicherheit nach § 51 im Bereich der leitungsgebundenen Elektrizitätsversorgung gewonnenen Erkenntnisse und etwaige getroffene oder geplante Maßnahmen und übermittelt ihn unverzüglich der Europäischen Kommission.

(2) Das Bundesministerium für Wirtschaft und Arbeit veröffentlicht spätestens zum 31. Juli eines jeden Jahres einen Bericht über die bei dem Monitoring der Versorgungssicherheit nach § 51 im Bereich der leitungsgebundenen Erdgasversorgung gewonnenen Erkenntnisse und etwaige getroffene oder geplante Maßnahmen und übermittelt ihn unverzüglich der Europäischen Kommission.

(3) [1]Die Bundesnetzagentur veröffentlicht alle zwei Jahre einen Bericht über ihre Tätigkeit sowie über die Lage und Entwicklung auf ihrem Aufgabengebiet nach diesem Gesetz. [2]In den Bericht sind die allgemeinen Weisungen des Bundesministeriums für Wirtschaft und Arbeit nach § 59 aufzunehmen. [3]Die Bundesregierung leitet den Bericht der Bundesnetzagentur dem Deutschen Bundestag unverzüglich mit ihrer Stellungnahme zu.

(4) Die Bundesnetzagentur veröffentlicht jährlich einen Bericht über das Ergebnis ihrer Monitoring-Tätigkeiten gemäß § 35.

(4a) Die Bundesnetzagentur veröffentlicht alle zwei Jahre unter Berücksichtigung eigener Erkenntnisse eine Auswertung der Berichte, deren Vorlage sie nach § 12 Abs. 3a Satz 1 und 2 angefordert hat.

(5) [1]Die Bundesnetzagentur unterbreitet der Europäischen Kommission bis zum Jahre 2009 jährlich und danach alle zwei Jahre jeweils bis zum 31. Juli im Einvernehmen mit dem Bundeskartellamt einen Bericht über Marktbeherrschung, Verdrängungspraktiken und wettbewerbsfeindliches Verhalten im Bereich der leitungsgebundenen Energieversorgung. [2]Dieser Bericht enthält auch eine Untersuchung der Veränderungen der Eigentumsverhältnisse sowie eine Darstellung der konkreten Maßnahmen, die getroffen wurden, um eine ausreichende Vielfalt an Marktteilnehmern zu

garantieren, oder die konkreten Maßnahmen, um Verbindungskapazität und Wettbewerb zu fördern. ³Er wird anschließend in geeigneter Form veröffentlicht.

(6) ¹Das Statistische Bundesamt unterrichtet die Europäische Kommission alle drei Monate über in den vorangegangenen drei Monaten getätigte Elektrizitätseinfuhren in Form physikalisch geflossener Energiemengen aus Ländern außerhalb der Europäischen Union.

Überblick	Seite	Rz.
I. Regelungszweck und Entstehungsgeschichte	1186	1
II. Berichtspflichten des BMWA (Abs. 1 und 2)	1186	3
III. Berichtspflichten der BNetzA (Abs. 3 bis 5).	1187	4
IV. Unterrichtungspflicht des Statistischen Bundesamtes (Abs. 6)	1189	12

I. Regelungszweck und Entstehungsgeschichte

1 Regelungszweck des § 63 ist die Zusammenstellung der aus den Binnenmarktrichtlinien Elektrizität und Erdgas sowie dem EnWG resultierenden Berichtspflichten. Diese sind auf BMWA, BNetzA sowie Statistisches Bundesamt aufgeteilt.

2 § 63 des Entwurfs ist im Hinblick auf § 12 Abs. 3a vom Wirtschaftsausschuss um Abs. 4a sowie den letzten Satz des Abs. 5 ergänzt worden[1]. Weitere Änderungen sind nicht mehr vorgenommen worden.

II. Berichtspflichten des BMWA (Abs. 1 und 2)

3 Die Abs. 1 und 2 wenden sich an das BMWA und dienen der Umsetzung von Art. 4 RL-Elt sowie Art. 5 RL-Gas[2], das sog. Monitoring der Versorgungssicherheit (§ 51)[3]. Die Berichte sind jeweils zum

---

[1] BT-DrS 15/5268, S. 62 mit Begründung S. 122 (Ergänzung der Berichtspflicht der Betreiber von Übertragungsnetzen).
[2] Regierungsbegründung, BT-DrS 15/3917, S. 70.
[3] Wegen der Reichweite des Monitoring sowie der Einzelheiten des Berichts vgl. § 51 Rz. 10 ff.

31. Juli vorzulegen und unverzüglich der EG-Kommission zu übermitteln. Während für die Erdgasversorgung die Berichtsfrequenz ein Jahr beträgt, muss in Bezug auf die Stromversorgungssicherheit der Bericht nur alle zwei Jahre veröffentlicht werden. Mangels besonderer Übergangsregelung in § 118 ist deshalb der erste Bericht zur Versorgungssicherheit mit Erdgas zum 31.7.2006, derjenige im Hinblick auf die Stromversorgungssicherheit zum 31.7.2007 zu erwarten.

III. Berichtspflichten der BNetzA (Abs. 3 bis 5)

Nach dem Vorbild der Tätigkeitsberichte des Bundeskartellamtes (§ 53 GWB) sowie der früheren RegTP (§ 121 TKG) hat die BNetzA **alle zwei Jahre** einen Tätigkeitsbericht **über die Lage und Entwicklung auf ihrem Aufgabengebiet nach diesem Gesetz** vorzulegen. Der Bericht muss die allgemeinen Weisungen des BMWA (§ 59) enthalten und ist nach Erstellung unverzüglich mit der Stellungnahme der Bundesregierung dem Deutschen Bundestag zuzuleiten. Gleichzeitig ist eine Veröffentlichung vorgesehen, Abs. 3 Satz 1. 4

In Umsetzung von Art. 23 Abs. 1 RL-Elt sowie Art. 25 RL-Gas hat die »Regulierungsbehörde« Monitoringtätigkeiten im Sinne von § 35 wahrzunehmen[4]. Diese betreffen einerseits die Elektrizitäts-, andererseits die Gasversorgung. Ein zusammenfassender Bericht und Überblick über diese Tätigkeiten ist **jährlich** zu veröffentlichen, wobei die BNetzA den Veröffentlichungstermin selbst wählen kann. 5

Nach § 12 Abs. 3a Satz 1 und 2 haben die ÜNB alle zwei Jahre – beginnend mit dem 1.2.2006 – über Netzzustand und Netzausbauplanung zu berichten (Satz 1) und zusätzlich auf Verlangen der Regulierungsbehörde mit einer Frist von drei Monaten Berichte betreffend **bestimmte Teile des Übertragungsnetzes** anzufertigen (Satz 2). Letztere Berichtsart ist beispielsweise im Zusammenhang mit dem Bruch von älteren Strommasten angefordert worden, die das RWE in Westfalen betreibt (Dezember 2005). 6

Diese Berichte sind nicht nur auszuwerten, sondern um **eigene Erkenntnisse** der BNetzA zu ergänzen. Obwohl die LRB insofern nicht berichtspflichtig sind (vgl. § 54 Abs.2 Satz 1), dürften die dort gewonnenen Erkenntnisse ebenfalls in diese Berichte einfließen. Ohne ge- 7

---

4 Zu Einzelheiten vgl. oben § 35 Rz. 3 ff.

naue Terminierung ist die Veröffentlichungspflicht **alle zwei Jahre** angeordnet.

8 Nach Art. 23 Abs. 8 RL-Elt ist die nationale Regulierungsbehörde der EG-Kommission für den Strombereich **berichtspflichtig** in Bezug auf die Einschätzung der Wettbewerbsverhältnisse der leitungsgebundenen Elektrizitätsversorgung. Themen des Berichts sollen insbesondere sein:

- Marktbeherrschung
- Verdrängungspraktiken
- Wettbewerbsfeindliches Verhalten

9 Die BNetzA wird also insbesondere über die eingeleiteten Missbrauchsverfahren nach Art. 82 EG sowie §§ 19, 20 GWB berichten und die Ergebnisse dieser Verfahren mitteilen.

10 Obwohl die RL-Gas eine entsprechende Berichtspflicht nicht vorsieht (Substitutionswettbewerb der Wärmeversorger?), erstreckt § 63 Abs. 5 die Berichtspflicht der BNetzA zu diesen Missbrauchs- und Diskriminierungstatbeständen auch auf die **Erdgasversorgung**. Weil es Ziel der Binnenmarktrichtlinien ist, »eine ausreichende Vielfalt an Marktteilnehmern zu garantieren«[5], ist Gegenstand der Berichtspflicht nicht nur der Netzbereich, sondern ebenso die Erzeugung sowie die Lieferung von leitungsgebundener Energie.

11 Weil auch die »Veränderungen der Eigentumsverhältnisse« Gegenstand der Berichtspflicht sind, ist auch über Maßnahmen der Zusammenschlusskontrolle zu berichten. Die EG-Kommission interessiert insbesondere die Reaktion der nationalen Regulierungsbehörde auf missbräuchliches Marktverhalten, wobei es ihr auch um konkrete Maßnahmen der Wettbewerbsförderung einschließlich der Förderung von »Verbindungskapazitäten« geht[6]. Unter »Verbindungskapazität« dürften insbesondere die Kuppelstellen zu verstehen sein, die an den Grenzen der Mitgliedstaaten benötigt werden, um Elektrizität und Erdgas zwischen den Mitgliedstaaten zu handeln.

---

5 Art. 23 Abs. 8 Satz 4 RL-Elt.
6 Art. 23 Abs. 8 Satz 4 a.E. und § 63 Abs. 5 Satz 2.

IV. Unterrichtungspflicht des Statistischen Bundesamtes (Abs. 6)

Weil die Daten über **getätigte Elektrizitätseinfuhren** aus Ländern außerhalb der EU[7] unmittelbar beim Statistischen Bundesamt anfallen, ist nach Abs. 6 des § 63 eine unmittelbare Berichtspflicht dieser Bundesoberbehörde angeordnet. Dies basiert auf Art. 25 RL-Elt und betrifft nur Elektrizität. Offenbar möchte die EG-Kommission auf diese Weise zeitnah beobachten, ob sich der Austausch von Elektrizität zwischen den Mitgliedstaaten erhöht oder ob für bestimmte Mitgliedstaaten weiterhin die nationale Erzeugung dominant bleibt.

12

---

[7] In Form physikalisch geflossener Energiemengen.

§ 64 Wissenschaftliche Beratung

(1) ¹Die Bundesnetzagentur kann zur Vorbereitung ihrer Entscheidungen oder zur Begutachtung von Fragen der Regulierung wissenschaftliche Kommissionen einsetzen. ²Ihre Mitglieder müssen auf dem Gebiet der leitungsgebundenen Energieversorgung über besondere volkswirtschaftliche, betriebswirtschaftliche, verbraucherpolitische, technische oder rechtliche Erfahrungen und über ausgewiesene wissenschaftliche Kenntnisse verfügen.

(2) ¹Die Bundesnetzagentur darf sich bei der Erfüllung ihrer Aufgaben fortlaufend wissenschaftlicher Unterstützung bedienen. ²Diese betrifft insbesondere

1. die regelmäßige Begutachtung der volkswirtschaftlichen, betriebswirtschaftlichen, technischen und rechtlichen Entwicklung auf dem Gebiet der leitungsgebundenen Energieversorgung,

2. die Aufbereitung und Weiterentwicklung der Grundlagen für die Gestaltung der Regulierung des Netzbetriebs, die Regeln über den Netzanschluss und -zugang sowie den Kunden- und Verbraucherschutz.

Überblick	Rz.	Seite
I. Regelungszweck und Entstehungsgeschichte	1191	1
II. Gegenstände der wissenschaftlichen Beratung (Abs. 1 und Abs. 2)...............................	1192	3
1. Berufung wissenschaftlicher Kommissionen..........	1192	4
2. Einholung von Gutachten.......................	1193	8

I. Regelungszweck und Entstehungsgeschichte

Um Streitigkeiten zur Frage der effizienten Verwendung von Haushaltsmitteln auszuschließen, sieht § 64 nach dem Vorbild von § 125 TKG das Recht der BNetzA vor, sich im Rahmen ihres Aufgabengebietes **wissenschaftlich beraten zu lassen**. Obwohl im GWB eine vergleichbare Vorschrift zugunsten des BKartA fehlt, dürfte für Kartellsachen nichts anderes gelten.

2 § 64 beruht nicht auf der Umsetzung europäischen Rechts, ist im Gesetzgebungsverfahren nicht mehr geändert und im Regierungsentwurf wie folgt begründet worden[1]:

> »Die Regulierungsbehörde hat im Telekommunikationsbereich bereits die Möglichkeit, zur Vorbereitung ihrer Entscheidungen auf wissenschaftliche Beratung zurückzugreifen. Die Vorschrift soll diese Möglichkeit nunmehr auch für die Aufsicht über Netze im Bereich der leitungsgebundenen Energieversorgung eröffnen und übernimmt in angepasste Form die Bestimmungen des § 25 des Telekommunikationsgesetzes.«

II. Gegenstände der wissenschaftlichen Beratung (Abs. 1 und Abs. 2)

3 Während nach Abs. 1 die wissenschaftliche Beratung durch Einsetzung **wissenschaftlicher Kommissionen** erfolgen kann, liegt der Schwerpunkt nach Abs. 2 bei der **wissenschaftlichen Begutachtung** aufgrund von Einzelaufträgen.

1. Berufung wissenschaftlicher Kommissionen

4 Die BNetzA ist befugt, sowohl zur **Vorbereitung Ihrer Entscheidungen** als auch allgemein **zur Begutachtung von Regulierungsfragen** wissenschaftliche Kommissionen zu berufen. Eine bestimmte Mindest- oder Höchstmitgliederzahl ist nicht vorgegeben; sie wird sich in Abhängigkeit von den erforderlichen wissenschaftlichen Kenntnissen unterschiedlich gestalten.

5 Zum Kommissionsmitglied kann berufen werden, wer über Erfahrungen auf dem Gebiet der leitungsgebundenen Energieversorgung verfügt; beispielhaft zählt der Gesetzgeber Kenntnisse volkswirtschaftlicher, betriebswirtschaftlicher, verbraucherpolitischer, technischer oder rechtlicher Art auf. Diese Kenntnisse müssen nicht in der Person eines jeden Kommissionsmitgliedes zusammentreffen; vielmehr wird die Kommission interdisziplinär zusammengesetzt auf derartige Erfahrungen zurückgreifen.

6 Praktiker können zum Kommissionsmitglied nicht berufen werden. Vielmehr muss jedes Kommissionsmitglied über **ausgewiesene wis-**

---

[1] BT-DrS 15/3917, S. 70.

senschaftliche Kenntnisse verfügen; dafür reicht es nicht aus, nach Abschluss eines Hochschulstudiums in einem Unternehmen der Energiewirtschaft oder in einer beaufsichtigenden Behörde tätig zu werden. Vielmehr sind diese bloßen »Erfahrungen« von den »wissenschaftlichen Kenntnissen« zu unterscheiden (§ 64 Abs. 1 Satz 2), wobei die Berufung in Abhängigkeit von vorzulegenden »Ausweisen« erfolgen wird. Dabei wird es sich zum einen um den Nachweis einer Vortrags- und Veröffentlichungstätigkeit auf diesem Gebiet, zum anderen um Kenntnisse aus der Mitarbeit in vergleichbaren Kommissionen handeln.

Zur Finanzierung der wissenschaftlichen Beratung ist die BNetzA 7 nicht ausschließlich auf den Einsatz öffentlicher Haushaltsmittel angewiesen. Nach § 92 sind die **Betreiber von Energieversorgungsnetzen** (§ 3 Ziff. 4) verpflichtet, einen **Beitrag zur Deckung der Kosten der BNetzA** zu leisten. Mit diesem Beitrag sollen höchstens 60% der nicht anderweitig durch Gebühren oder Auslagen gedeckten Kosten finanziert werden, so dass für den Bund ein »Eigenanteil« von zumindest 40% verbleibt. Weil nach § 64 die wissenschaftliche Beratung zu den typischen Aufgaben der BNetzA gehört, ist der Beitrag nach § 92 unter Berücksichtigung angemessener Beratungskosten zu errechnen.

2. Einholung von Gutachten

Die BNetzA darf sich nach § 64 Abs. 2 **fortlaufend** wissenschaftlich 8 beraten lassen. Dazu können – außerhalb einer Kommissionstätigkeit – auch **Einzelgutachten** eingeholt werden, die ebenfalls in den Beitragsrahmen des § 92 fallen. Die Begutachtung muss nicht die Netzaufsicht im engeren Sinne betreffen; begrenzt wird die wissenschaftliche Beratung lediglich durch den Begriff **Gebiet der leitungsgebundenen Energieversorgung**.

Ziff. 1 des § 64 Abs. 2 Satz 2 betont die **regelmäßige Begutachtung**, 9 so dass nicht nur Marktsegmente, sondern auch Zeitabschnitte in Bezug auf die Erfolge einer Regulierungstätigkeit beobachtet werden können. Beispielhaft sind in Ziff. 1 die Bereiche Volkswirtschaft, Betriebswirtschaft, Technik und Recht in ihrer Entwicklung auf dem Gebiet der leitungsgebundenen Energieversorgung aufgezählt. Dies schließt es nicht aus, die Entwicklung aus verbraucherpolitischer Sicht ebenfalls begutachten zu lassen.

§ 64 Wissenschaftliche Beratung

10 **Ziff. 2** des § 64 Abs. 2 Satz 2 betrifft die **Grundlagenforschung**. Dabei geht es nicht nur um die Wahl verschiedener Regulierungsmethoden, sondern beispielsweise auch um die Effizienz der Einführung einer Anreizregulierung. Gegenstände dieser Grundlagenforschung können insbesondere sein:

- Regulierung des Netzbetriebs
- Weiterentwicklung der Regeln über Netzanschluss und Netzzugang
- Stand und Weiterentwicklung des Kunden- und Verbraucherschutzes

11 Weil das Gesetz jeweils die dynamische Betrachtung in den Vordergrund der wissenschaftlichen Beratung stellt, werden unterstützende Einzelgutachten statt »Momentaufnahmen« typischerweise eher den **Entwicklungsverlauf** unter Berücksichtigung der Tätigkeit der BNetzA wissenschaftlich begleiten.

§ 64a Zusammenarbeit zwischen den Regulierungsbehörden

(1) ¹Die Bundesnetzagentur und die Landesregulierungsbehörden unterstützen sich gegenseitig bei der Wahrnehmung der ihnen nach § 54 obliegenden Aufgaben. ²Dies gilt insbesondere für den Austausch der für die Wahrnehmung der Aufgaben nach Satz 1 notwendigen Informationen.

(2) ¹Die Landesregulierungsbehörden unterstützen die Bundesnetzagentur bei der Wahrnehmung der dieser nach den §§ 35, 60, 63 und 64 obliegenden Aufgaben; soweit hierbei Aufgaben der Landesregulierungsbehörden berührt sind, gibt die Bundesnetzagentur den Landesregulierungsbehörden auf geeignete Weise Gelegenheit zur Mitwirkung. ²Dies kann auch über den Länderausschuss nach § 60a erfolgen.

Überblick		Seite	Rz.
I.	Regelungszweck und Entstehungsgeschichte	1195	1
II.	Kooperation der Regulierungsbehörden (Abs. 1 und Abs. 2)...............................	1196	2

I. Regelungszweck und Entstehungsgeschichte

§ 64a ist im Regierungsentwurf nicht enthalten gewesen. Allerdings hatte bereits der Bundesrat in seiner Stellungnahme[1] eine die Zusammenarbeit erfassende Vorschrift eingefordert, deren Wortlaut dem später Gesetz gewordenen § 64a Abs. 2 Satz 1 weitgehend entspricht. Eine Einzelbegründung fehlt. Die Bundesregierung hatte den Vorschlag unter Hinweis auf das Erfordernis eines einheitlichen Vollzuges des neuen Regulierungsregimes insgesamt abgelehnt[2]. Im Vermittlungsausschuss ist dann als Kompromiss zwischen Bundestag und Bundesrat die endgültige Fassung des § 64a gefunden worden[3].

1

---

1 BT-DrS 15/3917, S. 92, Ziff. 53/Folgeänderungen lit. c).
2 Gegenäußerung, BT-DrS 15/4068, S. 8 (Ziff. 50).
3 BT-DrS 15/5736 (neu), S. 7 (Ziff. 32).

II. Kooperation der Regulierungsbehörden (Abs. 1 und Abs. 2)

2 Aus systematischer Sicht betrifft § 64a nicht »Bundesbehörden« (so die Überschrift des Abschnittes 2 des Teiles 7 des EnWG), sondern allgemeine Vorschriften mit Behördenbezug. Sie gehört deshalb in Abschnitt 1 des Teiles 7 des EnWG. Weil § 55 Abs. 1 Satz 2 bereits eine Benachrichtigungspflicht der BNetzA im Verhältnis zur betroffenen LKB vorsieht, wäre durch Einfügung an jener Stelle der Zusammenhang bestmöglich gewahrt gewesen.

3 Ein enger Zusammenhang besteht auch zum Länderausschuss nach § 60a, der die Kompetenzen der LRB bündelt und bestimmte Formen der Zusammenarbeit mit der BNetzA bereits vorgibt. Wer sich über die Zusammenarbeit zwischen Bundes- und Landesregulierungsbehörden informieren möchte, muss also zumindest die §§ 55 Abs. 1, 60a sowie 64a heranziehen.

4 Eine **gegenseitige Unterstützungspflicht** ordnet **Abs. 1** des § 64a uneingeschränkt an; dies betrifft alle nach § 54 vorgesehenen Aufgaben beider Typen von Regulierungsbehörden. Sehr knapp wird in Satz 2 des § 64a Abs. 1 auch der **Austausch notwendiger Informationen** – begrenzt durch den jeweiligen Aufgabenzweck – aufgeführt. Zur Ausfüllung des Abs. 1 kann auf § 58 (Zusammenarbeit mit Kartellbehörden) zurückgegriffen werden, der ebenso wie § 57 (Zusammenarbeit der Regulierungsbehörden der Mitgliedstaaten) weiterführende Regelungen enthält. Auf die Kommentierungen zu § 57 und § 58 wird verwiesen, und im Wege eines Erst-Recht-Schlusses kann gefolgert werden, dass alle den Kartellbehörden sowie den Regulierungsbehörden anderer Mitgliedstaaten zur Verfügung zu stellenden Informationen grundsätzlich auch an die LRB weitergegeben werden müssen, soweit deren Aufgabenbereich berührt wird.

5 Der Begriff **Unterstützung** dürfte über den Informationsaustausch hinaus (einschließlich des Austausches bei der wissenschaftlichen Beratung) auch Erörterungen in Bezug auf einheitliches Vorgehen einschließlich der Wahrung der Einheit der Rechtsordnung (§ 58 Abs. 3 analog) umfassen. Die BNetzA kann eine LRB auch dadurch »unterstützen«, dass sie im Wege der **Organleihe** deren Tätigkeiten ganz oder teilweise wahrnimmt. Dies erfordert allerdings einen besonderen Bestellungsakt, während im Übrigen die Unterstützungstätigkeit im Wege schlichten Verwaltungshandelns erfolgen wird. »Unterstützen« bedeutet allerdings nicht, dass das Einvernehmen der jeweils anderen

II. Kooperation der Regulierungsbehörden (Abs. 1 und Abs. 2)

Behörden einzuholen ist, bevor eine Entscheidung ergeht; im Rahmen ihres Zuständigkeitsbereichs entscheidet jede Regulierungsbehörde eigenständig.

Satz 1 des Abs. 2 des § 64a zählt bestimmte Aufgaben **enumerativ** auf: 6

– Monitoring nach § 35

– Beratung durch den Beirat gemäß § 60

– Berichtspflicht nach § 63

– Wissenschaftliche Beratung nach § 64

Insofern ist eine »einseitige« Unterstützungspflicht vorgesehen: Die 7 LRB stellen ihre Erfahrungen und Kenntnisse der BNetzA zur Verfügung. Dies bedeutet allerdings nicht, dass die BNetzA die LRB zu Ermittlungen oder gar Erhebungen außerhalb des Aufgabenbereichs der LRB zu verpflichten vermag. Dem steht zwar nicht der Gesetzeswortlaut entgegen[4]; vielmehr folgt aus allgemeinem Verwaltungsrecht, dass jede Behörde nur im Rahmen ihres Aufgabenbereichs tätig werden kann und muss.

Spiegelbildlich zur Unterstützungspflicht der LRB ist die BNetzA 8 verpflichtet, immer dann den LRB Gelegenheit zur **Mitwirkung** zu geben, wenn **Aufgaben der LRB berührt** werden. Der Begriff »Mitwirkung« gibt Rätsel auf; denn wenn Aufgaben der LRB berührt sind, werden diese allein und nicht nur mitwirkend tätig. Gemeint sind offenbar primär in den Zuständigkeitsbereich der BNetzA fallende Verfahren und Ermittlungen, bei denen es um Grundsatzentscheidungen und Normauslegungen geht, die dann in Verfahren der LRB nach § 54 Abs. 2 Vorbildfunktion haben. Letztlich dient HS 2 des § 64a Abs. 2 Satz 1 daher der Wahrung der Einheit der Rechtsordnung.

In Ausfüllung des Satzes 1 verweist § 64a Abs. 2 **Satz 2** auf den Län- 9 derausschuss nach § 60a, der bereits für enumerativ aufgezählte Konstellationen die Mitwirkung der Länderbeauftragten im Rahmen der Tätigkeit der BNetzA festlegt.

---

4 Die Wörter »Aufgaben der Landesregulierungsbehörden berührt sind« finden sich erst in Halbsatz 2 des § 64a Abs. 2 Satz 1.

Teil 8 Verfahren

Abschnitt 1 Behördliches Verfahren

Rechtsprechung vor §§ 65–74

BAG v. 16.3.1982, BB 1982, 1793 – Thrombosolrezeptur; BGH v. 29.9.1998, WuW/E BGH DE-R 195 – Beanstandung durch Apothekerkammer; BGH v. 11.12.1997, WuW/E DE-R 17 – Europapokalheimspiele; BGH v. 11.3.1997, WuW/E BGH 3113 – Rechtsschutz gegen Berufsordnung; BGH v. 19.12.1995, WuW/E BGH 3035 – Nichtzulassungsbeschwerde; BGH v. 26.9.1995, WuW/E BGH 3009 – Stadtgaspreis Potsdam; BGH v. 21.2.1995, WuW/E BGH 2967 – Strompreis Schwäbisch-Hall; BGH v. 21.2.1995, WuW/E BGH 2990 – Importarzneimittel; BGH v. 15.11.1994, WuW/E BGH 2953 – Gasdurchleitung; BGH v. 15.11.1994, WuW/E BGH 2951 – Weigerungsverbot; BGH v. 8.2.1994, WuW/E BGH 2906 – Lüdenscheider Taxen; BGH v. 18.5.1993, WuW/E BGH 2869 – Pauschalreisen-Vermittlung II; BGH v. 7.7.1992, WuW/E BGH 2813 – Selbstzahler; BGH v. 14.3.1990, Z 110, 371 – Sportübertragungen; BGH v. 15.4.1986, WuW/E BGH 2247 – Wegenutzungsrecht; BGH v. 25.6.1985, WuW/E BGH 2150 – Edelstahlbestecke; BGH v. 10.4.1984, WuW/E BGH 2077 – Coop/Supermagazin; BGH v. 20.3.1984, WuW/E BGH 2073 – Kaufmarkt; BGH v. 25.10.1983, WuW/E BGH 2058 – Internord; BGH v. 16.12.1976, WuW/E BGH 1474 – Architektenkammer; BGH v. 3.4.1975, WuW/E BGH 1345 – Polyester-Grundstoffe; BGH v. 5.12.1963, Z 41, 61 – Zigaretten; BGH v. 26.10.1961, Z 36, 91 – Gummistrümpfe; BGH v. 1.7.1960, GRUR 1961, 40 – Wurftaubenpresse; KG v. 26.11.1997, WuW/E DE-R 124 – Flugpreis Berlin/Frankfurt; KG v. 11.4.1997, WuW/E OLG 5849 – Großverbraucher; KG v. 8.11.1995, WuW/E 5565 – Fernsehübertragungsrechte; KG v. 21.9.1994, WuW/E OLG 5355 – Beiladung RTL 2; KG v. 7.4.1992, WuW/E OLG 4988 – Besteckversand; KG v. 15.3.1991, WuW/E OLG 4753 – VW-Leasing; KG 4.4.1990, NJW-RR 1991, 1069 – Eigenerzeugungverbot; KG v. 23.1.1990, WuW/E OLG 4468 – Mustermietvertrag; KG v. 19.8.1986, WuW/E OLG 3908 – Geheimnisschutz bei Akteneinsicht; KG v. 17.12.1985, WuW/E OLG 3730 – Beiladung zum Aufkunftsverfahren; KG v. 18.11.1985, WuW/E OLG 3725 – Coop/Wandmaker; KG v. 20.9.1985, WuW/E OLG 3542 – Deutsche Lebensmittelwerke; KG v. 10.8.1985, WuW/E 3539 – Unternehmensinterna; KG v. 11.1.1984, WuW/E OLG 3217 – Benachrichtigungspflicht; KG v. 21.11.1983, WuW/E OLG 3211 – WZ-WAZ; KG v. 12.3.1982, WuW/E OLG 2617 – Tankstellenpreise; KG v. 13.11.1981, WuW/E OLG 2686 – Beiladung und Geschäftsgeheimnis; KG v. 27.3.1981,WuW/E OLG 2446 – Heizölhandel; KG v. 4.2.1981, WuW/E OLG 2433 – Metro-Kaufhof; KG v. 26.11.1980, WuW/E OLG 2411 – Bayer/Firestone; KG v. 22.8.1980, WuW/E OLG 2356 – Sonntag Aktuell; KG v. 12.6.1980,WuW/E OLG 2517 – Wegfall Auskunftsanspruch; KG v. 19.12.1979, WuW/E OLG 2193 – Basalt-Union; KG v. 28.11. 1979,WuW/E OLG 2247 – Parallellieferteile; KG v. 28.9.1979, WuW/E OLG 2190 – Bilderland; KG v. 21.6.1979, WuW/E OLG 2140 – Einbauküchen; KG v. 13.1.1978, WuW/E OLG 2021 – Bahnhofsbuchhandel; KG v. 2.4.1975, WuW/E OLG 1593 – Haushaltsmargarine; KG v. 21.2.1973, WuW/E OLG 1387 – Bauleitplan; KG v. 7.11.1969, WuW/E OLG 1071 – Triest-Klausel; OLG Düsseldorf v. 17.1.1978, WuW/E OLG 1981 – Anzeigenpreise; OLG Hamburg v. 11.5.1989, WuW/E OLG 4586 – Gloria-Filmtheater; OLG Stuttgart v. 29.12.1993, WuW/E OLG 5231 – Strompreis Schwäbisch-Hall; OLG Stuttgart v. 27.11.1987,WuW/E OLG 4211 – Druckrohre

Literatur vor §§ 65–74

Baumbach/Hefermehl, Wettbewerbsrecht, 23. Aufl. München 2004; *Bechtold*, GWB, 3. Aufl. München 2002; *Immenga/Mestmäcker*, GWB, 3. Aufl. München 2003; *Kevekordes*, Zur Rechtsstellung des Beigeladenen im Kartellrecht, WuW 1987, S. 365 ff.; *Klees*, Europäisches Kartellverfahrensrecht, Köln/Berlin/Bonn/München 2005; *Kopp/Ramsauer*, VwVfG, 9. Aufl. München 2005; *Lieberknecht*, Die Behandlung von Geschäftsgeheimnissen im deutschen und EG-Recht, WuW 1988, S. 833 ff.; *Salje*, EEG 2004, Köln/Berlin/Bonn/München 2005

Vorbemerkungen zu §§ 65 bis 108

1 Nach dem Vorbild der §§ 132 ff. TKG sowie insbesondere der §§ 54 ff. GWB werden im Teil 8 des EnWG (»Verfahren«) alle diejenigen Bestimmungen zusammengefasst, die – nach außen gerichtet – sowohl das behördliche als auch das Rechtsschutzverfahren betreffen. Dabei umfasst der Abschnitt 1 das behördliche Verfahren (§§ 65 bis 74), der Abschnitt 2 das Beschwerdeverfahren vor dem Oberlandesgericht (§§ 75 bis 85), der Abschnitt 3 die Rechtsbeschwerde zum BGH (§§ 86 bis 88), der Abschnitt 4 die Verwaltungs- und Rechtsschutzverfahren gemeinsam betreffenden Bestimmungen (§§ 89 bis 93), der Abschnitt 5 Sanktionen und Bußgeldverfahren (§§ 94 bis 101) und der Abschnitt 6 die Zuständigkeitszuweisungen bei bürgerlichrechtlichen Streitigkeiten im Zusammenhang mit der Regulierung (§§ 102 bis

105). Gemeinsame Bestimmungen für das gerichtliche Verfahren trifft dann noch der Abschnitt 7 (§§ 106 bis 108).

Wie die Erfahrungen aus dem Telekommunikationsbereich sowie die Erfahrungen in Kartellangelegenheiten zeigen, werden bei Weitem nicht alle Verfügungen der Wirtschaftsaufsichtsbehörden mit Rechtsmitteln angegriffen. Deshalb haben die Vorschriften zum behördlichen Verfahren (§§ 65 bis 74 einschließlich der §§ 89 bis 93, gemeinsame Bestimmungen) herausragende Bedeutung. Sie regeln nicht nur die Art und Weise der Verfahrensausgestaltung (einschließlich Auskunftspflichten, Beschlagnahme usw.), sondern auch die Beteiligung Dritter am Regulierungsverfahren. 2

Bei den §§ 65 ff. handelt es sich um **Spezialbestimmungen**, die den Vorschriften des Verwaltungsverfahrensgesetzes des Bundes vorgehen. Soweit die §§ 65 ff. keine Sonderregelungen treffen, kann auf das VwVfG ergänzend zurückgegriffen werden. Dabei ist jeweils im Einzelfall zu entscheiden, ob die subsidiär anzuwendenden Vorschriften des allgemeinen Bundesverwaltungsverfahrensrechts durch vorrangige Vorschriften der §§ 65 ff. ggf. verdrängt werden. 3

§ 65 Aufsichtsmaßnahmen

(1) Die Regulierungsbehörde kann Unternehmen oder Vereinigungen von Unternehmen verpflichten, ein Verhalten abzustellen, das den Bestimmungen dieses Gesetzes sowie den auf Grund dieses Gesetzes ergangenen Rechtsvorschriften entgegensteht.

(2) Kommt ein Unternehmen oder eine Vereinigung von Unternehmen seinen Verpflichtungen nach diesem Gesetz oder den auf Grund dieses Gesetzes erlassenen Rechtsverordnungen nicht nach, so kann die Regulierungsbehörde die Maßnahmen zur Einhaltung der Verpflichtungen anordnen.

(3) Soweit ein berechtigtes Interesse besteht, kann die Regulierungsbehörde auch eine Zuwiderhandlung feststellen, nachdem diese beendet ist.

(4) § 30 Abs. 2 bleibt unberührt.

Überblick		Seite	Rz.
I.	Regelungszweck und Entstehungsgeschichte	1203	1
II.	Ermächtigung zu Verbotsverfügungen (Abs. 1)	1204	4
	1. Entgegenstehende EnWG-Vorschriften	1206	7
	2. Verstoß gegen aufgrund EnWG ergangener Rechtsvorschriften	1207	11
III.	Gebotsverfügungen (Abs. 2)	1209	17
	1. Nichterfüllung gesetzlicher Verpflichtungen.	1210	19
	2. Verfügungstenor.	1211	21
IV.	Feststellende Verfügung nach beendeter Zuwiderhandlung (Abs. 3)	1212	22
V.	Ermessensentscheidung (Abs. 1 bis Abs. 3)	1213	26
VI.	Verhältnis zu anderen Ermächtigungsgrundlagen (Abs. 4)	1214	30

I. Regelungszweck und Entstehungsgeschichte

Belastende Verfügungen einer Verwaltungsbehörde bedürfen einer 1
Ermächtigungsgrundlage im Gesetz, um dem Rechtsstaatsprinzip zu

genügen (Art. 20 Abs. 3 GG). Nach dem Vorbild von § 32 GWB[1] enthalten die Abs. 1 bis 3 des § 65 derartige Ermächtigungsgrundlagen, die an bestimmte Verfahrenserfordernisse angepasst sind. Dabei kann zwischen folgenden regulierungsbehördlichen **Verfügungstypen** unterschieden werden:

– Verbotsverfügungen (Abs. 1)

– Gebotsverfügungen (Abs. 2)

– Ex post-Verfügungen (mit feststellendem Charakter: Abs. 3)

2 Abs. 4 des § 65 stellt klar, dass die Regelungen zur Missbrauchsverfügung in § 30 Abs. 2 **unberührt** bleiben. Derartige Verfügungen müssen also nicht (zusätzlich) auf § 65 Abs. 1 gestützt werden.

3 § 65 ist in der Fassung des Regierungsentwurfs[2] Gesetz geworden. Dem Vorschlag des Bundesrates[3], die Abs. 1 und 2 des § 65 zusammenzufassen und den Charakter einer Auffangzuständigkeit stärker zu betonen, ist die Bundesregierung nicht gefolgt[4]: § 65 regele nicht Behördenzuständigkeiten, sondern setze als Befugnisnorm die Zuständigkeit der Regulierungsbehörde voraus. Im Vermittlungsausschuss[5] sind Änderungen zu § 65 nicht mehr diskutiert worden.

II. Ermächtigung zu Verbotsverfügungen (Abs. 1)

4 Obwohl § 30 Abs. 1 Satz 2 Ziff. 1 – allerdings begrenzt auf die §§ 17 bis 28a – eine Ermächtigungsgrundlage zur Untersagung des gesetzes- und verordnungswidrigen Netzbetreiberverhaltens enthält, ist in Abs. 1 des § 65 unabhängig vom Missbrauchsaspekt eine weiter gefasste, im Übrigen aber ähnlich gestaltete Befugnisnorm enthalten. Der Unterschied zur zitierten Missbrauchsnorm (in Verbindung mit § 30 Abs. 2) besteht darin, dass vorschriftswidriges Verhalten auch außerhalb der §§ 17 ff. durch § 65 Abs. 1 erfasst wird und über »Rechtsverordnungen« hinaus als Maßstab der Aufsichtsmaßnahme nach § 65 Abs. 1 jegliche »aufgrund dieses Gesetzes ergangenen

---

1 Vgl. auch § 126 TKG.
2 BT-DrS 15/3917, S. 28 mit Begründung S. 70.
3 Stellungnahme, Anlage 2 zu BT-DrS 15/3917, S. 93 (Ziff. 56).
4 Gegenäußerung, BT-DrS 15/4068, Ziff. 53.
5 BT-DrS 15/5736 (neu), Beschlussempfehlung.

II. Ermächtigung zu Verbotsverfügungen (Abs. 1)

Rechtsvorschriften« in Betracht kommen. Weil § 65 Abs. 4 die Regelung zu Missbrauchsverfügungen (§ 30 Abs. 2) für »unberührt« erklärt, stellt sich § 30 insofern als die speziellere Ermächtigungsgrundlage dar, während regulierungsbehördliche Verbotsverfügungen im Übrigen auf § 65 Abs. 1 zu stützen sind.

Die Ermächtigungsgrundlage wendet sich an die **Regulierungsbehörde** und damit nicht nur an die BNetzA, sondern auch an die LRB. Andere Verwaltungsbehörden können auf § 65 Abs. 1 gestützt Verfügungen selbstverständlich nicht erlassen. Als **Verfügungsadressaten** kommen **Unternehmen**[6] sowie **Vereinigungen von Unternehmen**[7] in Betracht; Unternehmensvereinigungen müssen nicht selbst marktförmig agieren, sondern es reicht aus, wenn die unternehmerischen Mitglieder durch die Tätigkeit der Vereinigung in ihrer eigenen wirtschaftlichen Betätigung betroffen sind[8].

5

Gegenstand der Verfügung kann jegliches **Verhalten** eines Unternehmens oder einer Unternehmensvereinigung sein. Verhalten kann im Einklang mit § 32 GWB jegliches durch potenzielle Verfügungsadressaten veranlasstes Tun oder Unterlassen sein. In Betracht kommen rechtsgeschäftliches Verhalten (Verträge, Beschlüsse), die Vornahme von Realakten (z. B. Übergabe im Rahmen einer Übereignung), die Erfüllung von Verbindlichkeiten oder jegliche sonstige Betätigung mit Marktbezug im weitesten Sinne. Als **Grund der Verfügung** nennt § 65 Abs. 1:

6

– Entgegenstehende Bestimmungen des EnWG

– Entgegenstehende Rechtsvorschriften, die aufgrund des EnWG ergangen sind

---

6 Funktioneller Unternehmensbegriff im Sinne der Rechtsprechung zum GWB, vgl. BGHZ 36, 91, 103 – Gummistrümpfe; BGH WuW/E BGH 2813, 2818 – Selbstzahler: Jegliche Tätigkeit im geschäftlichen Verkehr, z. B. bei Erzeugung/Herstellung/Gewinnung, Transport/Lieferung, Übertragung/Fernleitung oder Verteilung, Vertrieb, Abrechnung.
7 Verbände jedweder Rechtsform, in denen Unternehmer als Mitglieder registriert sind.
8 Vgl. BGH WuW/E DE-R 17, 18 f. – Europapokalheimspiele – betr. den Deutschen Fußballbund.

1. Entgegenstehende EnWG-Vorschriften

7 In vielen Normen des EnWG werden Verhaltensanforderungen für EVU festgelegt. Dies betrifft beispielsweise Pflichten zur Genehmigungseinholung bei Aufnahme des Netzbetriebs (§ 4), die Pflicht zur Anzeige bei Aufnahme und Beendigung der Belieferung von Haushaltskunden mit Energie (§ 5), die Vornahme von Entflechtungshandlungen nach §§ 6 ff. einschließlich einer entsprechenden Rechnungslegung und Buchführung, Verhaltensanforderungen beim Betrieb von Energieversorgungsnetzen (§§ 11 ff.), Pflichten im Zusammenhang mit dem Netzanschluss (§ 17 ff.) sowie dem Netzzugang (§§ 20 ff.) einschließlich der Pflicht zur Einholung von NZE-Genehmigungen (§ 23a), die Pflicht, Zugang zu vorgelagerten Rohrleitungsnetzen oder Gasspeicheranlagen zu gewähren (§§ 26 ff.), Pflichten im Zusammenhang mit Datenerhebungen zur Erfüllung der Berichtspflichten der Regulierungsbehörde (vgl. § 63), die Pflicht zur Grund- und Ersatzversorgung einschließlich damit zusammenhängender Veröffentlichungen (§ 39) sowie Kennzeichnungspflichten (§ 42) und die Erfüllung sonstiger Pflichten (§§ 50 ff.: Vorratshaltung zur Sicherung der Energieversorgung, Meldepflichten bei Versorgungsstörungen, Sicherstellung der Versorgungssicherheit bei Erdgas).

8 Lässt sich die zu erfüllende Pflicht in hinreichender Weise – konkret genug – dem EnWG entnehmen, kann die Nichteinhaltung der Verpflichtung (Unterlassen gesetzmäßigen Verhaltens trotz Bestehens dieser Rechtspflicht) eine Verbotverfügung auslösen; gibt es nur ein nach dem Gesetz ordnungsgemäßes Verhalten, kommt auch eine Gebotsverfügung nach § 65 Abs. 2 in Betracht.

9 Soweit **Zuständigkeiten anderer Behörden** (z. B. BMWA, nach Landesrecht zuständige Behörde) bestehen, kann § 65 Abs. 1 nicht als Ermächtigungsgrundlage herangezogen werden. So dient beispielsweise § 49 Abs. 5 zugunsten der nach Landesrecht zuständigen Behörde als Ermächtigungsgrundlage, um Verfügungen im Zusammenhang mit den Anforderungen an Energieanlagen (§ 49 Abs. 1 bis 3) erlassen zu können[9]. Soweit eine Ermächtigungsgrundlage für beanstandende Verfügungen zugunsten der an sich zuständigen Behörde nicht besteht, kann § 65 Abs. 1 gleichwohl als Ermächtigungsgrundlage in Betracht kommen. So ist nach § 4 Abs. 1 zwar die nach Landesrecht zuständige Behörde zur Entgegennahme von Genehmi-

---

9 Vgl. auch § 49 Abs. 6 und Abs. 7.

gungsanträgen bei Aufnahme des Netzbetriebs befugt; eine Ermächtigungsgrundlage zur Untersagung eines gleichwohl aufgenommenen Netzbetriebs besteht jedoch nicht, weil § 4 Abs. 2 Satz 2 eine derartige Untersagungsbefugnis nur beschränkt auf einen solchen Netzbetrieb vorsieht, der zum Zeitpunkt des Inkrafttretens des EnWG 2005 bereits vorgelegen hat[10].

Weil eng gefasste Ermächtigungsgrundlagen nicht in analoger Anwendung auf vom Normtext nicht erfasste Fallgestaltungen ausgedehnt werden dürfen[11], kann nur die Regulierungsbehörde nach § 65 Abs. 1 als für den Erlass einer derartigen Verbotsverfügung zuständig angesehen werden. Als wenig geglückt erscheint es in diesem Zusammenhang, wenn noch nicht einmal eine Zuständigkeit der LRB im Sinne von § 54 Abs. 2 Satz 1 feststellbar ist und deshalb die BNetzA tätig werden muss.

10

2. Verstoß gegen aufgrund EnWG ergangener Rechtsvorschriften

Sehr häufig erfolgt die Konkretisierung des EnWG durch Verordnungsnormen, die zum materiellen Gesetzesrecht zu rechnen sind. Zu nennen sind insbesondere die Netzentgeltverordnungen (Strom und Gas) sowie die Netzzugangsverordnungen (Strom und Gas). Voraussichtlich im Jahre 2006 werden auch Allgemeine Bedingungen betreffend den Netzanschluss nach § 18 sowie die Grund- und Ersatzversorgung nach §§ 39 Abs. 2, 36 ff. in Kraft treten. Soweit diese Verordnungen auf Ermächtigungsgrundlagen des EnWG beruhen, zählen sie ohne weiteres zu den **Rechtsvorschriften** im Sinne von § 65 Abs. 1.

11

Aber nicht nur abstrakt-generelle Regelungen, sondern auch Regelungen bis hin zu Verfügungen als konkret-individuellen Regelungen kommen als Grundlage für (weitere) Verfügungen nach § 65 Abs. 1 in Betracht. Voraussetzung dafür ist es aber, dass sie **Außenwirkung** aufweisen; diese Voraussetzung ist etwa bei Ergehen allgemeiner Weisungen des BMWA (vgl. § 61) nicht gegeben. Werden aber durch die BNetzA allgemeine Bedingungen der Anreizregulierung in sog. Allgemeinverfügungen festgelegt (vgl. § 29 Abs. 1 in Verbindung mit § 21a), so kann sich bereits aus diesen abstrakt-individuellen Regelun-

12

---

10 Untersagung nur unter den Voraussetzungen fehlender Leistungsfähigkeit und Zuverlässigkeit, § 4 Abs. 2 Satz 1.
11 Rechtsstaatsprinzip und Bestimmtheitsgrundsatz, Vorbehalt des Gesetzes.

gen das Erfordernis ergeben, dass Netzbetreiber zu einem bestimmten Verhalten verpflichtet werden. Dies reicht bei Erfüllung des Bestimmtheitsgrundsatzes aus, um darauf Verfügungen nach § 65 Abs. 1 stützen zu können. Häufig werden ganz konkrete Verhaltensanforderungen aber erst mit Entgeltgenehmigungen und sonstigen verfügenden Maßnahmen der Regulierungsbehörde exakt festgelegt. Weil sie aufgrund des EnWG und der dazu erlassenen Verordnungen ergehen, kommen sie ebenfalls als Rechtsvorschriften in Betracht.

13 Hiergegen könnte allerdings sprechen, dass unter »Recht« meist eine Zusammenfassung mehrerer (ohnehin generell geltender) Gesetzesvorschriften verstanden wird, während Verfügungen der Regulierungsbehörde konkret-individuellen Charakter aufweisen. Gleichwohl stellen diese Verfügungen geltendes Recht dar und verwirklichen den Normbefehl. Würden sie nicht als »Rechtsvorschriften« im Sinne von § 65 Abs. 1 anzusehen sein, müsste die Regulierungsbehörde anstelle einer Aufsichtsmaßnahme die bereits ergangene Regelung erneut erlassen, etwa versehen mit der Androhung von Zwangsgeld nach § 94. Als Sanktionen verblieben dann nur noch die Festsetzung von Zwangsgeld oder Bußgeld (§ 95). Weil insofern die Aufsichtsmaßnahme ein milderes Mittel darstellt, um den Verfügungsadressaten zu einem rechtskonformen Verhalten zu veranlassen, können auch Verfügungen einschließlich von Entgeltgenehmigungen nach § 65 Abs. 1 jedenfalls dann Gegenstand von Aufsichtsmaßnahmen sein, wenn sie bis dato unbeachtet geblieben sind.

14 **Rechtsfolge** bei Vorliegen der Voraussetzungen des § 65 Abs. 1 ist die Ermöglichung eines Verfügungstenors, der auf die **Abstellung des beanstandeten Verhaltens** gerichtet ist. Durch diesen Verwaltungsakt muss konkret festgelegt werden, welches Verhalten nicht mehr verwirklicht werden darf. Die jetzt auch in § 32 Abs. 1 GWB vollzogene Auswechslung des früheren Begriffs »untersagen« durch »abstellen«[12] hat nur sprachliche Bedeutung und bedeutet keinen Wechsel in Art und Reichweite dieser Aufsichtsmaßnahme. Ein »abzustellendes Verhalten« darf nicht mehr an den Tag gelegt werden; der Begriff entspricht dem zivilrechtlichen Begriff der »Unterlassung« (vgl. § 1004 Abs. 1 Satz 2 BGB), ohne dass eine Wiederholungsgefahr Tatbestandsvoraussetzung des § 65 Abs. 1 ist. Weil die Sanktion der Verhängung eines Bußgeldes erfahrungsgemäß häufig für das betroffene

---

12 Vgl. dazu auch die Regierungsbegründung: BT-DrS 15/3917, S. 70: »... löst sich vom Begriff der Untersagung.«

Unternehmen zu einem Makel führt und die Kartellbehörden nicht daran interessiert gewesen sind, auf diese Weise eine intensive Gegenwehr der betroffenen Unternehmen zu provozieren, ist das Vorbild des § 65 Abs. 1 – § 32 und die Vorläufernorm des § 37a GWB a.F. – nunmehr Bestandteil der gesamten Wirtschaftsaufsicht geworden[13].

Die Aufsichtsmaßnahme nach § 65 Abs. 1 stellt eine **Entscheidung der Regulierungsbehörde** dar. Deshalb kann diese Maßnahme nur mit der **Beschwerde** im Sinne von § 75 Abs. 1 angegriffen werden, die vom zuständigen Oberlandesgericht zu entscheiden ist. Ein Widerspruchsverfahren sehen die §§ 65 ff. nicht vor. 15

Zur Beurteilung der Rechtmäßigkeit der Untersagungsverfügung kann auf die in Kartellsachen ergangene Rechtsprechung zurückgegriffen werden. Nach dieser Rechtsprechung ist der konkrete Verletzungstatbestand **hinreichend bestimmt genug zu umschreiben**[14]. Unter Beachtung des Verhältnismäßigkeitsgrundsatzes muss sich die beanstandende Verfügung auf diejenigen Verhaltensteile beschränken, die von der gesetzlichen oder Rechtsvorschrift unmittelbar ergriffen werden[15]. Ist beispielsweise das Fordern eines überhöhten Entgelts abzustellen, so muss die Verfügung eine vorhandene Entgeltgenehmigung berücksichtigen und darf nicht das Fordern jeglichen Entgelts untersagen. 16

III. Gebotsverfügungen (Abs. 2)

§ 65 Abs. 2 greift auf das Vorbild des § 26 Abs. 2 TKG zurück und hat keine Entsprechung im Recht des GWB. Dies beruht darauf, dass es sich beim allgemeinen Recht der Wettbewerbsbeschränkungen um eine grundlegende Art der Wirtschaftsaufsicht handelt. Nach ständiger Rechtsprechung kennt nämlich das GWB die **Gebotsverfügung** nicht, weil der Gesetzgeber eine entsprechende gesetzliche Ermächtigung nicht geschaffen hat[16]. Nur ausnahmsweise hat die Rechtsprechung Verfügungen der Kartellbehörden mit Gebotscharakter zugelassen, wenn nur mit der gebotenen Handlung die (einzige) 17

---

13 Vgl. dazu *Bechtold*, GWB, § 32 Rz. 1.
14 BGH WuW/E BGH 1474, 1481 – Architektenkammer; KG WuW/E OLG 2190 ff. – Bilderland; KG WuW/E OLG 4468, 4469 f. – Mustermietvertrag.
15 BGH WuW/E BGH 2247, 2253 – Wegenutzungsrecht; KG WuW/E OLG 4468, 4469 f. – Mustermietvertrag.
16 BGH WuW/E BGH 1345 f. – Polyester-Grundstoffe.

§ 65 Aufsichtsmaßnahmen

tatsächliche und rechtliche Möglichkeit bestanden hat, um den Gesetzesverstoß zu beseitigen[17].

18 Dass eine regulierende Wirtschaftsaufsicht weitaus intensiver in den Freiheitsbereich unternehmerischen Verhaltens einzugreifen vermag, zeigt neben § 30 Abs. 2 (»Aufgaben von erforderlichen Maßnahmen«) auch § 65 Abs. 2. Danach kann die Regulierungsbehörde (LRB und BNetzA) den Verfügungsadressaten[18] gegenüber **die Maßnahmen zur Einhaltung der Verpflichtungen anordnen**. Schon aus Gründen des Verhältnismäßigkeitsprinzips muss die Regulierungsbehörde zunächst prüfen, ob nicht eine Verfügung nach § 65 Abs. 1 ausreicht, um ein rechtskonformes Verhalten der Unternehmen zu bewirken; ist diese Frage zu verneinen, darf auf § 65 Abs. 2 zurückgegriffen werden.

1. Nichterfüllung gesetzlicher Verpflichtungen

19 Enger als Abs. 1 stellt Abs. 2 nur auf

– **gesetzliche Verpflichtungen**[19] sowie auf

– aus **Rechtsverordnungen**[20]

resultierende Verpflichtungen ab. Gegen sonstige Rechtsvorschriften verstoßendes unternehmerisches Verhalten kommt daher als Grundlage von Gebotsverfügungen nicht in Betracht. Insbesondere Allgemeinverfügungen sowie konkret-individuelle Regelungen gegenüber Unternehmen sind daher nicht Grundlage für Aufsichtsmaßnahmen nach § 65 Abs. 2.

20 Typischerweise wird eine Gebotsverfügung in Betracht zu ziehen sein, wenn sich ein Unternehmen (insbesondere ein Netzbetreiber) passiv verhält und abwartet, ob eine eigentlich erforderliche Veränderung des status quo beanstandet werden wird. Zum Beispiel kann ein Unternehmen der Rechtsauffassung sein, dass wegen Vorhandenseins eines Objektnetzbetriebs eine Entgeltgenehmigung nach § 23a nicht eingeholt werden müsse. Da die Regulierungsbehörde Entgelte nicht

---

17 Z.B. Aufnahme in einen Verband: BGH WuW/E BGH 2906, 2908 – Lüdenscheider Taxen; WuW/E BGH 2951 – Weigerungsverbot. Für die Belieferung mit Arzneimitteln: BGH WuW/E BGH 2990, 2992 – Importarzneimittel. Weitere Nachweise bei *Bechtold*, GWB, § 20 Rz. 88.
18 Vgl. oben § 65 Rz. 5.
19 Vgl. oben § 65 Rz. 7 ff.
20 Oben § 65 Rz. 11.

ohne Antrag zu genehmigen vermag, kommt eine Aufsichtsmaßnahme gemäß § 65 Abs. 2 (Gebotsverfügung) mit dem Tenor in Betracht, mangels Vorliegens der Voraussetzungen des § 110 Abs. 1 eine Genehmigung nach § 23a einzuholen. Würde in dieser Situation eine beanstandende Verfügung nach § 65 Abs. 1 ergehen, müsste diese möglicherweise auf Untersagung des Netzbetriebs insgesamt (oder auf Untersagung des Forderns jeglicher Entgelte) gerichtet sein und wäre dann offensichtlich unverhältnismäßig.

2. Verfügungstenor

Die Verfügung darf auf alle **Maßnahmen zur Einhaltung der gesetzlichen Verpflichtungen** gerichtet werden. Noch sorgfältiger als bei Verbotsverfügungen ist zu prüfen, ob das in § 37 VwVfG niedergelegte **Bestimmtheitsgebot** eingehalten wird. Ebenso wie bei der Verbotsverfügung muss auch der Adressat der Gebotsverfügung ohne weiteres erkennen können, was von ihm verlangt wird[21]. Insbesondere ist es nicht zulässig, erst im Rahmen der Anordnung von Vollstreckungsmaßnahmen oder sogar der Vollstreckung selbst die Verfügung so zu konkretisieren, dass sie dem Bestimmtheitsgebot genügt[22]. Als **anzuordnende Maßnahmen** kommen in Betracht (vgl. § 54 Abs. 2 Satz 1): 21

– Verpflichtung zur Einholung einer Entgeltgenehmigung (§ 23a)

– Gebot zur rechtlichen Entflechtung (§ 7)

– Erfüllung von Betriebs- und Berichtspflichten als Netzbetreiber (§§ 14 ff.)

– Vornahme eines Netzanschlusses nach § 17 oder § 18

– Einhaltung technischer Vorschriften nach § 19

Soweit das EnWG selbst im Rahmen einer besonderen Verfahrensart (§ 31) oder mittels Vorhaltung einer besonderen Sanktion (§ 33, Vorteilabschöpfung) eigenständige Regelungen zur Konkretisierung von 22

---

[21] Aus der Rechtsprechung: BGH WuW/E BGH 2953, 2957 – Gasdurchleitung; WuW/E BGH 3009, 3012 – Stadtgaspreis Potsdam; WuW/E BGH 2967, 2968 f. – Strompreis Schwäbisch-Hall; WuW/E BGH DE-R 195, 196 – Beanstandung durch Apothekerkammer.
[22] Vgl. BGH WuW/E DE-R 195, 196 – Beanstandung durch Apothekerkammer.

Verfügungsinhalten trifft, muss auf § 65 allenfalls rahmengebend zurückgegriffen werden. Insbesondere kann aus § 65 Abs. 4 (Unberührtbleiben von § 30 Abs. 2) nicht im Wege des Umkehrschlusses gefolgert werden, § 65 bilde in allen anderen Fällen einer Zuständigkeit der Regulierungsbehörde die maßgebliche Ermächtigungsgrundlage und Befugnisnorm. Deshalb muss etwa eine von der Regulierungsbehörde nach § 33 angeordnete Vorteilsabschöpfung nicht notwendig zusätzlich auf § 65 Abs. 2 gestützt werden.

IV. Feststellende Verfügung nach beendeter Zuwiderhandlung (Abs. 3)

23 Beendet das Unternehmen oder die Unternehmensvereinigung ein gegen das Gesetz oder auf ihm beruhender Rechtsvorschriften gerichtetes Verhalten, so liegen die Eingriffsvoraussetzungen des § 65 Abs. 1 oder Abs. 2 jedenfalls zum **Zeitpunkt der regulierungsbehördlichen Entscheidung nicht mehr vor**. Gleichwohl kann ein öffentliches Interesse daran bestehen, gerade im Hinblick auf drohendes Wiederholungsverhalten den Gesetzesverstoß verfügend festzustellen. Im Einklang mit der Neufassung des § 32 Abs. 3 GWB sieht jetzt auch Abs. 3 des § 65 für diesen Fall vor, dass ein solches Verfahren nicht notwendig mit einer Einstellung enden muss. Die Regulierungsbehörde ist auch nicht gehindert, erst nach Beendigung der Zuwiderhandlung ein entsprechendes Verfahren einzuleiten. In diesen Fällen ist der Verfügungstenor auf die **Feststellung** zu beschränken, dass während eines näher zu bezeichnenden Zeitraumes ein zu beanstandendes Verhalten im Sinne von § 65 Abs. 1 oder Abs. 2 vorgelegen hat. Im Rahmen der Entscheidungsbegründung ist dann darzulegen, warum für eine derartige Verfügung nach § 65 Abs. 3 **ein berechtigtes Interesse** besteht.

24 Diese Feststellung wird seltener auf private Interessen und häufiger auf das Vorhandensein eines öffentlichen Interesses zu stützen sein. Ausreichend ist insofern noch nicht das allgemeine öffentliche Interesse, Verstöße gegen Rechtsvorschriften in irgendeiner Form »zu ahnden«. Andererseits ist es aber nicht erforderlich, ein **besonderes** öffentliches Interesse an der Feststellung zu begründen.

25 Vielmehr ist eine derartige feststellende Verfügung bereits dann **berechtigt**, wenn entweder eine Wiederholung des zu beanstandenden Verhaltens durch das betroffene Unternehmen selbst oder Dritte

droht oder aber die zu klärende Rechtsfrage grundsätzliche Bedeutung hat. Ein berechtigtes Interesse besteht ganz allgemein auch dann, wenn die Rechtslage unsicher und damit ungeklärt ist, ob sich Netzbetreiber usw. auf diese Weise verhalten dürfen. Sind in besonderem Umfange Verbraucherinteressen berührt, besteht ein berechtigtes Interesse ebenso wie dann, wenn ein hoher Gegenstandswert den Rechtsstreit kennzeichnet.

V. Ermessensentscheidung (Abs. 1 bis Abs. 3)

Das Tätigwerden der Regulierungsbehörde unterliegt nicht dem für die Einleitung von Strafverfahren maßgeblichen **Legalitätsprinzip**. Mit dem Wort »kann« wollen alle drei Ermächtigungsgrundlagen ausdrücken, dass die Entscheidung über die Einleitung eines Verfahrens zur Festsetzung von Aufsichtsmaßnahmen in das Entschließungsermessen der Regulierungsbehörde gestellt ist. Dies entspricht § 32 GWB, während § 126 Abs. 1 TKG in Bezug auf Untersagungsverfügungen im Bereich von Post und Telekommunikation ein derartiges **Entschließungsermessen** nicht kennt[23]. 26

Soweit der Regulierung Monopolsachverhalte (Netzbetreiberverhalten) unterliegen, erscheint es als nicht von vornherein ausgeschlossen, die Regulierungsbehörde zu einem Einschreiten bei gesetzeswidrigem Verhalten zu verpflichten. Der Gesetzgeber hat sich aber für einen anderen Weg entschieden und damit den Regulierungsbehörden die Möglichkeit gegeben, sich in Abhängigkeit von der Bedeutung der ihr unterbreiteten potenziellen Verstöße für oder gegen die Aufnahme des Verfahrens zu entscheiden. 27

Zur Konkretisierung der Reichweite des Entschließungsermessens der Regulierungsbehörde kann auf die Rechtsprechung zu § 32 GWB bzw. seiner Vorläufervorschrift zurückgegriffen werden. Weil dieses Ermessen nicht mit einem Beurteilungsspielraum gleichgesetzt werden darf, unterliegt die Ermessensbetätigung der gerichtlichen Nachprüfung[24]. Nach allgemeinen Grundsätzen kann die Ermessensbetätigung auf Null reduziert sein. Ein Anspruch auf Tätigwerden besteht grundsätzlich nicht[25]. Deshalb wird es auch den Regulierungsbehör- 28

---

23 »... fordert sie das Unternehmen zur Stellungnahme und Abhilfe auf.«
24 KG WuW/E DE-R 124, 129 f. – Flugpreis Berlin/Frankfurt.
25 BGH WuW/E BGH 3035 f. – Nichtzulassungsbeschwerde; KG WuW/E OLG 4988, 4989 – Besteckversand.

den möglich sein, die vom inkriminierten Verhalten Betroffenen auf den Zivilrechtsweg zu verweisen, um etwa einen Netzanschluss oder einen Netzzugang durchzusetzen. Deshalb sieht auch § 32 sowohl Unterlassungs- als auch Schadensersatzansprüche (in nicht abschließender Regelung) vor.

29 Ein Anspruch auf Einschreiten der Regulierungsbehörde kann sich dann ergeben, wenn ein Betroffener den ihm drohenden Schaden aus eigener Kraft nicht abzuwenden vermag[26].

VI. Verhältnis zu anderen Ermächtigungsgrundlagen (Abs. 4)

30 Soweit das EnWG zugunsten anderer Behörden (BMWA, nach Landesrecht zuständige Behörde, Kartellbehörden) besondere Ermächtigungsgrundlagen vorsieht oder auf derartige Ermächtigungsgrundlagen in anderen Gesetzen verweist, kann § 65 nicht instrumentalisiert werden. Für § 30 Abs. 2 (Missbrauchsverfügungen) ordnet § 65 Abs. 4 dies ausdrücklich an (»bleibt unberührt«). Auch soweit Spezialermächtigungsgrundlagen vorhanden sind, werden die in § 65 vorgesehenen allgemeinen Ermächtigungsgrundlagen allenfalls rahmengebend heranzuziehen sein (Verhältnis zu § 31 sowie § 33).

31 Fehlt zugunsten einer Nicht-Regulierungsbehörde eine Ermächtigungsgrundlage zur Beanstandung von gesetzeswidrigem Verhalten (vgl. § 4: Nichtbeantragung einer Netzbetriebsgenehmigung), wird man gleichwohl die eigentlich zuständige Behörde (z. B. in analoger Anwendung des § 65 Abs. 2), nicht aber die Regulierungsbehörde selbst als zum Tätigwerden befugt ansehen müssen[27]. Ist hingegen ein bestimmtes Netzbetreiberverhalten im EnWG überhaupt nicht angelegt, sondern kann lediglich speziellem Energiewirtschaftsrecht entnommen werden (z. B. EEG, KWK-G), so fehlt es an einem gegen das EnWG und der auf ihm beruhenden Verordnungen/Rechtsvorschriften verstoßenden Unternehmerverhalten. Damit ist § 65 unanwendbar.

32 Deshalb kann ein Netzanschlussbegehren von privilegierten Stromerzeugern, das ausschließlich auf Vorschriften des EEG oder des KWK-G gestützt wird, nicht von der Regulierungsbehörde mittels einer

---

26 BGH WuW/E BGH 2058, 2059 – Intercord; WuW/E BGH 3113 f. – Rechtsschutz gegen Berufsordnung.
27 Vgl. aber oben § 65 Rz. 9.

VI. Verhältnis zu anderen Ermächtigungsgrundlagen (Abs. 4)

Verfügung nach § 65 Abs. 2 durchgesetzt werden. Erst recht gilt dies in Bezug auf erloschene Ermächtigungsgrundlagen: Trotz der Auffangzuständigkeit in § 54 Abs. 3 fehlt es an einer Ermächtigungsgrundlage für Verfügungen der Regulierungsbehörde, um Tarifgenehmigungen nach § 12 BTOElt zu erteilen oder – bei Fordern ungenehmigter Tarifentgelte – eine beanstandende Verfügung nach § 65 Abs. 1 auszusprechen. Auf früherem Recht beruhendes Verordnungsrecht ist nicht »aufgrund dieses Gesetzes erlassen« bzw. »ergangen«.

§ 66 Einleitung des Verfahrens, Beteiligte

(1) Die Regulierungsbehörde leitet ein Verfahren von Amts wegen oder auf Antrag ein.

(2) An dem Verfahren vor der Regulierungsbehörde sind beteiligt,

1. wer die Einleitung eines Verfahrens beantragt hat,

2. Unternehmen, gegen die sich das Verfahren richtet,

3. Personen und Personenvereinigungen, deren Interessen durch die Entscheidung erheblich berührt werden und die die Regulierungsbehörde auf ihren Antrag zu dem Verfahren beigeladen hat; Interessen der Verbraucherzentralen und anderer Verbraucherverbände, die mit öffentlichen Mitteln gefördert werden, (werden) auch dann erheblich berührt (werden), wenn sich die Entscheidung auf eine Vielzahl von Verbrauchern auswirkt und dadurch die Interessen der Verbraucher insgesamt erheblich berührt werden.

(3) An Verfahren vor den nach Landesrecht zuständigen Behörden ist auch die Regulierungsbehörde beteiligt.

Überblick		Seite	Rz.
I.	Regelungszweck und Entstehungsgeschichte der Norm .	1217	1
II.	Einleitung des Verfahrens (Abs. 1)....................	1218	3
III.	Verfahrensbeteiligte (Abs. 2 und Abs. 3)	1220	7
	1. Antragsteller....................................	1220	8
	2. Betroffene Unternehmen........................	1220	9
	3. Beigeladene.....................................	1221	11
	4. Behörden als Beteiligte (Abs. 3)....................	1224	19
IV.	Rechtsfolgen der Beteiligung und Rechtsschutz........	1225	23

I. Regelungszweck und Entstehungsgeschichte der Norm

Vorbild des § 66 ist der im Wesentlichen gleichlautende § 54 GWB in 1 seiner seit 2005 geltenden Fassung, aber auch § 134 TKG. Während Abs. 1 den förmlichen Beginn des Regulierungsverfahrens festlegt (von Amts wegen oder auf Antrag), betreffen die Abs. 2 und 3 die **Be-**

teiligtenstellung in Ergänzung von §§ 13, 11 VwVfG. Vergleichbar dem Kartellverfahren sind die Verfahren von der Regulierungsbehörde – verglichen mit sonstigen Verwaltungsverfahren[1] – deutlich förmlicher und quasi **justizähnlich** ausgestaltet[2]. Gleichwohl sind die allgemeinen verfahrensrechtlichen Vorschriften (§§ 9 ff. VwVfG.) wie gewohnt ergänzend anzuwenden, soweit der spezielle Zweck des Regulierungsverfahrens dem nicht entgegensteht.

2 Vorschläge zur Änderung des § 66 hat es im Laufe des Gesetzgebungsverfahrens nicht gegeben; die Vorschrift ist in der Fassung des Regierungsentwurfs Gesetz geworden. Die Begründung beschränkt sich ganz wesentlich auf die jetzt gleichlautend auch in § 54 Abs. 2 Ziff. 3 HS 2 GWB enthaltene Ergänzung um die Beteiligtenstellung der Verbraucherverbände[3]. Dieser im EnWG sprachlich verunglückte Zusatz ist parallel zum GWB-Wortlaut ergänzt worden, kenntlich durch die Klammern.

II. Einleitung des Verfahrens (Abs. 1)

3 Der gerade auch im Hinblick auf die Beteiligung anderer Behörden bedeutsame **Verfahrensbeginn** (vgl. etwa §§ 55 Abs. 1 Satz 2) wird in § 66 Abs. 1 förmlich festgelegt. Der Verfahrensbeginn ist entweder durch den **Antrag** eines Unternehmens/Bürgers/Verwaltungsbehörde oder aber durch Einleitung des Verfahrens **von Amts wegen** durch die Regulierungsbehörde selbst gekennzeichnet. Soweit die LRB gemäß § 54 Abs. 2 für die Ausführung des Bundesrechts »EnWG« zuständig sind, sind sie nicht nur an die Ermächtigungsgrundlagen des EnWG, sondern auch an die Verfahrensvorschriften einschließlich des § 66 gebunden. Soweit eine bundesrechtliche Regelung nicht existiert, erfolgt die Ergänzung durch das Landesverfahrensrecht, das in manchen Bundesländern allerdings auf das Verwaltungsverfahrensgesetz des Bundes zurückverweist[4].

4 Unter **Antrag** im Sinne von § 66 Abs. 1 sind alle Anzeigen, Eingaben, Nachfragen und sonstige Informationen von Unternehmen, Privaten und Behörden zu verstehen, deren Ziel auf die Durchführung des

---

1 Vgl. § 10 VwVfG.
2 Zum Kartellverfahren vgl. KG WuW/E OLG 2140, 2141 – Einbauküchen; KG NJW-RR 1991, 1069, 1070 – Eigenerzeugungverbot.
3 BT-DrS 15/3917, S. 70.
4 Vgl. § 1 Abs. 3 Nds. VwVfG.

förmlichen Verfahrens gerichtet ist. Dabei kann das Verfahren die Antragsteller selbst, wird häufig aber Dritte betreffen. Ein formeller Antrag wird im Regelfall zu einer Verfahrenseinleitung unter Ermessensbindung der Regulierungsbehörde dann führen, wenn der Antragsteller einen im Gesetz vorgesehenen Verwaltungsakt erstrebt und die notwendigen Unterlagen vorlegt (z. B. NZE-Genehmigung gemäß § 23a). Geht es um Anregungen und Anzeigen mit dem Ziel, Missbrauchsverfahren nach §§ 30, 31 gegen Netzbetreiber einzuleiten, kann die Regulierungsbehörde das Verfahren auch von Amts wegen einleiten.

Anders als mit der Spezialvorschrift des § 54 Abs. 1 Satz 2 GWB vorgesehen[5] wird dies allerdings die Ausnahme darstellen, zumal dann nicht sichergestellt ist, dass der Anzeigende die Beteiligtenstellung zugewiesen erhält. Die Verfahrenseinleitung selbst setzt keinen besonders zu dokumentierenden förmlichen Akt voraus. Nicht ausreichend sind allerdings lediglich behördenintern wirkende Maßnahmen, z. B. die Anfrage der BNetzA bei der LRB, ob in dieser Sache schon Erkenntnisse vorliegen. Weil nach § 9 VwVfG dem Begriff des Verwaltungsverfahrens eine **nach außen wirkende Tätigkeit einer Behörde** immanent ist, erfolgt die Verfahrenseinleitung erst mit einer nicht behördenintern bleibenden Maßnahme. Diese kann in einem Auskunftsverlangen (§ 69), in der Mitteilung des Beginns von Ermittlungen (§ 68) oder in der Aufforderung gegenüber Beteiligten zur Stellungnahme (Anhörung, § 67) bestehen. 5

Actus contrarius zur Verfahrenseinleitung ist der **Verfahrensabschluss**, vgl. § 73. Regelmäßig wird das Regulierungsverfahren mit einer Verfügung im Sinne von § 65, § 30 Abs. 2 oder § 33 enden[6]; endet das Verfahren ohne förmliche Entscheidung, hat nach § 73 Abs. 2 eine entsprechende Mitteilung an die Beteiligten (schriftlich) zu erfolgen, die das Verfahren dann förmlich abschließt (erneute Außenwirkung). 6

---

5 Verfahrenseinleitung von Amts wegen zum Schutz des Beschwerdeführers.
6 Vgl. auch § 9 HS 2 VwVfG, wonach der Erlass eines Verwaltungsaktes Bestandteil des Verwaltungsverfahrens ist.

III. Verfahrensbeteiligte (Abs. 2 und Abs. 3)

7 In Ergänzung von § 13 VwVfG und weitgehend gleichlautend im Hinblick auf § 54 Abs. 2 GWB und § 134 Abs. 2 TKG[7] werden durch § 66 Abs. 2 und 3 in **abschließender Aufzählung** die **Beteiligten** des regulierungsbehördlichen **Verwaltungsverfahrens** benannt. Zu unterscheiden sind **geborene Beteiligte** (Antragsteller, betroffene Unternehmen und Behörden nach § 66 Abs. 3) sowie **gekorene Beteiligte**, die erst durch **Beiladung** die Beteiligtenstellung erlangen (vgl. auch § 13 Abs. 2 VwVfG: Hinzuziehung zum Verfahren). In Abs. 2 und Abs. 3 des § 63 sind die folgenden Beteiligten aufgeführt:

– Antragsteller

– Betroffene Unternehmen

– Regulierungsbehörde

– Personenvereinigungen und Verbraucherverbände nach Beiladung

1. Antragsteller

8 Wer die Einleitung eines Verfahrens beantragt, ist **Antragsteller**, § 66 Abs. 2 Ziff. 1. Dies gilt unabhängig davon, ob der Antragsteller in eigener Sache betroffen ist (z. B. Entgeltgenehmigung nach § 23a) oder ob er die Einleitung eines Verfahrens gegen Dritte beantragt hat. Eine Beteiligtenstellung wird nur dann nicht bestehen, wenn ein Verfahren lediglich »angeregt« und der Anregende deutlich gemacht hat, dass er zum Verfahren nicht hinzugezogen werden möchte (Umkehrschluss aus § 13 Abs. 2 VwVfG).

2. Betroffene Unternehmen

9 Das eingeleitete Verfahren wird sich häufig gegen bestimmte Unternehmen richten, die im Sinne von § 65 ein gegen das EnWG möglicherweise verstoßendes Verhalten an den Tag gelegt haben. Diese Unternehmen sind ebenfalls geborene Beteiligte; richtet sich das Verfahren zunächst »gegen Unbekannt«, entsteht die Beteiligtenstellung mit der Mitteilung über die Aufnahme der Ermittlungen (§ 68), spätestens mit der Anhörung nach § 67.

---

7 Letztere Vorschrift ohne Abs. 3,

Ist ein Genehmigungsverfahren auf Antrag eines Unternehmens eingeleitet worden, erwächst die Beteiligtenstellung des Antragstellers bereits aus Ziff. 1 des § 66 Abs. 2; ein »betroffenes Unternehmen« im Sinne von Ziff. 2 gibt es dann nicht. Bei Ermittlungen gegen mehrere Unternehmen sind diese **Mitbeteiligte** und können selbständig und unabhängig voneinander Verfahrenshandlungen vornehmen sowie Anträge stellen. 10

3. Beigeladene

Keine geborenen, wohl aber durch Entscheidung der Regulierungsbehörde gekorene Beteiligte sind die Beigeladenen nach § 66 Abs. 2 Ziff. 3. Dies betrifft drei Arten von Adressaten: 11

– natürliche und juristische Personen

– Personenvereinigungen (z. B. Verbände)

– Verbraucherverbände (einschl. Verbraucherzentralen)

Vor Beiladung dieser potenziellen Beteiligten hat die Regulierungsbehörde im Einzelfall zu prüfen, ob die jeweiligen **Interessen durch die Entscheidung erheblich berührt werden**. Vorauszugehen hat ein **Beteiligungsantrag** dieser potenziell Beizuladenden. Für kartellbehördliche Beiladungsentscheidungen existiert bereits eine Rechtsprechung zum Begriff der erheblichen Interessenberührung. Nach dieser Rechtsprechung ist es ausreichend, wenn wirtschaftliche Interessen geltend gemacht werden[8]. Der Begriff der erheblichen Interessenberührung ist weiter gefasst als der Begriff »rechtliche Interessen« im Sinne von § 13 Abs. 2 Satz 1 VwVfG[9]. Gleichgültig ist es, ob der potenziell Beigeladene in seinen Interessen durch den Verfahrensausgang positiv oder negativ berührt wird. 12

Zu unterscheiden ist zwischen unmittelbarem (nahem) und mittelbarem (entferntem) Betroffensein. Nach der kartellrechtlichen Rechtsprechung ist die Erheblichkeitsschwelle im Sinne von § 54 Abs. 2 Ziff. 3 dann erreicht, wenn sich die Wettbewerbslage des Beiladungsinteressenten spürbar verschlechtern kann und deshalb Anpassungs- 13

---

[8] BGHZ 41, 61, 64 – Zigaretten; WuW/E BGH 2077, 2081 – Coop/Supermagazin; KG WuW/E OLG 2686, 2687 – Beiladung und Geschäftsgeheimnis.
[9] *Bechtold*, GWB, § 54 Rz. 8.

reaktionen erforderlich werden[10]. Ein bloß mittelbares (entferntes) Betroffensein erfordert eine deutlich erhöhte (erhebliche) Schwelle der wirtschaftlichen Interessenberührung[11]. Stehen bloße Vorfragen zur Entscheidung oder will der betroffene Beteiligte des Hauptverfahrens an Auskunftsverfahren gegen Dritte beteiligt werden, so reicht diese entfernte Betroffenheit regelmäßig nicht aus[12]. Sind Verbände zu beteiligen, reicht eine erhebliche Interessenberührung zumindest eines Teils der Verbandsmitglieder regelmäßig aus[13].

14 Über Beiladungsantrag und das Tatbestandsmerkmal der erheblichen Interessenberührung hinaus ist die Regulierungsbehörde nach § 66 Abs. 2 Ziff. 3 berechtigt und verpflichtet, über die Beiladung nach **pflichtgemäßem Ermessen** zu entscheiden, wobei die beteiligten Interessen unter Berücksichtigung des öffentlichen Interesses (Verfahrensökonomie) gegeneinander abzuwägen sind. Werden Interessen vieler potenziell Beizuladender in gleichartiger Weise berührt, ist die Regulierungsbehörde zur Betätigung ihres Auswahlermessens berechtigt[14] (je Interesse ein beizuladendes Unternehmen).

15 Weil nach der kartellrechtlichen Rechtsprechung bei Vorliegen einer **rechtsgestaltenden Wirkung** des Verfahrensausgangs den Antragstellern ein **Beiladungsanspruch** erwächst[15], wird die Regulierungsbehörde nach Benachrichtigung der so Betroffenen auf deren Antrag die Beiladungsentscheidung nach § 66 Abs. 2 Ziff. 3 aussprechen. In Entgeltgenehmigungssachen wird dies insbesondere dann der Fall sein, wenn das Verfahren NZG von ÜNB betrifft und die so genehmigten Entgelte Bestandteil der Entgeltgenehmigungen der darunterliegenden Spannungsebenen bzw. Druckstufen werden (vgl. auch § 23a Abs. 2 Satz 2).

---

10 KG WuW/E OLG 3211 – WZ-WAZ; KG WuW/E OLG 3730, 3731 – Beiladung zum Auskunftsverfahren; KG WuW/E OLG 5355, 5357 – Beiladung RTL 2; KG WuW/E OLG 5849, 5851 f. – Großverbraucher.
11 KG WuW/E OLG 3730, 3731 – Beiladung zum Auskunftsverfahren.
12 *Bechtold*, GWB, § 54 Rz. 8 mit Nachweisen.
13 KG WuW/E OLG 1071, 1073 – Triest-Klausel.
14 KG WuW/E OLG 2356, 2359 – Sonntag Aktuell; vgl. auch KG WuW/E OLG 2021, 2022 – Bahnhofsbuchhandel.
15 KG WuW/E OLG 2192, 2193 – Basalt-Union; WuW/E OLG 2247, 2257 – Parallellieferteile; WuW/E OLG 3217, 3219 – Benachrichtigungspflicht; WuW/E OLG 4753, 4759 – VW-Leasing.

III. Verfahrensbeteiligte (Abs. 2 und Abs. 3)

Parallel zum GWB ist in HS 2 des § 66 Abs. 2 Ziff. 3 eine Präzisierung der **erheblichen Interessenberührung** im Hinblick auf **Verbraucherzentralen und Verbraucherverbände** erfolgt. Diese ist im Regierungsentwurf wie folgt begründet worden[16]: 16

> »Bereits nach geltendem Recht kann die Kartellbehörde und soll künftig auch die Regulierungsbehörde Verbraucherverbände beiladen, wenn die Interessen des Verbandes bzw. der von ihm vertretenen Verbraucher erheblich berührt sind. Nach der Rechtsprechung sind aber nicht die Fälle erfasst, nach denen zwar eine Vielzahl von Verbrauchern betroffen, aber die Interessenberührung des einzelnen Verbrauchers nicht erheblich ist. Diese Lücke soll durch die Regelung in Nummer 3 geschlossen werden. Danach sollen ausdrücklich auch solche Fälle erfasst werden, bei denen die wirtschaftliche Beeinträchtigung eines jeden Verbrauchers zwar möglicherweise als gering einzustufen ist, die Dimension der kartellbehördlichen Entscheidung aufgrund der Vielzahl der betroffenen Verbraucher auf diese aber insgesamt erheblich ist.«

Die Anwendung des HS 2 erfordert zunächst eine Förderung des Verbraucherverbandes **mit öffentlichen Mitteln**; auf diese Weise wird das Tätigwerden im öffentlichen Interesse sichergestellt. UWG-Vereinigungen werden häufig nicht durch die öffentliche Hand unterstützt. 17

Im Rahmen ihrer Ermessensentscheidung wird die Regulierungsbehörde prüfen, ob vom potenziellen Verfahrensausgang nicht nur wenige, sondern eine **Vielzahl von Verbrauchern** betroffen sein wird. Dies ist in Verfahren mit Verbraucherbezug häufig, weil bei massenweise auftretenden gleichartigen Geschäften beispielsweise eine Entgeltüberhöhung um Bruchteile eines Cents ausreichen kann, um daraus **Schadensbeträge** in Millionenhöhe zu generieren. Nach der Gesetzesfassung ist also auf die erhebliche Berührung (wirtschaftlicher Interessen) bereits dann zu schließen, wenn diese Vielzahl der Verbraucher am Verfahrensausgang interessiert ist. Dabei wird man den Begriff »Vielzahl« jedenfalls dann annehmen können, wenn mehrere hundert Verbraucher von der Entscheidung betroffen sein werden. Gerade im Hinblick auf Netzentgelte wird diese Voraussetzung typischerweise zu bejahen sein. 18

---

16 BT-DrS 15/3917, S. 70 f.

4. Behörden als Beteiligte (Abs. 3)

19 Im Hinblick auf einen sehr speziellen Fall sieht § 66 Abs. 3 – offenbar unter umformulierender Übernahme des Rechtsgedankens aus § 54 Abs. 3 GWB – die **gesetzliche Beteiligung** der Regulierungsbehörde vor. Allerdings ist diese ausweislich des Gesetzeswortlauts nur dann vorgesehen, wenn das Verfahren von der **nach Landesrecht zuständigen Behörde** betrieben wird. Dies ist insbesondere in den Fällen des § 4 und § 36 Abs. 2 sowie nach § 49 Abs. 5 der Fall.

20 Der Wortlaut des § 66 Abs. 3 ist **zu eng** geraten. Es fehlt nämlich über die Regelung in § 64a (Zusammenarbeit zwischen Regulierungsbehörden) hinaus die Festlegung einer Beteiligtenstellung der BNetzA an den von den LRB betriebenen Verfahren. Berücksichtigt man § 54 Abs. 3 als Vorbildvorschrift, der die Beteiligung des Bundeskartellamtes an allen Verfahren der Landeskartellbehörden vorsieht, so wäre eigentlich gerade diese Konstellation zu regeln gewesen.

21 Die Regelungslücke resultiert aus der veränderten Regulierungskonzeption, die der Bundesrat in das Gesetzgebungsverfahren eingebracht hat. Weil nach dem Ausgangsentwurf nur eine einzige (Bundes-) Regulierungsbehörde vorgesehen gewesen ist, konnte eine derartige Beteiligungskonstellation ursprünglich gar nicht auftreten. Im Laufe des Gesetzgebungsverfahrens sind dann Zuständigkeiten von LRB begründet worden (vgl. § 54 Abs. 2), ohne eine Ergänzung des § 66 Abs. 3 zu bedenken. Dies ist inkonsequent.

22 Angesichts der vorhandenen **Regelungslücke** und mit Rücksicht auf die offensichtliche Gleichwertigkeit der dort vorausgesetzten Interessenlage ist **§ 66 Abs. 3** deshalb **analog** im Hinblick auf die Beteiligung der BNetzA an Verfahren der LRB anzuwenden. Insofern ist die BNetzA ebenso geborene Beteiligte wie an den Verfahren, die von der nach Landesrecht zuständigen Behörde zu führen sind. Weil eine solche Gesetzesanalogie lediglich einen Fehler im Gesetzgebungsverfahren beseitigt und die übrigen Beteiligten des Verfahrens (einschl. des betroffenen Unternehmens) keineswegs unzumutbar belastet, begegnet diese Analogie auch unter dem Gesichtspunkt des Gesetzesvorbehalts keinen Bedenken.

IV. Rechtsfolgen der Beteiligung und Rechtsschutz

Mit der Beteiligtenstellung erwerben kraft Gesetz zu Beteiligende sowie Beigeladene nicht nur ein Recht auf **Akteneinsicht** (§ 29 VwVfG). Vielmehr sind alle Beteiligten auch nach § 67 Abs. 1 spätestens dann anzuhören, wenn ein Verwaltungsakt erlassen werden soll (vgl. § 28 Abs. 1). Weitere potenzielle Verfahrenshandlungen von Beteiligten betreffen nach § 67 Abs. 3 den Antrag auf Durchführung einer öffentlichen Verhandlung sowie die Möglichkeit, die Erhebung von Beweisen zu beantragen (§ 68). Gegen die abschließende Entscheidung der Regulierungsbehörde steht allen Beteiligten die Beschwerde zum Oberlandesgericht nach § 75 Abs. 2 zu.

23

Rechtsschutz gegen die im Gesetz vorgesehene Beteiligung von natürlichen und juristischen Personen sowie Behörden ist – möglicherweise mit Ausnahme einer Verfassungsbeschwerde wegen des unmittelbaren Betroffenseins – nicht vorgesehen. Dies betrifft § 66 Abs. 3 sowie die Ziff. 1 und 2 des § 66 Abs. 2 (Beteiligung kraft Gesetzes). Weil jedoch die Beteiligtenstellung auch durch **Beiladungsentscheidung** der Regulierungsbehörde erlangt werden kann und insofern nicht nur die Voraussetzungen der Ziff. 3, sondern auch die Ermessensentscheidung der Regulierungsbehörde in analoger Anwendung der kartellrechtlichen Rechtsprechung von den Gerichten nachgeprüft werden kann, ist gegen die Beiladungsverfügung das Rechtsmittel der **Beschwerde** (§ 75 Abs. 1) gegeben. Auch insofern entscheidet das OLG am Sitz der Regulierungsbehörde in ausschließlicher Zuständigkeit (§ 75 Abs. 4). Die Beschwerde ist begründet, wenn entweder ein Antrag auf Beiladung fehlt, die erhebliche Interessenberührung nicht festgestellt werden kann oder eine ordnungsgemäße Betätigung des Ermessens der Regulierungsbehörde vom Gericht nicht festgestellt werden kann (Nichtgebrauch des Ermessens, Ermessensfehlgebrauch)[17].

24

---

17 Aus der kartellrechtlichen Rechtsprechung vgl. OLG Düsseldorf WuW/E OLG 1981 – Anzeigenpreise; KG WuW/E OLG 2021 – Bahnhofsbuchhandel; KG WuW/E OLG 2356 – Sonntag Aktuell.

§ 67 Anhörung, mündliche Verhandlung

(1) Die Regulierungsbehörde hat den Beteiligten Gelegenheit zur Stellungnahme zu geben.

(2) Vertretern der von dem Verfahren berührten Wirtschaftskreise kann die Regulierungsbehörde in geeigneten Fällen Gelegenheit zur Stellungnahme geben.

(3) ¹Auf Antrag eines Beteiligten oder von Amts wegen kann die Regulierungsbehörde eine öffentliche mündliche Verhandlung durchführen. ²Für die Verhandlung oder für einen Teil davon ist die Öffentlichkeit auszuschließen, wenn sie eine Gefährdung der öffentlichen Ordnung, insbesondere der Sicherheit des Staates, oder die Gefährdung eines wichtigen Betriebs- oder Geschäftsgeheimnisses besorgen lässt.

(4) Die §§ 45 und 46 des Verwaltungsverfahrensgesetzes sind anzuwenden.

Überblick		Seite	Rz.
I.	Regelungszweck und Entstehungsgeschichte	1227	1
II.	Anhörung im Verfahren (Abs. 1 und Abs. 2)	1228	4
	1. Anhörung Beteiligter	1228	5
	2. Vom Verfahren berührte Wirtschaftskreise	1229	8
	3. Akteneinsichtsrecht	1231	11
	4. Rechtsschutz	1233	19
III.	Öffentliche mündliche Verhandlung (Abs. 3)	1233	20
IV.	Rechtsfolgen von Verfahrens- und Formfehlern (Abs. 4).	1235	27
	1. Heilung von Verfahrens- und Formfehlern	1235	28
	2. Rechtsfolgen beachtlicher Verfahrens- und Formfehler .	1235	30

I. Regelungszweck und Entstehungsgeschichte

Die Anhörung von Betroffenen/Beteiligten im Verwaltungsverfahren ist – über Art. 103 Abs. 1 GG hinaus – ein äußerst bedeutsames Verfahrensgrundrecht. Nach Abs. 1 und Abs. 2 des § 67 ist nicht nur den Beteiligten, sondern (ermessensgebunden) den **berührten Wirtschaftskreisen Gelegenheit zur Stellungnahme** zu geben. 1

2 Den Gefahren, die alle lediglich schriftlich durchgeführten Verfahren mit sich bringen, wo ggf. »nach Aktenlage« entschieden wird, steuert § 67 Abs. 3 entgegen. Nach fehlerfreier Ermessensbetätigung durch die Regulierungsbehörde kann eine **öffentliche mündliche Verhandlung** durchgeführt werden (Satz 1); nur unter besonderen Voraussetzungen (entgegenstehende öffentliche oder private Interessen) darf die Öffentlichkeit (teilweise) ausgeschlossen werden. Mit dem Verweis auf die §§ 45, 46 VwVfG (Heilung sowie Folgen von Verfahrens- und Formfehlern in Bezug auf den Verwaltungsakt) ist gewährleistet, dass unterlassene Verfahrenshandlungen sowie formfehlerhaftes Vorgehen grundsätzlich nachholbar sind und nicht quasi zwangsläufig zur Aufhebung des Verwaltungsaktes führen.

3 § 67 hat als **Standardvorschrift** im Wirtschaftsverwaltungsverfahren Vorbilder in § 67 GWB und § 135 TKG, so dass auf Kommentierungen zu jenen Vorschriften zurückgegriffen werden kann. Abs. 3 und Abs. 4 des § 56 GWB sind allerdings parallel zum EnWG-Gesetzgebungsverfahren im Wesentlichen gleichlautend umgestaltet worden, wobei es u.a. Reformziel gewesen ist, auf den bloßen Antrag eines Beteiligten hin nicht in jedem Fall – obligatorisch – die mündliche Verhandlung durchführen zu müssen[1]. Wie bei der Verfahrenseinleitung entscheidet hierüber jetzt nicht nur die Kartellbehörde, sondern auch die Regulierungsbehörde nach pflichtgemäßer Ermessensbetätigung. Der Entwurf zu § 67[2] ist während des Gesetzgebungsverfahrens nicht mehr verändert worden.

II. Anhörung im Verfahren (Abs. 1 und Abs. 2)

4 Anspruch auf rechtliches Gehör haben uneingeschränkt **alle Beteiligten** und – ermessensgebunden – die vom Verfahren **berührten Wirtschaftskreise**.

1. Anhörung Beteiligter

5 Das Verfahrensgrundrecht auf rechtliches Gehör steht den Beteiligten im Sinne von § 66 Abs. 2 und 3 uneingeschränkt zu. Zu den Beteiligten gehören Antragsteller, betroffene Unternehmen, Personen/Personenvereinigungen/Verbraucherverbände bei erheblicher Interessenbe-

---

1 So aber § 56 Abs. 1 HS 2 GWB a.F.
2 BT-DrS 15/3917, S. 29 mit Begründung S. 71.

rührung nach Beiladung auf Antrag sowie die nach § 66 Abs. 3 direkt oder analog zu beteiligenden Behörden (insbesondere BNetzA im Verfahren der LRB)[3].

Zur Ermittlung der Reichweite des Verfahrensgrundrechts auf rechtliches Gehör kann auf die Rechtsprechung in Kartellsachen zurückgegriffen werden[4]. Nach Unterrichtung eines Beteiligten durch die Regulierungsbehörde, die ggf. eine laufende Information während des Verfahrens erfordert und durch das **Akteneinsichtsrecht** nach § 29 VwVfG unterstützt wird, sind die Beteiligten berechtigt, jedenfalls schriftlich (vorbehaltlich der Durchführung einer mündlichen Verhandlung nach § 67 Abs. 3) zu allen im Hinblick auf den Verfahrensabschluss durch Verfügung bedeutsamen Tatsachen und den damit in Verbindung stehenden Rechtsfragen Stellung zu nehmen. Meist wird kurz vor Abschluss des Verfahrens noch einmal Gelegenheit zur **ergänzenden Stellungnahme** zu geben sein[5]. Nur in Ausnahmefällen, insbesondere bei entgegenstehendem öffentlichen Interesse oder wenn nicht zu Ungunsten von den tatsächlichen Angaben eines Beteiligten abgewichen werden soll, kann insbesondere im Hinblick auf § 72 (vorläufige Anordnung) ausnahmsweise von einer Gewährung rechtlichen Gehörs abgesehen werden[6]. **6**

Zwar ist Gelegenheit zur Stellungnahme grundsätzlich in jeder Verfahrenssituation zu gewähren; dies bedeutet jedoch nicht, dass die Regulierungsbehörde nicht berechtigt wäre, Fristen zur Stellungnahme zu setzen, damit diese im Rahmen eines effizienten Verfahrensablauf noch in die Entscheidung bzw. fortdauernde Ermittlungen einfließen können. Die Frist muss aber angemessen sein und darf auch zum Verfahrensabschluss eine Wochenfrist nicht unterschreiten. **7**

2. Vom Verfahren berührte Wirtschaftskreise

Andere Netzbetreiber, Erzeugungsunternehmen sowie Lieferanten von Energie einschließlich deren Verbände werden häufig zumindest mittelbar (entfernt) vom Verfahrensausgang berührt sein. Anders als **8**

---

3 Zu Einzelheiten vgl. oben § 66 Rz. 20 ff.
4 Vgl. KG WuW/E OLG 2411, 2414 – Bayer/Firestone; BGH WuW/E BGH 2150, 2152 f. – Edelstahlbestecke; KG WuW/E OLG 5565, 5580 – Fernsehübertragungsrechte.
5 BGH WuW/E BGH 2150, 2152 f. – Edelstahlbestecke.
6 Vgl. *Bechtold*, GWB, § 56 Rz. 2.

bei Beteiligten besteht hier eine Pflicht zur Anhörung nicht. Im Rahmen einer Ermessensentscheidung muss die Regulierungsbehörde aber prüfen, ob und welche berührten Wirtschaftskreise Gelegenheit zur Stellungnahme erhalten sollen. Ist das Interesse von Personen oder Verbänden erheblich berührt, werden sie regelmäßig ohnehin bereits die Beteiligtenstellung nach § 66 Abs. 2 Ziff. 3 eingeräumt erhalten haben, so dass Akteneinsichtsrecht und rechtliches Gehör nach Abs. 1 zu beurteilen sind und deshalb uneingeschränkt bestehen.

9 Unter Berücksichtigung der Ziff. 3 des § 66 Abs. 2 ist deshalb auch die Schwelle des **Berührtseins** zu bestimmen[7]; die Erheblichkeitsschwelle muss nicht erreicht werden. Ein bloßes entferntes Betroffensein wird gleichwohl meist nicht ausreichen, um – Ermessensschrumpfung auf Null – die Regulierungsbehörde zur Gewährung rechtlichen Gehörs zu verpflichten. Soweit sich allerdings die Wettbewerbslage durch die anstehende Entscheidung verschlechtern kann, liegt »Berührtsein« im Sinne von § 67 Abs. 2 bereits vor. Weil gerade in den Netzbetreiber betreffenden Verfahren mehrere hundert Erzeuger, Energiehändler und Kunden sowie andere Netzbetreiber und zudem noch zahlreiche Verbände betroffen sein können, ist die Kartellbehörde in Ausübung ihres Auswahlermessens berechtigt, Gelegenheit zur Stellungnahme ausgewählten Repräsentanten der berührten Wirtschaftskreise zu gewähren (z. B. der Vereinigung Industrieller Kraftwerksbetreiber).

10 Mit der Wendung »in geeigneten Fällen« scheint der Regulierungsbehörde zusätzlich ein Beurteilungsspielraum eingeräumt zu sein. Der Gesetzeswortlaut ist aber nicht so zu verstehen, dass bei Betreiben mehrerer gleichgelagerter Verfahren (z. B. gegen drei ÜNB) eines dieser Verfahren ausgewählt werden kann, um nur dort berührten Wirtschaftskreisen rechtliches Gehör zu gewähren. Vielmehr sind gewährte Rechte zur Stellungnahme in Bezug auf alle gleichgelagerten Verfahren eröffnet und dort auch – ggf. nach Kopie – zu berücksichtigen. Bei im Wesentlichen gleichgearteten Tatsachen und rechtlichen Erwägungen kann möglicherweise das Akteneinsichtsrecht auf eines der gleichgelagerten Verfahren beschränkt werden.

---

7 Vgl. dort zu Einzelheiten: § 66 Rz. 13 f.

3. Akteneinsichtsrecht

Das EnWG enthält keine explizite Vorschrift zur Gewährung von Akteneinsicht. Um allerdings sachgerecht Stellung nehmen zu können, reicht es nicht aus, wenn die Regulierungsbehörde beteiligten und berührten Wirtschaftskreisen lediglich eine Darstellung des wesentlichen Akteninhalts sowie möglicher rechtlicher Erwägungen zukommen lässt. Vielmehr ist § 29 VwVfG (Akteneinsicht durch Beteiligte) uneingeschränkt anzuwenden und analog auch bei Gewährung rechtlichen Gehörs nach § 67 Abs. 2 zu berücksichtigen.

11

Das Akteneinsichtsrecht umfasst nach § 29 Abs. 1 VwVfG **alle das Verfahren betreffenden Akten** mit Ausnahme von Entscheidungsentwürfen und diese vorbereitenden Arbeiten. Sind die Beteiligten durch Rechtsanwälte usw. vertreten (§§ 17, 18 VwVfG), haben nur jene Vertreter den Anspruch auf Akteneinsicht. Die Rechtsprechung zum Umfang des Akteneinsichtsrechts in Kartellrechtssachen kann auch im Hinblick auf regulierungsbehördliche Verfahren herangezogen werden[8].

12

Regelmäßig erfolgt Akteneinsicht **bei der Regulierungsbehörde**, weil sie die Akten führt (§ 29 Abs. 3 VwVfG). Gegen Kostenerstattung wird die Regulierungsbehörde auch Fotokopien übersenden. Im Einzelfall kann die Behörde zur Vermeidung von unverhältnismäßigen Anreisekosten die Akten auch an eine andere Behörde übersenden, wo dann Einsicht genommen werden kann (§ 29 Abs. 3 Satz 2 VwVfG).

13

In **drei Fällen** muss gemäß § 29 Abs. 2 VwVfG Akteneinsicht **nicht gewährt** werden:

14

- Beeinträchtigung ordnungsgemäßer Erfüllung von Aufgaben der Regulierungsbehörde

- Nachteile des Bundes- oder Landeswohls bei Bekanntwerden des Akteninhalts

- Gesetzlich bestimmter oder wesensgemäßer Geheimhaltungsbedarf (insbesondere berechtigte Interessen von Beteiligten oder Dritten)

---

8 KG WuW/E OLG 3908, 3910 f. – Geheimnisschutz bei Akteneinsicht.

§ 67 Anhörung, mündliche Verhandlung

15 Diese entgegenstehenden Gründe müssen selbstverständlich nicht kumulativ vorliegen. Weil ein **Anspruch auf Akteneinsicht** nach § 29 Abs. 1 VwVfG besteht, ist bei Verweigerung gänzlicher oder teilweiser Akteneinsicht eine Entscheidung der Regulierungsbehörde erforderlich, die mit der Beschwerde gemäß § 75 Abs. 1 angegriffen werden kann.

16 Hauptgegenstand einer (teilweise) verweigerten Akteneinsicht sind aus den Akten zu entnehmende **Betriebs- und Geschäftsgeheimnisse**. Diese können entweder zugunsten des betroffenen Unternehmens oder aber zugunsten Dritter geheimhaltungsbedürftig sein. Nach § 71 Satz 1 besteht in Ausfüllung von § 30 VwVfG (Geheimhaltungsanspruch von Beteiligten) eine **Kennzeichnungspflicht** aller Unternehmen und Privaten, die aufgrund von § 69 zur Vorlage von Informationen im regulierungsbehördlichen Verfahren verpflichtet sind; zusätzlich muss eine Fassung vorgelegt werden, aus der die Betriebs- und Geschäftsgeheimnisse nicht mehr ersichtlich sind (z. B. Schwärzung von Schreiben und Vertragsteilen). Das Akteneinsichtsrecht wird dann nur in Bezug auf diese »bearbeiteten« Aktenteile gewährt.

17 Der Geheimhaltungsbedarf im Sinne von § 30 VwVfG ist von den betroffenen Unternehmen sowie ggf. dem Dritten **glaubhaft zu machen**. Maßstab im Kartellverwaltungsverfahren ist ein objektives, erhebliches Interesse an der Geheimhaltung[9].

18 Nach einer in der Literatur vertretenen Auffassung[10] kann ein Akteneinsichtsrecht der Verfahrensbeteiligten in Kartellverwaltungssachen unter Umständen weiter als im allgemeinen Verwaltungsverfahren (§§ 29, 30 VwVfG) reichen, weil diese besonderen Wirtschaftsverwaltungsverfahren quasi gerichtsförmlich ausgestaltet seien (Justizähnlichkeit), so dass für die Entscheidung über die Reichweite des Akteneinsichtsrechts eigentlich § 100 VwGO bzw. § 299 ZPO anzuwenden seien. An der Richtigkeit dieser Auffassung bestehen aber Zweifel, zumal bei Inanspruchnahme von Rechtsschutz die im Gerichtsverfahren vorgesehenen Akteneinsichtsrechte ohnehin noch wahrgenommen werden können. Wird eine Beweisaufnahme nach § 68 Abs. 2 (ent-

---

9 KG WuW/E OLG 3539 f. – Unternehmensinterna; WuW/E OLG 3908, 3911 – Geheimnisschutz bei Akteneinsicht; OLG Düsseldorf WuW/E OLG 1881, 1887 – Anzeigenpreise. Überblick bei *Kevekordes*, Zur Rechtsstellung des Beigeladenen im Kartellrecht, WuW 1987, S. 365, 369 ff.
10 *Bechtold*, GWB, § 56 Rz. 2.

sprechend § 57 Abs. 2 GWB) förmlich durchgeführt, so soll nach Auffassung des Kammergerichts Berlin ohnehin ein uneingeschränktes Akteneinsichtsrecht bestehen[11].

4. Rechtsschutz

Soweit rechtliches Gehör von Gesetzes wegen zu gewähren ist, ergeht keine Entscheidung der Regulierungsbehörde (§ 67 Abs. 1), gegen die Rechtsschutz in Anspruch genommen werden könnte. Weil aber § 67 Abs. 2 (rechtliches Gehör im Verhältnis zu berührten Wirtschaftskreisen) eine entsprechende Entscheidung voraussetzt, können die durch diese Entscheidung beschwerten Unternehmen und Privaten Beschwerde nach § 75 einlegen. Dies gilt auch, soweit Verfahrensbeteiligte oder Dritte die Offenlegung von Betriebs- und Geschäftsgeheimnissen in einem zu weitgehenden Umfang befürchten. 19

III. Öffentliche mündliche Verhandlung (Abs. 3)

Die früher in Kartellsachen obligatorische mündliche Verhandlung (auf Antrag eines Beteiligten, § 56 Abs. 1 GWB a.F.) gibt es in dieser Form nicht mehr; eine öffentliche mündliche Verhandlung ist vielmehr nur noch **nach Ermessensentscheidung** der Regulierungsbehörde durchzuführen. Diese kann auch auf **Antrag** eines Beteiligten erfolgen; vom Verfahren lediglich berührte Wirtschaftskreise (§ 67 Abs. 2) sind nicht antragsbefugt. 20

Die Zurücknahme des »Rechts auf mündliche Verhandlung« nimmt den Wirtschaftsverwaltungsverfahren vor Kartellbehörden bzw. Regulierungsbehörden einen Teil ihrer »Justizförmlichkeit«. Der Gesetzgeber verspricht sich von dieser Änderung offenbar eine Verbesserung bei Effizienz und Verfahrensökonomie[12]. Gerade bei bedeutsamen Verfahren mit vielen Beteiligten und mittelbar Betroffenen wird angesichts des besonderen Interesses der Öffentlichkeit an Verfahrensdurchführung und Verfahrensausgang regelmäßig eine mündliche Verhandlung durchzuführen sein. Dies gilt insbesondere dann, wenn wie beispielsweise bei Streit über Grundsatzfragen der Netzentgeltbemessung eine derartige Breitenwirkung vorhanden ist, dass prak- 21

---

11 KG WuW/E OLG 2140, 2141 – Einbauküchen.
12 Vgl. dazu die Gesetzesbegründung zu § 56 GWB 2005, BT-DrS 15/3640, S. 63.

tisch Jedermann von der Entscheidung betroffen sein wird. Betrifft die Entscheidung nur ganz wenige oder nur ein Unternehmen, so kann (ausnahmsweise) auch ohne mündliche Verhandlung entschieden werden.

22 Das BKartA hat in der Vergangenheit die Verfahrensbeteiligten – häufig auch getrennt – zu sog. **Besprechungen** geladen, während derer formlos über relevante Tatsachen und Rechtsmeinungen diskutiert werden konnte[13]. Soll eine mündliche Verhandlung **ohne Öffentlichkeitsbeteiligung** stattfinden, sind alle am Verfahren Beteiligten zu laden. Nachdem auch für das kartellbehördliche Missbrauchsverfahren (§ 19 GWB) die früher obligatorische öffentliche mündliche Verhandlung nicht mehr Gesetzesinhalt ist (vgl. § 56 Abs. 3 GWB a.F.), kann auch für die §§ 30, 31 EnWG keine entsprechende Ermessensbindung mehr angenommen werden.

23 Ist eine öffentliche mündliche Verhandlung angesetzt, darf die Öffentlichkeit **nur ausgeschlossen** werden, wenn die Voraussetzungen des § 67 Abs. 3 **Satz 2** vorliegen. Regelmäßig wird dies allenfalls einen Teil der Verhandlung betreffen, etwa wenn es um die Erörterung von Betriebs- und Geschäftsgeheimnissen geht.

24 Als **Ausschlussgründe** sieht das Gesetz vor:

– Gefährdung der öffentlichen Ordnung (insbesondere Sicherheit des Staates)

– Gefährdung eines wichtigen Betriebs- oder Geschäftsgeheimnisses

25 Über das Vorliegen eines oder mehrerer Ausschlussgründe entscheidet die Beschlusskammer mehrheitlich, § 59 Abs. 2. **Rechtsschutz** ist nach allgemeinen Grundsätzen zu gewähren.

26 Für den **Ablauf der mündlichen öffentlichen Verhandlung** kennt das EnWG ebenso wie das GWB keine Vorgaben. Angesicht der Quasi-Justizförmlichkeit des regulierungsbehördlichen Verfahrens wird sich diese Verhandlung an den Vorgaben für das Beschwerdeverfahren (§§ 75 ff.) sowie das Rechtsbeschwerdeverfahren (§§ 86 ff.) orientieren. Im Rahmen einer solchen mündlichen Verhandlung können auch Beweise erhoben werden (§ 68 Abs. 2 bis Abs. 5).

---

13 Vgl. dazu *Bechtold*, GWB, § 56 Rz. 4.

IV. Rechtsfolgen von Verfahrens- und Formfehlern (Abs. 4)

Mit dem Verweis auf die §§ 45, 46 VwVfG sind auch die im regulierungsbehördlichen Verwaltungsverfahren auftretenden Verfahrensfehler sowie Formfehler nach den allgemeinen Grundsätzen zu beurteilen. In Betracht kommen sowohl **Heilung** (§ 45 VwVfG) als auch die **besondere Folgenbeurteilung** (§ 46 VwVfG).

1. Heilung von Verfahrens- und Formfehlern

Nach § 45 Abs. 1 VwVfG ist die Verletzung von Verfahrensvorschriften sowie Formvorschriften – unter Vorbehalt einer möglichen Nichtigkeit nach § 44 VwVfG – in bestimmten Fällen **unbeachtlich**:

– Nachholung des Antrags bei antragsgebundenen Verwaltungsakten

– Nachholung einer erforderlichen Begründung

– Nachholung einer erforderlichen Anhörung

– Nachträgliche Beschlussfassung eines verfahrenserforderlichen Ausschusses

– Nachholung der Mitwirkung einer anderen Behörde

Voraussetzung für die Unbeachtlichkeit ist es allerdings, dass die nachzuholende Handlung **bis zum Abschluss des verwaltungsgerichtlichen Verfahrens** nachgeholt wurde. Dies bedeutet, dass die ergehende Entscheidung in der Beschwerdeinstanz (§ 75) die nachgeholte Verfahrenshandlung noch zu berücksichtigen in der Lage ist. Bei Versäumung einer Rechtsmittelfrist, die auf fehlender Begründung des Verwaltungsaktes oder fehlender Anhörung eines Beteiligten vor dessen Erlass beruht, gilt das Versäumnis nach § 45 Abs. 3 VwVfG als nicht verschuldet, so dass Wiedereinsetzung in den vorigen Stand erreicht werden kann.

2. Rechtsfolgen beachtlicher Verfahrens- und Formfehler

Liegen die Voraussetzungen des § 45 Abs. 1 und Abs. 2 VwVfG nicht vor, ist also eine Nachholung der Verfahrenshandlung entweder nicht oder nicht rechtzeitig – bis zum Abschluss der gerichtlichen Entscheidung – möglich, so ist nach § 67 Abs. 4 in Verbindung mit § 46 VwVfG zu prüfen, ob ausnahmsweise eine **Aufhebung des Verwal-**

tungsaktes gleichwohl nicht beansprucht werden kann. Liegen die Voraussetzungen des § 46 VwVfG vor, so ist eine darauf gestützte Beschwerde im Sinne von § 75 Abs. 1 unbegründet. Dies gilt wiederum nicht, wenn bereits Nichtigkeit nach § 44 VwVfG vorliegt.

31 Nur in **zwei Fällen** ist § 46 VwVfG einschlägig:

– Verletzung von Verfahrens- oder Formvorschriften

– Verletzung von Vorschriften über die örtliche Zuständigkeit

32 Der Kanon in Betracht zu ziehender Verfahrens- und Formvorschriften umfasst zumindest die in § 45 Abs. 1 VwVfG aufgezählten Verfahrenshandlungen, geht aber möglicherweise darüber hinaus[14]. Hat eine örtlich unzuständige Behörde entschieden, führt dies ebenfalls nicht notwendig zur Aufhebung im Rahmen der Beschwerdeentscheidung.

33 Auch wenn die genannten Voraussetzungen vorliegen, ist nach § 46 VwVfG letztlich entscheidend, ob **der Verletzungstatbestand die Entscheidung in der Sache offensichtlich nicht beeinflusst hat**. Das Beschwerdegericht hat deshalb zu prüfen, ob bei Beachtung der Vorschriften Verfahren, Form und örtliche Zuständigkeit die Entscheidung in der Sache gleichwohl ergangen wäre. Dazu ist zum Beispiel eine Stellungnahme der örtlich zuständigen Behörde einzuholen und zu prüfen, ob diese in Bezug auf Entscheidungstenor und Entscheidungsbegründung zu einem identischen Ergebnis gekommen wäre.

34 § 46 VwVfG will verhindern, dass jeder beachtliche Verstoß gegen die Vorschrift über Verfahren, Form und örtliche Zuständigkeit in jedem Fall zur Wiederholung des Verwaltungsverfahrens/Regulierungsverfahrens führen muss. Allerdings sind strenge Maßstäbe an den Begriff »offensichtlich« anzulegen; bereits wenn ernste Zweifel (nicht notwendig ernsthafte Zweifel) bestehen, ob bei Beachtung aller Förmlichkeiten genauso entschieden worden wäre, ist die Verfügung im Rechtsschutzverfahren aufzuheben.

---

14 Zu Einzelheiten vgl. *Kopp/Ramsauer*, VwVfG, 9. Aufl. München 2005, § 46 Rz. 7.

§ 68 Ermittlungen

(1) Die Regulierungsbehörde kann alle Ermittlungen führen und alle Beweise erheben, die erforderlich sind.

(2) ¹Für den Beweis durch Augenschein, Zeugen und Sachverständige sind § 372 Abs. 1, §§ 376, 377, 378, 380 bis 387, 390, 395 bis 397, 398 Abs. 1, §§ 401, 402, 404, 404a, 406 bis 409, 411 bis 414 der Zivilprozeßordnung sinngemäß anzuwenden; Haft darf nicht verhängt werden. ²Für die Entscheidung über die Beschwerde ist das Oberlandesgericht zuständig.

(3) ¹Über die Zeugenaussage soll eine Niederschrift aufgenommen werden, die von dem ermittelnden Mitglied der Regulierungsbehörde und, wenn ein Urkundsbeamter zugezogen ist, auch von diesem zu unterschreiben ist. ²Die Niederschrift soll Ort und Tag der Verhandlung sowie die Namen der Mitwirkenden und Beteiligten ersehen lassen.

(4) ¹Die Niederschrift ist dem Zeugen zur Genehmigung vorzulesen oder zur eigenen Durchsicht vorzulegen. ²Die erteilte Genehmigung ist zu vermerken und von dem Zeugen zu unterschreiben. ³Unterbleibt die Unterschrift, so ist der Grund hierfür anzugeben.

(5) Bei der Vernehmung von Sachverständigen sind die Bestimmungen der Absätze 3 und 4 anzuwenden.

(6) ¹Die Regulierungsbehörde kann das Amtsgericht um die Beeidigung von Zeugen ersuchen, wenn sie die Beeidigung zur Herbeiführung einer wahrheitsgemäßen Aussage für notwendig erachtet. ²Über die Beeidigung entscheidet das Gericht.

Überblick	Seite	Rz.
I. Regelungszweck und Entstehungsgeschichte	1237	1
II. Amtsermittlungsgrundsatz (Abs. 1).................	1238	2
III. Beweiserhebung (Abs. 2 bis Abs. 6)..................	1239	6

I. Regelungszweck und Entstehungsgeschichte

1 § 68 betrifft Ermittlungen sowie die Beweiserhebung einschließlich der dabei zu beachtenden Förmlichkeiten. Weil es sich um eine weitere **Standardvorschrift** des Wirtschaftsverwaltungsverfahrensrechts handelt, stimmt sie mit ihren Vorbildern (§ 57 GWB und § 128 TKG) im Wortlaut wesentlich überein. Im Laufe des Gesetzgebungsverfahrens ist der Regierungsentwurf[1] nicht mehr verändert worden.

II. Amtsermittlungsgrundsatz (Abs. 1)

2 § 68 Abs. 1 **ermächtigt** die Regulierungsbehörde zu allen Arten von **Ermittlungen.** Damit wird der sog. **Amtsermittlungsgrundsatz** zum Ausdruck gebracht: Die Regulierungsbehörde ist nicht nur befugt, nach verfahrenserheblichen Informationen im weitesten Sinne zu forschen, sondern sie ist zugleich verpflichtet, alle in Bezug auf das Vorliegen der Tatbestandsvoraussetzungen erheblichen Tatsachen selbst herbeizuschaffen. Nur wenn das Gesetz hiervon im Normtatbestand Ausnahmen vorsieht (z. B. Aufstellung gesetzlicher Vermutungen in tatsächlicher oder rechtlicher Hinsicht), ist es Sache der betroffenen Unternehmen, das Nichteingreifen der Vermutung durch Nachweis entgegenstehender Tatsachen zu widerlegen.

3 Erstrebt ein Unternehmen eine **begünstigende Entscheidung** (z. B. Genehmigung eines Netzzugangsentgelts, § 23a), hat es mit dem Antrag alle Tatsachen darzulegen und nachzuweisen, die den Erlass der begünstigenden Verfügung zu rechtfertigen vermögen.

4 Im Rahmen des **Amtsermittlungsgrundsatzes** ist die Regulierungsbehörde verpflichtet, sowohl die für den Erlass des Verwaltungsaktes sprechenden Tatsachen als auch diejenigen Tatsachen zu ermitteln, die gegen deren Erlass sprechen. Reichen die ermittelten Tatsachen nicht aus, darf weder eine begünstigende noch eine belastende Entscheidung ergehen. Erscheinen weitere Ermittlungen nicht als erfolgversprechend, wird das Verfahren gemäß § 73 Abs. 2 ohne Entscheidung abgeschlossen bzw. der beantragte begünstigende Verwaltungsakt durch förmliche Entscheidung abgelehnt.

5 Besonders bedeutsamer Teil der Tätigkeit einer jeden Ermittlungsbehörde ist die **Beweiserhebung,** die deshalb in § 68 Abs. 1 besonders

---

1 BT-DrS 15/3917, S. 28 f. mit Begründung S. 71.

angesprochen wird. Ebenso wie alle Ermittlungen ist auch die Beweiserhebung (zu Einzelheiten vgl. § 68 Abs. 2 ff.) durch den **Erforderlichkeitsgrundsatz** geprägt: Ermittlungs- und Beweiserhebungstätigkeit werden durch den Untersuchungszweck und damit letztlich die Ermächtigungsgrundlage einschließlich der Verfahrensvorschriften begrenzt. Irrelevante Tatsachen dürfen deshalb nicht ermittelt werden.

III. Beweiserhebung (Abs. 2 bis Abs. 6)

Die **zulässigen Beweismittel** sind nicht nur § 68 zu entnehmen (kein abschließender Katalog)[2]. Zu den wichtigsten Beweismitteln gehören (vgl. §§ 371 ff. ZPO): 6

– Zeugen- und Sachverständigenbeweis

– Beweis durch Augenschein

– Beweis durch Vorlage von Urkunden

Zum Urkundsbeweis gehört auch die Beiziehung von Akten anderer Behörden. Das in § 445 ZPO vorgesehene besondere Beweismittel der »Parteivernehmung« gibt es im Wirtschaftsverwaltungsverfahren naturgemäß nicht; Mitgliedern der Geschäftsleitung sowie Mitarbeitern des betroffenen Unternehmens wird regelmäßig eine Zeugenstellung zukommen, soweit sie nicht selbst Verfahrensbetroffene sind. 7

Nur wegen der Beweismittel Augenschein, Zeugen- sowie Sachverständigenbeweis verweist § 68 Abs. 2 auf die einschlägigen Vorschriften der ZPO, die **sinngemäß** anzuwenden sind. Zur Erzwingung eines Zeugenbeweises darf allerdings Haft nicht verhängt werden. 8

Entscheidungen der Beschlusskammer mit dem Ziel der Beweiserhebung können mit der **Beschwerde** angegriffen werden. Dabei handelt es sich nicht um die Beschwerde im Sinne von § 75 Abs. 1, weil die anzugreifende Entscheidung nicht dem Verfahrensabschluss, sondern dem Verfahrensfortgang zu dienen bestimmt ist. Obwohl auf die §§ 567 ff. ZPO in § 68 Abs. 2 nicht unmittelbar verwiesen wird, reicht der Verweis auf die entsprechenden Beweisvorschriften der ZPO aus, um in den dafür vorgesehenen Fällen dieses besondere Entscheidungsverfahren für entsprechend anwendbar zu erklären. Die Entscheidung obliegt dem OLG, § 68 Abs. 2 Satz 2. 9

---

2 So zu Recht *Bechtold*, GWB, § 57 Rz. 2 (für das kartellbehördliche Verfahren).

§ 68 Ermittlungen

10 Die sofortige Beschwerde nach § 567 Abs. 1 ZPO findet beispielsweise statt, wenn ein Zeuge nach § 386 ZPO das Zeugnis verweigert (vgl. § 68 Abs. 2 in Verbindung mit § 387 Abs. 3 ZPO, wobei an die Stelle der Entscheidung des Prozessgerichts die Entscheidung des OLG tritt).

11 Die Abs. 3 und 4 des § 68 sind dem **Zeugenbeweis** gewidmet. Dieser Beweis muss nicht notwendig von der Beschlusskammer insgesamt erhoben werden; die Vernehmung erfolgt durch das **ermittelnde Mitglied der Regulierungsbehörde**, das einen Urkundsbeamten hinzuziehen kann (aber nicht muss). Über die Zeugenvernehmung ist eine Niederschrift unter Beachtung der üblichen Förmlichkeiten (Tag, Ort, Unterschrift des Mitglieds und des Urkundsbeamten, Angabe der Namen der Mitwirkenden und Beteiligten, Genehmigung durch den Zeugen einschließlich Unterschrift) zu fertigen. Bei **Vernehmung von Sachverständigen** gelten nach **Abs. 5** die Vorschriften über die Zeugenvernehmung entsprechend.

12 Soll zum Zwecke der förmlichen Beweissicherung eine **Beeidigung von Zeugen** stattfinden, ist die Regulierungsbehörde dazu nicht befugt, weil ihr nicht die Rechte eines Gerichts zustehen. Nach **Abs. 6** kann jedoch das **Amtsgericht** um die Zeugenbeeidigung **ersucht** werden; Voraussetzung dafür ist die Notwendigkeit der Beeidigung, um eine **wahrheitsgemäße Aussage herbeizuführen**. Damit ist die Einschaltung des Amtsgerichts zwecks Beeidigung auf seltene Ausnahmefälle beschränkt.

13 Dass die Beeidigung nicht erzwungen werden kann, ergibt sich aus **Satz 2** des § 68 Abs. 6. Danach entscheidet der Richter am Amtsgericht selbst darüber, ob er die Beeidigung unter Berücksichtigung der im Einzelfall relevanten Umstände abnimmt oder nicht.

14 Die Entscheidung über die Beeidigung betrifft nur diese Bekräftigung der Aussage selbst, nicht aber die Vernehmung als solche. Weil § 68 Abs. 2 nicht auf § 375 ZPO verweist, der die Möglichkeit zur richterlichen Einvernahme von Zeugen vorsieht, muss die Regulierungsbehörde die Zeugen selbst vernehmen, um dann dem Amtsrichter die Akten mit dem Ersuchen um Beeidigung zu übersenden. **Eidesstattliche Versicherungen** darf die Regulierungsbehörde ebenso wie die Kartellbehörde abnehmen[3]. Die Abgabe einer falschen Versicherung an Eidesstatt ist strafbar, vgl. § 156 StGB (anders: falsche mündliche Aussage eines Zeugen vor der Regulierungsbehörde).

---

[3] KG WuW/E OLG 1593, 1596 – Haushaltsmargarine; KG WuW/E OLG 2140, 2141 f. – Einbauküchen.

§ 69 Auskunftsverlangen, Betretungsrecht

(1) ¹Soweit es zur Erfüllung der in diesem Gesetz der Regulierungsbehörde übertragenen Aufgaben erforderlich ist, kann die Regulierungsbehörde bis zur Bestandskraft ihrer Entscheidung

1. von Unternehmen und Vereinigungen von Unternehmen Auskunft über ihre technischen und wirtschaftlichen Verhältnisse sowie die Herausgabe von Unterlagen verlangen; dies umfasst auch allgemeine Marktstudien, die der Regulierungsbehörde bei der Erfüllung der ihr übertragenen Aufgaben, insbesondere bei der Einschätzung oder Analyse der Wettbewerbsbedingungen oder der Marktlage, dienen und sich im Besitz des Unternehmens oder der Vereinigung von Unternehmen befinden;

2. von Unternehmen und Vereinigungen von Unternehmen Auskunft über die wirtschaftlichen Verhältnisse von mit ihnen nach Artikel 3 Abs. 2 der Verordnung (EG) Nr. 139/2004 verbundenen Unternehmen sowie die Herausgabe von Unterlagen dieser Unternehmen verlangen, soweit sie die Informationen zur Verfügung haben oder soweit sie auf Grund bestehender rechtlicher Verbindungen zur Beschaffung der verlangten Informationen über die verbundenen Unternehmen in der Lage sind;

3. bei Unternehmen und Vereinigungen von Unternehmen innerhalb der üblichen Geschäftszeiten die geschäftlichen Unterlagen einsehen und prüfen.

²Gegenüber Wirtschafts- und Berufsvereinigungen der Energiewirtschaft gilt Satz 1 Nr. 1 und 3 entsprechend hinsichtlich ihrer Tätigkeit, Satzung und Beschlüsse sowie Anzahl und Namen der Mitglieder, für die die Beschlüsse bestimmt sind.

(2) Die Inhaber der Unternehmen oder die diese vertretenden Personen, bei juristischen Personen, Gesellschaften und nichtrechtsfähigen Vereinen die nach Gesetz oder Satzung zur Vertretung berufenen Personen, sind verpflichtet, die verlangten Unterlagen herauszugeben, die verlangten Auskünfte zu erteilen, die geschäftlichen Unterlagen zur Einsichtnahme vorzulegen und die Prüfung dieser geschäftlichen Unterlagen sowie das Betreten von Geschäftsräumen und -grundstücken während der üblichen Geschäftszeiten zu dulden.

(3) Personen, die von der Regulierungsbehörde mit der Vornahme von Prüfungen beauftragt sind, dürfen Betriebsgrundstücke, Büro- und Geschäftsräume und Einrichtungen der Unternehmen und Vereinigungen von Unternehmen während der üblichen Geschäftszeiten betreten.

(4) ¹Durchsuchungen können nur auf Anordnung des Amtsgerichts, in dessen Bezirk die Durchsuchung erfolgen soll, vorgenommen werden. ²Auf die Anfechtung dieser Anordnung finden die §§ 306 bis 310 und 311a der Strafprozessordnung entsprechende Anwendung. ³Bei Gefahr im Verzuge können die in Absatz 3 bezeichneten Personen während der Geschäftszeit die erforderlichen Durchsuchungen ohne richterliche Anordnung vornehmen. ⁴An Ort und Stelle ist eine Niederschrift über die Durchsuchung und ihr wesentliches Ergebnis aufzunehmen, aus der sich, falls keine richterliche Anordnung ergangen ist, auch die Tatsachen ergeben, die zur Annahme einer Gefahr im Verzuge geführt haben.

(5) Gegenstände oder geschäftliche Unterlagen können im erforderlichen Umfang in Verwahrung genommen werden oder, wenn sie nicht freiwillig herausgegeben werden, beschlagnahmt werden.

(6) ¹Zur Auskunft Verpflichtete können die Auskunft auf solche Fragen verweigern, deren Beantwortung sie selbst oder in § 383 Abs. 1 Nr. 1 bis 3 der Zivilprozessordnung bezeichnete Angehörige der Gefahr strafrechtlicher Verfolgung oder eines Verfahrens nach dem Gesetz über Ordnungswidrigkeiten aussetzen würde. ²Die durch Auskünfte oder Maßnahmen nach Absatz 1 erlangten Kenntnisse und Unterlagen dürfen für ein Besteuerungsverfahren oder ein Bußgeldverfahren wegen einer Steuerordnungswidrigkeit oder einer Devisenzuwiderhandlung sowie für ein Verfahren wegen einer Steuerstraftat oder einer Devisenstraftat nicht verwendet werden; die §§ 93, 97, 105 Abs. 1, § 111 Abs. 5 in Verbindung mit § 105 Abs. 1 sowie § 116 Abs. 1 der Abgabenordnung sind insoweit nicht anzuwenden. ³Satz 1 gilt nicht für Verfahren wegen einer Steuerstraftat sowie eines damit zusammenhängenden Besteuerungsverfahrens, wenn an deren Durchführung ein zwingendes öffentliches Interesse besteht, oder bei vorsätzlich falschen Angaben der Auskunftspflichtigen oder der für sie tätigen Personen.

(7) ¹Die Regulierungsbehörde fordert die Auskünfte nach Absatz 1 Nr. 1 durch Beschluss, die nach Landesrecht zuständige Behörde

fordert sie durch schriftliche Einzelverfügung an. ²Darin sind die Rechtsgrundlage, der Gegenstand und der Zweck des Auskunftsverlangens anzugeben und eine angemessene Frist zur Erteilung der Auskunft zu bestimmen.

(8) ¹Die Regulierungsbehörde ordnet die Prüfung nach Absatz 1 Nr. 2 durch Beschluss mit Zustimmung des Präsidenten oder der Präsidentin, die nach Landesrecht zuständige Behörde durch schriftliche Einzelverfügung an. ²In der Anordnung sind Zeitpunkt, Rechtsgrundlage, Gegenstand und Zweck der Prüfung anzugeben.

(9) Soweit Prüfungen einen Verstoß gegen Anordnungen oder Entscheidungen der Regulierungsbehörde ergeben haben, hat das Unternehmen der Regulierungsbehörde die Kosten für diese Prüfungen zu erstatten.

(10) ¹Lassen Umstände vermuten, dass der Wettbewerb im Anwendungsbereich dieses Gesetzes beeinträchtigt oder verfälscht ist, kann die Regulierungsbehörde die Untersuchung eines bestimmten Wirtschaftszweiges oder einer bestimmten Art von Vereinbarungen oder Verhalten durchführen. ²Im Rahmen dieser Untersuchung kann die Regulierungsbehörde von den betreffenden Unternehmen die Auskünfte verlangen, die zur Durchsetzung dieses Gesetzes und der Verordnung (EG) Nr. 1228/2003 erforderlich sind und die dazu erforderlichen Ermittlungen durchführen. ³Die Absätze 1 bis 9 sowie die §§ 68, 71 und 69 gelten entsprechend.

Überblick	Seite	Rz.
I. Regelungszweck und Entstehungsgeschichte	1243	1
II. Auskunftsverlangen und Nachprüfungen (Abs. 1 bis 2, 6 sowie 7 bis 9)	1245	6
1. Anwendbarkeit	1245	8
2. Adressaten der Ermittlungstätigkeit	1246	9
3. Betretungs- und Duldungsrechte.	1247	12
4. Zeugnisverweigerung sowie Verwertungsverbote	1248	18
5. Verfahren bei Auskunftsverlangen und Nachprüfungen (Abs. 7 bis 9)	1249	22
III. Sektorenuntersuchungen (Abs. 10)	1250	27

I. Regelungszweck und Entstehungsgeschichte

1 Ermittlungen im Sinne von § 68 können betroffene Unternehmen, Private, dritte Unternehmen (Konkurrenten, Lieferanten und Abnehmer) sowie solche Verbände betreffen, in denen das betroffene Unternehmen Mitglied ist. Dem Sammeln von Informationen durch Regulierungsbehörden können die Inhaber dieser Informationen grundsätzlich Grundrechte entgegensetzen, etwa den Schutz der Berufsfreiheit (Art. 18 GG), den Schutz des Eigentums (Art. 14 GG), den Schutz von Wohn- und Geschäftsräumen (Art. 13 GG) sowie die Dispositionsfreiheit über derartige Informationen (Art. 2 Abs. 1 GG). Deshalb muss im Rahmen der allgemeinen Gesetze und unter Beachtung des Verhältnismäßigkeitsprinzips geregelt werden, unter welchen Voraussetzungen und gegenüber welchen Informationsinhabern eine solche Ermittlungstätigkeit durchgesetzt werden kann. Um einen ungehinderten Zugriff auf Informationen, Akten und Datenspeicher zu erlangen, kann es im Einzelfall erforderlich sein, auf als vorhanden vermutete Informationen in überraschender Weise zuzugreifen: Dies erfordert ein Betretungs- und Durchsuchungsrecht.

2 Regelungszweck des § 69 ist es, mit dem Ziel einer **effizienten Ermittlungstätigkeit** Ermächtigungsgrundlagen zur Verfügung zu stellen, die der Durchsetzung von Auskunftsverlangen einschließlich von Betretungs- und Durchsuchungsrechten dienen. Dabei betreffen die Abs. 1 bis 9 des § 69 bereits eingeleitete Verfahren vor der Regulierungsbehörde (§ 69), während Abs. 10 außerhalb eines konkreten Verwaltungsverfahrens eine sog. **Sektorenuntersuchung** ermöglicht, die es im früheren Recht der Wettbewerbsbeschränkungen nicht gab.

3 Vorbild für § 69 sind § 59 GWB einerseits und § 127 GWB andererseits. Die Fassung des Regierungsentwurfs[1] ist im Laufe des Gesetzgebungsverfahrens nicht mehr geändert worden.

4 Während § 69 Abs. 1 die Reichweite der Ermächtigung betreffend Auskunft und Nachprüfung (unter Einschluss verbundener Unternehmen) festlegt, ordnet Abs. 2 eine entsprechende **Duldungspflicht** an. Das **Betretungsrecht** ist in Abs. 3 und das **Durchsuchungsrecht** ist in Abs. 4 niedergelegt. Soweit eine freiwillige Herausgabe nicht erfolgt, verweist Abs. 5 wegen der **Beschlagnahme** auf § 70. Zeugnisverweigerungsrechte sowie Verwertungsverbote enthält Abs. 6.

---

1 BT-DrS 15/3917, S. 29 f. mit Begründung S. 71.

Ein förmliches Auskunftsverlangen hat als behördliche Regelung mit 5
Außenwirkung Verwaltungsaktcharakter. Weil die Regulierungsbehörde in Beschlusskammern organisiert ist, ordnen die Abs. 7 und 8 betreffend Auskünfte und Prüfungen insofern das Ergehen eines **Beschlusses** an, während die nach Landesrecht zuständige Behörde (früher: Energieaufsichtsbehörde) eine schriftliche Einzelverfügung erlässt. Ein Erstattungsbescheid kann nach Abs. 9 nur unter engen Voraussetzungen ergehen. Soweit außerhalb eines konkreten Verwaltungsverfahrens (mit bestimmten Betroffenen) Untersuchungen durchgeführt werden, ist hierfür Abs. 10 maßgeblich.

II. Auskunftsverlangen und Nachprüfungen (Abs. 1 bis 2, 6 sowie 7 bis 9)

Das Gesetz unterscheidet in § 69 zwei **Hauptformen der Ermitt-** 6
lungstätigkeit:

– Auskunftsverlangen (einschl. Herausgabe einschlägiger Unterlagen)

– Nachprüfungen

Die betroffenen Unternehmen und Verbände haben entsprechende 7
Auskünfte zu erteilen und die benötigten Unterlagen herauszugeben, soweit die Voraussetzungen des Abs. 1 erfüllt sind, vgl. § 69 Abs. 2. Abs. 6 führt die Voraussetzungen für die Auskunftsverweigerung an und sieht bestimmte Verwertungsverbote vor. Das Verfahren zur Durchsetzung von Auskünften und Nachprüfungen legen die Abs. 7 und 8 einschließlich einer ausnahmsweisen Kostenerstattung (Abs. 9) fest.

1. Anwendbarkeit

Um die Abs. 1 bis 9 des § 69 anwenden zu können, muss nach § 66 ein 8
Verfahren vor der Regulierungsbehörde oder der nach Landesrecht zuständigen Behörde eingeleitet werden, wobei auskunftspflichtig häufig das betroffene Unternehmen sein wird[2]. Satz 1 des § 69 setzt voraus, dass konkrete Auskünfte verlangt werden können. Außerhalb eines konkreten Verwaltungsverfahrens legt § 69 Abs. 10 die Reichweite der Ermittlungstätigkeit im Sinne von § 68 Abs. 1 fest.

---

2 Vgl. Abs. 2 Ziff. 2.

2. Adressaten der Ermittlungstätigkeit

9 Auskünfte und Nachprüfungen richten sich gegen **Unternehmen** sowie **Vereinigungen von Unternehmen**. Weil außerhalb des Abs. 10 **kein allgemeines Auskunftsrecht** besteht[3], muss nach der Kartellrechtsprechung zur Begründung eines Auskunftsverlangens ein schlüssiges oder zumindest ein vertretbares Verfolgungskonzept mit tatsächlichen Verdachtsmomenten existieren[4]. Dabei müssen sich die Verdachtsmomente auf alle Merkmale der in Betracht kommenden Norm erstrecken[5]. Insbesondere darf nicht von vornherein feststehen, dass ein notwendiges Tatbestandsmerkmal der materiellen Eingriffsnorm nicht erfüllt werden wird. Ob die Regulierungsbehörde alle Tatbestandsmerkmale zugleich ermittelt oder stufenweise/sequenziell vorgeht, bleibt ihrem Ermessen überlassen. Aus rechtlicher Sicht muss den Ermittlungen eine zumindest vertretbare Rechtsauffassung zugrunde liegen, die »ein gewisses Maß an Überzeugungskraft zu entfalten« in der Lage ist[6].

10 Liegt ein solches Konzept vor, bestehen folgende **Befugnisse zu Einzeleingriffen** nach § 69 Abs. 1 Satz 1 Ziff. 1 bis 3:

– Erteilung von Auskünften über technische und wirtschaftliche Verhältnisse einschließlich Herausgabe von Unterlagen (umfasst sind allgemeine Marktstudien)

– Einholung entsprechender Auskünfte sowie Herausgabeverlangen gegenüber verbundenen Unternehmen (Konzernen), die derartige Informationen entweder zur Verfügung haben oder auf zivilrechtlicher Grundlage vom verbundenen Unternehmen beschaffen können

– Einsichtnahme und Prüfung geschäftlicher Unterlagen innerhalb der üblichen Geschäftszeiten

11 Nach **Satz 2** müssen **Verbände der Energiewirtschaft** (einschließlich Berufsvereinigungen) entsprechende Verlangen der Regulierungsbe-

---

3 Für das kartellbehördliche Verfahren vgl. KG WuW/E OLG 2433, 2435 – Metro-Kaufhof.
4 Nachweise zur ständigen Rechtsprechung bei *Bechtold*, GWB, § 59 Rz. 4.
5 KG WuW/E OLG 2617, 2618 – Tankstellenpreise.
6 Z.B. eine positive Resonanz im Schrifttum: KG WuW/E OLG 2433, 2436 sowie 2517, 2518 – Metro-Kaufhof; KG WuW/E OLG 2446, 2450 – Heizölhandel; KG WuW/E OLG 4586, 4588 – Gloria-Filmtheater.

hörde dulden, soweit sie ihre Mitglieder betreffende Beschlüsse fassen (beschränkt auf Verbandstätigkeit, Satzung, Beschlüsse, Anzahl und Namen der Mitglieder).

3. Betretungs- und Duldungsrechte

Um den Gesetzesvorbehalten der Art. 13, 14, 12 und 2 Abs. 1 GG zu genügen, werden bestimmte Personen nach Abs. 2 und Abs. 3 verpflichtet, die Einsichtnahmen und Prüfungen zu dulden, Unterlagen vorzulegen sowie das Betreten der Geschäftsräume und Geschäftsgrundstücke innerhalb der üblichen Geschäftszeiten zu dulden. Den Kreis der insofern berechtigten und von der Regulierungsbehörde beauftragten Personen legt Abs. 3 fest. Zu den **duldungspflichtigen Personen** gehören: 12

– Inhaber von Unternehmen

– Vertreter der Unternehmensinhaber

– Geschäftsleitungen von juristischen Personen, Personenhandelsgesellschaften und nicht rechtsfähigen Vereinen (Organe und vertretungsberechtigte Gesellschafter bzw. Mitglieder)

Die Ermächtigung in Abs. 2 ist erforderlich, weil sich die Ermittlungen häufig nicht gegen diese natürlichen Personen richten werden, sondern gegen das Unternehmen, das sie vertreten. Damit werden Duldungspflichten Dritter angeordnet, die aber erforderlich sind, um effektive Ermittlungen gegen juristische Personen erst zu ermöglichen. 13

Die Begrenzung der Personenkreise in Abs. 2 und 3 einschließlich der räumlichen und zeitlichen Eingrenzungen dienen der Einhaltung des **Verhältnismäßigkeitsprinzips**, das zur Auswahl des Mittels verpflichtet, das dem beabsichtigten Maßnahmezweck dienlich ist und in möglichst geringem Umfang in die Rechte der Betroffenen und Dritten eingreift. 14

Während die Abs. 2 und 3 lediglich Duldungs- sowie Betretungsrechte vorsehen, ermöglicht Abs. 4 die **gezielte Durchsuchung** während der Geschäftszeit und regelt die zu beachtenden Förmlichkeiten. Die Durchsuchung ist nur auf **Anordnung des Amtsgerichts** zulässig (Ausnahme: Gefahr im Verzuge). Über die Durchsuchung ist eine Niederschrift aufzunehmen. 15

16 Häufig müssen Gegenstände der Ermittlungstätigkeit (einschließlich geschäftlicher Unterlagen) angesichts ihrer großen Vielfalt sowie ihres Umfanges mitgenommen werden, um in den Amtsräumen der Regulierungsbehörde eine Auswertung zu ermöglichen. Müsste die Auswertung an Ort und Stelle vorgenommen werden, würden die betroffenen Unternehmen und Verbände zudem in unverhältnismäßiger Weise belastet, weil sich die Auswertung über Wochen und Monate erstrecken kann.

17 Deshalb bemüht sich die Regulierungsbehörde zunächst nach Abs. 5, auf freiwilliger Basis die Zustimmung zur **Inverwahrungnahme** zu erlangen. Weigern sich die duldungspflichtigen Unternehmen, Verbände sowie natürlichen Personen, muss nach § 70 eine (förmliche) **Beschlagnahme** erfolgen, die innerhalb von drei Tagen vom Amtsgericht bestätigt werden muss, wenn die besonderen Voraussetzungen des § 70 Abs. 2 (u.a. Widerspruch gegen die Beschlagnahme) vorliegen.

4. Zeugnisverweigerung sowie Verwertungsverbote

18 Wer grundsätzlich zur Auskunft verpflichtet ist (§ 69 Abs. 1 und 2), kann gleichwohl ein Zeugnisverweigerungsrecht haben. Dies betrifft nicht nur den Betroffenen selbst, sondern auch seine Angehörigen im Sinne von § 383 ZPO. Das Verweigerungsrecht besteht insbesondere dann, wenn bei wahrheitsgemäßer Beantwortung der Frage dem Auskunftspflichtigen die Gefahr einer Strafverfolgung/Verfolgung nach dem OWiG – oder einem seiner Angehörigen – drohen würde.

19 Ein **Verwertungsverbot** besteht im Hinblick auf solche nach Abs. 1 erlangten Auskünfte, die in einem Besteuerungsverfahren oder in einem Bußgeldverfahren wegen einer Steuerordnungswidrigkeit/Devisenzuwiderhandlung verwendet werden könnten.

20 Obwohl § 69 Abs. 6 **Satz 3** (gleichlautend: § 127 Abs. 8 TKG) lediglich auf Satz 1 (Auskunftsverweigerungsrecht) verweist (»Satz 1 gilt nicht ...«), und damit lediglich eine Ausnahme vom Auskunftsverweigerungsrecht vorzusehen scheint, spricht einiges dafür, dass diese Gesetzessystematik misslungen ist. Denn wenn für Steuerstraftaten und damit zusammenhängende Besteuerungsverfahren, an deren Durchführung ein **zwingendes öffentliches Interesse besteht** oder hinsichtlich derer **vorsätzlich falsche Angaben** erfolgt sind, nur eine entsprechende Auskunftspflicht bestünde, dürften die auf diese Weise

erlangten Auskünfte gleichwohl nach **Satz 2** in Steuer- und Devisenverfahren nicht verwertet werden. Gemeint ist möglicherweise ein Verweis auf Abs. 6 Satz 2 und damit die Verwertungsverbote; in der Tat macht es Sinn, bei verwerflichem Handeln die Nutzung der Auskunft bzw. bei einem zwingenden öffentlichen Interesse an der Verfahrensdurchführung eine Verwertung ausnahmsweise zu erlauben.

Sollte sich in der Anwendungspraxis des Abs. 6 herausstellen, dass die von Satz 3 wortlautgemäß intendierte Ausnahme vom Zeugnisverweigerungsrecht bereits aus verfassungsrechtlichen Gründen nicht besteht (jedenfalls in Bezug auf Straftaten), ginge der Verweis insofern ins Leere. Eine analoge Anwendung in Bezug auf eine mögliche Regelungslücke zu Satz 2 (Verwertungsverbot) ließe sich wohl bereits aus verfassungsrechtlichen Gründen nicht vertreten. Satz 3 entfaltet daher möglicherweise keinerlei Rechtswirkungen. 21

5. Verfahren bei Auskunftsverlangen und Nachprüfungen (Abs. 7 bis 9)

In der Rechtspraxis der Kartellbehörden sind **förmliche Auskunfts- und Prüfungsverlangen** nur dann üblich gewesen, wenn die auskunftspflichtigen Personen und Unternehmen auf **formlose Auskunftsverlangen** nicht reagiert haben[7]. In der Tat werden bei derartigen »Anfragen« Rechtsbeziehungen zur Regulierungsbehörde noch nicht begründet. 22

Insofern sieht Abs. 7 in Bezug auf **Auskünfte** und Abs. 8 in Bezug auf **Prüfungen** ein **Beschlusserfordernis** vor. In dem Beschluss der zuständigen Beschlusskammer der Regulierungsbehörde sind Rechtsgrundlagen, Gegenstand und Zweck des Auskunftsverlangens anzugeben sowie eine Frist zur Auskunftserteilung zu bestimmen, die angemessen sein muss. Entsprechendes gilt nach § 69 Abs. 8 für das Nachprüfungsbegehren. Rechtsschutz kann gegen derartige Beschlüsse nach den allgemeinen Grundsätzen erlangt werden (§§ 75 ff.). 23

Die Abs. 7 und 8 unterscheiden nicht zwischen Bundes- und Landesregulierungsbehörde; soweit die Zuständigkeit einer LRB begründet ist (§ 54 Abs. 2), gelten die Vorgaben für förmliche Auskunftsverlangen sowie Prüfungen auch auf Landesebene. Wird die **nach Landesrecht zuständige Behörde** tätig, so entscheidet sie durch **schriftliche** 24

---

7 Vgl. dazu *Bechtold*, GWB, § 59 Rz. 9.

Einzelverfügung und nicht durch Beschluss (unter Beachtung der Voraussetzungen im Übrigen).

25 Nach Bundes- und Landeskostenrecht sind die Amtshandlungen von Behörden häufig **kostenpflichtig**. Die Regelung wird typischerweise durch Verordnung erfolgen. Eine Kostenregelung ist aber nur zulässig, soweit gesetzliche Vorschriften dem nicht entgegenstehen: Insofern lässt sich § 69 Abs. 9 entnehmen, dass weder die betroffenen Unternehmen einschließlich deren Vertreter und Gesellschafter usw. noch dritte Unternehmen zur **Erstattung von Kosten verpflichtet** sind. Denn Abs. 9 ordnet nur eine **ausnahmsweise Kostenerstattung** unter besonderen Voraussetzungen an: Zum einen gibt es keine Kostenerstattungspflicht im Hinblick auf ein Auskunftsverlangen, und umgekehrt kann im Regelfall auch das auskunftspflichtige Unternehmen nicht Erstattung seiner Aufwendungen beanspruchen[8].

26 Eine Ausnahme vom Prinzip der Unzulässigkeit einer Kostenerstattung im Zusammenhang mit Maßnahmen nach § 69 besteht aber dann, wenn die Prüfung einen **Verstoß gegen Anordnungen oder Entscheidungen der Regulierungsbehörde** ergeben hat. Dies ist etwa der Fall, wenn gegen Entgeltgenehmigungen verstoßen oder Missbrauchsverfügungen zuwider gehandelt wurde. Ein bloßer (sonstiger) Gesetzesverstoß reicht nicht aus, um die Erstattungsmöglichkeit nach Abs. 9 auszulösen. Rechtsgrund der Regelung ist es offenbar, die Allgemeinheit nicht für die Kosten von Amtshandlungen einstehen zu lassen, die ein bewusst Rechtsvorschriften zuwider handelndes Unternehmen verursacht hat.

III. Sektorenuntersuchungen (Abs. 10)

27 Weder im Bereich des früheren Energiewirtschaftsrechts noch nach früherem Kartellrecht hat die Möglichkeit zur Durchführung von Sektorenuntersuchungen **außerhalb konkreter Verwaltungsverfahren** bestanden. Im Einklang mit der Verordnung Nr. 1228/2003[9] wird nunmehr auch der Regulierungsbehörde dieses bisher schon der Kommission zustehende Instrument zugestanden. Eine entsprechende Regelung enthält § 32e GWB.

---

8 Vgl. dazu auch BVerfG WuW/E VG 313 – Kostenentscheidung bei Obsiegen.
9 Des Europäischen Parlaments und des Rates vom 26.6.2003, Abl. EU Nr. L 176/1, vgl. Art. 10.

III. Sektorenuntersuchungen (Abs. 10)

Die Untersuchung bezieht sich auf **bestimmte Wirtschaftszweige** und damit im Schwerpunkt die Energiewirtschaft, wenn nicht deren Zulieferer oder Abnehmer ausnahmsweise betroffen sein sollten. Die Sektorenuntersuchung muss sich auf den **Anwendungsbereich** des EnWG beziehen, so dass grundsätzlich eine Zuständigkeit der Regulierungsbehörde vorhanden sein muss. Untersuchungsgegenstand können auch Vereinbarungen oder Verhaltensweisen sein, die im Zusammenhang mit der Anwendung des EnWG stehen. 28

Zur Durchführung einer solchen Sektorenuntersuchung lässt Abs. 10 einerseits **Ermittlungen** im Sinne von § 68, andererseits ein **Auskunftsverlangen** im Sinne von § 69 Abs. 1 zu. Nachprüfungen sind ebenso wenig möglich wie das Betreten von Geschäftsgrundstücken. Zur Konkretisierung verweist Abs. 10 (zu weitgehend) auf die Abs. 1 bis 9 und zusätzlich § 69 insgesamt (Redaktionsversehen). Weil auf § 70 nicht verwiesen wird, ist eine Beschlagnahme im Rahmen von Sektorenuntersuchungen nicht vorgesehen (Verhältnismäßigkeitsprinzip). Der Gewährleistung von Betriebs- und Geschäftsgeheimnissen dient der Verweis auf § 71. Auch das Instrument der Sektorenuntersuchung kann mit Hilfe eines förmlichen Auskunftsverlangens (§ 69 Abs. 7) durchgesetzt werden. 29

§ 70 Beschlagnahme

(1) ¹Die Regulierungsbehörde kann Gegenstände, die als Beweismittel für die Ermittlung von Bedeutung sein können, beschlagnahmen. ²Die Beschlagnahme ist dem davon Betroffenen unverzüglich bekannt zu geben.

(2) Die Regulierungsbehörde hat binnen drei Tagen um die richterliche Bestätigung des Amtsgerichts, in dessen Bezirk die Beschlagnahme vorgenommen ist, nachzusuchen, wenn bei der Beschlagnahme weder der davon Betroffene noch ein erwachsener Angehöriger anwesend war oder wenn der Betroffene und im Falle seiner Abwesenheit ein erwachsener Angehöriger des Betroffenen gegen die Beschlagnahme ausdrücklich Widerspruch erhoben hat.

(3) ¹Der Betroffene kann gegen die Beschlagnahme jederzeit um die richterliche Entscheidung nachsuchen. ²Hierüber ist er zu belehren. ³Über den Antrag entscheidet das nach Absatz 2 zuständige Gericht.

(4) ¹Gegen die richterliche Entscheidung ist die Beschwerde zulässig. ²Die §§ 306 bis 310 und 311a der Strafprozessordnung gelten entsprechend.

Überblick		Seite	Rz.
I.	Regelungszweck und Entstehungsgeschichte	1253	1
II.	Beschlagnahmevoraussetzungen (Abs. 1)	1254	3
III.	Rechtsschutz (Abs. 2 bis Abs. 4)	1256	11
	1. Widerspruch (Abs. 2)..........................	1256	12
	2. Antrag auf richterliche Entscheidung (Abs. 3)	1257	16
	3. Beschwerdeverfahren (Abs. 4).....................	1257	19

I. Regelungszweck und Entstehungsgeschichte

Die freiwillige Herausgabe zum Zwecke der Inverwahrungnahme 1
durch die Regulierungsbehörde (§ 69 Abs. 5) wird den Hauptfall der
Erlangung von für die Ermittlungen benötigter Unterlagen darstellen.
Im Einklang mit § 129 TKG sowie § 58 GWB sieht § 70 die Möglichkeit zur **Beschlagnahme** vor. Während Abs. 1 Voraussetzungen und

Bekanntgabe regelt, ordnet Abs. 2 die Pflicht zur Einholung einer **richterlichen Bestätigung des Amtsgerichts** insbesondere für den Fall an, dass gegen die Beschlagnahme Widerspruch erhoben wurde. Über das Recht auf **richterliche Entscheidung** ist nach Abs. 3 zu belehren. **Rechtsschutz** erfolgt nach Abs. 4 im Beschwerdeverfahren der StPO.

2 Regelungszweck des § 70 ist es, die effiziente Fortsetzung der Ermittlungstätigkeit nach §§ 68, 69 zu sichern. Eine Sichtung von Akten und sonstigen Unterlagen in den Geschäftsräumen des betroffenen Unternehmens wäre auch unverhältnismäßig. Im Laufe des Gesetzgebungsverfahrens ist der Regierungsentwurf[1] nicht mehr verändert worden.

II. Beschlagnahmevoraussetzungen (Abs. 1)

3 Die Beschlagnahme als klassisches Vollzugsinstrument einer jeglichen Ermittlungstätigkeit ist grundsätzlich ohne vorherige Einholung einer richterlichen Anordnung zulässig. Meist wird der Beschlagnahme jedoch eine **Durchsuchung** gemäß § 69 Abs. 4 vorausgehen, die – außer bei Gefahr im Verzuge – der Anordnung durch das Amtsgericht bedarf.

4 Im Übrigen ist eine Beschlagnahme ohne Durchsuchung denkbar, wenn die benötigten Unterlagen der Regulierungsbehörde freiwillig überlassen wurden oder aber eine Nachprüfung nach § 69 Abs. 1 Satz 1 Ziff. 3 stattgefunden hat, anlässlich derer die Unterlagen vorgelegt wurden.

5 § 70 Abs. 1 Satz 1 regelt die Beschlagnahmevoraussetzungen scheinbar enger als § 69 Abs. 5 (Inverwahrungnahme). Während § 69 Abs. 5 **Gegenstände oder geschäftliche Unterlagen** betrifft, die **im erforderlichen Umfang** in Verwahrung genommen werden können, bezieht sich § 70 Abs. 1 Satz 1 nur auf **Gegenstände, die als Beweismittel für die Ermittlung** von Bedeutung sein könnten. Letztere Wendung scheint über den Begriff »im erforderlichen Umfang« hinaus zu reichen.

6 Auch unter Berücksichtigung des Erfordernisses einer strikten Orientierung am Gesetzeswortlaut, wenn es um eine Ermächtigungsgrundlage zum Erlass von belastenden Verwaltungsakten geht, erscheint ei-

---

1 BT-DrS 15/3917, S. 30 mit Begründung S. 71.

ne Gesamtschau von § 70 Abs. 1 Satz 1 und § 69 Abs. 5 die Voraussetzungen der Beschlagnahme am besten und insbesondere vollständig widerzuspiegeln; schließlich betrifft HS 2 des § 69 Abs. 5 die Beschlagnahme unmittelbar und als Alternative zur Inverwahrungnahme.

Der **Gegenstandsbegriff** des deutschen Rechts umfasst körperliche und unkörperliche Gegenstände; letztere werden angesichts des besitzbezogenen Beschlagnahmebegriffs für § 70 kaum Bedeutung haben. Der Begriff **geschäftliche** Unterlagen im Sinne von § 69 Abs. 5 stellt nur einen für die Wirtschaftsaufsicht typischen Unterfall dar, so dass das Fehlen dieses Zusatzes in § 70 Abs. 1 Satz 1 ohne Bedeutung ist. Private Unterlagen von Betroffenen dürfen selbstverständlich nicht beschlagnahmt werden.

Die Wahrung des Verhältnismäßigkeitsprinzips sichert der Zusatz **im erforderlichen Umfang** in § 69 Abs. 5 ab, der § 70 Abs. 1 entsprechend einengt. § 70 Abs. 1 Satz 1 umschreibt dies mit **als Beweismittel für die Ermittlung von Bedeutung sein können**. Beide Wendungen entsprechen einander; meist werden zu beschlagnahmende Akten zum Zwecke des Urkundsbeweis in Betracht kommen und sind jedenfalls zur Inaugenscheinnahme geeignet. Ist es offensichtlich, dass ein Beweismittel aus den gesichteten Gegenständen nicht generiert werden kann, darf die Beschlagnahme nicht erfolgen; mit dem Verbum »können« ist der Beschlagnahmeumfang ausreichend weit gesteckt.

Zuständig für die Beschlagnahme ist die **Regulierungsbehörde**. Insofern wird auch im Rahmen des § 70 Abs. 1 Streit darüber entstehen, ob die Anordnung der Beschlagnahme durch die zuständige Beschlusskammer (§ 59 Abs. 2) oder aber durch jeden Beamten der Regulierungbehörde erfolgen kann[2]. Gerade weil § 70 in Satz 2 des § 59 Abs. 1 nicht aufgeführt ist, der explizite Ausnahmen im Hinblick auf die grundsätzliche Entscheidungsbefugnis der Beschlusskammern anordnet, kann nicht zweifelhaft sein, dass die Entscheidung durch die Beschlusskammer ergehen muss. Dies wird praktische Probleme aufwerfen, wenn nicht alle Mitglieder der Kammer vor Ort sind (was bei gleichzeitiger Durchsuchung an vielen Orten unmöglich ist). In diesen Fällen wird man sich mit einer Art antizipiertem »Sammelbeschluss« begnügen müssen, weil § 70 Abs. 1 Satz 2 eine unverzügliche Be-

---

2 Nachweise bei *Immenga/Mestmäcker*, GWB, § 55 Rz. 8.

§ 70 Beschlagnahme

kanntgabe der Beschlagnahme vorsieht, was eine »nachgeholte Entscheidung« unmöglich macht.

10 Nach **Satz 2** ist dem Betroffenen gegenüber (Besitzer oder Eigentümer der beschlagnahmten Unterlagen) eine **unverzügliche Bekanntgabe** notwendig. Diese Bekanntgabe muss deshalb ohne schuldhaftes Verzögern erfolgen (§ 121 BGB analog). Eine schriftliche Bekanntgabe fordert das Gesetz nicht.

III. Rechtsschutz (Abs. 2 bis Abs. 4)

11 Der Betroffene hat mehrere Möglichkeiten, **Rechtsschutz** gegen die Beschlagnahmeanordnung zu erlangen:

– Widerspruch nach Abs. 2

– Nachsuchen um richterliche Entscheidung (Abs. 3)

– Beschwerde gegen die richterliche Entscheidung (Abs. 4)

1. Widerspruch (Abs. 2)

12 Die Regulierungsbehörde muss von sich aus ein Rechtsschutzverfahren einleiten, wenn einer der Fälle des § 70 Abs. 2 gegeben ist:

– Beschlagnahme in Abwesenheit des Betroffenen (Ausnahme: Anwesenheit eines erwachsenen Angehörigen)

– Widerspruch des Betroffenen

– Bei Abwesenheit des Betroffenen: Widerspruch eines erwachsenen Angehörigen

13 Zwar ordnet das Gesetz die **ausdrückliche** Erhebung des Widerspruchs an; daran wird man aber keine zu hohen Anforderungen knüpfen dürfen, zumal Begriffe wie »Einspruch« bzw. »Widerspruch« oder »Anfechtung« in laienhafter Sicht häufig als gleichbedeutend erachtet werden. Allgemeine Aussagen wie »Ich protestiere!« reichen jedoch nicht aus, das Bestätigungsverfahren nach § 70 Abs. 2 herbeizuführen. Ist der Betroffene nämlich gemäß § 70 Abs. 3 belehrt worden, kann eine gewisse Präzision bei der Ausdrucksweise erwartet werden, um das Rechtsschutzverfahren einzuleiten.

III. Rechtsschutz (Abs. 2 bis Abs. 4)

Rechtsfolge ist eine fristgebundene Antragsstellung durch die Beschlusskammer mit dem Ziel, eine **richterliche Bestätigung** zu erhalten. Entscheidendes Gericht ist das Amtsgericht; der Antrag muss binnen drei Tagen nach Widerspruchserhebung oder aber dann eingereicht werden, wenn weder der Betroffene noch ein erwachsener Angehöriger anwesend waren. Die Frist stellt eine Ausschlussfrist dar. 14

Erfolgt die Bestätigung nicht, kann die Regulierungsbehörde nach Abs. 4 Beschwerde einlegen. Entsprechendes gilt bei bestätigender richterlicher Entscheidung (Beschwerde des Betroffenen oder des erwachsenen Angehörigen). Die Regelungen zeigen, dass die Beschlagnahmeanordnung **Sofortvollzugscharakter** aufweist, weil der Widerspruch nicht mit einer aufschiebenden Wirkung ausgestattet ist. 15

2. Antrag auf richterliche Entscheidung (Abs. 3)

Gemäß **Satz 2** des § 70 Abs. 3 muss der Betroffene darüber **belehrt** werden, dass er **jederzeit** den Antrag auf richterliche Entscheidung zwecks Nachprüfung der Beschlagnahmeanordnung zu stellen berechtigt ist. Erfolgt die Belehrung nicht, wird die Beschlagnahmeanordnung allerdings nicht ipso jure unwirksam. 16

Anders als beim Bestätigungsverfahren nach Abs. 2 ist das Antragsverfahren nicht an die Einhaltung von Fristen gebunden (»jederzeit«). Entscheidungszuständig ist nach **Satz 3** das Amtsgericht im Sinne von § 70 Abs. 2. Dieses wird ebenso wie im Bestätigungsverfahren nachprüfen, ob die Voraussetzungen nach § 70 Abs. 1 Satz 1 vorliegen. 17

Zweifelhaft ist es, ob auch nach Rückgabe beschlagnahmter Gegenstände noch ein Antrag auf richterliche Entscheidung im Sinne von § 70 Abs. 3 zulässig ist. Dies wird man nur bei Vorliegen ganz besonderer Umstände bejahen können (z. B. Unterlassung der Belehrung oder Vorliegen eines besonderen Interesses an der Feststellung der Unbegründetheit der Beschlagnahmeanordnung). 18

3. Beschwerdeverfahren (Abs. 4)

Sowohl die Regulierungsbehörde als auch der Betroffene kann gegen eine richterliche Entscheidung, durch die er beschwert ist, weiteren Rechtsschutz beantragen. Insofern ist die **Beschwerde** nach §§ 306 ff. StPO zu erheben. Entscheidungszuständig ist das Amtsgericht, das nach Abs. 2 und 3 die richterliche Bestätigung ausgesprochen hat, nur 19 dann, wenn es der Beschwerde abhelfen will (§ 306 Abs. 2 StPO), ansonsten das Beschwerdegericht (Landgericht), dem die Beschwerde binnen drei Tagen vorzulegen ist. Die Beschwerde hat keine aufschiebende Wirkung (§ 307 StPO); eine mündliche Verhandlung ist nicht vorgesehen (§ 309 StPO). Eine nachträgliche Anhörung insbesondere der Regulierungsbehörde bei Stattgeben der Beschwerde ist in § 311a StPO vorgesehen.

§ 71 Betriebs- oder Geschäftsgeheimnisse

¹Zur Sicherung ihrer Rechte nach § 30 des Verwaltungsverfahrensgesetzes haben alle, die nach diesem Gesetz zur Vorlage von Informationen verpflichtet sind, unverzüglich nach der Vorlage diejenigen Teile zu kennzeichnen, die Betriebs- oder Geschäftsgeheimnisse enthalten. ²In diesem Fall müssen sie zusätzlich eine Fassung vorlegen, die aus ihrer Sicht ohne Preisgabe von Betriebs- oder Geschäftsgeheimnissen eingesehen werden kann. ³Erfolgt dies nicht, kann die Regulierungsbehörde von ihrer Zustimmung zur Einsicht ausgehen, es sei denn, ihr sind besondere Umstände bekannt, die eine solche Vermutung nicht rechtfertigen. ⁴Hält die Regulierungsbehörde die Kennzeichnung der Unterlagen als Betriebs- oder Geschäftsgeheimnisse für unberechtigt, so muss sie vor der Entscheidung über die Gewährung von Einsichtnahme an Dritte die vorlegenden Personen hören.

Überblick	Seite	Rz.
I. Normzweck und Entstehungsgeschichte.............	1259	1
II. Kennzeichnungspflicht von Betriebs- und Geschäftsgeheimnissen (Satz 1)...............................	1260	2
III. Pflicht zur Vorlage einer einsichtsgeeigneten Fassung (Satz 2 und 3).....................................	1262	7
IV. Unberechtigte Kennzeichnung und Anhörungspflicht (Satz 4)	1263	12

I. Normzweck und Entstehungsgeschichte

§ 71 dient nach dem Vorbild des § 136 TKG dem **effektiven Schutz** 1
von Betriebs- und Geschäftsgeheimnissen. Solche Geheimnisse müssen im Zuge von Auskunftsverlangen und Prüfungsanordnungen der Regulierungsbehörde offenbart werden[1]. Dies ist schon deshalb gerechtfertigt, weil die Regulierungsbehörde ihrerseits zur Geheimhaltung verpflichtet ist[2]. Die Rechtsprechung zum Kartellverwal-

---

1 Für das Kartellverfahrensrecht vgl. *Lieberknecht*, Die Behandlung von Geschäftsgeheimnissen im deutschen und EG-Recht, WuW 1988, S. 833, 838.
2 Vgl. §§ 29 Abs. 2 sowie § 30 VwVfG; § 57 Abs. 1 EnWG; § 203 Abs. 2 und 3 sowie § 204 StGB.

tungsverfahren hat die Gewährleistungsverpflichtung bestätigt und näher ausgeformt[3]. Um gleichwohl das **Akteneinsichtsrecht** insbesondere der am regulierungsbehördlichen Verfahren Beteiligten nicht leerlaufen zu lassen, kennt § 71 verfahrensmäßige Sicherungen, die dem Geheimnisinhaber zunächst eine **Kennzeichnung** derjenigen Informationsteile ermöglichen, die Betriebs- oder Geschäftsgeheimnisse enthalten. Sodann ist eine Fassung ohne diese Geheimnisse zu erstellen; wird eine solche Fassung nicht eingereicht, wird das Einverständnis des Betroffenen in die Einsichtnahme durch Dritte widerleglich vermutet. Auch nach Kennzeichnung kann die Regulierungsbehörde noch darüber entscheiden, ob solche schutzbedürftigen Teile wirklich in den Originalakten vorhanden sind; will sie diese Frage verneinen, muss vor Einsichtnahme Dritter die »vorlegende Person« und damit regelmäßig der Geheimhaltungsinteressent **angehört** werden. Die Vorschrift ist in der Fassung des Entwurfs[4] Gesetz geworden.

II. Kennzeichnungspflicht von Betriebs- und Geschäftsgeheimnissen (Satz 1)

2 Unter **Betriebs- und Geschäftsgeheimnissen** sind alle Tatsachen zu verstehen, die im Zusammenhang mit dem Geschäftsbetrieb stehen, nur einem eng begrenzten Personenkreis bekannt (also nicht offenkundig) sind und nach dem Willen des Betriebsinhabers geheimgehalten werden müssen, wobei an der Geheimhaltung ein begründetes Interesse bestehen muss[5]. Der Begriff umfasst sowohl absolut zu schützende als auch nur relativ schutzwürdige Tatsachen.

3 Unter **absolut geschützten** Betriebs- und Geschäftsgeheimnissen sind solche zu verstehen, die – außer gegenüber staatlichen Stellen (Regulierungsbehörde, Bundeskartellamt) – grundsätzlich gegenüber Niemandem offenbart werden müssen. Deshalb sind diese Daten auch für den Fall zu schützen, dass Dritte Akteneinsicht nehmen. Dagegen sind **relativ** geheimhaltungsbedürftige Tatsachen solche, die deshalb nicht bekannt gegeben werden, weil daraus Wettbewerbsnachteile zu befürchten sind. Weil auch diese Daten nicht in die Hände aktueller

---

3 KG WuW/E OLG 3542 – Aldi; WuW/E OLG 3725 – Coop/Wandmaker.
4 BT-DrS 15/3917, S. 30 mit Begründung S. 71.
5 Std. Rspr. vgl. BGH GRUR 1961, 40, 43 – Wurftaubenpresse; BAG BB 1982, 1791, 1793 – Thrombosolrezeptur. Weitere Nachweise zur Rspr. bei *Baumbach/Hefermehl*, Wettbewerbsrecht, 23. Aufl. München 2004, § 17 Rz. 4 ff.

oder potenzieller Konkurrenten gelangen dürfen, muss die Kenntnis nehmende Behörde auch diese Betriebs- und Geschäftsgeheimnisse schützen.

§ 71 Satz 1 knüpft an § 30 VwVfG an, der allen Beteiligten (einschließlich der von Auskunftsverlangen und Nachprüfungen Betroffenen) einen Anspruch nicht nur auf Geheimhaltung der zum persönlichen Lebensbereich gehörenden Geheimnisse, sondern auch der Betriebs- und Geschäftsgeheimnisse zubilligt. Insbesondere eine **unbefugte Offenbarung** erlaubt § 30 VwVfG nicht.

Um das Akteneinsichtsrecht nach § 29 VwVfG nicht leerlaufen zu lassen, ordnet **Satz 1** des § 71 eine **Kennzeichnungspflicht** an. Kennzeichnungspflichtig sind Personen, die zur **Vorlage von Informationen** verpflichtet sind; neben Betroffenen und sonstigen Beteiligten (§ 66 Abs. 2) sind dies alle von § 69 erfassten Unternehmen, Vereinigungen von Unternehmen, Wirtschafts- und Berufsvereinigungen, Unternehmensinhaber/vertretende Personen, die bei Unternehmen nach Gesetz oder Satzung zur Vertretung berufenen Personen (Organe und Gesellschafter) sowie Vorstände nicht rechtsfähiger Vereine. Die Kennzeichnungspflicht steht damit zur Vorlagepflicht in einem akzessorischen Verhältnis.

Weitere Voraussetzung ist das Vorliegen eines Betriebs- oder Geschäftsgeheimnisses im oben definierten Sinne[6]. Die Kennzeichnung hat **unverzüglich** (ohne schuldhaftes Verzögern) zu erfolgen. Die Art und Weise der Kennzeichnung bleibt dem Verpflichteten überlassen, z. B. Markierungen im Text oder am Rand des Dokuments. Weil es sich bei § 71 Satz 1 um eine kraft Gesetzes bestehende Verpflichtung handelt, die einer besonderen Vollzugsanordnung nicht bedarf, besteht die Verpflichtung zur Kennzeichnung unmittelbar mit der Vorlage. Eine besondere Aufforderung zur Kennzeichnung seitens der Regulierungsbehörde ist daher nicht erforderlich. Deshalb gibt es auch keinen Rechtsschutz gegen die Verpflichtung zur Kennzeichnung, zumal diese eigene Interessen des Vorlagepflichtigen in verhältnismäßiger Weise wahrt.

---

6 Oben § 71 Rz. 2.

III. Pflicht zur Vorlage einer einsichtsgeeigneten Fassung (Satz 2 und 3)

7 Aus der Beachtung der Kennzeichnungspflicht entsteht nach **Satz 2** eine **Folgeverpflichtung**: Damit die jetzt gekennzeichneten Aktenstücke nicht vor Einsichtnahme gänzlich aussortiert werden müssen, belastet der Gesetzgeber den Kennzeichnungspflichtigen damit, eine **Fassung ohne Preisgabe von Betriebs- und Geschäftsgeheimnissen** vorzulegen. Damit wird zugleich die Regulierungsbehörde entlastet, zumal der Geheimhaltungsinteressent am besten in der Lage ist, eine entsprechend bereinigte Fassung zu erstellen.

8 Regelmäßig wird dies unter **Schwärzung** der geheimhaltungsbedürftigen Aktenteile geschehen. Möglich ist auch eine Kopie, in der die entsprechenden Sätze usw. ganz fehlen, wenn der Text im Übrigen erhalten bleibt. Eine Verpflichtung zur Ersetzung des geheimhaltungsbedürftigen Textes durch einen »harmlosen« oder gar einen »irreführenden« Text sieht das Recht nicht vor.

9 **Rechtsfolge** der **Nichtbeachtung** der Pflicht aus § 71 Satz 2 ist nach **Satz 3** das Entstehen der widerleglichen Vermutung, dass die vorlagepflichtigen Personen ihre **Zustimmung zur Einsicht** in Bezug auf die nicht gekennzeichneten und/oder nicht in anderer Fassung vorgelegten Informationen erteilt haben. Daraus resultiert die Befugnis der Regulierungsbehörde, insbesondere Beteiligten nach § 29 VwVfG Akteneinsicht in toto zu gewähren.

10 Die Vermutung ist aber widerleglich (»es sei denn«): Insbesondere wenn der Regulierungsbehörde **besondere Umstände bekannt werden**, die gegen eine solche Vermutung sprechen (»nicht rechtfertigen«), kann die Regulierungsbehörde nicht vom Vorliegen der Zustimmung ausgehen. In diesen Fällen wird sie die nach § 71 Satz 1 und 2 verpflichteten Personen auffordern, ihren Verpflichtungen zur Kennzeichnung bzw. Vorlage einsichtsfähiger Fassungen nachzukommen. Erfolgt dies nicht, wird die Regulierungsbehörde nach **Satz 4** vorgehen.

11 Die zur Widerlegung der Vermutung führenden besonderen Umstände können sich aus in Verwahrung genommenen oder beschlagnahmten geschäftlichen Unterlagen des Vorlagepflichtigen oder aber aus Unterlagen Dritter ergeben. Auch Anwaltsschreiben, in denen nicht nur pauschal, sondern konkret auf die Wahrung bestimmter Betriebs-

und Geschäftsgeheimnisse hingewiesen wird, sind zur Zerstörung der Vermutung geeignet.

IV. Unberechtigte Kennzeichnung und Anhörungspflicht (Satz 4)

Ob die gekennzeichneten und dann anders gefassten Aktenteile tatsächlich Betriebs- und Geschäftsgeheimnisse im Sinne der obigen Definition[7] enthalten, muss die Regulierungsbehörde überprüfen. Gelangt sie zu dem Ergebnis, dass die Kennzeichnung zu Recht erfolgt ist, wird sie aus der nach Satz 2 eingereichten Fassung des Aktenstücks eine nunmehr einsichtsfähige Akte generieren. Die aussortierten originalen Aktenteile sind besonders geschützt aufzubewahren und später – nach Beendigung von Inverwahrungnahme bzw. Beschlagnahme – den Vorlagepflichtigen zurückzugeben.

Hält die Regulierungsbehörde die Kennzeichnung für **unberechtigt**, ist es nach Satz 4 nicht erforderlich, insofern eine Art »Zwischenstreit« zu beginnen, um ein Gericht über das Vorliegen eines Betriebs- oder Geschäftsgeheimnisses entscheiden zu lassen. Vielmehr bleibt abzuwarten, ob überhaupt eine **Einsichtnahme Dritter** erfolgen wird.

Wird dann Akteneinsicht beantragt, muss vor Ergehen der Gestattungsentscheidung nach § 29 VwVfG eine **Anhörung** der vorlagepflichtigen Personen erfolgen, soweit sie – aus der Sicht der Regulierungsbehörde unberechtigt – das Vorliegen von Betriebs- und Geschäftsgeheimnissen reklamiert haben. Erst im Rahmen dieser Anhörung werden die Gründe für das Vorliegen von Geheimnissen mitgeteilt werden. Mit einer entsprechenden Anhörung wird die Regulierungsbehörde reagieren, wenn die Vermutung des Satzes 3 wegen Bekanntwerdens besonderer Umstände nicht eingreift (analoge Anwendung von § 71 Satz 4).

Auf der Grundlage des Anhörungsergebnisses wird dann die Regulierungsbehörde eine vollständige oder aber nur eine eingeschränkte Akteneinsicht gewähren; soweit »bereinigte Fassungen« im Sinne von Satz 2 nicht erstellt worden sind, muss die Regulierungsbehörde die Aktenteile kopieren und selbst für die Schwärzung sorgen.

---

7 § 71 Rz. 2.

16 Die vorlagepflichtigen Personen sind **Drittbetroffene** der Entscheidung über die Akteneinsichtsgestattung. Weil auch diese Entscheidung gemäß § 79 Abs. 1 von der Beschlusskammer getroffen werden muss, kann sie nach allgemeinen Grundsätzen mit der Beschwerde nach § 75 Abs. 1 angegriffen werden.

§ 71a Netzentgelte vorgelagerter Netzebenen

Soweit Entgelte für die Nutzung vorgelagerter Netzebenen im Netzentgelt des Verteilernetzbetreibers enthalten sind, sind diese von den Landesregulierungsbehörden zu Grunde zu legen, soweit nicht etwas anderes durch eine sofort vollziehbare oder bestandskräftige Entscheidung der Bundesnetzagentur oder ein rechtskräftiges Urteil festgestellt worden ist.

Überblick

		Seite	Rz.
I.	Regelungszweck und Entstehungsgeschichte	1265	1
II.	Voraussetzungen der Bindung von Landesregulierungsbehörden	1266	5
III.	Reichweite der Bindung	1267	9
	1. Schwebende Genehmigungsentscheidungen	1267	10
	2. Bindungswirkung nach abschließender Entgeltentscheidung	1268	13

I. Regelungszweck und Entstehungsgeschichte

Das vom Netznutzer nach § 20 Abs. 1 in Verbindung mit § 21 Abs. 2 an den Netzbetreiber zu entrichtende Entgelt wird in vielen Fällen Entgelte für die Nutzung vorgelagerter Netzebenen (insbesondere das Übertragungsnetz) enthalten. Ausnahmen bestehen bei »dezentraler Versorgung«, weil eine lokal ausgerichtete Erzeugungsanlage beispielsweise nur in das Verteilernetz einspeist und die vorgelagerten Netzebenen nicht nutzt. Entnimmt ein Großkunde Elektrizität unmittelbar auf der Ebene des Übertragungsnetzes, beschränkt sich das NZE auf diese Ebene. 1

§ 71a trägt dem Umstand Rechnung, dass die Entgelte für Nutzung der Verteilernetze häufig von LRB und die übrigen NZE regelmäßig von der BNetzA genehmigt werden. Wäre die LRB bei Genehmigung (§ 23a) des Verteiler-NZE berechtigt, die auf vorgelagerte Netzebenen entfallenden Entgeltanteile autonom und trotz vorheriger Genehmigung durch die BNetzA erneut zu überprüfen, entstünde die Gefahr widersprüchlicher Entscheidungen; ein bereits dem ÜNB genehmigtes Entgelt dürfte in einer Vielzahl von Fällen gar nicht gefordert werden, wenn jede zuständige LRB für das betreffende Bundesland in 2 autonomer Entscheidung von einem niedrigeren Entgeltanteil ausgehen könnte, weil sie ja dem Verteilernetzbetreiber ein Gesamtentgelt genehmigt.

3 Um derart widersprüchliche Entscheidungen zwischen LRB einerseits und BNetzA andererseits zu vermeiden, begrenzt § 71a den Entscheidungsbereich einer LRB auf diejenigen Entgeltteile, die nicht bereits zuvor von der BNetzA genehmigt worden sind. Verwirklicht wird der Regelungszweck der Herstellung einer effizienten und widerspruchsfreien Genehmigungspraxis, indem § 71a die **Bindungswirkung** bereits abschließend überprüfter NZE im Zuständigkeitsbereich der BNetzA anordnet. Unter »abschließend« versteht das Gesetz sofort vollziehbare oder bestandskräftige BNetzA-Entscheidungen sowie ein rechtskräftiges Urteil.

4 Die Vorschrift ist im Entwurf zum EnWG noch nicht enthalten gewesen, und auch der Bundesrat hatte die Einfügung einer entsprechenden Vorschrift nicht gefordert. Um einem entsprechenden verwaltungspraktischen Regelungsinteresse Rechnung zu tragen, hat erst der Vermittlungsausschuss § 71a in das Gesetz eingefügt[1]. Eine Gesetzesbegründung fehlt konsequent.

II. Voraussetzungen der Bindung von Landesregulierungsbehörden

5 § 71a greift nur ein, wenn **Genehmigungsentscheidungen durch LRB** im Sinne von § 23a anstehen. Derartige Entscheidungen können wegen § 54 Abs. 2 Satz 1 Ziff. 1 in Verbindung mit Satz 2 nur **Verteilernetzentgelte** betreffen.

6 Weitere Anwendbarkeitsvoraussetzung ist, dass das zur Genehmigung anstehende NZE **nicht ausschließlich die Ebene des Verteilernetzes betrifft**, sondern Entgeltanteile enthält, für deren Genehmigung die Zuständigkeit der BNetzA gemäß § 54 Abs. 1 begründet ist. Dies gilt unabhängig davon, welcher Genehmigungsmodus zugrunde zu legen ist (Genehmigung auf Vergleichs- oder Kostenbasis; Entscheidung im Wege der Anreizregulierung)[2].

---

1 BT-DrS 15/5736 (neu), S. 7 (Ziff. 33).
2 Für letztere Genehmigung oder Festlegung ist gemäß § 54 Abs. 2 Satz 1 Ziff. 2 i. V. m. § 21a ebenfalls die LRB zuständig.

Schon im Genehmigungsantrag wird der Verteilernetzbetreiber diejenigen Entgeltanteile **besonders kennzeichnen**, deren Ermittlung er nicht selbst zu verantworten hat und für die eine andere Genehmigungszuständigkeit besteht. Die LRB prüft dann nur noch nach, ob es sich tatsächlich um Leitungen und Spannungsebenen handelt, für deren Nutzung und Entgeltgenehmigung eine Zuständigkeit der BNetzA gegeben ist.

Ausreichend ist es, wenn diese Entgeltanteile die **Nutzung vorgelagerter Netzebenen** betreffen. Dabei muss es sich nicht nur um ein oder mehrere Übertragungsnetze, sondern es kann sich auch um ein Verteilernetz handeln (z. B. auf der Hochspannungsebene, 110 kV). Besteht für diese vorgelagerte Verteilernetzebene eine eigene Zuständigkeit der LRB, weil das Netz im Sinne von § 54 Abs. 2 **Satz 2** nicht über das Gebiet des eigenen Bundeslandes hinausreicht, ist § 71a **nicht anwendbar**; vielmehr wird die LRB insofern auf eine eigene Entscheidung – die Entgeltgenehmigung hinsichtlich dieses vorgelagerten Verteilernetzes – zurückgreifen. Die Gefahr einer widersprüchlichen Entscheidung besteht insofern nicht.

III. Reichweite der Bindung

Rechtsfolge des § 71a ist eine besonders ausgestaltete Form einer Bindungswirkung. Der Bindung unterworfen ist die LRB; ausgedrückt wird die aus der Bindungswirkung resultierende **Beschränkung der Entscheidungsautonomie der LRB** mit den Worten »... sind ... zugrunde zu legen ...«. Insofern ist zwischen bereits abschließend beschiedenen NZE für vorgelagerte Netzebenen und nicht abgeschlossenen Genehmigungsverfahren zu unterscheiden.

1. Schwebende Genehmigungsentscheidungen

§ 71a ist auch anwendbar, wenn für die auf vorgelagerte Netzebenen entfallenden Entgeltanteile **noch keine Entgeltgenehmigung nach § 23a vorliegt**. Auch für diesen Fall entsteht die Bindungswirkung, weil § 71a die Bindungswirkung nicht ausschließlich an der abschließenden Entscheidung orientiert (»... soweit nicht etwas anderes ...«). Dies mag als ungewöhnlich erscheinen, weil die Kompetenz einer Verwaltungsbehörde eingeschränkt wird, obwohl es sich um noch nicht genehmigte Entgeltanteile handelt.

11 Diese »überschießende Regelungstendenz« des § 71a kann aus verwaltungspraktischen Gründen gerechtfertigt werden. Entstünde die Bindungswirkung nur aufgrund abschließender Genehmigungsentscheidung der BNetzA, müssten LRB-Genehmigungsentscheidungen erst abwarten, bis jene Genehmigungen bestandskräftig werden oder für sofort vollziehbar erklärt worden sind; schlimmstenfalls müsste die Rechtskraft eines Urteils im Rechtsschutzverfahren abgewartet werden. Entweder würde die LRB ihre eigene Genehmigungsentscheidung entsprechend aufschieben müssen oder aber – entgegen dem Regelungszweck des § 71a – doch noch eine autonome Entscheidung über Entgeltanteile vorgelagerter Netzebenen treffen.

12 Deshalb hat sich der Vermittlungsausschuss dafür entschieden, **auch ungenehmigte Entgeltanteile vorgelagerter Netzebenen** in die Bindungswirkung einzubeziehen (primäre Bindung). Letztlich bedeutet dies, dass diese Entgeltanteile von den Betreibern der vorgelagerten Netzebene lediglich übernommen werden und eine Überprüfung durch die LRB auch dann nicht stattfindet, wenn sich Genehmigungs- und Rechtsschutzverfahren für diese Entgeltanteile (in der Zuständigkeit der BNetzA) hinziehen. Diese Bindungswirkung enthält damit (verkappt) eine **Kompetenzbegrenzung**: Trotz Zuständigkeit für das gesamte Verteilernetzentgelt besteht in Wirklichkeit keine Zuständigkeit für die genannten Entgeltanteile.

2. Bindungswirkung nach abschließender Entgeltentscheidung

13 An dieser kompetenziellen Begrenzung ändert sich nichts, wenn eine **abschließende Entscheidung** zu diesen Netzentgeltanteilen vorliegt. Insofern kommen in Betracht:

– Sofort vollziehbare BNetzA-Entscheidungen

– Bestandskräftige BNetzA-Entscheidungen

– Rechtskräftiges Urteil zur BNetzA-Entscheidung

14 Alle diese Fälle können unter dem Sammelbegriff »abschließende Entscheidung« zusammengefasst werden; während bestandskräftige Entscheidungen der BNetzA und rechtskräftige Urteile **absolut abschließenden** Charakter aufweisen, besteht ein solcher im Hinblick auf sofort vollziehbare Entscheidungen der BNetzA nur relativ (und vorbehaltlich der Wiederherstellung der aufschiebenden Wirkung).

Die Bindungswirkung an abschließende Entscheidungen zu Entgelt- 15
genehmigungen, die die Nutzung vorgelagerter Netzebenen betreffen,
stellt den **zweiten Fall der Bindung** des § 71a dar; diese Bindungs-
form wird erst relevant, wenn solche abschließenden Entscheidungen
ein **anderes Genehmigungsergebnis** als dasjenige aufweisen, das ursprünglich und aufgrund bloßer Mitteilung dieses »Fremdentgeltan-
teils« erwartet wurde (sekundäre Bindung). Soweit die LRB in Beachtung der Grundbindungswirkung des § 71a ein (ungenehmigtes)
Fremdentgelt ihrer Genehmigungsentscheidung zugrunde gelegt hat,
muss sie diese – nach Genehmigung des Fremdanteils – entsprechend
ändern (»soweit«). Damit ist sie nicht nur in betragsmäßiger, sondern
auch in zeitlicher Hinsicht an die genannten abschließenden Entscheidungen gebunden.

Um die Änderung entsprechender Genehmigungsbescheide der LRB 16
zu erleichtern, wird die LRB unter Hinweis auf § 71a HS 2 ihre Genehmigungsentscheidungen **unter Widerrufsvorbehalt** stellen. Insofern wird sie die Fremdentgeltanteile, die vorgelagerte Netzebenen
betreffen, betragsmäßig kennzeichnen und die Änderung ihrer Entscheidung für den Fall ankündigen, dass eine der in § 71a HS 2 genannten Formen abschließender Entgeltentscheidungen ergeht und
diese Entscheidung vom »Einsatzentgelt« abweicht.

Auf diese Weise wird auch eine rückwirkende Teiländerung der ur- 17
sprünglichen Genehmigungsentscheidung ermöglicht. Weil die LRB
nicht nur betragsmäßig, sondern auch zeitlich an die genannten abschließenden Entscheidungen gebunden ist, muss die eigene Genehmigungsentscheidung stets diesen »Fremdentscheidungen« **nachge-
führt** werden. Ändert sich in den insofern stattfindenden Verfahren
(Verwaltungs- und Rechtsschutzverfahren) dieser Entgeltanteil mehrfach, muss zeitnah die eigene Genehmigung korrigiert werden.
Deshalb kann vom Widerrufs- und Änderungsvorbehalt erstmals
Gebrauch gemacht werden, wenn die sofort vollziehbare Entgeltgenehmigung der BNetzA vom »Einsatzentgeltanteil« abweicht; weitere
»Nachführungen« sind ohne Entschließungsermessen erforderlich,
wenn sich eine neue oder andere Abweichung im Hinblick auf die bestandskräftige Entscheidung ergibt.

Hat die LRB ihre eigene Genehmigungsentscheidung im Hinblick auf 18
eine sofort vollziehbare Entscheidung der BNetzA geändert und wird
im Hinblick auf jene Entscheidung die aufschiebende Wirkung wieder
hergestellt, muss wohl HS 1 des § 71a zugrunde gelegt werden (Aus-

gangs-Fremdentgeltanteil). Auch insofern greift die »primäre Bindung« an Entgeltbestandteile in fremder Zuständigkeit ein (»soweit nicht ein anderes ...«). Eine erneute Änderung kann nach rechtskräftigem Urteil erforderlich werden; wird die Beschwerdeentscheidung des OLG fristgemäß mit der Rechtsbeschwerde angegriffen und ist diese auch zulässig, so kommt als erneuter Zeitpunkt für eine Änderungsentscheidung erst eine rechtskräftig werdende Rechtsbeschwerdeentscheidung des BGH in Betracht.

19 Denkbar ist es, dass die Kompetenzbeschränkung einer LRB auch solche Entgeltanteile erfasst, die nicht von der BNetzA, sondern von einer anderen LRB zu genehmigen sind. Dies setzt voraus, dass die vorgelagerte Netzebene ein Verteilernetz betrifft, das vollständig dem Gebiet eines anderen Bundeslandes zuzurechnen ist (§ 54 Abs. 2 Satz 2) und nur über eine Verbindungsleitung mit der nachgelagerten Netzebene verbunden ist, über die die betreffende LRB dann zu entscheiden hat. In diesen seltenen Fällen kann § 71a wegen Vorhandensein einer Regelungslücke und der Gleichartigkeit der Interessenlage **analog angewendet** werden.

§ 72 Vorläufige Anordnungen

Die Regulierungsbehörde kann bis zur endgültigen Entscheidung vorläufige Anordnungen treffen.

Überblick	Seite	Rz.
I. Regelungszweck und Entstehungsgeschichte	1271	1
II. Regulierungsbehörde und schwebendes Verwaltungsverfahren	1271	2
III. Mögliche Inhalte vorläufiger Anordnungen	1272	4

I. Regelungszweck und Entstehungsgeschichte

Bereits nach § 60 GWB kann die Kartellbehörde und ebenso nach § 130 TKG die BNetzA (betreffend Post und Telekommunikation) **vorläufige Anordnungen** mit dem Ziel treffen, einen **status quo** für eine Übergangszeit zu regeln. Im Anschluss an diese beiden Vorbilder übernimmt § 72 eine solche Möglichkeit auch zugunsten der Regulierungsbehörde, die Entscheidungen im Regelungsbereich der leitungsgebundenen Versorgung mit Elektrizität oder Erdgas zu treffen hat. Da derartige Entscheidungen nur »einstweilen« gelten, sind sie nach Abschluss des Verwaltungsverfahrens nicht mehr möglich. Wegen der vielfältigen Interdependenzwirkungen beispielsweise von NZE-Genehmigungen oder der Anordnung des Netzzugangs kommt § 72 eine besondere Bedeutung zu. Im Laufe des Gesetzgebungsverfahrens ist § 72 nicht mehr geändert worden.

1

II. Regulierungsbehörde und schwebendes Verwaltungsverfahren

Weil § 72 einerseits die **Einleitung** des regulierungsbehördlichen Verfahrens (§ 76 Abs. 1), andererseits dessen **Nichtbeendigung** voraussetzt (§ 73), wird eine Entscheidung nach § 72 immer **befristet** ergehen und deshalb im Tenor den Zusatz enthalten: »Diese Anordnung tritt mit abschließender Entscheidung außer Kraft.« Eine besondere Aufhebungsentscheidung ist nicht erforderlich; deklaratorische Bedeutung hat es konsequent, wenn die Regulierungsbehörde in der Schlussentscheidung nochmals darauf hinweist, dass die vorläufige Anordnung nach § 72 gleichzeitig außer Kraft tritt.

2

3 **Regulierungsbehörde** im Sinne von § 72 ist sowohl eine LRB als auch die BNetzA. Entsprechend den getroffenen Organisationsmodalitäten entscheidet entweder der zuständige Landesbeamte oder aber die Beschlusskammer nach § 59 Abs. 1 Satz 1; eine Ausnahme vom Beschlusskammerprinzip sieht Satz 2 des § 59 Abs. 1 nicht vor.

III. Mögliche Inhalte vorläufiger Anordnungen

4 Anordnungen im Sinne von § 72 können sowohl **belastende** als auch **begünstigende Wirkungen** aufweisen. Derartige Anordnungen kommen im gesamten Zuständigkeitsbereich einer Regulierungsbehörde in Betracht, beispielsweise:

– Vorläufige Anordnungen zur Entflechtung (§§ 6 ff.)

– Vorläufige Anordnungen zu Betriebsmodalitäten oder Ausbau eines Netzes (§§ 11 f.)

– Anordnungen vorläufigen Netzanschlusses (§§ 17, 18)

– Anordnungen vorläufigen Netzzugangs (§ 20 Abs. 1)

– Anordnungen vorläufiger Art zu Bedingungen des Netzzugangs (§ 71)

– Vorläufige Anordnung zur Entgelthöhe (§ 23a)

– Vorläufige Anordnungen bei Anträgen zu Ausnahmen vom Netz- und Speicherzugang (§§ 25 ff.)

– Vorläufige Anordnungen zur Abstellung eines Missbrauchs (§§ 30, 31)

– Vorläufige Anordnungen zur Durchführung der Grund- oder Ersatzversorgung (§§ 36 ff.)

5 Die vorläufige Anordnung nach § 72 hat das Ziel, **Rechtsfrieden und Rechtssicherheit auf Zeit** zu schaffen. Die Entscheidung hat niemals endgültigen oder abschließenden Charakter, sondern steht unter dem Vorbehalt der Bestätigung oder Änderung mit der das Verfahren abschließenden Entscheidung. Wird beispielsweise vorläufig ein Netzentgelt festgesetzt und erweist sich dies in der Genehmigungsentscheidung nach § 23a als zu hoch, sind die zuviel geflossenen Entgeltanteile zurückzuzahlen, weil deren Zahlungsverpflichtung mittels

III. Mögliche Inhalte vorläufiger Anordnungen

einstweiliger Anordnung nur einen »vorläufigen Rechtsgrund« aufwies.

Der vorläufige Charakter ist im **Entscheidungstenor** deutlich zu machen. Anzugeben ist auch der zeitliche Wirkungshorizont, insbesondere der Beginn der Regelungswirkung. Den Drittbetroffenen (Netznutzern) muss der Netzbetreiber spätestens mit Rechnungserteilung mitteilen, welche Entgeltanteile vorläufigen Charakter haben; dabei muss die Anpassung vorbehalten werden, um die einstweilige Regelungswirkung zivilrechtlich sicher auf diese Drittbetroffenen zu übertragen. 6

Anders als im Verfahren der einstweiligen Verfügung[1] kann im Wege der vorläufigen Anordnung nach § 72 auch ein Rechtszustand bewirkt werden, der jedenfalls auf Zeit endgültigen Charakter hat. Wird etwa ein Netzzugang nach § 17 Abs. 1 vorläufig angeordnet, kann diese »Netzverbindung auf Zeit« auch durch gegenteilige Abschlussentscheidung im selben Regulierungsverfahren nicht mehr beseitigt werden, weil für die Vergangenheit ein Netzzugang bestanden hat. Die damit verbundenen (endgültigen) Belastungswirkungen sind im Interesse des Rechtsfriedens hinzunehmen. 7

Die einstweilige Anordnung darf den **Rahmen des zugrunde liegenden Verwaltungsverfahrens** nicht überschreiten. Dabei sind die Anträge der Beteiligten konkretisierend zu berücksichtigen. Eine offensichtlich im »Hauptverfahren« nicht mögliche Entscheidung darf auch im Wege einer vorläufigen Anordnung nach § 72 nicht ergehen. 8

In der kartellbehördlichen Rechtsprechung und Literatur[2] wird davon ausgegangen, dass einstweiligen Anordnungen in Verfahren vor den Kartellbehörden an diejenigen Voraussetzungen zu binden sind, die die Anordnung einer sofortigen Vollziehung ermöglichen (§ 65 GWB). Weil § 60 GWB insofern eine Regelungslücke enthalte, sei im Einklang mit § 123 Abs. 1 VwGO sowie § 132 BVerfGG insbesondere ein **öffentliches Interesse oder zumindest ein überwiegendes Interesse eines Beteiligten** zu fordern, um einstweilige Anordnungen rechtfertigen zu können. Ansonsten müsse der Ausgang des Verwaltungsverfahrens abgewartet werden. Insofern werden teilweise strenge Anforderungen gestellt, so dass die sofortige Maßnahme durch **be-** 9

---

1 Verbot der sog. Leistungsverfügung, vgl. Nachweise bei *Salje*, EEG 2004, § 12 Rz. 123.
2 Nachweise bei *Bechtold*, GWB, § 60 Rz. 3 sowie 6 ff.

§ 72 Vorläufige Anordnungen

sondere Interessen zu rechtfertigen ist[3]. Überträgt man diese Analogie auf § 72, so können vorläufige Anordnungen nur unter den besonderen Voraussetzungen des § 77 Abs. 1 ergehen. Für diese Auffassung spricht das Rechtsstaatsprinzip, wonach grundsätzlich der Ausgang des Verwaltungsverfahrens abzuwarten ist und nur ausnahmsweise Regelungen ergehen dürfen, die den Ausgang des Verfahrens ganz oder teilweise vorwegzunehmen geeignet sind.

---

3 Vgl. *Bechtold*, GWB, § 60 Rz. 6 mit weiteren Nachweisen.

§ 73 Verfahrensabschluss, Begründung der Entscheidung, Zustellung

(1) ¹Entscheidungen der Regulierungsbehörde sind zu begründen und mit einer Belehrung über das zulässige Rechtsmittel den Beteiligten nach den Vorschriften des Verwaltungszustellungsgesetzes zuzustellen. ²§ 5 Abs. 2 des Verwaltungszustellungsgesetzes und § 178 Abs. 1 Nr. 2 der Zivilprozessordnung sind entsprechend anzuwenden auf Unternehmen und Vereinigungen von Unternehmen. ³Entscheidungen, die gegenüber einem Unternehmen mit Sitz im Ausland ergehen, stellt die Regulierungsbehörde der Person zu, die das Unternehmen der Regulierungsbehörde als im Inland zustellungsbevollmächtigt benannt hat. ⁴Hat das Unternehmen keine zustellungsbevollmächtigte Person im Inland benannt, so stellt die Regulierungsbehörde die Entscheidungen durch Bekanntmachung im Bundesanzeiger zu.

(2) Soweit ein Verfahren nicht mit einer Entscheidung abgeschlossen wird, die den Beteiligten nach Absatz 1 zugestellt wird, ist seine Beendigung den Beteiligten schriftlich mitzuteilen.

(3) Die Regulierungsbehörde kann die Kosten einer Beweiserhebung den Beteiligten nach billigem Ermessen auferlegen.

Überblick		Seite	Rz.
I.	Regelungszweck und Entstehungsgeschichte	1275	1
II.	Formen des Verfahrensabschlusses (Abs. 1 Satz 1 und Abs. 2)	1276	3
	1. Verfahrensabschluss durch Entscheidung	1276	4
	2. Verfahrensabschluss ohne Entscheidung (Abs. 2)	1278	9
III.	Zustellung von Verfügungen und Abschlussmitteilungen	1278	11
IV.	Kosten einer Beweiserhebung (Abs. 3)	1279	14

I. Regelungszweck und Entstehungsgeschichte

Über das allgemeine Verfahrensrecht hinaus sieht § 73 in Ergänzung von § 66 (Einleitung des Verfahrens) als actus contrarius einen »förmlichen Verfahrensabschluss« vor. Dies steht im Einklang mit der »Jus- 1

§ 73 Verfahrensabschluss, Begründung der Entscheidung, Zustellung

tizähnlichkeit« des Verfahrens vor den Regulierungsbehörden. Vorbilder sind § 61 GWB sowie § 131 TKG, dessen Abs. 3 in § 73 Abs. 3 übernommen wurde.

2 Über den **Regelungszweck**, den Abschluss eines regulierungsbehördlichen Verfahrens an bestimmte Entscheidungen und Mitteilungen zu knüpfen, hinaus sieht Abs. 1 besondere Anforderungen an die Zustellung der Entscheidungen vor. Ist eine Beweiserhebung erforderlich, können die Kosten den Beteiligten auferlegt werden. Die Vorschrift ist in der Fassung des Entwurfs auch Gesetz geworden.

II. Formen des Verfahrensabschlusses (Abs. 1 Satz 1 und Abs. 2)

3 § 73 kennt **zwei Formen** des Verfahrensabschlusses:

- Entscheidung (Verfügung) der Regulierungsbehörde
- Abschluss ohne Entscheidung (Einstellung)

1. Verfahrensabschluss durch Entscheidung

4 Regelmäßig werden Verfahren der Regulierungsbehörde durch **eine Entscheidung** abgeschlossen, die in der kartellbehördlichen Tradition auch als **Verfügung** bezeichnet werden kann. Dabei handelt es sich um eine behördliche Maßnahme mit Verwaltungsaktqualität (§ 35 VwVfG), da mit Außenwirkung ein Einzelfall geregelt wird.

5 Angesichts der Mannigfaltigkeit der regulierungsbehördlichen Verfahren sind sehr unterschiedliche abschließende Entscheidungen denkbar. In Betracht kommen u.a. Genehmigungsentscheidungen, Missbrauchsverfügungen, Ausnahmen und Erlaubnisse, die Ablehnung von beantragten Ausnahmen oder aber Feststellungen (z. B. zum Vorliegen eines Objektnetzes im Sinne von § 110). Nach § 37 VwVfG sind auch Entscheidungen der Regulierungsbehörde **schriftlich** abzufassen; dies erfordert Unterschriften aller entscheidenden Mitglieder der Beschlusskammer im Sinne von § 59 Abs. 2. Ist eine Entscheidung der Beschlusskammer ausnahmsweise nicht erforderlich (vgl. § 59 Abs. 1 Satz 2) und entscheidet entweder der Vorsitzende oder der Prä-

sident der Regulierungsbehörde, ist nur diese Unterschrift erforderlich[1].

Nach § 73 Abs. 1 Satz 1 besteht zudem ein **Begründungserfordernis**. Dieses bezieht sich auf alle die Entscheidung tragenden Gründe und bezieht auch wichtige entgegenstehende Argumentationen von Betroffenen oder Beteiligten ebenso ein wie Rechtsgründe, die einer derartigen Entscheidung entgegenstehen könnten[2], zumal nicht nur der Entscheidungstenor, sondern auch die die Entscheidung tragenden Gründe in Bestandskraft erwachsen und den Inhalt der Entscheidung prägen[3]. Da es auf die rechtliche Korrektheit der Begründung nicht ankommt[4], fehlt nicht schon deshalb die Begründung im Sinne von § 73 Abs. 1 Satz 1, weil Teile dieser Begründung nach Auffassung des Gerichts und Begründung im rechtskräftigen Urteil nicht tragfähig sind. 6

Wird gegen das Begründungserfordernis verstoßen, kann eine derart fehlerhafte Entscheidung noch bis zum Beginn des Beschwerdeverfahrens nach § 45 Abs. 1 Ziff. 2 VwVfG geheilt werden[5]. Bei fristgebundenen Entscheidungen muss zwecks Heilung die erforderliche Begründung innerhalb der Frist nachgeholt werden, und sie darf die Entscheidung nicht in ihrem Wesen verändern[6]. 7

Bestandteil einer das Verfahren abschließenden Entscheidung ist obligatorisch auch eine korrekte **Rechtsmittelbelehrung**. Zwar macht deren Fehlen die im Übrigen korrekte Entscheidung nicht fehlerhaft, so dass sie allein deswegen noch nicht aufgehoben werden kann; jedoch beginnt die Beschwerdefrist in analoger Anwendung von § 58 VwGO nicht zu laufen. Nach Auffassung des OLG Celle[7] ist die in § 58 Abs. 2 VwGO vorgesehene Höchstbegrenzung auf ein Jahr jedenfalls auch im Kartellverwaltungsverfahren anzuwenden. 8

---

1 Zum Unterschriftserfordernis in Kartellverwaltungsverfahren vgl. OLG Stuttgart WuW/E OLG 4211 f. – Druckrohre.
2 Vgl. KG WuW/E OLG 2411, 2417 – Bayer/Firestone.
3 Vgl. BGH WuW/E BGH 2869, 2871 – Pauschalreisen-Vermittlung II; BGHZ 110, 371, 377 – Sportübertragungen; WuW/E BGH 2073, 2074 – Kaufmarkt.
4 OLG Stuttgart WuW/E OLG 5231, 5237 – Strompreis Schwäbisch-Hall.
5 *Immenga/Mestmäcker/K. Schmidt*, GWB, § 57 Rz. 15 – für das kartellbehördliche Verfahren.
6 KG WuW/E OLG 2433, 2438 – Metro.
7 WuW/E OLG 1387, 1389 – Bauleitplan.

2. Verfahrensabschluss ohne Entscheidung (Abs. 2)

9 Auch die **Verfahrensbeendigung ohne Entscheidung** ist **schriftlich mitzuteilen**, § 73 Abs. 2. Diese Mitteilung ist selbst Verwaltungsakt, weil die Regelung mit Außenwirkung ergeht, dass das Verfahren nicht fortgesetzt werden soll. Darüber hinaus ergeht allerdings keine Entscheidung in der Sache selbst (z. B. Missbrauchsverfügung). Herkömmlich wird diese Art der Verfahrensbeendigung als **Einstellung** des Verfahrens bezeichnet.

10 Ebenso wie im deutschen Kartellverfahrensrecht sind sog. **Negativatteste** im regulierungsbehördlichen Verfahren nicht vorgesehen[8]. Darunter werden ein Verfahren abschließende Mitteilungen verstanden, mit denen festgestellt wird, dass eine besondere Erlaubnis oder eine Genehmigung nicht erforderlich ist; vergleichbar sind die sog. früheren comfort letters der EG-Kommission[9]. In vielen Fällen wird es ausreichen, das Verfahren nach § 73 Abs. 2 ohne Entscheidung abzuschließen und damit einzustellen.

III. Zustellung von Verfügungen und Abschlussmitteilungen

11 Während Abschlussmitteilungen nach § 73 Abs. 2 **allen Beteiligten** (vgl. § 66 Abs. 2) lediglich **schriftlich mitzuteilen** sind, benötigen die ein Verfahren nach § 73 Abs. 1 **abschließenden Entscheidungen** eine **förmliche Zustellung**. Maßgebend sind insofern die Vorschriften des **VerwaltungszustellungsG** des Bundes, wobei Satz 2 auf § 5 Abs. 2 besonders verweist. Auch § 178 Abs. 1 Nr. 2 ZPO (in Geschäftsräumen beschäftigte Person als Zustellungsadressaten) ist entsprechend anzuwenden, soweit die Zustellung Unternehmen und Vereinigungen von Unternehmen betrifft.

12 Im Ausland (einschließlich den Mitgliedstaaten der EU) müssen Zustellungen nicht erfolgen. Hat ein beteiligtes Unternehmen seinen Sitz außerhalb der Bundesrepublik Deutschland, erfolgt die Zustellung an eine **vom Unternehmen der Regulierungsbehörde als zustellungsbevollmächtigt bezeichnete Person**, die ihren Sitz oder Wohnsitz im Inland hat. Wird eine solche Person nicht benannt, ist die Regulierungsbehörde berechtigt, in der Art einer Ersatzzustellung die Ent-

---

[8] Vgl. dazu KG NJW-RR 1991, 1069, 1070 – Eigenerzeugungsverbot.
[9] Vgl. dazu *Klees*, Europäisches Kartellverfahrensrecht, § 1 Rz. 6 sowie § 2 Rz. 60.

scheidung im **Bundesanzeiger** bekannt zu machen. Weil insofern nur Unternehmen von einer derartigen Ersatzzustellung betroffen werden können, muss ausnahmsweise eine Zustellung im Ausland doch nach § 14 Verwaltungszustellungsgesetz erfolgen, wenn eine **natürliche Person** ihren Wohnsitz im Ausland hat[10].

Zugestellt werden kann die Verfügung in Urschrift, einer Ausfertigung oder einer beglaubigten Abschrift; auch das Vorlegen der Urschrift reicht als Zustellung aus, vgl. § 2 Abs. 1 Satz 2 Verwaltungszustellungsgesetz. Bei Zustellung einer Ausfertigung ist das Schriftstück mit dem Dienstsiegel zu versehen und vom Urkundsbeamten ein Ausfertigungsvermerk zu unterzeichnen, um die Zustellung wirksam werden zu lassen[11]. Wegen der Einzelheiten kann auf die Nachweise der Kommentarliteratur zum kartellbehördlichen Verfahren verwiesen werden[12].   13

IV. Kosten einer Beweiserhebung (Abs. 3)

Mit der abschließenden Entscheidung und nur in Ausnahmefällen bei Mitteilung der Verfahrenseinstellung im Verhältnis zum Betroffenen ergeht auch eine **Kostenentscheidung**. Wegen der Einzelheiten wird auf die Kommentierung zu § 91 verwiesen[13]. Zu den Kosten gehören Gebühren und Auslagen, vgl. § 91 Abs. 1 Satz 1.   14

Weil Beweisaufnahmen einen besonderen Kostenaufwand erfordern können, ist die Regulierungsbehörde nach § 73 Abs. 3 berechtigt, diese **nach billigem Ermessen** in separierter Entscheidung einem oder mehreren Beteiligten aufzuerlegen. Regt etwa ein anzeigendes Unternehmen die Durchführung einer Beweisaufnahme an und bleibt diese ohne Ergebnis, weil ein gesetzeswidriges Verhalten des Betroffenen nicht festgestellt werden kann, so erscheint es als gerechtfertigt, die Kosten dieser Beweiserhebung allein demjenigen Beteiligten aufzuerlegen, der diese »veranlasst« hat. Insbesondere wäre es unbillig, den Betroffenen oder gar den Bundes- oder Landeshaushalt mit diesen Kosten zu belasten.   15

---

10 Vgl. dazu *Bechtold*, GWB, § 61 Rz. 6.
11 BGH WuW/E BGH 2389, 2391 – Coop Schleswig-Holstein/Deutscher Supermarkt; OLG Stuttgart WuW/E OLG 4211, 4212 – Druckrohre.
12 Vgl. *Bechtold*, GWB, § 61 Rz. 5.
13 § 91 Rz. 6 ff.

§ 73 Verfahrensabschluss, Begründung der Entscheidung, Zustellung

16 Im Rahmen von Entscheidungen nach § 73 Abs. 3 hat die Regulierungsbehörde einen **weiten Ermessensspielraum**. Dieser ist nach erfolgter Ermessensbetätigung nur auf Ermessensfehlgebrauch nach dem Maßstab der Billigkeit durch das Beschwerdegericht zu überprüfen. Unbillig ist eine solche Kostenentscheidung insbesondere dann, wenn der angefallene Kostenbetrag angesichts der Einkommens- und Vermögensverhältnisse des betreffenden Beteiligten dessen Möglichkeiten bei weitem übersteigt oder aber ein offensichtlich unzutreffender Verteilungsmaßstab gewählt wird. Hält sich die Regulierungsbehörde hingegen an das Veranlassungsprinzip und begrenzt sie dieses durch Vertrauensschutzerwägungen, so wird im Regelfall eine solche Kostenentscheidung als billig und durch die Beschwerdeentscheidung nicht änderungsbedürftig zu bewerten sein.

§ 74 Veröffentlichung von Verfahrenseinleitungen und Entscheidungen

¹Die Einleitung von Verfahren nach § 29 Abs. 1 und 2 und Entscheidungen der Regulierungsbehörde auf der Grundlage des Teiles 3 sind auf der Internetseite und im Amtsblatt der Regulierungsbehörde zu veröffentlichen. ²Im Übrigen können Entscheidungen von der Regulierungsbehörde veröffentlicht werden.

Überblick	Seite	Rz.
I. Regelungszweck und Entstehungsgeschichte	1281	1
II. Veröffentlichungsgegenstand und veröffentlichungspflichtige Behörde	1282	3
III. Veröffentlichungsorgane	1284	11

I. Regelungszweck und Entstehungsgeschichte

Vorbild des § 74 ist die stärker detaillierte Vorschrift des § 62 GWB n.F. Da das EnWG anders als § 32c GWB Negativatteste nicht kennt, ordnet Satz 2 des § 74 alle nicht unter Satz 1 fallenden Entscheidungen dem Ermessensbereich zu.

§ 74 unterscheidet demgemäß **Pflichtveröffentlichungen** (Satz 1) und **Ermessensveröffentlichungen** (Satz 2). Da ein öffentliches Interesse an Rechtsfortbildung besteht und die betroffenen Verkehrskreise (Verbände, in derselben Branche tätige Unternehmen) über das **rechtliche Dürfen und Können** möglichst frühzeitig zu informieren sind, ist die in § 74 Satz 1 erfolgte gesetzgeberische Abwägung zwischen Persönlichkeitsschutz juristischer Personen einerseits und öffentlichem Interesse an der Bekanntgabe auch einzelne Unternehmen betreffende Entscheidungen korrekt getroffen. § 74 ist im Laufe des Gesetzgebungsverfahrens nicht mehr verändert worden[1].

---

1 Vgl. den Regierungsentwurf: BT-DrS 15/3917, S. 30 mit Begründung S. 71.

II. Veröffentlichungsgegenstand und veröffentlichungspflichtige Behörde

3 Da § 74 nicht zwischen BNetzA und LRB unterscheidet, richtet sich die Vorschrift an **alle Regulierungsbehörden**. Deshalb sind auch die LRB verpflichtet, die unter Satz 1 fallenden Verfahrenseinleitungen und Entscheidungen zu veröffentlichen.

4 **Veröffentlichungsgegenstand** sind:

– Verfahrenseinleitungen nach § 29 Abs. 1 und 2

– Entscheidungen der Regulierungsbehörde zum dritten Teil des EnWG

5 § 29 Abs. 1 und 2 betrifft **Entscheidungen von grundsätzlicher Bedeutung**, die in der Art von Allgemeinverfügungen viele Netzbetreiber in ihrer Tätigkeit berühren können. Gegenstand derartiger Verfahren sind **Bedingungen und Methoden für Netzanschluss und Netzzugang**, nicht die Genehmigung selbst (§ 23a). Häufig werden derartige Entscheidungen gegenüber Gruppen oder gar gegenüber allen Netzbetreibern ergehen, aber auch Genehmigungen im Verhältnis zu einem antragstellenden Netzbetreiber kommen in Betracht. Abs. 2 betrifft das zugehörige **Änderungsverfahren**.

6 Wegen der grundsätzlichen Bedeutung dieser besonderen Festlegungsverfahren (einschließlich eventueller Einzelgenehmigungen) erscheint es als gerechtfertigt, der Regulierungsbehörde bereits die Mitteilung einer Verfahrenseinleitung als **veröffentlichungspflichtig** aufzuerlegen. Da die LRB in diesem Bereich keine Zuständigkeiten haben (vgl. § 54 Abs. 2 Satz 1), wendet sich § 74 Satz 1 insofern allein an die BNetzA.

7 Nach der zweiten Alternative des § 74 Satz 1 sind veröffentlichungspflichtig **alle Entscheidungen auf der Grundlage des Teiles 3 des EnWG**. Dabei handelt es sich um Verwaltungsakte im Sinne von § 73 Abs. 1, die ein regulierungsbehördliches Verfahren abschließen und sich (jedenfalls auch) auf eine Vorschrift als Ermächtigungsgrundlage abstützen, die den §§ 11 bis 35 zugehört. Berührt sind insbesondere Betriebspflichten der Netzbetreiber, Netzanschluss- und Netzzugangspflichten sowie allgemeines und besonderes Missbrauchsverfahren einschließlich der Vorteilsabschöpfung nach § 33. Nicht veröffentlichungspflichtig sind Entscheidungen im Entflechtungsbereich (§§ 6

bis 10). Derartige Entscheidungen treffen sowohl die LRB nach § 54 Abs. 2 als auch die BNetzA selbst (§ 54 Abs. 1 und 3).

Weil schon § 73 Abs. 1 zwischen der **Entscheidung** selbst und ihrer Begründung unterscheidet, erscheint es als gerechtfertigt, an den Begriff Entscheidung anknüpfend nur den Entscheidungstenor zu veröffentlichen. Dazu gehört allerdings auch das Rubrum, so dass jedenfalls die von der Entscheidung Betroffenen mit Namen und Sitz in die Veröffentlichung aufzunehmen sind. Unternehmenspersönlichkeitsrechte treten insofern angesichts des öffentlichen Interesses an Entscheidungsergebnissen im Verhältnis zu Netzbetreibern zurück. Die Begründung ist nicht zu veröffentlichen. 8

Von der Veröffentlichung zu unterscheiden ist die **Freigabe von Entscheidungen** nebst Begründungen zwecks Veröffentlichung in Fachzeitschriften. Da es sich insofern nicht um Veröffentlichungen im Sinne von § 74 handelt, sind die betreffenden Personen und alle die den Konkurrenzschutz betreffenden Angaben (z. B. anteilige Umsatzverhältnisse auf dem relevanten Markt; anders: Gesamtumsatz) entweder zu anonymisieren oder wegzulassen. 9

Nach **Satz 2** werden alle Entscheidungen **im Übrigen** aufgrund einer Ermessensentscheidung der Regulierungsbehörde veröffentlicht. Jene Entscheidungen können auf jedweder Grundlage innerhalb der Zuständigkeit der BNetzA bzw. der LRB ergehen. Vor Veröffentlichung sind das öffentliche Interesse an der Veröffentlichung der Entscheidung abzuwägen gegenüber den Grundrechten der betroffenen Unternehmen und Privatpersonen. Weil es sich insofern um eine Verfügung der Regulierungsbehörde mit Außenwirkung handelt, ohne dass eine Entscheidung im Sinne von § 73 Abs. 1 Satz 1 vorliegt, entfällt sowohl die Pflicht zur Begründung als auch die zur Bekanntgabe jener Entscheidung; in der kartellverwaltungsrechtlichen Literatur und Rechtsprechung ist insofern zwischen Bekanntmachungsanordnung und der Bekanntmachung als schlichtem Verwaltungshandeln unterschieden worden. Jedenfalls bei potenziell schwerer Beeinträchtigung von Rechten der von der Veröffentlichung betroffenen natürlichen oder juristischen Personen kommt Rechtsschutz nach § 75 in Betracht[2]. 10

---

2 Überblick zum Rechtsschutz gegenüber Bekanntmachungsentscheidungen der Kartellbehörden bei *Bechtold*, GWB, § 11 Rz. 5 (einschl. Berichtigung von Bekanntmachungen).

III. Veröffentlichungsorgane

11 Als Publikationsorgane sieht § 74 sowohl für Pflichtveröffentlichungen als auch für im Ermessen der Regulierungsbehörde stehende Veröffentlichungen kumulativ die **Internetseite der Regulierungsbehörde und deren Amtsblatt** vor. Da das frühere Amtsblatt der RegTP von der BNetzA fortgeführt wird, ist dieses der korrekte Publikationsort. Weil die LRB meist eigene Amtsblätter nicht haben werden, muss die Veröffentlichung entweder im Amtsblatt des ressortierenden Ministeriums oder im Amtsblatt der betreffenden Landesregierung erfolgen.

Abschnitt 2 Beschwerde

Rechtsprechung vor §§ 75–93

BVerfG v. 10.3.1998, E 97, 332 = DVBl. 1998, 699 – Kindergartengebühren; BVerfG v. 24.1.1995, E 92, 91 = NJW 1995, 1733 – Feuerwehrabgabe; BVerfG v. 6.12.1987, E 77, 275 – Vergleichsverwaltervergütung; BVerfG v. 3.12.1986, E 74, 78 = WuW/E VG 313 = BB 1987, 990 – Kostenentscheidung bei Obsiegen; BVerfG v. 12.1.1960, E 10, 264 – Kostenvorschuss; BAG v. 1.12.2004, NJW 2005, 1004 – Rettungsdienst GbR; BGH v. 21.1.2001, Z 146, 341 – ARGE; BGH v. 8.12.1998, ZIP 1999, 82 – Tariftreueerklärung; BGH v. 11.8.1997, WuW/E BGH 3109 – Herstellerleasing II; BGH v. 14.1.1997, WuW/E BGH 3121 – Bedside Testkarten; BGH v. 26.9.1995, WuW/E 3009 – Stadtgaspreis Potsdam; BGH v. 18.5.1993, WuW/E BGH 2869 – Pauschalreisenvermittlung II; BGH v. 18.2.1992, WuW/E BGH 2760 = NJW 1992, 1829 – Unterlassungsbeschwerde; BGH v. 15.10.1991, WuW/E BGH 2739 – Rechtsbeschwerde; BGH v. 14.3.1990, WuW/E BGH 2627 – Sportübertragungen; BGH v. 25.10.1988, WuW/E BGH 2535 – Lüsterbehangsteine; BGH v. 29.10.1986, NJW 1987, 2446 – Entscheidungsbegründung nach 5 Monaten; BGH v. 25.6.1985, WuW/E BGH 2150 – Edelstahlbestecke; BGH v. 4.10.1983, WuW/E BGH 2031 – Springer-Elbe-Wochenblatt; BGH v. 10.4.1983, WuW/E BGH 2077 – Coop-Supermagazin; BGH v. 24.11.1980, WM 1981, 46 – 3 Bobbys KG; BGH v. 2.12.1980, WuW/E BGH 1749 – Klöckner/Becorit; BGH v. 12.2.1980, WuW/E BGH 1678 – Valium II; BGH v. 8.5.1979, Z 74, 359 – WAZ; BGH v. 31.10.1978, WuW/E BGH 1562 – Air-Conditioning-Anlagen; BGH v. 31.10.1978, WuW/E BGH 1556 – Weichschaum III; BGH v. 3.7.1976, WuW/E BGH 1435 – Vitamin B 12; BGH v. 3.4.1975, WuW/E BGH 1345 – Polyester-Grundstoffe; BGH v. 29.4.1971, Z 56, 155 = WuW/E BGH 1173 – Bayerischer Bankenverband; BGH v. 27.2.1969, WuW/E BGH 990 – Papierfiltertüten II; BGH v. 5.12.1963, Z 41, 61 – Zigaretten; KG v. 26.11.1997, WuW/E DE-R 124 – Flugpreisspaltung; KG v. 8.11.1995, WuW/E 5568 – Fernsehübertragungsrechte; KG v. 12.7.1995,WuW/E OLG 5437 – Ruhrgas-Thyssengas I; KG v. 13.4.1994, WuW/E OLG 5263 – Krupp-Hoesch-Brüninghaus; KG v. 11.3.1994, WuW/E OLG 5311 – Beschwerderücknahme; KG v. 18.8.1993, WuW/E OLG 5201 – Offenlegung von Betriebsgeheimnissen; KG v. 31.3.1992, WuW/E OLG 4973 – Verbandsbeschwerde; KG v. 27.11.1991 WuW/E OLG 4919 – Pauschalreiseveranstalter II; KG v. 26.6.1991, WuW/E OLG 4811 – Radio NRW; KG v. 4.4.1990, NJW-RR 1991, 1069 – Eigenerzeugungsverbot; KG v. 12.10.1990, WuW/E OLG 4645 – Bayerische Landesbank; KG v. 19.8.1986, WuW/E OLG 3908 – Nachweis berechtigten Geheimnisschutzes; KG v. 5.3.1986, WuW/E OLG 3821 – Auskunftsverlangen Coop/Wandmaker; KG v. 5.3.1986, WuW/E OLG 3908 – L'Air liquide; KG v. 18.11.1985, WuW/E OLG 3685 – Aral; KG v. 10.5.1985, WuW/E OLG 3539 – früherer Gesamtumsatz;

KG v. 11.1.1984, WuW/E OLG 3217 – Hilfsantrag zur Beiladung; KG v. 20.9.1982, WuW/E OLG 2875 – Entflechtung; KG v. 12.3.1982, WuW/E OLG 2617 – Tankstellenpreise; KG v. 12.1.1982, WuW/E OLG 2720 – Gepäckstreifenanhänger; KG v. 13.11.1981, WuW/E OLG 2607 – Raffinerie-Abnahmepreis; KG v. 2.10.1981, WuW/E OLG 2603 – Zusammenschluss auf dem Zigarettenmarkt; KG v. 21.6.1979, WuW/E OLG 2140 – Einbauküchen; KG v. 14.12.1977, WuW/E OLG 1967 – WAZ; KG v. 6.5.1977, WuW/E OLG 1920 – Backwaren; KG v. 30.6.1976,WuW/E OLG 1776 – Spezialbrot-Hersteller; KG v. 7.6.1974, WuW/E OLG 1497 – AGIP I; KG v. 2.4.1975, WuW/E OLG 1593 – Haushaltsmargarine; KG v. 29.9.1972, WuW/E OLG 1321 – Zahnbürsten; KG v. 18.6.1971, WuW/E OLG 1189 – Import-Schallplatten; KG v. 29.6.1965, WuW/E OLG 755 – Bauindustrie III; OLG Düsseldorf v. 5.5.1977, WuW/E OLG 1881 – Anzeigenpreise; OLG Stuttgart v. 22.10.1979, WuW/E OLG 2297 – Gemeinsamer Anzeigenteil; OLG Stuttgart v. 22.12.1978, WuW/E OLG 2101 – Anzeigentarif; BVerwG v. 5.10.1990, NJW 1991, 313 – Sachgründe 7 Monate nach Verkündung; BVerwG v. 3.8.1990, NJW 1991, 310 – nachträgliche Abfassung der Entscheidungsgründe

Literatur vor §§ 75–93

Bechtold, GWB, 3. Aufl. München 2002; *Immenga/Mestmäcker*, GWB, 3. Aufl. München 2003: *Langen/Bunte*, GWB, 9. Aufl. Neuwied 2001: *Lieberknecht*, Die Behandlung von Geschäftsgeheimnissen im deutschen und im EG-Recht, WuW 1988, S. 833 ff.; *K. Schmidt*, Zur Komplettierung des kartellverwaltungsrechtlichen Rechtsschutzes, DB 1992, S. 1277 ff.; *Loewenheim/Belke*, GWB, Loseblattsammlung.

Vorbemerkungen zu §§ 75 bis 88

1 Die §§ 75 bis 88 betreffen die Ordnung des **Rechtsschutzes gegen regulierungsbehördliche Entscheidungen**. Gegen derartige Entscheidungen kann zunächst **Beschwerde** zum zuständigen OLG (Sitz der Regulierungsbehörde) nach § 75 Abs. 1 erhoben werden. Unter den Voraussetzungen des § 86 kann dann weiter **Rechtsbeschwerde** beim Bundesgerichtshof eingelegt werden. Sowohl im Hinblick auf das regulierungsbehördliche Verfahren als auch für Belange des Rechtsschutzes sind darüber hinaus die §§ 89 ff. zu beachten, die gemeinsame Bestimmungen für Verwaltungsverfahren und Rechtsschutzverfahren enthalten.

Die §§ 75 ff. treffen zum Rechtsschutz gegen regulierungsbehördliche **2** Entscheidungen **keine abgeschlossene Regelung**. Vielmehr sind ergänzend Vorschriften der Zivilprozessordnung sowie des Gerichtsverfassungsgesetzes sowohl im Beschwerde- als auch im Rechtsbeschwerdeverfahren anzuwenden (vgl. insbesondere §§ 85, 88 Abs. 5). Obwohl es um Rechtsschutz gegen spezielle Verwaltungsbehörden der Wirtschaftsaufsicht geht, hat sich der Gesetzgeber angesichts der **Nähe zum kartellbehördlichen Verfahren** entschlossen, spezialisierte Senate der Zivilgerichtsbarkeit mit der Gewährung von Rechtsschutz zu betrauen. Verglichen mit dem Rechtsschutz gegen Entscheidungen der BNetzA auf dem Gebiet von Telekommunikation und Post, wo der Rechtsweg zu den allgemeinen Verwaltungsgerichten eröffnet ist (§§ 40 ff. VwGO i. V. m. § 37 Abs. 3 TKG), hat der Gesetzgeber insofern eine abweichende Entscheidung getroffen.

§ 75 Zulässigkeit, Zuständigkeit

(1) ¹Gegen Entscheidungen der Regulierungsbehörde ist die Beschwerde zulässig. ²Sie kann auch auf neue Tatsachen und Beweismittel gestützt werden.

(2) Die Beschwerde steht den am Verfahren vor der Regulierungsbehörde Beteiligten zu.

(3) ¹Die Beschwerde ist auch gegen die Unterlassung einer beantragten Entscheidung der Regulierungsbehörde zulässig, auf deren Erlass der Antragsteller einen Rechtsanspruch geltend macht. ²Als Unterlassung gilt es auch, wenn die Regulierungsbehörde den Antrag auf Erlass der Entscheidung ohne zureichenden Grund in angemessener Frist nicht beschieden hat. ³Die Unterlassung ist dann einer Ablehnung gleich zu achten.

(4) ¹Über die Beschwerde entscheidet ausschließlich das für den Sitz der Regulierungsbehörde zuständige Oberlandesgericht, in den Fällen des § 51 ausschließlich das für den Sitz der Bundesnetzagentur zuständige Oberlandesgericht, und zwar auch dann, wenn sich die Beschwerde gegen eine Verfügung des Bundesministeriums für Wirtschaft und Arbeit richtet. ²§ 36 der Zivilprozessordnung gilt entsprechend.

Überblick		Seite	Rz.
I.	Regelungszweck und Entstehungsgeschichte	1289	1
II.	Eröffnung der Beschwerde und Beschwerdearten (Abs. 1 und 3)	1291	5
	1. Regulierungsbehörde als Beschwerdegegner..........	1291	6
	2. Beschwerdearten	1291	7
	a) Anfechtungsbeschwerde.......................	1292	9
	b) Verpflichtungsbeschwerde (Abs. 3)	1293	16
	c) Leistungsbeschwerde	1294	19
	d) Feststellungsbeschwerde.......................	1295	21
III.	Beschwerdeberechtigung (Abs. 3)....................	1296	23
IV.	Entscheidung über die Beschwerde (Abs. 4)...........	1298	32

I. Regelungszweck und Entstehungsgeschichte

1 § 75 ist im Wortlaut eng an sein Vorbild – § 63 GWB – angelehnt. Zwar entstammt der Begriff »Beschwerde« dem Verfahrensrecht der freiwilligen Gerichtsbarkeit (FGG), und der im Kern § 85 zu entnehmende Verweis auf die ZPO bewirkt eine Dominanz zivilprozessualer Regelungen im Beschwerdeverfahren unter Ausschluss des Rechtsschutzes nach der Verwaltungsgerichtsordnung. Weil aber die §§ 75 ff. den Rechtsschutz gegen ein spezielles Verwaltungsverfahren betreffen, können die Kategorien des Verwaltungsverfahrensrechts nicht ohne Auswirkungen auf den Rechtsschutz bleiben, so dass es sich in Wirklichkeit um ein sehr besonders ausgestaltetes Rechtsschutzverfahren handelt, in dem die Zivilgerichte wie Verwaltungsgerichte tätig werden.

2 Der Entwurf zu § 75 ist im Verlaufe des Gesetzgebungsverfahrens noch verändert worden. Zunächst hatte der Bundesrat um Prüfung gebeten, ob § 75 nicht auf **Marktregulierungsentscheidungen** beschränkt werden könne und müsse[1]. Insofern ging der Bundesrat davon aus, dass auch gegen Entscheidungen der nach Landesrecht zuständigen Behörde Rechtsschutz nur vor den Zivilgerichten nach § 75 Abs. 1 und 4 zu erlangen sei[2]. Die Bundesregierung hat in ihrer Gegenäußerung vorsichtig darauf hingewiesen, dass insofern wohl ein Missverständnis vorgelegen habe[3]; weil beispielsweise nach § 49 keine regulierungsbehördliche Entscheidung zu treffen ist, bestimmt sich der Rechtsweg auch nicht nach § 75, sondern nach den allgemeinen Vorschriften (Zuständigkeit der Verwaltungsgerichte nach § 40 VwGO).

3 Während der Wirtschaftsausschuss des Bundestages § 75 unverändert gelassen hat[4], wurde vom Vermittlungsausschuss konsequent in § 75 Abs. 4 Satz 1 der Passus »oder der nach Landesrecht zuständigen Behörde« gestrichen und der Begriff »Regulierungsbehörde« durch »Bundesnetzagentur« ersetzt. Damit weisen jetzt § 75 Abs. 1 und Abs. 4 die notwendige innere Konsistenz auf, und das beim Bundesrat aufgetretene Missverständnis zum Rechtsweg gegen Entscheidungen

---

1 Stellungnahme zum Regierungsentwurf, BT-DrS 15/3917, Anlage 2, S. 78, 93 (Ziff. 57).
2 Bundesrat ebd. S. 93 f.
3 BT-DrS 15/4068, S. 9 (Ziff. 54).
4 Beschlussempfehlung und Bericht, BT-DrS 15/5268, S. 68.

der nach Landesrecht zuständigen Behörde kann nicht mehr auftreten.

Nach der **inneren Systematik** des § 75 betreffen die Abs. 1 und 3 die 4
vorgesehenen **Beschwerdearten** (insbesondere Anfechtungsbeschwerde sowie Verpflichtungsbeschwerde). Die **Beschwerdeberechtigung** regelt Abs. 2 zugunsten aller am Regulierungsverfahren Beteiligten (§ 66 Abs. 2, § 79 und § 89). Zur Entscheidung über die Beschwerde ist ausschließlich das **Oberlandesgericht** am Sitz der betreffenden Regulierungsbehörde befugt (Abs. 4).

II. Eröffnung der Beschwerde und Beschwerdearten (Abs. 1 und 3)

Die Beschwerde ist nur zulässig, wenn zuvor eine Regulierungsbehörde entschieden hat (Abs. 1) oder nicht entschieden hat, obwohl ihr 5
eine Entscheidungskompetenz zustand (Abs. 3). Dies führt zu unterschiedlichen **Beschwerdearten**.

1. Regulierungsbehörde als Beschwerdegegner

Die Beschwerde ist gegen eine Regulierungsbehörde im Sinne von 6
§ 54 Abs. 1 zu richten. Neben den LRB ist damit Beschwerdegegner insbesondere die BNetzA. Gegen Entscheidungen der nach Landesrecht zuständigen Behörde ist nicht die Beschwerde zulässig, sondern Anfechtungs- bzw. Verpflichtungsklage vor den Verwaltungsgerichten zu erheben, §§ 40 ff. VwGO.

2. Beschwerdearten

Zu unterscheiden sind insbesondere zwei Beschwerdearten: 7

– Anfechtungsbeschwerde (Abs. 1)

– Verpflichtungsbeschwerde (Abs. 3)

Obwohl das Gesetz insofern eine besondere Regelung nicht trifft, 8
kommen auch Leistungs- und Feststellungsbeschwerde als zulässige Mittel des Rechtsschutzes gegen Maßnahmen der Regulierungsbehörde in Betracht.

a) Anfechtungsbeschwerde

9 Mit einer Anfechtungsbeschwerde wird die Aufhebung einer **Entscheidung der Regulierungsbehörde** erstrebt. Diese Entscheidungen sind im Sinne von § 73 Abs. 1 dadurch gekennzeichnet, dass sie – belastend und/oder begünstigend – eine Regelung mit Außenwirkung zugunsten eines Betroffenen (Unternehmen, Netzbetreiber, Private) treffen. Die Fälle des § 73 Abs. 2 (Beendigung des Verfahrens ohne Entscheidung) fallen nicht unter § 75 Abs. 1, weil gerade keine Entscheidung in diesem Sinne getroffen wird. Insofern kommt dann die Verpflichtungsbeschwerde in Betracht.

10 Unter Abs. 1 fallen auch diejenigen Beschwerden, in denen der Beschwerte eine weiter gehende Entscheidung zu seinen Gunsten erstrebt; weil die restriktive Entscheidung insofern aufgehoben werden muss, handelt es sich in Wirklichkeit um eine »Anfechtungs- und Verpflichtungsbeschwerde«.

11 Die Kategorisierung nach Beschwerdearten ist zwar im EnWG nicht unmittelbar angelegt, wird aber jedenfalls für das parallele Rechtsschutzverfahren in Kartellverwaltungssachen in der Literatur vertreten[5]. Ob damit ein Rückgriff auf Normen und Rechtsprechung zur VwGO eröffnet ist, muss im Einzelfall entschieden werden, sofern eine Regelungslücke auftritt[6]. Weil die ZPO ein anderes Klagesystem zugrundelegt[7], können derartige Lücken sehr wohl auftreten.

12 Zur Konkretisierung des Entscheidungsbegriffs wird man auf die allgemeinen verwaltungsrechtlichen Grundsätze sowie die Definition des § 35 VwVfG zurückgreifen müssen. Nach § 75 Abs. 1 angreifbar sind damit nur solche Maßnahmen der Regulierungsbehörde, die zur Regelung eines Einzelfalls auf dem Gebiet des EnWG mit unmittelbarer Rechtswirkung nach außen gerichtet sind. Dies schließt Allgemeinverfügungen im Sinne von § 35 Satz 2 VwVfG ein. Die früher zum Kartellverwaltungsrechtsschutz vertretene Auffassung, wonach weitergehend umfassender Rechtsschutz gegen alle Maßnahmen der Kartellbehörde mit potenzieller Beschwer für Betroffene gewährt werden müsse, ist wohl inzwischen aufgegeben worden[8].

---

5 Vgl. *Bechtold*, GWB, § 63 Rz. 3 ff.
6 Vgl. § 85 Rz. 5.
7 Insbesondere Leistungs- und Feststellungsklagen.
8 Vgl. *Bechtold*, GWB, § 63 Rz. 3.

II. Eröffnung der Beschwerde und Beschwerdearten (Abs. 1 und 3)

Zu den Entscheidungen im Sinne von § 75 Abs. 1 in Verbindung mit § 73 Abs. 1 Satz 1 gehören alle **Gebote und Verbote**, die insbesondere das Netzbetreiberverhalten zu beeinflussen geeignet sind. Dies betrifft die Anordnung von Netzanschluss und Netzzugang, Entscheidungen zur Entflechtung und zur Betriebspflicht der Netzbetreiber, Missbrauchsverfahren nach §§ 30, 31 sowie die Anordnung einer Vorteilsabschöpfung. Auch Ausnahmeentscheidungen nach §§ 25 ff. fallen unter § 75 Abs. 1 ebenso wie Entscheidungen nach § 29 (Festlegung von Bedingungen und Methoden).

13

In Ausnahmefällen werden auch **verfahrensleitende Verfügungen** Regelungen mit Außenwirkung darstellen. Darunter fallen Anordnungen zur Beweiserhebung (§ 68 Abs. 2), Auskunftsverlangen sowie Überprüfungsanordnungen nach § 69, Beschlagnahmeanordnungen nach § 70 sowie vorläufige Anordnungen nach § 72. Auch Beiladungsentscheidungen im Sinne von § 66 Abs. 2 Ziff. 3 können mit der Beschwerde nach § 75 Abs. 1 angegriffen werden. Dies gilt auch für die **Festsetzung von Kosten** (Gebühren und Auslagen, vgl. § 91) sowie die Beitragsfestsetzung nach § 92.

14

Keine Entscheidungen stellen bloße Mitteilungen dar (vgl. § 73 Abs. 2). Wenn eine Verfahrensbeteiligung kraft Gesetzes angeordnet ist (vgl. § 66 Abs. 2 und Abs. 3), findet dagegen Rechtsschutz nach § 75 Abs. 1 nicht statt. Soweit eine Veröffentlichung nach § 74 Satz 2 im Ermessen der Regulierungsbehörde steht, wird die Zulässigkeit einer Anfechtungsbeschwerde gegen die Veröffentlichungsanordnung nicht von vornherein ausgeschlossen werden können.

15

b) Verpflichtungsbeschwerde (Abs. 3)

Mit der Beschwerde nach § 75 Abs. 3 wird der **Erlass einer Entscheidung** im Sinne von § 73 Abs. 1 Satz 1 erstrebt. Diese Beschwerde ist nur bei zuvor **beantragten Entscheidungen** und nur dann zulässig, wenn die Möglichkeit besteht, dass der **Antragsteller einen Rechtsanspruch** auf diese Entscheidung hat.

16

Nach Satz 2 des § 75 Abs. 3 sind alle unterlassenen Entscheidungen gleichgestellt, wenn die zugrunde liegenden Anträge ohne zureichenden Grund nicht in angemessener Frist beschieden werden, sog. **Untätigkeitsbeschwerde**. Regelmäßig wird ein Entscheidungszeitraum von drei bis vier Monaten ausreichen, innerhalb derer die beantragte Entscheidung nach Vorliegen aller notwendigen Unterlagen getroffen

17

werden kann; soweit das EnWG kürzere Fristen vorsieht, sind diese zu beachten. In Satz 3 des § 75 Abs. 3 wird klargestellt, dass nach Verstreichen der Frist eine **ablehnende Entscheidung zu fingieren** ist. An die Stelle der Verpflichtungsbeschwerde tritt dann die Anfechtungs- und Verpflichtungsbeschwerde, ohne dass der »Wechsel der Beschwerdeart« die Prüfung abweichender Voraussetzungen erfordert.

18 Die Verpflichtungsbeschwerde nach § 75 Abs. 3 Satz 1 ist bereits zulässig, wenn der Antragsteller geltend zu machen vermag, auf die beanspruchte Verfügung **ein Recht zu haben**[9]. Die bloße Beteiligung an einem derartigen regulierungsbehördlichen Verfahren reicht insofern entgegen § 75 Abs. 2 nicht aus. § 75 Abs. 3 Satz 1 ist im Hinblick auf die Zulässigkeit einer derartigen Beschwerde im Sinne der nach der VwGO (vgl. § 42 Abs. 2 VwGO) anerkannten »Möglichkeitstheorie« auszulegen. Besteht der Anspruch auf Erlass der Entscheidung tatsächlich, ist die Beschwerde auch begründet. Existiert das behauptete Recht offensichtlich und eindeutig »nach keiner denkbaren Betrachtungsweise«, so ist die Beschwerde bereits unzulässig[10]. Da eine eigene Rechtsverletzung (des Antragstellers) geltend zu machen ist, führt die Beschwerde eines Verbandes, dessen Mitglieder die Entscheidung beantragt haben, nicht zu einer zulässigen Beschwerde[11].

c) Leistungsbeschwerde

19 Obwohl § 75 ein abgeschlossenes Rechtsschutzsystem zu beinhalten scheint, ist parallel zur Rechtsprechung in Kartellsachen die Zulässigkeit einer **Leistungsbeschwerde** zu erwägen. Angestrebt wird insofern keine Entscheidung der Regulierungsbehörde, sondern bloßes **schlichtes Verwaltungshandeln**[12].

20 Umgekehrt kommt gegen ein Unternehmen beeinträchtigendes schlichtes Verwaltungshandeln der Regulierungsbehörde eine **Unterlassungsbeschwerde** in Betracht; dabei muss für die Zulässigkeit die

---

9 KG v. 31.3.1992 WuW/E OLG 4973, 4975 f. – Verbandsbeschwerde.
10 BGH v. 31.10.1978 WuW/E BGH 1556, 1557 – Weichschaum III.
11 KG v. 31.3.1992 WuW/E OLG 4973, 4975 f. – Verbandsbeschwerde – für Rechtsschutz bei Nichtentscheidung der Kartellbehörden.
12 Für den Bereich des GWB vgl. BGHZ 74, 359, 360 – WAZ; BGH v. 18.2.1992 WuW/E BGH 2760, 2761 = NJW 1992, 1829 – Unterlassungsbeschwerde. Nachweise bei *K. Schmidt*, Zur Komplettierung des kartellverwaltungsrechtlichen Rechtsschutzes, DB 1992, S. 1277 ff.

Rechtsbeeinträchtigung zumindest als möglich erscheinen[13]. Entsprechend kann auch eine **vorbeugende Unterlassungsbeschwerde** zulässig sein, die jedoch nach der Rechtsprechung ein »qualifiziertes, gerade auf die Inanspruchnahme des vorbeugenden Rechtsschutzes gerichtetes Interesse« voraussetzt[14]. Für eine Übertragung dieser Rechtssprechung zur Leistungsbeschwerde und ihren Unterformen spricht die Übernahme des Vorbildes in § 63 GWB durch § 75.

d) Feststellungsbeschwerde

Wird Beschwerde mit dem Ziel eingelegt, allgemein ein in bestimmter Weise ausgestaltetes Rechtsverhältnis zwischen Regulierungsbehörde und Beschwerdeführer feststellen zu lassen, könnte praktisch bei nur geringfügigen Anlässen (z. B. Äußerungen des Präsidenten der Regulierungsbehörde, Pressemitteilungen ohne konkreten Unternehmensbezug) Rechtsschutz bereits in einem Vorstadium möglicherweise später einzuleitender Verfahren beansprucht werden. Dies ist nicht sinnvoll, und den Unternehmen ist es durchaus zuzumuten, die Einleitung eines Verfahrens abzuwarten. Gegen die Zulässigkeit einer allgemeinen Feststellungsbeschwerde spricht insbesondere, dass auf diese Weise die Durchführung des regulierungsbehördlichen Verfahrens quasi »übersprungen« werden könnte, weil das Verfahren unmittelbar vor das Beschwerdegericht gebracht werden würde[15]. 21

Analog § 113 Abs. 1 Satz 4 VwGO dürfte allerdings die sog. **Fortsetzungsfeststellungsbeschwerde** zulässig sein, wenn ein besonderes Interesse des Beschwerten besteht und eine Entscheidung der Regulierungsbehörde nur deshalb nicht ergangen ist, weil sich das Verfahren aus besonderen Gründen erledigt hat. § 83 Abs. 2 Satz 2 analog sieht eine derartige Entscheidung des Beschwerdegerichts für den Fall vor, dass die regulierungsbehördliche Entscheidung unzulässig oder unbegründet gewesen ist und der Beschwerdeführer **ein berechtigtes** 22

---

13 KG v. 14.12.1977 WuW/E OLG 1967, 1968 – WAZ.
14 BGH v. 18.2.1992 WuW/E BGH 2760, 2761 – Unterlassungsbeschwerde. Insbesondere bei Eintreten von zumindest sehr schwerwiegenden Nachteilen: KG v. 12.10.1990 WuW/E OLG 4645, 4647 – Bayerische Landesbank; KG v. 18.11.1985 WuW/E OLG 3685, 3689 – Aral.
15 Für den subsidiären Charakter gegenüber allen Beschwerdearten: *Immenga/Mestmäcker/K. Schmidt*, GWB, § 62 Rz. 11; *K. Schmidt*, Zur Komplettierung des kartellverwaltungsrechtlichen Rechtsschutzes, DB 1992, S. 1277, 1278.

Interesse an der Feststellung der Unbegründetheit/Unzulässigkeit hat. Ein derartiges Interesse kann insbesondere aus einem anzustrengenden Schadensersatzprozess gegen Dritte oder einem Amtshaftungsprozess gegen die Regulierungsbehörde resultieren, wenn die Prozessführung nicht von vornherein als aussichtslos erscheint[16].

III. Beschwerdeberechtigung (Abs. 3)

23 Analog zum Rechtsschutzbedürfnis nach §§ 253, 256 ZPO sowie der Klagebefugnis im Sinne von § 42 Abs. 2 VwGO sieht § 75 Abs. 2 eine besondere Beschwerdeberechtigung vor. Einem »quivis ex populo« steht die Beschwerdeberechtigung nicht zu.

24 Allerdings ist § 75 Abs. 2 nach dem Vorbild des § 63 Abs. 2 GWB nicht auf die Möglichkeit einer materiellen Rechtsverletzung bezogen, sondern formal ausgestaltet. Die Bezugsnorm ist § 66 Abs. 2 und 3: Die Beschwerdeberechtigung steht denjenigen zu, die bereits im regulierungsbehördlichen Verfahren die **Beteiligtenstellung** innehatten. Ob der Beteiligte durch die Entscheidung in eigenen Rechten verletzt worden ist, scheint ohne Bedeutung zu sein.

25 Neben natürlichen und juristischen Personen sind auch nichtrechtsfähige Personenvereinigungen **beteiligtenfähig** im Sinne von § 89. Die eigentliche Beteiligtenstellung wird dann entweder kraft Gesetzes oder nach Beiladung erreicht. Die Beiladung erfolgt nach Entscheidung der Regulierungsbehörde (§ 66 Abs. 2 Ziff. 3) für den Fall einer erheblichen Interessenberührung (natürliche Personen, Unternehmen, Verbände); der Antragsteller in Bezug auf das konkrete Verfahren sowie die betroffenen Unternehmen haben die Beteiligtenstellung kraft Gesetzes[17]. Weil die Regulierungsbehörde entscheidend tätig wird, ist sie im (eigenen) Verfahren nicht beteiligt, erwirbt die Beteiligung allerdings mit Einlegung der Beschwerde (§ 79 Abs. 1 Ziff. 2).

26 Nach der Rechtsprechung zum Kartellverwaltungsverfahren betreffend die Vorläufervorschrift des § 63 Abs. 2 GWB beinhaltet diese

---

16 Vgl. zur Rechtsschutzgewährung in Kartellsachen: BGH v. 31.10.1978 WuW/E BGH 1556, 1558 – Weichschaum III; KG v. 11.1.1984 WuW/E OLG 3217, 3221 – Hilfsantrag zur Beiladung; KG WuW/E OLG 1189, 1191 – Import-Schallplatten; KG WuW/E OLG 2441, 2443 – Schulbuch-Vertrieb.
17 Wegen der Einzelheiten vgl. § 66 Rz. 7, 11 ff.

III. Beschwerdeberechtigung (Abs. 3)

Vorschrift keine abschließende Regelung, so dass auch diejenigen Personen eine Beschwerdeberechtigung haben können, die durch eine Verfügung der Kartellbehörde im materiellen Sinne belastet sind[18]. Begründet wird dies unter Hinweis auf das Grundrecht einer effektiven Rechtsschutzgewährung (Art. 19 Abs. 4 GG).

Weil sich diese Rechtsprechung zu sehr vom Wortlaut der Vorschrift entfernt, ist eine andere Möglichkeit zur Herstellung der Beschwerdeberechtigung vorzuziehen: Hält man die Regulierungsbehörde für verpflichtet, in ihren Rechten potenziell verletzte Außenstehende noch **nachträglich dem Regulierungsverfahren beizuladen**, so erwerben diese mit der Beteiligtenstellung zugleich die Beschwerdeberechtigung im Sinne von § 75 Abs. 2[19]. Eine verfassungskonforme Auslegung oder gar Erweiterung des § 75 Abs. 2 ist dann ebenso wie die Prüfung einer »materiellen Beschwer« nicht erforderlich. 27

Allerdings hat die höchstrichterliche Rechtsprechung in Kartellverfahrensangelegenheiten das Vorliegen einer solchen Beschwer stets verlangt[20], wobei diese materielle Beschwer von einer sog. **Rechtsbeeinträchtigung** zu unterscheiden sei; für das Vorliegen einer materiellen Beschwer soll es bereits ausreichen, wenn nach dem Entscheidungsinhalt nachteilige Wirkungen einschließlich solcher auf eine rechtliche geschützte Position ausgehen und gerade auch den Beteiligten betreffen[21]. 28

Auch wenn man diese Rechtsprechung auf den Rechtsschutz in Regulierungsverfahren nicht übertragen möchte, so ist doch die Prüfung erforderlich, ob eine **formelle Beschwer** anzunehmen ist. Zwar wird auf diese Weise und entgegen dem Wortlaut des § 75 Abs. 2 das Vorliegen einer Beschwerdeberechtigung restriktiv gehandhabt; ein Eingriff in das Verfahrensgrundrecht auf effektiven Rechtsschutz (Art. 19 Abs. 4 GG) resultiert daraus aber nicht. 29

---

18 Zur Rechtsprechung des KG vgl. KG v. 12.1.1982 WuW/E OLG 2720, 2722 – Gepäckstreifenanhänger; KG v. 26.6.1991 WuW/E OLG 4811, 4820 – Radio NRW.
19 Vgl. *Immenga/Mestmäcker/K. Schmidt*, GWB, § 62 Rz. 22.
20 BGHZ 41, 61, 65 – Zigaretten; BGH v. 31.10.1978 WuW/E BGH 1562, 1564 – Air-Conditioning-Anlagen; BGH v. 31.10.1978 WuW/E BGH 1556, 1558 – Weichschaum-Rohstoffe III; BGH v. 10.4.1983 WuW/E BGH 2077, 2079 – Coop-Supermagazin.
21 BGH v. 10.4.1983 WuW/E BGH 2077, 2079 – Coop-Supermagazin.

30 Eine derartige formelle Beschwer ist anzunehmen, wenn der Entscheidungstenor hinter den Antrag des Beteiligten zurückfällt[22]. Ist die Entscheidung antragsgemäß erfolgt, fehlt eine derartige formelle Beschwer, was zur Unzulässigkeit der Beschwerde führt.

31 Schwierigkeiten ergeben sich allerdings, wenn der Beteiligte keinen Antrag gestellt hat. In diesem Fall ist festzustellen, mit welchem Ziel er sich am regulierungsbehördlichen Verfahren beteiligt hat (objektive Auslegung). Nur wenn ein Beteiligter seine Rechtsposition im Verfahren überhaupt nicht dargestellt hat, wird man das Vorliegen einer formellen Beschwer a priori verneinen können[23].

IV. Entscheidung über die Beschwerde (Abs. 4)

32 Während Rechtsschutz gegen Entscheidungen der Regulierungsbehörde außerhalb des Rechts der Energiewirtschaft (TKG, Eisenbahnverwaltungsrecht) nach § 40 VwGO in der Zuständigkeit der Verwaltungsgerichte erlangt werden kann, hat sich der Gesetzgeber für das EnWG bewusst anders entschieden[24]:

»Absatz 4 weist die Entscheidung über die Beschwerde gegen Entscheidungen der Regulierungsbehörde dem für den Sitz der Regulierungsbehörde zuständigen Oberlandesgericht zu. Die Zuweisung zu den Zivilgerichten verhindert Rechtswegspaltungen insbesondere bei der Anwendung der Bestimmungen der Teile 2 und 3 dieses Gesetzes. Die Zuweisung zu den Oberlandesgerichten dient der Verfahrensbeschleunigung. Die Zivilgerichte sind auch nach geltendem Recht für die Entscheidung von Zivilprozessen und über Beschwerden gegen Verfügungen der Kartellbehörden auf der Grundlage des Gesetzes gegen Wettbewerbsbeschränkungen zuständig, die energiewirtschaftsrechtliche Fragen betreffen.«

33 **Zuständiges OLG** ist bei Entscheidungen der BNetzA (Sitz in Bonn) das OLG Düsseldorf. Soweit Bundesländer mehrere Oberlandesgerichte eingerichtet haben (z. B. Baden-Württemberg, Bayern, Niedersachsen, Nordrhein-Westfalen), haben die Bundesländer den Rechtsschutz in Kartellverwaltungsangelegenheiten bestimmten Oberlandes-

---

22 Vgl. *Bechtold*, GWB, § 63 Rz. 5.
23 Vgl. *Bechtold* ebd.
24 Regierungsbegründung zu § 75 Abs. 4, BT-DrS 15/3917, S. 71.

gerichten zugewiesen; diese Entscheidung ist nach § 106 Abs. 1 GWB auch im Hinblick auf § 75 Abs. 4 maßgeblich. Insofern ist eine »Gleichschaltung« des Rechtsschutzes gegen Kartellverfügungen und des Rechtsschutzes gegen Entscheidungen der LRB sichergestellt.

Die Bezeichnung der örtlichen Zuständigkeit als **ausschließlich** betrifft eigentlich bürgerlich-rechtliche Streitigkeiten (vgl. §§ 24, 29a, 32a ZPO) und hat etwa Bedeutung im Hinblick auf die Rügepflicht, § 529 Abs. 2 ZPO. Weil es sich um Rechtsschutz gegen ein spezielles Verwaltungsverfahren handelt und die Bestimmung der Zuständigkeit damit ohnehin der Parteidisposition entzogen ist, muss das Merkmal der Ausschließlichkeit nicht zusätzlich geprüft werden. 34

Satz 1 HS 2 des § 75 Abs. 4 verweist im Hinblick auf das in § 51 vorgesehene **Monitoring**, dessen Durchführung dem BMWA obliegt, auf denjenigen Rechtsschutz, der gegen Entscheidungen der BNetzA zu erlangen ist. Damit wird ausgeschlossen, dass nach Entscheidung des BMWA (Berlin) das Kammergericht Rechtsschutz zu gewähren hätte. 35

Satz 2 des § 75 Abs. 4 verweist auf § 36 ZPO und damit auf die Regelung zur **Bestimmung des zuständigen Gerichts** für solche Fälle, in denen das an sich zuständige Gericht aus den in § 36 Abs. 1 ZPO aufgeführten Gründen nicht tätig werden kann. Da aus der Sicht der Oberlandesgerichte der Bundesgerichtshof das nächsthöhere Gericht ist, besteht dort die entsprechende Entscheidungskompetenz. 36

Fälle der **Inhabilität** sind rechtliche/tatsächliche Verhinderung zur Ausübung des Richteramtes, Ungewissheit der Grenzen von Gerichtsbezirken, ausschließliche Zuständigkeit von Gerichten in mehreren Gerichtsbezirken, abweichende Erklärungen mehrerer Gerichte zur Zuständigkeit/Unzuständigkeit. Bis auf erstere Fallkonstellation dürfte der Verweis auf § 36 ZPO im Wesentlichen deklaratorische Bedeutung haben. 37

Hat eine LRB ihre Entscheidungskompetenz auf eine andere LRB oder aber die BNetzA im Wege der **Organleihe** übertragen, wird jene Behörde »als Landesregulierungsbehörde xy« tätig. Damit wirkt sich die Organleihe auf die Bestimmung des örtlich zuständigen OLG im Sinne von § 75 Abs. 4 nicht aus. Für die betroffenen Unternehmen hat dies den Vorteil, dass ein Rechtsschutz »vor Ort« gewährleistet ist. 38

Im Rechtsschutzverfahren sind die Beteiligten nicht auf die im regulierungsbehördlichen Verfahren vorgetragenen **Tatsachen und Be-** 39

weismittel beschränkt. Vielmehr ordnet **Abs. 1 Satz 2** des § 75 an, dass die Beschwerde **auch auf neue Tatsachen und Beweismittel gestützt werden** kann. Diese müssen vom Gericht berücksichtigt werden, solange die Grundlage der Entscheidung der Regulierungsbehörde nicht geändert wird, also der jener Entscheidung zugrunde liegende Sachverhalt auch Grundlage des Rechtsschutzverfahrens bleibt[25]. Dies betrifft insbesondere den Vortrag neuer Tatsachen durch die Regulierungsbehörde mit dem Ziel, neue Sachverhalte zum Gegenstand der Beschwerdeentscheidung des Gerichts zu machen, was ausgeschlossen ist.

---

25 Vgl. insofern zum Rechtsschutz in Kartellverwaltungsangelegenheiten: BGH v. 12.2.1980 WuW/E BGH 1678, 1679 – Valium II; KG v. 5.3.1986 WuW/E OLG 3821, 3825 – Auskunftsverlangen Coop/Wandmaker; KG v. 27.11.1991 WuW/E OLG 4919, 4939 – Pauschalreiseveranstalter II.

§ 76 Aufschiebende Wirkung

(1) Die Beschwerde hat keine aufschiebende Wirkung, soweit durch die angefochtene Entscheidung nicht eine Entscheidung zur Durchsetzung der Verpflichtungen nach den §§ 7 und 8 getroffen wird.

(2) ¹Wird eine Entscheidung, durch die eine vorläufige Anordnung nach § 72 getroffen wurde, angefochten, so kann das Beschwerdegericht anordnen, dass die angefochtene Entscheidung ganz oder teilweise erst nach Abschluss des Beschwerdeverfahrens oder nach Leistung einer Sicherheit in Kraft tritt. ²Die Anordnung kann jederzeit aufgehoben oder geändert werden.

(3) ¹§ 72 gilt entsprechend für das Verfahren vor dem Beschwerdegericht. ²Dies gilt nicht für die Fälle des § 77.

Überblick		Seite	Rz.
I.	Regelungszweck und Entstehungsgeschichte	1301	1
II.	Anordnung des Sofortvollzuges und Ausnahmen (Abs. 1)	1302	6
	1. Grundsatz	1303	7
	2. Ausnahmen	1303	8
	3. Sofortvollzug und effektiver Rechtsschutz	1303	9
III.	Vorläufige Anordnungen (Abs. 2 und 3)	1304	12

I. Regelungszweck und Entstehungsgeschichte

Regulierungsentscheidungen gegenüber Netzbetreibern haben eminente Bedeutung für deren Kunden und damit eine Vielzahl von Verbrauchern. Sie sind zudem einer stetigen Veränderung der Marktverhältnisse unterworfen und damit zeitgebunden. Wären die betroffenen Unternehmen in der Lage, jede Entscheidung der Regulierungsbehörde für die Zeitdauer des Rechtsschutzverfahrens (und damit eventuell für mehrere Jahre) »zu blockieren«, indem sie nach dem Vorbild von § 80 Abs. 1 Satz 1 VwGO mit bloßer Einlegung der Beschwerde die **aufschiebende Wirkung** des Eintritts von Rechtsfolgen aus der angefochtenen Entscheidung erreichen könnten, wäre die 1

§ 76 Aufschiebende Wirkung

Regulierungsbehörde an einer effizienten Durchsetzung ihrer Entscheidungsergebnisse in höchstem Maße gehindert.

2 In Umsetzung der Binnenmarktrichtlinien Elektrizität und Erdgas[1] kommt daher der Beschwerdeeinlegung **im Regelfall keine aufschiebende Wirkung** zu. Die Verfügung bindet daher die betroffenen EVU unmittelbar mit Bekanntgabe.

3 Weitere Regelungen des § 76 betreffen in **Abs. 2** den Rechtsschutz gegen vorläufige Anordnungen der Regulierungsbehörde (§ 72) und in **Abs. 3** die Möglichkeit der Regulierungsbehörde, auch während des Beschwerdeverfahrens noch vorläufige Anordnungen treffen zu können. Vorbilder für § 76 sind § 64 GWB (mit Ausnahme von dessen Abs. 1) sowie § 137 Abs. 1 TKG, der für den Bereich der Regulierung von Telekommunikation und Post ebenfalls keine aufschiebende Wirkung kennt, wenn Rechtsschutz gegen Entscheidungen der BNetzA beantragt wird.

4 § 76 dient zudem der Umsetzung von Art. 23 Abs. 6 RL-Elt sowie Art. 25 Abs. 6 RL-Gas. Weil die Regulierungsbehörde gemäß § 31 als **Streitbeilegungsstelle** fungiert[2], die auf Antrag die Gesetzeskonformität von Netzbetreiberverhalten überprüft, sichert § 76 den Rechtsschutz gegen derartige Entscheidungen der Regulierungsbehörde nach beiden Seiten ab. Sowohl unzufriedene Verbraucher/Unternehmen als auch von Entscheidungen nach § 31 betroffene Netzbetreiber müssen derartige Entscheidungen zunächst hinnehmen (§ 76 Abs. 1), können jene Entscheidungen aber nach §§ 75, 76 überprüfen lassen. Bei Eilbedürftigkeit sind insofern auch vorläufige Anordnungen zu erreichen.

5 § 76 ist während des Gesetzgebungsverfahrens nur geringfügig geändert worden: Der Wirtschaftsausschuss hat die in Abs. 1 vorgesehene Ausnahme vom qua Gesetz angeordneten Sofortvollzug auf § 8 **erstreckt**[3]. Weitere Veränderungen wurden nicht vorgenommen.

II. Anordnung des Sofortvollzuges und Ausnahmen (Abs. 1)

6 Nach dem Vorbild von § 137 Abs. 1 TKG und anders als in § 64 Abs. 1 GWB vorgesehen, kommt Verfügungen der Regulierungsbe-

---

1 Art. 23 Abs. 5 und Abs. 6 Satz 2 RL-Elt; Art. 25 Abs. 5 und Abs. 6 Satz 2 RL-Gas.
2 Transformation von Art. 23 Abs. 5 RL-Elt sowie Art. 25 Abs. 5 RL-Gas.
3 BT-DrS 15/5268, S. 68.

II. Anordnung des Sofortvollzuges und Ausnahmen (Abs. 1)

hörde **Sofortvollzugscharakter** kraft Gesetzes zu. Die Einlegung der Beschwerde hat deshalb grundsätzlich keine aufschiebende Wirkung. Von diesem Grundsatz gibt es in Abs. 1 nur zwei Ausnahmen, die die Entflechtung betreffen; jedoch kann nach § 77 Abs. 3 nach dem Vorbild von § 80 Abs. 5 VwGO das Beschwerdegericht auf Antrag die aufschiebende Wirkung ganz oder teilweise »wiederherstellen«.

1. Grundsatz

Weil der Beschwerdeeinlegung keine aufschiebende Wirkung zukommt, muss die ergangene Entscheidung nach Maßgabe des Entscheidungstenors vom betroffenen Netzbetreiber sofort umgesetzt werden. Zur Effektivierung der Durchsetzbarkeit kann die Regulierungsbehörde nach § 94 ein Zwangsgeld anordnen und nach Maßgabe des Verwaltungsvollstreckungsrechts auch vollstrecken. Das Fehlen der aufschiebenden Wirkung gilt unabhängig davon, ob der Netzbetreiber durch die Entscheidung belastet oder begünstigt wird. Dies bedeutet, dass auch Genehmigungsentscheidungen unmittelbar Rechtswirkungen entfalten, so dass deren Umsetzung in Privatrecht auch einen Rechtsgrund im Sinne von § 812 BGB darstellt.

7

2. Ausnahmen

Ausnahmen von Abs. 2 (gesetzliche Anordnung des Sofortvollzugs) bestehen nur im Hinblick auf Maßnahmen der Entflechtung. Dabei betrifft § 7 die rechtliche Entflechtung und § 8 die operationelle Entflechtung. Weil derartige Entscheidungen der Regulierungsbehörde keinen unmittelbaren Marktbezug aufweisen, insbesondere das **Diskriminierungsverbot** der §§ 17 ff. und 20 ff. ohnehin vom Netzbetreiber zu beachten ist, wiegen die genannten Ausnahmen weniger schwer.

8

3. Sofortvollzug und effektiver Rechtsschutz

Gerade bei Netzbetreiber belastenden Verfügungen kann zweifelhaft sein, ob ein durchgehend angeordneter Sofortvollzug noch mit dem Verfahrensgrundrecht auf **Gewährung effektiven Rechtsschutzes** zu vereinbaren ist. Da nach Art. 20 Abs. 4 GG der Zugang zu den Gerichten jedenfalls formal betrachtet durch eine solche Regelung nicht beeinträchtigt wird, dürfte ein Grundgesetzverstoß im Regelfall ausscheiden.

9

10 Wenn hingegen eine Entscheidung der Regulierungsbehörde den Netzbetreiber so schwerwiegend belastet, dass die Existenz des Unternehmens gefährdet zu werden droht, wenn die Entscheidung trotz mutmaßlicher Rechtswidrigkeit während des gesamten Rechtsschutzverfahrens beachtet werden müsste, müssen Zweifel an der Verfassungskonformität dieser pauschalen Regelung aufkommen.

11 Jedoch können Einzelfälle über Anträge nach § 77 Abs. 3 im Regelfall befriedigend gelöst werden. Weil das Beschwerdegericht dann eine **Abwägungsentscheidung** zu treffen hat, in die auch Überlegungen zur Rechtmäßigkeit der regulierungsbehördlichen Entscheidung eingehen, wird der pauschalen Wirkung des § 76 Abs. 1 viel von seiner Rigidität genommen. Im Telekommunikationsrecht sind Fälle der Unzuträglichkeit dieser Norm bisher nicht bekannt geworden.

III. Vorläufige Anordnungen (Abs. 2 und 3)

12 **Abs. 2** bezieht sich auf **vorläufige Anordnungen der Regulierungsbehörde**, § 72. Ist gegen eine derartige Entscheidung Beschwerde eingelegt worden[4], so kann **auch ohne Antrag eines Beteiligten** das Beschwerdegericht **für die Dauer des Beschwerdeverfahrens** die Außerkraftsetzung der vorläufigen Anordnung bestimmen. Weil ohnehin nur eine vorläufige Regelung beabsichtigt ist, ist das Beschwerdegericht insofern frei, den aus seiner Sicht einstweilen geltenden Regelungszustand herzustellen.

13 Diese **Aussetzung auf Zeit** kann insgesamt oder in Bezug auf Teile der vorläufigen Anordnung erfolgen; auch kann eine Sicherheitsleistung angeordnet werden. Nach Satz 2 des § 76 Abs. 2 sind erleichterte Anordnungen zur Aufhebung oder Änderung dieser Anordnungen des Beschwerdegerichts möglich.

14 Einen materiellen Maßstab für die Anordnungen nach § 76 Abs. 2 gibt das Gesetz ebenso wenig wie § 64 Abs. 2 vor. In der kartellgerichtlichen Rechtsprechung ist insofern vorgeschlagen worden, die Anordnung nach der Parallelvorschrift des § 64 Abs. 2 GWB auf das Erfordernis der Vermeidung einer **unbilligen, nicht durch überwiegende öffentliche Interessen gebotenen Härte** zu stützen[5]. Jedenfalls müss-

---

4 Das Gesetz spricht verräterisch von »angefochten« und benutzt damit die verwaltungsgerichtliche Terminologie.
5 OLG Stuttgart v. 22.12.1978 WuW/E OLG 2101 f. – Anzeigentarif.

III. Vorläufige Anordnungen (Abs. 2 und 3)

ten **ernstliche Zweifel** an der Rechtmäßigkeit der einstweiligen Anordnung im Sinne von § 60 GWB bestehen[6]. Um eine gänzlich freie Entscheidung des Beschwerdegerichts nach § 76 Abs. 2 zu vermeiden, können diese Voraussetzungen auf die Überprüfung von vorläufigen Anordnungen der Regulierungsbehörde nach § 72 durch das Beschwerdegericht übertragen werden.

Dass auch das **Beschwerdegericht selbst** vorläufige Anordnungen zu treffen berechtigt ist, ordnet § 76 Abs. 3 im Einklang mit § 74 Abs. 3 GWB an. Unbenannte Voraussetzung ist wiederum im Einklang mit § 76 Abs. 2, dass die Beschwerde bereits eingelegt ist. Eine Befugnis zur isolierten vorläufigen Anordnung besteht nach § 76 Abs. 3 nicht. 15

Grund für die Regelung in § 76 Abs. 3 ist es, dass bereits mit Einlegung der Beschwerde das regulierungsbehördliche Verfahren endgültig abgeschlossen ist. Deshalb ist es der Regulierungsbehörde verwehrt, (weitere) vorläufige Anordnungen nach § 72 zu treffen. 16

Ebenso wie § 72 beschränkt auch § 76 Abs. 3 Satz 1 das Instrument der vorläufigen Anordnungen nicht auf die Konstellation der belastenden Entscheidung, die mit der Anfechtungsbeschwerde im Sinne von § 75 Abs. 1 Satz 1 angegriffen werden müsste. Einstweilige Anordnungen können auch die Konstellation des § 75 Abs. 3 (Anfechtungs- und Verpflichtungsbeschwerde) sowie die allgemeine Leistungsbeschwerde betreffen[7]. Wegen der materiellen Voraussetzungen, die im Hinblick auf vorläufige Anordnungen nach § 72 zu beachten sind, wird auf die obigen Erläuterungen verwiesen[8], die auch das Beschwerdegericht einhalten muss. 17

Satz 2 des § 77 stellt klar, dass die in § 77 vorgesehenen Anordnungen zu sofortiger Vollziehung und aufschiebender Wirkung den Regelungen nach § 76 Abs. 3 Satz 1 **vorgehen**. Da unterschiedliche Voraussetzungen beachtet werden müssen, insbesondere § 77 einen Antrag voraussetzt, handelt es sich um unterschiedliche Ermächtigungsgrundlagen zugunsten des Beschwerdegerichts, die strikt gegeneinander abzugrenzen sind. 18

---

6 OLG Stuttgart ebd.
7 Vgl. *Immenga/Mestmäcker/K. Schmidt*, GWB, § 63 Rz. 17.
8 § 72 Rz. 4 ff.

§ 77 Anordnung der sofortigen Vollziehung und der aufschiebenden Wirkung

(1) Die Regulierungsbehörde kann in den Fällen des § 76 Abs. 1 die sofortige Vollziehung der Entscheidung anordnen, wenn dies im öffentlichen Interesse oder im überwiegenden Interesse eines Beteiligten geboten ist.

(2) Die Anordnung nach Absatz 1 kann bereits vor der Einreichung der Beschwerde getroffen werden.

(3) ¹Auf Antrag kann das Beschwerdegericht die aufschiebende Wirkung ganz oder teilweise wiederherstellen, wenn

1. die Voraussetzungen für die Anordnung nach Absatz 1 nicht vorgelegen haben oder nicht mehr vorliegen oder

2. ernstliche Zweifel an der Rechtmäßigkeit der angefochtenen Verfügung bestehen oder

3. die Vollziehung für den Betroffenen eine unbillige, nicht durch überwiegende öffentliche Interessen gebotene Härte zur Folge hätte.

²In den Fällen, in denen die Beschwerde keine aufschiebende Wirkung hat, kann die Regulierungsbehörde die Vollziehung aussetzen. ³Die Aussetzung soll erfolgen, wenn die Voraussetzungen des Satzes 1 Nr. 3 vorliegen. ⁴Das Beschwerdegericht kann auf Antrag die aufschiebende Wirkung ganz oder teilweise anordnen, wenn die Voraussetzungen des Satzes 1 Nr. 2 oder 3 vorliegen.

(4) ¹Der Antrag nach Absatz 3 Satz 1 oder 4 ist schon vor Einreichung der Beschwerde zulässig. ²Die Tatsachen, auf die der Antrag gestützt wird, sind vom Antragsteller glaubhaft zu machen. ³Ist die Entscheidung der Regulierungsbehörde schon vollzogen, kann das Gericht auch die Aufhebung der Vollziehung anordnen. ⁴Die Wiederherstellung und die Anordnung der aufschiebenden Wirkung können von der Leistung einer Sicherheit oder von anderen Auflagen abhängig gemacht werden. ⁵Sie können auch befristet werden.

§ 77 Anordnung der sofortigen Vollziehung und der aufschiebenden Wirkung

(5) Entscheidungen nach Absatz 3 Satz 1 und Beschlüsse über Anträge nach Absatz 3 Satz 4 können jederzeit geändert oder aufgehoben werden.

Überblick	Seite	Rz.
I. Regelungszweck und Entstehungsgeschichte	1308	1
II. Anordnung des Sofortvollzuges (Abs. 1 und 2).........	1309	4
1. Öffentliches Interesse	1309	5
2. Überwiegendes Interesse eines Beteiligten	1309	7
3. Zeitpunkt der Anordnung.......................	1310	8
III. Antrag auf Wiederherstellung der aufschiebenden Wirkung (Abs. 3 bis 5).............................	1310	10
1. Wiederherstellung der aufschiebenden Wirkung (Abs. 3 Satz 1)	1310	12
2. Aussetzung des Sofortvollzugs (Satz 2 und 3)........	1312	17
IV. Verfahrensvorschriften (Abs. 4 und 5)................	1313	23

I. Regelungszweck und Entstehungsgeschichte

1 Die Abs. 1 und 2 des § 77 ermöglichen die **Anordnung des Sofortvollzugs** in den wenigen Fällen, in denen die Beschwerdeeinlegung nach § 75 in Verbindung mit § 76 Abs. 1 **ausnahmsweise aufschiebende Wirkung** hat (vgl. §§ 7 und 8). Der Anwendungsbereich ist damit sehr schmal.

2 Demgegenüber ermöglichen es die Abs. 3 bis 5 des § 77, auf Antrag beim Beschwerdegericht eine **Wiederherstellung der aufschiebenden Wirkung** zu erreichen. Weil fast alle Entscheidungen der Regulierungsbehörde Sofortvollzugscharakter tragen, haben die Abs. 3 bis 5 eminente Bedeutung.

3 § 77 beruht auf § 65 GWB und ist weitgehend wortgleich ausgestaltet. Auch auf die Kommentierungen zu früheren Fassungen des § 65 GWB kann zurückgegriffen werden. Dies gilt auch im Hinblick auf § 80 Abs. 5 VwGO, der für allgemeine Verwaltungsverfahren die Voraussetzungen bei Anträgen auf Wiederherstellung der aufschiebenden Wirkung einer Anfechtungsklage aufführt. Der Entwurf zu § 77 ist während des Gesetzgebungsverfahrens nicht mehr geändert worden.

II. Anordnung des Sofortvollzuges (Abs. 1 und 2)

Weil § 77 Abs. 1 nur auf § 76 Abs. 1 verweist, bezieht sich die Vorschrift nur auf die §§ 7 und 8 (rechtliche und operationelle Entflechtung). Nur diese Vorschriften betreffende Entscheidungen **der Regulierungsbehörde** sind nicht bereits kraft Gesetzes sofort vollziehbar. Auch insofern kann die Behörde den Sofortvollzug anordnen, wenn das öffentliche Interesse oder aber **überwiegende Interessen eines Beteiligten** dieses gebieten.

1. Öffentliches Interesse

Bereits der Wortlaut erfordert ein über das normale Interesse an der unmittelbaren Beachtung verwaltungsbehördlicher Verfügungen hinaus gehendes (zusätzliches) Interesse gerade am Sofortvollzug dieser Entscheidung[1]. Daran wird man aber nicht allzu hohe Anforderungen stellen müssen, weil im regulierungsbehördlichen Verfahren der Sofortvollzug die Regel und die aufschiebende Wirkung einer Beschwerde die Ausnahme darstellt.

Außerdem muss der Sofortvollzug im öffentlichen Interesse **geboten** sein; diese Wortwahl geht deutlich über eine bloße **Rechtfertigung** hinaus. Im Wege eines **Abwägungsprozesses** sind die Interessen des oder der Betroffenen den öffentlichen Interessen gegenüber zu stellen; insbesondere wenn das öffentliche Interesse jene privaten Interessen stark überwiegt, ist die Anordnung des Sofortvollzuges geboten.

2. Überwiegendes Interesse eines Beteiligten

Die zweite Alternative des § 77 Abs. 1 setzt eine **Abwägung der Interessen** zwischen einem (oder mehreren) Beteiligten und den Interessen des oder der Betroffenen voraus. Wiederum muss – im Hinblick auf die zu treffende oder getroffene Entflechtungsentscheidung nach §§ 7, 8 – ein stark überwiegendes Interesse zumindest eines der Beteiligten zu konstatieren sein. Dafür ist es nicht erforderlich, dass die Beibehaltung des status quo vor Entscheidung der Regulierungsbehörde zu schier unerträglichen Ergebnissen führen würde; insbesondere muss dem oder den Beteiligten nicht die Insolvenz oder eine ähnlich schwere Folge drohen. Bei der Abwägungsentscheidung sind die Ziele des § 1 zu berücksichtigen, soweit sie in den Interessen der

---

1 Für das Kartellverwaltungsverfahren: KG WuW/E OLG 1497 – AGIP I.

Beteiligten reflektiert werden. Das öffentliche Interesse an der Aufrechterhaltung/Förderung von Wettbewerb spielt bei dieser Alternative keine Rolle.

3. Zeitpunkt der Anordnung

8 Häufig wird die Anordnung des Sofortvollzuges bereits im unmittelbaren Zusammenhang mit der zugrunde liegenden Entscheidung, insbesondere mit dieser Entscheidung selbst getroffen werden. Dies ermöglicht § 77 Abs. 2. Im Übrigen kann die Anordnung des Sofortvollzuges nachgeholt werden, wenn die Beschwerde beim zuständigen OLG eingelegt wurde, § 77 Abs. 1 in Verbindung mit §§ 76 Abs. 1, 75.

9 Anordnungen der Regulierungsbehörde nach § 77 Abs. 1 und 2 setzen keinen Antrag (z. B. eines Beteiligten) voraus. Die Regulierungsbehörde entscheidet von Amts wegen.

III. Antrag auf Wiederherstellung der aufschiebenden Wirkung (Abs. 3 bis 5)

10 Das Gesetz unterscheidet in Anlehnung an die Wirkungen des gesetzlichen bzw. des angeordneten Sofortvollzuges zwei **Entscheidungstypen des Beschwerdegerichts**:

– Wiederherstellung der aufschiebenden Wirkung

– Aussetzung des Sofortvollzuges

11 Zuständig ist in beiden Fällen das **Beschwerdegericht** im Sinne von § 75 Abs. 4 und damit das für den Sitz der Regulierungsbehörde örtlich zuständige Oberlandesgericht.

1. Wiederherstellung der aufschiebenden Wirkung (Abs. 3 Satz 1)

12 Satz 1 des § 77 Abs. 3 betrifft nur Entscheidungen der Regulierungsbehörde, in denen diese den Sofortvollzug **besonders angeordnet** hat. Dies sind wegen § 77 Abs. 1 und 2 in Verbindung mit § 76 Abs. 1 HS 2 nur solche Entscheidungen, die die rechtliche oder die operationelle Entflechtung betreffen. Die Wortwahl »Wiederherstellung« beruht darauf, dass nur wiederhergestellt werden kann, was einmal – zumindest eine juristische Sekunde lang – bestanden hat. Haben Verfügungen bereits kraft Gesetzes Sofortvollzugscharakter (Regelfall

III. Antrag auf Wiederherstellung der aufschiebenden Wirkung (Abs. 3 bis 5)

des § 76 Abs. 1 HS 1), kommt nur die Aussetzung nach Satz 2 und 3 des § 77 Abs. 3 in Betracht.

Eine Wiederherstellungsentscheidung setzt einen **Antrag** voraus. Umstritten ist für das Kartellverwaltungsverfahren, ob dieser Antrag bereits vor Beschwerdeeinlegung gestellt und dann auch vorher beschieden werden kann[2]. Weil zwar mit Beschwerdeeinlegung (allein) die aufschiebende Wirkung nicht erreicht werden kann, andererseits ohne Beschwerdeeinlegung die aufschiebende Wirkung des § 76 Abs. 1 HS 2 überhaupt nicht erreichbar ist, wird man im Regelfall und sicherheitshalber den Antrag nach § 77 Abs. 3 Satz 1 mit der Beschwerdeeinlegung verbinden. 13

Die Ziff. 1 bis 3 des § 77 Abs. 3 Satz 1 sehen **drei Antragsgründe vor**, auf die sich das Beschwerdegericht bei seiner Wiederherstellungsentscheidung alternativ stützen muss. Nach **Ziff. 1** kann (richterliches Ermessen) die Anordnung der Wiederherstellungswirkung bei **Nichtvorliegen** bzw. **Nichtmehrvorliegen** der Anordnungsvoraussetzungen des § 77 Abs. 1 erfolgen. Dazu prüft das Beschwerdegericht entweder das Gebotensein im öffentlichen Interesse oder das Gebotensein im überwiegenden Interesse eines Beteiligten. Die Nachprüfung der Entscheidung der Regulierungsbehörde zur Anordnung des Sofortvollzuges weist umfassenden Charakter auf; ein Beurteilungsspielraum der Regulierungsbehörde wird nicht berücksichtigt. 14

Ernstliche Zweifel an der Rechtmäßigkeit der dem angeordneten Sofortvollzug zugrunde liegenden Entscheidung bestehen – ohne dass eine abschließende Klärung der Rechts- und Tatsachenlage erforderlich ist –, wenn aus tatsächlichen oder rechtlichen Gründen das Beschwerdegericht jene Entscheidung nicht nachzuvollziehen vermag. Im Bereich des Kartellrechts haben die Gerichte hohe Anforderungen an diese Voraussetzungen gestellt[3], und das bloße »Offensein« der Rechtslage reicht hierfür keinesfalls aus[4]. 15

Die Wiederherstellung der aufschiebenden Wirkung der eingelegten Beschwerde ist **nach Ziff. 3** auch unter Berücksichtigung der **Folgewirkungen des Sofortvollzugs** möglich. Dies erfordert allerdings das Vorliegen einer **unbilligen Härte**, die auch bei **überwiegenden öffentlichen Interessen nicht geboten** ist. Dieser Wortlaut widerspricht 16

---

2 Vgl. *Immenga/Mestmäcker/K. Schmidt*, GWB, § 63a Rz. 15.
3 Vgl. *Bechtold*, GWB, § 65 Rz. 3.
4 KG v. 13.4.1994 WuW/E OLG 5263, 5266 – Krupp-Hoesch-Brüninghaus.

der Alternative 1 des § 77 Abs. 1 (Gebotensein im öffentlichen Interesse) und ist deshalb teleologisch zu reduzieren; gemeint ist, dass trotz überwiegenden öffentlichen Interesses eine unbillige und eventuell nicht vorausgesehene Härte insbesondere bei den Betroffenen eingetreten ist[5].

2. Aussetzung des Sofortvollzugs (Satz 2 und 3)

17 Eine Aussetzungsanordnung des Beschwerdegerichts betrifft den Normalfall des § 76 Abs. 1, wonach die Beschwerde (kraft Gesetzes) aufschiebende Wirkung ohnehin nicht aufweist. Anträge nach § 77 Abs. 3 Satz 2 und 3 werden deshalb deutlich häufiger als solche nach Satz 1 auftreten.

18 Für die Aussetzungsentscheidung ist grundsätzlich die **Regulierungsbehörde** zuständig. Insofern verweist Satz 3 des § 77 Abs. 3 auf die Ziff. 3 des Satzes 1 (unbillige Härte). Das Ermessen der Regulierungsbehörde ist insofern eingeschränkt (»soll«), und die Nichtanordnung der Aussetzung trotz vorliegender unbilliger Härte bildet den Ausnahmefall, der besonders zu begründen ist.

19 Umfassendere Möglichkeiten hat das **Beschwerdegericht**, um eine Aussetzungsentscheidung auf Antrag auszusprechen. Das Beschwerdegericht kann sich insofern auf Satz 1 **Ziff. 2 und 3** stützen[6]. Auf die Ziff. 1 wird konsequent nicht verwiesen, weil in den Aussetzungsfällen der Sofortvollzug bereits kraft Gesetzes eingetreten ist, also eine Anordnung nach § 76 Abs. 1 HS 2 gar nicht erfolgt ist.

20 Wiederum »kann« das Beschwerdegericht die Aussetzung anordnen; das insofern eingeräumte »richterliche Ermessen« ist wie in Bezug auf die Wiederherstellungsentscheidung nach § 77 Abs. 3 Satz 1 wohl als **Beurteilungsspielraum** ausgestaltet[7].

21 Der Aussetzungsantrag nach Satz 4 des § 77 Abs. 3 ist unzulässig, wenn die Entscheidung bereits **abschließend vollzogen worden ist**

---

5 Vgl. auch OLG Stuttgart v. 22.10.1979 WuW/E OLG 2297 – Gemeinsamer Anzeigenteil.
6 Oben § 77 Rz. 12 ff.
7 *Immenga/Mestmäcker/K. Schmidt*, GWB, § 63a Rz. 11.

und deshalb weitere Vollzugswirkungen nicht mehr als möglich erscheinen[8].

Die Reichweite der Aussetzungsentscheidung des Beschwerdegerichts ist im Entscheidungstenor zu bestimmen (ganz oder teilweise). Die Bestimmung erfolgt spiegelbildlich zu den Voraussetzungen nach § 77 Abs. 3 Ziff. 2 und 3; soweit ernstliche Zweifel nicht mehr bestehen oder die unbillige Härte durch teilweise Aussetzung des Sofortvollzuges erreichbar ist, kann die Entscheidung der Regulierungsbehörde »im Übrigen« aufrecht erhalten werden. 22

IV. Verfahrensvorschriften (Abs. 4 und 5)

Soweit die Regulierungsbehörde zu Aussetzungsentscheidungen berufen ist (Satz 2 und 3 des § 77 Abs. 3), kann dies ohne Antrag erfolgen. Alle Entscheidungen des **Beschwerdegerichts** setzen jedoch einen Antrag voraus (Satz 1: Wiederherstellungsentscheidung; Satz 4: Aussetzungsentscheidung). 23

In Abs. 4 **Satz 1** wird klargestellt, dass vom Beschwerdegericht zu entscheidende Anträge **schon vor Beschwerdeeinreichung** zulässig sind[9]. Wird allerdings die Beschwerde gar nicht eingelegt, wird die Entscheidung bestandskräftig, was die Wirkungen der Wiederherstellungs- bzw. Aussetzungsentscheidung automatisch entfallen lässt: Ein bestandskräftiger Verwaltungsakt kann unmittelbar vollzogen werden und trägt den Rechtsgrund des Vollzugs in sich. Analog § 78 Abs. 4 Satz 3 wird das Beschwerdegericht (aus Gründen der Klarstellung) seine Anordnungen gleichwohl aufheben. 24

Hohe Bedeutung hat das Erfordernis der **Glaubhaftmachung** der die Anträge an das Beschwerdegericht **stützenden Tatsachen**. Die Glaubhaftmachung steht unterhalb des Beweises; in der Praxis erfolgt meist eine Versicherung an Eides statt, § 294 ZPO. Die Vorlage von Urkunden, die die Regulierungsbehörde entweder nicht berücksichtigt hat oder die ihr nicht zur Kenntnis gelangt waren, ist ebenfalls möglich. 25

---

8 KG v. 19.8.1986 WuW/E OLG 3908, 3912 – Antrag auf Akteneinsicht.
9 Vgl. oben § 77 Rz. 13.

26 Seine Entscheidungen nach § 77 Abs. 3 Satz 1 und Satz 4 kann das Beschwerdegericht von **Auflagen oder Sicherheitsleistungen** abhängig machen. Eine **Befristung** ist nach Satz 5 möglich.

27 Satz 3 des § 77 Abs. 4 berücksichtigt **bereits vollzogene Entscheidungen der Regulierungsbehörde**. Weil insofern eine Aussetzungsentscheidung nicht mehr in Betracht kommt[10], kann das Beschwerdegericht dann eine **Aufhebung des Sofortvollzuges** anordnen. Da diese Aufhebungsentscheidung Vollzugswirkungen betrifft, die in der Vergangenheit eingetreten sind, müssen diese Vollzugswirkungen beseitigt werden. Dies bedeutet, dass nicht erfolgte Zahlungen an einen Netzbetreiber nachzuholen sind. Die Regulierungsbehörde muss eingetretene Vollzugsfolgen beseitigen, soweit sie dazu die Möglichkeit hat. Eine Aufhebung der Entscheidung ist naturgemäß nicht erforderlich.

28 Die Entscheidungen des Beschwerdegerichts nach § 77 Abs. 3 Satz 1 und 4 sind zwar bereits vor Beschwerdeeinlegung zulässig (§ 77 Abs. 4 Satz 1); mit Anhängigwerden der Rechtsbeschwerde beim BGH (§ 86) erlischt die Zuständigkeit des Beschwerdegerichts mit Ausnahme einstweiliger Anordnungen im Verfahren der Nichtzulassungsbeschwerde (§ 87 Abs. 4 Satz 2). Weil § 88 Abs. 5 auf § 77 nicht verweist, wohl aber § 87 Abs. 4, vermag der BGH nach Einlegung der Nichtzulassungsbeschwerde Anordnungen zur Wiederherstellung, Aussetzung und Aufhebung nicht mehr zu treffen. In Kartellverwaltungssachen hat die Rechtsprechung allerdings einen Übergang der entsprechenden Zuständigkeiten auf das Rechtsbeschwerdegericht angenommen[11].

29 Nach **Abs. 5** vermag das Beschwerdegericht Entscheidungen zur Wiederherstellung bzw. Aussetzung des Sofortvollzuges **jederzeit zu ändern oder aufzuheben**. Ein Vertrauensschutz in das Weiterbestehen dieser Anordnungen während des gesamten Beschwerdeverfahrens ist daher nicht gewährleistet. Der vorläufige Charakter dieser Anordnungen und das Erfordernis zur Berücksichtigung der sich ändernden tatsächlichen Rahmenbedingungen wird auf diese Weise betont.

---

10 Vgl. oben § 77 Rz. 19.
11 BGH ZIP 1999, 82 – Tariftreueerklärung; KG WuW/E OLG 2875 f. – Entflechtung; zur abweichenden Literaturauffassung vgl. *Immenga/Mestmäcker/K. Schmidt*, GWB, § 63a Rz. 15.

Rechtsschutz gegen Anordnungen des Beschwerdegerichts im Sinne 30
von § 77 Abs. 3, die im **Beschlussverfahren** ergehen, sieht das Gesetz
nicht vor. Dies beruht auf § 86 Abs. 1, wonach die Rechtsbeschwerde
nur im Hinblick auf **in der Hauptsache erlassene Beschlüsse der
Oberlandesgerichte** zulässig ist. Weil aber mit Erreichen der Rechtsbeschwerdeinstanz nach Praxis der Kartellgerichte eine eigene Zuständigkeit des BGH im Hinblick auf die in § 77 Abs. 3 Satz 1 und 4
vorgesehenen Anordnungen eröffnet ist, können entsprechende Anträge jedenfalls nach Einlegung der Rechtsbeschwerde gestellt werden, so dass auf diese Weise eine Änderung der Anordnungen des Beschwerdegerichts erreicht werden kann.

§ 78 Frist und Form

(1) ¹Die Beschwerde ist binnen einer Frist von einem Monat bei der Regulierungsbehörde schriftlich einzureichen. ²Die Frist beginnt mit der Zustellung der Entscheidung der Regulierungsbehörde. ³Es genügt, wenn die Beschwerde innerhalb der Frist bei dem Beschwerdegericht eingeht.

(2) Ergeht auf einen Antrag keine Entscheidung, so ist die Beschwerde an keine Frist gebunden.

(3) ¹Die Beschwerde ist zu begründen. ²Die Frist für die Beschwerdebegründung beträgt einen Monat; sie beginnt mit der Einlegung der Beschwerde und kann auf Antrag von dem oder der Vorsitzenden des Beschwerdegerichts verlängert werden.

(4) Die Beschwerdebegründung muss enthalten

1. die Erklärung, inwieweit die Entscheidung angefochten und ihre Abänderung oder Aufhebung beantragt wird,

2. die Angabe der Tatsachen und Beweismittel, auf die sich die Beschwerde stützt.

(5) Die Beschwerdeschrift und die Beschwerdebegründung müssen durch einen bei einem deutschen Gericht zugelassenen Rechtsanwalt unterzeichnet sein; dies gilt nicht für Beschwerden der Regulierungsbehörde.

Überblick	Seite	Rz.
I. Regelungszweck und Entstehungsgeschichte	1317	1
II. Form und Fristen bei Beschwerdeeinlegung sowie Unterschrift (Abs. 1 bis 3 und Abs. 5).....................	1318	2
III. Beschwerdebegründung (Abs. 4)	1319	9

I. Regelungszweck und Entstehungsgeschichte

§ 78 beruht auf § 66 GWB und regelt Einzelheiten der Beschwerdeeinlegung (insbesondere Fristen) sowie der Beschwerdebegründung. Dies betrifft Minimalerfordernisse aus Gründen der Rechtssicherheit. Werden die Vorschriften des § 78 nicht beachtet, ist die eingelegte Be- 1 schwerde **bereits unzulässig**. Im Gesetzgebungsverfahren ist der Entwurf zu § 78 nicht mehr geändert worden.

II. Form und Fristen bei Beschwerdeeinlegung sowie Unterschrift (Abs. 1 bis 3 und Abs. 5)

2 Eine Beschwerde gegen Entscheidungen der Regulierungsbehörde ist **schriftlich** einzureichen; dies erfordert gemäß § 126 BGB die Aufzeichnung auf Papier sowie eine Unterschrift, die gemäß § 78 Abs. 5 von einem in Deutschland zugelassenem Rechtsanwalt zu leisten ist. Fehlt die Unterschrift, stammt sie nicht vom Anwalt oder ist gar ein Faksimilestempel benutzt worden, ist die Beschwerde als unzulässig zu verwerfen.

3 **Adressat** der Beschwerde ist das Beschwerdegericht; nach **Satz 3** des § 78 Abs. 1 kann die Beschwerde auch dort eingereicht werden. Normalfall ist jedoch die **Einreichung bei der Regulierungsbehörde**, § 78 Abs. 1 Satz 1.

4 Die Beschwerde ist an die strikte Beachtung von **Fristen** gebunden. Eine Ausnahme bilden die Untätigkeitsbeschwerde und vergleichbare Beschwerdearten[1], nachdem die Regulierungsbehörde **trotz Antrags untätig geblieben** ist.

5 Ist eine Entscheidung der Regulierungsbehörde ergangen, muss die einzulegende **Anfechtungs- oder Verpflichtungsbeschwerde** eine **Frist von einem Monat** einhalten, wobei nach Satz 2 des § 78 Abs. 1 die Frist **mit Zustellung der Entscheidung** beginnt. Die Frist ist gewahrt, wenn die Beschwerde an demjenigen Tag des Folgemonats eingeht, dessen Bezeichnung dem Zustellungstag entspricht[2]. Bei Zustellung am 5. 12. läuft die Monatsfrist deshalb am 5. 1. des Folgejahres ab, wenn dieser Tag nicht auf einen Sonnabend, Sonntag oder allgemeinen Feiertag fällt; andernfalls endet die Frist zum Ende des auf jene Tage folgenden Werktags.

6 Eine Begründung der Beschwerde ist zunächst nicht erforderlich; insofern sieht § 78 Abs. 3 **Satz 2** eine besondere Beschwerdebegründungsfrist vor, die ebenfalls einen Monat beträgt. Maßgeblich für den Beginn der Begründungsfrist sind Monat und Tag der Beschwerdeein-

---

1 Vgl. oben § 75 Rz. 17 ff.
2 § 85 i. V. m. § 222 ZPO, der auf die §§ 187 ff. BGB verweist.

legung (bei der Regulierungsbehörde oder beim Beschwerdegericht, § 78 Abs. 1).

Einen Antrag auf Verlängerung der Begründungsfrist behandelt § 78 Abs. 3 Satz 2 HS 2; der Fristverlängerung um einen Monat wird regelmäßig stattgegeben werden. Eine Verlängerung der Frist zur Einlegung der Beschwerde ist nicht vorgesehen. 7

Nach Abs. 5 muss die Beschwerdeschrift von einem an einem deutschen Gericht zugelassenen Rechtsanwalt **unterzeichnet** werden. Hochschullehrer sind als Prozessbevollmächtigte nicht zugelassen (anders § 67 Abs. 1 VwGO sowie § 138 Abs. 1 StPO). Das Bestehen des Anwaltszwangs ergibt sich auch aus § 80. Eine Ausnahme besteht nur in Bezug auf die Beschwerden der Regulierungsbehörde, die nach HS 2 des § 78 Abs. 5 alle Beschwerden selbst unterzeichnen kann, wobei die allgemeinen Vertretungsverhältnisse im Behördenbereich zu beachten sind. Durch einen Anwalt muss sich die Regulierungsbehörde nicht vertreten lassen, § 80 Satz 2. 8

III. Beschwerdebegründung (Abs. 4)

Eine Beschwerdebegründung im Rechtssinne liegt nur vor, wenn sie die Mindestbestandteile des § 78 Abs. 4 enthält: 9

– Bestimmter Antrag (Ziff. 1)

– Begründende Tatsachen und Beweismittel (Ziff. 2)

Ohne diese Minimalerfordernisse ist die Beschwerde als unzulässig zu verwerfen.

Der **bestimmte Antrag** bezieht sich auf die angefochtene Entscheidung; dem Beschwerdeführer ist es anheim gestellt, eine gänzliche Aufhebung oder nur eine Abänderung der Entscheidung zu beantragen. Fehlt eine entsprechende Erklärung im »Beschwerdetenor«, wird das Gericht versuchen, diese Erklärung der Beschwerdebegründung zu entnehmen. Weil § 78 Abs. 4 den bestimmten Antrag der Beschwerdebegründung zuordnet, muss bei Einlegung der Beschwerde selbst ein solcher Antrag noch nicht gestellt werden. 10

Die Kartellgerichte haben auch an die Parallelvorschrift zu § 78 Abs. 4 Ziff. 2 (§ 66 Abs. 4 Ziff. 2 GWB) keine allzu hohen Anforderungen 11 gestellt. Ausreichend ist ein **Minimum an sachlicher Begründung**[3]. Zu Rechtsfragen müssen keinerlei Ausführungen erfolgen (»ius novit curia«). Dass der Rechtsauffassung der Kartellbehörde widersprochen wird, folgt bereits aus der Tatsache der Beschwerdeeinreichung.

12 Auch die Beschwerdebegründung muss **unterzeichnet** werden; anders als die Beteiligten im regulierungsbehördlichen Verfahren, die sich von einem in Deutschland zugelassenen Rechtsanwalt vertreten lassen müssen, vermag die Regulierungsbehörde die Beschwerdebegründung selbst zu unterzeichnen.

---

3 KG WuW/E 5568, 5579 – Fernsehübertragungsrechte.

§ 79 Beteiligte am Beschwerdeverfahren

(1) An dem Verfahren vor dem Beschwerdegericht sind beteiligt

1. der Beschwerdeführer,

2. die Regulierungsbehörde,

3. Personen und Personenvereinigungen, deren Interessen durch die Entscheidung erheblich berührt werden und die die Regulierungsbehörde auf ihren Antrag zu dem Verfahren beigeladen hat.

(2) Richtet sich die Beschwerde gegen eine Entscheidung einer nach Landesrecht zuständigen Behörde, ist auch die Regulierungsbehörde an dem Verfahren beteiligt.

Überblick	Seite	Rz.
I. Regelungszweck und Entstehungsgeschichte	1321	1
II. Beteiligte kraft gesetzlicher Anordnung (Abs. 1 und 2) ..	1321	2
III. Kontinuität der Verfahrensbeteiligung	1322	4

I. Regelungszweck und Entstehungsgeschichte

§ 79 entspricht § 67 GWB und regelt in Ergänzung von § 66 Abs. 2 und 3 (Beteiligte am regulierungsbehördlichen Verfahren) den Kreis der **Beteiligten am Beschwerdeverfahren** vor dem Oberlandesgericht. In Ergänzung von § 66 Abs. 2 ist die **Regulierungsbehörde** im Beschwerdeverfahren zusätzlich beteiligt. Die Vorschrift ist im Laufe des Gesetzgebungsverfahrens im Vergleich zum Entwurf nicht mehr geändert worden. 1

II. Beteiligte kraft gesetzlicher Anordnung (Abs. 1 und 2)

Nach **Abs. 1** zählt das Gesetz drei »Parteien« zu den **Beteiligten nach Einlegung der Beschwerde**: 2

– Beschwerdeführer

– Regulierungsbehörde

- Beigeladene Personen und Personenvereinigungen (bei erheblicher Interessenberührung)

3 Nach **Abs. 2** ist die Regulierungsbehörde (BNetzA) auch an Beschwerdeverfahren zu beteiligen, die sich gegen Entscheidungen der nach Landesrecht zuständigen Behörde richten (vgl. § 4 und § 36 Abs. 2). Die Beteiligtenstellung ermöglicht es, Anträge und sonstige Verfahrenshandlungen vorzunehmen, Akteneinsicht zu erhalten sowie nach Ergehen der Beschwerdeentscheidung Rechtsbeschwerde einzulegen (§ 88 Abs. 1). Dies gilt auch für die Nichtzulassungsbeschwerde[1].

III. Kontinuität der Verfahrensbeteiligung

4 § 79 ist in mehrfacher Hinsicht missglückt. Zum einen erfordert es das Verfahrensgrundrecht auf effektiven Rechtsschutz (Art. 19 Abs. 4 GG), dass die am Verfahren vor der Regulierungsbehörde Beteiligten auch am Beschwerdeverfahren zu beteiligen sind (Grundsatz der Verfahrensbeteiligungs-Kontinuität)[2]. Zum anderen ist Abs. 1 Ziff. 3 (Beteiligung von Personen und Personenvereinigungen) nicht an die Neufassung des § 66 Abs. 2 Ziff. 3 angepasst worden, der die Sonderregelung für Verbraucherverbände enthält. Schließlich leidet § 79 Abs. 2 an dem schon § 66 Abs. 3 prägenden Fehler[3]: Der wichtige Fall der Beteiligung der BNetzA an Beschwerdeverfahren, die sich gegen Entscheidungen der LRB richten, ist nicht erfasst.

5 Der **Grundsatz der Kontinuität der Verfahrensbeteiligung** erfordert es, dass alle am regulierungsbehördlichen Verfahren Beteiligten auch am Beschwerdeverfahren zu beteiligen sind[4]. Beteiligt bleibt deshalb, wer die Einleitung des Verfahrens beantragt hat (Anzeigeerstatter, Antragsteller), vgl. § 66 Abs. 2 Ziff. 1. Auch die betroffenen Unternehmen im Sinne von Ziff. 2 des § 66 Abs. 2 bleiben für das Beschwerdeverfahren Beteiligte, wenn sie nicht bereits Beschwerdeführer im Sinne von § 79 Abs. 2 Ziff. 1 sind. Dies gilt auch für alle durch die Regulierungsbehörde **Beigeladenen** oder sonstigen Verfahrensbe-

---

1 Vgl. unten § 87 Rz. 6.
2 Vgl. *Immenga/Mestmäcker/K. Schmidt*, GWB, § 66 Rz. 5.
3 Oben § 66 Rz. 20 ff.
4 Aus der Rechtsprechung zum GWB: KG WuW/E OLG 755, 756 – Bauindustrie III.

III. Kontinuität der Verfahrensbeteiligung

teiligten im Sinne von § 66. Anders als nach § 65 VwGO vorgesehen, kann das Beschwerdegericht selbst keinerlei Beiladungen vornehmen.

Vergleichbar der Beteiligung des Bundeskartellamtes an Beschwerdeverfahren betreffend Entscheidungen der Landeskartellbehörden ist die **BNetzA zu beteiligen,** wenn Beschwerde gegen **Entscheidungen einer LRB** geführt werden. Weil mit dem »Konzeptwechsel« insbesondere in § 54 (Zuständigkeitsaufteilung auf Bundes- und Landesregulierungsbehörden) eine Anpassung des § 79 Abs. 2 nicht erfolgt ist, muss auf die so entstandene planwidrige Regelungslücke § 79 Abs. 2 analog angewendet werden. **6**

§ 80 Anwaltszwang

¹Vor dem Beschwerdegericht müssen die Beteiligten sich durch einen bei einem deutschen Gericht zugelassenen Rechtsanwalt als Bevollmächtigten vertreten lassen. ²Die Regulierungsbehörde kann sich durch ein Mitglied der Behörde vertreten lassen.

Überblick	Seite	Rz.
I. Regelungszweck und Entstehungsgeschichte	1325	1
II. Anwaltszwang (Satz 1)	1325	2
III. Ausnahme vom Anwaltszwang (Satz 2)	1326	5

I. Regelungszweck und Entstehungsgeschichte

Anders als für Verfahren der allgemeinen Verwaltungsgerichte vorgesehen kennt § 80 nach dem Vorbild des § 68 GWB die **Verpflichtung**, sich bereits im Beschwerdeverfahren durch einen in Deutschland zugelassenen Anwalt vertreten zu lassen, sog. **Anwaltszwang**. Angesichts der Komplexität der Rechtsmaterie »Rechtsschutz gegen Entscheidungen der Regulierungsbehörden« ist diese Erschwerung des Zugangs zu den Gerichten auch im Lichte von Art. 19 Abs. 4 GG gerechtfertigt[1]. Die Gesetz gewordene Fassung ist wortgleich mit dem Gesetzentwurf[2].

II. Anwaltszwang (Satz 1)

Die Verpflichtung zur Bestellung eines Rechtsanwalts als Bevollmächtigtem trifft **alle Beteiligten** im Sinne von § 79 unter Berücksichtigung des Grundsatzes der Kontinuität der Verfahrensbeteiligung (Einbeziehung von § 66 Abs. 2 und 3). Rechtsfolge des Anwaltszwangs ist es, dass bereits die Beschwerde vom Rechtsanwalt einzulegen ist (§ 78 Abs. 1 und Abs. 5); auch die Beschwerdebegründung (§ 78 Abs. 3) muss von ihm stammen. Eine Zulassung am Beschwerdegericht ist nicht erforderlich; Hochschullehrer sind als Prozessbevollmächtigte

---

1 Vgl. BVerfGE 10, 268; E 77, 284: zumutbare Erschwerungen des Rechtsschutzes aus Sachgründen sind zulässig.
2 BT-DrS 15/3917, S. 31 mit Begründung S. 71.

nicht zugelassen, können aber als mit besonderer Sachkunde ausgestattete Personen Rederecht erhalten[3].

3 Beteiligte ohne Rechtsanwalt als Bevollmächtigtem scheiden nicht quasi automatisch aus dem Verfahren aus. Vielmehr erhalten Sie Ladungen und alle Schriftsätze; eine »aktive Beteiligung« ist jedoch unmöglich, weil Anträge nicht gestellt und sonstige Verfahrenshandlungen nicht vorgenommen werden können.

4 Dass ohne bevollmächtigte Anwälte erschienene Beteiligte auch an mündlichen Verhandlungen vor dem Beschwerdegericht teilnehmen können, folgt aus § 81 Abs. 2 (Verhandlung ohne gehörige Vertretung von Beteiligten).

III. Ausnahme vom Anwaltszwang (Satz 2)

5 Anwaltszwang besteht nach **Satz 2** nicht für die verfahrensbeteiligte Regulierungsbehörde (BNetzA oder LRB). Weil hier Sachkunde vorhanden ist, würde die Verpflichtung zur Einschaltung eines Anwalts nicht der Verbesserung der Verfahrenseffizienz dienen, sondern lediglich Kosten und Gebühren verursachen.

---

3 § 85 Ziff. 2 i. V.m. § 157 ZPO.

§ 81 Mündliche Verhandlung

(1) Das Beschwerdegericht entscheidet über die Beschwerde auf Grund mündlicher Verhandlung; mit Einverständnis der Beteiligten kann ohne mündliche Verhandlung entschieden werden.

(2) Sind die Beteiligten in dem Verhandlungstermin trotz rechtzeitiger Benachrichtigung nicht erschienen oder gehörig vertreten, so kann gleichwohl in der Sache verhandelt und entschieden werden.

Überblick	Seite	Rz.
I. Regelungszweck und Entstehungsgeschichte	1327	1
II. Reichweite des Mündlichkeitsgrundsatzes (Abs. 1)	1327	2
III. Ausnahme vom Mündlichkeitsgrundsatz (Abs. 2)	1329	9

I. Regelungszweck und Entstehungsgeschichte

Die Vorschrift ist ohne Änderung im Gesetzgebungsverfahren geblieben und beruht auf § 69 GWB. Der sog. **Mündlichkeitsgrundsatz** ist eine wichtige Errungenschaft im Rahmen der Verfahrensgrundrechte und vermeidet, dass »nach Aktenlage« und ohne Erscheinen von Beteiligten entschieden werden kann. Vergleichbare Vorschriften enthalten auch die ZPO (§ 279) sowie die VwGO (§ 101). 1

II. Reichweite des Mündlichkeitsgrundsatzes (Abs. 1)

Die Durchführung einer mündlichen Verhandlung vor dem Beschwerdegericht ist Verfahrensgrundrecht und obligatorisch; jedoch gilt dieser Grundsatz nicht ohne Ausnahmen. 2

Nach HS 2 des § 81 Abs. 1 **kann** ohne mündliche Verhandlung entschieden werden, wenn **alle Beteiligten einverstanden** sind. 3

Eine weitere Ausnahme haben die Kartellgerichte für den Fall vorgesehen, dass **keine Sachentscheidung ergeht**[1]. Unter einer Sachentscheidung sind alle Entscheidungen des Beschwerdegerichts zu ver- 4

---

1 BGH v. 29.4.1971 Z 56, 155, 156 f. = WuW/E BGH 1173 f. – Bayerischer Bankenverband; BGH v. 15.10.1991 WuW/E BGH 2739, 2741 – Rechtsbeschwerde.

stehen, die »in der Sache selbst« ergehen, also die Begründetheit der Beschwerde prüfen. Wird hingegen eine Beschwerde schon als **unzulässig** verworfen, erfolgt keine Entscheidung in der Sache selbst, so dass § 81 Abs. 1 nicht anzuwenden ist. Diese restriktive Handhabung des Wortlauts des § 81 Abs. 1 erscheint auch im Hinblick auf Art. 19 Abs. 4 GG als gerechtfertigt, weil der Beschwerdegegenstand auf diese Weise nicht verbraucht ist und die Beschwerde nach Behebung des Unzulässigkeit begründenden Umstandes jedenfalls dann neu eingelegt werden kann, wenn die Beschwerdefrist nach § 78 Abs. 1 gewahrt werden kann. Eine Entscheidung in der Sache selbst ist noch möglich. Weil § 88 Abs. 5 für die Rechtsbeschwerde auf § 81 verweist, gilt diese Ausnahme vom Mündlichkeitsgrundsatz auch in der Rechtsbeschwerdeinstanz. Über die Nichtzulassungsbeschwerde (§ 87) wird ohnehin durch Beschluss ohne mündliche Verhandlung entschieden, § 87 Abs. 2.

5 Weitere Ausnahmen vom Mündlichkeitsgrundsatz betreffen Nebenverfahren (§§ 76, 77: Rechtsschutz gegen einstweilige Anordnungen) sowie verfahrensleitende Verfügungen.

6 Wegen des Anwaltszwangs (§ 80) kann ein Beteiligter auf mündliche Verhandlung nur verzichten, wenn die Erklärung von seinem Bevollmächtigten abgegeben wird; ist ein Beteiligter »nicht gehörig« vertreten, muss mangels Möglichkeit einer Verzichtserklärung mündlich verhandelt werden.

7 Der Mündlichkeitsgrundsatz erfordert nicht nur die Ladung zur Beschwerdeverhandlung, sondern insbesondere, dass alle das Verfahren berührenden Tatsachen und Beweismittel **Gegenstand der mündlichen Verhandlung** werden. Die Entscheidung darf nur auf solche Tatsachen und Beweise gestützt werden, die in eine solche Verhandlung einbezogen wurden. Sind diese Tatsachen bereits schriftsätzlich vorgetragen worden, reicht die Bezugnahme auf den Schriftsatz regelmäßig aus. Den Beteiligten muss aber Gelegenheit gegeben werden, zu diesen durch Einbeziehung Gegenstand der mündlichen Verhandlung gewordenen Tatsachen und Beweisen mündlich Stellung zu nehmen.

8 Zum Mündlichkeitsgrundsatz gehört auch und insbesondere die **Stellung von Anträgen durch Bevollmächtigte der Parteien**. Soweit diese schriftsätzlich angekündigt sind, kann Bezug genommen werden (§ 78 Abs. 4). Mit Beendigung der mündlichen Verhandlung können

weitere Tatsachen und Beweismittel nicht mehr vorgelegt werden; ggf. ist die mündliche Verhandlung erneut zu eröffnen.

III. Ausnahme vom Mündlichkeitsgrundsatz (Abs. 2)

Sind einzelne oder alle Beteiligten nicht erschienen, prüft das Gericht die ordnungsgemäße Ladung nach (»rechtzeitige Benachrichtigung«). Nach **Abs. 2** kann nämlich gleichwohl verhandelt und auch entschieden werden, wenn die Ladung ordnungsgemäß erfolgt ist. Insbesondere kann verhandelt werden, wenn Beteiligte »nicht gehörig vertreten«, also ohne Rechtsanwälte erschienen sind. Das Gericht hat allerdings den Verhandlungstermin aufzuheben, wenn Tatsachen vorliegen, aus deren Vorliegen auf vorhandene entschuldigende Verhinderungsgründe einzelner Beteiligter zu schließen ist. Dem Grundsatz der Gewährung rechtlichen Gehörs (Art. 103 Abs. 1 GG) gebührt Vorrang vor einer formellen Anwendung des § 81 Abs. 2. Das Gericht wird dann eine neue mündliche Verhandlung anberaumen.

9

§ 82 Untersuchungsgrundsatz

(1) Das Beschwerdegericht erforscht den Sachverhalt von Amts wegen.

(2) Der oder die Vorsitzende hat darauf hinzuwirken, dass Formfehler beseitigt, unklare Anträge erläutert, sachdienliche Anträge gestellt, ungenügende tatsächliche Angaben ergänzt, ferner alle für die Feststellung und Beurteilung des Sachverhalts wesentlichen Erklärungen abgegeben werden.

(3) [1]Das Beschwerdegericht kann den Beteiligten aufgeben, sich innerhalb einer zu bestimmenden Frist über aufklärungsbedürftige Punkte zu äußern, Beweismittel zu bezeichnen und in ihren Händen befindliche Urkunden sowie andere Beweismittel vorzulegen. [2]Bei Versäumung der Frist kann nach Lage der Sache ohne Berücksichtigung der nicht beigebrachten Unterlagen entschieden werden.

(4) [1]Wird die Anforderung nach § 69 Abs. 7 oder die Anordnung nach § 69 Abs. 8 mit der Beschwerde angefochten, hat die Regulierungsbehörde die tatsächlichen Anhaltspunkte glaubhaft zu machen. [2]§ 294 Abs. 1 der Zivilprozessordnung findet Anwendung.

Überblick		Seite	Rz.
I.	Regelungszweck und Entstehungsgeschichte	1331	1
II.	Amtsermittlungsgrundsatz (Abs. 1 bis 3)	1332	4
	1. Verfahrensleitende Verfügungen	1333	7
	2. Prozessuale Mitwirkungspflicht (Abs. 3)	1334	9
	3. Beweisverfahren und Beweismittel	1334	11
III.	Besonderheiten bei Beschwerden gegenüber Auskunftsverlangen und Nachprüfungsbeschlüssen (Abs. 4)	1336	17

I. Regelungszweck und Entstehungsgeschichte

Die Vorschrift entspricht in angepasster Form § 70 GWB. Ihr Kern ist die Verpflichtung des Beschwerdegerichts auf den **Amtsermittlungsgrundsatz**, wenn ein Oberlandesgericht Rechtsschutz im Hinblick auf regulierungsbehördliche Entscheidungen zu gewähren hat.

2 Den Grundsatz enthält Abs. 1, der in Abs. 2 um die erforderlichen Initiativen des Senatsvorsitzenden ergänzt wird. Abs. 3 enthält eine Konkretisierung der prozessualen Mitwirkungspflichten aller Beteiligten (Fristsetzung, Zuordnung eventueller Rechtsnachteile bei verweigerter Mitwirkung). Für einen besonderen Fall der Anordnung von Auskünften bzw. Nachprüfungen hat die Regulierungsbehörde ausnahmsweise im Beschwerdeverfahren die Möglichkeit erhalten, den Anlass und die Erforderlichkeit der Untersuchungshandlungen lediglich glaubhaft zu machen (Versicherung), ohne Anzeigenerstatter usw. unmittelbar benennen zu müssen.

3 Auch bei § 82 handelt es sich um eine Standardvorschrift des Rechtsschutzes im Wirtschaftsverwaltungsverfahren; das Regelungserfordernis beruht auf der Zuordnung des Rechtsschutzes zu den Zivilgerichten, deren Verfahren zumeist an der Dispositionsmaxime orientiert sind. Im Laufe des Gesetzgebungsverfahrens ist die Vorschrift nicht mehr geändert worden[1].

II. Amtsermittlungsgrundsatz (Abs. 1 bis 3)

4 Unter Beachtung des durch die angefochtene Entscheidung und den Beschwerdeantrag gesetzten Rahmens ist das Beschwerdegericht zu einer **Untersuchung von Amts wegen** verpflichtet, sog. Offizialmaxime. Es darf also nicht abwarten, bis einer der Beteiligten sachdienliche Anträge stellt und diese mit Beweismitteln untermauert.

5 Eine erste Grenze findet der Amtsermittlungsgrundsatz in der Arbeitsteilung zwischen Regulierungsbehörde und Beschwerdegericht. Da es grundsätzlich Pflicht der Regulierungsbehörde ist, den Grundsachverhalt zu ermitteln, darf sich das Beschwerdegericht nicht an die Stelle der Fachbehörde setzen und deren Funktionen ausüben. Die »erste richtige Sachaufklärung überhaupt« obliegt dem Beschwerdegericht deshalb nicht[2].

6 Eine eventuell im Rahmen des Rechtsbeschwerdeverfahrens gerechtfertigte Rüge wegen Verletzung rechtlichen Gehörs (§ 86 Abs. 4

---

1 Regierungsentwurf mit Begründung: BT-DrS 15/3917, S. 32 und S. 71.
2 Für das Kartellverwaltungsverfahren: KG WuW/E OLG 1321, 1323 – Zahnbürsten; WuW/E OLG 1593, 1596 – Haushaltsmargarine; KG v. 6.5.1977 WuW/E OLG 1920 – Backwaren; KG v. 21.6.1979 WuW/E OLG 2140, 2143 – Einbauküchen.

Ziff. 3), was dann zu mangelnder Sachaufklärung geführt hat, wird das Beschwerdegericht bereits dann vermeiden, wenn es die sich aus dem Vortrag der Beteiligten und dem Sachverhalt als solchem ergebenden Ansatzpunkte aufgreift, jedenfalls wenn sich die richterliche Gestaltungsmöglichkeit geradezu aufdrängt[3]. Auch unklare Teile des Sachverhalts können Anlass zur Untersuchung durch das Beschwerdegericht bieten. Soweit die Regulierungsbehörde erkennt, dass ihre Entscheidung auf die bisherigen Ermittlungen nicht allein gestützt werden kann, können prinzipiell Gründe nachgeschoben werden; Grenze dieser Sachverhaltsentwicklung ist aber, dass sich das Wesen der Verfügung auf diese Weise nicht ändert[4]. Das Beschwerdegericht ist nicht verpflichtet, in Anwendung des Amtsermittlungsgrundsatzes umfängliche Untersuchungen mit dem Ziel durchzuführen, überhaupt erst eine Rechtfertigungsbasis für die regulierungsbehördliche Entscheidung zu schaffen.

1. Verfahrensleitende Verfügungen

Die nähere Ausgestaltung des Amtsermittlungsgrundsatzes enthält § 82 **Abs. 2**. Die dort aufgeführten Gestaltungsmöglichkeiten, die dem Vorsitzenden des Senats zugeordnet sind, haben keinen abschließenden Charakter. Das Gesetz nennt: 7

– Hinwirken auf die Beseitigung von Formfehlern

– Bitte um Erläuterung und klare Anträge

– Hinwirken auf das Stellen sachdienlicher Anträge

– Bitte um Ergänzung ungenügender tatsächlicher Angaben

– Erläuterung der wesentlichen Gesichtspunkte, die im Hinblick auf Feststellung und Beurteilung des Sachverhalts maßgeblich sind

§ 82 Abs. 2 geht über die zivilprozessuale Hinweispflicht (§ 139 ZPO) deutlich hinaus. Angesichts des Sachverstandes der Regulierungsbehörde bzw. der Rechtsanwälte, die für die übrigen Beteiligten auftreten, müssen aber nur «wesentliche Erklärungen» erfolgen; eine »überfürsorgliche« Prozessleitung durch den Vorsitzenden fordert § 82 Abs. 2 nicht. Erkennt der Vorsitzende jedoch, dass ein Beteiligter bei seinem Vortrag (oder beim Unterlassen des Vortrags) einen bedeutsa- 8

---

3 BGH WuW/E BGH 990, 993 – Papierfiltertüten II.
4 KG v. 12.3.1982 WuW/E OLG 2617, 2619 – Tankstellenpreise.

men tatsächlichen oder rechtlichen Gesichtspunkt übersehen hat, so muss darauf aufmerksam gemacht werden.

2. Prozessuale Mitwirkungspflicht (Abs. 3)

9 Das Beschwerdegericht wird regelmäßig auf eine intensive Mitwirkung aller Beteiligten angewiesen sein, um alle tatsächlichen Sachverhaltsdetails im entscheidungserheblichen Umfang zusammenstellen zu können. Insofern ordnet **Abs. 3** eine **prozessuale Mitwirkungspflicht** aller Beteiligten an; erfolgt eine zumutbare Mitwirkung nicht, ist das Beschwerdegericht nicht zu einem Hinauszögern der Entscheidung verpflichtet. Vielmehr erfordert es der Grundsatz einer effizienten Verfahrensdurchführung, dass dann »nach Lage der Sache« auch ohne diese den Sachverhalt zusätzlich aufhellenden Unterlagen entschieden werden kann.

10 Zur Durchsetzung der prozessualen Mitwirkungspflicht kann das Beschwerdegericht eine (angemessene) **Frist zur Äußerung bestimmen**. Dabei sind die zur Verfügung zu stellenden Beweismittel, Urkunden und sonstige Unterlagen möglichst genau zu bezeichnen. In der Art eines Beweisbeschlusses können auch weitere aufklärungsbedürftige Punkte umschrieben und dann den Beteiligten aufgegeben werden, sich zu diesen Punkten zu äußern. Über aus einer Nichtäußerung resultierenden Prozessnachteile hinaus hat das Beschwerdegericht aber kaum Möglichkeiten, die Mitwirkungspflicht von Beteiligten zu erzwingen.

3. Beweisverfahren und Beweismittel

11 Die zwecks Sachaufklärung zur Verfügung stehenden Beweismittel ergeben sich aus der ZPO, die über § 85 Ziff. 2 entsprechend anzuwenden ist (§§ 371 ff. ZPO). Neben Zeugen- und Sachverständigenbeweis stehen die Inaugenscheinnahme sowie der Urkundenbeweis zur Verfügung[5]. Ein förmlicher Beweisbeschluss (§ 358 ZPO) muss in Rechtsschutzverfahren gegen Entscheidungen der Regulierungsbehörde nicht ergehen.

12 Der Mündlichkeitsgrundsatz (§ 81) erfordert es, dass insbesondere bei streitig bleibenden Sachverhaltsteilen die entsprechenden Urkunden dem Beschwerdegericht vorgelegt und Zeugen befragt werden. Das

---

5 Vgl. oben § 68 Rz. 6 ff.

II. Amtsermittlungsgrundsatz (Abs. 1 bis 3)

Beschwerdegericht kann allerdings diejenigen Sachverhaltsteile aus formlosen Befragungen, Nachprüfungen, Durchsuchungen, Beschlagnahmen und Auskunftsverfahren zugrunde legen, die von keinem der Beteiligten inhaltlich angegriffen werden.

Die aus dem Zivilprozess bekannte **Beweislasttragung** gibt es angesichts des Amtsermittlungsgrundsatzes beim Beschwerdegericht nicht. Die Beweisführungslast trägt grundsätzlich die Regulierungsbehörde, deren Entscheidung angegriffen wird. Das Risiko der Unklärbarkeit (materielle Beweislast) geht zu ihren Lasten, wenn der der Entscheidung zugrunde liegende Sachverhalt streitig bleibt. 13

Das Gericht hat auch jederzeit auf eine vollständige Sachverhaltsaufklärung hinzuwirken, wenn das EnWG die Beweisführungslast einem Beteiligten (z. B. dem betroffenen Unternehmen) auferlegt. So muss bei Anordnung der Vorteilsabschöpfung gemäß § 33 Abs. 1 im Rahmen des Streits über die Höhe des abzuschöpfenden Vorteils das betroffene Unternehmen nach § 33 Abs. 2 anrechenbare Zahlungsersatzleistungen, Geldbußen, Verfallsanordnungen usw. nachweisen. Kommt das Unternehmen seiner prozessualen Beweislast nicht nach, muss das Beschwerdegericht Abzugsbeträge nicht anerkennen. Weitere Fälle einer Mitwirkung von Beteiligten mit unmittelbaren Auswirkungen im Beschwerdeverfahren enthalten die §§ 11 ff. sowie 17 ff. und §§ 30, 31. 14

Entsprechend der Handhabung im Beschwerdeverfahren gegen kartellbehördliche Verfügungen bleiben die Rechtswirkungen gesetzlicher Vermutungen erhalten, wenn vor dem Beschwerdegericht das Gegenteil nicht bewiesen werden kann[6]. Die Durchführung weiterer Ermittlungen der Kartellbehörden während des Beschwerdeverfahrens wird man nicht von vornherein ausschließen können[7]. 15

Der die Entscheidung tragende Sachverhalt muss »im Normalfall« – **Anfechtungsbeschwerde** wegen belastende Entscheidungen der Regulierungsbehörde – im Zeitpunkt des Entscheidungserlasses vorliegen. Wird hingegen eine Entscheidung mit Wirkung für die Zukunft erstrebt (z. B. NZE-Genehmigung) oder liegt im Übrigen die Situation einer Verpflichtungsbeschwerde vor bzw. ist die angegriffene Entscheidung noch nicht vollzogen worden, so ist parallel zu den von den Verwaltungsgerichten entwickelten Grundsätzen auf den Zeitpunkt 16

---

6 BGH v. 2.12.1980 WuW/E BGH 1749, 1754 – Klöckner/Becorit – Nichterschütterung der Marktbeherrschungsvermutung.
7 Vgl. *Bechtold*, GWB, § 59 Rz. 6.

der letzten mündlichen Verhandlung vor dem Beschwerdegericht (als Tatsacheninstanz) abzustellen[8].

III. Besonderheiten bei Beschwerden gegenüber Auskunftsverlangen und Nachprüfungsbeschlüssen (Abs. 4)

17 Auch Auskunftsverlangen und Nachprüfungsanordnungen (§ 69 Abs. 7 und 8) können mit der Beschwerde nach § 75 angegriffen werden. Häufig wird die Regulierungsbehörde zu diesem Verfahrenszeitpunkt aber noch nicht bereit sein, Anzeigeerstatter und Gewährsleute zu benennen. Deshalb ordnet § 82 Abs. 4 an, dass kein voller Beweis über die die Auskunft/Nachprüfung rechtfertigenden Tatsachen zu führen ist. Neben dem Nachweis des Ermittlungskonzepts[9] kann sich die Regulierungsbehörde darauf beschränken, insbesondere über die **Versicherung an Eides statt** die Berechtigung ihrer Anforderung/Anordnung in ausreichendem Umfang nachzuweisen. Insofern verweist **Satz 2** des § 82 Abs. 4 auf § 294 Abs. 1 ZPO.

18 Damit muss die Regulierungsbehörde in diesem Stadium des Verfahrens den Beschwerdeführer noch nicht nennen, so dass dieser nicht zu einem Zeitpunkt mit bereits eintretenden wirtschaftlichen Nachteilen zu rechnen hat, zu dem ein Verstoß gegen die EnWG-Vorschriften noch nicht feststeht.

19 Die eidesstattliche Versicherung kann ein Beamter der Regulierungsbehörde abgeben. Dieser wird ausführen, dass es der Ermittlungszweck gebietet, den Anzeigeerstatter usw. nicht zu nennen. Mit dieser Beweiserleichterung zugunsten der Regulierungsbehörde wird einem berechtigten Anliegen der die Wirtschaftsaufsicht durchführenden Fachbehörden Rechnung getragen[10].

---

8 So für das Verfahren gegenüber kartellbehördlichen Verfügungen: KG v. 13.11.1981 WuW/E OLG 2607, 2611 – Raffinerie-Abnahmepreis; KG v. 27.11.1991 WuW/E OLG 4919, 4939 – Pauschalreiseveranstalter II; BGH v. 4.10.1983 WuW/E BGH 2031, 2032 – Springer-Elbe-Wochenblatt.
9 Vgl. oben § 69 Rz. 9.
10 Sog. »Ross- und Reiter-Problematik«, vgl. Regierungsbegründung zur sechsten GWB-Novelle: BR-DrS 852/97, S. 67.

§ 83 Beschwerdeentscheidung

(1) ¹Das Beschwerdegericht entscheidet durch Beschluss nach seiner freien, aus dem Gesamtergebnis des Verfahrens gewonnenen Überzeugung. ²Der Beschluss darf nur auf Tatsachen und Beweismittel gestützt werden, zu denen die Beteiligten sich äußern konnten. ³Das Beschwerdegericht kann hiervon abweichen, soweit Beigeladenen aus wichtigen Gründen, insbesondere zur Wahrung von Betriebs- oder Geschäftsgeheimnissen, Akteneinsicht nicht gewährt und der Akteninhalt aus diesen Gründen auch nicht vorgetragen worden ist. ⁴Dies gilt nicht für solche Beigeladene, die an dem streitigen Rechtsverhältnis derart beteiligt sind, dass die Entscheidung auch ihnen gegenüber nur einheitlich ergehen kann.

(2) ¹Hält das Beschwerdegericht die Entscheidung der Regulierungsbehörde für unzulässig oder unbegründet, so hebt es sie auf. ²Hat sich die Entscheidung vorher durch Zurücknahme oder auf andere Weise erledigt, so spricht das Beschwerdegericht auf Antrag aus, dass die Entscheidung der Regulierungsbehörde unzulässig oder unbegründet gewesen ist, wenn der Beschwerdeführer ein berechtigtes Interesse an dieser Feststellung hat.

(3) Hat sich eine Entscheidung nach den §§ 29 bis 31 oder § 40 wegen nachträglicher Änderung der tatsächlichen Verhältnisse oder auf andere Weise erledigt, so spricht das Beschwerdegericht auf Antrag aus, ob, in welchem Umfang und bis zu welchem Zeitpunkt die Entscheidung begründet gewesen ist.

(4) Hält das Beschwerdegericht die Ablehnung oder Unterlassung der Entscheidung für unzulässig oder unbegründet, so spricht es die Verpflichtung der Regulierungsbehörde aus, die beantragte Entscheidung vorzunehmen.

(5) Die Entscheidung ist auch dann unzulässig oder unbegründet, wenn die Regulierungsbehörde von ihrem Ermessen fehlsamen Gebrauch gemacht hat, insbesondere wenn sie die gesetzlichen Grenzen des Ermessens überschritten oder durch die Ermessensentscheidung Sinn und Zweck dieses Gesetzes verletzt hat.

(6) Der Beschluss ist zu begründen und mit einer Rechtsmittelbelehrung den Beteiligten zuzustellen.

§ 83 Beschwerdeentscheidung

Überblick	Seite	Rz.
I. Regelungszweck und Entstehungsgeschichte	1338	1
II. Entscheidung durch Beschluss (Abs. 1 Satz 1; Abs. 6) ...	1338	3
III. Rechtliches Gehör (Abs. 1 Satz 2 bis 4)	1339	5
IV. Beschlussformen (Abs. 2 bis 5)	1340	10
1. Aufhebungsbeschluss.............................	1341	11
2. Erledigungsbeschlüsse............................	1341	12
3. Verpflichtungsbeschluss (Abs. 4)..................	1342	15
4. Beschluss betreffend Nachprüfung des Ermessens (Abs. 5)...	1343	19

I. Regelungszweck und Entstehungsgeschichte

1 Vorbild des § 83 ist der über weite Strecken wortgleiche § 71 GWB. Das Beschwerdegericht entscheidet **durch Beschluss** (nicht durch Urteil). Die Sätze 2 bis 4 des § 83 Abs. 1 formen das Verfahrensgrundrecht **auf rechtliches Gehör** im Einzelnen aus.

2 **Formen der Beschwerdeentscheidung** enthalten nach dem Vorbild des § 113 VwGO die Abs. 2 bis 5. Abs. 6 regelt Begründungspflicht und Rechtsmittelbelehrung. Änderungen sind im Verlaufe des Gesetzgebungsverfahrens nicht vorgenommen worden.

II. Entscheidung durch Beschluss (Abs. 1 Satz 1; Abs. 6)

3 Das Verfahren vor dem Beschwerdegericht wird **durch Beschluss** abgeschlossen; die Rechtswirkungen entsprechen denen eines Urteils. Die in manchen Verfahrensarten geläufige Unterscheidung zwischen Urteil und Beschluss abhängig davon, ob eine mündliche Verhandlung stattgefunden hat, ist in § 83 nicht vorgesehen. Der Beschluss ist nach Abs. 6 **zu begründen** und mit einer **Rechtsmittelbelehrung** zu versehen. Danach ist der Beschluss allen Beteiligten **zuzustellen**. Der Kreis der Beteiligten wird durch § 79 bestimmt.

Schließlich ist wegen § 85 Ziff. 2 in Verbindung mit § 310 ZPO der Beschluss immer dann **zu verkünden**, wenn eine **mündliche Verhandlung** stattgefunden hat.

Das Fehlen der Begründung bzw. eine verspätete Nachholung der Begründung[1] sowie rechtliche Fehler kommen als Begründungen für die Rechtsbeschwerde (§§ 86, 88 Abs. 2) in Betracht. Fehlt die Rechtsmittelbelehrung, läuft gemäß § 88 Abs. 3 gleichwohl die Rechtsbeschwerdefrist. Fehlt es an der Zustellung gegenüber einem Beteiligten, wird der Beschluss des Beschwerdegerichts diesem Beteiligten gegenüber nicht wirksam.

III. Rechtliches Gehör (Abs. 1 Satz 2 bis 4)

Das Verfahrensgrundrecht auf Gewährung rechtlichen Gehörs ist bereits in Art. 103 Abs. 1 GG gewährleistet und wird in den Sätzen 2 bis 4 des Abs. 1 näher ausgestaltet. Grundsätzlich darf das Beschwerdegericht seine Entscheidung nur auf solche **Tatsachen und Beweismittel stützen**, die im Verfahren – insbesondere in mündlichen Verhandlungen – präsentiert worden sind, so dass sich die Beteiligten dazu äußern konnten. Die Äußerungsmöglichkeit reicht aus. Auf diese Weise soll der gesamte Streitstoff zugänglich gemacht und eine Überraschungsentscheidung vermieden werden. Damit spricht Satz 2 des § 83 Abs. 1 eine Art »Verwertungsverbot« für nicht in das Verfahren eingeführte Tatsachen und Beweismittel aus.

Von diesem Grundsatz sieht **Satz 3** eine Ausnahme (zum Zwecke der Wahrung von Betriebs- und Geschäftsgeheimnissen) und **Satz 4** eine Rückausnahme vor, wenn die Entscheidung gegenüber bestimmten Beigeladenen nur einheitlich ergehen kann.

Nach § 84 Abs. 3 ist die **Beschränkung des Akteneinsichtsrechts** im Hinblick auf solche Beteiligte möglich, die die Regulierungsbehörde auf Antrag zum Verfahren beigeladen hat (§ 79 Abs. 1 Ziff. 3). Insofern hat das Beschwerdegericht (»kann das Beschwerdegericht nach Anhörung des Verfügungsberechtigten«) eine Entscheidung zu treffen, die zwischen dem Recht auf Geheimnisschutz und dem Grundrecht auf Gewährung rechtlichen Gehörs abzuwägen hat. Wird volle Akteneinsicht nicht gewährt, muss nach dem Grundsatz des § 83 Abs. 1 Satz 2 eigentlich dieser Sachverhaltsteil/dieses Beweismittel außer Betracht bleiben.

---

[1] BGH NJW 1987, 2446 (für den Zivilprozess); BVerwG NJW 1991, 310 und 313: für Rechtsschutz gegenüber verwaltungsbehördlichen Entscheidungen.

8 Liegen aber nach **Satz 3** wichtige Gründe vor, die die Nichtgewährung von Akteneinsicht und den nicht erfolgten Vortrag des Akteninhalts zu rechtfertigen vermögen[2], so darf das Beschwerdegericht diese Tatsachen und Beweismittel ohne Verletzung des Grundrechts auf rechtliches Gehör verwerten. Das öffentliche Interesse an einer richtigen Entscheidung geht hier dem Interesse einer Wahrung aller Verfahrensgrundrechte vor.

9 Eine **Rückausnahme** besteht jedoch nach **Satz 4** im Hinblick auf Beigeladene, denen gegenüber die Entscheidung nur einheitlich ergehen kann. Ebenso wie dem Beschwerdeführer volles rechtliches Gehör zu gewähren ist, darf eine Einschränkung dieses Verfahrensgrundrechts gegenüber solchen notwendig Beteiligten nicht erfolgen, deren Interessen vergleichbar denen des Beschwerdeführers betroffen sind. Wegen der Gleichrichtung der Interessenlage ergeht die Entscheidung des Beschwerdegerichts diesen notwendig Beigeladenen gegenüber **einheitlich**. Das Gericht wird also schon bei der Gewährung des Akteneinsichtsrechts nach § 84 Abs. 3 prüfen, ob nicht das öffentliche Interesse an einer richtigen Entscheidung es ausnahmsweise gebietet, die Rechte von Verfahrensbeteiligten bzw. Dritten auf Wahrung von Betriebs- und Geschäftsgeheimnissen im Einzelfall zurücktreten zu lassen. Denn wenn diesen notwendig Beteiligten gegenüber Akteneinsicht gewährt wird, kann der Beschluss des Beschwerdegerichts gemäß § 83 Abs. 1 Satz 2 auch auf diese Tatsachen und Beweismittel gestützt werden.

IV. Beschlussformen (Abs. 2 bis 5)

10 In Abhängigkeit vom Verfahrensgegenstand lassen sich unterschiedliche **Beschlussformen** unterscheiden:

- Aufhebungsbeschluss (Abs. 2 Satz 1)
- Erledigungsbeschluss (Abs. 2 Satz 2 und Abs. 3)
- Verpflichtungsbeschluss (Abs. 4)
- Aufhebungsbeschluss und Entscheidung zur erneuten Ermessensbetätigung (Abs. 5)

---

2 Insbesondere Wahrung von Geschäfts- und Betriebsgeheimnissen.

IV. Beschlussformen (Abs. 2 bis 5)

1. Aufhebungsbeschluss

Da dem Beschwerdegericht eine Änderung der Entscheidung der Regulierungsbehörde versagt ist, das Gericht also nur »kassieren«, nicht aber eigene Entscheidungen zu treffen berechtigt ist[3], muss eine unzulässige oder unbegründete Entscheidung der Regulierungsbehörde **aufgehoben** werden. Auch eine Änderung des Regelungsgehalts ist entsprechend der Rechtsprechung in Kartellverwaltungsangelegenheiten nicht als Beschluss zulässig[4].

11

2. Erledigungsbeschlüsse

Viele Entscheidungen der Regulierungsbehörde werden durch Zeitablauf überholt; wenn eine umstrittene Genehmigungsentscheidung durch eine neue Entscheidung ersetzt wurde, weil sich die tatsächlichen Grundlagen geändert haben oder der Genehmigungszeitraum abgelaufen ist, muss eigentlich eine Entscheidung in der Sache nicht mehr ergehen. In diesen Fällen kann das Beschwerdegericht **auf Antrag** aussprechen, dass die Entscheidung unzulässig oder unbegründet gewesen ist. Dazu hat der Beschwerdeführer ein **berechtigtes Interesse an dieser Feststellung** nachzuweisen. Andere Beteiligte am Beschwerdeverfahren haben dieses Recht nur unter den Voraussetzungen des § 83 Abs. 3. Ein Erledigungsfall nach Satz 2 ist insbesondere die **Zurücknahme** der Beschwerde.

12

Abs. 3 betrifft die **nachträgliche Änderung der tatsächlichen Verhältnisse** (oder andere Erledigungsfälle) in Bezug auf Entgeltgenehmigungs- und Missbrauchsverfahren (§§ 29 bis 31). Obwohl § 40 im Laufe des Gesetzgebungsverfahrens weggefallen ist, findet sich die Vorschrift als Bezugsnorm noch in § 83 Abs. 3 (Redaktionsversehen).

13

Den **Antrag nach Abs. 3** können alle am Beschwerdeverfahren Beteiligten stellen, nicht nur der Beschwerdeführer. Ein berechtigtes Interesse an der Feststellung muss nicht nachgewiesen werden. Das Beschwerdegericht muss bei seinem Erledigungsbeschluss nicht nur über den **Umfang**, sondern auch über den Zeitpunkt entscheiden, bis zu dem die Entscheidung der Regulierungsbehörde begründet gewesen ist.

14

---

3 BGH v. 18.5.1993 WuW/E BGH 2869, 2871 – Pauschalreisenvermittlung II.
4 BGH v. 26.9.1995 WuW/E 3009, 3011 – Stadtgaspreis Potsdam; BGH v. 25.10.1988 WuW/E BGH 2535, 2541 – Lüsterbehangsteine.

3. Verpflichtungsbeschluss (Abs. 4)

15 Da das Beschwerdegericht selbst keine Entscheidungen erlassen kann, ist auf eine entsprechende Verpflichtungsbeschwerde die Verpflichtung der Regulierungsbehörde auszusprechen, die beantragte Entscheidung vorzunehmen. Insofern stehen ablehnende oder unterlassene Entscheidungen der Regulierungsbehörde gleich.

16 Analog § 113 Abs. 4 Satz 2 VwGO kommt auch ein sog. **Bescheidungsbeschluss** in Betracht. Voraussetzung ist die **fehlende Spruchreife** der Sache; weil eine Zurückverweisung an die Regulierungsbehörde nicht in Betracht kommt[5], endet das Verfahren ebenfalls durch Beschluss im Sinne von § 83 Abs. 1 Satz 1.

17 Insbesondere für die Anfechtungsbeschwerde, aber auch im Rechtsschutzverfahren der Verpflichtungsbeschwerde gilt das **Verbot der reformatio in peius**: Der Entscheidungsinhalt darf den Beschwerdeführer nicht schlechter stellen als er vor Einlegung der Beschwerde gestanden hat[6]; wenn die Beschwerde zwar nicht wegen Unzulässigkeit des Antrags verworfen, wohl aber wegen Unbegründetheit zurückgewiesen wird, folgt daraus noch kein Verstoß gegen diesen Grundsatz[7].

18 Während in Kartellverwaltungsangelegenheiten das an EVU gerichtete **Gebot zur Vornahme bestimmter GWB-konformer Handlungen** eher die Ausnahme bildet[8], sind Gebotsentscheidungen der Regulierungsbehörde im EnWG konkret vorgesehen. Beispielsweise kann die Regulierungsbehörde dem missbräuchlich handelnden Netzbetreiber nach § 30 Abs. 2 Satz 2 aufgeben, eine bestimmte Maßnahme zwecks Abstellung der Zuwiderhandlung gegen das EnWG vorzunehmen. Erstrebt ein Beteiligter anstelle dieses Gebotes ein Verbot, so würde sich auf diese Weise der Charakter der regulierungsbehördlichen Entscheidung ändern, so dass das Beschwerdegericht zum Erlass einer derartigen Entscheidung nicht befugt ist.

---

5 *Immenga/Mestmäcker/K. Schmidt*, GWB, § 70 Rz. 19.
6 Vgl. *Immenga/Mestmäcker/K. Schmidt*, GWB, § 70 Rz. 19.
7 BGH WuW/E BGH 3009, 3014 – Stadtgaspreis Potsdam.
8 Vgl. BGH WuW/E BGH 1435, 1438 – Vitamin B 12; BGH WuW/E BGH 1345, 1346 f. – Polyester-Grundstoffe.

4. Beschluss betreffend Nachprüfung des Ermessens (Abs. 5)

Primär feststellenden Charakter hat ein Beschluss im Sinne von § 83 Abs. 5, mit dem die Unzulässigkeit oder Unbegründetheit einer **ermessensfehlsamen Entscheidung** vom Beschwerdegericht festgestellt und die Verpflichtung der Regulierungsbehörde ausgesprochen wird, unter Beachtung der aufgezeigten Grundsätze zum Ermessensgebrauch die Entscheidung neu zu treffen. Derartige Ermessensfehler betreffen die Ermessensüberschreitung, den Ermessensfehlgebrauch und die Ablehnung einer Entscheidung trotz Ermessensschrumpfung auf null.

19

Eine Ermessensbetätigung kommt sowohl im Bereich des Entschließungsermessens als auch im Bereich des sog. Aufgreifermessens in Betracht; obwohl die Regulierungsbehörde nicht verpflichtet ist, auf jeden berechtigten Antrag hin beispielsweise ein Missbrauchsverfahren einzuleiten, kann vom Gericht nachgeprüft werden, ob die Ablehnung des Aufgreifens des Verfahrens ermessensfehlerhaft erfolgt ist[9]. Ob Begrifflichkeiten des Energiewirtschaftsrechts einen Beurteilungsspielraum eröffnen, innerhalb dessen die Entscheidung der Regulierungsbehörde gar nicht nachgeprüft werden kann, steht nicht fest. In Bezug auf die Existenz eines Beurteilungsspielraumes kommt allenfalls eine Nachprüfung gemäß § 83 Abs. 5 analog in Betracht (»Tatbestandsermessen«).

20

---

9 AA *Immenga/Mestmäcker/K. Schmidt*, GWB, § 70 Rz. 41; aus der Rspr. in Kartellsachen: KG v. 26.11.1997 WuW/E DE-R 124, 129 – Flugpreisspaltung; KG NJW-RR 1991, 1069 – Eigenerzeugungsverbot.

§ 84 Akteneinsicht

(1) ¹Die in § 79 Abs. 1 Nr. 1 und 2 und Abs. 2 bezeichneten Beteiligten können die Akten des Gerichts einsehen und sich durch die Geschäftsstelle auf ihre Kosten Ausfertigungen, Auszüge und Abschriften erteilen lassen. ²§ 299 Abs. 3 der Zivilprozessordnung gilt entsprechend.

(2) ¹Einsicht in Vorakten, Beiakten, Gutachten und Auskünfte sind nur mit Zustimmung der Stellen zulässig, denen die Akten gehören oder die die Äußerung eingeholt haben. ²Die Regulierungsbehörde hat die Zustimmung zur Einsicht in ihre Unterlagen zu versagen, soweit dies aus wichtigen Gründen, insbesondere zur Wahrung von Betriebs- oder Geschäftsgeheimnissen, geboten ist. ³Wird die Einsicht abgelehnt oder ist sie unzulässig, dürfen diese Unterlagen der Entscheidung nur insoweit zugrunde gelegt werden, als ihr Inhalt vorgetragen worden ist. ⁴Das Beschwerdegericht kann die Offenlegung von Tatsachen oder Beweismitteln, deren Geheimhaltung aus wichtigen Gründen, insbesondere zur Wahrung von Betriebs- oder Geschäftsgeheimnissen, verlangt wird, nach Anhörung des von der Offenlegung Betroffenen durch Beschluss anordnen, soweit es für die Entscheidung auf diese Tatsachen oder Beweismittel ankommt, andere Möglichkeiten der Sachaufklärung nicht bestehen und nach Abwägung aller Umstände des Einzelfalles die Bedeutung der Sache das Interesse des Betroffenen an der Geheimhaltung überwiegt. ⁵Der Beschluss ist zu begründen. ⁶In dem Verfahren nach Satz 4 muss sich der Betroffene nicht anwaltlich vertreten lassen.

(3) Den in § 79 Abs. 1 Nr. 3 bezeichneten Beteiligten kann das Beschwerdegericht nach Anhörung des Verfügungsberechtigten Akteneinsicht in gleichem Umfang gewähren.

Überblick	Seite	Rz.
I. Regelungszweck und Entstehungsgeschichte	1345	1
II. Grundsatz der uneingeschränkten Akteneinsicht (Abs. 1)	1346	2
III. Eingeschränkte Akteneinsicht (Abs. 2 Satz 1 und 2).....	1347	4

§ 84 Akteneinsicht

IV. Verwertungsverbot und Zwischenverfahren
 (Abs. 2 Satz 3 bis 5) 1348   8

V. Akteneinsichtsrecht der Beigeladenen (Abs. 3) 1350 15

I. Regelungszweck und Entstehungsgeschichte

1 § 84 übernimmt § 72 GWB in der ab Juli 2005 geltenden und nur sprachlich bereinigten Fassung[1]. Zweck ist die Regelung des Umfangs der Akteneinsicht durch Hauptbeteiligte einerseits (grundsätzlich uneingeschränktes Einsichtsrecht) und Beigeladene andererseits. Über die eigentlichen Gerichtsakten hinausgehende Akten (§ 84 Abs. 2) können vorbehaltlich der Zustimmung derjenigen Stellen eingesehen werden, die diese Akten usw. erstellt haben. Soweit die Akteneinsicht zwecks Wahrung von Betriebs- oder Geschäftsgeheimnissen versagt werden muss, obwohl die damit in Zusammenhang stehenden Sachverhaltsteile für die Entscheidung des Beschwerdegerichts benötigt werden, kann in einem Zwischenverfahren das Beschwerdegericht nach Abwägung aller Umstände des Einzelfalles und unter Berücksichtigung des öffentlichen Interesses die Offenlegung durch Beschluss anordnen (Abs. 2 Sätze 4 und 5). Soll den Beigeladenen Akteneinsicht in gleichem Umfang gewährt werden, hat das Beschwerdegericht nach § 84 Abs. 3 zuvor den nach Abs. 2 über den Akteninhalt Verfügungsberechtigten anzuhören. Die Vorschrift ist im Laufe des Gesetzgebungsverfahrens nicht mehr verändert worden.

II. Grundsatz der uneingeschränkten Akteneinsicht (Abs. 1)

2 **Abs. 1** betrifft nur die **Gerichtsakten**. Zu diesen **gehören nicht** vorbereitende Arbeiten, Entwürfe zu Beschlüssen oder Verfügungen oder die gerichtsinterne Abstimmung betreffende Schriftstücke, vgl. § 299 Abs. 3 ZPO in Verbindung mit § 84 Abs. 1 Satz 2. § 84 Abs. 1 spricht dieses Einsichtsrecht der Regulierungsbehörde (BNetzA sowie LRB) und der nach Landesrecht zuständigen Behörde (§ 79 Abs. 2 sowie Abs. 1 Ziff. 2) sowie dem Beschwerdeführer zu (§ 79 Abs. 1 Ziff. 1).

3 Über das Einsichtsrecht hinaus besteht kumulativ auch das Recht zur »körperlichen Inbesitznahme« des Akteninhalts. Das Gesetz nennt in Abs. 1 Satz 1 insofern **Ausfertigungen, Auszüge und Abschriften**.

---

1 BT-DrS 15/3917, S. 72 (Einzelbegründung); BT-DrS 15/3640, S. 65, Nr. 44 (Einzelbegründung zu § 72 GWB).

Die Kosten für deren Erstellung haben allerdings die derartige Kopien usw. beantragenden Beteiligten zu tragen. Zur Anfertigung dieser Schriftstücke ist die Geschäftsstelle verpflichtet.

III. Eingeschränkte Akteneinsicht (Abs. 2 Satz 1 und 2)

Weil Abs. 1 das uneingeschränkte Akteneinsichtsrecht auf die Gerichtsakten ieS beschränkt, muss Abs. 2 die Voraussetzungen für die Einsichtnahme (bzw. die Kopie) in **sonstige verfahrenszugehörige Akten und Schriftstücke** besonders regeln. Dies betrifft: 4

– Vorakten

– Beiakten

– Gutachten

– Auskünfte

Für diese im Folgenden **Nebenakten** genannten Schriftstücke wird das Einsichtsrecht nur gewährt, wenn zuvor die **Zustimmung der verfügungsbefugten Stelle** eingeholt wurde. Diese muss den entsprechenden Teil der Nebenakten angelegt, die in ihnen enthaltenen Äußerungen eingeholt oder die Akten als dieser Stelle zugehörig geführt haben. **Abs. 2 Satz 1** regelt aber nur den Grundsatz. 5

Speziell für die Regulierungsbehörde ordnet **Satz 2** eine **Versagung des Akteneinsichtsrechts** an; eine Ermessensentscheidung ist insofern ausgeschlossen. Die Verweigerung der Einsichtnahme muss aus **wichtigen Gründen geboten** sein. Nur als Beispiel und ohne abschließende Regelung nennt Satz 2 insofern **die Wahrung von Betriebs- oder Geschäftsgeheimnissen**. Der früher in § 72 Abs. 2 enthaltene Begriff **Fabrikationsgeheimnisse** ist ein Unterbegriff und seit dem Jahre 2005 auch im GWB gestrichen[2]. Anzuwenden ist der auch im UWG verwendete Begriff des Betriebs- und Geschäftsgeheimnisses[3]: Unabhängig von dem Bereich, aus dem diese Geheimnisse entstammen (kommerziell, betrieblich, technisch), darf es sich nicht um offenkundige Informationen handeln, sondern um solche, die nach dem bekundeten 6

---

2 Zur fehlenden eigenständigen Bedeutung des Begriffs vgl. *Lieberknecht*, Die Behandlung von Geschäftsgeheimnissen im deutschen und EG-Recht, WuW 1988, S. 833, 836.
3 Vgl. dazu oben § 71 Rz. 2 f.

oder erkennbaren Willen des Inhabers geheim gehalten werden sollen[4].

7 Zusätzlich prüfen die Gerichte nach, ob und in welchem Umfang das Betriebs- und Geschäftsgeheimnis Relevanz in Bezug auf die Wettbewerbsfähigkeit der Unternehmen hat[5]. Zur Wettbewerbsrelevanz gehören insofern künftige Geschäftspolitik, Lieferantenstruktur, Einblick in die Herstellermärkte, den Abnehmern angebotene Konditionen sowie alle Anteile in Bezug auf Märkte, Bezüge und Angebote[6].

IV. Verwertungsverbot und Zwischenverfahren (Abs. 2 Satz 3 bis 5)

8 Hat die zuständige Stelle, insbesondere die Regulierungsbehörde, aus wichtigem Grund den Hauptbeteiligten (insbesondere Beschwerdeführer und Antragsteller) die Akteneinsicht verweigert, resultiert aus diesem schwerwiegenden Eingriff in das Recht auf rechtliches Gehör (Art. 103 Abs. 3 GG in Verbindung mit § 83 Abs. 1 Satz 2 bis 4) ein grundsätzliches **Verwertungsverbot** im Hinblick auf die Entscheidung des Beschwerdegerichts (Abs. 2 Satz 3).

9 Eine **Ausnahme** besteht nur, wenn der Akteninhalt **vorgetragen** worden ist, also beispielsweise ein Betriebs- und Geschäftsgeheimnis im Zustimmungsbereich des Beschwerdeführers von diesem selbst offen gelegt wurde (vgl. § 83 Abs. 1 Satz 3 HS 2 Alt. 2). Auch als Hauptbeteiligte ist die Regulierungsbehörde nicht berechtigt, die Betriebs- und Geschäftsgeheimnisse enthaltenden Auskünfte vollständig vorzutragen, soweit sie verpflichtet ist, insofern nach § 84 Abs. 2 Satz 2 ein Akteneinsichtsrecht etwa der nach Landesrecht zuständigen Behörde zu verweigern.

10 Das EnWG hat allerdings die seit 1989 für Kartellverwaltungsverfahren eröffnete Möglichkeit zur Durchführung eines **Zwischenverfahrens** übernommen, wonach das Beschwerdegericht durch Beschluss und nach Anhörung der Betroffenen die **Offenlegung** von Geheimnissen anordnen kann, soweit sie für das Beschwerdeverfahren von

---

4 Aus der Rechtsprechung: OLG Düsseldorf WuW/E OLG 1881, 1887 – Anzeigenpreise; KG WuW/E OLG 3539 f. – früherer Gesamtumsatz; KG WuW/E OLG 3908, 3911 – L'Air liquide.
5 KG ebd.
6 KG WuW/E OLG 3721, 3724, 3729, 3730 – Coop/Wandmaker.

IV. Verwertungsverbot und Zwischenverfahren (Abs. 2 Satz 3 bis 5)

Bedeutung sind. Die Bestimmung hat bisher wenig praktische Bedeutung erlangt[7].

Dieses Zwischenverfahren betrifft nur die Nebenakten im Sinne von § 84 Abs. 2 Satz 1. Weitere Voraussetzung ist, dass Betriebs- und Geschäftsgeheimnisse in diesem Aktenteil enthalten sind und die Regulierungsbehörde insofern nach Satz 2 die Zustimmung zur Einsichtnahme zu verweigern hat. Im Rahmen des Zwischenverfahrens sind dann zunächst die **Betroffenen anzuhören**, die alle gegen die Offenlegung sprechenden Umstände vortragen werden. Bei diesen Betroffenen kann es sich sowohl um Verfahrensbeteiligte als auch um Nichtverfahrensbeteiligte handeln. 11

Weitere Voraussetzung eines derartigen Offenlegungsbeschlusses des Beschwerdegerichts ist es, dass die in jenen Aktenteilen enthaltenen **Tatsachen oder Beweismittel** für die Entscheidung relevant sind. Wegen des Begründungserfordernisses (§ 83 Abs. 6) reicht es aus, dass mit Hilfe dieses Sachverhaltsteils ein Tatbestandsmerkmal der Entscheidung ermöglichenden Ermächtigungsgrundlage auszufüllen ist. Zusätzlich darf nicht die **Möglichkeit anderweitiger Sachaufklärung** bestehen; derartige Aufklärungsmöglichkeiten sind deshalb primär auszuschöpfen, weil der Offenlegungsbeschluss nur die ultima ratio beim ordnungsgemäßen Verfahrensfortgang darstellt. 12

Der die Offenlegung begründende Beschluss muss insbesondere **alle Umstände des Einzelfalles abwägen** und feststellen, dass eine **überwiegende Bedeutung der Sache** besteht, die das Interesse der Betroffenen an der Fortdauer der Geheimhaltung überragt (Satz 4 letzter HS). Letztlich geht es also um eine Abwägungsentscheidung zwischen dem öffentlichen Interesse an der Durchsetzung des Energiewirtschaftsrechts im Verhältnis zu den betroffenen subjektiven Rechten von Verfahrensbeteiligten und Nichtverfahrensbeteiligten. In der Literatur wird die innere Widersprüchlichkeit dieses Zwischenverfahrens gerügt: Weil das Gericht zwecks Durchführung der Abwägungsentscheidung die betroffenen Aktenteile zunächst sichten müsse, erhalte es Kenntnis über Fakten, die eigentlich nicht verwertet werden dürfen[8]. 13

Im Zwischenverfahren des § 84 Abs. 2 Satz 4 müssen sich die Betroffenen (Inhaber der Geheimnisse) **nicht anwaltlich vertreten lassen** 14

---

[7] Vgl. KG WuW/E OLG 5201 f. – Offenlegung von Betriebsgeheimnissen.
[8] *Bechtold*, GWB, § 72 Rz. 2 a.E.

(Satz 5). Ergeht der Offenlegungsbeschluss nach Satz 4, handelt es sich nicht um einen in der Hauptsache erlassenen Beschluss im Sinne von § 86 Abs. 1; dies bedeutet, dass eine Rechtsbeschwerde nicht vorgesehen ist. Allenfalls kommt die Einlegung einer Verfassungsbeschwerde wegen Verletzung von Verfahrens- und sonstigen Grundrechten in Betracht.

V. Akteneinsichtsrecht der Beigeladenen (Abs. 3)

15 Die Abs. 1 und 2 des § 84 betreffen ausschließlich die sog. Hauptbeteiligten (insbesondere Beschwerdeführer und Regulierungsbehörde). Demgegenüber erfasst **Abs. 3** nur die sonstigen Verfahrensbeteiligten und damit die **Beigeladenen**; § 84 Abs. 3 verweist insofern auf § 79 Abs. 1 Ziff. 3 (Personen und Personenvereinigungen mit erheblicher Interessenberührung; analog auch anwendbar auf Verbraucherverbände im Umfang gemäß § 66 Abs. 2 Ziff. 3). Hier besteht kein umfassendes Akteneinsichtsrecht; vielmehr **kann** das Beschwerdegericht Akteneinsicht im gleichen Umfang gewähren, muss dies aber nicht.

16 Für die damit erforderliche **Ermessensentscheidung** ist aber zwischen zwei **Gruppen von Beigeladenen** zu differenzieren:

– Beigeladene ohne unmittelbare Interessenberührung

– notwendig Beigeladene

17 Letztere Gruppe ist dadurch gekennzeichnet, dass im Sinne von § 83 Abs. 1 Satz 3 die Entscheidung ihnen gegenüber **nur einheitlich ergehen** kann; sie sind von der Entscheidung des Beschwerdegerichts ebenso betroffen wie der Beschwerdeführer selbst.

18 Weil in dieser Sondersituation den notwendig Beteiligten gegenüber rechtliches Gehör in demselben Umfang zu gewähren ist wie dies im Verhältnis zu den Hauptbeteiligten (insbesondere dem Beschwerdeführer gegenüber) zu erfolgen hat, findet insofern eine Ermessensbindung des Gerichts im Hinblick auf den Umfang der Akteneinsichtsgewährung statt. Dies folgt schon daraus, dass gemäß § 83 Abs. 1 der Beschluss des Beschwerdegerichts ohnehin nur auf solche Tatsachen und Beweismittel gestützt werden darf, hinsichtlich derer diesen notwendig Beigeladenen gegenüber Akteneinsichtsrecht gewährt wurde.

19 Im Übrigen ist das Beschwerdegericht frei, den Umfang der Akteneinsicht zu bestimmen. Soweit die Gerichtsakten selbst Geschäfts-

V. Akteneinsichtsrecht der Beigeladenen (Abs. 3)

und Betriebsgeheimnisse nicht enthalten, besteht ohnehin das Einsichtsrecht im Umfang des § 84 Abs. 1. Im Übrigen ist selbst dann, wenn der Offenlegungsbeschluss nach § 84 Abs. 2 Satz 4 ergehen könnte, ein Akteneinsichtsrecht im Verhältnis zu nicht notwendig Beteiligten abzulehnen, wenn dies die Geheimnisoffenlegung zur Folge hätte. Eine ordnungsgemäße Ermessensbetätigung wird allerdings wiederum eine Abwägung von Geheimhaltungsinteressen und Anspruch der nicht notwendig Beigeladenen auf Gewährung rechtlichen Gehörs beinhalten[9].

---

9 KG WuW/E OLG 2603, 2604 – Zusammenschluss auf dem Zigarettenmarkt.

§ 85 Geltung von Vorschriften des Gerichtsverfassungsgesetzes und der Zivilprozessordnung

Im Verfahren vor dem Beschwerdegericht gelten, soweit nicht anderes bestimmt ist, entsprechend

1. die Vorschriften der §§ 169 bis 197 des Gerichtsverfassungsgesetzes über Öffentlichkeit, Sitzungspolizei, Gerichtssprache, Beratung und Abstimmung;
2. die Vorschriften der Zivilprozessordnung über Ausschließung und Ablehnung eines Richters, über Prozessbevollmächtigte und Beistände, über die Zustellung von Amts wegen, über Ladungen, Termine und Fristen, über die Anordnung des persönlichen Erscheinens der Parteien, über die Verbindung mehrerer Prozesse, über die Erledigung des Zeugen- und Sachverständigenbeweises sowie über die sonstigen Arten des Beweisverfahrens, über die Wiedereinsetzung in den vorigen Stand gegen die Versäumung einer Frist.

Überblick	Seite	Rz.
I. Regelungszweck und Entstehungsgeschichte	1353	1
II. Inbezugnahme des Gerichtsverfassungsgesetzes (Ziff. 1) .	1354	2
III. Verweis auf die Zivilprozessordnung (Ziff. 2)	1354	4
IV. Anwendung der VwGO	1354	5

I. Regelungszweck und Entstehungsgeschichte

Die im Laufe des Gesetzgebungsverfahrens unverändert gelassene Vorschrift ist wörtlich § 73 GWB entnommen. Regelungszweck ist es, die bewährten Vorschriften der Gerichtsverfassung und der für Zivilprozesse geltenden Ordnung in das Verfahren vor dem Beschwerdegericht zu übernehmen. Damit wird dieses eigentlich eine Verwaltungsangelegenheit betreffende Rechtsschutzverfahren stark an den in der Tatsacheninstanz durchzuführenden Zivilprozess herangeführt.

II. Inbezugnahme des Gerichtsverfassungsgesetzes (Ziff. 1)

2 Eine explizite Verweisung ist auf die §§ **169 bis 197** GVG erfolgt. Diese betreffen:

- Öffentlichkeit
- Sitzungspolizei
- Gerichtssprache
- Beratung und Abstimmung

3 Das Beschwerdegericht darf von diesen Vorgaben nur in dem Umfang abweichen, in dem unter Beachtung des Grundgesetzes auch andere Gerichte ausnahmsweise abzuweichen berechtigt wären.

III. Verweis auf die Zivilprozessordnung (Ziff. 2)

4 Die Inbezugnahme der ZPO umfasst explizit:

- Ausschließung und Ablehnung eines Richters
- Prozessbevollmächtigte und Beistände
- Zustellung von Amts wegen
- Ladungen, Termine und Fristen
- Anordnung des persönlichen Erscheinens der Parteien
- Verbindung mehrerer Prozesse
- Erledigung des Zeugen- und Sachverständigenbeweises
- Sonstige Arten des Beweisverfahrens
- Wiedereinsetzung in den vorigen Stand nach Fristversäumung

Das Beschwerdegericht hat alle diese Vorschriften so anzuwenden, als ob ein Zivilprozess in der Tatsacheninstanz durchgeführt würde.

IV. Anwendung der VwGO

5 In der Literatur wird § 85 als **nicht abschließende Vorschrift** eingestuft, die die Inbezugnahme anderer Verfahrensvorschriften nicht ausschließt[1]. Insbesondere die **Sachnähe zur VwGO** ermögliche einen Rückgriff auf deren Vorgaben.

Diese Auffassung ist nicht unproblematisch. Gerade wenn § 85 die Nähe des Rechtsschutzes gegen regulierungsbehördliche Entscheidungen im Verhältnis zum Zivilprozess sicherzustellen beabsichtigt, darf nicht ohne weiteres auf die VwGO oder vergleichbare Verfahrensordnungen (Finanzgerichtsprozess, Sozialgerichtsprozess, Arbeitsgerichtsprozess, Prozess vor dem Bundesverfassungsgericht) zurückgegriffen werden. Vielmehr ist zuvor sorgfältig zu prüfen, ob eine **Regelungslücke** besteht, die durch die nicht von § 85 in Bezug genommenen Verfahrensvorschriften sachgerecht geschlossen werden kann. Dies darf nur in Ausnahmefällen erfolgen. Kommen mehrere inhaltlich voneinander abweichende Verfahrensvorschriften in Betracht, kann möglicherweise nur deren allgemeiner Rechtsgedanke zur Lückenfüllung herangezogen werden. 6

Als ausgeschlossen erscheint eine **Verdrängung von explizit in Bezug genommenen Vorschriften** durch in § 85 nicht erwähnte Verfahrensvorschriften. Von diesem Grundsatz kann nur dann eine Ausnahme anerkannt werden, wenn die Anwendung von GVG- und ZPO-Vorschriften Verfahrensgrundrechte der Beteiligten verletzt. In der Entscheidung »Bayerischer Bankenverband« hat der BGH die Anwendung sonstiger Verfahrensvorschriften passender Art nicht ausgeschlossen[2]. 7

---

1 *Bechtold*, GWB, § 74 Rz. 1.
2 WuW/E BGH 1173 – Bayerischer Bankenverband.

Abschnitt 3 Rechtsbeschwerde

§ 86 Rechtsbeschwerdegründe

(1) Gegen die in der Hauptsache erlassenen Beschlüsse der Oberlandesgerichte findet die Rechtsbeschwerde an den Bundesgerichtshof statt, wenn das Oberlandesgericht die Rechtsbeschwerde zugelassen hat.

(2) Die Rechtsbeschwerde ist zuzulassen, wenn

1. eine Rechtsfrage von grundsätzlicher Bedeutung zu entscheiden ist oder

2. die Fortbildung des Rechts oder die Sicherung einer einheitlichen Rechtsprechung eine Entscheidung des Bundesgerichtshofs erfordert.

(3) [1]Über die Zulassung oder Nichtzulassung der Rechtsbeschwerde ist in der Entscheidung des Oberlandesgerichts zu befinden. [2]Die Nichtzulassung ist zu begründen.

(4) Einer Zulassung zur Einlegung der Rechtsbeschwerde gegen Entscheidungen des Beschwerdegerichts bedarf es nicht, wenn einer der folgenden Mängel des Verfahrens vorliegt und gerügt wird:

1. wenn das beschließende Gericht nicht vorschriftsmäßig besetzt war,

2. wenn bei der Entscheidung ein Richter mitgewirkt hat, der von der Ausübung des Richteramtes kraft Gesetzes ausgeschlossen oder wegen Besorgnis der Befangenheit mit Erfolg abgelehnt war,

3. wenn einem Beteiligten das rechtliche Gehör versagt war,

4. wenn ein Beteiligter im Verfahren nicht nach Vorschrift des Gesetzes vertreten war, sofern er nicht der Führung des Verfahrens ausdrücklich oder stillschweigend zugestimmt hat,

5. wenn die Entscheidung auf Grund einer mündlichen Verhandlung ergangen ist, bei der die Vorschriften über die Öffentlichkeit des Verfahrens verletzt worden sind, oder

6. wenn die Entscheidung nicht mit Gründen versehen ist.

§ 86 Rechtsbeschwerdegründe

Überblick	Seite	Rz.
I. Regelungszweck und Entstehungsgeschichte	1358	1
II. Zugang zum Rechtsbeschwerdegericht (Abs. 1)	1360	5
III. Rechtsbeschwerde ohne besondere Zulassung (Abs. 4)...	1360	8
IV. Zuzulassende Rechtsbeschwerde (Abs. 2 und 3)	1361	10
1. Rechtsfragen von grundsätzlicher Bedeutung (Ziff. 1) ..	1362	12
2. Fortbildung des Rechts (Ziff. 2)...................	1363	14
3. Sicherung einer einheitlichen Rechtsprechung (Ziff. 2)..	1363	15
4. Begründungspflicht bei Nichtzulassung	1363	17

I. Regelungszweck und Entstehungsgeschichte

1 § 86 lehnt sich eng an § 74 GWB an und betrifft die **Revisionsinstanz** gegen Entscheidungen des Beschwerdegerichts. Entscheidungsbefugt ist der **Bundesgerichtshof** (Abs. 1), wobei das Beschwerdegericht über die Zulassung oder Nichtzulassung einer solchen Rechtsbeschwerde aus Gründen des § 86 Abs. 2 zu entscheiden hat (Abs. 3). Abs. 4 zählt Verfahrensmängel auf, wegen derer ohne Zulassungsentscheidung die Rechtsbeschwerde stattfindet.

2 Eine Rechtsbeschwerde ist nur gegen sog. **Hauptsachebeschlüsse** zulässig. Dies bedeutet, dass insbesondere die sog. Eilentscheidungen des Beschwerdegerichts (Oberlandesgericht) ohne Rechtsschutzmöglichkeit ergehen. Um einen solchen Rechtsschutz zu ermöglichen, hatte der Bundesrat in seiner Stellungnahme zum Regierungsentwurf die Streichung der Wörter »die in der Hauptsache erlassenen« (§ 86 Abs. 1) gefordert und wie folgt begründet[1]:

> »Für die Verfahrensbeteiligten hat oft Eilrechtsschutz faktisch eine größere Bedeutung als das Hauptsacheverfahren. Dem wird mit der Eröffnung einer Rechtsbeschwerdeinstanz im Eilverfahren Rechnung getragen. Auf ein wettbewerbswidriges Marktverhalten eines Unternehmens müssen Wettbewerber und Regulierungsbehörden möglichst schnell und effektiv reagieren. Ein zeitnaher höchstrichterlicher Rechtsschutz im Eilverfahren ist daher unabdingbar. Spätere Entscheidungen in der Hauptsache über Sachver-

---

1 BT-DrS 15/3917, S. 78, 94 (Ziff. 58).

halte, die möglicherweise Jahre zurückliegen, befriedigen die Beteiligten oft nicht mehr.

Gerade wenn die Eilentscheidung von einer Rechtsfrage mit grundsätzlicher Bedeutung abhängt, eine richterliche Rechtsfortbildung im Raume steht oder das entscheidungserhebliche Rechtsproblem von den Oberlandesgerichten nicht einheitlich entschieden wird (vgl. § 86 Abs. 2 EnWG-E), kann das befasste Oberlandesgericht geneigt sein, eine richtungsweisende Entscheidung dem Hauptsacheverfahren mit dem Ziel einer höchstrichterlichen Klärung vorzubehalten. In solchen Fällen, in denen bisher ungeklärte Rechtsfragen entscheidungserheblich sind, kann nur die Eröffnung der Rechtsbeschwerdemöglichkeit zum Bundesgerichtshof einen effektiven zeitnahen Rechtsschutz gewährleisten.

Hebt das Oberlandesgericht eine Auskunftsverfügung der Regulierungsbehörde gemäß § 69 EnWG-E auf – etwa weil es den Anfangsverdacht missbräuchlichen Handelns verneint oder das der Auskunftsverfügung zugrunde liegende Verfolgungskonzept der Regulierungsbehörde nicht billigt –, so muss die Regulierungsbehörde das Missbrauchsverfahren in der Regel einstellen. Zu einer Klärung der einschlägigen Rechtsfragen beim Bundesgerichtshof – selbst wenn diese grundsätzlicher Natur sind – kann es nicht kommen, da keine Entscheidung der Regulierungsbehörde in der Sache ergehen und kein Hauptsacheverfahren vor den Gerichten durchgeführt werden wird. Es ist unangemessen, dass faktisch das Oberlandesgericht endgültig über die Berechtigung eines Missbrauchsvorwurfs urteilt.«

In ihrer Gegenäußerung hat die Bundesregierung[2] die Ablehnung des Bundesratsvorschlags u.a. unter Hinweis darauf gestützt, eine gerichtliche Überprüfung von Auskunftsverlangen im Wege einer Rechtsbeschwerde zum letztinstanzlichen Gericht sei in keiner Verfahrensordnung vorgesehen. Weiter wird ausgeführt: 3

»Eine Rechtsbeschwerdemöglichkeit gegen Entscheidungen der Oberlandesgerichte in Verfahren um die Anordnung der sofortigen Vollziehung von Verfügungen der Regulierungsbehörde wäre systemwidrig. Die Rechtsbeschwerde ist in Verfahren des vorläufigen Rechtsschutzes im Bereich der ZPO generell ausgeschlossen.

---

2 BT-DrS 15/4068, S. 9 (Ziff. 55).

Dies ist durch Art. 1 Nr. 21 des Ersten Gesetzes zur Modernisierung der Justiz vom 24. August 2004 (BGBl. I S. 2198) auch für die Rechtsbeschwerde klargestellt worden. Entsprechendes gilt auch für das verwaltungsgerichtliche Verfahren. Die Überprüfung von Eilentscheidungen durch den Bundesgerichtshof würde dem grundsätzlichen Anliegen einer Beschleunigung und Konzentration der Verfahren widersprechen.«

4 Der Vermittlungsausschuss hat den Vorschlag des Bundesrates nicht wieder aufgegriffen. Offensichtlich wurde eine Überlastung des Bundesgerichtshofs befürchtet.

II. Zugang zum Rechtsbeschwerdegericht (Abs. 1)

5 Rechtsbeschwerdegericht ist der **Bundesgerichtshof**, § 86 Abs. 1. Nur die **in der Hauptsache erlassenen Beschlüsse** des OLG sind mit der Rechtsbeschwerde angreifbar; verfahrensleitende Verfügungen, Offenlegungsanordnungen im Sinne von § 84 Abs. 2 Satz 4 sowie Eilentscheidungen (§§ 76 Abs. 2 und 77 Abs. 3 Satz 2 ff.) können deshalb nicht zur Überprüfung gestellt werden.

6 Das System des § 86 unterscheidet zwischen zwei Arten des Zugangs zur Rechtsbeschwerde:

– Zulassungsbedürftige Rechtsbeschwerden (Abs. 1 bis 3)
– Rechtsbeschwerden ohne Zulassung (Abs. 4)

7 Nur wenn die in Abs. 4 **abschließend aufgezählten Verfahrensmängel vorliegen**, kann der Zugang zum Rechtsbeschwerdegericht auch ohne besondere Zulassung des OLG (direkt) erreicht werden. In allen übrigen Fällen ist die **Rechtsbeschwerde besonders zuzulassen**, wobei das OLG über das Vorliegen der in § 86 Abs. 2 aufgezählten Gründe entscheidet. Diese Entscheidung kann wiederum mit der **Nichtzulassungsbeschwerde** gemäß § 87 angegriffen werden.

III. Rechtsbeschwerde ohne besondere Zulassung (Abs. 4)

8 In **abschließender** Aufzählung enthält § 86 Abs. 4 **sechs Gründe**, deren Vorliegen die Rechtsbeschwerde nicht nur ohne weiteres zulässig macht, sondern zugleich zur Begründetheit der Rechtsbeschwerde führt (**schwerwiegende Verfahrensmängel**). Insofern lehnt sich § 86

Abs. 4 an § 551 ZPO (sog. unbedingte Revisionsgründe) an. Auf weitere Gründe kann die zulassungsfreie Rechtsbeschwerde nicht gestützt werden; wegen des Ausnahmecharakters dieser Gründe wird eine Analogie nur in seltenen Fällen in Betracht zu ziehen sein. Der Katalog der schwerwiegenden Verfahrensmängel umfasst:

– Unvorschriftsmäßige Besetzung des Beschwerdegerichts

– Mitwirkung von Richtern, die kraft Gesetzes das Richteramt nicht ausüben dürfen

– Mitwirkung von Richtern, die wegen Besorgnis der Befangenheit mit Erfolg abgelehnt worden sind

– Versagung rechtlichen Gehörs im Verhältnis zu einem Beteiligten

– Nicht gesetzesgemäße Vertretung eines Beteiligten (z. B. kein zugelassener Rechtsanwalt), soweit nicht ausdrückliche oder konkludente Zustimmung zur Verfahrensführung festgestellt werden kann

– Verletzung von die Öffentlichkeit des Verfahrens betreffende Vorschriften, wenn eine mündliche Verhandlung der Entscheidung vorangegangen ist

– Absetzung der Entscheidung ohne Gründe

Der schwerwiegende Verfahrensmangel einer begründungslosen Entscheidung (§ 86 Abs. 4 Ziff. 6) ist auch anzunehmen, wenn die Begründung unangemessen spät der Geschäftsstelle übermittelt worden ist (z. B. fünf Monate nach der mündlichen Verhandlung); eine solche unangemessen verspätete Begründung steht der begründungslosen Entscheidung des Beschwerdegerichts gleich[3]. 9

IV. Zuzulassende Rechtsbeschwerde (Abs. 2 und 3)

Soweit nicht einer der Gründe des § 86 Abs. 4 vorliegt, bedarf jede Rechtsbeschwerde einer **besonderen Zulassungsentscheidung** desjenigen Oberlandesgerichts, das die Beschwerdeentscheidung nach § 75 erlassen hat. Diese Zulassungsentscheidung ist auf die Gründe des 10

---

[3] BGH NJW 1987, 2446 f. – Begründung nach 5 Monaten; anders früher: BGH WuW/E BGH 2150, 2151 – Edelstahlbestecke.

§ 86 Abs. 2 beschränkt; nur die Nichtzulassung der Rechtsbeschwerde ist zu begründen, § 86 Abs. 3 Satz 2.

11 Zugleich mit dem Beschluss des Beschwerdegerichts gemäß § 83 wird das Oberlandesgericht – am Ende jenes Beschlusses oder im Wege eines separaten Beschlusses – über die Zulassung der Rechtsbeschwerde entscheiden. Die Rechtsbeschwerdegründe sind in Abs. 2 **abschließend** aufgezählt, jedoch so weit und normativ gefasst, dass eine Vielzahl von Entscheidungen innerhalb einer Bandbreite noch rechtsstaatlicher Zulassungs- oder Nichtzulassungsbeschlüsse als denkbar erscheint. Nur die Begründetheit einer Nichtzulassung der Rechtsbeschwerde wird nach § 87 überprüft; an die Zulassung der Rechtsbeschwerde ist der BGH gebunden. Dies bedeutet konsequent, dass gegen die Zulassung der Rechtsbeschwerde keiner der Beteiligten Rechtsschutz zu beanspruchen vermag.

1. *Rechtsfragen von grundsätzlicher Bedeutung (Ziff. 1)*

12 Das Beschwerdegericht entscheidet zunächst, ob Gegenstand des Beschwerdebeschlusses eine spezielle oder aber eine Rechtsfrage von grundsätzlicher Bedeutung gewesen ist. Letzteres ist anzunehmen, wenn die die Entscheidung tragenden Rechtsgründe über den Einzelfall hinaus Relevanz haben und darüber noch nicht höchstrichterlich entschieden wurde, jedenfalls keine gefestigte höchstrichterliche Rechtsprechung existiert. Auch wenn Umstände oder Rechtsgründe vorliegen, die dafür sprechen können, dass eine frühere gefestigte Rechtsprechung zukünftig möglicherweise aufgegeben werden wird, kommt eine Zulassung der Rechtsbeschwerde nach Ziff. 1 in Betracht.

13 Ausweislich des Begriffs **Rechtsfrage** kann die Zulassung nicht auf tatsächliche Umstände oder besonders gelagerte Sachverhalte gestützt werden. Obwohl es sich bei der Rüge mangelhafter Rechtsaufklärung um eine Rechtsfrage handelt (unzureichende Begründung der Entscheidung, wenn der Sachverhalt **nicht** sorgfältig festgestellt worden ist), hat der BGH in Kartellverwaltungssachen die Rüge mangelhafter Sachaufklärung nicht der Ziff. 1 des § 86 Abs. 2 zugeordnet[4].

---

4 BGH WuW/E BGH 2602 – Taxi-Gemeinschaft.

IV. Zuzulassende Rechtsbeschwerde (Abs. 2 und 3)

2. Fortbildung des Rechts (Ziff. 2)

Eine Rechtsfortbildung als Zulassungsgrund kommt in Betracht, 14
wenn Entscheidungen auf diesem Gebiet bisher fehlen und sich die
Entscheidung auch nicht unmittelbar aus dem Gesetz ergibt (z. B.
Auffüllung von Regelungslücken). Dieser Zulassungsgrund wird sich
regelmäßig mit der Ziff. 1 (Rechtsfragen von grundsätzlicher Bedeutung) überschneiden.

3. Sicherung einer einheitlichen Rechtsprechung (Ziff. 2)

Stellt das Beschwerdegericht fest, dass mit seiner Entscheidung im Ergebnis (seltener nur im Hinblick auf eine Variante der Begründung) 15
von der Rechtsprechung des BGH oder derjenigen anderer Oberlandesgerichte abgewichen wird, besteht insofern die Gefahr einer
uneinheitlichen Rechtsprechung. Weil dem BGH die Wahrung der
Einheitlichkeit der Judikative obliegt, ist die Zulassung der Rechtsbeschwerde in diesen Fällen rechtskonform und erforderlich.

Beide Gründe der Ziff. 2 des § 86 Abs. 2 müssen die **Zulassung der** 16
Rechtsbeschwerde erfordern. Damit ist ein strenger Prüfungsmaßstab anzulegen. Liegt der Beschwerdeentscheidung beispielsweise ein
außergewöhnlicher Sachverhalt zugrunde, dann wird die Ziff. 2 auch
dann nicht anwendbar sein, wenn das Beschwerdegericht im Ergebnis
von anderen OLG- oder BGH-Entscheidungen abweicht.

4. Begründungspflicht bei Nichtzulassung

Nach § 86 Abs. 3 Satz 2 ist die **Nichtzulassung der Rechtsbeschwer-** 17
de zu begründen. Dies entspricht § 83 Abs. 6 (Begründung der
Beschwerdeentscheidung selbst). Unter Berücksichtigung der Begründungstiefe muss sich ergeben, dass das OLG alle drei Beschwerdegründe nach Ziff. 1 und 2 erwogen und deren Vorliegen verworfen
hat. Die Prüfung von Gründen nach § 86 Abs. 4, die eine Nachprüfung der eigenen Entscheidung in der Hauptsache voraussetzen würde, ist nicht erforderlich, zumal die Rechtsbeschwerde dann ohnehin
zulässig wäre. Stellt das Gericht nach Abfassung des Beschwerdebeschlusses aber derartige schwerwiegende Verfahrensmängel fest, wird
es auch bei Begründung der Nichtzulassung der Rechtsbeschwerde
einen entsprechenden Hinweis geben.

18 Im Umkehrschluss folgt aus § 86 Abs. 3 Satz 2, dass die **Zulassung der Rechtsbeschwerde keiner Begründung** bedarf. Allerdings wird das Beschwerdegericht sich bei seinem Zulassungsbeschluss auf einen der Gründe des § 86 Abs. 2 stützen, ohne insofern nähere Ausführungen zu machen. Das Fehlen der Begründung in diesen Fällen ist auch deshalb konsequent, weil dem BGH eine Nachprüfungsbefugnis nicht zusteht.

§ 87 Nichtzulassungsbeschwerde

(1) Die Nichtzulassung der Rechtsbeschwerde kann selbständig durch Nichtzulassungsbeschwerde angefochten werden.

(2) ¹Über die Nichtzulassungsbeschwerde entscheidet der Bundesgerichtshof durch Beschluss, der zu begründen ist. ²Der Beschluss kann ohne mündliche Verhandlung ergehen.

(3) ¹Die Nichtzulassungsbeschwerde ist binnen einer Frist von einem Monat schriftlich bei dem Oberlandesgericht einzulegen. ²Die Frist beginnt mit der Zustellung der angefochtenen Entscheidung.

(4) ¹Für die Nichtzulassungsbeschwerde gelten die §§ 77, 78 Abs. 3, 4 Nr. 1 und Abs. 5, §§ 79, 80, 84 und 85 Nr. 2 dieses Gesetzes sowie die §§ 192 bis 197 des Gerichtsverfassungsgesetzes über die Beratung und Abstimmung entsprechend. ²Für den Erlass einstweiliger Anordnungen ist das Beschwerdegericht zuständig.

(5) ¹Wird die Rechtsbeschwerde nicht zugelassen, so wird die Entscheidung des Oberlandesgerichts mit der Zustellung des Beschlusses des Bundesgerichtshofs rechtskräftig. ²Wird die Rechtsbeschwerde zugelassen, so beginnt mit der Zustellung des Beschlusses des Bundesgerichtshofs der Lauf der Beschwerdefrist.

Überblick		Seite	Rz.
I.	Regelungszweck und Entstehungsgeschichte	1365	1
II.	Verfahren der Nichtzulassungsbeschwerde (Abs. 3 bis Abs. 5).	1366	3
III.	Entscheidung über die Nichtzulassungsbeschwerde.	1367	7
IV.	Rechtskraftprobleme und Fristen (Abs. 5).	1368	11

I. Regelungszweck und Entstehungsgeschichte

Auch § 87 ist dem Gesetz gegen Wettbewerbsbeschränkungen entlehnt (§ 75) und ergänzt das Rechtsschutzsystem gegen Beschwerdebeschlüsse der Oberlandesgerichte für den Fall, dass diese die Rechtsbeschwerde nicht nach § 86 Abs. 2 und 3 zugelassen haben. Die

1

Vorschrift ist im Laufe des Gesetzgebungsverfahrens nicht mehr geändert worden[1].

2 Die Nichtzulassungsbeschwerde ist als **eigenständiges Rechtsmittel** in § 87 besonders ausgestaltet. Gemäß Abs. 3 ist sie schriftlich **beim OLG einzulegen**, wobei wiederum die Monatsfrist einzuhalten ist. Der BGH entscheidet dann durch Beschluss ohne mündliche Verhandlung, § 87 Abs. 2. Für das Verfahren gelten nach Abs. 4 die Vorschriften des Beschwerdeverfahrens sowie die §§ 192 bis 197 GVG analog. Abs. 5 betrifft Regelungen zur Rechtskraft sowie – bei Zulassung der Rechtsbeschwerde – zum Lauf der Beschwerdefrist.

II. Verfahren der Nichtzulassungsbeschwerde (Abs. 3 bis Abs. 5)

3 Nach § 87 Abs. 3 ist **binnen Monatsfrist** Nichtzulassungsbeschwerde bei demjenigen OLG einzulegen, das die Nichtzulassung beschlossen hat. Für den Ablauf der Frist ist damit der **Nichtzulassungsbeschluss** maßgeblich; auf die Zustellung des Beschlusses in der Hauptsache kommt es nicht an. In vielen Fällen werden beide Fristen aber zum selben Zeitpunkt ablaufen. Die Frist wird gewahrt, wenn die Nichtzulassungsbeschwerde beim Rechtsbeschwerdegericht (BGH) eingelegt wird[2].

4 Der Verweis in § 87 Abs. 4 auf mehrere das Verfahren der Beschwerde prägende Rechtsvorschriften bestimmt das Nichtzulassungsbeschwerdeverfahren. Nach fristgemäßer Beschwerdeeinlegung muss binnen eines Monats die Beschwerdebegründung erfolgen, § 78 Abs. 3 Satz 2; die Verlängerung der Nichtzulassungsbeschwerdefrist wird (eigentümlicherweise) vom Vorsitzenden des Beschwerdegerichts gewährt oder verweigert, § 78 Abs. 3 Satz 2 HS 2. Für die Bezeichnung der Gründe, die für die Nichtzulassungsbeschwerde maßgeblich sind, verweist § 87 Abs. 4 auf § 78 Abs. 4 Ziff. 1; damit kann bei teilbaren Beschwerdegegenständen auch eine teilweise Aufhebung des Nichtzulassungsbeschlusses beantragt werden. Wird der als vorliegend erachtete Zulassungsgrund im Sinne von § 86 Abs. 2 nicht genannt oder nicht angemessen begründet, so ist die Nichtzulassungsbeschwerde unzulässig[3]. Nach Auffassung der höchstrichterlichen Rechtspre-

---

[1] Regierungsbegründung BT-DrS 15/3917, S. 33 und 72.
[2] Vgl. BGH v. 3.7.1976 WuW/E BGH 1435, 1438 – Vitamin B 12 (vgl. § 577 Abs. 2 ZPO), sehr streitig.
[3] BGH WuW/E BGH 3035 f. – Nichtzulassungsbeschwerde.

chung kann die Begründung der Nichtzulassungsbeschwerde auch unmittelbar beim BGH eingereicht werden[4]. Der BGH ist nicht verpflichtet, nachgereichte Begründungen zu prüfen oder aber – außerhalb der Nichtzulassungsbeschwerdebegründung – weitere Zulassungsgründe zu erwägen[5].

Sowohl die Nichtzulassungsbeschwerde selbst als auch die Begründung der Nichtzulassungsbeschwerde gemäß § 78 Abs. 5 in Verbindung mit § 87 Abs. 4 müssen von einem in Deutschland zugelassenen Rechtsanwalt unterzeichnet sein. 5

Die Beteiligten am Verfahren der Nichtzulassungsbeschwerde sind mit denjenigen identisch, die am Beschwerdeverfahren beteiligt gewesen sind (§ 79: Beschwerdeführer, Regulierungsbehörde, Beigeladene). Es besteht Anwaltszwang nach § 80. Für das in diesem Verfahren zu gewährende Akteneinsichtsrecht gilt § 84, so dass auf die obige Kommentierung verwiesen werden kann.[6]. Weil eine mündliche Verhandlung nicht vorgesehen ist (§ 87 Abs. 2 Satz 2)[7], wird in § 87 Abs. 4 nicht auf die §§ 169 bis 191a GVG (Öffentlichkeit, Sitzungspolizei, Gerichtssprache) verwiesen. Die Regeln für Beratung und Abstimmung (§§ 192 bis 197 GVG) sind aber anzuwenden. 6

III. Entscheidung über die Nichtzulassungsbeschwerde

Wie im eigentlichen Verfahren der Rechtsbeschwerde entscheidet der BGH gemäß § 87 Abs. 2 auch über die Nichtzulassungsbeschwerde **durch Beschluss**, § 87 Abs. 2 Satz 1. Auch dieser Beschluss ist zu begründen. 7

Der BGH wird im Rahmen des Verfahrens nach § 87 zunächst prüfen, ob ein **Beschluss in der Hauptsache** vorliegt, gegen den die **Rechtsbeschwerde nicht zugelassen** wurde. Fehlt es bereits an einem Hauptsachebeschluss, ist die Nichtzulassungsbeschwerde zulässig, aber unbegründet[8]. Weil der BGH auf die Überprüfung des Vorlie- 8

---

4 BGH WuW/E BGH 2860, 2871 – Pauschalreisen-Vermittlung II; dagegen: *Immenga/Mestmäcker/K. Schmidt*, GWB, § 74 Rz. 6.
5 BGH ebd. S. 2874.
6 § 84 Rz. 2 ff.
7 Das zuständige Gericht ist aber berechtigt, eine mündliche Verhandlung anzuberaumen.
8 BGH WuW/E BGH 1982 – Haribo; WuW/E BGH 2739, 2742 – Rechtsbeschwerde.

gens von Rechtsbeschwerdegründen (§ 86 Abs. 2) beschränkt ist, kommt es nicht darauf an, ob die Rechtsbeschwerde selbst in der Sache zulässig und/oder begründet sein wird. Weil die Erfolgsaussichten der Rechtsbeschwerde außerhalb des Verfahrens der Nichtzulassungsbeschwerde stehen, ist es auch nicht sinnvoll, zugleich mit der Nichtzulassungsbeschwerde auch die Rechtsbeschwerde einzulegen.

9 Wegen des Vorliegens bzw. Nichtvorliegens der Beschwerdegründe wird auf die Kommentierung zu § 86 verwiesen[9]. Stellt das Gericht der Nichtzulassungsbeschwerde fest, dass zwar keine Gründe nach § 86 Abs. 2, wohl aber ein schwerer Verfahrensmangel im Sinne von § 86 Abs. 4 vorliegt, der die Einlegung der Rechtsbeschwerde auch ohne besondere Zulassung ermöglicht, wird das Gericht im Rahmen seiner Aufklärungspflicht den Beteiligten eine entsprechende Mitteilung zukommen lassen.

10 Auch im Verfahren der Nichtzulassungsbeschwerde sind **einstweilige Anordnungen** möglich. Deren Erlass ist allerdings nicht beim BGH, sondern beim Beschwerdegericht zu beantragen, § 87 Abs. 4 Satz 2. Grund und Reichweite derartiger einstweiliger Anordnungen sind nach Maßgabe des § 77 zu bestimmen.

IV. Rechtskraftprobleme und Fristen (Abs. 5)

11 Nach Nichtzulassung der Rechtsbeschwerde durch das OLG wird mit Zustellung dieser Entscheidung die Nichtzulassungsbeschwerdefrist gemäß § 87 Abs. 3 (ein Monat) in Gang gesetzt. Während des Ablaufs dieser Frist wird der Beschluss des Beschwerdegerichts **nicht rechtskräftig**. Nach allgemeinen Grundsätzen folgt daraus, dass bei fristgemäßer Einlegung der Nichtzulassungsbeschwerde und während des gesamten Verfahrens der Nichtzulassungsbeschwerde die formelle Rechtskraft nicht bewirkt werden kann. Dies folgt auch aus dem Umkehrschluss gemäß § 87 Abs. 5 Satz 1, wonach erst die **Nichtzulassung der Rechtsbeschwerde** durch Beschluss des BGH die Entscheidung des OLG (Beschwerdeentscheidung) rechtskräftig werden lässt (mit Zustellung des Beschlusses des BGH). Daraus folgt weiterhin, dass während des gesamten Nichtzulassungsbeschwerdeverfahrens immer noch Rechtsbeschwerde aus den Gründen des § 86 Abs. 4

---

9 Oben § 86 Rz. 10 ff.

(ohne besondere Zulassung) eingelegt werden kann; der Ablauf der Frist des § 88 Abs. 3 ist solange gehemmt.

Bei **stattgebendem Beschluss** des BGH betr. Zulässigkeit und Begründetheit der Nichtzulassungsbeschwerde beginnt die **Rechtsbeschwerdefrist neu zu laufen,** § 87 Abs. 5 Satz 2. Wiederum kann zunächst die Rechtsbeschwerde selbst (binnen Monatsfrist) eingelegt und diese dann binnen weiterer Monatsfrist begründet werden. Eine vor Abschluss des Nichtzulassungsbeschwerdeverfahrens (verfrüht) eingelegte Rechtsbeschwerde wird als am Tag der Zustellung des BGH-Beschlusses nach § 87 Abs. 2 eingelegt angesehen[10].

12

---

10 *Bechtold*, GWB, § 75 Rz. 1.

§ 88 Beschwerdeberechtigte, Form und Frist

(1) Die Rechtsbeschwerde steht der Regulierungsbehörde sowie den am Beschwerdeverfahren Beteiligten zu.

(2) Die Rechtsbeschwerde kann nur darauf gestützt werden, dass die Entscheidung auf einer Verletzung des Rechts beruht; die §§ 546, 547 der Zivilprozessordnung gelten entsprechend.

(3) ¹Die Rechtsbeschwerde ist binnen einer Frist von einem Monat schriftlich bei dem Oberlandesgericht einzulegen. ²Die Frist beginnt mit der Zustellung der angefochtenen Entscheidung.

(4) ¹Der Bundesgerichtshof ist an die in der angefochtenen Entscheidung getroffenen tatsächlichen Feststellungen gebunden, außer wenn in Bezug auf diese Feststellungen zulässige und begründete Rechtsbeschwerdegründe vorgebracht sind. ²Für die Rechtsbeschwerde gelten im Übrigen die §§ 76, 78 Abs. 3, 4 Nr. 1 und Abs. 5, §§ 79 bis 81 sowie §§ 83 bis 85 entsprechend. ³Für den Erlass einstweiliger Anordnungen ist das Beschwerdegericht zuständig.

Überblick		Seite	Rz.
I.	Regelungszweck und Entstehungsgeschichte	1371	1
II.	Ablauf des Verfahrens der Rechtsbeschwerde (Abs. 1 bis 3 und Abs. 5)	1372	3
III.	Rücknahme von Beschwerde und Rechtsbeschwerde....	1373	8
IV.	Rechtsbeschwerdegründe und Entscheidung über die Rechtsbeschwerde (Abs. 2 und 4)	1374	9

I. Regelungszweck und Entstehungsgeschichte

Das eigentliche Verfahren der Rechtsbeschwerde legt § 88 in Übernahme von § 76 GWB fest. Die Vorschrift ist im Laufe des Gesetzgebungsverfahrens unverändert geblieben. Weil sich das Rechtsbeschwerdeverfahren eng an das Beschwerdeverfahren anlehnt und nur

1

wenige Besonderheiten aufweist (dazu sogleich), kann wegen des Regelungszwecks auf die Kommentierung zu § 75 verwiesen werden[1].

2 § 88 Abs. 1 legt die Beteiligtenstellung fest (Regulierungsbehörde und sonstige Beteiligte am Beschwerdeverfahren, § 79). Im Rechtsbeschwerdeverfahren können nur noch Rechtsverletzungen gerügt werden, § 88 Abs. 2. Wiederum ist die Rechtsbeschwerde binnen Monatsfrist einzulegen (Abs. 3), und der BGH wird grundsätzlich nicht als Tatsacheninstanz tätig (§ 88 Abs. 4). In Abs. 5 wird auf die wesentlichen Vorschriften verwiesen, die für das Beschwerdeverfahren gelten und analog auch im Rechtsbeschwerdeverfahren anzuwenden sind.

II. Ablauf des Verfahrens der Rechtsbeschwerde (Abs. 1 bis 3 und Abs. 5)

3 Für die Einlegung der Rechtsbeschwerde ist wiederum eine **Beschwerdefrist von einem Monat** zu beachten, die mit der Zustellung der angefochtenen Entscheidung (Beschluss des Beschwerdegerichts) beginnt (§ 88 Abs. 3). Zuständig für die Entgegennahme der Beschwerde ist das OLG.

4 Für die **Beschwerdebegründung** steht wiederum die Monatsfrist zur Verfügung, § 88 Abs. 5 in Verbindung mit § 78 Abs. 3. Die Begründung der Rechtsbeschwerde ist bereits an das Rechtsbeschwerdegericht (BGH) zu richten, und nur durch dessen Senatsvorsitzenden kann die Begründungsfrist verlängert werden (Verweis in § 88 Abs. 5 auf § 78 Abs. 3 HS 2 in entsprechender Anwendung). Weil in der Rechtsbeschwerdeinstanz grundsätzlich die tatsächlichen Feststellungen des Beschwerdegerichts (OLG) als bindend zugrunde zu legen sind (§ 88 Abs. 4), kann die Beschwerdebegründung nicht im Sinne von § 78 Abs. 4 Ziff. 2 auf (weitere) »Tatsachen und Beweismittel« gestützt werden (vgl. dazu aber sogleich). Die Unterzeichnung beider Schriftsätze durch einen in Deutschland zugelassenen Rechtsanwalt ist wiederum obligatorisch (§ 78 Abs. 5; Ausnahme: Rechtsbeschwerde der Regulierungsbehörde). Um die Rechtsbeschwerde zulässig zu machen, muss ein bestimmter Antrag gestellt werden, der den angegriffenen Beschluss kennzeichnet und darlegt, in welchem Umfang Änderungen bzw. Aufhebung beantragt werden. Wiederum kann in-

---

1 Oben § 75 Rz. 1; vgl. auch § 86 Rz. 2 ff.

sofern auch auf die Begründung der Rechtsbeschwerde zurückgegriffen werden[2].

Da § 88 Abs. 5 auf § 81 verweist, gilt auch in der Rechtsbeschwerdeinstanz der **Mündlichkeitsgrundsatz**. Die Rechtsprechung hat aber Ausnahmen insbesondere für den Fall zugelassen, dass die Rechtsbeschwerde als unzulässig zu verwerfen ist[3]. Weil der Sachverhalt bereits feststeht, verweist § 88 Abs. 5 nicht auf § 82 (Untersuchungsgrundsatz).

Die Beteiligten des Rechtsbeschwerdeverfahrens sind identisch mit denen des **Beschwerdeverfahrens** (§ 79). Konsequent steht die Beschwerdebefugnis nach § 88 Abs. 1 den schon damals Beteiligten einschließlich der Regulierungsbehörde zu. Die Beschwerde können alle Beteiligten einlegen, die lediglich **formell beschwert** sind; eine besondere materielle Beschwer ist darüber hinaus nicht anzuerkennen[4]. Um das Vorliegen der formellen Beschwer zu prüfen, ist der Antrag des jeweiligen Beteiligten mit dem Tenor des Beschwerdegerichts zu vergleichen.

Während des Rechtsbeschwerdeverfahrens bleibt das Beschwerdegericht für den Erlass einstweiliger Anordnungen weiterhin zuständig, § 88 Abs. 5 Satz 2. Für die Entscheidung der Rechtsbeschwerde durch Beschluss gilt § 83; Akteneinsicht ist analog § 84 zu gewähren. Auch § 85 (Verweis auf GVG und ZPO) gilt selbstverständlich in der Rechtsbeschwerdeinstanz ebenfalls, vgl. § 88 Abs. 5.

III. Rücknahme von Beschwerde und Rechtsbeschwerde

Solange über die Rechtsbeschwerde noch nicht entschieden worden ist, können – schwebendes Verfahren vor dem BGH – sowohl die **Beschwerde** als auch die **Rechtsbeschwerde** noch **zurückgenommen** werden. Insofern besteht volle Dispositionsbefugnis der Beteiligten, die auf Seiten der Regulierungsbehörde allenfalls durch Offizialmaxi-

---

2 *Bechtold*, GWB, § 76 Rz. 4 unter Hinweis auf den Beschluss des Kammergerichts vom 13.7.1976 – Kart. 159/75.
3 BGHZ 56, 155, 156 f. = WuW/E BGH 1173 f. – Bayerischer Bankenverband; WuW/E BGH 2739, 2741 – Rechtsbeschwerde.
4 Vgl. oben § 75 Rz. 28 ff., vgl. dazu auch die Klarstellung mit der Zweiten GWB-Novelle zu § 75 Abs. 1 a.F., Regierungsbegründung BT-DrS VI/2520, S. 37.

me und Bindung an die Ausübung gesetzesgemäßen Ermessens beschränkt ist. Rechtsfolge der Rücknahme der Beschwerde ist es, dass das Verfahren – mit Rückwirkung – als nicht rechtshängig einzustufen ist[5]. Erfolgt die Rücknahme der Rechtsbeschwerde, so wird die Entscheidung des Beschwerdegerichts formell und materiell rechtskräftig.

IV. Rechtsbeschwerdegründe und Entscheidung über die Rechtsbeschwerde (Abs. 2 und 4)

9 Weil der BGH als Rechtsbeschwerdeinstanz an die **tatsächlichen Feststellungen des Beschwerdegerichts gebunden ist,** kann die Rechtsbeschwerde grundsätzlich nicht auf weitere Tatsachen und Beweismittel gestützt werden. Vielmehr ist mit der Rechtsbeschwerdebegründung vorzutragen, dass die Beschwerdeentscheidung auf einer **Verletzung des Rechts** und damit allein auf Rechtsgründen beruht. Dies entspricht im Zivilprozess der Revisionsinstanz, auf die HS 2 des § 88 Abs. 2 verweist (§§ 546, 547 ZPO).

10 § 546 ZPO definiert den Begriff der Rechtsverletzung:

– Nichtanwendung einer Rechtsnorm oder

– Unrichtige Anwendung einer Rechtsnorm

11 Der zugrunde liegende Rechtsbegriff umfasst das gesamte vom Beschwerdegericht angewendete oder irrtümlich nicht angewendete Recht, also materielles Recht und Verfahrensrecht. Bestandteil des Verfahrensrechts ist auch Art. 103 Abs. 3 GG (Anspruch auf rechtliches Gehör).

12 § 547 ZPO nennt mit den sog. »absoluten Revisionsgründen« solche Rechtsverletzungen, die stets § 88 Abs. 2 in Verbindung mit § 546 ZPO erfüllen; dazu gehören:

– Unvorschriftsmäßige Besetzung des Gerichts

– Mitwirkung eines ausgeschlossenen Richters (Ausnahme: erfolgloses Ablehnungsgesuch)

– Mitwirkung eines (begründet) wegen Befangenheit abgelehnten Richters

---

5 BGH WuW/E BGH 3109 f. – Herstellerleasing II.

– Nicht ordnungsgemäße Vertretung eines Beteiligten (Ausnahme: ausdrückliche oder stillschweigende Genehmigung der Prozessführung)

– Verletzung von Vorschriften über die Öffentlichkeit während der mündlichen Verhandlung

– Entscheidung ohne Begründung

Weil die in § 547 ZPO genannten Gründe weitgehend mit denen des § 86 Abs. 4 übereinstimmen, die eine Zulassung der Rechtsbeschwerde nicht erfordern (besonders schwere Verfahrensmängel), kann insofern auf die obigen Ausführungen verwiesen werden[6]. Die Rechtsbeschwerde ist bei Vorliegen derartiger Rechtsverletzungen stets begründet.

13

Die Verfahrensnorm des § 76 Abs. 2 Satz 2 GWB hat § 88 Abs. 2 nicht übernommen. Nach jener Vorschrift kann die Rechtsbeschwerde nicht auf die Verletzung des Rechts der Zuständigkeit gestützt werden, wenn die Kartellbehörde ihre Zuständigkeit zu Unrecht angenommen hat (Verweis auf § 48 GWB).

14

Die Nichtübernahme jenes Satzes 2 bedeutet aber nicht, dass eine derartige Zuständigkeitsüberschreitung im Hinblick auf die Überprüfung von Entscheidungen der Regulierungsbehörde als von vornherein ausgeschlossen erscheint. Vielmehr wurde Satz 2 offenbar deshalb in den Regierungsentwurf nicht übernommen, weil damals eine Verteilung der Zuständigkeiten auf LRB und BNetzA noch nicht vorgesehen gewesen ist. Nachdem nunmehr § 54 die Aufteilung der Zuständigkeit regelt, ist an eine analoge Anwendung des § 76 Abs. 2 Satz 2 GWB zu denken.

15

Nach **Abs. 4** ist das Rechtsbeschwerdegericht an die **tatsächlichen Feststellungen des Beschwerdegerichts gebunden**. Eine Ausnahme besteht jedoch für den Fall, dass bereits die Feststellung des Sachverhalts auf der Verletzung von Verfahrensvorschriften beruht, wobei nicht ausgeschlossen werden kann, dass deshalb auch die tatsächlichen Feststellungen fehlerhaft sein könnten. Insbesondere bei Vorliegen eines der schwerwiegenden Verfahrensfehler des § 86 Abs. 4 kann eine Ausnahme vom Prinzip der Bindung an die tatsächlichen Feststellun-

16

---

6 § 86 Rz. 8 ff.

gen in Betracht kommen. Im Übrigen darf das Rechtsbeschwerdegericht dem Vortrag weiterer Tatsachen keine Beachtung schenken[7].

---

[7] BGH WuW/E BGH 3121, 3126 – Bedside Testkarten.

Abschnitt 4 Gemeinsame Bestimmungen

§ 89 Beteiligtenfähigkeit

Fähig, am Verfahren vor der Regulierungsbehörde, am Beschwerdeverfahren und am Rechtsbeschwerdeverfahren beteiligt zu sein, sind außer natürlichen und juristischen Personen auch nichtrechtsfähige Personenvereinigungen.

Überblick	Seite	Rz.
I. Regelungszweck und Entstehungsgeschichte	1377	1
II. Bestimmung der Beteiligtenfähigkeit.................	1377	2

I. Regelungszweck und Entstehungsgeschichte

Die im Laufe des Gesetzgebungsverfahrens nicht mehr geänderte Vorschrift ist § 77 GWB nachgebildet. Weil die Beteiligten im regulierungsbehördlichen Verfahren, im Rechtsschutzverfahren vor dem Beschwerdegericht und in der Rechtsbeschwerdeinstanz das Verfahren maßgeblich mitzubestimmen vermögen[1], muss feststehen, wem potenziell die **Beteiligteneigenschaft** zusteht. Weil es sich bei § 89 um eine das Verfahren insgesamt erfassende Bestimmung handelt, ist die Beteiligtenfähigkeit in jedem Verfahrensabschnitt § 89 zu entnehmen. 1

II. Bestimmung der Beteiligtenfähigkeit

§ 89 ist nur im Hinblick auf das regulierungsbehördliche Verfahren einschließlich der Rechtsschutzinstanzen anwendbar. Zweifelhaft ist die Anwendbarkeit im Hinblick auf Verfahren, die von der nach Landesrecht zuständigen Behörde durchzuführen sind (vgl. § 55 Abs. 2): Weil diese Behörde nicht als Regulierungsbehörde im Sinne von § 75 Abs. 1 tätig wird, ist der Beschwerdeweg zu den Oberlandesgerichten nicht eröffnet. Vielmehr sind insofern die Verwaltungsgerichte nach 2

---

1 Zu den Beteiligtenstellungen vgl. § 66 Abs. 2 und 3 (Regulierungsbehörde), § 79 (Beschwerdeinstanz), § 88 Abs. 1 (Rechtsbeschwerdeinstanz).

§§ 40 ff. VwGO zuständig. Konsequent bestimmt sich die Beteiligtenfähigkeit nach § 61 VwGO; die eigentliche Beteiligtenregelung enthält § 63 VwGO. § 89, der sachlich der Regelung der Parteifähigkeit im Zivilprozess (§ 50 ZPO) entspricht, sagt nichts über die Prozessfähigkeit eines Beteiligten aus. Insofern wird nicht auf § 62 VwGO, sondern über § 85 Ziff. 2 auf §§ 51 f. ZPO verwiesen.

3 Die Beteiligtenfähigkeit kommt nach § 89 folgenden Personen und Personenvereinigungen zu:

- Natürliche Personen
- Juristische Personen
- Nicht rechtsfähige Personenvereinigungen

4 Der Unternehmensbegriff spielt für § 89 keine Rolle. **Natürliche Personen** sind Menschen, die mit der Geburt rechtsfähig werden, § 1 BGB. Unter **juristischen Personen** sind diejenigen Körperschaften zu verstehen, die das Gesetz mit eigener Rechtsfähigkeit ausstattet. Dazu zählen besondere Vereine im Sinne der §§ 21 ff. BGB, Gesellschaft mit beschränkter Haftung, Aktiengesellschaften, Genossenschaften, Körperschaften des öffentlichen Rechts (einschließlich Gebietskörperschaften) sowie die nach europäischem Gesellschaftsrecht mit Rechtsfähigkeit ausgestatteten juristischen Personen (z. B.: Europäische Aktiengesellschaft).

5 Irrelevant ist, ob die Rechtsfähigkeit auf deutschem oder europäischen Recht beruht. Ist ein Unternehmen in seinem Sitzstaat mit Rechtsfähigkeit ausgestattet, zählt es auch nach deutschem Recht zu den juristischen Personen.

6 Die **Personenhandelsgesellschaften** des deutschen Rechts, zu denen insbesondere OHG und KG zählen, gehören nicht zu den juristischen Personen. Gleichwohl sind sie den juristischen Personen gleichzustellen, weil ihre Rechtsfähigkeit in § 124 HGB (für die OHG) und über § 161 Abs. 2 HGB (für die KG) besonders geregelt ist.

7 Schließlich haben die Beteiligtenfähigkeit auch alle **nichtrechtsfähigen Personenvereinigungen**. Davon betroffen sind insbesondere die nichtrechtsfähigen Vereine (§ 54 BGB) und sonstige Körperschaften wie Gewerkschaften, soweit sie nicht kraft Gesetzes Rechtsfähigkeit

erhalten haben² oder von der Rechtsprechung den juristischen Personen praktisch gleichgestellt sind. Soweit Verbraucherverbände nach § 66 Abs. 2 Ziff. 3 die Beteiligtenstellung zu erlangen vermögen, kommt es nicht darauf an, in welcher Rechtsform sie organisiert sind.

Die aus dem GWB entnommene Fassung des § 89 hat im Hinblick auf die Einbeziehung nicht rechtsfähiger Personenvereinigungen insbesondere den Zweck, auch **Kartellen** eine Beteiligung am Kartellverwaltungsverfahren zu ermöglichen. Obwohl dieser Zweck im regulierungsbehördlichen Verfahren fast vollständig in den Hintergrund treten dürfte, wird man angesichts der Tradition des Kartellrechts und der Übernahme der Vorschrift in das EnWG kaum anders entscheiden können. 8

Einen Grenzfall bilden **Gesellschaften bürgerlichen Rechts**, §§ 705 ff. BGB. Weil diese Gesellschaften keinerlei körperschaftliche Struktur aufweisen, vielmehr eng mit ihren Gesellschaftern verbunden sind, so dass es an einer Verselbständigung fehlt, handelt es sich nicht um Personenvereinigungen im Sinne von § 89. Allerdings hat die Rechtsprechung diese Gesellschaften prozessrechtlich inzwischen den juristischen Personen weitgehend gleichgestellt³; wem aber im Zivilprozess die Parteienstellung sowohl im Aktiv- als auch im Passivprozess zukommen kann, dem wird man die Beteiligtenstellung in einem vor den Zivilgerichten geführten besonderen Verwaltungsverfahren nicht absprechen können, zumal Kartelle traditionell auch als GbR organisiert werden und unter die Parallelnorm des § 77 GWB fallen. 9

---

2 Vgl. etwa die Partnerschaft, die EWIV und die Partenreederei.
3 Vgl. für die Außengesellschaft BGHZ 146, 341, 343 ff. – ARGE; BAG NJW 2005, 1004, 1005 – Rettungsdienst GbR.

§ 90 Kostentragung und -festsetzung

¹Im Beschwerdeverfahren und im Rechtsbeschwerdeverfahren kann das Gericht anordnen, dass die Kosten, die zur zweckentsprechenden Erledigung der Angelegenheit notwendig waren, von einem Beteiligten ganz oder teilweise zu erstatten sind, wenn dies der Billigkeit entspricht. ²Hat ein Beteiligter Kosten durch ein unbegründetes Rechtsmittel oder durch grobes Verschulden veranlasst, so sind ihm die Kosten aufzuerlegen. ³Im Übrigen gelten die Vorschriften der Zivilprozessordnung über das Kostenfestsetzungsverfahren und die Zwangsvollstreckung aus Kostenfestsetzungsbeschlüssen entsprechend.

Überblick	Seite	Rz.
I. Regelungszweck und Entstehungsgeschichte	1381	1
II. Kostenbegriff des § 90	1382	3
III. Kostentragung nach Billigkeit (Satz 1)	1383	6
IV. Obligatorische Kostentragung (Satz 2)	1384	10
1. Erfolgloses Rechtsmittel	1384	11
2. Veranlassung durch grobes Verschulden	1385	14
V. Anzuwendende Verfahrensvorschriften (Satz 3)........	1386	16

I. Regelungszweck und Entstehungsgeschichte

§ 90 entspricht auch im Wortlaut § 78 GWB. Obwohl die Vorschrift im Abschnitt »Gemeinsame Bestimmungen« des Teiles 8 (Verfahren) steht, ist sie schon ausweislich des Wortlauts (§ 90 Satz 1) nur im Beschwerdeverfahren sowie im Rechtsbeschwerdeverfahren anzuwenden. Für das regulierungsbehördliche Verfahren sind in den §§ 91 und 92 Kostentragungsregelungen vorgesehen. **1**

§ 90 ist in der Entwurfsfassung Gesetz geworden[1]. **Regelungszweck** ist es insbesondere, in Abweichung vom Grundsatz der automatischen Kostentragung des unterliegenden Beteiligten eine am **Billigkeitsgrundsatz** orientierte Entscheidung im Einzelfall zu ermögli- **2**

---

1 Regierungsentwurf, BT-DrS 15/3917, S. 33 und S. 72.

chen. Während Satz 1 diesen Billigkeitsgrundsatz näher ausformt, betrifft Satz 2 den unklaren Begriff »unbegründete Rechtsmittel« sowie aus grobem Verschulden resultierende Kosten; derartige Kosten sind **obligatorisch** dem verursachenden Beteiligten aufzuerlegen. Satz 3 enthält den Verweis auf die ZPO (Kostenfestsetzungsverfahren und Zwangsvollstreckung daraus).

II. Kostenbegriff des § 90

3 § 90 betrifft nicht die Kosten des regulierungsbehördlichen Verfahrens, sondern nur Kosten im Zusammenhang mit den Rechtsschutzverfahren. Zu diesen Kosten zählen einerseits die **Gerichtskosten**, andererseits die **außergerichtlichen Kosten** der Beteiligten. Insofern verweist zwar nicht § 85 Ziff. 2, wohl aber § 90 Satz 3 auf das Kostenfestsetzungsverfahren der ZPO (vgl. §§ 103 ff.) und damit implizit auf die dort geltenden Kostengrundsätze. Demgemäß steht der sog. **Streitwert** im Mittelpunkt des Kostenbegriffs.

4 Die **Gerichtskosten** sind nach der Anlage 1 § 3 Abs. 2 Gerichtskostengesetz (GKG) zu berechnen, wozu vom Gericht der Streitgegenstandswert (Streitwert in § 3 Abs. 1 GKG) festgelegt wird. Kosten sind Gebühren und Auslagen des Gerichts, § 1 GKG. Die im Kartellverwaltungsverfahren entwickelten Grundsätze können mit Vorsicht auch für die Bemessung der Kosten aus dem Streitwert bei Rechtsschutz in Bezug auf das regulierungsbehördliche Verfahren herangezogen werden[2]. Eine besondere Streitwertbegrenzung für Beigeladene gibt es nicht[3].

5 Zu den **außergerichtlichen Kosten** sind insbesondere die Kosten der **Vertretung durch Rechtsanwälte** zu zählen (Vergütung, § 1 Abs. 1 RVG). Diese werden nur dann in die Kostenfestsetzungsentscheidung einbezogen, wenn sie **zur zweckentsprechenden Erledigung der Angelegenheit notwendig waren**, § 90 Satz 1 i. V. mit § 11 RVG. Hat der Rechtsanwalt die Vergütung nach § 2 RVG berechnet, werden diese Voraussetzungen regelmäßig erfüllt sein.

---

2 Überblick bei *Bechtold*, GWB, § 78 Rz. 2; *Immenga/Mestmäcker/ K. Schmidt*, GWB, § 78 Rz. 10 ff.
3 Umkehrschluss aus § 105 Abs. 1 Satz 1.

III. Kostentragung nach Billigkeit (Satz 1)

OLG und BGH treffen jeweils von Amts wegen nicht nur eine Entscheidung in der Hauptsache, sondern auch eine Entscheidung zur Kostentragung; konsequent ist ein entsprechender Antrag nicht erforderlich. Das »kann« in § 90 Satz 1 bezieht sich auf den Inhalt der zu treffenden Billigkeitsentscheidung, nicht auf deren »ob«. Nachdem das Bundesverfassungsgericht im Jahre 1987 die bis dahin ständige Rechtsprechung des BGH zur Kostentragung beanstandet hatte[4], gilt auch in Kartellverwaltungsrechtsschutzverfahren regelmäßig der Grundsatz, dass einem obsiegenden Beschwerde- bzw. Rechtsbeschwerdeführer seine außergerichtlichen Kosten zu erstatten sind; unterliegt die Kartellbehörde, erfolgt die Erstattung konsequent aus der Bundes- oder Landeskasse. Weil dieselben Senate auch über die Kostentragung nach § 90 entscheiden, kann eine Änderung der Rechtsprechung nicht erwartet werden.

Weil sich die Regulierungsbehörde angesichts des versammelten Sachverstandes typischerweise nicht durch Rechtsanwälte vertreten lassen wird, fallen bei Unterliegen des Beschwerdeführers entsprechende außergerichtliche Kosten häufig nicht an; der Beschwerdeführer trägt dann nur die Gerichtskosten (und die Vergütung seines Rechtsanwalts). Bei teilweisem Obsiegen/Unterliegen werden die Kosten entsprechend aufgeteilt. Erging eine **Erledigungsentscheidung in der Hauptsache**, hat das Kammergericht in Kartellverwaltungsangelegenheiten die Erfolgsaussichten der Beschwerde regelmäßig nicht überprüft und dafür Gründe der Prozessökonomie angeführt[5]; eine Ausnahme soll bei ohne weiteres absehbarem Verfahrensausgang gelten. Entsprechend ist für die Rücknahme der Beschwerde zu entscheiden[6]. Hebt die Regulierungsbehörde ihre Entscheidung auf, so hat sie auch die außergerichtlichen Kosten des Beschwerdeführers zu tragen[7].

Für die **Kostentragung durch andere Beteiligte** als Regulierungsbehörde und Beschwerdeführer gelten diese Grundsätze allenfalls eingeschränkt und insbesondere dann, wenn ein Beteiligter selbst Rechts-

---

4 BVerfG v. 3.12.1986, E 74, 78, 94 ff. = WuW/E VG 313 = BB 1987, 990 f. – Kostenentscheidung bei Obsiegen.
5 Überblick bei *Bechtold*, GWB, § 78 Rz. 5.
6 KG WuW/E OLG 5311 f. – Beschwerderücknahme.
7 KG WuW/E OLG 5437 f. – Ruhrgas-Thyssengas I.

mittel eingelegt hat. Im Übrigen wird man ihn auch dann, wenn er auf Seiten des unterliegenden Beschwerdeführers oder Rechtsbeschwerdeführers gestritten hat, nicht hälftig mit den gesamten Verfahrenskosten belasten können.

9 Vielmehr separiert die Rechtsprechung die Kosten des Beigeladenen von den übrigen Verfahrenskosten; insbesondere eine automatische Erstattung der außergerichtlichen Kosten des auf Seiten des Beschwerdeführers streitenden Beigeladenen erfolgt in Kartellverwaltungsangelegenheiten nicht. Vielmehr wird die **Billigkeitsentscheidung** unter Berücksichtigung der **Beteiligungsintensität** zu treffen sein[8]. Unterliegt der Beteiligte, kommt eine Erstattung seiner außergerichtlichen Kosten regelmäßig dann nicht in Betracht, wenn er Rechtsmittel selbst eingelegt hat.

IV. Obligatorische Kostentragung (Satz 2)

10 Die Flexibilität des Gerichts, über die Kostentragung nach Billigkeitsgesichtspunkten zu entscheiden (§ 90 Satz 1), endet nach den Vorstellungen des Gesetzgebers unter den Voraussetzungen des Satzes 2, nach dessen Vorgaben die Kosten ohne Abwägung der Billigkeit einem Beteiligten aufzuerlegen sind (obligatorische Kostentragung). Vorgesehen ist dies in zwei Fällen:

– Veranlassung der Kosten durch Einlegung eines unbegründeten Rechtsmittels

– Veranlassung der Kosten durch grobes Verschulden

1. Erfolgloses Rechtsmittel

11 Unter einem **Rechtsmittel** sind insbesondere Beschwerde und Rechtsbeschwerde zu verstehen, über deren Zulässigkeit/Zulassung die zuvor entscheidende Instanz regelmäßig zu belehren hat (§ 73 Abs. 1 Satz 1; § 83 Abs. 6). Auch die Nichtzulassungsbeschwerde nach § 87 zählt zu den Rechtsmitteln. Die Kostentragung durch eine unterliegende Prozesspartei immer dann, wenn ein Rechtsmittel erfolglos geblieben ist, gehört zu den anerkannten Kostentragungsgrundsätzen im Zivilprozess (§§ 91 ff. ZPO); Rechtsmittel im Zivilprozess (§§ 511 ff. ZPO) sind Berufung, Revision und Beschwerde.

---

8 BGH WuW/E BGH 2627, 2643 – Sportübertragungen.

Die Rechtsprechung sowie ein großer Teil der Literatur vertreten im 12
Hinblick auf die Parallelnorm des § 78 Satz 2 GWB allerdings einen
engen Rechtsmittelbegriff, der die Beschwerde noch nicht erfasst:
Da mit der Beschwerde – vergleichbar der Anfechtungsklage – die
Angelegenheit erstmals bei Gericht anhängig gemacht werde, gehöre
die erfolglose Beschwerde (unzulässige oder unbegründete Beschwerde) nicht zu den Rechtsmitteln im Sinne von § 78 Satz 2 GWB[9]. Nach
anderer Auffassung[10] soll der auch sonst vertretene Rechtsmittelbegriff für § 78 GWB zugrunde zu legen sein (Gleichbehandlung von
Beschwerde und Rechtsbeschwerde). Zudem wird der Rechtsprechung und herrschenden Meinung vorgehalten, dass sie zwar im Beschwerdeverfahren § 78 Satz 2 GWB nicht anwende, unter Heranziehung des Satzes 1 aber zu identischen Ergebnissen gelange, so dass
auch im Hinblick auf das Beschwerdeverfahren der erfolglose Beschwerdeführer die Kosten insgesamt zu tragen habe[11].

Der Streit wird auch bei § 90 Satz 2 auftreten; weil dieselben Senate 13
wie nach dem GWB zuständig auch über Beschwerden gegen regulierungsbehördliche Entscheidungen zu urteilen haben werden (vgl.
§§ 106, 107), kann eine Fortführung der Rechtsprechung erwartet
werden. Weil die Auferlegung von Gerichtskosten und außergerichtlichen Kosten bei erfolglosem Rechtsmittel im Zivilprozess die Regel
darstellt, überzeugt es nicht, wenn in speziellen Verfahren vor den Zivilgerichten, für die nach dem Gesetzeswortlaut eine identische Kostentragung angeordnet ist, anders entschieden wird.

2. *Veranlassung durch grobes Verschulden*

Eine Abweichung von Satz 1 ist jedenfalls dann gerechtfertigt, wenn 14
die Kosten einer Instanz oder aber die Kosten einzelner Prozessteile
(z. B. Durchführung einer Beweisaufnahme) durch **grobes Verschulden eines Beteiligten** veranlasst wurden. Unter grobem Verschulden
wird im Sinne von § 277 BGB regelmäßig vorsätzliches oder grob
fahrlässiges Verhalten verstanden, wenn der Handelnde gegen Maßstäbe verstößt, deren Einhaltung als selbstverständlich erscheinen
muss, weil sie Jedermann einleuchten. Die Zurückhaltung von Urkunden im Besitz des Beteiligten (nicht notwendig des Beschwerde-

---

9 KG WuW/E OLG 1776, 1777 – Spezialbrot-Hersteller; *Immenga/Mestmäcker/Sauter*, GWB, § 77 Rz. 33; *Langen/Bunte*, GWB, § 77 Rz. 13.
10 *Loewenheim/Belke*, GWB, § 77 Rz. 10; *Bechtold*, GWB, § 78 Rz. 4.
11 *Bechtold* ebd. Rz. 4.

führers), falsche Aussagen oder das Veranlassen zu falschen Aussagen oder aber ein grob pflichtwidriger Umgang mit Erkenntnissen, die dem Beteiligten zu Gebote stehen, kann den Begriff des groben Verschuldens erfüllen.

15 Nur der auf einem solchen Verhalten beruhende Teil der gerichtlichen- oder außergerichtlichen Kosten wird dem entsprechenden Beteiligten auferlegt. Der Beschwerdeführer hat dann ggf. auch Kosten zu tragen, obwohl sein Rechtsmittel erfolgreich gewesen ist. Wiewohl sonstigen Beteiligten (Nicht-Beschwerdeführern) außergerichtliche Kosten häufig nicht auferlegt werden, gebietet der Grundsatz der obligatorischen Kostentragung nach Satz 2 unter den dort genannten Voraussetzungen eine abweichende Entscheidung. Weil der Grundsatz der obligatorischen Kostentragung dem Gericht keinerlei Spielraum belässt, darf nicht anders entschieden werden.

V. Anzuwendende Verfahrensvorschriften (Satz 3)

16 Die Vorschrift des § 90 Satz 3 verweist auf die Regelungen der ZPO, soweit sie das Kostenfestsetzungsverfahren (§§ 103 ff. ZPO) sowie die Zwangsvollstreckung aus Kostenfestsetzungsbeschlüssen (§§ 794 ff. ZPO) betreffen. Über diese Kostenfestsetzung entscheidet das Beschwerdegericht nicht nur im Hinblick auf die Kosten der eigenen Instanz, sondern auch für die Rechtsbeschwerdeinstanz. Dabei füllt die Kostenfestsetzungsentscheidung denjenigen Rahmen aus, den das Beschwerdegericht bzw. das Rechtsbeschwerdegericht durch die Kostentragungsentscheidung im Urteil festgelegt hat.

17 Letztere Kostenentscheidung ergeht ohne Antrag. Ändert das Rechtsbeschwerdegericht die Kostenentscheidung des Beschwerdegerichts, so liegt darin kein Verstoß gegen den Grundsatz der reformatio in peius (Entscheidung von Amts wegen)[12].

18 Da die Rechtsbeschwerde nach § 86 Abs. 1 nur gegen die **in der Hauptsache** ergehenden Beschlüsse der Beschwerdegerichte stattfindet, ist eine selbständige »Anfechtung« dieser Kostenentscheidung mit den Mitteln der Rechtsbeschwerde nicht vorgesehen. Um auch die Kostenentscheidung überprüfen zu lassen, muss daher Rechtsbeschwerde gegen die Hauptsacheentscheidung eingelegt werden.

---

12 BGH v. 14.3.1990 WuW/E BGH 2627, 2643 – Sportübertragungen; WM 1981, 46, 48 – 3 Bobbys KG.

§ 91 Gebührenpflichtige Handlungen

(1) ¹Die Regulierungsbehörde erhebt Kosten (Gebühren und Auslagen) für folgende gebührenpflichtige Leistungen:

1. Untersagungen nach § 5;

2. Amtshandlungen auf Grund von § 33 Abs. 1 und § 36 Abs. 2 Satz 3;

3. Amtshandlungen auf Grund der §§ 21a, 23a, 29, 30 Abs. 2, § 31 Abs. 2 und 3, § 65 sowie § 110 Abs. 4;

4. Erteilung von beglaubigten Abschriften aus den Akten der Regulierungsbehörde.

²Daneben werden als Auslagen die Kosten für weitere Ausfertigungen, Kopien und Auszüge sowie die in entsprechender Anwendung des Justizvergütungs- und -entschädigungsgesetzes zu zahlenden Beträge erhoben.

(2) ¹Gebühren und Auslagen werden auch erhoben, wenn ein Antrag auf Vornahme einer in Absatz 1 bezeichneten Amtshandlung abgelehnt wird. ²Wird ein Antrag zurückgenommen, bevor darüber entschieden ist, so ist die Hälfte der Gebühr zu entrichten.

(3) ¹Die Gebührensätze sind so zu bemessen, dass die mit den Amtshandlungen verbundenen Kosten gedeckt sind. ²Darüber hinaus kann die wirtschaftliche Bedeutung, die der Gegenstand der gebührenpflichtigen Handlung hat, berücksichtigt werden. ³Ist der Betrag nach Satz 1 im Einzelfall außergewöhnlich hoch, kann die Gebühr aus Gründen der Billigkeit ermäßigt werden.

(4) Zur Abgeltung mehrfacher gleichartiger Amtshandlungen können Pauschalgebührensätze, die den geringen Umfang des Verwaltungsaufwandes berücksichtigen, vorgesehen werden.

(5) Gebühren dürfen nicht erhoben werden

1. für mündliche und schriftliche Auskünfte und Anregungen;

2. wenn sie bei richtiger Behandlung der Sache nicht entstanden wären.

(6) ¹Kostenschuldner ist

1. in den Fällen des Absatzes 1 Satz 1 Nr. 1, wer eine Genehmigung beantragt hat;

2. in den Fällen des Absatzes 1 Satz 1 Nr. 1 bis 3, wer durch einen Antrag die Tätigkeit der Regulierungsbehörde veranlasst hat, oder derjenige, gegen den eine Verfügung der Regulierungsbehörde ergangen ist;

3. in den Fällen des Absatzes 1 Satz 1 Nr. 4, wer die Herstellung der Abschriften veranlasst hat.

²Kostenschuldner ist auch, wer die Zahlung der Kosten durch eine vor der Regulierungsbehörde abgegebene oder ihr mitgeteilte Erklärung übernommen hat oder wer für die Kostenschuld eines anderen kraft Gesetzes haftet. ³Mehrere Kostenschuldner haften als Gesamtschuldner.

(7) ¹Eine Festsetzung von Kosten ist bis zum Ablauf des vierten Kalenderjahres nach Entstehung der Schuld zulässig (Festsetzungsverjährung). ²Wird vor Ablauf der Frist ein Antrag auf Aufhebung oder Änderung der Festsetzung gestellt, ist die Festsetzungsfrist so lange gehemmt, bis über den Antrag unanfechtbar entschieden wurde. ³Der Anspruch auf Zahlung von Kosten verjährt mit Ablauf des fünften Kalenderjahres nach der Festsetzung (Zahlungsverjährung). ⁴Im Übrigen gilt § 20 des Verwaltungskostengesetzes.

(8) ¹Das Bundesministerium für Wirtschaft und Arbeit wird ermächtigt, im Einvernehmen mit dem Bundesministerium der Finanzen durch Rechtsverordnung mit Zustimmung des Bundesrates die Gebührensätze und die Erhebung der Gebühren vom Gebührenschuldner in Durchführung der Vorschriften der Absätze 1 bis 6 sowie die Erstattung der Auslagen für die in § 73 Abs. 1 Satz 4 und § 74 Satz 1 bezeichneten Bekanntmachungen und Veröffentlichungen zu regeln, soweit es die Bundesnetzagentur betrifft. ²Sie kann dabei auch Vorschriften über die Kostenbefreiung von juristischen Personen des öffentlichen Rechts, über die Verjährung sowie über die Kostenerhebung treffen.

(8a) Für die Amtshandlungen der Landesregulierungsbehörden werden die Bestimmungen nach Absatz 8 durch Landesrecht getroffen.

(9) Das Bundesministerium für Wirtschaft und Arbeit wird ermächtigt, durch Rechtsverordnung mit Zustimmung des Bundesrates das Nähere über die Erstattung der durch das Verfahren vor der Regulierungsbehörde entstehenden Kosten nach den Grundsätzen des § 90 zu bestimmen.

Überblick

		Seite	Rz.
I.	Regelungszweck und Entstehungsgeschichte	1389	1
II.	Kostenbegriff (Abs. 1 Satz 1).......................	1390	6
III.	Gebührenpflichtige Leistungen nebst Auslagen (Abs. 1, 2 und 5)	1391	8
	1. Gebührenpflichtige Leistungen...................	1391	9
	2. Auslagenbegriff...............................	1392	11
	3. Abgelehnte Amtshandlungen und Antragsrücknahmen (Abs. 2).......................................	1392	12
	4. Verbot der Gebührenfestsetzung..................	1393	14
IV.	Grundsätze der Kostenbestimmung (Abs. 3, 4).........	1393	16
V.	Kostenschuldner, Festsetzungsverjährung, Zahlungsverjährung sowie Rechtsschutz (Abs. 6 und 7)	1395	22
VI.	Ermächtigungsgrundlagen........................	1396	26

I. Regelungszweck und Entstehungsgeschichte

Regelungszweck des § 80 ist die Schaffung einer Ermächtigungsgrundlage für die Festsetzung von Gebühren durch Regulierungsbehörden. Fehlt ein Gebührentatbestand in Gesetz oder Rechtsverordnung, kann mangels Ermächtigungsgrundlage eine Gebühr auch nicht festgesetzt werden. 1

§ 99 ist eng an § 142 TKG sowie § 80 GWB angelehnt. Im Laufe des Gesetzgebungsverfahrens sind noch verschiedene Änderungen und Anpassungen erfolgt, deren Ziel insbesondere die Klarstellung und Einpassung in das rechtliche Umfeld gewesen sind[1]. 2

---

1 Bericht und Beschlussempfehlung des Wirtschaftsausschusses, BT-DrS 15/5268, S. 95; Beschlussempfehlung des Vermittlungsausschusses, BT-DrS 15/5736 (neu), S. 7 (Ziff. 35).

3 Satz 1 des § 91 **Abs. 1** definiert den Kostenbegriff und die Kostenfestsetzungstatbestände. Den Verweis auf das Justizvergütungs- und Entschädigungsgesetz[2] enthält Satz 2. **Abs. 2** ordnet an, dass auch bei ablehnenden Amtshandlungen, die auf einem Antrag nach § 91 Abs. 1 beruhen, Gebühren und Auslagen festzusetzen sind. **Abs. 2** betrifft abgelehnte und zurückgenommene Anträge.

4 Die **Bemessungsgrundsätze** für Gebühren sind in § 91 **Abs. 3** aufgeführt (Kostendeckungsprinzip, Berücksichtigung der wirtschaftlichen Bedeutung, Ermäßigung aus Billigkeitsgründen). Standardisierte Amtshandlungen werden durch Pauschalgebührensätze erfasst, § 91 **Abs. 4**. Für Auskünfte sowie bei unrichtiger Sachbehandlung dürfen Gebühren gar nicht erhoben werden, **Abs. 5**.

5 Den **Kreis der Kostenschuldner** umreißt § 91 **Abs. 6**. Die Kostenfestsetzung muss zur Vermeidung der Festsetzungsverjährung grundsätzlich innerhalb von vier Jahren nach Entstehung der Kostenschuld festgesetzt werden (§ 91 Abs. 7). Verordnungsermächtigungen sehen die Abs. 8 und 9 zugunsten des BMWA und Abs. 8a – betreffend Amtshandlungen der LRB – zugunsten des Landesrechts vor.

II. Kostenbegriff (Abs. 1 Satz 1)

6 Die Überschrift zu § 91 – gebührenpflichtige Handlungen – greift zu kurz, weil Abs. 1 Satz 1 mit dem **Kostenbegriff** nicht nur Gebühren, sondern auch Auslagen regelt. Unter **Gebühren** sind Geldleistungen zu verstehen, die als Gegenleistung für eine besondere Inanspruchnahme der Verwaltung von demjenigen erhoben werden, auf dessen Veranlassung oder in dessen Interesse diese Inanspruchnahme tatsächlich und konkret erfolgt ist[3]. Beiträge gehören nicht zu den Gebühren[4]; während die Gebühr eine Art Gegenleistung für die tatsächliche Inanspruchnahme des Verwaltungshandelns darstellt (Nutzungsgebühren und Verwaltungsgebühren), reicht es für die Beitragsfestsetzung aus, wenn die Inanspruchnahme des Verwaltungshandelns grundsätzlich möglich ist.

---

2 Vom 5.5.2004, BGBl. I S. 718.
3 BVerfG v. 24.1.1995, E 92, 91, 115 = NJW 1995, 1733 – Feuerwehrabgabe; BVerfG v. 10.3.1998, E 97, 332, 343 = DVBl. 1998, 699 – Kindergartengebühren.
4 Zu Einzelheiten vgl. unten § 92 Rz. 1.

Ersatzfähig sind nach § 91 auch **Auslagen**. Dabei handelt es sich um 7
Geldleistungen, die zur Abdeckung von tatsächlich entstandenem
Aufwand von der Verwaltung vorgeschossen werden müssen. Dies
betrifft etwa den Aufwand für Telekommunikation, für die Erstellung
von Schriftstücken und Kopien, Übersetzungsaufwand, die Kosten
einer Bekanntmachung, Kosten nach dem Zeugen- und Sachverständigenentschädigungsgesetz, Reisekosten, Entgelte bei Inanspruchnahme anderer Verwaltungsbehörden sowie Kosten für Transport und
Verwaltung von Sachen[5]. Soweit ein Aufwandstatbestand weder den
in Gesetz oder Verordnung festgesetzten Gebühren noch den Auslagen zugeordnet werden kann, darf eine Festsetzung nicht erfolgen.

III. Gebührenpflichtige Leistungen nebst Auslagen (Abs. 1, 2 und 5)

Die Gebührentatbestände legen § 91 Abs. 1 Satz 1 sowie Abs. 2 fest. 8
Die Ausgestaltung des **Auslagenbegriffs** erfolgt in Satz 2 des § 91
Abs. 1. Ein Verbot der Gebührenfestsetzung enthält Abs. 5.

1. Gebührenpflichtige Leistungen

Amtshandlungen der Regulierungsbehörde (BNetzA sowie LRB), die 9
in Satz 1 des § 91 Abs. 1 aufgeführt sind, sowie die Ablehnung eines
diesbezüglichen Antrags (Abs. 2) unterliegen der Kostenfestsetzung.
Nach den Ziff. 1 bis 4 des § 91 Abs. 1 Satz 1 handelt es sich um folgende **Amtshandlungen**:

- Untersagung der Aufnahme der Energiebelieferung von Haushaltskunden (§ 5 Satz 4)

- Anordnung einer Vorteilsabschöpfung nach § 33 Abs. 1

- Entscheidung über Einwände gegen die Feststellung des Grundversorgers nach § 36 Abs. 2 Satz 3

- Entscheidungen im Rahmen der Anreizregulierung (§ 21a)

- Genehmigung von Netzentgelten (§ 23a)

- Bedingungen- und Methodenfestlegungen (§ 29 Abs. 1)

- Missbrauchsentscheidungen (§ 30 Abs. 2)

---

5 Vgl. § 10 Bundes-VerwaltungskostenG.

- Entscheidungen im besonderen Missbrauchsverfahren (§ 31)
- alle Aufsichtsmaßnahmen nach § 65
- Entscheidungen über das Vorliegen eines Objektnetzes (§ 110 Abs. 4)
- Entscheidungen über die Erteilung von beglaubigten Abschriften aus den Akten der Regulierungsbehörde (Ziff. 4)

10 Auffällig beim Katalog ist, dass die Regulierungsbehörde im Hinblick auf Entscheidungen nach § 36 Abs. 2 Satz 3 gar nicht zuständig ist, weil nicht die LRB, sondern die nach Landesrecht zuständige Behörde entscheidet. Für Amtshandlungen der nach Landesrecht zuständigen Behörde muss das Landesrecht einen entsprechenden Gebührentatbestand festsetzen. Sieht das Landesrecht vor, dass die Entscheidung nach § 36 Abs. 2 Satz 3 (Einwände gegen die Feststellung des Grundversorgers) durch die Regulierungsbehörde getroffen werden soll, dürfte § 91 Abs. 1 Satz 1 Ziff. 2 Alt. 2 anwendbar sein.

2. Auslagenbegriff

11 Fallen Kosten für weitere Ausfertigungen, Kopien und Auszüge an, so können diese als **Auslagen**[6] ebenfalls festgesetzt werden. Wegen der zu diesen Auslagen gehörenden Einzelkosten wird auf das Justizvergütungs- und -entschädigungsgesetz verwiesen[7].

3. Abgelehnte Amtshandlungen und Antragsrücknahmen (Abs. 2)

12 Liegen die Voraussetzungen für die Vornahme einer Amtshandlung nicht vor, wird die Regulierungsbehörde die Amtshandlung nicht vornehmen. Ein Gebührentatbestand nach § 91 Abs. 1 **Satz 1** kommt dann nicht in Betracht. Allerdings sieht § 91 Abs. 2 Satz 1 vor, dass eine Gebühr in identischer Höhe auch bei Ablehnung des Antrags festzusetzen ist. Amtshandlung und rechtskonform verweigerte Amtshandlung stehen damit gleich. Kostenschuldner ist auch in diesen Fällen der Antragsteller (§ 91 Abs. 6 Satz 1 Ziff. 1); wer die Einleitung eines Missbrauchsverfahrens gegen einen Netzbetreiber beantragt, der muss bei Einleitung des Verfahrens immer dann, wenn das

---

6 Zur Begriffsbestimmung vgl. oben § 91 Rz. 7.
7 Vgl. das Zitat oben § 91 FN 2.

Verfahren durch Einstellung endet, mit einer entsprechenden Gebührenbelastung rechnen.

Weil das Kosten- und Gebührenrecht **aufwandsorientiert** ausgestaltet ist, darf bei vorzeitiger Erledigung des Verfahrens nicht die volle Gebühr angesetzt werden. Dies gilt nach **Satz 2** des § 91 Abs. 2, wenn der Antrag auf Vornahme der Amtshandlung zurückgenommen wird, bevor eine Entscheidung erfolgte. Dabei wird man die bloße Vorbereitung der Entscheidung (Entscheidungsentwurf) noch nicht dem Entscheidungsbegriff zuschlagen können. Ist die Entscheidung intern ausgefertigt worden, den Beteiligten aber noch nicht zugegangen/zugestellt worden, so liegt bei strenger Betrachtung ebenfalls noch keine (wirksame) Entscheidung vor.

4. Verbot der Gebührenfestsetzung

Gebühren dürfen immer nur in Bezug auf Entscheidungsergebnisse erhoben werden; die Gebühr betrifft die Amtshandlung selbst (Hauptsacheentscheidung). Konsequent sieht **Abs. 5** des § 91 vor, dass bei bloßer **Auskunftserteilung** (mündlicher oder schriftlicher Art) Gebühren nicht erhoben werden. Das gleiche gilt für **Anregungen**, die die Regulierungsbehörde gefragt oder ungefragt erteilt.

Erfolgt eine Amtshandlung, die **bei korrekter Sachbehandlung nicht ergangen wäre**, so darf dies ebenfalls einen Gebührentatbestand nicht auslösen. Vielmehr bleibt die Regulierungsbehörde darauf verwiesen, nunmehr die richtige Sachbehandlung durchzuführen; im Hinblick auf die daraufhin ergehende Amtshandlung darf dann die Gebühr festgesetzt werden.

IV. Grundsätze der Kostenbestimmung (Abs. 3, 4)

§ 91 Abs. 1 Satz 1 legt lediglich das **ob** der Gebührenpflicht fest, enthält jedoch keine Aussage zur Gebührenhöhe. Insofern sieht **Abs. 3** Bemessungsgrundsätze zur Gebührenhöhe vor, wobei nach Abs. 8 eine Rechtsverordnung zu den Gebührensätzen vorgesehen ist. Diese wird auch die Auslagen in Bezug auf Bekanntmachungen und Veröffentlichen umfassen. In Bezug auf Amtshandlungen der LRB wird auf das Landesrecht verwiesen (Abs. 8a), während für die **Kostenerstattung** nach den Grundsätzen des § 90 eine weitere Rechtsverordnung (Abs. 9) im Gesetz enthalten ist.

17 Bedeutsamer Grundsatz der Festsetzung von Gebühren und Auslagen ist das **Kostendeckungsprinzip**, § 91 Abs. 3 Satz 1. Dies umfasst sowohl die Sachkosten als auch die Personalkosten der Regulierungsbehörde. Soweit es sich um direkt zurechenbare Kosten handelt (Auslagen für Telefonate), sind diese Kosten unmittelbar festzusetzen; Gemeinkosten müssen nach sachgerechter Schlüsselung auf die einzelnen Amtshandlungen verteilt werden. Dazu kann entsprechend der Vorgehensweise der Rechtsanwälte eine Art »billing« erfolgen, wobei die bearbeitenden Mitglieder der Regulierungsbehörde in Abhängigkeit der ihnen zuzurechnenden Personalkosten ihren Stundenaufwand notieren, der dann im Hinblick auf die einzelne Amtshandlung getreulich abzurechnen ist.

18 Zu den anerkannten, aber nicht unumstrittenen Grundsätzen der Gebührenbemessung behört auch der **Grundsatz der wirtschaftlichen Bedeutung**. Auf diese Weise kann das wertmäßige Interesse der Antragsteller an der Durchführung der Amtshandlung berücksichtigt werden (»wirtschaftliche Tragweite«). Im Gebührenrecht des Kartellverwaltungsverfahrens ist die wirtschaftliche Bedeutung insbesondere im Hinblick auf die Anmeldung von Zusammenschlussvorhaben berücksichtigt worden[8].

19 In mehreren Entscheidungen haben der EuGH[9] sowie die Oberlandesgerichte[10] Grenzen bei der Berücksichtigung der wirtschaftlichen Bedeutung von Amtshandlungen aufgezeigt. Insbesondere wenn Aufwand der Regulierungsbehörde und die auf der Basis der Amtshandlung möglichen Einnahmen und Gewinne weit auseinander klaffen, darf sich die Bemessungsgrundlage der Gebühr nicht allzu weit vom Kostendeckungsprinzip entfernen[11].

20 Während der Grundsatz der wirtschaftlichen Bedeutung eine Überschreitung der kostendeckenden Gebühr (in Maßen) ermöglicht, sieht **Satz 3** des § 91 Abs. 3 **ein Unterschreiten der Kostendeckung** vor. Selbst wenn die Regulierungsbehörde einen hohen Aufwand zu tätigen hat, muss geprüft werden, ob die daraus resultierende Gebühr **der Billigkeit im Einzelfall** entspricht. Aus der Kostenentscheidung muss

---

8 Überblick bei *Bechtold*, GWB, § 80 Rz. 4.
9 EuGH v. 2.12.1997, Slg. I-6783 – Fantask S/A.
10 Überblick: OLG Brandenburg NZG 2002, 486, 487 – Gebühren für Kapitalerhöhung.
11 Vgl. die Reform des Handelsregistergebührenrechts in § 79a HGB (Aufwandsbezug): BGBl. I 2004, S. 1410.

sich deshalb jeweils ergeben, ob die nach dem Kostendeckungsprinzip gebildete Gebühr nicht im Einzelfall zu unterschreiten ist, weil nur eine solche Entscheidung als angemessen erscheint.

Vierter Grundsatz des Gebührenrechts ist die **Pauschalierung,** § 91 Abs. 4. Müssen wie etwa bei der NZE-Genehmigung nach § 23a gleichartige Amtshandlungen mehrfach vorgenommen werden, so kann dies zu einem geringeren Verwaltungsaufwand führen, weil die Regulierungsbehörde stets dieselben Kontrollkriterien anzuwenden hat und nur die Einsatzzahlen wechseln. Derartige **Pauschalgebührensätze** zur Berücksichtigung des geringeren Verwaltungsaufwandes lassen sich aber eher durch Verordnung als nach Prüfung im Einzelfall festsetzen. 21

V. Kostenschuldner, Festsetzungsverjährung, Zahlungsverjährung sowie Rechtsschutz (Abs. 6 und 7)

Satz 1 des § 91 **Abs. 6** ordnet an, wer Schuldner der festgesetzten Kosten ist (Satz 1 Ziff. 1 bis 3). Insofern kommen in Betracht: 22

– Antragsteller bei der Genehmigung

– Veranlasser der Amtstätigkeit

– Entscheidungsadressat (z. B. im Missbrauchverfahren)

– Antragsteller bei Erteilung von beglaubigten Abschriften (§ 91 Abs. 1 Ziff. 4)

Damit wird der Kostenschuldner nach dem **Veranlassungsprinzip** bestimmt. Die Formulierungen des § 91 Abs. 6 Satz 1 sind teilweise misslungen. So betrifft der in Ziff. 1 in Bezug genommene Tatbestand des § 5 (Anzeige der Energiebelieferung) keinesfalls eine Genehmigung, sondern eine Untersagung (§ 5 Satz 4). Der in Ziff. 2 verwendete Verfügungsbegriff ist dem Energiewirtschaftsrecht fremd, weil die Regulierungsbehörde **Entscheidungen** trifft[12]. Eine **Kostenübernahmeerklärung** bzw. die Haftung für fremde Kostenschuld kraft Gesetzes führt ebenfalls zur Kostenschuldnerschaft, § 91 Abs. 6 Satz 2. **Satz 3** ordnet pauschal die Gesamtschuldnerschaft mehrerer 23

---

12 Versehentlich ist der früher im Kartellrecht verwendete Verfügungsbegriff Bestandteil des EnWG geworden, als die Vorschrift des § 80 GWB übernommen wurde.

Kostenschuldner an, was im Einzelfall bedenklich sein kann, wenn sehr unterschiedliche Interessen an der Vornahme/Unterlassung der Amtshandlung bestehen.

24 Das zivile Verjährungsrecht ist auf den Verwaltungsakt der Kostenfestsetzung nicht anwendbar. Gleichwohl sieht § 91 Abs. 7 Satz 1 eine Verjährungsfrist vor: Nur bis zum Ablauf des vierten Kalenderjahres nach Entstehung der Kostenschuld darf noch eine **Festsetzung von Kosten** erfolgen. Wird vor Ablauf dieser **Festsetzungsverjährung** ein Antrag zur Kostenfestsetzung gestellt (Aufhebung oder Änderung einer bereits erfolgten Festsetzung), ist insofern ein Hemmungstatbestand gegeben, der Änderungen der früheren Festsetzung ohne Eintritt der Festsetzungsverjährung ermöglicht. In diesem Fall endet nach Satz 2 des § 91 Abs. 7 die Festsetzungsfrist erst mit unanfechtbarer Entscheidung zum gestellten Änderungs- oder Aufhebungsantrag.

25 Nach **Satz 3** ist auch eine **Zahlungsverjährung** vorgesehen: Die Regulierungsbehörde wird also versuchen, mit Hilfe des Vollstreckungsrechts, auf dessen § 20 die Vorschrift des § 91 Abs. 7 **Satz 4** verweist, die Ergebnisse des Kostenfestsetzungsbeschlusses durchzusetzen. Der **Gebührenbeschluss** der Regulierungsbehörde ist mit der Beschwerde nach §§ 75 ff. anfechtbar. Das Beschwerdegericht prüft nach, ob eine Ermächtigungsgrundlage für die Kostenfestsetzung besteht, der richtige Kostenschuldner ausgewählt wurde und die Kostenbemessungsgrundsätze des § 91 Abs. 3 korrekt angewendet wurden. Soweit die Regulierungsbehörde die Praxis der Kartellbehörden übernehmen sollte, eine Kostenfestsetzung durch Beschluss zunächst zu vermeiden, indem die Gebühren nebst Auslagen zunächst durch formlosen Brief eingefordert werden[13], ist dagegen die Beschwerde noch nicht gegeben. Erfolgt aufgrund dieses Briefes keinerlei Zahlung, wird der Kostenbeschluss erlassen.

VI. Ermächtigungsgrundlagen

26 Die Abs. 8, 8a sowie 9 sehen vor, dass Einzelheiten – insbesondere Gebührensätze – entweder durch **Rechtsverordnung des BMWA** (mit Zustimmung des Bundesrates) oder durch das Landesrecht (für die LRB) geregelt werden. Erfolgt die Festlegung durch Verordnung im Hinblick auf Gebührensätze, Gebührenerhebung, Gebühren-

---

13 Vgl. dazu *Bechtold*, GWB, § 80 Rz. 8.

schuldner, Erstattung von Auslagen in Bezug auf Bekanntmachung und Veröffentlichungen sowie die Kostenbefreiung von juristischen Personen des öffentlichen Rechts, so muss mit dem Bundesministerium für Finanzen Einvernehmen hergestellt werden (Abs. 8). Die EnergiewirtschaftskostenV vom 14.3.2006 (BGBl. I S. 540) ist am 23.3.2006 in Kraft getreten und erfasst auch die bereits eingeleiteten Verfahren (§ 3).

Nach Abs. 8a legt das **Landesrecht** das Gebührenrecht für Amtshandlungen der Landesregulierungsbehörde fest. Dabei muss sich das Landesrecht an demjenigen Rahmen orientieren, den § 91 aufstellt. Andere Amtshandlungen usw. dürfen nicht aufgeführt sowie abweichende Kostenbemessungsgrundsätze nicht angewendet werden. 27

Eine **Rechtsverordnung** sieht **Abs. 9** auch vor, wenn nach § 90 Satz 1 einem **Beteiligten Kosten zu erstatten sind**. Dies kann etwa der Fall sein, wenn eine Missbrauchsanordnung nach § 30 in der Rechtsbeschwerde vom BGH aufgehoben worden ist. 28

Weil mit dem Obsiegen des Beschwerdeführers in der letzten Instanz auch der zuvor getroffene Kostenfestsetzungsbeschluss der Regulierungsbehörde hinfällig geworden sein kann (gebührenpflichtige Amtshandlung gemäß § 91 Abs. 1 Satz 1 Ziff. 3), muss auch insofern eine Kostenerstattung erfolgen. Die Ausgestaltung dieses Kostenerstattungsverfahrens in Anlehnung an die in § 90 festgelegten Grundsätze (insbesondere Billigkeitsgrundsatz) kann durch Rechtsverordnung erfolgen. Ermächtigungsadressat ist das BMWA mit Zustimmung des Bundesrates. 29

§ 92 Beitrag

(1) ¹Zur Deckung der Kosten der Bundesnetzagentur für Maßnahmen zur Sicherstellung eines chancengleichen und funktionsfähigen Wettbewerbs auf den Märkten für die leitungsgebundene Versorgung mit Elektrizität und Gas und für die Verwaltung, Kontrolle sowie Durchsetzung von mit diesem Gesetz verbundenen Rechten und Pflichten, darauf beruhenden Verordnungen und Nutzungsrechten, soweit sie nicht anderweitig durch Gebühren oder Auslagen nach diesem Gesetz gedeckt sind, haben die Betreiber von Energieversorgungsnetzen einen Beitrag zu entrichten. ²Dies umfasst auch die Kosten für die in Satz 1 genannten Aufgaben in Bezug auf die internationale Zusammenarbeit. ³Der auf das Allgemeininteresse entfallende Kostenanteil ist beitragsmindernd zu berücksichtigen. ⁴Der Beitragsanteil darf höchstens 60 Prozent der nicht anderweitig durch Gebühren oder Auslagen gedeckten Kosten betragen.

(2) Die beitragsrelevanten Kosten nach Absatz 1 werden anteilig auf die einzelnen beitragspflichtigen Unternehmen nach Maßgabe ihrer Umsätze bei der Tätigkeit als Betreiber von Energieversorgungsnetzen umgelegt und von der Bundesnetzagentur als Jahresbeitrag erhoben.

(3) ¹Das Bundesministerium für Wirtschaft und Arbeit wird ermächtigt, durch Rechtsverordnung mit Zustimmung des Bundesrates im Einvernehmen mit dem Bundesministerium der Finanzen das Nähere über die Erhebung der Beiträge, insbesondere über den Verteilungsschlüssel und -stichtag, die Mindestveranlagung, das Umlageverfahren einschließlich eines geeigneten Schätzverfahrens und einer Klassifizierung hinsichtlich der Feststellung der beitragsrelevanten Kosten nach Absatz 2, die Pflicht zur Mitteilung der Umsätze einschließlich eines geeigneten Verfahrens mit der Möglichkeit einer Pauschalierung sowie die Zahlungsfristen, die Zahlungsweise und die Höhe der Säumniszuschläge zu regeln. ²Die Rechtsverordnung kann auch Regelungen über die vorläufige Festsetzung des Beitrags vorsehen. ³Das Bundesministerium für Wirtschaft und Arbeit kann die Ermächtigung nach Satz 1 durch Rechtsverordnung unter Sicherstellung der Einvernehmensregelung auf die Bundesnetzagentur übertragen.

§ 92 Beitrag

Überblick   Seite   Rz.

I. Regelungszweck und Entstehungsgeschichte 1400   1

II. Beitragspflichtige Kosten der BNetzA und Beitragschuldner (Abs. 1). 1402   7

    1. Beitragsschuldner............................ 1402   8
    2. Bruttobemessung des Beitrags................... 1404   13
    3. Abzugsposten 1405   16
    4. Umlagefähiger Beitragsanteil (Satz 4) 1406   19

III. Umlage auf die Beitragsschuldner (Abs. 2) 1407   23

IV. Verordnungsermächtigungen (Abs. 3)................ 1408   25

I. Regelungszweck und Entstehungsgeschichte

1 Regelungszweck ist es nach dem Vorbild des § 144 TKG, die Netzbetreiber an den Kosten der Tätigkeit der BNetzA (nicht: der LRB) zu beteiligen. Dazu heißt es in der Begründung des Regierungsentwurfs zu § 92[1]:

> »Beiträge können erhoben werden zur Abdeckung von Kosten, die bei einer »gruppennützigen« Betätigung öffentlicher Stellen anfallen. Voraussetzung dafür ist, dass einer abgrenzbaren Gruppe von natürlichen oder juristischen Personen ein bestimmter Nutzen zugeordnet werden kann, der von der Tätigkeit der Regulierungsbehörde ausgeht. Mit der Regulierungstätigkeit nützt die Regulierungsbehörde der Gesamtheit der Marktteilnehmer durch die Förderung des Wettbewerbs, so dass die Möglichkeit eröffnet ist, die Marktteilnehmer mittels einer Beitragsregelung zur Refinanzierung der staatlichen Aufgaben heranzuziehen.
>
> Auch in anderen Bereichen, so beispielsweise nach dem Gesetz über die elektromagnetische Verträglichkeit von Geräten (EMVG), dem Gesetz über Rahmenbedingungen für elektronische Signaturen (SigG), im Versicherungs- und Bankwesen nach dem Gesetz über das Kreditwesen (KWG) sowie dem Telekommunikationsgesetz (TKG), ist es üblich, den Aufwand von Aufsichtsbehörden über Beiträge der auf den betroffenen Märkten tätigen Unternehmen zu finanzieren. Die Erhebung jährlicher

---

[1] BT-DrS 15/3917, S. 72.

Abgaben zur Finanzierung der Tätigkeiten der Regulierungsbehörden ist im Übrigen in den Mitgliedstaaten der Europäischen Union weit verbreitet.«

Der Bundesrat hatte in seiner Stellungnahme zum Regierungsentwurf[2] eine Streichung des § 92 angeregt, weil es sich bei dem Beitrag um eine »Leistung ohne Gegenleistung« handele, die den kontrollierten betroffenen Unternehmen keine Vorteile gewähre. Die Regulierungsbehörde dürfe auch nicht abhängig von Zahlungen der zu beaufsichtigenden EVU gehalten werden. Auch würden auf diese Weise die Preise für Netznutzung steigen (Umlegung des Beitrags auf die Kunden). Auch angesichts erheblicher ordnungspolitischer und rechtsstaatlicher Bedenken gegen die Beitragsfinanzierung spreche alles dafür, die Finanzierung der Regulierungsbehörde aus dem allgemeinen Haushalt zu bestreiten.

2

In ihrer Gegenäußerung zur Stellungnahme des Bundesrates[3] hat die Bundesregierung die Ausbringung der Streichung abgelehnt. Weil es sich um eine abgrenzbare Gruppe von natürlichen oder juristischen Personen handele, könne diesen Personen der von der Tätigkeit der Regulierungsbehörde ausgehende Nutzen ohne Verletzung von Rechtsvorschriften zugeordnet werden. Die derart verfassungsgemäße Finanzierungsform gefährde auch nicht die Unabhängigkeit der Regulierungsbehörde. Weil die Beitragsfinanzierung nur einen im Hinblick auf die aus der Gesamtheit der NZE resultierenden Kosten vernachlässigbar geringen Teilbetrag ausmache, sei auch nicht mit Preiserhöhungen zu rechnen. Die von Dritten veranlassten Tätigkeiten der Regulierungsbehörde würden ohnehin über Gebühren und Auslagen finanziert[4]. Da auch Netzbetreiber Amtshandlungen der Regulierungsbehörde anregen (vgl. § 91 Abs. 1 Satz 1 Ziff. 3), wofür dann Gebühren und Auslagen festzusetzen sind, findet in Wirklichkeit eine »Mischfinanzierung« statt.

3

Der Wirtschaftsausschuss hat keine Veränderung des § 92 vorgeschlagen[5]. Allerdings hat dann der Vermittlungsausschuss[6] die Vorschrift des § 92 Abs. 1 am Ende um einen Satz 4 ergänzt, wonach der Bei-

4

---

2 BT-DrS 15/3917, Anlage 2, S. 78, 94 (Ziff. 59).
3 BT-DrS 15/4068, S. 9 (Ziff. 56).
4 Bundesregierung ebd. S. 9.
5 BT-DrS 15/5268, S. 76 f.
6 BT-DrS 15/5736 (neu), S. 7 (Ziff. 36).

§ 92 Beitrag

tragsanteil **höchstens 60% der nicht anderweitig durch Gebühren oder Auslagen gedeckten Kosten betragen** darf. Mit dieser »Deckelung« ist § 92 dann in der Fassung des Regierungsentwurfs Gesetz geworden.

5 **Abs. 1** enthält den Grundsatz der Beitragsfinanzierung; Beitragsschuldner sind die **Betreiber von Energieversorgungsnetzen**. Bei der Beitragsfestsetzung soll das Allgemeininteresse beitragsmindernd berücksichtigt werden, und der Beitragsanteil darf höchstens 60% der nicht anderweitig gedeckten Kosten betragen.

6 Nach **Abs. 2** sind die beitragsrelevanten Kosten nach Maßgabe der **Umsätze** der Netzbetreiber auf diese anteilig umzulegen. Die BNetzA erhebt den Beitrag als Jahresbeitrag. Einzelheiten sollen durch Rechtsverordnung des BMWA mit Zustimmung des Bundesrates und im Einvernehmen mit dem Bundesministerium der Finanzen geregelt werden (**Abs. 3**).

II. Beitragspflichtige Kosten der BNetzA und Beitragschuldner (Abs. 1)

7 Die Grundregelungen zur Ermittlung des Beitrags, der durch Umlage auf Netzbetreiber die bei der BNetzA entstehenden Verwaltungsausgaben abdecken soll, enthält § 92 Abs. 1. Von diesem Gesamtbetrag sind zunächst die durch **Gebühren und Auslagen** (§ 91) gedeckten Verwaltungskosten abzuziehen sowie der auf das Allgemeininteresse entfallende Kostenanteil zu ermitteln (§ 92 Abs. 1 **Satz 3**). Der sich daraus ergebende potenziell umlagefähige Gesamtbetrag einschließlich der Kosten der internationalen Zusammenarbeit (**Satz 2**) ist gemäß **Satz 4** auf höchstens 60% der nicht durch Gebühren oder Auslagen gedeckten Verwaltungskosten zu vermindern.

1. Beitragsschuldner

8 Beitragspflichtig sind alle **Betreiber von Energieversorgungsnetzen**. Nach der Legaldefinition des § 3 Ziff. 4 umfasst dies die Betreiber von Elektrizitätsversorgungsnetzen sowie die Betreiber von Gasversorgungsnetzen (§ 3 Ziff. 2 und 6) unabhängig von der Spannungsebene oder Druckstufe. Einbezogen sind nicht nur selbständige (rechtfähige) Unternehmen, sondern auch **unselbständige Organisationseinheiten** eines EVU, soweit in dieser Organisationseinheit Netzbetreiberauf-

II. Beitragspflichtige Kosten der BNetzA und Beitragschuldner (Abs. 1)

gaben wahrgenommen werden. Wegen der Einzelheiten wird auf die Erläuterungen zu § 3 verwiesen[7].

Streitig könnte werden, ob alle oder nur die bisher nicht anerkannten **Objektnetzbetreiber** im Sinne von § 110 Abs. 1 und 4 zur Gruppe der beitragspflichtigen Netzbetreiber im Sinne von § 92 Abs. 1 zu zählen sind. Jene Objektnetzbetreiber sind dadurch gekennzeichnet, dass sie außerhalb der allgemeinen Versorgung tätig sind, also insbesondere **Spezial- und Eigenversorgung** mit diesen Netzen durchführen. Weil § 3 Ziff. 4 aber auf die Unterscheidung zwischen allgemeiner und spezieller Versorgung nicht abhebt, sind die Objektnetzbetreiber grundsätzlich Netzbetreiber im Sinne von § 3 Ziff. 4. 9

Allerdings endet nach Gewährung der Freistellung des § 110 Abs. 4 die regulierungsbehördliche Aufsicht über diese Netzbetreiber. Die entsprechenden Teile 2 und 3 des EnWG sind nicht mehr anwendbar, so dass die Objektnetzbetreiber auch keine Verwaltungskosten der Regulierungsbehörde mehr zu verursachen vermögen. Mit der Bescheidung des Antrags im Sinne von § 110 Abs. 4 sind mit der Begleichung von Gebühren und Auslagen die diesbezüglich entstandenen Verwaltungskosten bereits gedeckt. 10

Deshalb sieht § 110 Abs. 1 zu Recht eine **explizite Freistellung** der Objektnetzbetreiber auch von § 92 vor: Weil die Anwendung des § 92 und damit der Beitragspflicht auf diese Objektnetzbetreiber explizit ausgeschlossen ist, kann nur noch Streit darüber entstehen, ob ein Objektnetzbetrieb vor Bescheidung des Antrags nach § 110 Abs. 4 noch beitragspflichtig ist oder bereits die objektive Existenz des Objektnetzes – unabhängig von der feststellenden Entscheidung der Regulierungsbehörde – bereits Beitragsfreiheit auslöst. 11

Für letztere Auslegung spricht der Gesetzeswortlaut: Wenn § 92 »keine Anwendung auf den Betrieb« derartiger Netze findet, dann richtet sich die **Beitragsfreiheit nach objektiven Kriterien** und ist **unabhängig** davon, ob ein **Antrag** gestellt wurde oder nicht. Auch wenn der Antrag nach § 110 Abs. 4 noch nicht gestellt worden ist, könnte sich ein Objektnetzbetreiber gegen Entscheidungen der Regulierungsbehörde unter Hinweis darauf zur Wehr setzen, dass das Gesetz ihn gar nicht betrifft. Erweist sich diese Rechtsauffassung als zutreffend, so handelt es sich um eine unrichtige Sachbehandlung durch die 12

---

7 Oben Rz. 25, Rz. 16 ff. sowie Rz. 26 ff.

Regulierungsbehörde, die bereits nach § 91 Abs. 5 Ziff. 2 zur Gebührenfreiheit und konsequent zur Beitragsfreiheit nach § 92 führen muss. Deshalb bleibt ein Objektnetzbetreiber im Ergebnis beitragsfrei, selbst wenn er den Antrag nach § 110 Abs. 4 nicht stellt.

2. Bruttobemessung des Beitrags

13 Um das Bruttovolumen des Beitrags zu ermitteln, sind alle **Kosten der Bundesnetzagentur** zusammenzustellen, die durch Maßnahmen zur Sicherstellung eines chancengleichen und funktionsfähigen Wettbewerbs auf den Märkten für die leitungsgebundene Versorgung mit Elektrizität und Gas und für die Verwaltung, Kontrolle sowie Durchsetzung von mit diesem Gesetz verbundenen Rechten und Pflichten (einschließlich darauf beruhender Verordnungen und Nutzungsrechte) veranlasst sind. Die Gesetzesbegründung verweist insofern auf die **Teile 2 und 3** des EnWG[8] sowie **Satz 2** zusätzlich auf die aus der internationalen Zusammenarbeit der BNetzA mit anderen europäischen Behörden entstehenden Kosten (§§ 56, 57, 64a). Die aus der Gesetzesbegründung resultierende Inbezugnahme, die die Entflechtung und die Regulierung des Netzbetriebs einschließt, die Kostenbelastung aus den der nach Landesrecht zuständigen Behörde übertragenen Aufgaben aber ausklammert, ist anders als der Gesetzestext durchaus geeignet, um für eine rechtssichere Abgrenzung zu sorgen. Es bleibt abzuwarten, ob die Vorgaben der Rechtsprechung des Bundesverwaltungsgerichts[9] damit erfüllt werden.

14 Eingeschlossen sind alle Verwaltungsausgaben, insbesondere die Ausgaben für Personal, Sachmittel, Gebäudeunterhaltung, sowie Fremdkosten. Dieser Bruttoaufwand schließt zurechenbare Einnahmen ein (Gebühren und Auslagen), die erst später abzuziehen sind. Weil die Orientierung des Bruttobeitrags am Kostendeckungsprinzip erfolgt ist, dürfen zukünftige Personalausgaben (Pensionen der Beamten) nicht berücksichtigt werden, weil sie nicht zum durch die BNetzA aufzustellenden Haushalt gehören. Wenn in der Gesetzesbegründung insofern auf eine »Kosten- und Leistungsrechnung der Regulierungsbehörde« verwiesen wird[10], so ist fraglich, ob eine derartige Sonderabrechnung – möglicherweise auf betriebswirtschaftlichen Grundsätzen

---

8 Regierungsbegründung, BT-DrS 15/3917, S. 72, Einzelbegründung zu § 92 Abs. 1.
9 Vom 22.11.2000, DVBl. 2001, 920 = BVerwGE 112, 194 – Flugfunkstelle.
10 Regierungsbegründung, BT-DrS 15/3917, S. 73.

wie einer Gewinn- und Verlustrechnung fußend – zur Feststellung des Bruttobeitrags herangezogen werden darf. Dagegen spricht insbesondere, dass auf diese Weise das kameralistische Prinzip verlassen würde.

Nur die **Kosten der Bundesnetzagentur** dürfen zur Ermittlung des Bruttobeitrags nach § 92 herangezogen werden. Zu den Verwaltungskosten der LRB gibt es zu Recht keine entsprechende Bundesregelung; möglicherweise sind die Länder berechtigt, Parallelregelungen für ihre Behörden einzuführen. Diese Entscheidungen sind dem jeweiligen Landesrecht zu überlassen. 15

3. Abzugsposten

Um aus dem so ermittelten Bruttobeitrag den **umlagefähigen Beitrag** zu ermitteln (im Folgenden: **Nettobeitrag**), sind zunächst die **Einnahmen der BNetzA aus Gebühren und Auslagen** abzuziehen. Soweit derartige Kosten zwar nach § 91 Abs. 7 festgesetzt wurden, aber nicht einbringlich gewesen sind, mindern sie den Bruttobeitrag nicht. Die Ermittlung des Nettobeitrags hat nicht in der Art einer »Plankostenrechnung«, sondern unter Berücksichtigung der realen Verhältnisse zu erfolgen; soweit Einnahmen der BNetzA nicht zufließen, vermögen sie auch keinen relevanten Beitrag zu deren Verwaltungskosten zu leisten. 16

Ein weiterer Abzugsanteil betrifft den **auf das Allgemeininteresse entfallenden Kostenanteil**, § 92 Abs. 1 **Satz 3**. Damit wird der oben zitierten Rechtsprechung Rechnung getragen[11]. Die Regierungsbegründung verweist zur Ermittlung dieses Kostenanteils auf die Festlegung durch die Rechtsverordnung, § 92 Abs. 3 Satz 1[12]. Da jene Vorschrift allerdings eine explizite Regelung zu diesem Kostenanteil nicht enthält, ist es fraglich, ob über Begriffe wie »geeignete Schätzverfahren« sowie »Klassifizierung hinsichtlich der Feststellung der beitragsrelevanten Kosten« eine Art. 80 Abs. 1 GG genügende Ermächtigungsgrundlage geschaffen worden ist. 17

Für das Allgemeininteresse einschließlich des Verbraucherinteresses ist insbesondere derjenige Teil der Tätigkeit der BNetzA relevant, der der Rechtsfortbildung dient sowie Maßstäbe setzt, nach denen dann 18

---

11 Oben § 92 FN 9.
12 Regierungsbegründung ebd. S. 73.

im Einzelfall verfahren wird. Dies betrifft nicht die Einzelgenehmigung nach § 23a, sondern beispielsweise die Festlegung von Bedingungen und Methoden für Netzanschluss und Netzzugang (§ 29) sowie die Entwicklung der Grundsätze der Anreizregulierung (§ 21a). Soweit diese »Grundlagenfragen« in besonderen Abteilungen entschieden werden, müssten die auf diese Abteilungen entfallenden Verwaltungskosten in den Kostenanteil gemäß § 92 Abs. 1 Satz 3 einberechnet und abgezogen werden.

4. Umlagefähiger Beitragsanteil (Satz 4)

19 Während Satz 1 des § 92 Abs. 1 von **Beitrag** spricht, der von den Netzbetreibern zu entrichten ist, benutzt **Satz 4** dieser Vorschrift den Begriff **Beitragsanteil**. Gemeint ist offenbar dasselbe Finanzvolumen, nämlich derjenige Teil der Verwaltungskosten der BNetzA, der um die bisherigen Abzugsbeträge gemindert schließlich zum **Nettobeitrag** führt, der dann auf die Netzbetreiber umgelegt werden darf. Dieser **Beitragsanteil**, also die beitragspflichtige anteilige Beteiligung der Netzbetreiber an den über Gebühren und Auslagenerstattung nicht gedeckten Verwaltungsausgaben der BNetzA, **darf höchstens 60% der nicht anderweitig gedeckten Kosten betragen**.

20 Bezugspunkt dieser 60%-Regelung ist damit der nach Satz 1 und 2 des § 92 Abs. 1 ermittelte Beitrag (Gesamtkosten der Regulierungstätigkeit abzüglich Gebühren und Auslagen). Durch Satz 3 (Allgemeininteresse) wird dieser grundsätzlich umlagefähige Beitrag nicht weiter vermindert, sondern dient im Rahmen der Gesamtabrechnung nur als Abzugsposten auf dem Weg zur Ermittlung des 60%-Anteils.

21 Beträgt beispielsweise der Aufwand der Regulierungstätigkeit der BNetzA 15 Mio. € und werden durch Kostenfestsetzung (Einnahmen) 5 Mio. € gedeckt, so bilden die verbleibenden 10 Mio. € den relevanten Beitrag, der als »Hundert Prozent« in die Berechnung eingeht.

22 Entfallen bei diesem Beitrag ein Aufwand von 2 Mio./a auf den im Allgemeininteresse veranlassten Aufwand, so vermindert sich der Beitrag bereits auf 80% (8 Mio./a). Da aber höchstens 60% als Nettobeitrag auf die Netzbetreiber umgelegt werden dürfen, beträgt im Beispiel der **Beitragsanteil** im Sinne von Satz 4, der als Grundlage der Berechnung des Jahresbeitrags im Sinne von § 92 Abs. 2 dient, 6 Mio. € /a.

III. Umlage auf die Beitragsschuldner (Abs. 2)

Der wie geschildert zu ermittelnde **Nettobeitrag**, den § 92 **Abs. 2** als 23
»beitragsrelevante Kosten nach Abs. 1« bezeichnet, muss jetzt nach
Maßgabe des Abs. 2 auf die **einzelnen beitragspflichtigen Unternehmen anteilig** umgelegt werden. Zunächst ist angeordnet, dass dieser Beitrag als **Jahresbeitrag** von der BNetzA selbst zu erheben ist.
Es erfolgt also ein Beitragsbescheid, der erst im Folgejahr ergehen
kann, weil die relevanten Kosten der Regulierungstätigkeit erst im
Nachhinein ermittelt werden können.

Bemessungsmaßstab für den Jahresbeitrag sind die **Netzbetrei-** 24
berumsätze. Vorbild für diese Regelung ist einerseits § 144 TKG, andererseits § 16 des Gesetzes über das Bundesamt für Finanzdienstleistungsaufsicht. Mit dieser Regelung wird quasi vermutet, dass der
anteilige Umsatz eines jeden Netzbetreibers am Gesamtumsatz im
vergangenen Haushaltsjahr der BNetzA seinen Veranlassungsanteil
widerspiegelt. Wegen der Einzelheiten verweist die Regierungsbegründung[13] auf die nach Abs. 3 zu erlassende Durchführungsverordnung und führt weiter aus:

> »Es können Umsatzkategorien gebildet werden, nach denen der
> Aufwand den Beitragsverpflichteten jeweils zuzuordnen ist. Die
> Ermächtigung ermöglicht auch eine differenzierte Behandlung der
> Verpflichteten, als eine Pauschale bis zu einem gewissen Umsatz
> ausreichen kann, um so den Marktgegebenheiten und insbesondere den teilweise großen Unterschieden im Bereich der Marktanteile gerecht zu werden.
>
> Durch die Möglichkeit zur Klassifizierung soll eine individuelle
> Spitzabrechnung vermieden werden, die ein aufwendiges Erhebungssystem erfordern würde.
>
> Vielmehr soll das Beitragssystem so ausgestaltet werden, dass
> durch die Schaffung von Umsatzklassen der Aufwand der Beitragsermittlung sowohl für die Regulierungsbehörde als auch für
> die Unternehmen gering gehalten wird und die Vorhersehbarkeit
> der Beitragshöhe Planungssicherheit schafft.«

---

[13] BT-DrS 15/3917, S. 73.

IV. Verordnungsermächtigungen (Abs. 3)

25 § 92 Abs. 3 enthält in Satz 1 und Satz 3 zwei Verordnungsermächtigungen, die jeweils an die **Zustimmung des Bundesrates** sowie an das **Einvernehmen mit dem Bundesministerium der Finanzen** geknüpft sind. Nach Satz 1 ist das BMWA ermächtigt, Einzelheiten zur Ermittlung des Beitrags sowie zur Beitragserhebung zu regeln, und nach **Satz 3** kann das BMWA diese Ermächtigung auf die BNetzA übertragen. Erfolgt eine derartige Übertragung durch Rechtsverordnung, so ist die BNetzA selbst in der Lage, eine Rechtsverordnung nach inhaltlicher Maßgabe des § 92 Abs. 3 Satz 1 und 2 zu erlassen.

26 In einer Art. 80 Abs. 1 GG genügenden Weise ermächtigt § 92 Abs. 3 zu folgenden Verordnungsregelungen:

– Erhebung der Beiträge

   – Verteilungsschlüssel und Verteilungsstichtag

   – Mindestveranlagung

   – Umlageverfahren

   – geeignete Schätzverfahren und Klassifizierung (Feststellung der beitragsrelevanten Kosten nach Abs. 2)

– Pflicht zur Mitteilung der Umsätze

   – einschl. geeignetem Verfahren mit Pauschalierungsmöglichkeit

   – Zahlungsfristen für die Beiträge

   – Zahlungsweise

   – Höhe der Säumniszuschläge

   – Vorläufige Festsetzung des Beitrags

27 Es ist zweifelhaft, ob mit diesen Vorgaben die in die Beitragsbemessung eingehenden Beträge, die Feststellung des Gesamtbeitrags, die Festsetzung des Beitrags, die Durchführung des Beitragsumlageverfahrens sowie Meldung der Umsätze durch die Unternehmen einschließlich der Klassifizierung der Unternehmen nach Umsatzklassen hinreichend rechtssicher erfasst sind. Offenbar ist es geplant, den Jahresbeitrag vorab vorläufig festzusetzen und dann – nach Feststellung des relevanten Nettobeitrags sowie der Umsätze der Netzbetreiber im vergangenen Jahr – einen abschließenden Beitragsbescheid zu erlassen. Es wird insofern ein beträchtlicher Aufwand in Bezug auf den Erlass von vorläufigen und endgültigen Jahresbeitragsbescheiden zu treiben sein. Konsequent werden die Netzbetreiber in jedem Jahr zwei Bescheide erhalten.

§ 93 Mitteilung der Bundesnetzagentur

¹Die Bundesnetzagentur veröffentlicht einen jährlichen Überblick über ihre Verwaltungskosten und die insgesamt eingenommenen Abgaben. ²Soweit erforderlich, werden Gebühren- und Beitragssätze in den Verordnungen nach § 91 Abs. 8 und § 92 Abs. 3 für die Zukunft angepasst.

Überblick	Seite	Rz.
I. Regelungszweck und Entstehungsgeschichte	1411	1
II. Veröffentlichungspflicht (Satz 1)	1411	2
III. Anpassung von Gebühren- und Beitragssätzen (Satz 2)	1412	6

I. Regelungszweck und Entstehungsgeschichte

§ 93 ist am Vorbild des § 147 TKG orientiert worden. Ziel ist es offenbar, mit einem Bericht zu den Verwaltungskosten der BNetzA einschließlich »eingenommener Abgaben« Transparenz zu schaffen. Mit Satz 2 wird (deklaratorisch) die Verwaltungskostenentwicklung/Entwicklung der Einnahmen der BNetzA zu Recht als Grundlage von Veränderungen der Gebührensätze nach § 91 Abs. 8 und der Beitragssätze nach § 92 Abs. 3 gewählt. Im Laufe des Gesetzgebungsverfahrens ist § 93 im Verhältnis zum Regierungsentwurf nicht mehr geändert worden.

1

II. Veröffentlichungspflicht (Satz 1)

Weil die BNetzA nicht verpflichtet ist, über ihre Verwaltungskosten und Einnahmen jährlich zu berichten, sondern nur ein **jährlicher Überblick** zu veröffentlichen ist, reicht es zur Erfüllung dieser Pflicht aus, wenn lediglich das Zahlenwerk mitgeteilt wird. Soweit dieses ohne Anmerkungen unverständlich bleibt, genügt diese Veröffentlichung nur dann dem Transparenzgebot, wenn die notwendigen Erläuterungen erfolgen.

2

Zweckmäßig wird es sein, den Überblick nach Arten von Verwaltungskosten zu gliedern und nicht nur den Gesamtaufwand mitzuteilen. Insofern bieten sich Personalausgaben, Sachausgaben sowie Aus-

3

gaben für die Inanspruchnahme von Fremdleistungen an. Einen bestimmten Detaillierungsgrad schreibt das Gesetz nicht vor.

4 Den jährlichen Verwaltungsausgaben sind die **insgesamt eingenommenen Abgaben** gegenüber zu stellen. Verwendet wird insofern der Abgabenbegriff des öffentlichen Rechts, der neben Gebühren und Beiträgen grundsätzlich auch (hier irrelevante) Steuern umfasst[1]. Auch wenn ersatzfähige Auslagen nicht zu den Abgaben im engeren Sinne gehören dürften, sind sie mit zu veröffentlichen, weil sie Teil des Sachaufwandes sind (z. B. Telefonkosten, Portokosten, Kosten für Anfertigung von Kopien usw.) und sich ohne diese Einnahmen ein »schiefes Bild« ergeben würde. Einnahmen und Ausgaben sind im tatsächlich angefallenen Umfang einander gegenüber zu stellen, und ohne Kenntnis der Auslagen kann bereits die Bemessung des Beitrags nach § 92 Abs. 1 nicht erfolgen.

5 Eine **Fristenregelung** enthält § 93 Satz 1 nicht, und eine analoge Anwendung der für die Aufstellung von Bilanzen der Kapitalgesellschaften geltenden Fristen kommt nicht in Betracht. Weil die Veröffentlichung des jährlichen Überblicks aber Grundlage für die Anpassung der maßgeblichen Rechtsordnungen ist, wird die BNetzA schon aus Eigeninteresse die Veröffentlichung so frühzeitig wie möglich bewirken.

III. Anpassung von Gebühren- und Beitragssätzen (Satz 2)

6 Satz 2 enthält keine eigenständige Ermächtigungsgrundlage zur Anpassung der Gebührensätze des § 91 Abs. 8 und der Beitragssätze des § 92 Abs. 3. Vielmehr dient die Vorschrift nur dem Ziel, eine **Verkopplung des veröffentlichten jährlichen Überblicks nach Satz 1** mit den anzupassenden Sätzen sicherzustellen. Sind also die Verwaltungskosten im Sinne von Satz 1 gestiegen, lässt sich eine Anpassung der Sätze in einem entsprechenden Umfang rechtfertigen, wenn nicht stark gestiegene Einnahmen eine Senkung des Beitrags nahe legen.

7 Die Anpassung darf nur **für die Zukunft** und nicht mit Rückwirkung erfolgen (Rechtsstaatsprinzip). Kostenunterdeckungen der Vergangenheit werden deshalb auch dann mit zukünftigen Anhebungen von Gebührensätzen und Beiträgen zu kompensieren sein, wenn ein Sinken des Aufwandes im Anpassungsjahr bereits voraussehbar ist. Die-

---

1 Vgl. BGH RdE 2004, 105, 106 f. – Steuer- und Abgabenklausel I.

ser Umstand ist dann im Rahmen des nächsten Anpassungszeitraumes zu berücksichtigen.

Satz 2 hat nur deklaratorische Bedeutung und begrenzt nicht den Spielraum gesetzgeberischen Ermessens des Verordnungsgebers. Tunlichst wird eine Anpassung erst nach Veröffentlichung des jährlichen Überblicks nach Satz 1 erfolgen; frühere Anpassungen sind allerdings nicht ausgeschlossen. Der Verordnungsgeber ist auch nicht auf eine strikte Bindung an die Ergebnisse des jährlichen Überblicks nach Satz 1 verpflichtet, sondern kann voraussehbare Veränderungen in der Zukunft bereits in seine Anpassungsregelung einfließen lassen.

Abschnitt 5 Sanktionen, Bußgeldverfahren

Rechtsprechung vor §§ 94–108

BGH v. 18.2.1992, NJW-RR 1992, 1130 – Mehrerlös mit Steueranteil; BGH v. 20.4.1993, WuW/E BGH 2865 – Verweisungspflicht; BGH v. 12.3.1991, WuW/E BGH 2707 – Krankenhaustransportunternehmen II; BGH v. 30.5.1978, WuW/E BGH 1553 – Pankreaplex; KG v. 23.3.1992, WuW/E OLG 4983 – Übergang zum Strafverfahren; KG v. 12.3.1991, WuW/E OLG 4701 – doppelte Gewinnabschöpfung; KG v. 20.10.1989, WuW/E OLG 4471 – Wiederaufnahme Bußgeldverfahren; KG v. 27.3.1981, WuW/E OLG 2446 – Heizölhandel; OLG Hamm v. 29.3.1984, WuW/E OLG 3208 – Sonntagsnachrichten; OLG München v. 26.2.1981, WuW/E OLG 2555 – Kirchenmalerarbeiten: OLG Schleswig v. 28.3.1996, NJWE-WettbR 1996, 210 – Benetton; OLG Stuttgart v. 10.10.1986, WuW/E OLG 4001 – Fiat-Bonus

Literatur vor §§ 94–108

Bechtold, GWB, 3. Aufl. München 2002; *Hitzler*, Die Beteiligung der Kartellbehörden an Katellrechtsstreiten nach § 90 GWB, WuW 1982, S. 509 ff., *Immenga/Mestmäcker/K. Schmidt*, GWB, 3. Aufl. München 2003

Vorbemerkungen zu §§ 94 bis 108:

Um Entscheidungen durchzusetzen, kann sich die Regulierungsbehörde des Sanktionenkatalogs der §§ 94 ff. bedienen (**Abschnitt 5**). Diese schließen wie gewohnt **Zwangsgeld** (§ 94) sowie **Bußgeld** (§ 95) ein; Zuständigkeits- und Rechtsschutzregelungen finden sich in den §§ 96–101. 1

Der **Abschnitt 6** umfasst die §§ 102–105 und trifft Regelungen mit Auswirkungen auf **bürgerliche Rechtsstreitigkeiten**, die aus Vorschriften des EnWG resultieren können. Erstrebt etwa ein Unternehmen den Netzzugang nach § 17, hat es insofern unabhängig vom Streitwert Leistungsklage beim Landgericht zu erheben (§ 102). Jedes Bundesland kann diese Zuständigkeit bei einem Landgericht konzentrieren (§ 103), und die Regulierungsbehörde ist nach § 104 zu unterrichten. Nach Maßgabe des § 105 kann zur Verminderung der Kostenbelastung der Streitwert nach unten angepasst werden. 2

3 **Gemeinsame Bestimmungen für das gerichtliche Verfahren** sieht der **Abschnitt 7** des achten Teils des EnWG vor. Die in Kartellsachen zuständigen Senate entscheiden auch über Beschwerde und Rechtsbeschwerde nach dem EnWG sowie in Bußgeldsachen und in bürgerlichen Rechtsstreitigkeiten.

§ 94 Zwangsgeld

¹Die Regulierungsbehörde kann ihre Anordnungen nach den für die Vollstreckung von Verwaltungsmaßnahmen geltenden Vorschriften durchsetzen. ²Die Höhe des Zwangsgeldes beträgt mindestens 1 000 Euro und höchstens zehn Millionen Euro.

Überblick	Seite	Rz.
I. Regelungszweck und Entstehungsgeschichte	1417	1
II. Anordnung der Verwaltungsvollstreckung (Satz 1).....	1417	2
III. Zwangsgeldrahmen (Satz 2)	1418	5
IV. Mehrfaches Zwangsgeld und Rechtsschutz............	1419	8

I. Regelungszweck und Entstehungsgeschichte

§ 94 ist in der Fassung des Regierungsentwurfs[1] Gesetz geworden. Vorbilder sind § 86a GWB sowie § 115 Abs. 2 TKG. Regelungszweck ist die Absicherung der Entscheidungen der Regulierungsbehörde; weil die Netzbetreiber insofern häufig unvertretbare Handlungen vornehmen müssen (z. B. Anpassung von Entgelten, Änderungen von Netzzugangsbedingungen, Anschluss eines Petenten), steht der unmittelbare Zwang als Mittel der Verwaltungsvollstreckung nicht zur Verfügung.

II. Anordnung der Verwaltungsvollstreckung (Satz 1)

Satz 1 des § 94 verweist auf das Verwaltungsvollstreckungsgesetz des Bundes (VwVG). Nach § 13 VwVG hat die Regulierungsbehörde zwecks Durchsetzung einer bestandskräftigen Entscheidung zunächst das Zwangsgeld **schriftlich anzudrohen**, wobei nach Satz 2 des § 13 Abs. 1 VwVG eine angemessene **Frist** zum Vollzug der Entscheidung zu bestimmen ist. Schließlich muss die **Höhe des Zwangsgeldes** im Vollstreckungsbescheid betragsmäßig fixiert werden; die Angabe »bis zu 10 Mio. Euro« reicht nicht aus. Im letzten Schritt muss die Zwangsgeldandrohung schließlich noch **zugestellt** werden, § 13 Abs. 7 VwVG.

---

1 BT-DrS 15/3917, S. 35 und 73.

§ 94 Zwangsgeld

3 Da **Satz 1** nur ganz allgemein auf die Vorschriften betreffend »die Vollstreckung von Verwaltungsmaßnahmen« verweist, hat nur die BNetzA das VwVG zu beachten. Für die LRB gelten die parallel formulierten Verwaltungsvollstreckungsvorschriften der Länder. Die genannten Voraussetzungen sind deshalb auch bei Androhung von Zwangsgeld durch LRB einzuhalten.

4 Wird innerhalb der Frist die unvertretbare Handlung nicht vorgenommen (Vergleich von bestandskräftiger Entscheidung und Handeln des Netzbetreibers), kann die Regulierungsbehörde das **Zwangsgeld festsetzen**. Auch dabei handelt es sich um einen Verwaltungsakt. Auf der letzten Stufe ist dann in das Vermögen des Adressaten der Zwangsgeldfestsetzung zu **vollstrecken**. Die näheren Einzelheiten regeln die Verwaltungsvollstreckungsgesetze.

III. Zwangsgeldrahmen (Satz 2)

5 In Beachtung der Vorgaben des Rechtsstaatsprinzips (Art. 20 GG) muss das Gesetz zumindest einen Rahmen festsetzen, innerhalb dessen die Regulierungsbehörde zur Festsetzung des Zwangsgeldes im Ausgangs-Vollstreckungsbescheid unter Beachtung des **Verhältnismäßigkeitsprinzips** berechtigt ist (Ermächtigungsgrundlage). Weil es sich in der Regel um wirtschaftlich bedeutsame Sachverhalte handeln wird, beträgt das Mindestzwangsgeld 1.000,– € und das höchstmögliche Zwangsgeld 10 Mio. €.

6 Bereits im die Festsetzung des Zwangsgeldes androhenden Bescheid sind Erwägungen zur Höhe des Zwangsgeldes im Einzelfall anzustellen. Zunächst ist zu prüfen, ob nicht ein milderes Mittel als die Festsetzung des Zwangsgeldes das Vollzugsdefizit auszuräumen vermag. Gibt es ein derartiges milderes Mittel nicht, so ist zusätzlich zu prüfen, ob mit Hilfe des angemessen festgesetzten Zwangsgeldes die Durchsetzung der Entscheidung der Regulierungsbehörde erreichbar ist (Geeignetheit des Mittels); dies hängt unmittelbar mit der dritten Prüfungsstufe (Angemessenheit) zusammen, da ein zu niedrig festgesetztes Zwangsgeld von vornherein ungeeignet ist, um das Unternehmen zur Beseitigung des Vollzugsdefizits zu bewegen.

7 Die Angemessenheitsprüfung umfasst Gewicht und Dringlichkeit des von der Regulierungsbehörde im konkreten Einzelfall verfolgten Regelungszwecks, die Intensität des vom Adressaten der Grundentscheidung geleisteten Widerstands sowie die wirtschaftliche Bedeu-

tung der Angelegenheit für den Netzbetreiber sowie betroffene Dritte (z. B. Verbraucher). Weil das Zwangsgeld zwecks Erreichung des mit Anordnung und Festsetzung verfolgten Zieles fühlbar sein muss, kann zusätzlich die wirtschaftliche Lage des Vollstreckungsgegners berücksichtigt werden. Nur in ganz außergewöhnlichen Fällen kommt die Festsetzung des Höchstbetrages (10 Mio. €) in Betracht.

IV. Mehrfaches Zwangsgeld und Rechtsschutz

Der Vorgang der Verwaltungsvollstreckung (Anordnung, Festsetzung und Vollstreckung des Zwangsgeldes) kann erforderlichenfalls mehrfach wiederholt werden, wenn sich der Pflichtige der Beachtung der Entscheidung der Regulierungsbehörde hartnäckig entzieht. Eine Verdoppelung des Zwangsgeldes im Rahmen der erneuten Anordnung ist nicht außergewöhnlich. **8**

Rechtsschutz gegen Vollstreckungsmaßnahmen der Regulierungsbehörde kann wie gewohnt durch Einreichung der Beschwerde beim zuständigen Oberlandesgericht (§§ 75 ff.) erreicht werden. Da jeder dieser Vollstreckungsmaßnahmen (Anordnung, Festsetzung und Vollstreckung des Zwangsgeldes selbst) für sich genommen Verwaltungsaktcharakter zukommt, kann jede dieser Entscheidungen mit der Beschwerde angegriffen werden. Das Beschwerdegericht wird entweder einstweilige Maßnahmen treffen (z. B. die aufschiebende Wirkung der Beschwerde anordnen) oder im Rahmen der Hauptsacheentscheidung die oben Rz. 5 ff. aufgeführten Maßstäbe an die Vollstreckungsmaßnahme anlegen. **9**

§ 95 Bußgeldvorschriften

(1) Ordnungswidrig handelt, wer vorsätzlich oder fahrlässig

1. ohne Genehmigung nach § 4 Abs. 1 ein Energieversorgungsnetz betreibt,

2. entgegen § 5 Satz 1 eine Anzeige nicht, nicht richtig, nicht vollständig oder nicht rechtzeitig erstattet,

3. einer vollziehbaren Anordnung nach

   a) § 5 Satz 4, § 65 Abs. 1 oder 2 oder § 69 Abs. 7 Satz 1 oder Abs. 8 Satz 1 oder

   b) § 30 Abs. 2

zuwiderhandelt,

4. entgegen § 30 Abs. 1 Satz 1 eine Marktstellung missbraucht oder

5. einer Rechtsverordnung nach

   a) § 17 Abs. 3 Satz 1 Nr. 1, § 24 Satz 1 Nr. 1 oder § 27 Satz 5, soweit die Rechtsverordnung Verpflichtungen zur Mitteilung, Geheimhaltung, Mitwirkung oder Veröffentlichung enthält,

   b) § 17 Abs. 3 Satz 1 Nr. 2, § 24 Satz 1 Nr. 2 oder § 29 Abs. 3 oder

   c) einer Rechtsverordnung nach § 49 Abs. 4 oder § 50

   d) oder einer vollziehbaren Anordnung auf Grund einer solchen Rechtsverordnung zuwiderhandelt, soweit die Rechtsverordnung für einen bestimmten Tatbestand auf diese Bußgeldvorschrift verweist.

(1 a) Ordnungswidrig handelt, wer vorsätzlich oder leichtfertig entgegen § 12 Abs. 3a Satz 1 oder 2 einen Bericht nicht, nicht richtig, nicht vollständig oder nicht rechtzeitig vorlegt.

(2) ¹Die Ordnungswidrigkeit kann in den Fällen des Absatzes 1 Nr. 3 Buchstabe b, Nr. 4 und 5 Buchstabe b mit einer Geldbuße bis zu einer Million Euro, über diesen Betrag hinaus bis zur dreifachen Höhe des durch die Zuwiderhandlung erlangten Mehrerlöses, in

den Fällen des Absatzes 1 Nr. 5 Buchstabe a sowie des Absatzes 1a mit einer Geldbuße bis zu zehntausend Euro und in den übrigen Fällen mit einer Geldbuße bis zu hunderttausend Euro geahndet werden. ²Die Höhe des Mehrerlöses kann geschätzt werden.

(3) Die Regulierungsbehörde kann allgemeine Verwaltungsgrundsätze über die Ausübung ihres Ermessens bei der Bemessung der Geldbuße festlegen.

(4) ¹Die Verjährung der Verfolgung von Ordnungswidrigkeiten nach Absatz 1 richtet sich nach den Vorschriften des Gesetzes über Ordnungswidrigkeiten. ²Die Verfolgung der Ordnungswidrigkeiten nach Absatz 1 Nr. 4 und 5 verjährt in fünf Jahren.

(5) Verwaltungsbehörde im Sinne des § 36 Abs. 1 Nr. 1 des Gesetzes über Ordnungswidrigkeiten ist die nach § 54 zuständige Behörde.

Überblick		Seite	Rz.
I.	Regelungszweck und Entstehungsgeschichte	1422	1
II.	Bußgeldkatalog (Abs. 1 und 1a)	1423	5
	1. Netzbetrieb ohne Genehmigung (Ziff. 1)	1424	6
	2. Verstoß gegen die Anzeigepflicht nach § 5 (Ziff. 2).	1424	8
	3. Verstoß gegen vollziehbare Anordnungen der Regulierungsbehörde (Ziff. 3)	1425	10
	4. Missbrauch der Netzbetreiberstellung (Ziff. 4).	1426	13
	5. Verstöße gegen Rechtsverordnungen und darauf beruhenden vollziehbaren Anordnungen (Ziff. 5).	1426	14
	6. Verstoß gegen Berichtspflichten (Abs. 1a).	1429	20
III.	Schuldhafter Verstoß sowie Bußgeldrahmen (Abs. 1 und 2)	1429	21
	1. Schuldhafter Verstoß	1429	22
	2. Bußgeldrahmen (Abs. 2)	1430	23
IV.	Verfahren und Verjährung (Abs. 3 bis 5)	1432	29

I. Regelungszweck und Entstehungsgeschichte

1 Bereits § 19 EnWG 1998 enthielt Ordnungswidrigkeitentatbestände, die vorsätzlich oder fahrlässig begangen werden konnten. Zuständig

für die Bußgeldverhängung waren die Energieaufsichtsbehörden der Bundesländer.

Regelungszweck von Bußgeldvorschriften ist es, bei schuldhaften Verstößen gegen Energiewirtschaftsrecht und/oder Entscheidungen der Regulierungsbehörden bzw. der nach Länderrecht zuständigen Behörden das daraus resultierende **Verwaltungsunrecht sanktionieren** zu können, ohne wegen einer Straftat anklagen zu müssen.

In der Begründung des Regierungsentwurfs zu § 95 heißt es[1]:

»Der Katalog der Bußgeldvorschriften ergänzt die im Gesetz vorgesehenen Instrumente der Regulierung um die Möglichkeit der bußgeldbewehrten Sanktion. Gegenüber § 19 des geltenden Energiewirtschaftsgesetzes wurden die Bußgeldvorschriften angepasst und erweitert, da das Regelungssystem eine Reihe von neuen Verpflichtungen enthält, deren Bußgeldbewehrung erforderlich ist, um deren Durchsetzung zu gewährleisten. Die Bußgeldvorschriften stellen damit einen wichtigen Baustein zur Durchsetzung gesetzlicher und regulatorischer Ziele dar. Die Bußgeldtatbestände betreffen Verstöße gegen materielle Bestimmungen dieses Gesetzes, gegen auf der Grundlage dieses Gesetzes erlassene Rechtsverordnungen sowie gegen Entscheidungen der Regulierungsbehörde und der nach Landesrecht zuständigen Behörden.«

§ 95 ist im Laufe des Gesetzgebungsverfahrens nur im Wirtschaftsausschuss verändert worden[2]. Dabei hat es sich im Wesentlichen um redaktionelle Änderungen bzw. Folgeänderungen gehandelt, um die im materiellen Teil neu berücksichtigten Pflichten der Netzbetreiber zu erfassen. Neu eingefügt wurde Abs. 1a mit dem Ziel, die Berichtspflicht nach § 12 Abs. 4 durchzusetzen[3].

II. Bußgeldkatalog (Abs. 1 und 1a)

In fünf Ziffern mit Unterabschnitten enthalten **Abs. 1 und 1a** den Katalog derjenigen Tatbestände, die als Ordnungswidrigkeiten von der Regulierungsbehörde verfolgt werden können. Der Aufbau des Gesetzes folgt dabei § 81 GWB.

---

1 BT-DrS 15/3917, S. 73.
2 BT-DrS 15/5268, S. 77 f.
3 Ebd. Begründung S. 122.

1. Netzbetrieb ohne Genehmigung (Ziff. 1)

6 Andere als die Betreiber von Objektnetzen (§ 110 Abs. 1) bedürfen einer Genehmigung nach § 4 Abs. 1, bevor sie den Betrieb eines Energieversorgungsnetzes aufnehmen[4]. Die Genehmigung ist bei der nach Landesrecht zuständigen Behörde zu beantragen.

7 Ziff. 1 des § 95 Abs. 1 knüpft an das **genehmigungslose Betreiben** des Netzes im Sinne von § 3 Ziff. 4 an[5]. Nach der Gesetzesbegründung[6] soll damit der Kern der verbotenen Tätigkeit und nicht die bloße Aufnahme des Betriebs ohne Genehmigung in den Mittelpunkt der Sanktionierung gerückt werden. War der Betrieb des Netzes bisher genehmigt, so bedarf es keiner erneuten Genehmigung (vgl. die Vorschrift zum Rechtsübergang in § 4 Abs. 3); durfte das Netz nach früherem Recht ohne Genehmigung betrieben werden, ist mangels Neuaufnahme des Betriebs im Sinne von § 4 Abs. 1 ebenfalls eine Genehmigung nicht mehr einzuholen. Konsequent greift die Ziff. 1 des § 95 Abs. 1 nicht ein, und ein Bußgeld darf nicht verhängt werden. Wer ein Objektnetz neu betreiben möchte, wird den Antrag nach § 110 Abs. 4 um den hilfsweise zu stellenden Antrag nach § 4 Abs. 1 ergänzen, um einer potenziellen Sanktionierung nach der Ziff. 1 sicher zu entgehen.

2. Verstoß gegen die Anzeigepflicht nach § 5 (Ziff. 2)

8 Zur Durchsetzung der Anzeigepflicht bei **Aufnahme und Beendigung** der Belieferung von **Haushaltskunden mit Energie** bedarf es nach § 5 keiner Genehmigung, wohl aber einer **Anzeige**. Die Anzeige muss unverzüglich erfolgen (ohne schuldhaftes Verzögern). Empfängerin der Anzeige ist die Regulierungsbehörde im Sinne von § 54.

9 Bußgeldpflichtig ist nicht nur die Nichterstattung einer solchen Anzeige; die Anzeige muss auch ordnungsgemäß (insbesondere wahrheitsgetreu und vollständig sowie rechtzeitig) erstattet werden. Unrichtigkeiten, Unvollständigkeiten und Verspätungen können ebenfalls zu einer Bußgeldfestsetzung führen. Vollziehbare Anordnungen der Regulierungsbehörde gemäß § 5 Satz 4 (Untersagung der Tätigkeit als Energielieferant) sind nach Ziff. 3 bußgeldbewehrt.

---

[4] Zu Einzelheiten vgl. oben § 4 Rz. 35 ff.
[5] Anders § 19 Abs. 1 Ziff. 1 EnWG 1998: Bußgeld nur bei Aufnahme der genehmigungslosen Energieversorgung.
[6] BT-DrS 15/3917, S. 73.

3. Verstoß gegen vollziehbare Anordnungen der Regulierungsbehörde (Ziff. 3)

Nicht nur Verstöße gegen EnWG und dazu ergangene Rechtsverordnungen, sondern auch solche gegen Entscheidungen (Anordnungen, Verfügungen) der Regulierungsbehörden können einen Bußgeldtatbestand auslösen, wenn dagegen schuldhaft verstoßen wird. Nicht jeder Verwaltungsakt, sondern nur **vollziehbare Anordnungen** fallen unter Ziff. 3, weil nur die so konkretisierten Verwaltungspflichten der Netzbetreiber unmittelbare Rechtswirkungen auslösen. Dazu heißt es in der Gesetzesbegründung[7]:

10

> »Nummer 3 bestimmt, dass Verstöße gegen vollziehbare Anordnungen auf der Grundlage der aufgezählten Rechtsgrundlagen Ordnungswidrigkeiten darstellen. Im Hinblick darauf, dass mit der Novellierung des Energiewirtschaftsrechts ein neues Regelungssystem geschaffen wird, das zahlreiche neue gesetzliche Verpflichtungen für die Adressaten enthält, die in der Praxis auch zu Unwägbarkeiten in der Rechtsanwendung führen könnten, wurde aus Verhältnismäßigkeitsgesichtspunkten der unmittelbare Verstoß gegen die meisten Verpflichtungen nicht mit einer Bußgeldbewehrung sanktioniert. Dagegen sind jedoch Verstöße gegen vollziehbare Anordnungen nach den in Nummer 3 aufgezählten Rechtsgrundlagen, die die Verpflichtungen der Adressaten in konkreter und eindeutiger Form bestimmen, bußgeldbewehrt. Im Hinblick auf das Verhältnismäßigkeitsprinzip und den jeweiligen Unrechtsgehalt eines Verstoßes gegen vollziehbare Anordnungen werden insoweit nur Verstöße gegen vollziehbare Anordnungen nach § 30 Abs. 2 dem höheren Bußgeldrahmen nach Abs. 2 Satz 1 unterstellt.«

Die Ziff. 3 verweist zunächst auf vollziehbare Anordnungen im Sinne von § 5 Satz 4 (Untersagung der Tätigkeit als Energielieferant). Die vollziehbare Anordnung setzt nicht Bestandskraft im Sinne von § 43 Abs. 2 VwVfG oder gar Rechtskraft nach Durchlaufen des Rechtsschutzverfahrens (§§ 75 ff.) voraus; ausreichend ist es vielmehr, dass die Entscheidung der Regulierungsbehörde im Sinne von § 5 Satz 4 nach § 73 Abs. 1 zugestellt wurde. Da in diesen Fällen selbst die Beschwerde keinerlei aufschiebende Wirkung zu entfalten vermag (vgl. § 76 Abs. 1), liegt eine sofort vollziehbare Anordnung vor, die der

11

---

7 BT-DrS 15/3917, S. 73 f.

Adressat (Energielieferant) solange beachten muss, bis im einstweiligen Rechtsschutz oder durch Entscheidung des Beschwerdegerichts die aufschiebende Wirkung wiederhergestellt worden ist.

12 Auch alle Aufsichtsmaßnahmen der Regulierungsbehörde im Sinne von § 65 Abs. 1 oder Abs. 2 haben Sofortvollzugscharakter. Mit der Entscheidung der Regulierungsbehörde wird die Verpflichtung zur Abstellung eines Verstoßes gegen EnWG oder Rechtsverordnung konkretisiert (Abs. 1) oder der Netzbetreiber auf die Einhaltung des Energiewirtschaftsrechts verpflichtet, ohne dass ein vorheriger Verstoß zwingend vorgelegen haben muss (Abs. 2). Auch Auskunftsanforderungen nach § 69 Abs. 7 und Prüfungsanordnungen nach § 69 Abs. 8 sind sofort vollziehbar, so dass bei Nichtbeachtung ein Bußgeld festgesetzt werden kann. Gleiches gilt für die Verpflichtung nach § 30 Abs. 2, ein missbräuchliches Netzbetreiberhandeln abzustellen.

4. Missbrauch der Netzbetreiberstellung (Ziff. 4)

13 Regelmäßig bedarf es einer vollziehbaren Anordnung, deren Nichtbeachtung den Bußgeldtatbestand auslöst. Eine Ausnahme von diesem Grundsatz sieht **Ziff. 4** vor: Bereits der Missbrauch der Marktstellung eines Netzbetreibers selbst – ohne konkretisierende Anordnung im Sinne von § 30 Abs. 2 – löst den Bußgeldtatbestand aus. Diese außergewöhnliche Bußgeldbewehrung, die § 81 Abs. 1 Ziff. 2 sowie Abs. 2 Ziff. 1 GWB entspricht, ist nach der Gesetzesbegründung angesicht der Schwere des Verstoßes gegen die Ziele des EnWG gerechtfertigt[8].

5. Verstöße gegen Rechtsverordnungen und darauf beruhenden vollziehbaren Anordnungen (Ziff. 5)

14 Nicht nur Verstöße gegen das EnWG selbst, sondern auch solche gegen **Rechtsverordnungen**, die ihre Ermächtigungsgrundlage im EnWG haben, können grundsätzlich unmittelbar geahndet werden. Die **Ziff. 5** unterscheidet im Hinblick auf die Bußgeldbewehrung nicht danach, ob erst gegen die vollziehbare Anordnung aufgrund der im Einzelnen aufgeführten Rechtsverordnungen oder bereits gegen

---

8 Regierungsbegründung, BT-DrS 15/3917, S. 74.

die Verordnung selbst verstoßen worden ist. Dazu heißt es in der Gesetzesbegründung[9]:

> »Nummer 5 enthält eine weitere Unterscheidung von Bußgeldtatbeständen im Hinblick auf die jeweiligen Bußgeldrahmen nach Absatz 2. Im Hinblick auf das Verhältnismäßigkeitsprinzip und den jeweiligen zu bewehrenden Unrechtsgehalt eines Verstoßes gegen die nach den aufgeführten Ermächtigungen ergangenen Rechtsverordnungen sollen nur diejenigen Tatbestände dem erhöhten Bußgeldrahmen nach Absatz 2 Satz 1 unterstellt werden, die in Rechtsverordnungen nach § 17 Abs. 3 Satz 1 Nr. 2, § 24 Satz 1 Nr. 2 oder § 29 Abs. 3 bußgeldbewehrt sind. In Absatz 1 Nr. 5b bis g werden aus Gründen der Bestimmtheit diejenigen Sachverhalte näher bestimmt, die in den entsprechenden Rechtsverordnungen mit Bußgeldtatbeständen bewehrt werden können. Hierdurch wird dem Verordnungsgeber ein Rahmen vorgegeben, der durch die jeweiligen Rechtsverordnungen näher auszufüllen ist. Absatz 1 Nr. 5h bestimmt, dass Verstöße gegen eine Rechtsverordnung über Anforderungen an die technische Sicherheit von Energieanlagen nach § 49 Abs. 4, gegen eine Rechtsverordnung zur Sicherung der Energieversorgung nach § 50 oder gegen eine vollziehbare Anordnung aufgrund solcher Rechtsverordnungen bußgeldbewehrt sind. Hierdurch wird dem Umstand Rechnung getragen, dass die genannten Vorschriften die essentiellen Ziele der Sicherheit und Zuverlässigkeit der Energieversorgung betreffen und damit im grundlegenden Allgemeininteresse liegen.«

Die folgenden Rechtsverordnungen (bzw. vollziehbaren Anordnungen aufgrund dieser Rechtsverordnungen) führen nur dann zur Bußgeldsanktion, wenn in der Rechtsverordnung **für einen bestimmten Tatbestand auf diese Bußgeldvorschrift verwiesen** wird (Bestimmtheitsgrundsatz). Im Einzelnen handelt es sich um folgende Ermächtigungsgrundlagen für Rechtsverordnungen: 15

– **§ 17 Abs. 3 Satz 1 Nr. 1:** Vorschrift über die technischen und wirtschaftlichen Bedingungen für Netzanschluss oder Methoden für die Bestimmung dieser Bedingungen

---

[9] Ebd. S. 74. Die Unterabschnitte a) bis h) sind schon in der von der Bundesregierung verabschiedeten Entwurfsfassung auf a) bis c) reduziert worden (Zusammenfassung, keine Änderung).

- **§ 24 Satz 1 Nr. 1:** Bedingungen für den Netzzugang einschließlich der Beschaffung und Erbringung von Ausgleichsleistungen oder Methoden zur Bestimmung dieser Bedingungen sowie Methoden zur Bestimmung der Entgelte für den Netzzugang (§§ 20 bis 23)

- **§ 27 Satz 5:** Rechtsverordnung betreffend Bedingungen des Zugangs zu den vorgelagerten Rohrleitungsnetzen sowie Methoden zur Berechnung der Entgelte für den Zugang

16 Dabei können **nur bestimmte Tatbestände** in die (explizit in der Verordnung festgelegte) Bußgeldsanktion einbezogen werden, nämlich:

- Mitteilung

- Geheimhaltung

- Mitwirkung

- Veröffentlichung

17 Ohne die Anknüpfung an derartige Verpflichtungen kommt eine Bußgeldpflicht im Hinblick auf den Verstoß gegen Verordnungen (oder darauf beruhenden vollziehbaren Anordnungen der Regulierungsbehörde) nach folgenden Ermächtigungsgrundlagen in Betracht:

- **§ 17 Abs. 3 Satz 1 Nr. 2:** Rechtsverordnungen betreffend Festlegung von Bedingungen oder Methoden des Netzanschlusses bzw. der Genehmigung dieser Bedingungen und Methoden durch Regulierungsbehörden

- **§ 24 Satz 1 Nr. 2:** Entsprechende Rechtsverordnung betreffend die Festlegung bzw. Genehmigung von NZE durch Regulierungsbehörden

- **§ 29 Abs. 3:** Ausgestaltung des Verfahrens zur Festlegung oder Genehmigung von Bedingungen und Methoden für Netzanschluss/Netzzugang

18 Diese Rechtsverordnungen haben grundlegenden, das EnWG unmittelbar konkretisierenden und dieses Gesetz vertretenden Charakter, so dass alle dort festgelegten Pflichten der Netzbetreiber ohne Einschränkung auf Sonderpflichten (vgl. § 95 Abs. 1 Ziff. 5 lit. a) bußgeldbewehrt sind.

19 Entsprechendes gilt für Rechtsverordnungen nach **§ 49 Abs. 4** (Festlegung von Anforderungen an die technische Sicherheit von EG-

Energieanlagen) sowie nach § 50 (Vorratshaltung zur Sicherung der Energieversorgung), soweit dort eine Bußgeldsanktion festgesetzt worden ist. Ausreichend ist es wiederum, dass in der Rechtsverordnung auf § 95 Abs. 1 Ziff. 5 verwiesen wird; ein eigenständiger Bußgeldtatbestand muss nicht formuliert werden.

6. Verstoß gegen Berichtspflichten (Abs. 1a)

Weil die Berichtspflicht gemäß § 12 Abs. 3a, die ÜNB betreffend Netzzustand und Netzausbauplanung alle zwei Jahre zu erstellen haben, erst vom Wirtschaftsausschuss in das Gesetz eingefügt wurde[10] und es sich um eine unmittelbare gesetzliche Verpflichtung handelt, ist angesichts der hohen Bedeutung dieser Berichte für die Versorgungssicherheit (§ 1 Abs. 1) vom Wirtschaftsausschuss auch ein Bußgeldtatbestand formuliert worden. Sanktioniert ist das Nichtvorlegen, das nicht wahrheitsgetreue Berichten, das nicht vollständige Berichten sowie das nicht rechtzeitige Vorlegen eines solchen Berichts. Anders als nach § 95 Abs. 1 reicht ein fahrlässiger Verstoß nicht aus; vielmehr muss der Verstoß vorsätzlich (bewusst und gewollt) oder zumindest leichtfertig (unter Außerachtlassung grundlegender Sorgfaltspflichten) erfolgen.

20

III. Schuldhafter Verstoß sowie Bußgeldrahmen (Abs. 1 und 2)

Bußgeldtatbestände sanktionieren **Verwaltungsunrecht** und weisen eine große Nähe zum Strafrecht auf. Anzuwenden ist das Gesetz über Ordnungswidrigkeiten (OWiG). Nur wer für eigenes Handeln verantwortlich ist, vermag eine rechtswidrige und vorwerfbare Handlung zu verwirklichen (Mindestalter: 14 Jahre, vgl. § 12 OWiG). Wer als Organ oder Gesellschafter einer juristischen Person oder einer Personenhandelsgesellschaft und damit für einen anderen handelt, der kann gleichwohl verantwortlich sein, wobei die Zurechnungsvorschrift des § 9 OWiG zu beachten ist. Der Versuch einer Ordnungswidrigkeit ist nach § 95 Abs. 1 und 1a nicht bußgeldbewehrt.

21

1. Schuldhafter Verstoß

Nur **vorsätzliches oder fahrlässiges Handeln** ist sanktioniert, vgl. § 12 OWiG. Insofern ist auf die individuell mögliche Sorgfalt eines für

22

---

10 BT-DrS 15/5268, S. 24.

den Netzbetreiber verantwortlich Handelnden abzustellen. Weil die Pflichten in Gesetz, Rechtsverordnung oder vollziehbarer Anordnung meist sehr konkret aufgeführt sind, wird ein schuldhafter Verstoß meist zu bejahen sein. Dass die Tat vorsätzlich (bewusst und gewollt) begangen wird, hat nur Bedeutung für die Höhe des Bußgeldes. Nach § 95 Abs. 1a ist ein zumindest leichtfertiger Verstoß gegen die Berichtspflicht erforderlich, um die Sanktion auszulösen.

2. Bußgeldrahmen (Abs. 2)

23 § 95 Abs. 2 sieht einen **vierfach gestaffelten Bußgeldrahmen** vor. Dieser ist wie folgt begründet worden[11]:

> »Absatz 2 regelt die Höhe der jeweiligen Bußgelder und differenziert hierbei zwischen verschiedenen Bußgeldtatbeständen. Ordnungswidrigkeiten nach Absatz 1 Nr. 3b, Nr. 4 und 5a können hierbei mit einer Geldbuße bis zu einer Mio. Euro geahndet werden. Diese Höchstgrenze ist erforderlich, weil es sich hierbei um Verstöße handelt, die den Kernbereich des Gesetzes und seine regulatorischen Ziele betreffen und damit besonders gravierend sind. Darüber hinaus wird in Anlehnung an § 81 Abs. 2 des Gesetzes gegen Wettbewerbsbeschränkungen ein besonderer Bußgeldrahmen (Dreifaches des erlangten Mehrerlöses) nach Satz 1 Halbsatz 2 für Fälle geschaffen, in denen aufgrund der Zuwiderhandlung ein Mehrerlös erlangt wird.
>
> Diese Regelung stellt eine wirksame Sanktionsmöglichkeit dar, die erforderlich ist, um unlauteres Gewinnstreben zu bekämpfen und im Falle missbräuchlichen Verhaltens den Zuwiderhandelnden so zu stellen, dass er im Ergebnis aus seinem missbräuchlichen Verhalten keinen Vorteil zieht, sondern über das Maß der gezogenen Vorteile hinaus eine spürbare finanzielle Einbuße hinnehmen muss.
>
> Nach Satz 2 kann der Mehrerlös geschätzt werden, um insoweit ggf. aufwendige und schwierige Untersuchungen im Rahmen der Verfolgung der Ordnungswidrigkeiten vermeiden zu können. Für weniger gravierende Verstöße gegen die übrigen Bußgeldtatbestände ist dagegen eine niedrigere Höchstgrenze von hunderttausend Euro ausreichend.«

---

11 Regierungsbegründung, BT-DrS 15/3917, S. 74.

III. Schuldhafter Verstoß sowie Bußgeldrahmen (Abs. 1 und 2)

§ 96 Abs. 2 Satz 1 legt nach dem Gewicht der dem Verstoß zugrunde 24 liegenden Ermächtigungsgrundlage sehr unterschiedliche Bußgeldrahmen fest:

– Geldbuße bis zu 1 Mio. Euro

– Geldbuße darüber hinaus bis zum Dreifachen des erlangten Mehrerlöses

– Geldbuße bis zu hunderttausend Euro

– Geldbuße bis zu zehntausend Euro

Eine Geldbuße nur bis zur Höhe von **10.000,- €** ist für folgende Verstöße vorgesehen: 25

– Verstoß gegen Rechtsverordnungen im Sinne von Abs. 1 Ziff. 5 lit. a)

– Verstoß gegen die Berichtspflicht nach § 12 Abs. 3a (Abs. 1a)

Eine **Geldbuße bis höchstens 1 Mio. €** ist für folgende Verstöße vorgesehen: 26

– Abs. 1 Nr. 3 lit. b): Verstoß gegen vollziehbare Missbrauchsverfügung

– Nr. 4: Missbrauch einer Marktstellung nach § 30 Abs. 1 Satz 1

– Nr. 5 lit. b): Verstoß gegen die dort aufgeführten Rechtsverordnungen oder auf jener Grundlage ergangene vollziehbare Anordnungen

Der Bußgeldrahmen von 1 Mio. Euro erhöht sich, wenn die Regulierungsbehörde (z. B. nach Missbrauch der Netzbetreiberstellung) einen **Mehrerlös** feststellt (Schätzung nach § 95 Abs. 2 Satz 2), um das Dreifache des durch die Zuwiderhandlung erlangten Mehrerlöses. **In allen übrigen Fällen** des § 95 Abs. 1 beträgt die Geldbuße **höchstens 100.000,- €**. 27

Die im Einzelfall festzusetzende Höhe muss die **Schwere des Verstoßes** unter Berücksichtigung des Interesses der Allgemeinheit an der Einhaltung des Gesetzes in Rechnung stellen. Bei fahrlässiger Begehung sieht § 17 Abs. 2 OWiG vor, dass nur die **Hälfte** des Bußgeldrahmens berücksichtigt werden darf. Innerhalb des Rahmens darf das Bußgeld für jeden Täter erneut festgesetzt werden; weil Unternehmen 28 nach § 30 OWiG selbständig bußgeldpflichtig sind, kann sowohl gegen den Vorsitzenden des Vorstandes als auch gegen den Netzbetreiber selbst der Bußgeldrahmen im Einzelfall vollständig ausgeschöpft werden.

IV. Verfahren und Verjährung (Abs. 3 bis 5)

29 Das Bußgeld ist durch die Verwaltungsbehörde festzusetzen, § 36 Abs. 1 Nr. 1 OWiG. Abs. 5 bestimmt, dass insofern eine **Regulierungsbehörde** im Sinne von § 54 zuständig ist. Daraus könnte zu schließen sein, dass bei Verstößen gegen Gesetzesvorschriften, deren Vollzug in die Zuständigkeit der nach Landesrecht zuständigen Behörde fällt[12], nur die Landesregulierungsbehörde das Bußgeld festsetzen darf. Verwaltungsvollzug und Sanktionierung durch Bußgeld fallen dann auseinander, wenn nicht der Landesgesetzgeber die Zuständigkeit als LRB sowie als nach Landesrecht zuständiger Behörde derselben Behördeneinheit zuweist.

30 **Abs. 3** ermöglicht die Aufstellung **allgemeiner Verwaltungsgrundsätze**, um das Ermessen der Regulierungsbehörde bei **Bemessung der Geldbuße** zu begrenzen. Zwar handelt es sich insofern nicht um eine Rechtsverordnung; über Art. 3 Abs. 1 GG bindet sich die Regulierungsbehörde dann gleichwohl an die so antizipiert vorgenommene Ermessensbetätigung. Derartige allgemeine Verwaltungsgrundsätze sind bisher nicht ergangen.

31 Die **Verjährung** der Verfolgung von Ordnungswidrigkeiten beträgt nach § 31 Abs. 2 OWiG, auf den § 95 Abs. 4 Satz 1 verweist, in Abhängigkeit vom im Gesetz festgesetzten Bußgeldrahmen entweder drei oder aber zwei Jahre. Für Verstöße gegen Nr. 4 und Nr. 5 des § 95 Abs. 1 ordnet § 95 Abs. 4 Satz 2 eine Verjährungsfrist von fünf Jahren an. Ziel ist es, missbräuchliches Verhalten und Zuwiderhandlungen auch dann noch verfolgen zu können, wenn der Gesetzesverstoß erst nach längerer Zeit aufgedeckt wird[13]. Ruhen und Unterbrechung der Verfolgungsverjährung sind in §§ 32, 33 OWiG vorgesehen, und die Verjährungsfrist läuft für jeden Täter (Unternehmen bzw. natürliche Personen) getrennt ab. Die Frist beginnt mit Beendung der Tathandlung, vgl. § 31 Abs. 3 OWiG. Wegen des Rechtsschutzes wird auf die Erläuterungen zu den §§ 98 und 99 verwiesen.

---

12 Zum Beispiel Verstoß gegen § 4 in Verbindung mit § 55 Abs. 2.
13 Regierungsbegründung, BT-DrS 15/3917, S. 74.

§ 96 Zuständigkeit für Verfahren wegen der Festsetzung einer Geldbuße gegen eine juristische Person oder Personenvereinigung

¹**Die Regulierungsbehörde ist für Verfahren wegen der Festsetzung einer Geldbuße gegen eine juristische Person oder Personenvereinigung (§ 30 des Gesetzes über Ordnungswidrigkeiten) in Fällen ausschließlich zuständig, denen**

1. **eine Straftat, die auch den Tatbestand des § 95 Abs. 1 Nr. 4 verwirklicht, oder**

2. **eine vorsätzliche oder fahrlässige Ordnungswidrigkeit nach § 130 des Gesetzes über Ordnungswidrigkeiten, bei der eine mit Strafe bedrohte Pflichtverletzung auch den Tatbestand des § 95 Abs. 1 Nr. 4 verwirklicht,**

zugrunde liegt. ²Dies gilt nicht, wenn die Behörde das § 30 des Gesetzes über Ordnungswidrigkeiten betreffende Verfahren an die Staatsanwaltschaft abgibt.

Überblick	Seite	Rz.
I. Regelungszweck und Entstehungsgeschichte	1433	1
II. Ausschließliche Zuständigkeit für Verbandsordnungswidrigkeiten (Satz 1)	1434	3
1. Gleichzeitige Verwirklichung von Straftat und Missbrauch (Ziff. 1)	1435	6
2. Tateinheit von Aufsichtspflichtverletzung und Missbrauch (Ziff. 2)	1436	8
III. Abgabe an die Staatsanwaltschaft (Satz 2)	1437	10

I. Regelungszweck und Entstehungsgeschichte

§ 96 übernimmt § 82 GWB. Ziel ist es, Ordnungswidrigkeiten wegen **Missbrauchs der Netzbetreiberstellung** (§ 30 Abs. 1 Satz 1) auch dann noch durch die Regulierungsbehörde als Ordnungswidrigkeit zu verfolgen, wenn die dem Unternehmen (Netzbetreiber) zugerechnete Missbrauchshandlung zugleich einen Straftatbestand erfüllt oder aber wegen eines vergleichbaren Vorwurfs auch gegen natürliche Personen

1

ermittelt wird. In beiden Fällen würde nämlich die Regulierungsbehörde die Zuständigkeit zur Verfolgung der Ordnungswidrigkeit des Unternehmens (§ 95 Abs. 1 Ziff. 1) an die Staatsanwaltschaft (Straftat, vgl. § 21 Abs. 1 Satz 1 OWiG) oder wegen der Kopplung von Ordnungswidrigkeitenverfahren, die zugleich gegen natürliche Personen und gegen Personenvereinigungen durchgeführt werden (§ 30 Abs. 4 OWiG), verlieren. Dies verhindert § 96 Satz 1, der die **ausschließliche Zuständigkeit** der Regulierungsbehörde in diesen beiden Konstellationen anordnet[1].

2 Die vom Bundesrat geäußerten Bedenken gegen die Übernahme der Vorschrift aus dem GWB[2] betreffen die Gefahr von Doppelermittlungen sowie divergierenden Entscheidungen der Gerichte (offenbar gegen die natürlichen Personen einerseits und gegen das Unternehmen andererseits) und möglicherweise einen Verstoß gegen das verfassungsrechtlich gewährleistete Verbot der Doppelverfolgung. Die Bundesregierung hat in ihrer Gegenäußerung[3] den Vorschlag des Bundesrates zur Streichung des § 96 abgelehnt und auf die Beibehaltung des § 82 GWB verwiesen. Weil im Bereich des EnWG Bußgeldverfahren gegen juristische Personen und Personenvereinigungen weitaus größere Bedeutung als Verfahren gegen natürliche Personen haben würden, sei die Regelung erforderlich, um eine häufige Abgabe der Verfahren an andere Behörden zu vermeiden. Der Vermittlungsausschuss hat die Bedenken des Bundesrates nicht wieder aufgegriffen.

II. Ausschließliche Zuständigkeit für Verbandsordnungswidrigkeiten (Satz 1)

3 § 96 Satz 1 betrifft Verfahren gegen **juristische Personen oder Personenvereinigungen** im Sinne von § 30 OWiG, an deren Ende die Festsetzung einer Geldbuße stehen kann. In **zwei Fällen** wird die Regulierungsbehörde davon befreit, derartige Ermittlungen entweder an die Staatsanwaltschaft abgeben zu müssen (bloße Anwendung des Strafgesetzes, vgl. § 21 Abs. 1 Satz 1 OWiG) oder aber an diejenige Behörde abgeben zu müssen, die die Ordnungswidrigkeit gegen eine natürliche Person (z. B. Vorstand) verfolgt (§ 30 Abs. 4 OWiG). Ziel ist es

---

1 Zur Gesetzesbegründung vgl. BT-DrS 15/3917, S. 74.
2 Stellungnahme, BT-DrS 15/3917, S. 94 f. (Ziff. 60).
3 BT-DrS 15/4068, S. 9 (Ziff. 57).

II. Ausschließliche Zuständigkeit für Verbandsordnungswidrigkeiten (Satz 1)

insbesondere, Ordnungswidrigkeitenverfahren gegen das Unternehmen (Netzbetreiber) und gegen die natürlichen Personen **vollständig zu entkoppeln**[4].

Beide Fälle des § 96 – Ziff. 1 sowie Ziff. 2 – betreffen Ordnungswidrigkeiten nach § 95 **Abs. 1 Ziff. 4** (Missbrauch nach § 30 Abs. 1 Satz 1). Andere Ordnungswidrigkeiten werden von § 96 von vornherein nicht erfasst. Damit soll sichergestellt werden, dass missbräuchliches Verhalten eines Netzbetreibers auf jeden Fall auch als Ordnungswidrigkeit unabhängig davon durch die Regulierungsbehörde verfolgt wird, welche Straftaten oder weiteren Ordnungswidrigkeiten mit dem missbräuchlichen Verhalten verbunden gewesen sind. 4

Die zugrunde liegenden Rechtsvorschriften des OWiG finden sich in §§ 21, 30 und 130. Nach § 21 OWiG wird grundsätzlich nur das Strafgesetz angewendet, wenn die Handlung zugleich Straftat und Ordnungswidrigkeit ist; lediglich im Hinblick auf die Ordnungswidrigkeiten angedrohten Nebenfolgen kann zusätzlich erkannt werden. § 30 OWiG sieht parallel zu § 14 StGB die Verhängung von Geldbußen gegen juristische Personen bzw. Personenvereinigungen vor, indem das Handeln des vertretungsberechtigten Organs oder des vertretungsberechtigten Gesellschafters der juristischen Person zugerechnet wird. Umgekehrt handelt derjenige ordnungswirdig wegen Verletzung der Aufsichtspflicht in Bezug auf das Unternehmen (§ 130 OWiG), wenn im Unternehmen Ordnungswidrigkeiten begangen werden, die der Betriebsinhaber, sein gesetzlicher Vertreter, oder die Geschäftsleitung des Unternehmens (Vorstand, örtliche Betriebsleiter) bei gehöriger Aufsicht hätten verhindern können. 5

1. Gleichzeitige Verwirklichung von Straftat und Missbrauch (Ziff. 1)

Missbräuchliches Netzbetreiberverhalten kann zugleich den Betrugstatbestand erfüllen, § 263 StGB. Soweit fremde Gelder betreut werden (Belastungsausgleich nach EEG bzw. KWK-G), ist der Tatbestand der Untreue als mit einem Verstoß gegen § 30 Abs. 1 Satz 1 konkurrierend nicht von vornherein ausgeschlossen. 6

Ziff. 1 des § 96 Satz 1 sorgt dafür, dass in einem solchen Fall die Ordnungswidrigkeit nach § 95 Abs. 1 Ziff. 4 durch die Regulierungsbe- 7

---

[4] Regierungsbegründung, BT-DrS 15/3917, S. 74.

hörde **selbständig verfolgbar** bleibt. Das Verfahren muss also weder an die Staatsanwaltschaft abgegeben noch eingestellt werden; ob mit einer Parallelverfolgung von Straftat und Ordnungswidrigkeit, die in Tateinheit (§ 52 Abs. 1 StGB) begangen worden sind, gegen Art. 103 Abs. 3 GG verstoßen wird (mehrmalige Bestrafung wegen derselben Tat), wäre näher zu überprüfen und hängt insbesondere davon ab, ob man das Wort »bestraft« in Art. 103 Abs. 3 GG auch auf Verwaltungsunrecht (Ordnungswidrigkeiten) erstreckt.

2. Tateinheit von Aufsichtspflichtverletzung und Missbrauch (Ziff. 2)

8 Das Missbrauchsverbot des § 30 Abs. 1 Satz 1 wendet sich an Netzbetreiber. Diese können jedoch nur durch Ihre vertretungsberechtigten Personen (Organe) oder durch die vertretungsberechtigten Gesellschafter handeln. Dass gleichwohl die Geldbuße gegen die juristische Person oder Personenvereinigung verhängt werden kann (Verbandsordnungswidrigkeit), stellt § 30 Abs. 1 sicher. Allerdings ordnet § 30 Abs. 4 Satz 1 OWiG an, dass das Strafverfahren/Ordnungswidrigkeitenverfahren gegen die die juristische Person/Personenhandelsgesellschaft vertretenden Personen nur dann die Festsetzung einer Geldbuße wegen Ordnungswidrigkeit gegen den Verband (selbständig) ermöglichen, wenn gegen die natürlichen Personen das Verfahren nicht eingeleitet, eingestellt oder von Strafe abgesehen wurde. Die Vorschrift folgt damit einer Art »Einheitstheorie«, die Vertreter, Gesellschafter und Gesellschaft nicht als separat bußgeldpflichtig, sondern als »einheitlichen Täter« einstuft.

9 Eine selbständige Verfolgung entgegen § 30 Abs. 4 OWiG stellt § 96 Satz 1 **Ziff. 2** sicher. Wird die natürliche Person (z. B. Vorstandsmitglieder des Netzbetreibers) wegen Aufsichtspflichtverletzung nach § 130 OWiG verfolgt, um insofern eine Geldbuße festsetzen zu können, so hindert dies nicht weitere Ermittlungen der Regulierungsbehörde sowie die Festsetzung einer Geldbuße gegen die juristische Person oder Personenvereinigung, für die diese natürliche Person gehandelt hat. Die **Entkopplung** beider Verfahren führt in der Tat zu einer doppelten Sanktionierung, die insbesondere dann gerechtfertigt erscheint, wenn die Organe des Netzbetreibers nicht zugleich Inhaber des Unternehmens (Gesellschafter) sind. Irrelevant ist es, wenn das Verhalten der natürlichen Personen zugleich als Straftat verfolgbar ist.

III. Abgabe an die Staatsanwaltschaft (Satz 2)

Die Regulierungsbehörde ist unter Ausübung ordnungsgemäßen Ermessens (§ 47 OWiG) jederzeit berechtigt, das Ordnungswidrigkeitenverfahren an die Staatsanwaltschaft abzugeben und damit zu entscheiden, den Verband nicht selbständig zu verfolgen. Damit geht die ausschließliche Zuständigkeit zur Weiterverfolgung zunächst auf die Staatsanwaltschaft und später auf das Strafgericht über (vgl. § 21 OWiG); Zuständigkeiten der Regulierungsbehörde bestehen dann nicht mehr.

Ebenso wie Satz 1 gilt auch Satz 2 nur für missbräuchliches Verhalten im Sinne von § 30 Abs. 1 Satz 1; die in § 96 Satz 1 in Bezug genommene Vorschrift des § 95 Abs. 1 Ziff. 4 verweist nur auf den Missbrauchstatbestand. Dies bedeutet, dass die erwähnten Vorschriften des OWiG für alle anderen Bußgeldtatbestände »normal« anzuwenden sind, also eine »Entkopplung« und daraus resultierend eine Parallelverfolgung durch die Regulierungsbehörde in all diesen anderen Fällen von vornherein nicht besteht.

§ 97 Zuständigkeiten im gerichtlichen Bußgeldverfahren

[1]Sofern die Regulierungsbehörde als Verwaltungsbehörde des Vorverfahrens tätig war, erfolgt die Vollstreckung der Geldbuße und des Geldbetrages, dessen Verfall angeordnet wurde, durch die Regulierungsbehörde als Vollstreckungsbehörde auf Grund einer von dem Urkundsbeamten der Geschäftsstelle des Gerichts zu erteilenden, mit der Bescheinigung der Vollstreckbarkeit versehenen beglaubigten Abschrift der Urteilsformel entsprechend den Vorschriften über die Vollstreckung von Bußgeldbescheiden. [2]Die Geldbußen und die Geldbeträge, deren Verfall angeordnet wurde, fließen der Bundeskasse zu, die auch die der Staatskasse auferlegten Kosten trägt.

Überblick	Seite	Rz.
I. Regelungszweck und Entstehungsgeschichte	1439	1
II. Vollstreckung durch die Regulierungsbehörde (Satz 1) ..	1440	5
III. Vereinnahmung durch die Bundeskasse (Satz 2)	1441	7

I. Regelungszweck und Entstehungsgeschichte

§ 97 entscheidet zum einen darüber, dass Geldbußen aus dem regulierungsbehördlichen Bußgeldverfahren nicht der Landeskasse, sondern der Bundeskasse zufließen. Dies soll nach dem allerdings wohl versehentlich nicht angepassten Wortlaut eigentlich auch für den Fall gelten, dass eine LRB tätig wird[1]. Anders als sonst im gerichtlichen Bußgeldverfahren vorgesehen (vgl. § 91 OWiG in Verbindung mit § 451 StPO) ist nicht die Staatsanwaltschaft, sondern die Regulierungsbehörde mit der Vollstreckung beauftragt. 1

Die Anwendung der Vollstreckungsregelungen über das behördliche Bußgeldverfahren auch auf das gerichtliche Bußgeldverfahren wird in der Entwurfsbegründung unter Hinweis auf den bei der Regulierungsbehörde anfallenden Sach- und Personalaufwand gerechtfertigt[2]; der Konzeptwechsel, der sich in den Zuständigkeiten der LRB gemäß 2

---

1 Vgl. dazu aber unten Rz. 7 f.
2 BT-DrS 15/3917, S. 74 f.

§ 54 Abs. 2 widerspiegelt, ist in dieser Begründung noch nicht berücksichtigt. Die Vorschrift entspricht § 82 Abs. 2 GWB in der ab 2005 geltenden Fassung.

3 Die Vereinnahmung von Bußgeldern und Geldbeträgen, für die ein Verfall angeordnet wurde, erfolgt regelmäßig durch die jeweilige Landeskasse. Dies wird in der Stellungnahme des Bundesrates[3] als »gerechte Verteilung von Lasten und Vorteilen zwischen Bund und Land« bezeichnet. Nicht der Personal- und Sachaufwand der Regulierungsbehörde, sondern der beim Oberlandesgericht anfallende Aufwand sei insofern abzugelten. Das Gericht treffe eine eigenständige Entscheidung, und mit Erlass des Bußgeldbescheides durch die Regulierungsbehörde sei dessen Verfahren beendet. Ein sachlicher Grund für die Vollstreckung der im gerichtlichen Bußgeldverfahren verhängten Bußgelder durch eine Bundesoberbehörde sei – abgesehen vom fiskalischen Interesse des Bundes – nicht erkennbar. Der Bundesrat hat deshalb die Streichung des Entwurfs zu § 97 vorgeschlagen.

4 Dem ist die Bundesregierung nicht gefolgt[4]. Ohne nähere Stellungnahme zu den Ausführungen des Bundesrates wird lediglich festgestellt, die Übernahme der GWB-Regelung in das EnWG sei erforderlich. Der Vermittlungsausschuss hat diesen Streit nicht wieder aufgegriffen.

II. Vollstreckung durch die Regulierungsbehörde (Satz 1)

5 Voraussetzung einer Anwendung des § 97 **Satz 1** ist es zunächst, dass eine **Regulierungsbehörde als Verwaltungsbehörde des Vorverfahrens** tätig gewesen ist. Gemeint ist das Verfahren nach § 95, für das die Regulierungsbehörde nach § 54 zuständig ist (verwaltungsbehördliches Bußgeldverfahren). Regulierungsbehörde in diesem Sinne ist wie gewohnt die BNetzA sowie jede LRB.

6 Weitere Voraussetzung ist die Inanspruchnahme von Rechtsschutz gegen den Bußgeldbescheid der Regulierungsbehörde; insofern ist zunächst nach § 98 das OLG und dann nach § 99 der BGH zuständig. Ergebnis des Rechtsschutzverfahrens muss entweder die Festsetzung einer Geldbuße und/oder die Anordnung einer Nebenfolge sein, § 72 Abs. 3 OWiG. Ist als Nebenfolge der Verfall eines Geldbetrages durch

---

3 BT-DrS 15/3917, S. 78, 95 (Ziff. 61).
4 Gegenäußerung, BT-DrS 15/4068, S. 10 (Ziff. 58).

das Beschwerdegericht angeordnet, fällt dies ebenfalls unter die vollstreckungsspezifische Regelung des § 97 Satz 1. Die Vorschrift ordnet eine Ausnahme von § 91 OWiG in Verbindung mit § 451 StPO an; unter Ausschluss der Zuständigkeit der Staatsanwaltschaft kann die **Regulierungsbehörde selbst als Vollstreckungsbehörde** tätig werden. Sie erhält dazu vom Urkundsbeamten des Gerichts (OLG, BGH) eine beglaubigte Abschrift der Urteilsformel mit Bescheinigung der Vollstreckbarkeit. Die nicht durch § 97 Satz 1 ausgeschlossenen Vorschriften (OWiG sowie StPO) sind anzuwenden.

III. Vereinnahmung durch die Bundeskasse (Satz 2)

Satz 2 des § 97 ist im Gesetzgebungsverfahren besonders umstritten gewesen, weil die Bundesländer eine Vereinnahmung von Geldbußen und als verfallen angeordneten Geldbeträgen durch die Bundeskasse als systemwidrig und nicht wünschenswert angesehen haben[5]. Die Vorschrift ist inhaltlich teilweise überholt, weil bei Tätigwerden der LRB als Verwaltungsbehörde des Vorverfahrens ohnehin eine Vereinnahmung durch die jeweilige Landeskasse zu erfolgen hat. Denn »Vorarbeiten« und Aufwand sind bei der LRB angefallen.

7

Diese in Satz 2 nicht explizit vorgesehene Rechtsfolge lässt sich entweder im Wege des Analogieschlusses begründen (Lückenschließung, wenn eine LRB tätig geworden ist) oder dadurch erreichen, dass man – allerdings wenig systemkonform – den Begriff der Regulierungsbehörde in § 97 Satz 1 auf die Tätigkeit der BNetzA beschränkt. Für letztere Lösung mag sprechen, dass dann eine Ausnahme von § 91 OWiG nicht erforderlich wäre und die Staatsanwaltschaft als für gerichtliche Bußgeldfestsetzungen ohnehin zuständige Vollstreckungsbehörde wie gewohnt tätig werden könnte. Wendet man hingegen Satz 2 des § 97 analog an, so müsste auch die LRB als Vollstreckungsbehörde tätig werden, wobei dann verfallene Geldbeträge sowie Geldbußen – angesichts des nur im Bundesland angefallenen Aufwandes berechtigt – der entsprechenden Kasse des Bundeslandes zuflössen.

8

Soweit im gerichtlichen Bußgeldverfahren die Kosten **der Staatskasse auferlegt** werden, ordnet Satz 2 die **Kostentragung durch die Bundeskasse** an. Diese Rechtsfolge muss bei Tätigwerden der LRB wie-

9

---

5 Vgl. oben § 97 Rz. 3 (Stellungnahme des Bundesrates).

derum korrigiert werden, um eine Kostentragung der entsprechenden Länderkasse zu ermöglichen. Nur auf diese Weise bliebe sichergestellt, dass derjenige, dem die Einnahmen aus der gerichtlichen Festsetzung im Bußgeldverfahren zufließen, auch spiegelbildliche Ausgaben zu tragen hat.

§ 98 Zuständigkeit des Oberlandesgerichts im gerichtlichen Verfahren

(1) ¹Im gerichtlichen Verfahren wegen einer Ordnungswidrigkeit nach § 95 entscheidet das Oberlandesgericht, in dessen Bezirk die zuständige Regulierungsbehörde ihren Sitz hat; es entscheidet auch über einen Antrag auf gerichtliche Entscheidung (§ 62 des Gesetzes über Ordnungswidrigkeiten) in den Fällen des § 52 Abs. 2 Satz 3 und des § 69 Abs. 1 Satz 2 des Gesetzes über Ordnungswidrigkeiten. ²§ 140 Abs. 1 Nr. 1 der Strafprozessordnung in Verbindung mit § 46 Abs. 1 des Gesetzes über Ordnungswidrigkeiten findet keine Anwendung.

(2) Das Oberlandesgericht entscheidet in der Besetzung von drei Mitgliedern mit Einschluss des vorsitzenden Mitglieds.

Überblick		Seite	Rz.
I.	Regelungszweck und Entstehungsgeschichte	1443	1
II.	Überprüfung des Bußgeldbescheides durch das OLG (Abs. 1)	1444	3
III.	Entscheidung durch den Senat (Abs. 2)	1445	7

I. Regelungszweck und Entstehungsgeschichte

Über Einsprüche gegen Bußgeldbescheide entscheidet nach § 68 Abs. 1 OWiG grundsätzlich das Amtsgericht. Weil es sich beim Rechtsschutz gegen regulierungsbehördliche Bußgeldbescheide um eine spezielle Sachmaterie (z. B. Netzbetreibermissbrauch, Verweigerung des Netzanschlusses trotz regulierungsbehördlicher Entscheidung) handelt, ist die Rechtsschutzgewährung durch Amtsgerichte nicht sinnvoll. Deshalb übernimmt § 98 im Wesentlichen wörtlich § 83 GWB, wonach Rechtsschutz gegen kartellbehördliche Bußgeldbescheide durch das Oberlandesgericht am Sitz der Kartellbehörde zu gewähren ist.

Die Vorschrift ist im Gesetzgebungsverfahren nicht umstritten gewesen und ohne Modifikation des Regierungsentwurfs in Kraft getreten.

II. Überprüfung des Bußgeldbescheides durch das OLG (Abs. 1)

3 Hat die zuständige Regulierungsbehörde nach § 95 einen Bußgeldbescheid erlassen, orientiert sich der Rechtsschutz grundsätzlich an §§ 67 ff. OWiG. Gegen den Bußgeldbescheid muss innerhalb von zwei Wochen nach Zustellung schriftlich oder zur Niederschrift bei der Regulierungsbehörde Einspruch eingelegt werden (§ 67 Abs. 1 Satz 1 OWiG). Über den Einspruch entscheidet dann allerdings das für den **Sitz der Regulierungsbehörde zuständige OLG**. Soweit § 98 Abs. 1 keine Sonderregelung trifft, sind die §§ 67 ff. OWiG anzuwenden.

4 Eine Entscheidung des OLG findet auch statt, wenn gegen Anordnung, Verfügung und sonstige Maßnahme der Regulierungsbehörde – im laufenden Bußgeldverfahren – Antrag auf gerichtliche Entscheidung im Sinne von § 62 OWiG beantragt wird. Gleiches gilt für Entscheidungen der Regulierungsbehörde nach § 52 Abs. 2 Satz 3, wenn diese einen Antrag auf Wiedereinsetzung in den vorigen Stand verworfen hat. Wurde der Einspruch durch die Regulierungsbehörde als unzulässig verworfen, entscheidet das OLG auch im Verfahren nach § 69 Abs. 1 Satz 2 OWiG.

5 Für das Verfahren zur gerichtlichen Überprüfung von Bußgeldbescheiden verweist § 46 OWiG grundsätzlich auf die StPO und damit auch auf § 140 Abs. 1 Ziff. 1. Danach ist die Mitwirkung eines Verteidigers notwendig, wenn die Hauptverhandlung im ersten Rechtszug vor einem OLG oder LG stattfindet. Weil **Satz 2** des § 98 Abs. 1 diese Vorschrift für unanwendbar erklärt, kann sich der Betroffene nach Einspruch gegen den Bußgeldbescheid der Regulierungsbehörde vor dem OLG selbst vertreten. Weil die Anwendung des § 140 Abs. 2 StPO nicht ausgeschlossen wird, kann bei schwieriger Sach- und Rechtslage gleichwohl die Mitwirkung eines Verteidigers geboten sein.

6 Das OLG wird unzuständig, wenn in der Folge des Bußgeldbescheides die Tat doch noch als Straftat verfolgt wird; umstritten ist, ob insofern ein »Übergang zum Strafverfahren« erfolgt[1] oder nach Hinweis auf die Änderung des rechtlichen Gesichtspunktes (§ 270 StPO ana-

---

1 Vgl. KG WuW/E OLG 4983, 4984 – Übergang zum Strafverfahren.

log) durch Verweisungsbeschluss die Abgabe an das zuständige Strafgericht zu erfolgen hat[2].

III. Entscheidung durch den Senat (Abs. 2)

Der zuständige Senat des OLG (Kartellsenat, § 106) entscheidet in voller Besetzung (drei Mitglieder unter Einschluss des Vorsitzenden) durch Beschluss oder durch Urteil (§§ 70, 72 OWiG). Trotz des Verweises auf die StPO (Ausnahme: § 98 Abs. 1 Satz 2) wird insofern kein Strafsenat, sondern ein »spezialisierter Spruchkörper eigener Art« tätig[3]. Über die Rechtsbeschwerde gegen die Entscheidung des OLG (§ 79 OWiG) entscheidet nach § 99 der BGH.

7

---

[2] BGH WuW/E BGH 2865, 2866 f. – Verweisungspflicht.
[3] Vgl. dazu die Nachweise in der vorherigen FN.

§ 99 Rechtsbeschwerde zum Bundesgerichtshof

¹Über die Rechtsbeschwerde (§ 79 des Gesetzes über Ordnungswidrigkeiten) entscheidet der Bundesgerichtshof. ²Hebt er die angefochtene Entscheidung auf, ohne in der Sache selbst zu entscheiden, so verweist er die Sache an das Oberlandesgericht, dessen Entscheidung aufgehoben wird, zurück.

Überblick	Seite	Rz.
I. Regelungszweck und Entstehungsgeschichte	1447	1
II. Entscheidung über die Rechtsbeschwerde (Satz 1)	1447	2
III. Zurückverweisung (Satz 2)	1448	3

I. Regelungszweck und Entstehungsgeschichte

Die § 84 GWB entnommene Vorschrift ist im Gesetzgebungsverfahren nicht umstritten gewesen. Konsequent wird die Entscheidung der Rechtsbeschwerde demjenigen Senat des BGH zugeordnet, der auch sonst über Rechtsbeschwerden in Angelegenheiten der Regulierungsbehörde entscheidet (§§ 86, 107). Von diesem Senat, der auch im Übrigen Rechtsschutz gegen regulierungsbehördliche Entscheidungen gewährt, ist die beste Sachkenntnis und Spezialisierung zu erwarten.

1

II. Entscheidung über die Rechtsbeschwerde (Satz 1)

Bei Rechtsbeschwerde gegen Entscheidungen des OLG im gerichtlichen Verfahren wegen einer Ordnungswidrigkeit nach § 95 ist der Bundesgerichtshof zur Entscheidung berufen. Die §§ 79 ff. OWiG sind anzuwenden; entweder ist die Rechtsbeschwerde unter Beachtung der in § 79 Abs. 1 Satz 1 OWiG genannten Gründe oder aufgrund einer Zulassung nach § 80 in Verbindung mit § 79 Abs. 1 Satz 2 OWiG zulässig. Wegen der Verfahrensvorschriften wird auf das Gesetz gegen Ordnungswidrigkeiten verwiesen. Der Senat entscheidet, obwohl eine § 98 Abs. 2 entsprechende Vorschrift fehlt, in voller Besetzung.

2

III. Zurückverweisung (Satz 2)

3 **Satz 2** dient dem Ziel, die Nichtanwendung des § 79 Abs. 6 OWiG anzuordnen. Weil es in jedem Bundesland nur ein entsprechend zuständiges OLG gibt, das in Kartellverwaltungsangelegenheit sowie in Angelegenheiten des Rechtsschutzes gegen regulierungsbehördliche Entscheidungen einschließlich von Bußgeldentscheidungen tätig ist, kann die Zurückverweisung nicht an ein anderes OLG (eines anderen Bundeslandes) erfolgen. Die Zurückverweisung findet deshalb nur an das OLG statt, dessen Entscheidung im Rechtsbeschwerdeverfahren vor dem BGH aufgehoben wird.

§ 100 Wiederaufnahmeverfahren gegen Bußgeldbescheid

Im Wiederaufnahmeverfahren gegen den Bußgeldbescheid der Regulierungsbehörde (§ 85 Abs. 4 des Gesetzes über Ordnungswidrigkeiten) entscheidet das nach § 98 zuständige Gericht.

§ 101 Gerichtliche Entscheidungen bei der Vollstreckung

Die bei der Vollstreckung notwendig werdenden gerichtlichen Entscheidungen (§ 104 des Gesetzes über Ordnungswidrigkeiten) werden von dem nach § 98 zuständigen Gericht erlassen.

Überblick	Seite	Rz.
I. Regelungszweck und Entstehungsgeschichte	1449	1
II. Zuständigkeit im Wiederaufnahmeverfahren (§ 100)	1449	2
III. Zuständigkeit bei der Vollstreckung von Bußgeldentscheidungen (§ 101).	1450	5

I. Regelungszweck und Entstehungsgeschichte

Nach dem Vorbild der §§ 85 und 86 GWB ordnen die §§ 100 und 101 Zuständigkeiten im Rahmen von Rechtsschutz und Vollstreckung von Bußgeldbescheiden dem nach § 98 zuständigen Gericht zu (Oberlandesgericht, in dessen Bezirk die zuständige Regulierungsbehörde ihren Sitz hat). Die Vorschriften sind im Verlaufe des Gesetzgebungsverfahrens im Verhältnis zur Entwurfsfassung nicht verändert worden.

II. Zuständigkeit im Wiederaufnahmeverfahren (§ 100)

Bei Wiederaufnahme eines Verfahrens, das mit einem rechtskräftigen Bußgeldbescheid geendet hat (bestandskräftiger Bußgeldbescheid oder durch das Gericht festgesetztes Bußgeld), gelten nach § 85 OWiG bestimmte Vorschriften der StPO (§§ 359 bis 373a). Zuständig für die Entscheidung über den Wiederaufnahmeantrag ist im allgemeinen Bußgeldverfahren grundsätzlich nicht dasselbe Gericht, bezüglich dessen abschließender Entscheidung der Wiederaufnahmeantrag gestellt wurde (vgl. § 140a GVG).

3 Diese aus Gründen der Rechtsstaatlichkeit eingeführte Regelung des allgemeinen Bußgeldverfahrens stößt auf Schwierigkeiten, wenn nur wenige Oberlandesgerichte überhaupt zur Entscheidung in derartigen Bußgeldsachen berufen sind. Deshalb bestimmt § 100 nach dem Vorbild des GWB und entgegen § 85 Abs. 4 in Verbindung mit § 68 OWiG das **örtlich zuständige OLG** zur Entscheidung über den Wiederaufnahmeantrag gegen den Bußgeldbescheid/das gerichtlich festgesetzte Bußgeld.

4 Dies gilt auch dann, wenn gegen den Bußgeldbescheid kein Einspruch eingelegt wurde; das OLG wird dann erstmals mit dieser Sache befasst. Für Kartellbußgeldverfahren hat sich insofern eine Rechtsprechung bereits etabliert[1]. Bei Geldbußen bis 100,– Euro bzw. nach Verstreichen einer Frist von drei Jahren seit Rechtskraft der Bußgeldentscheidung ist eine Wiederaufnahme unzulässig, § 85 Abs. 2 Satz 1.

III. Zuständigkeit bei der Vollstreckung von Bußgeldentscheidungen (§ 101)

5 Nach § 104 OWiG sind im allgemeinen Bußgeld-Vollstreckungsverfahren die Amtsgerichte tätig (Verweisung auf § 68 OWiG). Diese Zuständigkeitszuweisung ändert § 101 zugunsten des nach § 98 zuständigen Gerichts (OLG) ab. Damit wird das OLG nicht nur als Beschwerdegericht und als für Wiederaufnahmeverfahren zuständiges Gericht, sondern auch als Vollstreckungsgericht tätig (vgl. auch § 97). Die Entscheidung ergeht ohne mündliche Verhandlung (§ 104 Abs. 2 OWiG). Eine andere Zuständigkeitszuweisung ergibt sich auch nicht, wenn nach § 104 Abs. 1 Ziff. 2 das Gericht des ersten Rechtszuges im Hinblick auf die Vollstreckung einer gerichtlichen Bußgeldentscheidung zum Tätigwerden berufen ist, § 104 Abs. 1 Ziff. 2. In beiden Fällen – Vollstreckung von regulierungsbehördlichen Bußgeldbescheiden sowie Vollstreckung von gerichtlichen Bußgeldbescheiden – ordnet § 101 einheitlich die Zuständigkeit des OLG an, um über Einwendungen gegen die Vollstreckung zu entscheiden.

---

1 BGH NJW-RR 1992, 1130 f. – Mehrerlös mit Steueranteil; KG v. 20.10.1989, WuW/E OLG 4471 – Wiederaufnahme Bußgeldverfahren; KG v. 12.3.1991, WuW/E OLG 4701, 4702 ff. – doppelte Gewinnabschöpfung.

Abschnitt 6 Bürgerliche Rechtsstreitigkeiten

§ 102 Ausschließliche Zuständigkeit der Landgerichte

(1) ¹Für bürgerliche Rechtsstreitigkeiten, die sich aus diesem Gesetz ergeben, sind ohne Rücksicht auf den Wert des Streitgegenstandes die Landgerichte ausschließlich zuständig. ²Satz 1 gilt auch, wenn die Entscheidung eines Rechtsstreits ganz oder teilweise von einer Entscheidung abhängt, die nach diesem Gesetz zu treffen ist.

(2) Die Rechtsstreitigkeiten sind Handelssachen im Sinne der §§ 93 bis 114 des Gerichtsverfassungsgesetzes.

Überblick	Seite	Rz.
I. Regelungszweck und Entstehungsgeschichte	1451	1
II. Ausschließliche Zuständigkeit der Landgerichte (Abs. 1)	1452	3
1. Bürgerliche Rechtsstreitigkeit	1452	4
2. Rechtsstreitigkeit aus dem EnWG................	1452	6
3. Vorfrage aus dem EnWG........................	1453	7
III. Rechtsfolge der ausschließlichen Zuständigkeit	1453	8

I. Regelungszweck und Entstehungsgeschichte

Um Sachverstand durch Zuständigkeitsspezialisierung zu gewährleisten, weist § 102 unabhängig vom Streitwert die sachliche und instanzielle Zuständigkeit für mit dem EnWG zusammenhängende **bürgerliche Rechtsstreitigkeiten dem Landgericht** zu. Dies gilt nach Satz 1 für Streitigkeiten aus dem EnWG selbst (Unterlassung und Schadensersatz nach § 32, Anschluss nach §§ 17 ff. sowie Netzzugang nach §§ 20 ff.), aber auch für sog. Vorfragen (Satz 2 des § 102 Abs. 1). Ausreichend ist es, wenn die Entscheidung des Rechtsstreits jedenfalls auch von einer EnWG-Vorschrift »abhängt«. Als Spruchkörper sind innerhalb des Landgerichts die **Kammern für Handelssachen** berufen, § 102 Abs. 2.

1

2 Vorbild des § 102 ist § 87 GWB, der angepasst übernommen wird. Änderungsvorschläge hat es im Laufe des Gesetzgebungsverfahrens nicht gegeben.

II. Ausschließliche Zuständigkeit der Landgerichte (Abs. 1)

3 Die Zuständigkeitszuweisung an die Landgerichte hängt von drei Voraussetzungen ab:

– bürgerliche Rechtsstreitigkeit

– Rechtsstreitigkeit aus dem EnWG oder

– Vorfrage aus dem EnWG

1. Bürgerliche Rechtsstreitigkeit

4 Der Begriff der **bürgerlichen Rechtsstreitigkeit** verweist auf § 13 GVG (Zuständigkeit der ordentlichen Gerichte). Soweit Rechtsstreitigkeiten anderen Gerichtszweigen zugewiesen sind (z. B. der Verwaltungsgerichtsbarkeit, der Finanzgerichtsbarkeit, der Verfassungsgerichtsbarkeit oder der Sozialgerichtsbarkeit), liegt keine bürgerliche Rechtsstreitigkeit vor.

5 Kennzeichen derartiger Streitigkeiten ist regelmäßig die **Gleichordnung der Parteien**, wobei Anspruchsbeziehungen im Vordergrund stehen. Dies hindert nicht die Beteiligung von Unternehmen der öffentlichen Hand oder von juristischen Personen des öffentlichen Rechts (z. B. Bund, Länder, Gebietskörperschaften), die sich auf das Gebiet des Privatrechts begeben haben. Ist Kern des Rechtsstreits die Ausübung von Hoheitsrechten, fehlt es an einer bürgerlichen Rechtsstreitigkeit. Insbesondere Ansprüche auf Anschluss, Anschlussnutzung und Netzzugang sowie auf Unterlassung und Schadensersatz wegen EnWG-widrigen Netzbetreiberverhaltens werden den Kern der bürgerlichen Rechtsstreitigkeiten bilden, die auf der Grundlage des EnWG zu entscheiden sind und an denen meist ein Netzbetreiber beteiligt sein wird.

2. Rechtsstreitigkeit aus dem EnWG

6 Nach **Satz 1** des § 102 Abs. 1 werden solche Rechtsstreitigkeiten typischerweise **Anspruchsbeziehungen** betreffen. In Betracht kommen zum einen Erfüllungsansprüche, zum Beispiel Zahlung von Netzzugangsentgelten, Ansprüche auf Netzanschluss sowie Netzzugang; darüber hinaus zählen zu den sich aus dem EnWG ergebenden bürgerlichen Rechtsstreitigkeiten auch solche auf Unterlassung (eines bestimmten Netzbetreiberverhaltens) oder auf Schadensersatz. Der Netzbetreiber kann dabei entweder auf Kläger- oder aber auf Beklagtenseite stehen. Irrelevant ist es, ob der Anspruch bzw. – bei Feststellungsklagen – das Rechtsverhältnis wirklich besteht, also die Klage auch begründet ist. Weil das spezialisierte Landgericht in jedem Fall entscheiden soll, zumal auch bei Klageabweisung eine sachkundige Begründung erforderlich ist, reicht es wie bei der Parallelnorm des § 87 Abs. 1 GWB aus, wenn der Kläger seine Ansprüche **zumindest auch auf das EnWG** stützt[1]. Nur wenn es auf die Vorschriften des EnWG offensichtlich nicht ankommt, greift § 102 Abs. 1 Satz 1 nicht ein.

3. Vorfrage aus dem EnWG

Nach **Satz 2** des § 102 Abs. 1 reicht es zur Begründung der ausschließlichen Zuständigkeit des Landgerichts aus, wenn die Entscheidung zumindest **teilweise** nach dem EnWG zu treffen ist. In Anlehnung an frühere Vorschriften des GWB (§§ 87 und 96 Abs. 2 a.F.) kann man insofern von einer **Vorfrage** sprechen. Unerheblich ist es, wenn auch oder im Schwerpunkt andere Normen als die des EnWG zur Streitentscheidung heranzuziehen sind. Auch wenn ein nach § 102 Abs. 1 Satz 1 eigentlich nicht zur Entscheidung berufenes Gericht einer gefestigten Rechtsprechung der eigentlich zur Entscheidung von bürgerlichen EnWG-Streitigkeiten berufenen Landgerichte folgen möchte und es sich um eine klar zu beantwortende Rechtsfrage handelt, bleibt das betreffende Gericht unzuständig. Letztlich kommt es also wegen der aus Satz 1 sowie Satz 2 resultierenden Identität der Rechtsfolgen auf die Unterscheidung zwischen Hauptfrage und Vorfrage nicht an.

III. Rechtsfolge der ausschließlichen Zuständigkeit

Die Anordnung der **Ausschließlichkeit** in § 102 Abs. 1 Satz 1, auf den Satz 2 verweist, sieht eine **Beachtung von Amts wegen** vor. Jedes angerufene Gericht muss deshalb prüfen, ob Haupt- oder Vorfragen des

---

[1] Für das GWB: *Immenga/Mestmäcker/K. Schmidt*, GWB, § 87 Rz. 9; *Bechtold*, GWB, § 87 Rz. 3; OLG Stuttgart WuW/E OLG 4001 f. – Fiat-Bonus.

§ 102 Ausschließliche Zuständigkeit der Landgerichte

EnWG berührt sind und – bejahendenfalls – ob aus diesem Grunde die Unzuständigkeit gegeben ist. Auf den Streitwert kommt es nicht an; insbesondere ist die Zuständigkeitsabgrenzung zwischen Amtsgericht und Landgericht im Sinne von § 23 Ziff. 1 GVG nicht zu beachten.

9 Wird ein nach § 102 Abs. 1 unzuständiges Gericht vom Kläger angerufen, so hat das Gericht den Kläger darauf hinzuweisen. Stellt dieser Verweisungsantrag, erklärt sich das Gericht durch Beschluss für unzuständig und verweist den Rechtsstreit nach § 281 Abs. 1 ZPO an das im Sinne von § 102 Abs. 1 zuständige Landgericht. Erfolgt kein Verweisungsantrag, ist die Klage als unzulässig abzuweisen. Eine Entscheidung des unzuständigen Gerichts kann bei Inanspruchnahme weiteren Rechtsschutzes noch gerügt werden.

10 Hat sich der Kläger des angerufenen Amtsgerichts ohne Rüge zur Hauptsache eingelassen, so besteht die Gefahr, dass dessen Unzuständigkeit im Berufungsverfahren nicht mehr rügbar ist, vgl. § 529 Abs. 2 ZPO. Gegen diese Rechtsauffassung[2] bestehen aber Bedenken, weil auf diese Weise der Regelungszweck des § 102 Abs. 1 verfehlt wird. Im weiteren Instanzenzug sind gegen die Entscheidungen der Landgerichte nach § 102 Abs. 1 zunächst die Oberlandesgerichte und – bei Erfüllung der Zulässigkeitsvoraussetzungen der Revision – der BGH zur Entscheidung berufen.

11 Auch die Gerichte anderer Gerichtszweige haben § 102 Abs. 1 zu respektieren[3]. Weitere Rechtsfolge ist die Verhandlung der Rechtsstreitigkeit durch eine **Kammer für Handelssachen**, vgl. § 102 Abs. 2 in Verbindung mit §§ 93 ff. GVG. Weil insofern aber nicht der Grundsatz der ausschließlichen Zuständigkeit besteht und § 95 GVG unanwendbar ist[4], muss der Kläger die Verhandlung vor der Kammer für Handelssachen beantragen, § 98 Abs. 1 GVG. Ansonsten bleibt die Zivilkammer zuständig[5].

---

2 Vgl. OLG Schleswig NJWE-WettbR 1996, 210 f.- Benetton.
3 Zum Verhältnis von Kartellgerichten und Sozialgerichten vgl. *Bechtold*, GWB, § 87 Rz. 7; zum Verhältnis zu den Arbeitsgerichten vgl. ebd. Rz. 5.
4 Vgl. *Bechtold*, GWB, § 87 Rz. 8.
5 Für bürgerlichrechtliche Kartellstreitigkeiten vgl. BGH WuW/E BGH 1553 – Pankreaplex.

III. Rechtsfolge der ausschließlichen Zuständigkeit

Nach herrschender Meinung in Literatur und Rechtsprechung[6] soll die ausschließliche Zuständigkeitszuweisung an (im Sinne von § 103 spezialisierte) Landgerichte dann nicht gelten, wenn ein Anspruch **im einstweiligen Rechtsschutz** geltend gemacht wird und das Spezialgesetz (hier: EnWG) nicht im Kern der Entscheidung steht. Begründet wird die Verneinung der ausschließlichen Zuständigkeit der Landgerichte in den Eilfällen des § 87 Abs. 1 Satz 2 mit dem Argument, dass sich die aus der Verweisung ergebende Verzögerung mit der Eilbedürftigkeit von Verfahren im Wege des einstweiligen Rechtsschutzes nicht zu vereinbaren sei[7].

12

Diese Auffassung dürfte allerdings mit dem Gesetzeswortlaut nicht zu vereinbaren sein, zumal mit Hilfe moderner Kommunikationsmittel eine Verzögerung sicher vermieden werden kann, wenn das im Eilverfahren angerufene Amts- oder Landgericht die Prüfung nach § 102 Abs. 1 sofort durchführt. Auch werden die den Kläger in derartigen Angelegenheiten vertretenden Rechtsanwälte in der Lage sein, die Zuständigkeitsvorschrift des § 102 Abs. 1 zu beachten und unmittelbar das zur Entscheidung berufene Gericht mit der Sache befassen. Weil gerade auch im Eilverfahren die Sachgerechtigkeit der betreffenden Entscheidung hohe Bedeutung hat, muss bei Abwägung der betroffenen Rechtsgüter[8] der Durchsetzung des § 102 der Vorrang eingeräumt werden.

13

---

6 Nachweise bei *Bechtold*, GWB, § 87 Rz. 5.
7 *Immenga/Mestmäcker/K. Schmidt*, GWB, § 36 Rz. 12; OLG München WuW/E OLG 2555, 2557 – Kirchenmalerarbeiten; OLG Hamm WuW/E OLG 3208 – Sonntagsnachrichten.
8 Öffentliches Interesse an der Richtigkeit der Entscheidung und der Zuständigkeit des angerufenen Gerichts; Interesse des Klägers an unverzögerter Entscheidung.

§ 103 Zuständigkeit eines Landgerichts für mehrere Gerichtsbezirke

(1) ¹Die Landesregierungen werden ermächtigt, durch Rechtsverordnung bürgerliche Rechtsstreitigkeiten, für die nach § 102 ausschließlich die Landgerichte zuständig sind, einem Landgericht für die Bezirke mehrerer Landgerichte zuzuweisen, wenn eine solche Zusammenfassung der Rechtspflege, insbesondere der Sicherung einer einheitlichen Rechtsprechung, dienlich ist. ²Die Landesregierungen können die Ermächtigung auf die Landesjustizverwaltungen übertragen.

(2) Durch Staatsverträge zwischen Ländern kann die Zuständigkeit eines Landgerichtes für einzelne Bezirke oder das gesamte Gebiet mehrerer Länder begründet werden.

(3) Die Parteien können sich vor den nach den Absätzen 1 und 2 bestimmten Gerichten auch anwaltlich durch Personen vertreten lassen, die bei dem Gericht zugelassen sind, vor das der Rechtsstreit ohne die Regelung nach den Absätzen 1 und 2 gehören würde.

Überblick	Seite	Rz.
I. Regelungszweck und Entstehungsgeschichte	1457	1
II. Regelungen zur LG-Zuständigkeit (Abs. 1 und 2)	1458	2
III. Lockerung des Lokalisationsprinzips (Abs. 3)	1458	3

I. Regelungszweck und Entstehungsgeschichte

Über § 102 hinaus dient § 103 dem Zweck, die Sachkompetenz der mit der Entscheidung von bürgerlichen EnWG-Streitigkeiten befassten Gerichte noch stärker zu konzentrieren. Nach dem Vorbild des § 89 GWB sind auch für den Bereich des EnWG die **Landesregierungen ermächtigt**, derartige Rechtsstreitigkeiten landesweit nur einem LG (Abs. 1) und länderübergreifend durch Staatsvertrag die ausschließliche Zuständigkeit einem LG für Bezirke mehrerer Bundesländer zuzuweisen (Abs. 2). Voraussetzung ist es jeweils, dass die **Zusammenfassung der Rechtspflege der Sicherung einer einheitlichen** 1

Rechtssprechung dienlich ist. **Abs. 3** lockert das sog. Lokalisationsprinzip auf.

II. Regelungen zur LG-Zuständigkeit (Abs. 1 und 2)

2 Während für bürgerliche Kartellrechtsstreitigkeiten von der Vorbildregelung zu § 103 **Abs. 2** (§ 89 **Abs. 2** GWB) bisher kein Gebrauch gemacht wurde, haben alle Bundesländer die Ermächtigung des § 89 **Abs. 1** GWB genutzt[1]. Weil jene Verordnungen nur den Bereich des GWB betreffen, müssten diese Verordnungen entweder im Hinblick auf § 103 Abs. 1 ergänzt oder aber parallele Verordnungen erlassen werden. Die Sicherung einer einheitlichen Rechtspflege kann in jedem Fall eingehalten werden. Die Übertragung der Ermächtigung auf Landesjustizverwaltungen ist nach **Satz 2** des § 103 Abs. 1 möglich.

III. Lockerung des Lokalisationsprinzips (Abs. 3)

3 Nach früherem Recht durften Rechtsanwälte nur bei dem Landgericht auftreten, bei dem sie zugelassen waren; mit der Auflockerung nach § 89 Abs. 3 GWB (Vorbildvorschrift) sollte dieser Nachteil im Hinblick auf die Konzentration der Zuständigkeiten bei nur einem Landgericht kompensiert werden.

4 Inzwischen ist jedoch mit Art. 19 des Gesetzes vom 2.9.1994 dieses Lokalisationsprinzip aufgehoben worden[2]. Zunächst für bestimmte Bundesländer (vgl. Art. 22 Abs. 2 jenes Gesetzes) und schließlich seit dem 1.1.2005 für alle Bundesländer können diese Rechtsanwälte an allen Landgerichten und Oberlandesgerichten in der Bundesrepublik Deutschland auftreten. Damit ist § 103 Abs. 3 obsolet geworden.

---

1 Überblick zu den landesrechtlichen Regelungen und den daraus resultierenden Zuständigkeitsbestimmungen: *Bechtold*, GWB, § 89 Rz. 2.
2 BGBl. I 1994, S. 2278, 2295.

§ 104 Benachrichtigung und Beteiligung der Regulierungsbehörde

(1) ¹Das Gericht hat die Regulierungsbehörde über alle Rechtsstreitigkeiten nach § 102 Abs. 1 zu unterrichten. ²Das Gericht hat der Regulierungsbehörde auf Verlangen Abschriften von allen Schriftsätzen, Protokollen, Verfügungen und Entscheidungen zu übersenden.

(2) ¹Der Präsident oder die Präsidentin der Regulierungsbehörde kann, wenn er oder sie es zur Wahrung des öffentlichen Interesses als angemessen erachtet, aus den Mitgliedern der Regulierungsbehörde eine Vertretung bestellen, die befugt ist, dem Gericht schriftliche Erklärungen abzugeben, auf Tatsachen und Beweismittel hinzuweisen, den Terminen beizuwohnen, in ihnen Ausführungen zu machen und Fragen an Parteien, Zeugen und Sachverständige zu richten. ²Schriftliche Erklärungen der vertretenden Personen sind den Parteien von dem Gericht mitzuteilen.

Überblick	Seite	Rz.
I. Regelungszweck und Entstehungsgeschichte	1459	1
II. Pflicht zur Unterrichtung (Abs. 1).................	1459	2
III. Mitwirkungsbefugnis der Regulierungsbehörde (Abs. 2).	1461	6

I. Regelungszweck und Entstehungsgeschichte

§ 104 übernimmt die Abs. 1 und 2 des § 90 GWB. Regelungszweck ist die Unterrichtung der Regulierungsbehörde, damit diese in der Lage ist, ihren Sachverstand in das konkrete Verfahren einzubringen. Der Entwurf ist im Gesetzgebungsverfahren nicht mehr geändert worden.

II. Pflicht zur Unterrichtung (Abs. 1)

Verpflichtet aus § 104 Abs. 1 Satz 1 ist **das Gericht**. Wegen der Inbezugnahme des § 102 Abs. 1 wird wiederum nur an **bürgerliche Rechtsstreitigkeiten** angeknüpft; der Gerichtsbegriff umfasst aber nicht nur die Landgerichte, sondern alle Gerichte, die derartige bürgerlichrechtliche Streitigkeiten, bei denen EnWG-Vorschriften als

Haupt- oder Vorfrage in Betracht kommen[1], zu entscheiden haben. In Bezug auf andere als bürgerliche Rechtsstreitigkeiten wird die Regulierungsbehörde typischerweise Beteiligte sein (vgl. § 79 und § 88 Abs. 5), so dass eine besondere Unterrichtung als entbehrlich erscheint.

3 Informationsadressat ist **die Regulierungsbehörde**. Dieser Begriff bezieht sich zumindest auf die Bundesnetzagentur; ob auch Landesregulierungsbehörden zu unterrichten sind, ist eher fraglich, weil das EnWG die Vorbildvorschrift des § 90 Abs. 3 GWB (oberste Landesbehörde, früher: Landeskartellbehörde) nicht übernommen hat.

4 Diese Nichtübernahme dürfte allerdings auf einem Redaktionsversehen beruhen. Wahrscheinlich wurde § 104 irrtümlich nicht angepasst, nachdem das ursprüngliche Entwurfskonzept – Zuständigkeitskonzentration auf eine Bundesregulierungsbehörde – im Laufe des Gesetzgebungsverfahrens aufgegeben worden war. Wenn die Bedeutung eines Rechtsstreits in EnWG-Sachen nicht über das Gebiet eines Landes hinaus reicht, könnte immerhin die Benachrichtigung der zuständigen LRB erwogen werden, zumal es sich insofern auch um eine Regulierungsbehörde handelt. Die analoge Anwendung des § 90 Abs. 3 GWB könnte angesichts übereinstimmender Interessenlage die Aufgabe der Lückenfüllung übernehmen. Adressatin des § 104 Abs. 1 ist dann konsequent die **BNetzA**.

5 Rechtsfolge der Unterrichtungspflicht ist eine schlichte Benachrichtigung des Gerichts, dass eine entsprechende bürgerliche Rechtsstreitigkeit mit Bezug zum EnWG anhängig ist. Zweckmäßigerweise wird das Gericht der Regulierungsbehörde eine Kopie der Klageschrift mitübersenden, um dieser eine erste Einschätzung zu ermöglichen. Nach Satz 2 sind dann weitere Schriftstücke **auf Verlangen der Regulierungsbehörde** vom Gericht zu übersenden. Um der Regulierungsbehörde nicht die mühevolle Aufgabe einer ständigen Nachfrage nach dem Sachstand aufzubürden, wird das Gericht Akteneinsicht durch Übersendung von Kopien gewähren[2].

---

1 Ganz allgemeine Meinung für § 90 Abs. 1 GWB (Vorbildvorschrift): *Bechtold*, GWB, § 90 Rz. 1.
2 Zur Reichweite dieses Übersendungsrechts vgl. *Hitzler*, Die Beteiligung der Kartellbehörden an Rechtsstreiten nach § 90 GWB, WuW 1982, S. 509 ff.

III. Mitwirkungsbefugnis der Regulierungsbehörde (Abs. 2)

In der Art eines **Vertreters des öffentlichen Interesses** ist die Regulierungsbehörde berechtigt, an Verfahren betreffend bürgerliche Rechtsstreitigkeiten mit Bezug zum EnWG mitzuwirken, § 104 Abs. 2. Das Mitwirkungsrecht wird durch vom Präsidenten der Regulierungsbehörde bestellte Mitglieder dieser Behörde ausgeübt (»Vertretung«). Zu den Mitwirkungsbefugnissen gehören:

– Abgabe schriftlicher Erklärungen

– Hinweis auf Tatsachen und Beweismittel

– Teilnahme an Terminen

– Inanspruchnahme des Rederechts

– Befragung von Parteien, Zeugen und Sachverständigen

Würde es sich um ein Rechtsschutzverfahren in Bezug auf eine regulierungsbehördliche Entscheidung handeln, stünde diese so ausgestaltete Mitwirkungsbefugnis der Beteiligtenstellung sehr nahe, ohne aber die Einlegung von Rechtsmitteln zu ermöglichen. In bürgerlichen Kartellrechtsstreitigkeiten hat das Bundeskartellamt von diesen Befugnissen in der Berufungs- und in der Revisionsinstanz häufiger Gebrauch gemacht[3]. Weil es sich nicht um »Verwaltungsrechtsschutz« mit Offizialmaxime handelt, stehen der Regulierungsbehörde in einem solchen Verfahren keinerlei Ermittlungsbefugnisse zu, solange sie nicht selbst ein solches Verfahren eingeleitet hat (§ 66 Abs. 1). Der Vortrag nach § 104 Abs. 2 darf aber Erkenntnisse aus Parallelverfahren berücksichtigen[4].

---

[3] *Bechtold*, GWB, § 90 Rz. 1.
[4] So für das Vorbild des § 90 Abs. 2 GWB: KG WuW/E OLG 2446, 2447 – Heizölhandel.

§ 105 Streitwertanpassung

(1) ¹Macht in einer Rechtsstreitigkeit, in der ein Anspruch nach dem § 32 geltend gemacht wird, eine Partei glaubhaft, dass die Belastung mit den Prozesskosten nach dem vollen Streitwert ihre wirtschaftliche Lage erheblich gefährden würde, so kann das Gericht auf ihren Antrag anordnen, dass die Verpflichtung dieser Partei zur Zahlung von Gerichtskosten sich nach einem ihrer Wirtschaftslage angepassten Teil des Streitwerts bemisst. ²Das Gericht kann die Anordnung davon abhängig machen, dass die Partei glaubhaft macht, dass die von ihr zu tragenden Kosten des Rechtsstreits weder unmittelbar noch mittelbar von einem Dritten übernommen werden. ³Die Anordnung hat zur Folge, dass die begünstigte Partei die Gebühren ihres Rechtsanwalts ebenfalls nur nach diesem Teil des Streitwerts zu entrichten hat. ⁴Soweit ihr Kosten des Rechtsstreits auferlegt werden oder soweit sie diese übernimmt, hat sie die von dem Gegner entrichteten Gerichtsgebühren und die Gebühren seines Rechtsanwalts nur nach dem Teil des Streitwertes zu erstatten. ⁵Soweit die außergerichtlichen Kosten dem Gegner auferlegt oder von ihm übernommen werden, kann der Rechtsanwalt der begünstigten Partei seine Gebühren von dem Gegner nach dem für diesen geltenden Streitwert beitreiben.

(2) ¹Der Antrag nach Absatz 1 kann vor der Geschäftsstelle des Gerichts zur Niederschrift erklärt werden. ²Er ist vor der Verhandlung zur Hauptsache anzubringen. ³Danach ist er nur zulässig, wenn der angenommene oder festgesetzte Streitwert später durch das Gericht heraufgesetzt wird. ⁴Vor der Entscheidung über den Antrag ist der Gegner zu hören.

Überblick		Seite	Rz.
I.	Regelungszweck und Entstehungsgeschichte	1463	1
II.	Voraussetzungen und Rechtsfolgen des Antrags (Abs. 1)	1465	4
	1. Antragsvoraussetzungen (Abs. 1 Satz 1 und 2)	1465	5
	2. Rechtsfolgen der Streitwertanpassung (Abs. 1 Sätze 3 bis 5)..	1467	15
III.	Verfahren nach Antragstellung (Abs. 2)	1469	20

I. Regelungszweck und Entstehungsgeschichte

1 Zweck des § 105 ist es, die private Rechtsdurchsetzung bei Ansprüchen aus dem EnWG zu fördern, indem einer Partei auf ihren Antrag hin ein Teil des Prozesskostenrisikos abgenommen wird. Vorbild sind § 23b UWG sowie § 89a GWB. Letztere Vorschrift ist im Regierungsentwurf wie folgt begründet worden[1]:

> »Das Kostenrisiko stellt einen wesentlichen Faktor für die bislang geringe Bedeutung des privaten Rechtsschutzes im deutschen Kartellrecht dar. Auch für bürgerliche Rechtsstreitigkeiten in wettbewerbsrechtlichen Verfahren wird deshalb eine einseitig begünstigende Streitwertherabsetzung vorgesehen, wie sie bereits im bisherigen § 23b UWG und vielen anderen wirtschaftsrechtlichen Gesetzen vorgesehen ist. Damit hat das Gericht eine Möglichkeit, das Kostenrisiko für die Betroffenen zu verringern, ohne dass von dem Grundprinzip der Unterliegenshaftung abgewichen werden müsste.
>
> Die Einführung dieser Vorschrift führt zu einer Art Erfolgshonorar für den Anwalt. Unterliegt der Begünstigte, so muss er nur die nach dem verringerten Streitwert bemessenen Gerichtsgebühren bezahlen. Das Gleiche gilt für die dem Gegner nach § 91 ZPO zu erstattenden Kosten des Rechtsstreits. Auch der eigene Anwalt enthält nur die nach dem verringerten Streitwert bemessene Gebühr. Obsiegt der Begünstigte aber, so kann dessen Anwalt von der gegnerischen Seite seine nach dem nicht verringerten Ausgangsstreitwert bemessenen Gebühren verlangen. Eine Missbrauchsgefahr besteht nicht, da die Anordnung der Streitwertherabsetzung im Ermessen des Gerichts steht.«

2 Mittel zur Förderung der privaten Rechtsdurchsetzung ist ein **gespaltener Streitwert**, der durch die Anordnung des Gerichts nach § 105 Abs. 1 Satz 1 entsteht. Nicht nur die Zahlung der Gerichtskosten bemisst sich dann nach dem angepassten Streitwert, sondern auch die der Anwaltsgebühren der den Antrag stellenden Partei sowie der Gegenpartei, soweit erstere deren Anwaltskosten zu übernehmen hat. Soweit die gegnerische Partei, die einen solchen Antrag nach § 105 Abs. 1 Satz 1 nicht gestellt hat, im Rechtsstreit unterliegt, werden Ge-

---

[1] BT-DrS 15/3640, S. 69 (Ziff. 54).

richtskosten und Anwaltsgebühren in voller Höhe fällig, die sich nach dem regulären Streitwert dieser bürgerlichen Streitigkeiten richten.

Die Ausgestaltung des Anpassungsverfahrens sieht § 105 Abs. 2 vor; der betreffende Antrag muss so schnell wie möglich – grundsätzlich noch vor Verhandlung zur Hauptsache – gestellt werden. Ein Anhörungsrecht der gegnerischen Partei ist in **Satz 4** des § 105 Abs. 2 vorgesehen. Eine Änderung hat die Vorschrift des § 105 im Laufe des Gesetzgebungsverfahrens nicht erfahren. 3

II. Voraussetzungen und Rechtsfolgen des Antrags (Abs. 1)

Abs. 1 regelt sowohl die Voraussetzungen als auch die Rechtsfolgen einer derartigen Antragstellung. 4

1. Antragsvoraussetzungen (Abs. 1 Satz 1 und 2)

Einen Antrag auf Streitwertanpassung darf **jede Partei** stellen (Kläger oder Beklagte); denkbar ist es auch, dass beide Parteien einen solchen Antrag stellen. Sind diese Anträge zulässig und begründet, begünstigt die Herabsetzung beide Prozessparteien; eine Kompensation etwa im Hinblick auf die Gerichtsgebühren ist nicht vorgesehen (Belastung der Landeskasse). 5

Weitere Voraussetzung ist das **Vorliegen einer Rechtsstreitigkeit nach § 32**. Mit der klageweisen Geltungmachung eines solchen Anspruchs können Betroffene (natürliche und juristische Personen, Verbände im Sinne von § 32 Abs. 2) **Unterlassung** des Verstoßes gegen EnWG-Vorschriften (einschließlich Rechtsverordnungen und Entscheidungen der Regulierungsbehörde) beanspruchen bzw. – bei Fehlen einer Wiederholungsgefahr – Beseitigung einer verbliebenen Beeinträchtigung. Bei schuldhaftem Verstoß ist nach § 32 Abs. 3 auch ein Schadensersatzanspruch gegeben. 6

Andere Rechtsstreitigkeiten bürgerlichrechtlicher Art ermöglichen keinen Antrag nach § 105. Dies betrifft etwa Klagen auf Anschluss (§§ 17 ff.) oder Netzzugang (§§ 20 ff.), weil damit eine Erfüllung von Verpflichtungen aus dem EnWG und nicht die Beseitigung einer Pflichtverletzung beansprucht wird. Allerdings ist zu bedenken, dass bei Begründetheit der Klage aus einem solchen Erfüllungsanspruch das Netzbetreiberverhalten regelmäßig auch gegen das EnWG versto- 7

§ 105 Streitwertanpassung

ßen wird, das im Wege des Kontrahierungszwangs Anschluss bzw. Zugang zum Netz anordnet.

8 Gleichwohl wird man nach der ratio legis nicht jeden mit einem begründeten Erfüllungsanspruch verbundenen EnWG-Verstoß bereits § 32 zuordnen können. Zum einen würde die Vorschrift mit einer solchen Gleichsetzung von Erfüllungsanspruch und Unterlassungsanspruch/Beseitigungsanspruch überdehnt, zumal auch ein Schadensersatzanspruch über § 249 Abs. 1 BGB (Naturalrestitution) letztlich noch als ein auf Erfüllung gerichteter Anspruch gewertet werden könnte.

9 Sinn und Zweck des § 32 ist es, **offensichtliche Rechtsverstöße** auch der **privaten Rechtsverfolgung zugänglich zu machen**. Es geht also um ein »enforcement« der Durchgestaltung des Gesetzes, weil die Regulierungsbehörde nicht alle Fallgestaltungen aufzugreifen vermag. Weil es sich aber bei Beseitigungs- und Unterlassungsansprüchen um Abwehransprüche handelt, besteht insofern Artverschiedenheit zu den primären Ansprüchen (Erfüllungsansprüchen). Wer eine Stromerzeugungsanlage betreibt und nach § 17 angeschlossen werden möchte, wird Klage auf Verbindung der Anlage mit dem allgemeinen Netz an einem bestimmten Verknüpfungspunkt erheben, nicht Unterlassung der Nichtverknüpfung. Zwar muss auch der Verstoß gegen EnWG-Vorschriften konkret und im Einzelfall festgestellt werden; Schwerpunkt dieser Ansprüche ist aber nicht ein aktives Tun und Mitwirken, wie dies Kennzeichen der Erfüllungsansprüche ist.

10 Deshalb darf § 105 nicht als Vorschrift gehandhabt werden, die bei jeglichen bürgerlichen Rechtsstreitigkeiten aus dem EnWG die Anpassung des Streitwerts ermöglicht. Geht es dem Kläger erst darum, die Pflichtenstellung des Netzbetreibers zu konkretisieren, dann besteht kein Anspruch aus § 32 Abs. 1. Anträge nach § 105 Abs. 1 Satz 1 sind in diesen Konstellationen von vornherein unzulässig.

11 Weitere Voraussetzung des § 105 Abs. 1 Satz 1 ist die **erhebliche Gefährdung der wirtschaftlichen Lage** der antragstellenden Partei. Diese erhebliche Gefährdung muss glaubhaft gemacht werden. Wer eine Erzeugungsanlage betreibt, wird also die wirtschaftliche Bedeutung des Anschlusses und den Schaden vortragen, der aus dem Nichtanschluss resultieren kann (Nichterzielung von Stromverkaufserlösen). Dieser Belastung ist das zur Verfügung stehende Eigenkapital sowie Fremdkapital gegenüber zu stellen. Die antragstellende Partei wird

zudem eine Bescheinigung ihrer Bank vorlegen, dass die anfallenden Prozesskosten nach vollem Streitwert von der ausgehandelten Kreditlinie nicht mehr gedeckt sind.

Unter **erheblicher Gefährdung** ist jedenfalls die bevorstehende Insolvenz zu verstehen; die Voraussetzung ist aber bereits vor Eintreten von Überschuldung/Illiquidität erfüllt. Letztlich ist glaubhaft zu machen, dass die Zusatzkosten aus dem zu führenden Rechtsstreit die im Geschäftsplan vorgesehenen Einzahlungs- und Auszahlungsströme derart nachteilig verändern würden, dass eine Unternehmensgefährdung drohte, wenn der Streitwert in voller Höhe angesetzt werden müsste. 12

Weitere Voraussetzung ist die **Antragstellung**, die durch § 105 Abs. 2 näher ausgeformt wird. Weil es sich beim Verfahren der Streitwertanpassung um ein Zwischenverfahren handelt, besteht nicht der für Anträge in der Hauptsache maßgebliche Anwaltszwang, vgl. § 78 Abs. 5 ZPO: Prozesshandlungen, die vor dem Urkundsbeamten der Geschäftsstelle vorgenommen werden können, wie dies § 105 Abs. 2 Satz 1 vorsieht, betreffen nicht den Anwaltsprozess im engeren Sinne. 13

Mit dem Antrag ist zweckmäßigerweise vorzutragen, dass die von der antragstellenden Partei zu tragenden Kosten **weder unmittelbar noch mittelbar von einem Dritten übernommen werden**. Besteht also bei einer GmbH in wirtschaftlich prekärer Lage eine Ausfallbürgschaft des Hauptgesellschafters zugunsten dieser GmbH, wird das Gericht diesen Umstand bei der Entscheidung über den Antrag nach § 105 Abs. 1 Satz 2 mitberücksichtigen (vgl. Satz 2). 14

2. Rechtsfolgen der Streitwertanpassung (Abs. 1 Sätze 3 bis 5)

Das Gericht entscheidet über den Antrag nach Satz 1 aufgrund freien (gerichtlichen) Ermessens, so dass ein Beurteilungsspielraum besteht. Droht der antragstellenden Partei allerdings Insolvenz und wird das Bestehen des Anspruchs aus § 32 aufgrund einer ersten groben Vorprüfung ausreichend glaubhaft gemacht, kann sich das gerichtliche Ermessen auf Null verdichten. Wegen der offensichtlichen Schwierigkeiten, die erhebliche Gefährdung der wirtschaftlichen Lage des Antragstellers richtig zu beurteilen (unbestimmter Rechtsbegriff), werden diese Fälle allerdings eher selten sein. 15

Rechtsfolge der Anordnung ist es zunächst, dass die **Gerichtskosten nach dem angepassten Streitwert zu berechnen** sind. Weil das Ge- 16 richt mit der Anordnung auch die Reichweite der Streitwertanpassung festzulegen hat, wird es den Streitwert so weit herabsetzen, dass die erhebliche Gefährdung der wirtschaftlichen Lage ausgeschlossen bleibt. Auch hier kann nur pauschalierend vorgegangen werden, z. B. Herabsetzung auf die Hälfte des Streitwerts. Einen Streitwert von etwa 10.000,– Euro wird man in jedem Fall als noch angemessen erachten müssen.

17 **Weitere Rechtsfolge** der Anordnung ist die Erstreckung dieser zunächst die Gerichtskosten betreffenden Anordnung auf die **Rechtsanwaltsgebühren**. Diese dürfen ebenfalls nur nach dem angepassten Streitwert bemessen werden, § 105 Abs. 1 **Satz 3 und 4**. Diese Anpassungsfolge gilt aber nur, soweit derartige Anwaltsgebühren von der antragstellenden Partei (ganz oder teilweise) zu tragen sind. Denn Rechtsfolge der Streitanpassung ist **nicht die Neufestsetzung des Streitwerts** für beide Parteien; vielmehr gilt für einen solchen Prozess ein **gespaltener Streitwert**. Nur wenn beide Parteien den Antrag nach § 105 Abs. 1 Satz 1 stellen und beide Anträge zulässig und begründet sind, kann das Gericht anstelle des gespaltenen Streitwerts auch einen einheitlich angepassten Streitwert festsetzen.

18 Der Grundsatz des § 91 ZPO, wonach sich die Kostentragungspflicht im Zivilprozess nach dem Maße des Obsiegens sowie des Unterliegens bemisst, wird durch § 105 nicht beeinträchtigt. **Unterliegt die antragstellende Partei** voll, wird sie mit allen Gerichtskosten sowie Anwaltsgebühren (beider Seiten) belastet, wobei allerdings der angepasste Streitwert zugrunde zu legen ist.

19 **Unterliegt die gegnerische Partei**, die einen Antrag nach § 105 nicht gestellt hat, besteht kein Anlass, auch dieser Partei die günstigen Rechtsfolgen des § 105 Abs. 1 zuzugestehen. Diese Partei muss also – höherer Wert des gespaltenen Streitwertes – nicht nur die vollen Gerichtskosten, sondern auch die vollen Rechtsanwaltsgebühren beider Seiten übernehmen. Insofern spricht die Regierungsbegründung plakativ und etwas missverständlich von einem »Erfolgshonorar« des Rechtsanwalts der antragstellenden Partei[2].

---

2 Regierungsbegründung zur Vorbildvorschrift des § 89a GWB, BT-DrS 15/3640, S. 69 (Ziff. 54).

III. Verfahren nach Antragstellung (Abs. 2)

Der Antrag nach § 105 Abs. 1 Satz 1 muss nicht mit der Klageschrift (auch nicht – auf Beklagtenseite – mit der Klageerwiderung) gestellt werden. Zuständig ist nach Satz 1 des § 105 Abs. 2 der Urkundsbeamte der Geschäftsstelle des betreffenden Gerichts, wo der Antrag zur Niederschrift erklärt werden kann. Die Partei kann die Erklärung selbst (und ohne Vertretung durch den Rechtsanwalt) vornehmen. Weil es sich bei **Satz 1** des § 105 Abs. 2 um eine »Kann-Vorschrift« handelt, ist die Antragstellung bereits mit Klageschrift oder Klageerwiderung ohne weiteres möglich. **20**

Satz 2 des § 105 Abs. 2 enthält eine **Ausschlussfrist**, die allerdings unter dem Vorbehalt steht, dass das Gericht den angenommenen oder festgesetzten Streitwert später nicht heraufsetzt (Satz 3). Die Ausschlussfrist endet mit **Beginn der Verhandlung zur Hauptsache**. Dabei handelt es sich um die mündliche Verhandlung vor dem zur Entscheidung des Rechtsstreits in der Hauptsache angerufenen und zuständigen Gericht, die mit dem Aufruf der Sache beginnt. Eine spätere Antragstellung macht den Antrag grundsätzlich **unzulässig**, wenn nicht unter direkter oder analoger Anwendung der Vorschriften über die Wiederaufnahme des Verfahrens eine genügende Entschuldigung der Verspätung festgestellt wird. **21**

Die Frist zur Antragstellung wird wieder eröffnet, wenn eine **spätere Streitwertheraufsetzung durch das Gericht** erfolgt. Vergleichswert ist der mit der Klageschrift angegebene (angenommene) Streitwert bzw. ein zwischenzeitlich anderweitig festgesetzter Streitwert. Wird der Streitwert vom Gericht herabgesetzt, besteht für die Wiedereröffnung der Frist kein Anlass. **22**

Obwohl in den Fällen des Satzes 3 eine Frist zur Antragstellung nicht vorgesehen ist, wird man eine unmittelbare Reaktion der betreffenden Partei erwarten können. Erfolgt die Antragstellung erst mehrere Wochen nach der Heraufsetzung des Streitwerts, kann Verwirkung vorliegen. Ist der Antrag gestellt worden, muss in jedem Fall der gegnerischen Partei **rechtliches Gehör gewährt** werden, § 105 Abs. 2 Satz 4. **23**

Abschnitt 7 Gemeinsame Bestimmungen für das gerichtliche Verfahren

Rechtsprechung

BGH v. 12.3.1991, WuW/E 2707, 2710 – Krankenhaustransportunternehmen II; OLG Schleswig v. 28.3.1996, NJWE-WettbR 1996, 210 – Benetton;

§ 106 Zuständiger Senat beim Oberlandesgericht

(1) Die nach § 91 des Gesetzes gegen Wettbewerbsbeschränkungen bei den Oberlandesgerichten gebildeten Kartellsenate entscheiden über die nach diesem Gesetz den Oberlandesgerichten zugewiesenen Rechtssachen sowie in den Fällen des § 102 über die Berufung gegen Endurteile und die Beschwerde gegen sonstige Entscheidungen in bürgerlichen Rechtsstreitigkeiten.

(2) Die §§ 92 und 93 des Gesetzes gegen Wettbewerbsbeschränkungen gelten entsprechend.

Überblick	Seite	Rz.
I. Regelungszweck und Entstehungsgeschichte	1471	1
II. Zuständigkeiten der Kartellsenate	1472	2
1. OLG-Zuweisungen nach dem EnWG	1472	3
2. Berufung gegen Endurteile der Landgerichte (§ 102)	1472	4
3. Beschwerde gegen sonstige Entscheidungen	1473	5
III. Zuständigkeitskonzentration (Abs. 2)	1473	6

I. Regelungszweck und Entstehungsgeschichte

§ 106 betrifft die **Kompetenzzuweisung in EnWG-Sachen** und verknüpft diese mit den §§ 91 bis 93 GWB (Kartellsenate beim OLG). Ist also gerichtsbezirksübergreifend oder sogar länderübergreifend bei einem OLG ein bestimmter Senat in Kartellsachen zuständig, so ent- 1 scheidet dieser Senat nach § 106 auch als »EnWG-Senat«. Die Vorschrift ist in der Entwurfsfassung Gesetz geworden; Vorbild ist § 91 GWB.

II. Zuständigkeiten der Kartellsenate

2 Die Kompetenz der nach § 106 zur Entscheidung berufenen Oberlandesgerichte ist eine ausschließliche, vgl. § 108. Weil die Zuständigkeit des gesetzlichen Richters nach Art. 101 Abs. 1 Satz 2 GG vorab durch gesetzgeberische Entscheidung festgelegt sein muss, zählt § 106 Abs. 1 die den Kartellsenaten der OLG zugewiesenen EnWG-Sachen **enumerativ** auf:

– nach dem EnWG zugewiesene Rechtssachen

– Berufung gegen Endurteile in bürgerlichen Rechtsstreitigkeiten nach § 102

– Beschwerden gegen sonstige Entscheidungen in bürgerlichen Rechtsstreitigkeiten

1. OLG-Zuweisungen nach dem EnWG

3 Das OLG entscheidet nach § 75 Abs. 4 als Beschwerdegericht, um Rechtsschutz gegen regulierungsbehördliche Entscheidungen (§§ 65 ff.) zu gewähren. Dies schließt Anordnungen nach § 77 sowie Entscheidungen in Bezug auf vorläufige Anordnungen der Kartellbehörde nach § 72 ein (vgl. § 76 Abs. 2). Weitere Entscheidungskompetenzen stehen dem OLG nach § 84 (Akteneinsichtsrecht) sowie nach § 86 Abs. 3 (Zulassung der Rechtsbeschwerde) zu. In Bußgeldverfahren entscheidet das OLG nach § 98 (Überprüfung der Bußgeldbescheidung der Regulierungsbehörde), ebenso im Wiederaufnahmeverfahren (§ 100) sowie im Hinblick auf Rechtsschutz in Vollstreckungsangelegenheiten (§ 101).

2. Berufung gegen Endurteile der Landgerichte (§ 102)

4 Die nach §§ 102, 103 den **Landgerichten** ausschließlich zugewiesenen bürgerlichen Rechtsstreitigkeiten mit EnWG-Bezug werden durch Endurteile dieser Landgerichte abgeschlossen. Da es sich um Zivilprozesse handelt, sind im Hinblick auf den Rechtsschutz durch Berufung die §§ 511 ff. ZPO anzuwenden. Der nach § 106 für zuständig

erklärte Kartellsenat des im Wege der Zentralisierungsentscheidung für zuständig erklärten OLG entscheidet dann über die eingelegten Berufungen.

3. Beschwerde gegen sonstige Entscheidungen

Bei diesen sonstigen Entscheidungen muss es sich um solche in **bürgerlichen Rechtsstreitigkeiten** handeln. Insofern verweist auch diese Alternative des § 106 Abs. 1 auf § 102 (bürgerliche Rechtsstreitigkeiten mit EnWG-Bezug). Soweit die für das Verfahren im ersten Rechtszug (§§ 253 ff. ZPO) geltenden Vorschriften das Rechtsmittel der sofortigen Beschwerde vorsehen, entscheidet auch darüber das OLG nach § 106 Abs. 1. Dieses ZPO-Beschwerdeverfahren ist in den §§ 567 ff. ZPO näher ausgestaltet. 5

III. Zuständigkeitskonzentration (Abs. 2)

Indem § 106 Abs. 2 auf die §§ 92, 93 GWB verweist, ist es den Landesregierungen bzw. den von ihnen ermächtigten Justizverwaltungen erlaubt, die Zuständigkeit in Kartellverwaltungs- und Bußgeldsachen **bei einem OLG** des betreffenden Bundeslandes zu konzentrieren. Durch Staatsverträge kann sogar die Zuständigkeit eines OLG für mehr als ein Land begründet werden, § 92 Abs. 2 GWB. § 93 GWB wiederholt den Wortlaut der zweiten und dritten Alternative des § 106 Abs. 1 sinngemäß sowie die Lockerung des Lokalisationsprinzips; auf die Ausführungen zu § 103 (Zuständigkeitskonzentration bei den Landgerichten) wird verwiesen[1]. 6

Aus Gründen der Rechtsvereinfachung wird man den in § 106 Abs. 2 enthaltenen Verweis so auslegen müssen, dass diejenigen Länder, die in Kartellsachen eine Zuständigkeitsverlagerung auf bestimmte OLG-Senate vorgenommen haben, eine solche Regelung nicht erneut treffen müssen, um auch den EnWG-Zuständigkeiten Rechnung zu tragen. Vielmehr ordnet § 106 Abs. 1 die dort aufgeführten Zuständigkeiten bereits den **bei den Oberlandesgerichten gebildeten Kartellsenaten** zu, so dass die Parallelität von GWB-Zuständigkeit und EnWG-Zuständigkeit durch gesetzgeberische Entscheidung angeordnet worden ist. 7

---

1 Vgl. oben § 103 Rz. 2 ff.

8 Die Länder haben deshalb einen Gestaltungsspielraum nur noch mittelbar: Indem sie zur Ausgestaltung der alle Kartellsachen betreffenden Zuständigkeiten berechtigt sind, können sie durch derartige Rechtsakte auch die Zuständigkeit für EnWG-Sachen verändern. Wird ein OLG-Senat durch gleichzeitige Übernahme von Kartell- und EnWG-Rechtssachen überlastet, muss eine Neuzuweisung insgesamt erfolgen (etwa Zuweisung auf zwei Kartellsenate desselben OLG oder verschiedener OLG). Die gesetzgeberische Entscheidung, den in Kartellsachen erarbeiteten Sachverstand auch für Entscheidungen in EnWG-Angelegenheiten zu nutzen, darf nicht durch eine Aufspaltung der Zuständigkeiten konterkariert werden.

§ 107 Zuständiger Senat beim Bundesgerichtshof

(1) Der nach § 94 des Gesetzes gegen Wettbewerbsbeschränkungen beim Bundesgerichtshof gebildete Kartellsenat entscheidet über folgende Rechtsmittel:

1. in Verwaltungssachen über die Rechtsbeschwerde gegen Entscheidungen der Oberlandesgerichte (§§ 86 und 88) und über die Nichtzulassungsbeschwerde (§ 87);

2. in Bußgeldverfahren über die Rechtsbeschwerde gegen Entscheidungen der Oberlandesgerichte (§ 99);

3. in bürgerlichen Rechtsstreitigkeiten, die sich aus diesem Gesetz ergeben,

   a) über die Revision einschließlich der Nichtzulassungsbeschwerde gegen Endurteile der Oberlandesgerichte,

   b) über die Sprungrevision gegen Endurteile der Landgerichte,

   c) über die Rechtsbeschwerde gegen Beschlüsse der Oberlandesgerichte in den Fällen des § 574 Abs. 1 der Zivilprozessordnung.

(2) § 94 Abs. 2 des Gesetzes gegen Wettbewerbsbeschränkungen gilt entsprechend.

Überblick	Seite	Rz.
I. Regelungszweck und Entstehungsgeschichte	1475	1
II. Zuständigkeiten des BGH-Kartellsenats als EnWG-Senat (Abs. 1)	1476	2
III. Entscheidung als Zivilsenat oder als Strafsenat (Abs. 2)	1476	4

I. Regelungszweck und Entstehungsgeschichte

Parallel zur Regelung des § 106[1] enthält auch § 107 – bezogen auf den Bundesgerichtshof – die Festlegung der **ausschließlichen Zuständigkeiten** (§ 108). Zur Entscheidung berufen ist der beim BGH gebil-   1

---

1 Vgl. dort Rz. 1.

dete Kartellsenat (§ 94 GWB), auf dessen Abs. 2 § 107 Abs. 2 zusätzlich verweist. Eine Änderung hat die Vorschrift im Laufe des Gesetzgebungsverfahrens nicht mehr erfahren.

II. Zuständigkeiten des BGH-Kartellsenats als EnWG-Senat (Abs. 1)

2 In **enumerativer Aufzählung** legt § 107 **Abs. 1** die Zuständigkeiten des Kartell-/EnWG-Senats fest (Ziff. 1 bis 3). Dabei handelt es sich um folgende Zuständigkeiten:

- **Rechtsbeschwerde** (Ziff. 1 und 2):
    - Entscheidungen der OLG in Verwaltungssachen einschließlich Nichtzulassungsbeschwerde (§§ 86 bis 87)
    - Entscheidungen der OLG in Bußgeldverfahren (§ 99)
- **Revision** und Sprungrevision (Ziff. 3a und b)
    - Revision gegen Endurteile der OLG (einschließlich Nichtzulassungsbeschwerde)
    - Sprungrevision gegen Endurteile der Landgerichte
- **Rechtsbeschwerde** (Ziff. 3c) gegen Beschlüsse der OLG gemäß § 574 ZPO

3 Letztere Form der Rechtsbeschwerde ist zulässig, wenn das OLG gemäß § 567 ZPO entschieden hat und das Gesetz die Statthaftigkeit der Rechtsbeschwerde festlegt oder das Beschwerdegericht die Rechtsbeschwerde durch Beschluss zugelassen hat.

III. Entscheidung als Zivilsenat oder als Strafsenat (Abs. 2)

4 Der in § 107 Abs. 2 auf § 94 Abs. 2 GWB erfolgende Verweis legt fest, ob der Kartell/EnWG-Senat des BGH als Zivilsenat oder aber als Strafsenat entscheidet. Diese Festlegung ist für den Fall erforderlich, dass der Kartellsenat in einer Rechtsfrage von der Entscheidung eines anderen Senats abweichen möchte, § 132 Abs. 1 GVG: Weil beim BGH insofern je ein Großer Senat (für Zivilsachen bzw. für Strafsachen) eingerichtet ist, erfordert es der Verfassungsgrundsatz des gesetzlichen Richters, dem Kartellsenat im Rahmen der Anrufung die Auswahlmöglichkeit zu nehmen. Die in § 94 Abs. 2 vorgesehene Fest-

III. Entscheidung als Zivilsenat oder als Strafsenat (Abs. 2)

legung, dass in Bußgeldsachen der Kartellsenat/EnWG-Senat als Strafsenat, in allen übrigen Sachen aber als Zivilsenat entscheidet, ist auch im Hinblick auf die nach § 107 Abs. 1 zu treffenden Senatsentscheidungen maßgeblich.

§ 108 Ausschließliche Zuständigkeit

Die Zuständigkeit der nach diesem Gesetz zur Entscheidung berufenen Gerichte ist ausschließlich.

Überblick	Seite	Rz.
I. Regelungszweck und Entstehungsgeschichte	1479	1
II. Grundsatz der ausschließlichen Zuständigkeit	1479	2

I. Regelungszweck und Entstehungsgeschichte

§ 108 übernimmt § 95 GWB. **Regelungszweck ist im Hinblick auf bürgerliche Rechtsstreitigkeiten ein Ausschluss jeglicher Wahlhandlungen durch die streitenden Parteien.** Die Vorschrift ist in der Entwurfsfassung Gesetz geworden. 1

II. Grundsatz der ausschließlichen Zuständigkeit

Wahlmöglichkeiten in Bezug auf Gerichtsstände (sog. Gerichtsstandsvereinbarungen, vgl. § 38 ZPO) sind nur im Hinblick auf bürgerliche Rechtsstreitigkeiten denkbar, die durch die §§ 102 ff. erfasst werden. Mit der Anordnung der Ausschließlichkeit werden Gerichtsstandsvereinbarungen unzulässig, wie dies § 40 Abs. 2 Satz 1 Ziff. 2 ZPO explizit anordnet. Weil § 108 diesen schon in § 102 Abs. 1 Satz 1 enthaltenen Grundsatz lediglich wiederholt, ist die Vorschrift überflüssig. Dies gilt umsomehr, weil der Grundsatz der Parteidisposition in Bezug auf Berufungsgerichte sowie Revisionsgerichte ohnehin unanwendbar ist. 2

Verstößt ein Gericht gegen den Ausschließlichkeitsgrundsatz, indem etwa eine bürgerliche Rechtsstreitigkeit mit EnWG-Bezug entgegen § 102 Abs. 1 von einem Amtsgericht verhandelt und entschieden wird, so erfordert dies eine rechtzeitige Rüge, § 529 Abs. 2 in Verbindung mit § 520 Abs. 3 ZPO; ansonsten bleibt der Verstoß gegen den Ausschließlichkeitsgrundsatz ohne Beachtung[1]. Auch die anderen Gerichtszweige haben § 108 zu befolgen[2]. 3

---

1 OLG Schleswig NJWE-WettbR 1996, 210 – Benetton.
2 Aus der Rechtsprechung zu § 95 GWB (= § 96 Abs. 1 GWB a.F.): BGH WuW/E BGH 2707, 2710, 2712 – Krankenhaustransportunternehmen II.

Teil 9 Sonstige Vorschriften

Vorbemerkungen zu §§ 109 bis 118

Unter der Überschrift **Sonstige Vorschriften** hat der Gesetzgeber bedeutsame Abgrenzungsvorschriften in das EnWG aufgenommen. Zum einen wird klargestellt, dass auch Unternehmen der öffentlichen Hand in den Anwendungsbereich des EnWG fallen (§ 109). Eine **Ausnahme** von den für Netzbetreiber geltenden Vorschriften enthält § 110; **Objektnetzbetreiber** unterstehen nicht der regulierungsbehördlichen Aufsicht. Mit Hilfe von § 111 erfolgt die Abgrenzung zum GWB: Während für die Überwachung des Netzbetreiberverhaltens die Regulierungsbehörden ausschließlich zuständig sind, werden die Kompetenzen der Kartellbehörden auf den übrigen Sektoren der Energiebranchen nicht beschnitten. Dies betrifft insbesondere den Handel mit Energie sowie die Überwachung der Energieerzeugung; auch missbräuchliches Verhalten von Objektnetzbetreibern untersteht der kartellbehördlichen Aufsicht.

Rechtsprechung vor §§ 109–118

EuGH v. 7.6.2005, EuZW 2005, 695 – Kapazitätsreservierungen; EuGH v. 18. 03. 1997, C-343/95, Slg. 1997, I-1547 – Diego Cali; EuGH v. 19. 01. 1994, C-364/92, Slg. 1994, I-43 – SAT-Eurocontrol; EuGH v. 17. 02. 1993, C-159-160/91, Slg. 1993, I-637 – Poucet; EuGH v. 18. 06. 1975, Rs 94/74, Slg. 1975, 699 – IGAV/ENCC; BGH v. 21.12.2005, 2006, RdE Heft 4 – Arealnetzbetrieb und EEG-Pflicht; BGH v. 28.6. 2005, RdE 2005, 222 – Mainova; BGH v. 6.10.1992, Z 119, 335 – Stromeinspeisung I; BGH v. 20.6.1989, WuW/E BGH 2596 – Eisenbahnschwellen; BGH v. 7.3.1989, WuW/E BGH 2584 – Lotterie-Vertrieb; BGH v. 29.10.1987, Z 102, 280 – Rollstühle; BGH v. 23.4.1980, Z 77, 79 = WuW/E BGH 1469 – Autoanalyzer; BGH v. 29.5.1979, WuW/E BGH 1613, 1614 – Organische Pigmente; BGH v. 22.3.1976, Z 66, 229 – Studentenversicherung; BGH v. 12.7.1973, WuW/E BGH 1276 – Ölfeldrohre; BGH v. 31.5.1972, Z 59, 42 – Stromtarif; BGH v. 26.10.1961, Z 36, 91 – Gummistrümpfe; OLG Frankfurt v. 5.12.1991, WRP 1992, 331 – Champagnervertrieb; OLG Frankfurt/Main v. 12.2.1986, WuW/E OLG 3865 – Katasterämter; OLG Naumburg v. 9.3.2004, RdE 2004, 266 – Arealnetzbetrieb und EEG-Pflicht; LG München I v. 16. 06. 1988, NJW 1989, 988 – Sendeverbot.

Literatur vor §§ 109–118

Bechtold, GWB, 3. Aufl. München 2002; *Boesche/Wolf*, Viel Lärm um kleine Netze, ZNER 2005, S. 285 ff.; *Ehricke*, Zur Abgrenzung der Anwendungsbereiche des Allgemeinen Eisenbahngesetzes (AEG) und des neuen Energiewirtschaftsgesetzes, ZNER 2005, S. 301 ff.; *Franke*, Präventive Strompreisaufsicht nach dem EnWG, in: *Schneider/Theobald*, HB EnWR, § 16; *Gamm*, GWB, 2. Aufl. Köln/Berlin/Bonn/München 1990; *Habich*, Objektnetze: Praktikabler Ausweg aus der Regulierung, DVBl. 2006, S. 211 ff.; *Immenga/Mestmäcker/Emmerich*, GWB, 3. Aufl. München 2003; *Lenz* EG-Vertrag, 3. Aufl. 2002; *Lippert*, Beitrag der Arealversorgung zu einer zukunftsfähigen Energieversorgung – Rechtlicher Rahmen, WiVerw 2005, S. 85 ff.; *Rosin*, Die Privilegierung von Objektnetzen nach § 110 EnWG, RdE 2006, S. 9 ff.; *Schiller*, Der Verbotsbegriff des § 134 BGB am Beispiel der Mindestvergütungsregelungen der §§ 5 bis 12 EEG, Göttingen 2005; *Wank*, Die Auslegung von Gesetzen, 3. Aufl. Köln/Berlin/Bonn/München 2005

§ 109 Unternehmen der öffentlichen Hand, Geltungsbereich

(1) Dieses Gesetz findet auch Anwendung auf Unternehmen, die ganz oder teilweise im Eigentum der öffentlichen Hand stehen oder die von ihr verwaltet oder betrieben werden.

(2) Dieses Gesetz findet Anwendung auf alle Verhaltensweisen, die sich im Geltungsbereich dieses Gesetzes auswirken, auch wenn sie außerhalb des Geltungsbereichs dieses Gesetzes veranlasst werden.

Überblick	Seite	Rz.
I. Regelungszweck und Entstehungsgeschichte	1	1
II. Anwendung auf Unternehmen der öffentlichen Hand (Abs. 1)	1484	3
III. Inlandsauswirkungen ausländischer Verhaltensweisen (Abs. 2)	1487	11

I. Regelungszweck und Entstehungsgeschichte

§ 109 übernimmt § 130 Abs. 1 Satz 1 sowie Abs. 2 GWB in modifizierter Form ohne Änderung der Entwurfsfassung. **Regelungszweck** ist zum einen die **Klarstellung**, dass das EnWG unabhängig von Rechtsform und sowie der Struktur der beteiligten Gesellschafter auf **jedes Unternehmen anzuwenden** ist. Soweit die öffentliche Hand unternehmerisch tätig ist (z. B. Netzbetrieb einer Gemeinde als Eigenbetrieb), muss das EnWG beachtet werden. 1

Werden außerhalb des Geltungsbereichs des Grundgesetzes Verhaltensweisen vollzogen, die entweder gegen die Binnenmarktrichtlinien oder/und gegen das EnWG verstoßen, sind diese im Falle einer **Inlandsauswirkung** ebenfalls relevant (Abs. 2). Damit kann etwa der Verlagerung inländischer unternehmerischer Tätigkeit auf Konzernunternehmen im Ausland bzw. einer Sitzverlagerung in das Ausland vorgebeugt werden, soweit diese jedenfalls auch dem Ziel dient, die Vorschriften des EnWG zu unterlaufen. 2

II. Anwendung auf Unternehmen der öffentlichen Hand (Abs. 1)

3 Abs. 1 des § 109 bezieht sich allein auf **Unternehmen im Eigentum der öffentlichen Hand** und schließt Verwaltungstätigkeiten sowie Betriebsführertätigkeiten ein. Nicht angesprochen wird die unternehmerische Betätigung der öffentlichen Hand ohne Zwischenschaltung von Unternehmen des privaten und des öffentlichen Rechts. Insofern ist für den Bereich des GWB entschieden, dass die **öffentliche Hand selbst Unternehmerin** ist, soweit sie am Privatrechtsverkehr teilnimmt und keine hoheitlichen Funktionen wahrnimmt[1].

4 Kennzeichen dieser unternehmerischen Betätigung ist es, dass die öffentliche Hand die privatwirtschaftliche Tätigkeit selbst ausübt; insofern ist § 109 Abs. 1 **erst Recht anzuwenden**.

5 Zur **öffentlichen Hand** in diesem Sinne sind zu rechnen:

- Gebietskörperschaften (Bund, Länder, Landkreise, Gemeinden)
- sonstige öffentlich rechtliche Körperschaften (z. B. Universitäten)
- Anstalten des öffentlichen Rechts (z. B. Krankenhäuser)

6 Organisiert die öffentliche Hand ihre privatwirtschaftliche Betätigung in **unternehmerischer Organisationsform**, wird der Anwendungsbereich des § 109 Abs. 1 unmittelbar eröffnet. Dies gilt unabhängig davon, ob eine Rechtsform des privaten Rechts gewählt wird (Aktiengesellschaft, GmbH, eingetragener Verein, Genossenschaft usw.) oder aber eine öffentlich-rechtliche Organisationsform bevorzugt wird (Eigenbetrieb, öffentlich rechtliche Rundfunkanstalt, öffentlich rechtliches Kreditinstitut, Sparkassen, Versicherungsanstalten)[2]. Dabei muss es sich nicht um organisatorisch verselbständigte Unternehmen (z. B. juristische Person des Privatrechts oder des öffentlichen Rechts) handeln; auch die gemeindlichen Eigenbetriebe (Regiebetriebe) fallen unter den Unternehmensbegriff des § 109 Abs. 1.

---

1 Aus der Rechtsprechung: BGHZ 36, 91, 102 ff. – Gummistrümpfe; WuW/E BGH 1469, 1470 – Autoanalyzer. Überblick zur Rechtsprechung bei *Immenga/Mestmäcker/Emmerich*, GWB, § 98 Abs. 1 Rz. 43.

2 Aus der Rechtsprechung: BGHZ 36, 91, 101 ff., 103 – Gummistrümpfe; Z 66, 229, 232 – Studentenversicherung; Z 77, 81, 84 = WuW/E BGH 1469 – Autoanalyzer; Z 102, 280, 286 ff. – Rollstühle; WuW/E BGH 2584 – Lotterie-Vertrieb. Überblick bei *Immenga/Mestmäcker/Emmerich*, GWB, § 98 Abs. 1 Rz. 14.

II. Anwendung auf Unternehmen der öffentlichen Hand (Abs. 1)

Für ein Unternehmen im Sinne dieser Vorschrift reicht es aus, dass eine **Minderheitsbeteiligung** der öffentlichen Hand (z. B. Bund oder Bundesland) besteht; ein maßgeblicher (lenkender) Einfluss ist schon deshalb nicht erforderlich, weil die übrigen Gesellschafterinnen und Gesellschafter, soweit sie Privatrechtsträger sind, ohnehin dem EnWG unterfallen. Weisen mehrere Gebietskörperschaften usw. Minderheitsbeteiligungen auf, ist § 109 Abs. 1 ebenfalls anzuwenden. Fehlt es an einer eigentumsmäßigen Berechtigung (Stellung als Gesellschafter), so reicht es aus, wenn das Unternehmen von einem Teil der öffentlichen Hand **verwaltet oder betrieben** wird. Verwaltungen in diesem Sinne erfolgen mit dem Ziel, nach Abzug der Verwaltergebühr die Erlöse an die Unternehmensinhaber auszukehren. Eine **Betriebsführung** liegt vor, wenn das Unternehmen nach außen hin wie von einem Eigentümer, aber auf fremde Rechnung betrieben wird. Die Übergänge sind fließend.

7

Anerkannt ist, dass **hoheitliche Tätigkeiten nicht zur unternehmerischen Betätigung** zu rechnen sind[3]. Vielmehr muss es sich um eine (privatwirtschaftliche) Betätigung handeln, die in ähnlicher Weise von Jedermann, insbesondere auch von privaten Unternehmen, ausgeübt werden könnte. Allerdings sind die Abgrenzungen schwierig zu treffen, weil die öffentliche Hand traditionell auf manchen Gebieten als zumindest Quasi-Wettbewerber tätig wird (z. B. Wohnungsfürsorge einer Gemeinde im Wettbewerb zu den privaten Wohnungsmaklern).

8

Die erforderlichen Abgrenzungen müssen die Rechtslage nach dem EG-Vertrag beachten, vgl. Art. 86 EG. Nach Art. 86 Abs. 1 dürfen öffentliche Unternehmen keine dem EG-Vertrag widersprechende Maßnahmen treffen oder beibehalten. Nach der Rechtsprechung des Europäischen Gerichtshofes zum öffentlichen Unternehmen im Sinne von Art. 86 Abs. 1 EG ist diese Vorschrift **unanwendbar**, wenn Mitgliedstaaten oder sonstige öffentlich rechtliche Körperschaften/Einrichtungen **hoheitlich oder ausschließlich zu sozialen Zwecken tätig** werden[4]. Nicht zu den öffentlichen Unternehmen im Sinne dieser Rechtsprechung zu Art. 86 Abs. 1 EG zählen die nicht auf dem wirtschaftlichen Prinzip, sondern auf Solidarität beruhenden sozialen Sicherungssysteme (jedenfalls im Verhältnis zu den Versicherten), von

9

---

3 Überblick bei *Bechtold*, GWB, § 130 Rz. 5.
4 EuGH Rs 94/74, Slg. 1975, 699 Rz. 33/35 – IGAV/ENCC; EuGH C-159-160/91, Slg. 1993, I-637 Rz. 18 – Poucet. Vgl. zur Abgrenzung auch *Lenz/Grill*, EG-Vertrag, Vorbem. Art. 81-86 Rz. 34.

Gemeinden beauftragte Unternehmen zur Wahrnehmung einer öffentlichen Aufgabe und die Europäische Organisation für Flugsicherung[5]. Auch wer mit einer Überwachungstätigkeit beliehen in einem Erdölhafen tätig wird, um die Umweltverschmutzung zu bekämpfen, soll keine unternehmerische Tätigkeit ausüben (Handeln im Auftrag und im Allgemeininteresse)[6]. Die europäische Rechtsprechung ist im Vergleich zur deutschen Rechtsprechung sehr viel großzügiger in Bezug auf die Annahme einer außerhalb des Privatrechtsverkehrs stehenden Tätigkeit.

10 Nach der Rechtsprechung zum GWB soll bei den Katasterämtern die hoheitliche Staatstätigkeit im Vordergrund stehen, obwohl sie ihre Vermessungsdienstleistungen in Konkurrenz zu privaten Ingenieurfirmen anbieten[7]. Während die Programmgestaltungstätigkeit der öffentlich-rechtlichen Rundfunkanstalten nicht § 130 Abs. 1 GWB unterfallen soll[8], erfolgt die Programmbeschaffung nach privatwirtschaftlichen Grundsätzen[9]. Alle Beschaffungstätigkeiten der öffentlichen Hand unterliegen ohnehin dem Bereich unternehmerischer Betätigung[10]. Dies gilt auch für die Sozialversicherungsträger, wenn diese medizinische Produkte nachfragen[11]. Die Abgrenzung wird im Hinblick auf die Anwendung des EnWG weniger schwierig zu treffen sein, weil der Regulierung im Wesentlichen Netzbetreibertätigkeiten unterliegen und beim Angebot von Netzdienstleistungen (Anschluss, Netzzugang) ein hoheitliches Tätigwerden als nahezu ausgeschlossen erscheint. Eine andere Entscheidung ist allenfalls denkbar, wenn Polizei- und Katastrophenschutzdienststellen bzw. Bundeswehr und Bundesgrenzschutz Eigennetze unterhalten, die untrennbar mit ihrer hoheitlichen Aufgabe verbunden sind. Deshalb wird ein militärisch genutzter Bereich (Flughafen, Truppenübungsplatz) im Hinblick auf dort vorhandene Objektnetze von vornherein nicht dem EnWG unterliegen, so dass ein Antrag nach § 110 Abs. 4 GWB nicht gestellt werden muss.

---

5 EuGH C-364/92, Slg. 1994, I-43 Rz. 31 – SAT-Eurocontrol.
6 EuGH C-343/95, Slg. 1997, I-1547 Rz. 22 bis 24 – Diego Cali.
7 OLG Frankfurt/Main WuW/E OLG 3865, 3867 – Katasterämter.
8 LG München I NJW 1989, 988 – Sendeverbot.
9 BGHZ 110, 371, 381 – Globalvertrag.
10 BGH NJW 1977, 628, 629 f. – Abschleppunternehmen.
11 BGHZ 97, 312, 313 ff. – Orthopädische Hilfsmittel; WuW/E BGH 675, 679 – Uhrenoptiker; WuW/E BGH 2721, 2723 f. – Krankenpflege. Weitere Nachweise bei *Bechtold*, GWB, § 130 Rz. 7.

III. Inlandsauswirkungen ausländischer Verhaltensweisen (Abs. 2)

Eine Kollisionsnorm, die den allgemeinen Regeln des Internationalen Privatrechts vorgeht, enthält § 109 **Abs. 2**[12]. Obwohl deutsches Recht und deutsche Verwaltungsbehörden sowie Gerichte den Territoritätsgrundsatz des Völkerrechts zu respektieren haben, liegt keine verbotene Einmischung in Angelegenheiten fremder Staaten vor, wenn sich Aktivitäten von dort tätigen Unternehmen im Inland (Geltungsbereich des Grundgesetzes) auswirken. Weil zumindest alle EU-Mitgliedstaaten zur Beachtung der Binnenmarktrichtlinien verpflichtet sind, wird der Anwendungsbereich der Vorschrift keine große Bedeutung erlangen. 11

In Anlehnung an die Rechtsprechung zum GWB ist auch für § 109 Abs. 2 zu untersuchen, ob eine **Inlandsauswirkung** anzunehmen ist. Dazu muss der Schutzbereich der EnWG-Sachnorm im Inland verletzt sein[13]. Insofern ist nicht nur die potenzielle, sondern die tatsächliche Auswirkung im Inland erforderlich, die zudem spürbar sein muss[14]. 12

Wenn Netzbetreiber beispielsweise in westlichen Nachbarstaaten die Netzentgelte für die »Durchleitung« von Erdgas überhöht festlegen, wird sich für deutsche Bezieher niederländischen Erdgases eine entsprechende Inlandsauswirkung ergeben. Es dürfte gleichwohl ausgeschlossen sein, dass die BNetzA gegen diese Netzbetreiber auf der Basis des EnWG vorgeht (Missbrauchsverfahren, §§ 30, 31), weil jene Netzbetreibertätigkeit außerhalb des Geltungsbereichs des EnWG erfolgt und insofern die EG-Kommission bzw. die niederländische Regulierungsbehörde zum Eingreifen berufen ist. 13

---

12 *v. Gamm*, GWB, § 98 Rz. 3; OLG Frankfurt WRP 1992, 331, 332 – Champagnervertrieb.
13 Für das GWB: BGH WuW/E BGH 1276, 1279 – Ölfeldrohre; WuW/E BGH 1613, 1614 – Organische Pigmente; WuW/E BGH 2596, 2597 – Eisenbahnschwellen.
14 Vgl. dazu die Rechtsprechung in der vorherigen FN.

§ 110 Objektnetze

(1) Die Teile 2 und 3 sowie die §§ 4, 52 und 92 finden keine Anwendung auf den Betrieb von Energieversorgungsnetzen, die sich auf einem

1. räumlich zusammengehörenden Betriebsgebiet befinden sowie überwiegend dem Transport von Energie innerhalb des eigenen Unternehmens oder zu im Sinne des § 3 Nr. 38 verbundenen Unternehmens dienen,

2. räumlich zusammengehörenden privaten Gebiet befinden und dem Netzbetreiber oder einem Beauftragten dazu dienen, durch einen gemeinsamen übergeordneten Geschäftszweck, der

   a) über reine Vermietungs- und Verpachtungsverhältnisse hinausgeht, und

   b) durch die Anwendung der im einleitenden Satzteil genannten Bestimmungen unzumutbar erschwert würde,

   bestimmbare Letztverbraucher mit Energie zu versorgen oder

3. räumlich eng zusammengehörenden Gebiet befinden und überwiegend der Eigenversorgung dienen,

sofern das Energieversorgungsnetz nicht der allgemeinen Versorgung im Sinne des § 3 Nr. 17 dient und der Betreiber des Objektnetzes oder sein Beauftragter die personelle, technische und wirtschaftliche Leistungsfähigkeit besitzen, um den Netzbetrieb entsprechend den Vorschriften dieses Gesetzes auf Dauer zu gewährleisten.

(2) Soweit Energieversorgungsunternehmen unter Nutzung von Netzen nach Absatz 1 Letztverbraucher mit Energie beliefern, findet Teil 4 keine Anwendung.

(3) Eigenversorgung im Sinne des Absatzes 1 Nr. 2 ist die unmittelbare Versorgung eines Letztverbrauchers aus der für seinen Eigenbedarf errichteten Eigenanlage oder aus einer Anlage, die von einem Dritten ausschließlich oder überwiegend für die Versorgung eines bestimmbaren Letztverbrauchers errichtet und betrieben wird.

(4) Die Regulierungsbehörde entscheidet auf Antrag, ob die Voraussetzungen nach Absatz 1 vorliegen.

(5) Die Anwendung dieses Gesetzes auf den Fahrstrom der Eisenbahnen (§ 3a) bleibt unberührt.

Rechtsprechung

EuGH v. 7.6.2005, EuZW 2005, 695 – Vereinigung voor Energie; BGH RdE v. 21.12.2005, RdE 2006, Heft 4 – Arealnetzbetrieb und EEG-Pflicht; BGH v. 28.6.2005, RdE 2005, 222 – Mainova; OLG Düsseldorf v. 23.6.2004, RdE 2004, 222 – Mainova; OLG Naumburg v. 9.3.2004, RdE 2004, 266 – Arealversorgung und EEG-Pflicht;

Literatur

Boesche/Wolf, Viel Lärm um kleine Netze, ZNER 2005, S. 285 ff.; *Buntscheck*, Strom-Contracting nach »Mainova« – Ansprüche des Arealnetzbetreibers auf Anschluss an das vorgelagerte Mittelspannungsnetz, CuR 2005, S. 3 ff.; *Burmeister/Krause*, Werksnetze: Der Versuch einer Begriffsbestimmung im novellierten EnWG, emw Heft 6/2005, S. 22 ff.; *Habich*, Objektnetze: Praktikabler Ausweg aus der Regulierung?, DVBl. 2006, S. 211 ff.; *Hartmann/Hackert*, Arealnetze und Objektversorgung in Belastungsausgleichen nach dem Erneuerbare-Energien-Gesetz – die bemerkenswerte Karriere eines Urteils, RdE 2005, S. 160 ff.; *Krebs*, Objektnetze im neuen Energiewirtschaftsgesetz, EW 2005, Heft 20, S. 20 ff.; *Lippert*, Beitrag der Arealversorgung zu einer zukunftsfähigen Energieversorgung – Rechtlicher Rahmen, WiVerw 2005, S. 84 ff.; *Meinhold*, Netzanschluss von Areal- und Objektnetzen nach »Mainova« und dem neuen EnWG. Auftrieb für Kraft-Wärme-Kopplung und Contracting?, ZNER 2005, S. 196 ff.; *Schebstadt*, Anmerkung zur Entscheidung »Mainova«, RdE 2005, S. 226 ff.; *Strohe*, Arealnetze und Objektnetze, ET 2005, S. 747 ff.; *Rosin*, Die Privilegierung von Objektnetzen nach § 110 EnWG, RdE 2006, S. 9 ff.;

Überblick

	Seite	Rz.
I. Regelungszweck und Entstehungsgeschichte	1490	1
II. Reichweite des Objektnetzbegriffs (Abs. 1 und 3)	1495	6
1. Netzbetrieb außerhalb der allgemeinen Versorgung	1495	7
2. Leistungsfähigkeit des Netzbetreibers	1496	11
3. Arten von Objektnetzen	1497	14
a) Eigenversorgungsnetz einschließlich Contracting (Ziff. 3)	1499	20
aa) Räumlich eng zusammengehörendes Gebiet	1499	21
bb) Überwiegende Eigenversorgung	1500	22
cc) Contracting	1501	26
b) Objektnetz zwecks Betriebsversorgung (Ziff. 1)	1502	29
aa) Räumlich zusammengehörendes Betriebsgebiet	1502	30

	bb) Energietransport für Unternehmenszwecke	1503	31
c)	Objektnetz zwecks Verwirklichung eines übergeordneten Geschäftszwecks (Ziff. 2)	1505	38
	aa) Räumlich zusammengehörendes privates Gebiet	1505	39
	bb) Netzbetrieb zweck Energieversorgung von bestimmbaren Letztverbrauchern	1506	41
	cc) Gemeinsamer übergeordneter Geschäftszweck .	1506	43
	dd) Über Vermietung/Verpachtung hinausgehend ..	1509	49
	ee) Unzumutbare Erschwerung des Geschäftszwecks	1509	52

III. Antrag und Entscheidung der Regulierungsbehörde (Abs. 4) 1510 54

IV. Rechtsfolgen der Freistellung (Abs. 1, 2 und 5) 1513 61

1. Unanwendbarkeit der §§ 6–35 .... 1513 62
2. Keine Genehmigungspflicht 1513 64
3. Keine Meldepflicht bei Versorgungsstörungen 1514 65
4. Keine Beitragspflicht 1514 66
5. Keine Grundversorgungspflicht (Abs. 2) 1514 67
6. Unberührtbleiben des § 3a (Abs. 5) 1514 68
7. Sonstige Rechtsfolgen 1515 69

V. Objektnetze und europäisches Recht 1515 71

I. Regelungszweck und Entstehungsgeschichte

Mit seinem Kerninhalt ist § 110 (»Werksnetze«) bereits Bestandteil des Regierungsentwurfs gewesen[1]. Regelungszweck ist die **Herausnahme der Eigen- und Industrieversorgung aus der Regulierung**: Wer auf eigenem oder konzerneigenem Werksgelände Leitungsnetze betreibt, um die dem Unternehmen zuzurechnenden Produktionsstätten usw. zu versorgen, der bedarf nicht einer regulierungsbehördlichen Aufsicht. Insofern setzt § 110 die Tradition des nationalen EVU-Begriffs fort, dessen Erweiterung in § 3 Ziff. 18 zwar jetzt auch jeglichen Netzbetrieb einschließt; weil aber das traditionelle deutsche Konzept immer nur die Fremdversorgung als aufsichtsbedürftig eingestuft hat (EVU = Drittversorger), haben Eigenversorgungssachverhalte keinen Platz in diesem Aufsichtskonzept. 1

---

1 BT-DrS 15/3917, S. 37 mit Begründung S. 75.

§ 110 Objektnetze

2 Mit § 110 hat der Gesetzgeber ausweislich der Begründung zum ursprünglichen Entwurf der Vorschrift[2] einem »materiellen Eigenversorgungsbegriff« zum Durchbruch verhelfen wollen. Insbesondere soll nicht entscheidend sein, ob die belieferten Konzernunternehmen in eigenständiger Rechtsträgerschaft geführt werden und damit formell »Dritte« im Sinne des deutschen EVU-Begriffs sind. Allemal fehlt es in diesen Fällen an einer allgemeinen Versorgung, die jedermann offensteht. Dazu heißt es in der ursprünglichen Regierungsbegründung[3]:

> »Die Vorschrift bezieht sich auf vorwiegend industrielle Energieversorgungsnetze, die als Kundenanlagen auf Werksgeländen zur Durchführung einer unternehmensinternen Energieversorgung errichtet worden sind. Die Energieversorgung des Netzes soll zumindest in Bezug auf die Anwendung der Bestimmungen der Teile 2 und 3 sowie des § 52 ihren Charakter als Kundenanlagen nicht dadurch verlieren, dass aufgrund einer wirtschaftlich und arbeitsmarktpolitisch positiv zu bewertenden Entwicklung der Standorte, die zur Ansiedlung von Tochterunternehmen oder anderen Unternehmen auf dem Werksgelände führt, auch andere juristische Personen als der ursprüngliche Betreiber des Werksnetzes mit Energie beliefert werden. Maßgebliches Kriterium für die Abgrenzung eines Werknetzes ist der Umfang der Liefermengen.«

3 Diese Abgrenzung zu Fremdbelieferungssachverhalten hat von Anfang an die eigentliche Schwierigkeit bei der Auslegung des § 110 ausgemacht. Welcher Art das quantitative Kriterium der Gesetzesbegründung (»Umfang der Liefermengen«) sein soll und welche Grenzen zu ziehen sind, erschließt sich aus dem Gesetzestext gerade nicht.

4 Im Wirtschaftsausschuss ist § 110 mit dem Ziel umformuliert worden, den Freistellungszweck »Eigenversorgung« besser zum Ausdruck zu bringen[4]. Mit dem neuen Satz 4 ist vorgeschlagen worden, die Eigenversorgung zu definieren[5]. Mit der zweiten Alternative des Eigenver-

---

2 Ebd. S. 75.
3 BT-DrS 15/3917, S. 75.
4 BT-DrS 15/5268, S. 82 mit Begründung S. 122.
5 Ebd. S. 82: »Eigenversorgung im Sinne der Sätze 2 und 3 ist die unmittelbare Versorgung eines Letztverbrauchers aus der für seinen Eigenbedarf errichteten Eigenanlage oder aus einer Anlage, die von einem Dritten ausschließlich

sorgungsbegriffs sollen die Contracting-Fälle der Eigenversorgung gleichgestellt werden[6]. Dieser Satz 4 ist in die Schlussfassung des Gesetzes dann als Abs. 3 praktisch unverändert übernommen worden. Schließlich hat der Wirtschaftsausschuss des Bundesrates die Empfehlungen der Bundesratsausschüsse mit dem Ziel zusammengefasst, eine Grundlage für die Anrufung des Vermittlungsausschusses zu schaffen[7]. Weil weite Teile dieses Vorschlags dann vom Vermittlungsausschuss übernommen wurden, ist die gegebene Begründung von hohem Interesse[8]:

»Die vorgesehene Regelung zu den Werksnetzen ist umständlich formuliert und unklar in der Aussage, welche Fallgruppen erfasst sein sollen. Hier ist eine Neufassung zur Vermeidung einer erheblichen Rechtsunsicherheit erforderlich. Die von den Wettbewerbsregelungen freigestellten Netze sind klar und diskriminierungsfrei zu definieren. Darüber hinaus ist die geplante Zuständigkeitsregelung sachwidrig.

Die Bestimmung lässt im Unklaren, welche Fallgruppen gemeint sind. Es hat sich allerdings in der Praxis erwiesen, dass es nicht sinnvoll ist, jedes Benutzungsverhältnis in der leitungsgebundenen Energieversorgung den Anforderungen des Gesetzes zu unterstellen. In verschiedenen Fällen wie Untermiete, Flughäfen, Pflegeheime, Einkaufszentren akzeptieren die Energieabnehmer gemeinhin die Anschlussbedingungen und die Energielieferung aufgrund einer umfassenderen Interessenlage im Rahmen eines vertraglichen Gesamtpakets. Es ist dann angebracht, die entsprechenden Netze nicht der gesetzlichen Überwachung und Regulierung zu unterwerfen. Vielmehr ist es in diesen Fällen weiterhin sachgerecht, etwaige Konflikte zivilrechtlich zu regeln. In diesem Zusammenhang ist auch zu beachten, dass es ordnungspolitisch nicht vertretbar ist, industrielle Arealversorgungen anders zu behandeln als vergleichbare Versorgungskonstellationen etwa im Dienstleistungsbereich. Mit der obigen Regelung konzentriert sich das Gesetz gleichzeitig gemäß seiner wesentlichen Zielsetzung

oder überwiegend für die Versorgung eines bestimmbaren Letztverbrauchers errichtet und betrieben wird.«

6 Begründung ebd. S. 122.
7 BR-DrS 248/1/05 (neu), Ziff. 23 (Formulierungsvorschlag und Begründung zu § 110).
8 Ebd. Ziff. 23.

§ 110 Objektnetze

darauf, die öffentliche Energieversorgung sicher zu stellen und zu regulieren.

Weiterhin ist die in dem Gesetz vorgesehene Zuständigkeitsregelung nicht ausgewogen. Bei den hier erfassten Netzen und Eigenversorgungen geht es um kleinere Netze mit starken regionalen Berührungspunkten, die für die örtliche Infrastruktur wichtig sind. Daher ist eine Länderzuständigkeit sinnvoll und angebracht. Zudem ist es nicht hinnehmbar, dass einerseits die Bundesbehörde einen Netzbetreiber von Genehmigungspflichten einschließlich einer Zulässigkeitsprüfung freistellt und die nicht beteiligte Landesenergieaufsicht gleichwohl eine Art Garantenstellung für die technische Leistungsfähigkeit übernehmen muss, die sie eigentlich gerade über § 4 prüfen könnte. Die Landesbehörden erhalten mit dieser Regelung die Möglichkeit, anhand sachgerechter Kriterien die Genehmigung zu prüfen und ggf. auch zu entziehen. Die vorgesehene Benachrichtigung an die Regulierungsbehörde dient der Transparenz und der einheitlichen Vorgehensweise der Landesbehörden.

Durch die Neuformulierung wird die in § 3 Nr. 40 EnWG enthaltene gesonderte Begriffsbestimmung der Werksnetze überflüssig.«

5 Der Vermittlungsausschuss[9] hat Abs. 1 des Bundesratsvorschlags im Wesentlichen wörtlich übernommen und das Erfordernis der personellen, technischen und wirtschaftlichen Leistungsfähigkeit des Netzbetreibers zusätzlich in den Prüfungskatalog aufgenommen. Abs. 2 enthält jetzt die Klarstellung, wonach die Anerkennung als Objektnetz auch eine Freistellung von Grundversorgungspflichten (Teil 4, §§ 36 ff.) beinhaltet. Den Eigenversorgungsbegriff definiert Abs. 3, und anstelle der vom Bundesrat vorgeschlagenen Entscheidung durch die zuständige Landesbehörde bewilligt nach Abs. 4 jetzt doch die Regulierungsbehörde auf Antrag die Freistellung von der Regulierung einschließlich den §§ 4, 52 und 92. Um eine »Totalausnahme« für den Fahrbetrieb der Eisenbahnen zu vermeiden, ordnet Abs. 5 des § 110 das Unberührtbleiben des EnWG im Hinblick auf diesen Sachverhalt (§ 3a) an.

---

9 BT-DrS 15/5736 (neu), S. 7 f.

II. Reichweite des Objektnetzbegriffs (Abs. 1 und 3)

§ 110 **Abs. 1** fasst unter dem Begriff **Objektnetz** zumindest **drei Varianten** des freistellungsfähigen Netzbetriebs zusammen. Nur leistungsfähige Unternehmen dürfen Objektnetzbetreiber sein; negative Voraussetzung ist das **Nichtvorliegen allgemeiner Versorgung**. Für das EnWG sind daher **drei Netzkonstellationen** zu unterscheiden: 6

– Netze der allgemeinen Versorgung

– Objektnetze nach § 110

– Netze außerhalb der allgemeinen Versorgung, die die (zusätzlichen) Voraussetzungen des § 110 nicht erfüllen.

1. Netzbetrieb außerhalb der allgemeinen Versorgung

Die Bestimmung des Objektnetzes muss vom allgemeinen Begriff des Energieversorgungsnetzes ausgehen, § 3 Ziff. 16. Sowohl Elektrizitäts- als auch Gasversorgungsnetze können – unabhängig von Spannungs- oder Druckstufe – als Objektnetze freistellungsfähig sein. Zu Einzelheiten wird auf die obigen Erläuterungen verwiesen[10]. Erfolgt über das konkret abgrenzbare Netz eine allgemeine Versorgung im Sinne von § 3 Ziff. 17, so greifen die allgemeinen Vorschriften und damit auch die Teile 2 und 3 des EnWG voll ein. 7

Allgemeine Versorgung liegt nach jener Definition vor, wenn das Netz nicht von vornherein auf die Versorgung bestimmter, schon bei der Netzerrichtung feststehender oder bestimmbarer Letztverbraucher ausgelegt ist, sondern grundsätzlich der Versorgung eines jeden Letztverbrauchers offen steht. Dies wird insbesondere bei traditionell gewachsenen Netzen auf Flughäfen, alten oder neuen Werksgeländen sowie in sonstigen Fällen einer sogenannten Arealversorgung der Fall sein[11]. Gerade wenn ein Netz für bestimmte (häufig industrielle) Abnehmer ausgelegt und die Versorgung etwa mit Strom in Mittel- oder Hochspannung erfolgt, hat ein solcher Netzbetreiber von vornherein nicht die Absicht, jedermann an dieses Netz anzuschließen. 8

---

10 Oben § 3 Rz. 96 f.
11 Zu diesem Begriff vgl. BGH RdE 2005, 222 – Mainova; *Lippert*, Beitrag der Arealversorgung, WiVerw 2005, S. 84, 85 ff.

9 Dagegen bilden der Abschluss eines Konzessionsvertrages mit der Gemeinde sowie die Veröffentlichung von Tarifen nach der BTOElt Indizien für das Vorliegen einer allgemeinen Versorgung[12]. Wer schon bisher sein Netz regelmäßig für Durchleitungen/Fremdstrom geöffnet hat, wird tendenziell einer regulierungsbehördlichen Aufsicht (§§ 17 ff.) eher bedürfen und daher zumeist aus dem Kreis der Objektnetzbetreiber herausfallen[13]. Wertungsmäßig ist der Zusammenhang mit dem Förderrecht für regenerative Energien sowie KWK-Strom zu berücksichtigen, weil es dort Fördervoraussetzung ist, dass die Elektrizität in ein Netz der allgemeinen Versorgung gelangt[14].

10 Mit Entscheidung vom 21.12.2005 hat der BGH[15] ein Urteil des OLG Naumburg[16] aufgehoben und festgestellt, dass nur der aus Netzen der allgemeinen Versorgung stammende Strom dem vertikalen Belastungsausgleich des § 11 Abs. 4 EEG 2000 bzw. § 14 Abs. 3 EEG 2004 unterliegt. Für Stromlieferanten bedeutet dies, dass Stromlieferungen, die ausschließlich innerhalb eines Objektnetzes im Sinne von § 110 erfolgen, weder der KWK- noch der EEG-Belastungsausgleichspflicht unterliegen und daher günstiger als Strom aus dem allgemeinen Netz abgegeben werden können.

2. Leistungsfähigkeit des Netzbetreibers

11 **HS 3** des § 110 Abs. 1 knüpft an § 4 Abs. 2 an und stellt als weitere Voraussetzung der Freistellung eines Objektnetzes die **personelle, technische und wirtschaftliche Leistungsfähigkeit** des Netzbetreibers bzw. des Netzbetreiberbeauftragten als weitere Voraussetzung auf. Beauftragter eines Netzbetreibers ist insbesondere sein (rechtlich selbständiger oder unselbständiger) **Betriebsführer**, von dessen Entscheidung der Ablauf des Netzbetriebs abhängen muss.

12 Zu den Einzelvoraussetzungen der Leistungsfähigkeit eines Netzbetreibers wird auf die Erläuterungen zu § 4 verwiesen[17]. Die zur Ent-

---

12 Zu Einzelheiten vgl. oben § 3 Rz. 98 ff.
13 So die Begründung zu § 3 Abs. 9 KWK-G 2002, BT-DrS 14/2724, S. 11 (Einzelbegründung zu § 3): »Von Bedeutung ist insoweit, dass es sich um öffentliche Netze handelt, die für den Anschluss Dritter und die Stromdurchleitung offen sind.«
14 Zu Einzelheiten vgl. *Salje*, EEG, § 3 Rz. 86 ff.
15 RdE 2006, Heft 4 – Arealnetzbetrieb und EEG-Pflicht.
16 Vom 9.3.2004, RdE 2004, 266.
17 Oben § 4 Rz. 87 ff.

scheidung berufene Regulierungsbehörde (§ 110 Abs. 4) muss sich davon überzeugen, dass die so festgestellte Leistungsfähigkeit einen **Netzbetrieb auf Dauer gewährleistet**, der – auch ohne das Eingreifen der regulierungsbehördlichen Aufsicht – den Vorschriften des EnWG konform durchgeführt wird.

Dies bedeutet allerdings nicht, dass die §§ 6 ff. nunmehr lediglich analog auf diese Netzbetreiber anzuwenden wären, denn dann wäre die angestrebte Freistellung sinnlos. Vielmehr reicht es aus, dass der Netzbetreiber ggf. unter Vorlage seiner Anschluss-, Netzzugangs- und Netznutzungsverträge sowie der Wegenutzungsverträge nachzuweisen vermag, dass er seiner Betriebspflicht (§ 11 Abs. 1 analog) jederzeit nachzukommen in der Lage ist. Bereits ausweislich der Gesetzesbegründung ist es Ziel des § 110, aus Gründen des Verhältnismäßigkeitsprinzips die durch das Zivilrecht gewährleistete Kontrolle ausreichen zu lassen, die an die Stelle der regulierungsbehördlichen Aufsicht tritt[18]. 13

3. Arten von Objektnetzen

§ 110 Abs. 1 umfasst sowohl Eigenversorgungssachverhalte (Ziff. 3 in Verbindung mit Abs. 3) einschließlich der Contracting-Konstellationen als auch **reine Fremdversorgungssachverhalte** (Ziff. 1 und 2). Der rechtstatsächliche Rahmen solcher Versorgungssachverhalte unter Benutzung von Spezialnetzen wird von Lippert ausführlich beschrieben[19]. Derartige Spezialnetze, die etwas unscharf mit dem Begriff »Arealversorgung« belegt werden, können entweder im Zuge des Strukturwandels entstehen (Umwandlung früherer großer Werksnetze) als auch auf neuen Planungsentscheidungen (auf der grünen Wiese) beruhen[20]. 14

Ein **Werksnetz** im eigentlichen Sinne ist anzunehmen, wenn dieses Spezialnetz ausschließlich dazu dient, unternehmens- oder konzernzugehörige Standorte im räumlichen Zusammenhang, die meist im 15

---

18 Begründung durch den Wirtschaftsausschuss des Bundesrates, BR-DrS 248/1/05 (neu), Ziff. 23 (Einzelbegründung zum Änderungsvorschlag zu § 110 EnWG): »Vielmehr ist es in diesen Fällen weiterhin sachgerecht, etwaige Konflikte zivilrechtlich zu regeln.«
19 *Lippert*, Beitrag der Arealversorgung zu einer zukunftsfähigen Energieversorgung – Rechtlicher Rahmen, WiVerw 2005, S. 84, 85 ff.
20 *Lippert* ebd. S. 86 f.

Eigentum eines Konzernunternehmens stehen werden, mit Strom oder Gas zu versorgen[21]. Dieser Sachverhalt wird durch § 110 Abs. 3 **Ziff. 3**, aber auch durch die **Ziff. 1** erfasst.

16 Ein weiterer Spezialnetztyp liegt vor, wenn auf früheren Industriestandorten vorgefundene Netze nach Ansiedlung von Neufirmen zu deren Versorgung genutzt werden (Industrieparknetz). Bekanntes Beispiel aus der Rechtsprechung ist die Entscheidung des BGH in Sachen »Stromeinspeisung I«, die eine solche Versorgung auf einem ehemaligen Spinnereigelände betrifft[22]. Unabhängig davon, ob diese neu angesiedelten Unternehmen ihre Grundstücke nach Parzellierung gekauft oder nur gemietet haben, wird das ehemalige Netz – ggf. verstärkt und mit neuen Stichleitungen versehen – auf privatem Gebiet weiter betrieben. Sollte insofern ein gemeinsamer Geschäftszweck feststellbar sein, würde **Ziff. 2** solche Sachverhalte erfassen. Eine Parallelwertung kann geboten sein, wenn anstelle von Industrieansiedlung eine Wohnbebauung stattfindet (im Folgenden: Wohnparkversorgung).

17 Schließlich sind noch diejenigen Konstellationen in Erwägung zu ziehen, bei denen das Netz einem Hauptverbraucher dient, der in geringem Umfang auf dem Gelände angesiedelte weitere Verbraucher (Haushalte oder kleinere Unternehmen) mitversorgt. Als Beispiel kommen Industriegelände mit Werkswohnungen, aber auch Flughäfen und Bahnhöfe in Betracht, wo Dienstleister und Kunden mitversorgt werden. Um den Schwerpunkt dieser Sachverhalte bei der Hauptversorgung des Inhabers der Infrastruktur zu betonen, soll insofern von **Mitversorgung** gesprochen werden.

18 Nicht unter den Objektnetzbegriff des § 110 Abs. 1 fallen alle Arten von **Kundenanlagen** im Sinne von § 12 Abs. 1 AVBEltV/GasV. Dabei handelt es sich nicht nur um solche Hausanlagen, die innerhalb eines Gebäudes der Fortleitung von Energie dienen, sondern auch um die Verbindung mehrerer Gebäude, Anlagen oder Maschinen hinter der Hauptanschlusssicherung. So kann man wohl noch nicht von einem Netz sprechen, wenn mehrere Häuser (mit einer oder mehreren Wohnungen) über Straßen, Wege oder Hofstrecken miteinander verkabelt oder leitungsmäßig verbunden sind. Gleiches gilt für die Verbindung mehrerer Windkraftanlagen eines Windparks. Hier ist der

---

21 *Lippert* ebd. S. 88.
22 BGHZ 119, 335 – Stromeinspeisung I.

räumliche Zusammenhang so eng und die Nutzung dieser Netzanlage so stark auf die Verwirklichung des beherrschenden Zwecks (Wohnversorgung, Anlagenversorgung) begrenzt, dass bereits der Netzbegriff der Ziff. 2 bis 7 und Ziff. 10 des § 3 zweifelhaft ist. Zudem sind die Übergänge zwischen Hausanlagen und Netzen fließend.

§ 110 Abs. 1 ist wenig systematisch aufgebaut. Offenbar handelt es sich bei der Ziff. 3 um den engsten Phänotyp des Objektnetzes (Eigenversorgung), während das Netz nach Ziff. 1 bereits angesichts des weiteren räumlichen Zusammenhangs wohl eine andere oder aber mehr Versorgungskonstellation erfasst. Die umfassendste Form des Objektnetzes ist in Ziff. 2 vorgesehen, die deshalb zum Schluss besprochen werden soll. 19

a) Eigenversorgungsnetz einschließlich Contracting (Ziff. 3)

Kennzeichen des durch Ziff. 3 erfassten Objektnetzes sind einerseits das räumlich **eng** zusammengehörende Gebiet, andererseits das **Überwiegen der Eigenversorgung**. Nach **Abs. 3** werden die Contracting-Fälle der Eigenversorgung gleichgestellt. 20

aa) Räumlich eng zusammengehörendes Gebiet

Während die Ziff. 2 nur **ein räumlich zusammengehörendes Betriebsgebiet** zum begrifflichen Ausgangspunkt wählt, muss nach **Ziff. 3** das betreffende Netzgebiet **räumlich eng zusammengehören**. Weil die Ziff. 1 den Begriff **Betriebsgebiet** verwendet, während in Ziff. 3 lediglich von **Gebiet** die Rede ist, wird die Auslegung zusätzlich erschwert. Offenbar muss es sich nach der Ziff. 3 nicht um ein Gebiet handeln, das zu einem (auch aus mehreren Unternehmen bestehenden) einheitlichen Betrieb oder Betriebsbereich (§ 3 Abs. 5a BImSchG) gehört oder zumindest zuzurechnen ist. Der Begriff des eng zusammengehörenden Gebiets ist bereits dann erfüllt, wenn Grundstücke aneinander anschließen, also im räumlichen Bezug zueinander stehen. Dabei muss es sich nicht um Grundstücke im Eigentum des überwiegend eigenversorgten Unternehmens handeln. Werden diese Grundstücke durch Straße oder Wege getrennt, wird der enge räumliche Bezug gleichwohl gewahrt. 21

bb) Überwiegende Eigenversorgung

22 Betriebszweck des Netzes muss ein **Überwiegen der Eigenversorgung sein**. Dies erfordert nach **Abs. 3** alternativ die Versorgung aus einer vom zu versorgenden Letztverbraucher selbst errichteten Anlage (sog. Eigenanlage) oder die Versorgung durch einen Dritten, der die Anlage zur ausschließlichen oder überwiegenden Versorgung dieses Letztverbrauchers errichtet hat und zu diesem Zweck auch betreibt.

23 Eine **Eigenanlage** wird vom zu versorgenden Letztverbraucher errichtet oder jedenfalls für seine Rechnung betrieben. Diese Anlage wird engen Bezug zum zusammengehörenden Gebiet im Sinne von Ziff. 3 aufweisen; nicht ausgeschlossen ist es, dass für eine kurze Wegstrecke ein öffentliches Netz benutzt wird, um geringe Entfernungen zu überbrücken. Auf diese Weise ist sichergestellt, dass bevorzugt in Betracht zu ziehende Kraftwerksstandorte (z. B. an Flüssen mit Kühlmöglichkeiten) nutzbar sind, ohne das Privileg der Ziff. 3 zu verlieren; der Bau von netzparallelen Direktleitungen verstieße gegen das Effizienzziel des § 1 Abs. 1.

24 Mit dieser Auslegung wird nicht gegen das Erfordernis der **unmittelbaren Versorgung** des Letztverbrauchers im Sinne von § 110 Abs. 3 verstoßen. Zwar geht die traditionelle Unterscheidung zwischen unmittelbarer und mittelbarer Versorgung typischerweise davon aus, ob (aus der Sicht des Netzbetreibers) der entsprechende Letztverbraucher (unmittelbar oder nur mittelbar) an das Netz dieses Netzbetreibers angeschlossen ist. Hier geht es aber nicht um die Netzbetreibersicht, sondern darum, Sachverhalte auszuschließen, bei denen unter Benutzung des allgemeinen Netzes Versorgung stattfindet und das zu versorgende Unternehmen mit eigenen Anlagen überwiegend zu dieser Versorgung beiträgt. Die Nutzung nur kurzer Wegstrecken des allgemeinen Netzes lässt damit das Merkmal »unmittelbare Versorgung« noch nicht entfallen, während bei überwiegender oder ausschließlicher Nutzung des allgemeinen Netzes die Ziff. 3 nicht mehr vorliegt.

25 Die Eigenversorgung muss lediglich **überwiegen**, also mehr als 50 % des Gesamtbedarfs dieses Letztverbrauchers decken. Zur Berechnung ist der durchschnittliche Gesamtverbrauch der letzten drei Jahre heranzuziehen, wobei lediglich die ungestörte (normale) Versorgung mit Elektrizität oder Gas berücksichtigt wird. Insofern kommt es nicht auf die vorgehaltene Leistung, sondern auf die tatsächlich bewirkte elektrische Arbeit bzw. auf den gemessenen Gasverbrauch an. Kontrahierte Reservekapazitäten bleiben deshalb unberücksichtigt. Wenig sachgerecht stellt der Gesetzgeber dabei auf die Inanspruchnahme der Erzeugungs- und nicht auf die Netzkapazität bzw. Transportleistung ab. Von einem Letztverbraucher fest kontrahierte **Kraftwerksscheiben** sind als eigenständige Erzeugungsanlage im Sinne von § 110 Abs. 3 zu behandeln, um zu verhindern, dass nur zwecks Erfüllung dieser Definition sinnvolle und wirtschaftliche Großkraftwerke in wenig effiziente kleinere Anlagen aufgespalten werden (Effizienzziel).

cc) Contracting

Obwohl es sich bei der Errichtung einer für die Versorgung eines bestimmten Letztverbrauchers errichteten Anlage um einen Fall der **Fremdversorgung** handelt, stellt § 110 Abs. 3 diese sogenannten Contracting-Fälle der Eigenversorgung gleich[23]. Der Contractor betreibt die Anlage im eigenen Namen (oder durch einen Betriebsführer) und auf eigene Rechnung; typischerweise wird für den maßgeblichen Letztverbraucher eine bestimmte Leitungsgarantie abgegeben, der gegen Zahlung von Leistungs- und Arbeitsentgelten das Risiko des Anlagenbetriebs auf den spezialisierten Contractor abwälzt. Dies ermöglicht eine feste Kalkulation der Stromkosten im Hinblick auf zu erstellende Produkte/Dienstleistungen. Weil es sich beim Contracting letztlich um eine Form des Anlagenleasings handelt, wenn die Erzeugungsanlage spezifisch der überwiegenden Versorgung eines bestimmten Letztverbrauchers dient und mit diesem Betriebszweck »steht und fällt«, handelt es sich in Wirklichkeit um eine besonders finanzierte Eigenversorgung, so dass die Gleichstellung von Eigenversorgung (im engeren Sinne) und Contracting gerechtfertigt ist. 26

Wiederum reicht es aus, wenn diese Anlage **überwiegend** der Versorgung dieses Letztverbrauchers (zu mehr als 50%) dient; im Übrigen vermag entweder dieser Letztverbraucher oder aber der Contractor selbst die nicht benötigte Energie an Dritte zu liefern oder weiter zu liefern. Kraftwerksscheiben bilden wiederum eigenständige Erzeugungsanlagen. Nachdem die Erzeugung von Stadtgas in Kokereien aus Kosten- und Umweltschutzgründen nicht mehr praktiziert wird, dürften ausschließlich Stromerzeugungsanlagen unter § 110 Abs. 3 27

---

23 Überblick zu den Vertragsgestaltungen bei *Trautner/Wetters*, CuR 2004, S. 79 ff.

fallen[24]. Das Erfordernis der **unmittelbaren** Versorgung verwendet die zweite Alternative des § 110 Abs. 3 (Contracting-Fälle) nicht.

28 Von den oben genannten Fällen ist es insbesondere die Werks- und Industrieversorgung, die den Objektnetzen nach Ziff. 3 eigentümlich ist. Aber auch die Mitversorgungsfälle (Flughäfen, Bahnhöfe) können die Freistellung als Objektnetz nach Ziff. 3 rechtfertigen. Der Unterschied zur Ziff. 1 besteht im engeren räumlichen Bezug[25].

b) Objektnetz zwecks Betriebsversorgung (Ziff. 1)

29 Auch die **Ziff. 1** des § 110 Abs. 1 fasst ein räumliches sowie ein normatives Merkmal zur Bestimmung dieses Typs von Objektnetz in der Definition zusammen. Das Netz muss sich auf einem **räumlich zusammengehörenden Betriebsgebiet befinden** und (überwiegend) **dem Energietransport im eigenen oder zu verbundenen Unternehmen dienen**. Im Unterschied zur Ziff. 3 bedarf es keinerlei Eigenversorgung; ein Objektnetzbetrieb nach Ziff. 1 ist auch möglich, wenn die Versorgung aus dem allgemeinen Netz erfolgt. Damit werden Strom- und Gasversorgungssachverhalte zugleich einbezogen.

aa) Räumlich zusammengehörendes Betriebsgebiet

30 Sachlich enger als nach Ziff. 3 stellt die Ziff. 1 auf das **Betriebsgebiet** und damit ein Areal ab, das bestimmten betrieblichen Zwecken dient. Der Betriebszweck muss einem solchen Gelände das Gepräge verleihen; auf die zivilrechtliche Zuordnung des Grund und Bodens kommt es nicht an (Miete, Pacht, Eigentum). Ein einheitlicher Betriebszweck liegt auch dann noch vor, wenn Dienstleistungen oder Vorprodukte unter Benutzung des einheitlichen Netzes hergestellt werden; nicht ausreichend ist es, allein auf den Netzbetriebszweck (Sicherstellung der Versorgung verschiedener Betriebe) abzuheben. Erfasst werden somit typische Industrie- und Werksnetze, die in einem räumlichen Zusammenhang stehen, wobei wiederum die Trennung durch Straßen, Wege, Brücken, Eisenbahnlinien oder sogar durch schmale Streifen anderweitiger Nutzung (z. B. Startbahn eines Flugplatzes) den räumlichen Zusammenhang nicht zu verstören vermögen.

---

24 *Habich*, Objektnetze: Praktikabler Ausweg aus der Regulierung, DVBl. 2006, S. 211, 214.
25 Ebd.

bb) Energietransport für Unternehmenszwecke

Das normative Merkmal der Ziff. 2 knüpft unmittelbar an den Netzbetrieb an. Netzbetriebszweck muss es sein, Energie entweder innerhalb des **eigenen Unternehmens** oder aber für **verbundene Unternehmen** zu transportieren. Bei verbundenen Unternehmen handelt es sich (analog Ziff. 38 des § 3) um unter unternehmerischer Kontrolle des Netzbetreibers arbeitende Unternehmen bzw. um solche Unternehmen, die unter einheitlicher Leitung stehen (Gleichordnungs- oder Unterordnungskonzern). Irrelevant ist es, ob der Netzbetreiber Tochtergesellschaft des oder der zu versorgenden Unternehmen oder aber deren Muttergesellschaft ist; auch wenn Netzbetreiber gleichgeordnet wie die zu versorgenden Unternehmen unter der einheitlichen Leitung eines dritten Unternehmens stehen (z. B. Holding), ist dieses Merkmal der Ziff. 1 erfüllt. 31

Fraglich ist, ob die **Netzpachtfälle** noch erfasst sind. Der Begriff »eigenes Unternehmen« deutet an, dass versorgtes Unternehmen und Netzbetreiber demselben Eigentümer zugehören müssen, und der Verbundenheitsbegriff des § 3 Ziff. 38 geht von einer (wirtschaftlichen) Beherrschungsmöglichkeit in Bezug auf beide Unternehmen aus. Dann aber muss es ausreichen, wenn eine im Konzernverbund stehende Netzbetriebsgesellschaft das Netz lediglich gepachtet oder angemietet hat und das Netz überwiegend dem Energietransport für Zwecke des Inhabers des Unternehmens (Gesellschafter der beherrschenden Gesellschaft) dient. Auf das Eigentum am Netz kommt es deshalb nicht an. 32

Nicht unter die Ziff. 1 des § 110 Abs. 1 fällt die Nutzung des allgemeinen Versorgungsnetzes, wobei wiederum Bagatellsachverhalte (Nutzung kurzer Wegstrecken des allgemeinen Netzes zur Vermeidung des Baus einer neuen Direktleitung) außer Betracht zu bleiben haben. Kennzeichen der Ziff. 1 ist es damit, dass die **Kontrolle des Netzes und die Kontrolle der Betriebszwecke** der zu versorgenden Unternehmen letztlich **in einer Hand liegen**. 33

Ausreichend ist es, wenn die Nutzung des Objektnetzes **überwiegend** eigenen Energietransportzwecken dient. Die Mitversorgungssachverhalte (z. B. Flughäfen, Bahnhöfe usw.) können ebenso von der Ziff. 1 erfasst werden wie die Versorgung von Werkswohnungen und Betrieben, die sich über den den Energietransportzweck prägenden mengenmäßigen Verbrauch auf demselben Gebiet angesiedelt haben. Der 34 wiederum anhand der elektrischen Arbeit bzw. des Verbrauchs gemessene Anteil der eigenen Netznutzung muss daher zumindest 50,1 % in Bezug auf den Gesamtverbrauch betragen.

35 Die räumlichen sowie netzbezogenen Merkmale der Ziff. 1 und 3 werden häufig übereinstimmen, und die Hinzufügung des Attributes »eng« in Ziff. 3 vermag eine klare Abgrenzung beider Objektnetztypen nicht zu leisten. Trennendes Merkmal bildet lediglich das **zusätzliche Vorliegen einer Eigenversorgung** oder entsprechend die Fremdversorgung im Wege des Contractings; nur diese Eigenanlage unterscheidet deshalb die Objektnetze der Ziff. 3 von denen nach Ziff. 1. Um eine schnelle Zuordnung zu ermöglichen, ist deshalb zunächst zu prüfen, ob die Versorgung aus dem allgemeinen Netz (Ziff. 1) oder aber mittels »Eigenanlage« (Ziff. 3) erfolgt.

36 Sofern nicht lediglich eine den Hausanlagen zuzurechnende bloße Leitungsverbindung unterhalb des Netzbegriffs vorliegt[26], fallen unter die Ziff. 1 alle Werks- und Industrienetze, wenn sie entweder dem den Betriebszweck prägenden Unternehmen gehören oder von ihm betrieben werden. Weil das **Überwiegen der Netznutzung für eigene Zwecke ausreicht**, sind auch die Mitversorgungssachverhalte in die Ziff. 1 einzurechnen (z. B. Flughäfen, Eisenbahnen). Werden hingegen Gewerbeparks auf ehemaligen Industriegeländen versorgt, so liegen sehr unterschiedliche Betriebszwecke vor; die Ziff. 1 ermöglicht die Zusammenfassung dieser verschiedenen Betriebszwecke zum einheitlichen Betriebszweck »Betrieb eines gemeinsamen Versorgungsnetzes« gerade nicht. Wohnparks und Industrieparks vermögen daher selbst dann kein Objektnetz nach Ziff. 1 zu beantragen, wenn sie über eine gemeinsame Einkaufsgesellschaft den Strom über das unter einheitlicher Leitung stehende Netz beziehen.

37 Dies gilt selbst dann, wenn alle Letztverbraucher Gesellschafter oder Miteigentümer des Netzbetreibers sind, weil derartige **Netzkooperationen** nicht geeignet sind, die Vielfalt der verfolgten unternehmerischen Zwecke zu einem einheitlichen Betriebszweck zu bündeln. Mangels einheitlicher Kontrolle aller dieser Unternehmen (und nicht des Netzbetreibers) liegen auch die Voraussetzungen einer analogen Anwendung des § 3 Ziff. 38 nicht vor. Wird das Betriebsgebiet hingegen durch die **vernetzte Herstellung eines gemeinsamen Produktes** geprägt (z. B. Automobilherstellung), reicht es bei Ansiedlung unter-

---

26 Vgl. dazu oben § 110 Rz. 18.

schiedlichen Unternehmensträgern zuzurechnenden Zulieferbetrieben aus, wenn der Hauptbetrieb (Montage des Automobils) das Netz für die überwiegende Spezialversorgung benötigt.

c) Objektnetz zwecks Verwirklichung eines übergeordneten Geschäftszwecks (Ziff. 2)

Besondere Rätsel gibt die Formulierung der **Ziff. 2** des § 110 Abs. 1 auf. Dieser Typ des Objektnetzes wird mit Hilfe der folgenden Voraussetzungen beschrieben: 38

– Netz auf einem räumlich zusammengehörenden privaten Gebiet

– Versorgung bestimmbarer Letztverbraucher durch den Netzbetreiber/Beauftragten

– Vorhandensein eines gemeinsamen übergeordneten Geschäftszwecks

– kein bloßes Vermietungs- oder Verpachtungsverhältnis

– unzumutbare Erschwerung der Verwirklichung des Geschäftszwecks bei Eingreifen der regulierungsbehördlichen Aufsicht

aa) Räumlich zusammengehörendes privates Gebiet

Die **Ziff. 2** des § 110 Abs. 1 scheint auf sehr vielfältige Formen von **Arealnetzen** zugeschnitten zu sein. Mit dem Attribut »privates Gebiet« soll offenbar nicht der Unterschied zwischen Privateigentum und fiskalischem Eigentum angesprochen, sondern die Möglichkeit betont werden, dass auch nicht-unternehmerische Zwecke (private Zwecke) mit dem Objektnetzbetrieb nach Ziff. 2 verwirklicht werden können. Dagegen mag allerdings das Merkmal »übergeordneter Geschäftszweck sprechen, was sogleich zu diskutieren sein wird[27]. 39

Areale können sowohl durch frühere einheitliche Nutzung als auch – Neuplanung oder Umplanung – durch die jetzt vorherrschende Nutzung geprägt sein. Zersplitterte, mosaikartig verstreute Gebietsräume fallen nicht unter die Ziff. 2. Die bloße Trennung durch Verkehrswege und »Einsprengsel« (z. B. in das Gebiet hineinreichende anderweitige Nutzung) stehen der Annahme der Ziff. 2 nicht entgegen. Weil es sich um »private« Gebiete handeln muss, scheiden solche Areale aus der 40

---

27 Unten § 110 Rz. 43 ff.

Betrachtung aus, die bestimmten **öffentlichen Zwecken gewidmet** sind (Flughäfen, See- und Binnenhäfen, Widmung für Verkehrszwecke, militärische Sperrgebiete usw.). Auf einem solchen »privaten Gebiet« kann auch eine unternehmerische Nutzung stattfinden, und dies gilt selbst dann, wenn das Unternehmen im fiskalischen Eigentum einer Gebietskörperschaft steht. Lediglich die besonders gewidmeten Gebiete (vgl. vorsehend) können auch dann, wenn sie von Privateigentümern lediglich gepachtet sind, nicht mehr mit dem Attribut »privat« charakterisiert werden.

bb) Netzbetrieb zweck Energieversorgung von bestimmbaren Letztverbrauchern

41 Während die allgemeine Versorgung grundsätzlich Jedermann einen Anschluss ermöglicht (§ 18), muss das unter Ziff. 2 fallende Netz der Versorgung **bestimmbarer Letztverbraucher** mit Energie dienen. Die Anzahl der Anschlüsse ist damit im Wesentlichen vordefiniert; sind Parzellen des privaten Gebiets einstweilen nicht vergeben, der Anschluss aber vorgesehen, liegen ebenfalls noch (zukünftig) bestimmbare Letztverbraucher vor. Damit handelt es sich bei dieser Begriffsbestimmung lediglich um die Kehrseite der allgemeinen Versorgung, die nach HS 2 des § 110 Abs. 1 gerade nicht vorliegen darf[28]. Eine zusätzliche Eingrenzung wird mit Hilfe dieses Merkmals nicht verwirklicht. Der Zweck, bestimmbare Letztverbraucher mit Energie zu versorgen, kann wiederum entweder vom Netzbetreiber selbst oder seinem Beauftragten (Betriebsführer) verwirklicht werden.

42 Nicht zu den Netzen zählen die sog. Direktleitungen, vgl. § 3 Ziff. 12, also insbesondere der unmittelbaren Versorgung bestimmter Letztverbraucher dienende Stichleitungen usw.[29].

cc) Gemeinsamer übergeordneter Geschäftszweck

43 Die Interpretation des Merkmals »gemeinsamer übergeordneter Geschäftszweck« wird letztlich über die Reichweite des Objektnetzbegriffs nach Ziff. 2 entscheiden. Weil diese Tatbestandsvoraussetzung mit Hilfe der Präposition »durch« dem Begriff »Netzbetreiber/einem Beauftragten« zugeordnet ist, erscheint sie jedenfalls als sprachlich

---

28 Oben § 110 Rz. 7 ff.
29 *Rosin*, Die Privilegierung von Objektnetzen nach § 110 EnWG, RdE 2006, S. 9, 11.

missglückt[30]. Unklar bleibt insbesondere, ob Netzbetreiber und über das Netz zu versorgende Unternehmen den Geschäftszweck gemeinsam verfolgen müssen oder ob dieser Geschäftszweck separat vom Netzbetreiber bzw. den zu versorgenden Unternehmen (von diesen aber gemeinsam) anzustreben ist. Weil die vom Wirtschaftsausschuss des Bundesrates[31] möglicherweise in diesem Zusammenhang vorgeschlagenen Beispiele – Untermiete, Flughäfen, Pflegeheime, Einkaufszentren – sehr unterschiedliche Fallkonstellationen umfassen und ein gemeinsamer Geschäftszweck kaum erkennbar ist, dürfte die Formulierung nicht nur dieser Untervoraussetzung, sondern möglicherweise die der Ziff. 2 insgesamt wenig trennscharf ausgefallen sein[32].

Ein Hinweis auf den telos des Gesetzes kann aber der Formulierung des Bundesrats-Wirtschaftsausschusses[33] entnommen werden, wenn es dort heißt, dass die beispielhaft genannten Energieabnehmer »gemeinhin die Anschlussbedingungen und die Energielieferung aufgrund einer umfassenderen Interessenlage im Rahmen eines vertraglichen Gesamtpaket« akzeptieren, so dass die »industrielle Arealversorgung (nicht) anders zu behandeln (sei), als vergleichbare Versorgungskonstellationen etwa im Dienstleistungsbereich«. Nur die öffentliche Energieversorgung solle öffentlich-rechtlich sichergestellt und reguliert werden[34]. 44

Offenbar beabsichtigte der Entwurfsgeber, bereits die (arbeitsmarkt- und industriepolitisch wünschenswerte)[35] Ansiedlung von privaten sowie Gewerbebetrieben, häufig unter Umnutzung früherer zusammengehörender Gebiete, dem Privileg der Ziff. 2 zugänglich zu machen. Der gemeinsame übergeordnete Geschäftszweck stellt sich insofern als die **gemeinsame Nutzung des zusammengehörenden privaten Gebiets** (Areal) dar, wobei die unterschiedlichen Geschäfte (und auch der Netzbetreiber) wechselseitig voneinander profitieren. Diese Auslegung lässt sich sehr gut am Beispiel eines Einkaufszen- 45

---

30 Möglicherweise ist gemeint: »... dem Netzbetreiber oder einem Beauftragten dazu dienen, *unter Befolgung eines gemeinsamen übergeordneten Geschäftszwecks* ...«.
31 BR-DrS 248/1/05 (neu), Begründung zu Ziff. 23.
32 So wohl auch *Rosin*, Privilegierung von Objektnetzen, RdE 2006, S. 9, 13: »Vollkommen missglückt!«
33 Ebd. Ziff. 23.
34 Wirtschaftsausschuss des Bundesrates ebd.
35 So die Regierungsbegründung zum Ausgangsentwurf, BT-DrS 15/3917, S. 75.

trums verdeutlichen: Würde jedes Fachgeschäft innerhalb dieses Zentrums eigene Leitungen verlegen müssen, anstatt von der gemeinsamen Nutzung des Netzes zu profitieren, ergäben sich erhebliche Kostensteigerungen bei der Versorgung.

46 Zum gemeinsamen übergeordneten Geschäftszweck trägt es auch bei, wenn die besuchenden Kunden ein breites Angebot vorfinden; das Einkaufszentrum übernimmt unter Separierung der unternehmerischen Risiken hier die Funktion des Kaufhauses. Letztlich wird ein solches Kaufhaus mit einer nicht der Regulierung unterfallenden Hausanlage gleichgestellt einem Einkaufszentrum, das viele verschiedene Unternehmer quasi gemeinsam (und doch separat) betreiben. Die erhebliche Kostenbelastung aus der Regulierung (vgl. allein § 92), die der Kaufhausbetreiber nicht aufbringen müsste, soll auch den Unternehmen des Einkaufszentrums erspart werden.

47 Die Ermittlung des gemeinsamen **übergeordneten Geschäftszwecks** hat sich deshalb **an Vergleichspaaren zu orientieren**. Kann der auf dem Areal gemeinsam (und doch getrennt) verwirklichte Geschäftszweck auch von einem Unternehmen allein verwirklicht werden, dessen Netz/Hausanlage dann nicht der Regulierung unterfiele, muss die Ziff. 2 angewendet werden (Gleichstellung bei der Kostenbelastung). Eine abweichende Auslegung würde bereits dem wettbewerbspolitisch wünschenswerten Ziel der Förderung kleiner und mittlerer Unternehmen unter Zurückdrängung von Vorteilen zuwider laufen, was einer Konzentration in großen Unternehmen Vorschub leisten könnte.

48 Damit reicht es zur Verwirklichung des gemeinsamen übergeordneten Geschäftszwecks aus, wenn die **privaten oder gewerblichen Nutzer mit dem Ziel zusammenwirken**, ihre (privaten oder geschäftlichen) **Zwecke in wechselseitiger Verbundenheit zu verwirklichen**. Dient das Gebiet etwa der Freizeitgestaltung (Wochenendhausgebiet), liegt ein übergeordneter »Geschäfts«-Zweck auch dann noch vor, wenn lediglich Freizeiteinrichtungen wie zum Beispiel Seen, Schwimmanlagen usw. zum Zwecke der Kostenteilung gemeinsam genutzt werden. Dieser gemeinsame Zweck wird jedenfalls dann zum »Geschäftszweck«, wenn das Interesse des Netzbetreibers berücksichtigt wird, die so gemeinsam Verbundenen mit Strom oder Gas zu versorgen.

dd) Über Vermietung/Verpachtung hinausgehend

Die bloße Parzellierung von Gebäuden/Arealen zweck beliebiger Nutzung durch verbleibende Eigentümer, Mieter oder Pächter soll nach Ziff. 2 des § 110 Abs. 1 noch nicht ausreichen, um den gemeinsamen übergeordneten Geschäftszweck zu erfüllen. Das Tatbestandsmerkmal dient der Klarstellung der zuvor erläuterten Voraussetzung. Ist also eine **besonders bezweckte Nutzung im Sinne eines wechselseitigen Profitierens von gemeinsamen Infrastruktureinrichtungen** bzw. der Nutzung durch die Anderen von vornherein nicht gegeben, liegt kein Objektnetz nach Ziff. 2 vor.

Deshalb nennt der Bundesrat zu Recht auch die »Untermieter« sowie »Pflegeheime« als Anwendungsfälle, weil die dezentrale Nutzung unterschiedlicher Wohn- und Pflegeeinheiten unabhängig von der Form der privatrechtlich eingeräumten Nutzung (Miete, Pacht, Eigentum) der freien Entwicklung der Marktkräfte überlassen werden soll, ohne über Zusatzkosten der (regulierenden) Energieversorgung bestimmte Verwirklichungsformen dieses Geschäftszwecks von vornherein unmöglich zu machen. Weil Flughäfen typischerweise bereits unter Ziff. 1 oder aber Ziff. 3 fallen, ist diese Auslegung auch mit der hier gefundenen Bedeutung von »privat« kompatibel[36].

Auf diese Weise wird ausgeschlossen, dass der bloße Infrastrukturvorteil »Nutzung eines gemeinsamen Netzes« bereits nach Ziff. 2 als geeignete Privilegierungsgrundlage zu dienen vermag. Die Vergabe von Parzellen in Neubaugebieten oder in Mischgebieten, in denen die Nutzung (gewerblich, industriell, beschränkt: Wohnnutzung) im Grunde freigestellt ist, lässt die Verwirklichung eines gemeinsamen übergeordneten Geschäftszwecks unabhängig davon nicht zu, ob die Nutzungsvergabe an neue Eigentümer oder im Wege der Vermietung/Verpachtung erfolgt.

ee) Unzumutbare Erschwerung des Geschäftszwecks

Ein abgrenzbares Netzgebiet, das nicht der allgemeinen Versorgung im Sinne von § 3 Ziff. 17 dient, unterliegt in toto den Vorgaben der §§ 17 ff., 52 sowie 92, wenn die Freistellung als Objektnetz nicht möglich ist. Auf diese Weise wird der Netzbetreiber mit erheblichen Berichts- und Nachweispflichten, den Meldepflichten bei Versor-

---

[36] Der Wirtschaftsausschuss des Bundesrates scheint die Flughäfen allerdings wohl der Ziff. 2 zuordnen zu wollen, ebd. S. 9.

gungsstörung (§ 52) sowie der Beitragspflicht nach § 92 belastet. Im Verhältnis zu demjenigen, der dieselbe Geschäftsidee/Geschäftszweck allein und unter dem Dach eines einzigen Unternehmens verfolgt, würden die dezentral nutzenden Unternehmen/Private erhebliche Kostennachteile erleiden. Deshalb ist das Merkmal der **unzumutbaren Erschwernis** im Sinne von § 110 Abs. 1 Satz 2 lit. b) bereits dann erfüllt, wenn ein identischer Geschäftszweck, würde er **nur von einem Rechtsträger verwirklicht**, keinerlei Regulierungsfolgen in Bezug auf das Versorgungsnetz auslösen würde. Sinn und Zweck der Freistellung ist es ja gerade, für eine marktförmige Entwicklung von Geschäftszwecken zu sorgen und Gestaltungsvarianten nicht bereits deshalb mit aus den §§ 17 ff. folgenden Kosten und Hemmnissen zu belasten, weil die Verwirklichung des Geschäftszwecks in Kooperation erfolgt.

53 Von den potenziellen Anwendungsbeispielen[37] sind es insbesondere die auf ehemaligen Industriestandorten tätigen neuen Gewerbebetriebe, die Nutzen aus der Einstufung als Objektnetz ziehen werden. Es handelt sich um Industrieparks, Gewerbeparks, Einkaufs- und Technologiezentren, aber auch Dienstleistungsbetriebe wie Freizeitanlagen und zusammenhängende Wochenendhausgebiete. Kennzeichen ist also die gemeinsame Infrastrukturnutzung (einschließlich Energieversorgungsnetznutzung) durch viele Gewerbebetriebe oder Private ohne Rücksicht darauf, ob auch eine eigene Erzeugungsanlage betrieben wird, wobei das Überwiegen der Versorgung eines der Unternehmen gerade nicht festzustellen ist. Weil es sich um ein »privates Gebiet« handeln muss, fallen allerdings alle öffentlichen Zwecken gewidmeten Gebiete nicht unter die Ziff. 2[38].

III. Antrag und Entscheidung der Regulierungsbehörde (Abs. 4)

54 § 110 Abs. 1 ist als **Legalausnahme** formuliert. Daraus könnte zu schließen sein, dass die Freistellung unabhängig davon eingreift, ob ein Antrag gestellt wird oder nicht (deklaratorische Funktion des Antragserfordernisses)[39]. Gegen diese aus dem Wortlaut gewonnene Auf-

---

37 Oben § 110 Rz. 43; *Lippert*, Beitrag der Arealversorgung, aaO S. 87 ff.
38 Anderer Ansicht *Rosin*, Privilegierung von Objektnetzen, RdE 2006, S. 9, 12 f.
39 *Rosin*, Privilegierung von Objektnetzen, RdE 2006, S. 9, 16; zweifelnd *Habich*, Objektnetze, DVBl. 2006, S. 211, 215.

III. Antrag und Entscheidung der Regulierungsbehörde (Abs. 4)

fassung spricht allerdings, dass im Übrigen die Aufnahme eines jeden Netzbetriebes genehmigungsbedürftig ist, § 4 Abs. 1. Gerade wenn ein (potenzielles) Objektnetz neu in Betrieb genommen wird, entstünde Rechtsunsicherheit, ob nach § 110 Abs. 1 die Befreiung vom Genehmigungserfordernis des § 4 gegeben ist oder nicht. Zudem prüfen Regulierungsbehörde einerseits (§ 110 Abs. 1 HS 3) und nach Landesrecht zuständige Behörde andererseits (§ 4 Abs. 2) jeweils übereinstimmend personelle, technische und wirtschaftliche Leistungsfähigkeit des Netzbetreibers, ohne die auch die Freistellung nach § 110 Abs. 1 nicht erreichbar ist[40]. Deshalb lässt sich auch die Auffassung vertreten, aus dem Gesamtzusammenhang der §§ 110 und 4 heraus spreche mehr für die konstitutive Wirkung der Bescheidung des Antrags nach § 110 Abs. 4[41].

Aus hiesiger Sicht lassen sich beide Auffassungen wie folgt harmonisieren: Werden Objektnetze im Sinne des § 110 Abs. 1 zum Zeitpunkt des Inkrafttretens des Gesetzes (13.7.2005) bereits betrieben, dann sollen bei Vorliegen der Voraussetzungen des § 110 Abs. 1 dessen Rechtsfolgen **ipso jure** eintreten. Schon aus Gründen der Verwaltungsökonomie wäre es wenig sinnvoll, für derartige **Alt-Objektnetze** dem Antragserfordernis konstitutive Wirkung beizumessen. Wird jedoch ein derartiger Objektnetzbetrieb **neu aufgenommen**, dann muss sich der Netzbetreiber entscheiden, ob er den Antrag nach § 110 Abs. 4 stellt oder die Betriebsaufnahme nach § 4 beantragt. In beiden Fällen ist dann die Leistungsfähigkeit eines solchen Netzbetreibers zum Schutze der angeschlossenen Letztverbraucher zu überprüfen (Verbraucherschutzziel des § 1 Abs. 1). 55

Weil die Anträge bei unterschiedlichen Behörden zu stellen sind, ist allerdings die Formulierung als Haupt- und Hilfsantrag nicht möglich. Deshalb wird vorgeschlagen, den Antrag nach § 4 Abs. 1 und den nach § 110 Abs. 4 **zeitgleich** zu stellen und der jeweils anderen Behörde Kopie des anderen Antrags beizufügen. Die nach Landesrecht zuständige Behörde (§ 4 Abs. 1) kann zugleich gebeten werden, das Genehmigungsverfahren solange ruhen zu lassen, bis über den Antrag nach § 110 bestands- bzw. rechtskräftig entschieden wurde. Handelt der Netzbetreiber auf diese Weise, so können die Einleitung eines Ordnungswidrigkeitenverfahrens sowie die Bußgeldfestsetzung nach § 95 Abs. 1 Ziff. 1 sicher vermieden werden. 56

---

40 Vgl. dazu oben § 110 Rz. 11 ff.
41 *Boesche/Wolf*, Viel Lärm um kleine Netze, ZNER 2005, S. 285, 287.

§ 110 Objektnetze

57 Der Antrag nach § 110 Abs. 4 ist grundsätzlich **vor Betriebsaufnahme** zu stellen (Gleichklang mit § 4 Abs. 1)[42]. Ein Betriebsbeginn vor Entscheidung nach § 110 Abs. 4 ist riskant, weil mit bestandskräftiger ablehnender Entscheidung der Regulierungsbehörde das Antragserfordernis nach § 4 Abs. 1 manifest wird (Bußgeldbewehrung). Ob eine Duldung des vorläufigen Betriebs durch die nach Landesrecht zuständige Behörde für den Fall erreichbar ist, dass zugleich der Antrag nach § 110 Abs. 4 (mit einer gewissen Aussicht auf Erfolg) gestellt wird, ist zumindest zweifelhaft.

58 Als **Antragsteller** im Sinne von § 110 Abs. 4 kommt nur der Netzbetreiber selbst in Betracht, weil nur der Netzbetreiber die notwendigen Antragsunterlagen (z. B. über die Leistungsfähigkeit) zu erstellen vermag. Auch Netzpläne usw. dürften Dritten nicht zugänglich sein. Da Netzbetreiber im Sinne von § 3 Ziff. 2 ff. in Verbindung mit Ziff. 27 auch derjenige sein kann, der als Betriebsführer Verantwortung trägt oder demnächst tragen wird, muss nicht notwendig der Grundstücks- oder Netzeigentümer[43] Antragsteller sein. Dritte (z. B. Letztverbraucher, Stromlieferanten) kommen konsequent als Antragsteller nicht in Betracht[44].

59 Die Entscheidung über den Antrag weist **feststellenden Charakter** auf und wirkt (als öffentlich-rechtliche Regelung) auf Privatrechtsbeziehungen (z. B. Belastungsausgleich nach EEG und KWK-G) sowie auf die Rechtsverhältnisse zu den Aufsichtsbehörden ein. Ist der Antragsteller durch die Entscheidung beschwert, kann Rechtsschutz nach §§ 75 ff. beim für den Sitz der Regulierungsbehörde zuständigen OLG beantragt werden.

60 Die **Zuständigkeit der Regulierungsbehörde** wird sich regelmäßig nach § 54 Abs. 2 bestimmen (Zuständigkeit der Landesregulierungsbehörde). Die Kompetenznorm enthält § 54 Abs. 2 Satz 1 Ziff. 9. Eine Zuständigkeit der BNetzA kommt schon deshalb nicht in Betracht, weil Objektnetze im Sinne von § 110 selten über Landesgrenzen hinausreichen und schon gar nicht mehr als 100.000 Kunden an ein solches Netz angeschlossen sein werden.

---

42 AA *Habich*, Objektnetze, DVBl. 2006, S. 211, 215: nicht fristgebunden.
43 Wenn das Netz Scheinbestandteil des Grundstücks im Sinne von § 95 BGB ist.
44 Anders *Rosin*, Privilegierung von Objektnetzen, RdE 2006, S. 9, 16; wie hier *Boesche/Wolf*, Kleine Netze, ZNER 2005, S. 285, 288.

IV. Rechtsfolgen der Freistellung (Abs. 1, 2 und 5)

Die Rechtsfolgen der Freistellung ergeben sich überwiegend aus Abs. 1 (am Anfang). Weitere Regelungen enthalten die Abs. 2 und 4 des § 110.   61

1. Unanwendbarkeit der §§ 6–35

Ist die Feststellung des Vorliegens eines Objektnetzes im Sinne von § 110 bestands- oder rechtskräftig geworden bzw. liegen bei schon betriebenen Objektnetzen die Voraussetzungen im Einzelfall trotz fehlender Antragstellung vor[45], so finden die Teile 2 und 3 des EnWG keine Anwendung. Der Netzbetreiber ist nicht zur Entflechtung (§§ 6 ff.) verpflichtet und unterliegt grundsätzlich nicht der regulierungsbehördlichen Aufsicht (§§ 11 ff.). Gleichwohl ist er in analoger Anwendung des § 11 Abs. 1 zum Netzbetrieb aufgrund der eingegangenen zivilrechtlichen Verpflichtungen (Anschlussverträge, Netzzugangs- und Netznutzungsverträge) verpflichtet. Eine Netzanschlusspflicht nach § 17 besteht allerdings nicht.   62

Weitere Konsequenz der Unanwendbarkeit der §§ 17 ff. ist es nach § 111 Abs. 1 und Abs. 2, dass der Netzbetreiber der **kartellbehördlichen Aufsicht** gerade auch im Hinblick auf den Netzbetrieb unterliegt (Netzentgelte, Preismissbrauch, Diskriminierungsverbot, Netzzugangsverpflichtungen bei Vorliegen einer marktbeherrschenden Stellung). Die in den §§ 11 ff. vorgesehenen Berichtspflichten und Verantwortlichkeiten bestehen nicht. Sind die an das Netz angeschlossenen Letztverbraucher von der Energielieferung und damit dem Netzbetrieb abhängig, wird die Einstellung oder Einschränkung des Betriebs mit Ausnahme des Insolvenzfalles regelmäßig missbräuchlich im Sinne von § 19 GWB sein.   63

2. Keine Genehmigungspflicht

§ 110 Abs. 1 erklärt auch § 4 für unanwendbar. Der Objektnetzbetreiber muss sich daher die Aufnahme des Netzbetriebs nicht von der nach Landesrecht zuständigen Behörde genehmigen lassen. Gleichwohl sollte dieser Antrag vorsorglich (bei Neuaufnahme des Objektnetzbetriebs) zur Vermeidung der Bußgeldpflicht (§ 95 Abs. 1 Ziff. 1) gestellt werden.   64

---

45 Zu den unterschiedlichen Auffassungen vgl. oben § 110 Rz. 55 f.

3. Keine Meldepflicht bei Versorgungsstörungen

65 Objektnetzbetreiber unterliegen nicht den Meldepflichten des § 52. Weder müssen regelmäßige Berichte für die BNetzA noch außerplanmäßige Berichte gefertigt werden. Damit greift auch die sofortige Meldepflicht nach § 13 Abs. 6 (über § 52 Satz 6) nicht ein.

4. Keine Beitragspflicht

66 Der Objektnetzbetreiber wird auch **nicht zur Deckung der Kosten der BNetzA** (§ 92) herangezogen. Die daraus resultierende erhebliche Entlastung dürfte die Antragstellung attraktiv machen.

5. Keine Grundversorgungspflicht (Abs. 2)

67 § 110 Abs. 2 sieht weiterhin vor, dass der Objektnetzbetreiber sein Netz nicht zur Erfüllung von Pflichten nach §§ 36 bis 42 zur Verfügung stellen muss. Daraus resultieren erhebliche **Drittwirkungen**: Zum einen haben der an das Objektnetz angeschlossenen Letztverbraucher weder Rechte auf **Grundversorgung** noch auf Ersatzversorgung (§§ 36, 38). Ihnen müssen deshalb auch entsprechende Tarife und Geschäftsbedingungen nicht bekannt gegeben werden. Gleichzeitig werden die Lieferanten entlastet, die an ein solches Objektnetz angeschlossene Letztverbraucher mit Energie beliefern: Weil das Netz für Grund- und Ersatzversorgung gar nicht zur Verfügung steht, müssen jene Pflichten nicht erfüllt werden.

6. Unberührtbleiben des § 3a (Abs. 5)

68 Nach **Abs. 5** des § 110 bleibt die Anwendung des Gesetzes auf **Fahrstrom der Eisenbahnen unberührt**. Insofern wird Bezug auf § 3a genommen. Damit soll offenbar ausgeschlossen werden, dass Betreiber von Eisenbahn-Infrastruktureinrichtungen den Antrag nach § 110 Abs. 4 stellen oder ohne Antragstellung die Freistellung in Anspruch nehmen. Weil der Bund durch eine private Gesellschaft (DBNetzAG) das Bahnstromnetz mit einer Frequenz von 16 2/3 Hertz betreibt, würde nicht nur ein besonders großes Stromversorgungsnetz von der Anwendung des EnWG ausgenommen, sondern der gerade eröffnete Zugriff der BNetzA auf dieses Netz wieder rückgängig gemacht. Ziel des Gesetzgebers ist es gerade gewesen, möglichst vielen Erzeugern und Stromhändlern den Zugang zum Bahnstromnetz zu eröffnen[46].

7. Sonstige Rechtsfolgen

Während alle Arealnetze, die nicht als Objektnetze im Sinne von § 110 anerkennungsfähig sind, den allgemeinen Grundsätzen des EnWG jedenfalls dann unterliegen, wenn sie zugleich allgemeine Versorgung betreiben[47], wirkt sich das Fehlen der allgemeinen Versorgung beim Objektnetzbetrieb auch im Hinblick auf die Pflichten aus EEG sowie KWK-G aus. Der Objektnetzbetreiber ist weder im Hinblick auf KWK- noch hinsichtlich EEG-Strom abnahmepflichtig und kann insofern auf die Netzbetreiber der allgemeinen Versorgung verweisen. Allerdings wird er im Regelfall die »Durchleitung« solchen Strom durch sein Netz erlauben müssen, vgl. § 4 Abs. 5 EEG in Verbindung mit der Europäischen Richtlinie zur Einspeisung von Strom aus erneuerbaren Energien[48]. Konsequent bestehen auch keine Vergütungspflichten. 69

Wird innerhalb des Objektnetzbereichs eine Erzeugungsanlage betrieben, aus der ganz oder teilweise die an das Objektnetz angeschlossenen Letztverbraucher versorgt werden, so werden die diesen Strom vermarktenden Händler nicht in den vertikalen Belastungsausgleich nach § 14 Abs. 3 EEG einbezogen[49]. Wird Strom aus dem allgemeinen Versorgungsnetz zusätzlich oder unter Inanspruchnahme von Reservestrom in das Objektnetz hineingeliefert, so gelten für diesen Strom die allgemeinen Regeln über den EEG- sowie KWK-G-Belastungsausgleich. 70

V. Objektnetze und europäisches Recht

Ob die Regelung des § 110 voll umfänglich wirksames Recht geworden ist, muss als ungeklärt bezeichnet werden. Verfehlt ein Mitgliedstaat das Ziel einer Richtlinie im Sinne des sog. »effet utile«, so kann 71

---

46 Vgl. dazu im Einzelnen *Ehricke*, Zur Abgrenzung der Anwendungsbereiche des Allgemeinen Eisenbahngesetzes (AEG) und des neuen Energiewirtschaftsgesetzes, ZNER 2005, S. 301, 302 ff.
47 Zu den Rechtsfolgen auch bei Nichtvorliegen dieser Voraussetzung vgl. *Boesche/Wolf*, Kleine Netze, ZNER 2005, S. 285, 297 ff.
48 2001/77/EG.
49 BGH v. 21.12.2005, RdE 2006, Heft 4 – Arealnetzbetrieb und EEG-Pflicht.

die daraus resultierende fehlerhafte Umsetzung zur Unbeachtlichkeit der entgegenstehenden nationalen Norm führen[50]. Insofern bestehen Zweifel, weil die für Verteilernetze geltenden Vorschriften (Art. 13 ff. RL-Elt sowie Art. 11 ff. RL-Gas) keine Ausnahme vom Netzzugang vorsehen und Art. 3 Abs. 3 RL-Elt/RL-Gas zumindest für Haushaltskunden im Sinne des europäischen Rechts (Art. 2 Ziff. 10 RL-Elt sowie Art. 2 Ziff. 25 RL-Gas) keine Ausnahmen von der Grundversorgungspflicht im Verhältnis zu dieser Kundengruppe kennt.

72 Art. 26 Abs. 1 RL-Elt ermöglicht einen Ausnahmeantrag im Hinblick auf bestimmte Kapitel der Richtlinie, wenn dieser von der Bundesregierung zugunsten sog. kleiner isolierter Netze (Art. 2 Ziff. 26 RL-Elt) gestellt wird. Die RL-Gas kennt eine solche Ausnahmebestimmung nicht. Sinn und Zweck ist es offenbar, diesen Netzbetreibern eine allmähliche Anpassung an das neue Recht des regulierten Netzzugangs zu ermöglichen. Wird eine solche Ausnahme von der Kommission im Umfang des § 110 Abs. 1 gewährt, kann die Freistellung unbedenklich in Anspruch genommen werden.

73 Für die Bundesrepublik Deutschland sind solche Ausnahmeanträge offenbar bisher nicht gestellt worden, wobei unklar ist, ob über solche Anträge als Bereichsausnahme oder aber in Bezug auf jeden einzelnen Freistellungsantrag nach § 110 zu entscheiden sein wird. In diesem Zusammenhang wird insbesondere dem Netzbegriff große Bedeutung zukommen[51], weil sicherlich nicht jedes »System von Strom- oder Gasleitungen« zwingend einer Regulierung zu unterwerfen ist.

---

50 Vgl. EuGH EuZW 2005, 695, 699, 700 – Kapazitätsreservierungen (Rz. 71, 87).
51 Vgl. oben § 110 Rz. 18.

§ 111 Verhältnis zum Gesetz gegen Wettbewerbsbeschränkungen

(1) ¹Die §§ 19 und 20 des Gesetzes gegen Wettbewerbsbeschränkungen sind nicht anzuwenden, soweit durch dieses Gesetz oder auf Grund dieses Gesetzes erlassener Rechtsverordnungen ausdrücklich abschließende Regelungen getroffen werden. ²Die Aufgaben und Zuständigkeiten der Kartellbehörden bleiben unberührt.

(2) Abschließende Regelungen im Sinne des Absatzes 1 Satz 1 enthalten

1. die Bestimmungen des Teiles 3 und

2. die Rechtsverordnungen, die auf Grund von Bestimmungen des Teiles 3 erlassen worden sind, soweit diese sich für abschließend gegenüber den Bestimmungen des Gesetzes gegen Wettbewerbsbeschränkungen erklären.

(3) In Verfahren der Kartellbehörden nach den §§ 19 und 20 des Gesetzes gegen Wettbewerbsbeschränkungen sowie Artikel 82 des Vertrages zur Gründung der Europäischen Gemeinschaft, die Preise von Energieversorgungsunternehmen für die Belieferung von Letztverbrauchern betreffen, deren tatsächlicher oder kalkulatorischer Bestandteil Netzzugangsentgelte im Sinne des § 20 Abs. 1 sind, sind die von Betreibern von Energieversorgungsnetzen nach § 20 Abs. 1 veröffentlichten Netzzugangsentgelte als rechtmäßig zugrunde zu legen, soweit nicht ein anderes durch eine sofort vollziehbare oder bestandskräftige Entscheidung der Regulierungsbehörde oder ein rechtskräftiges Urteil festgestellt worden ist.

§ 111 Verhältnis zum Gesetz gegen Wettbewerbsbeschränkungen

Überblick	Seite	Rz.
I. Regelungszweck und Entstehungsgeschichte	1518	1
II. Grundsatz der Spezialität des EnWG (Abs. 1 und 2)	1519	6
1. Verdrängung der §§ 19, 20 GWB...................	1520	7
2. Konkretisierung der abschließenden EnWG-Regelungen (Abs. 2).......................................	1521	12
a) Bestimmungen des Teiles 3 des EnWG (Ziff. 1).....	1522	13
b) Abschließende Regelungen in Rechtsverordnungen (Ziff. 2)	1522	15
III. Rechtmäßigkeit veröffentlichter Netzzugangsentgelte (Abs. 3)	1523	17
1. Kartellbehördliche Verfahren	1523	18
2. Relevanz von NZE	1525	21
3. Veröffentlichung des NZE.......................	1525	23
4. Nichtvorliegen einer wirksamen Entscheidung........	1525	24
5. Rechtsfolge: Bindungswirkung	1526	29

I. Regelungszweck und Entstehungsgeschichte

1 Bis zum Inkrafttreten des EnWG 2005 standen die Aufsicht nach dem EnWG (vgl. § 18 EnWG 1998) sowie die kartellbehördliche Aufsicht (insbesondere §§ 19 und 20 GWB) **unverbunden nebeneinander**, wie insbesondere § 130 Abs. 3 GWB a.F. zeigte[1]. Auch § 6 Abs. 1 sowie § 6a Abs. 2 EnWG 2003 (verhandelter Zugang zu Elektrizitäts- und Gasversorgungsnetzen) betonten das Erfordernis, »wirksamen Wettbewerb zu gewährleisten«, auch wenn es um die Anwendung der Inhalte von Verbändevereinbarungen ging[2].

2 Mit Einführung der **regulierungsbehördlichen Aufsicht** durch das EnWG 2005 hat sich diese Rechtslage geändert. Insbesondere § 111 dient dem Zweck, die Kontrolle von Netzanschluss, Netzzugang und diskriminierungsfreier Netznutzung **allein auf der Basis des EnWG zu entscheiden**. Nicht nur bei Tätigwerden der Regulierungsbehörden, sondern auch bei privater Rechtsverfolgung (z. B. § 32) ver-

---

1 Wortlaut: »Die Vorschriften des Energiewirtschaftsgesetzes stehen der Anwendung der §§ 19 und 20 nicht entgegen.«
2 Wortlaut von § 6 Abs. 1 Satz 6 sowie § 6a Abs. 2 Satz 6 EnWG 2003: »§ 19 Abs. 4 und § 20 Abs. 1 und 2 des Gesetzes gegen Wettbewerbsbeschränkungen bleiben unberührt.«

drängt das **Rechtsregime des EnWG das GWB**. An die Stelle von Doppelzuständigkeiten und Anspruchskonkurrenz ist der **Spezialitätsgrundsatz** getreten. Zu Recht heißt es in der sehr knappen Gesetzesbegründung[3]:

»Die Vorschrift regelt, inwieweit die Anwendung der Bestimmungen dieses Gesetzes der Anwendung der Bestimmungen des Gesetzes gegen Wettbewerbsbeschränkungen vorgeht.«

Nach § 111 **Abs. 1** sind die §§ 19, 20 GWB unanwendbar, soweit das EnWG oder die auf ihm beruhenden Rechtsverordnungen **ausdrücklich abschließende Regelungen enthalten**. Im Übrigen bleiben die Kartellbehörden zuständig, können also beispielsweise von Netzbetreibern gebildete Kartelle (§ 1 GWB) verfolgen. 3

Nach **Abs. 2** gehören die Bestimmungen des Teiles 3 (§§ 11 bis 35) zu den abschließenden, die §§ 19, 20 GWB verdrängenden Regelungen ebenso wie die Rechtsverordnungen, die auf in diesem Teil 3 des EnWG enthaltenen Verordnungsermächtigungen beruhen. Bei Rechtsverordnungen ist es zusätzlich erforderlich, dass sie auf diesen abschließenden Charakter – aller oder einiger der in ihnen enthaltenen Regelungen – selbst hinweisen. 4

Abs. 3 des § 111 dient dem Zweck, die **Alleinzuständigkeit der Regulierungsbehörden** im Hinblick auf die Kontrolle von Netzzugangsentgelten (NZE) abzusichern. Selbst wenn eine Entgeltgenehmigung nicht vorliegt, das NZE aber bereits vom Netzbetreiber veröffentlicht ist, gilt dieses Entgelt als **rechtmäßig** bis zu einer wirksam gewordenen (sofort vollziehbaren oder bestandskräftigen) Entscheidung der Regulierungsbehörde bzw. einem rechtskräftigen Urteil, die kraft besonderer Bildungswirkung von den Kartellbehörden und den Kartellgerichten zu beachten sind. § 111 ist in der Fassung des Entwurfs Gesetz geworden. 5

II. Grundsatz der Spezialität des EnWG (Abs. 1 und 2)

Während **Abs. 1** und **Abs. 2** Satz 1 den Spezialitätsgrundsatz und damit den Vorrang des Teiles 3 des EnWG (Regulierung des Netzbetriebs) im Verhältnis zu den §§ 19, 20 GWB anordnen, stellt **Satz 2** des § 111 Abs. 1 klar, dass (im Übrigen) die Aufgaben und Zuständig- 6

---

3 BT-DrS 15/3917, S. 75.

keiten der Kartellbehörde unberührt bleiben. Diese »Aufgabenteilung« gilt auch im Hinblick auf die private Rechtsdurchsetzung.

1. Verdrängung der §§ 19, 20 GWB

7 Nur das Verbot des Missbrauchs marktbeherrschender Stellungen (§ 19 GWB) sowie die in § 20 GWB enthaltenen Verbote (insbesondere Diskriminierungsverbot und Verbot unbilliger Behinderung) **sind unanwendbar**, soweit EnWG und auf diesem Gesetz beruhende Rechtsverordnungen **ausdrücklich abschließende Regelungen getroffen** haben. Den Rechtsanwendern ist es damit verwehrt, im Wege der Auslegung zu prüfen, ob eine EnWG-Norm (implizit) abschließenden Charakter aufweist. Wird die Regelung nicht explizit für abschließend erklärt, so handelt es sich um eine Norm, die die Anwendung der §§ 19, 20 GWB in ihrem Sachbereich nicht hindert. Eine mögliche Regelungskollisionslage ist nach allgemeinen Grundsätzen zu lösen[4].

8 Die Nichtanwendung betrifft nur die §§ 19, 20 GWB; alle anderen GWB-Normen einschließlich des Verbots horizontaler und vertikaler Beschränkungen sowie der für sie geltenden Ausnahmen sind weiter anzuwenden. Dies gilt auch, wenn ein Netzbetreiberverhalten zugleich den Missbrauchstatbestand nach § 19 GWB auslöst (Unanwendbarkeit der Vorschrift) und gegen das Kartellverbot verstößt (§ 1 GWB: uneingeschränkte Anwendbarkeit). Dass die Art. 81 und 82 EG-Vertrag (im Folgenden: EG) in § 111 Abs. 1 Satz 1 nicht aufgeführt sind, obwohl sie bei Erfüllung der sog. Zwischenstaatlichkeitsklausel ebenfalls wettbewerbliche Verbotsnormen enthalten, stellt **kein Redaktionsversehen** dar. Denn der deutsche Gesetzgeber hat nicht die Dispositionsbefugnis, diese unmittelbar dem deutschen Recht zugehörigen und auf völkerrechtlichen Vereinbarungen beruhenden Vorschriften ganz oder teilweise außer Kraft zu setzen.

9 Verstößt also ein Netzbetreiberverhalten, für dessen Regulierung die deutschen Behörden zuständig sind (§§ 54 ff.), zugleich gegen Art. 82 EG, so ist nach näherer Abgrenzung durch die VO 1/2003 EG entweder das Bundeskartellamt oder die EG-Kommission berechtigt, ein derartig missbräuchliches Netzbetreiberverhalten zu untersagen. Allerdings ist zu erwarten, dass das Bundeskartellamt in laufende regu-

---

4 Spezialitätsgrundsatz; Grundsatz der Verdrängung früheren Rechts durch späteres Recht, vgl. *Wank*, Die Auslegung von Gesetzen, S. 133 ff.

lierungsbehördliche Verfahren nicht eingreift[5] und eigenständige Ermittlungsverfahren nach Art. 82 EG jedenfalls solange nicht einleiten wird, bis die Ergebnisse des regulierungsbehördlichen Verfahrens vorliegen.

Der in Satz 1 des § 111 Abs. 1 definierte **Spezialitätsgrundsatz** führt zur endgültigen Verdrängung der §§ 19, 20 GWB, nicht zur bloßen nachrangigen Anwendbarkeit. Stellt also die Regulierungsbehörde die Ermittlungen zu Verstößen auf der Basis abschließender Regelungen des EnWG ein, eröffnet dies nicht die Möglichkeit der Kartellbehörden, ein Missbrauchsverfahren nach § 19 GWB einzuleiten. Auch die private Rechtsdurchsetzung, soweit sie auf einer Anwendung des GWB beruht (§§ 33, 19, 20 GWB), sind in diesem »geschützten Bereich« abschließender EnWG-Regelungen ausgeschlossen. 10

Nur im verbleibenden Korridor – außerhalb der Anwendbarkeit der §§ 19 und 20 GWB – bleiben die **Aufgaben und Zuständigkeiten der Kartellbehörden unberührt**, § 111 Abs. 1 **Satz 2**. Zwar verwendet der Gesetzgeber nicht den Zusatz »im Übrigen«; die Kartellbehörden werden also nicht »subsidiär« für zuständig erklärt, sondern sind gleichrangig handelnde Wirtschaftsaufsichtsbehörden. Deshalb dürfen sie auch gegenüber Netzbetreibern und hinsichtlich aller potenziell gegen Wettbewerbsrecht verstoßenden Verhaltensweisen ermittelnd und entscheidend tätig werden, solange sie weder ihr Ermittlungskonzept noch die abschließende Entscheidung auf die §§ 19, 20 GWB stützen. 11

2. Konkretisierung der abschließenden EnWG-Regelungen (Abs. 2)

Der EnWG-Gesetzgeber hat sich nicht der Mühe unterzogen, für jede Norm des EnWG eine aus dem Gesetzeswortlaut erkennbare Entscheidung zur Frage des Vorliegens einer »abschließenden Regelung« zu treffen. Die Ziff. 1 und 2 bestimmen vielmehr kurz und bündig, dass alle Vorschriften des Teiles 3 des EnWG abschließenden Charakter haben und dass die darauf beruhenden Rechtsverordnungen zwecks Herbeiführung des oben beschriebenen Spezialitätsgrundsatzes eine Bestimmung zur abschließenden Regelung aufweisen müssen. 12

---

5 Zur Unterrichtungspflicht vgl. § 58 Abs. 4.

a) Bestimmungen des Teiles 3 des EnWG (Ziff. 1)

13 Abschließenden Charakter haben nach § 111 Abs. 2 Ziff. 1 die §§ 11 bis 35 EnWG. Im Anwendungsbereich dieser Vorschriften sind die §§ 19, 20 GWB unanwendbar. Eine auf jene Vorschriften gestützte Regelung durch die Kartellbehörden oder die Zivilgerichte darf selbst dann nicht getroffen werden, wenn das Regelungsergebnis im Einklang mit den §§ 11 ff. stünde.

14 Diese pauschale Regelung des »Abgeschlossenseins« hat den Nachteil, dass insofern auch Normen erfasst werden, innerhalb deren Regelungsbereich die §§ 19, 20 GWB ohnehin nicht anwendbar sind (vgl. etwa § 35: Monitoring). Eine abschließende Regelung trifft das EnWG im Hinblick auf den Betrieb von Versorgungsnetzen (§§ 11 ff. EnWG), den Netzanschluss (§§ 17 ff.), den Netzzugang (§§ 20 ff.) sowie die Verhaltensanforderungen und Verhaltensweisen von Netzbetreibern (§§ 29 ff.). Parallele Missbrauchsverfahren (der Regulierungsbehörde nach §§ 30, 31, der Kartellbehörde nach § 19 GWB) sind damit ausgeschlossen. Macht ein Unternehmen Schadensersatz gegen einen Netzbetreiber geltend, so kann es sich nur auf § 32, nicht aber (alternativ oder kumulativ) auf § 33 GWB stützen, soweit ein missbräuchliches oder diskriminierendes Verhaltens zur Begründung des Schadensersatzanspruchs dient. Auf diese Weise ist sichergestellt, dass Wertungsunterschiede und Wortlautdifferenzen der Eingriffs- und Befugnisnormen sich nicht auf die Ergebnisse von Aufsichtsverfahren sowie Zivilprozesse auswirken können. Letztlich werden in diesem Bereich die §§ 19, 20 GWB so behandelt, als würden sie gar nicht existieren.

b) Abschließende Regelungen in Rechtsverordnungen (Ziff. 2)

15 Der Spezialitätsgrundsatz erfasst Rechtsverordnungen nur dann, wenn sie auf Ermächtigungsgrundlagen der §§ 11 bis 35 beruhen **und** explizit einzelne oder alle ihrer Regelungen für abschließend erklärt haben. Fehlt eine dieser Voraussetzungen, bleiben die §§ 19, 20 GWB anwendbar. Ein Beispiel bildet § 1 Satz 2 Strom/GasNZV.

16 Eine Erstreckung des Spezialitätsgrundsatzes durch erweiternde Erklärung der Abgeschlossenheit in Rechtsverordnungen (z. B. Erstreckung auf das Kartellverbot des § 1 GWB) ist **nicht möglich**. Zwar spricht die Ziff. 2 des § 111 Abs. 2 von »gegenüber den Bestimmungen des Gesetzes gegen Wettbewerbsbeschränkungen«, was nach dem

Wortlaut eine Abgeschlossenheitserklärung auch gegenüber anderen Vorschriften als denen der §§ 19, 20 GWB ermöglichen würde. Weil aber Abs. 2 des § 111 ersichtlich nur dem Ziel dient, den in Abs. 1 enthaltenen Grundsatz (»ob«) der Regelung auszufüllen (»wie« der Regelung), hat diese weitere Fassung des Gesetzeswortlauts keine eigenständige Bedeutung.

III. Rechtmäßigkeit veröffentlichter Netzzugangsentgelte (Abs. 3)

Regelungszweck des § 111 **Abs. 3** ist es, vorrangige und verdrängende 17 Regelungen durch Entscheidungen von Kartellbehörden und Kartellgerichten in einem Bereich zu vermeiden, der dem **Kernbereich der regulierungsbehördlichen Aufsicht zugewiesen** ist. Netzzugangsentgelte (NZE) einschließlich von Messeinrichtungen (§ 21b) unterliegen einer dichten Regelungstextur; nach § 21 müssen die Bedingungen und Entgelte für Netzzugang diskriminierungsfrei festgesetzt werden, und die Entgelte bedürfen nach § 23a einer Genehmigung. Die Regulierungsbehörde kann nach § 29 Entscheidungen über Bedingungen und Methoden des Netzzugangs treffen und nach § 21a die Anreizregulierung einführen. Würden die Kartellbehörden etwa im Wege der Aufsicht nach §§ 19, 20 GWB in diesem Bereich Vorabfestlegungen treffen, also beispielsweise ein NZE als Höchstpreis fixieren, entstünde eine Kollisionslage zu den Regelungs- und Genehmigungsbefugnissen der Regulierungsbehörden. Solche Kollisionslagen soll § 111 Abs. 3 a priori ausschließen. Voraussetzungen sind:

– Verfahren der Kartellbehörden (§ 19, 20 GWB; Art. 82 EG)

– Relevanz veröffentlichter NZE in diesem Verfahren

– Fehlen abweichender und abschließend wirksamer Entscheidungen der Regulierungsbehörden/der Gerichte

1. Kartellbehördliche Verfahren

Über die bereits in Abs. 1 genannten §§ 19, 20 GWB hinaus nennt 18 Abs. 3 zusätzlich **Art. 82 EG-Vertrag** (EG). Damit soll verhindert werden, dass quasi-regulierungsbehördliche Entscheidungen durch Kartellbehörden getroffen werden, die zwar nicht auf nationales Missbrauchsverbotsrecht, wohl aber auf Art. 82 EG (Missbrauchsverbot) der europäischen Wettbewerbsregeln gestützt werden. Es ist jedoch fraglich, ob ein derartiger »Nachrang des Art. 82 EG« vom nationalen Gesetzgeber angeordnet werden darf. Denn das europäische Recht (und nicht nur das Primärrecht des EG-Vertrages) ist in allen Mitgliedstaaten uneingeschränkt anzuwenden; ihm kommt unmittelbare Wirkung zu. Ein Rückgriff auf Art. 82 EG könnte nur dann rechtswirksam ausgeschlossen werden, wenn die Binnenmarktrichtlinien Energie spezielle Ausprägungen und Ausformungen des Art. 82 EG enthielten, die ausreichen, um im Verhältnis zu Netzbetreibern nach wirksamer und richtlinienkonformer Umsetzung in nationales Recht den Regelungsinhalt des Art. 82 EG auf Netzbetreiberebene durchzusetzen. Für eine solche »spezialgesetzliche Ausformung« könnten etwa die Art. 9 lit. e), 11 Abs. 2 und Abs. 7 sowie 14 Abs. 2 RL-Elt sprechen, die die Netzbetreiber auf das Diskriminierungsverbot verpflichten und in Art. 20 RL-Elt für den Netzzugang eine Spezialregelung enthalten.

19 Gegen eine verdrängende Spezialregelung spricht aber möglicherweise Art. 23 Abs. 8 Satz 2 sowie Abs. 11 RL-Elt. Nach Abs. 11 lassen Beschwerden der von Netzbetreiberverhalten Betroffenen das Gemeinschaftsrecht und die nach einzelstaatlichen Rechtsvorschriften möglichen Rechtsbehelfe unberührt, was für eine Zuständigkeitskumulation von Kartellbehörden und Regulierungsbehörden spricht. Nach Art. 23 Abs. 8 Satz 2 RL-Elt haben die Regulierungsmechanismen im Hinblick auf die Verhinderung des Missbrauchs marktbeherrschender Stellungen insbesondere Art. 82 EG Rechnung zu tragen. Diese interpretationsbedürftigen Regelungen lassen jedenfalls nicht klar erkennen, dass bereits bei Anwendung des nationalen Rechts der Regulierung, eine richtlinienkonforme Umsetzung vorausgesetzt, dem Regelungsinhalt des Art. 82 EG bereits (automatisch) hinreichend Rechnung getragen wird.

20 Dem europäischen Gesetzgeber scheint vielmehr eine andere Lösung vorgeschwebt zu haben: Wenn man den nationalen Regulierungsbehörden in ihrem Bereich – Regulierung des Netzbetreiberverhaltens – zusätzlich das Instrument des Art. 82 EG zur Verfügung stellt, ist dessen Anwendung sichergestellt, ohne Zuständigkeitenkollisionen auszulösen. Die in § 111 Abs. 2 vorgesehene Verdrängung des Art. 82 EG verstößt deshalb möglicherweise gegen höherrangiges Recht und ist nicht wirksam.

2. Relevanz von NZE

Die Verfahren der Kartellbehörden müssen **Preise von EVU** betreffen, die im Hinblick auf die Belieferung von Letztverbrauchern gefordert werden. Wer – etwa als Netzbetreiber – Letztverbraucher nicht selbst beliefert, unterfällt daher Abs. 3 von vornherein (überraschenderweise) nicht. Auf die Beschwerde eines Verteilernetzbetreibers, sein ihm vorgelagerter Übertragungsnetzbetreiber stelle zu hohe NZE in Rechnung, die er bei Wirksamkeit dieser Preise seinen Kunden weiter zu belasten habe (vgl. § 23a Abs. 2 Satz 2), könnte also die Kartellbehörde ohne weiteres tätig werden.

21

Soweit Preise bei Belieferung von Letztverbrauchern betroffen sind, muss zu deren Bestandteilen ein **NZE im Sinne von § 20 Abs. 1** gehören (sog. all inclusive-Preise). Dies gilt unabhängig davon, ob diese Preisbestandteile im Lieferpreis ausgewiesen sind (tatsächlicher Bestandteil) oder verdeckt enthalten sind (kalkulatorischer Bestandteil).

22

3. Veröffentlichung des NZE

Weitere Voraussetzung des Abs. 3 ist es, dass dieses Netzzugangsentgelt vom Netzbetreiber **veröffentlicht** worden ist. Fehlt es an einer solchen Veröffentlichung, tritt die Bindungswirkung des § 111 Abs. 3 an dieses NZE von vornherein nicht ein.

23

4. Nichtvorliegen einer wirksamen Entscheidung

Der letzte Satzteil des § 111 Abs. 3 formuliert eine **Negativvoraussetzung**. Die Rechtsfolge des Abs. 3 soll nämlich dann nicht eintreten, wenn eine **andere Netzentgelthöhe** durch wirksame Entscheidung der Regulierungsbehörde oder eines dazu berufenen Gerichts festgestellt worden ist.

24

Diese »wirksamen Endentscheidungen« umfassen:

25

– sofort vollziehbare Entscheidungen der Regulierungsbehörde

– bestandskräftige Entscheidungen der Regulierungsbehörde

– rechtskräftiges Urteil

Zu vergleichen sind also die Höhe des veröffentlichten Entgelts, das in dem Verfahren der Kartellbehörde wegen Energielieferentgelten relevant ist, mit zu diesem Entgelt ergangenen (wirksamen) Entscheidun-

26

gen. Ist eine Abweichung festzustellen, tritt die Rechtsfolge des Abs. 3 nicht ein, was letztlich bedeutet, dass im Hinblick auf den Grundsatz der **Einheit der Rechtsordnung** die Kartellbehörden die abschließend ergangene Entscheidung gleichwohl respektieren werden. Nur dieser Grundsatz und nicht § 111 Abs. 3 bindet dann die Kartellbehörden (ultra vires-Lehre).

27 Ausreichend ist eine sofort vollziehbare (abweichende) NZE-Entscheidung. Da die Beschwerde gegen regulierungsbehördliche Entscheidungen nach § 76 Abs. 1 grundsätzlich keine aufschiebende Wirkung hat, wird dies den Regelfall nach Entscheidung etwa über die Genehmigung des NZE bilden. Die Bindung der Kartellbehörden tritt also bereits nach Zustellung der Genehmigungsentscheidung nach § 23a ein.

28 Gleichgestellt sind bestandskräftige Entscheidungen der Regulierungsbehörden; hier ist der Verwaltungsakt bereits wirksam geworden (§ 43 VwVfG), ist nicht nichtig (§ 44 VwVfG), auch nicht widerrufen/zurückgenommen (§§ 48, 49 VwVfG) und nicht mit der Beschwerde angegriffen worden. Auch einen solchen Verwaltungsakt werden die Kartellbehörden ohne weiteres respektieren, so dass die Anordnung einer zusätzlichen Bindungswirkung, wie sie § 111 Abs. 3 vorsieht, nicht als erforderlich erscheint. Gleichgestellt sind auch **rechtskräftige Urteile**, die mit Rechtsmitteln nicht mehr angreifbar sind.

5. Rechtsfolge: Bindungswirkung

29 Liegen die drei beschriebenen Voraussetzungen des § 111 Abs. 3 vor und ist keine der drei Ausnahmevoraussetzungen (oben Rz. 24 ff.) einschlägig, so beschreibt § 111 Abs. 3 die Rechtsfolge mit **sind ... als rechtmäßig zugrunde zu legen**. Unabhängig davon, ob es sich damit um eine gesetzgeberische Entscheidung zur Rechtmäßigkeit oder um die Fiktion eines rechtmäßigen NZE nach Veröffentlichung handelt, werden mit dieser Rechtsfolge die Kartellbehörden verpflichtet, diese veröffentlichten NZE (einstweilen) zu beachten. Diese Rechtsfolge wird hier als **Bindungswirkung** – Bindung der Kartellbehörden an die veröffentlichten NZE – bezeichnet.

30 Von der Reichweite dieser Bindung sind in sachlicher Hinsicht **nur NZE** im Sinne der §§ 20 ff. umfasst, nicht aber Netzanschlussentgelte (§§ 17 ff.). Sind letztere veröffentlicht worden, werden die Kartellbe-

III. Rechtmäßigkeit veröffentlichter Netzzugangsentgelte (Abs. 3)

hörden allenfalls durch § 111 Abs. 1 in Verbindung mit Abs. 2 (abschließende Regelung) gehindert, hierauf Missbrauchsentscheidungen zu stützen. Da die Kartellbehörden dazu berufen sind, außerhalb des regulierungsbehördlichen Bereichs (Netzbetreiberverhalten) uneingeschränkt tätig zu werden (§ 111 Abs. 1 Satz 2), dürfen sie Lieferentgelte also auch daraufhin überprüfen, ob sie unangemessene Netzanschlussentgelte im Sinne der §§ 17 ff. enthalten (z. B. auf den gesamten Lieferzeitraum umgelegte Baukostenzuschüsse).

Allerdings dürfen sie als Prüfungsmaßstab nicht die §§ 19, 20 GWB heranziehen, weil die §§ 17 ff. Bestandteil des Teiles 3 des EnWG sind und damit zu den abschließenden Regelungen (§ 111 Abs. 2) gehören; nachdem jedoch der BGH im Februar 2006 im Hinblick auf Netzentgelte § 315 BGB als Kontrollmaßstab angewendet hat[6], kann den Behörden die Heranziehung dieses Maßstabs jedenfalls nicht im Hinblick auf § 111 verwehrt werden. Allerdings ist darauf zu verweisen, dass die Kartellbehörden nach § 32 das GWB und nach europäischem Recht die Art. 81, 82 EG anzuwenden haben, nicht aber dazu berufen sind, Unternehmen auf die Einhaltung des BGB hin zu kontrollieren. 31

Die Entscheidung zeigt, dass angesichts der Maßstabsvielfalt der Missbrauchsaufsicht die Regelung des § 111 Abs. 3 kaum ausreichen dürfte, um eine rechtssichere Zuständigkeitsabgrenzung auf der Basis des materiellen Recht zu erreichen; vielmehr empfiehlt sich eine Abgrenzung auf der Kompetenzebene, so dass die Regulierungsbehörde allein zur Kontrolle von NZE berufen sein sollte, wobei dann alle rechtlich dafür vorgesehenen Maßstäbe eingesetzt werden könnten. 32

Die **Bindungswirkung des § 111 Abs. 3 endet**, wenn wirksame anderweitige Entscheidungen der Regulierungsbehörde/eines Gerichts vorliegen. Auf die Ausnahmevoraussetzungen oben 3. IV. wird verwiesen[7]. Liegt eine derartige Ausnahmegenehmigung vor, bedeutet dies aber nicht, dass die Kartellbehörden nunmehr uneingeschränkt Missbrauchsverfahren einleiten und dabei auch NZE überprüfen dürfen. Vielmehr geht der Gesetzgeber offenbar davon aus, dass die regulierungsbehördliche **Endentscheidung bzw. das rechtskräftige Urteil ohnehin von den Kartellbehörden zu beachten sind**, also das so endgültig festgesetzte NZE als rechtmäßig auch derartigen Verfahren zugrunde gelegt werden wird. Die Erfahrungen der Vergangenheit bei 33

---

6 RdE 2006, Heft 5.
7 Oben § 111 Rz. 24 ff.

der Abgrenzung zwischen Energiepreisaufsicht und kartellbehördlicher Missbrauchsaufsicht lassen aber insofern Skepsis aufkommen: Weder die Kartellbehörden noch die Gerichte haben Entscheidungen in Bereichen gescheut, denen abschließend durch die Energiepreisbehörde genehmigte Entgelte zugrunde lagen[8].

---

8 Vgl. allein BGHZ 59, 42 – Stromtarif; Nachweise zur Literatur zur Entscheidung des früheren Konkurrenzproblems bei *Franke*, Präventive Strompreisaufsicht nach dem EnWG, in: *Schneider/Theobald*, HB EnWR, § 16 Rz. 2, FN 3 und 5.

Teil 10 Evaluierung, Schlussvorschriften

Vorbemerkungen zu §§ 112 bis 118

Die §§ 112 ff. haben insbesondere die Aufgabe, einen **gleitenden Übergang** zwischen altem und neuen Recht sicherzustellen. Zugleich werden die europäischen Vorgaben zum Berichtswesen umgesetzt, §§ 112, 112a. Die Konzessionsabgabenregelung für die Wasserversorgung (§ 117) bildet im EnWG einen Fremdkörper.

§ 112 Evaluierungsbericht

[1]Die Bundesregierung hat den gesetzgebenden Körperschaften bis zum 1. Juli 2007 einen Bericht über die Erfahrungen und Ergebnisse mit der Regulierung vorzulegen (Evaluierungsbericht). [2]Sofern sich aus dem Bericht die Notwendigkeit von gesetzgeberischen Maßnahmen ergibt, soll die Bundesregierung einen Vorschlag machen. [3]Der Bericht soll insbesondere

1. Vorschläge für Methoden der Netzregulierung enthalten, die Anreize zur Steigerung der Effizienz des Netzbetriebs setzen,

2. Auswirkungen der Regelungen dieses Gesetzes auf die Umweltverträglichkeit der Energieversorgung darlegen,

3. Auswirkungen der Netzregulierung sowie der Regelungen nach Teil 4 auf die Letztverbraucher untersuchen,

4. eine Prüfung beinhalten, ob für die Planung des Verteilernetzausbaus die Aufnahme einer Ermächtigung zum Erlass einer Rechtsverordnung notwendig wird um sicherzustellen, dass nachfragesteuernde und effizienzsteigernde Maßnahmen angemessen beachtet werden,

5. die Bedingungen der Beschaffung und des Einsatzes von Ausgleichsenergie darstellen sowie gegebenenfalls Vorschläge zur Verbesserung des Beschaffungsverfahrens, insbesondere der gemeinsamen regelzonenübergreifenden Ausschreibung, und zu einer möglichen Zusammenarbeit der Betreiber von Übertragungsnetzen zur weiteren Verringerung des Aufwandes für Regelenergie machen,

6. die Möglichkeit der Einführung eines einheitlichen Marktgebietes bei Gasversorgungsnetzen erörtern und Vorschläge zur Entwicklung eines netzübergreifenden Regelzonenmodells bei Elektrizitätsversorgungsnetzen prüfen sowie

7. den Wettbewerb bei Gasspeichern und die Netzzugangsbedingungen für Anlagen zur Erzeugung von Biogas prüfen.

§ 112 Evaluierungsbericht

Überblick	Seite	Rz.
I. Regelungszweck und Entstehungsgeschichte	1532	1
II. Evaluierungsbericht, Frist und Gesetzesvorschlag (Satz 1 und 2)	1532	2
III. Einzelheiten des Evaluierungsberichts (Satz 3)	1533	4

I. Regelungszweck und Entstehungsgeschichte

1 § 112 dient dazu, die gesetzgebenden Körperschaften mit den Erfahrungen bei den Anwendungen des EnWG einschließlich der Netzregulierung vertraut zu machen. Dazu ist bis zum **1.7.2007** ein **Evaluierungsbericht** vorzulegen, für den **Satz 3** der Regelung Einzelheiten vorgibt. Nach der Gesetzesbegründung[1] soll dieser Bericht die **Grundlage** für eine umfassende Überprüfung der neuen regulativen Vorgaben dieses Gesetzes bilden. Die Vorschrift ist im Verhältnis zum Regierungsentwurf vom Wirtschaftsausschuss[2] in Nr. 7 des Satzes 3 und vom Vermittlungsausschuss[3] in Nr. 5 des Satzes 3 ergänzt worden.

II. Evaluierungsbericht, Frist und Gesetzesvorschlag (Satz 1 und 2)

2 Regelungsadressat ist die **Bundesregierung**. Ihr wird eine Frist zum 1.7.2007 gesetzt, um nach knapp zweijähriger Erfahrung mit dem EnWG den **Evaluierungsbericht** vorzulegen. Dieser muss über Erfahrungen und Ergebnisse mit der Regulierung unterrichten. Der Evaluierungsbericht ist innerhalb der Frist den **gesetzgebenden Körperschaften** und damit Bundestag und Bundesrat zuzuleiten.

3 Nach **Satz 2** ist der Evaluierungsbericht bereits mit gesetzgeberischen Vorschlägen zu verbinden, wenn diese aufgrund der Ergebnisse und Erfahrungen notwendig sein sollten. Offenbar ist es Ziel dieser Gesetzgebung, wegen des Betretens von Neuland (Einführung des Rechts der Regulierung in der Energiewirtschaft) einen potenziellen Reformbedarf möglichst schnell aufzudecken und dann auch in der Gesetzgebungsvorarbeit umzusetzen. Der Gesetzgeber trägt damit

---

1 BT-DrS 15/3917, S. 75.
2 BT-DrS 15/5268, S. 83 mit Begründung S. 122.
3 BT-DrS 15/5736 (neu), S. 8 (Ziff. 39).

wohl Erfahrungen Rechnung, die er mit dem verzögerten praktischen Vollzug des EnWG 1998/2003 gemacht hat.

III. Einzelheiten des Evaluierungsberichts (Satz 3)

Der **Satz 3** legt **Mindestinhalte** dieses Berichts fest, ohne Satz 1 und 2 einzuschränken. Mit »insbesondere« wird gekennzeichnet, dass die Bundesregierung im Übrigen frei ist, darüber hinausgehende Untersuchungen anzustellen und über Ergebnisse/Erfahrungen mit dem EnWG zu berichten. 4

Zu den **Mindestinhalten** gehören: 5

- Vorschläge für Methoden der Netzregulierung (Anreize zur Effizienzsteigerung

- Auswirkungen der Regulierung auf die Umweltverträglichkeit

- Auswirkungen der Regulierung auf die Energieversorgung von Letztverbrauchern

- Planung des Verteilernetzausbaus: Notwendigkeit einer Verordnungsermächtigung in Bezug auf nachfragesteuernde und effizienzsteuernde Maßnahmen

- Beschaffung und Einsatz der Ausgleichsenergie (Bedingungen, Vorschläge zur Verbesserung, Regelzonen übergreifende Ausschreibung, Zusammenarbeit der ÜNB zwecks Aufwandsverringerung)

- Prüfung der Einführung eines einheitlichen Marktgebiets bei Gasversorgungsnetzen

- Vorschläge zur Entwicklung eines netzübergreifenden Regelzonenmodells bei Elektrizitätsversorgungsnetzen

- Untersuchung des Wettbewerbs bei Gasspeichern

- Prüfung der Netzzugangsbedingungen für Biogasanlagen

§ 112a Bericht der Bundesnetzagentur zur Einführung einer Anreizregulierung

(1) ¹Die Bundesnetzagentur hat der Bundesregierung bis zum 1. Juli 2006 einen Bericht zur Einführung der Anreizregulierung nach § 21a vorzulegen. ²Dieser Bericht hat ein Konzept zur Durchführung einer Anreizregulierung zu enthalten, das im Rahmen der gesetzlichen Vorgaben umsetzbar ist. ³Zur Vorbereitung und zur Erstellung des Berichts stehen der Bundesnetzagentur die Ermittlungsbefugnisse nach diesem Gesetz zu.

(2) ¹Die Bundesnetzagentur soll den Bericht unter Beteiligung der Länder, der Wissenschaft und der betroffenen Wirtschaftskreise erstellen sowie die internationalen Erfahrungen mit Anreizregulierungssystemen berücksichtigen. ²Sie gibt den betroffenen Wirtschaftskreisen nach der Erstellung eines Berichtsentwurfs Gelegenheit zur Stellungnahme; sie veröffentlicht die erhaltenen Stellungnahmen im Internet. ³Unterlagen der betroffenen Wirtschaftskreise zur Entwicklung einer Methodik der Anreizregulierung sowie der Stellungnahme nach Satz 2 sind von den Regelungen nach § 69 Abs. 1 Satz 1 Nr. 1 und 3 sowie Satz 2 ausgenommen.

(3) ¹Die Bundesnetzagentur hat der Bundesregierung zwei Jahre nach der erstmaligen Bestimmung von Netzzugangsentgelten im Wege einer Anreizregulierung nach § 21a einen Bericht über die Erfahrungen damit vorzulegen. ²Die Bundesregierung hat den Bericht binnen dreier Monate an den Deutschen Bundestag weiterzuleiten; sie kann ihm eine Stellungnahme hinzufügen.

Überblick	Seite	Rz.
I. Regelungszweck und Entstehungsgeschichte	1535	1
II. Bericht zur Einführung der Anreizregulierung (Abs. 1 und 2)	1536	4
III. Erfahrungsbericht zur Anreizregulierung (Abs. 3)	1538	10

§ 112a Bericht der Bundesnetzagentur

I. Regelungszweck und Entstehungsgeschichte

1 Die Vorschrift ist in Ergänzung von § 21a (Anreizregulierung) erst vom Wirtschaftsausschuss[1] in den Gesetzentwurf eingefügt und vom Vermittlungsausschuss noch ergänzt worden[2]. Bis zum 1.7.2006 besteht eine **Berichtspflicht der BNetzA** im Verhältnis zur Bundesregierung, die das **Konzept der Anreizregulierung** vorstellen soll. Ziel ist es, auf diese Weise die Rechtsverordnung vorzubereiten und schnell umzusetzen.

2 Eine zweite Berichtspflicht enthält **Abs. 3**: Dieser **Erfahrungsbericht zur Anreizregulierung** ist wiederum von der BNetzA der Bundesregierung vorzulegen, die ihn dann an den Bundestag mit einer Stellungnahme weiterleitet. Ein solcher Bericht kann aber erst ab etwa 2009/2010 erwartet werden, weil die Berichtspflicht erst zwei Jahre nach erstmaliger Bestimmung von NZE im Wege der Anreizregulierung entsteht.

3 Mit **Abs. 2** des § 112a soll eine umfassende Einbeziehung von beteiligten Verkehrskreisen, Wissenschaft und Bundesländern, einschließlich der Einbeziehung internationaler Erfahrungen, sichergestellt werden. Zum Zwecke des Meinungsaustausches wird der Bericht mit Stellungnahmen im Internet veröffentlicht werden.

II. Bericht zur Einführung der Anreizregulierung (Abs. 1 und 2)

4 Adressat der Berichtspflicht ist die **Bundesnetzagentur**, Berichtsgegenstand ein Konzept zur Einführung der Anreizregulierung. Mit dem 1.7.2006 ist eine sehr knappe Terminierung vorgenommen worden. Der Bericht ist der **Bundesregierung** vorzulegen und soll offenbar bereits einen umsetzungsfähigen Vorschlag für den Erlass einer Rechtsverordnung enthalten; ansonsten könnte die Bundesregierung nämlich nicht nach § 118 Abs. 5 **unverzüglich** den Entwurf der Rechtsverordnung (§ 21a Abs. 6) dem Parlament vorlegen. In der Begründung zu § 112a durch den Wirtschaftsausschuss heißt es[3]:

> »Die Regelung ergänzt § 21a und verpflichtet die Regulierungsbehörde, vor der Einführung der Anreizregulierung der Bundesre-

---

1 BT-DrS 15/5268, S. 83 f. und S. 122 Begründung.
2 BT-DrS 15/5736 (neu), S. 8 (Ziff. 40).
3 BT-DrS 15/5268, S. 122 f.

gierung einen Bericht vorzulegen, der das Konzept zur Durchführung der Anreizregulierung enthält. Zur Vorbereitung und Erstellung dieses Berichts stehen der Regulierungsbehörde alle nach diesem Gesetz vorgesehenen Ermittlungsmöglichkeiten zu. Die Regulierungsbehörde wird dadurch in die Lage versetzt, die für eine Entwicklung und Einführung der Anreizregulierung notwendigen Informationen zu erhalten.

Die Regulierungsbehörde soll bei der Erstellung des Berichts insbesondere die Wissenschaft und die betroffenen Wirtschaftskreise beteiligen und anschließend nach der Erstellung eines Berichtsentwurfs formal Gelegenheit zur Stellungnahme geben. Das Bundesministerium für Wirtschaft und Arbeit ist angesichts seiner Fachaufsicht über die Regulierungsbehörde ohnehin an der Erarbeitung des Konzepts der Anreizregulierung beteiligt.«

Der Detaillierungsgrad des Berichts bleibt der BNetzA überlassen. Auffällig ist in **Satz 3** die Zuweisung von Ermittlungsbefugnissen: Da keinerlei **Ermächtigungsgrundlage** für die Einleitung von Verfahren gegen Netzbetreiber ersichtlich ist (§ 66 Abs. 1) – die Anreizregulierung soll ja erst später eingeführt werden –, bestehen jedenfalls nach § 68 – außerhalb eines konkret nach § 66 Abs. 1 eingeleiteten Verfahrens – auch keine Ermittlungsmöglichkeiten. Mit Hilfe von Satz 3 ist es mangels Ermächtigungsgrundlage zur Verfahrenseinleitung auch nicht möglich, »verfahrenslose Ermittlungen« zu beginnen.

Entweder ist der Begriff in § 112a Abs. 1 Satz 3 unzutreffend gewählt oder aber dieser Begriff muss verfassungskonform ausgelegt werden. Da es zu den Aufgaben der Regulierungsbehörde gehört, ein Konzept zur Anreizregulierung im Sinne von § 21a zu entwickeln, wird man ihr jedenfalls einzelne in § 69 aufgeführten Befugnisse (insbesondere Auskunftsverlangen) nicht absprechen können. Durchsuchungen nach § 69 Abs. 4 sind aber ausgeschlossen; möglicherweise können zur Verifizierung von Auskünften Überprüfungen vorgenommen und dafür die Geschäftsräume betreten werden.

Zur **Konzeptentwicklung** wird sich die Regulierungsbehörde insbesondere auf § 35 (Monitoring) stützen, wo § 21a zwar nicht explizit aufgeführt ist, jedoch nach Abs. 1 Ziff. 4 ohnehin angemessene Informationen über Netznutzung und Kapazitätszuweisung abgefragt (sowie veröffentlicht) werden können und müssen. Auf § 21a hingegen vermag sich die Regulierungsbehörde bei der Entwicklung der

Anreizregulierung nicht zu stützen, weil die erst zu erlassenden Rechtsverordnungen noch nicht in Kraft getreten sind. Eine § 32e GWB entsprechende Norm, die die Untersuchung des gesamten Wirtschaftszweiges ermöglichen würde (Sektorenuntersuchung), enthält das EnWG nicht (vgl. aber § 35).

8 Der breiten Absicherung dient **Abs. 2** des § 112a. Nach dessen Satz 1 sollen bereits Erfahrungen der Länder, der Wissenschaft und der betroffenen Wirtschaftskreise sowie internationale Erfahrungen in den Bericht einfließen. Sodann ist nach Satz 2 ein **Berichtsentwurf** mit der Aufforderung zur Stellungnahme den betroffenen Wirtschaftskreisen zuzuleiten; die Veröffentlichung im www erfolgt dann unter Einschluss dieser Stellungnahmen.

9 **Satz 3** des § 112a Abs. 2 dient dazu, die Ermächtigung der Regulierungsbehörde zu Auskunft und Überprüfung (§ 69 Abs. 1 Satz 1 Ziff. 1 und 3) einzuschränken: **Unterlagen der betroffenen Wirtschaftskreise**, soweit sie der **Entwicklung einer Methodik der Anreizregulierung** sowie die beschriebenen Stellungnahmen betreffen, sind von den oben zitierten Bestimmungen des § 69 Abs. 1 Satz 1 befreit. Weder können solche auf die Entwicklung der Anreizregulierung bezogenen Unterlagen herauszugeben verlangt noch innerhalb der üblichen Geschäftszeiten eingesehen und überprüft werden. Die Netzbetreiber sollen also frei sein, diesbezügliche Überlegungen anzustellen und ggf. der BNetzA zu übermitteln; werden solche Überlegungen angestellt, dann aber nicht an die Regulierungsbehörde weitergeleitet, darf diese freie Entscheidung des Netzbetreibers nicht unter Rückgriff auf § 69 Abs. 1 Satz 1 konterkariert werden.

III. Erfahrungsbericht zur Anreizregulierung (Abs. 3)

10 Ist die Anreizregulierung eingeführt und sind erstmals Regulierungsperioden, Obergrenzen oder Gesamterlöse aus NZE einzeln oder allen Netzbetreibern vorgegeben worden, ist ein zweijähriger Erfahrungszeitraum abzuwarten, **Satz 1**. Erst in den Jahren 2009/2010 kann deshalb mit einem Erfahrungsbericht der BNetzA gerechnet werden. Dazu heißt es in der Gesetzesbegründung[4]:

> »Zwei Jahre nach der erstmaligen Bestimmung von Netzzugangsentgelten im Wege der Anreizregulierung hat die Regulierungsbe-

---

4 Wirtschaftsausschuss, BT-DrS 15/5268, S. 122, 123.

III. Erfahrungsbericht zur Anreizregulierung (Abs. 3)

hörde der Bundesregierung einen Bericht über die Erfahrungen vorzulegen, den die Bundesregierung binnen drei Monaten an den deutschen Bundestag weiterleitet. Diese Regelung dient der Überprüfung des Anreizregulierungskonzepts durch den Gesetzgeber.«

Diesen Bericht kann die Bundesregierung mit einer Stellungnahme versehen; obligatorisch ist die entsprechende Unterrichtung des Bundestages innerhalb von drei Monaten, § 112a Abs. 3 **Satz 2**. Es mag allerdings bezweifelt werden, ob innerhalb einer so kurzen Frist bereits genügend Erfahrungen mit dieser besonderen Form der Regulierung gesammelt sein werden, wenn die Regulierungsperioden zwischen zwei und fünf Jahren betragen (§ 21a Abs. 3 Satz 1).

§ 113 Laufende Wegenutzungsverträge

Laufende Wegenutzungsverträge, einschließlich der vereinbarten Konzessionsabgaben, bleiben unbeschadet ihrer Änderung durch die §§ 36, 46 und 48 im Übrigen unberührt.

Überblick	Seite	Rz.
I. Regelungszweck und Entstehungsgeschichte	1541	1
II. Begriff des laufenden Wegenutzungsvertrages	1541	3
III. Auswirkungen des neuen Rechts auf diese Verträge.....	1542	5

I. Regelungszweck und Entstehungsgeschichte

Wegenutzungsverträge nach § 46, der die Rechtslage nach § 13 EnWG 1998 nur teilweise geändert hat, haben eine häufig lange Laufzeit, die bei den sog. Konzessionsverträgen (§ 26 Abs. 2) allerdings 20 Jahre nicht überschreiten darf. Angesichts dieser Langfristigkeit will sich der Gesetzgeber eines ändernden Eingriffs in solche Verträge enthalten; weder ist eine vorzeitige Auflösung noch eine Pflicht zur Änderung dieser Verträge in § 113 vorgesehen. Diese Verträge verbleiben vielmehr **unberührt**, müssen aber die ausdrücklich aufgeführten §§ 36, 46 und 48 des neuen Rechts respektieren. Zu Recht betont die Gesetzesbegründung, dass die Vorschrift lediglich **deklaratorischen Charakter** aufweist[1], so dass ihr Inhalt ohnehin gelten würde.

Vorbild ist Art. 4 § 1 des (Ersten) Neuregelungsgesetzes[2]. Bereits nach dieser Vorschrift blieben »laufende Konzessionsverträge« unberührt, mussten aber den Wegfall der Ausschließlichkeit, so wie ihn bereits § 13 EnWG 1998 angeordnet hatte, respektieren.

II. Begriff des laufenden Wegenutzungsvertrages

Unter **Wegenutzungsverträgen** sind alle in § 46 genannten Verträge zu verstehen[3]. Dies betrifft zum einen die einfachen Wegenutzungsverträge, die zwar der Letztverbraucherversorgung dienen, aber nicht

---

1 BT-DrS 15/3917, S. 75.
2 Vom 24.4.1998, BGBl. I S. 730.
3 Vgl. oben § 46 Rz. 11 ff. und Rz. 97 ff.

einem Netz der allgemeinen Versorgung angehören (§ 46 Abs. 1). Ebenso werden von diesem Begriff die Konzessionsverträge im engeren Sinne erfasst (§ 46 Abs. 2), deren Kennzeichnung die Nutzung öffentlicher Verkehrswege für Zwecke der allgemeinen Versorgung ist. Weil nach § 48 unter Berücksichtigung der Höchstpreise der KAV **Konzessionsabgaben** durch die Gemeinden verlangt werden dürfen, sind derartige Vereinbarungen fester Bestandteil solcher Verträge; die Weitergeltung dieser Vereinbarungen wird in § 113 ausdrücklich erwähnt.

4 Ein **laufender** Wegenutzungsvertrag liegt vor, wenn zum Zeitpunkt des Inkrafttretens des EnWG 2005 (13.7.2005) ein solcher Vertrag rechtswirksam gewesen ist. Dieser Vertrag muss also bereits in Kraft getreten, darf aber noch nicht beendet worden sein. Ist ein Konzessionsvertrag beispielsweise am 12.7.2005 ausgelaufen, so ist er bereits am 13.7.2005 nicht mehr wirksam gewesen, so dass es sich nicht mehr um einen »laufenden Wegenutzungsvertrag« gehandelt hat. Das neue Recht wirkt sich auf einen solchen Vertrag also nicht mehr aus.

III. Auswirkungen des neuen Rechts auf diese Verträge

5 Unmittelbare Rechtsfolge des § 113 ist es (deklaratorisch), dass diese Verträge **wie vereinbart weitergelten**. Weder kann eine Partei aus Anlass des neuen Rechts einen solchen Vertrag kündigen noch kann (einseitig) Aufhebung beansprucht werden. Der Vertrag ist auch nicht kraft gesetzlicher Vorschrift beendet worden. Allerdings ist zu prüfen, ob wegen des neuen Rechts (insbesondere §§ 36, 46 und 48) einzelne Regelungen dieses Vertrages außer Kraft getreten sind, modifiziert oder Vertragslücken ausgefüllt werden müssen. Dazu sind die allgemeinen Regeln des Zivilrechts heranzuziehen; soweit mit Hilfe einer ergänzenden Vertragsauslegung eine zweckentsprechende Berücksichtigung des neuen Rechts nicht erfolgen kann, muss mit Hilfe des Rechtsinstituts vom Wegfall der Geschäftsgrundlage (§ 313 BGB) eine Anpassung an die geänderte gesetzliche Lage erfolgen.

6 Netzbetreiber haben sich in der Vergangenheit häufig gegenüber der Gemeinde verpflichtet, alle Einwohner mit Energie (Strom oder Gas) leitungsgebunden zu versorgen. Diese Pflicht wird nunmehr durch § 36 (**Grundversorgungspflicht**) überlagert; nicht mehr die Netzbetreiber, sondern das EVU mit den meisten Haushaltskunden im Netzgebiet der allgemeinen Versorgung (§ 36 Abs. 2 Satz 1) hat die

Grundversorgungspflicht übernommen. Insbesondere wenn die Stellung als Stromlieferant/Stromhändler und die als Netzbetreiber aufgrund rechtlicher Entflechtung (§ 7) auseinanderfallen, trifft den Netzbetreiber und Konzessionsvertragspartner keine (auch nicht subsidiäre) Versorgungspflicht.

Zwar verstößt eine solche Netzbetreiberverpflichtung nicht gegen ein gesetzliches Verbot; weil aber mit § 36 eine anderweitige Regelung eingeführt wurde, ist die vertraglich übernommene Versorgungspflicht eines Netzbetreibers nunmehr obsolet. Die Vertragsparteien können entweder die entsprechende Verpflichtung unter Hinweis auf die wesentliche Änderung der Rechtslage einverständlich aufheben oder aber keine rechtlichen Schritte unternehmen; im letzteren Falle kann bei Bedarf unter Hinweis auf § 113 die Nichtvalidierung im Prozess vorgetragen werden.

Die Parteien werden zusätzlich überprüfen, ob sich durch die §§ 46 und 48 EnWG 2005 eine Neufassung des Wegenutzungsvertrages ergeben hat. Beispielsweise können **Endschaftsklauseln** auf den neuen Gesetzeswortlaut (§ 46 Abs. 2 Satz 2) umgestellt werden. Auch der neu gefasste § 46 Abs. 3 (Veröffentlichung des Ablaufs von Konzessionsverträgen und Verfahren zur Verlängerung) kann Modifikationen erforderlich machen, zumal es sich insofern um zwingendes Recht handelt, von dem nicht abgewichen werden darf. **Entgegenstehende Vertragsklauseln** treten außer Kraft; eine Anwendung des § 134 BGB (Nichtigkeit entgegenstehender Vereinbarungen) kommt hier in Betracht.

Eine **Anpassung** des laufenden Wegenutzungsvertrages im Hinblick auf den neuen § 48 kommt zum einen in Bezug auf die in der KAV erfolgten Änderungen in Betracht[4]. Auch die Neueinfügung des Satzes 2 in § 48 Abs. 1 ist zu berücksichtigen. Im Übrigen gelten diese Verträge – Rechtsfolge des § 113 – unverändert fort.

---

4 Zweites Neuregelungsgesetz v. 7.7.2005, Art. 3 Abs. 40, S. 1978, 2015.

§ 114 Wirksamwerden der Entflechtungsbestimmungen

¹Auf Rechnungslegung und interne Buchführung findet § 10 erstmals zu Beginn des jeweils ersten vollständigen Geschäftsjahres nach Inkrafttreten dieses Gesetzes Anwendung. ²Bis dahin sind die §§ 9 und 9a des Energiewirtschaftsgesetzes vom 24. April 1998, das zuletzt durch Artikel 1 des Gesetzes vom 20. Mai 2003 (BGBl. I S. 686) geändert worden ist, weiter anzuwenden.

Überblick	Seite	Rz.
I. Regelungszweck und Entstehungsgeschichte	1545	1
II. Inkrafttreten des § 10 (Satz 1)	1545	2
III. Weitere Anwendung des alten Rechts (Satz 2)	1546	3

I. Regelungszweck und Entstehungsgeschichte

Ursprünglich bestand § 114, der die buchhalterische Entflechtung des § 10 betrifft, aus zwei Absätzen. Während Abs. 2 das heute in Satz 1 aufgeführte Inkrafttreten des § 10 festlegte, sah Abs. 1 des § 114 in der Entwurfsfassung eine auf den 30.6.2005 befristete Berichtspflicht mit dem Ziel vor, für Verteilernetzbetreiber einen Freistellungsanspruch bei der EG-Kommission stellen zu können. Wegen Fristablaufs hat der Wirtschaftsausschuss Abs. 1 gestrichen[1]. Der klarstellende Satz 2 (Weiteranwendung des alten Rechts) stammt ebenfalls wie die Umformulierung des Satzes 1 vom Wirtschaftsausschuss.

II. Inkrafttreten des § 10 (Satz 1)

Schon im alten Recht hatte das übergangslose Inkrafttreten des damaligen § 9 erhebliche Schwierigkeiten bereitet, weil EVU nicht in der Lage sind, ihre gesamte Rechnungslegung während des laufenden Geschäftsjahres umzustellen, zumal ein Wechsel von Methoden der Rechtsnormauslegung regelmäßig dem Rechnungslegungszweck widersprechen wird. Deshalb enthält Satz 1 eine **Übergangsvorschrift**: Soweit § 10 **Rechnungslegung** sowie **interne Buchführung** (seg-

---

1 BT-DrS 15/5268, S. 84 mit Begründung S. 123.

mentierte Rechnungslegung) betrifft, ist § 10 erst anzuwenden, wenn das **neue Geschäftsjahr beginnt**. Weil Geschäftsjahre von GasVU häufig am 1.10. beginnen, ist bei jenen Unternehmen § 10 bereits am 1.10.2005 wirksam geworden; soweit insbesondere EltVU ihr Geschäftsjahr am Kalender orientieren, ist bei diesen Unternehmen § 10 ab 1.1.2006 zu beachten. Wegen der Einzelheiten wird auf die obigen Erläuterungen verwiesen[2].

III. Weitere Anwendung des alten Rechts (Satz 2)

3 Weil durch Art. 5 Abs. 2 Ziff. 1 des Zweiten Neuregelungsgesetzes[3] das EnWG 1998 in der zuletzt geänderten Fassung **insgesamt aufgehoben** wurde, wären ohne die Einfügung des Satzes 2 die bis dahin geltenden alten Vorschriften zur Rechnungslegung (§§ 9, 9a EnWG 1998/2003) nicht mehr anwendbar gewesen. Dies hätte während einer kurzen Übergangsperiode zu erheblicher Rechtsunsicherheit geführt.

4 Mit Satz 2 sorgt der Gesetzgeber dafür, dass trotz Aufhebung des alten Rechts die genannten Vorschriften **weiter anzuwenden** sind. Bis zum Ende des laufenden Geschäftsjahres haben deshalb EltVU sowie GasVU das alte Recht der Rechnungslegung fortzuführen. Den Rechnungslegungszwecken wird auf diese Weise am besten gedient.

---

2 § 10 Rz. 5 ff.
3 Vom 7.7.2005, BGBl. I S. 1978, 2017 f.

§ 115 Bestehende Verträge

(1) ¹Bestehende Verträge über den Netzanschluss an und den Netzzugang zu den Energieversorgungsnetzen mit einer Laufzeit bis zum Ablauf von sechs Monaten nach Inkrafttreten dieses Gesetzes bleiben unberührt. ²Verträge mit einer längeren Laufzeit sind spätestens sechs Monate nach Inkrafttreten einer zu diesem Gesetz nach den §§ 17, 18 oder 24 erlassenen Rechtsverordnung an die jeweils entsprechenden Vorschriften dieses Gesetzes und die jeweilige Rechtsverordnung nach Maßgabe dieser Rechtsverordnung anzupassen, soweit eine Vertragspartei dies verlangt. ³§ 20 Abs. 1 des Gesetzes gegen Wettbewerbsbeschränkungen findet nach Maßgabe des § 111 Anwendung.

(1 a) Abweichend von Absatz 1 Satz 2 sind die dort genannten Verträge hinsichtlich der Entgelte, soweit diese nach § 23a zu genehmigen sind, unabhängig von einem Verlangen einer Vertragspartei anzupassen.

(2) ¹Bestehende Verträge über die Belieferung von Letztverbrauchern mit Energie im Rahmen der bis zum Inkrafttreten dieses Gesetzes bestehenden allgemeinen Versorgungspflicht mit einer Laufzeit bis zum Ablauf von sechs Monaten nach Inkrafttreten dieses Gesetzes bleiben unberührt. ²Bis dahin gelten die Voraussetzungen des § 310 Abs. 2 des Bürgerlichen Gesetzbuchs als erfüllt, sofern die bestehenden Verträge im Zeitpunkt des Inkrafttretens dieses Gesetzes diese Voraussetzungen erfüllt haben. ³Verträge mit einer längeren Laufzeit sind spätestens sechs Monate nach Inkrafttreten einer zu diesem Gesetz nach den §§ 39 oder 41 erlassenen Rechtsverordnung an die jeweils entsprechenden Vorschriften dieses Gesetzes und die jeweilige Rechtsverordnung nach Maßgabe dieser Rechtsverordnung anzupassen.

(3) ¹Bestehende Verträge über die Belieferung von Haushaltskunden mit Energie außerhalb der bis zum Inkrafttreten dieses Gesetzes bestehenden allgemeinen Versorgungspflicht mit einer Restlaufzeit von zwölf Monaten nach Inkrafttreten dieses Gesetzes bleiben unberührt. ²Bis dahin gelten die Voraussetzungen des § 310 Abs. 2 des Bürgerlichen Gesetzbuchs als erfüllt, sofern die bestehenden Verträge im Zeitpunkt des Inkrafttretens dieses Gesetzes diese Voraussetzungen erfüllt haben. ³Verträge mit einer längeren

§ 115 Bestehende Verträge

Laufzeit sind spätestens zwölf Monate nach Inkrafttreten einer zu diesem Gesetz nach den §§ 39 oder 41 erlassenen Rechtsverordnung an die entsprechenden Vorschriften dieses Gesetzes und die jeweilige Rechtsverordnung nach Maßgabe dieser Rechtsverordnung anzupassen. ⁴Sonstige bestehende Lieferverträge bleiben im Übrigen unberührt.

Überblick		Seite	Rz.
I.	Regelungszweck und Entstehungsgeschichte	1548	1
II.	Übergangsregelung für Netzanschluss- und Netzzugangsverträge (Abs. 1 und 1a)................	1549	4
	1. Netzverträge mit kurzen Restlaufzeiten (Satz 1).......	1550	6
	2. Netzverträge mit Restlaufzeit von mehr als sechs Monaten (Satz 2)	1551	7
	a) Inkrafttreten einer Rechtsverordnung nach §§ 17, 18 oder 24	1551	9
	b) Anpassungsverlangen...........................	1552	10
	3. Rechtsfolge..	1552	11
	4. Anwendung des Diskriminierungsverbotes (Satz 3)....	1554	16
III.	Anpassung von Lieferverträgen mit Letztverbrauchern (Abs. 2)	1555	19
	1. Anwendbarkeit	1555	20
	2. Belieferung im Rahmen des allgemeinen Versorgungspflicht...	1555	22
	3. Versorgungsverträge mit kurzer Restlaufzeit	1556	23
	4. Lieferverträge mit mehr als sechs Monaten Restlaufzeit (Satz 3)	1557	27
IV.	Stromlieferverträge mit Haushaltskunden außerhalb der allgemeinen Versorgungspflicht (Abs. 3)	1558	32
	1. Bestehende Energielieferverträge mit Haushaltskunden.	1558	33
	2. Außerhalb der allgemeinen Versorgungspflicht	1559	35
	3. Sonderverträge mit einer Restlaufzeit von 12 Monaten (Satz 1)	1559	36
	4. Haushaltskundenlieferverträge mit mehr als 12 Monaten Restlaufzeit (Satz 3)................................	1560	38
	5. Sonstige Lieferverträge (Satz 4)	1560	39

I. Regelungszweck und Entstehungsgeschichte

Weil die leitungsgebundene Energieversorgung mit Elektrizität und Gas regelmäßig mit Hilfe von **langfristigen Verträgen** verwirklicht wird, trifft das Inkrafttreten des Zweiten Neuregelungsgesetzes am 13.7.2005 auf eine vielfältig gestaltete Vertragslandschaft. Hier sind Übergangsregelungen erforderlich, die ein allmähliches Hinübergleiten in das neue Regelungssystem ermöglichen, zumal zahlreiche Rechtsverordnungen erst noch erlassen werden müssen und insbesondere die Allgemeinen Versorgungsbedingungen für Elektrizität und Gas übergangsweise weiterhin Gültigkeit haben (vgl. § 116 Satz 1).

Die Verwirklichung eines sanften Übergangs bildet den Regelungszweck der §§ 115, 116. Erfasst werden **Netzanschluss- sowie Netzzugangsverträge** (Abs. 1 und 1a), aber auch **Energielieferverträge** (Abs. 2 und 3 sowie § 116). In Bezug auf Energielieferverträge geht die Regelung vom allgemeinen zum speziellen, beginnend mit der Belieferung von Letztverbrauchern (§ 115 Abs. 2) über Lieferverträge mit Haushaltskunden (§ 115 Abs. 3) bis hin zu Tarifkundenverträgen (§ 116). Für die Auslegung bedeutet dies, dass die im Gesetz zunächst erfolgten Regelungen (ab § 115 Abs. 2) nur insoweit gelten, wie die nachfolgenden Regelungen (§ 115 Abs. 3 sowie § 116) keine speziellere Regelung enthalten.

Die Entwurfsfassung des § 115[1] ist während des Gesetzgebungsverfahrens geändert worden. Während die Modifikationen durch den Wirtschaftsausschuss[2] nur klarstellende Bedeutung hatten, hat der Vermittlungsausschuss in Bezug auf Netzanschluss- sowie Netzzugangsverträge einen neuen Abs. 1a eingefügt um klarzustellen, dass nach Genehmigung von Anschluss- und insbesondere Netzzugangsentgelten (§ 23a) eine automatische Anpassung der vereinbarten Ausgangsentgelte zu erfolgen hat.

II. Übergangsregelung für Netzanschluss- und Netzzugangsverträge (Abs. 1 und 1a)

Ziel der Abs. 1 und 1a des § 115 ist es, nur im Hinblick auf **genehmigte Entgelte** eine unmittelbare Anpassung von Netzanschluss- und

---

1 BT-DrS 15/3917, S. 38 mit Begründung S. 76.
2 BT-DrS 15/5268, S. 84 f. mit Begründung S. 123: »rechtsförmliche Berichtigung«.

Netzzugangsverträgen sicherzustellen. Im Übrigen soll das Vertrauen der Parteien in das Weiterbestehen der vereinbarten Vertragsbedingungen (einschließlich der vereinbarten Entgelte) übergangsweise solange geschützt werden, bis die solche Verträge erfassenden Rechtsverordnungen in Kraft getreten sind. Dabei muss mit jedem sukzessive erfolgten Inkrafttreten einer der in §§ 17, 18 oder 24 vorgesehenen Verordnungen eine Anpassung nur erfolgen, wenn **eine Vertragspartei dies verlangt** (Abs. 1 Satz 2). Für »Kurzläufer« (Restlaufzeit von sechs Monaten) ist gar keine Anpassung vorgesehen.

5 Die Abs. 1 und 1a betreffen ausschließlich **Verträge über den Netzanschluss und den Netzzugang zu den Energieversorgungsnetzen**. Dabei handelt es sich um Verträge nach den §§ 17 ff. sowie den §§ 20 ff. des Gesetzes. Werden derartige Verträge mit Stromlieferverträgen verbunden, so ist wie folgt zu unterscheiden: Ist eine selbständige Regelung zu Netzanschluss/Netzzugang (z. B. Abschluss eines Netznutzungsvertrages mit dem Netzbetreiber) getroffen, so sind die Abs. 1 und 1a anwendbar. Wird dagegen mit einem Stromhändler ein sog. All-Inclusive-Vertrag über die Stromlieferung abgeschlossen, wobei der Händler im eigenen oder im fremden Namen Netzanschluss und Netzzugang autonom mit den betroffenen Netzbetreibern regelt, so greift § 115 Abs. 1 und 1a nicht ein. Eine differenzierte Beurteilung ist im Hinblick auf Fallgestaltungen zu erwägen, die durch eine teilweise Übernahme von Verpflichtungen des mit Energie Belieferten etwa im Hinblick auf den Netzzugang gekennzeichnet sind. Wenn die Vereinbarung solcher Pflichten Bestandteil des Stromliefervertrages ist, wird man ein »Durchschlagen« des § 115 auf diesen Liefervertrag insofern in Rechnung stellen müssen. Insbesondere Tarif- und Haushaltskunden, die als Mieter keinen eigenen Netzanschluss nach § 18 benötigen, werden häufig von § 115 Abs. 1 und 1a nicht betroffen sein. Die Beachtung von § 42 Abs. 6 verwandelt einen Stromliefervertrag nicht in einen (partiellen) Netzvertrag.

1. Netzverträge mit kurzen Restlaufzeiten (Satz 1)

6 Liegt ein Netzzugangs- bzw. Netzanschlussvertrag im Sinne der §§ 20 ff. bzw. §§ 17 ff. vor (im Folgenden: **Netzvertrag**), so entfällt ein Änderungsbedarf nach § 115 Abs. 1 **Satz 1**, wenn eine **Restlaufzeit von sechs Monaten** festzustellen ist. Diese Restlaufzeit ist ab dem Tag »nach Inkrafttreten dieses Gesetzes« zu berechnen; da das EnWG am 13.7. in Kraft getreten ist, muss die Berechnung taggenau

ab 14.7. erfolgen. Ist also ein solcher Netzvertrag spätestens am **14.1.2006 abgelaufen,** bleibt dieser Vertrag vom Inkrafttreten des EnWG und dazu ergehender Rechtsverordnungen **unberührt.** Weder kann eine Vertragspartei einen solchen Vertrag unter Hinweis auf die neue Rechtslage kündigen, noch kann eine Anpassung verlangt werden (Rückschluss aus § 115 Abs. 1 Satz 2). Die Rechtsfolge »Unberührtbleiben« schließt die Unanwendbarkeit des Rechtsinstituts von der Störung der Geschäftsgrundlage (§ 313 BGB) ein. Endet ein solcher Vertrag nach dem 14.7.2005, wird Satz 1 durch § 115 Abs. 1 Satz 2 verdrängt.

2. Netzverträge mit Restlaufzeit von mehr als sechs Monaten (Satz 2)

Weist die restliche Laufzeit mehr als sechs Monate nach Inkrafttreten des EnWG auf, ist ausschließlich **Satz 2** anzuwenden. Der Gesetzgeber vermutet insofern unwiderleglich Anpassungsbedarf, stellt die Anpassung aber unter zwei Voraussetzungen: 7

– Inkrafttreten einer einschlägigen Rechtsverordnung

– Änderungsverlangen zumindest einer Vertragspartei

Rechtsfolge des § 115 Abs. 1 **Satz 2** ist dann die **Anpassung,** um eine gesetzes- und verordnungskonforme Gestaltung des Netzvertrages zu gewährleisten, quasi die Umsetzung »1 : 1«. 8

a) Inkrafttreten einer Rechtsverordnung nach §§ 17, 18 oder 24

Das Inkrafttreten einer jeden Rechtsverordnung nach **§ 17 Abs. 3, § 18 Abs. 3** oder **§ 24** löst ein potenzielles Anpassungsverlangen aus. Die Parteien sind dann berechtigt zu prüfen, ob Vertragslage und neue Rechtslage mehr als unerheblich voneinander abweichen. Sehen die Rechtsverordnungen zu den genannten Vorschriften eine Spanne möglicher Regelungen vor, so ist die erste Voraussetzung des § 115 Abs. 1 Satz 2 bereits dann erfüllt, wenn der Mittelwert der Spanne eine Abweichung zur vertraglichen Regelung beinhaltet. Das Inkrafttreten anderer Rechtsverordnungen mit nur mittelbaren Auswirkun- 9 gen auf Netzverträge wird nicht geregelt; insofern sind die allgemeinen Grundsätze anzuwenden[3].

b) Anpassungsverlangen

10 Die Anpassung erfolgt nicht automatisch, sondern nur **auf Verlangen einer Vertragspartei**. Verlangen beide Parteien die Anpassung, so tritt die Rechtsfolge des Satzes 2 ebenfalls ein. Eine Ausschlussfrist ist im Hinblick auf das Anpassungsverlangen nicht vorgesehen; insofern wird man die allgemeinen Vorschriften über die Verjährung von Ansprüchen analog auf dieses Gestaltungsrecht anwenden müssen (§§ 194 ff. BGB). Eingeschlossen sind die Rechtsnachfolger von Vertragsparteien, soweit sie selbst Vertragsparteien geworden sind.

3. Rechtsfolge

11 Rechtsfolge ist die **Anpassung des Netzvertrages**. Dabei ist unter Anpassung keinesfalls eine Neuverhandlung des Vertrages zu verstehen, und die in Satz 2 vorgeschriebene »1 : 1-Umsetzung« verbietet es auch, für besonders günstige bzw. für besonders ungünstige Netzverträge Sonderregeln im Sinne der Fortführung des früheren Verhandlungsergebnisses beizubehalten oder durchzusetzen.

12 Die Anpassung an das neue Recht kann bereits mit dem ersten Inkrafttreten einer der genannten Rechtsverordnungen verlangt werden; keinesfalls muss eine erst mit Inkrafttreten aller Verordnungen mögliche Gesamtregelung abgewartet werden. Sind Verordnungen bereits während der ersten sechs Monate nach Inkrafttreten des EnWG erlassen worden[4], kann Anpassung an diese Verordnungen nur in Bezug auf die Verträge nach § 115 Abs. 1 Satz 2 mit Wirkung **spätestens sechs Monate nach Inkrafttreten einer solchen Verordnung** beansprucht werden. Insofern handelt es sich nicht um eine Ausschlussfrist, die am 29.1.2006 in Bezug auf die am 29.7.2005 in Kraft getretenen Verordnungen bereits abgelaufen wäre, denn der Gesetzeswortlaut stellt auf das Wirksamwerden der Anpassung als Rechtsfolge und nicht auf das Anpassungsverlangen als Voraussetzung ab.

---

3 Störung der Geschäftsgrundlage oder (spezieller) Anwendung einer Anpassungs- oder Wirtschaftsklausel des Netzvertrages.
4 Inkrafttreten von StromNZV, StromNEV, GasNZV sowie GasNEV am 29.7.2005.

II. Übergangsregelung für Netzanschluss- und Netzzugangsverträge

Diese Frist ist auch dann zu beachten, wenn zum Zeitpunkt des Inkrafttretens des EnWG die Beendigung des Vertrages von einer zukünftigen Rechtshandlung einer Partei abhing (z. B. Kündigung), so dass damals noch nicht absehbar war, ob die Regelung nach Satz 1 oder Satz 2 eingreifen werden würde. Ist beispielsweise eine ordnungsgemäße Beendigung des Vertrages durch Kündigung zum 31.12.2005 erfolgt, hatte sich nur eine Restlaufzeit von weniger als sechs Monaten realisiert (Anwendbarkeit von Satz 1). Ist die Kündigung dagegen zum 31.1.2006 wirksam geworden, musste bis spätestens 29.1.2006 eine Anpassung nach Satz 2 erfolgen, um wenigstens noch für die (allerdings geringfügige) Restlaufzeit die Gesetzes- und Verordnungskonformität erreichen zu können.

13

Auf nach Fristablauf (Inkrafttreten der Verordnung plus sechs Monate) zugegangene Anpassungsverlangen ist Satz 2 des § 115 Abs. 1 nicht unmittelbar anwendbar. Daraus resultiert eine **Regelungslücke**, die mit Hilfe der allgemeinen Rechtsinstitute zu schließen ist. Weil die spezielle Anpassungsvorschrift den Übergang zum neuen Recht lediglich erleichtern und Vertrauensschutzaspekte berücksichtigen, nicht aber jegliche weiteren Anpassungsverlangen endgültig ausschließen will, sind diese allgemeinen Vorschriften nicht etwa gesperrt. Ein solches Ergebnis ließe sich auch mit Sinn und Zweck der Binnenmarktrichtlinien sowie dem sie umsetzenden neuen Recht nicht vereinbaren, weil der Gesetzgeber nicht beabsichtigt, bei Versäumen des Anpassungsverlangens die Parteien des Netzvertrages auf die Erfüllung des Vertrages nach altem Recht (Verbändevereinbarungen) endgültig und bis zum Ende der Vertragslaufzeit zu verpflichten. Schon das öffentliche Interesse an einer möglichst baldigen Umstellung der Netzverträge auf das neue Recht stünde einer solchen Auslegung entgegen.

14

Nach **Abs. 1a** bedarf es eines Anpassungsverlangens nicht, wenn **Entgelte nach § 23a** genehmigt worden sind. Mit Wirksamwerden dieser Genehmigung sind dann die betroffenen Netzverträge **automatisch** anzupassen. Mit dieser Vorschrift soll vermieden werden, dass ein weniger rechtskundiger Vertragspartner das Wirksamwerden der Genehmigung übersieht und deswegen benachteiligt wird. Im Wesentlichen dürfte Abs. 1a deklaratorische Bedeutung haben, weil die Genehmigungen nach § 23a **Höchstpreisgenehmigungen** darstellen, wobei das Überschreiten des höchst zulässigen Entgelts die teilweise Nichtigkeit eines solchen Rechtsgeschäfts nach § 134 BGB zur Folge

15

haben dürfte[5]. Soweit der Netzbetreiber aufgrund der NZE-Genehmigung berechtigt ist, höhere NZE als vertraglich vorgesehen zu beanspruchen, durchbricht Abs. 1a die Vertragsautonomie und erlaubt ihm auch dann eine Anpassung, wenn er – eine Verhandlungslösung vorausgesetzt – im Falle dieses Netzkunden das Höchstentgelt nicht ausgeschöpft hatte.

4. Anwendung des Diskriminierungsverbotes (Satz 3)

16 **Satz 3** des § 115 Abs. 1 verweist auf § 20 Abs. 1 GWB (Diskriminierungsverbot), allerdings nach Maßgabe des § 111. Da mit den §§ 17 ff. eine abschließende Regelung im Sinne einer speziellen Ausgestaltung des Diskriminierungsverbotes für Netzbetreiber erfolgt ist (§ 111 Abs. 1 und 2), ist in Bezug auf Netzverträge der Anwendungsbereich des § 20 Abs. 1 GWB eigentlich nicht mehr eröffnet. Deshalb kommt die Anwendung des § 20 Abs. 1 GWB nur dann in Betracht, wenn in einem All-Inclusive-Energieliefervertrag bestimmte NZE als Berechnungsgrundlage enthalten sind und die Regulierungsbehörde nach § 23a ein niedrigeres NZE als das vertraglich kalkulierte genehmigt.

17 Weil **auf einen solchen Energieliefervertrag § 115 Abs. 1 unanwendbar** ist (Regelung ausschließlich von Netzverträgen), vermag die Kartellbehörde einen solchen Vertrag nach § 20 Abs. 1 in Verbindung mit § 111 zu überprüfen, wobei dann nach § 111 Abs. 3 das veröffentlichte und nach §§ 71a, 23a Abs. 2 Satz 2 und § 111 Abs. 1 Satz 1 das genehmigte NZE zugrunde zu legen ist. Dies würde es theoretisch ermöglichen, eine diskriminierende Preisforderung (Lieferanteil des Entgelts) festzustellen, wenn vergleichbare Unternehmen mit separaten Netz- und Lieferverträgen geringer belastet werden.

18 Im Übrigen tritt an die Stelle des Diskriminierungsverbots nach § 20 Abs. 1 GWB das Missbrauchsverbot nach § 30. Diskriminierungsverbotstatbestände (als Spezialfälle des Netzbetreibermissbrauchsverbots) enthalten die Ziff. 1 bis 6 des § 30 Abs. 1 Satz 1.

---

5 Analogie zur Rechtsprechung betr. genehmigte Mieten, vgl. *Schiller*, Der Verbotsbegriff des § 134 BGB am Beispiel der Mindestvergütungsregelungen der §§ 5 bis 12 EEG, Göttingen 2005, S. 202 ff., mit Nachweisen zur Rechtsprechung.

III. Anpassung von Lieferverträgen mit Letztverbrauchern (Abs. 2)

Abs. 2 betrifft **Energielieferverträge mit Letztverbrauchern**. Regelungsziel ist zum einen die übergangsweise unveränderte Fortführung der alten Verträge auch dann, wenn das neue Recht Anforderungen aufstellt, die das alte Recht nicht vorsah (Maßstab des § 310 Abs. 2 BGB). Auch Verträge mit einer längeren Restlaufzeit als sechs Monate nach Inkrafttreten des EnWG können zunächst unverändert fortgeführt werden; erst wenn die in §§ 39/41 vorgesehenen Rechtsverordnungen in Kraft getreten sind, greift die spätestens sechs Monate nach Inkrafttreten einer solchen Verordnung wirksam werdende **Anpassungsverpflichtung kraft Gesetzes** ein (Satz 3 des § 115 Abs. 2). 19

1. Anwendbarkeit

§ 115 Abs. 2 ist nur auf **bestehende Energielieferverträge mit Letztverbrauchern** anwendbar. Ein Vertrag »besteht« in diesem Sinne, wenn er bei Inkrafttreten des EnWG am 13.7.2005 wirksam gewesen ist, also spätestens am 12.7.2005 Geltung erlangt hat und noch nicht beendet gewesen ist. 20

Unter **Energie** ist im Sinne von § 3 Ziff. 14 Elektrizität und Gas im Rahmen der leitungsgebundenen Energieversorgung zu verstehen. Den **Letztverbraucherbegriff** fixiert § 3 Ziff. 25: Dabei muss es sich um Kunden (Großhändler, Letztverbraucher und Energie kaufende Unternehmen nach § 3 Ziff. 24) handeln, die **Energie für den eigenen Verbrauch kaufen**. Letztverbraucher in diesem Sinne sind insbesondere nicht EVU (Netzbetreiber, Kraftwerksbetreiber und Stromhändler), soweit Sie die gelieferte Energie nicht für den Eigenbedarf benötigen. 21

2. Belieferung im Rahmen des allgemeinen Versorgungspflicht

§ 115 Abs. 2 betrifft nur Verträge, die in Umsetzung der früher nach § 10 Abs. 1 EnWG 1998 bestehenden **allgemeine Versorgungspflicht** abgeschlossen wurden. Dies schließt die sog. **Sonderverträge** aus, die allerdings in Bezug auf die Haushaltskundengruppe durch § 115 Abs. 3 erfasst werden. Hatte ein Letztverbraucher, der nicht Haushaltskunde im Sinne von § 3 Ziff. 22 ist, die Wahl, sich zu den Bedingungen der allgemeinen Versorgung (§ 10 Abs. 1 Satz 1 EnWG 1998) oder aber zu Sonderbedingungen versorgen zu lassen, hängt die An- 22 wendbarkeit des § 115 Abs. 2 davon ab, welche Versorgungsart er gewählt hat. Wurde ein Sondervertrag abgeschlossen, erfolgt die Belieferung außerhalb des von § 115 Abs. 2 Satz 1 gezogenen Rahmens. Erst Recht ist diese Vorschrift unanwendbar, wenn wegen Unzumutbarkeit eine allgemeine Versorgungspflicht nach § 10 Abs. 1 Satz 2 und Abs. 2 EnWG 1998 von vornherein nicht bestanden hat.

3. Versorgungsverträge mit kurzer Restlaufzeit

23 Wiederum knüpft der Gesetzgeber an die **Sechsmonatsfrist** nach Inkrafttreten des Gesetzes an, um die so erfassten Verträge mit kurzer Restlaufzeit von Änderungsbegehren auszunehmen. Derartige Lieferverträge mit Letztverbrauchern im Rahmen der allgemeinen Versorgung bleiben **unberührt**, so dass weder mit Hilfe von Kündigungen, Anpassungsverlangen nach § 313 BGB oder unter Heranziehung von speziellen Anpassungsklauseln jenes Vertrages eine Änderung bewirkt werden kann. Die Laufzeit eines solchen Vertrages muss spätestens am 14.1.2006 unabhängig vom Beendigungstatbestand (Kündigung, Auslaufen des befristeten Vertrages, Aufhebung durch die Vertragsparteien) geendet haben. Für diese Verträge ordnet der Gesetzgeber die weitere Anwendung des § 310 Abs. 2 BGB an, obwohl die dort in Bezug genommenen AVBElt/GasV wegen Verstoßes gegen höherrangiges Recht (EnWG 2003 und 2005) inzwischen teilweise außer Kraft getreten sein dürften.

24 Gesetzeszweck des § 310 Abs. 2 BGB war es bisher, alle unter Berücksichtigung der AVBElt/GasV geschlossenen Energielieferverträge von den Klauselverboten der §§ 308, 309 BGB freizustellen und auf diese Weise eine entsprechende **AGB-Klauselkontrolle** auszuschließen. Dieses Anliegen führt der Gesetzgeber in § 115 Abs. 2 Satz 2 fort, indem er für eine Übergangszeit (jedenfalls sechs Monate nach Inkrafttreten des EnWG 2005) die Maßstäbe jener Verordnungen für weiterhin gültig fingiert. Anderenfalls müssten die §§ 307 ff. BGB auf derartige Verträge jedenfalls insoweit angewendet werden, wie Einzelregelungen der AVB-Verordnungen nicht mehr dem jetzt in Kraft befindlichen Recht entsprechen. Dies würde eine heillose Rechtszersplitterung zur Folge haben.

25 Allerdings besteht diese Fiktion nur für den Fall, dass bei Inkrafttreten des EnWG die Stromlieferverträge des § 115 Abs. 2 Satz 1 AVB-konform gewesen sind. Wurden Regelungen vereinbart, die nicht

durch die ABVElt/GasV gedeckt gewesen sind, unterliegen diese Verträge doch der regulären AGB-Kontrolle.

Über den Zeitraum danach – Verträge des Satzes 3 – sagt Satz 2 nichts. **26** Die daraus resultierende **Regelungslücke** scheint planwidrig zu sein, weil der Gesetzgeber nicht mit einem Inkrafttreten der Verordnungen zu §§ 39, 41 innerhalb der Sechsmonatsfrist nach Inkrafttreten des EnWG rechnen konnte. Deshalb muss die Rechtsfolge des Satzes 2 auch für Lieferverträge mit längeren Restlaufzeiten gelten, solange die Anpassung nach Satz 3 noch nicht erfolgt ist. Erst wenn die Frist des Satzes 3 versäumt wurde, vermag auch über § 115 Abs. 2 Satz 2 in Verbindung mit § 310 Abs. 2 BGB keine unveränderte Fortgeltung jener Verträge innerhalb des Rahmens des alten Rechts mehr begründet zu werden.

4. Lieferverträge mit mehr als sechs Monaten Restlaufzeit (Satz 3)

Für Verträge, die eine Restlaufzeit von mehr als sechs Monaten nach **27** Inkrafttreten des EnWG aufweisen, ist primär **Satz 3** anzuwenden. Für diese Verträge besteht eine (verhaltene) **Anpassungsverpflichtung kraft Gesetzes**. Auf ein Verlangen der Vertragsparteien oder einer Vertragspartei kommt es nicht an.

Diese automatische Anpassung setzt allerdings das **Inkrafttreten ei- 28 ner nach § 39 oder § 41 erlassenen Rechtsverordnung** voraus. Derartige Rechtsverordnungen sind in § 39 Abs. 1 (Grundversorgungsentgelte), § 39 Abs. 2 (Grundversorgungslieferbedingungen) und in § 41 Abs. 2 (Lieferbedingungen außerhalb der Grundversorgung) vorgesehen. Werden diese Rechtsverordnungen nicht gleichzeitig erlassen, löst jedes Inkrafttreten einer solchen Verordnung den Anpassungsanspruch als gesetzlichen Anspruch erneut aus.

Der beiden Parteien zustehende Anspruch auf Anpassung ist **binnen 29 sechs Monaten** nach Inkrafttreten einer solchen Verordnung zu erfüllen. Entsteht Streit über die Reichweite der Anpassung, wird ein Zivilgericht auf eine entsprechende Feststellungsklage hin entscheiden, wobei dann die Anpassung rückwirkend wirksam werden wird.

Eine Rechtsfolge für den Fall, dass keine der Parteien Anpassungsbe- **30** darf sieht, fehlt im Gesetz. Für diesen Fall wird man im Wege ergänzender Gesetzauslegung den gesetzgeberischen Plan »fortdenken« müssen: Soll spätestens sechs Monate nach Inkrafttreten der Verordnung die Anpassung an das neue Recht erfolgen, ist für die Zeit nach

Ablauf dieser Frist das neue Recht auch dann zugrunde zu legen, wenn sich die Parteien um eine Anpassung nicht bemüht haben. Nur bei Inrechnungstellung einer derart automatisch und kraft Gesetzes erfolgenden Anpassung besteht noch ein Rechtsgrund für entsprechende Vertragsregelungen; gegen das neue Verordnungsrecht verstoßende Vertragsregelungen treten mit Ablauf der Sechsmonatsfrist automatisch außer Kraft. In analoger Anwendung des § 306 Abs. 2 BGB werden die auf diese Weise entstehenden Lücken durch das neue (Verordnungs-) Recht aufgefüllt.

31 Solange die Anpassung noch nicht erfolgt und die Frist des Satzes 3 des § 115 Abs. 2 noch nicht abgelaufen ist, werden in analoger Anwendung des Satzes 2 die bisher gültigen Regelungen in Stromlieferverträgen der allgemeinen Versorgung als nach § 310 Abs. 2 BGB unter Ausschluss der §§ 308, 309 BGB als weiterhin wirksam zu betrachten sein[6]. Auf diese Weise kann ein mehrfacher Wechsel des Rechtsregimes – vom alten Recht zum allgemeinen AGB-Recht und wieder zurück zum neuen Verordnungsrecht – vermieden werden.

IV. Stromlieferverträge mit Haushaltskunden außerhalb der allgemeinen Versorgungspflicht (Abs. 3)

32 **Abs. 3** betrifft – anders als Abs. 2 – gerade die **Sonderverträge**; hier sind die Kunden **außerhalb der allgemeinen Versorgung** beliefert worden. Weil aber **Haushaltskunden** und damit Kunden, die die Hauptgruppe der bisherigen Tarifkunden im Sinne von § 10 Abs. 1 EnWG 1998 gebildet haben, häufig tarifbezogene Lieferverträge ersetzende Sonderverträge abgeschlossen haben, musste in Ergänzung des Abs. 2 mit dem Ziel der Gleichstellung dieser Kundengruppe eine vergleichbare Regelung erfolgen. Auf die Erläuterungen zu § 115 Abs. 2 kann wegen weitgehender Wortgleichheit bei den Rechtsfolgen verwiesen werden[7].

1. Bestehende Energielieferverträge mit Haushaltskunden

33 Wiederum muss es sich um bestehende Energielieferverträge handeln (Gas und Elektrizität, leitungsgebunden); Bezugszeitpunkt ist der 13.7.2005 (Inkrafttreten des EnWG). Aus der Gruppe aller Letzt-

---

6 Oben § 115 Rz. 23 ff.
7 Oben § 115 Rz. 21 ff.

verbraucher (§ 115 Abs. 2) sind aber von der Regelung des Abs. 3 nur die **Haushaltskunden** im Sinne von § 3 Ziff. 22 betroffen. Dabei handelt es sich um diejenigen Letztverbraucher, die Energie überwiegend für den Eigenverbrauch im Haushalt oder – bei Eigenverbrauch für berufliche, landwirtschaftliche oder gewerbliche Zwecke – einen 10.000 kWh nicht übersteigenden Jahresverbrauch aufweisen. Dieser Messwert gilt für Strom und Gas zugleich; für Zwecke der Erdgasversorgung passt diese Schwelle jedoch nicht.

Letztlich geht es dem EnWG-Gesetzgeber darum, Haushaltskunden im engeren Sinne sowie kleine und mittlere Unternehmen mit geringem Verbrauch zur Gruppe der Haushaltskunden zusammenzuschließen, um diesen die Grundversorgung nach § 36 zu ermöglichen. Alle Unternehmen mit Eigenverbrauch von mehr als 10.000 kWh sind von der Anwendung des § 115 Abs. 3 ausgeschlossen, können aber bei Erfüllung der dort genannten Voraussetzungen von § 116 erfasst werden. Soweit sie bisher im Rahmen der allgemeinen Versorgungspflicht beliefert wurden, ist Abs. 2 des § 115 anwendbar. **34**

2. Außerhalb der allgemeinen Versorgungspflicht

Nur solche Haushaltskunden werden von § 115 **Abs. 3** erfasst, die **Sonderverträge** abgeschlossen haben, also nicht Tarifkunden im Sinne von §§ 10 Abs. 1, 11 EnWG 1998 waren. Häufig werden diese Kunden allerdings nach Kündigung des Sondervertrages einen Anspruch auf Grundversorgung haben. Dies ist auch der Grund, warum Abs. 3 trotz Belieferung außerhalb der allgemeinen Versorgung die Gruppe der Haushaltskunden den innerhalb der allgemeinen Versorgung belieferten Letztverbrauchern gleichgestellt hat. **35**

3. Sonderverträge mit einer Restlaufzeit von 12 Monaten (Satz 1)

Die Rechtsfolge des **Unberührtbleibens** erfasst derartige Sonderverträge mit Haushaltskunden bereits dann, wenn nach Inkrafttreten des EnWG eine Restlaufzeit von noch (bis zu) 12 Monaten bestand. Diese **Restlaufzeit** ist wiederum unter Berücksichtigung der vertraglichen Bestimmungen sowie des in Bezug genommenen Rechts (häufig: AVBElt/GasV) zu berechnen. Liegt ein unbefristeter Vertrag vor, reicht es für die Erfüllung der Voraussetzung »Restlaufzeit von 12 Monaten« aus, dass der Vertrag innerhalb dieses Zeitraums wirksam – z. B. durch Kündigung – beendet wird. Im Übrigen werden weiterlaufende unbefristete Verträge regelmäßig **Satz 3** des § 115 **36**

Abs. 2 unterfallen (Anpassungsverpflichtung innerhalb von 12 Monaten nach Inkrafttreten der Rechtsverordnungen zu §§ 39, 41 Abs. 2).

37 Die unveränderte Fortführung dieser noch (höchstens) 12 Monate laufenden Verträge (Stichtag: 14.7.2006) schließt die fiktive Weitergeltung von § 310 Abs. 2 BGB in Verbindung mit den AVBElt/GasV ein. Selbst wenn also innerhalb dieser Jahresfrist die genannten Verordnungen aufgehoben werden würden, sind die Sonderverträge mit Haushaltskunden nach der bisherigen Rechtslage fortzuführen. Ein Anpassungsbedarf besteht nicht; § 115 Abs. 3 Satz 2 stellt die Rechtmäßigkeit am Maßstab des alten Rechts sicher[8].

4. Haushaltskundenlieferverträge mit mehr als 12 Monaten Restlaufzeit (Satz 3)

38 Eine Anpassungsverpflichtung, die ein Anpassungsverlangen einer Vertragspartei nicht voraussetzt, besteht für länger laufende Sonderverträge mit Haushaltskunden. Diese sind spätestens 12 Monate nach Inkrafttreten der Rechtsverordnungen zu §§ 39, 41 Abs. 2 an das neue Recht anzupassen. Am 14.7.2007 gilt das neue Recht selbst dann, wenn die Parteien die Anpassung versäumt haben[9]. Für die Übergangszeit gilt Satz 2 des § 115 Abs. 3 analog, um die Rechtmäßigkeit auf dem Hintergrund des alten Rechts in der Übergangszeit zu wahren. Wegen der Einzelheiten wird auf die obigen Erläuterungen zu § 115 Abs. 2 verwiesen[10].

5. Sonstige Lieferverträge (Satz 4)

39 Die Regelung des Satzes 4 ist unklar, und eine Begründung haben die Verfasser des Regierungsentwurfs nicht gegeben[11]. Wenn »sonstige bestehende Lieferverträge ... im Übrigen unberührt ...« bleiben, so kann dies bedeuten, dass alle nicht durch § 115 Abs. 2 und Abs. 3 Satz 1 bis 3 erfassten Stromlieferverträge jeglichen gesetzlichen Anpassungsverpflichtungen und Anpassungsansprüchen gar nicht unterliegen, also von der Regelung nicht berührt werden. Diese Rechtsfolge hat rein deklaratorische Wirkung. Wegen seiner systematischen Stellung als Satz 4 des § 115 Abs. 3 kann sich diese Rechtsfolge auch allein

---

8 Zu Einzelheiten vgl. oben § 115 Rz. 23 ff. (zu § 115 Abs. 2).
9 Oben § 115 Rz. 30 f.
10 Oben § 115 Rz. 31.
11 BT-DrS 15/3917, S. 76.

auf Sonderverträge mit Haushaltskunden beziehen. Trotz des in § 115 Abs. 2 fehlenden Satzes 4 wäre dort aber entsprechend zu verfahren.

Nicht möglich erscheint eine Auslegung, wonach alle durch § 115 Abs. 2 und Abs. 3 nicht erfassten Lieferverträge vom neuen Recht gar nicht berührt werden sollen. Dies würde voraussetzen, dass für derartige Altverträge das Inkrafttreten neuen Rechts völlig irrelevant ist, weil lediglich auf den Zeitpunkt des Vertragsabschlusses abzustellen wäre. Dabei würde aber übersehen, dass zwingendes neues Recht auf derartige Lieferverträge notwendig einwirkt und lediglich Übergangs- und Anpassungsregelungen erforderlich sind, um Härten zu vermeiden und das Vertrauen der Parteien im gebotenen Umfang zu schützen. 40

Weil Satz 4 das Weiterbestehen der Altverträge nur **im Übrigen** unberührt lässt, spricht einiges für die Auslegung, dass trotz Inkrafttretens des neuen Rechts die **Vertragsautonomie dieser Vertragsparteien** soweit wie möglich gewahrt werden soll. Weder erkennt der Gesetzgeber einen besonderen Schutzbedarf der belieferten Parteien noch ein besonderes Interesse der Lieferanten an der Änderung dieser Verträge an. Soweit zwingendes Recht einwirkt, sind die Verträge unmittelbar und möglicherweise schneller als diejenigen Verträge anzupassen, für die die Abs. 2 und 3 Satz 1 bis 3 Übergangsregelungen vorsehen. 41

Weil es sich bei der Masse dieser »sonstigen bestehenden Lieferverträge« um Sonderverträge mit Nicht-Haushaltskunden außerhalb der allgemeinen Versorgung handeln wird, reicht der Verweis auf die Vertragsautonomie aus, um diesen Parteien im Wege von Verhandlungslösungen die Anpassung anheim zu stellen. Damit bezieht sich die Wendung »im Übrigen« nur auf diejenigen Vertragsteile, die – ggf. sofort und ohne Übergangsfrist – **nicht** vom neuen Recht erfasst werden. Zwingendes Gesetzesrecht verdrängt entgegenstehende Vertragsregelungen, und alle nicht gegen zwingendes Gesetzesrecht verstoßende Vertragsregeln einschließlich implizit enthaltener Netzentgelte im Sinne von § 115 Abs. 1a können in Abhängigkeit von zu diesem Zwecke bevorrateten Vertragsklauseln, Marktstärke der Vertragsparteien und Anwendung des Rechts von der Störung der Geschäftsgrundlage neu gefasst werden. 42

§ 116 Bisherige Tarifkundenverträge

[1]Unbeschadet des § 115 sind die §§ 10 und 11 des Energiewirtschaftsgesetzes vom 24. April 1998 (BGBl. I S. 730), das zuletzt durch Art. 126 der Verordnung vom 25. November 2003 (BGBl. I S. 2304) geändert worden ist, sowie die Verordnung über Allgemeine Bedingungen für die Elektrizitätsversorgung von Tarifkunden vom 21. Juni 1979 (BGBl. I S. 684), zuletzt geändert durch Artikel 17 des Gesetzes vom 9. Dezember 2004 (BGBl. I S. 3214), und die Verordnung über Allgemeine Bedingungen für die Gasversorgung von Tarifkunden vom 21. Juni 1979 (BGBl. I S. 676), zuletzt geändert durch Artikel 18 des Gesetzes vom 9. Dezember 2004 (BGBl. I S. 3214), auf bestehende Tarifkundenverträge, die nicht mit Haushaltskunden im Sinne dieses Gesetzes abgeschlossen worden sind, bis zur Beendigung der bestehenden Verträge weiter anzuwenden. [2]Bei Änderungen dieser Verträge und bei deren Neuabschluss gelten die Bestimmungen dieses Gesetzes sowie der auf Grund dieses Gesetzes erlassenen Rechtsverordnungen.

Überblick	Seite	Rz.
I. Regelungszweck und Entstehungsgeschichte	1563	1
II. Weitere Anwendung des alten Rechts auf Tarifkundenverträge mit Nicht-Haushaltskunden (Satz 1)	1564	2
III. Änderung und Neuabschluss ehemaliger Tarifkundenverträge mit Nicht-Haushaltskunden (Satz 2)	1567	14

I. Regelungszweck und Entstehungsgeschichte

§ 116 ist schon im Regierungsentwurf enthalten gewesen[1] und vom Wirtschaftsausschuss des Bundestages lediglich redaktionell verändert worden[2]. **Regelungszweck** ist die Klarstellung, dass solche bisherigen Tarifkundenverträge, die nicht mit Haushaltskunden im Sinne von § 3 Ziff. 22 abgeschlossen wurden, von den Anpassungspflichten aus § 115 Abs. 2 nicht erfasst werden[3]. 1

---

1 BT-DrS 15/3917, S. 38 mit Begründung S. 76.
2 BT-DrS 15/5268, S. 85 mit Begründung S. 123.
3 Regierungsbegründung, BT-DrS 15/3917, S. 76.

II. Weitere Anwendung des alten Rechts auf Tarifkundenverträge mit Nicht-Haushaltskunden (Satz 1)

2 § 115 Abs. 2 und 3 sehen Übergangs- und Anpassungsregelungen für weiter **bestehende Energielieferverträge** vor. Während die Kundengruppe **Letztverbraucher im Rahmen der allgemeinen Versorgung** mit jeweils sechsmonatigen Übergangsfristen in das neue Recht übergeleitet wird, gelten für **Haushaltskunden außerhalb der allgemeinen Versorgung** zwei 12 Monate betragende Übergangsfristen (Abs. 3). Zur ersteren Gruppe gehören insbesondere Tarifkunden im formellen Sinne (§ 1 Abs. 2 AVBEltV/GasV), zur zweiten Gruppe Tarifkunden im »materiellen Sinne«, die allerdings ihrem Energielieferanten durch Sonderkundenverträge verbunden sind.

3 § 116 Satz 1 trägt dem Umstand Rechnung, dass die Begriffe »Haushaltskunde« nach § 3 Ziff. 22 und »Tarifkunde« im Sinne von § 1 Abs. 2 AVBEltV/GasV sowie der BTOElt (= Letztverbraucher der allgemeinen Versorgung) nicht deckungsgleich sind. Weil das alte Recht die »Deckelung« bei 10.000 kWh nicht kannte[4], gibt es auch (weiter bestehende) Tarifkundenverträge, die mit Nicht-Haushaltskunden abgeschlossen wurden.

4 Mit Hilfe von § 116 Satz 1 soll verhindert werden, dass auch diese Tarifkundenverträge angesichts der in § 115 Abs. 2 enthaltenen Regelungen an die nach § 39 zu erlassenden Rechtsverordnungen angepasst werden. Weil diese Rechtsverordnungen ausschließlich die Grund- und Ersatzversorgung **von Haushaltskunden** regeln werden[5], gibt es keinen Grund, einen darüber hinausgehenden Kundenkreis in die Regelung im Wege einer Übergangsbestimmung (§ 115 Abs. 2) einzubeziehen. Deshalb ist § 116 Satz 1 als Ausnahme von jener Vorschrift zu lesen, zumal der dort verwendete Begriff »Letztverbraucher« auch die Gruppe der Nicht-Haushaltskunden zu erfassen vermag. Diese »überschießende Tendenz« der Regelung in § 115 Abs. 2 ist gerechtfertigt, um § 310 Abs. 2 BGB (Herausnahme der Energielieferverträge aus den Klauselverboten der §§ 308, 309 BGB) für alle Letztverbraucher zu gewährleisten. Das für jene Verträge in Satz 3 des § 115 Abs. 2 vorgesehene »Hinübergleiten« in die zu §§ 39, 41 zu erlassenden Rechtsverordnungen muss aber verhindert werden, weil jene Rechtsverordnungen nur noch Haushaltskunden erfassen sollen.

---

4 Nun aber § 3 Ziff. 22 im Hinblick auf den Begriff des Haushaltskunden.
5 Vgl. den Wortlaut von § 39 Abs. 1 und Abs. 2.

II. Weitere Anwendung des alten Rechts auf Tarifkundenverträge

Voraussetzung des § 116 Satz 1 ist daher zunächst ein **weiter bestehender Tarifkundenvertrag**. Dieser liegt vor, wenn bis einschließlich 12.7.2005 die AVBEltV bzw. die ABVGasV auf einen solchen Vertrag **unmittelbare Anwendung** gefunden haben. Um einen Tarifkundenvertrag handelt es sich nicht, wenn – beispielsweise in einem Sonderkundenvertrag – auf jene Verordnungen lediglich Bezug genommen worden ist. Indiz für einen Tarifkundenvertrag im Rahmen der Stromversorgung ist es auch, wenn die Abrechnung aufgrund von nach der BTOElt veröffentlichter Stromtarife erfolgt ist.

5

Aus einem solchen am 13.7. noch wirksamen Tarifkundenvertrag muss ein Kunde versorgt worden sein, dessen **Eigenverbrauch mehr als 10.000 kWh** jährlich beträgt. Nur dann zählt er zur Gruppe der Nicht-Haushaltskunden (Umkehrschluss aus § 3 Ziff. 22). Schwankt der jährliche Verbrauch, so ist der Durchschnittsverbrauch der letzten drei Jahre vor Inkrafttreten des Gesetzes als Näherungsmenge zugrunde zu legen.

6

Rechtsfolge des Vorliegens dieser beiden Voraussetzungen ist die **partielle Weitergeltung des alten Rechts** bis zur Beendigung solcher Verträge, wobei wiederum jedweder Beendigungstatbestand in Betracht kommt (Endtermin eines befristeten Vertrages, Kündigung, Aufhebung des Vertrages). Eine bloße Änderung des Vertrages fällt nicht unter Satz 1 (Umkehrschluss aus § 116 Satz 2).

7

Die Weitergeltung von Vorschriften des alten Rechts musste besonders angeordnet werden, weil es mit Art. 5 Abs. 2 Ziff. 1 des Zweiten Neuregelungsgesetzes[6] am 12.7.2005 außer Kraft getreten ist. Gleichwohl gelten – für diese spezifische Konstellation – nicht nur die bestehenden Tarifkundenverträge mit Nicht-Haushaltskunden, sondern auch die **§§ 10, 11 EnWG 1998/2003** weiter. Es besteht also weiterhin allgemeine Versorgungspflicht für diese Kunden, und nicht nur die BTOElt, sondern auch die ABVEltV/GasV sind weiter anwendbar. Dies wird in Satz 1 ausdrücklich klargestellt. Auf diese Weise wird das Vertrauen jener Kunden auf den **Fortbestand der Versorgung als Tarifkunde** geschützt; soweit diese Kunden die Weitergeltung des alten Rechts als belastend empfinden, können sie sich gemäß § 32 AVBElt/GasV mit einer Frist von einem Monat zum Ende eines Kalendermonats aus der Tarifkundenbeziehung lösen.

8

---

6 Vom 7.7.2005, BGBl. I S. 1970, 2017.

9 Der Lieferant hingegen hat dieses Recht zur ordentlichen Kündigung nicht, weil für ihn die Versorgungspflicht des alten Rechts aufrecht erhalten wird (§ 10 Abs. 1 Satz 1 EnWG 1998/2003). Auch diese Rechtsfolge zeigt, dass den Kundenbedürfnissen bestmöglich Rechnung getragen wird, ohne diese Kundengruppe in eine der Grundversorgung ähnliche Sonderbeziehung überzuleiten, die für jene Kunden eigentlich nicht vorgesehen ist.

10 Wenn § 116 Satz 1 a.A. mit der Wendung **unbeschadet des § 115** auf diejenige Bestimmung zurückverweist, von der § 116 Satz 1 gerade eine Ausnahme vorsieht, scheint es sich um einen gesetzgeberischen Fehlgriff zu handeln. In der Tat können nicht Rechtsfolgen des § 115 Abs. 2 Satz 1 und 2 (Fiktion der Gesetzeskonformität von AVBElt/GasV) eintreten, wenn zugleich § 116 Satz 1 – ohne eine Fiktion – die Weitergeltung des gesamten Regelungskomplexes der Tarifkundenversorgung anordnet. Insbesondere bedarf es keiner Fiktion, wenn jenes Recht explizit aufrecht erhalten wird. Deshalb tritt § 116 Satz 1 als Spezialregelung an die Stelle des § 115 Abs. 2 Satz 1 und 3 und gilt nicht nur »unbeschadet« jener Bestimmung.

11 Da ein Rückverweis auf Abs. 3 des § 115 von vornherein nicht in Betracht kommt, weil jene Vorschrift keine Tarifkunden im bisherigen Sinne erfasst[7], ergibt die Einleitungswendung zu § 116 Satz 1 nur Sinn, wenn diese sich auf Abs. 1 und Abs. 1a des § 115 bezieht. Zwar werden dort grundsätzlich nur (separate) Netzanschluss- und Netzzugangsverträge geregelt; soweit solche Verträge allerdings unwesentlicher Bestandteil von Stromlieferverträgen sind bzw. die Kalkulation des Entgelts in All-Inclusive-Lieferverträgen auf bisher veröffentlichten Netznutzungsentgelten beruht, kommt zumindest eine Anwendung von § 115 Abs. 1 Satz 3 (Diskriminierungsverbot des GWB) und Abs. 1a in Betracht.

12 Deshalb darf die Kartellbehörde auch für Tarifkundenverträge mit Nicht-Haushaltskunden (§ 116 Satz 1) eine Preisprüfung durchführen, wobei jedenfalls nach Außerkrafttreten der BTOElt am 1.7.2007[8] die genehmigten Netzzugangsentgelte nach § 23a über § 111 Abs. 3 maßgeblich sind. Auch kann geprüft werden, ob ein derart aufrecht erhaltener Tarifkundenvertrag unter Berücksichtigung vergleichbarer Abnahmeverhältnisse eine diskriminierende Preisstellung aufweist.

---

7 Haushaltskunden außerhalb der allgemeinen Versorgung.
8 Vgl. Art. 5 Abs. 3 des Zweiten Neuregelungsgesetzes.

Schließlich wird der nach § 116 Satz 1 weiter versorgte Tarifkunde eine automatische Anpassung von Netzzugangsentgelten nach § 115 Abs. 1a beanspruchen, wenn diese Entgelte implizit oder explizit Bestandteil jenes aufrecht erhaltenen Liefervertrages sind.

Schwierige Fragen werden sich allerdings ergeben, wenn die Regulierungsbehörde bei fortbestehender Tarifgenehmigung nach § 12 BTOElt das Netzzugangsentgelt nach § 23a niedriger genehmigt als die entsprechende Netznutzung entgeltmäßig von der Energiepreisaufsichtsbehörde für den gleichen Zeitraum in Ansatz gebracht wurde. Wenn die Energiepreisbehörde die Tarifgenehmigung nicht aufhebt, widerruft oder einschränkt, kann die Weiterberechnung des genehmigten Tarifs trotz des Rücksverweises auf § 115 in § 116 Satz 1 gerechtfertigt sein. Erfolgt im Hinblick auf § 23a eine automatische Anpassung des Vertrages, dürfte noch keine **Änderung im Sinne von § 116 Satz 2** vorliegen. 13

III. Änderung und Neuabschluss ehemaliger Tarifkundenverträge mit Nicht-Haushaltskunden (Satz 2)

Die übergangsweise Aufrechterhaltung der allgemeinen Versorgungspflicht nebst AVB für bisherige Tarifkundenverträge mit Nicht-Haushaltskunden endet nach **Satz 2** des § 116, wenn alternativ zwei Voraussetzungen eintreten: 14

– Änderung des Vertrages oder

– Neuabschluss des Liefervertrages

Unter **Änderung** sind alle auf Veranlassung einer oder beider Vertragsparteien beruhenden Modifikationen nicht nur unwesentlicher Art zu verstehen. Dies betrifft insbesondere die Änderung von Preisen und Konditionen. Soweit Strompreise wegen veränderter Genehmigungslage angepasst werden (§ 12 BTOElt), handelt es sich um eine auf einer gesetzlichen Bestimmung beruhende Anpassung und nicht um eine aus der Vertragsbeziehung selbst resultierende Änderung im Sinne von Satz 2. Gleiches gilt für die potenzielle automatische Anpassung nach § 115 Abs. 1a. 15

Unter **Neuabschluss** ist das Zustandekommen eines weiteren Liefervertrages nach Beendigung des alten Vertrages zu verstehen. Der zweite Vertrag muss nicht unmittelbar an den ersteren anschließen. Mit dem Neuabschluss betätigt der frühere Tarifkunde seinen Willen, 16 aus der allgemeinen Versorgungspflicht als Tarifkunde entlassen zu werden. Wie oben gezeigt, ist der Lieferant wegen der (einseitig) fortgeltenden Versorgungs- und Tarifbindung nicht in der Lage, über gesetzlich initiierte Anpassungen hinaus ändernd oder sogar kündigend auf derartige Verträge einzuwirken (Vertrauensschutz dieser bisherigen Tarifkundengruppe).

17 **Rechtsfolge** des Satzes 2 ist die **Beendigung der Fortgeltungswirkungen** nach § 116 Satz 1. Die neuen Verträge unterliegen nicht mehr den AVBEltV/GasV, weil das neue Recht den Tarifkunden nicht mehr kennt. Wegen Aufrechterhaltung der BTOElt kann ein solcher Vertrag gleichwohl der Bindung an die Tarifgenehmigung unterliegen. Im Übrigen gelten die §§ 39, 41 definitionsgemäß auch dann nicht für jene Verträge, weil deren Rechtswirkungen auf Haushaltskunden beschränkt sind. Auch die danach zu erlassenden Verordnungen betreffen die Gruppe der Nicht-Haushaltskunden direkt nicht.

18 Dagegen ist es nicht ausgeschlossen, wie bei früheren Sonderverträgen mit mittleren Kunden üblich den Text der Verordnungen zu §§ 39, 41 in Bezug zu nehmen oder als AGB zu vereinbaren. Sollte § 310 Abs. 2 BGB dementsprechend geändert werden, wäre zu prüfen, ob die Freistellung von den §§ 308, 309 BGB auch dann gilt, wenn Nicht-Haushaltskunden an Regelungen gebunden werden, die eigentlich für Haushaltskunden vorgesehen sind. Hiergegen mag sprechen, dass § 310 Abs. 1 BGB die genannten Klauselverbote dann für grundsätzlich unanwendbar erklärt, wenn derartige AGB nicht gegenüber Verbrauchern im Sinne von § 13 BGB verwendet werden. Eine Anlehnung neu abzuschließender Verträge kommt auch im Hinblick auf die nach § 41 Abs. 2 qua Rechtsverordnung zu erlassenden Schutzbestimmungen in Betracht.

§ 117 Konzessionsabgaben für die Wasserversorgung

Für die Belieferung von Letztverbrauchern im Rahmen der öffentlichen Wasserversorgung gilt § 48 entsprechend.

Überblick	Seite	Rz.
I. Regelungszweck und Entstehungsgeschichte	1569	1
II. Analoge Anwendung des § 48 auf die Wasserversorgung	1569	2

I. Regelungszweck und Entstehungsgeschichte

In der Tradition des § 15 EnWG 1998 sieht auch § 117 eine eigentlich **gesetzesfremde Analogie** vor. Weil § 103 GWB a.F. auch nach neuem GWB weiter gilt[1], können Gemeinden nach wie vor ausschließliche Konzessionen im Bereich der Wasserversorgung privatrechtlich vergeben (Freistellung von § 1 GWB n.F.). Demgegenüber kennt das neue Recht für die Energieversorgung nur noch nicht ausschließliche Konzessionsverträge, vgl. § 46 Abs. 2. Eine die Wasserversorgung betreffende Konzessionsabgabenverordnung gibt es nicht. Deshalb ist es **Regelungzweck** des § 117, wie bisher eine Rahmenregelung für Konzessionsabgaben auch bei der Wasserversorgung zur Verfügung zu stellen. Die Vorschrift ist im Gesetzgebungsverfahren im Verhältnis zur Entwurfsfassung nicht geändert worden.

II. Analoge Anwendung des § 48 auf die Wasserversorgung

Weil für die **öffentliche Wasserversorgung** Vorschriften für zu vereinbarende Konzessionsabgaben fehlen, stellt § 117 mit der **analogen Anwendung des § 48** eine Rahmenregelung zur Verfügung. Anwendungsvoraussetzung ist zunächst, dass eine **Belieferung von Letztverbrauchern** erfolgen soll. Dabei kann der Letztverbraucherbegriff des § 3 Ziff. 22 zugrunde gelegt werden (Belieferung von Kunden für den Eigenverbrauch). Unter **öffentlicher Wasserversorgung** wird man alle Lieferbeziehungen verstehen müssen, die der Erfüllung einer allgemeinen Versorgungspflicht dienen, wie sie meist im Wege eines

---

1 Vgl. § 131 Abs. 6 GWB 2005.

§ 117 Konzessionsabgaben für die Wasserversorgung

Anschluss- und Benutzungszwangs durch Gemeindesatzungen festgelegt sind. Eigenversorger mit Wasser sowie Rechtsbeziehungen zwischen Wasserverteilern und Wasserlieferunternehmen (Erzeugern) unterliegen nicht § 48.

3 Die analoge Anwendung jener Vorschrift umfasst die Entgeltdefinition des Abs. 1 Satz 1 und den Begriff der Letztverbraucherversorgung nach Satz 2. Auch die Verordnungsermächtigung zum Erlass einer Wasser-KAV ist rechtswirksam in die Analogie aufgenommen worden. Allerdings wird man bei Bemessung von Höchstsätzen eine andere als die dort vorgesehene Regelung (Cent/kWh) finden müssen. Eine analoge Anwendung der KAV ist weder durch § 117 angeordnet noch – angesichts des klaren und auf Energie bezogenen Wortlauts – möglich.

4 Abgabepflichtig ist auch bei öffentlicher Wasserversorgung der Vertragspartner der Gemeinde, die das Wegerecht nach § 46 Abs. 1 vergeben hat. Anstelle des Begriffs »EVU« ist »Wasserversorgungsunternehmen« zu lesen. Nach Ablauf des Konzessionsvertrages muss für ein Jahr die vereinbarte Abgabe weiter gezahlt werden, solange die Leitungen weiter benutzt werden und eine anderweitige Regelung nicht gefunden wurde.

§ 118 Übergangsregelungen

(1) § 22 Abs. 2 Satz 2 ist erst sechs Monate nach Inkrafttreten einer Rechtsverordnung über die Entgelte für den Zugang zu Elektrizitätsversorgungsnetzen nach § 24 anzuwenden.

(1a) § 20 Abs. 1 b ist erst ab dem 1. Februar 2006 anzuwenden.

(1b) ¹Betreiber von Elektrizitätsversorgungsnetzen haben erstmals drei Monate nach Inkrafttreten einer Rechtsverordnung über die Entgelte für den Zugang zu den Elektrizitätsversorgungsnetzen und Betreiber von Gasversorgungsnetzen erstmals sechs Monate nach Inkrafttreten einer Rechtsverordnung über die Entgelte für den Zugang zu den Gasversorgungsnetzen einen Antrag nach § 23a Abs. 3 zu stellen. ²§ 23a Abs. 5 gilt entsprechend.

(2) § 24 Satz 4 ist erst ab dem 1. Oktober 2007 anzuwenden.

(3) Abweichend von § 36 Abs. 2 ist Grundversorger bis zum 31. Dezember 2006 das Unternehmen, das die Aufgabe der allgemeinen Versorgung im Zeitpunkt des Inkrafttretens dieses Gesetzes durchgeführt hat.

(4) § 42 Abs. 1 und 6 ist erst ab dem 15. Dezember 2005 anzuwenden.

(5) Die Bundesregierung soll unverzüglich nach Vorlage des Berichts nach § 112a Abs. 1 zur Einführung der Anreizregulierung den Entwurf einer Rechtsverordnung nach § 21a Abs. 6 vorlegen.

(6) § 6 Abs. 2 ist mit Wirkung vom 26. Juni 2003 anzuwenden.

Überblick	Seite	Rz.
I. Regelungszweck und Entstehungsgeschichte	1572	1
II. Übergangsregelungen für Netzbetreiber (Abs. 1 bis 2 sowie 5 und 6)	1572	3
1. Internetplattform zwecks Ausschreibung von Regelenergie (Abs. 1)	1573	4
2. Ausgestaltung des Zugangs zu den Gasversorgungsnetzen (Abs. 1a)	1573	6
3. Anträge auf NZE-Genehmigung (Abs. 1b)	1573	7

4. Zusatzanforderungen bei Netzzugang und Ausgleichsleistungen (Abs. 2)	1574	8
5. Einführung der Anreizregulierung (Abs. 5)	1574	10
6. Steuerliche Erleichterung der Entflechtung (Abs. 6)	1574	11
III. Übergangsregelungen für Versorger (Abs. 3 und 4)	1575	13
1. Gesetzliche Bestimmung des Grundversorgers (Abs. 3)	1575	14
2. Stromkennzeichnung und Ausweis von NZE (Abs. 4)	1576	18

I. Regelungszweck und Entstehungsgeschichte

1 § 118 dient Rechtssicherheit und Gewährleistung von Vertrauensschutz, indem der »Systemwechsel« zwischen altem und neuem Recht mit dem Instrument der **Übergangsfristen** erleichtert wird.

2 Die sechs Absätze des Entwurfs[1] sind im Laufe des Gesetzgebungsverfahrens mehrfach geändert worden. Dabei hat sich der Bundesrat in seiner Stellungnahme[2] mit seinem Wunsch, die Energiepreisaufsicht über die Einfügung eines Abs. 3a in § 118 (Beibehaltung der Elektrizitätstarifgenehmigung bis 31.12.2007) trotz abwartender Haltung der Bundesregierung[3] durchgesetzt, wobei sedes materiae nunmehr Art. 5 Abs. 3 ist (Fortführung der BTOElt bis 30.6.2007)[4]. Auch der Wirtschaftsausschuss hatte Änderungsvorschläge mit dem Ziel vorgelegt, Anreizregulierung und Liberalisierung des Messwesens erst später in Kraft treten zu lassen[5]. Seine endgültige Form hat der Gesetzentwurf dann im Vermittlungsausschuss gefunden[6].

II. Übergangsregelungen für Netzbetreiber (Abs. 1 bis 2 sowie 5 und 6)

3 Die wichtigsten Übergangsregelungen betreffen die Netzbetreiber und umfassen die Abs. 1, 1a, 1b, 2 sowie 5 und 6 des § 118.

---

1 BT-DrS 15/3917, S. 38 f. mit Begründung S. 76.
2 BT-DrS 15/3917, Anlage 2, S. 78, 95 f. (Ziff. 62).
3 BT-DrS 15/4068, S. 10 (Ziff. 59): Prüfungsversprechen.
4 Vgl. dazu unten die Erläuterungen zu Art. 5.
5 BT-DrS 15/5268, S. 87 mit Begründung S. 123.
6 BT-DrS 15/5736 (neu), S. 8 (Ziff. 43).

II. Übergangsregelungen für Netzbetreiber (Abs. 1 bis 2 sowie 5 und 6)

1. Internetplattform zwecks Ausschreibung von Regelenergie (Abs. 1)

Nach § 22 Abs. 2 Satz 2 sind die ÜNB verpflichtet, zwecks **Ausschreibung von Regelenergie** eine **gemeinsame Internetplattform einzurichten**. Vor Umsetzung sind technische Schwierigkeiten zu überwinden sowie dementsprechende Software zu installieren. Zuvor müssen die Modalitäten der Ausschreibung im Verordnungswege näher ausgestaltet werden (Netzzugangsverordnung zu § 24). Deshalb sieht Abs. 1 eine Übergangsfrist von **sechs Monaten** nach Inkrafttreten der Netzzugangsverordnungen vor. 4

Seit dem 29.7.2005 regeln die §§ 6 ff. StromNZV die Ausschreibungsmodalitäten. Deshalb war die Internetplattform spätestens zum 29.1.2006 einzurichten. 5

2. Ausgestaltung des Zugangs zu den Gasversorgungsnetzen (Abs. 1a)

Seit dem 1. 2. 2006 ist § 20 Abs. 1b anzuwenden, § 118 **Abs. 1a**. Dieser betrifft die Modalitäten des Zugangs zu den Gasversorgungsnetzen (Einspeisevertrag, Ausspeisevertrag, Zusammenarbeitspflichten, entry-exit-System). Inzwischen haben mehrere große Netzbetreiber vereinbart, über diese Zugangsregelung hinaus das eigentliche Ziel der Liberalisierung im Gasmarkt, nämlich den freien Wettbewerb der Anbieter mit den daraus resultierenden Wechselmöglichkeiten der Gasverbraucher einschließlich der Haushaltskunden, ab 1.4.2006 organisatorisch sicher zu stellen. 6

3. Anträge auf NZE-Genehmigung (Abs. 1b)

Die in § 23a niedergelegte Verpflichtung, Entgelte für den Netzzugang durch die BNetzA bzw. die zuständige LRB genehmigen zu lassen (§§ 54, 23a Abs. 1), hat ebenfalls nicht ab Inkrafttreten des EnWG bestanden. Vielmehr sieht § 118 **Abs. 1b** eine Übergangsfrist von drei Monaten für Anträge auf Genehmigung von Strom-NZE und eine solche von sechs Monaten für Gas-NZE vor. Die Fristen haben mit Inkrafttreten der Netzzugangsverordnungen am 29.7.2005 zu laufen begonnen. Nach § 23a Abs. 5 analog in Verbindung mit § 118 Abs. 1b Satz 2 konnten und können die bis dahin (genehmigungslos) festgesetzten und veröffentlichten NZE beibehalten werden. Nach dieser Übergangsregelung waren Genehmigungsanträge im Hinblick auf 7

§ 118 Übergangsregelungen

Strom-NZE spätestens am 29. 10. 2005 und Genehmigungsanträge für Gas-NZE spätestens am 29.1.2006 zu stellen.

4. *Zusatzanforderungen bei Netzzugang und Ausgleichsleistungen (Abs. 2)*

8 § 24 Satz 4 erweitert die Verordnungsermächtigung des § 24 Satz 2 Ziff. 3, die Art sowie Ausgestaltung des Netzzugangs sowie Beschaffung und Erbringung von Ausgleichsleistungen und das Ausschreibungsverfahren (einschließlich der Rechtsverhältnisse und Verträge) betrifft. In einer solchen Rechtsverordnung können nach § 24 Satz 4 **weitere Anforderungen an die Zusammenarbeit der ÜNB** bei Beschaffung von Regelenergie und zwecks Verringerung des Aufwandes für Regelenergie vorgesehen werden.

9 Der Gesetzgeber will die Systemumstellung stufenweise durchführen. Deshalb sind mit den §§ 6 StromNZE zunächst die Grundpflichten im Hinblick auf Regelenergie festgelegt worden. Für die **Zusatzanforderungen** sieht § 118 **Abs. 2** eine Übergangsfrist vor, die am 30.9.2007 abläuft. Erst ab **1.10.2007** kann daher eine Verordnungsergänzung oder eine neue Rechtsverordnung in Kraft treten, die § 24 Satz 4 verwirklicht.

5. *Einführung der Anreizregulierung (Abs. 5)*

10 Eine weitere Übergangsfrist betrifft die Anreizregulierung, § 118 **Abs. 5**. Insofern ist zunächst der Bericht der BNetzA nach § 112a abzuwarten, der der Bundesregierung zum 1.7.2006 vorzulegen war. Da die Einzelheiten dann durch Rechtsverordnung geregelt werden müssen, wird **unverzüglich** nach Berichtsvorlage und somit ohne schuldhaftes Verzögern in den Monaten August oder September des Jahres 2006 der Verordnungsentwurf vorgelegt werden müssen. Ein Inkrafttreten zum 1.1.2007 wäre auf diese Weise möglich.

6. *Steuerliche Erleichterung der Entflechtung (Abs. 6)*

11 Ein **rückwirkendes Inkrafttreten** sieht **Abs. 6** im Hinblick auf die steuerliche Entlastung bei Entflechtungsmaßnahmen nach §§ 7 und 8 vor (rechtliche und operationelle Entflechtung). Die entsprechende Vorschrift des § 6 Abs. 2 soll bereits **mit Wirkung vom 26. Juni 2003 angewendet** werden. Dieser Termin ist offenbar gewählt worden, weil am 15. Juli 2003 die Binnenmarktrichtlinien Elektrizität und Erdgas im EU-Amtsblatt veröffentlicht wurden und am 4.8.2003 in Kraft getreten sind. Diese Richtlinien stammen vom 26.6.2003.

Viele EVU haben jene Richtlinien zeitnah umgesetzt und trotz fehlender nationaler Transformation entsprechende Entflechtungsmaßnahmen gesellschaftsrechtlich implementiert, obwohl die einjährige Übergangsfrist noch nicht abgelaufen war. Diese EVU sollen nicht schlechter gestellt werden als Unternehmen, die die (verspätete) Umsetzung in nationales Recht abgewartet haben. Weil § 6 Abs. 2 erst zum 13.7.2005 (für die »Frühumsetzer« viel zu spät) mit dem EnWG zusammen in Kraft getreten ist, war eine rückwirkende Implementieren der steuerlichen Vorschrift zwecks Gleichbehandlung aller EVU erforderlich. Die darin liegende Rückwirkung ist dann rechtsstaatskonform, wenn sie den betroffenen Unternehmen nur Vorteile bringt und – auch nicht mittelbar – nachteilige Auswirkungen aufweist. Denn ansonsten müsste der rückwirkende Eingriff in abgeschlossene Entflechtungsvorgänge und damit in der Vergangenheit abgeschlossene Sachverhalte im Lichte des Rechtsstaatsprinzips besonders gerechtfertigt werden. 12

III. Übergangsregelungen für Versorger (Abs. 3 und 4)

Die weiteren Übergangsregelungen betreffen Energieversorger. 13

1. Gesetzliche Bestimmung des Grundversorgers (Abs. 3)

Weil die Bestimmung des Grundversorgers (§ 36 Abs. 2) durch Zählung der im Netzgebiet versorgten Haushaltskunden erstmals zum 1.7.2006 durchzuführen ist[7], erfordert ein sofortiges Inkraftsetzen der Grund- und Ersatzversorgungspflicht eine **gesetzliche Bestimmung des Grundversorgers** mit Wirkung ab Inkrafttreten des EnWG. Diesem Ziel dient § 118 **Abs. 3**. 14

Für die Zeit zwischen dem 13.7.2005 und dem 31.12.2006 legt der Gesetzgeber den Grundversorger fest. Dabei wird auf den Zeitpunkt des Inkrafttretens des EnWG (13.7.2005) abgestellt. **Grundversorger ist**, wer die **Aufgabe der allgemeinen Versorgung** zu diesem Zeitpunkt **durchgeführt hat**. Entscheidend soll offenbar die tatsächliche Durchführung auf der Basis der bis zum 12.7.2005 geltenden allgemeinen Versorgungspflicht sein, § 10 Abs. 1 EnWG 1998/2003. Indiz für die 15

---

7 § 36 Abs. 2 Satz 2.

§ 118 Übergangsregelungen

Durchführung der allgemeinen Versorgung ist das Vorhandensein eines Konzessionsvertrages (§ 13 Abs. 2 EnWG 1998/§ 46 Abs. 2 EnWG 2005) sowie eine substanzielle Anzahl von Tarifkundenverträgen im Versorgerportfolio.

16 Sind Stromlieferant und Netzbetreiber vor Ort bereits rechtlich entflochten, ist ausschließlich auf die Tarifkundenversorgung abzustellen. Häufig werden aber Netzbetreiber und derart konkretisierter allgemeiner Versorger (Strom- und/oder Gaslieferant) im Konzernverbund arbeiten; gleichwohl ist ein Netzbetreiber der allgemeinen Versorgung nicht nach § 36 Abs. 1 in Verbindung mit § 118 Abs. 3 grundversorgungspflichtig.

17 Weil die Übergangsregelung in § 118 Abs. 3 an die tatsächliche Durchführung der Aufgabe der allgemeinen Versorgung anknüpft, erscheint es nicht als von vornherein ausgeschlossen, dass jedenfalls in Grenzgebieten von konzessionierten Netzen der allgemeinen Versorgung mehrere Stromlieferanten allgemeine Versorgung durchgeführt haben. Die Belieferung aufgrund von Sonderverträgen zählt nicht zur allgemeinen Versorgung.

2. *Stromkennzeichnung und Ausweis von NZE (Abs. 4)*

18 Mit dem Stichtag **15. Dezember 2005** sind wesentliche Regelungen des § 42 anzuwenden. Dies betrifft nach dessen Abs. 1 zum einen die **Stromkennzeichnung**, nach dessen Abs. 6 den **gesonderten Ausweis von Entgelten für den Netzzugang** in allen Rechnungen, die Letztverbrauchern von Strom gestellt werden. Mit dem Stichtag ist nicht der Beginn eines Verbrauchszeitraumes, sondern die Inrechnungsstellung angesprochen. Für die Stromlieferanten bedeutet dies, dass sie den gesonderten NZE-Ausweis sowie Stromkennzeichnung nicht für Verbrauchsperiodenteile, sondern für die gesamte Rechnungsperiode darzustellen haben.

Artikel 5 Inkrafttreten, Außerkrafttreten

(1) Dieses Gesetz tritt am Tag nach der Verkündung in Kraft.

(2) Gleichzeitig treten außer Kraft:

1. das Energiewirtschaftsgesetz vom 24. April 1998 (BGBl. I S. 730), zuletzt geändert durch Artikel 126 der Verordnung vom 25. November 2003 (BGBl. I S. 2304),

2. das Übergangsgesetz aus Anlass des Gesetzes zur Neuregelung des Energiewirtschaftsrechts vom 20. Mai 2003 (BGBl. I S. 686),

3. die Fünfte Verordnung zur Durchführung des Gesetzes zur Förderung der Energiewirtschaft in der im Bundesgesetzblatt Teil III, Gliederungsnummer 752-1-5, veröffentlichten bereinigten Fassung, geändert durch § 35 der Verordnung vom 21. Juni 1979 (BGBl. I S. 684).

(3) Die Bundestarifordnung Elektrizität vom 18. Dezember 1989 (BGBl. I S. 2255), geändert durch Artikel 345 der Verordnung vom 29. Oktober 2001 (BGBl. I S. 2785), tritt am 1. Juli 2007 außer Kraft.

Überblick	Seite	Rz.
I. Regelungszweck und Entstehungsgeschichte	1577	1
II. Inkrafttreten (Abs. 1)	1578	2
III. Außerkrafttreten (Abs. 2 und 3)	1578	3

I. Regelungszweck und Entstehungsgeschichte

Die Rechtssicherheit gewährleistende Vorschrift zum Inkrafttreten und Außerkrafttreten ist im Laufe des Gesetzgebungsverfahrens nur durch den Wirtschaftsausschuss mit dem Ziel geändert worden, ein weiteres Inkraftbleiben der BTOElt noch für einen Übergangszeitraum von zwei Jahren zu ermöglichen[1]: 1

> »Die Bundestarifordnung Elektrizität wird für eine Übergangszeit beibehalten, um unberechtigte Preiserhöhungen in einer Übergangszeit bis zur vollständigen Wirksamkeit des neuen Ordnungsrahmens vermeiden zu helfen.«

---

1 BT-DrS 15/5268, S. 103 f. mit Begründung S. 124.

II. Inkrafttreten (Abs. 1)

2 Das gesamte **Gesetzespaket**, bestehend aus Art. 1 (Energiewirtschaftsgesetz 2005), Art. 2 (Gesetz über die Bundesnetzagentur), Art. 3 (Änderung sonstiger Gesetze und Rechtsverordnungen) sowie Art. 4 (Rückkehr zum einheitlichen Verordnungsrang), Art. 4a (Neubekanntmachungen) und Art. 5 (Inkrafttreten, Außerkrafttreten) **ist am 13. Juli 2005 in Kraft getreten** (Tag nach der Verkündung, 12.7.2005)[2]. § 118 differenziert das Inkrafttreten im Hinblick auf das EnWG selbst, indem einige Vorschriften später in Kraft treten sollen, § 6 Abs. 2 aber bereits ab 26.6.2003 anzuwenden gewesen ist[3]. Auch § 11 des Art. 2 enthält eine Übergangsvorschrift im Hinblick auf die Aufgaben des Beirats, die bis zu dessen Bildung von dem nach § 118 TKG vorgesehenen Beirat wahrgenommen werden.

III. Außerkrafttreten (Abs. 2 und 3)

3 In die Vorschrift zum Außerkrafttreten des alten Rechts sind aufgenommen worden:

– EnWG 1998/2003

– Übergangsgesetz zur Neuregelung des EnWG (2003)

– Fünfte Durchführungsverordnung zum EnWG 1935

– BTOElt

4 Während die oben zuerst genannten drei Gesetze/Verordnungen **gleichzeitig** und damit am 13.7.2005 null Uhr außer Kraft getreten sind, sieht **Abs. 3** ein Hinausschieben des Außerkrafttretens für die BTOElt vor. Auf die oben gegebene Begründung wird verwiesen[4]. Erst ab 1.7.2007 müssen deshalb keine neuen Stromtarifgenehmigungen mehr beantragt werden. Da insgesamt eine Ermächtigungsgrundlage für diese Eingriffsregelung dann nicht mehr bestehen wird, verlieren zuvor erteilte Genehmigungen am 30.6. ihre Wirkung, weil für sie (Eingriffsverwaltung) keine Ermächtigungsgrundlage mehr besteht und das auf alter Ermächtigungsgrundlage aufrecht erhaltene Recht der Tarifgenehmigung mit Art. 5 Abs. 3 dann fortgefallen sein wird.

---

2 Bundesgesetzblatt vom 12.7.2005, BGBl. I S. 1970 ff.
3 Zu Einzelheiten vgl. oben § 118 Rz. 4 ff.
4 Art. 5 Rz. 1.

Sachregister

(Der fettgedruckte Buchstabe E verweist auf Randnummern in der Einführung, S. 1 ff.)

Allgemeine Anschlusspflicht **18**, 1, 5
- Anschluss durch Dritte **18**, 100
- Anschluss von Letztverbrauchern **18**, 14
- Ausnahmen von der Anschlusspflicht **18**, 49
- Eigenversorgung **18**, 74
- Kontrahierungszwang **18**, 6
- Rechtsfolgen der Anschlusspflicht **18**, 29
- Reserve- und Zusatzversorgung **18**, 108
- Veröffentlichung der allgemeinen Anschlussbedingungen **18**, 30
- Voraussetzungen **18**, 11
- Wirtschaftliche Unzumutbarkeit **18**, 53

Allgemeine Preise der Grundversorgung **39**, 7
- BTOElt und Allgemeine Preise **39**, 29 und 36
- Einzelregelungen **39**, 79
- Ermächtigung zur Festlegung **39**, 68
- Tarifgenehmigung und Grundversorgerpreise **39**, 62

Anreizregulierung **21a**, 10
- Anreizregulierung und europäisches Recht **21a**, 15
- Beeinflussbare/nicht beeinflussbare Kostenanteile **21a**, 14
- Bericht zur Einführung **112a**, 4
- Erfahrungsbericht **112a**, 10
- Obergrenzen für NZE sowie Effizienzvorgaben **21a**, 11

Anschluss von Kunden **17**, 6
- Hausanschluss **E**, 22

Ansprüche gegen Netzbetreiber **32**, 1; **17**, 1; **18**, 1; **20**, 1; **32**, 1

- Beseitigung von Netzbetreiberverstößen **32**, 8
- Schadensersatzansprüche **32**, 19
- Tatbestandswirkung vorangegangener Entscheidungen **32**, 31
- Unterlassungsanspruch **31**, 11
- Verjährung **32**, 34

Ausschreibung von Erzeugungskapazitäten **53**, 1

Begriffsbestimmungen zum EnWG **3**, 1
- Ausgleichsleistung (§ 3 Ziff. 1) **3**, 10
- Ausschreibungsverfahren (Art. 2 Ziff. 24 RL-Elt) **3**, 13
- Ausspeisekapazität (§ 3 Ziff. 1a) **3**, 14
- Ausspeisepunkt (§ 3 Ziff. 1b) **3**, 15
- Betreiber von Elektrizitätsversorgungsnetzen (§ 3 Ziff. 2) **3**, 16
- Betreiber von Elektrizitätsverteilernetzen (§ 3 Ziff. 3) **3**, 20
- Betreiber von Energieversorgungsnetzen (§ 3 Ziff. 4) **3**, 25
- Betreiber von Fernleitungsnetzen (§ 3 Ziff. 5) **3**, 26
- Betreiber von Gasversorgungsnetzen (§ 3 Ziff. 6) **3**, 29
- Betreiber von Gasverteilernetzen (§ 3 Ziff. 7) **3**, 30
- Betreiber von LNG-Anlagen (§ 3 Ziff. 8) **3**, 31
- Betreiber von Speicheranlagen (§ 3 Ziff. 9) **3**, 32
- Betreiber von Übertragungsnetzen (§ 3 Ziff. 10) **3**, 35
- Bilanzkreis (§ 3 Ziff. 10a) **3**, 39

Sachregister

- Bilanzzone (§ 3 Ziff. 10b) 3, 47
- Biogas (§ 3 Ziff. 10c) 3, 50
- Dezentrale Erzeugungsanlage (§ 3 Ziff. 11) 3, 53
- Direktleitung (§ 3 Ziff. 12) 3, 54
- Eigenanlagen (§ 3 Ziff. 13) 3, 57
- Eigenerzeuger (Art. 2 Ziff. 3 RL-Elt 1997) 3, 60
- Erzeuger, unabhängiger (Art. 3 Ziff. 4 RL-Elt 1997) 3, 61
- Eigenversorger (§ 110 Abs. 3) 3, 62
- Einspeisekapazität (§ 3 Ziff. 13a) 3, 63
- Einspeisepunkt (§ 3 Ziff. 13b) 3, 64
- Elektrizitätsunternehmen (Art. 2 Ziff. 20 RL-Elt) 3, 66
- Endkunden (Art. 2 Ziff. 9 RL-Elt/Ziff. 27 RL-Gas) 3, 69
- Energie (§ 3 Ziff. 14) 3, 73
- Energieanlagen (§ 3 Ziff. 15) 3, 76
- Energieeffizienzmaßnahmen (§ 3 Ziff. 15a) 3, 95
- Energieversorgungsnetze (§ 3 Ziff. 16) 3, 96
- Energieversorgungsnetze d. allg. Versorgung (§ 3 Ziff. 17) 3, 98
- Energieversorgungsunternehmen (§ 3 Ziff. 18) 3, 104
- Entstehender Markt (Art. 2 Ziff. 31 RL-Gas) 3, 136
- Erdgasunternehmen (Art. 2 Ziff. 1 RL-Gas) 3, 137
- Erneuerbare Energien (§ 3 Ziff. 18a) 3, 139
- Erzeuger (Art. 2 Ziff. 2 RL-Elt) 3, 146
- Erzeugung (Art. 2 Ziff. 1 RL-Elt) 3, 147
- Fernleitung (§ 3 Ziff. 19) 3, 150
- Fernleitungsnetzbetreiber (Art. 2 Ziff. 4 RL-Gas) 3, 151
- Gas (§ 3 Ziff. 19a) 3, 153
- Gaslieferant (§ 3 Ziff. 19b) 3, 154
- Gasversorgungsnetze (§ 3 Ziff. 20) 3, 156
- Großhändler (§ 3 Ziff. 21) 3, 171
- Haushaltskunden (§ 3 Ziff. 22) 3, 175
- Hilfsdienste (§ 3 Ziff. 23) 3, 179
- Kunden (§ 3 Ziff. 24) 3, 180
- Langfristige Planung (Art. 2 Ziff. 25 RL-Elt/Ziff. 30 RL-Gas) 3, 183
- Leitungsgeb. Energieversorgung (§ 1 Abs. 1 u. § 3 Ziff. 14) 3, 185
- Letztverbraucher (§ 3 Ziff. 25) 3, 190
- LNG-Anlage (§ 3 Ziff. 26) 3, 193
- Netz (Art. 2 Ziff. 13 RL-Gas) 3, 194
- Netzbetreiber (§ 3 Ziff. 27) 3, 196
- Netznutzer (§ 3 Ziff. 28) 3, 198
- Netzpufferung (§ 3 Ziff. 29) 3, 203
- Neue Infrastruktur (§ 3 Ziff. 29a) 3, 205
- Örtliches Verteilernetz (§ 3 Ziff. 29b) 3, 207
- Regelzone (§ 3 Ziff. 30) 3, 210
- Sicherheit (Art. 2 Ziff. 32 RL-Gas) 3, 215
- Speicheranlage (§ 3 Ziff. 31) 3, 217
- Teilnetz (§ 3 Ziff. 31a) 3, 218
- Transportkunde (§ 3 Ziff. 31b) 3, 219
- Übertragung (§ 3 Ziff. 32) 3, 220
- Umweltverträglichkeit (§ 3 Ziff. 33) 3, 223
- Verbindungsleitungen (§ 3 Ziff. 34) 3, 237
- Verbundnetz (§ 3 Ziff. 35) 3, 238
- Versorgung (§ 3 Ziff. 36) 3, 241
- Verteilung (§ 3 Ziff. 37) 3, 245
- Vertikal integriertes EVU (§ 3 Ziff. 38) 3, 49
- Vorgelagertes Rohrleitungsnetz (§ 3 Ziff. 39) 3, 252

Beitrag zu den Regulierungskosten
- Beitragsschuldner 92, 7

Sachregister

- Mitteilung der BNetzA **93**, 2
- Umlage auf die Beitragsschuldner **92**, 23

Beratung, wissenschaftliche **64**, 1
Beschaffung von Regelenergie **22**, 12
Beschluss
- Beschlussformen **83**, 10
- Entscheidung über die Beschwerde **83**, 3

Beschwerde
- Amtsermittlungsgrundsatz **82**, 4
- Antrag auf Wiederherstellung der aufschiebenden Wirkung **77**, 10
- Anordnung des Sofortvollzuges **77**, 4
- Anwaltszwang **80**, 2
- Aufschiebende Wirkung **76**, 6 und 12
- Beschwerdearten **75**, 7
- Beschwerdebegründung **78**, 9
- Beschwerdeberechtigung **75**, 23
- Beschwerdegericht **75**, 32
- Beteiligte **79**, 2
- Entscheidung über die Beschwerde **83**, 3
- Form und Fristen **78**, 2
- Rechtliches Gehör **83**, 5
- Untersuchungsgrundsatz **82**, 4
- Verhandlung, mündliche **81**, 2

Bußgeld
- Bußgeldkatalog **95**, 5
- Gerichtliches Bußgeldverfahren **97**, 5
- Zuständigkeit **96**, 3

Betreiber von Elektrizitätsverteilernetzen **14**, 1
- Aufgaben und Pflichten **14**, 7

Betreiber von Fernleitungsnetzen **15**, 1
- Ausgleich von Netzkapazität und Transportnachfrage **15**, 11
- Betriebs- und Regelungsaufgaben **15**, 8
- Informationspflichten **15**, 9
- Regelungsadressaten **15**, 4

Betreiber von Gasverteilernetzen **16a**, 1
Betreiber von Übertragungsnetzen **12**, 1
- Berichtspflicht **12**, 13
- Grundpflichten der ÜNB **12**, 6
- Informationsansprüche **12**, 22
- Regelungsadressaten **12**, 3

Betrieb von Energieversorgungsnetzen **11**, 1
- Betriebspflicht nach § 11 Abs. 1 **11**, 4
- Haftung für Netzbetrieb **11**, 38
- Netzausbau **11**, 19

Betriebsaufnahmegenehmigung und Europäisches Recht **4**, 7
- Anwendungsbereich des § 4 **4**, 16
- Arealversorgung **4**, 33; **110**, 8
- Ausnahmen von der Genehmigungspflicht **4**, 82
- Betriebsaufnahme **4**, 35
- Fehlende Leistungsfähigkeit und Zuverlässigkeit **4**, 87
- Gasversorgungsnetzbetrieb **4**, 10
- Genehmigung des Netzbetriebs **4**, 11
- Genehmigungsbehörde und Genehmigungsverfahren **4**, 65
- Elektrizitätsversorgungsnetzbetrieb **4**, 8
- Energieversorgungsnetz **4**, 12
- Rechtsnachfolge (Abs. 3) **4**, 46
- Rechtsschutz **4**, 76
- Sanktionen **4**, 81
- Versagung und Untersagung (Abs. 2) **4**, 84

Betriebs- und Geschäftsgeheimnisse
- Kennzeichnungspflicht **71**, 2
- Unberechtigte Kennzeichnung **71**, 12
- Vorlage einer einsichtsgeeigneten Fassung **71**, 7

Bundesministerium für Wirtschaft und Arbeit
- Allgemeine Weisungen **61**, 1

- Monitoring 51, 1
- Berichtspflichten 63, 3

Bundesnetzagentur
- Aufsichtsmaßnahmen 65, 1
- Beirat 60, 1
- Gebotsverfügungen 65, 17
- Kosten einer Beweiserhebung 73, 14
- Länderausschuss 60a, 3
- Organisation 59, 1
- Verbotsverfügungen 65, 4
- Verfahrensabschluss 73, 3
- Verfahrenseinleitung 66, 3
- Zuständigkeiten 54, 10; 56, 2

Effizienz der Energieversorgung 1, 44; 53, 1

Energieanlagen 49, 1 und 13
- Allgemein anerkannte Regeln der Technik 49, 41
- EU- und EWR-Sicherheitsstandards 49, 71
- Konkretisierung des Sicherheitsniveaus 49, 31
- Technische Sicherheit 49, 26
- Vermutung für die Einhaltung der Technischen Sicherheit 49, 46

Energiebelieferung 5, 1
- Anzeigepflichtige Unternehmen 5, 1
- Aufnahme der Belieferung 5, 24
- Umfang der Anzeigepflicht 5, 24
- Untersagungsbefugnis der BNetzA 5, 32
- Veröffentlichungspflicht 5, 29

Energie für Ausgleichsleistungen 22, 7; 23, 2

Energielieferverträge mit Haushaltskunden 41, 5; 53a, 5

Energierechtsreform und AVB E, 15; 39, 94
- Deckung des gesamten Energiebedarfs E, 19
- Eigentum am Hausanschluss E, 22
- Einheit von Anschluss und Versorgung E, 16
- Zähler- und Messeinrichtungen E, 25

Energieversorgungsunternehmen, Aufgaben 2, 1

Enteignung 45, 1
- Enteignungsbegünstigte 45, 20
- Enteignungsformen 45, 24
- Enteignungsverfahren 45, 56
- Enteignungsvoraussetzungen 45, 30
- Rechtsschutz 45, 62

Entflechtung 6, 1
- Adressaten 6, 4
- Entflechtung im Steuerrecht 6, 18
- Entflechtung, rechtliche 7, 4
- Wirksamwerden der §§ 6 ff. 114, 2

Entflechtung der Rechnungslegung 10, 5
- Aktivitätsbezogene Rechnungslegung 10, 74
- Aufstellung und Prüfung des Jahresabschlusses 10, 25
- Darstellung von Geschäften größeren Umfangs 10, 56
- Durchführung des rechnungsmäßigen Unbundlings 10, 101
- Größenmerkmale und Rechnungslegung 10, 83
- Pflichten zur Rechnungslegung 10, 12
- Prüfung des Jahresabschlusses 10, 122
- Zuordnungsregeln 10, 114

Entflechtung, informationelle 9, 1
- Offenlegung von Netzbetreiberinformationen 9, 19
- Vertraulichkeitsgebot 9, 3
- Wirtschaftlich sensible Informationen 9, 7

Entflechtung, operationelle 8, 1
- Berichtspflicht 8, 67
- De minimis-Klausel 7, 9; 8, 70

- Entscheidungsunabhängigkeit **8**, 11
- Gegenstände der operationellen Entflechtung **8**, 5
- Gleichbehandlungsprogramm **8**, 53
- Kern von Netzbetreiber-Entscheidungsbefugnissen **8**, 41
- Sicherstellung innerer Handlungsunabhängigkeit **8**, 37
- Weisungsverbot **8**, 50

Entgeltregulierung **23a**, 4
- Anreizorientierte Entgeltregulierung **23a**, 8
- Kostenorientierte Entgeltregulierung **23**, 7
- Tarifgenehmigung gemäß § 12 BTOElt **23a**, 9

EnWG und GWB
- Bindung an Entgelte vorgelagerter Netzebenen **71a**, 5
- Bindung an veröffentlichte NZE **111**, 18, 29
- Spezialität des EnWG **111**, 6
- Verhältnis der Gesetze **111**, 1

EnWG-Neuregelungsgesetz, Erstes (1998) **E**, 52
- Aufsicht und Genehmigung **E**, 76
- Betriebs- u. Versorgungspflicht; Mindestbevorratung **E**, 63
- Definitionsnormen **E**, 111
- Erzeugung **E**, 130
- Eigentumsrecht und Enteignung **E**, 99
- Gesetzeszwecke und begriffliche Grundlagen **E**, 58
- Kritik EnWG 1998 **E**, 191
- Netzbereiche Übertragung und Verteilung **E**, 143
- Netzzugang **E**, 82
- Objektivität, Transparenz, Diskriminierungsfreiheit **E**, 181
- Organisation des Elektrizitätssektors **E**, 116
- Organisation des Netzzugangs **E**, 167
- Priorität für Umweltschutz **E**, 180
- Unbundling **E**, 159
- Rechnungslegung und Preisrecht **E**, 96
- Rechnungslegung nach Kapitalgesellschaftsrecht **E**, 163
- Rechnungslegung nach Unternehmensfunktionen **E**, 164
- Transformationsdefizite **E**, 103
- Unbundling **E**, 159
- Ziele des Netzbetriebs **E**, 158

Erdgasliefervertrag, langfristiger **51**, 15

Ersatzversorgung mit Energie **38**, 1
- Abrechnung **38**, 17; **39**, 7
- Beginn der Ersatzversorgung **38**, 8
- Ende der Ersatzversorgung **38**, 21
- Rechtsschutz **38**, 24

Europäisches Recht, Vollzug
- Zuständigkeit BNetzA **56**, 2
- Verfahren **56**, 5
- Zusammenarbeit mit europäischen Regulierungsbehörden **57**, 1

Evaluierungsbericht
- Berichtsinhalte **112**, 4
- Zuständigkeit: Bundesregierung **112**, 2

Gasnovelle 2003 **E**, 193
- Betriebspflicht **E**, 196
- Netz **E**, 194
- Netzzugang **E**, 200
- Rechnungslegung der Gasversorgungsunternehmen **E**, 210
- Reziprozitätsklausel **E**, 212

Grundversorgungspflicht **36**, 1
- Ausgestaltung der Pflicht und Ausnahmen **36**, 13
- Ausnahmen von der Grundversorgungspflicht **37**, 1
- Feststellung des Grundversorgers **36**, 25

Sachregister

- Grundversorgungspflicht und Reserveversorgung **36**, 20
- Grundversorgung bei Eigenanlagenbetrieb/Zusatzversorgung **37**, 5
- Normadressaten **36**, 6
- Rechtsfolgen des Grundversorgerwechsels **36**, 39

Konzessionsabgaben **48**, 1
- Aufsichtsbefugnisse **48**, 92
- Begriff **48**, 12
- Höchstsätze und Preisrecht **48**, 58
- Konzessionsabgaben im vertragslosen Zustand **48**, 70
- Konzessionsabgabenverordnung **48**, 43

Konzessionsverträge **46**, 97
- Auslaufen von Konzessionsverträgen **46**, 133
- Bekanntmachungspflicht der Gemeinde **46**, 134 und 153
- Entscheidung über Neuabschluss/Verlängerung **46**, 144
- EnWG und laufende Konzessionsverträge **113**, 3
- Rechtsschutz **46**, 165
- Überlassung von Netzeigentum gegen Vergütung **46**, 163
- Überlassungspflichten des Altversorgers **46**, 155

Kooperation
- Stromnachfrage **E**, 29

Legalermächtigung (unselbständiger Netzbetreiber) **3**, 18 und 23; **4**, 20
Leitungsgebundene Energieversorgung **1**, 9

Maßnahmen der ÜNB bei Gefährdung/Störung **13**, 15
- Zivilrechtsfolgen des Anpassungsmanagements **13**, 38
Messeinrichtungen **21b**, 1

- Dritte als Messstellenbetreiber **21a**, 12
- Messdienstleistungen **21a**, 6
Messung und Zählung **21b**, 1
- und AVB **E**, 25
Missbrauch durch Netzbetreiber **30**, 1
- Objektiver Gesetzesverstoß **30**, 14
- Regelbeispiele missbräuchlichen Verhaltens **30**, 15
- Regulierungsbehörde als Überwachungsinstanz **30**, 35
Missbrauchsverfahren, besonderes **31**, 1
- Antragsberechtigte und Überprüfungsumfang **31**, 3
- Antragsvoraussetzungen **31**, 9
- Regulierungsbehörde und Fristenkatalog **31**, 12
- Verfahren und Rechtsschutz **31**, 15
Monitoring **35**, 1; **51**, 1 und 5
Monopolkommission, Gutachten **62**, 1

Netzanschluss **17**, 1
- Ausnahmen vom Kontrahierungszwang **17**, 22
- Kontrahierungszwang **17**, 13
- Netzanschlusspflicht, Rechtsfolge **17**, 27
- Unmöglichkeit des Anschlusses **17**, 36
- Unzumutbarkeit des Anschlusses **17**, 46
- Verweigerung des Netzanschlusses **17**, 33
Netzbetreiber
- Begriff **3**, 16 ff.
- Objektnetze **110**, 6
Netzbetreiber und Rechtsform **7**, 1
- Ausnahmen vom Entflechtungsgebot **7**, 8
- Umsetzung des Legal Unbundling **7**, 16

Netzentgelte vorgelagerter Netzebenen
- Bindung von Landesregulierungsbehörden **71a**, 5
- Reichweite der Bindung **71a**, 9

Netz und Netzfunktionen **3**, 128, 189, 201

Netzzugang **20**, 1
- Reform 1998 **E**, 82 ff. und 187 ff.
- Reform 2003 **E**, 200 ff.

Netzzugang Fahrstrom **3a**, 4

Netzzugangsbedingungen und Netzentgelte **21**, 7
- Behandlung von Netzzugangsanfragen **21**, 14
- Diskriminierungsverbot **21**, 18
- Kapazitäten und Engpässe **21**, 16
- Kostenorientierung der Betriebsführung **21**, 47
- Maßstäbe für die Entgeltbildung **21**, 24
- Vergleichsverfahren **21**, 39
- Veröffentlichungsgebot **21**, 8

Neue Infrastrukturen **28a**, 1
- Antragsverfahren **28a**, 6
- Ausschluss vom Netzzugang **28**, 3

Normzwecke und Rechtsentwicklung **alle §§**, 1

Objektnetze
- Antrag auf Freistellung **110**, 54
- Arten von Objektnetzen **110**, 14
- Begriff **110**, 6
- Betriebsversorgung **110**, 29
- Contracting **110**, 26
- Eigenversorgung **110**, 22
- Europäisches Recht **110**, 71
- Leistungsfähigkeit des Netzbetreibers **110**, 11
- Rechtsfolgen der Freistellung **110**, 61
- Übergeordneter Geschäftszweck **110**, 38

Organisationseinheit, unselbständige **3**, 17

Planung von Energieanlagen **43**, 1
- Abwägungsentscheidung **43**, 26
- Betroffene Energieanlagen **43**, 10
- Entschädigungsentgelt bei Vorarbeiten **44**, 23
- Planfeststellungsverfahren **43**, 21
- Plangenehmigung **43**, 24
- Rechtswirkungen und Rechtsschutz **43**, 28
- Rechtsschutz gegenüber Vorarbeiten **44**, 17
- Vorarbeiten **44**, 5

Preisgünstigkeit der Versorgung **1**, 32

Preismissbrauch
- Diskriminierung **E**, 262
- durch EltVU **E**, 216 und 246
- Marktabgrenzung **E**, 232
- Marktbeherrschung **E**, 238
- Missbrauchsaufsicht **30**, 14; **31**, 7
- Missbrauchssituationen **E**, 276; **30**, 15
- Sanktionen bei Missbrauch **E**, 292; **30**, 35

Preismissbrauch durch Elektrizitätsversorgungsunternehmen **E**, 216
- Abgrenzung des relevanten Marktes **E**, 232
- Beeinträchtigung von Wettbewerbsmöglichkeiten anderer Unternehmen **E**, 248
- Diskriminierung(ieS) **E**, 272
- Diskriminierung (iwS) **E**, 262
- Energierechtsreform und Preismissbrauchsaufsicht **E**, 219
- Europäisches Recht **E**, 302
- Marktbeherrschung **E**, 238
- Missbrauch **E**, 246
- Missbrauchsaufsicht über Strompreise nach altem Recht **E**, 224
- Netznutzungsentgelte **E**, 249

- Preismissbrauch durch Netzbetreiber E, 274
- Spezielle Missbrauchssituationen E, 276
- Sanktionen E, 292

Rechtsbeschwerde
- Beschwerdeberechtigte 88, 3
- Beschwerdegericht 86, 5
- Beteiligtenfähigkeit 89, 2
- Kostentragung 90, 3
- Nichtzulassungsbeschwerde 87, 3
- Zuzulassende Rechtsbeschwerde 86, 10

Reform der Energiemärkte E, 1
- im Schuldrecht E, 10 und 27
- im Wirtschaftsorganisationsrecht E, 10
- und AVB E, 15

Reform der Europäischen Märkte für Energie E, 1
- Leitsätze zur Reform der Elektrizitätsmärkte E, 4

Reformgesetze Energiewirtschaftsrecht
- 1998 E, 52 und 103
- 2003 E, 193
- 2005 1, 7

Regulierungsentscheidungen 29, 5
- Änderungsbefugnis 29, 18
- Festlegung 29, 13
- Genehmigung 29, 9
- Rechtsschutz 29, 17

Schuldrecht und Energierecht E, 27

Sicherheit der Energieversorgung
- Belieferung mit Erdgas 53a, 2
- früheres Recht 1, 24

Sicherung der Energieversorgung 50, 1
- Bevorratung 50, 10
- Verlängerung des Vorratszeitraums 50, 14
- Zuständigkeit 50, 15

Sonderenergiewirtschaftsrecht und EnWG 2, 11
Stromkennzeichnung 42, 1
- Grundinformationen 42, 9
- Informationspflichten 42, 17

Stromlieferverträge,
- Anpassung E, 35
- Anpassungsklauseln E, 36
- Anpassungsverlangen von Kundengruppen E, 38
- Bedarfsdeckungsklauseln E, 19
- Vertragsanpassung durch Vertragskündigung E, 48

Systemverantwortung 16, 1

Take or Pay-Verträge 25, 3
- Rechtsschutz bei Zugangsverweigerung 25, 7
- Zugangsverweigerung 25, 9

Technische Vorschriften 19, 1
Teilrechtsfähigkeit (unselbständiger Netzbetreiber) 3, 23 und 18; 4, 20
Transparenz der Stromrechnungen 42, 29

Übergangsvorschriften
- Anreizregulierung 118, 10
- Grundversorgung 118, 14
- Lieferverträge mit Letztverbrauchern 115, 19
- Konzessionsverträge 113, 5
- Netzanschluss- und Netzzugangsverträge 115, 4
- Steuerrecht bei Entflechtung 118, 11
- Stromkennzeichnung 118, 18
- Stromlieferverträge mit Haushaltskunden (außerhalb allgemeiner Versorgung) 115, 32
- Tarifkundenverträge 116, 2
- Wirksamwerden der Entflechtung 114, 2

Umweltverträglichkeit 1, 21
Unbundling
- Reform 1998 E, 159

Sachregister

- Reform 2003 **E**, 210
Unternehmen der Öffentlichen Hand **109**, 1

Verfahren vor den Beschwerdegerichten
- Akteneinsicht **84**, 2
- Anwaltszwang **80**, 2
- Beteiligte **79**, 2
- Entscheidung durch Beschluss **83**, 3
- Rechtliches Gehör **83**, 5
- Untersuchungsgrundsatz **82**, 4
- Verhandlung, mündliche **81**, 2

Verfahren vor der Regulierungsbehörde
- Anhörung **67**, 4
- Auskunftsverlangen **69**, 6
- Beschlagnahme **70**, 3
- Einleitung **66**, 3
- Ermittlungen **68**, 2
- Handlungen, gebührenpflichtige **91**, 6
- Heilung von Fehlern **67**, 28
- Kosten einer Beweiserhebung **73**, 14
- Rechtsschutz **70**, 11; **75**, 5
- Sektorenuntersuchungen **69**, 27
- Verfahrensabschluss **73**, 3
- Verhandlung, mündliche **67**, 20

Verordnungsermächtigungen **21b**, 17; **22**, 15; **24**, 4, **25**, 20; **27**, 29; **28**, 17; **29**, 23; **39**, 7 und 65; **41**, 13; **42**, 26; **48**, 44; **49**, 78; **53**, 9

Versorgung von Haushaltskunden mit Erdgas
- Mittel und Maßnahmen zur Sicherstellung **53a**, 10
- Normadressaten und Lieferverpflichtung **53a**, 2
- Sicherstellung **53a**, 1

Versorgungspflicht
- EnWG 1998 und 2003 **E**, 69
- Grundversorgung **36**, 6, 13

Versorgungssicherheit **50**, 1; **1**, 24
- Befugnisse des BMWA **51**, 19
- Monitoring **51**, 5

Versorgungsstörungen **52**, 1
- Bericht über Vermeidungsmaßnahmen **52**, 13
- Berichtspflichten **52**, 7
- Meldepflichten **52**, 4

Versorgungsverpflichtung der EVU **2**, 5

Vorläufige Anordnungen
- durch Regulierungsbehörde **72**, 2
- Mögliche Inhalte **72**, 4

Vorteilsabschöpfung **33**, 1
- Abzugsbeträge, Verfahren und Rechtsschutz **31**, 9
- Vorteilsbegriff **33**, 3

Wegenutzungsverträge **46**, 1
- Ausnahmen vom Kontrahierungszwang **46**, 83
- Eigentum an Versorgungsleitungen **46**, 73
- Einfache Wegenutzungsverträge **46**, 11
- Kontrahierungszwang **46**, 49
- Konzessionsverträge **46**, 97
- Qualifizierte Wegenutzungsverträge **46**, 97
- Umweltschutz **46**, 67

Wirtschaftsorganisationsrecht und Schuldrecht **E**, 10

Zielkonflikte **1**, 47
Zugang Energieversorgungsnetze **20**, 1
- Adressaten und Begünstigte **20**, 5
- Bedingungen des Netzzugangs **20**, 10
- Grundpflichten der Netzbetreiber **20**, 21
- Netzzugangsschuldverhältnis **20**, 10
- Transparenz der Netzzugangskriterien **20**, 17
- Verweigerung des Netzzugangs **20**, 44

Sachregister

- Zugang zu Elektrizitätsversorgungsnetzen 20, 29
- Zugang zu Gasversorgungsnetzen 20, 34

Zugang zu vorgelagerten Rohrleitungsnetzen 27, 1
- Rechtsschutz 27, 31
- Verweigerung des Zugangs 27, 17
- Zugangsbedingungen 27, 7

Zugang zu Speicheranlagen 28, 1
- Rechtsschutz 28, 16
- Verweigerung des Zugangs 28, 4

Zusammenarbeit der Regulierungsbehörden **64a**, 1

Zusammenarbeit mit Kartellbehörden
- Einvernehmen mit Bundeskartellamt 58, 5
- Stellungnahme der BNetzA 58, 21

Zuständige Gerichte in EnWG-Sachen
- Benachrichtigung der Regulierungsbehörde 104, 2
- Bundesgerichtshof 99, 2
- Landgerichte, ausschließliche Zuständigkeit 102, 3
- Landgerichte, für mehrere Gerichtsbezirke 103, 2
- Oberlandesgerichte 98, 3
- Streitwertanpassung 105, 4
- Wiederaufnahme 100/101, 2
- Zuständiger Senat beim BGH **107**, 1
- Zuständiger Senat beim OLG **106**, 1
- Zuständigkeit bei Bußgeldvollstreckung 100/101, 5

Zuständigkeit der nach Landesrecht zuständigen Behörde 4, 65; 36, 34; 49, 80
- Benachrichtigungspflicht 55, 5

Zuständigkeit der Regulierungsbehörden
- Bundesnetzagentur 54, 10
- Landesregulierungsbehörden 54, 23

Zwangsgeld 94, 2

Zwecke des EnWG (§ 1) 1, 1
- Allgemeine Gesetzeszwecke (Abs. 1) 1, 19
- Einzelziele 1, 20
- Harmonisierung und Rangfolge der Ziele 1, 47
- Funktionen der Zweckbestimmung 1, 61
- Regulierungszwecke (§ 1 Abs. 2) 1, 80
- Transformationszweck (§ 1 Abs. 3) 1, 85

Zweck des Gesetzes
- Allgemeine Gesetzeszwecke 1, 9
- Einzelziele 1, 20
- Harmonisierung der Gesetzeszwecke 1, 69
- Transformationszweck 1, 85
- Zwecke der Regulierung 1, 8

Notizen

Notizen

Notizen

Notizen

Notizen

Notizen

Notizen

Notizen

Notizen

Notizen

Notizen

Notizen

Notizen

Notizen

Notizen

Notizen